D1718365

Großkommentare der Praxis

Löwe-Rosenberg

Die Strafprozeßordnung
und das
Gerichtsverfassungsgesetz

Großkommentar

25., neubearbeitete Auflage

herausgegeben von

Peter Rieß

Fünfter Band

§§ 296–373 a

Bearbeiter:

§§ 296–303: Ernst-Walter Hanack
§§ 304–311a: Holger Matt
§§ 312–332: Karl Heinz Gössel
§§ 333–358: Ernst-Walter Hanack
§§ 359–373a: Karl Heinz Gössel

De Gruyter Recht · Berlin

Erscheinungsdaten der Lieferungen:

§§ 296–303	(6. Lieferung):	September 1998
§§ 304–311a	(27. Lieferung):	Dezember 2003
§§ 312–332	(25. Lieferung):	Mai 2003
§§ 333–358	(12. Lieferung):	Mai 1999
§§ 359–373a	(5. Lieferung):	November 1997

ISBN 3-89949-144-0

Bibliografische Information Der Deutschen Bibliothek

Die Deutsche Bibliothek verzeichnet diese Publikation in der Deutschen Nationalbibliografie;
detaillierte bibliografische Daten sind im Internet über http://dnb.ddb.de abrufbar.

Datenkonvertierung/Satz: WERKSATZ Schmidt & Schulz GmbH, 06773 Gräfenhainichen
Druck: Druckerei H. Heenemann GmbH, 12103 Berlin
Bindearbeiten: Lüderitz & Bauer GmbH, 10963 Berlin
Printed in Germany

Die Bearbeiter der 25. Auflage

Dr. **Werner Beulke**, Professor an der Universität Passau

Dr. **Reinhard Böttcher**, Präsident des Oberlandesgerichts Bamberg a. D., Honorarprofessor an der Universität München

Olaf Boll, Präsident des Landgerichts Konstanz

Ottmar Breidling, Vors. Richter am Oberlandesgericht Düsseldorf

Dr. **Hans Dahs**, Rechtsanwalt, Honorarprofessor an der Universität Bonn

Dr. **Ulrich Franke**, Oberstaatsanwalt beim Bundesgerichtshof

Dr. **Karl Heinz Gössel**, Professor an der Universität Erlangen-Nürnberg, Richter am Bayerischen Obersten Landesgericht a. D., München

Dr. **Walter Gollwitzer**, Ministerialdirigent im Bayerischen Staatsministerium der Justiz a. D., München

Dr. **Kirsten Graalmann-Scheerer**, Generalstaatsanwältin in Bremen, Honorarprofessorin an der Hochschule für Öffentliche Verwaltung in Bremen

Dr. **Ernst-Walter Hanack**, Professor an der Universität Mainz

Dr. **Hans Hilger**, Ministerialdirektor im Bundesministerium der Justiz a. D.

Dr. **Daniel M. Krause**, LL.M., Rechtsanwalt in Berlin

Dr. **Klaus Lüderssen**, Professor an der Universität Frankfurt am Main

Dr. **Holger Matt**, Rechtsanwalt in Frankfurt am Main

Dr. **Peter Rieß**, Ministerialdirektor im Bundesministerium der Justiz a. D., Honorarprofessor an der Universität Göttingen

Dr. **Gerhard Schäfer**, Vors. Richter am Bundesgerichtshof a. D.

Dr. **Wolfgang Siolek**, Vors. Richter am Oberlandesgericht Celle

Günter Wendisch, Generalstaatsanwalt a. D. in Bremen

Thomas Wickern, Oberstaatsanwalt in Düsseldorf

Inhaltsübersicht

DRITTES BUCH

Rechtsmittel

VIERTES BUCH

DRITTES BUCH

Rechtsmittel

Vorbemerkungen

Schrifttum

Allgemein zu den Rechtsmitteln (Überblick). *Bloy* Die Ausgestaltung der Rechtsmittel im deutschen Strafprozeßrecht, JuS **1986** 585; *Weitzel* Grundzüge des Rechts der Rechtsmittel, JuS **1992** 625.

Zur Beschwer. *Cording* Freispruch gemäß § 20 StGB – „lebenslänglich" im Bundeszentralregister, StV **1995** 48; *Henrichs* Freispruch und Menschenwürde, MDR **1956** 196; *O.-W. Jakobs* Verfassungsbeschwerde gegen die Art der Begründung gerichtlicher Entscheidungen, JZ **1971** 1279; *G. Kaiser* Die Beschwer als Voraussetzung strafprozessualer Rechtsmittel (1993 = Diss. Mannheim 1992); *Knoche* Kein Rechtsmittel gegen freisprechende Urteile, DRiZ **1972** 26; *Kühl* Unschuldsvermutung, Freispruch und Einstellung (1983; zit. Unschuldsvermutung); *Kühl* Unschuldsvermutung und Einstellung des Strafverfahrens, NJW **1984** 1264; *v. Löbbecke* Begriff und Wesen der Beschwer im strafprozessualen Rechtsmittelverfahren, Diss. Mannheim 1972; *Plöttner* Die Beschwer des Angeklagten im Rechtsmittelverfahren, Diss. Freiburg 1973; *Roos* Ist der mangels Beweises Freigesprochene beschwert? JR **1951** 200; *Schwenk* Freispruch mangels Beweises, NJW **1960** 1932; *Schwenk* Freispruch Unschuldiger wegen Zurechnungsunfähigkeit, NJW **1964** 1455; *Stephan* Rechtsschutzbedürfnis auch im Strafprozeß? NJW **1966** 2394; *Sternberg-Lieben* Einstellungsurteil oder Freispruch, ZStW **108** (1996) 721; *Tolksdorf* Die unterbliebene Unterbringung gemäß § 64 StGB und ihre Überprüfung im Revisionsverfahren, FS Stree/Wessels 753; *Zysk* Die Anfechtbarkeit freistellender Entscheidungen durch den Beschuldigten, Diss. München 1962.

Zur Rechtsmittelbeschränkung und Teilrechtskraft s. die Angaben bei § 318 und § 344.

Zur Gegenvorstellung. *Hohmann* Die Gegenvorstellung – „Stiefkind" des Strafverfahrens? JR **1991** 10; *Matt* Die Gegenvorstellung im Strafverfahren, MDR **1992** 820; *Weis* Gegenvorstellung bei der Verletzung von Verfahrensgrundrechten, NJW **1987** 1314; *Werner* Strafprozessuale Gegenvorstellung und Rechtsmittelsystem, NJW **1991** 19; *Wiedemann* Die Korrektur strafprozessualer Entscheidung außerhalb des Rechtsmittelverfahrens (1981 = Diss. Erlangen 1980).

Zur Reform s. die Angaben Vor § 333.

Übersicht

Ernst-Walter Hanack

Alphabetische Übersicht

I. Rechtsmittel und Rechtsbehelfe

1. Rechtsmittel i. S. des Dritten Buches der StPO sind nur die Beschwerde (einfache **1** Beschwerde, sofortige Beschwerde, weitere Beschwerde, §§ 304 ff), die Berufung (§§ 312 ff) und die Revision (§§ 333 ff). Ihnen ist — mit Besonderheiten bei der einfachen Beschwerde, s. § 306 Abs. 2 — gemeinsam, daß das Verfahren infolge der Anfechtung an ein höheres Gericht übergeht (sog. **Devolutiveffekt**), das die Entscheidung der vorigen Instanz im Umfang der zulässigen Anfechtung nachprüft und gegebenenfalls abändert oder beseitigt. Dabei wenden sich Berufung und Revision gegen Urteile, während die Beschwerde gegen bestimmte Verfügungen, Beschlüsse und Nebenentscheidungen gerichtet ist. Bei zulässiger Einlegung von Berufung und Revision wird ferner der Eintritt der Rechtskraft gehemmt (**sog. Suspensiveffekt**) und damit zugleich auch die Vollstreckbarkeit (§ 449); bei der Beschwerde tritt eine vergleichbare Wirkung dagegen nur ein, wenn sie im Einzelfall besonders angeordnet wird (§ 307 Abs. 2) oder vom Gesetz ausdrücklich vorgesehen ist (wie z. B. in § 81 Abs. 4 oder § 231 a Abs. 3).

2. Rechtsbehelfe. Neben den „Rechtsmitteln" enthält das Strafverfahrensrecht zahlrei- **2** che sonstige Anfechtungsmittel gegen polizeiliche, staatsanwaltschaftliche und gerichtliche Maßnahmen oder Entschließungen. Je nach der Art des angefochtenen Akts gibt es solche Rechtsbehelfe in sehr verschiedener Form (Überblick bei SK-*Frisch* 5 ff). So sind Verfügungen und Entschließungen der Staatsanwaltschaft oder ihrer Hilfsbeamten im Vorverfahren beispielsweise überprüfbar gemäß § 172 Abs. 2, gemäß § 98 Abs. 2 Satz 2, § 111 e Abs. 2 Satz 1 und § 163 a Abs. 3 Satz 2. Im Vollstreckungsverfahren besteht Überprüfbarkeit gemäß § 458 Abs. 2. Als Rechtsbehelfe gegen gerichtliche Entscheidungen kennt das Gesetz insbesondere den Einspruch gegen Strafbefehle (§ 410), den sog. Zwischenrechtsbehelf des § 238 Abs. 2 für die Beanstandung der Sachleitung des Vorsitzenden in der Hauptverhandlung, den Antrag auf Entscheidung des Berufungs- und des Revisionsgerichts in den Fällen der §§ 319 Abs. 2, 346 Abs. 2, die Erinnerung gegen Kostenfestsetzungsentscheidungen des Urkundsbeamten der Geschäftsstelle nach § 464 b. Justizverwaltungsakte können auch im Bereich der Strafrechtspflege gemäß §§ 23 ff EGGVG angefochten werden. Zu den Rechtsbehelfen zählen ferner die sog. **außerordentlichen Rechtsbehelfe**, die sich gegen rechtskräftige Urteile oder sonstige bestandskräftige Entscheidungen richten. In einem engeren Sinne gehören hierzu die Wiedereinsetzung in den vorigen Stand (§§ 44 ff, aber z. B. auch §§ 235, 329 Abs. 3, 391 Abs. 4) und die Wiederaufnahme des Verfahrens gemäß §§ 359 ff, in einem weiteren Sinne die Verfassungsbeschwerde gemäß Art. 93 Abs. 1 Nr. 4 a GG, §§ 90 ff BVerfGG sowie die Beschwerde gemäß Art. 25 ff MRK.

Die Rechtsbehelfe **sind keine Rechtsmittel** im Sinne des Dritten Buches der StPO[1]. **3** Sie werden, entsprechend ihrer Funktion und ihrem Zusammenhang, in anderen Abschnitten der StPO oder in besonderen Gesetzen eigenständig geregelt (und entsprechend auch in diesem Kommentar erfaßt). Zu beachten bleibt, daß die „Allgemeinen Vorschriften" des Dritten Buches (§§ 296 ff) zum Teil kraft Gesetzes bei Rechtsbehelfen entsprechend anwendbar sind und gelegentlich sogar allgemeine Rechtsgedanken enthalten, die nicht nur für „Rechtsmittel" gelten (näher bei den einzelnen Vorschriften).

---

[1] Im Schrifttum wird der Begriff „Rechtsbehelfe" meist als Oberbegriff benutzt, zu dem die „Rechtsmittel" als profilierte Untergruppe zählen. Zur weiteren Systematisierung der „Rechtsbehelfe" vgl. SK-*Frisch* 10, 11.

Ernst-Walter Hanack

4   **3. Gegenvorstellung und Dienstaufsichtsbeschwerde.** Zu beachten ist weiter, daß (auch) im Strafverfahrensrecht die Gegenvorstellung und die Dienstaufsichtsbeschwerde als ungeschriebene (und sog. formlose) Rechtsbehelfe Bedeutung besitzen. Sie werden, weil sie keinem spezifischen Abschnitt der StPO zugeordnet sind, unten Rdn. 77 ff behandelt, obwohl sie keine „Rechtsmittel" darstellen.

II. Zur Bedeutung und Funktion der Rechtsmittel

5   Auch richterliche Entscheidungen sind, wie alles menschliche Tun, der **Gefahr des Irrtums** ausgesetzt. Solche Irrtümer können die Sachverhaltsfeststellung wie die eigentliche Rechtsanwendung betreffen, und zwar im gesamten Bereich des Prozeßrechts und des materiellen Rechts. Rechtsmittel (und Rechtsbehelfe) sind ein wesentliches Instrument, um diese Gefahr zu verringern. Ihr Gebrauch wird traditionellerweise meist den Prozeßbeteiligten überantwortet[2], so daß es in der Regel von ihrer Entschließung abhängt, ob es zur Überprüfung und eventuellen Korrektur der in Frage stehenden Entscheidung kommt. Der Gedanke ist, daß die Prozeßbeteiligten sich des Regulativs nur in kritischen Fällen, nämlich dort bedienen, wo sie in ihren persönlichen Rechten und Interessen verletzt zu sein meinen (Beschuldigte, auch Nebenbeteiligte) oder wo aus ihrer amtlichen Sicht (Staatsanwälte) gegen unrichtige Entscheidungen vorgegangen werden sollte.

6   **Rechtsmittel dienen**[3] insoweit vor allem zur Förderung einer richtigen Entscheidung im Einzelfall. Sie verbessern damit zugleich die Chance ihrer Akzeptanz und ihrer erwünschten befriedenden Wirkung. Rechtsmittel dienen, über den entschiedenen Einzelfall hinaus, aber auch der allgemeinen Verbesserung des Rechts und der Rechtspflege: Indem übergeordnete Gerichte die Entscheidungen nachgeordneter Instanzen im Wege des Rechtsmittelverfahrens überprüfen, vermögen sie die Qualität und die Einheitlichkeit der Rechtsprechung zu fördern. Die Rechtsprechungseinheit ist namentlich in einem größeren Staatswesen von hoher Bedeutung, weil ohne sie die Vorteile einheitlichen Gesetzesrechts gefährdet sind und weil die unterschiedliche Beurteilung abstrakt identischer Rechtsfragen auch die Einzelfallgerechtigkeit verletzt. So bemühen sich gerade moderne Gesetzgeber größerer Staaten mit Hilfe des Rechtsmittelsystems und seiner Ergänzung durch externe und interne gerichtliche Vorlegungspflichten um ein Prinzip der sich verjüngenden Spitze[4] im Instanzenzug, das in tunlichem Maße Rechtsprechungseinheit gewährleistet.

7   Wieweit Rechtsmittel die **Sorgfaltspflicht des Richters** beeinflussen[5], ist umstritten, in Wahrheit aber ganz ungeklärt. Denkbar erscheint sowohl, daß die Kontrollmöglichkeit durch eine höhere Instanz den Richter zu größerer Sorgfalt veranlaßt, als auch umgekehrt, daß das Wissen um die mögliche Kontrolle seinem Verantwortungsgefühl abträglich ist. Wahrscheinlich ist das je nach der Richterpersönlichkeit verschieden, aber auch mit abhängig von der Güte und Sensibilität der Rechtsmittelgerichte selbst. In der Bundesrepublik fallen in letzter Zeit gelegentliche Unmutsäußerungen von Richtern über zu weitgehende und nicht überzeugende Eingriffe des Bundesgerichtshofes in ihre spezifische Sphäre auf.

---

[2] Zur Geschichte der Rechtsmittel, die sich schon in ältesten Kulturen finden, vgl. z. B. *von Hippel* 550; *Stumpf* Die Berufung im deutschen Strafprozeß, Diss. Würzburg 1988, 6 jeweils mit weit. Nachw.
[3] Eingehend *Duske* Die Aufgaben der Revision, Diss. Marburg 1960, 55 mit Nachw. Vgl. auch *Eb. Schmidt* 2 ff; SK-*Frisch* 1 f; *Weitzel* JuS **1992** 625; *Peters* § 70 speziell zum Fehlurteil.

[4] Näher *Hanack* Der Ausgleich (s. Vor § 333) 7 ff, 18 ff; *Rieß* FS Salger 373; vgl. auch Vor § 333, 7, 8.
[5] Dazu etwa *Tröndle* GA **1967** 173 mit weit. Nachw.; *Mannheim* Beiträge zur Lehre von der Revision (s. Vor § 333) 22 ff; vgl. auch SK-*Frisch* 3.

Die **rechtspolitische Gestaltung** der Rechtsmittel stellt den Gesetzgeber vor schwie- **8** rige Aufgaben. Denn mit der Gewährung von Rechtsmitteln sind auch Gefahren verbunden. Die Gewährung findet daher eine allgemeine Grenze am Postulat der Rechtssicherheit (Rechtskraft), das die immer erneute Verhandlung und Überprüfung verbietet. Aber schon vor dieser Grenze können Rechtsmittel den angemessenen zügigen Verfahrensablauf beeinträchtigen (der als solcher durchaus auch einen Rechtswert darstellt), bei Teilanfechtung oder Teilaufhebung zu Unstimmigkeiten führen[6] und in vielfältiger sonstiger Weise[7] die Wahrheitserforschung gefährden. Bei dem Bemühen, insoweit zwischen den Vor- und Nachteilen von Rechtsmitteln den richtigen Ausgleich zu finden, kann der Gesetzgeber der Art nach verschiedene Rechtsmittel entwickeln und benutzen, sie insbesondere mehr an der individuellen Richtigkeitsgewähr oder mehr an den Belangen der Rechtseinheit orientieren. Die jeweilige Akzentuierung ist für die Auslegung der Rechtsmittelvorschriften bedeutsam. Je nach der Ausgestaltung des Verfahrens in der Ausgangsinstanz wird der Gesetzgeber im übrigen Rechtsmittel in unterschiedlichem Maße und von unterschiedlicher Art gewähren, u. U. auch mehrstufige Instanzenzüge vorsehen. Endgültige Lösungen wird er wegen der sich immer wieder wandelnden Verhältnisse nicht schaffen können, und auch auf allgemeinen Beifall für getroffene Lösungen kann er angesichts der widerstreitenden Belange kaum hoffen. Das zeigt schon die umfangreiche Diskussion um die Rechtsmittelreform[8]. So ist der Wert der Berufung und ihr gesetzlicher Anwendungsbereich seit jeher umstritten[9]. Auch über die Revision und ihre sinnvolle Gestaltung gehen die Meinungen erheblich auseinander[10]. Ein alter Streit besteht ferner um die Regelung des Instanzenzugs in Strafsachen, insbesondere hinsichtlich seiner Differenzierung im Bereich der kleineren und mittleren Kriminalität (Einzelrichter- und Schöffengerichtssachen) einerseits und schweren Kriminalität (erstinstanzliche Strafkammer- und OLG-Sachen) andererseits[11].

Soweit das Gesetz Rechtsmittel zur Verfügung stellt, handeln die Rechtsmittelgerichte **9** **aufgrund ihrer Justizgewährungspflicht.** *Sie* begründet ihre Verpflichtung, die angefochtene Entscheidung zu überprüfen und nötigenfalls aufzuheben, abzuändern oder durch eine eigene Entscheidung zu ersetzen. Es geht also nicht um einen „Rechtsschutzanspruch" der Prozeßbeteiligten gegenüber Fehlentscheidungen[12]. Das zeigt sich schon daran, daß die StPO Rechtsmittel auch bei sachlicher Richtigkeit der angefochtenen Entscheidung und nach ausschließlich formellen Regeln gewährt. Ihre Zulässigkeit beruht also entscheidend auf dem Verfahrensrecht. Wäre es anders, müßten Zulässigkeit und Begründetheit letztlich zusammenfallen.

III. Rechtsmittel und Verfassung

Art. 19 Abs. 4 GG verbürgt zwar eine **Rechtsweggarantie**[13], besagt aber nicht, daß **10** auch gegen gerichtliche Entscheidungen *selbst* ein „Rechtsweg" eröffnet ist, gewährleistet

---

6 Vgl. bei § 318, bei § 344 und bei § 353.

7 Verlust von Beweismitteln, Erinnerungsmängel und Gefahr der Selbsttäuschung bei Zeugen, Bildung von Interessenlagen und unlautere Einflußnahmen bis hin zur Einführung falscher Beweismittel; vgl. *Peters* § 74 I, II.

8 Nachweise (nicht nur zur Revision) bei Schrifttum Vor § 333.

9 Eingehend zuletzt *Stumpf* (s. Fußn. 2); vgl. etwa auch SK-*Frisch* 22 ff; *Peters* § 74 I; *Tröndle* GA **1967** 161.

10 Näher Vor § 333, insbes. 14 ff.

11 Dazu insbes. die Verh. des 52. DJT 1978 mit Gutachten, Referaten und Diskussion, die insoweit auf die Beilegung alter Streitfragen hindeuten; zusammenfassend *Rieß* ZRP **1979** 193.

12 Näher, auch zu abweichenden Meinungen, *Eb. Schmidt* I 40; *Stephan* NJW **1966** 2394; kritisch SK-*Frisch* 66.

13 Die namentlich bei den hier nicht zu erörternden „Rechtsbehelfen" gegen Maßnahmen von Polizei und Staatsanwaltschaft wichtig ist; dazu z. B. SK-*Frisch* 13 ff.

also keinen (straf)gerichtlichen Instanzenzug[14]. Eine solche Gewährleistung ergibt sich, entgegen gelegentlich vertretenen Auffassungen[15], als *allgemeine* Garantie auch nicht aus anderen Verfassungsgrundsätzen, insbesondere nicht aus Art. 20 GG. Es besteht vielmehr insoweit Gestaltungsfreiheit des einfachen Gesetzgebers[16]. Dies ist auch sinnvoll, weil sich ein effektives gerichtliches Verfahrensrecht gerade wegen der Eigentümlichkeit der Rechtsmittel und ihrem komplizierten Verhältnis zur Gestaltung des Verfahrens in der Ausgangsinstanz (Rdn. 8) auf sehr unterschiedliche Weise regeln läßt.

11   Die **Gestaltungsfreiheit des Gesetzgebers** ist allerdings nicht unbegrenzt. Schon die gerichtsorganisatorische Regelung des Art. 95 GG über „oberste Gerichtshöfe" (vgl. auch Art. 96 Abs. 2 GG) zeigt, daß das Grundgesetz Rechtsmittelgerichte ersichtlich voraussetzt[17], also von der Nutzbarmachung dieses verfahrensrechtlichen Instruments ausgeht. Man wird darin einen gewissen Fingerzeig sehen können, der für die Konkretisierung des Rechtsstaatsprinzips Bedeutung besitzt: Es ist verfassungsrechtlich geboten, mit Hilfe von Rechtsmitteln in bestimmtem Umfang für die Rechtsprechungseinheit Sorge zu tragen. Und ebenso dürfte es verfassungsrechtlich geboten sein, jedenfalls dort Rechtsmittel zur Verfügung zu stellen, wo die Besetzung des (erst)zuständigen Gerichts und das für sein Verfahren geltende Recht in der Relation zum Gewicht der Strafsache allein die angemessene Entscheidung ohne Korrekturmöglichkeit durch eine höhere Instanz nicht hinreichend garantiert; die Einzelheiten, die dem Gesetzgeber einen weiten Spielraum lassen, sind ungeklärt, setzen aber „Entlastungsgesetzen" verfassungsgerichtliche Grenzen[18].

12   Im übrigen gilt das **Willkürverbot** auch bei der Gestaltung des Rechtsmittelrechts[19]. Im Rahmen gegebener Rechtsmittel ist ferner das verfassungsrechtlich abgeleitete Prinzip von der **Effektivität des Rechtsschutzes** zu beachten; es verbietet nach der st. Rspr. des Bundesverfassungsgerichts dem Gesetzgeber wie der Praxis, den Zugang zum Rechtsmittelgericht „in unzumutbarer, aus Sachgründen nicht mehr zu rechtfertigender Weise" zu erschweren[20].

IV. Allgemeine Gestaltung des Rechtsmittelrechts

13   **1. Erfüllung rechtlicher Formalien.** Für alle Rechtsmittel ist die Erfüllung bestimmter Formalien Voraussetzung. Es sind dies: **1.** Die Anfechtbarkeit der Entscheidung, und zwar gerade durch den Beschwerdeführer, muß gesetzlich vorgesehen sein. **2.** Der Beschwerdeführer oder der für ihn Handelnde muß zur Geltendmachung des Rechtsmittels befugt und verhandlungsfähig sein[21]. **3.** Er muß das Rechtsmittel form- und fristgerecht bei dem dafür zuständigen Gericht einlegen. **4.** Es muß eine Beschwer durch die angefochtene Entscheidung vorliegen. **5.** Bei einzelnen Rechtsmitteln müssen sonstige Formerfordernisse gewahrt sein, insbesondere bei der Revision die ordnungsgemäße Begrün-

---

[14] Std. Rspr. des BVerfG (z. B. BVerfGE **4** 94; **11** 233; **28** 36; **40** 274; **41** 26; **92** 410); ganz h. M, z. B. BGHSt **28** 58; *Kleinknecht/Meyer-Goßner*[43] 3; SK-*Frisch* 17 mit weit. Nachw.

[15] *Schlüchter* 614; *Ule* DVBl. **1982** 825; weit. Nachw. bei SK-*Frisch* 18.

[16] BVerfGE **54** 291; SK-*Frisch* 20. Vgl. aber auch Art. 14 Abs. 5 IPBPR mit Art. 1 des RatifizierungsG v. 15. 11. 1973; dazu LR-*Gollwitzer* MRK Art. 6, Art. 14 IPBPR (24. Aufl. Rdn. 261 ff).

[17] Vgl. näher *Maunz/Dürig/Herzog* Art. 95 Rdn. 6, 45, 46.

[18] Zur Problematik (speziell aus zivilprozessualer Sicht) instruktiv *Voßkuhle* NJW **1995** 1377, insbes.

1381 mit Nachw.; *Th. Brandner* in FS für H. E. Brandner (1996) 683.

[19] BVerfGE **54** 293; SK-*Frisch* 20; vgl. auch *Hanack* JR **1993** 432 zur bedenklichen Ausnahmeregelung der §§ 331 Abs. 2, 358 Abs. 2 Satz 2.

[20] So u. a. BVerfGE **10** 268; **40** 274; **41** 26 und 326; **44** 405; **49** 341; **60** 269; **74** 234; **77** 284; BVerfG NJW **1996** 1811; **1997** 2163 (zur sog. prozessualen Überholung); SK-*Frisch* 20; näher *Wolf* § 27 I 2.

[21] Die Verhandlungsfähigkeit im allgemeinen ist bei § 205 (24. Aufl. Rdn. 12 ff) erörtert, ihre Ausprägung im Rechtsmittelrecht insbes. bei § 296, 5, § 333, 15 f und § 302, 6 angesprochen.

dung gemäß §§ 344, 345. Fehlt eines dieser Erfordernisse, ist das Rechtsmittel als **unzu-lässig** zu verwerfen.

2. Rechtsmittelwirkungen. Durch das form- und fristgerecht eingelegte Rechtsmittel **14** gelangt das Verfahren in die Gerichtsgewalt des Rechtsmittelgerichts (sog. Devolutiv-effekt, vgl. schon oben Rdn. 1). Dieses entscheidet über das Rechtsmittel bei der Beschwerde und der Berufung aufgrund einer neuen Prüfung der Sach- und Rechtslage, bei der Revision nach den Regeln über die Rechtsrüge (§ 337). Berufung und Revision hindern zudem die Vollstreckbarkeit der angefochtenen Entscheidung (sog. Suspensiv-effekt), während die Beschwerde eine solche aufschiebende Wirkung nur im Einzelfall hat (oben Rdn. 1).

Eine **begrenzte Entscheidungsgewalt des Erstgerichts** besteht im Interesse der Ver- **15** fahrensbeschleunigung und unbeschadet des Devolutiveffekts bei Berufung und Revision in Form einer Vorprüfung der Zulässigkeit des Rechtsmittels (§ 319 Abs. 1, § 346 Abs. 1). Bei der einfachen Beschwerde schließt der Devolutiveffekt auch nicht aus, daß der Beschwerde noch vor der Vorlage an das Rechtsmittelgericht vom Erstrichter durch eine Änderung der angefochtenen Entscheidung abgeholfen wird (§ 306 Abs. 2).

3. Verschlechterungsverbot (Verbot der reformatio in peius). Bei Berufung und **16** Revision darf das angefochtene Urteil nach Maßgabe der §§ 331, 358 Abs. 2 (vgl. auch § 373 Abs. 2) in Art und Höhe der Rechtsfolgen zum Nachteil des Beschuldigten nicht verschlechtert werden, wenn das Rechtsmittel von ihm selbst, von seinem gesetzlichen Vertreter (vgl. § 298, 2) oder von der Staatsanwaltschaft gemäß § 296 Abs. 2 lediglich zu seinen Gunsten eingelegt ist. Die Regelung (zu ihrem Zweck s. bei § 331) gilt nicht nur für das Rechtsmittelgericht, sondern im Falle der Zurückverweisung auch für jeden neuen Richter. Sie erfaßt nach ganz herrschender Meinung, entsprechend dem Gesetzeswort-laut, nicht eine dem Beschuldigten nachteilige Änderung des Schuldspruchs. Bei der Beschwerde gilt das Verbot in der Regel nicht (näher bei § 309).

4. Rechtsmittelbefugnis. Bevollmächtigung. Zur Einlegung von Rechtsmitteln **17** grundsätzlich befugt sind namentlich der Beschuldigte und die Staatsanwaltschaft (§ 296), der gesetzliche Vertreter des Beschuldigten (§ 298) und in gewisser Weise auch der Ver-teidiger (§ 297). Die Einzelheiten sind bei den genannten Vorschriften erörtert. Rechtsmit-telbefugt sind als sog. Nebenbeteiligte ferner eine Reihe sonstiger Verfahrensbeteiligter, vgl. die Aufzählung bei § 296, 1.

Der Beschuldigte kann sich, über § 297 hinaus, durch **Bevollmächtigte** bei der Einle- **18** gung von Rechtsmitteln wirksam vertreten lassen[22], so vor allem durch Familienangehö-rige[23]. Der Vertreter muß jedoch verhandlungsfähig sein[24]. Zulässig ist die Vertretung im Willen[25] wie in der Erklärung[26]; der Bevollmächtigte darf auch mit dem Namen des Ver-

---

22 RGSt **66** 211; BayObLG NJW **1976** 156, OLG Bre-men NJW **1954** 46; OLG Hamm NJW **1952** 1150; OLG Saarbrücken NStZ **1994** 1423; AK-*Achen-bach* § 298, 8; KK-*Ruß* § 297, 4; *Kleinknecht/Mey-er-Goßner*[43] § 297, 7; KMR-*Paulus* § 297, 5; SK-*Frisch* 207; *Schnarr* NStZ **1986** 489. Vgl. auch § 345, 32.

23 OLG Bremen NJW **1954** 46 (Sohn); OLG Stuttgart Justiz **1985** 321 (Verlobte); *Schnarr* aaO.

24 BayObLGSt **1964** 86 = JR **1964** 428 mit Anm. *Dünnebier; KK-Ruß* und *Kleinknecht/Meyer-Goßner*[43] aaO; KMR-*Paulus* § 296, 2; *Schmid* SchlHA **1981** 105 verlangt Geschäftsfähigkeit.

25 BayObLGSt **1964** 82 = JR **1964** 427 mit Anm. *Dünnebier*; KK-*Ruß* § 297, 4; *Kleinknecht/Meyer-Goßner*[43] § 297, 7; KMR-*Paulus* § 297, 5; **a. A** *Schmid* SchlHA **1981** 108 (nur in der Erklärung).

26 RGSt **66** 211; OLG Bremen NJW **1954** 46; vgl. auch Fußn. 25.

Ernst-Walter Hanack

tretenen zeichnen[27]. Obwohl *als Verteidiger* nur natürliche Personen in Betracht kommen, ist kein Grund ersichtlich, außerhalb der Hauptverhandlung (*Schmid* SchlHA **1981** 108) juristische Personen als Vertreter in der Erklärung auszuschließen[28]; für sie handelt im Zweifel insoweit dann *ihr* gesetzlicher Vertreter. Zum Verteidiger wird der Bevollmächtigte durch die Beauftragung nicht, selbst wenn er Rechtsanwalt ist[29]. Im Einzelfall kann unklar sein, ob die Rechtsmitteleinlegung durch den Bevollmächtigten als Antrag gemäß § 138 Abs. 2 zu deuten ist. Dies ist dann durch Rückfrage zu klären, hat aber auf die Wirksamkeit der Rechtsmittelerklärung keinen Einfluß.

19   Die Bevollmächtigung bedarf **keiner Form**, muß aber vor Abgabe der Rechtsmittelerklärung erteilt sein. Für Zeitraum und Nachweis der Vollmacht gilt dasselbe wie beim Verteidiger (vgl. § 297, 5; 7).

5. Formerfordernisse, Fristen

20   **a) Form.** Rechtsmittel können nur schriftlich oder zu Protokoll der Geschäftsstelle eingelegt werden (§§ 306, 314, 341). Für die Revisionsbegründung (§ 344), bei der die ebenfalls mögliche Einschaltung der Geschäftsstelle nicht unbedenklich erscheint, gilt die strengere Vorschrift des § 345 Abs. 2 (dort Rdn. 14 ff). Über moderne Formen der „Schriftlichkeit" s. Vor § 42, 26 ff sowie bei §§ 306; 314; 341. Zum Erfordernis der deutschen Sprache vgl. § 184 GVG.

21   **Die Staatsanwaltschaft** kann Rechtsmittel nur durch einen dazu befugten, also zeichnungsberechtigten Beamten (§ 144, 3 ff GVG) einlegen, was vor allem beim Rechtsmittel eines Amtsanwalts von Bedeutung ist (näher bei § 142 GVG).

22   **b) Ernsthafte Eingabe.** Eine Schrift, deren Inhalt sich in Beleidigungen und Beschimpfungen erschöpft, ist kein zulässiges Rechtsmittel, auch wenn sie als solches bezeichnet wird[30]. Gleiches gilt, wenn ein „Rechtsmittel" erkennbar kein sachliches Ziel im Rahmen des Verfahrens verfolgt[31], nicht ernsthaft gemeint ist[32] oder ersichtlich nur als Vorwand für die Verunglimpfung anderer Personen benutzt wird[33]. Der Mißbrauch muß aber immer *eindeutig* der *einzige* Zweck des Rechtsmittels sein[34]. Insbesondere bei beleidigenden Äußerungen dürfte sich meist nicht sicher ausschließen lassen, daß die Eingabe zugleich auch ein sachliches Anliegen im Rahmen des Verfahrens verfolgt; nur wenn sich dies klar verneinen läßt, ist die Erklärung verfahrensrechtlich unbeachtlich.

---

[27] RGSt **66** 212; OLG Hamm NJW **1952** 1150.

[28] OLG Hamm NJW **1952** 1150; *Kleinknecht/Meyer-Goßner*[43] § 297, 7; **a. A** KMR-*Paulus* § 297, 5 unter Hinweis auf BayObLG HRR **1934** Nr. 1429 (der aber auch annimmt, daß die Ermächtigung der juristischen Person die Bevollmächtigung der für sie handelnden natürlichen Person enthält).

[29] BayObLGSt **1975** 102 = MDR **1976** 69; KMR-*Paulus* zu aaO.

[30] OLG Karlsruhe NJW **1973** 1658; **1974** 915; vgl. auch Fußn. 33. Der Grundsatz, daß Eingaben an Gerichte und Behörden ein Mindestmaß an Sachlichkeit wahren müssen, um zulässig zu sein, gilt allgemein; vgl. z. B. BVerfGE **2** 229; BayVerfGE **20** 138; VGH Kassel NJW **1968** 70.

[31] KG VRS **55** (1978) 209; OLG Frankfurt NJW **1979** 1613; *Kleinknecht/Meyer-Goßner*[43] Einl. 111; *Eb. Schmidt* I 270; SK-*Frisch* 212. LG Berlin VRS **49** (1975) 279 sieht eine Berufung als unzulässig an,

die ausschließlich bezweckt, durch Zeitablauf die Entziehung der Fahrerlaubnis zum Wegfall zu bringen und den beschlagnahmten Führerschein wiederzuerhalten; *Meyer* MDR **1976** 629 verneint in diesem Fall die Beschwer; vgl. aber jetzt § 473 Abs. 5 i. d. F. des StVÄG 1987 und dazu LR-*Hilger*[24] § 473, 53 ff.

[32] KG VRS **55** (1978) 209 (wenn Antragsteller sich nur über das Gericht lustig macht); vgl. auch BGH NStZ **1984** 563 (zweifelhafte Übernahme der Verantwortung für eine Revisionsbegründung von 2938 Blättern).

[33] OLG Düsseldorf wistra **1992** 200; OLG Hamm NJW **1976** 978; KG NJW **1968** 151; OLG Koblenz MDR **1973** 157.

[34] Dazu und zum folg. OLG Frankfurt NJW **1979** 1613; OLG Hamm NJW **1976** 978; KK-*Ruß* 9; SK-*Frisch* 212; vgl. auch *Günther* DRiZ **1977** 242.

c) Bedingungen. Wird die Einlegung eines Rechtsmittels von Bedingungen abhängig **23** gemacht, so ist das Rechtsmittel unwirksam[35]. Sein Bestand muß sich aus der Rechtsmittelschrift zweifelsfrei und unbedingt ergeben. Unzulässig ist daher z. B. ein Rechtsmittel, das erklärtermaßen nur für den Fall eingelegt wird, daß dies auch ein anderer Beteiligter tut[36] oder daß eine Haftbeschwerde erfolglos bleibt[37]. Unschädlich sind jedoch sog. Rechtsbedingungen sowie Angaben über den Beweggrund („zur Fristwahrung", „mit Rücksicht auf die Revision der Staatsanwaltschaft"), selbst wenn die Angabe unzutreffend sein sollte; vgl. dazu § 341, 4; 5.

Bei der **vorsorglichen Einlegung** von Rechtsmitteln ist in unklaren Fällen durch Aus- **24** legung zu ermitteln, ob es damit an eine Bedingung geknüpft werden sollte (etwa: daß kein anderer Beteiligter Rechtsmittel einlegt) oder ob es sich um eine unbedingte Erklärung handelt, bei der nur „vorsorglich" die Möglichkeit einer späteren Rücknahme angedeutet wird[38]. Denn der Hinweis auf ein mögliches künftiges Verhalten enthält, ebenso wie die Mitteilung des Beweggrundes (Rdn. 23), für sich noch keine Bedingung. Entgegen Tendenzen der Rechtsprechung[39] nicht angemessen erscheint es, insoweit bei Zweifeln über das Auslegungsergebnis im Hinblick auf den unbedingten Bestand des Rechtsmittels (vgl. Rdn. 23) ein zulässiges Rechtsmittel zu verneinen[40]. Denn abgesehen davon, daß dadurch Formulierungsschwächen oder mangelnde Rechtskenntnis eine fragwürdige, auch dem Grundgedanken des § 300 widersprechende Bedeutung gewinnen und daß der Hinweis auf eine vorsorgliche Einlegung durchaus einen guten Sinn haben kann[41]: Die Zweifel lassen sich durch eine Rücksprache leicht beheben, die darum in solchen Fällen angesichts der Bedeutung der Rechtsmittel geboten erscheint, falls man nicht überhaupt annimmt, daß nach der Lebenserfahrung im Zweifel eine unbedingte Anfechtung gewollt war.

d) Adressat der Einlegung ist bei den Rechtsmitteln der StPO grundsätzlich das **25** Gericht, dessen Entscheidung angefochten wird, also der „judex a quo", nicht der „judex ad quem" (§§ 306, 314, 341, s. näher jeweils dort).

e) Fristen. Berufung, Revision und sofortige Beschwerde können nur innerhalb einer **26** Woche nach Verkündung bzw. Zustellung der Entscheidung eingelegt werden (§§ 311, 314, 341; s. jeweils näher dort). Die Revision ist überdies innerhalb eines Monats gemäß §§ 344, 345 zu begründen.

Die **einfache Beschwerde** ist nicht fristgebunden. Sie kann jedoch durch **Zeitablauf 27** unzulässig werden, sofern der Beschwerdeberechtigte unter Umständen untätig geblieben ist, bei deren Vorliegen vernünftigerweise etwas zur Wahrnehmung des Rechts unternommen zu werden pflegt, vorausgesetzt, daß die Länge des Zeitablaufs und das öffentliche Interesse an der Wahrung des Rechtsfriedens die spätere Anfechtung als mißbräuchlich

---

[35] BVerfGE **40** 274; BGHSt **5** 183; **25** 188 = JR **1974** 295 mit Anm. *Hanack*; RGSt **59** 51; **60** 335; **66** 267; OLG Hamm NJW **1973** 257; *Kleinknecht/ Meyer-Goßner*[43] Einl. 118; KMR-*Paulus* 64; SK-*Frisch* 261 ff; *Friederichs* MDR **1976** 1875; *Mannheim* MDR **1968** 424; *Schmid* GA **1982** 95; vgl. ferner § 341, 4 sowie – für bedingte Revisionsrügen – § 344 (24. Aufl. Rdn. 69).

[36] BayObLG DRiZ **1928** Nr. 82; OLG Düsseldorf MDR **1956** 376; OLG Hamm JMBlNW **1956** 190; OLG Köln NJW **1963** 1073.

[37] OLG Bremen Rpfleger **1962** 387.

[38] Dazu BGHSt **5** 183; RGSt **57** 83; **60** 355; **66** 387; OLG Düsseldorf MDR **1956** 376 mit abl. Anm. *Stephan*; OLG Hamm JMBlNW **1956** 190; KG HRR **1928** Nr. 398; OLG Bremen Rpfleger **1962** 387; *Kleinknecht/Meyer-Goßner*[43] Einl. 118; SK-*Frisch* 268; vgl. auch § 341, 5.

[39] Z. B. BGHSt **5** 183; OLG Hamm NJW **1973** 257.

[40] Ebenso und näher SK-*Frisch* 268; *Schmid* GA **1982** 106; vgl. auch *Sarstedt/Hamm* 67 mit Fußn. 23 und § 341, 5.

[41] Vgl. Nr. 148 Abs. 1 RiStBV für Rechtsmittel der Staatsanwaltschaft.

Ernst-Walter Hanack

erscheinen läßt[42]. In der Regel wird es in solchen Fällen freilich schon an der Beschwer bzw. an einer fortdauernden Verfahrenswirkung fehlen („prozessuale Überholung", dazu bei § 304).

28   Mit **Fristablauf** endet bei den befristeten Rechtsmitteln die Anfechtbarkeit, sofern nicht Wiedereinsetzung in den vorigen Stand gewährt wird (§§ 44 ff). Zu beachten ist, daß die Frist nicht läuft, wenn es an einer für den Fristbeginn erforderlichen Zustellung der angefochtenen Entscheidung fehlt (§§ 311 Abs. 2, 314 Abs. 2, 341 Abs. 2, aber auch § 345 Abs. 1 Satz 2) bzw. wenn die Zustellung nicht wirksam oder vollständig ist (näher insbes. § 345, 4 ff); wirksam eingelegt werden können Rechtsmittel freilich auch dann[43]. Ob bei nicht laufender Frist in krassen Fällen auch das befristete Rechtsmittel **durch Zeitablauf** (vgl. Rdn. 27) unzulässig werden kann, erscheint jedenfalls bei Urteilen zweifelhaft[44].

29   Ein **Verzicht auf Rechtsmittel** vor Fristablauf ist wirksam, ebenso die **Zurücknahme** (§ 302 Abs. 1 Satz 1). Der Verzicht ist grundsätzlich unwiderruflich (vgl. aber bei § 302, insbes. Rdn. 46 ff) und führt zum Eintritt der Rechtskraft, während umstritten ist, ob oder wann die Rücknahme eines Rechtsmittels seine erneute Einlegung innerhalb der Rechtsmittelfrist hindert (dazu § 302, 28 ff).

30   Ein **vor Erlaß der angefochtenen Entscheidung** eingelegtes Rechtsmittel ist unwirksam[45], schon weil es insoweit an einer Beschwer fehlt. Daraus folgt, entgegen den (z. T. recht unklaren) Tendenzen der herrschenden Meinung[46], aber nicht, daß es dabei bleibt, wenn die Entscheidung existent wird, das (irrig oder „vorsorglich") verfrüht eingelegte Rechtsmittel also auch dann unwirksam ist und auch jetzt noch als unzulässig verworfen werden muß. Dagegen spricht eigentlich schon, daß das Rechtsmittel dann jedenfalls bei nicht aufzuklärenden Zweifeln, ob es vor oder nach Erlaß der Entscheidung eingelegt ist, als zulässig zu behandeln wäre[47]. Dagegen spricht weiter, daß es im Interesse der Rechtssicherheit für eine wirksame Einlegung nicht darauf ankommt, ob der Beschwerdeführer bei der Einlegung Kenntnis davon hat, daß die Entscheidung bereits ergangen ist[48]. Und dagegen spricht vor allem, daß der Erlaß der Entscheidung eine bloße Rechtsbedingung darstellt, die (vgl. Rdn. 23) für die Wirksamkeit des Rechtsmittels unschädlich ist. Da auch nicht zu besorgen ist, daß antizipierte Rechtsmittel eine praxisverwirrende oder -belästigende Alltagserscheinung werden könnten, besteht auch von daher, klare Bezeichnung der Entscheidung vorausgesetzt, kein Anlaß zur Tendenz der herrschenden Meinung[49]. Anderes kann nach Lage des Einzelfalles nur gelten, wenn das vorzeitige Rechtsmittel erkennbar lediglich als Druck- oder Verunglimpfungsmittel gegenüber dem entscheidenden Gericht benutzt wird (oben Rdn. 22).

---

[42] OLG Koblenz MDR **1985** 344 im Anschluß an BVerfGE **32** 305 (zu Art. 19 Abs. 4 GG); *Kleinknecht/Meyer-Goßner*[43] 6; *Ellersiek* Die Beschwerde im Strafprozeß (1981) 147; vgl. auch OLG Koblenz wistra **1987** 357; a. A *Dütz* NJW **1972** 1025; *Schlüchter* GedS Meyer 445; skeptisch SK-*Frisch* 189.

[43] So schon RG JW **1900** 492; ersichtlich allg. M.

[44] Eine prozessuale Überholung (Rdn. 27) dürfte niemals in Betracht kommen (vgl. SK-*Frisch* 80), und bei eingetretenen Verfahrenshindernissen gelten ohnedies besondere Regeln (dazu bei § 206 a).

[45] BGHSt **25** 189 = JR **1974** 296 mit Anm. *Hanack*; BayObLGSt **1961** 138 = NJW **1961** 1637 mit Anm. *Erdsiek*; RG JW **1902** 301.

[46] BayObLGSt **1961** 138 = NJW **1961** 1637 mit abl.

Anm. *Erdsiek*; OLG Bremen Rpfleger **1961** 287; OLG Koblenz MDR **1978** 511; OLG Köln VRS **47** (1974) 189; *Kleinknecht/Meyer-Goßner*[43] 4; KMR-*Paulus* 41; tendenziell LR-*Gollwitzer*[24] 44.

[47] *Erdsiek* NJW **1961** 1637 unter Hinweis auf RG; *Hanack* JR **1974** 296; *Gollwitzer* aaO.

[48] BGHSt **25** 187 = JR **1974** 295 mit Anm. *Hanack* (für das Strafbefehl); OLG Hamm NStZ **1981** 200 L; OLG Koblenz MDR **1978** 511; *Kleinknecht/Meyer-Goßner*[43] 4; *Ellersiek* Die Beschwerde im Strafprozeß (1981) 48; a. A BayObLG wie Fußn. 46; OLG Hamm VRS **37** (1969) 61.

[49] Im Ergebnis ebenso AK-*Achenbach* 11; SK-*Frisch* 77; *Erdsiek* NJW **1961** 1637; *Hanack* JR **1974** 296; *Bennecke/Beling* und *Eckstein*; s. § 341, 3 Fußn. 7; vgl. auch *Grunsky* DÖV **1975** 382.

6. Teilanfechtung, Rechtsmittelbeschränkung. Berufung und Revision können, wie **31** sich schon aus dem Gesetz ergibt (§§ 318, 327; 344, 352), auf bestimmte Beschwerdepunkte beschränkt werden. Entsprechendes gilt trotz des Fehlens einer ausdrücklichen Regelung für die Beschwerde[50]. Die Beschränkung kann von vornherein, also schon bei der Einlegung des Rechtsmittels erfolgen, aber auch noch nachträglich erklärt werden (näher § 302, 44; 68). Wird ein Rechtsmittel zunächst ganz allgemein, ohne bestimmten Antrag, eingelegt, bedeutet die spätere Erklärung, daß die Entscheidung nur in bestimmtem Umfang angefochten werde, keine Teilrücknahme, sondern lediglich eine Konkretisierung, so daß der Verteidiger dazu die besondere Ermächtigung des § 302 Abs. 2 nicht braucht (§ 302, 44; 69). Bei wirksamer Beschränkung sind die nicht oder nicht mehr angefochtenen Teile der Entscheidung einer Nachprüfung grundsätzlich entzogen, sog. Teilrechtskraft (vgl. § 316 Abs. 1, § 343 Abs. 1 und dazu Rdn. 34 ff).

Rechtsmittelbeschränkungen dienen nach verbreiteter Meinung in erster Linie der **32** Verfahrensvereinfachung (Prozeßökonomie)[51]. Sie sind aber auch eine Konsequenz der Freiheit des Rechtsmittelberechtigten, von einer Anfechtung überhaupt abzusehen[52]. Beide Gesichtspunkte stehen zueinander nicht im Gegensatz. **Im Konflikt** befindet sich das Interesse an Rechtsmittelbeschränkungen jedoch zu der Notwendigkeit, sie auf selbständig nachprüfbare Teile einer Entscheidung zuzuschneiden. Diese Notwendigkeit besteht insbesondere, weil verhindert werden muß, daß die isolierte Prüfung einzelner Entscheidungteile die Einheitlichkeit des Richterspruchs zerreißt und zu Widersprüchen oder der Gefahr von Widersprüchen zwischen den verschiedenen Entscheidungsbestandteilen führt. Der Widerstreit zwischen dem praktischen Bedürfnis nach Rechtsmittelbeschränkungen und ihren für eine überzeugende Rechtsfindung erforderlichen Voraussetzungen erklärt die komplizierten, z. T. selbst innerhalb der Rechtsprechung erheblich divergierenden und z. T. auch wenig logischen Regeln über die Rechtsmittelbeschränkung (dazu im einzelnen insbes. bei den §§ 318 und 344; vgl. auch Rdn. 34 ff).

7. Rechtskraft und Teilrechtskraft

a) Rechtskraft. Sind gegen eine Entscheidung Rechtsmittel gesetzlich nicht vorgese- **33** hen oder kann ein an sich mögliches Rechtsmittel wegen Fristablaufs (Rdn. 26 ff), wegen bindenden Rechtsmittelverzichts oder endgültiger Rücknahme (dazu bei § 302) nicht mehr geltend gemacht werden, erwächst die Entscheidung in Rechtskraft. Deren charakteristische Wirkungen, bei denen üblicherweise zwischen formeller und materieller Rechtskraft unterschieden wird, sind im einzelnen in der Einl. unter Rdn. J 73 ff dargestellt. Zum Zeitpunkt des Eintritts der formellen Rechtskraft bei den verschiedenen Entscheidungen s. § 449, 11 ff.

b) Teilrechtskraft. Allgemeines. Bei einer wirksamen Rechtsmittelbeschränkung **34** kann das Rechtsmittelgericht die nicht angefochtenen Entscheidungsteile grundsätzlich nicht überprüfen, weil sie durch die Beschränkung von der Überprüfung ausgenommen sind. Im Prinzip die gleiche Situation entsteht bei einer Teilaufhebung der angefochtenen Entscheidung durch das Rechtsmittelgericht (nach beschränkter oder unbeschränkter Anfechtung) für den Tatrichter, der im Umfang der Teilaufhebung über die Sache neu befinden muß. In Rechtsprechung und Schrifttum (auch in diesem Kommentar) ist in beiden Fällen meist von einer „Teilrechtskraft" hinsichtlich der nicht angefochtenen bzw.

---

[50] OLG Frankfurt NJW **1980** 2536; ferner etwa *Kleinknecht/Meyer-Goßner*[43] § 304, 4; KMR-*Paulus* Vor § 304, 7; SK-*Frisch* 273; näher *Ellersiek* aaO 104.

[51] Vgl. etwa BGHSt **19** 48; **24** 188; **29** 364; *Stree* FS Engisch 682.

[52] Betont etwa von BGHSt **29** 364; **38** 364; SK-*Frisch* 276.

Ernst-Walter Hanack

nicht aufgehobenen Entscheidungsteile die Rede. Es entspricht dies einer herkömmlichen, durch die §§ 316, 343 vorgezeichneten Terminologie, die in der Regel auch dort beibehalten wird, wo mit der Formulierung eine besondere Ausprägung der Rechtskraft gar nicht (mehr) gemeint ist.

35   Tatsächlich ist die sog. **Teilrechtskraft mit der Rechtskraft nicht identisch**, unterscheidet sich vielmehr von den typischen Wirkungen der „echten" Rechtskraft z. T. erheblich. So ist bei „teilrechtskräftigen" Entscheidungen u. U. schon die Bestandskraft bis zum endgültigen Verfahrensabschluß geringer, so etwa hinsichtlich eintretender Verfahrenshindernisse[53] oder in den Fällen des § 354 a (dort Rdn. 9), aber auch denen des § 357 (dort Rdn. 1, 25). Auch eine Vollstreckbarkeit der „rechtskräftigen" Entscheidungsteile kommt bei der sog. horizontalen Teilrechtskraft (vgl. Rdn. 37) regelmäßig nicht in Betracht[54], sondern nur bei der sog. vertikalen Teilrechtskraft (Rdn. 37), also dann, wenn das Verfahren bezüglich der einen Tat oder des einen Täters vollständig abgeschlossen ist. Soweit das nicht der Fall ist, tritt auch der für die Rechtskraft wesentliche Strafklageverbrauch nicht ein[55]. Zudem gilt es allgemein als die wichtigste Konsequenz einer (wirksamen) Rechtsmittelbeschränkung oder einer Teilaufhebung, daß die den nicht angefochtenen bzw. nicht aufgehobenen Entscheidungsbestandteilen zugrundeliegenden Feststellungen grundsätzlich bindend sind, also vom Rechtsmittelgericht, vom neuen Tatrichter und von den Verfahrensbeteiligten nicht mehr in Frage gestellt werden dürfen[56]. Mit dem Gesichtspunkt der Rechtskraft aber läßt sich dies nicht erklären. Denn die Rechtskraft bezieht sich prinzipiell nur auf den Entscheidungsausspruch, nicht jedoch auf die ihm zugrundeliegenden tatsächlichen Feststellungen[57].

36   Es sind **gewisse innerprozessuale Bindungswirkungen**, die in Wahrheit das Wesen der sog. Teilrechtskraft ausmachen. Sie ergeben sich bei der Teilanfechtung als notwendige Folge der zulässigen Beschränkbarkeit von Rechtsmitteln und der dadurch eingeschränkten Entscheidungskompetenz des Rechtsmittelgerichts, bei der Teilaufhebung als deren notwendige Folge für die Begrenzung einer neuen tatrichterlichen Entscheidung. Diese Sicht ist — unbeschadet der weitgehend aufrechterhaltenen Bezeichnung als Teilrechtskraft (Rdn. 34) — im Anschluß an neuere Untersuchungen[58] im Schrifttum heute weitgehend anerkannt[59]; sie findet zunehmend Eingang auch in die Rechtsprechung[60].

37   Dabei wird allerdings zwischen **horizontaler und vertikaler Teilrechtskraft** unterschieden[61]. Die sog. horizontale Teilrechtskraft betrifft den Fall, daß das Verfahren wegen einer einheitlichen Tat infolge Teilanfechtung oder infolge Teilaufhebung zum vollständigen Abschluß nur durch eine stufenweise Erledigung kommt[62], z. B. weil das Rechtsmittel wirksam auf den Rechtsfolgenausspruch oder einen Teil dieses Ausspruchs (etwa eine

---

[53] Vgl. etwa BGHSt **8** 269; **15** 207; **31** 51; BayObLG VRS **68** (1985) 454; *Kleinknecht/Meyer-Goßner*[43] Einl. 151 mit weit. Nachw.

[54] Zu denkbaren Ausnahmen s. SK-*Frisch* 285.

[55] BGH NJW **1980** 1807; *Kleinknecht/Meyer-Goßner*[43] Einl. 185.

[56] So schon RGSt **42** 242; **45** 150; ferner etwa BGHSt **7** 285; **10** 72; **24** 257; **28** 121; **30** 343; KK-*Ruß* § 318, 9; *Kleinknecht/Meyer-Goßner*[43] Einl. 187; KMR-*Paulus* § 318, 7; LR § 353, 26 ff. Vgl. aber auch unten Rdn. 42

[57] Vgl. statt vieler *Kleinknecht/Meyer-Goßner*[43] Einl. 170; SK-*Frisch* 292 mit weit. Nachw.; Einl. Rdn. J 103 f.

[58] Insbes. von *Bruns* Teilrechtskraft; *Grünwald* Die Teilrechtskraft; *Sieveking* Neue Wege.

[59] *Kleinknecht/Meyer-Goßner*[43] Einl. 184 ff; KMR-*Sax* Einl. XIII 68 ff; SK-*Frisch* 281 ff; *Henkel* 393; *Peters* § 54 I 3; *Roxin* § 51, 18 f; *Schlüchter* 637.3; ferner etwa *Bruns* NStZ **1984** 130; *Meyer-Goßner* JR **1987** 174; *Paeffgen* StV **1986** 504; *Stree* FS Engisch 676; *Tiedemann* Entwicklungstendenzen der strafprozessualen Rechtskraftlehre (1969) 21 ff.

[60] Vgl. BGHSt **24** 187; **28** 121 = JR **1979** 299 mit Anm. *Grünwald*; **29** 366; **30** 343.

[61] Nach *Grünwald* (Teilrechtskraft) 18 stammen die von ihm zu Recht als „nicht sehr treffend" bezeichneten Ausdrücke von Kleinknecht.

[62] BGHSt **24** 188 (stufenweises Zustandekommen der als einheitliches Ganzes anzusehenden Entscheidung); **28** 121.

Maßregel) beschränkt ist, während die übrigen Entscheidungsteile, insbesondere der Schuldspruch, nicht angefochten oder nicht aufgehoben sind. Bei der sog. vertikalen Teilrechtskraft geht es hingegen um Teile einer einheitlichen Entscheidung, die auch in selbständigen Verfahren, also getrennt, hätten beurteilt werden können, so insbesondere und jedenfalls bei der Entscheidung gegen mehrere Mitangeklagte sowie bei verschiedenen Taten eines Angeklagten im Sinne des § 264. Da hier auch eine getrennte Behandlung der Teile möglich wäre und sie dann bei Nichtanfechtung oder Nichtaufhebung in echter Rechtskraft erwachsen könnten, trägt die h. M keine Bedenken, die Wirkungen der Teilanfechtung oder der Teilaufhebung prinzipiell auch demgemäß zu beurteilen, also nach Rechtskraft-Grundsätzen zu behandeln[63]. Umstritten ist im Rahmen der Unterscheidung insbesondere, ob realkonkurrierende Delikte innerhalb einer einheitlichen Tat im prozessualen Sinne zur horizontalen oder zur vertikalen Teilrechtskraft zu rechnen sind[64], wie sich in der streitigen Behandlung dieser Fälle (dazu unter Rdn. 41) widerspiegelt. — Im übrigen können horizontale und vertikale Begrenzungen natürlich auch miteinander kombiniert sein[65].

c) Fallgruppen der Teilrechtskraft. Nach dem Gesagten ist insbesondere folgendes **38** auseinanderzuhalten (**Überblick**):

Betrifft eine Entscheidung **mehrere Mitangeklagte**, ist sie bezüglich jedes Angeklag- **39** ten getrennt anfechtbar und daher auch getrennter Rechtskraft fähig. Da die Entscheidung zudem grundsätzlich auch in getrennten Verfahren hätte gewonnen werden können, besteht nach ganz h. M in diesen Fällen bei Teilanfechtungen bzw. nach Teilaufhebungen kein Bedürfnis nach Widerspruchsfreiheit, vom Sonderfall des § 357 abgesehen. Das Rechtsmittelgericht und (nach Teilaufhebung) der neue Tatrichter sind bei der Entscheidung bezüglich des einen Mitangeklagten also nicht dadurch in rechtlicher oder tatsächlicher Hinsicht gebunden, daß die Entscheidung gegenüber anderen bereits (rechtskräftig) getroffen ist. Dies gilt selbst dann, wenn es sich dabei um eine Tat im Sinne des § 264 oder des § 52 StGB handelt[66].

Bei **verschiedenen Taten eines Angeklagten** i. S. des § 264 besteht im Grundsatz **40** ebenfalls weitgehende Übereinstimmung[67]: Rechtsmittelbeschränkungen und Teilaufhebungen nur bezüglich der einen oder anderen Tat sind prinzipiell möglich[68]. Das Verfahren ist dann bezüglich der nicht angefochtenen oder nicht aufgehobenen Tat(en) abgeschlossen und (näher dazu § 449, 22 ff) hinsichtlich dieser Teile nach h. M grundsätzlich vollstreckbar. Auf Widerspruchsfreiheit zwischen den Urteilsteilen kommt es dabei wiederum nicht an, weil die Taten auch hier grundsätzlich einzeln hätten abgeurteilt werden können. Das gilt selbst dann, wenn eine Verfahrensrüge erhoben wird, die an sich das ganze Verfahren betrifft; und es gilt nach herrschender, wenn auch umstrittener Ansicht ferner, wenn sich in bezug auf eine nicht angefochtene Tat ein Verfahrenshindernis zeigt[69].

---

[63] So schon *Grünwald* (Teilrechtskraft) 18; ebenso z. B. *Kleinknecht/Meyer-Goßner*[43] Einl. 185; KMR-*Sax* Einl. XIII 70 ff; SK-*Frisch* 287; *Meyer* JR **1972** 204.

[64] Näher z. B. KMR-*Sax* Einl. XIII 69; SK-*Frisch* 287.

[65] Näher *Sieveking* (Neue Wege) 6 ff.

[66] So RGSt **58** 290; OLG Schleswig bei *Ernesti/Lorenzen* SchlHA **1980** 176. – Zur genannten h. M vgl. etwa KMR-*Sax* Einl. XIII 70; *Kleinknecht/Meyer-Goßner*[43] Einl. 185; SK-*Frisch* § 318, 27; *Grünwald* (Teilrechtskraft) 17.

[67] Vgl. *Kleinknecht/Meyer-Goßner*[43] Einl. 185; KMR-*Sax* Einl. XIII 82; SK-*Frisch* 287 f und 318, 28; *Grünwald* (Teilrechtskraft) 37 ff.

[68] Ersichtlich allg. und std. Rspr.; mitangefochten sind dann freilich in der Regel die Gesamtstrafe und die für alle Taten angeordneten sonstigen Rechtsfolgen; vgl. bei § 344 (in der 24. Aufl. Rdn. 19 f).

[69] *Kleinknecht/Meyer-Goßner*[43] Einl. 151; KMR-*Sax* Einl. XIII 75; SK-*Frisch* 318, 4; *Grünwald* 325; **a. A** insoweit BGHSt **8** 269 = JZ **1956** 417 mit

Ernst-Walter Hanack

41   Umstritten ist, wie es sich bei **mehreren Taten i. S. des § 53 StGB** verhält, wenn diese im verfahrensrechtlichen Sinn (§ 264) eine einheitliche Tat bilden. Es wird z. T. die Ansicht vertreten, daß innerhalb derselben prozessualen Tat Widerspruchsfreiheit der die Verurteilung tragenden Feststellungen unerläßlich sei[70], z. T. ein gegenteiliger Standpunkt eingenommen[71], und aus der ersteren Ansicht teils die Folgerung gezogen, daß Teilanfechtung und Teilaufhebung hier unzulässig seien[72], teils die Bindungswirkung der nicht angefochtenen bzw. nicht aufgehobenen Urteilsteile auch auf die sog. doppelrelevanten Tatsachen ausgedehnt, d. h. auf solche, die für die angefochtenen wie die nichtangefochtenen Urteilsteile von tragender Bedeutung sind[73]. Die Rechtsprechung geht heute überwiegend den letzteren Weg, läßt jedenfalls außer in Sonderfällen[74] die Teilanfechtung und Teilaufhebung bei realkonkurrierenden Delikten als solche in der Regel zu.

42   In den **Fällen der sog. horizontalen Teilrechtskraft** (Rdn. 37) entstehen die eigentlichen Probleme der in Rdn. 36 genannten innerprozessualen Bindung: Das Bedürfnis, Teilanfechtungen und Teilaufhebungen aus Gründen der Prozeßökonomie (vgl. Rdn. 32) zuzulassen, besteht auch bei Entscheidungsteilen, die anderen nachgeordnet sind. Andererseits ist gerade in diesen Fällen wegen der stufenweisen Rechtsverwirklichung (Rdn. 37) das Postulat der Widerspruchsfreiheit zwischen den verschiedenen Entscheidungsbestandteilen wesentlich. Eine überzeugende Auflösung dieses Widerstreits gibt es nicht. Die Rechtsprechung läßt Teilanfechtungen und Teilaufhebungen in insgesamt recht großzügigem Maße zu[75], folgert aber aus der notwendigen Einheitlichkeit der Entscheidung überwiegend eine strikte Bindung an die nicht angefochtenen bzw. nicht aufgehobenen Entscheidungsteile, insbesondere bezüglich der sog. doppelrelevanten Tatsachen (Rdn. 41), die „unantastbare Grundlage für das weitere Verfahren … bleiben" müßten[76]. Die Folgen können bitter sein, wenn sich im weiteren Verfahren doch ein Widerspruch ergibt oder gar zeigt, daß die als bindend zu behandelnden Feststellungen zu Lasten des Angeklagten unrichtig sind, eventuell sogar seinen gebotenen Freispruch verhindern[77]. Im Schrifttum wird zur Vermeidung solcher Folgen und zur Gewähr einer einheitlichen Entscheidung vereinzelt eine sehr weitgehende Untrennbarkeit der einander vor- und nachgeordneten oder sonst aufeinander abgestimmten Entscheidungsteile befürwortet[78]. Das überwiegende Schrifttum hält eine solche Konsequenz für zu rigoros, aber auch nicht für nötig. Es verneint bei nachträglich ersichtlicher Fehlerhaftigkeit eines nicht angefochtenen Entscheidungsteils, namentlich bei nachträglich erkannter Schuldunfähigkeit, mit verschiedener Begründung und in unterschiedlichem Umfang eine Bindung an die fehlerhaften Feststellungen[79]. Eine solche Lösung praktiziert die Rechtsprechung selbst in zuneh-

---

zust. Anm. *Jescheck* und zust. Anm. *Fränkel* in LM Nr. 7 zu § 67 StGB a. F.

[70] Z. B. OLG Celle NJW **1996** 2666; OLG Hamm NJW **1971** 771; *Grünwald* (Teilrechtskraft) 258 ff; weitere Nachw. bei § 344 (24. Aufl. Fußn. 56).

[71] Z. B. BGH VRS **11** (1956) 426; **13** (1957) 121; RGSt **51** 307; BayObLG NJW **1959** 1646.

[72] So insbes. *Grünwald* aaO und JZ **1960** 108; **1970** 331.

[73] So etwa BGHSt **10** 73; **24** 185 = JR **1972** 203 mit abl. Anm. *Meyer*; **28** 121 = JR **1979** 299 mit abl. Anm. *Grünwald*; BayObLG JR **1981** 436 mit Anm. *Stein*; KK-*Ruß* § 318, 5; *Kleinknecht/Meyer-Goßner*[43] § 318, 10; SK-*Frisch* § 318, 32 ff.

[74] So insbesondere, wenn die realkonkurrierenden Delikte ihrerseits jeweils in Tateinheit mit demselben leichteren Delikt stehen; vgl. bei § 344 (24. Aufl. Rdn. 23).

[75] Näher bei § 344 und bei § 318 (24. Aufl. Rdn. 25 ff bzw. 28 ff).

[76] So die Formulierung von BGHSt **10** 73 im Anschluß an RGSt **42** 243; ebenso z. B. BGHSt **5** 253; **7** 287; **24** 274; **28** 119; **30** 340; vgl. § 353, 26 ff mit weit. Nachw.

[77] Vgl. etwa BGHSt **7** 287; BGH GA **1959** 306; RGSt **69** 110; OLG Düsseldorf NZV **1994** 199; OLG Zweibrücken NJW **1966** 1086; näher § 353, 30.

[78] So *Grünwald* Teilrechtskraft (vgl. seine Zusammenfassung 310 f).

[79] So etwa KMR-*Sax* Einl. XIII 87 ff; SK-*Frisch* 313; *Eb. Schmidt* § 318, 44, 48; *Henkel* 393; *Peters* § 54 I 3 (S. 499 f); *Roxin* § 51, 19; *Grünwald* (Teilrechtskraft) 19 ff; *Sieveking* (Neue Wege) 97 ff; *Spendel* ZStW **67** (1955) 508; vgl. auch *Kleinknecht/Meyer-Goßner*[43] Einl. 189. – In diesem Sinne auch Tendenzen in der neueren Rechtsprechung,

mendem Maße bei *von Anfang an* ersichtlicher Fehlerhaftigkeit, indem sie *von vornherein* die Wirksamkeit der Beschränkung verneint, wenn die nicht angefochtenen Entscheidungsteile als Grundlage für das weitere Verfahren zu fragwürdig sind[80]. Gerade dann aber liegt es nahe, das auch in schwerwiegenden Fällen *nachträglich* erkannter Fehlerhaftigkeit zu tun. Es entspricht dies in der Tat dem Charakter der innerprozessualen Bindung, der zugleich auch den Maßstab für den Umfang der nachträglichen Berücksichtigung ergibt: Die Bindung kann Geltung nicht beanspruchen, soweit sie mit dem Gesichtspunkt der als einheitliches Ganzes zu verstehenden Entscheidung nicht vereinbar ist. Nur auf diese Weise läßt sich auch die Situation erträglich lösen, daß nach einer Teilaufhebung durch das Rechtsmittelgericht der neue Tatrichter mit der ersichtlichen Fehlerhaftigkeit eines nicht aufgehobenen Entscheidungsteils konfrontiert wird[81]. Der naheliegenden Gefahr, daß es in den erörterten Fällen dann zu einer Art venire factum proprium kommt, indem der Rechtsmittelführer oder ein sonstiger Prozeßbeteiligter im weiteren Verfahren die von ihm nicht angefochtenen oder die vom Rechtsmittelgericht nicht aufgehobenen Entscheidungsteile gezielt angreift (etwa durch entsprechende Beweisanträge), steuert der Sinn, der in der Begrenzung der innerprozessualen Bindung liegt: Sie soll den Richter im Interesse der als einheitlich gedachten Entscheidung von der Bindung an ersichtliche Fehlerhaftigkeit freistellen, nicht aber den Prozeßbeteiligten das Feld für nachträgliche Angriffe auf nicht angefochtene oder nicht aufgehobene Entscheidungsteile eröffnen[82].

8. Art des zulässigen Rechtsmittels. Mit welchem Rechtsmittel eine Entscheidung **43** angefochten werden kann, richtet sich nach ihrer Rechtsnatur, insbesondere ihrem Gesamtinhalt und der Verfahrensform, in der sie ergangen ist, nicht hingegen nach ihrer Bezeichnung[83]. Denn eine fehlerhafte Bezeichnung kann nicht die Folge haben, daß sich das gesetzlich vorgesehene Rechtsmittel ändert. Daher ist z. B. die nach einer Hauptverhandlung ergangene verfahrensabschließende (Sach- oder Prozeß-)Entscheidung ein Urteil, selbst wenn sie sich als Beschluß bezeichnet; sie kann demgemäß nur mit der Berufung oder Revision (bzw. Rechtsbeschwerde, vgl. §§ 79, 80, 83 OWiG) angefochten werden, es sei denn, daß das Gesetz die Entscheidung aufgrund einer Hauptverhandlung gar nicht vorsieht[84] oder für bestimmte Nebenentscheidungen, etwa die Kostenentscheidung (§ 464 Abs. 3), ein anderes Rechtsmittel vorschreibt. Zum umgekehrten Fall, in dem ein „Urteil" in Wahrheit als Beschluß zu behandeln ist, vgl. § 333, 7.

Ein bloßer **Bezeichnungsirrtum des Beschwerdeführers** ist unschädlich, sofern er **44** das zulässige Rechtsmittel einlegen will (§ 300, s. im einzelnen dort). Hat der Beschwerdeführer zwischen **verschiedenen Rechtsmitteln** die Wahl, muß er diese im Fall des § 335 und des § 55 Abs. 2 Satz 1 JGG spätestens bei der Begründung treffen[85], in den übrigen Fällen hingegen regelmäßig schon innerhalb der Einlegungsfrist[86]. Unterliegen *einzelne Teile* einer Entscheidung unterschiedlichen Rechtsmitteln (Berufung oder Revision gegen die Hauptentscheidung, sofortige Beschwerde gegen den Kostenausspruch),

---

etwa OLG Düsseldorf MDR **1984** 165; OLG Koblenz VRS **70** (1986) 14; OLG Köln NStZ **1984** 380; OLG Saarbrücken NStZ **1997** 149; OLG Zweibrücken MDR **1986** 75; LG Hamburg MDR **1970** 256.

[80] Näher § 344, 26; *Kleinknecht/Meyer-Goßner*[43] § 318, 16 ff; SK-*Frisch* 308 ff.

[81] Vgl. § 353, 30.

[82] Dazu SK-*Frisch* 284, 313; vgl. auch § 353, 33.

[83] Heute ganz h. M; vgl. etwa BGHSt **8** 383; **18** 385;

25 242; **26** 192; RGSt **63** 249; **65** 398; § 333, 5 ff mit weit. Nachw.

[84] BayObLGSt **1959** 85 = Rpfleger **1960** 62; SK-*Frisch* 96.

[85] Näher § 335, 8 ff und zu § 55 JGG z. B. *Eisenberg* § 55, 57 ff.

[86] Wegen der Einzelheiten vgl. die Erl. bei den betreffenden Vorschriften, insbes. bei § 235, § 315, § 329, § 342.

Ernst-Walter Hanack

hat der Beschwerdeführer nach h. M bereits innerhalb der Anfechtungserklärung klarzustellen, auf welche Entscheidungsteile sich seine Anfechtung erstrecken soll (§ 300, 8).

45   **9. Rechtszug, Zuständigkeit.** Welches Gericht zur Entscheidung über das Rechtsmittel zuständig ist, ergibt sich (abgesehen von der begrenzten Entscheidungskompetenz des Erstgerichts [oben Rdn. 15]) aus dem GVG, insbes. den §§ 73 Abs. 1, 74 Abs. 3, 120 Abs. 3, 121 Abs. 1, 135, sowie aus § 41 Abs. 2 JGG. Dabei richtet sich die Zuständigkeit grundsätzlich allein danach, welches Gericht die angefochtene Entscheidung erlassen hat, nicht also kommt es darauf an, welches Gericht sie richtigerweise hätte treffen müssen[87].

V. Die Beschwer insbesondere

46   **1. Allgemeines.** Im Grundsatz allgemein anerkannt ist (nicht nur im Strafprozeß), daß ein Rechtsmittel mit Erfolg nur geltend machen kann, wer durch die angefochtene Entscheidung beschwert ist. Es handelt sich um ein altes, im wesentlichen richterrechtlich entwickeltes Rechtsmittelerfordernis[88], über dessen Grundlagen und Charakter bis heute keine Einigkeit besteht[89], was sich bei einer Reihe streitiger Einzelfragen auswirkt[90]. Schon der Begriff der Beschwer wird unterschiedlich verwendet (dazu *G. Kaiser* 9).

47   **Generell sagen** läßt sich, daß es um ein **Regulativ** geht: Rechtsmittel sollen — mit Besonderheiten bei der Staatsanwaltschaft (Rdn. 53) — schon im Hinblick auf die Arbeitsbelastung der Justiz nur dazu dienen, Belastungen des Beschwerdeführers zu korrigieren, die ihm durch die angefochtene Entscheidung entstanden sind. Das Problem liegt in der Frage, welche Art von Belastungen eine Beschwer begründen.

48   **Die Rechtsprechung,** der ein erheblicher Teil des Schrifttums folgt, bestimmt das — jedenfalls im Ansatz und Ausgangspunkt — seit jeher in erster Linie anhand des Entscheidungssatzes. Belastungen, die als Beschwer in Betracht kommen, müssen sich danach in der Regel unmittelbar aus dem Entscheidungssatz ergeben, insbesondere also aus der Urteilsformel; bloße Belastungen durch die Entscheidungsgründe reichen im allgemeinen nicht (näher unten Rdn. 57). Sachlich und historisch steht hinter dieser Auffassung in starkem Maße der Gedanke vom staatlichen Strafanspruch[91]: Aufgabe des konkreten Strafverfahrens sei grundsätzlich nur die Prüfung, ob ein solcher Strafanspruch besteht, Beschwer daher regelmäßig auch nur die Bejahung oder Verneinung dieses Anspruchs (die typischerweise im Entscheidungssatz ihren Ausdruck findet), nicht aber sonstige Rechts- und Interessenverletzungen durch die Gründe der Entscheidung, die „nur Unterlagen des Urteils" sind, nicht jedoch „selbst das Urteil" bilden (so RGSt **4** 359). In der Lehre wird diese Auffassung — oft im Zusammenhang mit einer neueren generellen Kritik am Gedanken vom staatlichen Strafanspruch[92] — z. T. heftig angegriffen[93]. Kritisiert wird unter anderem, daß die Rechtsprechung selbst von dem Grundsatz der sog. Tenorbeschwer Ausnahmen machen muß (unter Rdn. 59), die das Ungenügen der Konstruktion zeigten. So wurden und werden gegenüber der h. M verschiedene Gegenpositio-

---

[87] BGHSt **22** 48; KG VRS **79** (1990) 433; LG Verden NJW **1974** 759; *Kleinknecht/Meyer-Goßner*[43] 19.

[88] Zur Entwicklung (zuletzt) näher *G. Kaiser* 13 ff.

[89] Vgl. SK-*Frisch* 125: „gegenwärtig kein exaktes dogmatisches Fundament"; eingehend *G. Kaiser* §§ 4 ff.

[90] So daß sich von Gewohnheitsrecht allenfalls im Grundsatz, nicht aber im Detail, im genaueren Inhalt, sprechen läßt; vgl. *G. Kaiser* 38 f.

[91] So schon die Grundsatzentscheidung RGSt **4** 455, 357, aber z. B. auch BGHSt **16** 378; BVerfGE

6 12; **51** 345; zahlreiche weitere Nachw. bei *G. Kaiser* 50.

[92] Namentlich von *H. Kaufmann* Strafanspruch und Strafklagerecht (1968) 77 ff, 97 ff. Klärend zu der Kritik und zum Sinn des Begriffs *Wolfslast* Staatlicher Strafanspruch und Verwirkung (1997) 57 ff, insbes. 92 ff.

[93] So von KMR-*Paulus* 55; SK-*Frisch* 126; *G. Kaiser* 55 mit weit. Nachw.; ablehnend zuletzt auch *Eb. Schmidt* Nachtr. I Vor § 296; 8; vgl. auch die in Fußn. 95 noch Genannten.

nen vertreten[94]. In unterschiedlichen Varianten wird insbesondere geltend gemacht, daß das Schwergewicht der auch für die Beschwer maßgebenden Belastung in der Unrechts- und Schuldbewertung, also in den Entscheidungsgründen, liege; belastende Feststellungen in diesem Bereich enthielten mithin grundsätzlich eine Beschwer, was allein auch der Unschuldsvermutung des Art. 6 Abs. 2 MRK entspreche[95]. Eine andere Sicht deutet neuerdings das Beschwer-Erfordernis als eine Art Aufgabenverteilung („Zuständigkeit") zur Wahrung des Allgemeininteresses an der Rechtsverwirklichung mit Hilfe des Rechtsmittelverfahrens[96] und versteht von daher neben den im Entscheidungssatz ausgesprochenen Belastungen in gewissem Umfang auch belastende Feststellungen der Entscheidungsgründe als Beschwer, so wenn sie der Rechtskraft fähig sind oder doch eine spezifische Tatbestandswirkung entfalten[97].

Geboten ist eine **spezifisch prozessuale Sicht** zur Bestimmung der Beschwer. Denn **49** es geht nach Zweck und Entstehungsgeschichte um die sinnvolle Begrenzung von Rechtsmittelbefugnissen, also eine Frage, die entscheidend nur aus der Sicht des Prozeßrechts bestimmt werden kann. Die Bewertung von Unrecht und Schuld, auf die die eine Gegenmeinung abstellt (Rdn. 48), ist dafür grundsätzlich ohne Belang. Das gilt auch für die Beschwer des Beschuldigten. Speziell bei ihm ist vielmehr zu bedenken, daß es nicht Aufgabe der Strafrechtspflege ist, ihn von jedem Verdacht auch dann zu entlasten, wenn feststeht, daß seine Bestrafung nicht in Betracht kommt[98]. Selbst die Unschuldsvermutung des Art. 6 MRK verlangt das nicht (unten Rdn. 73). Es ist daher prinzipiell auch ohne Bedeutung, ob ein in den Gründen der angefochtenen Entscheidung bejahter Verdacht zu Recht oder zu Unrecht besteht, und prinzipiell ohne Bedeutung auch, ob ein solcher Verdacht vielleicht gerade erst durch die Entscheidungsgründe entstanden ist. Insbesondere können Beeinträchtigungen des Beschwerdeführers, die er in der Vorinstanz als bloße Auswirkungen des Verfahrens von Rechts wegen hinzunehmen hat, grundsätzlich auch nicht Gegenstand eines Rechtsmittelverfahrens sein. Zu den Folgerungen einer solchen Sicht und zu problematischen Fallgruppen s. im einzelnen im weiteren Text.

Schon aus dem Gesagten folgt, daß das Abstellen auf ein **berechtigtes Interesse** des **50** Beschwerdeführers an der Anfechtung ein weitgehend unspezifisches Kriterium zur sachlichen Bestimmung der Beschwer darstellt[99]. Die auch bei prozessualer Betrachtung des Beschwer-Erfordernisses sehr häufige, wenn nicht übliche Heranziehung dieses Interesses als Charakteristikum der Beschwer[100] ist insoweit im Kern und überwiegend nur eine Art Kurzformel für die in Wahrheit nach anderen Gesichtspunkten bestimmten Voraussetzungen der Beschwer. Darüber hinaus kennzeichnet der Interessen-Gesichtspunkt jedoch gewisse Eingrenzungen der Beschwer:

So muß die **Beschwer stets objektiv** vorhanden sein, darf also nicht lediglich nach der **51** rein subjektiven oder der rechtlich fehlerhaften Einschätzung des Beschwerdeführers bestehen[101]. Ferner muß es sich um ein spezifisch **eigenes Interesse** des Beschwerdeführers an der objektiven Verbesserung seiner Rechtsstellung handeln[102]: Das Allgemein-

94 Überblick im einzelnen bei *G. Kaiser* §§ 5 bis 7.
95 So insbes. KMR-*Paulus* 55; *Eb. Schmidt* Nachtr. I 8; *Plöttner* 58 ff; *Schorn* Der Schutz der Menschenwürde im Strafverfahren (1963) 129 ff; *Schwenk* NJW **1960** 1932; **1963** 1455; vgl. auch *K. Peters* § 71 II 7; unten Rdn. 75.
96 Namentlich *G. Kaiser* (dazu *Pawlik* GA **1994** 548; *Gössel* ZStW **109** [1997] 639) insbes. 92 ff; auch SK-*Frisch* 126.
97 SK-*Frisch* 133 ff; *G. Kaiser* insbes. 115 ff.
98 Vgl. etwa BGHSt **11** 383; **13** 149; **16** 379; *Klein-*

knecht/Meyer-Goßner[43] Einl. 8; vgl. auch Einl. unter Rdn. H 39.
99 Näher und treffend *G. Kaiser* 43.
100 Vgl. nur die Nachweise bei *Kaiser* aaO.
101 BGHSt **28** 331 (dazu aber unten Rdn. 66); OLG Koblenz NStZ **1990** 296; OLG Schleswig bei *Ernesti/Lorenzen* SchlHA **1985** 133; KK-*Ruß* 5; *Kleinknecht/Meyer-Goßner*[43] 10.
102 BayObLGSt **1977** 143 = JR **1978** 474; OLG Düsseldorf NStZ **1993** 452; OLG München NJW **1981** 2208.

Ernst-Walter Hanack

interesse an richtigen Entscheidungen genügt nur für Rechtsmittel der Staatsanwaltschaft (Rdn. 53); bei allen anderen Beschwerdeführern verlangt die Beschwer eine Beeinträchtigung der eigenen Rechtsposition, weil das Gesetz eine Funktion zur umfassenden Durchsetzung des Rechts erkennbar nur für die Staatsanwaltschaft konstituiert (arg. § 296 Abs. 2). Zu verlangen ist des weiteren eine **unmittelbare Beeinträchtigung** des Beschwerdeführers[103]: Er muß die Änderung der angefochtenen Entscheidung gerade zur Behebung eines durch sie herbeigeführten Nachteils erstreben; sein Rechtsmittel „muß Selbstzweck sein" (so LR-*Gollwitzer*[24] § 296, 12), darf also nicht lediglich bezwecken, mittelbar über eine neue Entscheidung den Weg für ein anderes Rechtsmittel zu eröffnen[104].

52   Beteiligte, die **für einen anderen** kraft Gesetzes Rechtsmittel einlegen können (§ 296 Abs. 2; § 297; § 298; § 67 JGG), sind grundsätzlich nur bei dessen Beschwer rechtsmittelbefugt (allg. M, vgl. näher bei den genannten Vorschriften).

53   Für **Rechtsmittel der Staatsanwaltschaft** gelten hinsichtlich der Beschwer besondere Grundsätze. Sie ergeben sich aus ihrer Aufgabe und Stellung, die auch im Rechtsmittelverfahren zu beachten ist. Dies führt dazu, daß die Staatsanwaltschaft nach pflichtgemäßem Ermessen und abgesehen von § 339 jede unrichtige Entscheidung angreifen kann (näher § 296, 6; 7); in diesem Sinne ist sie „immer beschwert". Nur wenn die Staatsanwaltschaft ein Rechtsmittel lediglich zugunsten des Beschuldigten einlegt (§ 296 Abs. 2, dort Rdn. 14 ff), muß, obwohl sie auch insoweit aus eigenem Recht handelt, eine Beschwer des Beschuldigten vorliegen (vgl. § 296, 7).

54   **2. Beschwer als Zulässigkeitsvoraussetzung.** Nach herrschender, von der Rechtsprechung heute durchgängig vertretener Meinung ist das Vorliegen der Beschwer eine Voraussetzung für die Zulässigkeit des Rechtsmittels[105]. Eine Gegenmeinung hält die Beschwer für eine Frage der Begründetheit und verlangt darum für die Zulässigkeit nur eine *Behauptung* der Beschwer[106]. Sie argumentiert insbesondere, daß die Beschwer das Vorliegen einer Rechts- oder Interessenverletzung erfordere, daß sie nicht eigentlich die Voraussetzungen des Rechtsmittels betreffe und daß auch in den §§ 319 Abs. 1, 322, 346 Abs. 1, 349 Abs. 1 eine Verwerfung als unzulässig wegen fehlender Beschwer nicht vorgesehen sei. Diese Gegenmeinung ist nicht zwingend. Sie beruht zudem in weitem Maße auf einem „unfruchtbaren Streit" *(G. Kaiser)*, der **Mißverständnisse** begünstigt und sich mehr um begriffliche als um inhaltliche Fragen dreht[107]. Nicht zwingend ist die Gegenmeinung insbesondere, weil es nicht geboten ist, die Frage der Beschwer mit der Frage der Begründetheit des Rechtsmittels zu verknüpfen. Vielmehr ist die Beschwer sinnvoller und dogmatisch stimmiger, losgelöst von der Begründetheit, im Sinne einer „nur ihrem Wesen nach belastenden Folge" (SK-*Frisch*), einer „hypothetischen Beschwer" (*Beling* 333) zu verstehen, die die Zulässigkeit des Rechtsmittelbegehrens einschränkt und Voraussetzung für seine sachliche Überprüfung ist. Dies meint auch die Konzeption der h. M, mag sie im

---

[103] Das angeblich sehr häufig benutzte Kriterium (vgl. nur die Angaben bei *Kleinknecht/Meyer-Goßner*[43] 9; *G. Kaiser* 43 Fußn. 45) findet sich in der Rechtsprechung in Wahrheit eher selten. Seine sachliche Bedeutung ist überwiegend unklar. *G. Kaiser* identifiziert es wohl mit den in Rdn. 50 angesprochenen Interessen. Eine eigenständige Bedeutung dürfte nur i. S. des folgenden Textes bestehen.

[104] BayObLG DRiZ **1926** Nr. 245.

[105] So etwa BGHSt **16** 376; **28** 330; BGH NJW **1961** 1220; BayObLGSt **1977** 143; OLG Düsseldorf NStZ **1993** 452; OLG Saarbrücken NJW

1973 1011; OLG Schleswig SchlHA **1956** 184; AK-*Achenbach* 14; KK-*Ruß* 8; *Kleinknecht/Meyer-Goßner*[43] 8; SK-*Frisch* 70; *Peters* § 71 II 7; *Roxin* § 52, 11; *Schlüchter* 623.1; *Dahs/Dahs* 29; zahlreiche weitere Nachw. bei *G. Kaiser* 26 Fußn. 22.

[106] KMR-*Paulus* 45; *Eb. Schmidt* 14 und JZ **1958** 375; *Henkel* § 96 I 1 Fußn. 1; *D. Meyer* MDR **1976** 629; weitere Nachw. bei *G. Kaiser* 23.

[107] Näher, auch zum folg., namentlich *G. Kaiser* 23 ff mit weit. Nachw.; SK-*Frisch* 68 ff; *v. Löbbecke* 16 ff; *Zysk* 40; vgl. auch *Bloy* JuS **1986** 585 f.

Rahmen der Begründetheitsprüfung auch immer wieder — und vielleicht nicht gerade glücklich — davon sprechen, daß eine zu günstige Rechtsanwendung oder Entscheidung den Angeklagten nicht beschwert (vgl. z. B. und insbes. § 354, 22 ff).

Fehlt es an der Beschwer von vornherein, ist demgemäß das Rechtsmittel als unzuläs- **55** sig zu verwerfen. Das gilt grundsätzlich auch, wenn die Beschwer bereits im Zeitpunkt der Rechtsmitteleinlegung entfallen ist, so durch Zurücknahme der beschwerenden Entscheidung oder in den Fällen der prozessualen Überholung[108]. Entfällt die Beschwer hingegen erst nach der Rechtsmitteleinlegung, ist das zulässig eingelegte Rechtsmittel durch Beschluß ohne Kostenentscheidung für erledigt zu erklären[109].

Ein **besonderes Rechtsschutzbedürfnis** ist bei gegebener Beschwer für die Zulässig- **56** keit von Rechtsmitteln im Strafprozeß nicht zu verlangen[110].

3. Bedeutung des Entscheidungssatzes (Grundsatz der Tenorbeschwer). Wie be- **57** merkt, kommt es nach herrschender Meinung grundsätzlich nur auf eine Beschwer durch den Entscheidungssatz an, nicht hingegen auf eine Beschwer durch die Entscheidungsgründe[111]. Das gilt insbesondere für Urteile, bei denen sich die Beschwer danach regelmäßig aus der den Schuld- und Rechtsfolgenausspruch umfassenden Urteilsformel ergeben muß. Bestimmt man den Sinn des Beschwer-Erfordernisses aus prozessualer Sicht (Rdn. 49), erscheint das Abstellen auf den Entscheidungssatz prinzipiell sachgemäß. Denn der Entscheidungstenor enthält, richtig gestaltet, in der weit überwiegenden Mehrzahl der Fälle diejenigen Umstände, die nach dem Gesagten (Rdn. 49) allein eine als Beschwer zu wertende Belastung des Betroffenen darstellen; zudem ist das Abstellen auf den Tenor praktikabel, weil der Beschwerdeführer jedenfalls bei Einlegung von Rechtsmitteln gegen Urteile typischerweise die schriftlichen Entscheidungsgründe noch gar nicht kennt, mit der Entschließung über die Einlegung also Schwierigkeiten hätte (vgl. BGHSt 39 124).

Der Grundsatz der Tenorbeschwer ist allerdings **kein Dogma**. Es handelt sich eher um **58** ein — von der Praxis entwickeltes — **Hilfsmittel** zur Bestimmung der für ein Rechtsmittelverfahren typischerweise relevanten und anzuerkennenden Belastungen des Beschwerdeführers. So gibt es einige, seit langem bekannte kritische Fallgruppen, bei denen die Berechtigung, Belastungen allein durch die Entscheidungsgründe nicht anzuerkennen, so problematisch bleibt, daß eine genauere Analyse der dabei abzuwägenden Gesichtspunkte und Interessen erforderlich ist[112]; vgl. dazu insbes. unten Rdn. 75, aber auch Rdn. 62. Darüber hinaus ist zu beachten, daß die Tenorbeschwer oft nur **wertend zu ermitteln** ist, sich also ohne Rückgriff auf die Entscheidungsgründe aus dem Tenor nicht unmittelbar able-

---

[108] Vgl. etwa BGHSt **10** 91; BGH NJW **1973** 2035; BGH StV **1987** 140; OLG Düsseldorf JZ **1984** 756; ebenso KK-*Ruß* 7; *Kleinknecht/Meyer-Goßner*[43] 17; SK-*Frisch* 174. Zu den streitigen Fragen der prozessualen Überholung s. näher bei § 304; Vor § 304.

[109] OLG Bremen MDR **1963** 335; OLG Schleswig bei *Ernesti/Lorenzen* SchlHA **1981** 95; KK-*Ruß*, *Kleinknecht/Meyer-Goßner*[43] und SK-*Frisch* aaO; *Peters* JR **1976** 343; *Eb. Schmidt* JZ **1968** 363.

[110] *Stephan* NJW **1966** 2394; zust. *Kleinknecht/Meyer-Goßner*[43] 8; LR-*Schäfer*[24] Einl. 10 9; einschränkend *Ellersiek* Die Beschwerde im Strafprozeß (1981) 61 ff.

[111] Std. Rspr. des RG und des BGH, so insbesondere RGSt **4** 355; **13** 324; **63** 185; **67** 317; **69** 13;

BGHSt **7** 153; **13** 77; **16** 374; **27** 290; **34** 12; **39** 124; BGH NJW **1955** 639; **1986** 1820; bei *Dallinger* MDR **1966** 200; KG VRS **16** (1959) 49; JR **1961** 510; OLG Braunschweig MDR **1950** 629; OLG Celle NdsRpfl. **1951** 149; **1961** 91; OLG Düsseldorf NJW **1960** 1404; MDR **1979** 956; JMBlNRW **1982** 70; OLG Hamm NJW **1953** 1484; OLG Karlsruhe NJW **1984** 1975; OLG Schleswig NJW **1957** 1487; KK-*Ruß* 5; *Kleinknecht/Meyer-Goßner*[43] 11; *Gössel* § 35 B II d 2; *Kühne* 622 (vgl. jedoch unten bei Fußn. 122); *Ranft* 1914; *Roxin* § 51, 13 f (kritisch); *Schlüchter* 632, 1 (vgl. aber bei Fußn. 122); *Dahs/Dahs* 32; *Sarstedt/Hamm* 39; Nachw. zum älteren Schrifttum s. *G. Kaiser* 53 Fußn. 17.

[112] So der berechtigte Ansatz von BGHSt **16** 380.

Ernst-Walter Hanack

sen läßt, und daß sich eine Beschwer gelegentlich sogar allein aus den Entscheidungsgründen ergibt, vgl. im folg. Text.

59   Eine **Heranziehung der Entscheidungsgründe** ist selbstverständlich, wenn der Tenor nur in der unspezifizierten Ablehnung eines gestellten Antrags oder Begehrens besteht oder wenn es (vgl. Rdn. 68 ff) auf die Tragweite einer Einstellungsentscheidung ankommt[113]. Anerkannt ist ferner, daß auf den Tenor allein nicht abzustellen ist, wenn im Entscheidungssatz ein rechtlich gebotener oder möglicher Ausspruch nicht enthalten ist, der für den Betroffenen bei objektiver Betrachtung (Rdn. 51) eine günstigere Rechtslage schaffen würde[114], z. B. eine mögliche Strafaussetzung zur Bewährung nicht ausgesprochen wurde. Eine Beschwer liegt ferner vor, wenn der Beschuldigte allein in den Urteilsgründen wegen einer Tat verurteilt wird, die die Urteilsformel fehlerhafterweise nicht erwähnt, sofern aufgrund dessen noch eine Berichtigung der Formel zulässig ist[115]. Entsprechendes gilt bei einer in die Urteilsformel nicht aufgenommenen Rechtsfolge, die Wirkung gegen ihn noch erlangen kann[116].

60   Hingegen ergeben **bloße Unrichtigkeiten des Rubrums** oder sog. überflüssiges Beiwerk für sich allein noch keine Beschwer[117]; sie können aber vom Rechtsmittelgericht korrigiert werden[118].

61   **4. Grundrechte und Beschwer.** Nach der Rechtsprechung des Bundesverfassungsgerichts werden durch die grundsätzliche Beschränkung der Beschwer auf den Entscheidungssatz Grundrechte nicht verletzt[119]. Eine solche Verletzung liegt, entgegen gelegentlichen Äußerungen im Schrifttum[120], auch in den besonders kritischen Fällen des Freispruchs wegen Schuldunfähigkeit (unten Rdn. 75) nicht vor, bei denen sich insbesondere nicht argumentieren läßt, es bedeute einen Verstoß gegen den Gleichheitsgrundsatz des Art. 3 Abs. 1 GG, daß zwar der verurteilte Betroffene ein Rechtsmittel einlegen und im weiteren Verfahren freigesprochen werden könne, nicht aber der tatsächlich Unschuldige, der mit einer ihn belastenden Begründung freigesprochen werde; vgl. dazu und zu weiteren nicht durchschlagenden verfassungsrechtlichen Einwendungen näher *G. Kaiser* 138 ff mit Nachw.

62   Streitig ist, ob eine **speziell grundrechtsverletzende Art** der Entscheidungsbegründung für den davon Betroffenen eine Beschwer im strafprozessualen Sinne enthält. Im Anschluß an Tendenzen des Bundesverfassungsgerichts[121] wird das im Schrifttum z. T. für möglich gehalten, u. a. von LR-*Gollwitzer*[24] § 296, 20[122]. Es soll sich dabei allerdings

---

[113] Zum Letzteren etwa BayObLG JR **1989** 478 mit Nachw.

[114] BGHSt **28** 330; **39** 209; BGH NJW **1979** 956; KK-*Ruß* 5; vgl. auch SK-*Frisch* 143 ff; ferner etwa BGHSt **4** 276; **27** 290 (Aussicht auf günstigeren Urteilsspruch).

[115] LR-*Gollwitzer*[24] § 296, 18; vgl. auch *Amelunxen* Die Berufung in Strafsachen (1982) 27; *G. Kaiser* 51; *v. Löbbecke* 96.

[116] BGHSt **39** 125 für die allein in den Urteilsgründen bejahte besondere Schuldschwere i. S. des § 57 a StGB (vgl. § 337, 240 a).

[117] RG JW **1932** 3105 mit Anm. *Oetker*; OLG Koblenz VRS **45** (1973) 191; OLG Saarbrücken VRS **21** (1961) 130; **28** (1965) 440; *Kleinknecht/Meyer-Goßner*[43] 11; **a. A** für den Fall des Freispruchs „mangels Beweises" (nach Änderung der § 467) OLG Schleswig bei *Ernesti/Jürgensen* SchlHA

1971 218; *v. Löbbecke* 94 f. Vgl. auch bei § 275 zu dessen Abs. 3.

[118] Dazu im einzelnen die Erl. bei § 260 (24. Aufl. Rdn. 126, 131).

[119] BVerfGE **6** 12; **28** 160.

[120] So insbes. *Schorn* Menschenwürde (vgl. Fußn. 95) 131; *Henrichs* MDR **1956** 198; *Schwenk* NJW **1960** 1934.

[121] BVerfGE **6** 7; **28** 161, wonach das – bei grundrechtsverletzenden Äußerungen im freisprechenden Urteil – nicht schlechthin ausgeschlossen werden könne. Dazu *O.-W. Jakobs* JZ **1971** 279; vgl. auch BVerfGE **74** 374.

[122] Ferner von AK-*Achenbach* 17; *Kühne* 622; *Peters* § 71 II 7; *Schlüchter* 623.1; *Amelunxen* Berufung (vgl. Fußn. 115) 27; *Plöttner* 137; vgl. auch *Eb. Schmidt* Nachtr. I Vor § 296, 8.

um die „seltenen Ausnahmefälle" *(Gollwitzer)* handeln, in denen der Betroffene durch die Art der Begründung im Kern seines menschlichen Achtungsanspruchs unzumutbar verletzt werde; nicht reichen sollen belastende oder „unbequeme" Ausführungen, abträgliche Feststellungen oder kritische Bewertungen von Eigenschaften oder des Verhaltens, die dem Gegenstand des Verfahrens angemessen sind und keine förmliche Beleidigung enthalten. Dieser Ansicht ist nicht zu folgen: Zwar kann eine Entscheidungsbegründung Grundrechte verletzen. Aber die Bereinigung einer solchen Verletzung durch die öffentliche Gewalt ist nach geltendem Recht keine Aufgabe des strafprozessualen Rechtsmittelsystems, das ein spezielles „Urteilsbereinigungsverfahren" nicht kennt[123] und in seiner heutigen Gestalt für eine solche Bereinigung weder kompetent noch geeignet ist[124].

5. Einzelfragen der Beschwer werden im folgenden vornehmlich für den Beschuldig- **63** ten behandelt. Zur Beschwer der Staatsanwaltschaft s. oben Rdn. 53 und zu speziellen Fragen der Beschwer bei anderen Prozeßbeteiligten (Privatkläger, Nebenkläger usw.) vgl. bei Erl. der sie betreffenden Vorschriften.

a) Schuldspruch und Rechtsfolge. Ein Schuldspruch beschwert den davon Betroffe- **64** nen immer[125], auch wenn das Gericht von Strafe absieht[126], ihn etwa gemäß § 199, StGB für straffrei erklärt[127] oder gegen ihn „aus Anlaß der Straftat" (vgl. § 5 JGG) lediglich eine Erziehungsmaßregel gemäß § 9 JGG verhängt[128]. Ob der Schuldspruch (oder eine isoliert angefochtene Rechtsfolge) für den Angeklagten objektiv zu günstig ist, spielt für die Beschwer als Zulässigkeitsvoraussetzung keine Rolle (oben Rdn. 54). Beschwert ist der Angeklagte auch durch die unterlassene Anordnung einer Vergünstigung (oben Rdn. 59), namentlich die Nichtgewährung von Strafaussetzung zur Bewährung sowie (näher unter Rdn. 76) von Zahlungserleichterungen bei der Geldstrafe, und bei unterlassener Gesamtstrafenbildung. Die Bewilligung von Strafaussetzung zur Bewährung beschwert ihn hingegen nicht, selbst wenn er die Strafe lieber verbüßen möchte[129]; anderes gilt, wenn man der herrschenden, aber bedenklichen Auffassung folgt, daß das Gericht eine durch Untersuchungshaft bereits für verbüßt erklärte Strafe zur Bewährung nicht mehr aussetzen kann[130]. Wird Untersuchungshaft nicht auf eine gesondert ausgesprochene Geldstrafe, sondern auf eine nicht zur Bewährung ausgesetzte Freiheitsstrafe angerechnet, bedeutet das keine Beschwer des Angeklagten[131]. Eine Beschwer fehlt ferner, wenn der Richter die Vollstreckung einer Freiheitsstrafe in Unterbrechung der Untersuchungshaft genehmigt[132] oder wenn der Verurteilte einige Monate vor Ablauf der Höchstfrist mit belastenden Weisungen aus der Unterbringung entlassen wird[133]. Die tatrichterliche Feststellung der besonderen Schuldschwere i. S. des § 57 a StGB gemäß den Grundsätzen von

---

123 Vgl. zu diesem, wiederholt geforderten, Verfahren *Peters* Verh. des 52. DJT, Bd. I C 62 f und *G. Kaiser* 21, 121 mit weit. Nachw.; *Peters* § 71 II 7 will es für die erörterten Fälle de lege lata über die sofortige Beschwerde realisieren, dem zustimmend AK-*Achenbach* 18.

124 Im Ergebnis ebenso OLG Düsseldorf NJW **1960** 1404 mit Anm. *Lausche*; SK-*Frisch* 138, 166; *v. Löbbecke* 110 ff; *G. Kaiser* 136 ff (eingehend); s. auch *Kühl* Unschuldsvermutung 57 f.

125 In Rspr. und Schrifttum meist stillschweigend vorausgesetzt, vgl. *Kaiser* 153 Fußn. 2. Beschwert ist auch der nur nach dem äußeren Anschein Betroffene, s., § 296, 2.

126 Allg. M, z. B. *Kleinknecht/Meyer-Goßner*[43] 12; SK-*Frisch* 141; *Eb. Schmidt* 18.

127 RGSt **4** 355; **42** 401; OLG Celle GA **1903** 311; allg. M (z. B. Fußn. 126).

128 SK-*Frisch* 141; *G. Kaiser* 153 mit weit. Nachw. in Fußn. 4

129 SK-*Frisch* 142; offenbar einschränkend LR-*Gollwitzer*[24] § 296, 21: „in der Regel nicht".

130 BGH NJW **1961** 1220; vgl. auch OLG Düsseldorf NStZ **1985** 28. Gegen die genannte, insbes. von BGHSt **31** 25 vertretene Auffassung eingehend Anm. *Stree* NStZ **1982** 327; vgl. auch SK-*Frisch* 142.

131 OLG Hamm MDR **1975** 334 L; *Kleinknecht/Meyer-Goßner*[43] 12; LR-*Gollwitzer*[24] § 296, 21.

132 OLG Oldenburg MDR **1979** 78; anders OLG Schleswig bei *Ernesti/Lorenzen* SchlHA **1984** 107.

133 Eingehend OLG Düsseldorf NStZ **1985** 27.

Ernst-Walter Hanack

BVerfGE **86** 288 (vgl. § 337, 240 a) enthält eine Beschwer, auch wenn sie in den Entscheidungssatz nicht aufgenommen worden ist[134].

65   **Belastende Nebenfolgen** enthalten ebenfalls grundsätzlich eine Beschwer des davon Betroffenen. Bei angeordneter Unbrauchbarmachung oder Einziehung gilt das nach Lage des Falles auch, wenn der Beschuldigte nicht Eigentümer ist[135]. Eine Beschwer liegt auch in der ungünstigen Kostenentscheidung einschließlich der ausdrücklichen oder (s. Rdn. 59) konkludenten Ablehnung der Erstattung notwendiger Auslagen[136].

66   **b) Maßregeln.** Die Anordnung einer Maßregel der Besserung und Sicherung bedeutet auch dann eine Beschwer, wenn sie im wohlverstandenen Interesse des Angeklagten liegt. Wird gegen ihn bei Freispruch mangels Schuldfähigkeit (§ 20 StGB) eine Maßregel angeordnet (§ 72 StGB), besteht seine Beschwer nur in dieser Anordnung, nicht im Freispruch[137]. Die Nichtanordnung einer spezifisch oder vornehmlich sichernden Maßregel enthält grundsätzlich keine Beschwer des Angeklagten, schon weil es insoweit entscheidend um die Realisierung von Allgemeininteressen geht, deren Durchsetzung nicht in seine Kompetenz fällt[138]. Zweifelhaft ist jedoch, ob das — jedenfalls bei gleichzeitiger Verurteilung zu Strafe — auch für die Nichtanordnung der speziell auf Besserung gerichteten Maßregel des § 64 StGB gilt[139], zumal mit ihr bei gleichzeitiger Verurteilung zu Strafe die u. U. günstigeren Folgewirkungen des § 67 StGB verbunden sind. Die ganz herrschende Meinung verneint eine Beschwer auch hier[140]. Ihre vornehmliche Begründung, daß nicht absehbar sei, ob sich das Unterlassen der Anordnung objektiv zum Nachteil des Beschuldigten auswirke, trifft jedoch nicht den Kern des Problems und erscheint für sich auch nicht überzeugend[141]. Nicht überzeugend ist aber auch die Argumentation[142], die Maßregeln dienten konzeptionell der Realisierung von Präventionsinteressen der Allgemeinheit, so daß die Durchsetzung ihrer Anordnung auch bei § 64 StGB außerhalb der Kompetenz des Beschuldigten liege, eine mit ihrer Anordnung verbundene Besserstellung daher lediglich eine bloße Reflexwirkung darstelle. Zu bedenken und zu berücksichtigen ist vielmehr, daß die Vorenthaltung der Unterbringung für den süchtigen Täter, der therapiewillig ist, durchaus einen objektiven und gewichtigen Nachteil bedeutet[143], weil sie ihm eine in das strafrechtliche Rechtsfolgensystem eingebaute gesetzliche Hilfschance unmittelbar vorenthält. Der h. M ist daher nicht zu folgen. Sie verliert im übrigen wesentlich an Gewicht und Folgerichtigkeit durch die später entwickelte Annahme, daß der Angeklagte bei entsprechender Gestaltung seines Rechtsmittels jedenfalls in weitem Umfang mittelbar doch eine Korrektur oder Überprüfung der Nichtanord-

---

[134] Vgl. etwa BGHSt **39** 124 und BGHSt **39** 209.

[135] So – bei Eigenbesitz – BayObLGSt **1955** 107 = MDR **1955** 693; VRS **46** (1974) 272; OLG Celle NJW **1960** 1873; *Kleinknecht/Meyer-Goßner*[43] 12; SK-*Frisch* 141.

[136] Vgl. etwa BGHSt **4** 275; **7** 155; BayObLGSt **1949/51** 432; näher bei § 464.

[137] BGHSt **28** 331; NJW **1954** 519; BayObLGSt **1978** 1 = VRS **55** (1978) 135; KG NJW **1953** 195; ferner etwa RGSt **69** 12; SK-*Frisch* 159; **a. A** OLG Tübingen NJW **1953** 1444. Vgl. aber auch LR[24], § 344, 52.

[138] SK-*Frisch* 145; eingehend *G. Kaiser* 93 ff. Zu einem umstrittenen ⌣nderfall bei der Sicherungsverwahrung (Maßregelaustausch) vgl. LK-*Hanack* § 72 Rdn. 38 f.

[139] Und – trotz gewisser Unterschiedlichkeit in der Struktur und im Behandlungsziel – wohl auch des

§ 63 StGB, wo die Frage bislang ersichtlich nicht thematisiert worden ist, vgl. *Tolksdorf* FS Stree/Wessels 754.

[140] BGHSt **28** 330; **37** 7; **38** 363; nach BGHR § 24 Ablehnung 4 std. Rspr.; OLG Köln NJW **1978** 2350; OLG Schleswig bei *Ernesti/Lorenzen* SchlHA **1985** 133; KK-*Ruß* 5; KMR-*Paulus* 53; *Kleinknecht/Meyer-Goßner*[43] 10; SK-*Frisch* 146; *G. Kaiser* 155 f; **a. A** *Janssen/Kausch* JA **1981** 203; *Tolksdorf* FS Stree/Wessels 760.

[141] Insoweit kritisch auch SK-*Frisch* 146; *Tolksdorf* 758.

[142] So SK-*Frisch* 146; ähnlich *G. Kaiser* 155 f.

[143] Vgl. *Tolksdorf* FS Stree/Wessels 760, dessen Ausführungen seit der Entscheidung des BVerfG v. 16. 3. 1994 zu § 64 (BVerfGE **91** 1 = NStZ **1994** 578) noch verstärktes Gewicht besitzen.

nung erzwingen kann, so insbesondere wenn nicht auszuschließen ist, daß bei gleichzeitiger Anordnung der Maßregel *die Strafe* niedriger ausgefallen wäre[144].

c) Verfahrensentscheidungen (z. B. Beschlagnahme, Haft- oder formelle Rechtsmittelentscheidungen)[145] enthalten eine Beschwer des davon Betroffenen nicht nur, wenn sie seine materiellen Rechte betreffen (Freiheit, Eigentum). Durch spezielle Verfahrensentscheidungen beschwert ist auch derjenige, für den sie eine ungünstigere Verfahrenslage schaffen, die die Wahrnehmung seiner legitimen (Verfahrens-)Rechte beeinträchtigt; die Einzelheiten sind bei den betreffenden Vorschriften erörtert; vgl. ferner bei § 304 und bei § 305. Eine Beschwer kann nach dem Gesagten auch darin liegen, daß das Rechtsmittelgericht irrig eine Entscheidung bestätigt, die der Beschwerdeführer tatsächlich gar nicht angefochten hat, weil ihn das mit Kosten belastet oder sich auf das weitere Verfahren ungünstig auswirken kann[146]. Beschwert ist ein Angeklagter auch, wenn das Gericht statt einer Sachentscheidung das Verfahren gemäß § 328 Abs. 2 an eine andere Instanz verweist[147], weil statt der Sachentscheidung sich nunmehr eine andere Instanz mit der Sache befassen soll, also mindestens der Aufwand größer ist. Beschwert ist ferner derjenige, gegen den eine Entscheidung nur dem äußeren Anschein nach ergangen ist (falscher Name, vgl. § 296, 2). **67**

d) Einstellungsentscheidungen insbesondere. Umstritten ist, ob oder wann Einstellungsentscheidungen eine Beschwer des Beschuldigten enthalten. Die Frage stellt sich nicht beim abgelehnten Eröffnungsbeschluß (§ 204), weil er jeder Anfechtung durch den Angeschuldigten entzogen ist (vgl. § 210 Abs. 2)[148]. Auch bei Einstellungen nach dem Opportunitätsprinzip (§§ 153 ff) entfällt sie in der Regel schon wegen deren gesetzlich vorgesehener oder vorausgesetzter Unanfechtbarkeit[149]. **68**

Im übrigen enthält die **endgültige Einstellung** des Verfahrens wegen einer fehlenden Verfahrensvoraussetzung oder eines nicht behebbaren Verfahrenshindernisses nach h. M keine Beschwer[150]. Unterschiedlich sind insoweit jedoch die Begründungen. So wird teilweise darauf abgestellt, daß die Einstellung den staatlichen Strafanspruch beseitige[151] oder dem doch gleichstehe und eine weitere Verfolgung ausschließe[152], teils argumentiert, daß die Einstellung ein weiteres Prozedieren unzulässig mache und es darum in der Regel an der Möglichkeit fehle, für den Freispruch noch die notwendige Basis zu schaffen[153]. **69**

---

[144] Vgl. BGHSt **37** 7; **38** 363; BGH NStZ **1992** 539; **1994** 280; BayObLG JR **1996** 79 mit weit. Nachw. in Anm. *Loos;* dagegen *Kleinknecht/Meyer-Goßner*[43] 8.

[145] Zu unterscheiden von der Beschwer durch *Verfahrensfehler,* die üblicherweise, so auch in diesem Kommentar (etwa § 337, 93 ff; § 338, 5), als Frage der Begründetheit des Rechtsmittels (s. Rdn. 54) in anderem Zusammenhang thematisiert wird, dazu *G. Kaiser* 164; auch *v. Löbbecke* 25 f.

[146] OLG Saarbrücken VRS **27** (1964) 453; OLG Zweibrücken VRS **63** (1982) 57 (Verwerfung nach § 329 trotz Berufungsrücknahme); *Kleinknecht/Meyer-Goßner*[43] 12; **a. A** oder doch einschränkend *G. Kaiser* 222 Fußn. 18.

[147] BGHSt **26** 106 = NJW **1975** 1523 mit abl. Anm. *Foth;* die Frage ist sehr streitig, s. näher bei § 328; **a. A** auch *G. Kaiser* 222 Fußn. 19.

[148] Vgl. zu Einzelheiten die Erl. zu § 210 (24. Aufl. Rdn. 15); auch *G. Kaiser* 31 Fußn. 42.

[149] Näher, auch zur Frage der Ausnahmen, z. B. LR[24], § 153, 79; § 153 a, 24 und 105; § 154, 46. Vgl. auch *G. Kaiser* 31 mit weit. Nachw. in Fußn. 41; ferner § 336, 5.

[150] BGHSt **23** 259 mit Anm. *Traub* NJW **1970** 1887; BGH NJW **1970** 155; RGSt **4** 358; **13** 327; **29** 49; **42** 400; BayObLGSt **1954** 109; **1989** 33 = JR **1989** 477; KK-*Ruß* 5 a; *Kleinknecht/Meyer-Goßner*[43] 14; SK-*Frisch* 149; LR-*Rieß*[24] § 206 a, 68; grundsätzlich auch *G. Kaiser* 213 ff; vgl. ferner die folg. Fußn. – Zu abweichenden Ansichten s. LR-*Rieß* aaO sowie neuestens *Sternberg-Lieben* ZStW **108** (1996) 721 ff, der bei Einstellungen in der Hauptverhandlung im Grundsatz einen verfassungsrechtlich begründeten Rehabilitationsanspruch bejaht.

[151] So etwa LR-*Gollwitzer*[24] § 296, 24 im Anschluß insbes. an RGSt **4** 358; **20** 49; **42** 400.

[152] Vgl. RGSt **42** 401 (dazu kritisch SK-*Frisch* 149); BayObLGSt **1989** 33 = JR **1989** 478.

[153] So insbes. SK-*Frisch* 149; vgl. auch *Eb. Schmidt* 25.

Ernst-Walter Hanack

Tragend ist wohl der letztere Gesichtspunkt. Nur mit ihm läßt sich auch in Einklang bringen, daß im **Sonderfall der Freispruchreife** nach weit überwiegender Auffassung ein Vorrang der Sachentscheidung besteht[154], der Beschuldigte also beschwert ist, wenn das Gericht das Verfahren, auch aufgrund eines Straffreiheitsgesetzes[155], einstellt, obwohl es nach der bestehenden Verfahrenslage ohne weiteres auf Freispruch hätte erkennen können.

70 Von einer nur **vorläufigen Einstellung** (etwa wegen Abwesenheit oder Krankheit des Angeklagten, wegen eines fehlenden Strafantrags bei noch bestehender Antragsberechtigung) ist der Betroffene hingegen grundsätzlich beschwert, schon weil die Einstellung u. U. sein Recht auf zügige Entscheidung verletzt (LR-*Rieß*[24] § 205, 32)[156].

71 Sieht ein **Straffreiheitsgesetz auf besonderen Antrag** die Möglichkeit der Verfahrensdurchführung zur Feststellung der Unschuld vor, ist der Beschuldigte beschwert, wenn er keine Gelegenheit erhält, den Antrag zu stellen, da er dann in dem vom Gesetz gewährten Anspruch verletzt ist[157]. Ansonsten liegt in diesen Fällen eine Beschwer nur bei Einstellung trotz Freispruchreife vor (Rdn. 69).

72 e) **Beschwer bei Freispruch.** Besonders umstritten ist, ob der Beschuldigte durch einen Freispruch beschwert sein kann. Zwar wird ersichtlich nicht in Zweifel gezogen, daß namentlich ein Freispruch, bei dem Verdachtsgründe bestehenbleiben, sowie ein Freispruch wegen Schuldunfähigkeit den Angeklagten in seinem sozialen Ansehen schädigen oder sogar dazu beitragen kann, daß ihm außerhalb des Strafrechts rechtliche Nachteile erwachsen. Die Frage ist indessen, ob oder wann diese Folgen in Anbetracht der Aufgabe der Strafgerichte im allgemeinen und des Rechtsmittelrechts im besonderen ein hinreichender Grund sind, dem Beschuldigten Rechtsmittel gegen den Freispruch zu eröffnen, zumal es sich dann als schwierig erweist, für eine gewiß gebotene Begrenzung dieser Befugnis überzeugende Differenzierungen zu finden.

73 Als **Ansatz zur Lösung** der Problematik erscheint eine Argumentation allein mit dem Grundsatz (vgl. oben Rdn. 57), daß sich die Beschwer nur aus dem Entscheidungssatz, nicht aber aus den Urteilsgründen ergeben könne, nach dem oben Gesagten (Rdn. 58) zu vordergründig. Für sich kaum tragfähig und überzeugend ist es aber auch, die Beschwer beim Freispruch mit der umstrittenen Argumentation vom staatlichen Strafanspruch (vgl. oben Rdn. 48) zu verneinen, schon weil aus der Beschränkung auf diesen Strafanspruch nicht zwingend folgt, daß der Freigesprochene auch jede Art von gerichtlichen Feststellungen hinnehmen muß, die ihm Nachteile bringen oder bringen können. Immerhin führt der Gedanke des staatlichen Strafanspruchs zu einem anderen, letztlich wohl entscheidenden Gesichtspunkt: Es ist, wie bemerkt (Rdn. 49), nicht Aufgabe der Strafgerichte, über die Entscheidung von Ob und Wie der Strafbarkeit hinaus die Entlastung des Beschuldigten von jedem Verdacht zu betreiben, das Verfahren also über die Entscheidungsreife hin-

---

[154] BGHSt **1** 235; **7** 261; **13** 80, 273; **20** 335; BGH GA **1959** 17; RGSt **70** 196; OLG Bremen VRS **28** (1965) 440; OLG Celle NJW **1996** 2666; OLG Frankfurt NJW **1980** 2824; OLG Hamburg JZ **1967** 546; OLG Oldenburg NJW **1985** 1177; OLG Stuttgart NJW **1957** 1488; **1963** 1417; *Kleinknecht/Meyer-Goßner*[43] 14; KMR-*Paulus* 50; SK-*Frisch* 150; **a. A** RGSt **46** 370; *Eb. Schmidt* JZ **1958** 375.

[155] BGHSt **13** 272; RGSt **70** 195; SK-*Frisch* 151; **a. A** oder doch mißverständlich (vgl. SK-*Frisch* aaO) *Kleinknecht/Meyer-Goßner*[43] 14; ferner *Eb. Schmidt* 25; *Sarstedt/Hamm* 40. Vgl. auch BayObLGSt **1954** 109.

[156] Im Ergebnis ebenso (in der Unbedingtheit aber wohl z. T. nicht ganz klar, vgl. SK-*Frisch* 152) BayObLG JR **1989** 477 mit Anm. *Göhler*; OLG Stuttgart NJW **1963** 1417; KK-*Ruß* 5; *Kleinknecht/Meyer-Goßner*[43] 14; KMR-*Paulus* § 205, 40 (anders aber KMR-*Paulus* Vor § 296, 50); *Eb. Schmidt* § 205, 17; *Sarstedt/Hamm* 40; **a. A** SK-*Frisch* 152 (nur bei Freispruchreife); *G. Kaiser* 214.

[157] SK-*Frisch* 151; *Eb. Schmidt* 25; *Sarstedt/Hamm* 40.

aus bis zum Beweis der Unschuld fortzuführen. Auch die Unschuldsvermutung des Art. 6 MRK zwingt nicht zur Weiterführung des Verfahrens allein im Rehabilitationsinteresse des Angeklagten[158]. Sie gebietet jedoch, jeden nicht rechtskräftig Verurteilten ohne Rücksicht auf den Grad des verbleibenden Verdachts als unschuldig anzusehen und zu behandeln[159]. Wenn aber eine solche Begrenzung der gerichtlichen Tätigkeit besteht und die Unschuldsvermutung den Freigesprochenen rechtlich schützt, so spricht das grundsätzlich dafür, eine Beschwer durch die Gründe des Freispruchs zu verneinen (und das Gewicht der Unschuldsvermutung nicht durch eine gegenteilige Handhabung zu entwerten).

Beim Freispruch mangels Beweises lehnt die herrschende Meinung[160] danach eine **74** Beschwer durch die Urteilsgründe im Ergebnis zu Recht ab, und zwar auch dann, wenn die den Freispruch begründenden Ausführungen den Angeklagten erheblich belasten und für ein anderes Verfahren, etwa ein Disziplinarverfahren, von Bedeutung sind[161]. Gegenteilige Auffassungen, die zum Teil eine Beschwer bei jedem Freispruch bejahen, der nicht den Tatverdacht beseitigt[162], zum Teil dann annehmen, wenn die Urteilsgründe auf einem belastenden Unwerturteil aufbauen[163], vermögen bei der gebotenen prozessualen Betrachtung der Beschwer (oben Rdn. 49) nicht zu überzeugen, weil es den mit ihrer Sicht verbundenen Anspruch auf Entlastung im System der StPO nicht gibt.

Daß die herrschende Meinung auch beim **Freispruch wegen Schuldunfähigkeit** die **75** Beschwer verneint[164], ist am kritischsten. Im Schrifttum wird gerade insoweit vielfach ein gegenteiliger Standpunkt vertreten[165], und auch in der Rechtsprechung war die Frage bis zur Grundsatzentscheidung BGHSt **16** 374 erheblich umstritten[166]. Für eine Beschwer wird oder wurde insbesondere geltend gemacht: daß der Freispruch wegen Schuldunfähigkeit den Wesenskern des menschlichen Seins und damit Art. 1 Abs. 1 GG berühre[167]; daß die Feststellung der Schuldunfähigkeit als solche, jedenfalls aber dann eine Belastung bedeute, wenn nicht feststeht, ob der Angeklagte überhaupt eine (tatbestandsmäßige und rechtswidrige) Tat begangen hat[168]; daß die Feststellung infolge der Eintragung im Bundeszentralregister und im Führungszeugnis für Behörden (§ 11 Abs. 1 Nr. 1, § 32 Abs. 1 und 3 BRZG) Tatbestandswirkungen entfalte oder doch besonders liege, nämlich in besonderem Maße negative Folgewirkungen auslösen könne[169]. Gegenüber diesen Einwendungen ist jedoch zu bedenken, daß die Beschwer aus spezifisch prozessualer Sicht zu bestimmen ist (Rdn. 49) und allein die Art der Urteilsbegründung selbst bei Grundrechtsverletzungen keine Beschwer im strafprozessualen Sinne enthält (Rdn. 62). Hiervon eine

[158] *Kühl* Unschuldsvermutung 40; vgl. auch *Kleinknecht/Meyer-Goßner*[43] Einl. 8; SK-*Frisch* 158; *G. Kaiser* 140; anders *Vogler* ZStW **89** (1977) 785.

[159] LR-*Rieß* bei § 206 a (24. Aufl. Rdn. 68); insoweit ähnlich KMR-*Paulus* 55.

[160] Vgl. etwa BVerfGE **6** 7; BGHSt **13** 77; **16** 374; BGH NJW **1966** 1975; KK-*Ruß* 5; *Kleinknecht/ Meyer-Goßner*[43] 13; SK-*Frisch* 157, 161; *G. Kaiser* 185 ff (mit zahlr. weit. Nachw.); *v. Löbbecke* 125; *Sarstedt/Hamm* 39; ferner Fußn. 164.

[161] Zum Letzteren SK-*Frisch* 163, *G. Kaiser* 188, 182.

[162] So etwa *Henrichs* MDR **1956** 201; *Roos* JR **1951** 202.

[163] KMR-*Paulus* 56; vgl. auch *Eb. Schmidt* Nachtr. I Vor § 296, 11.

[164] So insbes. BGHSt **16** 374; ferner etwa BGH NJW **1954** 519; RGSt **4** 355; **69** 12; BayObLG NJW **1961** 576; KG NJW **1953** 195; OLG Düsseldorf NJW **1960** 1404; KK-*Ruß* 5; *Kleinknecht/Meyer-*

Goßner[43] 13; *Beulke* 537; *Kühne* 622; *Schlüchter* 623.2; *Hanack* JR **1973** 659; *v. Löbbecke* 132; *Sarstedt/Hamm* 39.

[165] So insbes. von AK-*Achenbach* 16; KMR-*Paulus* 55; *Eb. Schmidt* Nachtr. I Vor § 296, 11; SK-*Frisch* 160; *Henkel* 422; *v. Hippel* 564; *Peters* § 71 II 7; *Bloy* JuS **1986** 587; *Schwenk* NJW **1960** 1932; **1964** 1455.

[166] Für eine Beschwer insbes. BGH NJW **1951** 450, 724; KG HESt **1** 242; OLG Hamburg JR **1962** 268; OLG Stuttgart NJW **1959** 1840; OLG Tübingen NJW **1953** 1444; OLG Saarbrücken NJW **1960** 2068.

[167] So insbes. OLG Stuttgart NJW **1959** 1840 mit krit. Anm. *Bech*.

[168] OLG Schleswig NJW **1957** 1487; *Eb. Schmidt* aaO; vgl. auch *G. Kaiser* 209 f.

[169] So z. B. *Peters* § 71 II 7; SK-*Frisch* 160; eingeschränkt *G. Kaiser* 209 f.

Ausnahme zu machen, weil der Freispruch wegen Schuldunfähigkeit Grundrechte der Persönlichkeit antaste, ist überzeugend nicht möglich und erscheint auch sachlich überzogen, schon weil sich insoweit eine triftige Unterscheidung gegenüber anderen persönlichkeitsbezogenen Vorwürfen oder Umständen nicht gewinnen läßt[170]. Das gilt auch bei fehlendem Nachweis einer begangenen Straftat (vgl. bei Fußn. 168), da es doch noch weit schwerer wiegt, wenn zur Feststellung der Schuldunfähigkeit die weitere Feststellung hinzutritt, der Beschuldigte habe in diesem Zustand eine mit Strafe bedrohte Handlung begangen[171]. Und es gilt ferner für die Belastung des Beschuldigten durch die Eintragung im Zentralregister[172], die eine echte Tatbestands- oder Bindungswirkung für andere Verfahren nicht hat[173], sondern „nur" ein Beweisbeschaffungsmittel[174] bedeutet. Es dürfte zwar gute Gründe geben, den „erheblichen Unzuträglichkeiten" (DERechtsmittelG), die mit der Eintragung für den Betroffenen verbunden sein können[175], de lege ferenda durch die Einräumung einer speziellen Rechtsmittelbefugnis[176] oder — besser vielleicht — durch eine Novellierung des BZRG zu begegnen[177]; aber es wäre widersprüchlich und systemfremd, die erörterten Fälle — und nur sie — nach geltendem Recht anders zu behandeln als sonstige Freisprüche, zumal die Eintragung im Zentralregister für die Betroffenen eine durchaus unterschiedliche Bedeutung besitzt, im Einzelfall für sie auch hilfreich sein kann oder doch jedenfalls nicht schwerer wiegt als andere unanfechtbare Belastungen.

76   **f) Nachtragsverfahren.** Die Möglichkeit eines Nachtragsverfahrens schließt eine Beschwer grundsätzlich nicht aus. Hat z. B. das Gericht die Frage der Zahlungserleichterungen gemäß § 42 StGB nicht geprüft, ist der Angeklagte dadurch beschwert[178], obwohl die Vergünstigung nach § 459 a auch nach Rechtskraft des Urteils noch angeordnet werden kann. Das gleiche gilt trotz des § 460, wenn das Gericht die ihm mögliche Bildung einer Gesamtstrafe unterlassen hat[179].

VI. Anhang: Gegenvorstellung und Dienstaufsichtsbeschwerde[180]

1. Gegenvorstellung

77   **a) Allgemeines.** Die Gegenvorstellung ist ein im Gesetz nicht vorgesehener, in der Praxis (nicht nur des Strafverfahrens) jedoch keineswegs seltener formloser Rechtsbehelf, der heute fast allgemein als statthaft angesehen wird[181], soweit ihm (näher Rdn. 81 ff) nicht zwingendes Recht entgegensteht. Zum Ziel hat die Gegenvorstellung, die Stelle, die

---

[170] Treffend *Bech* (Fußn. 167): nicht einzusehen, warum Geisteskrankheit den Menschen mehr belasten solle als der Verdacht, Verbrecher zu sein.

[171] *Hanack* JZ **1973** 659; insoweit zust. KMR-*Paulus* 55.

[172] Der die Argumentation von BGHSt 16 381 f (für § 9 StrafregisterVO) z. T. wenig gerecht geworden ist; vgl. dazu SK-*Frisch* 160 und *Kaiser* 205 mit weit. Nachw.

[173] Vgl. BGHSt **16** 382; *v. Löbbecke* 132; DERechtsmittelG 73.

[174] *Rebmann/Uhlig* Einl. 48.

[175] Dazu eindrucksvoll *Cording* StV **1995** 48.

[176] So der DERechtsmittelG § 313 mit Begr. S. 72; oben Rdn. 62 Fußn. 123 zum „Urteilsbereinigungsverfahren".

[177] Sie wird im Schrifttum und von den Fachverbänden „unisono" gefordert und ist vom Bundesjustiziminister schon 1987 angekündigt worden, vgl. *Cording* aaO 52; s. auch BGHSt **16** 381 f.

[178] So z. B. BGH StV **1982** 569; **1983** 60 L; RGSt **64** 208; OLG Bremen NJW **1954** 523; OLG Schleswig SchlHA **1976** 184.

[179] BGHSt **12** 1 = JZ **1959** 94 mit Anm. *Kielwein*; BGHSt **23** 99; **25** 382 mit Anm. *Küper* NJW **1975** 547; RGSt **64** 413; OLG Koblenz VRS **60** 424; OLG Köln MDR **1983** 423; über Ausnahmen vgl. BGHSt **23** 99; *Küper* MDR **1970** 885.

[180] Vgl. den Hinweis oben Rdn. 4.

[181] Z. B. KK-*Ruß* 4; *Kleinknecht/Meyer-Goßner*[43] 23 ff; KMR-*Paulus* 30; näher die bei „Schrifttum" zit. neueren Beiträge von *Hohmann, Matt* und *Werner* mit weit. Nachw. – Zur teilweise stark abweichenden Handhabung im Zivilprozeß s. die Erläuterungswerke zur ZPO; auch *Bauer* NJW **1991** 1711.

die Entscheidung erlassen hat, durch das Gewicht der vorgetragenen Tatsachen oder rechtlichen Erwägungen zu einer Änderung der eigenen Entscheidung zu bewegen[182]. Durch diese spezielle Zielrichtung unterscheidet sie sich vom bloßen Hinweis auf sachliche oder rechtliche Bedenken[183]. Herkunft, Ableitung und Anwendungsbereich der Gegenvorstellung sind im einzelnen umstritten und wenig geklärt. Nach heute vorherrschendem Verständnis handelt es sich um eine besondere Erscheinungsform des Petitionsrechts nach Art. 17 GG[184]. Der Anwendungsbereich bestimmt sich jedoch entscheidend nicht danach, sondern nach Prozeßrecht, nämlich der Frage, wieweit die erlassende Stelle nach dem System des jeweils in Betracht kommenden Verfahrensrechts zu einer Änderung ihrer Entscheidung prozessual befugt ist. Das ist auch bei dem kritischen Problem zu beachten, ob eine nicht von vornherein unstatthafte Gegenvorstellung zum Rechtsweg i. S. des § 90 Abs. 2 BVerfGG gehört, der vor Einlegung einer Verfassungsbeschwerde erschöpft sein muß[185].

Im **Unterschied zu den Rechtsmitteln** hat die Gegenvorstellung weder Suspensiv- **78** noch Devolutiveffekt (allg. M). Sie begnügt sich mit der **Anregung**, daß die Stelle, die bereits entschieden hat, die eigene Entscheidung nochmals überprüft[186]. An Formen und Fristen ist diese Anregung nicht gebunden (allg. M). Die Gegenvorstellung kann jedoch aus Gründen der Rechtssicherheit unzulässig sein, wenn sie nicht mehr in einem angemessenen zeitlichen Zusammenhang zu der beanstandeten Entscheidung steht[187]. Da es sich nicht um einen spezifischen Rechtsbehelf des Verfahrensrechts handelt, sondern um eine Erscheinungsform des Petitionsrechts, setzt die Gegenvorstellung auch keine Beschwer voraus[188]. Aus ihrem Charakter folgt ferner, daß sie keine unbedingte Pflicht zur erneuten Entscheidung der Sache auslöst (näher Rdn. 86). Eine solche Pflicht kann sich jedoch aus übergeordneten Gesichtspunkten ergeben, etwa der Aufklärungspflicht, der Pflicht zur ausreichenden Gewährung des rechtlichen Gehörs[189] oder auch (s. Rdn. 83) aus der Pflicht zur Vermeidung „groben prozessualen Unrechts"; für die wichtigsten Fälle der Nachholung des rechtlichen Gehörs hat das Gesetz — seit dem StPÄG 1964 — in den §§ 33 a, 311 a jedoch ausdrücklich einen Rechtsbehelf vorgesehen[190].

Inhaltlich können mit der Gegenvorstellung sowohl übersehene oder verkannte **79** Umstände[191] als auch neue tatsächliche oder rechtliche Gesichtspunkte geltend gemacht werden. Nach Lage des Einzelfalles zu prüfen ist jedoch, ob es sich bei dem geltend

---

[182] OLG Düsseldorf NStZ **1989** 86; OLG Karlsruhe NStZ **1993** 88; allg. M.

[183] *Woesner* NJW **1960** 2129.

[184] OLG Düsseldorf NStZ **1989** 86; OLG Karlsruhe NStZ **1993** 88 mit weit. Nachw.; KK-*Ruß* 4; *Kleinknecht/Meyer-Goßner*43 23; KMR-*Paulus* 29; *Matt* 824; vgl. schon *Maunz/Dürig* Art. 17, 20 (1960); s. auch *G. Kaiser* 103; zum rechtlichen Gehör, auf das SK-*Frisch* 32 unter Bezugnahme auf BVerfGE 9 89, 107 abstellt, bestehen Verbindungen, die aber doch nur einen Teilaspekt ausmachen.

[185] Das BVerfG neigt wegen der Subsidiarität der Verfassungsbeschwerde zur Auffassung, daß eine Abhilfe durch Gegenvorstellung selbst dann versucht werden muß, wenn deren Zulässigkeit fachgerichtlich noch nicht eindeutig geklärt ist, vgl. etwa BVerfGE **55** 5; **63** 79 = NJW **1983** 1900; **73** 322 = NJW **1987** 1319. Dazu und dagegen z. B. *Henschel* FS Faller 165; *Krey* JA **1984** 478; *Meyer* FS Kleinknecht 280; *Zuck* JZ **1985** 518; vgl. auch *Benda/Klein* Lehrb. des Verfassungsprozeßrechts (1991) 536; *Werner* 19; s. aber auch unten Rdn. 83.

[186] OLG Düsseldorf NStZ **1989** 86; OLG Schleswig NJW **1978** 1816; OLG Stuttgart Justiz **1971** 148; *Kleinknecht/Meyer-Goßner*43 23; KMR-*Paulus* 30; *Ellersieck* (s. Fußn. 48) 29; *Hohmann* 10.

[187] OLG Koblenz MDR **1985** 344 (mehr als 2 Jahre) und OLGSt § 16 ZSEG Nr. 3 (1 Jahr 5 Monate); zust. *Kleinknecht/Meyer-Goßner*43 23.

[188] OLG Schleswig NJW **1978** 1016; *Kleinknecht/Meyer-Goßner*43 23; KMR-*Paulus* 29; SK-*Frisch* 34; *Hohmann* 11; *Matt* 824; vgl. auch *G. Kaiser* 103.

[189] Vgl. BVerfGE **9** 89, 107; *Weis* NJW **1987** 1314; *Hohmann* 11.

[190] Zu seiner Abgrenzung gegenüber der Gegenvorstellung *Hohmann* 11; *Matt* 822 (der auch die Abgrenzung von anderen Rechtsbehelfen anspricht). – Unstreitig ist, daß die Ausnutzung *dieses* Rechtsbehelfs zur Erschöpfung des Rechtswegs gehört, vgl. etwa BVerfGE **33** 192; **42** 251.

[191] OLG Stuttgart Justiz **1971** 148; *Hohmann* 11.

Ernst-Walter Hanack

gemachten Vorbringen wirklich nur um eine Anregung (Rdn. 78) handelt oder nicht vielmehr um einen verfahrensrechtlich zulässigen neuen Sachantrag; dazu unten Rdn. 82.

80   **b) Anwendungsbereich. Grenzen.** Die Gegenvorstellung ist, entsprechend ihrem Charakter, grundsätzlich gegen alle Maßnahmen der Ermittlungsbehörden und der Justizverwaltung sowie gegen richterliche Entscheidungen zulässig[192], soweit sie von der erlassenden Stelle selbst widerrufen oder abgeändert werden können.

81   Insbesondere bei **gerichtlichen Entscheidungen** ergeben sich durch diese Einschränkung für die Zulässigkeit der Gegenvorstellung weitreichende Ausnahmen: Ist das Gericht nach allgemeinem Verfahrensrecht zu einer Aufhebung seiner eigenen Entscheidung nicht befugt, ist auch eine darauf abzielende Gegenvorstellung nicht statthaft[193].

82   **Zulässig** ist die Gegenvorstellung daher bei nichtigen Entscheidungen (soweit solche anzuerkennen sind, dazu Einl. Rdn. J 116 ff), die eine Bindungswirkung nicht entfalten, weil ihre nachträgliche Aufhebung nur deklaratorische Bedeutung hat[194], wobei freilich die Voraussetzungen der Nichtigkeit im einzelnen umstritten sind[195]. Zulässig ist die Gegenvorstellung ferner bei Entscheidungen, die mit der einfachen Beschwerde anfechtbar sind (vgl. § 306 Abs. 2)[196] oder mit ihr nur deshalb nicht angegriffen werden können, weil § 305 Satz 1 entgegensteht oder der Rechtszug erschöpft ist[197]. Auch die Möglichkeit, einen neuen Sachantrag zu stellen bzw. eine Beschwerde zu wiederholen, schließt die Gegenvorstellung nicht notwendig aus[198]. Zwar wird in diesen Fällen meist Anlaß bestehen, die Gegenvorstellung als Sachantrag oder neue Beschwerde zu behandeln; doch ist denkbar, daß der Petent, wenn Beschwerde und Gegenvorstellung zur Wahl stehen, sich bewußt mit der Überprüfung durch den judex a quo begnügen will, so insbesondere, um den weiteren Fortgang des Verfahrens, etwa in Haftsachen, nicht aufzuhalten. Hier auf die Beschwerde zu verweisen widerspräche der Prozeßökonomie.

83   **Unzulässig** ist die Gegenvorstellung nach der Struktur des Gesetzes hingegen bei Entscheidungen, die in Rechtskraft erwachsen sind oder nur von einem übergeordneten Gericht geändert werden dürfen (namentlich also bei Urteilen und bei Entscheidungen, die mit der sofortigen Beschwerde anfechtbar sind). Aber insoweit ist die Rechtslage derzeit im Hinblick auf mögliche **Ausnahmen**, die in unterschiedlicher Weise vertreten werden und z. T. voneinander logisch kaum abgrenzbar oder in ihrer Tragweite bestimmbar sind, verworren und „völlig unklar"[199]. Stark vertreten wird insbesondere, daß (nur aber immerhin) die rechtskräftige Verwerfung eines befristeten Rechtsmittels als unzulässig abgeändert werden könne, wenn sie auf einem Irrtum über die tatsächlichen Voraussetzungen der Zulässigkeit beruht[200]. Eine darüber hinausgehende Ansicht läßt die nachträgliche Änderung rechtskräftiger Entscheidungen zu, wenn sie „grobes prozessuales Unrecht" darstellen[201], während sich andererseits die Tendenz des BVerfG, eine Gegenvorstellung zuzu-

---

[192] Beispielsfälle zum Anwendungsbereich insbesondere bei *Hohmann* 12; *Matt* 825 f.

[193] Allg. M, z. B. KK-*Ruß* 4; *Kleinknecht/Meyer-Goßner*[43] 24; SK-*Frisch* 33.

[194] OLG Düsseldorf DRiZ **1980** 110; OLG Hamm NJW **1971** 1624; OLG Schleswig NJW **1978** 1016; vgl. auch *Werner* 19.

[195] Zu weitgehend OLG Hamm aaO (Revisionsverwerfung durch OLG anstelle des BGH wirkungslos); vgl. 348, 4.

[196] In den umstrittenen Fällen der sog. prozessualen Überholung (vgl. bei § 304) also nur, soweit an der nachträglichen Feststellung der Rechtswidrigkeit

ein besonderes Rechtsschutzbedürfnis zu bejahen ist.

[197] BGH MDR **1964** 1019; KMR-*Paulus* Vor § 304, 12 ff; *Kleinknecht/Meyer-Goßner*[43] 24; *Werner* 19 mit weit. Nachw.

[198] Übereinstimmend *Kleinknecht/Meyer-Goßner*[43] 24; SK-*Frisch* 33; vgl. auch *Hohmann* 12.

[199] So treffend *Werner* 19 mit guter Übersicht.

[200] Näher insbes. § 346, 35; vgl. aber auch § 346, 20; § 349, 28.

[201] Näher *Werner* 19; Vor § 304 (in der 24. Aufl. Rdn. 37 ff).

lassen, wenn sie eine Grundrechtsverletzung betrifft und mit ihrer Hilfe eine Verfassungsbeschwerde vermieden werden könnte (oben Rdn. 77 Fußn. 185), als solche in der strafprozessualen Rechtsprechung und Lehre nicht durchgesetzt hat. Je nach den (an dieser
Stelle nicht zu erörternden) Voraussetzungen, unter denen man solche Ausnahmen zuläßt,
ist insoweit auch der Anwendungsbereich der Gegenvorstellung unterschiedlich, also
gegenwärtig unklar (vgl. auch SK-*Frisch* 33).

Wird durch den **Fortgang des Verfahrens** die Entscheidung jeder Abänderung entzo- **84**
gen, ist eine Gegenvorstellung unzulässig; so, wenn sie sich überholt hat (der Haftbefehl
wurde aufgehoben) oder wenn sie durch eine später in der Hauptsache ergangene Entscheidung konsumiert ist[202]. Gegenvorstellungen sind auch nicht mehr statthaft, wenn die
Sache wieder beim unteren Gericht anhängig ist; ein Änderungsantrag muß dann bei diesem Gericht gestellt werden[203].

c) Prüfungs- und Bescheidungspflicht. Die Gegenvorstellung muß aufgrund ihrer **85**
Verwurzelung im Petitionsrecht (oben Rdn. 77) sachlich überprüft und beschieden werden[204]. Dabei ist jedoch zu unterscheiden:

Ist die Gegenvorstellung **unzulässig** oder gibt sie von vornherein **keinen Anlaß zur** **86**
Änderung der beanstandeten Entscheidung, so genügt ein kurzer, formloser Bescheid, der
dem Gesuchsteller mitteilt, daß und warum es bei der Entscheidung sein Bewenden hat[205].
Eine förmliche Verwerfung oder eine bis ins einzelne gehende Begründung ist nicht erforderlich (freilich auch nicht schädlich). Der Bescheid ist für sich allein nicht anfechtbar,
selbst wenn er (unnötigerweise) als förmlicher Gerichtsbeschluß ergeht[206]. Er eröffnet
auch keinen zusätzlichen Beschwerderechtszug[207]. Eine Ablehnung der Richter wegen
Besorgnis der Befangenheit ist im Gegenvorstellungsverfahren unzulässig[208].

Sind die zulässigen **Gegenvorstellungen begründet**, führen sie also zu einer Aufhe- **87**
bung oder Änderung der beanstandeten Entscheidung, muß eine neue Entscheidung gegebenenfalls in der gleichen gesetzlichen Form ergehen wie die ursprüngliche. Die neue Entscheidung erfordert also insbesondere rechtliches Gehör aller Verfahrensbeteiligten und
ist ihnen bekannt zu machen. Denn es handelt sich dann, wenn auch aufgrund der Gegenvorstellung, um eine Entscheidung, die von Amts wegen in der Sache über den ursprünglichen Antrag erfolgt und die darum mit ordentlichen Rechtsmitteln ebenso anfechtbar ist
wie die ursprüngliche Entscheidung[209], mit der sie rechtlich eine Einheit bildet.

2. Dienstaufsichtsbeschwerde. Sie ist, ähnlich wie die Gegenvorstellung, ebenfalls **88**
ein aus dem Petitionsrecht des Art. 17 GG abgeleiteter Rechtsbehelf[210] nicht spezifisch
(straf)prozessualer Art, gerichtet an den die Dienstaufsicht führenden Vorgesetzten. Als
Dienstaufsichtsbeschwerde i. e. S. wendet sie sich gegen das dienstliche Verhalten eines

---

[202] *Woesner* NJW **1960** 2129; LR-*Gollwitzer*24 12; vgl.
aber auch oben Fußn. 196.

[203] OLG Schleswig bei *Lorenzen/Görl* SchlHA **1989**
107; **a. A** *Matt* 826; einschränkend bei schweren
Verfahrensfehlern des Beschwerdegerichts OLG
Stuttgart Justiz **1996** 147; *Kleinknecht/Meyer-
Goßner*43 24.

[204] OLG Düsseldorf NStZ **1989** 86; *Kleinknecht/Mey-
er-Goßner*43 26; SK-*Frisch* 35; *Maunz/Dürig*
Art. 17, 7 ff; vgl. auch *Hohmann* 13; **a. A** KK-*Ruß*
4 (nur nobile officium); KMR-*Paulus* 30.

[205] *Hohmann* 13 differenziert stärker (zwischen unzulässigen und nicht begründeten Gegenvorstellungen); weitergehend *Matt* 824 f (neuer, anfechtbarer

Beschluß beim Vortrag neuer Tatsachen oder Beweise); vgl. auch *Ellersieck* (oben Fußn. 110) 29 f.

[206] KMR-*Paulus* 30; vgl. auch *Matt* 825.

[207] OLG Koblenz OLGSt § 304, S. 21; SK-*Frisch* 35.

[208] Vgl. BGH NStZ **1993** 600; OLG Düsseldorf NStZ
1989 86; VRS **80** (1991) 27; OLG Hamm MDR
1993 789.

[209] *Kleinknecht/Meyer-Goßner*43 26; KMR-*Paulus* 30;
Hohmann 13; die Rechtslage ist hier grundsätzlich
die gleiche wie im Abhilfeverfahren nach § 306
Abs. 2 (vgl. bei § 306).

[210] BVerwG NJW **1977** 118; *Kleinknecht/Meyer-
Goßner*43 22; SK-*Frisch* 37.

Beamten, Bediensteten oder Richters, als sog. Sachaufsichtsbeschwerde gegen die von ihnen vorgenommene oder unterlassene Sachbehandlung. In beiden Formen ist die Dienstaufsichtsbeschwerde nicht form- und fristgebunden (allg. M), dürfte freilich nach Lage des Einzelfalles bei grundlos verzögertem, unangemessenem Zeitablauf unstatthaft sein (vgl. Rdn. 78). Auf die Dienstaufsichtsbeschwerde ist ein Bescheid zu erteilen, der erkennen läßt, daß die Eingabe geprüft worden ist und was gegebenenfalls veranlaßt wurde[211]. Die Aufsichtsbeschwerde i. e. S. kann als „Abreaktion" gegen ungutes Verhalten manche Emotionen sinnvoll kanalisieren, die Sachaufsichtsbeschwerde darüber hinaus zu wirksamer Abhilfe durch den Vorgesetzten führen.

89   Der **Anwendungsbereich** der Dienstaufsichtsbeschwerde[212] ist gegenüber Richtern gering, weil sie gemäß § 26 DRiG einer Dienstaufsicht nur sehr beschränkt unterliegen (dazu bei § 1 GVG). Auch bei Rechtspflegern bestehen hinsichtlich der ihnen im Strafverfahren übertragenen gerichtlichen Geschäfte (§ 22 RpflG) aufgrund des § 9 RpflG entsprechende Beschränkungen[213]. So betrifft der wesentliche Anwendungsbereich der Dienstaufsichtsbeschwerde den Bereich der Justizverwaltung[214] sowie insbesondere den Bereich von Staatsanwaltschaft und Polizei. Bei staatsanwaltschaftlichem Verhalten ist die Dienstaufsichtsbeschwerde neben der förmlichen Beschwerde des § 172 zulässig (näher bei § 172). Sie kann bei jedem Aufsichtsbefugten im Sinne des § 147 GVG eingelegt werden, und zwar direkt oder nacheinander[215], und zu Weisungen des Vorgesetzten gemäß § 146 GVG führen bzw. die Ersetzungsbefugnis nach § 145 GVG auslösen. Zur Dienstaufsichtsbeschwerde gegen polizeiliche Maßnahmen im Ermittlungsverfahren vgl. bei § 163 (in der 24. Aufl. Rdn. 107, 108).

---

[211] *Kleinknecht/Meyer-Goßner*[43] und *Frisch* aaO; vgl. BVerfGE **2** 225 = NJW **1953** 187; über Ausnahmen, insbes. bei anonymen oder querulatorischen Eingaben, s. *Kissel* § 12, 75 ff.

[212] Dazu sowie zur angemessenen Handhabung durch den Verteidiger näher *Dahs* Hdb. 978 ff.

[213] Näher *Bassenge/Herbst* FGG/RpflG[7] (1995), § 9 Rdn. 6 RpflG.

[214] Dazu im einzelnen *Kissel* § 12, 73 ff.

[215] Vgl. bei § 147 GVG; enger *Kleinknecht/Meyer-Goßner*[43] 22; SK-*Frisch* 38. Eingehend zum Ganzen *Bohnert* Die Abschlußentscheidung des Staatsanwalts (1992) 289 ff.

ERSTER ABSCHNITT

Allgemeine Vorschriften

§ 296

(1) Die zulässigen Rechtsmittel gegen gerichtliche Entscheidungen stehen sowohl der Staatsanwaltschaft als dem Beschuldigten zu.

(2) Die Staatsanwaltschaft kann von ihnen auch zugunsten des Beschuldigten Gebrauch machen.

Schrifttum. *Amelunxen* Die Revision der Staatsanwaltschaft (1980; zit. Revision); *Biermann* Zur Revision des Staatsanwalts, GA **1955** 353; *Leonhardt* Rechtsmittelermessen der Staatsanwaltschaft. Eine Gegenüberstellung von § 296 StPO mit Nummern 147 und 148 RiStBV (1994 = Diss. Frankfurt/Main).

Bezeichnung bis 1924: § 338.

1. Rechtsmittelbefugnis. Allgemein. Absatz 1 grenzt den Kreis der Rechtsmittelberechtigten nicht ab. Rechtsmittelbefugt sind vielmehr auch: neben dem Beschuldigten und für ihn der Verteidiger (§ 297); aus eigenem Recht der gesetzliche Vertreter des Beschuldigten (§ 298); Privatkläger (§ 390); Nebenkläger (nach Maßgabe der §§ 400, 401); Verfalls- und Einziehungsbeteiligte (§§ 433 ff) einschließlich der Nebenbeteiligten (§ 442); juristische Personen oder Personenvereinigungen im Verfahren nach § 444; im Falle des § 67 Abs. 3 JGG Erziehungsberechtigte. Beschwerdeberechtigt (einfache oder sofortige Beschwerde) sind ferner Zeugen, Sachverständige und andere Personen, die durch richterliche Maßnahmen in ihren Rechten betroffen werden (§§ 304 Abs. 2, 305 Satz 2). **1**

Wer nur **nach dem äußeren Anschein** von einer Entscheidung betroffen ist, wie etwa bei einer Verurteilung unter falschem Namen die als Beschuldigte bezeichnete Person, kann die formal auch ihn belastende Entscheidung in gleicher Weise anfechten wie derjenige, gegen den sich die Entscheidung in Wirklichkeit richtet[1]. **2**

---

[1] OLG Köln MDR **1983** 865; OLG Schleswig bei *Ernesti/Lorenzen* SchlHA **1980** 173 mit weit. Nachw.; vgl. auch BayObLG JR **1989** 477 mit Anm. *Göhler*; § 230, 11.

Ernst-Walter Hanack

3   Die Rechtsmittelbefugnis muß **vom Gesetz ausdrücklich eingeräumt** werden; ein allgemeiner Rechtssatz des Inhalts, daß jeder, dessen Rechte durch eine strafrichterliche Entscheidung unmittelbar berührt werden, rechtsmittelbefugt sei, besteht nicht und würde zu untragbaren Weiterungen führen[2]. Ob danach **die Erben** eines vor rechtskräftiger Erledigung verstorbenen Angeklagten zur Einlegung von Rechtsmitteln berechtigt sind, wenn sie ein eigenes Interesse an der Anfechtung (günstigere Auslagenentscheidung) haben, ist sehr umstritten[3].

4   Der **Bezirksrevisor** ist nicht befugt, für die Staatskasse die Kostenentscheidung eines Urteils anzufechten[4].

5   **2. Der Beschuldigte** darf ohne Rücksicht auf Alter und auf Geschäftsfähigkeit[5] von den zulässigen Rechtsmitteln (Rdn. 12) Gebrauch machen, wenn er bei Abgabe der Rechtsmittelerklärung verhandlungsfähig ist, aber auch[6], wenn er im bisherigen Verfahren als verhandlungsfähig angesehen wurde. Fehlt die erforderliche **Verhandlungsfähigkeit**, ist die Rechtsmittelerklärung unwirksam. Das Verfahren wird in der Regel vorläufig oder endgültig eingestellt (vgl. bei § 205 und § 206 a). Gleiches gilt im Grundsatz, wenn der Beschuldigte im Laufe des Rechtsmittelverfahrens verhandlungsunfähig wird; vgl. jedoch § 333, 16 zur Revision. Die Verhandlungsfähigkeit[7] setzt voraus, daß der Beschuldigte seine Belange im Verfahren physisch und psychisch noch wahrnehmen, insbesondere Verfahrenserklärungen abgeben und hinreichend würdigen kann. Man wird annehmen müssen, daß die Voraussetzungen für diese Fähigkeit in den einzelnen Verfahrensabschnitten wegen deren unterschiedlicher Anforderungen nicht unbedingt gleich liegen, sondern einer etwas verschiedenen Beurteilung unterliegen können; das gilt auch für das Rechtsmittelverfahren, insbesondere im Hinblick auf die dort größeren Möglichkeiten, ohne den Angeklagten zu verhandeln[8]. Es besteht jedoch kein Anlaß, das Erfordernis der Verhandlungsfähigkeit bei Einlegung oder Durchführung von Rechtsmitteln insgesamt aufzugeben[9], schon weil das einen Bruch im allgemeinen System bedeuten und in der praktischen Behandlung der Fälle zu schweren Mißhelligkeiten führen würde.

6   **3. Die Staatsanwaltschaft** hat grundsätzlich volle Rechtsmittelbefugnis, darf jedoch die Verletzung von Rechtsnormen, die lediglich zugunsten des Beschuldigten bestehen, nicht zu dem Zweck rügen, das angefochtene Urteil zu seinem Nachteil zu beseitigen (§ 339). Die Staatsanwaltschaft ist im Verfahren nicht „Partei", sondern als Staatsorgan zur unparteiischen Mitwirkung an der Rechtspflege berufen[10]. Ihre auch mit Rechtsmitteln durchzusetzende Aufgabe ist daher u. a., mit dafür zu sorgen, daß das Gesetz beachtet wird[11], insbesondere eine dem Recht entsprechende, dem Beschuldigten günstigere oder

[2] BGH LM § 40 StGB a. F Nr. 4; RGSt **66** 405; **69** 33; vgl. auch BGHSt **7** 333; durch die Neuregelungen der Rechtsstellung der Einziehungsbeteiligten und der sonstigen Nebenbeteiligten in den §§ 432 ff haben diese Entscheidungen ihren unmittelbaren Bezugspunkt verloren. OLG Saarbrücken NJW **1973** 1010 scheint die analoge Anwendung der Rechtsmittelbestimmungen in bestimmten Fällen für zulässig zu halten.

[3] Vgl. je mit weit. Nachw. BGHSt **34** 184 (verneinend) und LR-*Hilger* bei § 464 (24. Aufl. Rdn. 40 mit § 467, 10 ff – bejahend –).

[4] OLG Köln NJW **1970** 874; vgl. näher bei § 304 (24. Aufl. Rdn. 50).

[5] Heute allg. M; vgl. statt aller BGH NStZ **1983** 280 mit Nachw.; Einl. Rdn. J 18.

[6] AK-*Achenbach* 6; *Kleinknecht/Meyer-Goßner*[43] 5; KMR-*Paulus* 2; vgl. auch SK-*Frisch* 7.

[7] Dazu allgemein LR-*K. Schäfer*[24] Einl. **12** 101 ff; LR-*Rieß* bei § 205 (24. Aufl. Rdn. 14).

[8] Vgl. bei § 205 (24. Aufl. Rdn. 15); § 333, 16 mit weit. Nachw. zur Revision; die Einzelheiten sind noch wenig geklärt.

[9] So aber entgegen der h. M SK-*Frisch* 7; *Ranft* 1922; *Sarstedt/Hamm* 20.

[10] Dazu Einl. Rdn. I 51 ff; Vor § 141 GVG; *Biermann* GA **1955** 353.

[11] Vgl. z. B. BGH NJW **1956** 1028; OLG Bremen NStZ **1989** 286 und NJW **1955** 1243; KG JR **1994** 372; RGSt **48** 26; **60** 190; KMR-*Paulus* Vor § 296, 59 mit weit. Nachw.; *Peters* § 71 II 7; *Kleinknecht* NJW **1961** 86.

ungünstigere Entscheidung ergeht, und daß auch die Belange der Rechtseinheit möglichst gewahrt bleiben. Die Entscheidung, ob sie ein Rechtsmittel einlegt, trifft die Staatsanwaltschaft aufgrund und innerhalb dieses Rahmens nach pflichtgemäßem Ermessen[12]; das Legalitätsprinzip gilt für ihr Ermessen dabei nicht mehr direkt, sondern beeinflußt es nur mittelbar[13].

Entsprechend ihrer Aufgabe und Stellung kann die Staatsanwaltschaft **Rechtsmittel 7 zuungunsten wie zugunsten** des Beschuldigten einlegen. In beiden Fällen ist sie dabei vom Einverständnis und von etwaigen Rechtsmitteln des Beschuldigten nicht abhängig (vgl. auch Rdn. 9). Ein Rechtsmittel, das die Staatsanwaltschaft zuungunsten des Beschuldigten eingelegt hat, wirkt stets auch zu seinen Gunsten (§ 301). Eine Beschwer des Beschuldigten ist nur bei einem ausschließlich zu seinen Gunsten eingelegten Rechtsmittel erforderlich[14]. Doch muß sich die Anfechtung nach h. M auch sonst immer gegen eine Gesetzesverletzung richten, die nicht lediglich die Begründung der Entscheidung betrifft[15].

Für die Anfechtung zuständig ist die Staatsanwaltschaft bei dem Gericht, das die **8** anzufechtende Entscheidung erlassen hat[16]; gegen gerichtliche Entscheidungen im Vorverfahren kann jedoch auch eine die Ermittlungen führende bezirksfremde Staatsanwaltschaft Beschwerde einlegen[17]. Wegen der Einzelheiten, auch wegen der Regelungen über die Anfechtungsbefugnis der **Amtsanwälte** und der **örtlichen Sitzungsvertreter**, wird auf die §§ 141 ff GVG verwiesen.

4. Selbständigkeit der Rechtsmittel. Da die Rechtsmittel der Staatsanwaltschaft und **9** des Beschuldigten voneinander unabhängig sind, können Beginn und Ablauf der Rechtsmittelfristen für beide verschieden sein. Die Anfechtbarkeit der Entscheidung kann also für den einen noch bestehen, für den anderen bereits erloschen sein. Auch ein Rechtsmittelverzicht des Beschuldigten oder der Ablauf der Rechtsmittelfrist für ihn hindert die Staatsanwaltschaft nicht, wirksam zu seinen Gunsten oder Ungunsten ein Rechtsmittel einzulegen; vgl. auch unten Rdn. 19.

Über die verschiedenen Rechtsmittel wird jedoch grundsätzlich **in einer Entschei- 10 dung** entschieden, soweit sie sich auf denselben Angeklagten beziehen[18]. Ausnahmen kommen namentlich in Betracht, wenn das eine Rechtsmittel unzulässig ist, nach Anwendung des § 329 nur noch über die Berufung der Staatsanwaltschaft entschieden wird oder für die Revision von Beschuldigtem und Staatsanwaltschaft gemäß § 349 unterschiedliche Entscheidungsformen gewählt werden (vgl. § 349, 24).

Sog. Anschlußrechtsmittel (vgl. § 521, § 556 ZPO) kennt die StPO nicht. Die Erklä- **11** rung, daß ein Rechtsmittel „im Anschluß" an oder „im Hinblick" auf das andere abgege-

---

[12] *Kleinknecht/Meyer-Goßner*[43] 4; näher *Amelunxen* Die Revision 20; sehr eingehend *Leonhardt* 120 ff, 132 ff, 241 ff. Konkretisierung des Ermessens in Nr. 147 und Nr. 148 RiStBV, von *Leonhardt* 258 ff nicht ohne Grund kritisiert, aber zu Unrecht für rechts- und verfassungswidrig gehalten.

[13] *Kleinknecht/Meyer-Goßner*[43] 4; *Bohnert* Die Abschlußentscheidung des Staatsanwalts (1992) 92 f; eingehend *Leonhardt* 103 ff mit weit. Nachw.

[14] OLG Koblenz NJW **1982** 1770; RGSt **42** 400; KK-*Ruß* 5; *Kleinknecht/Meyer-Goßner*[43] 14; KMR-*Paulus* 7; näher SK-*Frisch* 12.

[15] RGSt **63** 185; KK-*Ruß* Vor § 296, 6; SK-*Frisch* 9; vgl. Vor § 296, 57 ff.

[16] BayObLGSt **1** 230; KK-*Ruß* 4; KMR-*Paulus* 5; SK-*Frisch* 10. Zu den ortsübergreifenden Zuständigkeiten kraft Zuweisung vgl. die Erl. zu §§ 143, 145 GVG. Speziell zur Zuständigkeit des gemäß § 145 Abs. 1, 2. Alt. beauftragten Staatsanwalts einer anderen Behörde s. BGH NStZ **1995** 204.

[17] *Kleinknecht/Meyer-Goßner*[43] 2; KMR-*Paulus* 5; *Loh* MDR **1970** 812.

[18] RGSt **67** 251; *Eb. Schmidt* 10; SK-*Frisch* 6 und Vor § 296, 266.

Ernst-Walter Hanack

ben werde, ist jedoch, form- und fristgemäße Einlegung vorausgesetzt, nach den Grundsätzen des § 300 in der Regel unschädlich[19].

12   **5. Zulässige Rechtsmittel.** Soweit gegen Beschlüsse und Verfügungen ein Rechtsmittel offensteht (§§ 304, 305), ist dies die einfache Beschwerde, nur in den Fällen ausdrücklicher Vorschrift die sofortige Beschwerde (§ 311). Die weitere Beschwerde ist nur zugelassen gegen näher bezeichnete Beschwerdebeschlüsse über Haft- oder Unterbringungsbefehle (§ 310). Gegen Urteile des Strafrichters oder des Schöffengerichts ist mit Einschränkungen die Berufung zulässig (§§ 312, 313). Wo Berufung zulässig ist, kann statt dessen Sprungrevision eingelegt werden (§ 335). Urteile der Strafkammern im ersten Rechtszug sowie erstinstanzliche Urteile der Oberlandesgerichte gemäß § 120 GVG unterliegen nur der Revision, die auch gegen Berufungsurteile gegeben ist (§ 333). Die Art des zulässigen Rechtsmittels hängt von der anzufechtenden Entscheidung ab, nicht von ihrer Bezeichnung (Vor § 296, 43).

13   **6. Keine Abhängigkeit von früheren Anträgen.** Das Strafverfahren unterliegt dem Grundsatz der Wahrheitserforschung. Ein Rechtsmittel steht daher auch demjenigen zu, mit dessen Anträgen die angefochtene Entscheidung übereinstimmt[20]. Dies gilt für alle Verfahrensbeteiligten[21]. Auch die Staatsanwaltschaft darf also ein Rechtsmittel einlegen, obwohl sie Freispruch beantragt und das Gericht dem Antrag stattgegeben hatte[22] (sollte das freilich nur nach besonders sorgfältiger Prüfung tun).

7. Rechtsmittel der Staatsanwaltschaft zugunsten des Beschuldigten (Absatz 2)

14   **a) Allgemeines.** Die Befugnis des Absatz 2 ergibt sich aus Aufgabe und Stellung der Staatsanwaltschaft (Rdn. 6) und setzt eine Beschwer des Beschuldigten voraus (Rdn. 7). Sie gilt nach Wortlaut und Sinnzusammenhang nur für Rechtsmittel, nicht also (s. Vor § 296, 2, 3) für sonstige Rechtsbehelfe, insbesondere nicht für Wiedereinsetzungsanträge[23]. Macht die Staatsanwaltschaft von der Befugnis Gebrauch, darf sie das Rechtsmittel ohne Zustimmung des Beschuldigten nicht mehr zurücknehmen (§ 303 Abs. 1 Satz 2). Auch greift dann bei Rechtsmitteln gegen Urteile, also bei Berufung und Revision, nicht aber im Regelfall bei der Beschwerde[24], das Verschlechterungsverbot ein (§§ 331, 358 Abs. 2).

15   Die Staatsanwaltschaft handelt auch bei Einlegung eines Rechtsmittels zugunsten des Beschuldigten nicht als dessen Vertreterin, sondern erfüllt ihre amtliche Pflicht (Rdn. 6) aus eigenem Recht. Sie kann daher das Rechtsmittel auch gegen den Willen des Beschuldigten einlegen (vgl. Rdn. 7).

16   **b) Eindeutige Erklärung.** Schon im Hinblick auf die genannten besonderen Verfahrenswirkungen (Rdn. 14) macht es Nr. 147 Abs. 1 Satz 3 RiStBV der Staatsanwaltschaft aus gutem Grund zur Pflicht („muß"), daß die Einlegung zugunsten „deutlich zum Ausdruck gebracht" wird (näher § 333, 14). Geschehen sollte das durch förmliche Erklärung spätestens bei der Rechtsmittelbegründung. Trotz eines Verstoßes gegen diese (Dienst-)

---

[19] RGSt **1** 194 f; *Eb. Schmidt* 9; SK-*Frisch* 5; vgl. aber Vor § 296, 23.

[20] KMR-*Paulus* Vor § 296, 44, 60; die Frage wird im Schrifttum meist nur für die StA angesprochen, z. B. KK-*Ruß* Vor § 296, 6; *Roxin* § 51, 10.

[21] Auch für den Privatkläger (streitig); vgl. bei § 390.

[22] Z. B. RGSt **28** 46; RG JW **1927** 912; KG JR **1969** 349; *Amelunxen* Die Revision 15 mit weit. Beispie-

len; ganz h. M; **a. A** jedoch *Kühne* 621.1. Vgl. auch OLG Koblenz NJW **1982** 1770 (volle Revision der Staatsanwaltschaft nach vorheriger Strafmaßberufung).

[23] *Kleinknecht/Meyer-Goßner*[43] 16; SK-*Frisch* 14; vgl. aber auch Rdn. 19.

[24] Wegen der Ausnahmen vgl. Vor § 304 (24. Aufl. Rdn. 21).

Pflicht kann sich aber auch aus der Gesamtheit ihrer zum Rechtsmittel abgegebenen Verfahrenserklärungen im Wege der Auslegung ergeben, daß das Rechtsmittel beschränkt nur zugunsten des Beschuldigten eingelegt werden soll, wobei jedoch Umstände außerhalb dieser Erklärungen außer Betracht bleiben müssen[25]. Erklärt die Staatsanwaltschaft nachträglich, ihr Rechtsmittel werde nur insoweit aufrechterhalten, als es zugunsten des Beschuldigten wirke, gilt es als zu dessen Gunsten eingelegt[26].

Erfolgt die Rechtsmitteleinlegung **nicht eindeutig** zugunsten des Beschuldigten, treten **17** die mit Absatz 2 verbundenen Rechtsvorteile (Rdn. 14) nicht ein, ist das Rechtsmittel vielmehr als auch zuungunsten des Beschuldigten eingelegt zu behandeln[27]. § 300 ist insoweit nicht anwendbar, weil die Staatsanwaltschaft keine bloß unrichtige Bezeichnung des Rechtsmittels gewählt hat[28]. Doch löst auch ein zuungunsten des Beschuldigten eingelegtes Rechtsmittel, wenn es nur zu seinen Gunsten gewirkt hat (§ 301), im weiteren Verfahren das Verschlechterungsverbot aus[29].

c) Anlaß für Rechtsmittel zugunsten. Ob die Staatsanwaltschaft Anlaß zur Einle- **18** gung eines Rechtsmittels lediglich zugunsten des Beschuldigten hat, beurteilt sie nach pflichtgemäßem, durch ihre Aufgabe und Stellung (Rdn. 6) vorgezeichnetem Ermessen[30]. Nach Nr. 147 Abs. III RiStBV „soll" sie es einlegen, wenn der Angeklagte „durch einen Verfahrensverstoß oder durch einen offensichtlichen Irrtum des Gerichts benachteiligt worden ist oder wenn die Strafe unter Würdigung aller Umstände des Falles unangemessen hoch erscheint"[31]. Die Beschränkung auf „offensichtliche" Irrtümer erscheint dabei (ebenso wie die Gegenüberstellung der verschiedenen Alternativen insgesamt) wenig einsichtig, dürfte aber im Kontext der Absätze I und II von Nr. 147 RiStBV relativierend zu verstehen sein. Unwesentliche Versehen, die am Ergebnis nichts ändern und auf die angemessene Ahndung der Straftat keinen Einfluß haben, braucht die Staatsanwaltschaft nicht zu rügen.

d) Selbständiges Rechtsmittel. Auch im Fall des § 296 Abs. 2 ist das Rechtsmittel **19** der Staatsanwaltschaft vom Beschuldigten und seinen Rechtsmitteln unabhängig (vgl. Rdn. 9). Die Rechtsmittelfristen laufen daher auch hier für die Staatsanwaltschaft selbständig. Der Rechtsmittelverzicht des Beschuldigten, die Rücknahme seines Rechtsmittels und der Ablauf der für ihn geltenden Rechtsmittelfrist hindern die Staatsanwaltschaft nicht an der selbständigen Durchführung des Rechtsmittels zu seinen Gunsten. Andererseits hat sie aber auch keine Einwirkungsmöglichkeit auf die Rechtsmittel des Beschuldigten. Insbesondere ist sie nicht befugt, für den Beschuldigten, der seine Rechtsmittelfrist versäumt hat, Wiedereinsetzung in den vorigen Stand zu beantragen, selbst wenn der Beschuldigte möglicherweise verhandlungsunfähig war[32]. Eine Versagung der vom Beschuldigten beantragten Wiedereinsetzung kann sie hingegen gemäß Absatz 2 mit der Beschwerde angreifen[33].

---

[25] BGHSt **2** 43 = NJW **1952** 435 mit krit. Anm. *Cüppers*; OLG Koblenz MDR **1974** 331; KK-*Ruß* 5; *Kleinknecht/Meyer-Goßner*[43] 14; KMR-*Paulus* 8; *Eb. Schmidt* 7; SK-*Frisch* 13; **a. A** *Sarstedt/Hamm* 18.

[26] BGH bei *Pfeiffer* NStZ **1982** 190.

[27] Allg. M; vgl. etwa RGSt **65** 235; OLG Koblenz MDR **1974** 331.

[28] RGSt **65** 235; KMR-*Paulus* 8; *Eb. Schmidt* 7; SK-*Frisch* 13; **a. A** *Cüppers* NJW **1952** 435.

[29] BGHSt **13** 41; näher bei § 331.

[30] Eingehend *Amelunxen* Die Revision 35; *Biermann* GA **1955** 353; *Leonhardt* 254 f, 369 ff.

[31] Dazu – über den folgenden Text hinaus – sehr kritisch *Leonhardt* 369 ff.

[32] OLG Bremen GA **1957** 87; LG Aachen NJW **1961** 86 mit Anm. *Kleinknecht*.

[33] KMR-*Paulus* 9; vgl. auch *Kleinknecht* NJW **1961** 86.

20   **e) Entsprechende Anwendung des Absatz 2.** Entsprechend ihrer Aufgabe (Rdn. 6) kann die Staatsanwaltschaft, über den Wortlaut des Gesetzes hinaus, Rechtsmittel auch **zugunsten von Nebenbeteiligten** einlegen, die in ähnlicher Weise wie der Beschuldigte von der Entscheidung betroffen sind. In Betracht kommen insbesondere Einziehungs- und Verfallsbeteiligte[34], aber auch Antragsteller, die gemäß § 470 zu Kosten verurteilt worden sind[35], sowie Personen, denen gemäß § 304 Abs. 2 ein Beschwerderecht eingeräumt ist[36].

21   Ob die Staatsanwaltschaft auch **zugunsten von Nebenklägern** Rechtsmittel einlegen kann, ist seit jeher umstritten[37], insbesondere weil die Staatsanwaltschaft öffentliche Interessen wahrzunehmen hat, beim Nebenkläger aber regelmäßig nur „das private Interesse eines Dritten berührt" werde[38]. Diese Gegenüberstellung ist, für sich genommen, namentlich im Hinblick auf Stellung und Aufgabe der Staatsanwaltschaft (Rdn. 6) zwar wenig überzeugend und aussagekräftig. Sie enthält aber einen richtigen Kern: Beim Wesen der Nebenklage (dazu Vor § 395) dürfte es in der Tat nicht mehr zum Aufgabenbereich der Staatsanwaltschaft gehören, die Rechte des Nebenklägers zur selbständigen Verfolgung seiner Interessen zu sichern. Etwas anderes gilt jedoch, soweit der Nebenkläger durch die angefochtene Entscheidung, z. B. hinsichtlich der Kostentragungspflicht (RGSt **60** 191), in ähnlicher Weise wie der Beschuldigte (vgl. Rdn. 20) beschwert ist, weil insoweit kein Grund besteht, die Wahrung des Rechts durch die Staatsanwaltschaft (Rdn. 6) im Hinblick auf die Position des Nebenklägers einzuschränken[39].

22   Auf **Rechtsmittel von Privat- und Nebenklägern** ist § 296 Abs. 2 nicht anwendbar, weil die Vorschrift auf der amtlichen Stellung der Staatsanwaltschaft beruht[40]. Ob anderes für behördliche Nebenkläger gilt[41], kann offenbleiben, weil es solche Nebenkläger im geltenden Recht nicht mehr gibt (vgl. BGHSt **37** 137). Ein Rechtsmittel des Privat- oder Nebenklägers kann jedoch aufgrund des § 301 auch zugunsten des Beschuldigten wirken (vgl. § 301, 10).

[34] KK-*Ruß* 7; *Kleinknecht/Meyer-Goßner*[43] 15; SK-*Frisch* 16.
[35] RGSt **7** 409; *Kleinknecht/Meyer-Goßner*[43] 15; SK-*Frisch* 16; vgl. bei § 470.
[36] OLG München, Slg. von Entsch. des königlichen Oberlandesgerichts in Gegenständen des Strafrechts ... **6** 405; *Kleinknecht/Meyer-Goßner*[43] 15; *Eb. Schmidt* 8; SK-*Frisch* 16.
[37] Die Ansichten gehen, vor und nach der Reform der §§ 395 ff durch das OpferschutzG, weit auseinander und sind in ihrer Tragweite oft wenig klar.
[38] So OLG Frankfurt Alsb. E **2** Nr. 113 (1904, grundlegend) mit Nachw. zur älteren Diskussion.
[39] Im Sinne des Textes offenbar SK-*Frisch* 16; wohl auch KMR-*Paulus* Vor § 296, 55. Die Rspr. verfährt unterschiedlich; vgl. einerseits (bejahend)

RGSt **60** 191; **71** 75; RG JW **1937** 1826; s. auch BayObLGSt **1966** 42 = NJW **1966** 1829; andererseits (verneinend) RGSt **59** 69; OLG Frankfurt Alsb. E **2** Nr. 113; LG Dresden NStZ **1994** 251. Im Schrifttum generell bejahend offenbar KK-*Ruß* 7; *Sarstedt/Hamm* 18; *Amelunxen* Der Nebenkläger im Strafverfahren (1980) 72; generell verneinend *Kleinknecht/Meyer-Goßner*[43] 15; *Eb. Schmidt* 7 (vgl. aber 8).
[40] BGHSt **37** 136 mit zahlr. Nachw.; OLG Hamburg JZ **1958** 251; **a. A** für behördliche Nebenkläger (dazu im folg. Text) RGSt **22** 400; **62** 213; KG JR **1956** 472.
[41] Erwogen von SK-*Frisch* 15 im Anschluß an die in Fußn. 40 zit. Entscheidungen.

§ 297

Für den Beschuldigten kann der Verteidiger, jedoch nicht gegen dessen ausdrücklichen Willen, Rechtsmittel einlegen.

Bezeichnung bis 1924: § 339.

Übersicht

1. Allgemeines

a) Vermutete Rechtsmittelbefugnis des Verteidigers. Die Vorschrift, die im Zusam- **1** menhang mit § 302 Abs. 2 zu sehen ist[1], konstituiert aus Praktikabilitätsgründen eine begrenzte Befugnis des gewählten (§ 137) oder bestellten (§ 141) Verteidigers, im eigenen Namen für den Beschuldigten Rechtsmittel einzulegen. Sie begründet zugleich eine entsprechende Vermutung für diese Befugnis[2], solange keine gegenteilige Erklärung des Beschuldigten (dazu Rdn. 8 ff) vorliegt. Soweit die Befugnis eingreift, führt sie zu einer Vertretung auch im Willen des Beschuldigten[3]. An den ausdrücklich erklärten Willen des Beschuldigten bleibt der Verteidiger jedoch gebunden; dieser geht stets vor, mag er gegenüber dem Verteidiger oder dem Gericht erklärt werden. Die Streitfrage, ob der Verteidiger nach seiner allgemeinen Stellung (dazu Vor § 137) oder doch im Rahmen des § 297 kraft eigenen Rechts handelt[4], spielt für die Anwendung der Vorschrift keine Rolle. Zur Vertretung des Verteidigers selbst s. bei § 138.

Ein **sorgfältiger Verteidiger** wird im Interesse des Mandanten wie im eigenen Inter- **2** esse trachten, den Beschuldigten möglichst nicht mit der Einlegung eines Rechtsmittels zu überraschen, weil das leicht Verwirrung auslöst und weil die Entscheidung darüber in der Regel sorgfältiger Beratung bedarf (vgl. *Dahs* Hdb. 707 ff).

b) Ausnahmevorschrift. Anwendungsbereich. § 297 ist eine Ausnahmevorschrift. **3** Sie gilt daher als solche, entsprechend ihrem Wortlaut, nur für den **Verteidiger**, nicht also für einen sonstigen Bevollmächtigten des Beschuldigten[5], nicht für den Beistand nach § 149 oder nach § 69 JGG[6] und nicht für den Vertreter oder Beistand des Privat- oder Nebenklägers[7]. Ferner gilt § 297 nur für **Rechtsmittel**, nicht also (s. Vor § 296, 2; 3) für sonstige Rechtsbehelfe, soweit die Vorschrift auf sie nicht ausdrücklich für entsprechend

---

1 *Kaiser* NJW **1982** 1367; *Schmid* SchlHA **1981** 107.

2 OLG Düsseldorf NStZ **1997** 53; *Kleinknecht/Meyer-Goßner*[43] 2; *Schmid* aaO.

3 BGH GA **1973** 47; RGSt **66** 211; OLG Düsseldorf NJW **1977** 2533; MDR **1983** 512; KMR-*Paulus* 2; *Eb. Schmidt* 5; SK-*Frisch* 2.

4 So für § 297 BGHSt **12** 370 („kraft seiner Rechtsstellung"); BGH GA **1973** 47; OLG Düsseldorf MDR **1983** 512; OLG Koblenz VRS **68** (1985) 51; *Kleinknecht/Meyer-Goßner*[43] 3; SK-*Frisch* Vor

§ 296, 106; *Hanack* JZ **1973** 659; a.A RGSt **66** 266 („Akt der Stellvertretung"); KMR-*Paulus* 2; *Spendel* JZ **1959** 740.

5 KK-*Ruß* 4; KMR-*Paulus* 5; *Schmid* aaO; näher zu sonstigen Bevollmächtigten Vor § 296, 18 f.

6 *Kleinknecht/Meyer-Goßner*[43] 1; KMR-*Paulus* 4; ferner § 333, 13.

7 BayObLGSt **1** 374; *Kleinknecht/Meyer-Goßner*[43] 1; KMR-*Paulus* 4; SK-*Frisch* 5.

anwendbar erklärt wird (wie das bei den §§ 118 b, 365, 410 Abs. 1 Satz 2, § 67 Satz 2 OWiG geschehen ist). Darum braucht der Verteidiger beispielsweise für Wiedereinsetzungsanträge eine ausdrückliche Vollmacht[8]. Man wird jedoch, ähnlich wie beim Rechtsmittel des gesetzlichen Vertreters (§ 298, 5), annehmen müssen, daß § 297 auch die Befugnis des Verteidigers umfaßt, einen Antrag auf Wiedereinsetzung zu stellen, wenn er die Frist für ein Rechtsmittel versäumt hat, das er gemäß der Ermächtigung des § 297 eingelegt hatte[9]. Entsprechendes gilt für sonstige Rechtsbehelfe, insbesondere nach § 319 Abs. 2, § 346 Abs. 2 (vgl. § 298, 5).

2. Bestehendes Mandatsverhältnis

4   **a) Bisheriger Verteidiger.** § 297 hat vor allem für den im bisherigen Verfahren tätigen Verteidiger Bedeutung. Er ist, sofern und solange dem nicht der vorrangige Wille des Beschuldigten entgegensteht (dazu Rdn. 8 ff), aufgrund des § 297 ohne weiteres zur Einlegung von Rechtsmitteln befugt. Voraussetzung ist dabei freilich, daß das Mandat im Zeitpunkt der Rechtsmitteleinlegung noch besteht, also nicht durch Ablauf der für seine Dauer festgelegten Frist, durch Entziehung (dazu Rdn. 12), durch Rücknahme oder Widerruf der Pflichtverteidigerbestellung (vgl. bei § 143) oder durch Zurücknahme einer erteilten Genehmigung in den Fällen des § 138 Abs. 2 (s. dort) beendet ist. Die Bestellung eines Pflichtverteidigers in der ersten Instanz gilt grundsätzlich auch für das Rechtsmittelverfahren (vgl. bei § 141; § 350, 8). Sofern man in den Fällen des § 140 (Abs. 2) eine beschränkte Bestellung „für die Instanz" für zulässig hält[10], endet die Befugnis des Verteidigers mit dem Urteil in dieser Instanz[11].

5   **b) Verteidigerbestellung für Rechtsmittel.** Wer im vorigen Rechtszug nicht Verteidiger war, kann ein Rechtsmittel nur einlegen, wenn er vor Ablauf der Rechtsmittelfrist zum Verteidiger gewählt oder bestellt worden ist[12]. Die Vermutung des § 297 (Rdn. 1) gilt dann auch für ihn (was sich in der Regel freilich von selbst versteht). Fehlt es an der rechtzeitigen Wahl oder Bestellung, ist das dennoch eingelegte Rechtsmittel unwirksam; es kann nach h. M auch durch nachträgliche Genehmigung des Beschuldigten Wirksamkeit nicht erlangen[13]; seine erneute Einlegung ist — nach Behebung des Mangels — nur innerhalb der Rechtsmittelfrist zulässig (KK-*Ruß* 1).

6   **c) Tod des Beschuldigten.** Mit ihm endet auch die Befugnis des Verteidigers aus § 297[14], und zwar unbeschadet der umstrittenen Frage (vgl. BGHSt **34** 184 mit Nachw.), ob das Verfahren noch mit dem Ziel einer Auslagenüberbürdung fortgesetzt werden kann.

7   **d) Nachweis der Vollmacht.** Vom Bestehen der Ermächtigung (Rdn. 4, 5) ist ihr Nachweis bei Gericht zu unterscheiden. Für ihn kommt es auf den Zeitpunkt nicht an. Er kann also noch nach Ablauf der Rechtsmittelfrist geführt werden[15]. Bei formloser (aber

---

[8] *Kleinknecht* NJW **1961** 86; *Kleinknecht/Meyer-Goßner*[43] 1; KMR-*Paulus* 4; SK-*Frisch* 4.

[9] OLG Köln OLGSt § 145 a StPO S. 11; KK-*Maul* § 44, 3; *Kleinknecht/Meyer-Goßner*[43] § 44, 9; LR-*Wendisch* § 44, 19.

[10] So RGSt **62** 22 und die h. M im Schrifttum; **a. A** *Wasserburg* GA **1982** 312; vgl. auch *Sarstedt/Hamm* 21: „empfiehlt sich nicht".

[11] Der Verteidiger wird dann aber, wie hier im einzelnen nicht abzuleiten und zu erörtern ist, darauf Bedacht zu nehmen haben, daß die sachgemäße Prüfung der Erfolgsaussicht eines Rechtsmittels und gegebenenfalls seine Einlegung gewährleistet bleiben.

[12] Vgl. RGSt **28** 430; **46** 372.

[13] RGSt **66** 266; KK-*Ruß* 1; *Kleinknecht/Meyer-Goßner*[43] 2; KMR-*Paulus* 9; *Eb. Schmidt* 3; SK-*Frisch* 8; vgl. aber auch *Sarstedt/Hamm* 21 Fußn. 46.

[14] BayObLGSt **27** 107; KG JR **1968** 433; KK-*Ruß* 3; *Kleinknecht/Meyer-Goßner*[43] 6; KMR-*Paulus* 9.

[15] BGHSt **36** 260; RGSt **55** 213; **66** 210 u. ö.; vgl. § 341, 8.

rechtzeitiger) Ermächtigung ist es für § 297 auch ohne Belang, ob oder wann eine Vollmachtsurkunde ausgestellt wird[16]. Es genügt in der Regel, daß der Verteidiger seine rechtzeitige Bevollmächtigung versichert[17]. Die Ermächtigung kann jedoch (im Freibeweis)
von Amts wegen überprüft werden.

3. Bindung an den Willen des Beschuldigten

a) Vorrang des erklärten Willens. § 297 bindet den Verteidiger, der das Rechtsmittel **8**
einlegt, an den ausdrücklich erklärten Willen des Beschuldigten. Dieser Wille geht aber
nicht nur bei der eigentlichen „Einlegung" des Rechtsmittels stets vor, mag er gegenüber
dem Verteidiger oder dem Gericht erklärt werden[18]. Auch die Vermutung der Befugnis
des Verteidigers zur Rechtsmitteleinlegung besteht nur, solange ein erklärter gegenteiliger
Wille des Beschuldigten nicht vorliegt. Zweifel, ob das der Fall ist, machen das Rechtsmittel aber nicht unzulässig, sondern müssen gegebenenfalls aufgeklärt werden[19]. Gelingt
das nicht, dürfen die fortbestehenden Zweifel nicht zu einer Beeinträchtigung der Rechts-
mittel-Disposition des Beschuldigten führen (vgl. SK-*Frisch* 13).

b) Beschränkung der Ermächtigung. Aufgrund des genannten Vorrangs (Rdn. 8) **9**
kann der Beschuldigte die gesetzliche Befugnis des Verteidigers von vornherein oder später zeitlich oder sachlich beschränken, sie etwa auf Teilanfechtungen oder einen bestimmten Verfahrensabschnitt eingrenzen. Er kann sie dem Verteidiger auch gänzlich entziehen[20]. Begrenzung und Entzug können dabei formlos geschehen, müssen aber stets ausdrücklich erfolgen, sei es in einer Vollmachtsurkunde oder durch besondere Erklärung.
Adressat dieser Erklärung ist in erster Linie der Verteidiger. Sie wird mit dem Zugang bei
ihm wirksam; eine zusätzliche Anzeige oder Erklärung gegenüber dem Gericht ist nicht
erforderlich[21]. Doch beachtet das Gericht — vom Zeitpunkt des Eingangs an — auch eine
ihm gegenüber erklärte Beschränkung (Rdn. 8).

c) Rechtsmittelverzicht des Beschuldigten. Der Wille des Beschuldigten (Rdn. 8) **10**
kann auch darin zum Ausdruck kommen, daß er auf Rechtsmittel verzichtet. Der Verteidiger kann dann auch mit Zustimmung des Beschuldigten[22] kein Rechtsmittel mehr einlegen[23]. Ein von ihm schon vorher eingelegtes Rechtsmittel wird wirkungslos[24]. Entsprechendes gilt, wenn der Beschuldigte ein eingelegtes Rechtsmittel zurücknimmt oder
der Rechtsmitteleinlegung widerspricht. Solche Verzichts- oder Rücknahmeerklärungen
schneiden jede weitere Vertretung im Willen in bezug auf Rechtsmittel ab, sind jedoch
erst bei Abgabe gegenüber dem Gericht wirksam (näher bei § 302). Eine bloße Erklärung
gegenüber dem Verteidiger beendet zwar dessen Rechtsmittelbefugnis. Er bleibt lediglich
ermächtigt und verpflichtet, ein bereits wirksam eingelegtes Rechtsmittel zurückzunehmen. Da es auf die Erklärung gegenüber dem Gericht ankommt, bleibt das Rechtsmittel
jedoch bestehen, wenn der Verteidiger den Auftrag nicht ausführt (KMR-*Paulus* 12).

---

[16] Vgl. BGHSt **36** 260; RGSt **46** 372; BayObLG bei *Rüth* DAR **1986** 249.

[17] Vgl. etwa BGH NJW **1952** 273; *Kaiser* NJW **1982** 1367; vgl. auch bei § 138.

[18] Vgl. z. B. BGH GA **1973** 46; BayObLGSt **1977** 102; OLG Düsseldorf MDR **1993** 676; **1983** 512 und NStZ **1989** 289; OLG Koblenz MDR **1975** 424; vgl. aber auch Rdn. 10, 12.

[19] OLG Düsseldorf NStZ **1997** 53; KK-*Ruß* 3; *Klein-knecht/Meyer-Goßner*[43] 4; SK-*Frisch* 13.

[20] RGSt **1** 71; **18** 346; **66** 611; allg. M.

[21] RGSt **24** 142; BayObLG DRiZ **1929** Nr. 533; vgl. auch KMR-*Paulus* 8.

[22] BGH bei *Spiegel* DAR **1978** 159.

[23] BGH NJW **1978** 330; bei *Pfeiffer/Miebach* NStZ **1986** 208; vgl. im einzelnen bei § 302.

[24] Vgl. z. B. BGH GA **1973** 46; BGH NJW **1960** 2203; OLG Düsseldorf MDR **1983** 512; OLG Karlsruhe Justiz **1964** 271.

Ernst-Walter Hanack

11   **d) Wahl eines anderen Rechtsmittels.** Wählt der Beschuldigte ein anderes Rechtsmittel als der Verteidiger, geht sein erklärter Wille ebenfalls vor, ist also über sein Rechtsmittel zu entscheiden[25].

12   **e) Entzug der Vollmacht.** Erklärt der Beschuldigte den Entzug der Vollmacht, ist eine spätere Rechtsmittelerklärung des Verteidigers stets unwirksam, und zwar gleichgültig, ob die Erklärung gegenüber dem Gericht oder dem Verteidiger erfolgt[26]. Ob ein vom Verteidiger bereits eingelegtes Rechtsmittel dadurch als zurückgenommen zu gelten hat, ist durch Auslegung zu ermitteln (§ 300), bei bloßem Vollmachtsentzug aber im Zweifel nicht zu vermuten[27]; soweit bei einem Widerruf der Vollmacht gegenüber dem Verteidiger nach Lage des Falles anderes anzunehmen ist, kommt es für die Wirksamkeit der Zurücknahme auf eine Erklärung gegenüber dem Gericht an (Rdn. 10).

§ 298

(1) Der gesetzliche Vertreter eines Beschuldigten kann binnen der für den Beschuldigten laufenden Frist selbständig von den zulässigen Rechtsmitteln Gebrauch machen.

(2) Auf ein solches Rechtsmittel und auf das Verfahren sind die für die Rechtsmittel des Beschuldigten geltenden Vorschriften anzuwenden.

Entstehungsgeschichte. Absatz 1 wurde durch das Gesetz vom 28. 6. 1935 und durch Art. 3 Nr. 135 VereinhG geändert. Bezeichnung bis 1924: § 340.

Übersicht

1   **1. Allgemeines. Selbständiges Recht, nur zu Gunsten.** Beschuldigte, die unter gesetzlicher Vertretung stehen, werden die Frage, ob die Einlegung eines Rechtsmittels zur Wahrung ihrer Interessen angezeigt ist, besonders häufig nicht sachgemäß beurteilen können. Zum Schutz vor Unbedachtsamkeiten (*Schlüchter* 622. 2) räumt § 298 daher dem gesetzlichen Vertreter, entsprechend seiner Stellung und Aufgabe, ausdrücklich das Recht zur Einlegung und Durchführung von Rechtsmitteln ein und regelt zugleich, wenn auch etwas unvollkommen, die Ausgestaltung dieses Rechts im einzelnen.

---

[25] BayObLGSt **1977** 102; OLG Düsseldorf MDR **1993** 676; OLG Koblenz MDR **1975** 424; § 335, 22.

[26] BayObLGSt **29** 5; KK-*Paulus* 11, 12; *Eb. Schmidt* 5; vgl. auch KK-*Ruß* 3; *Kleinknecht/Meyer-Goßner*[43] 6.

[27] *Kleinknecht/Meyer-Goßner*[43] 6; vgl. auch BayObLGSt **29** 5; KMR-*Paulus* 11.

Es handelt sich um ein **eigenständiges Recht** des gesetzlichen Vertreters. Er ist daher **2**
— anders als der Verteidiger (§ 297, 8 ff) — bei seinem Gebrauch an den Willen des
Beschuldigten nicht gebunden, kann das Rechtsmittel nach seinem pflichtgemäßen
Ermessen also auch dann geltend machen, wenn der Beschuldigte der Anfechtung wider-
spricht oder auf Rechtsmittel verzichtet hat bzw. verzichtet[1]. Mit dem Gebrauch des
Rechtsmittels vertritt der gesetzliche Vertreter jedoch die Sache des Beschuldigten
(BGHSt **19** 198), so daß seine Rechtsmittelbefugnis schon aus diesem Grunde nur zugun-
sten des Beschuldigten besteht[2].

2. Gesetzlicher Vertreter. Maßgebend sind die Regelungen des bürgerlichen Rechts[3]. **3**
Danach gilt heute: Beim **volljährigen** Beschuldigten besteht gesetzliche Vertretung nur,
wenn ihm ein Betreuer bestellt ist, dessen Aufgabenbereich sich speziell oder nach dem
allgemeinen Umfang der Bestellung[4] auf eine Betreuung als Vertreter im Strafverfahren
bezieht (§§ 1896, 1902 BGB). Bei **Minderjährigen** sind gesetzliche Vertreter in der
Regel die Eltern oder ein Elternteil (§§ 1628 ff BGB), u. U. aber auch ein Vormund
(§§ 1773 ff BGB) oder Ergänzungspfleger (§§ 1909, 1915 BGB). Im Jugendstrafverfahren stehen die Rechte des gesetzlichen Vertreters zur Einlegung von Rechtsbehelfen (nicht
nur von Rechtsmitteln) jedem Erziehungsberechtigten zu (§ 67 Abs. 3 und 5 JGG); nach
h. M sind dies die Sorgeberechtigten i. S. des BGB, nicht hingegen Pflegeeltern, Erzie-
hungsbeistände gemäß § 30 KJHG oder andere Personen, denen mit behördlicher Befugnis Erziehungsrechte übertragen sind[5].

Der bestellte **Abwesenheitspfleger** eines flüchtigen Beschuldigten (§ 292 Abs. 2 **4**
Satz 2 StPO, § 1911 BGB) ist kein gesetzlicher Vertreter i. S. des § 298[6].

3. Rechtsmittel. Gemeint sind die nach der jeweiligen Verfahrenslage statthaften **5**
Rechtsmittel, vor allem Berufung und Revision. Die allgemeinen Voraussetzungen für die
Zulässigkeit des Rechtsmittels müssen gegeben sein, insbesondere also eine Beschwer des
Beschuldigten. Für die sonstigen Rechtsbehelfe (vgl. Vor § 296, 2, 3) gilt § 298 nur,
soweit sie mit dem Rechtsmittel des gesetzlichen Vertreters im Zusammenhang stehen. So
kann der gesetzliche Vertreter den Antrag auf Entscheidung des Berufungsgerichts (§ 319
Abs. 2) oder des Revisionsgerichts (§ 346 Abs. 2) nur hinsichtlich seines eigenen Rechtsmittels stellen[7] und Wiedereinsetzung in den vorigen Stand nur bei eigener Säumnis
beantragen[8]; vgl. auch Rdn. 10. Den Antrag auf Haftprüfung nach § 117 Abs. 1 und auf
mündliche Verhandlung nach § 118 kann der gesetzliche Vertreter jedoch kraft der ausdrücklichen Vorschrift des § 118 b selbst stellen, ebenso gemäß § 410 Abs. 1 Satz 2 den
Einspruch gegen einen Strafbefehl selbst einlegen[9].

4. Selbständigkeit der Rechtsmittel. Die eigenständige Rechtsmittelbefugnis des **6**
gesetzlichen Vertreters (Rdn. 1, 2) berührt nicht die Befugnis des Beschuldigten, unter

---

[1] RGSt **5** 50; **64** 264; OLG Düsseldorf GA **72** (1928)
109; KK-*Ruß* 1; *Kleinknecht/Meyer-Goßner*[43] 2;
KMR-*Paulus* 9; *Schlüchter* 622. 2.

[2] OLG Celle NJW **1964** 417; OLG Hamm NJW
1973 1850; *Kleinknecht/Meyer-Goßner*[43] 1; KMR-
Paulus 6; *Eb. Schmidt* 7; SK-*Frisch* 1. Vgl. auch
BGHSt **19** 198.

[3] RGSt **42** 343; *Kleinknecht/Meyer-Goßner*[43] 1; KK-
Ruß 1; *Eb. Schmidt* 1.

[4] Dazu z. B. *Palandt-Diederichsen* § 1896, 22 ff.
Das Bestellungs*verfahren* ist in den §§ 65 ff FGG
geregelt.

[5] Vgl. OLG Hamburg NJW **1964** 605; OLG Stuttgart
OLGSt § 67 JGG S. 3; h. M im Schrifttum zum
JGG; **a. A** *Ostendorf* § 67, 4.

[6] OLG Karlsruhe Justiz **1984** 291; bei § 292.

[7] RGSt **38** 9 (für § 346 Abs. 2 = § 386 Abs. 2 a. F);
KK-*Ruß* 2; *Kleinknecht/Meyer-Goßner*[43] 1; KMR-
Paulus 2; *Eb. Schmidt* 9; SK-*Frisch* 4.

[8] KK-*Ruß* 1; *Kleinknecht/Meyer-Goßner*[43] 1; KMR-
Paulus 2.

[9] Dazu bei § 410 (24. Aufl. Rdn. 4).

Ernst-Walter Hanack

den allgemeinen gesetzlichen Voraussetzungen unabhängig vom Willen des gesetzlichen Vertreters ebenfalls Rechtsmittel geltend zu machen. Der Beschuldigte und der gesetzliche Vertreter können ihre Rechtsmittel also nebeneinander und unabhängig voneinander verfolgen[10]. Das Rechtsmittelgericht hat dann sämtliche geltend gemachten Beschwerdegründe zu prüfen. Wird das Rechtsmittel lediglich von einem der beiden Rechtsmittelführer beschränkt, ist das Urteil in vollem Umfang angefochten. Entscheidet das Rechtsmittelgericht in einem solchen Fall versehentlich nur gemäß der Rechtsmittelbeschränkung, kann derjenige, der sein Rechtsmittel beschränkt hatte, den Verstoß dennoch mit der Revision rügen[11].

7 **Erklärungen des Rechtsmittelführers** haben wegen der Selbständigkeit jedes Rechtsmittels grundsätzlich nur Wirkungen für das eigene Rechtsmittel. Insoweit aber kann jeder Beschwerdeführer Anträge stellen und (s. Rdn. 5) Wiedereinsetzungsanträge geltend machen. Ein Rechtsmittelverzicht des Beschuldigten beseitigt das Recht des gesetzlichen Vertreters zu keiner Zeit[12].

8 Nur bei **Rücknahme oder nachträglicher Beschränkung** des vom gesetzlichen Vertreter eingelegten Rechtsmittels gelten Besonderheiten: Hier muß zugunsten des Beschuldigten der Rechtsgedanke des § 302 Abs. 1 Satz 2 Anwendung finden, weil davon auszugehen ist, daß er seine Rechtsmittelbefugnis im Hinblick auf das vom gesetzlichen Vertreter eingelegte Rechtsmittel ungenutzt gelassen haben kann. Die Rücknahme oder Beschränkung bedarf daher der Zustimmung des Beschuldigten[13], und zwar auch, wenn er vorher auf Rechtsmittel verzichtet hatte[14]. Für das Jugendgerichtsverfahren ist das bezüglich der Rücknahme in § 55 Abs. 3 JGG ausdrücklich vorgeschrieben, muß dort aber ebenso auch für die nachträgliche Beschränkung gelten.

9 **5. Gesetzlicher Vertreter als Bevollmächtigter.** Der gesetzliche Vertreter kann auch als Bevollmächtigter des Beschuldigten in dessen Namen ein Rechtsmittel einlegen. In diesem Fall ist § 298 nicht einschlägig[15], weil der gesetzliche Vertreter insoweit nicht kraft eigenen Rechts handelt. Vielmehr beurteilt sich die Zulässigkeit und Wirksamkeit der Vollmacht dann nach allgemeinen Grundsätzen (dazu Vor § 296, 18 f), setzt also insbesondere voraus, daß die Bevollmächtigung bei Rechtsmitteleinlegung erteilt gewesen ist (mag ihr Nachweis auch später erfolgen können). Ob der gesetzliche Vertreter kraft eigenen Rechts oder als Bevollmächtigter gehandelt hat, ist nach dem objektiven Erklärungswert seiner Äußerung, gegebenenfalls in Verbindung mit dem Inhalt einer beigefügten Vollmacht, zu beurteilen[16]. Bei Zweifeln (Einlegung „namens" oder „für" den Beschuldigten) gilt nach dem Rechtsgedanken des § 300 die dem Beschuldigten günstigere Auslegung; dies ist wohl „in der Regel" (so LR-*Gollwitzer*[24]), jedenfalls aber dann das eigene Rechtsmittel des gesetzlichen Vertreters, wenn andernfalls eine gewollte Anfechtung überhaupt nicht möglich wäre (z. B. wegen vorherigen Rechtsmittelverzichts des Beschuldigten)[17].

[10] KK-*Ruß* 2; *Eb. Schmidt* 2.
[11] RG HRR **1931** Nr. 2002; SK-*Frisch* 16.
[12] KG JW **1933** 2076; oben Rdn. 2.
[13] OLG Celle NJW **1964** 417; OLG Düsseldorf NJW **1957** 840; KK-*Ruß* 5; *Kleinknecht/Meyer-Goßner*[43] 3; KMR-*Paulus* 6; *Eb. Schmidt* 4; *Sarstedt/Hamm* 24; *Pentz* GA **1958** 304.
[14] OLG Celle NJW **1964** 417 (unter Hinweis auf BGHSt **10** 174); OLG Hamm NJW **1973** 1850; SK-*Frisch* 14.

[15] RGRspr. **3** 175 und 602; **4** 479; RG JW **1903** 220; DJZ **1920** 851; OLG Celle GA **61** (1914) 368; KK-*Ruß* 3; *Kleinknecht/Meyer-Goßner*[43] 4; KMR-*Paulus* 2.
[16] OLG Düsseldorf JMBlNRW **1987** 71; vgl. auch RGSt **21** 335.
[17] Vgl. OLG Düsseldorf und RGSt aaO.

6. Binnen der für den Beschuldigten laufenden Frist. Der gesetzliche Vertreter kann **10** seine Rechtsmittel nach der klaren Regelung des Gesetzes nur innerhalb der für den Beschuldigten laufenden Frist einlegen[18], obwohl ihm die anzufechtenden Entscheidungen im StPO-Verfahren nicht bekanntgemacht werden[19] und ihm bzw. dem Erziehungsberechtigten selbst im Jugendgerichtsverfahren lediglich mitgeteilt werden „sollen" (§ 67 Abs. 2 JGG). Es ist mithin Sache des gesetzlichen Vertreters (bzw. Erziehungsberechtigten), sich über den Verfahrensstand zu unterrichten. Seine Unkenntnis vom Urteilserlaß oder dem sonstigen die Einlegungsfrist in Lauf setzenden Ereignis rechtfertigt daher für sich allein noch nicht die Wiedereinsetzung in den vorigen Stand[20]. Wiedereinsetzung kann er jedoch verlangen, wenn er für die Hauptverhandlung seine Zulassung als Beistand (§ 149 Abs. 2) beantragt hatte und ihm entgegen § 149 Abs. 1 Satz 2 Zeit und Ort der Hauptverhandlung nicht mitgeteilt wurden, so daß ihm die Durchführung des Verfahrens deshalb ohne sein Verschulden unbekannt geblieben ist[21]. Bei der Rechtsmitteleinlegung „binnen der Frist" muß der gesetzliche Vertreter im übrigen auch die allgemeinen Vorschriften über Form und Ort der Einlegung (vgl. Vor § 196, 20; 25) beachten. Dabei gilt auch für ihn § 299 (dort Rdn. 5).

Auf die **Begründungsfrist für Rechtsmittel** des gesetzlichen Vertreters ist die For- **11** mulierung des § 298 Abs. 1 nicht bezogen, sondern nur auf die Einlegungsfrist. Denn die Begründungsfrist, die praktisch nur bei der Revision Bedeutung hat (§§ 345, 346), hängt regelmäßig von der Zustellung des Urteils an den Beschwerdeführer ab (§§ 317, 345) und läuft daher für den gesetzlichen Vertreter selbständig[22].

7. Befugnisse des Beschwerdeführers. Hat der gesetzliche Vertreter ein Rechtsmittel **12** eingelegt, hat er im Rechtsmittelverfahren (vgl. Rdn. 14) dieselben Befugnisse wie ein beschwerdeführender Beschuldigter. Zu einer Hauptverhandlung ist er zu laden (§§ 323, 350) und gegebenenfalls gemäß den §§ 323 Abs. 1, 329, 330 zu belehren. Er hat ein Recht zur Teilnahme an der Verhandlung. Befindet er sich in Haft, muß er zu einer Berufungsverhandlung vorgeführt werden[23], sofern er nicht von der Vollzugsanstalt Hafturlaub erhält, während sich sein Recht zur Teilnahme an einer Hauptverhandlung vor dem Revisionsgericht dann nach § 350 richtet. Der gesetzliche Vertreter hat alle Ansprüche auf rechtliches Gehör und kann Anträge stellen, vor allem Beweisanträge. Entscheidungen im Rechtsmittelverfahren sind ihm bekanntzumachen. Verstöße gegen diese Rechte kann nicht nur der gesetzliche Vertreter rügen, sondern ebenso der Beschuldigte, weil sich auch bei einem Rechtsmittel des gesetzlichen Vertreters das Verfahren stets gegen den Beschuldigten richtet[24].

Der gesetzliche Vertreter kann auch einen **Verteidiger wählen** (§ 137 Abs. 2 Satz 1). **13** Überdies kann auch er einen **Bevollmächtigten** einschalten (vgl. Vor § 296, 18 f). Legt dieser namens des gesetzlichen Vertreters das Rechtsmittel ein, muß die Vollmacht inner-

---

[18] BayObLG NJW **1954** 1378; OLG Schleswig bei *Ernesti/Lorenzen* SchlHA **1985** 134; KK-*Ruß* 2; *Kleinknecht/Meyer-Goßner*[43] 1; KMR-*Paulus* 7.

[19] BGHSt **18** 22; SK-*Frisch* 7; *Hanack* JZ **1973** 660.

[20] BGHSt **18** 22; OLG Schleswig bei *Ernesti/Lorenzen* SchlHA **1985** 134; KK-*Ruß* 2; *Kleinknecht/Meyer-Goßner*[43] 5; KMR-*Paulus* 7; *Eb. Schmidt* 8; *Hanack* JZ **1973** 660. Zweifelhaft ist (auch im Hinblick auf die im folg. Text behandelte Frage), ob das auch für die Fälle des § 67 Abs. 2 JGG gelten kann; insoweit **a. A** BayObLGSt **1954** 51 = NJW

1954 1378; OLG Stuttgart NJW **1960** 2353; SK-*Frisch* 7; *Ostendorf* § 67, 20.

[21] OLG Hamm GA **1961** 183; LR-*Lüderssen*[24] § 149, 20; enger OLG Schleswig bei *Ernesti/Lorenzen* SchlHA **1985** 134; LR-*Gollwitzer*[24] 10.

[22] *Kleinknecht/Meyer-Goßner*[43] 1; KMR-*Paulus* 10; *Eb. Schmidt* 8.

[23] RGSt **64** 365; KK-*Ruß* 7; *Kleinknecht/Meyer-Goßner*[43] 5; KMR-*Paulus* 11; *Eb. Schmidt* 10.

[24] RGSt **64** 364; OLG Hamm NJW **1973** 1850; KK-*Ruß* 7; *Kleinknecht/Meyer-Goßner*[43] 5; KMR-*Paulus* 11; SK-*Frisch* 16.

Ernst-Walter Hanack

halb der Rechtsmittelfrist erteilt worden sein; ihr Nachweis ist aber noch nach Fristablauf zulässig[25].

14   Die **Befugnisse des gesetzlichen Vertreters erlöschen** jedoch mit der Entscheidung über das eingelegte Rechtsmittel, weil sie *nur* die Rechtsmittelbefugnis betreffen. Wird die Sache auf das Rechtsmittel hin an die Vorinstanz zurückverwiesen, kann der gesetzliche Vertreter daher *insoweit* nur noch als Beistand (§ 149 Abs. 2) auftreten[26], wobei im Jugendgerichtsverfahren seine weitergehenden Rechte nach §§ 67, 69 JGG zu beachten sind.

15   **8. Rechtliche Stellung des Beschuldigten.** Zu ihr äußert sich für die Fälle des § 298 nur § 330. Mit der dort geregelten Besonderheit ist der Beschuldigte so zu behandeln, als hätte er das Rechtsmittel selbst eingelegt. Entscheidungen sind ihm also bekanntzumachen. Mängel der Entscheidung kann er wie bei einem eigenen Rechtsmittel rügen (Rdn. 12 a. E; vgl. auch Rdn. 16). Vom gesetzlichen Vertreter eingereichte Schriftstücke (vgl. §§ 320, 347) werden dem Beschuldigten nicht zugestellt. Das Verschlechterungsverbot (§§ 331, 358 Abs. 2) gilt auch beim Rechtsmittel des gesetzlichen Vertreters.

16   Der Beschuldigte hat auch ein **eigenes Anfechtungsrecht** gegenüber den auf das Rechtsmittel des gesetzlichen Vertreters ergangenen anfechtbaren Entscheidungen[27], selbst wenn er auf Rechtsmittel gegen die erste Entscheidung verzichtet hatte. Denn daß er das Rechtsmittel seines gesetzlichen Vertreters durch eigene Prozeßhandlungen nicht beeinflussen kann, schließt nicht aus, daß er die auf ein fremdes Rechtsmittel ergangene Entscheidung anficht, wenn sie ihn beschwert. Im Hinblick darauf, daß der Beschuldigte wegen des fremden Rechtsmittels die eigene Anfechtung möglicherweise unterlassen hat (Rdn. 8), gilt das auch für Anträge gemäß § 319 Abs. 2 (s. dort) und § 346 Abs. 2 (dort Rdn. 28).

17   **9. Wechsel und Ende der gesetzlichen Vertretung.** Verliert der gesetzliche Vertreter nach Einlegung des Rechtsmittels seine Vertretungsbefugnis, kann er es nicht weiter betreiben, insbesondere nicht mehr begründen. Sein Rechtsmittel bleibt jedoch wirksam. Ein neuer gesetzlicher Vertreter tritt in die bestehende Verfahrenslage ein; daher bleibt auch ein vom früheren gesetzlichen Vertreter bestellter Verteidiger im Amt (*Eb. Schmidt* 5). Betreibt der neue gesetzliche Vertreter das Rechtsmittel nicht weiter oder endet die gesetzliche Vertretung insgesamt, etwa weil der Beschuldigte volljährig geworden ist, so gehen die Rechte aus dem Rechtsmittel auf den Beschuldigten über[28]. Dies gilt auch, wenn der Beschuldigte vorher auf eigene Rechtsmittel verzichtet hatte[29], schon weil er sonst möglicherweise in einem Vertrauen enttäuscht würde (Rdn. 8) und weil es dem Schutzzweck des § 298 (Rdn. 1) widerspräche, ihn nach Wegfall der die gesetzliche Vertretung bedingenden Beeinträchtigung über die Fortführung des Rechtsmittels nicht selbst entscheiden zu lassen.

18   **10. Kosten. Anrechnung von Untersuchungshaft.** Zur Kostentragungspflicht bei erfolglosem Rechtsmittel des gesetzlichen Vertreters s. BGHSt **19** 199 und bei § 473. Die

---

[25] RGSt **46** 372; **66** 210.
[26] RG GA **48** (1901) 132; *Eb. Schmidt* 11; SK-*Frisch* 15.
[27] OLG Celle NJW **1964** 417; OLG Hamm NJW **1973** 1850; KK-*Ruß* 7; *Kleinknecht/Meyer-Goßner*[43] 5; KMR-*Paulus* 13.
[28] BGHSt **10** 174; BGH NJW **1964** 1732; BayObLG DRiZ **1933** Nr. 54; OLG Celle HRR **1927**

Nr. 1874; OLG Königsberg JW **1928** 1322 mit Anm. *Mannheim*; *Kleinknecht/Meyer-Goßner*[43] 6; KMR-*Paulus* 12; *Schlüchter* 622. 2; *Eb. Schmidt* 6; SK-*Frisch* 18; *Alsberg* GA **61** (1914) 487.
[29] BGHSt **10** 174; OLG Celle NJW **1964** 417; KK-*Ruß* 8; *Kleinknecht/Meyer-Goßner*[43] 6; SK-*Frisch* 18; *Sarstedt/Hamm* 25.

Anrechnung der Untersuchungshaft beurteilt sich außer im Falle der Übernahme des Rechtsmittels durch den Beschuldigten (Rdn. 17) ohne Rücksicht auf das Rechtsmittel des gesetzlichen Vertreters nach § 450 Abs. 1 (näher bei § 450).

§ 299

(1) Der nicht auf freiem Fuß befindliche Beschuldigte kann die Erklärungen, die sich auf Rechtsmittel beziehen, zu Protokoll der Geschäftsstelle des Amtsgerichts geben, in dessen Bezirk die Anstalt liegt, wo er auf behördliche Anordnung verwahrt wird.

(2) Zur Wahrung einer Frist genügt es, wenn innerhalb der Frist das Protokoll aufgenommen wird.

Entstehungsgeschichte. Absatz 1 wurde durch Art. 2 Nr. 26 AGGewVerbrG geändert. Bezeichnung bis 1924: § 341.

Übersicht

1. Allgemeines. Die Sonderregelung schützt den inhaftierten Beschuldigten gegen **1** Fristversäumung durch eine Ausnahme von der allgemeinen Regel, daß eine Verfahrenserklärung grundsätzlich erst mit dem Eingang beim zuständigen Gericht wirksam wird: Erklärungen zu Protokoll der Geschäftsstelle des in § 299 bezeichneten Amtsgerichts reichen zur Fristwahrung aus (Rdn. 7). Zeitraubende Vorführungen beim sonst zuständigen, möglicherweise weit entfernten Gericht sollen dadurch vermieden werden[1]. § 299 gilt aber auch, wenn sich der Beschuldigte am Ort des Gerichts befindet, dessen Urteil angefochten werden soll[2]. Die Befugnis des Beschuldigten, seine Erklärungen anders als auf dem Weg über § 299 abzugeben, bleibt unberührt; denn § 299 gilt nur zu seinen Gunsten[3]. Er kann deshalb Rechtsmittelerklärungen auch außerhalb der Form des § 299 abgeben, muß dann aber die dafür allgemein geltenden Formen und Fristen beachten. Neben der Schriftform kommt insoweit auch die Erklärung zur Niederschrift der Geschäftsstelle des zuständigen Gerichts in Betracht[4]. Einen Anspruch auf Vorführung vor diesem sonst zuständigen Gericht hat der Beschuldigte jedoch nicht; er hat ihn selbst dann nicht, wenn sich das allgemein zuständige Gericht am gleichen Ort wie die Anstalt befindet, in der der Beschuldigte verwahrt wird[5].

---

[1] Vgl. OLG Düsseldorf NJW **1970** 1890; *Meyer* JR **1982** 169. AK-*Achenbach* 3 sieht nur dies als Zweck der Vorschrift an, nicht auch den Schutz des Beschuldigten gegen Fristversäumung.

[2] Heute h. M; ein früherer Streit um die Frage hat sich durch die Änderung des Wortlauts bereits 1933 erledigt; vgl. *Meyer* aaO.

[3] OLG Stuttgart JR **1982** 167 mit Anm. *Meyer*; KK-*Ruß* 1.

[4] OLG Bremen Rpfleger **1956** 240; OLG Stuttgart JR **1982** 167 mit Anm. *Meyer*; KMR-*Paulus* 1.

[5] Ebenso KK-*Ruß* 1; *Kleinknecht/Meyer-Goßner*[43] 6; *Meyer* JR **1982** 168; **a. A** bei Vorführung am gleichen Ort OLG Bremen Rpfleger **1956** 240; OLG Stuttgart NStZ **1981** 492 (unter Hinweis auf die

2   **2. Nicht auf freiem Fuß** befindlich ist jeder Beschuldigte, der auf behördliche Anordnung verwahrt wird. Entsprechend dem Zweck der Vorschrift ist das bei jeglicher Form einer behördlich angeordneten Freiheitsentziehung im weitesten Sinne der Fall, also nicht nur bei Untersuchungs-, Straf- oder Auslieferungshaft, bei Unterbringung in einem psychiatrischen Krankenhaus (auch gemäß § 81) oder in einer Entziehungsanstalt, sondern z. B. auch bei bestehendem Polizeigewahrsam.

3   **Anstalt** ist jede Einrichtung, in der der Beschuldigte verwahrt wird. Dient eine Anstalt mehreren Amtsgerichten zur Aufnahme von Untersuchungshäftlingen, soll nach RG Recht **1922** Nr. 1621 jede Geschäftsstelle eines der beteiligten Amtsgerichte zur Entgegennahme zuständig sein. Dies ist zweifelhaft, da es auf die Lage der Anstalt („Bezirk") ankommt.

4   **3. Auf Rechtsmittel bezogen** sind alle Erklärungen des Beschuldigten, die in einem gegen ihn geführten Strafverfahren ein eigenes oder fremdes Rechtsmittel betreffen. Es genügt jeder Bezug zu dem Rechtsmittel; auf fristgebundene Bewirkungshandlungen ist die Anwendung des § 299 nicht beschränkt. In Betracht kommen namentlich: Einlegung und Begründung; Rücknahme und Verzicht[6]; Übergang zu einem anderen Rechtsmittel (Sprungrevision, vgl. BGHSt **40** 397); Wiedereinsetzungsanträge; auf Rechtsmittel bezogene Erklärungen und Gegenerklärungen, insbesondere gemäß §§ 297, 302, 319 Abs. 2, 346 Abs. 2, 347 Abs. 1 Satz 2, 349 Abs. 3 Satz 2, 350 Abs. 3. Daß die Verwahrung des Beschuldigten mit der Strafsache zusammenhängt, auf die das Rechtsmittel bezogen ist, ist nicht erforderlich.

5   **4. Kraft ausdrücklicher Verweisung** gilt § 299 entsprechend: für Anträge auf Haftprüfung oder mündliche Verhandlung bei der Untersuchungshaft und der einstweiligen Unterbringung (vgl. § 118 b, § 126 a Abs. 2); für Rechtsmittel des verwahrten Beschuldigten als gesetzlicher Vertreter (vgl. § 298 Abs. 2), jedoch nicht als gewillkürter Vertreter[7]; für Wiederaufnahmeanträge (vgl. § 365); für den Einspruch gegen Strafbefehle (vgl. § 410 Abs. 1); für Einspruch, Rechtsbeschwerde und Wiederaufnahme bei Ordnungswidrigkeiten (vgl. §§ 67 Abs. 1, 79 Abs. 3, 85 Abs. 1 OWiG); für Entscheidungen gemäß §§ 23 ff EGGVG (vgl. § 29 Abs. 2 EGGVG).

6   **5. Keine analoge Anwendung.** § 299 ist nach seiner Stellung im Gesetz eine Ausnahmeregelung für Beschuldigte im Rechtsmittelverfahren der Strafprozeßordnung. Dies und der Umstand, daß die Vorschrift nur in bestimmten anderen Fällen für entsprechend anwendbar erklärt ist (Rdn. 5), schließt es aus, sie auch außerhalb des gesetzlich bestimmten Anwendungsbereichs anzuwenden. § 299 ist also z. B. nicht entsprechend heranzuziehen, wenn der inhaftierte Beschuldigte im erstinstanzlichen Verfahren Einwände gemäß § 6 a Satz 2 oder § 16 Satz 2 erhebt[8], wenn er als Privat- oder Nebenkläger tätig wird[9] oder wenn er Anträge im Klageerzwingungsverfahren (§ 172) bzw. auf Prozeßkostenhilfe für dieses Verfahren stellt[10]. Es ginge zu weit, wollte man § 299 allein deshalb entspre-

---

Anordnungsbefugnis des Haftrichters); AK-*Achenbach* 3; *Eb. Schmidt* 1 (der aus § 119 Abs. 3 ein Recht auf Vorführung herleitet); SK-*Frisch* 4 für Ausnahmefälle.

[6] Vgl. BGH NJW **1958** 470; BGH bei *Dallinger* MDR **1968** 18; BGH bei *Holtz* MDR **1978** 281.

[7] OLG Hamm GA **1981** 90; vgl. auch KG GA **74** (1926) 340.

[8] *Kleinknecht/Meyer-Goßner*[43] 3.

[9] OLG Hamm NJW **1971** 2181; KK-*Ruß* 3; *Kleinknecht/Meyer-Goßner*[43] 2; SK-*Frisch* 12; *Sarstedt/ Hamm* 69.

[10] KG JR **1964** 28; OLG Hamm NJW **1971** 2181; OLG Stuttgart Justiz **1983** 342; KK-*Ruß* 3; *Kleinknecht/Meyer-Goßner*[43] 4; KMR-*Paulus* 3; *Eb. Schmidt* Nachtr. I 1; SK-*Frisch* 12; vgl. auch LR-*Rieß* bei § 172 (24. Aufl. Rdn. 163); **a. A** OLG Bremen NJW **1962** 169; LR-*Meyer-Goßner*[23] § 172, 105.

chend anwenden, weil sein Grundgedanke, daß dem behördlich Verwahrten bei der Übermittlung von Erklärungen aus dem Freiheitsentzug kein Nachteil erwachsen dürfe, auch in den von der Vorschrift nicht erfaßten Fällen zutrifft (dazu SK-*Frisch* 12). Erst recht ist es unmöglich, § 299 in außerstrafrechtlichen Verfahren entsprechend anzuwenden[11]. Vielmehr kann es sich immer nur nach der für das betreffende Verfahren geltenden Verfahrensordnung richten, in welcher Form Rechtsmittel und Rechtsbehelfe geltend zu machen sind. Daher können z. B. in einem Verwaltungsstreit vorgesehene Erklärungen nicht mit fristwahrender Wirkung gegenüber dem Amtsgericht des Verwahrungsorts abgegeben werden[12], und deswegen gilt § 299 auch nicht für Anträge beim BVerfG, selbst wenn sie sich gegen ein Strafurteil richten[13].

6. Wahrung der Frist (Absatz 2). Hier besteht eine wesentliche Abweichung von der **7** allgemeinen Regel: Ist eine Frist zu wahren, so genügt dafür schon die rechtzeitige Erklärung zur Niederschrift des in Absatz 1 genannten Amtsgerichts. Auf den Zugang der Erklärung beim zuständigen Gericht kommt es nicht an[14]. Nach herrschender Meinung gilt dies auch für einen auf diese Weise erklärten Rechtsmittelverzicht, der demgemäß bereits mit *Abgabe* der Erklärung, nicht erst mit deren Eingang beim Rechtsmittelgericht, wirksam und unwiderruflich sein soll[15]. Das erscheint wenig überzeugend, weil es beim Verzicht ja nicht im eigentlichen Sinn um eine Fristwahrung geht und der inhaftierte Beschuldigte damit ohne Not u. U. schlechter gestellt wird als der andere (näher § 302, 38). Auch muß die h. M bei der Rücknahme eine Ausnahme machen, also auf den Eingang beim Rechtsmittelgericht abstellen; denn anderenfalls könnte es zu der vom Gesetz nicht gewollten Situation kommen, daß das Rechtsmittelgericht in Unkenntnis der Rücknahme über das Rechtsmittel entscheidet und seine Entscheidung nachträglich für gegenstandslos zu erklären hätte[16]. — Geht die gemäß § 299 aufgenommene Niederschrift bei Übersendung an das zuständige Gericht verloren, so berührt dies die Wirksamkeit der Erklärung nicht (RG JW **1923** 395).

Bei schriftlicher Einlegung des Rechtsmittels greift § 299 nicht ein, weil sich die **8** Ausnahmeregelung auf Erklärungen zu Protokoll der Geschäftsstelle bezieht. Der Eingang der Rechtsmittelschrift beim Amtsgericht des Verwahrungsorts genügt dann zur Fristwahrung nicht[17].

7. Durchführung und Rechtsbehelfe. Aus § 299 ergibt sich ein Rechtsanspruch des **9** inhaftierten Beschuldigten, die in Absatz 1 umschriebenen Erklärungen gegenüber dem bezeichneten Gericht abgeben zu können. Auf ein entsprechendes Ersuchen ist der Beschuldigte daher dem für die Aufnahme zuständigen Rechtspfleger oder Urkundsbeamten[18] vorzuführen, der sich freilich auch selbst in die Anstalt begeben kann, dazu jedoch

---

[11] Man müßte dann konsequenterweise § 299 auch dort entsprechend anwenden, wo jede Verbindung zum Strafverfahren fehlt, z. B. wenn ein nach Landesrecht Untergebrachter vor dem Arbeitsgericht klagt. Daß § 299 diese umfassende Bedeutung nicht haben kann, liegt auf der Hand.

[12] BayVerwGH BayVerwBl. **1983** 536; OVG Hamburg MDR **1970** 266; KK-*Ruß* 3; *Kleinknecht/Meyer-Goßner*[43] 4.

[13] OLG Bremen Rpfleger **1958** 288; *Kleinknecht/Meyer-Goßner*[43] 4; SK-*Frisch* 12.

[14] BGH NJW **1958** 470; BGH bei *Holtz* MDR **1978** 281; RG GA **1903** 276; HK-*Rautenberg* 10; KK-

Ruß 5; *Kleinknecht/Meyer-Goßner*[43] 7; KMR-*Paulus* 6.

[15] BGH NJW **1958** 470; BGH bei *Dallinger* MDR **1968** 18; bei *Holtz* MDR **1978** 281; RG GA **50** (1903) 276; **74** (1926) 283; die in Fußn. 14 Genannten.

[16] BGH bei *Holtz* MDR **1978** 281; BGH LM § 302 Nr. 2; die in Fußn. 14 Genannten; vgl. auch RGSt 77 370.

[17] OLG Düsseldorf NJW **1970** 1890.

[18] Also dem Rechtspfleger in den Fällen des § 24 Abs. 1 RpflG (dazu z. B. 345, 31) ansonsten dem Urkundsbeamten der Geschäftsstelle i. S. des § 153

nicht verpflichtet ist. Erfolgt die rechtzeitig erbetene Vorführung[19] nicht oder verspätet, ist das ein Wiedereinsetzungsgrund (§ 44), wobei die Wiedereinsetzung gegebenenfalls von Amts wegen zu bewilligen ist[20]. Wiedereinsetzung kann der Beschuldigte auch beantragen, wenn die ihm erteilte Rechtsmittelbelehrung (§ 35 a) wegen eines fehlenden Hinweises auf die durch § 299 eröffnete Möglichkeit unvollständig war[21]. Gegen die Ablehnung der Vorführung steht dem Verwahrten die Beschwerde zu[22], gegen die Ablehnung der Protokollierung hingegen neben der Wiedereinsetzung nur die Dienstaufsichtsbeschwerde, die Erinnerung oder Durchgriffserinnerung nach § 11 Abs. 1, 2 RpflG aber auch dann nicht, wenn die Ablehnung durch einen Rechtspfleger erfolgt[23].

§ 300

Ein Irrtum in der Bezeichnung des zulässigen Rechtsmittels ist unschädlich.

Bezeichnung bis 1924: § 342.

Übersicht

1. Allgemeines

1   **a) Zweck.** Wer klar zu erkennen gibt, daß er eine gerichtliche Entscheidung anfechten, sich bei ihr „nicht beruhigen" will, aber das zulässige Rechtsmittel versehentlich unrichtig bezeichnet, soll dadurch keinen Nachteil erleiden. Als eingelegt gilt dann vielmehr „der durch die Rechtslage gebotene Rechtsbehelf"[1]. Maßgebend dafür ist der sachliche Inhalt der angefochtenen Entscheidung, nicht ihre formale Bezeichnung (Vor § 296, 43). § 300 betrifft aber nur den Irrtum bei der Erklärung über Rechtsmittel, nicht hingegen den Irrtum im Beweggrund[2]: Wer, abgesehen vom Sonderfall der Sprungrevision (darüber bei § 335), ein bewußt und gewollt eingelegtes Rechtsmittel durch ein anderes ersetzen will, kann sich auf § 300 nicht berufen[3].

GVG. Zu Besonderheiten in den neuen Bundesländern während einer Übergangszeit vgl. LR-*Rieß*[24] Nachtrag II Teil A Rdn. 61 ff.

[19] Zur Rechtzeitigkeit näher *Blaese/Wielop* Die Förmlichkeiten der Revision in Strafsachen[3] (1991) Rdn. 144 mit Hinweisen auf die Praxis des BGH.

[20] OLG Stuttgart Justiz **1985** 321; KK-*Ruß* 6; SK-*Frisch* 17; eingehend *Blaese/Wielop* aaO.

[21] OLG Bremen MDR **1979** 517; OLG Zweibrücken OLGSt Nr. 12 S. 2; vgl. § 35 a, 18; 30.

[22] OLG Stuttgart JR **1982** 167; SK-*Frisch* 18.

[23] OLG Hamburg MDR **1983** 512; *Kleinknecht/Meyer-Goßner*[43] Einl. 132; *Blaese/Wielop* (s. Fußn. 19) 141; **a. A** LR-*Gollwitzer*[24] 11; SK-*Frisch* 18; offenbar auch OLG Stuttgart JR **1982** 167 mit Anm. *Meyer*.

[1] KG DJZ **1909** 605; OLG Düsseldorf VRS **74** (1988) 42.

[2] BayObLGSt **1973** 146 = VRS **46** (1974) 51; OLG Düsseldorf MDR **1962** 367; OLG Frankfurt JW **1927** 932; OLG Königsberg JW **1925** 1545; KMR-*Paulus* 3; *Eb. Schmidt* Nachtr. I 2; SK-*Frisch* 6; *Mannheim* JW **1926** 1250.

[3] Vgl. die Nachw. Fußn. 2; ferner OLG Schleswig bei *Ernesti/Lorenzen* SchlHA **1980** 183.

Aus dem Sinn des § 300 folgt, daß auch ein **Mangel jeglicher Bezeichnung** des einge- **2** legten Rechtsmittels unschädlich ist[4], weil es nicht auf die Bezeichnung ankommt, sondern darauf, ob der Beschwerdeführer eine Entscheidung anfechten will.

b) Allgemeiner Rechtsgedanke. § 300 ist Ausdruck eines allgemeinen Rechtsgedan- **3** kens[5]. Er gilt nicht nur für Rechtsmittel im engeren Sinne, sondern für alle Rechtsbehelfe, also für den Antrag auf gerichtliche Entscheidung (vgl. § 161 a Abs. 3), den Einspruch, den Antrag auf Entscheidung des Berufungs- oder des Revisionsgerichts nach § 319 Abs. 2 und § 346 Abs. 2, die Wiedereinsetzung in den vorigen Stand und die Wiederaufnahme des Verfahrens[6] sowie für sonstige Anträge im Strafverfahren[7]. Daher läßt sich z. B. ein Antrag auf Wiedereinsetzung u. U. als Berufung (OLG Düsseldorf NJW **1988** 153) oder als Antrag auf Entscheidung des Revisionsgerichts (näher § 346, 27) auffassen oder ein (unzulässiger) Antrag auf Nachholung der fehlenden Kosten- und Auslagenentscheidung durch Beschluß in eine sofortige Beschwerde umdeuten (LG Münster **1989** 377). Nach dem Rechtsgedanken des § 300 ist bei der Revision auch die rechtsirrige Bezeichnung einer Rüge als Sach- oder Verfahrensrüge unschädlich; vgl. bei § 344 (24. Aufl. Rdn. 72).

c) Anfechtungswille. Voraussetzung der Umdeutung ist stets, daß sich aus der Erklä- **4** rung des Rechtsmittelführers deutlich sein Wille ergibt, ein zulässiges Rechtsmittel einzulegen[8]. Die Erklärung, daß ein Rechtsanwalt mit der Prüfung von Erfolgsaussichten eines Rechtsmittels beauftragt sei oder werde, reicht dafür in der Regel nicht, wohl aber u. U. der Antrag, zur Begründung des Rechtsmittels einen Verteidiger zu bestellen. Im Gesuch um Erteilung einer Urteilsabschrift liegt für sich allein noch nicht die Einlegung eines Rechtsmittels[9].

Der Anfechtungswille muß nach h. M **aus der Erklärung selbst** hervorgehen[10]. Bei **5** der Ermittlung dieses Willens kann die Person des Erklärenden bedeutsam sein. Das gilt vor allem bei Beschränkung des Rechtsmittels auf eine Teilanfechtung; Rechtskundige sind hier regelmäßig beim Wort zu nehmen[11], bei Rechtsunkundigen ist großzügigere Auslegung am Platze. Maßgebend für die Auslegung ist der Gesamtinhalt der Verfahrenserklärungen[12] einschließlich der erkennbaren Erklärungsumstände. Das Rechtsmittelgericht hat die hiernach maßgebenden Erklärungen und Umstände pflichtgemäß zu würdigen[13].

d) Auslegung. Mehrere Rechtsmittel. Ist der Anfechtungswille als solcher deutlich **6** genug, ist die Eingabe in der Regel so zu deuten, wie es ihrem erstrebten Zweck am besten entspricht, und im Zweifel dahin auszulegen, daß die umfassendste Nachprüfung gemeint ist[14]. Bleibt zweifelhaft, ob ein Verteidiger des jugendlichen Angeklagten das Rechtsmit-

---

[4] BGHSt **2** 67; KK-*Ruß* 1; *Kleinknecht/Meyer-Goßner*[43] 2; KMR-*Paulus* 6; *Eb. Schmidt* 2.

[5] KK-*Ruß* 1; *Kleinknecht/Meyer-Goßner*[43] 1; KMR-*Paulus* 2. Vgl. auch Vor § 296, 12.

[6] BayObLGSt **1955** 148 mit weit. Nachw.; OLG Hamm GA **1970** 188; RGSt **67** 125; KG DJZ **1909** 605.

[7] KK-*Ruß* 1; *Kleinknecht/Meyer-Goßner*[43] 1; KMR-*Paulus* 2.

[8] BayObLG NJW **1995** 1230; KG VRS **35** (1968) 287; OLG Düsseldorf VRS **59** (1980) 358; *Kleinknecht* JZ **1960** 674; vgl. auch § 341, 1.

[9] RGRspr. **1** 110; SK-*Frisch* 8.

[10] KK-*Ruß* 2; KMR-*Paulus* 3; *Eb. Schmidt* 2; SK-*Frisch* 10.

[11] KG JR **1950** 633 für die Teilanfechtung durch den Leiter einer Staatsanwaltschaft; zustimmend KK-*Ruß* 2; SK-*Frisch* 10; **a. A** HK-*Rautenberg* 8.

[12] BGHSt **2** 43 = NJW **1952** 435 m. Anm. *Cüppers*; BGHSt **19** 275; KK-*Ruß* 2; *Kleinknecht/Meyer-Goßner*[43] 3.

[13] BayObLGSt **1960** 107 = NJW **1960** 1682.

[14] Vgl. etwa BGH NJW **1956** 756; RGSt **67** 125; BayObLGSt **1949/51** 369; **1969** 96 = JR **1969** 407 mit Anm. *Göhler*; KG HRR **1930** Nr. 1571; OLG Düsseldorf VRS **59** (1980) 358; OLG Koblenz NStZ **1991** 43; OLG Stuttgart Justiz **1986** 27; OLG Schleswig bei *Lorenzen* SchlHA **1987** 119; *Kleinknecht/Meyer-Goßner*[43] 3.

tel für diesen oder für den gesetzlichen Vertreter eingelegt hat, ist in der Regel letzteres anzunehmen (§ 298, 9). Bei mehreren möglichen Rechtsmitteln gegen eine Entscheidung ist wie folgt zu entscheiden:

7   Sind gegen die Entscheidung **wahlweise verschiedene Rechtsmittel** gegeben, die den **gesamten Inhalt** der angefochtenen Entscheidung betreffen (z. B. § 335: Berufung oder Revision; § 315: Berufung oder Wiedereinsetzung), richtet es sich nach der erkennbaren Zielrichtung der Anfechtungserklärung, welches Rechtsmittel gemeint ist; eine falsche, dieser Zielrichtung nicht entsprechende Bezeichnung ist dann unschädlich. Im Zweifel ist die Anfechtung, wie bemerkt, dabei auf die umfassendste Nachprüfungsmöglichkeit gerichtet. Vgl. auch Rdn. 10, 12.

8   Bei **unterschiedlichen Rechtsmitteln** gegen die **einzelnen Teile** einer Entscheidung (z. B. § 464 Abs. 3: sofortige Beschwerde neben Berufung oder Revision) fordert die Rechtsprechung hingegen im Interesse der Rechtsklarheit, daß sich innerhalb der Einlegungsfrist bereits aufgrund der Anfechtungserklärung zweifelsfrei ersehen läßt, auf welche Entscheidungsteile sich die Anfechtung erstrecken soll; danach muß also die Zielrichtung der Anfechtung schon durch die während der Einlegungsfrist abgegebenen Erklärungen eindeutig erkennbar sein. Die Rechtsprechung schließt damit aus, daß § 300 eine Handhabe zum Unterlaufen der Anfechtungsfristen bietet; denn der Rechtsmittelführer könnte sonst auch aufgrund eines späteren Sinneswandels die Zielrichtung seiner Anfechtung trotz Fristablauf noch ergänzen oder erweitern[15].

2. Einzelfälle

9   **a) Fehlende Bezeichnung.** Ist das Rechtsmittel nicht bezeichnet, jedoch nur ein einziges Rechtsmittel zulässig, so ist dieses Rechtsmittel eingelegt. Erklärt der Beschwerdeführer später, dieses Rechtsmittel sei nicht gemeint, sondern ein anderes (gesetzlich nicht vorgesehenes), kann dies als Rücknahme zu würdigen sein, wenn dem Beschwerdeführer die Unzulässigkeit jenes anderen Rechtsmittels bekannt und seiner Erklärung eindeutig zu entnehmen ist, daß er das zulässige Rechtsmittel keinesfalls verfolgen will; vgl. auch Rdn. 12. Fehlt die Bezeichnung und sind mehrere Rechtsmittel zulässig, so gelten die bei Rdn. 11 beschriebenen Grundsätze.

10   **b) Unklare Bezeichnung.** Ist der Sinn der Erklärung zweifelhaft, so ist der Erklärende zu befragen[16]. Ergibt sich dabei ein bloßer Bezeichnungsirrtum, gilt das nunmehr Bezeichnete, zurückbezogen auf den Zeitpunkt der unklaren Bezeichnung[17]; die Rechtsmitteleinlegung ist also rechtzeitig, wenn die erste Erklärung, unbeschadet der späteren Erläuterung, fristgerecht abgegeben worden ist[18]. Kein bloßer Bezeichnungsirrtum im Sinne des § 300 liegt jedoch vor, wenn der Erklärende das Rechtsmittel, das er eingelegt hat, bewußt einlegen wollte[19]. Ob dies auch gilt, wenn er ein anderes irrig für unzulässig gehalten hat, kann fraglich sein[20]. Sicher trifft § 300 dann zu, wenn der Erklärende das zulässige Rechtsmittel meint, aber die Zulässigkeit unrichtig beurteilt und aus diesem

---

[15] Vgl. BGHSt **25** 77; BayObLGSt **1973** 146 = VRS **46** (1974) 51; OLG Hamm NJW **1971** 444. Die Frage war früher streitig (s. bei § 464). Vgl. ferner OLG Frankfurt NJW **1974** 202 (Revision und Entscheidung über Entschädigung für Strafverfolgungsmaßnahmen); OLG Düsseldorf GA **1976** 183.

[16] BGHSt **2** 67; BayObLG NJW **1995** 1230; AK-*Achenbach* 2; KK-*Ruß* 2; *Kleinknecht/Meyer-Goßner*[43] 2; KMR-*Paulus* 2; *Eb. Schmidt* 2.

[17] OLG Nürnberg HESt **1** 209.

[18] AK-*Achenbach* 2; KMR-*Paulus* 2; *Eb. Schmidt* 2.

[19] OLG Celle MDR **1970** 255; OLG Düsseldorf MDR **1962** 327. Vgl. auch Rdn. 12.

[20] Vgl. OLG Celle VRS **15** (1958) 58; KG JW **1925** 1032; *Goldschmidt* JW **1925** 1032; *Unger* JW **1927** 2083.

Grunde das unzulässige Rechtsmittel gewollt hat. Denn anderenfalls würde der rechtspolitische Zweck des § 300 (Rdn. 1) verfehlt. Im übrigen wäre es widersprüchlich, wenn dem Erklärenden zwar die Nichtbezeichnung des Rechtsmittels zugute gehalten wird (Rdn. 2), nicht aber auch der Umstand, daß er bei der Kundgabe seines Anfechtungswillens einen rechtlich unzutreffenden Gedankengang dazu offenbart. Nur wenn sich der Erklärende aus Rechtsirrtum auf ein unzulässiges Rechtsmittel versteift und kein anderes durchführen will, muß § 300 unanwendbar bleiben[21].

Sind **zwei Rechtsmittel** alternativ zulässig (Rdn. 7), kann bei der Umdeutung grund- **11** sätzlich davon ausgegangen werden, daß der Erklärende im Zweifel diejenige Anfechtung will, die zur umfassenderen Nachprüfung führt[22], also z. B. die Berufung, wenn diese neben der Revision zur Wahl steht. Daher ist im speziellen Fall der Sprungrevision, wenn der Beschwerdeführer eine endgültige Erklärung überhaupt nicht abgibt, seine Anfechtung im Zweifel als Berufung zu behandeln (vgl. § 335, 9). Läßt sich das erkennbare Ziel der Anfechtung bei mehreren nebeneinander möglichen Rechtsmitteln mit dem einen auf leichtere Weise bzw. mit geringerem Aufwand erreichen, gilt selbstverständlich nur dieses Rechtsmittel als eingelegt[23].

c) Klare, aber unrichtige Bezeichnung (vgl. auch Rdn. 1). Ist nur ein bestimmtes **12** Rechtsmittel zulässig (z. B. die Revision), ist seine unrichtige Bezeichnung (z. B. als Berufung) aufgrund des § 300 grundsätzlich unschädlich[24]. Das gilt auch, wenn der Beschwerdeführer tatsächlich das von ihm bezeichnete (unzulässige) Rechtsmittel einlegen wollte; denn die Anfechtungserklärung ist in der Regel dahin auszulegen, daß der Beschwerdeführer unabhängig von der gewählten Bezeichnung das Rechtsmittel einlegen will, das zulässig ist[25]. Nur wenn er nach der auch hier angezeigten Befragung (Rdn. 10 bei Fußn. 16) bei dem falschen Rechtsmittel beharren will und auf dessen Durchführung besteht, ist er entsprechend seiner Erklärung zu behandeln und das falsche Rechtsmittel als unzulässig zu verwerfen[26].

d) Rechtsmittel bei Ordnungswidrigkeiten. Hat der Beschwerdeführer ein im Straf- **13** verfahren wegen einer Ordnungswidrigkeit ergangenes Urteil irrig (vgl. bei § 312) mit der Rechtsbeschwerde bzw. mit einem Zulassungsantrag nach § 79 OWiG angefochten, ist sein Rechtsmittel nach § 300 als Berufung, nicht als Revision zu behandeln[27]. Umgekehrt kann die Anfechtung mit Berufung oder Revision in einem reinen OWiG-Verfahren als Einlegung der Rechtsbeschwerde bzw. als Zulassungsantrag umgedeutet werden[28]. Eine Rechtsbeschwerde kann auch als Antrag auf Zulassung behandelt werden[29]. Ist ein Urteil

---

[21] OLG Düsseldorf MDR **1962** 327; vgl. Rdn. 12; **a. A** AK-*Achenbach* 2.

[22] OLG Düsseldorf NJW **1988** 153; VRS **59** (1986) 358; OLG Hamburg NJW **1970** 468; OLG Hamm VRS **49** (1975) 49; OLG Koblenz VRS **65** (1983) 45; OLG Schleswig bei *Ernesti/Lorenzen* SchlHA **1973** 118; **1985** 140; bei *Lorenzen* SchlHA **1987** 119.

[23] Vgl. BayObLG VRS **66** (1984) 38 (Beschwerde gegen Auflagenbeschluß statt Berufung).

[24] BGHSt **2** 62; RGSt **68** 298; RG DRiZ **1928** Nr. 854; BayObLGSt **1953** 5 (jeweils „Berufung" statt Revision); **1953** 89 („Einspruch" statt Revision); KG DJZ **1909** 605 (Antrag nach § 346 Abs. 2 statt Wiedereinsetzung; dazu § 346, 27); OLG Celle VRS **15** (1958) 58; NJW **1960** 114 (sofortige Beschwerde statt Berufung); vgl. auch

BayObLGSt **1959** 84; OLG Düsseldorf VRS **59** (1980) 358; OLG Saarbrücken VRS **31** (1966) 54; *Kleinknecht* JZ **1960** 673.

[25] OLG Celle VRS **15** (1958) 58; OLG Koblenz NStZ **1991** 43; OLG Saarbrücken VRS **31** (1966) 54; *Kleinknecht* JZ **1960** 674; **a. A** OLG Oldenburg NdsRpfl. **1953** 170 bei einem Rechtskundigen. Vgl. auch den Sonderfall OLG Neustadt GA **1957** 422.

[26] Vgl. OLG Düsseldorf MDR **1962** 327.

[27] BayObLGSt **1969** 93 = JR **1969** 470 mit Anm. *Göhler*; OLG Düsseldorf MDR **1976** 75; OLG München NJW **1970** 261; OLG Schleswig bei *Lorenzen* SchlHA **1987** 119; weitere Nachw. bei § 312.

[28] OLG Hamm VRS **40** (1971) 373.

[29] BayObLGSt **1969** 113; *Göhler* MDR **1970** 259; **a. A** OLG Frankfurt MDR **1970** 258.

Ernst-Walter Hanack

teils mit den Rechtsmitteln des Strafverfahrens, teils mit der Rechtsbeschwerde anfechtbar (§ 83 Abs. 2 OWiG), muß nach den Umständen des Einzelfalles beurteilt werden, ob die Anfechtungserklärung als Berufung (evtl. auch als Revision) und zugleich auch als Rechtsbeschwerde bzw. als Zulassungsantrag angesehen werden kann[30]. Beim Einspruch im Bußgeldverfahren ist § 300 sinngemäß anwendbar[31].

14   **3. Die Rechtsmittelfrist** (Einlegungsfrist) wird durch eine Umdeutung gemäß § 300 nicht in Frage gestellt. Es gilt, zurückbezogen auf den Zeitpunkt der Anfechtung, das günstigste (umfassendste) zulässige Rechtsmittel als gewollt und eingelegt (oben Rdn. 10). Nur wenn gegen die einzelnen Teile einer Entscheidung verschiedene Rechtsmittel gegeben sind, kann die fristgerechte Bezeichnung bedeutsam sein, weil nach der Rechtsprechung die Zielrichtung der Anfechtung dann schon aus den innerhalb der Rechtsmittelfrist abgegebenen Erklärungen erkennbar sein muß (oben Rdn. 8).

§ 301

Jedes von der Staatsanwaltschaft eingelegte Rechtsmittel hat die Wirkung, daß die angefochtene Entscheidung auch zugunsten des Beschuldigten abgeändert oder aufgehoben werden kann.

Bezeichnung bis 1924: § 343.

Übersicht

1   **1. Allgemeines.** Die Staatsanwaltschaft kann ein Rechtsmittel zugunsten wie zuungunsten des Beschuldigten einlegen (§ 296 Abs. 2). Im letzteren Fall ist der Beschuldigte naturgemäß nicht durch das Verschlechterungsverbot (§§ 331, 358 Abs. 2) gegen ihm nachteilige Entscheidungen des Rechtsmittelgerichts geschützt. Doch bestimmt § 301 ausdrücklich, daß jedes Rechtsmittel der Staatsanwaltschaft, also auch das zuungunsten des Beschuldigten eingelegte, stets eine Abänderung der angefochtenen Entscheidung auch zu seinen Gunsten zuläßt. Die Vorschrift entspricht dem Wesen eines rechtsstaatlichen Strafverfahrens; eine einseitige Veränderungssperre wäre weder mit der Stellung und Funktion der Staatsanwaltschaft in Einklang zu bringen (OLG Hamm NJW **1953** 119), noch aber auch mit der des Rechtsmittelgerichts (dazu treffend SK-*Frisch* 2). HK-*Rautenberg* 5 hält, dogmatisch verfehlt, „im Grunde" sogar zwei staatsanwaltschaftliche Rechtsmittel für gegeben.

2   Infolge des § 301 hat das Rechtsmittelgericht stets eine Gesamtüberprüfung der von der Staatsanwaltschaft zuungunsten des Beschuldigten angefochtenen Entscheidung vorzunehmen, also im Umfang der Anfechtung (darüber Rdn. 4) jede falsche Rechtsanwen-

---

[30] BayObLGSt **1970** 39 = NJW **1970** 1202.   [31] OLG Koblenz VRS **68** (1985) 216; vgl. Rdn. 3.

dung zu beachten, die sich zum Vorteil oder zum Nachteil des Beschuldigten ausgewirkt hat.

Beim zuungunsten eingelegten Rechtsmittel der Staatsanwaltschaft bleibt aufgrund des **3** § 301 die Sache **zugunsten des Beschuldigten rechtshängig**, wenn das Rechtsmittel seine härtere Bestrafung bezweckt, jedoch nur eine mildere erreicht[1]. Die Sperrwirkung der §§ 331, 358 Abs. 2 tritt dann nach herrschender Meinung auch hier ein; sie fehlt nur bei einem erfolgreichen Rechtsmittel zuungunsten des Beschuldigten[2]. Nicht überzeugend erscheint die Ansicht von KMR-*Paulus* 5, 6, daß das Gericht bei Anwendung des § 301, anders als beim Verschlechterungsverbot gemäß §§ 331, 358 Abs. 2, keine Umstände berücksichtigen dürfe, die zu einer ungünstigeren Veränderung des Schuldspruchs führen könnten, da die durch § 301 ausgelöste Untersuchung auf Elemente beschränkt sei, die zugunsten des Beschuldigten wirken: Wenn man beim Verschlechterungsverbot eine nachteilige Schuldspruchänderung für zulässig hält (darüber bei § 331), nötigt der besondere Fall des § 301 nach seinem spezifischen Zweck (Rdn. 1) nicht zu einer Ausnahme.

2. Geltung nur im Umfang der Anfechtung. § 301 gilt seiner Natur nach lediglich in **4** dem Umfang, in dem die Entscheidung durch die Anfechtung der Staatsanwaltschaft wirksam zur Überprüfung durch das Rechtsmittelgericht gestellt wird; also nur, soweit das Rechtsmittel an sich zulässig ist, ordnungsgemäß eingelegt bzw. begründet wurde und nicht in wirksamer Weise beschränkt worden ist[3]. Insbesondere kann ein von der Staatsanwaltschaft wirksam auf den Rechtsfolgenausspruch beschränktes Rechtsmittel nicht aufgrund des § 301 auf die Schuldfrage ausgedehnt werden[4].

3. Mußvorschrift. § 301 ist trotz seines etwas mißverständlichen Wortlauts zwingen- **5** des Recht (allg. M)[5]. Das „kann" besagt nur, daß das Rechtsmittelgericht — ohne Bindung an den von der Staatsanwaltschaft verfolgten Rechtsmittelzweck und ohne Ermessensspielraum — diejenige Entscheidung zu fällen hat, die nach Sachlage dem Gesetz entspricht. Es kann also (im Rahmen seiner allgemeinen Kompetenzen) z. B. den Beschuldigten freisprechen, das Verfahren einstellen, den Schuldspruch ändern oder die Rechtsfolgenentscheidung mildern.

4. Zurückverweisung. Dementsprechend kann das Revisionsgericht bei Anwendung **6** des § 301, wie sonst, in der Sache selbst entscheiden oder zurückverweisen (§ 354). Im letzteren Fall gilt die Vorschrift des § 358 Abs. 1 über die Bindung an die Aufhebungsentscheidung des Revisionsgerichts auch hier. Ebenso gilt im weiteren Verfahren das Verschlechterungsverbot, wenn die zuungunsten des Angeklagten eingelegte Revision allein zu seinen Gunsten gewirkt hat (Rdn. 3).

5. Weitere Anfechtung. Da nach § 301 die von der Staatsanwaltschaft zuungunsten **7** des Beschuldigten angefochtene Entscheidung auch zu seinen Gunsten rechtshängig bleibt (Rdn. 3) und abänderbar ist, kann die in Anwendung des § 301 ergehende Entscheidung

---

[1] BGH NJW **1992** 517; OLG Hamm NJW **1953** 119; *Eb. Schmidt* 7; SK-*Frisch* 7; vgl. auch bei § 331.
[2] BGHSt **13** 41; BGH bei *Dallinger* MDR **1969** 964; KK-*Ruß* 1; *Kleinknecht/Meyer-Goßner*[43] 1. Nach KMR-*Paulus* 5 (dazu im folg. Text) ist die Wirkung des § 301 eine gesetzliche Folge des staatsanwaltschaftlichen Rechtsmittels; die Anwendung des Verschlechterungsverbots auf § 301 sei weder möglich noch nötig noch ausreichend.

[3] RGSt **63** 186; *Kleinknecht/Meyer-Goßner*[43] 1; KMR-*Paulus* 2; *Eb. Schmidt* 2, 3; SK-*Frisch* 4.
[4] BayObLGSt **3** 45; **17** 113; **18** 117; OLG Hamm HESt **2** 123; RGSt **47** 361.
[5] Vgl. etwa OLG Hamm NJW **1953** 118; *Kleinknecht/Meyer-Goßner*[43] 1; *Eb. Schmidt* 6; SK-*Frisch* 5.

vom Beschuldigten mit den zulässigen Rechtsmitteln angegriffen werden (vgl. BGH MDR **1983** 778). Hat also die Staatsanwaltschaft zuungunsten des Beschuldigten Berufung eingelegt, so steht diesem gegen das nur zu seinen Gunsten abgeänderte Berufungsurteil Revision auch dann zu, wenn er selbst Berufung nicht eingelegt hatte[6]. Entsprechendes gilt, wenn bei einer Revision der Staatsanwaltschaft zuungunsten des Beschuldigten das Revisionsgericht die Sache aufgrund des § 301 zurückverweist (Rdn. 6), für die Rechtsmittelbefugnis des Beschuldigten gegenüber dem Urteil des neuen Tatrichters. In beiden Fällen ist dabei das Verschlechterungsverbot zu beachten (Rdn. 3).

8   **6. Die Revisionserstreckung des § 357** ist auch bei revisionsgerichtlichen Entscheidungen in Anwendung des § 301 zu beachten.

9   **7. Form der Entscheidung.** Wirkt das von der Staatsanwaltschaft zuungunsten eingelegte Rechtsmittel nur zugunsten des Beschuldigten, ist ihr Rechtsmittel nicht zu verwerfen, sondern lediglich auszusprechen, daß die angefochtene Entscheidung aufgrund des staatsanwaltschaftlichen Rechtsmittels geändert oder aufgehoben wird[7]. Zur Verwerfung ihres Rechtsmittels kommt es hingegen dann, wenn sich ein vom Beschuldigten selbst, von seinem Vertreter oder seinem gesetzlichen Vertreter eingelegtes Rechtsmittel als begründet erweist, weil dann auf dieses Rechtsmittel hin entschieden wird, § 301 also nicht anzuwenden ist[8].

10   **8. Entsprechende Anwendung.** § 301 gilt entsprechend für das Rechtsmittel des Privatklägers (§ 390 Abs. 1 Satz 3), des Nebenklägers[9] sowie zugunsten der Verfall- und Einziehungsbeteiligten (§§ 431 Abs. 1 Satz 1, 424 Abs. 1 und Abs. 2 Satz 1, 444). Er gilt ferner im Wiederaufnahmeverfahren (§ 365; vgl. § 365, 9, 12) und für die Rechtsbeschwerde gemäß § 79 Abs. 3 OWiG.

§ 302

(1) **Die Zurücknahme eines Rechtsmittels sowie der Verzicht auf die Einlegung eines Rechtsmittels kann auch vor Ablauf der Frist zu seiner Einlegung wirksam erfolgen.** [2]**Ein von der Staatsanwaltschaft zugunsten des Beschuldigten eingelegtes Rechtsmittel kann jedoch ohne dessen Zustimmung nicht zurückgenommen werden.**

(2) **Der Verteidiger bedarf zur Zurücknahme einer ausdrücklichen Ermächtigung.**

Schrifttum. *Dahs* Zur Rechtswirksamkeit des nach der Urteilsverkündung herausgefragten Rechtsmittelverzichts, FS Schmidt-Leichner 17; *Dahrmann* Der Widerruf von Rechtsmittelverzicht und -zurücknahme im Strafprozeß, Diss. Köln 1966; *Dencker* Willensfehler bei Rechtsmittelverzicht und Rechtsmittelrücknahme im Strafprozeß (1972); *Gössel* Über die Folgen der Aufhebung von

[6] KK-*Ruß* 1; *Kleinknecht/Meyer-Goßner*[43] 1; *Eb. Schmidt* 7; SK-*Frisch* 7.

[7] *Kleinknecht/Meyer-Goßner*[43] 3; KMR-*Paulus* 7; a. A (auch Verwerfung) *Eb. Schmidt* 8; SK-*Frisch* 6.

[8] BGH VRS **50** (1976) 369; KMR-*Paulus* 11; AK-*Achenbach* 4; *Kleinknecht/Meyer-Goßner*[43] 3; *Eb. Schmidt* 8; SK-*Frisch* 6.

[9] BGH NJW **1986** 2717; **1953** 1521; StV **1996** 87; **1981** 271; VRS **50** (1976) 369; BayObLG MDR **1954** 376; OLG Hamm HESt **2** 124; OLG Schleswig bei *Ernesti/Jürgensen* SchlHA **1969** 154; RGSt **22** 217; **41** 439; **45** 326; **61** 191; ganz h. L; vgl. auch § 401 Abs. 3 Satz 1 sowie bei § 401.

Berufungsurteilen in der Revisionsinstanz, JR **1982** 270; *Friedländer* Der Rechtsmittelverzicht im Deutschen Strafprozeß, GerS **58** (1901) 401; *Kies* JZ **1953** 343 (Anm. zu OLG Braunschweig aaO); *Koch* Probleme des Rechtsmittelverzichts, JR **1964** 225; *Mayer* Rechtsmittelbeschränkung ohne Ermächtigung, MDR **1979** 197; *D. Meyer* Erstreckung eines strafrechtlichen Rechtsmittelverzichts auf verkündete Annexentscheidungen, JurBüro **1993** 706; *Meyer-Goßner* Der fehlende Nachweis der Ermächtigung zur Beschränkung eines Rechtsmittels, MDR **1979** 809; *H. W. Schmidt* Unwirksamkeit des Rechtsmittelverzichts, NJW **1965** 1210; *R. Schmidt* Die Grenzen der Bindungswirkung eines Rechtsmittelverzichts, JuS **1967** 158; *Schnarr* Der bevollmächtigte Pflichtverteidiger und sein Stellvertreter, NStZ **1996** 214; *Schulze* Der Einfluß von Willensmängeln auf den Bestand des Rechtsmittelverzichts des Berechtigten, Diss. Regensburg 1973; *Specht* Erneute Berufung nach Berufungszurücknahme, GA **1977** 72.

Bezeichnung bis 1924: § 344.

Übersicht

Ernst-Walter Hanack

Alphabetische Übersicht

I. Rechtsmittelrücknahme, Rechtsmittelverzicht

1. Allgemeines

1   **a) Zweck und Problematik des § 302.** Absatz 1 Satz 1, der Kern der Vorschrift, beruht ersichtlich auf Praktikabilitätsgründen: Daß Rücknahme und Verzicht vor Ablauf der Rechtsmittelfrist wirksam erklärt werden können, führt zur raschen Rechtskraft der Entscheidung (vgl. Rdn. 35) und damit zu rechtlicher Klarheit, zur Erleichterung der schriftlichen Urteilsbegründung (§ 267 Abs. 4) und früher auch zu Vorteilen beim sofortigen Strafantritt gemäß § 450[1]. Aber der Preis für diese Vorteile ist hoch. Denn die ohnedies kurzen Einlegungsfristen der §§ 311 Abs. 1, 314 Abs. 1, 341 Abs. 1 sind zugleich auch Überlegungsfristen. Nach der Konzeption des Gesetzes ist jedoch die einmal abgegebene Erklärung selbst innerhalb der Einlegungsfrist grundsätzlich unwiderruflich und unanfechtbar (vgl. Rdn. 46 ff). Diese strenge Regelung, zu der es aus mehr zufälligen, jedenfalls aber nicht überzeugenden gesetzgeberischen Gründen gekommen ist, bestand

---

[1] Vgl. RGSt **2** 79 und dazu kritisch *Dencker* 16. Durch die heutige Regelung über die Anrechnung von Untersuchungshaft (§ 51 Abs. 1 StGB) ist dieser Vorteil praktisch hinfällig geworden; vgl. § 450, 1; 2.

im früheren Partikularrecht nicht[2]. Sie hat zu einer Fülle von Schwierigkeiten geführt und erscheint **reformbedürftig**[3]. Ihre Härten und Fragwürdigkeiten werden auch durch die speziellen Sicherungen nicht ausgeglichen, die Absatz 1 Satz 2 (dazu Rdn. 60) und Absatz 2 (dazu Rdn. 65 ff) aus gutem Grund im Interesse des Beschuldigten vorsehen.

Angesichts der besonderen Tragweite einer Verzichts- oder Rücknahmeerklärung **2** müssen namentlich an die Eindeutigkeit der Erklärung (dazu Rdn. 21), vor allem aber an ihre Wirksamkeit unter Schutzzweckgesichtspunkten (dazu Rdn. 49 ff) strenge Anforderungen gestellt werden. Die Rechtsprechung und mit ihr die überwiegende Lehre bemüht sich um diese Anforderungen auch, aber mit erkennbar unterschiedlicher Strenge. Eine gewisse Tendenz, den Beschuldigten an einer abgegebenen Erklärung von Rücknahme oder Verzicht im Hinblick auf die notwendige Verläßlichkeit dieser Prozeßhandlung auch in kritischeren Fällen festzuhalten, ist teilweise nicht zu übersehen und erscheint bedenklich. Zu einem ausgewogenen System zwischen Bindung und Unwirksamkeit der Erklärung sind Rechtsprechung und Lehre auf dem Boden des geltenden Rechts bisher nicht gelangt.

b) Begriffliches. Nach dem eindeutigen Wortsinn bezieht sich die Zurücknahme[4] auf **3** ein bereits eingelegtes Rechtsmittel. Verzicht ist nach § 302 Abs. 1 Satz 1 hingegen die verbindliche Erklärung, ein Rechtsmittel nicht einlegen zu wollen. Es handelt sich also insoweit um Erklärungen, die nach ihrem begrifflichen Inhalt verschieden sind[5]. Die Formulierung des § 302 Abs. 1 schließt freilich nicht zwingend aus, daß der Verzicht auf ein Rechtsmittel nach seiner vorherigen Einlegung geschieht. So verstanden ist „Verzicht" dann der weitere Begriff, weil er notwendigerweise auch die Rücknahme des eingelegten Rechtsmittels umfaßt.

Eine andere Frage ist, ob der Verzicht auf ein Rechtsmittel sich auch auf jedes denk- **4** bare sonstige Rechtsmittel erstreckt. Und eine andere Frage ist ferner, ob die Rücknahme eines Rechtsmittels stets oder regelmäßig einen Verzicht auf dieses oder auf sonstige Rechtsmittel in sich schließt. Beide Fragen sind als solche nicht begrifflicher Art, sondern von einer Auslegung des Erklärten abhängig; dazu unten Rdn. 28 ff.

c) Entsprechend anwendbar ist § 302 kraft Gesetzes beim Antrag auf gerichtliche **5** Entscheidung in den Fällen des § 161 a Abs. 3, beim Einspruch gegen Strafbefehle (§ 410) und Bußgeldbescheide (§ 67 OWiG) sowie bei Wiederaufnahmeanträgen (§ 365). Ferner wird Absatz 2 durch § 118 b bei Anträgen auf Haftprüfung für entsprechend anwendbar erklärt.

2. Prozessuale Handlungsfähigkeit. Als Prozeßhandlungen setzen die Zurücknahme, **6** der Verzicht sowie die Ermächtigung hierzu voraus, daß der Rechtsmittelberechtigte im Zeitpunkt der Erklärung prozessuale Handlungsfähigkeit besitzt, während bürgerliche Geschäftsfähigkeit nicht erforderlich ist[6]. Ebenso muß der ermächtigte Dritte im Zeitpunkt, in dem er von der Ermächtigung Gebrauch macht, die genannte Fähigkeit besitzen. Die Handlungsfähigkeit ist eine Art Spezialfall der Verhandlungsfähigkeit[7]. Sie setzt, bezogen auf die hier in Frage stehende Erklärung, die Fähigkeit voraus, die Prozeßhand-

---

[2] Näher dazu und zur Entstehungsgeschichte *Dencker* S. 16 f. Vgl. auch unten Rdn. 46.

[3] Ansätze dazu im DERechtsmittelG (Neufassung der §§ 302, 303 und Begründung S. 69 ff); *Dencker* S. 80 f.

[4] Oder „Rücknahme", wie nach modernerem Sprachgebrauch heute auch formuliert wird.

[5] So im Ausgangspunkt auch RGSt **64** 166; vgl. auch BGHSt **3** 46.

[6] St. Rspr., z. B. BGH NStZ **1983** 280; **1984** 181 und 329; **1991** 29 bei *Kusch*; RGSt **64** 14; OLG Hamburg NJW **1978** 602; OLG Hamm NJW **1973** 1894; ganz h. L.; **a. A** *Dencker* 66 (Geschäftsfähigkeit).

[7] Dazu allgemein Einl. Rdn. J 18; bei § 205 (24. Aufl. Rdn. 12 ff).

Ernst-Walter Hanack

lung mit Verständnis vorzunehmen, insbesondere ihre Bedeutung zu erkennen. Maßgebend dafür ist die Sachlage des Einzelfalles, bei der auch zu berücksichtigen ist, daß die körperliche und geistige Fähigkeit durchaus Schwankungen unterliegen kann[8]. Die Fähigkeit wird bei Erwachsenen in der Regel nur durch schwere körperliche oder geistige Mängel oder Krankheiten ausgeschlossen[9]. Auch Geisteskrankheit, Mängel in der geistigen Entwicklung, Taubstummheit, krankhafte Persönlichkeitsveränderungen oder bestehende Erregungszustände schließen die Verhandlungsfähigkeit nicht notwendig aus[10]. Als Prozeßhandlung ist die Fähigkeit bei Zweifeln nach h. M im Wege des Freibeweises (vgl. bei § 244, 3 ff) zu klären; dabei gilt der Grundsatz in dubio pro reo hier nicht[11]. Bei fehlender Handlungsfähigkeit ist die Erklärung unwirksam.

3. Zeitpunkt der Erklärung

7   **a) Fristbeginn und -ende.** Unzweifelhaft sind Rücknahme und Verzicht bei fristgebundenen Rechtsmitteln (§§ 311 Abs. 2, 314, 341) vom Beginn der Einlegungsfrist an grundsätzlich zulässig[12]. Zulässig sind sie aber auch bei der einfachen Beschwerde[13]. Unerheblich ist, ob eine Rechtsmittelbelehrung (bereits) erteilt worden ist[14].

8   **Streitig ist** jedoch, wann ein **Verzicht frühestens erklärt** werden kann. Eine Meinung, die insbesondere das Reichsgericht in st. Rspr. vertrat, stellt im Interesse der prozessualen Rechtssicherheit und wegen der Gefahr vorschneller Erklärungen auf den Zeitpunkt der (Urteils-)Zustellung ab, hält also einen vor Beginn der Einlegungsfrist ausgesprochenen Verzicht für unwirksam[15]. Aber das überzeugt nicht, seit anerkannt ist, daß ein Rechtsmittel bereits vor Beginn der formellen Einlegungsfrist wirksam eingelegt werden kann[16]. Eine andere Meinung will darum den Verzicht *jedenfalls* zulassen, sobald die Entscheidung vollständig verkündet ist oder der bei ihrer Verkündung abwesende Beschwerdeführer von ihrem Inhalt, etwa durch Konsultation mit dem Verteidiger, zuverlässig Kenntnis erlangen *konnte* (nicht: erlangt hat)[17]. Aber auch das überzeugt wenig. Denn zum einen müßten dann Zeitpunkt und Möglichkeit der zuverlässigen Kenntnisnahme[18] — falls sie sich nicht aus dem Inhalt der Verzichtserklärung oder aus anderen

---

[8] Bedenklich RGSt **64** 15: Betrachtung nur nach einheitlichen Gesichtspunkten (in einem Grenzfall). Richtig ist freilich, daß wenn in der Hauptverhandlung keine Zweifel bestehen, sie sich ohne Besonderheiten auch für einen danach abgegebenen Rechtsmittelverzicht nicht aufdrängen; vgl. BGH NStZ **1984** 181; 329; **1996** 297.

[9] Ganz h. M, vgl. BGH NStZ **1983** 280 mit zahlr. Nachw.

[10] Vgl. etwa BGH NStZ **1983** 280; **1992** 29 bei *Kusch* (Psychose); **1996** 297 („psychische Ausnahmesituation"); BGH NStZ-RR **1998** 60 (schwere andere Abartigkeit); BGH bei *Dallinger* MDR **1958** 141; BGH NStZ-RR **1998** 2 und OLG Düsseldorf MDR **1986** 75 (Jugendliche); aber auch OLG Hamm Rpfleger **1952** 492.

[11] Ganz h. M, z. B. BGH NStZ **1983** 273; **1984** 181; 329; **1985** 207 bei *Pfeiffer/Miebach*; **1992** 29 bei *Kusch*; KK-*Ruß* 2; *Kleinknecht/Meyer-Goßner*[43] 3; kritisch SK-*Frisch* 15; vgl. bei § 206 a (24. Aufl. Rdn. 28 f).

[12] Vgl. etwa RGSt **2** 98; RG LZ **1922** 367; BayObLGSt **1963** 135; OLG Köln NJW **1980** 2720; ganz h. L.

[13] OLG Breslau GA **42** (1894) 149 mit weit. Nachw.

[14] BGH NJW **1997** 2692; NStZ **1984** 181; 329; GA **1980** 469; BGH bei *Dallinger* MDR **1973** 557; bei *Pfeiffer/Miebach* NStZ **1986** 208; OLG Hamburg MDR **1993** 568; KK-*Ruß* 6; *Kleinknecht/Meyer-Goßner*[43] 23.

[15] RGSt **2** 78; RG JW **1894** 396; Recht **1922** 139; KG JW **1930** 2097; OLG Neustadt NJW **1957** 883; LG Frankfurt NJW **1963** 1936 mit Anm. *Leise*; *Eb. Schmidt* 4, Nachtr. I 2; *Sarstedt/Hamm* 78; *Peters* JR **1974** 250.

[16] Vgl. BGHSt **25** 235; OLG Hamm NJW **1957** 883.

[17] BGHSt **25** 234 = JR **1974** 249 mit abl. Anm. *Peters*; BGH bei *Pfeiffer/Miebach* NStZ **1986** 208; OLG Köln NJW **1980** 2720; KK-*Ruß* 6; KMR-*Paulus* 14; *Schlüchter* 646; AK-*Achenbach* 17 und SK-*Frisch* 40, die aber beim abwesenden Angeklagten Zustellung für erforderlich halten.

[18] Für die BGH bei *Pfeiffer/Miebach* NStZ **1986** 208 ersichtlich ohne weiteres die *abstrakte Möglichkeit* einer Befragung des Verteidigers reichen läßt.

Umständen ergeben — im Wege des Freibeweises besonders festgestellt werden, was einen Schwebezustand schafft und regelmäßig wohl eine Rückfrage beim Erklärenden erfordern würde[19], die auf ihn gewiß oft befremdlich wirken dürfte. Zum anderen ist die vollständige Verkündung (in Anwesenheit) vielfach keine wirksame Bremse gegen die charakteristischen Gefahren übereilter Verzichtserklärungen. Das zeigt schon der Umstand, daß insoweit Ausnahmen behauptet oder geltend gemacht werden, die wenig schlüssig sind: wenn die Entscheidung nicht begründet werden muß und im konkreten Fall auch nicht begründet worden ist[20]; wenn die Gründe der Entscheidung (deren Tenor der Verzichtende kennt) nach den Umständen nur einen bestimmten Inhalt haben können[21].

Richtig erscheint nach allem, den Verzicht nach Verkündung der Entscheidungsfor- **9** mel und schon vor Bekanntgabe der Entscheidungsgründe grundsätzlich zuzulassen[22]. Bei Verzichtserklärungen durch Rechtskundige (Staatsanwälte, Verteidiger) ist das in der Regel auch ganz unproblematisch; und der angemessene Schutz gegen fragwürdige Verzichtserklärungen Rechtsunkundiger, insbesondere Beschuldigter, muß ohnedies in tiefgreifenderer Weise ansetzen (unten Rdn. 49 ff).

Ein **vor Erlaß der Entscheidung**, also vorsorglich erklärter Verzicht gilt nach wohl **10** allgemeiner Meinung als unzulässig und unwirksam[23]. Das ist logisch, wenn man der Auffassung folgt, daß schon die vorsorgliche Einlegung von Rechtsmitteln unwirksam ist (vgl. Vor § 296, 30). Folgt man dieser Auffassung nicht, versteht sich auch die fehlende Wirksamkeit des Vorab-Verzichts nicht von selbst, da sie sich nach dem Ausgeführten (Rdn. 8; 9) mit dem Schutz gegenüber voreiligen Erklärungen überzeugend wohl kaum begründen läßt; für die Unwirksamkeit sprechen dann nur Gesichtspunkte der Rechtssicherheit und die vielleicht fragwürdige Überlegung, daß ein Verzicht schon vor Urteilserlaß möglicherweise die richterliche Sorgfalt bei der noch zu treffenden Entscheidung beeinträchtigen könnte.

Ist über das **Rechtsmittel bereits entschieden** worden, sind Rücknahme und Verzicht **11** nicht mehr möglich[24]. Denn die Erklärungen wirken nicht zurück und vermögen eine ergangene Entscheidung nicht aus den Angeln zu heben; sie gehen dann also ins Leere. Dies setzt freilich voraus, daß es sich um eine endgültige Entscheidung über das Rechtsmittel handelt, so daß z. B. vor Rechtskraft eines Verwerfungsbeschlusses nach § 319 Abs. 1 oder § 346 Abs. 1 Rücknahme und Verzicht noch nicht ausgeschlossen sind[25].

b) Zwischenzeitliches Verfahrenshindernis. Rücknahme und Verzicht gehen auch **12** ins Leere (Rdn. 11), wenn das Verfahren zum Zeitpunkt der Erklärung wegen eines Verfahrenshindernisses bereits eingestellt worden ist. Ist hingegen ein Einstellungsbeschluß noch nicht ergangen, ist streitig, ob Rücknahme und Verzicht ungeachtet des eingetretenen Verfahrenshindernisses wirksam noch möglich sind. Die Frage ist zu bejahen[26], weil erst dieser Beschluß das Verfahren beendet, der Beschluß also nicht nur deklaratorische, sondern konstitutive Bedeutung hat, während Rücknahme und Verzicht die Rechtskraft

---

[19] LR-*Gollwitzer*[24] 7, der das ersichtlich für ein zweckmäßiges Verfahren hält.

[20] OLG Hamm NJW **1957** 883; KMR-*Paulus* 14; **a. A** RGSt **2** 78; KG JW **1930** 2079.

[21] OLG Stuttgart Justiz **1976** 265; KMR-*Paulus* 14.

[22] Vgl. OLG Hamm JMBlNW **1976** 23; s. auch *Kleinknecht/Meyer-Goßner*[43] 14.

[23] BGH NJW **1998** 88; OLG Hamm NJW **1957** 883; KK-*Ruß* 6; *Kleinknecht/Meyer-Goßner*[43] 14; KMR-*Paulus* 14; SK-*Frisch* 39; *Koch* JR **1964** 255; *Müller* NJW **1957** 1347.

[24] Ganz h. M, z. B. BGH bei *Kusch* NStZ **1998** 27; OLG Hamburg MDR **1983** 154; KK-*Ruß* 16; *Kleinknecht/Meyer-Goßner*[43] 6; 14.

[25] BGH NStZ **1998** 52; OLG Koblenz VRS **72** (1987) 452; *Kleinknecht/Meyer-Goßner*[43] 6; KMR-*Paulus* 14.

[26] KK-*Ruß* 5; *Kleinknecht/Meyer-Goßner*[43] 6; KMR-*Paulus* 21; SK-*Frisch* 37; LR-*Rieß* bei § 206 a (24. Aufl. Rdn. 13); *Schöneborn* MDR **1975** 6; **a. A** BayObLGSt **1956** 29 = NJW **1956** 521; **1974** 8 = JR **1975** 120 mit abl. Anm. *Teyssen*.

unmittelbar herbeiführen. Ob das freilich auch in dem umstrittenen Fall des BayObLG gilt[27], daß der Angeklagte sein gegen die Verurteilung gerichtetes Rechtsmittel zurücknimmt und deswegen ein zwischenzeitlich in Kraft getretenes Straffreiheitsgesetz als Verfahrenshindernis zu seinen Gunsten nicht mehr angewendet werden kann, weil die Rücknahme wirksam und daher vorrangig ist, erscheint zweifelhaft. Denn es dürfte dem Willen des Straffreiheits-Gesetzgebers entsprechen, daß die Amnestie alle im Zeitpunkt ihres Inkrafttretens noch anhängigen Verfahren ohne Rücksicht darauf erfaßt, wann das Gericht über die Straffreiheit (konstitutiv) befindet[28].

13   Bei **Einstellungen nach § 154 Abs. 2** entsteht durch den Einstellungsbeschluß zwar ein Verfahrenshindernis, aber doch nur ein vorläufiges; das Verfahren bleibt durch die Möglichkeit des Wiederaufnahmebeschlusses „latent anhängig"[29]. Entgegen der h. M[30] schließen daher Einstellungen nach § 154 Abs. 2 durch das Rechtsmittelgericht die Wirksamkeit von Rücknahme und Verzicht auch bezüglich der eingestellten Taten nicht aus.

14   **c) Zurückverweisungen. Berufungen.** Nach Zurückverweisung einer Berufungssache durch das Revisionsgericht (§ 354 Abs. 2, Abs. 3) kann die Berufung noch zurückgenommen werden, sofern bei Aufhebung des Berufungsurteils über die Sache in vollem Umfang neu zu verhandeln ist. Die Rücknahme scheidet jedoch aus, wenn die Zurückverweisung nur einen Teil der angefochtenen Entscheidung betrifft, also z. B. das in vollem Umfang mit der Revision angefochtene Urteil nach der Zurückverweisung nur noch im Rechtsfolgenausspruch neu verhandelt werden muß[31], oder wenn die Feststellungen zum Tatgeschehen vom Revisionsgericht ganz oder teilweise aufrechterhalten worden sind[32]. Für eine Rücknahme der Berufung ist ferner kein Raum, wenn die Berufung erledigt ist, so, wenn das Revisionsgericht unter Aufhebung auch des Urteils erster Instanz an diese zurückverweist, wenn das Berufungsverfahren in ein erstinstanzliches Verfahren übergeleitet[33] oder wenn es in entsprechender Anwendung des § 4 Abs. 1 mit einem erstinstanzlichen Verfahren verschmolzen worden ist[34].

4. Form der Erklärung

15   **a) Schriftlich oder zu Protokoll.** Eine spezielle Form ist für Rücknahme und Verzicht nicht vorgeschrieben. Daher gelten dieselben Grundsätze wie für die Einlegung von Rechtsmitteln[35]; die Erklärung muß also grundsätzlich schriftlich oder zu Protokoll der Geschäftsstelle erfolgen[36]. Ob eine fernmündliche Erklärung genügt, ist auch hier streitig[37]. Eine in fremder Sprache abgegebene Erklärung soll nach BGH — trotz des § 184 GVG — wirksam sein bzw. nur dann einer dokumentierten Übersetzung bedürfen, wenn

---

[27] BayObLGSt **1956** 29 = NJW **1956** 521.

[28] So im Erg. das BayObLGSt; wohl auch *Teyssen* JR **1975** 122; **a. A** die in Fußn. 26 genannten Autoren, insbes. *Schöneborn* 9 in eingehender Auseinandersetzung mit der gewandelten Technik der Abolitionsgesetze.

[29] Näher bei § 154 (24. Aufl. Rdn. 50).

[30] OLG Frankfurt NStZ **1988** 328 mit abl. Anm. *Dörr/Taschke*; KG NStZ **1990** 251; KK-*Ruß* 5; *Kleinknecht/Meyer-Goßner*⁴³ 6; SK-*Frisch* 36.

[31] OLG Stuttgart NJW **1982** 897; **1990** 74; KK-*Ruß* 4; *Kleinknecht/Meyer-Goßner*⁴³ 6; SK-*Frisch* 36; näher *Gössel* JR **1982** 270.

[32] BayObLGSt **1988** 46; *Kleinknecht/Meyer-Goßner*⁴³ 6.

[33] BGHSt **34** 208; dazu im einzelnen bei § 328.

[34] BGHSt **38** 301; KK-*Ruß* 4.

[35] Vgl. bei §§ 306, 314, 341, auch zur Erklärung durch Telegramm, Fernschreiben u. ä.

[36] Allg. M, z. B. BGHSt **18** 260; **31** 111; BGH NJW **1984** 1974; RGSt **32** 279.

[37] Bejahend OLG Hamburg NJW **1984** 424; verneinend OLG Karlsruhe Justiz **1986** 307; OLG Stuttgart NJW **1982** 1472; AK-*Achenbach* 12; KK-*Ruß* 9; *Kleinknecht/Meyer-Goßner*⁴³ 7; die gleichartige Streitfrage besteht bei der Rechtsmitteleinlegung, vgl. Vor § 42, 8 ff.

eine gegenteilige Erklärung (des Verteidigers) vor der Übersetzung bei Gericht eingegangen ist[38]; überzeugend erscheint das nicht.

Ein **Aktenvermerk der Staatsanwaltschaft**, der dem Gericht zur Kenntnis gebracht **16** wird, kann unter Umständen eine wirksame Rücknahmeerklärung enthalten[39]. Grundsätzlich ist von der Staatsanwaltschaft freilich zu verlangen, daß sie Rücknahme oder Verzicht in einem förmlichen Schreiben an das Gericht ausdrücklich erklärt, also jede Unklarheit vermeidet.

b) Erklärungen in und nach der Hauptverhandlung. Ein direkt im Anschluß an die **17** Urteilsverkündung erklärter Rechtsmittelverzicht ist nach h. M grundsätzlich möglich (vgl. aber unten Rdn. 55), und zwar auch durch wirksame Erklärung noch zu Protokoll der Hauptverhandlung[40]. Dabei genügt es, wenn dies in Gegenwart des Vorsitzenden und des Protokollführers geschieht, selbst wenn die anderen Richter und Schöffen den Sitzungssaal bereits verlassen haben[41]; der Protokollführer muß in diesem Fall auch kein sonst zur Entgegennahme derartiger Erklärungen zuständiger Beamter oder Rechtspfleger sein (vgl. BGHSt 31 113), weil angenommen wird, daß ein richterliches Hauptverhandlungsprotokoll der Niederschrift zu Protokoll der Geschäftsstelle gleichsteht und sie ersetzt. Auch einer Unterschrift des Erklärenden bedarf es darum nach h. M nicht notwendig[42], ebensowenig auch der Unterzeichnung des Protokolls durch den Vorsitzenden[43]. Reichen soll auch die Erklärung in einem anderen Verfahren[44]. Es empfiehlt sich, den Verzicht in der Form des §273 Abs. 3 zu beurkunden, weil das der Bedeutung der Erklärung entspricht und weil sich Zweifel an dem erforderlichen Verzichtswillen (dazu Rdn. 21 ff) so eher vermeiden lassen. Unstreitig ist, daß die nicht in dieser Form abgegebene protokollierte Erklärung nur als Beweisanzeichen für den Verzicht gelten kann[45]. Nach verbreiteter Meinung soll jedoch die gemäß §273 Abs. 3 beurkundete Verzichtserklärung in der Regel (abweichend bei besonderen Umständen: BayObLG MDR **1996** 842) an der absoluten Beweiskraft des Protokolls (§274) teilnehmen. Das überzeugt nicht, da der nach Urteilserlaß erklärte Verzicht nicht zu den von §274 erfaßten Förmlichkeiten gehört; der Protokollierung in Form des §273 Abs. 3 kann daher nur ein erhöhter Beweiswert zukommen, nicht hingegen absolute Beweiskraft[46]. Zur Bedeutung des Protokolls hinsichtlich der Rüge, der Angeklagte habe sich vor dem Verzicht nicht mit seinem Verteidiger beraten können (vgl. unten Rdn.55), s. näher BGH NStZ **1996** 297.

Wird in Abwesenheit des Vorsitzenden ein **allein vom Protokollführer** entgegenge- **18** nommener Verzicht der Niederschrift am Schluß als Zusatz beigefügt, fehlt es also an einem dem Protokoll der Geschäftsstelle gleichstehenden Hauptverhandlungsprotokoll (vgl. Rdn. 17), genügt dies den Erfordernissen einer Erklärung zu Protokoll der Geschäftsstelle nur, wenn der aufnehmende Protokollführer als dazu befugter Urkundsbeamter der

---

38 BGHR §302 Abs. 1 Rücknahme 1; vgl. auch OLG Hamburg MDR **1989** 90; KK-*Ruß* 8; *Kleinknecht/Meyer-Goßner*[43] §184 GVG 2; bei §184 GVG.

39 OLG Schleswig SchlHA **1974** 43; vgl. bei §314 (24. Aufl. Rdn. 11 ff).

40 Z. B. BGHSt **18** 257; **31** 112 mit zahlr. Nachw.; BGH NJW **1984** 1974; NStZ **1984** 181; **1986** 277; RGSt **32** 279; OLG Bremen NJW **1961** 2271; OLG Düsseldorf NStZ **1982** 521; OLG Hamm NStZ **1986** 378; OLG Koblenz MDR **1981** 956; OLG Köln NJW **1980** 2720; OLG Schleswig bei *Ernesti/Lorenzen* SchlHA **1983** 113; OLG Zweibrücken StV **1994** 363; KK-*Ruß* 9; *Kleinknecht/Meyer-Goßner*[43] 19; KMR-*Paulus* 15.

41 BGH bei *Pfeiffer/Miebach* NStZ **1983** 359; *Kleinknecht/Meyer-Goßner*[43] 19.

42 OLG Koblenz VRS **45** (1973) 127; KK-*Ruß* 9; KMR-*Paulus* 15; SK-*Frisch* 46; vgl. auch BGHSt **18** 258.

43 BGH NStZ **1984** 181; vgl. Rdn. 18.

44 BGH bei *Miebach* NStZ **1989** 220; zust. KK-*Ruß* 9; *Kleinknecht/Meyer-Goßner*[43] 19.

45 So z. B. BGHSt **18** 258; **19** 150; BGH NStZ **1984** 181; bei *Pfeiffer/Miebach* NStZ **1983** 213; BGH NStZ-RR **1997** 305; OLG Hamm NStZ **1986** 378; KK-*Ruß* 9.

46 Näher zu der streitigen Frage bei §273.

Ernst-Walter Hanack

Geschäftsstelle gehandelt hat[47]. Der Verzicht kann jedoch als schriftliche Erklärung (Rdn. 15) wirksam sein, weil das Merkmal der Schriftlichkeit nicht zwingend eine handschriftliche Unterzeichnung verlangt[48].

19   Die versehentlich **unterlassene Beurkundung** eines mündlich erklärten Verzichts macht die Erklärung unwirksam[49]. Sie wird als solche auch nicht durch eine nachträgliche „Berichtigung" des Protokolls wirksam[50]. Der unterlassenen Beurkundung steht der Fall gleich, daß der Protokollvermerk mangels Angabe der zugrundeliegenden Tatsachen einen beurkundeten Verzicht in Wahrheit gar nicht ausweist, etwa weil er nur „um 10 Uhr eingetretene Rechtskraft" vermerkt[51].

20   Wird erst **in der Hauptverhandlung vor dem Rechtsmittelgericht** ein Verzicht erklärt oder das Rechtsmittel zurückgenommen, liegt, anders als bei der Erklärung im Anschluß an den Erlaß des anfechtbaren Urteils (Rdn. 17), ein für diese Verhandlung selbst zentral bedeutsamer Vorgang vor, der darum nach § 273 zu beurkunden ist und an der absoluten Beweiskraft des Protokolls teilnimmt[52].

5. Inhalt der Erklärung

21   **a) Eindeutigkeit.** Rücknahme und Verzicht müssen eindeutig und zweifelsfrei erklärt werden. Der auf Verzicht oder Zurücknahme gerichtete Wille des Erklärenden muß deutlich zum Ausdruck kommen, ohne daß es auf Worte wie „Rücknahme", „Verzicht" oder „verzichten" ankommt. Maßgebend ist vielmehr der Gesamtsinn der Erklärung[53], die bei zusammenhängenden Äußerungen als Einheit zu würdigen ist (*Oetker* JW **1929** 49). So liegt z. B. kein Verzicht vor, wenn der Beschwerdeführer auf Befragen (des Vorsitzenden) zunächst äußert, er wolle kein Rechtsmittel durchführen, auf daran unmittelbar anschließende Nachfrage (des Verteidigers) hingegen erklärt, er wolle es sich noch überlegen[54].

22   Der **wirkliche Wille** ist bei nicht eindeutiger Erklärung durch Nachfrage zu erforschen[55]. Das gilt besonders bei Verzichtserklärungen unmittelbar im Anschluß an die Hauptverhandlung (vgl. auch Rdn. 55). Die Nachfrage kann namentlich angebracht sein, wenn der Verzichtende wenig geschäfts- und sprachgewandt oder in seiner Ausdrucks- oder Wahrnehmungsfähigkeit behindert ist, etwa durch Schwerhörigkeit[56] oder weil er die deutsche Sprache nicht mit der erforderlichen Sicherheit beherrscht[57]. Die Verneinung der Frage des Vorsitzenden, ob ein Rechtsmittel beabsichtigt sei, ist noch kein Verzicht[58], ebensowenig das mehrdeutige Kopfnicken des Verteidigers[59]. Die bloße Erklärung, das

---

[47] § 24 RpflG; dazu bei § 153 GVG; § 341, 11 ff; vgl. BGH NJW **1984** 1974.

[48] BGH NJW **1984** 1974; AK-*Achenbach* 13; KK-*Ruß* 9; vgl. auch OLG Düsseldorf NStZ **1982** 521.

[49] BayObLGSt **18** 16; OLG Hamburg HESt **3** 58; KMR-*Paulus* 15; SK-*Frisch* 47.

[50] OLG Schleswig SchlHA **1959** 157; SK-*Frisch* 47.

[51] OLG Bremen MDR **1951** 696; KMR-*Paulus* 15; *Eb. Schmidt* 2; SK-*Frisch* 47.

[52] BGH VRS **25** (1963) 266; RGSt **66** 417; OLG Hamburg NJW **1955** 1201; OLG Karlsruhe Justiz **1967** 56; OLG Koblenz VRS **41** (1971) 135; OLG Köln JMBlNW **1964** 82; OLG Nürnberg NJW **1949** 519.

[53] Vgl. schon RGSt **2** 78; **58** 373; **66** 267; ferner z. B. BGH JR **1952** 483; bei *Spiegel* DAR **1980** 209; KG JR **1950** 633; OLG Celle GA **1967** 217; OLG Hamburg HESt **3** 58; OLG Köln VRS **42** (1972) 133;

OLG Schleswig SchlHA **1974** 42; OLG Stuttgart Justiz **1981** 371; NJW **1990** 1494 (dazu Rdn. 22); KK-*Ruß* 11; KMR-*Paulus* 22; *Eb. Schmidt* 3.

[54] OLG Hamburg aaO; KMR-*Paulus* 22; *Oetker* JW **1929** 49; SK-*Frisch* 18; vgl. auch unten Rdn. 55.

[55] AK-*Achenbach* 19; KK-*Ruß* 11; KMR-*Paulus* 22.

[56] OLG Hamm Rpfleger **1952** 492; OLG Koblenz DRZ **1949** 453 mit Anm. *Schönke*.

[57] OLGH Schleswig Rpfleger **1966** 214; vgl. aber auch BGH bei *Peiffer/Miebach* NStZ **1987** 221; ferner OLG Oldenburg NStZ **1982** 520.

[58] OLG Hamm JW **1935** 2389; vgl. auch OLG Hamburg NJW **1953** 1726; OLG Nürnberg HESt **3** 57; *Kleinknecht/Meyer-Goßner*[43] 20.

[59] OLG Koblenz MDR **1981** 956; OLG Zweibrücken VRS **83** (1992) 358; *Kleinknecht/Meyer-Goßner*[43] 20; kritisch KK-*Ruß* 12; SK-*Frisch* 20.

Urteil annehmen oder die Strafe sofort antreten zu wollen, genügt nur, wenn feststeht, daß der Angeklagte damit den Willen kundtun wollte, das Urteil nicht anzufechten, was im einzelnen Auslegungsfrage ist[60]. Gleiches gilt für die Bitte um Übersendung der Kostenrechnung, ja selbst für die Erklärung, Kosten oder/und Geldbuße zahlen zu wollen[61]. Eine solche Erklärung oder ihre Ausführung reicht entgegen OLG Stuttgart NJW **1990** 1494 in der Regel nicht, jedenfalls dann nicht, wenn der Verteidiger wirksam ein Rechtsmittel eingelegt hat, weil die Gefahr viel zu naheliegt, daß der Angeklagte von einer Zahlungspflicht schon vor Rechtskraft ausgeht.

Wegen ihrer Unwiderruflichkeit (Rdn. 46 ff) sind **strenge Anforderungen** an die Eindeutigkeit der Erklärung insbesondere hinsichtlich der Frage zu stellen, ob in ihr ein Verzichtswille wirklich zum Ausdruck gebracht wird[62]. Die vom Gericht veranlaßte irrige Erklärung, ein Rechtsbehelf sei „gegenstandslos", bedeutet schon deswegen keine Rücknahme[63].   **23**

Bleiben nach der Auslegung **Zweifel**, ist ein wirksamer Rechtsmittelverzicht oder eine wirksame Rechtsmittelrücknahme nicht gegeben[64].   **24**

Im Antrag des **staatsanwaltschaftlichen Sitzungsvertreters**, die Berufung der Staatsanwaltschaft zu verwerfen, liegt keine Rücknahme des Rechtsmittels[65], ebensowenig darin, daß er dieselbe Strafe beantragt, die bereits im ersten Rechtszug verhängt worden war[66].   **25**

b) Verschiedene Rechtsmittel. Ist der Inhalt einer Entscheidung mit zwei verschiedenen Rechtsmitteln anfechtbar, ist es eine Frage der Auslegung, ob sich die Erklärung von Verzicht oder Rücknahme auf beide Rechtsmittel bezieht, etwa weil damit das ganze Verfahren erledigt werden soll. Dabei können neben dem Inhalt der Erklärung die gesamten Umstände, unter denen sie abgegeben worden ist, zur Auslegung mit herangezogen werden, insbesondere auch die erteilte Rechtsmittelbelehrung.   **26**

Ob die **sofortige Beschwerde nach § 464 Abs. 3** beim Fehlen einer umfassenden Rechtsmittelbelehrung von einem ohne Vorbehalt erklärten Rechtsmittelverzicht wegen der Eindeutigkeit der objektiven Erklärung stets umfaßt wird[67], erscheint mindestens zweifelhaft. Denn nach einer Rechtsmittelbelehrung, die sich allein auf die Sachentscheidung beschränkt, kommt der Wille zum Verzicht auch auf die Kostenbeschwerde in der Erklärung jedenfalls durchaus nicht immer eindeutig zum Ausdruck[68]. Gleiches gilt für die Frage, ob der Verzicht auf die Anfechtung eines Urteils stets auch die **Beschwerde nach § 305 a** mit umfaßt.   **27**

---

[60] BGH JR **1952** 568; RG JW **1980** 108; OLG Celle MDR **1964** 864; OLG Koblenz DRZ **1949** 453; OLG Saarbrücken JBlSaar **1960** 65; *Koch* JR **1964** 255; *H. W. Schmidt* NJW **1965** 1210; vgl. ferner etwa OLG Köln VRS **71** (1986) 54 und OLG Naumburg NZV **1997** 493 (Aushändigung des Führerscheins); *Kleinknecht/Meyer-Goßner*[43] 20; SK-*Frisch* 20.

[61] OLG Köln VRS **42** (1972) 133; OLG Stuttgart Justiz **1981** 371 und NJW **1990** 1494 (dazu im folg. Text); *Kleinknecht/Meyer-Goßner*[43] 20.

[62] BGH JZ **1952** 568; KMR-*Paulus* 22; SK-*Frisch* 18.

[63] BayObLGSt **1949/51** 566 = JR **1952** 207; vgl. im übrigen unten Rdn. 52.

[64] OLG Köln VRS **41** (1971) 440; vgl. auch OLG Düsseldorf NStZ **1982** 521; OLG Hamm NStZ

1986 378; OLG Schleswig bei *Ernesti/Jürgensen* SchlHA **1971** 217; KK-*Ruß* 11.

[65] OLG Hamburg NJW **1953** 1726; OLG Koblenz NStZ **1994** 302 mit allz. weit. Nachw. und auch für den Fall, daß die Berufung gegen ein freisprechendes Urteil eingelegt war.

[66] BayObLGSt **1949/51** 384; vgl. bei § 318.

[67] So OLG Hamm MDR **1971** 776; OLG Köln MDR **1973** 516; OLG Nürnberg NStZ **1997** 302; LG Mönchengladbach MDR **1971** 1032 mit abl. Anm. *H. Schmidt*; vgl. KMR-*Paulus* 22.

[68] OLG Düsseldorf MDR **1990** 1035; OLG Hamburg MDR **1993** 568; OLG Stuttgart Justiz **1973** 215; *Kleinknecht/Meyer-Goßner*[43] 17; SK-*Frisch* 13; vgl. auch OLG Frankfurt NJW **1971** 949; OLG Koblenz GA **1986** 461. Zum Ganzen *D. Meyer* JurBüro **1993** 706.

28   **c) Rücknahme als Verzicht?** Der Verzicht umfaßt auch ein bereits eingelegtes Rechtsmittel (Rdn. 3), enthält also dessen Rücknahme und schließt die erneute Rechtsmitteleinlegung aus[69]. Nach herrschender Meinung steht aber auch umgekehrt die Rücknahme einem Verzicht gleich; es kann mithin das zurückgenommene Rechtsmittel grundsätzlich nicht mehr erneuert werden, und zwar auch nicht innerhalb der Einlegungsfrist[70]. Ausnahmen von diesem Grundsatz sollen nur dann gelten, wenn sich der Beschwerdeführer die Neueinlegung ausdrücklich vorbehalten hat oder wenn sich aus dem Inhalt seiner Erklärung und ihren Begleitumständen ergibt, daß er sich ausnahmsweise die Möglichkeit offenhalten wollte, ein neues Rechtsmittel einzulegen[71].

29   Aber es ist **in Wahrheit eine Auslegungsfrage**, ob die Rücknahme auch den Verzicht umfaßt, weil beide Erklärungen in ihrem Erklärungsinhalt verschieden sind[72]. Zwar wird es in den meisten Fällen in der Absicht des Erklärenden liegen, mit der Rücknahme endgültig auf die Geltendmachung von Rechtsmitteln zu verzichten, und auch wegen der kurzen Einlegungsfristen wird seine Rücknahme rein praktisch meist diese Folgen haben (vgl. Rdn. 31). Bei der Verschiedenartigkeit von Rücknahme und Verzicht bedeutet dies jedoch nicht, daß die vorbehaltlose Rücknahme auch die Erklärung eines Verzichts in sich schließen müsse, falls sich nicht aus dem Inhalt der Erklärung ausnahmsweise etwas Gegenteiliges ergibt. Das Strafprozeßrecht enthält keinen allgemeinen Grundsatz, der eine solche Vermutung rechtfertigt. Der Umstand, daß die Einlegungsfristen auch Überlegungsfristen sind, spricht vielleicht sogar eher dagegen, zumal an den Verzichtswillen strenge Anforderungen zu stellen sind (Rdn. 23) und bei Zweifeln ein wirksamer Verzicht zu verneinen ist (Rdn. 24). Daß die Rücknahme den Verzicht umfaßt, ist bei vorbehaltloser Rücknahme daher nicht zu vermuten bzw. bei fehlenden konkreten Anhaltspunkten für das Gegenteil zu unterstellen, sondern durch Auslegung, bei Zweifeln durch Rückfrage, zu ermitteln[73], falls nicht — wie in der Regel zu empfehlen — der Ablauf der Rechtsmittelfrist abgewartet wird, der hier ohnedies Klarheit schafft (Rdn. 31).

30   Bei der **Rechtsmittelbeschränkung** ist es ebenfalls eine Frage der Auslegung im Einzelfall, ob die Teilrücknahme auch einen Teilverzicht umfaßt. Insbesondere die von einer rechtsunkundigen Person erklärte Beschränkung braucht durchaus keinen Teilverzicht auf die Anfechtung zu beinhalten[74], so daß es gerade hier von den Umständen des Einzelfalles abhängt, ob mit der Beschränkung zugleich auch auf eine noch mögliche weitere Anfechtung verzichtet werden sollte[75].

31   Nach **Ablauf der Rechtsmittelfrist** steht die Zurücknahme eines Rechtsmittels freilich einem Verzicht stets gleich, weil wegen des Fristablaufs die Neueinlegung des Rechtsmittels nicht mehr möglich ist.

---

[69] BGH bei *Pfeiffer/Miebach* NStZ **1982** 190; BGH bei KK-*Ruß* 1.

[70] RGSt **64** 166; BGHSt **10** 247 = JZ **1958** mit krit. Anm. *Sax*; BGH NJW **1984** 1975; **1960** 2203; GA **1969** 281; bei *Spiegel* DAR **1979** 179; **1980** 209; BayObLGSt **1974** 57; OLG Karlsruhe NJW **1970** 1697; KK-*Ruß*1 mit weit. Nachw.; *Kleinknecht/ Meyer-Goßner*43 12.

[71] Vgl. etwa BayObLGSt **1974** 57; OLG Karlsruhe Justiz **1977** 356; KK-*Ruß* 1; zweifelnd *Kleinknecht/ Meyer-Goßner*43 12; differenzierend *Dencker* 73.

[72] Vgl. *Sax* JZ **1958** 178.

[73] Ebenso KMR-*Paulus* 23; SK-*Frisch* 5 und Vor § 296, 121 f; *Specht* GA **1977** 72; LR-*Gollwitzer*24 24; vgl. auch BayObLGSt **1954** 110; OLG Celle NJW **1962** 69; *Schlüchter* 652. *Dencker* 77 f; vgl. auch AK-*Achenbach* 2.

[74] So aber RGSt **64** 164; BGHSt **3** 46 (wo aber bei der Ermächtigung des Verteidigers streng zwischen Rücknahme und Verzicht unterschieden wird); *Eb. Schmidt* Nachtr. I 3.

[75] BayObLGSt **1967** 146 = JR **1968** 108 mit zust. Anm. *Sarstedt*; LR-*Gollwitzer*24 24. Vgl. auch BGHSt **38** 367.

6. Wirksamkeit

a) Allgemein. Rücknahme und Verzicht werden mit dem Eingang beim zuständigen **32** Gericht (Rdn. 34) wirksam, sofern der Erklärende zur Verfügung über das Rechtsmittel befugt und bei Abgabe der Erklärung prozessual handlungsfähig (Rdn. 5) war. Auch ein unzulässiges Rechtsmittel kann wirksam zurückgenommen werden[76].

b) Bedingte Erklärungen sind unwirksam, sofern nicht eine sog. Rechtsbedingung **33** vorliegt, weil Rechtsmittelerklärungen keinen Schwebezustand vertragen[77]. Unwirksam ist daher beispielsweise die Erklärung vor dem Berufungsgericht, der Angeklagte ziehe die Berufung zurück, falls nicht vertagt werde[78], oder er lege Rechtsmittel für den Fall ein, daß auch der Staatsanwalt das Urteil anfechte[79]. In der Rücknahme eines Rechtsmittels, um es rechtzeitig durch ein anderes ersetzen zu können, liegt die nur rechtlich bedingte (und daher zulässige) Zurücknahme für den Fall der Zulässigkeit des anderen Rechtsmittels[80]. Die zur Umgehung des § 315 Abs. 3 oder des § 342 Abs. 3 abgegebene Erklärung, das Rechtsmittel werde unter der „Bedingung" zurückgenommen, daß es nach Stellung des Wiedereinsetzungsantrags erneut eingelegt werden könne, wird nicht als Rücknahme angesehen[81].

c) Eingang zum zuständigen Gericht. Rücknahme und Verzicht sind nur wirksam, **34** wenn sie dem zuständigen Gericht gegenüber erklärt worden sind[82]. Bei einer inhaltlich eindeutigen Erklärung (des Verteidigers), die gegenüber der Staatsanwaltschaft abgegeben worden ist, darf in der Regel der Wille des Erklärenden zur Weitergabe an das Gericht vermutet werden, so daß die Erklärung dann mit dem Zugang beim zuständigen Gericht wirksam wird[83]. Zuständiges Gericht ist, vom Fall des § 299 abgesehen, das Gericht, das die in Frage stehende Entscheidung erlassen hat, solange die Akten noch nicht dem Rechtsmittelgericht vorgelegt worden sind, danach das Rechtsmittelgericht[84]. Sind die Akten dem Revisionsgericht zur Entscheidung über das Rechtsmittel vorgelegt, ist dieses, solange es sich nicht für unzuständig erklärt hat, für die Entgegennahme der Erklärung auch dann zuständig, wenn das Rechtsmittel in Wahrheit eine Berufung ist[85].

Zum **Eingang der Erklärung** vgl. Vor § 42, 6 ff. Daß der zuständige Richter oder die **35** zuständige Geschäftsstelle von der bei Gericht eingegangenen Erklärung Kenntnis erlangt, ist nicht notwendig[86]. Mit dem Eingang der Erklärung beim zuständigen Gericht wird, von den in Rdn. 28 f erörterten Sonderfällen abgesehen, die angefochtene Entscheidung **rechtskräftig.** Für eine Entscheidung über das Rechtsmittel ist kein Raum mehr; eine dennoch ergehende spätere Rechtsmittelentscheidung ist gegenstandslos[87].

---

[76] BGH NStZ **1995** 357 mit Anm. *Ehrlicher*; BGHR § 302 Abs. 2 Rücknahme 7; BGH bei *Dallinger* MDR **1957** 527; RGSt **55** 213.

[77] BGHSt **5** 183; BGHR § 302 Abs. 2 Rücknahme 2; KK-*Ruß* 10; *Kleinknecht/Meyer-Goßner*[43] 7; KMR-*Paulus* 7; SK-*Frisch* 16; vgl. Vor § 296, 23.

[78] RGSt **66** 267; BayObLGSt **34** 18; OLG Kassel HESt **2** 132.

[79] KK-*Ruß* 10; *Kleinknecht/Meyer-Goßner*[43] 5; näher Vor § 296, 23.

[80] BayObLGSt **1954** 110; SK-*Frisch* 17; vgl. auch oben Rdn. 28

[81] OLG Neustadt NJW **1964** 1868; OLG Zweibrücken NJW **1965** 1033; SK-*Frisch* 17; vgl. bei § 315; § 342, 8.

[82] Ganz h. M; z. B. BGH GA **1973** 46; RGSt **1** 92; OLG Düsseldorf JZ **1985** 300; OLG Hamburg MDR **1983** 154; ferner Fußn. 84.

[83] OLG Karlsruhe JR **1992** 302 mit abl. Anm. *Sommermeyer*; vgl. auch Vor § 42, 15 und unten Rdn. 37.

[84] Ganz h. M; z. B. BGH JZ **1951** 655; bei *Holtz* MDR **1978** 281; bei *Kusch* NStZ **1992** 225; RGSt **77** 370; OLG Hamburg MDR **1983** 158; OLG Hamm GA **1972** 87; OLG Karlsruhe JR **1992** 302; OLG Zweibrücken NStZ **1994** 204; KK-*Ruß* 14; *Kleinknecht/Meyer-Goßner*[43] 8; KMR-*Paulus* 16; vgl. Nr. 152 Abs. 2 RiStBV.

[85] BayObLGSt **1975** 1 = VRS **48** (1975) 440; vgl. § 347, 10.

[86] OLG Düsseldorf JR **1985** 300; OLG Neustadt NJW **1962** 359; *Kleinknecht/Meyer-Goßner*[43] 8; KMR-*Paulus* 16; SK-*Frisch* 51.

[87] BGH bei *Kusch* NStZ **1992** 225; OLG Karlsruhe Justiz **1981** 447; OLG Neustadt NJW **1962** 359; KMR-*Paulus* 18.

36   Hat das **Rechtsmittelgericht vorher entschieden**, bleibt es bei seiner Entscheidung auch, wenn eine vom Erstgericht weitergeleitete Rücknahme- oder Verzichtserklärung bei ihm erst danach eingeht[88]. Deshalb ist es notwendig, daß das Rechtsmittelgericht unverzüglich, notfalls fernmündlich oder telegraphisch, vom Eingang der Rücknahme benachrichtigt wird[89].

37   Eine **mündliche Erklärung außerhalb der Geschäftsstelle**, etwa von Untersuchungshäftlingen gegenüber dem Vollzugsbeamten, ist unwirksam (vgl. Rdn. 15). Unterzeichnet der Häftling eine Niederschrift des Vollzugsbeamten, so wird diese Erklärung — als schriftliche Erklärung, vgl. Rdn. 15 — jedoch mit dem Eingang beim zuständigen Gericht wirksam. Ebenso liegt es bei der Niederschrift eines Kanzleibeamten der Staatsanwaltschaft, sobald diese Niederschrift unterzeichnet bei dem zuständigen Gericht eingeht[90].

38   **Im Fall des § 299** (Beurkundung durch das Amtsgericht des Verwahrungsorts) soll der Verzicht nach h. M bereits mit dem Abschluß der Beurkundung wirksam sein, nicht erst mit dem Eingang beim zuständigen Gericht[91]. Diese Ansicht überzeugt nicht[92]. Denn § 299 Abs. 2 betrifft nur die Wahrung der Rechtsmittelfristen, enthält mithin eine Ausnahme nur bezüglich der §§ 311 i. V. mit 306 Abs. 1, 314 Abs. 1, 341 Abs. 1, 345. Bei der Kürze der Rechtsmittelfristen will er eine formgerechte, rasche Niederschrift gewährleisten. Eine weitergehende Ausnahme von den für § 302 geltenden Grundsätzen sieht er nicht vor, und eine Schlechterstellung des inhaftierten Beschwerdeführers bezweckt er nicht (vgl. § 299, 1). Zu dieser aber kann es auf der Grundlage der h. M kommen, wenn der Inhaftierte seine Erklärung widerrufen will, weil der Widerruf an sich bis zum Eingang beim zuständigen Gericht (dazu im folg.) möglich ist. So besteht z. B. im Fall BGH NJW **1958** 470 kein einleuchtender Grund dafür, daß der verhaftete Angeklagte schlechter steht als ein auf freiem Fuß befindlicher.

39   **d) Rechtzeitiger Widerruf.** Rücknahme und Verzicht können bis zu ihrer Wirksamkeit, d. h. bis zu ihrem Eingang bei dem zuständigen Gericht, noch widerrufen werden, danach selbst dann nicht mehr, wenn der Widerruf ganz kurz nach dem Eingang erfolgt (BGH NStZ **1996** 202; OLG Karlsruhe NStZ **1997** 301); der Widerruf ist formlos möglich, also auch fernmündlich[93] oder durch Einlegung eines (anderen) Rechtsmittels[94].

40   Gehen **an demselben Tag** beim zuständigen Gericht eine Rechtsmitteleinlegung und ein Rechtsmittelverzicht ein, ohne daß sich die Reihenfolge des Eingangs klären läßt, ist das Rechtsmittel nicht mit der Begründung zu verwerfen, es lasse sich nicht ausschließen, daß der Verzicht früher eingegangen sei und daher bereits Rechtskraft herbeigeführt habe[95]. Vielmehr ist, schon um Zufallsergebnisse zu vermeiden, mit der heute h. M nach dem Rechtsgedanken des § 300 auf die dem Beschwerdeführer günstigere Beurteilung, also im Zweifel auf den Bestand des Rechtsmittels, abzustellen[96], sofern sich nicht den Erklärungen entnehmen läßt, daß ein Verzicht beabsichtigt war[97].

88 BGH JZ **1951** 791; OLG Hamburg MDR **1983** 154; OLG Karlsruhe Justiz **1981** 447; OLG Köln JR **1976** 154 mit Anm. *Meyer*; KMR-*Paulus* 18; SK-*Frisch* 80.
89 Vgl. Nr. 152 Abs. 2 RiStBV; ferner etwa OLG Hamburg MDR **1983** 154; OLG Hamm GA **1972** 87.
90 RG Recht **1914** Nr. 2958; **1916** Nr. 2174; JW **1916** 1541; *Koch* JR **1964** 255.
91 Vgl. § 299, 7 bei Fußn. 15.
92 So schon LR-*Gollwitzer*[24] 35, ebenso AK-*Achenbach* § 299; 7; SK-*Frisch* § 299, 16.

93 OLG Hamburg NJW **1960** 1969; KK-*Ruß* 16; KMR-*Paulus* 19; SK-*Frisch* 56.
94 BGH GA **1973** 46; BGH NJW **1967** 1046; RG HRR **1939** Nr.819; KK-*Ruß* 16; *Kleinknecht/Meyer-Goßner*[43] 21.
95 So aber BGH LM Nr. 2 mit Anm. *Krumme*.
96 BGH NJW **1960** 2202; BGH bei *Kusch* NStZ **1992** 29; KK-*Ruß* 16; *Kleinknecht/Meyer-Goßner*[43] 15; SK-*Frisch* 58.
97 BGHR § 302 Abs. 1 Rechtsmittelverzicht 11.

Geht der **später abgesandte Verzicht** später ein als die Erklärung, durch die ein 41
Rechtsmittel eingelegt wird, gilt grundsätzlich der Verzicht. Dasselbe gilt aber auch, wenn
der später abgesandte Verzicht eher eingeht, weil das Urteil mit dem Eingang Rechtskraft
erlangt[98]. Anders verhält es sich nur, wenn das Rechtsmittel vom Angeklagten selbst
stammt, der spätere Verzicht aber von dem (darüber nicht unterrichteten) generell zum
Verzicht ermächtigten Verteidiger; denn dann kann in der Rechtsmitteleinlegung ein
Widerruf der Ermächtigung des Verteidigers zum Verzicht liegen, der den späteren Verzicht unwirksam macht[99].

Geht der **früher abgesandte Verzicht** erst nach der Rechtsmitteleinlegung ein, so ist 42
er überholt, das Rechtsmittel also wirksam eingelegt[100].

Bei Zweifeln, ob eine Rücknahme- oder Verzichtserklärung *überhaupt* beim zuständi- 43
gen Gericht eingegangen ist, ist das Rechtsmittel weiter zu behandeln, wenn sich die
Zweifel nicht ausräumen lassen[101].

7. Teilweise Zurücknahme. Teilverzicht. Soweit Rechtsmittel wirksam auf einen 44
Teil der angefochtenen Entscheidung beschränkt werden können[102], sind auch die teilweise Rücknahme und der Teilverzicht möglich[103]. Doch muß auch hier jeder Zweifel an
einem entsprechenden Willen des Beschwerdeführers ausgeschlossen sein[104]. Bei einer
nachträglichen Rechtsmittelbeschränkung ist das in der Regel anzunehmen[105]; bei einer
beschränkten Einlegung hingegen muß der nicht ohne weiteres anzunehmende Verzichtswille aus der Erklärung oder den sonstigen Umständen eindeutig hervorgehen[106]. Im
Zweifel ist der Beschwerdeführer zu befragen (vgl. Rdn. 22). Zu beachten bleibt, daß nach
heute h. M lediglich eine Konkretisierung des Anfechtungsvorbringens, nicht aber eine
teilweise Rücknahme oder ein Teilverzicht vorliegt, wenn ein Rechtsmittel zunächst ohne
nähere Ausführungen eingelegt und erst später ausgeführt wird, daß das Urteil nur in
bestimmtem Umfang angefochten werde[107].

Zur **fehlenden Ermächtigung des Verteidigers**, ein Rechtsmittel (ausdrücklich) nur 45
beschränkt einzulegen oder später teilweise zurückzunehmen, vgl. OLG Düsseldorf NStZ
1989 289 mit weit. Nachw. sowie § 344, 11 ff.

II. Die Bindung an Rücknahme und Verzicht

1. Kein nachträglicher Widerruf. Erklärungen, durch die in wirksamer Weise 46
(Rdn. 32 ff) ein Rechtsmittel zurückgenommen oder auf ein Rechtsmittel verzichtet worden ist, sind nach ganz h. M nicht widerruflich[108]. Das entspricht in der Tat dem Willen

---

98 BGH NJW **1960** 2202; GA **1973** 46; OLG Düsseldorf MDR **1985** 512; KK-*Ruß* 16.

99 BGH NJW **1967** 1677; vgl. auch unten Rdn. 70
(zur generellen Ermächtigung des Verteidigers) sowie Rdn. 73.

100 BGH GA **1973** 47; OLG Hamburg NJW **1952** 638;
KK-*Ruß* 16; *Kleinknecht/Meyer-Goßner*[43] 14; SK-
Frisch 57.

101 OLG Düsseldorf JZ **1985** 300; OLG Karlsruhe Justiz **1981** 447; OLG Stuttgart MDR **1984** 512. Vgl.
auch Rdn. 75.

102 Vgl. näher insbes. bei § 318 und § 344.

103 Ganz h. M, z. B. BGHSt **33** 59; KK-*Ruß* 7; *Klein-
knecht/Meyer-Goßner*[43] 2; 14; KMR-*Paulus* 4; SK-
Frisch 7.

104 RGSt **39** 394; **42** 242; **58** 372; **64** 164.

105 RGSt **65** 462; BayObLGSt **1950/51** 562; KMR-
Paulus 4.

106 BGH NJW **1992** 516; KMR-*Paulus* 4; Fußn. 104.

107 BGHSt **38** 5 und 367 unter Aufgabe der gegentei-
ligen früheren Rspr. (z. B. in BGHSt **3** 46; **10** 321);
BGH NJW **1992** 990 (für die Revision der Staats-
anwaltschaft); zur h. L vgl. die Nachweise in
BGHSt **38** 6; ebenso jetzt *Kleinknecht/Meyer-
Goßner*[43] 29; SK-*Frisch* 10.

108 Vgl. statt vieler z. B. BGHSt **5** 341; **10** 245; **37** 17;
BGH NJW **1984** 1974; **1997** 2692; NStZ **1983** 280;
1996 202; OLG Düsseldorf StV **1993** 237; OLG
Frankfurt NStZ **1997** 53; RGSt **2** 79; **32** 280; **64**
166; KK-*Ruß* 15; *Kleinknecht/Meyer-Goßner*[43] 9;
21; SK-*Frisch* 54, 55; für Ausnahmen *Ranft* 1936.

Ernst-Walter Hanack

des Gesetzgebers, der sich aus der Entstehungsgeschichte ergibt und im Wortlaut des § 302 Ausdruck gefunden hat[109]. Es wird von der h. M aber auch mit der Natur des Strafprozesses begründet, die zweifelsfreien Bestand und unbedingte Wirksamkeit derartiger Prozeßhandlungen erfordere[110]. Verschiedentliche Kritik an dieser Begründung[111] hat sich nicht durchgesetzt, obwohl die Widerruflichkeit wegen der kurzen Rechtsmittelfristen die notwendige Klarheit über das Prozeßende, die für alle Prozeßbeteiligten wesentlich ist, in der Regel letztlich nicht gravierend gefährden würde. Unbilligkeiten, die sich aus der Unwiderruflichkeit im Einzelfall ergeben, lassen sich nach geltendem Recht nur durch strenge Anforderungen an die Eindeutigkeit der Erklärung (oben Rdn. 21 ff), namentlich aber durch die Annahme ihrer Unwirksamkeit aus besonderen Gründen im Hinblick auf rechtliche Schutzzwecke (dazu Rdn. 49 ff) vermindern.

47   **2. Keine Anfechtbarkeit wegen Willensmängeln.** Die wirksam gewordene Zurücknahme und der wirksam gewordene Verzicht können nach h. M aus den genannten Gründen (Rdn. 46) auch nicht wegen vorhandener Willensmängel angefochten werden. So wird namentlich die analoge Anwendung der Vorschriften des bürgerlichen Rechts über die Anfechtung wegen Irrtums, Täuschung oder Drohung für ausgeschlossen gehalten[112]. Rücknahme- und Verzichtserklärungen, die auf fragwürdige Weise zustande gekommen sind, werden aber auch hier in bestimmten Fällen und Fallgruppen als unwirksam angesehen (Rdn. 49 ff).

48   **3. Keine analoge Anwendung des § 136 a.** Ebenso lehnt die h. M eine direkte Heranziehung des § 136 a im Wege der Analogie ab[113]. Verzichts- oder Rücknahmeerklärungen, die auf unkorrekte Einwirkungen zurückzuführen sind, können jedoch unwirksam sein (Rdn. 51 ff).

49   **4. Unwirksamkeit nach Schutzzweckgesichtspunkten.** Das grundsätzliche Festhalten am Prinzip der Unwiderruflichkeit und Unanfechtbarkeit von Rechtsmittelrücknahme und -verzicht führt zu Schwierigkeiten, wenn es unbillig erscheint, den Erklärenden, namentlich den Beschuldigten, an voreilige oder an durch Irrtum, Täuschung oder Drohung beeinflußte Erklärungen zu binden.

50   Die **Rechtsprechung** (und mit ihr das überwiegende Schrifttum) begegnet dem in gewissem Umfang insbesondere auf dem Weg über die Annahme einer anfänglichen Unwirksamkeit von Rücknahme und Verzicht. Sie verfährt dabei allerdings nicht geradlinig und in den Anforderungen an die besonderen Umstände, die zur Unwirksamkeit führen können, auch keineswegs einheitlich[114]. Es sind verschiedene, z. T. eng miteinander verwobene Gesichtspunkte, die sie in diesem Rahmen, oft nach Lage des Einzelfalles, heranzieht. Sie kreisen um den aus dem Formzwang für Rücknahme und Verzicht (Rdn. 15) abgeleiteten Schutzzweck der Regelung, um die Beachtung der fairen Verfahrensgestal-

---

[109] Einfügung des Wortes „wirksam" in die Gesetzesfassung; vgl. im einzelnen *Dencker* 16 f mit Nachw.

[110] RGSt **57** 83 (grundlegend); **60** 355; aus jüngster Zeit z. B. OLG Düsseldorf StV **1993** 237 f; vgl. auch BGHSt **17** 18.

[111] Näher *Dencker* 14 ff mit Nachw.; vgl. auch SK-*Frisch* 55.

[112] Z. B. BGHSt **5** 341; **10** 247; auch **14** 192; BGH NJW **1997** 2692; BGH wistra **1991** 271; BGH StV

1994 64; vgl. aber auch BGHSt **17** 18 zu Drohungen; OLG Bremen NJW **1961** 2271; OLG Celle VRS **39** (1970) 275; OLG Düsseldorf MDR **1996** 1060; a. A OLG Rostock ZStW **44** (1924) 192; *Gerland* JW **1930** 2568 Fußn. 38.

[113] BGHSt **17** 14; näher, auch zur indirekten Heranziehung der Grundgedanken, § 136 a, 14; *Dencker* 25 ff.

[114] Vgl. auch AK-*Achenbach* 22 und 27; SK-*Frisch* 25, 26.

tung und der gerichtlichen Fürsorgepflicht[115], aber auch um die Erfordernisse der Billigkeit nach Abwägung mit dem Gebot der Rechtssicherheit.

So kann **prozessualer Zwang** die Unwirksamkeit der Erklärung begründen, wenn er **51** eine unzulässige Einflußnahme auf die Willensbildung des Erklärenden durch Organe der Strafrechtspflege darstellt[116]. Den unberechtigten staatsanwaltschaftlichen Antrag auf Erlaß eines Haftbefehls nach Urteilsverkündung hat der BGH in einer Grundsatzentscheidung dafür nicht reichen lassen[117] und ebensowenig die Ankündigung der Staatsanwaltschaft, sie werde Revision einlegen, wenn der Angeklagte nicht auf Rechtsmittel verzichte[118]. Der Rechtsmittelverzicht im Rahmen einer **Absprache** über die einvernehmliche Erledigung des Verfahrens ist regelmäßig auch dann wirksam, wenn die Absprache als solche unzulässig war (BGH NJW **1997** 2691). Das Gericht kann sich den Verzicht aber nicht gegen das Inaussichtstellen einer milderen Strafe wirksam versprechen lassen (BGHSt **43** 195 = NJW **1998** 88); näher Einl. Rdn. G 68, 86.

Objektiv **unrichtige amtliche Erklärungen** oder Auskünfte, aber auch eine falsche **52** oder **irreführende Sachbehandlung**[119] führen, wenn sie erwiesen sind[120] und die Rücknahme oder den Verzicht vermutlich veranlaßt haben, nach neuerer Rechtsprechung regelmäßig zur Unwirksamkeit[121]. Nicht selten dürfte es hier schon am Verzichtswillen (oben Rdn. 21 ff) fehlen. Das gilt etwa, wenn der Angeklagte nur deswegen erklärt, er unterwerfe sich dem Urteil, weil ihn der Vorsitzende rechtsirrig belehrt hat, gegen das Urteil sei Revision nicht gegeben[122], oder wenn der teilweise freigesprochene Angeklagte nur über das Rechtsmittel gegen die Sachentscheidung, nicht aber auch über die Möglichkeit der sofortigen Beschwerde belehrt worden ist[123].

Irrtümer durch bloße Mißverständnisse des Beschwerdeführers sind keine Irreführ- **53** ungen in dem umschriebenen Sinne. Sie begründen, da die Anfechtung wegen Irrtums von der Rechtsprechung grundsätzlich abgelehnt wird (Rdn. 47), nach ihrer Meinung daher für sich genommen keine Unwirksamkeit der dadurch bedingten Rücknahme- oder

---

[115] BGH bei *Pfeiffer/Miebach* NStZ **1982** 18; OLG Düsseldorf StV **1993** 238; OLG Zweibrücken StV **1994** 363; SK-*Frisch* 28. Unbefriedigend ist BGH bei *Kusch* NStZ **1995** 20: kein Verstoß gegen fair trial, wenn der Staatsanwalt unmittelbar nach dem Rechtsmittelverzicht des Angeklagten in der Hauptverhandlung Beschwerde gegen die Haftverschonung einlegt und die Verschonung nach § 307 Abs. 2 ausgesetzt wird.

[116] BGH NJW **1995** 2568 (unzulässige Zusage über Strafvollzug); KG JR **1977** 34 (Berufungsrücknahme aufgrund rechtswidrigen Haftbefehls); zust. *Kleinknecht/Meyer-Goßner*[43] 10; KMR-*Paulus* 11; SK-*Frisch* 22; vgl. auch BGHSt **17** 21.

[117] BGHSt **17** 14 (19) = JZ **1963** 226 mit Anm. *Oehler*; dazu eingehend *Eb. Schmidt* JR **1962** 290; *Hanack* JZ **1973** 660; ebenso OLG Hamburg MDR **1964** 615; zust. *Kleinknecht/Meyer-Goßner*[43] 22; **a. A** SK-*Frisch* 31; vgl. auch *Dencker* 60.

[118] BGH NStZ **1986** 277; zust. KK-*Ruß* 13; *Kleinknecht/Meyer-Goßner*[43] 22.

[119] Vgl. etwa OLG Köln JR **1969** 392 mit Anm. *Koffka* (verhängte Rechtsfolge nicht erkennbar); KMR-*Paulus* 11; SK-*Frisch* 22; kritisch insoweit KK-*Ruß* 13.

[120] OLG Düsseldorf MDR **1984** 604; vgl. auch BGH bei *Pfeiffer/Miebach* NStZ **1987** 221.

[121] Vgl. zum Ganzen BGH StV **1988** 372 mit Anm. *Sieg*; **1995** 556; OLG Bremen JZ **1955** 680 mit Anm. *Eb. Schmidt*; OLG Celle GA **1970** 285; OLG Düsseldorf NJW **1960** 210 mit zust. Anm. *Mölders* und krit. Anm. *Feldmann*; NStZ **1982** 521; NJW **1984** 604; OLG Frankfurt NJW **1971** 949; StV **1987** 289; OLG Hamburg NJW **1969** 1976 (zu streng); OLG Hamm NJW **1976** 1952; **1983** 530; Rpfleger **1952** 492; OLG Koblenz DRiZ **1949** 453; OLG Köln aaO; OLG Saarbrücken JMBl. Saar **1960** 65; OLG Zweibrücken StV **1982** 13; LG Kassel StV **1987** 288; KK-*Ruß* 13; *Kleinknecht/Meyer-Goßner*[43] 10; 22; KMR-*Paulus* 11; *Dahs* FS Schmidt-Leichner 27; *Siegert* DRiZ **1953** 101. Vgl. aber auch BGHR § 302 Abs. 1 Satz 1 Rechtsmittelverzicht 10 und (dazu unten Rdn. 53) BGH StV **1994** 64.

[122] Vgl. RG JW **1933** 1069; BayObLGSt **1949/51** 556; OLG Bremen JZ **1955** 680 mit Anm. *Eb. Schmidt*. Vgl. auch oben Rdn. 23.

[123] OLG Stuttgart OLGSt 19 (kein Verzichtswille zum Ausdruck gekommen); vgl. auch SK-*Frisch* 22 und oben Rdn. 27.

Ernst-Walter Hanack

Verzichtserklärung[124]. Das erscheint unter Billigkeitsgesichtspunkten (oben Rdn. 50 a. E) in klaren Fällen und bei schwerwiegenden Folgen eines Erklärungsirrtums nicht überzeugend. Bedenklich ist es auch, wenn BGH StV **1994** 64 eine irrige Sachbehandlung („Täuschung") offenbar deswegen ablehnt, weil es sich um einen rechtlichen Irrtum handelte, dem zunächst alle Beteiligten erlegen waren, nicht nur die eine bestimmte Sachbehandlung zusagende Staatsanwaltschaft.

54   Auch die durch ein **Versehen des (Pflicht-)Verteidigers** veranlaßte Rücknahme- oder Verzichtserklärung wird überwiegend nicht als unwirksam angesehen[125]. Unter Billigkeitsgesichtspunkten (Rdn. 50) und im Hinblick auf die Stellung des Verteidigers im System der StPO erscheint das mindestens in den Fällen des § 140[126] nicht überzeugend, wenn die Ursächlichkeit des Versehens evident ist, zumal ja auch der Verstoß gegen Fristvorschriften bei der Rechtsmitteleinlegung regelmäßig nicht zu Lasten des Mandanten geht (dazu § 44, 48 ff).

55   Mit **erkennbar übereilten Erklärungen** hat die Praxis viele Schwierigkeiten. Die Rechtsprechung leitet — wenn auch gerade hier nach wenig einheitlichen Anforderungen an die Umstände des Einzelfalles (vgl. Rdn. 50) — aus dem Formzwang (Rdn. 15) einen Schutzzweck und die Pflicht des Gerichts ab, darauf zu achten, daß in seiner Gegenwart keine Rechtsmittelerklärungen abgegeben werden, deren Tragweite und Verbindlichkeit der Erklärende im Zeitpunkt der Abgabe nicht hinreichend überblicken kann[127]. Aus diesem Grunde werden, wenn auch unter oft strengen Voraussetzungen[128], namentlich vorschnell abgegebene Verzichtserklärungen im Anschluß an die Urteilsverkündung, bei denen für eine angemessen reifliche Überlegung kein Raum war, als unwirksam angesehen[129]. In Betracht kommt dies vor allem, wenn der Angeklagte unter dem Eindruck der Hauptverhandlung oder des Urteils zu einer angemessenen Abwägung des Für und Wider nicht in der Lage war oder wenn er entgegen Nr. 142 Abs. II RiStBV vom Vorsitzenden zu einer sofortigen Erklärung gedrängt wurde[130]. Dies wird nach Lage des Einzelfalles insbesondere angenommen: wenn dem Beschuldigten keine Möglichkeit eingeräumt wurde, sich vorher mit seinem Verteidiger zu besprechen, obwohl dies von ihm oder dem Verteidiger erkennbar gewollt war oder wegen der Schwere der ausgesprochenen Strafe geboten gewesen wäre; wenn ein Zuwarten wegen der Schwierigkeit, die Aussichten eines Rechtsmittels zu beurteilen, oder/und wegen besonderer Gründe in der Person des Ange-

---

[124] RGSt **57** 83; **64** 14; RG JW **1929** 49 mit Anm. *Oetker*; OLG Stuttgart OLGSt 13 (Mißverständnis über Strafhöhe); bedenklich BGH NStZ-RR **1997** 173.

[125] BGH GA **1981** 281; BGH bei *Pfeiffer/Miebach* NStZ **1983** 213; OLG Nürnberg OLGSt 15; HK-*Rautenberg* 5; KK-*Ruß* 15; eingehend *Dahs* FS Schmidt-Leichner 28; offengelassen in BGHSt **17** 17; **a. A** OLG Frankfurt NJW **1969** 949, dem *Kleinknecht/Meyer-Goßner*[43] 22 vorsichtig zustimmen („u. U.") und ebenso wohl KMR-*Paulus* 11; differenzierend *Dencker* 64. Vgl. auch OLG Düsseldorf NStZ **1989** 289.

[126] Für Wahlverteidiger offengelassen von OLG Frankfurt und OLG Nürnberg aaO.

[127] *Dahs* FS Schmidt-Leichner 24: „eine Art ‚prozessualer Garantenstellung'"; auf der gleichen Linie z. B. BGH bei *Pfeiffer/Miebach* NStZ **1984** 18: „fair trial" und Fürsorgepflicht; OLG Düsseldorf StV **1993** 238.

[128] Vgl. etwa BGH NStZ **1997** 148.

[129] Vgl. im einzelnen insbesondere BGHSt **18** 257 und **19** 101 (dazu *Hanack* JZ **1973** 660); BGH JR **1952** 483; OLG Düsseldorf NStZ **1982** 521; MDR **1986** 75; OLG Frankfurt NJW **1966** 1376; OLG Hamburg NJW **1964** 1039; OLG Hamm MDR **1977** 600; NJW **1983** 530; OLG Karlsruhe Justiz **1967** 56; OLG Köln VRS **48** (1975) 213; StV **1991** 297 LS; OLG Schleswig NJW **1965** 312; OLG Stuttgart MDR **1984** 344; OLG Zweibrücken StV **1994** 363; *Kleinknecht/Meyer-Goßner*[43] 24; KMR-*Paulus* 12; z. T. kritisch KK-*Ruß* 12; abl. *H. W. Schmidt* NJW **1965** 1211.

[130] Zum „Herausfragen" des Verzichts vgl. *Dahs* FS Schmidt-Leichner 17; Befragungen unmittelbar nach Urteilsverkündung sind grundsätzlich bedenklich (*Hanack* JZ **1973** 660); vgl. auch *Dencker* 72 f („erst nach Ablauf einer Nacht"); oben Rdn. 1 bei Fußn. 3.

klagten[131] (etwa Unerfahrenheit, Jugend, Sprachschwierigkeiten) angezeigt erschien, wobei auch das Fehlen eines (nicht notwendigen) Verteidigers mit in die Waagschale fallen kann[132]. Wird ein im Anschluß an die Hauptverhandlung erklärter Verzicht vom Beschuldigten noch vor dem Verlassen des Sitzungssaales widerrufen, ist das in der Regel als Indiz für Unüberlegtheit zu werten[133].

Zum Fall, daß der nach § 302 Abs. 2 **ermächtigte Verteidiger erkennbar spontan,** **56** also ohne Abstimmung mit dem Beschuldigten, unmittelbar nach der Urteilsverkündung einen Rechtsmittelverzicht erklärt, vgl. unten Rdn. 71 a. E.

Kritisch ist die Frage, ob das **Fehlen eines notwendigen Verteidigers** (§ 140) zur **57** Unwirksamkeit einer vom Beschuldigten abgegebenen Verzichts- oder Rücknahmeerklärung führt. Denn der Beschuldigte ist Prozeßsubjekt, und er kann im Einzelfall trotz der Verletzung des § 140 durchaus befähigt sein, die Bedeutung seiner Erklärung zu erkennen und zu beurteilen[134]. Andererseits geht das Gesetz in den Fällen der notwendigen Verteidigung in Konkretisierung des Rechtsstaatsprinzips (BVerfGE **46** 210 u. ö.) gerade davon aus, daß der Beschuldigte rechtskundigen Beistand braucht, weil er selbst die Situation nicht oder nicht hinreichend sicher überblicken kann. Man wird danach wohl differenzieren müssen: Gibt der Beschuldigte in deutlichem zeitlichen Abstand zur Hauptverhandlung eine Verzichts- oder Rücknahmeerklärung ab, dürfte angesichts der bestehenden Erkundigungs- und Beratungsmöglichkeiten außer in krassen Fällen die Vermutung dafür sprechen, daß er sich der Tragweite seiner Erklärung auch bewußt ist. Erfolgt seine Erklärung hingegen unmittelbar im Anschluß an die Urteilsverkündung, ist sie grundsätzlich als Fall einer übereilten, nicht hinreichend abgewogen zustandegekommenen Erklärung (Rdn. 55) aufgrund irriger Sachbehandlung (Rdn. 52) zu werten, also unwirksam[135]. Daran ändert dann auch ein etwaiger Hinweis des Vorsitzenden auf die Rechtsfolgen der Erklärung sowie auf die Möglichkeit einer Verteidigerkonsultation nichts, weil dadurch allein das bestehende Defizit nicht hinreichend ausgeglichen wird. Entsprechendes muß gelten, wenn der Angeklagte, dem für das Rechtsmittelverfahren ein notwendiger Verteidiger zu Unrecht nicht bestellt worden ist, dort vor oder zu Beginn der Verhandlung auf Frage oder Rat des Vorsitzenden eine Rücknahme- oder Verzichtserklärung abgibt; denn der Vorsitzende kann, auch wenn er es gut und richtig meint, die Aufgabe des notwendigen Verteidigers nicht ersetzen.

5. Eine Wiedereinsetzung in den vorigen Stand analog §§ 44, 329 Abs. 2 hält eine **58** im Schrifttum z. T. vertretene Meinung[136] für die sachgerechtere Lösung der bestehenden

---

[131] Hier ist die Rspr. besonders unterschiedlich bzw. einzelfallbezogen; vgl. etwa OLG Düsseldorf NStZ **1982** 521; NJW **1983** 530; MDR **1986** 75; OLG Oldenburg NStZ **1982** 520; OLG Zweibrücken StV **1994** 363. Vgl. auch die Deutung bei *Kleinknecht/Meyer-Goßner*[43] 24; 25.

[132] Z. B. OLG Düsseldorf NStZ **1982** 521; OLG Hamm NJW **1983** 530 (versehentlich nicht geladen); KK-*Ruß* 12 mit weit. Nachw. Vgl. auch unten Rdn. 57 zum notwendigen Verteidiger.

[133] Anders aber wohl BGH NStZ **1986** 278; näher zu der Frage *Dencker* 68 ff.

[134] OLG Hamburg NStZ **1997** 53 und KK-*Ruß* 12 mit dem berechtigten Hinweis, daß er die Erklärung in der Regel ja sogar gegen den Widerspruch eines vorhandenen Verteidigers wirksam abgeben kann.

[135] Im Ergebnis ebenso BayObLGSt NStE Nr. 20; OLG Bremen StV **1984** 17; OLG Düsseldorf StV **1993** 238 und MDR **1994** 1138; OLG Frankfurt StV **1991** 296 und NStZ **1993** 507; OLG Hamburg NJW **1964** 1039; OLG Hamm MDR **1977** 600; OLG Koblenz NStE Nr. 19; OLG Köln StraFo. **1997** 78; OLG Schleswig NJW **1965** 312; OLG Stuttgart MDR **1985** 344; SK-*Frisch* 29; vgl. auch OLG Zweibrücken StV **1994** 363; **a. A** OLG Hamburg NStZ **1997** 53; HK-*Rautenberg* 5; KK-*Ruß* 12.

[136] *Dencker* 30 ff; *Oehler* JZ **1963** 227; *Oetker* JW **1929** 49; *Peters* § 34 II 5 b.

Interessenkonflikte. Soweit ersichtlich, ist die Rechtsprechung dieser Auffassung nie gefolgt[137].

III. Besonderheiten bei den einzelnen Verfahrensbeteiligten

59 **1. Zuständigkeit für die Zurücknahme eines Rechtsmittels der Staatsanwalt-schaft.** Zuständig zur Rücknahme ist die Staatsanwaltschaft, die das Rechtsmittel einge-legt hat, oder der ihr vorgesetzte Generalstaatsanwalt, nicht jedoch die nach § 147 GVG aufsichtsführende Landesjustizverwaltung. Nach Eingang der Akten bei dem Rechtsmit-telgericht ist in der Regel auch die Staatsanwaltschaft dieses Gerichts zur Zurücknahme befugt, wie sich aus § 145 GVG ergibt. Auch die Staatsanwaltschaft am BayObLG hat die Befugnis zur Rechtsmittelzurücknahme[138]. Der Generalbundesanwalt ist den Staatsanwäl-ten der Länder nicht vorgesetzt (§ 147 GVG) und daher zur Rücknahme von deren Rechts-mittel nicht befugt; jedoch braucht er ihre Rechtsmittel nicht zu vertreten (vgl. bei § 146 GVG). Zum Sonderfall des § 142 a GVG vgl. die dort. Erl.

2. Rechtsmittel der StA zugunsten des Beschuldigten (Absatz 1 Satz 2)

60 **a) Allgemeines.** Die Zurücknahme eines von der Staatsanwaltschaft zugunsten des Beschuldigten eingelegten Rechtsmittels ist nach dem Gesetz wirksam nur mit dessen Zustimmung möglich, weil der Angeklagte wegen des staatsanwaltschaftlichen Rechts-mittels u. U. von der Einlegung eines eigenen absieht und dadurch nicht benachteiligt wer-den soll[139]. Im Falle des § 329 bedarf es keiner Zustimmung.

61 **Zugunsten** des Beschuldigten ist ein Rechtsmittel eingelegt, wenn es ausschließlich bezweckt, Gesichtspunkte durchzusetzen, die ihn rechtlich günstiger stellen. Diese Ziel-richtung muß eindeutig erklärt sein und setzt eine Beschwer des Angeklagten voraus (näher § 296, 14 ff). Daß ein Rechtsmittel der Staatsanwaltschaft nach § 301 stets auch zugunsten des Angeklagten wirkt, genügt nicht.

62 **b) Die Zustimmung des Beschuldigten** ist als solche nicht formgebunden[140]. Sie setzt jedoch prozessuale Handlungsfähigkeit voraus (Rdn. 6) und verlangt angesichts ihrer Bedeutung ebenfalls (s. Rdn. 21 ff) eine eindeutige und zweifelsfreie Erklärung, die den Zustimmungswillen hinreichend zum Ausdruck bringt. Dazu wird bloßes Schweigen in der Hauptverhandlung zur Rücknahmeerklärung des Staatsanwalts meist nicht genü-gen[141]. Ist zweifelhaft, ob der Beschuldigte außerhalb der Hauptverhandlung eine Zustim-mung erklärt hat, ist dies im Freibeweisverfahren zu klären; in der Regel dürfte dazu eine Rückfrage beim Beschuldigten reichen. Als rechtserhebliche Prozeßerklärung ist die Zustimmung bedingungsfeindlich, kann jedoch mit einer sog. Rechtsbedingung verbun-den werden (oben Rdn. 33). Für die Bindung an eine Zustimmungserklärung gelten die oben Rdn. 46 ff dargelegten Grundsätze entsprechend.

[137] Ablehnend z. B. BGH NStZ **1997** 612; **1984** 181; NJW **1978** 330; bei *Pfeiffer/Miebach* NStZ **1982** 190; **1985** 307; **1987** 18; OLG Düsseldorf MDR **1984** 71; ebenso KK-*Ruß* 1; *Kleinknecht/Meyer-Goßner*[43] 26; KMR-*Paulus* 4; eingehend OLG Stuttgart Justiz **1971** 359; anders LG Osnabrück StraFo. **1997** 309, 311.

[138] Vgl. §§ 9, 10 EGGVG; Art. 13 BayAGGVG; Nr. 29 OrgStA (BayJMBl. **1975** 58; geändert **1976** 358); ferner BayObLGSt **1971** 224.

[139] Bericht der RT-Kommission *Hahn* 1575; Prot. *Hahn* 986.

[140] *Kleinknecht/Meyer-Goßner*[43] 27; KMR-*Paulus* 27; SK-*Frisch* 64.

[141] Strenger *Kleinknecht/Meyer-Goßner*[43] 27: „genügt nicht"; ebenso SK-*Frisch* 64.

Der Beschuldigte kann den **Verteidiger ausdrücklich ermächtigen**, die Zustimmung **63** für ihn abzugeben[142]. Eine Ermächtigung zur Rechtsmittelrücknahme nach Absatz 2 genügt dafür nicht[143]. Ob die Ermächtigung zur Zustimmung bereits in der Prozeßvollmacht allgemein erteilt werden kann, wird ebenso wie bei der Ermächtigung zur Rücknahme von Rechtsmitteln gemäß Absatz 2 zu beurteilen sein (dazu unten Rdn. 70). Bloßes Schweigen des Beschuldigten zur Zustimmungserklärung des anwesenden Verteidigers enthält nicht notwendig eine wirksame Genehmigung von dessen Erklärung oder eine eigene konkludente Zustimmung[144].

3. Rechtsmittel des gesetzlichen Vertreters. Für die Rücknahme oder Beschränkung **64** eines vom gesetzlichen Vertreter gemäß § 298 eingelegten Rechtsmittels gilt § 302 Abs. 1 Satz 2 entsprechend, weil die Interessenlage die gleiche ist (vgl. § 298, 8). Umgekehrt kann jedoch der Beschuldigte auf sein eigenes Rechtsmittel ohne Zustimmung des Vertreters wirksam verzichten (§ 298, 7).

4. Zurücknahme durch den Verteidiger (Absatz 2)

a) Einheitliches Rechtsmittel. Erklärungen des Beschuldigten und seiner Verteidiger **65** betreffen, anders als im Fall des gesetzlichen Vertreters nach § 298, stets dasselbe Rechtsmittel, nicht mehrere selbständige[145]. Daher geht bei widersprechenden Erklärungen die des Beschuldigten vor (§ 297, 8). Auch kann bei mehreren Verteidigern, wirksame Ermächtigung gemäß Absatz 2 vorausgesetzt, jeder das vom Beschuldigten oder einem anderen Verteidiger eingelegte Rechtsmittel zurücknehmen, nicht jedoch gegen den erklärten Willen des Beschuldigten[146]. Hat ein Verteidiger mit wirksamer Ermächtigung Rechtsmittelverzicht oder -rücknahme erklärt, kann der Angeklagte, da beide dasselbe Recht ausüben, nach Eingang der Erklärung bei Gericht (vgl. Rdn. 34) kein Rechtsmittel mehr einlegen und umgekehrt[147].

Hat der **gesetzliche Vertreter** des Beschuldigten für *sein* Rechtsmittel (§ 298) einen **66** Verteidiger bestellt, gelten zwischen ihnen dieselben Grundsätze. Im Verhältnis zum Beschuldigten und zu dessen Verteidiger ist das Rechtsmittel des gesetzlichen Vertreters hingegen grundsätzlich selbständig und umgekehrt (§ 298, 6 ff); es besteht nur die Ausnahme, daß einer Rücknahme oder Beschränkung des Rechtsmittels des gesetzlichen Vertreters auch der Beschuldigte zustimmen muß (Rdn. 64).

b) Form der Ermächtigung. Die Ermächtigung muß vom Beschuldigten zwar „aus- **67** drücklich" erteilt werden, wird dadurch aber nicht formgebunden. Sie kann gegenüber dem Verteidiger daher auch mündlich oder fernmündlich erfolgen[148] und von diesem dem Gericht in der Regel durch anwaltliche Versicherung nachgewiesen werden (unten Rdn. 75). Auch eine Erklärung gegenüber dem Gericht ist möglich. Ferner kann die Ermächtigung auch mit der Befugnis zur Weiterübertragung auf einen Unterbevollmäch-

---

142 KMR-*Paulus* 27; *Eb. Schmidt* 7; **a. A** OLG Koblenz NJW **1951** 933.

143 KMR-*Paulus* 27; SK-*Frisch* 65.

144 Vgl. zur ähnlichen Streitfrage bei der Rücknahme nach Absatz 2 unten Rdn. 71.

145 BGH NStZ **1996** 202; LG Hamburg NJW **1948/49** 395.

146 BGH NJW **1967** 1047; NStZ **1996** 202; vgl. auch OLG Koblenz VRS **68** (1985) 213; *Schnarr* NStZ **1986** 490; **a. A** RGSt **24** 142; wohl auch AK-*Achenbach* 9.

147 Ganz h. M, vgl. z. B. BGHSt **10** 245; BGH NStZ **1983** 469; OLG München NJW **1968** 1000; *Kleinknecht/Meyer-Goßner*[43] 35.

148 So z. B. BGH NStZ **1995** 357; NJW **1953** 273; GA **1968** 68; bei *Miebach* NStZ **1989** 15; BayObLG NJW **1995** 1230; OLG Düsseldorf AnwBl. **1981** 288; OLG Hamburg NJW **1960** 1969; OLG München NJW **1968** 1000; KK-*Ruß* 22; *Kleinknecht/Meyer-Goßner*[43] 32; SK-*Frisch* 69; *Schnarr* NStZ **1986** 490.

tigten erteilt werden[149], und zwar auch im Falle der Pflichtverteidigung[150]. Zum Nachweis der Ermächtigung s. unten Rdn. 75.

68   **c) Ausdrückliche Ermächtigung.** Die ausdrückliche Ermächtigung des Beschuldigten, die das Gesetz für die Rücknahme verlangt, braucht der Verteidiger auch für den Verzicht auf Rechtsmittel[151] sowie für eine teilweise Zurücknahme und den Teilverzicht[152]. Die Ermächtigung zur Rücknahme schließt nach h. M diejenige zum Verzicht nicht ein[153]; sie enthält auch keine Ermächtigung zur Zustimmung nach Absatz 1 Satz 2 (oben Rdn. 63). Vielmehr muß jede dieser Ermächtigungen im Hinblick auf ihre Schutzfunktion gesondert ausdrücklich erteilt werden.

69   Für eine **bloße Teilanfechtung** bedarf der Verteidiger der besonderen Ermächtigung des Absatz 2 nach heute herrschender Meinung nicht, weil sie als solche keinen Teilverzicht darstellt[154].

70   Ob eine **im voraus abstrakt erteilte Ermächtigung,** etwa in der bei Übernahme des Mandats erteilten allgemeinen Prozeßvollmacht, als „ausdrückliche Ermächtigung" ausreicht, ist zweifelhaft. Gegenüber einer in der Rechtsprechung verbreiteten Meinung, die das bejaht[155], wird zu Recht geltend gemacht, daß es dem Schutzzweck des Absatz 2 nicht genügt, wenn eine so wichtige Erklärung mehr oder weniger formularmäßig und ohne konkreten Anlaß oder ohne Bezug zu einem konkreten Rechtsmittel abgegeben wird. Mit einer zunehmend vertretenen strengeren Ansicht ist daher anzunehmen, daß die allgemein erteilte Ermächtigung nicht ausreicht; sie muß sich vielmehr auf ein bestimmtes Rechtsmittel beziehen, setzt also voraus, daß feststeht, um welche konkrete Entscheidung es sich handelt[156]. Diese Ansicht verdient auch den Vorzug gegenüber einer vermittelnden Auffassung, die die abstrakte Vorab-Ermächtigung als immanent beschränkt ansieht und darum nur für wirksam hält, wenn der Verteidiger vor Abgabe der Erklärung gewissenhaft prüft, ob sie dem Willen des Mandanten noch entspricht[157]. Denn diese besondere Prüfungspflicht kann zu unklaren Ergebnissen führen, so daß es sachgerechter erscheint, mit der geschilderten strengeren Ansicht zu fordern, daß der Verteidiger den Mandanten befragt, zumal dies (s. Rdn. 67) auch formlos geschehen kann; tatsächlich hat die vermittelnde Meinung eine solche Befragung (durch den in der Verhandlung anwesenden Verteidiger) wohl auch als Regelfall im Auge[158].

---

[149] Vgl. KG JR **1981** 480; Vor § 296, 18.

[150] BGH NStZ **1995** 357 mit krit. Anm. *Ehrlicher* und grundsätzlicher Betrachtung *Schnarr* NStZ **1996** 214. Nicht unbedenklich im konkreten Fall die tatsächliche Annahme einer Unterbevollmächtigung.

[151] BayObLG NJW **1995** 1230; RGSt **64** 165; OLGSt 1 74; KK-*Ruß* 20; *Kleinknecht/Meyer-Goßner*[43] 30; SK-*Frisch* 67.

[152] Ganz h. M; vgl. etwa RGSt **65** 236; OGHSt **1** 74; die in Fußn. 151 Genannten.

[153] BGHSt **3** 46; BGH LM Nr.3; RGSt **64** 166; AK-*Achenbach* 4; KK-*Ruß* 20; *Kleinknecht/Meyer-Goßner*[43] 30; KMR-*Paulus* 29; **a. A** *Sarstedt/Hamm* 78.

[154] BGHSt **38** 6; **38** 367; vgl. Rdn. 44 bei Fußn. 107.

[155] BGH NJW **1967** 1047; RGSt **24** 142; **64** 166; **77** 369; OGHSt **1** 75; BayObLGSt **1984** 9 = VRS **66** (1984) 283; OLG Braunschweig JZ **1953** 343; OLG Celle MDR **1964** 864: NdsRpfl. **1973** 132; OLG Köln MDR **1959** 780; OLG München NStZ **1987** 342; vgl. auch BVerfG NJW **1993** 456; *Kai-*

ser NJW **1982** 1367. Der BGH hat die Frage wiederholt offengelassen, bejaht die Wirksamkeit aber jedenfalls, wenn nach Einlegung des Rechtsmittels (Revision) der mit der Durchführung beauftragte Wahlverteidiger in der Vollmacht zur Rücknahme ermächtigt wird; vgl. BGHR § 302 Abs. 2 Rücknahme 3; 5 mit Nachw.

[156] KG HESt **1** 194; JW **1926** 2229; AK-*Achenbach* 1; KK-*Ruß* 22; *Kleinknecht/Meyer-Goßner*[43] 32; KMR-*Paulus* 35; *Eb. Schmidt* 10; SK-*Frisch* 73; *Ellersiek* (vgl. Fußn. 110 Vor § 296) 157; *Fezer* 19, 69; *Feisenberger* 7; *Gerland* 399 Fußn. 66; *Kies* JZ **1953** 343; *Roxin* § 51, 25.

[157] KG JR **1981** 480; OLG Neustadt JR **1958** 189; NJW **1963** 236; OLG Stuttgart MDR **1981** 784; OLG Zweibrücken NStZ **1987** 573; vgl. auch BayObLGSt **1984** 9 = VRS **66** (1984) 283.

[158] Vgl. OLG Zweibrücken NStZ **1987** 573; offengelassen von KG JR **1981** 481. Vgl. auch im folg. Text.

Zweifelhaft ist weiter, welche Bedeutung das **Schweigen des Beschuldigten** hat, wenn 71
der Verteidiger in seiner Gegenwart gegenüber dem Gericht erklärt, daß das Rechtsmittel
zurückgenommen oder auf Rechtsmittel verzichtet werde. Nach h. M soll der fehlende
Widerspruch des Beschuldigten gegenüber dieser Erklärung regelmäßig die Annahme
begründen, daß er sie billige[159]. Aber eine „ausdrückliche" Ermächtigung liegt in dem
Schweigen gewiß nicht. Es kann sich daher je nach Sachlage nur um eine eigene Erklärung des Beschuldigten handeln oder um eine Art konkludenter Bestätigung einer dem
Verteidiger bereits früher erteilten Ermächtigung. Im ersteren Fall wird das Schweigen
schon den Anforderungen an eine eindeutige Erklärung mit Verzichtswillen (dazu
Rdn. 21 ff) regelmäßig nicht genügen, so daß es auf die weitere Frage, ob die Erklärung
übereilt ist (vgl. Rdn. 55), meist nicht mehr ankommt. Im zweiten Fall hingegen geht es in
Wahrheit allein darum, ob die früher erteilte Ermächtigung wirksam ist (dazu Rdn. 70). Ist
sie es nicht, ändert daran auch das Schweigen des Beschuldigten nichts, eben weil es als
solche keine ausdrückliche Ermächtigung enthält. Da die Voraussetzungen einer wirksamen Ermächtigung nach der auch hier vertretenen strengeren Ansicht dazu (Rdn. 70) dem
Gericht in der Regel nicht bekannt sind, ist es nach allem nicht nur zweckmäßig[160], sondern geboten, daß sich das Gericht der ausdrücklichen Zustimmung des Beschuldigten
versichert[161] und überdies darauf achtet, daß die notwendige Abstimmung mit dem Verteidiger (Rdn. 50) gewährleistet ist; das gilt insbesondere, wenn dieser nach der Urteilsverkündung ersichtlich spontane Verzichtserklärungen abgibt[162].

d) Zeitpunkt der Ermächtigung. Dauer. Die Ermächtigung muß bei Abgabe der 72
Rechtsmittelerklärung erteilt sein. Die rückwirkende Genehmigung einer ohne Ermächtigung abgegebenen Erklärung wird nicht für möglich gehalten, sondern als unwirksam
angesehen[163]. Die Ermächtigung erlischt in jedem Falle mit der Beendigung des Mandats
und macht spätere Rücknahme- oder Verzichtserklärungen ebenfalls unwirksam; dies gilt
nach h. M auch, wenn der bisherige Wahlverteidiger zum Pflichtverteidiger bestellt
wird[164]. Zum Erlöschen der Ermächtigung bei Widerruf der Anwaltszulassung des Verteidigers s. OLG Karlsruhe MDR **1997** 187.

e) Widerruf der Ermächtigung. Die Ermächtigung kann als solche nicht wegen Irr- 73
tums rückwirkend angefochten werden (OLG Düsseldorf MDR **1996** 1060). Sie kann
jedoch gegenüber dem Verteidiger oder dem Gericht mit Wirkung ex nunc formlos, also
auch mündlich oder fernmündlich, widerrufen werden[165]. Sie entfällt mit dem Zugang des
Widerrufs[166]. Hat der Verteidiger bereits vorher eine Rücknahme- oder Verzichtserklä-

---

[159] BGH GA **1968** 86; RGSt **77** 369; RG HRR **1930**
Nr.1572; BayObLG NJW **1985** 754; KG JR **1981**
480; OLG Karlsruhe NJW **1970** 1697; HK-*Rautenberg* 18; KK-*Ruß* 22; *Kleinknecht/Meyer-Goßner*[43]
29; LR-*Gollwitzer*[24] 60 und *Koch* JR **1964** 255 (vgl.
aber bei Fußn. 160).

[160] So LR-*Gollwitzer* aaO; *Koch* aaO.

[161] So OLG Hamburg NJW **1965** 1821; OLG Koblenz
NJW **1951** 933; OLG Schleswig SchlHA **1971** 21;
OLG Stuttgart Justiz **1981** 243; OLG Zweibrücken
NStZ **1987** 573; KMR-*Paulus* 32; SK-*Frisch* 71;
Roxin § 51, 25; *Schlüchter* 653.1; *Sarstedt/Hamm*
83.

[162] OLG Zweibrücken NStZ **1987** 573; insoweit zust.
Kleinknecht/Meyer-Goßner[43] 30; wohl auch KK-
Ruß 22.

[163] RGSt **66** 267; KG JR **1956** 308; KMR-*Paulus* 34;
SK-*Frisch* 72.

[164] BGH NStZ **1991** 95; BGH bei *Holtz* MDR **1978**
461; OLG Köln VRS **57** (1979) 356; AK-*Achenbach* 11; KK-*Ruß* 23; *Kleinknecht/Meyer-Goßner*[43]
36; KMR-*Paulus* 34; SK-*Frisch* 74; kritisch
Schnarr NStZ **1986** 493.

[165] Vgl. z. B. BGHSt **10** 247; BGH NJW **1967** 1047;
bei *Dallinger* MDR **1955** 272; RGSt **64** 167;
BayObLGSt **1984** 9 und NJW **1995** 1230; OLG
Düsseldorf NStZ **1989** 289; ganz h. L.

[166] BGHSt **10** 245 = JR **1957** 349 mit zust. Anm. *Dünnebier* = JZ **1958** 177 mit krit. Anm. *Sax*; RGSt **24**
142; **64** 167; RG HRR **1939** 189; BayObLG DRiZ
1929 Nr. 533; OLG Braunschweig NdsRpfl. **1958**
169; OLG Hamburg NJW **1960** 1969; KK-*Ruß* 23;
Kleinknecht/Meyer-Goßner[43] 34; KMR-*Paulus* 36;
SK-*Frisch* 76; *Loewenstein* JW **1932** 3112; **a. A**
RG JW **1932** 3112 (Widerruf erst wirksam, wenn
dem Gericht bekannt).

Ernst-Walter Hanack

rung an das Gericht gesandt, muß er, wenn das noch sinnvoll ist (Rdn. 74), das Gericht vom Wegfall seiner Ermächtigung schnellstens benachrichtigen[167]. Die Ermächtigung kann vom Beschuldigten auch durch schlüssiges Handeln widerrufen werden, indem er selbst ein Rechtsmittel einlegt[168] oder einen anderen Verteidiger bestellt und diesen mit der Einlegung beauftragt. Ob allein in der Bevollmächtigung eines anderen Verteidigers ein schlüssiger Widerruf der dem ersten Verteidiger erteilten Ermächtigung liegt, hängt von den Umständen des Einzelfalles ab[169]. Zweifel muß das Gericht durch Rückfrage klären.

74   Ein **Widerruf ist nur wirksam**, sofern eine Rücknahme- oder Verzichtserklärung nicht bereits vorher bei Gericht eingegangen ist und die Rechtskraft herbeigeführt hat[170]. In Zweifelsfällen ist das vom Gericht von Amts wegen zu klären[171].

75   **f) Nachweis der Ermächtigung.** Die Ermächtigung muß zwar bei Abgabe der Rechtsmittelerklärung erteilt sein (Rdn. 72). Ihr Nachweis kann aber noch danach, und zwar bis zur Entscheidung über das Rechtsmittel, geführt werden[172]. Ebenso ist bis zu diesem Zeitpunkt auch der Nachweis ihres Widerrufs möglich. Dabei gilt jeweils Freibeweis. Fehlt der Nachweis der Ermächtigung, muß das Rechtsmittelgericht den Beschwerdeführer — eventuell unter Fristsetzung — zu seiner Erbringung auffordern (vgl. Nr. 152 Abs. 1 RiStBV). Als Nachweis genügt in der Regel eine anwaltliche Versicherung des Verteidigers[173]. Läßt sich ein Nachweis der Ermächtigung nicht erbringen, ist von einer fehlenden Ermächtigung auszugehen, die Erklärung des Verteidigers also unwirksam. Läßt sich nicht klären, ob eine dem Verteidiger erteilte Ermächtigung *diesem gegenüber* rechtzeitig widerrufen worden ist, wird man, anders als bei Zweifeln über die Rechtzeitigkeit ihres Eingangs bei Gericht[174], mit der h. M nicht umhin können anzunehmen, daß dies grundsätzlich zu Lasten des Beschwerdeführers geht, eine aufgrund der Ermächtigung abgegebene Erklärung des Verteidigers also wirksam bleibt[175].

IV. Sonstige Verfahrensfragen

76   **1. Erledigt-Erklärung. Verwerfungen.** Bei wirksamer Rechtsmittelrücknahme oder wirksamem Rechtsmittelverzicht bedarf es — abgesehen vom Kostenbeschluß (Rdn. 78) — an sich keiner Entscheidung über das Rechtsmittel. Nur wenn die Wirksamkeit der Erklärung von einem Beteiligten zu Unrecht bestritten wird, muß das Rechtsmittel durch besonderen Beschluß für erledigt erklärt werden[176]. Zuständig dafür ist das Rechtsmittelgericht, wenn die Akten bei ihm eingegangen sind, sonst das Erstgericht[177]. Der Beschluß

[167] *Kleinknecht/Meyer-Goßner*[43] 34; *Dahs* Hdb. 727.

[168] Vgl. etwa BGH NJW **1967** 1046; BayObLG NJW **1995** 1230.

[169] Vgl. einerseits OLG Celle NdsRpfl. **1973** 132; andererseits OLG München NStZ **1987** 342; ferner KK-*Ruß* 23; *Kleinknecht/Meyer-Goßner*[43] 34; KMR-*Paulus* 33.

[170] BGHSt **10** 245 (dazu Fußn. 166); BGH NJW **1983** 469.

[171] Vgl. etwa BGHSt **10** 247; BayObLG VRS **66** (1984) 283; Nr. 152 Abs. 1 RiStBV. Vgl. auch im folg. Text.

[172] Heute ganz h. M, vgl. statt vieler BGHSt **36** 260 f mit Nachw.; BGH NStZ **1995** 357; RGSt **55** 213; BayObLG MDR **1982** 249; *Meyer-Goßner* MDR **1979** 810; s. auch § 297, 7.

[173] So z. B. BGH NJW **1952** 373; GA **1968** 86; bei *Pfeiffer/Miebach* NStZ **1987** 18; bei *Kusch* NStZ

1997 28; KK-*Ruß* 22; *Kleinknecht/Meyer-Goßner*[43] 33; *A. Mayer* MDR **1979** 197; *Kaiser* NJW **1982** 1368; *Schnarr* NStZ **1986** 490.

[174] Vgl. dazu *Dünnebier* JR **1957** 350 a. E.

[175] BGHSt **10** 245 = JR **1957** 349 mit zust. Anm. *Dünnebier* = JZ **1958** 177 mit insoweit abl. Anm. *Sax*; BGH NJW **1960** 2202; BGH NStZ **1983** 469; OLG Celle OLGSt 21; AK-*Achenbach* 11; KK-*Ruß* 23; *Kleinknecht/Meyer-Goßner*[43] 35; *Jescheck* GA **1959** 84; a. A KMR-*Paulus* 36 i. V. mit § 244, 343; SK-*Frisch* 76.

[176] RGSt **55** 214; BayObLG DRiZ **1931** Nr. 786; KG JR **1981** 480; OLG Düsseldorf MDR **1985** 429; OLG Schleswig SchlHA **1972** 161; *Kleinknecht/ Meyer-Goßner*[43] 11 unter Hinweis auf BGH; KMR-*Paulus* 38; SK-*Frisch* 78.

[177] *Kleinknecht/Meyer-Goßner*[43] 11; KMR-*Paulus* 38; vgl. BGHSt **12** 217; oben Rdn. 34.

ist nach allgemeinen Regeln mit der Beschwerde anfechtbar; bei der Berufung ist jedoch nach h. M in analoger Anwendung des § 322 Abs. 2 die sofortige Beschwerde gegeben[178]. Wird trotz wirksamer (endgültiger) Rücknahme oder wirksamen Verzichts das Rechtsmittel nochmals eingelegt, ist es als unzulässig zu verwerfen[179]. Eine Wiedereinsetzung scheidet grundsätzlich aus (oben Rdn. 58). Geht die Verzichts- oder Rücknahmeerklärung dagegen erst nach der Entscheidung über das Rechtsmittel beim Gericht ein, hat es bei dieser sein Bewenden (oben Rdn. 36).

2. Auslegung durch das Revisionsgericht. Das Revisionsgericht ist zur Auslegung **77** einer Rechtsmittelerklärung grundsätzlich befugt[180] und dabei an die Ansicht des Berufungsgerichts nicht gebunden[181].

3. Kostenbeschluß. Zur Frage, wieweit wegen der Kosten nach § 473 Abs. 1 und 2 ein **78** besonderer Beschluß des Gerichts erforderlich ist, vgl. bei § 473. Die Wirksamkeit einer Rechtsmittelbeschränkung kann im Rahmen einer Kostenbeschwerde nicht nachgeprüft werden[182].

§ 303

[1]**Wenn die Entscheidung über das Rechtsmittel auf Grund mündlicher Verhandlung stattzufinden hat, so kann die Zurücknahme nach Beginn der Hauptverhandlung nur mit Zustimmung des Gegners erfolgen.** [2]**Die Zurücknahme eines Rechtsmittels des Angeklagten bedarf jedoch nicht der Zustimmung des Nebenklägers.**

Schrifttum. *Krach* Zur Auslegung des § 303, NJW **1953** 1860; *Rieß* Zur Auslegung des § 303 StPO, JR **1986** 441; *K. Schäfer* Zur Auslegung des § 303 StPO, JR **1926** 784.

Entstehungsgeschichte. Satz 2 ist durch Art. 1 Nr. 82 des 1. StVRG angefügt worden. Bezeichnung bis 1924: § 345.

Übersicht

---

[178] BayObLG DRiZ **1931** Nr. 786; OLG Celle Nds-Rpfl. **1973** 132; OLG Düsseldorf MDR **1985** 429; OLG Frankfurt NStZ **1988** 328; OLG Hamburg NJW **1978** 606; OLG München NJW **1968** 1000; *Kleinknecht/Meyer-Goßner*[43] 11; KMR-*Paulus* 39; SK-*Frisch* 78.

[179] So z. B. BGH NJW **1960** 2202; **1984** 1975; BGH GA **1973** 46; bei *Pfeiffer/Miebach* NStZ **1985** 207; **1987** 18; RGSt **40** 133; BayObLGSt **1960** 238.

[180] Vgl. statt vieler z. B. BGHSt **10** 176; BGHR § 302 Abs. 1 Rücknahme 1; Rechtsmittelverzicht 4; 6; 7.

[181] KG GA **1928** 141; OLG Karlsruhe Justiz **1986** 308; KMR-*Paulus* 40; SK-*Frisch* 82; vgl. auch BGHSt **27** 72.

[182] OLG Stuttgart MDR **1984** 512; SK-*Frisch* 77.

1   **1. Zweck** der Vorschrift ist nach heutiger Auffassung sowohl die Förderung der materiellen Gerechtigkeit[1] als auch — sich weitgehend damit deckend — der Schutz des Rechtsmittelgegners[2]. Das früher z. T. angeführte Argument, es widerspreche Würde und Autorität des Gerichts, wenn eine bereits begonnene Hauptverhandlung durch eine einseitige Erklärung gegenstandslos gemacht werden könne[3], wird heute nicht mehr vertreten. Die Reichstagskommission, auf deren Beschlüssen die Vorschrift beruht[4], hatte hauptsächlich darauf abgestellt, daß es der Staatsanwaltschaft bei einem zuungunsten des Angeklagten eingelegten Rechtsmittel nicht zustehen dürfe, das Gericht an einer dem Angeklagten günstigen Entscheidung zu hindern, wenn das Ergebnis der Verhandlung über das Rechtsmittel zu seinen Gunsten spricht[5]. Aber abgesehen davon, daß § 303 die Rechtsmittel *aller* Verfahrensbeteiligten erfaßt, also auch die des Angeklagten und des gesetzlichen Vertreters (sowie des Privat- und Nebenklägers): Fällt die Verhandlung überzeugend zugunsten des Angeklagten aus, so hat die Staatsanwaltschaft aufgrund ihrer Stellung dies bei ihren Entschließungen ohnedies pflichtgemäß zu berücksichtigen. So hat die genannte Erwägung der Reichstagskommission eigentlich nur in Fällen Bedeutung, in denen die Beurteilung durch die Staatsanwaltschaft von der gerichtlichen aus vertretbaren Gründen abweicht.

2   **2. Anwendungsbereich.** § 303 gilt nur bei Rechtsmitteln, bei denen die Entscheidung aufgrund einer mündlichen Verhandlung ergehen muß. Dies ist der Fall bei der Berufung, soweit nicht § 313 Abs. 2 Satz 2 eingreift oder soweit die Anwendbarkeit des § 303 gemäß § 329 Abs. 2 Satz 2 wegen unentschuldigten Ausbleibens des Angeklagten ausgeschlossen ist. Es ist ferner im Rahmen des § 349 Abs. 5 bei der Revision der Fall, nicht jedoch bei der Beschwerde, bei der keine mündliche Verhandlung stattfindet (§ 309 Abs. 1)[6]. — Eine entsprechende Anwendung der Vorschrift bestimmt § 411 Abs. 3 für das Verfahren nach Einspruch gegen einen Strafbefehl.

3   **3. Rücknahme** ist im Sinn von § 302 zu verstehen. § 303 betrifft auch die Teilrücknahme und die nachträgliche Beschränkung des Rechtsmittels auf abtrennbare Teile der Entscheidung, die eine teilweise Zurücknahme des Rechtsmittels bedeutet[7].

4   **4. Beginn der Hauptverhandlung.** Sie beginnt nach den §§ 324, 351, 243 Abs. 1 mit dem Aufruf der Sache[8]. Vorher ist — mit Ausnahme des von der Staatsanwaltschaft zugunsten des Angeklagten eingelegten Rechtsmittels (§ 302 Abs. 1 Satz 2) — die einseitige Rücknahme also möglich[9].

Abgestellt wird dabei heute auf den **Beginn der ersten Hauptverhandlung**. Mit ihr wird nach jetzt ganz herrschender Ansicht[10], die der Gesetzgeber bei der Neufassung des

---

[1] BGHSt **23** 277 stellt diesen Zweck in den Vordergrund; ebenso KK-*Ruß* 1; *Kleinknecht/Meyer-Goßner*[43] 1; KMR-*Paulus* 1.

[2] SK-*Frisch* 1; *Rieß* JR **1986** 443. AK-*Achenbach* 1 stellt vor allem auf den Schutz des Angeklagten ab; dagegen BayObLG wistra **1994** 119. – Zur Bedeutung des Schutzzwecks vgl. *Brandt* JW **1925** 2748; *Krach* NJW **1953** 1860; *Rieß* JR **1986** 442.

[3] Vgl. dazu *Rieß* JR **1986** 443.

[4] Prot. *Hahn* 985; 1380; zur (nicht eindeutigen) Entstehungsgeschichte RGSt **67** 281; *Rieß* JR **1986** 442; *K. Schäfer* JR **1926** 786.

[5] Vgl. auch RGSt **65** 236; LG Fürth JW **1925** 1049.

[6] KK-*Ruß* 1; *Kleinknecht/Meyer-Goßner*[43] 1; KMR-*Paulus* 3; SK-*Frisch* 3.

[7] RGSt **65** 235; BayObLGSt **1949/51** 562; OLG Frankfurt VRS **50** (1976) 416; OLG Koblenz NJW **1951** 933 mit Anm. *Pusinelli*; KK-*Ruß* 2; *Kleinknecht/Meyer-Goßner*[43] 1; KMR-*Paulus* 3; SK-*Frisch* 2.

[8] KK-*Ruß* 2; *Kleinknecht/Meyer-Goßner*[43] 2; KMR-*Paulus* 5; zur Rechtslage vor Änderung des § 243 Abs. 1 durch das StPÄG 1964 vgl. RGSt **65** 235; **67** 281; *Eb. Schmidt* 5.

[9] RGSt **65** 236; allg. M.

[10] BGHSt **23** 277 auf Vorlage von OLG Celle VRS **37** (1969) 372; BayObLGSt **1973** 125 = JR **1974** 251 mit Anm. *Peters*; AK-*Achenbach* 4; KK-*Ruß* 2; *Kleinknecht/Meyer-Goßner*[43] 2; KMR-*Paulus* 6; *Eb. Schmidt* 5; SK-*Frisch* 6; *Roxin* § 51, 24;

§ 329 durch das 1. StVRG mittelbar bestätigt hat[11], die Wirkung des § 303 endgültig und für die Dauer des ganzen Verfahrens ausgelöst. Damit soll verhindert werden, daß der Rechtsmittelführer, wenn die Verhandlung oder eine aufhebende und zurückverweisende Entscheidung einen ihm unerwünschten Ausgang erwarten läßt, den Gegner noch in diesem Stadium des Verfahrens durch Rücknahme des Rechtsmittels benachteiligt. Wird also die Hauptverhandlung ausgesetzt (§ 228) oder nicht fristgerecht nach Unterbrechung fortgesetzt, so daß sie erneuert werden muß (§ 229), so bedarf die Zurücknahme weiterhin der Zustimmung[12]. Gleiches gilt, wenn nach Aufhebung und Zurückverweisung durch das Revisionsgericht erneut vor dem Tatrichter zu verhandeln ist[13].

Eine früher stark vertretene **Gegenmeinung**, nach der das Rechtsmittel in der Zeit zwi- **5** schen zwei Hauptverhandlungen ohne Zustimmung des Gegners zurückgenommen werden kann[14], wird heute, soweit ersichtlich, nicht mehr vertreten. Wegen der Sonderregelung in § 329 Abs. 2 vgl. Rdn. 2.

5. Gegner

a) Bei Rechtsmitteln des Angeklagten und seines gesetzlichen Vertreters ist Gegner **6** die Staatsanwaltschaft, auch der Privatkläger[15]. Der Zustimmung des Nebenklägers, der an sich natürlich auch „Gegner" ist, bedarf es nach Satz 2 nicht.

b) Bei Rechtsmitteln der Staatsanwaltschaft, des Privat- oder Nebenklägers ist der **7** Angeklagte Gegner, aber auch der gesetzliche Vertreter, der gemäß § 298 sein eigenes Rechtsmittelrecht verfolgt[16]. Die Zustimmung des Angeklagten kann durch diejenige des Verteidigers oder gesetzlichen Vertreters nicht ersetzt werden; sie ist eine ihm selbst vorbehaltene Entscheidung[17]. Er kann sie jedoch durch den Verteidiger abgeben. Widerspricht der anwesende Angeklagte einer Zustimmungserklärung des Verteidigers nicht, kann darin eine Zustimmung des Angeklagten liegen[18]. Es hängt allerdings von den Umständen des Falles ab, ob sich das Schweigen des Angeklagten zu einer nicht in seinem Auftrag abgegebenen Erklärung seines Verteidigers als Zustimmung auffassen läßt[19]. In den Fällen des § 234 kann der zur Vertretung bevollmächtigte Verteidiger den Angeklagten auch im Willen vertreten und daher für ihn wirksam zustimmen[20].

Nebenbeteiligte, die die Rechte des Angeklagten haben, sind, soweit sie von der **8** Rücknahme des Rechtsmittels der Staatsanwaltschaft betroffen werden, ebenfalls Gegner[21].

Schlüchter 654; *Rieß* JR **1986** 441; weitere Nachw. in Fußn. 12, 13.

[11] Dazu *Rieß* JR **1986** 443 (auch zum neueren Sprachgebrauch des Gesetzgebers).

[12] BGHSt **23** 277; OLG Celle GA **1931** 116; HRR **1933** Nr. 790; VRS **37** (1969) 372; OLG Dresden JW **1928** 2290; **1929** 2772; LG Fürth JW **1925** 1049; *Brandt* JW **1925** 2748; **1927** 2079; *Peters* JZ **1960** 62; *Sax* JZ **1967** 43.

[13] BayObLGSt **1973** 125 = JR **1974** 251 mit Anm. *Peters*; **1984** 166 = NJW **1985** 754; OLG Stuttgart Justiz **1990** 469; *Krach* NJW **1953** 1860.

[14] RGSt **67** 286; RG JW **1932** 3112 mit Anm. *K. Schäfer*; OLG Hamburg LZ **1916** 709; OLG Oldenburg NJW **1959** 2225; *K. Schäfer* JR **1926** 786; weit. Nachw. bei *Rieß* JR **1986** 441.

[15] KK-*Ruß* 3; *Kleinknecht/Meyer-Goßner*[43] 3; KMR-*Paulus* 8; SK-*Frisch* 7.

[16] Insoweit **a. A** LR-*Gollwitzer*[24] 11; SK-*Frisch* 8; wohl auch HK-*Rautenberg* 7; *Kleinknecht/Meyer-Goßner*[43] 3.

[17] BayObLGSt **1984** 116 = NJW **1985** 754; OLG Hamm NJW **1969** 151 = JZ **1969** 269 mit Anm. *Peters*; OLG Koblenz NJW **1951** 933; AK-*Achenbach* 6; KK-*Ruß* 3; *Kleinknecht/Meyer-Goßner*[43] 3; KMR-*Paulus* 9; SK-*Frisch* 8.

[18] So etwa BayObLGSt **1984** 116 = NJW **1985** 754; *Kleinknecht/Meyer-Goßner*[43] 3 („in der Regel"); **a. A** OLG Koblenz NJW **1951** 933 mit Anm. *Pusinelli*; *Sarstedt/Hamm* 83.

[19] OLG Hamm u. OLG Koblenz aaO; AK-*Achenbach* 6; KMR-*Paulus* 11, 12; vgl. unten Rdn. 10 mit weit. Nachw.

[20] AK-*Achenbach* 6; KK-*Ruß* 3; *Kleinknecht/Meyer-Goßner*[43] 3; KMR-*Paulus* 12; *Eb. Schmidt* 4.

[21] KK-*Ruß* 3; SK-*Frisch* 8.

6. Zustimmung

9   **a) Gegenüber dem zuständigen Gericht** ist die Zustimmung abzugeben[22]. Sie ist Prozeßhandlung (vgl. auch Rdn. 12), durch die die Wirksamkeit der Rücknahme ausgelöst wird.

10   **b) Form.** Die Zustimmung ist nicht formgebunden, muß aber eindeutig sein. Nur der stimmt zu, der die Tragweite der Zustimmung erkennt, zustimmen will und dies entweder ausdrücklich erklärt oder durch sein Verhalten doch unmißverständlich zum Ausdruck bringt. Letzteres kommt nach Lage des Einzelfalles durch schlüssiges Verhalten oder sogar durch bloßes Schweigen in Betracht[23], so insbesondere, wenn die Zustimmung dem Gegner unzweifelhaft erkennbar nur Vorteile bringt. Schweigen darf aber nicht schlechthin als Zustimmung gewertet werden[24]. Als Zustimmung kann es beispielsweise zu würdigen sein, wenn nach einer Rechtsmittelbeschränkung (vgl. Rdn. 3) der Gegner seine Anträge der neuen Verfahrenslage anpaßt[25]. In allen Zweifelsfällen wird das Gericht die Personen, deren Zustimmung es bedarf, ausdrücklich befragen, damit die für den weiteren Verfahrensgang wichtige Frage nicht im unklaren bleibt[26].

11   **c) Zeitpunkt. Überlegungsfrist.** Der Gegner muß auf die erklärende Rechtsmittelrücknahme nicht sofort reagieren, sondern hat Anspruch auf eine angemessene Überlegungsfrist[27], so daß mit der Rücknahme zunächst ein Schwebezustand entsteht oder entstehen kann. Er endet *jedenfalls* mit dem Beginn der Urteilsverkündung, weil von da an eine Rechtsmittelrücknahme grundsätzlich nicht mehr möglich ist[28]. Ansonsten endet er (außer durch die verweigerte Zustimmung), wenn die Überlegungszeit ungenützt verstrichen ist. Um Unsicherheiten über die Dauer des Schwebezustandes und über die weitere Verfahrensgestaltung zu mindern, wird man den Vorsitzenden für befugt halten müssen, einem sich nicht sofort Erklärenden eine der konkreten Verfahrenslage angemessene Frist zu setzen (SK-*Frisch* 12). Unterbleibt die Zustimmung über die angemessene Zeit hinaus, kann auch der Rechtsmittelführer die Beendigung des Schwebezustandes dadurch klarstellen, daß er an seiner Rücknahmeerklärung nicht mehr festhält[29]. Durch den Zeitablauf wird die erklärte Rechtsmittelrücknahme ebenso wirkungslos, wie wenn der Gegner die Zustimmung verweigert[30].

12   **d) Unwiderruflichkeit.** Als Verfahrenserklärung ist die erteilte Zustimmung nach ihrem Eingang bei Gericht unwiderruflich und unanfechtbar (allg. M.). Wird die Zustimmung versagt, ist die Rechtsmittelrücknahme unwirksam und gegenstandslos. Nicht ausgeschlossen ist jedoch die Zustimmung zu einer später noch einmal wiederholten Rücknahme des Rechtsmittels. Doch müssen dann beide Erklärungen (erneute Rücknahme und jetzt gegebene Zustimmung) als Prozeßhandlungen klar und zweifelsfrei sein.

---

[22] OLG Hamm NJW **1969** 151; allg. M.

[23] Vgl. etwa RGSt **64** 20; BayObLGSt **1949/51** 562; OLG Düsseldorf MDR **1976** 1046; OLG Hamm NJW **1969** 151; OLG Koblenz NJW **1951** 933; OLG Köln MDR **1954** 500; OLG Schleswig bei *Ernesti/Jürgensen* SchlHA **1973** 188; AK-*Achenbach* 7; KK-*Ruß* 4; *Kleinknecht/Meyer-Goßner*43 6; KMR-*Paulus* 11; SK-*Frisch* 10.

[24] RG JW **1933** 1069; vgl. auch BayObLGSt **1984** 116 = NJW **1985** 754; oben Rdn. 7.

[25] Vgl. BayObLGSt **1949/51** 562; OLG Breslau HRR **1932** Nr. 806; OLG Schleswig bei *Ernesti/Lorenzen* SchlHA **1984** 106.

[26] AK-*Achenbach* 8; KMR-*Paulus* 11; *Peters* JZ **1969** 269.

[27] Vgl. OLG Düsseldorf MDR **1983** 1045 (Zustimmung zu Beginn des nächsten Fortsetzungstermins trotz 10tägiger Unterbrechung genügt); KK-*Ruß* 5; *Kleinknecht/Meyer-Goßner*43 4; SK-*Frisch* 12.

[28] OLG Breslau HRR **1932** Nr. 806; KK-*Ruß* 2, 5; KMR-*Paulus* 7; *Schlüchter* 654.

[29] OLG Hamm NJW **1969** 151 = JZ **1969** 269 mit krit. Anm. *Peters* (der für zweifelhaft hält, ob die Rechtsmittelrücknahme, zu der noch keine endgültige Äußerung des Gegners vorliegt, zurücknehmbar ist); KK-*Ruß* 5; *Kleinknecht/Meyer-Goßner*43 4.

[30] RGSt **65** 235; KG KGJ **52** 377.

e) Sitzungsniederschrift. Freibeweis. Wird die Zustimmung in der Hauptverhand- **13** lung ausdrücklich erklärt oder verweigert, ist dies gemäß § 273 in die Sitzungsnieder- schrift aufzunehmen. Der Vermerk hierüber hat Beweiskraft nach § 274[31]. Fehlt ein sol- cher Vermerk, so beweist das Schweigen der Sitzungsniederschrift jedoch nur, daß keine ausdrückliche Erklärung abgegeben wurde. Es besagt nichts darüber, ob die Zustimmung durch konkludente Handlung oder durch Schweigen (Rdn. 7, 10) erteilt worden ist; inso- weit hat das Protokoll daher keine negative Beweiskraft[32]. Die Frage ist vielmehr gegebe- nenfalls im Wege des Freibeweises zu klären[33].

7. Bei Streit über die Wirksamkeit der Rücknahme entscheidet das Gericht in der **14** Hauptverhandlung durch Urteil, indem es bei wirksamer Zurücknahme das Rechtsmittel durch Urteil für erledigt erklärt, bei unwirksamer Rücknahme Sachurteil erläßt[34]. Durch Beschluß kann das Gericht entscheiden, wenn Rücknahme und Zustimmung bei ihm außerhalb der Hauptverhandlung eingegangen sind. Gegen die Entscheidung ist Be- schwerde gegeben (§ 304), sofern nicht § 305 entgegensteht, weil das Gericht feststellt, daß die Rechtsmittelrücknahme unzulässig war[35].

8. Kostenbeschluß bei unwirksamer Zurücknahme: s. bei § 473.   **15**

---

[31] OLG Köln MDR **1954** 500; weit. Nachw. in Fußn. 32.

[32] BayObLGSt **1984** 116 = NJW **1985** 754; OLG Hamm NJW **1969** 151 = JZ **1969** 269 mit Anm. *Pe- ters*; OLG Köln MDR **1954** 500; OLG Schleswig bei *Ernesti/Jürgensen* SchlHA **1973** 188; KK-*Ruß* 4; *Kleinknecht/Meyer-Goßner*[43] 6; KMR-*Paulus* 13; SK-*Frisch* 14.

[33] Dazu die Nachw. Fußn. 32; vgl. auch RGSt **64** 20.

[34] RGSt **67** 281; KK-*Ruß* 6; *Kleinknecht/Meyer- Goßner*[43] 7; KMR-*Paulus* 16; SK-*Frisch* 15.

[35] LG Schweinfurt NJW **1965** 1892 mit Anm. *Dahs*; KMR-*Paulus* 15; SK-*Frisch* 15.

Ernst-Walter Hanack

ZWEITER ABSCHNITT

Beschwerde

Vorbemerkungen

Schrifttum. *Amelung* Rechtsschutz gegen strafprozessuale Grundrechtseingriffe (1976); *ders.* Entwicklung, gegenwärtiger Stand und zukunftsweisende Tendenzen der Rechtsprechung zum Rechtsschutz gegen strafprozessuale Grundrechtseingriffe, FG 50 Jahre Bundesgerichtshof 911; *Amelung/Wirth* Die Rechtsprechung des Bundesverfassungsgerichts seit 1990 zum Schutz der materiellen Grundrechte im Strafverfahren StV **2002** 161; *Ellersiek* Die Beschwerde im Strafprozeß (1981); *Ferdinand* Das Rechtsmittel der Beschwerde im deutschen Strafprozeß (1908); *Giesler* Der Ausschluß der Beschwerde gegen richterliche Entscheidungen im Strafverfahren (1981); *Hohmann* Gegenvorstellung – Stiefkind des Strafverfahrens? JR **1990** 10; *Kaiser* Die Beschwer als Voraussetzung strafprozessualer Rechtsmittel (1993); *Kley* Die außerordentliche Beschwerde (1999); *Laser* Das Rechtsschutzsystem gegen strafprozessuale Zwangsmaßnahmen, NStZ **2001** 120; *Lemke* Gegenvorstellung gegen rechtskräftige, die Strafaussetzung widerrufende Beschlüsse, ZRP **1978** 281; *Matt* Zur (weiteren) Beschwerde nach §§ 304, 310 StPO, NJW **1991** 1801; *Matt* Zu Problemen der Haftbeschwerde und des Haftprüfungsantrags, JA **1991** 85; *Matt* Die Gegenvorstellung im Strafverfahren, MDR **1992** 820; *Radtke* Zur Systematik des Strafklageverbrauchs verfahrenserledigender Entscheidungen im Strafprozeß (1994); *Rüping* Der Grundsatz des rechtlichen Gehörs und seine Bedeutung im Strafverfahren (1976); *Schroth* Der Rechtsschutz gegen strafprozessuale Grundrechtseingriffe, StV **1999** 117; *Schuler* Das Rechtsmittel der sofortigen Beschwerde im Strafverfahren (1931); *Schwentker* Der Ausschluß der Beschwerde nach § 305 StPO (1990); *Seier* Das Rechtsmittel der sofortigen Beschwerde gegen strafprozessuale Nebenentscheidungen (1980); *Trepper* Zur Rechtskraft strafprozessualer Beschlüsse (1996); *Weidemann* Die Stellung der Beschwerde im funktionalen Zusammenhang der Rechtsmittel im Strafprozeß (1999); *Wendisch* Anfechtung von Beschlüssen, die Verhaftungen oder die einstweilige Unterbringung betreffen, FS Dünnebier 239; *Werner* Strafprozessuale Gegenvorstellung und Rechtsmittelsystem, NJW **1991** 19; *Wittschier* Das Verbot der reformatio in peius im strafprozessualen Beschlußverfahren (1984); *Wölfl* Die Gegenvorstellung im Strafprozeß, StraFo. **2003** 222; *Wronker* Die Beschwerde im Strafverfahren (1922); *Zimmermann* Über das Rechtsmittel der Beschwerde GS **36** (1884) 603.

Holger Matt

Alphabetische Übersicht

1 **1. Geltungsbereich der §§ 304 ff.** Grundsätzlich ist die Beschwerde das einschlägige Rechtsmittel gegen richterliche und gerichtliche Beschlüsse und Verfügungen. Die Beschwerde richtet sich allein gegen den Inhalt richterlicher Entscheidungen und nicht gegen das Verhalten eines Richters (einschlägig ist hier die Dienstaufsichtsbeschwerde; vgl. auch die Ausschließung und Ablehnung von Richtern gem. §§ 22 ff)[1]. Die Beschwerde ist möglich gegen alle richterlichen Maßnahmen, die keine Justizverwaltungsakte (vgl. § 23 EGGVG) darstellen und nicht als Urteile mit der Berufung oder der Revision oder mit anderen Rechtsbehelfen (z. B. Einspruch gegen einen Strafbefehl) anfechtbar sind. Die §§ 304 ff regeln im wesentlichen, aber nicht abschließend, die Zulässigkeit und das Verfahren der Beschwerde.

---

[1] Vgl. dazu LR-*Hanack* Vor § 296, 89.

Zu unterscheiden sind nach der StPO zunächst die (**einfache**, unbefristete) **Beschwerde** 2
mit einem sehr weiten Anwendungsbereich in allen Verfahrensabschnitten des Strafprozesses und die (fristgebundene) **sofortige Beschwerde** (§ 311), die nur in den an anderer
gesetzlicher Stelle ausdrücklich vorgesehenen Fällen – allerdings auch nach den allgemeinen Regeln der §§ 304 ff – zur Anwendung kommt.

Die sog. **weitere Beschwerde** eröffnet in dem engen Bereich des § 310 ausnahmsweise 3
eine nochmalige Instanz zur Überprüfung der ergangenen Beschwerdeentscheidung.
Auch hier gelten im übrigen die allgemeinen Regeln der §§ 304 ff.

2. Sondervorschriften. Im zweiten Abschnitt des dritten Buches ist das Rechtsmittel 4
der Beschwerde nicht abschließend geregelt. Sondervorschriften finden sich beispielsweise zur Untersuchungshaft in den §§ 117 Abs. 2, 118 Abs. 2, 120 Abs. 2, 124 Abs. 2
sowie zum Vollstreckungsverfahren in § 453 Abs. 2 S. 1 und 2 oder zur ausnahmsweisen
aufschiebenden Wirkung der Beschwerde[2]. In anderen Gesetzen, die das Strafverfahren
betreffen, kann ebenfalls das Rechtsmittel der Beschwerde im Sinne der §§ 304 ff eröffnet werden, beispielsweise in den §§ 56 Abs. 2 S. 3 GVG (unentschuldigtes Fernbleiben
von Schöffen), 159 Abs. 1 S. 3 GVG (Bundesgerichtshof als Beschwerdegericht bei
Rechtshilfe), oder die „sinngemäße" Anwendung der Vorschriften, z. B. bei der Erinnerung gem. § 11 Abs. 2 S. 4 RpflG. Im übrigen gibt es eine Vielzahl von Vorschriften, die
den Anwendungsbereich der Beschwerde ausdrücklich ausschließen oder einschränken[3].

Nochmals ist grundsätzlich darauf hinzuweisen, daß gem. § 311 Abs. 1 die sofortige 5
Beschwerde nur in den gesetzlich ausdrücklich vorgesehenen Fällen zur Anwendung
kommt und insoweit die Zulässigkeit und Fristgebundenheit dieses Rechtsmittels in diesen (Sonder-)Vorschriften – neben den §§ 304 ff – begründet wird[4]. **Fälle der sofortigen
Beschwerde** sind beispielsweise in folgenden Vorschriften geregelt[5]: im Wiedereinsetzungsverfahren § 46 Abs. 3, bei Unterbringung zur Begutachtung § 81 Abs. 4, bei Untersuchungshaft im Zusammenhang mit Kautionsverfall § 124 Abs. 2, beim Ausschluß
eines Verteidigers gem. § 138d Abs. 6 S. 1, in § 59 Abs. 1 JGG zur Anfechtung der
(Nicht-)Aussetzung einer Jugendstrafe oder in § 73 Abs. 2 JGG die Anfechtung einer
Unterbringung zur Beobachtung, im Gesetz über die Entschädigung für Strafverfolgungsmaßnahmen § 8 Abs. 3 StrEG, im Rechtspflegergesetz § 11 Abs. 1 und 2 RPflG, in
§ 100 Abs. 2 S. 3 BRAGO, bei Kostenentscheidungen gem. § 464 Abs. 3 sowie im
Wiederaufnahmeverfahren § 372; im Strafvollstreckungsverfahren bei nachträglichen
Aussetzungsentscheidungen § 453 Abs. 2 S. 3, Aussetzungsentscheidungen über Strafrest
§ 454 Abs. 3 und andere Nachtragsentscheidungen im Strafvollstreckungsverfahren
(§ 462 Abs. 3), auch im Vollstreckungsverfahren des Jugendrichters gem. § 83 Abs. 3
JGG oder § 88 Abs. 6 S. 3 JGG oder bei Widerruf der Aussetzung der Jugendstrafe gem.
§ 59 Abs. 3 JGG. Nicht unumstritten ist die Einordnung der Beschwerde gegen Ordnungsmittel gem. § 181 GVG[6].

3. Zweck, Wesen und Verfahren der Beschwerde gem. der §§ 304 ff. Die Beschwerde 6
ist das **Rechtsmittel gegen richterliche und gerichtliche Beschlüsse und Verfügungen** mit

---

[2] Vor § 304, 10; § 307, 2 ff.
[3] Dies ist als Zulässigkeitsvoraussetzung (Statthaftigkeit) zu prüfen, dazu § 304, 17 ff.
[4] Dazu umfassend bei § 311, 3 f.
[5] Aufzählung der gesetzlich bezeichneten Fälle der
sofortigen Beschwerde bei § 311, 5.
[6] Vgl. BGH NJW **2001** 3275, 3276 (Fall Schill: zu-

mindest mit der Mindermeinung vertretbar, keine
sofortige Beschwerde anzunehmen mit der Folge
der Abhilfemöglichkeit gem. § 306 Abs. 2 und bei
Nichtabhilfe eine Dreitagesfrist zur Vorlage; vgl. die
Kritik von *Schaefer* NJW **2002** 734 f); für die h. M.
LR-*Wickern* § 181 GVG, 2 f; *Schiemann* NJW **2002**
112 f jeweils mit weit. Nachw.

Holger Matt

dem Ziel, die Aufhebung oder Änderung der angefochtenen Entscheidung oder den Erlaß einer unterbliebenen Entscheidung zu erreichen. Die **Zulässigkeit einer Beschwerde** setzt allgemein voraus (1) eine prozessual beachtliche gerichtliche Entscheidung[7], (2) Schriftform und den richtigen Adressaten[8], (3) die Statthaftigkeit der Beschwerde (kein gesetzlicher Ausschluß)[9], (4) Beschwer durch die Erstentscheidung[10] (auch bei prozessualer Überholung)[11] und Aktivlegitimation[12] sowie (5) kein Verzicht oder Rücknahme[13]. Diese rechtlichen Formalien müssen erfüllt sein, um durch die Beschwerde eine Sachprüfung und -entscheidung (über die **Begründetheit der Beschwerde**) herbeizuführen. Eine förmliche Pflicht zur Begründung besteht für den Beschwerdeführer nicht, ist jedoch zur Förderung des sachlichen Anliegens selbstverständlich empfehlenswert[14] (vgl. für die Staatsanwaltschaft Nr. 147, 148 und 156 Abs. 1 RiStBV). Das Gericht kann sowohl aus tatsächlichen als auch aus rechtlichen Gründen eine neue Sachentscheidung treffen (§§ 306 Abs. 2, 309 Abs. 2)[15].

7   Die Beschwerde ist gem. § 306 Abs. 1 immer bei dem Gericht, von dem die angefochtene Entscheidung erlassen wurde (**iudex a quo**), **schriftlich oder zu Protokoll der Geschäftsstelle einzulegen**. Bei der einfachen Beschwerde oder bei der weiteren Beschwerde gem. § 310 gibt es keine förmlichen Fristen einzuhalten. Nur der Gesichtspunkt der prozessualen Überholung[16] oder Erledigung (z. B. bei rechtskräftigem Verfahrensabschluß) kann aus zeitlichen Gründen zur Unzulässigkeit des Rechtsmittels führen. In den gesetzlich ausdrücklich bezeichneten Fällen der **sofortigen Beschwerde** hingegen ist die **Beschwerdefrist von einer Woche** gem. § 311 Abs. 2 einzuhalten[17].

8   Mit Ausnahme der sofortigen Beschwerde (vgl. § 311 Abs. 3) besteht bei der einfachen Beschwerde gem. der §§ 304, 306 wie auch bei der weiteren Beschwerde gem. §§ 310, 304, 306 zunächst die **Möglichkeit der Abhilfe** (§ 306 Abs. 2), unabhängig von der Zulässigkeit der Beschwerde[18]. Einer sachlich begründeten Beschwerde ist stets abzuhelfen, soweit dies nicht gesetzlich untersagt ist (z. B. § 311 Abs. 3)[19].

9   Unbeschadet davon führt die Beschwerde zu einer eigenen Entscheidung durch das übergeordnete sog. Beschwerdegericht, das grundsätzlich in vollem Umfange die Tatsachenfeststellungen und die Rechtsanwendung zu überprüfen und welches auch in Ermessensfragen nach eigenem Ermessen zu befinden hat (§ 309 Abs. 2)[20]. Auch eigene Ermittlungen kann das Beschwerdegericht anordnen bzw. vornehmen (§ 308 Abs. 2), es genügt das Freibeweisverfahren[21]. Alle Arten der Beschwerde – einschließlich der sofortigen Beschwerde – haben diese **Devolutivwirkung**[22]. Der Erstrichter darf demnach nie abschließend (negativ) über die Beschwerde entscheiden, auch nicht bei – aus seiner Sicht gegebener – Unzulässigkeit der (sofortigen) Beschwerde[23]. Der Grundsatz lautet:

---

[7] § 304, 3 ff.

[8] § 304, 13 ff.

[9] § 304, 17 ff.

[10] § 304, 41 ff.

[11] Zu den neueren Entscheidungen des BVerfG und den Konsequenzen Vor § 304, 68 ff, sowie bei § 304, 53 ff; vgl. auch § 310, 33 und § 311a, 6.

[12] § 304, 46 ff.

[13] § 304, 58 f; vgl. auch zur Teilanfechtung Vor § 304, 16 ff.

[14] § 304, 14; ausf. § 306, 6 ff.

[15] *Meyer-Goßner*[46] Vor § 304, 3: Die Beschwerde ist eine „Tatsachen- und Rechtsbeschwerde."

[16] Siehe bei Zulässigkeit § 304, 53 ff; vgl. auch Vor § 304, 68 ff.

[17] § 311, 1, 7.

[18] § 306, 13, 22; § 304, 1; vgl. auch § 311, 2, 11 ff.

[19] § 306, 10, 18.

[20] Vgl. aber z. B. die eingeschränkte Überprüfungsmöglichkeit gem. § 305a gegen einen Strafaussetzungsbeschluß, § 305a, 7; Vor § 304, 12; § 304, 30 f; § 309, 7, 14.

[21] HK-*Rautenberg*[3] § 308, 10; LR-*Gollwitzer*[24] Vor § 304, 19; § 308, 17 mit weit. Nachw.

[22] LR-*Hanack* Vor § 296, 1.

[23] Der Rechtsgedanke der §§ 319, 346 ist nicht übertragbar, da dort jeweils in Abs. 2 ein weiterer Rechtsbehelf ähnlich der sofortigen Beschwerde vorgesehen ist, vgl. näher bei § 306, 13, 22.

Jede Beschwerde ist dem Beschwerdegericht vorzulegen[24]**, soweit ihr nicht vollständig abgeholfen wird (§ 306 Abs. 2)**[25].

Die Einlegung der Beschwerde bewirkt **keinen Vollzugsaufschub (Suspensiveffekt)** **10** gem. § 307 Abs. 1. Jedoch kann der Erstrichter **(iudex a quo)** wie auch das Beschwerdegericht **(iudex ad quem)** anordnen, daß die **Vollziehung** der angefochtenen Entscheidung **ausgesetzt** wird (§ 307 Abs. 2). Gegenüber dieser grundsätzlichen Regelung kommt der Beschwerde in gesetzlich ausdrücklich bestimmten Ausnahmefällen jedoch eine aufschiebende Wirkung zu, ohne daß es einer Anordnung gem. § 307 Abs. 2 bedarf[26]: § 81 Abs. 4 S. 2, § 231a Abs. 3 S. 3, § 454 Abs. 3 S. 2, § 462 Abs. 3 S. 2, §§ 180, 181 Abs. 2 GVG, § 65 Abs. 2 S. 2 und 3 JGG. Umgekehrt wird ausnahmsweise auch in gesetzlich ausdrücklich bestimmten Fällen die Unzulässigkeit, die Vollziehung der angefochtenen Entscheidung auszusetzen, festgelegt (Freilassung nach Aufhebung des Haftbefehls gem. § 120 Abs. 2).

Trotz der grundsätzlichen Regelung in § 309 Abs. 1, daß die Entscheidung über die **11** **Beschwerde ohne mündliche Verhandlung** ergeht, ist im Zusammenhang der Untersuchungshaft der Ausschluß der mündlichen Verhandlung relativiert. Im Falle einer **Haftbeschwerde** kann **auf Antrag des Beschuldigten oder von Amts wegen** gem. § 118 Abs. 2 auch **nach mündlicher Verhandlung** entschieden werden. Gem. § 124 Abs. 2 S. 3 ist im Zusammenhang des **Verfalls der Sicherheit** an die Staatskasse vor der Entscheidung über die sofortige Beschwerde Gelegenheit zur mündlichen Begründung der Anträge sowie zur Erörterung über durchgeführte Ermittlungen zu geben.

4. Entscheidung des Beschwerdegerichts

a) Die **Befugnisse des Beschwerdegerichts** sind in §§ 308, 309 angesprochen, jedoch **12** nicht umfassend geregelt. Das Gericht ist gehalten, allen Verfahrensbeteiligten in ausreichendem Maß **rechtliches Gehör** zu gewähren (Art. 103 Abs. 1 GG), insbesondere bei Verwertung neuer Tatsachen oder Beweisergebnisse (vgl. auch § 33 Abs. 3 sowie die Nachholung gem. §§ 33a und 311a). Das Beschwerdegericht kann gem. § 308 Abs. 2 eigene Ermittlungen anstellen im Freibeweisverfahren[27]. Wie bereits ausgeführt, trifft das Beschwerdegericht „die in der Sache erforderliche Entscheidung" (§ 309 Abs. 2), d. h. regelmäßig eine eigene **Sachentscheidung**. Zu beachten sind **gesetzliche Nachprüfungsbeschränkungen** (§ 305a, § 453 Abs. 2 S. 2, § 59 Abs. 2 S. 2), die bei Begründetheit der Beschwerde (Gesetzwidrigkeit der Vorentscheidung) gleichwohl zu einer neuen eigenen Sachentscheidung nach dem Ermessen des Beschwerdegerichts führen können[28]. Bei **Haftentscheidungen während laufender Hauptverhandlungen** sind ebenfalls Beschränkungen für das Beschwerdegericht gegeben[29], denn diese Entscheidungen sind nur auf Rechtsfehler und Vertretbarkeit (Schlüssigkeit) hin überprüfbar[30], trotz der Befugnis des Beschwerdegerichts zu eigenen Ermittlungen gem. § 308 Abs. 2 findet **keine Beweiserhebung über die Beweisaufnahme** (in der Hauptverhandlung) statt[31]. In Ausnahmefällen kommt **statt Sachentscheidung** auch eine **Zurückverweisung** an das Erstgericht in Betracht, beispielsweise wenn eine Sachentscheidung des Erstgerichts völlig unterblieben ist oder bei schwerwiegenden Verfahrensfehlern wie einer unterbliebenen, indes gebote-

---

[24] In der Regel über die Staatsanwaltschaft, § 306, 25 (beachte die Ausnahme gem. §§ 148a, 148 Abs. 2).

[25] § 306, 10, 18, 22.

[26] Dazu näher § 307, 2 ff.

[27] § 308, 17 ff.

[28] Vgl. § 304, 30 f; § 305a, 7; § 309, 7.

[29] § 304, 32.

[30] BGH StV **1991** 525, 526 mit Anm. *Weider*; KG StV **1993** 252, 253; OLG Koblenz StV **1994** 316 f; OLG Karlsruhe StV **1997** 312, 313; *Schlothauer/Weider*[3] 806; LR-*Hilger* § 112, 20.

[31] OLG Frankfurt StV **1995** 593 f.

nen (z. B. im Rahmen von § 453 Abs. 1 S. 3)[32] oder obligatorischen (z. B. gem. § 454 Abs. 1 S. 3)[33] mündlichen Anhörung[34].

13   **b) Verschlechterungsverbot.** Grundsätzlich ist das Beschwerdegericht nicht an Anträge und Ausführungen der Verfahrensbeteiligten gebunden[35]. Das Verschlechterungs verbot, welches vom Gesetzgeber für die Beschwerde nicht ausdrücklich angeordnet oder geregelt wurde (wie in §§ 331, 358 Abs. 2, 373 Abs. 2), soll **nur in Ausnahmefällen** eingreifen, nämlich wenn Rechtsfolgen ähnlich einem Urteil endgültig in einer der materiellen Rechtskraft fähigen Weise festgelegt werden (z. B. bei nachträglicher Gesamtstrafenbildung gem. §§ 460, 462)[36]. In diesen Ausnahmefällen gilt das Verschlechterungsverbot normativ jedoch im gleichen Umfang[37].

14   Die **fehlende Regelung eines Verschlechterungsverbots** im Zusammenhang der Beschwerde erklärt sich aus der Verfahrenssituation, daß hier regelmäßig nicht – abgesehen von bezeichneten Ausnahmefällen – über Art und Höhe von Rechtsfolgen rechtskräftig entschieden wird. Das Verschlechterungsverbot ist auch nicht unabdingbarer Bestandteil eines rechtsstaatlichen Verfahrens[38], wie das Beispiel des Strafbefehlsverfahrens zeigt, in dem das Gericht in der Hauptverhandlung nach Einspruch auch nicht an den Rechtsfolgenausspruch im Strafbefehl gebunden ist (§ 411 Abs. 4). Gleiches gilt für den Bereich der Nebenentscheidungen gem. § 268a (z. B. Bewährungsauflagen), soweit jedenfalls das Berufungsgericht oder nach vorheriger Zurückverweisung das Erstgericht einen neuen Beschluß gem. § 268a erlassen hat[39]. Eine allgemeine Rechtspflicht zur Beachtung der „Rechtswohltat"[40] eines Verschlechterungsverbots ist dem deutschen Strafverfahrensrecht nicht zu entnehmen.

15   Es ist daran zu denken, eine **normative Grenze der Verschlechterung** dort anzunehmen, wo das zur Entscheidung berufene **Gericht von Amts** wegen seine Erstentscheidung nicht zum Nachteil des Betroffenen **abändern** dürfte[41], so daß beispielsweise die Entscheidungsmöglichkeiten gem. § 56e StGB diesen normativen Rahmen bei Beschwerdeverfahren (§§ 268a, 305a) abstecken[42]. Aus diesem Gedanken folgt jedoch auch, daß ein Verschlechterungsverbot nicht greifen kann, soweit eine nachträgliche Abänderungskompetenz des Gerichts gegeben ist[43]. Grundsätzlich kann es **aus Gründen einer fairen Verfahrensgestaltung** geboten sein, den Beschwerdeführer vor einer „verschlechternden" Entscheidung nochmals anzuhören, um ihm ggfs. Gelegenheit zur Rücknahme der Beschwerde zu geben[44].

16   **c) Teilanfechtung.** Das Rechtsmittel der Beschwerde ist – ebenso wie die anderen Rechtsmittel – auf selbständig nachprüfbare Teile einer Entscheidung beschränkbar[45].

---

[32] Vgl. OLG Frankfurt NStZ-RR **1996** 91.
[33] Vgl. OLG Rostock NStZ-RR **2000** 14; OLG Karlsruhe StV **1997** 314, 315 (bei mündlicher Anhörung ohne Verteidiger).
[34] Dazu ausführlich § 309, 13 ff.
[35] Vgl. § 309, 4 ff, 7 ff.
[36] OLG Frankfurt NStZ-RR **1996** 318 mit weit. Nachw.; KK-*Engelhardt*[4] § 309, 13; *Meyer-Goßner*[46] Vor § 304, 5; § 309, 25.
[37] SK-*Frisch* Vor § 304, 23; *Ellersiek* 196 f.
[38] **A. A** *Wittschier* 99 ff, 192 f.
[39] BGH 4 StR 657/94 bei *Kusch* NStZ **1995** 220; BGH NJW **1982** 1544; OLG Oldenburg NStZ-RR **1997** 9 f; OLG Düsseldorf NStZ **1994** 198 f.
[40] *Meyer-Goßner*[46] Vor § 304, 5.
[41] Offen gelassen bei BGH NJW **1982** 1544.

[42] Auch bei § 56e StGB sollen Entscheidungen zungunsten des Verurteilten denkbar sein (OLG Frankfurt NStZ-RR **1996** 220), aber nur in seinem Interesse, *Tröndle/Fischer*[50] § 56e, 1; **a. A** bei Auflagen gem. § 56b *Schönke/Schröder/Stree* § 56e, 3, jeweils mit weit. Nachw.; gar keine Nachholung von Geldauflagen bei unterbliebenen Beschlüssen gem. § 268a, OLG Köln NStZ-RR **2000** 338; OLG Hamm NStZ-RR **2000** 126; vgl. bei § 305a, 7.
[43] Vgl. OLG Düsseldorf NStZ-RR **1994** 198 f mit weit. Nachw.; auch bei Untersuchungshaft (§ 116 Abs. 4): OLG Düsseldorf StV **1993** 480.
[44] Vgl. auch § 309, 21 f; § 305a, 7.
[45] LR-*Hanack* Vor § 296, 31; SK-*Frisch* 22, Vor § 296, 273 und § 304, 3; *Meyer-Goßner*[46] § 304, 4, jeweils mit weit. Nachw.; offen gelassen bei *Schäfer*[6] 1681.

Mit einer entsprechenden Erklärung ist nicht notwendig bereits ein Verzicht auf künftige (weitere) Anfechtung ausgesprochen[46]. Die **Beschränkung** muß eindeutig sein und deshalb regelmäßig ausdrücklich erklärt werden. Wenn eine isolierte Prüfung und Entscheidung des Beschwerdepunkts **nicht möglich** ist, erfolgt eine **umfassende Nachprüfung im Rahmen der §§ 308, 309**, ähnlich wie bei § 318[47].

Der Rechtsgrund für die Beschränkbarkeit eines Rechtsmittels liegt zunächst in der **17** **Förderung der Prozeßökonomie**[48]. Jedoch ist es richtig, diese Befugnis auch als „Fortschreibung der **Freiheit zur Rechtsmitteleinlegung** überhaupt zu verstehen"[49]. Das Rechtsmittelgericht kann und darf demnach diejenigen Entscheidungsteile nicht nachprüfen, deren Nachprüfung von keiner Seite begehrt wird, wenn und soweit der angegriffene Entscheidungsteil trennbar ist, also losgelöst vom übrigen Inhalt der angefochtenen Entscheidung selbständig geprüft und beurteilt werden kann[50]. Insoweit kann der Beschwerdeführer im Rahmen einer gewissen **Dispositionsbefugnis** sicherstellen, welche Teile einer Entscheidung nicht überprüft werden, und somit einer sonst möglichen „Verschlechterung" in diesen Punkten wirksam vorbeugen.

Im übrigen ist die **Beschränkbarkeit einer Beschwerde** auf bestimmte Beschwerde- **18** punkte **von begrenzter Wirksamkeit** im Hinblick auf die (möglicherweise) gegebene **nachträgliche Überprüfungs- und Abänderungs- bzw. Aufhebungskompetenz** des Gerichts von Amts wegen, das heißt unabhängig von der Einlegung eines Rechtsbehelfs[51]. Wenn allerdings das Erstgericht nachträglich seine gesamte Entscheidung von Amts wegen oder auf Antrag abändern darf, heißt das nicht, daß das Beschwerdegericht trotz Beschränkung der Beschwerde auf bestimmte abtrennbare Punkte ebenfalls grundsätzlich über den gesamten Sachverhalt entscheiden dürfte. Hier bleibt die **Dispositionsbefugnis des Beschwerdeführers für das Beschwerdegericht maßgeblich** nach den oben genannten Kriterien, wenn und soweit der angegriffene Entscheidungsteil trennbar ist und losgelöst vom übrigen Inhalt der angefochtenen Entscheidung selbständig geprüft und beurteilt werden kann.

d) Örtlich zuständig ist das **nach dem GVG übergeordnete Gericht**, auch wenn das **19** Gericht, das die angefochtene Entscheidung oder Maßnahme erlassen hat, dafür örtlich nicht zuständig war[52]. Der Grundsatz, daß sich die Zuständigkeit des Rechtsmittelgerichts danach bestimmt, welches Gericht in der Vorinstanz tatsächlich entschieden hat, erfährt eine **Ausnahme**, wenn sich bei Maßnahmen im Ermittlungsverfahren die **Zuständigkeit nach Anklageerhebung** bei einem bestimmten Gericht konzentriert. Wird danach das Gericht eines anderen Bezirks zuständig, so ist Beschwerdegericht das Gericht, das dem nunmehr allein zuständigen Gericht übergeordnet ist. In einigen Fällen ist auch dem mit der Revision befaßten Gericht die Entscheidung über die Beschwerde zugewiesen (z. B. im Falle einer Beschwerde gegen eine vorläufige Entziehung der Fahrerlaubnis oder einer Haftbeschwerde).

e) Sachlich zuständig zur Entscheidung über die Beschwerde ist bei Beschlüssen, **20** Maßnahmen und Verfügungen des Strafrichters, des Schöffengerichts, seines Vorsitzenden und des Richters am Amtsgericht im Ermittlungsverfahren die **Strafkammer** in der

---

[46] Zu Rechtsmittelverzicht und -rücknahme § 304, 58 f.

[47] Ausführlich bei LR-*Gössel* § 318, 3 ff.

[48] BGHSt **19** 46, 48; **24** 185, 188; **29** 359, 364.

[49] SK-*Frisch* Vor § 296, 276 f; LR-*Hanack* Vor § 296, 32; vgl. BGHSt **29** 359, 364; **38** 362, 364; vgl. auch

LR-*Gollwitzer*[24] § 318, 2, 25; **a. A** *Gössel* FS Rieß 123 f; LR-*Gössel* § 318, 2; KK-*Ruß*[4] § 318, 1.

[50] Vgl. BGHSt **38** 362, 364 zur Rechtsmittelbeschränkung bei Urteilen.

[51] Dazu ausführlich Vor § 304, 55 ff.

[52] BGHSt **10** 177; **11** 57, 62; **18** 261; **22** 48, 50.

Besetzung mit drei Richtern (§§ 73, 76 Abs. 1 GVG)[53]. Die Spezialzuständigkeiten gem. §§ 74a Abs. 3, 74c Abs. 2 GVG sind zu beachten. Ist strittig, ob die allgemeine Strafkammer (§ 74 Abs. 1 GVG) oder die Wirtschaftsstrafkammer (§ 74c Abs. 2 GVG) für die Entscheidung über die Beschwerde zuständig ist, hat die Wirtschaftsstrafkammer in analoger Anwendung der §§ 209, 209a die vorrangige Kompetenz[54]. Gem. § 41 Abs. 2 S. 2 JGG ist die Jugendkammer zuständig für Entscheidungen über Beschwerden gegen Verfügungen und Entscheidungen des Jugendrichters und des Jugendschöffengerichts entsprechend § 73 Abs. 1 GVG.

21   Geht **während des Beschwerdeverfahrens** die **erstinstanzliche Zuständigkeit** für die angefochtene Maßnahme **auf das Beschwerdegericht** über, so hat dieses als Gericht der ersten Instanz über die angefochtene Maßnahme zu befinden[55]. Eine Haftbeschwerde ist beispielsweise in diesen Fällen als Antrag auf (schriftliche oder auch mündliche) Haftprüfung zu behandeln[56]. Gleiches gilt für eine bereits eingelegte weitere Beschwerde gem. § 310 Abs. 1, um eine parallele Zuständigkeit von originär zuständigem Gericht und Beschwerdegericht zu verhindern[57].

22   Über Beschwerden gegen Verfügungen und Beschlüsse der Strafkammer (oder des Vorsitzenden) sowie über weitere Beschwerden gem. § 310 entscheidet der zuständige Strafsenat des **Oberlandesgerichts** (§ 121 Nr. 2 GVG). Ebenso ist das Oberlandesgericht zuständig gem. § 121 Abs. 1 Nr. 2 GVG für Beschwerden gegen Entscheidungen des Amtsgerichts, wenn das Oberlandesgericht selbst für die erste Entscheidung zuständig gewesen wäre (§ 169 Abs. 1 S. 1)[58]. Gleiches gilt gem. § 181 Abs. 3 GVG bei den (sofortigen) Beschwerden gegen sitzungspolizeiliche Maßnahmen[59], insbesondere bei Beschlüssen über Ordnungsmittel. Über die sofortige Beschwerde gegen einen von dem Rechtspfleger des Landgerichts erlassenen **Kostenfestsetzungsbeschluß** entscheidet gem. § 464b S. 3 in Verb. mit § 568 S. 1 ZPO (nach der Reform 2001) der **Strafsenat durch den Einzelrichter**[60].

23   Für die Beschwerden gegen die Entscheidungen der besonderen Strafkammern nach § 74a GVG sind die **Landeshauptstadt-Oberlandesgerichte**[61] (§ 120 Abs. 1 GVG) zuständig (§ 120 Abs. 4 GVG). Soweit diese Oberlandesgerichte nach § 120 Abs. 1 und 2 GVG für die dort aufgeführten Strafsachen die Gerichte der ersten Instanz sind, treffen sie die sonst der Strafkammer nach § 73 Abs. 1 obliegenden Beschwerdeentscheidungen (§ 120 Abs. 3 S. 1 GVG), ferner entscheiden sie gem. § 120 Abs. 3 S. 2 GVG über Beschwerden gegen die in § 304 Abs. 5 spezifizierten Verfügungen des Ermittlungsrichters des Oberlandesgerichts (§ 169). Über Beschwerden gegen richterliche Maßnahmen im Überwachungsverfahren nach § 148a hat jedoch das Landgericht zu entscheiden, nicht das für Staatsschutzsachen zuständige Oberlandesgericht[62].

24   Der **Bundesgerichtshof** ist gem. § 135 Abs. 2 GVG Beschwerdegericht in den in § 304 Abs. 4 Satz 2 und § 310 Abs. 1 bezeichneten Fällen von Beschlüssen und Verfügungen der Oberlandesgerichte und entscheidet außerdem über Beschwerden gegen Verfügun-

---

[53] Vgl. umfassend bei LR-*Siolek* § 73 GVG, 2.
[54] Vgl. OLG Koblenz NStZ **1986** 327 f; *Rieß* NStZ **1986** 425, 426; vgl. LR-*Rieß* § 209 a, 5 f.
[55] SK-*Frisch* § 308, 5 mit weit. Nachw.
[56] Zum Problem der Umdeutung von Rechtsbehelfen siehe unten Vor § 304, 49ff.
[57] Vgl. zur gleichen Problematik beim Bundesgerichtshof BGHSt **27** 253f.
[58] LR-*Franke* § 121 GVG, 19; *Meyer-Goßner*[46] § 121 GVG Rdn. 3.

[59] Zur Frage der Statthaftigkeit einer Beschwerde gegen sitzungspolizeiliche Maßnahmen gem. §§ 176, 177 GVG – trotz des Wortlauts in § 181 Abs. 1 und 2 GVG – siehe Vor § 304, 78; § 304, 27.
[60] OLG Düsseldorf NStZ-RR **2003** 324 mit weit. Nachw.
[61] *Meyer-Goßner*[46] § 120 GVG, 1; LR-*Franke* § 120 GVG, 4.
[62] BGHSt **29** 196, 197; BayObLGSt **1990** 1; KK-*Diemer*[4] § 73 GVG, 1.

gen des Ermittlungsrichters des Bundesgerichtshofs (§§ 169 Abs. 1 S. 2, 304 Abs. 5). Er ist ferner zuständig für die Beschwerdeentscheidungen in den Fällen des § 138d Abs. 6. Die Senate des Bundesgerichtshofs entscheiden gem. § 139 Abs. 2 S. 1 GVG in der Besetzung von drei Mitgliedern.

Gibt der Generalbundesanwalt eine Sache an die **Landesstaatsanwaltschaft** ab (§ 142a **25** Abs. 2 GVG) oder erhebt er **Anklage vor dem Oberlandesgericht**, so entfällt zeitgleich die Zuständigkeit des Bundesgerichtshofs als Beschwerdegericht gegen die Entscheidungen seines Ermittlungsrichters, um eine parallele Entscheidungskompetenz von nunmehr originär zuständigem Oberlandesgericht und dem Bundesgerichtshof als Beschwerdegericht zu vermeiden[63]. Eine Beschwerde ist nunmehr nicht mehr unmittelbar an den Bundesgerichtshof, sondern bei dem jetzt zuständigen Oberlandesgericht einzureichen. Eine ggfs. bereits erhobene „Beschwerde" muß umgedeutet werden als Antrag auf Überprüfung der angefochtenen Entscheidung. Die Zuständigkeit des Bundesgerichtshofs als Beschwerdegericht nach einer sodann mit der Beschwerde angefochtenen Entscheidung des Oberlandesgerichts bleibt unberührt gem. § 135 Abs. 2 GVG.

5. Arten der Beschwerde. Es lassen sich verschiedene Arten der Beschwerde unter- **26** scheiden mit der Maßgabe, daß grundsätzlich die §§ 304 ff zur Anwendung kommen.

a) Einfache (unbefristete) Beschwerde. Die „Grundform" der Beschwerde – daher **27** einfache Beschwerde genannt – ist an keine Frist gebunden. Auf Ausnahmen unter dem Gesichtspunkt der Verwirkung und der prozessualen Überholung, diese zu prüfen als Zulässigkeitsvoraussetzung unter „Beschwer", wird hingewiesen[64].

b) Die sofortige Beschwerde unterscheidet sich im wesentlichen durch zwei Aspekte, **28** ist im übrigen aber eine „normale" Beschwerde i. S. der §§ 304 ff[65]. Zum einen ist die sofortige Beschwerde gem. § 311 Abs. 2 binnen einer Woche nach Bekanntmachung der Entscheidung einzulegen. Diese Befristung erklärt sich dadurch, daß der Gesetzgeber in bestimmten Fallkonstellationen im Interesse der Rechtssicherheit eine schnelle und formell rechtskräftige Klärung herbeiführen wollte. Daher kommt die sofortige Beschwerde auch nur in den gesetzlich ausdrücklich vorgesehenen Fällen zur Anwendung gem. § 311 Abs. 1.

Zum anderen ist im Falle der sofortigen Beschwerde gem. § 311 Abs. 3 S. 1 das **29** Gericht nicht zu einer Abänderung seiner durch Beschwerde angefochtenen Entscheidung befugt. Eine **Abhilfeentscheidung** gem. § 306 Abs. 2 ist folglich gesetzlich **ausgeschlossen** mit Ausnahme des Vorliegens eines Falles der Verletzung des rechtlichen Gehörs gem. § 311 Abs. 3 S. 2.

c) Weitere Beschwerde. Gemäß § 310 Abs. 2 ist grundsätzlich geregelt, daß eine **30** Beschwerde gegen Entscheidungen des Beschwerdegerichts unzulässig ist[66]. Lediglich im eng umgrenzten Anwendungsbereich von § 310 Abs. 1 (bei Verhaftungen und einstweiliger Unterbringung) kann die Entscheidung des Beschwerdegerichts durch weitere Beschwerde angefochten werden. Nach dem hier vertretenen Standpunkt ist eine **weitere Beschwerde der Staatsanwaltschaft zu Lasten des Beschuldigten** oder sonst Betroffenen (z. B. Zeugen bei § 70 Abs. 2) **nicht zulässig**[67].

---

[63] BGHSt **27** 253, 254; dieser Entscheidung folgend *Ellersiek* 164.

[64] § 304, 15, 53 ff.

[65] *Schäfer*[6] 1873.

[66] Dies gilt auch bei sog. „greifbarer Gesetzeswidrigkeit", vgl. etwa BGHSt **45**, 37 zur „außerordentlichen Beschwerde", dazu Vor § 304, 32.

[67] Ausf. § 310, 18 ff (entgegen der h. M).

Holger Matt

31   **d) Untätigkeitsbeschwerde.** Nicht eindeutig ist die Meinungslage in Rechtsprechung und Literatur, inwieweit sich die Beschwerde auch gegen unterlassene Anordnungen richten kann[68]. Richtig ist, die **Zulässigkeit** einer solchen Untätigkeitsbeschwerde anzunehmen, wenn das Gericht untätig geblieben ist, obwohl es (auf Antrag oder von Amts wegen) eine Entscheidung zu treffen hatte und die Untätigkeit einer Entscheidung gleich kommt[69]. Eine Beschwerde ist daher auch gegen Entscheidungen des Gerichts statthaft, bestimmte Entscheidungen zurückzustellen oder (zunächst) in der Sache nicht zu entscheiden (beispielsweise Nichtterminierung einer Sache über mehr als zwei Jahre[70]). Unabhängig von der **Zulässigkeit** ist in den in Betracht kommenden Fällen indes über die **Begründetheit** einer solchen Untätigkeitsbeschwerde zu befinden und dies führt im Hinblick auf die (rechtlich schwierig zu ersetzende) **Ausübung richterlichen Ermessens** oftmals zu Ergebnissen, die (zulässige) Beschwerde sei unbegründet[71].

32   **e) Außerordentliche Beschwerde.** Der Rechtsbehelf der außerordentlichen Beschwerde wurde anfangs ausschließlich auf dem **Gebiet des Zivilprozessrechts** entwickelt und konzentriert sich dort weit überwiegend auf die Anfechtung von Beschlüssen über die Einstellung der Zwangsvollstreckung, von einstweiligen Anordnungen, von Prozeßkostenhilfebewilligungen, von Entscheidungen über die Terminierung sowie von Verweisungsbeschlüssen. Darüber hinaus hat sich eine Rechtsprechung zur außerordentlichen Beschwerde im Bereich des FGG entwickelt, die denselben Grundsätzen wie die Judikatur zur ZPO folgt. Hingegen hat die außerordentliche Beschwerde im Bereich der VwGO und des SGG nur eine geringe Bedeutung erlangt. Lediglich der Bundesfinanzhof geht für das finanzgerichtliche Verfahren in ständiger Rechtsprechung ebenfalls von der Zulässigkeit der Beschwerde wegen „greifbarer Gesetzwidrigkeit" aus, ohne einem außerordentlichen Rechtsmittel bisher stattgegeben zu haben[72].

33   Die **Strafverfahrenspraxis** lehnt den Rechtsbehelf der außerordentlichen Beschwerde zu Recht ab. Nur in einem veröffentlichten Beschluß, der rechtssystematisch auch keine Zustimmung verdient, findet sich der Begriff der Beschwerde wegen „greifbarer Gesetzwidrigkeit"[73]. Diese in der Praxis geübte und der StPO normativ entsprechende Nichtanwendung dieses Rechtsbehelfs ist gegenüber dem Zivilprozeßrecht auf das engmaschige Rechtsbehelfssystem der Strafprozeßordnung zurückzuführen, so daß es einer außerordentlichen Beschwerde – wie möglicherweise in anderen Verfahrensordnungen – nicht bedarf. Zusammenfassend ist festzustellen, daß **die außerordentliche Beschwerde im Strafprozeß nicht anzuerkennen** und ohne Bedeutung ist[74].

34   Die im Einzelfall auftretenden Probleme mit der formellen und materiellen Rechtskraft und die **nachträgliche Änderung oder Aufhebung von Beschlüssen und Verfügungen** bedürfen nicht der außergesetzlichen Kreierung eines weiteren Rechtsbehelfs wie der außerordentlichen Beschwerde[75]. Die außerordentliche Beschwerde ist daher als im Strafprozeß nicht statthaft zu bezeichnen. Offensichtlich ist das Fehlen der Statthaftig-

---

[68] LR-*Gollwitzer*[24] § 304, 8. Eine reine „Untätigkeitsbeschwerde" sei der Strafprozeßordnung fremd: BGH NJW **1993** 1279; aktuell OLG Stuttgart, NStZ-RR **2003** 284 f; *Schäfer*[6] 1858; *Meyer-Goßner*[46] § 304, 3 mit weit. Nachw.; OLG Frankfurt NStZ-RR **2002** 188 (Strafvollzugssache); NStZ-RR **2002** 189 (Strafvollstreckungssache); ausf. differenz. § 304, 6 ff, auch zur Bedeutung des Art. 13 EMRK nach der Entscheidung des EGMR vom 26.10. 2000, NJW **2001** 2694.

[69] SK-*Frisch* § 304, 8 f.

[70] OLG Braunschweig, NStZ-RR **1996** 172 mit zust.

Anm. *Stern* StraFo. **1996** 59; OLG Frankfurt NJW **2002** 453 und 454 mit krit. Anm. *Wirriger* NStZ **2002** 389 f.

[71] Ausf. § 304, 7 ff.

[72] Vgl. *Kley*, § 3 bis § 5 mit weit. Nachw.

[73] OLG Düsseldorf MDR **1993** 376.

[74] BGHSt **45** 37; BGH NJW **2002** 765; BGH 2 ARs 329/02 und 2 AR 175/02, Beschluß vom 07.11. 2002 (bezüglich einer unanfechtbaren Entscheidung gem. § 29 Abs. 1 EGGVG).

[75] Vgl. Vor § 304, 55 ff.

keit einer Beschwerde in den im Gesetz ausdrücklich vorgesehenen Fällen eines Ausschlusses der Beschwerde[76].

Dies schließt unter dem Aspekt der **Fürsorgepflicht des Gerichts** sowie des Rechts- **35** gedankens des § 300 nicht aus, es kann sogar geboten sein, einen unter der Bezeichnung einer „außerordentlichen Beschwerde" eingelegten Rechtsbehelf inhaltlich zu berücksichtigen und im Wege der **Umdeutung** als **Antrag** oder als **Gegenvorstellung** und somit als zulässigen Rechtsbehelf zu behandeln und zu bescheiden.

f) Haftbeschwerde. Aufgrund der ausdrücklichen Erwähnung der Haftbeschwerde in **36** § 118 Abs. 2 im Zusammenhang der Untersuchungshaft soll auch auf die **Doppelung der Rechtsbehelfe gegen einen Haftbefehl** an dieser Stelle eingegangen werden. Während die Staatsanwaltschaft ebenso wie die Verteidigung grundsätzlich gem. der §§ 304 ff ein Beschwerderecht, d. h. auch in Haftsachen, inne hat, wird dieses über den förmlichen Haftprüfungsantrag nach §§ 117 ff speziell für den Beschuldigten wegen der besonderen Schwere des Grundrechtseingriffs ergänzt[77]. Entgegen der mitunter geäußerten Auffassung, diese Doppelung der Rechtsbehelfe gegen einen Haftbefehl sei überflüssig[78] oder „für Unkundige … verwirrend"[79], ist dieses Rechtsbehelfssystem als ausgewogen und notwendig, aber auch umfassend zu bezeichnen im Hinblick auf die **unterschiedlichen Strategien und Ziele der Verteidigung** im Zusammenhang mit Haftentscheidungen[80].

Die Haftbeschwerde hat einen eigenen praktischen Anwendungsbereich insbesondere **37** in den Fällen, in denen die Verteidigung – dem Zweck der Beschwerde entsprechend – die Entscheidung des übergeordneten Gerichts sucht (**Devolutivwirkung der Beschwerde**). Darüber hinaus ist die Haftbeschwerde der einzig zulässige Rechtsbehelf in allen Fällen, in denen die förmliche **Haftprüfung** nach den §§ 117, 118 **unzulässig** ist, beispielsweise wenn der Haftbefehl nicht vollzogen wird, etwa bei Überhaft[81].

Aus taktischen bzw. strategischen Gründen kann es sinnvoll sein, aus Sicht der Ver- **38** teidigung auf eine Haftbeschwerde – zumindest vorübergehend – zu verzichten. Bemerkenswert ist, daß mitunter (auch in Haftsachen) weder die Vorlagefrist gem. § 306 Abs. 2, die Akten spätestens vor Ablauf von drei Tagen dem Beschwerdegericht (in der Regel über die Staatsanwaltschaft)[82] vorzulegen, in der Praxis eingehalten wird noch seitens des Beschwerdegerichts (auch in Haftsachen) eine zügige Entscheidung selbstverständlich ist[83]. Dieses Beispiel verdeutlicht die **Notwendigkeit des förmlichen Haftprüfungsverfahrens** nach den §§ 117 ff als zusätzlichen fristgebundenen Rechtsbehelf in Haftsachen. Andere Aspekte, die für einen Antrag nach §§ 117 ff aus Sicht der Verteidigung sprechen können, sind beispielsweise die Pflicht zur mündlichen Verhandlung innerhalb von zwei Wochen, Gewährung von Akteneinsicht innerhalb dieser Frist[84] oder die persönliche Erörterung des Verfahrensstandes[85].

Ausdrücklich ist darauf hinzuweisen, daß gem. § 117 Abs. 2 die Haftbeschwerde – **39** auch die weitere Beschwerde gem. § 310 – **neben** dem förmlichen **Antrag auf Haftprüfung unzulässig** ist.

---

76 Siehe zur Zulässigkeit der Beschwerde (hier: Statthaftigkeit) § 304, 17 ff.
77 LR-*Hilger* § 117, 3.
78 *Roxin*[25] § 30 G I 3; vgl. auch SK-*Paeffgen* § 117, 2.
79 LR-*Hilger* § 117, 3.
80 Ausführlich dazu *Matt* JA **1991** 85 ff.
81 Vgl. *Hohmann*, NJW **1990** 1649; vgl. kritisch *Matt* JA 1990 85, 90; vgl. auch LR-*Hilger* § 117, 8.
82 § 306, 25.
83 Der Strafrechtsausschuß der Bundesrechtsanwalts-

kammer schlägt in seiner Denkschrift „Reform der Verteidigung im Ermittlungsverfahren" vor, eine gesetzlich bindende Frist von zwei Wochen bis zur Entscheidung des Beschwerdegerichts vorzusehen, die nur mit Zustimmung der Verteidigung verlängert werden darf, beispielsweise im Hinblick auf Ermittlungen gem. § 308 Abs. 2; vgl. § 306, 23.
84 Zur Akteneinsicht in Haftsachen LR-*Lüderssen* § 147, 77 ff.
85 Vgl. bei *Deckers* NJW **1994** 2261, 2265 f.

40   g) **Kostenbeschwerde**[86]. Die Zulässigkeit der **Beschwerde gem. § 304 Abs. 3** gegen
Entscheidungen, die Kosten und Auslagen betreffen, hängt an einer **Wertgrenze**, die
ebenso wie in § 567 Abs. 2 ZPO in den vergangenen Jahren mehrfach erhöht wurde und
aktuell bei über 100,– bzw. 50,– EURO liegt. Diese Zulässigkeitsbeschränkung der
Beschwerde greift nur ein, wenn die **Kosten- oder Auslagenentscheidung isoliert angefochten** wird und gilt nicht für Rechtsmittel gegen die Sachentscheidung, die sich auf die
Kostenentscheidung miterstrecken[87]. Eine isolierte Anfechtung von Kosten- und Auslagenentscheidungen kann in bestimmten Fallkonstellationen unzulässig sein, z. B. bei
Entscheidungen des Oberlandesgerichts oder des Bundesgerichtshofs (§ 304 Abs. 4) oder
wenn die Anfechtung der Hauptentscheidung generell „nicht statthaft" ist[88] (etwa beim
Nebenkläger im Falle des § 400 Abs. 1 oder § 400 Abs. 2 S. 2)[89]. Die **Wertgrenze** gilt für
einfache und sofortige Beschwerden gleichermaßen. Von § 304 Abs. 3 erfaßt werden insbesondere die sofortigen Beschwerden nach § 464 Abs. 3 und gegen die Kostenfestsetzung nach § 464b S. 3 in Verb. mit § 104 Abs. 3 S. 1 ZPO. Grundsätzlich gilt auch
für die **sofortige Beschwerde im Kostenfestsetzungsverfahren die Wochenfrist** des § 311
Abs. 2[90].

6. Abgrenzung zu anderen Rechtsbehelfen

41   a) **Beschwerde gegen staatsanwaltliche Entscheidungen.** Nicht von den §§ 304 ff erfaßt
sind Rechtsbehelfe gegen Maßnahmen und Verfügungen der Staatsanwaltschaft (vgl. die
partiellen Ausnahmen z. B. in § 161a Abs. 3 S. 3 bei Maßregeln gegen Zeugen und Sachverständige oder gem. §§ 147 Abs. 5, 161a Abs. 3 S. 2 bis 4 bei Akteneinsicht). Der klassische Rechtsbehelf einer „Beschwerde" gegen staatsanwaltliche Entscheidungen ist die
Dienst- und Fachaufsichtsbeschwerde[91]. Dies beruht auf dem Standort der Staatsanwaltschaft im Gewaltenteilungssystem und ihrer gesetzlichen Organisation gem. der §§ 141 ff
GVG. Nach richtiger Auffassung gehört die Staatsanwaltschaft systematisch überwiegend zur Exekutive[92], auch wenn sie sich an der **Nahtstelle von Exekutive und Judikative**
befindet und die „Funktion einer Brücke" zwischen beiden zu erfüllen hat[93]. Auf dieser
Grundlage muß eine „Unabhängigkeit" der Staatsanwälte – vergleichbar den Richtern
gem. Art. 97 GG – verneint und ihre Eingebundenheit **(Weisungsrecht gem. § 146 GVG
und Dienstaufsicht gem. § 147 GVG)** akzeptiert werden. Das sog. **interne Weisungsrecht**
muß allerdings z. B. für den Bereich der Hauptverhandlung aus prozessualen Gründen
(Inbegriff der Hauptverhandlung § 261, Schlußvortrag § 258) für unanwendbar gehalten
und an anderen bestimmten Punkten eingeschränkt werden; das sog. **externe Weisungsrecht** und die Abhängigkeit der Staatsanwaltschaft von der jeweiligen Regierung (und
somit der reinen Politik) muß äußerst behutsam gehandhabt werden[94]. Diese Über-

---

[86] Siehe ausf. zur Kostenbeschwerde bei § 304, 35 ff.

[87] Zur isolierten Anfechtung der Kostenentscheidung
     vgl. näher bei LR-*Hilger* § 464, 33 ff.

[88] Verfassungsrechtlich unbedenklich: BVerfG NJW
     2002 1867; betroffene Vorschriften sind z. B. §§ 46
     Abs. 2, 153 Abs. 2 S. 4, 153a Abs. 2 S. 4, 161a Abs. 3
     S. 4, 163a Abs. 3 S. 3, 304 Abs. 4 und 5, 310 Abs. 2,
     390 Abs. 5 S. 2, 400 Abs. 2 S. 2 in Verb. mit § 472
     Abs. 2 und 3, §§ 406a Abs. 1, 406e Abs. 4 S. 2, §§ 47
     Abs. 2 S. 2, 72, 79, 80 OWiG, §§ 47 Abs. 2 S. 3, 55
     Abs. 2 JGG, § 37 Abs. 2 BtmG, § 116 StVollzG.

[89] Siehe ausf. mit weit. Nachw. bei § 304, 36.

[90] OLG Karlsruhe NStZ-RR **2000** 254 ff mit weit.
     Nachw.; OLG Dresden StV **2001** 634; OLG Celle

StV **2001** 635; *Meyer-Goßner*[46] § 464b, 6 ff; **a. A** LR-
Hilger § 464b, 9; OLG Düsseldorf NStZ-RR **2002**
158; StV **2001** 634; OLG Nürnberg NStZ-RR **2001**
224; OLG München StV **2001** 633 mit zust. Anm.
Degenhard; siehe § 304, 39.

[91] Vgl. hierzu LR-*Hanack* Vor § 296, 4 und 89; zur
     Vollstreckungsbeschwerde gem. § 21 StrVollstrO
     siehe Vor § 304, 44 f.

[92] BVerfG NJW **2001** 1121 = BVerfGE **103** 142, 156;
     s. auch LR-*Rieß* Einl. I 56 ff.

[93] *Schaefer* NJW **2001** 1396 mit weit. Nachw.

[94] Vgl. hierzu den Bericht der „Arbeitsgruppe Staats-
     anwaltschaft" für das Hessische Ministerium der
     Justiz (Wiesbaden 2002), S. 45, 47 ff und den Ent-

---

legungen ändern jedoch nichts an der wichtigen Funktion der Dienst- und Fachaufsicht und der entsprechend gegebenen Möglichkeit für die Beteiligten eines Strafverfahrens, den Rechtsbehelf der Dienst- und Fachaufsichtsbeschwerde erheben zu können.

Eine **gerichtliche Kontrolle staatsanwaltlicher Handlungen** ist nur in den hierfür aus- **42** drücklich vorgesehenen Fällen vorgesehen (vgl. §§ 98 Abs. 2, auch analog, 98b Abs. 1 S. 100 Abs. 2, 100b Abs. 1 S. 3, 100d Abs. 1 S. 2, 100h Abs. 1 S. 3, 110b Abs. 2 S 4, 111e Abs. 2, 125, 128, 131 Abs. 2, 147 Abs. 5, 161 Abs. 2, 161a Abs. 3, 163a Abs. 3 S. 3, 163d Abs. 2, 163e Abs. 4, 163f Abs. 4 S. 2, 172 Abs. 2 bis 4, 458, 459h, 461, 462).

Ein besonderer Rechtsbehelf ist **gem. § 172 Abs. 1 die Einstellungsbeschwerde** durch **43** den sog. Verletzten einer Straftat, der prozessual korrekt „nur" der Anzeigeerstatter oder Strafantragsteller bezüglich einer behaupteten Straftat (und Verletzung) ist. Die Staatsanwaltschaft kann der Beschwerde abhelfen oder dem vorgesetzten Staatsanwalt – gem. § 147 Nr. 3 GVG der Generalstaatsanwalt – vorlegen. Insoweit gelten ähnliche Grundsätze wie bei den §§ 304, 306, 308 f, ohne daß diese zur Anwendung kommen (vgl. Nr. 105 RiStBV)[95]. Das **Klageerzwingungsverfahren vor dem Oberlandesgericht** ist schließlich ein prozessual selbständiges Verfahren mit außerordentlich hohen Anforderungen an die Zulässigkeit des Antrages auf gerichtliche Entscheidung[96].

b) Anfechtung von Justizverwaltungsakten. Soweit die **Staatsanwaltschaft als Voll- 44 streckungsbehörde** (§ 451) tätig wird und eine gerichtliche Kontrolle nicht ausdrücklich vorgesehen ist (siehe §§ 458, 459h, 461, 462), ist zunächst das **Beschwerdeverfahren gem. § 21 StrVollstrO** durchzuführen, bevor ein Antrag nach den §§ 23 ff EGGVG zulässig ist. Beispielsweise muß eine ablehnende Entscheidung der Staatsanwaltschaft, gem. § 456a zu verfahren, zunächst mit der Vollstreckungsbeschwerde (im Sinne eines förmlichen Rechtsbehelfs gem. § 24 Abs. 2 EGGVG)[97] angefochten werden[98], die durch einen Beschwerdebescheid des Generalstaatsanwaltes beschieden und mit Begründung und Rechtsbehelfsbelehrung zugestellt wird[99]. Auf dieser Grundlage erst ist der **Rechtsweg zum Oberlandesgericht** zur Überprüfung der Rechtmäßigkeit von Verwaltungsmaßnahmen der Justizbehörden eröffnet **gem. der §§ 23 ff EGGVG**[100].

Der gleiche Rechtsweg ist zwar eröffnet bei **Entscheidungen gem. § 456a** mit dem **45** positiven Ergebnis des Absehens von der Vollstreckung; sowohl **Vollstreckungsbeschwerde** als auch der anschließende **Antrag gem. §§ 23 ff EGGVG** gelten jedoch als **unzulässig**, da der Verurteilte regelmäßig durch eine solche Entscheidung **nicht unmittelbar in seinen Rechten verletzt** sei[101].

Einzelfallentscheidungen eines Richters, die ihrem Wesen nach **Justizverwaltungsakte 46** sind, unterfallen ebenfalls nicht der Anfechtungsmöglichkeit der §§ 304 ff, sondern sind **gem. der §§ 23 ff EGGVG** anzufechten, beispielsweise Entscheidungen des Jugendrichters als Vollstreckungsleiter (§ 82 JGG, Ausnahmen in § 83 Abs. 2 JGG)[102].

---

wurf einer Richtlinie zur Anwendung des externen und internen Weisungsrecht im Bereich der Staatsanwaltschaft (Anlage 3 des Berichts).

[95] Vgl. *Pfeiffer*[4] § 172, 5; KK-*Schmidt*[4] § 172, 13 ff.

[96] Dazu im einzelnen LR-*Graalmann-Scheerer* § 172, 123 ff.

[97] OLG Celle StV **2000** 380.

[98] Vgl. KK-*Fischer*[4] § 456a, 5.

[99] *Isak/Wagner*[6] Strafvollstreckung Rdn. 37.

[100] Zur Rechtsweggarantie gem. Art. 19 Abs. 4 GG im Vollstreckungsverfahren vgl. BVerfG StV **1997** 646.

[101] OLG Frankfurt NStZ-RR **1999** 126 mit weit. Nachw. Hiergegen lassen sich jedoch gute Argumente vorbringen, zum einen im Zusammenhang der faktischen Schwierigkeiten im Strafvollzug bei Lockerungen und Urlaub, zum anderen im Hinblick auf die faktische Verhinderung einer positiven Entscheidung gem. § 57 Abs. 1 StGB in bestimmten Fällen kurz vor dem 2/3-Zeitpunkt.

[102] Vgl. differenz. OLG Karlsruhe NStZ **1993** 104; SK-*Frisch* § 304, 7.

Holger Matt

47   **c) Gegenvorstellung.** Der Rechtsbehelf der Gegenvorstellung ist kein Rechtsmittel im Sinne des 3. Buches der StPO und richtet sich daher nicht nach den §§ 304 ff. Im Gegensatz etwa zu einem Antrag nach § 33a gehört die Gegenvorstellung grundsätzlich nicht zum Rechtsweg gem. § 90 Abs. 2 S. 2 BVerfGG, so daß die Frist zur Einlegung der Verfassungsbeschwerde nur erneut in Lauf gesetzt wird durch eine Gegenvorstellung, wenn durch diese die Verletzung von Prozeßgrundrechten durch das letztentscheidende Gericht gerügt werden [103]. Die Gegenvorstellung ist ein im Gesetz nicht vorgesehener, **formloser petitorischer Rechtsbehelf** mit dem Ziel, daß die die Entscheidung erlassende Stelle (Gericht, Staatsanwaltschaft, Justizverwaltung) die eigene Entscheidung nochmals überdenkt und ggf. abändert oder aufhebt [104]. Voraussetzung ist die **Befugnis des iudex a quo zur nachträglichen Abänderung oder Aufhebung** seiner Entscheidung, die beispielsweise in allen Fällen des § 311 Abs. 3 S. 1 entfällt [105]. Im übrigen ist jedweder neue **Antrag an das Gericht**, soweit dessen Zuständigkeit gegeben ist, eine praktische Alternative nicht nur zum Rechtsbehelf der Gegenvorstellung, sondern auch zu einer Beschwerde nach §§ 304 ff [106].

48   **d) Berufung, Revision und Einspruch gegen Strafbefehl.** Gegenüber Urteilen ist die Beschwerde nur ausnahmsweise zur Anfechtung bestimmter Nebenentscheidungen vorgesehen (§ 464 Abs. 3, § 8 Abs. 3 StrEG, § 59 Abs. 1 JGG, vgl. auch Beschluß gem. § 268a und die Beschwerde gem. § 305a). Gegen Urteile insgesamt sind die Rechtsmittel der Berufung gem. der §§ 312 ff und Revision gem. der §§ 333 ff die einzig zulässigen Rechtsmittel. Gleiches gilt für den Einspruch gegen einen Strafbefehl gem. § 410.

7. Umdeutung von Rechtsbehelfen

49   Unter dem Aspekt der **Fürsorgepflicht des Gerichts** und unter Beachtung des **Rechtsgedankens in § 300** kommt in Betracht, falsch oder unklar bezeichnete Rechtsbehelfe auszulegen und unzulässige Rechtsbehelfe umzudeuten [107]. Zu beachten ist jedoch, daß die unterschiedlichen Rechtsbehelfe unterschiedliche Konsequenzen haben (können), z. B. im Hinblick auf den Devolutiveffekt des Rechtsbehelfs. Grundsätzlich gilt, daß eine Umdeutung von Rechtsbehelfen nur in Betracht kommt, wenn diese im Einklang mit dem **Willen des Rechtsbehelfsführers** steht.

50   Beispielsweise kann eine (gem. § 310 Abs. 2 unzulässige) weitere Beschwerde gegen einen Beschluß gem. § 2 Abs. 1 DNA-IFG in Verb. mit § 81g in eine Gegenvorstellung umzudeuten sein mit der Folge, daß das Beschwerdegericht erneut zu entscheiden hat [108]. Gleichfalls kann eine **unzulässige Haftbeschwerde** der Verteidigung – etwa in Fällen der Erschöpfung der Beschwerdemöglichkeiten nach §§ 304, 310 – in einen (neuen) Haftprüfungsantrag **umzudeuten** sein. Hierbei sind natürlich die Zulässigkeitsvoraussetzungen gem. § 117 Abs. 1 zu beachten, insbesondere das Vorliegen des tatsächlichen Vollzugs der Untersuchungshaft [109], was wiederum nicht Voraussetzung für die Haftbeschwerde ist. Eine **Beschwerde gegen eine Anordnung des dinglichen Arrestes** kann nach – durch Anklageerhebung oder Vorlage der Akten an das Berufungsgericht (§ 321) eingetretenem – **gerichtlichem Zuständigkeitswechsel** zunächst **in einen Antrag auf Aufhebung** der

---

[103]   BVerfG NStZ-RR **2002** 109; BVerfGE **73** 322, 325 ff; **69** 233, 242; **63** 77, 78; **5** 17, 19 f.

[104]   Vgl. umfassend *Matt* MDR **1992** 820 ff, 825 f mit weit. Nachw.; *Hohmann* JR **1990** 10, 12; *Werner* NJW **1991** 19; *Wölfl* StraFo. **2003** 222 f; LR-*Hanack* Vor § 296, 77 ff.

[105]   Vgl. näher Vor § 304, 55 ff.

[106]   Beispielsweise ein Antrag auf mündliche oder

schriftliche Haftprüfung gem. § 117 Abs. 1, zur Abgrenzung siehe Vor § 304, 36 ff.

[107]   Vgl. umfassend LR-*Hanack* § 300, 6 ff.

[108]   OLG Karlsruhe StV **2002** 59 f; vgl. auch zur Umdeutung in eine Gegenvorstellung, nachdem eine Beschwerde unzulässig ist, BGH NStZ **2003** 272.

[109]   Vgl. zu dieser Problematik LR-*Hilger* § 117, 7 ff.

Arrestanordnung **umgedeutet** werden, gegen den darauf hin ergehenden Beschluß ist mithin die Beschwerde eröffnet[110].

Zweifelhaft hingegen erscheint, ob eine Umdeutung auch im umgekehrten Fall in Betracht kommt, nämlich ein unzulässiger Haftprüfungsantrag in eine Haftbeschwerde umzudeuten ist[111]. Diese Umdeutung widerspricht der **Dispositionsfreiheit des Rechtsbehelfsführers**, etwa einen Rechtsbehelf ohne Devolutivwirkung einzulegen und somit eine ggfs. nachteilige Entscheidung des übergeordneten (Beschwerde-)Gerichts formell zu verhindern. Allenfalls kommt eine Umdeutung des (unzulässigen) Haftprüfungsantrags (§§ 117, 118) in einen formlosen Antrag auf Aufhebung oder Außervollzugsetzung im Rahmen der Haftkontrolle gem. §§ 120, 126 in Betracht. Mithin sei auch hier im Zusammenhang der Verteidigung in Haftsachen auf den Rechtsbehelf der Gegenvorstellung nochmals ausdrücklich hingewiesen. **51**

Gleiches gilt im übrigen für viele andere Entscheidungssituationen wie etwa bei der beantragten **Überprüfung von Durchsuchungs- oder Beschlagnahmeentscheidungen**. Nach dem **Antrag gem. § 98 Abs. 2 S. 2**, aber statt oder vor der **Beschwerde** kann immer auch der Rechtsbehelf der **Gegenvorstellung** (bewußt) eingelegt werden. Die **Umdeutung** einer als solche bezeichneten und rechtlich zulässigen Gegenvorstellung in (z. B.) eine Beschwerde ist jedenfalls dann **unzulässig**, wenn erkennbar lediglich eine neue Entscheidung des Erstgerichts angestrebt und entsprechend **keine Entscheidung einer höheren Instanz** (d. h. durch das Beschwerdegericht) gewünscht wird. **52**

Grundsätzlich wird im Zusammenhang einer Auslegung des Rechtsbehelfs und vor einer Umdeutung **der Rechtsbehelfsführer zu befragen** sein, wenn der Sinn der Erklärung zweifelhaft oder die bewußte Erklärung eines (un-) bestimmten Rechtsbehelfs möglich oder sogar naheliegend ist. Bei Fehlen oder Unklarheit bezüglich der konkreten Rechtsbehelfsbezeichnung und mehreren zulässigen Rechtsbehelfen kann gleichwohl davon ausgegangen werden, daß der Erklärende **im Zweifel** – d. h. aber nie gegen seinen Willen – die Anfechtung sucht, die **zur umfassendsten Nachprüfung** führt[112]. Daher führt beispielsweise die Einlegung eines „Rechtsmittels" gegen ein amtsgerichtliches Urteil (ohne nähere Bezeichnung oder Begründung) grundsätzlich in das Berufungsverfahren, jedoch erst nach Ablauf der Revisionsbegründungspflicht gem. 345 Abs. 1[113], denn ab diesem Zeitpunkt führt nur noch die Berufung zu einer Überprüfung des erstinstanzlichen Urteils[114]. Umgekehrt ist im Interesse einer weitgehenden Autonomie des Rechtsbehelfsführers anerkannt, daß bei willentlich unbestimmter Rechtsbehelfseinlegung konkludent ein Vorbehalt der endgültigen Bestimmung erklärt wird[115]; bei Berufung/Sprungrevision ist sogar trotz vorangegangener Bezeichnung ein einmaliger[116] Rechtsmittelwechsel zulässig innerhalb der Revisionsbegründungsfrist[117]. **53**

Im übrigen gilt die Grundregel, daß nicht die Bezeichnung des Rechtsbehelfs, sondern der **Erklärungsinhalt maßgebend** ist (§ 300). Auch in den Fällen, in denen die angefochtene Entscheidung selbst falsch oder unklar bezeichnet worden ist seitens des Gerichts, kommt es auf Rechtsnatur, den sachlichen Inhalt und die Verfahrensform der angefochtenen Entscheidung an, denn eine falsche Bezeichnung der Entscheidung kann keinen Einfluß auf die gesetzlich vorgesehenen Rechtsbehelfe haben[118]. **54**

---

[110] OLG Stuttgart NStZ-RR **2003** 142.
[111] *Matt* JA **1991** 85, 90; **a. A** *Hohmann* NJW **1990** 1649; *Meyer-Goßner*[46] § 117 Rdn. 4.
[112] LR-*Hanack* § 300, 11 mit weit. Nachw.
[113] BGHSt **40** 395, 398.
[114] KK-*Pikart*[4] § 335, 6; HK-*Temming*[3] § 335, 3; LR-*Hanack* § 335, 8 ff, 15, 17 f.

[115] BGHSt **17** 44, 48; **25** 321, 324; **33** 183, 188.
[116] *Schäfer*[6] 1730.
[117] BGHSt **13** 388, 391; **40** 395, 398.
[118] LR-*Hanack* Vor § 296, 43 mit weit. Nachw.

Holger Matt

55   **8. Rechtskraft und nachträgliche Änderung oder Aufhebung von Entscheidungen.** Die Beschwerde gem. §§ 304 bis 310 ist lediglich einschlägig, soweit richterliche Entscheidungen durch das Erstgericht (§ 306 Abs. 2) oder durch das Beschwerdegericht aufgehoben oder geändert werden dürfen bzw. müssen. **Gesetzlich ungeregelt** ist hingegen die Problematik der **nachträglichen Änderung oder Aufhebung von Beschlüssen außerhalb des Beschwerdeverfahrens**[119].

56   Bereits im Zusammenhang des Rechtsbehelfs der **Gegenvorstellung** ist auf die Problematik der Befugnis des Gerichts zur nachträglichen Änderung oder Aufhebung von Entscheidungen hingewiesen worden, denn nur bei Vorhandensein ein solcher Befugnis ist eine auf Änderung oder Aufhebung abzielende Gegenvorstellung statthaft[120]. Entsprechend ist beispielsweise eine **Gegenvorstellung unzulässig**, wenn das Erstgericht gem. § 311 Abs. 3 S. 1 nicht zu einer Abänderung seiner durch sofortige Beschwerde angefochtenen Entscheidung befugt ist[121]. Aus dieser gesetzgerischen Entscheidung im Rahmen des Rechtsmittelzuges der sofortigen Beschwerde gem. § 311 folgt, daß **im Falle der Nichteinlegung der sofortigen Beschwerde** (in den gesetzlich vorgesehenen Fällen) der **Eintritt formeller Rechtskraft** grundsätzlich der Änderung dieser bestandskräftigen Entscheidung des Gerichts entgegensteht[122]. Gleiches gilt ersichtlich für Urteile, die ebenfalls nur durch das Rechtsmittelgericht abgeändert werden dürfen und nach Rechtskraft grundsätzlich auf Dauer bestandskräftig bleiben, die einzige Ausnahme ermöglicht das Wiederaufnahmeverfahren gem. der §§ 359 ff.

57   Zusammenfassend läßt sich demnach zunächst im allgemeinen festhalten, daß **(1)** die **Rechtskraft** einer gerichtlichen Entscheidung grundsätzlich eine nachträgliche Abänderung dieser Entscheidung verbietet – mit **Ausnahme** des Vorliegens von **Wiederaufnahmegründen** bei Urteilen – und, daß **(2)** im Falle der Anfechtungsmöglichkeit durch ein **befristetes Rechtsmittel** (sofortige Beschwerde, Berufung, Revision) nur das **übergeordnete Gericht zur Abänderung der getroffenen Entscheidung** – und zwar nur in diesem Rechtsmittelzug – **befugt** ist[123]. Grundsätzlich ausgeschlossen ist es (mit der Folge der Unzulässigkeit einer entsprechenden Gegenvorstellung), diese klare gesetzgeberische Entscheidung – in Fällen der sofortigen Beschwerde gem. § 311 Abs. 3 S. 1 – zu durchbrechen, zumal der Gesetzgeber eine gesetzliche Ausnahme zur Wahrung des rechtlichen Gehörs ausdrücklich in § 311 Abs. 3 S. 2 vorgesehen hat[124].

58   Indessen ist in einzelnen dieser Fallkonstellationen eine **nachträgliche Änderung von rechtskräftigen Beschlüssen durch den Erstrichter ausnahmsweise** – im Interesse materieller Gerechtigkeit – für zulässig erachtet worden[125]. Die einzige gesetzliche Ausnahme bei rechtskräftigen Urteilen legt nahe, jedenfalls in Fallkonstellationen vergleichbar (analog) den Wiederaufnahmegründen **zugunsten des Verurteilten** eine nachträgliche Abänderung von Beschlüssen trotz Rechtskraft ausnahmsweise zuzulassen[126]. Hierbei bedarf es nicht des Rückgriffs auf ein besonderes Verfahren analog der §§ 359 ff[127], sondern nur der sinngemäßen Anwendung des materiellen Gehalts der Wiederaufnahmegründe zugunsten des Betroffenen[128]. In allen diesen Fallkonstellationen muß jedenfalls die **Gegen-**

---

[119]   SK-*Frisch* Vor § 304, 24.

[120]   LR-*Hanack* Vor § 296, 81 ff.

[121]   *Meyer-Goßner*[46] Vor § 296, 24/25; KK-*Ruß*[4] Vor § 296, 4.

[122]   *Wölfl* StraFo. **2003** 222, 225.

[123]   LR-*Hanack* Vor § 296, 83.

[124]   BGHSt **8** 194, 195; KMR-*Plöd* § 311, 6 mit weit. Nachw.

[125]   Vgl. *Trepper* 75 ff, 125 ff, 143 ff.

[126]   LR-*Gollwitzer*[24] Vor § 304, 37 mit weit. Nachw.; *Hohmann* NStZ **1991**, 507 mit weit. Nachw.; zu Beschlüssen als Gegenstand der Wiederaufnahme ausführlich LR-*Gössel* Vor § 359, 49 ff mit weit. Nachw.; **a. A** *Meyer-Goßner*[46] Vor § 359, 5 mit weit. Nachw.

[127]   KK-*Schmidt*[4] Vor § 359, 14 mit weit. Nachw.

[128]   SK-*Frisch* Vor § 304, 37 mit weit. Nachw.

vorstellung ebenfalls statthaft sein[129] und stellt den geeigneten Rechtsbehelf dar, eine entsprechende nachträgliche Abänderung in einem nicht näher formalisierten Verfahren unter Wahrung des erforderlichen rechtlichen Gehörs zu erreichen[130].

Eine nachträgliche Abänderung eines Beschlusses **zu Ungunsten des Betroffenen trotz** **59** **Rechtskraft** muß aus rechtsstaatlichen Gründen sowohl unter Berufung auf das Analogieverbot gem. Art 103 Abs. 2 **ausgeschlossen** sein[131] als auch wegen des allgemeinen Gesetzesvorbehalts bei öffentlich-rechtlichen Eingriffen[132].

Grundsätzlich gilt, daß alle durch (unbefristete) Beschwerde noch **zulässig anfecht-** **60** **baren Beschlüsse und Verfügungen** – unabhängig von der Einlegung einer Beschwerde, d. h. auch auf Gegenvorstellung hin oder von Amts wegen – von dem zuständigen Gericht **nachträglich aufgehoben oder abgeändert** werden können. Zudem bestehen ausdrückliche gesetzliche Regelungen über nachträgliche Entscheidungen (§§ 56e, 68d StGB, 453, 460, 462, 462a, 463 Abs. 2). Diese Fallgruppe der nach wie vor zulässig anfechtbaren Beschlüsse bzw. gesetzlich vorgesehenen nachträglichen Abänderungsmöglichkeiten ist folglich unproblematisch, denn weder ist Rechtskraft eingetreten noch darf das untere (zuständige) Instanzgericht seine eigene Entscheidung nicht selbst abändern. Auch ein Verstoß gegen den öffentlich-rechtlichen Gesetzesvorbehalt liegt nicht vor, soweit das zuständige Gericht auf Grundlage der entsprechenden Verfahrensnorm entscheidet (z. B. §§ 112 ff, 126 in Haftsachen oder §§ 453, 463 Abs. 2 bei nachträglichen Entscheidungen über Strafaussetzung und Führungsaufsicht).

Ebenfalls unproblematisch ist die Fallgruppe der **Entscheidungen der erkennenden** **61** **Gerichte, die der Urteilsfällung vorausgehen** und gem. § 305 Abs. 1 nicht der Beschwerde unterliegen. Alle diese Entscheidungen sollen erst zusammen mit dem Urteil anfechtbar sein, um die Verfahrensherrschaft des erkennenden Gerichts zu gewährleisten und das Hauptverfahren zu konzentrieren und zu beschleunigen[133]. Solche Entscheidungen entfalten **keine Rechtskraft** und dürfen seitens des Gerichts jederzeit unter Wahrung des erforderlichen rechtlichen Gehörs korrigiert werden, was unter Umständen – z. B. zur Heilung eines revisiblen Verfahrensfehlers – sogar geboten ist[134]. Grundsätzlich besteht sowohl für Staatsanwaltschaft als auch Verteidigung und andere Beteiligte die Möglichkeit, entsprechende Anliegen im Wege der Gegenvorstellung oder als neuen „Antrag" vorzubringen[135]. Ähnliches gilt bei Beschlüssen und Verfügungen, die ihrem Wesen nach vorläufiger Natur sind (z. B. §§ 154, 154a). Zwar sind die Entscheidungen in beiden Fallgruppen unanfechtbar, ihrem Wesen nach jedoch prinzipiell abänderbar bei Vorliegen entsprechender sachlicher Gründe. Demnach ist das **Kriterium der Unanfechtbarkeit einer Entscheidung nicht zentral, wenn nicht formelle oder materielle Rechtskraft** vorliegt.

Materielle Rechtskraft haben nur die prozeßabschließenden, das Verfahren insgesamt **62** beendende Sachentscheidungen (auch über ein Verfahrenshindernis), die es ausschließen, daß gegen die gleiche Person die erledigte Angelegenheit erneut zum Gegenstand eines Strafverfahrens gemacht wird **(ne bis in idem)**. In materielle Rechtskraft erwachsen auch Beschlüsse, die eine Einzelfrage mit Außenwirkung abschließend entscheiden, wie etwa der Beschluß über den Verfall einer Sicherheit gem. § 124. Beschränkte materielle

---

[129] Vgl. dagegen *Lemke* ZRP **1978** 281; *Hohmann* JR **1990** 10, 12.
[130] *Matt* MDR **1992** 820 ff mit weit. Nachw.
[131] Eine analoge Anwendung von § 362 bzw. der dortigen Wiederaufnahmegründe zuungunsten des Betroffenen scheidet also aus.
[132] Zum Analogieverbot im Strafprozeßrecht sowie zur in vielen Fällen abgelehnten Erweiterung von Ein-

griffsbefugnissen aufgrund des allgemeinen Gesetzesvorbehalts LR-*Lüderssen* Einl. L 47 mit weit. Nachw.
[133] § 305, 1 f.
[134] SK-*Frisch* Vor § 304, 30.
[135] Zur Unzulässigkeit der Beschwerde näher § 305, 3 ff.

Holger Matt

Rechtskraft entfalten Einstellungsentscheidungen wie beispielsweise gem. §§ 153a, 174 Abs. 2 oder 211, bei denen eine erneute Aufnahme der Ermittlungen zu Ungunsten des Beschuldigten nur unter bestimmten engen Voraussetzungen zulässig ist [136]. In **allen Fällen der materiellen Rechtskraft ist eine nachträgliche Aufhebung oder Änderung dieser Entscheidungen ausgeschlossen** mit **Ausnahme** des Vorliegens von **Wiederaufnahmeumständen analog § 359**, wie bereits dargelegt [137]. Grundsätzlich können auch revisionsgerichtliche Verwerfungsbeschlüsse gem. § 349 Abs. 2, die das Verfahren gleich einem abschließenden Revisionsurteil in Rechtskraft erwachsen lassen, im Nachhinein weder aufgehoben oder noch geändert werden [138].

63   **Formelle Rechtskraft** liegt vor, wenn das Gesetz eine (weitere) Anfechtung einer endgültigen Entscheidung nicht vorsieht oder ausschließt oder das gesetzlich vorgesehene befristete Rechtsmittel der sofortigen Beschwerde nicht rechtzeitig eingelegt wird. Bei den **formell nicht mehr anfechtbaren Beschlüssen ohne materielle Rechtskraftwirkung** wird die **nachträgliche Korrektur** durch das zuständige Gericht schon bei Vorliegen neuer Tatsachen für **zulässig** gehalten, wobei die materielle Anbindung an § 359 (analog) gelockert ist [139] und jedenfalls nicht die hohen Anforderungen gem. § 359 Nr. 5 (analog) erfüllt sein müssen [140].

64   Ferner gibt es die **Fallgruppe** rechtskräftiger Entscheidungen, die bei Fortbestand **„grobes prozessuales Unrecht"** darstellen würden [141]. Wenn eine Entscheidung auf verfassungsrechtlich nicht haltbare Weise zustande gekommen ist, gleichsam eine Verfassungsbeschwerde der Sache nach Erfolg hätte, ist es zudem richtig, eine Abänderung eines bestandskräftigen Beschlusses auch durch das Fachgericht zuzulassen [142]. Der Gesetzgeber hat durch das StPÄG 1964 einen wichtigen Bereich geregelt, nämlich die Verletzung des rechtlichen Gehörs durch Nachholung zu heilen. Die gesetzliche Pflicht zur **Nachholung des rechtlichen Gehörs** ist in **§ 33a** im allgemeinen und im Rahmen des Beschwerdeverfahrens die **Nachholung der Anhörung gem. § 308 Abs. 1 S. 1 in § 311** geregelt [143], jeweils unter der Voraussetzung der Nichtanfechtbarkeit der getroffenen Entscheidung. Durch diese speziellen Rechtsbehelfe zur Sicherung des rechtlichen Gehörs und der korrespondierenden Befugnisse des Gerichts, von Amts wegen neu zu entscheiden, wird jedoch **nur ein Teil der problematischen Fälle** in angemessener Weise gelöst. Die **nachträgliche Änderungs- oder Aufhebungsbefugnis** des Gerichts und die einhergehende **Statthaftigkeit der Gegenvorstellung als Rechtsbehelf** ist daher auch bei verfassungsrechtlich schwerwiegenden Verfahrensmängeln anzunehmen.

65   Selbstverständlich muß zum Zeitpunkt der Änderung oder Aufhebung nach wie vor die **Zuständigkeit des Richters** bzw. des Gerichts gegeben sein. Insofern kann auf die allgemeinen Regelungen über die Zuständigkeit verwiesen werden. Beispielsweise ist in

---

[136] Nach § 153a besteht kein Strafklageverbrauch bezüglich eines Verbrechens, vgl. LR-*Beulke* § 153a, 97, 99; bei §§ 174 Abs. 2, 211 besteht Strafklageverbrauch, wenn neue „relevante" Tatsachen oder Beweismittel („Nova") vorliegen, vgl. näher LR-*Rieß* § 211, 9 ff und LR-*Graalmann-Scheerer* § 174, 14 mit Verweis auf § 211; vgl. ausf. *Radtke* S. 32 ff, 71 ff, 140 ff, 199 ff, 217 ff.

[137] Zu § 153a: *Lohberger*, in: Formularbuch für den Strafverteidiger⁴ S. 623; *Marxen/Tiemann* Die Wiederaufnahme in Strafsachen (1993) Rdn. 22, 28 f; krit. LR-*Beulke* § 153a, 142 mit weit. Nachw.

[138] BGHSt **17** 94, 97; vgl. differenz. BGH NStZ **1994** 96; dazu *Meyer-Goßner*⁴⁶ § 349, 24 mit weit.

Nachw.; LR-*Hanack* § 349, 28 mit weit. Nachw.; zus.fass. *Trepper* 124 ff.

[139] LR-*Gollwitzer*²⁴ Vor § 304, 38.

[140] Vgl. *Matt* MDR **1992** 820 ff; SK-*Frisch* Vor § 304, 36 f.

[141] OLG Düsseldorf NStZ **1982** 395; vgl. SK-*Frisch* Vor § 304, 26, 33 mit weit. Nachw.

[142] Vgl. OLG Karlsruhe NStZ **1993** 88 f mit weit. Nachw., auch zur Zulässigkeit der Gegenvorstellung in diesen Fällen; vgl. BVerfGE **63**, 77, 78 f.

[143] Zu § 311 Abs. 3 S. 2 siehe Vor § 304, 57 und § 311, 11 ff; zum Unterschied § 311a und § 33a bei § 311a, 2 f.

§ 126 Abs. 1 S. 2 geregelt, daß die Zuständigkeit des Beschwerdegerichts nach Erlaß eines Haftbefehls für die weiteren richterlichen Entscheidungen und Maßnahmen, die sich auf die Untersuchungshaft oder auf die Aussetzung des Haftvollzugs beziehen, auf den Richter der Erstentscheidung übergehen. Die **Zuständigkeit des Beschwerdegerichts** und somit die Möglichkeit zur Abänderung oder Aufhebung von ergangenen Entscheidungen ist insoweit gesetzlich ausdrücklich einschränkend geregelt. Dennoch bleibt dem **Beschwerdegericht** – insbesondere in den gesetzlich nicht geregelten Fällen – Spielraum, die eigene Entscheidung – **auf Gegenvorstellung** hin – nochmals zu überprüfen und bei Begründetheit des Rechtsbehelfs die eigene Entscheidung abzuändern oder aufzuheben zugunsten des betroffenen Beschuldigten oder Verurteilten – beispielsweise unter dem Aspekt des § 359 (analog)[144]. Auch § 311a zeigt, daß nach Erlaß der Beschwerdeentscheidung das Beschwerdegericht eine Änderungsbefugnis hat, die Sache also nicht schon mit Erlaß der Beschwerdeentscheidung wieder ausschließlich beim ersten Gericht anhängig ist. Die Änderungsbefugnis kann also insbesondere bei einer Beschwerde gegen das Verfahren abschließende Beschlüsse längere Zeit fortbestehen. Das Beschwerdegericht darf seine Entscheidungen jedenfalls **nicht mehr ändern**, wenn die Sache wieder **beim unteren Gericht anhängig** ist[145] und die Änderung einen Eingriff in das auf der Grundlage der Beschwerdeentscheidung weiterbetriebene Verfahren der unteren Instanz bedeuten würde.

Eine besondere Fallkonstellation stellen auch **Entscheidungen des sog. oberen** **66** **Gerichts**[146] gem. §§ 12 Abs. 2, 13 Abs. 2 S. 2 und 3, 14, 15, 19 dar. Gegen diese Entscheidungen findet nach einhelliger Auffassung kein Rechtsmittel statt[147], das obere Gericht ist jedoch befugt – z. B. auf Gegenvorstellung hin – seinen eigenen Beschluß aufzuheben oder abzuändern, wobei dieser Beschluß ebenfalls unanfechtbar ist[148].

Unabänderlich sind hingegen alle **förmlichen Zwischenentscheidungen**, die die Rechts- **67** grundlage für das weitere Verfahren bilden, der Eröffnungsbeschluß gem. § 210, der Wiederaufnahmebeschluß gem. § 370 Abs. 2 (§ 372 S. 2) oder der Wiedereinsetzungsbeschluß gem. § 46 Abs. 2.

9. Justizgewährungsanspruch und Rechtsschutzgarantie gem. Art. 19 Abs. 4 GG

a) Beschwerde bei prozessualer Überholung. Ziel der Beschwerde ist die Aufhebung **68** oder Änderung einer gerichtlichen Entscheidung oder der Erlaß einer unterbliebenen Entscheidung. Die von der Anordnung des Gerichts bzw. von der Unterlassung einer Anordnung ausgehenden beeinträchtigenden Wirkungen sollen nicht eintreten oder wieder behoben werden. Dieses Ziel ist nicht mehr erreichbar, wenn die angefochtene Entscheidung bereits vollzogen ist, die dadurch hervorgerufenen Beeinträchtigungen abgeschlossen sind und rückwirkend nicht mehr ungeschehen gemacht werden können. Wenn die angefochtene Entscheidung durch den Fortgang des Verfahrens keine selbständige Bedeutung mehr hat, sollte nach der früheren Meinung der überwiegenden Rechtsprechung auch die Zulässigkeit der Beschwerde entfallen mangels einer **fortwirkenden prozessualen Beschwer**[149]. Die Frage, ob eine beeinträchtigende Maßnahme zwi-

---

[144] Auch hier gilt, daß eine Abänderung einer bestandskräftigen Beschwerdeentscheidung zu Ungunsten des Beschuldigten oder Verurteilten nicht in Betracht kommt, vgl. Vor § 304, 59.

[145] Verkürzend bei *Meyer-Goßner*[46] Vor § 296, 24 und LR-*Hanack* Vor § 296, 84; vgl. *Matt* MDR **1992** 820, 826.

[146] Vgl. §§ 73 Abs. 2, 76; 122 Abs. 1; 139 Abs. 2 GVG.

[147] *Giesler* 164 ff; KK-*Engelhardt*[4] § 304, 5; SK-*Frisch* § 304, 14; *Meyer-Goßner*[46] § 304, 2; siehe bei § 304, 28, 67.

[148] LR-*Wendisch* Vor § 7, 36.

[149] BVerfGE **49** 329; BGH NJW **1995**, 3397 mit weit. Nachw.

Holger Matt

schenzeitlich „prozessual überholt" ist, muß geprüft werden unter dem Aspekt der **Beschwer**, einer **Zulässigkeitsvoraussetzung der Beschwerde** gemäß der §§ 304 ff[150].

69   Diese frühere Rechtsprechung ist durch verschiedene **Entscheidungen des Bundesverfassungsgerichts seit 1997** überholt. Bereits zuvor setzte sich im Schrifttum die Auffassung durch, daß in Fällen endgültig vollzogener oder abgeschlossener richterlich angeordneter Zwangsmaßnahmen die Beschwerde – mit dem Ziel der Feststellung der Rechtswidrigkeit dieser richterlichen Entscheidung – zulässig ist, sofern der Betroffene durch Nachwirkungen der Anordnung über ihre prozessuale Erledigung hinaus beschwert ist. Eine solche Beschwer und damit ein berechtigtes Interesse an der Feststellung der Rechtswidrigkeit der Anordnung sah man insbesondere in dem sog. **Rehabilitationsinteresse** des durch die Zwangsmaßnahme beeinträchtigten Bürgers[151].

70   Das Bundesverfassungsgericht hat – grundlegend im Beschluß des 2. Senats vom 30. April 1997[152] – entschieden, daß das **Erfordernis eines effektiven Rechtsschutzes gem. Art. 19 Abs. 4 GG** dem Betroffenen das Recht gibt, **in Fällen tiefgreifender, tatsächlich jedoch nicht mehr fortwirkender Grundrechtseingriffe** auch dann die Berechtigung des Eingriffs gerichtlich klären zu lassen, wenn die direkte Belastung durch den angegriffenen Hoheitsakt sich nach dem typischen Verfahrensablauf auf eine Zeitspanne beschränkt, in welcher der Betroffene die gerichtliche Entscheidung in der von der Prozeßordnung gegebenen Instanz kaum erlangen kann. Die Beschwerde gegen eine richterliche Durchsuchungsanordnung (beispielsweise) darf daher nicht allein deswegen, weil sie vollzogen ist und die Maßnahme sich deshalb erledigt hat, unter dem Gesichtspunkt prozessualer Überholung als unzulässig verworfen werden. Grundsätzlich haben die Gerichte dem Bundesverfassungsgericht folgend zu prüfen, ob gemäß der geschilderten Maßstäbe – ungeachtet der eingetretenen Erledigung – ein **Rechtsschutzinteresse** des Betroffenen besteht. Ein solches Interesse ist – so das Bundesverfassungsgericht wörtlich – „**bei Durchsuchungen von Wohnungen schon wegen des Gewichts des Eingriffs** des Grundrechts des **Art. 13 GG** zu bejahen"[153]. In einer neueren Entscheidung heißt es: „Bei **Durchsuchungen von Wohn- oder Redaktionsräumen** ist vielmehr **schon wegen des Gewichts des Eingriffs in das Grundrecht des Art. 13 Abs. 1 sowie des Art. 5 Abs. 1 S. 2 GG** ein **Rechtsschutzinteresse** des Betroffenen zu bejahen"[154]. Das Ziel solcher Art (nachträglich) zu erlangenden Rechtsschutzes kann in der bloßen Feststellung der Rechtswidrigkeit der Strafverfolgungsmaßnahme liegen, auch wenn sie ohne Folgen für das weitere Verfahren geblieben ist (beispielsweise im Falle einer fruchtlosen Durchsuchung oder Abhörmaßnahme). Über die zusätzliche Frage der Freigabe oder Vernichtung (Löschung) erlangter Daten und Beweismittel oder das **Bestehen eines Beweisverwertungsverbotes** ist durch die Feststellung der Rechtswidrigkeit der Ermittlungsmaßnahme noch nicht zwingend entschieden.

71   Schließlich hat das Bundesverfassungsgericht entschieden, daß sich eine **Grundrechtsverletzung durch das Rechtsmittelgericht** – auf Grund der Verwerfung einer gegen eine

---

[150] § 304, 41 ff, 53 ff.

[151] SK-*Frisch* § 304, 54 mit weit. Nachw.; LR-*Gollwitzer*[24] Vor § 304, 9 mit weit. Nachw.

[152] BVerfGE **96** 27 ff = NJW **1997** 2163; vgl. dazu *Amelung* JR **1997** 385; *Amelung* FG-BGH S. 911; *Amelung/Wirth* StV **2002** 161, 165; *Esskandari* StraFo. **1997** 289; *Roxin* StV **1997** 654; *Fezer* JZ **1997** 1062; *Sachs* JuS **1998** 265; *Rabe von Kühlewein* NStZ **1998** 580; *Schroth* StV **1999** 117.

[153] BVerfGE **96** 27 ff = NJW **1997** 2163, 2164; NJW

2002 1333; vgl. auch BVerfGE **103** 142 = NJW **2001** 1121 (zu Richtervorbehalt und Gefahr im Verzug); ausf. LR-*Schäfer* § 105, mit vielen Nachweisen.

[154] BVerfG NJW **1998** 2131, 2132; ein tiefgreifender Grundrechtseingriff liegt jedoch nicht vor bei einem Netzbetreiber, der sich gegen die Anordnung nach §§ 100g, 100h wendet und diese Anordnung vor ihrem Vollzug mit Wirkung ex nunc aufgehoben wird, LG Koblenz NStZ **2003** 330.

richterliche Durchsuchungsanordnung gerichteten Beschwerde unter Verletzung von Art. 19 Abs. 4 in Verb. mit Art. 13 Abs. 1 oder Art. 5 Abs. 1 S. 2 GG wegen prozessualer Überholung – **fortsetzen kann** in der weiteren Entscheidung über die **richterliche Bestätigung** der bei der Durchsuchung erfolgten **Beschlagnahme**. Denn es sei nicht auszuschließen, daß das Rechtsmittelgericht nach der gebotenen inhaltlichen Überprüfung der Durchsuchungsanordnung auch bei der Beurteilung der Beschlagnahme zu einem anderen, für den Betroffenen günstigeren Ergebnis gelangt wäre. Obwohl der Beschlagnahme eines Gegenstandes regelmäßig nicht entgegensteht, daß er aufgrund einer rechtsfehlerhaften Durchsuchung erlangt worden ist, soll dem Bundesverfassungsgericht folgend bei einem besonders schwerwiegenden Verstoß etwas anderes gelten können[155]. Ziel des durch (nachträgliche) Feststellung der Rechtswidrigkeit der Strafverfolgungsmaßnahme zu erzielenden Rechtsschutzes kann hier – über die bloße Feststellung hinaus – die Beseitigung der durch die Strafverfolgungsmaßnahme entstandenen Folgen sein, beispielsweise die Freigabe der (rechtswidrig) erlangten Beweismittel. Die **Frage eines Beweisverwertungsverbotes** stellt sich ohnehin erst im weiteren Verfahren für das jeweils für weitere Entscheidungen zuständige Gericht.

Entsprechendes ist bei anderen **Zwangsmaßnahmen** wie **Eingriffen in die körperliche** **72** **Unversehrtheit** gem. § 81a **oder in die persönliche Freiheit** (Vorführungen, Festnahmen und Verhaftungen) anzunehmen[156]. Beispielsweise bleibt die (weitere) Beschwerde zur Feststellung der Rechtswidrigkeit eines Haftbefehls gem. § 230 Abs. 2 zulässig, auch wenn sich die Haftanordnung durch zwischenzeitliche Freilassung des Angeklagten erledigt hat bzw. überholt ist[157]. Auch nach Beendigung einer anderen freiheitsentziehenden Maßnahme (z. B. Abschiebehaft[158], vorläufige Unterbringungsmaßnahme nach § 70h FGG[159], Platzverweis[160]) kann nunmehr die Berechtigung der Maßnahme noch im Nachhinein geprüft werden, wenn ein effektiver Rechtsschutz nur in dieser Weise gewahrt ist. Neben den bereits genannten (in diesem Sinne tiefgreifenden) Grundrechtseingriffen wird ein Rechtsschutzinteresse des Betroffenen anzunehmen sein bei den heimlichen Ermittlungsmaßnahmen der Rasterfahndung (§ 98a), der Postbeschlagnahme (§ 99), der Telekommunikationsüberwachung (§ 100a), des Abhörens des nichtöffentlich gesprochenen Wortes außerhalb und innerhalb von Wohnungen (§ 100c Abs. 1 Nr. 2 und 3, vgl. § 100d Abs. 6), der Auskunft über Telekommunikationsdaten (§ 100g), der Ermittlung des Handy-Standortes (IMSI-Catcher gem. § 100i), aber auch bei offenen Maßnahmen (abgesehen von Durchsuchung, Beschlagnahme oder Freiheitsentzug), beispielsweise die Durchsuchung einer Person und ihrer Sachen auf offener Straße im Rahmen einer Kontrollstelle gem. § 111. **Zusammenfassend** ist festzustellen, daß trotz prozessualer Überholung **regelmäßig ein Rechtsschutzinteresse des Betroffenen besteht bei allen strafprozessualen Zwangsmaßnahmen (Grundrechtseingriffen) bis zum Ende des Beschwerdewegs**[161].

Durch diese Ausweitung der Rechtsschutzmöglichkeiten ist der Gefahr in hinreichen- **73** dem Maße begegnet, daß der theoretisch gegebene Rechtsschutz durch Gewährung der Beschwerdemöglichkeit in der Praxis unterlaufen und das Rechtsmittel der Beschwerde entgegen Art. 19 Abs. 4 GG ineffektiv und somit nutzlos gemacht wird. Die Rechtsprechungsänderung durch das Bundesverfassungsgericht erhöht die Chancen, daß rechts-

---

[155] BVerfG NJW **1999** 273, 274.
[156] *Meyer-Goßner*[46] Vor § 296, 18a mit weit. Nachw.
[157] OLG Celle NStZ-RR **2003** 177; OLG Düsseldorf StV **2001** 332; **a. A** OLG Hamm NJW **1999** 229.
[158] OLG Köln NJW **1998** 462; OLG Oldenburg NStZ-RR **2003** 95.

[159] BVerfG NJW **1998** 2432.
[160] BVerfG NJW **1999** 3773.
[161] § 304, 54 (zu prüfen als Zulässigkeit der Beschwerde); ebenso LR-*Schäfer* § 105, 100.

Holger Matt

fehlerhafte Zwangsmaßnahmen in der Rechtsmittelinstanz aufgehoben werden bzw. ihre **Rechtswidrigkeit festgestellt** wird. Hinzu tritt ein Rechtsprechungswandel im Zusammenhang des Rechtsschutzes im Bereich der Durchsuchung, auch über die Art und Weise, ohne vorherige richterliche Anordnung, der nunmehr vereinheitlicht ist[162], oder bei vorläufiger Festnahme[163], jeweils entsprechend § 98 Abs. 2 S. 2[164]. Allerdings bleibt zu bedenken, daß die nachträgliche Überprüfung solcher Entscheidungen nicht zwingend zu einer (nachträglichen) **Beseitigung der Folgen** (z. B. Freigabe beschlagnahmter Unterlagen) oder zur **Annahme eines Beweisverwertungsverbotes** für das weitere Verfahren führt und zudem im Rahmen der Begründetheit eingeschränkt sein kann (Maßstab der Vertretbarkeit), folgt man der Rechtsprechung des Bundesgerichtshofs[165].

74   Im Rahmen der **Nachholung der Anhörung gem. § 311a** ist schließlich die Rechtsprechung des Bundesverfassungsgericht ebenfalls dem Grundsatz nach anwendbar. Bei (tiefgreifenden) Grundrechtseingriffen, die entgegen § 308 Abs. 1 S. 1 im Beschwerdeverfahren ohne Anhörung des Beschwerdegegners ergangen sind, ist das Nachverfahren

---

[162] Vgl. umfassend *Park* Handbuch Durchsuchung und Beschlagnahme (2002) Rdn. 306 ff, 322; vgl. auch *Fezer* NStZ **1999** 151; zum Rechtsschutz bei Mitnahme von Unterlagen gem. § 110: BVerfG NStZ-RR **2002** 144; vgl. ausf. LR-*Schäfer* § 105, 96 ff.

[163] BGHSt **44** 171; *Laser* NStZ **2001** 120, 122.

[164] Vgl. zur früheren Unübersichtlichkeit des Rechtsschutzes *Amelung* S. 70 ff; LR-*Schäfer* § 105, 79 ff; zur heutigen Rechtslage zusammenfassend *Amelung* FG-BGH S. 911 ff; *Schroth* StV **1999** 117 ff; *Eisele* StV **1999** 298 ff; *Bachmann* NJW **1999** 2414 ff; zus.fass. LR-*Schäfer* § 105, 96 ff mit weit. Nachw.

[165] Seit der Entscheidung des 4. Senats zur nachträglichen Überprüfung einer TKÜ-Maßnahme im Hinblick auf ein Beweisverwertungsverbot (BGHSt **41** 30) galt die Maßgabe, daß der zur Entscheidung berufene Erstrichter einen sog. Beurteilungsspielraum zur Annahme des Tatverdachts („erhöhte Verdachtslage": BGH NStZ **2003** 499, 500) und bezüglich der Anwendung des Subsidiaritätsgrundsatzes hat (Maßstab der Vertretbarkeit). Diese Rechtsprechung wurde durch die Entscheidung des 3. Senats (BGHSt **47** 362, 366 ff, mit Anmerk. *Schlothauer*, StV **2003** 208 ff) dahingehend ergänzt, daß Vorgaben gemacht werden, in welcher Verfahrensweise die zu überprüfende Entscheidung auf ihre Rechtmäßigkeit hin zu untersuchen ist und unter welchen Voraussetzungen dann ein Beweisverwertungsverbot vorliegen kann. Diese Rechtsprechung wurde nunmehr durch den 5. Senat (NStZ **2003** 499) in der Weise konkretisiert, daß eine Verwertung von Zufallsfunden nur erlaubt ist, wenn die ursprüngliche Anordnung rechtmäßig gewesen ist, wobei eine hypothetische Rekonstruktion der Entscheidungssituation nach der zum ursprünglichen Entscheidungszeitpunkt gegebenen objektiven Sach- und Rechtslage vorzunehmen ist. Eine solche Rekonstruktion soll sogar – nach Güterabwägung – auch zugunsten einer staatsanwaltlichen Eilanordnung ohne richterlichen Beschluß möglich sein (kaum vertretbar: BGH 2. Senat vom 14. März 2003, 2 StR 341/02). Alle Entscheidungen sind ergangen im Zusammenhang der Frage der Verwertbarkeit von Beweismitteln. Die Unverwertbarkeit eines Beweismittels für das weitere Verfahren folgt demnach jedenfalls noch nicht alleine aus der (nachträglichen) Feststellung der Rechtswidrigkeit einer bestimmten Strafverfolgungsmaßnahme (vgl. LR-*Schäfer* § 105, 112 ff). Entsprechend ist auch die Frage der Folgenbeseitigung (z. B. Freigabe bestimmter, rechtswidrig erlangter Beweismittel) nicht zwingende Konsequenz der (nachträglichen) Feststellung der Rechtswidrigkeit einer Strafverfolgungsmaßnahme, sondern erst zum aktuellen Zeitpunkt der jeweiligen (Beschwerde-) Entscheidung, insbesondere nach sorgfältiger (und nachträglich überprüfbarer) Güterabwägung unter Berücksichtigung eines eventuellen Beweisverwertungsverbots zu entscheiden. Die eigentliche (nachträgliche) Prüfung der Frage der Rechtmäßigkeit oder Rechtswidrigkeit einer bestimmten Strafverfolgungsmaßnahme bezieht sich hingegen ausschließlich auf den ursprünglichen Entscheidungszeitpunkt, allerdings im Wege der aktenmäßigen Rekonstruktion nach objektiver Sach- und Rechtslage, so daß die tatbestandlichen Voraussetzungen aus dem Blickwinkel des damals entscheidenden Richters einer vollständigen rechtlichen Überprüfung unterliegen. Man mag in diesem Zusammenhang von einem „faktischen Beurteilungsspielraum" sprechen, rechtlich sind die zum Erlaß einer Zwangsmaßnahme erforderlichen Voraussetzungen jedoch vollständig nachprüfbar, vgl. das Bundesverfassungsgericht zum Begriff der Gefahr im Verzug, BVerfGE **103** 142 = NJW **2001** 1121; vgl. ebenso LR-*Schäfer* § 105, 111 f. Die oben zitierte Rechtsprechung des Bundesgerichtshofs ist insoweit korrekturbedürftig, denn die Terminologie „Beurteilungsspielraum" legt unzutreffenderweise nahe, der Erstrichter habe eine spezifische Art des Ermessensspielraums. Dies ist nach dem hier vertretenen Standpunkt nicht richtig, da es sich um vollständig nachprüfbare Rechtsbegriffe handelt.

---

gem. § 311a bei Vorliegen der sonstigen Voraussetzungen auch dann durchzuführen, wenn die Maßnahme prozessual überholt ist[166]. Gleiches muß für § 33 a gelten[167].

Auch nach dieser neuen Rechtsprechung bleiben indes **Fälle mangelnder fortwirken-** **75** **der prozessualer Beschwer möglich**, beispielsweise die Beschwerde über die vorläufige Entziehung der Fahrerlaubnis gem. § 111a, über die nach Rechtskraft des Urteils nicht mehr zu entscheiden ist[168]; oder die Beschwerde gegen eine allgemeine Beschlagnahmeanordnung, wenn zwischenzeitlich ein Bestätigungsbeschluß bezüglich der konkreten Gegenstände ergangen ist[169]. Schließlich ist auf die **mangelnde Grundrechtsfähigkeit der Staatsanwaltschaft** hinzuweisen[170], die sich insoweit nicht auf diese Rechtsprechung des Bundesverfassungsgerichts berufen kann. In solchen Fällen ist die **Beschwerde** als **unzulässig** zu verwerfen[171].

b) Verfassungsrechtlicher Rechtsschutz gegen Akte richterlicher Gewalt. Im Rahmen **76** der **Auslegung von Art. 19 Abs. 4 GG** galt früher als herrschende Meinung, daß die richterliche Gewalt nicht dem **Begriff der „öffentlichen Gewalt"** zu subsumieren sei[172]. Daher galt, daß aus Art. 19 Abs. 4 GG kein Recht auf Beschwerde gegen richterliche Entscheidungen herzuleiten sei, da Art. 19 Abs. 4 GG nur den Weg zu den Gerichten, nicht aber den Rechtsweg innerhalb der gerichtlichen Instanzen eröffne[173]. Nunmehr ist anerkannt, daß die Anfechtungsmöglichkeiten richterlicher Entscheidungen zumindest an dem verfassungsrechtlichen **allgemeinen Justizgewährungsanspruch** des Einzelnen gegenüber dem Staat zu messen sind[174]. Eine Subsumtion richterlicher Akte unter den Begriff der öffentlichen Gewalt in Art. 19 Abs. 4 GG ist nicht erforderlich. Die „alte" verfassungsrechtliche Dogmatik („Rechtsschutzgarantie *durch* den Richter, aber nicht *gegen* den Richter")[175] ist jedenfalls überholt und über den aus dem Rechtsstaatsprinzip[176] abgeleiteten allgemeinen Justizgewährungsanspruch – oder sogar Art. 19 Abs. 4 GG – ist eine verfassungsrechtliche Kontrolldogmatik gegenüber allen richterlichen Entscheidungen eröffnet[177].

Insofern sind **alle ausdrücklichen oder konkludenten Ausschlüsse einer Beschwerde** **77** gegen richterliche Entscheidungen[178] grundsätzlich dahingehend überprüfbar, ob sie **verfassungsrechtlich** unter dem Aspekt der – allgemeinen oder auch gem. Art. 19 Abs. 4 GG gegebenen – **Justizgewährungspflicht** Bestand haben. Ausgenommen von der Beschwerde sind beispielsweise richterliche Entscheidungen, die im Gesetz ausdrücklich der Anfechtung entzogen werden (§ 304 Abs. 1), etwa aus Gründen der Konzentration des Verfahrens Entscheidungen der erkennenden Gerichte, die der Urteilsfällung voraus-

[166] Näher § 311a, 6.
[167] *Esskandari* StraFo. **1997** 289, 292 f.
[168] Vgl. zur Zulässigkeit der Beschwerde neben der Revision OLG Düsseldorf NStZ-RR **2000** 240; OLG Koblenz NStZ-RR **1997** 206; OLG Frankfurt NStZ-RR **1996** 205 f; OLG Schleswig StV **1995** 345; in solchen Fällen kann die Beschwerde ohne Kostenentscheidung für erledigt erklärt werden, § 304, 56; § 309, 6.
[169] BGH NStZ **2000** 154; hier wäre allerdings eine Umdeutung in eine Beschwerde gegen den aktuellen Bestätigungsbeschluß richtig gewesen; vgl. BVerfG NStZ-RR **2002** 172, OLG Oldenburg StV **1994** 178 f, KK-*Nack* § 98, 2; vgl. zur Zulässigkeit einer Beschwerde vor Erlaß einer Entscheidung differenz. § 304, 12.
[170] OLG Frankfurt NJW **1995** 1302; § 304, 55.
[171] § 309, 5.

[172] Vgl. die Nachweise bei *Maunz/Dürig/Schmidt-Aßmann* Art. 19 IV GG, 96.
[173] Vgl. 24. Aufl. LR-*Gollwitzer* § 304, 29 mit weit. Nachw.
[174] Vgl. allgemein zur Einordnung LR-*Rieß* Einl. G 16 ff.
[175] Ausdrücklich z. B. BVerfGE **15** 275, 280; **49** 329, 340; so auch noch LR-*Gollwitzer*[24] § 304, 29; vgl. dagegen insbesondere *Voßkuhle*, Rechtsschutz gegen den Richter 1993, sowie NJW **1995** 1377, 1382 ff.
[176] Vgl. BVerfGE **54** 277, 291; **85** 337, 345; **88** 118, 123; **97** 169, 185.
[177] Siehe die Nachweise bei *Maunz/Dürig/Schmidt-Aßmann* Art. 19 IV GG, 96 ff; vgl. auch neuestens BVerfG NJW **2003** 1924; dazu *Voßkuhle* NJW **2003** 2193; *Redeker* NJW **2003** 2956, 2957.
[178] § 304, 17 ff.

Holger Matt

gehen (§ 305 S. 1). Der partielle Ausschluß der Beschwerde ist mit dem Grundgesetz zwar grundsätzlich vereinbar, bedarf verfassungsrechtlich jedoch einer Legitimation aus konkret nachweisbaren Gründen der Rechtssicherheit oder einer dringend gebotenen Ressourcenschonung[179].

78   Beispielsweise die Verfahrenssituation, daß nach dem Wortlaut des Gesetzes ein **Rechtsbehelf gegen sitzungspolizeiliche Maßnahmen gem. §§ 176, 177 GVG** nicht bestehe[180], unterliegt verfassungsrechtlichen Zweifeln im Hinblick auf die Rechtsschutzgarantie des Art. 19 Abs. 4 GG, wie bereits das Bundesverfassungsgericht ausgeführt hat[181]. Der angebliche „konkludente" Ausschluß der Beschwerde aufgrund des Wortlauts des § 181 GVG in Bezug auf §§ 178, 180 GVG ist unter dem Aspekt des verfassungsrechtlich verbürgten allgemeinen Justizgewährungsanspruchs jedenfalls nicht nachvollziehbar. Sitzungspolizeiliche Anordnungen können ersichtlich in Grundrechte des Betroffenen eingreifen, so daß jedenfalls in diesen Fällen der **Rechtsweg über die Beschwerde eröffnet** sein muß[182].

§ 304

(1) Die Beschwerde ist gegen alle von den Gerichten im ersten Rechtszug oder im Berufungsverfahren erlassenen Beschlüsse und gegen die Verfügungen des Vorsitzenden, des Richters im Vorverfahren und eines beauftragten oder ersuchten Richters zulässig, soweit das Gesetz sie nicht ausdrücklich einer Anfechtung entzieht.

(2) Auch Zeugen, Sachverständige und andere Personen können gegen Beschlüsse und Verfügungen, durch die sie betroffen werden, Beschwerde erheben.

(3) ¹Gegen Entscheidungen über die Verpflichtung, Kosten oder notwendige Auslagen zu tragen, ist die Beschwerde nur zulässig, wenn der Wert des Beschwerdegegenstandes einhundert Euro übersteigt. ²Gegen andere Entscheidungen über Kosten und notwendige Auslagen ist die Beschwerde nur zulässig, wenn der Wert des Beschwerdegegenstandes fünfzig Euro übersteigt.

(4) ¹Gegen Beschlüsse und Verfügungen des Bundesgerichtshofes ist keine Beschwerde zulässig. ²Dasselbe gilt für Beschlüsse und Verfügungen der Oberlandesgerichte; in Sachen, in denen die Oberlandesgerichte im ersten Rechtszug zuständig sind, ist jedoch die Beschwerde zulässig gegen Beschlüsse und Verfügungen, welche

1. die Verhaftung, einstweilige Unterbringung, Unterbringung zur Beobachtung, Beschlagnahme oder Durchsuchung betreffen,
2. die Eröffnung des Hauptverfahrens ablehnen oder das Verfahren wegen eines Verfahrenshindernisses einstellen,
3. die Hauptverhandlung in Abwesenheit des Angeklagten (§ 231a) anordnen oder die Verweisung an ein Gericht niederer Ordnung aussprechen,
4. die Akteneinsicht betreffen oder
5. den Widerruf der Strafaussetzung, den Widerruf des Straferlasses und die Verurteilung zu der vorbehaltenen Strafe (§ 453 Abs. 2 Satz 3), die Anordnung vorläufiger Maßnahmen zur Sicherung des Widerrufs (§ 453c), die Aussetzung des

---

[179] *Maunz/Dürig/Schmidt-Aßmann* Art. 19 Abs. 4 Rdn. 100.

[180] *Meyer-Goßner*⁴⁶ § 176 GVG, 16 und § 177 GVG, 15; *KK-Mayr*⁴ § 176, 7; vgl. BGHSt **17** 201, 202.

[181] BVerfG NJW **1992** 3288.

[182] Vgl. im Ergebnis über Art. 19 Abs. 4 GG ebenso *Ellersiek* S. 131 ff, 136; *Amelung*, S. 22 ff, 70; *Krekeler* NJW **1979** 185 ff; § 304, 27.

Strafrestes und deren Widerruf (§ 454 Abs. 3 und 4), die Wiederaufnahme des Verfahrens (§ 372 Satz 1) oder den Verfall, die Einziehung oder die Unbrauchbarmachung nach den §§ 440, 441 Abs. 2 und § 442 betreffen; § 138d Abs. 6 bleibt unberührt.

(5) Gegen Verfügungen des Ermittlungsrichters des Bundesgerichtshofes und des Oberlandesgerichts (§ 169 Abs. 1) ist die Beschwerde nur zulässig, wenn sie die Verhaftung, einstweilige Unterbringung, Beschlagnahme oder Durchsuchung betreffen.

Entstehungsgeschichte. In **Absatz 1** hat Art. 1 Nr. 83 Buchst. a des 1. StVRG die Worte „des Untersuchungsrichters" gestrichen und „Amtsrichter" durch „Richter im Vorverfahren" ersetzt.

Absatz 3 wurde durch das Gesetz über Maßnahmen auf dem Gebiet des Kostenrechts vom 7. August 1952 (BGBl. 401) eingefügt. Art. 6 Nr. 3 Buchst. b des Gesetzes zur Entlastung der Landgerichte und zur Vereinfachung des gerichtlichen Protokolls vom 20. Dezember 1974 (BGBl. I 3651) hat die Beschwerdesumme auf 100 DM erhöht. § 16 des Gesetzes zur Änderung des Gerichtskostengesetzes u. a. vom 20. August 1975 (BGBl. I 2189) hat die entbehrliche Erwähnung der Gebühren gestrichen.

Absatz 4 wurde durch das Gesetz vom 8. September 1969 (BGBl. I 1582) neu gefaßt, um der Einführung des zweiten Rechtszugs in Staatsschutzsachen Rechnung zu tragen. Art. 21 Nr. 79 EGStGB faßte Satz 2 Nr. 5 neu, Art. 1 Nr. 83 Buchst. b des 1. StVRG änderte in Satz 2 die Nr. 2 und erneuerte die Nr. 5; ferner ergänzte Art. 1 Nr. 16 des 1. StVRErgG in Satz 2 die Nr. 3 und fügte dem Absatz 4 den Satz 3 an.

Art. 1 Nr. 25 StVÄG 1979 fügte bei § 304 einen neuen **Absatz 5** an, der die Beschwerde gegen Verfügungen des Ermittlungsrichters des Bundesgerichtshofs einschränkt. Gleichzeitig wurde § 135 Abs. 2 GVG dieser Einschränkung angepaßt (Art. 2 Nr. 11 StVÄG 1979).

Art. 1 Nr. 23 StVÄG 1987 bezieht durch eine Satzzeichenänderung den bisherigen Satz 3 des **Absatzes 4** in dessen Satz 2 mit ein. **Absatz 5** wird neu gefaßt, sein Anwendungsbereich wird auf die Ermittlungsrichter der Oberlandesgerichte ausgedehnt.

Durch das sog. Rechtspflege-Vereinfachungsgesetz vom 17. Dezember 1990 (BGBl. I 2848) wurde **Absatz 3** neu gefaßt und eine differenzierte Wertgrenze zur Zulässigkeit der Kostenbeschwerde neu eingeführt (über DM 200,– bzw. über DM 100,–). Die ursprüngliche Zulässigkeitsgrenze der Kostenbeschwerde lag allgemein bei einem Wert des Beschwerdegegenstandes über einhundert Deutsche Mark.

Durch das „Gesetz zur Bekämpfung von Sexualdelikten und anderen gefährlichen Straftaten" vom 26. Januar 1998 (BGBl. I 160) wurde in § 454 – zur Einholung des Gutachtens eines Sachverständigen bei Strafaussetzung – ein neuer Absatz 2 eingefügt und machte daher eine Anpassung von **Absatz 4 Satz 3 Nr. 5** notwendig.

Die Einführung des EURO und das entsprechende Gesetz im Zusammenhang des Straf-und Ordnungswidrigkeitenrechts vom 13. Dezember 2001 (BGBl. I 3574) regelte die Wertgrenzen in **Absatz 3** neu in EURO.

Holger Matt

I. Zulässigkeit der Beschwerde – Voraussetzungen

Als **Zulässigkeitsvoraussetzungen** eines Rechtsmittels bezeichnet man alle **Bedingun-** **1** **gen**, die erfüllt sein müssen, damit das **Rechtsmittelgericht**[1] in die **sachliche Prüfung der angefochtenen Entscheidung** eintreten kann[2]. Unabhängig von der (positiven) Abhilfebefugnis gem. § 306 Abs. 2, die dem iudex a quo auch bei unzulässigen Beschwerden mit Ausnahme der sofortigen Beschwerde gem. § 311 zusteht, entscheidet dieser in keinem Fall negativ über Zulässigkeit oder Begründetheit einer Beschwerde, sondern legt die eingelegte Beschwerde im Falle der Nichtabhilfe immer dem **Beschwerdegericht** vor[3], in der Regel über die Staatsanwaltschaft[4]. Bei der Zulässigkeit handelt es sich also um die Erfüllung rechtlicher Formalien, die im Strafprozeßrecht vorgeschrieben sind[5], bevor über die Begründetheit der Beschwerde durch das Beschwerdegericht entschieden wird.

Die **Zulässigkeit der Beschwerde** gegen richterliche Entscheidungen und Verfügungen **2** ist in den §§ 304 ff **nicht abschließend** geregelt, vielmehr sind dort nur allgemeine Regeln über Zulässigkeit und Verfahren der Beschwerde enthalten, die in Anbetracht der vielfältigen gerichtlichen und richterlichen Entscheidungen zu ergänzen sind. Zahlreiche Einzelbestimmungen befinden sich an anderen Stellen der Strafprozeßordnung, des Gerichtsverfassungsgesetzes sowie in anderen Gesetzen, die zum Teil ausdrücklich oder stillschweigend auf die Beschwerderegeln der §§ 304 ff verweisen. Die Zulässigkeit der Beschwerde setzt allgemein voraus (1) eine prozessual beachtliche Entscheidung, (2) Schriftform und den richtigen Adressaten, (3) Statthaftigkeit (kein gesetzlicher Ausschluß der Beschwerde), (4) Beschwer durch die Erstentscheidung und Aktivlegitimation und (5) kein Rechtsmittelverzicht oder -rücknahme.

1. Prozessual beachtliche gerichtliche Entscheidung. Diese Voraussetzung ist nicht ge- **3** geben, wenn **keine Entscheidung** getroffen worden ist oder diese **völlig bedeutungslos** ist. Ebenfalls sind **gerichtliche Interna** nicht prozessual erheblich in diesem Sinne[6]. Fälle der prozessualen Überholung beziehen sich hingegen immer auf prozessual beachtliche Entscheidungen und sind unter dem Zulässigkeitserfordernis der (gegenwärtigen oder fortdauernden) Beschwer zu prüfen[7].

---

[1] Zur Zuständigkeit des Beschwerdegerichts ausf. Vor 304, 19 ff; zu Verfahren und Befugnissen Vor § 304, 12 ff; § 308 und § 309.
[2] SK-*Frisch* Vor § 296 Rdn. 66.
[3] Vor § 304, 8 f; § 306, 13, 22; § 311, 2, 11 ff.
[4] § 306, 25 (Ausnahme bei §§ 148a, 148 Abs. 2).

[5] LR-*Hanack* Vor § 296 Rdn. 13.
[6] SK-*Frisch* Vor § 296, 74.
[7] § 304, 53 ff; unklare Einordnung bei KMR-*Plöd* Vor § 296, 12; vgl. hierzu näher Vor § 304, 68 ff mit weit. Nachw.

4   **a) Beschlüsse** und **Verfügungen**[8]. Für die Anfechtbarkeit ist die unterschiedliche Bezeichnung ohne Bedeutung. Die Beschwerde erfaßt, soweit sie nicht ausgeschlossen ist, grundsätzlich **alle richterlichen Anordnungen** im Verfahren, ohne Rücksicht auf die Bezeichnung (vgl. auch den Wortlaut der §§ 34 oder 305, bei denen allgemein von „Entscheidungen" gesprochen wird)[9]. Entsprechend hat auch der Begriff „Befehl" (z. B. Haftbefehl, Unterbringungsbefehl, Vorführungsbefehl) keine eigene sachliche Bedeutung. Die der Beschwerde unterliegenden Maßnahmen müssen aber unmittelbar gestaltend auf Verfahrensgang, Verfahrensbefugnisse oder sonst auf die Rechtsstellung einer Person einwirken. Es darf sich nicht um bloße Hinweise, Mitteilungen oder Belehrungen handeln[10], Anordnungen durch konkludentes Verhalten oder stillschweigend getroffene Anordnungen werden jedoch auch von § 304 erfaßt. Beschlüsse und Verfügungen sind gem. § 34 mit Gründen zu versehen, damit einerseits die Prozeßbeteiligten ihr Verhalten darauf einstellen und andererseits bei Anfechtung mit der Beschwerde das Rechtsmittelgericht die Entscheidung überprüfen kann[11]. Die Formerfordernisse für Urteile (vgl. § 275) gelten indes nicht.

5   Entscheidungen durch **Kollegialgerichte** (Schöffengericht, Strafkammern, Strafsenate) ergehen immer in **Beschlußform**, wenn nicht ein Urteil gesprochen wird. Durch Beschluß entscheidet auch der Strafrichter, wenn er eine Entscheidung trifft, die bei den mit mehreren Richtern besetzten Gerichten dem Kollegium vorbehalten ist[12]. Der einzelne Richter erläßt eine Verfügung, wenn er in besonderer Funktion tätig wird[13]. Die Verfügung ist eine Verfahrensanordnung etwa des Vorsitzenden, des Richters im Ermittlungsverfahren, des beauftragten oder ersuchten Richters. Unter **Verfügungen des Vorsitzenden** fallen sowohl die in der Hauptverhandlung ergehenden Entscheidungen (vgl. § 238 Abs. 2) als auch die außerhalb der Hauptverhandlung erlassenen Anordnungen, beispielsweise die zur Vorbereitung der Hauptverhandlung ergehenden. Das verfahrensrechtlich notwendige Regulativ der an sich generell zugelassenen Beschwerde enthält § 305.

6   **b) Sonstige Entscheidungen.** Die Beschwerde kann sich auch dagegen richten, daß der Richter oder das Gericht eine beschwerdefähige Entscheidung unterläßt, entweder durch Nichtbescheidung eines Antrags oder durch Unterlassung einer von Amts wegen gebotenen Maßnahme, die sog. **Untätigkeitsbeschwerde**[14]. Andere Entscheidungen sind mit der Beschwerde anfechtbar, wenn und soweit der Gesetzgeber dies ausdrücklich vorschreibt. Beispielsweise können **im Urteil getroffene Entscheidungen** Gegenstand der (sofortigen) Beschwerde sein, wie bei Kosten- und Auslagenentscheidungen nach § 464 Abs. 3 oder der Entscheidung über die Entschädigung nach § 8 Abs. 3 StrEG[15]. Auch bei **versehentlich im Urteil** enthaltenen „Beschlüssen", beispielsweise über Bewährungszeit oder Auflagen, gilt dieser Urteilsteil als abtrennbarer beschwerdefähiger Beschluß nach §§ 268a, 305a[16]. Voraussetzung für die Beschwerde ist aber stets ein **Akt der Strafrechtspflege**, also eine Maßnahme des Richters, die im Rahmen eines anhängigen oder zur Vorbereitung eines möglicherweise anhängig werdenden Strafverfahrens in richterlicher Unabhängigkeit zu treffen ist. Generelle Anordnungen, die nicht im Rahmen eines

---

[8] Vgl. ausf. § 304, 60 ff.

[9] LR-*Wendisch* Vor § 33, 6.

[10] Vgl. *Ellersiek* 44 (nur Entscheidungen können Beschwer enthalten).

[11] LR-*Wendisch* § 34, 1 mit weit. Nachw.

[12] Vgl. schon *Ferdinand*, S. 39 ff.

[13] *Ellersiek*, S. 49 mit weit. Nachw.

[14] Zur Zulässigkeit der sog. Untätigkeitsbeschwerde näher § 304, 7 ff; Vor § 304, 31.

[15] Zur Kostenbeschwerde siehe Vor § 304, 40; ausf. § 304, 35 ff.

[16] § 304, 60 und § 305a, 1 mit weit. Nachw.

einzelnen Verfahrens ergehen, werden von § 304 ebensowenig erfaßt[17] wie eine Maßregel der Dienstaufsicht oder ein Geschäft der Justizverwaltung[18].

c) Untätigkeitsbeschwerde. Mit der Beschwerde anfechtbar sind **alle richterlichen 7 Entscheidungen**, auch wenn diese auf die Unterlassung einer bestimmten Anordnung oder die Zurückstellung einer bestimmten (weiteren) Entscheidung abzielt. Hier ist zwar die Meinungslage in Rechtsprechung und Literatur nicht einhellig, nämlich inwieweit sich die Beschwerde auch gegen unterlassene Anordnungen richten kann[19]. Bei näherer Betrachtung muß eine sog. Untätigkeitsbeschwerde **zulässig** sein **in allen Fällen**, die durch eine **bewußte und willentliche Entscheidung des Gerichts pro Untätigkeit** gekennzeichnet sind, soweit dadurch gestaltend in die Rechtssphäre eines Beteiligten eingegriffen wird[20]. Beispielsweise sollte grundsätzlich ein Antrag auf Beiordnung eines Pflichtverteidigers zeitnah (positiv oder negativ) beschieden werden, so daß eine bewußte **Untätigkeit des Gerichts beschwerdefähig** ist[21].

Wenn das Gericht untätig geblieben ist, obwohl es (auf Antrag oder von Amts 8 wegen) eine Entscheidung zu treffen hatte und die Untätigkeit ausdrückliche Folge einer Entscheidung ist oder dieser gleich kommt, ist somit der Beschwerdeweg eröffnet. Eine Beschwerde ist daher auch gegen Entscheidungen des Gerichts statthaft, bestimmte Entscheidungen zurückzustellen oder (zunächst) in der Sache nicht zu entscheiden (beispielsweise im Hauptverfahren: Nichtterminierung einer Sache über Jahre[22]; oder im Zwischenverfahren: Nichtentscheidung über die Eröffnung oder Nichteröffnung des Hauptverfahrens[23]). **Keine Zulässigkeitsvoraussetzung** für die Beschwerde (gegen die Entscheidung pro Untätigkeit) ist konsequenterweise, daß die **unterlassene Verfügung bzw. der unterlassene Beschluß im Falle ihres Erlasses selbst beschwerdefähig**[24] gewesen wären oder ob die Untätigkeit einer **endgültigen Ablehnung** gleichkommt[25].

Fraglos kann etwa die **Länge eines Strafverfahrens** auf den Beschuldigten und andere 9 Beteiligte belastende Auswirkungen haben. Trifft ein Gericht keine Entscheidung über die (Nicht-) Eröffnung des Hauptverfahrens, muß sowohl dem Angeschuldigten als auch der Staatsanwaltschaft und dem Nebenkläger (vgl. § 400 Abs. 2) ein Beschwerderecht zustehen, obwohl Verjährung noch nicht unmittelbar bevorsteht (aus Sicht der Staatsanwaltschaft oder des Nebenklägers)[26], eine Eröffnung weder durch Staatsanwaltschaft[27], den Nebenkläger (mangels Beschwer) noch durch den Angeklagten (§ 210 Abs. 1) angefochten werden kann oder eine Nichteröffnung mangels Beschwer für den Angeschul-

---

[17] Vgl. BGHSt **29** 135 (allgemeine Anordnung des Leiters einer Justizvollzugsanstalt).

[18] Zu den Abgrenzungsfragen vgl. Vor § 304, 44 ff sowie LR-*Rieß* Einl. B 29 ff; und LR-*Böttcher* Vor § 23 EGGVG, 3.

[19] Vgl. LR-*Gollwitzer*[24] 8; KK-*Engelhardt*[4] 3. Eine „reine Untätigkeitsbeschwerde" sei der Strafprozeßordnung aber fremd: BGH NJW **1993** 1279; OLG Stuttgart Beschluß vom 05.06.2003, 1 Ws 131/03; *Schäfer*[6] 1858; *Meyer-Goßner*[46] § 304, 3 mit weit. Nachw.; OLG Frankfurt NStZ-RR **2002** 188 (Strafvollzugssache); OLG Frankfurt NStZ-RR **2002** 189 (Strafvollstreckungssache); im Einzelfall dagegen: OLG Braunschweig NStZ-RR **1996** 172; OLG Frankfurt NJW **2002** 453 und 454 mit krit. Anm. *Wirriger* NStZ **2002** 389 f.

[20] SK-*Frisch* 9 f.

[21] Vgl. zu den Voraussetzungen ausf. *Schlothauer/Weider*[3] 76 ff.

[22] OLG Braunschweig NStZ-RR **1996** 172 mit zust. Anm. *Stern* StraFo. **1996** 59.

[23] OLG Frankfurt NJW **2002** 453 und 454.

[24] So aber die wohl h.M: BGH NJW **1993** 1279; *Meyer-Goßner*[46] § 304, 3; KMR-*Plöd* § 304, 2; LR-*Gollwitzer*[24] § 304, 8; dagegen wie hier: OLG Braunschweig NStZ-RR **1996** 172 mit zust. Anm. *Stern* StraFo. **1996** 59; OLG Frankfurt NJW **2002** 453 und 454.

[25] *Schäfer*[6] 1858; KMR-*Plöd* § 304, 2.

[26] Vgl. BGH NJW **1993**, 1279 f; OLG Frankfurt NJW **2002** 453 und 454.

[27] Vgl. OLG Hamburg 23.09.2002 2 Ws 184/02: Eröffnet das Landgericht gem. § 210 Abs. 2 vor dem Amtsgericht, ist eine sofortige Beschwerde der Staatsanwaltschaft unzulässig, soweit sie nur die örtliche Zuständigkeit dieses Amtsgerichts angreift, wenn die Entscheidung des Landgerichts nicht willkürlich ist.

Holger Matt

digten ebenfalls nicht anfechtbar ist. Ähnliches gilt nach Eröffnung für die Nichtterminierung der Hauptverhandlung.

10 In diesem Zusammenhang ist für den Beschuldigten auch Art. 13 EMRK – in Verbindung mit Art. 6 Abs. 1 EMRK **(Strafverfahren „innerhalb einer angemessenen Frist")** – von Bedeutung, wie nunmehr der Europäische Gerichtshof für Menschenrechte klargestellt hat[28]. Demnach stellt es einen Konventionsverstoß dar, wenn das nationale Recht keinen **wirksamen Rechtsbehelf** zur Verfügung stellt, um einen wirksamen **Schutz gegen überlange Verfahrensdauer** zu erlangen. Die Beschwerde eines Angeschuldigten oder Angeklagten mit dem Ziel der Beschleunigung des Verfahrens muß folglich in solchen Fällen zulässig sein, auch wenn der Entscheidung des Gerichts pro Untätigkeit weder endgültige Bedeutung zukommt noch die unterlassene Entscheidung beschwerdefähig wäre[29]. Unter dem generelleren Aspekt der Beachtung des Beschleunigungsgrundsatzes im Strafverfahren[30] ist auch eine Untätigkeitsbeschwerde der Staatsanwaltschaft als zulässig anzusehen[31].

11 Unabhängig von der Zulässigkeit ist in den in Betracht kommenden Fällen indes über die Begründetheit einer solchen Untätigkeitsbeschwerde zu befinden und führt im Hinblick auf die (rechtlich nicht immer zu ersetzende) Ausübung richterlichen Ermessens oftmals zu Ergebnissen, die (zulässige) Beschwerde sei unbegründet. Ein ermessensfehlerhaftes Verhalten eines Vorsitzenden oder Gerichts „durch Unterlassen" wird **nur in extremen Fällen** festzustellen sein. Für den Fall der Begründetheit der Beschwerde wird **regelmäßig in diesen Ausnahmefällen** eine **Zurückverweisung** notwendig sein, weil das Erstgericht noch keine Sachentscheidung getroffen hat und eine Sachentscheidung durch das Beschwerdegericht in diesen Fällen eher nicht angezeigt ist[32].

12 **d) Beschwerde vor Erlaß der Entscheidung.** Grundsätzlich gilt, daß ein Rechtsmittel gegen eine nicht vorhandene Entscheidung unzulässig ist[33], weil es insoweit an einer Beschwer fehlt[34]. Allerdings ist ein Rechtsmittel zulässig, wenn spätestens zum Zeitpunkt der Abhilfe- oder Beschwerdeentscheidung[35] die (angefochtene) Erstentscheidung vorliegt, d. h. die (zunächst nicht gegebene) Zulässigkeit eines Rechtsmittels kann gleichsam durch die (spätere) Existenz der angefochtenen Entscheidung entstehen. Dies gilt nicht nur bei Zweifeln über den Zeitpunkt der Einlegung des Rechtsmittels[36]. Die Gegenansicht[37] verkennt, daß die Voraussetzung des Erlasses der angefochtenen Entscheidung keine echte – zur Unzulässigkeit eines Rechtsmittels führende – Bedingung, sondern eine (unschädliche) sog. Rechtsbedingung ist, die rechtsmittelsystematisch logisch vorausgesetzt und somit notwendig ist[38]. Unter dem Aspekt der Rechtsschutzgewährung ist nicht nachvollziehbar, warum eine – beispielsweise aus Unkenntnis oder Vorsorge gegen (vermeintlich) drohenden Fristablauf zu früh eingelegte – Beschwerde gegen eine (nunmehr bestehende) Entscheidung formell als unzulässig verworfen werden dürfte oder gar

---

[28] EGMR *Kudla./.*Polen (30210/96), Urteil 26.10. 2000, NJW **2001** 2694; vgl. dazu *Redeker* NJW **2003** 488 und 2956, 2957; vgl. auch BVerfG NVwZ **2003** 858 (Subsidiarität der Verfassungsbeschwerde bei gerichtlicher Untätigkeit im Verwaltungsprozeß).

[29] Diesen Aspekt übersieht etwa die aktuelle Entscheidung des OLG Stuttgart NStZ-RR **2003** 284 f.

[30] LR-*Rieß* Einl. G 29 ff.

[31] OLG Frankfurt NJW **2002** 453 und 454; OLG Braunschweig NStZ-RR **1996** 172.

[32] § 309, 13 ff, 16.

[33] Die Formulierung lautet oft: „unwirksam", vgl. BGHSt **25** 187, 189 mit Anm. Hanack JR **1974** 296.

[34] LR-*Hanack* Vor § 296, 30.

[35] Vgl. zum Verhältnis Abhilfe- und Beschwerdeentscheidung bei § 304, 1, § 306, 13, 22, insbesondere die Vorlagepflicht auch in Fällen der – aus Sicht des Erstrichters – gegebenen Unzulässigkeit der Beschwerde.

[36] So einschränkend noch LR-*Gollwitzer*[24] Vor § 296, 45 mit weit. Nachw.

[37] *Meyer-Goßner*[46] Vor § 296, 4 f; KMR-*Plöd* vor § 296, 11; vgl. BGHSt **25**, 187, 188; für den Fall der prozessualen Überholung BGH NStZ **2000** 154.

[38] LR-*Hanack* Vor § 296, 23, 30 mit weit. Nachw.

müßte, obwohl zu diesem Zeitpunkt dem Anfechtungsbegehren inhaltlich Rechnung getragen werden könnte[39]. Wenn die Sache, in der die Entscheidung ergeht, klar bezeichnet ist, ist eine **wirksame und zulässige Beschwerde** eingelegt, auch wenn die **angefochtene Entscheidung erst zu einem späteren Zeitpunkt** tatsächlich ergeht, diese muß aber **spätestens zum Zeitpunkt der Beschwerdeentscheidung** vorliegen[40].

2. Form und richtiger Adressat der Beschwerde

Schriftform. Gem. § 306 Abs. 1 ist die Beschwerde bei dem Gericht, von dem – oder **13** von dessen Vorsitzenden – die angefochtene Entscheidung erlassen wurde **(iudex a quo)**, **schriftlich oder zu Protokoll der Geschäftsstelle** einzulegen[41]. Die Einlegung des Rechtsmittels beim iudex a quo ist im Strafverfahren stets vorgesehen (vgl. §§ 306, 314, 341) – im Unterschied zum Zivilprozeß, denn dort ist der regelmäßige Adressat das Rechtsmittelgericht (vgl. §§ 519 Abs. 1, 520 Abs. 3, 524 Abs. 1 S. 2, 549 Abs. 1 S. 1, 551 Abs. 2 S 1, 554 Abs. 1 S. 2, 566 Abs. 2 S. 1, differenzierend aber bei der sofortigen Beschwerde gem. §§ 567, 569 Abs. 1 S. 1 ZPO).

Kein Begründungserfordernis. Eine Begründung der Beschwerde ist nicht vorgeschrie- **14** ben, in der Sache aber selbstverständlich sinnvoll[42]. Aus Sicht der Staatsanwaltschaft ist Nr. 147, 148 und 156 Abs. 1 RiStBV zu beachten.

Keine Frist. Bei der einfachen Beschwerde oder bei der weiteren Beschwerde gem. **15** § 310 gibt es keine förmlichen Fristen einzuhalten. Allenfalls der Gesichtspunkt der prozessualen Überholung oder Erledigung in Ausnahmefällen könnte zur Unzulässigkeit des Rechtsmittels führen[43]. Eine **Verwirkung** der Beschwerdebefugnis – etwa wegen Zeitablaufs – wird nur in extremen Ausnahmefällen denkbar sein und widerspricht rechtsstaatlichen Grundsätzen[44].

Wochenfrist. Demgegenüber ist in den Fällen der sofortigen Beschwerde die **16** Beschwerdefrist von einer Woche gem. § 311 Abs. 2 einzuhalten.

3. Statthaftigkeit – Ausschluß der Beschwerde.
Die Anfechtung der angegriffenen **17** Entscheidung mit der Beschwerde setzt voraus, daß die Entscheidung der Art nach der Beschwerde unterliegt und nicht gesetzlich der Anfechtung entzogen ist. Ausgenommen von der Beschwerde sind zunächst richterliche Entscheidungen, die **im Gesetz ausdrücklich der Anfechtung entzogen** werden (§ 304 Abs. 1), beispielsweise aus Gründen der Konzentration des Verfahrens Entscheidungen der erkennenden Gerichte, die der Urteilsfällung vorausgehen (§ 305 S. 1). Ausgenommen von der Beschwerde sind auch richerliche Entscheidungen, soweit ein **anderer Rechtsbehelf ausdrücklich im Gesetz** vorgesehen ist (beispielsweise Wiedereinsetzung gem. § 44, Berufung und Revision gegen Urteile gem. §§ 312, 333 oder Einspruch gegen einen Strafbefehl gem. § 410), oder Entscheidungen, deren Unanfechtbarkeit mit dem Rechtsmittel der Beschwerde sich aus dem Gesamtzusammenhang der Regelung („konkludent") ergibt[45].

---

[39] Auch nach der Gegenmeinung soll es für die Zulässigkeit nicht darauf ankommen, ob der Beschwerdeführer weiß, daß die Entscheidung bereits erlassen ist: *Meyer-Goßner*[46] Vor § 296, 4 mit weit. Nachw.; vgl. BGHSt **25**, 187, 188.

[40] SK-*Frisch* Vor § 296, 77.

[41] Näher § 306, 1 ff.

[42] Vgl. etwa *Hamm*, in: Formularbuch für den Strafverteidiger[4] S. 484; *Burhoff*[3] Handbuch für das

strafrechtliche Ermittlungsverfahren 390; ausf. § 306, 6 ff.

[43] Dazu ausführlich Vor § 304, 68 ff, § 304, 53 ff, vgl. SK-*Frisch* Vor § 304, 13, § 304, 53.

[44] Vgl. *Meyer-Goßner*[46] Vor § 296, 6 mit weit. Nachw.

[45] *Giesler* 317 faßt die Ausschlußgründe des Gesetzgebers in zwei Gruppen zusammen; bei der einen fehlt ein Rechtsschutzbedürfnis, weil die Interessen der Beteiligten anderweitig berücksichtigt werden, oder

18   Der partielle Ausschluß der Beschwerde ist mit dem Grundgesetz zwar grundsätzlich vereinbar, bedarf verfassungsrechtlich jedoch einer Legitimation aus konkret nachweisbaren Gründen der Rechtssicherheit oder einer dringend gebotenen Ressourcenschonung[46]. Aus der **Rechtsschutzgarantie des Art. 19 Abs. 4 GG** kann **kein absoluter Anspruch auf einen Beschwerderechtszug** hergeleitet werden, wenn auch nunmehr anerkannt ist, daß die Anfechtungsmöglichkeiten richterlicher Entscheidungen zumindest an dem allgemeinen Justizgewährungsanspruch – möglicherweise sogar an der engeren Rechtsweggarantie gegen „öffentliche Gewalt" gem. Art. 19 Abs. 4 GG – zu messen sind. Die „alte" verfassungsrechtliche Dogmatik („Rechtsschutzgarantie *durch* den Richter, aber nicht *gegen* den Richter")[47] ist überholt. Insofern sind alle ausdrücklichen oder konkludenten Ausschlüsse einer Beschwerde gegen richterliche Entscheidungen grundsätzlich verfassungsrechtlich überprüfbar[48].

19   **Art. 13 EMRK**, der bei Menschenrechtsverletzungen die „wirksame" Beschwerde bei einer nationalen Instanz fordert, gibt indessen kein über das deutsche Recht hinausreichendes Beschwerderecht und bleibt hinter Art. 19 Abs. 4 GG zurück[49].

20   **a) Gesetzlicher Ausschluß.** Ausdrücklich ausgeschlossen i.S.v. § 304 Abs. 1 ist die Beschwerde bei § 28 Abs. 1, § 46 Abs. 2, § 68b S. 4, § 81c Abs. 3 S. 4, § 100 Abs. 3 S. 3, § 117 Abs. 2 S. 1, § 138d Abs. 6 S. 3, § 147 Abs. 4 S. 2, § 147 Abs. 5 in Verb. mit § 161a Abs. 3 S. 4, § 153 Abs. 2 S. 4, § 153a Abs. 2 S. 4, § 161a Abs. 3 S. 4, § 163a Abs. 3 S. 3, § 168e S. 5, § 201 Abs. 2 S. 2; § 202 S. 2, § 210 Abs. 1[50], § 225a Abs. 3 S. 2 und Abs. 4 S. 2 in Verb. mit § 210 Abs. 1, § 229 Abs. 3 S. 2; § 270 Abs. 3 in Verb. mit § 210 Abs. 1, § 247a S. 2, § 304 Abs. 3–5, § 305 S. 1, § 310 Abs. 2, § 322a S. 2, § 348 Abs. 2, § 372 S. 2, § 397a Abs. 3 S. 2, § 406 Abs. 2 S. 3, § 406 a, § 406e Abs. 3 S. 2, § 406e Abs. 4 S. 3, § 406g Abs. 2 S. 2, § 419 Abs. 2 S. 2, § 431 Abs. 5 S. 1, § 464 Abs. 3 S. 1, 2.Hs, § 467a Abs. 3, § 469 Abs. 3, § 478 Abs. 3 S. 2; §§ 41 S. 4, 52 Abs. 4, 53 Abs. 2 S. 2, 54 Abs. 3 S. 1, 171b Abs. 3 GVG.

21   Eine ausdrückliche Zulässigkeitsregelung trifft § 304 Abs. 3 bei Entscheidungen über Kosten und notwendige Auslagen, nämlich hinsichtlich des Mindestwertes des Beschwerdegegenstandes (über 50 bzw. 100 EURO). Die Statthaftigkeit der **Kostenbeschwerde** ist demnach zum einen an ein bestimmtes Ausmaß der Beschwer geknüpft[51]. Zum anderen ist insbesondere die Zulässigkeitsvorschrift des § 464 Abs. 3 S. 1 Hs 2 zu beachten, daß die Kostenbeschwerde nur zulässig ist, soweit die Anfechtung der Hauptentscheidung statthaft ist[52].

22   Einschränkungen der Statthaftigkeit ergeben sich auch aus § 304 Abs. 4. Trotz des allgemeinen Ausschlusses der **Beschwerde gegen Entscheidungen des Bundesgerichtshofs und der Oberlandesgerichte** eröffnet der Ausnahmekatalog des § 304 Abs. 4 S. 2 bzw. Abs. 5 die Beschwerdemöglichkeit in diesem eng umgrenzten Anwendungsbereich[53].

---

weil die Beschleunigung dies erfordert oder weil ein Nebeneinander von Rechtsbehelfen vermieden werden soll; bei der anderen begründet der Inhalt der Entscheidung die Unanfechtbarkeit (Ermessensentscheidungen etc.).

[46] *Maunz/Dürig/Schmidt-Aßmann* Art. 19 Abs. 4 Rdn. 100.

[47] Ausdrücklich z. B. BVerfGE **15** 275, 280; **49** 329, 340; so auch noch LR-*Gollwitzer*[24] § 304, 29 mit weit. Nachw.

[48] Siehe Vor § 304, 76 ff.

[49] BGHSt **20** 68, 70; *Meyer-Goßner*[46] Art. 13 EMRK 1.

[50] Vgl. OLG Karlsruhe NJW **2001** 2564 (Ausnahme der Unanfechtbarkeit, wenn wegen einer nicht angeklagten Tat oder gegen einen nicht angeklagten Beschuldigten die Eröffnung des Hauptverfahrens beschlossen wird).

[51] Dazu näher § 304, 35 ff.

[52] LR-*Hilger* § 464, 52 ff; § 304, 36.

[53] § 304, 71 ff; vgl. auch § 310, 29 ff.

Entsprechend regelt § 310 Abs. 1 die **Ausnahme der weiteren Beschwerde** bei Be- **23**
schwerdeentscheidungen, die Verhaftungen und einstweilige Unterbringung betreffen.
Gem. § 310 Abs. 2 ist aber grundsätzlich eine nochmalige Beschwerde gegen eine Beschwerdeentscheidung ausgeschlossen, d. h. nicht statthaft[54].

Ein ausdrücklicher **Ausschluß der Beschwerde in Haftsachen** ist in § 117 Abs. 2 ge- **24**
regelt. Zum Zeitpunkt eines anhängigen (zulässigen) Haftprüfungsantrages ist die Haftbeschwerde unzulässig. Dies gilt sowohl für die einfache Beschwerde gem. §§ 304 ff
(gegen die Erstentscheidung) wie auch für die weitere Beschwerde gem. §§ 310, 304 ff
(gegen die Beschwerdeentscheidung). Unter dem Aspekt der Fürsorgepflicht des
Gerichts und unter Beachtung des Rechtsgedankens in § 300 kommt schließlich in
Betracht, eine unzulässige Haftbeschwerde der Verteidigung – etwa in Fällen der
Erschöpfung der Beschwerdemöglichkeiten nach §§ 304, 310 – in einen (neuen) Haftprüfungsantrag umzudeuten[55].

Im Hinblick auf § 305 S. 1 – den Ausschluß (bzw. die Einschränkung) der Beschwerde **25**
gegen Entscheidungen des erkennenden Gerichts, die der Urteilsfällung vorausgehen
und nicht eine Ausnahme gem. § 305 S. 2 (z. B. Verhaftung) darstellen[56] – ist festzustellen, daß diese lediglich dem Rechtsmittel der Beschwerde entzogen sind, solche Entscheidungen aber nicht unanfechtbar oder unabänderbar sind. Dies folgt aus der **Befugnis und der Rechtspflicht des Gerichts**, einen Verfahrensverstoß, den es als solchen
erkennt, **von Amts wegen** zu beseitigen (beispielsweise wird die Beeidigung nachgeholt
oder dem Beweisantrag nachträglich stattgegeben). Der geeignete Rechtsbehelf zur Förderung einer solchen Erkenntnis des Gerichts ist die **Gegenvorstellung**[57]. Zwar wäre das
Rechtsmittel der Beschwerde insoweit in den bezeichneten Fällen des § 305 unzulässig,
aber eine **positive Abhilfeentscheidung** bleibt möglich[58]. Grundsätzlich sollte eine Weiterleitung an das Beschwerdegericht zur Verwerfung wegen Unzulässigkeit unterbleiben
und der als Beschwerde eingelegte Rechtsbehelf mit Einverständnis des Rechtsbehelfsführers ggfs. umgedeutet werden in eine statthafte Gegenvorstellung und insoweit eine
materielle (Teil-) Entscheidung des Gerichts ergehen[59]. Dies folgt auch aus dem Rechtsgedanken des § 300 und der Fürsorgepflicht des Gerichts[60].

b) Konkludenter Ausschluß der Beschwerde ist gegeben, wenn das Gesetz ausdrück- **26**
lich einen **anderen Rechtsbehelf** vorsieht, wie Berufung/Revision gegen Urteile, Einspruch gegen Strafbefehl, Wiedereinsetzung gem. § 44 oder in den Fällen des § 238
Abs. 2, § 319 Abs. 2 oder § 346 Abs. 2 oder der Aufhebungsantrag nach § 51 Abs. 2 Satz 3.
Bei bestimmten, nach dem Urteil ergangenen Entscheidungen wird entsprechend dem
Grundgedanken des § 305 die Beschwerde auch dann „konkludent" ausgeschlossen,
wenn Rechtsmittel gegen das Urteil eingelegt ist und das Rechtsmittelgericht bei Nachprüfung des Urteils ohnehin über die Frage zu befinden hat, die Gegenstand der betreffenden Entscheidung war[61]. Aus ähnlichen Erwägungen wird auch die unselbständige
Feststellung, daß das Rechtsmittel form- und fristgerecht eingelegt ist (§§ 319, 320, 346,
347), für nicht beschwerdefähig gehalten[62]. Im Jugendstrafrecht entfällt für denjenigen
Verfahrensbeteiligten, der zuvor Berufung eingelegt hat, die durch § 59 Abs. 2 S. 2 eingeräumte Möglichkeit der sofortigen Beschwerde[63].

---

[54] § 310, 6 ff, 29 ff.
[55] Vor § 304, 49 ff.
[56] Zu den Voraussetzungen im einzelnen § 305, 6, 8 ff.
[57] *Matt* MDR **1992** 820; Vor § 304, 47.
[58] § 306, 9 ff, 18.
[59] Zur Vorlagepflicht bei nicht vollständiger Abhilfe § 306, 16, 19, 22 ff; vgl. auch § 305, 3.
[60] Zur Umdeutung von Rechtsbehelfen im Einklang

mit dem Willen des Rechtsbehelfsführers Vor § 304, 49 ff.
[61] Vgl. LR-*Gollwitzer* § 268, 57 ff mit weit. Nachw.
[62] *Eb. Schmidt* 7; SK-*Frisch* § 304, 35.
[63] OLG Frankfurt NStZ-RR **2003** 27; OLG Düsseldorf NStZ **1994** 198; OLG Celle NStZ **1993** 401; *Eisenberg* § 59 JGG, 8.

Holger Matt

27   Umstritten ist die Frage, ob der Wortlaut des § 181 GVG (sofortige Beschwerde „in den Fällen der §§ 178, 180") im Umkehrschluß bedeutet, daß die (einfache oder sofortige) **Beschwerde gegen sitzungspolizeiliche Maßnahmen** gem. §§ 176, 177 GVG „konkludent" ausgeschlossen und somit nicht statthaft ist[64]. Unter dem Aspekt des verfassungsrechtlich verbürgten **allgemeinen Justizgewährungsanspruchs** ist nicht ersichtlich, warum die Beschwerde ausgeschlossen sein soll. Sitzungspolizeiliche Anordnungen können in Grundrechte des Betroffenen eingreifen, so daß jedenfalls in diesen Fällen der **Rechtsweg über die Beschwerde eröffnet** ist[65].

28   c) Ein **stillschweigender Ausschluß der Beschwerde** kann anzunehmen sein, wenn Sinn, Zweck oder Inhalt der Entscheidung einer Beschwerde entgegenstehen[66]. Ein solcher Ausschluß der Beschwerde wird jedoch nur in seltenen Ausnahmefällen Platz greifen. Man nahm dies früher bei den Entscheidungen an, bei denen das Beschwerdegericht das richterliche Ermessen des Vorderrichters respektieren mußte, weil es seine Entscheidung nicht inhaltlich nachprüfen oder die ihm obliegende Entscheidung nicht an seiner Stelle treffen durfte. Richtig ist nurmehr die **Unterscheidung zwischen der Zulässigkeit des Rechtsmittels und den inhaltlichen Grenzen**, die der Nachprüfung und Entscheidung im Beschwerdeverfahren gesetzt sein können. Auch dort, wo das Beschwerdegericht in das Ermessen des Vorderrichters nicht eingreifen, also nicht an seiner Stelle entscheiden darf, wie etwa bei der Terminsanberaumung[67], oder bei funktionsbedingten Grenzen, z. B. bei der Protokollberichtigung[68], ist die Beschwerde zulässig, um die richtige Rechtsanwendung und die Einhaltung der Grenzen nachprüfen zu können, die der richterlichen Entscheidungsfreiheit und der richterlichen Ermessensausübung gesetzt sind[69]. § 305 S. 1 bleibt zu beachten.

29   Ausgeschlossen ist die Beschwerde indes gegen die **Entscheidung für ein Normenkontrollverfahren** gem. Art. 100 Abs. 1 GG und § 80 BVerfGG, mit der ein Gericht eine Sache dem **Bundesverfassungsgericht** vorlegt[70]. Gleiches gilt für Vorlagen an den Europäischen Gerichtshof[71]. Die Klärung einer objektiven Rechtsfrage muß dem einzelnen Gericht über den direkten Zugang zum Bundesverfassungsgericht eröffnet sein, um den Zweck einer konkreten Normenkontrolle durch das Bundesverfassungsgericht erreichen zu können. Wäre ein Vorlagebeschluß mit der Beschwerde anfechtbar, würde das Beschwerdegericht das Normenkontrollverfahren entgegen Art. 100 Abs. 1 GG abschneiden können[72]. Der Ausschluß einer (umgekehrten) Entscheidung, mit der ein Gericht

---

[64] *Meyer-Goßner*[46] § 176 GVG, 16 und § 177 GVG, 15; *KK-Mayr*[4] § 176 GVG, 7; vgl. BGHSt **17** 201, 202.

[65] Siehe den ausdrücklichen Hinweis (kein Rechtsbehelf gegen sitzungspolizeiliche Maßnahmen „mag zweifelhaft sein" wegen Rechtsschutzgarantie) BVerfG NJW **1992** 3288; vgl. im Ergebnis über Art. 19 Abs. 4 GG *Ellersiek* S. 131 ff, 136; *Amelung*, S. 22 ff; *Krekeler* NJW **1979** 185, 189; ausf. Vor § 304, 76, 78.

[66] Vgl. zu § 154 Abs. 2 BGHSt **10** 88, 91; dagegen zutreff. OLG Zweibrücken NJW **1996** 866 mit weit. Nachw.; zur Unanfechtbarkeit von Entscheidungen des gemeinschaftlichen oberen Gerichts gem. §§ 12 Abs. 2, 13 Abs. 2 S. 2 und 3, 14, 15, 19 siehe mit weit. Nachw. bei § 304, 67 und Vor § 304, 66.

[67] OLG Braunschweig NStZ-RR **1996** 172; vgl. *Meyer-Goßner*[46] § 213, 8 mit weit. Nachw.

[68] Vgl. LR-*Gollwitzer* § 271, 65 ff.

[69] Problematisch daher die Begründung zur Verwerfung einer sofortigen Beschwerde der Staatsanwaltschaft gegen eine Entscheidung des Landgerichts im Rahmen von § 210 Abs. 2, die Beschwerde sei *unzulässig*, da sie lediglich die örtliche Zuständigkeit des Amtsgerichts als Gericht niederer Ordnung angreife und die getroffene Bestimmung des Gerichtsstandes durch das Landgericht nicht willkürlich sei, OLG Hamburg 2 Ws 184/02. Im Ergebnis ist der Entscheidung im Rahmen der Begründetheit zuzustimmen, aber die Zulässigkeit der sofortigen Beschwerde gem. § 210 Abs. 2 steht – entgegen dieser Entscheidung des OLG Hamburg – außer Zweifel.

[70] BVerfG NJW **1973** 1319.

[71] LR-*Gollwitzer* § 262, 67 mit weit. Nachw.

[72] OLG Düsseldorf NJW **1993** 411.

---

die Vorlage wegen der angeblichen Verfassungswidrigkeit eines Gesetzes ablehnt, ist zwar ebenfalls nicht anfechtbar, jedoch unter dem Aspekt des § 305 S. 1[73].

d) Eingeschränkte Nachprüfungsmöglichkeiten des Beschwerdegerichts (nicht des Erst- 30 gerichts). Eine Möglichkeit der Einschränkung des Beschwerdegerichts ist die zulässige **Teilanfechtung,** d. h. eine **wirksame Beschränkung der Beschwerde** auf bestimmte abtrennbare Beschwerdepunkte. Das Beschwerdegericht ist an diese Dispositionsbefugnis des Beschwerdeführers gebunden, ggfs. im Unterschied zum **Erstgericht,** welches eine umfassende **Abänderungs- und Aufhebungskompetenz** von Amts wegen haben kann. Wenn eine isolierte Prüfung und Entscheidung nicht möglich ist, erfolgt auch durch das Beschwerdegericht eine umfassende Entscheidung gem. §§ 308 Abs 2, § 309, ähnlich § 318[74].

Keine Zulässigkeitsanforderungen stellt die **Vorschrift des § 305a** an den Beschwerde- 31 führer. Vielmehr handelt es sich lediglich um eine **Nachprüfungsbeschränkung** für das **Beschwerdegericht** auf sachlich-rechtliche Fehler[75]. Die Zulässigkeit der Beschwerde und das Verfahren richten sich demnach vollständig nach den §§ 304 ff. Entsprechend kann auch das Erstgericht im Rahmen von § 306 Abs. 2 eine **Abhilfeentscheidung in vollem Umfang** treffen, ohne den Nachprüfbarkeitsbeschränkungen des Beschwerdegerichts gem. § 305a Abs. 1 S. 2 zu unterliegen[76]. Wenn das Beschwerdegericht indes zu dem Ergebnis kommt, die Beschwerde sei begründet, d. h. die **Vorentscheidung gesetzwidrig,** darf das Beschwerdegericht nach eigenem Ermessen die in der Sache erforderliche Entscheidung treffen[77].

Dies deckt sich im übrigen mit den materiell-rechtlichen Kompetenzen gem. der 32 §§ 56e, 59a Abs. 2 S. 3, 68d StGB im Rahmen **nachträglicher Entscheidungen** über die Strafaussetzung oder bei Verwarnung mit Strafvorbehalt. Die einschlägige Verfahrensnorm ist **§ 453 Abs. 1.** Gegen solche nachträglichen Entscheidungen ist ebenfalls die (einfache) Beschwerde gem. § 453 Abs. 2 S. 1 eröffnet und zwar **ohne Zulässigkeitsbeschränkungen** und mit der vollständigen Abhilfemöglichkeit des Gerichts gem. § 306 Abs. 2. Auch hier stellt die Nachprüfbarkeitsgrenze des § 453 Abs. 2 S. 2 lediglich eine **Beschränkung des Beschwerdegerichts** dar[78], so auch bei § 59 Abs. 2 S. 2[79]. Zu beachten ist allerdings gem. § 453 Abs. 2 S. 3, daß gegen bestimmte endgültige, der Rechtskraft fähige Entscheidungen nur das Rechtsmittel der sofortigen Beschwerde – bei Abhilfeverbot gem. § 311 Abs. 3 S. 1 – gegeben ist (z. B. bei Bewährungswiderruf). In diesen Fällen gilt die Beschränkung der Nachprüfbarkeit des § 453 Abs. 2 S. 2 für das Beschwerdegericht nicht[80].

Eine andere Kategorie **beschränkter Nachprüfungsmöglichkeiten im Beschwerdever- 33 fahren,** die das Erstgericht eher entlastet und nicht einschränkt, besteht während laufender Hauptverhandlung (vgl. § 305). **Haftentscheidungen bei laufender Hauptverhandlung** müssen nicht mit der Sorgfalt eines schriftlichen Urteils begründet werden und geben lediglich einen vorläufigen Zwischenstand des Hauptverfahrens wieder, wenn auch die

---

[73] SK-*Frisch* § 304, 36.
[74] Ausf. Vor § 304, 16 ff; vgl. differenz. zu (Teil-) Verzicht oder Rücknahme § 304, 58 f.
[75] HK-*Rautenberg*[3] § 305a Rdn. 5.
[76] § 305a, 4; § 306, 10.
[77] § 305a, 7; § 309, 7; fehlt jegliche Begründung des Erstrichters, kommt Zurückverweisung bzw. Rückgabe der Akten in Betracht, BGHSt **34** 392 f; § 309, 14; vgl. zum Fall des § 453 Abs. 2 S. 2 einschr. OLG Frankfurt NStZ-RR **1998** 126 (Zurückverweisung

notwendig bei § 453 Abs. 2 S. 2); ebenso KK-*Fischer*[4] § 453, 8; HK-*Julius*[3] § 453 Rdn. 8.
[78] KK-*Fischer*[4] 16; *Meyer-Goßner*[46] 11; HK-*Julius*[3] § 453 Rdn. 8; unklar (beschränkt gerügt werden kann) LR-*Wendisch* § 453, 22; **a. A** OLG München NStZ **1988** 524.
[79] *Eisenberg* § 59 JGG, 26 mit weit. Nachw.
[80] OLG Stuttgart NStZ **1995,** 53; HK-*Krehl*[3] § 453, 7; KK-*Fischer*[4] § 453, 10; LR-*Wendisch* § 453, 31.

Holger Matt

wesentlichen Beweisergebnisse und ihre Bewertung zum dringenden Tatverdacht und zur Haftfrage dargelegt und auseinandergesetzt sein müssen[81]. Ausführungen des Erstgerichts sind auf dieser Grundlage nur beschränkt auf Rechtsfehler und Vertretbarkeit (Schlüssigkeit) der Entscheidung hin überprüfbar[82]. Trotz der Befugnis des Beschwerdegerichts zu eigenen Ermittlungen gem. § 308 Abs. 2 findet eine Beweiserhebung über die Beweisaufnahme (in der Hauptverhandlung) nicht statt[83]. Ähnlich kann die nachträgliche Überprüfung einer prozessual überholten Maßnahme beschränkt sein nach dem Maßstab der Vertretbarkeit, folgt man der Rechtsprechung des Bundesgerichtshofs[84].

34   Ebenfalls der **Kategorie eingeschränkter Nachprüfungsmöglichkeiten des Beschwerdegerichts** unterfällt **§ 464 Abs. 3 S. 2**, nämlich die Bindung des Beschwerdegerichts an die tatsächlichen Feststellungen in der Hauptsache im Rahmen einer **sofortigen Beschwerde gegen die Kosten- und Auslagenentscheidung**. Die **Zulässigkeit** der sofortigen Beschwerde ist durch diese Beschränkung des Beschwerdegerichts **nicht eingeschränkt**. Im übrigen ist das **Abhilfeverbot für den Erstrichter gem. § 311 Abs. 3 S. 1** zu beachten.

35   **e) Kostenbeschwerde.** Ebenso wie in § 567 Abs. 2 ZPO hängt die **Zulässigkeit der Beschwerde** gem. § 304 Abs. 3[85] gegen Entscheidungen, die Kosten und Auslagen betreffen, zudem an einer **Wertgrenze**, die in den vergangenen Jahren mehrfach erhöht wurde. Durch das Gesetz zur Entlastung der Landgerichte vom 20.12.1974 wurde die Wertgrenze allgemein zunächst auf über 100 DM angehoben. Durch das sog. Rechtspflege-Vereinfachungsgesetz vom 17. Dezember 1990 wurde Absatz 3 neu gefaßt und eine differenzierte Wertgrenze zur Zulässigkeit der Kostenbeschwerde eingeführt (**dem Grunde nach** über DM 200,– bzw. **der Höhe nach** über DM 100,–). Die Einführung des Euro und das entsprechende Gesetz im Zusammenhang des Straf- und Ordnungswidrigkeitenrechts vom 13. Dezember 2001 regelte die **Wertgrenzen in Absatz 3 nunmehr neu: über 100,– bzw. 50,– EURO**.

36   Diese zusätzliche Zulässigkeitsbeschränkung der Beschwerde greift nur ein, wenn die **Kosten- oder Auslagenentscheidung isoliert angefochten** wird und gilt nicht für Rechtsmittel gegen die Sachentscheidung, die sich auf die Kostenentscheidung miterstrecken[86]. Eine **isolierte Anfechtung** von Kosten- und Auslagenentscheidungen des Oberlandesgerichts in einem – z. B. das Verfahren wegen Verfahrenshindernis einstellenden – Beschluß[87] oder Urteil ist wegen § 304 Abs. 4 nur **unzulässig**, wenn das **Rechtsmittel in der Hauptsache erfolglos** bleibt[88]. Wird von vornherein nur die Kosten- und Auslagenentscheidung angegriffen, kann § 464 Abs. 3 S. 1 Hs. 1 gegenüber § 304 Abs. 4 die speziellere Vorschrift sein mit der Folge einer Anfechtungsmöglichkeit[89]. Zu beachten ist zunächst die **Unzulässigkeit der sofortigen Beschwerde** gegen Kostenentscheidungen gem. § 464 Abs. 3 S. 1 Hs. 2, wenn die Anfechtung der **Hauptentscheidung generell „nicht statthaft"** ist[90], beispielsweise im Falle des § 400 Abs. 1[91] oder § 400 Abs. 2 S. 2[92] für den

---

[81] OLG Frankfurt StV **1995** 593.

[82] BGH StV **1991** 525 mit Anm. *Weider*; KG StV **1993** 252; OLG Koblenz StV **1994** 316 f; OLG Karlsruhe StV **1997** 312; *Schlothauer/Weider*[3] 806; LR-*Hilger* § 112, 20.

[83] OLG Frankfurt StV **1995** 593 f.

[84] Vgl. BGHSt **41** 30; **47** 362, 366 ff; kritisch dazu Vor § 304, 73 (Fn. 165).

[85] Zur Entstehungsgeschichte des durch Art. 15 des Gesetzes über Maßnahmen auf dem Gebiet des Kostenrechts v. 7.8.1952 eingefügten Abs. 3 vgl. *Giesler* 34 ff.

[86] KK-*Engelhardt*[4] 34; *Meyer-Goßner*[46] 9; zur isolierten Anfechtung der Kostenentscheidung vgl. § 464 Abs. 3.

[87] Vgl. BGH NStZ **2000** 330 mit krit. Anm. *Hilger*.

[88] BGHSt **26** 250; **27** 96; LR-*Hilger* § 464, 36.

[89] *Hilger* NStZ **2000** 332.

[90] Verfassungsrechtlich unbedenklich: BVerfG NJW **2002** 1867; vgl. ausf. LR-*Hilger* § 464, 52 f; *Meyer-Goßner*[46] § 464, 17, jeweils mit weit. Nachw.; betroffene Vorschriften sind z. B. §§ 46 Abs. 2, 153 Abs. 2 S. 4, 153a Abs. 2 S. 4, 161a Abs. 3 S. 4, 163a Abs. 3 S. 3, 304 Abs. 4 und 5, 310 Abs. 2, 390 Abs. 5 S. 2,

Nebenkläger oder nach Revisionsrücknahme bezüglich der Kostenentscheidung des Instanzgerichts[93]. Diese Beschränkung der Zulässigkeit der Kostenbeschwerde gilt jedoch nicht, wenn gegen die **Hauptentscheidung** zwar ein **Rechtsmittel statthaft**, aber – z. B. **mangels Beschwer** wegen Freispruch oder bei Nichteröffnung[94] oder Einstellung nach § 206a wegen Verfahrenshindernis[95] – ein Rechtsmittel aus sonstigen Gründen nicht zulässig ist[96]. Aus Gründen der sog. Waffengleichheit ist auch eine **isolierte Beschwerde des Beschuldigten** gegen die Kostenentscheidung **nach Einstellung des Verfahrens nach § 383 Abs. 2** zulässig – entsprechend der unstreitigen Befugnis des Privatklägers gem. § 383 Abs. 2 S. 3 in Verb. mit § 464 Abs. 3 S. 1[97].

Wenn die Anfechtung einer Entscheidung auf die Kostenlast **zulässig beschränkt** **37** worden ist, gilt die Wertgrenze, da es sich dann um eine (sofortige) Beschwerde i. S. v. § 304 Abs. 3 handelt, unabhängig von der Bezeichnung des Rechtsmittels (§ 300). Im Verfahren nach § 8 Abs. 3 StrEG ist § 304 Abs. 3 weder dem Wortlaut nach noch auf Grund von Analogie anwendbar[98]. Im übrigen gilt die **Wertgrenze für einfache und sofortige Beschwerden** gleichermaßen. Von § 304 Abs. 3 erfaßt werden insbesondere die sofortigen Beschwerden nach § 464 Abs. 3 und gegen die Kostenfestsetzung nach § 464b S. 3 in Verb. mit § 104 Abs. 3 S. 1 ZPO.

Maßgebend ist der **Wert des Beschwerdegegenstandes** im Zeitpunkt der Einlegung des **38** Rechtsmittels. Spätere Verminderungen bleiben außer Betracht, sofern sie nicht auf einer willkürlichen Beschränkung des Rechtsmittels beruhen[99]. Die **Wertgrenze** bemißt sich nach dem **Unterschied** zwischen dem, was nach Ansicht des Beschwerdeführers gerechtfertigt ist und dem Betrag, den die angefochtene Entscheidung zuerkannt hat[100]. Steht bei einer Anfechtung des Grundes der Kostenentscheidung die Höhe noch nicht sicher fest, so ist maßgebend die Schätzung, ob der maßgebliche Gesamtbetrag wahrscheinlich den Betrag von 100 EURO übersteigen wird[101], wobei im Zweifel zugunsten des Beschwerdeführers davon auszugehen ist[102]. Werden in einem Verfahren gegen den gleichen Betroffenen verschiedene Kostenentscheidungen in einem Beschluß getroffen, beispielsweise nach späterer Verbindung verschiedener Verfahren, so bemißt sich die Wertgrenze nach diesem einheitlichen Beschluß[103]. Bei der Beschwerde des Erstattungspflichtigen ist für die Wertgrenze der Betrag der Umsatzsteuer einzubeziehen[104].

---

400 Abs. 2 S. 2 in Verb. mit § 472 Abs. 2 und 3, 406a Abs. 1, 406e Abs. 4 S. 2, §§ 47 Abs. 2 S. 2, 72, 79, 80 OWiG, §§ 47 Abs. 2 S. 3, 55 Abs. 2 JGG, § 37 Abs. 2 BtMG, § 116 StVollzG.

[91] OLG Frankfurt NStZ-RR **1996** 128; NStZ-RR **2001** 63.

[92] Bei Einstellungen gem. §§ 153 ff (BGH StV **2002** 294, vgl. zum rechtlichen Gehör BVerfG NJW **1995** 317); bei Einstellung gem. § 205 LR-*Hilger* § 400, 25; *Meyer-Goßner*[46] § 400, 9; a. A *Rieß* NStZ **2001** 355 f; ausnahmsweise sofortige Beschwerde trotz §§ 153a, 400 Abs. 2 S. 2 statthaft bei „gravierendem Verfahrensverstoß", hier gegen § 472 Abs. 2 S. 2 und Abs. 1: OLG Frankfurt NStZ-RR **2000** 256.

[93] OLG Hamm NStZ-RR **2002** 95; OLG Dresden NStZ-RR **2000** 224; OLG Jena NStZ-RR **1997** 287.

[94] OLG München StraFo. **1997** 191; LG Freiburg MDR **1992** 179.

[95] OLG Köln StraFo. **1997** 18; LG Karlsruhe StraFo. **1999** 359; vgl. BGH NStZ **2000** 330 mit krit. Anm. *Hilger*; vgl. auch OLG Zweibrücken NStZ **1987** 425 mit Anm. *Kusch*.

[96] *Meyer-Goßner*[46] § 464, 19; LR-*Hilger* § 464, 57, jeweils mit weit. Nachw.

[97] LG Potsdam NStZ-RR **2003** 158; LG Freiburg NStZ **1988** 146 mit Anm. *Hilger*; KK-*Senge*[4] § 383, 14; vgl. auch LG Suttgart NStZ **1987** 244.

[98] KG JR **1981** 524; OLG München NJW **1973** 721, 722; a. A OLG Düsseldorf JMBlNW **1978** 170.

[99] SK-*Frisch* 50 mit weit. Nachw. vgl. auch *Baumbach/Lauterbach/Albers/Hartmann* ZPO § 567, 19.

[100] KK-*Engelhardt*[4] 32; *Meyer-Goßner*[46] 9. Zur Berechnung der Beschwer vgl. auch die Rechtsprechung zu § 567 Abs. 2 ZPO.

[101] Noch zur D-Mark: OLG Celle NdsRpfl. **1962** 263; unklar im Hinblick auf die Wertgrenze (statt zutreffend 100 EURO) 50 EURO: *Meyer-Goßner*[46] 9.

[102] BayObLG wistra **1994** 80.

[103] OLG Hamm JMBlNW **1968** 90; KK-*Engelhardt*[4] 32; SK-*Frisch* 50.

[104] OLG Bremen NJW **1956** 72 f; OLG Celle Rpfleger **1962** 112; KG MDR **1958** 701; vgl. auch AnwBl. **1980** 467, 468; KK-*Engelhardt*[4] 32; *Meyer-Goßner*[46] 9.

39   **Keine weitere Beschwerde.** Nach dem Wortlaut des § 310 ist eine weitere Beschwerde
gegen eine Kostenentscheidung unzulässig. Dies gilt auch für eine Rechtsbeschwerde im
Kostenfestsetzungsverfahren, denn aus § 464b ergibt sich nicht, daß eine Rechtsbeschwerde statthaft sein könnte. Zwar sind nach § 464b S. 3 die **Vorschriften der ZPO
entsprechend** anzuwenden, allerdings nur im Rahmen der §§ 304 ff, soweit sie den
Grundsätzen des strafprozessualen Beschwerdeverfahrens nicht widersprechen (z. B. gilt die
Rechtsmittelfrist der sofortigen Beschwerde **von einer Woche gem. § 311 Abs. 2**)[105].
Durch das sog. ZPO-Reformgesetz vom 27. 07. 2001 wurde im Zivilprozeß die Rechtsbeschwerde unter Änderung der §§ 567 Abs. 3, 568 Abs. 2 und 3 ZPO eingeführt, die
weitere Beschwerde gem. § 310 blieb unverändert bestehen. Entsprechend wurde § 133
GVG (Zivilprozeß) geändert, nicht aber § 135 GVG (Strafprozeß). Der Grundsatz des
§ 310 Abs. 2 hat somit weiterhin im Strafverfahren Bestand[106].

40   **Abhilfe trotz Unzulässigkeit.** Muß die Beschwerde gegen eine sachlich unrichtige
Kostenentscheidung **mangels Erreichen der Wertgrenze als unzulässig** verworfen werden,
so können die Kosten trotz § 473 Abs. 1 in entsprechender Anwendung des § 8 GKG
niedergeschlagen werden[107]. Das Gericht kann im übrigen trotz Nichterreichens der
Wertgrenze – d. h. trotz Unzulässigkeit der Beschwerde – abhelfen und seine Entscheidung aufgrund nochmaliger Sachprüfung ändern[108]. Dies gilt nicht in den Fällen der
sofortigen Beschwerde gem. § 311 Abs. 3[109].

4. Beschwer

41   **a) Allgemeine Zulässigkeitsvoraussetzung** eines Rechtsmittels ist die sog. Beschwer[110].
Der Rechtsmittelführer muß selbst durch die von ihm angefochtene Entscheidung nachteilig betroffen sein, um das notwendige Rechtsschutzinteresse zu haben[111]. Eine
Beschwer des Anfechtenden muß sich grundsätzlich aus dem Entscheidungssatz ergeben
(Tenorbeschwer)[112]. Ob eine solche vorliegt, hängt von der Wirkung der Verfügung oder
des Beschlusses auf die rechtlich anerkannten, eigenen Belange des Beschwerdeführers
ab (materielle Beschwer). Die Beeinträchtigung kann sachliche Rechte des Beschwerdeführers oder aber seine eigenen Verfahrensrechte betreffen[113]. Ob die angefochtene Entscheidung dem Antrag des Beschwerdeführers entsprach, ist unerheblich, anders als
etwa im Zivilprozeß.

42   Zum **Zeitpunkt der Beschwer** (des „Betroffen werden") ist festzustellen, daß schon
das Ergehen einer Maßnahme zur Beschwerde berechtigt, bevor eine konkrete äußer-
liche Wirkung eingetreten ist[114]. Selbstverständlich kann beispielsweise wegen eines

---

[105] Vgl. OLG Karlsruhe NStZ-RR **2000** 254, 255 mit
weit. Nachw.; *Meyer-Goßner*[46] § 464b, 6 ff; **a. A** LR-
Hilger § 464b, 9 mit weit. Nachw.; siehe die aktuellen Nachweise Vor § 304, 40.

[106] BGHSt **48** 106.

[107] KG JR **1957** 430.

[108] § 306, 10, 18; § 304, 1; KK-*Engelhardt*[4] § 306, 12;
vgl. **a. A** LR-*Gollwitzer*[24] 48 und differenz. § 306,
17; SK-*Frisch* 51 und § 306, 16; bei der Gegenansicht könnte eine unzulässige Beschwerde in eine
Gegenvorstellung umzudeuten sein, so daß im Ergebnis eine neue Sachentscheidung ermöglicht ist,
ohne daß es einer Verwerfung der unzulässigen Beschwerde durch das Beschwerdegericht bedürfte.
Dieser Weg erscheint jedoch zu umständlich.

[109] Vgl. auch zur nachträglichen Abänderungsbefugnis
Vor § 304, 50 ff, 52 (für den Fall des § 311 Abs. 3).

[110] LR-*Hanack* Vor § 296, 46, 54 mit weit. Nachw.; SK-
Frisch Vor § 296, 123 ff; zur Entwicklung *Kaiser*
13 ff.

[111] *Schäfer*[6] Rdn. 1661.

[112] Vgl. LR-*Hanack* Vor § 296, 57; *Ellersiek* 50; *Kaiser*
113 ff; KK-*Engelhardt*[4] Vor § 296, 32, *Meyer-Goßner*[46] Vor § 296, 11.

[113] Vgl. *Ellersiek* 54 (es muß sich um Verletzung prozessualer Rechte handeln).

[114] SK-*Frisch* 52; KK-*Engelhardt*[4] 32; *Eb. Schmidt* 15.

bestehenden, aber noch nicht vollstreckten Haftbefehls bereits (weitere) Beschwerde eingelegt werden.

Beispiele für fehlende Beschwer: Die Entscheidung des Gerichts, bei dem Anklage **43** eingereicht ist, **gem. § 209 Abs. 2 die Zuständigkeit eines Gerichts höherer Ordnung für begründet zu halten, ist mangels Beschwer nicht anfechtbar**[115]. Zum einen ist sogar der Eröffnungsbeschluß unanfechtbar gem. § 210, zum anderen wird das Gericht höherer Ordnung in eigener Zuständigkeit entscheiden, ggfs. auch gem. § 209 Abs. 1, was gleichsam einer Entscheidung durch die Rechtsmittelinstanz entspricht. Insoweit könnte man auch von einem stillschweigenden gesetzlichen Ausschluß der Beschwerde sprechen.

Eine Beschwer kann zwar **ausnahmsweise auch bei Verfahrenseinstellung gem. § 154** **44** gegeben sein. Fehlt es beispielsweise an dem notwendigen Antrag der Staatsanwaltschaft (§ 154 Abs. 2) oder fällt das Verhalten definitiv nicht unter ein Strafgesetz, ist der Beschuldigte durch die Einstellung beschwert[116]. Gleiches kann für den Fall einer Einstellung gem. § 154 Abs. 2 trotz Verfahrenshindernis gelten[117]. Umgekehrt ist ein Beschuldigter nicht beschwert, wenn seine Unschuld noch nicht nachgewiesen ist, denn das Strafverfahren kann nicht zum Zweck des Unschuldsbeweises fortgeführt werden[118]. Die bei einer Einstellung gem. § 154 erhaltene **Unschuldsvermutung verhindert** folglich eine **Beschwer**[119]. Im Falle einer **Einstellung gem. § 153 a** liegt nur dann eine Beschwer vor, wenn die notwendige Zustimmung des Beschwerdeführers nicht eingeholt wurde[120]. Beispielsweise ist der Angeschuldigte bzw. Angeklagte auch **nicht beschwert** allein **durch Auflagen**, denen er zugestimmt hatte[121].

Eine weitere Beschwerde gegen eine **(negative) Beschwerdeentscheidung**, die ange- **45** sichts eines zeitgleich gestellten Haftprüfungsantrags wegen der gem. § 117 Abs. 2 S. 1 **unzulässigen Haftbeschwerde** nicht hätte in der Sache ergehen dürfen, ist mangels Beschwer durch diese Beschwerdeentscheidung unzulässig. Das Haftbeschwerdeverfahren war gleichsam durch den Haftprüfungsantrag „erledigt", eine Beschwer läßt sich nicht aus dem eventuellen negativen Präjudiz dieser Beschwerdeentscheidung für die Haftprüfungsentscheidung ableiten, zumal eine **Tenorbeschwer ersichtlich nicht** vorliegt[122].

b) Beschwerdeberechtigte – Aktivlegitimation

aa) Allgemein. Der Beschwerdeführer oder der für ihn Handelnde muß grundsätz- **46** lich zur Anfechtung berechtigt sein[123]. Die Befugnis zur Anfechtung darf auch nicht – beispielsweise durch Rechtsmittelverzicht (vgl. § 302) – entfallen sein[124]. Als Beschwerdeberechtigte kommen insbesondere in Betracht der **Beschuldigte** (§§ 296, 299), der **Verteidiger** (§ 297) oder ein sonstiger Bevollmächtigter, der **gesetzliche Vertreter** (§ 298), ferner die **Erziehungsberechtigten** bei einem nicht volljährigen Beschuldigten (§ 67 Abs. 3 JGG)[125], der **Verteidiger** unter Umständen auch **aus eigenem Recht**, die **Staatsanwaltschaft** (§§ 296, 301, Nr. 147 bis 149 RiStBV), der **Privatkläger** (§ 390 Abs. 1), der **Nebenkläger** (§§ 400, 401 Abs. 1 S. 1), **Einziehungsbeteiligte**, soweit sie beteiligt sind (§§ 431,

---

[115] KK-*Tolksdorf*[4] § 209, 16; *Meyer-Goßner*[46] § 209, 9; LR-*Rieß* § 209, 47.
[116] BGHSt **10** 88, 93; OLG Zweibrücken NJW **1996** 866 f mit weit. Nachw.; vgl. zur fehlenden Beschwer des Nebenklägers OLG Celle NStZ **1983** 328, 329.
[117] BGH NStZ **1986** 469.
[118] BGHSt **10** 88, 93; OLG Bamberg StV **1981** 402, 403.
[119] LR-*Beulke* § 154, 48 mit weit. Nachw.
[120] *Weidemann* 348.
[121] LR-*Beulke* § 153a, 134 mit weit. Nachw.
[122] OLG Stuttgart NStZ **1994** 401.
[123] Zur Rechtsmittelbefugnis näher LR-*Hanack* Vor § 296, 17 ff.
[124] § 304, 58 f.
[125] *Ellersiek* 108.

Holger Matt

433 Abs. 1) sowie im selbständigen („objektiven") Verfahren (§§ 440 f) und im Nachverfahren (§§ 439, 441), **andere Beteiligte** (etwa bei Verfall, Vernichtung, Unbrauchmachung gem. § 442), die **Vertreter einer juristischen Person oder Personenvereinigung** (§ 444), sowie **gem. § 304 Abs. 2 andere betroffene Personen** wie der Zeuge oder Sachverständige und schließlich diejenigen Personen, denen das Gesetz in einer **Sondervorschrift** ausdrücklich allgemein oder für eine bestimmte Verfahrenslage ein Beschwerderecht einräumt (vgl. z. B. § 124 Abs. 2).

47   **bb)** Beim **Verteidiger** ist zu unterscheiden, ob er in seiner Eigenschaft als Beistand des Beschuldigten eine diesen beschwerende Entscheidung anficht oder eine ihn selbst in eigenen Rechten beeinträchtigende Maßnahme. **Der Verteidiger** hat nur dort ein eigenes Beschwerderecht, wo er neben dem Beschuldigten **eigene Rechte** geltend macht. Dies ist bei der sofortigen Beschwerde gem. § 138d Abs. 6 S. 1 gegen einen Ausschluß gem. §§ 138a f gegeben[126]. Bei Zurückweisung gem. § 146a wegen Mehrfachverteidigung besteht ein eigenes Beschwerderecht des Verteidigers[127], ebenso bei Zurückweisung gem. § 138 Abs. 1[128]. Bei Überwachungsmaßnahmen des Richters in Bezug auf einen konkreten Untersuchungsgefangenen – bei generellen Anordnungen der JVA ist der Rechtsweg gem. §§ 23 ff EGGVG gegeben – kann § 148 verletzt sein und durch den Verteidiger in eigenem Namen angefochten werden[129]. Gegen seine Abberufung als Pflichtverteidiger steht ihm ein eigenes Beschwerderecht nur zu bei einer willkürlichen Entscheidung des Vorsitzenden[130], sonst nicht[131]. Kein Beschwerderecht hat der Verteidiger, wenn er nicht beigeordnet wurde[132]. Der Verteidiger, der sich gegen die Bestellung eines Pflichtverteidigers wendet, muß zunächst einen Antrag auf Aufhebung aus wichtigem Grund gem. §§ 49 Abs. 2, 48 Abs. 2 BRAO stellen[133].

48   **cc)** Die **Staatsanwaltschaft** als „Vertreterin der Rechtsordnung" kann auf Grund der ihr übertragenen Verfahrensaufgabe jede Entscheidung als sachlich oder rechtlich unzutreffend beanstanden[134] und ist durch jede Entscheidung beschwert, die nach ihrer Auffassung unrichtig ist[135]. Nach der hier vertretenen Auffassung besteht allerdings **keine Befugnis** der Staatsanwaltschaft zur Einlegung des Rechtsmittels **der weiteren Beschwerde** gem. § 310 **zu Lasten des Beschuldigten**[136].

49   Zu beachten sind die §§ 142, 145 GVG; beispielsweise kann auch ein anderer als ein der örtlich zuständigen Staatsanwaltschaft angehörender Staatsanwalt Rechtsmittel einlegen, soweit er gem. § 145 Abs. 1 GVG mit der Wahrnehmung dieser Aufgabe beauftragt worden ist.[137] **Amtsanwälte und Referendare** können Rechtsmittel nur wirksam ein-

---

[126] Nicht aber bei Ablehnung der Ausschließung (vgl. § 138d Abs. 6 S. 3), BGH bei *Becker* NStZ-RR **2002** 258.

[127] BGHSt **26** 291; OLG Köln NStZ **1982** 129.

[128] BGHSt **8** 194.

[129] BGHSt **29** 135, 137.

[130] OLG Frankfurt NStZ-RR **1996** 272; StV **1995** 11; OLG Nürnberg StV **1995** 287, 289 ff; OLG Düsseldorf StV **1995** 117 f; NStZ **1986** 138; OLG Hamm MDR **1993** 1226; vgl. BVerfG NStZ **1998** 46 (keine Willkür, wenn Interessenkonflikte möglich sind).

[131] OLG Hamburg NJW **1998** 621; OLG Köln NStZ **1982** 129; vgl. BVerfG NStZ-RR **1997** 202 f; vgl. auch BVerfG StV **1998** 356 ff mit abl. Anm. *Lüderssen*; vgl. dagegen *Hilgendorf* NStZ **1996** 1, 6; LR-*Lüderssen* § 143, 16.

[132] OLG Düsseldorf StraFo. **2000** 414 f; NStZ **1986** 138; vgl. OLG Celle StV **1985** 184; *Meyer-Goßner*⁴⁶ § 141, 10, § 142, 19 mit weit. Nachw.; LR-*Lüderssen* § 141, 52.

[133] Vgl. BGH NStZ **1995** 296; HK-*Julius*³ § 141, 15; LR-*Lüderssen* § 142, 31 f.

[134] *Ellersiek* 51; KK-*Engelhardt*⁴ 32; *Meyer-Goßner*⁴⁶ Vor § 296, 16.

[135] Vgl. LR-*Hanack* § 296, 6 mit weit. Nachw.; auch z. B. zugunsten des Nebenklägers gegen eine Kostenentscheidung, OLG Dresden NStZ-RR **2000** 115.

[136] Ausf. § 310, 18 ff.

[137] BGH NStZ **1995** 204.

legen, soweit diese an das Amtsgericht als iudex a quo zu richten sind[138]. Im übrigen kommt es auf behördeninterne Zuständigkeit oder Befugnis für die Wirksamkeit des Rechtsmittels aber nicht an[139]. Zudem ist **ausschließlich die Staatsanwaltschaft Vertreter des Staates** im Beschwerdeverfahren, auch soweit die Belange einer Vollzugsanstalt – beispielsweise in Fällen des § 119 – oder die Kosteninteressen des Staates betroffen sind. Der **Bezirksrevisor** etwa ist grundsätzlich nicht befugt, Beschwerde gegen eine die Staatskasse belastende Kostenentscheidung einzulegen[140]. Eine gesetzliche Ausnahme besteht in § 16 Abs. 2 ZuSEntschG, wo ein spezielles Beschwerderecht der Staatskasse vorgesehen ist.

dd) Privat- und Nebenkläger haben – im Unterschied zur Staatsanwaltschaft – die **50** Befugnis zur Wahrnehmung des Allgemeininteresses nicht. Sie sind nur beschwerdeberechtigt, soweit sie durch eine Entscheidung (Privatklage gem. § 390 Abs. 1)[141], bei der Nebenklage (§ 401 Abs. 1 S. 1) in den zulässig verfolgten eigenen Verfahrensinteressen beschwert sind. So wird beispielsweise der Nebenkläger durch die Haftentscheidung (z. B. Außervollzugsetzung eines Haftbefehls) nicht in seinen mit der Nebenklage wahrzunehmenden Interessen beschwert[142]. Gleiches gilt für Nebenentscheidungen gem. § 268a, so daß eine Beschwerde gem. § 305a mangels Beschwer des Nebenklägers nicht zulässig ist[143]. Unzulässig ist eine Beschwerde des Nebenklägers bei Eröffnung vor einer anderen Kammer, weil die Tat nur als gefährliche Körperverletzung und nicht als versuchter Totschlag bewertet wird (§ 400 Abs. 2 S. 1)[144]. Ebenfalls unzulässig ist gem. § 400 Abs. 2 S. 2 die Anfechtung einer vorläufigen Einstellung nach § 205[145].

ee) Andere betroffene Personen. § 304 Abs. 2 dehnt das Beschwerderecht auf alle **51** anderen Personen aus, die durch eine gerichtliche Maßnahme selbst betroffen sind[146]. Betroffen ist, wer durch die gerichtliche Maßnahme unmittelbar in Freiheit, Vermögen oder einem sonstigen Recht bzw. rechtlich geschützten Interessen[147] beeinträchtigt wird oder eine Beschränkung in der Wahrnehmung geschützter Interessen vorliegt[148]. In Betracht kommen **Zeugen, Sachverständige**, aber auch **andere Personen**, wie beispielsweise die Freundin desUntersuchungsgefangenen bei **Ablehnung einer Besuchserlaubnis**[149]. Auch sind **Erben durch eine Auslagenentscheidung betroffen**, wenn die notwendigen Auslagen des vor Rechtskraft Verstorbenen gem. § 467 nach Einstellung gem. § 206a

---

[138] *Pfeiffer*[4] § 296, 2.
[139] BGH **19** 377, 382.
[140] OLG Hamm Rpfleger **1962** 187 mit abl. Anm. *Tschischgale*; KG JR **1967** 472 f; OLG Karlsruhe NJW **1968** 857; LG Essen NJW **1962** 1025; LG Wuppertal AnwBl. **1974** 89; ferner OLG Köln NJW **1970** 874; MDR **1971** 240 unter Aufgabe von NJW **1961** 1639, wo der Staatskasse gegen die Feststellung der Leistungsfähigkeit des Angeklagten nach § 100 BRAO, die als Grundlage für den Erstattungsanspruch des Pflichtverteidigers gegenüber der zur Erstattung der notwendigen Auslagen des Angeklagten verpflichteten Staatskasse dienen soll, ein eigenes Beschwerderecht zuerkannt wurde; ebenso OLG Oldenburg NdsRpfl. **1972** 228 unter Aufhebung von LG Hannover NdsRpfl. **1971** 211; vgl. auch OLG Düsseldorf JMBlNW **1971** 59; KK-*Engelhardt*[4] 29.
[141] LR-*Hilger* § 390, 5; *Meyer-Goßner*[46] § 390, 3; vgl. HK-*Kurth*[3] § 390, 4.

[142] OLG Frankfurt StV **1995** 594.
[143] § 305a, 2.
[144] Unstreitig seit StVÄG 1987, OLG Karlsruhe NStZ **1989** 442; HK-*Kurth*[3] § 400, 20; vgl. LR-*Hilger* § 400, 24.
[145] LR-*Hilger* § 400, 25; *Meyer-Goßner*[46] § 400, 9; **a. A** *Rieß* NStZ **2001** 355.
[146] Vgl. LR-*Gollwitzer*[24] 52 f, 55 mit älteren Einzelbeispielen; SK-*Frisch* 44.
[147] So *Ellersiek* 111 ff, er nimmt eine Betroffenheit in rechtlich anerkannten Interessen bei jeder materiellen Beschwer an.
[148] BGHSt **27** 175 lehnt die Unterscheidung zwischen unmittelbarer und mittelbarer Betroffenheit zu Recht ab und läßt jede Beschränkung in der Wahrnehmung geschützter Rechte und Interessen genügen; ebenso *Meyer-Goßner*[46] 7; SK-*Frisch* 43; dagegen *Peters* JR **1978** 84.
[149] *Schäfer*[6] 1864; BGHSt **27** 175.

Holger Matt

nicht der Staatskasse auferlegt werden[150]. Zur Beschwerde befugt können auch **private Telekommunikationsbetreiber** sein[151].

52   **ff) Kein Beschwerderecht.** Wer durch die Entscheidung (Tenorbeschwer) nicht selbst in eigenen Rechten betroffen wird, sondern nur durch ihre faktischen Auswirkungen, hat kein Beschwerderecht. Das bloße Anliegen, daß der Beschuldigte verfolgt oder nicht verfolgt werde, genügt allein nicht, auch nicht das Berührtsein in der Vertretung eines Allgemein- oder Gruppeninteresses[152]. **Keine Beschwerde** steht daher dem Absender zu, wenn die einem Gefangenen übersandte Sache zu dessen Habe genommen wird[153]. Nicht betroffen ist der Leiter der Strafanstalt bei Entscheidungen des Gerichts nach § 119, sondern die Staatsanwaltschaft ist der Vertreter des Staates, der auch die Belange der Strafanstalt – ggfs. auf Anregung des Anstaltsleiters – mit wahrzunehmen hat[154]. Den Angehörigen (Eltern, Ehefrau) des Verurteilten fehlt die rechtliche Betroffenheit bei Versagung der bedingten Entlassung[155]. Die Rechtsanwaltskammer hat kraft gesetzlichen Ausschlusses gem. § 138d Abs. 6 S. 2 keine Befugnis zur sofortigen Beschwerde. Keine eigene Beschwerdebefugnis hat auch die Jugendgerichtshilfe, die sich jedoch ebenfalls an die Staatsanwaltschaft wenden kann[156].

53   **c) Erledigung und Überholung.** Gegen Maßnahmen, die **aufgehoben** oder sonst **unwirksam** (z. B. nach rechtskräftigem Verfahrensabschluß) geworden sind, fehlt es im Normalfall an der **Beschwer.** Wenn die angefochtene Entscheidung bereits vollzogen ist, die dadurch hervorgerufene Beeinträchtigung abgeschlossen ist und rückwirkend nicht mehr ungeschehen gemacht werden kann, d. h. zusammengefaßt durch den Fortgang des Verfahrens keine selbständige Bedeutung mehr hat, sollte nach der früheren Meinung der überwiegenden Rechtsprechung auch die Zulässigkeit der Beschwerde entfallen mangels einer **fortwirkenden prozessualen Beschwer**[157]. Diese frühere Rechtsprechung ist durch verschiedene **Entscheidungen des Bundesverfassungsgerichts seit 1997** überholt[158], nachdem sich bereits zuvor im Schrifttum die Auffassung durchsetzte, daß in Fällen endgültig vollzogener oder abgeschlossener richterlich angeordneter Zwangsmaßnahmen die Beschwerde – mit dem **Ziel der Feststellung der Rechtswidrigkeit** dieser richterlichen Entscheidung – zulässig sein muß, sofern der Betroffene durch Nachwirkungen der Anordnung über ihre prozessuale Erledigung hinaus beschwert ist. Das Bundesverfassungsgericht hat grundlegend entschieden, daß das **Erfordernis eines effektiven Rechtsschutzes gem. Art. 19 Abs. 4 GG** dem Betroffenen das Recht gibt, in Fällen **tiefgreifender**, tatsächlich jedoch nicht mehr fortwirkender **Grundrechtseingriffe** auch dann die Berechtigung des Eingriffs gerichtlich klären zu lassen, wenn die direkte Belastung durch den angegriffenen Hoheitsakt sich nach dem typischen Verfahrensablauf auf eine Zeitspanne beschränkt, in welcher der Betroffene die gerichtliche Entscheidung in der von der Prozeßordnung gegebenen Instanz kaum erlangen kann[159].

---

[150] LR-*Hilger* § 464, 41 mit weit. Nachw.; *Meyer-Goß-ner*[46] § 464, 22; **a. A** früher noch BGHSt **34** 184; allerdings hat der BGH seine damalige Rechtsprechung insoweit aufgegeben, daß ein Einstellungsbeschluß gem. § 206a zu erfolgen hat, BGHSt **45** 108; dazu ausf. LR-*Hilger* § 467, 10 ff; LR-*Rieß* § 206a, 36 f, jeweils mit weit. Nachw.

[151] OLG Hamm CR **1999** 697; OLG Celle NStZ-RR **2000** 216; LG Stuttgart NJW **2001** 455; vgl. BGH NStZ **2003** 272.

[152] Vgl. aber OLG Hamm MDR **1969** 161 (Gefangenengewerkschaft).

[153] OLG Stuttgart Justiz **1976** 485; *Schlüchter* 661; SK-*Frisch* 45; AK-*Altenhain/Günther* 83.

[154] LR-*Hilger* § 119, 156; KK-*Engelhardt*[4] 29.

[155] KK-*Engelhardt*[4] 31; *Meyer-Goßner*[46] 7; SK-*Frisch* 45; vgl. OLG Schleswig SchlHA **1958** 288 f.

[156] OLG Frankfurt NStZ-RR **1996** 251.

[157] BVerfGE **49** 329; BGH NJW **1995** 3397 mit weit. Nachw.

[158] Vgl. ausführlich Vor § 304, 68 ff.

[159] BVerfGE **96** 27 = NJW **1997** 2163.

Für die **Zulässigkeit der Beschwerde** ist trotz prozessualer Überholung demnach zu **54** prüfen, ob ein **Rechtsschutzinteresse** des Betroffenen besteht, d. h. (1) ein tiefgreifender Grundrechtseingriff vorliegt, (2) eine zu kurze Zeitspanne nach dem typischen Verfahrensablauf besteht, um vollen gerichtlichen Rechtsschutz während der direkten Belastung zu erlangen, und ggfs. (3) bei nicht tiefgreifenden Grundrechtsverletzungen oder ausreichender Zeitspanne ein berechtigtes Interesse an der nachträglichen Feststellung der Rechtswidrigkeit der Maßnahme (z. B. wegen Wiederholungsgefahr, Rehabilitierungsinteresse, Willkür)[160] besteht. Wenn das Bundesverfassungsgericht zutreffend sagt, „bei **Durchsuchungen von Wohn- oder Redaktionsräumen** ist ... (ein Rechtsschutzinteresse) schon wegen des Gewichts des Eingriffs in das Grundrecht des **Art. 13 Abs. 1 sowie des Art. 5 Abs. 1 S. 2 GG** ... zu bejahen"[161], wird ein solches **Rechtsschutzinteresse** trotz prozessualer Überholung **bei allen strafprozessualen Zwangsmaßnahmen (Grundrechtseingriffen) bis zum Ende des Beschwerdewegs** anzunehmen sein[162].

Unzulässig ist trotz dieser Rechtsprechung des Bundesverfassungsgerichts die **Be-** **55** **schwerde einer Staatsanwaltschaft** gegen eine richterliche Maßnahme, die bereits vollzogen und somit überholt ist, soweit nicht nach wie vor erhebliche Konsequenzen zu zeitigen sind oder substantiierte Wiederholungsgefahr besteht. Der Staatsanwaltschaft kommt als Staatsorgan **keine Grundrechtsfähigkeit** zu[163]. Die Rechtsprechung des Bundesverfassungsgerichts beruht aber erkennbar auf der Ermöglichung eines effektiven Rechtsschutzes gem. Art. 19 Abs. 4 GG unter Berücksichtigung der Schwere von gegebenen Grundrechtseingriffen zum Schutze des Bürgers und Grundrechtsträgers. Gleichwohl bleibt zu bedenken, daß eine nachträgliche Überprüfung im Rahmen der Begründetheit nur eingeschränkt möglich sein kann am Maßstab der Vertretbarkeit, folgt man der Rechtsprechung des Bundesgerichtshofs[164].

Unzulässig bleiben Beschwerden gegen tatsächlich „überholte" richterliche Entschei- **56** dungen, zum Beispiel eine Entscheidung, wenn das Verfahren bezüglich des Betroffenen inzwischen rechtskräftig abgeschlossen worden ist[165], oder wenn die anzufechtende Entscheidung inzwischen keine Wirkung mehr äußert, weil zwischenzeitlich eine neue Entscheidung über den gleichen Gegenstand ergangen ist[166]. Wenn die Beschwerde bereits im Zeitpunkt ihrer Einlegung überholt war, ist sie mangels Beschwer als unzulässig zu verwerfen. Tritt das überholende Ereignis aber erst später ein, so ist die Beschwerde ohne Kostenentscheidung für erledigt zu erklären.[167]

Zu beachten ist außerdem die **Sonderregelung für den großen Lauschangriff in § 100d** **57** **Abs. 6** bei erledigten Maßnahmen, die mit einer systemwidrigen Möglichkeit für das erkennende Gericht verbunden ist, nämlich die Entscheidung erst in dem das Verfahren abschließenden Urteil zu treffen[168].

5. Rechtsmittelverzicht und Rücknahme. Nach Rechtsmittelverzicht oder -rücknahme **58** – beschränkbar nach den bereits dargestellten Grundsätzen[169] – ist eine danach eingelegte

---

[160] OLG Celle NJW **1997** 2964.
[161] BVerfG NJW **1998** 2131, 2132.
[162] Näher Vor § 304, 70, 72 mit vielen Nachw.
[163] OLG Frankfurt NJW **1995** 1302.
[164] Vgl. BGHSt **41** 30; **47** 362, 366 ff; kritisch dazu Vor § 304, 73 (Fn. 165).
[165] Haftbeschwerde nach Rechtskraft: OLG Hamm StraFo. **2002** 100 f; Beschwerde gegen § 111a-Beschluß nach Rechtskraft: Vor § 304, 75 mit weit.

Nachw. zur Zulässigkeit der Beschwerde parallel zur Revision.
[166] Beschwerde gegen Beschlagnahme, nachdem Bestätigungsbeschluß gem. § 98 Abs. 2 S. 2 ergangen ist: BGH NStZ **2000** 154.
[167] SK-*Frisch* 53 und Vor § 296, 174; KK-*Ruß*[4] Vor § 296, 8; *Meyer-Goßner*[46] Vor § 296, 17; vgl. § 309, 6.
[168] *Meyer-Goßner*[46] § 100d, 12.
[169] LR-*Hanack* § 302, 44; Vor § 304, 16 ff; § 304, 30.

Beschwerde als unzulässig zu verwerfen [170]. Bei einer entsprechenden Erklärung während des Beschwerdeverfahrens bedarf es lediglich eines Beschlusses, die Beschwerde für erledigt zu erklären, wenn die Wirksamkeit des Rechtsmittelverzichts oder der Rücknahme von einem Beteiligten (zu Unrecht) bestritten wird.[171] Liegen die Akten bereits dem Rechtsmittelgericht vor, so wird eine Rücknahme- oder Verzichtserklärung erst mit Eingang bei dem Rechtsmittelgericht wirksam (vgl. Nr. 152 Abs. 2 S. 1 RiStBV).

59   Eine **Teilanfechtung (Beschränkung der Beschwerde)** [172] muß nicht notwendigerweise auch bereits einen Verzicht auf künftige (weitere) Anfechtung bedeuten [173], auch ist eine Rücknahme nicht zwingend als Verzicht auszulegen. In Streitfällen muß eine exakte Auslegung, ggfs. auch durch Rückfrage bei dem Beschwerdeführer erfolgen [174]. Die Rechtsfolge des wirksamen Rechtsmittelverzichts ist jedoch umfassend der unwiderrufliche Verlust der weiteren Anfechtungsmöglichkeit. Grundsätzlich ist im Falle von Rechtsmittelverzicht oder -rücknahme durch den Verteidiger dessen ausdrückliche Ermächtigung gem. § 302 Abs. 2 zu prüfen und ggfs. der Nachweis vom Verteidiger oder vom Beschuldigten einzufordern (vgl. Nr. 152 Abs. 1 RiStBV).

II. Beschlüsse und Verfügungen

1. Entscheidungen der Amts- und Landgerichte

60   a) Die Beschwerde erfaßt, soweit sie nicht ausgeschlossen ist [175], grundsätzlich **alle richterlichen Anordnungen** im Strafverfahren, ohne Rücksicht auf die Bezeichnung [176]. Die Aufzählung des Absatzes 1, die durch die Absätze 4 und 5 sachlich begrenzt wird, geht davon aus, daß die **Entscheidungen im Ermittlungsverfahren, im ersten Rechtszug und in der Berufungsinstanz** generell der Beschwerde zugänglich sind, sofern nicht die Einschränkungen des Absatzes 4 und 5 für Bundesgerichtshof und Oberlandesgerichte Platz greifen. Wie die besondere Erwähnung des beauftragten und ersuchten Richters zeigt, dient die Aufzählung vor allem der Hervorhebung der wichtigsten Fälle und nicht der logischen Abgrenzung aller Verfahren, in denen der Beschwerde zugängliche Entscheidungen ergehen können.

61   Der **Bereich der Beschwerde gem. §§ 304 ff** ist durch einschränkende systematische Auslegung, nämlich durch **Berücksichtigung des § 310 Abs. 2**, zu ermitteln. Betrifft die Beschwerde eine Verhaftung oder vorläufige Unterbringung, dann kann eine „auf die Beschwerde hin" erlassene Entscheidung durch weitere Beschwerde angefochten und insgesamt dreimal gerichtlich überprüft werden, in allen anderen Fällen darf der Prozeßstoff nur zweimal Gegenstand gerichtlicher Überprüfung sein [177].

62   b) **Entscheidungen des Richters im Vorverfahren** sind alle während des Ermittlungsverfahrens ergangenen richterlichen Anordnungen, vor allem die des Ermittlungsrichters. Dies gilt auch bei Entscheidungen, die im Ermittlungsverfahren bereits durch

---

[170] SK-*Frisch* § 302, 81 mit weit. Nachw.

[171] LR-*Hanack* § 302, 76 mit weit. Nachw.; zu Problemen der Wirksamkeit einer Rücknahme oder des Verzichts vgl. die Kommentierungen zu § 302.

[172] Zur Zulässigkeit der Beschränkung ausf. Vor § 304, 16 ff.

[173] BGHSt **38** 366 f unter Aufgabe der früheren Rechtsprechung; vgl. auch für den Fall einer späteren Konkretisierung des Rechtsmittels BGHSt **38** 4 f.

[174] Vgl. SK-*Frisch* § 302, 4 f; LR-*Hanack* § 302, 28 ff, jeweils mit weit. Nachw.

[175] Dazu oben § 304, 17 ff.

[176] Entscheidet ein Gericht z. B. versehentlich im Urteil über Bewährungszeit oder Auflagen, so gilt dieser Urteilsteil als abtrennbarer beschwerdefähiger Beschluß nach §§ 268a, 305a; vgl. LR-*Hanack* § 333, 7; § 304, 4 ff und § 305a, 1.

[177] § 310, 1 f.

das für das Zwischen- und Hauptverfahren zuständige Gericht getroffen werden (z. B. bei Unterbringung gem. § 81 Abs. 3) [178]. Nicht mehr zum „Vorverfahren" gehören die Maßnahmen im Zwischenverfahren, mit denen das Gericht die Entscheidung über die (Nicht-) Eröffnung des Hauptverfahrens vorbereitet [179]. Für Verfahren und Verfügungen des Ermittlungsrichters des Bundesgerichtshofs und der Oberlandesgerichte gelten die Einschränkungen des § 304 Abs. 5.

c) Erster Rechtszug umfaßt gem. § 304 Abs. 1, in Abgrenzung zum Ermittlungsver- **63** fahren und zum Berufungsverfahren, den **Zeitraum des erstinstanzlichen gerichtlichen Verfahrens nach Erhebung der öffentlichen Klage** [180], d. h. das **Zwischen- und Hauptverfahren** bei den Amts- und Landgerichten, denn für erstinstanzliche Verfahren vor dem Oberlandesgericht gelten die Einschränkungen gem. § 304 Abs. 4. Dem Verfahren des ersten Rechtszuges unterfällt demnach nicht jede Entscheidung irgendeines Gerichts nach Erhebung der öffentlichen Klage, das sich erstmals mit dem Beschwerdegegenstand befaßt hat [181], also auch nicht teilweise das Berufungsverfahren, soweit erstmals Entscheidungen getroffen werden [182]. Dennoch kann der erste Rechtszug auch noch im Beschwerdeverfahren bei dem Beschwerdegericht vorliegen [183], beispielsweise bei einem Antrag – gestellt erst im Beschwerdeverfahren – auf Wiedereinsetzung in den vorigen Stand [184]. Folglich kommt es auch nicht darauf an, ob das in der ersten Instanz zuständige Gericht die Entscheidung selbst getroffen hat [185], sondern auf den **Zeitpunkt der Entscheidung**, nämlich – nach Abschluß des Ermittlungsverfahrens – während des ersten Rechtszuges bis zum Abschluß desselben. Zu diesem sachgerechten Ergebnis läßt sich bereits im Wege der Wortauslegung kommen, so daß es methodisch nicht richtig ist, den Begriff des ersten Rechtszuges zu reduzieren auf Entscheidungen der erstinstanzlichen Gerichte unmittelbar und im übrigen auf Analogie – „wegen des gleichen Rechtsgedankens" [186] – auszuweichen, um andere Fälle [187] miteinbeziehen zu können. In bestimmten Fällen ist daher eine Beschwerde auch gegen Entscheidungen möglich, die sich nicht erstmals mit einem Gegenstand generell befassen (Fälle einer „Zweitbefassung"), aber erstmals mit einem bestimmten konkreten Gegenstand [188]. Hat beispielsweise das Landgericht irrtümlich als Beschwerdegericht entschieden, obwohl es die Entscheidung als Gericht des ersten Rechtszugs zu treffen hatte [189] oder weil es bei richtiger Beurteilung der Rechtslage für die Rechtsmittelentscheidung überhaupt nicht zuständig war (im Fall einer Rechtsbeschwerde in einem OWiG-Verfahren) [190], so ist gegen diese Entscheidungen – trotz Zweitbefassung – die Beschwerde gegeben [191].

Ebenfalls umfaßt der Begriff des ersten Rechtszuges das **Wiederaufnahmeverfahren** in **64** erster Instanz (§§ 359 ff) [192]. Soweit sich der Wiederaufnahmeantrag gem. § 140a Abs. 1 S. 1 GVG gegen das Urteil erster Instanz – bzw. ein Urteil der Revisionsinstanz aufgrund einer Revision gegen ein erstinstanzliches Urteil (§ 140a Abs. 1 S. 2 GVG) [193] – wendet, ist diese Zuordnung ohnehin unproblematisch. Gleiches muß jedoch gelten für

---

[178] SK-*Frisch* § 304, 22.
[179] KK-*Engelhardt* [4] 18; vgl. § 202, 17.
[180] SK-*Frisch* § 304, 13; *Ellersiek* 63 f.
[181] So die wohl h. M; vgl. SK-*Frisch* 15; KK-*Engelhardt* [4] 4.
[182] Vgl. die Kritik an der h. M LR-*Gollwitzer* [24] 11 (Fn. 21).
[183] OLG Koblenz NJW **1961** 1418.
[184] BayObLGSt **1952** 8; *Eb. Schmidt* Nachtr. I 2.
[185] LR-*Gollwitzer* [24] 11.
[186] LR-*Gollwitzer* [24] 11.
[187] Z. B. den Fall der Wiedereinsetzung durch das

Beschwerdegericht mit erstmaliger Sachentscheidung.
[188] Ähnlich die Argumentation bei SK-*Frisch* 15 f.
[189] Vgl. OLG Bremen NJW **1967** 1975; OLG Frankfurt NJW **1980** 1808; OLG Hamm NJW **1972** 1725 f; OLG Düsseldorf MDR **1982** 518; NStZ-RR **2001** 111 ff (wahre Rechtslage); vgl. § 310, 7 ff mit weit. Nachw.
[190] SK-*Frisch* 16; KK-*Engelhardt* [4] 4.
[191] Vgl. § 310, 9.
[192] KK-*Engelhardt* [4]; *Pfeiffer* [4] 3; SK-*Frisch* 13.
[193] Vgl. LR-*Franke* § 140a GVG, 6.

Holger Matt

das Wiederaufnahmeverfahren in erster Instanz, soweit sich der Wiederaufnahmeantrag gegen ein Berufungsurteil (§ 140a Abs. 1 S. 1 GVG)[194] – bzw. ein Urteil der Revisionsinstanz aufgrund einer Revision gegen ein Berufungsurteil (§ 140a Abs. 1 S. 2 GVG) – wendet, da eine Differenzierung nicht sachgerecht wäre und das Berufungsverfahren ebenfalls von § 304 Abs. 1 vollständig umfaßt ist. Schließlich spricht hierfür auch der Wortlaut des § 372 Abs. 1 (sofortige Beschwerde gegen Entscheidungen über Zulässigkeit oder Begründetheit des Wiederaufnahmeantrags „von dem Gericht im ersten Rechtszug")[195].

65   Im übrigen eröffnet der weite Begriff des ersten Rechtszuges die **vollständige Erfassung aller erstinstanzlicher Verfahren** nach der StPO, z. B. Strafbefehlsverfahren §§ 407 ff, beschleunigtes Verfahren §§ 417 ff oder Privatklageverfahren §§ 374 ff. Die **Nachtragsentscheidung nach § 33a** gehört mithin zum selben Rechtszug wie die vorangegangene Sachentscheidung, die sie bestätigt oder ändert[196].

66   Einen **Sonderfall** stellen Verfahrenssituationen **während eines Revisionsverfahrens** dar, soweit Urteile der ersten Instanz angefochten werden. Gem. § 126 Abs. 2 S. 2 bleibt das erkennende Gericht zuständig für Haftentscheidungen (vgl. aber die Ausnahmefälle einer Entscheidung des Revisionsgerichts gem. § 126 Abs. 3)[197], gleiches gilt bei anderen vorläufigen Maßnahmen wie dem Entzug der Fahrerlaubnis gem. § 111a[198]. Entsprechend ist auch während des Revisionsverfahrens die Beschwerde gegen solche Maßnahmen des Gerichts „im ersten Rechtszug" zulässig gem. § 304 (vgl. auch § 305 S. 2) und bewirkt keine Einschränkung der Sachentscheidungskompetenz des Beschwerdegerichts[199].

67   **Nicht zum ersten Rechtszug** gehören strafvollstreckungsrechtliche Entscheidungen[200], auch wenn sie dem Gericht des ersten Rechtszuges übertragen sind (§ 462a Abs. 2 und 3), ebenfalls nicht die nachträgliche Gesamtstrafenbildung gem. §§ 460, 462. Solche Entscheidungen sind nur nach Maßgabe der spezielleren Vorschriften im siebenten Buch (§§ 453 ff, 462, 462a, 463) anfechtbar, auf dieser Grundlage – „kraft ausdrücklicher Anordnung"[201] – jedoch unter Anwendung der §§ 304 ff[202]. Ebenfalls unterfallen nicht dem ersten Rechtszug Entscheidungen des gemeinschaftlichen oberen Gerichts über das Verfahren des ersten Rechtszugs gem. §§ 12 Abs. 2, 13 Abs. 2 S. 2 und 3, 14, 15, 19, die sämtlich unanfechtbar sind[203].

68   **d)** Vom Begriff des **Berufungsverfahrens** sind alle Entscheidungen umfaßt nach Einlegung der Berufung (§ 314 Abs. 1)[204]. Der angefochtene Beschluß kann noch vom Erstgericht stammen, wenn er für das Berufungsgericht seine Gültigkeit behält. Gem. § 321 ist das Berufungsgericht von der **Vorlage der Akten** an als erkennendes Gericht zuständig und folglich auch für Erlaß oder Änderung aktueller Verfahrensentscheidungen (z. B. über einen Haftbefehl gem. § 126 Abs. 2 oder eine vorläufige Entziehung der Fahrerlaubnis[205]). Nach **Einlegung der Revision** bleibt das **Berufungsgericht zuständig** in

---

[194] Vgl. *Meyer-Goßner*[46] § 140a, 6 mit weit. Nachw.
[195] Die einfache Beschwerde gem. § 304 soll beispielsweise den notwendigen Rechtsschutz bei Entscheidungen gem. §§ 364a, 364b gewährleisten; vgl. LR-*Gössel* § 372, 6; KK-*Schmidt*[4] § 372, 1; *Pfeiffer*[4] § 372, 1.
[196] Zu den Einzelheiten vgl. LR-*Wendisch* § 33a, 20, 21; ferner etwa *Ellersiek* 67; *Hanack* JZ **1966** 43, 48; JR **1974** 112, 113; § 311a, 15.
[197] BGH NStZ **1997** 145; BGHSt **41** 16.
[198] BGH NJW **1978** 384; *Hentschel* 16 A Rdn. 262.
[199] OLG Düsseldorf NStZ-RR **2000** 240; OLG Koblenz NStZ-RR **1997** 206 mit weit. Nachw.

[200] OLG Stuttgart NStZ **1989** 492 f mit Anm. *Katholnigg*; OLG Hamm NStZ **1989** 443 f.
[201] *Ellersiek* 42.
[202] SK-*Frisch* 14; *Meyer-Goßner*[46] 2.
[203] *Giesler* S. 164 ff; KK-*Engelhardt*[4] 5; SK-*Frisch* 14; *Meyer-Goßner*[46] 2; LR-*Wendisch* Vor § 7, 36; § 304, 28; Vor § 304, 66.
[204] *Ellersiek* 64; KK-*Engelhardt*[4] 16; *Eb. Schmidt* 3.
[205] OLG Hamm NJW **1974** 1574 f; OLG Karlsruhe MDR **1974** 159; KK-*Engelhardt*[4] 16.

Haftsachen gem. § 126 Abs. 2 S. 2[206], gleiches gilt bei anderen vorläufigen Maßnahmen wie dem Entzug der Fahrerlaubnis gem. § 111 a[207]. Entsprechend ist während des Revisionsverfahrens die Beschwerde gegen Maßnahmen des Berufungsgerichts – wie auch bezüglich des Gerichts des „ersten Rechtszuges" – zulässig gem. § 304 (vgl. auch § 305 S. 2) und bewirkt keine Einschränkung der Sachentscheidungskompetenz des Beschwerdegerichts[208]. In den bezeichneten Fällen unterfallen daher dem Begriff der anfechtbaren Entscheidungen im Berufungsverfahren gem. § 304 Abs. 1 in erweiternder Auslegung auch solche Entscheidungen des Berufungsgerichts, die während des Revisionsverfahrens in der Zuständigkeit des Berufungsgerichts liegen.

e) Ersuchter Richter. Die Entscheidungen des ersuchten Richters sind der Beschwerde **69** offen, wie der Wortlaut des § 304 Abs. 1 klarstellt, obwohl dies schon daraus folgt, daß solche Maßnahmen je nach Verfahrenslage dem Ermittlungsverfahren, dem ersten Rechtszug oder dem Berufungsverfahren zuzuordnen sind. Die Beschwerde gegen die Entscheidung des ersuchten Richters – gem. § 157 Abs. 1 GVG immer ein Amtsgericht – geht an das **diesem** gem. § 73 Abs. 1 GVG **übergeordnete Beschwerdegericht** (bei Nichtabhilfe gem. § 306 Abs. 2)[209]. Der ersuchte Richter ist jedoch regelmäßig (Ausnahmen: § 158 Abs. 2 GVG) an das Ersuchen gebunden. Für eine Beschwerde ist daher nur Raum, soweit ihm bei Erledigung des Ersuchens ein eigenes Ermessen und ein selbständiges Entscheidungsrecht zusteht oder die Beschwerde deshalb erhoben wird, weil er nicht dem Ersuchen entsprechend verfahren sei[210]. Voraussetzung ist demnach, daß sich die Beschwerde in Wahrheit **nicht gegen den Inhalt des Ersuchens**, also gegen die **Entscheidung des ersuchenden Gerichts** wendet. In diesem Fall kann die Beschwerde nur an das diesem Gericht übergeordnete Beschwerdegericht gehen (ebenfalls nur bei Nichtabhilfe gem. § 306 Abs. 2). In dem Fall, daß das Ersuchen abgelehnt oder entgegen § 158 Abs. 2 GVG stattgegeben wird, entscheidet auf Antrag das Oberlandesgericht gem. § 159 Abs. 1 S. 1 und Abs. 2 GVG, die Beschwerde hiergegen zum Bundesgerichtshof ist einschränkend in § 159 Abs. 2 GVG geregelt[211].

f) Beauftragter Richter. Ist ein Mitglied eines Gerichts beauftragt, eine Untersuchungshandlung vorzunehmen, so kann sich die Beschwerde gegen das Verfahren des beauftragten Richters oder gegen den Auftrag, also gegen die Entscheidung des beauftragenden Gerichts, wenden. Das **beauftragende Gericht** kann **nicht über die Beschwerde** entscheiden, abgesehen von einer Abhilfeentscheidung gem. § 306 Abs. 2[212], insoweit ist das **zuständige Beschwerdegericht die dem beauftragenden Gericht übergeordnete Instanz.** Der beauftragte Richter ist Mitglied dieses Gerichts, an dessen Auftrag gebunden und würde im übrigen nach § 23 Abs. 1 bei der Entscheidung über die Beschwerde nicht mitwirken können. Aus der Aufgabe des beauftragten Richters folgt allerdings, daß das beauftragende Gericht jederzeit in sein Verfahren eingreifen darf, auch auf Grund einer Gegenvorstellung durch einen Prozeßbeteiligten. Doch wird hierdurch dessen Recht, die Entscheidung des Beschwerdegerichts anzurufen, nicht berührt.

---

[206] Zu den Ausnahmefällen einer Entscheidung des Revisionsgerichts gem. § 126 Abs. 3 siehe nochmals BGH NStZ **1997** 145; BGHSt **41** 16.

[207] BGH NJW **1978** 384; *Meyer-Goßner*[46] § 111a, 14 mit weit. Nachw.

[208] OLG Düsseldorf NStZ-RR **2000** 240; OLG Koblenz NStZ-RR **1997** 206; OLG Frankfurt NStZ-RR **1996** 205; OLG Schleswig StV **1995** 345; vgl. OLG Stuttgart NStZ-RR **2001** 377; **a. A** OLG Brandenburg NStZ-RR **1996** 170.

[209] In der Reichstagskommission (Prot. *Hahn* 989, 1384) wurde erörtert, ob eine über den ersuchten Richter geführte Beschwerde durch Entscheidung des *ihm* vorgeordneten Beschwerdegerichts zu erledigen sei.

[210] *Ellersiek* 165; KK-*Engelhardt*[4] 24; *Eb. Schmidt* 14.

[211] Zu den Einzelheiten und zur begrenzt zulässigen weiteren Beschwerde an den BGH vgl. bei LR-*Boll* § 159 GVG, 11 ff.

[212] *Ellersiek* 166; *Eb. Schmidt* 13; SK-*Frisch* 24.

2. Entscheidungen der Oberlandesgerichte und des Bundesgerichtshofes

71   **a) Ausschluß der Beschwerde.** Die Beschwerde gegen **Beschlüsse und Verfügungen des Bundesgerichtshofs und Entscheidungen der Oberlandesgerichte** ist in der Regel nicht statthaft (§ 304 Abs. 4 Satz 1, 2 erster Halbsatz). Die wesentlichen gesetzgeberischen Gründe für den Ausschluß sind Würde und Rang der Obergerichte, die Entlastung von nebensächlichen Entscheidungen im Interesse ihrer wesentlichen Rechtsprechungsaufgaben und die Entbehrlichkeit eines Rechtsmittels wegen der Qualität der Entscheidungen[213]. **Ausnahmen** bestehen bei Entscheidungen der Landeshauptstadt-Oberlandesgerichte (§ 120 GVG) und deren Zuständigkeit im ersten Rechtszug (**§ 304 Abs. 4 Satz 1, 2 zweiter Halbsatz mit Ausnahmekatalog**)[214] sowie bei Entscheidungen der Ermittlungsrichter des Bundesgerichtshofs und der Oberlandesgerichte (**§ 304 Abs. 5 mit Ausnahmekatalog**). Nur in den bezeichneten Ausnahmefällen ist die Beschwerde (im Rahmen der Zulässigkeitsprüfung)[215] statthaft und führt zu einer Prüfung der Begründetheit, ansonsten ist sie als **unzulässig durch das Beschwerdegericht zu verwerfen**[216]. Grundsätzlich sind alle Verfahrensbeteiligten, soweit sie nach allgemeinen Kriterien der Zulässigkeit beschwert sind[217], **Beschwerdeberechtigte**[218].

72   **Nicht statthaft** ist die Beschwerde zum Beispiel gegen Entscheidungen, die eine Verfahrensabtrennung betreffen[219], die einer Richterablehnung nicht stattgeben[220], bei Entscheidungen nach §§ 137 Abs. 1, 146[221] oder über Maßnahmen nach § 148 Abs. 2[222], bei richterlicher Bestätigung der Aufnahme von Finger- und Handflächenabdrücken[223], bei Entscheidungen über Entnahme von Körperzellen zur Feststellung des DNA-Identifizierungsmusters[224], über die Auswahl eines Sachverständigen[225], über die Nichtaushändigung eines Schreibens an den Gefangenen[226], über die Entschädigungspflicht nach §§ 2 ff StrEG[227], über die Wiedereinsetzung im Verfahren über die Entschädigung[228], bei Entscheidungen während des Wiederaufnahmeverfahrens[229], über die Verhängung von Ordnungsgeld[230] oder Ordnungshaft[231], bei Auslagenentscheidung nach Einstellung wegen Verfahrenshindernisses (strittig wegen Verhältnis § 464 Abs. 3 S. 1 und § 304 Abs. 4 und 5)[232], aber auch bei Entscheidungen des Oberlandesgerichts gem. § 172 Abs. 4[233].

---

[213] Vgl. *Giesler* 44 ff, 91 ff; *Voßkuhle* Rechtsschutz gegen den Richter (1993) 320 ff; SK-*Frisch* 58.

[214] Absatz 4 Satz 2 ist mit dem Grundgesetz vereinbar, vgl. BVerfGE **45** 363, 374; zu verfassungsrechtlichen Bedenken vgl. *Giesler* 10 ff; 91 ff (mit Gleichheitsgrundsatz unvereinbare Differenzierung).

[215] § 304, 2 ff.

[216] Dem Gericht, welches die angefochtene Entscheidung erlassen hat, ist eine Abhilfeentscheidung möglich, aber eine abschließende negative Entscheidung versagt, § 306 Abs. 2. Der Grundsatz lautet: Jede Beschwerde ist dem Beschwerdegericht vorzulegen, soweit ihr nicht vollständig abgeholfen wird; siehe Vor § 304, 8 f; § 304, 1; § 306, 13, 22.

[217] § 304, 41 ff.

[218] § 304, 46 ff; im Unterschied zu § 310 ist auch die Staatsanwaltschaft (fast) uneingeschränkt zur Beschwerde befugt, siehe hingegen bei der weiteren Beschwerde (nicht zu Lasten des Beschuldigten), § 310, 18 ff. Die Rechtsprechung schränkt zutreffend lediglich in einem Fall die Beschwerdebefugnis auch bei § 304 Abs. 4 und 5 ein, nämlich bei Ablehnung oder Aufhebung der Anordnung von Erzwingungshaft gem. § 70 Abs. 2, BGHSt **43** 262; vgl. OLG Frankfurt NStZ-RR **2000** 26, 382; § 310, 42.

[219] BGH NStZ **1993** 296.

[220] BGHSt **27** 96, 98; BVerfGE **45** 363; abl. *Schmidt-Leichner* NJW **1977** 1804.

[221] BGH NJW **1977** 156 f.

[222] BGH bei *Schmidt* MDR **1984** 183, 187.

[223] BGH NJW **1994** 465.

[224] BGH NJW **2002** 765; BGH Beschluß vom 21.03.2002 (3 BJs 1/01–4(1) StB 3/02).

[225] BGH StV **1995** 628; SK-*Frisch* 63.

[226] BGH NStZ-RR **2002** 190.

[227] BGHSt **26** 250, 254 f.

[228] BGH NJW **1976** 523, 525.

[229] BGH NJW **1976** 431; NStZ **1981** 489.

[230] BGH NStZ **1994** 198; vgl. auch BGHSt **36** 192, 197; **43** 262, 264; OLG Frankfurt NStZ-RR **2000** 26, 382.

[231] BGHSt **36** 192, 197; **43** 262, 264; BGH NStZ **1994** 198; OLG Frankfurt NStZ-RR **2000** 26, 382, im Unterschied zu Entscheidungen über Erzwingungshaft, dazu § 310, 42.

[232] BGH NStZ **2000** 330 mit krit. Anm. *Hilger*; dazu näher bei Kostenbeschwerde, § 304, 36.

[233] BGH MDR **1992** 549; BGH Beschlüsse vom 28.05.2003 (2 ARs 82/03, 2 AR 53/03) und 13.06.2003 (2 ARs 179/03).

b) Ausnahmen bei Entscheidungen der Oberlandesgerichte im ersten Rechtszug

Ausnahmen von der Unanfechtbarkeit sieht § 304 Abs. 4 Satz 2 nur bei bestimmten **73** Beschlüssen und Anordnungen der Landeshauptstadt-Oberlandesgerichte im ersten Rechtszug (§ 120 Abs. 1 bis 4 GVG) vor, die besonders nachteilig in die Rechtssphäre des Betroffenen eingreifen, einen Abschluß des Verfahrens herbeiführen oder sonst von besonderem Gewicht sind[234]. Der **Katalog** des Absatz 4 Satz 2 zählt **abschließend** auf, welchen Gegenstand die Entscheidungen haben müssen, um die Beschwerde zum Bundesgerichtshof zu eröffnen. Die Ausnahmen in den Nummern 1 bis 5 sind nach Wortlaut und Regelungszweck eng auszulegen[235]. Eine analoge Anwendung innerhalb des typisierten Regelungsraums der einzelnen Fallgruppen ist nur in engsten Grenzen zulässig[236].

aa) Verhaftung (und einstweilige Unterbringung) sind ebenso auszulegen wie bei **74** § 310 Abs. 1[237]. Alle Beschlüsse, anhand derer unmittelbar entschieden wird, ob der Beschuldigte in Haft zu nehmen oder zu halten ist, fallen unter den Begriff der Verhaftung gem. §§ 304 Abs. 4 und 5, 310 Abs. 1[238]. Statthaft ist in diesen Fällen auch die Beschwerde gegen den Bestand eines nicht vollzogenen Haftbefehls[239] und eine Beschwerde gegen eine Entscheidung, mit der ein bereits bestehender Haftbefehl durch einen anderen ersetzt und nicht nur um einen Haftgrund ergänzt wird[240]. Mit der Beschwerde anfechtbar gem. §§ 304 Abs. 4 und 5, 310 Abs. 1 ist auch ein Haftbefehl, der nicht vollzogen, aber als Überhaft notiert ist[241]. Unter den Begriff der Verhaftung fällt insbesondere die Untersuchungshaft gem. §§ 112 ff[242], aber auch die Ungehorsamhaft gem. §§ 230 Abs. 2, 236[243], Erzwingungshaft gegen Zeugen gem. §§ 70 Abs. 2, 161a Abs. 2, 95 Abs. 2 S. 1[244] sowie der Sicherungshaftbefehl gem. § 453c[245], wobei diese auch ausdrücklich in § 304 Abs. 4 S. 2 Nr. 5 als Ausnahme aufgeführt ist. Zusammenfassend ist festzustellen, daß alle Entscheidungen anfechtbar sind, die das „Ob" der Inhaftierung bzw. des Haftbefehls betreffen. Insoweit kann auch die Anfechtung einzelner Auflagen bei einer Haftverschonung zulässig sein, denn der Bestand des Haftbefehls wird in der Regel ohnehin zu prüfen sein[246].

Nicht statthaft ist de lege lata nach zutreffender h. M. eine Beschwerde gem. §§ 304 **75** Abs. 4 und 5 beschränkt auf einen Haftgrund, ohne daß die erfolgreiche Beschwerde zu einer Haftentlassung führen könnte[247]. Nicht anfechtbar sind ebenso Modalitäten des Haftvollzugs, die den Bestand und Vollzug des Haftbefehls als solchen unberührt lassen

---

[234] BGHSt 25 120 f.

[235] BGHSt 25 120, 121; 30 32, 33; 30 168, 170; 30 250, 251; 32 365, 366; 34 34, 35; 43 262, 263; BGH NStZ 2000 330; KK-*Engelhardt*⁴ 6; *Meyer-Goßner*⁴⁶ 12; vgl. auch BVerfGE 45 363.

[236] BGHSt StV 1995 628; BGHSt 27 96 f; 29 13 f; 30 168, 171 mit Anm. *Gollwitzer* JR 1983 85; *Schmidt* NStZ 1996 481, 484 mit weit. Nachw.

[237] BGHSt 30 52, 53 f; OLG Frankfurt NStZ-RR 2000 26 f; *Meyer-Goßner*⁴⁶ 13; SK-*Frisch* 61; HK-*Rautenberg*³ 21; KMR-*Plöd* 13.

[238] BGHSt 26 270; 30 52; § 310, 29 f.

[239] BGHSt 26 270; 29 200; 30 52; BGH NJW 1973 664 f (in BGHSt 25 120 nicht vollst. abgedruckt); NJW 1980 1401, 1402; § 310, 32 f (mit vielen Nachweisen, auch zur zunehmend weniger vertretenen Mindermeinung in der Rechtsprechung der Oberlandesgerichte).

[240] BGHSt 34 34, 36; vgl. BGHSt 47 249 (Hinzutreten eines Haftgrundes in dem angefochtenen Beschluß, ohne daß der Bestand des ursprünglichen Haftbefehls angegriffen wird); dazu *Hilger* NStZ 2002 445; vgl. § 310, 36.

[241] § 310, 34.

[242] § 310, 30.

[243] § 310, 39.

[244] § 310, 41 ff (Abgrenzung zu Ordnungsgeld und -haft); BGHSt 36 192, 195 (unter Aufgabe von BGHSt 30 52); BGHSt 43 262, 263 (Ablehnung oder Aufhebung nicht anfechtbar); KK-*Senge*⁴ § 70, 15a; vgl. OLG Frankfurt NStZ-RR 2000 26, 382.

[245] § 310, 44.

[246] Siehe die ausf. Behandlung bei § 310, 35 f mit weit. Nachw.; **a. A** BGHSt 25 120 f; 34 34, 36.

[247] BGHSt 34 34, 36; BGHSt 47 249; § 310, 36.

Holger Matt

und nur das „Wie" der Haft betreffen[248]. Auch Bewährungsauflagen sind nicht anfechtbar gem. §§ 304 Abs. 4 und 5, 310 Abs. 1[249].

76   **bb) Einstweilige Unterbringung.** Im Unterschied zu § 310 nennt § 304 Abs. 4 S. 2 Nr. 1 neben der einstweiligen Unterbringung gem. § 126a auch die **Unterbringung zur Beobachtung** gem. § 81 als Ausnahme[250].

77   **cc) Beschlagnahme und Durchsuchung.** Der Begriff der Beschlagnahme umfaßt die im Gesetz ausdrücklich so bezeichneten Maßnahmen (§§ 94, 98; §§ 111b, 111c), aber auch die Anordnung des dinglichen Arrestes nach § 111d, jedenfalls soweit er die Einziehung oder den Verfall von Wertersatz sichern soll[251]. Die vorläufige Sicherstellung eines Gegenstandes nach § 108 wird dagegen wegen ihrer Vorläufigkeit der Beschlagnahme nicht gleichgestellt[252]. Der Begriff der Durchsuchung bezieht sich zunächst auf die klassischen **Durchsuchungen gem. §§ 102 ff**[253]. Die **Überwachung des Fernmeldeverkehrs** nach § 100a ist aber auch sinngemäß als **Durchsuchung** anzusehen oder jedenfalls gleichzustellen und fällt daher unter die Ausnahmeregelung der Nummer 1[254], zumal nach der neueren Rechtsprechung des Bundesverfassungsgerichts noch nachträglich die Rechtswidrigkeit der Maßnahme festgestellt werden kann trotz prozessualer Überholung[255]. Gleiches muß für Maßnahmen gem. § 100c gelten (vgl. aber § 100d Abs. 6).

78   **dd)** § 304 Abs. 4 S. 2 Nr. 2 betrifft die **Ablehnung der Eröffnung des Hauptverfahrens** nach § 210 Abs. 2 (wegen der Verweisung an ein Gericht niedrigerer Ordnung vgl. § 304 Abs. 4 S. 2 Nr. 3) und die **Einstellung wegen eines Verfahrenshindernisses** nach § 206a. Die Beschwerde kann sich auch gegen die **Untätigkeit** des Gerichts richten[256]. Die **Einstellung wegen Gesetzesänderung** gem. § 206b ist zwar nicht vom Wortlaut des § 304 Abs. 4 S. 2 Nr. 2 mitumfaßt, eine Beschwerdemöglichkeit erscheint jedoch in analoger Anwendung durchaus vertretbar[257]. Hingegen ist der Beschluß über die Verfahrensabtrennung keine Ausnahme im Sinne der Nr. 2, wenn eine Eröffnungsentscheidung möglich bleibt[258].

79   **ee)** Zulässig ist die Beschwerde gegen die Anordnung der **Hauptverhandlung in Abwesenheit des Angeklagten** (§ 231a Abs. 3 Satz 3) sowie bei den Beschlüssen, die gem. § 209 Abs. 1 die **Verweisung an ein Gericht niedrigerer Ordnung** aussprechen (§ 210 Abs. 2; § 120 Abs. 2 Satz 2 GVG). Die Ausnahme der Nummer 3 gilt nicht für Beschlüsse nach § 231 Abs. 2, selbst wenn sie zu Unrecht auf § 23a gestützt werden[259].

80   **ff)** Bei den Entscheidungen über **Versagung oder Beschränkung der Akteneinsicht nach § 147** besteht ebenfalls die **Befugnis der Beschwerde**. Die Beschwerdemöglichkeit

---

[248] BGHSt **26** 270 f; BGH bei *Schmidt* NStZ **2000** 363 (StB 6/98); vgl. § 310, 37.

[249] BGHSt **30** 32.

[250] Nach h. M umfaßt die Befugnis zur weiteren Beschwerde gem. § 310 Abs. 1 nicht die Anfechtung einer Maßnahme gem. § 81; vgl. § 310, 46.

[251] BGHSt **29** 13; BGH bei *Pfeiffer* NStZ **1982** 188, 190; KK-*Engelhardt*[4] 9; *Meyer-Goßner*[46] 13; *Schlüchter* 655.

[252] BGHSt **28** 349, 350 (unter Hinweis, daß BGHSt **19** 374 nicht entgegensteht, da zur früheren Fassung ergangen); BGHSt **29** 13, 15; KK-*Engelhardt*[4] 8; SK-*Frisch* 64; *Meyer-Goßner*[46] 13.

[253] Nicht umfaßt sind aber Entscheidungen über die Art und Weise der Durchsuchung, BGH NJW **2000** 84, 86.

[254] LR-*Schäfer* § 100b, 11; KK-*Nack*[4] § 100b, 17; 100d, 4; KK-*Engelhardt*[4] 9; HK-*Rautenberg*[3] 21; vgl. auch BGHSt **29** 13 f; a. A *Meyer-Goßner*[46] 13.

[255] Zur prozessualen Überholung siehe Vor § 304, 68 ff und § 304, 51 ff; vgl. noch SK-*Frisch* 66.

[256] § 304, 7 ff; Vor § 304, 31; OLG Frankfurt NStZ **2002** 220; OLG Braunschweig NStZ-RR **1996** 172.

[257] LR-*Rieß* § 206b, 17; a. A *Meyer-Goßner*[46] § 206b, 11.

[258] BGH NJW **1993** 1279 f; *Meyer-Goßner*[46] 14; HK-*Rautenberg*[3] 22; SK-*Frisch* 67.

[259] BGH bei *Schmidt* MDR **1981** 89, 94; KK-*Engelhardt*[4] 11; *Meyer-Goßner*[46] 15; SK-*Frisch* 68.

gilt nur für Verfahrensbeteiligte[260]. Der Antrag, die noch nicht fertig gestellten Proto-kollentwürfe einsehen zu können, eröffnet nicht die Beschwerde[261]. Diese ist auch nicht statthaft gegen Entscheidungen, die nicht die Akteneinsicht selbst betreffen, sondern nur ihre Modalitäten regeln, wie etwa die zusätzliche Überlassung von Ablichtungen an den Angeklagten[262]. Die Beschwerde ist jedoch zulässig, wenn nach dem Beschwerdevor-bringen der Verteidigung durch die gerichtliche Entscheidung faktisch das Recht auf Akteneinsicht beschränkt oder diese versagt würde, also eine sachgerechte Verteidigung vereitelt würde.[263] Soweit allerdings § 147 Abs. 4 Satz 2 die Beschwerde ausschließt, wird sie auch durch § 304 Abs. 4 S. 2 Nr. 4 nicht zugelassen[264].

gg) Entscheidungen im Strafvollstreckungsverfahren. Mit der Beschwerde **anfechtbar** **81** sind nur die aufgeführten **Ausnahmen** wie der Widerruf der Strafaussetzung, nicht aber die Entscheidung über Bewährungsauflagen und Weisungen[265] oder bei Entscheidungen nach § 68f StGB[266]. Auch nicht anfechtbar ist der Beschluß des Oberlandesgerichts, der den vom Verurteilten beantragten Erlaß der Reststrafe einstweilen ablehnt und den Widerruf der Aussetzung des Strafrestes zurückstellt[267]. Dagegen ist Absatz 4 Satz 2 Nr. 5 nach Sinn und Zweck der Ausnahmeregelung entsprechend anwendbar, wenn das Oberlandesgericht nachträglich eine Gesamtstrafe bildet und deren Aussetzung zur Bewährung versagt[268].

hh) Entscheidungen im Wiederaufnahmeverfahren sind ebenfalls nur in dem gesetzlich **82** erwähnten Umfang beschwerdefähig bei Entscheidungen des Oberlandesgerichts (§ 372 S. 1), nicht dagegen ablehnende Entscheidungen gem. §§ 364a, 364b[269].

ii) Entscheidungen im selbständigen Einziehungsverfahren unterliegen ebenfalls der **83** (sofortigen) Beschwerde gem. §§ 440, 441 Abs. 2, gleiches gilt für Entscheidungen über Verfall und Unbrauchmachung, aber auch über Vernichtung und Beseitigung eines gesetzwidrigen Zustandes gem. § 442 Abs. 1.

jj) Verteidigerausschluß § 138d Abs. 6. § 304 Abs. 4 S. 2 letzter Halbsatz[270] stellt klar, **84** daß die sofortige Beschwerde gegen den Ausschluß des Verteidigers durch das Ober-landesgericht (§ 138d Abs. 6) von der Beschränkung der Beschwerde nicht betroffen wird. Die Zurückweisung eines Verteidigers gem. §§ 137 Abs. 1 S. 2, 146, 146a ist hin-gegen nicht anfechtbar[271].

c) Ausnahmen bei Entscheidungen des Ermittlungsrichters des Bundesgerichtshofs und **85** **des Oberlandesgerichts.** Die früher nur den Ermittlungsrichter des Bundesgerichtshofs betreffende Sonderregelung des § 304 Abs. 5 gilt seit dem StVÄG 1987 auch beim Er-

---

[260] BGHSt 36 338 f; SK-*Frisch* 69.

[261] BGHSt 29 394 (unter Hinweis, daß die Entwürfe noch kein Teil der Akten sind).

[262] BGHSt 27 244 f.

[263] SK-*Frisch* 70.

[264] BGHSt 27 244, 246; HK-*Rautenberg*³ 24; *Meyer-Goßner*⁴⁶ 16; vgl. LR-*Lüderssen* § 147, 141 ff, 146.

[265] BGHSt 25 120, 122; BGHSt 30 32 f (keine Erweite-rung des Katalogs durch den auf § 454 Abs. 2, 3 verweisenden Klammerzusatz auf Annexentschei-dungen) = JR **1981** 306 mit Anm. *Peters*.

[266] BGHSt 30 250.

[267] BGHSt 32 365, 366.

[268] BGHSt 30 168, 170 = JR **1983** 84 mit Anm. *Goll-witzer*.

[269] BGH NJW **1976** 431; *Meyer-Goßner*⁴⁶ 17; SK-*Frisch* 74.

[270] Art. 1 Nr. 23 Buchst. a StVÄG 1987 hat den frühe-ren Satz 3 als letzten Halbsatz bei Satz 2 angefügt und so die strittige Frage, ob auch Entscheidungen des BGH der sofortigen Beschwerde nach § 138d Abs. 6 zugänglich seien – vgl. etwa *Ellersiek* 40, 81 ff; *Giesler* 61 – im Sinne der vorherrschenden Meinung verneinend klargestellt (zur früheren Rechtslage etwa *Dünnebier* FS Dreher 669, 675; NJW **1976** 1, 4); LR-*Lüderssen* § 138d, 15.

[271] BGH NJW **1977** 156 f; SK-*Frisch* 74; KK-*Engel-hardt*⁴ 14.

Holger Matt

mittlungsrichter des Oberlandesgerichts, so daß hier keine Unterschiede mehr bestehen. Die Einschränkung der Anfechtungsmöglichkeit, die der Entlastung der Obergerichte dienen soll, erschien dem Gesetzgeber wegen der höheren Qualität der Gerichte vertretbar[272]. Die **Beschwerde** ist in Staatsschutzsachen gem. § 169 Abs. 1, § 120 GVG **ausnahmsweise** bei bestimmten – intensiv in die Rechtsstellung des Beschuldigten eingreifenden – Maßnahmen der Ermittlungsrichter des Bundesgerichtshofs und der Oberlandesgerichte **statthaft**. Der Gesetzgeber hält hier dieselbe Abgrenzung für angezeigt wie bei dem die Beschwerde gegen Entscheidungen der Landeshauptstadt-Oberlandesgerichte regelnden § 304 Abs. 4 S. 2. Daher werden aus dem Katalog des § 304 Abs. 4 S. 2 Nr. 1 diejenigen Anordnungen übernommen, die auch beim Ermittlungsrichter anfallen können. Statthaft ist die Beschwerde nur in den in Absatz 5 **abschließend** aufgezählten Fällen[273]. Für eine erweiternde Auslegung ist ebenso wie bei § 304 Abs. 4 nur in engsten Grenzen Raum[274]. In **allen anderen Fällen** ist die Beschwerde gegen die Verfügungen des Ermittlungsrichters **nicht statthaft**.

86   **Verhaftung und einstweilige Unterbringungen** sind hier im gleichen Sinne zu verstehen wie bei § 304 Abs. 4 S. 2 Nr. 1 und bei § 310 Abs. 1[275]. Unter **Beschlagnahme** und **Durchsuchung** sind die in §§ 94 ff, 111b, 111c, 111d sowie §§ 102 ff – erweiternd auch die in § 100a, § 100c – geregelten Maßnahmen zu verstehen, nicht aber die vorläufige Beschlagnahme eines Gegenstandes nach § 108[276].

87   **d) Sondervorschriften**, die ausdrücklich eine Überprüfungsentscheidung des Bundesgerichtshofs vorsehen, werden durch die Absätze 4 und 5 nicht eingeschränkt. Dabei ist unerheblich, ob der Rechtsbehelf vom Gesetzgeber als „Beschwerde" bezeichnet wird. Dies gilt vor allem für Rechtsbehelfe, die sich nach Regelungsziel und verfahrensrechtlicher Ausgestaltung von der eigentlichen Prozeßbeschwerde unterscheiden, die also schon der Rechtsnatur nach keine „Beschwerden im engeren Sinn" sind, wie etwa die Beschwerde zum Bundesgerichtshof nach § 159 Abs. 1 S 2 und 3 GVG für den Fall, daß das Oberlandesgericht die **Rechtshilfe** für unzulässig erklärt und das ersuchende und das ersuchte Gericht verschiedenen Oberlandesgerichtsbezirken angehören[277]. Unberührt bleibt der Rechtsweg zum Bundesgerichtshof auch im Falle des § 42 IRG.

§ 305

[1]**Entscheidungen der erkennenden Gerichte, die der Urteilsfällung vorausgehen, unterliegen nicht der Beschwerde.** [2]**Ausgenommen sind Entscheidungen über Verhaftungen, die einstweilige Unterbringung, Beschlagnahmen, die vorläufige Entziehung der Fahrerlaubnis, das vorläufige Berufsverbot oder die Festsetzung von Ordnungs- oder Zwangsmittels sowie alle Entscheidungen, durch die dritte Personen betroffen werden.**

---

[272] Vgl. Begr. RegEntw. BTDrucks. **10** 1313, 30; und zum früheren Absatz 5 BTDrucks. **8** 976, 57.

[273] Vgl. etwa BGHSt **30** 250 (zu § 68f StGB); BGH bei *Pfeiffer* NStZ **1982** 188, 190 (zu Entscheidungen nach § 117 Abs. 4); ferner die Beispiele bei *Schmidt* MDR **1981** 89, 94.

[274] § 304, 71 ff mit vielen Nachw.

[275] § 304, 74 ff; § 310, 29 ff, jeweils mit vielen Nachw.

[276] § 304, 77 mit vielen Nachw.

[277] Vgl. *Giesler* 140; LR-*Boll* § 159 GVG, 11 ff.

Entstehungsgeschichte. § 305 Satz 2 wurde durch Art. 2 Nr. 27 AGGewVerbrG, durch Art. 3 StraßenVSichG und durch Art. 21 Nr. 80 EGStGB geändert. Die letzte Änderung fügte das „vorläufige Berufsverbot" ein und ersetzte „Straffestsetzungen" durch „Festsetzung von Ordnungs- und Zwangsmitteln". Bezeichnung bis 1924: § 347.

I. Einschränkung der Statthaftigkeit der Beschwerde

1. Gesetzeszweck. § 305 schränkt zur Sicherung einer konzentrierten, beschleunigten **1** Durchführung des Verfahrens die Statthaftigkeit der Beschwerde ein. Schon die Motive[1] zu der Vorschrift begründen den Ausschluß der Beschwerde gegen der Urteilsfällung unmittelbar vorausgehende Entscheidungen der erkennenden Gerichte damit, „daß diese Entscheidungen regelmäßig in irgendwelchem inneren Zusammenhang mit der nachfolgenden Urteilsfällung stehen und zur Vorbereitung der letzteren dienen, daß sie demzufolge sich aber meistens als bloß vorläufige Beschlüsse darstellen und bei der Urteilsfällung selbst nochmals der Prüfung des Gerichts unterliegen. Hier würde ein schon vor der Urteilsfällung stattfindendes Eingreifen des höheren Gerichts in das Verfahren mit der Stellung und Aufgabe des Gerichts erster Instanz unvereinbar sein. Dies gilt vor allem von solchen Beschlüssen, welche eine Beweisaufnahme anordnen oder ablehnen. In allen diesen Fällen bleibt demjenigen, der sich durch die Entscheidung beschwert fühlt, die Geltendmachung seiner Beschwerdegründe insofern vorbehalten, als dieselben zur Begründung des Rechtsmittels (der Berufung oder der Revision) gegen das demnächst ergehende Urteil benutzt werden können. Die Beschwerde geht hier also in diesem Rechtsmittel auf. Gegen solche Entscheidungen des erkennenden Gerichts hingegen, welche in keinem inneren Zusammenhang mit der Urteilsfällung stehen ... ist das Rechtsmittel der Beschwerde zulässig."

---

[1] *Hahn* 247.

Holger Matt

2   Die Einschränkung der Beschwerde gem. § 305 trägt wichtigen **Verfahrensrücksichten für das Hauptverfahren** Rechnung und hat daher nur in diesem Verfahrensabschnitt Geltung. Sie gewährleistet die **Verfahrensherrschaft** des erkennenden Gerichts[2] und die **Beschleunigung und Konzentration des Hauptverfahrens**[3]. Wenn die Beschwerde gegen urteilsvorbereitende Zwischenentscheidungen zulässig ware, würde dies die Hauptverhandlung zerreißen können und es bestünde aufgrund unterschiedlicher Entscheidungsträger die Gefahr widersprüchlicher Entscheidungen für das Verfahren der Urteilsfindung. Auch der Aspekt möglicher Prozeßverschleppung und die Verfahrensökonomie sprechen dagegen, einen vorzeitigen Rechtsbehelf für Fragen zu eröffnen, die später bei Erlaß des Urteils bereits keine Bedeutung mehr haben können[4]. Die Beteiligten verlieren hierdurch keine Instanz[5], lediglich ein potentielles Rechtsmittel vor dem Urteilsspruch. Die Überprüfung des Verfahrens bleibt möglich im Wege der Berufung oder Revision und wird nur hinausgeschoben auf den Zeitraum nach dem Urteil[6]. Die nach § 305 nicht der Beschwerde zugänglichen Entscheidungen sind daher mangels Erschöpfung des Rechtswegs auch nicht (isoliert) mit der **Verfassungsbeschwerde** anfechtbar[7].

3   Soweit die Beschwerde nach § 305 nicht statthaft ist, bedeutet das nur, daß das Beschwerdegericht während des Fortgangs des Verfahrens nicht über Sachfragen entscheiden darf. Die Beschwerde muß bei Vorliegen der Voraussetzungen des § 305 S. 1 und dem Nichtvorliegen einer Ausnahme entsprechend § 305 S. 2 als unzulässig verworfen werden. Hierzu ist indes nur das Beschwerdegericht befugt. Das Gericht der angefochtenen Entscheidung darf der Beschwerde grundsätzlich nur in der Sache **(vollständig) abhelfen – auch bei Unzulässigkeit**[8] – **oder** muß die Beschwerde **dem Beschwerdegericht** zur Entscheidung gem. § 306 Abs. 2 **vorlegen**. Eine abschließende negative Entscheidung durch den Erstrichter ist – auch bei Unzulässigkeit der Beschwerde – immer ausgeschlossen. Die faktische Einlegung der Beschwerde bleibt daher immer möglich, sollte aber grundsätzlich zur Vermeidung einer „sinnlosen" Weitergabe an das Beschwerdegericht (alleine zuständig für die Verwerfung wegen Unzulässigkeit) als Gegenvorstellung behandelt werden[9], wenn der Rechtsbehelfsführer einverstanden ist[10]. Dieses Einverständnis ist schon deswegen erforderlich, da es dem Beschwerdeführer auch auf eine Entscheidung des Beschwerdegerichts ankommen kann, nämlich insbesondere in allen Fällen, in denen die Unzulässigkeit der Beschwerde gem. § 305 S. 1 nicht offensichtlich ist[11]. Eine Bindung des Gerichts an die eigenen Zwischenentscheidungen tritt ohnehin bis zur Urteilsfällung nicht ein, es darf alle Entscheidungen – ob auf Gegenvorstellung oder (unzulässige) Beschwerde hin – **jederzeit abändern**[12].

4   **2. Tragweite der Einschränkung.** Der **Wortlaut** des § 305 S. 1 reicht über den anerkannten und auch historischen **Gesetzeszweck** hinaus. Praxis und Lehre stimmen daher

---

[2]   Nach KK-*Engelhardt*[4] 1 bedürfte es dazu des Ausschlusses der Beschwerde nicht.

[3]   Vgl. zum Verhältnis dieser Grundsätze bzw. Maximen *Beulke*[6] 26; differenz. LR-*Rieß* Einl. H 64 f. sowie G 29 ff.

[4]   Zu den Gründen des Ausschlusses vgl. etwa *Amelung* (Rechtsschutz) 20; *Ellersiek* 120; *Giesler* 111; SK-*Frisch* 2 ff; KK-*Engelhardt*[4] 1; *Meyer-Goßner*[46] 1; *Roxin*[25] § 54 B II 2; *Eb. Schmidt* 1.

[5]   RGSt **74** 394, 395; *Amelung* 20.

[6]   OLG Köln NJW **1981** 1523; vgl. etwa OLG Frankfurt GA **1973** 51 f; vgl. MDR **1983** 253; OLG Stuttgart NJW **1976** 1647 f.

[7]   BVerfGE **1** 9 f; **9** 261, 265; BVerfG Beschluß vom 05.03.1998 (2 BvQ 5/98); *Meyer-Goßner*[46] 1; SK-*Frisch* 3; HK-*Rautenberg*[3] 1.

[8]   Siehe näher § 306, 10, 13, 22, § 304, 1.

[9]   *Meyer-Goßner*[46] § 306, 12; SK-*Frisch* § 306, 16.

[10] Zu Problemen der Umdeutung Vor § 304, 49 ff.

[11] Vgl. schon zur Statthaftigkeit der Beschwerde bei § 304, 25.

[12] RGSt **59** 241, 244; HK-*Rautenberg*[3] 1; *Meyer-Goßner*[46] § 306, 1.

überein, daß der Ausschluß der Beschwerde auf die Fälle beschränkt sein muß, welche nach dem gekennzeichneten Gesetzeszweck in Betracht kommen.

a) Zum einen verdeutlicht die **exemplarische Aufzählung von Ausnahmen in § 305 S. 2,**   **5** welche Entscheidungen nicht in innerem Zusammenhang mit der Urteilsfällung stehen und bei Urteilsfällung oder durch Berufung oder Revision nicht notwendig überprüft werden. Diese Ausnahmefälle sind daher auch schon nicht unter § 305 S. 1 zu subsumieren[13]. Folglich enthält der **Ausnahmekatalog gem. § 305 S. 2 keine abschließende Aufzählung,** sondern ist in erweiternder Auslegung[14] zu ergänzen um vergleichbare Maßnahmen, insbesondere wenn sie eine eigene – durch die Urteilsanfechtung ggfs. nicht behebbare – Beeinträchtigung darstellen (z. B. körperliche Untersuchung)[15] oder eine eigene prozessuale Bedeutung entfalten (z. B. Pflichtverteidigerbestellung)[16].

b) Auslegung von § 305 S. 1. Zum anderen ist § 305 S. 1 aufgrund des anerkannten   **6** und historischen Gesetzeszwecks **unmittelbar restriktiv dahingehend auszulegen,** daß folgende **neun Voraussetzungen kumulativ erfüllt** sein müssen zur Anwendbarkeit des § 305 S. 1 und somit zur Beschränkung der Statthaftigkeit der Beschwerde, nämlich daß (1) das erkennende Gericht (2) vor dem Urteil entscheidet, daß (3) ein innerer Zusammenhang mit der Urteilsfällung bestehen muß, daß (4) die Entscheidung der Vorbereitung des Urteils dienen muß, daß (5) die Entscheidung bei Urteilsfällung durch das erkennende Gericht nochmals überprüft werden kann und (bei Erheblichkeit) muß, daß (6) der Betroffene gegen das Urteil zulässig Rechtsmittel einlegen darf, daß (7) objektiv durch Eröffnung des Rechtsmittels der Beschwerde eine Verzögerung des Verfahrens und ein Eingriff in die konzentrierte Verfahrensherrschaft des erkennenden Gerichts bewirkt würde, daß (8) keine besonderen – durch Urteilsanfechtung ggfs. nicht mehr behebbaren – Beeinträchtigungen vorliegen und daß (9) die Entscheidung keine eigene prozessuale Bedeutung entfaltet.

c) Entsprechende Anwendbarkeit von § 305 kommt dessen Zielsetzung nach auch bei   **7** Zwischenentscheidungen in Betracht, die der **Vorbereitung einer Sachentscheidung** in einem außerhalb der Hauptverhandlung durchgeführten Erkenntnisverfahren dienen (z. B. Beauftragung eines Sachverständigen), etwa in **Verfahren der Strafvollstreckungskammer**[17], in **Wiederaufnahmeverfahren**[18], aber auch während des Beschwerdeverfahrens gem. § 308 Abs. 2 beispielsweise[19]. Für das Zwischenverfahren hat § 305 keine Bedeutung, da die Verfahrensherrschaft des Gerichts bis zur (Nicht-) Eröffnungsentscheidung durch konkrete Vorschriften hinreichend gesichert ist (§§ 201 Abs. 2, 202 S. 2). Ergeht eine mit der Urteilsfällung im inneren Zusammenhang stehende Entscheidung ausnahmsweise in der Beschwerdeinstanz, besteht jedoch kein Grund, eine ohnehin in der Beschwerdeinstanz ergehende Entscheidung der weiteren Anfechtung zu entziehen, wenn diese (weitere Beschwerde) ausnahmsweise zulässig sein sollte[20].

---

[13] *Meyer-Goßner*[46] 6; HK-*Rautenberg*[3] 10; SK-*Frisch* 5, 26 f; vgl. *Ellersiek* 124.

[14] In Wahrheit handelt es sich um eine restringierende Auslegung des § 305 S. 1 nach dem (auch historischen) Gesetzeszweck.

[15] OLG Hamburg NStZ-RR **1998** 337; OLG Koblenz NStZ **1994** 355 f stellt – insoweit fehlerhaft – in Fällen nicht unerheblicher Eingriffe auf eine „analoge" Erweiterung des § 305 S. 2 ab; ähnlich *Pfeiffer*[4] § 81a, 8; vgl. auch KK-*Senge*[4] § 81a, 13.

[16] § 305, 29 mit weit. Nachw.

[17] KG NStZ **2001** 448; OLG Düsseldorf NStZ **1999** 29, 590 (für Strafvollstreckungskammer); OLG Hamm NStZ **1987** 93; OLG Frankfurt Beschluß vom 02. 04. 2002 (3 Ws 367–368/02); SK-*Frisch* 6; KK-*Fischer*[4] § 454, 34.

[18] LR-*Gössel* § 372, 7 f mit weit. Nachw.

[19] § 308, 22.

[20] SK-*Frisch* 6 unter Verweis auf OLG Köln JMBlNW **1956** 116 f; KG JR **1969** 194; dagegen wie hier KK-*Engelhardt*[4] 3.

II. Die Voraussetzungen im einzelnen

8   1. **Erkennendes Gericht** ist im Sinne dieser Vorschrift das Gericht, bei welchem das Hauptverfahren anhängig ist[21]. Der Begriff ist funktional zu verstehen[22] und umfaßt jedes Gericht, das vom Erlaß des Eröffnungsbeschlusses[23] bis zur instanzabschließenden Entscheidung das Hauptverfahren betreibt[24]. Wenn das beschließende Gericht das Verfahren vor einem Gericht niedrigerer Ordnung eröffnet (§§ 209 Abs. 1, 209a) und gleichzeitig weitere Beschlüsse für das Hauptverfahren trifft, gilt sowohl das Gericht, vor dem eröffnet wird[25], als auch das Gericht, das den Eröffnungsbeschluß erlassen hat, als erkennendes Gericht[26]. Gleiches gilt, wenn das rechtshängige Verfahren nach § 225a Abs. 4 S. 2 oder § 270 an ein anderes Gericht verwiesen wird. In den Fällen der Übernahme gem. §§ 209 Abs. 2, 225a Abs. 1 bis 3, Abs. 4 S. 1 kommt es auf den Zeitpunkt des Beschlusses an, entsprechend § 210.

9   Trifft das Gericht **gleichzeitig mit dem Eröffnungsbeschluß** einen weiteren Beschluß mit Wirkung für das Hauptverfahren, greift grundsätzlich auch § 305 S. 1[27], sofern die übrigen Voraussetzungen für die Beschränkung der Statthaftigkeit der Beschwerde im Sinne der dargelegten Auslegungskriterien gegeben sind, beispielsweise bei einem Beschluß über Verbindung oder Beiziehung von Akten.

10   Findet das **Verfahren** ganz – oder funktional in der Instanz, wie beim Berufungsverfahren – **ohne Eröffnungsbeschluß** statt, beginnt die Eigenschaft des *erkennenden* Gerichts spätestens mit der ersten richterlichen Verfügung im Hinblick auf die Hauptverhandlung. Allerdings erscheint es sachgerecht, die **strenge Abgrenzung aus § 28 Abs. 2 S. 2 nicht zu übernehmen**, denn der dortige Beschwerdeausschluß soll nur gelten für die (erkennenden) Richter, die aufgrund eigener bestätigender Entscheidung tatsächlich berufen sind, an der Hauptverhandlung teilzunehmen und die Sache insoweit rechtshängig ist. Rechtshängig ist das Verfahren jedoch erst durch einen richterlichen Akt, der die Feststellung in sich trägt, daß das Gericht zuständig und das zur Entscheidung berufene Gericht (§ 27 Abs. 4) ist[28]. Eine solche Erklärung des Gerichts ist immer mit der Anberaumung der Hauptverhandlung gegeben. Für § 305 S. 1 erscheint es jedoch ausreichend, daß das **Verfahren funktional** gesehen **anhängig** ist, d. h. für die Eigenschaft des *erkennenden* Gerichts ist ein vorhergehender richterlicher Akt – im Unterschied zu § 28 Abs. 2 S. 2 – nicht unbedingt erforderlich, wie beispielsweise im Berufungsverfahren anerkannt[29]. Auf den – beim Eröffnungsbeschluß gegebenen – Zeitpunkt der Rechtshängigkeit kommt es nicht an.

11   Im **Strafbefehlsverfahren** ist folglich das *erkennende* Gericht, welches Termin zur Hauptverhandlung (§ 408 Abs. 3 S. 2 oder nach Einspruch § 411 Abs. 1 S. 2) anberaumt[30], aber funktional auch schon mit Erlaß des Strafbefehls, denn für den Fall eines Einspruchs ist die Zuständigkeit für die Hauptverhandlung bereits durch den Strafbe-

---

[21] Vgl. RGSt **43** 179, 181; BGHSt **2** 1, 2; OLG Stuttgart NStZ **1985** 524.

[22] KG JR **1979** 479; SK-*Frisch* 9.

[23] OLG Köln NJW **1993** 608.

[24] RGSt **43** 179, 181; HK-*Rautenberg*[3] 2; *Meyer-Goßner*[46] 2; vgl. auch LR-*Wendisch* § 28, 11 ff.

[25] BayObLGSt **1955** 113, 114.

[26] KG JR **1979** 479; *Meyer-Goßner*[46] 2; KMR-*Plöd* 2; HK-*Rautenberg*[3] 2; SK-*Frisch* 9; **a. A** *Giesler* 120; KK-*Engelhardt*[4] 2.

[27] HK-*Rautenberg*[3] 2; SK-*Frisch* 9; *Meyer-Goßner*[46] 2.

[28] LR-*Wendisch* § 28, 11 ff, 19; insbesondere im Zu-

sammenhang des Berufungsverfahrens ist dieser dogmatische Ausgangspunkt umstritten, vgl. die Nachweise bei LR-*Wendisch* § 28, 19, 21 und hier Fn. 29, 41.

[29] Diese Unterscheidung wird in der gängigen Kommentarliteratur zu § 305 übersehen, vgl. etwa SK-*Frisch* 8; HK-*Rautenberg*[3] 2; KMR-*Plöd* 2; *Pfeiffer*[4] 1; *Meyer-Goßner*[46] 2; KK-*Engelhardt*[4] 2.

[30] LR-*Wendisch* § 28, 24 f; *Pfeiffer*[4] 1; SK-*Frisch* 10; HK-*Rautenberg*[3] 3; KMR-*Plöd* 2; KK-*Engelhardt*[4] 2.

fehlserlaß richterlich geprüft und präjudiziert[31]. Vor Erlaß des Strafbefehls oder der Anberaumung einer Hauptverhandlung gem. § 408 Abs. 3 ist das Verfahren bei Gericht hingegen im gleichen Verfahrensstadium wie im Zwischenverfahren (vgl. § 408 Abs. 2 für den Fall der Ablehnung des Strafbefehlserlasses) und die Eigenschaft eines erkennenden Gerichts noch nicht gegeben.

Entsprechend ist die Sache im **beschleunigten Verfahren** (§ 418) schon **mit Terminsan-** **12** **beraumung** bei Gericht anhängig[32], obwohl die Sache erst mit Beginn der Vernehmung des Angeklagten zur Sache[33] oder mit Urteilsverkündung[34] bei diesem Gericht rechtshängig wird. Wird die Entscheidung im beschleunigten Verfahren nämlich gem. § 419 Abs. 2 abgelehnt (bis zum Beginn der Urteilsverkündung möglich), kann und soll bei hinreichendem Tatverdacht erst noch ein Eröffnungsbeschluß gem. § 419 Abs. 3 S. 1 mit der Folge der Rechtshängigkeit[35] ergehen[36]. Ansonsten werden die Akten und somit die Herrschaft über das Verfahren an die Staatsanwaltschaft zurückgegeben, ein Nichteröffnungsbeschluß ergeht nicht.[37] Die Eigenschaft des *erkennenden* Gerichts ist in diesem Fall wieder entfallen.

Das **Berufungsgericht** ist erkennendes Gericht im Sinne des § 305 S. 1, wenn die **13** **Akten mit der Berufung** bei diesem Gericht nach § 321 S. 2 **eingegangen** sind[38]. Ab diesem Zeitpunkt geht die Zuständigkeit für das weitere Verfahren auf das Berufungsgericht über und die des Erstgerichts erlischt, die Sache ist jetzt dort anhängig.[39] Entsprechendes gilt für das jeweilige Gericht nach Zurückverweisung gem. §§ 328 Abs. 2, 354 Abs. 2 und 3, 355[40]. Einer richterlichen Verfügung bedarf es zur Begründung dieser Eigenschaft nicht, wie es für § 28 Abs. 2 S. 2 erforderlich wäre[41].

§ 305 gilt auch für Verfügungen, die der **Vorsitzende** kraft seiner Verhandlungsleitung **14** (§ 238 Abs. 1)[42] oder für das erkennende Gericht erläßt (§§ 219 bis 221), und für solche des **beauftragten Richters**[43]. Der Wortlaut und der Gesetzeszweck des § 305 sprechen nicht dagegen, vielmehr kommen hier auch die Gründe in Betracht, aus welchen das Gesetz bestimmte Entscheidungen dem Vorsitzenden überläßt[44]. Es wäre sinnwidrig, das erkennende Gericht von der einstweiligen Entscheidung über Herbeischaffung von Beweismitteln gesetzlich auszuschließen und diese Befugnis nur dem Vorsitzenden zu übertragen, zugleich aber insoweit das Eingreifen des Beschwerdegerichts unter Ausschluß des § 305 vorzusehen, obwohl dieses auch künftig nicht in die Lage kommt, eine

---

[31] Diese Unterscheidung wird in der sonstigen Kommentarliteratur nicht getroffen, *Meyer-Goßner*[46] (Rn. 2) verweist sogar ausdrücklich auf die eigene Kommentierung § 28, 6.

[32] LR-*Wendisch* § 28, 19 f; HK-*Rautenberg*[3] 3.

[33] Auflösend bedingte Rechtshängigkeit: *Meyer-Goßner*[46] § 418, 4.

[34] LR-*Gössel* § 418, 2; § 419, 35.

[35] LR-*Gössel* § 419, 35; LR-*Wendisch* § 28, 12 mit weit. Nachw.; vgl. grundsätzlich zur Rechtshängigkeit durch den Eröffnungsbeschluß BGHSt 29 341, 343; vgl. differenz. *Sprenger* NStZ **1997** 574, 576, der eine fortdauernde Rechtshängigkeit annimmt.

[36] HK-*Krehl*[3] § 419, 4; LR-*Gössel* § 419, 32 ff; *Meyer-Goßner*[46] § 419, 9; *Loos/Radtke* NStZ **1995** 569, 572.

[37] LR-*Gössel* § 419, 39; KK-*Tolksdorf*[4] § 419, 15.

[38] KG JR **1981** 168 f; KMR-*Plöd* 2; SK-*Frisch* 10; HK-*Rautenberg*[3] 3 und § 321, 5; KK-*Engelhardt*[4] 3; *Meyer-Goßner*[46] 2.

[39] LR-*Gössel* § 322, 4 mit weit. Nachw.; LR-*Wendisch*

§ 28, 19; BGHSt **12** 217, 219; OLG Bremen NStZ **1991** 96.

[40] *Meyer-Goßner*[46] 2; SK-*Frisch* 10; HK-*Rautenberg*[3] 3.

[41] LR-*Wendisch* § 28, 21; OLG Bremen NStZ **1991** 96; OLG Düsseldorf StV **1993** 482; KK-*Pfeiffer*[4] § 28, 3; *Meyer-Goßner*[46] § 28, 6.

[42] Vgl. etwa OLG Düsseldorf NStZ **1986** 138; OLG Hamm NStZ **1985** 518; OLG Köln NJW **1981** 1523; OLG Stuttgart NJW **1976** 1647; OLG Zweibrücken StV **1981** 288; *Giesler* 123; KK-*Engelhardt*[4] 4; *Wagner* JR **1986** 257, 259; ferner LR-*Gollwitzer* § 238, 38; **a.A** OLG Koblenz wistra **1983** 122; OLG Hamburg NStZ **1985** 518; früher *v. Kries* 365 (Entscheidungen des Vorsitzenden in eigener Zuständigkeit fallen nicht unter § 305 Satz 1); ferner *Paulus* NStZ **1985** 519 ff.

[43] HK-*Rautenberg*[3] 4; *Giesler* 123; vgl. auch LR-*Gollwitzer* § 223, 43.

[44] *Schwentker* 45.

Holger Matt

Entscheidung über Beweisfragen zu treffen[45]. Eine andere Frage ist, ob bei Entscheidungen des Vorsitzenden die übrigen Voraussetzungen für die Anwendbarkeit des § 305 S. 1 vorliegen. Zweifel daran rechtfertigen indessen nicht, die Entscheidungen des Vorsitzenden grundsätzlich nicht denen des erkennenden Gerichts qualitativ gleichzustellen[46].

15   **2. Entscheidungen vor der Urteilsfällung.** Die Entscheidung muß dem Urteil zeitlich vorausgehen, um § 305 S. 1 anwenden zu können. Für Beschwerden gegen Entscheidungen, die erst nach dem Urteil ergehen, findet § 305 keine Anwendung. Unterbricht das Gericht die Urteilsverkündung, um nochmals in die Hauptverhandlung einzutreten, so gilt § 305 nach wie vor[47]. Soweit in der Literatur der Standpunkt vertreten wird, allgemein auf den Zeitpunkt der letzten Beratung abzustellen[48], ist dies abzulehnen. Dabei werden nämlich nicht die Fälle erfaßt, in denen es das Gericht nach der Beratung unterläßt, nochmals in die Verhandlung einzutreten, obwohl auch insoweit die Zielsetzung des § 305 S. 1 (Einschränkung der Beschwerde vor Urteilsfällung) noch Geltung hat. Es kann nicht richtig sein, nach der letzten Beratung des Gerichts, aber vor oder während der Urteilsverkündung, die Beschwerde uneingeschränkt zuzulassen, d. h. § 305 nicht mehr anzuwenden.

16   **3. Innerer Zusammenhang mit der Urteilsfällung.** Die Entscheidung muß auch sachlich dem Urteil vorausgehen, um die Beschwerde gem. § 305 S. 1 ausschließen zu können. Das klassische Beispiel für das Vorliegen eines solchen inneren Zusammenhangs sind alle Maßnahmen im Zusammenhang der Beweisaufnahme[49]. Ein innerer Zusammenhang mit der Urteilsfällung ist insbesondere nicht gegeben, wenn Entscheidungen über vorläufige Maßnahmen zur Sicherung des Verfahrens (wie Untersuchungshaft gem. §§ 112 ff) oder zum Schutz der Allgemeinheit (wie die einstweilige Unterbringung gem. § 126a)[50] getroffen werden. Nicht allen Maßnahmen des exemplarischen Ausnahmekatalogs in § 305 S. 2 mangelt es an diesem inneren Zusammenhang. Beispielsweise dient eine Beschlagnahme von Beweismitteln nach §§ 94, 98 sachlich durchaus der Urteilsfindung, etwa im Unterschied zu einer Beschlagnahme nach §§ 111b ff, die wiederum ausschließlich die Sicherung der Vermögensabschöpfung nach entsprechenden Verurteilungen verfolgt und somit nicht in innerem Zusammenhang mit der Urteilsfällung steht[51]. Dennoch wird erneut deutlich, daß der Ausnahmekatalog des § 305 S. 2 allenfalls klarstellenden Charakter hat, welche Maßnahmen definitiv nicht von der Anfechtung durch die Beschwerde trotz laufenden Hauptverfahrens ausgeschlossen sein sollen.

17   **4. Vorbereitung des Urteils.** Zur Anwendbarkeit des § 305 S. 1 muß die Entscheidung zudem prozessual der Urteilsfindung dienen. Hierbei ist es unerheblich, ob sich die Entscheidung auch konkret für die Urteilsvorbereitung eignet. Alle Entscheidungen gem. § 244 Abs. 2 zur Aufklärung des Sachverhalts einschließlich der Beschlüsse zur Gewinnung von Beweismitteln (z. B. Durchsuchung, Beschlagnahme), aber selbstverständlich auch die Ablehnungsbeschlüsse gem. § 244 Abs. 3 bis 6 dienen beispielsweise prozessual dem Verfahren der korrekten Urteilsfindung. Dieser Kategorie zuzurechnen sind auch die zulässigen Maßnahmen zur Sicherung des Verfahrens (z. B. Vorführung oder Haft-

---

[45] *Giesler* 123; *Eb. Schmidt* 4.
[46] OLG Düsseldorf NStZ **1986** 138; SK-*Frisch* 11; a. A KK-*Laufhütte*[4] § 141, 12.
[47] SK-*Frisch* 12.
[48] *Giesler* 122; *Schwentker* 33.

[49] Vgl. SK-*Frisch* 15 f.
[50] LR-*Hilger* § 126a, 1 mit weit. Nachw.: rein präventiv-polizeiliche Vorschrift, dient nicht der Verfahrenssicherung, sondern alleine der Gefahrenabwehr.
[51] Vgl. *Schmid/Winter* NStZ **2002** 8 ff, 14.

befehl gem. § 230 Abs. 2), soweit diesen nicht bereits die notwendige Voraussetzung eines inneren Zusammenhangs zur Urteilsfällung abgeht (wie z. B. bei Untersuchungshaft).

5. Überprüfung durch das erkennende Gericht bei Urteilsfällung. Diese Voraussetzung **18** schließt an die bereits geschilderte Bedingung der Anwendung von § 305 S. 1, den inneren Zusammenhang mit der Urteilsfällung, an, beschreibt jedoch einen eigenen Aspekt. Ersichtlich ist für alle Entscheidungen über die Beweisaufnahme auch diese Voraussetzung erfüllt, da das Gericht aus dem Inbegriff der Hauptverhandlung seine Überzeugung schöpft und alle Beweise würdigt (§ 261), nachdem es seiner Aufklärungspflicht gem. § 244 Abs. 2 vollständig nachgekommen ist. Beispielsweise erfüllt auch die vorläufige Maßnahme gem. § 111a diese Voraussetzung, da es sich hierbei um eine Maßnahme „im Vorgriff auf ein Urteil" handelt, auch wenn zugleich der Schutz der Allgemeinheit vor einem ungeeigneten Kraftfahrer erstrebt wird[52], und eine eigenständige Prüfung über die weitere Ungeeignetheit bei Urteilsfällung zu erfolgen hat (§§ 69, 69a StGB). Demgegenüber wird die Frage der Rechtmäßigkeit einer Durchsuchung nur ausnahmsweise bei Urteilsfällung zu prüfen sein, nämlich bei möglichen Beweisverwertungsverboten aufgrund rechtswidriger Durchsuchungsmaßnahmen. Die Beschwerde gegen Durchsuchungsbeschlüsse muß daher während des Hauptverfahrens zulässig sein und unterfällt nicht § 305 S. 1, auch wenn Durchsuchungen im Hinblick auf die Gewinnung von Beweismitteln einen inneren Zusammenhang mit der Urteilsfällung aufweisen.

6. Möglichkeit eines Rechtsmittels gegen das Urteil. Die Befugnis zur Einlegung von **19** Rechtsmitteln gegen Urteile ist gesetzlich abschließend geregelt. In Betracht kommen der Beschuldigte (Angeklagte) und die Staatsanwaltschaft (§ 296), für den Beschuldigten der Verteidiger (§ 297), gesetzliche Vertreter des Beschuldigten (§ 298), der Privatkläger (§ 390), der Nebenkläger (nach Maßgabe der §§ 400 f), Einziehungsbeteiligte (nach Maßgabe der §§ 433 ff) sowie andere Beteiligte (§ 442), juristische Personen (nach Maßgabe des § 444) und im Falle des § 67 Abs. 3 JGG Erziehungsberechtigte[53]. Alle anderen Verfahrensbeteiligten haben keine Rechtsmittelbefugnis, z. B. Zeugen oder Sachverständige, so daß in diesen Fällen wie auch bei eingeschränkter Rechtsmittelbefugnis hinsichtlich des Urteils die Beschwerde während des Hauptverfahrens statthaft ist und § 305 S. 1 keine Anwendung findet. Insoweit wird erneut deutlich, daß die Erwähnung von Ordnungs- und Zwangsmitteln und betroffenen „Dritten" im Ausnahmekatalog des § 305 S. 2 nur klarstellende, nicht aber abschließende Bedeutung hat (z. B. bei §§ 70, 81c, 103). Im übrigen kann ein Dritter das Recht auf Beschwerde gegen eine gerichtliche Entscheidung haben, auch wenn der Angeklagte aufgrund von § 305 S. 1 von der Anfechtung ausgeschlossen ist[54].

7. Voraussetzung sind ferner **objektive Verzögerung und Eingriff** in die konzentrierte **20** Verfahrensherrschaft durch Zulässigkeit einer Beschwerde. Der Gesetzeszweck des § 305 S. 1 ist insbesondere, dem Beschleunigungsgrundsatz und der Konzentrationsmaxime entsprechend das Verfahren zu fördern und rechtsstaatlich hinnehmbare Einschränkungen der Beschwerdemöglichkeiten während des Hauptverfahrens zu gestatten, um zum einen eine einheitliche und widerspruchsfreie Verfahrensherrschaft des Gerichts zu ermöglichen und zum anderen zeitliche Verzögerungen einzudämmen. Diese Zielsetzung

---

[52] LR-*Schäfer* § 111a, 1 f.
[53] LR-*Hanack* Vor § 296, 1.
[54] SK-*Frisch* 22.

Holger Matt

geht fehl, wenn die Eröffnung der Beschwerdemöglichkeit das Verfahren umgekehrt beschleunigt oder jedenfalls nicht objektiv verzögert, ohne daß in die sachliche Verfahrensführung des erkennenden Gerichts eingegriffen würde. Im Zusammenhang der Beweisaufnahme ist offensichtlich, daß eine Beschwerdemöglichkeit das Verfahren nicht nur tendenziell verzögern würde, sondern immer auch einen Eingriff in die sachliche Verfahrensführung darstellte und das Verfahren nicht konzentrieren, sondern auf verschiedene Gerichte ausweiten würde. Diese Voraussetzung (zur Anwendung des § 305 S. 1) kann aber insbesondere streitig sein, wenn eine Aussetzungsentscheidung des Gerichts mit der Beschwerde angefochten wird. Hier kommt es auf die Umstände des Einzelfalls an.

21   **8. Keine besondere** – durch Urteil oder Urteilsanfechtung nicht behebbare – **Beeinträchtigung.** Maßnahmen, die eine vom Urteil nicht umfaßte, selbständige Beschwer eines Verfahrensbeteiligten bewirken und die insoweit vom erkennenden Gericht weder bei Erlaß des Urteils noch auch im Rahmen einer Urteilsanfechtung nachprüfbar sind, bleiben selbständig anfechtbar und unterfallen nicht § 305 S. 1. Maßnahmen gegen Dritte (z. B. bei §§ 70, 81c, 103) können auch insoweit, unabhängig von der klarstellenden Erwähnung in § 305 S. 2 oder der ggfs. fehlenden Rechtsmittelbefugnis, nicht von der Anfechtung (durch die Betroffenen) ausgeschlossen sein. Beispielsweise erfüllen aber auch nicht unerhebliche, ggfs. mit Freiheitsentziehung verbundene, körperliche Untersuchungen gem. § 81a nicht diese (negative) Voraussetzung, so daß hier § 305 S. 1 nicht zur Anwendung kommen darf. Demgegenüber sind die typischen Maßnahmen im Rahmen einer Beweisaufnahme nicht mit solchen Beeinträchtigungen verbunden und insoweit gem. § 305 S. 1 nicht beschwerdefähig.

22   **9. Keine weitere prozessuale Bedeutung.** Diese vom Gesetzeszweck gebotene weitere Einschränkung des Beschwerdeausschlusses folgt daraus, daß eine Maßnahme zwar alle acht vorher genannten Voraussetzungen erfüllen kann, dennoch aber aufgrund einer selbständigen prozessualen Beschwer anfechtbar sein muß, um einen effektiven Rechtsschutz im Sinne des Art. 19 Abs. 4 GG zu gewähren. Eine solche selbständige verfahrensrechtliche Bedeutung kommt insbesondere Entscheidungen zu, die konstitutiv für die Begründung oder Beendigung der Verfahrensstellung eines Verfahrensbeteiligten sind (z. B. Nebenkläger oder Pflichtverteidiger). Bei richterlichen Entscheidungen zur Beweisaufnahme hingegen ist diese (negative) Voraussetzung (keine weitere prozessuale Bedeutung) ebenfalls regelmäßig gegeben und die Beschwerde gem. § 305 S. 1 unzulässig.

III. Beispiele aus der Rechtsprechung

23   **1. Beweisaufnahme.** Der **Beschwerde entzogen** sind Beschlüsse oder Verfügungen über die Beweisaufnahme[55]. Dieser Fallgruppe ist zu eigen, daß alle neun Voraussetzungen für die Anwendung des § 305 S. 1 regelmäßig erfüllt sind. Sofern durch Entscheidungen nicht am Verfahren beteiligte Dritte betroffen werden, haben diese ein Beschwerderecht. Dies ist zum einen in § 305 S. 2 klargestellt, folgt im übrigen aber aus dem Fehlen einzelner Voraussetzungen für die Anwendung des § 305 S. 1, beispielsweise der nicht vorhandenen Befugnis des Dritten, das Urteil anzufechten. **Einzelfälle:** Entscheidungen über Beweisanträge; die Entscheidung über die Vereidigung eines Zeugen

---

[55]   SK-*Frisch* 16 mit weit. Nachw.

oder sonstige, die Durchführung der Beweisaufnahme betreffenden Entscheidungen, wie etwa über die Zulässigkeit einer Frage oder die Auswahl eines Sachverständigen[56]; eine Entscheidung, die die Verhandlungsfähigkeit des Angeklagten feststellt[57]; die Ablehnung eines Antrags auf Übersetzung der Aufzeichnungen von Telefongesprächen[58].

Drohender **Beweisverlust** kann in Ausnahmefällen die Anfechtung einer die Beweissicherung ablehnenden Entscheidung des erkennenden Gerichts rechtfertigen[59], beispielsweise auch bei Ablehnung eines Protokollberichtigungsantrages[60]. Eine solche Entscheidung betrifft zwar die sachlichen Grundlagen der Urteilsfällung, kann aber auch eine zusätzliche Beeinträchtigung der Verfahrensstellung des Antragstellers bedeuten. **24**

2. Vorbereitende Entscheidungen. Der **Beschwerde entzogen** sind ferner Beschlüsse und Verfügungen, deren Wirkung sich darauf beschränkt, daß sie das **Verfahren vorbereiten**, seinen **Fortgang betreiben** oder es sonst **fördern. Einzelfälle:** Ablehnung einer beantragten Übertragung[61], meist die Beschlüsse über Trennung und Verbindung der Verfahren[62]; die Ablehnung des Antrags des Angeklagten nach § 233, vom Erscheinen in der Hauptverhandlung entbunden zu werden; die Anordnung des persönlichen Erscheinens des Angeklagten nach § 236 oder des Privatklägers nach § 387 Abs. 3; die Anordnung, die Hauptverhandlung ohne den Angeklagten nach § 415 durchzuführen[63]. **25**

3. Aussetzung. Unanfechtbar nach § 305 ist auch ein Beschluß, der die **Aussetzung der Hauptverhandlung ablehnt**, da er jederzeit mit dem Urteil überprüft werden kann[64]. Gleiches gilt für eine Verfügung, mit der der Vorsitzende außerhalb der Hauptverhandlung die **Vertagung ablehnt**[65], der Antragsteller muß die Gründe für die Vertagung in der Hauptverhandlung mit einem Aussetzungsantrag (§§ 228, 246, 265 Abs. 4) geltend machen[66]. Ob und unter welchen Voraussetzungen ein das Verfahren **aussetzender Beschluß** mit Beschwerde anfechtbar ist, ist von der Fallkonstellation abhängig. Die Beschwerde ist zulässig, wenn die Aussetzung ohne sachlich verständigen Grund rechtlich fehlerhaft angeordnet wurde. So ist beispielsweise eine Entscheidung mit der Beschwerde anfechtbar, wenn das Gericht das Verfahren aussetzt, um eine Entscheidung des Bundesverfassungsgerichts abzuwarten, die den rechtskräftig gewordenen Schuldspruch betrifft[67]. Bei der Aufhebung eines Hauptverhandlungstermins bzw. der nicht nur kurzfristigen Vertagung durch den Vorsitzenden, die in der Wirkung einer Aussetzung gleichkommen, gelten die gleichen Überlegungen[68]. Im übrigen folgt die Anfechtbarkeit nicht etwa daraus, daß jeder Aussetzungsbeschluß das Verfahren in einer nicht mehr behebbaren Weise hemmt[69]. Nach zutreffender Ansicht ist ein Aussetzungsbeschluß, **26**

---

[56] OLG Düsseldorf NStZ-RR **1999** 29; OLG Frankfurt Beschluß vom 02.04.2002 (3 Ws 367–368/02); OLG Schleswig StV **2000** 543 ff mit Anm. *Wagner.*
[57] OLG Celle MDR **1978** 160 f.
[58] OLG Koblenz NStZ **1995** 611 f (in Abgrenzung zur zulässigen Beschwerde gegen die Versagung von Akteneinsicht).
[59] LG Düsseldorf NStZ **1983** 42; a.A OLG Hamburg JR **1985** 300 mit abl. Anm. *Meyer.*
[60] LG Bielefeld StV **2002** 532 f.
[61] BGH Beschluß vom 05.02.2003 (2 ARs 31/03, 2 AR 7/03).
[62] HK-*Rautenberg*³ 6; *Meyer-Goßner*⁴⁶ 4; OLG Hamm wistra **1999** 235, 237; OLG Frankfurt NStZ-RR **2003** 117 (faktische Abtrennung durch Zurückstellen der Eröffnungsentscheidung); dies ist aber dann nicht der Fall, wenn die Verbindung der

Verfahren zu einer deutlichen Verzögerung des Verfahrens beiträgt, denn dies kann rechtsstaatswidrig sein, vgl. BVerfG StV **2002** 578 ff.
[63] OLG Koblenz MDR **1976** 602.
[64] OLG Düsseldorf NJW **1997** 2533; OLG Hamm NJW **1978** 283; KG StV **1982** 10; *Giesler* 117; KK-*Engelhardt*⁴ 6; *Meyer-Goßner*⁴⁶ 4; *Eb. Schmidt* 7.
[65] *Giesler* 117; KK-*Engelhardt*⁴ 6; a.A OLG Hamm MDR **1975** 245.
[66] Vgl. etwa *Meyer-Goßner*⁴⁶ § 213, 6; sofern man die Beschwerde für generell ausgeschlossen hält, stellt sich die Frage der Anwendbarkeit des § 305 nicht.
[67] OLG Frankfurt NJW **1966** 992 f.
[68] OLG Stuttgart NJW **1973** 2309 f.
[69] A.A BayObLGSt **1953** 86 f; OLG Frankfurt GA **1973** 51; OLG Karlsruhe GA **1974** 285; OLG Schleswig SchlHA **1958** 116 f; *Giesler* 116; KK-

insbesondere wenn er der weiteren Sachaufklärung oder der besseren Vorbereitung der Verfahrensbeteiligten dient, eine in unmittelbarem inneren Zusammenhang mit der Urteilsfindung stehende und nicht darüber hinauswirkende Entscheidung.[70] Das Beschwerdegericht, das die Beweiserwägungen des erkennenden Gerichts nicht kennt, darf und kann hier nicht eingreifen[71]. Die Aussetzung muß aber ausschließlich bestimmt und geeignet sein, die Urteilsfällung vorzubereiten[72]. Fehlt es daran, weil die Aussetzung andere Zwecke verfolgt oder das Verfahren unnötig hemmt und verzögert[73], etwa weil sie ein völlig ungeeignetes Mittel zu dem erstrebten Verfahrenszweck ist[74], dann steht § 305 Satz 1 der Beschwerde auch nach der hier vertretenen Ansicht nicht entgegen.

27   **4. Akteneinsicht.** Eine Beschwerde gegen die während laufender Hauptverhandlung erfolgende Versagung von Akteneinsicht ist zulässig[75]. Hierbei ist zu differenzieren zwischen der Rolle des Angeklagten und der seines Verteidigers. Der Verteidiger kann gem. § 147 ein eigenes prozessuales Recht geltend machen, so daß ihm als „dritter" Person die Beschwerdebefugnis durch § 305 S. 2 erhalten bleibt. Diese Entscheidung steht auch nicht in einem inneren Zusammenhang mit dem Urteil[76].

28   **5. Terminsverlegung.** Ausnahmsweise sind Beschwerden gegen die Ablehnung von beantragten Terminsverlegungen zulässig, da dem Angeklagten das Recht zusteht, sich in jeder Lage des Verfahrens eines Verteidigers seines Vertrauens zu bedienen. Der faktische Ausschluß eines Wahlverteidigers aufgrund nicht behebbarer Terminskollisionen stellt insoweit eine besondere prozessuale Beschwer für den Angeklagten dar, die daher auch mit der Beschwerde angefochten werden kann[77].

29   **6. Pflichtverteidigung.** Der Angeklagte kann sich gegen die Bestellung eines (weiteren) Pflichtverteidigers mit der Beschwerde wenden, da es eine eigene prozessuale Beschwer darstellt, daß ein ggfs. ohne das Vertrauen des Angeklagten agierender Verteidiger Prozeßhandlungen unternimmt, die nicht mit ihm abgestimmt sind[78]. Auch ist die Beschwerde gegen die Ablehnung der Beiordnung des bisherigen Wahlverteidigers als Pflichtverteidiger zulässig[79]. Die Entscheidung über den Ausschluß eines Pflichtverteidigers gem. der §§ 138a ff ist generell nicht von § 305 S. 1 erfaßt, da jedenfalls auch der Verteidiger als „Dritter" ein eigenes Beschwerderecht hat[80].

Engelhardt[4] 7; *Eb. Schmidt* 6; vgl. auch *Ellersiek* 126 (nur die sachlich nicht notwendige Aussetzung).

[70] OLG Braunschweig StV **1987** 332 f; OLG Bremen MDR **1976** 777; OLG Hamm NJW **1978** 283 f; OLG Karlsruhe GA **1974** 285; JR **1985** 387 f; Justiz **1977** 277; KG JR **1959** 350; OLG Stuttgart NJW **1973** 2309 f; *Meyer-Goßner*[46] § 228, 10; *Schlüchter* 657.

[71] Vgl. OLG Stuttgart NJW **1973** 2309; vgl. allg. OLG Bremen MDR **1976** 777.

[72] Vgl. KG JR **1959** 350.

[73] Vgl. OLG Braunschweig StV **1987** 332; OLG Karlsruhe GA **1974** 285.

[74] KG JR **1966** 230 f mit Anm. *Kleinknecht.*

[75] OLG Köln StV **1999** 12; **1995** 12 f; OLG Stuttgart NJW **1996** 1908 (Dritter); OLG Brandenburg NJW **1996** 67; *Meyer-Goßner*[46] § 147, 41; LR-*Lüderssen* § 147, 167; **a. A** OLG Frankfurt NStZ-RR **2001** 374; **2003** 177.

[76] OLG Frankfurt StV **2001** 611 (zwischenzeitlich aufgegeben, NStZ-RR **2003** 177).

[77] OLG Frankfurt StV **2001** 157 f; **1995** 9 f; **1993** 6 f; **1990** 201 f; OLG Hamburg StV **1995** 11; OLG München NStZ **1994** 451; OLG Oldenburg StV **1991** 152; SK-*Frisch* 19; vgl. *Meyer-Goßner*[46] § 213, 8.

[78] OLG Frankfurt StV **2001** 610 f; OLG Düsseldorf VRS **100** (2001) 130.

[79] OLG Koblenz (1. Senat) NStZ-RR **2000** 176 (**a. A** 2. Senat NStZ-RR **1996** 206 mit weit. Nachw.); LG Arnsberg StV **2002** 648; OLG Braunschweig StV **1996** 6 f; OLG Düsseldorf NStZ **1986** 138; OLG Celle NStZ **1985** 519; OLG Stuttgart Beschluß vom 25. 11. 1997 (4 Ws 256/97).

[80] OLG Köln NStZ **1982** 129 f; OLG Düsseldorf Beschluß vom 10. 02. 1988 (3Ws 72/88).

7. Exemplarischer Ausnahmekatalog. Schließlich ist die **Beschwerde zulässig bei allen** **30** **in § 305 S. 2 exemplarisch aufgeführten Ausnahmen**, denn hier ist regelmäßig sowohl eine eigene prozessuale Beschwer – unabhängig von dem späteren Urteil – als auch eine besondere materielle Beeinträchtigung gegeben. Teilweise wird methodisch unzutreffend der Ausnahmekatalog des § 305 S. 2 „analog" erweitert. Richtig ist im Ergebnis, bestimmte Maßnahmen mit **eigener prozessualer Beschwer** oder solche, die eine **besondere Beeinträchtigung** darstellen, vom Anwendungsbereich des Beschwerdeausschlusses gem. § 305 S. 1 auszunehmen. Die zutreffende Methode ist die der **restriktiven Auslegung des** **§ 305 S. 1** anhand der dargelegten, sich am anerkannten und auch historischen Gesetzeszweck orientierenden, **neun Voraussetzungen**[81] unter Berücksichtigung des exemplarischen Ausnahmekatalogs in § 305 S. 2.

Entscheidungen über **Verhaftungen** sind alle Entscheidungen im Zusammenhang mit **31** Untersuchungshaft, d. h. solche über den Erlaß, die Aufhebung oder Aufrechterhaltung des Haftbefehls und Verschonungsentscheidungen nach den §§ 116 f[82]. Die Beschwerdefähigkeit der Entscheidungen nach § 119, welche den Vollzug der Untersuchungshaft betreffen, wird durch § 305 nicht eingeschränkt, da kein Zusammenhang mit der Urteilsfällung besteht[83].

Entscheidungen über **einstweilige Unterbringung** sind solche nach § 126a und § 71 **32** Abs. 2 JGG, über **Beschlagnahme und Durchsuchung** solche nach den §§ 94, 98, 99, 111b, 111c, 100, 102 ff, über die **vorläufige Entziehung der Fahrerlaubnis** solche nach § 111a.

Beschwerdefähig sind ferner sämtliche Entscheidungen, die **dritte Personen betref-** **33** **fen**[84], auch wenn der Angeklagte nach § 305 kein Beschwerderecht hat. In Betracht kommen z. B. Entscheidungen nach den §§ 70, 81c, 103 oder nach den §§ 177, 178 GVG.

8. Andere Einzelfälle. Gegen Maßnahmen nach dem im Satz 2 nicht erwähnten § 81a **34** ist die Beschwerde ebenfalls zulässig, soweit sie mit nicht unerheblichen körperlichen Eingriffen oder Freiheitsbeschränkungen verbunden ist[85]. Gleiches gilt bei der Anordnung der Feststellung und Speicherung des DNA-Identifizierungsmusters des Beschuldigten gem. § 81g, da diese nur präventiven Gesichtspunkten dient und nicht der Urteilsfällung[86].

§ 305a

(1) ¹Gegen den Beschluß nach § 268a Abs. 1, 2 ist Beschwerde zulässig. ²Sie kann nur darauf gestützt werden, daß eine getroffene Anordnung gesetzwidrig ist.

(2) Wird gegen den Beschluß Beschwerde und gegen das Urteil eine zulässige Revision eingelegt, so ist das Revisionsgericht auch zur Entscheidung über die Beschwerde zuständig.

---

[81] § 305, 8 ff.
[82] SK-*Frisch* 28; *Meyer-Goßner*[46] 7.
[83] Vgl. OLG Schleswig Beschluß vom 22.03.2000 (2 Ws 113/00) bei Anhalten eines Briefes an Sachverständigen.

[84] Vgl. auch § 305, 19.
[85] OLG Hamburg NStZ-RR **1998** 337; OLG Koblenz NStZ **1994** 355 („analog", vgl. dazu § 305, 5); SK-*Frisch* 30 mit weit. Nachw.
[86] OLG Köln NStZ-RR **2002** 306.

Holger Matt

Entstehungsgeschichte. § 305a ist durch Art. 4 Nr. 33 der 3. StRÄndG 1953 eingefügt worden. Das 1. StrRG vom 25. 6. 1969 hat bei Absatz 1 Satz 2 den durch die materiell-rechtliche Regelung überflüssig gewordenen 2. Halbsatz gestrichen, Art. 81 EGStGB die Verweisung auf § 268 a Abs. 1 durch die Verweisung auf § 268a Abs. 1, 2 ersetzt.

1   **1. Gesetzeszweck.** Im Interesse der Beschleunigung und Vereinfachung des Verfahrens bringt § 305a Sondervorschriften für die Beschwerde gegen die abänderbaren Nebenentscheidungen, die gem. § 268a in einem mit dem Urteil zu verkündenden Beschluß ergehen. Diese Entscheidungen sind nicht Teil des Urteils[1], stehen mit diesem aber in akzessorischem Zusammenhang und haben ohne Urteil keinen selbständigen Bestand[2]. Das Gericht trifft solche Nebenentscheidungen nach dem materiellen Strafrecht (§§ 56a bis 56d, 59a, 68a bis 68c StGB), wenn es eine Strafe zur Bewährung aussetzt, eine Verwarnung mit Strafvorbehalt ausspricht oder Führungsaufsicht anordnet. Für Nachtragsentscheidungen enthält § 453 Abs. 2 S. 2 eine vergleichbare Regelung[3], soweit nicht in § 453 Abs. 2 S. 3 auf die sofortige Beschwerde ausdrücklich verwiesen ist (für solche Entscheidungen, denen Rechtskraft erwächst, z. B. der Bewährungswiderruf). Entscheidet das Erstgericht über Bewährungszeit oder Auflagen **versehentlich im Urteil**, so gilt dieser Urteilsteil als abtrennbarer **beschwerdefähiger Beschluß** nach §§ 268a, 305a, da es nicht auf die Form der Entscheidung, sondern auf ihren Gegenstand ankommt[4].

2   **2. Beschwerdeberechtigte.** Entsprechend der allgemeinen Zulässigkeitsvoraussetzung einer notwendigen Beschwer (Tenorbeschwer)[5] kommen als Beschwerdeberechtigte[6] nur der **Beschuldigte, sein Verteidiger** oder ein **gesetzlicher Vertreter** für den Beschuldigten und **die Staatsanwaltschaft** in Betracht, in Ausnahmefällen auch ein Privatkläger[7]. Keine Beschwerdebefugnis haben mangels Beschwer der Geschädigte[8] oder der Nebenkläger[9], wobei sich dies auch aus der Rechtsmittelbeschränkung gegen Urteile gem. § 400 Abs. 1 (a maiore ad minus) für die Nebenentscheidungen gem. § 268a ergibt[10].

---

[1] BGHSt **25** 333, 335.

[2] LR-*Gollwitzer* § 268a, 2.

[3] Ebenfalls § 59 Abs. 2 S. 2 JGG, vgl. *Eisenberg* § 59 JGG, 26 mit weit. Nachw..

[4] KK-*Engelhardt*[4] 3; SK-*Frisch* 2; vgl. LR-*Hanack* § 333, 7; vgl. BGH StV **1982** 61; § 304, 6, 60.

[5] § 304, 41 mit weit. Nachw.

[6] Dazu allg. § 304, 46 ff.

[7] Vgl. § 304, 50.

[8] OLG Düsseldorf StV **2001** 228.

[9] Vgl. im Zusammenhang einer Untersuchungshaftentscheidung OLG Frankfurt StV **1995** 594.

[10] *Pfeiffer*[4] 2; HK-*Rautenberg*[3] 2.

3. Eingeschränkte Nachprüfungsmöglichkeiten des Beschwerdegerichts

a) Keine Zulässigkeitsanforderungen stellt die Vorschrift des § 305a an den Beschwer- **3** deführer. Trotz des mißverständlichen Gesetzestextes in § 305a Abs. 1 S. 2 („nur darauf gestützt werden") besteht **keine Pflicht zur Begründung** der Beschwerde gegen einen Beschluß nach § 268a[11]. Vielmehr handelt es sich um eine Nachprüfungsbeschränkung für das Beschwerdegericht auf Gesetzeswidrigkeit.[12]

b) Entscheidung über (Nicht-) Abhilfe. Die Zulässigkeit der Beschwerde und das Ver- **4** fahren richten sich demnach vollständig nach den §§ 304 ff[13]. Entsprechend kann das **Erstgericht** auch im Rahmen von § 306 Abs. 2 eine **Abhilfeentscheidung in vollem Umfang** treffen, ohne den Nachprüfbarkeitsbeschränkungen des Beschwerdegerichts gem. § 305a Abs. 1 S. 2 zu unterliegen[14]. Die **Nichtabhilfeentscheidung** ist jedenfalls dann näher **zu begründen**, wenn das Beschwerdevorbringen erhebliche Tatsachenbehauptungen enthält und der angefochtene Beschluß gem. § 268a nicht förmlich begründet ist, wozu auch keine Verpflichtung besteht, um das Beschwerdegericht in die Lage zu versetzen, über die Frage der Gesetzwidrigkeit zu entscheiden[15]. Dies deckt sich mit den materiell-rechtlichen Kompetenzen gem. der §§ 56e, 59a Abs. 2 S. 3, 68d StGB im Rahmen **nachträglicher Entscheidungen** über die Strafaussetzung oder bei Verwarnung mit Strafvorbehalt gem. § 453 Abs. 1, bei denen ebenfalls eine Nachprüfbarkeitsgrenze für das Beschwerdegericht gem. § 453 Abs. 2 S. 2 gegeben ist[16].

c) Gesetzwidrigkeit. Die im Auflagenbeschluß getroffenen oder unterlassenen An- **5** ordnungen sind **gesetzwidrig**, wenn die Festsetzung der Bewährungszeit oder die Auflagen und Weisungen, die der Beschluß enthält, dem materiellen Recht widersprechen[17]. Beispielsweise kann das Gericht unzumutbare Anforderungen an den Verurteilten stellen, den Grundsatz der Verhältnismäßigkeit verletzen[18] oder sonst die seinem Ermessen vom Gesetz gezogenen Grenzen verkannt haben. Das Gericht kann bei Anwendung des Gesetzes, insbesondere bei Anwendung der dort verwendeten unbestimmten Rechtsbegriffe, von rechtsirrigen Erwägungen geleitet worden sein. Die Gesetzwidrigkeit einer Anordnung kann ferner darin liegen, daß eine Maßnahme, die nur mit ausdrücklicher Einwilligung des Verurteilten zulässig ist (vgl. § 56c Abs. 3 StGB), ohne diese Einwilligung ausgesprochen wurde[19]. Gesetzwidrigkeit ist auch gegeben, wenn das Berufungsgericht einen gem. § 268a erforderlichen Bewährungsbeschluß nicht erläßt und bei der Nachholung eine Geldauflage erteilt[20]. Wegen der im einzelnen strittigen Fragen, welche Auflagen und insbesondere welche Weisungen zulässig und mit höherrangigem Recht, vor allem mit dem Grundgesetz, vereinbar sind, muß auf die Kommentare und Rechtsprechung zum Strafgesetzbuch verwiesen werden.

d) Die **Entscheidung des Beschwerdegerichts** ergeht gem. § 309 Abs. 1. Ergibt die Prü- **6** fung, daß eine Auflage oder Weisung gesetzwidrig ist, dann entscheidet das Beschwerdegericht trotz seiner beschränkten Prüfungsbefugnis in der Sache selbst (§ 309 Abs. 2). Das Beschwerdegericht darf dann auch **nach eigenem Ermessen** an Stelle der gesetzwid-

---

[11] *Meyer-Goßner*[46] 3; KMR-*Plöd* 3; KK-*Engelhardt*[4] 6; SK-*Frisch* 9; HK-*Rautenberg*[3] 5.

[12] HK-*Rautenberg*[3] 5; *Pfeiffer*[4] 1.

[13] § 305a Abs. 1 S. 1 hat rein deklaratorischen Charakter; SK-*Frisch* 2.

[14] § 304, 30; § 306, 10.

[15] BGHSt **34** 392 f; vgl. BGH NJW **1992** 2169.

[16] HK-*Julius*[3] § 453 Rdn. 8; vgl. auch OLG Frankfurt NStZ-RR **1998** 126.

[17] Vgl. etwa zu nicht gesetzwidrigen Auflagen BGH Beschluß vom 14.10.1994 (3 StR 115/94); Beschluß vom 12.07.2000 (2 StR 163/00).

[18] Vgl. etwa OLG Hamburg MDR **1980** 246; OLG Hamm MDR **1975** 1041.

[19] *Eb. Schmidt* Nachtr. II 3.

[20] OLG Köln NStZ-RR **2000** 338.

rig angeordneten oder auf Grund eines Rechtsirrtums unterlassenen Auflagen und Weisungen in Abänderung des Beschlusses die ihm erforderlich erscheinenden Auflagen und Weisungen erteilen oder an den Tatrichter zurückverweisen[21]. An die Anträge der Beteiligten ist es insoweit nicht gebunden. Für die etwa erforderlich werdenden Ermittlungen gilt das **Freibeweisverfahren**. Hält dagegen das Beschwerdegericht den Beschluß für **nicht gesetzwidrig**, dann ist ihm **jede weitere Nachprüfung versagt**. Es muß die Beschwerde als unbegründet verwerfen, auch wenn es die Auflagen und Weisungen für unzweckmäßig hält.

7 e) Das **Verschlechterungsverbot** (§§ 331, 358 Abs. 2, 373 Abs. 2) gilt für das Beschwerdegericht grundsätzlich nicht. Die fehlende Regelung eines Verschlechterungsverbots im Zusammenhang der Beschwerde erklärt sich aus der Verfahrenssituation, daß hier regelmäßig nicht über Art und Höhe von Rechtsfolgen rechtskräftig entschieden wird[22]. Auch im Bereich der Nebenentscheidungen gem. § 268a (z. B. Bewährungsauflagen), soweit jedenfalls das Berufungsgericht oder nach vorheriger Zurückverweisung das Erstgericht einen neuen Beschluß gem. § 268a erlassen hat, gilt kein Verschlechterungsverbot im Rahmen der Beschwerde gem. §§ 304, 305a[23]. Es ist jedoch daran zu denken, eine **normative Grenze der Verschlechterung** dort anzunehmen, wo das zur Entscheidung berufene **Gericht von Amts wegen** seine Erstentscheidung nicht zum Nachteil des Betroffenen **abändern** dürfte[24]. Die Entscheidungsmöglichkeiten gem. § 56 StGB stecken diesen normativen Rahmen bei Beschwerdeverfahren (§§ 268a, 305a) ab[25]. Beispielsweise kann eine nachträgliche Auferlegung einer „Geldbuße" gem. § 305 Abs. 1 S. 2 gesetzwidrig sein im Falle der Nachholung eines unterbliebenen Beschlusses gem. § 268a[26]. In einem solchen Fall soll allenfalls die gesetzlich vorgesehene Mindestdauer der Bewährung formell noch festgesetzt werden können, wenn ein innerer Zusammenhang zwischen Urteil und Bewährungsbeschluß nicht (mehr) gegeben ist (etwa zwei Jahre nach Urteilsverkündung)[27]. Ein Verschlechterungsverbot kann aber nicht greifen, soweit die nachträgliche (Nicht-) Abänderungskompetenz des Gerichts reicht[28]. Die Entscheidung nach § 268a genießt also nach Ausgestaltung und Zielsetzung nicht den vollen Vertrauensschutz rechtskräftiger Urteile.

8 **4. Verhältnis der Beschwerde zu anderen Rechtsbehelfen.** Die ausdrückliche Anfechtung des Beschlusses gem. § 268a mit der Beschwerde gem. § 305a ist dann sinnvoll, wenn das Urteil nicht oder nur bezüglich eines Nebenpunktes (z. B. Entziehung der Fahrerlaubnis mit Sperre gem. §§ 69, 69a StGB) angefochten wird[29]. Im übrigen erlangt sie Bedeutung für den Fall einer unzulässigen Berufung oder bei Rücknahme[30]. Ist das **Urteil rechtskräftig** und nur der Beschluß gem. § 268a angegriffen, so entscheidet das für die Beschwerdeentscheidungen zuständige, sachlich und örtlich übergeordnete Gericht[31]. Die Beschwerde ist nach Rechtskraft des Urteils nicht deshalb unzulässig,

---

[21] Näher unten § 306, 12; vgl. auch Vor § 304, 12; § 304, 30; § 309, 7, 13 ff, 17 ff.

[22] Vor § 304, 13 ff; § 309, 21 f.

[23] BGH 4 StR 657/94 bei *Kusch* NStZ **1995** 220; OLG Oldenburg NStZ-RR **1997** 9 f; OLG Düsseldorf NStZ **1994** 198 f; HK-*Rautenberg*[3] 7.

[24] Offen gelassen bei BGH NJW **1982** 1544; KMR-*Plöd* 5; SK-*Frisch* 18; siehe aber KK-*Engelhardt*[4] 12; Vor § 304, 15.

[25] Auch bei § 56e StGB sollen Entscheidungen zuungunsten des Verurteilten denkbar sein (OLG Frankfurt NStZ-RR **1996** 220), aber nur in seinem Inter-

esse, *Tröndle/Fischer*[50] § 56e, 1; **a. A** bei Auflagen gem. § 56b *Schönke/Schröder/Stree* § 56e, 3, jeweils mit weit. Nachw.

[26] OLG Köln NStZ-RR **2000** 338; OLG Düsseldorf StraFo. **1999** 238, 239; LG Osnabrück NStZ **1985** 378 f; vgl. auch OLG Frankfurt StV **1983** 24.

[27] OLG Hamm NStZ-RR **2000** 126.

[28] Vgl. OLG Düsseldorf NStZ **1994** 198 f mit weit. Nachw.

[29] *Meyer-Goßner*[46] § 268a, 10.

[30] KK-*Engelhardt*[4] 16; *Pfeiffer*[4] 3.

[31] OLG Düsseldorf NJW **1956** 1889, 1890.

weil nunmehr der Verurteilte beim Gericht des ersten Rechtszugs (der nicht identisch sein muß mit dem Gericht, das den Pflichtenbeschluß erlassen hat), dessen Abänderung nach § 56e StGB, § 453 beantragen kann[32]. Die an keine Frist gebundene Beschwerde kann auch noch nach Rechtskraft des Urteils eingelegt werden[33].

Ist gegen das erstinstanzliche Urteil **Berufung** eingelegt und erstreckt sich dieses **9** Rechtsmittel auch auf die Strafaussetzung zur Bewährung, dann muß das Berufungsgericht zugleich mit dem Urteil auch über die (eventuelle) Aussetzung der Freiheitsstrafe zur Bewährung nach den §§ 332, 268a selbst neu entscheiden. An die Beschränkung des § 305a Abs. 1 S. 2 ist es dabei nicht gebunden. Der ursprüngliche Beschluß des Amtsgerichts gem. § 268a und die ggfs. eingelegte Beschwerde gem. § 305a werden durch die neue Entscheidung des Berufungsgerichts gegenstandslos. Auch wenn die Berufung als unbegründet verworfen wird, liegt eine **neue Sachentscheidung** über die Strafaussetzung zur Bewährung vor, welche eine erneute Beschlußfassung nach § 268a erfordert[34]. Wenn das Berufungsgericht den erstinstanzlichen Beschluß nur bestätigt, entscheidet es insoweit als das mit der Sache befaßte Tatgericht und nicht als Beschwerdegericht nach §§ 304 ff, 305a[35]. Gegen die Entscheidung des Berufungsgerichts ist daher – ohne daß § 310 entgegensteht – die Beschwerde nach § 305a erneut gegeben[36].

Hat das Berufungsgericht **irrigerweise als Beschwerdegericht** entschieden, kann sein **10** Beschluß auf die Beschwerde hin von dem zuständigen Oberlandesgericht aufgehoben und die Sache wegen des eingeschränkten Entscheidungsspielraums bei § 305a Abs. 1 S. 2 zur erneuten Entscheidung zurückverwiesen werden[37] oder auch durch das Beschwerdegericht selbst ein Beschluß erlassen werden[38]. **Verweist das Berufungsgericht** die Sache nach **§ 328 Abs. 2** an ein für das erstinstanzliche Verfahren zuständiges Gericht, so wird sowohl der Beschluß nach § 268a und als auch die Beschwerde gegen ihn gegenstandslos, da das angefochtene Urteil ebenfalls ausdrücklich aufzuheben ist bzw. in Wegfall kommt[39].

Nach Einlegung einer **zulässigen Revision** entscheidet nach der in § 305a Abs. 2 **11** getroffenen Zuständigkeitsregelung das **Revisionsgericht** auch **als Beschwerdegericht**. Das Revisionsgericht ist nur zuständig, wenn derselbe Tatrichter, dessen Urteil mit der Revision angefochten wird, auch den Beschluß nach § 268a erlassen hat[40]. Hält das Revisionsgericht den angefochtenen Beschluß gem. § 268a für gesetzwidrig nach § 305a Abs. 1 S. 2, kann es zurückverweisen[41] oder selbst die Sachentscheidung treffen[42], wenn es die Revision verwirft oder wenn es selbst auf die zur Bewährung ausgesetzte, gesetzlich niedrigste Strafe erkennt (§ 354 Abs. 1)[43]. Die Entscheidung gem. § 268a sollte jedoch grundsätzlich dem Tatrichter überlassen werden, wenn nicht das Gericht die gesetzliche Mindestdauer der Bewährungszeit ohne weitere Auflagen für ausreichend hält[44]. Wenn eine Entscheidung als Beschwerdegericht nicht möglich ist, weil beispielsweise keine Begründung des Beschlusses gem. § 268a oder der Nichtabhilfeentscheidung vorhanden ist, endet die Zuständigkeit des Revisionsgerichts durch Verwerfung der Revision und geht auf das reguläre Beschwerdegericht über[45]. Gleiches gilt, wenn die

---

[32] OLG Hamm NJW **1964** 937.

[33] OLG Braunschweig MDR **1970** 69, **a. A** *Pusinelli* NJW **1962** 902, 903; vgl. auch OLG Hamm NJW **1964** 937 f.

[34] HK-*Rautenberg*[3] 6; KK-*Engelhardt*[4] 14; SK-*Frisch* 21.

[35] LR-*Gollwitzer* § 268a, 20.

[36] KK-*Engelhardt*[4] 15; HK-*Rautenberg*[3] 6.

[37] SK-*Frisch* 23; vgl. bei § 309, 13 ff.

[38] KK-*Engelhardt*[4] 15.

[39] Vgl. LR-*Gössel* § 328, 33 mit weit. Nachw.

[40] KG NJW **1957** 275.

[41] SK-*Frisch* 25; vgl. LR-*Hanack* § 354, 42.

[42] HK-*Rautenberg*[3] 9.

[43] KK-*Engelhardt*[4] 17; SK-*Frisch* 25.

[44] *Dahs/Dahs*[6] 590; SK-*Frisch* 25; LR-*Hanack* § 354, 42.

[45] BGHSt **34** 392 f.

Holger Matt

Beschwerde erst nach Verwerfung der Revision ansonsten entscheidungsreif wird[46] oder bei Rücknahme der Revision[47]. Die Zuständigkeit gem. § 305a Abs. 2 soll aber ausnahmsweise bestehen bleiben, wenn eine bei Abschluß des Revisionsverfahrens entscheidungsreife Beschwerde nur versehentlich nicht miterledigt wurde[48].

§ 306

(1) Die Beschwerde wird bei dem Gericht, von dem oder von dessen Vorsitzenden die angefochtene Entscheidung erlassen ist, zu Protokoll der Geschäftsstelle oder schriftlich eingelegt.

(2) Erachtet das Gericht oder der Vorsitzende, dessen Entscheidung angefochten wird, die Beschwerde für begründet, so haben sie ihr abzuhelfen; andernfalls ist die Beschwerde sofort, spätestens vor Ablauf von drei Tagen, dem Beschwerdegericht vorzulegen.

(3) Diese Vorschriften gelten auch für die Entscheidungen des Richters im Vorverfahren und des beauftragten oder ersuchten Richters.

Entstehungsgeschichte. Art. 1 Nr. 84 des 1. StRVG hat in Absatz 3 „Amtsrichter" durch „Richter" ersetzt und die Erwähnung des abgeschafften Untersuchungsrichters gestrichen. Durch Art. 4 Nr. 1 des Gesetzes zur Änderung des Gesetzes über Ordnungswidrigkeiten, des Straßenverkehrsgesetzes und anderer Gesetze vom 7. 7. 1986 (BGBl. I 977) wurde der Satz 2 des Absatzes 1 gestrichen, der vorsah, daß die Beschwerde in dringenden Fällen auch beim Beschwerdegericht eingelegt werden kann. Art. 6 Abs. 4 dieses Gesetzes enthält eine Übergangsvorschrift. Bezeichnung bis 1924: § 348.

Übersicht

1. Einlegung der Beschwerde

1   **a) Schriftform beim Erstgericht.** Die Beschwerde ist schriftlich[1] beim Erstgericht in deutscher Sprache[2] einzulegen[3], also bei dem Gericht, von dem oder von dessen Vor-

---

[46] BGHSt **10**, 19, 20; **34**, 392, 393; BGH bei *Dallinger* MDR **1971** 547; NStZ **1986** 423.

[47] HK-*Rautenberg*[3] 8.

[48] BGH NStZ **1986** 423 (unter Hinweis auf Bedeutung des gesetzlichen Richters und andere Auslegung des § 464 Abs. 3).

[1] Zur Schriftform vgl. *Meyer-Goßner*[46] Einl. 128; LR-*Wendisch* Vor § 42, 13 ff; LR-*Gössel* § 314, 15 ff, jeweils mit weit. Nachw.

[2] BGHSt **30** 182, 183; OLG Düsseldorf NStZ-RR **1999** 364; vgl. näher die zutreffende Kritik an der h. M und zur Verpflichtung zu einer Übersetzung

sitzenden die angefochtene Entscheidung erlassen wurde (§ 306 Abs. 1). Dies gilt **auch in dringenden Fällen**. Die frühere Ausnahme, die die unmittelbare Einlegung bei dem Beschwerdegericht gestattete, ist entfallen[4]. Erklärungen gegenüber einem unzuständigen Gericht, die schriftlich oder zur Niederschrift des Urkundsbeamten abgegeben werden, gelten mit Eingang bei dem Erstgericht als Beschwerde. Das unzuständige Gericht hat sie dorthin weiterzuleiten. Gleiches gilt für Beschwerdeschriften, die bei der Staatsanwaltschaft eingehen.

b) Erklärung zur Niederschrift der Geschäftsstelle hat die gleiche Bedeutung wie bei **2** § 314 und § 341[5]. Die **Geschäftsstelle des zuständigen Gerichts** (§ 153 GVG) ist zur Entgegennahme der Erklärung verpflichtet, auch nach Ablauf einer eventuellen Rechtsmittelfrist (bei der sofortigen Beschwerde gem. § 311 Abs. 2). Der zuständige Urkundsbeamte darf die Aufnahme der Niederschrift nicht deshalb verweigern, weil die Beschwerde auch schriftlich eingelegt werden könnte, denn der Beschwerdeführer hat insoweit die freie Wahl. Eine zur Niederschrift des Urkundsbeamten der Geschäftsstelle abgegebene Erklärung liegt vor, wenn ein zur Aufnahme der Erklärung befugter Urkundsbeamter die mündliche Erklärung in einer Niederschrift als abgegeben beurkundet. Sie ist zugleich eine schriftliche, wenn der Erklärende sie unterzeichnet[6]. Dies ist von Bedeutung, wenn die Niederschrift im übrigen an einem Formmangel leidet. Durch Übersendung einer beglaubigten Abschrift der Niederschrift innerhalb einer Frist wird diese gewahrt, da der Beglaubigungsvermerk die Abgabe der Erklärung und die Identität des Erklärenden ausreichend bezeugt[7].

Eine in der **Hauptverhandlung** in die Sitzungsniederschrift aufgenommene Erklärung **3** steht der Einlegung der Beschwerde zur Niederschrift der Geschäftsstelle gleich[8]. Die protokollierte Erklärung, zu deren Aufnahme keine Pflicht besteht, nimmt an der Beweiskraft der Sitzungsniederschrift (§ 274) nicht teil[9]. Der Form ist genügt, wenn statt eines dazu befugten Urkundsbeamten der Geschäftsstelle ein Richter die in der Niederschrift beurkundete Erklärung entgegengenommen hat[10].

c) Beim Gericht des Verwahrungsortes kann ein **nicht auf freiem Fuß befindlicher 4 Beschuldigter** die Beschwerde in der Form des § 299 zu Protokoll der Geschäftsstelle, im Falle einer sofortigen Beschwerde auch mit fristwahrender Wirkung (§ 299 Abs. 2), einlegen. Zur Fristwahrung genügt Einlegung in Schriftform am Gericht des Verwahrungsortes nicht[11].

d) Keine Einlegungsfrist. Die einfache Beschwerde ist an keine Frist gebunden. Nur **5** für die sofortige Beschwerde gilt die Wochenfrist des § 311 Abs. 2. Jedoch kann eine sachlich überholte oder erledigte (einfache) Beschwerde durch den Fortgang des Verfahrens unzulässig sein[12]. Auch eine vor Erlaß der Entscheidung – etwa in Unkenntnis über einen vermeintlichen Fristablauf vorsorglich – eingelegte Beschwerde ist grundsätzlich (zunächst) unzulässig. Wenn jedoch die Erstentscheidung spätestens zum Zeitpunkt der

---

bei LR-*Wickern* § 184 GVG, 15 ff, 19 mit weit. Nachw.

3 Zum Schriftformerfordernis ausführlich LR-*Gössel* § 314, 15 ff, insbesondere auch zu neueren Übermittlungsformen § 314, 24 ff mit weit. Nachw.

4 Der frühere Absatz 1 Satz 2 wurde durch Gesetz vom 7.7.1986 aufgehoben; vgl. Entstehungsgeschichte.

5 Vgl. ausführlich bei LR-*Gössel* § 314, 6 ff; LR-*Hanack* § 341, 11 ff, jeweils mit weit. Nachw.

6 Vgl. LR-*Gössel* § 314, 14.

7 Ausf. LR-*Gössel* § 314, 6 ff mit weit. Nachw.

8 BGHSt **31** 109 = JR **1983** 383 mit Anm. *Fezer*; *Meyer-Goßner*[46] Einl. 137; KMR-*Plöd* 3; **a. A** BayObLG NStZ **1981** 445.

9 Vgl. LR-*Gollwitzer* § 273, 21.

10 Vgl. § 8 RpflG; BGH NJW **1984** 1974.

11 LR-*Hanack* § 299, 8.

12 Vgl. § 304, 15 (auch zur extrem seltenen Möglichkeit einer Verwirkung); Vor § 304, 68 ff; § 304, 53 ff.

Holger Matt

Beschwerdeentscheidung durch das Beschwerdegericht vorliegt, ist die Zulässigkeit der Beschwerde zu diesem Zeitpunkt gegeben[13].

6   **2. Begründung und Begründungsfrist.** Eine **Begründung** der Beschwerde ist nicht vorgeschrieben, auch nicht bei einer Beschwerde gem. § 305a[14]. Selbstverständlich ist eine Begründung zur Förderung des sachlichen Anliegens empfehlenswert und liegt somit im Interesse einer zweckmäßigen Rechtswahrung[15]. Die Staatsanwaltschaft „muss" jedes eingelegte Rechtsmittel begründen gem. Nr. 156 Abs. 1 RiStBV (vgl. auch Nr. 147, 148). Die Begründung muß in der für die Einlegung der Beschwerde vorgesehenen schriftlichen Form – oder zu Protokoll der Geschäftsstelle – abgegeben werden. Der Beschwerdeführer kann sich aber auch bei der Einlegung der Beschwerde die nähere Begründung vorbehalten. Ggfs. sollte der Beschwerdeführer im eigenen Interesse selbst eine bestimmte Frist benennen, innerhalb derer die angekündigte Begründung bei dem Erstgericht eingehen soll und insoweit auch auf die **Einhaltung der Vorlagepflicht des Erstgerichts** an das Beschwerdegericht innerhalb von drei Tagen (§ 306 Abs. 2 Hs. 2) verzichten. Entsprechend kann der Beschwerdeführer verfahren, wenn die Beschwerde bereits dem Beschwerdegericht vorliegt.

7   Ist eine weitere Begründung der Beschwerde angekündigt, muß das Beschwerdegericht eine **angemessene Zeit abwarten** oder eine **bestimmte Frist zur näheren Begründung** setzen, bevor es entscheidet[16]. Auch das Erstgericht kann dem Beschwerdeführer eine Frist für die angekündigte Begründung setzen[17] mit dem Zusatz, daß die Vorlagefrist des § 306 Abs. 2 Hs. 2 in diesem Fall mit dem (vermuteten) Einverständnis des Beschwerdeführers nicht eingehalten und insoweit praktisch verlängert wird. Hat der Beschwerdeführer selbst innerhalb einer bestimmten Frist eine (weitere) Begründung angekündigt, muß das Gericht entweder diesen Zeitraum abwarten, bevor es entscheidet, oder ausdrücklich eine kürzere Frist setzen. Reagiert das Gericht nicht, muß der Beschwerdeführer davon ausgehen dürfen, daß der bezeichnete Zeitraum als Frist zur näheren Begründung der Beschwerde eingeräumt wurde. Die Frist muß der Sach- und Rechtslage angemessen sein und dem allgemeinen Beschleunigungsgebot gleichwohl Rechnung tragen[18]. Hat das Gericht eine **Begründungsfrist** eingeräumt, muß es diese **abwarten**, auch wenn die Sache schon früher entscheidungsreif ist[19]. Dies gilt sowohl für das Erstgericht als auch für das Beschwerdegericht.

8   Die **Nichteinhaltung der Frist** hat nur zur Folge, daß das Gericht, wenn sie angemessen war, ohne Verletzung des rechtlichen Gehörs entscheiden kann. Eine nach Fristablauf eingereichte Beschwerdebegründung ist aber, solange die Beschwerdeentscheidung nicht ergangen ist, zu berücksichtigen[20]. Wenn ein bei dem Erstgericht eingereichter Begründungsschriftsatz nicht rechtzeitig an das Beschwerdegericht weitergeleitet und daher nicht berücksichtigt wird, liegt ein Verstoß gegen Art. 103 Abs. 1 GG vor[21]. Da es sich

---

[13] § 304, 12 mit weit. Nachw.
[14] Trotz des mißverständlichen Wortlauts, siehe § 305a, 3 mit weit. Nachw.
[15] Vgl. § 304, 14 mit weit. Nachw.
[16] BVerfGE **8** 89, 90; **17** 191, 193; **18** 399, 406; **24** 23, 25; **60** 313, 317; OLG Bremen NJW **1963** 1321.
[17] *A. A* HK-*Rautenberg*[3] 10; *Meyer-Goßner*[46] 11; OLG Hamm StraFo. **2002** 177 f.
[18] Vgl. BVerfGE **4** 190, 192; KK-*Engelhardt*[4] 13.
[19] BVerfGE **12** 110, 113; **18** 380, 384; **42** 243; **46** 313, 314; **49** 212, 215 f; OLG Karlsruhe MDR **1983** 250.

[20] Vgl. KK-*Engelhardt*[4] 13; *Meyer-Goßner*[46] 6.
[21] BVerfGE **62** 347, 352 f; ggfs. sollte eine solche Beschwerdebegründungsschrift seitens des Gerichts in eine Gegenvorstellung umgedeutet werden und eine erneute Entscheidung unter Berücksichtigung des Vorbringens erfolgen. Das Verfahren gem. § 33a ist nicht einschlägig; *Meyer-Goßner*[46] 6; KMR-*Plöd* 6 unter Verweis auf OLG Bamberg MDR **1991** 665; vgl. auch die umgekehrte Konstellation bei fristgebundenem Rechtsmittel: OLG Düsseldorf StV **1983** 325.

um keine vom Gesetz gesetzte Erklärungsfrist mit Ausschlußwirkung handelt, gibt es gegen ihre Versäumung keine Wiedereinsetzung[22].

3. Abhilfeverfahren

a) Prüfung durch den iudex a quo. Das Gericht – auch der Richter im Vorverfahren **9** oder der beauftragte bzw. ersuchte Richter (klarstellend § 306 Abs. 3), welche die Entscheidung erlassen haben – muß auf die Beschwerde hin prüfen, ob Anlaß besteht, seine Entscheidung abzuändern. Die Abhilfe ist bei den Entscheidungen ausgeschlossen, die mit sofortiger Beschwerde anfechtbar sind (§ 311 Abs. 3 S. 1), von der Ausnahme gem. § 311 Abs. 3 Satz 2 bei Verletzung des rechtlichen Gehörs abgesehen[23]. **Zweck der Abhilfe** ist es, aus Gründen der Prozeßwirtschaftlichkeit und der Verfahrensbeschleunigung dem Erstrichter die nachträgliche Korrektur seiner Entscheidung zu ermöglichen und dem Beschwerdegericht zu ersparen, sich mit einer Entscheidung zu befassen, an der auch der Erstrichter nicht mehr festhält[24]. Allerdings soll – nach gerichtlichem Zuständigkeitswechsel etwa wegen Anklageerhebung oder Aktenvorlage beim Berufungsgericht – das nachträglich zuständig gewordene Gericht die Beschwerde umdeuten in einen Antrag auf Aufhebung der Maßnahme, so daß diese Entscheidung eine Erst- und keine Abhilfeentscheidung ist und nochmals das vollständige Beschwerdeverfahren eröffnet ist[25].

Es ist **Amtspflicht** des Gerichts oder Richters, einer sachlich für **begründet** erachteten **10** **Beschwerde abzuhelfen.** Es steht nicht in seinem Ermessen, ob er tätig werden will[26]. Diese Pflicht zur Abhilfe besteht auch bei Unzulässigkeit der Beschwerde[27], da das Recht zur Abhilfe ohnehin so weit reicht wie die Befugnis des Gerichts, eine nachträglich als unrichtig erkannte Entscheidung auf Gegenvorstellung hin oder von Amts wegen zu ändern[28]. Beispielsweise ist der Erstrichter auch nicht – wie das Beschwerdegericht[29] – durch § 305 a oder § 453 Abs. 2 S. 2 oder § 59 Abs. 2 S. 2 eingeschränkt, vielmehr kann er eine umfassende Prüfung vornehmen[30].

Die dem Erstrichter vor seiner Entscheidung über die Abhilfe obliegende Überprü- **11** fung der angegriffenen Entscheidung schließt auch **weitere Ermittlungen** ein, wenn ein ernstzunehmendes neues Vorbringen die tatsächlichen Grundlagen der angegriffenen Entscheidung in Frage stellt[31]. Es muß sich aber immer um Vorbringen handeln, das nach Ansicht des Erstrichters eine Änderung der Entscheidung erforderlich machen kann. Das Gericht muß gleichwohl auf die **Einhaltung der Vorlagefrist** des § 306 Abs. 2 Hs. 2 im Falle der nicht vollständigen Abhilfe sowie auf das allgemeine Beschleunigungsgebot achten. Ggfs. ist das ausdrückliche Einverständnis des Beschwerdeführers bezüglich einer verzögerten Vorlage einzuholen.

Die **Entscheidung über die Abhilfe** obliegt dem iudex a quo. Bei einem Wechsel der **12** Zuständigkeit entscheidet das Gericht, das nunmehr an dessen Stelle für die angefoch-

---

[22] OLG Karlsruhe MDR **1983** 250; SK-*Frisch* 14; KMR-*Plöd* 6; *Meyer-Goßner*[46] 6; vgl. auch LR-*Wendisch* Vor § 42, 1 ff.

[23] Vgl. § 311, 1.

[24] OLG München JR **1974** 204 mit Anm. *Gollwitzer*; KK-*Engelhardt*[4] 14; *Meyer-Goßner*[46] 7.

[25] OLG Stuttgart NStZ-RR **2003** 142 (Anordnung eines dinglichen Arrestes).

[26] *Ellersiek* 169; *Gollwitzer* JR **1974** 204, 207; *Meyer-Goßner*[46] 8; *Eb. Schmidt* 7; bei § 571 ZPO wird die

gleiche Ansicht vertreten, vgl. die ZPO-Kommentare zu dieser Vorschrift.

[27] SK-*Frisch* 16; vgl. *Meyer-Goßner*[46] 12.

[28] Vgl. Vor § 304, 47, 55 f.

[29] Vor § 304, 12; § 304, 30 f; § 305a, 7; § 309, 7, 14.

[30] § 304, 30; § 305a, 4.

[31] *Gollwitzer* JR **1974** 205; vgl. auch OLG Frankfurt NJW **1968** 57 zu § 571 ZPO; ferner KK-*Engelhardt*[4] 14 (soweit die Dreitagesfrist es erlaubt).

Holger Matt

tene Entscheidung und damit auch für die Abhilfe zuständig geworden ist[32]. Außerhalb der Hauptverhandlung kann die Abhilfeentscheidung immer ohne Schöffen getroffen werden (vgl. §§ 30 Abs. 2, 76 Abs. 1 S. 2 GVG), auch wenn an dem angefochtenen Beschluß in der Hauptverhandlung Schöffen mitgewirkt haben[33]. Haben der ersuchte oder beauftragte Richter oder der Vorsitzende die Anordnung (im Rahmen ihrer Zuständigkeit) getroffen, so entscheiden sie auch über die Abhilfe und nicht etwa das Gericht[34]. **Vor einer positiven Abhilfeentscheidung** muß der Erstrichter auch dem Beschwerdegegner nochmals **rechliches Gehör gewähren**, sowohl im Hinblick auf das Beschwerdevorbringen (vgl. § 308 Abs. 1) als auch bezüglich neuer Tatsachen oder Beweisergebnisse (§ 33 Abs. 2 und 3; Art. 103 Abs. 1 GG). Vor einer Nichtabhilfeentscheidung kann das dem Beschwerdegericht überlassen bleiben.

13   Die Abhilfeentscheidung ergeht zwar im Beschwerdeverfahren, ist aber **keine Entscheidung über das Rechtsmittel der Beschwerde**[35]. Bei vollständiger Abhilfe wird die Beschwerde allerdings gegenstandslos. Soweit der Beschwerde nicht durch die Abhilfeentscheidung vollständig abgeholfen wird, muß immer – auch bei Unzulässigkeit des Rechtsmittels – die Sache dem Beschwerdegericht vorgelegt werden, damit dieses *über* die Beschwerde befinden kann[36].

14   **b) Nichtabhilfeentscheidung.** Die Entscheidung über die Abhilfe hat entsprechend ihrem Inhalt unterschiedliche Rechtsqualität und eine unterschiedliche verfahrensrechtliche Bedeutung. Die Feststellung, daß der **Beschwerde nicht abgeholfen** wird, ist ein formloser verfahrensinterner Vorgang, der allerdings aktenkundig zu machen ist. Die Unterzeichnung durch den Vorsitzenden genügt[37]. Eine **Begründung der Nichtabhilfeentscheidung** ist gem. § 34 nicht immer erforderlich. Sie ist jedoch geboten bei erheblichem Beschwerdevorbringen und dann unerläßlich, wenn der angefochtene Beschluß selbst nicht begründet wurde[38]. Eine Mitteilung an die Verfahrensbeteiligten gem. § 35 erfolgt nicht[39]. Die Entscheidung greift nicht förmlich in Rechte von Verfahrensbeteiligten ein und ist daher **nicht selbständig anfechtbar**[40]. Soweit das Gericht die Gründe für die Nichtabhilfe in einem Aktenvermerk darlegt, wird dieser Vermerk nicht Bestandteil des ursprünglich angefochtenen Beschlusses[41].

15   Hat der Erstrichter über **neues tatsächliches Vorbringen** in der Beschwerde **Beweis erhoben**, so kann er ebenso verfahren, wenn er auf Grund des Ergebnisses seiner Ermittlungen keinen Anlaß zur Abhilfe sieht. Allerdings ist in diesen Fällen ebenfalls grundsätzlich eine Begründung der Nichtabhilfeentscheidung notwendig und aktenkundig zu machen[42], um dem Beschwerdegericht auch insoweit eine Überprüfung zu ermöglichen[43]. Die zur **Gewährung des rechtlichen Gehörs** unter Umständen erforderliche formale Anhörung kann er dem **Beschwerdegericht überlassen** (vgl. § 308 Abs. 1, § 33 Abs. 2 und 3, Art. 103 Abs. 1 GG), wenn er nicht abhilft. In solchen Fällen dürfte jedoch eine förmliche Ergänzung der ursprünglichen Entscheidung und somit ein **förmlicher Be-**

---

[32] KK-*Engelhardt*[4] 17; vgl. aber zutreffend OLG Stuttgart NStZ-RR **2003** 142; oben § 306, 9.

[33] *Ellersiek* 170.

[34] KK-*Engelhardt*[4] 17; KMR-*Plöd* 18.

[35] *Ellersiek* 32 f.

[36] Dazu unten § 306, 22; vgl. Vor § 304, 1.

[37] *Meyer-Goßner*[46] 9.

[38] BGHSt **34** 392 f; OLG Hamm StV **1996** 421, 422.

[39] *Ellersiek* 170; KK-*Engelhardt*[4] 21; *Meyer-Goßner*[46] 9.

[40] KMR-*Plöd* 8.

[41] A.A HK-*Rautenberg*[3] 8; würde ein Vermerk mit Begründung der Nichtabhilfe förmlicher Bestandteil des angefochtenen Beschlusses, müßte diesbezüglich immer rechtliches Gehör gewährt werden. Dies erscheint jedoch zu weitgehend und widerspricht dem Anliegen, das Verfahren durch die Möglichkeit der Abhilfe zu beschleunigen.

[42] A.A KK-*Engelhardt*[4] 17; HK-*Rautenberg*[3] 8.

[43] Vgl. BGHSt **34** 392 f; OLG Hamm StV **1996** 421, 422.

schluß über die **Nichtabhilfe** sachgerechter sein, der den Verfahrensbeteiligten auch zur Kenntnis zu bringen ist, da er Elemente einer neuen Sachentscheidung in sich birgt[44]. Ergänzend sollte ein Hinweis an den Beschwerdeführer auf die sich anschließende Vorlage beim Beschwerdegericht erfolgen.

In gleicher Weise ist zu verfahren, wenn der Erstrichter die angefochtene Entschei- **16** dung aus **anderen** als den ursprünglich angeführten **Gründen** aufrecht hält, denn er ersetzt die ursprüngliche Entscheidung auf die Beschwerde hin durch eine neue, zum gleichen Ergebnis führende Sachentscheidung und hilft daher der Beschwerde nicht ab[45]. Auch diese neue förmliche Entscheidung ist den Verfahrensbeteiligten bekanntzugeben mit der Mitteilung, daß die Beschwerde nun dem Beschwerdegericht vorgelegt wird[46].

Eine **nachträgliche Abänderung der Nichtabhilfeentscheidung** ist möglich, bevor die **17** Akten an das Beschwerdegericht weitergeleitet wurden. Trägt beispielsweise der Beschwerdeführer nach einer Nichtabhilfeentscheidung neue Tatsachen vor, die das Erstgericht zu einer positiven Abhilfeentscheidung bringen, kann dadurch die Befassung des Beschwerdegerichts mit dem Verfahren vermieden werden[47].

c) **Positive Abhilfeentscheidung.** Die Entscheidung, die der Beschwerde **ganz oder teil- 18 weise abhilft**, ist eine **neue Sachentscheidung** gleicher Art und gleicher Instanz wie die angefochtene Entscheidung, die sie ersetzt, ändert oder ergänzt[48]. Soweit die ursprüngliche Entscheidung nicht aufgehoben ist, bildet sie zusammen mit der Abhilfeentscheidung rechtlich eine Einheit, von der das weitere Verfahren auszugehen hat[49]. **Vor Erlaß dieser neuen Sachentscheidung**, die in Verfahrenspositionen eingreift, ist den Verfahrensbeteiligten, insbesondere bei Verwendung neuer Tatsachen[50], **rechtliches Gehör zu gewähren**[51]. Sie muß entsprechend der angefochtenen Entscheidung gem. § 34 begründet und nach § 35 den Verfahrensbeteiligten bekanntgemacht werden und ist mit der Beschwerde nach Maßgabe der für ihren neuen Inhalt geltenden Vorschriften anfechtbar (z. B. kann jetzt § 305 eingreifen).

Bei nur **teilweiser Abhilfe** ist die Beschwerde dem Beschwerdegericht zur Entschei- **19** dung über den nicht erledigten Teil vorzulegen. Es kann sich empfehlen, den Beschwerdeführer gleichzeitig mit der Bekanntgabe der teilweise abhelfenden Entscheidung zu befragen, ob er den noch nicht erledigten Teil seiner Beschwerde aufrechterhalten will. Die ursprüngliche Beschwerde ist **gegenstandslos**, sofern die Abhilfe den Beschwerdegegenstand völlig beseitigt hat[52].

Führt die Beschwerde bei einem von **mehreren Betroffenen** zur Abhilfe, dann hat das **20** Gericht von Amts wegen zu prüfen, ob es nicht auch hinsichtlich der anderen Betroffenen, die kein Rechtsmittel eingelegt haben, seine Entscheidung ändern muß.

d) **Keine (Nicht-)Abhilfeentscheidung.** Das Beschwerdegericht kann über die Be- **21** schwerde auch dann sachlich entscheiden, wenn der Erstrichter sich nicht zur Abhilfe geäußert hat. Eine **Nichtabhilfeentscheidung ist keine Verfahrensvoraussetzung** für die

---

[44] *Meyer-Goßner*[46] 9; SK-*Frisch* 26.
[45] Unklar LR-*Gollwitzer*[24] 23.
[46] Vgl. auch SK-*Frisch* 27.
[47] BGH NStZ **1992** 507 f; zust. OLG Hamm StV **1996** 421.
[48] KK-*Engelhardt*[4] 18; vgl. § 306, 10.
[49] *Gollwitzer* JR 1974, 205 f; *Ellersiek* 32; 170; KMR-*Plöd* 9.

[50] Nur bei Berücksichtigung neuer Tatsachen und Beweisergebnisse, sonst nicht: *Meyer-Goßner*[46] 8; „insbesondere bei Verwendung neuer Tatsachen" HK-*Rautenberg*[3] 7; ähnlich SK-*Frisch* 17; KMR-*Plöd* 9; *Pfeiffer*[4] 3.
[51] *Ellersiek* 172; vgl. auch LR-*Gollwitzer*[24] 24 mit weit. Nachw. zu dem früheren Meinungsstreit.
[52] HK-*Rautenberg*[3] 7; SK-*Frisch* 21; *Ellersiek* 32.

Holger Matt

Entscheidung des Beschwerdegerichts[53]. In dringenden Fällen kann die unmittelbare Entscheidung des Beschwerdegerichts auch geboten sein[54]. Im übrigen aber hat das Beschwerdegericht unter Berücksichtigung seiner Pflicht, das Beschwerdeverfahren zügig zu erledigen, nach pflichtgemäßem Ermessen darüber zu befinden, ob es – eventuell nach weiteren Ermittlungen (§ 308 Abs. 2) – selbst entscheidet (§ 309) oder ob es ausnahmsweise dem Erstrichter nochmals Gelegenheit gibt, eine unterbliebene oder in Verkennung des Umfangs der Überprüfungspflicht[55] getroffene Entscheidung über die Abhilfe ordnungsgemäß nachzuholen. Eine **Rückgabe der Akten** zu diesem Zweck ist zulässig, aber nur in Ausnahmefällen mit dem Beschleunigungsgebot vereinbar, nämlich wenn das Verfahren durch diese Verfahrensweise beschleunigt wird[56]. Eine solche Rückgabe der Akten hebt den Devolutiveffekt wieder auf. Sie darf aber mit der Zurückverweisung nach Durchführung des Rechtsmittelverfahrens im Sinne der §§ 354, 328 nicht gleichgesetzt werden, denn die Beschwerde wird dadurch nicht erledigt. Eine **Zurückverweisung zur Nachholung des Abhilfeverfahrens** (im Rahmen des anhängigen Beschwerdeverfahrens) kommt insbesondere in Betracht, wenn die tatsächliche Richtigkeit des Beschwerdevorbringens vom örtlich näheren Erstrichter leichter und schneller festgestellt werden kann und zu erwarten ist, daß dieser dann ggfs. seine Entscheidung selbst korrigiert, weil die neuen Tatsachen auch nach der von ihm vertretenen Rechtsauffassung entscheidungserheblich sind. Eine Zurückverweisung mit Rückgabe der Akten scheidet aus, wenn das Beschwerdegericht selbst sofort entscheiden kann[57].

4. Vorlegungspflicht

22 **a) Keine Entscheidung über die Beschwerde.** Der Erstrichter ist nicht befugt, über die Beschwerde zu entscheiden, sondern nur über die (Nicht-) Abhilfe. Insbesondere darf der Erstrichter eine Beschwerde, die er für unzulässig hält, nicht zurückweisen oder über die **Zulässigkeit** entscheiden.[58] Der Rechtsgedanke der §§ 319, 346 ist nicht übertragbar, da dort jeweils ein weiterer Rechtsbehelf in Abs. 2 – ähnlich einer sofortigen Beschwerde – vorgesehen ist. Daraus folgt, daß **sofortige Beschwerden immer** (Ausnahme § 311 Abs. 3 S. 2) **vorzulegen** sind, denn gem. § 311 Abs. 3 S. 1 besteht hier ein **Abhilfeverbot**[59]. Zusammenfassend: Jede Beschwerde ist dem Beschwerdegericht vorzulegen, soweit ihr nicht vollständig abgeholfen wird[60]. Dies schließt nicht aus, daß das Gericht in den Fällen einer offensichtlich unzulässigen Beschwerde den Beschwerdeführer im Interesse der Verfahrensbeschleunigung und der Prozeßwirtschaftlichkeit darauf hinweist und ihm anheim gibt, die Beschwerde zurückzunehmen. Die Mitteilung, daß die Beschwerde als zurückgenommen gelte, wenn der Beschwerdeführer nichts Gegenteiliges verlauten läßt, ist unzureichend, jedenfalls ohne konkrete Setzung einer angemessenen Frist[61]. Zu denken ist zudem an die **Umdeutung** einer unzulässigen Beschwerde in eine Gegenvorstel-

[53] OLG Bremen MDR **1951** 56 mit Anm. *Dallinger*; *KK-Engelhardt*[4] 23; *Meyer-Goßner*[46] 10; *KMR-Plöd* 10; *Schlüchter* 664, 3.

[54] Vgl. etwa die Problematik im Fall Schill, BGH NJW **2001** 3275 und die Kritik von *Schaefer* NJW **2002** 734; vgl. auch Vor § 304, 5 Fn. 6.

[55] § 306, 10 f.

[56] SK-*Frisch* 31; KMR-*Plöd* 10; *Meyer-Goßner*[46] 10; vgl. OLG München JR **1974** 204 mit Anm. *Gollwitzer*; ferner auch BGHSt **34** 392 f.

[57] *Gollwitzer* JR **1974** 205, 207; KMR-*Plöd* 10; SK-*Frisch* 31; zu weit *Ellersiek* 171.

[58] RGSt **43** 179, 180; *Meyer-Goßner*[46] 12; KMR-*Plöd* 11; HK-*Rautenberg*[3] 9; SK-*Frisch* 24; § 304, 1.

[59] § 311, 1, 9 f.

[60] Vor § 304, 9.

[61] SK-*Frisch* 24; AK-*Altenhain/Günther* 17; früher schon KMR-*Paulus* 25, der die mit dem Hinweis verbundene Unterstellung einer Rücknahme für unwirksam hält; zu weit LR-*Gollwitzer*[24] 28, und *Meyer-Goßner*[46] 12 („wenn er nicht ausdrücklich auf ihr besteht").

lung, wenn der Rechtsbehelfsführer einverstanden ist[62]. Dieses **Einverständnis** ist erforderlich, um dem Beschwerdeführer die Disposition über das Rechtsmittel zu belassen, beispielsweise kann es ihm auf eine Entscheidung des Beschwerdegerichts über die Frage der Zulässigkeit ankommen[63].

b) Dreitagesfrist. Die Beschwerde ist **sofort, spätestens vor Ablauf von drei Tagen** **23** **nach Eingang**[64] dem Beschwerdegericht vorzulegen (§ 306 Abs. 2 Hs. 2). Es handelt sich um eine der Verfahrensbeschleunigung dienende Sollvorschrift[65], die sich an den Erstrichter wendet, nicht um eine echte Frist. Ihre Überschreitung hat keine unmittelbaren verfahrensrechtlichen Konsequenzen[66]. Nach Sinn (Verhaltensregel für den Erstrichter) und Wortlaut der Vorschrift betrifft die Dreitagesfrist die Anordnung der Vorlage durch den Erstrichter und nicht den Zeitpunkt, bis zu dem die Beschwerde bei dem Beschwerdegericht eingehen soll[67]. Kann der Erstrichter noch nicht über die (Nicht-) Abhilfe entscheiden, weil etwa das Beschwerdevorbringen weitere Ermittlungen erfordert, so müssen diese mit der gebotenen Beschleunigung durchgeführt[68] und ggfs. das Einverständnis des Beschwerdeführers eingeholt werden, die Vorlagefrist zu verlängern. Hat das Gericht eine **Frist zur (weiteren) Begründung** eingeräumt, muß es diese **abwarten**, auch wenn die Sache schon früher entscheidungsreif ist[69]. Andernfalls ist die Vorlage vor Ablauf von drei Tagen zu verfügen.

Da es sich bei § 306 Abs. 2 um eine Vorschrift zur Verfahrensbeschleunigung handelt, **24** ist im übrigen eine **Überschreitung der Vorlagefrist ausnahmsweise zu vertreten**, wenn dies geschieht, um die Abwicklung des Gesamtverfahrens zu beschleunigen, etwa wenn die Durchführung der unmittelbar bevorstehenden Hauptverhandlung sonst in Frage gestellt wäre. Allerdings wird es meist zweckmäßiger sein, die Beschwerde mit der Bitte um Rückgabe der Akten wegen des unmittelbar anstehenden Termins oder aber auch ohne die Akten vorzulegen.

In der Regel ist es zweckmäßig, die **Vorlage der Beschwerde über die Staatsanwalt-** **25** **schaft** durchzuführen (vgl. § 308 Abs. 1, § 309 Abs. 1). Eine Ausnahme bildet die Anfechtung von Maßnahmen gem. §§ 148a, 148 Abs. 2, bei denen die Staatsanwaltschaft nicht gehört wird[70]. Die Staatsanwaltschaft ist selbstverständlich auch an das bezeichnete Beschleunigungsgebot gebunden und darf die Weiterleitung der Akten nicht verzögern[71].

---

[62] Zur Problematik der Umdeutung Vor § 304, 49 ff; vgl. *Meyer-Goßner*[46] 12; KK-*Engelhardt*[4] 12; SK-*Frisch* 16.

[63] Vgl. auch § 305, 3.

[64] SK-*Frisch* 29; *Meyer-Goßner*[46] 11; HK-*Rautenberg*[3] 10; *Pfeiffer*[4] 4.

[65] *Ellersiek* 175; KK-*Engelhardt*[4] 22; *Meyer-Goßner*[46] 11; *Eb. Schmidt* 18.

[66] Dieser Rechtszustand ist insbesondere in Haftsachen unbefriedigend, da sich die Praxis mitunter weder an die Vorlagefrist von drei Tagen hält noch das Beschwerdegericht zügig entscheidet. Der Strafrechtsausschuß der Bundesrechtsanwaltskammer schlägt daher in seiner Denkschrift „Reform der Verteidigung im Ermittlungsverfahren" vor, eine gesetzlich bindende Frist von zwei Wochen bis zur Entscheidung des Beschwerdegerichts einzuführen, die nur bei Zustimmung der Verteidigung verlängert werden darf, beispielsweise im Hinblick auf Ermittlungen; vgl. auch Vor § 304, 38.

[67] *Gollwitzer* JR **1974** 205, 206; *Meyer-Goßner*[46] 11; SK-*Frisch* 29.

[68] Sind die Ermittlungen nicht innerhalb der drei Tage möglich, soll das Erstgericht gleichwohl an die Frist gebunden sein (*Meyer-Goßner*[46] 11; KK-*Engelhardt*[4] 18; HK-*Rautenberg*[3] 10), selbst wenn dadurch insgesamt eine Verzögerung des Verfahrens bewirkt würde. Dies erscheint nicht sachgerecht und widerspricht dem Beschleunigungsgebot, welches durch die Sollvorschrift des Abs. 2 unterstützt werden soll; wie hier: SK-*Frisch* 30; OLG München JR **1974**, 204 mit zust. Anm. *Gollwitzer*.

[69] Vgl. SK-*Frisch* 13; AK-Altenhain/Günther § 304, 87; BVerfGE **8** 89, 90 f; **12** 6, 8; OLG Karlsruhe MDR **1983** 250; **a.A** *Meyer-Goßner*[46] 11; HK-*Rautenberg*[3] 10; differenz. OLG Hamm StV **2002** 492, 493.

[70] LR-*Lüderssen* § 148a, 10; *Meyer-Goßner*[46] 11, § 148 a, 4, 12; BayObLG MDR **1979** 862.

[71] *Meyer-Goßner*[46] 11.

Holger Matt

26   Unterbleibt die Vorlage, etwa im Hinblick auf den anstehenden Termin der Hauptverhandlung, so kann dieses Unterlassen unter Umständen mit der **Revision** gerügt werden. In der Regel wird das Urteil allerdings nicht auf dem Verstoß beruhen.

§ 307

**(1) Durch Einlegung der Beschwerde wird der Vollzug der angefochtenen Ent-
scheidung nicht gehemmt.**

**(2) Jedoch kann das Gericht, der Vorsitzende oder der Richter, dessen Entschei-
dung angefochten wird, sowie auch das Beschwerdegericht anordnen, daß die Vollziehung der angefochtenen Entscheidung auszusetzen ist.**

Bezeichnung bis 1924: § 351.

Übersicht

1   **1. Zuständigkeit.** Die Vorschrift richtet sich gem. § 307 Abs. 2 sowohl an den **iudex a
quo** (Erstrichter) als auch an den **iudex ad quem** (Beschwerdegericht). Eine Entscheidung
gem. § 307 Abs. 2 kann frühestens ergehen, wenn eine **Beschwerde wirksam eingelegt** und
somit das Beschwerdeverfahren gem. der §§ 304 ff eröffnet ist, denn auch nur dann liegen die nach dem Wortlaut und der Systematik geforderten Voraussetzungen („dessen
Entscheidung angefochten wird") vor[1]. Bis zur Abgabe an das Beschwerdegericht ist der
Richter oder das Gericht, welches die angefochtene Entscheidung erlassen hat, zuständig. **Nach Abgabe** ist ausschließlich das **Beschwerdegericht zuständig**[2]. Der Vorsitzende
des Erstgerichts, der beauftragte und der ersuchte Richter können nur eigene Entscheidungen oder Verfügungen aussetzen, nicht aber Entscheidungen des Kollegialgerichts[3].
Wenn ein Gericht erkennt, daß es für die ursprüngliche Entscheidung nicht zuständig
war, steht das der Aussetzung nicht entgegen und legt diese eher nahe[4]. Erfährt das Erstgericht nach Abgabe an das Beschwerdegericht Umstände, welche die Aussetzung erfordern oder rechtfertigen können, so teilt es diese dem Beschwerdegericht ebenso mit wie
später noch eingehende Aussetzungsanträge[5].

---

[1] *Meyer-Goßner*[46] 2; **a.A** KK-*Engelhardt*[4] 8; HK-
Rautenberg[3] 6; SK-*Frisch* 8 (wenn mit einer Anfechtung zu rechnen ist).

[2] HK-*Rautenberg*[3] 9; KMR-*Plöd* 4; SK-*Frisch* 5;
Meyer-Goßner[46] 3; *Pfeiffer*[4] 2; **a.A** KK-*Engelhardt*[4]
4 (iudex a quo bleibt auch nach Abgabe zuständig).

[3] SK-*Frisch* 6; **a.A** *Meyer-Goßner*[46] 3 (beim Kolle-
gialgericht des ersten Rechtszuges auch der Vorsitzende); zust. KMR-*Plöd* 4.

[4] KK-*Engelhardt*[4] 3; SK-*Frisch* 6.

[5] SK-*Frisch* 6.

2. Sofortiger Eintritt der Vollziehbarkeit

Vollzug der Entscheidung bedeutet Durchführung oder Vollstreckung der getroffenen 2 Anordnung[6]. Grundsätzlich ist jede richterliche Entscheidung im Strafprozeß mit Ausnahme der Urteile (vgl. § 449) mit Erlaß vollstreckbar oder durchführbar, ohne daß es dazu einer besonderen Anordnung bedarf. Eine **Ausnahme** besteht dort, wo das Gesetz etwas anderes bestimmt. Aufschiebende Wirkung wird der Beschwerde eingeräumt in § 81 Abs. 4 S. 2, § 231a Abs. 3 Satz 3, § 454 Abs. 3 S. 2, § 462 Abs. 3 Satz 2, §§ 180, 181 Abs. 2 GVG, § 65 Abs. 2 und 3 JGG. In diesen Fällen ist § 307 nicht anwendbar. Im übrigen bedarf es einer ausdrücklichen Anordnung nach Absatz 2, um den sofortigen Vollzug zu hemmen[7].

Hängt die **Vollstreckung** eines Strafurteils oder eines über Rechtsfolgen abschließend 3 entscheidenden Beschlusses vom Ergebnis einer sofortigen Beschwerde ab, soll in der Regel **in entsprechender Anwendung** des Grundgedankens **des § 449** die sofortige Vollstreckung ausgeschlossen sein, die sofortige Beschwerde also aufschiebende Wirkung haben, auch wenn das Gesetz dies nicht ausdrücklich angeordnet hat[8]. Dafür spricht auch § 453c, der bis zur Rechtskraft des Widerrufsbeschlusses einen Sicherungshaftbefehl zuläßt. Selbst wenn man dieser Ansicht nicht folgt, weil § 462 Abs. 3 S. 2 nur der sofortigen Beschwerde der Staatsanwaltschaft gegen die Unterbrechung der Vollstreckung aufschiebende Wirkung beimißt, dürfte bei der Schwere des Eingriffs eine Vollstreckung vor Abschluß des Beschwerdeverfahrens **unangebracht** sein[9]. Die (faktisch) aufschiebende Wirkung der sofortigen Beschwerde kommt insbesondere in den Fällen des § 453 Abs. 2 S. 3, des § 462 Abs. 3 und bei § 464 Abs. 3 in Betracht.

Wo das Gesetz **ausdrücklich** die **sofortige Vollziehung** anordnet, ist ein Aufschub der 4 Vollziehung nach § 307 Abs. 2 ausgeschlossen. So muß bei Aufhebung des Haftbefehls der Beschuldigte freigelassen werden, auch wenn gegen die Aufhebung ein Rechtsmittel eingelegt ist (§ 120 Abs. 2)[10].

3. Anordnung der Aussetzung der Vollziehung.
Ob eine solche Anordnung zu erlassen 5 ist, muß **von Amts wegen und auf Antrag** unter Berücksichtigung aller Umstände des Einzelfalls nach **pflichtgemäßem Ermessen und unter Berücksichtigung irreparabler Nachteile** entschieden werden[11]. Das öffentliche Interesse am sofortigen Vollzug und an der Verfahrensbeschleunigung sind dabei ebenso zu bedenken wie die mit einer sofortigen Vollziehung verbundenen Nachteile für den Beschwerdeführer[12] oder für Dritte und die Erfolgsaussichten der Beschwerde[13]. Umgekehrt hat ein Beschuldigter Interesse an der sofortigen Umsetzung eines Haftverschonungsbeschlusses, jedoch kann einhergehend mit der Beschwerde der Staatsanwaltschaft der Vollzug dieser Haftverschonung (Außervollzugsetzung des Haftbefehls) durch eine Entscheidung gem. § 307 Abs. 2 gehemmt werden[14]. Allerdings stünde eine solche Entscheidung des Erstrichters in logischem

---

[6] Die früheren Entwürfe sahen vor, das Wort „Vollzug" in diesem Sinne zu ersetzen, ohne daß damit eine Änderung in der Sache beabsichtigt war (Begründung zu Entw. 1908, 304; Entw. 1909, 177).

[7] Dazu unten § 307, 5 ff.

[8] OLG Karlsruhe NJW **1964** 1085 f; HK-*Rautenberg*[3] 3; KK-*Engelhardt*[4] 1; *Meyer-Goßner*[46] 1; KMR-*Plöd* 1; *Pfeiffer*[4] 1; SK-*Frisch* 3.

[9] OLG Karlsruhe NJW **1972** 2007 (rechtlich bedenklich, zumindest unzweckmäßig).

[10] LR-*Hilger* § 120, 30; KK-*Boujong*[4] § 120, 19; *Meyer-Goßner*[46] 2 sowie § 120, 12.

[11] OLG Karlsruhe NStZ **1993** 557 f; **1994** 142 f; NJW **1976** 2274 f; LG Bonn NJW **1987** 790, 792; SK-*Frisch* 11 f.

[12] Vgl. OLG Frankfurt NJW **1976** 303 (Aussetzung der weiteren Vollziehung der Ordnungshaft nach § 178 GVG); OLG Karlsruhe NJW **1976** 2274.

[13] KK-*Engelhardt*[4] 7; *Meyer-Goßner*[46] 2; SK-*Frisch* 11; HK-*Rautenberg*[3] 5; LG Bonn NJW **1987** 790, 792.

[14] Vgl. KMR-*Plöd* 2.

Holger Matt

Widerspruch zu seiner Hauptentscheidung, wenn nicht das Beschwerdevorbringen der Staatsanwaltschaft tatsächlich neue Erkenntnisse erbracht hat, so daß eine Aussetzung der Vollziehung sachlich aus Sicht des Erstrichters nicht zu rechtfertigen sein dürfte. Sie ist geboten, wenn das Erstgericht die Berechtigung des Beschwerdevorbringens erkennt, an der Abhilfe aber rechtlich gehindert ist (vgl. § 311 Abs. 3)[15]. Ist die angefochtene Maßnahme vollzogen oder sonst durch den Prozeßfortgang überholt, ist für eine Entscheidung über die Aussetzung kein Raum mehr.

6   4. Die **Dauer der Aussetzung** richtet sich nach der jeweiligen Sachlage, die sich unter Umständen ändern kann. Die Aussetzung kann auch später gewährt, geändert oder widerrufen werden. Es ist möglich, sie von vornherein zu befristen und sie dann gegebenenfalls zu verlängern. Wird die Aussetzung nicht befristet, so gilt sie bis zum Erlaß der Beschwerdeentscheidung, mit der sie entfällt, ohne daß dies ausdrücklich angeordnet werden müßte[16].

7   5. **Anhörung des Beschwerdegegners.** Dieser muß vor Anordnung der Aussetzung der Vollziehung nicht immer gehört werden, allerdings sollte **weitestgehend rechtliches Gehör** gewährt werden, auch wenn lediglich der bisherige Zustand aufrechterhalten wird. § 308 Abs. 1, der die Anhörung vor der Beschwerdeentscheidung in der Sache vorschreibt, ist zwar nicht entsprechend anwendbar und eine vorherige Anhörung des Beschwerdegegners würde überdies den Zweck des § 307 Abs. 2, der zur Abwendung von Nachteilen eine rasche Entscheidung fordert, vereiteln können[17]. Eine vorherige Anhörung dürfte nur in den Fällen zu rechtfertigen sein, wenn das durch die Aussetzung verfolgte Ziel nicht gefährdet oder vereitelt würde[18].

8   6. **Ausdrückliche Entscheidung.** Ob die Aussetzung der Vollstreckung wegen der Beschwerde geboten ist, muß bei jeder Beschwerde **vom Erstrichter und vom Beschwerdegericht** von Amts wegen geprüft werden. Eine ausdrückliche Entscheidung über die Aussetzung ist nur notwendig, wenn die angefochtene Entscheidung – auch von Amts wegen – ausgesetzt oder ein Aussetzungsantrag abgelehnt werden soll.[19] Die **Beschwerdeentscheidung** braucht sich darüber nur auszusprechen, wenn die Vollziehung ausgesetzt war und die weitere Beschwerde in Haft- und Unterbringungssachen zulässig ist (§ 310 Abs. 1). War die Vollstreckung ausgesetzt und wurde die Beschwerde (unanfechtbar) verworfen, bedarf es ebenso einer ausdrücklichen Entscheidung über das Ende der Aussetzung, d. h. die Wiederherstellung der Vollstreckbarkeit.

9   7. **Rechtsmittel.** Gegen die Aussetzungsentscheidung des iudex a quo ist gemäß § 304 **Beschwerde** zulässig, solange das Beschwerdegericht noch nicht in der Sache entschieden hat. Mit der Beschwerdeentscheidung in der Hauptsache wird das Rechtsmittel gegen die Aussetzungsentscheidung gegenstandslos. Entscheidet das **Beschwerdegericht** zunächst über den Aufschub, so ist diese Entscheidung unanfechtbar, soweit nicht die weitere Beschwerde zulässig ist (§ 310 Abs. 1)[20].

---

[15] HK-*Rautenberg*[3] 5; *Ellersiek* 160; *Meyer-Goßner*[46] 2; KMR-*Plöd* 2.
[16] *Meyer-Goßner*[46] 2; KK-*Engelhardt*[4] 7; *Eb. Schmidt* 5.
[17] *Ellersiek* 160 f.
[18] SK-*Frisch* 10; KK-*Engelhardt*[4] 6; **a. A** LR-*Gollwitzer*[24] 7; HK-*Rautenberg*[3] 7; *Meyer-Goßner*[46] 3.

[19] *Meyer-Goßner*[46] 3.
[20] KK-*Engelhardt*[4] 11; HK-*Rautenberg*[3] 10; *Meyer-Goßner*[46] 4; KMR-*Plöd* 6; SK-*Frisch* 15; *Eb. Schmidt* 4.

§ 308

(1) ¹Das Beschwerdegericht darf die angefochtene Entscheidung nicht zum Nachteil des Gegners des Beschwerdeführers ändern, ohne daß diesem die Beschwerde zur Gegenerklärung mitgeteilt worden ist. ²Dies gilt nicht in den Fällen des § 33 Abs. 4 Satz 1.

(2) Das Beschwerdegericht kann Ermittlungen anordnen oder selbst vornehmen.

Entstehungsgeschichte. Die jetzige Fassung beruht auf Art. 4 Nr. 34 des 3. StrÄndG 1953[1]. Absatz 1 Satz 2 wurde durch das Gesetz vom 19.1.1964 (BGBl. I 1067) eingefügt (Angleichung an § 33 Abs. 4). Bezeichnung bis 1924: § 350.

I. Verfahren des Beschwerdegerichts

1. Verfahrensgrundregeln. Das Beschwerdegericht gestaltet sein Verfahren nach 1 pflichtgemäßem Ermessen unter Berücksichtigung des jeweiligen Verfahrenszwecks und der Verfahrensgrundregeln der §§ 308 f. Neben dem geltenden Grundsatz der Amtsaufklärung gem. § 308 Abs. 2 und der Befugnis zu einer eigenen Sachentscheidung gem. § 309 Abs. 2 beachtet das Beschwerdegericht insbesondere, den Verfahrensbeteiligten in angemessener Weise rechtliches Gehör zu gewähren (§ 308 Abs. 1). Die Befugnis zu einer Aussetzung der Vollziehung der angefochtenen Entscheidung ist in § 307 Abs. 2 geregelt, wobei diese nicht exklusiv nur dem Beschwerdegericht, sondern auch dem Erstrichter zusteht[2]. Nur das Beschwerdegericht darf hingegen wegen des gesetzlich abgesicherten Devolutiveffekts in § 306 Abs. 2 Hs. 2 in allen Fällen entscheiden, soweit der Beschwerde nicht vollständig durch den iudex a quo abgeholfen worden ist, insbesondere darf auch nur das Beschwerdegericht über die Zulässigkeit einer Beschwerde entscheiden[3]. Das Beschwerdegericht prüft von Amts wegen seine **örtliche und sachliche Zuständigkeit**[4].

---

¹ Begr. BTDrucks. II 3731, dazu *Röhl* MDR **1955** 522.
² Dazu § 307, 1 ff.

³ Dazu Vor § 304, 9; § 304, 1; § 306, 10, 18, 22; vgl. auch § 305, 3 und § 304, 40.
⁴ Vor § 304, 19 ff.

Holger Matt

2   **2. Rechtliches Gehör.** § 308 Abs. 1 S. 1 sichert die **Anhörung des Gegners des Beschwerdeführers**, sofern das Beschwerdegericht die angefochtene Entscheidung zu seinem Nachteil ändern will. Die Neufassung des Jahres 1953 trägt dem Gebot des Art. 103
Abs. 1 GG und der verfahrensrechtlichen Stellung der Staatsanwaltschaft Rechnung[5],
wobei sich allerdings die gesetzliche Regelung hier mit der in Art. 103 Abs. 1 GG nicht
vollständig deckt[6]. Die Verletzung des § 308 Abs. 1 S. 1 verstößt daher meist, aber nicht
immer gegen Art. 103 Abs. 1 GG[7]. Die Vorschrift soll zunächst verhindern, daß der
Beschwerdegegner, ohne zum **Beschwerdevorbringen** gehört worden zu sein, durch die
Beschwerdeentscheidung benachteiligt wird. Darf ausnahmsweise in den Fällen des § 33
Abs. 4 S. 1 ohne vorherige Anhörung des Beschwerdegegners entschieden werden, so ist
die Gewährung des rechtlichen Gehörs **gem. § 311a nachzuholen**, wenn nicht die weitere
Beschwerde zulässig ist (§ 310). Für die Staatsanwaltschaft als Vertreterin des öffentli-
chen Interesses bleibt die zusätzliche Anhörung gem. § 309 Abs. 1[8].

3   Die Anhörung der Beschwerdegegner zur Beschwerde ist nicht vom Vorbringen oder
Vorhandensein neuer Tatsachen oder Beweismittel oder von einer Rechtsänderung
abhängig. Sie ist auch **bei unverändertem Sachverhalt** vorgeschrieben[9]. Insoweit geht
§ 308 Abs. 1 S. 1 über das verfassungsrechtlich gem. Art. 103 Abs. 1 GG gesicherte
rechtliche Gehör hinaus[10]. Daß auch sonst nicht – unabhängig von der vorgeschriebenen Mitteilung des Beschwerdevortrags gem. § 308 Abs. 1 S. 1 – unter Verwendung von
neuen **Tatsachen** oder **Beweisergebnissen zum Nachteil** entschieden werden darf, zu
denen sich die zum Nachteil betroffenen Verfahrensbeteiligten nicht vorher äußern
konnten, folgt wiederum **unmittelbar aus Art. 103 Abs. 1 GG**[11] bzw. § 33 Abs. 2 und 3
und nicht aus dem Wortlaut des § 308 Abs. 1 S. 1. Wird der Beschwerde nicht vollständig stattgegeben, muß entsprechend auch **der Beschwerdeführer** zum Vorbringen der
anderen Verfahrensbeteiligten und zum Beweisergebnis gehört werden[12].

4   Die **Fürsorgepflicht und der fair-trial-Grundsatz**, aber auch Gesichtspunkte der
Zweckmäßigkeit können zudem gebieten, auf **(neue) rechtliche Gesichtspunkte** hinzuweisen, etwa wenn diese Anlaß zu ergänzendem Tatsachenvortrag geben können oder bei
schwierigen Rechtsfragen. § 309 Abs. 1 schreibt zudem die – über § 308 Abs. 1 S. 1 hinausgehende – Anhörung der Staatsanwaltschaft „in geeigneten Fällen" vor (vgl. auch
§ 33 Abs.2)[13]. In Zweifelsfällen sollte grundsätzlich eine Anhörung der betroffenen Verfahrensbeteiligten erfolgen.

5   **Vor Erlaß der Entscheidung** muß das Beschwerdegericht **prüfen**, ob allen Verfahrensbeteiligten das **rechtliche Gehör in ausreichendem Maße** gewährt worden ist[14]. Das rechtliche Gehör muß auch bei der Verwendung gerichtskundiger Tatsachen gewährt werden[15]. Wenn ein Verfahrensbeteiligter die Akten einsehen konnte, bedeutet das noch
nicht, daß er Gelegenheit hatte, sich zu der Beschwerde zu äußern. Umgekehrt kann der

[5] Die frühere Fassung, die die Anhörung in das
Ermessen des Beschwerdegerichts stellte, genügte
dem Art. 103 Abs. 1 GG nicht.
[6] KK-*Engelhardt*[4] 1; SK-*Frisch* 7; *Meyer-Goßner*[46] 1;
HK-*Rautenberg*[3] 1.
[7] BVerfGE **7** 109, 111; **9** 89, 105; **11** 29 f; **17** 188, 190;
197 f; 262, 264; **19** 32, 36; **36** 85, 88; vgl. *Arndt* NJW
1959 6; *Dahs* (Rechtl. Gehör) 4; *Röhl* MDR **1955**
522, 524; NJW **1964** 273, 276; *Wersdörfer* NJW
1954 377; *v. Winterfeld* NJW **1961** 849, 851.
[8] § 309, 3.
[9] Vgl. BVerfGE **17** 188, 190; *Ellersiek* 180; *Meyer-
Goßner*[46] 1; HK-*Rautenberg*[3] 1; SK-*Frisch* 7.

[10] *Meyer-Goßner*[46] 1; SK-*Frisch* 7.
[11] SK-*Frisch* 8; KK-*Engelhardt*[4] 7. Zum Grundsatz
des rechtlichen Gehörs vgl. LR-*Rieß* Einl. H 71 ff
mit weit. Nachw.
[12] Vgl. BVerfGE **6** 12, 14; SK-*Frisch* 8; KK-*Engelhardt*[4] 8.
[13] Zur Reichweite des § 309 Abs. 1 und zum Verhältnis
zu § 33 Abs. 2 siehe § 309, 3.
[14] BVerfGE **36** 85, 88.
[15] Vgl. BVerfGE **10** 177, 183; **12** 110, 113, BGHSt.
2 292, 296; vgl. auch LR-*Gollwitzer* § 244, 227 ff, 234;
§ 261, 25 mit weit. Nachw.

Anspruch auf rechtliches Gehör verletzt sein, wenn das Gericht die Akteneinsicht unberechtigt verweigert hat oder wenn es in der Sache entscheidet, bevor es über den Antrag auf Gewährung der Akteneinsicht befunden hat[16]. Das **Recht der Verteidigung auf Akteneinsicht nach § 147** ist verfassungsrechtlich und nach der EMRK gestützt sowohl auf den Grundsatz des rechtlichen Gehörs als auch auf das fair-trial-Prinzip. In Haftsachen etwa muß die Verteidigung daher über die gleichen Informationen verfügen wie das über die Haft entscheidende Gericht, um eine wirksame Verteidigung vornehmen zu können[17].

3. Entscheidung zum Nachteil. Die **Mitteilung an den Beschwerdegegner** ist nur notwendig, wenn das Gericht die angefochtene Entscheidung in irgend einem Punkt **zu seinem Nachteil** ändern will. Wird die Beschwerde verworfen, ist eine Anhörung entbehrlich und würde das Verfahren nur unnötig verzögern[18]. Als **Nachteil** ist jede Beeinträchtigung der vom Beschwerdegegner vertretenen Verfahrensinteressen anzusehen[19], ferner sonstige Belastungen, vor allem auch wirtschaftlicher Art, die ihm aus der Beschwerdeentscheidung erwachsen, wie etwa eine ungünstige Kostenentscheidung[20]. Ein Nachteil für Staatsanwalt oder Nebenkläger soll auch schon in der Erschwerung der Strafverfolgung liegen können[21]. Beispielsweise kann die Aufhebung eines Haftbefehls mangels dringendem Tatverdacht einen „Nachteil" für den Nebenkläger darstellen und seine **Anhörung erforderlich** machen, obwohl der Nebenkläger nicht berechtigt wäre mangels Beschwer, gegen die Aufhebungsentscheidung (weitere) Beschwerde einzulegen[22]. Für die Staatsanwaltschaft jedenfalls liegt ein Nachteil mit jeder Entscheidung zugunsten des Beschwerdeführers vor[23]. Ein Nachteil kann mithin darin liegen, daß das Beschwerdegericht seine die Beschwerde verwerfende Entscheidung auf neue, der Beschwerde entnommene Tatsachen stützen will[24]. **6**

4. Beschwerdegegner. Die Mitteilung der Beschwerde (einschließlich Begründung) soll sichern, daß der Beschwerdegegner in angemessener Weise Stellung nehmen kann. Somit ist die Möglichkeit der Einwirkung auf das Beschwerdeverfahren hinreichend gesichert und gewährleistet insoweit seinen Anspruch auf rechtliches Gehör[25]. Dies spricht dafür, den Begriff **Gegner** gem. § 308 Abs. 1 S. 1 (verfassungskonform) weiter auszulegen als bei § 303[26]. Man wird darunter jeden Verfahrensbeteiligten zu verstehen haben, der durch die vom Beschwerdeführer erstrebte Beschwerdeentscheidung in seinen **7**

---

[16] BVerfGE **18** 399, 404 ff; vgl. auch OLG Frankfurt NStZ-RR **2002** 306 (Übermittlung einer Ablichtung der Antragsschrift der Staatsanwaltschaft vor der Entscheidung).

[17] Siehe näher bei LR-*Lüderssen* § 147, 1 ff, 77 ff mit weit. Nachw.

[18] KK-*Engelhardt*[4] 3; SK-*Frisch* 13; *Meyer-Goßner*[46] 3; HK-*Rautenberg*[3] 3.

[19] HK-*Rautenberg*[3] 3; KK-*Engelhardt*[4] 4; *Meyer-Goßner*[46] 3; KMR-*Plöd* 3.

[20] SK-*Frisch* 14; KMR-*Plöd* 3.

[21] KMR-*Plöd* 3; SK-*Frisch* 14.

[22] Vgl. OLG Frankfurt StV **1995** 594; § 304, 50 mit weit. Nachw.; § 310, 17.

[23] *Meyer-Goßner*[46] 3; SK-*Frisch* 14.

[24] Vgl. KK-*Engelhardt*[4] 4 ff, wonach nicht jede Änderung der Begründung einen Nachteil darstellt; *Meyer-Goßner*[46] 3; SK-*Frisch* 15; **a. A** HK-*Rautenberg*[3] 3.

[25] Ob die Staatsanwaltschaft Anspruch auf rechtliches Gehör nach Art. 103 Abs. 1 GG hat, war strittig, vgl. *Eb. Schmidt* Nachtr. I § 33, 16; *Meyer-Goßner*[46] Einl. 27 und LR-*Rieß* Einl. H 79 hingegen anerkennen zutreffend nur ein verfahrensrechtlich gesichertes Recht auf Anhörung. Im Ergebnis ist der Streit hier unerheblich, da sich die Pflicht zur Anhörung der Staatsanwaltschaft unmittelbar aus § 308 Abs. 1 ergibt. Die Verpflichtung des Gerichts zu einer verfassungsmäßigen Verfahrensgestaltung und zur Anhörung der Staatsanwaltschaft besteht unabhängig von einer angeblichen Grundrechtsfähigkeit, vgl. zutreffend *Ellersiek* 181; ein Recht auf Verfassungsbeschwerde für die Staatsanwaltschaft wäre absurd, vgl. ausf. *Rüping* (Gehör) 142 f mit weit. Nachw.

[26] *Ellersiek* 180; SK-*Frisch* 9; HK-*Rautenberg*[3] 2.

Holger Matt

rechtlichen Interessen beeinträchtigt sein kann und wegen des ihm drohenden verfahrensrechtlichen Nachteils Grund haben kann, sich gegen die Beschwerde auszusprechen, ohne Rücksicht auf seine sonstige Stellung im Verfahren[27].

8   **a)** Bei einer **Beschwerde der Staatsanwaltschaft** ist typischerweise Gegner der Beschuldigte, dessen Verteidiger als Träger einer selbständigen Verfahrensrolle und als bevollmächtigter Vertreter[28] und auch der gesetzliche Vertreter (§ 298), da sonst der Zweck der gesetzlichen Vertretung, die Wahrung der Rechte des Vertretenen, nicht gewährleistet ist[29].

9   **b)** Bei einer **Beschwerde des Beschuldigten** ist trotz § 309 Abs. 1, der zusammen mit § 308 Abs. 1 auszulegen ist, die Staatsanwaltschaft Gegner, sofern diese am Verfahren beteiligt ist[30]. Gegner einer Beschwerde des Beschuldigten sind zudem der Privatkläger oder Nebenkläger[31].

10   **c)** Bei **Beschwerde eines Dritten** (z. B. Zeugen, Beschlagnahmebeteiligte, vgl. § 304 Abs. 2) richtet es sich nach dem Beschwerdegegenstand, wer als Gegner in Betracht kommt. Bei der Beschwerde eines Zeugen oder Sachverständigen ist die Staatsanwaltschaft immer Gegner des Beschwerdeführers. Aber auch der Beschuldigte kann Gegner sein, wenn die Beschwerdeentscheidung auch seine Verfahrensinteressen berührt[32], zum Beispiel wenn ein nicht genügend entschuldigter Zeuge gegen die Ordnungsstrafe und die ihm auferlegten Verfahrenskosten Beschwerde eingelegt hat[33]. Soweit die Interessen sonstiger Verfahrensbeteiligter (z. B. Nebenbeteiligte) betroffen sind, muß auch ihnen die Möglichkeit zu einer Stellungnahme eröffnet werden.

5. Mitteilung der Beschwerde

11   **a) Der volle Inhalt der Beschwerde** muß dem Gegner mitgeteilt werden[34], nicht nur die Tatsache der Einlegung, sondern auch die rechtlichen Ausführungen des Beschwerdeführers, denn nur auf dieser Informationsgrundlage ist eine angemessene Gegenerklärung denkbar und das notwendige Mindestmaß an rechtlichem Gehör i. S. v. § 308 Abs. 1 S. 1 (über Art. 103 Abs. 1 GG hinausgehend) gewahrt. Wird eine weitere Begründung der Beschwerde nachgereicht, muß dazu der Beschwerdegegner gehört werden[35], auch wenn sich ihr Inhalt in einer vermeintlichen bloßen Wiederholung des früheren Vorbringens erschöpft[36]. Haben bereits die Staatsanwaltschaft oder das Erstgericht – wozu dieses bei Nichtabhilfe nicht verpflichtet ist, was jedoch zur Vorbereitung einer (Nicht-)Abhilfeentscheidung zweckmäßig gewesen sein kann[37] – die Beschwerde dem Gegner

---

27   KK-*Engelhardt*[4] 2; *Meyer-Goßner*[46] 2; vgl. § 33, 18 ff.

28   SK-*Frisch* 11; KK-*Engelhardt*[4] 2, KMR-*Plöd* 2.

29   *Ellersiek* 180; *Pfeiffer*[4] 2; HK-*Rautenberg*[3] 2; SK-*Frisch* 11; KK-*Engelhardt*[4] 2; *Meyer-Goßner*[46] 2; **a. A** KMR-*Plöd* 2; *Eb. Schmidt* Nachtr. I 2.

30   KK-*Engelhardt*[4] 2; KMR-*Plöd* 2; *Meyer-Goßner*[46] 2; HK-*Rautenberg*[3] 2; SK-*Frisch* 10. Bei Beschwerden gegen Beschlüsse nach § 148a ist die Staatsanwaltschaft nicht zu beteiligen, sie ist nicht Gegner; vgl. BayObLG MDR **1979** 862 f.

31   *Meyer-Goßner*[46] 2; HK-*Rautenberg*[3] 2; SK-*Frisch* 10; KK-*Engelhardt*[4] 2; KMR-*Plöd* 2; *Eb. Schmidt* Nachtr. I 2; Voraussetzung ist allerdings, daß der Nebenkläger durch den Beschwerdegegenstand in eigenen Verfahrensinteressen nachteilig betroffen

wird. Diese Betroffenheit ist großzügiger auszulegen als die Beschwer als Zulässigkeitsvoraussetzung zur Beschwerdeeinlegung, § 304, 50; § 308, 6; § 310, 17.

32   KK-*Engelhardt*[4] 2; *Meyer-Goßner*[46] 2; HK-*Rautenberg*[3] 2; SK-*Frisch* 12; KMR-*Plöd* 2; *Eb. Schmidt* 3; Nachtr. I 2.

33   BayVerfGH JR **1966** 195.

34   BVerfGE **11** 29 f; **17** 188, 190.

35   HK-*Rautenberg*[3] 4; KK-*Engelhardt*[4] 7; *Meyer-Goßner*[46] 4; KMR-*Plöd* 4.

36   **A. A** *Ellersiek* 182.

37   Zur Gewährung rechtlichen Gehörs vor einer (Nicht-)Abhilfeentscheidung siehe § 306, 11, 15, 18; insofern unklar SK-*Frisch* 16 und § 306, 17.

mitgeteilt, ist dem Anliegen des § 308 Abs. 1 S. 1 Genüge getan, eine nochmalige Mitteilung ist nicht notwendig[38]. Grundsätzlich sollte auch eine **eventuelle Stellungnahme der Staatsanwaltschaft** zu einer Beschwerde – hier nicht im Sinne einer Gegenerklärung des Beschwerdegegners, sondern entweder als Ergänzung der eingelegten Beschwerde oder in der Funktion des neutralen Verfahrensbeteiligten (§ 309 Abs. 1)[39] – dem Beschwerdegegner mitgeteilt werden.

b) Die **Form der Mitteilung** ist nicht ausdrücklich in § 308 Abs.1 vorgeschrieben. **12** Mündliche oder fernmündliche Mitteilungen erscheinen heute regelmäßig als unzureichend, zumal die Beschwerde auf jeden Fall in schriftlicher bzw. beurkundeter Form vorliegt (§ 306 Abs. 1) und eine **Übersendung in Kopie oder per Telefax** technisch unproblematisch und zudem in eiligen Fällen am ehesten zeitsparend ist. Würde sich das Gericht in Eilfällen gleichwohl für eine bloße (fern-) mündliche Mitteilung entscheiden, bedürfte es einer ausreichenden Dokumentation (Aktenvermerk), wann und was an wen mitgeteilt wurde[40]. Es liegt auf der Hand, daß sowohl die zutreffende mündliche Wiedergabe des Beschwerdevorbringens durch das Gericht oder seine Geschäftstelle ungesichert und schwer nachweisbar ist als auch die Aufnahme des Gesagten durch den Zuhörenden problematisch sein kann. Es ist angesichts der heutigen technischen Möglichkeiten bei allen Gerichten, beispielsweise ein Telefaxgerät zu benutzen, höchst unzweckmäßig und praktisch nicht mehr vertretbar, auf (fern-)mündliche Mitteilungen im Falle des § 308 Abs. 1 S. 1 zurückzugreifen. Geboten ist daher grundsätzlich, dem Gegner eine Abschrift der Beschwerde zur Erklärung zu übersenden[41]. Eine Zustellung ist nicht vorgeschrieben, jedoch muß der **Nachweis rechtzeitigen Zugangs** gesichert sein[42], was auch durch eine rückgabepflichtige Empfangsbestätigung geschehen kann. Das Gericht ist verpflichtet, sich von der Gewährung des rechtlichen Gehörs vor der Entscheidung zu überzeugen[43]. Hierzu kann auch die **Gewährung von Akteneinsicht an die Verteidigung gem. § 147** gehören[44].

c) Frist. Der Gegner muß sich sachgemäß äußern können. Daher muß zwischen **13** Mitteilung und Entscheidung eine **angemessene Frist** liegen, die alle dem Gericht erkennbaren, für die Interessenwahrung bedeutsamen Umstände des Adressaten berücksichtigt, nicht zuletzt auch die Erschwernisse einer Haft. Die Frist wird mit der Mitteilung bestimmt, doch ist auch eine spätere Fristsetzung oder Verlängerung einer Frist möglich. Bei **nicht angemessener Frist** ist der **Anspruch auf rechtliches Gehör verletzt**[45], ebenso liegt aber ein Verstoß gegen § 308 Abs. 1 vor[46].

d) Hinweise. Ein Hinweis, daß die Beschwerde zum Zwecke der Gegenerklärung mit- **14** geteilt wird, ist nicht vorgeschrieben, aber zweckmäßig, wenn sich dies nicht bereits aus der Fristsetzung ergibt. Über **rechtliche Erwägungen des Beschwerdegerichts** braucht der Gegner im allgemeinen nicht belehrt zu werden[47]. Die Fürsorgepflicht kann indes gebieten, auf neue rechtliche Gesichtspunkte hinzuweisen, wenn diese Anlaß zu ergänzendem Tatsachenvortrag geben können[48].

---

[38] KK-*Engelhardt*[4] 9; *Meyer-Goßner*[46] 4; HK-*Rautenberg*[3] 4; *Pfeiffer*[4] 3; *Eb. Schmidt* 6.

[39] § 309, 3.

[40] Vgl. dazu noch LR-*Gollwitzer*[24] 12 Fn. 35.

[41] Vgl. *Ellersiek* 182; SK-*Frisch* 18; HK-*Rautenberg*[3] 5.

[42] BVerfGE **36** 85, 88 (bei fehlendem Nachweis ist Art. 103 Abs. 1 GG verletzt); *Pfeiffer*[4] 3; SK-*Frisch* 18; HK-*Rautenberg*[3] 5; *Meyer-Goßner*[46] 4.

[43] Vgl. § 308, 5.

[44] § 308, 5 mit weit. Nachw.

[45] BVerfGE **4** 190, 192; **24** 23, 25; vgl. BVerfG MDR **1988** 553; vgl. § 306, 7 f.

[46] KK-*Engelhardt*[4] 11; SK-*Frisch* 19.

[47] *Meyer-Goßner*[46] 4.

[48] SK-*Frisch* 17; KK-*Engelhardt*[4] 7; vgl. auch OLG Celle NJW **1956** 268 f; § 308, 4.

Holger Matt

15　　6. Die **Gegenerklärung** kann wie die Beschwerde **schriftlich oder zur Niederschrift** der Geschäftsstelle abgegeben werden. Dem Beschwerdeführer muß sie mitgeteilt werden, wenn dies zur Wahrung seines Anspruchs auf rechtliches Gehör erforderlich ist, im wesentlichen wenn entscheidungsrelevante neue Tatsachen oder Beweismittel vorgebracht werden[49]. Grundsätzlich sollten aber substantiierte **staatsanwaltliche Gegenerklärungen** dem Beschwerdeführer mitgeteilt werden, auch wenn sie lediglich rechtliche Erwägungen (einschließlich der Würdigung von Tatsachen und Beweisen) enthalten, um Gelegenheit zur abschließenden Stellungnahme zu geben.

16　　7. **Ausnahmen von der Anhörung** gem. § 308 Abs. 1 S. 1 sind schon verfassungsrechtlich unter bestimmten Umständen zulässig[50]. § 308 Abs. 1 S. 2 läßt die Ausnahme für das Beschwerdeverfahren unter den in § 33 Abs. 4 Satz 1 angeführten Voraussetzungen[51] ausdrücklich zu. Die Beschwerdeentscheidung über die Anordnung der Untersuchungshaft (auf die Beschwerde der Staatsanwaltschaft hin) oder andere dringliche Maßnahmen können demnach ohne vorherige Anhörung des Beschwerdegegners ergehen, wenn **anders der Zweck der Maßnahme gefährdet** wäre[52]. Die Anhörung ist in diesen Fällen nachzuholen (§ 311a), wenn nicht die weitere Beschwerde gem. §§ 304, 310 Abs. 1 zulässig ist.

17　　Ist eine Anhörung unmöglich, weil der **Beschwerdegegner nachweisbar flüchtig** ist, kann ebenfalls ohne Anhörung entschieden werden[53]. Eine Mitteilung an den Verteidiger kommt gleichwohl in Betracht, wenn der Zweck der mit der Beschwerde anvisierten Maßnahme nicht entsprechend § 33 Abs. 4 S. 1 entgegensteht[54]. Bei Beschwerdeverfahren gegen **Maßnahmen gem. §§ 148a, 148 Abs. 2** wird die Staatsanwaltschaft nicht gehört, um das Verschwiegenheitsgebot des Gerichts in diesem gesetzlichen Sonderfall nicht zu verletzen[55].

II. Eigene Ermittlungen des Beschwerdegerichts

18　　1. **Prüfung von Amts wegen.** Das Beschwerdegericht prüft den Sachverhalt von Amts wegen und **ohne Bindung an Anträge** in tatsächlicher und rechtlicher Hinsicht[56]. Es besteht beispielsweise keine Pflicht, Beweisanträge zu bescheiden. Bei Zweifeln an der tatsächlichen Entscheidungsgrundlage kann eine richtige Rechtsanwendung jedoch nur gewährleistet sein, wenn die zweifelhaften Tatsachen überprüft und ggfs. entsprechende Ermittlungen durch das Beschwerdegericht durchgeführt werden[57]. Die Möglichkeit zu eigenen Ermittlungen hat ergänzenden Charakter, um eine angemessene Sach- und Rechtsprüfung beschleunigt durchführen zu können und vermeidbare Zurückverweisungen und damit Verzögerungen zu verhindern. Der Sinn und eine gewisse Beschränkung des § 308 Abs. 2 liegen in der Beschleunigung und Effektuierung des Verfahrens.

---

[49] Vgl. oben § 308, 2; KK-*Engelhardt*[4] 8; *Meyer-Goßner*[46] 4; HK-*Rautenberg*[3] 7; SK-*Frisch* 20.
[50] Vgl. etwa BVerfGE **7** 95, 98; **9** 89, 95, 98, 101 ff.
[51] Wegen der Einzelheiten vgl. LR-*Wendisch* § 33, 40 ff.
[52] SK-*Frisch* 21; *Ellersiek* 184; KK-*Engelhardt*[4] 13; *Meyer-Goßner*[46] 5; KMR-*Plöd* 4; § 33, 40.
[53] OLG Hamburg MDR **1979** 865; KK-*Engelhardt*[4] 14 f; *Meyer-Goßner*[46] 5; SK-*Frisch* 22.

[54] OLG Stuttgart NStZ **1990** 247 f.
[55] SK-*Frisch* 23; vgl. LR-*Lüderssen* § 148a, 10; vgl. schon § 306, 25.
[56] *Meyer-Goßner*[46] 6; *Pfeiffer*[4] 4; HK-*Rautenberg*[3] 10; KMR-*Plöd* 5.
[57] SK-*Frisch* 28; *Ellersiek* 191; OLG Hamburg StV **2002** 317.

2. Den **Umfang der Ermittlungen** und die Art ihrer Vornahme bestimmt das Be- **19** schwerdegericht grundsätzlich nach seinem pflichtgemäßen Ermessen[58]. Die Ermittlungen können **im Wege des Freibeweises** geführt werden[59]. Die Grundsätze der Hauptverhandlung (z. B. Unmittelbarkeit und Mündlichkeit) gelten nicht[60]. Das Gericht kann je nach Verfahrensstand Vernehmungen und andere Ermittlungen durch den beauftragten oder ersuchten Richter veranlassen oder selbst vornehmen und auch mündliche Erklärungen von Verfahrensbeteiligten entgegen nehmen[61]. Es kann auch die Staatsanwaltschaft – oder in Eilfällen unmittelbar die Polizei, diese aber nur als Hilfsbeamte der Staatsanwaltschaft gem. § 152 GVG – ersuchen, ergänzende Ermittlungen durchzuführen[62]. Da es sich bei einem solchen Ersuchen jedoch nicht um die Vollstreckung einer Entscheidung im Sinne des § 36 Abs. 2 S. 1 handelt, ist die Staatsanwaltschaft als eine unabhängige Behörde nur im Rahmen der Amtshilfegrundsätze verpflichtet, derartigen Ersuchen zu entsprechen[63]. Die Staatsanwaltschaft kann andererseits auch während des Beschwerdeverfahrens eigene Ermittlungen durchführen und deren Ergebnis dem Gericht zur Kenntnis bringen, das diesen Sachverhalt – nach ggfs. erneuter Anhörung anderer Verfahrensbeteiligter – bei seiner Entscheidung berücksichtigen muß[64].

3. Beschränkung der Sachaufklärung

a) Beschwerdegegenstand. Das Recht des Beschwerdegerichts zur eigenen Sachauf- **20** klärung erstreckt sich nur auf den **Gegenstand der Beschwerde**[65]. Zudem ist die Möglichkeit der **Teilanfechtung** und ihre Konsequenzen für das Beschwerdegericht zu berücksichtigen[66]. Nur in diesem Rahmen ist das Beschwerdegericht zu eigener Sachaufklärung befugt. Es kann z. B. der Staatsanwaltschaft die Ermittlungen nicht dadurch aus der Hand nehmen, daß es im Rahmen des Beschwerdeverfahrens neue, bisher nicht in das Verfahren einbezogene Sachverhaltskomplexe aufzuklären versucht, auf die sich die staatsanwaltschaftlichen Ermittlungen noch nicht erstreckten[67]. Ähnlich ist das Beschwerdegericht beschränkt bei Beschwerdeverfahren während laufender Hauptverhandlung, eine Beweiserhebung über die Beweisaufnahme darf nicht stattfinden[68].

b) Weitergehende Einschränkungen der Nachprüfung bestehen nur in Ausnahme- **21** fällen. So sind bei § 305a Abs. 1 S. 2, bei § 453 Abs. 2 S. 2 und bei § 59 Abs. 2 S. 2 JGG zwar die Befugnisse des Beschwerdegerichts auf die Nachprüfung der Gesetzmäßigkeit beschränkt[69], das Beschwerdegericht kann jedoch bei begründeter Beschwerde selbst entscheiden und könnte hierfür auch eigene Ermittlungen anstellen[70]. Auch besteht eine Bindung des Beschwerdegerichts an die Urteilsfeststellungen im Sonderfall der Kostenbeschwerde gem. § 464 Abs. 3 Satz 2[71].

---

[58] HK-*Rautenberg*[3] 10; SK-*Frisch* 30.

[59] KMR-*Plöd* 5; HK-*Rautenberg*[3] 10; SK-*Frisch* 30.

[60] *Ellersiek* 176; zur Schriftlichkeit des Verfahrens mit Ausnahmen § 309, 1 f.

[61] § 309, 2.

[62] HK-*Rautenberg*[3] 11; zur Anwendung der Amtshilfegrundsätze bei Beweisaufnahmen durch die Staatsanwaltschaft oder Polizei (unter Beachtung der Leitungsbefugnis der Staatsanwaltschaft) siehe zutreff. LR-*Rieß* § 202, 14 f; weiter *Meyer-Goßner*[46] 6 und Einl. 44.

[63] KMR-*Plöd* 5; SK-*Frisch* 30.

[64] OLG Frankfurt GA **1986** 230, 233; SK-*Frisch* 31; KMR-*Plöd* 5.

[65] KK-*Engelhardt*[4] 17 f; *Meyer-Goßner*[46] 6; vgl. *Haft* wistra **1994** 170, 172 f; KG StV **1993** 252 f; vgl. auch § 304, 2; § 309, 8; § 310, 4 ff.

[66] Vor § 304, 16 ff; § 304, 59.

[67] § 309, 8 ff, 12.

[68] Ausf. § 304, 33 mit weit. Nachw.

[69] Ausf. § 304, 30 ff mit weit. Nachw.

[70] Hier wird sich allerdings oft die Zurückverweisung empfehlen, vgl. OLG Frankfurt NStZ-RR **1998** 126; § 309, 7, 13 ff.

[71] Näher zur Kostenbeschwerde bei § 304, 34, 35 ff; zur Bindung des Beschwerdegerichts LR-*Hilger* § 464, 60 ff.

Holger Matt

III. Rechtsbehelfe

22　　**1. Gegenvorstellung bei vorbereitenden Entscheidungen.** Weist das Gericht einen Antrag auf die Benutzung eines bestimmten Aufklärungsmittels durch einen besonderen Beschluß und nicht erst in der Beschwerdeentscheidung zurück, so steht dieser besondere Beschluß in einem so engen Zusammenhang mit der eigentlichen Beschwerdeentscheidung, daß er nur zusammen mit dieser und im gleichen Umfang wie sie angefochten werden kann (§ 310). Es liegt nahe, in einem solchen (in der Praxis seltenen) Fall **§ 305 entsprechend anzuwenden** (auch in Fällen einer zulässigen weiteren Beschwerde gem. § 310 Abs. 1) mit der Folge, daß selbstverständlich jederzeit das Beschwerdegericht die eigene Entscheidung – insbesondere auf Gegenvorstellung hin – abändern kann[72]. Im übrigen handelt es sich formell – wenn Beschwerde gegen eine solche vorbereitende Entscheidung des Beschwerdegerichts (vor der eigentlichen Beschwerdeentscheidung) eingelegt ist – um eine **weitere Beschwerde**, die außer in Haft- und Unterbringungssachen gem. § 310 Abs. 2 unzulässig ist[73].

23　　**2. Nachholung des rechtlichen Gehörs.** Die frühere Streitfrage, ob bei Verletzung des rechtlichen Gehörs nach § 308 Abs. 1 S. 1 oder in Fällen des § 33 Abs. 4 S. 1 die weitere Beschwerde eröffnet sein muß, ist durch die Existenz der §§ 33a, 311a bedeutungslos geworden[74]. Für die Fälle einer unanfechtbaren Beschwerdeentscheidung, die ohne Mitteilung der Beschwerde an den Beschwerdegegner i. S. v. § 308 Abs. 1 S. 1 zu dessen Nachteil ergangen ist, ist § 311a einschlägig und das Beschwerdegericht kann auf Antrag oder von Amts wegen eine nachträgliche Anhörung durchführen und ggfs. neu entscheiden. Für andere Fälle des nicht gewährten rechtlichen Gehörs vor nachteiliger, unanfechtbarer Entscheidung ist gem. § 33a zu verfahren[75]. Macht eine „weitere Beschwerde" – außer in Haft- und Unterbringungssachen gem. § 310 Abs. 1 – die Verletzung des rechtlichen Gehörs geltend, ist die Sache unter Verwerfung der weiteren Beschwerde dem für das Verfahren nach §§ 33a, 311a zuständigen Beschwerdegericht zurückzureichen[76].

§ 309

(1) **Die Entscheidung über die Beschwerde ergeht ohne mündliche Verhandlung, in geeigneten Fällen nach Anhörung der Staatsanwaltschaft.**

(2) **Wird die Beschwerde für begründet erachtet, so erläßt das Beschwerdegericht zugleich die in der Sache erforderliche Entscheidung.**

Bezeichnung bis 1924: § 351.

Übersicht

---

[72] KMR-*Plöd* 6; HK-*Rautenberg*[3] 12.
[73] KK-*Engelhardt*[4] 19; SK-*Frisch* 35.
[74] Vgl. LR-*Gollwitzer*[22] 8; § 311a, 1.

[75] SK-*Frisch* 26; KK-*Engelhardt*[4] 15.
[76] OLG Karlsruhe Justiz **1974** 98; KMR-*Plöd* 6; SK-*Frisch* 26.

1. Schriftliches Verfahren und Ausnahmen. Über die Beschwerde wird regelmäßig **1** nach Aktenlage und ggfs. nach weiteren Ermittlungen und Anhörungen der Verfahrens-beteiligten ohne mündliche Verhandlung entschieden[1]. Vor diesem Hintergrund ist auch die sorgfältige Beachtung des rechtlichen Gehörs – gewährleistet durch § 308 Abs. 1 S. 1, § 33 Abs. 3 und Art. 103 Abs. 1 GG, abgesichert durch §§ 311a, 33a – besonders bedeut-sam für das Beschwerdeverfahren[2]. Eine **mündliche Verhandlung** im Beschwerdever-fahren ist nur ausnahmsweise vorgesehen, nämlich obligatorisch – soweit nicht der Beschwerdeführer verzichtet hat[3] – bei der Beschwerde gegen den **Verfall einer Sicherheit** gem. § 124 Abs. 2 S. 3 und fakultativ – allein nach Ermessen des Gerichts, auch nach Antrag[4] – bei der **Haftbeschwerde** gem. § 118 Abs. 2. Im Falle einer mündlichen Ver-handlung orientiert sich das Verfahren an der Vorschrift zur mündlichen Haftprüfung gem. § 118a bzw. an den Vorschriften zur Hauptverhandlung[5].

Das Beschwerdegericht darf aber im Rahmen seiner Ermittlungen gem. § 308 Abs. 2 **2** Zeugen und Sachverständige mündlich vernehmen und auch mündliche Erklärungen der Verfahrensbeteiligten entgegennehmen[6]. Demnach ist es konsequent, **ausnahmsweise** auch **mündliche Verhandlungen** im Beschwerdeverfahren zuzulassen, wenn dies **zweck-mäßig** ist und dem **Beschleunigungsgebot** entspricht. Auf diese Weise kann im Einzelfall insbesondere **das rechtliche Gehör** der Verfahrensbeteiligten optimiert und das Verfahren effektiver gestaltet werden. Der Wortlaut des § 309 Abs. 1 ist daher einschränkend so zu verstehen, daß das Verfahren lediglich im Grundsatz ohne mündliche Verhandlung statt-findet, diese aber nicht unzulässig ist[7].

2. Anhörung der Staatsanwaltschaft bei dem Beschwerdegericht. Unabhängig von der **3** Anhörung der Staatsanwaltschaft als Gegner des Beschwerdeführers gem. § 308 Abs. 1 S. 1 ist die Staatsanwaltschaft (bei dem Beschwerdegericht)[8] **als Vertreterin des öffent-lichen Interesses** nach dem Ermessen des Gerichts („in geeigneten Fällen") anzuhören gem. § 309 Abs. 1, insoweit handelt es sich um eine Lockerung des Grundsatzes in § 33 Abs. 2[9]. In Ergänzung der Anhörungsrechte der Staatsanwaltschaft als Beschwerdefüh-

---

[1] Vgl. BGHSt **13** 102, 108.
[2] Vgl. *Ellersiek* 178.
[3] HK-*Lemke*[3] § 124, 15; LR-*Hilger* § 124, 41; *Paeff-gen* NStZ **1997** 118; *Meyer-Goßner*[46] 10; **a. A** ent-gegen dem Wortlaut (verzichtbar, wenn die Ent-scheidung des Gerichts nicht beeinflußt werden kann): OLG Hamm NJW **1996** 736, 737; NStZ-RR **1996** 270, 271; OLG Stuttgart MDR **1987** 867.
[4] LR-*Hilger* § 118, 3.
[5] Zum Verfahren LR-*Hilger* § 118a, 1 ff und § 124, 43 ff.
[6] HK-*Rautenberg*[3] 1; *Ellersiek* 177; KK-*Engelhardt*[4]

2; *Meyer-Goßner*[46] 1; KMR-*Plöd* 1; vgl. allg. *Eb. Schmidt* § 308, 2.
[7] SK-*Frisch* 2 mit weit. Nachw.
[8] *Pfeiffer*[4] 1; *Meyer-Goßner*[46] 2; SK-*Frisch* 3 f.
[9] HK-*Rautenberg*[3] 2; KK-*Engelhardt*[4] 3; *Meyer-Goß-ner*[46] 2; einschr. *Ellersiek* 189 f, der für eine regel-mäßige Anhörung der Staatsanwaltschaft gem. § 33 Abs. 2 plädiert; zu beachten ist der Sonderfall des Verfahrens nach § 148a, 148 Abs. 2, bei dem keine Anhörung der Staatsanwaltschaft stattfindet, § 308, 17; § 306, 25.

rerin oder Beschwerdegegnerin[10] dürfte für die Anhörung gem. § 309 Abs. 1 kein bedeutender Anwendungsbereich verbleiben[11]. In der Praxis wird die Staatsanwaltschaft (bei dem Beschwerdegericht) ohnehin dadurch in das Beschwerdeverfahren eingeschaltet, daß die Akten regelmäßig von dem Erstrichter über sie dem Beschwerdegericht vorgelegt werden[12]. Dadurch besteht bereits hinreichend die Möglichkeit, im Rahmen der §§ 145, 146 GVG auf das Verfahren Einfluß zu nehmen[13]. Insoweit kann ein geeigneter Fall im Sinne der zusätzlichen Anhörung gem. § 309 Abs. 1 nur selten vorliegen, beispielsweise wenn das Beschwerdegericht auf **(neue) rechtliche Gesichtspunkte** hinweisen möchte[14]. Für den Nebenkläger oder andere Verfahrensbeteiligte gilt § 309 Abs. 1 jedenfalls nicht, da diese nicht als Sachwalter des öffentlichen Interesses, sondern in eigenem Interesse an dem Verfahren beteiligt sind[15].

3. Nicht stattgebende Entscheidungen des Beschwerdegerichts

4   **a) Verwerfung als unzulässig oder als unbegründet.** Der die Beschwerde verwerfende **Beschluß** ist zu **begründen** (§ 34)[16] und bekanntzumachen (§ 35 Abs. 2), unabhängig davon, ob die Beschwerde aus formalen oder inhaltlichen Gründen verworfen wird.

5   Die Beschwerde ist als **unzulässig** zu verwerfen, wenn die Voraussetzungen für eine Sachentscheidung fehlen. Die **Zulässigkeit einer Beschwerde** setzt allgemein voraus (1) eine prozessual beachtliche Entscheidung[17], (2) Schriftform und den richtigen Adressaten[18], (3) die Statthaftigkeit der Beschwerde (kein gesetzlicher Ausschluß)[19], (4) Beschwer durch die Erstentscheidung und Aktivlegitimation[20] und (5) keinen Rechtsmittelverzicht oder -rücknahme[21]. Diese rechtlichen Formalien müssen erfüllt sein, um durch das Beschwerdegericht eine Sachprüfung und -entscheidung (über die **Begründetheit der Beschwerde**) herbeizuführen. Möglicherweise kommt auch eine Umdeutung in einen zulässigen Rechtsbehelf in Betracht[22]. Hält das Beschwerdegericht die angefochtene Entscheidung für sachlich richtig, so verwirft es die Beschwerde als **unbegründet**.

6   **b) Erledigungserklärung.** In Fällen einer prozessualen Überholung oder sonstigen **Erledigung während des Beschwerdeverfahrens** ist die Beschwerde ohne Kostenentscheidung für erledigt zu erklären[23]. Unabhängig davon bleiben nach der neueren Rechtsprechung des Bundesverfassungsgerichts Beschwerden zulässig, soweit das Erfordernis eines effektiven Rechtsschutzes gem. Art. 19 Abs. 4 GG dem Betroffenen das Recht gibt, in Fällen tiefgreifender, tatsächlich jedoch nicht mehr fortwirkender Grundrechtseingriffe die Berechtigung des Eingriffs gerichtlich klären zu lassen[24].

---

[10] Dazu § 308, 2 ff.

[11] Die zusätzliche Regelung des unveränderten § 309 Abs. 1 wird verständlich vor dem Hintergrund des bis 1953 geltenden § 308 Abs. 1 a. F., der die Anhörung des Beschwerdegegners nur in das Ermessen des Gerichts stellte und gegen Art. 103 Abs. 1 verstoßen hat, vgl. § 308, 2; zur früheren Erklärung des Unterschiedes zwischen § 308 Abs. 1 und § 309 Abs. 1 vgl. LR-*Gollwitzer*[22] 4.

[12] § 306, 25.

[13] SK-*Frisch* 4.

[14] Zur Möglichkeit solcher Hinweise an andere Verfahrensbeteiligte siehe § 308, 4, 14.

[15] Vgl. zum Nebenkläger *Ellersiek* 190.

[16] *Ellersiek* 198; *Meyer-Goßner*[46] 1; zu den Anforderungen an eine ordnungsgemäße Begründung OLG

Düsseldorf StV **1986** 376 (bei nachträglicher Gesamtstrafe); **1991** 521 mit Anm. *Schlothauer*; KG StV **1986** 142; *Meyer-Goßner/Appl* 295, 315 Rdn. 875.

[17] § 304, 3 ff.

[18] § 304, 13 ff.

[19] § 304, 17 ff.

[20] § 304, 41 ff.

[21] § 304, 58 f.

[22] Vor § 304, 49 ff.

[23] § 304, 56, 53 ff; SK-*Frisch* § 304, 53; Vor § 296, 174; KK-*Ruß*[4] Vor § 296, 8; *Meyer-Goßner*[46] Vor § 296, 17 jeweils mit weit. Nachw.

[24] Vgl. ausführlich Vor § 304, 68 ff mit weit. Nachw.; § 304, 53 ff.

4. Erlaß der in der Sache erforderlichen Entscheidung

a) Grundsätzliche Pflicht zur eigenen Entscheidung. Ist die **Beschwerde begründet**, so 7
hat das Beschwerdegericht grundsätzlich selbst eine neue, „in der Sache erforderliche"
Entscheidung zu erlassen (§ 309 Abs. 2) **unter Abänderung oder Aufhebung der angefoch-
tenen Entscheidung**[25]. Im Interesse der Verfahrensbeschleunigung soll das Beschwerde-
gericht grundsätzlich an Stelle des Erstgerichts selbst entscheiden[26]. Hierbei kann das
Beschwerdegericht auch nach eigenem Ermessen entscheiden, da es eine umfassende
Entscheidungskompetenz hat[27]. Hat der Gesetzgeber die Nachprüfungsbefugnis des
Beschwerdegerichts beschränkt, wie bei § 305a Abs. 1 S. 2, § 453 Abs. 2 S. 2 und § 59
Abs. 2 S. 2 JGG, so muß es sich zwar bei der Prüfung der Begründetheit der Beschwerde
an diesen Maßstab halten. Erweist sich die Beschwerde aber als begründet, d. h. die Vor-
entscheidung als gesetzwidrig, so ist es bei der von ihm zu treffenden Sachentscheidung
frei, auch wenn sich eine Zurückverweisung in manchen Fällen empfehlen dürfte[28].

b) Beschwerdegegenstand. Unter **Sache** im Sinne des Absatzes 2 ist nicht (notwendig) 8
der gesamte, durch den angefochtenen Beschluß des Erstrichters betroffene Prozeßstoff
zu verstehen, sondern nur der Teil des Prozeßstoffs, der den **Beschwerdegegenstand**
bildet[29]

aa) Konkreter Gegenstand der Erstentscheidung. Zunächst kann der konkrete Gegen- 9
stand der angefochtenen Entscheidung nur ein (kleiner) Teil des insgesamt betroffenen
Prozeßstoffs sein. Der **konkrete Gegenstand der Erstentscheidung** ist aber immer (auch)
Beschwerdegegenstand, während der insgesamt betroffene Prozeßstoff mit dem Beschwerdegegenstand zusammenfallen kann, aber nicht muß. Wenn der **Erstrichter** erkennbar noch **keine Sachentscheidung** getroffen hat, also der konkrete Gegenstand dieser Entscheidung beispielsweise begrenzt war auf eine Zulässigkeitsproblematik, ist der
Beschwerdegegenstand nicht die mögliche Sachentscheidung, sondern nur die prozessuale Vorfrage. Hier gebietet die Anerkennung der originären Zuständigkeit des unteren
– oft sachnäheren – Gerichts, dieses zunächst eine Sachentscheidung treffen zu lassen,
ggfs. auch nach eigenen Ermittlungen, die es für erforderlich hält. Nur auf diese Weise
ist auch gewährleistet, daß der von der Strafprozeßordnung vorgesehene Instanzenzug
des Beschwerdeverfahrens praktisch umgesetzt wird[30]. Die Möglichkeit der Abhilfe
gem. § 306 Abs. 2 stellt keinen Ausgleich für den vorgesehenen Devolutiveffekt der
Beschwerde dar, wie sich aus der Konzeption der §§ 304 ff grundsätzlich ergibt[31]. Demnach ist für eine abschließende Sachentscheidung des Beschwerdegerichts grundsätzlich
erforderlich, daß auch das Erstgericht bereits eine, zumindest partielle Sachentscheidung
getroffen hatte[32]. Auf die Entscheidungsreife[33] kommt es dann (noch) nicht an, weil die
Zurückverweisung – zur Sachentscheidung – bereits zu erfolgen hat unabhängig von der
Frage, welche Punkte formeller oder materieller Art noch zu klären sind. Bei Berücksichtigung bestimmter Ausnahmekonstellationen ist durch diese Verfahrensweise auch

---

[25] RGSt **59** 241, 242 f; KK-*Engelhardt*[4] 9; *Meyer-Goßner*[46] 9.

[26] Vgl. BGH NJW **1964** 2119; OLG Bremen MDR
1963 335; KK-*Engelhardt*[4] 6; *Meyer-Goßner*[46] 4, 7.

[27] Zu den Fällen einer vorzugswürdigen Zurückverweisung in bestimmten Fällen näher § 309, 13 ff.

[28] Vgl. OLG Frankfurt NStZ-RR **1998** 126 (bei § 453
Abs. 2 S. 2); SK-*Frisch* 19 ff; KK-*Fischer*[4] § 453, 8;
HK-*Julius*[3] § 453, 8; vgl. § 305a, 6; § 309, 13 ff.

[29] RGSt **19** 332, 337; BayObLGSt **3** 328, 329; *Ellersiek*

193; KK-*Engelhardt*[4] 12; *Eb. Schmidt* 4; vgl. auch
§ 310, 10 ff mit weit. Nachw.

[30] Vgl. SK-*Frisch* 14; *Ellersiek* 194, 195; OLG Düsseldorf StV **1986** 376; OLG Frankfurt NJW **1983**
2399 f (bei Wiederaufnahmeverfahren); differenz.
Hanack JZ **1967** 223 ff.

[31] **A.A** noch LR-*Gollwitzer*[24] 13.

[32] OLG Frankfurt NJW **1983** 2399, 2400 (bei Wiederaufnahmeverfahren).

[33] Dazu unten § 309, 12.

Holger Matt

dem allgemeinen Beschleunigungsgebot hinreichend Genüge getan, zumal das Erstgericht im Rahmen seiner originären Zuständigkeit oftmals sachnäher und somit schneller arbeiten kann[34].

10   Ausnahmen (von der Zurückverweisung) sind **in Eilfällen** oder auch **auf ausdrücklichen Antrag des Beschwerdeführers** trotz nicht vorhandener Sachentscheidung denkbar, wenn eine Zurückverweisung dem Anliegen des Beschwerdeführers auf zügige Sachentscheidung erkennbar zuwider laufen würde. Dies gilt aber nur bei Entscheidungsreife in der Sache, auch wenn noch ergänzende eigene Ermittlungen gem. § 308 Abs. 2 notwendig wären (beispielsweise bei eiligen Ermittlungsmaßnahmen zugunsten der Staatsanwaltschaft oder bei Haftentscheidungen – Verschonung, Aufhebung – zugunsten des Beschuldigten)[35].

11   **bb) Beschwerdebegehren und Teilanfechtung.** Der Beschwerdegegenstand wird im übrigen bestimmt von der **Beschwer** durch die angefochtene Entscheidung und durch das – mitunter wirksam beschränkte – Beschwerdebegehren umrissen. Das Beschwerdegericht **darf** aber – ohne Beachtung eines Verschlechterungsverbots, von bestimmten Ausnahmen abgesehen[36] – über den **gesamten Prozeßstoff** entscheiden, der auch **konkreter Gegenstand der Entscheidung des Erstrichters** war, soweit nicht eine **wirksame Beschränkung der Beschwerde** auf abtrennbare Punkte des erstinstanzlichen Prozeßstoffs gegeben ist[37].

12   **cc) Entscheidungsreife und ergänzende Ermittlungen.** Der – ggfs. wirksam beschränkte – erstinstanzliche Prozeßstoff (Beschwerdegegenstand) muß entscheidungsreif sein, sonst kann eine **Entscheidung in der Sache** nicht ergehen. Das Beschwerdegericht hat zur Beschleunigung und Abkürzung des Verfahrens die Möglichkeit, nach pflichtgemäßem Ermessen ergänzende eigene Ermittlungen gem. § 308 Abs. 2 anzuordnen oder vorzunehmen, ohne etwa in das der Staatsanwaltschaft obliegende Ermittlungsverfahren oder in eine laufende Hauptverhandlung (vgl. § 305) über den Beschwerdegegenstand hinaus einzugreifen[38]. Neue Erkenntnisse aus solchen Ermittlungen unterfallen dann auch dem Begriff des Beschwerdegegenstandes, über den zu entscheiden ist. Zugleich besteht aber **bei fehlender Entscheidungsreife** auch die **Möglichkeit** für das Beschwerdegericht, **die Sache an das untere Gericht zurückzuverweisen,** denn der Sinn des Beschwerderechtszuges liegt nicht in der Durchführung eigener Ermittlungen, sondern in der Überprüfung gerichtlicher Entscheidungen mit der Möglichkeit gem. § 308 Abs. 2, für diese Überprüfung notwendige ergänzende Ermittlungen durchzuführen. Entsprechend wird das Beschwerdegericht nach pflichtgemäßem Ermessen zu entscheiden haben, ob Entscheidungsreife gegeben bzw. durch ergänzende Ermittlungen – ohne in andere Kompetenzen substantiell einzugreifen – zügig erreichbar ist. Das Beschleunigungsgebot ist insoweit eine Maßgabe für das Beschwerdegericht für die Beurteilung, ob eigene ergänzende Ermittlungen sinnvoll sind oder eine Zurückverweisung notwendig ist. Keinesfalls darf das Verfahren durch eigene Ermittlungen des Beschwerdegerichts stärker verzögert werden (z. B. wegen Terminschwierigkeiten) als dies bei Zurückverweisung bis zu einer Sachentscheidung zu erwarten ist.

13   **c) Zurückverweisung.** In den bezeichneten Fällen ist es nicht nur zulässig, sondern ggfs. geboten, daß das Beschwerdegericht von einer eigenen Sachentscheidung absieht und den **angefochtenen Beschluß aufhebt unter Zurückverweisung zur Entscheidung in der**

---

[34] Vgl. die gegenteilige, hier aber nicht überzeugende Argumentation von *Hanack* JZ **1967** 223 f.
[35] Vgl. KG StV **1986** 142.

[36] Siehe Vor § 304, 13 ff und § 309, 21 f.
[37] Zur Teilanfechtung/Beschränkung Vor § 304, 14 f.
[38] § 308, 20.

Sache an den Erstrichter. Darüber hinaus bleiben Fälle der mangelnden Entscheidungsbefugnis des Erstgerichts oder des Beschwerdegerichts[39]. Das Beschwerdegericht muß zurückverweisen, wenn es für die Sachentscheidung **nicht zuständig** ist, oder wenn es sonst rechtlich nicht in der Lage ist, an Stelle des Erstrichters die Sachentscheidung zu treffen[40]. Wenn der Erstrichter für die Sachentscheidung **örtlich nicht zuständig** war und das tatsächlich zuständige Gericht nicht zum Bezirk des Beschwerdegerichts gehört, entfällt auch eine Zurückverweisung, vielmehr ist der Beschluß aufzuheben und eine eigene Sachentscheidung abzulehnen mangels Zuständigkeit[41]. Umfaßt der Bezirk des Beschwerdegerichts dagegen auch den Bezirk des zuständigen Erstgerichts, dann ist das Beschwerdegericht an der Sachentscheidung nach Maßgabe der dargelegten Voraussetzungen nicht gehindert[42].

Das vollständige **Fehlen einer sachlichen Begründung** des angefochtenen Beschlusses – **14** einschließlich der Abhilfeentscheidung – kann zumindest zur **Rückgabe der Akten zum Zwecke der Nachholung** dieser Begründung bzw. des Abhilfeverfahrens führen, um dem Beschwerdegericht Gelegenheit zu geben, die der angefochtenen Entscheidung zugrundeliegenden Erwägungen zur Kenntnis zu nehmen und überprüfen zu können. Dies ist unabdingbar, wenn das Beschwerdegericht – eingeschränkt durch § 305a Abs. 1 S. 2 oder § 453 Abs. 2 S. 2 – die Gesetzmäßigkeit der Erstentscheidung zu prüfen hat[43]. Eine förmliche Zurückverweisung zur erneuten Sachentscheidung (unter Aufhebung der ersten) erscheint hingegen nicht erforderlich. Trotz fehlender sachlicher Begründung kann das Erstgericht eine Sachentscheidung getroffen haben und Entscheidungsreife, ggfs. nach ergänzenden Ermittlungen gem. § 308 Abs. 2, vorliegen, so daß einer Sachentscheidung des Beschwerdegerichts im übrigen nichts entgegen steht.

Wenn das Verfahren vor dem Erstgericht mit einem so **schwerwiegenden Verfahrens- 15 fehler** behaftet ist, daß nicht mehr von einem ordnungsgemäßen Verfahren gesprochen werden kann, weil sich die Entscheidung des Erstgerichts nicht als Entscheidung des zuständigen Organs qualifiziert[44], kommt oft eine Zurückverweisung in Betracht. Dies wird angenommen, wenn das Erstgericht nicht entscheidungsbefugt war, weil ein ausgeschlossener Richter (§ 22) mitgewirkt[45] oder verfahrensrechtlich gebotene (mündliche) Anhörungen unterblieben sind[46].

Berücksichtigt man die auf **Verfahrensbeschleunigung** abstellende Zielrichtung der **16** §§ 308 Abs. 2, 309 Abs. 2, aber auch anderer Beschwerdevorschriften wie der Abhilfebefugnis des Erstrichters, ist der Gesichtspunkt des Verfahrensmangels aber nur ausnahmsweise, in gleichsam nicht heilbaren Fällen ausschlaggebend[47]. Wenn eine erstinstanzliche Sachentscheidung vorliegt und eine Sache entscheidungsreif ist, gibt § 309 Abs. 2 dem Beschwerdegericht die regelmäßige **Befugnis und Verpflichtung zu einer eige-**

---

[39] Zur örtlichen und sachlichen Zuständigkeit des Beschwerdegerichts Vor § 304, 19 ff.

[40] Vgl. BGH NStZ **1992** 508; SK-*Frisch* 19; KK-*Engelhardt*[4] 11; *Eb. Schmidt* 6.

[41] BGHSt **23** 79, 82; KG StV **1998** 384 mit krit. Anm. *Fröhlich* NStZ **1999** 585; *Meyer-Goßner*[46] 6; KK-*Engelhardt*[4] 10.

[42] OLG Nürnberg StraFo. **2000** 280 f; KG NStZ **1994** 255 (entgegen OLG Hamburg NStZ **1991** 356); *Meyer-Goßner*[46] 6; HK-*Rautenberg*[3] 7; SK-*Frisch* 18.

[43] BGHSt **34** 392 f; BGH Beschluß vom 30.08.1994 (5 StR 480/94); Beschluß vom 05.02.1997 (5 StR 96); Beschluß vom 07.08.2001 (4 StR 266/01).

[44] Vgl. *Hanack* JZ **1967** 223 ff; *Meyer-Goßner*[46] 8 mit weit. Nachw.

[45] OLG Bremen NJW **1966** 605; OLG Saarbrücken NJW **1966** 167; dagegen KK-*Engelhardt*[4] 11.

[46] BGH NStZ **1995** 610, 611; OLG Rostock NStZ-RR **2000** 14, 15; OLG Frankfurt NStZ-RR **1996** 91, 92; **1998** 77; OLG Karlsruhe StV **1997** 314, 315; OLG Düsseldorf NStZ **1988** 243; **1993** 406, 407; StV **1995** 538; NJW **2002** 2963, 2964 f (auch zur Bindungswirkung einer zurückverweisenden Beschwerdeentscheidung); OLG Schleswig bei *Ernesti/Lorenzen* SchlHA **1984** 97, 107, 108.

[47] BGHSt **8** 194, 195 (Ausschluß eines Rechtsanwalts als Verteidiger).

nen **Sachentscheidung** über den Beschwerdegegenstand. Die **Alternative einer Zurückverweisung** gilt nur **für die bezeichneten Ausnahmefälle**. Fördert die Aufhebung und Zurückverweisung den Fortgang des Gesamtverfahrens, weil das Beschwerdegericht die für eine eigene Sachentscheidung notwendigen Tatsachen gem. § 308 Abs. 2 erst ermitteln müßte, während der Erstrichter zugleich mit diesen Ermittlungen das Verfahren auch im übrigen weiterbetreiben kann, dann ist es wie bereits dargelegt geboten, **zum Zwecke der Verfahrensbeschleunigung zurückzuverweisen**[48]. Entsprechend kann eine Sachentscheidung des Beschwerdegerichts ausnahmsweise zu einer sachwidrigen Trennung zusammengehörender Strafsachen führen, etwa bei einer Teilanfechtung oder bei nicht beschwerdeführenden Mitangeklagten, oder wenn sich die Beschwerde gegen das Unterlassen einer Entscheidung wendet[49], und insoweit eine Zurückverweisung unter dem Aspekt der Beschleunigung des Gesamtverfahrens opportun sein. Die Unterscheidungen sind insbesondere von Bedeutung, wenn das Erstgericht vor Weiterführung des ihm obliegenden Verfahrens nur eine formelle Vorfrage – ohne jedwede Sachentscheidung zu treffen – verneint hat, oder trotz einer partiellen Sachentscheidung (durch Verneinung materiell-rechtlicher Voraussetzungen oder anderer Vorfragen) die Sachentscheidung insgesamt noch nicht entscheidungsreif ist[50].

d) Weitere Beispiele für Sachentscheidung oder Zurückverweisung

17 **aa) Nichteröffnung des Hauptverfahrens.** Hat das Erstgericht die Eröffnung des Hauptverfahrens in der Sache zu Unrecht abgelehnt (§§ 204, 210 Abs. 2), besteht für das Beschwerdegericht die ausdrückliche Befugnis, den „in der Sache erforderlichen" Eröffnungsbeschluß zu erlassen[51]. Hatte sich das Erstgericht in einem Ablehnungsbeschluß jedoch auf die Entscheidung einer Vorfrage beschränkt, kommt es dann zunächst darauf an, ob das Erstgericht überhaupt schon eine, zumindest partielle Sachentscheidung getroffen hat. Das bereits in der Vorauflage thematisierte Beispiel – Beschwerde gegen Nichteröffnungsbeschluß wegen Unzuständigkeit – ist einerseits problematisch und andererseits gleichwohl anschaulich. Problematisch ist das Beispiel, da in einem solchen Fall nach zutreffender Ansicht keine Entscheidung gem. §§ 204, 210 Abs. 2 über die Nichteröffnung getroffen wurde, sondern lediglich eine Entscheidung über die Unzuständigkeit, welche auch keine Rechtskraft erlangt und mit einfacher Beschwerde anfechtbar ist[52]. Insofern bleibt dem Beschwerdegericht ersichtlich nur die rechtliche Möglichkeit einer Zurückverweisung an das Erstgericht (zur Entscheidung über die Eröffnung), soweit es die Beschwerde für begründet hält[53] oder die Verwerfung[54]. Dennoch veranschaulicht dieses Beispiel, daß die Entscheidungskompetenz des Beschwerdegerichts auf den Beschwerdegegenstand begrenzt bleiben muß und das Beschwerdegericht nicht eine vom Erstgericht noch gar nicht getroffene Sachentscheidung immer

---

[48] Noch einschr. LR-*Gollwitzer*[24] 17.

[49] *Meyer-Goßner*[46] 5; vgl. zur Untätigkeitsbeschwerde Vor § 304, 31; § 304, 7 ff. Auch hier darf bei Entscheidungsreife das Beschwerdegericht eine ihm mögliche Sachentscheidung selbst zu treffen, jedoch wird dies eher nicht angezeigt sein; § 304, 11.

[50] Wo hier die Grenze verläuft, wird nicht einheitlich beantwortet; vgl. unten zu weiteren Beispielen § 309, 17 ff; HK-*Rautenberg*[3] 7 etwa sieht die Möglichkeit einer Zurückverweisung durch das Beschwerdegericht nur in einem praktischen Fall, wenn nämlich das Beschwerdegericht rechtlich an einer Sachentscheidung gehindert wäre (d. h. insbesondere bei Un-

zuständigkeit); KK-*Engelhardt*[4] 11 f betont ebenfalls die grundsätzliche Befugnis zum Durchentscheiden, auch wenn die Beschwerde nur eine Vorfrage betraf; undeutlich LR-*Gollwitzer*[24] 8; vgl. SK-*Frisch* 17 ff.

[51] Vgl. zu Entscheidungsmaßstab und Umfang der Beschwerdeentscheidung gem. § 210 Abs. 2 und 3 LR-*Rieß* § 210, 19 ff.

[52] Vgl. LR-*Rieß* § 204, 6 f; § 210, 29 ff, jeweils mit weit. Nachw., auch zur Gegenmeinung.

[53] LR-*Rieß* § 210, 33 f.

[54] LR-*Rieß* § 210, 35.

ersetzen (also durchentscheiden) darf. Würde man also mit der Gegenmeinung[55] im Falle einer Unzuständigkeitsentscheidung zugleich eine Nichteröffnungsentscheidung gem. §§ 204, 210 Abs. 2 für gegeben sehen, dürfte das Beschwerdegericht gleichwohl nicht über die Eröffnung (in der Sache durch-) entscheiden, da sich sowohl das Erstgericht als auch auf dieser Grundlage des konkreten erstinstanzlichen Prozeßgegenstandes (Unzuständigkeit) das Beschwerdeverfahren ausschließlich mit einer isolierten formellen Vorfrage befassen. Folglich kann auch nicht die – noch gar nicht vorgenommene – Prüfung einer Sachentscheidung Gegenstand der Beschwerde sein. Eine Sachentscheidung des Beschwerdegerichts würde nämlich nicht die getroffene Entscheidung einer ersten Instanz aufheben und korrigieren, sondern das Beschwerdegericht würde von vornherein anstatt des Erstrichters in der Sache entscheiden. Dies wäre auch im Hinblick auf die nur eingeschränkt zulässige weitere Beschwerde gem. § 310 Abs. 1 und somit einen effektiven Rechtsschutz problematisch. Entsprechend bleibt auch, wenn man mit der Gegenmeinung im Falle einer Unzuständigkeitsentscheidung zugleich eine Nichteröffnungsentscheidung gem. §§ 204, 210 Abs. 2 sieht, für das Beschwerdegericht nur die Zurückverweisung (zur Sachentscheidung), soweit die Beschwerde begründet wäre[56].

bb) Verfall der Sicherheit. Hat das Erstgericht mit der Begründung, für die Sachentscheidung unzuständig zu sein, abgelehnt, über den Verfall einer Sicherheit gem. § 124 **18** Abs. 1 zu entscheiden, darf das Beschwerdegericht bei begründeter (sofortiger) Beschwerde der Staatsanwaltschaft nicht selbst die Sachentscheidung über den Verfall treffen. Beschwerdegegenstand ist alleine die Frage der Zuständigkeit, denn nur darüber hat der Erstrichter faktisch entschieden. Es muß an das Erstgericht zur Sachentscheidung über den Verfall zurückverwiesen werden[57]. Wenn das Erstgericht indessen zu Unrecht den Verfall abgelehnt und somit sachlich entschieden hat, darf das Beschwerdegericht selbst den Verfall der Sicherheit (als Beschwerdegegenstand) als in der Sache erforderliche Entscheidung aussprechen.

cc) Haftbeschwerde. Grundsätzlich muß das Beschwerdegericht den Haftbefehl **19** selbst erlassen, wenn die Beschwerde gegen die Ablehnung des Erlasses einer solchen Anordnung begründet ist[58]. Die Sache ist jedoch an den Erstrichter zurückzuverweisen, wenn das Verfahren mit einem schwerwiegenden Verfahrensmangel behaftet sei, etwa wenn der Haftbefehl nicht den Anforderungen des § 114 Abs. 2 entspricht, zumal das Beschwerdegericht ohne diese Voraussetzungen nur schwerlich den Vorwurf feststellen könnte[59]. Bei einer **Haftbeschwerde während laufender Hauptverhandlung** ist zu berücksichtigen, daß die Ausführungen des Erstgerichts nur beschränkt auf Rechtsfehler und Vertretbarkeit der Entscheidung hin überprüfbar sind[60].

e) Wirkung der Entscheidung. Wenn das Beschwerdegericht die Entscheidung des **20** Erstgerichts abändert oder aufhebt, so tritt diese neue Entscheidung an die Stelle der ersten. Sie ist vom Erstgericht dem weiteren Verfahren in gleicher Weise wie die ursprüngliche Erstentscheidung zugrunde zu legen[61]. Das Erstgericht ist – anders als bei § 358 Abs. 1 – nicht an die Rechtsauffassung der Beschwerdeentscheidung förmlich, ggfs. aber inhaltlich gebunden[62]. Die Beschwerdeentscheidung wirkt in der Regel **für und**

---

[55] Z. B. KK-*Tolksdorf*[4] § 199, 4; *Pfeiffer*[4] § 204 1; *G. Schäfer*[6] 777.

[56] BGHSt **43** 122, 124; KK-*Tolksdorf*[4] 8.

[57] *Ellersiek* 193.

[58] Vgl. LR-*Hilger* § 120, 33 ff.

[59] OLG Düsseldorf StV **1996** 440 ff; OLG Hamm StV **2000** 153 ff.

[60] § 304, 33 mit weit. Nachw.

[61] SK-*Frisch* 26.

[62] Vgl. OLG Düsseldorf NJW **2002** 2963, 2964 f; KK-*Engelhardt*[4] 12; *Meyer-Goßner*[46] 10; *Meyer* NStZ **1987** 25, 27; *Mohrbotter* ZStW **84** (1972) 612, 621, 624; **a. A** SK-*Frisch* 17, 27.

Holger Matt

gegen alle Verfahrensbeteiligte wie die ursprüngliche Entscheidung. Die veränderte prozessuale Lage, die durch die Entscheidung des Beschwerdegerichts entsteht, müssen auch die Prozeßbeteiligten hinnehmen, die nicht Beschwerde eingelegt haben. Wenn allerdings der Inhalt der angefochtenen **Entscheidung teilbar** ist, kann sich auch die Wirkung der Beschwerdeentscheidung auf den oder die betroffenen Verfahrensbeteiligten beschränken, wie etwa bei Kostenentscheidungen[63]. Bei Beschlüssen, deren Inhalt einer materiellen Rechtskraft fähig ist, kann die Bestandswirkung des Beschlusses, der im Verhältnis zu einem Beschuldigten unangefochten bleibt, dazu führen, daß die erfolgreiche Anfechtung nur für oder gegen einen von mehreren Beschuldigten wirkt. In solchen Fällen kommt eine entsprechende Anwendung des § 357 in Betracht, beispielsweise wenn die nachträgliche Berichtigung eines Eröffnungsbeschlusses nur von einem der davon betroffenen Angeklagten angefochten worden ist[64].

21   **5. Verschlechterungsverbot.** Die entsprechende Anwendung der §§ 331, 358 Abs. 2, 373 Abs. 2 ist im Beschwerdeverfahren grundsätzlich nicht vorgesehen. Allein aus rechtsstaatlichen Gründen ist sie nicht geboten, denn das Verschlechterungsverbot ist dem Rechtsstaat nicht eigentümlich, es bedeutet nur eine „Rechtswohltat", auf dessen gesetzliche Sicherung kein unabdingbarer verfassungsrechtlicher Anspruch besteht[65].

22   **Ausnahmsweise** greift das Verschlechterungsverbot bei den Beschlüssen ein, die ähnlich einem Urteil das Verfahren durch eine Sachentscheidung abschließen sowie bei sonstigen Beschlüssen, welche Rechtsfolgen **endgültig** festlegen und einer (beschränkten) materiellen Rechtskraft fähig sind. Seine Anwendung kommt vor allem bei den Beschlüssen in Betracht, welche das Ausmaß der Rechtsfolgen, wie etwa die Strafhöhe, betreffen. So werden §§ 331, 358 Abs. 2 entsprechend anzuwenden sein bei der Bildung einer Gesamtstrafe oder bei Beschlüssen, die Ordnungsmittel festsetzen. Kein Raum ist dagegen für das Verschlechterungsverbot, soweit Rechtsfolgen von Gesetzes wegen unter dem **Vorbehalt einer nachträglichen Änderung** auch zu Lasten des Betroffenen stehen, allerdings nur in diesem normativ begrenzten Rahmen[66]. Schließlich hat das Beschwerdegericht eine wirksame Beschränkung der Beschwerde zu beachten[67]. Aus Gründen einer **fairen Verfahrensgestaltung** kann es geboten sein, den Beschwerdeführer vor einer „verschlechternden" Entscheidung nochmals anzuhören bzw. ihm Gelegenheit zur Rücknahme des Rechtsmittels zu geben.

§ 310

(1) **Beschlüsse, die von dem Landgericht oder von dem nach § 120 Abs. 3 des Gerichtsverfassungsgesetzes zuständigen Oberlandesgericht auf die Beschwerde hin erlassen worden sind, können, sofern sie Verhaftungen oder die einstweilige Unterbringung betreffen, durch weitere Beschwerde angefochten werden.**

(2) **Im übrigen findet eine weitere Anfechtung der auf eine Beschwerde ergangenen Entscheidungen nicht statt.**

---

[63] KK-*Engelhardt*[4] 14.

[64] KK-*Engelhardt*[4] 14; OLG Bremen NJW **1958** 432 mit Anm. *Eb. Schmidt* JR **1958** 191, der im Ergebnis zustimmend mit Recht darauf hinweist, daß die Frage der Zulässigkeit des Berichtigungsbeschlusses hier ohne Rücksicht auf die Beschwerde im weiteren Verfahren von Amts wegen hätte geprüft werden müssen, da es sich um die Zuständigkeit des Gerichts und damit um eine in jeder Lage des Verfahrens von Amts wegen zu prüfende Verfahrensvoraussetzung gehandelt hat.

[65] Ausf. Vor § 304, 13 ff.

[66] Vor § 304, 15 mit weit. Nachw.; vgl. § 305a, 7.

[67] Vor § 304, 16 ff; § 304, 59.

Entstehungsgeschichte. Durch Art. 2 Nr. 28 AGGewVerbrG wurde die weitere Beschwerde auf die einstweilige Unterbringung ausgedehnt. Die 2. VereinfVO hat 1942 die weitere Beschwerde abgeschafft; durch das VereinhG wurde sie 1950 wieder eingeführt und erhielt die im wesentlichen noch heute geltende Fassung. Das Gesetz vom 8. 9. 1969 hat die weitere Beschwerde gegen die Beschwerdeentscheidungen der nach § 120 Abs. 3 zuständigen Oberlandesgerichte eingeführt[1]. Bezeichnung bis 1924: § 352.

1. Verfahren und Zuständigkeiten

a) Grundsatz der Unanfechtbarkeit von Beschwerdeentscheidungen. Der Grundsatz **1** des Beschwerdeverfahrens, daß Entscheidungen des Beschwerdegerichts nicht mehr anfechtbar sind, ist in § 310 Abs. 2 geregelt und wird durch die in Absatz 1 erwähnten Ausnahmen (Verhaftungen und einstweilige Unterbringungen betreffend) bestätigt. Die Masse der Beschwerdesachen soll folglich nach dem **Willen des Gesetzgebers** aus Gründen der **Prozeßbeschleunigung und Verfahrensökonomie** in zwei Rechtszügen, also mit der Beschwerdeentscheidung des Landgerichts oder des Oberlandesgerichts, beendet und weiterer Anfechtung entzogen sein[2]. Regelmäßig endet das Beschwerdeverfahren daher mit dem Beschluß des Beschwerdegerichts („auf die Beschwerde hin").

Die **Ausnahmeregelung** des § 310 ist wegen der schwerwiegenden Bedeutung der dort **2** genannten Freiheitsentziehungen – mit häufig nicht mehr rückgängig zu machenden und damit endgültigen Folgen **für den Beschuldigten** – geschaffen worden[3] und **keiner erweiternden Auslegung** fähig[4]. Insofern ergeben sich auch – trotz des offen gebliebenen Wortlauts in Absatz 1 – **erhebliche Bedenken**, das Rechtsmittel der weiteren Beschwerde gegen für den Beschuldigten günstige Beschwerdeentscheidungen (Verhaftungen und einstweilige Unterbringungen betreffend) auszudehnen auf die **Staatsanwaltschaft**[5]. Die

---

[1] Zur Gesetzesentwicklung vgl. *Giesler* 135.

[2] SK-*Frisch* 2; *Ellersiek* 87.

[3] Vgl. Mat. *Hahn* 249; *Giesler* 134; *Ellersiek* 87.

[4] BVerfGE **48** 367, 376.

[5] Entgegen der noch h.M, siehe unten § 310, 18 ff.

Holger Matt

grundsätzlich restriktive Auslegung und Handhabung der weiteren Beschwerde hat der Gesetzgeber dadurch bestätigt, daß er die Nachholung einer unterbliebenen Anhörung in §§ 33a, 311a besonders geregelt und nicht – wie seinerzeit teilweise gefordert – als neuen Grund für die weitere Beschwerde eingeführt hat[6].

3   **b) Zuständigkeiten.** § 310 Abs. 1 betrifft Beschwerdeentscheidungen des Landgerichts und nur in den Sonderfällen des § 120 Abs. 3 auch die des Oberlandesgerichts. **Gericht der weiteren Beschwerde** gegen Beschwerdeentscheidungen des Landgerichts ist das **Oberlandesgericht** (§ 121 Abs. 1 Nr. 2 GVG). Bei Beschwerdeentscheidungen der Staatsschutzstrafkammern (§ 74a Abs. 3, 73 Abs. 1 GVG) entscheidet über die weitere Beschwerde das Landeshauptstadt-Oberlandesgericht gem. §§ 120 Abs. 4, 120 Abs. 1, dessen Stelle in Bayern das Bayerische Oberste Landesgericht einnimmt (§ 120 Abs. 4, 5 GVG, § 9 EGGVG, Art. 11 Abs. 2 Nr. 1 bayer. AGGVG)[7]. Stammt jedoch die angefochtene Erstentscheidung vom Landgericht und hat das Oberlandesgericht als Beschwerdegericht entschieden, so ist eine weitere Beschwerde (an das Bayerische Oberste Landesgericht oder den Bundesgerichtshof) nicht zulässig.

4   Eine **Sonderregelung** gilt nur für **Staatsschutzsachen** im Sinne des § 120 Abs. 1 und 2 GVG. Nur in den in § 120 Abs. 3 GVG aufgeführten Fällen der **Beschwerdeentscheidungen des Landeshauptstadt-Oberlandesgerichts** (§ 120 Abs. 1, 2 und § 73 Abs. 1; § 169 Abs. 1 S. 1 und § 304 Abs. 5, in Bayern des Bayerischen Obersten Landesgerichts) ist die weitere Beschwerde zulässig nach Maßgabe des § 310 Abs. 1, d. h. auch nur Verhaftungen und einstweilige Unterbringungen betreffend. Nach § 135 Abs. 2 GVG entscheidet der **Bundesgerichtshof** über eine weitere Beschwerde gegen diese Beschwerdeentscheidungen der Landeshauptstadt-Oberlandesgerichte (in Bayern: des Bayerischen Obersten Landesgerichts).

5   **c) Verfahren.** Es gelten die allgemeinen Vorschriften der §§ 304 ff, insbesondere der §§ 306 bis 309. Bei Einlegung zur Niederschrift der Geschäftsstelle ist jedoch die Zuständigkeit des Rechtspflegers nach § 24 Abs. 1 Nr. 1 Buchst. b) RpflG zu beachten. Über die **Abhilfe** einer weiteren Beschwerde (§ 306 Abs. 2) entscheidet das Beschwerdegericht als iudex a quo[8]. Über **Zulässigkeit und Begründetheit** entscheidet bei nicht vollständiger Abhilfe immer das für die weitere Beschwerde zuständige **Rechtsmittelgericht als iudex ad quem**[9], also entweder das Oberlandesgericht oder der Bundesgerichtshof[9]. Für die Nachholung des rechtlichen Gehörs gelten ebenfalls die §§ 33a, 311a. Bei Unzulässigkeit der weiteren Beschwerde kann die **Gegenvorstellung**, ggfs. im Wege der Umdeutung, der geeignete Rechtsbehelf zur nochmaligen Überprüfung der getroffenen Entscheidung durch das Beschwerdegericht (Landgericht oder Oberlandesgericht) sein[10].

2. Unzulässigkeit einer weiteren Beschwerde

6   **a) Anfechtung einer Beschwerdeentscheidung.** Mit Ausnahme der Fälle des § 310 Abs. 1 sind alle Entscheidungen gem. § 310 Abs. 2 unanfechtbar, die **auf eine Beschwerde ergangen** sind. Es muß eine Erklärung eines Verfahrensbeteiligten vorausgegangen sein,

---

[6] *Giesler* 137; SK-*Frisch* 2.
[7] BayRS 300 – 1 – 1 – J; vgl. BGHSt **28** 103 ferner *Sprau/Vill* Justizgesetze in Bayern AGGVG Art. 11, 21.
[8] HK-*Rautenberg*[3] 10; SK-*Frisch* 30; KK-*Engelhardt*[4] 13; *Meyer-Goßner*[46] 10; siehe dazu § 306, 9 ff. Ob gegen die Abhilfeentscheidung erneut das Rechts-

mittel der weiteren Beschwerde eröffnet ist, entscheidet sich nach den allgemeinen Kriterien.
[9] Vgl. § 306, 13, 22.
[10] Siehe zur Gegenvorstellung Vor § 304, 47 mit weit. Nachw.; zur Umdeutung einer unzulässigen Beschwerde z. B. in die Gegenvorstellung Vor § 304, 49 ff; vgl. § 306, 8, 9.

die zutreffend als Beschwerde ausgelegt und behandelt wurde[11], andernfalls fehlt es an einer Beschwerdeentscheidung[12]. Die Entscheidung des Landgerichts, das rechtsirrig annimmt, der Beschuldigte habe Beschwerde eingelegt, wird dadurch noch nicht – zu einer der weiteren Anfechtung entzogenen – Beschwerdeentscheidung[13].

Gleiches gilt, wenn das **Berufungsgericht** auf eine erfolglose Berufung hin eine Annexentscheidung des Erstgerichts geändert hat, auch wenn Beschwerde eingelegt worden war, denn die aus Anlaß der Berufung ergangene Entscheidung – z. B. gem. § 268a – wird durch § 310 Abs. 2 der Anfechtung nicht entzogen[14]. Entscheidet das Berufungsgericht in einer bei ihm anhängigen Sache über die Aufrechterhaltung oder Aufhebung einer vom Amtsgericht ausgesprochenen vorläufigen Entziehung der Fahrerlaubnis, so entscheidet es vom Zeitpunkt der Vorlage der Akten gemäß § 321 an nicht als Beschwerdegericht[15]. Die Anfechtung einer solchen Entscheidung ist keine (unzulässige) weitere Beschwerde[16]. Eine **Beschwerdeentscheidung** liegt dagegen vor, wenn sich das Rechtsmittel auch auf die Annexentscheidung des Erstgerichts erstreckte und das Berufungsgericht darüber ausdrücklich – z. B. nach vorheriger Verwerfung der Berufung wegen Unzulässigkeit – als Beschwerdegericht entschieden hat[17]. **7**

Nimmt das Landgericht seine Beschwerdeentscheidung auf Grund von **Gegenvorstellungen** zurück und ersetzt sie durch eine neue Entscheidung, so ist auch diese auf die Beschwerde hin ergangen und nur unter den Voraussetzungen des Absatzes 1 mit weiterer Beschwerde anfechtbar[18]. Wendet sich die Beschwerde dagegen nicht gegen die Sachentscheidung, sondern allein gegen die Zulässigkeit der nachträglichen Abänderung, so kann darin ein neuer Beschwerdegegenstand liegen[19]. **8**

b) Zuständigkeit des Beschwerdegerichts. Voraussetzung für die Unzulässigkeit einer weiteren Beschwerde ist, daß das zuständige Beschwerdegericht entschieden hat[20]. Hat das Amtsgericht eine Entscheidung getroffen, für die es nicht zuständig war, dann ist die auf Beschwerde hin ergangene Entscheidung des Landgerichts **entsprechend der wahren Rechtslage** als eine Entscheidung der ersten Instanz mit Beschwerde anfechtbar[21]. Die wahre Rechtslage ist auch maßgebend, wenn das Landgericht der irrigen Meinung war, es entscheide als Gericht der ersten Instanz, weil das Amtsgericht nicht zuständig gewesen sei, denn der Rechtsirrtum des Gerichts kann keine dritte Instanz eröffnen[22]. Hat das **Landgericht** jedoch irrigerweise **statt des zuständigen Amtsgerichts** die Erstentscheidung erlassen, dann ist seine Entscheidung trotzdem **keine Beschwerdeentscheidung**. Im übrigen mangelt es hier bereits an der notwendigen Einlegung einer Beschwerde, auf die hin die Entscheidung ergangen ist[23]. Diese ist somit anfechtbar, auch wenn die Voraussetzungen für eine weitere Beschwerde gem. § 310 Abs. 1 nicht gegeben wären[24]. Keine **9**

---

11 OLG Köln MDR **1980** 600.
12 OLG Köln MDR **1980** 600; OLG Stuttgart Justiz **1971** 270, 271.
13 KK-*Engelhardt*[4] 3; *Meyer-Goßner*[46] 2; SK-*Frisch* 5, 10; § 304, 63 mit weit. Nachw.
14 SK-*Frisch* 5 f; KK-*Engelhardt*[4] 7; KMR-*Plöd* 2.
15 Vgl. § 304, 68; dagegen OLG Stuttgart NStZ **1990** 141, 142; OLG Hamm NJW **1969** 149, 150; KMR-*Plöd* 2.
16 SK-*Frisch* 6; OLG Hamm VRS **21** (1961) 283; **49** (1975) 111, 112; str. vgl. LR-*Schäfer* § 111a, 94.
17 Vgl. OLG Stuttgart NStZ **1990** 141.
18 OLG Köln GA **1962** 381; *Rieß* NStZ **1985** 473, 474; SK-*Frisch* 15.
19 OLG Oldenburg NStZ **1985** 473 mit krit. Anm.

Rieß; aber auch OLG Frankfurt NJW **1980** 1808; SK-*Frisch* 15.
20 SK-*Frisch* 7 f; HK-*Rautenberg*[3] 5; *Meyer-Goßner*[46] 2; OLG Hamm NJW **1972** 1725 f; OLG Karlsruhe Justiz **1977** 23, 24.
21 OLG Düsseldorf NStZ-RR **2001** 111, 112 mit weit. Nachw.; *Ellersiek* 90; KK-*Engelhardt*[4] 3; *Meyer-Goßner*[46] 2.
22 OLG Hamm GA **1972** 186; KK-*Engelhardt*[4] 4; *Meyer-Goßner*[46] 2; SK-*Frisch* 10; HK-*Rautenberg*[3] 5.
23 SK-*Frisch* 10; vgl. KK-*Engelhardt*[4] 3.
24 HK-*Rautenberg*[3] 5; vgl. OLG Celle NdsRpfl. **1952** 19.

Beschwerdeentscheidung liegt auch vor, wenn weder das Amtsgericht bei seiner Erstentscheidung noch das Landgericht bei seiner Entscheidung zuständig waren[25].

10   **c) Beschwerdegegenstand.** Eine gem. § 310 Abs. 2 unzulässige weitere Beschwerde liegt nur vor, wenn zwei Rechtszüge über **den gleichen Beschwerdegegenstand** vorausgegangen sind. Die Entscheidung, deren Überprüfung erstrebt wird, muß den gleichen Verfahrensgegenstand betreffen wie die Entscheidung des Erstrichters[26], soweit der zu überprüfende Vorgang ebenfalls Gegenstand des vorangegangenen Beschwerdeverfahrens gewesen ist[27]. Dabei ist alleine maßgebend, ob der Beschwerdegegenstand in den beiden Vorinstanzen mitzuentscheiden gewesen wäre und nicht, ob er auch tatsächlich mitgeprüft worden ist[28]. Die Voraussetzung des gleichen Beschwerdegegenstandes liegt auch vor, wenn das Beschwerdegericht nach eigenen Ermittlungen abweichende oder weitergehende Feststellungen getroffen[29] hat oder wenn es andere Rechtsnormen anwendet[30] oder eine andere Sachentscheidung (erstmals) trifft[31].

11   Wenn das Beschwerdegericht eine **Formalentscheidung des Erstgerichts** über die Unzulässigkeit durch eine eigene Sachentscheidung ersetzt und nicht – entgegen der hier gegebenen Empfehlung einer Entscheidung gem. § 309 Abs. 2, von Eilfällen abgesehen[32] – an das Erstgericht zurückverwiesen hat, ist dennoch von einer Beschwerdeentscheidung auszugehen, die nicht über den Prozeßstoff der ersten Instanz hinaus gegangen ist[33]. Ob eine „auf die Beschwerde hin" ergangene Entscheidung über den gleichen Beschwerdegegenstand vorliegt, richtet sich demnach nicht allein nach dem Instanzenzug. Es ist unter **Würdigung der gesamten Prozeßlage** zu beurteilen[34]. Die Entscheidungsformel des Beschwerdegerichts gibt hierfür zwar in der Regel wichtige Anhaltspunkte, sie kann aber nicht in allen Fällen maßgebend sein[35].

12   Entscheidungen, die einen erstmals im Beschwerdeverfahren angefallenen und **selbständigen Verfahrensgegenstand** betreffen, sind allerdings nicht „auf Beschwerde hin" ergangen, so daß eine (einfache) Beschwerde gegen diese Art der Erstentscheidung zulässig bleibt[36].

13   **Beispiele.** Ein **anderer Beschwerdegegenstand** – und damit kein Fall der Unzulässigkeit der Beschwerde nach § 310 Abs. 2 – wird angenommen bei Beschlüssen des Beschwerdegerichts, die zwar im Beschwerdeverfahren ergehen, die aber nicht durch die Beschwerde, sondern durch einen neuen, von der Beschwerde unabhängigen (also nicht nur zu deren Durchführung gestellten unselbständigen) Antrag[37] des Beschwerdeführers

---

[25] OLG Frankfurt NJW **1980** 1808.

[26] OLG Hamm NJW **1970** 2127, 2128; OLG Schleswig bei *Lorenzen* SchlHA **1987** 117, 120; *Ellersiek* 88; *Giesler* 135; KK-*Engelhardt*[4] 3; *Meyer-Goßner*[46] 2; KMR-*Plöd* 1; *Eb. Schmidt* 1.

[27] Zu der Problematik des Beschwerdegegenstands vgl. § 309, 8 ff.

[28] SK-*Frisch* 12 f.

[29] HK-*Rautenberg*[3] 3; SK-*Frisch* 12; OLG Hamm GA **1976** 58.

[30] Vgl. OLG Hamm NJW **1970** 2127; OLG Neustadt JZ **1952** 310; NJW **1957** 1082; SK-*Frisch* 12; HK-*Rautenberg*[3] 3.

[31] OLG Köln NStZ-RR **2002** 244; OLG Bremen NStZ **1986** 524; OLG Schleswig bei *Lorenzen* SchlHA **1987** 120; SK-*Frisch* 12 f.

[32] Siehe § 309, 9 f.

[33] SK-*Frisch* 13.

[34] OLG Nürnberg NStZ-RR **1999** 53; *Meyer-Goßner*[46] 2; HK-*Rautenberg*[3] 2.

[35] KK-*Engelhardt*[4] 3; KMR-*Plöd* 1; a. A OLG Schleswig SchlHA **1950** 17. Dem Gericht ist allerdings für den dort entschiedenen Fall zuzustimmen, daß dadurch, daß sich das Beschwerdegericht in den Gründen seiner Entscheidung mit einer nicht zur Beschwerde gehörenden und seiner Entscheidung nicht unterstehenden Frage (hier Wiedereinsetzung) befaßt, seine Entscheidung noch nicht den Charakter einer Beschwerdeentscheidung verliert.

[36] HK-*Rautenberg*[3] 3; SK-*Frisch* 14; *Meyer-Goßner*[46] 3; KMR-*Plöd* 2.

[37] *Meyer-Goßner*[46] 3. Etwas anderes gilt für Anträge, die die Beschwerdeentscheidung nur vorbereiten sollen, wie etwa den Antrag auf Beiziehung bestimmter Aufklärungsmittel KG JR **1969** 194; KK-*Engelhardt*[4] 6.

oder seines Gegners ausgelöst werden[38] oder durch sonst ein erst **während des Beschwerdeverfahrens eintretendes neues Ereignis**, wie etwa eine während des Beschwerdeverfahrens eintretende **Amnestie**. Der Beschluß, das Verfahren fortzuführen, den das Beschwerdegericht auf Grund eines erst im Beschwerdeverfahren erlassenen Straffreiheitsgesetzes antragsgemäß erläßt, ist keine „auf die Beschwerde hin" erlassene Entscheidung, sondern eine im Beschwerdeverfahren getroffene neue Entscheidung, die auf einem neuen Antrag beruht und deshalb mit Beschwerde angefochten werden kann[39]. Eine unzulässige weitere Beschwerde liegt aber vor, wenn das Erstgericht die Anwendung eines Straffreiheitsgesetzes übersehen hatte[40]. Stellt das Beschwerdegericht unter **Aufhebung des Einstellungsbeschlusses** nach § 206a das Verfahren vorläufig nach § 205 ein, ist die Anfechtung zulässig und keine weitere Beschwerde[41]. Gleiches gilt für die Entscheidung über einen erstmals in der Beschwerdeinstanz gestellten Antrag auf **Beiordnung eines Verteidigers**[42]. Gegen den Einstellungsbeschluß, den ein Landgericht im Beschwerdeverfahren nach § 383 Abs. 2 S. 3 erläßt, ist keine (weitere) Beschwerde statthaft, wenn die Zurückweisung der **Privatklage** Beschwerdegegenstand ist[43]. Die **Kostenentscheidung** des Beschwerdegerichts ist – auch wenn sie Änderungen enthält – als Teil der Beschwerdeentscheidung der (weiteren) Beschwerde nicht gesondert zugänglich[44].

d) Einheitliche Bewertung für alle Verfahrensbeteiligte. Ob „eine auf Beschwerde hin **14** erlassene Entscheidung" vorliegt, ist für alle Verfahrensbeteiligte einheitlich zu beurteilen. Für den Beschwerdegegner, der **erstmals durch die Entscheidung des Beschwerdegerichts beschwert** wird, eröffnet dieser Umstand keinen neuen Beschwerdezug[45]. Die relevanten Anhörungsvorschriften des Beschwerdeverfahrens (§ 308 Abs. 1 S. 1, § 33 Abs. 3, Art. 103 Abs. 1 GG) gewährleisten eine hinreichende Beteiligung des Beschwerdegegners, zusätzlich abgesichert durch die nachträglichen Möglichkeiten der §§ 311a, 33a. Eine **(weitere) Beschwerde ist unzulässig**, wenn keine Ausnahme gem. § 310 Abs. 1 vorliegt.

e) Beschwerdeberechtigte

aa) Allgemein. Wie bereits dargelegt, gelten für das Verfahren der weiteren Be- **15** schwerde keine Besonderheiten, die §§ 304 ff finden Anwendung. Die Beschwerdeberechtigung und Aktivlegitimation sind wie bei jeder (einfachen oder sofortigen) Beschwerde im Rahmen der Zulässigkeit zu prüfen.[46] Zudem müssen die Voraussetzungen einer Ausnahme des § 310 Abs. 1 vorgetragen oder ersichtlich sein[47].

bb) Beschwerdegegner. Ob auch der Gegner des Beschwerdeführers in den Aus- **16** nahmefällen des Absatzes 1 die weitere Beschwerde einlegen kann[48], bestimmt sich nach

---

[38] OLG Celle GA **1970** 88.

[39] BayObLGSt **1949/51** 340, 341.

[40] OLG Neustadt NJW **1957** 1082.

[41] OLG Hamburg MDR **1978** 864; dagegen KK-*Engelhardt*[4] 6.

[42] OLG Bamberg NStZ **1985** 39 mit Anm. *Pöpperl.*

[43] BayObLGSt **1952** 94; OLG Hamburg NJW **1953** 1933 (L); OLG Neustadt JZ **1952** 310; OLG Schleswig SchlHA **1953** 103; KK-*Engelhardt*[4] 6; anders aber, wenn Beschwerdegericht nur mit Beschwerde gegen Ablehnung der Prozeßkostenhilfe befaßt war (BayObLGSt **1957** 40, 41).

[44] OLG Oldenburg NJW **1982** 2833; vgl. ferner OLG

Oldenburg VRS **67** (1984) 125 (Auslagenentscheidung im Berufungsurteil).

[45] OLG Köln NStZ-RR **2002** 244, 245; OLG Frankfurt NStZ-RR **1996** 78 f; OLG Celle MDR **1996** 1284 f; OLG Bremen NStZ **1986** 524; OLG Celle MDR **1977** 74; OLG Düsseldorf NStZ **1982** 395; OLG Hamm GA **1962** 381, 382; **1976** 58; OLG Karlsruhe Justiz **1974** 98; *Ellersiek* 91; SK-*Frisch* 3; *Meyer-Goßner*[46] 1; HK-*Rautenberg*[3] 1.

[46] Dazu § 304, 46 ff.

[47] Dazu unten § 310, 29 ff.

[48] Dies ohne Differenzierung behauptend die h.M, z.B. *Meyer-Goßner*[46].

Holger Matt

allgemeinen Kriterien der Zulässigkeit[49]. Unabhängig von der Frage, ob der Beschwerdegegner im Rahmen von § 308 Abs. 1 S. 1 angehört oder ihm sonst rechtliches Gehör gem. § 33 Abs. 3 bzw. Art. 103 Abs. 1 GG gewährt worden ist[50], ist für die Zulässigkeit einer weiteren Beschwerde zu prüfen, ob die allgemeinen Zulässigkeitsvoraussetzungen gem. § 304 vorliegen und darüber hinaus, ob die Voraussetzungen des Ausnahmetatbestandes gem. § 310 Abs. 1 gegeben sind.

17   Beispielsweise fehlt es grundsätzlich an der **Beschwer des Nebenklägers bei Haftentscheidungen**, da seine **Rechtsstellung als Nebenkläger nicht berührt** ist. Legt ein Beschuldigter folglich erfolgreich Haftbeschwerde gegen einen Haftbefehl des Amtsgerichts ein, steht dem Nebenkläger das Rechtsmittel der weiteren Beschwerde nicht zur Verfügung mangels Beschwer, da seine mit der Nebenklage wahrzunehmenden Interessen nicht betroffen sind[51].

18   **cc) Staatsanwaltschaft.** Trotz des Meinungsstandes in Rechtsprechung und Schrifttum[52] ist die Frage schwierig zu beantworten, ob die Staatsanwaltschaft berechtigt sein soll, **weitere Beschwerde** gegen eine Beschwerdeentscheidung **zu Lasten des Beschuldigten** einzulegen, in der beispielsweise der Erlaß eines Haftbefehls abgelehnt oder ein zuvor bestehender und erfolgreich mit der Haftbeschwerde angefochtener Haftbefehl aufgehoben worden ist. Die Beschwer der Staatsanwaltschaft steht außer Frage, denn diese darf als „Vertreterin der Rechtsordnung" jede Entscheidung als sachlich oder rechtlich unzutreffend beanstanden[53].

19   Problematisch ist der **Grundsatz der Unanfechtbarkeit von Beschwerdeentscheidungen** gem. § 310 Abs. 2, wenn nicht die speziellen Voraussetzungen des § 310 Abs. 1 vorliegen. Die Ausnahmeregelung (Verhaftung und einstweilige Unterbringung betreffend) ist **wegen der schwerwiegenden Bedeutung der dort genannten Freiheitsentziehungen** – mit häufig nicht mehr rückgängig zu machenden und damit endgültigen Folgen **für den Beschuldigten** – geschaffen worden[54]. Trotz des offen gebliebenen Wortlauts in Absatz 1 ist völlig unklar, aus welchen Gründen das Rechtsmittel der weiteren Beschwerde gegen für den Beschuldigten günstige Beschwerdeentscheidungen (Verhaftungen und einstweilige Unterbringungen betreffend) durch die Staatsanwaltschaft mit dem Ziel, eine ungünstigere Entscheidung zu erreichen, zulässig sein soll[55].

20   Nach dem ausdrücklichen **Willen des Gesetzgebers** sollte aus Gründen der **Prozeßbeschleunigung und Verfahrensökonomie** das Beschwerdeverfahren grundsätzlich in zwei Rechtszügen, also mit der Beschwerdeentscheidung des Landgerichts oder des Oberlandesgerichts, beendet und weiterer Anfechtung entzogen sein[56]. Unter diesem Aspekt

---

[49] OLG Bremen Rpfleger **1963** 15; *Ellersiek* 91.

[50] Die Pflicht zur Anhörung – oder die Praxis der Anhörung – gem. § 308 Abs. 1 S. 1 oder zur Gewährung rechtlichen Gehörs im Hinblick auf betroffene Verfahrensinteressen (Nachteil, § 33 Abs. 2 und 3, Art. 103 Abs. 1 GG) kann weitergehen als die Beschwerdeberechtigung bzw. die hierfür vorauszusetzende Beschwer als Voraussetzung einer zulässigen (weiteren) Beschwerde, vgl. schon bei § 308, 6.

[51] OLG Frankfurt StV **1995** 594; siehe bei § 304, 50.

[52] Vgl. bei SK-*Frisch* 22.

[53] Siehe § 304, 39 mit weit. Nachw.

[54] Vgl. Mat. *Hahn* 249; *Giesler* 134; *Ellersiek* 87; AK-*Renzikowski/Günther* 31.

[55] So die noch h. M: BGH **43** 262, 265 (ohne Begründung, mit Verweis auf BGHSt **37** 347, 348 und **36**

396, 398, jedoch mit ausdrücklicher Ausnahme bezüglich der – nach BGH nicht zulässigen – Anfechtung einer Ablehnungs- oder Aufhebungsentscheidung bei Erzwingungshaft, vgl. dazu näher § 310, 42); BGHSt **37** 347, 348 (ganz ohne Begründung); BGHSt **36** 396, 398 (ohne jede Begründung unter Verweis auf BGHSt **26** 270 f, dort ist § 310 gar nicht behandelt, sowie auf *Kleinknecht/Meyer-Goßner*[39] 8, dort wiederum ebenfalls kein Wort der Begründung); *Meyer-Goßner*[46] 8 (nach wie vor ohne jede Begründung, seinerseits aber verweisend auf BGHSt **36** 396, 398); HK-*Rautenberg*[3] 8 (ohne Begründung unter Verweis auf *Meyer-Goßner*[46] 8); OLG Köln StV **1994** 321, 323 (ohne Begründung als obiter dictum); SK-*Frisch* 22; *Wendisch* FS Dünnebier 239, 248; *Giesler* 138.

[56] SK-*Frisch* 2; *Ellersiek* 87.

ist festzustellen, daß ein zusätzlicher Rechtszug der weiteren Beschwerde zu Lasten des Beschuldigten diesem Anliegen widerstreitet. **Unstreitig** ist auch, daß der historische Gesetzgeber die **Ausnahmen** des § 310 Abs. 1 zugunsten des Beschuldigten – **wegen der schwerwiegenden Beeinträchtigungen**, die mit einer Verhaftung oder einstweiligen Unterbringung verbunden sind – vorgesehen hat. Konsequent ist daher auch, daß die **Staatsanwaltschaft zugunsten des Beschuldigten weitere Beschwerde** einlegen könnte, wobei vor Erhebung der öffentlichen Klage zudem § 120 Abs. 3 gilt und nach weitgehend anerkannter Rechtsprechung das Gericht im Stadium des Ermittlungsverfahrens an den Antrag der Staatsanwaltschaft insofern gebunden ist, daß darüber hinaus nicht in Grundrechte des Beschuldigten eingegriffen werden darf durch das Gericht (z. B. Bindung an Antrag auf Außervollzugsetzung des Haftbefehls)[57].

Auf Grundlage dieses historischen Willens des Gesetzgebers ist auch weitgehend **21** anerkannt, daß die **Ausnahmen in Absatz 1 restriktiv zu handhaben** und das Gesetz insoweit **eng auszulegen** ist[58]. Vor diesem Hintergrund besteht folglich ein konkreter Begründungsbedarf, warum etwa die Staatsanwaltschaft zu Lasten des Beschuldigten zur weiteren Beschwerde berechtigt sein soll. Das **Argument**, der **Wortlaut** verbiete dies nicht[59], ist außerordentlich schwach vor dem Hintergrund der unbestrittenen Gesetzesentstehung und der konkreten Motive des Gesetzgebers[60]. Das **Argument**, die große Bedeutung einer Freiheitsentziehung könne auch in der **Bedeutung für das weitere Verfahren** liegen[61], verkehrt den Ansatz des historischen Gesetzgebers in sein Gegenteil[62]. Im übrigen hat der Gesetzgeber eine Formulierung (Verhaftungen oder die einstweilige Unterbringung betreffen) gewählt, die auch dem Wortsinn nach **nur bei Freiheitsentzug** gegeben ist und nicht umgekehrt bei Freilassung oder Nicht-Verhaftung[63]; allerdings ist dieses Argument gegen die h. M. nicht entscheidend, wenn auch dem schwachen Ansatz der Wortsinn-Auslegung der h. M. begegnend. Weitere Argumente für eine – gegen den historischen Willen des Gesetzgebers gerichtete, insoweit erweiternde – Auslegung zugunsten einer Befugnis der Staatsanwaltschaft zur weiteren Beschwerde sind nicht vorgetragen. Bereits insoweit ist die **h. M. nicht überzeugend** und widerspricht ihrem eigenen – insoweit einhelligen – Anliegen einer restriktiven Handhabung und Auslegung des § 310 Abs. 1.

Interessant ist die Entwicklung der höchstrichterlichen Rechtsprechung im Zusam- **22** menhang der **Erzwingungshaft gem. § 70 Abs. 2 für Zeugen** (vgl. zudem §§ 95 Abs. 2 S. 1, 161a Abs. 2). Zutreffend wird Erzwingungshaft unter den **Begriff Verhaftung in § 304 Abs. 4 und 5 bzw. § 310 Abs. 1** subsumiert im Hinblick auf die – dem Vollzug von Untersuchungshaft – vergleichbare Eingriffsintensität in die Freiheitssphäre des Betroffenen[64]. Aufgrund des Ausnahmecharakters der §§ 304 Abs. 4 und 5, 310 Abs. 1 haben sowohl der Bundesgerichtshof als auch das Oberlandesgericht Frankfurt am Main betont, daß

[57] BGH NJW **2000** 967; *Pfeiffer*[4] § 120 3; *Nehm* FS Meyer-Goßner 278, 291; *Schlothauer* StV **2001** 462 (gegen OLG Düsseldorf StV **2001** 462); *Rinio* NStZ **2000** 547; a. A *Meyer-Goßner*[46] § 120, 13 mit weit. Nachw.

[58] Vgl. BGH bei *Pfeiffer/Miebach* NStZ **1986** 206, 208; SK-*Frisch* 16; *Meyer-Goßner*[46] 4; *Pfeiffer*[4] 4; HK-*Rautenberg*[3] 6; vgl. auch BGHSt **25** 120.

[59] *Kleinknecht* JR **1965** 474, 475; SK-*Frisch* 22.

[60] OLG Braunschweig JR **1965** 473, 474 (mit abl. Anm. *Kleinknecht*); *Ellersiek* 99.

[61] SK-*Frisch* 22; OLG Stuttgart JR **1967** 431; *Wendisch* FS Dünnebier 239, 248; LR-*Gollwitzer*[24] 12.

[62] Zutreffend *Ellersiek* 99; vgl. insoweit auch *Kleinknecht* JR **1965** 474, 475.

[63] Ebenso *Schlothauer/Weider*[3] 1069 mit Verweis auf den Wortlaut des § 305 S. 2.

[64] BGHSt **36** 192, 195 (unter Aufgabe von BGHSt **30** 52); BGHSt **43** 262 (unter Betonung, daß die Ablehnung oder Aufhebung nicht anfechtbar ist); OLG Frankfurt NStZ-RR **2000** 26; 382; KK-*Senge*[4] § 70, 15a; vgl. näher unten § 310, 42 mit weit. Nachw.

Holger Matt

die **Anfechtung** einer Entscheidung, die die **Anordnung** von **Erzwingungshaft ablehnt oder aufhebt, nicht zulässig** ist[65]. Dem ist nicht nur im Zusammenhang der Anordnung von Erzwingungshaft vorbehaltslos zuzustimmen. Vielmehr entspricht der gedankliche Ansatz dem hier vertretenen Konzept der Auslegung des § 310 Abs. 2, daß zu Lasten des von der Freiheitsentziehung Betroffenen eine weitere Beschwerde grundsätzlich nicht zulässig ist.

23   Ein Argument (für die h. M.) könnte sein, daß die Erweiterung der **Beschwerdebefugnis** auf die Staatsanwaltschaft **in § 304 Abs. 4 und 5** sowie in § 310 Abs. 1 am gleichen Maßstab zu messen ist, wie dies im Zusammenhang der Auslegung des Begriffs Verhaftung bei außer Vollzug gesetzten Haftbefehlen auch zwischenzeitlich einhellige Meinung ist[66]. Allerdings greift diese Überlegung nicht im Hinblick darauf, daß der **Beschwerderechtszug im Grundsatz zwei Instanzen** vorsieht und die Einschränkungen des § 304 Abs. 4 und 5 insoweit bereits Ausnahmen von diesem Grundsatz darstellen. Aus dem Ausnahmekatalog des § 304 Abs. 4 geht zudem hervor, daß die **Staatsanwaltschaft grundsätzlich befugt** sein soll (z. B. zur Anfechtung des Nichteröffnungsbeschlusses § 304 Abs. 4 Nr. 2), in den bezeichneten Fällen Beschwerde einzulegen. Im übrigen hat der Gesetzgeber sich durch Einführung der weiteren Beschwerde (im Jahr 1969) gegen Beschwerdeentscheidungen des Landeshauptstadt-Oberlandesgerichts konkret festgelegt, in welchen speziellen Fällen einer Entscheidung des Oberlandesgerichts eine nochmalige (weitere) Beschwerdemöglichkeit gem. § 310 Abs. 1 bestehen soll, nämlich während des Ermittlungsverfahrens in Staatsschutzsachen (§ 120 GVG). Im Unterschied zum Ausnahmekatalog des § 310 Abs. 1 sind die **Ausnahmen des § 304 Abs. 4 und 5** aus Sicht des Beschuldigten partiell von deutlich unterschiedlicher Eingriffsintensität, während **aus Sicht der Staatsanwaltschaft die wichtigsten Zwangsmaßnahmen zur Strafverfolgung** der (einmaligen) Beschwerde und somit zwei Instanzen unterliegen müssen, bei allem Vertrauen in die Obergerichte und die Qualität ihrer Entscheidungen[67]. Bei § 310 Abs. 1 steht folglich der Rechtsschutz des Beschuldigten bezüglich des Freiheitsentzugs im Zentrum der Vorschrift, bei § 304 Abs. 4 und 5 nur zum Teil, denn insgesamt handelt es sich um die notwendige Beschwerdefähigkeit wichtiger strafprozessualer Entscheidungen. Der **Anwendungsbereich des § 304 Abs. 4 und 5 und von § 310 Abs. 1** ist daher per se **nicht vergleichbar** und verfolgt unterschiedliche Zwecke, auch wenn der konkrete Begriff der Verhaftung in gleicher Weise auszulegen ist. Rückschlüsse auf die Beschwerdebefugnis der Staatsanwaltschaft gem. § 310 Abs. 1 ergeben sich daher nicht.

24   Gewichtig sind jedoch die **weiteren Argumente gegen die Auffassung der h. M.** Die Überlegung, eine Verhaftung könne dem Verfahren insgesamt in so erheblichem Maße dienen, daß eine weitere Beschwerde zulässig sein solle, geht rein praktisch ins Leere. Wenn Haftgründe bestünden, z. B. Flucht- oder Verdunkelungsgefahr, würde sich diese Gefahr mit hoher Wahrscheinlichkeit spätestens realisieren mit der Freilassung des Beschuldigten nach der für ihn günstigen Beschwerdeentscheidung (vgl. § 120 Abs. 2). Eine weitere Beschwerde der Staatsanwaltschaft könnte folglich nur sinnvoll sein, wenn zugleich der Vollzug der Aufhebungs- oder Außervollzugsetzungsentscheidung gem. § 307 Abs. 2 ausgesetzt würde. Diese logische Verknüpfung ist jedoch im Gesetz gerade nicht vorgesehen, weder im allgemeinen Beschwerdeverfahren noch im besonderen bei § 310 Abs. 1. Die **Bedeutung einer Verhaftung oder einstweiligen Unterbringung** ist aus Sicht der Staatsanwaltschaft **nicht erheblicher als andere Ermittlungsmaßnahmen**, die richterlich anzuordnen sind. Die Ausnahmen in § 310 Abs. 1 sind nur erklärbar und not-

---

[65] BGHSt **43** 262, 263, 265; OLG Frankfurt NStZ-RR **2000** 26, 27.   [66] § 310, 33; § 304, 74.   [67] § 304, 71.

wendig wegen der besonderen Beeinträchtigungen für den Beschuldigten, wie es der historische Gesetzgeber auch ausdrücklich gesehen hatte.

Ein **Vergleich mit anderen Verfahrenssituationen aus dem Bereich der Beschwerde** be- **25** stätigt diese Gedankenführung. Eine durch das Beschwerdegericht abgelehnte **Beschlagnahme angeblicher Beweismittel** (§§ 94, 98) oder von Gegenständen wegen eventuellen **Verfalls** oder einer **Einziehung** (§§ 111b, 111c) oder die Ablehnung des **dinglichen Arrestes** gem. § 111d sind für das weitere Verfahren und seine (Rechts-) Folgen ggfs. gravierender als eine vorübergehende Verhaftung oder Freilassung des Beschuldigten. Gleichwohl besteht hier nicht die Möglichkeit einer weiteren Beschwerde (aber etwa die Beschwerdemöglichkeit gem. § 304 Abs. 4 und 5). Nach § 210 Abs. 2 kann die Staatsanwaltschaft die **Nichteröffnung** einmalig mit sofortiger Beschwerde anfechten. Gegen die verwerfende, also den Nichteröffnungsbeschluß bestätigende Entscheidung des Beschwerdegerichts steht der Staatsanwaltschaft **ohne Zweifel keine weitere Beschwerde zu** (§ 310 Abs. 1). Dabei ist unbestreitbar, daß die Dimension und Rechtsfolge einer bestandskräftig abgelehnten Eröffnung des Hauptverfahrens weit über die Bedeutung einer – vom Beschwerdegericht aufgehobenen oder außer Vollzug gesetzten – Haftentscheidung hinaus geht[68].

Im übrigen kann die Staatsanwaltschaft **bei Hinzutreten neuer Umstände** jederzeit **26** einen **neuen Antrag auf Erlaß eines Haftbefehls** (oder auf Wiedereinvollzugsetzung eines bestehenden Haftbefehls) bei dem zuständigen Gericht stellen (vgl. § 126). Die Staatsanwaltschaft kann folglich jederzeit ihren wichtigen Rollen als „Herrin des Ermittlungsverfahrens" und als „Vertreterin der Rechtsordnung" nachkommen, ohne auf das Rechtsmittel der weiteren Beschwerde angewiesen zu sein.

Ein Verletzung der „Waffengleichheit" zugunsten des Beschuldigten und zu Lasten **27** der Staatsanwaltschaft kann in der fehlenden Befugnis der Staatsanwaltschaft zur weiteren Beschwerde (zu Lasten des Beschuldigten) auch nicht gesehen werden[69]. Zum einen gilt das **Prinzip der „Waffengleichheit" nicht allgemein im Beschwerdeverfahren**, wie beispielsweise § 46 Abs. 2 (Unanfechtbarkeit der gewährten Wiedereinsetzung) oder § 210 Abs. 1 (Unanfechtbarkeit der Eröffnungsentscheidung für den Angeklagten) belegen. Zum anderen wollte der **historische Gesetzgeber den Beschuldigten** bei Verhaftung und einstweiliger Unterbringung im speziellen **schützen** und diese substantielle Frage der Freiheitsentziehung – vor allem auch während des Ermittlungsverfahrens – einer doppelten gerichtlichen Kontrolle unterwerfen, einer Kontrolle, bei der die Staatsanwaltschaft im übrigen vollständig nach dem Prinzip der „Waffengleichheit" beteiligt ist als Beschwerdegegner (§§ 308 Abs. 1 S. 1, 309 Abs. 1). Im übrigen ist es nach allgemeiner Meinung nicht notwendig, die verfahrensspezifischen Unterschiede der Rollenverteilungen stets auszugleichen[70].

Zusammenfassend ist folglich – entgegen der h. M. – festzustellen, daß die Auslegung **28** des § 310 ergeben muß, daß die **Staatsanwaltschaft nicht befugt** ist, eine **weitere Beschwerde zu Lasten des Beschuldigten einzulegen.** Anderes gilt bei § 304 Abs. 4 und 5[71].

---

[68] Vgl. ebenso OLG Braunschweig JR **1965** 473 f; *Ellersiek* 100.

[69] Zutreffend *Ellersiek* 100.

[70] BVerfGE **63** 45, 67; vgl. krit. zur Tragweite der „Waffengleichheit" LR-*Rieß* Einl. H 115 ff.

[71] Auch wenn der Begriff der Verhaftung in gleicher Weise ausgelegt wird, dazu unten § 310, 33; § 304, 74.

3. Zulässigkeit der weiteren Beschwerde (§ 310 Abs. 1)

29   **a) Allgemeines.** Zunächst sei nochmals auf die **allgemeinen Zulässigkeitsvoraussetzungen** der §§ 304 ff verwiesen, die auch für die weitere Beschwerde vorliegen müssen[72]. Bereits ausführlich ist dargelegt worden, aus welchen Gründen § 310 so ausgelegt werden muß, daß die **Staatsanwaltschaft** das Rechtsmittel der weiteren Beschwerde **nicht zu Lasten des Beschuldigten** einlegen darf[73]. Im wesentlichen handelt es sich bei der Möglichkeit der weiteren Beschwerde um ein zusätzliches Rechtsmittel für den Beschuldigten, um der großen Tragweite, die bei jedweder Haft der Entscheidung über den angeordneten Eingriff in die persönliche Freiheit des Beschuldigten zukommt, gerecht zu werden[74]. Die Ausnahmeregelung des Absatz 1 wurde dann später auf die **einstweilige Unterbringung** ausgedehnt. Wie ein wertender Vergleich der Kasuistik zeigt, ist die **Rechtsprechung zum Begriff der Verhaftung uneinheitlich und inkonsequent.** Nach dem Grundsatz der engsten Auslegung der Ausnahmevorschrift müßte man sich auf die ausdrücklich im Gesetz erwähnten Maßnahmen der Verhaftung (insbesondere Untersuchungshaft gem. §§ 112 ff) und der einstweiligen Unterbringung nach § 126a beschränken. Oder aber man legt § 310 Abs. 1 unter Verzicht auf diese – anhand der Kasuistik ersichtlich zu enge – Formalinterpretation so aus, daß **bei allen schwerwiegenden Eingriffen in die Freiheit** – Haft im weiteren Sinne, also Freiheitsentziehung i. S. des Art. 104 Abs. 2 GG – die weitere Beschwerde gegen Beschwerdeentscheidungen zulässig ist[75]. Einhellig ist das Meinungsbild in Rechtsprechung und Schrifttum, daß über solche die Freiheit entziehenden Maßnahmen hinaus **keine anderen Zwangsmaßnahmen** der Ausnahmevorschrift des § 310 Abs. 1 unterfallen und insoweit eine restriktive Auslegung geboten ist[76]. Für eine analoge Anwendung bleibt methodisch kein Raum (keine Gesetzeslücke), weil der Gesetzgeber den Beschwerderechtszug bewußt in der Weise geregelt hat, daß grundsätzlich nur zwei Instanzen gem. § 310 Abs. 2 gegeben sind, wenn nicht die genau bezeichneten Ausnahmen des Absatz 1 vorliegen[77]. Auch gegen eine Kostenentscheidung ist keine weitere Beschwerde eröffnet, das gilt auch für die Rechtsbeschwerde gem. der §§ 567 Abs. 3, 568 Abs. 2 und 3 ZPO[78].

b) Verhaftung

30   **aa) Haftbefehl (Untersuchungshaft).** Die Verhaftung im Sinne des § 310 Abs. 1 betreffen alle Beschlüsse, die unmittelbar zum Gegenstand haben, ob der Beschuldigte in Haft zu nehmen oder zu halten ist[79]. Die Herbeiführung oder Aufrechterhaltung der freiheitsentziehenden Maßnahme muß **unmittelbar Gegenstand der Beschwerdeentscheidung** sein. Die Unmittelbarkeit fehlt, wenn andere strafprozessuale Maßnahmen angefochten werden, auch wenn durch diese die tatsächlichen Voraussetzungen für die Anordnung der Untersuchungshaft geschaffen wurden[80]. Demnach besteht kein Zwei-

---

[72] § 304, 1 ff.

[73] § 310, 18 ff.

[74] LR-*Gollwitzer*[24] 11.

[75] Bedenken gegen die Uneinheitlichkeit der Rechtsprechung äußert auch *Ellersiek* 92 ff, der für einen weiteren Begriff der Verhaftung eintritt, der alle schwerwiegenden Eingriffe in die persönliche Freiheit umfaßt; ähnlich *Giesler* 147, 161.

[76] Vgl. zu § 304 Abs. 4 S. 2 Nr. 1 auch BGH StV **1995** 628.

[77] Vgl. BGH bei *Pfeiffer/Miebach* NStZ **1986** 206, 208; SK-*Frisch* 16; KMR-*Plöd* 3; vgl. § 304, 72 mit

Beispielen nicht statthafter Beschwerden bei § 304 Abs. 4 und 5.

[78] BGHSt **48** 106; ausf. § 304, 39.

[79] So schon BayObLGSt **1** 366; **7** 297; OLG Königsberg DRiZ **1928** Nr. 760 (wegen Ablehnung eines Haftprüfungstermins); BGHSt **26** 270, 271; OLG Düsseldorf NJW **1977** 968; OLG Frankfurt NJW **1973** 209, 210; OLG Hamburg NJW **1963** 1167; vgl. etwa *Wendisch* FS Dünnebier 239, 242; KK-*Engelhardt*[4] 7.

[80] KG JR **1967** 192, Beschlagnahme von Belastungsmaterial, das den dringenden Tatverdacht und

fel, daß alle Entscheidungen eines Beschwerdegerichts über **die Verhängung und Vollstreckung von Untersuchungshaft** (Erlaß oder Aufrechterhaltung eines Haftbefehls gem. §§ 112 ff) dem Begriff der Verhaftung unterfallen[81]. Erstrebt man lediglich die Änderung einer rechtlichen Tatbewertung, ist der Bestand des Haftbefehls, d. h. die Verhaftung nicht betroffen[82].

Nach dem hier zur Beschwerdeberechtigung der Staatsanwaltschaft vertretenen **31** Standpunkt (keine weitere Beschwerde gem. § 310 zu Lasten des Beschuldigten) sind Entscheidungen eines Beschwerdegerichts über die **Aufhebung oder Außervollzugsetzung eines Haftbefehls nicht anfechtbar** mit der weiteren Beschwerde zu Lasten des Beschuldigten, zumal auch dem Wortsinn nach eine Verhaftung nur bei Freiheitsentzug und nicht bei Freilassung oder Nicht-Verhaftung vorliegt[83].

bb) Beschluß über Außervollzugsetzung des Haftbefehls. Die vorherrschende Meinung **32** in der Rechtsprechung[84] und das gesamte Schrifttum[85] halten unter Berufung auf den Schutzzweck die Voraussetzung des Absatzes 1 (Verhaftungen betreffend) auch dann für gegeben, wenn es um **Erlaß** oder **Fortbestand eines Haftbefehls** oder Unterbringungsbefehls geht, der **gegenwärtig nicht vollzogen** wird. Die Klärung, ob der Rechtstitel für den Eingriff in die persönliche Freiheit zu Recht besteht, soll nicht bis zu seiner Vollstreckung aufgeschoben werden. Schon der **Bestand eines Haftbefehls** als solcher stellt eine **schwerwiegende Beeinträchtigung der persönlichen Freiheit** dar, denn auch die freiheitsbeschränkenden Auflagen eines außer Vollzug gesetzten Haftbefehls sind ein wesentlicher Eingriff[86].

Nach der zunehmend weniger vertretenen **Mindermeinung in der Rechtsprechung** der **33** Oberlandesgerichte soll eine Verhaftung gem. § 310 Abs. 1 nur gegeben sein, wenn der unmittelbare Eingriff in die persönliche Freiheit durch Einsperren vollzogen wird[87]. Bei

---

damit die Anordnung der Untersuchungshaft rechtfertigte; *Ellersiek* 92. Ob sich das Unmittelbarkeitserfordernis auf den Bestand des Haftbefehls oder (noch enger) auf den faktischen Eingriff in die Freiheit durch Vollstreckung des Haftbefehls bezieht, ist eine weitere Frage, die unten behandelt wird im Zusammenhang außer Vollzug gesetzter Haftbefehle, § 310, 32 f, 35 f.

[81] BGHSt **30** 52, 53 f.

[82] OLG Hamburg NStZ **2001** 274.

[83] Wie hier *Ellersiek* 99 f; *Schlothauer/Weider*[3] 1069; zum Wortsinn-Argument in diesem Zusammenhang siehe § 310, 21; vgl. insgesamt zu den wenigen Argumenten der h. M die erheblichen Gegenargumente (bei: Beschwerdeberechtigung der Staatsanwaltschaft) § 310, 23 ff; auf Grundlage der h. M ist darauf hinzuweisen, daß eine weitere Beschwerde der Staatsanwaltschaft jedenfalls dann unzulässig ist, wenn sie lediglich die Erweiterung des Tatvorwurfs bei einem bestehenden Haftbefehl erstrebt (BGHSt **37** 347) oder nur ein weiterer Haftgrund hinzutritt (BGH NStZ **2002** 445 mit abl. Anm. *Hilger*).

[84] KG NJW **1979** 2626 mit zust. Anm. *Kopp*; OLG Schleswig NJW **1981** 1523 (bei *Ernesti/Lorenzen* SchlHA **1982** 113, 124 unter Aufgabe von SchlHA **1979** 55); OLG Celle StV **1983** 466; OLG Hamburg NJW **1981** 834 (unter Aufgabe von JR **1978** 526); StV **1994** 323, 324; OLG Hamm NJW **1981** 294;

StraFo. **2002** 140; OLG Koblenz StV **1986** 442; NStZ **1990** 102; OLG Frankfurt StV **1989** 113, 114; OLG Köln StV **1994** 321 ff; ferner (zu § 304 Abs. 4 und 5) BGH NJW **1973** 664 (nicht vollst. abgedruckt in BGHSt **25** 120); BGHSt **26** 270 f; **29** 200, 202; **30** 52, 53 f; **34** 34; **47** 249.

[85] *Meyer-Goßner*[46] 7; SK-*Frisch* 21; *Pfeiffer*[4] 4; KMR-*Plöd* 5; AK-*Renzikowski/Günther* 17; LR-*Hilger* § 116, 39 ff, 43; KK-*Engelhardt*[4] 10 und § 304, 7; KK-*Boujong*[4] § 116, 26; SK-*Paeffgen* § 116, 24; AK-*Deckers* § 116, 12; *Schlothauer/Weider*[3] 778; LR-*Gollwitzer*[24] 13; *Schlüchter* 660.2; *Kopp* NJW 1979 2627; *Wendisch* FS *Dünnebier* 239, 247 ff sowie StV **1991** 220; *Paeffgen* NStZ **1990** 531, 536; **1995** 21 f; *Hohmann* NStZ **1990** 507 f; *Matt* NJW **1991** 1801; JA **1991** 85, 87; *Neuhaus* StV **1999** 340, 341 siehe dazu auch § 304, 74.

[86] BVerfGE **53** 152, 159 f (ausdrücklich für außer Vollzug gesetzten Haftbefehl).

[87] OLG Stuttgart MDR **1978** 953; OLG Nürnberg MDR **1980** 75; OLG München MDR **1980** 74 f; OLG Karlsruhe NStZ **1983** 41; OLG Düsseldorf (1. Senat) StV **1990** 309 f (unter Aufgabe von NJW **1980** 2426); (3. Senat) NStZ **1990** 249; OLG Zweibrücken StV **1991** 219 ff mit abl. Anm. *Wendisch*; MDR **1979**, 695, 696. OLG Bremen hat die frühere Auffassung (StV **1981** 131 mit abl. Anm. *Klawitter*) aufgegeben, StV **1997** 533; ebenso hat OLG Koblenz (1. Senat) seine frühere Auffassung (NStZ

---

einer Außervollzugsetzung sei der Beschuldigte nur durch die Auflagen beschwert und „seine persönliche Freiheit ... nicht tangiert"[88]. Diesem Ansatz ist bereits mit dem **Bundesverfassungsgericht** zu widersprechen, daß nämlich ein bestehender, wenn auch außer Vollzug gesetzter Haftbefehl mitsamt freiheitsbeschränkenden Auflagen eine **schwerwiegende Beeinträchtigung der Freiheitssphäre des Beschuldigten** bedeutet. Auch die sog. weniger einschneidenden Mittel nach § 116 sind im Lichte des Freiheitsgrundrechts gem. Art. 2 Abs. 2 zu sehen[89]. Dies gilt umso mehr unter dem Aspekt des dauernden Bedrohungspotentials durch den Bestand des Haftbefehls, der eine Invollzugnahme durch den zuständigen Richter (§ 126) laufend möglich erscheinen läßt[90]. Im übrigen hat sich der **Bundesgerichtshof** in seinen Entscheidungen zu § 304 Abs. 4 und 5 eindeutig dahingehend geäußert, daß zum einen die **Maßstäbe für § 304 Abs. 4 und 5 und § 310 Abs. 1 identisch** seien[91] und zum anderen die Anfechtung des Bestandes eines Haftbefehls auch zulässig sei, wenn dieser außer Vollzug gesetzt sei[92]. Zudem ist angesichts der zutreffenden neueren Rechtsprechung des Bundesverfassungsgerichts – zur nachträglichen Überprüfung eines erheblichen Grundrechtseingriffs trotz „prozessualer Überholung", um effektiven Rechtsschutz gem. Art. 19 Abs. 4 GG zu gewährleisten[93] – ohnehin die (nachträgliche) **Feststellung der Rechtswidrigkeit eines Haftbefehls** im Wege einer weiteren Beschwerde gem. § 310 Abs. 1 zu einem Zeitpunkt möglich, in dem dieser bereits aufgehoben und der Beschuldigte – auch ohne jedwede Auflage eines Haftverschonungsbeschlusses – auf freiem Fuß ist[94]. Demnach muß die dargestellte Mindermeinung zum heutigen Zeitpunkt als überholt und nicht mehr vertretbar angesehen werden, denn die Ablehnung eines Rechtsschutzes gegen den Bestand eines außer Vollzug gesetzten Haftbefehls ist absurd, wenn der Rechtsschutz sogar nachträglich gewährt werden muß – **auch nach Freilassung („prozessualer Überholung") aufgrund zwischenzeitlicher Aufhebung des Haftbefehls.**

34   **cc) Überhaft.** Gleiches gilt für die weitere Beschwerde eines **in anderer Sache in Strafhaft** (Überhaft) befindlichen Beschuldigten gegen den Haftbefehl[95]. Zwar wird dieser Haftbefehl nicht konkret vollzogen, jedoch sind die Konsequenzen des Untersuchungshaftbefehls für den Strafvollzug mit erheblichen Nachteilen verbunden (vgl. § 122 StVollzG)[96]. Ein Überhaftvermerk verhindert Vollzugslockerungen oder Hafturlaub. Eine Verlegung in den offenen Vollzug ist unmöglich und Entlassungsvorbereitungen sind problematisch, da ein konkreter Entlassungszeitpunkt nicht feststeht. Eine Reststrafenaussetzung gem. § 57 StGB ist in Gefahr[97]. Demnach muß die **weitere Beschwerde gegen den Bestand des Überhaftbefehls zulässig** sein, um die schwerwiegenden Beein-

---

1988 327) aufgegeben, NStZ **1990** 102 mit zust. Anm. *Hohmann* 507 f, und sich der Meinung des 3. Senats OLG Koblenz angeschlossen (StV **1986** 442); gleiches gilt für OLG Hamburg (früher: JR **1978** 526 mit Anm. *Gollwitzer*) NJW **1981** 834; StV **1994** 323; vgl. auch die Nachweise bei *Matt* NJW **1991** 1801 und *Schlothauer/Weider*[3] 778.

[88] OLG Zweibrücken MDR **1979** 695, 696.

[89] OLG Frankfurt StV **1989** 113, 114; OLG Koblenz NStZ **1990** 102; *Hohmann* NStZ **1990** 507 f; LR-*Hilger* § 116, 42 f.

[90] *Matt* NJW **1991** 1801, 1802; vgl. auch *Klawitter* StV **1981** 131 f; *Schlothauer/Weider*[3] 778.

[91] BGHSt **30** 52, 53 f; ebenso OLG Frankfurt NStZ-RR **2000** 26 f.

[92] BGHSt **29** 200, 202 unter Bezugnahme auf BGHSt

25 120 (nicht vollst.) bzw. NJW **1973** 664; vgl. auch BGHSt **26** 270 f.

[93] BVerfG NJW **1997** 2163; NJW **1998** 2131; NJW **1999** 273; vgl. umfassende Würdigung (bei prozessualer Überholung) Vor § 304, 63 ff und § 304, 44.

[94] OLG Celle NStZ-RR **2003** 177; OLG Düsseldorf StV **2001** 332; a. A OLG Hamm NJW **1999** 229.

[95] OLG Koblenz NStZ **1990** 102 mit zust. Anm. *Hohmann* 507 f; StV **1986** 442; OLG Stuttgart Justiz **1980** 208; SK-*Frisch* 21; *Meyer-Goßner*[46] 7.

[96] *Matt* NJW **1990** 1801, 1802; vgl. auch *Matt* JA **1991** 85, 89 f, dort im Zusammenhang des Haftprüfungsantrags bei Überhaft, vgl. zur h. M LR-*Hilger* § 117, 8 mit weit. Nachw.

[97] *Schlothauer/Weider*[3] 688.

trächtigungen durch diesen durch nochmalige Überprüfung beseitigen zu können. Entsprechendes muß auch gelten, wenn der Beschuldigte **in anderer Sache in Untersuchungshaft** einsitzt, denn beispielsweise die Verteidigung gegen die Haftgründe ist jedenfalls erheblich beeinträchtigt durch das Bestehen eines anderen Haftbefehls (Überhaft).[98] Die Anordnung der Unterbrechung der Untersuchungshaft zum Vollzug einer Freiheitsstrafe kann dagegen nicht mit der (weiteren) Beschwerde angefochten werden[99], denn mit dieser sind oft Vorteile, jedenfalls keine eklatanten Nachteile verbunden, die der Anordnung des Freiheitsentzugs selbst vergleichbar wären[100].

dd) Anfechtung einzelner Auflagen bei Außervollzugsetzung. Bleibt der Beschuldigte **35** unabhängig vom Erfolg der Beschwerde in Freiheit, weil diese nicht den Bestand des Haftbefehls angreift, sondern nur die Aufhebung oder Lockerung einer Auflage oder Weisung zum Gegenstand hat, ist **sehr umstritten**, ob der Rechtsweg der weiteren Beschwerde eröffnet sein soll. Zum einen wird vertreten, eine solche (weitere) Beschwerde betreffe nur die Modalitäten des Lebens in Freiheit und nicht unmittelbar die Verhaftung im Sinne des § 310 Abs. 1[101] bzw. § 304 Abs. 4 und 5[102]. Die diametral entgegengesetzte Auffassung geht davon aus, daß jedwede Entscheidung gem. § 116 beschwerdetauglich sei, sowohl gem. § 304 Abs. 4 und 5 als auch bei § 310 Abs. 1[103]. Zustimmung verdient zunächst die Überlegung, daß eine **Anordnung**, welche **nur zum Schein als Auflage** eines Haftverschonungsbeschlusses erfolgt, selbständig anfechtbar sein muß mit der weiteren Beschwerde, weil ggfs. ein ansonsten offensichtlich rechtswidriger Zustand im Zusammenhang einer Haftentscheidung faktisch aufrecht erhalten würde[104].

Prinzipiell ist fraglich, ob überhaupt eine **wirksame Beschränkung** einer Beschwerde **36** dahingehend möglich ist, nur eine bestimmte Auflage anzufechten. Das Beschwerdegericht muß nämlich für eine sachgerechte Entscheidung bezüglich dieses Beschwerdebegehrens ohnehin den Bestand des Haftbefehls zunächst prüfen[105]. In der **Praxis** wird man das Problem dadurch umgehen können, den **Haftbefehl seinem Bestand nach anzugreifen und (nur hilfsweise) eine Änderung oder Aufhebung einzelner Auflagen begehren**[106]. Das Beschwerdegericht hat – auch bei weiterer Beschwerde – die Möglichkeit, gem. § 309 Abs. 2 eine eigene Sachentscheidung zu treffen und folglich auch einzelne Auflagen abzuändern, obwohl der Bestand des Haftbefehls im ganzen angefochten war (bzw. sein mußte, um nach der vorherrschenden Meinung das Rechtsmittel als zulässig anzusehen). Auch wird man in Rechnung stellen müssen, daß bestimmte Auflagen – z. B. eine zu hohe Sicherheitsleistung – rein faktisch zur Aufrechterhaltung oder Begründung des Freiheitsentzugs führen, wenn nämlich der Beschuldigte objektiv nicht in der Lage ist, die Auflage zu erfüllen[107]. In diesen Fällen ist es sachgerecht, den letztlich für den Freiheitsentzug ursächlichen Auflagenbeschluß auch gesondert mit der weiteren Be-

---

[98] SK-*Frisch* 21; *Schlothauer/Weider*[3] 685 ff, 692, 778; vgl. zu Rechtsbehelfen bei Überhaft *Hohmann* NJW **1990** 1649.

[99] *Wendisch* FS Dünnebier 239, 255.

[100] *Schlothauer/Weider*[3] 687 mit weit. Nachw.

[101] OLG Bremen StV **2001** 689; OLG Hamburg StV **1994** 323 f; OLG Koblenz StV **1986** 442; OLG Düsseldorf MDR **1988** 79; OLG Nürnberg MDR **1980** 75 (unter Aufgabe von MDR **1961** 619); KG NJW **1979** 2626 mit Anm. *Kopp*; OLG Frankfurt NJW **1973** 209, 210; StV **1989** 113, 114; SK-*Frisch* 20; KK-*Engelhardt*[4] 10; KK-*Boujong*[4] § 116, 25; *Ellersiek* 95; *Meyer-Goßner*[46] 7; LR-*Gollwitzer*[24] 13; *Wendisch* FS Dünnebier 239, 248 ff.

[102] BGHSt **25** 120 f; **34** 34, 36; *Ellersiek* 119 f; vgl. BGHSt **26** 270 f bestätigend für Auflagen nach § 119.

[103] SK-*Paeffgen* § 116, 22, 24; LR-*Hilger* § 116, 41 f; vgl. AK-*Deckers* § 116, 12 (Differenzierung schwer nachvollziehbar).

[104] OLG Hamm StV **2002** 315 (vorläufiges Berufsverbot als Haftverschonungsauflage).

[105] Vgl. OLG Nürnberg MDR **1961** 619, 620.

[106] *Matt* NJW **1991** 1801, 1803.

[107] Vgl. OLG Frankfurt NJW **1973** 209 f.

Holger Matt

schwerde anfechten zu können, zumal zweifellos die Verhaftung betroffen ist. In allen Fällen, in denen das **„Ob" der Inhaftierung oder des Haftbefehls** mit dem **Beschwerdebegehren** faktisch erfaßt wird, ist jedenfalls eine Subsumtion unter den Begriff Verhaftung möglich und eine weitere Beschwerde gem § 310 Abs. 1 zulässig, gleiches gilt für § 304 Abs. 4 und 5. Dieser Standpunkt ist auch mit der Rechtsprechung des Bundesgerichtshofs insofern kompatibel, daß dort die isolierte Anfechtung eines Haftgrundes für unzulässig gehalten wird, wenn der Wegfall dieses Haftgrundes – bei erfolgreicher Beschwerde – nicht zur Entlassung aus der Untersuchungshaft führen kann[108].

37   **ee) Anfechtung einzelner Maßnahmen des Vollzugs.** Entscheidungen nach § 119 Abs. 6, die nur die **Art und Weise des Haftvollzugs** betreffen, die Frage des Freiheitsentzugs als solchen aber unberührt lassen, unterliegen de lege lata **nicht der weiteren Beschwerde**[109]. Der wesentliche Eingriff in die Freiheitssphäre des Beschuldigten erfolgt durch den zugrundeliegenden Haftbefehl, nicht durch das „Wie" der Vollziehung, auch wenn erhebliche Grundrechtseingriffe mit dem Vollzug selbst verbunden sind[110]. Dieser Rechtszustand ist für den Bereich der Untersuchungshaft unbefriedigend, weil eine einheitliche Rechtsanwendung nicht gewährleistet ist, obwohl es sich um tiefgreifende Beeinträchtigungen des Einzelnen handeln kann[111]. Gerichtliche Entscheidungen zur Strafvollstreckung gem. § 458 unterliegen jedoch zurecht nicht der Überprüfung einer weiteren Beschwerdeinstanz.

38   **ff) Verfall einer Sicherheit.** Die Beschwerdeentscheidung über den Verfall einer zur Verschonung von der Untersuchungshaft geleisteten Sicherheit unterfällt nicht dem Begriff „Verhaftung" und unterliegt somit nicht der weiteren Beschwerde, da die Entziehung der persönlichen Freiheit selbst nicht Gegenstand dieses Verfahrens ist[112].

39   **gg) Ungehorsamshaft.** Der Untersuchungshaft gleichgestellt ist die Haft nach § 230 Abs. 2, die gegen den ausgebliebenen Angeklagten verhängt werden darf[113]. Gleiches gilt für die Verhaftung nach § 236[114] und § 329 Abs. 4 S. 1[115]. Für die bloße Vorführung nach den §§ 134, 230 Abs. 2, 236, 329 Abs. 4 S. 1 gilt dies jedoch nicht[116], da der lediglich vorübergehende Eingriff in die Freiheitssphäre nicht einer Verhaftung gleichzusetzen ist und somit auch nicht eine Ausnahme gem. § 310 Abs. 1 vorliegt.

40   Entsprechendes gilt für das **Festhalten des Angeklagten** in der Hauptverhandlung nach § 231 Abs. 1 (zur Verhinderung seiner eigenmächtigen Entfernung).[117] Auch die Nichtgewährung sicheren Geleits gem. § 295 oder der Widerruf sind nicht mit der weite-

---

[108] BGHSt **34** 34, 36; ähnlich bei der Anfechtung von Maßnahmen nach § 119, vgl. BGHSt **26** 270 f; vgl. bei Hinzutreten eines Haftgrundes BGHSt **47** 249 mit abl. Anm. *Hilger* NStZ **2002** 445.

[109] BGHSt **26** 270 f; **30** 33; vgl. *Wendisch* FS Dünnebier 239, 254.

[110] *Matt* NJW **1991** 1801, 1803 mit weit. Nachw. zu der früher geltenden extensiven Auslegung, in der das „Wie" dem „Ob" gleichgeordnet wurde; vgl. auch SK-*Paeffgen* § 119, 82 und § 116, 24.

[111] Vgl. SK-*Paeffgen* § 119, 79, 82; vgl. auch § 116, 22; LR-*Hilger* § 119, 155, 159 mit Verweis auf § 116, 41 f; im Hinblick auf die hier geltend gemachten Bedenken ist daran zu denken, eine Zulassungs- oder Rechtsbeschwerde an das Oberlandesgericht für den Bereich des Untersuchungshaftvollzugs vorzusehen, um eine einheitliche Rechtsanwendung bei Entscheidungen gem. § 119 zu gewährleisten (vgl. z. B. §§ 116 ff StVollzG).

[112] KK-*Boujong*⁴ § 124 13; *Meyer-Goßner*⁴⁶ 11; HK-*Lemke*³ 15; vgl. die Bedenken bei LR-*Hilger* § 124, 47 und § 123, 29 f; *Wendisch* FS Dünnebier 255; a. A SK-*Paeffgen* § 124, 13.

[113] Vgl. OLG Düsseldorf StV **2001** 332; *Meyer-Goßner*⁴⁶ 5 und § 230, 25; HK-*Julius*³ § 230, 10.

[114] LR-*Gollwitzer* § 236, 16 und § 230, 50 mit weit. Nachw.

[115] *Wendisch* FS Dünnebier 239, 254; LR-*Gössel* § 329, 94 mit Verweis auf LR-*Gollwitzer* § 230, 49 f; vgl. auch BVerfG NJW **2001** 1341, 1342.

[116] LR-*Gollwitzer* § 230, 50 mit weit. Nachw., § 236, 16; LR-*Hanack* § 134, 11; *Meyer-Goßner*⁴⁶ 5.

[117] KK-*Engelhardt*⁴ 10; KMR-*Plöd* 4; *Eb. Schmidt* 4; *Schlüchter* 660.2.

ren Beschwerde anfechtbar. Der ggfs. gem. § 310 Abs. 1 beschwerdefähige Eingriff ist auch hier ein Haftbefehl[118].

hh) Haftanordnungen gegen Zeugen. Bei **Ordnungsungshaft** nach § 51 Abs, 1 S. 2 (bei **41** unentschuldigtem Ausbleiben) oder § 70 Abs. 1 S. 2 (Zeugnisverweigerung) ist die **weitere Beschwerde nicht zulässig**, da es sich lediglich um eine Ersatzmaßnahme – trotz des Haftrahmens gem. Art. 6 EGStGB von 1 Tag bis zu 6 Wochen – für den Fall der Uneinbringlichkeit des Ordnungsgeldes handelt[119].

Anders liegt der Fall bei **Erzwingungshaft (Beugehaft)** gem. §§ 70 Abs. 2, 161a Abs. 2 **42** (Zeugnisverweigerung, Haft bis zu sechs Monate), denn hierbei handelt es um eine originäre Haftmaßnahme, die in ihrer Eingriffsintensität dem Vollzug von Untersuchungshaft vergleichbar ist[120]. Im übrigen ist kein Grund ersichtlich, den Begriff der Verhaftung bei § 304 Abs. 4 und 5 in anderer Weise auszulegen als in § 310 Abs. 1[121]. Für die Herausgabeverweigerung gem. § 95 Abs. 2 S. 1 gelten die gleichen Regeln wie für § 70[122]. In diesen Fällen ist folglich die weitere Beschwerde gem. § 310 Abs. 1 (wie auch die Beschwerde gem. § 304 Abs. 4 und 5) zulässig. Wichtig ist in diesem Zusammenhang der ausdrückliche Hinweis, daß sowohl Bundesgerichtshof als auch das Oberlandesgericht Frankfurt am Main zurecht die Anfechtung einer Entscheidung, die die Erzwingungshaft ablehnt oder aufhebt, für unzulässig halten[123]. Dies entspricht der hier vertretenen Auslegung des § 310, daß die weitere Beschwerde unzulässig ist, soweit das Beschwerdebegehren auf eine Entscheidung zu Lasten des durch die Freiheitsentziehung Betroffenen hinausläuft[124].

Für die **Erzwingungshaft** nach § 96 OWiG wird die Zulässigkeit der weiteren **43** Beschwerde zwar ebenfalls verneint[125], allerdings ist dies angesichts der möglichen Dauer von bis zu drei Monaten außerordentlich problematisch. Die Vergleichbarkeit dieser Erzwingungshaft mit der des § 70 Abs. 2 – und somit mit dem Freiheitsentzug bei Untersuchungshaft – legt nahe, auch gegen die Erzwingungshaft gem. § 96 OWiG als „Verhaftung" die weitere Beschwerde gem. § 310 Abs. 1 zuzulassen.

ii) Sicherungshaftbefehl. Ebenfalls ist die weitere Beschwerde gegen den Sicherungs- **44** haftbefehl nach § 453c gegeben[126]. Der Verweis auf die Vorschriften zum Vollzug der Untersuchungshaft in § 453c legt dies nahe[127]. Die Gegenmeinung für die Unzulässigkeit einer weiteren Beschwerde stützt sich im wesentlichen auf das Argument, es handele sich um ein rechtskräftig abgeschlossenes Strafverfahren[128]. Der für den Jugendstrafvollzug

---

[118] Vgl. LR-*Gollwitzer* § 295, 27 mit weit. Nachw.

[119] BGH NJW **1998** 467; OLG Frankfurt NStZ-RR **2000** 382; **a. A** *Ellersiek* 97 f, er hält die weitere Beschwerde für statthaft; vgl. auch LR-*Gollwitzer*[24] 17.

[120] BGHSt **36** 192, 195 (unter Aufgabe von BGHSt **30** 52); BGH NJW **1998** 467 (unter Betonung, daß die Ablehnung oder Aufhebung nicht anfechtbar ist); ebenso OLG Frankfurt NStZ-RR **2000** 26; 382; KK-*Senge*[4] § 70, 15a; SK-*Frisch* 26; vgl. dagegen noch OLG Hamm (1. Senat) NStZ **1992** 443 (gegen 3. Senat OLG Hamm 3 Ws 737/89, unter Verweis auf § 96 OWiG); ebenfalls abl. *Meyer-Goßner*[46] 5 und § 70, 20.

[121] Auf Grundlage der BGH-Rechtsprechung OLG Frankfurt NStZ-RR **2000** 26 f.

[122] *Ellersiek* 98 hält die weitere Beschwerde für statthaft.

[123] BGH NJW **1998** 467; OLG Frankfurt NStZ-RR **2000** 26, 27; ebenso § 310, 22; § 304, 74.

[124] Dazu ausführlich oben § 310, 18 ff.

[125] OLG Hamm NStZ **1992** 443; MDR **1974** 688; *Giesler* 144; *Göhler*[13] § 96 OWiG, 22; KK-*Engelhardt*[4] 10.

[126] OLG Hamburg NStZ-RR **2002** 381; zu beachten ist eine eventuelle Unzulässigkeit der (weiteren) Beschwerde neben der „Haftprüfung" nach Antrag auf Vorführung gem. § 115a Abs. 3 S. 1.

[127] OLG Braunschweig NStZ **1993** 604, 605; LR-*Wendisch* § 453c, 18; *Burmann* (Sicherungshaft) 118 ff; *Fischer* NStZ **1990** 52; *Paeffgen* NStZ **1990** 536; *Eisenberg* § 58 JGG, 25; vgl. schon *Matt* NJW **1991** 1801; *Wendisch* FS Dünnebier 239, 243 ff; *Ellersiek* 97.

[128] Vgl. etwa OLG Frankfurt NStZ-RR **2002** 15; OLG Karlsruhe NStZ **1983** 92, 93; OLG Düsseldorf

Holger Matt

früher geltende § 61 Abs. 1 JGG a. F. ist mithin nur im Grundsatz übernommen und in mehrfacher Hinsicht durch Einschränkungen, Verschärfungen und strengere Förmlichkeiten modifiziert worden[129].

45 **jj)** Die **Verhaftung zum Zwecke der Strafvollstreckung** (§ 457) unterfällt als Maßnahme der Vollstreckungsbehörde – gem. § 451 die Staatsanwaltschaft – nicht dem Beschwerderechtsweg gem. der §§ 304 ff[130].

46 **c) Einstweilige Unterbringung.** Gegen die Anordnung der einstweiligen Unterbringung (§ 126 a) ist die weitere Beschwerde ausdrücklich gem. § 310 Abs. 1 zulässig. Da die vorläufige Einweisung nach § 81 bzw. § 73 JGG unerwähnt geblieben ist (im Unterschied zu § 304 Abs. 4 S. 2 Nr. 1), schließt die Rechtsprechung hieraus, daß diese erst nach Anhörung eines Sachverständigen ergehende, zeitlich begrenzte Maßnahme trotz des unmittelbaren Eingriffs in die persönliche Freiheit nicht die weitere Beschwerde eröffnet[131]. Im Hinblick auf die besonderen Anhörungspflichten gem. § 81 Abs. 1 und die aufschiebende Wirkung einer sofortigen Beschwerde gem. § 81 Abs. 4 ist diese Entscheidung des Gesetzgebers nachvollziehbar, jedenfalls nicht nicht im Wege der Auslegung oder Analogie korrigierbar[132].

47 Gegen die Anordnung der **vorläufigen Heimunterbringung** nach § 71 Abs. 2 JGG wird dagegen die weitere Beschwerde für zulässig erachtet, da ihr dieselbe Bedeutung beikommt wie der Verhaftung und der Unterbringung nach § 126a[133].

§ 311

(1) Für die Fälle der sofortigen Beschwerde gelten die nachfolgenden besonderen Vorschriften.

(2) Die Beschwerde ist binnen einer Woche einzulegen; die Frist beginnt mit der Bekanntmachung (§ 35) der Entscheidung.

(3) ¹Das Gericht ist zu einer Abänderung seiner durch Beschwerde angefochtenen Entscheidung nicht befugt. ²Es hilft jedoch der Beschwerde ab, wenn es zum Nachteil des Beschwerdeführers Tatsachen oder Beweisergebnisse verwertet hat, zu denen dieser noch nicht gehört worden ist, und es auf Grund des nachträglichen Vorbringens die Beschwerde für begründet erachtet.

Entstehungsgeschichte. Art. 8 Nr. 5 StPÄG 1964 hat bei Absatz 3 den Satz 2 angefügt. Der Wortlaut des neuen Satzes beruht auf einem Vorschlag des Rechtsausschusses des Bundestags[1]. Der frühere Absatz 2 Satz 2, der die Einlegung beim Beschwerdegericht zur Fristwahrung genügen ließ, ist durch Art. 4 Nr. 1 des Gesetzes zur Änderung

---

NStZ **1990** 251; KK-*Engelhardt*[4] 10; *Meyer-Goßner*[46] 5 und § 453c, 17; *Weidemann* 29 f; trotz „beachtlicher Gründe" der hier vertretenen Meinung SK-*Frisch* 25.

[129] LR-*Wendisch* § 453c, 18 mit weit. Nachw.

[130] Vgl. zur Anfechtung staatsanwaltlicher Entscheidungen Vor § 304, 41 ff, speziell als Strafvollstreckungsbehörde § 304, 44 f.

[131] OLG Hamm MDR **1984** 602; OLG Schleswig bei *Ernesti/Lorenzen* SchlHA **1986** 107, 108; *Meyer-*

Goßner[46] 6 und § 81, 28; SK-*Rogall* § 81, 59; LR-*Krause* § 81, 40 mit weit. Nachw.; *Wendisch* FS Dünnebier 239, 258 f; **a. A** *Giesler* 147; KK-*Engelhardt*[4] 11.

[132] SK-*Frisch* 28.

[133] *Eisenberg*[9] § 71 JGG, 16; KK-*Engelhardt*[4] 11; SK-*Frisch* 27; OLG Hamburg NJW **1963** 1167 f; vgl. *Giesler* 145; *Wendisch* FS Dünnebier 239, 257.

[1] BTDrucks. **IV** 1020, 29.

des Gesetzes über Ordnungswidrigkeiten, des Straßenverkehrsgesetzes und anderer Gesetze vom 7. 7. 1986 (BGBl. I 977) mit Wirkung vom 1. 4. 1987 aufgehoben worden mit Überleitungsvorschrift in Art. 6 Abs. 4 dieses Gesetzes.

1. Begriff und Verfahren der sofortigen Beschwerde. Für das Verfahren der sofortigen **1** Beschwerde gelten die allgemeinen Beschwerdevorschriften der §§ 304 ff. Auch hier ist eine **Begründung** nicht vorgeschrieben, aber grundsätzlich – auch noch nach fristwahrender Einlegung nachgereicht – zur Förderung des sachlichen Anliegens empfehlenswert, für die Staatsanwaltschaft ist Nr. 156 Abs. 1 RiStBV zu beachten[2]. Die sofortige Beschwerde unterscheidet sich von der einfachen (oder auch weiteren) Beschwerde durch die **Wochenfrist zur Einlegung** (§ 311 Abs. 2)[3] und durch das – abweichend von § 306 Abs. 2 – in § 311 Abs. 3 S. 1 ausgesprochene **Abhilfeverbot für den Erstrichter**, das nur durch Absatz 3 Satz 2 eine begrenzte Ausnahme erfährt.

Auch über die Unzulässigkeit einer (z. B. verspäteten) sofortigen Beschwerde darf **2** nicht das Erstgericht entscheiden, sondern nur das Beschwerdegericht[4]. Abgesehen von der Abhilfeausnahme gem. § 311 Abs. 3 S. 2 muß demnach **die sofortige Beschwerde immer dem Beschwerdegericht zur Entscheidung vorgelegt** werden (wegen des Abhilfeverbots gem § 311 Abs. 3 S. 1).

Die sofortige Beschwerde kommt **nur in den gesetzlich ausdrücklich vorgesehenen Fällen** zur Anwendung. Das Gesetz sieht die sofortige Beschwerde in Fällen vor, die im **3** Interesse der **Rechtssicherheit** eine schnelle und formell rechtskräftige Klärung erfordern[5]. Allein der **Wortlaut des Gesetzes**, nicht die Sache, ist entscheidend, ob die sofortige Beschwerde das einschlägige Rechtsmittel ist. Die Begrenzung der Anfechtungsmöglichkeit durch eine Wochenfrist ist grundsätzlich dem Gesetzgeber vorbehalten. Eine **entsprechende Anwendung** des § 311 auf ggfs. vergleichbare Fälle, in denen es sachdienlich sein könnte, nur die zeitlich begrenzte sofortige Beschwerde zuzulassen, ist **ausgeschlossen**[6]. Eine „weitere sofortige" Beschwerde gibt es nicht (vgl. § 310)[7].

Nicht ausgeschlossen ist, im Wege der **Auslegung bestimmter Vorschriften** die sofortige Beschwerde gegen gerichtliche Entscheidungen als zutreffendes Rechtsmittel anzusehen. Im Falle selbständiger Kostenentscheidungen gem. § 464 Abs. 2 – beispielsweise **4** nach § 473 Abs. 1 bei Rücknahme – ist die sofortige Beschwerde zulässig, wenn auch die Hauptentscheidung ohne das zurückgenommene Rechtsmittel anfechtbar gewesen wäre

---

[2] Zur Begründung einer Beschwerde und insbesondere zu (vom Gericht eingeräumten) Begründungsfristen siehe ausf. § 306, 6 ff.

[3] Die Einhaltung der Wochenfrist ist (eine besondere) Zulässigkeitsvoraussetzung der sofortigen Beschwerde, vgl. § 304, 15, 16.

[4] § 304, 1; § 306, 13, 22.

[5] Zur Möglichkeit nachträglicher Änderungen oder

Aufhebung formell rechtskräftiger Beschlüsse Vor § 304, 55 ff.

[6] HK-*Rautenberg*[3] 3; KK-*Engelhardt*[4] 2; vgl. SK-*Frisch* 5; KMR-*Plöd* 1.

[7] Der Fall einer Entscheidung über den Verfall einer Sicherheit (§ 124) unterfällt nicht den Ausnahmen des § 310 Abs. 1, vgl. § 310, 38.

Holger Matt

(z. B. nicht bei § 304 Abs. 4 oder § 310 Abs. 2 oder § 55 Abs. 2 JGG)[8]. Die sofortige Beschwerde ist auch im Wege der Auslegung einschlägig bei § 453 Abs. 2 S. 3 für die Staatsanwaltschaft, soweit ihre Anträge bezüglich der dort erwähnten Maßnahmen – z. B. auf Bewährungswiderruf – abgelehnt werden[9], nicht aber bei „milderen" Anträgen, beispielsweise auf Verlängerung der Bewährungszeit[10].

5   **2. Beispiele der sofortigen Beschwerde.** Das Gesetz sieht sofortige Beschwerde vor in §§ 28 Abs. 2 S. 1, 46 Abs. 3, 81 Abs. 4 S. 1, 111g Abs. 2 S. 2, 111h Abs. 2 S. 2, 124 Abs. 2 S. 2, 138d Abs. 6 S. 1, 206a Abs. 2, 206b S. 2, 210 Abs. 2, 231a Abs. 3 S. 3, 270 Abs. 3 S. 2, 322 Abs. 2, 372 S. 1, 379a Abs. 3 S. 2, 383 Abs. 2 S. 3, 390 Abs. 4, 400 Abs. 2 S. 1, 408 Abs. 1 S. 1, 408 Abs. 2 S. 2, 411 Abs. 1 S. 1, 431 Abs. 5 S. 2, 440 Abs. 3, 441 Abs. 2, 444 Abs. 2 S. 2, 3, 453 Abs. 2 S. 3, 454 Abs. 3 S. 1, 462 Abs. 3 S. 1, 463, 463c Abs. 3 S. 2, 464 Abs. 3 S. 1; ob auch die Beschwerde gem. § 181 GVG eine sofortige Beschwerde ist, ist streitig[11]. Auch andere Gesetze, auf die die Strafprozeßordnung anwendbar ist (z. B. JGG, BRAGO), sehen die sofortige Beschwerde vor[12].

6   **3. Einlegung.** Die sofortige Beschwerde kann fristwahrend[13] nur **beim Erstgericht schriftlich oder zur Niederschrift der Geschäftsstelle** (§ 306 Abs. 1) eingelegt werden[14].

7   **4. Die Wochenfrist** wird nach § 43 berechnet. Sie beginnt mit der ordnungsgemäßen Bekanntmachung der anzufechtenden Entscheidung, also mit deren Verkündung in Anwesenheit des Beschwerdeführers[15] oder mit Zustellung. Bloße formlose Mitteilung genügt auch dann nicht, wenn sie nachgewiesen ist (§ 35 Abs. 2 S. 2)[16]. Die Beschwerdeerklärung muß spätestens **am letzten Tage der Frist bei dem Erstgericht** eingehen, sonst ist das Rechtsmittel unzulässig. Es gelten zudem die allgemeinen Vorschriften über die Wiedereinsetzung in den vorigen Stand bei Fristversäumnis (§§ 44 ff).

8   Die Frist des § 311 ist auch zu wahren, wenn nur die **Kostenentscheidung** oder eine **Annexentscheidung** des Strafurteils – für den Fall der Erfolglosigkeit des Rechtsmittels in der Hauptsache – angegriffen werden soll. Daher muß **innerhalb der Frist** erkennbar gemacht werden, daß auch der mit sofortiger Beschwerde anfechtbare Entscheidungsteil angegriffen werden soll[17]. Auch für die sofortige Kostenbeschwerde gilt die Wochenfrist.[18]

---

[8] OLG Hamm StV **1999** 667; OLG Jena NStZ-RR **1997** 287; OLG Stuttgart NStZ **1989** 548; NStZ **1985** 522; OLG Frankfurt NStZ **1988** 328 ff mit Anm. *Dörr/Taschke*; *Rieß/Hilger* NStZ **1987** 204, 206; LR-*Hilger* § 464, 30 f, 58; HK-*Krehl*[3] § 464, 9; *Meyer-Goßner*[46] § 464, 13, 16; SK-*Frisch* 6.

[9] OLG Düsseldorf NStZ-RR **2002** 28; OLG Zweibrücken NStZ-RR **1998** 93; OLG Stuttgart NStZ **1995** 53; OLG Hamm NStZ **1988** 291, 292; SK-*Frisch* 7; LR-*Wendisch* § 453, 30; *Meyer-Goßner*[46] § 453, 13.

[10] OLG Stuttgart NStZ **2000** 500.

[11] Vgl. BGH NJW **2001** 3275 f (zumindest vertretbar, keine sofortige Beschwerde anzunehmen mit der Folge der Abhilfemöglichkeit gem. § 306 Abs. 2); für die h. M. LR-*Wickern* § 181 GVG, 2 f, *Schiemann* NJW **2002** 112 f mit weit. Nachw.

[12] Dazu die Beispiele Vor § 304, 5.

[13] Die Einlegung beim Beschwerdegericht wahrt die Wochenfrist nicht, vgl. OLG Hamburg NJW **1999** 2607.

[14] Wegen der Einzelheiten § 306, 1 ff.

[15] BGHSt **6** 206, 207, KK-*Engelhardt*[4] 3; SK-*Frisch* 13; KMR-*Plöd* 4.

[16] OLG Celle StV **1994** 494; SK-*Frisch* 13; KK-*Engelhardt*[4] 3; *Meyer-Goßner*[46] 2; *Pfeiffer*[4] 2.

[17] BGHSt **25** 77; **26** 126; BayObLGSt **1973** 146 = JR **1974** 384 ff mit Anm. *Meyer*; OLG Frankfurt NJW **1974** 202; OLG Hamm NJW **1971** 444, 445; JMBlNW **1976** 67; vgl. *Seier* 43 ff, 52 ff und LR-*Hilger* § 464, 43 mit weit. Nachw. zum früheren Streit.

[18] § 304, 39 mit weit. Nachw. zum Streitstand, da manche Gerichte die zivilprozessuale Zweiwochenfrist annehmen. Entscheidend dürfte im praktischen Einzelfall die Belehrung gem. § 35a sein.

5. Änderungs- und Abhilfeverbot. In den Fällen der sofortigen Beschwerde darf das **9** Erstgericht seine Entscheidung, abgesehen vom Sonderfall des Absatzes 3 Satz 2, grundsätzlich nicht ändern und der Beschwerde somit nicht abhelfen. Auch eine nachträgliche Ergänzung des Beschlusses, die sachlich einer Änderung gleichkäme, ist grundsätzlich nicht zulässig[19]. Dieses Änderungsverbot gilt nicht nur für die Entscheidungen des „Gerichts", sondern **für alle mit der sofortigen Beschwerde anfechtbaren Entscheidungen,** die in § 306 Abs. 2 und 3 erwähnt werden, also auch bei Entscheidungen des Vorsitzenden, des Richters im Vorverfahren oder des beauftragten oder ersuchten Richters.

Der **innere Grund des Änderungsverbotes** liegt darin, daß das Gesetz solche Beschlüsse **10** und Verfügungen der sofortigen Beschwerde unterwirft, die wegen ihrer Verfahrensbedeutung der **formellen** – oder auch **materiellen** – **Rechtskraft fähig** sind[20]. In diesen Fällen kann das Erstgericht auch ohne Einlegung einer sofortigen Beschwerde grundsätzlich nicht seine Entscheidung nachträglich abändern oder aufheben, gleiches gilt für das Beschwerdegericht bezüglich seiner bereits getroffenen Entscheidung. Nur **ausnahmsweise und nicht zu Ungunsten des Betroffenen** können formell rechtskräftige Entscheidungen – und nur solche ohne materielle Rechtskraftwirkung – nachträglich, etwa auf Gegenvorstellung hin, **abgeändert** werden[21]. Entscheidungen mit materieller Rechtskraft sind Urteilen ähnlich und nur bei Vorliegen von Wiederaufnahmeumständen analog § 359 abänderbar[22].

6. Abhilfe bei Verletzung des rechtlichen Gehörs. Eine **Ausnahme** vom grundsätz- **11** lichen Abhilfeverbot im Verfahren der sofortigen Beschwerde läßt **Absatz 3 Satz 2** bei Verletzung des rechtlichen Gehörs zu. Wenn das Erstgericht zum Nachteil des Beschwerdeführers Tatsachen oder Beweisergebnisse verwertet hat, zu denen er noch nicht gehört worden ist, hat der Erstrichter der Beschwerde abzuhelfen, wenn er diese nun für begründet erachtet. Die **Verletzung des rechtlichen Gehörs** ist **Voraussetzung für die Abhilfebefugnis,** welche auch **nicht uneingeschränkt** besteht bei Vorliegen dieser Voraussetzung. Das Gericht entscheidet zwar in diesen Fällen nochmals auf Grundlage des gesamten unterbreiteten Prozeßstoffs. Eine Abhilfe kommt jedoch nur in Betracht, wenn die Tatsachen oder Beweisergebnisse, zu denen der Beschwerdeführer nicht angehört worden ist, nach dem Beschwerdevorbringen entweder tatsächlich oder rechtlich in anderer Weise zu würdigen oder zu beurteilen sind. Auch wenn der zu Unrecht nicht gehörte Beschwerdeführer die Richtigkeit der zu seinem Nachteil verwerteten Tatsachen oder Beweisergebnisse nicht bestreitet, können indes ihre Bedeutung und in dieser Folge auch andere Umstände für die Entscheidung nach dem Beschwerdevorbringen für den Beschwerdeführer günstiger zu bewerten sein[23].

Die Abhilfebefugnis besteht auch dann, wenn die Begründung für die Beschwerde **12** erst **nach Ablauf der Beschwerdefrist** eingegangen ist[24]. Nach dem Sinn der Abhilfemöglichkeit bei Verletzung des rechtlichen Gehörs greift das Abhilfeverbot des Absatzes 3 Satz 1 auch nicht ein, wenn die sofortige Beschwerde die **Zulässigkeitserfordernisse nicht erfüllt,** insbesondere verfristet ist.[25] Eine andere Auslegung würde zu einem unbilligen

---

[19] *Ellersiek* 173; SK-*Frisch* 16; HK-*Rautenberg*³ 6; *Meyer-Goßner*⁴⁶ 5.

[20] Ausf. Vor § 304, 55 ff, 62, 63.

[21] Vor § 304, 58 f, 62 f, 65.

[22] Vor § 304, 62.

[23] HK-*Rautenberg*³ 7; SK-*Frisch* 19; KK-*Engelhardt*⁴ 6.

[24] SK-*Frisch* 20; AK-*Renzikowski/Günther* 24; HK-*Rautenberg*³ 8.

[25] KMR-*Plöd* 6; *Ellersiek* 173; *Schlüchter* 666. Dabei ist letztlich unerheblich, ob man in diesen Fällen die Abhilfebefugnis aus dem weit auszulegenden Absatz 3 Satz 2 herleitet oder mit einer analogen Anwendung des § 33a begründet, wie BGHSt 26

Holger Matt

Ergebnis führen, wenn nicht eine Wiedereinsetzung gem. der §§ 44 ff. möglich ist. Die Verletzung des rechtlichen Gehörs könnte nämlich sonst nicht mehr geheilt werden, weil § 33a nur bei von Gesetzes wegen per se unanfechtbaren Entscheidungen eingreift und die Verfassungsbeschwerde mangels Erschöpfung des Rechtsweges – bei nicht rechtzeitiger Einlegung der sofortigen Beschwerde – nicht zulässig wäre[26]. Somit kann die **Verletzung des rechtlichen Gehörs durch den Erstrichter geheilt** und die aufgrund des Beschwerdevorbringens nunmehr für richtig gehaltene **Abhilfeentscheidung** getroffen werden, obwohl die (z. B. verfristete) sofortige Beschwerde durch das Beschwerdegericht als unzulässig hätte verworfen werden müssen.

13 Hält der Erstrichter die Voraussetzung der Verletzung rechtlichen Gehörs gem. § 311 Abs. 3 S. 2 für ein **Abhilfeverfahren** für gegeben und die Beschwerde nunmehr für sachlich begründet, dann hilft er ab. Der neue Beschluß ist den Beteiligten zuzustellen und tritt an die Stelle des ursprünglichen Beschlusses. Dieser ist erneut mit sofortiger Beschwerde anfechtbar, soweit die allgemeinen Zulässigkeitsvoraussetzungen erfüllt sind[27]. Die ursprüngliche sofortige Beschwerde wird, soweit ihr abgeholfen worden ist, gegenstandslos[28]. Ist zwar die Verletzung rechtlichen Gehörs gegeben, aber der Erstrichter nicht bereit der Beschwerde abzuhelfen, fertigt er einen Aktenvermerk oder erläßt sogar einen Nichtabhilfebeschluß, den er den Verfahrensbeteiligten zur Kenntnis bringt, und legt sodann die Akten dem Beschwerdegericht vor[29].

14 **7. Rechtskraft.** Wird die Erstentscheidung nicht mit sofortiger Beschwerde angefochten oder diese verworfen, so tritt **formelle Rechtskraft** ein. Eine ändernde Beschwerdeentscheidung ist sogleich rechtskräftig, weil ein Ausnahmefall des § 310 Abs. 1 nicht in Betracht kommt. Ob auch **materielle Rechtskraft** eingetreten ist, hängt von der Eigenart der Entscheidung ab[30].

§ 311a

(1) [1]**Hat das Beschwerdegericht einer Beschwerde ohne Anhörung des Gegners des Beschwerdeführers stattgegeben, und kann seine Entscheidung nicht angefochten werden, so hat es diesen, sofern der ihm dadurch entstandene Nachteil noch besteht, von Amts wegen oder auf Antrag nachträglich zu hören und auf einen Antrag zu entscheiden.** [2]**Das Beschwerdegericht kann seine Entscheidung auch ohne Antrag ändern.**
(2) **Für das Verfahren gelten §§ 307, 308 Abs. 2 und § 309 Abs. 2 entsprechend.**

Entstehungsgeschichte. § 311a ist zusammen mit § 33a, § 308 Abs. 1 Satz 2 und § 311 Abs. 3 Satz 2 durch Art. 8 Nr. 6 StPÄG 1964 eingefügt worden. Die Fassung beruht auf einem Vorschlag des Rechtsausschusses des Bundestags[1].

127, 130 (nach wirksamer öffentlicher Zustellung eines Bewährungswiderrufsbeschlusses); OLG Düsseldorf NStZ **1992** 453, 454; OLG Karlsruhe Justiz **1974** 269, 270; HK-*Rautenberg*[3] 8; KK-*Engelhardt*[4] 7; SK-*Frisch* 20 (differenz. nach Verschulden an der Fristversäumnis); *Meyer-Goßner*[46] 6 (Zulässigkeit Voraussetzung für Abhilfe) und § 33a, 4 (analoge Anwendung des § 33a).

[26] Vgl. LR-*Wendisch* § 33a, 9 f mit weit. Nachw.

[27] SK-*Frisch* 21; *Meyer-Goßner*[46] 6; HK-*Rautenberg*[3] 8; *Pfeiffer*[4] 3.

[28] § 306, 19.

[29] Ausf. bei § 306, 14 ff.

[30] Zu Einzelheiten der nachträglichen Abänderungsmöglichkeiten trotz Rechtskraft Vor § 304, 55 ff, 62 f.

[1] BTDrucks. **IV** 1020, 29 f.

1. Zweck der Vorschrift. § 308 Abs. 1 Satz 2 gestattet dem **Beschwerdegericht**, ohne **1** Anhörung des Beschwerdegegners zu dessen Nachteil zu entscheiden, wenn der Zweck der Anordnung durch die Anhörung gefährdet wäre (§ 33 Abs. 4 Satz 1). Um die auch verfassungsrechtlich gebotene **Nachholung des rechtlichen Gehörs** in diesen Fällen sicherzustellen, hat § 311a in Ergänzung des § 33a ein spezielles Nachverfahren innerhalb des Beschwerdeverfahrens geschaffen. § 311a eröffnet darüber hinaus allgemein dem Beschwerdegericht die Möglichkeit zur Nachholung einer aus sonstigem Grund unterbliebenen oder einer versehentlich unterlassenen Anhörung des Beschwerdegegners, wie sie in allen Beschwerdeverfahren gem. § 308 Abs. 1 S. 1 grundsätzlich zu erfolgen hat. Verstöße gegen diesen Grundsatz des rechtlichen Gehörs gem. § 308 Abs. 1 S. 1, das – abgesehen von den oben erwähnten Ausnahmefällen des § 33 Abs. 4 S. 1 – grundsätzlich vor der Beschwerdeentscheidung gewährt werden muß, können dadurch auf einfache Weise geheilt werden[2].

2. Unterschied von § 311a und § 33a. Die Vorschrift des § 311a bezieht sich konkret **2** auf die im Rahmen des Beschwerdeverfahrens gem. § 308 Abs. 1 grundsätzlich vorgesehene **Anhörung des Beschwerdegegners**. Diese Anhörung ist nicht vom Vorbringen oder Vorhandensein neuer Tatsachen oder Beweismittel oder von einer Rechtsänderung abhängig, sondern auch bei unverändertem Sachverhalt vorgeschrieben. Entsprechendes gilt folglich für § 311a, denn dort ist die **Nachholung der Anhörung des § 308 Abs. 1 S. 1** geregelt. Insoweit gehen § 308 Abs. 1 S. 1 und § 311a über das verfassungsrechtlich gem. Art. 103 Abs. 1 GG gesicherte rechtliche Gehör hinaus[3].

Unabhängig von diesen speziellen Anhörungsvorschriften innerhalb des Beschwerde- **3** verfahrens gelten die **allgemeinen Grundsätze** der verfassungsrechtlich gebotenen **Gewährung rechtlichen Gehörs**, insbesondere bei Verwendung von Tatsachen oder Beweisergebnissen zum Nachteil eines Betroffenen. Die rechtliche Notwendigkeit einer – je nach Verfahrenssituation zusätzlichen, z. B. nach Ermittlungen des Beschwerdegerichts gem. § 308 Abs. 2 – Anhörung folgt unmittelbar aus Art. 103 Abs. 1 GG bzw. § 33 Abs. 2 und 3. Die **Nachholung** einer in dieser Art unterbliebenen Anhörung ist in **§ 33a allgemein geregelt** und somit auch für das Beschwerdeverfahren[4]. Insoweit können die Anwendungsbereiche der §§ 311a, 33a identisch sein, aber auch nicht, entsprechend dem Verhältnis von § 308 Abs. 1 S. 1 einerseits und Art. 103 Abs. 1 GG bzw. § 33 Abs. 2 und 3 andererseits[5].

---

[2] Die Subsidiarität der Verfassungsbeschwerde erfordert, daß die Möglichkeiten der §§ 33a, 311a vorher ausgeschöpft werden (BVerfGE **33** 192).

[3] § 308, 2 f mit weit. Nachw.

[4] *Ellersiek* 186; KK-*Engelhardt*[4] 1.

[5] Vgl. LR-*Wendisch* § 33, 1 f; § 33a 1 f.

3. Voraussetzungen des Nachverfahrens

4   **a) Unanfechtbarkeit der Beschwerdeentscheidung.** Wenn die Entscheidung des Beschwerdegerichts gem. § 310 Abs. 1 ausnahmsweise mit der weiteren Beschwerde anfechtbar ist, findet das Nachverfahren gem. § 311a nicht statt[6]. Der Mangel des nicht gewährten rechtlichen Gehörs kann nämlich durch das Rechtsmittel der weiteren Beschwerde vollständig geheilt werden, durch die Möglichkeit des Abhilfeverfahrens gem. § 306 Abs. 2 auch durch den iudex a quo.

5   **b) Nichtanhörung des Beschwerdegegners.** Der Gegner des Beschwerdeführers darf nicht angehört worden sein, entgegen dem Grundsatz gem. § 308 Abs. 1 S. 1. **Beschwerdegegner** ist hier im gleichen weiten Sinn zu verstehen wie bei § 308 Abs. 1[7]. Hierzu gehört jeder Verfahrensbeteiligte, der durch die Beschwerdeentscheidung in seinen rechtlichen Interessen beeinträchtigt sein und wegen des ihm drohenden verfahrensrechtlichen Nachteils Grund haben kann, sich gegen die Beschwerde auszusprechen. Auch die **Staatsanwaltschaft als Beschwerdegegner,** wenn sie vor der Entscheidung entgegen § 308 Abs. 1 S. 1 nicht gehört worden ist, darf sich auf § 311a zur Nachholung des Gehörs berufen[8]. Die gegenteilige Meinung[9] verkennt, daß § 311a – im Unterschied zu § 33a – nicht an das Grundrecht auf rechtliches Gehör gem. Art. 103 Abs. 1 geknüpft ist, sondern an die Anhörungspflicht gem. § 308 Abs. 1 S. 1 anschließt[10].

6   Bei im Beschwerdeverfahren erstmals erfolgten und vom Beschwerdegericht perpetuierten Verstößen gegen den Anspruch (des Beschwerdeführers) auf Gewährung rechtlichen Gehörs dienen die §§ 311a, 33a auch dazu, diesen Verstoß zu beheben und dem Betroffenen zudem die Möglichkeit zur Anrufung einer weiteren Instanz zu geben, wenn die Durchführung des Nachverfahrens aus formellen Gründen abgelehnt wird. Auf eine insoweit zulässige **Beschwerde gegen die Ablehnung des Nachverfahrens** – als neuem Beschwerdegegenstand – kann die Sache zur Gewährung des rechtlichen Gehörs an das ursprüngliche Beschwerdegericht zurückverwiesen werden. Grundsätzlich hat der **Beschwerdeführer** auch Anspruch, den vor der angefochtenen Maßnahme gestellten **Antrag der Gegenseite** (regelmäßig zumindest die Staatsanwaltschaft) mitsamt Begründung zur Kenntnis zu nehmen (vgl. aber auch § 147 Abs. 2), um eine angemessene Möglichkeit zur Beschwerdebegründung zu haben[11]. Wird dieses rechtliche Gehör nicht gewährt, ist das **Nachverfahren entsprechend der §§ 311a, 33a auch für den Beschwerdeführer anwendbar.**

7   **c)** Der **Nachteil** für den nicht gehörten Gegner des Beschwerdeführers muß grundsätzlich fortbestehen. Die **Grundsätze** der Rechtsprechung des Bundesverfassungsgerichts zur Gewährung effektiven Rechtsschutzes bei tiefgreifenden Grundrechtseingriffen trotz **prozessualer Überholung** sind jedoch **zu übertragen** und ein Nachteil ist anzunehmen, wenn ein solcher (tiefgreifender) Grundrechtseingriff[12] durch die Maßnahme erfolgt ist, ohne daß der Betroffene dazu vorher angehört worden ist[13]. Anderenfalls würde ein ggfs. rechtswidriger Grundrechtseingriff ohne jede (vorherige oder nachträgliche) Anhörung des Betroffenen Bestand haben und jegliche Verteidigung

---

[6] KMR-*Plöd* 1; *Meyer-Goßner*[46] 1; HK-*Rautenberg*[3] 5; *Pfeiffer*[4] 2.
[7] § 308, 7 ff.
[8] HK-*Rautenberg*[3] 4; KK-*Engelhardt*[4] 2; SK-*Frisch* 7.
[9] Die Anwendbarkeit auf die Staatsanwaltschaft verneinen *Ellersiek* 186; AK-*Renzikowski/Günther* 4; *Meyer-Goßner*[46] 1 und § 33a, 3; *Pfeiffer*[4] 1; KMR-*Plöd* 2; vgl. dagegen § 308, 7 mit weit. Nachw.

[10] Zutreffend SK-*Frisch* 7.
[11] Vgl. OLG Frankfurt NStZ-RR **2002** 30 (Beschwerdebegründung sollte erfolgen, nachdem Antragsablichtung übermittelt ist).
[12] Dazu näher Vor 304, 69 ff; § 304, 54.
[13] KMR-*Plöd* 4; SK-*Frisch* 10 (noch ohne Bezug auf die neueren Entscheidungen des BVerfG); unklar *Meyer-Goßner*[46] 1; **a. A** HK-*Rautenberg*[3] 6.

gegen diesen Grundrechtseingriff verhindert werden können durch rechtsfehlerhafte Nichtanhörung entgegen § 308 Abs. 1 S. 1 oder bei angenommener Gefährdung des Zweckes der Maßnahme gem. §§ 308 Abs. 1 S. 2, 33 Abs. 4 S. 1[14].

d) Das Nachverfahren gem. § 311a ist an **keine Frist** gebunden[15]. **8**

e) Die nachträgliche Anhörung ist auf **Antrag oder von Amts wegen** durchzuführen. **9** Der Antrag des Beschwerdegegners ist nicht notwendige Voraussetzung des Verfahrens[16], sondern soll die Möglichkeit eröffnen, das Gericht auf eine übersehene Anhörung hinzuweisen. Die Nachholung ist von Amts wegen geboten, wenn das Beschwerdegericht erkennt, daß es ohne vorherige Gewährung des rechtlichen Gehörs entschieden hat[17]. Dies gilt insbesondere auch für die Fälle der Nichtanhörung gem. der §§ 308 Abs. 1 S. 2, 33 Abs. 4 Satz 1, in denen das Gericht von der vorherigen Anhörung des Beschwerdegegners bewußt abgesehen hat.[18]

5. Verfahren und Entscheidung

a) Dem benachteiligten Beschwerdegegner ist **Gelegenheit zur Äußerung** zu geben. **10** Sofern nicht bereits sein Antrag eine Gegendarstellung enthält, ist er von Amts wegen zur Stellungnahme aufzufordern. Diese Aufforderung kann zweckmäßigerweise mit einer angemessenen Frist verbunden werden[19] und in den Fällen des § 33 Abs. 4 S. 1 gleichzeitig mit der Beschwerdeentscheidung ergehen[20].

b) **Ermittlungen.** Soweit das neue Vorbringen dazu Anlaß gibt, kann das Beschwerde- **11** gericht in entsprechender Anwendung des § 308 Abs. 2 **Ermittlungen anordnen oder durchführen.** Hierbei ist zu beachten, daß zu einem neuen Beweisergebnis alle Beteiligten erneut anzuhören sind, denn das verfassungsrechtliche Gebot zur Gewährung rechtlichen Gehörs sowie § 33 Abs. 2 und 3 gelten auch für das Nachverfahren[21].

c) **Keine aufschiebende Wirkung.** Die Durchführung des Nachverfahrens hindert, wie **12** sich aus § 311a Abs. 2 und der entsprechenden Anwendbarkeit des § 307 ergibt, die **Vollstreckung** nicht. Das Beschwerdegericht und auch sein Vorsitzender können gemäß § 307 Abs. 2 anordnen, daß die Vollstreckung auszusetzen ist[22]. Die Anordnung wird mit Erlaß einer bestätigenden oder ändernden neuen Sachentscheidung von selbst gegenstandslos. Ergeht eine solche nicht, muß das Beschwerdegericht die Anordnung ausdrücklich aufheben[23].

d) Auf **Antrag** hat das Gericht **stets zu entscheiden.** Die Entscheidung ergeht durch **13** Beschluß, der begründet werden muß (§ 34). Ist ein Antrag gestellt, hält das Gericht auf Grund des Ergebnisses des Nachverfahrens die frühere Beschwerdeentscheidung entweder aufrecht oder es ändert sie – nach dem ausdrücklich für anwendbar erklärten § 309 Abs. 2 – entsprechend den Ergebnissen des Nachverfahrens ab[24]. Sind die Voraussetzungen für das Nachverfahren nicht gegeben, dann weist es den Antrag als unzulässig zurück[25].

---

[14] Vor § 304, 74; zu § 33a *Esskandari* StraFo. **1997** 289, 292 f.

[15] *Meyer-Goßner*[46] 1; SK-*Frisch* 12.

[16] KK-*Engelhardt*[4] 8; *Pfeiffer*[4] 3.

[17] HK-*Rautenberg*[3] 7.

[18] SK-*Frisch* 13.

[19] KK-*Engelhardt*[4] 10; HK-*Rautenberg*[3] 8.

[20] SK-*Frisch* 15; *Meyer-Goßner*[46] 2.

[21] *Ellersiek* 188.

[22] Diese Anordnung ist nicht selbständig beschwerdefähig, nachdem das Beschwerdeverfahren in der Hauptsache unanfechtbar ist; OLG Celle MDR **1996** 1284 f; SK-*Frisch* 23; HK-*Rautenberg*[3] 16; vgl. § 307, 9 mit weit. Nachw.; **a.A** *Meyer-Goßner*[46] 3; KK-*Engelhardt*[4] 14.

[23] HK-*Rautenberg*[3] 10; SK-*Frisch* 16; vgl. § 307, 8.

[24] Vgl. § 309, 7 ff.

[25] Vgl. § 309, 4.

Holger Matt

14   **e) Kein Antrag.** Ist eine Nachtragsentscheidung nicht beantragt, braucht das Gericht das Nachverfahren nicht formell durch eine Entscheidung zu beenden, wenn die Anhörung ergeben hat, daß die getroffene Entscheidung zu Recht besteht. Ein **ausdrücklicher Ausspruch** darüber kann allerdings **zweckmäßig** sein. Dies gilt insbesondere, wenn das Beschwerdegericht nach § 307 Abs. 2 die Aussetzung der Vollstreckung angeordnet hatte. Dann muß die Vollstreckbarkeit durch eine Entscheidung des Gerichts wiederhergestellt werden[26], die zweckmäßigerweise auch zum Ausdruck bringt, daß die Beschwerdeentscheidung Bestand hat. Im Antrag auf nachträgliche Anhörung wird zudem regelmäßig zugleich ein Antrag auf neue Entscheidung liegen.

15   Ergibt sich dagegen, daß die ursprüngliche Beschwerdeentscheidung geändert werden muß, dann hat das Beschwerdegericht dies **von Amts wegen** auch **ohne Antrag** auszusprechen[27]. Wenn § 311a Abs. 1 S. 2 insoweit von „kann" spricht, regelt es nur die Befugnis des Gerichts zu dieser Maßnahme. Änderungen sind damit aber nicht in das freie Ermessen des Beschwerdegerichts gestellt, vielmehr ist dieses zur Änderung verpflichtet, wenn sich aufgrund der Nachholung des Gehörs ergibt, daß die ergangene Beschwerdeentscheidung fehlerhaft ist.

16   **6. Beschwerde.** Es gelten die allgemeinen Grundsätze. Die Ablehnung des Antrags, ein Nachholungsverfahren durchzuführen, ist mit einfacher Beschwerde anfechtbar und stellt einen selbständigen neuen Beschwerdegegenstand dar[28]. Soweit dagegen das Beschwerdegericht seine eigene Entscheidung sachlich überprüft und bestätigt oder ändert, betrifft die Entscheidung den gleichen Beschwerdegegenstand wie die ursprüngliche Beschwerdeentscheidung und ist ebenso wie diese unanfechtbar[29].

[26] § 307, 8.

[27] SK-*Frisch* 19; HK-*Rautenberg*[3] 13; KK-*Engelhardt*[4] 12.

[28] Vgl. OLG Frankfurt NStZ-RR **2002** 306; *Hanack* JR **1974** 113, 114 f; AK-*Renzikowski/Günther* 21; KK-*Engelhardt*[4] 13; *Meyer-Goßner*[46] 3; SK-*Frisch* 21.

[29] SK-*Frisch* 22; HK-*Rautenberg*[4] 15; KMR-*Plöd* 7; *Meyer-Goßner*[46] 3; KK-*Engelhardt*[4] 13; vgl. auch LR-*Wendisch* § 33a, 20 mit weit. Nachw.; OLG Frankfurt NStZ-RR **2003** 79; Bbg. VerfG NStZ-RR **2000** 172, 173.

DRITTER ABSCHNITT

Berufung

Vorbemerkungen

Schrifttum. *Amelunxen* Die Berufung in Strafsachen (1982); *Becker/Kintzig* Von Berufungs-
köchen und Eingangsgerichten – Neues Rechtsmittelsystem für die Strafjustiz? ZRP **2000** 321;
Beling Die Wiedereinführung der Berufung in Strafsachen (1894); *Bertram* Notwendigkeit einer
Reform der Strafjustiz? NJW **2000** 2312; *Bode* Das Wahlrechtsmittel im Strafverfahren (2000);
Böttcher Die Rechtsmittelreform in Strafsachen als Thema Deutscher Juristentage, FS Rieß (2002) 31;
Dahs Rechtsmittelreform im Strafprozeß? NStZ **1999** 321; *Gössel* Über die Folgen der Aufhebung
von Berufungsurteilen in der Revisionsinstanz, JR **1982** 270; *Graf zu Dohna* Berufung in Strafsachen (1911); *Kintzi* Reform der Rechtsmittel in Strafsachen, DRiZ **2000** 187; *Kintzi* Rechtsmittelreform in Strafsachen – eine unendliche Geschichte? FS Rieß (2002) 223; *Laufhütte* Überlegungen
zur Diskussion über die Reform des Instanzenzuges in Strafsachen, NStZ **2000** 449; *Lilie* Ist für die
Strafjustiz ein dreigliedriger Justizaufbau, eine Reform des Rechtsmittelsystems und eine Auf-
gabenverlagerung auf außergerichtliche Verfahren zu empfehlen? (Gutachten D zum 63. DJT
2000); *Nobis* Die Reform der Rechtsmittel im Strafprozeß StV **2000** 449; *Rieß* Dreigliedriger Aufbau der Strafjustiz und Rechtsmittelreform in Strafsachen – empfehlenswert, möglich oder abzulehnen? JZ **2000** 813; *Scheffler* Das Wahlrechtsmittel kommt! StV **1995** 599; *Schmid* Zur Kollision der sog. „111a-Beschwerde" mit Berufung und Revision, Blutalkohol **1996** 357; *Siegert*
Berufung und Revision im Strafverfahren, FS Gleispach (1936) 138; *Stumpf* Die Berufung
im Strafprozeß, Diss. Würzburg 1988; *Tröndle* Zur Frage der Berufung in Strafsachen, GA **1967**
161; *Weidemann* Die Stellung der Beschwerde im funktionalen Zusammenhang der Rechtsmittel
des Strafprozesses (1999); vgl. ferner die Schrifttumshinweise Vor § 296; weiteres Schrifttum zur
Rechtsmittelreform ist Vor § 333 nachgewiesen.

Entstehungsgeschichte. Der Entwurf der Strafprozeßordnung erstrebte die Beseitigung der Berufung. Die Reichstagskommission entschied sich schließlich in zweiter
Lesung für ihre Beibehaltung in schöffengerichtlichen Strafsachen. Diesem Beschluß
trat der Reichstag bei. Die EmmingerVO erweiterte das Gebiet der Berufung durch Ausdehnung der amtsgerichtlichen (schöffengerichtlichen) Zuständigkeit auf Strafkammer-
und einige Schwurgerichtssachen. Andererseits schloß sie die Berufung aus bei Übertretungen und Privatklagesachen wegen bestimmter Vergehen, wenn freigesprochen oder
ausschließlich auf Geldstrafe erkannt worden war (§ 313 a. F)[1].

Das Gesetz vom 22. 12. 1925 (RGBl. I 475) beseitigte diese Beschränkung bei den
Privatklagen wieder. Der 6. Teil, Kap. I § 8 der 2. AusnVO enthielt eine die Privatklage
betreffende Änderung. Die 4. AusnVO schränkte die Rechtsmittel ein. Das erweiterte
Schöffengericht wurde aufgehoben, die große Strafkammer wurde wieder erstinstanzliches Gericht für Strafsachen von mittlerer Bedeutung. Urteile der Amtsrichter und der
Schöffengerichte konnten nur noch mit Berufung oder Revision angefochten werden,
nicht mit beiden Rechtsmitteln.

---

[1] Zur Geschichte des in seinem Wert umstrittenen
Rechtsbehelfs vgl. *Peters* § 74 II; *Tröndle* GA **1967**
161; ferner das Schrifttum zur Rechtsmittelreform
LR-*Hanack* Vor § 333.

Karl Heinz Gössel

Art. 3 Nr. 138 VereinhG ist hinsichtlich der Zulässigkeit der Berufung zur Fassung von 1924 zurückgekehrt. Art. 21 Nr. 82 EGStGB 1974 hob den mit Wegfall der Übertretungen gegenstandslos gewordenen § 313 auf, der durch das RpflEntlG mit der Einführung der Annahmeberufung (§§ 313, 322a) einen neuen Inhalt erhielt. Zu den Änderungen durch das StVÄG 1987 s. die Darlegungen zur Entstehungsgeschichte bei §§ 325, 328.

I. Wesen

1   Die Berufung besteht in **völliger Neuverhandlung** der Sache in tatsächlicher und rechtlicher Beziehung, so daß allein auf Grund der Berufungsverhandlung entschieden wird[2]; **Prozeßgegenstand** bleibt die in der Anklage bezeichnete Tat nach Maßgabe des Eröffnungsbeschlusses[3]. Unmittelbarkeit der Beweisaufnahme ist allerdings nicht durchwegs vorgeschrieben (§ 325). Bei mangelhafter Handhabung liegt darin eine Schwäche der Berufung. Die neue Hauptverhandlung wird durch Zeitablauf erschwert und leidet an der Beweismittelverschlechterung. Sie bietet daher keine bessere Gewähr für die Wahrheitserforschung[4]. Das gilt für die Berufung ebenso wie für die nach erfolgreicher Revision erneuerte Hauptverhandlung in Kapitalsachen, ist dort aber nach der Strafprozeßordnung unvermeidbar. Bei dem gegenwärtigen sachlichen Umfang der Berufung, der die schwere Kriminalität großenteils ausschließt, während die übrigen Fälle durchschnittlich raschere Aufklärung erhoffen lassen, tritt der Nachteil des Zeitablaufs zurück. Würde die Berufung auf Strafkammerfälle ausgedehnt, würde er verstärkt ins Gewicht fallen. Eine Ausdehnung ist daher aus sachlichen und auch aus personellen Gründen abzulehnen.

II. Die Berufung im Rechtsmittelsystem

2   **1. Überblick.** Als **Rechtsmittel** ist die Berufung von anderen Rechtsmitteln zu **unterscheiden**: sowohl von Revision und Beschwerde, als auch von der Rechtsbeschwerde nach dem OWiG.

---

[2] RGSt **62** 132; **62** 402; h. M; vgl. z. B. *Fezer* NStZ **1995** 265, 266; *Gössel* JR **1982** 274.
[3] AK-*Dölling* Vor § 312, 1.
[4] Zu den Mängeln der Berufung vgl. etwa *Peters* § 74 I; *Tröndle* Probleme der Strafprozeßreform 73; *Werle* ZRP **1985** 1; andererseits aber auch AK-*Dölling* Vor § 312, 5; *Gössel* GA **1979** 241, 245 und *Meyer-Goßner* FS Sarstedt 198: zweite Tatsacheninstanz bei Entscheidungen des überlasteten Strafrichters praktisch unverzichtbar.

2. Verhältnis zur Revision. Die Berufung führt regelmäßig zu neuer Verhandlung und **3** Entscheidung in der Sache (oben Rdn. 1), zur Zurückverweisung nur ausnahmsweise in direkter oder analoger Anwendung des § 328 Abs. 2 (§ 328, 20). Eine Überprüfung des Verfahrens ist nach der Abschaffung des § 328 Abs. 2 a. F nicht notwendig, folglich auch nicht hinsichtlich der Entscheidungen des Amtsgerichts, die dem mit der Berufung angefochtenen Urteil vorausgehen: Eine dem § 336 entsprechende Vorschrift fehlt deshalb[5].

3. Verhältnis zur Beschwerde. Weil das Berufungsgericht die Sache in tatsächlicher **4** wie rechtlicher Hinsicht umfassend neu verhandelt[6], sind die in § 336 Satz 2 genannten unanfechtbaren Entscheidungen der Vorinstanz (z. B. nach § 28 Abs. 1) für das Berufungsgericht ebenso **bedeutungslos** wie die **Rechtskraft** der mit der sofortigen Beschwerde anfechtbaren Entscheidungen der Vorinstanz (z. B. nach § 28 Abs. 2 Satz 1) und auch die der Beschwerdeentscheidung selbst[7]. Im Verfahren **vor** Erlaß des **Eröffnungsbeschlusses** ergangene beschwerdefähige Entscheidungen können wegen prozessualer Überholung mit der Berufung „nicht konkurrieren"[8].

4. Verhältnis zur Rechtsbeschwerde nach dem OWiG

a) Systematik. Die Statthaftigkeit von Rechtsmitteln gegen ein amtsgerichtliches **5** Urteil richtet sich **grundsätzlich** nach der „Verfahrensart, in der es ergangen ist": die in Strafverfahren ergehenden Urteile „sind mit der Berufung oder der Revision anfechtbar" und „gegen die im Bußgeldverfahren ergehenden Urteile ist die Rechtsbeschwerde gegeben (§ 79 OWiG)"[9]. Nur in gemischten Strafverfahren (unten Rdn. 9) ist nach § 83 Abs. 1 OWiG hinsichtlich der Ordnungswidrigkeit die Rechtsbeschwerde statthaft.

b) Ordnungswidrigkeitenverfahren. Gegen das Urteil, das das **Bußgeldverfahren ab-** **6** **schließt**, ist somit nicht die Berufung, sondern immer nur die **Rechtsbeschwerde** nach Maßgabe der §§ 79, 80 OWiG zulässig[10]. Das gilt auch, wenn Gegenstand des gleichen Urteils auch die Straftat eines Mitangeklagten ist[11], so etwa, wenn das Urteil des Amtsgerichts auf Grund eines Strafbefehls ergangen ist, der in Richtung gegen den Angeklagten ausschließlich Ordnungswidrigkeiten zum Gegenstand hatte und der nur einem Mitangeklagten ein Vergehen zur Last gelegt hatte[12].

c) Im Strafverfahren greift das Rechtsmittel der **Berufung** Platz, wenn es ein Ver- **7** brechen oder Vergehen zum Gegenstand hatte (maßgebend Eröffnungsbeschluß oder Strafbefehl wegen einer Straftat oder der Übergang ins Strafverfahren nach § 81 Abs. 2 OWiG, der auch noch im Rechtsbeschwerdeverfahren möglich ist[13]), auch wenn der Strafrichter oder das Schöffengericht nur wegen einer Ordnungswidrigkeit auf Geldbuße erkennt[14]. Ist das Verfahren als Strafverfahren eröffnet worden, so verliert es diesen Charakter nicht durch den Hinweis nach § 265, daß die Tat als Ordnungswidrigkeit ver-

---

[5] *Meyer-Goßner*[46] 2; *Weidemann* 194; so schon zu alten Rechtslage BayObLG NJW **1957** 599; *Gössel* 271.
[6] AK-*Dölling* Vor § 312, 1.
[7] *Weidemann* 198.
[8] *Weidemann* 200; im Ergebnis ebenso *Schmid* 357, 360.
[9] BGHSt **35** 290, 292.
[10] OLG Hamm VRS **42** (1972) 45; OLG Koblenz NStZ **2000** 41; *Göhler*[13] § 79, 1; § 82, 28; KMR-*Brunner* 4.
[11] OLG Stuttgart Justiz **1979** 446.

[12] BayObLGSt **1973** 190; *Göhler*[13] § 82, 25; KK-*Ruß*[4] 4.
[13] BGHSt **35** 298; OLG Düsseldorf VRS **70** (1986) 153; OLG Stuttgart NJW **1981** 1282.
[14] BayObLGSt **1969** 93 = JZ **1969** 470 mit Anm. *Göhler*; OLG Düsseldorf GA **1976** 57; OLG Hamm NJW **1969** 1314; **1969** 1500; VRS **41** (1971) 155; **42** (1972) 371; **49** (1975) 49; **55** (1978) 371; **67** (1984) 456; OLG Zweibrücken VRS **51** (1976) 372; vgl. auch OLG Koblenz VRS **73** (1987) 296; OLG Stuttgart Justiz **1981** 247 (Überleitung ins Rechtsbeschwerdeverfahren).

Karl Heinz Gössel

folgt werde[15]. Die Berufung ist ferner statthaft, wenn im Verfahren ohne Überleitung nach § 81 Abs. 2 OWiG wegen einer Straftat verurteilt wird[16].

8   Gehören die Ordnungswidrigkeit und die Straftat zur **gleichen Tat** im verfahrensrechtlichen Sinn, dann ist bei Freispruch wegen der Straftat die Verurteilung wegen der Ordnungswidrigkeit mit Berufung anfechtbar[17]. Hat allerdings das Amtsgericht irrigerweise das Rechtsmittel als Antrag auf Zulassung der Rechtsbeschwerde behandelt und ihn wegen der Versäumnis der Begründungsfrist verworfen, so hat über den Antrag auf Aufhebung dieses Beschlusses das Rechtsbeschwerdegericht zu entscheiden[18].

9   **d) Gemischtes Verfahren.** Hat das Strafverfahren dagegen Ordnungswidrigkeit und Straftaten (**mehrere Taten** im Sinne des § 264)[19] zum Gegenstand, vor allem, wenn Verfahren gegen mehrere Personen (etwa mehrere Beteiligte an einem Verkehrsunfall) verbunden sind, so gelten an sich für die Straftaten die Rechtsmittel der Strafprozeßordnung, während die Entscheidung über die Ordnungswidrigkeiten nur mit Rechtsbeschwerde anfechtbar ist[20]. Ist jedoch gegen das Urteil sowohl Berufung als auch – unter Wahrung der dafür vorgeschriebenen Form und Begründung – Rechtsbeschwerde eingelegt, so ist die **Rechtsbeschwerde als Berufung** zu behandeln (§ 83 Abs. 2 OWiG), solange die Berufung gegen den die Straftaten betreffenden Teil der Entscheidung nicht zurückgenommen[21] oder als unzulässig verworfen worden ist. Einer Zulassung der Rechtsbeschwerde bedarf es für diesen Sonderfall nicht (§ 82 Abs. 2 OWiG).

III. Zulässigkeit der Berufung

10   Wie die übrigen Rechtsmittel (allgemein dazu LR-*Hanack* Vor § 296, 1 ff), so muß auch die Berufung den **allgemeinen Zulässigkeitsvoraussetzungen** genügen (s. dazu LR-*Hanack* Vor § 296, 13 ff). Die **Statthaftigkeit** der Berufung (in Jugendsachen nur nach Maßgabe des § 55 JGG) ist in § 312 geregelt (s. dort auch zur Rechtsmittelberechtigung; zur Beschwer s. LR-*Hanack* Vor § 296, 46 ff). § 313 hat eine besondere Zulässigkeitsvoraussetzung der Berufung in Bagatellsachen (s. dazu § 313, 5) zum Gegenstand und § 314 normiert Regeln zu Form und Frist; anders als bei der Revision ist die Berufungsbegründung (§ 317) keine Zulässigkeitsvoraussetzung.

IV. Reform[22]

11   Überlegungen zur Reform der Berufung wurden und werden überwiegend im Zusammenhang mit einer **Gesamtreform** des **Rechtsmittelrechts** (einschließlich der Abschaffung der Berufung[23], auch der Einführung eines Wahlrechtsmittels[24] entweder der

---

[15] OLG Düsseldorf GA **1976** 57; *Göhler*[13] § 82, 28; KK-*Ruß*[4] 4.

[16] BayObLGSt **1969** 93 = JZ **1969** 470 mit Anm. *Göhler*; *Göhler*[13] § 81, 24.

[17] BGHSt **35** 290; BayObLG NJW **1969** 1313; KG VRS **39** (1970) 71; OLG Hamm VRS **49** (1975) 49; OLG München NJW **1970** 261; OLG Stuttgart VRS **61** (1981) 452; OLG Zweibrücken VRS **51** (1976) 372.

[18] BayObLGSt **1971** 22 = NJW **1971** 1325.

[19] BayObLGSt **1970** 39 = NJW **1970** 1202; BayObLG VRS **60** (1981) 128.

[20] BGHSt **35** 29; **35** 292; BayObLGSt **1970** 39 = NJW **1970** 1202; OLG Stuttgart Justiz **1979** 446.

[21] BayObLG VRS **60** (1981) 128; KK-*Ruß*[4] 4.

[22] Zur Entwicklung der Reformbestrebungen s. *Kintzi* FS Rieß, 223.

[23] Dagegen zuletzt ebenso eindringlich wie überzeugend *Lilie* 46 ff.

[24] Ablehnend dazu *Rieß* JZ **2000** 822 sowie *Bode* aaO und *Scheffler* StV **1995** 599.

Berufung oder der Revision) und auch des Instanzenzuges angestellt[25]; die diesbezüglichen Ausführungen LR-*Hanack* Vor § 333, 14 ff werden in Bezug genommen[26]. Als vorwiegend auf die Berufung beschränkte Reformvorschläge werden derzeit vor allem die Einführung einer Begründungspflicht erwogen[27] (Näheres dazu unten § 317, 2) und auch die Abschaffung der 1993 durch das RpflEntlG eingeführten **Annahmeberufung**[28] (vgl. dazu § 313, 1).

§ 312

Gegen die Urteile des Strafrichters und des Schöffengerichts ist Berufung zulässig.

Entstehungsgeschichte. Die Vorschrift wurde durch die Bekanntmachung 1924 und durch die 4. AusnVO geändert (vgl. Entstehungsgeschichte Vor § 312). Art. 3 Nr. 138 VereinhG ist zur Fassung von 1924 zurückgekehrt. Art. 1 Nr. 85 des 1. StVRG hat entsprechend dem geänderten Sprachgebrauch „Amtsrichter" durch „Strafrichter" ersetzt. Bezeichnung bis 1924: § 354.

1. Statthaftigkeit

a) Gegenstand. Die Berufung ist statthaft gegen Urteile des **Strafrichters** und **1** Schöffengerichts (§§ 24, 25 GVG), des **Jugendrichters** (§ 39 JGG) und des **Jugend-schöffengerichts** (§ 40 JGG). Gegen Urteile der Strafkammer einschließlich des Schwurgerichts ist sie nicht zugelassen. Diese können nur mit der Revision angefochten werden. Die Urteile des Strafrichters und des Schöffengerichts sind statt mit Berufung auch mit der Sprungrevision anfechtbar (dazu § 335). Für die Anfechtung der **Kostenentscheidung** sieht § 464 Abs. 3 die sofortige Beschwerde vor.

b) Sind die **Originalakten verloren** gegangen, so hat das Berufungsgericht im Frei- **2** beweis zu klären, ob ein Urteil, gegebenenfalls auch der Inhalt der Urteilsformel, verkündet worden ist[1]. Kann das Berufungsgericht auf diese Weise die Überzeugung von der Verkündung eines Urteils erster Instanz gewinnen, hat es das Berufungsverfahren durchzuführen; kommt es zum gegenteiligen Ergebnis, ist das erstinstanzliche Verfahren wegen Fehlens eines Urteils noch nicht abgeschlossen und folglich noch beim Gericht des ersten Rechtszuges anhängig, an welches das Berufungsgericht die Akten zurückzugeben hat.

2. Berechtigte.
Die Berufung steht allen durch die angefochtene Entscheidung be- **3** schwerten[2] Verfahrensbeteiligten zu; dazu gehört auch derjenige, gegen den sich das Urteil nur dem Schein nach richtet[3]. Da das Urteil mit der Verkündung ergeht[4], kann

---

[25] Zum Verhältnis von Rechtsmittelreform und der Gliederung der Gerichtsbarkeit s. *Rieß* JZ **2000** 813, 815, 820 ff, 824 ff.

[26] S. dazu ferner *Böttcher* FS Rieß 31, *Becker/Kintzig* 322 ff, *Rieß* JZ **2000** 817 ff; *Bertram* NJW **2000** 2312; *Dahs* NStZ **1999** 321; *Laufhütte* NStZ **2000** 449; *Kintzi* DRiZ **2000** 187 und *Nobis* StV **2000** 449.

[27] Beschluß der Bundesregierung vom 6. April 2001 über Eckpunkte einer Reform des Strafverfahrens, Nr. 10, in StV **2001** 314, 316; *Stumpf* 211.

[28] Vgl. z.B. *Däubler-Gmelin* StV **2001** 359, 363, ferner *Rieß* JZ **2000** 822: „rechtspolitisch evidente Fehlleistung des Gesetzgebers".

[1] OLG Saarbrücken NJW **1994** 2711.

[2] Vgl. LR-*Hanack* Vor § 296, 46 ff.

[3] OLG Köln MDR **1983** 865 (Urteil unter falschem Namen); vgl. LR-*Hanack* § 296, 2.

[4] Vgl. LR-*Gollwitzer* § 268, 18.

Karl Heinz Gössel

sie auch eingelegt und durchgeführt werden, wenn eine dem § 275 genügende Urteilsurkunde weder vorhanden ist, noch hergestellt werden kann[5].

3. Bezeichnung des Rechtsmittels

4   **a) Wahlrecht.** Ist in der Anfechtungserklärung das Rechtsmittel nicht oder unrichtig
bezeichnet, so ist dies unschädlich; wegen der Einzelheiten vgl. LR-*Hanack* § 300, 9 ff.
Grundsätzlich muß die Berufung eindeutig bezeichnet werden[6]; weil aber neben der Berufung auch die (Sprung-)Revision statthaft ist, ist es unschädlich, wenn **offen bleibt**, ob
Berufung oder Revision gewählt wird: bestehen insoweit Zweifel, ist davon auszugehen,
daß der Rechtsmittelführer sich im Zeitpunkt der Einlegung die Wahl noch vorbehält,
wie er dies auch durch ausdrückliche Erklärung tun kann; ihm steht ein **Wahlrecht** bis
zum Ablauf der Revisionsbegründungsfrist zu, nach nunmehr wohl überwiegender
Meinung sogar dann, wenn er sich zunächst für die *Berufung* entschieden hat[7] (Näheres
dazu s. LR-*Hanack* § 335, 8 ff, 15). Ist diese Frist abgelaufen, **ohne** daß eine **Revisionsbegründung** angebracht wurde, so ist sein Rechtsmittel als Berufung zu behandeln[8]. Hat
er sich jedoch in eindeutiger Weise für die Durchführung der *Revision* entschieden, etwa
durch die Anbringung einer Revisionsbegründungsschrift, so „wird das Rechtsmittel so
behandelt, als sei von vornherein Revision eingelegt worden" mit der Folge, daß eine
fehlende oder den Vorschriften der §§ 344, 345 nicht genügende Revisionsbegründung
nach § 346 als unzulässig verworfen, nicht aber die Berufung durchgeführt wird[9];
Gleiches gilt, bringt er nach eindeutiger Wahl der Revision gar keine Revisionsbegründung an (näher zu dieser Problematik LR-*Hanack* § 335, 12).

5   **b) Bedeutung des Wahlrechts.** Ergeht **vor Ablauf der Revisionsbegründungsfrist** ein
Urteil aufgrund einer Berufungshauptverhandlung, so bleibt das Wahlrecht gleichwohl
deshalb unberührt, weil bis zur Ausübung des Wahlrechts durch eine eindeutige Rechts-
mittelbezeichnung oder durch den Verlust des Wahlrechts durch Ablauf der Revisionsbegründungsfrist keine wirksame Berufungseinlegung vorliegt: Folglich kann der
Rechtsmittelführer auch noch nach Verkündung eines Berufungsurteils während noch
laufender Revisionsbegründungsfrist die Revision wählen mit der Folge, daß das Berufungsurteil gegenstandslos wird und auf Gegenvorstellungen aufzuheben ist. Die dem
entgegenstehende Ansicht des OLG Frankfurt, die einen Verlust des Wahlrechts „durch
die Durchführung der Berufungshauptverhandlung" annimmt, kommt gleichwohl auf
einem wohl umständlicheren Wege zu einem weitgehend ähnlichen Ergebnis: Im Verlust
des Wahlrechts wird ein revisibler Verfahrensverstoß erblickt[10].

6   Mit **Ablauf der Revisionsbegründungsfrist** geht „das Recht ..., zwischen den beiden
zunächst statthaften Anfechtungsmöglichkeiten zu wählen, ... endgültig unter", so daß
„eine Wiedereinsetzung in den vorigen Stand mit dem Ziel der Revisionswahl ... generell
ausgeschlossen" und ein entsprechender Antrag gegenstandslos ist. Legt die Staatsanwaltschaft in diesem Fall gleichwohl die Akten dem Revisionsgericht gemäß § 347

[5] RGSt **61** 399; vgl. LR-*Gollwitzer* § 275, 70, 71;
§ 316, 17.

[6] A. A HK-*Temming*[3] § 335, 4.

[7] Vgl. BayObLGSt **1989** 107 und BayObLG MDR
1994 822: das Wahlrecht besteht auch dann, wenn
sich der Rechtsmittelführer „zweifelsfrei zunächst
für die Berufung entschieden" hat; im Ergebnis
ebenso OLG Stuttgart NStZ-RR **1996** 75, 76.

[8] Vgl. etwa BGHSt **33** 183; BayObLGSt **1983** 93;
BayObLG VRS **53** (1977) 362; OLG Zweibrücken

VRS **66** (1984) 137; LR-*Hanack* § 335, 9 ff mit
Nachw.

[9] *Meyer-Goßner*[46] § 335, 6; HK-*Temming*[3] § 335, 4;
a.A BGHSt **2** 71, der sich indes für seine Auffassung auf die „NotVO vom 14. Juni 1932" beruft,
die gegen die hier dargelegten Gründe nicht mehr
ins Feld geführt werden kann; im Ergebnis dem
BGH zust. KK-*Kuckein*[4] § 335, 6.

[10] NStZ **1991** 506; dieser Entscheidung zust. LR-
Hanack § 335, 15.

Abs. 2 vor, „so hat dieses in entsprechender Anwendung des § 348 Abs. 1, Abs. 2 StPO sich für unzuständig zu erklären, das zuständige Berufungsgericht zu bezeichnen und die Sache an dieses abzugeben"[11].

c) Bei **Zweifeln** an der Art des eingelegten Rechtsmittels kann das Revisionsgericht **7** mit bindender Wirkung das Berufungsgericht als zuständig bezeichnen[12]. Unabhängig von der Wahl des Rechtsmittels ist in den Fällen des § 335 Abs. 3 auch eine Revision als Berufung zu behandeln[13].

4. Berufungsgericht ist seit der Neufassung des § 76 Abs. 1 Satz 1 GVG durch das **8** RpflEntlG die kleine Strafkammer des Landgerichts (§ 74 Abs. 3 GVG); die frühere Zuständigkeit der großen Strafkammer zur Behandlung der Berufung gegen Urteile des Schöffengerichts (§ 76 Satz 1 GVG a. F) in Verfahren gegen **Erwachsene** ist entfallen. In **Jugendsachen** ist die bisherige Zuständigkeitsregelung beibehalten worden: Zur Behandlung der Berufung gegen Urteile des Jugendrichters ist die kleine Jugendkammer zuständig, gegen solche des Jugendschöffengerichts die große Jugendkammer (§ 41 Abs. 2 JGG in Verbindung mit § 33b Abs. 1 JGG). Hat der Strafrichter beim Amtsgericht als Erwachsenengericht entschieden, ist die kleine Strafkammer für die Berufung auch dann zuständig, wenn das Rechtsmittel allein von einem jugendlichen Mitangeklagten eingelegt worden ist[14].

§ 313

(1) ¹Ist der Angeklagte zu einer Geldstrafe von nicht mehr als fünfzehn Tagessätzen verurteilt worden, beträgt im Falle einer Verwarnung die vorbehaltene Strafe nicht mehr als fünfzehn Tagessätze oder ist eine Verurteilung zu einer Geldbuße erfolgt, so ist die Berufung nur zulässig, wenn sie angenommen wird. ²Das gleiche gilt, wenn der Angeklagte freigesprochen oder das Verfahren eingestellt worden ist und die Staatsanwaltschaft eine Geldstrafe von nicht mehr als dreißig Tagessätzen beantragt hatte.
(2) ¹Die Berufung wird angenommen, wenn sie nicht offensichtlich unbegründet ist. ²Andernfalls wird die Berufung als unzulässig verworfen.
(3) ¹Die Berufung gegen ein auf Geldbuße, Freispruch oder Einstellung wegen einer Ordnungswidrigkeit lautendes Urteil ist stets anzunehmen, wenn die Rechtsbeschwerde nach § 79 Abs. 1 des Gesetzes über Ordnungswidrigkeiten zulässig oder nach § 80 Abs. 1 und 2 des Gesetzes über Ordnungswidrigkeiten zuzulassen wäre. ²Im übrigen findet Absatz 2 Anwendung.

Schrifttum. *Böttcher/Mayer* Änderungen des Strafverfahrensrechts durch das Entlastungsgesetz, NStZ **1993** 152; *Ebert* Annahmeberufung nach Freispruch auf Antrag der Staatsanwaltschaft (§ 312 I 2 StPO)? JR **1998** 265; *Feuerhelm* Die Annahmeberufung im Strafprozeß, StV **1997** 99; *Fezer* Zum Verständnis der sog. Annahmeberufung (§ 313 StPO), NStZ **1995** 265; *Großmann* Die Annahmeberufung (§ 313 StPO), Diss. Köln 1996; *Hartwig* Sprungrevision bei Nichtannahme der Berufung, NStZ **1997** 111; *Hettenbach* Die Annahmeberufung nach § 313 StPO (1997); *Meyer-Goßner* Annahmeberufung und Sprungrevision, NStZ **1998** 19; *Rieß* Das Gesetz zur Entlastung der Rechtspflege – ein Überblick, AnwBl. **1993** 51; *Rieß* Die Annahmeberufung – ein legislatori-

---

11 BayObLG wistra **2001** 279.
12 BGHSt **31** 183.
13 Vgl. LR-*Hanack* § 335, 20 ff; ferner zur Unzulässig-

keit der Verfahrenstrennung OLG Zweibrücken MDR **1986** 778.
14 BayObLGSt **1971** 35 = NJW **1971** 953.

scher Mißgriff? FS Kaiser (1998) 1461; *Rottleuthner* Entlastung durch Entformalisierung? (1997); *Siegismund/Wickern* Das Gesetz zur Entlastung der Rechtspflege ..., wistra **1993** 81; *Tolksdorf* Zur Annahmeberufung nach § 313 StPO, FS Salger 393.

Entstehungsgeschichte. § 313 a. F ließ bei Verurteilungen zur Geldstrafe wegen Übertretungen nur die Revision zu und wurde durch Art. 21 Nr. 82 EGStGB 1974 **aufgehoben:** Mit der Beseitigung der Übertretungen war diese Regelung gegenstandslos geworden. Mit der Einführung der Annahmeberufung wurde die Vorschrift durch das RpflEntlG mit neuem Inhalt zu neuem Leben erweckt.

Übersicht

Alphabetische Übersicht

A. Bedeutung der Annahmeberufung

I. Ziel

1. Verfahrensökonomie. Gerechtigkeitsstreben oder sonstige sachliche Gründe für **1** eine Reform des Strafverfahrensrechts werden zunehmend von Zielen **wirtschaftlicher Effizienz** und von **Sparzwängen** überwuchert. So dient die mit der Annahmeberufung verbundene Beschränkung des Rechtsmittels der Berufung erklärtermaßen dem Ziel, „rasch Kapazitäten freizusetzen"[1], „personelle Reserven freizumachen und Justizpersonal für die neuen Länder zu gewinnen"[2], die der Gesetzgeber in der Erwartung eingeführt hat, „zu einer unmittelbar spürbaren und sofort wirksamen Entlastung der Landgerichte" zu gelangen[3]. Dieses Ziel dürfte indessen auf einem nicht akzeptablen Wege zu erreichen versucht, im übrigen aber auch **verfehlt** worden sein.

2. Systemwidrigkeit. Mit Recht ist schon darauf hingewiesen worden, daß die Nicht- **2** annahme der Berufung durch Beschlußverwerfung als offensichtlich unbegründet nur in einem Rechtsmittelverfahren mit Überprüfungscharakter seinen Platz haben kann, mit dem Wesen der Berufung als einer völligen Neuverhandlung aber nicht zu vereinbaren

---

[1] BTDrucks. **12** 1217 S. 37.   [3] BTDrucks. **12** 1217 S. 38.
[2] BTDrucks. **12** 3832 S. 1.

Karl Heinz Gössel

ist[4] und den **historischen** Kontext außer Acht läßt, in dem die Berufung und die Bestrebungen zu deren Reform stehen[5]; auch ist auf die vielfältigen dogmatischen Probleme[6] etwa durch die Anlehnung an den revisionsrechtlichen Begriff der offensichtlichen Unbegründetheit hingewiesen worden, die im Berufungsverfahren **systemwidrig** dazu führt, die Begründetheit des Rechtsmittels zur Zulässigkeitsvoraussetzung zu erheben[7] und diese im Rahmen einer Prognose aufgrund der *Aktenlage* und also gerade nicht aufgrund der die Berufung kennzeichnenden völligen *Neuverhandlung* zu bejahen oder zu verneinen[8]. Darüber hinaus ist „die Herausnahme des Offensichtlichkeitsmerkmals aus seinem revisionsrechtlichen Zusammenhang" zu beklagen, die dazu führt, die einstimmige „Entscheidung eines hochrangigen Kollegialgerichts ... aufgrund feststehender Prüfungsgrundlagen und damit retrospektiv nach einem dahingehenden Antrag der Revisionsstaatsanwaltschaft" einer „prognostische(n) Entscheidung eines Einzelrichters auf unsicherer Grundlage" zu übertragen[9].

3   **3. Entlastungseffekt.** Im übrigen hat sich bisher gezeigt, daß die vom Gesetzgeber erstrebte spürbare Entlastung der Landgerichte ausgeblieben ist, wie sich aus den folgenden Tabellen über die erledigten Berufungsverfahren[10] ergibt:

Tabelle 1: Berufungen im Offizialverfahren

Jahr	Gesamtzahl (Sa.)	davon Annahmeberufungen	% (von Sa.)
1994	46829	1166	2,49
1995	47431	898	1,89
1996	49359	717	1,45
1997	52271	784	1,50
1998	55352	868	1,57
1999	55500	993	1,79
2000	54204	948	1,75

Tabelle 2: Berufungsverfahren

Jahr	Gesamt-zahl (Sa.)	erledigt durch:					
		Urteil		Rücknahme		Verwerfungsbeschlüsse	
		n	% (von Sa.)	n	% (Sa.)	n	% (Sa.)
1991	46643	27851	59,71	14709	31,54	311	0,67
1992	44390	24017	54,10	14293	32,20	271	0,61
1993	45520	24176	53,11	14120	31,02	531	1,17
1994	48786	25488	52,24	15790	32,37	539	1,10
1995	49419	25817	52,24	15888	32,15	598	1,21
1996	51094	26685	52,23	16665	32,62	561	1,10
1997	54051	28481	52,69	17747	32,83	569	1,05
1998	57284	29860	52,13	19097	33,34	587	1,02
1999	57604	29095	50,51	19561	33,96	582	1,01
2000	56261	28177	50,08	19533	34,72	525	0,93

[4] *Fezer* NStZ **1995** 266; *Großmann* 41 ff, 89, 115 ff.
[5] *Fezer* aaO, vgl. dazu ferner auch *Großmann* 124 ff.
[6] Vgl. dazu *Feuerhelm* StV 1997, 99.
[7] *Rieß* FS Kaiser 1464 ff.
[8] *Großmann* 188; *Meyer-Goßner* ZRP **2000** 345, 350; *Rieß* FS Kaiser 1466.

[9] *Rieß* FS Kaiser 1467.
[10] Die Zahlen sind den Rechtspflegestatistiken des Statistischen Bundesamtes entnommen, Fachserie 10, Reihe 2.

Wie aus Tabelle 1 ersichtlich, macht die Gesamtzahl aller Annahmeberufungen deut- **4**
lich weniger als 2% aller Berufungen im Offizialverfahren aus, so daß sich schon hieraus
ergibt, daß die **Erwartung** einer spürbaren und sofort wirksamen **Entlastung** der Landgerichte **unerfüllt** geblieben ist – dies um so mehr, als in diesen Zahlen auch die zur
Verhandlung *angenommenen* Berufungen enthalten sind. Die genaue Zahl der nicht
angenommenen Berufungen läßt sich den Rechtspflegestatistiken des Statistischen Bundesamtes leider nicht entnehmen; jedoch dürfte Tabelle 2 insoweit erhellend wirken: Weil
die Nichtannahme stets eines Verwerfungsbeschlusses nach §§ 322a bedarf (Rdn. 52),
muß die Zahl der Nichtannahmebeschlüsse niedriger sein als die Gesamtzahl aller Verwerfungsbeschlüsse; angesichts des seit 1995 bis 2000 ständig sinkenden Anteils aller
Verwerfungsbeschlüsse an der Gesamtzahl der erledigten Berufungsverfahren von
1,21% auf 0,93% erscheint der Schluß gerechtfertigt, daß die Zahl der Nichtannahmebeschlüsse deutlich weniger als 1% aller erledigten Berufungsverfahren beträgt[11]. Die
damit zu konstatierende **praktische Bedeutungslosigkeit der Annahmeberufung** wird noch
verstärkt, wird die durchschnittliche jährliche Verteilung der Annahmeberufungen und
der Verwerfungsbeschlüsse auf die 116 Landgerichte der Bundesrepublik Deutschland
bedacht: Die 948 Annahmeberufungen im Jahre 2000 (Tabelle 1) bedeuten, daß im
Durchschnitt auf jedes Landgericht 8,17 Annahmeberufungen entfielen, und die 525 zur
Erledigung von Berufungsverfahren führenden Verwerfungsbeschlüsse (Tabelle 2) aus
dem gleichen Jahr verteilen sich im Durchschnitt auf 4,53 Fälle je Landgericht, wobei
zudem zu berücksichtigen ist, daß in der Gesamtzahl aller Verwerfungsbeschlüsse auch
diejenigen enthalten sind, mit denen die Berufung aus sonstigen Gründen, etwa wegen
Fristversäumnis, als unzulässig verworfen wurde – es darf deshalb vermutet werden, daß
die durchschnittliche Zahl der Erledigung von Berufungsverfahren durch Nichtannahme-
verwerfungsbeschlüsse je Landgericht mindestens auf unter vier pro Jahr absinkt.
Damit zeigt sich: Die Zahl der durch Nichtannahmebeschlüsse erledigten Berufungsverfahren ist derart gering, daß die dadurch vermiedenen Berufungshauptverhandlungen
keine auch nur in etwa spürbare Entlastung der Landgerichte mit sich bringen – dies
dürfte das Gewicht der für eine Abschaffung der Annahmeberufung sprechenden
ohnehin schwerwiegenden Gründe erheblich verstärken.

II. Wesen des § 313

Die Vorschrift beschränkt die Zulässigkeit der Berufung, indem sie für Berufungen **5**
gegen amtsgerichtliche Urteile im Bereich der Bagatellkriminalität nur im Bereich des
Erwachsenenstrafrechts[12] eine **zusätzliche Zulässigkeitsvoraussetzung**[13] normiert, die

---

[11] In seiner auf die alten Bundesländer (mit Ausnahme von Bremen, Hamburg und dem Saarland)
beschränkten Untersuchung von insgesamt 521
Verfahren der Annahmeberufung im Jahr 1994
kommt *Rottleuthner* zu dem Ergebnis, in 93% dieser Verfahren sei die Berufung nicht angenommen
worden (S. 115, 124 f). Dieses Ergebnis dürfte sich
indessen mit den Zahlen der amtlichen Statistik für
das Jahr 1994 kaum vereinbaren lassen: diese weist
insgesamt nur 539 Verwerfungsbeschlüsse aus
(Tabelle 2) und 1 166 Verfahren der Annahmeberufung (Tabelle 1): selbst wenn alle Verwerfungsbeschlüsse im Jahre 1994 Nichtannahmebeschlüsse
gewesen wären (eine kaum vertretbare Annahme),

läge die Nichtannahmequote mit 46,23% deutlich
unter 50% – und daran dürfte auch die Tatsache
kaum etwas wesentliches ändern, daß sich die für
das Jahr 1994 angegebenen Verwerfungsbeschlüsse
nicht ausschließlich auf Verfahren aus dem Jahr
1994 beziehen. Ob diese Diskrepanz auf der von
Rottleuthner gerügten unzuverlässigen statistischen
Erhebung (S. 114) beruht, kann hier nicht geklärt
werden.
[12] *Schäfer* NStZ **1998** 330, 334.
[13] OLG Zweibrücken NStZ **1994** 203; KK-*Ruß*[4] 2;
Meyer-Goßner[46] 2 mit weiteren Nachweisen; SK-
Frisch § 313, 1 und 4; HK-*Rautenberg* 1; *Großmann*
94 ff; *Hettenbach* 118; *Rieß* AnwBl. **1993** 55.

Karl Heinz Gössel

neben den sonstigen Voraussetzungen, insbesondere der Statthaftigkeit[14], vorliegen muß: Annahme wie Nichtannahme der Berufung setzen eine nach § 312 statthafte Berufung voraus. Die Vorschrift ist mit der Verfassung vereinbar[15], auch hinsichtlich der Verfahren, in denen die Beweisaufnahme den Einschränkungen des § 420 unterliegt[16] (Beschleunigtes und Strafbefehlsverfahren).

B. Verhältnis des § 313 zu § 335

I. Übersicht

6   **1. Unklarheit.** Das **Verhältnis** beider Vorschriften zueinander wird dadurch entscheidend **verdunkelt**, daß der Gesetzgeber des RpflEntlG zunächst beabsichtigte, mit der Einführung der Annahmeberufung zugleich die Sprungrevision zu beseitigen[17]. Im Gesetzgebungsverfahren wurde dann zwar § 313 eingeführt, indessen § 335 beibehalten, ohne daß die dadurch geschaffene Problematik des Verhältnisses beider Vorschriften zueinander erkannt, geschweige denn bedacht wurde[18].

7   **2. Streitstand.** Kontrovers wird die Frage diskutiert, ob die Zulässigkeit der Sprungrevision von der Zulässigkeit der Berufung nach § 313 Abs. 2 abhängig ist. Drei verschiedene Antworten konkurrieren miteinander: Einmal wird vorgeschlagen, die Sprungrevision nur dann für zulässig zu erachten, wenn das Berufungsgericht die Berufung nach § 313 Abs. 2, § 322a angenommen hat[19], zum anderen, daß das Revisionsgericht bei seiner Entscheidung über die Zulässigkeit der Sprungrevision selbst darüber befindet, ob in den Fällen des § 313 die Berufung nach § 313 Abs. 2 zulässig ist[20] und endlich, die Zulässigkeit der Sprungrevision unabhängig von den Voraussetzungen des § 313 zu beurteilen[21]. Der Schlüssel zur Lösung dieser Problematik dürfte im Verständnis der Begriffe „zulässig" einmal in § 335 und zum anderen in § 313 zu finden sein; im Ergebnis ist der Rspr. vertretenen letztgenannten Auffassung zuzustimmen.

II. Bedeutung der Zulässigkeit

8   **1. Zulässigkeit und Statthaftigkeit.** Wie oben Rdn. 5 dargelegt wurde, normiert § 313, allgemeiner Auffassung zufolge, eine von der Statthaftigkeit verschiedene selbständige Voraussetzung der Zulässigkeit der Berufung. Dagegen macht § 335 Abs. 1 die Zulässigkeit der (Sprung-)Revision davon abhängig, daß sie sich gegen solche Urteile richtet, gegen die das Gesetz das Rechtsmittel der Berufung zur Verfügung stellt[22]: In § 335 Abs. 1 ist folglich **„zulässig" als „statthaft"** zu verstehen. Ob dies allerdings auch im Falle der Annahmeberufung gilt, wird unterschiedlich beurteilt.

---

[14] Mißverständlich OLG Hamburg JR **1999** 479, 480, welches § 313 als eine „Ausnahmevorschrift zu § 312 StPO" ansieht (s. dazu Rdn. 29): Tatsächlich aber schränkt § 313 nicht die in § 312 geregelte *Statthaftigkeit* der Berufung ein, formt vielmehr das Berufungsverfahren zu einem verkürzten schriftlichen Verfahren um (Näheres Rdn. 32, 52); gleichwohl läßt sich § 313 dieser Wirkung wegen im Ergebnis zu Recht als „Ausnahmevorschrift" verstehen.

[15] S. dazu BVerfG NJW **1996** 2785.
[16] OLG Frankfurt/M NStZ-RR **1997** 273.
[17] Vgl. die Nachweise bei BayObLG MDR **1993** 1228; *Großmann* 100.
[18] *Großmann* 102; *Meyer-Goßner* NStZ **1998** 20.
[19] So z. B. *Meyer-Goßner*[46] § 335, 21.
[20] So *Großmann* 105.
[21] So die Rspr., vgl. z. B. BGHSt **40** 395, 397; BayObLG MDR **1993** 1228.
[22] *Meyer-Goßner*[46] Vor § 296, 3.

2. Unterschiedliche Bedeutung von Zulässigkeit. In der Literatur ist die Meinung **9** vertreten worden, „angesichts des identischen Gesetzeswortlauts" müsse das Wort „zulässig" in § 313 **dieselbe Bedeutung haben wie in** § 335, und im übrigen „würde es dem Grundgedanken des Rechtspflegeentlastungsgesetzes widersprechen, in Bagatellsachen die Berufung zwar einzuschränken, gleichwohl aber die (Sprung-)Revision uneingeschränkt bestehen zu lassen"[23].

a) Statthaftigkeit und Zulässigkeit. Die sich hier zunächst aufdrängende Frage, ob **10** „zulässig" in beiden Vorschriften „statthaft" bedeute oder aber eine von der Statthaftigkeit zu unterscheidende sonstige Zulässigkeitsvoraussetzung erfasse, ist von den Vertretern der soeben Rdn. 9 erwähnten Auffassung indessen nicht klar beantwortet worden. Nach den obigen Ausführungen zu Rdn. 5 bedeutet nun aber „zulässig" in § 313 deshalb gerade nicht „statthaft", weil eine Verwerfung der Berufung als offensichtlich unbegründet und deshalb als unzulässig gerade deren Statthaftigkeit nach § 312 voraussetzt: Berufungen gegen Bußgeldbescheide, gegen die das Gesetz nur den Einspruch nach § 67 OWiG zur Verfügung stellt, können nicht nach §§ 313, 322a wegen offensichtlicher Unbegründetheit verworfen werden, sie sind vielmehr nach §§ 312, 322 als unstatthaft zu verwerfen. Wer also den Wörtern „zulässig" in §§ 313 und 335 die gleiche Bedeutung zuweisen wollte, könnte damit „zulässig" in § 335 nicht mehr als „statthaft" interpretieren.

b) Auf das **Dogma von der notwendig gleichen Bedeutung** des identischen Gesetzes- **11** wortlaut (oben Rdn. 9) läßt sich ein derartiges Verständnis des Begriffs „zulässig" in § 335 nun aber gerade **nicht stützen:** daß Zulässigkeit im Sinne des § 313 Abs. 1 und der §§ 314, 315, 341 etwas anderes bedeutet als in §§ 312, 333, ist deshalb offensichtlich, weil eine Verwerfung wegen Unzulässigkeit von Berufung wie Revision voraussetzt, daß die jeweiligen Rechtsmittel nach §§ 312 oder 333 überhaupt statthaft sind. Ebensowenig tragfähig erscheint aber auch die Berufung auf den **Grundgedanken** der mit dem Rechtspflegeentlastungsgesetz beabsichtigten Einschränkung der Berufung zum Zwecke einer Entlastung der Berufungsgerichte: Wie oben Rdn. 4 f dargelegt wurde, wird dieser Zweck ohnehin nicht erreicht. Im übrigen sollte angesichts des vom Gesetzgeber nicht bedachten Verhältnisses der §§ 313 und 335 zueinander (Rdn. 6) und auch der Systemwidrigkeit der Annahmeberufung (Rdn. 2) zur Auslegung grundlegender prozessualer Begriffe auf die Heranziehung von Grundgedanken eines jedenfalls hinsichtlich der Annahmeberufung mißglückten Gesetzes verzichtet werden.

Von **entscheidender Bedeutung** für die hier behandelte Frage dürfte indessen sein, **12** welche Auswirkungen das **Fehlen von sonstigen Zulässigkeitsvoraussetzungen** der Berufung außerhalb der Statthaftigkeit und auch außerhalb des § 313 Abs. 2 auf die Zulässigkeit der Sprungrevision nach § 335 Abs. 1 hat. Wird gegen ein amtsgerichtliches Urteil zunächst in unwirksamer Weise etwa beim Berufungsgericht Berufung eingelegt, aber, nach entsprechender Unterrichtung durch das Berufungsgericht, noch innerhalb der Frist des § 341 in zulässiger Weise beim Amtsgericht Sprungrevision, so ist diese nicht etwa deshalb unzulässig[24], weil die Berufungseinlegung unzulässig war: § 335 Abs. 1

---

[23] *Meyer-Goßner* NStZ **1998** 19; im Ergebnis ebenso *Meyer-Goßner*[46] § 335, 21; KK-*Ruß*[4] 4; *Pfeiffer*[4] 5; *D. Meyer* JurBüro **1993** 456; *Scheffler* GA **1995** 449, 455.

[24] Dies übersieht *Großmann* 97, wenn er von seinem hier geteilten richtigen Ansatzpunkt aus meint, „eine Konstellation, bei der eine ... statthafte Berufung aus einem Grund unzulässig ... sein konnte, der bei der Sprungrevision nicht vorlag", „nicht denkbar" sei – und deshalb zu dem hier abgelehnten Ergebnis – S. 98 – kommt, § 335 erfasse neben der Statthaftigkeit auch die sonstigen Zulässigkeitserfordernisse der Berufung.

Karl Heinz Gössel

setzt nur voraus, daß gegen das mit der Sprungrevision angefochtene Urteil das Rechtsmittel der Berufung vom Gesetz zur Verfügung gestellt wird, also nach § 312 statthaft ist, nicht aber, daß die Berufung auch in rechtswirksamer Weise erhoben wird. Wird nun, wie hier, § 313 als eine spezielle Zulässigkeitsvoraussetzung neben denen der Statthaftigkeit und der des § 314 angesehen (oben Rdn. 5), so gilt Entsprechendes: Wie die Wahrung der von § 314 vorgeschriebenen Voraussetzungen bei der Berufungseinlegung unabhängig von der Zulässigkeit der Sprungrevision nach § 335 Abs. 1 ist, so auch die offensichtliche Unbegründetheit der Berufung nach § 313 Abs. 2[25]. Dies zeigt auch ein Vergleich mit der Zulässigkeit einer Revision gegen ein Berufungsurteil. Hat das Berufungsgericht das Vorliegen einer wirksamen Berufung gegen ein amtsgerichtliches Urteil wegen Nichteinhaltung der Berufungsfrist oder der sonst in § 314 normierten Zulässigkeitsvoraussetzungen verkannt und in der Sache durch (Berufungs-)Urteil entschieden, so führt die Unzulässigkeit der Berufung bekanntlich nicht etwa zur Unzulässigkeit der Revision, sondern ganz im Gegenteil zu deren Begründetheit: Mangels einer fristgemäßen, wirksamen Berufung ist das amtsgerichtliche Urteil in Rechtskraft erwachsen, und deshalb ist das Berufungsurteil auf die Revision hin aufzuheben. In diesem Fall also prüft das Revisionsgericht zwar die Zulässigkeit der Berufung, aber nicht etwa deshalb, weil davon die Zulässigkeit auch der Revision abhinge – diese Prüfung dient vielmehr der Feststellung eines Prozeßhindernisses. Hat das Berufungsgericht in diesem Fall aber zu Unrecht die Berufung angenommen, so führt diese fehlerhafte und nach § 322a Satz 1 unanfechtbare Annahmeentscheidung nicht etwa zur Rechtskraft des amtsgerichtlichen Urteils und auch nicht zu einem Prozeßhindernis – und unterliegt schon nach § 336 Satz 2 nicht der revisionsgerichtlichen Überprüfung[26].

13   **c) Zulässigkeit in § 335.** Ein letzter Einwand gegen das Verständnis von „zulässig" in **§ 335 Abs. 1** als „statthaft" wird daraus hergeleitet, daß in **§ 335 Abs. 3 Satz 1** der dort verwendete Begriff der **Unzulässigkeit** sich nicht auf die Statthaftigkeit beziehe, das Wort „zulässig" aber in Abs. 3 nicht anders „gelesen" werden dürfe als in Absatz 1 des § 335[27]. Aber auch diese Argumentation überzeugt deshalb nicht, weil die Absätze 1 und 3 des § 335 verschiedene Sachverhalte betreffen: Absatz 3 behandelt die Frage des Zusammentreffens von Berufung und Sprungrevision bei mehreren Rechtsmittelführern, auch für den Fall des späteren Wegfalls der Berufung, und regelt im Gegensatz zu Absatz 1 gerade nicht die Frage, ob das Rechtsmittel der Berufung zur Verfügung steht: Wie schon § 313, so setzt auch § 335 Abs. 3 die Statthaftigkeit der Berufung voraus; nur eine statthafte Berufung kann die Kollision auslösen, die zwar mit der Rücknahme der Berufung oder deren Verwerfung als unzulässig wieder entfällt, nicht aber die zuvor gegebene Statthaftigkeit rückwirkend beseitigen kann.

14   Folglich kann auch die **Nichtannahme** der Berufung nach § 313 Abs. 2 nicht dazu führen, die **zudem eingelegte Sprungrevision** eines anderen Verfahrensbeteiligten nach § 335 Abs. 3 Satz 1 weiterhin als Berufung zu behandeln[28]: „Die bis dahin nur bedingt als Berufung zu behandelnde Revision" eines anderen Verfahrensbeteiligten lebt „wieder auf und ist ...als solche weiter zu behandeln"[29] – ein Bedürfnis nach einer einheitlichen

[25] So zutreffend BayObLG MDR **1994** 503, **dagegen** *Meyer-Goßner* NStZ **1998** 20.

[26] So im Ergebnis auch BayObLG MDR **1994** 503; OLG Karlsruhe NStZ **1995** 562; wie hier auch *Böttcher/Mayer* NStZ **1993** 155 und *Siegismund/ Wickern* 89.

[27] *Meyer-Goßner* NStZ **1998** 20.

[28] So aber OLG Karlsruhe NStZ **1995** 562 (im Ergeb-

nis zust. *Meyer-Goßner* 20), das zudem unter Überschreitung seiner Kompetenz „durchentscheidet" (dagegen schon zu Recht *Meyer-Goßner* aaO); **dagegen**, im Ergebnis wie hier, *Hartwig* 114 und *Hettinger* 132.

[29] BayObLG MDR **1994** 503; OLG Köln VRS **100** (2001) 50.

Entscheidung beider Rechtsmittel hinsichtlich der offensichtlichen Begründetheit besteht deshalb nicht, weil die Nachprüfung dieser Frage dem Revisionsgericht ohnehin verschlossen ist (oben Rdn. 12).

Wird eine gemäß § 335 Abs. 3 Satz 1 als **Berufung** zu behandelnde Revision gemäß **15** § 329 Abs. 1 ohne Verhandlung zur Sache verworfen, so ist die Behandlung als Berufung ebenfalls auflösend bedingt. Tritt also die Bedingung durch Rücknahme der Berufung ein, erweist sich das Rechtsmittel der bis zur Rücknahme als Berufung zu behandelnden Revision entgegen dem OLG Köln[30] eben nicht als „erledigt" mit der Folge, daß auch ein Verwerfungsurteil ohne Verhandlung zur Sache nach § 329 Abs. 1 gegenstandslos wird und die als Berufung behandelte und verworfene Revision wiederauflebt.

d) Ergebnis. Also meint das Wort **zulässig** in § 335 Abs. 1 wie in § 312 allein die **Statt- 16 haftigkeit** der Berufung[31], während § 313 eine davon verschiedene selbständige Zulässigkeitsvoraussetzung für die Berufung normiert. Daraus folgt weiter, daß der in einem gewichtigen Teil des Schrifttums vertretenen Auffassung **nicht gefolgt** werden kann, welche „die Zulässigkeit der Sprungrevision von der Annahme der Berufung abhängig" machen will und es deshalb für notwendig hält, daß bei der Anfechtung von amtsgerichtlichen Urteilen der Rechtsmittelführer in den von § 313 Abs. 1 erfaßten Fällen stets „**zunächst Berufung einlegen**" muß: Im Fall der Ablehnung der Berufung entfalle eine Zulässigkeitsvoraussetzung der Sprungrevision, die im Fall der Berufungsannahme gegeben sei[32].

Gegen diese Auffassung spricht zunächst schon die Prozeßökonomie: wäre doch „das **17** Berufungsgericht zu einer umfassenden Prüfung der Begründetheit gehalten, die sich auch auf Fragen erstrecken müßte, die der Prüfung durch das Revisionsgericht gar nicht zugänglich wären"[33]. Weiter ist die mögliche Konsequenz zu bedenken, daß zwar das Berufungsgericht die Berufung als nicht offensichtlich unbegründet annimmt, das Revisionsgericht aber mangels eines Rechtsfehlers des angefochtenen Urteils die Revision nach § 349 Abs. 2 als offensichtlich unbegründet verwirft: Dieses Ergebnis erscheint „nicht sinnvoll" und wird dem rechtsmittelführenden Angeklagten kaum einleuchten können[34]; überdies könnte das Berufungsgericht dem Revisionsgericht durch die Nichtannahme der Berufung „die Möglichkeit abschneiden", über sich etwa stellende „Rechtsfragen grundsätzlicher Bedeutung ... zur Sicherung einer einheitlichen Rspr. zu befinden"[35]. Weiter sprechen die bereits erwähnten prozeßrechtssystematischen Argumente (Rdn. 5, 8 ff[36]) gegen diese hier bekämpfte Auffassung, die sich aber auch nicht auf das dafür geltend gemachte kriminalpolitische Argument stützen kann, nur so lasse sich die aus § 335 Abs. 3 ergebende Konsequenz vermeiden, „daß der Gegner desjenigen, der Sprungrevision eingelegt hat, durch Einlegung von Berufung aus der annahmefreien Sprungrevision eine annahmepflichtige Berufung" macht[37] – dies trifft deshalb nicht zu, weil § 335 Abs. 3 Satz 1 ausdrücklich vorschreibt, die Sprungrevision nur solange als Berufung zu behandeln, wie die gleichzeitige Berufung eines anderen Verfahrensbeteiligten „nicht zurückgenommen oder als unzulässig verworfen ist": Mit der Verwerfung der

---

[30] OLG Köln VRS **100** (2001) 50, 51.
[31] Überwiegende Auffassung, vgl. z.B. BayObLG MDR **1995** 406; KG NStZ-RR **1999** 146, 147; OLG Düsseldorf MDR **1995** 406; OLG Karlsruhe NStE § 335 Nr. 6; OLG Zweibrücken MDR **1994** 502; KMR-*Mutzbauer* § 335, 6; *Feuerhelm* 102; *Siegismund/Wickern* 89; *Tolksdorf* 402 f.
[32] *Meyer-Goßner*[46] § 335, 21 und NStZ **1998** 20; KK-*Ruß*[4] 4; *Pfeiffer*[4] § 335, 4.

[33] So mit Recht *Hettinger* 121 unter zutr. Berufung auf BayObLG MDR **1993** 1228 und *Tolksdorf* 403.
[34] So mit Recht BayObLG MDR **1993** 1228; *Hettenbach* 122 f.
[35] OLG Düsseldorf MDR **1995** 406.
[36] Wie hier auch KMR-*Mutzbauer* § 335, 7, vgl. ferner dazu *Großmann* 102 ff.
[37] *Meyer-Goßner* NStZ **1998** 22; *Meyer-Goßner*[46] § 335, 21; KK-*Ruß*[4] 4.

annahmepflichtigen Berufung als offensichtlich unbegründet ist die von einem anderen Verfahrensbeteiligten eingelegte ursprüngliche Sprungrevision folglich als solche weiterzubehandeln; die dem entgegenstehende Ansicht des OLG Karlsruhe wurde bereits oben Rdn. 13 f zurückgewiesen.

18　　　**e) Revision.** Wegen der damit anzuerkennenden **Unabhängigkeit** der Annahme oder Nichtannahme der Berufung von der als Statthaftigkeit zu verstehenden Zulässigkeit der Sprungrevision (§ 335 Abs. 1) ist das Vorliegen der Voraussetzungen des § 313 Abs. 2 der **Prüfungskompetenz des Revisionsgerichts** entzogen [38].

III. Ergebnis

19　　　**1. Uneingeschränkte Statthaftigkeit der Revision.** Der überwiegenden Auffassung ist zuzustimmen: Auch im Fall der Annahmeberufung ist die Sprungrevision uneingeschränkt statthaft [39]; ob die Berufung hätte angenommen werden müssen, prüft das Revisionsgericht nicht [40].

20　　　**2. Rechtsmittelwechsel.** Kontrovers wird die Frage diskutiert, welchen Einfluß ein Nichtannahmebeschluß nach § 313 Abs. 2, §§ 322a auf die Zulässigkeit der Sprungrevision hat, wenn der Rechtsmittelführer während der noch *laufenden Revisionsbegründungsfrist* [41] sein bisher unbestimmtes Rechtsmittel als **Revision** bezeichnet (s. dazu auch LR-*Hanack* § 335, 1a). Aus der Unanfechtbarkeit des Nichtannahmebeschlusses (§ 322a Satz 2) ist geschlossen worden, dieser sei „für das weitere Verfahren bindend" mit der Folge, daß dem Rechtsmittelführer damit sein Wahlrecht „genommen worden" sei [42]: „nach der Verwerfung der Berufung als offensichtlich unbegründet" fehle es „an einem zulässigen Rechtsmittel" [43]. Diese Argumentation erscheint deshalb verständlich, weil mit dem Erlaß des Nichtannahmebeschlusses das angefochtene amtsgerichtliche Urteil grundsätzlich in Rechtskraft erwächst [44]. Wie aber die Unanfechtbarkeit des Nichtannahmebeschlusses und damit die Rechtskraft des angefochtenen Urteils nur dann bejaht werden kann, sofern tatsächlich ein Fall des § 313 Abs. 1 gegeben ist (unten § 322a, 10), so ist der Eintritt der genannten Rechtsfolgen ferner davon abhängig, daß das Rechtsmittel auch wirklich als Berufung durchgeführt werden sollte: Hat sich der Rechtsmittelführer noch nicht endgültig entschieden, welches Rechtsmittel er durchgeführt wissen will, fehlt es an einer Verfahrensvoraussetzung für die Durchführung der

---

[38]　Überwiegende Meinung, vgl. z. B. BayObLG MDR **1993** 1228, diesem zustimmend BGHSt **40** 395, 397; OLG Zweibrücken NStZ **1994** 203; im Ergebnis so auch OLG Stuttgart NStZ-RR **1996** 75, 76; KK-*Kuckein*⁴ § 335, 16; KMR-*Mutzbauer* § 335, 8; *Roxin*²⁵ § 53, 4; *Feuerhelm* 102.

[39]　BGHSt **40** 395, 397; BayObLG MDR **1993** 1228; KG NStZ-RR **1999** 146, 147; OLG Düsseldorf MDR **1995** 406; OLG Karlsruhe StV **1994** 292, 293; OLG Stuttgart NStZ-RR **1996** 75, 76; OLG Zweibrücken MDR **1994** 502; AK-*Maiwald* § 335, 2; so wohl auch HK-*Temming*³ § 335, 1; „grundsätzlich" so auch KK-*Kuckein*⁴ § 335, 16; *Hartwig* 112; *Siegismund/Wickern* 89; *Tolksdorf* 402, 404.

[40]　S. dazu die Nachweise in Fußn. 39.

[41]　Die Wahl des Rechtsmittels, auch durch Übergang von der Berufung zur Revision, ist „keine eigen-

ständige, einer selbständigen Frist unterliegende Prozeßhandlung": Versäumt der Rechtsmittelführer die Revisionsbegründungsfrist zur rechtzeitigen Wahl oder zum Übergang zur Revision, so ist ein Antrag auf Wiedereinsetzung in den vorigen Stand „generell unzulässig" (gemeint wohl: unstatthaft), zumal da dem Angeklagten „mit der Berufung (und anschließend ... der Revision) das Recht zu einer umfassenden Prüfung des angefochtenen Urteils verbleibt" (BayObLG wistra **2001** 279).

[42]　BayObLG MDR **1994** 822, diesem zust. KK-*Kuckein*⁴ § 335, 16, *Meyer-Goßner*⁴⁶ § 335, 22, HK-*Temming*³ § 335, 4 und KMR-*Mutzbauer* § 335, 13.

[43]　*Tolksdorf* 405; im Ergebnis ebenso *D. Meyer* JurBüro **1993** 456; *Rieß* FS Kaiser 1477.

[44]　*Böttcher/Mayer* 155; *Rieß* AnwBl. **1993** 56 und FS Kaiser 1477.

Berufung und folglich auch für den Erlaß eines Nichtannahmebeschlusses. Deshalb kann eine gleichwohl ergehende Entscheidung über die Berufung das Wahlrecht des Rechtsmittelführers nicht beeinträchtigen: Sobald er innerhalb der Revisionsbegründungsfrist die Revision wählt, werden Nichtannahmebeschlüsse ebenso gegenstandslos wie etwaige Annahmebeschlüsse, die folglich aufzuheben sind[45].

C. Gegenstandsbereich der Annahmeberufung

I. Systematik und Umfang

1. Entscheidungsform und Gegenstand

a) Nur Urteile. Die die Berufung beschränkende Zulässigkeitsprüfung des § 313 ist **21** nur bei *den* amtsgerichtlichen Entscheidungen vorgeschrieben, gegen welche die Berufung nach **§ 312 statthaft** ist, also **nur gegen Urteile**, nicht aber Beschlüsse.

b) Gegenstand. Zu unterscheiden ist zwischen solchen amtsgerichtlichen Urteilen, **22** die eine **Straftat** zum Gegenstand haben (Abs. 1) und solchen, deren Gegenstand eine **Ordnungswidrigkeit** darstellt (Abs. 1, 3). Bei den erstgenannten Urteilen ist nach Abs. 1 Satz 1 weiter zu differenzieren zwischen rechtsfolgenfestsetzenden Entscheidungen einerseits (Abs. 1 Satz 1) und freisprechenden oder Einstellungsurteilen (§ 260 Abs. 3) andererseits (Abs. 1 Satz 2).

2. Rechtsmittelführer.
Die Berufungen **aller** zur Einlegung der Berufung **Berechtigten** **23** sind den Beschränkungen des § 313 unterworfen[46]. Im Interesse einer gleichen Sachentscheidung gegen alle Angeklagten ist die Annahmepflicht schon dann zu bejahen, wenn die Annahmevoraussetzungen auch nur bei einem von mehreren berufungsführenden Angeklagten vorliegen[47]; das erfordert der Rechtsgedanke des im Berufungsverfahren nicht anwendbaren § 357 (LR-*Hanack* § 357, 4). Hinsichtlich des Angeklagten, seines gesetzlichen Vertreters, des Verteidigers und des Nebenklägers ist dies unbestritten, fraglich aber hinsichtlich der Staatsanwaltschaft in den Fällen des Abs. 1 Satz 1 und auch hinsichtlich des Privatklägers.

a) Staatsanwaltschaft. § 313 Abs. 1 Satz 1 gilt nach weit überwiegender Meinung **24** auch für Berufungen der Staatsanwaltschaft[48]. Dagegen wird in der Literatur einmal vorgebracht, die vom Gesetzgeber verordnete deutlich höhere Zulassungsgrenze für die Staatsanwaltschaft[49] mache „nur dann Sinn, wenn im übrigen für die Berufung der Staatsanwaltschaft § 313 Abs. 1 Satz StPO nicht" gelte[50]. Diese Argumentation erscheint indessen wenig überzeugend. Die amtliche Begründung für die höhere Zulassungsgrenze beruft sich auf das Vorbild des § 79 Abs. 1 Satz 1 Nr. 3 OWiG[51], woraus sich ergeben

---

[45] KG NStZ-RR **1999** 146 (für einen Nichtannahmebeschluß; weil es sich nicht um einen Fall des § 313 Abs. 1 handele: dem ist zwar zuzustimmen, aber doch nur deshalb, weil gar keine Berufung vorliegt); OLG Stuttgart NJW **2002** 3487, 3488 (Nichtannahmebeschluß); NStZ-RR **1996** 75 (Annahmebeschluß); AK-*Maiwald* § 335, 2; *Hettenbach* 126 f; *Feuerhelm* 102; im Ergebnis so auch *Roxin*[25] § 53, 4.
[46] KK-*Ruß*[4] 2; KMR-*Brunner* 8.
[47] *Rieß* FS Kaiser 1469; **a. A** *Meyer-Goßner*[46] § 322a, 1.

[48] KK-*Ruß*[4] 2; SK-*Frisch* 8; AK-*Dölling* 3; *Meyer-Goßner*[46] 3; ebenso *Feuerhelm* 100, der zutr. darauf hinweist, daß BayObLG (MDR **1994** 503) und OLG Stuttgart (Justiz **1995** 494) § 313 Abs. 1 Satz 1 auch auf Berufungen der Staatsanwaltschaft anwenden; *Rieß* FS Kaiser 1470.
[49] BTDrucks. **12** 1217 S. 40.
[50] *Tolksdorf* 394, diesem zust. *Roxin*[25] § 52, 12.
[51] BTDrucks. **12** 1217 S. 40.

dürfte, daß der Gesetzgeber die Berufung der Staatsanwaltschaft gegen freisprechende oder das Verfahren einstellende Urteile beschränken wollte, wie sich zudem aus dem Bericht zur Beschlußempfehlung des Rechtsausschusses zum RpflEntlG ergibt[52]. Das aber bedeutet: Bedenkt man, daß z.B. in den USA freisprechende Urteile unanfechtbar sind, so erscheint die höhere Zulassungsgrenze für Berufungen der Staatsanwaltschaft als Beschränkung staatsanwaltschaftlicher Macht als ein durchaus sinnvolles gesetzgeberisches Ziel selbst dann, wenn man die Verfolgung eines solchen Zieles für fragwürdig hält. Auch ein weiteres Argument gegen die Anwendung des Abs. 1 Satz 1 auch auf Berufungen der Staatsanwaltschaft überzeugt nicht, mit dem vorgebracht wird, wenn „die Staatsanwaltschaft mehr als 30 Tagessätze" beantrage, bestehe „nicht nur im Falle des Freispruchs, sondern auch bei einer Verurteilung keine hinreichende Gewähr, daß eine Sache vorliegt, auf welche die Regelung des § 313 Abs. 1 StPO Anwendung finden sollte", weshalb „eine Berufung zu Lasten des Angeklagten keinen Beschränkungen unterworfen sein" könne[53] – dieses Argument dürfte indessen verkennen, daß der Gesetzgeber die Zulassungspflicht nicht an den abstrakten Begriff einer Bagatellstraftat geknüpft hat, als Bagatellstraftaten vielmehr solche aufgrund einer gesetzlichen unwiderlegbaren Vermutung ansieht, derentwegen die in Abs. 1 Satz 1 beschriebenen Rechtsfolgen verhängt wurden.

25   **b) Privatkläger.** § 313 Abs. 1 schränkt auch die dem Privatkläger nach § 390 Abs. 1 gewährte Möglichkeit ein, Berufung einzulegen. Dagegen wird vorgebracht, § 313 Abs. 1 sei zu entnehmen, „daß die Regelung nur im Falle des Mitwirkens der Staatsanwaltschaft anzuwenden" sei: „Weil deren Schlußantrag die Funktion" zukomme, „eine Sache minderen Gewichts zu kennzeichnen", könne, „da es um die objektive Bedeutung der Sache" gehe, „dieser nicht durch den Schlußantrag des Privatklägers ersetzt werden"[54]. Dagegen wird indessen zu bedenken sein, daß die Staatsanwaltschaft ja schon bei der Klageerhebung zur Objektivität verpflichtet ist: Wenn der dazu nicht verpflichtete Privatkläger aber schon zu der schwerwiegenden Prozeßhandlung der Anklageerhebung berechtigt ist, dann muß auch dessen Schlußantrag für die Berufungsbeschränkung des § 313 Abs. 1 entscheidend sein können. Im übrigen wird neben der äußerst geringen praktischen Bedeutung dieser Frage zu bedenken sein, daß der Privatkläger in der Regel das Strafmaß in das Ermessen des Gerichts stellen und damit auf eine Einschätzung der Schwere der verfahrensgegenständlichen Tat verzichten wird mit der Folge, daß die Annahmepflicht schon deshalb entfällt. Im Grunde richtet sich das hier zurückgewiesene Argument schon gegen die Zulässigkeit der Privatklage selbst, die das Gesetz aber zu Recht zugelassen hat.

26   **c) Angeklagter.** In den Fällen des § 313 Abs. 1 Satz 2 ist eine Berufung des Angeklagten mangels Beschwer regelmäßig unzulässig[55]; sie kann aber ausnahmsweise dann zulässig sein, wenn sie sich gegen ein Einstellungsurteil richtet und der Angeklagte Anspruch auf einen Freispruch hat[56]: In diesem Ausnahmefall kann die Berufung nach Abs. 1 Satz 2 annahmepflichtig werden; im **Regelfall** wird jedoch nur eine Annahme der Berufung der

---

[52] BTDrucks. **12** 3832 S. 41.

[53] *Hettenbach* 82 f.

[54] *Hettenbach* 113; offengelassen von *Rieß* FS Kaiser Fußn. 45.

[55] *Tolksdorf* 394; differenzierend *Hettenbach* 59 f mit weiteren Nachweisen im Hinblick darauf, daß sich „das Maß der Belastung durch die Folgen eines

Prozeßurteils kaum bestimmen" lasse: Jedoch ergibt sich die Beschwer grundsätzlich aus dem Tenor (KK-*Ruß*⁴ Vor § 296, 5a; s. ferner oben Vor § 296, 48 ff), nicht aber aus den Folgen eines Einstellungsurteils.

[56] Vgl. z. B. OLG Stuttgart NJW **1963** 1417; *Meyer-Goßner*⁴⁶ Vor § 296, 14.

Staatsanwaltschaft, des Neben- oder des Privatklägers (§ 401 Abs. 1, § 390 Abs. 1)[57] in Betracht kommen[58].

3. Anfechtungsbeschränkung

a) § 318. Wird die Berufung in zulässiger Weise beschränkt, so kann die Annahme- **27** pflicht nur nach *den* Taten und den dafür festgesetzten Rechtsfolgen beurteilt werden, die Gegenstand des Berufungsverfahrens sind. Dies kann bei der **Gesamtstrafenbildung** wegen verschiedener Taten im Sinne des § 264 dann zu Schwierigkeiten führen, richtet sich die Berufung nur gegen eine dieser Taten, derentwegen eine Rechtsfolge angeordnet wurde, die für sich genommen und im Gegensatz zur Gesamtstrafe die Annahmepflicht auslösen würde: ist doch mit der Berufung gegen diese Tat zugleich auch der Gesamtstrafenausspruch angefochten. Deshalb könnte aus dem Wortlaut des § 313 gefolgert werden, das Gesetz stelle allein auf die verhängte Rechtsfolge ohne Rücksicht auf die dieser je zugrundeliegende Tat ab, so daß auch in diesem Fall immer nur die Gesamtstrafe über die Annahmepflicht entscheide, nicht aber die jeweilige Einzelstrafe. Damit allerdings würde der Zusammenhang zwischen Schuldspruch und Rechtsfolgenanordnung verkannt: Rechtsfolgen werden nicht isoliert verhängt, sind vielmehr stets an eine bestimmte Straftat geknüpft, deretwegen der Angeklagte schuldig gesprochen wurde. Greift er diesen Schuldspruch an, so kann auch nur die deswegen verhängte Rechtsfolge und also die jeweilige Einzelstrafe über die Annahmepflicht entscheiden und nicht etwa die Gesamtstrafe[59] – wie ebenso bei einer zulässigen Berufung allein gegen den Strafausspruch nur wegen nur einer von mehreren abgeurteilten und mit einer Gesamtstrafe geahndeten Taten. Ist die **Berufung** dagegen nur auf den **Rechtsfolgenausspruch insgesamt** beschränkt **oder unbeschränkt** eingelegt worden, so entscheidet der Gesamtstrafenausspruch über die Annahmepflicht (Näheres dazu s. unten Rdn. 30); dies muß aber auch dann gelten, wenn das Amtsgericht es versehentlich unterlassen hat, wegen der von der beschränkten Berufung erfaßten Tat eine Einzelstrafe festzusetzen.

b) Gegenstand der Annahmeentscheidung ist allein die Berufung, wie sie vom Rechts- **28** mittelführer eingelegt oder später in zulässiger Weise beschränkt wurde. **Beschränkt** der Rechtsmittelführer sein Rechtsmittel **nachträglich**, etwa erst in der Berufungshauptverhandlung, auf nur eine von mehreren selbständigen Taten, die mit einer Geldstrafe von unter 15 Tagessätzen geahndet wurde, so wird die Berufung nunmehr von der Zulässigkeitsvoraussetzung des § 313 erfaßt[60]. Etwas anderes gilt indessen bei einer nachträglichen Beschränkung des Verfahrensstoffes durch das Gericht in den Fällen der §§ 154, 154a: In diesen Fällen bleiben die den Gegenstand der Einstellung bildenden Taten oder Tatteile wegen der Möglichkeiten nach § 154 Abs. 3 und 4 (Wiederaufnahme) und nach § 154a Abs. 3 (Wiedereinbeziehung) Verfahrensgegenstand. Hier kann eine (vorläufige) Einstellung folglich nicht nachträglich zur Annahmepflicht führen[61].

---

[57] *Meyer-Goßner*[46] 2; KMR-*Brunner* 8; **a. A** *Hettenbach* 113; s. dazu ferner *Rieß* FS Kaiser Fußn. 45.
[58] *Meyer-Goßner*[46] 4.
[59] KK-*Ruß*[4] 2a; KMR-*Brunner* 12.
[60] **A. A** OLG Stuttgart Justiz **1999** 494; der dort beschworenen Gefahr, daß der Rechtsmittelführer „von einer sinnvollen, prozeßökonomischen Rechts-

mittelbeschränkung" wegen des Risikos der Nichtannahme „Abstand nimmt" (aaO), läßt sich leicht dadurch begegnen, daß dem Rechtsmittelführer die Annahme der Berufung für den Fall einer Beschränkung des Rechtsmittels in Aussicht gestellt wird; dem OLG Stuttgart zust. *Meyer-Goßner*[46] 5a.
[61] OLG Stuttgart Justiz **1999** 494; *Meyer-Goßner*[46] 5a.

II. Straftaten betreffende Urteile

29   **1. Rechtsfolgenfestsetzende Urteile.** Nur Urteile, die eine Geldstrafe verhängen oder aber eine solche nach § 59 StGB vorbehalten, sind **taugliche Gegenstände** einer Annahmeberufung, sofern die Geldstrafe *15 Tagessätze* nicht übersteigt. Bei Urteilen, mit denen nach § 60 StGB[62] oder nach sonstigen Vorschriften, wie z. B. §§ 158 Abs. 1 (insoweit **a. A** LG Bad Kreuznach NStZ-RR **2002** 17), 157 Abs. 2 StGB, von Strafe abgesehen wird oder andere Rechtsfolgen festgesetzt werden, bedarf die Berufung keiner Annahme nach § 313.

30   **a)** Bei einer **Gesamtgeldstrafe** (§§ 54, 55 StGB) entscheidet allein die Gesamtzahl der Tagessätze unabhängig davon, ob die Summe der Tagessätze der jeweiligen Einzelgeldstrafen höher als 15 ist[63]. Dabei kann die mit der Annahmepflichtigkeit verbundene Einschränkung der Berufung zwar durchaus von gewissen Zufällen der (möglicherweise fehlerhaft unterlassenen oder erst nach § 460 StPO später vorgenommenen) Gesamtstrafenbildung abhängen[64]. Gleichwohl sollte schon aus Gründen der Rechtsklarheit auf die schon aus dem Tenor eindeutig ersichtliche Gesamtgeldstrafe abgestellt werden[65]. Bei der Verhängung mehrerer nicht gesamtstrafenfähiger Geldstrafen dagegen entscheidet die Summe aller Tagessätze aller Einzelgeldstrafen über die Annahmepflichtigkeit[66]; zur Bedeutung einer Gesamtstrafe bei Berufungsbeschränkung s. Rdn. 27.

31   **b) Die Annahmepflicht begründende Rechtsfolgen.** Der Annahmepflicht unterliegen indessen nur solche Urteile (Rdn. 21, 22), mit denen die **Geldstrafe ausschließlich** verhängt wird oder vorbehalten bleibt: Werden neben einer solchen Geldstrafe noch andere Rechtsfolgen festgesetzt, so bedarf die Berufung keiner Annahme.

32   Bei der **zusätzlichen Anordnung** von anderen Strafen als Geldstrafen, von Nebenstrafen, Nebenfolgen, Maßregeln und sonstigen Maßnahmen (etwa nach §§ 73 ff StGB) entspricht dies allg. M[67]: § 313 beschränkt die Durchführung der Berufung auf ein schriftliches Prognoseverfahren ohne mündliche Hauptverhandlung nebst Beweisaufnahme[68], stellt insoweit eine Ausnahmeregelung zu dem normalen Berufungsverfahren mit einer Entscheidung aufgrund einer Berufungshauptverhandlung dar und muß deshalb eng ausgelegt werden[69] – damit verträgt der Wortlaut des § 313 Abs. 1 Satz 1 keine ausdehnende Anwendung auch auf solche Urteile, in denen neben den dort genannten zusätzlich weitere, dort nicht genannte Rechtsfolgen angeordnet werden. Dies gilt auch, wenn der Angeklagte neben einer Geldstrafe von 15 Tagessätzen zudem im **Adhäsionsverfahren** zu Schadensersatz verurteilt wird, und zwar selbst dann, wenn insoweit die zivilprozessuale Berufungssumme nicht erreicht wird[70]. Die demgegenüber vertretene Meinung, nur „nach dem strafrechtlichen Sanktionssystem" denkbare oder vorgesehene Rechtsfolgen schlössen die Annahmepflicht aus[71], ist mit dem Gesetzeswortlaut nicht zu vereinbaren.

---

[62] OLG Oldenburg NStZ-RR **1998** 309.
[63] OLG Stuttgart Justiz **1999** 494; SK-*Frisch* 7; HK-*Rautenberg* 4; *Meyer-Goßner*[46] 5; KMR-*Brunner* 3; **a. A** *Hettenbach* 46 ff.
[64] So zutr. *Hettenbach* 48, der dabei zudem auf die Verringerung des vom Gesetzgeber beabsichtigten Entlastungseffekts hinweist: dieser Effekt ist indessen ohnehin praktisch bedeutungslos.
[65] **A. A** *Hettenbach* 49.
[66] KK-*Ruß*[4] 2a; SK-*Frisch* 7; AK-*Dölling* 3; HK-*Rautenberg* 4; *Meyer-Goßner*[46] 5.

[67] Vgl. z. B. *Meyer-Goßner*[46] 6; OLG Hamburg JR **1999** 479 (hinsichtlich der sonstigen Maßnahme der Einziehung) mit zust. Anm. *Gössel*.
[68] *Rieß* FS Kaiser 1469.
[69] *Gössel* JR **1999** 480.
[70] KK-*Ruß*[4] 2a; *Gössel* JR **1999** 480.
[71] OLG Jena NStZ-RR **1997** 274; zust. SK-*Frisch* 6; *Meyer-Goßner*[46] 6a.

2. Freispruch oder Einstellung

a) Eine **Berufung** des **Angeklagten** ist in diesen Fällen mangels Beschwer regelmäßig **33** unzulässig (oben Rdn. 26).

b) Der **Annahmepflicht** unterliegen nach Satz 2 die Berufungen nur dann, wenn die **34** Staatsanwaltschaft, oder, im Privatklageverfahren, der Privatkläger (sofern die Staatsanwaltschaft das Verfahren nicht übernommen hat) eine Geldstrafe von höchstens 30 Tagessätzen beantragt hatten. Kontrovers wird allerdings die im Gesetz nicht geregelte Frage diskutiert, ob die Annahmepflicht auch dann besteht, wenn die Staatsanwaltschaft selbst **Freispruch** oder Verfahrenseinstellung **beantragt** hat.

In der **Literatur** wird geltend gemacht, über die Annahmepflicht entscheide dem **35** Gesetzgeber zufolge der Bagatellcharakter der verfahrensgegenständlichen Tat, die „nach der Sichtweise des Freigesprochenen" zu beurteilen sei[72] oder aber, besser noch, nach „rein objektiven Merkmalen", wie etwa einem Strafbefehlsantrag[73]; in ähnlicher Weise wird in diesen Fällen die Annahmepflicht davon abhängig zu machen vorgeschlagen, ob die Staatsanwaltschaft „für den Fall der Verurteilung eine höhere Strafe als Geldstrafe von 30 Tagessätzen beantragt hätte und demgemäß im Berufungsverfahren beantragen will", entweder durch einen vorausgegangenen Strafbefehlsantrag oder durch eine diesbezügliche Erklärung der Staatsanwaltschaft in der Berufungsbegründung[74]. Diesen Argumenten wird jedoch **nicht zu folgen** sein. Die Auffassungen der jeweiligen Verfahrensbeteiligten über den etwaigen Bagatellcharakter der verfahrensgegenständlichen Tat dürften ebensowenig entscheidend sein, wie irgendwelche vom Gesetz nicht benannte beliebige objektive Kriterien: Entscheidend ist zunächst das im Gesetz benannte Merkmal **eines tatsächlich vorliegenden Antrags** der Staatsanwaltschaft auf die Verhängung einer Geldstrafe von mindestens 30 Tagessätzen – und diesem Antrag einen solchen auf Freisprechung oder Verfahrenseinstellung gleichzuachten, dürfte schon die notwendige enge Auslegung des § 313 (Rdn. 32) entgegenstehen; überdies ist mit Recht darauf hingewiesen worden, daß der letztgenannte Antrag, anders als der Antrag auf Verhängung einer Geldstrafe von bis zu höchsten 30 Tagessätzen, keinerlei Hinweis auf das Vorliegen einer Bagatellstraftat erlaubt[75]: kann doch „ein auf Freispruch gerichteter Antrag den Unrechtsgehalt einer Tat und das Gewicht der Schuld nicht erfassen"[76]. Entscheidend dürfte weiter sein, daß das Gesetz selbst einen Zusammenhang zwischen dem Antrag der Staatsanwaltschaft und der daraufhin ergehenden Entscheidung herstellt: nur dann, wenn sie wirklich eine Verurteilung wegen einer Straftat erstrebt, zu deren Ahndung sie eine Geldstrafe von höchstens 30 Tagessätzen für ausreichend hält, soll sie bei von diesem Antrag abweichendem Freispruch oder Einstellung annahmefreie Berufung einlegen können. Ihrer allgemeinen Verpflichtung entsprechend, auf ein gerechtes Urteil hinzuwirken, muß die Staatsanwaltschaft ihre Anträge am Ergebnis der Hauptverhandlung ausrichten: Nur wenn sie in dieser Hauptverhandlung eine Verurteilung zu einer Geldstrafe von höchstens 30 Tagessätzen beantragt, ist die Berufung gegen ein gleichwohl auf Freispruch oder Einstellung lautendes Urteil annahmepflichtig nach § 313 Abs. 1 Satz 2. Das aber bedeutet: Es kann nicht darauf ankommen, welche Anträge die Staatsanwaltschaft möglicherweise gestellt hätte oder in einem künftigen Berufungsverfahren stellen wird, sondern allein darauf, welchen Antrag sie wirklich gestellt hat und welche Entscheidung daraufhin ergangen ist. Dem Gesetzeswortlaut zufolge kann

[72] *Ebert* JR **1998** 268.
[73] *Ebert* JR **1998** 270.
[74] *Meyer-Goßner*[46] 4a.

[75] *Hettenbach* 100 f.
[76] OLG Schleswig SchlHA **2000** 256.

Karl Heinz Gössel

es auch allein auf den Antrag der Staatsanwaltschaft oder des Privatklägers in einem von der Staatsanwaltschaft nicht übernommenen Privatklageverfahren ankommen, nicht etwa auf den des Nebenklägers[77].

36   Damit ist der in Rspr. und Lehre weit **überwiegend vertretenen Auffassung zuzustimmen**: Ein Antrag auf Freisprechung oder Einstellung ist ein aliud gegenüber einem Antrag auf Verhängung einer Geldstrafe. Deshalb bedarf die Berufung der Staatsanwaltschaft gegen ein freisprechendes oder das Verfahren einstellende Urteil keiner Annahme nach § 313 Abs. 1 Satz 2, Abs. 2, wenn die Staatsanwaltschaft in dem zu diesem Urteil führenden Verfahren Freispruch oder Einstellung beantragt hatte[78]; angesichts des eindeutigen Gesetzeswortlauts muß dies auch gelten, wird nach § 60 StGB beantragt, von Strafe abzusehen. Bei einem Antrag auf Verwarnung mit Strafvorbehalt auch bei einer vorbehaltenen Geldstrafe von höchstens 30 Tagessätzen dagegen ist der Zusammenhang mit Abs. 1 Satz 1 zu beachten und Annahmepflicht zu bejahen[79].

37   Nach einer verbreiteten Auffassung soll aber selbst in diesen Fällen die Berufung dann annahmepflichtig sein, „wenn das Prozeßverhalten der Staatsanwaltschaft vor dem anzufechtenden Urteil ihre Einschätzung von der maßgebenden Sanktionsobergrenze zuverlässig deutlich macht"[80], wie z. B bei einem **vorausgegangenen Strafbefehlsantrag**[81]. Wenn dabei auch nicht verkannt wird, daß „die in einem Strafbefehlsantrag zum Ausdruck gebrachte Straferwartung" der Staatsanwaltschaft lediglich auf „summarischer Prüfung des Akteninhalts" beruht und „auf Grund des Ergebnisses in der Hauptverhandlung durchaus eine Änderung zu Ungunsten eines Angekl. erfahren" könne, so wird demgegenüber „dem Ziel der vom Gesetzgeber … beabsichtigten Verfahrensbeschleunigung und Verfahrensvereinfachung" der Vorrang eingeräumt[82]. Demgegenüber dürfte indessen zu bedenken sein, daß die Staatsanwaltschaft mit ihrem in der Hauptverhandlung gestellten Antrag auf Freisprechung oder Einstellung von ihrem vorausgegangenen Strafbefehlsantrag abrückt: Mit ihrem nunmehrigen Antrag hält sie eine Verurteilung des Angeklagten wegen einer verfolgbaren Straftat nicht mehr für möglich, so daß die Grundlage für die Gewichtigkeit und Strafbarkeitseinschätzung der verfahrensgegenständlichen Tat entfallen ist: Wollte man auf den vorausgegangenen Strafbefehlsantrag abstellen, so würde man „der Anwendung des" § 313 Abs. 1 Satz 2 „eine fiktive Tat und eine fiktive Rechtsfolge" zugrundelegen[83]. Schon deshalb kann es nicht auf vorausgegangene Strafbarkeitseinschätzungen der Staatsanwaltschaft ankommen, dies aber zudem nicht, weil diese Behörde ihrer Pflicht zur Herbeiführung einer gerechten Entscheidung nur mit solchen Anträgen nachkommen kann, die sie auf Grund der Ergebnisse der Hauptverhandlung für zutreffend hält[84] – vorausgehende Anträge oder sonstige Erklärungen der Staatsanwaltschaft haben ebenso außer Betracht zu bleiben wie nachfolgende Erklärungen oder Einschätzungen: Auch bei einer im vorausgehenden Strafbefehlsantrag beantragten Geldstrafe von höchstens 30 Tagessätzen

[77] OLG Schleswig SchlHA **2000** 256; OLG Zweibrücken OLGSt § 313 Nr. 5.

[78] OLG Celle NStZ-RR **1996** 43; OLG Hamm NStZ **1996** 455; VRS **95** (1998) 382; OLG Karlsruhe MDR **1996** 517; OLG Koblenz NStZ **1994** 601; OLG Köln NStZ **1996** 150 mit zust. Anm. *Schneider*; OLG Köln VRS **99** (2000) 268, 269; OLG Oldenburg NStE § 313 Nr. 2; OLG Schleswig SchlHA **2000** 256; OLG Stuttgart NStZ-RR **2001** 84; OLG Zweibrücken OLGSt § 313 Nr. 5; KK-*Ruß*[4] 2c; AK-*Dölling* 4; SK-*Frisch* 10; KMR-*Brunner* 4; HK-*Rautenberg* 6; *Pfeiffer*[4] 2; *Roxin*[25] § 52,

12; *Feuerhelm* 100 f; *Rieß* FS Kaiser 1470; *Tolksdorf* 401.

[79] A. A *Feuerhelm* 101.

[80] *Rieß* FS Kaiser 1470.

[81] OLG Hamm NStZ **1996** 455; Koblenz NStZ-RR **2000** 306; OLG Schleswig SchlHA **2000** 256; im Ergebnis so auch SK-*Frisch* 10; HK-*Rautenberg* 6.

[82] OLG Koblenz NStZ-RR **2000** 306; ähnlich OLG Hamm NStZ **1996** 455.

[83] Zutr. OLG Köln NStZ-RR **2001** 84, 85.

[84] So wohl auch *Tolksdorf* 401.

bedarf die Berufung der Staatsanwaltschaft gegen ein freisprechendes oder das Verfahren einstellende Urteil keiner Annahme nach § 313, wenn sie in der zu diesem Urteil führenden Hauptverhandlung etwas anderes als die Verhängung einer Geldstrafe von höchstens 30 Tagessätzen beantragt hatte[85].

III. Ordnungswidrigkeiten betreffende Urteile (Abs. 1, 3)

1. Arten. Bei den Urteilen, die eine Geldbuße festsetzen, ist zu **unterscheiden** zwischen   **38** denjenigen, die im Strafverfahren ergehen und **nur eine Ordnungswidrigkeit** zum Gegenstand haben (§§ 81, 82 Abs. 1 OWiG: Die als strafbare Handlung angeklagte oder die nach Überleitung eines Ordnungswidrigkeitenverfahrens in ein Strafverfahren verfahrensgegenständliche Tat wird als Ordnungswidrigkeit beurteilt) und solchen, die **sowohl** eine **Straftat als auch** eine **Ordnungswidrigkeit** zum Gegenstand haben.

2. Teilbarkeit der Rechtsmittel

a) Wird **Geldbuße allein** (nur wegen einer Ordnungswidrigkeit) verhängt, bedarf die   **39** Berufung stets der Annahme[86], unabhängig von der Höhe der festgesetzten Geldbuße[87]; in den Fällen des Abs. 3 Satz 1 muß die Berufung ausnahmslos angenommen werden (unten Rdn. 41).

b) Geldbuße neben einer Strafe. Sind in dem mit der Berufung angefochtenen Urteil   **40** sowohl eine Strafe wegen einer Straftat als auch eine Geldbuße wegen einer Ordnungswidrigkeit verhängt worden, so ist zu unterscheiden, ob Straftat und Ordnungswidrigkeit eine oder mehrere Taten im verfahrensrechtlichen Sinne (§ 264) bilden. Verwirklicht das nach **§ 264 einheitliche Geschehen** sowohl eine Straftat als auch eine Ordnungswidrigkeit, so sind ausschließlich die Rechtsmittel der StPO statthaft[88], und die Berufung bedarf *keiner Annahme*[89]: Nach § 313 Abs. 1 Satz 1 ist nur die Berufung annahmepflichtig, die sich gegen ein ausschließlich eine Geldstrafe festsetzendes oder eine Verwarnung mit vorbehaltener Geldstrafe aussprechendes Urteil richtet (oben Rdn. 31). Liegen dagegen **Ordnungswidrigkeit** und **Straftat verfahrensrechtlich verschiedene Sachverhalte** zugrunde, so ist der in § 83 OWiG normierte Grundsatz der Teilbarkeit der Rechtsmittel bei den Verfahren zu beachten, die verfahrensrechtlich je selbständige Straftaten und Ordnungswidrigkeiten zum Gegenstand haben. Daraus folgt, daß die Berufung in diesen Fällen nur insoweit statthaft ist, als sie sich gegen die Entscheidung wegen einer *Straftat* richtet; nur unter den in Abs. 1 genannten Voraussetzungen ist sie annahmepflichtig[90]. Hinsichtlich der – verfahrensrechtlich gegenüber der Straftat selbständigen – Ordnungswidrigkeit ist nur die Rechtsbeschwerde statthaft, die aber, wenn zugleich Berufung eingelegt ist, nach § 83 Abs. 2 Satz OWiG solange als Berufung behandelt wird, als die Berufung nicht zurückgenommen oder als unzulässig, auch nach § 313 Abs. 2 Satz 2, verworfen wird: nur so läßt sich vermeiden, daß dieselbe Sache von zwei verschiedenen Rechtsmittelgerichten entschieden wird[91].

---

[85] OLG Stuttgart VRS **99** (2000) 268; KMR-*Brunner* 4; *Hettenbach* 101 ff; *Feuerhelm* 101; der hier vertretenen Meinung wohl auch zuneigend KK-*Ruß*[4] 2c.

[86] KMR-*Brunner* 5; SK-*Frisch* 12.

[87] KK-*Ruß*[4] 3; *Meyer-Goßner*[46] 7.

[88] *Göhler* JR **1995** 524 mit weiteren Nachweisen.

[89] OLG Celle JR **1995** 522 mit kritischer, im Ergebnis zust. Anm. *Göhler*; KK-*Ruß*[4] 2a; HK-*Rautenberg*[3] 7; KMR-*Brunner* 6.

[90] KK-*Ruß*[4] 2a; SK-*Frisch* 13; *Göhler* JR **1995** 524.

[91] *Meyer-Goßner*[46] 7; *Göhler* JR **1995** 524.

      Karl Heinz Gössel

D. Die (Nicht-)Annahme der Berufung

I. Prüfungsumfang

1. Ordnungswidrigkeiten

41   **a) Obligatorische Annahme.** Soweit die Berufung gegen auf Geldbuße, Freispruch oder Einstellung lautende Urteile, die eine Ordnungswidrigkeit zum Gegenstand haben, **annahmepflichtig** ist (Verurteilung nur zu Geldbuße, s. dazu oben Rdn. 38 ff), ist sie in den Fällen unabhängig von ihrer etwaigen offensichtlichen Unbegründetheit (Abs. 2 Satz 1) **zwingend anzunehmen**, wäre gegen diese Entscheidung die Rechtsbeschwerde entweder nach § 79 Abs. 1 OWiG zulässig oder nach § 80 Abs. 1 und 2 OWiG zuzulassen[92], wenn sie nicht im Strafverfahren, sondern im Ordnungswidrigkeitenverfahren ergangen wäre.

42   **b) Zusammentreffen mit selbständigen Straftaten.** Hat das angefochtene Urteil sowohl eine **Ordnungswidrigkeit** als auch eine **Straftat als verfahrensrechtlich selbständige Taten** zum Gegenstand (Rdn. 40) und wird die Berufung hinsichtlich der Straftat (im Falle ihrer Annahmepflichtigkeit) nicht angenommen, so wird die zunächst nach § 83 Abs. 2 Satz 1 OWiG als Berufung behandelte Rechtsbeschwerde nunmehr als Rechtsbeschwerde weiterbehandelt[93].

43   **2. Straftaten (und tateinheitlich zusammentreffende Ordnungswidrigkeiten).** In diesen Fällen sind **allein** die **Rechtsmittel** der StPO statthaft (Rdn. 40), so daß die Berufung nur unter den Voraussetzungen des Abs. 1 annahmepflichtig ist.

II. Prüfungsmaßstab: Die offensichtliche Unbegründetheit

44   **1. Wesen.** Wird eine annahmepflichtige Berufung eingelegt, so darf sie nur angenommen werden, wenn die Berufung nicht offensichtlich **unbegründet** ist, also in der Sache nicht offensichtlich erfolglos ist[94]. Dabei ist zu berücksichtigen, daß das Berufungsgericht im Schuldspruch wie in der Rechtsfolgenanordnung selbständig und unabhängig vom Ersturteil aufgrund einer völligen Neuverhandlung der Sache entscheidet (oben Vor § 312, 1): Insbesondere Verfahrensfehler der ersten Instanz sind deshalb bedeutungslos, weil auch in diesen Fällen die Sache in aller Regel nicht zurückverwiesen werden kann, sondern vom Berufungsgericht neu zu verhandeln und entscheiden ist. Folglich kann die **Berufung** nicht schon deshalb **erfolgreich** und deshalb **begründet** sein, weil ein revisibler Gesetzesverstoß im Sinne des § 337 vorliegt, sondern erst dann, wenn das „Berufungsurteil in irgendeinem Punkt im Ergebnis vom angefochtenen Urteil abweicht oder nicht"[95]. Bei der dazu anzustellenden Prüfung ist der Berufungsrichter gezwungen, in offenem Widerspruch zum Wesen des Berufungsverfahrens das angefochtene Urteil als Gegenstand seiner nunmehr überprüfenden Tätigkeit hinzunehmen[96].

45   **2. Offensichtliche Unbegründetheit.** Nach allgemein anerkannter, „verfassungsrechtlich nicht zu beanstandender Auffassung … ist die Berufung offensichtlich unbegründet,

---

[92] Insoweit wird auf die Erläuterungsbücher zum OWiG verwiesen.

[93] *Meyer-Goßner*[46] 7.

[94] *Hettenbach* 157.

[95] *Fezer* NStZ **1995** 266.

[96] *Fezer* 266 ff, vgl. auch KK-*Ruß*[4] 5.

wenn für jeden Sachkundigen anhand der Urteilsgründe und einer eventuell vorliegenden Berufungsbegründung sowie des Protokolls der Hauptverhandlung erster Instanz ohne längere Prüfung erkennbar ist, daß das Urteil sachlich-rechtlich nicht zu beanstanden ist und keine Verfahrensfehler vorliegen, die die Revision begründen würden"[97].

a) Revisible Gesetzesverstöße. Ein Urteil ist bekanntlich dann revisibel, wenn es auf **46** einem Gesetzesverstoß *beruht* (§ 337), und ebenso bekanntlich beruht es dann auf einem Gesetzesverstoß (einschließlich eines Verfahrensverstoßes), wenn es möglich oder nicht auszuschließen ist, daß das Urteil ohne den Gesetzesverstoß anders ausgefallen wäre (s. dazu LR-*Hanack* § 337, 254 f). Daraus aber dürfte zwingend folgen, daß die Berufung gegen ein Urteil, das auf einem **revisiblen Gesetzesverstoß** beruht, *niemals* **offensichtlich** unbegründet sein kann[98]: mindestens der *Offensichtlichkeit* einer möglichen Unbegründetheit steht die Möglichkeit eines anderen Urteilsausfalls notwendig entgegen.

Bei **materiell-rechtlichen** Gesetzesverstößen des angefochtenen Urteils bleibt Raum **47** für die Prognoseentscheidung des Berufungsrichters, ob sich dieser Fehler inhaltlich auf das Urteil ausgewirkt hat. Ist diese Frage aber zu bejahen, beruht das Urteil auch auf diesem Gesetzesverstoß, ist deshalb revisibel und die Berufung kann nach den obigen Ausführungen (Rdn. 46) nicht mehr offensichtlich unbegründet sein.

Dies gilt grundsätzlich auch für **Verfahrensverstöße.** Auch hier also steht deren **Revi-** **48** **sibilität** der Annahme offensichtlicher Unbegründetheit entgegen[99]. Dies gilt auch bei **absoluten Revisionsgründen**: wenn dort unwiderleglich vermutet wird, daß das Urteil auf dem jeweiligen Verfahrensverstoß beruht, auch wenn dies tatsächlich nicht der Fall ist, so ist dies auch bei der Bewertung der Berufung als offensichtlich unbegründet zu berücksichtigen: Auch in diesen Fällen fehlt es mindestens an der Offensichtlichkeit einer etwaigen Unbegründetheit der Berufung[100].

b) Sonstige Berufungsgründe. Anders als der Revisionsrichter ist der Berufungsrichter **49** an tatsächliche Feststellungen des angefochtenen Urteils nicht gebunden. Deshalb kann die Berufung etwa auch dann erfolgreich sein, wenn der Berufungsführer vorbringt, der dem Ersturteil zugrunde gelegte Sachverhalt habe sich anders ereignet als dort festgestellt[101]. Und so ist es auch „grundsätzlich ausgeschlossen, die Berufung als offensichtlich unbegründet anzusehen, wenn" der Rechtsmittelführer „neue Beweisanträge ankündigt", die „regelmäßig nur dann unbeachtet bleiben" dürfen, wenn sie in zulässiger Weise nach § 244 Abs. 3 bis 5, § 245 Abs. 2 abgelehnt werden können und „an der Richtigkeit der tatsächlichen Feststellungen vernünftigerweise kein Zweifel bestehen kann"[102]. Soweit nicht schon das angefochtene Urteil, der sonstige Akteninhalt und eine etwaige Stellungnahme der Staatsanwaltschaft (Nr. 158a RiStBV)[103] dazu Anlaß bieten, können vernünftige Zweifel ferner in der Berufungsbegründung[104] durch neues Vorbringen und

---

[97] BVerfG NJW **1996** 2785, 2786 im Anschluß an *Kleinknecht/Meyer-Goßner*[42] 9 (ebenso in der 46. Auflage); vgl. ferner die kritischen Stellungnahmen z. B. von KK-*Ruß*[4] 5; *Tolksdorf* 406 ff.

[98] *Rieß* FS Kaiser 1472 weist zwar zutr. darauf hin, daß aus der bloßen Revisibilität eines Verfahrensfehlers nicht notwendig folge, „daß die prognostische Entscheidung …, ob die Berufungshauptverhandlung die Begründetheit der Berufung erweisen werde" – jedoch dürfte damit die *Offensichtlichkeit* einer etwaigen Unbegründetheit noch nicht nachgewiesen sein. Im Ergebnis wie *Rieß* wohl auch *Großmann* 61 ff.

[99] BVerfG NJW **1996** 2785, 2786; KK-*Ruß*[4] 5, SK-*Frisch* 16; HK-*Rautenberg*[3] 9; *Meyer-Goßner*[46] 9; *Böttcher/Mayer* 155.

[100] *Volk* Strafprozeßrecht[2] (1999) § 35, 6; *Meyer-Goßner* ZRP **2000** 345, 350; **A. A** *Hartwig* 113; *Rieß* FS Kaiser 1472.

[101] Vgl. AK-*Dölling* 5; SK-*Frisch* 16.

[102] BVerfG NJW **1996** 2785, 2786; allg. M.

[103] SK-*Frisch* 16.

[104] AK-*Dölling* 5; *Rieß* AnwBl. **1993** 56; *Tolksdorf* 408.

Karl Heinz Gössel

auch dadurch geweckt werden, daß schlüssig dargelegt wird, die Angaben wesentlicher Zeugen seien unzutreffend oder unglaubwürdig[105] oder daß Beweiswürdigung[106] oder Strafzumessung[107] fragwürdig seien. Bestehen solche Zweifel, die sich inhaltlich auf das Urteil ausgewirkt haben, kann von einer offenkundigen Unbegründetheit und Erfolglosigkeit der Berufung nicht mehr ausgegangen werden, weshalb die Berufung in allen diesen Zweifelsfällen anzunehmen ist, dies insbesondere schon deshalb, weil über die Annahme nach § 76 Abs. 1 Satz 2 GVG der Vorsitzende der kleinen Strafkammer alleine entscheidet, im Gegensatz zu der entsprechenden Regelung des § 349 Abs. 2 also keine einstimmige Entscheidung des kollegialen Spruchkörpers notwendig ist[108]. Dem neuen Vorbringen und den Beweisanträgen ist sodann im Strengbeweisverfahren in der Berufungshauptverhandlung Rechnung zu tragen[109] – im Freibeweisverfahren kann nur geklärt werden, ob die Voraussetzungen der offensichtlichen Unbegründetheit und damit zu Zweifeln an der Richtigkeit des Ersturteils führende Umstände vorliegen[110]. Dies wird im Ergebnis zu einer Benachteiligung unverteidigter Angeklagter führen: Um die offenkundige Unbegründetheit der Berufung sicher auszuschließen, ist entgegen der Regel des § 317 eine Berufungsrechtfertigung de facto notwendig[111], und im Regelfall wird nur ein Verteidiger Umstände vortragen können und dies auch tun[112], welche zu vernünftigen Zweifeln an der Richtigkeit des Ersturteils führen und dazu, die Berufung jedenfalls nicht als offensichtlich unbegründet erscheinen zu lassen.

III. Teilbarkeit der Annahme

50   1. Auch die **beschränkte Berufung** bedarf der Annahme (oben Rdn. 27), wenn die Voraussetzungen des § 313 vorliegen[113].

51   2. **Teilweise Annahme.** Bei der dazu umgekehrten Frage, ob eine unbeschränkt eingelegte Berufung nur **teilweise angenommen** werden kann, ist zu berücksichtigen, daß das Berufungsgericht nach der allgemeinen Regel des § 328 Abs. 1 dieses Rechtsmittel in allen Fällen und damit auch in dem einer annahmepflichtigen Berufung nur teilweise für begründet erachten kann, was durch die Verwerfung der Berufung als im übrigen unbegründet im Tenor des Berufungsurteils zum Ausdruck zu bringen ist (unten § 328, 7). § 328 Abs. 1 erlaubt es daher seinem Wortsinn nach auch, die Berufung als nur teilweise offensichtlich unbegründet im Sinne des § 313 Abs. 2 Satz 1 zu erachten und damit auch die für diesen Fall in § 313 Abs. 2 Satz 2 vorgesehene Verwerfung als unzulässig auszusprechen, die Berufung im übrigen aber anzunehmen und aufgrund der nun durchzuführenden Hauptverhandlung für begründet zu erachten[114]. Jedoch sollte diese Mög-

[105] KK-*Ruß*[4] 5; *Feuerhelm* 103.
[106] SK-*Frisch* 16; KMR-*Brunner* 11; *Pfeiffer*[4] 4; *Böttcher/Mayer* NStZ **1993** 155; *Feuerhelm* 103; *Tolksdorf* 408.
[107] KMR-*Brunner* 11; *Feuerhelm* 103.
[108] KMR-*Brunner* 11; *Feuerhelm* 104.
[109] Zutr. *Feuerhelm* 103.
[110] **Anders** wohl *Siegismund/Wickern* wistra **1993** 87: das Berufungsgericht entscheidet nach pflichtgemäßem Ermessen im Wege des Freibeweises, ob es neuem Vorbringen nachgeht.
[111] *Böttcher/Mayer* NStZ **1993** 155.
[112] Der diesbezüglichen und auf lange Sicht wohl doch

berechtigten Erwartung von SK-*Frisch* 17 (ähnlich wohl auch KK-*Ruß*[4] 5) stehen derzeit noch die Ergebnisse der empirischen Untersuchung von *Rottleuthner* entgegen (S. 126 f).
[113] Zur Zulässigkeit einer Verfassungsbeschwerde gegen die Nichtannahme einer auf den Strafausspruch beschränkten Berufung s. BVerfG NJW **1998** 443, 444.
[114] LG Stuttgart NStZ **1995** 301; KK-*Ruß*[4] 6; AK-*Dölling* 5; HK-*Rautenberg*[3] 11; *Meyer-Goßner*[46] § 322a, 3; KMR-*Brunner* 13; SK-*Frisch* § 322a, 8; *Hettenbach* 174; *Tolksdorf* 406; **a. A** *Rieß* FS Kaiser 1475.

lichkeit nicht auf die von der Rechtsprechung im Revisionsverfahren anerkannte Verbindung der Teilaufhebung eines Urteils nach § 349 Abs. 4 mit der Verwerfung der Revision nach § 349 Abs. 2[115] gestützt[116] werden: Die Übernahme dieser allein die Begründetheit der Revision betreffenden Regeln in das Berufungsverfahren würde hier das ohnehin schon systemwidrige Zusammentreffen von Unzulässigkeit und Unbegründetheit noch ausweiten.

IV. Verfahren

1. Entscheidung durch Beschluß. Entspricht die Berufung nicht den allgemeinen **52** Zulässigkeitsvoraussetzungen einer jeden Berufung (s. dazu Vor § 312, 10), so ist sie nach § 322 Abs. 1 entweder außerhalb der Hauptverhandlung durch Beschluß oder innerhalb derselben durch Urteil als unzulässig zu verwerfen, sofern nicht schon das Amtsgericht bei Fristversäumnis nach § 319 verfährt: Nur eine den allgemeinen Zulässigkeitsvoraussetzungen entsprechende Berufung ist Gegenstand einer Entscheidung über die Annahme nach § 313 Abs. 2[117]. Die **Annahmeentscheidung** ergeht durch **Beschluß** nach § 322a Satz 1 (zur Entscheidungsform s. § 322a, 5). Soweit die Berufung (ganz oder teilweise) **nicht angenommen** wird, ist sie als unzulässig nur durch **Beschluß** nach § 322a Satz 1 zu verwerfen, also *nur außerhalb* der Hauptverhandlung[118]: Dies folgt aus § 322 Abs. 1 Satz 2, der § 322a unberührt läßt[119]. Wird die offensichtliche Unbegründetheit erst in der Hauptverhandlung erkannt, ist dem Rechtsmittelführer ein Anspruch auf eine Entscheidung aufgrund einer Hauptverhandlung zuzugestehen[120] – eine Aussetzung der Hauptverhandlung mit anschließender Verwerfung als unzulässig durch Beschluß dürfte nicht in Betracht kommen.

2. Rechtliches Gehör

a) Grundsatz. Bekanntlich verlangt schon die Wahrung der Würde der Person (Art. 1 **53** Abs. 1 Satz 1 GG), „daß über ihr Recht nicht kurzerhand von Obrigkeits wegen verfügt wird; der einzelne soll nicht nur Objekt der richterlichen Entscheidung sein, sondern er soll vor einer Entscheidung, die seine Rechte betrifft, zu Wort kommen, um Einfluß auf das Verfahren und sein Ergebnis nehmen zu können"[121]. Damit ist anerkannt: Das Grundrecht auf rechtliches Gehör ist „sowohl im Rechtsstaatsprinzip als auch in der Würde des Menschen verankert"[122], weshalb nach allg. M Art. 103 Abs. 1 GG ein „Doppelcharakter" zukommt: „Neben einer objektiven Verfahrensnorm mit Verfassungsrang stellt er zugleich ein subjektives Grundrecht dar"[123].

b) Bedeutung als Verfahrensnorm. Die „nähere Ausgestaltung des rechtlichen Ge- **54** hörs" ist „den einzelnen Verfahrensordnungen überlassen", die zur Berücksichtigung ihrer spezifischen Interessen durchaus **Einschränkungen des rechtlichen Gehörs** vorsehen können[124], die allerdings rechtsstaatlichen Anforderungen genügen müssen, widrigenfalls „Art. 103 Abs. 1 GG direkt" eingreift[125].

---

[115] So BGHSt **43** 31, 33 f.

[116] So LG Stuttgart NStZ **1995** 301.

[117] KK-*Ruß*⁴ § 322a, 2; HK-*Rautenberg*³ 2; KMR-*Brunner* 15; SK-*Frisch* § 322a, 4; *Pfeiffer*⁴ § 322a, 1; *Siegismund/Wickern* wistra **1993** 88.

[118] *Meyer-Goßner*⁴⁶ § 322a, 7; KMR-*Brunner* § 322a, 3; SK-*Frisch* § 322, 19.

[119] SK-*Frisch* § 322, 19; *Pfeiffer*⁴ § 322, 4.

[120] Im Ergebnis so auch HK-*Rautenberg*³ § 322a, 8.

[121] BVerfGE **9** 89, 95, st. Rspr. des BVerfG.

[122] *Knemeyer* in: Handbuch des Staatsrechts, Band VI Freiheitsrechte **1989** § 155, 16.

[123] *Knemeyer* § 155, 20 aaO (Fn. 122).

[124] BVerfGE **9** 89, 95.

[125] *Knemeyer* § 155, 22 aaO (Fn. 122).

Karl Heinz Gössel

55 Die Vorschriften über die Annahmeberufung sehen nun eine Anhörung der Berufungsführer im Rahmen des Verfahrens nach § 313 Abs. 2 nicht vor; insoweit dürfte eine Beschränkung des rechtlichen Gehörs kaum zu bestreiten sein. Weil aber dem Berufungsführer durch § 317 die Möglichkeit eröffnet wird, die Berufung zu begründen, ist diese Einschränkung aber gleichwohl als rechtsstaatlichen Ansprüchen noch genügend angesehen worden[126]. Hier ist indessen zu bedenken, daß die Verwerfung der Berufung als offensichtlich unbegründet im Regelfall unanfechtbar ist (§ 322a Satz 2) und zur Rechtskraft des angefochtenen Urteils führt (Rdn. 20). In „selbständigen Zwischenverfahren" indessen, „die über eine für das weitere Verfahren wesentliche Rechtsfrage befinden und in weiteren Instanzen nicht mehr nachgeprüft und korrigiert werden können", folgt „die Pflicht zur Anhörung ... jedoch unmittelbar aus" Art. 103 Abs. 1 GG, die verletzt ist, wird diese Entscheidung ohne vorherige Anhörung des Betroffenen erlassen[127]. Daraus aber folgt: Weil auch im Verfahren nach § 313 Abs. 2 in einer über die Durchführung einer Berufungshauptverhandlung mit einer darauf beruhenden Sachentscheidung entscheidenden Rechtsfrage – anders als beim Erlaß eines Strafbefehls – abschließend entschieden wird, zwingt Art. 103 Abs. 1 GG dazu, dem Berufungsführer vor Erlaß des Nichtannahmebeschlusses **Gelegenheit** zu geben, zur Frage der offensichtlichen Unbegründetheit des Rechtsmittels **Stellung zu nehmen**[128], insbesondere zu einem nach Nr. 158a Abs. 1 RiStBV begründeten Antrag der Staatsanwaltschaft auf Verwerfung als unzulässig[129]. Dieser Pflicht aus Art. 103 Abs. 1 GG wird jedoch schon dann genügt, ist der Berufungsführer über die Möglichkeit einer Verwerfung nach § 313 Abs. 2, § 322a Satz 1 ausdrücklich belehrt worden[130], hat das Gericht doch schon dann seiner ihm aus Art. 103 Abs. 1 GG fließenden Informationspflicht genügt[131].

56 **c) Bedeutung als Grundrecht.** Nimmt der Betroffene Stellung, so genügt das Gericht seiner Pflicht aus Art. 103 Abs. 1 GG nicht schon mit der bloßen Anhörung des Betroffenen. Der Grundrechtscharakter des Anspruchs verlangt mehr: Das Gericht muß „die Ausführungen von Verfahrensbeteiligten" darüber hinaus auch „zur Kenntnis nehmen und in Erwägung ... ziehen", weshalb „die wesentlichen, der Rechtsverfolgung ... dienenden Tatsachen ... **in den Entscheidungsgründen verarbeitet** werden" müssen[132]. Im Verfahren nach § 313 Abs. 2 folgt direkt aus Art. 103 Abs. 1 die Pflicht des Gerichts, „sich mit dem Vorbringen des Berufungsführers, das seine Annahme der Berufung rechtfertigen könnte", auseinanderzusetzen. Neben den oben Rdn. 49 erwähnten Gründen müssen auch deshalb „Beweisanträge, auf die es für die Entscheidung ankommt, ... vom Gericht berücksichtigt werden ... sofern nicht Gründe des Prozeßrechts" (s. dazu oben Rdn. 49) entgegenstehen[133].

57 **d) Konsequenzen.** Versäumt es das Berufungsgericht, seinen Pflichten aus Art. 103 Abs. 1 GG in dem soeben erwähnten Umfang nachzukommen, muß es dem Berufungs-

---

[126] So z.B. OLG Frankfurt/M NStZ-RR **1997** 273; *Meyer-Goßner*[46] § 322a, 7; *Feuerhelm* 102; *Rieß* FS Kaiser 1474.

[127] BVerfG NJW **1980** 1095, 1096.

[128] So zutr. OLG München StV **1994** 237; AK-*Dölling* 2; *Ranft* 2021; **abl.** dazu OLG Frankfurt/M NStZ **1997** 273; KK-*Ruß*[4] 7; *Meyer-Goßner*[46] § 322a, 7; KMR-*Brunner* 3; *Tolksdorf* 405 Fußn. 37a; abl. zu OLG München aaO ferner *Rieß* FS Kaiser 1474, dessen Auffassung, hier handele es sich in Wahrheit um die „Wahl zwischen verschiedenen vom Gesetz vorgesehenen Entscheidungsformen" nicht überzeugen kann.

[129] HK-*Rautenberg*[3] 13; zu Unrecht **a.A** OLG Frankfurt/M NStZ **1997** 273.

[130] Zutr. OLG Koblenz NStZ **1995** 251; zust. AK-*Dölling* § 322a, 2; SK-*Frisch* § 322a, 9; *Ranft* 2021; *Hettenbach* 137 ff hält eine derartige Belehrung schon nach § 35a für geboten – jedoch fraglich im Hinblick auf die Nichterwähnung der Annahmeberufung in § 35a Satz 2.

[131] BVerfG NJW **2002** 2940; *Knemeyer* § 155, 29 aaO (Fußn. 122); s. dazu auch § 317, 5.

[132] BVerfG NJW **1996** 2785, 2786 mit weiteren Nachw.; ebenso BVerfG NStZ **2002** 43, 44.

[133] BVerfG NStZ **2002** 43, 44.

führer entweder auf dessen Antrag oder von Amts wegen nachträglich rechtliches Gehör nach § 33a gewähren[134]; erst mit dem Abschluß dieses **Nachverfahrens** ist der Rechtsweg erschöpft und der Weg zum Bundesverfassungsgericht eröffnet (§ 90 Abs. 2 BVerfGG)[135].

§ 314

(1) Die Berufung muß bei dem Gericht des ersten Rechtszuges binnen einer Woche nach Verkündung des Urteils zu Protokoll der Geschäftsstelle oder schriftlich eingelegt werden.

(2) Hat die Verkündung des Urteils nicht in Anwesenheit des Angeklagten stattgefunden, so beginnt für diesen die Frist mit der Zustellung.

Bezeichnung bis 1924: § 355.

Übersicht

---

[134] HK-*Rautenberg*[3] 13.

[135] BVerfG NStZ **2002** 43, 44.

A. Allgemeines

I. Überblick

1   Die Berufung ist frist- und formgebunden, jedoch sind die **Formerfordernisse** insgesamt weniger streng als bei der Revision (§ 341). Hinsichtlich der Einlegung der beiden Rechtsmittel stimmen Formen und Fristen überein[1]; hinsichtlich der Begründung der Rechtsmittel ist § 344 (Revision) strenger als § 317; zur Berufungsrücknahme und zum Verzicht auf Berufung vgl. § 302. § 314 gilt auch für die Ausübung des **Wahlrechts** beim Übergang von der Berufung zur Sprungrevision selbst dann, wenn die Akten bereits dem Berufungsgericht gemäß § 321 vorgelegt worden sind: Nur so kann, angesichts der Zufälligkeiten „des Eingangs der Akten beim Berufungsgericht", der Grundsatz „der Rechtsmittelklarheit" gewahrt" werden, demzufolge „dem Rechtsuchenden … in klarer Abgrenzung der Weg zur Überprüfung gerichtlicher Entscheidungen gewiesen werden" muß[2].

II. Zuständiges Gericht

2   Die Berufung ist **bei dem Amtsgericht** einzulegen, das das angefochtene Urteil erlassen hat. Der Eingang bei der unrichtigen Abteilung ist unschädlich, ebenso der bei einer anderen Zweigstelle des Amtsgerichts[3]. Gegen das Urteil eines gemeinsamen Schöffengerichts (§ 58 GVG) ist die Berufung grundsätzlich am Sitz dieses Gerichts einzulegen; sie ist jedoch auch dann wirksam eingelegt, wenn sie vom Vorsitzenden des gemeinsamen Schöffengerichts in dem Gericht *entgegengenommen* wird, an dem dieser seinen Amtssitz hat[4].

3   **1. Gemeinsame Annahmeeinrichtungen.** Unterhalten mehrere Gerichte oder Behörden einen gemeinsamen Briefkasten oder sonst eine gemeinsame Briefannahmestelle, so genügt rechtzeitiger Eingang bei dieser Stelle, auch bei unrichtiger Anschrift der Behörde oder des Gerichts, sofern die Annahmestelle für das Erstgericht zuständig ist[5]. Die Einzelheiten sind bei LR-*Wendisch* Vor § 42, 21 ff erörtert.

4   **2. Eingang bei einer unzuständigen Stelle.** Wird die Berufung bei dem Berufungsgericht, bei der Staatsanwaltschaft oder bei einer sonst **unzuständigen Stelle eingelegt**, so ist sie nur wirksam, wenn sie weitergeleitet wird und rechtzeitig bei dem zuständigen Amtsgericht eingeht[6]. Im übrigen ist die Erklärung zum Protokoll der Geschäftsstelle eines **unzuständigen Gerichts** keine wirksame Berufungseinlegung[7]. Sie kann aber als schriftliche Berufungseinlegung gewertet werden, wenn sie rechtzeitig beim zuständigen Gericht eingeht und den Erfordernissen der Schriftform (Rdn. 14) genügt.

---

[1] Vgl. LR-*Hanack* § 341, 10 ff; 18 ff. Im Beschwerdeverfahren finden sich gleichartige Regelungen hinsichtlich der Form bei § 306 und hinsichtlich der nur bei der sofortigen Beschwerde geltenden Frist bei § 311 Abs. 2.

[2] So zutr. BGHSt **40** 395, 399 **gegen** OLG Zweibrücken NStZ **1994** 203; KG JR **1999** 125.

[3] BayObLGSt **1975** 9 = NJW **1975** 946; vgl. LR-*Wendisch* Vor § 42, 13 ff mit weiteren Nachweisen.

[4] RGSt **60** 329; Eb. *Schmidt* 1; vgl. LR-*Hanack* § 341, 9.

[5] Strittig; vgl. die Nachw. bei LR-*Wendisch* Vor § 42, 23; ferner BayObLGSt **1984** 15 = VRS **66** (1984) 285, das unter Aufgabe von BayObLGSt **1982** 26 zu seiner früheren, strengeren Auffassung zurückkehrt.

[6] OLG Düsseldorf Rpfleger **1998** 487.

[7] Vgl. etwa KG GA **1953** 125; LR-*Hanack* § 341, 9.

Ob die Berufungsschrift an eine **unzuständige Stelle adressiert** ist, ist unerheblich, **5**
sofern sie nur trotzdem noch rechtzeitig bei der richtigen Stelle eingeht[8]. Wegen der Einzelheiten vgl. LR-*Wendisch* Vor § 42, 15[9]. Gleiches gilt, wenn die Niederschrift von einem nicht dazu befugten Beamten aufgenommen wurde[10].

B. Form der Einlegung

I. Zur Niederschrift der Geschäftsstelle

1. Mündliche Erklärung. Wie bei § 306 und § 341[11] gehört hierzu die mündliche **6**
Erklärung des Beschwerdeführers **vor einem zuständigen Urkundsbeamten** des erkennenden Gerichts erster Instanz, daß Berufung eingelegt werde.

Der Beschwerdeführer braucht nicht selbst die Erklärung zur Niederschrift der **7**
Geschäftsstelle abzugeben. Er kann sich dabei **vertreten** lassen[12]. Der Vertreter muß aber zum Zeitpunkt der Abgabe der Erklärung von ihm dazu bevollmächtigt sein[13]. Der Nachweis der Vollmacht kann später erbracht werden. Kann der Vertreter bei Abgabe der Erklärung vor der Geschäftsstelle seine Vollmacht nicht nachweisen, so darf die Niederschrift der Erklärung von der Geschäftsstelle nicht abgelehnt werden. Seine Erklärung ist aufzunehmen, die Vollmacht kann im erforderlichen Umfang auch später nachgeprüft werden[14].

Der Grundsatz der Rechtsmittelklarheit gebietet die **körperliche Anwesenheit** des **8**
Rechtsmittelführers oder dessen Bevollmächtigten[15]: Dies erscheint zur eindeutigen Klärung der Identität des Erklärenden, seiner Berechtigung zur Rechtsmitteleinlegung, aber auch des Inhalts der Erklärung unabdingbar.

2. Niederschrift

a) Geschäftstelle. § 314 setzt nur ein „Protokoll der Geschäftsstelle", also, **ohne weitere** **9**
Formvorschrift, eine Niederschrift des dazu befugten Urkundsbeamten voraus[16]. Sachlich ist dies der nach § 153 GVG in Verbindung mit den landesrechtlichen Vorschriften dazu bestellte Beamte[17]. Steht fest, daß die Niederschrift vom zuständigen Urkunds-

---

[8] KG JR **1954** 391 mit Anm. *Sarstedt.*
[9] Vgl. auch LR-*Matt* Erl. zu § 306 (24. Aufl. Rdn. 10); LR-*Hanack* § 342, 9.
[10] OLG Koblenz VRS **52** (1977) 365; vgl. Rdn. 4.
[11] Vgl. die Erl. zu § 306 und § 153 GVG; ferner auch bei LR-*Hanack* § 341, 11 ff.
[12] RGSt **48** 78, 80; BayObLG MDR **1976** 69; KK-*Ruß*[4] 7; *Meyer-Goßner*[46] Einl. 134; AK-*Dölling* 3; HK-*Rautenberg*[3] 4; *Pfeiffer*[4] 4.
[13] RGSt **66** 267; vgl. LR-*Hanack* § 341, 6 ff mit weiteren Nachweisen.
[14] RGSt **21** 125; **41** 15; **46** 372; **55** 213; OLG Bremen NJW **1954** 46; LR-*Hanack* § 341, 8 mit weiteren Nachweisen.
[15] RGSt **38** 282; BGHSt **30** 64 mit abl. Anmerkung *Wolter* JR **1982** 210; OLG Frankfurt NJW **1953** 1118, 1119; OLG Hamm NJW **1952** 276 mit abl. Anmerkung *Dahs*; OLG Rostock MDR **1994** 402; *Eb. Schmidt* 6; KK-*Ruß*[4] 7; *Meyer-Goßner*[46] Einl.

140; AK-*Dölling* 3; *Pfeiffer*[4] 4; s. auch LR-*Hanack* § 345, 32; **a.** A OLG Düsseldorf NJW **1969** 1361 und OLG Schleswig NJW **1963** 1466 (jedoch nur für die Einlegung der Beschwerde), OLG Celle NJW **1970** 107 (nur für die Einlegung der Kostenbeschwerde); AK-*Lemke* §§ 42, 43, 14 und LR-*Wendisch* Vor § 42, 11. Für den Sonderfall des Einspruchs gegen einen Bußgeldbescheid einer Verwaltungsbehörde hat BGHSt **29** 173 allerdings telefonische Einlegung für zulässig erachtet, dies jedoch, ohne eine „Mit- oder Vorentscheidung der Frage" zu treffen, „ob Rechtsmittel" nach der StPO „fernmündlich zu Protokoll der Geschäftsstelle eingelegt werden können".
[16] Vgl. Rdn. 13.
[17] Vgl. bei LR-*Boll* § 153 GVG; § 24 Abs. 1 Nr. 1; Abs. 2 Nrn. 1, 3 RpflG; ferner LR-*Matt* Erl. zu § 306; KMR-*Plöd* § 306, 3.

Karl Heinz Gössel

beamten herrührt und keinen bloßen Entwurf darstellt, so reicht dies aus. Andernfalls ist zu prüfen, ob nicht jedenfalls die Schriftform erfüllt ist.

10　　Wirksam ist auch die Berufungseinlegung durch **Niederschrift in das Sitzungsprotokoll der Hauptverhandlung**, auch wenn der Protokollführer kein an sich dazu befugter Urkundsbeamter der Geschäftsstelle oder ein Rechtspfleger ist, denn das unter richterlicher Mitverantwortung (zumindest der Vorsitzende muß anwesend sein) erstellte Protokoll steht einer Niederschrift der Geschäftsstelle gleich (§ 8 RpflG)[18]. Das Gericht ist aber zur Entgegennahme der Erklärung nicht verpflichtet, auch ist die Würde der Verhandlung zu beachten. § 274 gilt für eine solche Niederschrift nicht[19].

11　　Für den **verhafteten Angeklagten** gilt die Vereinfachung des § 299; aber nur, wenn er sein Rechtsmittel zu Protokoll der Geschäftsstelle des Amtsgerichts erklärt, in dessen Bezirk sein Verwahrungsort liegt[20]. Legt er die Berufung schriftlich ein, gelten die allgemeinen Regeln auch für ihn. Wenn sein irrtümlich an das Landgericht gerichtete Schreiben mit der Berufungserklärung beim Amtsgericht zur Briefkontrolle nach § 119 durchläuft, bedeutet dies noch keinen Eingang der Berufung beim Amtsgericht[21].

12　　**b) Inhalt.** Die Niederschrift muß diese Erklärung selbst, deren Ort und Tag, die Bezeichnung des Rechtsmittelführers und (wenn verschieden) des Erklärenden sowie ferner die des Urkundsbeamten enthalten[22] und erkennen lassen, gegen welches Urteil sich der Rechtsmittelführer wendet[23].

13　　**3. Unterschrift.** In der Niederschrift über die Einlegung der Berufung wird die Erklärung des Rechtsmittelführers als tatsächlich geschehen protokolliert[24]. Mangels weiterer Formvorschriften für die Abfassung des Protokolls bedarf es zur Wirksamkeit der Berufungseinlegung grundsätzlich auch keiner Unterschrift, weder einer solchen des Rechtsmittelführers[25] noch der des protokollierenden Urkundsbeamten: „Es liegt nicht im Wesen eines Protokolls, daß es von den Erklärenden unterschrieben oder ein Ersatz für den Mangel der Unterschrift geschaffen werden müßte"[26]; auch eine entsprechende Anwendung des § 168a, der für Protokolle richterlicher Untersuchungshandlungen in Abs. 3 Satz 3 die Unterschrift aller Beteiligter normiert und in Abs. 3 Satz 1 verlangt, daß dem Rechtsmittelführer das Protokoll vorgelesen oder von ihm durchgelesen und genehmigt wird, kommt nicht in Betracht: Diese Vorschrift gilt für richterliche Untersuchungshandlungen, nicht aber für „rein einseitige Prozeßhandlungen eines Beteiligten"[27] – von diesen Formalien ist die Wirksamkeit der Berufungseinlegung folglich nicht abhängig.

14　　Auch wenn demnach trotz fehlender Unterschrift des Urkundsbeamten ein wirksames Protokoll vorliegen kann, so wird in der Literatur gleichwohl mit Recht verlangt,

---

[18] BGHSt **31** 112 = JR **1983** 383 mit Anm. *Fezer* (auf Vorlage von BayObLG gegen OLG Düsseldorf VRS **50** (1976) 383; vgl. *Spiegel* DAR **1983** 207); ferner zur gleichen Rechtsfrage beim Rechtsmittelverzicht LR-*Hanack* § 302, 17 f und der Revision LR-*Hanack* § 341, 12.

[19] Vgl. LR-*Gollwitzer* § 273, 21; § 274, 16.

[20] Vgl. LR-*Hanack* § 299, 4.

[21] LG Bielefeld MDR **1983** 777.

[22] OLG Düsseldorf NJW **1969** 1361; KK-*Ruß*[4] 7; *Meyer-Goßner*[46] Einl. 131 ff; KMR-*Plöd* § 306, 3; *Eb. Schmidt* 3; vgl. LR-*Matt* Erl. zu § 306.

[23] KK-*Ruß*[4] 7.

[24] KMR-*Plöd* § 306, 3.

[25] RGSt **48** 78; BGHSt **29** 178; OLG Dresden HESt **1** 194; OLG Hamburg HESt **3** 75; KK-*Ruß*[4] 7; *Meyer-Goßner*[46] Einl. 135; HK-*Rautenberg*[3] 4; *Eb. Schmidt* 3.

[26] RGSt **48** 78, 80; BGHSt **29** 173, 178; OLG Celle NStZ-RR **1999** 62, 63; im Ergebnis so auch OLG Hamburg JR **2000** 380 mit zust. Anmerkung *Gössel* für die Protokollierung eines Antrags auf Wiederaufnahme des Verfahrens.

[27] RGSt **48** 78, 81; zust. dazu BGHSt **29** 173, 178; KMR-*Plöd* § 306, 3.

der Protokollführer müsse seine Niederschrift unterschreiben[28]: Nur so kann sicher festgestellt werden, daß dieser der zur Aufnahme der Rechtsmittelerklärung zuständige Urkundsbeamte war und auch tatsächlich ein Protokoll und nicht nur einen Entwurf dazu verfertigte. Bestehen, etwa wegen **fehlender Unterschrift des Protokollführers**, insoweit Zweifel, sind sie durch Auslegung oder im Freibeweisverfahren[29] zu klären. Aus den gleichen Gründen ist ebenso zu empfehlen, daß dem Rechtsmittelführer die Niederschrift vorgelesen oder von ihm durchgelesen und anschließend genehmigt und unterschrieben wird; fehlt es daran, so ist der Grund hierfür durch Freibeweis zu ermitteln. Eine ausdrückliche Verweigerung der Genehmigung des Protokolls oder der Unterschrift des Rechtsmittelführers kann die Fassung der Niederschrift betreffen, sie braucht die Wirksamkeit der Berufungseinlegung nicht zu berühren[30].

II. Schriftliche Einlegung

1. Erklärung. Die notwendig schriftliche Erklärung muß in **deutscher Sprache** ver- **15** faßt sein. Eine fremdsprachliche Anfechtungserklärung reicht nur dann aus, wenn dieser eine deutsche Übersetzung beigefügt ist oder eine solche innerhalb der Berufungsbegründungsfrist beim zuständigen Gericht (Rdn. 2 ff) eingeht[31]. Es reicht aus, daß sich in einem fremdsprachigen Schreiben ein deutschsprachiger Hinweis auf den Anfechtungswillen des Beschwerdeführers ergibt[32].

Wie bei der Einlegung zu Protokoll der Geschäftsstelle, so muß diese Erklärung auch **16** hier den **Anfechtungswillen** erkennen lassen und auch, welche Entscheidung welchen Gerichts angefochten werden soll[33].

2. Urhebererkennbarkeit. Die Erklärung braucht nicht eigenhändig geschrieben zu **17** sein, sie muß aber ihren Urheber **zweifelsfrei erkennen** lassen[34], was auch dann der Fall ist, wenn eine Berufungsschrift nur mit dem ersten Teil eines Doppelnamens unterzeichnet wird[35]. Regelmäßig geschieht dies durch Unterzeichnen, jedoch kann die Unterschrift fehlen, sofern der Urheber anderweitig zweifelsfrei erkennbar ist und nach den Umständen kein bloßer Entwurf vorliegt[36]. Unter diesen Voraussetzungen kann auch die Einreichung einer **Fotokopie** des unterschriebenen Originalschriftsatzes genügen[37].

---

[28] KK-*Ruß*[4] 7; *Meyer-Goßner*[46] Einl. 135; AK-*Dölling* 3.

[29] KK-*Ruß*[4] 7.

[30] *Eb. Schmidt* 3.

[31] BGHSt **30** 182; vgl. § 184 GVG mit weiteren Nachweisen; a.A OLG Frankfurt NJW **1980** 1173 zu § 184 GVG in einem Verfahren über die Anordnung von Ausweisungshaft; SK-*Frisch* Vor § 296, 214.

[32] So zutr. OLG Düsseldorf NStZ-RR **2000** 215, das wohl zu weitgehend dafür in einem französischsprachigen Schreiben die Überschrift „deMAND de CASASION (beROFUN)" in Verbindung mit dem Aktenzeichen des angefochtenen Urteils und den Personalien des Beschwerdeführers ausreichen lassen will.

[33] SK-*Frisch* Vor § 296, 211.

[34] RGSt **67** 388; BGHSt **2** 77; **12** 317; **30** 183; GmS-OGB NJW **1980** 174; vgl. Erl. bei LR-*Matt* zu § 306.

[35] OLG Frankfurt NJW **1989** 3030.

[36] RGSt **62** 53; **63** 246; **67** 387; RG HRR **1939** Nr. 402; BGHSt **2** 78; BGH NJW **1984** 1974; BayObLGSt **1949/51** 505 = JZ **1952** 117 mit Anm. *Niethammer*; BayObLGSt **1980** 31 = NJW **1980** 2367; BayObLG VRS **57** (1979) 49; OLG Düsseldorf NJW **1962** 551; OLG Oldenburg NJW **1952** 1309; **1983** 1072; OLG Schleswig bei *Lorenzen* SchlHA **1987** 120; OLG Zweibrücken VRS **53** (1977) 44; **64** (1983) 444; ferner BVerfGE **15** 291; GmS-OGB NJW **1980** 174; OLG Saarbrücken NJW **1970** 1053 (für Berufung in Zivilsachen). Soweit bei anderen Verfahrensordnungen die Schriftform nur bei eigenhändiger Unterschrift als gewahrt gilt (vgl. etwa BVerwGE **13** 143; BSG **6** 256; **8** 142; anders bei LSG Celle NJW **1971** 774) sind die dort entwickelten Grundsätze nicht ohne weiteres auf die Strafprozeßordnung übertragbar. Vgl. auch *Schneider* MDR **1979** 4 (zu ZPO).

[37] SchlHLSG SchlHA **1979** 81.

Karl Heinz Gössel

18   **a) Unterschrift.** Sie erfordert einen die Identität des Unterzeichnenden ausreichend kennzeichnenden Schriftzug, der durch ein Mindestmaß von individuellen Merkmalen sich als Schrift charakterisiert, bloße geometrische Figuren genügen nicht[38]. Leserlich braucht sie jedoch nicht zu sein[39]. Die Unterschrift darf mit Hilfe technischer Mittel hergestellt sein[40]. Ein Bevollmächtigter darf mit dem eigenen oder mit dem Namen des Beschwerdeführers unterzeichnen, sofern er zu derartiger Unterzeichnung ermächtigt ist[41].

19   **b) Fehlende Unterschrift.** Die Absicht, die Anfechtung erklären zu wollen, muß in einer jeden vernünftigen Zweifel ausschließenden Weise ebenso feststehen wie die Person des Erklärenden[42]. Die absolute Gewißheit kann aber auch hier nicht gefordert werden[43]. Die Rechtsprechung ist meist am Einzelfall orientiert und in den Grundzügen nicht immer einheitlich; sie läßt die Übersendung einer beglaubigten **Abschrift** der Anfechtungserklärung genügen[44], nicht aber eine unbeglaubigte Abschrift[45]. Der Gebrauch eines **Namens- oder Faksimilestempels** wird in der Regel für ausreichend erachtet[46], sofern nicht etwa sein Mißbrauch offensichtlich ist, desgleichen soll es genügen, wenn bei fehlender Unterschrift der Urheber der Schrift und seine Absicht diese einzureichen, aus anderen Merkmalen der Schrift (Briefkopf, Diktatzeichen, stets gleiche Form der Schriftsätze; Sachkenntnis) hervorgeht[47]. Da die Schriftform durch das einzureichende Schriftstück zu wahren ist, wird von der Rechtsprechung meist abgelehnt, die Begleitumstände der Einreichung insoweit zur Auslegung mit heranzuziehen[48] oder im Wege des Freibeweises aufzuklären[49]. Ob dies auch gilt, wenn geprüft wird, ob es sich bei der Rechtsmittelschrift um einen von ihrem Urheber noch nicht endgültig gebilligten und für die Einreichung bei Gericht bestimmten Entwurf handelt, erscheint fraglich[50].

20   Für die Berufungsschrift der **Staatsanwaltschaft** und sonstiger **Behörden** als Rechtsmittelführer gelten die gleichen Grundsätze. Die Rechtsprechung fordert, daß zweifelsfrei feststeht, die Anfechtungserklärung sei von der zuständigen Behörde und einem zu

---

[38] BGHSt **12** 317; BGH NJW **1974** 1091; vgl. auch BFH NJW **1987** 343 (Es müssen mindestens einige Buchstaben erkennbar sein.); wie hier auch SK-*Frisch* Vor § 296, 216.

[39] AK-*Dölling* 6.

[40] RGSt **62** 54; SK-*Frisch* Vor § 296, 217.

[41] RGSt **45** 328.

[42] BGHSt **2** 77, 78.

[43] OLG Düsseldorf NJW **1962** 551; OLG Koblenz MDR **1974** 861.

[44] RGSt **63** 246; **67** 387; BGHSt **2** 77; a.A RGSt **57** 280.

[45] Dies wird damit begründet, daß die unbeglaubigte Abschrift ebenso wie ein mit der Schreibmaschine hergestelltes, nicht unterschriebenes Schreiben in der Regel keine Garantie dafür bietet, daß es auch wirklich von der in ihm als Urheber bezeichneten Person herrührt und in der Absicht, Rechtsmittel einzulegen, bei Gericht eingereicht wurde. Diese Garantie fehlt jedoch auch beim Gebrauch eines Faksimilestempels oder bei Vorhandensein eines Diktatzeichens (vgl. *Dünnebier* JR **1962** 467; KG JR **1971** 252). Aber auch das Vorhandensein einer möglicherweise nicht einmal leserlichen Unterschrift bietet dafür keine absolute Gewähr. Diese ist ohnehin niemals aus dem Inhalt der Urkunde zu erlangen, sondern nur dadurch, daß man in Zweifelsfällen den Urheber fragt.

[46] RGSt **62** 53; **63** 247; OLG Stuttgart NJW **1976** 1903; KK-*Ruß*[4] 10; *Meyer-Goßner*[46] Einl. 128; AK-*Dölling* 7. Anders beispielsweise die Rechtsprechung zu § 124 VwGO, etwa BVerwGE **2** 190; **13** 141; NJW **1966** 1043; BayVBl. **1971** 117.

[47] RGSt **67** 386; BGHSt **2** 77, 78 (Diktatzeichen), OLG Schleswig SchlHA **1953** 12; KG JR **1954** 391 mit Anm. *Sarstedt*; OLG Hamm NdsRpfl **1955** 226; OLG Düsseldorf NJW **1962** 551; **enger** KG JR **1971** 252 (Anwaltsbriefkopf ohne Diktatzeichen genügt nicht); abl. dazu *Peters* JR **1971** 252. Vgl. auch BayObLGSt **1980** 31 = NJW **1980** 1367 (Briefkopf, aber ohne Unterschrift, ist möglicherweise nur Entwurf).

[48] Vgl. RGSt **67** 388; anders OLG Zweibrücken VRS **53** (1977) 44; **64** (1983) 444.

[49] BayObLGSt **1980** 31 = NJW **1980** 2367 lehnt dies ab.

[50] Vgl. *Peters* JR **1971** 252.

ihrer Vertretung zuständigen Beamten abgegeben worden[51]. Deshalb genügt es in der Regel nicht, daß die Erklärung nur die Behörde, nicht aber den für sie verantwortlichen **Beamten** erkennen läßt[52]. Der örtliche Sitzungsvertreter ist nach Maßgabe der jeweiligen Bestimmungen zur selbständigen Rechtsmitteleinlegung befugt; soweit ihm diese Befugnis fehlt, kann er auch nicht aufgrund eines ihm vom Staatsanwalt ausdrücklich erteilten Auftrags wirksam Berufung einlegen[53]. Zu den Grenzen der Vertretungsbefugnis des Amtsanwalts vgl. bei § 142 GVG[54].

Grundsätzlich muß die Anfechtungserklärung von dem Beamten, der sie abgibt, **21** **unterschrieben** sein[55], wobei es aber auch hier ausreicht, wenn dem Gericht eine beglaubigte Abschrift übermittelt wird[56] oder wenn der mit Maschine geschriebene Name durch einen Beglaubigungsvermerk bestätigt wird, ein Dienstsiegel braucht nicht beigefügt zu sein[57]. Eine Berufungsschrift der Staatsanwaltschaft, die vom Sachbearbeiter zwar mit seinem Handzeichen versehen ist, auf der aber die vorgesehene Unterschrift des Abteilungsleiters fehlt, enthält keine wirksame Berufungseinlegung[58], da nicht feststeht, ob es sich nicht um einen in Wirklichkeit nicht gebilligten Entwurf handelt[59].

c) Kritik. Die **Rechtsprechung zu den Erfordernissen der Schriftform** befriedigt nicht **22** durchwegs. Die oft am Einzelfall orientierte Abgrenzung läßt Zweifeln Raum und gibt keine klare Linie für künftige Entscheidungen. Es bestehen zwei Lösungsmöglichkeiten: Entweder man fordert im Interesse der Rechtsklarheit, daß aus der eingereichten Rechtsmittelschrift selbst eindeutig zu entnehmen ist, wer das Rechtsmittel eingelegt hat und daß es eingelegt werden soll, oder man verzichtet im Interesse der Prozeßökonomie, insbesondere, um den Umweg eines begründeten Wiedereinsetzungsgesuchs zu ersparen, auf das letztgenannte Erfordernis, das nicht notwendig aus der Schrift selbst hervorgehen muß und das auch – verglichen mit der großen Zahl der Rechtsmittel – nur in verschwindend wenig Fällen eine Rolle spielt.

Bei der erstgenannten Lösung muß zur **Kennzeichnung des Urhebers** und vor allem **23** als Ausdruck dafür, daß nicht nur ein Entwurf vorliegt, grundsätzlich die eigenhändige Unterschrift gefordert werden; bei Behörden wird daneben auch die Beglaubigung der Unterschrift als ausreichend anzuerkennen sein, da sie genauso wie die Unterschrift zum Ausdruck bringt, daß der Inhalt des mit der übersandten Abschrift übereinstimmenden Originals der Rechtsmittelerklärung unterschriftlich gedeckt ist. Sonstige Ausnahmen werden kaum möglich sein, da weder Diktatzeichen noch Faksimilestempel völlig ausschließen, daß nicht doch nur ein Entwurf vorliegt oder die Schrift von einem Unberechtigten eingereicht wurde. Läßt man es andererseits für die Fristwahrung genügen, daß aus dem Schriftstück **ein Urheber eindeutig zu ersehen** ist, dann können etwaige

---

[51] RG JW **1931** 1625; BGHSt **2** 77; OLG Hamm JMBlNW **1955** 226; vgl. auch BayObLGSt **1956** 226. Nach OLG Düsseldorf JMBlNW **1970** 157 genügt es nicht, wenn das Rechtsmittel schriftlich lediglich mit einem Handzeichen eines Geschäftsstellenbeamten versehen ist. Zur Zuständigkeit der Staatsanwaltschaft vgl. bei LR-*Boll* § 143 GVG.

[52] BayObLG *Alsb.* E **2** Nr. 148a ließ die Unterschrift „Amtsanwalt" genügen, weil es bei der betreffenden Dienststelle nur einen einzigen Amtsanwalt gab. OLG Hamm NdsRpfl **1955** 226 läßt offen, ob die namentliche Unterschrift des Beamten erforderlich ist, verlangt aber, daß erkennbar sein muß, welcher Beamte die Erklärung abgegeben hat; ähnlich BayObLGSt **1956** 268; vgl. BVerwGE **3** 57 (Unter-

schrift „Stadtverwaltung X, Rechtsamt" genügt nicht).

[53] Vgl. *Sprau/Vill* Justizgesetze in Bayern (1988) Art. 14 AGGVG, 10 ff; BayObLG bei *Rüth* DAR **1984** 245.

[54] Vgl. LR-*Boll* § 142 GVG; ferner BayObLGSt **1973** 202 = NJW **1974** 761.

[55] Vgl. Nr. 149 RiStBV; LG Kiel SchlHA **1948** 220.

[56] *Meyer-Goßner*[46] Einl. 128; ähnlich BVerwGE **10** 1; **13** 141; DVBl **1960** 284; RGSt **63** 247 läßt einen Faksimilestempel genügen, vgl. dazu Fußn. 28.

[57] GmS-OGB NJW **1980** 174; *Meyer-Goßner*[46] Einl. 128.

[58] BayObLGSt **1962** 69 = JR **1962** 467 mit Anm. *Dünnebier*; zust. *Eb. Schmidt* Nachtr. I 3.

[59] Vgl. BayObLGSt **1956** 268.

Karl Heinz Gössel

Zweifel, ob die Schrift wirklich von diesem stammt und ob sie als Rechtsmittelerklärung bei dem Gericht eingereicht werden sollte, nachträglich meist ohne große Schwierigkeiten durch eine Rückfrage alsbald geklärt werden. Eine solche ist ja auch bisher schon notwendig und für die Fristwahrung unschädlich, wenn die Vollmacht desjenigen, der das Rechtsmittel eingelegt hat, nicht nachgewiesen ist oder wenn zweifelhaft ist, ob derjenige, der unterschrieben hat, auch tatsächlich dazu befugt war. Erörterungen über die Bedeutung von Diktatzeichen oder sonstiger Einzelheiten des Inhalts der Erklärung würden sich damit ebenfalls erübrigen. Die Rechtssicherheit aber würde durch diese lebensnähere Handhabung, die den Zugang zu den Rechtsmittelgerichten nicht unnötig erschwert, keine nennenswerten Einbußen erleiden[60].

III. Neuere Nachrichtenübermittlung und Schriftlichkeit

24   **1.** Unter **neueren Übermittlungsformen** werden hier solche seit der Erfindung des Telefons verstanden, von denen aber nur diejenigen erörtert werden, die in der Praxis noch eine Rolle spielen, auch wenn deren Bedeutung zurückgeht, wie etwa bei Telegrammen und Fernschreiben.

25   **2. Fernmündliche** Einlegung der Berufung ist keine schriftliche. Überwiegend wird sie daher für unzulässig gehalten[61]. Geht eine Rechtsmittelschrift bei einem **unzuständigen Gericht** ein, so kann es zur Fristwahrung genügen, wenn der Inhalt der Schrift dem zuständigen Gericht fernmündlich durchgesagt wird, sofern die Geschäftsstelle des zuständigen Gerichts den Inhalt der Rechtsmittelerklärung in einer formgerechten Niederschrift aufnimmt[62].

26   **3. Telegrafisch** kann das Rechtsmittel in der Weise eingelegt werden, daß das Ankunftstelegramm mit ausreichendem Erklärungsinhalt und mit Urheberangabe[63] rechtzeitig bei Gericht eingeht[64]. Der **Schriftform** ist dadurch genügt, daß der Beschwerdeführer die Post zur technischen Herstellung seiner schriftlichen Erklärung in Telegrammform veranlaßt. Übereinstimmung mit Aufgabeerklärung oder Aufgabetelegramm ist nur der Sache, nicht dem Wortlaut nach erforderlich[65]. Das Aufgabetelegramm muß nicht eigenhändig aufgegeben werden, fernmündliches Aufgeben bei der Post genügt[66]. Es genügt auch, daß der Beschwerdeführer eine andere Person als Schreibmittler verwendet. Das Ankunftstelegramm oder Fernschreiben der Post[67] muß dem Gericht rechtzeitig zugehen. Dies ist der Fall, wenn das Schriftstück, in dem es enthalten ist, dem Gericht ausgehändigt wird.

---

[60] Es dürfte ohnehin schwer verständlich sein, daß ein Gericht etwas, was man durch eine einfache Rückfrage eindeutig klären kann, wie die Frage, ob das Rechtsmittel wirklich eingelegt werden sollte, nur durch scharfsinnige Auslegung der höchstwahrscheinlich auf Grund eines Versehens unvollständigen Rechtsmittelschrift entscheiden will. Dies gilt insbesondere dann, wenn die Klärung zunächst versehentlich unterblieben ist und erst später nachgeprüft wird, ob der durch das Prozeßverhalten längst bestätigte Wille des Rechtsmittelführers zur Anfechtung auch in der Rechtsmittelschrift genügend deutlich zum Ausdruck gekommen war.

[61] RGSt **38** 282; BGHSt **30** 64; BGH bei *Dallinger* MDR **1971** 347; BayObLG bei *Rüth* DAR **1985**

246; OLG Frankfurt NJW **1953** 1118; OLG Hamm NJW **1952** 276.

[62] OLG Celle NJW **1970** 1142; OLG Zweibrücken VRS **61** (1981) 438; LR-*Wendisch* Vor § 42, 12; vgl. Rdn. 27.

[63] Vgl. OLG Schleswig bei *Ernesti/Lorenzen* SchlHA **1986** 108 (Name fehlt; Urheber nicht mit der erforderlichen Eindeutigkeit erkennbar).

[64] BGHSt **8** 174; **14** 233; **30** 69; vgl. LR-*Wendisch* Vor § 42, 26; LR-*Hanack* § 341, 16 mit weiteren Nachweisen.

[65] Enger früher RGSt **38** 282.

[66] BGHSt **8** 174; *Eb. Schmidt* 10; vgl. LR-*Wendisch* Vor § 42, 26; LR-*Hanack* § 341, 16.

[67] Vgl. OLG Hamm NJW **1961** 2225.

Strittig ist, ob es für den rechtzeitigen Eingang auch genügt, wenn der Inhalt des **27** Ankunftstelegramms vom Postamt der Geschäftsstelle **fernmündlich zugesprochen** wird, während das Telegramm selbst erst nach Fristablauf bei Gericht einläuft[68]. Heute läßt man es aus Gründen der Praktikabilität für die Wahrung der Frist genügen, wenn der Inhalt des Telegramms vom Postamt der Geschäftsstelle innerhalb der Frist zugesprochen wird, sofern dort eine zur Entgegennahme einer solchen Erklärung befugte Person das Gespräch annimmt und darüber noch am Tage der Durchsage **eine Aktennotiz** fertigt[69]. Dieser Aktenvermerk, der den Inhalt des Telegramms wörtlich wiedergeben muß, um die Identität des durchgesprochenen Telegramminhalts mit dem später einlaufenden Telegramm überprüfen zu können, ist nach Ansicht des Bundesgerichtshofs ein für die Fristwahrung ausreichender Ersatz für die nachfolgende schriftliche Erklärung der Rechtsmitteleinlegung, sofern sein Inhalt durch die später eingehende Telegrammurkunde bestätigt wird. **Unterbleibt** die nach dieser Ansicht erforderliche **Aktennotiz**, so ist dem Antragsteller – auch ohne Antrag – gegen eine dadurch eingetretene Fristversäumung **Wiedereinsetzung** zu gewähren[70].

4. Fernschreiben; Telebrief. Wird die Berufung fernschriftlich eingelegt, so genügt das **28** der Schriftform[71]. Hat das Gericht eine eigene Fernschreibanlage, dann ist das **Fernschreiben** in dem Zeitpunkt bei Gericht eingegangen, in dem der Text des Fernschreibens vollständig vom Fernschreiber ausgeschrieben ist[72]. Wird das Fernschreiben von einer Stelle außerhalb des Gerichts aufgenommen (etwa von einer Polizeistation) und muß sein Text dem Gericht übermittelt werden, dann genügt unter den gleichen Voraussetzungen wie beim Telegramm die fernmündliche Durchsage des Inhalts zur Fristwahrung[73]. Bei **Telebriefen** (Fernkopien) genügt die auf dem Postweg übermittelte Kopie der Schriftform[74]; im übrigen gelten die gleichen Grundsätze wie beim Telegramm.

5. Elektronische Übermittlung. Telegramm, Fernschreiben und Telebrief werden in **29** absehbarer Zeit vollständig durch die neueren Übertragungsmöglichkeiten mittels Telefax und elektronischer Post (e-Post)[75] verdrängt werden. Bislang hat die Rspr. lediglich die Berufungseinlegung mittels Telefax anerkannt.

a) Telefax. Beim elektronischen Fernkopieren wird ein regelmäßig herkömmlich ver- **30** fertigtes Originaldokument (die Rechtsmittelschrift) im Telefax-Gerät des Absenders kopiert und diese Kopie elektronisch an ein Empfangsgerät übermittelt, welches diese

68 Vgl. LR-*Wendisch* Vor § 42, 27 mit Nachw.
69 BGHSt **14** 233 = LM Nr. 1 mit Anm. *Geier; Hanack* JZ **1973** 693; ebenso BGH NJW **1953** 179 mit zust. Anm. *Schöpke* für eine nur schriftlich eingelegte Rechtsbeschwerde in Landwirtschaftssachen; OLG Braunschweig HESt **3** 7; OLG Köln JMBlNW **1952** 87; OLG Neustadt NJW **1952** 271; OLG Tübingen MDR **1954** 109; OLG Schleswig SchlHA **1974** 184; RGZ **139** 45; **151** 82; *Eb. Schmidt* 10, Nachtr. 4; *Herlan* JR **1954** 353; vgl. LR-*Wendisch* Vor § 42, 23; ferner LG Tübingen MDR **1957** 567 (Unwirksamkeit einer Durchsage, wenn sie nicht in einer Niederschrift festgehalten wird); kritisch dazu SK-*Frisch* Vor § 296, 225.
70 BayObLGSt **1976** 82 = VRS **51** (1976) 436; OLG Zweibrücken VRS **61** (1981) 439; wegen der Einzelheiten vgl. LR-*Wendisch* Vor § 42, 28; ferner BVerfGE **44** 306; **69** 386 (Fristversäumnisse, die auf

Verzögerungen der Entgegennahme beruhen, dürfen dem Bürger nicht zur Last fallen).
71 BVerfGE **41** 323; BGHSt **31** 9; OLG Hamm NJW **1961** 2225; OLG Stuttgart Justiz **1972** 42; vgl. LR-*Wendisch* Vor § 42, 28; LR-*Hanack* § 341, 17 mit weiteren Nachweisen.
72 BayObLGSt **1967** 61 = NJW **1967** 1816. Vgl. Rdn. 27.
73 Vgl. Rdn. 27; LR-*Wendisch* Vor § 42, 29.
74 BayObLG NJW **1981** 2591; OLG Karlsruhe Justiz **1987** 30; VRS **72** (1987) 78; OLG Koblenz NStZ **1984** 236; ferner BGHSt **31** 7; wegen der Einzelheiten und weiterer Nachw. vgl. LR-*Wendisch* Vor § 42, 30; LR-*Hanack* § 341, 17.
75 Häufig auch fremdsprachlich bezeichnet als „electronic mail", kürzer „e-mail", oder „correo electrónico" oder „correo-e".

Karl Heinz Gössel

Kopie originalgetreu ausdruckt; auf diese Weise wird auch die Originalunterschrift auf dem Originaldokument mit übertragen und ausgedruckt. Es ist jedoch auch möglich, die Rechtsmittelschrift elektronisch mittels eines Computers als elektronische Datei zu erzeugen, mittels eines sog. Scanners mit der elektronischen Kopie einer Originalunterschrift zu versehen und die so hergestellte Datei direkt vom Computer über Telefonleitungen an ein Telefax-Gerät eines Empfängers zu übertragen, welches diese Datei ebenso ausdruckt wie die Kopie eines herkömmlich verfertigten Originaldokuments – insoweit bestehen noch Sicherheitslücken, die bisher nicht geschlossen sind.

31　　In der Rspr. wird die Berufungseinlegung mittels **Telefax** grundsätzlich als **wirksam** angesehen[76]; das gilt auch für die Rdn. 30 genannte Übermittlungsart einer elektronischen Datei mit eingescannter Unterschrift direkt aus dem Computer[77]. Somit entscheidet allein der Ausdruck des empfangenden Telefax-Gerätes über die Wirksamkeit der Rechtsmitteleinlegung, so daß es des zusätzlichen Eingangs des Orginaldokuments oder eines Ausdrucks einer elektronisch gespeicherten Datei mit der Originalunterschrift des Rechtsmittelführers nicht bedarf[78]. Das Telefax muß allerdings noch vor Ablauf der Rechtsmittelfrist beim zuständigen Gericht eingehen: Geht die letzte Seite einer mehrseitigen Rechtsmittelschrift „nach dem Uhrzeitausdruck" des Empfangsgeräts erst „um 00:02 am Tage nach Fristablauf" ein, so ist das Rechtsmittel verspätet eingelegt[79]; beruht jedoch der verspätete Eingang auf technischem Versagen des Übermittlungsvorgangs oder auf einem Verschulden des Verteidigers, ist gegen die Versäumung der Berufungsfrist Wiedereinsetzung in den vorigen Stand zu gewähren[80]. Bleibt im übrigen nach Ausschöpfung aller Erkenntnisquellen zweifelhaft, ob die Rechtsmittelschrift überhaupt nicht oder nicht rechtzeitig eingegangen ist, ist die Berufung unzulässig[81]; der „O.K."-Vermerk im Sendebericht des Absendegeräts zeigt lediglich die Herstellung einer Verbindung zwischen Sende- und Empfangsgerät an und kann folglich die Übermittlung des Rechtsmittel-Telefax und dessen rechtzeitigen Eingang beim zuständigen Gericht nicht belegen[82].

32　　**b) Elektronische Post.** Bei dieser Übermittlungsart erzeugt der Absender eine elektronische Datei, die in seinem Computer gespeichert und anschließend durch Vermittlung eines entsprechenden Übermittlungsdienstes (z. B. t-online) an ein anderes elektronisches Speichermedium in einen elektronischen Quasi-Briefkasten des Empfängers übertragen wird, von dem dieser die elektronische Nachricht abrufen und in seinem Computer speichern kann. Diese Übertragungsmöglichkeit ist derzeit noch mit vielen Risiken für den Empfänger (z. B. Virusübermittlung) und insbesondere mit dem Mangel behaftet, daß der Eingang der übermittelten Datei, hier also der Rechtsmitteleinlegung, von einer Handlung des Empfängers abhängig ist: Bevor die Datei nicht abgerufen und ausgedruckt wird, liegt sie dem Empfänger nicht schriftlich vor.

33　　Die derzeit noch bestehenden Risiken und Mängel werden die **Rspr.** vorerst wohl davon **abhalten**, die **Rechtsmitteleinlegung** per elektronischer Post als **wirksam** anzusehen. Insbesondere werden erst noch Regeln über den Eingang der Rechtsmittelschrift entwickelt werden müssen: sind doch einmal die in den jeweiligen Berichten verzeichne-

---

[76] KK-*Ruß*[4] 13; *Meyer-Goßner*[46] Einl. 139a; AK-*Dölling* 13; HK-*Rautenberg*[3] 14; KMR-*Brunner* 5; SK-*Frisch* Vor § 296, 228; *Pfeiffer*[4] 4; s. auch LR-*Wendisch* Vor § 42, 31.

[77] GmS-OGB NJW **2000** 2340; OLG Frankfurt/M NStZ-RR **2001** 375, 376.

[78] OLG Frankfurt/M NStZ-RR **2001** 375.

[79] KG NJW **1997** 1864.

[80] OLG Karlsruhe NStZ **1994** 200 (technisches Versagen); KG NJW **1997** 1864.

[81] KG NJW **1997** 1864; OLG Hamm NStZ **1982** 43, 44; OLG Karlsruhe NStZ **1994** 200, 201.

[82] BGH (Z) NJW **1995** 665, 666 f; OLG Düsseldorf NJW **1995** 2303.

ten Absende- wie Empfangszeiten angesichts der derzeit bestehenden Ungenauigkeiten der im Computer installierten Uhren nicht ausreichend zuverlässig und überdies manipulierbar, beim Ausfall dieser Uhren aber gar nicht feststellbar. Außerdem dürfte noch zu klären sein, wie bei Übermittlungsstörungen zu verfahren ist, wenn die im Empfangsbericht verzeichnete Empfangszeit und die Zeit der erstmals möglichen Kenntnisnahme durch Abruf deutlich auseinanderfallen. Auch ist zu bedenken, daß die Ersetzung der schriftlichen Unterzeichnung durch eine **elektronische Signatur** nach dem Signaturgesetz[83], wie dies in ähnlicher Weise für die Berufung im Zivilprozeß bereits jetzt durch § 519 Abs. 4 in Verbindung mit § 130a ZPO zugelassen ist, bislang für die StPO erst diskutiert wird: In Art. 6 eines Diskussionsentwurfs eines Elektronischen Rechtsverkehrsgesetzes (ERVG nach dem Stande vom 1. August 2002) ist die elektronische Vornahme von Prozeßhandlungen gegenüber dem Gericht vorgesehen, wobei in der Begründung dazu (S. 71) die Regeln für anwendbar erklärt werden, die beim Computer-Fax gelten, wobei eine „einfache Signatur" mit und sogar ohne eingescannte Unterschrift ausreichen soll und die soeben erwähnten Zugangsprobleme nicht ausreichend bedacht sind[84].

C. Berufungsfrist

I. Beginn

1. Regelfall des § 314 Abs. 1. Für den **Angeklagten** beginnt die Berufungsfrist mit der **34** **Verkündung** des Urteils in dessen **Anwesenheit**[85]; für die übrigen Berufungsberechtigten (§§ 296 bis 298; §§ 390, 400, 401) mit der Verkündung in deren Anwesenheit (Näheres Rdn. 35, 37).

Verkündung des Urteils ist nach § 268 Abs. 2 die Verlesung der Urteilsformel und die **35** Eröffnung der Gründe. Fehlt es an beidem, so fehlt es an der Verkündung insgesamt und damit an einem Urteil im Rechtssinne (LR-*Gollwitzer* § 268, 18); mangels Beschwer entfällt jede Anfechtungsmöglichkeit. Ist dagegen nach der Verlesung des Tenors nur die Eröffnung der Urteilsgründe unterblieben, so ist die Verkündung nur fehlerhaft, hindert aber nicht das wirksame Zustandekommen eines Urteils und ebensowenig den Beginn des Laufs der Berufungseinlegungsfrist. Daher ist eine Berufung, die nach der Verlesung des Tenors, aber vor Mitteilung der Urteilsgründe eingelegt wird, zulässig[86]; vor Verkündung der Urteilsformel kann nicht wirksam Berufung eingelegt werden[87]. Aus diesem Grunde läuft die Berufungsfrist für den Privatkläger, der der Verkündung der Urteilsformel, aber nicht der Gründe beiwohnt, von der Verkündung des Tenors an; das Urteil braucht ihm zu diesem Zweck nicht nach Absatz 2 zugestellt zu werden[88]. Absatz 1 ist jedoch nur bei persönlicher Anwesenheit des Angeklagten anwendbar, nicht bereits bei Anwesenheit des Verteidigers oder eines anderen Vertreters[89].

---

[83] Gesetz über Rahmenbedingungen für elektronische Signaturen (Signaturgesetz – SigG) v. 16. Mai 2001 (BGBl. I S. 876).

[84] Abrufbar über www.bmj.bund.de; vgl. zu dieser Problematik auch *Cziongalla* StraFo **2001** 257.

[85] Vgl. LR-*Wendisch* Vor § 42, 4; LR-*Hanack* § 341, 18 ff.

[86] KG GA **74** (1930) 387; vgl. LR-*Hanack* Vor § 296, 30.

[87] OLG Dresden DRiZ **1930** Nr. 43; KK-*Ruß*4 1; vgl. LR-*Hanack* Vor § 296, 30.

[88] KG NJW **1955** 565.

[89] BGHSt **25** 234 = JR **1974** 249 mit Anm. *Peters*; OLG Kassel GA **37** (1889) 312; OLG Köln VRS **41** (1971) 440; OLG Stuttgart NStZ **1986** 520 mit Anm. *Paulus*; Meyer-Goßner46 7; KMR-*Paulus* 10; vgl. LR-*Hanack* § 341, 20 mit weiteren Nachweisen.

Karl Heinz Gössel

2. Verkündung in Abwesenheit (Absatz 2)

36   **a) Abwesenheit des Angeklagten.** Ist der Angeklagte bei Verkündung der Urteilsformel nicht persönlich anwesend, so beginnt die Berufungsfrist für ihn erst mit Zustellung des vollständigen Urteils mit Gründen[90], auch wenn ein Vertreter des Angeklagten anwesend war[91]. Ein Verzicht des Angeklagten auf förmliche Zustellung ist insoweit wirkungslos[92]. War er bei der Verkündung nicht zugegen, so muß das vollständige Urteil ihm bzw. seinem Verteidiger zugestellt werden (vgl. § 145a). Gleiches gilt, wenn die Verkündung der Urteilsgründe überhaupt unterblieben ist: Weil die Kenntnis der Urteilsgründe für die Einlegung eines Rechtsmittels von entscheidender Bedeutung ist, ist auch die nur teilweise Abwesenheit von der Urteilsverkündung eine solche im Sinne des Absatzes 2[93]. Aus dem gleichen Grunde und zudem wegen der nach § 268 Abs. 2 auch während der Verkündung der Urteilsgründe notwendigen Anwesenheit des Angeklagten erfordert Absatz 2 auch dann die Zustellung, wenn der Angeklagte während der Eröffnung der Urteilsgründe aus freien Stücken zeitweilig abwesend war oder wenn er sich nach Verkündung der Formel entfernt hat[94].

37   **b) Abwesenheit sonstiger Rechtsmittelberechtigter.** Absatz 2 ist **entsprechend anwendbar,** bei **anderen Verfahrensbeteiligten,** die selbständig Berufung einlegen können, wenn sie bei der Urteilsverkündung abwesend waren. Auch für die **Staatsanwaltschaft** läuft die Berufungsfrist von der Urteilszustellung an, wenn das Urteil in Abwesenheit des Staatsanwalts verkündet wurde[95]. Die strittige Frage ob – eventuell nur bei Unkenntnis vom Verkündungstermin – Absatz 2 beim **Privatkläger** entsprechend anwendbar ist, ist bei § 390, 8 ff erläutert[96]. Für den **Nebenkläger** gilt § 401 Abs. 2[97]; für den **Einziehungsbeteiligten** § 436 Abs. 4 und für den **gesetzlichen Vertreter** § 298.

II. Ende

38   **1. Ablaufszeitpunkt.** Die Einzelheiten zur Fristberechnung sind oben bei LR-*Wendisch* § 43, 2 ff und Vor § 42, 13 ff erörtert. Die Berufung ist rechtzeitig eingelegt, wenn die sie erklärende Schrift bis 24 Uhr des Tages, an dem die Frist abläuft, in die Verfügungsgewalt des zuständigen Gerichts gelangt[98], wozu es ausreicht, daß der Postbote bei einem vergeblichen Zustellungsversuch einen Benachrichtigungszettel hinterläßt[99].

---

[90] BGHSt **15** 265; h. M vgl. OLG Hamburg StV **1987** 54.

[91] Vgl. LR-*Hanack* § 341, 20.

[92] Vgl. LR-*Hanack* § 341, 21; § 337, 272. Der Verzicht auf Zustellung des in Abwesenheit des Angeklagten verkündeten Urteils ist aber zu unterscheiden von der Frage, ob der Angeklagte es ablehnt, die mündliche Eröffnung der Gründe zur Kenntnis zu nehmen.

[93] RGSt **1** 192; KMR-*Paulus* 7; vgl. LR-*Hanack* § 341, 19.

[94] BGHSt **15** 265; BGH NStZ **2000** 498; BayObLG MDR **1993** 892, 893; KG JR **1992** 304; OLG Dresden DRiZ **1928** Nr. 970; OLG Celle GA **1971** 69; OLG Düsseldorf MDR **1984** 607; OLG München

MDR **1990** 847; OLG Stuttgart NStZ **1986** 520 mit abl. Anm. *Paulus;* vgl. auch OLG Frankfurt MDR **1986** 76; KK-*Ruß*[4] 1; *Meyer-Goßner*[46] 7; AK-*Dölling* 16; *Pfeiffer*[4] 3; LR-*Hanack* § 341, 19. A. A LR-*Gollwitzer*[24] 28; HK-*Rautenberg*[3] 10; KMR-*Paulus* 7; *Paulus* NStZ **1986** 521.

[95] OLG Bamberg HESt **1** 209; OLG Kassel HESt **2** 125; OLG Neustadt NJW **1963** 1074; KK-*Ruß*[4] 2; KMR-*Paulus* 11.

[96] LR-*Hilger* § 390, 9 ff mit Nachw.; ferner LR-*Hanack* § 341, 22.

[97] Vgl. LR-*Hilger* § 401, 9 ff.

[98] BVerfGE **52** 203; **57** 117; **69** 381; vgl. aber auch BVerfGE **60** 246.

[99] Vgl. dazu KG NStZ **1995** 612, 613.

2. Feststellung. Ob die **Berufungsfrist eingehalten** ist und die Berufung zulässig war, **39** hat das Gericht, auch noch das Revisionsgericht, von Amts wegen zu prüfen, und zwar nach „freiem richterlichen Ermessen"[100], also im Freibeweisverfahren. Sind die Schriftstücke über die Einlegung verlorengegangen, so ist unter Heranziehung aller verfügbaren Beweismittel (noch vorhandene Unterlagen, dienstliche Äußerungen u. a.) im Freibeweis zu würdigen[101], ob die Berufung rechtzeitig und formgerecht eingelegt worden ist[102]; der Eingangsstempel hat insoweit keine erhöhte Beweiskraft[103]. Hält das Berufungsgericht dies für erwiesen, so nimmt das Berufungsverfahren seinen Fortgang, auch wenn die Einlegungsschrift selbst verloren ist[104].

Bleibt unaufklärbar, ob die Berufung überhaupt bei Gericht eingegangen ist, geht **40** dies zu Lasten des Berufungsführers[105]. Bestehen **Zweifel** an der **rechtzeitigen Einlegung** des Rechtsmittels, die sich nicht beheben lassen, so gilt die Berufung als rechtzeitig, da sie nur bei erwiesener Verspätung als unzulässig verworfen werden darf (§ 319)[106]. Zum gleichen Ergebnis führt die Überlegung, daß die Zweifel an der Rechtzeitigkeit der Einlegung in der Regel auf Umständen beruhen, die von der Behörde zu vertreten sind[107]. Nach anderer Ansicht[108] gilt auch hier der Grundsatz in dubio pro reo. Dies führt bei der Berufung des Angeklagten zum gleichen Ergebnis wie die obige Auffassung, hat aber bei der Berufung der Staatsanwaltschaft zur Folge, daß sie zu verwerfen ist, wenn der rechtzeitige Eingang nicht festgestellt werden kann. Abzulehnen ist die Ansicht, die Zweifel stets zugunsten der Rechtskraft lösen will[109].

---

[100] RGSt **75** 402, 404 unter Bezugnahme auf RGSt **65** 250.

[101] BayObLG NStZ-RR **1996** 74.

[102] Vgl. § 316, 16; LR-*Hanack* § 341, 25.

[103] RG DRiZ **1929** Nr. 77; OLG Oldenburg OLGSt § 341, 1; OLG Schleswig SchlHA **1973** 70. Die vom Bundesverwaltungsgericht MDR **1969** 951 ausgesprochenen Grundsätze über die Beweiskraft des Eingangsstempels sind auf das Verfahren der Strafprozeßordnung nicht übertragbar, da hier anders als bei §§ 415 ff ZPO auch für den Urkundenbeweis freie Beweiswürdigung gilt. Soweit das Oberlandesgericht Oldenburg (OLGSt 1) davon spricht, daß dem Eingangsvermerk auf einer Rechtsmittelschrift nur dann die Beweiskraft einer öffentlichen Urkunde zukomme, wenn die einschlägigen Verwaltungsvorschriften (Aktenordnung usw.) beachtet seien, kann ihm im Ausgangspunkt nicht gefolgt werden. Auch wenn der Eingangsvermerk den Verwaltungsvorschriften entsprechend angebracht worden wäre, würde die freie Beweiswürdigung des Gerichts nicht eingeschränkt werden. Im Rahmen der freien Beweiswürdigung kann es allerdings von Bedeutung sein, ob die bestehenden Verwaltungsvorschriften bei Anbringung des Vermerks beachtet worden sind.

[104] *W. Schmidt* FS Lange 800.

[105] OLG Hamm NStZ **1982** 43; OLG Stuttgart MDR **1984** 512; KK-*Engelhardt*[4] § 261, 62; *Meyer-Goßner*[46] § 261, 35; *Krey* JA **1983** 238; *Schlüchter* 672.2; ferner LR-*Hanack* § 341, 25.

[106] BGH NJW **1960** 2202; BayObLGSt **1965** 142 = NJW **1966** 947; OLG Braunschweig NJW **1973** 2119; OLG Düsseldorf MDR **1969** 1031; OLG Karlsruhe MDR **1981** 73; OLG Oldenburg OLGSt 1; OLG Stuttgart MDR **1981** 424; KK-*Ruß*[4] 5; KMR-*Paulus* Vor § 42, 20; *Sarstedt* JR **1954** 470; *Schlüchter* 672.2; *Eb. Schmidt* 14. Ausführlich zur Gesamtproblematik LR-*Schäfer*[24] Einl. Kap. **11** 46 ff.

[107] BayObLGSt **1965** 142 = NJW **1966** 947; BSG NJW **1973** 535; vgl. auch OLG Celle NdsRpfl. **1983** 123; **1985** 173.

[108] OLG Hamburg JR **1976** 254 mit Anm. *Foth*; *Amelunxen* 48.

[109] OLG Celle NJW **1967** 640; OLG Düsseldorf NJW **1984** 1684 mit abl. Anm. *Schürmann* NJW **1966** 2266; OLG Hamm GA **1957** 222; KG JR **1954** 407 mit abl. Anm. *Sarstedt*.

Karl Heinz Gössel

§ 315

(1) Der Beginn der Frist zur Einlegung der Berufung wird dadurch nicht ausgeschlossen, daß gegen ein auf Ausbleiben des Angeklagten ergangenes Urteil eine Wiedereinsetzung in den vorigen Stand nachgesucht werden kann.

(2) [1]Stellt der Angeklagte einen Antrag auf Wiedereinsetzung in den vorigen Stand, so wird die Berufung dadurch gewahrt, daß sie sofort für den Fall der Verwerfung jenes Antrags rechtzeitig eingelegt wird. [2]Die weitere Verfügung in bezug auf die Berufung bleibt dann bis zur Erledigung des Antrags auf Wiedereinsetzung in den vorigen Stand ausgesetzt.

(3) Die Einlegung der Berufung ohne Verbindung mit dem Antrag auf Wiedereinsetzung in den vorigen Stand gilt als Verzicht auf die letztere.

Entstehungsgeschichte. Art. 1 Nr. 86 des 1. StVRG hat in den Absätzen 2 und 3 jeweils Gesuch um Wiedereinsetzung durch Antrag auf Wiedereinsetzung ersetzt. Bezeichnung bis 1924: § 356.

1   **1. Zusammentreffen von Berufung und Wiedereinsetzungsantrag**[1]. Ist die Hauptverhandlung ohne den Angeklagten durchgeführt worden (§ 232), so kann dieser nach § 235 binnen einer Woche nach Zustellung des Urteils Wiedereinsetzung in den vorigen Stand beantragen. Ähnliche Regelungen finden sich bei § 329 Abs. 3 und § 412. Die Voraussetzungen der §§ 44, 235, 329 Abs. 3 müssen erfüllt sein. Innerhalb einer Woche nach Urteilszustellung kann der Angeklagte auch Berufung (§§ 312, 314) einlegen. Die Fristen für den Rechtsbehelf der Wiedereinsetzung (§ 45 Abs. 1 Satz 1) und das Rechtsmittel der Berufung fallen also zusammen. Sie müssen unabhängig voneinander gewahrt werden; vor allem wird der Ablauf der Berufungsfrist nicht durch den Wiedereinsetzungsantrag hinausgeschoben.

2   Beide Rechtsbehelfe **schließen einander nicht aus**. Der Angeklagte kann sie nebeneinander einlegen. Dies kann, muß aber nicht im gleichen Schriftsatz geschehen[2]. Er kann sich nach seiner freien Wahl auch nur für einen von ihnen entscheiden, ohne daß ihm entgegengehalten werden darf, daß er mit dem anderen die erstrebte Beseitigung bzw. die Korrektur des Urteils hätte leichter erreichen können. Auch wenn Wiedereinsetzungsgründe vorliegen, kann er statt der Erneuerung der Hauptverhandlung der ersten Instanz die Entscheidung der Berufungsinstanz herbeiführen.

2. Rechtsregeln für das Zusammentreffen beider Rechtsbehelfe

3   **a)** Dem Angeklagten ist es **verwehrt**, die Einlegung der **Berufung aufzuschieben**, bis ein Wiedereinsetzungsgesuch abgelehnt worden ist.

4   **b)** Legt er Berufung ein, ohne zugleich Wiedereinsetzung zu beantragen, so gilt dies als gesetzlich zwingend eintretender **Verzicht auf Wiedereinsetzung** (Absatz 3). Weitere Beschränkungen sieht der § 315 nicht vor. Der Angeklagte darf daher zunächst Wiedereinsetzung beantragen und danach **innerhalb der Berufungsfrist** noch Berufung einlegen. Das Wort „sofort" im Absatz 2 ist ungenau, wie das Wort „rechtzeitig" zeigt, und besagt

---

[1] Zur gleichartigen Regelung bei der Revision vgl. LR-*Hanack* § 342. Die zu dieser Vorschrift ergangenen Entscheidungen sind auch bei § 315 heranziehbar.

[2] OLG Stuttgart NJW **1984** 2901; AK-*Dölling* 2; HK-*Rautenberg*[3] 4; KMR-*Paulus* 3; vgl. LR-*Hanack* § 342, 7.

nur: innerhalb der Berufungsfrist, nicht später[3]. Die Anbringung des Antrags auf Wiedereinsetzung enthält daher keinen Verzicht auf Berufung, die rechtzeitige Einlegung der Berufung nach Anbringung des Wiedereinsetzungsantrags keinen Verzicht auf diesen[4]. Eine solche Berufung gilt, wie die gleichzeitig eingelegte, als für den Fall der Verwerfung des Antrags als Wiedereinsetzung eingelegt. Nur wenn **ausschließlich Berufung** eingelegt wird, ohne gleichzeitiges[5] oder vorheriges Wiedereinsetzungsgesuch, tritt kraft Gesetzes Verzicht auf Wiedereinsetzung ein (Absatz 3). Dieser Verzicht ist unwiderruflich und endgültig. Er bleibt auch wirksam, wenn die Berufung zurückgenommen wird[6] oder wenn sie von vornehein unzulässig ist[7] oder wenn der Angeklagte über diese Rechtsfolge nicht belehrt worden war[8]. Nach wohl einhelliger Meinung kann die gesetzliche Verzichtswirkung nicht durch eine gegenteilige Erklärung oder einen Vorbehalt entkräftet werden[9].

Der Wiedereinsetzungsantrag kann jederzeit ausdrücklich **zurückgenommen** werden. **5** Die Durchführung der Berufung ist dann nicht mehr durch Absatz 2 Satz 2 gehemmt.

3. Auslegungszweifel. Bleibt es zweifelhaft, ob der Angeklagte Wiedereinsetzung **6** beantragen, Berufung einlegen oder beides nebeneinander verfolgen will, so ist er hierüber zu befragen. Wegen der Rechtzeitigkeit der Erklärung vgl. § 300, 10. Äußert er sich nicht ausreichend, so wird nach § 300 in Verbindung mit dem Grundsatz der günstigsten Auslegung anzunehmen sein, daß beides verfolgt wird[10].

4. Weiteres Verfahren. Das Schicksal der Berufung hängt zunächst von dem Erfolg **7** des Wiedereinsetzungsantrages ab. Wird ihm stattgegeben, so ist das Urteil beseitigt, der Angeklagte in die Instanz wieder eingesetzt und die Berufung gegenstandslos[11]. Daher ist zunächst über die Wiedereinsetzung und – sofern die Ablehnung mit sofortiger Beschwerde angefochten wird – auch über diese zu entscheiden. Die Berufung gilt als für den Fall der Ablehnung der Wiedereinsetzung eingelegt[12]. Die Rechtfertigungsfrist für die Berufung (§ 317) beginnt erst mit rechtskräftiger (§ 46 Abs. 3) Verwerfung des Wiedereinsetzungsgesuchs[13]. § 315 fordert von dem Angeklagten zunächst nur rechtzeitige Einlegung der Berufung, dadurch wird sie „gewahrt" (Absatz 2). Allerdings ist die Berufung, anders als die Revision, auch ohne formelle Begründung wirksam (vgl. § 317, 1).

---

[3] *Eb. Schmidt* 3; AK-*Dölling* 2; KMR-*Paulus* 3.

[4] *Eb. Schmidt* 3; KK-*Ruß*[4] 3; KMR-*Paulus* 3.

[5] OLG Stuttgart NJW **1984** 2900 (im gleichgelagerten Fall des § 342 Abs. 3): Eine fernschriftliche Rechtsmitteleinlegung ist auch dann „ohne Verbindung mit dem Antrag auf Wiedereinsetzung" eingelegt, wenn dieser der Rechtsmitteleinlegung nur 105 Minuten nachfolgt.

[6] Andernfalls bestünde die Gefahr der Umgehung; vgl. OLG Neustadt NJW **1964** 1868; OLG Zweibrücken NJW **1965** 1033; AK-*Dölling* 3; HK-*Rautenberg*[3] 6; KMR-*Paulus* 5; vgl. LR-*Hanack* § 342, 8.

[7] OLG Stuttgart Justiz **1976** 265 (zu § 342; § 55 JGG); HK-*Rautenberg*[3] 6; KMR-*Paulus* 5.

[8] OLG Neustadt NJW **1964** 1886; AK-*Dölling* 3; KMR-*Paulus* 5; zu berechtigten Bedenken gegen diese Auffassung vgl. *Widmaier* FS Rieß (2002) 621 ff, LR-*Hanack* § 342, 9.

[9] OLG Neustadt NJW **1964** 1886; *Eb. Schmidt* 4; AK-*Dölling* 3; HK-*Rautenberg*[3] 6; KMR-*Paulus* 5.

[10] *Eb. Schmidt* 7; KK- *Ruß*[14] 4; vgl. *Meyer-Goßner*[46] 1; AK-*Dölling* 5; HK-*Rautenberg*[3] 3.

[11] Vgl. RGSt **61** 180; **65** 233; BayObLGSt **1972** 45; vgl. OLG Köln NJW **1963** 1073; *Meyer-Goßner*[46] 1; AK-*Dölling* 2; HK-*Rautenberg*[3] 5; KMR-*Paulus* 7; *Eb. Schmidt* 5; *Pfeiffer*[4] 2.

[12] *Böhm* JR **1925** 668; KMR-*Paulus* 7; *Schlüchter* 671.

[13] KMR-*Paulus* 8; *Eb. Schmidt* 6.

Karl Heinz Gössel

§ 316

(1) Durch rechtzeitige Einlegung der Berufung wird die Rechtskraft des Urteils, soweit es angefochten ist, gehemmt.

(2) Dem Beschwerdeführer, dem das Urteil mit den Gründen noch nicht zugestellt war, ist es nach Einlegung der Berufung sofort zuzustellen.

Übersicht

Bezeichnung bis 1924: § 357.

1   **1. Hemmung der Rechtskraft** (Absatz 1). Verstreicht die Berufungsfrist ungenutzt (§ 314) und ficht kein Rechtsmittelberechtigter das Urteil an, so tritt Rechtskraft ein. Nur die rechtzeitig (§§ 314, 319) eingelegte Berufung, diese jedoch stets, hemmt den Eintritt der formellen und materiellen Rechtskraft[1].

2   Hat das Gericht des ersten Rechtszuges die Berufung wegen verspäteter Einlegung nach § 319 Abs. 1 als **unzulässig** zu verwerfen, so hemmt dies die wegen des Ablaufs der Berufungseinlegungsfrist bereits eingetretene Rechtskraft nicht: Der Verwerfungsbeschluß nach § 319 hat nur deklaratorische Bedeutung[2] wie auch die Verwerfung als verspätet nach § 322[3]. Ist die Berufung unstatthaft[4] oder sonst unzulässig und daher nach §§ 322, 322a zu behandeln, so wird die Rechtskraft zunächst nach § 316 Abs. 1 gehemmt[5]. Die Hemmung dauert entweder bis zur endgültigen Entscheidung gemäß §§ 322, 322a, bei sofortiger Beschwerde[6] bis zur Entscheidung über diese (§§ 322 Abs. 2, 316 Abs. 1), sonst bis zur Entscheidung über die Berufung (§§ 328, 329)[7].

3   Die Hemmung tritt ein, **soweit** das Urteil **angefochten** ist. Die Berufung kann auf bestimmte Beschwerdepunkte **beschränkt** werden (§ 318). Darunter sind einzelne Teile der in der Urteilsformel enthaltenen Entscheidung zu verstehen. Die Beschränkung ist zulässig, soweit der angefochtene Teil der Entscheidung, losgelöst von dem nicht angefochtenen, selbständig geprüft und beurteilt werden kann. Näheres darüber bei den §§ 318, 327, 344. Wieweit bei einer zulässigen Rechtsmittelbeschränkung die Bestandskraft nicht angefochtener Urteilsteile reicht und wieweit sie einer echten Rechtskraft fähig sind, ist in Einzelheiten strittig[8].

---

[1] KK-*Ruß*[4] 1; vgl. LR-*Rieß* Einl. J 73 ff; ferner zur gleichen Regelung für die Revision LR-*Hanack* § 343.

[2] KK-*Ruß*[4] 1; AK-*Dölling* 1; SK-*Frisch* 2; *Pfeiffer*[4] 1.

[3] *Meyer-Goßner*[46] 1; HK-*Rautenberg*[3] 1.

[4] So BGHSt **25** 259, 260 für den gleichgelagerten Fall einer unstatthaften Rechtsbeschwerde; KMR-*Paulus* 2; *Pfeiffer*[4] 1; **a. A** *Meyer-Goßner*[46] 1.

[5] BGHSt **22** 213.

[6] Zur Anwendung im Fall des § 313 Abs. 2 Satz 2, § 322a Satz 2 s. § 322a, 9 f.

[7] *Eb. Schmidt* 1; KK-*Ruß*[2] 2; *Meyer-Goßner*[46] 1; AK-*Dölling* 1; HK-*Rautenberg*[3] 1; KMR-*Paulus* 2; ferner zur Rechtskraft bei Einlegung und Zurücknahme von Rechtsmitteln *Niese* JZ **1957** 76; *Küper* GA **1969** 364; LR-*Hanack* § 343, 1; LR-*Wendisch* § 449, 11 ff.

[8] Vgl. § 318, 23 ff und LR-*Hanack* § 344, 66.

Ist die **Einziehung** eines Gegenstandes gegen **mehrere Angeklagte** ausgesprochen **4** worden, so bewirkt die Unteilbarkeit der Entscheidung, daß die Rechtskraft der Einziehungsanordnung auch gegen den Angeklagten gehemmt wird, der diese Anordnung nicht angefochten hat[9].

Bei Hemmung der Rechtskraft bleibt das Verfahren in der Berufungsinstanz **rechts-** **5** **hängig**. Das angefochtene Urteil ist noch nicht vollstreckbar (§ 449). Bei Teilanfechtung ist eine Vollstreckung aus dem nichtangefochtenen Urteilsteil nur dann möglich, wenn wegen der (vertikalen) Berufungsbeschränkung die Verurteilung wegen einer selbständigen Tat (im Sinne des § 264) oder wegen einer in Tatmehrheit begangenen Straftat von der Anfechtung ausgenommen wurde und daher formelle und materielle Rechtskraft erlangt hat[10].

Die Hemmung der Rechtskraft **endet** mit der die Berufungsinstanz abschließenden **6** Entscheidung. Sie wirkt auch dann nicht über das die Instanz abschließende Urteil hinaus, wenn dieses nicht über alle angefochtenen Urteilsteile entscheidet[11]. Mit dem Berufungsurteil werden nicht ausgeschöpfte oder **übergangene Rechtsmittel** gegenstandslos, sofern nicht die Revision zur Behebung dieses von Amts wegen zu beachtenden Fehlers führt[12].

2. Zustellung des Urteils mit Gründen (Absatz 2)

a) Bedeutung. Schon der nur vorläufige Charakter einer mündlichen Urteilsbegründung **7** läßt die Bekanntmachungsregel des § 35 Abs. 1 als unbefriedigend erscheinen: Nicht nur Rechtsmittelführern, sondern auch Verurteilten und Freigesprochenen sollte auch ohne ausdrückliches Verlangen (§ 35 Abs. 1 Satz 2) eine schriftliche Urteilsausfertigung erteilt werden, was derzeit nur durch Nr. 140 Abs. 1 RiStBV vorgeschrieben ist (vgl. dazu LR-*Wendisch* § 35, 16), nicht aber in der StPO, die aber immerhin bei der Rechtsmitteleinlegung ausdrücklich die Zustellung des Urteils an den Beschwerdeführer verlangt (§ 316 Abs. 2; § 343 Abs. 2). War dem Berufungsführer das Urteil mit Gründen noch nicht zugestellt, so ist es ihm nach Einlegung der Berufung sofort zuzustellen, weil erst hierdurch die Frist für die Berufungsbegründung (§ 317) in Lauf gesetzt wird und weil die Kenntnis der schriftlichen Urteilsgründe, obwohl eine Berufungsrechtfertigung nicht vorgeschrieben ist (§ 317), für diese und für die Durchführung des Rechtsmittels, insbesondere im Fall der Annahmeberufung des § 313, bedeutsam ist, vor allem aber für die Vorbereitung der Verteidigung. Die Urteilszustellung setzt auch die Frist des § 345 Abs. 1 in Lauf, bis zu deren Ablauf der Angeklagte sein Wahlrecht ausüben kann. Eine **Verfahrensvoraussetzung** für das Berufungsverfahren ist die Urteilszustellung jedoch nicht[13]; unterbleibt sie, kann dies jedoch den Anspruch auf **Aussetzung** der Berufungsverhandlung begründen[14].

Die Zustellung darf nicht deshalb **unterbleiben**, weil die Berufung bereits begründet **8** worden ist, weil die Kenntnis der Urteilsgründe zu Änderungen, Ergänzungen oder weiteren Entschließungen Anlaß geben kann[15].

---

9 OLG Celle NJW **1961** 1873; KK-*Ruß*[4] 1.
10 Vgl. LR-*Hanack* § 344, 66; LR-*Wendisch* § 449, 22 ff.
11 BayObLGSt **1968** 33; AK-*Dölling* 3; SK-*Frisch* 7.
12 Vgl. § 327, 19.
13 BGHSt 33 183 = JR **1986** 300 mit Anm. *Meyer* = NStZ **1985** 563 mit Anm. *Bruns* auf Vorlage von

OLG Köln (NStZ **1984** 475) gegen OLG Hamm NJW **1982** 107, das ein von Amts wegen zu beachtendes Verfahrenshindernis annahm.
14 OLG Köln NStZ **1984** 475; *Meyer-Goßner*[46] 4; *Meyer* JR **1986** 302.
15 SK-*Frisch* 8.

9   **b) Rechtzeitige Berufung.** Absatz 2 setzt eine statthafte und rechtzeitige Berufung (§§ 314, 319) voraus. Verwirft der Strafrichter oder der Vorsitzende des Schöffengerichts die Berufung gemäß § 319 Abs.1 als unzulässig, so unterbleibt die Zustellung[16]. Sie wird erforderlich, wenn das Berufungsgericht einem Antrage gemäß § 319 Abs. 2 stattgibt, weil die Berufung dann rechtzeitig war[17]. Bei rechtzeitiger Berufung ist das Urteil stets zuzustellen, auch wenn das Rechtsmittel aus anderen Gründen unzulässig ist[18].

10   Eine **Ausnahme** dürfte allerdings dann gelten, wenn derjenige, der das Rechtsmittel eingelegt hat, dazu **offensichtlich nicht befugt** ist. Denn dann ist er kein (möglicher) Rechtsmittelführer im Sinne des Absatzes 2. Würde ihm das Urteil mit den Gründen allein deshalb zugestellt werden, weil er rechtzeitig eine unzulässige Berufung eingelegt hat, so könnte dies zu einer sachlich nicht gerechtfertigten Bloßstellung des Angeklagten gegenüber einem völlig unbeteiligten Dritten führen, dem andernfalls die schriftlichen Urteilsgründe nicht zugänglich gemacht werden dürften. Die Verpflichtung, jeden Eingriff in den grundrechtlich (Art. 1 Abs. 1; Art. 2 Abs. 1 GG) geschützten Persönlichkeitsbereich zu unterlassen, der nicht durch vorrangige Interessen gerechtfertigt ist[19], schließt in solchen Fällen die Mitteilung der Urteilsgründe aus[20].

11   **c) Adressat der Zustellung.** Dem Beschwerdeführer ist das Urteil zuzustellen, nicht auch seinem Gegner. **Beschwerdeführer** ist jeder, der aus eigenem Recht ein Rechtsmittel einlegen kann[21] und Berufung eingelegt hat. In Betracht kommen hierfür der Angeklagte, sein gesetzlicher Vertreter, die Staatsanwaltschaft, der Nebenkläger, der Privatkläger (§§ 296, 298), nicht der Verteidiger, der nur ein Recht des Beschuldigten ausübt (§ 297).

12   **Zustellung an** den Beschwerdeführer selbst ist stets wirksam und ausreichend, selbst dann, wenn er einen Zustellungsbevollmächtigten hat, und auch, wenn die Zustellung an diesen beantragt worden war[22]. Andererseits genügt Zustellung an den Zustellungsbevollmächtigten, solange dem Gericht das Ende der Vollmacht nicht angezeigt worden ist, ohne Rücksicht auf ausdrücklichen Zustellungsantrag[23]. Für die Zustellung an den Angeklagten und seinen Verteidiger gilt § 145a, bei Zustellung an mehrere für einen Rechtsmittelführer empfangsberechtigte Personen § 37 Abs. 2.

13   Hat der **gesetzliche Vertreter** Berufung eingelegt, und zwar aus eigenem Recht, so ist das Urteil ihm zuzustellen, nicht dem Angeklagten, es sei denn, dieser ist ebenfalls Beschwerdeführer (§§ 298, 330)[24]. Haben **mehrere Berechtigte** (§ 298, 3) selbständig Berufung eingelegt, so ist das Urteil jedem von ihnen zuzustellen[25]. Haben sie einen gemeinsamen Zustellungsbevollmächtigten, so dürfte es kein Verfahrensmangel sein, wenn diesem nur einmal zugestellt wird[26]. Wegen der Einzelheiten der Zustellung vgl. LR-*Wendisch* §§ 37 ff; wegen der Zustellung an die Staatsanwaltschaft s. LR-*Wendisch* § 41.

14   Ein **Verzicht auf Zustellung** ist im Hinblick auf die durch sie in Lauf gesetzten Fristen unbeachtlich und wirkungslos[27].

---

[16] RGSt **52** 76; BayObLGSt **1962** 157 = NJW **1962** 1927; OLG Celle NJW **1956** 760; **a. A** *Kaiser* NJW **1977** 96; vgl. LR-*Hanack* § 343, 5 mit weiteren Nachweisen

[17] RGSt **52** 77; KG JW **1932** 124; vgl. LR-*Hanack* § 343, 5.

[18] RGSt **62** 250; BGHSt **22** 213.

[19] Vgl. etwa BVerfGE **27** 352; **34** 208.

[20] KK-*Ruß*[4] 5; AK-*Dölling* 5; HK-*Rautenberg*[3] 8; KMR-*Paulus* 10; SK-*Frisch* 10; LR-*Hanack* § 343, 5.

[21] KK-*Ruß*[4] 5; KMR-*Paulus* 11 SK-*Frisch* 12.

[22] RGSt **6** 93; *Eb. Schmidt* 6; KMR-*Paulus* 14; SK-*Frisch* 13; vgl. LR-*Hanack* § 343, 8.

[23] Zu diesen Fragen vgl. etwa RGSt **6** 93; **47** 114; RGRspr **4** 830; **6** 32; RG Recht **28** 886; BayObLGSt **22** 142; OLG München St **19** 69; OLG Hamburg ZStW **46** (1925) 147; SK-*Frisch* 13.

[24] KK-*Ruß*[4] 5; KMR-*Paulus* 14; AK-*Dölling* 7; SK-*Frisch* 13; LR-*Hanack* § 343, 8; vgl. Nr. 154 Abs. 2 RiStBV.

[25] OLG München St **4** 288; KK-*Ruß*[4] 5.

[26] BayObLG DRiZ **1931** Nr. 137.

[27] Vgl. Rdn. 1; 7; KK-*Ruß*[4] 7; KMR-*Paulus* 6; *Eb. Schmidt* 9; vgl. aber auch OLG Köln VRS **67** (1984) 127; ferner die Nachweise Fußn. 13.

d) Inhalt der Zustellung. Eine Ausfertigung des Urteils mit den **vollständigen Gründen** **15** ist zuzustellen[28]; bei Urteilsergänzung nach § 267 Abs. 4 Satz 3 ist dies die ergänzte Fassung (LR-*Gollwitzer* § 267, 146). Im übrigen gilt: War das vollständige Urteil bereits gemäß § 314 Abs. 2 zugestellt (Verkündung in Abwesenheit des Angeklagten), so ist es nicht nochmals zuzustellen. War bisher nur die Urteilsformel zugestellt, so ist nunmehr das vollständige Urteil zuzustellen. Bei öffentlicher Zustellung geht die Sondervorschrift des § 40 Abs. 2 vor. Die Gründe sind hier von der Zustellung ausgenommen. Ihre Anheftung an die Gerichtstafel wäre sinnlos. Dies wäre verfassungsrechtlich unzulässig, da der darin liegende Eingriff in den Grundrechtsschutz genießenden Persönlichkeitsbereich der Betroffenen (das muß nicht nur der Angeklagte sein) nicht durch vorrangige Interessen gerechtfertigt wird. Auch könnte dies je nach Inhalt die öffentliche Sittlichkeit oder Ordnung gefährden. Ob dem in deutscher Sprache abgefaßten Urteil eine Übersetzung in eine dem Empfänger geläufige Fremdsprache beizufügen ist, wird bei § 184 GVG erörtert; der Fristbeginn hängt davon nicht ab[29].

3. Aktenverlust. Das Vorhandensein der Prozeßakten ist keine Verfahrensvoraussetzung **16** des Berufungsverfahrens[30]. Die verlorenen Akten sind, soweit möglich, wiederherzustellen[31].

Die Rekonstruktion einer verlorenen **Urteilsurkunde** obliegt dem judex a quo, auch **17** wenn das Gericht inzwischen anders besetzt sein sollte. Scheitert dies, so müssen die an der Urteilsfindung beteiligten Berufsrichter nach Anhörung der Laienrichter die Gründe, und – wenn nötig – sogar den Tenor ihres Urteils aus der Erinnerung so genau wie möglich nochmals niederlegen[32] und die inhaltliche (nicht wörtliche) Übereinstimmung durch ihre Unterschrift bezeugen[33]. Ein so rekonstruiertes Urteil tritt an die Stelle des ursprünglichen. Kann nur die Urteilsformel wiederhergestellt werden, so sind, ebenso wie beim Tod des Strafrichters vor Abfassen der Urteilsgründe, die Akten bzw. Ersatzakten mit der Urteilsformel dem Berufungsgericht vorzulegen; dieses muß dann die Sache selbst verhandeln und entscheiden[34].

Bei einem ordnungsgemäß **zugestellten** Urteil bedarf es, wenn die Unterlagen **18** darüber verlorengegangen sind, keiner erneuten Zustellung, um die Fristen in Lauf zu setzen[35]. Im Zweifel gilt die Berufungsfrist als gewahrt[36]. War ein verlorengegangenes Urteil noch nicht zugestellt, so genügt bei Unmöglichkeit der Rekonstruktion seiner Begründung die Zustellung eines entsprechenden Vermerks, um die Frist des § 317 in Lauf zu setzen[37]. Eine rekonstruierte Urteilsbegründung ist zur ausreichenden Gewährung des rechtlichen Gehörs auf jeden Fall nochmals zuzustellen.

---

[28] KK-*Ruß*[4] 7; *Meyer-Goßner*[46] 5; AK-*Dölling* 8; KMR-*Paulus* 12; SK-*Frisch* 14.

[29] Vgl. etwa OLG Stuttgart MDR **1983** 256; **a. A** *Sieg* MDR **1983** 636.

[30] OLG Saarbrücken NJW **1994** 2711; *Meyer-Goßner*[46] 6; AK-*Dölling* 8; SK-*Frisch* 15; *W. Schmidt* FS Lange 783.

[31] Dazu VO vom 18. 10. 1942, BGBl. III 314, 4.

[32] RG HRR **1940** Nr. 279; JW **1917** 52; OLG Hamm GA **62** (1915/16) 210; *Eb. Schmidt* § 275 18; *Meyer-Goßner*[46] 6; AK-*Dölling* 8; KMR-*Paulus* 15; *Lafrenz* Recht **1919** 386; *Stuhlmann* DStrZ **1919** 230; *Lintz* JR **1977** 128; *W. Schmidt* FS Lange 781; vgl. LR-*Gollwitzer* § 275, 67; LR-*Hanack* § 343, 9 mit weiteren Nachweisen.

[33] Vgl. LR-*Gollwitzer* § 275, 67 mit weiteren Nachweisen.

[34] Die frühere für gegeben erachtete Möglichkeit, die Sache in analoger Anwendung von § 338 Nr. 7 an das Erstgericht zurückzuverweisen (RGSt **65** 373 = JW **1932** 1561 mit Anm. *Löwenstein*; RGSt **40** 184; **54** 101; OLG Hamburg LZ **1920** 311), dürfte durch die Änderung des § 328 entfallen sein.

[35] RG HRR **1928** Nr. 694; LR-*Hanack* § 343, 9.

[36] BGHSt **11** 393; vgl. § 314, 31 mit weiteren Nachweisen.

[37] *W. Schmidt* FS Lange 792.

Karl Heinz Gössel

§ 317

Die Berufung kann binnen einer weiteren Woche nach Ablauf der Frist zur Einlegung des Rechtsmittels oder, wenn zu dieser Zeit das Urteil noch nicht zugestellt war, nach dessen Zustellung bei dem Gericht des ersten Rechtszuges zu Protokoll der Geschäftsstelle oder in einer Beschwerdeschrift gerechtfertigt werden.

Schrifttum. *Siegismund/Wickern* Das Gesetz zur Entlastung der Rechtspflege, wistra **1993** 81.

Bezeichnung bis 1924: § 358.

1   **1. Berufungsbegründung.** Die Begründung („Rechtfertigung") der Berufung ist kein notwendiger Verfahrensvorgang. Anders als bei der Revision, wo sie zwingend vorgeschrieben ist (§§ 344, 345), wird sie bei der Berufung vom Gesetz nicht verlangt und erscheint im Hinblick auf die völlige Neuverhandlung grundsätzlich auch entbehrlich, außer in den Fällen der Annahmeberufung (s. dazu auch § 313, 49), und kann daher auch unterbleiben. Das Urteil gilt dann als im ganzen angefochten (§ 318).

2   Die **verfahrensrechtliche Bedeutung** der Begründung besteht bei der *Annahmeberufung* vor allem darin darzulegen, daß die Berufung nicht offensichtlich unbegründet ist (§ 313 Abs. 2), bei der Berufung des *Nebenklägers* auch darin, dem Berufungsgericht die Prüfung zu ermöglichen, ob ein nach § 400 Abs. 1 zulässiges Berufungsziel verfolgt wird[1]. Im übrigen dürfte die Bedeutung der Berufungsbegründung nur darin bestehen, den Gegner des Beschwerdeführers und das Berufungsgericht über Richtung und Umfang der Berufung **vorläufig** zu unterrichten. Dies hat Bedeutung für die Entschließung, welche Beweismittel zur Hauptverhandlung herbeizuschaffen sind (§ 323 Abs. 4). Die Begründung kann, sofern das Rechtsmittel beschränkt eingelegt worden war, zur Auslegung beitragen, in welchem Umfang das Urteil angefochten werden soll. Sie kann aber auch eine Teilzurücknahme der eingelegten Berufung enthalten, sofern die Vorschrift des § 302 beachtet ist. Der Ablauf der Begründungsfrist ist endlich bedeutsam für die Vorlegung der Akten nach § 320 an die Staatsanwaltschaft. Im übrigen genügt rechtzeitige Einlegung der Berufung, um die Sache in die Entscheidungszuständigkeit des Berufungsgerichts zu bringen[2].

3   Die **Staatsanwaltschaft** hat jedes von ihr eingelegte Rechtsmittel auch dann zu begründen, wenn kein gesetzlicher Begründungszwang besteht[3]. Einlegung und Begründung der Berufung haben in „Schriftstücken" (§ 320) zu geschehen, bedürfen also der Schriftform. Entgegen *Siegismund/Wickern*[4] ist dem Angeklagten die Begründung der Staatsanwaltschaft in jedem Fall zur Gewährung rechtlichen Gehörs zuzuleiten: Auch der gesetzgeberische Zweck der Verfahrensökonomie kann es nicht rechtfertigen, dies nur unter den eingeschränkten Voraussetzungen des § 33 Abs. 2 für notwendig zu halten und so verfassungsmäßige Rechte des Angeklagten zu beeinträchtigen.

4   **2. Begründungsfrist.** Die Begründungsfrist beträgt **eine Woche** und beginnt mit Ablauf der Berufungsfrist, sofern die Berufung rechtzeitig eingelegt ist und das Urteil

---

[1] Vgl. dazu OLG Düsseldorf NStZ **1994** 507, welches insoweit aber zu weitgehend und entgegen § 317 eine Begründungspflicht annimmt, bei deren Nichtbeachtung das Rechtsmittel als unzulässig zu verwerfen sei; vgl. dazu auch *Pfeiffer*[4] 1: „indirekter Zwang".

[2] Vgl. §§ 320, 321; ferner zum Sonderfall des § 28 Abs. 2 Satz 2 die dortigen Erl. Rdn. 26 ff.
[3] Nr. 156 RiStBV.
[4] Wistra **1993** 88 f.

mit den Gründen im Zeitpunkt des Ablaufs der Berufungsfrist dem Beschwerdeführer bereits zugestellt worden war. Andernfalls beginnt sie mit Zustellung des vollständigen Urteils, vgl. § 316 Abs. 2. Die Begründung kann schon früher abgegeben, sie kann vor allem auch mit der Berufungseinlegung verbunden werden. Zum Fristbeginn s. § 314, 34 bis 37; § 315, 1. Die Fristberechnung richtet sich nach den §§ 42, 43.

Eine **Fristversäumung** ist **bedeutungslos**. Neuem Vorbringen des Beschwerdeführers 5 steht sie nicht entgegen. Die Berufung kann noch in der Hauptverhandlung begründet, die bisherige Begründung geändert oder ergänzt werden. Alles das ist in der Berufungshauptverhandlung zu berücksichtigen[5]. Daher bedarf es keiner Wiedereinsetzung in den vorigen Stand gegen die Versäumung der Begründungsfrist[6]. Fristverlängerung durch das Gericht ist weder möglich noch hätte sie eine Bedeutung; jedoch ist die Fristversäumung im Fall der Annahmeberufung mit dem Risiko verbunden, daß das Rechtsmittel unmittelbar nach der Übermittlung der Akten durch die Staatsanwaltschaft an das Berufungsgericht nach § 322a Satz 1, § 313 Abs. 2 verworfen wird[7]. Um aber dem Angeklagten und der Verteidigung die Möglichkeit zur Begründung der Berufung zu sichern, eröffnet eine Nichtannahmeentscheidung vor Ablauf der Begründungsfrist (die schon für die Aktenvorlage nach § 320 zu wahren ist, weshalb eine so frühe Nichtannahme praktisch kaum jemals vorkommen wird) wegen der damit verbundenen Verkürzung des rechtlichen Gehörs die Möglichkeit nachträglicher Anhörung nach § 33a, so daß es selbst in diesem Fall weder einer Wiedereinsetzung noch einer Fristverlängerung bedarf.

3. Form. Anders als bei der Revision darf der **Beschuldigte** die Berufung selbst 6 schriftlich („Beschwerdeschrift") begründen. Er kann auch die Begründung zur Niederschrift der Geschäftsstelle erklären. Zuständig ist das Erstgericht, doch ist auch die Einreichung bei dem Berufungsgericht unschädlich. Zur Schriftform s. die §§ 306, 314. Weitere Formvorschriften bestehen für die Berufungsbegründung nicht. Die Begründung durch Fernsprecher zur Niederschrift der Geschäftsstelle scheidet im Hinblick auf die Bedeutungslosigkeit der Begründungsfrist regelmäßig aus: Die Geschäftsstelle braucht sie nicht entgegenzunehmen[8].

Als Begründungsschrift kann sogar ein **Aktenvermerk der Staatsanwaltschaft zu** 7 behandeln sein[9]. Er ist dem Beschuldigten zur Kenntnis zu bringen, da diesem sonst das rechtliche Gehör versagt wird. Maßgebend ist jedoch der Zweck des Vermerks. Ein nach Einlegung der Berufung zu den Akten gebrachter Vermerk über die mit dem Rechtsmittel verfolgte Absicht ist keine ordnungsgemäße Begründung des Rechtsmittels[10]. Ist der Vermerk aber dazu bestimmt, die weitere Verfahrensgestaltung durch das Gericht zu beeinflussen, etwa die Auswahl der Zeugen für die Berufungsverhandlung, dann ist er ebenso wie eine ordnungsgemäße Berufungsbegründung dem Angeklagten zur Gewährung des rechtlichen Gehörs zuzustellen. Im weiteren Sinn handelt es sich bei einem solchen Vermerk dann ebenfalls um ein Schriftstück über die Einlegung und Begründung der Berufung. Im Zweifel sollte ein solcher Vermerk zugestellt werden[11], auch wenn eine Begründung außerhalb der Beschwerdeschrift keine ordnungsgemäße Sachbehandlung ist.

---

[5] KK-*Ruß*[4] 2; *Meyer-Goßner*[46] 2; HK-*Rautenberg*[3] 4; SK-*Frisch* 2.
[6] OLG Dresden JurBüro **1999** 336; KK-*Ruß*[14] 4; KMR-*Paulus* 3. Eine Verwerfung nach Ablauf der vom Berufungsführer ungenutzten Begründungsfrist beinhaltet auch dann keinen Verstoß gegen Art. 103 Abs. 1 GG, wenn es das Berufungsgericht unterläßt nachzufragen, „ob und gegebenenfalls

wann mit einer Begründung des Rechtsmittels zu rechnen sei" (BVerfG NJW **2002** 2040); vgl. dazu auch § 313, 55.
[7] *Siegismund/Wickern* wistra **1993** 88.
[8] KK-*Ruß*[4] 5; SK-*Frisch* 7.
[9] Vgl. RG JW **1932** 968; AK-*Dölling* 2; SK-*Frisch* 8.
[10] *Eb. Schmidt* 5.
[11] AK-*Dölling* 2; SK-*Frisch* 8.

Karl Heinz Gössel

§ 318

[1]**Die Berufung kann auf bestimmte Beschwerdepunkte beschränkt werden.** [2]**Ist dies nicht geschehen oder eine Rechtfertigung überhaupt nicht erfolgt, so gilt der ganze Inhalt des Urteils als angefochten.**

Schrifttum. *Beling* Beschränkung des Rechtsmittels auf die Straffrage, ZStW **24** (1904) 273; *Beling* Teilung der Rechtsmittel, ZStW **38** (1916/17) 637, 797; *Beling* Der nicht mitangefochtene und der teilweise angefochtene Schuldspruch, GA **63** (1916/17) 163; *Bruns* Teilrechtskraft und innerprozessuale Bindungswirkung des Strafurteils (1961); *Cochems* Die Beschränkung der Berufung auf das Strafmaß, DJ **1942** 437; *Eckels* Zur Beschränkung der Berufung auf das Strafmaß, NJW **1960** 1942; *Foth* Zum Beschluß BGHSt **19** 46 und zur Teilanfechtung des Schuldspruchs, JR **1964** 286; *Gössel* Über die mit der horizontalen Teilrechtskraft verbundene Bindungswirkung bei Teilanfechtung und Teilaufhebung, FS Rieß (2002) 114; *Grünwald* Die Teilrechtskraft im Strafverfahren (1964); *Grunsky* Zur Bindungswirkung der materiellen Rechtskraft, FS Kern (1968) 223; *Hegler* Zur Frage der teilweisen Rechtskraft der Strafurteile, JW **1923** 426; **1924** 280; *Hennke* Rechtsmittelbeschränkung bei Anordnung der Sicherungsverwahrung, GA **1956** 41; *Hettinger* Ist eine horizontale Berufungsbeschränkung auf das Strafmaß möglich und kann auch § 21 StGB ihr Gegenstand sein? JZ **1987** 386; *Kaiser* Wie läßt sich die Unwirksamkeit von Rechtsmittelbeschränkungen insbesondere in Trunkenheitsfällen vermeiden? NJW **1983** 2418; *May* Zur Beschränkung der Berufung auf das Strafmaß, NJW **1960** 465; *Mayer* Rechtsmittelbeschränkung ohne Ermächtigung MDR **1979** 196; *Meister* Einbruch in die teilweise Rechtskraft von Strafurteilen, MDR **1950** 712; *Meyer* Kann ein Rechtsmittel bei der Geldstrafe auf die Bemessung des Tagessatzes beschränkt werden? SchlHA **1976** 106; *Meyer-Goßner* Der fehlende Nachweis der Ermächtigung zur Beschränkung eines Rechtsmittels, MDR **1979** 809; *Milzer* Die Beschränkbarkeit der Berufungshauptverhandlung in Strafsachen auf die Frage der rechtlichen Würdigung, NStZ **1993** 69; *Molketin* Beschränkung des Rechtsmittels auf die (Nicht-)Aussetzung der Freiheitsstrafe zur Bewährung, AnwBl. **1980** 486; *Mortzfeld* Gefahren, die mit der Beschränkung der Berufung auf das Strafmaß verbunden sind, NJW **1956** 1586; *Niederreuther* Umfang der Urteilsfindung in der Berufungsinstanz, JW **1924** 2433; *Niethammer* Zur Beschränkung der Rechtsmittel auf die Straffestsetzung, JR **1935** 121; *Paeffgen* Bindungen bei innerprozessualer Bindungswirkung? (BGH 2 StR 127/85 StV 1986 468) StV **1986** 504; *Pohle* Über die Rechtskraft im Zivil- und Strafprozeß, Jur. Blätter **1957** 113; *Puppe* Die Berufungsbeschränkung im Strafverfahren, Diss. Heidelberg 1960; *Rödding* Rechtsmittelbeschränkung in Verkehrsstrafsachen, NJW **1956** 1342; *Eb. Schmidt* Materielle Rechtskraft, materielle Gerechtigkeit, JZ **1968** 678; *G. Schmidt* Schuldspruch und Rechtskraft, JZ **1966** 89; *Seibert* Zur Teilrechtskraft im Strafverfahren, NJW **1961** 10; *Schorn* Teilanfechtung und Teilrechtskraft bei der Berufung, JR **1963** 50; *Sieveking* Teilanfechtung von Strafurteilen (1967); *Spendel* Materiellrechtliche Straffrage und strafprozessuale Teilrechtskraft, ZStW **67** (1955) 556; *Stree* Teilrechtskraft und fortgesetzte Tat, FS Engisch 676; *Tiedemann* Entwicklungstendenzen der strafprozessualen Rechtskraftlehre (1969); *Töwe* Die Teilrechtskraft, GS **113** (1939) 123; *Tolksdorf* Die unterbliebene Unterbringung gemäß § 64 StGB und ihre Überprüfung im Revisionsverfahren, FS Stree/Wessels 753; *Waiblinger* Der rechtliche Charakter und die Bedeutung der Schuldigerklärung im Strafprozeß. Das Problem der Teilrechtskraft, FS Pfenniger 157; *Wankel* Rechtsmittel- und Rechtsbehelfsbeschränkung in der StPO, JA **1998** 65; *Wurzer* Die Untrennbarkeit der Schuldfrage von der Straffrage, JW **1924** 1674; *Zitzlaff* Die Beschränkung der Berufung auf den Strafausspruch, GS **88** (1922) 430. Vgl. auch die Angaben Vor § 296 und bei § 344.

Bezeichnung bis 1924: § 359.

Übersicht

Karl Heinz Gössel

Alphabetische Übersicht

A. Beschränkbarkeit der Berufung

I. Gegenstand

1. Bestimmte Beschwerdepunkte. Wie der Beschuldigte das Urteil, auch das unrichtige **1** unangefochten rechtskräftig werden lassen kann, so kann er durch Beschränkung des Rechtsmittels das Urteil nicht ingesamt, sondern nur hinsichtlich eines abgegrenzten und abgrenzbaren Beschwerdepunkts (Rdn. 3) der Nachprüfung durch das Berufungs- gericht unterstellen; Gleiches gilt für die anderen Rechtsmittelberechtigten.

Karl Heinz Gössel

2   **2. Rechtsgrund der Beschränkbarkeit.** Folgt auch das Recht zur Anfechtung gerichtlicher Entscheidungen aus rechtsstaatlichen Gründen wie etwa dem des Angeklagten auf eine wirksame Verteidigung, so aber nicht mehr das Recht zur Beschränkung dieser Anfechtung: Die aus der Wahrung der Menschenwürde abzuleitende Rechtsstellung etwa des Angeklagten als eines Subjekts des Verfahrens, das nicht zu einem bloßen Objekt des Verfahrens degradiert werden darf, bliebe auch dann unangetastet, wäre ihm nur die Möglichkeit einer umfassenden und uneingeschränkten Anfechtung eingeräumt; Entsprechendes gilt für die übrigen Rechtsmittelberechtigten[1]. Der zutreffenden Rechtsprechung zufolge „erfordert der Grundsatz der Prozeßwirtschaftlichkeit die Beschränkbarkeit des Rechtsmittels"[2], der damit den **Rechtsgrund** der teilweisen Anfechtbarkeit bildet und nicht etwa die „Fortschreibung der Freiheit zur Rechtsmitteleinlegung überhaupt"[3]: Die Verfügungsmacht der Rechtsmittelberechtigten, gerichtliche Entscheidungen nur in beschränktem Umfang anfechten zu können ist diesen allein aus **Gründen der Prozeßökonomie** eingeräumt[4].

II. Umfang

3   **1.** Soweit die Rechtsmittelberechtigten das Urteil anfechten können[5], steht es ihnen **frei** ob sie ihr **Rechtsmittel beschränken** wollen. Bei der Abgrenzung des angefochtenen vom unangefochten bleibenden Urteilsinhalt können sie jedoch nicht nach Belieben verfahren, sondern müssen sich an bestimmte von Verfahrenspraxis und Sachlogik her bestimmte Grenzen halten. In § 318 benennt das Gesetz **bestimmte Beschwerdepunkte** als Gegenstand möglicher Beschränkung (Rdn. 1): Seinem Wortsinn nach erfaßt dieser Begriff die Behauptung jedweder unrichtiger Gesetzesanwendung einschließlich einer unrichtigen Sachverhaltsfeststellung[6]. Geradezu zwangsläufig ist die Bedeutung dieses Begriffs und damit der Umfang zulässiger Beschränkung umstritten. Übereinstimmung besteht lediglich darüber, daß die Beschränkung der Berufung nur zulässig ist, soweit der angefochtene Urteilsteil, **vom übrigen Urteilsinhalt losgelöst**, vom Berufungsgericht **selbständig geprüft** und rechtlich beurteilt werden kann[7] (sog. Trennbarkeitsformel[8]). Im wesentlichen **unproblematisch** ist die Anfechtungsbeschränkung bei einer Verurteilung wegen mehrerer selbständiger Taten im Sinne des § 264 und auch bei einer Verurteilung mehrerer Angeklagter wegen derselben oder mehrerer Taten im prozessualen Sinne: Bei dieser sog. **vertikalen** Anfechtungsbeschränkung läßt sich die Trennbarkeit anhand der trotz mancher Streitfragen im Einzelfall ausreichend klar bestimmbaren Begriffe der Tat im prozessualen Sinne und auch des beschuldigten Angeklagten im Regelfall relativ einfach beurteilen. Erhebliche Schwierigkeiten dagegen bereitet die Beurteilung der Trennbarkeit bei der sog. **horizontalen** Anfechtungsbeschränkung wegen einzelner Bestandteile *derselben* Tat: Zweifelhaft ist insbesondere, was jeweils zur Schuldfrage gehört, inwieweit einzelne Straf- und Maßregelfragen selbständig beurteilt werden können, ob unangefochtene Urteilsteile als Entscheidungsgrundlage hinzunehmen sind,

---

[1] Näheres bei *Gössel* FS Rieß 123 f.

[2] BGHSt **19** 46, 48, ständige Rspr.

[3] So aber SK-*Frisch* Vor § 296, 276; dagegen *Gössel* FS Rieß 123 f.

[4] KK-*Ruß*[4] 1.

[5] Zu den Vorstellungen des Gesetzgebers vgl. *Hettinger* JZ **1987** 393. Zu den gesetzlichen Beschränkungen der Anfechtungsbefugnis vgl. LR-*Hanack* § 344, 6.

[6] Vgl. dazu *Gössel* FS Rieß 133.

[7] Vgl. etwa RGSt **42** 30, **42** 241; **52** 342; **60** 109; **61** 323, **61** 349; **62** 13, **62** 433; **65** 238, **65** 296; **69** 110; **73** 81; **75** 171; BGHSt **2** 385; **5** 252; **7** 101; **10** 101; **16** 239; **19** 48; **21** 258; **22** 217; **24** 187; **27** 72; **29** 364; BayObLGSt JZ **1960** 31 mit Anm. *Heinitz*; *Eb. Schmidt* 8; KK-*Ruß*[4] 1; AK-*Dölling* 5; KMR-*Paulus* 18; *Pfeiffer*[4] 2; *Grünwald* JR **1980** 305; *Schorn* JR **1963** 50.

[8] *Meyer-Goßner*[46] 6; HK-*Rautenberg*[3] 7.

wenn die Nachprüfung des angefochtenen Urteilsteiles die offenbare Unrichtigkeit des übrigen Urteils ergibt, im Grunde also, ob materiell richtige oder formell ordnungsgemäße Sachbehandlung hier dem Gesetz besser entspricht.

2. Das Wesen des Berufungsverfahrens als Wiederholung des Erkenntnisverfahrens, **4** als neue Tatsacheninstanz erfordert an sich wohl keine **anderen Grundsätze** der Beschränkbarkeit als das bloße **Rechtsrügeverfahren** der Revision, da auch die Revision bei Zurückverweisung in die Tatinstanz den für den Tatrichter maßgebenden Schranken Rechnung tragen muß. Für die Teilanfechtbarkeit (§§ 318, 327, 344) gelten daher nach allg. M dieselben Grundregeln über Beschränkbarkeit (vgl. LR-*Hanack* § 344, 15), während dies für die Teilaufhebung (§ 353) ganz überwiegend verneint wird (vgl. LR-*Hanack* § 353, 17). Die erscheint indessen zweifelhaft, weil Teilanfechtung wie -aufhebung jeweils zur gleichen Folge der sog. Teilrechtskraft führen (Näheres unten Rdn. 25 ff; 37).

III. Mehrere Rechtsmittel

1. Sind **mehrere Rechtsmittel** eingelegt, die das gleiche Urteil im verschiedenen **5** Umfang anfechten, so bestimmt die **umfassendste Anfechtungserklärung** den Umfang der Nachprüfung; ficht nur ein Rechtsmittelführer den Schuldspruch an, so ergreift die Berufung das gesamte angefochtene Urteil[9]. Die Beschränkung der anderen Berufungen wirkt sich nur dann aus, wenn das unbeschränkte Rechtsmittel zurückgenommen wird oder sich sonst erledigt, ohne zur sachlichen Überprüfung zu führen, sowie bei der Anwendbarkeit des Verschlechterungsverbots.

2. Die uneingeschränkte Berufung des **Nebenklägers** unterstellt ungeachtet seiner **6** begrenzten Anfechtungsbefugnis die gesamte Tat der Nachprüfung durch das Berufungsgericht, also auch hinsichtlich der rechtlichen Gesichtspunkte, die der Nebenklage nicht zugänglich sind (vgl. dazu LR-*Hilger* § 401, 14 in Verbindung mit § 400, 18 ff). Etwas anderes gilt nur hinsichtlich der (vertikal) abtrennbaren Teile der Tat, die kein Nebenklagedelikt enthalten[10].

B. Die Beschränkungserklärung

I. Wesen

1. **Prozeßhandlung.** Die Erklärung, die das Rechtsmittel beschränkt, bestimmt und **7** begrenzt den Umfang, in dem das Ersturteil der Nachprüfung des Berufungsgerichts unterstellt wird. Sie ist eine verfahrensrechtliche **Bewirkungshandlung**[11]. Gemessen an der Regelung der §§ 318, 344, 327 besagt sie nichts über die Zulässigkeit des Rechtsmittels als solches. Sie ist aber entscheidend dafür, welche Urteilsteile in die Überprüfung mit einbezogen werden müssen, um dem Rechtsmittelbegehren voll Genüge zu tun. Dies ist vor allem von Bedeutung, wenn Feststellungen, die für mehrere Teile des Urteils relevant sind (sog. doppelrelevante Tatsachen[12]), nur bei einem Punkt von der

---

[9] RG DRiZ **1928** Nr. 742; h. M; vgl. § 327, 2 ff.

[10] OLG Schleswig bei *Ernesti/Jürgensen* SchlHA **1974** 184; vgl. LR-*Hilger* § 400, 22.

[11] *Eb. Schmidt* 2; vgl. LR-*Rieß* Einl. J 13 f.

[12] Vgl. dazu z. B. BGHSt **29** 359, 368.

Karl Heinz Gössel

Anfechtung mit betroffen werden. Dann setzt nicht die Bindungswirkung der Fest-stellungen des nichtangefochtenen Urteilsteils dem Anfechtungsbegehren Grenzen, sondern dieses bestimmt umgekehrt, welche Teile des Urteils in die Überpüfung ein-zubeziehen sind.

8   **2. Wertkategorie**[13]. Die Beschränkungserklärung ist **wirksam** oder unwirksam (beachtlich oder unbeachtlich) je nachdem, ob sie „bestimmte", abgrenzbare Beschwerde-punkte (Rdn. 3) betrifft oder nicht. Sie ist ferner unwirksam, wenn sie aufgrund eines Irrtums abgegeben wird, der vom Gericht unter Verstoß gegen das Fairneßgebot ver-ursacht wurde[14]. Ist sie unwirksam, so hat dies nicht die Unzulässigkeit der Berufung zur Folge, sondern das ganze Urteil gilt als angefochten[15], sofern dem Rechtsmittel nicht die Bestimmtheit überhaupt fehlt[16]. Die Sache liegt dann ebenso wie bei unbeschränkt eingelegter Berufung oder bei fehlender Berufungsbegründung (§ 317).

9   **3. Beschränkung und Teilverzicht.** Die ältere Rechtsprechung hat sowohl in der schon bei der Einlegung eines Rechtsmittels erklärten Beschränkung einen Teilverzicht er-blickt[17] als auch in der späteren Beschränkung eines zunächst unbeschränkt eingelegten Rechtsmittels[18]. Spätere Entscheidungen verließen jedoch diese strikte Linie: Ob eine „Beschränkung eines Rechtsmittels auf bestimmte, trennbare Beschwerdepunkte als ein Teilverzicht auf den übrigen Inhalt des Urteils anzusehen ist, bleibt der Auslegung vorbehalten"[19]. Diese Rechtsprechung hat der Bundesgerichtshof indessen mit Recht aufgegeben: zunächst für den Fall der nachträglichen Beschränkung eines zunächst unbeschränkt eingelegten Rechtsmittels, in der weder ein Teilverzicht noch eine teilweise Zurücknahme, sondern eine bloße Rechtsmittelkonkretisierung zu erblicken sei[20], danach auch für den Fall eines schon beschränkt eingelegten Rechtsmittels[21]. Demnach bedarf die „schlichte Erklärung, es werde Revision eingelegt" (für die Berufung kann nichts anderes gelten), ebensowenig der Auslegung wie die „bloße(n) Teilanfechtung" im Wege der nachträglichen Beschränkung – ein „Verzicht auf weitergehende Rechtsmittel" bedarf einer über die bloße Beschränkung hinausgehenden[22], damit also wohl ausdrück-lichen Erklärung[23]. Demnach ist die Wirksamkeit der Teilanfechtung, anders als bei der früheren Rechtsprechung, an die für Zurücknahme und Verzicht geltenden Vorschriften der §§ 302, 303 nicht mehr gebunden, insbesondere bedarf es bei der nachträglichen Beschränkung durch den Verteidiger keiner ausdrücklichen „Ermächtigung des An-geklagten"[24] und auch keiner gegnerischen Zustimmung mehr.

II. Erklärungsinhalt

10   **1. Eindeutigkeit.** Die Beschränkung setzt die **eindeutige Erklärung** des Beschwerde-führers voraus, er fechte nur einen bestimmten Teil des Urteils an oder beruhige sich bei einem bestimmten Teil. Auch die Begründung kann ausdrücklich oder stillschweigend

[13] Vgl. *Eb. Schmidt* 227 ff.
[14] OLG Stuttgart NStZ-RR **1996** 146.
[15] RGSt **51** 307; **54** 82; **65** 129; **65** 296.
[16] BayObLGSt **1954** 84.
[17] RGSt **42** 241, 242; BGHSt **3** 46, AK-*Dölling* 3.
[18] RGSt **39** 393, 394; BGHSt **33** 59; OLG Düsseldorf wistra **1988** 118; zust. AK-*Dölling* 3.
[19] RGSt **64** 164; zust. BayObLGSt **1967** 146 = NJW **1968** 66 mit zust. Anmerkung *Sarstedt* JR **1968** 109.

[20] BGHSt **38** 4, 5; zust. KK-*Ruß*[4] 3; HK-*Rautenberg*[3] 4; offengelassen von OLG Frankfurt/M NStZ-RR **1997** 45; a. A OLG Köln StV **1998** 645, jedoch ohne auf BGHSt **38** 4 einzugehen.
[21] BGHSt **38** 366, 367.
[22] BGHSt **38** 4, 5; BGHSt **38** 366, 367.
[23] **Anders** wohl KK-*Ruß*[4] 3.
[24] BGHSt **38** 4, 5.

diese Erklärung enthalten[25]. Der Wille zur Beschränkung muß aber immer bestimmt und eindeutig erkennbar sein[26]. Die Erklärung, das Urteil werde hinsichtlich eines bestimmten rechtlichen Gesichtspunkts nicht angefochten, Zeugen brauchten insoweit nicht geladen zu werden, braucht keine (unzulässige, vgl. Rdn. 45 ff) Beschränkung zu bedeuten: sie kann auch die Anregung enthalten, das Verfahren insoweit kostensparend zu gestalten[27].

2. Auslegung. Bei fehlender Eindeutigkeit ist die möglicherweise eine Beschränkung **11** enthaltende Erklärung unter **Berücksichtigung aller Umstände** des Einzelfalls **auszulegen**[28]. Dabei ist nicht am Wortlaut zu haften, sondern der Sinn der Gesamterklärung, der gedankliche Zusammenhang und das Ziel des Rechtsmittels zu erforschen[29]. Die Erfahrung oder mangelnde Erfahrung des Erklärenden oder des Verfassers (des Angeklagten, Urkundsbeamten, Verteidigers) in gerichtlichen Angelegenheiten, sein Beruf sind zu berücksichtigen[30], ferner die etwaige „juristische Vorbildung des Verfassers, seine sprachliche Gewandtheit und sein Bildungsgrad"[31]. An den Staatsanwalt und den Verteidiger ist ein strengerer Maßstab zu legen als an einen unerfahrenen Angeklagten. Eine wirksame Beschränkung ist insbesondere nicht erklärt, wenn der Rechtsmittelführer, um sein Ziel zu erreichen, erkennbar die Nachprüfung des Urteils auch in einem Punkt herbeiführen will, den das Berufungsgericht nach den bei Rdn. 31 ff dargelegten Grundsätzen nicht prüfen dürfte, wenn die scheinbar erklärte Beschränkung wirksam wäre. Etwa: Der Rechtsmittelführer beschränkt die Berufung auf die Straffrage, will aber auch Feststellungen des Urteils zum Schuldumfang überprüft wissen[32].

a) Einzelfälle. Die Erklärung, das Urteil werde angefochten, weil die Strafe zu hoch **12** sei, ist im allgemeinen nur bei einem Verteidiger, nicht aber bei einem rechtsunkundigen Angeklagten als eine Beschränkung auf das Strafmaß zu verstehen[33]; eine eindeutige Beschränkung auf den Strafausspruch durch die Staatsanwaltschaft ist stets auch dann als wirksam anzusehen, wenn sich die Begründung gegen den Schuldspruch richtet: „An die Staatsanwaltschaft oder den Verteidiger ist" bei der Auslegung einer Anfechtungserklärung „ein strengerer Maßstab anzulegen als an einen unerfahrenen Angeklagten"[34]. Ob letzterer eine Beschränkung wollte, kann zweifelhaft sein, da damit auch nur der

[25] Vgl. etwa BGH NJW **1956** 1845; VRS **34** (1968) 437; KG GA **68** (1920) 286; OLG Koblenz VRS **51** (1976) 122; OLG Köln VRS **73** (1987) 297; OLG Schleswig VRS **54** (1978) 34; LR-*Hanack* § 344, 9.

[26] OLG Hamm JMBlNW **1974** 118; OLG Schleswig SchlHA **1979** 177; *Eb. Schmidt* 3; Nachtr. I 2; AK-*Dölling* 2; KMR-*Paulus* 12. Geht man grundsätzlich davon aus, daß eine unklare Erklärung keine Beschränkung herbeiführen kann, so müßte konsequenterweise die spätere Klarstellung, daß eine Beschränkung gewollt war, dazu führen, daß erst mit dieser späteren Erklärung die Beschränkung ex nunc eintritt und daher wie eine nachträgliche Beschränkung zu behandeln ist. Die Rechtsprechung ist diesen Weg jedoch nicht gegangen. Sie nimmt, wenn Rückfragen ergeben haben, daß von Anfang an das Urteil nur im beschränkten Umfang angegriffen werden sollte, eine anfängliche Beschränkung an; vgl. Rdn. 14.

[27] OLG Köln NJW **1966** 895.

[28] BayObLG GA **1968** 286.

[29] RGSt **58** 372; **62** 13; BGHSt **29** 359; BGH NJW

1956 756; OLG Koblenz VRS **49** (1975) 379; OLG Köln VRS **70** (1986) 445; AK-*Dölling* 1; KMR-*Paulus* 11; *Pfeiffer*[4] 1.

[30] KG HRR **1928** Nr. 192; JR **1950** 633; OLG Celle MDR **1961** 1036 (Berufung der Staatsanwaltschaft „hinsichtlich des Strafmaßes"); ferner die in Fußn. 29 angeführten Entscheidungen.

[31] OLG Stuttgart Justiz **2000** 19, 20.

[32] Vgl. BayObLG VRS **64** (1983) 371; bei *Bär* DAR **1987** 315; bei *Rüth* DAR **1986** 248.

[33] RGSt **58** 372; **62** 13; **64** 165; BayObLG DRiZ **1928** Nr. 520; JW **1931** 1621; BayObLG bei *Bär* DAR **1987** 314, 315; OLG Hamm JMBlNW **1953** 69; **1959** 107; DAR **1970** 161; OLG Oldenburg VRS **23** (1962) 48; vgl. BayObLG OLGSt 17; OLG Celle NdsRpfl. **1956** 59 („milde Strafe"); OLG Köln VRS **70** (1986) 445; OLG Stuttgart Justiz **1984** 404; *Meyer-Goßner*[46] 3; AK-*Dölling* 2; KMR-*Paulus* 12; SK-*Frisch* 23; *Spendel* ZStW **67** (1955) 563 will insoweit auch die Rechtsmittel von Staatsanwalt und Verteidiger nicht anders behandeln.

[34] OLG Oldenburg NStZ-RR **1996** 77 Nr. 11.

Karl Heinz Gössel

Beweggrund für die unbeschränkte Anfechtung gemeint sein kann[35]. Wird die Verletzung des materiellen Rechts beanstandet[36] oder gerügt, der Tatrichter habe einen weiteren, für Fahrlässigkeit sprechenden Umstand übersehen, so ist der Schuldspruch angefochten[37]. Die Beschränkung auf das Strafmaß betrifft nicht notwendig, aber in der Regel auch die zusammen mit der Hauptstrafe verhängten Nebenfolgen, wie etwa die Entziehung der Fahrerlaubnis[38]. Trotz der Erklärung, das Urteil werde im ganzen angefochten, kann doch lediglich die Straffrage gemeint sein, etwa bei Verkennung des § 158 StGB. Das Rechtsmittel kann sich scheinbar auf die Verfallerklärung beschränken, in Wirklichkeit jedoch die Feststellungen zur Schuldfrage, nämlich den Umfang des Angebotenen oder des Angenommenen betreffen[39]. Ist wegen gefährlicher Körperverletzung mittels gefährlichen Werkzeugs verurteilt, kommt jedoch auch Begehung durch hinterlistigen Überfall oder lebensgefährdende Behandlung in Betracht, so kann die Berufung, die sich hiergegen richtet, den Schuldspruch erfassen[40]. Wird der Angeklagte **teils verurteilt, teils freigesprochen**, wird angenommen, daß wegen der fehlenden Beschwer auch ohne ausdrückliche Erklärung davon auszugehen sei, daß die Berufung des Angeklagten auf den verurteilenden Teil des Erkenntnisses beschränkt sein soll[41].

13   Erhebt eine Schrift zur **Rechtfertigung der Berufung** (§ 317) nur hinsichtlich einzelner Punkte des Urteils Beanstandungen, so kann allein daraus eine **nachträgliche Beschränkung** der unbeschränkt eingelegten Berufung nicht entnommen werden, denn da eine Begründung für die Berufung nicht vorgeschrieben ist, braucht die Rechtfertigungsschrift nicht erschöpfend zu sein[42]. Desgleichen liegt in begrenzten **Schlußanträgen** in der Berufungsverhandlung nicht ohne weiteres eine nachträgliche Beschränkung des Rechtsmittels[43].

14   **b) Verbleibende Zweifel.** Können auch durch Auslegung Zweifel an einer etwaigen rechtsmittelbeschränkenden Bedeutung der Erklärung nicht ausgeräumt werden, so kann der Beschwerdeführer noch in der **Berufungsverhandlung um Erläuterung** ersucht werden. Das Ergebnis ist auf den Zeitpunkt der Erklärung zurückzubeziehen, soweit es auf ihn ankommt und soweit die Erklärung die Erläuterung noch deckt. Im Zweifel liegt keine Beschränkung vor[44]. Dieser Zweifel wird nicht schon dadurch behoben, daß der Angeklagte schweigt, obwohl die Ladung einen Vermerk des Vorsitzenden enthält, daß er „die Berufung als auf das Strafmaß beschränkt ansehe"[45].

---

[35] Vgl. etwa RGSt **62** 15; OLG Hamm JMBlNW **1959** 107; OLG Stuttgart Justiz **1984** 404; ferner OLG Koblenz VRS **71** (1986) 446 zum ähnlichen Fall bei der Strafaussetzung.

[36] Vgl. aber auch BGH NJW **1956** 756.

[37] BGH NJW **1956** 1845.

[38] Vgl. etwa OLG Hamm DAR **1954** 67; KG VRS **8** (1955) 462; anders OLG Celle NdsRpfl. **1961** 187 für Berufung der Staatsanwaltschaft; Näheres unten Rdn. 112.

[39] RGSt **67** 30; s. ferner Rdn. 102.

[40] BGHSt **13** 143; s. ferner Rdn. 63.

[41] BayObLGSt **1980** 115 = JR **1981** 436, 437 mit Anm. Stein; BayObLGSt **1986** 100 = VRS **72** (1987) 76; OLG Köln VRS **62** (1982) 283; OLG Stuttgart VRS **45** (1973) 128; KK-*Ruß*4 2; vgl. dazu

auch LR-*Hanack* § 344, 22 am Ende. Ob die gewollte Beschränkung auf den beschwerenden Teil wirksam ist, muß gesondert geprüft werden.

[42] BGH VRS **9** (1955) 350; OLG Oldenburg VRS **23** (1962) 47; vgl. auch OLG Koblenz VRS **69** (1985) 298.

[43] BayObLGSt **1949/51** 384; OLG Frankfurt VRS **50** (1976) 416; OLG Hamm JMBlNW **1957** 58; KMR-*Paulus* 12; vgl. LR-*Hanack* § 302, 25.

[44] RGSt **58** 372; **62** 15; **67** 30; **69** 114; BGHSt **25** 275; **29** 359; BGH NJW **1956** 756; BayObLG OLGSt 17; 21; bei *Rüth* DAR **1980** 270; OLG Koblenz VRS **49** (1975) 379; **67** (1984) 284; OLG Schleswig SchlHA **1979** 177; OLG Stuttgart Justiz **2000** 19, 20.

[45] OLG Hamm JMBlNW **1959** 107.

III. Form der Beschränkung

1. Erklärungsadressat und -form. In der **Berufungshauptverhandlung** genügt Münd- **15**
lichkeit, **vorher** muß die Beschränkung wie die Berufungseinlegung (§ 314 Abs. 1) schriftlich oder zur Niederschrift der Geschäftsstelle erklärt werden[46]. Wird die Beschränkung
nur einem anderen Verfahrensbeteiligten mitgeteilt, so ist sie unwirksam. Sie wird wirksam bei Weiterleitung mit Eingang bei **Gericht**, sofern sie als Verfahrenserklärung zum
Gebrauch gegenüber dem Gericht gewollt war (Freibeweis)[47].

Bei der Prüfung, ob eine wirksame Beschränkung vorliegt, sind wegen der Unwider- **16**
ruflichkeit der Erklärung gleich **strenge Anforderungen** zu stellen wie beim Rechtsmittelverzicht[48]. Eine vorschnell erklärte oder auf unzulässiger Einwirkung des Gerichts beruhende Beschränkung kann unwirksam sein[49].

2. Bedingungsfeindlichkeit. Mit einer **Bedingung** kann die Beschränkung ebenso- **17**
wenig verbunden werden, wie Verzicht oder Zurücknahme[50]. Der Angeklagte kann deshalb die Beschränkung seiner Berufung auf den Strafausspruch auch nicht davon
abhängig machen, daß eine in der Berufungsinstanz nach § 154a Abs. 2 ausgeschiedene
Gesetzesverletzung nicht nach § 154a Abs. 3 wieder in das Verfahren einbezogen wird[51].

3. Mitwirkung des Verteidigers. Zu der **außerhalb der Hauptverhandlung** erklärten **18**
Beschränkung bedarf der Angeklagte auch im Falle der notwendigen Verteidigung **nicht**
der Mitwirkung eines Verteidigers. Sie ist wirksam, auch wenn sie vom Angeklagten zu
einem Zeitpunkt erklärt wird, zu dem ihm kein Verteidiger bestellt worden ist[52]. **In der**
Berufungshauptverhandlung dagegen kann ein unverteidigter und rechtsunkundiger
Angeklagter sein Rechtsmittel dann nicht wirksam beschränken, wenn ein Fall notwendiger Verteidigung gegeben ist: Anders würde dem Angeklagten „die Möglichkeit
genommen …, Tragweite und Bedeutung" der Beschränkungserklärung mit seinem Verteidiger zu erörtern[53].

IV. Zeitraum

1. Beginn. Naturgemäß kann die Beschränkungserklärung frühestens zusammen mit **19**
der Einlegung der Berufung erklärt werden.

2. Ende

a) Nachträgliche Beschränkung. Sie ist **vor der Hauptverhandlung** des Rechtsmittel- **20**
gerichts schriftlich oder zur Niederschrift der Geschäftsstelle zulässig, **in** der Haupt-

---

[46] KK-*Ruß*[4] 3. Wegen der Einzelheiten des Form-
erfordernisses vgl. LR-*Hanack* § 302, 15; LR-*Gössel*
§ 314, 6 ff.

[47] OLG Breslau *Alsb* E **2** Nr. 175; LR-*Hanack* § 302,
26 ff; vgl. LR-*Gössel* § 314, 39.

[48] Vgl. etwa OLG Schleswig bei *Ernesti/Jürgensen*
SchlHA **1969** 154; LR-*Hanack* § 302, 21 ff mit weiteren Nachweisen.

[49] Vgl. OLG Hamm NJW **1973** 381 (Wirkungslosig-
keit einer vom Gericht durch unrichtige Sachbehandlung veranlaßten Berufungsbeschränkung
des ohne Verteidiger gebliebenen Angeklagten, weil

„die Erklärung von der Fehlerhaftigkeit der Nach-
behandlung mit umfaßt" war). Ferner OLG Zweibrücken StV **1982** 13; ferner LR-*Hanack* § 302,
48 ff.

[50] Vgl. LR-*Hanack* § 302, 33.

[51] BayObLGSt **1968** 119 = NJW **1969** 1185.

[52] OLG Hamm JZ **1957** 759 mit zust. Anm. *Eb.
Schmidt.*

[53] OLG Köln StV **1998** 645, welches allerdings entgegen BGHSt **38** 4, 5 und ohne auf diese Entscheidung einzugehen, die Beschränkung noch als
Rechtsmittelverzicht bzw. -rücknahme ansehen will.

Karl Heinz Gössel

verhandlung durch einseitige Prozeßerklärung, die schon vor Protokollierung wirksam wird. Die Beschränkung ist nach **Beginn der Urteilsverkündung** nicht mehr zulässig[54]. Ist die Beschränkung nicht zur Niederschrift in der Hauptverhandlung des Berufungsgerichts erklärt worden, so unterliegt sie dem Freibeweis, sonst der Beweisregel des § 274[55]. Eine hiernach an sich mögliche nachträgliche Beschränkung in der nach Zurückverweisung (§ 353 Abs. 2) erneuerten Hauptverhandlung ist aber dann unwirksam, wenn die aufrechterhaltenen Feststellungen des Berufungsgericht im Widerspruch zu den amtsgerichtlichen Feststellungen stehen: Die jetzt vorgenommene Beschränkung auf den Rechtsfolgenausspruch würde zur Bindungswirkung der amtsgerichtlichen Feststellungen führen, während doch im Revisionsverfahren die Verbindlichkeit der Feststellungen des Berufungsgerichts festgelegt wurde[56].

21   **b) Nachträgliche Erweiterung.** Ist die Berufung bereits beschränkt eingelegt worden, so kann sie gleichwohl später zur unbeschränkten Berufung erweitert werden. Die dem entgegenstehende frühere Meinung[57] beruhte auf der durch BGHSt **38** 4 und **38** 366 überholten Auffassung von der Verzichtsnatur der Rechtsmittelbeschränkung, die dazu führte, der Beschränkung rechtskraftschaffende Natur (s. dazu aber unten Rdn. 26 ff) zuzuerkennen und folglich eine Rücknahme der Beschränkung auszuschließen. Liegt jedoch in einer Rechtsmittelbeschränkung noch kein Teilverzicht, kann ihr keine Rechtskraftwirkung zuerkannt werden mit der Folge, daß auch die beschränkte Berufungseinlegung lediglich die Rechtskraft des angefochtenen Urteils nach § 316 Abs. 1 hemmt und damit einem Übergang zur unbeschränkten Berufung nicht entgegenstehen kann[58]. Allerdings kann dieser Übergang nur noch während des Laufs der *Einlegungs*frist vorgenommen werden: mit dem Ablauf dieser Frist wird die Beschränkung wirksam, führt damit zur sog. Teilrechtskraft hinsichtlich der nicht angefochtenen Urteilsteile, die jetzt einer Erweiterung entgegensteht[59]. Insbesondere kann eine erklärte Beschränkung nicht dadurch rückgängig gemacht werden, daß in der Hauptverhandlung mit ihr unvereinbare Behauptungen und Anträge vorgebracht werden[60].

22   **3. Wirksamkeit und deren Folge.** Als prozessuale Bewirkungshandlung wird die wirksam erklärte Beschränkung **mit Eingang bei Gericht wirksam.** Wird sie nach Ablauf der Rechtsmittelfrist erklärt oder ist sie dahin auszulegen, daß der Rechtsmittelführer im Umfang der Beschränkung auf die Anfechtung endgültig verzichten wollte, so führt sie die **Teilrechtskraft** des Urteils herbei und ist damit unwiderruflich und auch nicht anfechtbar.

---

[54] KK-*Ruß*[4] 3; AK-*Dölling* 3; s. auch LR-*Hanack* § 303, 11.

[55] OLG Koblenz VRS **41** (1971) 135; vgl. LR-*Gollwitzer* § 273, 21, 22; § 274, 16 mit weiteren Nachweisen.

[56] BayObLG MDR **1988** 883; das gilt sogar dann, wenn ein auf unbeschränkte Berufung ergangenes Berufungsurteil in der Revisionsinstanz nur im Strafausspruch aufgehoben wurde, so OLG Stuttgart NJW **1982** 897; *Gössel* JR **1982** 270, 273.

[57] Vgl. z. B. OLG Köln StV **1998** 645; HK-*Rautenberg*[3] 3.

[58] BGHSt **38** 366, 367 für den gleichliegenden Fall einer beschränkt eingelegten Revision. So schon früher BayObLGSt **1967** 146 = JR **1968** 108 mit zust. Anm. *Sarstedt* für den Fall, daß in einer Rechtsmittelbeschränkung kein Verzicht lag (s. dazu oben Rdn. 9).

[59] A. A HK-*Rautenberg*[3] 4.

[60] OLG Stuttgart OLGSt 13 (alte Folge bis 1983).

C. Die Bedeutung von Teilrechtskraft und innerprozessualer Bindung für die Rechtsmittelbeschränkung

I. Notwendigkeit einer Bindungswirkung

1. Rechtsgrund. Soll die Anfechtungsbeschränkung ihr verfahrensökonomisches Ziel **23** (Rdn. 2) erreichen, so müssen die nicht angefochtenen Urteilsbestandteile notwendig jedenfalls grundsätzlich bestehen bleiben und so eine Bindungswirkung entfalten: anders könnte die Entscheidung über die angefochtenen Urteilsteile im Rechtsmittelverfahren in Gegensatz zu der Entscheidung über die nicht angefochtenen Urteilsteile geraten und das Urteil insgesamt widersprüchlich werden und damit die Verfahrensziele der materiellen Gerechtigkeit und des Rechtsfriedens verfehlen. Die Verfehlung der wesentlichen Verfahrensziele aber verfehlt notwendig zugleich das Ziel der Verfahrensökonomie. Die mit der Widerspruchsfreiheit verlangte **innere Einheit der Urteilsgründe** steht damit auch im Dienste der **Verfahrenswirtschaftlichkeit**, die damit zugleich als Rechtsgrund der Bindungswirkung der nicht angefochtenen Urteilsteile anzuerkennen ist.

2. Anfechtungsbeschränkung und Bindungswirkung. Damit kann eine Anfechtung **24** einzelner Urteilsbestandteile nur insoweit in Betracht kommen, als den nicht angefochtenen Teilen für das gesamte Rechtsmittelverfahren eine derartige bindende Bestandskraft zukommt: anders wäre die Anfechtungsbeschränkung gegenstandslos. Diese Bindungswirkung wird bisher nur zwei prozessualen Instituten zuerkannt: der Rechtskraft und der innerprozessualen Bindungswirkung, die folglich **vorentscheidend** sind für die Wirksamkeit einer Anfechtungsbeschränkung.

II. Rechtskraft

1. Vollrechtskraft. Wird das Urteil eines Amtsgerichts nicht oder nicht rechtzeitig **25** angefochten, wird auf dessen Anfechtung verzichtet oder wird ein zunächst eingelegtes Rechtsmittel zurückgenommen, so erwächst dieses Urteil in allen seinen Teilen in Vollrechtskraft (LR-*Hanack* § 302, 35): In diesem Verfahren ist das amtsgerichtliche Urteil nicht mehr mit Rechtsmitteln angreifbar und insoweit unabänderlich (**formelle** Rechtskraft), die Strafklage ist mit der Folge des Verbots einer erneuten Strafverfolgung in einem neuen Verfahren wegen derselben Tat gegen denselben Verurteilten verbraucht (sog. **materielle** Rechtskraft)[61]. Diese Rechtskraftwirkung erfaßt indessen allein den Urteils**tenor**, nicht aber die Urteils**gründe**.

2. Teilrechtskraft. Wird ein amtsgerichtliches Urteil nur in einem oder in mehreren **26** seiner Teile, aber nicht in vollem Umfang angefochten, so erscheint es naheliegend, die soeben Rdn. 25 erwähnte Vollrechtskraft den jeweils nicht angefochtenen Urteilsteilen zuzuerkennen und deshalb insoweit von **Teilrechtskraft** zu reden und hinsichtlich des sie herbeiführenden Anlasses von **Teilanfechtung**. Beide, Teilanfechtung wie Teilrechtskraft, treten in zwei voneinander zu unterscheidenden **Formen** auf: Wie die Anfechtung horizontal oder vertikal beschränkt sein kann, so ist deren Folge eine vertikale oder eine horizontale Rechtskraftwirkung (Rdn. 27 ff); beide Formen können sowohl bei der Anfechtung als auch hinsichtlich der Rechtskraftwirkung miteinander kombiniert sein[62].

---

[61] *Gössel* FS Rieß 115; LR-*Rieß* Einl. J 78, 83 ff.

[62] Vgl. *Sieveking* 6 ff, der zwischen der „Strafteilberufung" (vertikale Beschränkung) und der „Straf-

maßberufung" (horizontale Beschränkung) unterscheidet.

27   **a) Vertikale Teilrechtskraft.** Die Rede von der Teilrechtskraft verdient gewiß in den Fällen Zustimmung, in denen die nicht angefochtenen Urteilsteile selbständige Taten im Sinne des § 264 betreffen, verschiedene Angeklagte oder bestimmte selbständige Taten eines oder mehrerer von verschiedenen Angeklagten: darf doch die verbundene Aburteilung mehrerer Taten oder Angeklagter hinsichtlich der Rechtskraft nicht anders behandelt werden als die ebenso mögliche einzelne Aburteilung jeder selbständigen Tat jedes einzelnen Angeklagten in jeweils selbständigen Strafverfahren[63]. In diesen Fällen einer sog. vertikalen Anfechtungsbeschränkung erwachsen die nicht angefochtenen Urteilsteile grundsätzlich in formelle wie materielle Rechtskraft, die deshalb auch als **vertikale Teilrechtskraft** bezeichnet wird. Entscheidende Kriterien für die Zulässigkeit der vertikalen Anfechtungsbeschränkung auf bestimmte Beschwerdepunkte im Sinne des § 318 Satz 1 bilden damit die Trennbarkeit der nicht angefochtenen von den angefochtenen Urteilsbestandteilen, deren Feststellung keine besonderen Schwierigkeiten aufwirft: Trennbarkeitskriterium bilden die Verschiedenheit sowohl der je betroffenen Angeklagten als auch die Selbständigkeit der Taten im Sinne des § 264.

28   Allerdings ist die **Vollrechtskraft** (Rdn. 25) teilweise **stärker** als die vertikale Teilrechtskraft: Treten im Rechtsmittelverfahren Verfahrenshindernisse auf oder werden solche erst jetzt bemerkt, so ist das Verfahren insgesamt einzustellen, also auch hinsichtlich der nicht angefochtenen Urteilsteile[64], und im Revisionsverfahren kann die vertikale Teilrechtskraft zudem durch §§ 354, 357 durchbrochen werden (LR-*Hanack* Vor § 296, 35). Dennoch: Im Grundsatz kann bei vertikaler Anfechtungsbeschränkung den nicht angefochtenen Urteilsteilen, trotz der erwähnten Ausnahmen, formelle wie materielle Rechtskraft im Rdn. 25 dargelegten Sinne zuerkannt werden (LR-*Rieß* Einl. J 77)[65], welche die in Rdn. 23 als notwendig erkannte Bestandskraft der nicht angefochtenen Urteilsteile auslöst.

29   **b) Horizontale Teilrechtskraft.** Erhebliche Probleme aber bereitet die Frage, ob einzelne Urteilsbestandteile, welche **dieselbe Tat** im Sinne des § 264 betreffen, dann eine bindende Bestandskraft entfalten können, wenn sie nicht zum Gegenstand der (beschränkten) Anfechtungserklärung gemacht worden sind.

30   Aus einer auch nur grundsätzlich anzuerkennenden **Rechtskraftwirkung** wird man eine etwaige **Bindungswirkung** indessen **nicht herleiten** können. Außer in den Fällen, in denen schon die vertikale Teilrechtskraft durchbrochen werden kann (Rdn. 28), kann die horizontale Teilrechtskraft zudem auch dann eine Bindungswirkung der nicht angefochtenen Urteilsteile hindern, führte dies zu einem unerträglichen Widerspruch zur materiellen Gerechtigkeit etwa dann, wenn sich bei einer auf den Strafausspruch beschränkten Berufung herausstellt, daß die angeklagte Tat nicht strafbar war oder der Angeklagte im Zustand der Schuldunfähigkeit behandelt hatte (Näheres dazu unten Rdn. 38, 46, 54 ff). Überdies ist zu bedenken, daß die horizontale Wirkung der Teilrechtskraft insoweit sogar über die Wirkung der Vollrechtskraft hinausgeht, als ihr nicht nur hinsichtlich der nicht angefochtenen Teilentscheidung im Urteilstenor eine Bindungswirkung zuerkannt wird, sondern auch hinsichtlich der tatsächlichen Feststellungen, die den Unterbau der nicht angefochtenen oder nicht aufgehobenen Teilentscheidung bilden, wie aber auch deren rechtlicher Bewertung[66] sowie zudem „die Tatsachen, aus denen der

---

[63] SK-*Frisch* Vor § 296, 287; *Gössel* FS Rieß 116.
[64] *Grünwald* 19.
[65] *Meyer-Goßner*[46] Einl. 185; SK-*Frisch* Vor § 296, 287; *Grünwald* 18; im Ergebnis ebenso BayObLG JZ **1960** 30, 31 mit krit. Anmerkung *Heinitz*.

[66] Ständige Rechtsprechung, vgl. z. B. RGSt **42** 241, 242; BGHSt **28** 119, 121; KK-*Ruß*[4] 9.

Beweis" für die Feststellungen zum Tatgeschehen einschließlich der Tatbestandsmerkmale „abgeleitet wird"[67]. Darüber hinaus – und entscheidend – ist indessen zu berücksichtigen, daß bei einer etwaigen teilweisen Anfechtung allein des Rechtsfolgenausspruchs die Strafklage eben noch nicht verbraucht ist[68]: Folglich wird der horizontalen Teilrechtskraft eine auch nur grundsätzlich anzuerkennende *materielle* Rechtskraftwirkung im oben Rdn. 25 dargelegten Sinne nicht mehr zuerkannt werden können[69]. Eine auch nur formelle Rechtskraftwirkung aber besteht schon deshalb nicht, weil der teilrechtskräftige Schuldspruch in dem soeben erwähnten Falle eines unerträglichen Gegensatzes zur materiellen Gerechtigkeit im Rechtsmittelverfahren durchaus abgeändert werden kann. Insgesamt also kommt der horizontal teilrechtskräftigen Entscheidung weder materielle noch formelle Rechtskraft zu (LR-*Rieß* Einl. J 77)[70].

III. Innerprozessuale Bindung bei horizontal beschränkter Anfechtung

1. Bindungswirkung. Will man nun aber dem Grundsatz der Prozeßwirtschaftlichkeit **31** auch durch die Zulassung einer horizontal beschränkten Anfechtung Rechnung tragen, muß den nicht angefochtenen Urteilsteilen ebenfalls die in Rdn. 23 erwähnte Bestandskraft und Bindungswirkung zukommen, die allerdings keine Wirkung der Rechtskraft sein kann, sondern von einer solchen notwendig verschieden sein muß. Eine derartige Wirkung erkennen Rechtsprechung und Literatur allgemein an; wohl seit *Bruns* wird sie als innerprozessuale Bindungswirkung bezeichnet[71].

2. Trennbarkeit als Voraussetzung. Begründet so die Prozeßwirtschaftlichkeit die **32** Notwendigkeit einer Bindungswirkung für die Urteilsteile, die bei vertikal beschränkter Anfechtung nicht angegriffen werden, so begrenzt sie auch diese Wirkung: So kann „ein Rechtsmittel nur auf solche Beschwerdepunkte beschränkt werden …, die losgelöst von dem nicht angegriffenen Teil der Entscheidung nach dem inneren Zusammenhang rechtlich und tatsächlich selbständig beurteilt werden können"[72]: anders bestünde die jeder Prozeßökonomie zuwiderlaufende Gefahr einander widersprechender Entscheidungen. Wie bei der vertikalen Anfechtungsbeschränkung (Rdn. 27), so erweist sich damit auch hier die Trennbarkeit der angefochtenen von den nicht angefochtenen Urteilsteilen als Voraussetzung von Bestandskraft und Bindungswirkung der nicht angefochtenen Urteilsteile – damit der Wirksamkeit der horizontal beschränkten Anfechtung.

Dieser **Grundsatz** gilt allgemein. Da es sich vor allem um Begrenzungen innerhalb **33** eines einheitlichen Geschehens, innerhalb eines Lebensvorgangs handelt, und da die Grundentscheidung über die Schuld und die dazu getroffenen Feststellungen die bindende Grundlage für die darauf aufbauenden Folgeentscheidungen bilden, kann die von der Rechtsprechung entwickelte Abtrennbarkeitsformel nicht dahin verstanden werden, daß

[67] *Meyer-Goßner*[46] Einl. 187.
[68] BGH NJW **1980** 1807; KK-*Pfeiffer*[4] Einl. 168; *Meyer-Goßner*[46] Einl. 185a.
[69] KK-*Pfeiffer*[4] Einl. 168; *Meyer-Goßner*[46] Einl. 185a; *Ranft* 1877; *Bruns* 39 f; *Grünwald* 18.
[70] *Meyer-Goßner*[46] 31; *Schlüchter* 638; *Gössel* FS Rieß 116 ff, 121; so wohl auch *Ranft* 2058; **a. A** KK-*Kuckein*[4] § 344 14; HK-*Rautenberg*[3] 5, der sich indessen zum angeblichen Verbrauch der Strafklage

zu Unrecht auf BGH NJW **1972** 548 und **1982** 1295 beruft; zweifelnd an der materiellen Rechtskraft der Teilrechtskraft schon *Eb. Schmidt* § 318, 44; AK-*Dölling* § 318 Rdn. 37 spricht von „abgeschwächte(r) Bestandskraft"; vgl. dazu auch LR-*Hanack* Vor § 296, 33 ff.
[71] *Bruns* 14; SK-*Frisch* Vor § 296, 289; *Meyer-Goßner*[46] Einl. 185a und § 318, 31; *Schlüchter* 673.3.
[72] BGHSt **19** 46, 48; allg. M.

Karl Heinz Gössel

sie völlig isolierte Entscheidungsteile voraussetzt. Wer dies fordert, muß die Beschränkbarkeit grundsätzlich verneinen[73].

34   Hält man an der Beschränkbarkeit, so wie sie von der Rechtsprechung entwickelt wurde, aus Gründen der **praktischen und wirtschaftlichen Prozeßgestaltung** fest[74], dann muß es genügen wenn dem Berufungsgericht ein **eigener Entscheidungsraum** verbleibt[75], innerhalb dessen es auf Grund eigener Feststellung die seiner Beurteilung unterstellte Teilentscheidung selbst treffen kann. Ist dies nicht möglich, weil die Feststellungen der nichtangefochtenen Urteilsteile die Entscheidungen des Berufungsgerichts in allen wesentlichen Grundlagen bereits festgelegt haben[76], kann der für die eigene Urteilsfindung über die beschränkte Berufung unerläßliche Entscheidungsraum dadurch geschaffen werden, daß das Berufungsgericht im dafür notwendigen Umfang die anderen Urteilsteile mitüberprüft.

35   Das Berufungsgericht ist, wenn es anders die von ihm begehrte Entscheidung nicht selbständig treffen könnte, an eine sonst an sich mögliche und in zulässiger Weise erklärte Rechtsmittelbeschränkung **nicht gebunden**. Es ist zur Nachprüfung des Ersturteils in einem solchen Umfang berechtigt und verpflichtet, als es die selbständige Erfüllung seiner Aufgabe erfordert. Die mit dem Prüfungszweck des Rechtsmittels unvereinbare Bindungswirkung wird nicht dadurch beseitigt, daß insoweit widersprechende Feststellungen zugelassen werden, sondern dadurch, daß die Wirksamkeit der Beschränkung verneint wird. Wieweit die in der Rechtsprechung[77] grundsätzlich geforderte innere **Widerspruchsfreiheit** der Urteilsgründe reicht, ist strittig.

D. Wirksamkeit der Teilanfechtung

I. Offene Fragen

36   **1. Streitstand.** Ist so in der Trennbarkeit von Urteilsteilen ein wesentliches Kriterium jeder zulässigen Anfechtungsbeschränkung sowohl in ihrer vertikalen als auch in ihrer horizontalen Form zu erblicken, so erscheint dennoch die Wirksamkeit der Rechtsmittelbeschränkung und damit auch der Berufungsbeschränkung als weitgehend ungeklärt. So gehen **bei ein und demselben Angeklagten** die Meinungen in Rechtsprechung und Schrifttum darüber auseinander, wieweit aus der Forderung nach der inneren Einheit der Urteilsgründe dem Berufungsgericht Bindungen aus einem nichtangefochtenen Urteilsteil erwachsen, wieweit innerhalb ein und derselben Tat (im Sinne des § 264) widersprüchliche Feststellungen hinnehmbar sind und wieweit zu deren Vermeidung die Beschränkbarkeit der Berufung ausgeschlossen ist[78]. Vereinzelt wird sogar die Trennbarkeit der Feststellungen zwischen Schuld- und Straffrage, der Hauptfall der horizontalen Beschränkbarkeit der Berufung, überhaupt verneint[79]. Soweit die herrschende Meinung

---

[73] So etwa *Grünwald* 310; JR **1979** 300.
[74] BGHSt **19** 48; **24** 188; **29** 364; OLG Karlsruhe NJW **1971** 157; **a. A** *Grünwald* JZ **1966** 106.
[75] BayObLG VRS **97** (1999) 359.
[76] Wo das Gesetz nur eine absolut bestimmte Strafe androht, ist an sich keine Beschränkung auf den Strafausspruch denkbar, da hier notgedrungen jeder Angriff gegen die Strafe sich auch gegen den Schuldspruch richten muß (vgl. *Spendel* ZStW **67** (1955) 564; *Hartung* SJZ **1949** 66; *Sieveking* 21). Eine Ausnahme erscheint aber möglich, wenn nur

die absolute Strafe für sich allein als verfassungswidrig angegriffen wird.
[77] Etwa BGHSt **10** 72; **24** 185 = JR **1972** 202 mit Anm. *Meyer*; BGHSt **29** 365; OLG Karlsruhe NJW **1971** 157; zu den Streitfragen vgl. LR-*Hanack* § 344, 22 ff.
[78] Zu den zahlreichen Zweifelsfragen vgl. etwa *Bruns* 63 ff; *Grünwald* 58 ff; *Paeffgen* StV **1986** 504; *Sieveking* 70, 74.
[79] Verneinend etwa *Grünwald* JZ **1966** 106.

sie zuläßt (Näheres Rdn. 74 ff), ist strittig, ob eine Bindung hinsichtlich solcher Tatsachen besteht, die zum einen im nicht angefochtenen Urteilsteil die Entscheidung mit tragen, die zum andern aber auch für die vom Berufungsgericht zu treffende Entscheidung erheblich sind (**doppelrelevante Tatsachen**)[80]. Vor allem aber ist umstritten, wie bei der vertikalen Berufungsbeschränkung auf eine von mehreren in Tatmehrheit stehenden Straftaten, die zur gleichen Tat im verfahrensrechtlichen Sinn gehören, der Widerstreit zwischen Beschränkbarkeit des Rechtsmittels, Bindungswirkung und Widerspruchsfreiheit zu lösen ist. Die Rechtsprechung sucht aus Gründen der Prozeßwirtschaftlichkeit meist pragmatische Lösungen[81], welche die Beschränkbarkeit nicht generell in Frage stellen. Ein Teil des Schrifttums räumt wegen der nicht aufspaltbaren prozessualen Einheit der Tat der Widerspruchsfreiheit den Vorrang ein, mit der Folge, daß entweder die Beschränkbarkeit verneint[82] oder die Bindungswirkung auch auf doppelrelevante Feststellungen ausgedehnt wird[83]. Eine andere Auffassung[84] verneint für diese Fälle die Forderung nach Widerspruchsfreiheit der getroffenen Feststellungen, um durch Zurückdrängung der Bindungswirkung auf die logisch vorgeordneten, unangefochtenen Entscheidungsteile dem Berufungsgericht den notwendigen Entscheidungsraum bei dem seiner Nachprüfung unterstellten Teilbereich zu erhalten.

2. Teilanfechtung und Teilaufhebung. Bei der Teilaufhebung nach § 353 durch das **37** Revisionsgericht stellen sich ebenfalls die Fragen der inneren Einheit der Urteilsgründe und die nach der damit verbundenen Teilrechtskraft und innerprozessualen Bindungswirkung. Rechtsprechung und Literatur beantworten diese Fragen bei der Teilaufhebung jedoch anders als bei der Teilanfechtung (vgl. LR-*Hanack* § 353, 17, 21)[85], während es doch folgerichtig wäre, „eine nur teilweise Anfechtung ... in gleicher Weise wie eine teilweise Urteilsaufhebung durch das Revisionsgericht" zu behandeln[86]. Die damit verbundene Problematik harrt noch ihrer Aufarbeitung[87].

II. Grenzen der Bindungswirkung

1. Überblick. Die Verfahrenswirtschaftlichkeit durch Anfechtungsbeschränkung **38** (Rdn. 2) muß dort zurückstehen, wo sie mit übergeordneten Verfahrenszielen der auf Wahrheitsfindung und Gerechtigkeit ausgerichteten staatlichen Strafrechtspflege und der Verpflichtung zu einem gesetzmäßigen Verfahren unvereinbar wäre. Sie wird unbeachtlich, wenn das Erstgericht sachlich nicht zuständig war oder sonstige Prozeßhindernisse bestehen oder **Prozeßvoraussetzungen** fehlen. Die Unwirksamkeit der Beschränkung kann sich vor allem aus Gesichtspunkten ergeben, die im Wesen der Berufung als einer selbständigen Entscheidung über die zur Nachprüfung gestellten Teile der Tat in tatsächlicher und rechtlicher Hinsicht wurzeln. Dem Berufungsgericht darf die Möglichkeit einer „auf Wahrheit beruhenden, gerechten Sachentscheidung"[88]

---

[80] Etwa BGHSt 7 283 = JZ **1955** 428 mit Anm. *Niethammer* = MDR **1955** 433 mit Anm. *Kleinknecht*; BGHSt **29** 359 (auf Vorlage gegen OLG Schleswig) = JR **1980** 302 mit Anm. *Grünwald*.

[81] Vgl. *Tröndle* NJW **1966** 30 (Maximierung der Einzelfallgerechtigkeit).

[82] *Grünwald* 146 ff; 258 ff; JZ **1966** 108; **1970** 331; KMR-*Sax* Einl. **XIII** 89, 101; vgl. LR-*Hanack* § 344, 22 mit weiteren Nachweisen.

[83] Vgl. etwa BGHSt **10** 73; BGHSt **24** 185 mit abl.

Anm. *Meyer* JR **1972** 203; BGHSt **28** 121 = JR **1979** 299 mit abl. Anm. *Grünwald*.

[84] Vgl. etwa *Meyer* JR **1972** 205; *Sieveking* 70, 74, 129; LR-*Hanack* § 344, 22.

[85] Vgl. z. B. KK-*Kuckein*[4] § 353, 24; HK-*Temming*[3] § 353, 8; *Bruns* 149; *Milzer* NStZ **1993** 70.

[86] BayObLG JZ **1960** 30.

[87] Vgl. dazu *Gössel* FS Rieß 129 ff, 134.

[88] *Eb. Schmidt* 4.

Karl Heinz Gössel

nicht durch eine juristisch-begriffliche Begrenzung verbaut werden. Insbesondere ist die Beschränkung der Berufung wirkungslos, wenn das Ersturteil in seinem nichtangefochtenen Teil keine **sichere ausreichende Grundlage** für die darauf aufbauende Entscheidung des Berufungsgerichts bietet oder wenn aus Gründen des materiellen oder prozessualen Rechts eine umfassende Ausschöpfung des Unrechtsgehalts der Tat nicht möglich wäre[89].

39   **2. Verfahrensvoraussetzungen.** Prozeßvoraussetzungen und Prozeßhindernisse sind in jeder Lage des Verfahrens von Amts wegen zu beachten (LR-*Rieß* Einl. J 50). Das gilt auch im Fall der Berufungsbeschränkung[90]. Das Verfahrenshindernis ist auch dann zu beachten, wenn es nur einen von **mehreren rechtlichen Gesichtspunkten** betrifft und deshalb nicht zur Einstellung des Verfahrens im ganzen führen kann[91], sondern nur hinsichtlich des einzelnen rechtlichen Gesichtspunkts durchgreift.

40   **a)** Durch die **horizontale Beschränkung** der Anfechtung etwa auf den Rechtsfolgenausspruch wird keinerlei Rechtskraftwirkung herbeigeführt (Rdn. 29) und das Verfahren dauert ungeachtet der den nicht angefochtenen Urteilsteilen zukommenden innerprozessualen Bindungswirkung noch an[92]. Folglich bestehen auch keine Hindernisse für die Berücksichtigung von Prozeßhindernissen oder fehlenden Prozeßvoraussetzungen als Sachurteilsvoraussetzungen[93]; fehlen diese, kann deshalb die endgültige Sachentscheidung nicht mehr ergehen.

41   Da jede einzelne Strafe oder Maßregel zumindest für sich als Einheit zu betrachten ist[94], können die der endgültigen Entscheidung **logisch vorgeordneten, unselbständigen Entscheidungsteile** für sich allein auch dann keinen Bestand haben, wenn sie unangefochten geblieben sind[95]. Dies gilt vor allem, wenn das Rechtsmittel auf den Strafausspruch oder auf Teile davon wie etwa die Entscheidung über die Strafaussetzung zur Bewährung[96] oder die Anrechnung der Untersuchungshaft[97], beschränkt worden ist. Selbst wenn das Urteil nur noch in einem Nebenpunkt angefochten ist, führt ein erkanntes Verfahrenshindernis zur Einstellung des gesamten Verfahrens[98], so etwa bei einer auf die Anordnung einer Wertersatzstrafe beschränkten Revision in einem Amnestiefall[99], bei einem nur noch die Entscheidungen über die Einziehung[100] oder die notwendigen Auslagen des Nebenklägers[101] betreffenden Rechtsmittel. Dies gilt auch für das Verfahrenshindernis der Verjährung selbst dann, wenn die horizontale Teilrechtskraft hinsichtlich Schuldspruch und Strafe zu nicht verjährter Zeit eingetreten ist und die Anfechtung sich nur gegen eine sonstige Rechtsfolgenanordnung richtet: hindert doch die Ver-

---

[89] BGHSt **25** 72; zum umgekehrten Fall vgl. BGH MDR **1982** 283.

[90] BGHSt **6** 304, 305; **8** 269, 270; **13** 128; BayObLG wistra **1994** 322; KK-*Ruß*[4] § 327, 3; *Meyer-Goßner*[46] Einl. 151.

[91] BayObLG VRS **25** (1963) 448.

[92] A. A *Hettinger* JZ **1987** 392.

[93] *Eb. Schmidt* I 117 ff.

[94] RG DRiZ **1931** Nr. 39; KMR-*Sax* Einl. **XIII** 77.

[95] RG DStR **1939** 287; BayObLG HRR **1932** Nr. 216; KG HRR **1928** Nr. 1955; KMR-*Paulus* 22; a. A LG Bonn MDR **1947** 272; dazu *Grünwald* 319.

[96] BGHSt **11** 393.

[97] RG HRR **1938** Nr. 941; vgl. LR-*Hanack* § 337, 30.

[98] Vgl. RGSt **62** 262; **64** 183; **65** 150; **66** 173; **67** 30; **74**

206; BGHSt **6** 304; **8** 269; **11** 393; **13** 128; **21** 24; **26** 4; **28** 119; BGH bei *Dallinger* MDR **1956** 146; **1958** 566; OLG Hamburg MDR **1958** 52; OLG Bremen NJW **1956** 1248; *Meyer-Goßner*[46] Einl. 151, 186; KMR-*Sax* Einl. **XIII** 76; *Eb. Schmidt* 51; *Spendel* ZStW **67** (1955) 568; LR-*Hanack* § 337, 30; § 344, 66; a. A *Grünwald* 318. Vgl. dazu LR-*Hanack* § 337, 30.

[99] BGHSt **6** 304.

[100] RGSt **74** 206.

[101] BGHSt **13** 128; a. A *Grünwald* 326 (keine Prüfung der Sachentscheidungsvoraussetzungen, wenn nur noch prozessualer Entscheidungteil angefochten). Vgl. dazu ferner LR-*Hanack* § 337, 30.

jährung die Strafverfolgung insgesamt und nicht nur wegen einzelner Rechtsfolgeanordnungen[102].

b) Bei der **vertikalen Beschränkung** kann deshalb nichts anderes gelten, weil der **42** gesamte Urteilsspruch einschließlich seiner nicht angefochtenen Teile voraussetzt, „daß das Verfahren zulässig war"[103]. Bei der vertikalen Beschränkung auf einzelne von mehreren Taten desselben Angeklagten ist notwendig zugleich der Gesamtstrafenausspruch mitangefochten, so daß insoweit zugleich eine horizontale Anfechtungsbeschränkung vorliegt: folglich sind auch in diesem Fall Prozeßvoraussetzungen und -hindernisse zu berücksichtigen[104]. Die nachträgliche Gesamtstrafenbildung (§ 55 StGB, § 460) hindert dieses Ergebnis deshalb nicht[105], weil die nachträglich einzubeziehenden Entscheidungen bereits in volle Rechtskraft erwachsen sein müssen. Etwas anderes gilt aber dann, wenn die allein angefochtenen Schuld- und Strafaussprüche nicht gesamtstrafenfähig sind und in die wegen der nicht angefochtenen selbständigen Taten ausgesprochene Gesamtstrafe gar nicht einbezogen werden können und auch bei der personal bedingten vertikalen Anfechtungsbeschränkung auf Urteilsbestandteile, die nur einzelne von mehreren Mitangeklagten betreffen: Diese Urteilsbestandteile erwachsen mit dem Ablauf der Berufungseinlegungsfrist oder mit Berufungsverzicht oder -rücknahme in volle Rechtskraft und scheiden damit aus dem weiteren Verfahren aus[106]. Zur Beseitigung dieser mit dem Gebot der materiellen Gerechtigkeit kaum zu vereinbarenden Konsequenz bleiben in der Tat nur die unvollkommenen Möglichkeiten der Wiederaufnahme (vgl. dazu LR-*Gössel* § 373, 16 f) oder einer Gnadenentscheidung[107]: bei der personal bedingten vertikalen Beschränkung scheidet auch die Möglichkeit einer analogen Anwendung des § 357 aus (LR-*Hanack* § 357, 4).

c) Beschränkung auf die Nachprüfung der Verfahrensvoraussetzungen. Daß der Mangel **43** einer Verfahrensvoraussetzung trotz Rechtsmittelbeschränkung grundsätzlich zu beachten und vom Beschwerdeführer nicht auszuschließen ist, bedeutet nicht umgekehrt, daß ein Rechtsmittel niemals auf das Vorliegen eines Prozeßhindernisses beschränkt werden könne, so daß die Berufung notwendig Schuld- und Strafausspruch erfasse, wenn nur die Nichtbeachtung eines Verfahrenshindernisses gerügt werde. Es hängt von der Art des Verfahrenshindernisses ab, ob insoweit eine getrennte Nachprüfung möglich ist, weil sich sein Vorliegen losgelöst von der Schuld- und Rechtsfolgenfrage beurteilen läßt[108]. Stehen die erforderlichen Feststellungen in einem untrennbaren inneren Zusammenhang mit den zum Schuld- und Strafausspruch zu treffenden Feststellungen, so führt ihre Überprüfung notwendigerweise auch zu einer Überprüfung des gesamten Urteils. Zum Beispiel kann es vom Inhalt des Schuldspruchs abhängen, ob ein unter ein Straffreiheitsgesetz fallender Straftatbestand vorliegt[109] oder ob die Tat als Vergehen zu würdigen ist

---

[102] **A. A** OLG Neustadt GA **1956** 268 zu der allein angefochtenen Entziehung der Fahrerlaubnis, zust. *Grünwald* 324; ähnlich auch KG JR **1962** 153 (zur ehem. Unterbringung im Arbeitshaus).

[103] BGHSt **13** 128, 129.

[104] BGHSt **8** 269, 270 f mit insoweit zust. Anmerkung *Jescheck* JZ **1956** 418; AK-*Dölling* 39; SK-*Frisch* 30; so wohl auch KK-*Ruß*[4] § 327, 3; **a. A** *Meyer-Goßner*[46] Einl. 151; KMR-*Paulus* 21; *Sieveking* 125; LR-*Hanack* § 337, 30; Vgl. auch LR-*Hanack* § 344, 66.

[105] So aber *Grünwald* 325, diesem zust. *Meyer-Goßner*[46] Einl. 151; widersprüchlich insoweit BGHSt **13** 269, 271.

[106] Aus § 354a läßt sich deshalb nichts Gegenteiliges herleiten, weil der Berufungsrichter § 2 Abs. 2 StGB ohnehin beachten muß.

[107] So treffend *Jescheck* JZ **1956** 418, **gegen** ihn *Grünwald* 325.

[108] *Grünwald* 375; *Hartung* SJZ **1949** 66; KMR-*Paulus* 19; vgl. LR-*Hanack* § 344, 17.

[109] RGSt **40** 274; **51** 243; **53** 40; **54** 8; **57** 190; RG DStR **1939** 810; BGH NJW **1951** 810; BayObLGSt **1956** 2 = JZ **1956** 188; KMR-*Paulus* 19; LR-*Hanack* § 344, 18; **a. A** RGSt **54** 82.

Karl Heinz Gössel

oder als verjährte Ordnungswidrigkeit[110] oder ob sie sonst **verjährt** ist[111]; sofern dies nicht im Einzelfall ohne Rückgriff auf die Feststellungen zum Schuldspruch beurteilt werden kann, muß auch dieser überprüft werden[112]. Eine isolierte Anfechtung ist dagegen möglich bei der Frage der **Einhaltung der Auslieferungsbedingungen**[113] oder des Vorliegens eines **Strafantrags**[114]. Ob die Strafklage durch ein früheres Urteil verbraucht ist, wird meist auch ohne inhaltliche Überprüfung der Urteilsfeststellungen feststellbar sein[115].

44   Kann das Berufungsgericht über das Vorliegen eines Verfahrenshindernisses ausschließlich im Wege des Freibeweises und ohne Rückgriff auf die Urteilsfeststellungen entscheiden, besteht kein Grund, ausnahmslos auch eine vom Beschwerdeführer nicht gewollte **weitergehende Urteilsüberprüfung** vorzunehmen. Dies ist zwar ohne Bedeutung, wenn das Verfahrenshindernis vorliegt, da dann das Verfahren einzustellen ist ohne Rücksicht darauf, in welchem Umfang das Ersturteil angefochten worden war[116], wenn aber das Berufungsgericht das Vorliegen eines Verfahrenshindernisses verneint, ist es zu einer weiteren Nachprüfung des Ersturteils nicht verpflichtet[117].

III. Allgemeine Unwirksamkeit horizontaler Beschränkung

45   **1. Allgemeines.** Die bei horizontaler Abgrenzung (Rdn. 3) mögliche Beschränkung der Berufung auf **abtrennbare**, für eine selbständige Nachprüfung geeignete **Urteilsteile** hat die **logische Aufeinanderfolge der Entscheidungsteile** zu beachten, denn in die Überprüfung müssen notwendigerweise alle die Urteilsteile mit einbezogen werden, die auf dem angegriffenen Punkt aufbauen.

2. Fehlen ausreichender Feststellungen

46   **a) Allgemeine Regeln.** Bei **Fehlen ausreichender Feststellungen** ist die Beschränkung unwirksam. Dies ist der Fall, wenn das angefochtene Urteil nicht von allen Richtern unterschrieben wurde[118], wenn das Ersturteil das *angewandte Strafgesetz* oder die *tatsächlichen Grundlagen* eines angewandten Straftatbestandes[119] und den angewendeten Strafrahmen[120] **nicht erkennen** läßt oder überhaupt nicht[121] oder aber so lückenhaft[122] **oder unzulänglich begründet** ist, daß die in seinem nichtangefochtenen Teil getroffenen Feststellungen dem Berufungsgericht nicht gestatten, seine Entscheidung daran anzu-

---

[110] Für Übertretung nach früherem Recht: OLG Braunschweig NJW **1956** 1118; **a.A** *Kubisch* NJW **1956** 1530.

[111] BGHSt **2** 385; BGH NJW **1984** 988; OLG Braunschweig NJW **1956** 1118; OLG Celle MDR **1966** 865; VRS **31** (1966) 194; OLG Hamburg MDR **1958** 52; OLG Oldenburg NdsRpfl. **1953** 207; KMR-*Paulus* 19.

[112] Vgl. OLG Frankfurt NStZ **1982** 35; LR-*Hanack* § 344, 18.

[113] RGSt **64** 183; **66** 172; KMR-*Paulus* 19; LR-*Hanack* § 344, 18.

[114] RGSt **43** 367; BayObLG JW **1925** 2796; KG JW **1933** 1902; KMR-*Paulus* 19; LR-*Hanack* § 344, 18.

[115] RGSt **40** 274; **51** 241; **54** 83; KMR-*Paulus* 19; *Sarstedt/Hamm* 85; vgl. aber auch OLG Hamburg VRS **45** (1973) 31.

[116] *Eb. Schmidt* 51 sieht im ausschließlichen Geltend-

machen eines Verfahrenshindernisses keine Rechtsmittelbeschränkung, sondern das Verlangen, vor jedem Eingehen auf die Sache zu prüfen, ob nicht das Verfahren durch Einstellung zu beenden ist.

[117] OLG Köln VRS **49** (1975) 360.

[118] OLG Düsseldorf VRS **72** (1987) 117; vgl. LR-*Gollwitzer* § 275, 36 ff.

[119] BayObLG VRS **67** (1984) 357.

[120] OLG Köln VRS **98** (2000) 140, 142; *Meyer-Goßner*[46] 17.

[121] RG HRR **1939** Nr. 597; OLG Köln MDR **1969** 864; *Meyer-Goßner*[46] 16; *Spendel* ZStW **67** (1955) 564.

[122] OLG Celle NdsRpfl. **1981** 254; OLG Düsseldorf VRS **64** (1983) 36; **67** (1984) 271; OLG Koblenz VRS **70** (1986) 14; vgl. *Kaiser* NJW **1983** 2418 (u. a. auch zur Nichterörterung der actio libera in causa).

knüpfen, etwa, wenn sie in sich widerspruchsvoll sind[123], wenn das Tatgeschehen nur summarisch festgestellt[124] oder sonst das Ausmaß der Tat nicht erkennbar ist[125].

Entsprechendes wird bei **fehlerhafter „Subsumtion** unter einen nicht verwirklichten **47** Tatbestand mit höherem Strafrahmen"[126] angenommen, ferner dann, wenn der Sachdarstellung nicht zu entnehmen ist, ob der Täter **vorsätzlich oder fahrlässig** gehandelt hat[127], wenn die Schuldfähigkeit trotz gegebenen Anlasses (etwa Trinkmengenangabe, Blutalkoholkonzentration) ungeprüft[128] oder sonst ungeklärt[129] bleibt[130]. Gleiches gilt, lassen die Feststellungen im angefochtenen Urteil nicht erkennen, ob beim Täter **sonstige subjektive Strafbarkeitsvoraussetzungen** vorlagen (etwa Eigennützigkeit beim unerlaubten Handeltreiben mit Betäubungsmitteln)[131] oder wenn offen bleibt, ob nur eine versuchte Tat vorliegt[132].

Unwirksam ist auch die **Beschränkung auf den Strafausspruch**, wenn die getroffenen **48** Feststellungen zum Schuldspruch „so dürftig, unklar oder widersprüchlich sind, daß sie den Unrechts- und Schuldgehalt der Tat auch nicht einmal in groben Umrissen erkennen lassen und daher keine ausreichende Grundlage für die Rechtsfolgenentscheidung bilden können"[133]. Ebenso unwirksam ist die **Beschränkung auf die Strafaussetzung** zur Bewährung, wenn die Ausführungen zum *Strafmaß* im Ersturteil so dürftig sind, daß das Berufungsgericht nicht beurteilen kann, ob seine Feststellungen mit den im Urteil nicht ausgewiesenen Feststellungen des Erstrichters vereinbar sind[134] sowie ferner, wenn die „Erwägungen zu den nicht angefochtenen Teilen" keine „ausreichende Grundlage für die Bewährungsentscheidung bilden"[135].

b) Einzelfälle. Die Unwirksamkeit einer Berufungsbeschränkung auf den Rechts- **49** folgenaupruch wegen unzureichender tatrichterlicher Feststellungen wurde demnach etwa dann bejaht, „wenn der Tatrichter bei einer Verurteilung wegen unerlaubten Handel-

---

[123] OLG Hamm VRS **42** (1972) 197; 426; OLG Köln VRS **68** (1985) 278; OLG Schleswig bei *Ernesti/ Lorenzen* SchlHA **1985** 136; vgl. ferner die Nachweise Fußn. 124, 125, 129, 133.

[124] OLG Hamm NJW **1962** 1074.

[125] Vor allem bei einer fortgesetzten Handlung; vgl. etwa BGH bei *Holtz* MDR **1980** 108; OLG Köln VRS **61** (1981) 348; **65** (1983) 45.

[126] OLG Köln NStZ-RR **2000** 49.

[127] BayObLG bei *Rüth* DAR **1986** 248; OLG Celle VRS **35** (1968) 208; OLG Düsseldorf VRS **64** (1983) 36 (bed. Vorsatz oder bewußte Fahrlässigkeit); **65** (1983) 453; **67** (1984) 271; OLG Düsseldorf VRS **67** (1984) 271, 272; OLG Hamm NJW **1969** 474; VRS **30** (1966) 203; OLG Koblenz VRS **53** (1977) 337; OLG Köln VRS **82** (1992) 39, 40; **98** (2000) 140, 142; OLG Stuttgart VRS **37** (1969) 121; vgl. aber andererseits OLG Hamm VRS **13** (1957) 363 (im Zweifel Fahrlässigkeit).

[128] BayObLG VRS **99** (2000) 420; VRS **89** (1995) 128, 129; OLG Hamm VRS **74** (1988) 444, 445.

[129] BayObLG VRS **100** (2001) 354, 355; OLG Hamm VRS **75** (1988) 46; OLG Koblenz VRS **75** (1988) 46; OLG Köln VRS **98** (2000) 140, 143.

[130] Vgl. BayObLG bei *Janiszewski* NStZ **1987** 404; Rdn. 34, 37 mit weiteren Nachweisen; *Schlüchter* 641 (Beschränkung unwirksam, wenn sich nachträglich volle Schuldunfähigkeit ergibt). Zum „Lückenargument" vgl. auch *Hettinger* JZ **1987** 390.

[131] OLG Hamburg StV **2000** 608.

[132] Etwa BayObLG bei *Bär* DAR **1987** 313, 315; OLG Zweibrücken MDR **1973** 1039; ferner Fußn. 127, 129.

[133] BayObLGSt **1968** 94 = MDR **1969** 242; BayObLG bei *Rüth* DAR **1982** 255; bei *Bär* DAR **1987** 315; bei *Janiszewski* NStZ **1987** 117, 404; NStZ **1998** 532; NStZ-RR **2002** 89, 90; VRS **100** (2001) 187, 188; KG NJW **1976** 813; OLG Celle VRS **35** (1968) 208; **38** (1970) 261; OLG Düsseldorf DAR **1971** 191; NStZ **1992** 298, 299; VRS **94** (1998) 265, 266; OLG Hamburg DAR **1959** 165; StV **2000** 608; OLG Hamm JMBlNW **1969** 57; NJW **1962** 1074; VRS **30** (1966) 203, 456; **42** (1972) 197; **45** (1973) 297; NStZ-RR **2001** 300, 301; OLG Karlsruhe VRS **55** (1978) 362; OLG Koblenz VRS **48** (1975) 16; **49** (1975) 362; **51** (1976) 350; **65** (1983) 369; **70** (1986) 144; OLG Köln VRS **60** (1981) 445; **61** (1981) 365; **65** (1983) 384; **67** (1984) 45; **68** (1985) 278; **98** (2000) 140, 143; OLG Schleswig bei *Ernesti/Lorenzen* SchlHA **1985** 135; OLG Stuttgart NJW **1978** 711; vgl. KK-*Ruß*[4] 7b; KMR-*Paulus* 35; LR-*Hanack* § 344, 26; *Kaiser* NJW **1983** 2418; a. A OLG Celle NJW **1963** 64.

[134] Vgl. etwa OLG Hamburg OLGSt 7; ferner Rdn. 96.

[135] OLG Köln NStZ **1989** 90; BayObLG VRS **95** (1998) 225.

Karl Heinz Gössel

treibens mit **Betäubungsmitteln** nur Feststellungen zur Gewichtsmenge und zum Kaufpreis, nicht aber zur Qualität des Rauschgifts getroffen hat"[136], wenn bei der strafbaren
Zueignung einer Vielzahl einzelner fremder Sachen die Gegenstände nicht im einzelnen,
sondern nur pauschal als Sachgesamtheit (Kücheneinrichtung, Büromöbel) benannt
werden[137], wenn die Feststellungen zur Diebstahlstat nicht erkennen lassen, ob die vom
Amtsgericht bejahten Tatbestandsmerkmale verwirklicht waren[138] oder die Voraussetzungen
eines Regelbeispiels des § 243 Abs. 1 Satz 2 StGB gegeben waren[139] und wenn bei einer
veruntreuenden **Unterschlagung** die „Gesichtspunkte nicht mitgeteilt werden, „die das
Zusammenleben zwischen dem Täter und der Geschädigten betreffen"[140].

50   Unwirksamkeit der vertikalen Berufungsbeschränkung wurde ferner dann angenommen,
wenn bei einer „**Trunkenheitsfahrt** … Feststellungen zu den Umständen der Alkoholaufnahme und zu den Gegebenheiten der Fahrt" fehlen, wie z. B. über den Anlaß der
Alkoholaufnahme und über „die Dauer und Länge der bereits zurückgelegten und der
noch beabsichtigten Fahrtstrecke sowie die Verkehrsbedeutung der befahrenen
Straßen"[141]; Gleiches gilt, wenn Feststellungen zum „Zeitraum zwischen Tatzeit und"
Entnahme der Blutprobe zur Ermittlung der Blutalkoholkonzentration fehlen und deshalb offen bleibt, ob zur Tatzeit verminderte Schuldfähigkeit vorlag[142]. Bei einer Verurteilung wegen **Steuerhinterziehung** ist die Beschränkung auf den Strafausspruch nur
wirksam, wenn Feststellungen zur Höhe des hinterzogenen Betrages getroffen wurden[143]
und bei einem Schuldspruch nach § 266a StGB dann nicht, wenn die Feststellungen
„nicht erkennen lassen, ob Zahlungen des Arbeitgebers zu Recht auf rückständige
Arbeitnehmerbeträge zur Sozialversicherung statt auf fällig werdende Beträge verrechnet worden sind"[144]. Ebenso unwirksam ist die Beschränkung auf den Strafausspruch,
wenn die Feststellungen zum Schuldspruch wegen **Unterhaltspflichtverletzung** „den
Umfang der Unterhaltspflicht" nicht erkennen lassen[145].

51   **c) Kritik.** Die Rechtsprechung zur Unwirksamkeit einer Berufungsbeschränkung
wegen fehlerhafter tatsächlicher Feststellungen dürfte die Tendenz erkennen lassen, eine
aus der Sicht der Rechsmittelgerichte unzutreffende rechtliche Würdigung des Tatrichters
des von ihm festgestellten Sachverhalts in eine fehlerhafte Sachverhaltsfeststellung
umzudeuten, die dann zur Unwirksamkeit der Anfechtungsbeschränkung führt, wie etwa
in den Fällen, in denen das Rechtsmittelgericht die erstrichterliche Subsumtion des festgestellten Sachverhalts unter eine gesetzliche Norm für fehlerhaft hält[146]. Dies führt zu
weitgehender Unsicherheit über die Wirksamkeit einer Rechtsmittelbeschränkung, die
ihrerseits dem von § 318 verfolgten Ziel der Verfahrensökonomie widerspricht. Hier
sollte bedacht werden, daß z. B. auch bei der nachträglichen Gesamtstrafenbildung
rechtskräftige Verurteilungen selbst dann einzubeziehen sind, wenn das die Gesamtstrafe
bildende Gericht diese schon im Schuldspruch für fehlerhaft hält. Es erscheint deshalb
erwägenswert, auch wegen fehlerhafter tatsächlicher Feststellungen unrichtigen Entscheidungen die innerprozessuale Bindungswirkung zuzuerkennen: Auf diese Weise

[136] BayObLGSt **1999** 105; BayObLG NStZ **1998** 532;
     NStZ-RR **1998** 55; **2000** 220; VRS **100** (2001) 187,
     189; *Meyer-Goßner*[46] 17.
[137] OLG Düsseldorf NStZ **1992** 298, 299.
[138] OLG Hamm NStZ-RR **2001** 300, 301.
[139] BayObLGSt **2001** 79.
[140] BayObLG wistra **1994** 322.
[141] BayObLG NStZ **1997** 359, bestätigt von BayObLG
     VRS **97** (1999) 359, 360; ähnlich auch OLG Köln
     VRS **98** (2000) 140, 142.

[142] OLG Köln NStZ **1989** 24.
[143] BayObLG NStZ **1999** 39.
[144] BayObLG NStZ-RR **1999** 142.
[145] BayObLG NStZ-RR **2000** 305.
[146] Vgl. dazu nur beispielhaft die oben Rdn. 49 erwähnten Entscheidungen OLG Düsseldorf NStZ **1992**
     298 und OLG Hamm NStZ-RR **2001** 300.

könnte dem Willen der Rechtsmittelführer besser entsprochen und zugleich größere Rechtssicherheit hinsichtlich der Wirksamkeit von Rechtsmittelbeschränkungen geschaffen werden, wodurch zugleich die von § 318 erstrebte Verfahrensökonomie besser als derzeit erreicht werden könnte [147].

3. Fehlerhafte Rechtsgrundlage

a) Fehlen. Wirkungslos ist die Beschränkung ferner, wenn der nicht angefochtene **52** **Schuldspruch keine Rechtsgrundlage** für die Festsetzung einer Rechtsfolge bietet, sei es, daß er auf einem nicht oder nicht mehr gültigen Gesetz beruht [148], sei es, daß die in ihm festgestellte Tat in Wirklichkeit überhaupt nicht mit Strafe bedroht ist, etwa, weil die Tat lediglich eine Ordnungswidrigkeit darstellt [149] oder zu Unrecht unter ein Strafgesetz subsumiert wurde [150] oder weil wegen eines Versuchs verurteilt wurde, obwohl der Versuch in dem angewandten Strafgesetz gar nicht mit Strafe bedroht ist [151].

In solchen Fällen hat das Berufungsgericht trotz der nur beschränkten Anfechtung **53** **freizusprechen**, beziehungsweise wenn das ungültige Strafgesetz in Tateinheit mit einem gültigen Gesetz steht, den Schuldspruch richtigzustellen [152]. Dem Berufungsgericht ist es auch nicht verwehrt, in einem solchen Fall zum Schuldspruch anderweitige Feststellungen zu treffen oder die unzutreffende Strafvorschrift durch eine gültige auszutauschen [153]. Fehlt im nicht angefochtenen Schuldspruch dagegen nur die genaue **Angabe der Strafvorschrift**, so kann das Berufungsgericht das Urteil insoweit ergänzen [154]. Dieser Fehler macht, wenn die tatsächlichen Feststellungen ausreichen, die Beschränkung nicht wirkungslos.

b) Rechtsänderungen. Ist ein **milderes Gesetz** im Sinne des § 2 Abs. 3 StGB festzustellen, **54** dann ist die Rechtsmittelbeschränkung unwirksam [155]. Etwas anderes gilt nur, wenn die Rechtsänderung ausschließlich den Strafrahmen betrifft, so daß ein Vergleich der

---

[147] Ebenso *Hettinger* JZ **1987** 392 ff.
[148] BGH bei *Holtz* MDR **1978** 282; BayObLGSt **1953** 263; **1961** 27; **1962** 216; **1962** 2213; BayObLG NStZ **1998** 532; OLG Bremen MDR **1962** 449; OLG Stuttgart NJW **1962** 2118; vgl. ferner RGSt **22** 217; KG JW **1932** 1774; *Kleinknecht* MDR **1955** 435; *Meyer-Goßner* [46] 17.
[149] OLG Stuttgart NStZ-RR **2002** 47.
[150] BayObLG NJW **1992** 3311.
[151] BGH bei *Holtz* MDR **1980** 282; BayObLGSt **17** 115; BayObLGSt **1954** 159 (nicht strafbare fahrlässige Tatbegehung) = JR **1955** 151 mit Anm. *Sarstedt*; dazu *Müller* NJW **1955** 642; OLG Hamburg *Alsb.* E 2 Nr. 181; KG HRR **1927** Nr. 115; *Eb. Schmidt* 47; KMR-*Paulus* 34; *Sarstedt* JR **1955** 152; *Spendel* ZStW **67** (1955) 561; *Schorn* JR **1963** 53; *Sieveking* 28 f; 87 ff (Verurteilung wegen eines durch kein Strafgesetz mit Strafe bedrohten Verhaltens verstößt gegen Art. 103 Abs. 2, Art. 1 Abs. 1, Art. 2 Abs. 2 GG); vgl. ferner *Grünwald* 331 ff; LR-*Hanack* § 344, 25.
[152] BayObLGSt **1953** 263.
[153] BayObLGSt **1954** 159 = JR **1955** 151 mit Anm. *Sarstedt*; dazu *Müller* NJW **1956** 642. Die Bedenken gegen diese Entscheidung betreffen den Austausch durch das Revisionsgericht: Da keine wirksame Beschränkung des Rechtsmittels vorliegt, konnte

das Berufungsgericht den Schuldspruch nachprüfen und selbstverständlich auch die falsche Vorschrift durch die richtige ersetzen. Den Austausch des vom Bundesverfassungsgericht (BVerfGE **14** 245) für nichtig erklärten § 71 StVZO durch den damaligen § 21 StVG durch das Revisionsgericht hat der Bundesgerichtshof (BGHSt **19** 46) für zulässig erklärt, da es den Schuldspruch als solchen nicht berührt, wenn ein nichtiges Blankettstrafgesetz durch ein inhaltsgleiches anderes ersetzt wird, während der Straftatbestand anderweitig erschöpfend geregelt ist; ebenso OLG Celle NJW **1962** 2073; OLG Hamburg NJW **1963** 688; OLG Oldenburg VRS **23** (1962) 310; OLG Stuttgart NJW **1962** 2188; a. A BayObLGSt **1962** 216 = NJW **1962** 2213; vgl. dazu *Eb. Schmidt* Nachtr. 11; *Hanack* JZ **1973** 694; LR-*Hanack* § 344, 25, 26.
[154] OLG Saarbrücken MDR **1975** 334; KMR-*Paulus* 33.
[155] RGSt **2** 99; **22** 217; **56** 150; **61** 322; BGHSt **7** 284; **20** 116; **24** 106; **26** 1; BayObLGSt **1970** 183 = NJW **1971** 392; vgl. auch BayObLG NJW **1961** 688; OLG Hamm JMBlNW **1973** 68; KG JR **1970** 227 mit Anm. *Dreher*; ferner etwa KMR-*Paulus* 34; *Niederreuther* NJW **1934** 2434; *Niethammer* JR **1935** 122; *Sieveking* 20; *Spendel* ZStW **67** (1955) 564; ferner LR-*Hanack* § 344, 26 und die Erl. zu § 354a, 10.

Karl Heinz Gössel

Straftatbestände selbst und damit ein Rückgriff auf Feststellungen zum Schuldspruch nicht notwendig wird[156] – bei der Milderung der Strafdrohung für minder schwere Fälle ist dies in der Regel anzunehmen[157]. Mit der Unwirksamkeit der Beschränkung entfallen alle Bindungen, ganz gleich, ob sie für den Erfolg des Rechtsmittels im Endergebnis günstig sind[158].

4. Offen zu Tage liegendes Unrecht

55   **a) Überwiegende Auffassung.** Die Berufungsbeschränkung ist ferner unwirksam, wenn das Erstgericht in einem vorgreiflichen unangefochtenen Entscheidungsteil das Recht zu Lasten des Angeklagten **offensichtlich falsch** angewendet hat. Denn auch dann fehlt es an einer hinreichenden Entscheidungsgrundlage, an die das Berufungsgericht bei beschränkter Überprüfung anknüpfen könnte[159]. In diesen Fällen kann das Berufungsgericht nicht verpflichtet sein, diesen Fehler für die eigene Entscheidung zu übernehmen und zu perpetuieren. Die früher herrschende Meinung neigte in diesen Fällen dazu, die Rechtsmittelbeschränkung unter Überschätzung der Bedeutung der „Teilrechtskraft" als wirksam anzusehen und das Berufungsgericht für verpflichtet zu halten, den als falsch erkannten Schuldspruch (zur gleichen Problematik bei vertikaler Rechtsmittelbeschränkung s. Rdn. 117) seiner Strafzumessung zugrunde zu legen[160], den offensichtlich straflosen Angeklagten aber entweder nur zur Mindeststrafe zu verurteilen[161] oder ihm wenigstens verminderte Schuldfähigkeit zuzuerkennen[162]. Dies erscheint indessen mit einer zumindest in der Rechtsprechung vordringenden Meinung (Rdn. 56) nicht hinnehmbar: Dem Angeklagten in dieser Weise bewußtes Unrecht zuzufügen, verstößt in eklatanter Weise gegen dessen Personwürde und widerspricht überdies Aufgabe und Würde eines jeden Gerichts[163].

56   So wird in der **Rechtsprechung** die Rechtsmittelbeschränkung schon in den oben Rdn. 52 erwähnten Fällen einer fehlenden Rechtsgrundlage als **unwirksam** angesehen, zudem aber auch dann, wenn im angefochtenen Urteil zu Unrecht die Begehung eines Verbrechens statt eines Vergehens[164], Tatmehrheit sowohl im Sinne des § 53 StGB (s. dazu unten Rdn. 71) als auch in dem des § 264 angenommen wurde[165]. Ebenso unwirksam ist die Beschränkung auf den Strafausspruch, wenn nach den Feststellungen etwa wegen fehlerhaft verneinten Rücktritts vom Versuch völlige Straflosigkeit in Betracht kommt[166] oder, falls zugleich ein vom Rücktritt nicht erfaßtes Delikt verwirklicht wurde, „der dann noch bestehende Schuldspruch den angefochtenen Strafausspruch" nicht mehr „zu

---

[156] BayObLGSt **1970** 183 = NJW **1971** 392; OLG Hamm GA **1975** 25; vgl. LR-*Hanack* § 344, 26.

[157] OLG Hamm GA **1975** 25.

[158] BGHSt **24** 106.

[159] Vgl. LR-*Hanack* § 344, 25; ferner etwa *Peters* § 74 III 3; *Roxin*[25] § 51, 19; *Spendel* ZStW **67** (1955) 567; *Schlüchter* 637.

[160] So BGHSt **7** 283 mit Anm. *Spendel* NJW **1955** 1250; BGHSt **10** 71; BGH GA **1959** 305; OLG Celle NJW **1963** 64; OLG Hamm HESt **1** 216; NJW **1954** 613; OLG Karlsruhe Justiz **1978** 116; OLG Saarbrücken NJW **1958** 1740; OLG Stuttgart Justiz **1972** 187; OLG Schleswig bei *Ernesti/Lorenzen* SchlHA **1985** 135; *Baumann* NJW **1966** 1055; *Kleinknecht/Meyer*[38] 17 und wohl auch noch *Meyer-Goßner*[46] 17a; *Krumme* LM § 264 StPO Nr. 4; *Niethammer* JZ **1955** 428; ferner zu den Ansätzen,

eine andere Lösung zu finden, *Hegler* JW **1923** 426; *Schorn* JR **1963** 53; *Sieveking* 28; *Weber* JW **1934** 1885.

[161] Vgl. z.B. BGH GA **1959** 805; OLG Zweibrücken NJW **1966** 1086, 1087.

[162] Vgl. dazu die von *Meister* 713, Fußn. 2 mitgeteilte Entscheidung des OLG Königsberg HRR **1925** Nr. 1604.

[163] Vgl. dazu *Gössel* FS Rieß 118 f im Anschluß an *Meister* aaO; im Ergebnis wie hier auch SK-*Frisch* Vor § 296, 313; **a.**A KK-*Kuckein*[4] § 353, 33; HK-*Temming*[3] § 353, 10.

[164] OLG Saarbrücken NStZ **1997** 149 unter Aufgabe früherer entgegenstehender Rechtsprechung.

[165] Vgl. z.B. BGH NStZ-RR **1996** 267.

[166] BGH NStZ **1996** 352, 353; BayObLG wistra **1992** 280.

begründen vermag"[167]. Gleiches gilt, wenn sich in der Rechtsmittelinstanz die Schuldunfähigkeit des Angeklagten herausstellt oder nicht ausgeschlossen werden kann[168]: in diesen Fällen wird die Rechtsmittelbeschränkung als unwirksam angesehen, weil dies notwendig ist, um einen tiefgreifenden Fehler noch in derselben Instanz zu beheben und um dem Berufungsgericht den Weg zu einer gerechten Sachentscheidung zu eröffnen[169].

b) Problematik

aa) Übersicht. Die soeben Rdn. 56 erwähnte Rechtsprechung dürfte ihre Erklärung **57** letztlich nur darin finden, daß die sog. **Teilrechtskraft** (Rdn. 26) zutreffend nurmehr als innerprozessuale Bindungswirkung (Rdn. 31) verstanden und ihr auch nicht hinsichtlich der nicht angefochtenen Urteilsteile die Kraft einer mit Rechtsmitteln angreifbaren Entscheidung und die des Verbrauchs der Strafklage zugestanden wird (Rdn. 25). Darin aber dürfte die Ursache zweier weiterer Problemkreise zu erblicken sein: einmal hinsichtlich der Frage, ob die materielle Gerechtigkeit nicht auch in weiteren Fällen offener Unrichtigkeit der nicht angefochtenen Urteilsteile berücksichtigt werden muß und zum anderen, ob in der Statuierung der Unwirksamkeit einer Rechtsmittelbeschränkung der richtige Weg zur Durchsetzung der materiellen Gerechtigkeit gefunden worden ist.

bb) Fehlerhafter Schuldspruch. Die horizontale Teilrechtskraft sollte der Durchsetzung **58** der materiellen Gerechtigkeit über die bisher schon anerkannten Fälle hinaus aber auch in den Fällen nicht im Wege stehen, in denen das Erstgericht das **gültige Recht** offensichtlich **falsch angewandt** hat, indem es den festgestellten Sachverhalt unrichtig unter einen gültigen Straftatbestand subsumiert, dem Verurteilten, der nur die Strafhöhe bemängelt, in Wirklichkeit ein **Rechtfertigungs-, Schuldausschließungs-** oder **persönlicher Strafausschließungsgrund zusteht** oder wenn sich in der Berufungsverhandlung ergibt, daß ein anderer der Täter ist. Ergibt die Berufungsverhandlung die **tatsächliche Unrichtigkeit** des Schuldspruchs in einem entscheidungserheblichen Punkt, etwa, daß die behaupteten mildernden Umstände das Verhalten des Angeklagten unter dem Gesichtspunkt der Notwehr gerechtfertigt haben, dann ist die Lage nicht anders. Es ist mit dem Gebot der Gerechtigkeit unvereinbar und den Berufungsrichtern unzumutbar, in solchen Fällen eine Strafe für eine nicht begangene oder sonst straflose Tat aussprechen zu müssen[170].

Eine Ausweitung dieser Grundsätze auf alle Fälle einer fehlerhaften Rechtsanwen **59** dung empfiehlt sich indessen nicht. Der innerprozessualen Bindungswirkung dürfte der Vorrang jedenfalls dann gebühren, wenn der Erstrichter seiner Entscheidung eine von der Ansicht des Berufungsrichters **abweichende (vertretbare) Rechtsauffassung** zugrunde gelegt hat, und wohl auch noch, wenn die Rechtsanwendung des Erstrichters dem Be-

---

[167] BGH NJW **1996** 2663, 2664 f bei wirksamem Rücktritt vom Raub mit Todesfolge und zugleich verwirklichter fahrlässiger Tötung.

[168] Vgl. etwa BayObLG VRS **97** (1999) 359, 361; OLG Düsseldorf MDR **1984** 164, 165; OLG Frankfurt NJW **1968** 1639; LG Hamburg MDR **1970** 256; OLG Hamm MDR **1978** 864; OLG Köln NStZ **1984** 379; VRS **65** (1983) 384; OLG Zweibrücken MDR **1986** 75; vgl. *Schlüchter* 641; **a.A** OLG Hamm JMBlNW **1973** 14; OLG Schleswig bei *Ernesti/Lorenzen* SchlHA **1985** 135.

[169] Im Ergebnis wie hier *Eb. Schmidt* 44, 48, 49; *Amelunxen* 65; *Henkel* § 100 IV 2b; *Kleinknecht* MDR **1955** 434; *Peters* § 53 I 2 (der jede Beschränkung des Rechtsmittels nur als bedingt wirksam ansieht);

Hippel 579; *Meister* MDR **1950** 712 ff; *Spendel* ZStW **67** (1955) 567; *Schlüchter* 643; *Schorn* JR **1963** 53; vgl. ferner *May* NJW **1960** 465; dazu *Eckels* NJW **1960** 1942; *Seibert* NJW **1961** 10; *Sieveking* 97 ff, 123. OLG Düsseldorf MDR **1984** 164 leitet die Unwirksamkeit der Rechtsmittelbeschränkung aus dem Grundsatz des fairen Verfahrens her; ähnlich OLG Zweibrücken StV **1982** 13 bei unrichtiger Rechtsbelehrung über Erfolgsaussichten einer unbeschränkt eingelegten Berufung.

[170] **A.A** OLG Zweibrücken NJW **1966** 1086, 1087: Das Fehlen der Tatbestandsverwirklichung steht der Bindungswirkung des nicht angefochtenen Urteilsteils nicht entgegen und ist durch Annahme mildernder Umstände zu kompensieren.

Karl Heinz Gössel

rufungsgericht fehlerhaft erscheint, soweit der Rechtsfehler den Angeklagten im Ergebnis nicht belastet[171], etwa, wenn er wegen Unterschlagung und nicht wegen Betrugs verurteilt wird.

60   **cc) Wege zur Unrechtsbeseitigung.** Der nunmehr in der Rechtsprechung bevorzugten Problemlösung, der materiellen Gerechtigkeit gegenüber der innerprozessualen Bindungswirkung dadurch den Vorrang einzuräumen, daß die Rechtsmittelbeschränkung als unwirksam angesehen wird, ist gewiß zuzugeben, daß sie das Rechtsgefühl in weit höherem Maße befriedigt als die frühere Rechtsprechung zu den nahezu unerbittlichen Konsequenzen einer wohl doch mißverstandenen (Teil-)Rechtskraftwirkung. Jedoch dürfte der damit verbundene Nachteil einer gewissen Rechtsunsicherheit nicht zu übersehen sein, wie er bereits oben Rdn. 51 hinsichtlich unwirksamer Rechtsmittelbeschränkungen wegen (angeblich) unvollständiger tatsächlicher Feststellungen zum nicht angefochtenen Schuldspruch erwähnt wurde: Es fehlt an allgemein überzeugenden Regeln zur Beurteilung der Unwirksamkeit von Rechtsmittelbeschränkungen wegen eines als offensichtlich unrichtig angesehenen, nicht angefochtenen Schuldspruchs. Insoweit wird es weiterer Überlegungen bedürfen, insbesondere auch dazu, ob und inwieweit eine analoge Anwendung der Vorschriften über das Wiederaufnahmeverfahren besser geeignet ist, materielle Gerechtigkeit und Rechtssicherheit miteinander zu versöhnen[172].

IV. Spezielle Unwirksamkeit horizontaler Beschränkung in sonstigen Fällen fehlender Trennbarkeit

61   **1. Allgemeines.** Auch wenn die bisher Rdn. 45 bis 56 genannten Gründe der Beschränkbarkeit der Berufung nicht vorliegen, so kann dennoch einer wirksamen Beschränkung auf bestimmte einzelne Urteilsbestandteile die fehlende Trennbarkeit der angefochtenen von den nicht angefochtenen Urteilsteilen entgegenstehen.

2. Schuldspruchproblematik

62   **a)** Der **Schuldspruch allein** ist nicht selbständig anfechtbar. Er ist Grundlage der weiteren Entscheidungen über alle Rechtsfolgen, Strafen ebenso wie Maßregeln, Nebenfolgen und Kosten. Wird er angefochten, so wendet sich das Rechtsmittel regelmäßig gegen das gesamte Urteil[173], bei dem Angeklagten und den im § 298 bezeichneten Personen allerdings nur, soweit sie beschwert sind und ihnen daher ein Rechtsmittel zusteht.

63   **b) Innerhalb** einer **Einzeltat** ist die Schuldfrage nicht teilbar, einzelne ihrer Gesichtspunkte sind keiner getrennten Anfechtung zugänglich[174]. So ist auch eine Trennung der **Rechtsfragen** von den **Tatfragen** nicht möglich[175], ebensowenig die der Feststellungen zu einzelnen Tatbestandsmerkmalen[176], zur Tat- oder Beweisfrage[177], zu einzelnen Rechtsbegriffen[178], wie etwa zu dem Begriff einer „geringen Menge" im Betäubungsmittelstraf-

---

[171] Vgl. BGHR § 344 Abs. 1 StPO, Beschränkung 1; *Spendel* ZStW **67** (1955) 570; *Niethammer* JR **1935** 122, wonach die Unwirksamkeit der Rechtsmittelbeschränkung nicht schon allein durch die Fehlerhaftigkeit des Urteilsspruchs ausgelöst werden kann; LR-*Hanack* § 344, 25.

[172] Vgl. dazu *Gössel* FS Rieß 119 f im Anschluß an *Meister* 713 ff.

[173] RGSt **61** 323; **63** 359; **64** 153; *Eb. Schmidt* 17.

[174] KK-*Ruß*[4] 6; *Meyer-Goßner*[46] 13; KMR-*Paulus* 37;

Eb. Schmidt 18 ff; LR-*Hanack* § 344, 27 mit weiteren Nachweisen.

[175] OLG Hamm VRS **39** (1970) 278.

[176] RGSt **60** 109; BGHSt **19** 48; *Grünwald* JR **1980** 304 (Zueignungsabsicht).

[177] HK-*Rautenberg*[3] 12.

[178] OLG Braunschweig VRS **23** (1962) 135; OLG Hamm VRS **8** (1955) 371; **39** (1970) 278; OLG Köln NJW **1966** 895.

recht[179], zu einem der mehreren rechtlichen Gesichtspunkte[180], zur Gewerbsmäßigkeit bei § 260[181]. Es ist wegen der Wechselwirkung grundsätzlich auch nicht möglich, die Feststellungen zum objektiven Tatbestand von der Anfechtung auszunehmen[182]. Nicht beschränkt werden kann die Berufung auch auf die Frage, ob ein Rechtfertigungsgrund oder ein Schuld- oder Strafausschließungsgrund vorliegt[183].

Bei der **Schuldfähigkeit** (§ 20 StGB) geht die herrschende Meinung davon aus, daß die **64** Voraussetzungen nur im Zusammenhang mit der ganzen Schuldfrage nachprüfbar sind, während die verminderte Schuldfähigkeit (§ 21 StGB) zur Straffrage gerechnet wird[184] und in der Regel auch getrennt nachgeprüft werden kann. Zwar ist der Übergang fließend und die Schuldfähigkeit im ganzen ein Schuldfaktor. Ist die Tat jedoch vorwerfbar, so ist die verminderte Schuldfähigkeit nur ein Strafzumessungsgrund neben anderen. Im Einzelfall kann jedoch die Beschränkbarkeit daran scheitern, daß der Grad der Schuldfähigkeit zur Überprüfung gestellt wird[185]; Gleiches gilt hinsichtlich eines **Verbotsirrtums**: ist er entschuldbar, entfällt die Schuld und betrifft damit den Schuldspruch; ist er aber unentschuldbar, so ist seine Schuld, wie im Fall des § 21 StGB, nur gemindert und betrifft daher die Strafzumessung[186] – entsprechend kann auch hier eine etwaige Beschränkung auf die Rechtsfolgenentscheidung dann unwirksam sein, wenn der Grad der Vermeidbarkeit in Frage gestellt wird.

Die Feststellung der Straftat, die der Angeklagte im Zustande der **Volltrunkenheit** **65** begangen hat, gehört bei § 323a StGB zum Schuldspruch[187], denn auch objektive Strafbarkeitsbedingungen betreffen die Schuldfrage im Sinne des § 263[188]. Sind bei einer Verurteilung wegen Volltrunkenheit die Grundsätze der, seit BGHSt 42 235 nur noch eingeschränkt anwendbaren, Rechtsfigur der **actio libera in causa** nicht beachtet worden, so ist nach Ansicht des Oberlandesgerichts Celle[189] die Rechtsmittelbeschränkung der Staatsanwaltschaft unwirksam.

---

[179] OLG Oldenburg NStZ-RR **1996** 77, 78.

[180] RGSt **14** 150; **47** 11; **57** 84; **58** 32; **59** 316; **60** 109; **61** 349; **65** 129; OGHSt **1** 39; BGHSt **6** 230; **21** 258; **24** 189; VRS **14** (1958) 194; **33** (1967) 293; BayObLGSt **1957** 107; **1967** 15; **1968** 119; **1980** 115 = VRS **33** (1967) 45; NJW **1969** 1185; JR **1980** 436 mit Anm. *Stein*; KMR-*Sax* Einl. **XIII** 94.

[181] RGSt **64** 153.

[182] A. A OLG Schleswig NJW **1979** 2057 = JR **1980** 302 mit abl. Anm. *Grünwald*; OLG Köln MDR **1980** 730. Zur Frage, ob die Teilaufhebung von Feststellungen anderen Grundsätzen folgt als die Beurteilung der Teilbarkeit der Anfechtung vgl. oben Rdn. 37.

[183] KMR-*Paulus* 133; *Eb. Schmidt* 24.

[184] RGSt **69** 110; **76** 266; JW **1934** 2914 (**a. A** RG JW **1934** 2913 Nrn. 13 und 14; RG HRR **1934** Nr. 1417; verminderte Zurechnungsfähigkeit untrennbarer Teil der Schuldfrage); BGHSt **5** 267; **7** 283, dazu *Spendel* NJW **1955** 1290; OLG Köln NStZ **1989** 90, 91; *Niethammer* JZ **1955** 428; *Krumme* LM Nr. 8 zu § 264; *Kleinknecht* MDR **1955** 434; BayObLGSt **1954** 162 = NJW **1955** 353; **1977** 80 = JR **1978** 248 mit Anm. *Zipf*; OLG Hamm VRS **54** (1978) 28; OLG Celle NdsRpfl. **1987** 107; OLG Köln GA **1956** 60; NStZ **1981** 63; **1984** 379; *Meyer-Goßner*[46] 15;

SK-*Frisch* 50; *Pfeiffer*[4] 4; **a. A** OGHSt **1** 369; *Eb. Schmidt* 18; *Hettinger* JZ **1987** 390 mit eingehender Darstellung des Meinungsstandes; *Schorn* JR **1963** 50; vgl. KMR-*Paulus* 39; *Spendel* ZStW **67** (1955) 565; *Sieveking* 15 ff, 67. Vgl. ferner LR-*Hanack* § 344, 29.

[185] BGHSt **7** 285; KK-*Ruß*[4] 7a.

[186] BayObLGSt **1960** 65 = GA **1960** 246; SK-*Frisch* 53.

[187] BayObLGSt **1954** 159 = NJW **1955** 395; OLG Celle VRS **35** (1968) 208; OLG Hamm VRS **39** (1970) 190; OLG Zweibrücken GA **1982** 560; KMR-*Paulus* 37; *Rother* NJW **1955** 880; vgl. OLG Oldenburg NJW **1955** 233, das bei einer Beschränkung der Berufung auf das Strafmaß prüfen will, ob der Rechtsmittelführer nur die Strafzumessung im eigentlichen Sinn oder auch die Qualifizierung der im Rausch begangenen Tat nachgeprüft wissen will. Diese Frage muß selbstverständlich vom Berufungsgericht geklärt werden. Will der Angeklagte aber auch die in der Trunkenheit begangene Tat in die Prüfung einbezogen wissen, dann richtet sich sein Rechtsmittel auch gegen den Schuldspruch; vgl. auch *Eb. Schmidt* 4.

[188] Vgl. *Maurach/Zipf* § 21, 22; **a. A** SK-*Frisch* 54.

[189] OLG Celle NJW **1969** 1588; vgl. aber OLG Koblenz MDR **1972** 622; Rdn. 63.

Karl Heinz Gössel

66   **c) Bei idealiter konkurrierenden Taten (§ 52 StGB)** kann die Berufung innerhalb des
Schuldspruchs nicht auf eine der rechtlich zusammentreffenden Gesetzesverletzungen
beschränkt werden[190]; das gilt auch für Taten, die im Zusammenhang mit einem Organisationsdelikt begangen wurden und mit diesem idealiter konkurrieren: Der Schuldumfang des Organisationsdelikts läßt sich ohne Berücksichtigung der im Zusammenhang damit begangenen Taten nicht beurteilen und umgekehrt[191]. Möglich ist dagegen
die Beanstandung **nachgeordneter Gesichtspunkte** (horizontale Beschränkung)[192]. Das
Berufungsgericht muß grundsätzlich seiner Entscheidung die nicht seiner Nachprüfung
unterstellten, vorgreiflichen Urteilsteile zugrunde legen[193]. Die Notwendigkeit der Widerspruchsfreiheit folgt hier bereits daraus, daß die Feststellungen, auch wenn sie auf den
Erkenntnissen verschiedener Gerichte beruhen, nur unselbständige Teile eines einzigen
Urteils bilden, durch das eine Entscheidung begründet wird[194].

67   **d) Doppelrelevante Tatsachen.** Sind **straferhöhende oder mildernde Umstände** zugleich
Tatmerkmale oder bestimmen sie zugleich den Umfang der Schuld oder sind sie sonst
mit tragenden Feststellungen des Schuldspruchs untrennbar verzahnt, wie vielfach die
Regelbeispiele eines besonders schweren Falles oder andere Tatmodalitäten, die die
Strafbarkeit erhöhen oder vermindern[195], wie z. B. die Höhe der Blutalkoholkonzentration
zur Tatzeit[196], so ist eine Beschränkung der Berufung auf den Rechtsfolgenausspruch
nicht möglich, wenn der Berufungsführer nach Wortlaut oder Zielsetzung seines Rechtsmittels auch solche Tatsachen mitüberprüft haben will[197]. Nur wenn dies nicht der Fall
ist, wenn also unbeanstandet bleibt, daß die Feststellungen zum Schuldspruch auch
insoweit der Rechtsfolgenentscheidung ungeprüft zugrunde gelegt werden, liegt eine
wirksame Beschränkung vor[198]; in diesem Fall allerdings hat das Berufungsgericht diese
Tatsachen für seine Entscheidung über den Rechtsfolgenausspruch als bindend hinzunehmen, so z. B. hinsichtlich der Schadenshöhe als Voraussetzung einer Entziehung
der Fahrerlaubnis[199]. Gleiches gilt bei Umständen ohne Doppelrelevanz, also bei den
Umständen, die nicht Tatmodalitäten betreffen, sondern außerhalb des vom objektiven
und subjektiven Tatbestand umrissenen Bereichs der Schuldfrage liegen, etwa in hinzutretenden besonderen Eigenschaften oder Verhältnissen des Täters[200]. Maßgebend ist

---

[190]   OLG Düsseldorf VRS **63** (1982) 462; OLG Hamm
      VRS **40** (1971) 191; OLG Karlsruhe VRS **72** (1987)
      78; zur Revisionsbeschränkung auf die besondere
      Schwere der Schuld s. BGHSt **39** 208.
[191]   A. A KK-*Ruß*[4] 6a; vgl. dazu BGHSt **29** 288 und
      BVerfGE **56** 22 mit kritischer Anmerkung *Gössel*
      JR **1982** 111.
[192]   Zu der an die Denkfolge anknüpfenden logischen
      Reihenfolge der Erwägungen vgl. BGHSt **19** 48; **29**
      364; BayObLGSt **1956** 7 = NJW **1956** 921; BayOb
      LG OLGSt 22; KMR-*Paulus* 18; LR-*Hanack*
      § 344, 25, 67.
[193]   Vgl. etwa BGHSt **24** 275; **29** 359; BGH NStZ **1981**
      448; BayObLG VRS **60** (1981) 211; OLG Köln
      VRS **60** (1981) 446.
[194]   Vgl. etwa RGSt **42** 234; BGHSt **7** 287; **10** 72; **24** 185
      = JR **1972** 204 mit Anm. *Meyer*; BGHSt **28** 119 =
      JR **1979** 229 mit Anm. *Grünwald*; BGHSt **29** 359;
      BGH NJW **1980** 1807; **1981** 590; KMR-*Paulus* 18;
      LR-*Hanack* § 344, 16 mit weiteren Nachweisen.
[195]   Vgl. BayObLG NJW **1980** 2207; OLG Karlsruhe

      Justiz **1956** 305; **1976** 149; **1983** 127, 167; OLG
      Schleswig SchlHA **1980** 21; bei *Ernesti/Lorenzen*
      SchlHA **1980** 176; ferner OLG Düsseldorf
      JMBlNW **1984** (Eigenverbrauch BtMG); OLG
      Köln MDR **1980** 730 (minderschwerer Fall); KK-
      Ruß[4] 7b; *Meyer-Goßner*[46] 14; AK-*Dölling* 20.
[196]   OLG Köln NStZ **1989** 24
[197]   BGHSt **29** 359 (auf Vorlage gegen OLG Schleswig)
      = JR **1980** 302 mit abl. Anm. *Grünwald*; BGHSt **30**
      340; OLG Schleswig SchlHA **1982** 96; HK-*Rautenberg*[3] 16; vgl. LR-*Hanack* § 344, 29.
[198]   BGHSt **29** 359; OLG Frankfurt/M NStZ-RR **1996**
      309.
[199]   LG Gera VRS **97** (1999) 412, 414.
[200]   RGSt **69** 114; BayObLGSt **1949/51** 110; ferner
      BGHSt **29** 359, wo offengelassen wird, ob die Doppelrelevanz nur bei Merkmalen des Tatbestandes anzunehmen oder weiter zu fassen ist, wie in BGHSt
      24 275; **30** 340; BGH bei *Holtz* MDR **1980** 275;
      BayObLG bei *Rüth* DAR **1986** 249; *Hartung* SJZ
      1949 68.

aber immer der **Einzelfall**[201] und nicht so sehr die mitunter strittige Einordnung dieser Umstände im materiellen Strafrecht. Die frühere Rechtsprechung hielt beispielsweise bei den §§ 157[202], 158, 163 Abs. 2[203], § 213[204] und § 316a Abs. 2 StGB[205] die Abtrennung der Überprüfung vom eigentlichen Schuldspruch für möglich, weil sie nicht vom Tatbestand der strafbaren Handlung, sondern von außen her das Maß der Schuld differenzieren, sich also nur auf den Strafausspruch auswirken können. Auch hier kommt es jedoch, wie auch sonst bei tatbestandsbezogenen Strafzumessungserwägungen, auf die Zielrichtung der Anfechtung und die Intensität der Verknüpfung der Feststellungen an[206].

e) Realiter konkurrierende Taten (§ 53 StGB). Die herrschende Meinung hält es für **68** zulässig, auch dann, wenn mehrere Straftaten im Sinne des § 53 StGB zu einer Tat im verfahrensrechtlichen Sinn gehören, die Anfechtung auf eine dieser Straftaten zu beschränken[207]. Nach Ansicht des Bayerischen Obersten Landesgerichts gilt dies grundsätzlich auch dann, wenn beiden Straftaten (im Sinne des materiellen Rechts) dieselben Tatsachen zugrunde liegen[208]. Die herrschende Meinung führt indessen deshalb in Schwierigkeiten, weil sie die bisher weitgehend ungelöste Problematik des Verhältnisses des Tatbegriffs des materiellen Rechts zu dem der Strafprozeßordnung betrifft. Es erscheint jedoch möglich, unabhängig davon zu einem praktikablen Ergebnis zu kommen.

aa) Verschiedene Sachverhalte. Beruhen die im Sinne des § 53 StGB mehreren mit- **69** einander konkurrierenden Taten auf je verschiedenen Tatsachen, ist eine Berufungsbeschränkung auf einzelne dieser Taten grundsätzlich für wirksam zu halten; mitangefochten sind dann neben den Einzelstrafen für die je angefochtenen Taten auch der Gesamtstrafenausspruch[209], nicht aber die wegen der nicht angefochtenen Taten ausgeworfenen Einzelstrafen. Haben jedoch nicht angefochtene und angefochtene Straftaten **dieselben Tatsachen** zur **Grundlage**, so sind diese Tatsachen doppelrelevant und die Beschränkbarkeit richtet sich dann nach den Rdn. 67 dargelegten Regeln[210].

bb) Verkehrsstraftaten. Umstritten war, ob zwischen der **Verkehrsstraftat**, der Ver- **70** kehrsordnungswidrigkeit und der nachfolgenden **unerlaubten Entfernung vom Unfallort** (§ 142 StGB) eine Rechtsmittelbeschränkung möglich ist[211]. Die vorherrschende Meinung

---

[201] KK-*Ruß*[4] 7a.

[202] RGSt **60** 106; **74** 204; BGHSt **2** 379; OLG Hamm MDR **1954** 631; OLG Stuttgart NJW **1978** 711; *Eb. Schmidt* 24; *Meyer-Goßner*[46] 15; KMR-*Paulus* 40; SK-*Frisch* 51; zum Teil **a.A** OLG Braunschweig NdsRpfl. **1953** 166 (Trennung nur, wenn § 157 angewandt; dagegen, wenn die Nichtanwendung beanstandet wird); vgl. dazu *Grünwald* 165; vgl. ferner *Sieveking* 16 f, 67; LR-*Hanack* § 344, 29.

[203] RGSt **61** 123; RGSt **74** 204; BGH NJW **1962** 2164; **1963** 1461; BayObLGSt **1956** 7 = NJW **1956** 921; OLG Hamm MDR **1954** 631 (unter Aufgabe von MDR **1950** 120); *Eb. Schmidt* 24; *Meyer-Goßner*[46] 15; KMR-*Paulus* 40; SK-*Frisch* 15; vgl. LR-*Hanack* § 344, 29.

[204] BGH NJW **1956** 756; StV **1982** 474; bei *Holtz* MDR **1983** 619; BayObLGSt **1949/51** 111; *Meyer-Goßner*[46] 15; vgl. LR-*Hanack* § 344, 29.

[205] BGHSt **10** 320; SK-*Frisch* 51.

[206] Vgl. LR-*Hanack* § 344, 29.

[207] RGSt **33** 21; **51** 307; **64** 21; RG HRR **1937** Nr. 264; BGHSt **6** 230; **9** 344; **10** 101; **21** 258; **24** 187; BGH NJW **1961** 2220; BGH VRS **11** (1956) 426; **13** (1957) 122; **33** (1967) 293; BayObLGSt **1956** 162 =

JZ **1960** 30 mit Anm. *Heinitz*; BayObLGSt **1980** 115 = JR **1981** 436 mit Anm. *Stein*; BayObLG VRS **43** (1972) 121; BayObLG Celle MDR **1958** 707; OLG Hamm VRS **45** (1973) 208; OLG Karlsruhe NJW **1971** 157; MDR **1976** 71; OLG Koblenz GA **1978** 315; OLG Köln VRS **62** (1982) 283; **a.A** Grünwald 258 ff, der wegen der Verflechtung des Unterbaus auch bei Tatmehrheit die Trennbarkeit innerhalb einer Tat im Sinne des § 264 ablehnt; vgl. JZ **1970** 331; auch JZ **1966** 106 ff; LR-*Hanack* § 344, 21 mit weiteren Nachweisen.

[208] BayObLGSt **1959** 126 = NJW **1959** 1646; **a.A** OLG Celle NJW **1959** 399.

[209] Vgl. KK-*Ruß*[4] 5.

[210] OLG Karlsruhe MDR **1976** 71.

[211] Vgl. etwa BayObLGSt **1959** 126 = NJW **1959** 1640; OLG Celle NdsRpfl. **1959** 399; OLG Hamm VRS **39** (1970) 335; **40** (1971) 19; **41** (1971) 28; NJW **1971** 771 mit abl. Anm. *Lemmel* NJW **1971** 1225; OLG Köln NJW **1971** 156; OLG Karlsruhe NJW **1971** 157; GA **1976** 59; OLG Schleswig bei *Ernesti/Jürgensen* SchlHA **1973** 187; OLG Stuttgart DAR **1959** 131; KK-*Ruß*[4] 5; *Meyer-Goßner*[46] 11; KMR-*Paulus* 29; *Kaiser* NJW **1983** 2418.

Karl Heinz Gössel

hält, sofern nicht besondere Umstände im Einzelfall dies ausschließen, eine Beschränkung für möglich, und zwar sowohl auf die Nachprüfung der Verurteilung wegen Unfallflucht[212] als auch für den umgekehrten Fall, wenn die Unfallflucht und der Unfall als solcher nicht bestritten werden, sondern nur dessen schuldhafte Herbeiführung[213]. Entscheidend sind aber immer die Umstände des Einzelfalls. Vor allem bei Vorliegen einer Unfallgeschehen und Entfernung vom Unfallort umfassenden Trunkenheitsfahrt kann die Beschränkbarkeit auf die Unfallflucht wegen der damit idealiter konkurrierenden Trunkenheitsfahrt zu verneinen sein[214]; anders, wenn Verkehrsuntüchtigkeit erst nach dem Unfall herbeigeführt wurde[215]. Eine Beschränkung der Berufung auf den freisprechenden Teil eines teils freisprechenden, teils verurteilenden Erkenntnisses ist in solchen Fällen ebenfalls nicht möglich[216].

71   **cc)** Bei **zu Unrecht angenommener Tatmehrheit** ist die Beschränkung unwirksam; denn bei Prüfung der Wirksamkeit der Rechtsmittelbeschränkung ist das Berufungsgericht nicht daran gebunden, wie der Tatrichter das Zusammentreffen der strafbaren Handlungen beurteilt hat[217]. Liegt in Wirklichkeit Tateinheit oder eine **fortgesetzte** (s. dazu § 331, 14) oder eine **Dauerstraftat** vor, dann kann das Berufungsgericht nicht durch eine Beschränkung, die nach richtiger rechtlicher Beurteilung nur einen rechtlichen Gesichtspunkt betrifft, an der umfassenden Würdigung und der zutreffenden Ahndung der Tat gehindert und gezwungen werden, eine zweite Strafe auszusprechen, obwohl nur eine einzige Straftat vorliegt. Die Beschränkung betrifft dann (maßgebend ist die rechtliche Beurteilung durch das Berufungsgericht) keinen selbständig abtrennbaren Beschwerdepunkt und ist folglich unwirksam[218]. Dasselbe gilt, wenn zwei an sich selbständige Straftaten mit einer **Dauerstraftat** rechtlich zusammentreffen[219].

72   **f)** Bei **Tateinheit** im materiell-rechtlichen Sinne ist die Beschränkung auf einen der mehreren rechtlichen Gesichtspunkte unwirksam[220]; dies gilt auch, wenn zu Unrecht Tateinheit angenommen wurde[221]. Wird der Angeklagte vom erstinstanzlichen Gericht in der irrigen Annahme, es läge Tatmehrheit vor, teils verurteilt, teils freigesprochen,

---

[212] BGHSt **24** 185 auf Vorlage von BayObLG VRS **40** (1971) 428 gegen OLG Hamm VRS **40** (1971) 19; zur Beschränkbarkeit bei Teilfreispruch vgl. etwa BayObLGSt **1980** 115 = JR **1981** 437 mit Anm. *Stein*; BayObLGSt **1986** 100.

[213] OLG Hamm VRS **43** (1972) 179; OLG Karlsruhe MDR **1976** 71; VRS **58** (1980) 140.

[214] BGHSt **25** 72 auf Vorlage von OLG Stuttgart NJW **1971** 2248 gegen OLG Karlsruhe NJW **1971** 157; BayObLGSt **1971** 46 = MDR **1971** 508; BayObLG VRS **59** (1980) 338; bei *Rüth* DAR **1973** 211; **1984** 245; **1986** 249; OLG Hamm NJW **1970** 1244; **48** 266; OLG Karlsruhe NJW **1971** 157; OLG Koblenz VRS **46** (1974) 204; **48** (1975) 26; OLG Köln OLGSt 45; VRS **61** (1981) 440; vgl. LR-*Hanack* § 344, 24.

[215] BayObLGSt **1972** 28 = VRS **43** (1972) 121.

[216] OLG Köln OLGSt 45; vgl. auch BayObLGSt **1977** 80 = JR **1978** 248 mit Anm. *Zipf*; LR-*Hanack* § 344, 24 mit weiteren Nachweisen; KMR-*Paulus* 27.

[217] RGSt **73** 245; BGHSt **21** 258 = JZ **1968** 233 mit Anm. *Grünwald*; BGH NStZ-RR **1996** 267 L; BayObLGSt **29** 163; BayObLG DAR **1959** 106; BGH NStZ **1984** 566; **1988** 570; OLG Braunschweig NJW **1954** 45; OLG Düsseldorf VRS **63**

(1982) 462; OLG Hamm VRS **40** (1971) 191; OLG Stuttgart VRS **45** (1973) 128; KMR-*Paulus* 27; SK-*Frisch* 34; a. A BayObLG NStZ **1988** 570; KK-*Ruß*[4] 7a.

[218] RGSt **62** 14; **73** 243; **74** 390; GA **74** (1930) 201; BGHSt **6** 229; BGH NStZ **1996** 203; NStZ-RR **1996** 267; BayObLGSt **1954** 42; OLG Braunschweig GA **1955** 56; OLG Köln MDR **1964** 525; KK-*Ruß*[4] 5; *Schorn* JR **1963** 51; *Sieveking* 71.

[219] BGHSt **25** 72; BayObLGSt **1957** 108 = NJW **1957** 1485; OLG Celle MDR **1958** 708; OLG Köln MDR **1964** 525; OLG Hamm NJW **1970** 1244; VRS **7** (1954) 135; **13** (1957) 215; OLG Koblenz VRS **46** (1974) 204; vgl. *Grünwald* JZ **1970** 331 zu BGHSt **23** 150; LR-*Hanack* § 344, 24.

[220] RGSt **14** 150; **47** 11; **57** 84; **58** 32; **59** 316; **60** 109; **61** 349; **65** 129; OGHSt **1** 39; BGHSt **6** 230; **21** 258; **24** 189; VRS **14** (1958) 194; **33** (1967) 293; BayObLGSt **1957** 107; **1967** 15; **1968** 119; **1980** 115; NJW **1969** 1185; JR **1980** 436 mit Anm. *Stein*; OLG Düsseldorf JMBlNW **1982** 249; KK-*Ruß*[4] 6; HK-*Rautenberg*[3] 12; KMR-*Sax* Einl. **XIII** 94; SK-*Frisch* 42.

[221] OLG Hamm JZ **1953** 674; VRS **40** (1971) 191; OLG Karlsruhe VRS **72** (1987) 78; *Eb. Schmidt* 15.

---

obwohl in Wirklichkeit nur eine einheitliche Handlung gegeben war, so ist das Berufungsgericht nicht gehindert, den Angeklagten wegen des Gesamtvorgangs zu verurteilen, auch wenn nur der Angeklagte Berufung eingelegt hatte[222].

Die Verurteilung wegen einer **fortgesetzten** oder einer **Dauerstraftat** kann nur im **73** ganzen, nicht wegen einzelner Teilakte, angefochten werden[223]; desgleichen entfällt bei in **Gesetzeskonkurrenz** stehenden Straftaten die Trennbarkeit[224], so auch hinsichtlich der Straftaten, die in einem **Subsidiaritätsverhältnis** stehen[225]. Untrennbar ist auch die Verurteilung wegen solcher Straftaten, die durch eine mit ihnen in Tateinheit stehende Dauer- oder fortgesetzte Tat **zu einer Tat verklammert** sind[226]. Bei einer Verurteilung im Wege der **Wahlfeststellung** stehen die alternativ angenommenen Straftaten in einem untrennbaren Verhältnis zueinander, der eine Berufungsbeschränkung auf eine der Alternativtaten ausschließt; das gilt auch, wenn zwei im Verhältnis der Alternativität stehende Straftaten lediglich angeklagt sind, das Amtsgericht aber eine der alternativ angeklagten Taten als erwiesen ansieht und deswegen verurteilt[227].

V. Wirksamkeit horizontaler Beschränkung auf den Rechtsfolgenausspruch

1. Allgemeines

a) Grundsätzliche Wirksamkeit. Scheitert die Wirksamkeit der Beschränkung in Einzel- **74** fällen nicht an einem der bisher dargelegten Gründe, dann kann die Berufung auf den Rechtsfolgenausspruch, unter Umständen auf Teile desselben und auch auf Verhängung gewisser bessernder und sichernder Maßregeln beschränkt werden[228]. Zwar ist die Schuld der Hauptzumessungsgrund der Strafe. Die Bindung an Feststellungen zum subjektiven wie zum objektiven Tatbestand hindert den Berufungsrichter nicht daran, statt der im Straftatbestand typisierten Schuld nunmehr den Lebensvorgang, der zur Verurteilung geführt hat, in denjenigen Einzelheiten zu erforschen, die für den Straftatbestand ohne rechtliche Bedeutung sind, die Straftat als Ganzes jedoch kennzeichnen, von ähnlichen unterscheiden und den Grad des Verschuldens für die Strafzumessung bestimmen[229].

Die Wirksamkeit der Beschränkung wird verschiedentlich auch danach beurteilt, ob **75** eine Berufung die **Mißachtung zwingender gesetzlicher Grenzen**, etwa die Über- oder Unterschreitung des gesetzlichen Strafrahmens des angewandten Strafgesetzes, beanstandet oder ob sie eine unrichtige Feststellung oder Würdigung der für die Urteilsfindung maßgebenden Tatsachen behauptet. *Sieveking*[230] unterscheidet insoweit zwischen

---

[222] BGHSt **21** 256 mit Anmerkung *Grünwald* JZ **1968** 233; *Hanack* JZ **1973** 694; BGH NStZ **1984** 566; ebenso OLG Stuttgart VRS **45** (1973) 128; OLG Koblenz VRS **49** (1975) 379; a. A OLG Köln NJW **1964** 878; vgl. auch OLG Celle MDR **1958** 708 und SK-*Frisch* 34.

[223] *Eb. Schmidt* 14; KMR-*Paulus* 37; SK-*Frisch* 43.

[224] BGH NJW **1980** 1807; KK-*Ruß*[4] 6; KMR-*Paulus* 37; SK-*Frisch* 43; LR-*Hanack* § 344, 28.

[225] So BGH NStZ **1986** 565 mit Anm. *Birkenbihl*.

[226] *Meyer-Goßner*[46] 11; zur strittigen Frage, ob eine minderschwere Tat zwei an sich selbständige Taten im Sinne des § 264 zu einer zusammenfassen kann, vgl. LR-*Gollwitzer* § 264, 7; KMR-*Sax* Einl. **XIII** 73.

[227] OLG Karlsruhe JR **1989** 82 mit krit. Besprechung *Schlüchter* JR **1989** 48; *Meyer-Goßner*[46] 11.

[228] Im Schrifttum wird die von der Rechtsprechung einhellig für zulässig gehaltene Beschränkbarkeit der Berufung auf die Straffrage überwiegend bejaht (vgl. *Sieveking* 12; LR-*Hanack* § 344, 30 mit weiteren Nachweisen). Bedenken äußert *Eb. Schmidt* 26 ff; Nachtr. II 12. *Peters* § 54 3d am Ende stimmt zwar den von *Grünwald* (91 ff, 155 f) dagegen erhobenen Bedenken als dogmatisch berechtigt zu, verweist aber darauf, daß der Strafprozeß ein Sozialvorgang ist, bei dem vielfach gegenläufige Interessen ausgeglichen werden müssen. Vgl. LR-*Hanack* § 344, 30.

[229] BayObLG HRR **1930** Nr. 2042.

[230] *Sieveking* 9.

Karl Heinz Gössel

der „Straffestsetzungsrüge", mit der die technischen Fehler bei der Straffestsetzung (Über- oder Unterschreitung des Strafrahmens, Verhängung einer nicht angedrohten Haupt- oder Nebenstrafe oder Maßregel oder Unterlassung der Anordnung einer solchen) geltend gemacht werden, und der „Strafzumessungsrüge", mit der die fehlerhafte Ermessensausübung angegriffen wird, wobei er unter Berufung auf die von *Eb. Schmidt* 28 bis 32 angeführten Beispiele im ersteren Fall die Begrenzbarkeit für den Regelfall zu bejahen scheint, weil das Berufungsgericht diese Fälle „regelmäßig ohne weitere Tatsachenaufklärung entscheiden" könne, während er bei der zweiten Fallgruppe eine Verflechtung der vom Berufungsgericht zu treffenden Feststellungen mit denen zum Schuldspruch weit eher für gegeben hält. Dieser Unterscheidung mag im Einzelfall Bedeutung beikommen, sie ist jedoch kaum geeignet, regelbildend zu wirken, da innerhalb beider Gruppen die Einzelfälle viel zu verschieden sind.

76   **b) Umfang der Prüfung.** Das Berufungsgericht ist innerhalb der von einer wirksamen Beschränkung gezogenen Grenzen zu einer **umfassenden Kognition** in rechtlicher und tatsächlicher Hinsicht auch dann verpflichtet, wenn die beschränkte Berufung nur einen evidenten Rechtsfehler – wie die Überschreitung des Strafrahmens – geltend macht. Auch dann muß es regelmäßig Billigkeit und Gewicht der vom Ersturteil festgestellten Strafzumessungstatsachen **nach eigenem Ermessen** neu würdigen: sein Ermessen tritt an die Stelle des Ermessens des Erstrichters. Dies ist schon deshalb unerläßlich, weil die Anwendung eines unrichtigen Strafrahmens zeigt, daß der Erstrichter die vom Gesetzgeber vorgenommene generelle Einstufung des Unwerts der Tat verkannt hat, so daß er auch bei der ihm nur innerhalb dieses Rahmens freigestellten Wertung der Einzeltat von einem falschen Maßstab ausgegangen sein kann. Das Berufungsgericht kann nicht unterstellen, daß der Erstrichter, der den gesetzlichen Strafrahmen überschritten hat, die Höchststrafe verhängen wollte[231]. Aber auch wenn das Ersturteil im Einzelfall diese Feststellung enthalten würde, wäre das Berufungsgericht nicht von der Verpflichtung entbunden, selbst nachzuprüfen, welche Strafe innerhalb des gesetzlichen Strafrahmens angemessen ist.

77   Soweit der wegen der inneren Urteilseinheit notwendige **Vorrang der nichtangefochtenen Urteilsteile** nicht Platz greift, dürfen die bisherigen Feststellungen zum Strafmaß frei geändert oder ergänzt werden[232]. In derartigen Fällen hat das Berufungsgericht über die die Strafe bestimmenden Gesichtspunkte zu entscheiden, während es die der Strafe „**vorgeordneten**" binden[233]. Zu den Feststellungen, die das Berufungsgericht im Rahmen der Überprüfung der Straffrage **frei treffen** und die es an die Stelle der Feststellungen des Ersturteils setzen kann, gehören insbesondere die Feststellungen über das Verhalten des Angeklagten und anderer Personen vor und nach der Tat[234], sowie die sonstigen, außerhalb der eigentlichen Tatbestandsverwirklichung liegenden Umstände, die nach den §§ 46 ff StGB bei der Strafzumessung zu berücksichtigen sind.

78   Umgekehrt erfaßt die Anfechtung des Strafausspruchs diesen grundsätzlich in seiner Gesamtheit hinsichtlich jeder angeordneten Rechtsfolge[235] einschließlich aller „**nachgeordneten**" Entscheidungen wie z. B. der über die Strafaussetzung zur Bewährung und auch über die (Nicht-)Anrechnung der Untersuchungshaft[236].

---

[231] So aber *Sieveking* 10.

[232] Vgl. etwa OLG Köln NJW **1955** 1333.

[233] BayObLGSt **1956** 7 = MDR **1956** 248; vgl. Rdn. 83; anders jedoch, wenn Verfahrensvoraussetzungen fehlen, vgl. dazu Rdn. 39.

[234] Vgl. etwa OLG Köln NJW **1955** 133; VRS **32** (1967) 344.

[235] Wegen der Ausnahmen s. die nachfolgenden Erläuterungen zur Beschränkbarkeit der Berufung auf einzelne Rechtsfolgenanordnungen Rdn. 86 ff.

[236] *Meyer-Goßner*[46] 21.

c) Bindung. Das Berufungsgericht muß bei Wirksamkeit der Beschränkung die **79** Schuldfeststellungen im nicht angefochtenen Urteilsteil seiner Entscheidung ohne eigene Nachprüfung zugrunde legen[237]. Dies gilt nicht nur für die Umstände, in denen das Erstgericht die Verwirklichung der Tatbestandsmerkmale gesehen hat, sondern auch für die sonstigen den Schuldspruch tragenden[238] Feststellungen, die das Tatgeschehen nach „Ort und Zeit des Handlungsablaufs" und den daran „beteiligten Personen", beschreiben[239] und den Schuldumfang aufzeigen[240]. Sie bestimmen den Strafrahmen und, soweit sie die Tat individualisieren, die Strafbemessung im einzelnen innerhalb des Strafrahmens[241].

Der Berufungsrichter kann nur **ergänzende Feststellungen** zum Strafmaß treffen, die **80** jedoch nicht in Widerspruch zu den Schuldfeststellungen treten dürfen[242]; verstößt das Berufungsgericht dagegen, so wird die Berufungsbeschränkung nicht etwa deswegen unwirksam[243]. So darf weder die Form des Vorsatzes geändert[244] noch Fahrlässigkeit statt bedingtem Vorsatz angenommen[245] oder der Schuldumfang erweitert werden[246]. Insbesondere darf auch nicht der in seiner konkreten Ausgestaltung bindend festgestellte Sachverhalt durch einen anderen, der den gleichen Schuldspruch ebenfalls tragen würde, ersetzt werden[247], auch dann nicht, würde dieser andere Sachverhalt zum Freispruch führen[248].

---

[237] RGSt **61** 209; BGHSt **10** 71 = LM Nr. 16 zu § 264 mit Anm. *Krumme* = JZ **1957** 721 mit Anm. *Oehler*; ferner BGHSt **7** 283 = NJW **1955** 917 mit Anm. *Spendel* = JZ **1955** 428 mit Anm. *Niethammer* = MDR **1966** 433 mit Anm. *Kleinknecht* = LM Nr. 8 zu § 264 StPO mit Anm. *Krumme*; BGHSt **24** 274; **28** 119 = JR **1979** 299 mit Anm. *Grünwald*; KG VRS **8** (1955) 462; **25** (1963) 130; OLG Celle VRS **42** (1972) 20; vgl. ferner OLG Düsseldorf JZ **1984** 684; JMBlNW **1984** 248; VRS **99** (2000) 206; OLG Hamburg VRS **25** (1963) 351; OLG Karlsruhe Justiz **1983** 167; OLG Saarbrücken VRS **15** (1958) 369. Zum früheren Streit im Schrifttum vgl. *Eckels* NJW **1960** 1942; *May* NJW **1960** 465; *Mortzfeld* NJW **1956** 1586; *Rödding* NJW **1956** 1342; *Weigelt* DAR **1956** 72; **1958** 185.

[238] OLG Düsseldorf NStZ-RR **2000** 178 L.

[239] BGHSt **30** 340, 344 f; BayObLG bei *Bär* DAR **1987** 314; OLG Düsseldorf JMBlNW **1984** 248; OLG Frankfurt/M NStZ-RR **1998** 341, 342.

[240] BGHSt **10** 71; **28** 121; BayObLG bei *Rüth* DAR **1985** 247; BayObLG NVZ **1989** 204; OLG Hamm VRS **41** (1971) 103; OLG Köln NStZ **1981** 63; OLG Saarbrücken NJW **1958** 1740; *Meyer-Goßner*[46] 31.

[241] RGSt **42** 241; **45** 149; **61** 209; KG VRS **16** (1959) 139; **25** (1963) 130; OLG Celle VRS **10** (1956) 210; **14** (1958) 65; OLG Hamburg VRS **25** (1963) 351; OLG Hamm VRS **13** (1957) 63; **15** (1958) 45; OLG Stuttgart NJW **1956** 443.

[242] BGHSt **7** 287; **10** 71; **24** 274; **28** 121; **29** 366; **30** 340; vgl. ferner BGH VRS **7** (1954) 448; **11** (1956) 193; **11** (1956) 433; BGH GA **1959** 305 (zu § 51 StGB a. F); BayObLG NStZ **2000** 275 (Verneinung der vom Amtsgericht festgestellten Rauschgiftabhängig-

keit des Angeklagten zur Tatzeit); OLG Hamm VRS **8** (1955) 310; JMBlNW **1958** 88 (fehlende Kausalität des Blutalkoholgehalts für Unfall); JMBlNW **1959** 58 (Dauer der Trunkenheitsfahrt); VRS **19** (1960) 134 (Gefährdung fremder Sachwerte statt von Personen); VRS **36** (1969) 124 (Straßenzustand); VRS **37** (1969) 295 (Wissen um spätere Fahrt beim Trinken); OLG Köln NStZ **1989** 339 (Feststellung von einen erhöhten Schuldvorwurf begründender Mittäterschaft entgegen den amtsgerichtlichen Feststellungen); OLG Saarbrücken VRS **15** (1958) 490 (absolute statt relative Fahruntüchtigkeit); *Weigelt* DAR **1956** 72; **1958** 185.

[243] OLG Düsseldorf NStZ-RR **2000** 307.

[244] BayObLG VRS **63** (1982) 281 (direkter statt bedingter Vorsatz); OLG Köln NStZ **1981** 63.

[245] OLG Frankfurt/M NStZ-RR **1997** 45; OLG Hamm VRS **43** (1972) 275.

[246] Vgl. BayObLG VRS **60** (1981) 211 (weitere pflichtwidrige Handlung); BayObLG bei *Rüth* DAR **1985** 246; BayObLG NJW **1994** 1358 (Annahme erhöhten Schuldumfangs durch Feststellung der Voraussetzungen einer actio libera in causa); OLG Frankfurt/M NStZ-RR **1998** 341 (Feststellung des Tatentschlusses zu einem eine Haftung wegen actio libera in causa begründendem Zeitpunkt). Die früher vertretene Ansicht, die abweichende Feststellungen zuließ, soweit sie nicht dem Schuldspruch die Grundlagen entziehen (vgl. Vorlagebeschluß OLG Hamm NJW **1956** 1816), wird in der Rechtsprechung seit BGHSt **10** 71, soweit ersichtlich, nicht mehr vertreten.

[247] BayObLG DAR **1958** 23; OLG Hamm JMBlNW **1958** 88; **1959** 58; OLG Oldenburg NJW **1955** 233.

[248] OLG Düsseldorf VRS **99** (2000) 206.

Karl Heinz Gössel

81   Sind Feststellungen zum Schuldspruch unter Verletzung des Grundsatzes in **dubio pro reo** getroffen worden (der Verstoß muß aus den Urteilsgründen ersichtlich sein!), dann darf sie das Berufungsgericht seiner Entscheidung zum Strafausspruch nicht zugrunde legen, es sei denn, daß es aus eigener Überzeugung dieselben Feststellungen sicher treffen kann[249]. Hat das Erstgericht eine Tatsache als **wahr unterstellt** oder die Einlassung des Angeklagten über den Tathergang als unwiderlegt seiner Entscheidung zugrunde gelegt, dann ist das Berufungsgericht bei seiner Entscheidung über die Straffrage auch hieran gebunden[250]; hat es offengelassen, ob der Angeklagte vorsätzlich oder fahrlässig gehandelt hat, dann kann das Berufungsgericht insoweit keine ergänzenden Feststellungen treffen, sondern muß ebenfalls zugunsten des Angeklagten von einer fahrlässigen Tatbegehung ausgehen[251]. **Mehrdeutige Feststellungen** darf es nicht so ersetzen, daß sich nunmehr ein eindeutiges, dem Angeklagten aber nachteiliges Bild ergibt[252].

82   **Lücken** in den Feststellungen des Erstgerichts zur Schuldfrage darf das Berufungsgericht nicht ergänzen, wenn hierdurch das konkrete Tatgeschehen, in dem das Erstgericht die Merkmale der strafbaren Handlung erblickt hat, verändert würde.

83   Dagegen ist das Berufungsgericht nicht gehindert, bei der Überprüfung des Rechtsfolgenausspruchs **verminderte Schuldfähigkeit** (§ 21 StGB) festzustellen und der Strafbemessung zugrunde zu legen[253]. Zur Frage der Wirksamkeit der Berufungsbeschränkung vgl. Rdn. 64.

84   Das **Mitverschulden** des Opfers eines Verkehrsunfalls darf als etwaiger strafmindernder Umstand in der Regel im Rahmen der Straffrage nur begrenzt geprüft werden[254]. Der Ausspruch des Erstrichters, der Verurteilte trage die Alleinschuld, würde als solcher, da nicht zum Schuldspruch gehörig, nicht binden[255]. Bei der Erörterung, ob ein Mitverschulden vorliegt, muß jedoch der festgestellte Sachverhalt des Schuldspruchs zugrunde gelegt werden. Soweit es sich nicht um die Modalitäten des konkreten Tathergangs handelt, können die Feststellungen zwar ergänzt, nicht aber geändert werden; die ergänzenden Feststellungen dürfen aber niemals im Widerspruch zu den bindend gewordenen Feststellungen stehen[256]. Ist die Frage der Mitschuld dagegen von entscheidender Bedeutung für die Beurteilung des Tathergangs und mit den Feststellungen zum eigenen Verschulden des Angeklagten verzahnt, kann die Berufung nicht wirksam auf den Strafausspruch beschränkt werden[257].

85   Bei wirksamer Beschränkung muß die Tat nach dem **Strafrahmen** des unangefochten angewandten Strafgesetzes bewertet werden. Das Berufungsgericht darf nicht etwa deshalb auf die Mindeststrafe erkennen, weil es der Meinung ist, der Schuldspruch sei falsch[258]. Es hat vom rechtlichen Gehalt des nicht angefochtenen Schuldspruchs auszugehen.

---

[249] OLG Celle NdsRpfl. **1956** 231.
[250] OLG Celle DAR **1956** 77; **1957** 217.
[251] OLG Hamm VRS **13** (1957) 363.
[252] BGH StV **1986** 142.
[253] BayObLG bei *Rüth* DAR **1983** 253; OLG Köln NStZ **1981** 63; vgl. LR-*Hanack* § 344, 29 mit weiteren Nachweisen.
[254] BayObLGSt **1966** 157 = GA **1967** 185; BayObLG bei *Bär* DAR **1987** 315; OLG Celle DAR **1957** 217; VRS **42** (1972) 139; strittig; vgl. LR-*Hanack* § 344, 29.

[255] KG VRS **16** (1959) 139.
[256] OLG Celle DAR **1957** 217; OLG Köln DAR **1957** 104.
[257] BayObLGSt **1966** 155 = GA **1967** 185; BayObLG bei *Bär* DAR **1987** 315; bei *Rüth* DAR **1974** 182; OLG Hamm DAR **1957** 303; vgl. LR-*Hanack* § 344, 29.
[258] OLG Stuttgart Justiz **1972** 187. Zur Frage, wie weit in solchen Fällen die Beschränkung unwirksam ist, vgl. Rdn. 55 ff.

2. Beschränkung innerhalb des Rechtsfolgenausspruchs im allgemeinen

a) Allgemeines. Insoweit ist eine Beschränkung des Rechtsmittels auf **einzelne** **86** **Beschwerdepunkte** möglich, wenn diese in **keiner Wechselwirkung** mit anderen, nicht angefochtenen Entscheidungsteilen stehen[259]. Ob eine solche Beschränkung wirksam ist, kann immer nur unter Berücksichtigung der **Umstände des Einzelfalls** beurteilt werden. Bei Wirksamkeit unterliegen nur der Beschwerdepunkt und die ihm nachgeordneten Entscheidungen, nicht aber vorgeordnete Entscheidungsteile der Nachprüfung durch das Rechtsmittelgericht[260]. Die zu den vorgeordneten Teilen des Rechtsfolgenausspruchs getroffenen Feststellungen des Ersturteils sind dann für das Berufungsgericht ebenso bindend wie die Feststellungen zum Schuldspruch.

b) Beispiele: So ist die Beschränkung unwirksam, wenn nur eine von mehreren im **87** Urteil ausgesprochenen Strafen und Nebenfolgen angefochten wird und sich aus den Gründen des Ersturteils ergibt, daß das Gericht bei Festsetzung der einen Strafe oder Maßnahme berücksichtigt hat, daß es daneben auf die andere Strafe oder Maßnahme erkannt oder davon abgesehen hat[261]. Bei zwei zwingend nebeneinander vorgesehenen und verhängten Hauptstrafen ist strittig, ob eine getrennte Anfechtung möglich ist[262]. Es kommt aber auch hier wohl immer auf den Einzelfall an. Aus dem Vorrang der Widerspruchsfreiheit folgt nach Ansicht des Oberlandesgerichts Karlsruhe[263] sogar, daß die Berufungsbeschränkung auf das Strafmaß bei einem wegen Beihilfe verurteilten Angeklagten unwirksam ist, wenn die unbeschränkte Berufung des Haupttäters zum Freispruch mangels Nachweises der Haupttat führt[264]. Ist nur die Entscheidung über die Strafaussetzung zur Bewährung angefochten[265], so darf das Berufungsgericht nur noch hierzu ergänzende Feststellungen treffen, die Feststellungen zum Schuldspruch und zum Strafausspruch im engeren Sinn, insbesondere zur Bemessung der Freiheitsstrafe, dürfen dadurch nicht berührt werden[266]. Wo die Entscheidung über die Art der Strafe nicht von der Entscheidung über die Höhe getrennt werden kann, ist eine Beschränkung auf die Strafart nicht zulässig[267].

Sind **nebeneinander verschiedene Strafen** oder Strafen und andere Rechtsfolgen ver- **88** hängt, so beurteilt sich die getrennte Anfechtbarkeit danach, ob sie unabhängig von-einander festgesetzt worden sind, oder ob zwischen ihrer Anordnung oder Bemessung ein enger innerer Zusammenhang besteht[268], der wegen ihrer wechselseitigen Beeinflussung und gegenseitigen Abhängigkeit eine einheitliche Überprüfung fordert[269]. Wieweit Haupt-und Nebenstrafe voneinander unabhängig und einer selbständigen Nachprüfung fähig sind, richtet sich nach dem Umfang der Verschränkung ihrer gesetzlichen Voraussetzungen, aber auch nach der Verknüpfung der maßgeblichen Urteilserwägungen im Einzelfall[270].

---

[259] RGSt **65** 297; h. M.
[260] BayObLGSt **1956** 7 = MDR **1956** 248; SK-*Frisch* 57; vgl. ferner Rdn. 41.
[261] OLG Braunschweig VRS **16** (1959) 19; vgl. Rdn. 88.
[262] Vgl. dazu *Grünwald* 187 ff.
[263] OLG Karlsruhe Justiz **1973** 57.
[264] **A. A** *Meyer* JR **1972** 205.
[265] Dies kann im Einzelfall zulässig sein, vgl. Rdn. 96.
[266] OLG Frankfurt MDR **1980** 425; OLG Hamm JMBlNW **1956** 239; OLG Köln VRS **28** (1965) 106.
[267] RG HRR **1927** Nr. 667.
[268] RGSt **33** 22; **42** 31; **42** 241; **65** 297; BGHSt **4** 63; vgl. *Sieveking* 76 f; **a. A** *Eb. Schmidt* 33, der nur

insoweit eine getrennte Anfechtung zulassen will, als begehrt wird, sie als gesetzwidrig zu streichen, im übrigen aber die Trennbarkeit wegen des engen Zusammenhangs von Haupt- und Nebenstrafen verneint; ebenso *Grünwald* aaO 189 ff.
[269] Vgl. insoweit auch KK-*Ruß*[4] 7a.
[270] Vgl. OLG Hamm MDR **1974** 1037; RGSt **47** 227; **58** 238; RG Recht **1917** Nr. 300; vgl. aber andererseits RGRspr. **5** 663. Dazu *Sieveking* 72 ff. *Grünwald* 189 ff, insbs. 194 hält die Beschränkung der Anfechtung auf eine von zwei Hauptstrafen nicht für wirksam.

3. Beschränkung auf Strafen, Nebenfolgen, Verfall und Einziehung

89   **a)** Bei der Anfechtung der **Geldstrafe** (§ 40 StGB) kann die Berufung in der Regel auf die **Höhe des Tagessatzes** beschränkt werden, da es sich um zwei voneinander trennbare, selbständige Urteilsteile handelt[271]. Dies gilt auch, wenn die Tagessatzhöhe versehentlich nicht festgelegt worden ist[272]. Wegen des unterschiedlichen Gegenstands und Ziels der beiden Entscheidungsvorgänge ist grundsätzlich auch eine isolierte Anfechtung der **Zahl der Tagessätze** möglich[273]. Eine Beschränkung scheidet nur aus, wenn im Einzelfall das Urteil eine Wechselwirkung zwischen beiden Aussprüchen erkennen läßt; dies ist vor allem bei einem Urteil denkbar, das die Höhe des Tagessatzes niedriger bemißt, um bei einer großen Zahl von Tagessätzen die Progression des Strafübels auszugleichen[274].

90   **aa)** Die Beschränkung auf die Festsetzung einer **Gesamtgeldstrafe** indessen ist unwirksam, sind keine Einzelgeldstrafen oder entweder keine Tagessatzhöhe oder -zahl festgesetzt worden[275].

91   **bb)** Die Bewilligung oder Versagung von **Zahlungserleichterungen** nach § 42 StGB ist getrennt anfechtbar[276]. Ob eine neben einer Freiheitsstrafe oder Gesamtfreiheitsstrafe verhängte Geldstrafe gesondert anfechtbar ist, hängt vom Ziel der Anfechtungserklärung und der wechselseitigen Verknüpfung beider Rechtsfolgen im Einzelfall ab; im Regelfall wird wegen der wechselseitigen Beeinflussung beider Strafaussprüche[277] eine getrennte Anfechtung nicht in Betracht kommen[278] – das gilt auch, wenn nur die Unzulässigkeit der Verhängung einer Geldstrafe geltend gemacht[279] oder die gesetzliche Mindestfreiheitsstrafe verhängt[280] wird oder der Erhöhung der Freiheitsstrafe das Verschlechterungsverbots entgegensteht[281], weil in all diesen Fällen die wechselseitige Abhängigkeit unübersehbar und deshalb eine getrennte Überprüfung allein der Geldstrafe nicht möglich erscheint. Denkbar erscheint jedoch auch in diesem Fall eine Berufungsbeschränkung auf die Höhe der Tagessätze, nicht aber auf eine fehlerhafte Anrechnung nach § 41 Abs. 4 StGB, weil diese die Höhe der Geldstrafe insgesamt bestimmt und damit in wechselseitige Abhängigkeit zur Freiheitsstrafe gerät. Wurde entgegen der zwingenden Vorschrift in § 21 OWiG eine Geldbuße neben einer Geldstrafe verhängt, kann die Berufung auf keine der beiden Rechtsfolgen beschränkt werden[282].

---

[271] BGHSt **27** 70 (auf Vorlage BayObLG VRS **51** (1976) 22 gegen OLG Hamburg MDR **1976** 156); dazu *Grünwald* JR **1978** 71; BGHSt **34** 92; BayObLGSt **1975** 73 = JR **1976** 162 mit Anm. *Tröndle*; BayObLG VRS **60** (1981) 103; bei *Rüth* DAR **1986** 249; OLG Düsseldorf NJW **1977** 260; dazu *Schall* JuS **1977** 307; OLG Hamm MDR **1976** 595; KG VRS **52** (1977) 113; OLG Karlsruhe NJW **1976** 1275; OLG Koblenz MDR **1976** 418; VRS **54** (1978) 48; OLG Köln NJW **1977** 307; OLG Schleswig bei *Ernesti/Jürgensen* SchlHA **1978** 189; OLG Stuttgart Justiz **1982** 233; OLG Zweibrücken OLGSt § 344, 16; *Grebing* JZ **1976** 751; *Horn* JR **1977** 97; *D. Meyer* DAR **1976** 149; SchlHA **1976** 106; *Vogler* JR **1978** 353; vgl. ferner KK-*Ruß*⁴ 8a; *Meyer-Goßner*⁴⁶ 19; AK-*Dölling* 21; KMR-*Paulus* 44; SK-*Frisch* 63; *Pfeiffer*⁴ 6; vgl. LR-*Hanack* § 344, 32.

[272] Vgl. BGHSt **34** 90 (auf Vorlage BayObLG NStZ **1985** 502 gegen OLG Köln JMBlNW **1977** 139); OLG Stuttgart Justiz **1982** 233; SK-*Frisch* 63.

[273] Strittig; wie hier BGHSt **27** 73; OLG Koblenz NJW **1976** 1275; *Grebing* JR **1981** 3; KK-*Ruß*⁴ 8a; *Meyer-*

*Goßner*⁴⁶ 19; AK-*Dölling* 21; SK-*Frisch* 63; *Pfeiffer*⁴ 6; *Schall* JuS **1977** 309; *Vogler* JR **1978** 356; **a. A** *Grünwald* JR **1978** 71; *Horn* JR **1977** 97. Wegen weiterer Nachweise zum Streitstand vgl. die Kommentare zu § 40 StGB.

[274] BGHSt **34** 90 läßt dies offen; vgl. aber BGHSt **26** 325. Wie hier KMR-*Paulus* 44; AK-*Dölling* 22; SK-*Frisch* 63; *Naucke* NJW **1978** 1171; *Tröndle* JR **1976** 162.

[275] KK-*Ruß*⁴ 8a; AK-*Dölling* 25.

[276] *Meyer-Goßner*⁴⁶ 19; KMR-*Paulus* 46; SK-*Frisch* 63; LR-*Hanack* § 344, 32; **a. A** OLG Bremen NJW **1954** 523.

[277] Vgl. dazu BGHSt **32** 60, 66.

[278] RGSt **33** 371, 378; OLG Düsseldorf JMBlNW **1999** 41; *Meyer-Goßner*⁴⁶ 19; KMR-*Paulus* 45; SK-*Frisch* 71; **a. A** RGSt **58** 238, 239; vgl. ferner zum Streitstand LR-*Hanack* § 344, 33 mit Nachweisen.

[279] **A. A** AK-*Dölling* 22.

[280] **A. A** OLG Köln OLGSt § 41 StGB S. 1.

[281] **A. A** SK-*Frisch* 71.

[282] OLG Koblenz VRS **60** (1981) 447.

b) Bei der **Freiheitsstrafe** sind die einzelnen Erwägungen, die zu ihrer Verhängung **92** und Bemessung führten, nicht einzeln anfechtbar, so, wenn eine Vorstrafe strafschärfend gewertet wurde[283]. Auch ob § 47 StGB die Verhängung einer **kurzfristigen Freiheitsstrafe** ausschließt, kann in der Regel nicht getrennt von den übrigen Feststellungen zum Strafausspruch beurteilt werden, da § 47 StGB eine umfassende Würdigung von Tat und Täter erfordert[284]. Wird mit der **Berufung nur die Überschreitung der zulässigen Höchststrafe** beanstandet, so liegt darin keine Beschränkung auf einen Teil des Strafausspruchs[285].

aa) Der Ausspruch über die **Gesamtstrafe** (§§ 53 bis 55 StGB), der in dem Begehren **93** zur Nachprüfung der Strafbemessung liegt[286], ist in der Regel gesondert anfechtbar[287]; dies gilt auch, wenn deren Festsetzung unterblieben ist[288]. Eine Beschränkung auf die Bemessung der Gesamtstrafe ist jedoch nicht möglich, wenn die Festsetzung von Einzelstrafen übersehen worden ist[289], nicht aber schon dann, wenn „dem Tatrichter bei der Bemessung der Einzelstrafen möglicherweise Fehler unterlaufen sind"[290].

bb) Anrechnung erlittener Haft. Nach der Neufassung des § 51 StGB dürfte die Ent- **94** scheidung über die Anrechnung der **Untersuchungshaft** in der Regel von der Strafzumessung getrennt anfechtbar sein, auch in den Fällen des Absatz 1 Satz 2, der auf das Verhalten des Angeklagten nach der Tat abstellt[291]. Im Einzelfall kann aber eine Verknüpfung die Beschränkung unwirksam machen[292].

Ob bei der Anrechnung einer wegen derselben Tat **im Ausland** erlittenen Freiheitsent- **95** ziehung (§ 51 Abs. 3 StGB) etwas anderes gilt, erscheint wenigstens für den Regelfall fraglich, denn die Prüfung, ob dem ausländischen Schuldspruch dieselbe Tat, wie die hier abgeurteilte, zugrunde lag, erfordert in der Regel nur einen Vergleich der Taten, nicht aber eine Nachprüfung des nichtangefochtenen Schuldspruchs auf seine Richtigkeit[293].

cc) Die **Strafaussetzung zur Bewährung** ist bei einer Anfechtung des Strafmaßes mit **96** angefochten[294]. Der isolierten Anfechtung ist sie nach der Neufassung (§§ 56 ff StGB)[295]

---

[283] AK-*Dölling* 23; SK-*Frisch* 64. Zur Frage der Rückfallvoraussetzungen nach dem früheren § 48 StGB vgl. LR-*Hanack* § 344, 35; LR[23] 83.

[284] AK-*Dölling* 23; KMR-*Paulus* 50; SK-*Frisch* 64; LR-*Hanack* § 344, 34. Beim ehem. § 27b StGB war die Trennbarkeit strittig, wurde aber überwiegend bejaht; vgl. BGHSt **10** 330; BGH NJW **1957** 1199; a. A OLG Oldenburg JZ **1953** 382; vgl. *Sieveking* 18 mit weiteren Nachweisen.

[285] OLG Bremen MDR **1962** 199.

[286] BGH wistra **1999** 99; *Meyer-Goßner*[46] 21.

[287] RGSt **37** 285; **40** 274; **49** 91; **66** 351; BGH NStZ-RR **2000** 13; wistra **1999** 99; OLG Hamburg MDR **1976** 419; OLG Saarbrücken OLGSt § 344, 1; KK-*Ruß*[4] 8a; KMR-*Paulus* 48; LR-*Hanack* § 344, 37 mit weiteren Nachweisen.

[288] BGH wistra **1999** 99; OLG Düsseldorf VRS **68** (1981) 365; *Meyer-Goßner*[46] 20.

[289] RGSt **65** 296; BGHSt **4** 345; BGH NJW **1979** 936; BGHR StPO § 318, Strafausspruch 2; OLG Karlsruhe Justiz **1974** 386; KK-*Ruß*[4] 8a; AK-*Dölling* 25; KMR-*Paulus* 48; LR-*Hanack* § 344, 37.

[290] BGHR StPO § 318, Strafausspruch 2; *Meyer-Goßner*[46] 20.

[291] Vgl. BGHSt **7** 714 = JZ **1957** 383 mit abl. Anm. *Würtenberger* (zur früheren Rechtslage); BGH

wistra **1990** 350; KMR-*Paulus* 47; *Pfeiffer*[4] 6; LR-*Hanack* § 344, 36. Die Frage war bei der früheren Rechtslage strittig, vgl. etwa einerseits BayObLGSt **1963** 90; OLG Hamburg SJZ **1948** 699 mit Anm. *Niethammer*; andererseits OGHSt **1** 150; OLG Oldenburg JZ **1952** 753 mit Anm. *Würtenberger*; auch OLG Hamburg NJW **1966** 63; ferner *Grünwald* 300 ff; *Sieveking* 19.

[292] Vgl. dazu SK-*Frisch* 70.

[293] SK-*Frisch* 70; anders für den früheren § 7 StGB RG HRR **1939** Nr. 480.

[294] OLG Düsseldorf NJW **1956** 1889; zur grundsätzlichen Unbeschränkbarkeit auf nachgeordnete Gesichtspunkte vgl. Rdn. 41.

[295] Ursprünglich hat der BGH bei § 23 StGB die Trennbarkeit bejaht; vgl. BGH VRS **18** (1960) 347; **25** (1963) 256; NJW **1953** 1838; **1954** 40; **1956** 1567; MDR **1955** 394 bei *Dallinger*; ebenso BayObLGSt **1954** 54 = NJW **1954** 1416; auch BayObLG VRS **33** (1967) 184; KG VRS **12** (1957) 184; OLG Frankfurt NJW **1956** 233; OLG Stuttgart NJW **1956** 1119; dazu *Rödding* NJW **1956** 1342; OLG Oldenburg NJW **1959** 1983; *Schorn* JR **1963** 52. Ein Teil des Schrifttums verneinte, sofern es sich nicht um die Beseitigung eines offensichtlichen Rechtsfehlers, wie etwa die Bewilligung von Strafaussetzung für

Karl Heinz Gössel

grundsätzlich zugänglich[296]; denn die Strafhöhe ist an sich unabhängig von der Aussetzung zu bestimmen. Die Rechtsprechung ist uneinheitlich, stellt aber meist ausdrücklich oder stillschweigend auf den **Einzelfall** ab[297]. Hinsichtlich des Umfangs der einer Beschränkung entgegenstehenden Verknüpfungen werden aber unterschiedliche Anforderungen gestellt. Anerkannt ist nur, daß sich Grenzen für die Beschränkung daraus ergeben, daß die für die Entscheidung nach § 56 StGB maßgebenden Gesichtspunkte zum größten Teil auch Umstände sind, die nach § 46 StGB allgemein bei der Strafzumessung berücksichtigt werden müssen. Eine vom Strafausspruch **getrennte Beurteilung** ist nicht möglich, wenn die beiden Entscheidungen zugrunde liegenden Erwägungen, insbesondere zur Täterpersönlichkeit und zur Sozialprognose, ineinander übergehen[298] oder wenn beide Entscheidungen nach den Urteilsausführungen miteinander so verknüpft sind, daß das Maß der einen durch die andere mitbedingt ist[299]. Die **Doppelrelevanz** einiger Feststellungen allein führt noch nicht notwendig zur Untrennbarkeit. Im übrigen aber gehen die Meinungen auseinander[300], so z. B. ob die Beschränkung nur in engen Ausnahmefällen bei Überschneidung der maßgeblichen Erwägungen[301] oder bei Unvereinbarkeit der die Strafzumessung tragenden Gesichtspunkte mit den zur Aussetzungsfrage neu zu treffenden Feststellungen in concreto[302] unwirksam ist.

97   Bei Beschränkbarkeit binden die **Feststellungen zu Schuld und Strafe** das Berufungsgericht, so daß nur noch ergänzende Feststellungen zur Aussetzungsfrage möglich sind[303]. Deshalb wird auch dort, wo die Beschränkung an sich möglich ist, oft davon auszugehen sein, daß der Rechtsmittelführer sein Rechtsmittel nicht in diesem engen Sinn begrenzt wissen wollte (Auslegungsfrage)[304].

98   Ist einem Heranwachsenden Strafaussetzung nach § 56 StGB bewilligt und legt die Staatsanwaltschaft nur hiergegen Berufung ein, so darf **Jugendstrafrecht** nicht mehr angewendet werden[305]. Zur Frage, ob die Entscheidung über die Strafaussetzung zur

---

eine die Obergrenze übersteigende Freiheitsstrafe handelt, die Trennbarkeit überhaupt, so etwa *Horstkotte* NJW **1969** 1602; *Eb. Schmidt* 31; Nachtr. I 13. Einschränkend aus OLG Bremen OLGSt 9; OLG Stuttgart Justiz **1963** 63; vgl. ferner OLG Düsseldorf NJW **1956** 1889; OLG Hamm VRS **13** (1957) 449; JMBlNW **1957** 58; NJW **1969** 474; OLG Koblenz JR **1957** 30; OLG Köln VRS **28** (1965) 106; OLG Hamburg JR **1964** 267; OLG Celle NJW **1969** 1588; NdsRpfl. **1970** 22.

[296] Vgl. etwa BGHSt **24** 165; **14** 25; KG VRS **101** (2001) 438; OLG Karlsruhe VRS **95** (1998) 225; *KK-Ruß*[4] 8a; *Meyer-Goßner*[46] 20; AK-*Dölling* 24; HK-*Rautenberg*[3] 21; KMR-*Paulus* 56 mit weiteren Nachweisen von Entscheidungen, die die Beschränkbarkeit generell oder im Regelfall bejahen; *Pfeiffer*[4] 6; ferner LR-*Hanack* § 344, 40 ff; differenzierend SK-*Frisch* 65 ff je nach den Gründen, aus denen die Aussetzung versagt wird.

[297] Vgl. etwa BGH NJW **1972** 834; GA **1980** 108; **1982** 552; KG VRS **101** (2001) 438; OLG Frankfurt MDR **1980** 425; OLG Hamburg JZ **1979** 258 mit Anm. *Zipf;* OLG Hamm VRS **42** (1972) 355; OLG Karlsruhe NJW **1980** 133; OLG Koblenz MDR **1975** 334; OLG Köln NJW **1971** 1417; OLG Schleswig bei *Ernesti/Lorenzen* SchlHA **1984** 108; **1986** 108; *Kaiser* NJW **1983** 2418.

[298] BGH VRS **25** (1963) 256; NStZ **1982** 286; OLG

Celle VRS **42** (1972) 20; OLG Düsseldorf VRS **63** (1982) 463; OLG Frankfurt NJW **1970** 957; OLG Hamburg VRS **27** (1964) 99; OLG Hamm NJW **1970** 1614; OLG Karlsruhe NJW **1980** 133; OLG Koblenz VRS **60** (1981) 449; OLG Köln VRS **61** (1981) 365; OLG Saarbrücken NJW **1975** 2215; KMR-*Paulus* 56.

[299] Vgl. etwa OLG Braunschweig VRS **16** (1959) 19; OLG Düsseldorf VRS **98** (2000) 36, 37; OLG Frankfurt MDR **1980** 425; OLG Schleswig bei *Ernesti/Lorenzen* SchlHA **1982** 125.

[300] Vgl. LR-*Hanack* § 344, 40, 41.

[301] Vgl. etwa BGH NStZ **1982** 286; NJW **1983** 1624; dazu LR-*Hanack* § 344, 41 mit weiteren Nachweisen.

[302] OLG Celle VRS **42** (1972) 20; OLG Koblenz VRS **43** (1972) 256; **46** (1974) 337; **51** (1976) 25; OLG Schleswig MDR **1977** 1039; bei *Ernesti/Lorenzen* SchlHA **1986** 108; KMR-*Paulus* 56 mit weiteren Nachweisen; vgl. auch OLG Frankfurt MDR **1980** 425 (beschränkbar, da doppelrelevante Feststellungen nicht angegriffen); ferner Rdn. 67.

[303] BGH VRS **7** (1954) 448; **11** (1956) 193; OLG Hamm JMBlNW **1956** 237; OLG Köln VRS **28** (1965) 106; vgl. Rdn. 77.

[304] Vgl. etwa OLG Koblenz VRS **46** (1974) 336; Rdn. 11.

[305] OLG Frankfurt NJW **1956** 233.

Bewährung mit der Entziehung der Fahrerlaubnis so eng zusammenhängt, daß beide nicht gesondert angefochten werden können, vgl. Rdn. 112.

c) Auf den Ausspruch der **Verwarnung mit Strafvorbehalt** allein (§ 59 StGB) kann die **99** Berufung wegen der Verknüpfung der dafür erforderlichen Prognose mit der Person des Täters und den Umständen der Tat in der Regel nicht beschränkt werden[306].

d) Auf das **Fahrverbot** kann die Berufung nur beschränkt werden, wenn Art und **100** Höhe der Hauptstrafe erkennbar unabhängig von den Erwägungen gefunden worden sind, die für die Anordnung des Fahrverbots maßgebend waren[307]. Ist dagegen eine Wechselwirkung zwischen der Verhängung und Bemessung beider Strafen anzunehmen, was wegen des Charakters als Warnungsstrafe naheliegt[308], aber eine Frage des Einzelfalls ist, so sind die Verhängung des Fahrverbots und der übrige Strafausspruch nicht getrennt anfechtbar[309].

e) Auf **sonstige Nebenstrafen und Nebenfolgen** kann die Berufung wirksam beschränkt **101** werden, wenn allein deren Zulässigkeit überprüft werden soll[310] oder wenn ihre Verhängung unabhängig von der Hauptstrafe nachgeprüft werden kann, weil die für die Nebenfolge maßgebenden Gründe in keinem wechselseitigen Verhältnis zur Hauptstrafe stehen[311]. Dies ist etwa der Fall beim **Verlust der Amtsfähigkeit**, der Wählbarkeit und des Stimmrechts[312], bei der Anordnung der **Urteilsbekanntmachung** oder der Bekanntmachungsbefugnis[313] oder der **Abführung des Mehrerlöses**[314].

f) **Verfall und Einziehung** sind unter den gleichen Voraussetzungen wie sonstige Neben- **102** strafen oder Nebenfolgen einer getrennten Anfechtung zugänglich. Ob zwischen der Verhängung der Nebenfolge und der Hauptstrafe eine die getrennte Beurteilung ausschließende Wechselwirkung besteht, hängt von Rechtsnatur und Voraussetzungen der jeweiligen Maßnahme und von der Ausgestaltung des Einzelfalles ab. Beim (auch: erweiterten) **Verfall,** der dem Täter die durch die Tat erlangten Vorteile entziehen soll, wird dies nicht angenommen und folglich eine darauf beschränkte Anfechtbarkeit bejaht[315]; desgleichen bei einer reinen Sicherungszwecken dienenden Einziehung eines

---

[306] OLG Celle MDR **1976** 1041; ferner die Kommentare zu § 59 StGB.

[307] BayObLGSt **1967** 7 = VRS **32** (1967) 347; OLG Hamm VRS **41** (1971) 194; **49** (1975) 275; KK-*Ruß*[4] 8a; vgl. aber auch BayObLGSt **1966** 64 = VRS **31** (1966) 186; OLG Hamm VRS **34** (1968) 418; OLG Koblenz NJW **1971** 1472 mit Anm. *Händel*; VRS **66** (1984) 40; OLG Saarbrücken VRS **37** (1969) 310, die generell Beschränkbarkeit annehmen; **anders** LR-*Hanack* § 344, 45 (in der Regel unwirksam).

[308] Vgl. dazu BGHSt **24** 11 und KG NJW **2002** 3564 L: zwischen Geldbuße und Fahrverbot besteht stets eine derartige Wechselwirkung.

[309] OLG Celle VRS **62** (1982) 38; OLG Frankfurt VRS **55** (1978) 182; OLG Hamburg VRS **40** (1971) 461; OLG Oldenburg VRS **42** (1972) 193; OLG Schleswig NStZ **1984** 90. Zur Unwirksamkeit der Beschränkung bei § 25 StVG vgl. etwa BGHSt **24** 11, 12; BayObLG bei *Rüth* DAR **1974** 188; OLG Düsseldorf NJW **1970** 1937; VRS **69** (1985) 50; AK-*Dölling* 26; HK-*Rautenberg*[3] 26; SK-*Frisch* 72; *Pfeiffer*[4] 6. *Meyer-Goßner*[46] 22 mit weiteren Nachweisen

[310] nimmt ausnahmslos Unwirksamkeit an. S. ferner LR-*Hanack* § 344, 45 mit weiteren Nachweisen.

[310] Vgl. *Eb. Schmidt* 33; LR-*Hanack* § 344, 44.

[311] RGSt **42** 31; **65** 297; OLG Düsseldorf VRS **51** (1976) 439; OLG Freiburg DRZ **1949** 140; OLG Hamm NJW **1975** 67; KMR-*Paulus* 53; LR-*Hanack* § 344, 44.

[312] BGHSt **4** 230; **5** 209; *Meyer-Goßner*[46] 22; KMR-*Paulus* 55; LR-*Hanack* § 344, 46 mit weiteren Nachweisen; **a. A** AK-*Dölling* 27; SK-*Frisch* 74.

[313] RGSt **42** 318; *Meyer-Goßner*[46] 22; AK-*Dölling* 27; KMR-*Paulus* 75; SK-*Frisch* 75; LR-*Hanack* § 344, 49 mit weiteren Nachweisen

[314] BGHSt **1** 161; OLG Hamburg MDR **1947** 103 mit Anm. *Tesar*; OLG Köln NJW **1954** 245; AK-*Dölling* 27; KMR-*Paulus* 78; SK-*Frisch* 75; LR-*Hanack* § 344, 48 mit weiteren Nachweisen.

[315] Vgl. RGSt **67** 30; BGH NStZ-RR **1997** 270; BayObLG NStZ-RR **1999** 269; AK-*Dölling* 36; KMR-*Paulus* 78; SK-*Frisch* 87; LR-*Hanack* § 344, 63 mit weiteren Nachweisen auch zur Gegenmeinung.

Karl Heinz Gössel

auch wertmäßig bei der Strafzumessung nicht ins Gewicht fallenden Gegenstandes[316]. Hat die Einziehung dagegen den Charakter einer Nebenstrafe, wird in der Regel der Entzug eines Gegenstandes von Wert auch die Bemessung der Hauptstrafe beeinflussen und wegen der wechselseitigen Abhängigkeit die Beschränkbarkeit ausschließen[317]. In Einzelfällen kann darüber hinaus eine umfassende Nachprüfung notwendig sein. Beanstandet die Berufung den Umfang des verfallenen Betrages, so kann damit zugleich der Umfang der Tat zur Nachprüfung gestellt werden, so daß die Berufung auch den Schuldspruch ergreift[318]; es können damit aber auch nur Gesichtspunkte geltend gemacht werden, die die Feststellungen zum Schuld- und Strafausspruch nicht berühren, so daß die Beschränkung wirksam ist[319].

4. Maßregeln der Besserung und Sicherung

103   **a) Grundsatz.** Die Berufung ist grundsätzlich auch bei diesen Maßregeln beschränkbar, sofern die jeweilige Maßregel losgelöst von der Schuldfrage und den sonstigen Rechtsfolgenentscheidungen überprüft werden kann[320]. Sie sind meist getrennt von der Schuldfrage überprüfbar, gegenüber den sonstigen Anordnungen des Strafausspruchs sind sie nur dann selbständig zu beurteilen, wenn im Einzelfall zwischen Auswahl und Bemessung der Strafe und der Auswahl der Maßregel keine innere Abhängigkeit besteht; die Maßregel muß insbesondere selbständig und ohne näheres Eingehen auf die Strafzumessungstatsachen nachprüfbar sein und umgekehrt.

104   Die Frage, unter welchen Voraussetzungen ein Rechtsmittel auf die Anordnung der **Unterbringung in einem psychiatrischen Krankenhaus** oder auf die **Sicherungsverwahrung** beschränkt werden kann, stellt sich in der Regel beim Berufungsgericht nicht (§ 24 Abs. 2 GVG). Insoweit kann auf die Erläuterungen bei LR-*Hanack* § 344, 51 ff verwiesen werden.

105   **b)** Die **Unterbringung in einer Entziehungsanstalt** (§ 64 StGB) kann dann getrennt nachgeprüft werden, wenn für die Entscheidung über diese Maßregel Umstände maßgebend sind, die außerhalb der Straftat liegen[321]. Dies kann, muß aber nicht der Fall sein, wenn die Unterbringung neben einer Verurteilung zur Strafe angeordnet wurde.

106   Auch neben einem **Freispruch** wegen Schuldunfähigkeit ist eine die Feststellungen zum Schuldspruch unberührt lassende Beschränkung auf den Maßregelausspruch möglich: Weil der Freispruch mangels Beschwer nicht anfechtbar ist, wäre der Angeklagte sonst in seinen Verteidigungsmöglichkeiten beschränkt; deshalb kann die Begehung einer rechtswidrigen Tat durch den Angeklagten vom Berufungsgericht ohne Bindung an die amtsgerichtlichen Feststellungen selbständig beurteilt werden[322].

107   Wird nur die Versagung der **Strafaussetzung zur Bewährung** mit der Berufung angefochten, dann schließt nach Ansicht des BayObLG die wirksame Berufungsbeschränkung die Anordnung der Unterbringung in einer Entziehungsanstalt aus: Die (Nicht-)-

[316] Vgl. OLG Düsseldorf GA **1972** 1382; OLG Hamm NJW **1975** 67; vgl. *Meyer-Goßner*[46] 22; KK-*Ruß*[4] 8a; LR-*Hanack* § 344, 64; ferner LR-*Gollwitzer* § 267, 119.

[317] BGH NStZ **1993** 400; BayObLG bei *Rüth* DAR **1984** 246; OLG Düsseldorf VRS **51** (1976) 439; OLG Schleswig bei *Ernesti/Jürgensen* SchlHA **1978** 189; bei *Ernesti/Lorenzen* SchlHA **1980** 177; *Meyer-Goßner*[46] 22; AK-*Dölling* 22; KMR-*Paulus* 78; SK-*Frisch* 88; LR-*Hanack* § 344, 64, 65.

[318] RGSt **67** 30.

[319] Vgl. BGHSt **4** 63; OLG Hamm NJW **1975** 67.

[320] KK-*Ruß*[4] 8a; AK-*Dölling* 28; KMR-*Paulus* 65; SK-*Frisch* 76; LR-*Hanack* § 344, 50.

[321] Vgl. BGHSt **3** 339 (zu § 42c StGB a. F).

[322] BGH NStZ **1989** 84; BayObLGSt **1978** 1 = GA **1979** 61; *Meyer-Goßner*[46] 24; AK-*Dölling* 30; SK-*Frisch* 85; Vgl. LR-*Hanack* § 344, 54 in Verbindung mit der dortigen Rdn. 52; **a.** A LR-*Gollwitzer*[24] 92.

Anordnung nach § 64 StGB ist kein „der Strafaussetzung zur Bewährung rechtslogisch nachgeordnete(r) Gesichtspunkt"[323] und folglich nicht untrennbar mit der Strafaussetzungsfrage verknüpft. Ist auch *allein* die Nichtanordnung dieser Maßregel durch den Angeklagten mangels Beschwer nicht anfechtbar[324], so aber dann doch, wenn sich aus „den Urteilsgründen oder der Strafhöhe entnehmen läßt, daß die Strafe von dem Unterbleiben der Anordnung ... beeinflußt sein kann"[325]; Gleiches gilt, begründet der Angeklagte die Anfechtung der Nichtanordnung damit, bei deren Anordnung wäre die verhängte Strafe niedriger ausgefallen: Auch in diesem Fall ist der Rechtsfolgenausspruch im ganzen angefochten und die ausdrücklich auf die bloße Nichtanordnung der genannten Maßregel vorgenommene Rechtsmittelbeschränkung folglich unwirksam[326]. Das gegen die Zulässigkeit einer derartigen gegenseitigen Beeinflussung von Strafe und Maßregel (Wechselbeziehung) vorgebrachte Argument von *Tolksdorf*, § 67 StGB löse „die Problematik des Nebeneinander von Strafe und Maßregel in anderer Weise und" lasse „für eine strafmildernde Berücksichtigung der Unterbringung bei der Strafzumessung keinen Raum"[327], überzeugt deshalb nicht, weil § 67 StGB nicht diese Problematik löst, sondern erst dann anwendbar ist, wenn die Entscheidungen über Straffestsetzung und Maßregelanordnung bereits vorausgegangen sind: Die Wechselbeziehung zwischen Strafe und Maßregel ist also der Anwendung des § 67 StGB logisch vorgeordnet. Zu einem möglichen Verstoß der Unterbringungsanordnung gegen das Verschlechterungsverbot bei einer Rechtsmittelbeschränkung vgl. § 331, 85.

c) Entziehung der Fahrerlaubnis

aa) Isolierte Anfechtung. Die Anordnung dieser Maßregel ist ebenso wie deren **108** Unterbleiben[328] nach den gleichen Grundsätzen isoliert anfechtbar[329], die soeben zur Einweisung in eine Entziehungsanstalt dargelegt wurden (Rdn. 107), also auch dann, wenn sie neben einem Freispruch wegen Schuldunfähigkeit ausgesprochen wird[330]. Sie ist in der Regel[331] vom Schuldspruch unabhängig[332], vom Strafausspruch dann nicht, wenn die Strafe im Hinblick auf den Entzug der Fahrerlaubnis milder bemessen wurde[333] oder wenn die der Strafzumessung zugrunde liegenden Tatsachen zugleich auch eine wesentliche Entscheidungsgrundlage für die Fahrerlaubnisentziehung bilden,

---

[323] BayObLGSt **1986** 59, 61 = JR **1987** 172 mit abl. Anm. *Meyer-Goßner*.

[324] BGHSt **28** 327, 330; **38** 362, 363; **a. A** *Tolksdorf* FS Stree/Wessels 757 ff. Indessen kann die Beschränkung der Revision des Angeklagten auf die Nichtanordnung der Unterbringung entgegen BGHSt **38** 4, 7 nicht etwa zur Unzulässigkeit der Revision führen, sondern nur zur Unzulässigkeit der vorgenommenen Beschränkung: in Wahrheit ist in diesem Fall der Rechtsfolgenausspruch angefochten (vgl. auch *Tolksdorf* 761, der die in BGHSt **38** 4, 7 vertretene Auffassung zurückhaltend als „verblüffend" bezeichnet).

[325] BGHSt **38** 362, 365.

[326] BayObLG StV **1995** 181, 182 mit kritischer Anmerkung *Loos* JR **1996** 80.

[327] FS Stree/Wessels 756.

[328] Vgl. etwa OLG Hamburg VRS **44** (1973) 187; OLG Stuttgart MDR **1964** 615; **a. A** OLG Celle MDR **1961** 1036.

[329] BGH NStZ **1992** 586; KK-*Ruß*⁴ 8a; AK-*Dölling* 32; SK-*Frisch* 79.

[330] Etwa BayObLGSt **1954** 160 = JR **1955** 151; **1984** 74 = NStZ **1985** 90; BayObLG bei *Rüth* DAR **1980** 270; OLG Hamm NJW **1956** 560; *Zipf* JR **1978** 251; SK-*Frisch* 78; vgl. LR-*Hanack* § 344, 57, 58 mit weiteren Nachweisen.

[331] Vgl. OLG Koblenz VRS **53** (1977) 339 (keine Beschränkbarkeit neben Unfallflucht) **a. A** LR-*Gollwitzer*²⁴ 93.

[332] BayObLGSt **1954** 160 = JR **1955** 151; OLG Braunschweig NJW **1955** 1333 mit Anm. *Hartung*; OLG Hamburg VRS **10** (1956) 355; KG VRS **26** (1964) 198; OLG Schleswig VRS **54** (1978) 33; vgl. auch OLG Düsseldorf VRS **70** (1986) 137; OLG Koblenz VRS **60** (1981) 44, wo die an sich für zulässig erachtete Beschränkung an den unzureichenden Feststellungen zum Schuldspruch scheiterte; ferner LR-*Hanack* § 344, 59; **a. A** *Grünwald* 214; *Heinitz* JZ **1960** 34; *Eb. Schmidt* 41.

[333] OLG Stuttgart NStZ-RR **1997** 178, diesem zust. OLG Frankfurt/M NVZ **2002** 382, 383; SK-*Frisch* 80.

Karl Heinz Gössel

wie dies insbesondere zutrifft, wenn es nicht wegen fahrtechnischer Mängel, sondern wegen Charakterfehlers zum Entzuge kommt[334]. „Stellt hingegen der Rechtsmittelführer die die Entscheidung nach § 69 StGB tragenden Feststellungen nicht in Frage, sondern geht selbst von ihnen aus und ist nur der Meinung, sie trügen z. B. die Ablehnung des Fahrerlaubnisentzuges nicht, so ist die Revision auf die Maßregelfrage beschränkbar" (OLG Stuttgart NStZ-RR **1997** 178, 179, zust. OLG Frankfurt/M. NVZ **2002** 382, 383).

109   Ob eine getrennte Anfechtung gewollt und möglich ist, muß in **jedem Einzelfall** unter Berücksichtigung seiner Besonderheiten entschieden werden[335]. Das Bayerische Oberste Landesgericht hält eine getrennte Anfechtung trotz eines bestehenden Zusammenhangs zwischen Strafe und Maßregel dann für wirksam, wenn sich der innere Zusammenhang auf die Entscheidung nicht mehr auswirken kann[336]. Wird allerdings nur noch die Höhe des Tagessatzes einer Geldstrafe angefochten, entfällt jede Wechselwirkung mit der Entziehung der Fahrerlaubnis[337].

110   Sieht das Gericht nach § 60 StGB **von Strafe ab**, ist eine daneben angeordnete Entziehung der Fahrerlaubnis in der Regel getrennt nachprüfbar, da beide Entscheidungen grundsätzlich auf voneinander unabhängigen Erwägungen beruhen[338].

111   Ist die Entscheidung über die Entziehung der Fahrerlaubnis angefochten, dann hat das Berufungsgericht nach Ansicht des Oberlandesgerichts Celle[339] auch zu prüfen, ob nicht statt der Entziehung der Fahrerlaubnis ein **Fahrverbot** auszusprechen ist.

112   **bb) Indirekte Anfechtung.** Von der Anfechtung der Entziehungsentscheidung vorgeordneter Entscheidungen kann die Entziehung der Fahrerlaubnis miterfaßt sein, so etwa in der Regel bei der Anfechtung des Strafausspruchs[340], dann aber nicht, wenn sich der Rechtsmittelführer „in der Geltendmachung prozessualer Rechte behindert sieht" etwa dadurch, daß er mit der Anfechtung des Strafausspruchs die Gefahr einer „Verlängerung der vorläufigen Entziehung der Fahrerlaubnis auf beträchtliche Zeit" laufen würde[341]. Wird nur die Entscheidung über die **Strafaussetzung zur Bewährung** angefochten, dann hängt es von den Umständen des Einzelfalls ab, ob mit der Entscheidung über die Fahrerlaubnisentziehung eine so enge gegenseitige Verflechtung der getroffenen Feststellungen besteht, daß sie als mitangefochten gelten muß. Die in der oberlandesgerichtlichen Rechtsprechung umstrittene Frage, ob ein solcher unlösbarer Zusammenhang im

---

[334] BGHSt **10** 379; BGH NJW **1954** 1168; VRS **17** (1959) 36; BayObLGSt **1968** 31; VRS **61** (1981) 42; BayObLG bei *Rüth* DAR **1954** 184; **1985** 246; OLG Celle MDR **1961** 954; OLG Düsseldorf VRS **63** (1982) 463; OLG Frankfurt/M NStZ-RR **1997** 46; OLG Hamburg VRS **44** (1973) 187; OLG Hamm VRS **61** (1981) 42; KG GA **1971** 157; OLG Koblenz VRS **43** (1972) 420; **50** (1976) 30; OLG Köln VRS **48** (1975) 87; OLG Stuttgart VRS **46** (1974) 103; OLG Schleswig VRS **54** (1978) 33; bei *Ernestil Lorenzen* SchlHA **1984** 108. Zu den im einzelnen strittigen Fragen vgl. *Meyer-Goßner*[46] 28; HK-*Rautenberg*[3] 27; KMR-*Paulus* 75; *Pfeiffer*[4] 7; LR-*Hanack* § 344, 59 mit weiteren Nachweisen. Die Rechtsprechung neigte früher dazu, eine Beschränkung anzunehmen, vgl. etwa BGHSt **6** 183; **7** 166; **15** 317; BGH bei *Dallinger* MDR **1954** 16; BayObLGSt **1954** 162 = NJW **1955** L 353; OLG Hamm DAR **1955** 254; OLG Neustadt VRS **10** (1956) 132; OLG Schleswig SchlHA **1954** 261; OLG Stuttgart

NJW **1956** 1119; OLG Celle MDR **1961** 1036; (dagegen OLG Stuttgart MDR **1964** 615).

[335] BayObLG VRS **61** (1981) 42; KG VRS **40** (1971) 276; OLG Koblenz VRS **50** (1976) 32; **57** (1979) 107; OLG Schleswig MDR **1977** 1039; KMR-*Paulus* 75.

[336] BayObLGSt **1956** 255 = NJW **1957** 511; BayObLG VRS **75** (1988) 215.

[337] BayObLG VRS **60** (1981) 103; vgl. OLG Koblenz VRS **55** (1978) 194 (wirksame Rechtsmittelbeschränkung auf eine andere Tat).

[338] OLG Hamm VRS **43** (1972) 19; LR-*Hanack* § 344, 59.

[339] OLG Celle NJW **1968** 1102.

[340] Vgl. etwa BGH VRS **23** (1962) 442; BayObLGSt **1965** 138 = NJW **1966** 678; BayObLG NJW **1957** 511, 512; OLG Düsseldorf VRS **63** (1982) 463; OLG Koblenz VRS **57** (1979) 107; OLG Schleswig MDR **1977** 1039; *Meyer-Goßner*[46] 21.

[341] BayObLG NJW **1957** 511, 512.

Regelfall besteht[342] oder nur ausnahmsweise[343], hat der Bundesgerichtshof nunmehr überzeugend unter Hinweis auf die unterschiedlichen Voraussetzungen für die Strafaussetzung zur Bewährung einerseits und die Anordnung einer Maßregel nach §§ 69, 69a StGB andererseits entschieden: In der Regel besteht **kein unlösbarer** Zusammenhang[344], insbesondere dann nicht, „wenn die Sperrfrist nicht aufgrund charakterlicher, sondern körperlicher Mängel angeordnet wird"[345]. Bilden die für die Strafzumessung und für die Entscheidung über die Strafaussetzung zur Bewährung maßgebenden Feststellungen zugleich den wesentlichen Teil der Entscheidung nach § 68 StGB, dann ist eine getrennte Anfechtung ausgeschlossen[346].

cc) Sperrfristanordnung. Die Entscheidung über die **Dauer der Sperrfrist** kann nur **113** dann selbständig angefochten werden, wenn die Gründe für die Bemessung der Sperrfrist von denen trennbar und selbständig überprüfbar sind, die für die Anordnung der Entziehung der Fahrerlaubnis maßgebend waren[347]. Meist wird dies zu verneinen sein[348].

Eine Beschränkung der Anfechtung auf die **Ausnahme** bestimmter Arten von Kraft- **114** fahrzeugen **von der Sperre** ist möglich, wenn lediglich die besonderen Umstände im Sinne des § 69a Abs. 2 StGB zur Nachprüfung gestellt werden sollen[349].

d) Das **Berufsverbot** (§ 70 StGB) setzt eine Gesamtwürdigung von Tat und Täter **115** voraus, also der Umstände, die auch die Strafzumessungsgrundlage sind; seine Nachprüfung kann deshalb in der Regel zwar von der Schuldfrage, nicht aber von der des Strafausspruchs getrennt werden[350]. Nur in den **Ausnahmefällen**[351], in denen lediglich eine von den Strafzumessungserwägungen unabhängige Frage der Anordnung des Berufsverbots zur Überprüfung gestellt wird, ist eine isolierte Anfechtung möglich[352]. Eine Beschränkung nur auf die Befristung ist nicht möglich[353].

---

[342] So z. B. OLG Düsseldorf VRS **98** (2000) 36.

[343] So z. B. OLG Köln VRS **96** (1999) 35, 36.

[344] BGHSt **47** 32, 36 f mit zust. Anmerkung *Geppert* JR **2002** 114.

[345] OLG Düsseldorf VRS **98** (2000) 36, 37; SK-*Frisch* 80; **a. A** *Grünwald* 212; 232 (Beschränkung ist stets unwirksam).

[346] KG MDR **1966** 345; KMR-*Paulus* 75. Die Rechtsprechung ist nicht einheitlich; so gehen BGH VRS **21** (1961) 40; **29** (1965) 15; OLG Hamm JMBlNW **1974** 22; OLG Koblenz VRS **51** (1976) 24 von Beschränkbarkeit aus. OLG Bremen OLGSt 9; OLG Braunschweig NJW **1958** 680; OLG Hamm VRS **32** (1967) 18; OLG Köln VRS **16** (1959) 422; OLG Oldenburg NJW **1959** 1983 nehmen für Fahrerlaubnisentzug und Aussetzungsfrage Untrennbarkeit an. Vgl. ferner OLG Hamburg VRS **60** (1981) 209 (Trennbarkeit, wenn Gefahr widersprüchlicher Entscheidungen nicht besteht); LR-*Hanack* § 344, 60.

[347] BGH VRS **15** (1958) 394; **17** (1959) 192; **21** (1961) 262; BGH bei *Spiegel* DAR **1978** 152; **1980** 202; OLG Bremen VRS **29** (1965) 17; OLG Karlsruhe DAR **1971** 188; VRS **48** (1975) 425; OLG Koblenz VRS **48** (1975) 16; **50** (1976) 362; **52** (1977) 432; OLG Köln VRS **43** (1972) 96; OLG Oldenburg OLGSt § 42m StGB a. F, 5; OLG Saarbrücken OLGSt § 42m StGB a. F, 37; OLG Schleswig DAR **1967** 21; OLG Zweibrücken NJW **1983** 1007; SK-*Frisch* 83; **a. A** OLG Düsseldorf VRS **66** (1984) 42.

[348] OLG Celle NdsRpfl. **1965** 46; KG VRS **33** (1967) 266; **40** (1971) 276 (nur in Ausnahmefällen); *Meyer-Goßner*[46] 29; KMR-*Paulus* 76; LR-*Hanack* § 344, 61; vgl. ferner die Kommentare zu § 69a StGB.

[349] OLG Schleswig bei *Ernesti/Jürgensen* SchlHA **1972** 161; **anders** OLG Düsseldorf VRS **66** (1984) 42 (nur im ganzen anfechtbar).

[350] BayObLGSt **1964** 164 = NJW **1955** 353; AK-*Dölling* 35; KMR-*Paulus* 77; SK-*Frisch* 84; LR-*Hanack* § 344, 158 mit weiteren Nachweisen; vgl. auch KK-*Ruß*[4] 8a; wohl weitergehend (beschränkte Anfechtung generell zulässig) BGHSt **17** 38, 39; **a. A** *Eb. Schmidt* 40: untrennbare Verbindung schon mit dem Schuldspruch. Vgl. auch *Meyer-Goßner*[46] 30: getrennt anfechtbar auch innerhalb des Rechtsfolgenausspruchs.

[351] Untrennbarkeit nehmen an: RGSt **74** 55; BayObLGSt **1964** 164 = NJW **1955** 353; BayObLGSt **1961** 58; *Grünwald* 243; LR-*Hanack* § 344, 158; vgl. aber auch Fußn. 352.

[352] Vgl. BGHSt **17** 39; BGH NJW **1975** 2249; bei *Dallinger* MDR **1954** 16; OLG Hamm NJW **1957** 1773, die die Grenzen für die Beschränkbarkeit wohl nicht so eng ziehen.

[353] KK-*Ruß*[4] 8a, *Meyer-Goßner*[46] 30 und AK-*Dölling* 35 jeweils unter Hinweis auf eine unveröffentlichte Entscheidung des Bundesgerichtshofs.

Karl Heinz Gössel

VI. Wirksamkeit vertikaler Berufungsbeschränkung

116   **1. Allgemeines.** Zur **vertikalen** Rechtsmittelbeschränkung und zur vertikalen Teilrechtskraft s. oben Rdn. 26 f. Beide können entweder objektiver (hinsichtlich verschiedener Taten) oder subjektiver (hinsichtlich mehrerer Angeklagter) Natur sein oder in einer kombiniert objektiv-subjektiven **Form** auftreten.

117   Die oben erwähnten **allgemeinen Grundsätze** zur Unwirksamkeit einer Rechtsmittelbeschränkung bei Prozeßhindernissen oder fehlenden Prozeßvoraussetzungen (Rdn. 38 ff) gelten auch hier. Ob die allgemeinen Grenzen einer horizontalen Rechtsmittelbeschränkung wegen fehlender ausreichender Feststellungen (Rdn. 46 ff), fehlender Rechtsgrundlagen (Rdn. 52 ff) oder wegen offen zu Tage liegenden Unrechts (Rdn. 55 ff) hier ebenfalls zu beachten sind, erscheint noch weitgehend ungeklärt; soweit ersichtlich, hat die Rechtsprechung bisher nur in einem Fall objektiv vertikaler Beschränkung diese dann als unwirksam angesehen, wenn der vom Angeklagten nicht angefochtene Schuldspruch wegen einer selbständigen Tat einer Rechtsgrundlage entbehrte und aus der deswegen festgesetzten Einzelstrafe zusammen mit der wegen der angefochtenen Tat ausgeworfenen weiteren Einzelstrafe eine Gesamtstrafe gebildet worden war[354], insoweit also zugleich eine horizontale Beschränkung vorlag (vgl. Rdn. 40).

2. Objektive vertikale Beschränkung

118   **a) Tatmehrheit im Sinne des § 264.** Soweit **mehrere selbständige geschichtliche** Vorgänge Gegenstand des Verfahrens sind, ist die (vertikale) Beschränkung auf einen von ihnen unproblematisch. Sie ist möglich. Bei mehreren **selbständigen Taten** im Sinne des § 264 kann, auch wenn sie in einem Verfahren abgeurteilt werden, die Rechtsmittelbeschränkung auf eine von ihnen zur vertikalen Teilrechtskraft der nicht angefochtenen Verurteilung führen (Rdn. 27 f), die dann jede weitere Kognition eines später mit der Sache befaßten Gerichts ausschließt[355]. Hier wird eine Bindungswirkung im Verhältnis zwischen den selbständigen Taten nur in dem Umfang Platz greifen, in dem man der materiellen Rechtskraft auch sonst eine über das Verfahren hinausreichende Feststellungswirkung zuerkennt. In den **Ausnahmefällen**, in denen wegen beider Taten auf eine einheitliche Rechtsfolge erkannt wurde, ist diese tatübergreifende Rechtsfolge mitangefochten und bleibt überdies für sich allerdings anfechtbar[356]. Daß wegen beider eine Gesamtstrafe zu bilden ist, beseitigt die getrennte Anfechtbarkeit im übrigen nicht[357].

119   **b) Materiellrechtlich mehrere Taten innerhalb einer Tat im Sinne des § 264.** Treffen innerhalb einer Tat (im Sinne des § 264) **mehrere Straftaten sachlich zusammen** (§ 53 StGB), ist jede von ihnen nach der herrschenden Meinung getrennt anfechtbar. Die Trennbarkeit der Entscheidung durch eine vertikale Beschränkung auf eine von ihnen wird selbst dann bejaht, wenn gleiche tatsächliche Feststellungen für alle entscheidungserheblich sind[358]. Eine Bindung an Feststellungen im nichtangefochtenen Urteilsteil kann hier mangels deren Vorgreiflichkeit nicht angenommen werden. Ob Widerspruchsfreiheit zwischen den parallel zu entscheidenden Urteilsteilen aus dem Blickwinkel der

---

[354] BGH bei *Holtz* MDR **1978** 282.
[355] Allg. M, vgl. etwa KK-*Ruß*⁴ 5; KMR-*Paulus* 25; *Grünwald* 17, 162; LR-*Hanack* § 344, 19 mit weiteren Nachweisen.
[356] Vgl. BayObLGSt **1966** 157 = NJW **1967** 1241 (ein Fahrverbot); LR-*Hanack* § 344, 20 mit weiteren Nachweisen.

[357] BGH bei *Holtz* MDR **1978** 882; *Grünwald* 268 Fußn. 541; KK-*Ruß*⁴ 5; *Meyer-Goßner*⁴⁶ 9; KMR-*Paulus* 21.
[358] Vgl. etwa BayObLGSt **1959** 126 = JZ **1960** 31 mit Anm. *Heinitz*; **a. A** OLG Celle NJW **1959** 399.

untrennbaren Zugehörigkeit zur gleichen Tat (im Sinne des § 264) zu fordern und ob sie in den Ausnahmefällen eines entscheidungserheblichen Widerstreits dadurch herzustellen ist, daß der Beschränkung die Wirksamkeit versagt wird, ist strittig[359]. Nach der einen Ansicht ist auch innerhalb einer Tat die **Widerspruchsfreiheit** aller Urteilsfeststellungen nicht unerläßlich. Dies zeige sich darin, daß die Feststellungen, die den nicht angefochtenen Freispruch wegen einer Handlung tragen, das Berufungsgericht nicht binde, wenn es die Verurteilung wegen der anderen Handlung nachprüfe[360]. Nach anderer Ansicht rechtfertigen die Praktikabilitätsgesichtspunkte, auf denen die Zulassung der Rechtsmittelbeschränkung beruht, keine Verfahrensgestaltung, die, ähnlich der echten Rechtskraft, um der Rechtssicherheit willen auch Widersprüche zwischen zwei endgültig entschiedenen Sachen in Kauf nimmt. Innerhalb der gleichen Tat müssen die Feststellungen, die eine Verurteilung tragen, in sich widerspruchsfrei sein[361]. Der die verfahrensrechtliche Einheit begründende historische Vorgang darf – abgesehen von einer wahldeutigen Feststellung[362] – nicht in sich widerspruchsvoll festgestellt werden. Dies gilt, wenn die Tat in einem Urteil abgehandelt wird und das darf daher auch nicht anders beurteilt werden, wenn das einheitliche Urteil das Ergebnis der Entscheidung mehrerer Instanzen ist. Solange die Sache bei Gericht anhängig ist, müssen die Gesichtspunkte der materiellen Wahrheitsfindung den Vorrang haben vor formalen Konstruktionen[363]. Dies bedeutet nicht, daß sich das Berufungsgericht nach Belieben über die Begrenzung seiner Entscheidungsbefugnis hinwegsetzen darf; es muß grundsätzlich die nicht angefochtenen Urteilsteile als richtig hinnehmen. In Ausnahmefällen aber sollte es bei einer offensichtlichen Unrichtigkeit durch die Rechtsmittelbeschränkung nicht gehindert sein, das nach seinen Feststellungen richtige Urteil herzustellen[364].

2. Subjektive vertikale Beschränkung. Betrifft das Urteil **mehrere Mitangeklagte**, ist **120** selbst bei einer Beteiligung an der gleichen Straftat (im Sinne des § 52 StGB) das Urteil in Richtung gegen jeden Angeklagten getrennt der Rechtskraft fähig und auch getrennt anfechtbar[365]. Betrifft das Berufungsverfahren nur **einen der Mitangeklagten**, dann ist das Berufungsgericht nicht durch das in Richtung gegen den anderen Angeklagten in Rechtskraft erwachsene Ersturteil gebunden[366], sondern kann den seiner Kognition unterstellten Sachverhalt in rechtlicher und tatsächlicher Hinsicht ebenso frei würdigen, wie wenn der frühere Mitangeklagte in einem getrennten Verfahren abgeurteilt worden wäre.

---

[359] Dazu *Meyer* JR **1972** 204; ferner die Nachweise Fußn. 361; LR-*Hanack* § 344, 22 ff.

[360] Vgl. BGH NJW **1980** 1807; *Meyer* JR **1972** 204; *Paeffgen* StV **1986** 507; *Sieveking* 70, 74. Zur Anfechtbarkeit der Maßregelentscheidung neben Freispruch vgl. Rdn. 107, 108.

[361] BGH NJW **1956** 1806; VRS **13** (1957) 121; BayOb-LG NJW **1959** 1646; OLG Celle NJW **1959** 400; OLG Hamm NJW **1971** mit Anm. *Lemmel* NJW **1971** 1225; VRS **40** (1971) 12; **41** (1971) 28; **41** (1971) 156; OLG Karlsruhe NJW **1971** 157; OLG Köln VRS **40** (1971) 110.

[362] Vgl. dazu OLG Karlsruhe JR **1989** 82 und Rdn. 64 mit zust. Besprechungsaufsatz *Schlüchter* JR **1989** 48.

[363] *Heinitz* JZ **1960** 32.

[364] Die Notwendigkeit, bei der Prüfung der Wirksam-

keit der Beschränkung auf den Einzelfall abzustellen, führt nach Ansicht von *Grünwald* (87) zur Rechtsunsicherheit. Dies kann jedoch um so eher hingenommen werden, als das Berufungsgericht letztlich erst bei Erlaß seines Urteils über die Wirksamkeit der Beschränkung befindet. Gegenüber den anderen Alternativen, nämlich einer jede echte Nachprüfung erstickenden Bindung oder der Inkaufnahme widersprüchlicher Feststellungen ist es jedenfalls das kleinere Übel.

[365] Allg. M, vgl. etwa OLG Schleswig bei *Ernesti/ Lorenzen* SchlHA **1980** 176; KK-*Ruß*[4] 5; LR-*Hanack* § 344, 19.

[366] Aus der Rechtskraft können ohnehin keine Bindungen an tatsächliche Feststellungen hergeleitet werden; vgl. Rdn. 25.

VII. Beschränkung auf sonstige Beschwerdepunkte

121   **1. Nebentscheidungen.** Wegen der getrennten Anfechtbarkeit der Entscheidung über die **Entschädigung des Verletzten** vgl. LR-*Hilger* § 406a, 7 ff und der über die Kosten des Verfahrens s. LR-*Hilger* § 464, 33 ff. Zur Anfechtung der Entscheidung über die Entschädigung für Strafverfolgungsmaßnahmen s. § 8 Abs. 3 Satz 1 StrEG.

122   **2.** Auf **einzelne Verfahrensverstöße** kann die Berufung nicht beschränkt werden. Dies wäre mit ihrem Wesen, das auf eine umfassende Nachprüfung des Ersturteils in sachlicher und rechtlicher Hinsicht ausgerichtet ist, unvereinbar[367].

VIII. Feststellung der (Un-)Wirksamkeit durch das Berufungsgericht

123   **1. Umfang der Prüfung.** Ob eine Rechtsmittelbeschränkung wirksam ist, hat das Berufungsgericht in jeder Lage des Verfahrens bis zum Erlaß des Berufungsurteils **von Amts wegen** zu prüfen[368]; ergibt diese Prüfung die Unwirksamkeit der Beschränkung, so führt dies entweder zur unbeschränkten Anfechtung des gesamten Urteils oder des selbständig anfechtbaren Urteilsteils (z. B. Strafausspruch), der durch die Anfechtung eines nachgeordneten Entscheidungsteils (etwa: Strafaussetzung zur Bewährung) mitangefochten war.

124   Anders als bei der logisch vorhergehenden, durch Ermittlung des wahren Willens des Rechtsmittelführers noch in der Hauptverhandlung[369] zu klärenden Auslegungsfrage, ob eine Beschränkung des Rechtsmittels gewollt und erklärt wurde, ist es bei der Prüfung, ob der ordnungsgemäß erklärten Beschränkung nach der Sach- und Rechtslage auch eine Beschränkungswirkung zukommen kann, **nicht an die Auffassung des Rechtsmittelführers gebunden**[370]. Es kann auch gegen dessen ausdrücklichen Willen einen Urteilsteil in seine Prüfung und Entscheidung miteinbeziehen, wenn es im Rahmen der erklärten Anfechtung keinen genügenden Raum für eine eigene Entscheidung über den angefochtenen Teil hätte oder wenn die isolierte Entscheidung anderen, im Urteil getroffenen Entscheidungen den Boden entziehen würde. Das Urteil wird in einem solchen Fall trotz der weitergehenden Beschränkung in dem Umfang der Nachprüfung des Berufungsgerichts unterstellt, der notwendig ist, um dem Gericht den erforderlichen Entscheidungsraum zu schaffen. Dies gilt auch für die Berufung der Staatsanwaltschaft. Erstrebt diese mit der Berufung nur den Wegfall der Strafaussetzung zur Bewährung, dann ist das Berufungsgericht, wenn die Beschränkung insoweit nicht wirksam ist, nicht gehindert, die Strafe zu erhöhen und die Sperrfrist für die Wiedererteilung der entzogenen Fahrerlaubnis zu verlängern[371].

125   **2. Zeitpunkt.** Ob eine Beschränkungswirkung eintritt und wieweit diese reicht, ist letztlich immer erst auf Grund der **Sach- und Rechtslage bei Erlaß des Berufungsurteils**

---

[367] Vgl. *Peters* § 74 III 4; Vor § 312, 1.

[368] BayObLGSt **2001** 79; BayObLG NStZ **1997** 359; **1998** 532; NJW **1992** 331; NStZ-RR **1998** 55; VRS 75 (1988) 215; OLG Düsseldorf NStZ **1992** 298; OLG Hamm NStZ-RR **2001** 300, 301; OLG Koblenz VRS 75 (1988) 46; KK-*Ruß*[4] 1; *Meyer-Goßner*[46] 8.

[369] BGH NJW **1981** 589; BayObLG OLGSt 22; OLG Koblenz VRS 71 (1986) 446; OLG Stuttgart Justiz **1984** 404; *Eb. Schmidt* 4; vgl. Rdn. 14.

[370] KK-*Ruß*[4] 1; *Meyer-Goßner*[46] 8.

[371] OLG Hamm NJW **1969** 474.

zu entscheiden[372] und nicht etwa zu einem früheren Zeitpunkt „im Wege der Vorausschau"[373]. Die Sach- und Rechtslage im Zeitpunkt der Urteilsfällung ist auch sonst für die Beurteilung prozessualer Vorgänge maßgebend. Auch wenn schon vorher darüber zu entscheiden war, steht diese (vorläufige) Entscheidung doch immer unter dem Vorbehalt und der Notwendigkeit einer Überprüfung an Hand der abschließenden Beratung des Prozeßergebnisses. Eine auf Wahrscheinlichkeitserwägungen abstellende Vorausbeurteilung der Beschränkbarkeit ist zwar für die Vorbereitung der Berufungsverhandlung praktisch unerläßlich, sie kann aber nicht endgültig für den Umfang der Tätigkeit des Berufungsgerichts bestimmend sein, weil sich die dafür maßgebenden Gesichtspunkte bis zur Berufungsverhandlung und in dieser noch ändern können. So kann beispielsweise eine zunächst als voll wirksam zu erachtende Beschränkung der Berufung auf den Strafausspruch nachträglich dadurch ihre Beschränkungswirkung verlieren, daß eine Änderung in der Beurteilung des Konkurrenzverhältnisses[374] oder eine zwischenzeitlich eingetretene Gesetzesänderung die Nachprüfung des Schuldspruchs zur Ermittlung des milderen Gesetzes (§ 2 Abs. 3 StGB) erforderlich macht (Rdn. 54). Die Grenzen der Nachprüfungsbefugnis des Gerichts können schon wegen der **Wechselbeziehung zum materiellen Recht** letztlich erst aus der Sicht des Ergebnisses der Berufungsverhandlung bestimmt werden.

IX. Revision

Das Revisionsgericht hat **von Amts wegen** – auch ohne eine entsprechende Rüge – zu **126** prüfen, ob die Berufung wirksam beschränkt worden ist[375]. Allerdings dürfte dies nur noch in Fällen vertikaler Rechtsmittelbeschränkung mit dem Prozeßhindernis der Rechtskraft erklärt werden können[376], bei horizontaler Anfechtung dagegen erzwingt erst die zulässig erhobene Sachrüge eine Überprüfung, die einer solchen von Amts wegen gleichkommt[377]. An die Auslegung und rechtliche Beurteilung, die die Erklärung des Berufungsführers durch das Berufungsgericht erfahren hat, ist es dabei nicht gebunden[378]. Es ist auch nicht gehindert, den Nachweis einer fehlenden Ermächtigung für die Rechtsmittelbeschränkung nachzufordern[379]. Hat es geklärt, ob der Berufungsführer die Beschränkung seines Rechtsmittels wollte, muß es unter Würdigung aller Umstände

---

[372] BGHSt **21** 258; **27** 72; **47** 32, 38; BGH NJW **1963** 1414; **1977** 2086; **1980** 1807; OLG Celle MDR **1971** 323; OLG Hamburg JZ **1978** 665; OLG Karlsruhe Justiz **1973** 57; OLG Köln VRS **61** (1981) 365; **65** (1983) 384; **66** (1984) 457; KK-*Ruß*[4] 1; *Meyer-Goßner*[46] 8; KMR-*Paulus* 16; *Schlüchter* 639, 643; *Eb. Schmidt* § 327, 4.

[373] So aber OLG Stuttgart DAR **1959** 131; OLG Karlsruhe NJW **1971** 157 (Prozeßlage im Zeitpunkt der Rechtsmitteleinlegung).

[374] Vgl. Rdn. 68 ff; ferner etwa *Grünwald* JZ **1968** 235.

[375] BGH NStZ **1997** 149; BayObLGSt **1999** 105; BayObLG NStZ-RR **2002** 89, 90; VRS **89** (1995) 128; **100** (2001) 187; KG VRS **101** (2001) 438; OLG Düsseldorf VRS **94** (1998) 265, 266; OLG Frankfurt/M NStZ-RR **1997** 45; OLG Hamm VRS **74** (1988) 444, 445; OLG Saarbrücken NStZ **1997** 149; KK-*Ruß*[4] 11; *Meyer-Goßner*[46] 33; AK-*Dölling* 44.

[376] *Meyer-Goßner*[46] 33 (mit Recht anders jedoch *Meyer-Goßner* JR **1987** 174) und *Pfeiffer*[4] 9 wollen

jedoch die Prüfung von Amts wegen in allen Fällen auf das Prozeßhindernis entgegenstehender Rechtskraft stützen; vgl. dazu Rdn. 27, 30.

[377] OLG Düsseldorf JMBlNW **1982** 249; VRS **67** (1984) 271, 272; OLG Frankfurt NStZ-RR **1997** 46. Vgl. dazu Rdn. 30: Die horizontale Teilrechtskraft äußert lediglich eine von der Rechtskraft verschiedene innerprozessuale Bindungswirkung; die Wirkungen der Rechtskraft kommen ihr nicht zu

[378] RGSt **58** 372; **62** 13; **64** 21, **64** 152, **64** 164; **65** 252; **67** 30; RG JW **1931** 2831; BGHSt **27** 72; BayObLGSt **1977** 80 = JR **1978** 248 mit Anm. *Zipf*; BayObLG VRS **60** (1981) 211; KG JW **1927** 3059; OLG Frankfurt NStZ **1996** 309; OLG Hamm JMBlNW **1953** 69; **1959** 107; OLG Koblenz VRS **53** (1977) 196; **57** (1979) 107; **60** (1981) 447; OLG Köln VRS **60** (1981) 445; KMR-*Paulus* 79.

[379] BayObLG MDR **1982** 249; vgl. Rdn. 20 mit weiteren Nachweisen.

des Einzelfalls (vgl. Rdn. 11 ff) entscheiden, ob die gewollte Beschränkung wirksam war und ob das Berufungsgericht die ihm dadurch gesetzten Grenzen für seine Kognitionsbefugnis (vgl. § 327) eingehalten hat.

§ 319

(1) Ist die Berufung verspätet eingelegt, so hat das Gericht des ersten Rechtszuges das Rechtsmittel als unzulässig zu verwerfen.

(2) ¹Der Beschwerdeführer kann binnen einer Woche nach Zustellung des Beschlusses auf die Entscheidung des Berufungsgerichts antragen. ²In diesem Falle sind die Akten an das Berufungsgericht einzusenden; die Vollstreckung des Urteils wird jedoch hierdurch nicht gehemmt. ³Die Vorschrift des § 35a gilt entsprechend.

Schrifttum. *Baumdicker* Probleme des § 319 und § 346 StPO, Diss. Würzburg 1967; *Rasch* Über die Rechtsnatur des Antrags aus § 360 StPO auf Entscheidung des Berufungsgerichts, LZ **1914** 1745. Vgl. ferner die Nachweise bei LR-*Hanack* § 346.

Entstehungsgeschichte. Absatz 2 Satz 3 ist durch Art. 4 Nr. 35 des 3. StRÄndG angefügt worden. Bezeichnung bis 1924: § 360.

Übersicht

1 **1. Zweck.** Ebenso wie die entsprechende Regelung für die Revision in § 346 dient § 319 der Verfahrensbeschleunigung und der Entlastung des Berufungsgerichts, dem Rechtsbehelfe, deren Unzulässigkeit leicht festgestellt werden kann, ferngehalten werden. Deshalb wird dem Eingangsgericht (begrenzt) eine formelle Prüfungsaufgabe übertragen, die an sich Sache des Berufungsgerichts ist[1].

---

[1] Vgl. BayObLGSt **1974** 98 = MDR **1975** 71; KK-*Ruß*⁴ 1; AK-*Dölling* 1; HK-*Rautenberg*³ 1; KMR-*Paulus* 1; SK-*Frisch* 1; vgl. LR-*Hanack* § 346, 1.

2. Begrenzte Verwerfungskompetenz des Erstrichters. Ist Berufung verspätet eingelegt, **2** so muß sie der judex a quo beim Amtsgericht (§§ 24, 25 GVG) durch einen außerhalb der Hauptverhandlung ergehenden Beschluß verwerfen. Der Beschluß ist zu begründen und dem Berufungsführer gemäß § 35a mit Rechtsmittelbelehrung über sein Antragsrecht gemäß § 319 Abs. 2 zuzustellen; den anderen Verfahrensbeteiligten ist er formlos mitzuteilen[2]. Vor Erlaß des Beschlusses sind die Verfahrensbeteiligten nach § 33 zu **hören**[3]. Dies gilt auch für die Staatsanwaltschaft, wenn sie nicht die Berufung eingelegt hat. Eine unterbliebene Anhörung kann im Verfahren nach Absatz 2 nachgeholt werden[4].

Lehnt der Erstrichter eine beantragte **Verwerfung** als unzulässig **ab**, oder legt er die **3** Akten ohne eigene Entscheidung[5] über den Rechtsbehelf dem Berufungsgericht vor (§ 320), so hat, auch wenn der Erstrichter die Verspätung übersehen hat, der Gegner des Beschwerdeführers hiergegen kein Beschwerderecht[6].

3. Verwerfung als verspätet

a) Das Amtsgericht hat **ausschließlich die Rechtzeitigkeit** der Berufung zu prüfen **4** und darf ausschließlich bei und wegen verspäteter Einlegung verwerfen[7]. Dies gilt auch, wenn nur das Rechtsmittel eines von mehreren Beschwerdeführern unzulässig ist[8]. Die Rechtzeitigkeit bindend festzustellen, steht ihm nicht zu. Dies ist allein Sache des Berufungsgerichts, dessen Verwerfungsbefugnis durch die ihm lediglich vorgeschaltete Verwerfungskompetenz des Erstrichters nicht eingeschränkt wird. Stellt dieser gleichwohl rechtzeitige Einlegung des Rechtsmittels fest, so bindet dies das Berufungsgericht nicht[9]. Gegen eine solche überflüssige und wirkungslose Feststellung ist Beschwerde weder möglich noch nötig[10], da das Berufungsgericht ohnehin die Rechtzeitigkeit prüft.

b) Das Amtsgericht darf das Rechtsmittel **nicht aus anderen Gründen**, selbst wenn sie **5** zutreffen, als unzulässig verwerfen. Die Sonderregelung des Absatzes 1 ist keiner ausdehnenden Auslegung fähig[11]. Ob die Berufung aus anderen Gründen unzulässig ist, hat allein das zuständige Berufungsgericht zu entscheiden[12], so etwa, weil der Berufungsführer zur Einlegung nicht ermächtigt ist, oder weil bereits wirksamer Rechtsmittelverzicht vorliegt oder weil die Beschwer fehlt[13]. Ein gleichwohl die Berufung aus diesen Gründen verwerfender Beschluß ist aber wirksam; er führt die Rechtskraft herbei[13], wenn er nicht angefochten wird[14]. Der Strafrichter hat auch nicht darüber zu befinden, ob die Wochenfrist des § 319 Abs. 2 eingehalten ist.

4. Belehrung nach Absatz 2 Satz 3. Der Beschluß des Amtsgerichts ist bei seiner **6** Bekanntmachung an den Betroffenen mit einer **Belehrung** über den **Rechtsbehelf** nach

[2] AK-*Dölling* 2; KMR-*Paulus* 11; vgl. LR-*Hanack* § 346. 17.
[3] KMR-*Paulus* 10; LR-*Hanack* § 346, 17.
[4] BayObLG bei bei *Rüth* DAR **1975** 208 (zu § 346).
[5] Dies kann er trotz eines Verwerfungsantrags, vgl. OLG Kassel JW **1930** 2598; *Dahs/Dahs* 398; KMR-*Paulus* 10; LR-*Hanack* § 346, 15.
[6] KK-*Ruß*[4] 1; KMR-*Paulus* 16; *Eb. Schmidt* 3.
[7] Zur Entscheidung bei nicht behebbaren Zweifeln an der Fristwahrung vgl. § 314, 40; ferner KK-*Ruß*[4] 3; KMR-*Paulus* 4; *Schlüchter* 672.
[8] KMR-*Paulus* 10; vgl. LR-*Hanack* § 346, 18.
[9] Vgl. RGSt **59** 244; KMR-*Paulus* 9; LR-*Hanack* § 346, 15.

[10] OLG Celle DRZ **1948** 109; KK-*Ruß*[4] 1.
[11] KK-*Ruß*[4] 2; *Meyer-Goßner*[46] 1, allg. M; vgl. LR-*Hanack* § 346, 7.
[12] Vgl. die bei LR-*Hanack* § 346, 7 ff nachgewiesene Rechtsprechung zu § 346, etwa BGH MDR **1959** 507; NStZ **1984** 181. Dort sind auch weitere, vom Erstrichter nicht zu prüfende Unzulässigkeitsgründe erörtert.
[13] KK-*Ruß*[4] 3; KMR-*Paulus* 13; vgl. BayObLGSt **1962** 208 = NJW **1963** 63; LR-*Hanack* § 346, 19.
[14] KK-*Ruß*[4] 2; AK-*Dölling* 3. Zur strittigen Frage der Art des Rechtsmittels vgl. Rdn. 9.

Karl Heinz Gössel

Absatz 2 zu versehen. § 35a ist, wie Absatz 2 Satz 3 ausdrücklich hervorhebt, entsprechend anwendbar. Die Belehrung muß Form und Frist des Antrags umfassen sowie das Gericht bezeichnen, bei dem der Antrag zu stellen ist[15]. Zweckmäßig kann auch ein Hinweis auf die unabhängig davon bestehende Möglichkeit der Wiedereinsetzung gegen die Versäumung der Berufungsfrist nach §§ 44 ff sein[16].

7   **Unterbleibt die Belehrung** nach § 35a, so ist regelmäßig ein Wiedereinsetzungsgrund gegen die Versäumung der Wochenfrist nach Absatz 2 gegeben.

8   **5. Keine Vollstreckungshemmung.** Verstreicht die Berufungsfrist (§ 314) ungenutzt, so wird das Urteil vollstreckbar. Verspätete Einlegung der Berufung hemmt die Vollstreckung des angefochtenen Urteils nicht (§ 316 Abs. 1). Gleiches gilt für den Antrag nach Absatz 2. Andernfalls könnte der Verurteilte die Vollstreckung willkürlich hinausschieben. Amtsgericht und Berufungsgericht können keinen Aufschub der Vollstreckung anordnen, denn § 307 Abs. 2 ist nicht entsprechend anwendbar. Dagegen kann die Vollstreckungsbehörde die Vollstreckung aufschieben. Bei einem nicht in Untersuchungshaft befindlichen Angeklagten ist dies in der Regel, vor allem aber in Zweifelsfällen, angezeigt[17]. Es handelt sich um eine vorläufige Vollstreckbarkeit, die nicht vom Eintritt der Rechtskraft abhängt, da diese mitunter erst mit Ablauf der Frist für den Antrag nach Absatz 2 oder mit dessen Verwerfung eintritt[18] (Näheres Rdn. 19).

6. Antrag auf Entscheidung des Berufungsgerichts (Absatz 2)

9   **a) Rechtsnatur.** Die Möglichkeit der Verwerfung als unzulässig bei Verspätung soll das Berufungsgericht entlasten und das Verfahren vereinfachen. Das Berufungsgericht hat jedoch auf Antrag die Kontrolle über die amtsgerichtliche Verwerfung. Es handelt sich um eine eigentlich dem Berufungsgericht zukommende Entscheidung, der die Entscheidung des Amtsgerichts aus Vereinfachungsgründen nur vorgeschaltet ist. Es ist strittig, ob im Antrag auf Entscheidung des Berufungsgerichts ein besonderer Rechtsbehelf – Anrufung des eigentlich zuständigen Gerichts gegen einen Vorbescheid – zu sehen ist oder eine besondere Art der Beschwerde[19]. Praktische Bedeutung hat dieser Streit nicht mehr, da nach wohl einhelliger Auffassung das Landgericht bei der Entscheidung über den Antrag auch prüfen muß, ob die Berufung aus anderen, der Entscheidungskompetenz des Amtsgerichts entzogenen Gründen unzulässig ist und auch sonst die Besonderheiten der Anfechtungsregelung des Absatzes 2 nicht in Frage gestellt werden[20].

10   **b) Ausschluß der Beschwerde.** Gegen den Verwerfungsbeschluß des Amtsgerichts ist nur der Antrag nach Absatz 2 statthaft; die Beschwerde wird dadurch ausgeschlossen.

---

[15] KMR-*Paulus* 11; vgl. BayObLGSt **1976** 19 = VRS **50** (1976) 430; LR-*Hanack* § 346, 17; ferner auch *Göhler* NStZ **1987** 60.

[16] Vgl. OLG Hamm VRS **63** (1982) 362.

[17] In der Regel zweckmäßig, vgl. *Meyer-Goßner*[46] 6; AK-*Dölling* 8; HK-*Rautenberg*[3] 18; KMR-*Paulus* 18; SK-*Frisch* 16; LR-*Hanack* § 346, 37.

[18] Vgl. etwa BayObLGSt **1970** 235 = MDR **1971** 238; ferner eingehend zu den hier teilweise strittigen Einzelfragen LR-*Hanack* § 346, 22 ff.

[19] Einen Rechtsbehelf eigener Art nehmen etwa an BGHSt **11** 155; **16** 118; KK-*Ruß*[4] 5; *Meyer-Goßner*[46] 2; AK-*Dölling* 5; KMR-*Paulus* 16; SK-*Frisch* 11; *Pfeiffer*[4] 2; *Schlüchter* 672.3; vgl. dazu LR-*Hanack* § 346, 25 mit weiteren Nachweisen; *Gössel*

§ 37 C Ia und *Kühne*[5] 646 erblicken darin eine Sonderform der sofortigen Beschwerde. Nach *Spindler* ZStW **27** (1907) 459 beruht es auf einem Fassungsversehen, daß der Antrag im Gesetz nicht als sofortige Beschwerde bezeichnet wurde. Demgemäß sahen Entw. 1908, 1909 (§ 320 Abs. 2) und Entw. 1919/1920 (§ 311 Abs. 2) diesen Antrag ausdrücklich als sofortige Beschwerde vor. Die Begründung dazu führte aus, der Rechtsbehelf werde, seinem Wesen entsprechend, als sofortige Beschwerde gekennzeichnet (Begr. zum Entw. 1908, S. 307; Entw. 1909, S. 181).

[20] Vgl. Rdn. 10; zur strittigen Abhilfebefugnis des Erstrichters vgl. Rdn. 18.

Dies gilt auch, wenn das Erstgericht die Berufung unzulässigerweise (vgl. Rdn. 5) aus Gründen verworfen hat, über die ihm Absatz 1 keine Entscheidungskompetenz einräumt[21].

c) Der Antrag nach Absatz 2 ist **beim Amtsgericht** zu stellen. Eine **besondere Form** **11** ist nicht vorgeschrieben[22]. Da das Gesetz keine ausdrückliche Bestimmung enthält, ist hier, wie auch bei § 346 strittig, ob eine Antragstellung beim Landgericht für die Fristwahrung ausreicht. Der Bundesgerichtshof hat dies bei § 346 verneint[23]. Seit Wegfall der Möglichkeit der Beschwerdeeinlegung beim Beschwerdegericht dürfte diese Ansicht entgegen der früher wohl vorherrschenden Meinung in Rechtsprechung und Schrifttum[24] den Vorzug verdienen.

d) Antragsberechtigt ist jeder Beteiligte nur hinsichtlich der vom Amtsgericht verworfenen eigenen Berufung, also nicht der gesetzliche Vertreter für den Angeklagten, **12** dessen Berufung als verspätet verworfen worden ist[25], nicht der Nebenkläger für die Staatsanwaltschaft, wohl aber der bevollmächtigte Verteidiger für den Angeklagten, überhaupt jeder Bevollmächtigte. Bei Verwerfung der Berufung seines gesetzlichen Vertreters hat auch der Angeklagte ein Antragsrecht[26]. **Nicht antragsberechtigt** sind die „Gegner" des Berufungsführers. Ein Antrag auf Wiedereinsetzung gegen Versäumung der Berufungsfrist kann (vgl. § 300) den Antrag gemäß § 319 Abs. 2 einschließen und umgekehrt[27].

7. Verfahren

a) Aktenvorlage. Die Akten werden dem Berufungsgericht vom Erstrichter über die **13** Staatsanwaltschaft vorgelegt (§ 321). Dies ist auch bei verspäteter Antragstellung notwendig, da der Erstrichter hierüber nicht selbst entscheiden darf[28].

b) Abhelfen kann der Erstrichter bei Antragstellung seinem Verwerfungsbeschluß **14** nicht, auch nicht bei neuer Sachlage; § 306 Abs. 2 und § 311 Abs. 3 Satz 2 sind nicht entsprechend anwendbar[29]. Da der Verwerfungsbeschluß nach Absatz 1 mangels Antrags gemäß § 319 Abs. 2 nach Ablauf der Wochenfrist rechtskräftig wird und auch die Rechtskraft des angefochtenen Urteils feststellt, kann er nach Zustellung und Fristablauf weder vom Amtsgericht noch vom Berufungsgericht aufgehoben oder zurückgenommen werden[30].

---

[21] AK-*Dölling* 5; KMR-*Paulus* 16; LR-*Hanack* § 346, 26 mit weiteren Nachweisen zum Streitstand. **A.A** KK-*Ruß*[4] 2; *Eb. Schmidt* 4.

[22] Es genügt daher, wenn Antragsteller und Antragstellung aus der schriftlichen Erklärung erkennbar sind; vgl. KK-*Ruß*[4] 8; KMR-*Paulus* 19; SK-*Frisch* 13; LR-*Hanack* § 346, 25 mit weiteren Nachweisen.

[23] BGH NJW **1977** 964; BayObLG bei *Bär* DAR **1987** 316; KK-*Ruß*[4] 7; *Meyer-Goßner*[46] 3; AK-*Dölling* 6; HK-*Rautenberg*[3] 13; SK-*Frisch* 14; vgl. auch *Göhler* NStZ **1987** 60 (Wegfall des § 311 Abs. 2 Satz 2 läßt das darauf gestützte Argument entfallen).

[24] Vgl. Vorlagebeschluß BayObLG VRS **50** (1976) 371; *Eb. Schmidt* 7; KMR-*Paulus* 19; *Schlüchter* 672.3; ferner eingehend LR-*Hanack* § 346, 25 mit Nachweisen aus der Rspr.

[25] KK-*Ruß*[4] 6; *Meyer-Goßner*[46] 2; AK-*Dölling* 6; KMR-*Paulus* 20; SK-*Frisch* 12; vgl. LR-*Hanack* § 346, 28 mit weiteren Nachweisen.

[26] Vgl. etwa *Meyer-Goßner*[46] 2; HK-*Rautenberg*[3] 12; ferner LR-*Hanack* § 298, 16.

[27] Vgl. OLG Bremen GA **1954** 279; LR-*Hanack* § 346, 27; ferner Rdn. 22 ff.

[28] So schon OLG Dresden Sächs. OLG **12** 386; *Eb. Schmidt* 10; KK-*Ruß*[4] 9; *Meyer-Goßner*[46] 3; AK-*Dölling* 7; KMR-*Paulus* 21; **a.A** HK-*Rautenberg*[3] 16: Aktenvorlage über die Staatsanwaltschaft nur bei rechtzeitiger Einlegung.

[29] OLG Celle JR **1949** 12; KK-*Ruß*[4] 7; *Meyer-Goßner*[46] 3; AK-*Dölling* 7; HK-*Rautenberg*[3] 17; KMR-*Paulus* 14; 21.

[30] RGSt **37** 293; **38** 157; JW **1927** 395 Nr. 27; OLG Celle JR **1949** 12; einschränkend KK-*Ruß*[4] 10: Rücknahme nur grundsätzlich nicht möglich. Zur nachträglichen Änderungsbefugnis des Berufungsgerichts vgl. Rdn. 18.

Karl Heinz Gössel

15   **8. Entscheidung des Berufungsgerichts.** Über den Antrag entscheidet das Berufungsgericht in der für die Beschlußfassung geltenden Besetzung (§ 76 Abs. 1 Satz 2 GVG) außerhalb der Hauptverhandlung. Bei der Entscheidung hat die Strafkammer nicht nur nachzuprüfen, ob das Amtsgericht das Rechtsmittel zu Recht als verspätet angesehen hat, sie muß auch darüber befinden, ob das Rechtsmittel aus einem sonstigen Grund unzulässig ist[31].

16   Das Berufungsgericht ist nach § 319 Abs. 2 auch zuständig, wenn der Angeklagte das **Rechtsmittel**, das als verspätet verworfen worden ist, noch **nicht näher bezeichnet** hatte. Ein solches die Wahlmöglichkeit offenhaltendes Rechtsmittel ist zunächst wie eine Berufung zu behandeln, ohne daß der Angeklagte dadurch die Wahlmöglichkeit verliert, wenn das Berufungsgericht den Verwerfungsbeschluß des Amtsgerichts aufheben sollte[32].

17   Ist der Antrag verspätet oder von einem Nichtberechtigten (Rdn. 12) gestellt, so verwirft ihn das Berufungsgericht **als unzulässig**. Ist der Antrag rechtzeitig gestellt, die Berufungsfrist jedoch versäumt, so verwirft es ihn **als unbegründet**. Bei rechtzeitiger, aber aus einem anderen Grund unzulässiger Berufung hebt das Berufungsgericht den Verwerfungsbeschluß des Amtsgerichts auf und verwirft die Berufung nach § 322 als unzulässig[33]. Ist der Antrag **begründet** und das Rechtsmittel auch aus keinem anderen jetzt bereits ersichtlichen Grunde unzulässig, so hebt es nur den Beschluß des Amtsrichters auf. Die Akten werden dann dem Amtsrichter wieder zugestellt. Das Verfahren tritt in dieselbe Lage, wie wenn die rechtzeitige Einlegung der Berufung nicht zweifelhaft gewesen wäre. Vollstreckungsmaßnahmen sind aufzuheben. Einer **Kostenentscheidung** bedarf es auch bei Zurückweisung des Antrags nicht[34].

18   Hat das Berufungsgericht den Antrag nach Absatz 2 verworfen, so kann dieser Beschluß nicht wegen unrichtiger Rechtsanwendung **zurückgenommen** werden. Ob eine Ausnahme dann zulässig ist, wenn das Gericht von unrichtigen tatsächlichen Voraussetzungen ausgegangen ist, ist strittig[35].

9. Wirkungen der Entscheidung des Berufungsgerichts

19   **a) Rechtskraft.** Wird der Verwerfungsbeschluß des Amtsgerichts bestätigt, so kann die Entscheidung des Berufungsgerichts die bereits durch Ablauf der Berufungsfrist eingetretene Rechtskraft des angefochtenen Urteils regelmäßig nur noch deklaratorisch feststellen[36]. Wird indessen ein unzutreffender Verwerfungsbeschluß entweder nicht angefochten oder durch das Berufungsgericht, ebenfalls zu Unrecht, bestätigt, so tritt Rechtskraft erst mit dem Ablauf der Frist des Abs. 2 Satz 1 (keine Anfechtung) oder mit dem Erlaß der Entscheidung des Berufungsgerichts nach Abs. 2 Satz 1 ein[37].

20   **b) Kein weiteres Rechtsmittel.** Anders als bei dem Beschluß des Berufungsgerichts gemäß § 322, der eine erste Entscheidung über die Zulässigkeit der Berufung ist, unterliegt die Entscheidung des Berufungsgerichts über den Antrag nach § 319 Abs. 2 keinem

---

[31]   Vgl. BGHSt **11** 153; **16** 118 (zu § 346); ferner KK-*Ruß*[4] 9; *Meyer-Goßner*[46] 4; HK-*Rautenberg*[3] 19; KMR-*Paulus* 22 ff; SK-*Frisch* 17; LR-*Hanack* § 346, 30 mit weiteren Nachweisen.

[32]   OLG Bremen Rpfleger **1958** 182; vgl. OLG Stuttgart Justiz **1972** 208.

[33]   AK-*Dölling* 9; HK-*Rautenberg*[3] 20; KMR-*Paulus* 24; vgl. BGHSt **16** 118; LR-*Hanack* § 346, 30 mit weiteren Nachweisen.

[34]   KK-*Ruß*[4] 10; *Meyer-Goßner*[46] 4; HK-*Rautenberg*[3] 21; KMR-*Paulus* 26; SK-*Frisch* 18; *Pfeiffer*[4] 2; LR-*Hanack* § 346, 30.

[35]   Vgl. AK-*Dölling* 10 mit weiteren Nachweisen; KMR-*Paulus* 30; SK-*Frisch* 22; LR-*Hanack* § 346, 35; ferner etwa OLG Düsseldorf JMBlNW **1984** 250 (zu § 346).

[36]   KK-*Ruß*[4] 10; HK-*Rautenberg*[3] 23.

[37]   Zutr. SK-*Frisch* 21.

(weiteren) Rechtsmittel, weder der einfachen noch der sofortigen Beschwerde. Das ist jetzt herrschende Meinung[38], wobei es letztlich gleichgültig ist, ob man dies aus § 310 folgert, weil der Antrag ein der sofortigen Beschwerde ähnlicher Rechtsbehelf sei, oder ob man § 319 als abschließende Sonderregelung betrachtet, die in Absatz 2 einen Rechtsbehelf eigener Art gewährt, dessen Bescheidung keinen weiteren Rechtsweg eröffnet, insbesondere auch nicht die Beschwerde nach § 304, die die Frage, ob das Ersturteil rechtskräftig geworden ist, in der Schwebe ließe[39].

10. Untersuchungshaft. Hat der Angeklagte zu spät Berufung eingelegt, so ist ihm **21** Untersuchungshaft vom Ablauf der Einlegungsfrist ab nach § 450 Abs. 1 und nicht etwa nach Maßgabe des § 51 StGB auf die Strafe anzurechnen[40]. Die verspätete Einlegung hemmt die Rechtskraft des Urteils nicht (§ 316).

11. Wiedereinsetzung in den vorigen Stand. Wird nach § 44 Wiedereinsetzung gegen **22** Versäumung der Berufungsfrist beantragt, so geht dieser Antrag sowohl der Verwerfung nach Absatz 1 wie der Entscheidung über den Antrag nach § 319 Abs. 2 vor[41]. Der Antrag ist bei dem Amtsgericht zu stellen (§ 45). Zur Entscheidung darüber zuständig ist allein das Berufungsgericht (§ 46).

Wird der Antrag **vor dem amtsgerichtlichen Verwerfungsbeschluß** gestellt, so ist die **23** Entscheidung über die Verwerfung zurückzustellen, bis das Landgericht über die Wiedereinsetzung entschieden hat. Wird sie gewährt, so erübrigt sich ein Verwerfungsbeschluß nach § 319 Abs. 1. Wird sie versagt, so ist nach Maßgabe des § 311 Rechtskraft des ablehnenden Beschlusses abzuwarten. Dann würde an sich der Strafrichter nach § 319 Abs. 1 zu entscheiden haben. Jedoch liegt näher, daß es in diesem Falle einer Entscheidung nach § 319 Abs. 1 nicht bedarf. Da die Fristversäumung bereits feststeht, kann das Landgericht die Berufung zugleich mit Versagung der Wiedereinsetzung als unzulässig verwerfen[42]. Da diese Entscheidung unter Überspringung des Amtsrichters nach § 319 Abs. 2 ergeht, ist dagegen keine Beschwerde zulässig, vor allem nicht diejenige gemäß § 322 Abs. 2.

Wird Wiedereinsetzung erst **nach dem Verwerfungsbeschluß** gemäß § 319 Abs. 1 be- **24** antragt, so räumt der Antragsteller die Fristversäumung damit ein, so daß ein solcher Antrag demjenigen aus § 319 Abs. 2 ebenfalls vorgeht. Die Frist des Absatzes 2 läuft aber unabhängig vom Schicksal des Wiedereinsetzungsantrags[43]. Auch ein vorsorglich gestellter Wiedereinsetzungsantrag beeinflußt den Fristlauf nicht. Wird der Wiedereinsetzungsantrag verworfen, so ist über den Antrag nach § 319 Abs. 2 zu entscheiden. Wird Wiedereinsetzung gewährt, so ist im Interesse der Rechtsklarheit der dadurch gegenstandslos werdende Verwerfungsbeschluß des Erstrichters ausdrücklich aufzuheben[44].

---

[38] So schon BayObLGSt **12** 193; **33** 71; KG JW **1926** 1247; SächsOLG Dresden **23** 387; OLG Düsseldorf HRR **1925** Nr. 1485; BayObLGSt **1949/51** 277 = NJW **1951** 371; OLG Celle MDR **1954** 313; OLG Hamm RPfleger **1951** 240; OLG Koblenz VRS **64** (1983) 283; OLG Köln JZ **1952** 243; OLG Oldenburg NdsRpfl **1949** 127; OLG Stuttgart NJW **1951** 46; *Eb. Schmidt* 6; KK-*Ruß*[4] 10; *Meyer-Goßner*[46] 5; AK-*Dölling* 10; HK-*Rautenberg*[3] 22; KMR-*Paulus* 36; SK-*Frisch* 22; *Amelunxen* 71; vgl. LR-*Hanack* § 344, 35.

[39] OLG Celle MDR **1954** 313.

[40] Vgl. LR-*Wendisch* § 450, 8.

[41] Vgl. RGSt **61** 181; BGHSt **11** 254; OLG Hamm GA **1973** 118; OLG Neustadt GA **1960** 121; OLG Stuttgart NStZ **1990** 247; KK-*Ruß*[4] 13; AK-*Dölling* 11; KMR-*Paulus* 32; SK-*Frisch* 24; LR-*Hanack* § 346, 38.

[42] Vgl. BayObLGSt **1974** 98 = MDR **1975** 71; OLG Koblenz VRS **62** (1982) 449; KK-*Ruß*[4] 13; AK-*Dölling* 11; SK-*Frisch* 24.

[43] KK-*Ruß*[4] 14; AK-*Dölling* 12; KMR-*Paulus* 32; SK-*Frisch* 25.

[44] Vgl. RGSt **61** 181; OLG Neustadt GA **1960** 121; KK-*Ruß*[4] 14; AK-*Dölling* 12; LR-*Hanack* § 346, 38.

Karl Heinz Gössel

25   Ist das Urteil im Falle des § 314 Abs. 2 **nicht ordnungsgemäß zugestellt** worden, so läuft die Berufungsfrist nicht. Ein Wiedereinsetzungsantrag ist dann, sofern die Berufung wegen Verspätung nach § 319 Abs. 1 verworfen wurde, in der Regel als Antrag gemäß § 319 Abs. 2 aufzufassen[45]. Hat das Amtsgericht in Verkennung seiner Zuständigkeit die Wiedereinsetzung bewilligt, ist das Berufungsgericht hieran gebunden, hat es sie abgelehnt, kann das Berufungsgericht hierüber selbst entscheiden[46].

§ 320

[1]**Ist die Berufung rechtzeitig eingelegt, so hat nach Ablauf der Frist zur Rechtfertigung die Geschäftsstelle ohne Rücksicht darauf, ob eine Rechtfertigung stattgefunden hat oder nicht, die Akten der Staatsanwaltschaft vorzulegen.** [2]**Diese stellt, wenn die Berufung von ihr eingelegt ist, dem Angeklagten die Schriftstücke über Einlegung und Rechtfertigung der Berufung zu.**

Entstehungsgeschichte. Die jetzige Fassung beruht auf Art. 3 Nr. 139 VereinhG. Bezeichnung bis 1924: § 361.

Übersicht

1   **1. Zweck.** Die Vorschrift regelt das weitere Verfahren nach Einlegung einer rechtzeitigen Berufung. Er bestätigt, daß eine Berufungsbegründung entbehrlich ist (§ 317), ebenso eine Gegenerklärung auf die Berufungsbegründung.

2   **2. Ablauf der Frist zur Begründung.** Der Fristablauf entscheidet über Vorlage der Akten an die Staatsanwaltschaft. Ist die Berufung rechtzeitig (§ 314) eingelegt, so wird noch die Wochenfrist des § 317 abgewartet, dann sind die Akten stets der Staatsanwaltschaft vorzulegen. Ist eine Begründung der Berufung eingegangen, so können die Akten auch schon vor Fristablauf der Staatsanwaltschaft zugeleitet werden. Geht ein Antrag später ein, so wird er nachgesandt.

3   **Haben mehrere Personen** Rechtsmittel eingelegt, so sind die Akten erst weiterzuleiten, nachdem die Frist **gegen alle verstrichen** ist[1], denn über dieselbe Tat kann, Abtrennung

---

[45] OLG Bremen GA **1954** 279; KK-*Ruß*[4] 14; *Eb. Schmidt* 12; AK-*Dölling* 12. Zum umgekehrten Fall der Bedeutung des Antrags nach Absatz 2 für die Wiedereinsetzung vgl. OLG Hamm VRS **63** (1982) 362.

[46] KK-*Ruß*[4] 15; AK-*Dölling* 13; KMR-*Paulus* 34 mit weiteren Nachweisen; LR-*Hanack* § 346, 39.

[1] *Eb. Schmidt* 2; KK-*Ruß*[4] 1; *Meyer-Goßner*[46] 1; AK-*Dölling* 1; HK-*Rautenberg*[3] 1; KMR-*Brunner* 1; SK-*Frisch* 3; *Pfeiffer*[4] 1.

eines Verfahrens ausgenommen, nur einheitlich durch dasselbe Berufungsurteil entschieden werden[2]. Über ein unzulässiges Rechtsmittel ist jedoch nach § 319 vorab zu entscheiden[3]. Soweit die Staatsanwaltschaft nach § 33 Abs. 2 dazu zu hören ist[4], kann dies auch durch Übersenden der Akten geschehen. Eine Zuleitung der Akten nach § 320 Satz 1 liegt darin in der Regel noch nicht.

3. Zustellung

a) Hat der **Angeklagte** das Rechtsmittel eingelegt, so erübrigt sich die Zustellung **4** gemäß § 320 an die Staatsanwaltschaft, da die Akten ohnedies durch sie an das Berufungsgericht geleitet werden (§ 321) und sie so von der Berufung und der Berufungsrechtfertigung Kenntnis erhält[5]. Die Mitteilung an den Nebenkläger muß das Gericht veranlassen.

b) Hat die **Staatsanwaltschaft** Berufung eingelegt, so sind Einlegung und etwaige **5** Begründung dem Angeklagten nach Satz 2 von der Staatsanwaltschaft unter Beachtung von Nr. 157 RiStBV, nicht vom Gericht, zuzustellen, damit er zur Vorbereitung seiner Verteidigung davon rechtzeitig Kenntnis erhält. Dies gilt auch bei Einlegung zu seinen Gunsten (§ 296 Abs. 2). Die Zustellung gemäß den §§ 35 Abs. 2 Satz 1, 36[6] kann an den Angeklagten auch zu Händen seines Verteidigers nach § 145a bewirkt werden. § 320 Satz 2 sieht als Bekanntmachungsform nur die Zustellung vor, so daß § 35 Abs. 2 Satz 2 nicht anwendbar ist: Formlose Mitteilung an den Angeklagten genügt daher nicht[7] (vgl. dazu auch Rdn. 9 f).

Der Angeklagte hat keinen Anspruch auf Mitteilung von Erklärungen der Staats- **6** anwaltschaft, die sich nur auf die **zuungunsten oder zugunsten eines Mitangeklagten** eingelegte Berufung beziehen, soweit die darin enthaltenen Gesichtspunkte sein eigenes Rechtsmittel nicht berühren.

c) Berufungsschrift und Berufungsrechtfertigung des **Nebenklägers** fallen nicht unter **7** Satz 2. Sie sind dem Angeklagten durch das erstinstanzliche Gericht zuzustellen[8]. Bei der Staatsanwaltschaft genügt es, daß sie durch die Vorlage der Akten davon Kenntnis erhält.

4. Eine **Gegenerklärung** wie bei der Revision (§ 347 Abs. 1) ist im Berufungsverfahren **8** nicht vorgesehen. Dieses ist mündlich und Tatsacheninstanz. Der Gegner des Berufungsführers kann sich in der Hauptverhandlung umfassend äußern. Was das Herbeischaffen von Beweismitteln angeht, so hat er dieselben Befugnisse wie im ersten Rechtszug (§ 323 Abs. 1, vgl. die §§ 214, 219, 220). Eine Beantwortung der Berufung ist jedoch zulässig und beachtlich (§ 323)[9].

5. Auf den Inhalt einer versehentlich **nicht zugestellten Rechtfertigungsschrift** muß **9** der Vorsitzende den Angeklagten kraft seiner Fürsorgepflicht **hinweisen**, sofern darin Umstände angesprochen werden, die ihm möglicherweise unbekannt sind und die für

---

[2] Vgl. RGSt **67** 251; KMR-*Brunner* 1; § 328, 10 ff.

[3] KK-*Ruß*[4] 1; *Meyer-Goßner*[46] 1; AK-*Dölling* 1; HK-*Rautenberg*[3] 3; SK-*Frisch* 3. A.A *Meyer-Goßner*[46] 1: Kann vorher verworfen werden; ebenso KMR-*Brunner* 1.

[4] Vgl. § 319, 2; § 322, 11.

[5] KK-*Ruß*[4] 3; AK-*Dölling* 2.

[6] KK-*Ruß*[4] 2.

[7] KK-*Ruß*[4] 2; HK-*Rautenberg*[3] 5; SK-*Frisch* 6; *Pfeiffer*[4] 2; **a. A** *Meyer-Goßner*[46] 2; KMR-*Brunner* 2.

[8] KK-*Ruß*[4] 3; *Meyer-Goßner*[46] 2; AK-*Dölling* 2; SK-*Frisch* 7; *Pfeiffer*[4] 2.

[9] SK-*Frisch* 11.

Karl Heinz Gössel

die Führung seiner Verteidigung von Bedeutung sein können[10]. Geschieht dies erst in der Berufungsverhandlung, kann dies unter Umständen einen Aussetzungsantrag nach § 265 Abs. 3, 4 rechtfertigen[11]. Zweckmäßigerweise wird deshalb der Vorsitzende des Berufungsgerichts schon vor Beginn der Verhandlung die Nachholung einer unterbliebenen Zustellung der Berufungsrechtfertigung veranlassen.

10   6. Die **Revision** kann auf das Unterlassen der Zustellung der Berufungsrechtfertigung allein nicht gestützt werden. Gerügt werden kann jedoch nach § 338 Nr. 8, wenn ein deswegen gestellter Aussetzungsantrag zu Unrecht abgelehnt wurde[12]. Gerügt werden kann aber auch, wenn der Vorsitzende den nach Rdn. 9 gebotenen Hinweis unterläßt, sofern nicht auszuschließen ist, daß das Berufungsurteil auf der gerügten Pflichtverletzung beruht.

§ 321

¹Die Staatsanwaltschaft übersendet die Akten an die Staatsanwaltschaft bei dem Berufungsgericht. ²Diese übergibt die Akten binnen einer Woche dem Vorsitzenden des Gerichts.

Bezeichnung bis 1924: § 362.

1   1. **Aktenversendung innerhalb der Staatsanwaltschaft.** Satz 1 ist ohne große Bedeutung, da es sich bei der Staatsanwaltschaft beim Berufungsgericht um die gleiche Behörde handelt wie bei der Staatsanwaltschaft beim Amtsgericht, dessen Entscheidung angefochten wird, auch wenn dort ein Amtsanwalt oder ein örtlicher Sitzungsvertreter aufgetreten sein sollten. Die Befugnis des Leiters der Staatsanwaltschaft, die von seiner Behörde eingelegte Berufung zu prüfen und eventuell zurückzunehmen (§ 145 GVG) – soweit nicht § 302 Abs. 1 Satz 2 entgegensteht –, bedarf, um effektiv zu werden, ohnehin näherer innerdienstlicher Regelung. Die durch Satz 1 beabsichtigte Sicherung dieser Befugnis würde für sich allein kaum ausreichen.

2   2. Die **Fristbestimmung** „binnen einer Woche" ist eine der Verfahrensbeschleunigung dienende Ordnungsvorschrift. Wird sie nicht eingehalten, gefährdet dies den Bestand des späteren Berufungsurteils nicht, da es nicht darauf beruhen kann. Gegen eine Mißachtung des Beschleunigungsgebots, die in der Fristverletzung liegen kann, sind dienstaufsichtliche Maßnahmen möglich[1].

3   3. Die für das Berufungsgericht zuständige **Staatsanwaltschaft** hat die Akten zu prüfen. Sind auf Grund der Berufungsrechtfertigung weitere Ermittlungen angezeigt, muß sie diese veranlassen. Sie hat die erforderlichen Erklärungen abzugeben und Anträge bei dem Berufungsgericht zu stellen, wobei sie den nach ihrer Ansicht zuständigen

---

[10] OLG Köln MDR **1974** 950; KK-*Ruß*⁴ 4; AK-*Dölling* 3; KMR-*Brunner* 2; SK-*Frisch* 9.

[11] OLG Koblenz VRS **51** (1976) 98; OLG Köln NStZ **1984** 475; *Meyer-Goßner*⁴⁶ 2; AK-*Dölling* 3; HK-*Rautenberg*³ 6; SK-*Frisch* 9; *Pfeiffer*⁴ 2.

[12] RG DRiZ **1927** Nr. 966; OLG Koblenz VRS **51**

(1976) 98; KK-*Ruß*⁴ 2; AK-*Dölling* 3; KMR-*Brunner* 3; SK-*Frisch* 10.

[1] *Eb. Schmidt* 3; KK-*Ruß*⁴ 2; *Meyer-Goßner*⁴⁶ 2; AK-*Dölling* 2; KMR-*Brunner* 2; SK-*Frisch* 4.

Spruchkörper des Berufungsgerichts zu bezeichnen hat[2]. Ist sie der Ansicht, daß die Berufung aus einem der Gründe des § 322 als unzulässig zu verwerfen sei, so legt sie die Akten mit diesem Antrag dem Berufungsgericht vor. Nötigenfalls erklärt sie sich zu dem Rechtsmittel. Sie beantragt Termin zur Hauptverhandlung vor dem Berufungsgericht und teilt dem Vorsitzenden mit, welche Beweismittel zur Hauptverhandlung beizubringen sind[3].

4. Übergang der Zuständigkeit. Die Sache wird auf Grund des Devolutiveffekts beim **4** Berufungsgericht anhängig, wenn dort die Akten nach prozeßordnungsgemäßer Vorbehandlung durch die Staatsanwaltschaft zur Entscheidung über die Berufung eingehen[4]. Innerhalb der durch den Umfang der Anfechtung gezogenen Grenzen wird es damit als erkennendes Gericht zur Entscheidung über den Prozeßstoff der zugelassenen Anklage und für alle weiteren, das Verfahren betreffenden Erklärungen und Entscheidungen zuständig[5]; in diesem Zeitpunkt erlischt folglich die Zuständigkeit des Erstgerichts zum Erlaß von Haftentscheidungen einschließlich der dem Amtsgericht „zugeordneten Rechtsmittelinstanzen" mit der Folge, daß „die weitere Beschwerde gegen eine negative Haftbeschwerdeentscheidung des Landgerichts prozessual ... überholt" ist und „nunmehr als Antrag auf Haftprüfung durch das Berufungsgericht zu behandeln ist"[6]. Der **Übergang** von der Berufung **zur Sprungrevision** muß indessen vor dem Amtsgericht erklärt werden[7].

Bis zum Zeitpunkt des Akteneingangs beim Berufungsgericht bleibt das **Erstgericht 5** zur Entgegennahme aller das Berufungsverfahren betreffenden Prozeßerklärungen **zuständig**. Es hat auch notwendig werdende Entscheidungen zu treffen, soweit diese nicht ausdrücklich dem Berufungsgericht vorbehalten sind[8]. Das Berufungsgericht kann bis zu diesem Zeitpunkt nur als Beschwerdegericht tätig werden.

5. Zum Fall des **Aktenverlusts** vgl. § 316, 16 bis 18. **6**

§ 322

(1) [1]**Erachtet das Berufungsgericht die Vorschriften über die Einlegung der Berufung nicht für beobachtet, so kann es das Rechtsmittel durch Beschluß als unzulässig verwerfen.** [2]**Anderenfalls entscheidet es darüber durch Urteil; § 322a bleibt unberührt.**
(2) Der Beschluß kann mit sofortiger Beschwerde angefochten werden.

Bezeichnung bis 1924: § 363.

---

[2] *Meyer-Goßner*[46] 2; *Meyer-Goßner* NStZ **1981** 171; *Schlüchter* 673 Fußn. 245.
[3] Nr. 158 RiStBV; vgl. § 323, 7.
[4] BGHSt **12** 219; BayObLGSt **1974** 98 = MDR **1975** 71; OLG München GA **1982** 558; OLG Schleswig SchlHA **1983** 110; KK-*Ruß*[4] 4; *Meyer-Goßner*[46] 2; AK-*Dölling* 3; HK-*Rautenberg*[3] 5; KMR-*Brunner* 4; SK-*Frisch* 6; *Pfeiffer*[4] 2.
[5] KG JR **1981** 168; OLG Düsseldorf StV **1993** 482; OLG Karlsruhe NJW **1975** 458; GA **1975** 242; NStZ-RR **1998** 144; OLG München GA **1982** 558; OLG Schleswig SchlHA **1983** 110; KK-*Ruß*[4] 4;

Meyer-Goßner[46] 2; AK-*Dölling* 3; HK-*Rautenberg*[3] 5; KMR-*Brunner* 4; SK-*Frisch* 6; Vor § 407, 36; vgl. § 126 Abs. 2 Satz 1. Ebenso auch BGHSt **38** 307, 308 für das Revisionsverfahren, **a. A** OLG Bremen NStZ **1991** 95; OLG Frankfurt OLGSt § 28, 5; § 28, 19, 21.
[6] OLG Düsseldorf StV **1993** 482; vgl. dazu auch HK-*Rautenberg*[3] 5.
[7] KK-*Ruß*[4] 4; SK-*Frisch* 7; s. dazu ferner § 314, 1.
[8] KK-*Ruß*[4] 4; KMR-*Brunner* 4; das gilt auch für den Rechtsmittelwechsel (s. dazu § 314, 1).

Karl Heinz Gössel

1   **1. Zweck.** Die Vorschrift des § 322 dient der Verfahrensbeschleunigung und einer wirtschaftlichen Prozeßgestaltung. Sie will die Berufungsgerichte von entbehrlichen Hauptverhandlungen entlasten und enthält insoweit in Absatz 1 eine **Kannbestimmung**, die die Vorwegverwerfung in das Ermessen des Berufungsgerichtes stellt. Bei einer dem Gesetzeszweck Rechnung tragenden Ermessensausübung muß es aber von dieser Möglichkeit bei einem unzweifelhaft unzulässigen Rechtsmittel Gebrauch machen[1].

2   **2. Das Berufungsgericht prüft von Amts wegen**, ob die Bestimmungen über die Einlegung der Berufung beachtet sind. An **Anträge** ist es insoweit **nicht gebunden**, wenn auch der Verwerfungsantrag eines Verfahrensbeteiligten, vor allem ein solcher der Staatsanwaltschaft, Anlaß zur besonderen Prüfung geben wird. Zu einer Entscheidung hierüber ist es jedoch außer im Falle des § 319 Abs. 2 nicht verpflichtet. Unterbleibt die Entscheidung, weil es die Berufung zunächst für zulässig hält, so bindet es sich dadurch nicht (Rdn. 12). Die Zulässigkeit ist in der Hauptverhandlung endgültig zu prüfen.

3   Das gemäß § 322 beschließende Gericht kann von der **Verwerfung** als unzulässig **absehen** und die Entscheidung hierüber dem erkennenden Gericht in der Hauptverhandlung überlassen. Bei zweifelhafter Sach- und Rechtslage kann dies zweckmäßig sein[2]. In der Regel hat jedoch das Gericht im Interesse der Verfahrensbeschleunigung die Möglichkeit zur baldigen Verwerfung zu nutzen.

4   **3. Durch Beschluß** ist nur **außerhalb der Hauptverhandlung** zu entscheiden (Besetzung gemäß § 76 Abs. 1 Satz 2 GVG). In der Hauptverhandlung ist stets **durch Urteil** zu entscheiden, gleichgültig, ob das Rechtsmittel unzulässig ist, weil eine Vorschrift über die Einlegung der Berufung nicht beachtet worden ist oder ob sich ein Verfahrenshindernis herausstellt, das nicht nur das Rechtsmittel, sondern die Zulässigkeit des gesamten Verfahrens betrifft. Eine verspätet eingelegte Berufung kann auch dann durch Beschluß oder Urteil noch als unzulässig verworfen werden, wenn der Amtsrichter, der hierfür nicht zuständig ist, sie als rechtzeitig erklärt hat[3].

4. Vorschriften über die Einlegung der Berufung

5   **a) Rechtszugvoraussetzungen.** Die Verwerfung des Rechtsmittels gemäß § 322 kommt nur in Betracht, wenn die „Vorschriften über die Einlegung der Berufung", also die

---

[1] Vgl. KMR-*Brunner* 1 (andernfalls Ermessensfehlgebrauch); AK-*Dölling* 1; SK-*Frisch* 1, 7.
[2] OLG Celle GA **1963** 380; KK-*Ruß*⁴ 2; SK-*Frisch* 7; enger AK-*Dölling* 1 und KMR-*Brunner* 1: *nur* bei

zweifelhafter Sach- und Rechtslage Verwerfung in der Hauptverhandlung.
[3] Vgl. § 319, 4.

Rechtszugvoraussetzungen[4], unbeachtet geblieben sind. Dazu gehören die Bestimmungen über Form und Frist des Rechtsmittels (§ 314); über die Rechtsmittelberechtigten (§§ 296, 297, 298)[5], zu denen Privat- oder Nebenkläger und Nebenbeteiligte gehören können[6], über die Anfechtung durch einen nicht zugelassenen Verteidiger nach § 138 Abs. 2[7] sowie darüber, ob § 297 beachtet oder ob der Berufungsführer beschwert ist[8], ferner ob die Berufung an sich statthaft ist[9]. Eine Verwerfung ist aber nur möglich, wenn das Rechtsmittel nicht nach § 300 in ein zulässiges anderes umgedeutet werden kann[10].

Verwerfung als unzulässig gemäß § 322 ist ferner geboten, wenn der Rechtsmittel- **6** führer auf das Rechtsmittel bereits **wirksam verzichtet** oder ein früher eingelegtes Rechtsmittel **zurückgenommen** hatte[11] und der Rechtsmittelführer gegen das rechtskräftig gewordene Urteil erneut Berufung einlegt[12]. Ist die Berufung eindeutig zurückgenommen, ist mangels einer noch wirksamen Anfechtung kein Raum für eine Entscheidung des Berufungsgerichts; dieses kann sich mit der Rücksendung der Akten begnügen[13].

Bei Streit **über die Wirksamkeit des Verzichts** oder der früheren Zurücknahme wird **7** § 322 anzuwenden sein[14]. Daß ein Verfahrensbeteiligter diese Wirksamkeit bestreitet oder daß sie erst mehr oder weniger eingehend erforscht werden muß, kann nicht darüber entscheiden, ob nach § 322 oder (vor der Hauptverhandlung) nach § 206a vorzugehen ist[15]. Ergibt die Nachprüfung (Freibeweis), daß ein Rechtsmittel nicht mehr vorliegt, daß also beispielsweise die Rücknahme wirksam geworden und das Urteil nicht mehr angefochten ist, so ist dies im Beschluß auszusprechen, der – je nach Sachlage – das Rechtsmittel für erledigt zu erklären hat[16]. Gegen diesen Beschluß ist sofortige Beschwerde nach § 322 Abs. 2 zulässig[17]. Das zuständige Obergericht kann also diese Frage vorab prüfen, ohne daß die aufwendigere Berufungsverhandlung durchgeführt werden müßte. Wird dagegen das Vorliegen eines zulässigen Rechtsmittels durch Beschluß bejaht (was überflüssig ist), dann ist dieser Beschluß nicht selbständig anfechtbar (§ 305 Satz 1). Sind die Zweifel nicht zu klären, so ist das Rechtsmittel in der Regel als gültig zu behandeln[18].

Eine Verwerfung nach § 322 ist aber nur möglich, wenn das Rechtsmittel **als Ganzes** **8** **unzulässig** ist. Ist es nur zum Teil unzulässig, ist § 322 auch hinsichtlich dieses Teils unanwendbar[19].

---

[4] Es ist hier zu unterscheiden zwischen den „Rechtszugvoraussetzungen", die die Zulässigkeit des Rechtsmittels betreffen und den allgemeinen Verfahrensvoraussetzungen, die das ganze Verfahren betreffen. Vgl. KMR-*Brunner* 3 ff; SK-*Frisch* 3.

[5] Vgl. OLG Stuttgart NJW **1949** 916 (Berufung des Ehemanns gegen Verurteilung der Ehefrau).

[6] Vgl. RGSt **69** 245; ferner LR-*Hilger* § 400, 1 ff.

[7] RGSt **62** 250; *Meyer-Goßner*[46] 1.

[8] BGHSt **7** 153; OLG Braunschweig MDR **1950** 629; OLG Schleswig SchlHA **1956** 184; KK-*Ruß*[4] 1; AK-*Dölling* 2; SK-*Frisch* 4; **a. A** KG GA **69** (1925) 187 (nur Vorschriften des 3. Abschnitts des 3. Buches) und allgemein *Eb. Schmidt* Vor § 296, 14 (Beschwer keine Zulässigkeitsvoraussetzung).

[9] Vgl. § 312, 1, 3; § 55 JGG.

[10] Zur Frage, wieweit in der Berufung gegen ein freisprechendes Urteil ein Angriff gegen die Kostenentscheidung mit enthalten ist: vgl. KG JR **1961** 510 (gegen KG VRS **16** (1959) 49); *Meyer* JR **1960** 84; ferner zur jetzigen Rechtslage LR-*Hilger* § 464, 43, 44.

[11] Zur Frage, ob in jeder Rücknahme ein endgültiger Verzicht liegt, vgl. LR-*Hanack* § 302, 28 f.

[12] OLG Hamm NJW **1973** 1850; SK-*Frisch* 5; AK-*Dölling* 2.

[13] AK-*Dölling* 2; SK-*Frisch* 5.

[14] KG JR **1981** 480; OLG Hamburg NJW **1978** 602; vgl. LR-*Hanack* § 302, 76 mit Nachweisen.

[15] SK-*Frisch* 5.

[16] SK-*Frisch* 5; vgl. RGSt **53** 213; LR-*Hanack* § 302, 71.

[17] KG JR **1981** 480; OLG Celle NdsRpfl. **1973** 132; OLG Düsseldorf MDR **1985** 429; OLG Frankfurt/M NStZ **1988** 328; OLG Karlsruhe JR **1992** 302 mit insoweit zust. Anmerkung *Sommermeyer*; OLG Hamburg NJW **1978** 602; OLG München NJW **1968** 100; KK-*Ruß*[4] 4; AK-*Dölling* 6; SK-*Frisch* 5; **a. A** KG HRR **1932** Nr. 2009.

[18] Zu den hier bestehenden Streitfragen vgl. § 314, 40.

[19] OLG Celle NdsRpfl. **1963** 192; SK-*Frisch* 6.

Karl Heinz Gössel

9   **b) Andere Verfahrenshindernisse.** Bei diesen ist § 206a anwendbar. Vor der Hauptverhandlung ist das Verfahren durch Beschluß einzustellen, wenn sich ein **Verfahrenshindernis** herausstellt, das nicht die Zulässigkeit der Berufung allein betrifft, sondern das **gesamte Verfahren** (z. B. Fehlen des Strafantrages, Verjährung, Straffreiheit, Vorverurteilung)[20]. Dies ist jedoch vom Berufungsgericht nur bei zulässigem Rechtsmittel zu beachten, so daß die Prüfung, ob die Berufung nach § 322 zulässig ist, voranzugehen hat[21].

10   **5. Mehrere Rechtsmittel.** Über eine einheitliche Tat desselben Angeklagten muß, auch wenn mehrere Berufungen eingelegt sind (§§ 296, 298), durch dasselbe Berufungsurteil entschieden werden (§ 328, 16). Dies erfordert der Grundsatz der Einmaligkeit. Ihm widerspricht es nicht, wenn eine von mehreren Berufungen in derselben Sache als unzulässig vorab verworfen (§§ 319, 322) und über die übrigen durch Urteil entschieden wird[22]. Ein von dem Verteidiger eingelegtes Rechtsmittel ist ein solches des Angeklagten (§ 297).

11   **6. Verwerfungsbeschluß (Absatz 1 Satz 1).** Der Beschluß ergeht nach Anhörung der Verfahrensbeteiligten (§ 33)[23]. Er ist zu begründen und den Verfahrensbeteiligten nach § 35 Abs. 2 zuzustellen.

12   **7. Entscheidung durch Urteil (Absatz 1 Satz 2).** Entscheidet das Berufungsgericht über die Zulässigkeit der Berufung durch Urteil, so ist es weder an die Auffassung gebunden, die es bei der Prüfung nach Absatz 1 Satz 1 vertreten hat noch an die Ansicht des Beschwerdegerichts in einer aufhebenden Entscheidung nach Absatz 2 (vgl. Rdn. 18). Das Revisionsgericht hat bei Revision die Zulässigkeit der Berufung von Amts wegen zu prüfen[24]; sieht es die Berufung als verspätet an, muß es die Verwerfungsentscheidung wegen der Zuständigkeitsregel des § 319 dem Berufungsgericht überlassen[25].

8. Sofortige Beschwerde (Absatz 2)

a) Anwendungsbereich

13   **aa)** Sofortige Beschwerde ist **nur bei Verwerfung** der Berufung als unzulässig (§ 322) gegeben, nicht gegen die vorläufige ausdrückliche oder stillschweigende gerichtliche Entschließung, das Rechtsmittel als rechtzeitig eingelegt zu behandeln[26].

14   Die sofortige Beschwerde ist auch gegeben, wenn das Amtsgericht die Berufung nach § 319 Abs. 1 fälschlich als verspätet verworfen hatte, das nach § 319 Abs. 2 angerufene Landgericht diesen Beschluß aufhob, um dann selbst die Berufung als unzulässig nach § 322 Abs. 1 zu verwerfen. Trotz der **äußeren Verbindung** ist die letztgenannte Entscheidung keine Entscheidung über den Rechtsbehelf, sondern eine vom Berufungsgericht in erster Instanz getroffene Entscheidung[27].

15   **bb) Annahmeberufung.** Der zweite Halbsatz in Absatz 1 Satz 2 ist durch das RpflEntlG als „Folgeänderung zur Einführung des § 322a" und damit zur Einführung der Annahme-

---

[20] Zu den zum Teil strittigen Fragen vgl. LR-*Rieß* § 206a, 14 ff.

[21] BGHSt **16** 115; BayObLG JZ **1954** 579; AK-*Dölling* 3; HK-*Rautenberg*[3] 3; SK-*Frisch* 3; LR-*Rieß* § 206a, 17 mit weiteren Nachweisen.

[22] RGSt **67** 250; *Meyer-Goßner*[46] 4; AK-*Dölling* 2; vgl. § 328, 16.

[23] AK-*Dölling* 4; KMR-*Brunner* 7.

[24] RGSt **65** 250; vgl. LR-*Hanack* § 337, 29 mit weiteren Nachweisen.

[25] OLG Hamm MDR **1994** 715.

[26] AK-*Dölling* 6; KMR-*Brunner* 6; vgl. Rdn. 7.

[27] OLG Saarbrücken OLGSt 1; AK-*Dölling* 6; HK-*Rautenberg*[3] 6; SK-*Frisch* 6; vgl. § 319, 17.

berufung eingefügt worden. Damit ist einmal klargestellt, daß § 322 für jede Berufung einschließlich der annahmepflichtigen Berufungen gilt[28], zum anderen, daß § 322 auf Beschlüsse nach § 313 Abs. 2 nicht anwendbar ist, diese statt dessen der Sonderregel des § 322a unterworfen und also unanfechtbar sind. Hat jedoch ein Nichtannahmebeschluß gar keine Annahmeberufung zum Gegenstand, weil deren Voraussetzungen nicht vorliegen, verbleibt es bei der Anfechtbarkeit nach § 322 Abs. 2[29] (Näheres § 322a, 10). Aus den gleichen Gründen, aus denen bei einem Streit über die Wirksamkeit eines Verzichts § 322 anwendbar ist (oben Rdn. 7), ist die Anfechtbarkeit eines Nichtannahmebeschlusses nach § 322 Abs. 2 auch dann zu bejahen, wenn geltend gemacht wird, die Voraussetzungen einer Annahmeberufung hätten nicht vorgelegen[30]; Anfechtbarkeit ist ferner dann zu bejahen, ergeht nach Rücknahme eines Annahmebeschlusses (zu deren Unzulässigkeit s. § 322a, 7) ein Nichtannahmebeschluß: auch in diesem Fall kann „die ohnehin eng auszulegende Ausnahmeregelung der Unanfechtbarkeit" des § 322a Satz 2 „keine Anwendung finden" (zutr. OLG Zweibrücken NStZ-RR **2002** 245).

b) Form und Frist der sofortigen Beschwerde sind in § 311 geregelt. **Beschwerde- 16 berechtigt** ist nur der Berufungsführer, dessen Rechtsmittel verworfen wurde. Der Angeklagte ist jedoch auch dann dazu befugt, wenn die Berufung seines gesetzlichen Vertreters oder Erziehungsberechtigten verworfen worden ist[31] und zwar selbst dann, wenn er vorher wirksam auf Rechtsmittel verzichtet hat[32].

c) Entscheidung des Beschwerdegerichts. Über die Beschwerde entscheidet das Ober- 17 landesgericht (§ 121 Abs. 1 Nr. 2 GVG). Ist die sofortige Beschwerde verspätet (§ 311) eingelegt, so ist sie als **unzulässig** zu verwerfen und der Verwerfungsbeschluß gemäß § 322 Abs. 1 wird rechtskräftig. Zugleich tritt insoweit **Rechtskraft des angefochtenen Urteils** ein, sofern sie nicht bereits früher durch Fristablauf (§ 316) eingetreten ist[33]. Ist der angefochtene Beschluß gemäß § 322 rechtlich nicht zu beanstanden, so wird die sofortige Beschwerde als **unbegründet** mit derselben Folge verworfen. Wird der **Verwerfungsbeschluß aufgehoben**, so hat lediglich die Hauptverhandlung vor dem Berufungsgericht stattzufinden. Über das Rechtsmittel ist dann durch Urteil zu entscheiden.

Die Entscheidung über die sofortige Beschwerde **bindet das Berufungsgericht** jedoch 18 **nicht** hinsichtlich der Beurteilung der Zulässigkeit der Berufung in der Hauptverhandlung. § 358 Abs. 1 ist nicht sinngemäß anzuwenden. Das Berufungsgericht hat über die Zulässigkeit selbständig zu entscheiden und kann die Berufung daher nunmehr durch Urteil als unzulässig verwerfen[34]. Eine Bindung scheidet schon deshalb aus, weil ausschließlich das Ergebnis der Hauptverhandlung für die Beurteilung der Zulässigkeit des Rechtsmittels im ganzen maßgebend ist. Eine Bindung gemäß § 358 Abs. 1 tritt erst ein, wenn das Berufungsurteil auf Revision hin aufgehoben und die Sache zurückverwiesen wird, jedoch auch dann nur unter der Voraussetzung, daß derselbe Sachverhalt ermittelt wird.

---

[28] Amtl. Begr. BTDrucks. **12** 1217 S. 40; *Meyer-Goßner* NJW **1993** 498, 500; *Ranft* 2022.

[29] KK-*Ruß*[4] 5, allg. M. Folglich ist diese Vorschrift direkt und nicht nur analog anwendbar (im Ergebnis ebenso *Gössel* JR **1999** 482, jedoch zu Unrecht für analoge Anwendung), vgl. auch OLG Hamburg JR **1999** 479, 480.

[30] OLG Köln NStZ **1996** 150.

[31] KK-*Ruß*[4] 4; *Meyer-Goßner*[46] 6; LR-*Hanack* § 298, 15.

[32] OLG Celle NJW **1964** 417; OLG Hamm NJW **1973** 1850; KK-*Ruß*[4] 4; *Meyer-Goßner*[46] 6.

[33] AK-*Dölling* 8; HK-*Rautenberg*[3] 12; SK-*Frisch* 11; vgl. § 316, 2.

[34] RGSt **59** 241; *Eb. Schmidt* 10; KK-*Ruß*[4] 4; *Meyer-Goßner*[46] 6; AK-*Dölling* 8; HK-*Rautenberg*[3] 11; SK-*Frisch* 15.

Karl Heinz Gössel

19   **9. Änderung des Verwerfungsbeschlusses.** Das Landgericht kann seinen Beschluß nach § 322 Abs. 1 nachträglich nicht selbst ändern, auch wenn er auf unrichtigen Tatsachen beruht. Ob dies auch gilt, wenn er nicht angefochten ist, ist strittig[35].

§ 322a

[1]**Über die Annahme einer Berufung (§ 313) entscheidet das Berufungsgericht durch Beschluß.** [2]**Die Entscheidung ist unanfechtbar.** [3]**Der Beschluß, mit dem die Berufung angenommen wird, bedarf keiner Begründung.**

Entstehungsgeschichte. Die Vorschrift vervollständigt die Regeln über die Annahmeberufung und wurde zusammen mit § 313 durch das RPflEntlG eingefügt.

Übersicht

1. Überblick

1   **a) Wesen.** § 322a regelt Form und Anfechtbarkeit der Entscheidungen, mit denen die Berufung nach § 313 Abs. 2 angenommen oder als unzulässig verworfen wird. Sie enthält von § 322 abweichende Regelungen.

2   **b) Entscheidungsform.** Die Entscheidung ergeht ausschließlich durch **Beschluß außerhalb der Hauptverhandlung** (§ 313, 52; § 322, 4). Der Annahmebeschluß kann, anders als die Nichtannahme durch Verwerfung als unzulässig nach § 313 Abs. 2 Satz 2, auch formlos ergehen (unten Rdn. 5, 8).

3   **c) Zuständigkeit.** Anders als im Fall des § 319 Abs. 1 ist allein das Berufungsgericht zur Entscheidung über die Zulässigkeit der Berufung nach § 313 berufen: nach § 76 Abs. 1 GVG also der **Vorsitzende** der kleinen Strafkammer.

4   **d) Frist.** Zum Erlaß der Entscheidung über die (Nicht-)Annahme ist dem Gericht keine **Frist** gesetzt; jedoch ist zur Wahrung des rechtlichen Gehörs die (verlängerbare) Frist des § 317 zu beachten oder aber, wenn der Berufungsführer über die Möglichkeit einer Verwerfung noch nicht belehrt wurde, ihm innerhalb einer angemessenen Frist, die im Regelfall der des § 317 entsprechen wird, im Zusammenhang mit dieser Belehrung Gelegenheit zur Stellungnahme zu geben (§ 313, 55).

---

[35] OLG Hamburg MDR **1976** 511; KMR-*Brunner* 9 halten das für zulässig; vgl. Erl. bei LR-*Matt* Vor § 304.

2. Annahmeentscheidung

a) Form. Der im Regelfall in der üblichen Form ergehende Beschluß kann auch **5** **konkludent** etwa durch Terminsbestimmung und Ladung (§ 323 Abs. 1, §§ 213, 214) ergehen[1].

b) Begründung. Schon wegen der ausdrücklichen Regelung in § 322a Satz 3 bedarf **6** die Annahmeentscheidung auch dann keiner Begründung, wenn die Staatsanwaltschaft beantragt hatte, die Berufung nicht anzunehmen: Auch nach § 34 würde deshalb eine Begründungspflicht entfallen, weil eine solche bei unanfechtbaren Entscheidungen nur dann besteht, wenn diese Entscheidungen nicht von Amts wegen, sondern allein aufgrund eines Antrags ergehen (LR-*Wendisch* § 34, 4).

c) Anfechtbarkeit und Rücknahme. Der Beschluß, mit dem die Berufung nach § 313 **7** Abs. 2 Satz 1 angenommen wird, ist nach § 322a Satz 2 **unanfechtbar**. Mit dem Erlaß dieses Beschlusses dürfte der Berufungsführer das unentziehbare Recht auf die Weiterbehandlung seiner Berufung wie in jedem anderen Berufungsverfahren erworben haben: Allein schon der Erlaß des Annahmebeschlusses dürfte der nachträglichen Annahme *offensichtlicher* Unbegründetheit entgegenstehen. Im übrigen ist die Entscheidung über die Begründetheit der Berufung aufgrund einer Hauptverhandlung der Verwerfung als unzulässig aufgrund einer Prognoseentscheidung im schriftlichen Verfahren allein durch den Vorsitzenden der kleinen Strafkammer vorzuziehen, die überdies, im Gegensatz zum Berufungsurteil, vom Revisionsgericht nicht mehr nachgeprüft werden kann (§ 313, 18). Eine **Rücknahme** des Annahmebeschlusses entweder auf Gegenvorstellungen oder von Amts wegen mit nachfolgender Verwerfung der Berufung nach § 313 Abs. 2 Satz 2 ist demnach nicht mehr möglich (zutr. OLG Zweibrücken NStZ-RR **2002** 245). Geht der Annahmebeschluß zu Unrecht von einer Annahmepflichtigkeit der Berufung aus, weil deren Voraussetzungen nicht vorliegen, so ist er gegenstandslos.

3. Nichtannahme der Berufung

a) Form, Begründung, Zuständigkeit. Die Nichtannahmeentscheidung erfolgt durch **8** Verwerfung der Berufung als unzulässig (§ 313 Abs. 2) durch einen stets außerhalb der Hauptverhandlung ergehenden **förmlichen Beschluß** (Rdn. 2); anders als beim Annahmebeschluß (Rdn. 5) steht hier das Gebot der Rechtsklarheit einer konkludenten Nichtannahmeentscheidung entgegen. Ebenfalls im Gegensatz zum Annahmebeschluß bedarf die Nichtannahme einer **Begründung**[2]: Dies folgt einmal aus § 322a Satz 3 (arg. e contrario) und, weil damit zugleich ein Antrag abgelehnt wird, zudem aus § 34[3]. Die Begründung muß insbesondere den sich aus Art. 103 Abs. 1 GG ergebenden Pflichten genügen (s. dazu § 313, 53 bis 57); hat der Berufungsführer sein Rechtsmittel nicht begründet, kann eine formelhafte Begründung ausreichen[4]. **Zuständig** zum Erlaß des Verwerfungsbeschlusses ist auch hier der Vorsitzende der kleinen Strafkammer (oben Rdn. 3).

b) Anfechtbarkeit. § 322a Satz 2 normiert die **Unanfechtbarkeit** (s. aber unten Rdn. 10) **9** auch des Verwerfungsbeschlusses nach § 313 Abs. 2 Satz 2[5]. Das gilt auch, wenn dieser

---

[1] OLG Zweibrücken NStZ-RR **2002** 245; *Meyer-Goßner*[46] 3, HK-*Rautenberg*[3] 6, KMR-*Brunner* 2 und SK-*Frisch* 5 im Anschluß an *Rieß* AnwBl. **1993** 56.

[2] Amtl. Begr. BTDrucks. **12** 1217 S. 40; *Feuerhelm* 104; allg. M.

[3] *Rieß* FS Kaiser 1472 Fußn. 56; **a. A** *Meyer-*

Goßner[46] 7: Begründungspflicht folgt nur aus dem Umkehrschluß zu Satz 3, nicht aber aus § 34.

[4] OLG Frankfurt/M NStZ-RR **1996** 78.

[5] OLG Düsseldorf MDR **1994** 401; OLG Frankfurt/M NStZ-RR **1996** 78; OLG Hamm VRS **98** (2000) 145, allg. M.

Karl Heinz Gössel

Beschluß nicht ausreichend begründet ist[6]; zeigt sich in dem Begründungsmangel jedoch eine Verletzung des Rechts des Berufungsführers auf Gewährung des rechtlichen Gehörs, so kann dies, nach Durchführung des Nachverfahrens nach § 33a, mit der Verfassungsbeschwerde geltend gemacht werden (§ 313, 57).

10 § 322a Satz 2 bezieht sich auf Satz 1 dieser Vorschrift und damit nur auf die in § 313 Abs. 2 genannten Beschlüsse und damit weiter nur auf solche, die eine nach § 313 Abs. 1 und 3 annahmepflichtige Berufung zum Gegenstand haben. Hat das Berufungsgericht also die in § 313 Abs. 1 und 3 genannten Voraussetzungen der Annahmepflicht irrig angenommen und deshalb nach § 313 Abs. 2 als unzulässig verworfen, so ist § 322a Satz 2 nicht anwendbar und **Anfechtbarkeit zu bejahen**[7], wie aber auch gegen einen Nichtannahmebeschluß, der nach vorausgegangener (und stets unzulässiger, vgl. Rdn. 7) Rücknahme eines Annahmebeschlusses ergangen ist (s. dazu § 322, 15). Hier verbleibt es bei der allgemeinen Regel des § 322 Abs. 2, so daß anstelle der einfachen Beschwerde nach § 304 die **sofortige Beschwerde** nach § 322 Abs. 2 (oben § 322, 15)[8] auch deshalb statthaft ist, weil nur so „die für die Einleitung der Vollstreckung erforderliche Klarheit" (§ 449) über den Eintritt der Rechtskraft geschaffen werden kann[9].

§ 323

(1) ¹**Für die Vorbereitung der Hauptverhandlung gelten die Vorschriften der §§ 214, 216 bis 225. ²In der Ladung ist der Angeklagte auf die Folgen des Ausbleibens ausdrücklich hinzuweisen.**

(2) **Die Ladung der im ersten Rechtszug vernommenen Zeugen und Sachverständigen kann nur dann unterbleiben, wenn ihre wiederholte Vernehmung zur Aufklärung der Sache nicht erforderlich erscheint.**

(3) **Neue Beweismittel sind zulässig.**

(4) **Bei der Auswahl der zu ladenden Zeugen und Sachverständigen ist auf die von dem Angeklagten zur Rechtfertigung der Berufung benannten Personen Rücksicht zu nehmen.**

Bezeichnung bis 1924: § 364.

---

[6] **A.A** OLG Frankfurt NStZ-RR **1996** 78: Das Beschwerdegericht kann auch überprüfen, „ob die Nichtannahmeentscheidung ausreichend begründet" wurde.

[7] Bei bloßer mangelhafter Begründung des Nichtannahmebeschlusses verbleibt es bei der Unanfechtbarkeit, **a.A** OLG Frankfurt/M NStZ-RR **1996** 78.

[8] Offen gelassen von OLG Celle JR **1995** 522.

[9] OLG Hamburg JR **1999** 479, 480 mit zust. Anmerkung *Gössel*; vgl. ferner OLG Frankfurt/M NStZ-RR **1996** 78; OLG Hamm VRS **95** (1998) 382; OLG Karlsruhe MDR **1996** 517; OLG Koblenz NStZ **1994** 601; OLG Köln NStZ **1996** 150; OLG Oldenburg NdsRpfl. **1995** 135; OLG Schleswig SchlHA **2000** 256; OLG Stuttgart VRS **99** (2000) 268, 269; Justiz **1999** 494; OLG Zweibrücken MDR

1994 1138; NStZ-RR **2002** 245; auch im übrigen allg. M, vgl. z. B. KK-*Ruß*⁴ 1; *Meyer-Goßner*⁴⁶ 8; *Feuerhelm* 104; *Rieß* FS Kaiser 1478. Daß der Nichtannahmebeschluß auch auf Gegenvorstellungen aufgehoben werden könne, hat in Wahrheit niemand vertreten: Die Auffassung, BayObLGSt **1993** 232 habe dies zugelassen, beruht auf einem Mißverständnis dieser Entscheidung, die lediglich einen wegen des zulässigen Übergangs von der Berufung innerhalb der Revisionsbegründungsfrist zur Sprungrevision tatsächlich gegenstandslos gewordenen Nichtannahmebeschluß (umstritten, s. dazu oben § 313, 20) konsequent als gegenstandslos behandelt und deshalb auf Gegenvorstellungen für aufhebbar gehalten hat (näher dazu *Gössel* JR **1999** 481 f).

Übersicht

1. Der **Gang des Berufungsverfahrens** vor der Hauptverhandlung entspricht demjenigen **1** der ersten Instanz. Die §§ 214, 216 bis 225 sind nach Absatz 1 Satz 1 entsprechend anwendbar. Gleiches gilt auch für den dort nicht erwähnten § 225a (§ 225a, 6). Nach Eingang der Akten (§ 321) prüft der Vorsitzende die Zuständigkeit seiner Kammer. Verneint er sie, verfügt er die Abgabe; gegebenenfalls führt er einen Beschluß nach § 225a herbei. Andernfalls bestimmt er den Termin zur Hauptverhandlung, bezeichnet im Fall des § 76 Abs. 3 GVG den Berichterstatter (§ 324, 5) und trifft eine vorläufige Entschließung über den Umfang der Beweisaufnahme (Rdn. 2). Danach ordnet er die Ladungen und Benachrichtigungen an und veranlaßt, daß die Beweismittel herbeigeschafft werden.

2. Vorbereitung der Berufungsverhandlung. Das Berufungsverfahren ist in den §§ 323 ff **2** geregelt. In einer zweiten **Tatsacheninstanz** dient es der Wahrheitserforschung, wie schon die Hauptverhandlung erster Instanz. Es beruht auf einer Neuverhandlung des gesamten wesentlichen Tatsachenstoffes. Das Berufungsgericht ist – soweit es selbst zu entscheiden hat – nicht an erstrichterliche Feststellungen gebunden, auch wird nicht zwischen Aufrechterhaltung oder Aufhebung des angefochtenen Urteils unterschieden. Das Berufungsgericht hat die Sache, soweit das Ersturteil zulässigerweise (§ 318) angefochten ist, neu und selbständig zu verhandeln und zu entscheiden. Insoweit hat es die entscheidungserheblichen Tatsachen selbst aufzuklären und den festgestellten Sachverhalt rechtlich selbst zu beurteilen. Es darf sich nicht damit begnügen, erstrichterliche Feststellungen zum angefochtenen Urteilsteil ungeprüft zu übernehmen.

Nach diesen Grundsätzen ist der für die Vorbereitung der Berufungsverhandlung **3** maßgebende voraussichtliche **Umfang der Beweisaufnahme** zu beurteilen (Rdn. 4). Will sich das Berufungsgericht eine eigene begründete Überzeugung bilden, wozu es verpflichtet ist, so genügt der Vortrag des Berichterstatters hierzu nicht. Die erforderlichen Beweise müssen vielmehr neu erhoben werden. Zu prüfen ist nicht, ob aufs neue Beweis erhoben werden muß, sondern vielmehr, ob und inwieweit ausnahmsweise auf die von § 250 vorgesehene unmittelbare Beweiserhebung ganz oder teilweise verzichtet werden kann und statt dessen die Vernehmungsprotokolle der ersten Hauptverhandlung trotz ihres geringen Beweiswerts gemäß § 325 verlesen werden dürfen[1].

Die **Aufklärungspflicht** (§ 244 Abs. 2) bestimmt auch hier den Umfang der Beweisauf- **4** nahme. Bei deren Vorbereitung sind jedoch die Beweisergebnisse der ersten Instanz sowie Ziel und Richtung des Berufungsbegehrens mit zu berücksichtigen. In geeigneten Fällen ist es dem Vorsitzenden unbenommen, Ziel und Gegenstand des Berufungs-

---

[1] OLG Köln GA **1970** 248; OLG Saarbrücken OLGSt § 244, 28; vgl. § 325, 1 ff.

angriffs durch eine Rückfrage beim Berufungsführer zu klären[2], um einerseits die erforderlichen Beweismittel herbeizuschaffen, andererseits aber von der Ladung überflüssiger Zeugen absehen zu können. **Keiner Beweisaufnahme** bedarf es, wenn nur über eine Vorfrage zu entscheiden ist, etwa über das Antragserfordernis, so daß Erörterungen zur Sache nicht stattfinden[3]. Die Beweisaufnahme wird häufig beschränkt werden können, unter Umständen auch entbehrlich sein, etwa bei Beschränkung der Berufung auf Art oder Maß der erkannten Strafe. Ist die Schuldfrage bestritten, so ist eine neue Beweisaufnahme regelmäßig geboten. Daß der Angeklagte in der Berufungsbegründung bestimmte festgestellte Tatsachen nicht bestritten hat, macht eine Beweisaufnahme darüber nur entbehrlich, wenn darin mit Sicherheit ein glaubhaftes Zugeständnis liegt; in solchen Fällen wird meist die Verlesung nach § 325 ausreichen[4]. Unerhebliche Beweismittel und Beweisgegenstände des ersten Rechtszuges können beiseite bleiben[5]. Im Zweifel haben aber stets die Erfordernisse der **Wahrheitserforschung Vorrang**. Der Umfang der neuen Beweiserhebung wird ausschließlich durch die Sacherfordernisse bestimmt, nicht durch die erstinstanzliche Sachbehandlung.

5   **3. Neue Tatsachen und Beweismittel (Absatz 3)** können bis zum Schluß der Beweisaufnahme, notfalls bis zum Beginn der Urteilsverkündung, unbeschränkt beigebracht werden, und zwar vom Berufungsführer wie von dessen Gegner. Neues Vorbringen ist an keine Frist oder Form gebunden (§ 246 Abs. 1; § 317, 5)[6]. Das Gericht hat bei **Auswahl der Beweismittel** nach Absatz 4 auf den Inhalt der Berufungsbegründung und darin angegebene Beweismittel „Rücksicht zu nehmen". Es muß sie beiziehen, soweit es die Aufklärungspflicht erfordert (§§ 219, 244 Abs. 2). Dasselbe gilt für Beweisanträge des Gegners des Beschwerdeführers und für die Verwendung in der Hauptverhandlung benutzbar vorhandener Beweismittel (§ 245).

6   **4. Ladung der Beweispersonen.** Sind Zeugen und Sachverständige schon vom Erstrichter vernommen worden, erlaubt § 325 unter gewissen Voraussetzungen, von deren Ladung abzusehen, soweit die Aufklärungspflicht es gestattet. Auch hier kann sich wegen der Terminsplanung eine frühzeitige Rückfrage empfehlen.

7   Bevor die **Staatsanwaltschaft** die Akten dem Gerichtsvorsitzenden übergibt (§ 321), prüft sie, welche Beweise zu erheben sein werden. Sie stellt zweckmäßigerweise eine **Liste der Beweismittel** auf und legt sie mit den Akten dem Vorsitzenden vor[7]. Hierbei berücksichtigt sie § 244 Abs. 2 und die Grundsätze des § 325, sowie daß die zur Rechtfertigung der Berufung benannten Zeugen nach Möglichkeit zu laden sind (Absatz 4).

8   Die **Entscheidung**, wer zu laden ist, trifft der **Vorsitzende**, der an den Vorschlag der Staatsanwaltschaft nicht gebunden ist. Er veranlaßt außerdem, daß die vom Gericht geladenen Beweispersonen dem Angeklagten und der Staatsanwaltschaft mitgeteilt werden[8]. Soweit Staatsanwaltschaft oder Angeklagter die Anwesenheit weiterer Beweispersonen in der Berufungsverhandlung für erforderlich halten, können sie diese selbst laden (§ 214 Abs. 3, § 220). Der Angeklagte kann außerdem nach § 219 die Ladung weiterer Beweispersonen beim Vorsitzenden beantragen.

9   Das Gericht beschließt **erst in der Hauptverhandlung endgültig** über den Umfang der Beweisaufnahme. Anträge auf Ladung von Zeugen oder Sachverständigen nach § 219

---

[2] KK-*Ruß*[4] 2; *Meyer-Goßner*[46] 2; AK-*Dölling* 2; SK-*Frisch* 9 .

[3] KMR-*Brunner* 1.

[4] KK-*Ruß*[4] 2; SK-*Frisch* 8; vgl. § 325, 4.

[5] AK-*Dölling* 2; SK-*Frisch* 5.

[6] KK-*Ruß*[4] 3.

[7] Vgl. LR-*Rieß* § 200, 33 ff.

[8] Vgl. OLG Saarbrücken OLGSt § 244, 28.

sind vom Vorsitzenden grundsätzlich noch vor der Berufungsverhandlung zu bescheiden[9]. Liegen die Voraussetzungen des § 223 vor, so kann das Gericht eine der Hauptverhandlung vorausgehende Beweisaufnahme durch den beauftragten oder ersuchten Richter veranlassen[10].

5. Ladung des Angeklagten

a) Bedeutung und Zustellung der Ladung. Der Angeklagte ist zur Hauptverhandlung **10** zu laden. Sein Rechtsmittel kann bei unentschuldigtem Ausbleiben nach Maßgabe des § 329 Abs. 1 verworfen und über die Berufung der Staatsanwaltschaft ohne ihn verhandelt (§ 329 Abs. 2) werden. Die Ladung zu Händen eines Zustellungsbevollmächtigten genügt insoweit nicht, zu Händen eines Verteidigers darf der Angeklagte jedoch geladen werden, wenn dieser nach § 145a Abs. 2 dazu ermächtigt ist[11]. Liegen die Voraussetzungen des § 116a Abs. 3; § 132 vor, so reicht Ladung an den inländischen Zustellungsbevollmächtigten stets aus. Ein wesentlicher Fehler der Ladung, etwa widerspruchsvolle Zeitangabe, kann die Anwendung des § 329 hindern (vgl. § 216, 14). Die öffentliche Zustellung ist unter den Voraussetzungen des § 40 Abs. 3 zulässig (vgl. § 329, 17).

b) Eine **ordnungsgemäße Ladung** nach § 323 Abs. 1 liegt nur vor, wenn ihr Inhalt den **11** gesetzlichen Vorschriften entspricht, insbesondere auf die Folgen unentschuldigten Ausbleibens zutreffend, unmißverständlich und vollständig hinweist[12]. Die Angabe des angefochtenen Urteils ist zweckmäßig, aber nicht vorgeschrieben[13].

Aus dem Erfordernis eines ausdrücklichen Hinweises auf die Folgen des Ausbleibens **12** (Absatz 1 Satz 2) wird gefolgert, daß der Hinweis **in der Ladung zu dem Termin** enthalten sein muß, in welchem die Berufung verworfen wird[14]. Der Hinweis in der Ladung zu einem früheren Termin genügt nicht, und zwar auch dann nicht, wenn die neue Ladung auf den früheren Hinweis ausdrücklich Bezug nimmt[15].

c) Inhalt der Hinweise. Welche Hinweise mit der Ladung des Angeklagten verbunden **13** werden müssen, ist je nach Prozeßlage verschieden.

Hat die **Staatsanwaltschaft** Berufung eingelegt, so ist darauf hinzuweisen, bei unent- **14** schuldigtem Ausbleiben des Angeklagten werde das Gericht entweder verhandeln und entscheiden oder die Vorführung oder Verhaftung anordnen (§ 329)[16]. Dasselbe gilt, wenn eine der im § 298 bezeichneten Personen Berufung eingelegt hat, jedoch ohne Androhung der Verhaftung (§ 330). Wo sich der Angeklagte vertreten lassen darf (§ 329, 46 ff), ist auch auf die Zulässigkeit der Vertretung durch einen bevollmächtigten Verteidiger hinzuweisen[17].

Hat der **nicht verhaftete Angeklagte** Berufung eingelegt, so ist er darauf hinzuweisen, **15** daß seine Berufung bei unentschuldigtem Ausbleiben nach § 329 Abs. 1 verworfen wird.

---

[9] Wegen der Einzelheiten vgl. LR-*Gollwitzer* § 219, 8 ff.

[10] Vgl. LR-*Gollwitzer* § 223, 1 ff; 20 ff.

[11] KK-*Ruß*[4] 4; *Meyer-Goßner*[46] 3; AK-*Dölling* 3; HK-*Rautenberg*[3] 2; KMR-*Brunner* 3. **Anders** RGSt 63 10; **66** 79; RG JW **1933** 968; *Eb. Schmidt* 4; *Janetzke* NJW **1956** 620 zur früheren Rechtslage. *Küper* NJW **1974** 1927 hält wegen der besonderen Prozeßlage die persönliche Ladung des Angeklagten trotz § 145a für erforderlich.

[12] BayObLGSt **1962** 99; OLG Stuttgart MDR **1986** 778; KK-*Ruß*[4] 4; *Meyer-Goßner*[46] 3; KMR-*Brun-*

ner 4; SK-*Frisch* 14; vgl. OLG Zweibrücken StV **1981** 539 (widersprüchlicher Hinweis).

[13] RG HRR **1931** 2003.

[14] BayObLGSt **1975** 30 = JZ **1975** 332; KMR-*Brunner* 4; *Meyer-Goßner*[46] 3; vgl. ferner die Hinweise in Fußn. 15.

[15] BayObLGSt **1975** 30 = JZ **1975** 332; OLG Koblenz NJW **1981** 2074.

[16] OLG Stuttgart MDR **1986** 778; KK-*Ruß*[4] 4; *Meyer-Goßner*[46] 3; AK-*Dölling* 5; HK-*Rautenberg*[3] 3; SK-*Frisch* 15.

[17] *Meyer-Goßner*[46] 3; KMR-*Brunner* 4.

Karl Heinz Gössel

Kann in Abwesenheit des Angeklagten verhandelt werden, wenn für ihn ein ermächtigter Vertreter erscheint, ist dies im Hinweis unmißverständlich zum Ausdruck zu bringen[18]. Hängt die Befugnis des Angeklagten, sich vertreten zu lassen, von einem besonderen Hinweis ab (wie bei § 232 im Gegensatz zum Verfahren nach vorangegangenem Strafbefehl nach § 411 Abs. 2), dann ersetzt der Hinweis auf § 329 den Hinweis nach § 232 nicht[19]. Beide Hinweise sind nebeneinander notwendig, da sie einen unterschiedlichen Inhalt und Zweck haben[20]. § 329 läßt für eine Abwesenheitsverhandlung nach § 232 Abs. 1 nur Raum, wenn der Angeklagte durch einen Verteidiger ordnungsgemäß vertreten ist[21].

16   **d)** Für die Ladung des **verhafteten Angeklagten** gilt § 216 Abs. 2. Daher darf § 329 Abs. 1, 2 nicht angewandt werden, wenn die Ladung mittels Ersatzzustellung in der Wohnung geschehen oder wenn die vorgeschriebene Befragung unterblieben ist[22]. Die Vorführung des Angeklagten zur Hauptverhandlung ist in diesen Fällen rechtzeitig zu veranlassen[23].

17   **e)** Ist der **gesetzliche Vertreter** des Angeklagten Berufungsführer (§ 298), so ist er darauf hinzuweisen, das Rechtsmittel werde verworfen, sofern er und der Angeklagte unentschuldigt ausbleiben[24].

18   **6. Ladung des Verteidigers.** Beim **Wahlverteidiger** gilt § 218. Der Wahlverteidiger der ersten Instanz ist regelmäßig zu laden, sofern sich nicht ausnahmsweise ergibt, daß sein Mandat früher geendet hat[25]. Der bestellte Verteidiger ist zu laden, sofern er auch für das Berufungsverfahren bestellt worden war. Andernfalls ist zu prüfen, ob die Verteidigung notwendig ist, und der dann bestellte Pflichtverteidiger zu laden (vgl. § 140).

19   **7. Ladungsfrist.** Der Angeklagte hat auch dann Anspruch auf Einhaltung der Ladungsfrist (§ 217), wenn nicht er die Berufung eingelegt hat[26], weil er das Recht der unmittelbaren Zeugenladung behalten muß. Diesen Anspruch hat auch jeder andere Beschwerdeführer. Der in § 217 Abs. 2 bezeichnete Antrag auf Aussetzung der Verhandlung kann bis zu Beginn der Vernehmung des Angeklagten zur Sache gestellt werden.

§ 324

(1) ¹Nachdem die Hauptverhandlung nach Vorschrift des § 243 Abs. 1 begonnen hat, hält ein Berichterstatter in Abwesenheit der Zeugen einen Vortrag über die Ergebnisse des bisherigen Verfahrens. ²Das Urteil des ersten Rechtszuges ist zu verlesen, soweit es für die Berufung von Bedeutung ist; von der Verlesung der Urteilsgründe kann abgesehen werden, soweit die Staatsanwaltschaft, der Verteidiger und der Angeklagte darauf verzichten.

(2) Sodann erfolgt die Vernehmung des Angeklagten und die Beweisaufnahme.

---

[18] BayObLGSt **1975** 30; **1978** 64 = VRS **55** (1978) 281; KK-*Ruß*[4] 4; *Meyer-Goßner*[46] 3; AK-*Dölling* 4; KMR-*Brunner* 4; SK-*Frisch* 16.

[19] BayObLGSt **1960** 275; **1963** 29; NJW **1970** 1055 mit Anm. *Küper*; NJW **1970** 1562; OLG Celle NdsRpfl. **1956** 230; OLG Hamm NJW **1954** 1131; OLG Oldenburg NdsRpfl. **1954** 17; NJW **1952** 1151; AK-*Dölling* 4; HK-*Rautenberg*[3] 3; SK-*Frisch* 16; **a.A** OLG Stuttgart NJW **1962** 2023; OLG Zweibrücken NJW **1968** 1977.

[20] *Küper* GA **1971** 291; vgl. LR-*Gollwitzer* § 232, 7.

[21] Vgl. LR-*Gollwitzer* § 232, 6; LR-*Gössel* § 329, 49. Wegen der Fassung des Hinweises vgl. *Küper* GA **1971** 292.

[22] BayObLG DRiZ **1928** Nr. 841; LR-*Gollwitzer* § 216, 8 ff.

[23] Vgl. LR-*Gollwitzer* § 214, 12; LR-*Gössel* § 329, 92.

[24] Vgl. § 330, 2.

[25] AK-*Dölling* 7; SK-*Frisch* 21.

[26] AK-*Dölling* 7.

Schrifttum. *Hegmann* Die Belehrung des Angeklagten gemäß § 243 IV 1 StPO in der Berufungshauptverhandlung, NJW **1975** 915.

Entstehungsgeschichte. Absatz 1 Satz 2 ist 1953 durch Art. 4 Nr. 36 des 3. StRÄndG und dann nochmals durch Art. 1 Nr. 26 StVÄG 1979 neu gefaßt worden. Die bis zur Änderung des Jahres 1953 (Art. 4 Nr. 36 des 3. StRÄndG) uneingeschränkte Pflicht zur Verlesung des ganzen Urteils der ersten Instanz wurde weiter aufgelockert. Die bisher unerläßliche Verlesung des Tenors kann eingeschränkt werden, die Verlesung der Urteilsgründe kann bei allseitigem Verzicht unterbleiben. Bezeichnung bis 1924: § 365.

Übersicht

1. Berufungsverhandlung

a) **Beginn** der Berufungsverhandlung ist ebenso wie in der Hauptverhandlung der **1** ersten Instanz der **Aufruf der Sache** durch den Vorsitzenden (LR-*Gollwitzer* § 243, 16), an den sich die Präsenzfeststellung, Zeugenbelehrung und Entlassung anschließen (LR-*Gollwitzer* § 243, 19 bis 24; 27 bis 31).

b) Der **Gang der Verhandlung** richtet sich grundsätzlich nach § 243 (s. § 332), der aber **2** durch § 324 abgewandelt wird. Berichterstattung und Verlesung des angefochtenen Urteils treten an die Stelle der Verlesung des zugelassenen Anklagesatzes. § 243 Abs. 3 ist also nicht anwendbar. Im übrigen kann auch das Berufungsgericht von der Reihenfolge im einzelnen abweichen, sofern die Sachlage es angezeigt erscheinen läßt, wenn Wahrheitsermittlung und sachgemäße Verteidigung des Angeklagten dadurch nicht beeinträchtigt werden. Der vom Gesetzgeber vorgeschriebene Aufbau der Berufungsverhandlung im ganzen muß jedoch wenigstens in seiner Grundstruktur gewahrt bleiben[1]. Die Vernehmung des Angeklagten zu seinen persönlichen Verhältnissen ist deshalb vor Berichterstattung und Urteilsverlesung durchzuführen[2].

---

[1] OLG Saarbrücken VRS **22** (1962) 54; AK-*Dölling* 1; SK-*Frisch* 3 vgl. LR-*Gollwitzer* § 243, 3 ff.

[2] KK-*Ruß*[4] 2; *Meyer-Goßner*[46] 1; SK-*Frisch* 3.

Karl Heinz Gössel

3   Zulässig ist es, der Berufungsverhandlung die **Erörterung der Zulässigkeit des Rechtsmittels**, der Befugnis des Beschwerdeführers, der Richtung des Rechtsmittels (§§ 296 Abs. 2, 301, 302) und seines Umfangs voranzustellen[3]. So darf durch Erörterung mit dem Beschwerdeführer zunächst geklärt werden, inwieweit das Ersturteil angefochten worden ist[4] oder zulässigerweise angefochten werden kann. Hat ein Dritter (§ 298) Berufung eingelegt, so kann seine Befugnis dazu erörtert werden[5].

4   Die **Beweisaufnahme** und die Vernehmung des Angeklagten zur Sache darf grundsätzlich nicht vor der Berichterstattung vorgenommen werden, denn erst durch diese werden den Prozeßbeteiligten, insbesondere auch den Laienrichtern, der Gegenstand des Berufungsverfahrens und die bisher aufgetretenen Fragen – auch die vom Erstrichter für seine Beweiswürdigung angeführten Gründe – vor Augen geführt und die Voraussetzungen für eine verständige Würdigung des folgenden Beweisgeschehens geschaffen. Soweit die Rechtsprechung es für zulässig hält, die Vernehmung des Angeklagten und einen Teil der Beweisaufnahme, insbesondere eine Tatortbesichtigung mit Zeugeneinvernahme, vorweg durchzuführen, kann ihr nicht gefolgt werden[6]. Ausnahmen dürften nur in ganz begrenzten Sonderfällen möglich sein[7].

2. Berichterstattung

5   **a) Berichterstatter** kann jedes Mitglied des Berufungsgerichts sein, auch der Vorsitzende[8], dem bei der Kleinen Strafkammer diese Aufgabe im Regelfall notwendigerweise obliegt, denn die Schöffen scheiden für diese Aufgabe aus. Jedoch kann bei Hinzuziehung eines zweiten Berufsrichters in Berufungsverfahren gegen Urteile des erweiterten Schöffengerichts nach § 76 Abs. 3 GVG auch dieser die Berichterstattung übernehmen[9]. Der Vortrag ist mündlich. Der Berichterstatter kann ihn nach Ermessen schriftlich ausarbeiten. Als **wesentlicher Teil** der Hauptverhandlung[10] darf der Vortrag (einschließlich der Verlesung des erstinstanzlichen Urteils[11]) bei notwendiger Verteidigung (§§ 140, 145 Abs. 1) nicht in Abwesenheit des Verteidigers oder eines sonstigen notwendigen Verfahrensbeteiligten gehalten werden[12].

6   **b)** Der **Vortrag** über die **Ergebnisse des bisherigen Verfahrens** soll in die Berufungsverhandlung einführen. Er soll – ebenso wie die Verlesung des zugelassenen Anklagesatzes in der ersten Instanz – den Gegenstand der Verhandlung für die Verfahrensbeteiligten, vor allem die Schöffen, klar herausstellen[13]. Sein **Zweck** ist die vollständige Kennzeichnung des Sachstandes, des Beschwerdeführers, seiner Rechtsmittelbefugnis, der Richtung des Rechtsmittels (s. § 296 Abs. 2, §§ 301, 302), des Umfangs des Rechtsmittels und der Vorbereitung der Berufungsverhandlung im ganzen. Vorzutragen ist alles, was für die Berufungsverhandlung von Bedeutung sein kann[14]. Was dazu erforderlich ist, richtet sich nach den **Umständen des Einzelfalls**. Vor allem muß der Vortrag den

---

[3] *KK-Ruß*[4] 2; *Meyer-Goßner*[46] 1.
[4] Vgl. § 318, 14.
[5] *Eb. Schmidt* 1; Nachtr. I 1.
[6] Wie hier OLG Köln NJW **1959** 1551; wohl auch OLG Saarbrücken VRS **22** (1962) 54; *Eb. Schmidt* Nachtr. I 1. OLG Schleswig SchlHA **1954** 331 und die 21. Auflage haben insoweit einen großzügigeren Standpunkt vertreten; vgl. auch RGSt **53** 178; **60** 182; **61** 287; RG JW **1931** 542; **1932** 113.
[7] Vgl. LR-*Gollwitzer* § 243, 2 ff.
[8] OLG Koblenz VRS **51** (1976) 98; *Bloy* JuS **1986** 592; *KK-Ruß*[4] 3; *Meyer-Goßner*[46] 3; KMR-*Brunner* 4.

[9] *KK-Ruß*[4] 3.
[10] OLG Oldenburg NdsRpfl. **1953** 35; vgl. ferner OLG Hamburg NStZ **1985** 379; OLG Zweibrücken StV **1986** 240; KMR-*Brunner* 3.
[11] OLG Düsseldorf NStZ-RR **1999** 144.
[12] OLG Hamm StV **1989** 56.
[13] BayObLG MDR **1973** 1039; OLG Hamburg NStZ **1985** 379; OLG Hamm NJW **1974** 1880.
[14] *Eb. Schmidt* 3; Nachtr. I, *KK-Ruß*[4] 3; *Meyer-Goßner*[46] 4; AK-*Dölling* 5; HK-*Rautenberg*[3] 4.

Gegenstand der Berufungsverhandlung ersichtlich machen. Dazu ist in der Regel der Inhalt des Anklagesatzes mitzuteilen. Dies ist unerläßlich, wenn zwischen diesem und dem Entscheidungssatz des angefochtenen Urteils ein Unterschied besteht und der Umfang der zugelassenen Anklage dafür maßgebend ist, welcher Vorgang Gegenstand der Urteilsfindung des Berufungsgerichts ist. Mitzuteilen sind ferner Nachtragsanklagen, das Ausscheiden oder Wiedereinbeziehen von Verfahrensteilen, der Umfang der Anfechtung sowie alle sonstigen Verfahrensvorgänge, die den Gegenstand der Berufungsverhandlung bestimmen und eingrenzen, wie etwa zurückverweisende Urteile oder eine Verfahrenstrennung[15]. Bestehen über den Umfang der Anfechtung oder über die Anfechtbarkeit Zweifel, so umfaßt der Vortrag auch alles möglicherweise Angefochtene.

Der Vortrag umfaßt den **gesamten Sachstand** in sachlich- und verfahrensrechtlicher **7** Beziehung, soweit das Urteil zulässigerweise angefochten ist[16]. Das Gesetz schreibt den Vortrag der „Ergebnisse des bisherigen Verfahrens" vor. Der Vortrag darf sich daher nicht auf die im angefochtenen Urteil enthaltenen Tatsachen und Beweismittel beschränken, es sei denn, sie sind vollständig. Was durch die Urteilsverlesung bekanntgegeben wird, braucht der Berichterstatter nicht nochmals im einzelnen vorzutragen. Umgekehrt muß der Vortrag aber auch über den Inhalt nicht verlesener, aber entscheidungserheblicher Urteilsteile berichten (vgl. Rdn. 16). Er hat alles zu enthalten, was bekannt ist und der Sachaufklärung dienen kann, also auch Ergebnisse von Vorerhebungen, zumal wenn die Berufungsbegründung an solche anknüpft. Er enthält sodann das Vorbringen der Berufung, wobei es statthaft sein kann, auch die Berufungsbegründung zu verlesen[17] und verweist auf neu angebotene Beweismittel. Zu den **bisherigen Verfahrensergebnissen** wird auch die Erwähnung früherer Beweiserhebungen und der dabei aufgetretenen Widersprüche gerechnet, wobei auch Beweisvorgänge erwähnt werden dürfen, die in dieser Form nach Strengbeweisrecht nicht verwertbar sind[18]. Ist in früherer, aber vertagter Verhandlung ein Zeuge vernommen worden und kommt die Aussage als sachdienlich in Betracht, so darf sie im Vortrag als vorläufiges Verfahrensergebnis mitgeteilt werden[19]. Dasselbe gilt für den Inhalt eines Aktenstückes[20]. Enthält das Ersturteil alles Wesentliche, so genügt sein Vortrag. Neue Ausführungen, Beschwerden und Anträge des Beschwerdeführers und anderer Beteiligter sind mitzuteilen. Ferner hat der Vortrag die Förmlichkeiten des Rechtsmittels, falls noch erforderlich, zu behandeln (s. § 322), außerdem das erstinstanzliche Verfahren, soweit es Berufungsgegenstand sein kann. Ist die Zulässigkeit der Berufung zweifelhaft (§ 322), so kann sich der Berichterstatter zunächst hierauf beschränken[21].

c) Der Vortrag hat eine rein verfahrensrechtliche **Informationsfunktion**. Sein Inhalt **8** ist **nicht Teil der Beweisaufnahme**[22] und kann nicht Grundlage der Entscheidung des Berufungsgerichts sein. Dieses muß seine Überzeugung vielmehr ausschließlich aus der Gesamtwürdigung der sich an den Vortrag und die Urteilsverlesung anschließenden Be-

---

[15] Vgl. KK-*Ruß*[4] 3; *Meyer-Goßner*[46] 4; AK-*Dölling* 5; KMR-*Brunner* 6; SK-*Frisch* 5 .

[16] Vgl. etwa RG JW **1932** 3113; wegen der Einführung der nichtangefochtenen, für das Berufungsgericht bindenden Feststellungen früherer Urteile vgl. Rdn. 8.

[17] OLG Köln NJW **1961** 1127; AK-*Dölling* 5; SK-*Frisch* 7.

[18] Soweit allerdings ein Beweisverbot die Verwertbarkeit von Beweismitteln ausschließt, darf es nicht durch die Berichterstattung unterlaufen werden,

zumal der Beweisvorgang dann für die Entscheidung keine Bedeutung haben darf.

[19] RG DRiZ **1932** Nr. 224.

[20] RG JW **1927** 2048 mit Anm. *Löwenstein*; KMR-*Brunner* 6.

[21] KK-*Ruß*[4] 4; SK-*Frisch* 7.

[22] BayObLGSt **1958** 84; OLG Hamm NJW **1974** 1880; *Lichti* DRiZ **1952** 151, ferner KK-*Ruß*[4] 6; AK-*Dölling* 3; HK-*Rautenberg*[3] 5; SK-*Frisch* 8.

Karl Heinz Gössel

rufungsverhandlung schöpfen[23]. Dies muß auch wegen der Teilnahme von Laienrichtern an der Berufungsverhandlung völlig klar hervortreten. Schon der Anschein einer Vorwegnahme des Ergebnisses der bevorstehenden Beweisaufnahme muß vermieden werden. Dies gilt vor allem dann, wenn – was zulässig ist[24] – im Rahmen des Vortrags Urkunden verlesen werden.

9   Soll, was ausnahmsweise zulässig sein kann[25], die **Verlesung einer Urkunde** im Rahmen des Vortrags gleichzeitig auch schon **zu Beweiszwecken** dienen, so ist dies den Prozeßbeteiligten unmißverständlich klarzumachen[26]; die Verlesung zu Beweiszwecken ist in der Sitzungsniederschrift festzuhalten (§ 273). In der Regel empfiehlt sich allerdings eine solche Vermischung der Prozeßvorgänge wegen der damit verbundenen Gefahr von Unklarheiten und der sonstigen Schwierigkeiten (§ 257 ist zu beachten!) nicht.

3. Verlesen des Urteils des ersten Rechtszuges

10   **a) Bedeutung für das Berufungsverfahren.** Die Verlesung des Urteils ist nur insoweit notwendig, als dies für die Entscheidung über die Berufung **von Bedeutung** ist. Dies gilt seit der Neufassung des Absatzes 1 Satz 2 im Jahre 1979 auch für den Urteilstenor. Im Interesse der Straffung der Berufungsverhandlung wird es dadurch dem Gericht ermöglicht, die meist nur eine zeitraubende Formalie bedeutende Verlesung auf die Wiedergabe des für die Berufungsverhandlung wichtigen Inhalts zu beschränken. Bedeutung für die Berufung haben grundsätzlich die Teile des Urteils, die einen Gegenstand betreffen, über den das Berufungsgericht aufgrund der Berufungsverhandlung selbst zu befinden hat, ferner solche nicht angefochtenen Teile, deren Inhalt in einem Sachzusammenhang mit dem Entscheidungsgegenstand des Berufungsverfahrens steht. Wird nur über die Zulässigkeit der Berufung verhandelt, kann sich die Verlesung überhaupt erübrigen[27].

11   **b) Bindung durch vorangegangene Urteile.** Soweit das Berufungsgericht an Feststellungen und rechtliche Würdigungen vorangegangener Entscheidungen gebunden ist und diese seiner Entscheidung ohne eigene Nachprüfung zugrunde legen muß, sind diese – unabhängig von einem Verlesungsverzicht der Verfahrensbeteiligten – in einer Weise in die Berufungsverhandlung einzuführen, die Inhalt und Umfang der Bindung durch diese vorgreiflichen Entscheidungen und damit auch die **Grenzen der eigenen Kognitionsbefugnis** kenntlich macht[28]. In aller Regel sind die maßgebenden Teile des Urteilstenors und der Urteilsgründe zu verlesen[29]. Dies gilt auch, wenn sie in einem früheren, insoweit nicht aufgehobenen Berufungsurteil enthalten sind[30]. Die Verlesung kann im Zusammenhang mit einer auch sonst notwendigen Verlesung der Urteilsgründe geschehen; entfällt eine solche wegen allgemeinen Verzichts, kann die Verlesung auch als isolierter Verfahrensvorgang ausgeführt werden. Hält man es in Ausnahmefällen für zulässig, die Verlesung durch einen mündlichen Bericht zu ersetzen[31], müßte dieser alle maßgebenden Feststellungen enthalten. Hierbei und auch bei jeder Verlesung ist hervorzuheben, daß es sich – anders als beim sonstigen Inhalt des Berichts – um bindende

---

[23] RGSt **61** 399; RG JW **1927** 2049; GA **71** (1927) 18; HRR **1927** Nr. 1366; ferner die Nachweise Fußn. 22.

[24] Vgl. RGSt **61** 268; § 325, 5.

[25] RG JW **1932** 113.

[26] AK-*Dölling* 3; SK-*Frisch* 8.

[27] KK-*Ruß*[4] 4; AK-*Dölling* 6; SK-*Frisch* 13.

[28] Eine besondere Festlegung der Verlesungspflicht hielt der Regierungsentwurf (BTDrucks. **8** 978 S. 58) für entbehrlich, da das eine notwendige Folge

der Bindungswirkung und des Mündlichkeitsprinzips sei.

[29] Vgl. BayObLG MDR **1973** 692; **1982** 249; KK-*Ruß*[4] 7; *Meyer-Goßner*[46] 5; KMR-*Brunner* 8 f; SK-*Frisch* 13 f; *Rieß* NJW **1978** 2271.

[30] BayObLGSt **1973** 130 = MDR **1973** 1039.

[31] BayObLGSt **1973** 130 = MDR **1973** 1039 läßt dies offen.

Feststellungen handelt, die das Berufungsgericht hinzunehmen hat und von denen es bei seiner Entscheidung ohne eigene Nachprüfung ausgehen muß.

c) **Die Urteilsformel** muß nur noch insoweit verlesen werden, als sie für das Be- **12** rufungsverfahren, also für die Entscheidung des Berufungsgerichts, von Bedeutung ist. Die Teile der Urteilsformel, welche ausschließlich Mitangeklagte betreffen, die keine Berufung eingelegt haben, brauchen also nicht mitverlesen zu werden; anderes gilt nur, wenn dies ausnahmsweise zum Verständnis des zu verlesenden Teiles der Urteilsformel unerläßlich ist [32].

Fechten Angeklagter und Staatsanwalt nur einen **Teil des Urteils** an, muß die Urteils- **13** formel in der Regel dennoch in vollem Umfang verlesen werden, denn auch die **nicht- angefochtenen Urteilsteile**, etwa die Verurteilung wegen bestimmter Straftaten, sind für die dem Berufungsgericht obliegenden Entscheidungen, vor allem die Bemessung der Rechtsfolgen (Gesamtstrafe usw.), in aller Regel von Bedeutung, selbst wenn sie für die zutreffende Entscheidung nicht vorgreiflich sind.

Auf die Verlesung der Urteilsformel in dem vom Gesetz vorgeschriebenen Umfang **14** kann **nicht verzichtet** werden. Im übrigen steht es **im Ermessen** des die Verhandlung leitenden Vorsitzenden, ob er die ganze Formel verlesen will oder nur die Teile von Bedeutung.

d) **Verlesen der Urteilsgründe.** Diese müssen grundsätzlich nur verlesen werden, **15** soweit sie für das Berufungsverfahren **von Bedeutung** sind. Von der Verlesung kann bei den Teilen abgesehen werden, welche ausschließlich Mitangeklagte betreffen, die keine Berufung eingelegt haben oder die für das weitere Verfahren keine Bedeutung mehr haben, wie etwa die Einzelheiten der Beweiswürdigung bei einem nur hinsichtlich der Rechtsfolgen angefochtenen Urteil oder Ausführungen über eine Tat, die nicht Gegenstand des Berufungsverfahrens ist. Soweit darüber hinaus die Ansicht vertreten wird, daß sich die Verlesung solcher Begründungsteile erübrige, die ausschließlich die Beweiswürdigung oder Rechtsfolgenerwägungen betreffen [33], wird dem nicht zu folgen sein. Diese Ansicht weist zwar mit Recht darauf hin, daß das Berufungsgericht hierüber selbst entscheiden müsse; indessen dürfte sich daraus in der Regel nicht folgern lassen, für das Berufungsgericht seien Beweiswürdigung und Rechtsfolgenerwägungen ohne Bedeutung und deshalb im Interesse der Unbefangenheit der Schöffen und zur Vermeidung einer verfrühten Erörterung von Vorstrafen zu unterlassen: vielmehr sollten gerade auch die Schöffen die diesbezüglichen Erwägungen des Erstrichters bei ihrer eigenen Beurteilung der Ergebnisse der Berufungshauptverhandlung mitberücksichtigen [34]. Wird im Urteil auf ein vorhergegangenes Urteil verwiesen, sind auch die in **Bezug genommenen Stellen** zu verlesen [35].

e) **Verzicht.** Die Verlesung der Urteilsgründe kann ungeachtet ihrer Bedeutung für **16** das Verfahren auch ganz oder teilweise unterbleiben, wenn und soweit die Verfahrensbeteiligten darauf verzichten. Der Verzicht kann auf **einzelne Teile** der Urteilsgründe beschränkt werden. Die Verfahrensbeteiligten haben so die Möglichkeit, einzelne Teile der Begründung, die sie für besonders wichtig halten, vom Verzicht auszunehmen. Ein Teilverzicht ist aber immer nur insoweit möglich, als die Verständlichkeit des verlesenen

---

[32] KMR-*Brunner* 8.
[33] *Meyer-Goßner*[46] 5 (aber nicht zwingend); KMR-*Brunner* 9; *Rieß* NJW **1978** 2271.
[34] Wie hier SK-*Frisch* 14; vgl. auch BGH GA **1976** 368: in der Verlesung des ganzen Urteils wird mit

Recht keine Beeinträchtigung der Unbefangenheit der Richter erblickt.
[35] OLG Schleswig bei *Ernesti/Jürgensen* SchlHA **1972** 61.

Teiles nicht darunter leidet[36]. Unterbleibt die Verlesung, müssen die für das Berufungsverfahren wesentlichen Teile im Bericht mitgeteilt werden[37].

17   Verzichten müssen **Staatsanwalt, Verteidiger** und **Angeklagter**, wobei die besondere Erwähnung des Verteidigers neben dem Angeklagten zeigt, daß dieser ohne Bindung an den Willen des Angeklagten und unabhängig von dessen Verzicht entscheiden kann, ob er die Verlesung im Interesse der Verteidigung für angezeigt hält (vgl. LR-*Gollwitzer* § 245, 34). Verzichten bei mehreren Angeklagten nicht alle Angeklagten und Verteidiger auf die Verlesung, so darf diese nur bezüglich solcher Teile unterbleiben, die für die Entscheidung gegen einen nicht verzichtenden Angeklagten bzw. seinen Verteidiger ohne jede Bedeutung sind. Die Befugnis, die Verfahrensgestaltung zu beeinflussen, umfaßt nicht solche Teile und Verfahrenshandlungen, die ausschließlich andere Angeklagte betreffen. Soweit andere Personen in der Berufungsverhandlung dieselben Befugnisse wie Staatsanwalt oder Angeklagter haben (Privatkläger, Einziehungsbeteiligter, nach der Neufassung des § 397 aber nicht mehr der Nebenkläger[38]), ist auch ihr Verzicht bezüglich der sie betreffenden Teile des Urteils erforderlich. Der Verzicht eines ausgebliebenen Angeklagten ist entbehrlich.

18   Der **Vorsitzende** ist durch die Verzichtserklärung **nicht gebunden**. Er hat nach pflichtgemäßem Ermessen zu entscheiden, ob auf Grund des Verzichtes von der Verlesung abzusehen ist, oder ob das Urteil oder Teile davon trotzdem zu verlesen sind[39]: so müssen wegen Rechtsmittelbeschränkung oder Teilaufhebung bindend gewordene Feststellungen zum Schuldspruch bei der Verhandlung über den Rechtsfolgenausspruch deshalb verlesen werden, weil davon bei der Rechtsfolgenfestsetzung auszugehen ist und überdies nur so die Grenzen der Kognitionsbefugnis des Berufungsgerichts kenntlich werden[40]. In geeigneten Fällen wird der Vorsitzende aber von sich aus die Verfahrensbeteiligten befragen, ob sie im Interesse der Verfahrensbeschleunigung auf die Verlesung ganz oder zum Teil verzichten wollen[41].

19   **f) Ausführung der Verlesung.** Die Verlesung des Urteils muß **nicht notwendig von dem Berichterstatter** vorgenommen werden. Dies kann auch ein anderer Richter oder der Urkundsbeamte tun[42].

20   **g) Unvollständige, verlorene Urteile.** Verlesen werden kann auch ein versehentlich nicht unterschriebenes Urteil[43]. Ist die Urteilsurkunde abhandengekommen, ist an Stelle der Verlesung, soweit möglich, der wesentliche Inhalt der Gründe mitzuteilen, andernfalls ersetzt die Feststellung des Verlustes die Verlesung; die Durchführung des Berufungsverfahrens scheitert daran nicht[44]. Eine Rechtsmittelbeschränkung kann dadurch aber unwirksam werden, so daß das Berufungsgericht die Sache im vollen Umfang neu verhandeln muß.

21   **h)** Die Verlesung des Urteils ist – ebenso wie der Bericht – **kein Teil der Beweisaufnahme**[45]. Die Regeln des Beweisrechts, vor allem § 249 sind insoweit nicht anwendbar. Sie greifen aber Platz, wenn der Urteilsinhalt zugleich auch als Beweismittel heran-

---

[36] SK-*Frisch* 16.
[37] *Meyer-Goßner*[46] 6; SK-*Frisch* 17; *Rieß* NJW **1978** 2271; vgl. Rdn. 7.
[38] *Meyer-Goßner*[46] 6: AK-*Dölling* 9; HK-*Rautenberg*[3] 6; SK-*Frisch* 15.
[39] SK-*Frisch* 17; vgl. auch *Meyer-Goßner*[46] 6.
[40] OLG Frankfurt/M StV **2001** 335, 336.
[41] *Meyer-Goßner*[46] 6.
[42] *Eb. Schmidt* 5; KK-*Ruß*[4] 4; *Meyer-Goßner*[46] 3.

[43] RGSt **61** 399.
[44] RGSt **65** 373; *Eb. Schmidt* 5 (Zurückverweisung nach § 328 Abs. 2 a. F); AK-*Dölling* 10; SK-*Frisch* 21.
[45] BayObLGSt **1958** 88; MDR **1973** 692; OLG Hamm NJW **1974** 1880; OLG Schleswig bei *Ernesti/Lorenzen* SchlHA **1986** 108; vgl. KK-*Ruß*[4] 6; *Meyer-Goßner*[46] 5; KMR-*Brunner* 3; *Rieß* NJW **1978** 2271; vgl. § 325, 31.

gezogen werden soll, etwa zur Feststellung einer darin mitgeteilten Einlassung des Angeklagten[46].

4. Weiteres Verfahren

a) Die Berichterstattung ist in **Abwesenheit der Zeugen** durchzuführen. Der Gesetz- **22** geber will damit vermeiden, daß der Vortrag des bisherigen Verfahrensergebnisses die Zeugenaussagen beeinflussen kann. Dieser Grund gilt auch für die Urteilsverlesung und zwar unabhängig davon, ob man in ihr einen Teil der Berichterstattung sieht. Im übrigen gilt auch hier, daß den Zeugen erst nach ihrer Vernehmung die Teilnahme an der Berufungsverhandlung zu gestatten ist. Wegen der Einzelheiten vgl. LR-*Gollwitzer* § 243, 27 bis 32.

b) Anwendbarkeit der Vorschriften über die Hauptverhandlung der ersten Instanz. Für **23** die weitere Berufungsverhandlung gelten im allgemeinen die für die Hauptverhandlung erster Instanz maßgebenden Vorschriften (§ 332), gleichviel, wer Berufung eingelegt hat. Ob in analoger Anwendung des § 6a die Zuständigkeiten besonderer Strafkammern von Amts wegen nur bei der Terminsbestimmung oder bis zum Beginn oder bis zum Ende des Vortrags des Berichterstatters berücksichtigt werden muß, ist strittig[47]. Eine **Beweisaufnahme** findet nicht in allen Fällen statt. Außerdem kennt das Berufungsverfahren Abweichungen von dem Grundsatz der Unmittelbarkeit der Beweisaufnahme. Näheres darüber bei § 325. Die Verwendung neuer Beweismittel ist zulässig (§ 323 Abs. 3). Für den Umfang der Beweisaufnahme gelten auch im Berufungsverfahren die Grundsätze der §§ 244 bis 246. Vorgeladene und erschienene Zeugen oder Sachverständige sind in der Berufungsverhandlung zu vernehmen, andere herbeigeschaffte Beweismittel zu benutzen (§ 245), sofern nicht einer der im § 245 aufgezählten Ausnahmegründe vorliegt.

Sind Belastungszeugen zwischen den Instanzen auf Anordnung der Staatsanwalt- **24** schaft nochmals vernommen worden und ist dies dem Angeklagten nicht bekannt, so erfordert es die **Fürsorgepflicht**, daß der Vorsitzende den Angeklagten vor der Vernehmung darauf **hinweist**, damit er die Möglichkeit hat, Vorhalte zu machen[48].

c) Die **Vernehmung des Angeklagten** zur Person und zur Sache ist zwingend vor- **25** geschrieben[49]; für die mögliche (§ 332) Anwendung des § 231 Abs. 2 in der Berufungsverhandlung genügt es nicht, daß der Angeklagte in der ersten Instanz zur Sache vernommen worden war[50]. Dies gilt auch bei einer auf das Strafmaß beschränkten Berufung, da Äußerungen zur Schuldseite für die Strafzumessung besondere Bedeutung erlangen können[51].

Die **Belehrung des Angeklagten** über sein Recht, zu schweigen (§ 243 Abs. 4 Satz 1), **26** ist auch in der Berufungsverhandlung grundsätzlich notwendig[52]. Entschließt er sich zu

---

[46] OLG Frankfurt/M StV **1990** 399; OLG Hamm NJW **1974** 1886; OLG Schleswig bei *Ernesti/Lorenzen* SchlHA **1986** 108; *Meyer-Goßner*[46] 5.

[47] Vgl. OLG Düsseldorf JR **1982** 514 mit Anm. *Rieß*; *Meyer-Goßner* NStZ **1981** 172; vgl. LR-*Wendisch* § 6a, 26; LR-*Siolek* § 328, 31; ferner LR-*Siolek* § 74c GVG, 9 f.

[48] OLG Köln MDR **1974** 950.

[49] RGSt **65** 374; BayObLGSt **1956** 20; OLG Bremen MDR **1979** 864; OLG Köln JMBlNW **1955** 274; OLG Stuttgart MDR **1973** 951; NJW **1975** 704.

[50] OLG Bremen MDR **1979** 864.

[51] OLG Köln NJW **1955** 1333; KK-*Ruß*[4] 8; *Meyer-Goßner*[46] 8; AK-*Dölling* 11; HK-*Rautenberg*[3] 9; KMR-*Brunner* 13; SK-*Frisch* 22.

[52] BGH NJW **1975** 704; OLG Hamburg NJW **1966** 1281; OLG Stuttgart NJW **1975** 704; MDR **1973** 951; KK-*Ruß*[4] 8; AK-*Dölling* 11; HK-*Rautenberg*[3] 9; SK-*Frisch* 22; *Hegmann* NJW **1975** 915.

Karl Heinz Gössel

schweigen, so hindert dies nicht, seine Einlassung in einer früheren Hauptverhandlung festzustellen und in der Berufungsverhandlung von ihr auszugehen[53].

27   Betrifft die Verhandlung viele selbständige oder unselbständige Einzelhandlungen und äußert sich der Angeklagte dazu zunächst allgemein, so muß er noch bei Erörterung der **Einzelfälle Gelegenheit zur Verteidigung** erhalten[54]. Soweit der Angeklagte vom Erscheinen in der Berufungsverhandlung entbunden ist (§§ 233, 332), gilt § 233. War er bereits im ersten Rechtszug entbunden, ist strittig, ob er erneut kommissarisch vernommen werden muß[55].

28   **5. Sitzungsniederschrift.** Die einzelnen Vorgänge der Berufungsverhandlung sind in gleicher Weise wie die entsprechenden Vorgänge der erstinstanzlichen Hauptverhandlung in der Sitzungsniederschrift festzuhalten (§§ 332; 272 bis 274). Als **wesentliche Förmlichkeiten** zu beurkunden sind ferner die Tatsache – nicht der Inhalt – der Berichterstattung sowie, daß – gegebenenfalls auch welche – vorangegangenen Urteile nach § 324 Absatz 1 Satz 2 verlesen worden sind[56]. Sind nur Teile verlesen worden, sind diese zu bezeichnen. Eine derart beurkundete Verlesung beweist nicht die zusätzliche Verwendung zu Beweiszwecken. Es ist daher angezeigt, im Protokoll kenntlich zu machen, wenn die **Verlesung** eines Urteils zugleich auch einen Akt der Beweisaufnahme nach § 249 enthielt[57]. Zu beurkunden sind ferner die **Verzichtserklärungen** nach Absatz 1 Satz 2[58] und ihr Umfang.

6. Rechtsbehelfe

29   **a)** Die **Anrufung des Gerichts** nach § 238 Abs. 2 ist zulässig, wenn der Vorsitzende die Verlesung des Ersturteils oder Teile davon trotz ihrer Bedeutung entgegen Absatz 1 Satz 2 ablehnt[59], vor allem auch, wenn beanstandet wird, daß er zu Unrecht einen allseitigen Verzicht auf Verlesung der Gründe annimmt. Gegen die Ermessensentscheidung des Vorsitzenden, trotz eines erklärten Verzichtes die Urteilsgründe zu verlesen oder auch unbedeutende Teile mitverlesen zu lassen, ist dagegen die Anrufung des Gerichts nicht möglich[60].

30   **b)** Die **Beschwerde** gegen Maßnahmen, die die Gestaltung der Hauptverhandlung betreffen, scheitert, soweit die Verfahrensbeteiligten beschwert sind, an § 305 Satz 1[61].

31   **c) Revision.** Ist die **Berichterstattung** oder eine nach Absatz 1 Satz 2 gebotene Urteilsverlesung unterblieben, so kann dies mit der Revision gerügt werden. Gleiches gilt, wenn ein anderes vorgreifliches Urteil nicht verlesen wurde[62]. Die Revision kann nach herrschender Meinung nicht darauf gestützt werden, daß der Bericht unvollständig war[63]. Hat aber das Gericht nach § 238 Abs. 2 eine gebotene **Verlesung abgelehnt**, kann

---

[53] BayObLGSt **1972** 227 = JR **1973** 467 mit Anm. *Hanack*; OLG Hamm NJW **1974** 1880; KK-*Ruß*[4] 8; AK-*Dölling* 11; HK-*Rautenberg*[3] 9; SK-*Frisch* 22; vgl. Rdn. 21.

[54] RG JW **1931** 542.

[55] Vgl. LR-*Gollwitzer* § 233, 2; 21 mit Nachweisen. Verneinend: RG JW **1931** 1604; KMR-*Brunner* 13. BayObLGSt **1956** 20 läßt dies offen, da dem Angeklagten jedenfalls eine ergänzende Vernehmung nicht verweigert werden darf.

[56] OLG Schleswig SchlHA **1980** 20; bei *Ernesti/ Jürgensen* SchlHA **1972** 161.

[57] OLG Schleswig bei *Ernesti/Lorenzen* SchlHA **1986** 108.

[58] KK-*Ruß*[4] 5; *Meyer-Goßner*[46] 6; KMR-*Brunner* 12.

[59] *Meyer-Goßner*[46] 5; AK-*Dölling* 15.

[60] KMR-*Brunner* 10.

[61] OLG Hamburg NStZ **1985** 379; KMR-*Brunner* 14.

[62] BayObLGSt **1973** 130 = MDR **1973** 1039; BayObLG MDR **1982** 249.

[63] KK-*Ruß*[4] 10; *Meyer-Goßner*[46] 9; AK-*Dölling* 16; KMR-*Brunner* 14; SK-*Frisch* 26.

dies unter dem Blickwinkel der Beschränkung der Verteidigung (§ 338 Nr. 8) beanstandet werden[64]. Gerügt werden kann ferner, wenn das Berufungsgericht die **Beweisaufnahme vor der Einvernahme des Angeklagten** zur Sache durchgeführt hat (Verletzung des § 324)[65] oder wenn nur berichtend mitgeteilte Umstände ohne Beweiserhebung für das Urteil verwendet wurden (Verstoß gegen § 261; Verkennung der Bedeutung des Berichts)[66].

Ob das Urteil auf dem Verfahrensverstoß **beruht**, bzw. die Verteidigung dadurch in **32** einem wesentlichen Punkt beeinträchtigt worden ist, oder ob dies nach der Sachlage ausgeschlossen werden kann, ist eine Frage des Einzelfalls[67].

§ 325

Bei der Berichterstattung und der Beweisaufnahme können Schriftstücke verlesen werden; Protokolle über Aussagen der in der Hauptverhandlung des ersten Rechtszuges vernommenen Zeugen und Sachverständigen dürfen, abgesehen von den Fällen der §§ 251 und 253, ohne die Zustimmung der Staatsanwaltschaft und des Angeklagten nicht verlesen werden, wenn die wiederholte Vorladung der Zeugen oder Sachverständigen erfolgt ist oder von dem Angeklagten rechtzeitig vor der Hauptverhandlung beantragt worden war.

Schrifttum. *Alsberg* Der strafprozessuale Beweiserhebungsanspruch in der Berufungsinstanz, JW **1929** 2681; *Meyer* Die Verlesung von Schriftstücken in der Berufungsverhandlung, GA **31** (1883) 326.

Entstehungsgeschichte. § 325 hat jetzt wieder seine ursprüngliche Fassung. Dem unverändert gebliebenen einzigen Absatz war durch Art. 1 Nr. 27 StVÄG 1979 ein zweiter Absatz angefügt worden, um die Vorschrift an die Neuregelung des Urkundenbeweises anzupassen. Mit dessen Vereinfachung konnte dieser Absatz durch Art. 1 Nr. 23 StVÄG 1987 wieder aufgehoben werden. Bezeichnung bis 1924: § 366.

---

[64] KMR-*Brunner* 14.

[65] KK-*Ruß*[4] 10; vgl. aber auch OLG Köln NJW **1959** 1551; OLG Saarbrücken VRS **22** (1962) 54; OLG Schleswig SchlHA **1954** 231; ferner Rdn. 2, 4 und die bei LR-*Gollwitzer* § 243, 3 ff mitgeteilte Rspr.

[66] Vgl. KK-*Ruß*[4] 10; *Meyer-Goßner*[46] 9. Ob der Inbegriff der Hauptverhandlung als Erkenntnisquelle im Sinne des § 261 den Bericht mitumfaßt, ist strittig; vgl. etwa BayObLGSt **1958** 84; MDR **1973** 692; OLG Hamm NJW **1974** 1880. Erkennt man, daß

der eine reine Prozeßfunktion (ähnlich der Verlesung des Anklagesatzes) erfüllende Bericht schon von seiner Zielsetzung her keine Tatsachen in die Hauptverhandlung einführen kann, liegt in der Verwendung eines solchen Vortrags bei der Überzeugungsbildung ein Rechtsfehler, der unter dem Blickwinkel des § 261 gerügt werden kann.

[67] Vgl. etwa BayObLG MDR **1982** 249; OLG Hamburg NStZ **1985** 379.

Karl Heinz Gössel

Übersicht

1. Erleichterte Verlesbarkeit

1   **a) Bedeutung.** § 325 schränkt für das Berufungsverfahren den allgemeinen Grundsatz der Unmittelbarkeit und Mündlichkeit der Beweiserhebung ein. Er betrifft nicht die Frage, ob ein Beweis zu erheben sei, sondern die Form der Erhebung von Beweisen im Berufungsverfahren. Dies ist in den Verhandlungen der Reichstagskommission[1] ausdrücklich durch den Hinweis anerkannt, die Mündlichkeit, an der § 325 möglichst festhalten wolle, sei im Berufungsverfahren „nicht ausnahmslos durchzuführen"; übrigens eine sachlich anzweifelbare Auffassung. Die Vorschrift ist nach vorherrschender Auffassung gleichwohl so anzuwenden, daß sie den obersten Verfahrensgrundsatz, die Wahrheitsforschung, nicht beeinträchtigt[2].

2   Die sachlichen Bedenken gegen eine bloße Verlesbarkeit der nur den wesentlichen Inhalt der Vernehmung (§ 273 Abs. 2) wiedergebenden Protokolle sucht § 325 dadurch auszugleichen, daß er die Verlesbarkeit unter gewissen Voraussetzungen von der **Zustimmung der Beteiligten abhängig** macht. Wie bei dem erst später in die StPO eingefügten, umfassenderen § 251 Abs. 1 Nr. 4 ist der Leitgedanke, das Einverständnis des Gerichts und aller Beteiligten über die Entbehrlichkeit der Vernehmung biete Gewähr dafür, daß bloße Verlesung die Wahrheitsfindung nicht beeinträchtige. Diese Überlegung ist jedoch nicht immer richtig. Der Angeklagte ist durchaus nicht immer an voller Wahrheitsfindung interessiert. Andererseits kennt er häufig die Bedeutung einer unmittelbaren Vernehmung nicht und macht daher von den Möglichkeiten des § 325 keinen Gebrauch. Gericht und Staatsanwaltschaft wiederum mögen im Interesse der Prozeßökonomie eher dazu neigen, bloße Verlesung für ausreichend zu halten, ohne doch zu wissen, ob sie damit sicheren Boden betreten[3].

3   **b) Aufklärungspflicht.** § 325 ist **zurückhaltend anzuwenden.** Die wiederholte Vernehmung durch Verlesung zu ersetzen, gestattet die Vorschrift nur, wenn dadurch ebenso sicherer Beweis wie durch Vernehmung geführt wird (s. § 323 Abs. 2). Maßgebend dafür ist regelmäßig der Aussagegegenstand, sein Bestrittensein, die Beweislage im ganzen, die Beziehung der Beweistatsache zu anderen Beweistatsachen und Beweisen und auch die

---

[1] Prot. *Hahn* **2** 1386; 1576.
[2] Vgl. Rdn. 3. *Hanack* (JR **1973** 468) nimmt an, daß der Gesetzgeber zugunsten der Eigeninitiative der Prozeßbeteiligten nicht nur den Unmittelbarkeitsgrundsatz, sondern in gewissen Randbereichen auch die Wahrheitserforschungspflicht einschränkt.

[3] Vgl. *Eb. Schmidt* **2.** Zum geringen Beweiswert der nur den wesentlichen Inhalt der Vernehmung wiedergebenden Sitzungsniederschrift (§ 273 Abs. 2) vgl. etwa *Meyer-Goßner* NJW **1987** 1165.

Klarheit und Vollständigkeit der Niederschrift. Ob § 325 angewandt wird, ist niemals eine Frage ausschließlich der Arbeits- und Kostenersparnis, sondern stets Sache der Abwägung aller jener Gesichtspunkte unter Beachtung des Vorrangs der Aufklärungspflicht (§ 244 Abs. 2). Bei Aussagen von **prozeßentscheidender Bedeutung** ist für seine Anwendung grundsätzlich kein Raum[4], so etwa, wenn es sich um den einzigen Tatzeugen einer vom Angeklagten bestrittenen Tat handelt[5]. Ist § 325 nicht anwendbar, kommt auch eine Verlesung mit Zustimmung des Angeklagten nicht in Betracht[6], es sei denn, die Voraussetzungen einer Verlesung nach §§ 251, 253 liegen vor.

Ein Ersatz der Einvernahme in der Hauptverhandlung durch die Verlesung kann nur **4** in Betracht kommen, wenn **kein Zweifel** hinsichtlich der **Verläßlichkeit der früheren Aussage** und der Zuverlässigkeit ihrer Erfassung im Protokoll besteht. Zum Verlesen eignen sich besonders die Bekundungen, die nach Inhalt und Bedeutung die tragenden Grundlagen der Urteilsfindung nicht in Frage stellen, z. B. weil sie nur ein glaubhaftes Geständnis des Angeklagten bestätigen oder zusätzliche Indizien für die Richtigkeit der Aussage eines in der Berufungsverhandlung vernommenen Zeugen liefern. Die Aufklärungspflicht fordert dagegen die Durchführung der **unmittelbaren Beweiserhebung**, wenn dem Gericht die Beurteilung einer Zeugenaussage abverlangt wird, die es auf Grund des Protokolls nicht treffen kann, etwa, wenn es die persönliche Glaubwürdigkeit eines Zeugen verneinen will[7], oder wenn es widersprüchliche Zeugenaussagen beurteilen muß[8] oder wenn es sonst auf den persönlichen Eindruck vom Zeugen ankommt[9]. Gleiches gilt, wenn die Verläßlichkeit einer Zeugenaussage oder die Richtigkeit oder Vollständigkeit ihrer Protokollierung zweifelhaft erscheinen[10].

c) **Anwendungsbereich.** Der Wortlaut, der von **Berichterstattung** und **Beweiserhebung** **5** spricht, ist unrichtig abgefaßt. Erstens unterscheidet er nicht deutlich zwischen bloßer Berichterstattung und Beweiserhebung. Für die Zwecke der Berichterstattung, die keine Beweiserhebung ist, gelten die Einschränkungen des § 325 nicht. Der Vortrag des Berichterstatters ist **nicht Urteilsgrundlage**[11]. Daher muß das Gericht klarstellen, welche Verlesung, ausschließlich oder zugleich, der Beweiserhebung dient, damit die Beteiligten zu dem Beweisergebnis Stellung nehmen können. Ein ausdrücklicher Gerichtsbeschluß wird dazu nicht stets erforderlich sein; die Sitzungsniederschrift muß jedoch die Verwendung zu Beweiszwecken nachweisen.

Was die **Beweiserhebung** angeht, den eigentlichen Gegenstand des § 325, so verleitet **6** der bloße Wortlaut zu der irrigen Ansicht, als sei die Verlesung von Schriftstücken im Berufungsverfahren ohne Rücksicht auf die §§ 249 bis 256 allgemein gestattet und nur hinsichtlich der Aussagen erstinstanzlicher Beweispersonen eingeschränkt. Das ist unrichtig. Die Verlesbarkeit wird lediglich auf die Niederschriften der Aussagen der im ersten Rechtszug in der Hauptverhandlung vernommenen Beweispersonen ausgedehnt. Im übrigen gelten für deren Einvernahme in der Berufungsverhandlung ebenfalls die Regeln des **Strengbeweisrechts** (§§ 249 bis 256)[12]. Das Verlesungsverbot des § 252 steht zu

---

[4] OLG Koblenz VRS **63** (1982) 130; OLG Köln VRS **65** (1983) 40; OLG Zweibrücken NJW **1982** 117; NStZ **1992** 147; *Eb. Schmidt* 13; KK-*Ruß*[4] 1, 2; *Meyer-Goßner*[46] 2, 12; KMR-*Brunner* 1; *Schlüchter* 677; *Alsberg/Nüsel/Meyer* 284; 294; *Gollwitzer* JR **1977** 345.

[5] OLG Köln VRS **65** (1983) 40.

[6] OLG Zweibrücken NStZ **1992** 147.

[7] BayObLGSt **1972** 277 = JR **1973** 467 mit Anm. *Hanack*; OLG Koblenz StV **1982** 65; OLG Zweibrücken NStZ **1992** 147.

[8] OLG Koblenz StV **1982** 65; *Hanack* JR **1973** 467.

[9] Vgl. etwa KMR-*Brunner* 1; *Meyer-Goßner*[46] 12; *Alsberg/Nüsel/Meyer* 295; ferner Rdn. 8 ff.

[10] OLG Köln GA **1970** 248.

[11] SK-*Frisch* 2; vgl. § 324, 8.

[12] *Eb. Schmidt* 4; KK-*Ruß*[4] 4; *Meyer-Goßner*[46] 1; KMR-*Brunner* 2; *Schlüchter* 677; *Alsberg/Nüsel/Meyer* 287, 292.

Karl Heinz Gössel

der Verschiedenheit der beiden Rechtszüge in keiner Beziehung[13]. Für das Verbot des § 256, ein Leumundzeugnis zu verlesen, gilt dasselbe. Im Vorverfahren vor dem ersuchten oder beauftragten Richter abgegebene Aussagen dürfen nur unter den Voraussetzungen der §§ 251, 253 verlesen werden[14]. § 325 bringt nur insoweit eine Erweiterung, als von der Unmittelbarkeit der Beweiserhebung auch bei Bekundungen von erstinstanzlich vernommenen Zeugen und Sachverständigen abgewichen werden darf, soweit seine Einschränkungen nicht eingreifen[15].

7   In den **Fällen der §§ 251** (Verstorbene, Geisteskranke, Abwesende, Gebrechlichkeit, unbehebbares Hindernis, große Entfernung, Einwilligung), **253** und **254 Abs. 1** (Beweisaufnahme über Geständnis) gelten die allgemeinen Grundsätze. Sofern im Zeitpunkt der Berufungsverhandlung die Voraussetzungen dieser Vorschriften gegeben sind, hängt die Zulässigkeit der Verlesung nicht vom Vorliegen der sonstigen Voraussetzungen des § 325 ab. Vor allem bei Zustimmung der Verfahrensbeteiligten ist eine Aussage in früherer Hauptverhandlung gemäß § 251 Abs. 1 Nr. 4 verlesbar, sofern keine Bedenken gegen ihre Richtigkeit bestehen[16].

2. Zulässigkeit der Verlesung der Sitzungsniederschrift

8   **a)** Die Sonderregelung des § 325 betrifft nur **Bekundungen** der in der **Hauptverhandlung des ersten Rechtszugs** vernommenen Zeugen und Sachverständigen, deren wesentlicher Inhalt nach § 273 Abs. 2 in die Sitzungsniederschrift aufzunehmen ist (vgl. Rdn. 19). Zulässig ist Verlesung jedoch auch dann nur, wenn die nachstehenden (negativen) Voraussetzungen gegeben sind (Rdn. 9 bis 15) oder wenn die Verfahrensbeteiligten zustimmen (Rdn. 16 ff).

9   **b) Nichtvorladung des Zeugen oder Sachverständigen** vor das Berufungsgericht zur Hauptverhandlung. Ist er geladen worden, so wird seine frühere Aussage nicht dadurch nach § 325 verlesbar, daß er ausgeblieben ist, ohne Rücksicht auf den Grund des Ausbleibens. Sie wird in diesem Falle nur verlesbar, wenn Gericht und die übrigen antragsberechtigten Verfahrensbeteiligten der Verlesung zustimmen (s. dazu Rdn. 16 ff) oder sonst die Voraussetzungen des § 251 vorliegen[17].

10   **Ladung** ist hier jede von Amts wegen (§ 214 Abs. 1, 3) oder durch einen dazu befugten Verfahrensbeteiligten (vgl. § 220) veranlaßte Ladung. Ein Zustellungsnachweis ist nicht erforderlich[18], desgleichen nicht, daß die Ladung den Zeugen erreicht hat[19], nicht einmal, daß sie ausgeführt wurde[20]. Wird ein geladener Zeuge nachträglich vom Erscheinen entbunden, so kann die Ausnahme des § 325 wieder Platz greifen, sofern der Angeklagte und die anderen Ladungsberechtigten so rechtzeitig benachrichtigt wurden, daß sie ihr Ladungsrecht selbst ausüben konnten[21]. Die bloße Mitteilung des Vorsitzenden an den

---

[13] Vgl. Rdn. 19.
[14] RG DRiZ **1932** Nr. 224; BayObLGSt **1957** 133 = NJW **1957** 1566; OLG Hamm JMBlNW **1963** 214; *Alsberg* JW **1929** 2682; *Meyer* GA **31** (1883) 326; KK-*Ruß*[4] 4; KMR-*Brunner* 2.
[15] Vgl. OLG Hamburg GA **1962** 312 (zu eng).
[16] Vgl. RGSt **59** 299; RG JW **1929** 2741; BayObLG HRR **1930** Nr. 578; BayObLGSt **1957** 133 = NJW **1957** 1566; alle zu früheren Fassungen. Vgl. ferner Rdn. 16 ff; LR-*Gollwitzer* § 251, 44.
[17] KK-*Ruß*[4] 5.
[18] OLG Celle NJW **1961** 1490.

[19] RG JW **1928** 1507 mit Anm. *Löwenstein*; BayObLGSt **30** 57; BayObLGSt **1957** 99 = NJW **1957** 1290; OLG Dresden HRR **1932** Nr. 1011; OLG Stettin JW **1932** 2745 mit Anm. *Klefisch*; OLG Stuttgart JR **1977** 343 mit Anm. *Gollwitzer*; *Eb. Schmidt* Nachtr. I 2; KK-*Ruß*[4] 5; *Meyer-Goßner*[46] 10; AK-*Dölling* 5; KMR-*Brunner* 9; SK-*Frisch* 13; *Alsberg/Nüse/Meyer* 289.
[20] OLG Stettin JW **1892** 2745 mit Anm. *Klefisch*; *Meyer-Goßner*[46] 10; AK-*Dölling* 5; SK-*Frisch* 13.
[21] BayObLG DRiZ **1932** Nr. 148.

Angeklagten, wenn der (geladene) Zeuge ausbleibe, werde seine Aussage nach § 325 verlesen, genügt bei Fortbestand der Ladung nicht[22].

Die **Gestellung** eines Zeugen oder Sachverständigen wird vom Regelungszweck her **11** der Ladung gleichgestellt[23].

c) Kein rechtzeitiger Ladungsantrag des Angeklagten. Hat der Angeklagte die wieder- **12** holte Vorladung rechtzeitig vor der Hauptverhandlung **beantragt**, hat der Antrag eben- falls Sperrwirkung, denn der Antrag zeigt, daß der Angeklagte auf die persönliche Ein- vernahme der benannten Beweisperson Wert legt, die Voraussetzungen, unter denen der Gesetzgeber die vereinfachte Beweiserhebung zuließ (vgl. Rdn. 2) also nicht gegeben sind[24]. Es genügt deshalb jedes Verlangen, das sinngemäß die Zuziehung der Auskunfts- person zur Hauptverhandlung begehrt; eine förmliche Antragstellung ist nicht erforder- lich[25]. Nach Ansicht des Oberlandesgerichts Hamburg soll ein rechtzeitig gestellter **Hilfsantrag** nicht genügen[26]. Ob diese Entscheidung der einschränkenden Tendenz des § 325 entspricht, erscheint fraglich.

Ein **besonderer Hinweis** an den Angeklagten, daß bestimmte Zeugen nicht geladen **13** werden und ihre frühere Aussage verlesen wird, ist vom Gesetz nicht vorgesehen[27]. Es genügt, daß der Angeklagte aus den ihm mitgeteilten Ladungen entnehmen kann, welche Zeugen nicht persönlich anwesend sein werden.

Dem **Antrag des Staatsanwalts** kommt diese Wirkung nicht zu. Er muß den Zeugen **14** nach § 214 Abs. 3 selbst laden. Dies gilt auch für die Ladungsanträge des Privat- oder Nebenklägers[28]. Das Gesetz räumt nur den Ladungsanträgen des Angeklagten diese Sperrwirkung ein; sie kann daher nur den für ihn gestellten Anträgen des Verteidigers[29] und den Anträgen der dem Angeklagten befugnismäßig gleichgestellten Personen zu- gemessen werden[30], nicht aber den Anträgen anderer Verfahrensbeteiligter.

Rechtzeitig bedeutet so zeitig, daß die Ladung zur Hauptverhandlung noch bewirkt **15** werden kann, auch wenn der Zeuge nicht erscheint und zwar Ladung mit den modernen technischen Mitteln, soweit über den Zugang der Ladung Gewißheit erlangt werden kann, also notfalls auch telefonisch[31]. Ob der Vorsitzende dem Antrag entspricht, ist für die Verlesungssperre unwesentlich, es genügt der rechtzeitige Antrag. Wird eine **Beweis- person** wieder **abgeladen**, so kommt es darauf an, ob sie von Amts wegen oder auf recht- zeitigen Antrag geladen worden war. Bei Ladung von Amts wegen und rechtzeitiger Abladung und deren Mitteilung an die Beteiligten erlischt die Verlesungssperre (vgl.

---

[22] OLG Stuttgart JR **1977** 343 mit Anm. *Gollwitzer*; **a. A** OLG Hamm MDR **1981** 870; *Alsberg/Nüsel/ Meyer* 289 (steht Abladung gleich).

[23] *Alsberg* JW **1929** 2682; *Eb. Schmidt* 10; AK-*Dölling* 6; *J. Meyer* MDR **1962** 540; im Ergebnis trotz Bedenken (Gestellung ist keine Ladung) auch *Alsberg/Nüsel/Meyer* 288 mit weiteren Nachweisen.

[24] Dies wird zum Teil auch damit begründet, daß der Angeklagte darauf vertrauen darf, daß die von ihm beantragte Ladung ausgeführt wird; vgl. etwa *Als- berg/Nüsel/Meyer* 289; *Meyer-Goßner*[46] 9; SK-*Frisch* 15; auch OLG Stuttgart JR **1977** 344. Der eigentli- che Grund der Ausnahme dürfte aber schon darin liegen, daß schon der Ladungsantrag nicht nur for- mal, sondern auch vom Regelungszweck her die Verlesungsvoraussetzungen entfallen läßt.

[25] *Alsberg* JW **1929** 2682; *Alsberg/Nüsel/Meyer* 289; *Meyer-Goßner*[46] 9.

[26] OLG Hamburg NJW **1962** 880; ebenso *Alsberg/Nüsel/ Meyer* 289; *Meyer-Goßner*[46] 9; zweifelnd auch *Hanack* JR **1973** 468.

[27] OLG Koblenz OLGSt 1; KMR-*Brunner* 9; *Alsberg/ Nüsel/Meyer* 289.

[28] *Alsberg* JW **1929** 2681; *Alsberg/Nüsel/Meyer* 290 mit weiteren Nachweisen; *Meyer-Goßner*[46] 9; AK-*Döl- ling* 7; SK-*Frisch* 18; **a. A** OLG Königsberg JW **1928** 2293 mit Anm. *Stern*; JW **1929** 2776 mit Anm. *Stern*.

[29] *Alsberg/Nüsel/Meyer* 289; *Meyer-Goßner*[46] 9; AK-*Döl- ling* 7; SK-*Frisch* 18.

[30] *Alsberg/Nüsel/Meyer* 289; *Meyer-Goßner*[46] 9; AK-*Döl- ling* 7; SK-*Frisch* 18.

[31] *Eb. Schmidt* 9; *Meyer-Goßner*[46] 10; *Alsberg/Nüsel/ Meyer* 290; **a. A** KK-*Ruß*[4] 5 (Ladung im normalen Geschäftsgang).

Karl Heinz Gössel

Rdn. 10)[32]. Es bleibt den Beteiligten dann überlassen, einen „rechtzeitigen Antrag" auf Vernehmung zu stellen, wenn sie die Verlesung hindern wollen. Bei Ladung auf rechtzeitigen Antrag und Abladung bleibt die Sperre auch bei Mitteilung an die Beteiligten bestehen[33], weil der Antrag rechtzeitig gestellt worden war und dieses die Verlesung einschränkende Hindernis ausschließlich durch allseitige Zustimmung beseitigt werden kann.

16   **d) Zustimmung.** Wenn **Angeklagter und Staatsanwalt** zustimmen, ist auch bei Ladung des Zeugen oder rechtzeitig gestelltem Antrag auf Ladung die Verlesung zulässig; jedoch kann das Gericht durch Zustimmung nicht zur Verlesung gezwungen werden, wenn es nochmalige Vernehmung für geboten hält. Die Zustimmung muß **ausdrücklich**[34] oder durch zweifelsfreies **schlüssiges Verhalten** des Berechtigten erteilt werden[35]. Unterläßt ein Beteiligter den Widerspruch gegen die unzulässige Verlesung, so liegt darin noch keine Zustimmung[36]. Dies wäre nur dann der Fall, wenn der Wille, *das ihm* eventuell auf Grund einer Belehrung *bekannte Recht* nicht auszuüben, nach den Umständen zweifelsfrei hervortritt[37].

17   § 325 spricht nur von Zustimmung des **Angeklagten** und des **Staatsanwalts**. Zustimmen müssen aber auch der **Verteidiger**[38] sowie sonstige in ihren Verfahrensbefugnissen unmittelbar betroffene Verfahrensbeteiligte[39]. Hier einen engeren Standpunkt zu vertreten, erscheint beim Verteidiger nicht angezeigt. § 251 Abs. 1 Nr. 4; Abs. 2 Satz 1 erwähnen ausdrücklich den Verteidiger; desgleichen trägt jetzt auch die Neufassung des § 245 Abs. 1 dem Umstand Rechnung, daß mit dem eigenen Beweisantragsrecht des Verteidigers auch die entsprechenden verfahrensgestaltenden Befugnisse verbunden sind[40]. Neben dem Verteidiger muß der Angeklagte selbst zustimmen[41]. Schweigt er zur Erklärung seines Verteidigers, liegt darin in der Regel die eigene Zustimmung[42]. Ist der Angeklagte nicht anwesend, genügt die Zustimmung des Verteidigers (§§ 234a, 251 Abs. 1 Nr. 4)[43].

18   Ist die Zustimmung erklärt, so ist sie als Prozeßerklärung **unwiderruflich.** Sie steht einem Antrag auf erneute Vernehmung der Beweisperson, der sachliche Gründe hat, nicht entgegen[44]. Ob solchem Antrage zu entsprechen ist, richtet sich, sofern eine neue –

[32] SK-*Frisch* 14.

[33] SK-*Frisch* 14.

[34] RG JW **1927** 2049 mit Anm. *Alsberg*; *Meyer-Goßner*[46] 5; AK-*Dölling* 10; HK-*Rautenberg*[3] 11; SK-*Frisch* 22; *Alsberg/Nüsel/Meyer* 291; *Alsberg* JW **1929** 2683.

[35] RG JW **1929** 865 mit Anm. *Löwenstein*; BayObLGSt **1953** 220; **1957** 133; **1978** 17 = NJW **1954** 232; **1957** 1566; **1978** 1817; OLG Stuttgart JR **1977** 343 mit Anm. *Gollwitzer*; KK-*Ruß*[4] 6; *Meyer-Goßner*[46] 5; AK-*Dölling* 10; HK-*Rautenberg*[3] 10; KMR-*Brunner* 10; *Alsberg/Nüsel/Meyer* 292; *Alsberg* JW **1929** 2682.

[36] Vgl. OLG Stuttgart JR **1977** 343 mit Anm. *Gollwitzer*; ferner die Nachweise Fußn. 35.

[37] RG JW **1928** 1507; **1932** 421; OLG Dresden HRR **1932** Nr. 1011; BayObLGSt **1953** 220 = NJW **1954** 323; OLG Hamm JMBlNW **1957** 275; OLG Stuttgart JR **1977** 343 mit Anm. *Gollwitzer*; *Eb. Schmidt* 11; *Alsberg/Nüsel/Meyer* 292 mit weiteren Nachweisen; LR-*Gollwitzer* § 251, 46.

[38] Strittig; wie hier *Meyer-Goßner*[46] 4; AK-*Dölling* 9; HK-*Rautenberg*[3] 10; SK-*Frisch* 21; *Pfeiffer*[4] 3; *Als-*

berg/Nüsel/Meyer 291; *Alsberg* JW **1929** 2683; **a. A** KK-*Ruß*[4] 6; KMR-*Brunner* 10.

[39] *Alsberg/Nüsel/Meyer* 291; *Meyer-Goßner*[46] 4; AK-*Dölling* 9; HK-*Rautenberg*[3] 10; *Pfeiffer*[4] 3; wegen der Befugnisse des Nebenklägers nach der Neufassung des § 397 Abs. 1 s. LR-*Hilger* § 397, 1 f.

[40] Vgl. *Rieß* NJW **1977** 881 zur Auslegung der früheren Fassung des § 245 Abs. 1, die ebenfalls nur den Angeklagten und den Staatsanwalt erwähnte.

[41] BayObLGSt **1957** 132 = NJW **1957** 1566; OLG Stuttgart JR **1977** 343; vgl. LR-*Gollwitzer* § 251, 46.

[42] BayObLGSt **1978** 17 = NJW **1978** 1817 (insoweit unter Aufgabe von BayObLGSt **1957** 132); *Meyer-Goßner*[46] 4; vgl. LR-*Gollwitzer* § 251, 46; enger AK-*Dölling* 10 und SK-*Frisch* 22: Im Schweigen kann eine Zustimmung nur dann erblickt werden, wenn der Angeklagte um die Notwendigkeit auch seiner eigenen Zustimmung weiß.

[43] Vgl. dazu LR-*Gollwitzer* § 234a, 11.

[44] RGSt **63** 302; *Eb. Schmidt* 11; AK-*Dölling* 10; KMR-*Brunner* 10; SK-*Frisch* 22; *Alsberg/Nüsel/Meyer* 292.

im zu verlesenden Protokoll nicht enthaltene[45] – Tatsache unter Beweis gestellt wird, nach den allgemeinen Regeln des Beweisrechts (§§ 244, 245), im übrigen nach den Erfordernissen der Aufklärungspflicht. Auch der persönliche Eindruck des Zeugen auf das Berufungsgericht kann eine nach § 244 Abs. 2 wesentliche Tatsache sein[46].

3. Verlesung der Sitzungsniederschrift

a) Verlesbarkeit. Verlesbar ist die Niederschrift derjenigen Hauptverhandlung, in **19** der das **angefochtene Urteil ergangen ist**, nicht diejenige einer früheren, ausgesetzten Hauptverhandlung[47]. Niederschriften über die Aussagen kommissarisch vernommener Zeugen[48] oder aus einer andern (ausgesetzten) Hauptverhandlung der ersten oder der Berufungsinstanz sind nicht nach § 325 verlesbar. Ebenso wie andere Vernehmungsniederschriften dürfen sie nur dann durch Verlesen zu Beweiszwecken in die Hauptverhandlung eingeführt werden, wenn dies nach §§ 250, 251, 253 gestattet ist. Hat der Zeuge, dessen Aussage nach § 325 verlesen wird, früher anders ausgesagt, so wird darüber zu berichten sein (§ 324, 7) und meist Anlaß zur wiederholten Vernehmung bestehen. Verlesen wird nur die jeweilige Aussage des Zeugen oder Sachverständigen, einschließlich der **Schriftstücke**, welche **Bestandteile der Aussage** geworden sind[49]. Daran fehlt es, wenn das Sitzungsprotokoll lediglich vermerkt, der Zeuge habe die gleichen Angaben gemacht wie vor der Polizei[50]. Eine vom Erstrichter als Vorhalt **benutzte** polizeiliche Niederschrift darf nicht zum Beweise verlesen werden, wohl aber zwecks Berichterstattung ohne Beweiswirkung[51]. Schriftstücke, deren Verlesung zu Beweiszwecken in der ersten Instanz nicht zulässig war, können auch in der Berufungsinstanz nicht über § 325 in die Hauptverhandlung eingeführt werden[52]. Ebensowenig erlaubt die Vorschrift das Abspielen der vom Erstrichter nach § 247a angeordneten **Vernehmungsaufzeichnungen** in Bild und Ton: vor einer diesbezüglichen und gewiß erwägenswerten ausdehnenden Anwendung des § 325 muß es bei der Anwendung der §§ 332, 255 verbleiben[53].

Die Niederschrift über die jeweilige Aussage des Zeugen oder Sachverständigen ist **20** **vollständig** zu verlesen. Eine Beschränkung auf Auszüge ist allenfalls zulässig, wenn es sich dabei um abtrennbare, selbständige Aussagekomplexe handelt und die Aufklärungspflicht nicht entgegensteht. Die Verfahrensbeteiligten müssen damit einverstanden sein[54].

b) Unverlesbarkeit. Niederschriften über Aussagen von Zeugen und Sachverständigen, **21** die unter **Verletzung wesentlicher Verfahrensvorschriften** vernommen wurden, dürfen nach § 325 nicht verlesen werden[55]. Die Ausnahmevorschrift des § 325 setzt voraus, daß in der

---

45 Eine nicht in die Sitzungsniederschrift aufgenommene Tatsache ist durch diese nicht beweisbar; das Berufungsgericht muß deshalb einen darauf gerichteten Beweisantrag als auf eine neue Tatsache gerichtet behandeln, vgl. *Alsberg* JW **1929** 2681; **1930** 1971; *Alsberg/Nüsel Meyer* 295.

46 *Eb. Schmidt* 12; vgl. Rdn. 4; ferner etwa OLG Köln GA **1970** 248; Aufklärungspflicht gebietet Vorladung des Zeugen, um Zweifel an der Identität des Angeklagten zu klären; ähnlich RGSt **58** 80.

47 RG HRR **1932** Nr. 1185; KK-*Ruß*[4] 8; *Meyer-Goßner*[46] 11; AK-*Dölling* 12; KMR-*Brunner* 5; *Schlüchter* 677; *Alsberg/Nüsel Meyer* 292.

48 BayObLG NJW **1957** 1566; StV **1990** 399; *Meyer-Goßner*[46] 11; AK-*Dölling* 12.

49 OLG Hamm DAR **1956** 166; *Meyer-Goßner*[46] 11;

AK-*Dölling* 12; HK-*Rautenberg*[3] 15; KMR-Brunner 12; *Alsberg/Nüsel Meyer* 293.

50 BayObLG bei *Rüth* DAR **1978** 211; AK-*Dölling* 12; HK-*Rautenberg*[3] 15.

51 *Eb. Schmidt* 4; *Meyer-Goßner*[46] 11; AK-*Dölling* 13; *Alsberg/Nüsel Meyer* 293; **a.A** RG JW **1933** 959.

52 Vgl. OLG Hamm DAR **1956** 166; KK-*Ruß*[4] 8; Rdn. 6.

53 Eingehend dazu und **anders** als hier *Rieß* Strafverteidigung in der Praxis, 3. Aufl., (2003) § 12 Rdn. 46.

54 OLG Hamburg MDR **1973** 871.

55 RG JW **1927** 1492 mit Anm. *Schreiber*; OLG Stuttgart NJW **1970** 343; *Eb. Schmidt* 7; KK-*Ruß*[4] 8; *Meyer-Goßner*[46] 11; AK-*Dölling* 12; HK-*Rautenberg*[3] 12; KMR-*Brunner* 6; *Alsberg/Nüsel Meyer* 293.

Hauptverhandlung, in der der Zeuge oder Sachverständige vernommen wurde, ordnungsgemäß verfahren worden war, insbesondere, daß die Beteiligten Gelegenheit hatten, beim Zustandekommen der Zeugenaussage ihre Rechte auszuüben. Die Verlesung nach § 325 ist deshalb unzulässig, wenn der Zeuge in der ersten Instanz zu Unrecht in Abwesenheit des Angeklagten vernommen worden war[56]. Nicht verlesbar ist ferner eine Sitzungsniederschrift, die weder vom Vorsitzenden noch vom Protokollführer unterschrieben wurde[57].

22   **c) Beeidigung.** Die Feststellung, ob die Aussage eidlich erstattet worden ist, schreibt § 325 – anders als § 251 Abs. 4 – nicht vor[58]. Sie ist aber schon deshalb angebracht, weil das Gericht auf Grund der Sach- und Rechtslage im Zeitpunkt der Berufungsverhandlung (vgl. Rdn. 23) erneut über die Beeidigung zu befinden hat. Es muß eine ungenügende oder nicht mehr zutreffende Begründung des Erstrichters für die Nichtbeeidigung des Zeugen durch eine den gesetzlichen Erfordernissen entsprechende Begründung ersetzen, wenn es den Zeugen unbeeidigt läßt[59]; hält es die Beeidigung des in erster Instanz unbeeidigten Zeugen für erforderlich, muß es diesen entweder laden oder kommissarisch vernehmen lassen[60]. Entspricht allerdings die Entscheidung des Erstrichters über die Beeidigung nach wie vor der Sach- und Rechtslage und auch formell den an die Begründung der Entscheidung zu stellenden Anforderungen, dann braucht das Berufungsgericht darüber nicht förmlich erneut Beschluß zu fassen[61]; für die Verfahrensbeteiligten ist dann auch so ersichtlich, daß das Gericht der früheren Entscheidung und ihrer Begründung beitritt. Hält das Gericht die frühere Vereidigung für nicht oder nicht mehr zulässig, muß es darauf hinweisen, daß es die Aussage als uneidliche werten wird[62].

23   **d) Die Rechtslage zur Zeit der Berufungsverhandlung** ist maßgebend dafür, ob die frühere Vernehmung (noch) den Verfahrensvorschriften entspricht. Die Verlesung ist also auch dann nicht zulässig, wenn zwar die frühere Aussage in der ersten Instanz den gesetzlichen Vorschriften genügte, sie aber in der Berufungsverhandlung in der damaligen Form nicht mehr zulässig wäre, etwa, wenn der Zeuge inzwischen eidesmündig geworden ist[63] oder wenn er damals uneidlich vernommen wurde, nach der Sach- und Rechtslage zur Zeit der Berufungsverhandlung aber zu beeidigen ist[64] oder wenn ein Sachverständiger, der in der ersten Instanz unvereidigt geblieben war, nunmehr aufgrund eines Antrags nach § 79 Abs. 1 beeidigt werden muß[65]. Nach der Sach- und Rechtslage der Berufungsverhandlung beurteilt sich auch, ob der Verlesung der Aussage ein Verwertungsverbot entgegensteht.

4. Sonstige Verfahrensfragen

24   **a) Anordnung des Vorsitzenden.** Die Verlesung ordnet in der Regel der Vorsitzende im Rahmen seiner Befugnis zur Verhandlungsleitung an. Gegen seine Entscheidung kann nach § 238 Abs. 2 das Gericht angerufen werden. Nicht notwendig ist, daß die Ver-

---

[56] OLG Stuttgart NJW **1970** 343; KK-*Ruß*[4] 8; AK-*Dölling* 12; HK-*Rautenberg*[3] 12; *Alsberg/Nüsel/Meyer* 293.

[57] OLG Hamm VRS **29** (1965) 41; AK-*Dölling* 12; HK-*Rautenberg*[3] 12; *Alsberg/Nüsel/Meyer* 293; vgl. ferner LR-*Gollwitzer* § 251, 10 ff.

[58] OLG Königsberg HRR **1930** Nr. 186.

[59] OLG Hamm NJW **1965** 1344; MDR **1980** 953; OLG Stuttgart Justiz **1961** 234; KK-*Ruß*[4] 9; *Meyer-Goßner*[46] 13; AK-*Dölling* 16; HK-*Rautenberg*[3] 16; KMR-*Brunner* 13; SK-*Frisch* 33.

[60] *Meyer-Goßner*[46] 14.

[61] OLG Hamm MDR **1980** 953; OLG Stuttgart Justiz **1961** 235; *Meyer-Goßner*[46] 13; AK-*Dölling* 16; HK-*Rautenberg*[3] 16; KMR-*Brunner* 13; SK-*Frisch* 33.

[62] KK-*Ruß*[4] 9; *Meyer-Goßner*[46] 14; AK-*Dölling* 16; SK-*Frisch* 33.

[63] RGSt **63** 228; *Alsberg/Nüsel/Meyer* 294.

[64] *Eb. Schmidt* 6; *Alsberg/Nüsel/Meyer* 294.

[65] *Meyer-Goßner*[46] 14; SK-*Frisch* 33.

lesung gleich durch Gerichtsbeschluß angeordnet wird[66]. Geschieht dies aber, so ist dies nicht zu beanstanden.

b) Hatte ein Zeuge vor dem Erstgericht trotz **Zeugnisverweigerungsrechts** ausgesagt **25** und ist die Aussage verlesbar, so kann er die Verlesung nur durch die Mitteilung an das Gericht verhindern, daß er die Aussage nunmehr verweigere[67]. Gleiches gilt, wenn das Zeugnisverweigerungsrecht erst nach der Vernehmung im ersten Rechtszug entstanden ist. Ist die Verlesung bereits durchgeführt, hat die Ausübung des Weigerungsrechts keine Rückwirkung[68].

c) Persönliche Einvernahme. Ist Verlesung mangels Zustimmung unzulässig und die **26** Beweisperson nicht erreichbar, so ist **Vertagung** der Hauptverhandlung geboten, sofern es nach dem allgemeinen Beweisrecht auf die Aussage ankommt (§§ 244, 245). § 325 besagt hierüber nichts. Er verpflichtet das Gericht nicht zu unerheblichen Beweiserhebungen über die Regeln der §§ 244, 245 hinaus.

Auch nach Verlesung kann ein verändertes Verhandlungsergebnis die **nochmalige 27** **Ladung und Vernehmung** des Zeugen zu denselben oder zu anderen Beweispunkten fordern. Der Antrag auf persönliche Vernehmung des Zeugen durch das Berufungsgericht zu seiner nach § 325 verlesenen Aussage ist **kein neuer Beweisantrag**; über ihn ist unter Berücksichtigung der Sachaufklärungspflicht nach pflichtgemäßem Ermessen zu entscheiden, nicht etwa nach § 244 Abs. 3, 4[69]. Letztere sind aber anwendbar, wenn ein **zusätzliches Beweisthema**, das die frühere Aussage ergänzen soll, Gegenstand des Antrags ist[70].

5. Beurkundung. Die Verlesung einer Aussage nach § 325 ist nach § 273 Abs. 1 in der **28** **Sitzungsniederschrift** zu beurkunden. Zu beurkunden ist ferner, ob und welche Verfahrensbeteiligte einer Verlesung zugestimmt haben. Die Abgabe einer ausdrücklichen Erklärung dazu wird nur durch das Protokoll bewiesen (§ 274)[71]. Ob dagegen eine Zustimmung durch konkludentes Verhalten vorliegt, muß gegebenenfalls das Revisionsgericht im Wege des Freibeweises prüfen[72].

6. Revision. Mit der Revision kann als Verstoß gegen § 325 gerügt werden, wenn eine **29** Aussage auf Grund dieser Vorschrift verlesen wurde, obwohl deren Voraussetzungen nicht vorlagen[73]. Fehlt eine erforderliche Zustimmung, kann auch § 251 verletzt sein. Gerügt werden kann ferner, daß die Verlesung gegen die Aufklärungspflicht (§ 244 Abs. 2) verstieß, weil bestimmte, in der Revisionsbegründung darzulegende Umstände die persönliche Einvernahme des Zeugen oder Sachverständigen in der Hauptverhandlung erfordert hätten[74].

---

[66] *Eb. Schmidt* 14; AK-*Dölling* 15; KMR-*Brunner* 11; SK-*Frisch* 30.

[67] RG JW **1927** 1492 mit Anmerkung *Schreiber*; KK-*Ruß*[4] 10; *Meyer-Goßner*[46] 11; AK-*Dölling* 14; HK-*Rautenberg*[3] 13; *Alsberg/Nüse/Meyer* 293; *Alsberg* JW **1929** 2682.

[68] KK-*Ruß*[4] 10; AK-*Dölling* 14; HK-*Rautenberg*[3] 13; vgl. LR-*Gollwitzer* § 252, 38.

[69] RGSt **58** 378; RG JW **1979** 7741; **1930** 1971 mit Anm. *Alsberg*; OLG Saarbrücken OLGSt § 244, 28; *Meyer-Goßner*[46] 12; AK-*Dölling* 17; KMR-*Brunner* 14; *Alsberg/Nüse/Meyer* 294 mit weiteren Nachweisen.

[70] BayObLGSt **27** 212; *Alsberg/Nüse/Meyer* 295.

[71] RG BayZ **1927** 264; OLG Hamm JMBlNW **1957** 275; KK-*Ruß*[4] 7; AK-*Dölling* 18; *Alsberg/Nüse/Meyer* 291.

[72] AK-*Dölling* 18.

[73] KK-*Ruß*[4] 11; *Meyer-Goßner*[46] 15; AK-*Dölling* 19; HK-*Rautenberg*[3] 19; KMR-*Brunner* 15; SK-*Frisch* 34.

[74] Vgl. etwa BayObLGSt **1972** 277 = JR **1973** 467 mit Anm. *Hanack*; OLG Köln VRS **65** (1983) 40; OLG Koblenz VRS **63** (1982) 130; StV **1982** 65; OLG Zweibrücken NJW **1982** 117; ferner die Nachweise Fußn. 73 und bei Rdn. 3 ff.

Karl Heinz Gössel

§ 326

¹Nach dem Schluß der Beweisaufnahme werden die Staatsanwaltschaft sowie der Angeklagte und sein Verteidiger mit ihren Ausführungen und Anträgen, und zwar der Beschwerdeführer zuerst, gehört. ²Dem Angeklagten gebührt das letzte Wort.

Bezeichnung bis 1924: § 367.

1   **1. Schlußvorträge (Satz 1).** Die Vorschrift ändert § 258 für das Berufungsverfahren nur dahin ab, daß der Beschwerdeführer mit den Schlußvorträgen beginnt. Im übrigen gelten für die Schlußvorträge die Ausführungen zu § 258. Auch der Nebenkläger ist zu Schlußausführungen berechtigt[1]. Haben mehrere im gleichen Umfang Berufung eingelegt, so wird – ebenso wie § 258 – zuerst die Staatsanwaltschaft gehört, sonst der Angeklagte oder der andere Beschwerdeführer. Fechten die einzelnen Rechtsmittelführer das Urteil im verschiedenen Umfang an, etwa der Angeklagte Schuld- und Strafausspruch, während die Berufung der Staatsanwaltschaft auf den Strafausspruch beschränkt ist, so gebührt in der Regel dem Rechtsmittelführer der Vorrang, der das Urteil im weitestgehenden Umfang angreift[2]. Wegen des Rechts zur Erwiderung vgl. LR-*Gollwitzer* § 258, 25 ff.

2   **2. Das letzte Wort (Satz 2)** gebührt stets dem anwesenden Angeklagten. Erwiderungen sind, soweit sie in Betracht kommen, vorher zu hören.

3   Den anwesenden **Nebenbeteiligten** ist, auch wenn sie als Rechtsmittelführer bereits gesprochen haben, ebenfalls das letzte Wort zu geben. Sie sind jedoch vor dem Angeklagten zu hören[3], dem, auch wenn ein Verteidiger für ihn gesprochen hat, die allerletzten Ausführungen gebühren. § 258 Abs. 3 gilt nach § 332 auch in der Berufungsverhandlung[4].

4   **3. Verteidiger.** Der Wahlverteidiger ist regelmäßig auch für das Berufungsverfahren bestellt (§ 137), ebenso der Pflichtverteidiger[5].

5   **4. Die Sitzungsniederschrift** muß die Schlußvorträge und die Erteilung des letzten Worts beurkunden. Wegen der Einzelheiten vgl. LR-*Gollwitzer* § 258, 52 ff.

6   **5. Die Revision** kann in der Regel nicht darauf gestützt werden, daß das Gericht bei den Schlußausführungen die Reihenfolge des Satzes 1 nicht eingehalten hat[6]. Wird der Schlußvortrag einem Verfahrensbeteiligten überhaupt verweigert, so kann das ebenso mit der Revision gerügt werden, wie wenn dem Angeklagten entgegen der zwingenden Vorschrift des Satzes 2 das letzte Wort nicht gewährt wurde[7]. Ob auszuschließen ist, daß

---

[1] Vgl. BGHSt **28** 274; ferner LR-*Hilger* § 397, 9.

[2] KK-*Ruß*⁴ 1; *Meyer-Goßner*⁴⁶ 1; AK-*Dölling* 1; HK-*Rautenberg*³ 1; KMR-*Brunner* 1; SK-*Frisch* 3.

[3] *Meyer-Goßner*⁴⁶ 2; KMR-*Brunner* 2; vgl. LR-*Gollwitzer* § 258, 11, 14.

[4] *Eb. Schmidt* 6; Nachtr. I 2; KK-*Ruß*⁴ 3; *Meyer-Goßner*⁴⁶ 2; AK-*Dölling* 2.

[5] OLG Bremen NJW **1955** 1529.

[6] RGSt **64** 133 (Ordnungsvorschrift); OLG Oldenburg NdsRpfl **1957** 75; OLG Schleswig bei *Ernesti/Jürgensen* SchlHA **1976** 172; *Eb. Schmidt* 5; KK-*Ruß*⁴ 2; *Meyer-Goßner*⁴⁶ 3, AK-*Dölling* 3; HK-*Rautenberg*³ 4; KMR-*Brunner* 3; SK-*Frisch* 7.

[7] *Eb. Schmidt* 4; KK-*Ruß*⁴ 4; *Meyer-Goßner*⁴⁶ 3; AK-*Dölling* 3; KMR-*Brunner* 3; wegen der Einzelheiten vgl. LR-*Gollwitzer* § 258, 54 ff.

das Urteil auf dem Verfahrensverstoß beruht, ist eine Frage des Einzelfalls[8]. Die Revision kann auch dann auf die Verweigerung der Schlußausführungen gestützt werden, wenn der Betroffene keinen Beschluß des Gerichts nach § 238 Abs. 2 herbeigeführt hat[9].

§ 327

Der Prüfung des Gerichts unterliegt das Urteil nur, soweit es angefochten ist.

Schrifttum. *Meyer-Goßner* Über das Zusammentreffen verschiedener Rechtsmittel. FS Gössel 643.

Bezeichnung bis 1924: § 368.

Übersicht

1. Gegenstand des Berufungsverfahrens

a) Ob die **Verfahrensvoraussetzungen** für die Entscheidung des Berufungsgerichts **1** gegeben sind, hat dieses unbeschadet einer etwaigen Beschränkung stets von Amts wegen zu prüfen[1].

b) Neue Verhandlung der angeklagten Tat. Der Prozeßstoff wird durch das Urteil **2** der ersten Instanz nicht begrenzt[2]. Er umfaßt, sofern nicht die Berufung vom Anfechtenden in zulässiger Weise beschränkt worden ist, die gesamte, durch die zugelassene Anklage vor Gericht gebrachte Tat (im Sinne des § 264) in tatsächlicher und rechtlicher Hinsicht[3].

Das Berufungsgericht ist **zweites Tatgericht**. Soweit es zur Entscheidung berufen ist, **3** hat es, anders als das Revisionsgericht, im Rahmen des Eröffnungsbeschlusses (§ 264) den ganzen Verfahrensstoff in tatsächlicher und rechtlicher Beziehung ohne Beschränkung auf vorgebrachte Berufungsgründe **selbständig zu verhandeln und zu beurteilen**, wobei die Sach- und Rechtslage im **Zeitpunkt der Berufungsentscheidung** maßgebend ist.

---

[8] Vgl. LR-*Gollwitzer* § 258, 60.
[9] OLG Oldenburg NdsRpfl **1957** 75; vgl. LR-*Gollwitzer* § 258, 55.

[1] Vgl. dazu § 318, 39 ff.
[2] RGSt **62** 130.

[3] BayObLGSt **1969** 15; NStZ **1997** 359; OLG Düsseldorf NJW **1983** 767; OLG Koblenz VRS **45** (1973) 289; KK-*Ruß*[4] 1; *Meyer-Goßner*[46] 2; AK-*Dölling* 2; KMR-*Brunner* 1; *Pfeiffer*[4] 2; *Gössel* JR **1982** 270; *Meyer-Goßner* JR **1985** 452.

Karl Heinz Gössel

Die Beschränkung der Verhandlung auf die Erörterung einzelner Rechtsfragen oder Anträge wie bei der Revision ist dem Berufungsverfahren fremd.

4   Wie das Amtsgericht entscheidet auch das Berufungsgericht über das Ergebnis seiner Beweisaufnahme nach **freier** (pflichtgebundener), **aus dem Inbegriff der Verhandlung geschöpfter Überzeugung** (§ 261). Bei uneingeschränkter Anfechtung binden es weder die Feststellungen des angefochtenen Urteils noch ein Antrag eines Verfahrensbeteiligten. Zu beachten hat es lediglich das Verschlechterungsverbot des § 331, soweit nicht Staatsanwaltschaft, Privat- oder Nebenkläger erfolgreich Berufung zuungunsten des Beschuldigten eingelegt haben (§ 296). Das Berufungsgericht muß sich stets seine eigene Überzeugung vom Sachverhalt bilden. Es darf sich nicht damit begnügen, daß die tatsächlichen Feststellungen des Ersturteils von keiner Seite angegriffen werden[4] oder diese Feststellungen ohne eigene Beweisaufnahme nur deshalb zu übernehmen, weil sich ihnen der Angeklagte unterworfen habe[5].

5   Das Berufungsurteil muß ersehen lassen, daß das Berufungsgericht eine **eigenständige Entscheidung** getroffen und den Prozeßstoff selbst erschöpfend gewürdigt hat[6]. Wegen der Zulässigkeit von Bezugnahmen auf das Ersturteil vgl. LR-*Gollwitzer* § 267, 29 ff.

6   **c)** Die **Einhaltung des Verfahrensrechts** durch das Erstgericht hat das Berufungsgericht nur insoweit nachzuprüfen, als dies für seine eigene Entscheidung von Bedeutung ist[7]. Es muß Verfahrensfehler der ersten Instanz, die sich auf die eigene Sachentscheidung auswirken können, durch eine entsprechende eigene Verfahrensgestaltung beheben, da sonst auch das eigene Verfahren fehlerhaft würde. So ist eine zu Unrecht unterbliebene Beeidigung eines Zeugen nachzuholen, eine unterlassene Belehrung ist zu erteilen, aber nur, wenn dies die Grundlagen der eigenen Entscheidung berührt.

2. Teilanfechtung

7   **a) Begrenzung des Berufungsgegenstandes.** § 327 geht, ebenso wie § 316 und § 318, davon aus, daß die Berufung nicht automatisch die ganze angeklagte Tat in Richtung gegen alle Angeklagte zur nochmaligen Verhandlung bringt. Die nochmalige Verhandlung in der höheren Instanz kann auf einen von mehreren Mitangeklagten und auf eine von mehreren Taten im Sinne des § 264 beschränkt werden. Auch innerhalb einer verfahrensrechtlichen Tat können unter bestimmten Voraussetzungen einzelne Urteilsteile, einzelne Beschwerdepunkte, horizontal oder vertikal von der Überprüfung durch das Berufungsgericht ausgenommen werden. Die Einzelheiten der Berufungsbeschränkung und die Grenzen ihrer Wirksamkeit sind bei § 318, 25 ff; 36 ff erläutert.

8   Ist die Rechtsmittelbeschränkung wirksam, so verengt sich die **Entscheidungsbefugnis** des Berufungsgerichts auf den angefochtenen Urteilsteil. Die anderen Urteilsteile sind seiner Nachprüfung auch dann entzogen, wenn sie, wie bei der horizontalen Beschränkung, die Grundlage für die vom Berufungsgericht zu treffende Entscheidung bilden. Die innere Einheit des Urteils wird dadurch gewahrt, daß das Berufungsgericht bei seiner Entscheidung an die tatsächlichen Feststellungen und rechtlichen Wertungen des nicht angefochtenen Entscheidungsteils gebunden ist, zumindest, soweit sie für seine eigene Entscheidung vorgreiflich sind[8].

9   Diese **Bindungswirkung** des nicht angefochtenen Urteilsteils ist bei der horizontalen wie der vertikalen Rechtsmittelbeschränkung eine praktische Notwendigkeit, welche wie

---

[4]   OLG Hamm VRS **39** (1970) 278; vgl. § 323, 2.   [7]   OLG Koblenz MDR **1972** 801.
[5]   BayObLG MDR **1974** 250; *Meyer-Goßner*[46] 3.   [8]   Vgl. § 318, 118 ff.
[6]   Vgl. etwa OLG Köln VRS **48** (1975) 85.

die Rechtsmittelbeschränkung selbst ihren Rechtsgrund in der Prozeßwirtschaftlichkeit hat[9]: Das als innere Einheit zu verstehende Urteil baut sachlogisch auf den nicht angefochtenen und deshalb nach dem Willen der Rechtsmittelführer als richtig anzusehenden Urteilsteilen auf. Das Berufungsgericht hat sie – da insoweit ohne Prüfungsbefugnis – ungeprüft zu übernehmen. Nach der herrschenden Meinung besteht die Bindung auch bei den **doppelrelevanten Tatsachen**[10]. Wird eine Maßregel der Besserung und Sicherung neben einem Freispruch wegen Schuldunfähigkeit angeordnet, binden die den **Freispruch tragenden Feststellungen** das Berufungsgericht bei der Entscheidung über die Maßregel nicht[11].

Eine Bindung des Berufungsgerichts an seiner Entscheidung vorgreifliche Urteils- **10** teile, die nicht seiner Kognition unterliegen, tritt auch nach einer **Teilaufhebung und Zurückverweisung** durch das Revisionsgericht ein[12]. Wird dagegen ein Verfahren nach Sprungrevision unter Aufrechterhaltung der Feststellungen an das Amtsgericht zurückverwiesen und die neue Entscheidung des Amtsgerichts dann mit Berufung angefochten, so ist das Berufungsgericht dadurch nicht gehindert, eigene Feststellungen zum Sachhergang zu treffen[13], da die Berufung – anders als bei Berufungsbeschränkung – das Ersturteil im vollen Umfang seiner Kognition unterstellt.

b) Berichtigungen; Nachholung unterbliebener Entscheidungen. Eine rein **formale** **11** **Ergänzung des Urteilsspruchs** ist dem Berufungsgericht auch hinsichtlich des nicht angefochtenen Teils des Urteilstenors nicht verwehrt. Es muß sich allerdings um eine Klarstellung und nicht um eine nachträgliche sachliche Änderung handeln[14]. Wird die versehentlich unterbliebene Festsetzung einer Einzelstrafe oder der Höhe des Tagessatzes einer Geldstrafe vom Berufungsgericht nachgeholt, so ist dies keine formale Richtigstellung, sondern das Nachholen einer notwendigen Sachentscheidung, zu der das Berufungsgericht befugt und verpflichtet ist. Ein fehlender Urteilsteil kann keine Bindung bewirken; wegen der Unvollständigkeit des Urteils wäre eine Berufungsbeschränkung insoweit auch nicht möglich[15]. Zu der Frage, ob trotz Beschränkung der Berufung des Angeklagten auf die Versagung der Strafaussetzung das Berufungsgericht die vom Erstrichter nicht erörterte Unterbringung in einer Entziehungsanstalt angeordnet werden kann, s. § 318, 107.

c) Ob der Rechtsmittelführer die Berufungsbeschränkung erklärt hat, wie sie aus- **12** zulegen ist und ob sie wirksam ist, hat das Berufungsgericht in jeder Lage des Verfahrens **von Amts wegen** zu prüfen[16]. Im Zweifel erfaßt die Berufung die ganze Entscheidung (§ 318 Satz 2).

Kann die Tragweite oder Wirksamkeit der Beschränkung zweifelhaft sein, etwa, ob **13** die Berufung der Staatsanwaltschaft nur das Strafmaß oder auch die vom Vorderrichter abgelehnte Entziehung der Fahrerlaubnis umfaßt, dann muß das Berufungsgericht den

---

[9] S. dazu § 318, 2; **a. A** *Meyer-Goßner*[46] Einl. 188: Bindungswirkung kann nur aus § 327 abgeleitet werden.

[10] Vgl. etwa BGHSt **7** 287; **10** 71; **24** 274; **28** 119; BGH bei *Holtz* MDR **1980** 275; **1981** 809; § 318, 7, 36, 67.

[11] Vgl. etwa BayObLGSt **1954** 165; **1978** 1; **1984** 74 = JR **1955** 51; VRS **55** (1978) 135; NStZ **1985** 90; BayObLG bei *Rüth* DAR **1980** 270; OLG Hamm NJW **1956** 506; vgl. § 318, 64, 108, 110; LR-*Hanack* § 344, 57, 58 mit weiteren Nachweisen.

[12] Vgl. LR-*Hanack* § 353, 26 ff.

[13] OLG Koblenz NJW **1983** 1921.

[14] RGSt **13** 269; BayObLGSt **1972** 1; KK-*Ruß*[4] 10; AK-*Dölling* 5; HK-*Rautenberg*[3] 15; SK-*Frisch* 16. Zu den Grenzen der Urteilsberichtigung vgl. LR-*Gollwitzer* § 268, 42 ff.

[15] Vgl. BGHSt **30** 93 = JR **1979** 386 mit Anm. *Meyer*; VRS **61** (1981) 116; KK-*Ruß*[4] 6; *Meyer-Goßner*[46] § 328, 3; AK-*Dölling* 5; HK-*Rautenberg*[3] 15; KMR-*Paulus* § 328, 15; SK-*Frisch* 9; strittig, vgl. auch OLG Hamm MDR **1979** 518.

[16] Vgl. § 318, 128.

Karl Heinz Gössel

Prozeßbeteiligten **eindeutig zu erkennen** geben, in welchem Umfang es neu entscheiden will, damit diese nicht in der irrigen Annahme einer Beschränkung eine Stellungnahme unterlassen[17]. Ändert sich die Beurteilung der Wirksamkeit der Beschränkung, so kann das eine Veränderung der Sachlage im Sinne des § 265 Abs. 4 bedeuten.

14   **d)** Nach Ansicht des Bayerischen Obersten Landesgerichts schließt die Beschränkung der Berufung auf den Strafausspruch die spätere Wiedereinbeziehung einer vor der Beschränkung nach § 154a **ausgeschiedenen Gesetzesverletzung** durch das Berufungsgericht nicht aus[18]. Die Beschränkung kann dadurch allerdings unwirksam werden.

15   **e)** Eine **Beweisaufnahme**, die die Nachprüfung der **unangefochtenen Urteilsteile** bezweckt, ist unzulässig; das Berufungsgericht darf und muß die bindend gewordenen Feststellungen dieser Urteilsteile ungeprüft lassen, darf also im Fall einer auf den Rechtsfolgenausspruch beschränkten Berufung über die vom Amtsgericht getroffenen Feststellungen hinaus nicht etwa weitere den Schuldumfang betreffende Umstände feststellen und strafschärfend verwerten[19]. Beweisanträge über Behauptungen, die bindend gewordene Feststellungen in Zweifel ziehen sollen, sind als unzulässig abzulehnen[20].

16   **3. Der Einbeziehung** der nach dem Ersturteil begangenen **Teilakte einer Straftat** (fortgesetzte Tat, Dauerstraftat) steht § 327 nicht entgegen. Der neue Tatrichter, vor allem das Berufungsgericht, muß solche Teilakte in die neue Verhandlung einbeziehen, da sie andernfalls wegen des Verbrauchs der Strafklage (Art. 103 Abs. 3 GG) nicht mehr verfolgbar wären[21]. Das Verschlechterungsverbot gilt dann nur für den vom Ersturteil erfaßten Teil einer fortgesetzten oder Dauerstraftat[22].

17   **4. Mehrere Berufungen.** Ergreift von mehreren Berufungen auch nur eine zulässigerweise das gesamte Ersturteil, so hat, weil die weitestgehende Berufung maßgebend ist, das Berufungsgericht den gesamten Bereich des Eröffnungsbeschlusses erneut erschöpfend tatsächlich und rechtlich zu behandeln[23]. Gelangt es zu anderen Beweisergebnissen als das Amtsgericht, so sind diese für die Berufungsentscheidung maßgebend[24]. Über mehrere zulässige Berufungen ist, soweit nicht § 329 eingreift, in einer Hauptverhandlung zu entscheiden[25]. Eine Trennung des Berufungsverfahrens, die zu einer Aufspaltung der Entscheidung führt, ist nur möglich, soweit sie verschiedene Taten im verfahrensrechtlichen Sinn oder aber die verbundenen Verfahren gegen verschiedene Angeklagte betrifft[26].

18   **5. Revision.** Das Revisionsgericht hat bei vertikaler Beschränkung von Amts wegen, bei horizontaler Beschränkung auf die Sachrüge zu prüfen, ob die Berufung zulässigerweise beschränkt worden war (§ 318, 126). Hat das Berufungsgericht den Umfang der Beschränkung verkannt und trotz einer wirksamen Beschränkung auch zum Schuldspruch entschieden, so ist sein Urteil insoweit zwar auf zulässige Revision hin aufzu-

---

[17] OLG Schleswig SchlHA **1956** 332.

[18] BayObLGSt **1968** 119 = NJW **1969** 1185.

[19] BayObLG NVZ **1989** 204.

[20] BGH NStZ **1981** 448; BayObLGSt **1986** 115 = JR **1981** 436 mit Anm. *Stein*; bei *Rüth* DAR **1983** 254; KK-*Ruß*[4] 6; SK-*Frisch* 12.

[21] BGHSt **9** 324; BayObLGSt **1955** 77 = NJW **1955** 998; OLG Bremen NJW **1954** 1696; OLG Hamm NJW **1955** 313; KK-*Ruß*[4] 8; KMR-*Paulus* 2; vgl. LR-*Gollwitzer* § 264, 34 mit weiteren Nachweisen.

[22] Vgl. LR-*Gollwitzer* § 264, 34; LR-*Gössel* § 331, 15.

[23] SK-*Frisch* 24.

[24] RGSt **25** 397; **65** 401; RG LZ **1916** 1385; DRiZ **1928** Nr. 742; KMR-*Paulus* 4; vgl. § 323, 2.

[25] RGSt **67** 250; OLG Düsseldorf NStZ-RR **2001** 246; KK-*Ruß*[4] 9; AK-*Dölling* 6; KMR-*Paulus* 4; *Meyer-Goßner* FS Gössel 644 f. Wegen der Einzelheiten vgl. § 328, 16 ff mit weiteren Nachweisen.

[26] SK-*Frisch* 23.

heben, es ist aber nicht nichtig und daher voll wirksam, wenn es unangefochten bleibt[27] oder wegen einer wirksamen Revisionsbeschränkung nicht zur Nachprüfung gestellt wird[28]. Umgekehrt gilt Gleiches. Das Revisionsgericht muß im Rahmen der zulässigen Revision von Amts wegen oder auf die Sachrüge ferner prüfen, ob das Berufungsgericht über alle seiner Nachprüfung unterstellten Teile des Ersturteils auch selbst eigenverantwortlich entschieden hat[29].

Wird eine **Berufung übersehen**, so wird sie gegenstandslos, sofern dies nicht mit der **19** Revision zulässig gerügt wird[30]. Entscheidet die Kammer nur über die zu Ungunsten des Angeklagten eingelegte Berufung der Staatsanwaltschaft, nicht aber über die diejenige des Angeklagten, so ist zwar § 327 verletzt, jedoch wird in diesem Fall die Berufungsentscheidung kaum jemals auf dem Mangel beruhen, daß über die Berufung des Angeklagten nicht entschieden wurde: bleibt doch auch bei einer zu Ungunsten des Angeklagten eingelegten Berufung der Staatsanwaltschaft diese auch zu seinen Gunsten anhängig (§ 301)[31].

§ 328

(1) Soweit die Berufung für begründet befunden wird, hat das Berufungsgericht unter Aufhebung des Urteils in der Sache selbst zu erkennen.

(2) Hat das Gericht des ersten Rechtszuges mit Unrecht seine Zuständigkeit angenommen, so hat das Berufungsgericht unter Aufhebung des Urteils die Sache an das zuständige Gericht zu verweisen.

Schrifttum. *Gössel* Probleme der Verweisung nach § 328 Abs. 3 StPO, GA **1968** 356; *Kalf* Die willkürliche Zuständigkeitsbestimmung des Schöffengerichts, NJW **1997** 1489; *Kretschmer* Das strafprozessuale Verbot der reformatio in peius und die Maßregeln der Besserung und Sicherung (1999); *Meyer-Goßner* Berufungsstrafkammer als Schwurgericht? DRiZ **1987** 297.

Entstehungsgeschichte. Die Neubekanntmachung vom 22. 3. 1924 hat im früheren Absatz 3 (jetzt Absatz 2) den Halbsatz „oder wenn es selbst zuständig ist, zu erkennen" nicht übernommen, da er bei der damaligen Gerichtsverfassung gegenstandslos war[1]. Art. 6 Nr. 3 StPÄG hatte 1964 wegen des neu geschaffenen § 154a beim ehem. Absatz 2 einen Satz 2 eingefügt. Art. 1 Nr. 25 des StVÄG 1987 hat den bisherigen Absatz 2, der die Zurückverweisung der Sache an das Amtsgericht zuließ, im Interesse der Verfahrensbeschleunigung aufgehoben[2]. Der frühere Absatz 3 wurde zum Absatz 2. Bezeichnung bis 1924: § 369.

---

27 BayOLGSt **1957** 107; **1978** 1; OLG Bremen JZ **1958** 546; OLG Hamm NJW **1968** 998; OLG Oldenburg NJW **1959** 1983; KK-*Ruß*[4] 11; AK-*Dölling* 7; HK-*Rautenberg*[3] 16; SK-*Frisch* 27.

28 Vgl. OLG Koblenz MDR **1978** 248; SK-*Frisch* 27; LR-*Hanack* § 337, 54.

29 OLG Koblenz VRS **42** (1972) 135; **43** (1972) 299.

30 Vgl. § 328, 18.

31 OLG Düsseldorf NStZ-RR **2001** 246.

1 Vgl. *Gössel* GA **1968** 361; ferner *Hahn* Prot 1387 ff.

2 Gegen die Abschaffung des Absatzes 2: *Werle* ZRP **1983** 197; **1985** 1.

Übersicht

Alphabetische Übersicht

A. Instanzabschließende Entscheidungen des Berufungsgerichts

I. Entscheidungsmöglichkeiten

Die Vorschrift behandelt nur einen Teil der dem Berufungsgericht **möglichen Ent-** **1**
scheidungen: die durch *Sachurteil* (Absatz 1) und die durch *Verweisung* an das in Wahrheit erstinstanzlich zuständige Gericht, wenn sich das Amtsgericht zu Unrecht für
zuständig gehalten hat. Die dem Berufungsgericht weiter zur Verfügung stehenden
Möglichkeiten zur *Einstellung* des Verfahrens (unten Rdn. 10 ff), z. B. bei Verfahrenshindernissen, sind ebensowenig behandelt wie die Entscheidungsmöglichkeit bei funktionel-
ler (s. dazu Rdn. 29 ff) Unzuständigkeit des Berufungsgerichts (Rdn. 40 ff). Nicht erfaßt
sind endlich die Möglichkeiten zur Zurückverweisung, in denen das Amtsgericht keine
eigene Sachentscheidung erlassen hat (s. dazu Rdn. 38), wie z. B. im Fall des § 412.

II. Sachurteil

1. Grundsätzlich hat das Berufungsgericht in der Sache selbst durch Urteil zu ent- **2**
scheiden (Absatz 1), und zwar auf Grund eigener Verhandlung und Beweiswürdigung.
Dies ist ihm jedoch dann verwehrt, wenn das Amtsgericht einen Einspruch gegen einen
Strafbefehl zu Unrecht als rechtzeitig erfolgt ansieht (weil es die Zustellung nicht für
wirksam hält) und dieser daher in Rechtskraft erwachsen ist: in diesem Fall hat das
Berufungsgericht das amtsgerichtliche Urteil aufzuheben und den verspäteten Einspruch unabhängig von einem Wiedereinsetzungsgesuch als unzulässig zu verwerfen[3].

---

[3] BayObLG JR **1990** 36 mit Anmerkung *Wendisch*.

Karl Heinz Gössel

3 Vom Erstgericht **unterlassene** Entscheidungen sind nachzuholen: So ist etwa eine fehlende Einzelstrafe oder Tagessatzhöhe festzusetzen (vgl. § 327, 11). Soweit erforderlich wird das angefochtene Urteil geändert oder aufgehoben.

4 Das Berufungsgericht hat die **Strafgewalt des Erstrichters** einzuhalten. Reicht diese nicht aus, so muß es entweder als erstinstanzliches Gericht entscheiden, soweit dies möglich ist (s. dazu Rdn. 41) oder die Sache an das zuständige Gericht verweisen, sofern nicht nach § 329 Abs. 1 Satz 1 zu verfahren ist (§ 329, 64). Entscheidet es als Berufungsgericht, so gilt § 329 und die Verlesungserlaubnis des § 325. Bei Entscheidung als erstinstanzliches Gericht sind die §§ 325 ff nicht anwendbar.

2. Tenor

5 **a) Unzulässige Berufung.** Liegen die Rechtszugvoraussetzungen (§ 322, 5 ff) nicht vor, etwa weil das Amtsgericht nicht erkannt hat, daß die Berufung verspätet eingelegt worden war, so ist die Berufung als unzulässig zu verwerfen. Da die Prüfung gemäß den §§ 319, 322 vorangegangen ist, werden derartige Fälle selten sein. Die Entscheidung in der Hauptverhandlung ergeht nicht durch Beschluß, sondern gemäß § 322 Abs. 1 Satz 1 durch Urteil[4], das der Revision unterliegt.

6 **b) Unbegründete Berufung.** Besteht bei zulässiger Berufung kein Verfahrenshindernis, ist die Berufung jedoch **unbegründet**, so wird sie verworfen (Sachurteil). Es bleibt bei der Formel des Ersturteils. Sie braucht nicht wiederholt oder ausdrücklich aufrechterhalten zu werden. Nur über die Kosten des Berufungsverfahrens ist noch zu entscheiden.

7 **c) Teilweise begründete Berufung.** In diesen Fällen kann es unter Umständen genügen, das angefochtene Urteil in der Formel zu ändern. Andernfalls wird es aufgehoben und durch eine neue Urteilsformel ersetzt. In keinem Falle dürfen Zweifel bestehen bleiben, wie die neue Entscheidung des Berufungsgerichts insgesamt lautet und welche Vollstreckungsgrundlage nunmehr besteht.

8 **d) Begründete Berufung.** In diesem Fall ist das Ersturteil aufzuheben (Absatz 1) und eine eigene Sachentscheidung zu treffen, zu der auch die Kostenentscheidung gehört. Die Aufhebung ist ausdrücklich auszusprechen. Wird dies versäumt, ergibt es sich jedoch eindeutig aus dem übrigen Inhalt des Berufungsurteils, so kann das Revisionsgericht die Formel ergänzen. Soweit die neue Formel eine Verurteilung ausspricht, muß sie eine brauchbare Vollstreckungsgrundlage bilden. Die Liste der angewandten Vorschriften (§ 260 Abs. 5) ist vom Berufungsgericht zu erstellen.

9 **3. Die Urteilsgründe,** die dem § 267 zu genügen haben, müssen aus sich heraus verständlich sein. Bezugnahmen auf das Ersturteil sind rechtlich nicht ausgeschlossen, sie empfehlen sich jedoch nur, wenn die Klarheit dessen, was in dem Berufungsurteil festgestellt und ausgeführt werden soll, dadurch nicht beeinträchtigt wird. Vor allem muß bei Bezugnahmen feststehen, welche Feststellungen und Rechtsausführungen des Erstgerichts übernommen werden. Unklarheiten hierüber werden meist zur Aufhebung im Revisionsverfahren führen[5].

---

[4] *Eb. Schmidt* 2; vgl. § 322, 4.

[5] Vgl. LR-*Gollwitzer* § 267, 30.

III. Einstellung

1. Außerhalb der Hauptverhandlung durch Beschluß. Grundsätzlich stehen auch der **10** kleinen Strafkammer die gleichen Möglichkeiten zur Einstellung des Verfahrens zur Verfügung, wie schon dem Amtsgericht.

So kann die Kammer bei Vorliegen von Verfahrenshindernissen oder bei fehlenden **11** Prozeßvoraussetzungen das Verfahren schon und *auch außerhalb* der Berufungshauptverhandlung nach § 206a einstellen (zur Ausnahme fehlender Zuständigkeit s. Rdn. 22 ff) und zwar mit Kostenentscheidung (§ 464 Abs. 1)[6], ohne daß das angefochtene Urteil aufgehoben werden müßte; dies gilt auch dann, wenn schon vor dem Erlaß des erstinstanzlichen Urteils eine Prozeßvoraussetzung weggefallen oder ein Prozeßhindernis entstanden ist[7]. Hat allerdings ein unzuständiger Spruchkörper einen Eröffnungsbeschluß erlassen (Strafrichter anstelle des Vorsitzenden des Schöffengerichts), so ist die Sache nicht etwa einzustellen, sondern an das zuständige Gericht nach § 328 Abs. 2 zu verweisen[8] (vgl. dazu Rdn. 38 f).

Unter den **Voraussetzungen des § 206b** (Wegfall der Strafbarkeit durch Gesetzesände- **12** rung) erläßt das Berufungsgericht eine Sachentscheidung in der Form eines außerhalb der Hauptverhandlung ergehenden Einstellungsbeschlusses[9].

Endlich kann das Berufungsgericht auch von den Einstellungsmöglichkeiten nach **13** **§§ 153 ff** in dem gesetzlich je umschriebenen Umfang Gebrauch machen[10]. So ist z. B. die Einstellung durch Beschluß nach § 153 wegen geringer Schuld[11] oder nach § 154[12] hinsichtlich der unwesentlichen Nebendelikte noch in der Berufungsinstanz möglich, ebenso die Beschränkung nach § 154a[13]; bei der Wiedereinbeziehung ausgeschiedener Tatteile nach § 154a Abs. 3 muß das Berufungsgericht auch darüber entscheiden[14]. Dies gilt auch nach Zurückverweisung durch das Revisionsgericht an das Berufungsgericht nach § 354 Abs. 2, erscheint allerdings hinsichtlich einer Einstellung nach § 153a Abs. 2 deshalb zweifelhaft, weil § 153a Abs. 2 Satz 1 mit dem Ende der Hauptverhandlung des ersten Berufungsverfahrens schon angesichts der mit einer Teilaufhebung regelmäßig verbundenen Bindungswirkung der nicht aufgehobenen Feststellungen keine ausreichende Überprüfung tatsächlicher Feststellungen und also keine Einstellung mehr zulassen dürfte[15].

b) Innerhalb der Hauptverhandlung. Die Einstellungsmöglichkeiten wegen Fehlens **14** von Prozeßvoraussetzungen oder wegen Vorliegens von Prozeßhindernissen stehen dem Gericht auch noch in der Hauptverhandlung bis zum Erlaß des Berufungsurteils zur Verfügung: jetzt allerdings nur noch durch **Einstellungsurteil** nach § 260 Abs. 3; die obigen Ausführungen zur Notwendigkeit einer Kostenentscheidung (Rdn. 11) gelten auch hier. Wird die Straflosigkeit des verfahrensgegenständlichen Verhaltens wegen Gesetzesänderung erst in der Hauptverhandlung erkannt, ist nach h. L. freisprechendes Sachurteil zu erlassen, nicht aber Einstellungsurteil nach § 206b[16].

Ebenso kann das Berufungsgericht von den Einstellungsmöglichkeiten nach **§§ 153 ff** **15** auch innerhalb der Hauptverhandlung Gebrauch machen, dann aber nur durch

6 LR-*Hilger* § 464, 9.
7 Vgl. *Meyer-Goßner* GA **1973** 366; strittig. Näheres LR-*Rieß* § 206a, 14 ff.
8 OLG Naumburg NStZ **1996** 248.
9 Vgl. LR-*Rieß* § 206b; 8; § 206a, 66; vgl. BGHSt **30** 93.
10 Näheres s. LR-*Beulke* Erl. zu den §§ 153 ff.
11 Vgl. dazu LR-*Beulke* § 153, 59.

12 Vgl. dazu LR-*Beulke* § 154, 37, 57.
13 Vgl. dazu LR-*Beulke* § 154a, 24.
14 LR-*Beulke* § 154a, 32; dagegen ist für die Wiederaufnahme nach § 154 Abs. 4 das Gericht zuständig, welches das Verfahren zuvor nach § 154 Abs. 2 eingestellt hatte, vgl. LR-*Beulke* § 154, 67.
15 Vgl. dazu LR-*Beulke* § 153a, 121.
16 LR-*Rieß* § 206b, 7 mit weiteren Nachweisen.

Karl Heinz Gössel

Beschluß. Zur Wiedereinbeziehung ausgeschiedener Tatteile (§ 154a Abs. 3) und zu den Einstellungsmöglichkeiten nach Zurückverweisung aus der Revisionsinstanz s. Rdn. 13.

IV. Mehrere Rechtsmittel

16   **1. Grundsatz.** Über die Tat (§ 264) desselben Angeklagten muß, auch wenn mehrere Berufungen (§§ 296, 298) eingelegt worden sind, **einheitlich** durch dasselbe Berufungsurteil entschieden werden[17]. Dies fordert der Grundsatz der Einmaligkeit, der auch Platz greift, wenn eine fehlende Prozeßvoraussetzung zur Einstellung des ganzen Verfahrens führt[18]. Dieser Grundsatz wird nicht etwa dadurch verletzt, daß über jede der mehreren Berufungen jeweils selbständig mit je selbständigen Kostenaussprüchen zu entscheiden ist[19]; die innere Einheitlichkeit der Entscheidung ist sogar dann gewahrt, wenn von zwei in ihren Zielen entgegengesetzten Berufungen die gleichen Erwägungen zum Erfolg der einen und zur Verwerfung der anderen führen.

17   **2.** Eine **getrennte Entscheidung** über einzelne Berufungen vorweg ist nur möglich, wenn es die Sachentscheidung nicht präjudiziert, so, wenn die Berufung des unentschuldigt ausgebliebenen Angeklagten ohne Sachprüfung nach § 329 sofort verworfen wird oder wenn eine Berufung unzulässig ist (§ 322).

18   **3. Fehlende Entscheidung.** Hat das Berufungsgericht **eine von mehreren Berufungen übersehen**, so wird sie durch das Urteil gegenstandslos, es sei denn, das Urteil wird, weil es auf diesem Fehler beruht[20], auf Grund der Revision des dadurch beschwerten Verfahrensbeteiligten aufgehoben[21]. Die übergangene Berufung ist auch gegenstandslos, wenn der Berufungsführer zwar selbst Revision einlegt, mit dieser aber sein übergangenes Rechtsmittel nicht weiter verfolgt[22].

19   **4.** Wird über die mehreren Berufungen sachlich **gemeinsam entschieden**, so muß die Formel aussprechen, welchen Erfolg jedes Rechtsmittel gehabt und welchen Gesamtinhalt die Berufungsentscheidung hat.

B. Verweisungsentscheidungen

I. Überblick

20   **1. Sinn des § 328 Abs. 2.** Seit dem StVÄG 1987 sieht das Gesetz eine Verweisung der Sache durch das Berufungsgericht nur noch in den Fällen vor, in denen das Erstgericht

---

[17] RGSt **65** 233; **67** 250; OLG Karlsruhe Justiz **1980** 484; OLG Düsseldorf NStZ-RR **2001** 247; *Eb. Schmidt* 8; KK-*Ruß*[4] 6; KMR-*Paulus* 4; a. A OLG Königsberg DRiZ **1931** Nr. 788, wonach die Entscheidung zwar inhaltlich nur einheitlich sein kann, es aber zulässig sein soll, in verschiedenen Terminen über die verschiedenen Rechtsmittel zu verhandeln.

[18] *Eb. Schmidt* 8; KMR-*Paulus* 4.

[19] KK-*Ruß*[4] 6; zur Fassung des Tenors in diesen Fällen s. OLG Zweibrücken NStZ **2000** 610 mit Anmerkung *Meyer-Goßner*/*Cierniak* und Meyer-Goßner FS Gössel 648 f.

[20] Wird bei einer Entscheidung über die zu Ungunsten des Angeklagten eingelegte Berufung nur über diese, nicht aber über die des Angeklagten entschieden, so wird die Entscheidung des Berufungsgericht wegen § 301 regelmäßig nicht auf der unterlassenen Entscheidung beruhen: OLG Düsseldorf NStZ-RR **2001** 246; vgl. dazu auch § 327, 19.

[21] BayObLGSt **1949/51** 593; **1968** 31; OLG Dresden JW **1933** 486; OLG Karlsruhe Justiz **1980** 484; *Eb. Schmidt* 9; KK-*Ruß*[4] § 327, 9; KMR-*Brunner* § 327, 4.

[22] BayObLGSt **1959** 168 = VRS **18** (1960) 298; vgl. auch OLG Koblenz MDR **1978** 248 (L).

zum Erlaß des angefochtenen Urteils nicht zuständig war. Der Gesetzgeber wollte damit die bis dahin bestehende „fakultative Zurückverweisungsbefugnis des Berufungsgerichts bei Verfahrensmängeln im amtsgerichtlichen Verfahren ersatzlos ... beseitigen". Wegen der völligen Neuverhandlung der Sache im Berufungsrechtszug seien „etwaige Verfahrensfehler im amtsgerichtlichen Verfahren für das Ergebnis des Berufungsverfahrens bedeutungslos"[23]. Die nunmehr in § 328 Abs. 2 allein vorgesehene Zurückverweisungsbefugnis dient der Wahrung des Prinzips des gesetzlichen Richters (Art. 101 Abs. 1 Satz 2 GG). Der Gesetzgeber hatte dabei aber übersehen, daß der Beschuldigte nicht nur in dem von § 328 Abs. 2 erwähnten Fall der Unzuständigkeit des Erstgerichts seinem gesetzlichen Richter entzogen werden kann: auch in den Fällen, in denen das Amtsgericht, wie z. B. im Fall des § 412, in der Sache keine Entscheidung trifft und die erstmalige Entscheidung dem Berufungsgericht obläge, bestünde keine Möglichkeit, die Sache vor dem dazu zuständigen Amtsgericht verhandeln zu lassen. Ob dazu allerdings eine förmliche Zurückverweisung nötig ist, erscheint fraglich (Näheres § 412, 49 und unten Rdn. 38 f).

2. Prüfung von Amts wegen. Das Berufungsgericht hat auch ohne entsprechende **21** Rüge zu prüfen, ob das Erstgericht zuständig war. Hat der Erstrichter fälschlich seine Zuständigkeit bejaht, so darf das Berufungsgericht auch dann nicht selbst erkennen, wenn das zuständige Erstgericht zu seinem Bezirk gehört[24]. Es muß die Sache nach dem obligatorischen[25] Absatz 2 an das zuständige Amtsgericht verweisen, es sei denn, die Sache ist wegen eines feststehenden Verfahrenshindernisses einzustellen[26], oder das sachliche Ergebnis steht wegen des Verbots der reformatio in peius (etwa bei einem erstinstanzlichen Freispruch) bereits fest, so daß die Berufungskammer selbst entscheidet[27]. Der Fall, daß das Amtsgericht sich für unzuständig erklärt hat, ist im § 328 nicht geregelt, weil dies durch Beschluß geschieht, der nicht der Berufung unterliegt (§ 312).

II. Verweisung nach Absatz 2

1. Das Fehlen **der örtlichen Zuständigkeit** des Amtsgerichts hat das Berufungsgericht **22** zu beachten. Voraussetzung ist aber, daß der **Einwand** der örtlichen Unzuständigkeit vor dem Amtsgericht vergeblich rechtzeitig erhoben worden ist (§ 16 Satz 2, 3) und später nicht zurückgenommen wird[28]. Es ist strittig, ob entsprechend dem Wortlaut des Absatzes 2 dann immer ein Verweisungsurteil ergehen kann oder ob wegen der Auswahlbefugnis der Staatsanwaltschaft das Verfahren nach § 260 Abs. 3 einzustellen ist[29]. Wenn allerdings die Staatsanwaltschaft in Ausübung ihres Wahlrechts beantragt hat, das Verfahren nach § 328 Abs. 2 an ein Amtsgericht im Bezirk des Berufungsgerichts zu verweisen, kann auf jeden Fall ein Urteil nach § 328 Abs. 2 ergehen[30].

---

[23] BTDrucks. **10** 1313 S. 30 f.
[24] Vgl. BGHSt **10** 77.
[25] BayObLG MDR **1987** 869; *Gössel* GA **1968** 356; KK-*Ruß*[4] 10; *Meyer-Goßner*[46] 5; KMR-*Paulus* 19.
[26] RGSt **66** 315; KMR-*Paulus* 20. Ist zweifelhaft, ob ein Verfahrenshindernis besteht, muß das Berufungsgericht verweisen.
[27] BayObLG MDR **1962** 841; KMR-*Paulus* 20. Vgl. LR-*Wendisch* § 6, 14.

[28] OLG Köln NStZ-RR **2000** 273; *Eb. Schmidt* 26; KK-*Ruß*[4] 11; *Meyer-Goßner*[46] 6; KMR-*Paulus* 25; vgl. LR-*Hanack* § 338, 67 ff.
[29] Für Weiterverweisung BayObLG MDR **1987** 869; *Meyer-Goßner*[46] 6; a. A KMR-*Paulus* 25; vgl. auch *Gössel* FS H. Kaufmann (1986) 983.
[30] KMR-*Paulus* 25; vgl. auch LR-*Wendisch* § 16, 9.

Karl Heinz Gössel

23   Die örtliche Zuständigkeit ändert sich nicht dadurch, daß sich die im Eröffnungsbeschluß dargestellte Tat **nachträglich** als an einem anderen Ort begangen herausstellt und rechtlich anders gewürdigt wird[31].

2. Sachliche Zuständigkeit

24   **a) Unrichtige Annahme.** Das Amtsgericht hat seine sachliche Zuständigkeit, verstanden als diejenige zur Behandlung einer Strafsache im ersten Rechtszug[32], „**mit Unrecht angenommen"**, wenn es die Zuständigkeitsbestimmungen der §§ 24, 25, 26 GVG verkannt oder § 270 unrichtig angewandt hat[33]. Die (kleine) Berufungsstrafkammer (§ 76 Abs. 1 Satz 1 GVG) ist an die **Strafgewalt des Strafrichters** bzw. des **Schöffengerichts** gebunden[34], die das Berufungsgericht auch dann nicht überschreiten darf, wenn es eine Gesamtstrafe nach § 55 StGB bildet: In diesem Fall ist die erstinstanzliche Zuständigkeit einer Strafkammer zu beachten[35]. Die Grenze der Strafgewalt ist jedoch nicht überschritten, wenn im angefochtenen Urteil zwei getrennte, untereinander nicht gesamtstrafenfähige Strafen verhängt worden sind, die sich beide innerhalb des Strafbannes halten und ihn nur der Summe nach überschreiten[36]. Die Folgen einer Mißachtung des Strafbanns im beschleunigten Verfahren durch das Amtsgericht werden kontrovers diskutiert; mit Recht wird jedoch überwiegend die Auffassung vertreten, daß das Berufungsgericht insoweit unter Beachtung des § 419 Abs. 1 selbst entscheidet (Näheres § 419, 10 ff, s. auch Fußn. 66).

25   Das Merkmal „zu Unrecht angenommen" ist **objektiv** zu verstehen. Maßgebend ist die Sach- und Rechtslage im Zeitpunkt der Entscheidung des Berufungsgerichts[37]. Daher war das Amtsgericht auch unzuständig, wenn erst die Beweisaufnahme vor dem Berufungsgericht einen Sachverhalt ergibt, der nicht mehr zur amtsgerichtlichen Zuständigkeit gehört[38]. Dies gilt selbst dann, wenn die Berufungskammer die Strafgewalt des Amtsgerichts nur deshalb überschreiten will, weil sie beabsichtigt, eine rechtskräftig gewordene Vorverurteilung in eine Gesamtstrafe einzubeziehen[39].

26   **b) Zurückverweisung an das Amtsgericht.** Hat der **Strafrichter** statt des zuständigen **Schöffengerichts** entschieden, so fordert die Verletzung dieser in §§ 24, 25 GVG gesetzlich festgelegten Zuständigkeit[40] die Zurückverweisung an das Schöffengericht[41]; jedoch kommt eine Verweisung nicht in Betracht, wenn das Verbot der reformatio in peius keine Strafe mehr erwarten läßt, welches die Zuständigkeit eines höheren Gerichts als des erstinstanzlich erkennenden Strafrichters begründen könnte[42].

---

[31] RGSt **65** 267.

[32] Vgl. z. B. KK-*Pfeiffer*[4] § 1, 2; *Meyer-Goßner*[46] Vor § 1, 2; *Pfeiffer*[4] § 1, 1. Weitergehend oben LR-*Wendisch* Vor § 1, 1 und 4: auch die Zuständigkeit der Rechtsmittelgerichte ist eine sachliche Zuständigkeit.

[33] RGSt **41** 112; KMR-*Paulus* 22.

[34] BGHSt **18** 81; **23** 283; **31** 66; **34** 160; BGH MDR **1970** 155; NStZ **1987** 336 mit Anm. *Schnarr*; OLG Celle NJW **1961** 791; MDR **1963** 522; OLG Düsseldorf MDR **1957** 118; *Meyer-Goßner*[46] 9, allg. M, wegen weiterer Nachweise vgl. LR-*Siolek* § 24 GVG, 38.

[35] BGH NStZ-RR **1997** 22; KK-*Ruß*[4] 12.

[36] BGHSt **34** 160 = NStZ **1987** 33 mit Anm. *Schnarr* NStZ **1987** 236.

[37] SK-*Frisch* 21; *Gössel* 357 ff.

[38] RGSt **6** 309; **23** 236; **74** 139; *Eb. Schmidt* 20; 23; *Gössel* GA **1968** 367; 359; KK-*Ruß*[4] 13; *Meyer-Goßner*[46] 7; KMR-*Paulus* 22; *Meyer* JR **1985** 522.

[39] Vgl. BGHSt **34** 206 (aber keine Verpflichtung zur Überleitung, weil Gesamtstrafenbildung dem Verfahren nach § 460 überlassen werden kann).

[40] *Gössel* GA **1968** 364 f.

[41] Vgl. LR-*Wendisch* § 6, 15; ferner etwa OLG Zweibrücken MDR **1987** 164 (Zuständigkeit des Schöffengerichts trotz formwidriger Befassung).

[42] *Gössel* GA **1968** 368 f; KK-*Ruß*[4] 13 und *Meyer-Goßner*[46] 9, jeweils mit weiteren Nachweisen; SK-*Frisch* 22; vgl. ferner BGH bei *Pfeiffer/Miebach* NStZ **1985** 208, Nr. 30 und bei *Miebach/Kusch* NStZ **1991** 122 Nr. 23.

Die Zuständigkeit der **Jugendgerichte** ist von Amts wegen zu beachten. Das Verfahren **27** ist an das zuständige Jugendgericht (Jugendschöffengericht) beim Amtsgericht zurückzuverweisen, wenn statt des Jugendgerichts ein amtsgerichtliches Erwachsenengericht entschieden hat[43].

c) Verweisung an das Landgericht (Oberlandesgericht). Stellt sich heraus, daß nicht **28** das Amtsgericht, sondern die große Strafkammer nach § 74 Abs. 1 GVG zur erstinstanzlichen Verhandlung zuständig war, ist die Sache an diese zu verweisen (Entsprechendes gilt im Fall des § 120 GVG bei erstinstanzlicher Zuständigkeit des Strafsenats); zur Frage der Zuständigkeit von Spezialstrafkammern s. Rdn. 29.

3. Funktionelle Zuständigkeit

a) Bedeutung. Dieser dem Gesetz unbekannte Begriff wird in der Literatur unter **29** schiedlich bestimmt[44]. Im hier behandelten Zusammenhang einer etwa notwendigen Verweisung wegen der dem erkennenden Erstgericht fehlenden Zuständigkeit an das in Wahrheit zuständige Erstgericht kann indessen eine Klärung dieses Zuständigkeitsbegriffs nicht geleistet werden und es bedarf ihrer auch nicht: Über die Notwendigkeit einer Verweisung entscheidet allein die Wahrung der dem Errichter **gesetzlich zugewiesenen** Zuständigkeit, welcher Art auch immer sie zugeordnet werden mag[45].

b) Funktionell unzuständiger Spruchkörper beim Amtsgericht. Für eine Zurück **30** verweisung ist folglich kein Raum, wenn unter Verletzung der Vorschriften über die **Geschäftsverteilung** innerhalb des Amtsgerichts ein gleichartiger Spruchkörper entschieden hat[46]. Bei der Konzentration bestimmter Strafsachen bei einem Amtsgericht (vgl. § 58 GVG) können aber die Vorschriften über die örtliche Zuständigkeit verletzt sein.

c) Funktionelle Zuständigkeit von Spezialstrafkammern. Wäre zur Entscheidung **31** anstelle des tatsächlich tätig gewordenen Amtsgerichts eine **Spezialstrafkammer** (§§ 74 Abs. 2; 74a, 74b, 74c GVG) zuständig gewesen, so ist die Sache jedenfalls dann an diese nach § 328 Abs. 2 zu verweisen, wenn im Verfahren der ersten Instanz der **Einwand nach § 6a** rechtzeitig erhoben und zu Unrecht abgelehnt worden sein sollte[47]. Gleiches muß aber auch dann gelten, ist dieser Einwand in der ersten Instanz nicht erhoben worden: Auch in diesem Fall ist die Berufungskammer gehalten, an das Gericht zu verweisen, welches in Wahrheit zur Behandlung der Sache in erster Instanz zuständig ist, gegebenenfalls also an eine als solche zu bezeichnende Spezialkammer (ohne Rücksicht auf eine etwa bestehende geschäftsordnungsmäßige Zuständigkeit bei mehreren Spezialkammern derselben Art[48]).

---

[43] OLG Koblenz GA **1977** 374; OLG Oldenburg NJW **1981** 1384 mit Anm. *Rieß* NStZ **1981** 304; KK-*Ruß*[4] 11; *Meyer-Goßner*[46] 8; KMR-*Paulus* 24; vgl. auch KG StV **1985** 408 (zum nachträglichen Wegfall der Zuständigkeit des Jugendgerichts).

[44] Vgl. z. B. KK-*Pfeiffer*[4] 1, 4: alle Zuständigkeiten, die nicht zur sachlichen Zuständigkeit gehören einschließlich der geschäftsplanmäßigen Zuständigkeit, im wesentlichen ebenso *Meyer-Goßner*[46] Vor § 1, 8, jedoch ausschließlich der geschäftsplanmäßigen Zuständigkeit, die als selbständige Zuständigkeitsart dargestellt wird (aaO Rdn. 7); wieder anders wird der Begriff der funktionellen Zuständigkeit für entbehrlich gehalten: LR-*Wendisch* Vor § 1, 8 ff.

[45] *Gössel* GA **1968** 360 ff, 364 f.

[46] *Gössel* GA **1968** 365; KK-*Ruß*[4] 11; *Meyer-Goßner*[46] 5; KMR-*Paulus* 21.

[47] Es ist zwar wenig wahrscheinlich, daß vor dem Strafrichter oder dem Schöffengericht ein solcher Einwand erhoben wird. Sollte der Angeklagte aber dort die Zuständigkeit der besonderen Strafkammern des Landgerichts geltend gemacht haben, so ist dies auch vom Berufungsgericht zu beachten; ähnlich KMR-*Paulus* 23; **a. A** *Meyer* JR **1985** 523 (entsprechende Anwendung des § 6a).

[48] Vgl. dazu LR-*Rieß* § 209, 27 zur vergleichbaren Lage bei der Eröffnung vor einem höherrangigen Gericht.

Karl Heinz Gössel

32   Im übrigen stellt sich das Problem einer etwaigen **analogen Anwendung** des **§ 6a** im Verfahren der Verweisung nach § 328 Abs. 2 nicht[49]. § 6a regelt die Fälle, in denen neben der *eigenen* Zuständigkeit eines Spruchkörpers zur Behandlung einer Sache in erster oder zweiter Instanz auch noch diejenige einer Spezialkammer in der jeweiligen Instanz in Betracht kommt (s. dazu unten Rdn. 47). Bei einer Verweisung aus der Berufungsinstanz wegen sachlicher *Unzuständigkeit des Erstgerichts* an das in Wahrheit zuständige erstinstanzliche Gericht existiert keine Konkurrenz der eigenen Zuständigkeit mit der von Spezialkammern. Diese Konkurrenzlage kann erst nach der Verweisung an das erstinstanzlich zuständige Gericht entstehen, auf welche dann § 6a direkt anzuwenden ist. Freilich können die Verfahrensbeteiligten im Berufungsverfahren auf die erstinstanzliche Zuständigkeit von Spezialkammern aufmerksam machen; wenn sie dies aber nicht tun, kann dies nicht etwa zur Nichtanwendung des § 6a im Verfahren vor der Strafkammer führen, an die die Sache verwiesen worden ist: hat auch das verweisende Berufungsgericht die objektiv richtige erstinstanzliche Zuständigkeit zu beachten, so stellt sich doch die Frage der Zuständigkeitskonkurrenz zwischen mehreren Strafkammern erst dann, wenn das Verfahren erstinstanzlich durch Verweisung nach § 328 Abs. 2 beim Landgericht anhängig geworden ist.

33   **4. Form der Verweisung.** Die Verweisung nach Absatz 2 ist eine die Berufungsinstanz abschließende Entscheidung, die sachlich untrennbar mit der Aufhebung des angefochtenen Urteils verbunden ist. Sie ist deshalb nach der herrschenden Meinung[50] in der Form eines Urteils auszusprechen, das auch das angefochtene Urteil aufhebt. Wenn das Berufungsgericht das Ersturteil bei der Verweisung nicht ausdrücklich aufhebt, kommt es als notwendige Folge der Abgabe an das sachlich zuständige Gericht dadurch in Wegfall[51]. § 270 ist im Regelungsbereich des § 328 Abs. 2 grundsätzlich nicht entsprechend anwendbar (s. aber Rdn. 49): Die Verweisung hat weder die Wirkung des § 270 Abs. 3 noch unterliegt sie der dort vorgesehenen sofortigen Beschwerde[52]. Das verweisende Urteil ist zu **begründen,** es muß aber nicht notwendig den Anforderungen eines Verweisungsbeschlusses nach § 270 Abs. 2; § 200 Abs. 2 Satz 2 entsprechen[53]. Weshalb verwiesen wird, muß aber aus der Begründung ersichtlich sein[54].

5. Wirkung der Verweisung

34   **a) Keine Bindung.** Die Verweisung nach § 328 Abs. 2 bindet das als zuständig bezeichnete Gericht an sich nicht[55]. Es hat seine Zuständigkeit selbst zu prüfen und sich nötigenfalls für unzuständig und ein anderes Gericht nach §§ 14, 225a, 270 für zuständig

---

[49]   So zur alten Rechtslage schon *Meyer-Goßner* 299.
[50]   RGSt **65** 397; RG JW **1932** 1574; **1933** 967; BGHSt **26** 106; **34** 159; BayObLG NJW **1974** 1296; JR **1978** 475 mit Anm. *Gollwitzer*; *Gössel* GA **1968** 367; *Hanack* JZ **1973** 694; KK-*Ruß*[4] 10; *Meyer-Goßner*[46] 5; AK-*Dölling*[3] 13; HK-*Rautenberg*[3] 17; SK-*Frisch* 24; *Roxin*[25] § 52, 20; *Schlüchter* 680; BGHSt **21** 245 = LM Nr. 3 mit Anm. *Kohlhaas* läßt die Frage offen, da der Angeklagte nicht dadurch beschwert sei, daß das Berufungsgericht die sachlich gerechtfertigte Verweisung an das Schwurgericht durch Beschluß und nicht in der Form eines Urteils ausgesprochen habe. LG Verden NJW **1974** 759 hält es unter Hinweis auf *Kohlhaas* (aaO) und *Beling* (226) aus Gründen der Prozeßökonomie für angebracht und zulässig, daß das Berufungsgericht auch außer-

halb der Hauptverhandlung durch Beschluß an das sachlich zuständige Erstgericht verweist.
[51]   BGHSt **21** 245; *Gössel* GA **1968** 367; *Hanack* JZ **1973** 694; KK-*Ruß*[4] 10; *Meyer-Goßner*[46] 5; AK-*Dölling* 13; HK-*Rautenberg*[3] 17; KMR-*Paulus* 27; SK-*Frisch* 25.
[52]   KG JR **1972** 255.
[53]   OLG Koblenz GA **1977** 374; *Gollwitzer* JR **1978** 477; KK-*Ruß*[4] 10; *Meyer-Goßner*[46] 5; AK-*Dölling* 13; KMR-*Paulus* 27; *Eb. Schmidt* 22, der darauf hinweist, daß RGSt **61** 326 einen Sonderfall betrifft; BayObLG JR **1978** 475 dürfte dagegen der Ansicht von RGSt **61** 326; **69** 157 zuneigen.
[54]   AK-*Dölling* 13; SK-*Frisch* 26; *Gollwitzer* JR **1978** 477.
[55]   *Eb. Schmidt* 21; KK-*Ruß*[4] 14; AK-*Dölling* 14; KMR-*Paulus* 30; SK-*Frisch* 27.

zu erklären. Gehört dieses andere Gericht jedoch ebenfalls zum Bezirk des Berufungsgerichts, so ist dessen Verweisungsbeschluß zugleich ein Beschluß des „gemeinsamen oberen Gerichts" und deshalb bindend (§§ 14, 19)[56]. Eine etwaige Erklärung als unzuständig käme bei Beschwerde wiederum vor dasselbe Landgericht als Beschwerdegericht. Wegen der Bindungswirkung des Verweisungsbeschlusses nach §§ 225a, 270 vgl. LR-*Gollwitzer* § 225a, 51, 52; LR-*Gollwitzer* § 270, 35; im übrigen bewirkt die beschlußförmige oder formlose Abgabe keine Bindung.

b) Das Verbot der Verschlechterung verliert durch die Verweisung seine Wirksamkeit **35** nicht, da das weitere Verfahren, selbst wenn nunmehr im ersten Rechtszug verhandelt wird, auf der Berufung beruht[57].

c) War das Amtsgericht zur Entscheidung unzuständig, so ist eine **Beschränkung** **36** **der Berufung unwirksam**[58]. Für die vertikale Beschränkung gilt dies nicht, wenn sie verschiedene Taten trennt[59]. Die sachliche Unzuständigkeit kann dann nur bei den getrennt angefochtenen Taten berücksichtigt werden, während der nichtangefochtene Urteilsteil Bestand hat[60].

Verbindet eine **Dauerstraftat** zwei sachlich zusammentreffende Straftaten auch nicht **37** untereinander zur Tateinheit, so ist doch eine getrennte Verhandlung und Entscheidung über beide Delikte nicht möglich. Ist für eines von ihnen die Zuständigkeit eines Gerichts höherer Ordnung gegeben, so ist hinsichtlich des gesamten Umfangs der Tat an das höhere Gericht zu verweisen[61].

III. Verweisungen in analoger Anwendung des Absatzes 2

1. Die **Notwendigkeit** einer vom Amtsgericht nachzuholenden Verhandlung zur **38** Sache in den Fällen, in denen das angefochtene Urteil keine Sachentscheidung enthält, wurde bereits oben Rdn. 20 aufgezeigt. Die ganz h. M will dem durch eine analoge Anwendung des § 328 Abs. 2 gerecht werden[62].

2. Einzelfälle. Hat das Amtsgericht den Einspruch gegen einen Strafbefehl nach **39** § 412 ohne Verhandlung zur Sache verworfen, so kann das Berufungsgericht deshalb nicht in der Sache entscheiden, weil die Kompetenz zur erstmaligen Verhandlung zur Sache in § 411 ausschließlich dem Amtsgericht zugewiesen ist und sich das Berufungsgericht anders eine ihm nicht zustehende Kompetenz anmaßen würde[63]. Hält das Berufungsgericht die Berufung gegen das Urteil nach § 412 für begründet, so ist nach inzwischen überwiegender Auffassung die Sache in analoger Anwendung des § 328 Abs. 2 an das Amtsgericht zurückzuverweisen[64]. Entsprechendes gilt, hat das Amtsgericht rechtsirrig ein Verfahrenshindernis angenommen und das Verfahren nach § 260 Abs. 3

---

[56] KMR-*Paulus* 30.
[57] Vgl. BGHSt **31** 63; *Gössel* GA **1968** 368; KK-*Ruß*[4] 14; *Meyer-Goßner*[46] 13; SK-*Frisch* 28; *Schlüchter* 681.1; § 331, 17.
[58] BGH bei *Dallinger* MDR **1956** 146; *Kappe* JR **1958** 213; KK-*Ruß*[4] 14; *Meyer-Goßner*[46] 13; AK-*Dölling* 13.
[59] Vgl. § 318, 118, 27.
[60] Vgl. BGHSt **8** 349; **10** 100.
[61] BayObLGSt **1957** 108 = NJW **1957** 1485.
[62] Vgl. nur *Meyer-Goßner*[46] 4; AK-*Dölling* 8; *Pfeiffer*[4] 6.

[63] BGHSt **36** 139, 142.
[64] S. dazu die Nachweise in Fußn. 62. Dies erscheint deshalb fraglich, weil dem wohl die Beseitigung der bisher bestehenden Verweisungsmöglichkeit in § 328 Abs. 2 a. F entgegenstehen dürfte. Deshalb erscheint es sachgerechter, das amtsgerichtliche Urteil lediglich aufzuheben: Dies hat zur Folge, daß die Sache mangels einer bisherigen erstinstanzlichen Verhandlung beim Amtsgericht anhängig geblieben ist (Näheres LR-*Gössel* § 412, 47 ff).

eingestellt[65] sowie dann, wenn das Amtsgericht den Angeklagten nicht wegen der verfahrensgegenständlichen Tat verurteilt hat, sondern wegen einer anderen nicht angeklagten Tat: in diesem Fall ist das Verfahren hinsichtlich der nicht angeklagten Tat einzustellen und die Sache im übrigen zur Nachholung der Verhandlung über die angeklagte Tat nach § 328 Abs. 2 zurückzuverweisen[66] (vgl. ferner den in Rdn. 11 erwähnten Fall eines von einem unzuständigen Spruchkörper erlassenen Eröffnungsbeschlusses).

IV. Entscheidung bei Zuständigkeitskonkurrenz zwischen der Berufungs- und anderen Strafkammern

40   **1. Konkurrenzmöglichkeiten.** Wie oben Rdn. 1, 32 bereits dargelegt, ist eine Konkurrenz gesetzlich festgelegter Zuständigkeiten auch zwischen verschiedenen Berufungsstrafkammern möglich: sowohl zwischen einer allgemeinen und einer Spezialstrafkammer als auch zwischen verschiedenen Spezialkammern; die mögliche geschäftsordnungsmäßige Zuständigkeitskonkurrenz zwischen verschiedenen Strafkammern derselben Art wird durch Abgabe gelöst.

2. Erstinstanzliche Zuständigkeitskonkurrenz

41   **a) Konkurrenzlage.** Auf dieser Ebene kann sich eine Konkurrenz nur ergeben, wenn Berufungsstrafkammern auch eine erstinstanzliche Zuständigkeit zukommt. Nun hat aber das RpflEntlG vom 11.1.1993 die Zuständigkeit zur Behandlung der Berufung sowohl gegen die Urteile des Strafrichters als auch gegen diejenigen des (erweiterten) Schöffengerichts bei der kleinen Strafkammer konzentriert und der großen Strafkammer nur noch eine erstinstanzliche Zuständigkeit zugewiesen. Unter den großen Strafkammern ist allein die große Jugendkammer sowohl zur Behandlung der Berufung gegen die Urteile des Jugendschöffengerichts (§ 41 Abs. 2, § 33b JGG) als auch zur Behandlung erstinstanzlicher Strafverfahren zuständig[67]. Deshalb kann sich nur noch in Jugendsachen die früher umstrittene Frage[68] stellen, wie zu verfahren sei, wenn die große Jugendkammer in einer Berufungssache zu der Auffassung kommt, zur erstinstanzlichen Behandlung sei nicht das Jugendschöffengericht, sondern die große Jugendkammer zuständig gewesen. Kommt in einem solchen Fall dieser Kammer auch die funktionelle (geschäftsordnungsmäßige) Zuständigkeit zur erstinstanzlichen Behandlung der zu Unrecht vom Jugendschöffengericht entschiedenen Sache zu, „so hat sie kraft Gewohnheitsrechts" der Regelung in § 369 Abs. 3 a. F StPO entsprechend „ohne weitere Verweisung unter Aufhebung des amtsgerichtlichen Urteils selbst in der Sache zu

---

[65] OLG Koblenz NStZ **1990** 296; OLG Stuttgart NStZ **1995** 301.

[66] BayObLGSt **1999** 29. Nach *Meyer-Goßner*[46] § 419, 14 und GedS Meurer 421, 426 f soll das Berufungsgericht die Sache auch dann an das Amtsgericht zurückverweisen können, wenn dieses zu Unrecht im beschleunigten Verfahren entschieden hat; dem wird indessen deshalb nicht zu folgen sein, weil die Eignung der Sache zur Durchführung im beschleunigten Verfahren von den Rechtsmittelgerichten nicht nachgeprüft werden kann (str.; Näheres LR-*Gössel* § 417, 36 ff, 41 ff).

[67] So zutr. BGHR § 328 Abs. 1 StPO Überleitung 2 und LR-*Siolek* § 76 GVG, 19; **a. A** in einem obiter

dictum BGHSt **42** 205, 213: § 76 Abs. 3 Satz 1 soll eine Ausnahme von der „fast durchgehend(en)" Berufungszuständigkeit der kleinen Strafkammer darstellen, wobei allerdings einmal schon übersehen wird, daß die Hinzuziehung eines zweiten Berufsrichters zur Berufungsstrafkammer deren Charakter als einer kleinen Strafkammer nicht zu ändern vermag (LR-*Siolek* § 76 GVG, 19, **a. A** zu Unrecht *Kretschmer* 128 ohne Begründung) und überdies offen bleibt, ob der BGH die Berufungsstrafkammer in den Fällen des § 76 Abs. 3 Satz 1 GVG als große Strafkammer oder als eine andere Art Strafkammer ansehen will.

[68] Vgl. dazu LR-*Gollwitzer*[24], 33 ff.

erkennen"[69], auch wenn sie nur mit zwei Berufsrichtern besetzt ist (§ 33b Abs. 2 Satz 1 JGG)[70]. Nichts anderes gilt aber auch dann, wenn dem **Geschäftsordnungsplan** zufolge eine andere (große) Jugendkammer zur erstinstanzlichen Behandlung zuständig wäre: weil die geschäftsordnungsmäßige Zuständigkeit keine gesetzlich vorgeschriebene Regelung darstellt, kommt eine Verweisung nach § 328 Abs. 2 nicht in Betracht[71].

Neben der erstinstanzlichen Zuständigkeit der Jugendkammer dürfte eine solche **42** **anderer Spezialstrafkammern** deshalb nicht in Betracht kommen, weil die Jugendkammer gegenüber diesen nach § 209a Nr. 2 stets die höhere Zuständigkeit im Sinne der §§ 225a, 270 besitzt[72]; nur soweit im **Gegensatz** dazu der Staatsschutzstrafkammer (§ 74a GVG) und der Wirtschaftsstrafkammer (§ 74c GVG) auch gegenüber der großen Jugendkammer der Vorrang eingeräumt wird[73], müßte die große Jugendkammer das Verfahren an diese Spezialkammern nach § 328 Abs. 2 verweisen.

b) **Überleitungsform.** Einer **besonderen Form** bedarf es für den Übergang vom Berufungsverfahren in das erstinstanzliche Verfahren vor der gleichen Jugendkammer **43** nicht, insbesondere keines **Beschlusses**[74]. Es ist jedoch unschädlich, wenn zur Verdeutlichung der Rechtslage ein solcher deklaratorischer Beschluß ergeht. Im Interesse der Verfahrensklarheit ist es ohnehin zumindest zweckmäßig, daß das Gericht die Verfahrensbeteiligten auf den Übergang hinweist[75]. Dies ist unerläßlich, wenn die weitere Verfahrensgestaltung und die Wahrnehmung von Verfahrensbefugnissen davon abhängen kann und – wie bei Annahme einer höheren Straferwartung – für die Verfahrensbeteiligten die Notwendigkeit des Übergangs nicht offensichtlich ist.

Der Übergang kann auch **faktisch** geschehen. Genügen Verfahren und Urteil einem **44** solchen der ersten Instanz, dann ist es nach der herrschenden Meinung unschädlich, wenn die Strafkammer gar **nicht als erstinstanzliches Gericht**, sondern als Berufungsgericht entscheiden wollte[76]; denn entscheidend ist die objektive Verfahrenslage, nicht der Wille oder eine Erklärung des Gerichts. Der Angeklagte ist im übrigen auch nicht dadurch beschwert, daß seine Sache vor einem höherrangigen Gericht nochmals nach den Regeln eines erstinstanziellen Verfahrens verhandelt wird[77]. Der Behandlung als Verfahren des ersten Rechtszugs dürfen keine Rechtsgründe entgegenstehen[78]. Rechtfertigt die Zuständigkeitsregelung allerdings den Übergang in das erstinstantielle Verfahren unter keinem Gesichtspunkt, dann ist auch ein formeller Überleitungsbeschluß wirkungslos[79]. Hat andererseits die Strafkammer in der Annahme, daß ihre Strafgewalt als Berufungsgericht nicht ausreichen könne, als Gericht des ersten Rechtszugs ver-

---

[69] *Gössel* GA **1968** 366 f zur alten, hier insoweit aber noch fortbestehenden Rechtslage.

[70] BGHR § 328 Abs. 1 StPO, Überleitung 2; krit. dazu *Meyer-Goßner*[46] 11.

[71] *Gössel* GA **1968** 367 f.

[72] BTDrucks. **8** 976 S. 20; *Brunner/Dölling*[11] §§ 33–33b, 4b.

[73] So LR-*Rieß* § 209a, 37 hinsichtlich der Jugendschutzkammer, vgl. dort auch zum Streitstand.

[74] So schon zur alten Rechtslage RGSt **74** 140; **75** 304; BGHSt **21** 229 = LM Nr. 2 mit Anm. *Hengsberger*; BGHSt **34** 159; OLG Düsseldorf MDR **1957** 118; *Gössel* GA **1968** 365; *Kappe* JR **1958** 210; **a. A** BGH GA **1970** 342.

[75] Vgl. etwa BGHSt **34** 207; *Meyer-Goßner*[46] 10; *Schlüchter* 681.2; *Schnarr* NStZ **1987** 237.

[76] So schon zur alten Rechtslage RGSt **74** 139; **75** 305; BGHSt **23** 284; **31** 63; **34** 164; MDR **1957** 370;

BGH bei *Dallinger* MDR **1956** 146; OLG Düsseldorf MDR **1957** 118; OLG Hamburg NJW **1953** 1931; *Eb. Schmidt* 24; *Schlüchter* 681.1. **A. A** OLG Hamm JMBlNW **1953** 287 (Landgericht müsse in Sitzungsniederschrift oder im Urteil ausdrücklich feststellen, daß es als erstinstanzielles Gericht entschieden habe, andernfalls sei seine Entscheidung als eine Berufungsentscheidung zu würdigen); krit. auch *Krey* JA **1984** 289. Nach BGH NJW **1970** 155 liegt bei einer auf das Strafmaß beschränkten Berufung der Staatsanwaltschaft aber auch dann ein Berufungsurteil vor, wenn die Strafkammer die Strafgewalt des Amtsgerichts überschritten hat.

[77] Zur Heranziehung des Rechtsgedankens des § 269 vgl. *Schnarr* NStZ **1987** 237.

[78] BGHSt **31** 63; **34** 164.

[79] BGHSt **34** 164.

Karl Heinz Gössel

handelt, so wird dieses Verfahren nicht dadurch unzulässig, daß eine Strafe innerhalb des Strafbanns des Amtsgerichts ausgesprochen wurde[80].

45   **c) Weiteres Verfahren** Entscheidet die Jugendkammer als Gericht des ersten Rechtszugs, so beruht das Verfahren **gleichwohl auf der Berufung** gegen das Ersturteil. Es kann daher nach § 324 eingeleitet werden statt nach § 243 Abs. 3[81]. Im übrigen aber müssen in der Hauptverhandlung die Verfahrensvorschriften für das Verfahren der ersten Instanz beachtet werden; insbesondere die §§ 325, 326, 329, 330 sind nicht anwendbar[82]; außerdem können Verfahrensbeteiligte, die wegen der Berufungsbeschränkung ausgeschieden sind, wegen des Übergangs erneut zu beteiligen sein.

46   Die Überleitung ist, wenn sie im Zeitpunkt des Übergangs der Rechtslage entspricht, für das weitere Verfahren **bindend**[83]; sie kann, was auch dem Grundgedanken des § 269 entspricht, nicht mehr rückgängig gemacht werden. Mit ihr verlieren die Verfahrensbeteiligten die Dispositionsmöglichkeit über das weitere Verfahren. Weil es sich nunmehr um ein erstinstanzliches Verfahren handelt, können sie die Berufung nicht mehr zurücknehmen[84], eine Rechtsmittelbeschränkung wird grundsätzlich unwirksam[85]. Das angefochtene Urteil des Amtsgerichts ist im Endurteil auf die Berufung hin wegen Unzuständigkeit aufzuheben; gleichzeitig ergeht die erstinstanzielle Sachentscheidung der Jugendkammer; das Ersturteil wird aber auch dann gegenstandslos, wenn seine ausdrückliche Aufhebung unterbleiben sollte[86].

3. Zweitinstanzliche Zuständigkeitskonkurrenz

47   **a) Konkurrenzlage.** Neben der allgemeinen kleinen Berufungsstrafkammer kennt das Gesetz auch spezielle kleine Berufungsstrafkammern: die kleine Jugendkammer (§ 33b Abs. 1 JGG) und die kleine Wirtschaftsstrafkammer in Verfahren über die Berufungen gegen Urteile des Schöffengerichts (§ 74c Abs. 1)[87]. Dabei kommt nach § 209a der kleinen Wirtschaftsstrafkammer gegenüber der allgemeinen kleinen Strafkammer und der kleinen Jugendkammer gegenüber beiden vorgenannten der Vorrang zu; hinsichtlich der Jugendkammer gelten die Ausführungen oben (Rdn. 42) auch hier.

b) Lösung

48   **aa) Analoge Anwendung des § 6a.** Die hier bestehende Zuständigkeitskonkurrenz betrifft eine Frage der eigenen Zuständigkeit zur Behandlung der Berufung, nicht aber eine solche der Unzuständigkeit des Erstgerichts: Eine Verweisung nach § 328 Abs. 2 kann folglich nicht in Betracht kommen. Jedoch ist nunmehr über § 332 deshalb § 6a auch in der Berufungsinstanz[88] anzuwenden, weil das Gesetz diese Spezialzuständigkeiten beim Amtsgericht nicht vorgesehen hat und folglich erst in der zweiten Instanz

---

[80] BGHSt 21 229 = LM Nr. 2 mit Anm. *Hengsberger*; BGHSt 34 164; NJW **1967** 1239; auch *Gössel* GA **1968** 369.

[81] So zur früheren Rechtslage RGSt 75 304; BGH GA **1968** 340; NJW **1970** 1614; bei *Dallinger* MDR **1954** 153; *Eb. Schmidt* 25; *Schlüchter* 681.3; a. A *Peters* § 74 IV 2b (Verlesung der zugelassenen Anklage).

[82] BGH GA **1968** 340; MDR **1957** 370; ferner die Nachweise Fußn. 81.

[83] BGHSt 21 231; 34 207.

[84] BGHSt 34 207; KK-*Ruß*[4] 14; *Meyer-Goßner*[46] 13.

[85] Vgl. Rdn. 36.

[86] Vgl. BGHSt 21 245.

[87] S. dazu LR-*Siolek* § 74c GVG, 9.

[88] H. M; vgl. dazu OLG Düsseldorf JR **1982** 514 mit Anmerkung *Rieß*; OLG Karlsruhe NStZ **1985** 423; OLG Schleswig bei *Ernesti/Lorenzen* SchlHA **1985** 119; OLG Celle JR **1987** 34 mit abl. Anm. *Seebode* = NStZ **1987** 240 mit zust. Anmerkung *Gössel*; LR-*Wendisch* § 6a, 26. Die **Gegenansicht** (§ 6a nicht entsprechend anwendbar) wird von OLG Karlsruhe NStZ **1985** 432 (mit zust. Anm. *Seebode* = JR **1985** 21 mit abl. Anm. *Meyer*; abl. auch *Gössel* NStZ **1987** 240) vertreten.

erstmals berücksichtigt werden können. Im Berufungsverfahren ist folglich die Zuständigkeit einer der in Rdn. 47 genannten speziellen kleinen Strafkammern bis zu dem der Eröffnung des Hauptverfahrens erster Instanz entsprechenden Zeitpunkt der Bestimmung des Termins zur Berufungshauptverhandlung von Amts wegen zu prüfen[89]. Mit Beginn der Vernehmung des Angeklagten zur Sache kann auch der Einwand nach § 6a nicht mehr erhoben werden.

bb) Verfahren. Vor Beginn der Berufungshauptverhandlung hat die jeweilige kleine **49** Strafkammer die höhere Zuständigkeit einer anderen speziellen kleinen Strafkammer in entsprechender Anwendung des § 225a[90] im Wege der Aktenvorlage nach § 225a Abs. 1, 4 zu berücksichtigen, danach durch Verweisungsbeschluß nach § 270[91].

V. Revision

1. Inhalt möglicher Revisionsrügen. Die eigene Sachentscheidung nach Absatz 1 wie **50** auch das **Verweisungsurteil** nach Absatz 2 sind mit Revision anfechtbar. Als mögliche Rechtsfehler kommen einmal die Unterlassung einer Verweisung oder deren Fehlerhaftigkeit wegen zu Unrecht angenommener erstinstanzlicher Zuständigkeit des Gerichts in Betracht, an das die Sache verwiesen wurde, darüber hinaus etwaige sonstige Fehler beim Zustandekommen der Verweisungsentscheidung wie etwa die Wahl der Beschlußform.

a) Unterlassene oder fehlerhafte Verweisung. Die Verweisung nach § 328 Abs. 2 will **51** sicherstellen, daß der Angeklagte seinem gesetzlichen Richter nicht entzogen wird und der sachlich[92] zuständige Richter die erstinstanzliche Entscheidung trifft. Damit zeigt sich: § 328 Abs. 2 betrifft die **Prozeßvoraussetzung** der sachlichen Zuständigkeit, die grundsätzlich **von Amts wegen** zu prüfen ist, und zwar, mangels einer gesetzlichen Begrenzung dieser Verfahrensvoraussetzung auf bestimmte Verfahrensabschnitte oder auf einen bestimmten Zeitraum, in jeder Lage des Verfahrens[93], also auch in der Berufungs- und in der Revisionsinstanz[94]. Allerdings ist die Überprüfung der Wahrung der sachlichen Zuständigkeit durch das erstinstanzlich tätig gewordene Gericht ihrem Umfang nach durch **§ 269 beschränkt**, der „die fehlerhafte Annahme einer Zuständigkeit durch ein Gericht höherer Ordnung im Grundsatz für unbeachtlich erklärt; die weitergehende sachliche Zuständigkeit schließt die weniger weitgehende mit ein"[95].

Etwas anderes gilt allerdings dann, „wenn sich die gerichtliche Entscheidung bei **52** Auslegung und Anwendung einer Zuständigkeitsnorm so weit von dem Grundsatz des

---

[89] *Rieß* JR **1980** 80; **strittig:** vgl. z. B. *Meyer-Goßner*[46] Vor § 7, 14: Prüfung von Amts wegen bis zur Beendigung des Vortrags des Berichterstatters nach § 324 Abs. 1, wieder anders oben LR-*Wendisch* § 6a, 26 f: bis zum Beginn des Vortrags.

[90] Vgl. dazu LR-*Gollwitzer* § 225a, 6.

[91] S. dazu LR-*Gollwitzer* § 270, 6.

[92] Zur örtlichen Zuständigkeit s. Rdn. 22.

[93] BGHSt **40** 120, 122.

[94] Dies folgt schon aus der Natur der sachlichen Zuständigkeit als einer Verfahrensvoraussetzung und – wohl **entgegen** BGHSt **40** 120, 122 – nicht erst aus § 6, so daß es auf die im Schrifttum aufgeworfene Frage nicht mehr ankommt, ob § 6 das Revisionsgericht nur zur Prüfung seiner eigenen

sachlichen Zuständigkeit verpflichte oder auch zu der der vorinstanzlich tätig gewordenen Gerichte (vgl. dazu *Engelhardt* JZ **1995** 262 und *Gollwitzer* JR **1997** 434): ist doch das Vorliegen von Prozeßvoraussetzungen nach allgemeiner Meinung grundsätzlich (sofern nicht das Gesetz etwas anderes bestimmt) auch von den Rechtsmittelgerichten von Amts wegen zu prüfen, damit also auch die sachliche Zuständigkeit zur Verhandlung einer Sache im ersten Rechtszug (vgl. dazu *Gössel* GA **1968** 358, auch dazu, daß § 6 die Nachprüfungspflicht auch für die Rechtsmittelgerichte normiert).

[95] BGHSt **43** 53, 55; ebenso schon RGSt **62** 265, 270 f; BGH NJW **1993** 1607, 1608; K K-*Ruß*[4] 15; *Meyer-Goßner*[46] 7.

Karl Heinz Gössel

gesetzlichen Richters entfernt hat, daß sie nicht mehr zu rechtfertigen ist", so in den Fällen, in sie auf sachfremden Erwägungen beruht oder offensichtlich unhaltbar ist": In diesen Fällen ist diese Entscheidung als **willkürlich** anzusehen[96] und verstößt folglich gegen die verfassungsrechtlichen Normen der Art. 3, 101 Abs. 1 Satz 2 GG. Die Wirkungen einer danach willkürlich angemaßten Zuständigkeit werden in der **Rechtsprechung** des Bundesgerichtshofs **gegensätzlich beurteilt** (Näheres § 269, 12). Ein derartiger Verstoß muß indessen folgerichtig dazu führen, die Rdn. 51 dargelegte Wirkung des § 269 aufzuheben und also die willkürliche Usurpation sachlicher Zuständigkeit durch ein Gericht höherer Ordnung als Mißachtung einer Verfahrensvoraussetzung von Amts wegen zu berücksichtigen[97].

53   **Unstreitig** dagegen ist im Rechtsmittelzug **von Amts wegen** zu prüfen, ob ein Gericht niederer Ordnung sich zu Unrecht in einer Sache für sachlich zuständig gehalten hat, die der sachlichen Zuständigkeit eines höherrangigen Gerichts zugehörte. Hat also das Berufungsgericht verkannt, daß zur Verhandlung der mit dem angefochtenen Urteil entschiedenen Sache in Wahrheit das Landgericht zuständig war oder aber das Schöffengericht anstelle des Strafrichters und ist es folglich nicht nach § 328 Abs. 2 verfahren, so ist dies vom Revisionsgericht von Amts wegen durch Verweisung an das sachlich zuständige Gericht[98] zu berücksichtigen und nicht erst auf eine entsprechende Verfahrensrüge[99].

54   **b) Sonstige Fehler** der Verweisungsentscheidung, die keine Prozeßvoraussetzungen betreffen, unterliegen der revisionsrichterlichen Prüfung nur auf eine dahingehende Rüge, so etwa, wenn das Berufungsgericht die Entscheidung nach Absatz 2 irrig in **Beschlußform** erlassen hat[100].

55   Die **Abgabe** an einen anderen Spruchkörper innerhalb des Landgerichts oder die ausdrückliche – oder stillschweigende – Entscheidung der großen Jugendkammer, die Sache vor sich selbst im ersten Rechtszug zu verhandeln[101], ist durch § 305 Satz 1 der Beschwerde entzogen. Soweit § 328 Abs. 2 Raum für einen Verweisungsbeschluß nach §§ 332, 270 läßt, ist die Beschwerde nur nach Maßgabe dieser Vorschrift zulässig[102].

56   **2.** Die **Beschwer** des Angeklagten liegt darin, daß statt der Sachentscheidung nunmehr eine andere Instanz erneut mit der Sache unter (in der Regel) für ihn ungünstigeren Bedingungen befaßt werden soll[103]; ferner auch in der Verletzung des Anspruchs auf Aburteilung durch den gesetzlichen Richter.

57   **3. Zuständigkeit.** Hat die Jugendkammer als Gericht der ersten Instanz entschieden, so ist gegen ihre Entscheidung die Revision **zum Bundesgerichtshof** gegeben, auch wenn

---

[96] BGHSt **43** 53, 55; BGH NJW **1993** 1607, 1608; KK-*Ruß*[4] 15; *Meyer-Goßner*[46] 7.

[97] Str.; wie hier z. B. BGHSt **40** 120, 122 ff; NStZ **1992** 397; **a.A** BGHSt **42** 205, 212; **43**, 53; GA **1970** 20; NJW **1993** 1607, 1608: Berücksichtigung nur auf eine entsprechende Verfahrensrüge. Vgl. dazu ferner SK-*Frisch* 35; *Kalf* NJW **1997** 1490.

[98] *Hegmann* NStZ **2000** 574, 577; *Meyer-Goßner* NStZ **2001** 612.

[99] BGH NStZ **2000** 387, 388 gegen den insoweit zu weit gefaßten Leitsatz der Entscheidung desselben Strafsenats vom 30. Juli 1996 (BGHSt **42** 205); OLG Brandenburg NStZ **2001** 611 mit zust. Anmerkung *Meyer-Goßner*; *Hegmann* NStZ **2000** 574, 577.

[100] RGSt **65** 397 = JW **1932** 1754 mit Anm. *Klee*; KMR-*Paulus* 34.

[101] Vgl. Rdn. 41.

[102] Vgl. OLG Celle JR **1987** 34 mit Anm. *Seebode* = NStZ **1987** 240 mit Anm. *Gössel* (unzulässige Beschwerde des Angeklagten gegen ein als Beschluß nach § 270 behandeltes Verweisungsurteil); ferner Rdn. 49.

[103] BGHSt **26** 106 = NJW **1975** 1523 mit abl. Anm. *Foth* (auf Vorlage BayObLG NJW **1974** 1296 gegen KG JR **1972** 255); BayObLG JR **1978** 475 mit Anm. *Gollwitzer*; KMR-*Paulus* 34, 38.

die Strafkammer als Berufungsgericht entscheiden wollte[104]. Die Umdeutung in eine erstinstantielle Entscheidung setzt jedoch voraus, daß im übrigen die gesetzlichen Grenzen gewahrt bleiben[105].

§ 329

(1) ¹Ist bei Beginn einer Hauptverhandlung weder der Angeklagte noch in den Fällen, in denen dies zulässig ist, ein Vertreter des Angeklagten erschienen und das Ausbleiben nicht genügend entschuldigt, so hat das Gericht eine Berufung des Angeklagten ohne Verhandlung zur Sache zu verwerfen. ²Dies gilt nicht, wenn das Berufungsgericht erneut verhandelt, nachdem die Sache vom Revisionsgericht zurückverwiesen worden ist. ³Ist die Verurteilung wegen einzelner von mehreren Taten weggefallen, so ist bei der Verwerfung der Berufung der Inhalt des aufrechterhaltenen Urteils klarzustellen; die erkannten Strafen können vom Berufungsgericht auf eine neue Gesamtstrafe zurückgeführt werden.

(2) ¹Unter den Voraussetzungen des Absatzes 1 Satz 1 kann auf eine Berufung der Staatsanwaltschaft auch ohne den Angeklagten verhandelt werden. ²Eine Berufung der Staatsanwaltschaft kann in diesen Fällen auch ohne Zustimmung des Angeklagten zurückgenommen werden, es sei denn, daß die Voraussetzungen des Absatzes 1 Satz 2 vorliegen.

(3) Der Angeklagte kann binnen einer Woche nach der Zustellung des Urteils die Wiedereinsetzung in den vorigen Stand unter den in den §§ 44 und 45 bezeichneten Voraussetzungen beanspruchen.

(4) ¹Sofern nicht nach Absatz 1 oder 2 verfahren wird, ist die Vorführung oder Verhaftung des Angeklagten anzuordnen. ²Hiervon ist abzusehen, wenn zu erwarten ist, daß er in der neu anzuberaumenden Hauptverhandlung ohne Zwangsmaßnahmen erscheinen wird.

Schrifttum. *Bick* Die Anfechtung von Verwerfungsurteilen nach § 329 I StPO und § 74 II OWiG, StV **1987** 273; *Barth* Verwerfung der Berufung nach § 329 StPO, NJW **1958** 373; *Busch* Begründung, Anfechtung und Revisibilität der Verwerfungsurteile der §§ 329 Abs. 1 und 412 Abs. 1 StPO, JZ **1963** 457; *Hohendorf* Zur Revisibilität des Merkmals genügende Entschuldigung in § 329 Abs. 1 Satz 1 StPO, GA **1979** 414; *Kratz* Einige Überlegungen zur Nachprüfbarkeit des Merkmals „nicht genügend entschuldigtes Ausbleiben" aufgrund einer allein auf die Sachrüge gestützten Revision gegen ein Verwerfungsurteil nach § 329 Abs. 1 Satz 1 StPO, in: Jung/Müller-Dietz (Hrsg.), Dogmatik und Praxis des Strafverfahrens (1989) 107; *Küper* Zur Entbindung von der Erscheinenspflicht (§ 233) in der Berufungsverhandlung, JR **1971** 328; *Küper* Berufungsverwerfung nach § 329 Abs. 1 StPO wegen Verhandlungsunfähigkeit des Angeklagten, JuS **1972** 127; *Küper* Zur Auslegung des § 329 Abs. 1 Satz 2 StPO, NJW **1977** 1275; *Laube* Antrag auf Wiedereinsetzung in den vorigen Stand oder Revision, NJW **1974** 136; *Meyer-Goßner* Verwerfung der Berufung wegen Ausbleibens des Angeklagten bei Fehlen von Prozeßvoraussetzungen, NJW **1978** 528; *Meyer-Goßner* Das von der Vorinstanz übersehene Fehlen einer Prozeßvoraussetzung, NJW **1979** 201; *Meyer-Mews* Die Völkerrechts- und Konventionswidrigkeit des Verwerfungsurteils gem. § 329 I StPO, NJW **2002** 1928; *Nöldeke* Zur Vereinfachung des Rechtsschutzes gegen Verwerfungsurteile nach §§ 329 Abs. 1 und 412 StPO, GedS Meyer 295; *Preiser* Der Umfang der Prüfung des Revisionsgerichts nach § 329 Abs. 1 StPO, GA **1965** 366; *Rieß* Unentschuldigtes Ausbleiben des Angeklagten,

---

[104] So zur alten Rechtslage BGH GA **1968** 340; BGHSt **23** 284; OLG Düsseldorf MDR **1957** 118; OLG Hamburg NJW **1953** 1931; KMR-*Paulus* 34; vgl. auch *Dallinger* MDR **1954** 152.

[105] BGHSt **31** 63 (Verschlechterungsverbot).

Karl Heinz Gössel

Privatklägers oder Nebenklägers in der Berufungshauptverhandlung, NStZ **2000** 120; *Sax* Zur Zulässigkeit der sofortigen Verwerfung der Berufung beim Ausbleiben des Angeklagten, JR **1967** 41; *Sieg* Nichterscheinen des Angeklagten im Berufungsverfahren als Verwerfungsgrund, NJW **1978** 1845; *Schmidt* Säumnis des Angeklagten, wenn die Staatsanwaltschaft Berufung eingelegt hat, NJW **1957** 1389; *Schmidt* Verwerfung der Berufung des Angeklagten nach § 329 Abs. 1 StPO, SchlHA **1963** 262; *Schroeder* Revision der Staatsanwaltschaft bei Verwerfung der Berufung des nicht erschienenen Angeklagten, NJW **1973** 309; *Ungewitter* Verwerfung der Berufung bei Ausbleiben des Angeklagten in einem späteren Termin? NJW **1962** 2144; *Weidemann* Verfahrens- und Sachrüge gegen Prozeßurteile, GedS Schlüchter (2002) 653.

Entstehungsgeschichte. Art. 1 Nr. 87 des 1. StVRG hat § 329 umgestaltet. Der neugefaßte Absatz 1 stellt nunmehr klar, daß die Verwerfung der Berufung des Angeklagten „ohne Verhandlung der Sache" (früher „sofort") auch bei Ausbleiben in einer wiederholten Berufungsverhandlung zulässig ist (vgl. Satz 1 „einer" statt „der" Hauptverhandlung). Absatz 1 Satz 2 und 3 wurden neu eingefügt. Absatz 2 übernimmt die bis dahin im letzten Halbsatz des Absatzes 1 getroffene Regelung für die Berufung der Staatsanwaltschaft; der bisherige Absatz 2 wurde zu Absatz 3. Absatz 4 regelt Verhaftung und Vorführung beim Ausbleiben des Angeklagten[1]. Bezeichnung bis 1924: § 370.

Übersicht

---

[1] Zu den Änderungen vgl. BTDrucks. 7 551 S. 86; *Rieß* NJW **1975** 89.

Alphabetische Übersicht

Karl Heinz Gössel

I. Ausbleiben des Angeklagten

1. Allgemeines

1   **a) Zweck** des § 329 ist es, zu verhindern, daß der Angeklagte durch sein Ausbleiben in der Berufungsinstanz die Entscheidung des Berufungsgerichts hinauszögern kann. Die Vorschrift dient der **Verfahrensbeschleunigung**[2]. Deshalb gestattet sie die Verhandlung über die Berufung der Staatsanwaltschaft in Abwesenheit des Angeklagten und erleichtert durch die Beseitigung der Zustimmungsbefugnis des Angeklagten auch deren Zurücknahme (Absatz 2), und deshalb verwirkt[3] der Angeklagte durch schuldhaftes

---

[2] BGHSt **17** 188; **27** 236; **23** 334; OLG Köln VRS **65** (1983) 47; vgl. ferner die Rechtsprechung zur genügenden Entschuldigung Rdn. 22 ff.

[3] Vgl. dazu Rdn. 76 ff.

Ausbleiben sein eigenes Rechtsmittel, das ohne Sachverhandlung zu verwerfen ist (Absatz 1). Das Recht des Angeklagten auf den Beistand eines Verteidigers (§ 137 Abs. 1 Satz 1) wird durch § 329 nicht berührt[4]. § 329 hat große Bedeutung für die Praxis der Berufungsgerichte[5]. Sein Anwendungsbereich wurde deshalb durch die Neufassung (Art. 1 Nr. 87 des 1. StVRG) beträchtlich erweitert[6].

b) Bei der Auslegung des § 329 ist zu beachten, daß er im Interesse einer effektiven **2** Strafrechtspflege den im rechtsstaatlichen Verständnis (beste Form der Gewährung des rechtlichen Gehörs) und in der Verpflichtung zur Sachaufklärung gleichermaßen verankerten Grundsatz einschränkt, gegen einen ausgebliebenen Angeklagten dürfe nicht verhandelt und entschieden werden. Er birgt erhebliche Gefahren und ist unter Berücksichtigung der widerstreitenden Verfahrensziele[7] **einengend auszulegen** und anzuwenden[8].

c) Die **allgemeinen Voraussetzungen** der Anwendbarkeit des § 329 ohne Rücksicht **3** darauf, wer Berufung eingelegt hat, sind: unentschuldigtes (Rdn. 22 ff) Ausbleiben des Angeklagten bei Beginn der Hauptverhandlung (Rdn. 4) trotz ordnungsgemäßer Ladung und Hinweises (Rdn. 12) ohne zulässige (Rdn. 46) Vertretung. Vorausgesetzt wird hierbei jedoch immer, daß die Berufung als solche **zulässig** ist und daß der Durchführung der Berufungsverhandlung auch sonst kein **Verfahrenshindernis** entgegensteht (Rdn. 63). Hierzu gehört nach Ansicht des OLG Hamm auch, daß das Urteil mit Gründen dem Angeklagten nach § 316 Abs. 2 ordnungsgemäß zugestellt worden ist[9].

2. Ausbleiben. Absätze 1, 2 und 4 gelten für alle Fälle unentschuldigten Ausbleibens **4** des Angeklagten, also auch, wenn der Angeklagte nicht erscheinen will[10]. **Ausgeblieben** ist der Angeklagte nicht schon, wenn er bei Aufruf der Sache nicht im Sitzungsraum ist oder seine Anwesenheit nicht bekannt gibt. Innerhalb verständiger Grenzen muß das Gericht auch außerhalb des Sitzungssaales im Gerichtsgebäude nach ihm forschen[11] und wegen der Möglichkeit einer Verspätung auch eine den Umständen nach angemessene Zeit **zuwarten**[12], bevor es nach § 329 verfährt; im Regelfall werden etwa 15 Minuten, von der angesetzten Terminszeit an gerechnet, ausreichen[13], dann aber nicht, bestehen Anhaltspunkte für ein alsbaldiges Erscheinen des Angeklagten (etwa telefonische Verständigung über eine etwa einstündige Verspätung)[14].

---

[4] BayObLG NStZ-RR **2000** 307, 308; OLG Oldenburg NStZ **1999** 156; vgl. dazu auch EGMR NJW **1999** 2353, 2354; **a. A** *Meyer-Mews* NJW **2002** 1928.

[5] *Rieß* NJW **1975** 89; vgl. auch Begr. zum Entw. StVÄG 1987, BTDrucks. **10** 1313 S. 18 zur Änderung der §§ 35a, 40 (Art. 1 Nrn. 4 und 5).

[6] So Begr. BTDrucks. **7** 551 S. 86.

[7] Vgl. KK-*Ruß*[4] 1; KMR-*Paulus* 2.

[8] RGSt **61** 280; **64** 246; **65** 57; BGHSt **17** 188; BayObLGSt **1980** 73 = NJW **1980** 83; OLG Celle GA **1960** 316; OLG Hamm GA **1958** 218; JMBlNW **1958** 89; NJW **1965** 410; KG JR **1969** 270; OLG Koblenz NJW **1975** 322; OLG Köln NJW **1953** 1036; OLG Stuttgart MDR 1964 695; *Eb. Schmidt* 6; KMR-*Paulus* 2; *Preiser* GA **1965** 371; kritisch dazu Sax JR **1967** 41.

[9] OLG Hamm JMBlNW **1982** 107; zu der hier bestehenden Streitfrage vgl. § 316, 7 mit Nachw.

[10] RGSt **66** 151.

[11] RGSt **61** 177; RG DRiZ **1932** Nr. 150; HRR **1927** Nr. 669; *Eb. Schmidt* 7; KK-*Ruß*[4] 4; KMR-*Paulus* 23; vgl. LR-*Gollwitzer* § 243, 16.

[12] Zur Wartepflicht des Gerichts vgl. etwa BayObLGSt **1959** 250 = NJW **1959** 2224; bei *Bär* DAR **1987** 315; OLG Frankfurt NJW **1954** 934; OLG Hamm VRS **47** (1974) 303; **54** (1978) 450; OLG Saarbrücken VRS **44** (1973) 190; LR-*Gollwitzer* § 232, 14; § 243, 25; bei § 412 und wegen der Verspätung eines vertretungsberechtigten Verteidigers s. LR-*Gollwitzer* § 228, 22 mit Nachweisen sowie die Rspr. zu § 74 OWiG; ferner KK-*Ruß*[4] 4; *Meyer-Goßner*[46] 13; AK-*Dölling* 7; HK-*Rautenberg*[3] 11; KMR-*Paulus* 19; SK-*Frisch* 7; *Kaiser* NJW **1977** 1955; HW *Schmidt* SchlHA **1963** 264.

[13] OLG Düsseldorf NStZ-RR **2001** 303.

[14] OLG Frankfurt NStZ-RR **1998** 211 L; OLG Hamm NStZ-RR **1997** 368, 369.

Karl Heinz Gössel

5   **§ 329** ist auch anwendbar, wenn der in der ersten Instanz anwesende oder zulässig vertretene Angeklagte **im Ausland** lebt[15]. Sind die Voraussetzungen des § 329 gegeben, ist für eine vorläufige Einstellung des Verfahrens nach § 205 kein Raum[16].

6   Ein Angeklagter, der erscheint, die **Verhandlung** aber mit der unwahren Behauptung, verhandlungsunfähig zu sein, **ablehnt**, ist nicht ausgeblieben im Sinne des § 329 Abs. 1[17]. Das Gericht kann seine Verhandlungsfähigkeit feststellen lassen, seinen Weggang nach § 231 Abs. 1 Satz 2 verhindern und ihn gegebenenfalls wie einen Angeklagten behandeln, der von seinem Schweigerecht Gebrauch macht[18]. Erscheint der Angeklagte als ein dem Gericht Unbekannter und hüllt er sich in völliges Schweigen, ohne auch nur bei der Präsenzfeststellung durch Angabe seiner Personalien mitzuwirken, so ist er auch dann ausgeblieben, wenn der anwesende Verteidiger erklärt, dies sei der Angeklagte[19].

7   Auch ein im Zustand der **Verhandlungsunfähigkeit** erscheinender Angeklagter ist trotz körperlicher Anwesenheit als ausgeblieben zu behandeln, wenn er diesen Zustand schuldhaft und in Kenntnis der dadurch verursachten Vereitelung der Hauptverhandlung herbeigeführt hat[20]. Unerheblich ist insoweit, ob die geistige Abwesenheit auf Alkoholgenuß oder anderen Mitteln[21] beruht. Für die Anwendung des § 231a ist insoweit dann kein Raum. Ist die Verhandlungsunfähigkeit dagegen nicht vom Angeklagten verschuldet, kann nicht nach § 329 verfahren werden[22].

3. Beginn einer Hauptverhandlung

8   **a)** Die Hauptverhandlung beginnt auch im Sinne des § 329 mit dem **Aufruf der Sache** durch den Vorsitzenden (§§ 243, 324)[23]. Bei Zurückstellung der Sache beginnt sie mit dem neuen Aufruf[24]. Verspäteter Beginn beendet die Pflicht zur Anwesenheit nicht[25]. Es kommt darauf an, ob der Angeklagte *zu Beginn* unentschuldigt ausgeblieben ist[26], also beim Aufruf der Sache unabhängig von der angesetzten Terminsstunde[27]. Ist er erschienen oder in zulässiger Weise vertreten, so ist § 329 nicht anwendbar, nicht bei vorzeitigem Weggang des rechtzeitig erschienenen Angeklagten[28], auch nicht, wenn sich erst in der Beweisaufnahme die von ihm selbst herbeigeführte Verhandlungsunfähigkeit des Angeklagten herausstellt[29] oder wenn der Angeklagte zwar verspätet, aber vor Erlaß des Verwerfungsurteils nach § 329 Abs. 1 erscheint[30].

9   **b)** Der Beginn **jeder neuen Hauptverhandlung** vor dem Berufungsgericht gestattet die Verwerfung der Berufung ohne Sachverhandlung[31]. Eine Ausnahme sieht Absatz 1

---

[15] LG Verden NJW **1974** 2194.
[16] OLG Stuttgart MDR **1982** 775; LR-*Rieß* § 205, 6; vgl. Rdn. 60.
[17] KG JR **1969** 270 mit zust. Anmerkung *Eb. Schmidt*; OLG Köln MDR **1981** 162; KK-*Ruß*[4] 4; *Meyer-Goßner*[46] 14; AK-*Dölling* 8.
[18] OLG Köln MDR **1981** 162; *Schlüchter* 682.1.
[19] LG Berlin NStZ-RR **1997** 338.
[20] BGHSt **23** 331 (auf Vorlage entgegen KG NJW **1970** 270); dazu *Küper* JuS **1972** 127; OLG Frankfurt NJW **1968** 217; OLG Karlsruhe NStZ **1990** 297; KK-*Ruß*[4] 4; *Meyer-Goßner*[46] 14; AK-*Dölling* 8; HK-*Rautenberg*[3] 13; KMR-*Paulus* 24; SK-*Frisch* 9; *Pfeiffer*[4] 5; *Roxin*[25] § 52, 25; *Schlüchter* 684.1; *Bloy* JuS **1986** 592; *Kaiser* NJW **1968** 185; **a. A** *Eb. Schmidt* JR **1969** 270.
[21] OLG Köln VRS **65** (1983) 47; *Seetzen* DRiZ **1974** 259.
[22] *Warda* FS Bruns 439.
[23] BayObLGSt **24** 51; *Dahs* NJW **1974** 467; KK-*Ruß*[4] 2; KMR-*Paulus* 18; *Pfeiffer*[4] 5; vgl. LR-*Gollwitzer* § 243, 16; LR-*Gössel* § 324, 1.
[24] BayObLGSt **27** 77.
[25] OLG Hamm VRS **55** (1978) 275; KMR-*Paulus* 19.
[26] OLG Karlsruhe NStZ **1990** 297; *Meyer-Goßner*[46] 12.
[27] OLG Frankfurt/M NStZ-RR **2001** 85.
[28] RGSt **63** 57; BGHSt **23** 332; BayObLGSt **1980** 73 = NJW **1981** 183; OLG Karlsruhe NStZ **1990** 297.
[29] OLG Celle StV **1994** 365; vgl. auch OLG Karlsruhe NStZ **1990** 296.
[30] BayObLGSt **1952** 81; OLG Königsberg JW **1927** 2084; OLG Oldenburg MDR **1985** 430; ferner OLG Köln VRS **58** (1980) 440 (zu § 74 OWiG); *Meyer-Goßner*[46] 13; AK-*Dölling* 7; KMR-*Paulus* 21; SK-*Frisch* 8.
[31] BGHSt **27** 239; KK-*Ruß*[4] 2; *Meyer-Goßner*[46] 3; AK-*Dölling* 6; HK-*Rautenberg*[3] 9; KMR-*Paulus* 20; SK-*Frisch* 6.

Satz 2 lediglich für den Fall der Zurückverweisung vom Revisionsgericht vor (dazu Rdn. 79).

Die Berufung des Angeklagten muß daher verworfen und über die Berufung der **10** Staatsanwaltschaft in Abwesenheit des Angeklagten verhandelt werden, wenn der Beschuldigte **nach Aussetzung** einer Berufungsverhandlung bei Beginn der erneuerten Hauptverhandlung ausbleibt. Dies gilt auch, wenn in der früheren Hauptverhandlung zur Sache verhandelt worden ist[32] oder wenn das Verfahren nach ergebnisloser vorläufiger Einstellung nach § 153a fortgesetzt wird[33].

c) War die Hauptverhandlung nur **unterbrochen**, und erscheint der Angeklagte nicht **11** zur Fortsetzungsverhandlung, ist § 329 Abs. 1 und 2 nicht anwendbar. Bei einem späteren, eigenmächtigen Ausbleiben des zu Beginn der Verhandlung erschienenen Angeklagten gelten die allgemeinen Grundsätze der § 230 Abs. 2, § 231 Abs. 2, § 232[34]. Setzt das Gericht allerdings wegen des Fernbleibens des Angeklagten die Hauptverhandlung aus, so ist es nicht gehindert, nach § 329 Abs. 1 und 2 zu verfahren, wenn der Angeklagte auch bei Beginn der erneuerten Hauptverhandlung ausbleibt.

4. Ordnungsgemäße Ladung

a) Das Verfahren nach § 329 setzt grundsätzlich eine **ordnungsgemäße Ladung** voraus **12** (§ 323 Abs. 1)[35]. An ordnungsmäßiger Ladung fehlt es zum Beispiel, wenn sie bei Berufung des Angeklagten nicht diesem selbst oder seinem nach § 145a Abs. 2 ermächtigten Verteidiger zugestellt worden ist[36]; ferner überhaupt bei einer Ladung mit widerspruchsvoller oder unrichtiger Orts- oder Zeitangabe[37], bei fehlendem, unvollständigem oder sonst unrichtigem Hinweis auf die Folgen des Ausbleibens[38] oder auf die Zulässigkeit der Vertretung durch einen schriftlich beauftragten Verteidiger[39], ferner bei einer Ladung unter falscher Anschrift[40] oder fehlerhafter Zustellung im Ausland[41] oder bei Ladung des nicht auf freiem Fuß befindlichen Angeklagten unter Nichtbeachtung der §§ 323, 216 Abs. 2 durch Ersatzzustellung in der Wohnung[42]; Gleiches gilt, wird die Ladung an den eine Strafe verbüßenden Angeklagten in der Wohnung seiner Familie zugestellt und nicht an diesen selbst in dessen, seinen nunmehrigen Lebensmittelpunkt bildenden, „Wohnung" in einer Justizvollzugsanstalt[43]. Indessen kann die Unwirksamkeit der Zustellung „nach § 37 Abs. 1, § 187 Satz 1" a. F., nunmehr § 189 „ZPO durch den tatsächlichen Zugang geheilt werden"[44]. Kann eine wirksame Zustellung nicht nachgewiesen werden, darf kein Verwerfungsurteil nach § 329 ergehen[45].

[32] Vgl. die Nachweise Fußn. 31.
[33] OLG Düsseldorf VRS **72** (1987) 193 (keine entsprechende Anwendung von § 329 Abs. 1 Satz 2).
[34] RGSt **61** 280; **63** 11; RG JW **1931** 1603; BGHSt **15** 290; BayObLGSt **32** 41; BayObLG VRS **61** (1981) 131; KG GA **75** (1931) 56; OLG Karlsruhe NStZ **1990** 297; KK-*Ruß*[4] 2; *Meyer-Goßner*[46] 3; AK-*Dölling* 6; HK-*Rautenberg*[3] 9; KMR-*Paulus* 21; SK-*Frisch* 6; *Bloy* JuS **1986** 592.
[35] Allg. M; vgl. z. B. BGHSt **24** 143, 149.
[36] KK-*Ruß*[4] 3; *Meyer-Goßner*[46] 9; AK-*Dölling* 14; HK-*Rautenberg*[3] 16; KMR-*Paulus* 12 ff; SK-*Frisch* 15.
[37] OLG Dresden DRiZ **1931** Nr. 874; OLG Frankfurt/M NStZ-RR **1996** 75; vgl. LR-*Gollwitzer* § 216, 14.
[38] RG HRR **1927** Nr. 1174; BayObLGSt **1975** 30; **1978** 64; OLG Bremen StV **1989** 54; OLG Koblenz

NJW **1981** 2074; OLG Schleswig bei *Ernesti/Jürgensen* SchlHA **1971** 218; OLG Zweibrücken StV **1981** 539; vgl. § 323, 11.
[39] OLG Bremen StV **1989** 54.
[40] OLG Düsseldorf StV **1982** 216.
[41] BayObLGSt **1981** 17.
[42] OLG Saarbrücken VRS **43** (1972) 39; vgl. LR-*Gollwitzer* § 216, 10 mit weiteren Nachweisen.
[43] OLG Düsseldorf VRS **96** (1999) 27, 28.
[44] So OLG Düsseldorf VRS **97** (1999) 139, 141 schon zur alten Rechtslage vor der Änderung der Vorschriften der ZPO über das Verfahren bei Zustellungen durch Art. 1 des Zustellungsreformgesetzes v. 25. 6. 2001 (BGBl. I S. 1206) mit Wirkung vom 1. 7. 2002.
[45] OLG Stuttgart NStZ **1989** 91; KK-*Ruß*[4] 3; AK-*Dölling* 15; SK-*Frisch* 16.

13   Auch bei **öffentlicher Zustellung** der Ladung bleibt § 329 anwendbar[46]. Nach § 40 Abs. 3[47] ist sie im Verfahren über eine Berufung des Angeklagten unter erleichterten Voraussetzungen zulässig. Im Interesse der Verfahrensbeschleunigung und zur Entlastung der Gerichte darf die Ladung zur Hauptverhandlung dem Angeklagten schon dann öffentlich zugestellt werden, wenn sie nicht unter einer Anschrift möglich ist, unter der letztmals zugestellt wurde oder die der Angeklagte zuletzt angegeben hat. Es darf also öffentlich zugestellt werden, wenn die Zustellung nicht an den Verteidiger nach § 145a möglich ist und eine Zustellung an die zuletzt bekannt gewordene Anschrift des Angeklagten sich als ergebnislos erwiesen hat[48]. Soll dagegen über eine Berufung der Staatsanwaltschaft entschieden werden, ist die öffentliche Zustellung der Ladung wie bisher nur unter den vollen Voraussetzungen von § 40 Abs. 1, 2 zulässig, das Gericht muß also weiterhin alle Mittel zur Erforschung des Aufenthalts ausgeschöpft haben[49]. Bei Personen, die zur Tatzeit noch Jugendliche waren, wird die öffentliche Zustellung für unzulässig gehalten[50].

14   **b) Nicht jeder Ladungsfehler** hindert jedoch die Anwendung des § 329 Abs. 1, 2, sondern nur ein solcher, der bewirkt haben kann, daß ein erscheinungswilliger Angeklagter die Hauptverhandlung versäumt hat[51]. Das Berufungsgericht darf allerdings nur nach § 329 verfahren, wenn es sicher ist, daß der festgestellte Ladungsfehler den Angeklagten nicht gehindert hätte, sich rechtzeitig zum Termin einzufinden, etwa, wenn sich aus den Akten ergibt, daß er Ort und Zeit des Termins kannte.

15   Da die ordnungsgemäße Ladung **keine Verfahrensvoraussetzung** für das Verfahren nach § 329 ist, würde, auch wenn man der anderen Meinung folgt, die Revision gegen das Verwerfungsurteil in diesem Fall daran scheitern, daß es nicht auf dem (gerügten) Ladungsfehler beruht, wenn feststeht, daß der Angeklagte ohnehin nicht gekommen wäre[52].

16   Die mit der Ladung zu verbindenden **Hinweise auf die Folgen des Ausbleibens** sind dagegen zwingende Maßnahmen zum Schutze des Angeklagten. Sie schließen jede Verfahrensgestaltung aus, auf die er nicht vorher ordnungsgemäß hingewiesen worden ist. Seine Berufung darf nicht ohne Verhandeln zur Sache verworfen, über die Berufung der Staatsanwaltschaft darf nicht nach Absatz 2 in seiner Abwesenheit verhandelt werden, wenn der jeweilige Hinweis nicht oder nicht ordnungsgemäß oder mißverständlich erteilt worden ist[53]. Ist andererseits ein für das beabsichtigte Verfahren irrelevanter Hinweis fehlerhaft, so hindert sein Schutzzweck das Berufungsgericht nicht an einer Verfahrensgestaltung, auf die der Angeklagte ordnungsgemäß hingewiesen worden ist.

---

[46] KG NJW **1969** 475; OLG Düsseldorf StV **1982** 127; OLG Frankfurt StV **1983** 233; OLG Hamburg JR **1982** 122; OLG Stuttgart MDR **1982** 775; h. M; die Ansicht, § 232 Abs. 2 hindere Verwerfung (OLG Frankfurt JR **1978** 392 mit abl. Anmerkung *Meyer*) wird durch § 40 Abs. 3 widerlegt.

[47] Eingefügt durch Art. 1 Nr. 4 StVÄG 1987.

[48] Dazu Begr. BTDrucks. **10** 1313 zu Art. 1 Nrn. 4 und 5; wegen der Einzelheiten vgl. LR-*Wendisch* § 40, 5 ff; vgl. auch *Rieß/Hilger* NStZ **1987** 152.

[49] Vgl. etwa OLG Hamm JMBlNW **1979** 178; OLG Köln VRS **64** (1983) 198; LR-*Wendisch* § 40, 9 ff mit weiteren Nachweisen.

[50] OLG Stuttgart Justiz **1987** 75; *Meyer-Goßner*[46] 9; *Dölling/Brunner*[11] § 2, 5; a. A LG Zweibrücken MDR **1991** 985.

[51] OLG Düsseldorf StV **1982** 216; KG GA **1975** 148; OLG Oldenburg GA **1993** 462, 463; LG Verden NJW **1974** 2194; vgl. auch BayObLG VRS **38** (1970) 292 (zu § 412), OLG Karlsruhe MDR **1980** 955; KK-*Ruß*[4] 3; *Meyer-Goßner*[46] 9 (für Ausbleiben nicht ursächliche Mängel); AK-*Dölling* 16; HK-*Rautenberg*[3] 19; vgl. aber auch KMR-*Paulus* 14 (wenn Schutzzweck der §§ 116, 323 Abs. 1, § 329 Abs. 1 nicht verletzt ist); ferner LR-*Gollwitzer* § 216, 14 ff.

[52] KG GA **1975** 148; KK-*Ruß*[4] 3; vgl. ferner die Nachweise Fußn. 51.

[53] BayObLGSt **1975** 30 = MDR **1975** 683; BayObLGSt **1978** 64 = VRS **55** (1978) 281; OLG Düsseldorf MDR **1987** 868; OLG Zweibrücken StV **1981** 539; vgl. Rdn. 12; § 323, 11.

Der Hinweis auf die Möglichkeit der Verwerfung ersetzt insbesondere nicht den Hin- **17** weis darauf, daß nach § 232 oder § 329 Abs. 2 in seiner Abwesenheit verhandelt werden kann[54]. Die Hinweise müssen in der Ladung zu dem **anstehenden Termin** erteilt worden sein; die Verweisung auf einen früheren Hinweis genügt nicht[55]. Ist der Angeklagte nach § 40 Abs. 3 mittels öffentlicher Zustellung geladen worden, dürfte wegen § 35a Satz 2 das Fehlen des an sich auch hier erforderlichen Hinweises in der Ladung die Verwerfung nicht ausschließen[56]; im übrigen aber entbindet die Belehrung nach dieser Vorschrift nicht von der Wiederholung des Hinweises in der jeweiligen Ladung.

c) Ob die **Einhaltung der Ladungsfrist** (§ 217 Abs. 1) zu den Voraussetzungen einer **18** ordnungsgemäßen Ladung gehört, so daß eine sofortige Verwerfung ausgeschlossen ist, wenn sie nicht gewahrt wird, ist strittig. Die in der Rechtsprechung vorherrschende Ansicht verneint dies, auch im Falle öffentlicher Zustellung[57], da die Fristwahrung die in der Ladung ausgesprochene Verpflichtung des Angeklagten zum Erscheinen vor Gericht nicht berührt, sondern ihm aus anderen Gründen (ausreichende Vorbereitung der Verteidigung) eingeräumt ist und da die Rechtsfolgen bei ihrer Nichteinhaltung in § 217 Abs. 2 und 3 abschließend geregelt sind[58]. Hat der Angeklagte, was auch schon vor der Hauptverhandlung möglich ist und schriftlich auch durch Telefax geschehen kann[59], wegen der Nichteinhaltung der Frist einen **Aussetzungsantrag** gestellt, ist diesem statt-zugeben[60]. Im übrigen muß bei Prüfung der Frage, ob das Ausbleiben des Angeklagten genügend entschuldigt ist, das Gericht auch mit berücksichtigen, daß die Ladungsfrist nicht gewahrt ist[61]. Ebensowenig soll die fehlende **Zustellung des angefochtenen Urteils** die Verwerfung nach § 329[62] hindern: Dem wird jedoch deshalb nicht gefolgt werden können, weil der Angeklagte im Regelfall erst nach Kenntnisnahme der schriftlichen Urteilsgründe entscheiden können wird, ob er sein Rechtsmittel weiter verfolgen will.

5. **Vorführung des verhafteten Angeklagten.** Der verhaftete Angeklagte hat das **Recht 19 auf Vorführung** zur Verhandlung vor dem Berufungsgericht. Dies ergibt sich aus dem Wesen der Berufung. Nur im Revisionsverfahren hat er keinen Anspruch auf Anwesenheit (§ 350 Abs. 2). Ist er in der vor dem Berufungsgericht **zu verhandelnden Sache** fest-genommen, so ist er grundsätzlich von Amts wegen vorzuführen[63]. Unterbleibt dies, ist § 329 nicht anwendbar, da es dem Angeklagten nicht zum Verschulden gereicht, wenn er seine Vorführung nicht selbst betreibt[64].

Gleiches gilt grundsätzlich auch, wenn sich der Angeklagte in einer **anderen Sache** in **20** behördlichem Gewahrsam befindet und zwar entgegen der verschiedentlich vertretenen

[54] OLG Hamm NJW **1954** 1131; OLG Oldenburg NJW **1952** 1152; *Eb. Schmidt* Nachtr. I 1; KK-*Ruß*[4] 3; *Rödding* NJW **1955** 144; **a.A** *Breh* NJW **1954** 1540; vgl. auch Rdn. 80; 82 ff.

[55] OLG Koblenz NJW **1981** 2074; KK-*Ruß*[4] 3; AK-*Dölling* 15; ferner § 323, 12.

[56] *Meyer-Goßner*[46] 9 f.

[57] LG Stuttgart Justiz **1996** 64.

[58] RG DJZ **1931** 501; BGHSt **24** 149; BayObLG DRiZ **1930** Nr. 154; BayObLGSt **1966** 121 = NJW **1967** 457; KG JW **1926** 1613; VRS **17** (1959) 139; OLG Bremen DAR **1959** 301; OLG Köln NJW **1955** 1243; OLG Saarbrücken VRS **44** (1973) 190; OLG Schleswig bei *Ernesti/Jürgensen* SchlHA **1969** 154; KK-*Ruß*[4] 3; *Meyer-Goßner*[46] 11; *Ordenmann* MDR **1960** 192; zweifeld OLG Frankfurt/M NStZ-RR **1999** 18; SK-*Frisch* 17; **a.A** OLG Dres

den DRiZ **1932** Nr. 538; *Koffka* JR **1967** 190 (abl. Anmerkung zu BayObLGSt **1966** 121); *Eb. Schmidt* Nachtr. I 2a.

[59] OLG Düsseldorf VRS **97** (1999) 139, 140.

[60] Vgl. BayObLG bei *Rüth* DAR **1982** 255 (Aussetzungsantrag vor Hauptverhandlung); OLG Köln StV **1986** 470 (zu § 412); *Meyer Goßner*[46] 11; AK-*Dölling* 16; HK-*Rautenberg*[3] 18; KMR-*Paulus* 14; SK-*Frisch* 17.

[61] Nach BGHSt **24** 152 entschuldigt die Nichteinhaltung der Ladungsfrist nicht schlechthin; **a.A** *Cramer* JR **1972** 161.

[62] BayObLG NJW **1994** 1749.

[63] Vgl. LR-*Gollwitzer* § 214, 12; ferner Rdn. 21.

[64] OLG Braunschweig NStZ **2002** 163; OLG Stuttgart StV **1988** 72; KK-*Ruß*[4] 12; *Meyer-Goßner*[46] 24; KMR-*Paulus* 15; SK-*Frisch* 36.

Ansicht auch dann, wenn der Angeklagte es unterlassen hat, das Berufungsgericht auf seine Verhaftung in anderer Sache hinzuweisen oder sonst auf seine Vorführung zum Berufungstermin hinzuwirken[65]. Darauf, ob dem Berufungsgericht die Verhaftung bekannt geworden ist oder ob es sie aus anderen, ihm bekannten Umständen hätte ersehen können, kann es im Endergebnis nicht ankommen[66], denn maßgebend, ob der Angeklagte genügend entschuldigt ist, ist allein die wahre Sachlage, auch wenn sie dem Berufungsgericht nicht bekannt sein konnte und dieses daher die Berufung verworfen hat[67].

21   Ein **Verzicht des Angeklagten** auf Vorführung wird, sofern keine Anordnung nach § 236 ergangen ist, in den Fällen für zulässig erachtet, in denen sich der Angeklagte vertreten lassen könnte, wenn er auf freiem Fuß wäre (vgl. § 233), ferner bei Berufung der Staatsanwaltschaft (Rdn. 82). **Lehnt** der Angeklagte es **ausdrücklich ab**, zum Berufungstermin vorgeführt zu werden, obwohl dies zeitlich möglich wäre, so kann dies die sofortige Verwerfung rechtfertigen, da dann sein Ausbleiben nicht die Folge seiner Haft, sondern seines eigenen freien Willensentschlusses ist, also durch die Haft in der Regel nicht entschuldigt wird[68]. Die Weigerung beruht auch dann auf der freien Willensentschließung des Angeklagten, wenn sie mit der Art und Weise begründet wird, in der die Vorführung durchgeführt werden soll[69]. Etwas anderes gilt nur, wenn der Angeklagte sich zu Recht gegen die Art und Weise der Vorführung wehrte, weil sie für ihn wegen besonderer Umstände – der Grundsatz der Verhältnismäßigkeit gilt auch hier – nicht zumutbar war[70].

6. Genügende Entschuldigung

22   **a)** Das Berufungsgericht muß **von Amts wegen prüfen**, ob Umstände ersichtlich sind, die das Ausbleiben des Angeklagten genügend entschuldigen[71]. Hierzu kann auch ein inhaltlich unzureichendes Entschuldigungsschreiben Anlaß geben[72]. Vor Erlaß des Verwerfungsurteils und vor Eintritt in das Verfahren nach Absatz 2 muß es die Akten auf Entschuldigungsgründe durchsehen[73], auch ein abgelehntes Vertagungsgesuch darf dabei nicht unbeachtet bleiben. Je nach den Umständen muß sich das Gericht auch auf

---

[65] OLG Braunschweig NStZ **2002** 163; *Eb. Schmidt* 12; Nachtr. I 5; KK-*Ruß*[4] 12; *Meyer-Goßner*[46] 24; KMR-*Paulus* 15. Nach OLG Frankfurt MDR **1961** 1036 ist die Verhaftung in anderer Sache zwar nicht immer ein Entschuldigungsgrund, sie kann es aber sein, wenn der Angeklagte zwei Tage vor der Hauptverhandlung verhaftet worden ist; vgl. ferner OLG Celle NdsRpfl **1963** 260; OLG Köln GA **1963** 58 (beide Entscheidungen sind aber zu § 329 Abs. 2 a. F ergangen; der damals maßgebende Begriff des unabwendbaren Zufalls war enger als der der genügenden Entschuldigung); vgl. auch OLG Köln GA **1962** 382.

[66] So aber BayObLG bei *Rüth* DAR **1983** 254; OLG Celle NdsRpfl **1963** 260; OLG Karlsruhe NJW **1969** 476; OLG Schleswig SchlHA **1976** 172; *Meyer-Goßner*[46] 24; AK-*Dölling* 17; SK-*Frisch* 37; wie hier dagegen BGH GA **1969** 281; OLG Frankfurt StV **1987** 380 (zu § 231 Abs. 2); HK-*Rautenberg*[3] 23; *Ostermeyer* NJW **1969** 1130; vgl. LR-*Gollwitzer* § 231, 23.

[67] Vgl. Rdn. 26. Zur Korrektur bedarf es allerdings der Revision oder des Antrags nach § 329 Abs. 3.

[68] OLG Bremen StV **1987** 11; OLG Karlsruhe MDR **1974** 598; OLG Köln GA **1962** 382; KK-*Ruß*[4] 12; *Meyer-Goßner*[46] 24; KMR-*Paulus* 15.

[69] OLG Karlsruhe MDR **1974** 598 (Fesselung); vgl. auch OLG Hamm MDR **1978** 692 (zu § 454); LR-*Gollwitzer* § 231, 24.

[70] OLG Stuttgart Justiz **1972** 187; vgl. LR-*Gollwitzer* § 231, 24.

[71] H. M; etwa RGSt **61** 280; **62** 420; **64** 246; BGHSt **17** 394; BayObLGSt **1956** 32 = NJW **1956** 838; BayObLGSt **1971** 9; BayObLG bei *Rüth* DAR **1982** 255; OLG Düsseldorf NStZ **1984** 331; StV **1987** 9; KG GA **1973** 30; OLG Karlsruhe MDR **1978** 75; JR **1978** 36; NJW **1969** 476; OLG Koblenz VRS **64** (1983) 212; OLG Köln NJW **1953** 1036; *Eb. Schmidt* 12 Nachtr. I 5; AK-*Dölling* 19; HK-*Rautenberg*[3] 20; KMR-*Paulus* 26.

[72] OLG Karlsruhe Justiz **1980** 288.

[73] RGSt **62** 422; **64** 246; RG JW **1931** 1604; **1931** 1618; **1932** 1151; DRiZ **1929** Nr. 810; OLG Bremen MDR **1955** 184; OLG Celle MDR **1955** 184; OLG Düsseldorf NJW **1960** 1921; OLG Frankfurt NJW **1953** 1036; KK-*Ruß*[4] 8; *Meyer-Goßner*[46] 18.

---

der Geschäftsstelle vergewissern, ob dort kein Vertagungsgesuch liegen geblieben ist[74] und es muß einen erschienenen Verteidiger und anwesende Zeugen über den Verbleib des Angeklagten befragen.

Eine über die Auswertung der unmittelbar erkennbaren Tatsachen hinausgehende **23** **Pflicht zu Nachforschungen** besteht für das Berufungsgericht allerdings nur, dann aber wohl[75], wenn Anhaltspunkte dafür sprechen, daß das Ausbleiben entschuldigt sein könnte[76]. Kurzfristig durchführbare Ermittlungen, vor allem eine fernmündliche Erkundigung beim Angeklagten oder Verteidiger, können angezeigt sein.

Beweismittel, deren Beibringung zu einer erheblichen **Verzögerung der Entscheidung** **24** führen würde, braucht das Gericht in der Regel nicht heranzuziehen. Dies würde den Zweck des § 329 vereiteln, der eine schnelle Erledigung des Berufungsverfahrens ohne Aussetzung ermöglichen will[77].

Werden dem Gericht Entschuldigungsgründe bereits **vor der Hauptverhandlung** **25** bekannt, etwa weil der Angeklagte seine voraussichtliche Verhinderung mitteilt, dann muß das Gericht die Zeit bis zur Hauptverhandlung nutzen, um die Entschuldigungsgründe auf ihre Stichhaltigkeit zu überprüfen[78]. Es muß von Amts wegen dazu die erforderlichen Erhebungen durchführen, insbesondere auch eine etwa erforderliche amtsärztliche Untersuchung veranlassen, oder den Angeklagten auffordern, ungenügende Angaben zu ergänzen.

Es kommt grundsätzlich nicht auf das **Vorbringen des Angeklagten** an, sondern auf **26** die **wirkliche Sachlage**, also insbesondere auch nicht darauf, ob und in welcher Form der Angeklagte sich entschuldigt hat[79]. Eine genügende Entschuldigung darf nicht etwa schon deshalb verneint werden, weil der Angeklagte in der Lage gewesen wäre, sich rechtzeitig zu entschuldigen[80], weil der Inhalt seines Entschuldigungsschreibens unzulänglich ist oder weil er sich in der Hauptverhandlung hätte vertreten lassen können[81].

Einer **förmlichen Glaubhaftmachung** der Entschuldigungsgründe durch den Ange- **27** klagten bedarf es nicht[82]. Er ist erst recht nicht verpflichtet, dem Gericht die behaupteten Entschuldigungsgründe **nachzuweisen**. Hat er das Attest eines Privatarztes vorgelegt – was für die genügende Entschuldigung in der Regel ausreicht[83] –, so darf das Gericht ihn nicht allein deshalb als nicht genügend entschuldigt ansehen, weil er dem Verlangen, ein amtsärztliches Zeugnis vorzulegen, nicht nachgekommen ist[84]. Zweifelt das Gericht an der Richtigkeit des privatärztlichen Zeugnisses oder hält es dessen Inhalt für unzureichend[85],

---

[74] OLG Frankfurt NJW **1974** 1151 (Fürsorgepflicht); OLG Stuttgart Justiz **1981** 288.

[75] OLG Hamm NStZ-RR **1998** 281.

[76] BayObLG bei *Rüth* DAR **1974** 183; KG GA **1973** 30; KK-*Ruß*[4] 8.

[77] OLG Hamburg JR **1959** 29; OLG Saarbrücken NJW **1975** 1614; *Meyer-Goßner*[46] 20; SK-*Frisch* 33.

[78] *Preiser* GA **1965** 371.

[79] RGSt **62** 421: „nicht darauf, ob er sich genügend entschuldigt hat, sondern ob er genügend entschuldigt ist"; h. M; z. B. BGHSt **17** 396; BayObLG StV **2001** 338; KG GA **1973** 30; OLG Düsseldorf NStZ **1984** 331; NStZ-RR **1998** 281; StV **1987** 9; VRS **71** (1986) 292; OLG Hamm NStZ-RR **1998** 241; OLG Köln NJW **1982** 2617; VRS **71** (1986) 371; StV **1989** 53, 54 und zahlreiche, in den nachfolgenden Fußn. nachgewiesene Entscheidungen; ferner *Eb. Schmidt* 12; Nachtr. I 5; KK-*Ruß*[4] 7; *Meyer-Goßner*[46] 18; AK-*Dölling* 20;

HK-*Rautenberg*[3] 20; KMR-*Paulus* 26; SK-*Frisch* 18.

[80] Vgl. etwa BayObLG bei *Rüth* DAR **1982** 255; OLG München MDR **1957** 761.

[81] BayObLGSt **1963** 30; ferner Rdn. 46 ff.

[82] Vgl. etwa BayObLG NJW **1998** 172; OLG Düsseldorf StV **1987** 9; OLG Köln NJW **1953** 1036; VRS **71** (1986); StV **1989** 53, 54; OLG Neustadt MDR **1956** 312; KK-*Ruß*[4] 8; *Meyer-Goßner*[46] 18; SK-*Frisch* 34; *Hohendorf* GA **1979** 418.

[83] Vgl. etwa OLG Bremen MDR **1955** 184; OLG Düsseldorf JMBlNW **1983** 40; VRS **71** (1986) 292; OLG Hamm JMBlNW **1963** 254; NJW **1970** 1245; OLG Köln NJW **1982** 2617; AK-*Dölling* 20.

[84] *Meyer-Goßner*[46] 19 mit weiteren Nachweisen.

[85] Vgl. etwa BayObLG bei *Rüth* DAR **1976** 177, KG JR **1978** 36; OLG Karlsruhe Justiz **1980** 289 (Bescheinigung der Arbeitsunfähigkeit); OLG Köln NJW **1982** 2617.

dann muß es den Sachverhalt aufklären[86], etwa eine amtsärztliche Untersuchung selbst veranlassen[87].

28   Entschuldigungsgründe, die **nur der Angeklagte kennt**, muß dieser allerdings unter Anführung der erforderlichen Tatsachen dem Gericht mitteilen, damit dieses nachprüfen kann, ob sein Ausbleiben genügend entschuldigt ist. Die generelle Behauptung der Verhinderung genügt nicht[88]. Das Gericht kann allerdings, sofern die Zeit dafür ausreicht, verpflichtet sein, dem Angeklagten Gelegenheit zu geben, den behaupteten Verhinderungsgrund näher darzulegen.

29   Der **bloße Verdacht**, daß ein Entschuldigungsgrund nur vorgeschützt sein könnte, rechtfertigt es nicht, den Angeklagten als nicht entschuldigt zu behandeln[89]. Das Gericht darf nach § 329 nur verfahren, wenn dessen Voraussetzungen nach seiner Überzeugung feststehen. Bleibt zweifelhaft, ob der Angeklagte genügend entschuldigt ist, dann sind die Voraussetzungen des Absatzes 1 Satz 1 nicht gegeben[90]; solche Zweifel verpflichten vielmehr zu ihrer Klärung.

30   **b)** Das Berufungsgericht muß aufgrund der ihm obliegenden Aufklärungspflicht von Amts wegen im Wege des **Freibeweises**[91] **aufklären**, ob die beabsichtigte Verwerfung zulässig ist und damit, ob die Entschuldigungsgründe zutreffen[92] und ob andere, nicht vorgetragene Gründe ersichtlich sind, welche das Ausbleiben als entschuldigt erscheinen lassen; Anhaltspunkten für das Vorliegen eines Entschuldigungsgrundes muß nachgegangen werden; ein ärztliches Attest über die wegen einer Erkrankung fehlende Reisefähigkeit reicht grundsätzlich aus[93]. Das Ergebnis seiner Nachforschungen kann in jeder geeigneten Form in die Hauptverhandlung eingeführt werden. So darf zum Beispiel eine Aktennotiz verlesen werden, in der der Vorsitzende das Ergebnis seiner Erkundigungen festgehalten hat[94].

31   Die **Erörterung**, ob der Angeklagte genügend entschuldigt ist, hat mit der Verhandlung zur Sache selbst nichts zu tun. Sie dient lediglich der Klärung einer verfahrensrechtlichen Frage. Daher kann das Gericht hierüber auch verhandeln, wenn ein Fall der **notwendigen Verteidigung** vorliegt und für den ausgebliebenen Angeklagten kein Verteidiger zur Verhandlung erschienen ist[95].

---

[86] Vgl. Rdn. 22; ferner etwa OLG Hamm StV **1993** 7; OLG Köln VRS **71** (1986) 371 (Mitteilung der Erkrankung durch Verteidiger); OLG Zweibrücken StV **1987** 10; AK-*Dölling* 20; SK-*Frisch* 34.

[87] RG DRiZ **1929** Nr. 798; BayObLG bei *Rüth* DAR **1986** 249; OLG Celle StV **1987** 192; OLG Hamm JMBlNW **1970** 252; OLG Schleswig SchlHA **1955** 31; KK-Ruß[4] 8; KMR-*Paulus* 26.

[88] KG GA **1973** 30; KK-*Ruß*[4] 8; AK-*Dölling* 20; SK-*Frisch* 34; vgl. auch OLG Jena NStZ-RR **1997** 333 zur vergleichbaren Lage der genügenden Entschuldigung eines Zeugen nach § 51.

[89] RG JW **1932** 3629; RG HRR **1929** Nr. 985; BayObLG bei *Rüth* DAR **1974** 183; **1982** 255; OLG Düsseldorf StV **1987** 9; OLG Hamm MDR **1961** 169; OLG Köln NJW **1963** 1265; OLG Saarbrücken NJW **1969** 599; **1975** 161; OLG Stuttgart MDR **1964** 695; OLG Zweibrücken OLGSt **35**; KK-*Ruß*[4] 8; *Meyer-Goßner*[46] 22; AK-*Dölling* 21; KMR-*Paulus* 27; *Preiser* GA **1965** 371; *Eb. Schmidt* 12; Nachtr. I 5; *Schmidt* SchlHA **1963** 264; vgl. ferner Fußn. 90 und LR-*Gollwitzer* § 231, 15 ff.

[90] BayObLG NJW **1998** 172; NStZ-RR **1999** 143;

OLG Düsseldorf StV **1987** 9; OLG Hamm NJW **1965** 410; KG VRS **6** (1954) 310; OLG Koblenz NJW **1975** 322; OLG Saarbrücken NJW **1975** 1613; OLG Stuttgart NJW **1964** 695; KK-*Ruß*[4] 8; *Meyer-Goßner*[46] 22; AK-*Dölling* 21; HK-*Rautenberg*[3] 20; KMR-*Paulus* 26; SK-*Frisch* 35.

[91] H. M., z. B. BayObLGSt **1966** 58 = NJW **1966** 1981; NJW **1998** 172; NStZ-RR **1999** 143; OLG Düsseldorf StV **1987** 9; OLG Hamm NJW **1965** 410; NStZ-RR **1997** 240; OLG Saarbrücken NJW **1975** 1613; KK-*Ruß*[4] 9; *Meyer-Goßner*[46] 19; AK-*Dölling* 19 mit weiteren Nachweisen; HK-*Rautenberg*[3] 20; KMR-*Paulus* 26; SK-*Frisch* 33; a. A *Preiser* GA **1965** 366, der davon ausgeht, daß das Berufungsgericht seine Feststellungen zum Ausbleiben des Angeklagten nach Strengbeweisrecht trifft.

[92] OLG Düsseldorf StV **1994** 364, 365; OLG Köln StV **1989** 53, 54; OLG Naumburg NStZ-RR **2001** 87, 88; OLG Zweibrücken StV **2001** 336 L.

[93] OLG Düsseldorf StV **1994** 364.

[94] BayObLGSt **1966** 58 = NJW **1966** 1981.

[95] OLG Hamm NJW **1970** 1245.

Die **Anhörung** des Angeklagten zum Ergebnis der Ermittlungen über den Entschuldi- **32**
gungsgrund vor der Entscheidung ist nicht notwendig[96]. § 33 Abs. 1 gilt insoweit nicht,
da die vorherige Anhörung den Zweck des § 329 Abs. 1 vereiteln und die Termins-
mißachtung durch den Angeklagten belohnen würde (vgl. § 33 Abs. 4). Dem Gebot zur
Gewährung des **rechtlichen Gehörs**, das auch bei der Ermittlung von Verfahrenstatsachen
gilt, wird dadurch genügt, daß der Angeklagte Gelegenheit hat, sich im Wiedereinsetzungsgesuch oder in der Revisionsbegründung zur genügenden Entschuldigung seines
Ausbleibens zu äußern[97].

c) Die **Entscheidung**, ob der Angeklagte genügend entschuldigt ist, ist **keine Ermessens-** **33**
entscheidung[98]. Ob ihm das Erscheinen vor Gericht billigerweise nicht zuzumuten war,
hat das Gericht nach sorgfältigem **Abwägen** des Grundes des Ausbleibens gegenüber der
Pflicht, vor Gericht zu erscheinen, zu beurteilen, wobei die öffentlich-rechtliche Pflicht
zum Erscheinen in der Regel den privaten Abhaltungen vorgeht. Bei der Abwägung darf
die Bedeutung der jeweiligen Strafsache nicht außer acht gelassen werden[99]. Steht andererseits jedoch zur vollen Überzeugung des Gerichts fest, daß der Entschuldigungsgrund
nur vorgeschoben und der Angeklagte in keinem Fall gewillt ist, zur Berufungsverhandlung zu erscheinen, so ist die Berufung zu verwerfen, auch wenn ein an sich beachtlicher
Entschuldigungsgrund vorgetragen wird[100].

d) **Keine enge Auslegung.** Der **Rechtsbegriff der genügenden Entschuldigung** darf **34**
nicht eng ausgelegt werden[101]. Dies folgt daraus, daß er die Grenzen einer Ausnahmevorschrift bestimmt, die den vom Gesetz eröffneten Zugang zum Berufungsgericht einschränkt[102].

Das Ausbleiben des Angeklagten ist **entschuldigt**, wenn ihm bei Abwägung aller **35**
Umstände des Einzelfalls daraus billigerweise kein Vorwurf gemacht werden kann. Als
Entschuldigungsgründe können alle Umstände in Betracht kommen, die den Angeklagten am Erscheinen hinderten oder die es bei Abwägung der widerstreitenden Interessen
oder Pflichten als unzumutbar erscheinen lassen. Auch Unklarheiten infolge undeut-
licher Verfahrensvorgänge und nicht selbst verschuldete Rechtsirrtümer des Angeklagten
gehören hierher. Maßgebend ist immer der Einzelfall.

e) **Einzelfälle**

aa) **Hindernisse in der Person des Angeklagten. Erkrankung** entschuldigt das Ausbleiben **36**
des Angeklagten, sofern ihm nach Art und Auswirkungen seiner Krankheit die Fahrt
zum Verhandlungsort und die Teilnahme an der Hauptverhandlung nicht zumutbar
ist[103]. Verhandlungsunfähig braucht er deswegen aber nicht zu sein[104]; es genügt schon,
wenn er durch seinen Zustand in der Wahrnehmung seiner Verteidigung beeinträchtigt

---

[96] KMR-*Paulus* 31; vgl. ferner die Nachweise in Fußn. 97.

[97] BayObLGSt **1966** 58; **1968** 106 = NJW **1966** 1981; **1969** 807; OLG Hamm NJW **1965** 410; **1970** 1245.

[98] *Busch* JZ **1973** 460; ferner etwa BGHSt **17** 397; KK-*Ruß*[4] 10; AK-*Dölling* 28; HK-*Rautenberg*[3] 21; SK-*Frisch* 42; sowie die Nachweise Fußn. 101 und Rdn. 36 ff; **a.A** RG HRR **1927** Nr. 356 und ein Teil der früheren OLG Rechtspr.

[99] RGSt **66** 151; OLG Düsseldorf NJW **1973** 109; OLG Hamm MDR **1961** 168; **1962** 32; KK-*Ruß*[4] 9.

[100] OLG Karlsruhe MDR **1978** 75; Justiz **1980** 289; *Meyer-Goßner*[46] 23; KMR-*Paulus* 30.

[101] RGSt **61** 280; BGHSt **17** 189; BayObLGSt **1956** 34 = NJW **1956** 838; OLG Celle MDR **1955** 184; OLG Düsseldorf NJW **1973** 109; OLG Karlsruhe Justiz **1973** 57; NJW **1973** 1515; OLG Koblenz NJW **1975** 322; KK-*Ruß*[4] 10; KMR-*Paulus* 32.

[102] Vgl. etwa OLG Hamm NJW **1965** 410; OLG Stuttgart MDR **1964** 695.

[103] OLG Düsseldorf NStZ **1984** 331; NStZ-RR **1998** 281; StV **1987** 9; VRS **98** (2000) 353; OLG Hamm NStZ-RR **1998** 281; *Meyer-Goßner*[46] 26.

[104] OLG Düsseldorf MDR **1982** 956; StV **1987** 9; OLG Köln NJW **1979** 2362; VRS **71** (1986) 371.

Karl Heinz Gössel

wäre oder wenn die Gefahr einer wesentlichen Verschlimmerung seiner Krankheit besteht[105], ferner, wenn die Reise zum Gericht eine erhebliche Gesundheitsgefährdung bedeuten würde[106]. Die **Krankheitsgründe** können physischer oder psychischer Art sein[107], sie reichen von der Bettlägerigkeit wegen einer akuten Erkrankung[108] über den Bruch der Beinprothese und der Entwöhnung der Krücken[109] bis zur Gefährdung des Therapieerfolgs bei der Behandlung eines Drogenabhängigen[110]. Ein **ernstgemeinter Selbstmordversuch** ist eine genügende Entschuldigung, es sei denn, es steht fest, daß damit nur die Verzögerung des Verfahrens bezweckt war[111]. Allerdings kann eine bewußt zur Verhandlungsunfähigkeit führende *selbst herbeigeführte* Erkrankung das Ausbleiben des Angeklagten grundsätzlich nicht entschuldigen; *beseitigt* er aber einen ohne sein Verschulden eingetretenen Erkrankungszustand nicht, so ist er jedenfalls dann entschuldigt, wenn eine ärztliche Therapie wegen eines erheblichen Eingriffs in seine körperliche Integrität unzumutbar ist[112].

37   Hinreichende Entschuldigungsgründe können auch sonstige private Verhinderungen sein, wie z. B. unaufschiebbare **Verpflichtungen gegen Familienangehörige**, vor allem die Erkrankung eines auf die Fürsorge des Angeklagten angewiesenen Familienmitglieds wie die lebensgefährliche Erkrankung des Ehegatten[113] oder die Niederkunft der Ehefrau[114], die dringende Inanspruchnahme durch eine sonstige Pflicht gegen die Familie[115] oder auch Gebote einer Religion für ein „gläubiges und praktizierendes Mitglied der entsprechenden Religionsgemeinschaft"[116]. Besteht zwischen dem Zugang der Ladung und dem Termin der Berufungshauptverhandlung „ein ungewöhnlich langer Zeitraum" von 11 Monaten oder mehr, so muß der Angeklagte zumutbare Vorkehrungen gegen ein mögliches Vergessen des Termins treffen[117].

38   Eine **Urlaubsreise**, die seit längerer Zeit geplant ist und die nach der Terminsmitteilung nicht mehr ohne große finanzielle Verluste rückgängig gemacht werden kann, entschuldigt bei einer Strafsache ohne größere Bedeutung das Fernbleiben[118], vorausgesetzt, bei dieser Reise handelt es sich um eine *vorübergehende* Abwesenheit: Wer mitteilt, er werde Mitte November eines Jahres eine Flugreise antreten und deshalb in dem betreffenden Jahr nicht mehr erreichbar sein, muß zur Vermeidung unentschuldigten Fernbleibens „besondere Vorkehrungen hinsichtlich möglicher Zustellungen … treffen"[119]. Ein Erholungsurlaub, der jederzeit unterbrochen werden kann, rechtfertigt das Fernbleiben nicht[120],

---

[105] Vgl. etwa OLG Düsseldorf MDR **1982** 956; OLG Köln NJW **1979** 2362 (LS; endogene Psychose); OLG Schleswig SchlHA **1955** 31 (Nervenkrankheit); bei *Ernesti/Jürgensen* SchlHA **1973** 188.

[106] RG JW **1931** 1604.

[107] Vgl. etwa OLG Brandenburg NJW **1998** 842 (Querulantenwahn von Krankheitswert); OLG Bremen MDR **1955** 184; OLG Düsseldorf NStZ **1984** 331 (Mundabszeß); OLG Karlsruhe DRiZ **1931** Nr. 62 (Geisteskrankheit); OLG Saarbrücken MDR **1969** 599; OLG Stuttgart MDR **1964** 695; vgl. ferner die Rspr. bei LR-*Gollwitzer* § 231, 18 und bei LR-*Gössel* § 412, 19 ff.

[108] OLG Hamm JMBlNW **1965** 82; OLG Köln VRS **71** (1986) 371.

[109] OLG Zweibrücken OLGSt 35.

[110] KG StV **1995** 575.

[111] OLG Koblenz NJW **1975** 322 mit Anmerkung *Krause* NJW **1975** 1713; vgl. LR-*Gollwitzer* § 231, 18.

[112] BayObLG JR **2000** 80 mit zust. Anmerkung *Rosenau*.

[113] OLG Celle NdsRpfl **1956** 230 (lebensgefährliche Erkrankung); ferner etwa RGSt **66** 151; OLG Celle NdsRpfl **1965** 230; OLG Hamm JMBlNW **1963** 254.

[114] OLG Celle MDR **1966** 949.

[115] OLG Hamm MDR **1961** 168 (Beerdigung der Mutter).

[116] OLG Köln NJW **1993** 1345.

[117] OLG Düsseldorf NStZ-RR **1996** 169; unabhängig von solchen Vorkehrungen will – zu weitgehend – OLG Saarbrücken NStZ **1991** 147 die Säumnis mangels rechtzeitiger Erinnerung bei derart langen Zeiträumen stets als entschuldigt ansehen.

[118] OLG Düsseldorf NJW **1973** 109 (Reise nach Indien).

[119] BayObLG NJW **1994** 1749.

[120] OLG Karlsruhe NJW **1975** 1614 (Reise in die Schweiz); OLG Düsseldorf ZfS **1993** 101, 102; OLG Schleswig bei *Lorenzen* SchlHA **1987** 120 (Hochzeitsreise ins benachbarte Dänemark).

desgleichen nicht eine Urlaubsreise, die erst nach der Berufungseinlegung ohne Rücksicht auf den zu erwartenden Termin gebucht wurde[121]. Es kommt aber immer auf die Abwägung der Umstände des Einzelfalls an; die Bedeutung der Straftat fällt dabei ebenso ins Gewicht wie die Bedeutung des Urlaubs für den Angeklagten und die Möglichkeiten einer Urlaubsverlegung oder -unterbrechung im konkreten Einzelfall.

bb) Äußere Hinderungsgründe. Dienstliche, berufliche oder **geschäftliche Verhinderung** **39** entschuldigt, sofern es sich um eine wichtige und unaufschiebbare Angelegenheit von solcher Bedeutung handelt, daß die in der Regel vorgehende öffentlich-rechtliche Pflicht zum Erscheinen vor Gericht bei der gebotenen Abwägung zurücktritt[122], wie etwa bei drohendem Arbeitsplatzverlust nach vorhergehender längerer Arbeitslosigkeit bei unrechtmäßiger Verweigerung von Arbeitsbefreiung durch den Arbeitgeber, sofern der Angeklagte durch entsprechende Verständigung seines Arbeitgebers „alles getan hatte, um zunächst am Hauptverhandlungstermin teilnehmen zu können"[123], nicht aber bei aufschiebbaren Arbeiten zur Erarbeitung der Kosten der Unterkunft für den Aufenthalt „in einer typischen Urlaubslandschaft"[124]. Damit dies vom Gericht beurteilt werden kann, muß der Angeklagte die Wichtigkeit und Unaufschiebbarkeit der beruflichen Verhinderung durch **Darlegung der Umstände** aufzeigen[125], soweit sie nicht offen zu Tage liegen[126]. Die nicht durch Tatsachen untermauerte Behauptung der Wichtigkeit einer Verhinderung genügt nicht[127]. Soweit eine Vertretung möglich und zumutbar ist, ist die Wahrnehmung der beruflichen Obliegenheiten keine genügende Entschuldigung, so etwa die Wahrnehmung von Aufsichtsaufgaben auf einer Großbaustelle[128]. Die Abreise zu einer Auslandstätigkeit kurz vor dem bekannten Termin entschuldigt bei einer schwerer wiegenden Straftat in der Regel nicht[129].

Verhinderung der Reise an den Gerichtsort durch Inhaftierung im Ausland, mit der **40** wegen des kriminellen Charakters der Reise dorthin (Versuch des Kokainschmuggels) zu rechnen war[130], ist selbstverschuldet; dagegen entschuldigt völlige Mittellosigkeit[131] oder Mangel an Zeit zur Vorbereitung und Ausführung der Reise zum Verhandlungsort bei weiten Entfernungen selbst dann, wenn die Ladungsfrist eingehalten ist[132]; die **weite Entfernung des Wohnorts** allein genügt in der Regel als Entschuldigungsgrund nicht. In Ausnahmefällen kann sie aber auch im Strafverfahren das Fernbleiben entschuldigen, wenn Zeitaufwand und Kosten der Reise außer Verhältnis zur Bedeutung der Sache stehen und der Angeklagte um seine Entbindung von der Anwesenheitspflicht nachgesucht hat[133].

Verspätete Ankunft an der Gerichtsstelle kann das Fernbleiben zum Termin entschul- **41** digen, wenn der Angeklagte aus seiner Sicht alles vernünftigerweise von ihm zu Verlangende getan hat, um rechtzeitig zum Termin zu kommen. Bei Benutzung öffentlicher Verkehrsmittel genügt es, wenn die Wahrnehmung des Termins bei fahrplanmäßiger Ankunft möglich war. Wer dagegen ein Verkehrsmittel benutzt, das fahrplanmäßig erst

---

[121] OLG Düsseldorf VRS **64** (1983) 438.

[122] RGSt **66** 151; OLG Celle MDR **1950** 184; OLG Düsseldorf VRS **64** (1983) 438; OLG Hamm JMBlNW **1962** 40; KK-*Ruß*[4] 10; *Meyer-Goßner*[46] 28; AK-*Dölling* 23; HK-*Rautenberg*[3] 22.

[123] OLG Hamm NJW **1995** 207.

[124] OLG Karlsruhe VRS **89** (1995) 130, 131.

[125] KG GA **1973** 29; OLG Hamm JMBlNW **1962** 40; VRS **39** (1970) 208; *Meyer-Goßner*[46] 28.

[126] OLG Schleswig bei *Ernesti/Jürgensen* SchlHA **1975** 192; vgl. Rdn. 27.

[127] Zur Notwendigkeit einer weiteren Aufklärung durch Rückfragen vgl. Rdn. 23, 25 ff.

[128] KG GA **1972** 127.

[129] OLG Koblenz VRS **47** (1974) 359.

[130] OLG Frankfurt/M NStZ-RR **1999** 144.

[131] OLG Celle MDR **1955** 184; OLG Stuttgart NJW **1978** 1120.

[132] RG JW **1932** 1151.

[133] Vgl. etwa OLG Koblenz GA **1978** 19 (zu § 74 OWiG); nach BayObLGSt **28** 257 genügt weite Entfernung allein nicht.

Karl Heinz Gössel

eine halbe Stunde nach Terminsbeginn ankommt, ist in der Regel nicht entschuldigt[134]. Konnte der Angeklagte beim gewöhnlichen Verlauf der Dinge mit rechtzeitigem Eintreffen rechnen, so wird er durch eine Kraftfahrzeugpanne, einen Unfall[135] oder eine unvorhersehbare[136] Verkehrsbehinderung[137] entschuldigt, ferner durch ein sonstiges Reisehindernis, mit dem nach den Umständen nicht zu rechnen war[138]. Jedoch hat er bei Benutzung eines eigenen Kfz wegen nicht voraussehbarer Verzögerungen eine ausreichende Zeitreserve einzuhalten, bei einer Fahrt über 100 km eine solche von 30 Minuten[139]; auf einer Strecke von ca. 250 km ist eine eingeplante Zeitreserve von 2 Stunden und 10 Minuten ausreichend, so daß ein wegen unvorhergesehener Verkehrsstaus dennoch verspätetes Eintreffen bei Gericht entschuldigt ist[140]. Der Angeklagte ist auch entschuldigt, wenn er sich irrig beim Amtsgericht einfindet und von dort dem Berufungsgericht noch vor Terminsbeginn mitteilt, aufgrund seines Irrtums werde sich seine Ankunft beim Berufungsgericht um etwa eine Stunde verzögern[141].

42   Ob die **Kollision** der Erscheinungspflicht mit **anderen öffentlich-rechtlichen Pflichten** entschuldigt, hängt von der Abwägung des Einzelfalles ab. Ein rechtskräftig ausgewiesener Ausländer, der das Land verlassen hat, ist genügend entschuldigt, wenn er zu der nach dem Ausweisungstermin liegenden Berufungsverhandlung nicht erscheint[142]; zu weitgehend will das LG Bielefeld einem vor der Abschiebung Geladenen zumuten, in seinem Heimatland ein Kurzvisum zur Wiedereinreise zum Termin zu beantragen und sein Fernbleiben widrigenfalls als unentschuldigt bewerten[143]: hier liegt der Fehler in der fehlenden Abstimmung zwischen Ausländerbehörde und Gericht, die dem Angeklagten nicht angelastet werden darf. Mit Recht hat deshalb auch das BayObLG in einem derartigen Fall eine der vom LG Bielefeld angenommenen entsprechende Mitwirkungspflicht verneint und das Ausbleiben des Ausgewiesenen als entschuldigt angesehen[144]. Entschuldigt ist desgleichen, wer nur deshalb nicht erscheint, weil er glaubt, einer Ladung zu einem gleichzeitig stattfindenden anderen Gerichtstermin folgen zu müssen. Wer dagegen der Berufungsverhandlung nur fernbleibt, weil er befürchtet, auf Grund eines in anderer Sache bestehenden Vollstreckungs- oder sonstigen Haftbefehls festgenommen zu werden, ist nicht entschuldigt[145].

43   Ein durch **falsche Sachbehandlung** des Gerichts verursachtes Ausbleiben ist entschuldigt, unter Umständen auch wenn es darauf beruht, daß das Gericht den ordnungsgemäß bestellten Verteidiger nicht geladen[146] oder den ernstgemeinten, rechtzeitig gestellten **Antrag nicht beschieden** hatte, die Verhandlung zu vertagen oder den Angeklagten vom Erscheinen zu entbinden[147]. Wieweit der Angeklagte verpflichtet ist, sich durch Erkundigungen von der beantragten Absetzung zu vergewissern, hängt von den jeweiligen

---

[134] OLG Köln MDR **1972** 166; *Meyer-Goßner*[46] 27.

[135] OLG Hamm VRS **7** (1954) 311; OLG Karlsruhe NJW **1973** 1515; MDR **1957** 760; OLG Schleswig OLGSt 131.

[136] Übliche Verkehrsstauungen in Großstädten sind indessen vorhersehbar und müssen bei der Berechnung der Fahrzeit zum Gerichtsort berücksichtigt werden: BVerfG StV **1994** 113.

[137] OLG Bremen DAR **1956** 133 (Nebel); vgl. aber auch OLG Düsseldorf VRS **72** (1987) 193 (A. hätte Winterwetter berücksichtigen müssen).

[138] OLG Neustadt MDR **1956** 312 (Verteidiger vergißt sein Versprechen, den Angeklagten zum Gericht zu fahren).

[139] OLG Bamberg NJW **1995** 740.

[140] OLG Hamm VRS **94** (1998) 274, 275.

[141] BayObLG VRS **76** (1989) 137.

[142] KG StV **1992** 567; OLG Düsseldorf StV **1983** 193; OLG Karlsruhe Justiz **1973** 57.

[143] NStZ-RR **1998** 343.

[144] BayObLG StV **2001** 339.

[145] OLG Hamm JMBlNW **1976** 9; OLG Köln NStZ-RR **1999** 112; OLG Oldenburg NStZ **1999** 156; *Meyer-Goßner*[46] 25; AK-*Dölling* 26; SK-*Frisch* 26.

[146] BayObLG NStZ-RR **2001** 374, 375.

[147] RGSt **59** 279; RG Recht **1926** Nr. 165; HRR **1930** Nr. 953; **1930** Nr. 1081; **1931** Nr. 172; JW **1931** 1604; BayObLG DRiZ **1932** Nr. 454; OLG Dresden HRR **1932** Nr. 1186; OLG Hamm JMBlNW **1969** 259; NJW **1971** 108; OLG Oldenburg NJW **1964** 830; *Küper* NJW **1974** 1931; vgl. auch Rdn. 44.

Umständen ab. Eine solche Verpflichtung wird vor allem anzunehmen sein, wenn der Erfolg eines solchen Antrags auch für den Angeklagten von vorneherein zweifelhaft erscheinen muß oder wenn er so kurzfristig vor dem Termin gestellt worden ist, daß mit der rechtzeitigen Bescheidung und Benachrichtigung nicht mehr sicher zu rechnen ist[148]. Der erst in der Hauptverhandlung gestellte Entbindungsantrag ist für sich allein aber noch keine genügende Entschuldigung[149]. Ob sonstige hinzutretende Umstände das Fernbleiben des Angeklagten genügend entschuldigen, muß jedoch auf Grund der Umstände des Einzelfalls immer geprüft werden. **Verzögert** sich der **Verhandlungsbeginn,** so ist der Angeklagte nicht entschuldigt, wenn er sich einer Aufforderung seines Verteidigers folgend ohne weiteres entfernt[150]; anders dagegen, wenn das Gericht erst mit einer erheblichen Verspätung zu einem Ortstermin kommt[151]. Zur **Nichteinhaltung der Ladungsfrist** vgl. Rdn. 18. Der Angeklagte ist nicht genügend entschuldigt, wenn er keinen Versuch unternimmt, sich eine ihm mangels genügender Deutschkenntnisse unverständliche Ladung übersetzen zu lassen[152].

Rechtsirrtum des Angeklagten oder Verteidigers über die Zulässigkeit der Vertretung, **44** wenn Berufung vom Angeklagten und von der Staatsanwaltschaft eingelegt worden ist, kann entschuldigen[153]; wohl auch die rechtsirrige Annahme, daß in einem solchen Fall die Entsendung eines mit schriftlicher Vollmacht versehenen **Verteidigers** in die Hauptverhandlung vor der sofortigen Verwerfung der Berufung schützt[154]. Grundsätzlich kann sich der Angeklagte auf Auskünfte seines Verteidigers hinsichtlich des Hauptverhandlungstermins verlassen, wenn er an deren „Richtigkeit zu zweifeln keinen Anlaß hat"[155], jedoch entschuldigt den Angeklagten eine **falsche Rechtsansicht des Verteidigers** dann nicht, wenn das Gericht ihm zur Kenntnis gebracht hat, daß es diese Auffassung nicht teilt[156] oder wenn er begründete Zweifel an deren Richtigkeit haben mußte und ihm eine Erkundigung zuzumuten war[157]. Vertraut der Angeklagte auf die Auskunft seines Verteidigers, das Gericht werde einem Vertagungsantrag voraussichtlich stattgeben, so ist sein Nichterscheinen dann nicht entschuldigt, wenn er sich nicht weiter vergewissert, daß der Termin abgesetzt wurde[158]. Auch sein Vertrauen auf eine ärztliche Krankheitsbescheinigung kann das Ausbleiben des Angeklagten entschuldigen, dann aber nicht, wenn er sich das Attest durch Täuschung des Arztes erschlichen oder ein „Gefälligkeitsattest" erlangt hat[159] (s. dazu auch Rdn. 113).

Weitere Beispiele für Entschuldigungsgründe finden sich bei den Erläuterungen bei **45** LR-*Wendisch* § 44, 20 ff, ferner bei LR-*Gössel* § 412, 19 ff.

7. Vertretung des Angeklagten

a) Allgemeines. Soweit über die **Berufung der Staatsanwaltschaft** verhandelt wird **46** (§ 329 Abs. 2), kann sich der Angeklagte immer durch einen **bevollmächtigten Verteidiger**

---

[148] Vgl. etwa OLG Hamm JMBlNW **1979** 20; OLG Schleswig SchlHA **1976** 158; ferner bei § 412, 21 f.

[149] BGHSt **25** 284; OLG Zweibrücken VRS **29** (1966) 38.

[150] OLG Hamm VRS **55** (1978) 275.

[151] OLG Düsseldorf JMBlNW **1983** 39.

[152] BayObLG NStZ **1996** 248, 249; OLG Hamm JMBlNW **1981** 166.

[153] Vgl. etwa OLG Schleswig bei *Ernesti/Jürgensen* SchlHA **1977** 183.

[154] RG HRR **1931** Nr. 2090; BayObLGSt **1956** 32;

OLG Hamm JMBlNW **1969** 246; OLG Stuttgart Justiz **1981** 221; OLG Zweibrücken NJW **1968** 1977; vgl. Rdn. 46.

[155] OLG Hamm NStZ-RR **1997** 113; BayObLG NStZ-RR **1997** 339 L.

[156] OLG Düsseldorf JMBlNW **1971** 8; OLG Koblenz VRS **44** (1973) 294.

[157] OLG Hamm JMBlNW **1978** 32; **1979** 20; VRS **55** (1978) 275; OLG Karlsruhe Justiz **1981** 323.

[158] OLG Düsseldorf ZfS **1993** 101, 102.

[159] OLG Köln VRS **97** (1999) 362, 365.

vertreten lassen (§§ 332, 234)[160]. Bei der Verhandlung über die **Berufung** des **ausgebliebenen Angeklagten** ist seine Vertretung nur unter den gleichen Voraussetzungen zulässig wie bei der Hauptverhandlung der ersten Instanz[161]. Erscheint in diesen Fällen ein mit ausreichender Vertretungsvollmacht (§ 234) versehener Verteidiger zur Berufungsverhandlung, so darf die Berufung wegen des Ausbleibens des Angeklagten selbst dann nicht sofort verworfen werden, wenn das Fernbleiben des Angeklagten selbst nicht entschuldigt ist. Erscheint nur ein nicht zur Vertretung bevollmächtigter Verteidiger, so hindert das die Verwerfung an sich nicht[162], jedoch muß das Gericht in einem solchen Fall immer prüfen, ob der Angeklagte nicht schon deshalb genügend entschuldigt ist, weil er irrtümlich annahm, sein Verteidiger dürfe ihn vertreten[163]. Vertretung setzt voraus, daß der Verteidiger den Angeklagten auch wirklich vertreten will[164], nicht aber, daß er sich für den Angeklagten in der Hauptverhandlung zur Sache einläßt[165]. Erklärt er aber gleich zu Beginn, daß er mangels Information für den Angeklagten nicht tätig werden könne, so dürfte es an einer die Verwerfung hindernden Vertretung fehlen[166]. Ist ein wirksam bestellter Verteidiger wegen Erkrankung nicht in der Lage, den Termin zur Berufungshauptverhandlung wahrzunehmen, ist der Angeklagte stets deshalb entschuldigt, weil ihm „nicht zuzumuten" ist, den Termin in Abwesenheit eines Verteidigers wahrzunehmen[167]. **Fehlt** es an einem gesetzlich vorgesehenen **Vertretungstatbestand**, ist eine Vertretung unzulässig mit der Folge, daß die Berufung des nicht erschienenen Angeklagten auch dann nach § 329 Abs. 1 verworfen wird, wenn der Verteidiger des Angeklagten diesen vertreten will: eine Beeinträchtigung des Rechts des Angeklagten auf den Beistand eines Verteidigers liegt darin nicht (s. dazu Rdn. 1).

47   **b)** Bei **Bagatellstraftaten** im Sinne des § 232 ist über die Berufung des Angeklagten zu verhandeln, wenn ein Vertreter des Angeklagten erschienen ist, vorausgesetzt, daß der Angeklagte ordnungsgemäß geladen und in der Ladung darauf hingewiesen worden war, daß in seiner Abwesenheit verhandelt werden kann (§ 232 Abs. 1 Satz 1). Sind diese Voraussetzungen erfüllt, ist die Vertretung des Angeklagten nach § 234 zulässig und die Verwerfung seiner Berufung nach § 329 Abs. 1 ausgeschlossen[168]. Das Berufungsgericht ist dann aber durch § 329 Abs. 1 nicht gehindert, erforderlichenfalls das persönliche Erscheinen des Angeklagten nach §§ 332, 236 anzuordnen[169].

48   Ob eine Bagatellstraftat vorliegt, beurteilt sich aus der **Sicht des Berufungsgerichts**. Sofern das Verbot der Verschlechterung (§ 331) eingreift, ist die vom Erstrichter verhängte Strafe maßgebend[170].

[160] *Eb. Schmidt* 17; Nachtr. I 9; vgl. RG HRR **1931** Nr. 2090; **1932** Nr. 80; BayObLG bei *Rüth* DAR **1982** 255 (als Verteidiger zugelassener ausl. Anwalt).

[161] SK-*Frisch* 12.

[162] BGHSt **12** 367 = LM Nr. 1 mit Anmerkung *Martin*; *Schmidt* SchlHA **1963** 265; OLG Köln JMBlNW **1986** 275.

[163] BayObLGSt **1956** 32 = NJW **1956** 838; OLG Zweibrücken NJW **1968** 1977; KK-*Ruß*[4] 6; *Meyer-Goßner*[46] 25; AK-*Dölling* 10; SK-*Frisch* 12; vgl. Rdn. 44.

[164] KG JR **1985** 343; KK-*Ruß*[4] 6; *Meyer-Goßner*[46] 16; AK-*Dölling* 10; HK-*Rautenberg*[3] 15; SK-*Frisch* 12; *Schlüchter* 682.2 Fußn. 283; a. A BayObLGSt **1980** 73 = NJW **1981** 183 mit abl. Anmerkung *Meyer-*

Goßner NStZ **1981** 113; KMR-*Paulus* 9, 6; *Roxin*[25] § 52, 25.

[165] *Schmidt* SchlHA **1963** 265; *Meyer-Goßner* NStZ **1981** 112; *Meyer-Goßner*[46] 16.

[166] A. A BayObLGSt **1980** 73 = NJW **1981** 183 mit abl. Anmerkung *Meyer-Goßner* NStZ **1981** 113.

[167] BayObLG NStZ-RR **2002** 79, 80.

[168] *Eb. Schmidt* 3; Nachtr. I 1; KK-*Ruß*[4] 6.

[169] *Eb. Schmidt* 3 Nachtr. I 1.

[170] OLG Stuttgart NJW **1962** 2063; jetzt herrschende Meinung. *Eb. Schmidt* 3 Nachtr. 1; vgl. LR-*Gollwitzer* § 232, 9. Die früher unter Berufung auf RGSt **61** 279; **62** 421 vertretene Gegenmeinung wird, soweit ersichtlich, nicht mehr vertreten, da sie auf dem früheren Wortlaut des § 232 beruhte.

Ohne den ausdrücklichen **Hinweis in der Ladung**, daß in Abwesenheit des Angeklagten **49** verhandelt werden kann[171], ist auch eine Abwesenheitsverhandlung vor dem Berufungs- gericht nicht zulässig[172]. Der Hinweis nach § 323 Abs. 1 Satz 2 kann, da er einen anderen Zweck verfolgt als der Hinweis nach § 232 Abs. 1 Satz 1, diesen nicht ersetzen[173]. Da der ordnungsgemäße Hinweis nach § 232 Abs. 1 Satz 1 eine Formalvoraussetzung für die Verhandlung ohne den Angeklagten nach dieser Vorschrift und damit zugleich auch für die Zulässigkeit der Vertretung nach § 234 ist, geht die in Schrifttum und Rechtsprechung vorherrschende Meinung[174] davon aus, daß bei mangelndem oder unrichtigem Hinweis nach § 232 Abs. 1 Satz 1 ein Fall der zulässigen Vertretung im Sinne der §§ 332, 234, 329 Abs. 1 nicht vorliegt, mit der Folge, daß die Berufung des Angeklagten nach § 329 Abs. 1 auch dann sofort zu verwerfen ist, wenn in einer Bagatellsache für ihn ein zur Vertretung ermächtigter Verteidiger erscheint.

c) Bei der Berufung gegen ein Urteil, das auf Einspruch gegen einen amtsrichter- **50** lichen **Strafbefehl** ergangen ist, gilt § 411 Abs. 2 auch für die Berufungsverhandlung[175]. Weil hier die Vertretung des Angeklagten im ganzen folgenden Verfahren zulässig ist, darf ohne den Angeklagten verhandelt werden, wenn er im Sinne des § 411 Abs. 2 ord- nungsgemäß vertreten ist[176]. Die sofortige Verwerfung seiner Berufung ist dann nicht zulässig. Die Verhandlung ohne den Angeklagten setzt weder die förmliche Entbindung von der Verpflichtung zum Erscheinen voraus noch einen Hinweis in der Ladung[177]. Ein Verfahren nach vorausgegangenem Strafbefehl liegt nicht vor, wenn der Richter auf den Strafbefehlsantrag hin Hauptverhandlung nach § 408 Abs. 2 angeordnet hatte[178].

d) Anordnung des persönlichen Erscheinens und Vertretungsbefugnis. Hat das Berufungs- **51** gericht in einem Fall des § 232 das persönliche Erscheinen des Angeklagten nach § 236 angeordnet, so ist nach der vorherrschenden Ansicht eine Vertretung des Angeklagten unzulässig[179], die Berufung des Angeklagten also auch dann sofort zu verwerfen, wenn ein ordnungsgemäß bevollmächtigter Vertreter erscheint. Da jedoch die Anordnung nach § 236 die Befugnis des Gerichts, ohne den Angeklagten zu verhandeln, nicht be- seitigt und auch die Befugnis, sich in der Abwesenheitsverhandlung vertreten zu lassen,

[171] Vgl. LR-*Gollwitzer* § 232, 6.

[172] Vgl. LR-*Gollwitzer* § 232, 7; *Küper* NJW **1969** 493; **1970** 1430; **1970** 1562; ferner die Nachweise Fußn. 173.

[173] BayObLGSt **1960** 273; **1963** 29; BayObLG NJW **1970** 1055 mit Anmerkung *Küper* NJW **1970** 1562; OLG Celle NdsRpfl **1956** 230; OLG Hamm NJW **1954** 1131; OLG Oldenburg NdsRpfl. **1954** 17; NJW **1952** 1151; *Rödding* NJW **1955** 114; **a. A** *Breh* NJW **1954** 1540. Vgl. LR-*Gollwitzer* § 323, 15.

[174] BGHSt **25** 165 = LM Nr. 3 mit Anmerkung *Helden- berg* = NJW **1973** 1334 mit Anmerkung *Küper* = JR **1974** 28 mit Anmerkung *Gollwitzer*; BayObLGSt **1960** 273 = JR **1961** 103; BayObLG NJW **1970** 1055; OLG Hamburg NJW **1968** 1687; OLG Hamm NJW **1954** 1131; OLG Oldenburg NJW **1952** 1151; NdsRpfl **1954** 17; OLG Schleswig SchlHA **1964** 70; *Eb. Schmidt* 4; Nachtr. I 1; KK- *Ruß*[4] 6; *Meyer-Goßner*[46] 15; AK-*Dölling* 11; KMR- *Paulus* 10; *Schlüchter* 682.3; **a. A** OLG Stuttgart NJW **1962** 2023; OLG Zweibrücken NJW **1968** 1977; *Küper* NJW **1973** 1334 (Schutzzweck ins Gegenteil verkehrt); ferner GA **1971** 289.

[175] RGSt **66** 68; RG JW **1932** 3114; BayObLGSt **1956**

32 = NJW **1956** 32; BayObLG JZ **1970** 384; bei *Rüth* DAR **1982** 255; OLG Celle NJW **1970** 906; OLG Düsseldorf JMBlNW **1955** 140; NJW **1961** 89; **1963** 264; **1985** 251 (L); OLG Köln JMBlNW **1959** 72; *Eb. Schmidt* 5; Nachtr. I 1; KK-*Ruß*[4] 6; *Meyer-Goßner*[46] 15; KMR-*Paulus* 11; SK-*Frisch* 12; § 411, 35.

[176] Vgl. etwa BayObLGSt **1978** 64 = VRS **55** (1978) 281; OLG Düsseldorf JMBlNW **1979** 246; OLG Köln StV **1981** 119; und bei § 411 mit weit. Nach- weisen; ferner die Nachweise Fußn. 182.

[177] OLG Düsseldorf NJW **1963** 264 (unter Aufgabe von OLG Düsseldorf JMBlNW **1955** 140); OLG Hamburg NJW **1968** 1688 (Zulässigkeit der Ver- handlung ohne den Angeklagten kann nicht durch Unterlassen eines Hinweises ausgeschlossen werden); *Küper* JZ **1969** 273.

[178] BayObLGSt **1972** 49.

[179] BayObLG NJW **1970** 1055 mit krit. Anmerkung *Küper* NJW **1970** 1562; OLG Schleswig SchlHA **1964** 70; *Eb. Schmidt* 5; Nachtr. I 1; AK-*Dölling* 12; KMR-*Paulus* 10; SK-*Frisch* 13; *Schmidt* SchlHA **1963** 265.

Karl Heinz Gössel

insoweit bestehen bleibt, spricht viel dafür, hier ebenso wie in den Fällen, in denen ein Strafbefehlsverfahren vorausgegangen ist (vgl. Rdn. 52), jeden Einfluß der Anordnung nach § 236 auf die Verwerfungsbefugnis nach § 329 Abs. 1 zu verneinen [180]. Stellt man mit BGHSt **25** 165 darauf ab, ob das Gericht ohne den Angeklagten verhandeln will, dann beseitigt der entgegenstehende Wille des Gerichts, der in der Anordnung nach § 236 zum Ausdruck kommt, die Vertretungsbefugnis; dann müßte konsequenterweise aber auch im Strafbefehlsverfahren der konkrete Wille den Vorrang haben vor der generellen Möglichkeit, ohne den Angeklagten zu verhandeln. Kommt es dagegen für die Vertretungsbefugnis nur darauf an, ob das Gericht ohne den Angeklagten verhandeln kann – die Anordnung nach § 236 beseitigt diese Möglichkeit nicht – dann schließt die durch den Verfahrensgang überholte Anordnung nach § 236 ein Verhandeln ohne den Angeklagten und damit auch die Vertretungsbefugnis nicht aus.

52   In den Fällen nach **vorausgegangenem Strafbefehlsverfahren** [181] schließt auch nach vorherrschender Ansicht die Anordnung nach § 236 die sofortige Verwerfung der Berufung nicht aus, wenn der Angeklagte weder erschienen noch zulässigerweise vertreten ist [182], noch gestattet sie die Verwerfung, wenn statt des Angeklagten in den Fällen, in denen die Vertretung zulässig ist, ein bevollmächtigter Vertreter erscheint [183]. Das Berufungsgericht kann trotz der Anordnung nach § 236 zur Sache verhandeln [184], es kann aber auch das Erscheinen des Angeklagten erzwingen, wenn es dessen persönliche Anwesenheit in der Berufungsverhandlung im Interesse der Sachaufklärung für geboten hält.

53   e) Im **Privatklageverfahren** kann sich der Angeklagte durch einen schriftlich bevollmächtigten Rechtsanwalt vertreten lassen (§ 387 Abs. 1) [185]. Dies gilt auch in der Berufungsinstanz und schließt die Verwerfung der Berufung nach Absatz 1 aus. Bleibt der Angeklagte dagegen aus, ohne genügend entschuldigt und ordnungsgemäß vertreten zu sein, so muß seine Berufung grundsätzlich verworfen werden [186]. Hat der *Angeklagte allein* Berufung eingelegt, so löst die Säumnis des Privatklägers stets die Rücknahmefiktion des § 391 Abs. 2 aus und führt grundsätzlich zur Einstellung des Verfahrens nach § 260 Abs. 3 [187] mit der Folge, daß sich die Berufung des Angeklagten erledigt hat [188]. Bei *alleiniger Berufung des Privatklägers* ist bei Säumnis des Angeklagten § 329 Abs. 2 analog anzuwenden, bei Abwesenheit nur des Privatklägers führt § 391 Abs. 3 grundsätzlich zur sofortigen Verwerfung der Berufung, es sei denn, nach Aktenlage kommt eine Änderung zugunsten des Angeklagten in Betracht (§ 301): In diesem Fall ist eine Sachverhandlung in Abwesenheit des Privatklägers durchzuführen, es sei denn, auch der Angeklagte ist nicht erschienen: nach dem Grundgedanken des § 329 Abs. 1 ist die Berufung des Privatklägers auch in diesem Fall zu verwerfen [189]. Haben der *Angeklagte und* der *Privatkläger* Berufung eingelegt, so ist bei Abwesenheit nur des Angeklagten nach § 329 Abs. 1, bei

[180]   KK-*Ruß*[4] 6; 15; *Meyer-Goßner*[46] 15; HK-*Rautenberg*[3] 15; *Küper* NJW **1970** 1562; *Gollwitzer* JR **1974** 30; *Schlüchter* 682.3 Fußn. 284.

[181]   Zur Bedeutung einer fehlerhaften Zustellung des Strafbefehls s. § 412, 5.

[182]   BayObLGSt **1963** 106 = MDR **1963** 700; MDR **1970** 608; MDR **1978** 510; OLG Celle NJW **1970** 906; OLG Düsseldorf StV **1985** 52; *Schmidt* Schl-HA **1963** 264.

[183]   BayObLGSt **1969** 212; **1977** 177 = MDR **1970** 608; **1978** 510; OLG Celle NJW **1970** 906 mit zust. Anmerkung *Küper* NJW **1970** 1430; OLG Düssel-

dorf StV **1985** 52; KK-*Ruß*[4] 6 ; *Meyer-Goßner*[46] 15; KMR-*Paulus* 11; *Küper* NJW **1969** 493; vgl. § 412, 31.

[184]   OLG Hamburg NJW **1968** 1687.

[185]   AK-*Dölling* 13.

[186]   BayObLGSt **1963** 28. Nach *Rieß* NStZ **2000** 121 soll dies in analoger Anwendung des § 329 Abs. 2 geschehen; jedoch dürfte Absatz 1 über § 384 Abs. 1 Satz 1 direkt anwendbar sein.

[187]   *Rieß* NStZ **2000** 120; LR-*Hilger* § 391, 29, 10.

[188]   *Rieß* NStZ **2000** 122; LR-*Hilger* § 391, 39.

[189]   *Rieß* NStZ **2000** 121 f.

solcher des Privatklägers nach § 391 Abs. 2, § 260 Abs. 3 zu verfahren[190]. Vgl. im übrigen LR-*Hilger* § 387, 2 ff. Nach § 401 Abs. 3 entspricht insoweit die Stellung des Nebenklägers weitgehend derjenigen des Privatklägers[191].

8. Ist der Angeklagte von der **Verpflichtung zum Erscheinen** in der Berufungsver- **54** handlung nach § 233 **entbunden**, so darf seine Berufung auch dann nicht sofort verworfen werden, wenn er weder erschienen noch vertreten ist[192]. Bei Berufung der Staatsanwaltschaft rechtfertigt das Ausbleiben des Angeklagten weder seine Vorführung noch seine Verhaftung[193].

Die Entbindung muß auf Antrag des Angeklagten[194] **vom Berufungsgericht** für die **55** Berufungsverhandlung bewilligt worden sein, die vom Gericht der ersten Instanz ausgesprochene Befreiung wirkt in der Berufungsinstanz nicht fort[195].

Der **Verteidiger** kann den Antrag für den Angeklagten nur stellen, wenn er dazu **56** ermächtigt ist[196].

Der Antrag kann auch noch **in der Berufungsverhandlung** gestellt werden[197]. Ist der **57** Verteidiger hierzu nicht ausreichend ermächtigt, so hindert das die sofortige Verwerfung der Berufung nicht[198]. Aber auch wenn der Verteidiger zur Antragstellung ordnungsgemäß ermächtigt ist, entscheidet das Gericht über den in der Berufungsverhandlung gestellten Antrag durch einen Beschluß, der in der Verhandlung verkündet werden kann. Bei der ablehnenden Entscheidung genügt es, wenn sie in Gegenwart des vertretungsberechtigten Verteidigers verkündet wird, einer besonderen Zustellung an den Angeklagten bedarf es nicht[199].

Nach Verkündung des **ablehnenden Beschlusses** kann die Berufung sofort nach § 329 **58** Abs. 1 verworfen werden, sofern das Ausbleiben des Angeklagten nicht genügend entschuldigt ist, was aber nur bei Vorliegen besonderer Umstände, nicht aber allein schon wegen der Antragstellung angenommen werden kann[200].

Verzichtet der Angeklagte dagegen auf die Entbindung, oder hat das Gericht sie **59** rückgängig gemacht, so hindert die frühere Befreiung die sofortige Verwerfung der Berufung nicht, sofern sie nicht an anderen Gründen scheitert.

---

[190] *Rieß* NStZ **2000** 122.

[191] *Rieß* NStZ **2000** 122 f.

[192] *Eb. Schmidt* 5; KK-*Ruß*[4] 5; KMR-*Paulus* 8.

[193] RG HRR **1928** Nr. 2245; JW **1931** 1604; KG HRR **1925** Nr. 970; **1926** Nr. 120a; BayObLG HRR **1925** Nr. 1707.

[194] BayObLGSt **32** 106.

[195] RGSt **64** 244; **66** 365; BayObLGSt **1956** 20; OLG Schleswig SchlHA **1964** 70; *Eb. Schmidt* 5; Nachtr. I 1; KK-*Ruß*[4] 5; KMR-*Paulus* 8; vgl. LR-*Gollwitzer* § 233, 2.

[196] Zur Streitfrage, ob er einer Spezialvollmacht bedarf vgl. LR-*Gollwitzer* § 233, 7.

[197] RGSt **64** 245; BayObLG NJW **1970** 1055; OLG Köln NJW **1969** 705; vgl. LR-*Gollwitzer* § 233, 2.

[198] BGHSt **12** 367; *Hanack* JZ **1973** 695.

[199] BGHSt **25** 281 = OLG Karlsruhe NJW **1973** 1520; KK-*Ruß*[4] 5; *Meyer-Goßner*[46] 5; KMR-*Paulus* 8;

Küper NJW **1970** 1563; **1974** 1928; JR **1971** 325; a. A die früher herrschende Meinung BayObLG NJW **1970** 1050; BayObLGSt **1972** 47; OLG Hamm NJW **1969** 1129; OLG Schleswig SchlHA **1964** 71. BayObLGSt **1972** 50 löste das Problem dadurch, daß es einen offensichtlich als rechtsmißbräuchlich angesehenen Entbindungsantrag als rechtsmißbräuchlich ansah, der in der Berufungsverhandlung ohne Zustellung an den Angeklagten verworfen werden dürfe. Nach *Küper* NJW **1970** 1562; **1974** 1927 ist nur die stattgebende Entscheidung dem Angeklagten zuzustellen, die ablehnende Entscheidung, die in der Hauptverhandlung ergeht, ist dem Angeklagten persönlich formlos mitzuteilen, die Verwerfung nach § 329 Abs. 1 wird dadurch nicht gehindert.

[200] BGHSt **25** 284; BayObLG HRR **1929** Nr. 780; OLG Zweibrücken NJW **1965** 1033; KMR-*Paulus* 8.

Karl Heinz Gössel

II. Verwerfung der Berufung des Angeklagten (Absatz 1)

60   1. Die Berufung des Angeklagten ist **ohne Sachverhandlung** zu verwerfen, wenn feststeht, daß er trotz ordnungsgemäßer Ladung (Rdn. 12 ff) ohne genügende Entschuldigung ausgeblieben (Rdn. 4 ff) und nicht zulässig vertreten (Rdn. 46 ff) ist. Die Entscheidung muß ergehen, das Gericht hat insoweit **keinen Ermessensspielraum.** § 232, der dem Gericht erster Instanz ein Verhandeln ohne Angeklagten gestattet, gilt insoweit nicht für das Berufungsgericht [201]. Er kann nur zum Zuge kommen, wenn die Voraussetzungen des § 329 für eine Verwerfung nicht gegeben sind (vgl. Rdn. 80). Abgesehen von den Vertretungsfällen (Rdn. 47) wird es dann oft an den Voraussetzungen des § 232, insbesondere an der „Eigenmacht" des fernbleibenden Angeklagten, fehlen.

61   Jede **sachliche Nachprüfung** des angefochtenen Urteils in tatsächlicher und rechtlicher Hinsicht entfällt. Es wird überhaupt nicht zur Sache verhandelt. Jede Erörterung der tatsächlichen Richtigkeit des festgestellten Sachverhalts und der Rechtsanwendung der ersten Instanz hat zu unterbleiben, selbst wenn fraglich ist, ob das Erstgericht ein gültiges Gesetz angewandt hat [202]. Es entfällt auch jedes Eingehen auf behauptete Verfahrensverstöße der ersten Instanz.

62   Die Entscheidung ergeht **ohne Berichterstattung** (§ 324) und **ohne Beweisaufnahme** zur Sache [203], also auch ohne Vernehmung der geladenen und erschienenen Zeugen nach § 245 [204]. Jedoch darf das Urteil „nicht ohne vorherige Beratung nach den Schlußvorträgen von Staatsanwaltschaft und Verteidigung verkündet werden" [205].

2. Voraussetzungen des Verwerfungsurteils

63   **a) Zulässigkeit der Berufung.** Das Verwerfungsurteil nach § 329 Abs. 1 darf nur ergehen, wenn zulässig Berufung eingelegt worden ist und wenn die Verfahrensvoraussetzungen gegeben sind. Eine unzulässige Berufung muß nach § 322, oder, wenn dies erst in der Hauptverhandlung erkannt wird, durch Urteil [206] verworfen werden.

64   **b) Beim Fehlen einer Prozeßvoraussetzung** ist das Verfahren **einzustellen** (durch Urteil nach § 260 Abs. 3 oder außerhalb der Hauptverhandlung durch Beschluß nach § 206a) [207]. Ist zur Entscheidung über die Berufung ein anderes Gericht sachlich zuständig, so muß nach § 328 Abs. 2 auch dann an dieses verwiesen werden, wenn der Angeklagte zur Berufungshauptverhandlung nicht erscheint: Das **Erscheinen** des Angeklagten ist **keine** Voraussetzung einer zulässigen Berufung [208].

65   Ob die Berufung zulässig ist, und ob die Verfahrensvoraussetzungen für eine Sachentscheidung gegeben sind, hat das Berufungsgericht ohne Rücksicht darauf **von Amts wegen zu beachten,** ob der Angeklagte in der Berufungshauptverhandlung erscheint: ist doch darin keine Zulässigkeitsvoraussetzung der Berufung (Rdn. 64) zu erblicken [209]. Etwaige Zweifel über das Vorliegen von Verfahrensvoraussetzungen sind in

---

[201] Vgl. auch LR-*Gollwitzer* § 232, 3.

[202] OLG Frankfurt NJW **1963** 460; OLG Köln NJW **1963** 96; *Eb. Schmid* 8.

[203] RGSt **52** 149; **59** 280; RG DRiZ **1929** Nr. 797; JW **1931** 1603; OLG Dresden GA **72** (1928) 223; KK-*Ruß*[4] 13; *Eb. Schmidt* 15.

[204] *Eb. Schmidt* 15.

[205] OLG Köln StV **1996** 13.

[206] BGHSt **30** 100; *Eb. Schmidt* 15; KK-*Ruß*[4] 13; *Meyer-Goßner*[46] 7; SK-*Frisch* 38.

[207] Zu den hier bestehenden Streitfragen vgl. LR-*Rieß* § 206a, 14 ff.

[208] BGHSt **46** 230, 234 ff mit abl. Anmerkung *Duttge* und zust. Anmerkung *Paulus* NStZ **2001** 442 ff; OLG Celle NStZ **1994** 298 mit abl. Anmerkung *Meyer-Goßner* NStZ **1994** 421; OLG Karlsruhe NJW **1978** 840; AK-*Dölling* 5; KMR-*Paulus* 6; **a. A** KK-*Ruß*[4] 13; *Meyer-Goßner*[46] 8; HK-*Rautenberg*[3] 6; SK-*Frisch* 39; *Pfeiffer*[4] 3.

[209] BGHSt **46** 230, 234 ff.

der Hauptverhandlung zu klären[210]. Fehlt es an einer Prozeßvoraussetzung, ist für das Verfahren nach § 329 Abs. 1, 2 kein Raum. Dies entspricht allg. M, wenn das Verfahrenshindernis erst nach dem Ersturteil eingetreten ist; dies gilt aber auch, wenn das Verfahrenshindernis schon vorher bestand[211]. Danach ist das Verfahren zum Beispiel einzustellen, wenn die Sache verjährt ist[212], wenn die Sache anderweitig bereits rechtskräftig entschieden ist, oder wenn das Amtsgericht eine andere Tat zum Gegenstand seiner Urteilsfindung gemacht hat, als diejenige, wegen der eröffnet worden ist[213]. Zu beachten ist auch die Strafgrenze des § 233[214].

3. Im Verwerfungsurteil hat das Berufungsgericht zu berücksichtigen, wenn die **Ver-** **66** **urteilung wegen einzelner** von mehreren **Taten weggefallen** ist (Absatz 1 Satz 3). Der von Amts wegen zu beachtende Wegfall der Verfahrensvoraussetzungen bei einer Tat, eine Einstellung nach §§ 153 ff oder § 206a in der Berufungsinstanz hindern das Berufungsgericht, das Ersturteil durch eine uneingeschränkte Berufungsverwerfung im vollen Umfang zu bestätigen. Der 1975 eingefügte Absatz 1 Satz 3 stellt klar, daß das Berufungsgericht diesen nachträglich eingetretenen Änderungen bei Erlaß des Verwerfungsurteils Rechnung tragen und den Tenor des Ersturteils entsprechend ändern kann, ferner, daß es die *bestehenbleibenden* Strafen zu einer neuen Gesamtstrafe zusammenfassen[215], nicht aber Einzelstrafen aus in *anderen Verfahren* ergangenen rechtskräftigen Urteilen einbeziehen darf[216]. Die bei der früheren Fassung bestehenden Zweifelsfragen, insbesondere, ob in solchen Fällen das Verfahren nach § 329 Abs. 1 überhaupt Platz greifen kann, sind damit behoben. Wird das Berufungsverfahren nach ergebnisloser vorläufiger Einstellung nach § 153a Abs. 2 fortgesetzt, so ist das Berufungsgericht nicht gehindert, die Berufung des Angeklagten bei Ausbleiben zu verwerfen[217]; Gleiches gilt im Falle einer Beschränkung der Strafverfolgung nach § 154a Abs. 2[218].

Entsprechend dem Sinn dieser Regelung wird die Möglichkeit, **nachträgliche Ände-** **67** **rungen** zu berücksichtigen, nicht nur dann Platz greifen, wenn verschiedene Taten im Sinne des § 264 betroffen sind, sondern auch dann, wenn innerhalb einer Tat im verfahrensrechtlichen Sinn nur die Aburteilung wegen einer **Straftat im Sinne des materiellen Strafrechts** entfällt, also beispielsweise eine von zwei sachlich zusammentreffenden (§ 53 StGB) Straftaten, aber auch, wenn nur eine Nebenfolge in Wegfall kommt. Ob allerdings bei **Ablauf der Sperrfrist** (§ 69a StGB) vor Beginn der Berufungsverhandlung im Verwerfungsurteil auszusprechen ist, daß die Entziehung der Fahrerlaubnis und die Einziehung des Führerscheins entfällt[219], erscheint äußerst fraglich.

---

[210] OLG Stuttgart DAR **1964** 46.
[211] BGHSt **46** 230, 237; OLG Karlsruhe NJW **1978** 840; OLG Köln JMBlNW **1967** 34; GA **1971** 27; OLG Stuttgart DAR **1964** 46; LG Frankfurt NJW **1977** 508; AK-*Dölling* 5; LR-*Rieß* § 206a, 14 ff; KMR-*Paulus* 6; *Paulus* NStZ **2001** 445; *Sieg* NJW **1978** 1835; a. A KK-*Ruß*[4] 13 und *Meyer-Goßner*[46] 8: erst nach der Verkündung des Ersturteils (so *Ruß* aaO) bzw. in der Berufungsinstanz entstandene Verfahrenshindernisse (so *Meyer-Goßner* aaO) führen zur Verfahrenseinstellung; vgl. auch *Duttge* NStZ **2001** 443; *Meyer-Goßner* NJW **1978** 1978; **1979** 201; NStZ **1994** 402.

[212] OLG Stuttgart DAR **1964** 46.
[213] OLG Köln JMBlNW **1967** 34.
[214] OLG Köln GA **1971** 27.
[215] KK-*Ruß*[4] 15; *Meyer-Goßner*[46] 32; KMR-*Paulus* 44; *Rieß* NJW **1975** 89 unter Hinweis auf § 460.
[216] OLG Stuttgart Justiz **1998** 572.
[217] OLG Düsseldorf VRS **72** (1987) 193.
[218] **A. A** OLG Rostock NStZ **1994** 401; wie hier aber *Meyer-Goßner*[46] 32; AK-*Dölling* 30; HK-*Rautenberg*[3] 29; SK-*Frisch* 45.
[219] So aber LG Kiel NJW **1976** 1326; a. A *Meyer-Goßner*[46] 32; AK-*Dölling* 30; HK-*Rautenberg*[3] 29; SK-*Frisch* 45; vgl. KMR-*Paulus* 44 (bedenklich).

4. Inhalt des Verwerfungsurteils

68   **a) Die Urteilsformel** geht dahin, daß die Berufung des Angeklagten verworfen wird. Wenn die Verurteilung wegen einer Tat nach Absatz 1 Satz 3 entfallen ist, ist das Prozeßurteil durch einen Zusatz zu ergänzen, der klarstellt, wieweit das Ersturteil durch das Verwerfungsurteil bestätigt wird. Unter Umständen kann es angebracht sein, die Urteilsformel neu zu fassen („mit der Maßgabe verworfen, daß der Angeklagte wegen ... zu ... verurteilt ist")[220]. Eine neu gebildete Gesamtstrafe ist in die Urteilsformel aufzunehmen.

69   **b)** Für die **Begründung** des die sofortige Verwerfung aussprechenden Urteils gilt nicht § 267, sondern § 34[221], da es sich insoweit um ein reines Prozeßurteil handelt. Die Begründung muß darlegen, daß die Voraussetzungen des § 329 gegeben waren[222]. Sie muß dem Revisionsgericht und auch dem dazu nicht gehörten Angeklagten die Erwägungen aufzeigen, aus denen das Berufungsgericht ihn für nicht genügend entschuldigt hielt[223]. Der Angeklagte muß sich schlüssig werden können, ob und mit welchem Rechtsbehelf er das Urteil anfechten kann[224]. Das Urteil muß deshalb unter lückenloser Angabe der für erwiesen erachteten Tatsachen[225], vorgebrachter Entschuldigungsgründe, vorgelegter Bescheinigungen[226] und gestellter Vertagungsanträge[227] und deren umfassender Würdigung darlegen, weshalb das Ausbleiben des Angeklagten nicht entschuldigt ist und warum gegebenenfalls Entschuldigungsvorbringen als unglaubhaft oder nur vorgeschoben angesehen wird[228]; aus dem bloßen Fehlen eines ärztlichen Attestes kann noch nicht auf die Unwahrheit der Behauptung des Angeklagten geschlossen werden, er könne wegen einer Erkrankung den Termin zur Berufungshauptverhandlung nicht wahrnehmen[229]. Auf die umfassende Würdigung des Entschuldigungsvorbringens darf nur verzichtet werden, wenn es „ganz offensichtlich ungeeignet" ist, „das ... Ausbleiben zu entschuldigen"[230]. So darf sich das Urteil nicht darauf beschränken, bloß die Tatsache einer amtsärztlichen Untersuchung zur Feststellung des Gesundheitszustandes des Angeklagten anzugeben, vielmehr ist zudem das Untersuchungsergebnis mitzuteilen und zu würdigen[231]. Dabei muß es sich mit allen erkennbaren Entschuldigungsgründen auseinandersetzen[232], ganz gleich, ob sie vom Angeklagten vorgebracht worden sind oder aus sonstigen Umständen für das Gericht ersichtlich waren[233]. Deshalb sind als ungenügend angesehene ärztliche Atteste in den Urteilsgründen ihrem Inhalt nach wiederzugeben[234].

---

[220] KMR-*Paulus* 43.

[221] RGSt **66** 150; RG JW **1931** 3561; OLG Bremen NJW **1962** 881; OLG Köln NJW **1963** 1265; OLG Rostock StraFo. **2001** 417; OLG Schleswig SchlHA **1969** 154; *Busch* JZ **1963** 459; *Eb. Schmidt* 34; *Meyer-Goßner*[46] 33; AK-*Dölling* 28; HK-*Rautenberg*[3] 26; KMR-*Paulus* 45; SK-*Frisch* 42.

[222] OLG Düsseldorf StV **1982** 216; OLG Rostock StraFo **2001** 417.

[223] KG StV **1987** 11; OLG Bremen StV **1987** 242; OLG Frankfurt/M NJW **1988** 2965; OLG Köln StV **1989** 53.

[224] AK-*Dölling* 28; *Busch* JZ **1963** 459.

[225] OLG Hamm JMBlNW **1955** 59; KG StV **1987** 11; OLG Karlsruhe NStZ **1982** 433; vgl. auch die Nachweise in Fußn. 233.

[226] OLG Hamm NStZ-RR **2000** 84, 85 (ärztliche Bescheinigungen).

[227] BayObLGSt **1999** 69, 70 f.

[228] OLG Hamm VRS **97** (1999) 44, 46.

[229] OLG Hamm NStZ-RR **1997** 240.

[230] BayObLGSt **1999** 69; BayObLG NJW **2001** 1438 zu § 412; KG StV **1995** 575.

[231] OLG Hamm NStZ-RR **1998** 283; OLG Rostock StraFo **2001** 417.

[232] OLG Hamm NStZ-RR **2000** 84.

[233] RGSt **66** 150; RG JW **1933** 224; BayObLG NStZ-RR **2001** 374, 375; KG StV **1995** 575; OLG Braunschweig NdsRpfl **1964** 209; OLG Bremen NJW **1962** 881; OLG Celle JMBlNW **1969** 246; StV **1987** 192; OLG Düsseldorf MDR **1981** 870; JMBlNW **1983** 39; StV **1987** 9; OLG Hamm NJW **1963** 65; OLG Karlsruhe JR **1975** 429 mit Anmerkung *Fuhrmann*; OLG Koblenz VRS **73** (1987) 51; OLG Köln NJW **1963** 1265; OLG Oldenburg NJW **1953** 1933; OLG Schleswig SchlHA **1969** 154; KK-*Ruß*[4] 14; *Meyer-Goßner*[46] 33; KMR-*Paulus* 45; SK-*Frisch* 43.

[234] OLG Frankfurt/M NJW **1988** 2965.

Eine **formularmäßige Begründung** reicht in der Regel nicht aus[235]. Nur wenn ein Ein- **70** gehen auf die Einzelheiten des Falles sich deswegen erübrigt, weil überhaupt keinerlei Gründe für das Ausbleiben des Angeklagten vorgetragen oder sonst ersichtlich sind, kann eine formularmäßige Begründung genügen[236]. Auch dann sollte aber über den bloßen Gesetzeswortlaut des § 329 Abs. 1 hinaus zum Ausdruck kommen, daß für das Gericht keinerlei Entschuldigungsgründe ersichtlich waren.

Soweit das Berufungsgericht bei der Prüfung, ob ein genügender Entschuldigungs- **71** grund vorliegt, sich mit einem vom Vorsitzenden abgelehnten **Vertagungsantrag** befassen und diesen würdigen muß[237], hat es sich darüber in den Urteilsgründen auszusprechen. Einen in der Hauptverhandlung gestellten Aussetzungsantrag des Verteidigers kann es im Urteil mit verwerfen. Eines besonderen Beschlusses bedarf es dazu nicht[238].

Gegebenenfalls ist im Berufungsurteil auch zu erörtern, warum das Berufungsgericht **72** die Berufung für **zulässig** gehalten hat und daß keine **Verfahrenshindernisse** der Verwerfung entgegenstanden[239]; bzw. wieweit sie vorliegen und eine Änderung des Urteilsspruchs des Ersturteils erfordern. Wird eine neue **Gesamtstrafe** gebildet, ist diese nach den allgemeinen Grundsätzen zu begründen.

Wird ein formularmäßig begründetes Urteil in die **Sitzungsniederschrift** aufgenommen **73** (§ 275 Abs. 1 Satz 1), kann es nachträglich nicht ergänzt oder geändert werden[240].

c) Zustellung. Das Verwerfungsurteil ist dem Angeklagten nach den allgemeinen **74** Vorschriften zuzustellen. Ersatzzustellung und Zustellung an den Verteidiger (§ 145a) sind zulässig. § 232 Abs. 4 ist nicht anwendbar[241]. Öffentliche Zustellung ist unter den erleichterten Voraussetzungen des § 40 Abs. 3 zulässig[242]. Ist die nach § 35a Satz 2 notwendige Belehrung nicht erfolgt, so ist die Zustellung dennoch wirksam, weil diese Vorschrift die allgemeine Belehrungspflicht nach § 35a Satz 1 lediglich konkretisiert und es deshalb bei der in § 44 Satz 2 für die Verletzung des § 35a vorgesehenen Rechtsfolge verbleibt, derzufolge bei Versäumung der Rechtsmittelfrist Wiedereinsetzung zu gewähren ist[243].

d) Selbständigkeit jeder Berufung. Das die sofortige Verwerfung der Berufung aus- **75** sprechende Urteil kann unabhängig davon ergehen, ob auf Grund der Berufung der Staatsanwaltschaft oder eines anderen Verfahrensbeteiligten zur Sache verhandelt werden muß[244]. Eine getrennte Entscheidung ist insoweit möglich[245].

---

[235] RGSt **66** 150; OLG Bremen NJW **1962** 881; OLG Celle MDR **1955** 184; VRS **26** (1964) 443; OLG Düsseldorf VRS **64** (1983) 276; **68** (1985) 470; OLG Frankfurt NJW **1970** 959; OLG Hamburg VRS **40** (1971) 140; OLG Hamm VRS **37** (1969) 210; **39** (1970) 208; NStZ-RR **2000** 84, 85; OLG Koblenz VRS **66** (1984) 368; OLG Köln GA **1963** 58; NJW **1963** 1265; VRS **72** (1987) 442; OLG Schleswig SchlHA **1975** 181; AK-*Dölling* 29; *Bick* StV **1987** 273; vgl. auch Rdn. 85.

[236] BayObLGSt **1969** 1; OLG Braunschweig NdsRpfl **1964** 209; **1978** 155; OLG Celle VRS **26** (1964) 443; OLG Düsseldorf JMBlNW **1966** 153; OLG Frankfurt NJW **1970** 959; OLG Hamm VRS **37** (1969) 210; OLG Karlsruhe NJW **1969** 476; Justiz **1974** 135; OLG Schleswig SchlHA **1975** 181.

[237] Vgl. OLG Hamm JMBlNW **1969** 259; KK-*Ruß*[4] 14; AK-*Dölling* 29.

[238] OLG Stuttgart GA **1962** 92.

[239] BGH NJW **1967** 1476.

[240] OLG Düsseldorf MDR **1982** 249.

[241] BayObLGSt **1957** 79 = NJW **1957** 1119; OLG Celle NJW **1960** 930; OLG Hamburg NJW **1964** 415; OLG Hamm NJW **1956** 726; OLG Köln NJW **1980** 2720; KK-*Ruß*[4] 13; *Meyer-Goßner*[46] 34; AK-*Dölling* 31; HK-*Rautenberg*[3]; KMR-*Paulus* 43; SK-*Frisch* 46; LR-*Gollwitzer* § 232, 37; **a. A** *Janetzke* NJW **1956** 620.

[242] AK-*Dölling* 31; HK-*Rautenberg*[3] 27; SK-*Frisch* 46; *Rieß/Hilger* NStZ **1987** 152; vgl. Rdn. 13 und LR-*Wendisch* § 40, 5 ff, 16 ff.

[243] Strittig, so aber OLG Frankfurt/M NStZ **1988** 376 mit abl. Anmerkung *Wendisch*; OLG Hamburg NStZ-RR **2000** 238, 239 f mit Übersicht über den Streitstand; **a. A** z. B. LR-*Wendisch* § 35a, 15 f.

[244] Vgl. RGSt **66** 231; RG JW **1932** 2725; BayObLGSt **17** 113; OLG Stuttgart NJW **1961** 1687; *Meyer-Goßner*[46] 31; AK-*Dölling* 35; KMR-*Paulus* 48; SK-*Frisch* 52.

[245] Vgl. Rdn. 88.

76   **5. Die Rechtsnatur des Verwerfungsurteils** gemäß § 329 ist strittig. In der ersten Beratung der Reichstagskommission äußerten zwei Abgeordnete, aus dem Nichterscheinen des Angeklagten könne man den **Verzicht** auf das Rechtsmittel folgern[246]. Da der Angeklagte immerhin rechtzeitig Berufung eingelegt hat, könnte das nur so zu verstehen sein, daß das Nichterscheinen den Entschluß bekundet, das Rechtsmittel nicht durchzuführen. Die §§ 391 Abs. 2 und 3, § 412 Abs. 1 enthalten ähnliche Regelungen. Nach den Motiven zum jetzigen § 412[247] ist beim Ausbleiben des Angeklagten, der rechtzeitig Einspruch gegen den Strafbefehl erhoben hat, zu vermuten, daß sein Vorgehen nur den Aufschub der Strafvollstreckung bezweckt. Daraus wird abgeleitet, daß die **Vermutung der Unbegründetheit** des Rechtsmittels in diesem Falle die Verwerfung durch Urteil ohne Beweisaufnahme nach sich zieht. Reichsgericht und Bundesgerichtshof haben wiederholt ausgesprochen, die Berufung werde kraft der Vermutung verworfen, mit dem unentschuldigten Ausbleiben bekunde der Angeklagte den Willen zum „Verzicht" auf die weitere Verfolgung des Rechtsmittels, also zur Rücknahme[248]. Einzelne Oberlandesgerichte schlossen daraus, § 329 sei unanwendbar, wenn der ausbleibende Angeklagte schriftlich mitteile, daß er auf der Berufung bestehe[249]. Diese Einschränkung übersieht, daß eine in § 329 an das unentschuldigte Ausbleiben geknüpfte Fiktion unwiderlegbar wäre, ganz gleich, ob sie von der Vermutung der Rücknahme oder von der Vermutung der Unbegründetheit ausgeht. Beide Vermutungen sind letztlich aber nur gedankliche Konstruktionen, die zur Abgrenzung des Anwendungsbereichs des § 329 vielfach nicht passen und die weder vom Gesetzeswortlaut noch von der Lebenswirklichkeit überzeugend gestützt werden, denn die wirklichen Motivationen für das Ausbleiben des Angeklagten sind vielgestaltig. Insbesondere ist es wohl nur in den wenigsten Fällen ein Ausdruck des Willens, die Berufung zurückzunehmen.

77   Der Regelung wird man wohl am besten gerecht, wenn man den Zweck des § 329 darin sieht, daß dem Angeklagten, der im Verfahren der ersten Instanz ausreichend Gelegenheit zu seiner Verteidigung hatte, die Möglichkeit genommen werden soll, die Erledigung des Verfahrens vor dem Berufungsgericht durch sein Ausbleiben **hinauszuzögern**. Dies gilt nicht nur für die Möglichkeit, über die Berufung der Staatsanwaltschaft in Abwesenheit des Angeklagten zu verhandeln[250], sondern auch für die sofortige Verwerfung der Berufung des Angeklagten. Es mehren sich daher die Stimmen, die § 329 unter dem Blickwinkel der **Verwirkung** erklären[251]. Dem Angeklagten erwächst aus seiner Berufungseinlegung eine Beteiligungslast[252]. Er verliert sein Recht auf nochmalige Verhandlung, sein Recht, die Nachprüfung des gegen ihn ergangenen Urteils durch das Berufungsgericht herbeizuführen, wenn er durch sein unentschuldigtes Fernbleiben die von ihm selbst beantragte erneute sachliche Entscheidung hindert[253].

78   Das Verwerfungsurteil nach § 329 Abs. 1 ist demnach ein **Prozeßurteil**, kein Sachurteil[254]. Als Formalurteil, das die Verwirkung der Berufung ausspricht, ist es an enge Voraus-

---

[246] *Hahn* Mat. I S. 1019, 1025.
[247] Mot. 228.
[248] So z. B. RGSt **61** 28; **64** 246; **66** 79; BGHSt **15** 289; **24** 150; BayObLG bei *Rüth* DAR **1977** 207; OLG Celle GA **1960** 316; OLG Koblenz NJW **1975** 327; OLG Köln NJW **1953** 1036; *Meyer-Goßner*[46] 1; vgl. *Sax* JR **1967** 41.
[249] OLG Dresden HRR **1930** Nr. 1186; JW **1932** 1781.
[250] BGHSt **17** 395; BayObLGSt **1968** 106 = NJW **1969** 907.
[251] *Eb. Schmidt* Nachtr. I 2; vgl. KK-*Ruß*[4] 1; AK-*Dölling* 1; KMR-*Paulus* 3; SK-*Frisch* 2; *Busch* JZ

1963 458; *Hanack* JZ **1973** 694; *Küper* JuS **1972** 128; *Schlüchter* 682.1; *Schroeder* NJW **1973** 309; und auch BGHSt **27** 239.
[252] Vgl. § 40 Abs. 3; *Redeker* NJW **1980** 1593 (Beteiligungslast als Korrelativ zum Recht auf Verfahrensteilhabe); ferner *Schneidewin* NJW **1961** 841 („Der Angeklagte muß sich zum Kampfe stellen").
[253] Vgl. die Nachweise Fußn. 251.
[254] Der verschiedentlich vorgenommene Vergleich mit dem Versäumnisverfahren der Zivilprozeßordnung ist nicht gerechtfertigt, wenn er mehr besagen soll, als daß die Säumnis eine sofortige Entscheidung

setzungen zu knüpfen, wie die herrschende Meinung seit jeher fordert[255]. Ergeht das Verwerfungsurteil nach Absatz 1 gegen einen von mehreren Mitangeklagten, so führt dieses bereits mit seinem Erlaß zur **Verfahrenstrennung**, die dem in der Rspr. vertretenen formellen Beschuldigtenbegriff zufolge (vgl. dazu LR-*Dahs* Vor § 48, 31 ff) dazu führt, daß der vom Verwerfungsurteil Betroffene im Verhältnis zu seinen (früheren) Mitangeklagten jedenfalls solange als Zeuge anzusehen ist, bis, etwa nach Aufhebung des Verwerfungsurteils nach Absatz 1, beide Verfahren wieder miteinander verbunden werden (so zwar konsequent vom Boden der Rspr. und h. M OLG Braunschweig NdsRpfl. **2002** 64, aber doch fragwürdig).

6. Keine Verwerfung nach Zurückverweisung durch das Revisionsgericht (Absatz 1 **79** **Satz 2).** Die sofortige Verwerfung der Berufung des unentschuldigt ausgebliebenen Angeklagten ist ausgeschlossen, wenn das Berufungsgericht mit der Sache deshalb neu befaßt wird, weil das Revisionsgericht das frühere Urteil aufgehoben und die Sache ganz oder teilweise zur erneuten Verhandlung und Entscheidung zurückverwiesen hat. Die durch das Revisionsurteils möglicherweise geschaffenen Bindungen für das weitere Verfahren (§ 358) sollten durch ein Prozeßurteil, das das Ersturteil formal bestätigt, nicht wieder beseitigt, die Bestätigung eines im weiteren Verfahren als unrichtig erkannten Sachurteils durch eine Formalentscheidung sollte vermieden werden[256].

Da § 329 Abs. 1 Satz 1 nicht anwendbar ist, hat das Berufungsgericht nach Zurück- **80** verweisung durch das Revisionsgericht die Berufung auch bei Ausbleiben des Angeklagten durch eine **Sachverhandlung** zu erledigen. Es muß die Anwesenheit des Angeklagten notfalls mit Zwangsmitteln[257] sicherstellen, sofern es nicht in Abwesenheit des Angeklagten über seine Berufung verhandeln kann und will. Die §§ 231a, 232, 233 sind anwendbar[258].

Die Ausnahme des Absatzes 1 Satz 2 setzt ein Sachurteil voraus. Sie greift nicht **81** Platz, wenn das Berufungsgericht im aufgehobenen ersten Urteil nicht zur Sache entschieden, sondern ebenfalls die **Berufung des Angeklagten** nach § 329 Abs. 1 **verworfen** hatte[259]. Nach dem Zweck der Neufassung des Absatzes 1, der die Verwerfungsmöglichkeiten erweitern und nicht einengen wollte, liegt eine „erneute" Verhandlung im Sinne des Absatzes 1 Satz 2 nur dann vor, wenn das Berufungsgericht bereits im aufgehobenen ersten Urteil zur Sache entschieden hatte. War das erste Urteil ebenfalls nur ein Formalurteil nach Absatz 1 Satz 1, dann treffen die Überlegungen, die den Gesetzgeber zu der Ausnahmeregelung bewogen haben, nicht zu. Die Hauptverhandlung zur Sache hat noch nicht begonnen, die Berufung kann nach § 329 Abs. 1 Satz 1 wiederum verworfen werden, wenn der Angeklagte erneut der Berufungsverhandlung fernbleibt.

---

auslöst; denn die Unterstellung eines bestimmten Sachverhalts als zugestanden, in Verbindung mit einer rechtlichen Schlüssigkeitsprüfung, findet bei der sofortigen Verwerfung nach § 329 Abs. 1 gerade nicht statt (vgl. *Eb. Schmidt* Nachtr. I 6 Nr. 13). Ein Sachurteil – so z. B. die 21. Auflage – ist das Verwerfungsurteil nicht.

[255] Vgl. Rdn. 2.
[256] Begr. BTDrucks. 7 551 S. 81. Das Verwerfungsurteil müßte andernfalls das Verschlechterungsverbot (§ 358 Abs. 2) beachten; vgl. RG JW **1931** 1603; BGHSt **23** 333.

[257] Vgl. Rdn. 91 ff.
[258] KMR-*Paulus* 7.
[259] BGHSt **27** 236 = JZ **1978** 205 mit zust. Anmerkung *Küper* (auf Vorlage von OLG Düsseldorf gegen OLG Hamburg); OLG Zweibrücken VRS **51** (1976) 365; KK-*Ruß*[4] 2; *Meyer-Goßner*[46] 4; AK-*Dölling* 27; HK-*Rautenberg*[3] 8; KMR-*Paulus* 7; SK-*Frisch* 40; *Schlüchter* 684.2; **a.A** OLG Hamburg JR **1976** 378 mit abl. Anmerkung *Gollwitzer*.

Karl Heinz Gössel

III. Berufung der Staatsanwaltschaft (Absatz 2)

1. Zulässigkeit der Abwesenheitsverhandlung

82   **a) Keine Begrenzung durch Strafhöhe.** Soweit die Staatsanwaltschaft Berufung eingelegt hat, läßt § 329 die Verhandlung in Abwesenheit des Angeklagten auch zu, wenn die zur Anklage stehende Tat mit einer härteren als der in § 232 Abs. 1 bezeichneten Strafe bedroht ist[260]. Auch die Strafgrenzen des § 233 Abs. 1 dürfen überschritten werden[261]. Die Neufassung durch Art. 1 Nr. 87 des 1. StVRG wollte insoweit nichts ändern. Die Bezugnahme auf Absatz 1 Satz 1 sollte nur klarstellen, daß die Verhandlung über die Berufung der Staatsanwaltschaft in Abwesenheit des Angeklagten zulässig ist, wenn dieser trotz ordnungsgemäßer Ladung ausgeblieben ist[262].

83   **b)** Das Berufungsgericht muß aber auch hier stets prüfen, ob nicht die **Aufklärungspflicht** erfordert, daß über die Berufung der Staatsanwaltschaft in **Gegenwart des Angeklagten** verhandelt wird[263]. Wegen der Beweislage, einer möglichen (Nicht-)Gewährung von Strafaussetzung zur Bewährung[264] oder der Höhe der zu erwartenden Strafe, insbesondere wenn sie beträchtlich höher ausfallen kann, wird dies mitunter angezeigt sein, um dem Berufungsgericht den dazu erforderlichen persönlichen Eindruck vom Angeklagten zu verschaffen[265] und um dem Angeklagten ausreichende Gelegenheit zu seiner Verteidigung zu geben, ferner, wenn ein Hinweis nach § 265 nicht nach § 234a dem Verteidiger gegeben werden kann. Das Gericht muß dann die Verhandlung über die Berufung der Staatsanwaltschaft unterbrechen oder aussetzen und die Anwesenheit des Angeklagten in der Berufungsverhandlung nötigenfalls durch eine Vorladung oder durch Erlaß eines Vorführungs- oder Haftbefehls[266] sicherstellen. Muß nur wegen der Notwendigkeit eines Hinweises nach § 265 ausgesetzt werden, so kann dieser dem Angeklagten auch schriftlich erteilt und bei erneutem Ausbleiben nach § 329 Abs. 2 verhandelt werden.

84   **c) Vertretung.** Wird in Abwesenheit des Angeklagten verhandelt, so kann dieser sich durch einen mit schriftlicher Vollmacht versehenen **Verteidiger vertreten** lassen[267]. Beantragt dieser, das Ausbleiben aus bestimmten Gründen zu entschuldigen und die Verhandlung zu vertagen, so muß das Gericht eine ablehnende Entscheidung nach § 34 begründen und hierbei auf den vorgebrachten Entschuldigungsgrund eingehen.

---

[260] RGSt **65** 235.
[261] BGHSt **17** 391 = LM Nr. 4 mit Anmerkung *Martin*; *Eb. Schmidt* Nachtr. I 9; KK-*Ruß*[4] 16; *Meyer-Goßner*[46] 37; AK-*Dölling* 32; HK-*Rautenberg*[3] 30; KMR-*Paulus* 47; SK-*Frisch* 47; *Pfeiffer*[4] 8; *Schmidt* NJW **1957** 1389; SchlHA **1963** 265; **a.A** OLG Koblenz NJW **1957** 1890; vgl. auch OLG Frankfurt NJW **1952** 1350; OLG Oldenburg NJW **1952** 1151.
[262] Vgl. KG JR **1977** 34.
[263] BGHSt **17** 398; OLG Bremen MDR **1970** 165; OLG Koblenz VRS **45** (1973) 189; OLG Köln NJW **1963** 1265; OLG Stuttgart Justiz NStZ **1982** 217; **1987** 235; OLG Zweibrücken MDR **1973** 952; KK-*Ruß*[4] 16; *Meyer-Goßner*[46] 36; AK-*Dölling* 32; HK-*Rautenberg*[3] 31; KMR-*Paulus* 47; SK-*Frisch* 47; *Pfeiffer*[4] 8; **a.A** OLG Frankfurt (pflichtgemäßes Ermessen des Gerichts) NJW **1952** 1350.

[264] OLG Hamm StV **1997** 346.
[265] Vgl. RGSt **66** 80; OLG Hamburg StV **1982** 558; *Eb. Schmidt* 19; KK-*Ruß*[4] 16; *Meyer-Goßner*[46] 36; AK-*Dölling* 32; HK-*Rautenberg*[3] 31; SK-*Frisch* 47. Muß das Verfahren ausgesetzt werden, so kann, wenn die Aufklärungspflicht nicht wegen der veränderten Rechtslage die Anwesenheit des Angeklagten erfordert, der Hinweis nach § 265 auch zusammen mit der Ladung zum neuen Termin schriftlich erteilt und dieser dann trotz Abwesenheit des Angeklagten durchgeführt werden. Vgl. LR-*Gollwitzer* § 244, 55 mit Nachweisen.
[266] *Meyer-Goßner*[46] 37; vgl. Rdn. 91.
[267] Vgl. Rdn. 46.

2. Die **Gründe des Urteils**, das auf die Berufung der Staatsanwaltschaft ergeht, müssen, **85** da es sich um ein Sachurteil handelt, den Anforderungen des § 267 genügen. Sie müssen außerdem entsprechend § 34 dartun, daß die Voraussetzungen für die Abwesenheitsverhandlung nach § 329 Abs. 1 Satz 1 gegeben waren[268]. Vor allem ist darzulegen, daß das Ausbleiben des Angeklagten nicht genügend entschuldigt war und daß die sonstigen Voraussetzungen für die Abwesenheitsverhandlung gegeben waren.

3. Die **Zurücknahme der Berufung** der Staatsanwaltschaft ist bei Ausbleiben des **86** Angeklagten ohne dessen Zustimmung möglich, wie der nachträglich eingefügte Absatz 2 Satz 2 jetzt bestimmt, und zwar in jeder auf die erste Berufungshauptverhandlung folgenden weiteren, auch ausgesetzten, Hauptverhandlung[269]. Diese Ausnahme von § 303 Satz 1 gilt jedoch nicht, wenn das Revisionsgericht die Sache zur erneuten Verhandlung nach Absatz 1 Satz 2[270] zurückverwiesen hat[271]. In diesem Sonderfall bleibt der früher allgemein geltende § 303 Satz 1[272] weiterhin anwendbar.

Für die in der nachträglichen Beschränkung der staatsanwaltschaftlichen Berufung **87** liegende **Teilrücknahme** gelten die gleichen Grundsätze. Die Staatsanwaltschaft kann also im Interesse der Verfahrensbeschleunigung, vor allem auch um eine sonst notwendige Aussetzung zu vermeiden, ihr Rechtsmittel nachträglich beschränken[273].

IV. Berufung des Angeklagten und der Staatsanwaltschaft

1. **Getrennte Entscheidung.** Haben beide Seiten Berufung eingelegt, so kann, wenn **88** der Angeklagte unentschuldigt ausbleibt, über beide Rechtsmittel in einem Urteil entschieden werden[274]. Es ist aber auch zulässig und entspricht mehr dem Sinn des § 329 Abs. 1, die Berufung des Angeklagten vorweg zu verwerfen und dann erst über die Berufung der Staatsanwaltschaft zu verhandeln und zu entscheiden[275]. Eine einheitliche Entscheidung ist auch nicht etwa deshalb nötig, weil andernfalls das Gericht durch die Verwerfung in seiner Entscheidungsfreiheit beschränkt wäre. Im Gegenteil ist allgemein anerkannt, daß das Berufungsgericht trotz der Verwerfung der Berufung des Angeklagten auf die Berufung der Staatsanwaltschaft hin das Ersturteil auch zugunsten des Angeklagten überprüfen und abändern kann[276]. Ist die Ladung zur Berufungsverhandlung **öffentlich zugestellt** worden (§ 40 Abs. 3), kann zwar die Berufung des Angeklagten verworfen, es kann aber nicht über die Berufung der Staatsanwaltschaft verhandelt werden, da § 40 Abs. 3 insoweit nicht gilt; auch die Rücknahme der Berufung der Staatsanwaltschaft nach Absatz 2 Satz 2 ist nicht möglich[277].

---

[268] OLG Düsseldorf StV **1982** 216; OLG Karlsruhe NJW **1972** 1871; NStZ **1982** 433; JZ **1975** 429 mit Anmerkung *Fuhrmann*; OLG Köln NJW **1963** 1265; KK-*Ruß*[4] 19; *Meyer-Goßner*[46] 39; AK-*Dölling* 33; HK-*Rautenberg*[3] 33; KMR-*Paulus* 47; SK-*Frisch* 49; *Pfeiffer*[4] 8; vgl. auch Rdn. 69, 70.

[269] LG Dresden NStZ **1999** 264; **a. A** *Meyer-Goßner*[46] 38, jedoch ohne Begründung.

[270] Zu dessen Tragweite vgl. Rdn. 79 ff.

[271] KK-*Ruß*[4] 17; *Meyer-Goßner*[46] 38; AK-*Dölling* 34.

[272] Vgl. RGSt **65** 234; RG JW **1932** 3112.

[273] KK-*Ruß*[4] 17; *Meyer-Goßner*[46] 38; AK-*Dölling* 34; HK-*Rautenberg*[3] 35; SK-*Frisch* 51.

[274] OLG Karlsruhe NJW **1972** 1871; KK-*Ruß*[4] 18; AK-*Dölling* 35; KMR-*Paulus* 18; SK-*Frisch* 52.

[275] RGSt **65** 231; **67** 250; RG DRiZ **1929** Nr. 797; HRR **1931** Nr. 2090; **1932** Nr. 80; JW **1932** 2725; BayObLGSt **17** 113; KG HRR **1928** 1077; OLG Dresden JW **1927** 1079; **1933** 486; HRR **1928** Nr. 806; OLG Königsberg JW **1932** 966; *Eb. Schmidt* 14 Nachtr. I 8; KK-*Ruß*[4] 18; AK-*Dölling* 35; KMR-*Paulus* 47; SK-*Frisch* 52; vgl. auch BayObLGSt **1956** 32.

[276] RGSt **65** 232.

[277] *Rieß/Hilger* NStZ **1987** 152.

Karl Heinz Gössel

89   Wird das Verwerfungsurteil **vom Revisionsgericht aufgehoben**, ist auch das auf die Berufung der Staatsanwaltschaft ergangene Sachurteil hinfällig[278] und es muß über beide neu verhandelt werden. Gleiches gilt im umgekehrten Fall: Durfte über die Berufung der Staatsanwaltschaft nicht in Abwesenheit des Angeklagten verhandelt werden, weil die Voraussetzungen des § 329 Abs. 1 nicht vorlagen, so ist auch die Entscheidung über die Verwerfung der Berufung des Angeklagten nach Absatz 1 aufzuheben[279]. Das gleiche gilt, wenn ein Wiedereinsetzungsgesuch des Angeklagten nach § 329 Abs. 3 Erfolg hat[280]. Ist die unbeschränkte Berufung des Angeklagten nach § 329 Abs. 1 verworfen und danach in Anwesenheit des Angeklagten nach § 329 Abs. 2 über die auf den Rechtsfolgenausspruch beschränkte Berufung der Staatsanwaltschaft verhandelt und entschieden worden, so führt die erfolgreiche Revision des Angeklagten gegen dieses Urteil nicht auch zur Aufhebung des Verwerfungsurteils: mit der Verwerfung ist lediglich der Schuldspruch bindend geworden, so daß einander widersprechende Sachurteile nicht möglich sind[281].

90   **2. Zustellung.** Nach Ansicht des Oberlandesgerichts Karlsruhe[282] ist es, wenn über die Berufungen des Angeklagten und der Staatsanwaltschaft in verschiedenen Urteilen entschieden worden ist, wegen der inneren Verflechtung beider Entscheidungen unzulässig, die Urteile auf verschiedene Art zuzustellen.

V. Erzwingung der Anwesenheit des Angeklagten (Absatz 4)

91   **1. Vorrang der Verfahrenserledigung nach Absatz 1 oder 2.** Die Verpflichtung, bei Ausbleiben des Angeklagten seine Berufung nach Absatz 1 zu verwerfen und über eine Berufung der Staatsanwaltschaft ohne den Angeklagten sachlich zu verhandeln, hat Vorrang vor der Möglichkeit, die Anwesenheit des Angeklagten bei der Berufungsverhandlung zu erzwingen[283]. Es steht nicht im Ermessen des Berufungsgerichts, welchen Weg es beschreiten will. Eine Verhaftung des ausgebliebenen Angeklagten ist nur zulässig, wenn trotz des Umstandes, daß ohne den Angeklagten verhandelt werden kann und von einem nicht aussagebereiten Angeklagten auch keine der Sachaufklärung förderlichen Angaben zu erwarten sind, seine Anwesenheit zur Förderung des Verfahrens geboten erscheint[284]. Nur wenn das Gericht nicht nach Absatz 1 Satz 1 oder Absatz 2 verfahren kann, etwa, weil es nach Zurückverweisung durch das Revisionsgericht erneut über die Berufung des Angeklagten verhandelt (Rdn. 79) oder weil es die Anwesenheit des Angeklagten bei der Verhandlung über die Berufung der Staatsanwaltschaft zur Sachaufklärung für geboten hält, muß es bei Aussetzung oder Unterbrechung der Berufungsverhandlung unter Beachtung des Grundsatzes der **Verhältnismäßigkeit**[285] darüber

---

[278] OLG Karlsruhe NJW **1972** 1861; OLG Stuttgart NJW **1961** 1687; KK-*Ruß*[4] 18; SK-*Frisch* 53.

[279] Im Ergebnis so OLG Karlsruhe NJW **1972** 1871 für einen Fall mangelhafter Feststellungen zur Frage der genügenden Entschuldigung in der (neben der Verwerfung der Berufung des Angeklagten ergangenen) Entscheidung über die Berufung der Staatsanwaltschaft nach Absatz 2 Satz 1; dieser Entscheidung zust. KK-*Ruß*[4] 18; AK-*Dölling* 35; SK-*Frisch* 53 und im Ergebnis auch zust. *Meyer-Goßner* FS Gössel 646.

[280] Vgl. Rdn. 123.

[281] OLG Stuttgart NStZ **2000** 52; zust. *Meyer-Goßner* FS Gössel 646.

[282] OLG Karlsruhe NJW **1972** 1871; KMR-*Paulus* 48.

[283] OLG Bremen MDR **1970** 164; KG JR **1977** 34; OLG Stuttgart NStZ **1982** 217 mit Anmerkung *Sieg* NStZ **1983** 40; NStZ **1987** 377; OLG Zweibrücken MDR **1973** 952; KK-*Ruß*[4] 20; *Meyer-Goßner*[46] 45; AK-*Dölling* 36; HK-*Rautenberg*[3] 36; KMR-*Paulus* 51; *Pfeiffer*[4] 10.

[284] OLG Bremen MDR **1970** 164.

[285] SK-*Frisch* 54; AK-*Dölling* 37; *Pfeiffer*[4] 10; *Michel* MDR **1991** 933, 934.

entscheiden, ob und gegebenenfalls welche Zwangsmaßnahmen notwendig und ausreichend sind[286], um die Anwesenheit des Angeklagten bei der Berufungsverhandlung sicherzustellen. Unverhältnismäßig ist die Verhaftung jedenfalls dann, wenn die Berufung des Angeklagten bei unentschuldigtem Fernbleiben von der Berufungshauptverhandlung nach § 329 Abs. 1, 2 verworfen werden könnte „oder wenn bei verständiger Würdigung aller Umstände die Erwartung gerechtfertigt wäre, daß der Angeklagte zu dem Termin erscheinen wird"[287].

2. Das Gericht ist grundsätzlich **verpflichtet, Zwangsmaßnahmen** anzuordnen, sofern **92** diese zur Sicherung des Verfahrensfortgangs geboten sind, der Grundsatz der Verhältnismäßigkeit gewahrt ist und auch die sonstigen gesetzlichen Voraussetzungen erfüllt sind. Das Ausbleiben des ordnungsgemäß geladenen Angeklagten darf also nicht genügend entschuldigt, die Zwangsmaßnahmen müssen angedroht sein[288]. Ist der Angeklagte befugt der Berufungsverhandlung ferngeblieben, so ist für die Anordnung von Zwangsmitteln kein Raum. Muß das Gericht die Sache ohne anwesenden Angeklagten an sich verhandeln, etwa, wenn ein ordnungsgemäß bevollmächtigter Verteidiger erschienen ist[289], hält es aber die Anwesenheit des Angeklagten für erforderlich, dann muß es zunächst sein persönliches Erscheinen anordnen; Zwangsmittel kann es nur für den Fall seines Ausbleibens androhen.

Besteht die **Erwartung,** daß der Angeklagte bei der nächsten Hauptverhandlung auch **93** **ohne Zwangsmaßnahmen** erscheinen wird, dann muß das Gericht von Zwangsmaßnahmen absehen, wie Absatz 4 Satz 2 jetzt ausdrücklich klarstellt. Ob diese Voraussetzung gegeben ist, hat das Berufungsgericht in Abwägung aller Umstände des Einzelfalls nach pflichtgemäßem Ermessen zu beurteilen.

3. Wegen der **Voraussetzungen** und der **Auswahl der Zwangsmittel** wird auf die **94** Erläuterungen bei LR-*Gollwitzer* § 230 Rdn. 19 bis 44 verwiesen, wegen der Rechtsmittel auf LR-*Gollwitzer* § 230 Rdn. 49, 50.

VI. Revision

1. Mit der Revision kann gerügt werden, daß die **Verfahrensvoraussetzungen** fehlten, **95** etwa, daß ein Verwerfungsurteil nach § 329 Abs. 1 nicht hätte ergehen dürfen, weil die Berufung bereits vorher wirksam zurückgenommen worden war[290] oder auch deshalb, weil wegen entgegenstehender vertikaler Teilrechtskraft das *Verschlechterungsverbot* unbeachtet blieb – bei horizontaler Teilrechtskraft, der keine Rechtskraftwirkung zukommt (§ 318, 126), ist dagegen eine Verletzung des § 331 nur auf eine zulässig erhobene Verfahrens- (Verletzung des § 331) oder Sachrüge (fehlerhafte Rechtsfolgenfestsetzung) zu prüfen[291]. Die Voraussetzungen des § 329 Abs. 1 Satz 1; Absatz 2 sind **keine**

---

[286] Vgl. LR-*Gollwitzer* § 230, 27 ff; ferner etwa BayObLG bei *Bär* DAR **1987** 315 (vom Erstgericht abweichende negative Prognose).

[287] BVerfG NStZ **2001** 209.

[288] OLG Stuttgart MDR **1986** 778; vgl. LR-*Gollwitzer* § 230, 20.

[289] Wie etwa nach vorangegangenen Strafbefehlsverfahren § 411 Abs. 2; vgl. Rdn. 50 ff.

[290] OLG Karlsruhe NStZ **1988** 471; OLG Zweibrücken VRS **63** (1982) 57; vgl. Rdn. 98.

[291] Vgl. dazu OLG Hamburg JR **1989** 345 mit zust. Anmerkung *Gollwitzer*, das jedoch in allen Fällen der Teilrechtskraft die Beachtung des Verschlechterungsverbotes von Amts wegen prüfen will.

Verfahrensvoraussetzungen[292]. Ob der Angeklagte unentschuldigt im Sinne des Absatz 1 gefehlt hat, so daß das Gericht seine Berufung sofort verwerfen oder über die Berufung der Staatsanwaltschaft in seiner Abwesenheit verhandeln durfte, hat das Revisionsgericht nicht von Amts wegen zu prüfen, sondern nur auf entsprechende Verfahrensrüge[293], wobei die Tatsachen, in denen der Rechtsverstoß gesehen wird, in der Revisionsbegründung grundsätzlich gemäß § 344 Abs. 2 anzuführen sind.

96   2. Soweit sich die Revision gegen den **Inhalt der Sachentscheidung nach § 329 Abs. 2** richtet, gelten keine Besonderheiten für die Sach- und Verfahrensrügen. Mit letzterer kann aber auch dargetan werden, daß das Gericht wegen bestimmter Umstände, die im einzelnen dargelegt werden müssen, nicht ohne den Angeklagten zur Sache hätte verhandeln dürfen[294].

97   3. Für die Anfechtung des **Verwerfungsurteils nach § 329 Abs. 1 Satz 1** gelten dagegen einige Besonderheiten.

98   a) **Die allgemeine Sachrüge** ist, obwohl es sich um ein ausschließlich Verfahrensfragen betreffendes Prozeßurteil handelt, nicht schlechthin unzulässig. Sie führt allerdings nur zu der Nachprüfung, ob die Verfahrensvoraussetzungen für die Entscheidung überhaupt gegeben waren[295]. Der in der neueren Rechtsprechung festzustellenden Tendenz, die fehlerhafte Anwendung des § 329 Abs. 1 schon mit der Sachrüge geltend machen zu können, liegt die verfehlte Auffassung zugrunde, die Sachrüge sei „dadurch charakterisiert, daß sie allein die Überprüfung des Urteils selbst ... nach sich zieht"[296] oder „das Revisionsgericht" veranlasse „zu prüfen, ob allgemein die Urteilsfeststellungen die Rechtsanwendung tragen ungeachtet der Art der angewendeten Rechtsnorm"[297]: Diese Auffassung weicht nicht nur von der Rechtsprechung des Bundesgerichtshofs ab[298], sie verkennt überdies, daß die nach § 344 Abs. 2 notwendige Unterscheidung zwischen Sach- und Verfahrensrüge sich allein danach richtet, ob die als verletzt gerügte Norm dem materiellen Recht oder aber dem Verfahrensrecht zugehörig ist[299] und führt dazu, nahezu jede Verfahrensrüge in eine Sachrüge mit der Folge uminterpretieren zu können, daß die besondere Begründungspflicht nach § 344 Abs. 2 Satz 2 entfällt. Nach anderer, früher vertretener Ansicht ist die Revision, die das Prozeßurteil nur mit der Sachrüge anficht, unzulässig[300]. Greift der Revisionsführer allerdings nur die Anwendung des sachlichen Rechts im Ersturteil an, ist die Revision unzulässig, da sie ins Leere geht, denn nicht

---

[292] BGHSt **15** 287 = LM Nr. 9 mit Anmerkung *Martin*; BGHSt **26** 84; BayObLGSt **1968** 106 = NJW **1969** 807; OLG Düsseldorf JMBlNW **1979** 246; OLG Hamm NJW **1963** 65; vgl. dazu auch BGHSt **46** 230, 235 f; **a. A** OLG Karlsruhe MDR **1957** 760.

[293] AK-*Dölling* 46; SK-*Frisch* 68.

[294] Etwa OLG Hamburg StV **1982** 558; vgl. Rdn. 100.

[295] RGSt **59** 280; RG DRiZ **1929** Nr. 211; BGHSt **21** 242; **46** 230 mit abl. Anmerkung *Duttge* und – zust. – *Paulus* NStZ **2001** 442 ff; KG VRS **6** (1954) 212; BayObLG NStZ-RR **2000** 307; **2002** 79, 80; OLG Düsseldorf JMBlNW **1986** 249; OLG Köln NJW **2001** 1223; OLG Hamm MDR **1973** 694; OLG Karlsruhe MDR **1957** 760; GA **1981** 91; OLG Koblenz DAR **1974** 221; OLG Köln GA **1971** 27;

VRS **71** (1986) 371; **72** (1987) 442; OLG Saarbrücken OLGSt **11**; VRS **23** (1962) 298; **44** (1973) 190; *Bick* StV **1987** 273; *Hanack* JZ **1973** 695; *Meyer-Goßner*[46] 49; AK-*Dölling* 47; HK-*Rautenberg*[3] 50; KMR-*Paulus* 69; SK-*Frisch* 69.

[296] So OLG Dresden NJW **2000** 3295, 3296.

[297] So OLG Saarbrücken NStZ **1991** 147; ebenso *Kratz* aaO.

[298] BGHSt **15** 287; **21** 242.

[299] So zutr. OLG Köln NJW **2001** 1223, 1224 in seiner abl. Stellungnahme zu OLG Dresden NJW **2000** 3295; eingehend dazu *Weidemann* GedS Schlüchter 653 ff.

[300] BayObLGSt **27** 249; BayObLGSt **1949/51** 528; OLG Hamburg NJW **1965** 313.

dieses, sondern nur das Prozeßurteil des Berufungsgerichts kann Gegenstand des Revisionsverfahrens sein[301].

Wird ein Verwerfungsurteil nach § 329 Abs. 1 mit einer auf die allgemeinen Sachrüge **99** hindeutenden Behauptung angegriffen, ist trotz dieser Bezeichnung wegen der besonderen Verfahrenslage immer zu prüfen, ob nicht **in Wirklichkeit** damit die **Verfahrensrüge** der unrichtigen Anwendung des § 329 auf den im Urteil festgestellten Sachverhalt erhoben werden soll[302]. Eine solche Auslegung der Revisionsbegründung ist bei einem reinen Prozeßurteil naheliegend[303], wenn der Sachvortrag zugleich die zur Begründung der Verfahrensrüge notwendigen Tatsachen enthält. Was dazu jeweils erforderlich ist, hängt von Inhalt des angefochtenen Urteils und auch vom (strittigen) Umfang der Prüfungskompetenz des Revisionsgerichts ab[304]. Folgt man der vorherrschenden Meinung, wonach das Revisionsgericht an die Feststellungen im Berufungsurteil gebunden ist, dann wäre es formalistisch, die Zulässigkeit der Verfahrensrüge davon abhängig zu machen, daß die Revisionsbegründung die Urteilsfeststellungen wiederholt, weil das Revisionsgericht „diese Ausführungen aufgrund der erhobenen Sachrüge ohnehin zur Kenntnis" nimmt[305]. Die von der Rechtsprechung zugelassene, unsubstantiierte Verfahrensrüge, das Ausbleiben des Angeklagten habe nicht als unentschuldigt angesehen werden dürfen, kann auch in einer angeblichen „Sachrüge" liegen (Auslegungsfrage). Sie führt dazu, die Anwendung des § 329 auf die im Urteil festgestellten Tatsachen zu überprüfen[306].

b) Mit der Verfahrensrüge können die Voraussetzungen des Absatzes 1 Satz 1; Abs. 2 **100** der Nachprüfung des Revisionsgerichts unterstellt werden. Nach § 344 Abs. 2 müssen die Tatsachen vorgetragen werden, die das Ausbleiben des Angeklagten genügend entschuldigen[307], oder die zeigen, daß die Voraussetzungen des § 329 Abs. 1, 2 sonst nicht gegeben waren, etwa, daß das Ausbleiben des Angeklagten auf einem Ladungsfehler beruhte[308]. Trägt die Revision allerdings nur Tatsachen vor, die offensichtlich ungeeignet sind, das Fernbleiben des Angeklagten zu entschuldigen, dann ist es unschädlich, wenn das Urteil nur unzureichend (vgl. Rdn. 69) begründet ist[309]. Wird die Verletzung der

[301] OLG Karlsruhe GA **1981** 91; *Meyer-Goßner*[46] 49; KMR-*Paulus* 69; **a. A** zu Unrecht (s. dazu Rdn. 100) OLG Düsseldorf NJW **2000** 3295; OLG Saarbrücken NStZ **1991** 147; OLG Zweibrücken StV **1987** 10.

[302] Vgl. dazu *Peters* Fortentwicklung 34 (falsche Bezeichnung ist unschädlich); bei Revision gegen ein in Abwesenheit des Angeklagten auf die Berufung der Staatsanwaltschaft hin ergangenes Sachurteil kann dies dagegen nicht ohne weiteres angenommen werden; KMR-*Paulus* 69. BGHSt **28** 384 läßt dies offen.

[303] Vgl. BGH NJW **1964** 1234; BGH bei *Dallinger* MDR **1953** 723; OLG Koblenz NJW **1975** 322 mit Anmerkung *Krause* NJW **1975** 1713.

[304] Vgl. Rdn. 102.

[305] BGHSt **36** 384, 385; BayObLG NJW **1955** 563; OLG Düsseldorf StV **1884** 149; OLG Brandenburg NStZ **1996** 249; OLG Köln VRS **72** (1987) 442; *Meyer-Goßner*[46] 48; *Bick* StV **1987** 273. Vgl. auch OLG München GA **1985** 237 (kein Vortrag offenkundiger Tatsachen). Wer die Prüfungsbefugnis des Revisionsgerichts ähnlich wie bei der Sachrüge darauf beschränkt, die Rechtsanwendung auf die im Urteil festgestellten Tatsachen zu kontrollieren, kann vom Revisionsführer auch keinen Tatsachen-

vortrag fordern. Dieser wäre unbeachtlich, soweit er von den Urteilsfeststellungen abweicht; er hätte nur für die Begründung der Aufklärungsrüge Bedeutung.

[306] OLG Brandenburg NStZ **1999** 249, 250; NStZ-RR **1997** 275 (zur Rechtsbeschwerde); OLG Bremen NJW **1962** 81; OLG Dresden NJW **2000** 3295; OLG Hamm NJW **1963** 65 (**anders** aber wohl MDR **1973** 694); OLG Karlsruhe MDR **1957** 760; OLG Koblenz NJW **1975** 322 mit zust. Anmerkung *Krause* NJW **1975** 1713; OLG Köln VRS **70** (1986) 458; **72** (1987) 442; OLG Saarbrücken NStZ **1991** 147; OLG Schleswig bei *Ernesti/Jürgensen* SchlHA **1969** 154; *Bick* StV **1987** 274; AK-*Dölling* 47; HK-*Rautenberg*[3] 50; KMR-*Paulus* 69; SK-*Frisch* 70; enger wohl OLG Hamm MDR **1973** 694.

[307] Vgl. etwa OLG Düsseldorf JMBlNW **1979** 246; **1985** 286; OLG Hamm NJW **1963** 65; OLG Saarbrücken VRS **23** (1962) 298; *Schmidt* SchlHA **1963** 65; ferner Rdn. 102 ff.

[308] Vgl. etwa OLG Düsseldorf JMBlNW **1982** 68; KG JR **1984** 78.

[309] BayObLG VRS **61** (1981) 48; OLG Koblenz VRS **73** (1987) 51.

Aufklärungspflicht gerügt, müssen die erkennbaren Beweismittel und die Umstände angegeben werden, die das Gericht zur weiteren Sachaufklärung gedrängt hätten[310].

101   **c) Gegenstand der Nachprüfung durch das Revisionsgericht.** Soweit die Verfahrensrüge zulässig erhoben ist, hat das Revisionsgericht im Wege des **Freibeweises** die für die Beurteilung des Ausbleibens des Angeklagten erforderlichen tatsächlichen Feststellungen selbst zu treffen und es hat in eigener Würdigung darüber zu befinden, ob die von ihm festgestellten Tatsachen eine genügende Entschuldigung abgeben. Wie auch sonst bei Verfahrensverstößen ist die wirkliche Sachlage maßgebend. Dies ist unstreitig bei der **Aufklärungsrüge.** Wird sie in zulässiger Form, unter vollständigem Vortrag der sie belegenden Tatsachen[311] erhoben, muß das Revisionsgericht dies im Freibeweisverfahren überprüfen, ganz gleich, auf welche Voraussetzungen des § 329 Abs. 1 Satz 1; § 329 Abs. 2 sich die Rüge bezieht, also auch, wenn vorgetragen wird, das Berufungsgericht hätte bei genügenden Nachforschungen erkennen können, daß das Ausbleiben des Angeklagten genügend entschuldigt war[312].

102   **Strittig** ist dagegen der **Umfang der Nachprüfungsbefugnis** des Revisionsgerichts, wenn nur die unrichtige Anwendung von § 329 Abs. 1, 2 gerügt wird. Die **herrschende Meinung** vertritt in Übereinstimmung mit der einhelligen Rechtsprechung die Ansicht, daß das Revisionsgericht (ähnlich wie bei der Anwendung des sachlichen Rechts) nur feststellen kann, ob der Erstrichter die vorliegenden Entschuldigungsgründe überhaupt geprüft, im Urteil genügend dargestellt und den Rechtsbegriff der genügenden Entschuldigung rechtlich richtig gewürdigt hat[313]. Dabei darf das Revisionsgericht nur solche Entschuldigungsgründe berücksichtigen, die dem Berufungsgericht im Zeitpunkt der Entscheidung erkennbar waren[314], und das Revisionsgericht ist an die im Urteil getroffenen Feststellungen gebunden[315].

103   Demgegenüber vertritt eine **Minderheit** im Schrifttum die Auffassung, das Revisionsgericht könne die prozessualen Voraussetzungen für die sofortige Verwerfung der Berufung des Angeklagten ebenso wie für das Verhandeln über die Berufung des Staatsanwalts ohne Angeklagten im Wege des Freibeweises in tatsächlicher Hinsicht nachprüfen und rechtlich frei würdigen[316].

---

[310] KG GA **1974** 16; OLG Saarbrücken NJW **1975** 1614; *Bick* StV **1987** 274; vgl. LR-*Gollwitzer* § 244, 355.

[311] Im Falle der Vertretung durch einen Verteidiger gehört dazu auch das Vorliegen einer ordnungsgemäßen Vollmacht, OLG Düsseldorf JMBlNW **1979** 246; OLG Köln StV **1981** 119.

[312] Vgl. etwa BGHSt **28** 384; OLG Düsseldorf StV **1987** 9; OLG Hamm NJW **1965** 410; OLG Saarbrücken NJW **1975** 1613; OLG Stuttgart Justiz **1981** 288; ferner die Nachweise Fußn. 313.

[313] RGSt **59** 279; **61** 175; **62** 421; **64** 245; **66** 151; RG JW **1930** 67 mit abl. Anmerkung *Alsberg*; JW **1930** 938; **1931** 2834; **1932** 511; BGHSt **28** 384 (zur Tragweite dieser Entscheidung vgl. aber BGH NJW **1987** 776); BayObLG NJW **1986** 1954 (Vorlagebeschluß; nur für genügende Entschuldigung); BayObLG bei *Rüth* DAR **1973** 210; KG GA **1973** 29; OLG Braunschweig HRR **1928** Nr. 577; Nds-Rpfl **1964** 209; OLG Bremen NJW **1962** 881; StV **1987** 11; OLG Celle NdsRpfl **1966** 127; OLG Düsseldorf StV **1982** 216; MDR **1983** 193; OLG Hamburg GA **1972** 72; **1972** 146; OLG Hamm

JMBlNW **1969** 246; MDR **1961** 169; NJW **1963** 65; KG GA **1973** 29; NJW **1969** 475; JR **1984** 78; StV **1987** 11; OLG Karlsruhe NJW **1972** 1871; NStZ **1982** 433; OLG Koblenz VRS **47** (1974) 35; OLG Köln NJW **1963** 1265; VRS **71** (1986) 371; OLG Oldenburg NJW **1953** 1933; OLG Saarbrücken NJW **1975** 1614; vgl. auch *Kern* JW **1931** 3561; *Mezger* JW **1928** 417; *Preiser* GA **1965** 366; *v. Scanzoni* JW **1927** 2050; *Schmidt* SchlHA **1963** 265; KK-*Ruß*⁴ 14; *Meyer-Goßner*⁴⁶ 48; AK-*Dölling* 48; HK-*Rautenberg*³ 51; KMR-*Paulus* 70; SK-*Frisch* 75; *Pfeiffer*⁴ 12; vgl. ferner die Darstellung der Streitfrage bei *Hohendorf* GA **1979** 416.

[314] RG HRR **1927** Nr. 1877; BGHSt **28** 384; BayObLG bei *Rüth* DAR **1973** 210; OLG Braunschweig HRR **1928** Nr. 577; OLG Frankfurt NJW **1974** 1151; KG GA **1973** 29; OLG Saarbrücken OLGSt 11; 27; *Laube* NJW **1974** 1365.

[315] BayObLG StV **2001** 338; OLG Hamm NStZ-RR **2000** 84, 85; OLG Köln StV **1989** 53.

[316] *Eb. Schmidt* Nachtr. I 12; LR-*Gollwitzer*²⁴ 104; *Busch* JZ **1963** 460; *Hohendorf* GA **1979** 424; *Nöldeke* 300 ff. Ebenso schon *Alsberg* JW **1930** 67 mit weiteren

Indessen dürfte der **überwiegend** vertretenen **Auffassung** schon deshalb **zu folgen**   **104**
sein, weil die Revision gegen Prozeßurteile dem Revisionsgericht keine größere Nachprüfungsbefugnis gewährt als bei der Überprüfung gegen Sachurteile: die tatsächlichen
Feststellungen sind in beiden Fällen grundsätzlich unangreifbar, es sei denn, deren Feststellung ist selbst rechtsfehlerhaft (Rdn. 101, 102), wie etwa bei unzureichender Aufklärung, die mit der Aufklärungsrüge geltend gemacht werden kann. Die Mindermeinung widerspricht damit im Bereich der Prozeßurteile dem Wesen der Revision als
einer Überprüfung auf Rechtsfehler[317].

4. Sonstige Verfahrensfragen. Hebt das Revisionsgericht ein nach § 329 Abs. 1 ergangenes   **105**
Berufungsurteil auf, weil dessen Voraussetzungen nicht vorlagen, so darf es das Urteil
des ersten Rechtszugs nicht sachlich nachprüfen. Dies ist zunächst Sache des Berufungsgerichts.

Hat der Jugendrichter einen Heranwachsenden nach **Jugendrecht** abgeurteilt und die   **106**
Jugendkammer die Berufung nach § 329 Abs. 1 verworfen, so steht der Revision des
Beschwerdeführers § 55 Abs. 2 JGG entgegen[318].

5. Revision und Antrag auf Wiedereinsetzung nach Absatz 3 stehen als gleichrangige   **107**
Rechtsbehelfe selbständig nebeneinander. Selbst wenn sie im gleichen Schriftsatz eingelegt worden sind, sind sie hinsichtlich der Wahrung von Form und Frist und auch hinsichtlich des Verfahrensgangs (vgl. § 342 Abs. 2) selbständig zu beurteilen. Das Revisionsgericht ist insbesondere nicht an die Ansicht gebunden, die es als Beschwerdegericht im
Verfahren über die Wiedereinsetzung geäußert hat[319]. Daß der Angeklagte einen an sich
möglichen Wiedereinsetzungsantrag nicht stellt, macht seine Revision nicht unzulässig[320],
löst aber, unabhängig von einer vorherigen Rechtsbehelfsbelehrung, die Verzichtsvermutung
des § 342 Abs. 3 (Rdn. 114)[321] auch dann aus, wenn die Revision schon vor Zustellung
des Urteils und damit auch vor Beginn der Wochenfrist des § 341 Abs. 2 eingelegt
wurde[322].

Ob der Angeklagte Revision einlegen oder Wiedereinsetzung beantragen will, ist   **108**
gegebenenfalls durch **Auslegung** seines Rechtsbehelfs zu ermitteln, wobei Sachvortrag,
Form und erklärtes Ziel des Rechtsbehelfs, nicht aber die gewählte Bezeichnung maßgebend sind[323]. Nach Ansicht des OLG Karlsruhe[324] ist die Erklärung des Angeklagten
in dem Sinn zu deuten, der den meisten Erfolg verspricht. Weil dem Berufungsgericht
nicht erkennbare Entschuldigungsgründe nicht mit der Revision geltend gemacht werden
können[325], besteht Anlaß, einen Rechtsbehelf, der einen neuen Entschuldigungsgrund
anführt, insoweit in ein wegen § 342 Abs. 3 sonst ausgeschlossenes Wiedereinsetzungs-

Nachweisen. So auch OLG Hamburg JZ **1963** 480
bezüglich der genügenden Entschuldigung des Angeklagten, jedoch nur deshalb, weil es die Anwesenheit des Angeklagten in der Hauptverhandlung zu
Unrecht – Rdn. 64 – als Prozeßvoraussetzung
ansieht.
[317] SK-*Frisch* 75; s. auch LR-*Hanack* Vor § 333, 2.
[318] BGHSt **30** 98 = JR **1982** 123 mit Anmerkung
Brunner (auf Vorlage OLG Hamm MDR **1981** 340
gegen OLG Celle JR **1980** 38); OLG Celle NJW
1968 1297; OLG Düsseldorf MDR **1994** 1141; vgl.
OLG Saarbrücken MDR **1974** 162; AK-*Dölling* 45;
a. A OLG Celle JR **1980** 38 (unter Aufgabe von
NJW **1968** 1297) mit abl. Anmerkung *Brunner*;

KMR-*Paulus* 68, *Schmidt* NJW **1968** 1841, die § 55
JGG nur bei Rechtsmittel mit Sachprüfung anwenden wollen.
[319] KG HRR **1930** Nr. 756; vgl. LR-*Hanack* § 342, 5.
[320] OLG Dresden HRR **1928** Nr. 97; *Eb. Schmidt* 25.
[321] Beachtliche Bedenken gegen die Verfassungsmäßigkeit dieser Vorschrift äußern LR-*Hanack* § 342, 9;
AK-*Maiwald* § 342, 5 und *Widmaier* FS Rieß (2002)
620.
[322] OLG Düsseldorf VRS **89** (1995) 132, 133.
[323] Vgl. LR-*Hanack* § 300, 1 ff.
[324] OLG Karlsruhe Justiz **1975** 78; KMR-*Paulus* 55.
[325] Vgl. Rdn. 102.

gesuch **umzudeuten**[326]. Umgekehrt kann die Umdeutung eines Wiedereinsetzungsgesuchs in eine Revision daran scheitern, daß das Gesuch nach Form, Inhalt und Antragstellung nicht den Anforderungen dieses Rechtsmittels genügt[327]; jedoch sind insoweit „an die Zulässigkeit der Verfahrensrüge keine strengen Anforderungen zu stellen": Ergibt sich aus dem Verwerfungsurteil, „daß der Angeklagte Entschuldigungsgründe vorgebracht hat, reicht es, wenn ausgeführt wird, das Berufungsgericht habe das Ausbleiben des Angeklagten nicht als unentschuldigt ansehen dürfen ... Es wäre formalistisch, die Zulässigkeit der Verfahrensrüge davon abhängig zu machen, daß die Revisionsbegründung den Urteilsinhalt wiederholt"[328].

109   Die Einlegung der Revision ohne Verbindung mit dem Gesuch um Wiedereinsetzung gilt aber nach § 342 Abs. 3 als **Verzicht** auf die letztere (s. dazu auch Rdn. 107 am Ende). Dies gilt auch, wenn die Revision unzulässig ist[329].

110   Wird die Wiedereinsetzung gegen die Versäumung der Berufungsverhandlung bewilligt, **erledigt** sich dadurch eine zugleich eingelegte **Revision**[330]. Wegen der Einzelheiten vgl. die Erläuterungen zu § 342; s. ferner Rdn. 123.

VII. Wiedereinsetzung in den vorigen Stand (Absatz 3)

111   **1. Zulässigkeit.** Die Wiedereinsetzung ist zulässig bei Urteilen, welche die Berufung des Angeklagten gemäß § 329 ohne Verhandlung zur Sache verwerfen, aber auch gegenüber Urteilen, die auf Berufung der Staatsanwaltschaft hin nach Sachverhandlung ergehen[331]. Im letzten Fall kommt es nicht darauf an, ob das Berufungsgericht das Ersturteil zugunsten, zuungunsten des Angeklagten oder überhaupt nicht geändert hat. Lediglich im Falle des Freispruches würde es an einer Beschwer fehlen[332].

112   War der Angeklagte **vom Erscheinen** in der Haupverhandlung **entbunden** worden (§ 233), so hat er keinen Anspruch auf Wiedereinsetzung. Desgleichen, wenn er in der Hauptverhandlung nach § 234 vertreten war[333]. Der verspätete Eingang der Berufungszurücknahme eröffnet keine Wiedereinsetzung gegen die versäumte Berufungsverhandlung[334].

113   **2. Form des Antrages.** Die Wiedereinsetzung setzt einen formgerechten (§ 45) Antrag des Angeklagten voraus, der an das Berufungsgericht zu richten ist. Die Antragsfrist beginnt mit Zustellung oder Ersatzzustellung[335] des gemäß § 329 ergangenen Urteils (§ 329 Abs. 2). Die Fristberechnung richtet sich nach den §§ 42, 43. Die Versäumnisgründe sind glaubhaft zu machen[336]; ein ärztliches Attest zum Nachweis einer Erkrankung reicht regelmäßig aus, dann aber nicht, „wenn es sich um ein durch Täuschung des Arztes erschlichenes Attest oder ein erbetenes ‚Gefälligkeitsattest' handelt"[337] (s. dazu auch Rdn. 44). Wegen der Einzelheiten vgl. § 45 Abs. 1 und die Erläuterungen dazu. Ob die Wiedereinsetzung nach § 45 Abs. 2 Satz 2 auch von Amts wegen gewährt werden kann,

[326] KMR-*Paulus* 55; vgl. LR-*Hanack* § 300, 3.
[327] BayObLG bei *Rüth* DAR **1979** 240; KMR-*Paulus* 55 verneinen die Möglichkeit der Umdeutung. OLG Düsseldorf StV **1982** 52; OLG Hamm JMBlNW **1965** 82 halten dies für möglich.
[328] OLG Köln StV **1989** 53.
[329] OLG Stuttgart Justiz **1976** 265; LR-*Hanack* § 342, 1 mit weiteren Nachweisen; wegen der sonstigen Einzelheiten vgl. LR-*Hanack* § 342, 6 ff.
[330] RGSt **61** 180; **65** 233; BayObLSt **1972** 45 = NJW **1972** 1725; LR-*Hanack* § 342, 4.

[331] RGSt **61** 181; KK-*Ruß*[4] 22; *Meyer-Goßner*[46] 40; KMR-*Paulus* 1.
[332] AK-*Dölling* 40; KMR-*Paulus* 55.
[333] BayObLGSt **1965** 5; KK-*Ruß*[4] 22; KMR-*Paulus* 55.
[334] BayObLGSt **1957** 63.
[335] BGHSt **11** 155; BayObLGSt **1957** 79; OLG Celle NJW **1957** 1449; **1960** 930.
[336] OLG Düsseldorf VRS **98** (2000) 353, 354; OLG Hamm VRS **96** (1999) 439, 440.
[337] OLG Köln VRS **97** (1999) 362.

ist wegen des Wortlauts („beanspruchen") und auch wegen der anderen Verfahrenslage (Versäumung der Hauptverhandlung und nicht einer Rechtsmittelfrist) strittig[338]. Der Grundsatz, daß ein Rechtsbehelf des Betroffenen so **auszulegen** ist, wie er am ehesten Erfolg verspricht[339], gilt auch für den Wiedereinsetzungsantrag[340]. Einer Eingabe des Angeklagten, gegen den ein Urteil gemäß § 329 ergangen ist, kann meist entnommen werden, daß er vor allem Wiedereinsetzung gemäß Absatz 3 erstrebt und Revision nur für den Fall einlegen will, daß Wiedereinsetzung abgelehnt wird[341].

Die unwiderlegbare gesetzliche **Vermutung des Verzichts** auf Wiedereinsetzung (s. dazu **114** Rdn. 107 am Ende), die nach § 342 Abs. 3 in der isolierten Einlegung der Revision liegt, führt zum endgültigen Verlust der Wiedereinsetzung, gegen den auch keine Wiedereinsetzung möglich ist[342].

3. Wiedereinsetzungsgründe sind seit der Neufassung des § 44 alle Gründe, die den **115** Angeklagten **ohne sein Verschulden** am rechtzeitigen Erscheinen zur Berufungsverhandlung gehindert haben; der Antrag kann jedoch nicht darauf gestützt werden, die Voraussetzungen einer Verwerfung nach § 329 Abs. 1 hätten aus anderen Gründen als denen seines unentschuldigten Ausbleibens nicht vorgelegen, etwa weil er entgegen der Auffassung des Berufungsgerichts durch seinen Verteidiger wirksam vertreten gewesen sei: dieses Vorbringen kann nur mit der Revision geltend gemacht werden[343]. Das Verschulden des Angeklagten muß sich „unmittelbar auf die Versäumung beziehen und nicht nur auf die Herbeiführung des Hindernisses im Sinne des § 45 Abs. 1 Satz 1 StPO"[344]. Da die Wiedereinsetzung das Grundrecht auf rechtliches Gehör sichern soll, dürfen die Anforderungen für ihre Erlangung nicht überspannt werden[345]. Wegen der Einzelheiten wird auf die Erläuterungen zu § 44 verwiesen. Die **frühere Rechtsprechung** zu § 329 Abs. 2 a. F, die an den Begriff des **unabwendbaren Zufalls** strengere Anforderungen stellte, ist gegenstandslos geworden.

Ob der Angeklagte gehindert war, **sich rechtzeitig zu entschuldigen**, ist ohne rechtliche **116** Bedeutung[346], wie es auch unerheblich ist, ob das Gericht den Wiedereinsetzungsgrund hätte erkennen können[347].

Die Wiedereinsetzung ist in analoger Anwendung von Absatz 3 auch zulässig, wenn **117** wegen einer **fehlerhaften** oder **unterbliebenen Ladung** ein Urteil nach § 329 Abs. 1, 2 gar nicht hätte ergehen dürfen. Dieser Verfahrensfehler kann zwar auch mit der Revision geltend gemacht werden (vgl. Rdn. 100), die herrschende Meinung stellt ihn jedoch der unverschuldeten Terminsversäumung gleich und läßt, nicht zuletzt aus Gründen der Prozeßwirtschaftlichkeit, die Wiedereinsetzung zu[348]. Auch insoweit muß der Antrag-

---

[338] Mit der Erwägung, daß der materielle Anspruch auf Wiedereinsetzung nicht notwendig eine formelle Antragstellung erfordert, bejahen dies OLG Düsseldorf VRS **57** (1979) 438 und KMR-*Paulus* 57 unter Hinweis auf ein obiter dictum in BVerfGE **42** 257. Verneinend *Meyer-Goßner*[46] 40; *Schlüchter* 685.2. Vgl. LR-*Gollwitzer* § 235, 10.

[339] Vgl. LR-*Hanack* § 300, 6.

[340] OLG Karlsruhe Justiz **1975** 78; Rdn. 108.

[341] KG HRR 1930 Nr. 1571.

[342] OLG Stuttgart Justiz **1981** 244.

[343] OLG Hamm StV **1997** 346, 347.

[344] OLG Düsseldorf VRS **99** (2000) 121, 122.

[345] OLG Karlsruhe NJW **1974** 1152, unter Hinweis auf die Rechtspr. des BVerfG.

[346] Vgl. Rdn. 26 mit Nachweisen.

[347] OLG Frankfurt NJW **1974** 1152; KMR-*Paulus* 60.

[348] BGH NJW **1987** 1776, 1777; BayObLGSt **1970** 73 = VRS **39** (1970) 272; OLG Bremen MDR **1960** 244; OLG Celle JR **1979** 121 mit Anmerkung *Meyer*; OLG Düsseldorf MDR **1987** 868; StV **1982** 216; OLG Frankfurt JR **1986** 216 mit Anmerkung *Hilger* = NStZ **1986** 279 mit Anmerkung *Meyer*; JZ **1978** 409; NStZ-RR **1996** 75; OLG Hamburg MDR **1982** 250; NStZ-RR **2001** 302; OLG Hamm NStZ **1982** 521 mit Anmerkung *Meyer*; OLG Karlsruhe NJW **1997** 3183 (Wirksamkeit der Ladung ist von Amts wegen zu prüfen); OLG Köln VRS **59** (1980) 42; **64** 199; NStZ-RR **2002** 142; OLG München HRR **1938** Nr. 427; OLG Neustadt GA **1955** 248;

---

steller grundsätzlich die die Fehlerhaftigkeit der Ladung bedingenden Umstände darlegen und glaubhaft machen[349]; Zweifeln an der Wirksamkeit der Zustellung, die sich
aus dem Akteninhalt oder dem Vorbringen des Antragstellers ergeben, muß das Gericht
allerdings zur Wahrung des rechtlichen Gehörs in geeigneter Weise nachgehen[350].

118 Der Antrag auf Wiedereinsetzung kann nicht auf **Tatsachen** gestützt werden, die das
Berufungsgericht bereits in seiner Entscheidung als zur Entschuldigung nicht genügend
gewürdigt hat: Die Wertung dieser Tatsachen kann nur mit der Revision bekämpft
werden[351]. Zur Begründung des Wiedereinsetzungsgesuchs können sie allenfalls im
Zusammenhang mit neuen Tatsachen noch mit herangezogen werden[352]. Dagegen ist es
dem Angeklagten nicht verwehrt, sein Wiedereinsetzungsgesuch auf Tatsachen zu
stützen, die das Berufungsgericht bei seiner Entscheidung hätte würdigen müssen, die es
aber im Berufungsurteil rechtsfehlerhaft übergangen hat[353]; ob diese Tatsachen dem
Berufungsgericht bekannt waren oder auch nur hätten bekannt sein müssen, ist folglich
bedeutungslos[354].

119 **Neue Beweismittel** für bereits gewürdigte Tatsachen können die Wiedereinsetzung
nicht begründen; sie müssen mit der Revision (Aufklärungsrüge) geltend gemacht
werden[355].

120 **4.** Die **Entscheidung über den Wiedereinsetzungsantrag** erläßt das Berufungsgericht in
der für die Entscheidung außerhalb der Hauptverhandlung maßgebenden Besetzung
(§ 76 Abs. 1 GVG)[356]. Jedoch darf der Antrag deshalb nicht vor Ablauf der Antragsfrist
(Absatz 4) verworfen werden, weil dem Antragsteller die ab der Urteilszustellung laufende
Wochenfrist zur Verfügung stehen muß, um seinen Antrag selbst dann ergänzen zu
können[357], wenn das Urteil zur Zeit der Antragstellung schon zugestellt worden sein
sollte, was aber regelmäßig nicht der Fall sein wird. Zur Streitfrage, ob die an dem
Beschluß mitwirkenden Richter erkennende Richter im Sinne des § 28 Abs. 2 sind, vgl.
LR-*Wendisch* § 28, 15.

OLG Stuttgart Justiz **1970** 2234; **1973** 289; **1986**
329; NJW **1970** 2224; LG Siegen NJW **1976** 2359;
Meyer-Goßner[46] 41; AK-*Dölling* 41; SK-*Frisch* 63;
Roxin[25] § 52, 28; *Schlüchter* 685.4; *Dittmar* NJW
1982 209; *Wendisch* JR **1976** 426; **1981** 131; a. A
OLG Karlsruhe NJW **1981** 471 (keine Wiedereinsetzung, aber Gegenstandsloserklärung des Urteils) mit
abl. Anmerkung *Wendisch* JR **1981** 129; wiederum
anders (nur mit Revision) KG JR **1976** 425 mit
Anmerkung *Wendisch*; JR **1984** 78; OLG Saarbrücken MDR **1987** 695; *Eb. Schmidt* 25; KMR-
Paulus 61; *Amelunxen* 94; vgl. aber auch OLG Düsseldorf NStZ **1987** 523 (Wiedereinsetzung, wenn
Revision nicht zulässig).

[349] OLG Köln NStZ-RR **2002** 142, 143; a. A OLG
Celle JR **1979** 121; OLG Hamburg MDR **1982** 250;
NStZ-RR **2001** 302; OLG Karlsruhe Justiz **1997**
180.

[350] BVerfG NJW **1992** 224, 225 f; NStZ-RR **1997** 70.

[351] RG HRR **1927** Nr. 771; KG GA **1974** 116; OLG
Celle NdsRpfl **1955** 220; OLG Dresden DStR **1939**
65; OLG Düsseldorf MDR **1986** 428 (L); VRS **90**
(1996) 184, 185; **97** (1999) 139, 140; wistra **1996**
158; OLG Hamm JMBlNW **1965** 82; **1978** 32; OLG
Kassel DRiZ **1930** Nr. 358; OLG Koblenz VRS **64**
(1983) 211; OLG Köln OLGSt n. F. Nr. 7; StV **1989**

53; OLG Saarbrücken NJW **1969** 1864; OLG Stuttgart Justiz **1981** 244; *Eb. Schmidt* 24; KK-*Ruß*[4] 23;
Meyer-Goßner[46] 42, AK-*Dölling* 42; KMR-*Paulus*
58.

[352] KG GA **1974** 116; OLG Düsseldorf NJW **1962**
2022; VRS **90** (1996) 184; wistra **1996** 158; OLG
Saarbrücken NJW **1969** 1864; KK-*Ruß*[4] 23; *Meyer-
Goßner*[46] 42; AK-*Dölling* 42; KMR-*Paulus* 58.

[353] OLG Köln StV **1989** 53; OLG Hamm VRS **55**
(1978) 275; NStZ-RR **1997** 368; OLG Köln GA
1963 58; StV **1989** 53; OLG München NStZ **1988**
377, 378; KK-*Ruß*[4] 23; *Meyer-Goßner*[46] 42; AK-
Dölling 42; *Nöldeke* 299.

[354] OLG Köln StV **1989** 53; OLG Düsseldorf VRS **90**
(1996) 184, 185 f; OLG Köln StV **1989** 53; OLG
München NStZ **1988** 377, 378; a. A KG GA **1974**
117 (hinsichtlich neuer Beweismittel); OLG Düsseldorf StV **1985** 52; StV **1987** 242.

[355] KG GA **1974** 116; OLG Düsseldorf NStZ **1992** 99,
100; KMR-*Paulus* 58.

[356] KK-*Ruß*[4] 24; *Meyer-Goßner*[46] 43; AK-*Dölling* 43;
HK-*Rautenberg*[3] 48; KMR-*Paulus* 62; SK-*Frisch*
64.

[357] OLG Düsseldorf NStZ **1998** 637; vgl. auch OLG
Düsseldorf NStZ **1992** 99.

Erscheint der Angeklagte **verspätet zur Hauptverhandlung**, so kann noch in dieser die **121**
Wiedereinsetzung gegen das Verwerfungsurteil nach Absatz 1 Satz 1 und auch gegen ein
Sachurteil nach Absatz 2 gewährt und die Sache (erneut) verhandelt werden[358]. Hat die
Verhandlung über die Berufung des Staatsanwalts noch zu keinem Sachurteil geführt,
so kann das Berufungsgericht auch ohne förmliche Entscheidung über die Wiedereinsetzung die Hauptverhandlung neu beginnen. Hält es den Angeklagten für nicht
genügend entschuldigt, dann kann es mit der Hauptverhandlung fortfahren, muß aber
dann zweckmäßigerweise seinen Wiedereinsetzungsantrag alsbald bescheiden[359].

Wird eine als Berufung zu behandelnde **Sprungrevision** nach § 329 Abs. 1 verworfen, **122**
obwohl ein anderer Verfahrensbeteiligter seine Berufung zurückgenommen hatte, so
wird das Verwerfungsurteil gegenstandslos und das Rechtsmittel des Angeklagten ist als
Revision weiterzubehandeln (vgl. § 313, 14), weshalb ein Antrag auf Wiedereinsetzung
gegen die Versäumung der Berufungshauptverhandlung unzulässig wird[360].

5. Wirkung. Die Wiedereinsetzung gegen das Urteil nach § 329 Abs. 1 stellt die **123**
Rechtslage her, die vor der Säumnis bestand. Das oder die nach § 329 Abs. 1, 2 ergangenen
Urteile werden mit Bewilligung der Wiedereinsetzung ohne besonderen Ausspruch
gegenstandslos[361]. Bleibt der Angeklagte bei dem nach Wiedereinsetzung neu bestimmten
Verhandlungstermin wiederum aus, dann kann erneut nach § 329 Abs. 1, 2 verfahren
werden[362].

6. Beschwerde. Die Versagung der Wiedereinsetzung ist mit sofortiger Beschwerde **124**
anfechtbar. § 46 Abs. 2 und 3 ist entsprechend anwendbar, auch wenn § 46 in Absatz 3
nicht erwähnt wird. Wegen der Einzelheiten vgl. LR-*Wendisch* § 46, 15 ff.

§ 330

**(1) Ist von dem gesetzlichen Vertreter die Berufung eingelegt worden, so hat das
Gericht auch den Angeklagten zu der Hauptverhandlung vorzuladen und kann ihn
bei seinem Ausbleiben zwangsweise vorführen lassen.**

**(2) ¹Bleibt allein der gesetzliche Vertreter in der Hauptverhandlung aus, so ist
ohne ihn zu verhandeln. ²Ist weder der gesetzliche Vertreter noch der Angeklagte bei
Beginn einer Hauptverhandlung erschienen, so gilt § 329 Abs. 1 entsprechend; ist
lediglich der Angeklagte nicht erschienen, so gilt § 329 Abs. 2 Satz 1 entsprechend.**

Entstehungsgeschichte. Art. 3 Nr. 140 VereinhG hat 1950 die Vorschrift (jetzt
Absatz 1) neu gefaßt. Art. 1 Nr. 88 des 1. StVRG fügte den Absatz 2 an[1]. Bezeichnung
bis 1924: § 371.

---

[358] KK-*Ruß*⁴ 24; HK-*Rautenberg*³ 49; AK-*Dölling* 43.
[359] *Meyer-Goßner*⁴⁶ 40; 43; KMR-*Paulus* 62.
[360] OLG Köln NStZ-RR **2001** 86.
[361] RGSt **61** 180; **65** 233; OLG Karlsruhe NJW **1972** 24; OLG Schleswig SchlHA **1956** 301; OLG Stuttgart NJW **1961** 1687, zust. *Meyer-Goßner* FS Gössel 645 f; AK-*Dölling* 43; HK-*Rautenberg*³ 47; vgl. Rdn. 89.

[362] KK-*Ruß*⁴ 24; AK-*Dölling* 43; HK-*Rautenberg*³ 47; KMR-*Paulus* 63; SK-*Frisch* 65; *Küper* NJW **1976** 1276; JZ **1978** 207.

[1] *Rieß* NJW **1975** 89.

1   **1. Allgemeines.** § 330 enthält eine den § 298 ergänzende Sonderregelung über die Anwendung des § 329 auf die Berufung des gesetzlichen Vertreters, der die selbständige Rechtsmittelbefugnis nur im Interesse des Angeklagten ausüben darf. Sie trägt dem Umstand Rechnung, daß der Angeklagte von einer eigenen Anfechtung nur wegen der Berufung seines gesetzlichen Vertreters abgesehen und deshalb ein eigenes Interesse an der sachlichen Erledigung dieses Rechtsmittels haben kann. § 330 gilt auch für das Rechtsmittel eines Erziehungsberechtigten, der nicht gesetzlicher Vertreter ist (§ 67 Abs. 3 JGG)[2].

2   **2.** Die **Verwerfung der Berufung** des gesetzlichen Vertreters ohne Verhandlung zur Sache nach § 329 Abs. 1 Satz 1 ist nur zulässig, wenn sowohl der gesetzliche Vertreter als auch der Angeklagte ohne genügende Entschuldigung bei Beginn der Hauptverhandlung ausgeblieben und auch nicht vertreten sind. Ist nur einer von ihnen anwesend oder entschuldigt, ist die Verwerfung ausgeschlossen. Im übrigen ist § 329 Abs. 1 Satz 2 und 3 entsprechend anwendbar (Absatz 2 Satz 2 erster Halbsatz).

3   Ist nur der **Berufungsführer ausgeblieben**, der Angeklagte aber erschienen, dann verhandelt das Gericht sachlich über die Berufung (Absatz 2 Satz 1).

4   **3.** Ist nur der **ordnungsgemäß geladene Angeklagte** unentschuldigt **ausgeblieben**, so muß das Berufungsgericht unter Berücksichtigung seiner Aufklärungspflicht entscheiden, ob es die Berufungsverhandlung ohne den Angeklagten durchführen[3] oder aber seine Vorführung nach Absatz 1 anordnen will. Eine Verwerfung der Berufung nach § 329 ist ausgeschlossen[4].

5   Die **Verhaftung** des Angeklagten ist, anders als bei § 329, nicht zulässig[5]. Absatz 1 sieht nur die Vorführung des Angeklagten vor; § 329 Abs. 4 wird nicht für entsprechend anwendbar erklärt.

6   **4. Entfernt sich** der Beschwerdeführer oder der Angeklagte **nach Beginn der Hauptverhandlung** zur Sache, so gelten die allgemeinen Regeln[6]. § 329 Abs. 1, 2 ist dann nicht mehr anwendbar.

7   **5. Vertretung.** Ein gesetzlicher Vertreter als Beschwerdeführer gemäß § 298 darf sich stets durch einen besonders bevollmächtigten Rechtsanwalt vertreten lassen, weil kein hinreichender Grund für seine Anwesenheit als Rechtsmittelführer besteht. Auch die entsprechende Vertretung des Angeklagten ist – unbeschadet der Zulässigkeit der Vorführung – ebenso wie bei der Verhandlung nach § 329 Abs. 2 Satz 1 statthaft.

8   **6. Zustellung des Urteils.** Dem Angeklagten, auch wenn er nicht Beschwerdeführer ist, muß ein in Abwesenheit ergangenes Urteil zugestellt werden, auch damit er Rechte aus § 329 Abs. 3 ausüben kann. Hat der Beschwerdeführer der Verkündung nicht beigewohnt, so ist das Urteil auch ihm zuzustellen (vgl. LR-*Hanack* § 341, 20). Die Frist zur Einlegung der Revision kann für Beschwerdeführer und Angeklagten daher verschieden laufen (§ 341). Die auf die Frist bezügliche Vorschrift des § 298 gilt hier nicht[7].

---

[2] KK-*Ruß*[4] 1; *Meyer-Goßner*[46] 1; AK-*Dölling* 1; KMR-*Paulus* 1; *Pfeiffer*[4] 1.

[3] Vgl. KK-*Ruß*[4] 2; *Meyer-Goßner*[46] 2; AK-*Dölling* 2; HK-*Rautenberg* 5; *Rieß* NJW **1975** 89.

[4] OLG Bremen NJW **1960** 1171; KK-*Ruß*[4] 2; AK-*Dölling* 2; HK-*Rautenberg* 5; KMR-*Paulus* 1.

[5] *Eb. Schmidt* 4; *Meyer-Goßner*[46] 2; AK-*Dölling* 2; HK-*Rautenberg* 5; KMR-*Paulus* 1; *Pfeiffer*[4] 2; *Schmidt* SchlHA **1963** 264.

[6] Vgl. § 329, 8 ff.

[7] *Meyer-Goßner*[46] 3; AK-*Dölling* 3; vgl. LR-*Hanack* § 298, 14.

§ 331

(1) Das Urteil darf in Art und Höhe der Rechtsfolgen der Tat nicht zum Nachteil des Angeklagten geändert werden, wenn lediglich der Angeklagte, zu seinen Gunsten die Staatsanwaltschaft oder sein gesetzlicher Vertreter Berufung eingelegt hat.

(2) Diese Vorschrift steht der Anordnung der Unterbringung in einem psychiatrischen Krankenhaus oder einer Entziehungsanstalt nicht entgegen.

Schrifttum. *Bachmann* Unbestimmte Jugendstrafe und reformatio in peius, NJW **1973** 1030; *Brachvogel* Die Zulässigkeit der reformatio in peius, ZStW **13** (1893) 206; *Bruns* Sichernde Maßnahmen und Verschlechterungsverbot, JZ **1954** 73; *Cierniak* Verschlechterungsverbot bei einer unbeschränkten Berufung des Angeklagten und einem auf den Rechtsfolgenausspruch beschränkten Rechtsmittel der Staatsanwaltschaft? NStZ **2001** 399; *Eickhoff* Bedeutung des Verschlechterungsverbots für die Bemessung der Führerscheinsperrfristen in der Berufungsinstanz, NJW **1975** 1077; *Flad* Das Verbot der reformatio in peius – eine vom Gesetzgeber gewährte Rechtswohltat oder ein Gebot des Verfassungsrechts? in: Jung/Müller-Dietz (Hrsg.), Dogmatik und Praxis des Strafverfahrens (1989) 101; *Frisch* Drei Grundprobleme des Verschlechterungsverbots, MDR **1973** 715; *Ganske* Der Begriff des Nachteils bei den strafprozessualen Verschärfungsverboten (1960); *Ganslmayer* Nochmals: Zum Verschlechterungsverbot bei Entziehung der Fahrerlaubnis, JZ **1978** 794; *Geppert* Die Bemessung der Sperrfrist bei der strafgerichtlichen Entziehung der Fahrerlaubnis (§§ 42m und 42n StGB) (1968); *Geppert* Schwierigkeiten der Sperrfristbemessung bei vorläufiger Entziehung der Fahrerlaubnis, ZRP **1981** 85; *Gerber* Das Verbot der reformatio in peius im Reichsstrafprozeß, Strafr. Abh. Heft 165 (1913); *Gollner* Verschlechterungsverbot bei vorläufiger und endgültiger Entziehung der Fahrerlaubnis, GA **1975** 129; *Gollner* Zum Verschlechterungsverbot bei Entziehung der Fahrerlaubnis und dem Berufsverbot, JZ **1978** 656; *Grebing* Zur Problematik des Verschlechterungsverbots bei der Tagessatz-Geldstrafe, JR **1981** 1; *Grethlein* Problematik des Verschlechterungsverbots im Hinblick auf die besonderen Maßnahmen des Jugendrechts (1963); *Helmer* Strafaussetzung zur Bewährung und das Verbot der Schlechterstellung, JZ **1956** 714; *Kadel* Tagessatzsystem und Verschlechterungsverbot, GA **1979** 459; *Kadel* Die Bedeutung des Verschlechterungsverbots für Geldstrafenerkenntnisse nach dem Tagessatzsystem (1984); *Kapsa* Das Verbot der reformatio in peius im Zivilprozeß (1976); *Kaufmann* Die Strafaussetzung zur Bewährung und das Verbot der reformatio in peius, JZ **1958** 297; *Kleinfeller* Das Verbot der reformatio in peius, GerS **38** (1886) 579; *Kretschmer* Das strafprozessuale Verbot der reformatio in peius und die Maßregeln der Besserung und Sicherung (1999); *Lauckner* Zur Geschichte und Dogmatik der reformatio in peius, Strafr. Abh. Heft 171 (1914); *Maiwald* Nachträgliche Gesamtstrafenbildung und das Verbot der reformatio in peius, JR **1980** 353; *D. Meyer* Erhöhung des Tagessatzes bei alleiniger Berufung des Angeklagten? NJW **1979** 148; *D. Meyer* Erhöhung des Tagessatzes als Ausgleich für den Wegfall eines an sich gebotenen Fahrverbots in der Rechtsmittelinstanz, DAR **1981** 33; *Meyer-Goßner* Einstellung des Verfahrens und Verschlechterungsverbot, FS Kleinknecht 287; *Müller* Zur reformatio in peius, DRZ **1947** 101; *Norden* Zum Verbot der reformatio in peius, ZStW **29** (1909) 81; *Oswald* Reichweite und Grenzen des Verböserungsverbots bei Geldstrafen nach dem neuen Tagessatzsystem, DAR **1976** 152; *Petersen* Die reformatio in peius im Jugendrecht, NJW **1961** 348; *Potrykus* Das Verbot der reformatio in peius und das Jugendrecht, NJW **1955** 927; *Potrykus* Jugendstrafrechtliche Zweifelsfragen, NJW **1967** 185; *Preiser* Zwei Grundfragen zur Strafaussetzung zur Bewährung, NJW **1956** 1221; *Roos* Bestimmung der Tagessatzhöhe bei nachträglicher Bildung einer Gesamtstrafe, NJW **1976** 1483; *W. Schmidt* Für und Wider die strafrechtliche reformatio in peius, JR **1950** 193; *Schmidt* Verbot der Reformatio in peius im Kostenfestsetzungsverfahren der StPO, NJW **1980** 682; *Schröder* Erhöhung des Tagessatzes bei alleiniger Berufung des Angeklagten, NJW **1978** 1302; *Schwarz* Die reformatio in peius in der Praxis, JW **1935** 3345; *Seibert* Zum Verbot der Schlechterstellung, MDR **1954** 340; *Seibert* Die reformatio in peius im gerichtlichen Verfahren, JA **1970** 225; *Tolksdorf* Die unterbliebene Unterbringung gemäß § 64 StGB und ihre Überprüfung im Revisionsverfahren, FS Stree/Wessels 753; *Volk* Der Begriff der Strafe in der Rechtsprechung des Bundesverfassungsgerichts, ZStW **83** (1971) 405; *Werner* Die Sperrfristlänge gemäß § 42n StGB in der Berufungsgerichtsentscheidung, NJW

Karl Heinz Gössel

1974 484; *Wittschier* Das Verbot der reformatio in peius im strafprozessualen Beschlußverfahren (1984); *Wittschier* Das Verbot der reformatio in peius und der Schuldspruch, StV **1986** 173.

Entstehungsgeschichte. Art. 2 Nr. 29 AGGewVerbrG hatte Absatz 2 angefügt; das Gesetz vom 28. 6. 1935 (RGBl. I 844) hob dann aber das Verbot der Verschlechterung überhaupt auf. Seine im wesentlichen jetzt noch geltende Fassung erhielt § 331 im Jahre 1950 durch Art. 3 Nr. 141 VereinhG. Dabei wurde sein Wortlaut mit dem der §§ 358 Abs. 2, 373 Abs. 2 abgestimmt und klargestellt, daß sich das Verbot der Verschlechterung nur auf „Art und Höhe der Strafe" bezieht (ursprünglich: „zum Nachteile des Angeklagten"). Art. 21 Nr. 83 EGStGB ersetzte in Absatz 1 „Strafe" durch „Rechtsfolgen der Tat" und faßte Absatz 2 neu. Die dort vorgesehene Erstreckung des Anwendungsbereiches des Absatzes 2 auf die sozialtherapeutische Anstalt ist nicht wirksam geworden, so daß es bei der Fassung des Absatzes 2 verbleibt, die dieser durch Art. 326 Abs. 5 Nr. 2 Buchst. e EGBGB als Übergangsfassung erhalten hatte (Art. 3 Nr. 3 Buchst. d StVollzÄndG vom 20. 12. 1984 – BGBl. I 1654). Bezeichnung bis 1924: § 372.

Übersicht

I. Zweck und Tragweite des Verschlechterungsverbots

1   **1. Zweck und Rechtsnatur.** Die Vorschrift will den Angeklagten davor schützen, daß das Berufungsgericht ein Urteil, das nur zu seinen Gunsten angefochten worden ist, „in Art und Höhe der Strafe" zu seinem Nachteil ändert, eine Befürchtung, die ihn sonst abhalten könnte, das für notwendig erachtete Rechtsmittel einzulegen[1]. Der Angeklagte soll frei vom Zwang einer andernfalls bestehenden Konfliktsituation ohne Furcht vor Nachteilen darüber entscheiden können, ob er ein Rechtsmittel einlegen will. Gleiches gilt für die Personen, die zugunsten des Angeklagten das Urteil anfechten wollen, wie gesetzliche Vertreter und Erziehungsberechtigte.

2   Das **rechtspolitische Für und Wider** dieser zur „fairen" Prozeßgestaltung beitragenden prozessualen Schutzvorschrift ist umstritten und hier nicht näher zu erörtern[2]. Zwangsläufig aus dem **Rechtsstaatsprinzip** läßt sich das Verschlechterungsverbot nicht herleiten[3]. Grundsätzlich gilt es nur, wenn der Gesetzgeber dies angeordnet hat, wie auch in § 358 Abs. 2; § 373 Abs. 2; § 459a Abs. 2 Satz 2 StPO; § 72 Abs. 3 Satz 2; § 79 Abs. 3 OWiG in Verbindung mit § 358 Abs. 2 StPO. Bei **Beschlüssen**, die ähnlich wie ein Urteil Rechtsfolgen mit materieller Rechtskraft festlegen, wird es entsprechend angewendet[4].

---

[1] BGHSt **7** 86; **11** 323; **27** 178; **29** 269; **45** 308, 310; BGH NJW **1973** 107; **1980** 1967; BayObLGSt **1953** 34; *Frisch* MDR **1973** 715; *Eb. Schmidt* 2; KK-*Ruß*[4] 2; *Meyer-Goßner*[46] 1; AK-*Dölling* 1; HK-*Rautenberg*[3] 1; KMR-*Paulus* 2; *Peters* JZ **1957** 484; *Schlüchter* 627.

[2] Vgl. zu der schon früher streitigen Frage etwa *Eb. Schmidt* 2; *Schmidt* JR **1950** 193; *Seibert* MDR **1954** 340.

[3] BGHSt **9** 332; BayVerfGHE **11** II 195 = NJW **1959** 285; OLG Hamburg MDR **1980** 598; KK-*Ruß*[4] 1; *Meyer-Goßner*[46] 1; AK-*Dölling* 1; HK-*Rautenberg*[3] 1; *Pfeiffer*[4] 1; **a. A** *Kretschmer* 67 f; *Flad* 106.

[4] Vgl. z. B. LR-*Hanack* Vor § 296, 16; LR-*Matt* Erl. zu § 309, LR-*Wendisch* § 460, 50.

Die **Wirkung des Verschlechterungsverbotes** wird verschiedentlich damit erklärt, daß **3** dieses Verbot eine einseitige, **teilweise Rechtskraft** der verhängten Strafe ausschließlich zugunsten des Angeklagten herbeiführe[5]. Die Sperrwirkung, die die verhängte Strafe zugunsten des Angeklagten eintreten läßt, wird durch Verwendung des Begriffs der Rechtskraft in ihrer Eigenart aber weder zutreffend erfaßt noch erläutert[6]. Zum Wesen der Rechtskraft gehört es, daß sie, soweit sie eingetreten ist, gegen jedermann wirkt, nicht nur zugunsten des Angeklagten, und außerdem, daß sie, soweit sie reicht, jede Überprüfung des Ersturteils ausschließt, also auch die Nachprüfung der dem Schuldspruch zugrunde liegenden Feststellungen und ihrer rechtlichen Beurteilung (vgl. dazu schon § 318, 25 ff). In den Fällen des § 331 trifft alles dies nicht zu. Auch die zugunsten des Angeklagten oder von ihm selbst eingelegte unbeschränkte Berufung verpflichtet das Berufungsgericht, die gesamte Tat selbständig zu beurteilen, wie auch sonst im Berufungsverfahren[7].

Will man das Wesen des Verschlechterungsverbots nicht nur als vom Gesetzgeber **4** eingeräumte **Rechtswohltat**[8] erklären, sondern es wegen seiner Auswirkungen noch durch einen anderen Rechtsbegriff verdeutlichen, so könnte man es wohl am ehesten als einen in der Unterlassung der Anfechtung des Urteils zum Ausdruck gekommenen, endgültigen **Verzicht** des Staates auf schwerere Rechtsfolgen verstehen oder als **Verwirkung** des auf schwerere Rechtsfolgen gerichteten staatlichen Strafanspruchs durch Nichtbetreiben[9].

Einen **besonderen Strafrahmen** enthält § 331 nicht[10]. Wie im vergleichbaren Fall der **5** Geltung des Verschlechterungsverbots bei der Revision (§ 358 Abs. 2), so hat auch der Berufungsrichter „nach seinem eigenen pflichtgemäßen Ermessen die Einordnung der Tat innerhalb des Strafrahmens vorzunehmen" und schon dabei „das Ausmaß der Kompensation" wegen einer Verletzung des Beschleunigungsgebotes zu bestimmen; er „ist lediglich im Ergebnis an die durch" das Verschlechterungsverbot „gezogene Obergrenze gebunden"[11].

2. Gegenstand des Verschlechterungsverbots

a) Gegenstand des Verschlechterungsverbots sind **Art und Höhe der Rechtsfolgen**. **6** Absatz 1 deckt sich nunmehr mit den §§ 358 Abs. 2, 373 Abs. 2. Die frühere Verschiedenheit im Wortlaut beruhte darauf, daß § 358 Abs. 2 bereits im Entwurf stand, während § 331 erst von der Reichstagskommission aufgenommen worden ist[12].

b) Das Verschlechterungsverbot **betrifft nicht den Schuldspruch**[13] oder einzelne Urteils- **7** feststellungen. Das Berufungsgericht wird durch § 331 nicht gehindert, über die Schuld-

---

[5] So etwa RGSt **67** 64; BGHSt **11** 322; BGH GA **1970** 84; LM Nr. 21 zu § 358; BayObLGSt **1952** 66; BayObLG JZ **1979** 652; OLG Hamm MDR **1977** 861; KK-*Ruß*[4] 2 (beschränkte Rechtskraft besonderer Art); HK-*Rautenberg*[3] 1; *Peters* JZ **1957** 483; BGHSt **27** 179 läßt dies offen.

[6] Vgl. *Eb. Schmidt* 3; Nachtr. I 2; KMR-*Paulus* 9; *Kretschmer* 58 ff; *Flad* 103 f; *Hanack* JZ **1973** 660. *Grethlein* 141 erklärt das Verschlechterungsverbot als „Verwirkung" des staatlichen Strafanspruchs. *Kapsa* sieht die dogmatische Grundlage des Verbots nur in der gesetzlichen Anordnung, nicht in einer Prozeßmaxime. Zu den verschiedenen Auffassungen vgl. *Meyer-Goßner* FS Kleinknecht 287.

[7] RGSt **62** 402.

[8] So BGHSt **27** 178; **29** 269, 270; KK-*Ruß*[4] 1; *Meyer-Goßner*[46] 1; *Pfeiffer*[4] 1; vgl. KMR-*Paulus* 9 (mehr als die Entscheidungsregel läßt sich nicht hineininterpretieren).

[9] Zust. AK-*Dölling* 2; *Kretschmer* 61 ff.

[10] A. A KG GA **75** (1931) 337.

[11] BGHSt **45** 308, 310 f mit zust. Anmerkung *Maiwald* NStZ **2000** 389.

[12] Zur Auslegung der früheren Fassung („Nachteil"): RGSt **9** 324; **25** 398; BayObLGSt **15** 108.

[13] H. M; so etwa BGHSt **21** 260; NJW **1986** 322; NStZ **1984** 262; bei *Pfeiffer/Miebach* NStZ **1986** 209; KK-*Ruß*[4] 2; *Meyer-Goßner*[46] 8; AK-*Dölling* 3;

Karl Heinz Gössel

frage neu zu entscheiden, einen größeren Tatumfang anzunehmen oder diese anders, auch schwerer, zu bewerten, also etwa wegen Diebstahls statt wegen Unterschlagung zu verurteilen, oder wegen Verbrechens statt wegen Vergehens, wegen eines schwerere statt leichtere Strafe androhenden Gesetzes, oder wegen Tatmehrheit statt Tateinheit und umgekehrt[14]. Er darf auf die gleiche Strafe erkennen[15]. Nur die vom Erstgericht verhängte Strafe darf es nicht erhöhen oder verschärfen[16], dies gilt auch, wenn im Schuldspruch statt einer Ordnungswidrigkeit ein strafregisterpflichtiges Vergehen angenommen wird[17].

8   Das Verbot der Verschlechterung verhindert eine Veränderung des Schuldspruchs auch dann nicht, wenn dadurch die **Anwendbarkeit eines Straffreiheitsgesetzes** entfällt[18]. Umgekehrt wird auch die Veränderung des Schuldspruchs wegen des Wegfalls der Verfahrensvoraussetzungen für eine abgeurteilte Tat dadurch nicht ausgeschlossen. Nimmt der Erstrichter eine Antragstat an, so steht § 331 der Verurteilung wegen eines Offizialdelikts auch dann nicht entgegen, wenn sich der Mangel des Antrags erst im Berufungsverfahren herausstellte[19]. Wäre die abgeurteilte Tat unter dem vom Erstgericht angenommenen rechtlichen Gesichtspunkte verjährt, so kann das Berufungsgericht den Schuldspruch trotz § 331 auf ein Gesetz gründen, das Verjährung noch nicht rechtfertigt[20]. Fällt umgekehrt ein Verfahrenshindernis weg, so kann zwar der Schuldspruch entsprechend geändert werden, das Verbot der Verschlechterung verhindert aber eine höhere Bestrafung.

9   **c)** Das Verschlechterungsverbot betrifft also **ausschließlich die Rechtsfolgen**; es läßt die vom Erstgericht erkannte Strafe zur Obergrenze werden, auch wenn der geänderte Schuldspruch an sich höhere Strafe erlauben oder erfordern würde[21]. Nach dem Gesetzeswortlaut gilt es nur für die **im Urteil selbst** ausgesprochenen Rechtsfolgen[22], und sei es auch nur, wie bei der Gesamtstrafenbildung, in den Gründen[23]; zu im Ersturteil unterbliebenen Rechtsfolgefestsetzungen s. Rdn. 38 ff. Ob es analog auch auf die **Beschlüsse** anzuwenden ist, die aus Anlaß des Urteils ergehen, ist strittig[24].

10   Das Verschlechterungsverbot geht auch **zwingenden Vorschriften über die Strafart** und **die Strafbemessung** vor (z. B. Mindeststrafen, Asperationsprinzip u. a.). Es kann zu Strafen führen, die unterhalb der untersten Strafgrenze des vom Berufungsgericht ange-

---

HK-*Rautenberg*[3] 10; KMR-*Paulus* 3; *Eb. Schmidt* 4, 5; **a. A** *Wietschier* StV **1986** 173 (Keine Änderung des Tenors zum Nachteil des Angeklagten). *Peters* § 72 II 2 hält eine Verböserung des Schuldspruchs für unzulässig, wenn sich dadurch Charakter und Bedeutung der Bestrafung ändern. Zweifel an der herrschenden Meinung äußern *Grünwald* JZ **1966** 108; **1968** 233 und *Ganske* 26. Nach *Hanack* JZ **1973** 661 sollte die Frage neu überdacht, eine Verschärfung des Urteilstenors sollte vermieden werden.

[14] K K-*Ruß*[4] 2; AK-*Dölling* 4.
[15] BGH NStZ **1984** 262.
[16] RGSt **25** 397; **56** 119; **62** 97; **62** 130; **62** 216; **62** 401; **65** 63; **67** 217. BGHSt **21** 260; BGH JZ **1978** 245.
[17] BayObLGSt **1955** 160.
[18] KMR-*Paulus* 3; vgl. dazu OLG Oldenburg JZ **1955** 511 mit abl. Anm. *Kleinknecht*; ob es die Fürsorgepflicht dem Gericht in solchen Fällen gebietet, den

Angeklagten auf die Möglichkeit einer Verschlechterung des Schuldspruchs und die sich daraus für ihn ergebenden Nachteile hinzuweisen und eine Rücknahme oder Beschränkung seiner Berufung anzuregen, erscheint fraglich (so aber *Kleinknecht* aaO). In der Hauptverhandlung dürfte die Zustimmung des Staatsanwalts in einem solchen Fall auch kaum noch zu erlangen sein.

[19] RGSt **65** 246; AK-*Dölling* 5.
[20] RG HRR **1930** Nr. 685; AK-*Dölling* 5.
[21] RGSt **62** 82; **67** 64; BayObLGSt **1955** 112 = JR **1955** 472; KK-*Ruß*[4] 2a; AK-*Dölling* 6; vgl. die Nachweise Fußn. 25.
[22] Vgl. etwa OLG Hamm NJW **1978** 1596; *Meyer-Goßner*[46] 6; *Gollwitzer* JR **1977** 347; *Horn* MDR **1981** 14.
[23] KK-*Ruß*[4] 3.
[24] Dazu LR-*Gollwitzer* § 268a, 20 und LR-*Matt* Erl. zu § 305a mit Nachweisen zum Streitstand.

---

wandten Strafgesetzes liegen[25]. § 331 enthält aber keine Strafzumessungsregel, sondern legt nur die **Obergrenze** der noch zulässigen Strafe fest. Das Berufungsgericht ist also nicht verpflichtet, eine vom Erstrichter ausgesprochene Strafe nur deshalb zu mildern, weil es die abgeurteilte Tat nur in einem geringeren Umfang für erwiesen hielt oder weil es sie unter einem an sich milderen Gesichtspunkt beurteilt[26]. Der Wegfall einer von mehreren Verurteilungen zwingt auch nicht dazu, die Gesamtstrafe zu mildern[27], denn § 331 Abs. 1 gewährleistet nur die Einhaltung der Obergrenze, nicht aber darüber hinaus zusätzliche, sachlich ungerechtfertigte Vorteile (kein Rabatt). Die Möglichkeit, daß unter Umständen auf die gleiche Strafe erkannt wird, begründet noch keine die freie Entscheidung des Angeklagten beeinträchtigende Besorgnis[28].

3. Tragweite des Verschlechterungsverbots

a) Das Verschlechterungsverbot schließt es aus, daß für die **abgeurteilte Tat** im verfahrensrechtlichen Sinn (§ 264) schwerere Rechtsfolgen verhängt werden als im Ersturteil, es gilt aber auch hinsichtlich jeder einzelnen durch Ansatz einer eigenen Rechtsfolge abzuurteilenden **selbständigen strafbaren Handlung** im Sinne des § 53 StGB[29]; denn die Einzelstrafe kann bei Wegfall der Gesamtstrafe eigenständige Bedeutung erlangen. Zur Neuaufteilung der Einzelstrafen bei irriger Beurteilung der Konkurrenzlage vgl. Rdn. 68 ff. **11**

Im übrigen ändert § 331 nichts daran, daß bei uneingeschränkter Berufung die **ganze** **Tat** im Sinne des § 264 Gegenstand des Berufungsverfahrens wird[30]. Dies gilt auch, wenn das Erstgericht unter der Annahme mehrerer selbständiger Handlungen im Sinne des § 53 StGB den Angeklagten teils verurteilt, teils freigesprochen hat und nur der Angeklagte das verurteilende Erkenntnis angefochten hatte. Das Berufungsgericht darf – sofern keine wirksame Rechtsmittelbeschränkung vorliegt[31] – wegen des **Gesamtvorgangs** verurteilen[32], es darf lediglich keine höhere Strafe als das Erstgericht aussprechen. Die Aufrechterhaltung des zu Unrecht ergangenen Freispruchs fordert § 331 nicht. **12**

b) Die **Sperrwirkung** des Verschlechterungsverbots kann – insoweit ist die Parallele zur Rechtskraft berechtigt – nicht weitergehen, als die **Rechtskraft der nicht angefochte-** **13**

---

[25] RGSt 62 82; 65 63; BGHSt 11 319; 27 179 (auf Vorlage OLG Saarbrücken gegen OLG Köln MDR 1976 597); BayObLGSt 1970 163; VRS 59 (1980) 197; OLG Dresden JW 1930 332; OLG Düsseldorf NJW 1964 216; OLG Hamm JMBlNW 1958 203; OLG Oldenburg MDR 1956 630; AK-*Dölling* 6.

[26] KK-*Ruß*[4] 2a; *Meyer-Goßner*[46] 11; AK-*Dölling* 7; HK-*Rautenberg*[3] 11; *Pfeiffer*[4] 4; Beispiel: War ein Strafausspruch wegen Verwendung eines unzulässigen Straferhöhungsgrundes aufgehoben worden, so darf trotz § 331 mit zutreffender Begründung dieselbe Strafe verhängt werden. RG DRiZ 1930 Nr. 25; OLG Schleswig bei *Ernesti/Jürgensen* SchlHA 1970 200; vgl. ferner etwa BGH 11 323; 27 179; VRS 66 (1984) 443; KG JR 1977 348; OLG Köln MDR 1953 440.

[27] RGSt 2 202; 47 170; 53 164; BGH NJW 1953 164; KK-*Ruß*[4] 2a; *Meyer-Goßner*[46] 11; AK-*Dölling* 8; HK-*Rautenberg*[3] 11; *Pfeiffer*[4] 4.

[28] BGHSt 7 86. Vgl. aber auch OLG Düsseldorf StV 1986 146 und allgemein zu den Grenzen, die sich aus den Einzelstrafen ergeben Rdn. 11.

[29] BGHSt 1 252; 4 345; 13 41; 14 7; 27 178; BGH StV 1982 510; BayObLG VRS 59 (1980) 197; OLG Köln VRS 62 (1982) 283; OLG Stuttgart NJW 1965 1874. Vgl. auch BayObLG bei *Rüth* DAR 1974 183 (Fahrverbot, das allein wegen einer Straftat verhängt wurde, darf nach Freispruch wegen der Straftat vom Berufungsgericht nicht mit einer sachlich damit zusammentreffenden Ordnungswidrigkeit begründet werden).

[30] Vgl. § 327, 2.

[31] Vgl. § 318, 36 ff. Ist die Berufung wirksam auf die Verurteilung beschränkt, so unterliegt der Teilfreispruch nicht der Nachprüfung durch das Revisionsgericht, damit stellt sich das Problem nicht; vgl. OLG Köln VRS 61 (1981) 283.

[32] BGHSt 21 256 = LM Nr. 6 mit Anm. *Kohlhaas*; BayObLGSt 1977 16 = VRS 53 (1977) 127; VRS 59 (1980) 197. Zweifelnd insoweit *Grünwald* JZ 1968 233; *Hanack* JZ 1973 661; **a. A** OLG Köln VRS 27 (1964) 188.

Karl Heinz Gössel

nen Entscheidung reichen würde. Soweit diese einer erneuten Aburteilung in einem späteren Verfahren nicht entgegensteht, kann auch § 331 den Angeklagten nicht vor einer schärferen Bestrafung schützen, wenn das Verfahren noch nicht abgeschlossen ist. Schließt die Rechtskraft die nachträgliche Änderung einer verhängten Rechtsfolge zum Nachteil des Angeklagten nicht aus, dann ist auch schon das Berufungsgericht daran nicht gehindert, denn dann liegt insoweit keine Verschlechterung der Rechtsposition des Angeklagten vor; so etwa bei der Gesamtstrafenbildung unter Einbeziehung einer Vorverurteilung, die der Erstrichter nicht kannte und über die er nicht mitentschieden hat[33].

14   Dies ist insbesondere bei **Dauerstraftaten** und in den Fällen von Bedeutung, in denen das noch nicht gänzlich aufgegebene Institut des Fortsetzungszusammenhangs anwendbar ist[34] und der Erstrichter einen als selbständige Einzeltat angesehenen Teilakt einer **fortgesetzten Handlung** oder einer Dauerstraftat abgeurteilt hatte. Genausowenig wie dieses Urteil die Strafklage hinsichtlich der übrigen Teile der Dauerstraftat oder der fortgesetzten Tat verbraucht, schließt die bei nur einseitiger Anfechtung durch den Angeklagten eintretende Sperrwirkung bei weiteren Tathandlungen eine höhere Bestrafung aus[35].

15   Das Verschlechterungsverbot gilt, wenn sich eine fortgesetzte Tat oder eine Dauerstraftat im Berufungsverfahren als **umfangreicher** darstellt als bei dem Erstrichter[36]. Es gilt jedoch nicht für die Teile einer fortgesetzten Tat oder Dauerstraftat, die der Angeklagte **nach Verkündung** des angefochtenen Urteils begangen hat[37]. § 331 kann nach seinem Zweck nicht bewirken, daß eine abgeurteilte Tat während der Dauer des Berufungsverfahrens straflos fortgesetzt werden kann. Soweit das Berufungsgericht die nach dem Ersturteil begangenen Tatakte bei seiner Entscheidung mit zu berücksichtigen hat[38], beschränkt sich die Wirkung des Verschlechterungsverbots auf den zeitlich vor dem Ersturteil liegenden Teil der fortgesetzten oder der Dauerstraftat. Bei Bemessung der Strafe wird dem Verschlechterungsverbot dadurch Rechnung getragen, daß das Berufungsgericht zunächst prüft, welche Strafe für den vom Erstrichter abgeurteilten Tatteil angemessen ist, wobei § 331 die Obergrenze setzt, und daß es dann bestimmt, welche Strafe durch die nach dem Ersturteil liegenden Teilakte verwirkt wäre. Die eigentliche Strafe ist dann unter Berücksichtigung des Grundsatzes des § 54 StGB aus beiden fiktiven Teilstrafen zu bilden[39]. Zieht das Gericht nach § 154a ausgeschiedene Einzelhandlungen in die Verurteilung mit ein, steht § 331 der Verhängung einer deswegen ausgesprochenen Strafe nicht entgegen[40].

16   **c)** Das Verbot der Verschlechterung gilt nicht nur für das vom Berufungsgericht selbst zu erlassende Sachurteil. Es setzt dem staatlichen Strafanspruch eine Obergrenze für das gesamte **weitere Strafverfahren**[41], das ohne die Berufung des Angeklagten nicht stattgefunden hätte. Soweit dieser Gesichtspunkt reicht, greift das Verschlechterungsverbot auch bei **späteren strafrichterlichen Entscheidungen** gegen den Angeklagten wegen der gleichen Tat ein (vgl. Rdn. 8).

---

[33] BayObLGSt **1974** 102; **1979** 105; JR **1980** 378; dazu abl. *Maiwald* JR **1980** 353; BayObLG JZ **1979** 652; OLG Hamm MDR **1977** 861; AK-*Dölling* 11; KMR-*Paulus* 33; **a.A** OLG Karlsruhe JR **1983** 164 mit abl. Anm. *Gollwitzer* = NStZ **1983** 137 mit abl. Anm. *Ruß*; *Maiwald* JR **1980** 353; vgl. auch *Schlüchter* 627 Fußn. 49; Rdn. 38 ff.

[34] Vgl. dazu z. B. BGHSt **40** 138, **40** 195, **40** 307 und die Übersicht bei *Gössel* Fälle und Lösungen zum Strafrecht[8] (2001) 144 f; vgl. ferner LR-*Gollwitzer* § 260, 47 ff.

[35] BGH GA **1970** 84; BayObLGSt **1982** 92 = BayObLG JZ **1982** 869; KK-*Ruß*[4] 6; *Meyer-Goßner*[46] 10; AK-*Dölling* 10; KMR-*Paulus* 5.

[36] RGSt **65** 63.

[37] BGHSt **9** 324; BayObLG bei *Rüth* DAR **1984** 254; *Pfeiffer*[4] 9; vgl. LR-*Gollwitzer* § 264, 34 mit weiteren Nachweisen.

[38] Vgl. LR-*Gollwitzer* § 264, 35; 38.

[39] BGHSt **9** 324; OLG Frankfurt GA **1970** 84.

[40] KK-*Ruß*[4] 6.

[41] KK-*Ruß*[4] 9.

Im **anhängigen Verfahren** ist es bei allen späteren Entscheidungen zu beachten. Das **17**
Rechtsmittelgericht darf wegen einer unterbliebenen Rechtsfolge nicht zurückverweisen,
wenn diese Folge wegen des Verschlechterungsverbotes nicht mehr verhängt werden
kann[42]. Das Gericht, an das das Berufungsgericht die Sache nach § 328 Abs. 2 weiter-
verweist, ist dadurch gebunden[43], ebenso aber auch die Jugendkammer als Berufungsgericht, wenn es wegen Unzuständigkeit des Jugendschöffengerichts als Gericht des
ersten Rechtszuges selbst entscheidet[44]. Das Verschlechterungsverbot gilt auch, wenn
das Amtsgericht zur Sache entschieden hat, obwohl die Voraussetzungen dafür nicht
gegeben waren, etwa weil die Einspruchsfrist gegen den Strafbefehl versäumt war[45].

Führt die Berufung des Angeklagten zur Einstellung des Verfahrens wegen des Feh- **18**
lens einer Verfahrensvoraussetzung, so darf in dem nach Beseitigung des Mangels **neu
durchgeführten Verfahren** ebenfalls keine schwerere Strafe als im ersten Verfahren mehr
ausgesprochen werden[46]. Es wäre, wie das Bayerische Oberste Landesgericht zu Recht
ausführt, willkürlich, hier unterscheiden zu wollen, ob das Verfahrenshindernis nach
Zurückverweisung noch im gleichen Verfahren behoben wird oder nach Einstellung in
einem neuen. Dem Schutzzweck des Verschlechterungsverbots wird nur Genüge getan,
wenn man annimmt, daß die Sperrwirkung, die jedes in der Sache gegen den Angeklagten ergangene und nur von ihm allein angefochtene Urteil zu seinen Gunsten auslöst,
den staatlichen Strafanspruch begrenzt; denn die staatlichen Organe haben das Urteil –
auch wenn es fehlerhaft war – als endgültige Sacherledigung hingenommen[47]. Nur ein
nichtiges Urteil würde diese Sperrwirkung nicht herbeiführen.

Das Verbot der Verschlechterung gilt auch beim **Übergang vom Sicherungsverfahren** **19**
(§ 413) ins Strafverfahren[48].

d) Das Verschlechterungsverbot schließt nicht aus, daß in einem vom Gesetz vor- **20**
gesehenen **Nachverfahren** (z. B. § 56e, § 67a StGB)[49] oder in einem **Verfahren** vor den
Verwaltungsbehörden wegen der Straftat zusätzliche Anordnungen gegen den Angeklagten ergehen können. Soweit das Strafurteil Bindungswirkungen in einem außerstrafrechtlichen Verfahren äußert, ist dies eine Folge der spezialgesetzlichen Regelung (vgl.
§ 35 Abs. 3 GewO; § 4 Abs. 3 Satz 2 StVG), nicht aber etwa des Verschlechterungsverbots.

---

[42] Vgl. OLG Koblenz VRS **43** (1972) 420.

[43] RGSt **8** 307; *Gössel* GA **1968** 368; vgl. § 328, 35 mit
weiteren Nachweisen.

[44] Vgl. § 328, 35 mit Nachweisen; ferner den Sonderfall BGHSt **31** 63, wo der Übergang in den ersten
Rechtszug am Verschlechterungsverbot scheiterte.

[45] BGHSt **18** 127; BayObLGSt **1953** 34; OLG Düsseldorf JR **1986** 121 mit Anm. *Welp*; OLG Hamm
NJW **1970** 1039; *Hanack* JZ **1974** 56; KMR-*Paulus*
7. Ebenso *Grethlein* 26; LR-*Schäfer*[24] Einl. Kap. 11
36; LR-*Hanack* § 358, 20; vgl. BayObLGSt **1953** 5
= NJW **1953** 756 und OLG Oldenburg NJW **1959**
1983 hinsichtlich der vergleichbaren Rechtslage bei
einem trotz fehlender Verfahrensvoraussetzungen
ergangenen Berufungsurteil; ferner BayObLGSt
1955 247 für Ordnungswidrigkeitenverfahren. Die
gegenteilige Ansicht von OLG Dresden JW **1929**
2773; *Mamroth* JW **1932** 1782 beruht, wie Bay-
ObLGSt **1953** 34 hervorhebt, darauf, daß das
Urteil, dessen Sperrwirkung verneint wurde, zu
Unrecht als nichtig angesehen worden ist.

[46] Strittig; wie hier BayObLGSt **1961** 124 = NJW

1961 1487; OLG Hamburg NJW **1975** 1475; LG
Zweibrücken NStZ-RR **1997** 111; KK-*Ruß*[4] 9;
KMR-*Paulus* 7; *Eb. Schmidt* 7; Nachtr. I 4; LR-
Hanack § 358, 18; *Amelung* 106; *Michel* Zeitschrift
für Schadensrecht **1997** 163; ferner ähnlich RGSt **9**
324; **42** 432 (zu § 389); **a. A** KG HRR **1931**
Nr. 1499; BGHSt **20** 80 (obiter dictum); KK-*Pick-
art*[1] § 358, 7; *Meyer-Goßner*[46] 4; AK-*Dölling* 12;
Pfeiffer[4] 2; *Sarstedt/Hamm* 161; offen gelassen von
BGH NStZ-RR **1999** 303, 304 am Ende. Zum
Streitstand vgl. *Meyer-Goßner* FS Kleinknecht, 287;
für § 389 vgl. LR-*Hilger* § 389, 11.

[47] Dazu *Grethlein* 27 ff, wonach der Staat sein Recht
auf strengere Ahndung „verwirkt". Im Schrifttum
wird vielfach auch von einer Bindungswirkung
gesprochen; vgl. ferner Rdn. 3 („Teilrechtskraft").

[48] BGHSt **11** 322; *Hanack* JZ **1973** 661; KMR-*Paulus*
11; *Kretschmer* 139.

[49] BayObLG bei *Rüth* DAR **1970** 263; OLG Stuttgart
NJW **1954** 611; KMR-*Paulus* 11; zum Teil strittig,
vgl. die Kommentare zu § 56e StGB.

Karl Heinz Gössel

21   **e)** Das Verschlechterungsverbot verbietet nur, daß **gegen den Angeklagten**, für den die Berufung eingelegt ist, eine nachteiligere Entscheidung ergeht. Eine Verschlechterung des Urteilsspruchs gegen Mitangeklagte oder sonstige Verfahrensbeteiligte wird dadurch nicht ausgeschlossen.

4. Eintritt der Sperrwirkung

22   **a)** Das Verbot der Verschlechterung kann nur bei einer an sich **endgültigen, der Rechtskraft fähigen Sachentscheidung** eintreten, nicht aber bei Zwischenentscheidungen. Es gilt daher nicht für die instanzrichterliche Befugnis zur Heilung fehlerhafter, der Urteilsfindung vorausgehender Entscheidungen[50]. Zur Nachholung vom Erstgericht unterlassener Entscheidungen s. Rdn. 38 ff.

23   **b)** Das Verbot der Verschlechterung greift bei jeder **Berufung zugunsten des Angeklagten** ein, ganz gleich, ob der Angeklagte selbst, zu seinen Gunsten die Staatsanwaltschaft oder sein gesetzlicher Vertreter Berufung eingelegt hat (Absatz 1). In Betracht kommt daher auch Berufung des Verteidigers (§ 297) und des gesetzlichen Vertreters (§ 298).

24   Ob die **Berufung der Staatsanwaltschaft** zugunsten des Angeklagten eingelegt ist (§ 296 Abs. 2), ist nach dem Gesamtinhalt des Erklärten zu beurteilen, nicht nach Umständen außerhalb dieser Erklärung[51], also nicht nach ihrem übrigen Verhalten im Verfahren, etwa nach ihrem Schweigen auf eine Erklärung des Verteidigers. Leider stellt die Strafprozeßordnung für die Staatsanwaltschaft insoweit keinen Erklärungszwang auf, obwohl schon mit Rücksicht auf § 302 Abs. 1 und § 331 dringend zu fordern ist, daß sich die Staatsanwaltschaft über die Richtung ihres Rechtsmittels deutlich erklärt, wozu sie im Fall eines zugunsten des Angeklagten eingelegten Rechtsmittels gemäß Nr. 147 Abs. 3 Satz 2 RiStBV auch verpflichtet ist. Ist die Richtung der Berufung nicht näher erläutert, so wird das Rechtsmittel, wenn auch sein Inhalt nichts hierüber ergibt, nicht als nur zugunsten des Angeklagten eingelegt gewertet werden können[52]. Nach § 301 wirkt jedes Rechtsmittel der Staatsanwaltschaft auch zugunsten des Beschuldigten[53]. Hatte die Staatsanwaltschaft das Rechtsmittel zuungunsten des Angeklagten eingelegt, hat es jedoch nur zugunsten des Angeklagten Erfolg gehabt, so gilt § 331 ebenfalls[54].

25   Soweit die **zuungunsten des Angeklagten** eingelegte Berufung zu einer Nachprüfung des Urteils führt, tritt die Sperrwirkung des § 331 nicht ein. Dies gilt auch, wenn die Staatsanwaltschaft die Berufung fälschlich auf einen keiner gesonderten Nachprüfung zugänglichen Beschwerdepunkt beschränkt hatte[55].

26   **c)** Das Verschlechterungsverbot greift auch ein, wenn **beide Seiten Berufung** einlegen, diejenige der Staatsanwaltschaft aber verworfen wird[56]. Ein verworfenes Rechtsmittel wirkt nicht zum Nachteil des Angeklagten und beseitigt den Rechtsvorteil des § 331 nicht. Es liegt so, als ob der Angeklagte von vornherein allein Berufung eingelegt hätte.

27   Ficht der Angeklagte den Schuldspruch an, die Staatsanwaltschaft zu seinen Ungunsten aber nur den Strafausspruch, dann kann das Berufungsgericht überwiegender

---

[50] *Schmidt* JZ **1969** 758.
[51] BGHSt **2** 41.
[52] Vgl. LR-*Hanack* § 296, 14 ff.
[53] RGSt **45** 64; vgl. LR-*Hanack* § 301, 3.
[54] RGSt **45** 64; BGHSt **13** 41; JZ **1959** 448 mit Anm. *Peters*; BGH bei *Dallinger* MDR **1969** 904; *Hanack* JZ **1973** 661; AK-*Dölling* 13; LR-*Hanack* § 358, 19.

[55] OLG Hamburg VRS **44** (1973) 188; OLG Hamm NJW **1966** 474; AK-*Dölling* 14; KMR-*Paulus* 14.
[56] RGSt **45** 64; OLG Celle NdsRpfl. **1977** 252; *Meyer-Goßner*[46] 9; AK-*Dölling* 15.

Auffassung zufolge die Strafe auf die **beschränkte staatsanwaltschaftliche Berufung** hin bis zur oberen Strafgrenze des vom Erstrichter angewandten Strafgesetzes[57] *erhöhen*, auch wenn die durch die Berufung des Angeklagten veranlaßte Nachprüfung des Schuldspruchs zur Verurteilung wegen eines mit schwererer Strafe bedrohten Strafgesetzes führen sollte: Es würde gegen den Sinn des § 331 verstoßen, wenn die Berufung des Angeklagten eine darüber hinausgehende Strafverschärfung auslösen könnte[58]. Wie indessen *Cierniak* zutreffend aufgezeigt hat, ist § 331 in diesem Fall unanwendbar: schon die wirksame Strafmaßberufung der Staatsanwaltschaft steht dem entgegen, und ein „Festschreiben der Obergrenze des vom Erstgericht angewendeten Strafrahmens" kann § 331 nicht entnommen werden (NStZ **2001** 399). Entgegen *Cierniak* führt dies aber nicht zu einer Strafbemessung nunmehr aufgrund des verschärften Schuldspruchs[59] – darin läge „eine unzulässige Verquickung" des Rechtsmittels des Angeklagten mit dem der Staatsanwaltschaft (*Meyer-Goßner* FS Gössel 654): Das unbeschränkte Rechtsmittel des Angeklagten macht die Rechtsmittelbeschränkung der Staatsanwaltschaft nicht unwirksam. Ist auch die Verschärfung des Schuldspruchs aufgrund des Rechtsmittels des Angeklagten möglich, so ist gleichwohl die von der Staatsanwaltschaft vorgenommene Rechtsmittelbeschränkung zu beachten, weshalb der überwiegenden Auffassung zuzustimmen ist.

d) Hat der **Nebenkläger** zulässigerweise im vollen Umfang Berufung eingelegt, so gilt **28** das Verschlechterungsverbot auch dann nicht, wenn das Berufungsgericht, entgegen dem Erstrichter, ein Strafgesetz anwendet, das an sich nicht zur Nebenklage berechtigt[60].

5. Verzichtbarkeit. Ob es mit Zweck und Sinn des Verschlechterungsverbotes, die **29** hauptsächlich im Psychologischen liegen, vereinbar ist, daß der Angeklagte aus persönlichen Gründen ausdrücklich auf die Wirksamkeit des Verbots des § 331 verzichten kann, erscheint sehr fraglich[61]. Die Frage dürfte kaum praktische Bedeutung haben, denn ein vernünftiger Grund, warum der Angeklagte auf die Anwendung einer ihn nur begünstigenden Vorschrift verzichten sollte, wird in aller Regel fehlen. Der vom Bundesgerichtshof in BGHSt **5** 312 entschiedene Fall findet dadurch ebenfalls keine Patentlösung. Der Angeklagte, der die Sicherheitsverwahrung der Unterbringung in einem psychiatrischen Krankenhaus vorzog, hat damit nur das für ihn persönlich weniger lästige Übel für den Fall wählen wollen, daß die Austauschbarkeit beider Maßregeln (das eigentliche Problem) bejaht wird; er hätte aber kaum in die Sicherungsverwahrung eingewilligt, wenn er der Meinung gewesen wäre, daß diese ohnehin nicht mehr wegen § 331 verhängt werden durfte und daß die Unterbringung im psychiatrischen Krankenhaus entfällt[62].

---

[57] BGH NJW **1986** 332; BayObLG NStZ-RR **2000** 379, insoweit zust. *Meyer-Goßner* FS Gössel 651. Dies schließt auch eine im früheren Urteil nicht in Erscheinung getretene straflose Nachtat mit ein, BGH JZ **1978** 245.

[58] RGSt **62** 216; **62** 403; RG HRR **1928** 2071; BGH JZ **1978** 245; NJW **1986** 332; OLG Celle NJW **1967** 2275; OLG Hamm NJW **1957** 1850; OLG Köln MDR **1981** 1038; OLG Oldenburg NJW **1955** 159; OLG Stuttgart JZ **1966** 105 mit Anm. *Grünwald*; *Eb. Schmidt* 6; KMR-*Paulus* 15.

[59] So *Cierniak* 400 f; vgl. dazu ferner *Grünwald* JZ **1966** 106, 109; *Meyer-Goßner* FS Gössel 651.

[60] RGSt **65** 62; **65** 131; RG HRR **1933** Nr. 265;

BGHSt **13** 143 (versuchter Mord statt gefährlicher Körperverletzung); KMR-*Paulus* 14.

[61] Verneinend OLG Köln VRS **50** (1976) 97; OLG Schleswig SchlHA **1985** 142; *Eb. Schmidt* Nachtr. I 3a; AK-*Dölling* 16; KMR-*Paulus* 8; *Schlüchter* 631.2; ferner *Grethlein* 141 (staatlicher Strafanspruch ist dem Einfluß des Angeklagten auch hinsichtlich des Umfangs seiner Verwirklichung entzogen; kein Paktieren zwischen Staat und Angeklagtem, daß über das zulässige Maß hinaus bestraft werde). Einen Verzicht halten für möglich LG Kiel SchlHA **1969** 127; *Ganske* 70; *Seibert* MDR **1954** 341.

[62] Vgl. *Bruns* JZ **1954** 334; *Dallinger* MDR **1951** 331.

Karl Heinz Gössel

II. Veränderung des Rechtsfolgenausspruchs zum Nachteil des Angeklagten

30   **1.** Die Neufassung des § 331 stellt jetzt klar, daß das Verschlechterungsverbot für **alle Rechtsfolgen** gilt, die der Strafrichter wegen einer Straftat verhängen kann, mit Ausnahme der in Absatz 2 ausdrücklich ausgenommenen Heilbehandlungsmaßnahmen. Unerheblich ist insoweit, ob diese Rechtsfolgen im materiellen Strafrecht als Haupt- oder Nebenstrafen, als Maßregeln der Besserung und Sicherung oder als sonstige Nebenfolgen qualifiziert werden. Dies entspricht dem psychologischen Grundanliegen des Verschlechterungsverbots[63] und entsprach auch schon bei der früheren Fassung des Absatz 1 („Strafe") der herrschenden Meinung[64]. Die **Kosten- und Auslagenentscheidung** rechnet nicht zu den Rechtsfolgen; das Verschlechterungsverbot gilt für sie nicht[65].

31   **2. Eine Ausnahme** macht **Absatz 2** nur bei den dort ausdrücklich aufgeführten Maßregeln der Besserung und Sicherung. Die Unterbringung in einem **psychiatrischen Krankenhaus** oder einer **Entziehungsanstalt** fallen nicht unter das Verschlechterungsverbot. Sie haben die Behandlung des Angeklagten zum Gegenstand; ihre nachträgliche Anordnung dient vom Standpunkt des Gesetzes aus dem wohlverstandenen Interesse des Angeklagten. Die Maßnahmen dürfen deshalb, soweit nicht § 24 Abs. 2 GVG entgegensteht, nachträglich zusätzlich verhängt oder an die Stelle anderer Strafen oder Maßregeln der Besserung und Sicherung gesetzt werden, ohne daß es darauf ankommt, welche Rechtsfolge die mildere ist. Dem umgekehrten Austausch setzt jedoch das Verschlechterungsverbot Grenzen.

32   **3.** Ob eine **Verschlechterung** vorliegt, muß durch **Vergleich** aller vom Erstrichter verhängten Unrechtsfolgen mit den vom Berufungsgericht auf Grund des Ergebnisses der Berufungsverhandlung für angebracht gehaltenen Sanktionen ermittelt werden. Ist bei nach Art und Zweck sehr unterschiedlichen Rechtsfolgen nicht möglich, in objektiver Abwägung sicher zu bestimmen, welche den Angeklagten stärker benachteiligt, so muß ein Austausch unterbleiben[66].

33   Zu berücksichtigen ist dabei die **Gesamtheit** der für die jeweilige Straftat verhängten Reaktionsmittel („Gesamtschau")[67], so daß, sofern eine Mehr-Weniger-Beziehung zwischen ihnen hergestellt werden kann, eine Verschiebung in Richtung der weniger schweren Maßnahme – bei gleichschweren, im wesentlichen gleichartigen Maßnahmen auch ein Austausch – vorgenommen werden kann. Zum Beispiel wird es für zulässig gehalten, wenn die Geldstrafe vermindert und der abzuführende Mehrerlös erhöht wird[68]. Die Obergrenze, die durch die Summe beider, auf eine Geldzahlung gerichteten Maßnahmen gebildet wird, darf allerdings nicht überschritten werden. Ähnlich kann eine Verringerung der Freiheitsstrafe eine Erhöhung der Geldstrafe rechtfertigen[69] oder die Entziehung der Fahrerlaubnis durch ein Fahrverbot ersetzt werden[70].

---

[63] Vgl. Rdn. 1.
[64] Vgl. etwa *Frisch* MDR **1973** 719: Strafe ist nach der ratio legis jede als Folge einer Straftat zu begreifende strafrechtliche Sanktion; ferner BGHSt **4** 157; **5** 178.
[65] Vgl. Rdn. 116.
[66] BGHSt **25** 38 = JR **1973** 162 mit Anm. *Maurach*; OLG Oldenburg MDR **1976** 162; *Schlüchter* 629.
[67] Vgl. etwa BGHSt **24** 14; **29** 270; BGH NStZ **1983** 168; BayObLGSt **1979** 9 = VRS **58** (1980) 38; OLG Celle MDR **1976** 156; OLG Koblenz VRS **47**

(1974) 416; OLG Köln NJW **1964** 1984; KK-*Ruß*[4] 4; *Meyer-Goßner*[46] 12; AK-*Dölling* 17; HK-*Rautenberg*[3] 12; KMR-*Paulus* 17; *Schlüchter* 629.
[68] OGHSt **2** 190.
[69] Vgl. Rdn. 45.
[70] Vgl. Rdn. 93. Zum früheren Recht vgl. RGSt **67** 85 (Ermäßigung der Freiheitsstrafe bei Erhöhung der Dauer des Ehrverlusts nach § 36 StGB a. F); RGSt **69** 76 (Austausch der Sicherungsverwahrung gegen Entmannung); zum Austausch der Sicherungsmittel vgl. BGHSt **5** 312; ferner *Bruns* JZ **1954** 735.

Ob eine Verschlechterung vorliegt, ist unter Berücksichtigung der **konkreten Um-** **34** **stände des Einzelfalls**[71] unter Abwägung der Nachteile zu ermitteln, die dem Angeklagten bei **objektiver Würdigung** seiner Belange zugefügt werden. Auf das rein subjektive Empfinden des Betroffenen, auf seine persönlichen Wünsche kommt es nicht an[72], eine schwerere Rechtsfolge darf also nicht etwa deshalb verhängt werden, weil sie vom Angeklagten aus rein persönlichen Gründen bevorzugt wird (Beispiel früher: Zuchthaus statt Gefängnis). Jedoch dürfte es möglich sein, bei der Abwägung zweier objektiv gleich schwer erscheinender Maßnahmen zu berücksichtigen, wenn der Angeklagte verständige Gründe dafür angeben kann, weshalb die eine nach den gegebenen Umständen für ihn schwerer wiegt als die andere[73]. Zu der Frage des Verzichts vgl. Rdn. 29.

Strittig ist, ob ein Nachteil im Sinne des Verschlechterungsverbots dann nicht ge- **35** geben ist, wenn die vom Berufungsgericht angeordnete Rechtsfolge auch in einem **späteren Verfahren** (strafprozessuales Nachverfahren, Verwaltungsverfahren) ausgesprochen werden könnte, das Urteil des Berufungsgerichts also einen Rechtsverlust, der den Angeklagten ohnehin später treffen würde, **nur vorzieht**[74]. Den Interessen der Prozeßwirtschaftlichkeit steht das Argument entgegen, daß mitunter nicht mit Sicherheit gesagt werden kann, daß eine solche nachträgliche Anordnung auch tatsächlich ergehen wird (Ermessensentscheidungen, andere Beurteilung der Notwendigkeit schon wegen des Zeitablaufs), sowie, daß ein sofort angeordneter Rechtsverlust für den Angeklagten ein größeres Übel bedeutet als ein später in einem anderen Verfahren möglicher[75]. Hier sollte man unterscheiden: Es verschlechtert die Position des Angeklagten, wenn das Berufungsgericht schon eine Maßnahme anordnet, die eine Verwaltungsbehörde später in einem anderen Verfahren aus Anlaß der Straftat anordnen könnte (etwa ein Berufsverbot)[76]. Ist dagegen die Rechtsfolge **im Strafverfahren** selbst zu treffen und würde auch die Rechtskraft des Urteils ihrer Anordnung im Nachverfahren nicht entgegenstehen, dann ist das Berufungsgericht durch das Verschlechterungsverbot nicht gehindert, diese Entscheidung zu treffen, etwa eine vom Erstrichter unterlassene Gesamtstrafenbildung nachzuholen[77].

Dem **Vollstreckungsverfahren** vorbehaltene Anordnungen haben bei Beurteilung der **36** Frage, ob eine Verschlechterung der im Urteil festgesetzten Strafe nach Art und Höhe vorliegt, außer Betracht zu bleiben. § 331 verpflichtet das Berufungsgericht nicht, bei Festsetzung der für angemessen gehaltenen Freiheitsstrafe darauf Rücksicht zu nehmen, daß dem Angeklagten die Möglichkeit erhalten bleibt, bedingte Aussetzung des Strafrestes zu erlangen[78].

[71] So z. B. BGHSt **24** 11 (abl. *Pawlik* NJW **1971** 666); BayObLG JZ **1970** 695; OLG Köln NJW **1964** 1984; AK-*Dölling* 17; HK-*Rautenberg*[3] 12; KMR-*Paulus* 17; *Schlüchter* 629; 631.1. Wegen der ähnlichen Erwägungen für die Feststellung des milderen Gesetzes nach § 2 StGB vgl. die Erläuterungsbücher zum StGB. Ob BGHSt **25** 38; OLG Oldenburg MDR **1976** 162 die konkreten Umstände des Einzelfalls bei der Abwägung außer acht lassen wollen, wenn sie im Interesse eines objektiv gesicherten Ergebnisses eine „generell objektive" Betrachtungsweise fordern, erscheint nicht sicher, ausgeschlossen wird mit Recht die rein subjektive Betrachtung.

[72] Wohl herrschende Meinung, vgl. etwa BayObLGSt

1972 110; OLG Düsseldorf VRS **72** (1987) 202; JZ **1954** 730; GA **1956** 234; AK-*Dölling* 17; KMR-*Paulus* 17; *Schlüchter* 629; *Grethlein* 142; *Jagusch* JZ **1953** 699.

[73] Vgl. BGHSt **5** 316 (dazu *Eb. Schmidt* 23; *Seibert* MDR **1954** 341); AK-*Dölling* 17; *Dallinger* MDR **1954** 333; *Grethlein* 142; *Maurach* JR **1973** 162.

[74] Eine Verschlechterung verneinen RGSt **44** 295; *Cramer* NJW **1968** 1766; *Ganske* 7, 19, 102.

[75] So etwa *Frisch* MDR **1973** 719; *Grethlein* 42; 100.

[76] KMR-*Paulus* 19; vgl. vorhergehende Fußn. 75.

[77] AK-*Dölling* 21; vgl. Rdn. 13 mit Nachweisen.

[78] BayObLGSt **1959** 143 = NJW **1959** 1838 (zu § 26 StGB a. F.).

Karl Heinz Gössel

37　　4. Eine **Korrektur der angefochtenen Entscheidung** wird durch das Verschlechterungsverbot nur insoweit ausgeschlossen, als sie zu einer Verschärfung der durch das Urteil festzusetzenden staatlichen Reaktionsmittel führen würde. Sind in das Urteil rechtsirrig Entscheidungen mit aufgenommen, die vom Gericht nicht im Urteil, eventuell auch gar nicht im Erkenntnisverfahren zu treffen sind, so verstößt es nicht gegen das Verschlechterungsverbot, wenn diese fehlerhaften Zusätze gestrichen oder, eventuell nach Umdeutung des Rechtsmittels, in dem dafür vorgesehenen Verfahren zu Lasten des Angeklagten geändert werden. § 331 ist z. B. nicht verletzt, wenn die Entscheidung über die Erhöhung einer als Bewährungsauflage verhängten Geldzahlung fälschlicherweise in das Urteil aufgenommen wird [79] oder wenn ein der Entscheidung der Vollstreckungsbehörde vorgreifender Zusatz über den bedingten Straferlaß auf Grund eines Straffreiheitsgesetzes im Urteil gestrichen wird [80].

5. Nachholung erstinstanzlicher Entscheidungen

38　　**a) Allgemeines.** Die Nachholung eines **versehentlich** im Ersturteil **weggelassenen Entscheidungsteils** verstößt nur dann nicht gegen § 331, wenn dies kein zusätzliches Strafübel für den Angeklagten bedeutet; wenn also nur eine bereits im Ersturteil ausgesprochene Strafe oder Maßregel ergänzt oder konkretisiert oder klargestellt wird. Eine im Ersturteil **nicht angeordnete Rechtsfolge** darf das Berufungsgericht grundsätzlich nur dann nachholen, wenn das Amtsgericht darüber *nicht entschieden* hat, nicht aber dann, wenn das Erstgericht die Anordnung dieser Rechtsfolge *abgelehnt* hat.

39　　**b) Fehlende Erstentscheidung.** Hat der Erstrichter versehentlich eine notwendige Entscheidung **unterlassen**, etwa die Festsetzung einer Einzelstrafe oder die Bestimmung der Tagessatzhöhe [81], hindert das Verschlechterungsverbot die Nachholung nicht, denn insoweit fehlt es an einer verschlechterungsfähigen Entscheidung überhaupt [82]; die Einzelstrafen sind jedoch so zu bemessen, daß sich aus ihnen die frühere Gesamtstrafe bilden läßt, die nicht überschritten werden darf [83]. Auch die Nachholung der **Einziehung des Führerscheins**, die bei der Anordnung über die Entziehung der Fahrerlaubnis vergessen worden ist, hat der Bundesgerichtshof [84] für zulässig erachtet.

40　　Das Berufungsgericht muß die Bildung einer **Gesamtstrafe ferner** dann **nachholen**, wenn der **Erstrichter** – aus welchem Grunde auch immer – über die an sich mögliche Einbeziehung einer Strafe, die in einem anderen als dem mit der Berufung angefochtenen Urteil festgesetzt worden war, in eine von ihm zu bildende Gesamtstrafe **nicht entschieden** hat. Diese Entscheidung **muß** das Berufungsgericht zur Vermeidung von Nachteilen für den Angeklagten (z. B. zwischenzeitliche Vollstreckung einer vorher einbeziehungsfähigen Strafe) selbst vornehmen und darf sie nicht etwa dem Nachverfahren nach § 460 überlassen [85]. Bei dieser Entscheidung handelt es sich indessen nicht um eine Abänderung der amtsgerichtlichen Rechtsfolgeentscheidungen, „sondern um einen neuen, durch § 55 StGB gebotenen erstmals im Berufungsurteil vorzunehmenden

---

[79]　OLG Hamm VRS **37** (1969) 263.
[80]　BGH LM Nr. 15 zu § 358 mit Anm. *Jagusch.*
[81]　BGHSt **30** 93; BGH JR **1979** 389 mit Anm. *Meyer*; OLG Hamm JR **1979** 74 mit Anm. *Gössel*; OLG Stuttgart Justiz **1982** 233; KK-*Ruß*4 4; *Meyer-Goßner*46 7; AK-*Dölling* 20; KMR-*Paulus* 36; a. A LG Würzburg JZ **1979** 148 (höherer Tagessatz als DM 2,– ist Verschlechterung).
[82]　BGHSt **4** 345 = BGH LM Nr. 11 zu § 358; **13** 403; **30** 93, 97 (auf Vorlage); BGH JZ **1952** 538; NJW

1979 936; OLG Frankfurt NJW **1973** 1057; OLG Karlsruhe Justiz **1974** 386; KK-*Ruß*4 3; *Meyer-Goßner*46 7; KMR-*Paulus* 30; 36; *K. Meyer* JR **1979** 389; *Seibert* MDR **1954** 340.
[83]　RG HRR **1931** Nr. 1828; AK-*Dölling* 20.
[84]　BGHSt **5** 168 = LM Nr. 3 zu § 42 StGB mit Anm. *Kohlhaas* = NJW **1954** 159 mit Anm. *Schmidt-Leichner.*
[85]　OLG Hamburg NStZ **1994** 508.

richterlichen Gestaltungsakt", der dem Verschlechterungsverbot nicht unterliegt[86] und bei dem unter Erhöhung der erstinstanzlich festgesetzten (Gesamt-)Freiheitsstrafe „auch solche Strafen einzubeziehen" sind, „die zur Bewährung ausgesetzt sind", selbst wenn die neue Gesamtstrafe wegen § 56 Abs. 2 StGB nicht mehr zur Bewährung ausgesetzt werden kann[87] (vgl. § 58 StGB). Eine nachzuholende Geldstrafe ist in diesem Fall ebenfalls in eine neu zu bildende Gesamtstrafe einzubeziehen[88].

c) Ablehnung einer Rechtsfolgenfestsetzung. Hat es das Amtsgericht indessen (**zu** **41** **Recht oder Unrecht**[89]) **abgelehnt,** „aus einer Geld- und einer Freiheitsstrafe eine Gesamtfreiheitsstrafe zu bilden", so hat das Berufungsgericht diese Entscheidung trotz ihrer etwaigen Fehlerhaftigkeit hinzunehmen: anders würde die vom Amtsgericht festgesetzte Geldstrafe durch die Einbeziehung in das schwerer wiegende Übel einer Freiheitsstrafe umgewandelt und deshalb gegen das Verschlechterungsverbot verstoßen[90]. Dies gilt auch dann, wenn das Berufungsgericht selbst auf eine weitere zusätzliche Freiheitsstrafe erkennt (etwa nach Verbindung) oder wenn der Angeklagte die Tat nach dem Ersturteil fortgesetzt hat[91]. In diesen Fällen hat das Berufungsgericht neu über die Strafaussetzung zur Bewährung zu befinden[92]. Es gelten die gleichen Grundsätze wie für die nachträgliche Gesamtstrafenbildung nach § 460.

III. Einzelfragen

1. Allgemeines

a) Ob eine **Verschlechterung der Strafart** vorliegt, richtet sich nach der *gesetzlichen* **42** *Strafenfolge.* Diese hat sich seit dem Wegfall der verschiedenen Arten der Freiheitsstrafe bei den Hauptstrafen vereinfacht. Die einheitliche Freiheitsstrafe steht nunmehr der leichteren Geldstrafe gegenüber[93]; die als besondere Geldstrafe angesehene Vermögensstrafe des § 43a StGB[94] ist mit dem Grundgesetz nicht vereinbar[95]. Soweit eine feste gesetzliche Rangfolge nicht besteht, wie etwa zwischen den einzelnen Maßregeln der Sicherung und Besserung und den sonstigen Nebenfolgen, ferner bei den Reaktionsmitteln des Jugendrechts (Rdn. 50 ff), ist die Bewertung schwierig und führt zu zahlreichen Zweifelsfragen.

---

[86] BGHSt **35** 208, 212; BGH bei *Kusch* NStZ **1997** 73; OLG Düsseldorf VRS **95** (1998) 248; KK-*Ruß*[4] 3; *Meyer-Goßner*[46] 7; HK-*Rautenberg*[3] 15; *Pfeiffer*[4] 5.

[87] BGHSt **7** 180; BGH NStZ-RR **1997** 228; *Streng* Strafzumessungsrecht[2] (2002) 532.

[88] BGHSt **35** 208, 212 ff auf Vorlage von OLG Hamm NStZ **1983** 557 gegen OLG Karlsruhe NStZ **1983** 137; BayObLG JR **1980** 378 (**abl.** dazu *Maiwald* aaO); OLG Düsseldorf wistra **1992** 33, 34 a. E; OLG Frankfurt/M NStZ-RR **1996** 177.

[89] OLG Frankfurt/M NStZ-RR **1996** 177.

[90] BGHSt **35** 208, 212; OLG Frankfurt/M NStZ-RR **1996** 177; OLG Düsseldorf NStZ-RR **2001** 21, 22; KK-*Ruß*[4] 3; HK-*Rautenberg*[3] 15; **a. A** wohl OLG Düsseldorf wistra **1992** 33, 34. Soweit OLG Düsseldorf JR **2001** 477 mit zust. Anmerkung *Bringewat* allein aus der unterlassenen Gesamtstrafenbildung in Kenntnis des Erstrichters von gesamtstrafenfähigen Entscheidungen auf eine ablehnende Entscheidung schließt (ähnlich so schon *Bringewat* JuS **1989** 527, 531 in seiner Rezension von BGHSt **35** 208), wird ihm nicht gefolgt werden können – treffend

hält es OLG Frankfurt aaO nicht für zwingend, aus der bloßen Kenntnis gesamtstrafenfähiger Vorentscheidungen auf die faktische Ablehnung einer solchen Entscheidung zu schließen, und OLG Düsseldorf NStZ-RR **2001** 21, 22 dürfte ebenfalls eine ausdrückliche Ablehnungsentscheidung als Voraussetzung einer Bindung des Berufungsgerichts verlangen.

[91] BayObLGSt **1957** 83 = NJW **1957** 1119; vgl. Rdn. 14.

[92] OLG Celle NJW **1957** 1644; OLG Hamm NJW **1957** 1850; *Bruns* GA **1956** 233.

[93] Ob die §§ 9 bis 13 WStG eine solche Rangfolge zwischen der Freiheitsstrafe und dem Strafarrest begründen, erscheint fraglich. Nach Ansicht von BayObLGSt **1958** 47 = NJW **1958** 876 darf, wenn statt auf Gefängnisstrafe unter einem Monat auf Strafarrest erkannt werden muß, die Dauer des Strafarrests diejenige der Gefängnisstrafe nicht übersteigen.

[94] *Tröndle/Fischer*[50] § 43a StGB, 3.

[95] BVerfG BGBl. I S. 314 = NJW **2002** 1779.

Karl Heinz Gössel

43   Die Vielgestalt und die verschiedene Zielrichtung der einzelnen Unrechtsfolgen erlaubt keinen **einheitlichen, allgemeingültigen Vergleichsmaßstab.** Es ist zwar davon auszugehen, daß nach der Wertordnung unseres Rechtssystems Maßnahmen, die einen Freiheitsentzug herbeiführen, schwerer wiegen als Maßnahmen, die den Angeklagten wirtschaftlich treffen oder die nur die Handlungsfreiheit in einer einzelnen Richtung hin einschränken oder in sonstige Grundrechte, wie etwa das Eigentum (Einziehung!) eingreifen. Da sich aber keine weitergehende allgemeine abstrakte Bewertungsskala aufstellen läßt, in der sich alle in Frage kommenden Reaktionsmittel für alle denkbaren Vergleichskombinationen sicher einordnen lassen, verbleibt nur die Möglichkeit des **Einzelvergleichs der** jeweils in Frage kommenden Maßnahmen im **konkreten Einzelfall.**

44   **b) Freiheitsstrafe** darf, auch bei Aussetzung zur Bewährung, immer durch **Geldstrafe** ersetzt werden, selbst wenn der Angeklagte die Geldstrafe als drückender empfindet, nicht jedoch umgekehrt[96]; das galt auch für die frühere Vermögensstrafe (Rdn. 42)[97].

45   Mildert das Berufungsgericht die Freiheitsstrafe in eine Geldstrafe, so darf es diese zwar beliebig hoch festsetzen, die durch die Zahl der Tagessätze festgelegte **Ersatzfreiheitsstrafe** darf aber die frühere Freiheitsstrafe nicht überschreiten[98]. Das gleiche gilt bei den bei der Gesamtgeldstrafe festzusetzenden Tagessätzen (Ersatzfreiheitsstrafen) sowie für die Summe der verbleibenden Freiheits- und Ersatzfreiheitsstrafen[99], die nicht höher sein darf, als die Summe der Freiheitsstrafen des Ersturteils. War neben Freiheitsstrafe mit unrichtiger Begründung Geldstrafe verhängt worden, so darf die Freiheitsstrafe nicht erhöht, die Geldstrafe aber mit zutreffender Begründung aufrechterhalten werden.

46   **c)** Bei der **Geldstrafe** bilden die Zahl der Tagessätze und die Geldsumme, die sich aus dieser Zahl und der Höhe des einzelnen Tagessatzes ergibt, Obergrenzen, die nicht überschritten werden dürfen[100]. Die Anzahl der Tagessätze, nach der sich die Ersatzfreiheitsstrafe bemißt, darf deshalb auch dann nicht erhöht werden, wenn sich die Höhe des einzelnen Tagessatzes entsprechend vermindert[101], während umgekehrt bei einer Verminderung der Zahl der Tagessätze eine Erhöhung des einzelnen Tagessatzes möglich ist[102], wenn die Gesamtsumme der früheren Geldstrafe eingehalten bleibt[103]. Bewilligt

---

[96] RGSt **2** 205; **66** 203; RG LZ **1927** 1145; BayObLGSt **1974** 102 = VRS **48** (1975) 87; OLG Düsseldorf VRS **72** (1987) 202; OLG Hamburg MDR **1982** 776; OLG Hamm VRS **40** (1971) 22; OLG Schleswig SchlHA **1949** 138; **1979** 56.

[97] BGH NJW **1997** 2335 mit zust. Anmerkung *Radtke* JR **1998** 114.

[98] RGSt **62** 82; OGHSt **2** 190; OLG Düsseldorf VRS **72** (1987) 202; OLG Oldenburg NdsRpfl. **1958** 40.

[99] BayObLGSt **1952** 239 = NJW **1953** 233; ferner BayObLGSt **1971** 7; **1972** 110; **1982** 43 = GA **1973** 47; VRS **62** (1982) 440; OLG Hamburg MDR **1982** 776.

[100] OLG Celle NJW **1976** 121; NdsRpfl. **1977** 252; OLG Düsseldorf JR **1986** 121 mit Anm. *Welp;* OLG Köln VRS **60** (1981) 46; KK-*Ruß*[4] 4; *Meyer-Goßner*[46] 16; AK-*Dölling* 31; KMR-*Paulus* 34; *Pfeiffer*[4] 8; *Schlüchter* 630.

[101] H. M, vgl. etwa OLG Hamm NJW **1977** 724; AK-*Dölling* 31; *Grebing* JZ **1976** 745; *D. Meyer* MDR

1981 281; *Oswald* DAR **1976** 152; *Schröder* NJW **1978** 1302; *Vogler* JR **1978** 356; und die Nachweise Fußn. 100, 102, 103.

[102] H. M, vgl. Fußn. 98; AK-*Dölling* 31; a. A *Kadel* GA **1979** 459 (auch Tagessatzhöhe unterliegt Verschlechterungsverbot).

[103] BayObLGSt **1979** 127 = JR **1981** 40; BayObLG VRS **58** (1980) 38, bei *Rüth* DAR **1985** 247; OLG Celle NJW **1976** 121 (dazu *Oswald* DAR **1976** 152); OLG Düsseldorf JR **1986** 121 mit Anm. *Welp;* OLG Hamm NJW **1977** 724; OLG Köln VRS **60** (1981) 46; OLG Schleswig SchlHA **1976** 172; *Horn* JR **1977** 97; KK-*Ruß*[4] 4; *Meyer-Goßner*[46] 16; KMR-*Paulus* 34; *D. Meyer* MDR **1981** 281; *D. Meyer* NJW **1979** 148; *Roos* NJW **1976** 1483; *Vogler* JR **1978** 356; *Vogt* NJW **1981** 899; a. A *Schröder* NJW **1978** 1302 (nur Zahl der Tagessätze Verschlechterung); ebenso *Grebing* JR **1981** 1. Vgl. auch die Kommentarliteratur zu § 40 StGB.

das Gericht **Zahlungserleichterungen**, vor allem die Tilgung der Geldstrafe in Raten (§ 42 StGB), dann darf das Berufungsgericht nur unter den Voraussetzungen des § 459a Abs. 2 (Vorliegen neuer Tatsachen oder Beweismittel) diese Erleichterungen zum Nachteile des Angeklagten verschlechtern [104].

d) Die **Verwarnung mit Strafvorbehalt** ist die leichteste Sanktion im Strafensystem **47** des Strafgesetzbuchs. An ihrer Stelle kann daher nicht die vorbehaltene Geldstrafe unmittelbar verhängt werden. Dagegen ist es zulässig, an Stelle der Verwarnung von Strafe überhaupt abzusehen (§ 60 StGB) [105]. Die Verhängung einer Geldbuße anstelle der Verwarnung dürfte dagegen mit dem Verschlechterungsverbot zu vereinbaren sein. Hat das Erstgericht die Verwarnung unzulässigerweise mit einem **Fahrverbot** verbunden, dann kann nach Ansicht des BayObLG das Fahrverbot, dessen Voraussetzungen vorlagen, bestehen bleiben [106].

e) Die wegen einer Ordnungswidrigkeit verhängte **Geldbuße** ist eine mildere Sanktion **48** als die Geldstrafe. Das Berufungsgericht darf also, wenn es eine vom Erstrichter mit Geldbuße geahndete Tat als Straftat wertet, nicht die Geldbuße durch eine Geldstrafe ersetzen.

f) Die **Abführung von Mehrerlös** ist stets milder als eine Freiheitsstrafe, auch wenn **49** inzwischen ein Straffreiheitsgesetz eingreift und daher nunmehr nicht mehr zu einer Freiheitsstrafe verurteilt werden kann [107].

g) Das Verschlechterungsverbot gilt auch im **Jugendstrafverfahren** [108]. Die hier be- **50** stehenden zahlreichen strittigen Einzelfragen können nur zum Teil erwähnt werden. Im übrigen muß auf das einschlägige Schrifttum verwiesen werden.

Die **Jugendstrafe** ist im Sinne des § 331 keine mildere Strafart als die Freiheits- **51** strafe [109]. Soll daher eine nach Erwachsenenrecht verhängte Freiheitsstrafe durch eine Jugendstrafe ersetzt werden, dann zwingt das Verbot der Verschlechterung unter Umständen dazu, die in § 18 JGG vorgesehene Untergrenze der Jugendstrafe von sechs Monaten zu unterschreiten [110]. Umgekehrt darf statt einer Jugendstrafe keine gleichhohe Freiheitsstrafe verhängt werden; ihre Dauer ist so abzustimmen, daß der Angeklagte generell die Möglichkeit hat, nach dem gleichen Vollstreckungszeitraum bedingt ent-

[104] OLG Hamburg MDR **1986** 517; OLG Schleswig JR **1980** 425 mit Anm. *Zipf*; dazu KK-*Ruß*[4] (keine Verschlechterung weil Geldstrafe gesenkt); AK-*Dölling* 31; KMR-*Paulus* 37; vgl. Rdn. 35.

[105] KMR-*Paulus* 22.

[106] BayObLGSt **1981** 190 = NStZ **1982** 258 mit abl. Anm. *Meyer-Goßner.*

[107] OLG Braunschweig NdsRpfl. **1951** 52.

[108] H. M; vgl. etwa BGHSt **16** 335; OLG Celle NStZ-RR **2001** 90; *Grethlein* (1963) aaO; *Lackner* GA **1955** 33; *Potrykus* NJW **1955** 929; **1961** 863; **1967** 185 und die Kommentare zum JGG.

[109] BGHSt **5** 366; **8** 349; **10** 100; **27** 176; **29** 269; OLG Düsseldorf NJW **1964** 216; OLG Hamm NJW **1958** 203; OLG Oldenburg NJW **1956** 1730; *Eb. Schmidt* 9, Nachtr. I 5; AK-*Dölling* 28; *Potrykus* NJW **1955** 930; *Schnitzerling* NJW **1956** 1385; **a.A** *Petersen* NJW **1961** 349, der zwar die Jugendstrafe für milder hält, ebenso *Peters* § 72 II 2, der aber gleichzeitig darauf hinweist, daß auch dann das Verschlechterungsverbot es ausschließt, eine Frei-

heitsstrafe durch eine längere Jugendstrafe zu ersetzen. *Grethlein* 152 f hält beide Strafarten für gleich schwer, fordert aber, daß bei Umwandlung der Jugendstrafe in Gefängnisstrafe der frühestmögliche Entlassungszeitpunkt (vgl. § 88 Abs. 2 JGG, § 57 StGB) sich nicht zuungunsten des Angeklagten verschieben dürfe. Er will deshalb das Maß der an die Stelle der Jugendstrafe tretenden Freiheitsstrafe nach diesem Zeitpunkt bestimmt wissen.

[110] OLG Düsseldorf JMBlNW **1964** 7; OLG Hamm NJW **1958** 203; OLG Oldenburg NJW **1956** 1730; *Eb. Schmidt* 9 Nachtr. I 5; *Brunner/Dölling*[11] § 55, 39; *Eisenberg*[9] § 18, 7 und § 55, 89; KMR-*Paulus* 23; ferner etwa *Dallinger* MDR **1956** 12; *Lackner* GA **1955** 36 f; *Schnitzerling* NJW **1956** 1385; *Grethlein* 151; **a.A** *Potrykus* NJW **1955** 930; **1956** 656; JZ **1965** 423; *Peters* § 72 II 2 (Jugendstrafe unter 6 Monaten ist ausgeschlossen. Kann wegen des Verschlechterungsverbots keine Jugendstrafe in dieser Höhe verhängt werden, sind nur Zuchtmittel und Erziehungsmaßregeln zulässig).

Karl Heinz Gössel

lassen zu werden wie bei der ursprünglichen Jugendstrafe[111]. War wegen zweier Straftaten eine Gesamtfreiheitsstrafe ausgesprochen worden und wird nachträglich hinsichtlich einer dieser Taten auf Jugendstrafe erkannt, dann darf die Dauer der Jugendstrafe zusammen mit der rechtskräftigen Freiheitsstrafe die Dauer der früheren Gesamtstrafe nicht überschreiten[112]. Hat das Jugenschöffengericht nach § 31 Abs. 3 Satz 1 JGG aus erzieherischen Gründen davon abgesehen, Erziehungsmaßregeln oder Zuchtmittel nach § 31 Abs. 2 Satz 1 einzubeziehen, so können diese nach § 31 Abs. 3 Satz 2 JGG lediglich für erledigt erklärt, nicht aber in mildere Maßnahmen umgewandelt werden[113].

52 Die Probleme des Verhältnisses der **Jugendstrafe von unbestimmter Dauer** zur bestimmten Jugendstrafe sind mit der Aufhebung des § 19 JGG durch das 1. JGGÄndG[114] entfallen[115].

53 War die **Verhängung der Jugendstrafe ausgesetzt** (§ 27 JGG), so darf an ihre Stelle nicht auf eine zu vollziehende Jugendstrafe erkannt werden, auch nicht, wenn sie niedriger ist oder wenn einschneidende Auflagen entfallen[116]. Strittig ist, ob eine Verschlechterung vorliegt, wenn die Jugendstrafe zur Bewährung ausgesetzt wird, wobei das Höchstmaß der möglichen Jugendstrafe ein Jahr und die Höchstdauer der Bewährungsfrist zwei Jahre beträgt[117]. Strittig ist ferner, ob die Aussetzung der Verhängung der Jugendstrafe durch Jugendarrest oder durch Erziehungshilfe nach § 12 Nr. 2 JGG ersetzt werden darf[118].

54 Das Verschlechterungsverbot gilt auch im Verhältnis zwischen den Strafen und den **Zuchtmitteln und Erziehungsmaßregeln** des Jugendrechts; ferner auch zwischen den einzelnen Zuchtmitteln und Erziehungsmaßregeln[119]. Insbesondere ist auch die schwerste der Erziehungsmaßregeln, die Hilfe zur Erziehung nach § 12 Nr. 2 JGG, wegen des damit verbundenen Eingriffs in die Freiheit als nachteilige Rechtsfolge im Sinne des § 331 anzusehen, wenn sie durch das Strafgericht als Folge einer Straftat ausgesprochen wird[120].

55 Im **Verhältnis** zwischen den **Strafen** und den **Zuchtmitteln** und **Erziehungsmaßregeln** kann nicht davon ausgegangen werden, daß alle echten Strafen, einschließlich der Geldstrafe, schon ihrer Strafnatur wegen schwerer wiegen als die Zuchtmittel und Erziehungsmaßnahmen. An sich läge es nahe, aus der Gruppeneinteilung des § 5 Abs. 2 JGG den Schluß zu ziehen, daß die Zuchtmittel und Erziehungsmaßregeln des JGG gegen-

---

[111] BGHSt **29** 269, 274; *Meyer-Goßner*[46] 14; KMR-*Paulus* 23; *Schlüchter* 630; *Brunner/Dölling*[11] § 55, 39; *Eisenberg*[9] § 55, 86 f, 90.

[112] BGHSt **8** 349; AK-*Dölling* 28.

[113] OLG Celle NStZ-RR **2001** 90.

[114] Erstes Gesetz zur Änderung des Jugendgerichtsgesetzes vom 30. 8. 1990 (BGBl. I 1853).

[115] Vgl. dazu LR-*Gollwitzer*[24] 51.

[116] *Brunner/Dölling*[11] § 55, 27; *Eisenberg*[9] § 55, 80.

[117] BGHSt **9** 104 verneint für diesen Fall die Verschlechterung; a. A *Brunner/Dölling*[11] § 55, 27; *Eisenberg*[9] § 55, 81. Vgl. *Dallinger/Lackner* vor § 55, 23, wonach die Aussetzung der Verhängung der Jugendstrafe milder ist als die Jugendstrafe mit oder ohne Aussetzung zur Bewährung; ferner *Grethlein* 92 ff, insbes. 97; wonach nur dann ohne Verletzung des Verschlechterungsverbots auf Jugendstrafe erkannt werden darf, wenn auch ohne die Anfechtung im Nachverfahren nach § 30 JGG Jugendstrafe zu verhängen wäre.

[118] *Brunner/Dölling*[11] § 55, 27, 26 bejahen dies; ebenso *Eisenberg*[9] § 55, 77b, 79b mit weiteren Nachweisen.

[119] Vgl. etwa BGHSt **10** 198; BGH LM Nr. 16 zu § 358; bei *Dallinger* MDR **1957** 397; etwa OLG Köln NJW **1964** 1684; OLG Oldenburg OLGSt 1; LG Nürnberg-Fürth NJW **1968** 120; *Brunner/Dölling*[11] § 55, 22 ff; *Eisenberg*[9] § 55, 75 ff; *Grethlein* 36; KMR-*Paulus* 25.

[120] *Brunner/Dölling*[11] § 55, 23; *Eisenberg*[9] § 55, 77; KMR-*Paulus* 26; *Petersen* NJW **1961** 348; *Peters* (§ 72 II 2) ist dagegen der Ansicht, daß die Erziehungsmaßregeln überhaupt nicht unter das Verschlechterungsverbot fallen, da sie materiell-rechtlich fürsorgenden Charakter haben und vom Vormundschaftsrichter jederzeit ohne Bindung an die Auffassung des Strafrichters angeordnet werden könnten; dazu *Grethlein* 42 f, 100 f.

über den Strafen vom Gesetzgeber generell als das mildere Reaktionsmittel klassifiziert sind. Dies trifft jedoch nicht zu, weil diese spezifischen Reaktionsmittel des Jugendrechts gegenüber den Strafen kein minus, sondern ein aliud sind [121]. Die an sich einfachere Bewertung der Gruppe nach müßte in Einzelfällen zu Ergebnissen führen, die mit dem Sinn des Verschlechterungsverbots nicht mehr zu vereinbaren wären. Ob die Strafe oder das Zuchtmittel oder die Erziehungsmaßregel milder ist, hängt davon ab, welches Reaktionsmittel im **konkreten Einzelfall** sich als der tiefere Eingriff in die Rechtsstellung des Betroffenen darstellt [122]. Hierbei ist von der konkreten Belastung auszugehen, die das jeweilige Reaktionsmittel bei vernünftiger objektiver Würdigung der Interessenlage des Verurteilten für diesen bedeutet [123].

Eine nach der Schwere des Eingriffs geordnete, **abstrakte Rangordnung** der einzelnen **56** Reaktionsmittel [124] kann daher zwar Anhaltspunkte für die Bewertung geben, sie bedarf aber immer der Überprüfung an Hand der besonderen Lage des Einzelfalls. Die zahlreichen und zum Teil streitigen Einzelfragen, die sich hinsichtlich des Vergleichs dieser einzelnen Reaktionsmittel untereinander und im Verhältnis zu den Strafen, Nebenfolgen und Besserungs- und Sicherungsmaßregeln des allgemeinen Strafrechts ergeben, können hier nicht erörtert werden. Insoweit muß auf die Erläuterungsbücher zum JGG verwiesen werden.

Die Befugnis, **Jugendarrest** durch Geldstrafe zu ersetzen, wurde für den jeweils entschiedenen konkreten Fall bejaht [125], wobei allerdings auch hier die Zahl der Arresttage **57** die Zahl der Tagessätze nach oben begrenzen dürfte [126]. Umgekehrt findet sich auch die Ansicht, daß Jugendarrest an die Stelle einer nach Erwachsenenrecht verhängten Geldstrafe treten dürfe [127]. Strittig ist ferner, ob Jugendarrest gegenüber einer zur Bewährung ausgesetzten Freiheitsstrafe die mildere Rechtsfolge ist [128].

2. Strafhöhe

a) Allgemeines. Bei gleicher Strafart darf das bisherige Strafmaß nicht überschritten **58** werden, auch nicht, wenn jetzt ein Strafgesetz mit höherer Strafuntergrenze angewandt wird [129]. Aufgehobene Freiheitsstrafe begrenzt die neu zu verhängende Freiheitsstrafe; Geldstrafe wird von ihr nur insoweit begrenzt, als ihre Ersatzfreiheitsstrafe (Zahl der Tagessätze) die frühere Freiheitsstrafe nicht übersteigen darf [130]. War früher auf Geld-

[121] *Grethlein* 109.
[122] BayObLGSt **1970** 160 = JZ **1970** 695; OLG Köln NJW **1964** 1684; LG Nürnberg-Fürth NJW **1968** 120; *Brunner/Dölling*[11] § 55, 22; *Eisenberg*[9] § 55, 74a; KMR-*Paulus* 26.
[123] *Brunner/Dölling*[11] § 55, 22; *Eisenberg*[9] § 55, 74 JGG.
[124] Nach *Brunner/Dölling* § 55, 23 ergibt sich von unten nach oben folgende Schwereskala: Verwarnung, Erziehungsbeistandschaft, Auflagen, Weisungen, der Jugendarrest und Anordnungen zur Inanspruchnahme von Erziehungshilfe nach § 12 Abs. 2 JGG, ebenso AK-*Dölling* 29. Das Bußgeld nach dem OWiG ist vor dem Jugendarrest einzusetzen, zur Geldstrafe s. Rdn. 57. Zu ähnlichen Einstufungen vgl. *Eisenberg*[9] § 55, 75 ff; *Grethlein* 160; KMR-*Paulus* 26.
[125] BayObLGSt **1970** 160 = JZ **1970** 695; OLG Köln NJW **1964** 1684; LG Nürnberg-Fürth MDR **1962**

326; vgl. *Brunner/Dölling*[11] § 55, 43; *Eisenberg*[9] § 55, 91; KMR-*Paulus* 25.
[126] Vgl. *Eisenberg*[9] § 55, 91; ferner Rdn. 45.
[127] OLG Hamburg NJW **1963** 68; LG Nürnberg-Fürth MDR **1962** 326.
[128] Bejahend die vorherrschende Meinung; OLG Düsseldorf NJW **1961** 891; dazu *Potrykus* NJW **1961** 863; OLG Hamburg NJW **1963** 67; OLG Hamm NJW **1971** 1666 = JR **1972** 73 mit abl. Anm. *Brunner*; OLG Oldenburg OLGSt 1; OLG Schleswig SchlHA **1985** 142; *Brunner/Dölling*[11] § 55, 26; *Eisenberg*[9] § 55, 79b; KMR-*Paulus* 25; a. A LG Nürnberg-Fürth NJW **1968** 120 (unter Aufgabe von NJW **1962** 326); *Grethlein* 120.
[129] Vgl. Rdn. 34; 53.
[130] H. M; vgl. Rdn. 45; RGSt **62** 82; OGHSt **2** 190; OLG Dresden JW **1927** 2080; OLG Schleswig SchlHA **1949** 138; KMR-*Paulus* 22.

strafe erkannt, so darf Einziehung des Wertersatzes (§ 74c StGB) hinzutreten, wenn beide zusammen die frühere Geldstrafe nicht überschreiten[131].

59   Gewährt das neue Urteil **Strafermäßigung** nach § 157 StGB, so darf die Strafe, von der dabei ausgegangen wird, höher als im angefochtenen Urteil angesetzt werden, jedoch darf die ermäßigte Strafe, auf welche erkannt wird, die frühere nicht übersteigen[132]. Stellt sich heraus, daß ein schwereres Gesetz verletzt ist, als bisher angenommen worden war, so darf die **Mindestgrenze** des verletzten Gesetzes nur insoweit unterschritten werden, als die frühere Strafe niedriger lag[133].

60   Sind wegen **ein- und derselben strafbaren Handlung** (§§ 52, 53 StGB) mehrere Strafen oder sonstige Rechtsfolgen festgesetzt worden, so darf die eine verringert und die andere erhöht werden, wenn nur das Gesamtergebnis den Angeklagten nicht stärker belastet als die ursprüngliche Verurteilung[134]. Waren trotz Tateinheit irrig zwei Strafen nebeneinander verhängt worden, so bildet die aus ihnen gebildete Gesamtstrafe bzw. ihre Summe nunmehr die Höchstgrenze der neuen Strafe[135].

61   Auf das Gesamtergebnis allein darf jedoch nicht abgestellt werden, soweit **mehrere sachlich zusammentreffende Straftaten** im Sinne des § 53 StGB abgeurteilt worden sind. Da die für jede rechtlich selbständige Handlung festgesetzten Rechtsfolgen (Einzelstrafen usw.) auch selbständig Bestand haben, gilt das Verschlechterungsverbot auch für sie[136].

62   **b) Die Freiheitsstrafe** darf im neuen Urteil nicht erhöht werden. Das neue Urteil darf bei gleichbleibender Freiheitsstrafe auch nicht weniger **Untersuchungshaft** oder eine andere Freiheitsentziehung (§ 51 StGB) anrechnen als das bisherige[137]. Kürzt das Berufungsgericht die Strafe, so darf es die bisherige Anrechnung der Untersuchungshaft ebenso kürzen; das Maß der zu verbüßenden Strafe darf sich dadurch aber nicht erhöhen[138]. War die Untersuchungshaft voll auf die Gesamtstrafe angerechnet worden, so ist sie auch wieder voll anzurechnen, wenn im Berufungsverfahren nur noch eine einzige Tat übrigbleibt. Hat das Berufungsgericht eine Geldstrafe statt der Freiheitsstrafe verhängt, so ist die früher angerechnete Untersuchungshaft durch Verrechnung mit der entsprechenden Zahl von Tagessätzen auszugleichen[139].

63   Hat das Erstgericht versehentlich eine unter der **Mindeststrafe von sechs Monaten** liegende Freiheitsstrafe verhängt, muß das Berufungsgericht trotzdem die Anwendbarkeit des § 47 StGB prüfen[140].

64   **c)** Bei Verurteilung zu einer **Geldstrafe** erfaßt das Verschlechterungsverbot sowohl die Zahl der Tagessätze als auch den Gesamtbetrag, der sich aus dieser Zahl und der Höhe des einzelnen Tagessatzes ergibt[141]. Da ein Tagessatz einem Tag Ersatzfreiheitsstrafe entspricht (§ 43)[142], würde die Erhöhung der Zahl der Tagessätze auch bei gleichem Gesamtbetrag eine Verschlechterung bedeuten. Auf die durch die Zahl der

---

[131] OGHSt **2** 187.

[132] RGSt **61** 383; OLG Oldenburg MDR **1976** 162.

[133] RG HRR **1931** Nr. 173.

[134] OLG Oldenburg MDR **1976** 162.

[135] RGSt **62** 63; **67** 275; RGRspr. **2** 239; RG JW **1930** 2437; BGH NJW **1963** 1260; bei *Holtz* MDR **1981** 988; BayObLG bei *Rüth* DAR **1982** 255; KK-*Ruß*[4] 2a; KMR-*Paulus* 31; vgl. Rdn. 72.

[136] Vgl. Rdn. 11.

[137] RGSt **66** 353; BGH JZ **1952** 754; *Meyer-Goßner*[46] 17; KMR-*Paulus* 28.

[138] RGSt **59** 231; RGRspr. **2** 602; RG HRR **1930** Nr. 2045; BGH JZ **1952** 754; AK-*Dölling* 30; KMR-*Paulus* 28.

[139] BayObLGSt **1952** 66; AK-*Dölling* 30; KMR-*Paulus* 28.

[140] OLG Köln MDR **1974** 774; AK-*Dölling* 30; KMR-*Paulus* 29.

[141] Vgl. Rdn. 46 mit den dortigen Nachweisen in Fußn. 100 ff.

[142] Zum Übergangsrecht vgl. BayObLGSt **1975** 57 = JZ **1975** 538.

Tagessätze festgelegte Ersatzfreiheitsstrafe ist die frühere Rechtsprechung, die eine Verschlechterung auch hinsichtlich der Ersatzfreiheitsstrafe verbot, weiterhin anwendbar.

Hat das Gericht eine unter dem **gesetzlichen Mindestmaß** (fünf Tagessätze) liegende **65** Zahl von Tagessätzen verhängt, so kann das Berufungsgericht diese an sich unzulässige Strafe beibehalten. Das Verschlechterungsverbot verbietet nur ihre Erhöhung, es zwingt aber nicht dazu, überhaupt von Strafe abzusehen [143].

Das Berufungsgericht darf die bisherige Strafe beibehalten, auch wenn es nur einen **66** **geringeren Tatumfang** annimmt [144]. Wird das Strafmaß derart geändert, daß eine Freiheitsstrafe durch eine oder mehrere, nicht in die Gesamtstrafe einzubeziehende Geldstrafen ersetzt wird (in Ausnahmefällen denkbar), dann darf die Summe der Freiheits- und Ersatzfreiheitsstrafen die frühere Gesamtfreiheitsstrafe nicht überschreiten [145].

3. Gesamtstrafe

a) Allgemeines. Hat das Ersturteil auf eine Gesamtstrafe (Gesamtfreiheitsstrafe, **67** Gesamtgeldstrafe §§ 53, 55 StGB) erkannt, so gilt das Verbot der Verschlechterung sowohl für die Gesamtstrafe als auch für jede Einzelstrafe, aus der sich die Gesamtstrafe zusammensetzt [146], bei der Geldstrafe auch hinsichtlich der Zahl der Tagessätze (Ersatzfreiheitsstrafe). Die Einziehung einer früheren Geldstrafe in die vom Berufungsgericht zu bildende Gesamtfreiheitsstrafe bedeutet eine Verschlechterung [147].

b) Irrige Annahme von Tateinheit durch das Amtsgericht. Wird statt wegen **Tateinheit** **68** nunmehr wegen **Tatmehrheit** verurteilt, so dürfen weder die Gesamtstrafe noch die Summe der Einzelstrafen die frühere Strafe überschreiten [148]. Hält aber das Berufungsgericht die bisherige Strafe für eine der beiden Taten für notwendig, so braucht diese **nicht ermäßigt** zu werden [149]. Die nicht zum Tragen kommenden Einzelstrafen sind trotzdem in den Urteilsgründen schon wegen der Möglichkeit eines späteren Wegfalls der Gesamtstrafe festzusetzen, wobei § 54 StGB notfalls zurückstehen muß [150].

Sind in die Gesamtstrafe noch **Einzelstrafen für weitere Straftaten** mit einbezogen **69** worden und fallen davon einige weg, so darf jede der neuen Einzelstrafen, die an die Stelle der früheren Gesamtstrafe treten, deren Höhe erreichen, die neue Gesamtstrafe darf aber weder die frühere Gesamtstrafe übersteigen, noch darf sie die Summe aus den früheren Einheitsstrafen und den bestehengebliebenen anderen Einzelstrafen erreichen [151]. Wird an Stelle zweier Gesamtstrafen nur eine gebildet, so darf die neue Gesamtstrafe auch die Summe der beiden alten nicht überschreiten [152].

---

[143] BGHSt **27** 176; *Grebing* JZ **1976** 745; *Meyer-Goßner* [46] 1; KMR-*Paulus* 35; **a.A** OLG Köln JR **1977** 116 mit abl. Anm. *Meyer*; vgl. Rdn. 10 und zum ähnlichen Problem bei der Jugendstrafe Rdn. 51.

[144] RG HRR **1933** Nr. 980; vgl. auch BGHSt **7** 86; KG JR **1977** 348 (keine Herabsetzung der Strafe trotz Teilfreispruch); KK-*Ruß* [4] 2a.

[145] BayObLGSt **1952** 239; **1971** 7 = MDR **1971** 860.

[146] H. M; etwa RGSt **53** 164; **67** 236; RG GA **55** (1908) 316; JW **1927** 2050; BGHSt **1** 252; **4** 346; **13** 41; **27** 176; BGH bei *Pfeiffer/Miebach* NStZ **1983** 359; OLG Hamburg NStZ **1994** 508; OLG Hamm OLGSt **5**; KK-*Ruß* [4] 3; *Meyer-Goßner* [46] 18; AK-*Dölling* 33; KMR-*Paulus* 30; *Pfeiffer* [4] 5; *Peters* JZ **1959** 448.

[147] BGH bei *Holtz* MDR **1977** 109; BayObLGSt **1972**

80; **1974** 102; **1979** 105; OLG Hamm MDR **1977** 861; OLG Karlsruhe NStZ **1983** 137. Zur strittigen Frage der nachträglichen Gesamtstrafenbildung unter Einbeziehung einer früheren Geldstrafe in eine Gesamtfreiheitsstrafe vgl. Rdn. 40 f mit Nachweisen.

[148] BGHSt **14** 5, 7; BGHR § 358 Abs. 2 StPO Nachteil 5 mit weiteren Nachweisen KK-*Ruß* [4] 2a; *Meyer-Goßner* [46] 18.

[149] BayObLGSt **1955** 112 = JR **1955** 472; *Eb. Schmidt* 35; KMR-*Paulus* 31.

[150] OLG Stuttgart NJW **1965** 1874; KMR-*Paulus* 31.

[151] BGHSt **14** 5; vgl. ferner etwa BGH bei *Holtz* MDR **1980** 988; BayObLGSt **1969** 15; KK-*Ruß* [4] 2a; *Meyer-Goßner* [46] 18; KMR-*Paulus* 31.

[152] BGHSt **15** 164; *Meyer-Goßner* [46] 19.

Karl Heinz Gössel

70   Ist **versehentlich** eine **Gesamtstrafe gebildet** worden, die unter Verstoß gegen § 54 StGB **niedriger** ist als eine der festgesetzten Einzelstrafen, so darf das Berufungsgericht die Gesamtstrafe nicht erhöhen[153]. Die (höhere) Einsatzstrafe ist soweit herabzusetzen, daß die unverändert bleibende Gesamtstrafe dem § 54 StGB genügt, da andernfalls der Angeklagte bei Wegfall der Gesamtstrafe schlechter gestellt wäre als vorher. In einem solchen Fall dürfte es allerdings genügen, die (noch nicht rechtskräftige) Einsatzstrafe auf den Betrag der neuen Gesamtstrafe herabzusetzen[154]. Sind unter Auflösung einer vom Erstgericht festgesetzten Gesamtstrafe unter Einbeziehung einer Vorverurteilung zwei neue Gesamtstrafen zu bilden, so darf die Summe der beiden neuen Gesamtstrafen nicht höher sein als die Summe der Vorverurteilung und der aufgelösten Gesamtstrafe[155]. Entfällt eine Gesamtstrafe, die aus einer rechtskräftigen Geldstrafe und einer Freiheitsstrafe gebildet worden war, so muß entweder die noch nicht rechtskräftige Freiheitsstrafe soweit herabgesetzt werden, daß die Ersatzfreiheitsstrafe für die Geldstrafe und die neue Freiheitsstrafe die frühere Freiheitsstrafe nicht übersteigen[156] oder in entsprechender Weise die Geldstrafe oder sowohl Geld- aus auch Freiheitsstrafe[157]. Ist allerdings eine durch Einbeziehung einer Geldstrafe gebildete Gesamtstrafe wegen Verletzung des Verschlechterungsverbots aufgehoben worden, so dürfen die früheren, bei Gesamtbetrachtung milderen Einzelstrafen auch dann wiederhergestellt werden, wenn die Summe aus Freiheitsstrafe und Ersatzfreiheitsstrafe höher ist als die aufgehobene Gesamtstrafe[158]. Führt das auf den Rechtsfolgenausspruch beschränkte Rechtsmittel des Angeklagten zum Wegfall der Einziehungsanordnung, so ist auf das ebenfalls auf das Strafmaß beschränkte und zuungunsten des Angeklagten eingelegte Rechtsmittel der Staatsanwaltschaft selbst bei dessen Unbegründetheit der Gesamtstrafenausspruch dann aufzuheben, wenn die (weggefallene) Einziehung bei der Bemessung der Gesamtfreiheitsstrafe strafmildernd berücksichtigt wurde und die Verhängung einer höheren als der im angefochtenen Urteil verhängten Gesamtfreiheitsstrafe ist möglich (BGHSt NStZ-RR **1999** 11, vgl. *Meyer-Goßner* FS Gössel 647).

71   Auch sonst gilt, daß der Angeklagte einen über das Maß der §§ 54, 55 StGB hinausgehenden **Vorteil**, den er durch einen rechtskräftigen oder nur von ihm angefochtenen Strafausspruch erlangt hat, nicht mehr verlieren darf, wenn eine neuerliche Gesamtstrafenbildung notwendig wird[159]. Gleiches gilt, wenn das Amtsgericht entgegen § 38 Abs. 2 StGB auf eine Freiheitsstrafe von einer Woche erkennt, und zwar auch dann, wenn diese in eine Gesamtfreiheitsstrafe von über zwei Monaten einbezogen wird[160].

72   **c) Irrige Annahme von Tatmehrheit durch das Amtsgericht.** Sind **rechtsirrig zwei selbständige Taten** angenommen und vom Amtsgericht in getrennten Verfahren abgeurteilt worden, obwohl es sich nur um eine Tat im verfahrensrechtlichen Sinn gehandelt hat, so darf das Berufungsgericht, das auf Berufung des Angeklagten beide Verfah-

---

[153] BayObLGSt **1970** 197 = NJW **1971** 1193; OLG Saarbrücken MDR **1970** 65; AK-*Dölling* 36; KMR-*Paulus* 31.

[154] BayObLGSt **1970** 197; vgl. auch Rdn. 68.

[155] LG Hamburg MDR **1965** 761; vgl. auch OLG Koblenz VRS **64** (1983) 270 (Beibehalten der fälschlich gebildeten Gesamtstrafe).

[156] BayObLGSt **1971** 7; **1972** 110 = GA **1973** 47; BayObLGSt **1982** 43 = VRS **62** (1982) 440; OLG Düsseldorf NJW **1994** 1016; KK-*Ruß*[4] 2a; *Meyer-Goßner*[46] 20; KMR-*Paulus* 33; vgl. auch Rdn. 45 Fußn. 98.

[157] OLG Düsseldorf NJW **1994** 1016.

[158] OLG Hamburg MDR **1982** 776 (Vorteil nicht zweimal); *Meyer-Goßner*[46] 20; AK-*Dölling* 35.

[159] BGHSt **8** 203 = LM Nr. 15 zu § 79 StGB a. F mit Anm. *Jagusch*; *Meyer-Goßner*[46] 19; OLG Oldenburg JZ **1955** 510 will diesen Gedanken auch anwenden, wenn der Angeklagte infolge eines Rechtsfehlers im angefochtenen Urteil (es war nicht festgestellt, ob er vorsätzlich oder fahrlässig gehandelt hatte) in Gefahr gerät, der Vergünstigung eines Straffreiheitsgesetzes verlustig zu gehen; vgl. dazu die abl. Anm. von *Kleinknecht* JZ **1955** 511; ferner BGHSt **14** 381 (zust. *Hanack* JZ **1973** 661).

[160] LG Stuttgart NStZ-RR **1996** 292.

ren zur Behebung der doppelten Rechtshängigkeit verbindet, bei Annahme von Tateinheit nur eine Strafe aussprechen, die hinter der Summe der beiden Einzelstrafen zurückbleibt; denn wenn die Urteile des Amtsgerichts nicht angefochten worden wären, hätte eine Gesamtstrafe gebildet werden müssen[161].

d) Gesamtstrafe aus Geld- und Freiheitsstrafe. Hat der Erstrichter die Bildung einer **73** Gesamtstrafe aus einer **Freiheitsstrafe** und einer **Geldstrafe** abgelehnt, so kann diese vom Berufungsgericht nicht mehr gebildet werden, da die Erhöhung der Freiheitsstrafe gegenüber der Geldstrafe das größere Übel wäre[162]. Zur nachträglichen Einbeziehung einer rechtskräftigen früheren Geldstrafe in eine vom Berufungsgericht gebildete Gesamtfreiheitsstrafe vgl. Rdn. 40.

War im früheren Urteil eine **Gesamtstrafe** unter Einbeziehung einer Freiheitsstrafe **74** gebildet worden, die bis zur Entscheidung des Berufungsgerichts bereits **voll verbüßt** worden ist und deshalb für die Gesamtstrafenbildung ausscheidet, dann darf der Angeklagte des Vorteils, den er durch die frühere Gesamtstrafenbildung erlangt hatte, nicht verlustig gehen. Die Strafe wegen der vom Berufungsgericht abzuurteilenden Tat darf nur so bemessen werden, daß sie zusammen mit der bereits verbüßten Strafe die frühere Gesamtstrafe nicht übersteigt[163]. Hat das Berufungsgericht trotzdem noch eine Gesamtstrafe zu bilden, so ist dieser Ausgleich nicht bei den Einzelstrafen, sondern erst bei Bildung der Gesamtstrafe vorzunehmen[164].

Wird der ursprünglich wegen mehrerer selbständiger Taten Verurteilte nunmehr **75** **wegen einer Tat freigesprochen**, so entfällt diese Einzelstrafe. Die Gesamtstrafe ist neu zu bilden, darf aber die bisherige nicht überschreiten und hat im übrigen im Rahmen des § 54 StGB zu bleiben[165].

4. Fortgesetzte[166] **oder Dauerstraftat.** Hat das Amtsgericht eine solche zu Unrecht **76** angenommen und die Strafe dafür festgesetzt, so darf die jetzige Gesamtstrafe die frühere Strafe nicht übersteigen[167]. Bestand in einem solchen Falle die Strafe aus Freiheits- und Geldstrafe, so ist die Erhöhung der Geldstrafe nur zulässig, wenn die Freiheitsstrafe um soviel gekürzt wird, wie sich die Ersatzfreiheitsstrafe verlängert[168]. Gelangt umgekehrt das neue Urteil statt einer Mehrheit selbständiger Handlungen zu einer einzigen, aus ihnen gebildeten Tat, so darf die frühere Gesamtstrafe als Einzelstrafe bestehen bleiben, wenn sie an sich zulässig und angemessen ist[169]. War von der in der ersten Instanz festgestellten fortgesetzten Handlung oder Dauerstraftat in der Berufungsinstanz nur noch wegen eines Einzelaktes verurteilt und der Angeklagte im übrigen freigesprochen worden[170], so erfordert § 331 wegen der qualitativen Änderung des Schuldspruchs keine Herabsetzung der Strafe[171].

---

[161] BayObLGSt **1961** 135 = NJW **1961** 1685.

[162] BayObLGSt **1974** 102 = VRS **48** (1975) 87; OLG Hamburg MDR **1982** 776; OLG Hamm MDR **1972** 162; *Meyer-Goßner*[46] 20; AK-*Dölling* 35; HK-*Rautenberg*[3] 16; vgl. auch BGH bei *Holtz* MDR **1977** 109.

[163] BGHSt **12** 94; BGH MDR **1986** 797; BayObLGSt **1958** 123 = NJW **1958** 1406; OLG Braunschweig NJW **1957** 1644; OLG Hamm JMBlNW **1970** 223; AK-*Dölling* 34; *Hanack* JZ **1973** 661.

[164] BayObLGSt **1959** 80.

[165] RGSt **2** 202; **25** 297; **47** 166; **53** 164; vgl. BGHSt **7** 87; BayObLGSt **1955** 160.

[166] S. dazu Rdn. 14 f.

[167] RGSt **57** 238; RG JW **1931** 1611.

[168] RG HRR **1931** Nr. 9.

[169] RGSt **67** 238; RG GA **70** (1926) 139; JW **1931** 1618; **1931** 2502; **1933** 460.

[170] Vgl. LR-*Gollwitzer* § 260, 47.

[171] RG HRR **1933** Nr. 980; BayObLGSt **1955** 169; OLG Hamm MDR **1974** 597; a. A OLG Hamm JMBlNW **1965** 34; MDR **1970** 347 (Herabsetzung der Strafe).

5. Strafaussetzung zur Bewährung

77   **a) Allgemeines.** Die Bewilligung der Strafaussetzung zur Bewährung bedeutet für den Angeklagten eine solche Besserstellung gegenüber einer zu vollstreckenden Freiheitsstrafe, daß es mit dem Sinn des § 331 unvereinbar wäre, dem Angeklagten diese Vergünstigung zu nehmen, ganz gleich, wie man die Strafaussetzung zur Bewährung rechtsdogmatisch einordnet[172]. Die zur Bewährung ausgesetzte Strafe ist stets milder als die nicht zur Bewährung ausgesetzte[173].

78   **b) Verschlechterung.** Bei einer zur Bewährung ausgesetzten Freiheitsstrafe schließt es das Verbot der Verschlechterung sowohl aus, die Freiheitsstrafe als solche zu verschärfen, als auch, die dafür bewilligte Strafaussetzung in Wegfall zu bringen. Insbesondere kann nicht eine längere, zur Bewährung ausgesetzte Freiheitsstrafe durch eine kürzere ohne Bewährungsmöglichkeit ersetzt werden[174] oder umgekehrt eine nicht zur Bewährung ausgesetzte Freiheitsstrafe durch eine längere mit Aussetzung[175].

79   Die vom Erstgericht bewilligte Vergünstigung der Strafaussetzung verliert der Angeklagte auch nicht dadurch, daß das Berufungsgericht die **Tat anders beurteilt** und etwa statt einer Freiheitsstrafe mehrere Strafen verhängt, aus denen eine Gesamtstrafe zu bilden ist. Etwas anderes gilt, wenn die Gesamtstrafe neu zu bilden ist, weil Verurteilungen einbezogen werden, die nicht Gegenstand der angefochtenen Entscheidung waren (dazu Rdn. 40).

80   Der **Umwandlung** der zur Bewährung ausgesetzten **Freiheitsstrafe in eine Geldstrafe** steht § 331 nicht entgegen[176]; die Ersatzfreiheitsstrafe und damit die Zahl der Tagessätze darf allerdings auch hier die zur Bewährung ausgesetzte frühere Strafe nach dem Umrechnungsmaßstab des § 43 Satz 2 StGB nicht übersteigen[177].

81   **c) Kein Wegfall bei gesetzeswidriger Gewährung.** Das Berufungsgericht darf die Strafaussetzung zur Bewährung auch dann nicht in Wegfall bringen, wenn sie vom Erstrichter dem Angeklagten zu Unrecht bewilligt worden ist, sei es, daß die gesetzlichen Voraussetzungen des § 56 StGB überhaupt nicht vorlagen, sei es, daß die vorausgesetzte günstige Täterprognose auf Grund der in der Berufungsverhandlung festgestellten Tatsachen zu verneinen ist[178].

82   Dies gilt auch dann, wenn dem Berufungsgericht Tatsachen bekannt werden, die **den Widerruf der Strafaussetzung** zur Bewährung rechtfertigen. Wenn auch der Widerruf nach dem durch das 23. StrRÄndG eingeführten Satz 2 des § 56f Abs. 1 StGB schon vor der Rechtskraft des Urteils möglich ist[179], so ist doch für Entscheidungen nach § 56f StGB gemäß §§ 453, 462a Abs. 1, Abs. 2 Satz 1 das Gericht des ersten Rechtszuges zuständig, in dessen Zuständigkeit das Berufungsgericht unbeschadet seiner Zuständigkeit zur Entscheidung über die sofortige Beschwerde gegen eine etwaige Widerrufsentscheidung (§ 453 Abs. 2 Satz 3) nicht eingreifen darf.

---

[172]   Vgl. dazu BGHSt **24** 43 und die Kommentare zum StGB.

[173]   H. M, etwa BGHSt **7** 180; **9** 104; BGH NJW **1954** 40; BayObLGSt **1962** 2 = NJW **1962** 1261 mit zust. Anm. *Gutmann*; OLG Hamm NJW **1955** 1000; OLG Köln MDR **1956** 760.

[174]   BayObLGSt **1959** 143 = NJW **1959** 1838; *Meyer-Goßner*[46] 17; KMR-*Paulus* 47; *Kaufmann* JZ **1958** 300.

[175]   BGH JR **1954** 228; JZ **1956** 100; OLG Frankfurt NJW **1964** 368; OLG Köln VRS **50** (1976) 97; OLG

Oldenburg MDR **1955** 436; *Kaufmann* JZ **1958** 229; *Meyer-Goßner*[46] 17; KMR-*Paulus* 47: Zum strittigen Verhältnis zwischen Jugendarrest und zur Bewährung ausgesetzter Jugend- oder Freiheitsstrafe vgl. Rdn. 57.

[176]   OLG Frankfurt NJW **1964** 368.

[177]   OLG Oldenburg MDR **1955** 437; KMR-*Paulus* 47.

[178]   Vgl. etwa OLG Hamm NJW **1955** 1000; NJW **1957** 1850.

[179]   Vgl. dazu LK-*Gribbohm* § 56 f StGB, 5.

d) Die **Entscheidung über die Bewährungsauflagen** durch Beschluß nach § 268a wird **83**
von § 331 nicht erfaßt[180]; auch eine analoge Anwendung des § 331 ist nicht möglich[181].

6. Maßregeln der Besserung und Sicherung (§ 61 StGB)

a) Geltung des § 331. Das Verschlechterungsverbot gilt, wie Absatz 1 („Rechtsfolgen" **84**
statt „Strafe") jetzt klarstellt, auch bei den Maßregeln der Besserung und Sicherung[182].
Ausgenommen sind nur die in Absatz 2 genannten, ärztlich gebotenen Sicherungs- und
Heilungsmaßnahmen, nämlich die Unterbringung in einem psychiatrischen Krankenhaus oder einer Entziehungsanstalt[183]. Diese Maßnahmen können ohne Rücksicht auf
die Schwere des Eingriffs auch nachträglich zusätzlich oder statt einer anderen Maßregel
der Besserung und Sicherung verhängt werden. Zwischen ihnen läßt § 67a StGB auch
noch während des Vollzugs einen Wechsel zu. Für alle anderen Maßregeln der Besserung und Sicherung gilt dies nicht. Bei ihnen gestattet das Verschlechterungsverbot nur
die Ersetzung einer strengeren Maßnahme durch eine weniger belastende.

Die Rechtsprechung hält eine nachträgliche Anordnung der in § 331 Abs. 2 genann- **85**
ten Maßregeln dann aber wegen Verstoßes gegen das Verschlechterungsverbot für
unzulässig, wenn der Angeklagte sein Rechtsmittel auf den Strafausspruch[184] oder auf
die Frage der Strafaussetzung zur Bewährung[185] **beschränkt** hat (zur Wirksamkeit der
Beschränkung in derartigen Fällen s. § 318, 107). Die dafür gegebenen Begründungen
überzeugen jedoch nicht. Die vom Bundesgerichtshof vertretene Auffassung, der Angeklagte solle von einer Anfechtung des Strafauspruchs nicht im Hinblick auf die mögliche Anordnung seiner Unterbringung abgehalten werden, kann schon nicht erklären,
warum dieses Argument nur für die beschränkte Anfechtung gelten soll[186]; im übrigen
aber wird dabei verkannt, daß die Unterbringung nach §§ 63, 64 StGB zum Wohle des
Angeklagten vom Verschlechterungsverbot ausgenommen ist und grundsätzlich unabhängig von einer Rechtsmittelbeschränkung ist, es sei denn, die innerprozessuale
Bindungswirkung steht einer nachträglichen Anordnung entgegen, was aber dann nicht
der Fall ist, wenn zur Frage der Unterbringung gar keine Feststellungen getroffen worden sind oder aber – mit der allgemeinen Sachrüge nachprüfbar – aufgrund solcher
Feststellungen rechtsirrig von der Unterbringung abgesehen wurde[187]. Aber auch der
vom BayObLG beschrittene Weg, wegen der Rechtsmittelbeschränkung auf die Frage
der Strafaussetzung zur Bewährung die Nichtanordnung einer Unterbringung als vom
Rechtsmittel gar nicht erfaßt anzusehen, erscheint nicht gangbar: kann sich doch das
Rechtsmittel auch bei unbeschränkter Anfechtung mangels Beschwer niemals gegen die
Nichtanordnung richten[188] – auch hier also erweist sich, daß die nachträgliche Anordnung einer Unterbringung nach §§ 63, 64 StGB von einer etwaigen Rechtsmittelbeschränkung grundsätzlich unabhängig ist und bei übersehener oder irrig unterlassener

---

[180] Allg. M; vgl. z. B. BGH NJW **1982** 1544, OLG
Düsseldorf NStZ **1994** 199 und OLG Oldenburg
NStZ-RR **1997** 9, jeweils mit weiteren Nachweisen.

[181] Strittig; vgl. LR-*Gollwitzer* § 268a, 20 mit Nachweisen; vgl. ferner die Erl. LR-*Matt* § 305a.

[182] Allg. M; so schon zur früheren Fassung etwa RGSt
60 286; RG JW **1935** 2135; BGHSt **5** 178; **14** 381;
25 38.

[183] Wenig überzeugend *Kretschmer* 155, der in der Ausnahmeregelung des § 331 Abs. 2 einen Verstoß
gegen den „Gleichheitssatz und ... das Willkürverbot" erblickt.

[184] So BGH NStZ **1992** 539; zust. *Tolksdorf* 765 f.

[185] So BayObLG JR **1987** 172; zust. *Tolksdorf* 765 f.

[186] Für die Zulässigkeit der Anordnung bei unbeschränkter Anfechtung BGHSt **37** 5; zust. *Fezer* JZ
1996 666. Treffend weist *Hamm* FS Hanack 369,
370 daraufhin, daß die Möglichkeit einer nachträglichen Unterbringungsanordnung im Rechtsmittelverfahren generell „die Risikofreiheit des Rechtsmittels erheblich beeinträchtigt".

[187] Zutr. *Hanack* JR **1993** 431, diesem zust. *Hamm* FS
Hanack 369, 370; auf diesen Gesichtspunkt weist
auch schon *Meyer-Goßner* JR **1987** 174 hin.

[188] So schon zutr. *Meyer-Goßner* JR **1987** 173, diesem
zust. *Hanack* JR **1993** 430 f; **a. A** *Tolksdorf* 756 ff.

Karl Heinz Gössel

Anordnung auch die innerprozessuale Bindungswirkung der nachträglichen Anordnung nicht entgegenstehen kann. Damit aber ist es auch nicht mehr möglich, eine nachträgliche Unterbringungsanordnung als dem Verschlechterungsverbot entgegenstehend anzusehen, wenn die unterbliebene Unterbringungsanordnung in einer auf den Strafausspruch beschränkten Rechtsmittelerklärung **ausdrücklich** von der Anfechtung **ausgenommen** wird[189]: Die nachträgliche Unterbringungsanordnung ist auch hier grundsätzlich unabhängig von der Rechtsmittelbeschränkung und hinsichtlich einer möglicherweise entgegenstehenden innerprozessualen Bindungswirkung gelten die soeben angestellten Überlegungen auch hier[190].

86   Im **konkreten Fall** ist mitunter strittig, ob eine Maßregel, deren sachliche Voraussetzungen gegeben sind, durch eine andere, nach sachlichem Recht ebenfalls zulässige **ersetzt** werden kann[191]. Läßt sich, ähnlich wie bei den Strafen, ein objektives Rangverhältnis der Maßregeln im Sinne der Gleich- oder Unterordnung (härter, milder) aufstellen[192], so verstößt es nicht gegen § 331, wenn eine verhängte Maßregel durch eine objektiv noch gleichschwere oder mildere ersetzt wird. Die Reihenfolge der Aufzählung der Maßregeln in § 61 StGB begründet keine solche Rangordnung. Bei generell **objektiver Wertung** läßt sich nur sagen, daß die freiheitsentziehenden Maßregeln schwerer wiegen als die Maßregeln in § 61 Nr. 4–6 StGB, die die Handlungsfreiheit des Angeklagten nur in einzelnen Bereichen einschränken. Lediglich im Verhältnis zwischen der Unterbringung in einer Entziehungsanstalt und dem Berufsverbot kann dies fraglich sein. Das Berufsverbot wiederum dürfte schwerer wiegen als die Entziehung der Fahrerlaubnis oder die Führungsaufsicht.

87   Im Verhältnis zu den **Strafen** und den **anderen Rechtsfolgen** muß ebenfalls, da eine allgemein gültige, generelle Rangfolge sich nicht im einzelnen aufstellen läßt, nach **objektiven Gesichtspunkten** geprüft werden, welche Rechtsfolge **im konkreten Einzelfall** die schwerere ist[193]. Eine Maßregel, die nach sachlichem Recht unzulässig ist, muß aufgehoben werden, an ihrer Stelle darf auf eine andere Maßregel oder eine sonstige Rechtsfolge aber nur erkannt werden, wenn das Verschlechterungsverbot dies zuläßt[194]. § 331 gilt für alle Maßregeln, ohne Rücksicht darauf, ob das Amtsgericht sie nach seiner durch § 24 GVG begrenzten Strafgewalt verhängen durfte. Er wirkt beim Übergang in das Verfahren des ersten Rechtszugs und nach einer Zurückverweisung durch das Revisionsgericht fort.

88   **b)** Die **Unterbringung in einem psychiatrischen Krankenhaus** (§ 63 StGB) kann nach Absatz 2 zwar grundsätzlich immer angeordnet werden[195], wegen der Bindung an die Strafgewalt des Amtsgerichts (§ 24 Abs. 2 GVG) und mangels eigener erstinstanzlicher Zuständigkeit jedoch nicht mehr durch die kleine Strafkammer (§ 76 Abs. 1 Satz 1 GVG), sondern nur noch durch die große Jugendkammer, soweit ihr dies im Rahmen ihrer erstinstanzlichen Zuständigkeit nach § 41 Abs. 1 JGG möglich ist, und dies auch dann, wenn die vom Erstgericht verhängte Strafe wegen Schuldunfähigkeit (§ 20 StGB) entfällt[196]. Stellt sich im weiteren Verfahren die volle Schuldfähigkeit eines Angeklagten

---

[189]   So BGHSt **38** 362.

[190]   Gegen die erwähnte Rspr. und wie hier auch KK-*Ruß*4 7; *Meyer-Goßner*46 22; HK-*Rautenberg*3 21; a. A AK-*Dölling* 40; *Pfeiffer*4 10.

[191]   Vgl. dazu etwa *Bruns* JZ **1954** 730; *Oetker* JW **1935** 1417.

[192]   Diese Möglichkeit wird verneint von *Kretschmer* 126, 292.

[193]   Vgl. Rdn. 34.

[194]   *Bruns* JZ **1954** 730; *Dallinger* MDR **1954** 334; ferner Rdn. 88 ff und die Kommentare zu den §§ 61 ff StGB.

[195]   Vgl. § 328, 40.

[196]   Anders im umgekehrten Fall: BGHSt **11** 321 = LM Nr. 23 zu § 358 mit Anm. *Martin*; vgl. auch BGHSt **5** 267; RGSt **69** 14.

heraus, so kann er weder bestraft noch untergebracht werden[197]. Hält die kleine Strafkammer die Unterbringung für erforderlich, muß sie die Sache nach § 328 Abs. 2 verweisen[198].

c) Für die Anordnung der Unterbringung in der **Sicherungsverwahrung** (§ 66 StGB) **89** gelten die obigen Ausführungen zur Unterbringung in einem psychiatrischen Krankenhaus (Rdn. 88) entsprechend. Diese Maßregel kann im Berufungsverfahren nur noch durch die als Jugendschutzkammer (§ 26 Abs. 1 GVG) tätig werdende große Jugendkammer angeordnet werden, wenn sie in das erstinstanzliche Verfahren übergeht. Die kontrovers diskutierte Frage, ob die Unterbringung in einem psychiatrischen Krankenhaus gegen diejenige in der Sicherungsverwahrung ausgetauscht werden könne, stellt sich im Berufungsverfahren folglich nicht mehr: Im Verfahren vor dem Amtsgericht können beide genannten Maßregeln nicht verhängt (§ 24 Abs. 2 GVG) und schon deshalb in der Berufungsinstanz auch nicht durch die Jugendschutzkammer ausgetauscht werden[199].

d) Bei der **Entziehung der Fahrerlaubnis** verbietet das Verschlechterungsverbot dem **90** Berufungsgericht, auf Entziehung der Fahrerlaubnis zu erkennen, wenn der Erstrichter dies unterlassen hat[200]. Es darf auch die Sperrfrist nicht verlängern[201] oder eine zu Unrecht vom Erstrichter vorgenommene Anrechnung einer anderen laufenden Sperrfrist wieder beseitigen[202]. Andererseits ist der Angeklagte nicht schlechter gestellt, wenn der vom Erstrichter vorgesehene Anschluß der Sperrfrist an eine bereits laufende andere Sperrfrist wegen der bis zur Berufungsentscheidung verstrichenen Zeit nicht mehr möglich ist[203].

Unter dem Gesichtspunkt des Verschlechterungsverbots kann nach der herrschenden **91** Meinung nicht beanstandet werden, wenn die weitere Zeit der vorläufigen Entziehung der Fahrerlaubnis, die zwischen Ersturteil und Berufungsurteil vergangen ist, vom Berufungsgericht bei **Festsetzung der Sperrfrist** nicht berücksichtigt wurde[204].

Der Entziehung der Fahrerlaubnis steht die Verhängung einer „**isolierten Sperrfrist**" **92** insoweit gleich. Das auch für diese Maßregel geltende Verschlechterungsverbot schließt es aus, die Entziehung der Fahrerlaubnis nachträglich anzuordnen, wenn vom Erstrichter irrigerweise nur eine Sperrfrist ausgesprochen wurde[205]. Ob umgekehrt eine Fahrerlaubnisentziehung ohne Sperrfrist aufzuheben ist[206], erscheint fraglich.

---

[197] RGSt **69** 12; KMR-*Paulus* 42.

[198] *Meyer-Goßner*[46] 22; AK-*Dölling* 39.

[199] Vgl. dazu LR-*Gollwitzer*[24] 87.

[200] BGHSt **5** 168; BGH VRS **20** (1961) 117; BayObLGSt **1956** 225 = NJW **1957** 511; OLG Koblenz VRS **43** (1972) 421.

[201] BayObLGSt **1965** 140 = NJW **1966** 896; OLG Karlsruhe VRS **48** (1975) 425; OLG Neustadt NJW **1960** 1483; *Bender* DAR **1958** 204; *Meyer-Goßner*[46] 23; KMR-*Paulus* 43.

[202] OLG Stuttgart NJW **1967** 2071.

[203] BayObLGSt **1965** 140 = NJW **1966** 896.

[204] BGH VRS **21** (1961) 335; BayObLGSt **1965** 140 = NJW **1966** 896; OLG Bremen OLGSt § 318, 9; OLG Celle VRS **39** (1970) 276; OLG Frankfurt VRS **52** (1977) 413; OLG Hamm DAR **1958** 106; VRS **53** (1977) 342; **69** (1985) 221; JZ **1978** 637 mit Anm. *Gollner*; OLG Karlsruhe VRS **51** (1976) 204; OLG Koblenz VRS **65** (1983) 371; **50** (1976) 361; **52** (1977) 432; OLG München DAR **1977** 133; OLG Neustadt DAR **1961** 90; OLG Saarbrücken MDR

1972 553; so wohl auch OLG Naumburg DAR **2001** 379; *Ganslmayer* JZ **1978** 794; KMR-*Paulus* 45: § 69a Abs. 4 Satz 2 StGB ist lex specialis zu § 331; ähnlich *Meyer-Goßner*[46] 23; AK-*Dölling* 42; *Werner* NJW **1974** 484; vgl. den Sonderfall OLG Koblenz VRS **43** (1972) 421. **Gegen** die herrschende Meinung sehen in der Hinausschiebung des Fristendes eine Verschlechterung *Eickhoff* NJW **1975** 1007; *Gollner* GA **1975** 129 (mit ratio des § 331 unvereinbar); JZ **1978** 637; **1979** 177; vgl. *Geppert* ZRP **1981** 89.

[205] OLG Braunschweig NdsRpfl **1961** 230; OLG Bremen VRS **51** (1976) 278; OLG Dresden OLG-NL **1998** 192; OLG Frankfurt VRS **64** (1983) 12; OLG Karlsruhe VRS **59** (1980) 111; OLG Koblenz VRS **51** (1976) 96; **60** (1981) 431; *Meyer-Goßner*[46] 23; AK-*Dölling* 43; vgl. auch **a. A** LG München I DAR **1956** 192.

[206] OLG Düsseldorf MDR **1979** 602 nimmt dies an, da Fahrerlaubnisentziehung ohne Sperrfrist begrifflich ausgeschlossen sei.

Karl Heinz Gössel

93 Es verstößt nicht gegen das Verschlechterungsverbot, wenn die Entziehung der Fahrerlaubnis durch ein **Fahrverbot** ersetzt wird[207]. Das Fahrverbot ist, auch wenn es Strafe und nicht Maßregel der Sicherung und Besserung ist, in jeder Hinsicht das mildere Reaktionsmittel, da es zu einem weniger weitreichenden Eingriff in die persönliche Handlungsfreiheit führt. Zum Ersatz des Fahrverbots durch Geldstrafe oder Geldbuße s. Rdn. 103 f.

94 Eine **Erhöhung der Geldstrafe** bei Wegfall der Entziehung der Fahrerlaubnis wurde, sofern sich die Gesamtposition des Angeklagten dadurch nicht verschlechterte, ebenfalls für zulässig gehalten[208]. Die Erhöhung der Geldstrafe ist jedoch nur insoweit keine Verschlechterung, als sie ohne Erhöhung der Zahl der Tagessätze und damit automatisch auch ohne Erhöhung der Ersatzfreiheitsstrafe rechtlich möglich ist[209]. Andernfalls ist dies zu verneinen, da die durch die Tagessätze festgelegte Ersatzfreiheitsstrafe bei objektiver Betrachtung schwerer wiegt als die Entziehung der Fahrerlaubnis.

95 Umgekehrt wird eine **Verlängerung der Sperrfrist** zum Ausgleich für die Bewilligung der Strafaussetzung zur Bewährung für zulässig gehalten[210]. Dies ist, sofern man nicht die Vergleichbarkeit überhaupt verneint, allenfalls in engen Grenzen möglich, wenn auch bei objektiver Betrachtung eine Benachteiligung des Angeklagten mit Sicherheit ausscheidet, weil er bei Vollstreckung der Freiheitsstrafe stärkeren Einschränkungen unterlegen hätte[211].

96 Die vom Erstrichter neben der Anordnung der Entziehung der Fahrerlaubnis vergessene **Einziehung des Führerscheins** darf dagegen vom Berufungsgericht nachgeholt werden, da es sich hier um eine bloße Vollzugsmaßnahme, nicht aber um die Anordnung eines zusätzlichen Nachteils handelt[212]. Auf die anzweifelbare Rechtsprechung des Reichsgerichts, wonach polizeiliche Maßnahmen vom Verschlechterungsverbot ausgenommen seien, hätte nicht zurückgegriffen zu werden brauchen (dazu Rdn. 100).

97 **e) Das Berufsverbot** unterliegt ebenfalls dem Verschlechterungsverbot. Ob eine andere Umschreibung des verbotenen Berufes eine Verschlechterung bedeutet, ist nach Art und Umfang der jeweils verbotenen Tätigkeiten zu beurteilen. Das Verbot, als Handelsvertreter tätig zu werden, geht weiter als das Verbot einer Betätigung als Versicherungsvertreter[213].

98 **f)** Die **Führungsaufsicht** (§ 68 Abs. 1 StGB) fällt, soweit sie als besondere Maßregel vom Gericht im Urteil angeordnet werden muß, ebenfalls unter das alle Nebenfolgen umfassende Verschlechterungsverbot. Soweit sie kraft Gesetzes (§ 68 Abs. 2 StGB) eintritt, ist sie als Modalität der Vollstreckung im Rahmen des § 331 unbeachtlich[214].

---

[207] BayObLGSt **1970** 160 = JZ **1970** 695; OLG Celle NdsRpfl **1969** 192; OLG Frankfurt NJW **1968** 1793; OLG Karlsruhe VRS **34** (1968) 192; OLG Schleswig SchlHA **1970** 200; **1971** 57; OLG Stuttgart NJW **1968** 1792; LG Hechingen MDR **1967** 420; *Cramer* NJW **1968** 1764; AK-*Dölling* 45; vgl. auch OLG Celle NJW **1968** 1102, wo die Frage der Auswechselbarkeit insoweit offengelassen wird. Verneinend AG Bad Homburg NJW **1984** 2840.

[208] OLG Hamm DAR **1974** 21; OLG Koblenz VRS **47** (1974) 416; vgl. Rdn. 104.

[209] BayObLGSt **1976** 4; **1979** 127 = MDR **1976** 601;

JR **1981** 1 mit Anm. *Grebing*; OLG Hamm NJW **1971** 1190; OLG Köln VRS **40** (1971) 257; KMR-*Paulus* 18.

[210] LG Oldenburg NdsRpfl **1973** 159.

[211] Vgl. OLG Oldenburg NdsRpfl **1976** 21.

[212] BGHSt **5** 168 = LM Nr. 3 zu § 42m StGB a. F mit Anm. *Kohlhaas* = NJW **1954** 159 mit Anm. *Schmidt-Leichner*; AK-*Dölling* 44; KMR-*Paulus* 18; *Bruns* GA **1954** 163 Fußn. 11.

[213] OLG Schleswig SchlHA **1974** 184.

[214] HK-*Rautenberg*[3] 19.

7. Nebenstrafen und andere Rechtsfolgen

a) Allgemeines. Einigkeit besteht darüber, daß nach § 331 vom Berufungsgericht **99** keine weitere **Nebenstrafe** ausgesprochen und keine verhängte Nebenstrafe verschärft werden darf[215].

Die Nachholung von Rechtsfolgen, die, ohne Strafcharakter zu haben, ausschließlich **100** die **Sicherung der Allgemeinheit** bezwecken, wird durch das Verschlechterungsverbot dem Berufungsgericht ebenfalls verwehrt, soweit der Angeklagte dadurch in irgendeiner Form benachteiligt ist. Das Reichsgericht hatte derartige Maßregeln vom Verschlechterungsverbot ausgenommen, weil sie keine Strafen seien[216]. Die Rechtsprechung des Bundesgerichtshofs war nicht einheitlich[217]. Durch die Neufassung des Absatzes 1 hat diese von der Auslegung des Begriffs der Strafe bestimmte Unterscheidung die Grundlage verloren.

Die **nachträgliche Anordnung einer** im Interesse der allgemeinen Sicherheit gebotenen **101** Nebenfolge gegen den Angeklagten durch das Berufungsurteil fällt unter § 331 auch dann, wenn eine im Ergebnis gleiche Nebenfolge aus **präventiv-polizeilichen Gründen** nach Polizeirecht angeordnet werden kann. Daß solche Anordnungen auf Grund einer anderen Rechtsgrundlage und in einem anderen Verfahren (mit anderem Rechtsweg) ebenfalls ergehen können, rechtfertigt nicht die Durchbrechung des alle Rechtsfolgen umfassenden Verschlechterungsverbots (vgl. Rdn. 20).

b) Das Fahrverbot (§ 44 StGB) fällt unter das Verbot der Verschlechterung. Hat der **102** Erstrichter wegen **zweier sachlich zusammentreffender Straftaten** verurteilt und wegen beider das Fahrverbot angeordnet, so verstößt es nicht gegen das Verschlechterungsverbot, wenn das Berufungsgericht das Fahrverbot auch dann aufrechterhält, wenn der Angeklagte nur eine der Straftaten (Unfallflucht) mit seiner Berufung angefochten hat und deswegen freigesprochen wird[218]. Dies gilt nicht, wenn das Fahrverbot allein wegen der weggefallenen Straftat ausgesprochen worden ist[219].

Das Fahrverbot darf durch eine **höhere Geldbuße** ersetzt werden[220]. Die Ahndungs- **103** maßnahmen dürfen aber in der Gesamtschau keine Veränderung zum Nachteil des Angeklagten bedeuten. Dies wäre auch der Fall, wenn die gesetzlichen Voraussetzungen für ein Fahrverbot überhaupt nicht vorgelegen haben[221].

Ein Ersatz des Fahrverbots durch eine **höhere Geldstrafe** wurde ebenfalls für zulässig **104** gehalten, die Ersatzfreiheitsstrafe durfte dabei allerdings nicht erhöht werden[222]. Diese Einschränkung gilt jetzt auch für die Zahl der Tagessätze, die für die Ersatzfreiheitsstrafe maßgebend sind[223]. Eine Erhöhung der Geldstrafe ist nur noch möglich, wenn

---

[215] BGHSt **4** 157; **14** 381; *Eb. Schmidt* 15; KMR-*Paulus* 38.

[216] RGSt **67** 218 mit weiteren Nachweisen; dazu *Frisch* MDR **1973** 717.

[217] Einerseits BGHSt **14** 157 (zu § 161 StGB a. F), andererseits BGHSt **5** 165.

[218] BayObLGSt **1966** 64 = VRS **31** (1966) 186.

[219] BayObLG bei *Rüth* DAR **1974** 183; KMR-*Paulus* 6; vgl. Rdn. 11.

[220] BGHSt **24** 11 auf Vorlage BayObLG VRS **38** (1970) 356; OLG Frankfurt NJW **1970** 1334; VRS **39** (1970) 73; OLG Hamburg MDR **1971** 510; OLG Hamm JMBlNW **1975** 269; VRS **38** (1970) 469; **54** (1978) 454; OLG Schleswig bei *Ernesti/Jürgensen* SchlHA **1979** 204; a. A OLG Oldenburg NJW **1969** 2213.

[221] OLG Schleswig bei *Ernesti/Jürgensen* SchlHA **1979** 204.

[222] OLG Hamm NJW **1971** 1190; OLG Köln VRS **40** (1971) 257; LG Kiel SchlHA **1969** 127.

[223] BayObLGSt **1976** 4; **1979** 127 = MDR **1976** 601; BayObLG JR **1981** 1 mit abl. Anm. *Grebing*; BayObLG bei *Rüth* DAR **1985** 247; KG VRS **52** (1977) 113; OLG Hamm NJW **1977** 724 (L); AK-*Dölling* 45; KMR-*Paulus* 18; a.A LG Köln NStZ-RR **1997** 370, jedoch zu Unrecht: Auch wenn sich die wirtschaftliche Lage des Angeklagten durch die Erhöhung der Geldstrafe nicht verschlechtert, so bleibt doch die mit der Erhöhung der Zahl der Tagessätze verbundene Erhöhung der Ersatzfreiheitsstrafe ein schwerwiegenderes Strafübel als die Geldstrafe.

ausnahmsweise der einzelne Tagessatz erhöht werden darf, etwa, wenn die Grenze des § 40 Abs. 2 StGB nicht ausgeschöpft ist, weil das wegfallende Fahrverbot bei seiner Bemessung ins Gewicht gefallen ist[224]. Wird umgekehrt eine Ermäßigung der Geldstrafe mit der Neufestsetzung eines Fahrverbots verbunden, ist dies unter dem Blickwinkel der verringerten Ersatzfreiheitsstrafe unbedenklich; maßgebend bleibt, ob die Gesamtwürdigung der gegen den Angeklagten verhängten Rechtsfolgen ergibt, daß er sich dadurch weder wirtschaftlich noch sonstwie verschlechtert[225]; Gleiches gilt, wird eine Gesamtgeldstrafe durch zwei niedrigere Geldbußen unter gleichzeitiger Verlängerung des Fahrverbots ersetzt[226]. Gegenüber einer Freiheitsstrafe ist, selbst wenn sie zur Bewährung ausgesetzt wird, das Fahrverbot immer eine mildere Sanktion[227].

105   c) Soweit die **Rechtsfolgen nach § 45 StGB** ohne besonderen Ausspruch im Urteil automatisch eintreten, fallen sie nicht unter das Verbot der Verschlechterung. Sie können daher bei einer entsprechenden Änderung des Schuldspruchs (Verurteilung wegen eines Verbrechens statt wegen eines Vergehens) auch durch das Berufungsurteil herbeigeführt werden. Soweit die Rechtsfolgen dagegen nicht kraft Gesetzes, sondern nur auf Grund einer ausdrücklichen Anordnung des Richters eintreten können (§ 45 Abs. 2, 5), fallen sie unter § 331[228]. Hat nur der Angeklagte Berufung eingelegt, kann sie das Berufungsgericht nicht nachträglich anordnen.

106   d) **Verfall und Einziehung** (§§ 73 bis 74f StGB) werden, ganz gleich, ob sie einen bestimmten Gegenstand oder den an seine Stelle tretenden Wertersatz betreffen, im vollen Umfang von dem alle Rechtsfolgen umfassenden Verschlechterungsverbot erfaßt[229]. Es kommt nicht darauf an, ob sie im Einzelfall den Charakter einer Sicherungsmaßnahme oder einer Nebenstrafe haben. Soweit die auch früher schon sehr anzweifelbare Rechtsprechung[230] unter Berufung auf den mangelnden Strafcharakter bei der Sicherungseinziehung die Anwendbarkeit des § 331 verneinte[231], kann ihr nach der Klarstellung in Absatz 1, daß das Verbot für alle Rechtsfolgen gilt, nicht mehr gefolgt werden[232].

107   Die **gegen den Angeklagten** ausgesprochene Einziehung oder Ersatzeinziehung bedeutet eine Verschlechterung seiner Rechtsposition. Selbst wenn er nicht Eigentümer des eingezogenen Gegenstandes ist, wird eine trotzdem gegen ihn ausgesprochene Einziehung in der Regel auch für ihn einen Nachteil – auch wirtschaftlicher Art (Ersatzansprüche usw.) – mit sich bringen[233]. Nur wenn dies im Einzelfall auszuschließen ist, fehlt es an einer Verschlechterung[234].

108   Die Anordnung, daß die **Einziehung vorbehalten** bleibt (§ 74b Abs. 2 StGB), fällt ebenfalls unter § 331. Dagegen hindert diese Anordnung nicht, eine vorbehaltene Einziehung durch eine **weniger einschneidende Maßnahme** zu ersetzen (§ 74 b Abs. 2 Satz 2

[224] BayObLGSt **1976** 4; BayObLG bei *Rüth* DAR **1985** 247; KG VRS **52** (1977) 113; *D. Meyer* DAR **1981** 33 (zu BayObLGSt **1979** 127); ähnlich auch LG Köln NVZ **1999** 99, das jedoch zu sehr auf die etwaige wirtschaftliche Schlechterstellung abstellt.

[225] BayObLGSt **1977** 153 = VRS **54** (1978) 45; OLG Schleswig SchlHA **1984** 90.

[226] OLG Düsseldorf NVZ **1993** 123.

[227] Vgl. Rdn. 43.

[228] HK-*Rautenberg*³ 19.

[229] BGH bei *Miebach/Kusch* NStZ **1991** 122 Nr. 28.

[230] Dazu *Frisch* MDR **1973** 715.

[231] RGSt **27** 245; **67** 218; BGHSt **5** 178; OLG Düsseldorf NJW **1972** 1382; OLG Hamm NJW **1970** 1557; OLG Karlsruhe NJW **1972** 1633; **a.A** *Eb. Schmidt* 19; *Frisch* MDR **1973** 715 mit weiteren Nachweisen; Rdn. 100.

[232] AK-*Dölling* 47.

[233] HK-*Rautenberg*³ 19; **a.A** *Meyer-Goßner*⁴⁶ 21; KMR-*Paulus* 39. Fraglich könnte allerdings sein, ob schon darin, daß ein solcher Urteilsausspruch gegen ihn ergeht, ein Nachteil für den Angeklagten liegt.

[234] AK-*Dölling* 47.

StGB). Die Anordnung des **Verfalls** kann nach Ansicht von OLG Hamm[235] wegen des verschiedenen Inhalts und der verschiedenen Rechtsnatur der Nebenfolgen nicht durch die Anordnung des **Wertersatzes** ersetzt werden.

Da für die Einziehung das Verschlechterungsverbot gilt[236], darf sie nicht auf bisher **109** **nicht erfaßte Gegenstände** ausgedehnt werden, es sei denn, der Angeklagte hat keinerlei Rechte an derartigen Gegenständen: nur dann ist eine Verschlechterung der Situation nicht möglich. Die bloße **Klarstellung** des Gegenstandes der Einziehung ist jedoch nicht zu beanstanden; andernfalls griffe § 458 ein. Hatte der Erstrichter Miteigentum des Angeklagten angenommen und besteht in Wirklichkeit Alleineigentum, so verstößt die Einziehung nicht gegen § 331[237]. Ob dem Urteil beizutreten ist, hängt davon ab, ob man es als Fall erlaubter Klarstellung ansieht oder als Neuverhängung der Einziehung.

e) Die **Unbrauchbarmachung** (§ 74d StGB) fällt, auch wenn sie gegen den Angeklag- **110** ten als Sicherungsmaßnahme angeordnet wird, grundsätzlich ebenfalls unter das Verschlechterungsverbot[238].

Soweit Maßnahmen nach den §§ 73 ff **ausschließlich gegen andere Mitangeklagte** aus- **111** gesprochen worden sind, greift § 331 nicht ein, auch wenn materiell dadurch die Rechtsposition des Angeklagten berührt wird.

f) Die **Abführung des Mehrerlöses** (§ 8 WiStG 1954), die an die Stelle des Verfalls tritt **112** (§ 8 Abs. 4 WiStG 1954), unterliegt ebenfalls dem Verbot der Verschlechterung[239]. Die Abführung an den Staat darf weder vom Berufungsgericht nachträglich angeordnet, noch darf der abzuführende Betrag nachträglich erhöht werden. Dabei ist es nicht entscheidend, ob diese Maßnahme (so wie sie der Gesetzgeber konkret geregelt hat) als Nebenstrafe[240] oder als Nebenfolge ohne Strafcharakter[241] anzusehen ist.

Die vom Bestehen eines bürgerlich-rechtlichen Rückforderungsanspruchs abhängige **113** Anordnung der **Rückerstattung des Mehrerlöses** (§ 9 WiStG 1954) dürfte dagegen als Mittel zur Durchsetzung dieses Anspruchs dem Verbot der Verschlechterung ebensowenig unterfallen wie die Anordnung der Entschädigung des Verletzten nach §§ 403 ff.

g) **Urteilsbekanntmachung** (§§ 103, 165, 200 StGB). Auch diese Nebenstrafe ist der **114** Sperre des § 331 unterworfen[242]. Die Bekanntmachungsbefugnis darf nicht nachträglich zuerkannt werden, eine festgesetzte Frist darf nicht verlängert[243], eine versehentlich nicht festgesetzte Frist jedoch neu bestimmt werden, weil dies dem Verurteilten nicht zum Nachteil gereicht. War die Art der Bekanntmachung im Ersturteil nicht geregelt, so darf dies nachgeholt, die Veröffentlichung darf aber nicht auf die Urteilsgründe oder einen Teil davon erstreckt werden[244].

---

[235] OLG Hamm JMBlNW **1981** 107 und *Meyer-Goß-ner* FS Kleinknecht 292.

[236] Für die Einziehung auch RGSt **27** 245; **67** 218; vgl. ferner *Eb. Schmidt* 18, 19; *Meyer-Goßner*[46] 21; KMR-*Paulus* 39.

[237] BGH LM § 358 Nr. 5.

[238] AK-*Dölling* 47; ebenso zum früheren Recht *Eb. Schmidt* 19; **a.A** RGSt **67** 218. Vgl. ferner KMR-*Paulus* 29 (wenn sich Anordnung nicht gegen den Angeklagten richtet).

[239] BayObLGSt **1955** 247; OLG Köln NJW **1948** 148; OLG Oldenburg MDR **1948** 63; KMR-*Paulus* 38; zweifelnd *Eb. Schmidt* 21; OLG Braunschweig Nds-

Rpfl. **1951** 52 läßt offen, ob die Abführung des Mehrerlöses unter § 331 fällt.

[240] So RGSt **77** 145.

[241] Die Rechtsnatur des Mehrerlöses ist strittig; vgl. dazu etwa BGHSt **3** 130; **5** 95; **7** 91; BGH NJW **1954** 1734; BayObLG MDR **1954** 696; OLG Hamburg MDR **1947** 103 mit Anm. *Tesar*; *Winnefeld* MDR **1947** 149; *Blau* NJW **1953** 332; *Jung* NJW **1953** 653.

[242] RG HRR **1933** Nr. 87; BayObLGSt **1954** 71; *Eb. Schmidt* 20; *Meyer-Goßner*[46] 21; KMR-*Paulus* 38.

[243] RG JW **1933** 955.

[244] BayObLGSt **1954** 71; KMR-*Paulus* 38.

Karl Heinz Gössel

115   Wird vom Berufungsgericht die **Person** desjenigen **ausgetauscht,** dem die Veröffent-
lichungsbefugnis zuerkannt worden ist (z. B. Dienstvorgesetzter an Stelle des beleidigten
Richters) so liegt darin keine Verschlechterung im Sinne des § 331, selbst wenn anzunehmen ist, daß der Dienstvorgesetzte eher dazu neigt, von dieser Befugnis Gebrauch zu
machen, als der Beleidigte selbst[245].

116   8. Die **Kostenentscheidung** kann zum Nachteil des Angeklagten geändert werden, da
sie keine Rechtsfolge der Tat im Sinne des Absatz 1 ist[246]. Die gegenteilige Meinung[247]
beruht auf der ursprünglichen Gesetzesfassung („zum Nachteil des Angeklagten").
Zur Anwendbarkeit des Verschlechterungsverbots im Kostenfestsetzungsverfahren vgl.
§ 464b[248].

IV. Revision

117   1. **Rügeart.** Die Beachtung des Verschlechterungsverbots hat das Revisionsgericht
bei entsprechender **Verfahrensrüge,** aber auch von Amts wegen im Rahmen der **allgemeinen Sachrüge** zu prüfen[249]. Dies gilt unabhängig davon, ob man die Sperrwirkung des
§ 331 als eine Sonderform der Rechtskraftwirkung versteht[250]. Im übrigen ist strittig, ob
dem Verschlechterungsverbot, das als eine besondere prozessuale Schutzvorschrift der
weiteren Verwirklichung des staatlichen Strafanspruchs eine Obergrenze setzt[251] und die
Anwendung des materiellen Rechts aus prozessualen Gründen beeinflußt, die Bedeutung eines Verfahrenshindernisses zuzubilligen ist[252], dessen Einhaltung unabhängig von
den erhobenen Revisionsrügen **von Amts wegen** in jeder Lage des Verfahrens zu beachten
ist[253]. Die **Rechtsprechung** kommt – gelegentlich unter Berufung auf die Rechtskraftwirkung – zu diesem Ergebnis; in den meisten Fällen aber auch damit, daß sie, meist ohne
nähere Begründung, davon ausgeht, daß das Verbot der Verschlechterung auch ohne
spezielle Rüge auf die allgemeine Sachrüge hin zu beachten ist, da die Überschreitung
der Strafgrenze eine Verletzung des materiellen Rechts bedeute, so daß es in der Praxis
auf die Streitfrage nach dem Wesen des Verschlechterungsverbots kaum jemals ankommt.

---

[245] BayObLGSt **1962** 311 = NJW **1963** 824 unter Aufgabe von BayObLGSt **1961** 141; vgl. RG JW **1932**
3456; OLG Schleswig SchlHA **1953** 156.

[246] BGHSt **5** 52 = LM Nr. 10 mit Anm. *Jagusch*; h. M,
etwa OLG Oldenburg VRS **67** (1984) 127; LG
Lübeck SchlHA **1982** 62; *Eb. Schmidt* 37; KK-*Ruß*⁴
2; *Meyer-Goßner*⁴⁶ 6; KMR-*Paulus* 17; vgl. auch
LR-*Hilger* Vor § 464, 2; § 464, 65.

[247] RGSt **45** 92.

[248] LR-*Hilger* § 464b, 11; ferner etwa *Schmidt* NJW
1980 682.

[249] Strittig; nach HK-*Rautenberg*³ 24, *Pfeiffer*⁴ 11 *nur*
auf die allgemeine Sachrüge. Weitergehend wird
von der herrschenden Meinung überwiegend Prüfung von Amts wegen auch ohne ausdrückliche
Rüge bejaht: BGHSt **12** 95; **14** 7; **29** 270; BGH LM
Nr. 21; 29 zu § 358 mit weiteren Nachweisen; Bay-
ObLGSt **1952** 66; **1973** 45; OLG Frankfurt OLGSt
7; OLG Köln VRS **50** (1976) 97; OLG Oldenburg
VRS **18** (1960) 446; OLG Schleswig SchlHA **1983**

182; KK-*Ruß*⁴ 10; *Meyer-Goßner*⁴⁶ 24; AK-*Dölling*
48. *Kretschmer* befürwortet die Prüfung von Amts
wegen deshalb, weil er das Verschlechterungsverbot
zu Unrecht aus dem Rechtsstaatsprinzip ableitet (dagegen oben Rdn. 2) und deshalb als „modifiziertes"
Verfahrenshindernis ansieht (S. 126 aaO).

[250] Vgl. Rdn. 3 mit Nachweisen zu dieser in der Rspr.
vertretenen Ansicht.

[251] Zu dieser als Sperrwirkung bezeichneten Bindung
vgl. Rdn. 4.

[252] Neben der Meinung, die das Verschlechterungsverbot mit einer Art Rechtskraftwirkung erklärt
(dazu Rdn. 3) nehmen ein Verfahrenshindernis an
Hanack JZ **1973** 662; LR-*Hanack* § 358, 23; zweifelnd *Eb. Schmidt* 3; Nachtr. I 2; a.A KG GA **54**
(1907) 46; **75** (1931) 336; OLG Celle NdsRpfl **1969**
192; OLG Karlsruhe VRS **48** (1975) 426; *Meyer* JR
1979 389.

[253] So z.B. OLG Celle NdsRpfl **1969** 192; KG GA **75**
(1931) 336; *Meyer-Goßner*⁴⁶ 24.

Ob die **Nachholung** einer **vergessenen Einzelstrafe** zulässig war, ist vom Revisions-   **118**
gericht nur bei einer entsprechenden Rüge zu prüfen[254].

2. Entscheidung. Ob das Revisionsgericht einen Verstoß gegen § 331 dadurch be-   **119**
heben kann, daß es eine unter Verletzung dieser Vorschrift zusätzlich festgelegte Rechtsfolge aufhebt oder den Rechtsfolgenausspruch auf das zulässige Maß zurückführt oder
ob es die Sache zur Neufestsetzung der Rechtsfolgen **zurückverweisen** muß, hängt vom
Einzelfall ab. Ist nicht auszuschließen, daß ein fehlerhaftes Verständnis des § 331 die
Einzelstrafaussprüche beeinflußt hat, unterfallen alle der Aufhebung[255].

§ 332

Im übrigen gelten die im sechsten Abschnitt des zweiten Buches über die Haupt-
verhandlung gegebenen Vorschriften.

Bezeichnung bis 1924: § 373.

1. Vorschriften über die Hauptverhandlung. Die Verweisung auf den sechsten   **1**
Abschnitt des zweiten Buchs schließt nicht aus, daß auch **andere Vorschriften** der Strafprozeßordnung für das Verfahren vor dem Berufungsgericht gelten, zum Beispiel
§ 206a[1]. Die Anwendbarkeit der §§ 214, 216 bis 225 für die Vorbereitung der Hauptverhandlung schreibt bereits § 323 Abs. 1 Satz 1 vor. Der nirgends erwähnte § 225a ist nach
vorherrschender Meinung[2] ebenfalls anwendbar.

2. Von den Vorschriften über die Hauptverhandlung, die auch das Berufungsverfahren   **2**
bestimmen, sind **hervorzuheben**:
§§ 231 Abs. 2 bis 232 (Aburteilung eines Abwesenden), 234, 234a (Vertretung des
Abwesenden), soweit nicht §§ 329, 330 Sonderregelungen enthalten.

§ 233 über **Entbindung des Angeklagten** vom Erscheinen in der Berufungsverhand-   **3**
lung[3]. Solange diese Voraussetzungen nicht erfüllt sind, hat der Angeklagte auch ohne
ausdrückliche Anordnung nach § 236 zu erscheinen. Wird der Angeklagte vom Erscheinen entbunden, so muß er durch den ersuchten Richter unter Belehrung zur Anklage
vernommen werden (§ 233 Abs. 2, 3). Diese Niederschrift ist in der Berufungsverhandlung zu verlesen. Die Verlesung des Hauptverhandlungsprotokolls mit der erstinstanzlichen Einlassung des Angeklagten genügt nicht. Selbst wenn Gewähr für richtige und
erschöpfende Wiedergabe des Verteidigungsvorbringens bestünde, wäre dies mit §§ 324
Abs. 2, 325 unvereinbar[4].

§ 263 gilt auch für die **Abstimmung** in Berufungsverfahren[5].   **4**

---

[254] BGHSt = JZ **1979** 146 (auf Vorlage OLG Düsseldorf gegen OLG Hamm JZ **1978** 408); vgl.
Rdn. 38 ff.
[255] BGH StV **1982** 510.

[1] Vgl. LR-*Rieß* § 206a, 14.
[2] Vgl. OLG Stuttgart MDR **1982** 252; LR-*Gollwitzer*
§ 225a, 6; LR-*Gössel* § 323, 1.

[3] Vgl. RGSt **61** 279; **62** 259; **64** 244; **66** 364; LR-*Gollwitzer* § 233, 2; LR-*Gössel* § 329, 54.
[4] *Eb. Schmidt* 4; anders für den Fall, daß die Verlesung der erstrichterlichen Niederschrift die Vollständigkeit der Verteidigung gewährleistet RG HRR
1928 Nr. 2333; JW **1931** 1604.
[5] Vgl. LR-*Gollwitzer* § 263, 3.

5   § 264; **Gegenstand der Berufung**, falls sie den Schuldspruch erfaßt, ist nicht das Ersturteil, sondern die Tat im Sinne des § 264, wie der Eröffnungsbeschluß sie kennzeichnet und wie sie sich im Berufungsverfahren darstellt[6], unter Umständen also auch neu hervortretende weitere Tatumstände. Ausgenommen bleiben nur selbständige Taten außerhalb des Eröffnungsbeschlusses[7].

6   § 265 über den Hinweis auf **neue rechtliche Gesichtspunkte** und Aussetzung der Hauptverhandlung[8].

7   § 266; wieweit die Erhebung der **Nachtragsanklage** in der Berufungsinstanz zulässig ist, ist strittig; jedoch ist diese Frage seit der Beseitigung der erstinstanzlichen Zuständigkeit der Berufungskammern der Erwachsenengerichte durch das RpflEntlG nur noch bei der großen Jugendkammer von Bedeutung[9].

8   §§ 271 bis 274; die Vorschriften über das **Sitzungsprotokoll** gelten auch im Berufungsverfahren; vgl. bei §§ 271 bis 274.

9   **3. Umfang der Beweisaufnahme.** Die Beweisaufnahme wird durch die §§ 244 ff bestimmt und durch § 325 lediglich hinsichtlich der Form aufgelockert[10]. Sie ist auf alle geladenen und erschienenen Zeugen zu erstrecken, auch auf Zeugen, die ihre Aussage bei dem Erstgericht befugt verweigert haben[11].

10   **4.** Für das **Urteil** gelten die §§ 260, 267, 268, 275 ebenfalls. Die Bezugnahme auf die Urteilsgründe des Erstrichters ist zulässig. Sie muß aber zweifelsfrei zeigen, welche Feststellungen und Rechtsausführungen des Erstrichters das Berufungsgericht nach eigener Prüfung übernimmt, andernfalls ist die Urteilsbegründung fehlerhaft. Die allgemeine Bemerkung, die Verhandlung vor dem Berufungsgericht habe „im wesentlichen" denselben Sachverhalt ergeben, genügt nicht[12].

11   **5.** § 268a gilt auch im Berufungsverfahren. Das Berufungsgericht, das eine Freiheitsstrafe zur Bewährung aussetzt oder ein Urteil, das Strafaussetzung bewilligt hatte, bestätigt, hat über Bewährungszeit, Auflagen und Weisungen neu zu entscheiden[13]. § 268b und § 268c gelten ebenfalls[14].

---

[6] Vgl. LR-*Gollwitzer* § 264, 23.
[7] Vgl. § 327, 2.
[8] Vgl. LR-*Gollwitzer* § 265, 13.
[9] OLG Stuttgart NStZ **1995** 51; Näheres s. bei LR-*Gollwitzer* § 266, 11.
[10] Vgl. § 323, 10 ff; § 325, 1.

[11] RG DRiZ **1931** Nr. 363; vgl. LR-*Gollwitzer* § 252, 11 ff; 39.
[12] Vgl. LR-*Gollwitzer* § 267, 30.
[13] Vgl. LR-*Gollwitzer* § 268a, 19; LR-*Matt* bei § 305a.
[14] Vgl. LR-*Gollwitzer* § 268b, 7; § 268c, 2.

VIERTER ABSCHNITT

Revision

Vorbemerkungen

Schrifttum (Auswahl)

Allgemein. *Amelunxen* Die Revision der Staatsanwaltschaft (1980); *Barton* Die alltägliche Revisionsrechtsprechung des BGH in Strafsachen. Ergebnisse einer rechtstatsächlichen Untersuchung, StraFo. **1998** 325; *Blaese/Wielop* Die Förmlichkeiten der Revision in Strafsachen[3] (1991); *Bohnert* Beschränkungen der strafprozessualen Revision durch Zwischenverfahren (1983); *Braum* Geschichte der Revision im Strafverfahren von 1877 bis zur Gegenwart (1996 = Diss. Frankfurt/Main); *Dahs/ Dahs* Die Revision im Strafprozeß[5] (1993); *zu Dohna* Die Problematik der Aufgaben des Revisionsgerichts in Theorie und Praxis, DStR **1940** 65; *Duske* Die Aufgaben der Revision, Diss. Marburg 1960; *Eckstein* Studien zur Lehre von den Rechtsmitteln; GerS **84** (1916) 345; *Fezer:* s. bei „Reform"; *Fischer* Zur Entwicklung des Revisionsrechts seit dem Bestehen des BGH, DRiZ **1978** 2; *Foth* Tatgericht, Revisionsgericht – wer würdigt die Beweise? DRiZ **1997** 201; *Freitag* Revision und Kassation unter besonderer Berücksichtigung der Rechtsprechung des Reichsgerichts, Diss. Heidelberg 1933; *Gössel* Die Nachprüfung von Tatsachenfeststellungen in der Revisionsinstanz in Strafsachen, in: Schlosser u. a. (Hrsg.), Tatsachenfeststellungen in der Revisionsinstanz (1982) 117; *Gottwald* Die Revisionsinstanz als Tatsacheninstanz (1975); *Hamm* Tendenzen der revisionsgerichtlichen Rechtsprechung aus anwaltlicher Sicht, StV **1987** 262; *Hanack* Der Ausgleich divergierender Entscheidungen in der oberen Gerichtsbarkeit (1962); *Hanack* Die Verteidigung vor dem Revisionsgericht, FS Dünnebier 301; *Hanack* Zum Verfahrensausgang nach erfolgreicher Revision. Bericht über eine rechtstatsächliche Untersuchung, FS Tröndle 485; *Kaiser* Beschleunigung des Revisionsverfahrens ohne Gesetzesänderung, NJW **1977** 95; *Krause/Thon* Die Revision im Strafverfahren. Grundzüge und Muster[4] (1995); *von Kries* Die Rechtsmittel des Civilprozesses und des Strafprozesses nach den Bestimmungen der Deutschen Reichsgesetze (1880); *Lamm* Das Rechtsmittel der Revision im Strafprozeß (1881); *Levin* Der dritte Rechtszug, DJZ **1930** 27; *Lilie* Obiter dictum und Divergenzausgleich in Strafsachen (1993); *Loewenstein* Die Revision in Strafsachen[3] (1933); *Mannheim* Beiträge zur Lehre von der Revision wegen materiellrechtlicher Verstöße im Strafverfahren (1925), *Meves* Das Rechtsmittel der Revision, sein Wesen und seine Bedeutung, GA **45** (1897) 1; *Nack* Aufhebungspraxis der Strafsenate des BGH – 1992 bis 1995, NStZ **1997** 153; *Naucke* Der Revisionsrichter in Strafsachen, in: Bemmann/Manoledakis (Hrsg.), Der Richter in Strafsachen (1992) 107; *Neukamp* Das Rechtsmittel der Revision im Zivil- und Strafprozeß, FS Wach (1913) **2** 153; *Otto* Möglichkeiten und Grenzen der Revision in Strafsachen, NJW **1978** 1; *Paeffgen* Ermessen und Kontrolle. Probleme einer Begriffsanleihe in bezug auf die Revisibilität von Tatsachen, FS II Peters 61; *Peters* Tat-, Rechts- und Ermessensfragen in der Revisionsinstanz, ZStW **57** (1938) 53; *Peters* Der Wandel im Revisionsrecht, FS Schäfer 137; *Pohle* Revision und neues Strafrecht (1939); *Reichhold* Die Revision aus prozessualen Gründen in der Reichsstrafprozeßordnung, Diss. Würzburg 1927; *Rieß* Zur Revisibilität der freien tatrichterlichen Überzeugung, GA **1978** 257; *Rieß* Über Aufhebungsgründe in Entscheidungen des Bundesgerichtshofes, NStZ **1982** 49; *Rieß* Hinweise an den Tatrichter bei Zurückverweisung durch das Revisionsgericht, Hanack-Symp. 117; *Rieß* Hinweise des Revisionsgerichts bei Zurückverweisungen, in: Grundprobleme des Revisionsverfahrens, SchrAGStrafR Bd. 7 (1991) 161; *Rosenblatt* Das Rechtsmittel der Revision im Strafprozeß (1906); *Salger* Das Indizienurteil des Strafrichters in der Revisionsinstanz, NJW **1957** 734; *Sarstedt/Hamm* Die Revision in Strafsachen[6] (1998; teilweise [hervorgehoben] auch[5] [1983]); *Sarstedt* Die Entscheidungsbegründung im deutschen strafgerichtlichen Verfahren, in: Sprung/König (Hrsg.), Die Entscheidungsbegründung in europäischen

Ernst-Walter Hanack

Verfahrensrechten und im Verfahren vor internationalen Gerichten (1974) 83; *Schünemann* Grundfragen der Revision im Strafprozeß, JA **1982** 71, 123; *W. Schmid* Der Revisionsrichter als Tatrichter, ZStW **85** (1973) 360; *F. Schmidt* Zur Revision in Strafsachen, DRiZ **1934** 170; *Schoppe* Revision und Kassation unter besonderer Berücksichtigung der Rechtsprechung des Reichsgerichts und des Kassationshofes, Diss. Halle-Wittenberg 1935; *Schweling* Der Verteidiger und die Revision, MDR **1967** 441; *Schwinge* Grundlagen des Revisionsrechts[2] (1960); *Schwinge* Die Fortbildung des Revisionsrechts durch die Rechtsprechung des Reichsgerichts, JW **1938** 769; *Seibert* Zur Revision in Strafsachen, DRZ **1948** 371; *Seibert* Revisionsrichter und Tatrichter in Strafsachen, NJW **1958** 132; *Simon* Die Rechtsmittel in der Deutschen Strafprozeßordnung seit 1877 unter besonderer Berücksichtigung ihrer Einschränkung, Diss. Freiburg 1935; *Steuerlein* Die strafprozessuale Revision, Diss. Tübingen 1935; *A. Weber* Die Wahrung der Rechtseinheit in Strafsachen, JW **1929** 2678; *Zeiler* Aus der Werkstatt des Revisionsrichters, DRiZ **1935** 42; s. im übrigen die Angaben bei § 337.

Reform. *Benz* Reform der Rechtsmittel in Strafsachen, ZRP **1977** 58; *Dahs* Die Urteilsrüge – ein Irrweg, NJW **1978** 1551; *Doerffler* Die Rechtsmittel im künftigen Strafverfahren, DStR **1935** 275; *Eckl* Zur Reform des Rechtsmittelsystems im Strafprozeß, BayVerwBl. **1975** 212; *Enzian* Zur Problematik der Aktenwidrigkeitsrüge für eine strafprozessuale Rechtsmittelreform, DRiZ **1976** 374; *Fezer* Reform der Rechtsmittel in Strafsachen (1974; Reihe „recht" des BMJ); *Fezer* Die erweiterte Revision – Legitimierung der Rechtswirklichkeit? (1974); *Fezer* Möglichkeiten einer Reform der Revision in Strafsachen (1975); *Fischinger* Die Vorschläge von Josef Cüppers zur Gestaltung der Rechtsmittel im künftigen Strafverfahren, GedS Cüppers (1955) 136; *Frister* Die Einschränkung von Verteidigungsrechten im Bundesratsentwurf eines „Zweiten Gesetzes zur Entlastung der Rechtspflege", StV **1997** 150; *Fuhrmann* Die Appellation als Rechtsmittel für eine beschränkte Tatsachennachprüfung in einem dreistufigen Gerichtsaufbau, ZStW **85** (1973) 45; *Fuhrmann* Reform des Rechtsmittelrechts im Strafprozeß, JR **1972** 1; *Gössel* Empfehlen sich Änderungen des Strafverfahrensrechts mit dem Ziel, ohne Preisgabe rechtsstaatlicher Grundsätze den Strafprozeß . . . zu beschleunigen? (Gutachten C zum 60. DJT, 1994); *Hanack* Der dreistufige Aufbau der Strafgerichtsbarkeit im Entwurf eines ersten Justizreformgesetzes, FS Erich Schwinge (1973) 183; *Hartung* Die Rechtsmittel nach dem Vorentwurf einer neuen Strafverfahrensordnung, ZStW **57** (1938) 89; *Jagusch* Revision oder Grundsatzentscheidung? NJW **1953** 161; *Jagusch* Die Revision in Strafsachen – ausreichende Rechtsgarantie? NJW **1971** 2009; *Kaiser* Zur Reform der Rechtsmittel im Strafverfahren, ZRP **1972** 275; *Klefisch* Die Rechtsmittel gegen Strafurteile im künftigen Strafprozeß, NJW **1951** 330; *Knoche* Die Rechtsmittel im Strafverfahren bei dreistufigem Gerichtsaufbau, DRiZ **1972** 97; *Kohlhaas* Empfiehlt es sich, das Rechtsmittelsystem in Strafsachen, insbesondere durch Einführung eines Einheitsrechtsmittels, grundlegend zu ändern? DRiZ **1978** 261; *Krauth* Zu den Bemühungen um eine Rechtsmittelreform in Strafsachen, FS Dreher 697; *Lehmann* Die Urteilsrüge, in: Gürtner, Das kommende deutsche Strafverfahren (1938) 385; *Lisken* Zur „Rechtsmittelreform" im Strafprozeß, DRiZ **1976** 197; *Luther* Strafgerichtsbarkeit im Prozeß der Rechtsvereinheitlichung, NStZ **1990** 361; *Mannheim* Zur Reform der Revision im Strafverfahren, DRiZ **1929** 175; *Meyer-Goßner* Empfiehlt es sich, das Rechtsmittel in Strafsachen grundlegend, insbesondere durch Einführung eines Einheitsrechtsmittels, zu ändern? JZ **1978** 329; *Meyer-Goßner/Ströber* Reform des Rechtsmittelsystems im Strafrecht, ZRP **1996** 354; *Möhring* Das Oberste Bundesgericht in Zivil- und Strafsachen – ein Revisionsgericht! NJW **1949** 1; *Moos* Die Reform der Rechtsmittel im Strafprozeß, in: Schreiber/Wassermann (Hrsg.), Die Gesamtreform des Strafverfahrens (1987) 175; *Neidhard* Das Rechtsmittel im Strafverfahren nach den Vorstandsbeschlüssen des Deutschen Richterbundes zur großen Justizreform, DRiZ **1967** 106; *Oetker* Die Revision im künftigen Strafverfahren, GerS **107** (1936) 32; *Peters* Zur Neuordnung des Strafverfahrens, ZStW **56** (1937) 34; *Peters* Empfiehlt es sich, das Rechtsmittelsystem in Strafsachen, insbesondere durch Einführung eines Einheitsrechtsmittels, grundlegend zu ändern? (Gutachten C zum 52. DJT, 1978); *Pfeiffer/von Bubnoff* Zur Neuordnung des Rechtsmittelsystems in Strafsachen nach dem Referentenentwurf eines Ersten Justizreformgesetzes, DRiZ **1972** 42; *Rieß* Die Neugestaltung der Rechtsmittel in Strafsachen, DRiZ **1976** 3; *Rieß* Möglichkeiten einer Reform der Revision in Strafsachen, JR **1976** 309; *Rieß* Empfiehlt es sich, das Rechtsmittelsystem in Strafsachen, insbesondere durch Einführung eines Einheitsrechtsmittels, grundlegend zu ändern? (Referat); Verh. 52. DJT, Bd. 2, 1978, S. L 8; *Rieß* Was bleibt von der Reform der Rechtsmittel in Strafsachen? Zu den Ergebnissen der Abteilung Strafprozeß des 52. DJT, ZRP **1979** 193;

Sarstedt Zur Reform der Revision in Strafsachen, FS Dreher 681; *Sarstedt* Empfiehlt es sich, das Rechtsmittelsystem in Strafsachen, insbesondere durch Einführung eines Einheitsrechtsmittels, grundlegend zu ändern? (Referat); Verh. 52. DJT, Bd. 2, 1978, S. L 35; *E. Schäfer* Die Stellung der Revision im künftigen Strafverfahren, FS Schlegelberger (1936) 139; *E. Schäfer* Die Auflockerung des Verfahrens im künftigen Strafprozeß und der Gedanke der materiellen Gerechtigkeit, DStR **1935** 247; *Schaffstein* Revision und Berufung im künftigen Strafverfahren, DStR **1935** 465; *Scheffler* Das Wahlrechtsmittel kommt! StV **1997** 599; *Schier/Eckl* Der Referentenentwurf eines Ersten Justizreformgesetzes, NJW **1972** 177; *Schlüchter* Weniger ist mehr. Aspekte zum Rechtspflegeentlastungsgesetz (1992); *Schlüchter* Beschleunigung des Strafprozesses . . ., GA **1994** 397; *Schmidt-v. Rhein* Vor- und Nachteile einer erweiterten Revision in Strafsachen, ZRP **1978** 161; *Schwarz* Berufung oder Revision? DStR **1936** 24; *Schwinge* Die Reform der höchstinstanzlichen Rechtsmittel, ZAkDR **1935** 546; *Schwinge* Zur Neugestaltung der Revision wegen verfahrensrechtlicher Verstöße, Festgabe für Jung (1937) 212; *Schwinge* Abschaffung der Rechtsmittel im Strafprozeß? ZAkDR **1937** 589; *Seetzen* Die erweiterte Revision als einheitliches Rechtsmittel in Strafsachen, ZRP **1975** 288; *Seib* Zur Rechtsmittelreform im Strafprozeß, DRiZ **1977** 48; *Seibert* Zur Umgestaltung der Rechtsmittel in Strafsachen, DRiZ **1951** 144; *Siegert* Die Rechtsmittel im neuen Strafverfahren, DR **1935** 533 und FS Graf Gleispach (1936) 138; *Sonnen* Das strafprozessuale Rechtsmittelsystem in der Reform, JA **1978** 456; *Stern* Die Rechtsmittel im künftigen Strafprozeß und ihre Grundlagen in der Gerichtsverfassung, Diss. Frankfurt a. M. 1922; *Strafrechtsausschuß der Bundesrechtsanwaltskammer* Denkschrift zur Reform des Rechtsmittelrechts und der Wiederaufnahme des Verfahrens im Strafprozeß (1971); *Teyssen* Empfiehlt sich eine Erweiterung der Revision im Strafprozeß? JR **1978** 309; *Tröndle* Zur Reform des Rechtsmittelsystems in Strafsachen, in: Probleme der Strafprozeßreform (1975) 73; *Warnecke* Die Reform des Rechtsmittelsystems im Strafprozeß, Diss. Hamburg 1952; *H. Weber* Das veraltete Revisionsverfahren im Strafprozeß, NJW **1961** 1388; *Widmaier* Kritische Gedanken zur diskutierten Reform des . . . Revisionsrechts, NStZ **1994** 414; *Willms* Sachrüge und erweiterte Revision, JR **1975** 52; *Witt* Gedanken und Bemerkungen zur Regelung der Rechtsmittel, namentlich der Urteilsrüge, im Entwurf einer neuen Strafverfahrensordnung, ZStW **58** (1939) 658.

Entstehungsgeschichte. Der Abschnitt ist, nachdem er nahezu 50 Jahre in der ursprünglichen Fassung bestanden hatte, seit 1922 häufig geändert worden, wenn auch nur in Einzelheiten, nicht im Kern: Durch Art. IV Nr. 1 des Gesetzes zur weiteren Entlastung der Gerichte vom 8. 7. 1922 (RGBl. I 569) wurde zunächst § 349 Abs. 1 dahin erweitert, daß das Reichsgericht offensichtlich unbegründete Revisionen durch Beschluß verwerfen durfte. Mit der Bek. 1924 wurden die §§ 334, 335, 340 eingefügt und die Bezeichnungen aller übrigen Vorschriften geändert. Kap. I § 6 des Sechsten Teils der 2. AusnVO ermächtigte auch die Oberlandesgerichte zur Verwerfung offensichtlich unbegründeter Revisionen durch Beschluß. Durch Kap. I Art. 2 § 1 Nr. 1 Satz 2 des Ersten Teils der 4. AusnVO wurde die Revision gegen Berufungsurteile ausgeschlossen. Art. 2 Nr. 20 des AG zum GewVerbrG fügte in § 358 Abs. 2 den Satz 2 ein. Art. 1 Nr. 4 Buchst. b des Gesetzes zur Änderung von Vorschriften des Strafverfahrens und des Gerichtsverfassungsgesetzes vom 28. 6. 1935 (RGBl. I 844) änderte § 358 Abs. 2 dahin, daß das Verbot der Schlechterstellung aufgehoben wurde; Art. 8 Nr. 1 Buchst. a des Gesetzes fügte § 354 a ein. Durch § 16 Abs. 1 der 1. VereinfVO wurde die Revision gegen Amtsgerichtsurteile ausgeschlossen. Nach § 13 der 4. VereinfVO bedurften alle Rechtsmittel der Zulassung durch den Tatrichter; § 14 dieser Verordnung ermächtigte das Reichsgericht, Urteile durch Beschluß aufzuheben, wenn es die Revision für offensichtlich begründet erachtete. **Nach dem Zweiten Weltkrieg** stellte Art. 3 Nr. 142 ff VereinhG im wesentlichen den Zustand von 1931 wieder her; jedoch wurde § 340, der bei der Sprungrevision nach § 335 bestimmte Rügen ausgeschlossen hatte, aufgehoben und die Revisionsbegründungsfrist in § 345 Abs. 1 auf zwei Wochen verlängert. Durch Art. 4 Nr. 4 des 1. StRÄndG wurde § 354 Abs. 1 geändert. Art. 4 Nr. 37 und 38 des 3. StRÄndG fügte in § 346 Abs. 2 den Satz 3 ein und faßte § 350 Abs. 1 und 2 neu. Durch Art. 9 Nr. 1 StPÄG 1964 wurde § 345 Abs. 1 abermals neu gefaßt; die Revisionsbegründungsfrist wurde auf einen Monat verlängert. Art. 9 Nr. 2 und 4 StPÄG 1964 faßte die Absätze 2 und 5 des § 349 und den § 354 Abs. 2 neu; Nummer 3 fügte in § 350 den Absatz 3 an. Art. 2 Nr. 10 EGOWiG ergänzte § 335 Abs. 3 Satz 1. Durch Art. 2 Nr. 14 und 15 StaatsschStrafsG wurde § 333 geändert und in § 354 Abs. 2 der Satz 2 eingefügt. Art. IV Nr. 8 PräsVerfG änderte § 338 Nr. 2 und 3. Durch Art. 21 Nr. 84 und 85 EGStGB wurde § 334 aufgehoben und § 358 Abs. 2 neu gefaßt. Durch Art. 1 Nr. 89 und 90 des 1. StVRG wurde § 338 Nr. 7 ergänzt und § 342 geändert. Art. 1 Nr. 28 StVÄG 1979 ergänzte § 336 durch den Satz 2 und Art. 1 Nr. 29 fügte bei § 338 Nr. 1 den Halbsatz 2 (Rügepräklusion) ein.

Zu **geplanten Änderungen** in der 13. LegPer. s. unten Rdn. 20.

Übersicht

1. Grundsätze der Revision

1   **a) Allgemeines.** Die Revision ist das letztinstanzliche Rechtsmittel. Sie ist in starker Anlehnung an die Kassation des französischen Rechts entwickelt worden und an die Stelle der Nichtigkeitsbeschwerde der früheren deutschen Partikularrechte getreten[1]. Darüber zu streiten, ob es einen wesensmäßig festliegenden Begriff der Revision gibt[2], ist müßig: Der Gesetzgeber kann das letztinstanzliche Rechtsmittel nach sehr verschiedenen Gesichtspunkten gestalten[3], und wie er seine Gestaltung bezeichnet, ist eine rein terminologische Frage. Sicher ist freilich, daß der Begriff „Revision" im herkömmlichen Verständnis eine bestimmte Form der Gestaltung charakterisiert, so daß eine prinzipielle Änderung dieser Form auch eine andere Bezeichnung nahelegen würde[4]. Verfehlt wäre es aber, allein aus dem *Begriff* der Revision sachliche Folgerungen zu ziehen; er besagt *als solcher* insbesondere nichts für die streitige Frage (dazu unten Rdn. 7 f) nach dem Zweck der Revision. Erwiesen hat sich im übrigen, daß die gesetzliche Konzeption des Rechtsmittels elastisch ist und eine sehr unterschiedliche praktische Handhabung erlaubt. Das zeigt die Entwicklung der Praxis. Sie ergibt insbesondere durch eine erweiternde Auslegung des zentralen Begriffs der Gesetzesverletzung (§ 337) ein völlig anderes Bild von der Revision als in den ersten Jahrzehnten ihres Bestehens und auch ein Bild, das den Vorstellungen des historischen Gesetzgebers (Rdn. 2) weithin nicht entspricht (Rdn. 4, 9 f). Im Schrifttum wird (nicht nur zur Kennzeichnung einer geforderten *gesetzlichen* Erweiterung der Revi-

---

[1] Zu den geschichtlichen Wurzeln der Revision näher *Braum* 19 ff; *Schwinge* 6 ff; vgl. auch die Angaben bei *Bohnert* 5 Fußn. 1. Zum Vergleich mit der Kassation s. *Schwinge* 39 ff; *Schaffstein* DStR **1935** 467; *Steinmetz* [bei § 354 zu Abs. 1] 32 ff. – Zur Kassation der DDR, die andere Wurzeln hatte, vgl. *Esch* Die Kassation in Strafsachen. Entwicklung, Verfahren und Wandel . . . (1992; Osteuropa-

Institut der FU); *Luther* Grundzüge des Strafverfahrensrechts (1991) 78 ff; s. auch *Beckert* DtZ **1990** 204.

[2] Vgl. dazu etwa *Duske* 81 (bejahend); *Mannheim* 33 und *Eb. Schmidt* Vor § 296, 41 (verneinend).

[3] Dazu eingehend z. B. *Duske* 55 ff, 63 ff.

[4] Wie das in entsprechenden Reformvorschlägen auch geschehen ist; s. unten Rdn. 15 ff.

sion; dazu unten Rdn. 14 ff) das Bild, das das Rechtsmittel in der Praxis heute bietet, oft und nicht zu Unrecht als „erweiterte Revision" charakterisiert. Vgl. auch Rdn. 4.

Nach geltendem Gesetz ist die Revision ein Rechtsmittel, das nicht, wie die Berufung, **2** zur völligen Neuverhandlung der Sache durch das Rechtsmittelgericht führt. Der Beschwerdeführer kann vielmehr nur das Verfahren des Tatrichters rechtlich beanstanden (sog. *Verfahrensrüge*) und das Urteil selbst im Hinblick auf die richtige Anwendung des materiellen Rechts zur Überprüfung stellen (sog. *Sachrüge*). Die Revision kann also nur auf Gesetzesverletzungen gestützt werden (§ 337). Sie ist daher ein Rechtsmittel mit begrenzten Prüfungsmöglichkeiten, eine Rechtsbeschwerde, mit der an sich und im Grundsatz eine erneute Wertung der tatsächlichen Feststellungen durch das Revisionsgericht *selbst* nicht erreicht werden kann (vgl. aber Rdn. 3 f). Nach den Motiven ist die Würdigung der Beweise „dem Richter erster Instanz ausschließlich überlassen, und das von diesem festgestellte Ergebnis ist für die höhere Instanz[5] maßgebend, insoweit dasselbe nicht etwa im Wege eines gesetzwidrigen Verfahrens gewonnen worden ist. Die Aufgabe des höheren Richters[5] besteht nur in der rechtlichen Bewertung der Sache" (*Hahn* **1** 205; vgl. auch § 337, 120). Im grundsätzlichen Ausschluß einer erneuten direkten Prüfung der Tatsachenfeststellungen durch das Revisionsgericht liegt das Wesen der Revision des geltenden Rechts.

Dem Revisionsgericht ist freilich **nicht alles Tatsächliche verschlossen:** **3**

Sind **Verfahrensrügen** erhoben, so ist das Revisionsgericht — wenn auch in sehr streitigen Grenzen — nicht nur berechtigt, sondern sogar verpflichtet, ihre tatsächlichen Grundlagen zu prüfen (näher § 337, 70 ff), soweit dem nicht die Beweiskraft des Protokolls (§ 274) entgegensteht. Dazu kann es im Wege des Freibeweises (§ 337, 74) Ermittlungen jeder Art anstellen. Schon aus diesem Grunde ist es nicht richtig, die Revision als reine Rechtsrüge zu bezeichnen.

Aber auch wenn die **Sachrüge** erhoben, also die Subsumtion des Sachverhalts unter **4** das Gesetz und die Auswahl und Bemessung der Rechtsfolgen zur Prüfung gestellt wird, ist die Revision nach der Entwicklung der Praxis nicht nur eine reine Rechtsrüge im engeren oder im eigentlichen Sinn: Die Revisionsgerichte halten sich bei dieser Prüfung heute durchaus nicht ohne weiteres an die tatrichterlichen Feststellungen zur Schuld- und Rechtsfolgenfrage für gebunden. Sie überprüfen vielmehr auch, ob der vom Tatrichter festgestellte Sachverhalt so beschaffen ist, daß er eine rechtliche Überprüfung überhaupt ermöglicht (näher, auch zum folgenden, § 337, 121 ff), und heben Urteile, bei denen das nach ihrer Überzeugung nicht der Fall ist, im Wege der Sachrüge selbst dann auf, wenn die Rechtsanwendung als solche nicht zu beanstanden ist. So akzeptieren die Revisionsgerichte keinen tatrichterlich festgestellten Sachverhalt, der sich denkgesetzlich so nicht ereignet haben kann oder allgemeinen Erfahrungssätzen widerspricht. Gleiches gilt weiter und insbesondere, wenn der Tatrichter den Sachverhalt unklar, widersprüchlich oder lükkenhaft dargestellt hat oder wenn der gedankliche Weg, auf dem er zu seiner Überzeugung gelangt ist, nicht oder nicht ohne weiteres schlüssig erscheint. Mit der Sachrüge aufgehoben werden nach Lage des Einzelfalls auch Urteile, die keine ausreichende Würdigung der Beweise enthalten, bei denen also der Tatrichter Anknüpfungstatsachen nicht dargelegt oder es nach Meinung des Revisionsgerichts unterlassen hat, naheliegende Zweifel abzuhandeln. Im Schrifttum ist diese revisionsrichterliche Prüfungsmethode als **„Darstellungsrüge"** oder **„Darstellungsprüfung"** bezeichnet worden[6]. Der Begriff kennzeichnet

---

5 Gemeint ist: die Revisionsinstanz.
6 Z. B. *Fezer* Die erweiterte Revision 9, 41 u. ö. (grundlegend); *Dahs/Dahs* 400; *Schünemann* JA **1982** 126; gegen den Begriff („nicht glücklich")

Peters 646; *Rieß* GA **1978** 277 spricht von „Feststellungsrüge" und *Peters*[3] (1981) 615 von „Inhaltsrüge".

Ernst-Walter Hanack

recht plastisch, worum es geht: Die Revisionsgerichte kontrollieren im Rahmen der Sachrüge zwar nicht, ob der Tatrichter das *tatsächliche* historische Geschehen richtig festgestellt hat; sie kontrollieren vielmehr die *Darstellung* der Feststellungen und der Beweiswürdigungen *in der Urteilsurkunde* des Tatrichters im Hinblick auf ihre Tragfähigkeit als
Voraussetzung und Grundlage der eigentlichen Rechtsanwendung. Die Intensivierung dieser Prüfungsmethode in der neueren Rechtsprechung geht sehr weit; es erscheint kaum
überspitzt zu formulieren, daß die Revisionsgerichte die schriftlichen Gründe des angefochtenen Urteils heute z. T. auch anhand rein kriminalistischer oder kriminologischer
Maßstäbe prüfen[7] und mit tatsächlichen Erwägungen kontrollieren, die — bezogen auf die
Urteilsurkunde — genau den Überlegungen eines Tatrichters gleichen. Die Entwicklung
ist bemerkenswert, aber in vielfältiger Weise problematisch (eingehend § 337, 125 ff; zu
ihren mutmaßlichen Gründen s. z. B. Rdn. 9 und 14). Sie charakterisiert in erheblichem
Maße die heutige Problematik der Revision in Strafsachen, die sich als eine Art „erwei-
terte Revision" (vgl. Rdn. 1) von den Vorstellungen des historischen Gesetzgebers (vgl.
Rdn. 2) weit entfernt hat.

5   **b) „Leistungsmethode". Grundsatz der Verantwortungsteilung.** Die angedeutete
Entwicklung (Rdn. 4) scheint einer zunehmend vertretenen, in der heutigen Lehre durchaus herrschenden Auffassung Recht zu geben, nach der sich die Grenzen dessen, was der
Prüfung des Revisionsgerichts unterstellt werden kann, danach bestimmen, was dieses
Gericht mit seinen beschränkten Mitteln „leisten" kann, was also im Revisionsverfahren
im Bereich des „Durchführbaren", ihm Erkennbaren liegt (sog. Leistungsmethode)[8]. Auch
andere kritische Fragen der Revision ließen sich mit Hilfe dieses Maßstabs relativ zwanglos beantworten, zumal wenn man berücksichtigt (dazu unten Rdn. 9), daß die strafrechtliche Revision in der Praxis wesentlich von dem Bedürfnis geprägt wird, auch mit ihrer
Hilfe auf die gerechte Entscheidung des Einzelfalles Einfluß zu nehmen. So wäre das
Revisionsgericht z. B. zweifellos in der Lage, den Inhalt von Willenserklärungen oder
Urkunden, die das tatrichterliche Urteil wiedergibt, selbst auszulegen. Auch wäre es mindestens in Fällen, in denen vor dem Tatrichter zulässigerweise in Abwesenheit des Angeklagten verhandelt worden ist, zur Bemessung der Strafe häufig gewiß in der gleichen
Weise fähig wie der Tatrichter. Daß das Revisionsgericht in beiden Fällen — und überhaupt — die Prüfung der tatrichterlichen Entscheidung auf Rechtsfehler beschränken
muß, folgt aus seiner besonderen Aufgabenstellung; sie macht es unmöglich, die „Leistungsmethode" als allgemeines und beherrschendes Prinzip des Revisionsrechts anzusehen. Diese Aufgabenstellung folgt aus dem gesetzlichen Charakter des Rechtsmittels
(Rdn. 2), das schon zur Wahrung der revisionsgerichtlichen Funktionstüchtigkeit eine
vom Gesetz gewollte Beschränkung seiner Prüfungskompetenz fordert und ergibt. So verstanden, beruht die Einrichtung der Revision auch auf einer Arbeitsteilung zwischen Tatrichter und Revisionsgericht[9], die es gerade im Zeichen einer „erweiterten Revision"
(Rdn. 1, 4) zu betonen gilt, schon weil die Verwischung dieser Arbeitsteilung zu schweren
Gefahren für die Strafrechtspflege führen müßte[10]: Die Aufgabe, das Tatsächliche festzu-

---

[7] Vgl. – nur als Beispiel – BGH StV **1983** 360 zur
(angeblichen) kriminologischen Erfahrung, daß innerhalb homosexueller Partnerschaften „schon die
‚falsche Gebärde' unmittelbar zur Tötung des Part-
ners führen kann".

[8] *Peters* 639 sowie (grundlegend) ZStW **57** (1938)
69 ff; Gutachten zum 52. DJT, S. C 45 Fußn. 48
mit weit. Nachw.; FS Schäfer 139; *Henkel* 375; *Eb.
Schmidt* § 337, 6 ff; *Fezer* Möglichkeiten 84 mit
weit. Nachw.; *Henke* 23 ff; *Warda* 77, 178; *Schü-*

nemann JA **1982** 74, 125 mit Nachw.; wohl auch
KMR-*Paulus* Vor § 333, 3.

[9] AK-*Temming* 5; KK-*Pikart* 1; *Kleinknecht/Meyer-
Goßner*[43] 2; *Schlüchter* 692, 1; *Sarstedt/Hamm*[5]
154; *Pfitzner* [s. bei § 337] 11; *Bloy* JuS **1986** 593;
kritisch *Rieß* GA **1978** 270.

[10] Gefahren, die gerade bei der angedeuteten Entwicklung der „Darstellungsprüfung" (Rdn. 4) mittlerweile wohl schon deutlich werden; vgl. dazu
Rdn. 11 f.

---

stellen, sich eine Überzeugung von der Schuld oder Nichterweislichkeit der Schuld des Angeklagten zu bilden und die Rechtsfolge innerhalb des gesetzlichen Rahmens gerecht zu bemessen, ist allein dem Tatrichter gestellt. Nur er hat hierzu innerhalb der allgemeinen rechtlichen Grenzen die Macht und in der Regel auch die zuverlässigen Mittel. Darum trägt allein er für diesen Bereich auch die Verantwortung; das Revisionsgericht, das ja nicht im Sinne des § 261 aus dem „Inbegriff der Hauptverhandlung" schöpft (*Albrecht* NStZ **1983** 491), kann und darf sie ihm nicht abnehmen[11]. Es hat insoweit für die Richtigkeit der Entscheidung des Tatrichters nicht einzustehen (*W. Schmid* ZStW **85** [1973] 909), ja insoweit nicht einmal für seine „Vertretbarkeit"[12]; daß der Gesichtspunkt der Vertretbarkeit bei der Begrenzung des revisiblen Bereichs in mancherlei speziellen Zusammenhängen eine wohl legitime Rolle spielt (vgl. insbesondere § 337, 200 ff), besagt nichts Gegenteiliges.

c) Entscheidung des Revisionsgerichts. Mit dem Charakter der Revision des geltenden Rechts (Rdn. 2) ist, auch nach dem Gesagten (Rdn. 5), bezeichnenderweise eine eigene Entscheidung des Revisionsgerichts in der Sache selbst meist unvereinbar. Das Gesetz sieht sie in § 354 Abs. 1 aus Gründen der Verfahrensvereinfachung ausnahmsweise bei Konstellationen vor, bei denen die abschließende Entscheidung möglich oder doch vertretbar erscheint. Ansonsten soll die vom Revisionsgericht festgestellte Rechtsverletzung nur zur Aufhebung des Urteils, soweit es angefochten ist und auf dem Rechtsfehler beruht, sowie zur Zurückverweisung der Sache an den Tatrichter führen (§§ 353, 354 Abs. 2). Diese Regelung bedingt, gerade im Zeichen der „erweiterten Revision" (Rdn. 1, 4), erhebliche und zunehmende Spannungen; eine Tendenz der Revisionsgerichte, entgegen § 354 in größerem Maße eine eigene abschließende Entscheidung zu treffen, ist unverkennbar (näher bei § 354, insbes. Rdn. 14a) und spiegelt sich mittlerweile auch in einer dem entgegenkommenden Gesetzesinitiative wider (unten Rdn. 20). **6**

2. Zweck der Revision. Im Schrifttum werden Zweck und Aufgaben der Revision häufig erörtert. Die Zahl der Stellungnahmen und die Vielfalt der verschiedenen Ansichten ist kaum noch übersehbar[13]. Weitgehende Übereinstimmung besteht jedoch darüber, daß das Rechtsmittel mehrere Zwecke verfolgt. Als Hauptzwecke werden die Wahrung der Rechtseinheit und die Herbeiführung einer gerechten Entscheidung im Einzelfall angesehen[14]. Daneben wird zum Teil und zu Recht auch die besondere Verantwortung bei der Rechtsfortbildung betont[15]. Streit herrscht vor allem darüber, ob die Zwecke der Rechtseinheit und der gerechten Einzelfallentscheidung gleichwertig sind[16], ob die Wahrung der Rechtseinheit vorrangig ist[17] oder ob die Einzelfallgerechtigkeit im Vordergrund **7**

---

[11] Wie auch der BGH in st. Rspr. betont (vgl. z. B. § 337, 126, 146); aber diese Betonung harmoniert nicht ohne weiteres mit der von ihm real praktizierten Ausdehnung der Revision (§ 337, 147) und auch nicht ohne weiteres mit den z. T. recht weitgehenden Hinweisen an den neuen Tatrichter (unten Rdn. 11a).

[12] Anders LR-*Meyer* in der 23. Aufl. im Anschluß an *W. Schmid* ZStW **85** (1973) 909; *Kleinknecht/Meyer-Goßner*[43] 2.

[13] Zum Meinungsstand im einzelnen s. *Duske* 41 ff. *Mannheim* 11 ff unterscheidet, im Ansatz vielleicht nicht ohne Grund, sogar zwischen politischen und juristischen Zwecken.

[14] Vgl. z. B. *Kleinknecht/Meyer-Goßner*[43] Vor § 333, 4; KK-*Pikart* Vor § 333, 6; KMR-*Paulus* Vor § 333, 5 ff; *Eb. Schmidt* Vor § 296, 36 ff; *Schwinge* 27; *Steuerlein* 45 ff; *Warda* 71; *Sarstedt/Hamm*[5] 8; *Tröndle* Reform 99.

[15] Z. B. KK-*Pikart* Vor § 333, 3.

[16] So *Eb. Schmidt* Vor § 296, 37 ff; *v. Hippel* 582; *Sarstedt/Hamm*[5] 8; *Gottwald* 86 ff; *Lobe* GerS **109** (1937) 412; *Pohle* 83.

[17] *Dahs/Dahs* 2; *Herlan* DRiZ **1956** 200; *Kniesch* MDR **1955** 132; insbes. für das sachliche Recht: *Duske* 97 ff; *Schwinge* 33 f; *Teske* 17; vgl. auch *Paeffgen* FS II Peters 78.

Ernst-Walter Hanack

steht[18]. Die letztere Auffassung dringt erkennbar immer mehr vor[19] und dürfte nach dem tatsächlichen Bild der Revision heute auch in der Praxis vorherrschen. Ihr verwandt ist die Ansicht, daß der Zweck der Revision in der Gewährung eines „realistischen Rechtsschutzes" beruhe[20].

8   **Die Bedeutung** der Streitfrage hat durch die heutige Entwicklung der Revision insbesondere bei der Überprüfung der tatrichterlichen Feststellungen und Wertungen (Rdn. 4) an praktischer Relevanz erheblich verloren. Unrichtig ist es allerdings, wenn behauptet wird, der Streit sei müßig, weil sich Gerechtigkeit und Rechtseinheit schon begrifflich nicht trennen ließen[21]. Die Frage ihres Verhältnisses hat vielmehr Bedeutung für die gesetzliche Ausgestaltung der Revision, wie schon ihre Entstehungsgeschichte zeigt (*Schwinge* 6 ff) und auch der Streit um ihre Reform (unten Rdn. 14 ff) mindestens mittelbar deutlich macht. Bedeutung hat die Frage aber auch für das Verständnis einzelner Bestimmungen des Revisionsrechts (näher *Hanack* Der Ausgleich 81 ff), weil diese Bestimmungen teils mehr vom einen oder vom anderen Zweck geprägt sind. So ist z. B. unbestreitbar, daß die §§ 121 Abs. 2, 132 GVG primär der einheitlichen Rechtsanwendung dienen. Unbestreitbar ist aber auch, daß bei der Verfahrensrechtsrevision die Aspekte der Einzelfallgerechtigkeit größeren Raum einnehmen, während sich die Sachrevision, historisch gesehen, am Vorrang des Rechtseinheits-Gedankens orientiert (*Schwinge* 26 ff). Richtig ist freilich, daß die Revisionsgerichte im Rahmen der ihnen vom Gesetz eingeräumten Prüfungskompetenz grundsätzlich nicht vor der Frage stehen, ob sie der Rechtseinheit oder der gerechten Einzelfallentscheidung den Vorrang geben müssen. Ihre Rechtsprechung kann vielmehr, wie die heutige Praxis zeigt, das Revisionsrecht so ausschöpfen, daß sie in der Regel beiden Zwecken dient. Dies geschieht typischerweise dadurch, daß die Revisionsgerichte mit dem Bemühen um Einzelfallgerechtigkeit wegen ihrer besonderen Stellung und Autorität zugleich auch die Einheitlichkeit der Rechtsprechung fördern, die sie überdies durch die §§ 121 Abs. 2, 132 GVG zu wahren besonders verpflichtet sind. Nicht hinwegtäuschen kann diese Praxis allerdings darüber, daß sich mit der starken Ausschöpfung der Möglichkeiten zur Einzelfallgerechtigkeit eine Änderung des historischen Zwecks der Revision in Strafsachen ergeben hat, die auch Probleme aufwirft; dazu einiges im folg. Text.

9   **3. Zur faktischen Erweiterung des Revisionsrechts; Probleme und Gefahren.** Es ist nicht zu bestreiten, daß sich das Rechtsmittel der Revision durch seine **faktische Entwicklung** in der Praxis gegenüber seiner Handhabung in den ersten Jahrzehnten nachhaltig verändert hat[22]. Insgesamt ist der Bereich dessen, was in der Praxis von den Revisionsgerichten überprüft wird, ständig und außerordentlich gewachsen. Die Gründe für diese Entwicklung sind vielgestaltig und durch eine Reihe verschiedener Entwicklungslinien

---

[18] *Beling* 330 Fußn. 2 und 396 Fußn. 2; *Mannheim* 21 ff; *Levin* DJZ **1930** 30; *Peters* 635; *Schaffstein* DStR **1935** 469; *W. Schmid* ZStW **85** 362; *Schwarz* ZAkDR **1940** 147; *Zipf* Die Strafmaßrevision (1969) 173.

[19] Bezeichnend ein mit großer Mehrheit gefaßter Beschluß des 52. DJT, daß sich die Revision, jedenfalls soweit sie einziges Rechtsmittel ist, am Revisionszweck der Einzelfallgerechtigkeit orientieren soll; vgl. VerhDJT, Bd. II 1978, S. L 182; dazu *Rieß* ZRP **1979** 195.

[20] *Schünemann* JA **1982** 73; zustimmend *Roxin* § 53, 10; *Sarstedt/Hamm*[6] 1169; kritisch *Paeffgen* FS II Peters 79 Fußn. 75.

[21] So aber *Eb. Schmidt* Vor § 296, 39; *Sarstedt/Hamm*[5] 8; *Fischinger* 144; *Frisch* Revisionsrechtliche Probleme der Strafzumessung (1979) 249; *Tröndle* Reform 99; LR-*Meyer* in der 23. Aufl. dagegen z. B. *Duske* 46 ff, 68 ff; *Hanack* Der Ausgleich 79 f; *Henke* 193 ff; *Paeffgen* FS II Peters 81 Fußn. 85; *Roxin* § 53, 8 f.

[22] Zum vielfältig gewandelten Bild der Revision im Überblick z. B. *Hanack* FS Dünnebier 301; *Naucke* Der Revisionsrichter 107; *Peters* FS Schäfer 137; *Sarstedt/Hamm*[6] 3 ff; vgl. auch *Bohnert* 5 ff, 11 ff; *Foth* DRiZ **1997** 201 und NStZ **1992** 444. Eingehend, aber wegen vieler Einseitigkeiten und Verzerrungen (S. 241!) wenig brauchbar *Braum* (1996).

gekennzeichnet[23]. Eine wesentliche Rolle spielt wohl, daß die Revision gerade in schwereren Strafsachen das einzige Rechtsmittel ist und daß sich das Bedürfnis, auch mit Hilfe des Revisionsrechts auf die gerechte Entscheidung des Einzelfalles Einfluß zu nehmen, gerade beim Charakter des Strafrechts in der Rechtswirklichkeit einfach nicht abweisen läßt. So mag es sich auch erklären, daß die Revision in Strafsachen eine Eigengesetzlichkeit entwickelt hat, aufgrund derer sie sich vom Rechtsmittel der Revision in anderen Verfahrensgesetzen durchaus unterscheidet, und zwar selbst von der Revision in Zivilsachen, die an sich (*Schwinge* 6 ff) auf denselben historischen Wurzeln beruht.

Die Wege, auf denen sich die Erweiterung des revisiblen Bereichs in der Praxis vollzogen hat, sind verschlungen und kompliziert. Der wichtigste Weg liegt ohne Zweifel in der angedeuteten Ausdehnung der Sachrüge (Rdn. 4; näher § 337, 121 ff) als Instrument zur Kontrolle auch der Plausibilität der tatrichterlichen Feststellungen; über ihre zahlenmäßige Bedeutung in der Rechtsprechung des Bundesgerichtshofs geben Untersuchungen von *Rieß* (NStZ **1982** 49) und *Nack* (NStZ **1997** 153) Aufschlüsse. Im Schrifttum wird diese Ausdehnung nicht nur unterschiedlich bewertet, sondern auch unterschiedlich gedeutet[24]. Die Ansicht, daß sich so etwas wie eine „erweiterte Revision" (Rdn. 1, 4) gar nicht entwickelt habe (so noch LR-*Meyer*[23] 10), wird heute wohl nicht mehr vertreten und erscheint auch nicht mehr überzeugend. Überwiegend wird angenommen, daß die Revisionsgerichte mit der „Darstellungsrüge" (Rdn. 4) eine Prüfungsmethode praktizieren, die im Gewande der Sachrüge letztlich Aufgaben der Verfahrensrüge, insbesondere der Aufklärungsrüge (vgl. § 244, 347 ff) übernimmt, ohne an deren traditionelle Grenzen gebunden zu sein[25]; teils wird auch die Entwicklung einer allgemeinen Vertretbarkeitsprüfung behauptet[26] oder das Phänomen als eine richterrechtlich entwickelte zusätzliche Tatsachenrüge eigenständigen Charakters verstanden (*Rieß* GA **1978** 273). Am richtigsten ist wohl die letztere Ansicht. Denn die heutige Ausdehnung der Sachrüge erlaubt dem Revisionsgericht — wenn auch beschränkt durch den Zugriff allein auf die Urteilsurkunde —, Mängel der tatrichterlichen Feststellungen und Würdigungen in einer Weise anzugehen, die in dieser Form und Intensität mit der Verfahrensrüge, auch der Aufklärungsrüge, nicht zu leisten wäre; sie führt daher im Ergebnis zu einer Kontrolle (oder möglichen Kontrolle) der tatrichterlichen Feststellungen, die dem historischen Begriff der Gesetzesverletzungen (§ 337) und damit zugleich dem Charakter des Rechtsmittels (Rdn. 2) durchaus neue und andere Dimensionen verleiht. Daran ändert auch nichts, daß die Entwicklung im Kern an die schon sehr früh bejahte Revisibilität von Verstößen gegen Denkgesetze und Erfahrungssätze (§ 337, 165 ff; 170 ff) anknüpft oder sich doch jedenfalls in diesen Zusammenhang fast zwanglos einordnen läßt. Insbesondere auch aufgrund dieses Zusammenhangs erscheint jedoch die immer wieder aufgestellte Behauptung, die Methodik der revisionsgerichtlichen Rechtsprechung sei nicht deutlich oder nicht deutlich zu machen, *insoweit* nur bedingt berechtigt.

Nicht zu übersehen ist allerdings, daß das Revisionsrecht gerade durch diese Entwicklung seine **Konturen** und seine **Berechenbarkeit** in erheblichem Maße **verloren** hat. Sie hat nicht nur den Unterschied zwischen Sachrüge und Verfahrensrüge verwischt (vgl. § 337, 127 f); sie hat auch zu Friktionen mit einer zum Teil noch immer geübten und in

[23] Eingehend *Peters* FS Schäfer 138; *Naucke* Der Revisionsrichter; *Sarstedt/Hamm*[6] 2 ff.

[24] Eingehend *Rieß* GA **1978** 259 mit weit. Nachw.; vgl. auch *Rieß* NStZ **1982** 49.

[25] So namentlich *Fezer* Die erweiterte Revision 53 u. ö.; vgl. näher und kritisch *Foth* DRiZ **1997** 201; *Gössel* Die Nachprüfung 117 mit zahlr. Nachw.,

der, wie auch andere Autoren (vgl. § 337, 121 Fußn. 252), die Prüfung als Frage der Verfahrensrüge versteht.

[26] *W. Schmid* ZStW **85** (1973) 360; vgl. auch *Volk* Wahrheit und materielles Recht im Strafprozeß (1980) 27: „Leitprinzip ist die Vertretbarkeit der Beweiswürdigung."

sich nicht sonderlich klaren Rechtsprechung geführt, nach der unbestimmte Rechtsbegriffe des materiellen Rechts nur einer beschränkten Nachprüfung unterliegen (§ 337, 111 ff). Vor allem aber hat sie dazu geführt, daß der Revisionsführer die **Chancen einer Revision** oft schwer beurteilen kann, weil die Revisionsgerichte die Mittel zum Zugriff auf die tatrichterlichen Feststellungen und Wertungen erkennbar in unterschiedlicher und unterschiedlich intensiver Weise handhaben[27]. Eine entsprechende Verunsicherung dürfte sich bei den Tatrichtern ergeben und mit dazu geführt haben, daß ihre Urteile immer ausführlicher geworden sind und wohl auch werden mußten[28]. *Sarstedt* spricht nicht zu Unrecht davon, daß die Tatrichter versuchen, das Revisionsgericht „durch Ausführlichkeit zu überzeugen: einmal von der Sorgfalt ihrer Arbeit, sodann von der Richtigkeit des festgestellten Sachverhalts", und daß sie über diese Richtigkeit mit dem Revisionsgericht „gleichsam eine Diskussion eröffnen". Auch erscheint es problematisch, daß der Zugriff der Revisionsgerichte in so starkem Maße an die *Darstellung* des tatrichterlichen Urteils anknüpft (Rdn. 4), also je nach dessen geschickter oder ungeschickter Gestaltung unterschiedliche Schwachpunkte findet; man darf vermuten, daß dies nicht selten zur Aufhebung von Urteilen führt, die sachlich richtig sind, während in anderen Fällen durch die Art der tatrichterlichen Darstellung echte Schwächen verdeckt bleiben. „Im Grunde genommen prüfen die Revisionsgerichte ... nur die Fähigkeit des Urteilsverfassers nach, ein Strafurteil lege artis zu begründen", während „keinerlei Gewähr dafür (besteht), daß die wirklichen Fehler der Informationsverarbeitung durch den Tatrichter ... erfaßt und korrigiert werden" (*Schünemann* JA **1982** 126). So spricht einiges dafür, daß der Preis für das fortschreitende Bemühen der Revisionsgerichte um die Kontrolle auch der tatrichterlichen Feststellungen und Wertungen nicht gering ist.

11a   Problematische Tendenzen zeigt wohl auch die Entwicklung der revisionsgerichtlichen **Hinweise an den neuen Tatrichter** bei Aufhebung und Zurückverweisung gemäß § 354 Abs. 2. Das Revisionsgericht kann für solche, über die eigentliche Aufhebungsentscheidung hinausgehenden Hinweise verschiedene gute Gründe haben (§ 358, 8); so entsprechen sie einer alten Tradition. Auffallend ist aber, daß jedenfalls die Strafsenate des Bundesgerichtshofs bezüglich dieser Hinweispraxis mittlerweile ersichtlich ein „differenziertes System der Kommunikation mit dem Tatrichter" *(Rieß)* entwickelt haben, durch das sie — aus ihrer Sicht — auch oder vornehmlich auf die Sicherstellung einer gerechten Entscheidung im Einzelfall hinzuwirken suchen[29] (eine Entwicklung, die unverkennbar mit der im vorigen umrissenen allgemeinen Entwicklung der Revision in Strafsachen korrespondiert). Diese verstärkte „Kommunikation" ist sicher sinnvoll, soweit sie den Tatrichter vor Mißverständnissen oder naheliegenden Fehlgriffen bewahren soll. Sie ist aber fragwürdig, soweit die Hinweise „ergebnisorientierte Tendenzen" *(Rieß)* aufweisen, die die Überzeugungsbildung oder Beweiswürdigung betreffen oder dem Tatrichter gar eine bestimmte Strafzumessung nahelegen[30]. Denn sie gefährden insoweit eine gerade vom Bundesgerichtshof aus gutem Grund betonte Verantwortungsteilung zwischen Tatrichter und Revisionsgericht in diesem Bereich (vgl. § 337, 58 und 195), die es jedenfalls und insbesondere verbietet, daß das Revisionsgericht über die „Darstellungsrüge" hinaus die spezifisch tat-

---

[27] Darüber wird im Schrifttum – in verschiedener Weise – immer wieder geklagt: vgl. z. B. *Albrecht* NStZ **1983** 492; *Fezer* Die erweiterte Revision 26, 52 f u. ö.; *Fezer* Möglichkeiten 172; *Gössel* Die Nachprüfung 122; *Herdegen* StV **1992** 527 („meistens völlig ungewiß"); *Otto* NJW **1978** 1 f; *Rieß* JR **1976** 309 ff und GA **1978** 259; auch NStZ **1982** 49; *Roxin* § 53, 19; *Sarstedt/Hamm*⁶ 12; *Schünemann* JA **1982** 126; **a. A** *Maul* FS Pfeiffer 423.

[28] *Sarstedt* Die Entscheidungsbegründung 86 f; sehr kritisch *Foth* DRiZ **1997** 201 und Anm. NStZ **1992** 446.

[29] Dazu eingehend und mit vielen Beispielen *Rieß* Hanack-Symp. 117 sowie SchrRAGStrafR 161.

[30] Sehr weitgehend z. B. BGHSt **40** 103 (Fall Dekkert); BGH NStZ **1991** 431.

richterliche Entscheidung vorgreifend beurteilt. Wo die Grenzen insoweit liegen, ist zwar stark Sache des Einzelfalles, bedarf aber auch der grundsätzlichen Diskussion.

Das Bemühen der Revisionsgerichte um gerechte Entscheidung des Einzelfalles, wie es **12** bei der Kontrolle der tatrichterlichen Feststellungen und Wertungen besonders plastisch wird, wirft für den **unbefangenen Betrachter** aber auch manche **weiteren Fragen** auf, die die Sorge um die Berechenbarkeit, Klarheit und Einheitlichkeit der revisionsgerichtlichen Rechtsprechung betreffen[31]. So fragt sich, ob die Revisionsgerichte, insbesondere der Bundesgerichtshof, im Rahmen typischer Einzelfallentscheidungen immer genügend auf die Einheitlichkeit der Rechtsprechung achten bzw. die nachgeordnete Praxis nicht durch Divergenzen oder mögliche Divergenzen zu sehr verunsichern[32]. Es fragt sich wohl auch, ob nicht die Zahl der Fälle bedenklich zunimmt, in denen die Revisionsgerichte wichtige Rechtsfragen ohne überzeugenden Grund zu sehr nach den „Gegebenheiten", „nach Lage" oder gar nach „Wertung" „des Einzelfalls" entscheiden[33], ob es mittlerweile nicht allzu unterschiedliche Handhabungen bei der Entscheidung gibt, wann das angefochtene Urteil im Sinne des § 337 auf einem konkreten Verfahrensmangel beruht, und ob die Praxis der Teilaufhebungen (vgl. § 344, 14 ff) nicht viel zu pragmatisch und damit zu unberechenbar geworden ist. Und es fragt sich vielleicht besonders, ob die Revisibilität der tatrichterlichen Rechtsfolgenentscheidung, die in der Praxis außerordentliche Bedeutung gewonnen hat, wirklich an überzeugende und an klare Grundsätze gebunden ist. So erscheint *jedenfalls* problematisch, daß die Frage, ob die Rechtsfolgenentscheidung des Tatrichters auf einem Zumessungsmangel „beruht", von der Revisionsgerichtsbarkeit ersichtlich nach recht vagen Kriterien beurteilt und sehr verschieden gehandhabt wird (vgl. § 337, 265 ff); problematisch erscheint aber auch, ob das zunehmende Abstellen auf eine „Vertretbarkeitsgrenze" bei der Rechtsfolgenkontrolle, so sehr es der Eigenart dieser Kontrolle entsprechen mag (vgl. § 337, 200 ff), nicht mindestens für das Prinzip der Verantwortungsteilung (Rdn. 5) zu große Gefahren mit sich bringt; auch fällt — gerade in diesem Zusammenhang — auf, daß sich die höchstrichterliche Rechtsprechung in einigen Bereichen der Strafzumessung vor der Aufgabe, Richtlinien zu entwickeln, doch stark zurückzieht[34], ohne indes bei diesem Rückzug insoweit immer konsequent und einheitlich zu verfahren.

4. Revision und Angeklagter. Verteidiger. Zu den Problemen, die im Bereich der **13** Revision auch bedrücken, gehört nicht zuletzt die Frage nach der Stellung und den Rechten des Angeklagten im Revisionsverfahren. Insoweit ist nicht nur die große Zahl von Beschlußverwerfungen ohne Begründung gemäß § 349 Abs. 2 kritisch (näher bei § 349), weil sie für die Befriedungsfunktion und Überzeugungskraft der letztinstanzlichen Entscheidung ohne Zweifel erhebliche negative Auswirkungen hat. Kritisch ist trotz mehrfacher (und bezeichnender) Eingriffe des Bundesverfassungsgerichts nach wie vor auch die Stellung, die das Gesetz oder doch seine überkommene Interpretation dem Angeklagten und seinem Verteidiger in den Fällen einräumt, in denen es zu einer mündlichen Verhandlung vor dem Revisionsgericht kommt (näher bei § 350). Kritisch ist ferner folgendes: Es hat sich gezeigt, daß die „Siebfunktion", die das Gesetz mit der Einschaltung eines Rechtsanwalts oder Verteidigers für die Revisionsbegründung verbindet (§ 345 Abs. 2), in

---

[31] Treffend *Meyer* JR **1984** 130: „. . . daß die Rspr. der Revisionsgerichte um so unberechenbarer wird, je mehr sich diese Gerichte dem Grundsatz der Einzelfallgerechtigkeit verpflichtet fühlen."

[32] Ein Problem, das durch die vergrößerte Zahl von veröffentlichten Dutzend-Entscheidungen in Zeitschriften (NStZ, StV) unverkennbar an Bedeutung gewinnt.

[33] Vgl. – nur zum Beispiel –: die Rechtsprechung zur Frage, wann die mangelhafte Unterrichtung über einen auswärtigen Termin das Öffentlichkeitsprinzip verletzt (§ 338 Nr. 6; s. dort Rdn. 114); wann Anspruch auf Bestellung eines auswärtigen Pflichtverteidigers besteht (§ 142; s. dort).

[34] Vgl. etwa BGHSt **27** 215, 228; **34** 345.

    Ernst-Walter Hanack

der Praxis aus vielen Gründen weitgehend versagt[35], ganz abgesehen davon, daß die Regelung durch die — auch mögliche — Einschaltung eines Urkundsbeamten der Geschäftsstelle ihre Stimmigkeit verliert (vgl. § 345, 16; 29; 38). Die Folge dieses Zustands ist, daß die Revisionsgerichte wegen der versagenden Siebfunktion eben doch in zweifellos erheblichem Umfang mit aussichtslosen Revisionen befaßt werden, die sie nach § 349 Abs. 2, 3 verwerfen müssen, was, auf das Ganze gesehen, immerhin auch Arbeit macht, also Arbeitskraft nutzlos bindet[36]. Noch bedenklicher aber ist, daß ganz offenbar viele Anwälte den Anforderungen an eine sachgemäße Revisionsbegründung nicht gewachsen sind (§ 349, 5; vgl. auch § 351, 1). Dies wiegt aufgrund des § 344 Abs. 2 vor allem bei der Verfahrensrüge schwer, so daß auch von daher die strengen oder überstrengen Anforderungen der Rechtsprechung zu dieser Vorschrift (vgl. § 344, 75 ff; 80) fragwürdig erscheinen. Es könnte sein, daß die unverkennbare, aber durchaus problematische Überwucherung der Verfahrensrüge durch die Sachrüge (Rdn. 4, 11; vgl. auch § 337, 127 f) sich mit durch dieses Faktum erklärt oder in ihm sogar eine gewisse Rechtfertigung findet. Ganz offen aber ist, wie viele sachlich begründete oder sogar gebotene Revisionen als Folge fehlenden anwaltlichen Wissens oder Könnens zum Schaden der Betroffenen und der Sache nicht eingelegt werden.

5. Reform

14   **a)** Die Revision ist **kein „volkstümliches" Rechtsmittel**[37]. Namentlich dies und die eigentümliche Situation, daß das Gesetz, anders als im Bereich der kleinen und mittleren Kriminalität, gerade für die schwerwiegenden Strafsachen die Revision als einziges Rechtsmittel zur Verfügung stellt, hat im Laufe der Zeit eine kaum mehr zu übersehende **Flut von Vorschlägen** und Stellungnahmen zur Reform der Revision ausgelöst. Dabei ergeben sich[38] im Umriß — und im Zusammenhang namentlich mit den Bestrebungen zu einer grundsätzlicheren Reform des Strafverfahrensrechts — die folgenden Entwicklungslinien[39].

15   **b)** Die Reformbestrebungen **bis zum Zweiten Weltkrieg** hatten in der Epoche vor der Jahrhundertwende (vgl. Einl. E 18) die Revision als solche zunächst nicht unmittelbar zum Gegenstand. Im Vordergrund der damaligen Überlegungen stand vielmehr die Einführung der Berufung gegen erstinstanzliche Strafkammerurteile (vgl. *Fezer* Reform 23 ff). Die gelegentlich im Schrifttum erhobene Forderung, die Revision zu erweitern (vgl. etwa *Mannheim* 181 ff, der die Zulassung der Rüge der Aktenwidrigkeit befürwortete), wurde auf breiter Basis erst aufgegriffen, als unter dem NS-Regime eine Gesamtreform des Strafverfahrensrechts in Angriff genommen wurde. Die so wenig volkstümliche Revision sollte „aufgelockert" werden. Da sie dem Mann aus dem Volke schwer begreiflich zu machen (*Freisler* ZAkDR **1935** 92), überdies eine Folge des „gesetzesstaatlichen Normdenkens" sei (*Sturm* DR **1939** 57) und in eine Strafrechtspflege nicht mehr paßte, die das gesunde Volksempfinden als unmittelbare Rechtsquelle erschlossen hatte und auch für

---

[35] Dazu näher *Hanack* FS Dünnebier 308 mit Nachw.; s. auch § 349, 5.

[36] Und die so große Zahl der Beschlußverwerfungen zum Teil, aber eben doch wohl nur zum Teil erklärt; vgl. § 349, 5.

[37] Dazu z. B. *Sarstedt/Hamm*[6] 1 mit weit. Nachw.; *Mannheim* 32; *Doerffler* DStR **1935** 277; *Rilk* DR **1938** 309 und JW **1937** 2335; *Sturm* DR **1939** 56; *Schweling* MDR **1967** 441; *Tröndle* Reform 92 hält die Vorstellung, ein Rechtsmittel zum obersten Ge-

richt könne volkstümlich sein, mit Recht für laienhaft-naiv; kritisch auch *Schwinge* 206 f.

[38] Unter Außerachtlassung der wiederholten Reformbemühungen zur Entlastung der Revisionsgerichte von offensichtlich unbegründeten Revisionen (dazu bei § 349) und der Reformen im Bereich der Sprungrevision (dazu bei § 335).

[39] Eingehendere Darstellungen insbesondere bei *Fezer* Reform; zur älteren Diskussion *Schwinge* 204 ff; zur neueren *Fezer* Möglichkeiten 6 ff.

das Revisionsgericht erschließen wollte (vgl. *E. Schäfer* DStR **1935** 255; *Schwarz* DJZ **1936** 215), sollte sie in eine „**Urteilsrüge**" umgestaltet werden. Dieses neuartige Rechtsmittel sollte die „künstliche Abtrennung" der Rechtsfrage von der Tatfrage weitgehend beseitigen (*Schaffstein* DStR **1935** 475) und es dem Rechtsmittelgericht in größerem Maße ermöglichen, fehlerfrei begründete, aber falsche Urteile aufzuheben und fehlerhaft begründete, aber sachlich zutreffende Urteile bestehen zu lassen. Die §§ 331 ff des StPO-Entwurfs von 1939 (abgedruckt bei *Fezer* Reform 101) sahen daher vor, daß das Rechtsmittelgericht auf die „Urteilsrüge" hin prüft, ob das tatrichterliche Urteil auf einem Fehler im Verfahren beruht, ob es wegen eines Fehlers bei der Anwendung des Rechts auf die festgestellten Tatsachen oder bei der Ausübung des richterlichen Ermessens, insbesondere der Bemessung der Strafe, ungerecht ist oder ob ein so schweres Bedenken gegen die Richtigkeit der tatsächlichen Feststellungen besteht, daß eine neue Entscheidung notwendig ist (§ 331). Zwar sollte der Beschwerdeführer nach wie vor verpflichtet sein, das Rechtsmittel zu begründen (§ 333). Jedoch sollte das Urteilsrügegericht auch einen nicht gerügten Fehler im Verfahren berücksichtigen, wenn es ihn erkennt (§ 341 Abs. 2 Satz 2). Eine Beweisaufnahme des Urteilsrügegerichts zur Schuld- oder Rechtsfolgenfrage sollte möglich sein, aber einen entsprechenden Antrag der Staatsanwaltschaft voraussetzen (§ 340 Abs. 2 Satz 1). Zwingende Aufhebungsgründe wie in § 338 des geltenden Rechts sollte es ebensowenig geben wie die Möglichkeit, das Rechtsmittel auf bestimmte Beschwerdepunkte zu beschränken (ausführlich zu der beabsichtigten Neuregelung: *Fezer* Reform 45 ff; LR-*Schäfer*[24] Einl. Kap. **4** 23 f). Mit dem Ausbruch des Zweiten Weltkriegs sind diese Reformpläne gescheitert (Einl. E 62).

c) Nach 1945 wurden Forderungen, die Revision zu erweitern, zunächst vor allem **16** damit begründet, daß ein Ersatz für die fehlende Berufung gegen Urteile der erstinstanzlichen Strafkammern und der Schwurgerichte geschaffen werden müsse. Die Denkschrift des *Strafrechtsausschusses der Bundesrechtsanwaltskammer* (dazu *Jagusch* NJW **1971** 2009; *Kaiser* ZRP **1972** 276) forderte, die Revision auf die Rüge unlösbarer Widersprüche zwischen Feststellungen und Protokoll, auf offensichtliche Fehler bei der Beweiswürdigung, auf offensichtlich zur Wiederaufnahme geeignete Tatsachen und auf schwerwiegende Bedenken gegen die Urteilsfeststellungen gesetzlich zu erstrecken (vgl. *Fezer* Reform 55 und Möglichkeiten 28). Eine weitergehende Auflockerung der Revision wurde dann im Zusammenhang mit den Überlegungen vorgeschlagen, auch in Strafsachen einen dreistufigen Gerichtsaufbau einzuführen[40]. Zu diesem Zweck sollte nach einem Reformvorschlag der Strafrechtskommission des *Deutschen Richterbundes* (abgedruckt bei *Fezer* Möglichkeiten 301) die Berufung, gegen die im Schrifttum ohnedies seit langem Bedenken erhoben wurden[41], abgeschafft und die Revision so erweitert werden, daß sie dafür einen einigermaßen ausreichenden Ersatz bietet[42], weil ein Rechtsmittelsystem, das ohne Berufung auskommen will, für eine revisionsgerichtliche Kontrolle im tatsächlichen Bereich notwendigerweise klare und erweiterte Normen bereitstellen müsse. Vom Richterbund wurde daher vorgeschlagen, die Revision auch zuzulassen, wenn „gegen die Richtigkeit oder Vollständigkeit der Feststellungen oder gegen die Verhängung der Rechtsfolgen, insbesondere die Zumessung der Strafe und deshalb auch gegen das Urteil schwerwiegende Bedenken" bestehen (*Fezer* Reform 56). Um die Möglichkeit einer Entscheidung in der Sache selbst zu erweitern, sollte das Revisionsgericht ermächtigt werden, zur

---

[40] Zur Dreistufigkeit näher *Hanack* FS Schwinge 183 ff; *Kissel* Der dreistufige Aufbau in der ordentlichen Gerichtsbarkeit (1972); *Kregel* JR **1972** 269; *Prüllage* DRiZ **1971** 339; *Rogge* DRiZ **1970** 149; *Schier/Eckl* NJW **1972** 177.

[41] Näher dazu insbesondere *Tröndle* GA **1967** 161 und Reform 80.

[42] Dazu vor allem *Fuhrmann* JR **1972** 5; *Neidhard* DRiZ **1967** 166; *Pfeiffer/von Bubnoff* DRiZ **1972** 49; *Seetzen* ZRP **1975** 288; *Tröndle* Reform 95.

Beseitigung von Unklarheiten, Widersprüchen und Lücken in den tatsächlichen Feststellungen und von sonstigen schwerwiegenden Bedenken einzelne Beweise selbst zu erheben oder durch einen beauftragten oder ersuchten Richter erheben zu lassen. Bei Aufhebung des Urteils aus sachlichrechtlichen Gründen sollte das Revisionsgericht im Strafausspruch selbst entscheiden können, nachdem es über die Strafzumessungstatsachen Beweis erhoben hat.

17   **In der Folgezeit** wurden die Pläne zur Einrichtung eines dreistufigen Gerichtsaufbaus stillschweigend aufgegeben (vgl. aber Rdn. 18 a. E). Es kam jedoch, zum Teil noch im Zusammenhang mit den früheren Plänen, zu weiteren lebhaften Erörterungen über eine grundsätzliche Neuordnung des Rechtsmittelsystems in Strafsachen, die namentlich an den mit großer Sorgfalt erarbeiteten **DERechtsmittelG** anknüpfen[43]. Nach dessen Vorschlägen sollte u. a. die Berufung abgeschafft und die Revision in enger Anlehnung an die §§ 333 ff des geltenden Rechts zu einer **Urteilsrüge** umgestaltet werden. Der Entwurf wollte zwar die Unterscheidung zwischen Sach- und Verfahrensrüge (§ 323 Abs. 2), den Begründungszwang (§§ 322, 323), die zwingenden Aufhebungsgründe (§ 315) sowie die Möglichkeiten der Rechtsmittelbeschränkung (§ 321) grundsätzlich beibehalten, die Rüge- und Prüfungsmöglichkeiten des Revisionsgerichts („Rügegerichts") jedoch erweitern: Die Revision („Urteilsrüge") sollte, ganz ähnlich wie nach den Vorschlägen des Richterbundes (Rdn. 16), auch darauf gestützt werden können, daß „gegen die Richtigkeit erheblicher Feststellungen des Tatrichters oder gegen die Auswahl und Zumessung der Rechtsfolgen schwerwiegende Bedenken" bestehen (§ 314 Abs. 2). In diesem Rahmen sollte das Rechtsmittelgericht „zur Überprüfung und Ergänzung einzelner Feststellungen, die schwerwiegenden Bedenken unterliegen, lückenhaft oder widersprüchlich sind oder auf Verfahrensfehlern beruhen", selbst Beweis erheben können, „wenn ihm hierdurch eine abschließende Entscheidung ermöglicht und das Verfahren beschleunigt werden kann" (§ 330 Abs. 1); für die Beweisaufnahme war an die entsprechende Anwendung der wesentlichen Vorschriften über das Verfahren im ersten Rechtszug gedacht (§ 332).

18   Ihren **vorläufigen Höhepunkt** und Abschluß fanden die erwähnten Erörterungen auf und im Zusammenhang mit den Verhandlungen der Abteilung Strafprozeß des 52. DJT (1978)[44]. Dabei wurde, in Übereinstimmung mit der wohl überwiegenden Meinung im Schrifttum, mit großer Mehrheit nicht nur der Gedanke verworfen, ein Einheitsrechtsmittel einzuführen und die Berufung abzuschaffen. Verworfen wurde auch der Gedanke, dem Revisionsgericht die Befugnis zu einer ergänzenden eigenen Beweisaufnahme einzuräumen; er ist in der Tat aus vielen Gründen gefährlich, insbesondere vielleicht, weil die lediglich partielle Überprüfung tatsächlicher Feststellungen die Gefahr eines zu einseitigen Eingriffs in das Gefüge dieser Feststellungen bedingt[45]. Abgelehnt wurde vom 52. DJT aber auch die vorgeschlagene gesetzliche Erweiterung der Revision auf die Kontrolle der schwerwiegenden Bedenken gemäß § 314 Abs. 2 DERechtsmittelG (Rdn. 17). Maßgebend für diese Ablehnung war wohl vor allem die Skepsis gegenüber den Konsequenzen einer gesetzgeberischen Festschreibung der sog. erweiterten Revision und die Annahme, daß das geltende Revisionsrecht zur angemessenen Weiterentwicklung der Rechtsprechung ausreiche oder besser geeignet sei als ein gesetzlicher Eingriff[46]. Seit den

---

43   Allgemein zu diesem Entwurf *Rieß* DRiZ **1976** 3; *Benz* ZRP **1977** 58; *Krauth* FS Dreher 697.

44   Mit Gutachten von *Peters* und Referaten von *Sarstedt* und *Rieß*. Vgl. auch *Hanack* (Schlußbericht) VerhDJT Bd. II, 1978, S. O 9; Berichte NJW **1978** 2186 und JZ **1978** 679. Zusammenfassend *Rieß* ZRP **1979** 193 mit Nachw. auch der begleitenden Diskussion in der Fachpresse.

45   Dazu näher insbes. *Dahs* NJW **1978** 1555; *Teyssen* JR **1978** 312; *Peters* Gutachten S. C 77 ff; vgl. auch LR-*Meyer* in der 23. Aufl., Rdn. 10.

46   Dazu auch *Peters* FS Schäfer 138; *Rieß* ZRP **1979** 195.

Verhandlungen des 52. DJT werden diese Reformprobleme nur noch gelegentlich angesprochen[47]. Überraschenderweise ist allerdings — mit „gegenwärtig" negativem Ergebnis — 1994/95 die Frage des **dreistufigen Gerichtsaufbaus** (Rdn. 16) auf Anregung des Bundesrats noch erörtert und in der 14. LegPer. – begrüßt von der Herbstkonferenz 1998 der JMK – zu einem zentralen rechtspolitischen Programmpunkt der Regierungskoalition gemacht worden (Koalition „wird durchsetzen")[48].

Sieht man von dieser, derzeit noch ganz offenen Frage ab, dürfte die **vermutliche** **19** **Konsequenz** der umschriebenen Reformdiskussion sein, daß sich der revisionsrechtliche Trend fortsetzt, die Feststellungen und Würdigungen des Tatrichters vornehmlich mit Hilfe der Sachrüge, also anhand der Urteilsurkunde, zu überprüfen (Rdn. 4), insoweit aber eben ohne Bezug zu den wirklichen Fehlern der tatrichterlichen Informationsverarbeitung (Rdn. 11).

Eine **andere Frage** ist, wieweit sich die vielfältigen Forderungen nach **Vereinfa-** **20** **chung der Strafrechtspflege auch im Revisionsrecht** niederschlagen. So fordert *Gössel* (unter anderem) gesetzliche Beschränkungen in der Überprüfung tatrichterlicher Feststellungen durch das Revisionsgericht, insbesondere durch Geltendmachung nur noch mit Hilfe der Verfahrensrüge[49]. Der BR-Entwurf eines Zweiten Gesetzes zur Entlastung der Rechtspflege (strafrechtlicher Bereich) v. 7. 5. 1996 (BTDrucks. **13** 4541), der in der 13. LegPer. nicht mehr abschließend beraten wurde[50], schlug spezifisch unter dem Gesichtspunkt der Verfahrensvereinfachung insbesondere folgendes vor: Ausschluß der Revision bei Nichtannahme der Berufung gemäß § 313 Abs. 1 (wobei die Annahmeberufung auf Verurteilungen und Freisprüche bis zu 90 Tagessätzen erweitert werden sollte)[51]; Einführung eines Wahlrechtsmittels nach dem Vorbild des § 55 Abs. 2 JGG[52], Erweiterung des § 354 hinsichtlich der Befugnis des Revisionsgerichts zur abschließenden Entscheidung in der Sache[53]. Noch weitergehende Vorschläge (Einführung einer Zulassungsrevision, Abschaffung der Sprungrevision[54], Abschaffung oder Einschränkung der absoluten Revisionsgründe) sind bislang nicht weiterverfolgt worden[55]. Eine Neuordnung der erstinstanzlichen Zuständigkeit unter Wegfall des Schöffengerichts und erhebliche Änderungen des Rechtsmittelsystems (Berufung und Revision) namentlich durch starke Verlagerung der Revision an die Oberlandesgerichte schlagen mit eingehender Begründung neuerdings *Meyer-Goßner/Ströber* vor[56].

---

[47] So von *Moos* 177 (eingehend); *Luther* NStZ **1990** 364; *Rieß* FS Schäfer 215. Der dt. Richterbund fordert weiterhin längerfristig die Abschaffung der Berufung, vgl. DRiZ **1986** 394; **1987** 284.

[48] Zum ersteren vgl. BTDrucks. **13** 7992 S. 8 und DRiZ **1995** 57, zum letzteren ZRP **1998** 485, 499.

[49] Gutachten C zum 60. DJT 1994, S. C 77 ff; dazu namentlich *Schlüchter* GA **1994** 429 ff; *Widmaier* NStZ **1994** 417; die Forderung wurde von 60. DJT abgelehnt, vgl. Bericht NJW **1994** 3071, 3080.

[50] Er wurde nach einer 1. Lesung im BTag (BTProt. 13/172, S. 15560 ff) am 24. 4. 1997 an den Rechtsausschuß überwiesen, wo es im Dezember 1997 auch zu einer Anhörung kam.

[51] Dazu kritisch etwa *Feuerhelm* StV **1997** 105; *Frister* StV **1997** 155.

[52] Dazu eingehend und kritisch *Scheffler* StV **1995** 599; ablehnend auch *Frister* StV **1997** 156; *Meyer-Goßner/Ströber* ZRP **1996** 358.

[53] Kritisch *Scheffler* NStZ **1997** 30. *Krauth* FS Tröndle 513 empfiehlt gesetzliche Vereinfachungen bei der Zurückverweisung.

[54] Gefordert u. a. vom Bundesrat in der 10. und 12. LegPer. (vgl. OLG Karlsruhe StV **1994** 292), von Bayern in der 13. LegPer. (BRDrucks. 331/49), der 52. JMK (vgl. StV **1982** 325) und vom Dt. Richterbund (vgl. DRiZ **1985** 443).

[55] Ihre Diskussion ist z. T. nur aufgrund interner Arbeitspapiere erfolgt. Zusammenstellung in einem Bericht des Strafrechtsausschusses für die 65. JMK 1994; vgl. im übrigen etwa *Freund* ZRP **1995** 268, 271; *Schlüchter* Weniger ist mehr 50 ff; *Werle* JZ **1991** 790; *Hettinger* Entwicklungen im Strafrecht und Strafverfahrensrecht der Gegenwart (1997) 100 ff.

[56] ZRP **1996** 354; dazu kritisch *Barton* StV **1996** 690 und Erwiderung von *Meyer-Goßner/Ströber* StV **1997** 212.

Ernst-Walter Hanack

§ 333

Gegen die Urteile der Strafkammern und der Schwurgerichte sowie gegen die im ersten Rechtszug ergangenen Urteile der Oberlandesgerichte ist Revision zulässig.

Schrifttum. *Widmaier* Verhandlungs- und Verteidigungsfähigkeit ... Zu den Entscheidungen des BGH und des BVerfG im Revisionsverfahren gegen Erich Mielke, NStZ **1995** 361.

Entstehungsgeschichte. Die Vorschrift lautete ursprünglich: „Die Revision findet statt gegen die Urteile der Landgerichte und der Schwurgerichte." Sie wurde durch Art. 3 Nr. 142 VereinhG neu gefaßt. Die Worte „sowie gegen die ... Urteile der Oberlandesgerichte" wurden durch Art. 2 Nr. 14 StaatsschStrafsG eingefügt. Bezeichnung bis 1924: § 374.

Zu **geplanten Änderungen** in der 13. LegPer. (Einführung eines Wahlrechtsmittels) s. Vor § 333, 20.

Übersicht

I. Zulässigkeit der Revision

1   Das Rechtsmittel der Revision ist, da § 333 für die Urteile der Amtsgerichte durch § 335 ergänzt wird, grundsätzlich **gegen alle** im Strafverfahren erlassenen tatrichterlichen **Urteile** zulässig. Mit der Revision anfechtbar sind also sowohl die im ersten Rechtszug ergangenen Urteile als auch die Berufungsurteile der Landgerichte; das gilt auch für Urteile, die gemäß § 313 bei der Berufung der Annahme bedürften (s. § 335, 1a), sowie für Berufungsurteile, mit denen die Sache nach § 328 Abs. 2 an das zuständige Gericht verwiesen wird (vgl. Vor § 296, 67). Die Revision ist auch zulässig, wenn nach dem Übergang vom Bußgeld- zum Strafverfahren (§ 81 Abs. 3 OWiG) ein Urteil ergeht oder wenn das Gericht die Tat im Strafverfahren nur als Ordnungswidrigkeit aburteilt (BGHSt **35** 290). Nach BGHSt **35** 298 = JR **1989** 122 mit Anm. *Göhler* ist der Übergang vom Bußgeld- zum Strafverfahren auch noch im Rechtsbeschwerdeverfahren mit der Folge möglich, daß das Verfahren regelmäßig als Revisionsverfahren fortzusetzen ist. Die Zulässigkeit des Rechtsmittels richtet sich nach dem Gesetz, das im Zeitpunkt der Verkündung gilt, bei Verkündung in Abwesenheit (§§ 314 Abs. 2, 341 Abs. 2) nach dem im Zeitpunkt der Urteilszustellung geltenden Recht[1].

---

[1] BayObLGSt **1951** 216; vgl. auch *Sieg* SJZ **1950** 878.

Gesetzlich ausgeschlossen ist die Revision gegen Berufungsurteile in drei Fällen: **2** Nach § 441 Abs. 3 Satz 2 im Verfahren bei nachträglicher und selbständiger Einziehung, nach § 55 Abs. 2 JGG im Jugendgerichtsverfahren (vgl. Rdn. 12) und nach § 10 des Gesetzes über das gerichtliche Verfahren in Binnenschiffahrtssachen v. 27. 9. 1952 (BGBl. I 641) i. d. F. des Art. 99 EGStGB 1974 (dazu BGH bei *Kusch* NStZ **1994** 229). Im Falle des § 55 Abs. 2 JGG kann der Angeklagte auch ein Urteil, durch das seine zulässige Berufung gemäß § 329 Abs. 1 verworfen worden ist, nicht mit der Revision anfechten[2].

Für die Anfechtung einiger **Nebenentscheidungen** stellt das Gesetz zur Verfahrens- **3** vereinfachung die **sofortige Beschwerde** gegen Urteile zur Verfügung. Mit diesem Rechtsmittel anfechtbar sind die im Urteil getroffenen Entscheidungen über die Kosten des Verfahrens und die notwendigen Auslagen (§ 464 Abs. 3 Satz 1), über die Aussetzung oder Nichtaussetzung der Jugendstrafe zur Bewährung (§ 59 Abs. 1 JGG) und über die Entschädigung für Strafverfolgungsmaßnahmen (§ 8 Abs. 3 StrEG). Das Revisionsgericht ist dadurch freilich nicht gehindert, die Revisionsentscheidung gegen das Urteil mit der Entscheidung über die sofortige Beschwerde zu verbinden (vgl. BGHSt **25** 77 mit weit. Nachw.), wobei strittig ist, ob das einen besonderen Zusammenhang zwischen den beiden Rechtsmitteln fordert[2a]. Eine Anfechtung im Revisionsverfahren findet ferner nicht statt gegen Entscheidungen des erkennenden Gerichts, die mit dem Urteil **durch besonderen Beschluß** zu treffen sind, da die Revision nach dem Gesetz (§§ 333, 335 Abs. 1) nur gegen Urteile vorgesehen ist, Beschlüsse hingegen regelmäßig mit der Beschwerde angreifbar sind (Ausnahme: § 305 a Abs. 2; dazu BGHSt **34** 392). Entscheidungen, die einen besonderen Beschluß erfordern, sind auch dann nicht mit der Revision anfechtbar, wenn sie anstelle eines solchen Beschlusses im Urteil enthalten sind, weil ein Fehlgriff des Tatrichters in der Wahl der richtigen Entscheidungsform den Instanzenzug nicht zu ändern vermag[3]. Entsprechendes gilt, wenn gerügt wird, eine erforderliche Nebenentscheidung sei überhaupt nicht getroffen worden (OLG Hamm NJW **1969** 809).

II. Urteile

1. Begriff. Urteile sind Entscheidungen, die das Verfahren oder jedenfalls den Rechts- **4** zug beenden und nach dem Gesetz eine Hauptverhandlung sowie eine öffentliche Verkündung voraussetzen (vgl. bei § 260). Ob Verhandlung und Verkündung wirklich stattgefunden haben, ist nicht entscheidend. Vielmehr kommt es darauf an, ob die angefochtene Entscheidung nach dem Gesetz nur aufgrund einer Hauptverhandlung und im Wege öffentlicher Verkündung hätte ergehen dürfen. Ist das entgegen dem Gesetz unterblieben, so handelt es sich für die Frage der Anfechtbarkeit dennoch um ein Urteil (BGHSt **8** 384 = JZ **1956** 501 mit Anm. *Henkel*).

2. Falsche Bezeichnung. Bei der Urteilsanfechtung kommt es entgegen der älteren **5** Rechtsprechung des Reichsgerichts[4] nach heute ganz herrschender Meinung nicht darauf

---

[2] BGHSt **30** 98 = JR **1982** 112 mit zust. Anm. *Brunner*; **a. A** OLG Celle JR **1980** 37.

[2a] Vgl. BGH StV **1984** 475 mit weit. Nachw.; BGH bei *Pfeiffer/Miebach* NStZ **1988** 20; aber auch BGH bei *Holtz* MDR **1990** 679.

[3] RGSt **54** 165 für die Aufhebung einer Beschlagnahme; OLG Hamm VRS **37** (1969) 263 für die

Festsetzung von Bewährungsauflagen; KK-*Pikart* 3.

[4] RGSt **23** 156; **32** 92; **43** 228; **50** 24; **54** 56; RGRspr. **4** 322; ebenso BayObLGSt **30** 173; *Beling* 347.

Ernst-Walter Hanack

an, ob die Entscheidung sich Urteil nennt, sondern darauf, ob sie ein Urteil ist[5]; denn die falsche Bezeichnung kann den gesetzlichen Rechtsmittelzug nicht verändern.

6   Trotz ihrer **Bezeichnung als Beschluß** ist demgemäß mit dem Rechtsmittel der Revision z. B. anfechtbar: die Entscheidung, die aufgrund einer Hauptverhandlung die Berufung nach § 322 Abs. 1 Satz 2 oder nach § 329 Abs. 1 verwirft[6]; die Entscheidung, mit das Berufungsgericht ein amtsgerichtliches Urteil wegen fehlender Entscheidung in der Sache aufhebt und zurückverweist[7]; der in der Hauptverhandlung erlassene Einstellungsbeschluß „nach § 206 a" (statt nach § 260 Abs. 3)[8].

7   Hingegen ist ein „**Urteil**", mit dem ein verspäteter Einspruch gegen einen Strafbefehl verworfen oder mit dem in rechtsirriger Anwendung des § 260 Abs. 3 das Verfahren nur vorläufig eingestellt wird, als Beschluß anzusehen und mit der Beschwerde nach § 304 Abs. 1 anfechtbar[9]. Die Entscheidung, mit der ein Verurteilter im Wiederaufnahmeverfahren nach § 371 Abs. 2 ohne Hauptverhandlung sofort freigesprochen wird, ist auch dann ein Beschluß, wenn sie sich als Urteil bezeichnet; sie ist nicht mit der Revision, sondern mit der sofortigen Beschwerde anfechtbar[10]. Das gleiche gilt für ein Urteil, mit dem ein Privatklageverfahren nach § 383 Abs. 2 eingestellt wird; erfolgt die Einstellung nach § 390 Abs. 5 wegen Geringfügigkeit, so ist das „Urteil" weder mit der sofortigen Beschwerde noch mit der Revision anfechtbar (näher zum Ganzen bei § 390). Als Beschluß anzusehen ist auch die im Urteil getroffene Entscheidung über die Aussetzung der Vollstreckung einer durch Untersuchungshaft nicht verbüßten Reststrafe zur Bewährung nach § 57 StGB, die mithin für sich allein nur mit der sofortigen Beschwerde gemäß § 454 Abs. 2 anfechtbar ist[11].

8   **3. Revisible Urteile im einzelnen.** Zum Erlaß von Urteilen, die mit der Revision angefochten werden können, sind zuständig:

     a) Strafkammern. Sie entscheiden als Gerichte des ersten Rechtszugs oder als Berufungsgerichte. Ihre Zuständigkeit ergibt sich aus §§ 74 bis 74 d GVG. Für die Zulässigkeit der Revision kommt es aber nicht darauf an, ob die Strafkammer zuständig war, sondern nur darauf, daß sie entschieden hat. Die Revision ist gerade das Mittel, die Unzuständigkeit geltend zu machen, soweit dem nicht § 6 a (bei der Zuständigkeit besonderer Strafkammern), § 16 (bei der örtlichen Zuständigkeit) und § 269 (bei der sachlichen Zuständigkeit) entgegenstehen.

9   **b) Schwurgerichte.** Sie sind seit der Aufhebung der §§ 79 bis 92 GVG durch Art. 2 Nr. 25 des 1. StVRG Strafkammern, die als Schwurgerichte tätig werden (vgl. § 74 Abs. 2

---

5 BGHSt **8** 384 (= JZ **1956** 501 mit Anm. *Henkel*); **18** 385; **25** 242; BGH GA **1982** 219; bei *Dallinger* MDR **1966** 384; RGSt **28** 147; **63** 247; **65** 398; RG JW **1933** 967 mit Anm. *Klee*; **1935** 2980; BayObLGSt **1951** 303; **1959** 84; KG JW **1929** 1894 mit Anm. *Pestalozza*; JR **1956** 351; OLG Braunschweig NJW **1968** 410; OLG Celle NJW **1960** 114; NdsRpfl. **1961** 233; OLG Hamm JMBlNRW **1951** 185; **1952** 125; das einschlägige Schrifttum stimmt dem durchgängig zu.

6 Zum ersteren: RGSt **63** 246 = JW **1930** 3555 mit Anm. *Oetker*; zum letzteren: RG JW **1929** 1894 mit Anm. *Pestalozza*.

7 Vgl. (für § 328 Abs. 2 a. F) RGSt **65** 397 = JW **1932** 1754 mit Anm. *Bohne*; RG JW **1933** 967 mit Anm. *Klee*; vgl. auch BGHSt **26** 108 und bei § 328.

8 OLG Celle NJW **1960** 114; OLG Koblenz OLGSt § 46 OWiG S. 11; OLG Köln NJW **1966** 1935; OLG Stuttgart Justiz **1972** 363.

9 BayObLGSt **1959** 84 = Rpfleger **1960** 62 für den verspäteten Einspruch; BGHSt **25** 242 = JR **1974** 522 mit Anm. *Kohlhaas*.

10 BGHSt **8** 383 = JZ **1956** 501 mit zust. Anm. *Henkel* = NJW **1956** 757 mit abl. Anm. *Schwarz*; BGHSt **14** 66; näher zu der früher streitigen Frage bei § 371.

11 BGH GA **1982** 281 = StV **1982** 61 mit Anm. *Schlothauer*.

GVG). Daß § 333 (anders als § 135 Abs. 1 GVG) nach wie vor Strafkammern und Schwurgerichte nebeneinanderstellt, ist sachlich nicht mehr begründet.

c) Oberlandesgerichte. Ihre Zuständigkeit im ersten Rechtszug ist in § 120 GVG **10** geregelt. Als Berufungsgerichte sind sie unter der Bezeichnung Schiffahrtsobergericht, Rheinschiffahrtsobergericht oder Moselschiffahrtsobergericht zuständig nach §§ 11, 15, 18 b des Gesetzes über das gerichtliche Verfahren in Binnenschiffahrtssachen (oben Rdn. 2).

d) Richter beim Amtsgericht als Strafrichter. Schöffengerichte. Ihre Zuständigkeit **11** ergibt sich aus §§ 24, 25, 28 GVG. Gegen die Urteile des Strafrichters und der Schöffengerichte ist die Sprungrevision nach § 335 zulässig.

e) Jugendgerichte (§ 33 Abs. 2 JGG). Dies sind der Jugendrichter (§ 39 JGG), das **12** Jugendschöffengericht (§ 40 JGG) und die Jugendkammer (§ 41 JGG). Für die Anfechtung der Urteile der Jugendgerichte gelten die allgemeinen Vorschriften, eingeschränkt jedoch durch § 55 JGG: Wer in einer Jugendstrafsache zulässigerweise Berufung eingelegt hatte, kann das Berufungsurteil grundsätzlich nicht mehr mit der Revision anfechten (§ 55 Abs. 2 JGG). Angeklagter, Erziehungsberechtigter und gesetzlicher Vertreter gelten dabei als derselbe Beteiligte; hat einer von ihnen Berufung eingelegt, so wirkt das auch gegen die anderen (§ 55 Abs. 2 Satz 2 JGG). Das gleiche gilt nach § 104 Abs. 1 Nr. 7 JGG, wenn ein Erwachsenengericht gegen den Jugendlichen entscheidet. Bei Heranwachsenden kommt es darauf an, ob Jugendstrafrecht angewendet worden ist (§ 109 Abs. 2 JGG).

III. Befugnis zur Revision

1. Allgemeines. Revision können außer den Zeugen und Sachverständigen alle Ver- **13** fahrensbeteiligten einlegen, soweit sie (s. unten Rdn. 20 ff) durch die angefochtene Entscheidung beschwert sind oder als beschwert gelten. Näheres über die Befugnis zur Einlegung von Rechtsmitteln regeln § 296 (Staatsanwaltschaft und Beschuldigte), § 297 (Verteidiger), § 298 (gesetzliche Vertreter), § 390 (Privatkläger), §§ 400, 401 (Nebenkläger), § 433 Abs. 1 (Einziehungsbeteiligte), § 440 Abs. 3 (Einziehungsbeteiligte im selbständigen Einziehungsverfahren), § 67 Abs. 3 JGG (Erziehungsberechtigte). Beistände (§ 149 Abs. 1 StPO, § 69 Abs. 1 JGG) sind zur Einlegung der Revision nicht befugt[12].

2. Die **Staatsanwaltschaft**[13] kann nach § 296 Revision zuungunsten des Angeklagten, **14** aber auch zu seinen Gunsten einlegen. Die Einlegung der Revision zuungunsten des Angeklagten macht stets auch eine Entscheidung zu seinen Gunsten möglich (§ 301). Die Einlegung zu seinen Gunsten (dazu näher bei § 296) setzt eine Beschwer des Angeklagten voraus[14]; sie enthält eine Rechtsmittelbeschränkung dergestalt, daß das Revisionsgericht nicht zu seinen Ungunsten entscheiden darf (§ 358 Abs. 2). Legt die Staatsanwaltschaft das Rechtsmittel zugunsten des Angeklagten ein, so muß sie das wegen dieser und wegen der weiteren besonderen Rechtswirkung des § 302 Abs. 1 Satz 2 deutlich zum Ausdruck bringen[15], und zwar spätestens bis zum Ablauf der Revisionsbegründungsfrist des § 345

---

12 RGSt **7** 403; KMR-*Paulus* 7; *Sarstedt/Hamm*[6] 34; *Eisenberg* § 69, 8 für § 69 JGG; vgl. § 297, 3.

13 Allgemein zur Revision der Staatsanwaltschaft: *Amelunxen* Die Revision der Staatsanwaltschaft (1980); *Biermann* GA **1955** 353; *Leonhardt* (s. bei § 296); vgl. auch Nr. 147 RiStBV.

14 RGSt **42** 400; OLG Koblenz NJW **1982** 1770; § 296, 7.

15 OLG Rostock *Alsb.* E **2** Nr. 188; KK-*Ruß* § 296, 5; KMR-*Paulus* § 296, 8; vgl. auch Nr. 147 Abs. 3 Satz 2 RiStBV und im folg.; § 296, 16.

Abs. 1[16]. Geschieht das nicht ausdrücklich, so ist die Erklärung nach ihrem gesamten Inhalt auszulegen[17]. Nach h. M darf dabei aus Umständen außerhalb der eigentlichen Rechtsmittelerklärung auf den Willen der Staatsanwaltschaft nicht geschlossen werden[18]. Im Zweifel ist nicht anzunehmen, daß das Rechtsmittel nur zugunsten des Angeklagten eingelegt ist[19]. Die Staatsanwaltschaft kann die Revision auch zugunsten des Einziehungsbeteiligten einlegen[20], nicht aber zugunsten des Nebenklägers[21] und zugunsten von Personen, die nicht selbst rechtsmittelberechtigt sind. Nicht zum Nachteil des Angeklagten rügen kann die Staatsanwaltschaft die Verletzung von Verfahrensvorschriften, die nur zu seinen Gunsten gegeben sind (§ 339).

15 **3. Angeklagte. Ihre Verhandlungsfähigkeit.** Der Angeklagte kann selbst oder (s. Vor § 296, 18) durch einen Bevollmächtigten Revision einlegen (während für die Revisionsbegründung § 345 Abs. 2 gilt). Zur Revisionseinlegung durch den Verteidiger s. § 297 und zur Revision des gesetzlichen Vertreters, die immer nur zugunsten des Angeklagten zulässig ist, § 298. Im Jugendstrafrecht ist neben dem gesetzlichen Vertreter auch der Erziehungsberechtigte zugunsten des Angeklagten zur Revisionseinlegung befugt (vgl. § 298, 3).

16 Die **Verhandlungsfähigkeit** des Angeklagten ist bei jedem Rechtsmittel Voraussetzung für seine wirksame Einlegung, also auch bei der Revision (dazu BGHSt **41** 19, 20). Fehlt es an der Fähigkeit, ist das Verfahren einzustellen (näher Vor § 296, 5). Zweifelhaft ist jedoch, wie es sich auswirkt, wenn der Beschuldigte **im Laufe des Revisionsverfahrens** verhandlungsunfähig wird. Im Hinblick auf die rechtliche Gestaltung des Revisionsverfahrens neigt der Bundesgerichtshof zu der Auffassung, daß es genüge, wenn der beschwerdeführende Angeklagte[22] bis zum Ablauf der Einlegungsfrist des § 341 verhandlungsfähig war[23]. Er läßt es aber jedenfalls ausreichen, wenn der Beschuldigte danach „wenigstens zeitweise" (dazu *Rieß* JR **1995** 474) noch zu einer „Grundübereinkunft" mit dem Verteidiger über die Fortsetzung des Verfahrens in der Lage ist[24], während *Widmaier* (worauf es bei den Entscheidungen des BGH nicht ankam) bis zum Ablauf der Revisionsbegründungsfrist des § 345 auf die verbleibende Fähigkeit zu einer solchen Grundübereinkunft abstellt und *Rieß* ihr Vorliegen bis zur Revisionsentscheidung verlangt[25]. Die Beschränkung auf die genannte Fähigkeit hat zur Konsequenz, daß Rechte, die der Angeklagte im Revisionsverfahren einschließlich der Revisionshauptverhandlung infolge seines Zustandes nicht selbst wahrnehmen kann, von seinem Verteidiger ausgeübt werden können und müssen[26]. Vertretbar erscheint diese Reduzierung der Anforderungen an die Verhandlungsfähigkeit allenfalls in der engsten, von *Rieß* befürworteten Form. Auch in

---

[16] BGHSt **2** 43 = NJW **1952** 435 mit Anm. *Cüppers*; vgl. auch KK-*Ruß* § 296, 5; KMR-*Paulus* § 296, 8; **a. A** OLG Koblenz MDR **1974** 331; *Eb. Schmidt* Nachtr. I Vor § 296, 27, die eine besondere Erklärung für überflüssig halten.

[17] BGHSt **2** 43 = NJW **1952** 431 mit Anm. *Cüppers*; RGSt **5** 221; KK-*Ruß* § 296, 5; *Eb. Schmidt* 7; ferner § 296, 16.

[18] Näher § 296, 16 mit Nachw. in Fußn. 25.

[19] RGSt **65** 235; OLG Koblenz MDR **1974** 331; vgl. § 296, 17.

[20] *Kleinknecht/Meyer-Goßner*[43] 4; *Eb. Schmidt* § 296, 8; *Sarstedt/Hamm*[6] 45.

[21] Näher zu der sehr streitigen Frage § 296, 21.

[22] Für den Angeklagten, der nicht Beschwerdeführer ist, sollen nach BGH NStZ **1996** 242 jedenfalls kei-

ne höheren als die im folg. umschriebenen Anforderungen gelten.

[23] BGHSt **41** 20 = JR **1995** 472 mit Anm. *Rieß*; dagegen überzeugend *Widmaier* NStZ **1995** 363; *Rieß* aaO; erkennbar skeptisch auch BVerfG (Kammer) NStZ **1995** 392.

[24] BGHSt **41** 19 (= JR **1995** 472 mit Anm. *Rieß*); **41** 70 und 74; ebenso BVerfG (Kammer) aaO; zu den Anforderungen an die „Grundübereinkunft" s. insbes. BGH NStZ **1995** 392 (insoweit in BGHSt **41** 74 nicht abgedruckt).

[25] *Widmaier* NStZ **1995** 362; *Rieß* JR **1995** 475, der im übrigen, entgegen Widmaier, die Fähigkeit auch bei Revisionsentscheidungen zugunsten des Angeklagten fordert.

[26] BGHSt **41** 70; dazu zust. *Widmaier* aaO S. 364.

dieser Form erscheint sie freilich, gerade im Zeichen einer „erweiterten Revision" (Vor § 333, 4), im Hinblick auf die Subjektstellung des Angeklagten bedenklich[27]; dies gilt insbesondere wegen der dehnbaren Anforderungen an die „Grundübereinkunft", der gesteigerten Verantwortung des Verteidigers und der (angesichts des § 350 Abs. 2 Satz 1 höchst fragwürdigen) eventuellen „Ausschließung" des Angeklagten von einer Revisionshauptverhandlung. Besondere Grundsätze müssen im übrigen — auch bei völliger Verhandlungsunfähigkeit des Beschuldigten nach noch wirksamer Revisionseinlegung — jedenfalls gelten, wenn das Revisionsgericht auf Freispruch erkennen kann[28].

4. Privatkläger. Seine Befugnis zur Einlegung der Revision regelt § 390 Abs. 1. Der **17** Privatkläger kann nicht, wie die Staatsanwaltschaft, zugunsten des Angeklagten Revision einlegen (vgl. § 296, 22). Auf seine Revision kann das Urteil aber zugunsten des Angeklagten abgeändert werden (§§ 390 Abs. 1 Satz 3, 301). Vgl. im übrigen bei § 390.

5. Nebenkläger können nur im Rahmen der Nebenklagebefugnis Rechtsmittel einle- **18** gen und verfolgen (§§ 400, 401), nicht also hinsichtlich rechtlicher Gesichtspunkte außerhalb der Nebenklagedelikte, und zwar auch nicht bei Tateinheit. Entgegen RGSt **22** 400; **62** 213 kann der Nebenkläger zugunsten des Angeklagten ebensowenig Revision einlegen wie der Privatkläger; auch für seine Revision gilt aber § 301 (dort Rdn. 10). Vgl. zum Ganzen und zu weiteren Fragen der Revisionsbefugnis des Nebenklägers im einzelnen bei §§ 400, 401.

6. Verfalls- und Einziehungsbeteiligte können dieselben Rechtsmittel einlegen wie **19** der Angeklagte (§ 433 Abs. 1, § 440 Abs. 3, § 442 Abs. 1). Bei nachträglicher und selbständiger Einziehung ist jedoch § 441 Abs. 3 Satz 2 zu beachten (oben Rdn. 2).

IV. Beschwer

Die Beschwer als generelle Voraussetzung jedes Rechtsmittels ist im einzelnen Vor **20** § 296, 46 ff erörtert. Speziell für die Revision ist ergänzend zu beachten:

Das Fehlen einer Beschwer berechtigt den Tatrichter im Verfahren nach § 346 Abs. 1 nicht zur Verwerfung der Revision; dies obliegt allein dem Revisionsgericht (§ 346, 11; §349, 2). Die Staatsanwaltschaft kann Berufungsurteile auch dann mit der Revision zuungunsten des Angeklagten angreifen, wenn sie das erste Urteil gar nicht[29] oder nur beschränkt angefochten oder wenn sie selbst zugunsten des Angeklagten Berufung eingelegt hatte[30]. Die Revision der Staatsanwaltschaft ist auch nicht deswegen ausgeschlossen, weil das Urteil dem Antrag ihres Sitzungsvertreters in der Hauptverhandlung entspricht (vgl. § 296, 13). Verwehrt ist es ihr jedoch, Revision lediglich mit dem Ziel einzulegen, daß der Urteilsspruch mit geänderter Begründung aufrechterhalten wird[31].

Eine Beschwer durch den **Kostenausspruch** allein berechtigt aufgrund von § 464 **21** Abs. 3 Satz 1 nicht zur Einlegung der Revision (vgl. OLG Braunschweig NJW **1950** 630). Der Angeklagte kann daher auch gegen das Einstellungsurteil wegen eines Verfahrenshindernisses nicht Revision mit dem Ziel der Freisprechung einlegen, wenn bei der Einstellung gemäß § 467 Abs. 3 Nr. 2 davon abgesehen wurde, seine notwendigen Auslagen der

---

[27] Ablehnend *Sarstedt/Hamm*[6] 1143; wohl auch *Rath* GA **1997** 214 ff, insbes. 224 f.

[28] Näher *Widmaier* NStZ **1995** 363 im Anschluß an LR-*Rieß*[24] § 206 a, 7.

[29] RG JR Rspr. **1925** 1407; OLG Koblenz NJW **1982** 1770; ganz h. L.

[30] *Eb. Schmidt* 6; *Amelunxen* 16; vgl. § 296, 13.

[31] RGSt **63** 184; *Kleinknecht/Meyer-Goßner*[43] Vor § 296, 16; *Amelunxen* 16; *Sarstedt/Hamm*[5] 41; **a. A** *Wohlers* Entstehung und Funktion der Staatsanwaltschaft (1994) 285.

Staatskasse aufzuerlegen; Zweifel an der Schuld des Angeklagten sind in einem solchen Fall im Rahmen der sofortigen Beschwerde über die Kostenentscheidung gemäß § 464 Abs. 3 zu berücksichtigen[32]. Entsprechendes gilt im Hinblick auf § 8 Abs. 1 Satz 3 StrEG (oben Rdn. 2), wenn dem freigesprochenen Angeklagten eine **Entschädigung** nach dem StrEG versagt wird (OLG Karlsruhe NJW **1984** 1976).

V. Revisionsgerichte

22   **1. Örtliche Zuständigkeit.** Grundsätzlich ist, was Bedeutung freilich nur bei den Oberlandesgerichten hat, das Revisionsgericht örtlich zuständig, zu dessen Bezirk das Gericht gehört, dessen Entscheidung mit der Revision angefochten wird; vgl. im einzelnen Vor § 7, 23 ff.

2. Sachliche Zuständigkeit

23   **a)** Die **Oberlandesgerichte**, in Bayern das Bayerische Oberste Landesgericht (§ 9 EGGVG, Art. 22 Nr. 1 BayAGGVG), entscheiden über Revisionen gegen die Berufungsurteile der Strafkammer (§ 121 Abs. 1 Nr. 1 Buchst. b GVG) sowie über Sprungrevisionen (§ 335 Abs. 1 StPO) gegen Urteile des Strafrichters (§ 25 GVG) und des Schöffengerichts (§ 28 GVG). Sie sind ferner zuständig zur Entscheidung über Revisionen gegen Urteile der Strafkammern im ersten Rechtszug, wenn das Rechtsmittel nur auf die Verletzung von Landesrecht gestützt wird (§ 121 Abs. 1 Nr. 1 Buchst. c GVG); praktisch kommt das kaum vor, insbesondere da die Anwendung dieser Vorschrift ausgeschlossen ist bei tateinheitlicher Anwendung von Bundesrecht (KG JR **1957** 230) und bei gleichzeitigen Revisionen von Mitangeklagten, mit denen die Verletzung von Bundesrecht gerügt wird[33].

24   **b)** Der **Bundesgerichtshof** entscheidet über Revisionen gegen Urteile der Landgerichte im ersten Rechtszug, sofern nicht der Ausnahmefall des § 121 Abs. 1 Nr. 1 Buchst. c GVG vorliegt, und gegen Urteile der Oberlandesgerichte im ersten Rechtszug (§ 135 Abs. 1 GVG). Hatte das Landgericht zulässigerweise (vgl. § 237, 4) eine bei ihm anhängige Berufungssache mit einer im ersten Rechtszug anhängigen Sache nach § 237 verbunden, erstreckt sich nach jetzt vorherrschender Meinung, anders als früher, die Zuständigkeit des Bundesgerichtshofs für die Revision in keinem Falle auf die Berufungssache[34].

25   Wenn das **Landgericht**, weil das Amtsgericht seine **Strafgewalt** (§ 24 Abs. 1 Nr. 2 GVG) **überschritten** hatte oder weil die Strafkammer sie auf eine Berufung zuungunsten des Angeklagten überschreiten will (vgl. § 6, 13 ff), ausdrücklich erklärt, daß es als Gericht des ersten Rechtszugs entscheidet, ist der Bundesgerichtshof das zuständige Revisionsgericht[35]. Er ist aber wohl auch zuständig, wenn das Landgericht in diesem Fall zwar rechtsfehlerhaft als Berufungsgericht entschieden, dabei jedoch das für die Hauptverhandlung im ersten Rechtszug vorgeschriebene Verfahren eingehalten hat[36].

---

[32] BayObLG NJW **1970** 875; OLG Hamburg NJW **1969** 945; **1971** 2185; *Kleinknecht/Meyer-Goßner*[43] Vor § 296, 14; **a. A** OLG Celle MDR **1970** 164; vgl. auch bei § 467.

[33] BGHSt **4** 207; vgl. auch RG GA **45** (1897) 29 und zum Ganzen die Erl. zu § 121 GVG.

[34] BGHSt **35** 195; **36** 348; **37** 42; vgl. im einzelnen § 237, 29.

[35] BGHSt **21** 230; **23** 283; *Sarstedt/Hamm*[6] 85; h. M.

[36] BGHSt **23** 285; BGH MDR **1957** 370; RGSt **22** 144; **74** 139; RG JW **1935** 2055 mit Anm. *Schreiber*; OLG Düsseldorf MDR **1957** 118; **a. A** OLG Hamm JMBlNRW **1953** 287; *Sarstedt/Hamm*[6] 85, die dann das Oberlandesgericht für zuständig halten; weitergehend nehmen OLG Celle MDR **1963** 522; OLG Hamburg NJW **1953** 1931; *Dallinger* MDR **1954** 153; *Kappe* JR **1958** 213 die Zuständigkeit des BGH auch an, wenn das LG die Vorschriften über das Verfahren im ersten Rechtszug nicht eingehalten hat.

§ 334

Weggefallen (Art. 21 Nr. 84 EGStGB). Die Vorschrift betraf — im Zusammenhang mit § 313 a. F — die Zulässigkeit der Revision in Übertretungssachen.

§ 335

(1) **Ein Urteil, gegen das Berufung zulässig ist, kann statt mit Berufung mit Revision angefochten werden.**

(2) **Über die Revision entscheidet das Gericht, das zur Entscheidung berufen wäre, wenn die Revision nach durchgeführter Berufung eingelegt worden wäre.**

(3) ¹**Legt gegen das Urteil ein Beteiligter Revision und ein anderer Berufung ein, so wird, solange die Berufung nicht zurückgenommen oder als unzulässig verworfen ist, die rechtzeitig und in der vorgeschriebenen Form eingelegte Revision als Berufung behandelt.** ²**Die Revisionsanträge und deren Begründung sind gleichwohl in der vorgeschriebenen Form und Frist anzubringen und dem Gegner zuzustellen (§§ 344 bis 347).** ³**Gegen das Berufungsurteil ist Revision nach den allgemein geltenden Vorschriften zulässig.**

Schrifttum. *Brandenburg* Untersuchungen zu der Behandlung strafprozessualer Formvorschriften in der neueren Rechtsprechung, Diss. Saarbrücken 1969; *Conrad* Zum Begriff der „Beteiligten" im Fall der Sprungrevision in Strafsachen, DJZ **1925** 1181; *Feuerhelm* Die Annahmeberufung im Strafprozeß, StV **1997** 99; *Fischer* Berufungsausschluß, Ersatzrevision und Sprungrevision gegen Urteile des Amtsgerichts (1930); *Gutmann* Der Übergang von der Revision zur Berufung, JuS **1962** 175; *Hartwig* Sprungrevision bei Nichtannahme der Berufung, NStZ **1997** 111; *A. Meyer* Übergang von der Revision zur Berufung? NJW **1959** 1522; *Meyer-Goßner* Annahmeberufung und Sprungrevision, NStZ **1998** 19; *Schäfer* Zur Anfechtung amtsgerichtlicher Urteile in Strafsachen, NJW **1951** 461; *Eb. Schmidt* Berufung oder Revision im Strafprozeß, NJW **1960** 1651; *Schroeder* Revision der Staatsanwaltschaft bei Verwerfung oder Berufung des nichterschienenen Angeklagten, NJW **1973** 308; *Seibert* Die Wahl der Sprungrevision im Strafverfahren, JZ **1951** 216; *Tolksdorf* Die Annahmeberufung nach § 313 StPO, FS Salger 393; *Werle* „Sparsamer" Strafprozeß. Zur geplanten Abschaffung . . . der Sprungrevision (. . . § 335 StPO), ZRP **1983** 197.

Entstehungsgeschichte. Die Vorschrift geht zurück auf § 34 der EmmingerVO. Mit der Bek. von 1924 wurde sie als § 335 in die Strafprozeßordnung eingefügt. Kap. I Art. 2 § 1 Nr. 1 Satz 2 des Ersten Teils der 2. AusnVO 1932 schränkte sie ein; wer Berufung eingelegt hatte, konnte gegen das Berufungsurteil Revision nicht mehr einlegen. Nach § 16 Abs. 1 der 1. VereinfVO war gegen alle Urteile des Amtsgerichts nur noch die Berufung gegeben. Art. 3 Nr. 143 VereinhG führte § 335 wieder ein. Durch Art. 2 Nr. 10 EGOWiG wurden in Absatz 3 Satz 1 anstelle der Worte „die Revision" die Worte „die rechtzeitig und in der vorgeschriebenen Form eingelegte Revision" gesetzt.

Zu **geplanten Änderungen** in der 13. LegPer. (Ausschluß der Revision bei Nichtannahme der Berufung gemäß § 313) und zu Forderungen nach Abschaffung der Sprungrevision s. Vor § 333, 20.

Ernst-Walter Hanack

Übersicht

1   **1. Allgemeines.** Urteile des Amtsgerichts (Strafrichter und Schöffengericht) können gemäß §§ 312, 313 mit der Berufung angefochten werden. Nach § 335 Abs. 1 kann der Beschwerdeführer statt der Berufung aber auch das Rechtsmittel der Revision (sog. **Sprungrevision**) wählen. Er kann das Urteil jedoch immer nur **einheitlich** mit einem dieser Rechtsmittel anfechten. Die Anfechtung teils mit Berufung, teils mit Revision ist auch dann unzulässig, wenn das Urteil mehrere selbständige Straftaten umfaßt[1]. § 335 Abs. 1 dient der Vereinfachung des Verfahrens, also der **Prozeßökonomie** (und hat im übrigen eine erhebliche Funktion als Disziplinierungsmittel zur Einhaltung des Verfahrens durch das Amtsgericht): Wenn es nur auf die Klärung von Rechtsfragen ankommt, nicht auf die Neuverhandlung der Sache in tatsächlicher Hinsicht, soll eine zweite Tatsacheninstanz erspart werden[2]. Für den Angeklagten als Beschwerdeführer hat das regelmäßig allerdings kaum einen Sinn, wenn er Rügen, insbesondere Verfahrensrügen, erheben will, die ohnedies nur zur Zurückverweisung der Sache an den Tatrichter führen können[3]. Denn eine neue Tatsachenverhandlung erreicht er mit der Berufung sicherer, und die Revision steht ihm dann immer noch zu. Der Angeklagte wird die Sprungrevision daher im allgemeinen nur wählen, wenn es allein auf Rechtsfragen ankommt und ihm günstigere Tatsachenfeststellungen nicht zu erwarten sind (*Dahs/Dahs* 9). In der Praxis ist die Zahl der Sprungrevisionen gering; 1994 z. B. wurden 0,2% der Amtsgerichtsurteile mit ihr angefochten[4].

1a   Die **Annahmeberufung des § 313** führt nach herrschender Meinung nicht zum Ausschluß oder zur Einschränkung der Sprungrevision für die dort erfaßten Bagatellsachen[5]. Begründet wird das teils mit dem Hinweis, daß das Revisionsrecht durch die Einführung der Annahmeberufung nicht geändert werden sollte (so z. B. OLG Zweibrücken NStZ **1994** 203), das Revisionsgericht eine dann nötige Annahme-Prüfung selbst nicht vornehmen könne (so BayObLGSt **93** 147), insbesondere aber mit der Argumentation, daß der Begriff „zulässig" in § 335 mit dem entsprechenden Begriff in § 313 nicht gleichgesetzt werden könne, also die spezielle Zulässigkeitsvoraussetzung des § 313 nicht erfasse (so

---

[1] RGSt **63** 195; KMR-*Paulus* 2.
[2] BGHSt **2** 65; **5** 339; BayObLG StV **1993** 572; eingehend *Werle* 199.
[3] Anders KMR-*Paulus* 2 im Hinblick auf ein Interesse des Beschwerdeführers an einer zusätzlichen Tatsacheninstanz; anders wohl auch *Roxin* § 53, 3.
[4] Vgl. *Feuerhelm* StV **1997** 105; absolute Zahlen in BTDrucks. **13** 4284.
[5] BayObLGSt **93** 147 = StV **1993** 572, dem BGHSt **40** 397 beiläufig zustimmt; OLG Celle NStZ **1998**

87; OLG Düsseldorf NJW **1998** 2314 und StV **1995** 70 L; OLG Karlsruhe StV **1994** 292; NStZ **1995** 562; OLG Stuttgart NStZ-RR **1996** 76; OLG Zweibrücken StV **1994** 119; AK-*Maiwald* 2; HK-*Temming* 1; *Beulke* 559; *Ranft* 2102; *Roxin* § 53, 4; *Sarstedt/Hamm*[6] 26; *Rieß* FS Kaiser (1998) 1476; *Feuerhelm* StV **1997** 101; *Siegismund/Wickern* wistra **1993** 89; eingehend *Tolksdorf* FS Salger 402 ff.

z. B. BayObLGSt aaO). Das alles mag für sich teilweise nicht sehr überzeugend sein. Aber die Gegenmeinung, die für die „Sprungrevision" zunächst eine Annahme der Berufung gemäß § 313 verlangt[6], überzeugt noch weniger. Dies insbesondere, weil die Zulässigkeit eines Übergangs zur Revision, der nach heutiger Auffassung innerhalb der Revisionsbegründungsfrist erfolgen muß (unten Rdn. 9), dann allein von den Zufälligkeiten der Dauer des Annahmeverfahrens abhängen müßte[7]; es bleibt wohl auch zu beachten, daß das Prüfungsverfahren über die Annahme der Berufung z. T. enger ist als der Prüfungsumfang der Revision[8], der Ausschluß der Revision bei Nichtannahme der Berufung oder bei nicht hinreichend schneller Annahme also durchaus berechtigte Belange des Beschwerdeführers beeinträchtigen könnte. Folgt man der herrschenden Meinung, erscheint es freilich widersprüchlich, nach Verwerfung der Berufung innerhalb noch laufender Revisionsbegründungsfrist den Übergang zur Sprungrevision auszuschließen[9], schon weil die Annahmebedürftigkeit der Berufung dann keine Voraussetzung der Revision darstellt[10].

Verfahrensrechtliche Besonderheiten hat die Sprungrevision, von Absatz 3 abgesehen, im jetzt geltenden Recht nicht. Nachdem § 340 weggefallen ist (s. dort), können mit ihr wie mit jeder anderen Revision sämtliche Verfahrensverstöße und sachlichrechtlichen Fehler geltend gemacht werden (BGHSt **2** 65). Auch § 357 ist anzuwenden. Über die Sprungrevision entscheidet nach § 335 Abs. 2 StPO, § 121 Abs. 1 Nr. 1 Buchst. b GVG das Oberlandesgericht. Die Vorlegungspflicht gemäß § 121 Abs. 2 GVG besteht bei der Sprungrevision wie bei jeder anderen Revision (BGHSt **2** 64; **17** 283). Verweist das Revisionsgericht die Sache an den Tatrichter zurück, so kann der Beschwerdeführer, der Sprungrevision eingelegt hatte, das neue Urteil mit der Berufung anfechten und das Berufungsurteil mit der Revision, falls er nicht erneut die Sprungrevision bevorzugt. **2**

Die **Wahlrevision** nach § 441 Abs. 3 Satz 2 StPO, § 55 Abs. 2 JGG unterscheidet sich von der Sprungrevision dadurch, daß der Beschwerdeführer mit der Wahl der Berufung das Rechtsmittel der Revision kraft Gesetzes verliert; die Einlegung einer zulässigen Berufung schließt die Revision gegen das Berufungsurteil grundsätzlich aus. Bei der Sprungrevision hingegen ist die Revision gegen das Berufungsurteil auch dann zulässig, wenn die Revision wegen der Rechtsmittel anderer Beteiligter zunächst als Berufung behandelt worden ist (§ 335 Abs. 3 Satz 3). **3**

2. Allgemeine (unbestimmte) Anfechtung

a) Zulässigkeit. Die zulässig eingelegte Berufung führt grundsätzlich zur vollständigen Neuverhandlung der Strafsache; mit der Revision kann dagegen nur die Prüfung des Urteils und des Verfahrens auf Rechtsfehler erreicht werden (§ 337 Abs. 1; vgl. aber Vor § 333, 4). Die sachgemäße Entscheidung, ob eine Sprungrevision ausreicht oder die Berufung vorzuziehen ist, ist dem Beschwerdeführer im allgemeinen erst nach Zustellung des mit Gründen versehenen Urteils möglich[11]. Das gilt oft auch für die Frage, ob das Urteil auf einem Verfahrensverstoß beruht (BGHSt **2** 66), und zwar im Einzelfall sogar bei Vorliegen eines absoluten Revisionsgrundes gemäß § 338 (dort Rdn. 4 f). **4**

---

[6] So insbes. *Pfeiffer/Fischer* 5; *Kleinknecht/Meyer-Goßner*[43] 21 und *Meyer-Goßner* NStZ **1998** 19; *D. Meyer* JurBüro **1993** 456; *Ostendorf* ZRP **1994** 338; *Scheffler* GA **1995** 455; offengelassen von OLG Frankfurt NStZ-RR **1996** 174.

[7] Näher *Tolksdorf* FS Salger 404.

[8] Dazu näher *Hartwig* NStZ **1997** 112.

[9] So aber BayObLGSt **94** 86 = StV **1994** 364; *Klein-*

knecht/Meyer-Goßner[43] 22; *Böttcher/Mayer* NStZ **1993** 155; *Rieß* (wie Fußn. 5) 1477; *Tolksdorf* FS Salger 405; wohl auch *Siegismund/Wickern* wistra **1993** 88.

[10] AK-*Maiwald* 2; *Roxin* § 53, 5; *Feuerhelm* StV **1997** 102.

[11] BGHSt **5** 339; OLG Köln NJW **1954** 692; vgl. auch im folg.

5   Von der **älteren Rechtsprechung** wurde, nachdem das Reichsgericht zunächst in einer vereinzelt gebliebenen Entscheidung (JW **1926** 2198 mit zust. Anm. *Löwenstein*) die gleichzeitige Einlegung von Berufung und Revision und die spätere Wahl der Revision zugelassen hatte, dennoch gefordert, daß der Beschwerdeführer die Art des Rechtsmittels *bei* der Einlegung, spätestens jedoch bis zum Ablauf der einwöchigen Einlegungsfrist der §§ 314 Abs. 1, 341 Abs. 1, eindeutig bestimmen müsse. Eine allgemeine, unbestimmte, wahlweise oder gehäufte Anfechtung wurde für unzulässig und rechtlich wirkungslos erachtet, weil sie dem Erfordernis der Rechtsmittelklarheit nicht entspreche[12].

6   Die **jetzt herrschende Ansicht** ist von dieser Auffassung zu Recht abgerückt: Da ohne Kenntnis der schriftlichen Urteilsgründe der Verzicht auf die Berufung und die Wahl der Sprungrevision vom Beschwerdeführer in aller Regel nicht zu verantworten ist (Rdn. 4), muß die Forderung, daß er bereits innerhalb der Einlegungsfrist unabänderlich Berufung oder Revision zu wählen hat, den Zweck des § 335, das Verfahren in geeigneten Fällen zu verkürzen (oben Rdn. 1), häufig vereiteln. Statt das Verfahren zu vereinfachen, bürdet die ältere Rspr. dem Rechtsmittelführer ein unzumutbares Wagnis auf und nahm dem § 335 so die Bedeutung. Die heute h. M läßt daher genügen, daß der Beschwerdeführer das Urteil innerhalb der Einlegungsfrist anficht, dabei die Art des Rechtsmittels jedoch zunächst nicht oder noch nicht eindeutig bezeichnet (sog. **unbestimmte Anfechtung**)[13]. Eine solche unbestimmte Anfechtung kann sogar auch dann noch erklärt werden, wenn zunächst Revision eingelegt war, diese aber in der Frist des § 341 Abs. 1 zu dem Zweck und mit der Erklärung zurückgenommen worden ist, sie durch ein nicht bezeichnetes Rechtsmittel zu ersetzen (OLG Celle NJW **1962** 67). Grundsätzlich unwiderruflich ist jedoch die innerhalb der Revisionsbegründungsfrist getroffene endgültige Wahl des Rechtsmittels (unten Rdn. 9).

7   Auch wenn das **Urteil in Abwesenheit** des Beschwerdeführers ergangen ist, ist seine unbestimmte Anfechtung zuzulassen. Zwar beginnt dann die Rechtsmittelfrist erst mit der Urteilszustellung (§ 314 Abs. 2, § 341 Abs. 2), so daß es an sich keinen Grund zu geben scheint (vgl. Rdn. 4), dem Beschwerdeführer, der die Urteilsgründe schon bei der Rechtsmitteleinlegung kennt, unbestimmte oder wahlweise Anfechtung zu gestatten. Zu bedenken ist jedoch, daß die unbestimmte Anfechtung bei Verkündung des Urteils in Anwesenheit des Beschwerdeführers für ihn zur Einräumung einer Überlegungsfrist von einem Monat seit Zustellung des Urteils führt (unten Rdn. 9). Der Beschwerdeführer, für den die Rechtsmittelfrist erst mit der Urteilszustellung beginnt, wäre daher wesentlich schlechter gestellt, wenn er sich über die Wahl des Rechtsmittels schon innerhalb einer Woche seit der Zustellung schlüssig werden müßte. Aus diesem Grund muß auch er zunächst unbestimmt oder wahlweise anfechten können[14].

8   **b) Anfechtungserklärung.** Der Beschwerdeführer kann selbstverständlich schon innerhalb der Einlegungsfrist die Art seines Rechtsmittels durch eine eindeutige Erklärung festlegen (so wohl im Fall OLG Düsseldorf MDR **1995** 1253). Will er dies nicht, erklärt er

---

[12] RGSt **60** 354 = JW **1926** 2448 mit Anm. *Mannheim*; RGSt **60** 355; **63** 195; KG JW **1930** 1322 mit abl. Anm. *Goldschmidt*; OLG Celle JW **1920** 1880 mit Anm. *Mannheim*; OLG Königsberg JW **1927** 2162 mit abl. Anm. *Löwenstein*; ebenso noch OLG Celle NJW **1951** 495; *Brandenburg* 35; *Sauer* NJW **1949** 317.

[13] So z. B. BGHSt **2** 63; **5** 339; **6** 207; BayObLGSt **1951** 1, 367; **1957** 225; **1962** 156; **1970** 158; OLG Bremen Rpfleger **1958** 182; OLG Hamburg JR

1952 207; OLG Hamm MDR **1951** 244; OLG Köln NJW **1954** 692; OLG Nürnberg HESt **1** 208; NJW **1949** 74 mit abl. Anm. *Sauer* NJW **1949** 30; MDR **1959** 595; OLG Schleswig SchlHA **1961** 307; OLG Stuttgart Justiz **1974** 99; ganz h. L.

[14] BayObLGSt **1957** 225 = NJW **1958** 561; *Kleinknecht/Meyer-Goßner*[43] 2; KMR-*Paulus* 5; *Eb. Schmidt* Nachtr. I 4 und JZ **1962** 372; *Hanack* JZ **1973** 728; *Meyer* JR **1982** 39.

zweckmäßigerweise entweder ohne Benennung des Rechtsmittels oder unter dem ausdrücklichen Vorbehalt seiner späteren Bezeichnung zunächst lediglich und allgemein, daß er das Urteil anfechte[15]. Er kann aber auch eine „gehäufte" Anfechtung vornehmen, d. h. die Erklärung abgeben, er lege Berufung oder Revision ein[16]. Bei Zweifeln ist davon auszugehen, daß der Beschwerdeführer das Rechtsmittel im Zeitpunkt der Einlegung noch nicht endgültig gewählt hat[17].

c) Seine **endgültige Wahl** kann der Beschwerdeführer bis zum Ablauf der Revisions- **9** begründungsfrist treffen, also bis zum Ablauf der Frist des § 345 Abs. 1, nicht derjenigen des § 317[18]. Eine innerhalb dieser Frist erklärte Wahl ist jedoch grundsätzlich verbindlich und unwiderruflich[19]; der Übergang zu dem anderen Rechtsmittel, der an sich zulässig ist (unten Rdn. 15 ff), ist also nicht mehr statthaft, wenn nach unbestimmter Anfechtung eine Wahl des Rechtsmittels erklärt worden ist. Die gegenteilige Auffassung[20] überdehnt ohne zwingenden Grund die Zwecküberlegungen, die der Zulässigkeit der unbestimmten Anfechtung zugrunde liegen (Rdn. 6), in nicht mehr gebotener Weise (eingehend *Meyer* JR **1982** 39). Der Beschwerdeführer braucht jedoch eine endgültige Erklärung überhaupt nicht abzugeben[21]. Äußert er sich nicht, so wird das Rechtsmittel als Berufung behandelt[22]. Dabei bleibt es auch, wenn der Beschwerdeführer später erklärt, er wähle die Revision; denn nach Ablauf der Revisionsbegründungsfrist ist keine Wahl mehr möglich[23]. Entsprechendes muß gelten, wenn die Revisionsbegründung, die die Wahl der Revision enthält, innerhalb der Begründungsfrist bei dem zuständigen Gericht, also dem Amtsgericht (§ 345 Abs. 1), nicht eingeht, weil sie an das Landgericht gerichtet war[24].

Läßt eine rechtzeitig (Rdn. 9) abgegebene **Erklärung nicht deutlich** erkennen, ob **10** Berufung oder Revision gewählt ist, so muß das Rechtsmittel ebenfalls als Berufung behandelt werden[25]. Das gilt auch, wenn der Verteidiger schon in der Einlegungsschrift die Verletzung formellen oder materiellen Rechts gerügt hat oder wenn zweifelhaft bleibt, ob der vom Verteidiger gewählte Übergang zur Revision dem ausdrücklichen Willen des Angeklagten widerspricht[26]. Nicht zu folgen ist einer Gegenmeinung[27], die bei nicht deut-

---

[15] BGHSt **2** 62; **5** 342; **13** 393; BayObLGSt **1970** 158 = JR **1971** 120; OLG Düsseldorf MDR **1972** 343; OLG Hamm MDR **1951** 244; OLG Schleswig SchlHA **1961** 307; heute ganz h. L.

[16] RG JW **1926** 2198 mit Anm. *Löwenstein*; OLG Köln NJW **1954** 692; OLG Nürnberg MDR **1959** 595.

[17] BGHSt **17** 48 = JZ **1962** 370 mit Anm. *Eb. Schmidt*; **25** 324; OLG Düsseldorf JZ **1984** 756.

[18] BGHSt **2** 70; **5** 339; **6** 207; **13** 392; **25** 324; **30** 188; BayObLGSt **1957** 225 = NJW **1958** 561; OLG Düsseldorf NStZ **1983** 472 und JZ **1984** 756; OLG Hamburg JR **1952** 207; OLG Hamm NStZ **1991** 601; ganz h. L; **a. A** *Schäfer* NJW **1951** 464, der die Frist des § 317 für maßgebend hält.

[19] OLG Hamburg JR **1952** 207; OLG Köln StV **1996** 369; KK-*Pikart* 5; *Kleinknecht/Meyer-Goßner*[43] 3; KMR-*Paulus* 9. Vgl. aber Rdn. 12 a. E.

[20] BayObLGSt **1989** 107; OLG Celle NJW **1982** 397 = JR **1982** 38 mit abl. Anm. *Meyer*; OLG Karlsruhe StV **1991** 199.

[21] KK-*Pikart* 6; *Kleinknecht/Meyer-Goßner*[43] 4; KMR-*Paulus* 7; vgl. auch im folg.; **a. A** OLG Düsseldorf MDR **1972** 343; OLG Köln NJW **1954** 692.

[22] BGHSt **2** 63; **5** 338; BayObLGSt **1969** 96; **1970** 158; **1971** 74; OLG Düsseldorf NStZ **1985** 518;

OLG Hamm JMBlNRW **1976** 168; OLG Karlsruhe DAR **1964** 344; OLG Köln MDR **1980** 690; OLG Schleswig SchlHA **1961** 307 und bei *Ernesti/Jürgensen* SchlHA **1973** 188; OLG Stuttgart Justiz **1972** 208; **1974** 99; OLG Zweibrücken VRS **51** (1976) 372; LG Zweibrücken MDR **1991** 894.

[23] BayObLGSt **1970** 158 = JR **1971** 120; BayObLG bei *Rüth* DAR **1972** 204; OLG Düsseldorf MDR **1972** 343; OLG Hamm JMBlNRW **1976** 168; OLG Schleswig bei *Ernesti/Jürgensen* SchlHA **1973** 188; OLG Stuttgart Justiz **1972** 208; KK-*Pikart* 5; *Kleinknecht/Meyer-Goßner*[43] 5; KMR-*Paulus* 7.

[24] BGHSt **40** 398 = JR **1996** 38 mit Anm. *Fezer* gegen OLG Zweibrücken NStZ **1984** 203; BayObLG MDR **1983** 1045; OLG Köln NStZ **1984** 557; vgl. auch Rdn. 12.

[25] OLG Düsseldorf MDR **1993** 676; OLG Köln MDR **1980** 690; KK-*Pikart* 6; *Kleinknecht/Meyer-Goßner*[43] 5; KMR-*Paulus* 7. Vgl. auch § 300, 7 sowie OLG Hamm VRS **67** (1984) 456.

[26] OLG Düsseldorf MDR **1993** 676; *Kleinknecht/Meyer-Goßner*[43] 5.

[27] OLG Düsseldorf MDR **1972** 343; OLG Koblenz VRS **65** (1983) 45; OLG Köln NJW **1954** 692; *Eb. Schmidt* Nachtr. I 4.

licher Wahl das Rechtsmittel mit der Argumentation für unzulässig hält, daß seine Wahl in der Schwebe bleibt, wenn die abgegebene Erklärung bis zum Ablauf der Revisionsbegründungsfrist keine Klarheit schafft. Denn in der Schwebe bleibt sie auch, wenn der Beschwerdeführer innerhalb dieser Frist überhaupt keine Erklärung abgibt (vgl. Rdn. 9). Es ist daher nicht einzusehen, daß er schlechter stehen soll, weil er sich geäußert, aber keine eindeutige Wahl getroffen hat. Nichts anderes kann gelten, wenn der Beschwerdeführer sich auch in der Begründungsschrift die Wahl noch ausdrücklich offengelassen hat[28].

11   Die **Entscheidung** zwischen den beiden Rechtsmitteln zu treffen ist allein Sache des Beschwerdeführers, nicht also des Gerichts. Das Gericht braucht nicht zu überlegen und zu verantworten, welches Rechtsmittel dem Beschwerdeführer im Ergebnis eher zum Erfolg verhelfen kann. An einer Rückfrage, die gelegentlich empfohlen wird, ist das Gericht gehindert, weil es den Beschwerdeführer bis zum Fristablauf nicht drängen darf (OLG Köln NStZ **1992** 205). Da das Rechtsmittel bei Nichtausübung des Wahlrechts ohnedies als Berufung zu behandeln ist, besteht im übrigen auch kein überzeugender Grund, den Beschwerdeführer zu Erklärungen zu veranlassen.

12   **d) Wahl der Revision.** Wählt der Beschwerdeführer, nachdem er das Urteil zunächst allgemein angefochten hatte, innerhalb der Frist des § 345 Abs. 1 (dazu Rdn. 15) die Revision, muß er richtigerweise so stehen, als ob er dieses Rechtsmittel von vornherein eingelegt hätte. Die Revision ist daher als unzulässig zu verwerfen und nicht etwa als Berufung zu behandeln, wenn sie entgegen § 344 nicht begründet oder lediglich auf nach § 337 unzulässige Rügen gestützt wird[29]. Das gleiche gilt aber auch, wenn die eindeutig gewählte Revision nicht rechtzeitig (§ 345 Abs. 1) oder nicht mit einem Schriftsatz begründet wird, der der Form des § 345 Abs. 2 entspricht[30]. Die insoweit gegenteilige Auffassung des BGH[31], die insbesondere mit Schwierigkeiten bei § 346 argumentiert, überzeugt nicht; sie läßt sich entgegen der in der 24. Aufl. vertretenen Meinung für § 345 Abs. 1 auch nicht mit der Erwägung halten, daß ja auch die Nichtausübung des Wahlrechts zur Behandlung der unbestimmten Anfechtung als Berufung führt (Rdn. 9), weil (nach klarer Wahl der Revision) die Verletzung des § 345 Abs. 1 als Nichtausübung des Wahlrechts nicht gedeutet werden kann[32]. Die Erhebung der allgemeinen Sachrüge in der Einlegungsschrift bedeutet noch nicht die Wahl der Revision, wenn der Beschwerdeführer ausdrücklich erklärt hat, er behalte sich die Entscheidung über die Rechtsmittelwahl vor[33]. Ausnahmsweise ist die Wahl der Revision **nicht bindend,** das Rechtsmittel also als Berufung zu behandeln, wenn der durch einen Verteidiger nicht beratene Angeklagte vor Gericht sachwidrig und ohne nähere Hinweise zu der Wahl veranlaßt worden ist (OLG Köln NStZ **1992** 204: Verstoß gegen die prozessuale Fürsorgepflicht).

13   **e) Verspätete Anfechtung. Wiedereinsetzung.** Wiedereinsetzung in den vorigen Stand kann unter den Voraussetzungen des § 44 auch bewilligt werden, wenn der Beschwerdeführer das Urteil verspätet angefochten hat, ohne die Art des Rechtsmittels zu bezeichnen. Zur Entscheidung über den Wiedereinsetzungsantrag ist dann das Berufungs-

---

[28] *Sarstedt* Die Revision in Strafsachen[4] 11; **a. A** OLG Köln NJW **1954** 692. Vgl. auch § 300, 11.

[29] BGHSt **2** 70; AK-*Maiwald* 6; KK-*Pikart* 6; *Kleinknecht/Meyer-Goßner*[43] 6; KMR-*Paulus* 8; *Eb. Schmidt* Nachtr. I 4; SK-*Frisch* Vor § 296, 245.

[30] BayObLG NStZ-RR **1998** 51 und KG JR **1987** 217 für § 345 Abs. 2; die in Fußn. 29 genannten Autoren; ebenso HK-*Temming* 3; *Pfeiffer/Fischer* 2;

Gutmann JuS **1962** 177; *Schäfer* NJW **1951** 446; LR-*Meyer* in der 23. Aufl.

[31] BGHSt **2** 70 f (dazu BayObLG aaO); **5** 339; **13** 392 mit krit. Anm. *A. Mayer* NJW **1960** 733; ebenso KK-*Pikart* 6; *Kleinknecht* JZ **1960** 755.

[32] Überzeugend gegen die genannte Meinung AK-*Maiwald* 6; SK-*Frisch* Vor § 296, 245.

[33] OLG Hamm JMBlNRW **1976** 168; KMR-*Paulus* 7.

gericht zuständig[34], weil die Berufung das regelmäßige Rechtsmittel ist und überdies die unbestimmte Anfechtung im Zweifel (s. Rdn. 9, 10) als Berufung behandelt wird. Dem Berufungsgericht obliegt es daher auch, das verspätet eingelegte unbestimmte Rechtsmittel nach § 319 Abs. 1 zu verwerfen, wenn Wiedereinsetzung nicht beantragt ist oder nicht gewährt wird.

Gegen die **Versäumung der Wahl** des Rechtsmittels innerhalb der Frist des § 345 **14** Abs. 1 als solche ist nach h. M eine Wiedereinsetzung unzulässig, es sei denn (unten Rdn. 19), daß das Amtsgericht den Beschwerdeführer über die Wahlmöglichkeit nicht belehrt hat. Begründet wird diese „vielleicht etwas formalistische Auffassung" (so *Dallinger/Lackner* § 55, 38; vgl. auch OLG Hamm NStZ **1991** 601) damit, daß die Wiedereinsetzung nach § 44 die Versäumung einer Frist voraussetzt, die Ausübung des Wahlrechts jedoch an eine selbständige Frist nicht gebunden sei und mit Fristablauf als Berufung gelte; daher gehe die Möglichkeit der Wahl zur Revision mit Ablauf der Frist des § 345 Abs. 1 endgültig unter[35]. Hat jedoch der Beschwerdeführer die Revisionsbegründungsfrist versäumt und wird ihm *dagegen* Wiedereinsetzung gewährt, so kann er innerhalb der neuen Frist auch zur Berufung übergehen[36]; für die Wiedereinsetzung ist im übrigen dann trotz des dabei erklärten Übergangs das Revisionsgericht zuständig, nicht das Berufungsgericht[37].

3. Wechsel des Rechtsmittels

a) Übergang von der Berufung zur Sprungrevision. Die ältere Rspr. forderte nicht **15** nur, daß der Beschwerdeführer die Art des Rechtsmittels sogleich eindeutig bezeichnet (oben Rdn. 5). Sie ließ — folgerichtig — auch eine Änderung des Rechtsmittels nach Ablauf der Einlegungsfrist nicht mehr zu, weil der zweifelsfreie Bestand der das Rechtsmittel betreffenden Willenserklärung wegen der öffentlich-rechtlichen Natur des Prozesses und der im öffentlichen Interesse zu fordernden Sicherstellung des Verfahrens unabdingbar seien[38]. Auch diese Auffassung ist jetzt allgemein und zu Recht aufgegeben worden, weil beim Zweck des § 335 (oben Rdn. 1) den Interessen des Beschwerdeführers größeres Gewicht beizumessen ist als den öffentlich-rechtlichen. Der Beschwerdeführer kann daher nach heutiger Auffassung bis zum Ablauf der Revisionsbegründungsfrist von der Berufung zur Sprungrevision übergehen[39]. Ein nochmaliger Wechsel des Rechtsmittels ist dann jedoch ausgeschlossen[40]. Eine vor Ablauf der Revisionsbegründungsfrist durchgeführte Berufungsverhandlung, die das Wahlrecht verkürzt, begründet die Revision gegen das Berufungsurteil (OLG Frankfurt NStZ **1991** 506).

---

[34] BayObLGSt **1962** 156 = NJW **1962** 1927; KK-*Pikert* 8; *Kleinknecht/Meyer-Goßner*[43] 8; KMR-*Paulus* 12.

[35] BayObLGSt **1962** 158 (= NJW **1962** 1927); **1970** 158 (= JR **1971** 120); BayObLG MDR **1983** 1046; bei *Rüth* DAR **1972** 204; KG JR **1977** 81; OLG Düsseldorf MDR **1991** 78; OLG Hamm NJW **1956** 1168; NStZ **1991** 601; OLG Schleswig MDR **1981** 251; OLG Stuttgart Justiz **1974** 99; OLG Zweibrücken MDR **1979** 956; KK-*Pikart* 6; *Kleinknecht/Meyer-Goßner*[43] 8; KMR-*Paulus* 11; vgl. auch § 44, 8.

[36] OLG Köln NStZ **1994** 200; OLG Schleswig MDR **1981** 251; OLG Zweibrücken MDR **1979** 957; **1981** 517; *Kleinknecht/Meyer-Goßner*[43] 13.

[37] OLG Köln und OLG Schleswig aaO; *Kleinknecht/Meyer-Goßner*[43] 13.

[38] RGSt **60** 354 = JW **1926** 2448 mit Anm. *Mannheim*; BayObLGSt **24** 118; **25** 12; JW **1928** 1312 mit Anm. *Mamroth*; OLG Düsseldorf GA **1928** 379; OLG Königsberg LZ **1926** 1353; ebenso noch OLG Hamburg JR **1952** 207; OLG für Hessen HESt **2** 132; *Seibert* JZ **1951** 216.

[39] BGHSt **5** 338; **6** 207; **25** 324; **33** 188; BayObLGSt **1971** 74; MDR **1989** 1124; KG JR **1977** 81; OLG Bremen Rpfleger **1958** 182; OLG Celle MDR **1960** 159; OLG Hamburg NJW **1972** 1146; OLG Karlsruhe VRS **52** (1977) 26; OLG Koblenz VRS **42** (1972) 29; OLG Zweibrücken NStZ **1994** 204; ganz h. L.

[40] Vgl. oben Rdn. 9.

16   Der Übergang zur Revision muß **klar und zweifelsfrei** erklärt werden, und zwar (s. Rdn. 9) bei dem nach § 341 zuständigen Amtsgericht. Dazu genügt aber die Einreichung eines ausdrücklich als Revisionsrechtfertigungsschrift bezeichneten Schriftsatzes innerhalb der Frist des § 345 Abs. 1. Läßt der Schriftsatz nicht eindeutig erkennen, daß er eine Schrift zur Rechtfertigung der Revision darstellt, so bleibt es bei der Berufung, auch wenn der Beschwerdeführer nach Ablauf der Frist erklärt, er wähle die Revision[41].

17   **b) Übergang von der Sprungrevision zur Berufung.** Da die Berufung eine Nachprüfung des Urteils in weiterem Umfang ermöglicht als die Revision, nahm die Rspr. früher an, daß der Beschwerdeführer, der sich gleichwohl für die Sprungrevision entscheidet, damit auf die Berufung verzichtet; ein Übergang von der Revision zur Berufung, selbst innerhalb der Einlegungsfrist, wurde daher nicht mehr für zulässig gehalten, eine entsprechende Erklärung also als unwirksam angesehen[42].

18   Die **heute herrschende Meinung** hat sich auch insoweit gewandelt. Der Bundesgerichtshof blieb zwar zunächst auf halbem Wege stehen, indem er den Beschwerdeführer an die „zweifelsfreie" Erklärung der Revisionseinlegung binden wollte[43]. Er hat sich dann aber dafür entschieden, den Übergang von der Revision zur Berufung bis zum Ablauf der Revisionsbegründungsfrist „zumindest in der Regel" allgemein zuzulassen[44]. Diese Ansicht wird heute durchgängig vertreten[45]. Sie gilt auch für Revisionen, die durch einen Rechtskundigen eingelegt worden sind, insbesondere also für die Revision der Staatsanwaltschaft und des Verteidigers[46]. Entgegen LR-*Meyer*[23] ist auch hier eine Erklärung, die bereits in Kenntnis der Urteilsgründe abgegeben wird, noch nicht allein deswegen als bindend anzusehen (vgl. Rdn. 7)[47].

19   **c) Wiedereinsetzung in den vorigen Stand** (vgl. auch Rdn. 14) kann unter den Voraussetzungen des § 44 gewährt werden, um einem Beschwerdeführer, den das Amtsgericht nur über die Möglichkeit der Revision belehrt hat, nach einer eindeutig erscheinenden Wahl der Revision (vgl. Rdn. 16) den nachträglichen Übergang zur Berufung zu ermöglichen[48]. Entgegen der herrschenden Meinung[49] kommt dann aber auch im umgekehrten Fall (Belehrung nur über die Möglichkeit der Berufung) eine Wiedereinsetzung in Betracht. Denn obwohl die Berufung das weitergehende Rechtsmittel ist und der Beschwerdeführer Revision immer noch gegen das Berufungsurteil einlegen kann: Wenn

---

[41] OLG Celle MDR **1960** 159; OLG Stuttgart OLSt § 346 S. 1; vgl. oben Rdn. 9.

[42] So insbesondere RGSt **62** 426 = JW **1929** 2748 mit Anm. *Stern*; BayObLGSt **1951** 573; OLG Bamberg HESt **2** 134; OLG Bremen Rpfleger **1958** 182; OLG Nürnberg MDR **1959** 595; OLG Stuttgart NJW **1957** 641 = JZ **1958** 63 mit Anm. *Stratenwerth*; *A. Mayer* NJW **1959** 1522.

[43] BGHSt **13** 388 = JZ **1960** 754 mit zust. Anm. *Kleinknecht* und abl. Anm. *A. Mayer* NJW **1960** 733; ebenso BayObLG **1960** 1682; OLG Hamburg GA **1963** 27; *Gutmann* JuS **1962** 177.

[44] BGHSt **17** 44 = JZ **1962** 370 mit Anm. *Eb. Schmidt*; BGHSt **25** 324; **33** 188. Zur möglichen Einschränkung („zumindest in der Regel"), die in der Rechtsprechung nicht gewonnen hat, s. insbesondere BGHSt **17** 48; *Eb. Schmidt* JZ **1960** 1651; OLG Düsseldorf JZ **1984** 756.

[45] BayObLGSt **1971** 74 = MDR **1971** 948; OLG Hamm VRS **17** (1959) 373; OLG Karlsruhe NJW **1959** 209; Justiz **1974** 191; OLG Köln NJW **1957**

641; OLG Schleswig SchlHA **1959** 216; MDR **1981** 251; AK-*Maiwald* 4; KK-*Pikart* 4; *Kleinknecht/Meyer-Goßner*[43] 11; KMR-*Paulus* 9; *Dahs/Dahs* 12; *Hartung* JR **1925** 54; *Kleinknecht* JZ **1960** 755; *Schäfer* NJW **1951** 464; *Eb. Schmidt* NJW **1960** 1651.

[46] BGHSt **17** 47 = JZ **1962** 370 mit Anm. *Eb. Schmidt*; OLG Celle MDR **1967** 421; OLG Zweibrücken MDR **1979** 957; *Kleinknecht/Meyer-Goßner*[43] 11; *Hanack* JZ **1973** 728; *Eb. Schmidt* NJW **1960** 1651.

[47] *Eb. Schmidt* Nachtr. I 4 und JZ **1962** 373; *Hanack* JZ **1973** 728; wohl auch KK-*Pikart* 4; KMR-*Paulus* 9.

[48] LG München I NJW **1956** 1368; KMR-*Paulus* 12; AK-*Maiwald* 8 will das Rechtsmittel dann immer und SK-*Frisch* Vor § 296, 258 in der Regel ohnedies als Berufung interpretieren.

[49] OLG Düsseldorf MDR **1985** 518; KG JR **1977** 81; *Kleinknecht/Meyer-Goßner*[43] 13; KMR-*Paulus* 12; LR-*Wendisch* § 44, 8; LR-*Meyer* in der 23. Aufl.

ihm infolge einer Fehlbelehrung die vom Gesetz vorgesehene Verfahrensvereinfachung (oben Rdn. 1) abgeschnitten wird, bedeutet das für ihn einen unter Umständen gravierenden Nachteil, der den nachträglichen Übergang zur Revision ebenso rechtfertigen muß[50].

4. Verfahren bei verschiedenartiger Anfechtung (Absatz 3)

a) Allgemeines. Die Vorschrift des § 335 Abs. 3 soll verhindern, daß dieselbe Sache, **20** wenn mehrere Beteiligte verschiedene Rechtsmittel eingelegt haben, von verschiedenen Rechtsmittelgerichten beurteilt wird (RGSt **63** 196). Sie ist über ihren Wortlaut hinaus immer dann anzuwenden, wenn eine Sache sonst gleichzeitig in verschiedene Rechtsmittelzüge geraten würde[51]. Eine ähnliche Regelung gilt nach § 83 Abs. 2 OWiG, wenn ein Strafverfahren teils Ordnungswidrigkeiten, teils Straftaten zum Gegenstand hat (dazu KK-*Pikart* 16).

Die **Anwendung des § 335 Abs. 3** setzt nicht voraus, daß sich die Rechtsmittel auf die **21** Verurteilung wegen derselben Tat beziehen. Es kommt nur darauf an, daß dasselbe *Urteil* von mehreren Beteiligten mit verschiedenartigen Rechtsmitteln angefochten worden ist[52]. Das gilt grundsätzlich auch bei beschränkter Anfechtung[53]. Der Fall des § 335 Abs. 3 liegt aber nicht vor, wenn die Sachen schon vor dem Urteil beim Amtsgericht getrennt worden sind; dann hat jeder Teil sein eigenes Schicksal und seine eigenen Rechtsmittel. Eine danach erfolgte Trennung kann die Anwendung der Vorschrift nicht ausschließen, auch wenn sie aus berechtigtem Grund erfolgt[54] (Abweichung von der 24. Aufl.).

b) Beteiligte im Sinne des § 335 Abs. 3 sind nur diejenigen Verfahrensbeteiligten, **22** denen ein selbständiges Anfechtungsrecht zusteht[55]. Angeklagter und Verteidiger gelten dabei als derselbe Beteiligte; bei Widersprüchen zwischen ihren Rechtsmittelerklärungen gilt der Wille des Angeklagten (§ 297)[56], den das Gericht erforderlichenfalls zu ermitteln hat (§ 300). Beteiligt sind außer der Staatsanwaltschaft auch der Mitangeklagte[57], ferner Privat- und Nebenkläger[58], Einziehungsbeteiligte, gesetzliche Vertreter und Erziehungsberechtigte. Stehen einem Beteiligten mehrere Verfahrensrollen zu, etwa als Mitangeklagter und Nebenkläger[59], so kann er in jeder von ihnen ein anderes Rechtsmittel wirksam und mit der Folge des § 335 Abs. 3 einlegen[60].

c) Behandlung der Revision als Berufung. Nach § 335 Abs. 3 hat die Berufung den **23** Vorrang. Das gilt auch, wenn sie nicht in vollem Umfang eingelegt, sondern etwa auf das Strafmaß beschränkt ist (oben Rdn. 21), oder wenn der Berufungsführer nicht an allen Taten des Revisionsführers beteiligt war. Die neben der Berufung eingelegte Revision wird, solange die Berufung nicht zurückgenommen oder als unzulässig verworfen ist,

---

[50] Ebenso AK-*Maiwald* 8; SK-*Frisch* Vor § 296, 258.

[51] BGHSt **4** 208; BayObLGSt **1951** 398 = JR **1952** 209; OLG Düsseldorf MDR **1952** 313; KMR-*Paulus* 14.

[52] RGSt **63** 194; KG GA **75** (1931) 261; *Kleinknecht/ Meyer-Goßner*[43] 15; KMR-*Paulus* 14; *Sarstedt/ Hamm*[6] 23; **a. A** OLG Düsseldorf GA **1928** 72; *Beling* 401 Fußn. 4.

[53] KK-*Pikart* 12; KMR-*Paulus* 14.

[54] OLG Karlsruhe Justiz **1977** 24; OLG Zweibrücken MDR **1986** 778; KK-*Pikart* 10; *Kleinknecht/Meyer-Goßner*[43] 15; **a. A** KMR-*Paulus* 14.

[55] RGSt **63** 194; BayObLGSt **1951** 399 = JR **1952** 209; *Kleinknecht/Meyer-Goßner*[43] 16; KMR-*Paulus* 15; *Eb. Schmidt* 6.

[56] RG Recht **1926** Nr. 2636; BayObLG VRS **53** (1977) 362; OLG Koblenz MDR **1975** 424; ganz h. L.

[57] RGSt **63** 195; *Kleinknecht/Meyer-Goßner*[43] 16; KMR-*Paulus* 15; *Eb. Schmidt* 6; *Conrad* DJZ **1925** 1181; **a. A** KG HRR **1926** 208; *Hartung* JR **1925** 53.

[58] BGHSt **12** 162; RGSt **63** 195; KMR-*Paulus* 15.

[59] Dazu freilich mit Recht sehr einschränkend BGH NJW **1978** 330; näher Vor § 395.

[60] BayObLG HRR **1934** 1507; OLG Hamm VRS **8** (1955) 59; OLG München JW **1936** 1393; KK-*Pikart* 15; *Kleinknecht/Meyer-Goßner*[43] 16; KMR-*Paulus* 15; *Eb. Schmidt* 8.

Ernst-Walter Hanack

gesetzlich als Berufung „behandelt". Die Berufung tritt insoweit also an die Stelle der eingelegten Revision. Die Revision wird aber nicht endgültig in eine Berufung umgedeutet,
sondern bleibt bis zur Sachentscheidung des Berufungsgerichts bedingt bestehen[61]. Da sie
als Berufung behandelt wird, reicht es zunächst aus, daß sie ordnungsgemäß eingelegt
(nicht auch: begründet) worden ist[62]. Daran ändert auch § 335 Abs. 3 Satz 2 nichts. Wenn
die Berufung zurückgenommen oder als unzulässig verworfen wird (wobei die Rücknahme in der Berufungshauptverhandlung genügt, s. OLG Düsseldorf MDR **1988** 165),
entfällt aber der Grund, die Revision als Berufung zu behandeln. Nur für diesen Fall muß
sie vorsorglich rechtzeitig und formgerecht (§§ 344, 345) begründet werden; sonst wird
sie nach Fortfall der konkurrierenden Berufung als unzulässig verworfen (OLG Neustadt
GA **1957** 422). Ist jedoch die Revision nicht in der Form des § 341 Abs. 1 eingelegt, so ist
sie von vornherein unzulässig; sie kann, wie sich aus § 335 Abs. 3 Satz 1 ergibt, nicht als
formgerechte Berufung behandelt werden und ist darum sogleich als unzulässig zu verwerfen[63].

24   **Nicht in Form der Berufung** ist nach § 335 Abs. 3 Satz 1 über das als Revision eingelegte Rechtsmittel nur dann zu entscheiden, wenn die konkurrierende Berufung zurückgenommen oder als unzulässig verworfen wird. Eine **sinngemäße Anwendung** der Vorschrift kommt nicht in Betracht, wenn das Verfahren gegen den Berufungsführer eingestellt wird[64]. Entgegen einer im Schrifttum verbreiteten Meinung[65] ist § 335 Abs. 3 Satz 1
aber auch nicht anwendbar, wenn die Berufung wegen Nichterscheinens des Beschwerdeführers nach § 329 Abs. 1 verworfen wird[66]: Die Berufung wird dann zwar durch Prozeßurteil (und nach richtiger Auffassung: wegen Verwirkung) verworfen, aber doch nicht in
dem von § 335 gemeinten Sinn als „unzulässig"; denn damit sind bei den problematischen
Konsequenzen jeder anderen Betrachtungsweise für den Verfahrensfortgang insbesondere
aufgrund des § 329 Abs. 3 (vgl. *Schroeder* NJW **1973** 309) erkennbar nur die Fälle
gemeint, in denen die für die Berufungseinlegung (§ 314) vorgeschriebenen formalen
Voraussetzungen fehlen (*Eb. Schmidt* 11). Möglich erscheint es jedoch, die Revision eines
Beschwerdeführers wieder als solche zu behandeln, wenn über die konkurrierende Berufung des Mitangeklagten entschieden und die gegen das Berufungsurteil eingelegte Revision (vgl. Rdn. 26) ebenfalls entscheidungsreif ist (OLG Hamm NStZ **1998** 270). Gleiches
gilt, wenn die Berufung des einen Beteiligten **gemäß § 322 a nicht angenommen** wird,
weil eine die Anwendung der Vorschrift hindernde Berufung, ganz ähnlich wie bei der im
Sinne des § 335 „unzulässigen" Berufung, dann nicht mehr vorliegt[67]; vgl. auch Rdn. 1a.

25   **d) Irrige Handhabung.** Hat das Revisionsgericht § 335 Abs. 3 Satz 1 übersehen und
die „Revision" nach § 349 Abs. 2 verworfen, ist der Beschluß ausnahmsweise prozessual

---

[61] BayObLG MDR **1994** 503; OLG Düsseldorf MDR
1988 165; OLG Neustadt GA **1957** 422; KK-*Pikart*
11; *Kleinknecht/Meyer-Goßner*[43] 17; KMR-*Paulus*
7; *Eb. Schmidt* 6.
[62] RGSt **59** 64; BayObLGSt **1970** 41 = NJW **1970**
1202; KK-*Pikart* 13; KMR-*Paulus* 17; *Eb. Schmidt*
11.
[63] KK-*Pikart* 13; *Kleinknecht/Meyer-Goßner*[43] 17;
KMR-*Paulus* 9.
[64] OLG Schleswig SchlHA **1995** 159; *Kleinknecht/
Meyer-Goßner*[43] 17; *Wunderer* LZ **1924** 795, der
allerdings nur Einstellungen nach § 205 behandelt.
[65] *Schroeder* NJW **1973** 308 und ihm folgend AK-
Maiwald 12; KK-*Pikart* 11; *Kleinknecht*[35] 8; *Gössel* § 38 A IV b 4; *Roxin* § 53, 5.

[66] Im Ergebnis ebenso RGSt **59** 63; OLG Bremen
StV **1991** 150 L; *Kleinknecht/Meyer-Goßner*[43] 17;
KMR-*Paulus* 16; *Eb. Schmidt* 11; *Feisenberger* 5;
Wunderer LZ **1924** 790.
[67] Im Ergebnis ebenso BayObLG StV **1994** 238; AK-
Maiwald 2; **a. A** *Kleinknecht/Meyer-Goßner*[43] 17;
a. A – bei gleichem Ausgangspunkt – auch OLG
Karlsruhe NStZ **1995** 562, das die Revision als Berufung behandelt und wegen der Annahme-Prüfung
des Berufungsgerichts selbst als unzulässig i. S.
des § 313 verwirft; dazu eingehend und ablehnend
Hartwig NStZ **1997** 111; *dagegen* auch *Klein-
knecht/Meyer-Goßner*[43] 18.

unbeachtlich; seine gebotene Zurücknahme stellt nur die wahre Prozeßlage wieder her[68]. Ob Entsprechendes auch gilt, wenn das Revisionsgericht über die „Revision" durch Urteil entscheidet, ist ganz ungeklärt und zweifelhaft, folgerichtig aber wohl eher zu bejahen. Hat das Berufungsgericht nur auf die Berufung und nicht auch auf die konkurrierende Revision hin erkannt, bleibt insoweit das Verfahren bei ihm anhängig, da der Zweck des § 335 Abs. 3 Satz 1 sonst ausgehöhlt würde; das gleiche gilt, wenn das Berufungsgericht die konkurrierende Revision fehlerhafterweise nur zum Teil als Berufung behandelt, im übrigen aber als Revision angesehen hat. In diesen Fällen muß das Revisionsgericht daher die „Revision" an das Berufungsgericht zurückverweisen[69].

e) Anfechtung des Berufungsurteils. Nach § 335 Abs. 3 Satz 3 ist gegen das Beru- **26** fungsurteil Revision nach den allgemeinen Vorschriften zulässig. Das Berufungsurteil kann auch derjenige Beteiligte mit der Revision anfechten, der schon vorher gegen das Urteil des Amtsgerichts Sprungrevision eingelegt hatte (allg. M.). Verweist das Revisionsgericht die Sache nach § 354 Abs. 2 an das Amtsgericht zurück, so kann der Beschwerdeführer gegen das neue Urteil Berufung (oder Revision) einlegen, auch wenn er das frühere nur mit der Revision angefochten hatte (allg. M.).

5. Vorlage der Akten an das Rechtsmittelgericht. Bestehen Zweifel, ob der Ange- **27** klagte Berufung oder Revision gewählt hat, so muß darüber zunächst das Amtsgericht entscheiden[70]. Denn von der Art des Rechtsmittels hängt es ab, ob die Akten der Staatsanwaltschaft zur Vorlage bei dem Berufungsgericht (§§ 320, 231) übersandt werden müssen oder ob nach § 347 Abs. 1 zu verfahren ist und die Akten sodann an das Revisionsgericht weiterzuleiten sind. Hält das Berufungsgericht, dem die Akten vorgelegt werden, das Rechtsmittel für eine Revision, so muß es die Sache an das Amtsgericht zurückgeben, damit dort das Verfahren nach § 347 Abs. 1 durchgeführt werden kann[71]. Nur wenn das Amtsgericht auf seinem Standpunkt beharrt, daß das Rechtsmittel eine Berufung ist, sind die Akten dem Revisionsgericht vorzulegen. Hat das Amtsgericht das Rechtsmittel als Revision angesehen, so entscheidet nach Vorlage der Akten durch die Staatsanwaltschaft (§ 347 Abs. 2) das Revisionsgericht, ob es in erster Hinsicht angerufen ist[72]. Hält es das Rechtsmittel für eine Berufung, so gibt es die Sache durch Beschluß an das Landgericht ab[73], und zwar mit bindender Wirkung (BGHSt **31** 184; vgl. näher § 348, 5).

---

[68] Vgl. RG JW **1927** 395 mit Anm. *Drucker*; zust. BGHSt **17** 96; KK-*Pikart* 11; KMR-*Paulus* 16.

[69] RGSt **63** 194; *Kleinknecht/Meyer-Goßner*[43] 18; KMR-*Paulus* 18; vgl. auch BayObLGSt **1951** 398 = JR **1952** 209.

[70] Ebenso *Kleinknecht/Meyer-Goßner*[43] 18; KMR-*Paulus* 10; anders *Kleinknecht* JZ **1960** 674, der die sofortige Einholung der Entscheidung des Revisionsgerichts für erforderlich hält.

[71] *Kleinknecht/Meyer-Goßner*[43] 20; anders KK-*Pikart* 8; KMR-*Paulus* 10, die eine unmittelbare Abgabe an das Revisionsgericht befürworten.

[72] BayObLGSt **1960** 107 = NJW **1960** 1682.

[73] BayObLGSt **1962** 166 = JR **1963** 70; **1971** 24; OLG Köln NStZ **1992** 204; OLG Schleswig SchlHA **1961** 307.

Ernst-Walter Hanack

§ 336

[1]**Der Beurteilung des Revisionsgerichts unterliegen auch die Entscheidungen, die dem Urteil vorausgegangen sind, sofern es auf ihnen beruht.** [2]**Dies gilt nicht für Entscheidungen, die ausdrücklich für unanfechtbar erklärt oder mit der sofortigen Beschwerde anfechtbar sind.**

Schrifttum. *Bohnert* Beschränkungen der strafprozessualen Revision durch Zwischenverfahren (1983); *Dünnebier* Nicht mit der Revision anfechtbare Entscheidungen im Strafprozeß, FS Dreher 669; *Kohlhaas* Verfahrensfehler im Ermittlungsverfahren und Revision, NJW **1968** 26; *Naucke* Die Einstellung gem. § 153 Abs. 2 StPO in der Revision, FS zum 125jährigen Bestehen der Staatsanwaltschaft Schleswig-Holstein (1992) 459; *Nelles* Zur Revisibilität „fehlerhafter" und „unwirksamer" Eröffnungsbeschlüsse, NStZ **1982** 96; *W. Schmid* Die „Verwirkung" von Verfahrensrügen im Strafprozeß (1967).

Entstehungsgeschichte. Satz 2 ist durch Art. 1 Nr. 28 StVÄG 1979 eingefügt worden. Bezeichnung bis 1924: § 375.

Übersicht

I. Vorausgegangene Entscheidungen (Satz 1)

1 **1. Allgemeines.** Mit der Revision können Rechtsfehler gerügt werden, die das Urteil selbst enthält oder die in dem Verfahren entstanden sind, das zu ihm geführt hat. Was bei dieser Sachlage mit Satz 1 gemeint ist, ist recht unklar. Die von KMR-*Sax*[6] 4 vertretene Meinung, die Bestimmung bezwecke im wesentlichen, daß über sie eine Beschränkung der Verteidigung geltend gemacht werden könne, wenn § 338 Nr. 8 wegen eines fehlenden Gerichtsbeschlusses nicht eingreife, wird von KMR-*Paulus*[7] zu Recht nicht mehr vertreten. Nach *Eb. Schmidt* 9 soll die Vorschrift vor allem gewährleisten, daß Rechtsfehler bei der Behandlung von Beweisanträgen nach § 336 gerügt werden können. Nach richtiger Ansicht ist die Bestimmung im Grunde überflüssig[1]. Denn daß die Revision auf Verfahrensfehler gestützt werden kann, die dem Urteil vorausgegangen sind, ergibt sich ohne weiteres aus § 337. Würde diese Norm für solche Fehler nicht gelten, wäre ihr Anwendungsbereich praktisch auf die Verletzung des sachlichen Rechts beschränkt, was aber dem Gesetz nicht entspricht (vgl. nur § 344 Abs. 2). Der Sinn des § 336 Satz 1 liegt daher

---

[1] *W. Schmid* 268; *Fuhrmann* JR **1962** 322; vgl. auch *Nelles* NStZ **1982** 97, 98 mit Hinweis auf die Entstehungsgeschichte; KMR-*Paulus* 1.

— in gewisser Ergänzung des § 305 Satz 1[2] — nur in der Klarstellung einer Selbstverständlichkeit: daß nämlich auch verfahrensrechtliche Entscheidungen, die vor und außerhalb der Hauptverhandlung getroffen worden sind, grundsätzlich der Prüfung des Revisionsgerichts unterliegen, soweit das Urteil auf ihnen beruht. Die Revision richtet sich dann nicht gegen die vor dem Urteil erlassene Entscheidung, sondern gegen das Urteil selbst (*Eb. Schmidt* 3). Sie setzt eine ordnungsgemäß erhobene Verfahrensrüge (§§ 344, 345) voraus, sofern nicht eine Verfahrensvoraussetzung in Frage steht, deren Vorliegen von Amts wegen zu prüfen ist (§ 337, 29 ff).

2. Entscheidungen im Sinne des § 336 Satz 1 sind nur verfahrensrechtliche Entschei- **2** dungen, und zwar ausschließlich solche, die in demselben Verfahren getroffen worden sind, in dem das angefochtene Urteil erlassen worden ist[3]. Ob sie das Gericht oder der Vorsitzende allein erlassen hat, spielt keine Rolle[4]. Zu beachten bleibt aber, daß nach herrschender, wenn auch umstrittener Meinung sachleitende Anordnungen des Vorsitzenden der Revision regelmäßig nur unterliegen, wenn der Beschwerdeführer die Anordnung im tatrichterlichen Verfahren gemäß § 238 Abs. 2 beanstandet hat (näher § 238, 39 ff; vgl. auch § 337, 280). Entsprechendes gilt nach h. M, soweit der Vorsitzende als befugt angesehen wird, für das Kollegium Vorentscheidungen zu treffen, gegen die die Beteiligten das Gericht anrufen können, wenn sie mit ihnen nicht einverstanden sind, wie das insbesondere bei der Vorabentscheidung über die Vereidigung von Zeugen und Sachverständigen angenommen wird (vgl. § 337, 279).

3. Entscheidungen der Staatsanwaltschaft sind mit § 336 Satz 1 nicht gemeint, **3** schon weil das Urteil allein auf ihnen regelmäßig nicht beruht[5]. Das gilt grundsätzlich auch für Mängel der Anklageschrift. Nur wenn die Anklageschrift so schwerwiegende Mängel aufweist, daß sie unwirksam ist (dazu bei § 200), muß das Revisionsgericht das von Amts wegen beachten, weil das Vorliegen einer rechtswirksamen Anklageschrift eine Verfahrensvoraussetzung darstellt, deren Fehlen zur Einstellung des Verfahrens führt; auch kann ein in der Hauptverhandlung nicht behobener Mangel in der Informationsfunktion der Anklageschrift wegen Verletzung des Zwecks von § 243 Abs. 3 eine erfolgreiche Verfahrensrüge begründen (näher bei § 200).

Selbstverständlich ist, daß **fehlerhaft gewonnene Niederschriften** staatsanwaltschaft- **4** licher (oder polizeilicher) Vernehmungen, die das Gericht bei der Urteilsfindung verwertet, mit der Revision überprüft werden können, wenn ihre Verwertung durch den Tatrichter wegen der ihnen anhaftenden Mängel unzulässig ist. Das ist z. B. der Fall bei der Verwertung von Niederschriften gemäß § 251 Abs. 2, die durch Verstoß gegen § 52 (näher § 52, 54 ff), gegen § 69 Abs. 1 (näher § 69, 15 ff), gegen § 136 Abs. 1 Satz 2 (näher § 136, 53 ff), gegen § 136 a (dort Rdn. 70 ff) oder gegen §§ 163 a Abs. 3 Satz 2, 168 c Abs. 1, 5 (näher bei § 168 c) zustande gekommen sind. Die Revision betrifft hier nicht die staatsanwaltschaftliche (oder polizeiliche) Verfahrensbehandlung, sondern die des Gerichts.

---

[2] Vgl. KK-*Pikart* 1; *Kleinknecht/Meyer-Goßner*[43] 1; *Gössel* NStZ **1982** 142 sieht die „konstitutive Bedeutung" des § 336 Satz 1 darin, daß der Beurteilung des Revisionsgerichts unterliegende Entscheidungen nur nach Revisions-, nicht nach Beschwerdegrundsätzen geprüft werden. Vgl. auch unten Rdn. 8.

[3] KK-*Pikart* 3; KMR-*Paulus* 11; vgl. auch unten Rdn. 9.

[4] BGHSt **7** 282; BGH NJW **1973** 1985; KK-*Pikart* 1; *W. Schmid* 268.

[5] BGHSt **6** 328; BGH NJW **1967** 1869; BGH MDR **1952** 565 mit Anm. *Potrykus*; BGH bei *Dallinger* MDR **1967** 14; RG JW **1930** 3421 mit Anm. *Oetker*; BayObLGSt **1951** 63; KK-*Pikart* 2; KMR-*Paulus* 8; *Kohlhaas* NJW **1968** 26.

Ernst-Walter Hanack

5   **4. Einstellungsbeschlüsse nach §§ 153 ff** sind grundsätzlich keine dem Urteil vorausgehende Entscheidungen im Sinne des § 336[6]. Es handelt sich um Entscheidungen besonderer Art, die vom eigentlichen Urteilsverfahren sachlich gelöst sind, selbst wenn sie in einer Hauptverhandlung erfolgen. Dies zeigt sich schon an den besonderen Anfechtungsregelungen, aber auch daran, daß die Einstellung meist in jeder Lage des Verfahrens, also auch im Revisionsrechtszug, angeordnet werden kann. Insoweit kann der Antrag vor dem Revisionsgericht wiederholt, braucht also nicht auf die Fehlerhaftigkeit der ablehnenden Entscheidung des Tatrichters gestützt zu werden[7]. Keine dem Urteil vorausgehende Entscheidung ist aber auch die Nichtanwendung von § 153 a und § 153 b Abs. 2, obwohl insoweit eine Befugnis des Revisionsgerichts zur Einstellung nicht besteht; denn es geht auch hier um eine nach eigenen Regeln zu treffende Entscheidung, namentlich der Staatsanwaltschaft, die von der eigentlichen Sachentscheidung im gerichtlichen Verfahren abgehoben ist[8]. Von Amts wegen zu beachten hat das Revisionsgericht jedoch das Verfahrenshindernis des § 153 a Abs. 1 Satz 4. Ob eine nach § 154 eingestellte Tat hätte wiederaufgenommen werden sollen, hat das Revisionsgericht grundsätzlich nicht zu prüfen[9]. Gleiches gilt bei Beschränkungen gemäß § 154 a, es sei denn, daß sonst die Frage der Verjährung nicht abschließend geprüft werden kann oder ein Verstoß gegen § 264 in Frage steht[10]. Revisibel ist die Verletzung des § 154 e Abs. 2 (BGHSt **8** 133; dazu auch § 337, 47). — Vgl. zum Ganzen und zu weiteren Einzelheiten im übrigen die Erl. zu den §§ 153 ff.

6   **5. Vor Erlaß des Eröffnungsbeschlusses** getroffene Entscheidungen verfahrensrechtlicher Art werden vom Revisionsgericht nach h. M grundsätzlich nicht nach § 336 Satz 1 geprüft[11]. Denn der Eröffnungsbeschluß bildet die alleinige Grundlage des weiteren Verfahrens, das zu dem Urteil führt[12]; ist das Hauptverfahren einmal eröffnet worden, könne daher eine Revisionsentscheidung es nicht mehr in den Zustand zurückversetzen, der vor dem Eröffnungsbeschluß bestanden hat[13]. Eine Ausnahme gilt, wenn das Revisionsgericht das Verfahren einstellt; dazu führen aber nicht schon einfache Verfahrensfehler, sondern nur Verfahrenshindernisse. Die Revision kann daher auf Verfahrensfehler im Ermittlungsverfahren regelmäßig nicht gestützt werden[14]; das Urteil kann auf ihnen nicht beruhen[15]. Nur wenn ausnahmsweise die Entscheidung, z. B. die unzulässige Ablehnung einer Verteidigerbestellung nach §§ 140 f, bis zum Urteil fortwirkt, kann die Revision auf den Verfahrensmangel ohne Rücksicht darauf gestützt werden, daß er vor Erlaß des Eröffnungsbeschlusses unterlaufen ist (BGHSt **43** 154). Zur Bedeutung von Mängeln des Eröffnungsbeschlusses selbst s. bei § 207 (24. Aufl. Rdn. 70 ff), aber (zur Mitwirkung des ausgeschlossenen Richters, die in diesem Kommentar unterschiedlich beurteilt wird) auch § 22, 64.

---

[6] RGSt **6** 326; *Eb. Schmidt* 11; KK-*Pikart* 14.

[7] BayObLGSt **1970** 225 = VRS **40** (1971) 297; KG JR **1967** 430; VRS **33** (1967) 446; OLG Köln MDR **1957** 182; **a. A** für den ähnlichen Fall des § 47 Abs. 2 OWiG: OLG Hamm NJW **1974** 2100; vgl. auch OLG Saarbrücken MDR **1971** 324. Näher *Naucke* Die Einstellung 462. Zur eigenen Entscheidung des Revisionsgerichts in diesen Fällen s. § 353, 2.

[8] Im Ergebnis für § 153 a ebenso KMR-*Müller* § 153 a, 19; *Kleinknecht/Meyer-Goßner*[43] § 153 a, 57; wohl auch KK-*Schoreit* § 153 a, 38. Zu § 153 b vgl. aber auch dort.

[9] BGH bei *Dallinger* MDR **1970** 383; RGSt **66** 362; bei § 154.

[10] BGHSt **29** 317; **32** 85. Näher bei § 154 a; vgl. auch § 353, 17.

[11] *Eb. Schmidt* 5; *Dahs/Dahs* 7; vgl. auch *Kohlhaas* NJW **1968** 26.

[12] BGHSt **6** 328; **15** 44; RGSt **55** 226; BayObLGSt **1951** 63; KK-*Pikart* 4; KMR-*Paulus* 10.

[13] RGSt **2** 20; **44** 382; RGRspr. **4** 491; RG GA **36** (1888) 161; RG LZ **1915** 1225; RG Recht **1927** Nr. 509; kritisch dazu *W. Schmid* 176 mit weit. Nachw.

[14] BGHSt **6** 328; **15** 44; BGH GA **1980** 255; bei *Dallinger* MDR **1974** 16; RGSt **2** 37; **55** 225; RGRspr. **6** 163; KMR-*Paulus* 10; *Dahs/Dahs* 7; *Sarstedt/Hamm*[6] 509.

[15] BGHSt **6** 328; BGH MDR **1952** 565 mit Anm. *Potrykus*.

Gemäß § 336 Satz 2 kann die Revision insbesondere nicht auf solche Entscheidungen **7** vor Erlaß des Eröffnungsbeschlusses gestützt werden, die das Gesetz ausdrücklich für unanfechtbar erklärt oder die mit der sofortigen Beschwerde angefochten werden können (dazu unten Rdn. 11 ff). Dabei macht es keinen Unterschied, ob die sofortige Beschwerde verworfen worden ist oder ob der Beschwerdeführer es unterlassen hat, sie einzulegen (unten Rdn. 13). Die Anfechtbarkeit einer Entscheidung mit der **einfachen Beschwerde** schließt hingegen für sich allein die Revision nicht aus[16].

6. Nach Erlaß des Eröffnungsbeschlusses ergangene Entscheidungen unterliegen **8** nach § 305 Satz 1 nicht der Beschwerde, wenn sie in innerem Zusammenhang mit der Urteilsfällung stehen (näher bei § 305). Die Vorschrift wird durch § 336 dahin ergänzt, daß diese Entscheidungen mit der Revision angefochten werden können[17], soweit nicht Satz 2 eingreift. Es gibt jedoch auch Entscheidungen des erkennenden Gerichts, die sowohl auf eine Beschwerde als auch auf eine mit der Revision erhobenen Verfahrensrüge nachgeprüft werden können. Dazu gehören die Ablehnung des Antrags auf Bestellung eines Pflichtverteidigers (vgl. bei § 141) und die Entscheidung über die Zulassung des Nebenklägers (näher bei § 396). Hat in einem solchen Fall das Beschwerdegericht entschieden, so ist das Revisionsgericht an diese Entscheidung nicht gebunden[18].

7. In früheren Hauptverhandlungen erlassene Entscheidungen können mit der Revi- **9** sion grundsätzlich nicht beanstandet werden, z. B. nicht die Ablehnung eines Beweisantrags in einer ausgesetzten Hauptverhandlung[19]. Anderes gilt auch hier, wenn die Entscheidung in der neuen Hauptverhandlung weiterwirkt, in der das Urteil erlassen wird (BGHSt **31** 15 für die Anfechtung der früheren Verwerfung eines Ablehnungsgesuchs). Wird die Revision gegen ein Berufungsurteil eingelegt, so kann sie nicht auf Mängel gestützt werden, auf denen das Urteil des Gerichts der ersten Instanz beruht[20].

8. Hinweis. Einzelfälle vorausgegangener Entscheidungen gemäß Satz 1, auf denen **10** das Urteil beruhen oder nicht beruhen kann, werden an dieser Stelle, entgegen der Praxis bis zur 23. Aufl., nicht mehr behandelt, sondern bei den jeweiligen Einzelvorschriften erörtert[21]. Das gilt auch für die über § 336 Satz 2 hinausgehenden Beschränkungen der Revision vorausgegangener Entscheidungen durch „Zwischenverfahren", über deren komplizierte Wechselwirkung zur Revision die Untersuchung von *Bohnert* Aufschluß gibt. Zum Problem einer Beschränkung der Revision durch sog. Ordnungsvorschriften, durch tatrichterliche Ermessensentscheidungen, durch die sog. Rechtskreistheorie sowie durch Verzicht und Verwirkung, insbesondere bei unterlassener Wiederholung von Anträgen bzw. unterlassener Anrufung des Gerichts, vgl. § 337, 15 ff; 87 ff; 95 ff; 269 ff.

II. Unanfechtbare Entscheidungen (Satz 2)

1. Allgemeines. Satz 2 enthält eine Ausnahme von Satz 1. Er soll die revisionsrechtli- **11** chen Konsequenzen sichern, die sich aus der Entscheidung des Gesetzgebers ergeben, daß eine bestimmte Verfahrensmaßnahme unanfechtbar ist bzw. dem befristeten Rechtsmittel

---

16 Ganz h. M, vgl. z. B. RGSt **59** 104; BayObLG JW **1929** 1064; *W. Schmid* 172.
17 KK-*Pikart* 1; *Kleinknecht/Meyer-Goßner*[43] 1; KMR-*Paulus* 1.
18 BGH NJW **1973** 1985 = JR **1974** 247 mit Anm. *Peters*; BGH bei *Herlan* MDR **1955** 652; RGSt **33** 316; **59** 243; **66** 347; offengelassen in BGHSt **21** 361; vgl. auch BGHSt **26** 192.

19 RG JW **1932** 3099 mit Anm. *Bohne*; OLG Saarbrücken VRS **46** (1974) 48; KMR-*Paulus* 11.
20 RGSt **59** 300; **60** 113; **61** 400; RG JW **1932** 405; RG JR Rspr. **1926** Nr.2094; *Beling* 212; *W. Schmid* 194. Vgl. auch § 344, 95.
21 Gewisse Übersicht wesentlicher Fälle bei KMR-*Paulus* 12 ff; auch KK-*Pikart* 4 ff.

der sofortigen Beschwerde unterliegt: Die Entscheidung des Gesetzgebers über die Unanfechtbarkeit würde unterlaufen, wenn es zulässig wäre, die Revision auf die Fehlerhaftigkeit dieser Maßnahme zu stützen. In den Fällen, in denen eine Verfahrensmaßnahme mit der sofortigen Beschwerde anfechtbar ist, hat der Betroffene die Möglichkeit, mit diesem befristeten Rechtsmittel gegen die Entscheidung vorzugehen, damit so bald wie möglich endgültige Klarheit über deren Rechtmäßigkeit geschaffen wird; macht er von dieser Möglichkeit keinen Gebrauch oder bleibt die Beschwerde erfolglos, soll die Klarheit nicht nachträglich im Revisionsverfahren wieder beseitigt werden. Aus diesen Gründen bestand in Rspr. und Schrifttum schon vor Einfügung des § 336 Satz 2 durch das StVÄG 1979 Übereinstimmung, daß die Revision in der Regel nicht auf die Fehlerhaftigkeit von Entscheidungen gestützt werden kann, die das Gesetz ausdrücklich für unanfechtbar erklärt oder die mit der sofortigen Beschwerde angefochten werden können (vgl. LR-*Meyer*[23] 4 mit Nachw.).

12   § 336 Satz 2 hat daher im wesentlichen nur **klarstellende Bedeutung**[22]. Der Gesetzgeber hielt die Klarstellung für erforderlich, weil der Ausschluß von Verfahrensrügen im Zusammenhang mit der Prüfung der sachlichen Zuständigkeit und der Zuständigkeit besonderer Strafkammern (§§ 6 a, 225 a) besondere Bedeutung erlange (BTDrucks. **8** 976, S. 59). **Nicht zu verkennen** ist allerdings, daß die Einfügung des Satz 2 bei wortgetreuer Anwendung vereinzelt zu Konsequenzen führt oder doch Konsequenzen begünstigt, die über die zuvor in Rspr. und Schrifttum vertretenen Begrenzungen hinausgreifen oder fragwürdig sind; das gilt vielleicht vor allem für die Revisibilität fehlerhaft zustande gekommener Eröffnungsbeschlüsse[23], aber wohl auch für die Unanfechtbarkeit von Entscheidungen der Oberlandesgerichte gemäß § 304 Abs. 4 (vgl. unten Rdn. 16). Auch macht die Gesetzesregelung in problematischer Weise immanente Ausnahmen aufgrund Verfassungsrechts erforderlich (Rdn. 14). Problematisch erscheint ferner, daß der Gesetzgeber die Zahl der Fälle, in denen Unanfechtbarkeit einer Entscheidung besteht bzw. die Entscheidung nur mit der sofortigen Beschwerde anfechtbar ist, beträchtlich erweitert und damit den Anwendungsbereich des § 336 Satz 2 recht weit gezogen hat. So wird die Neuregelung im Schrifttum zum Teil erheblich kritisiert[24].

13   **2. Umfang des Ausschlusses.** Ausgeschlossen sind Verfahrensrügen sowohl nach § 337 als auch nach § 338[25]. Gleichgültig ist, ob sich die Unanfechtbarkeit der Entscheidung oder die Möglichkeit ihrer Anfechtung mit der sofortigen Beschwerde aus der StPO oder aus anderen Gesetzen, insbesondere aus dem GVG, ergibt. Gleichgültig ist es im Fall

---

[22] Näher *Rieß* NJW **1978** 2271 und (kritisch) *Nelles* NStZ **1982** 97 mit Nachw. aus den Gesetzesmaterialien.

[23] Wo die Anwendung des § 336 (BGH NStZ **1981** 447; **1985** 464) über das frühere Recht hinaus und recht weit geht, sich aber wegen der Wirkung eines fehlerhaften Eröffnungsbeschlusses u. U. doch nicht durchhalten läßt; vgl. näher bei § 207 (24. Aufl. Rdn. 71 f) mit Nachw.

[24] Kritisch insbesondere *Schroeder* NJW **1979** 1527; *Schlüchter* 724.2; *Peters* 682, der eine enge Auslegung des Satz 2 verlangt und die Revision jedenfalls für zulässig hält, wenn mit der Entscheidung eine Grundrechtsverletzung verbunden ist; zum letzteren im folg. Text; vgl. auch *Bohnert* 2.

[25] Abweichend KK-*Pikart* 13, wenn sich aus der Vorentscheidung absolute Revisionsgründe ergeben, z. B. wenn der Angeklagte in der Hauptverhand-

lung nicht ordnungsgemäß verteidigt ist oder ein während der Hauptverhandlung ergangener Gerichtsbeschluß die Verteidigung unzulässig beschränkt. Aber in den genannten Beispielen ergibt sich die (in der Tat trotz des § 336 Satz 2 gegebene) Revisibilität nicht speziell aus der Verletzung absoluter Revisionsgründe, sondern aus der in der Hauptverhandlung fortbestehenden Pflicht zur Verteidigerbestellung gemäß § 140 bzw. aus dem gegen § 265 Abs. 4 verstoßenden Gerichtsbeschluß, mögen sich beide Rechtsfehler im Ergebnis auch als absolute Revisionsgründe darstellen. Wegen *dieser* Besonderheiten ist in den genannten (und anderen) Fällen die Revision gegeben (vgl. auch Rdn. 15). Im Anwendungsbereich des § 336 Satz 2 selbst kommt es hingegen nicht darauf an, ob Ausschluß der Revisibilität einen absoluten Revisionsgrund betrifft.

der sofortigen Beschwerde auch, ob sie verworfen oder gar nicht eingelegt worden ist, weil es allein auf die Anfechtbarkeit ankommt[26].

Handelt es sich um eine Zuständigkeitsbestimmung oder um eine Vorschrift über das **14** **Ausscheiden von Richtern** oder über die Entbindung von Schöffen, so bleibt die Revision aber weiterhin möglich, wenn die beanstandete Entscheidung zugleich eine willkürliche Entziehung des gesetzlichen Richters bedeutet, weil dann auch ein revisibler Verstoß gegen Art. 101 Abs. 1 Satz 2 GG vorliegt; der Verstoß kann dann also trotz des § 336 Satz 2 nach §§ 337, 338 Nr. 1 StPO geltend gemacht werden[27], wobei freilich zu beachten ist, daß nach h. M Willkür und Irrtum zu unterscheiden sind (näher § 338, 10 und bei § 16 GVG).

Die Revision bleibt **auch sonst zulässig**, soweit der Tatrichter die Fehlerhaftigkeit vor- **15** ausgegangener Entscheidungen in der (weiteren) Hauptverhandlung zu korrigieren verpflichtet war und das nicht getan hat, sich also aus seinem Unterlassen ein revisibler (weiterer) Rechtsfehler ergibt, auf dem das Urteil beruht[28].

Soweit gegen Entscheidungen, die ein **Oberlandesgericht gemäß § 304 Abs. 4 Satz 2** **16** oder die der **Ermittlungsrichter** des Bundesgerichtshofs oder des Oberlandesgerichts (§ 304 Abs. 5) erlassen hat, die Beschwerde ausgeschlossen ist, sind nach dem Wortlaut des § 336 Satz 2 auch Verfahrensrügen ausgeschlossen, die an die Stelle der Beschwerde treten. Tatsächlich entsprach die Beschränkung der Revision für § 304 Abs. 4 insoweit auch dem Willen des Gesetzgebers[29]. Sie ist von BGHSt **27** 96 mit Billigung des Bundesverfassungsgerichts[30] schon vor Einfügung des Satz 2 bejaht worden und entspricht heute der herrschenden Meinung[31]. Sonderlich überzeugend ist es für die Revisibilität der dem Urteil vorausgehenden Entscheidungen der Oberlandesgerichte als erkennende Gerichte des ersten Rechtszuges in der Sache aber jedenfalls nicht, daß z. B. selbst die Rüge ausgeschlossen sein soll, das Oberlandesgericht habe ein Ablehnungsgesuch gegen den erkennenden Richter (§ 28 Abs. 2 Satz 2) zu Unrecht verworfen (so BGHSt **27** 96). Denn es entspricht gewiß nicht dem Sinn des StaatsschStrafG, durch die Einführung eines zweistufigen Instanzenzuges in Staatsschutzstrafsachen eine Überprüfung der erstinstanzlichen Entscheidung mit der Revision zu erreichen, wenn dabei so starke und ganz systemwidrige Einschränkungen der Revision möglich sind (vgl. auch *Schmidt-Leichner* NJW **1977** 1804). Aber § 336 Satz 2 unterscheidet nicht, ob die Unanfechtbarkeit allgemein oder nur für den Fall gesetzlich bestimmt ist, daß sie von einer bestimmten Instanz erlassen wird. Man wird daher, angesichts auch des gesetzgeberischen Willens, die Unanfechtbarkeit nach § 304 Abs. 4 Satz 2 von § 336 Satz 2 nicht deswegen ausnehmen dürfen, weil sie lediglich instanzbezogen, nicht also sachbezogen ist; § 336 Satz 2 besagt nicht, daß die Revisibilität nur ausgeschlossen ist, wenn die vorausgegangene Entscheidung der sofortigen Beschwerde zugänglich oder für *alle* Instanzen unanfechtbar ist.

---

[26] Vgl. schon BGH NJW **1952** 234; **1962** 261; RGSt **29** 281; **34** 215; *Dünnebier* 673.

[27] Vgl. BGHSt **31** 4; BGH NStZ **1982** 476 und GA **1981** 382 für die Entbindung von Schöffen; BGH GA **1981** 321 mit Anm. *Rieß* für die willkürliche Beurteilung des Zuständigkeitsmerkmals der besonderen Bedeutung gemäß § 74 Abs. 1 Satz 2, § 24 Abs. 1 Nr. 3 GVG. Ebenso z. B. *Kleinknecht/Meyer-Goßner*[43] 6; KK-*Müller* § 52 GVG 8; KMR-*Paulus* 5; *Schlüchter* 724.4; *Rieß* NJW **1978** 2271; *Katholnigg* NJW **1978** 2378; vgl. auch BTDrucks. **8** 976, S. 59.

[28] So z. B. bei einem mangelhaften Eröffnungsbeschluß, der seine Informationsfunktion nicht hin-

reichend erfüllt (vgl. bei § 207), oder bei den in Fußn. 25 genannten Fällen.

[29] Vgl. die Nachweise aus den Materialien zum StaatsschStrafG bei B VerfG NJW **1977** 1816.

[30] NJW **1977** 1816 („allein mögliche Deutung", die auch nicht verfassungswidrig sei).

[31] KK-*Pikart* 11; *Kleinknecht/Meyer-Goßner*[43] 6; KMR-*Paulus* 4; *Roxin* § 9, 15; *Schlüchter* 724.4; *Dünnebier* 669; LR-*Meyer* in der 23. Aufl., ErgBd. § 336, 4; **a. A** *Schmidt-Leichner* NJW **1977** 1804; *Sarstedt/Hamm*[6] 360 für Entscheidungen über Ablehnungsgesuche (dazu im folg. Text).

Ernst-Walter Hanack

17   **3. Fälle des Ausschlusses** der Revision gemäß § 336 Satz 2 ergeben sich aus zahlreichen Bestimmungen des Gesetzes; zu ihren, oft komplizierten, Einzelheiten s. näher bei Erl. der jeweiligen Vorschriften[32].

18   **a)** Die **Unanfechtbarkeit** verfahrensrechtlicher Entscheidungen wird insbesondere bestimmt in: § 28 Abs. 1, § 46 Abs. 2, § 68 b Satz 4, § 81 c Abs. 3 Satz 4, § 138 d Abs. 6 Satz 3, § 147 Abs. 4 Satz 2, § 168 e Satz 5, § 201 Abs. 2 Satz 2, § 210 Abs. 1, § 225 a Abs. 3 Satz 3, Abs. 4 Satz 2 Halbsatz 2, § 229 Abs. 3 Satz 2 (dazu *Rieß/Hilger* NStZ **1987** 149), § 270 Abs. 3 Satz 2, § 247 a Satz 2, § 304 Abs. 4 Satz 1 und 2 (vgl. Rdn. 16), § 304 Abs. 5, § 322 a Satz 2, § 372 Satz 2, § 390 Abs. 5 Satz 2, § 396 Abs. 2 Satz 2, § 397 a Abs. 3 Satz 2, § 431 Abs. 5 Satz 1, § 440 Abs. 3, § 444 Abs. 2 Satz 2, Abs. 3 Satz 1 StPO; § 41 Satz 4, § 52 Abs. 4, § 53 Abs. 2 Satz 2, § 54 Abs. 3 Satz 1, § 171 b Abs. 3 GVG.

Die Unanfechtbarkeit von Entscheidungen des erkennenden Gerichts nach § 305 Satz 1 hindert die Revisionsrüge nicht. Denn die Vorschrift wird durch § 336 Satz 1 dahin ergänzt, daß diese Entscheidungen mit der Revision angefochten werden können (vgl. Rdn. 8); ihre Anfechtbarkeit mit der Revision ist daher durch § 336 Satz 2 nicht ausgeschlossen.

19   **b)** Die **Anfechtbarkeit mit der sofortigen Beschwerde** ergibt sich u. a. aus: § 28 Abs. 2 Satz 1, § 46 Abs. 3, § 81 Abs. 5 Satz 1, § 138 d Abs. 6 Satz 1, § 200 a Abs. 2, § 206 b Satz 2, § 210 Abs. 2, § 225 a Abs. 3 Satz 3, Abs. 4 Satz 2 Halbsatz 2, § 231 a Abs. 3 Satz 3, § 270 Abs. 3 Satz 2, § 372 Satz 1, § 379 a Abs. 3 Satz 2, § 383 Abs. 2 Satz 3, § 431 Abs. 5 Satz 2, § 440 Abs. 3, § 441 Abs. 2, § 444 Abs. 2 Satz 2, Abs. 3 Satz 1.

§ 337

(1) **Die Revision kann nur darauf gestützt werden, daß das Urteil auf einer Verletzung des Gesetzes beruhe.**

(2) **Das Gesetz ist verletzt, wenn eine Rechtsnorm nicht oder nicht richtig angewendet worden ist.**

Bezeichnung bis 1924: § 376.

Schrifttum (vgl. auch Vor § 333)

Allgemein. *Alberts* Die Feststellung doppelt relevanter Tatsachen in der strafprozessualen Revisionsinstanz (1990 = Diss. Münster 1989); *Alsberg* Die Nachprüfung strafprozessualer Revisionsrügen auf ihre tatsächliche Grundlage, JW **1915** 306; *Alsberg* Beweis der außerhalb der Schuld- und Strafzumessungsfragen liegenden Momente, GA **62** (1916) 1; *Arnold* Revision wegen Verletzung einer Rechtsnorm über das Verfahren, Diss. Erlangen 1933; *Bauer* Die natürliche Stufung der Verfahrensvorschriften (BGHSt 11, 213, 214) und die zivilrechtliche Schutzzwecklehre, wistra **1991** 95; *Bauer* Ist die Kritik an der „Rechtskreistheorie" (methodisch) noch zu halten? NJW **1994** 2530; *Beling* Revision wegen „Verletzung einer Rechtsnorm über das Verfahren" im Strafprozeß, FS Binding (1911) **2** 87; *Blomeyer* Revisibilität von Verfahrensfehlern im Strafprozeß, JR **1971** 142; *Bohnert* Ordnungsvorschriften im Strafverfahren, NStZ **1982** 5; *Burgmüller* Das Beruhen des Urteils auf

---

[32] Vgl. auch die Erörterung vieler Einzelfälle in der Untersuchung von *Bohnert*.

der Gesetzesverletzung als Regulativ im Revisionsrecht, Diss. Berlin 1989; *Busch* Begründung, Anfechtung und Revisibilität der Verwerfungsurteile der §§ 329 I und 412 I StPO, JZ **1963** 457; *Doller* Der schweigende Angeklagte und das Revisionsgericht, MDR **1974** 979; *Drost* Das Ermessen des Strafrichters (1930); *Frank* Revisible und irrevisible Strafverfahrensnormen, Diss. Göttingen 1972; *Friedrich* Der Begriff des Gesetzes im Sinne des Revisionsrechts, Diss. Marburg 1960; *Frisch* Ermessen, unbestimmter Rechtsbegriff und „Beurteilungsspielraum" im Strafrecht, NJW **1973** 1345; *Frisch* Zum Wesen des Grundsatzes „in dubio pro reo", FS Henkel 273; *Frisch* Zur Bedeutung des Beweisrechts und des Rechtsmittelrechts für die Revisibilität von Verfahrensmängeln, Rudolphi-Symp. 173; *Gottwald* Die Revisionsinstanz als Tatsacheninstanz (1975); *Grüner* Zur Rechtskreistheorie des BGH im Revisionsverfahren – BGHSt 38, 302, JuS **1994** 193; *Haddenhorst* Die Einwirkung der Verfahrensrüge auf die tatsächlichen Feststellungen im Strafverfahren (1971); *Häger* Folgen staatsanwaltschaftlicher Verfahrensfehler in der Hauptverhandlung, GedS Meyer 171; *Hauf* Ist die „Rechtskreistheorie" noch zu halten? NStZ **1993** 457; *Henke* Die Tatfrage (1966); *Herdegen* Tatgericht und Revisionsgericht – insbesondere die Kontrolle verfahrensrechtlicher „Ermessensentscheidungen", FS Kleinknecht 173; *Herdegen* Die Beruhensfrage im strafprozessualen Revisionsrecht, NStZ **1990** 513; *Herdegen* Strafprozessuale Novitäten, StraFo. **1995** 31; *Hüsmann* Zur Revision in Strafsachen. Die Rüge der fehlenden Übereinstimmung des „festgestellten" Sachverhalts mit dem Inbegriff der Hauptverhandlung, MDR **1977** 894; *Kautter* Feststellung prozessual erheblicher Tatsachen im Strafprozeß (1913); *Kolb* Rechtsnatur und Anfechtbarkeit der gerichtlichen Geschäftsverteilungspläne, Diss. Erlangen-Nürnberg 1986; *Lehmann* Die Behandlung des zweifelhaften Verfahrensverstoßes im Strafprozeß (1983); *D. und U. Mann* Die Anwendbarkeit des Grundsatzes „in dubio pro reo" auf Prozeßvoraussetzungen, ZStW **76** (1964) 264; *May* Auslegung individueller Willenserklärungen durch das Revisionsgericht? NJW **1983** 980; *Mehle* Das Erfordernis des Beruhens im Revisionsrecht – die ungewisse Hürde für den Revisionsführer, in: Grundprobleme des Revisionsverfahrens, SchrRAGStrafR, Bd. 7, 1991, 47 (zit. Mehle Das Erfordernis); *Meurer* Denkgesetze und Erfahrungsregeln, FS Ernst Wolf (1985) 483; *Meyer Cording* Die Rechtsnormen (1991), *Meyer-Goßner* Hinweise zur Abfassung des Strafurteils aus revisionsrechtlicher Sicht, NStZ **1988** 529; *Michael* Der Grundsatz in dubio pro reo im Strafverfahrensrecht (1981 = Diss. Frankfurt); *Montenbruck* In dubio pro reo aus normtheoretischer, straf- und strafverfahrensrechtlicher Sicht (1985); *Neumann* Die Abgrenzung von Rechtsfrage und Tatfrage und das Problem des revisionsgerichtlichen Augenscheinsbeweises, GA **1988** 387; *Paulus* Prozessuale Wahrheit und Revision, FS Spendel 687; *Peters* Tat-, Rechts- und Ermessensfragen in der Revisionsinstanz, ZStW **57** (1938) 53; *Paeffgen* „Ermessen" und Kontrolle. Probleme einer Begriffsanleihe in Bezug auf die Revisibilität von Tatsachen, FS II Peters 61; *Philipps* Wann beruht ein Strafurteil auf einem Verfahrensmangel? FS Bockelmann 830; *Preiser* Der Umfang der Prüfung des Revisionsgerichts nach § 329 Abs. 1 StPO, GA **1965** 366; *Reichhold* Die Revision aus prozessualen Gründen (1927); *Rieß* Die Bestimmung und Prüfung der sachlichen Zuständigkeit und verwandter Erscheinungen im Strafverfahren, GA **1976** 1; *Rudolphi* Die Revisibilität von Verfahrensmängeln im Strafprozeß, MDR **1970** 93; *Sax* Zur Anwendbarkeit des Satzes „in dubio pro reo" im strafprozessualen Bereich, FS Stock 143; *Scheuerle* Beiträge zum Problem der Trennung von Tat- und Rechtsfrage, AcP **157** (1958) 1; *Schlüchter* Zum normativen Zusammenhang zwischen Rechtsfehler und Urteil, FS Friedrich-W. Krause (1990), 485; *W. Schmid* Zur Korrektur von Vereidigungsfehlern im Strafprozeß, FS Maurach 535; *W. Schmid* Der Revisionsrichter als Tatrichter, ZStW **85** (1973) 360; *W. Schmid* Der revisionsgerichtliche Augenscheinsbeweis, ZStW **85** (1973) 893; *W. Schmid* Über den Aktenverlust im Strafprozeß, FS Lange 781; *Eb. Schmidt* Die Verletzung der Belehrungspflicht gemäß § 55 II StPO als Revisionsgrund, JZ **1968** 596; *Schünemann* Zum Verhältnis von Norm und Sachverhalt bei der Rechtsanwendung, von Ober- und Untersatz im Justizsyllogismus und von Rechts- und Tatfrage im Prozeßrecht, FS Arthur Kaufmann 299; *Schuppenies* Die Revisibilität der normativen Tatbestandsmerkmale, Diss. Halle-Wittenberg 1934; *Seibert* In dubio pro reo und Revision, NJW **1955** 172; *Seibert* Revisionsrichter und Tatrichter in Strafsachen, NJW **1958** 132; *Stenglein* Anfechtbare und unanfechtbare Feststellungen im deutschen Strafprozeß, GerS **46** (1898/99) 1; *Stree* In dubio pro reo (1962) 53 ff; *Sulanke* Die Entscheidung bei Zweifeln über das Vorhandensein von Prozeßvoraussetzungen und Prozeßhindernissen im Strafverfahren (1974); *Teske* Die Revision wegen aktenwidrigter tatsächlicher Verstöße, Diss. Marburg 1962; *Venator* Besteht eine Abhängigkeit der strafrechtlichen Revision von der Schwere des Verfahrensverstoßes? Diss. Köln 1965; *Vollhardt* Die Einschränkung der Revision bei Verfahrensfehlern im

Zusammenhang mit den Begriffen „Ordnungsvorschrift", „Verwertungsverbot", „Rechtskreisberührung", Diss. Erlangen 1970; *Wamser* Die Revisibilität unbestimmter Rechtsbegriffe, Diss. Marburg 1961; *Warda* Dogmatische Grundlagen des richterlichen Ermessens im Strafrecht (1962); *Weber-Petras* Ordnungs- und Sollvorschriften im Strafprozeßrecht (1992 = Diss. Göttingen 1991).

Revisibilität der Beweiswürdigung und der Tatsachenfeststellungen. *Albrecht* Überzeugungsbildung und Sachverständigenbeweis in der neueren strafrechtlichen Judikatur zur freien Beweiswürdigung, NStZ **1983** 486; *Brüning* Die Revisibilität der Erfahrungssätze im Rahmen der Tatsachenfeststellung, Diss. Mainz 1957; *Cuypers* Die Revisibilität der strafrichterlichen Beweiswürdigung, Diss. Bochum 1975; *Engel* Neue Entwicklungen des Revisionsrechts im Strafprozeß – Eine Untersuchung der angeblichen Revisibilität der Erfahrungssätze und Denkgesetze, Diss. Göttingen 1957; *Engisch* Logische Studien zur Gesetzesanwendung[3] (1963); *Fezer* Grenzen der Beweisaufnahme durch das Revisionsgericht, Hanack-Symp. 89; *Fezer* Tatrichterlicher Erkenntnisprozeß – „Freiheit" der Beweiswürdigung –, StV **1995** 95; *Geerds* Revision bei Verstoß gegen Denkgesetze oder Erfahrungssätze? FS Peters 267; *Grave/Mühle* Denkgesetze und Erfahrungssätze als Prüfungsmaßstab im Revisionsverfahren, MDR **1975** 274; *Haas* Zur Revision gegen Beweiswürdigung und tatsächliche Feststellungen, Die Spruchgerichte **1949** 72; *Hamm* Der prozessuale Beweis der Kausalität und seine revisionsrechtliche Überprüfung, StV **1997** 159; *Hanack* Maßstäbe und Grenzen richterlicher Überzeugungsbildung im Strafprozeß – OLG Celle NJW 1976, 2030, JuS **1977** 727; *Hartung* Zur Frage der Revisibilität der Beweiswürdigung, SJZ **1948** 579; *Heinsheimer* Die Freiheit der richterlichen Überzeugung und die Aufgaben der Revisionsinstanz, FS Klein (1924) 133; *Hempfling* Die Tatsachen in der Rechtsprechung der Revisionsgerichte in Strafsachen, Diss. Münster 1956; *Herdegen* Bemerkungen zur Beweiswürdigung, NStZ **1987** 193; *Herdegen* Die Überprüfung der tatsächlichen Feststellungen durch das Revisionsgericht auf Grund der Sachrüge, StV **1992** 527; *Herdegen* Die Überprüfung der tatsächlichen Feststellungen durch das Revisionsgericht auf Grund einer Verfahrensrüge, StV **1992** 590; *Herdegen* Die Rüge der Nichtausschöpfung eines Beweismittels, FS Salger 301; *Janetzke* Die Überprüfung der richterlichen Überzeugung durch die Revisionsinstanz, DRiZ **1951** 160; *Jerouschek* Wie frei ist die freie Beweiswürdigung? GA **1992** 493; *Klug* Probleme der Logik des Argumentierens im Prozeß, in: FS der Rechtswiss. Fakultät zur 600-Jahre-Feier der Universität zu Köln (1988) 429; *Klug* Die Verletzung von Denkgesetzen als Revisionsgrund, FS Möhring (1965) 363; *Krause* Grenzen richterlicher Beweiswürdigung im Strafprozeß, FS Peters 323; *Kuchinke* Grenzen der Nachprüfbarkeit tatrichterlicher Würdigung und Feststellungen in der Revisionsinstanz (1964); *Luther* Freie Beweiswürdigung und ihre revisionsgerichtliche Überprüfung im Strafverfahren, NJ **1994** 294, 346; *Maul* Die Überprüfung der tatsächlichen Feststellungen durch das Revisionsgericht in der neueren Rechtsprechung des Bundesgerichtshofs, FS Salger 409; *Meseke* Die Aktenwidrigkeit als Revisionsgrund in Strafsachen, Diss. Göttingen 1973; *Niemöller* Die strafrichterliche Beweiswürdigung in der neueren Rechtsprechung des Bundesgerichtshofs, StV **1984** 431; *Oellrich* Zur Revisibilität der Beweiswürdigung, NJW **1954** 532; *Pagendarm* Verstöße gegen die Denkgesetze, die Erfahrungssätze und das Ermessen als Revisionsgründe, Diss. Marburg 1928; *Pelz* Die revisionsgerichtliche Überprüfung der tatrichterlichen Beweiswürdigung, NStZ **1993** 361; *Pfitzner* Bindung der Revisionsgerichte an vorinstanzliche Feststellungen im Strafverfahren (1988 = Diss. Hannover 1987); *R. Rebmann* Die Revisibilität der Erfahrung im Strafprozeß, Diss. Gießen 1994; *Salger* Das Indizienurteil des Strafrichters in der Revisionsinstanz, NJW **1957** 734; *G. Schäfer* Freie Beweiswürdigung und revisionsgerichtliche Kontrolle, StV **1995** 147; *v. Schledorn* Die Darlegungs- und die Beweiswürdigungspflicht des Tatrichters im Falle der Verurteilung (1997 = Diss. Passau); *Schlosky* Revision wegen Verletzung der Denkgesetze, DRiZ **1933** 103; *Schlothauer* Unvollständige und unzutreffende tatrichterliche Urteilsfeststellungen – Verteidigungsmöglichkeiten in der Revisions- und Tatsacheninstanz, StV **1992** 134; *B. Schmitt* Die richterliche Beweiswürdigung. Eine Studie zu . . . sowie zu den Möglichkeiten und Grenzen einer Revision in Strafsachen (1992 = Diss. Frankfurt/M.); *Schneider* Über Denkfehler, MDR **1962** 868, 951; *Schöneborn* Die strafprozessuale Beweisverwertungsproblematik aus revisionsrechtlicher Sicht, GA **1975** 33; *A. Schröder* Das Wortprotokoll als revisionsrechtlicher Nachweis eines Widerspruchs zwischen tatrichterlichem Strafurteil und dem Inbegriff der mündlichen Hauptverhandlung, Diss. Würzburg 1996; *Schweling* Die Revisibilität der Erfahrung, ZStW **83** (1971) 435; *Sellke* Die Revisibilität der Denkgesetze, Diss. Marburg 1961; *Steg* Eigene Beweiserhebung durch das Revisionsgericht, NJW **1983** 2014; *Wagner* Die

Beweiswürdigung im tatrichterlichen Urteil im Falle der Verurteilung, ZStW **106** (1994) 259; *A. Weber* Revisibilität der Beweiswürdigung, DRiZ **1929** 90; *A. Weber* Die Verletzung der Logik, der allgemeinen Wertungsgesetze und der Erfahrungssätze als Revisionsgrund, DRiZ **1929** 173; *Wenzel* Das Fehlen der Beweisgründe im Strafurteil als Revisionsgrund, NJW **1966** 577; *Widmaier* Die Rüge, daß das Tatgericht (wesentlichen) Beweisstoff übersehen oder übergangen habe, in: Rechtssicherheit versus Einzelfallgerechtigkeit, SchrRAGStrafR, Bd. 9, 1992, 66; *Ziegert* Die prozessuale Wahlfeststellung, StV **1996** 279; *Zillmer* Lückenhafte Beweiswürdigung im Strafprozeß als Revisionsgrund, NJW **1961** 720.

Revisibilität des Rechtsfolgenausspruchs. *Bödicker* Die Revisibilität des Strafmaßes, Diss. Göttingen 1949; *Bruns* Strafzumessungsrecht[2] (1977; zit. Bruns I); *Bruns* Leitfaden des Strafzumessungsrechts (1980; zit. Bruns II); *Bruns* Das Recht der Strafzumessung[2] (1985; zit. Bruns III); *Bruns* Zum Revisionsgrund der – ohne sonstige Rechtsfehler – „ungerecht" bemessenen Strafe, FS Engisch 708; *Bruns* Zum „Toleranzbereich" bei der richterlichen Kontrolle des Strafmaßes, FS Henkel 287; *Busch* Die Kontrolle der Ermessensfreiheit des Richters bei der Festsetzung von Strafen und sichernden Maßnahmen, ZStW **69** (1957) 101; *Dahs* Revisionsrechtliche Probleme der Strafzumessung, NZWehrR **1973** 95; *Dennerlein* Die Revisibilität der Strafzumessung, Diss. Erlangen 1951; *Dreher* Strafzwecke und Revisibilität der Strafzumessung, Die Spruchgerichte **1948** 307; *Dreher* Zur Frage der Revisibilität der Strafzumessung, SJZ **1949** 768; *Dreher* Zur Spielraumtheorie als der Grundlage der Strafzumessungslehre des Bundesgerichtshofes, JZ **1968** 209; *Dreher* Über Strafrahmen, FS Bruns 141; *Drost* Das Ermessen des Strafrichters (1930); *Frisch* Revisionsrechtliche Probleme der Strafzumessung (1971); *Gerken* Über die Revisibilität der Strafzumessung, Diss. Hamburg 1955; *Gribbohm* Aufhebung angemessener Strafen in der Revisionsinstanz? NJW **1980** 1440; *Grünwald* Tatrichterliches Ermessen bei der Strafzumessung, MDR **1959** 713, 809; *Hollatz* Die Revisibilität der Strafzumessung, Diss. Heidelberg 1949; *Horstkotte* Gleichmäßigkeit und Schuldangemessenheit der Strafzumessung, in: Jehle (Hrsg.), Individualprävention und Strafzumessung (Schriftenreihe KrimZ Bd. 7), 1992, 151; *Kalf* Der Umfang revisionsrechtlicher Prüfung bei minder schweren und besonders schweren Fällen, NJW **1996** 1447; *P. W. Kleinknecht* Revisionsfähigkeit der Entscheidungen über die Unrechtsfolgen, Diss. Tübingen 1950; *P. W. Kleinknecht* Einige Gedanken über die Revision in Strafsachen, insbesondere über die Revisibilität der Strafzumessung, JR **1950** 716; *Krille* Die Kontrolle der Ermessensfreiheit des Richters bei der Festsetzung von Strafen und sichernden Maßnahmen, ZStW **69** (1957) 117; *Lackner* Über neue Entwicklungen in der Strafzumessungslehre und ihre Bedeutung für die richterliche Praxis (1978); *Lamertz* Revisibilität der Strafzumessung in der höchstrichterlichen Rechtsprechung, Diss. Göttingen 1960; *Nebrich* Die Revisibilität der Strafzumessung, Diss. Leipzig 1939; *Niederreuther* Fehlerhafte Strafzumessungsgründe, DJ **1938** 414; *Oberhofer* Die Revisibilität der Entscheidung über die Straftatfolgen, Diss. Tübingen 1957; *Olbertz* Die Revision der Strafzumessung, Diss. Berlin 1958; *Peters* Die kriminalpolitische Stellung des Strafrichters bei der Bestimmung der Strafrechtsfolgen (1932); *G. Schäfer* Praxis der Strafzumessung[2] (1995); *Spendel* Zur Lehre vom Strafmaß (1954); *Stöckel* Zur Revisibilität des Strafuntermaßes, NJW **1968** 1862; *Streng* Strafzumessung und relative Gerechtigkeit (1984); *Terhorst* Vergleichende Strafzumessung bei mehreren Tatbeteiligten, JR **1988** 272; *Theune* Grundsätze und Einzelfragen der Strafzumessung; aus der Rechtsprechung des Bundesgerichtshofs, StV **1985** 162, 205; *Theune* Gerechte Strafe. Notwendigkeit und Möglichkeiten einer Überprüfung der Strafzumessung durch die Revisionsgerichte, FS Pfeiffer 449; *Warda* Dogmatische Grundlagen des richterlichen Ermessens im Strafrecht (1962); *von Weber* Zur Revisibilität der Strafzumessung, MDR **1949** 389; *Wimmer* Bemerkungen zur Revisibilität der Strafzumessung, NJW **1947/48** 315; *Wimmer* Strafgrenzen und Revisibilität, SJZ **1948** 64; *Zipf* Die Strafmaßrevision (1969).

Verzicht, Verwirkung. *Bohnert* Die Behandlung des Verzichts im Strafprozeß, NStZ **1983** 344; *Dornach* Der Strafverteidiger als Mitgarant eines justizförmigen Strafverfahrens (1994 = Diss. Passau 1993/94); *Dornach* Ist der Strafverteidiger . . . Mitgarant eines justizförmigen Strafverfahrens? NStZ **1995** 57; *Erker* Das Beanstandungsrecht gemäß § 238 II StPO (1988 = Diss. Münster 1986); *Fuhrmann* Verwirkung des Rügerechts bei nicht beanstandeten Verfahrensverletzungen des Vorsitzenden (§ 238 Abs. 2 StPO), NJW **1963** 1230; *Jescheck* Die Verwirkung von Verfahrensrügen im Strafprozeß, JZ **1952** 400; *Kiderlen* Die Verwirkung von Verfahrensrügen im Strafprozeß, Diss.

Tübingen 1960; *Kindhäuser* Rügepräklusion durch Schweigen im Strafverfahren, NStZ **1987** 529; *Lang* Der Verlust von Verfahrensrügen beim Angeklagten durch Rückgriff auf den Verwirkungsgedanken (1994); *Maatz* Mitwirkungspflicht des Verteidigers in der Hauptverhandlung und Rügeverlust, NStZ **1992** 513; *Mattil* Treu und Glauben im Strafprozeß, GA **77** (1933) 1; *H. Müller* Zum Problem der Verzichtbarkeit und Unverzichtbarkeit von Verfahrensnormen im Strafprozeß (1984); *Noack* Die Verwirkung von Verfahrensrügen im Strafprozeß, Diss. Heidelberg 1958; *Schlüchter* Wider die Verwirkung von Verfahrensrügen im Strafprozeß, GedS Meyer 445; *W. Schmid* Die „Verwirkung" von Verfahrensrügen im Strafprozeß (1967); *von Tippelskirch* Über den Verzicht in Strafsachen, GA **9** (1861) 577, 649, 721, 793; *Walther* „Verwirkung" von Verfahrensrügen? Ein Beitrag zum strafprozessualen Revisionsrecht, Diss. Münster 1960; *Widmaier* Mitwirkung des Verteidigers in der Hauptverhandlung und Rügeverlust (?), NStZ **1992** 519; *Wolff* Verwirken der Verfahrensrüge durch den Angeklagten, NJW **1953** 1656.

Übersicht

Alphabetische Übersicht

I. Allgemeines

1. Bedeutung der Vorschrift. § 337 ist das Kernstück des Revisionsrechts, der **1** Schlüssel zu seinem Verständnis (*Eb. Schmidt* 1). Die Vorschrift macht das Beruhen des Urteils auf einer Gesetzesverletzung zur Voraussetzung für eine erfolgreiche Revision und gestaltet das Rechtsmittel dadurch zu einer Rechtsbeschwerde. Die Revision eröffnet also keinen weiteren Tatsachenrechtszug. Eine Beweisaufnahme findet, abgesehen von Beweiserhebungen über Verfahrenshindernisse (unten Rdn. 33), Verfahrensverstöße (unten Rdn. 70 ff) und Erfahrungssätze (unten Rdn. 173) nicht statt (vgl. auch § 351, 5). Die ohne Rechtsfehler zustande gekommenen Tatsachenfeststellungen sind für das Revisionsgericht grundsätzlich bindend. Auch der Beschwerdeführer muß sie seiner Revision zugrunde legen; das Rechtsmittel ist unzulässig, wenn es Rechtsfehler allein aufgrund eines anderen als des festgestellten Sachverhalts nachzuweisen versucht (§ 344, 93 f). Die Prüfung des angefochtenen Urteils durch das Revisionsgericht ist auf Rechtsfragen beschränkt, umfaßt nach heute herrschender Praxis freilich auch die Prüfung, ob seine Feststellung und Würdigung der Tatsachen überhaupt eine zuverlässige Grundlage für die rechtliche Überprüfung bildet (unten Rdn. 121 ff).

2. Die **Grenzen der Revisibilität** lassen sich allerdings aufgrund der Erkenntnis, daß **2** die Revision eine Rechtsbeschwerde ist, die grundsätzlich von den Tatsachenfeststellungen des angefochtenen Urteils auszugehen hat, keineswegs eindeutig bestimmen. Denn zwischen Tatfrage und Rechtsfrage besteht keine scharfe Grenze[1]. Nicht einmal der Begriff der Tatsache ist klar bestimmbar (*Mannheim* 41 ff); überdies setzen, was schon bei der Abgrenzung des sachverständigen Zeugen vom Sachverständigen zu Schwierigkeiten führt (vgl. bei § 85), viele Tatsachenfeststellungen eine Wertung und Beurteilung voraus, die an rechtliche Gesichtspunkte anknüpft[2]. Bereits aus diesem Grunde ist auch

---

[1] So die h. M; vgl. z. B. *Eb. Schmidt* 4; *zu Dohna* 198 ff und JW **1922** 1011; *Henkel* 375; *Peters* 606; *Schwinge* 57; *Warda* 69; *Engisch* Studien 92 ff; *Krause* FS Peters 331; **a. A** (Abgrenzung methodisch grundsätzlich möglich) *Roxin* § 53, 21 ff; *Henke* 43; *Lilie* Obiter dictum 52; *Neumann* GA **1988** 387 ff; *Scheuerle* AcP **1958** 1 ff; *Schünemann*

JA **1982** 74 und FS Arthur Kaufmann 314 mit weit. Nachw.; vgl. auch *Kuchinke* 223 ff; *Paeffgen* FS II Peters 74 ff.

[2] Vgl. *Eb. Schmidt* 4; *Mannheim* 61 ff; *Pohle* 35; *Peters* ZStW **57** (1938) 84; *Hruschka* Die Konstitution des Rechtsfalles (1965), insbes. S. 58 ff.

Ernst-Walter Hanack

das Begriffspaar Tatsachenfeststellung — Tatsachenbewertung zur Abgrenzung nicht geeignet[3].

3   **Im Schrifttum** wird heute überwiegend — und mit vielen Schattierungen im einzelnen — versucht, die Grenzen der Revisibilität danach zu bestimmen, was die Revision „leisten" kann (sog. **„Leistungsmethode"**; vgl. Vor § 333, 5). Maßgebend ist danach insbesondere, ob oder inwieweit es um Besonderheiten des vom Tatrichter aufzuklärenden einmaligen und individuellen Lebensvorgangs geht, die das Revisionsgericht mit den ihm zur Verfügung stehenden Prüfungsmitteln nicht oder doch nicht hinreichend erkennen kann. Die Grenzen der Revisibilität sind daher nach dieser Auffassung dort erreicht, wo der Tatrichter zur Feststellung des Sachverhalts in unmittelbar mündlicher Verhandlung nach den Regeln des Strengbeweises verfahren müßte. Wie schon bemerkt (Vor § 333, 5), spricht für eine solche Sicht auch die *praktische* Entwicklung der Revision, jedenfalls im Bereich der sog. Darstellungsrüge. Aber eine überzeugende Abgrenzung läßt sich mit ihr letztlich nicht gewinnen[4]. Denn es kann nicht Aufgabe des Revisionsgerichts sein, das Urteil so weitgehend zu überprüfen, wie das ohne erneute Beweisaufnahme möglich ist (vgl. Vor § 333, 5). Die Revisionsgerichte würden sonst nicht nur ihre eigentliche, aus § 337 deutlich erkennbare Aufgabe überspringen und in einem Umfang mit tatrichterlichen Fragen befaßt, der den Charakter der eigentlichen Rechtsprüfung hoffnungslos überwuchern müßte. Sie würden vor allem nach durchaus unklaren Maßstäben und nach den durchaus zufälligen Gegebenheiten des Einzelfalles in der bedenklichsten Weise über tatrichterliche Fragen entscheiden, die ihnen im Geflecht der tatrichterlichen Feststellungen und Würdigungen überhaupt nur partiell oder undeutlich erkennbar sein können; die Revisionsinstanz würde in eigentümlicher Form zu einer beschränkten und schlechten Berufungsinstanz. Zu den insoweit schon heute entstandenen Gefahren vgl. Vor § 333, 11 f sowie unten Rdn. 127 ff.

4   Eine Abgrenzung des revisiblen Bereichs nach dem **Zweck der Revision** stößt heute schon deswegen auf Schwierigkeiten, weil dieser Zweck sehr umstritten ist (Vor § 333, 7) und der Streit im Grunde nur die Kehrseite der Frage nach den Grenzen der Revisibilität darstellt. In Betracht kommt daher lediglich eine Ausrichtung am *historischen* Zweck der Revision, der jedenfalls im Bereich der Sachrüge, um die es insoweit vor allem geht, stark durch das Bestreben geprägt ist, die Rechtseinheit zu wahren[5]. Einen entsprechenden Versuch hat namentlich *Schwinge* 48 ff unternommen, der im Hinblick auf die Zwecke der Rechtseinheit die Grenzen der Revision bei der Sachrüge (anders bei der Verfahrensrüge) mit Hilfe der Unterscheidung „Richtlinienfrage — Frage des Einzelfalles" (S. 50) abgrenzt. Diese Auffassung entsprach in starkem Maße der tatsächlichen Handhabung der Revision durch die Gerichte in den ersten Jahrzehnten ihrer Geltung. Das zeigen etwa die vielen Fälle (Beispiele bei *Schwinge* passim), in denen Revisionsgerichte nur die Auslegung des Kerns einer Rechtsvorschrift überprüften, ihre Anwendung in den Einzelheiten des konkreten Falles hingegen als „Tatfrage", als „im wesentlichen auf tatrichterlichem Gebiet liegend" bezeichneten und damit vom Anwendungsbereich der Revision ausnahmen. Anklänge an diese Handhabung finden sich in der Praxis noch heute und erklären wohl manche Eigentümlichkeiten der Rspr. So meint (z. B.) der Bundesgerichtshof, ob eine Kränkung i. S. des § 213 StGB „schwer" sei, bleibe „Sache tatrichterlicher Würdigung"[6], ohne aber diesen Standpunkt doch wirklich durchzuhalten. Das Beispiel zeigt, daß

---

3 *Drost* 69; *Henke* 142 ff; *Scheuerle* AcP **1958** 58; *Zipf* Strafmaßrevision 174; *Schwinge* 53 gegen *Mannheim* 36 ff.

4 Kritisch auch *Kleinknecht/Meyer-Goßner*[43] 1; *Kühne* 668.1; *Bohnert* Beschränkungen 510; *Neumann* GA **1988** 389.

5 *Schwinge* 26 ff; eingehend *Duske* 86 ff mit zahlr. Nachw.

6 Vgl. BGH NStZ **1982** 27; „nicht durchgehalten" hat der BGH diesen Grundsatz z. B. in den Entscheidungen StV **1983** 198 und 198 f.

die Abgrenzung *Schwinges* naturgemäß mindestens in den Randzonen schwer justitiabel und berechenbar ist. Bezeichnenderweise sind denn auch die Revisionsgerichte insoweit schon früher durchaus nicht einheitlich verfahren. Heute wird *Schwinges* Meinung im weit überwiegenden Schrifttum abgelehnt[7], und zwar meist im Zusammenhang auch mit einer anderen Sicht vom Zweck der Revision. Auch entspricht *Schwinges* Meinung, unbeschadet der noch vorhandenen Anklänge, jedenfalls in Strafsachen seit langem nicht mehr der revisionsrechtlichen Rspr. Grund dafür ist ersichtlich vor allem das offenbar unabweisbare praktische Bedürfnis nach einem intensiveren Zugriff auf das tatrichterliche Urteil aufgrund des Bemühens, eine gerechte Entscheidung des Einzelfalles auch mit Hilfe der Revision zu fördern (Vor § 333, 9).

Insgesamt gesehen besteht danach in Theorie und Praxis derzeit die problematische **5** Situation, daß sich die Grenzen der Revisibilität schon begrifflich nicht exakt festlegen lassen. Sagen läßt sich wohl nur folgendes. Die selbstverständliche Erkenntnis, daß nicht revisibel sein kann, was das Revisionsgericht ohne Wiederholung der Beweisaufnahme nicht zu prüfen vermag, ist *eine* Abgrenzungsgrundlage. Eine weitere muß die Einsicht sein, daß das Gesetz die Verantwortung für das richtige Urteil zwischen Tat- und Revisionsrichter aufteilt. Dem Tatrichter vor allem ist es aufgegeben, den richtigen Sachverhalt festzustellen und die Strafe gerecht zu bemessen; dafür trägt im Grundsatz allein er die Verantwortung (vgl. Vor § 333, 5). Das Revisionsgericht kann nur prüfen, ob das Verfahren einwandfrei gewesen ist[8], ob die sachliche Rechtsanwendung zutrifft, ob die Rechtsfolgeentscheidung dem Gesetz entspricht und die Strafe korrekt bemessen ist, ob sich der Straffall nach den Regeln der Logik und den Sätzen der Erfahrung so ereignet haben kann, wie er festgestellt worden ist, und ob — was auf besonders kritische und offene Grenzen stößt — die Darstellung des tatrichterlichen Urteils für diese Prüfung eine ausreichende oder schlüssige Grundlage bietet. Präzisere allgemeine Regeln lassen sich nach dem derzeitigen Stand der Erkenntnis nicht aufstellen.

II. Verletzung des Gesetzes. Allgemeines

1. Die **Gesetzesverletzung**, die mit der Revision gerügt werden kann, kann das Ver- **6** fahren oder das sachliche Recht betreffen. In beiden Fällen ist nach § 337 Abs. 2 die Nichtanwendung anzuwendenden Rechts und die unzulässige oder unrichtige Anwendung des Rechts als Gesetzesverletzung anzusehen. Darüber hinaus begründet selbstverständlich auch die Anwendung einer Nichtrechtsnorm in der irrigen Annahme, sie sei eine Rechtsnorm, die Revision (*Schwinge* 66; *Steuerlein* 33). Zur Abgrenzung des Verfahrensrechts vom sachlichen Recht s. unten Rdn. 66 ff.

2. Revisible Rechtsnormen

a) Allgemeines. Der Begriff Rechtsnorm (§ 337 Abs. 1 StPO, § 7 EGStPO) ist in wei- **7** testem Sinne zu verstehen[9]. Er umfaßt neben dem in den Verfassungen, Gesetzen und Rechtsverordnungen des Bundes und der Länder niedergelegten Recht das ungeschrie-

---

7 Vgl. etwa *Eb. Schmidt* Vor § 296, 42; *Peters* 636; *Neumann* GA **1988** 394; *Warda* 71 ff; *W. Schmid* ZStW **85** (1973) 364; *Zipf* Strafmaßrevision 174; eingehend *Henke* 36 ff.

8 Wobei sich auch insoweit höchst problematische Grenzen hinsichtlich der Frage ergeben, wie weit es dabei gehen kann oder darf, wenn die Prüfung

des Verfahrensmangels auf eine Wiederholung der tatrichterlichen Beweisaufnahme hinausläuft oder hinauslaufen könnte; vgl. unten Rdn. 75, 77, 78a.

9 RGSt **10** 287; *Dahs/Dahs* 87; *Sarstedt/Hamm*[5] 151; *Mannheim* 130 ff; *Schwinge* 58 ff; *Steuerlein* 26; *Meyer-Cording* 23 ff.

Ernst-Walter Hanack

bene Recht, insbesondere auch alle Grundsätze, die sich aus dem Sinn und Zusammenhang der gesetzlichen Vorschriften ergeben[10]. Rechtsnorm ist also auch das Gewohnheitsrecht[11]. Die Norm muß nicht dem sachlichen Strafrecht oder dem Strafverfahrensrecht, sondern kann auch anderen Rechtsgebieten angehören, z. B. dem Verfassungsrecht, dem bürgerlichen Recht, dem Verwaltungsrecht, den allgemeinen Regeln des Völkerrechts nach Art. 25 GG (*Eb. Schmidt* 15).

8   Rechtsnormen sind auch Auslieferungsverträge und andere **Staatsverträge**, die sich in formellen Gesetzen niedergeschlagen haben[12], sowie **ausländische Rechtsvorschriften**, auf die es ankommt, wenn Vorfragen nach fremdem Recht beurteilt werden müssen, wie bei der Anwendung des § 7 StGB[13] oder des § 251 StPO (vgl. etwa BGH GA **1976** 218). In diesem Rahmen sind auch die aufgehobenen Vorschriften des DDR-Rechts i. S. des § 337 Rechtsnormen.

b) Einzelfragen zur „Rechtsnorm"

9   **aa) Verwaltungsanordnungen.** Sie sind keine Rechtsnormen, sondern gegebenenfalls Gegenstand tatsächlicher, das Revisionsgericht bindender Feststellungen des Tatrichters[14]. Das gilt sowohl für allgemeine Ausführungsvorschriften der Verwaltung (*Schwinge* 82 ff) als auch für Verwaltungsakte (*Schwinge* 110 ff; *Kirsch* JR **1926** 457), z. B. polizeiliche Verfügungen und Verbote[15], Anweisungen für den inneren Behördendienst[16], etwa Fahrdienstvorschriften der Bahn[17], Dienstanweisungen für den Fernsprechrechnungsdienst (OLG Karlsruhe JW **1929** 2067), Richtlinien für das Strafverfahren, im Verwaltungsweg erlassene Strafvollzugsvorschriften.

10   **bb) Vereinssatzungen** sind keine Rechtsnormen (*Mannheim* 132), ebensowenig **Unfallverhütungsvorschriften** der Berufsgenossenschaften[18] und **Patenturkunden**[19]. **Allgemeine Geschäftsbedingungen** gelten im Zivilprozeß unter den Voraussetzungen des § 549 Abs. 1 ZPO seit langem als revisibel (näher BGHZ **1** 85), während im Strafprozeß die Meinungen geteilt sind[20], ihre Behandlung unter dem Gesichtspunkt der Gedankenäußerung (unten Rdn. 117 ff) aber doch wohl sachgemäßer erscheint.

11   **cc) Denkgesetze und Erfahrungssätze** werden häufig als „Normen des ungeschriebenen Rechts" angesehen[21]. Das ist jedoch unrichtig. Rechtsnormen regeln menschliches Verhalten, können aber nicht vorschreiben, daß logisch und in Übereinstimmung mit der Lebenserfahrung gedacht werden muß. Denkgesetze und Erfahrungssätze gehen dem

[10] RGSt **6** 238; **46** 44; **64** 275; KMR-*Paulus* 11; *Peters* 636; *Sarstedt/Hamm*⁵ 151; *Schwinge* 69.

[11] RGSt **9** 300; **58** 132; OGHSt **1** 66; KK-*Pikart* 12; KMR-*Paulus* 11; *Schwinge* 59. Bezüglich des EinigungsV und des EinigungsVG gilt das in Rspr. und Lehre heute als selbstverständlich.

[12] RGSt **12** 384; **17** 52; **21** 180; RG GA **36** (1888) 405; RG HRR **1933** 359; *Eb. Schmidt* 15; *Peters* 637; *Loewenstein* 90; *Reichhold* 14.

[13] Vgl. RGSt **10** 285; **57** 48; RGRspr. **6** 142; BayObLGSt **1976** 94; **1972** 121 = NJW **1972** 1722; *Peters* 637; *Loewenstein* 89; *Reichhold* 14; *Schwinge* 70; *Steuerlein* 32.

[14] OLG Köln NJW **1961** 1127; KMR-*Paulus* 13; *Dahs/Dahs* 22; *Schwinge* 60; *Steuerlein* 27; vgl. auch BGHSt **37** 275; **a. A** *Meyer/Cording* 119; OLG Hamburg NStZ **1984** 273 im Rahmen von Blankettatbeständen.

[15] RGSt **20** 180; **58** 224; BayObLGSt **2** 66; **4** 381.

[16] Vgl. RGSt **29** 183; RG Recht **1910** Nr. 624.

[17] BGH VRS **16** (1959) 53; RGSt **1** 125; **53** 134; RG DR **1942** 1794; RG LZ **1916** 683; RG Recht **1918** Nr. 641; LG Mainz MDR **1982** 597.

[18] RGSt **52** 42; RG GA **68** (1920) 364; RG Recht **1910** Nr. 624; OLG für Hessen NJW **1947/48** 352; *Kleinknecht/Meyer-Goßner*⁴³ 12; **a. A** *Peters* 637.

[19] RG JW **1914** 698; eingehend *Schwinge* 111.

[20] Verneinend RGSt **52** 42; *Kleinknecht/Meyer-Goßner*⁴³ 3; LR-*Meyer* in der 23. Aufl.; bejahend *Peters* 637; *Sarstedt/Hamm*⁵ 151; *Schwinge* (eingehend) 98 ff.

[21] BGHSt **6** 72; *Dalcke/Fuhrmann/Schäfer* 6; *Schwinge* 157; 189 und JW **1938** 771; *Blunck* MDR **1970** 473; *Heinsheimer* FS Klein 135; *Lilienthal* JW **1926** 1247; *Weber* JW **1930** 2545.

Recht zeitlich und begrifflich voraus, sind aber selbst keine Rechtsnormen[22]. Wird gegen sie verstoßen, so führt das, Beruhen vorausgesetzt, jedoch in der Regel zur fehlerhaften Anwendung von Rechtsnormen[23]. Die Revisionsgerichte beachten das auf die Sachrüge; näher unten Rdn. 165 ff, 170 ff.

dd) Allgemeinkundige Tatsachen sind Tatsachen und stehen nicht im Rang von **12** Rechtsnormen. Sie werden von den Revisionsgerichten jedoch auf die Sachrüge hin berücksichtigt; vgl. unten Rdn. 179.

ee) Geschäftsverteilungspläne der Gerichte sind Organisationsakte der gerichtlichen **13** Selbstverwaltung (BVerwG NJW **1976** 1225), aber keine Rechtsnormen[24]. Die Gesetzmäßigkeit der Aufstellung und Abänderung der Geschäftsverteilungspläne sowie die Einhaltung der Geschäftsverteilung unterliegen jedoch der Nachprüfung durch das Revisionsgericht wegen des unbedingten Revisionsgrundes des § 338 Nr. 1 (BGHSt **3** 355; vgl. § 338, 18 ff).

ff) Grundsatz in dubio pro reo. Über seine Rechtsnatur und seine Tragweite gehen **14** die Meinungen erheblich auseinander[25]. So wird z. T. die Ansicht vertreten, daß es sich gar nicht um einen Rechtssatz, sondern um eine von der Wissenschaft aufgestellte Beweisregel handelt[26]. Soweit der Grundsatz von der heute h. M — zutreffend — als Rechtssatz charakterisiert wird, wird er z. T. gewohnheitsrechtlich abgeleitet (OLG Hamm NJW **1951** 286), als Rechtssatz aufgrund verfassungsrechtlicher Prinzipien verstanden[27] oder seine enge Verbindung zur Unschuldsvermutung betont[28]. Dabei wird er z. T. als Norm des Prozeßrechts[29] oder doch als prozessuale Kehrseite des materiellen Schuldprinzips[30] angesehen, z. T. als Norm des Rechtsanwendungsrechts interpretiert[31]. Praktische Einigkeit besteht jedoch darüber, daß die Verletzung des Grundsatzes schon auf die Sachrüge hin zu beachten ist, also nicht der Form bedarf, die für die Verletzung des Verfahrensrechts (§ 344 Abs. 2 Satz 2) vorgeschrieben ist (vgl. auch unten Rdn. 160 f). Nach richtiger Ansicht handelt es sich um einen Grundsatz, der bei der Anwendung des sachlichen Rechts zu beachten ist[32]. So darf z. B. wegen Diebstahls nach § 242 StGB nur bestraft werden, wer eine fremde bewegliche Sache in Zueignungsabsicht weggenommen, nicht wer sie vielleicht oder wahrscheinlich entwendet hat. Verurteilt der Richter unter Mißachtung dieses Grundsatzes, wendet er also das sachliche Recht falsch

---

[22] KMR-*Paulus* 12; *Eb. Schmidt* Nachtr. I 6; *Henkel* 357 Fußn. 3; *Peters* 636; *Roxin* § 53 D I 1; *Sarstedt* FS Hirsch 178; *Cuypers* 232; *Engel* 35; *Gottwald* 163; *Mannheim* 75; *Sellke* 23 ff; *Geerds* FS Peters 272; *Klug* FS Möhring 364; *Schweling* ZStW **83** (1971) 438; *Meurer* FS Wolf 499; vgl. auch *Puppe* JZ **1994** 1150.

[23] RGSt **61** 154; *Henkel* 275 Fußn. 2; *Hempfling* 14 ff; *Grave/Mühle* MDR **1975** 276; *Schweling* ZStW **83** (1971) 457; *Meurer* aaO 483; ausführlich *Eb. Schmidt* Nachtr. I 7.

[24] RGSt **36** 321; **76** 233; RG JW **1938** 312; RG Recht **1914** Nr. 2583; **1916** Nr. 278; **1923** Nr. 1079; KMR-*Paulus* 13; *Eb. Schmidt* 17; *Henkel* 126 Fußn. 1; *Roxin* § 53 D I 2; *Dahs/Dahs* 23; *Kellermann* Probleme des gesetzlichen Richters (1971) 264; *Kolb* Diss.; *Marquardt* MDR **1958** 225; **a. A** *Ad. Arndt* NJW **1959** 605; *Schorn/Stanicki* 255; vgl. auch *Kern/Wolf* § 14 III 2 und *Gloria* NJW **1989** 445: „Rechtssatzcharakter".

[25] Eingehend *Lehmann* 65 ff; *Michael* Diss.; *Montenbruck* In dubio pro reo.

[26] RGSt **52** 319; RG DR **1941** 780 L; RG JW **1931** 1578 mit abl. Anm. *Beling*; *Loewenstein* 11 Fußn. 5; *Schwinge* 159; *Seibert* DRZ **1948** 371; NJW **1955** 172.

[27] *Stree* 19; vgl. auch *Roxin* § 15, 32: „rechtsstaatlicher Fundamentalgrundsatz".

[28] Z. B. KK-*Pfeiffer* Einl. 12; *Dahs/Dahs* 435; bei § 261.

[29] So z. B. *Eb. Schmidt* Teil I Nr. 376 Fußn. 91; *Henkel* S. 376; vgl. auch OGHSt **1** 166: Rechtssatz auf der Grundlage des § 261; *Eb. Schmidt* aaO Nr. 373.

[30] So *Henkel* 352; *Sulanke* 77; *Sax* JZ **1958** 179.

[31] *Frisch* FS Henkel 281 ff; KMR-*Paulus* § 244, 290.

[32] BGH LM Nr. 19 zu § 261; OLG Celle MDR **1957** 436; *Sarstedt* FS Hirsch 186; *Sarstedt/Hamm*[5] 383 (anders aber offenbar 6. Aufl. Rdn. 888 f); *Volk* Prozeßvoraussetzungen 23 ff für die Zwecke des Revisionsrechts unter Offenlassung der Grundsatzfrage.

Ernst-Walter Hanack

an[33]. Für Verfahrensrecht gilt der Grundsatz entgegen verbreiteter Meinung jedoch nicht. Ihm ähnliche Konsequenzen bei Zweifeln über das Vorliegen von Prozeßvoraussetzungen (dazu unten Rdn. 34) oder bei Zweifeln über das Vorliegen eines sonstigen Verfahrensverstoßes (unten Rdn. 76) folgen vielmehr, jedenfalls im Revisionsrecht, aus der Verantwortung der Rechtspflegeorgane für die Justizförmlichkeit des Verfahrens im Zusammenhang mit der Bedeutung eines möglichen Hindernisses oder Verstoßes.

c) Soll- oder Ordnungsvorschriften insbesondere

15   **aa) Begriff. Traditionelle Bedeutung.** Terminologisch werden heute Soll- und Ordnungsvorschriften meist gleichgesetzt (zu berechtigten abweichenden Meinungen unten Rdn. 23). Mit dem Begriff werden dabei üblicherweise Verfahrensvorschriften von nur „instruktionellem" Charakter (RGSt **42** 168) bezeichnet. Nach traditioneller Auffassung hat dieser Charakter der Vorschriften sowohl für den Tatrichter als auch für das Revisionsgericht Bedeutung: Der Tatrichter ist berechtigt, von der Vorschrift abzuweichen. Ob er sie beachtet oder nicht, steht zwar nicht in seinem freien Ermessen. Vielmehr soll er sie regelmäßig befolgen[34]. Jedoch darf er sich über sie hinwegsetzen, wenn ihm dies zweckmäßig erscheint[35] oder wenn dafür doch ein triftiger Grund besteht[36]. Sollvorschriften begründen für den Tatrichter also nur ein „abgeschwächtes Müssen" (*Steuerlein* 43). Revisionsgerichtlich besteht ihre Besonderheit darin, daß ihre Nichtbeachtung mit der Revision erfolgreich nicht soll gerügt werden können. Zwar gelten Sollvorschriften nach herrschender Meinung als Rechtsnormen i. S. der § 337[37]. Ihre Nichtbeachtung sei aber keine relevante Gesetzesverletzung und könne daher nicht zur Grundlage einer Revisionsrüge gemacht werden[38]. Dabei spiele keine Rolle, ob der Tatrichter im Einzelfall Grund hatte, von der Vorschrift abzuweichen, oder ob er sich grundlos über sie hinweggesetzt hat[39]. Nur wenn die Nichtbeachtung der Sollvorschrift zugleich die Aufklärungspflicht des Tatrichters verletzt, soll nach verbreiteter Meinung die Revision auf den Verstoß gegen § 244 Abs. 2 gestützt werden können[40].

16   **bb) Entwicklung. Einzelne Fälle.** Das Gesetz bezeichnet eine Reihe von Bestimmungen ausdrücklich als Sollvorschriften („soll"; so heute z. B. § 66 c Abs. 4, § 68 a, § 257 Abs. 1). Sie werden dann meist, aber nicht immer, in dem umschriebenen Sinne (Rdn. 15) interpretiert (Ausnahme insbesondere: § 246 a Satz 2). Ebenso interpretiert wird aber auch eine Reihe weiterer Bestimmungen. Ihre Charakterisierung als Soll- oder Ordnungsvorschriften ist meist durch die Rspr. erfolgt, manchmal aber auch durch die Lehre. Die Entwicklung der Rspr. beginnt schon kurz nach Inkrafttreten der StPO (näher *Bohnert* NStZ **1982** 6). Ihre Begründungen sind zunächst recht unsicher und unterschiedlich. Nachdem

---

[33] OLG Koblenz VRS **46** (1974) 454; KK-*Pfeiffer* Einl. 12; KMR-*Paulus* § 244, 293; *Schlüchter* 567; *Roxin* § 15, 32; *Dahs/Dahs* 435; *Volk* Prozeßvoraussetzungen 23; *Seibert* DRZ **1949** 557; vgl. auch unten Rdn. 160 f.

[34] RGSt **40** 169; **56** 66; RGRspr. **3** 685. Vgl. auch im folg.

[35] BGH bei *Dallinger* MDR **1955** 397; RGSt **42** 168; **53** 178; **60** 182; **64** 134; OGHSt **3** 149; ebenso *Loewenstein* 43; *Venator* 144; *Vollhardt* 40.

[36] BGHSt **3** 384; ebenso *Rudolphi* MDR **1970** 99.

[37] KMR-*Paulus* 17; *Eb. Schmidt* 19; *Dahs/Dahs* 89; *Frank* 105 ff; *Mannheim* 142; *Vollhardt* 32; **a. A** RGSt **42** 170; *Schwinge* 96 hält sie für Verwaltungsvorschriften in Gesetzesform.

[38] So (mit z. T. etwas verschiedener oder auch fehlen-

der Begründung) z. B. BGHSt **9** 29; **30** 257; BGH NJW **1962** 260; bei *Spiegel* DAR **1981** 169; RGSt **2** 378; **6** 267; **31** 384; **40** 158; **42** 168; **44** 284; **54** 298; **62** 182; OGHSt **1** 111; BayObLG MDR **1972** 626; *Beling* 412; *Gerland* 419; LR-*Meyer* in der 23. Aufl.

[39] BGHSt **6** 328; BGH MDR **1952** 565; BGH VRS **22** (1962) 147; RGSt **42** 168; **56** 66; **64** 134; RGRspr. **3** 685; **4** 91; RG JW **1927** 793 mit Anm. *Mannheim*; *Beling* 23, 412; *Henkel* 70 Fußn. 6; *Wolf* NJW **1953** 1656.

[40] *Eb. Schmidt* 19; *Schwinge* 96; offengelassen in BGHSt **6** 328; hiergegen *Vollhardt* 50 ff, der darin nur einen zur Revisibilität der Sollvorschriften führenden Umweg sieht. Vgl. auch Rdn. 22.

einige Entscheidungen mehr auf ein fehlendes „Beruhen" abgestellt hatten, erklärte RGSt **42** 168 unter Verwendung auch des historisch überkommenen Begriffs der „instruktionellen" Vorschriften (dazu *Schwinge* 94) in einer grundsätzlicheren Entscheidung, daß der Tatrichter, der bei Ordnungsvorschriften von der ihm eingeräumten Befugnis zur Abweichung Gebrauch mache, nicht das Gesetz verletze. In der Folgezeit wurde diese Auffassung — gegen starken Widerspruch im Schrifttum (unten Rdn. 18) — in der Praxis herrschend, freilich nicht immer einheitlich vertreten. Mit gewissen Schwankungen im einzelnen und mit unterschiedlich intensiver Begründung kam es jedenfalls im Laufe der Jahre, insbesondere durch die Rspr., zur Aufstellung eines gewissen Katalogs von Vorschriften, die üblicherweise in dem umschriebenen Sinn als Ordnungsvorschriften behandelt werden oder wurden (Zusammenstellungen bei *Vollhardt* 15 ff; *Bohnert* NStZ **1982** 5 Fußn. 6; *Weber-Petras* Anh. I).

Als **Fälle von Ordnungsvorschriften** werden oder wurden danach namentlich ange-   **17**
sehen (Einzelheiten und Nachweise, auch zum Streitstand, bei der jeweiligen Kommentierung): § 57 (Zeugenbelehrung); § 58 Abs. 1 (Reihenfolge der Zeugenvernehmung); § 64 (Protokollvermerk bei Nichtvereidigung); § 66 c Abs. 4 (Form der Eidesleistung); § 68 (Zeugenvernehmung zu den Personalien; anders jetzt BGH s. Rdn. 19); § 68 a (Frage nach entehrenden Tatsachen beim Zeugen); § 69 Abs. 1 Satz 2 (Bekanntgabe des Untersuchungsgegenstandes beim Zeugen); § 73 Abs. 1 Satz 2 (Fristabrede für Sachverständigengutachten); § 80 Abs. 2 (Einsichts- und Beteiligungsrechte des Sachverständigen); § 80 a (Vorbereitung des Sachverständigengutachtens); § 81 d Abs. 2 Satz 2 (Untersuchung einer Frau); § 88 (Leichenidentifizierung); § 89 (Umfang der Leichenöffnung); § 89 Abs. 2 Satz 1 (Bestätigungsfrist bei Beschlagnahme); § 109 (Kennzeichnung beschlagnahmter Gegenstände); § 111 e Abs. 4 (Veröffentlichung von Beschlagnahmen); § 111 k (Herausgabe beschlagnahmter Gegenstände an den Verletzten); § 119 Abs. 5 Satz 2 (Fesselung eines Verhafteten); § 136 Abs. 1 Satz 2, Abs. 2 (Beschuldigtenbelehrung bei erster Vernehmung, jetzt z. T. aufgegeben, s. § 136, 78; 81); § 145 a Abs. 3 Satz 2; § 147 Abs. 4 (Akten-Mitgabe an Verteidiger); § 149 Abs. 1 Satz 2 (Terminsmitteilung an Beistand); § 160 Abs. 3 Satz 1 (staatsanwaltschaftliche Ermittlungen zur Rechtsfolge); § 228 Abs. 3 (Hinweispflicht bei Nichteinhaltung der Ladungsfrist); § 243 Abs. 1 bis Abs. 3 (Ablauf der Hauptverhandlung; Einzelheiten sehr streitig); § 243 Abs. 4 Satz 1 (Belehrung des Angeklagten; anders jetzt BGHSt **25** 325, s. unten Rdn. 19); § 243 Abs. 4 Satz 3 (Vorstrafen-Feststellung beim Angeklagten); § 248 Satz 2 (Anhörungen vor Entlassung von Zeugen und Sachverständigen; anders jetzt OLG Stuttgart MDR **1994** 1234); § 257 (Erklärungen während der Beweisaufnahme); § 258 (für die Reihenfolge der Schlußvorträge); § 267 Abs. 1 Satz 2 (Angabe der Indizien in den Urteilsgründen; vgl. dazu aber Rdn. 120); § 268 Abs. 3 Satz 1 (Urteilsverkündung nach Verhandlungsschluß); § 275 Abs. 1 Satz 1 (Abfassungsfrist der Urteilsgründe); § 326 Satz 1 (für die Reihenfolge der Schlußvorträge); § 379 a Abs. 1, 2 (Gebührenvorschuß bei Privatklage); § 403 Abs. 2 (Hinweispflicht im Entschädigungsverfahren); § 404 Abs. 1 Satz 2 (Angabe der Beweismittel beim Adhäsionsantrag); § 37 JGG (erzieherische Befähigung von Jugendrichtern und -staatsanwälten); § 43 JGG (Umfang der Ermittlungen); §§ 33, 34 GVG (ungeeignete Schöffen); § 36 Abs. 2 und § 42 Abs. 2 GVG (Ausgewogenheit der Schöffen-Vorschlagsliste).

cc) Im Schrifttum ist die behauptete Nichtrevisibilität der Soll- oder Ordnungsvor-   **18**
schriften seit jeher auf Kritik gestoßen. *Mannheim* 141 nannte sie „ein besonders trübes Kapitel der Strafrechtspflege". *Schwinge* 92 bezeichnet die Begründung von RGSt **42** 168 (vgl. Rdn. 16) als eine petitio principii, weil die Frage doch gerade sei, ob die Anwendung oder Nichtanwendung einer Sollvorschrift tatsächlich keine Rechtswirkung nach sich ziehe (ebenso *Bohnert* NStZ **1982** 6). *Grünwald* JZ **1968** 752 nennt sie eine bloße „Zau-

berformel"; und *Hanack* JZ **1971** 169 spricht „kurzerhand und ohne jegliche Begründung" (so die Kritik an ihm von LR-*Meyer*[23]; vgl. auch *Bohnert* 9 f) von einer „methodisch . . . veralteten Vorstellung", während *Frisch* Rudolphi-Symp. 200 sie als revisionsrechtliche Kategorie für „überflüssig und unbrauchbar" erachtet. Im Schrifttum wurde oder wird z. T. vorgeschlagen, die Revision allgemein (*Kohlrausch* 3) oder wenigstens dann zuzulassen, wenn der Tatrichter die Vorschriften ohne hinreichenden Grund nicht beachtet[41]. Nach anderer Ansicht soll es darauf ankommen, ob die Vorschrift internen Charakter hat oder ob sie unmittelbar die Rechtssphäre der Allgemeinheit berührt[42]. Heute wird im Schrifttum überwiegend auf die verfahrensrechtliche Aufgabe der Vorschrift, also ihren Schutzzweck, und die Frage abgestellt, ob ihre Nichtbefolgung im Einzelfall die Rechte des Beschwerdeführers betrifft[43]. Der Tatrichter soll danach verpflichtet sein, alle Verfahrensvorschriften zu beachten, wenn und soweit es die Umstände des Einzelfalles zur Erreichung des von der Vorschrift verfolgten Zwecks erfordern. Ob ein Verstoß gegen eine bestimmte Vorschrift die Revision begründet, läßt sich nach dieser Auffassung nicht einheitlich entscheiden; der Revisionsrichter müsse dabei vielmehr auch den konkreten Sachverhalt beurteilen[44]. Nach *Roxin* § 53, 31 und *Schünemann* JA **1982** 127 sollen Verfahrensfehler in der Hauptverhandlung im Hinblick auf die Justizförmigkeit des Verfahrens immer revisibel sein. Gelegentlich wird die Revisibilität auch davon abhängig gemacht, ob der Vorschrift nach Zweck und Funktion unbedingter Verbotscharakter zukommt (*Frank* 109). Vertreten wird aber weiterhin auch, daß das Urteil auf dem Verstoß gegen eine Ordnungsvorschrift nicht oder „meist" nicht beruhen könne, Revisibilität also deswegen nicht gegeben sei[45].

19   **dd) Der Bundesgerichtshof** hat sich in BGHSt 25 325[46] der Ansicht angeschlossen, es sei eine „methodisch veraltete Vorstellung" (Rdn. 18), den Verstoß gegen eine Verfahrensbestimmung (konkret: gegen die Hinweispflicht des § 243 Abs. 4 Satz 1) allein mit der Erwägung für unwesentlich zu erklären, es handele sich um eine bloße Ordnungsvorschrift. Nicht hierauf komme es an, sondern auf den Zweck der mißachteten Bestimmung und auf ihre Auswirkungen für die Rechtsstellung des Angeklagten. Die Entscheidung enthält eine Lockerung der traditionellen Position, indem sie die „Gesetzesverletzung" im Sinne des § 337 entscheidend nicht aus der Sicht des Revisionsrechts bestimmt, sondern nach der Bedeutung des tatrichterlichen Verfahrensverstoßes im Hinblick auf den Zweck der mißachteten Bestimmung. Ob die Entscheidung wirklich vereinzelt geblieben ist (so u. a. *Kleinknecht/Meyer-Goßner*[43] 4), erscheint zweifelhaft. Es mag Entscheidungen geben, die dafür sprechen (so vielleicht BGHSt **30** 257). Mehr spricht jedoch für einen sich ändernden Umgang des BGH mit dem Komplex. Das zeigt etwa die Änderung seiner Rechtsprechung zur Bedeutung der Belehrungspflichten des § 136 (BGHSt **38** 214 und

---

[41] *Mannheim* 142 ff und JW **1927** 793; *Steuerlein* 43; vgl. auch *Eb. Schmidt* 19; *Loewenstein* 32 will die Revision bei bewußter Mißachtung zulassen.

[42] *Peters* 637; *Schwinge* 96; ähnlich *Henkel* 375 Fußn. 3.

[43] So – mit z. T. unterschiedlicher Argumentation und Deutlichkeit – KK-*Pikart* 13; KMR-*Paulus* 17 f; *Gössel* § 38 C II b; *Roxin* 53 E I 2 („allenfalls in der gemilderten Form vertretbar"); *Dahs/Dahs* 89; *Sarstedt/Hamm*[6] 245 ff; *Baldus* FS Heusinger 388; *Grünwald* JZ **1968** 752; *Rudolphi* MDR **1970** 69; *Blomeyer* JR **1971** 142; *Vollhardt* 36 ff; *Schünemann* JA **1982** 126 f; vgl. auch *Schlüchter* 398; *Dencker* MDR **1975** 359; *Weber-Petras* 165; ähnlich schon *Mannheim* 142 ff; kritisch *Bohnert* NStZ

1982 10; **a. A** *Meyer* in der 23. Aufl.; vgl. auch Rdn. 15 a. E mit Fußn. 38.

[44] So insbesondere KMR-*Paulus* 19; *Baldus* FS Heusinger 388; *Dencker* MDR **1975** 359; ähnlich *Mannheim* 142 ff; *Rudolphi* MDR **1970** 100.

[45] Im ersteren Sinne *Kleinknecht/Meyer-Goßner*[43] 4; *Bohnert* NStZ **1982** 6 und **1983** 344; im letzteren Sinne z. B. KK-*Pikart* 13 (dazu unten Rdn. 24); differenzierend *Weber-Petras* vgl. S. 165.

[46] BGHSt **25** 325 = JR **1975** 339 mit Anm. *Hanack* und weiteren Stellungnahmen von *Dencker* MDR **1975** 359; *Hegmann* NJW **1975** 915; *Seelmann* JuS **1976** 157; *Bohnert* NStZ **1982** 9. Vgl. auch *Fezer* JR **1984** 341; *Gössel* NJW **1981** 2219; *Rogall* MDR **1977** 978.

372). Und das zeigt schon früher BGHSt **23** 245 für die Feststellung der Personalien des Zeugen gemäß § 68; der BGH erreicht hier eine Lockerung wiederum durch eine Zweckbetrachtung, insbesondere die Heranziehung des § 222, mit deren Hilfe er die überkommene Wertung des § 68 als eine Ordnungsvorschrift (RGSt **40** 158) letztlich aus den Angeln hebt[47]. Vgl. auch Rdn. 21 Fußn. 48.

ee) Stellungnahme. Das Problem der sog. Ordnungsvorschriften rührt an ein Dilemma, das noch durchaus ungelöst erscheint: Nach dem Wortlaut der StPO ist — von den Besonderheiten der absoluten Revisionsgründe nach § 338 abgesehen — Revisibilität gegeben, wenn das Urteil auf einer Verletzung des Gesetzes beruht (§ 337). Zwischen Soll-, Kann-, Muß-, Ist- und Ordnungsvorschriften wird dabei nicht unterschieden. Es gibt nicht einmal überzeugende Hinweise dafür, daß ausdrücklich als Sollvorschriften bezeichnete Bestimmungen von der Revisibilität ausgeschlossen sein sollten (vgl. *Bohnert* NStZ **1982** 5 f); dagegen spricht sogar der klare Text des § 337 Abs. 2 und vielleicht auch der Umstand, daß das Gesetz in einer ganzen Reihe von Fällen ausdrücklich die Unanfechtbarkeit von „Entscheidungen" vorsieht (§ 336 Satz 2), darunter aber durchaus auch Fälle versteht, in denen die „Entscheidung" nur einen einzelnen richterlichen Akt vor oder auf dem Weg zum Urteil betrifft. Auch ist wenig einzusehen, warum prozessuale „Kann"-Vorschriften überwiegend als grundsätzlich revisibel gelten (unten Rdn. 87), obwohl das „Kann" eigentlich doch ein weiteres Ermessen kennzeichnet als das „Soll". **20**

Wollte man aber davon ausgehen, daß **alle Verfahrensvorschriften** unter den Voraussetzungen des § 337 revisibel sind, ergäben sich ohne Zweifel *jedenfalls* **Unzuträglichkeiten**, wenn man dabei nach den üblichen Grundsätzen des „Beruhens" (unten Rdn. 255) verfahren würde (vgl. auch Rdn. 24). So ist mindestens nicht ohne weiteres einsehbar, daß z. B. die Verletzung des § 66 c Abs. 4 (Erheben der rechten Hand bei der Eidesleistung) oder gar die Verletzung des § 379 a (Zahlung eines Gebührenvorschusses bei der Privatklage) eine erfolgreiche Revision sollte begründen können. Die strenge Auffassung (oben Rdn. 18), daß Verfahrensfehler in der Hauptverhandlung immer revisibel sind, ist schon von daher fragwürdig und nicht überzeugend. Nicht überzeugend ist aber auch die traditionelle Meinung. Ihre wesentliche Argumentation (RGSt **42** 168) enthält in der Tat eine petitio principii und erscheint insoweit durchaus als „Zauberformel", die „methodisch veraltet" ist (oben Rdn. 18), mag diese Kritik als solche natürlich auch nicht weiterhelfen. Problematisch an der traditionellen Meinung ist vor allem, daß unter den Begriff der prinzipiell nicht revisiblen Ordnungsvorschriften auch solche Bestimmungen subsumiert werden, denen mindestens im Einzelfall eine ganz erhebliche Bedeutung für die Güte des tatrichterlichen Verfahrens und für die Richtigkeit des Urteils zukommt. Das gilt etwa für § 57 (vorherige Zeugenbelehrung), für § 58 Abs. 1 (Einzelvernehmung der Zeugen)[48], für § 69 Abs. 1 Satz 2 (Bekanntgabe des Gegenstandes der Untersuchung als Voraussetzung eines — revisiblen — Zeugenberichts). **21**

Der Bundesgerichtshof (Rdn. 19) und die heute überwiegende Lehre (Rdn. 18) sind daher grundsätzlich auf dem **richtigen Wege**, wenn sie auf die verfahrensrechtliche Funktion der Vorschrift und die Frage abstellen, ob ihre Nichtbefolgung im Einzelfall Verfahrensrechte des Beschwerdeführers verletzt. Dabei ist eine revisible Gesetzesverletzung jedenfalls dann zu bejahen, wenn die Mißachtung der „Ordnungsvorschrift" zugleich eine Verletzung der **Aufklärungspflicht** enthält (vgl. auch oben Rdn. 15 a. E.). Denn daß die Verletzung der so zentralen Pflicht des § 244 Abs. 2 revisionsrechtlich nur wegen der **22**

---

47 Ebenso dann BGHSt **32** 128 (GrSSt) = NStZ **1984** 36 mit Anm. *Frenzel*; BGH StV **1984** 59.

48 Hier läßt denn auch BGH bei *Dallinger* MDR **1955**

396 die Revision bei Verletzung der Aufklärungspflicht des § 244 Abs. 2 zu; vgl. auch BGH StV **1988** 188 und im folg. Text.

Ernst-Walter Hanack

angeblichen Nichtrevisibilität der zugleich mißachteten „Ordnungsvorschrift" unbeachtlich ist, läßt sich schlechterdings nicht annehmen. Daß bei solcher Betrachtungsweise möglicherweise stark auf den konkreten Einzelfall abzustellen ist (vgl. oben Rdn. 18), bedeutet sicher eine Erschwerung in der Rechtsanwendung; sie erscheint jedoch in gewissem Umfang unerläßlich und dürfte im übrigen bei den wirklich kritischen Vorschriften schnell zur Entwicklung typischer und handhabbarer Fallgruppen führen.

23   Für die weitere Handhabung hilfreich sind im übrigen Bemühungen des neueren Schrifttums zur **Einteilung der Verfahrensnormen**. Sie stellen zu Recht weniger auf die formale gesetzliche Charakterisierung als Soll- oder Mußvorschriften ab (die für die Lösung der Sachprobleme geradezu bedeutungslos ist) als auf den Zweck der einzelnen Vorschrift und machen dabei — wenn auch in unterschiedlicher Weise und Terminologie — einen Unterschied zwischen „Soll-" und „Ordnungsvorschriften"[49]. Wichtig ist insoweit namentlich die Einsicht, daß es in der Tat „echte" Ordnungsvorschriften gibt, die als solche nicht revisibel sind, aber auch „echte" Sollvorschriften. Die letzteren müssen nur dann unbedingt beachtet werden, wenn die Erreichung des von der Vorschrift verfolgten Zwecks dies im Regelfall fordert, wobei die Frage, ob ein Regelfall vorliegt, nicht nach freiem Ermessen zu entscheiden ist und infolgedessen als solche der vollen inhaltlichen Überprüfung durch das Revisionsgericht unterliegt. Ob freilich alle „echten" Sollvorschriften im Gesetz selbst durch die Soll-Formulierung charakterisiert sind (so *Bohnert* NStZ **1982** 8), ist eine andere, wohl zu verneinende Frage.

24   Zwiespältig bleibt bei den traditionellen „Ordnungsvorschriften" hingegen der **Gesichtspunkt des „Beruhens"**. Daß das Beruhen bei ihnen „meist" ausgeschlossen werden kann oder gar immer fehlt (s. Rdn. 18 a. E), ist nicht richtig, jedenfalls wenn man von der gefestigten Auslegung dieses Begriffs ausgeht, nach der im Zweifel schon das mögliche Beruhen ausreicht (unten Rdn. 255). Ob es aber sachgerecht wäre, den einheitlichen Begriff des Beruhens und seine gefestigte Auslegung für bestimmte Vorschriften grundsätzlich anders zu interpretieren, erscheint zweifelhaft; in der Praxis ohnedies vorhandene Tendenzen dieser Art auch bei Vorschriften, die nicht als Ordnungsvorschriften gelten, führen schon heute zu Unzuträglichkeiten (unten Rdn. 255). Nicht schlüssig erscheint im übrigen die Auffassung, daß eine Verfahrensvorschrift, auf deren Verletzung das Urteil möglicherweise beruhen kann, niemals eine bloße Sollvorschrift (Ordnungsvorschrift) ist[50]. Wäre es anders, könnte es das ganze Problem der traditionellen Ordnungsvorschriften überhaupt nicht geben.

3. Gültigkeit der Rechtsnormen

25   **a) Allgemeines.** Das Revisionsgericht ist verpflichtet, die Rechtsgültigkeit, insbesondere die Verfassungsmäßigkeit der Rechtsnormen, die es anzuwenden hat, von Amts wegen zu prüfen. Daß der Tatrichter eine solche Prüfung unterlassen bzw. das Verfahren nicht nach Art. 100 Abs. 1 GG ausgesetzt hat, begründet für sich noch keinen Revisionsgrund (BGHSt **39** 176). Die eigenständige Prüfungspflicht des Revisionsgerichts erstreckt sich zunächst darauf, ob das Gesetz oder die Rechtsverordnung formell gültig erlassen

---

[49] *Baldus* FS Heusinger 388; *Dencker* MDR **1975** 360; *Weber-Petras* 132 ff; *Vollhardt* 30 sieht als Sollvorschriften nur diejenigen an, die eine „Soll"-Formulierung enthalten; *Warda* 100 f unterscheidet zwischen irrevisiblen Ordnungsvorschriften und Sollvorschriften, deren Nichtbeachtung nur in Ausnahmefällen zulässig, dann aber auch revisibel sei; vgl. auch *Bohnert* NStZ **1982** 8 f.

[50] So aber RGSt **62** 182 und (im einzelnen nicht ganz klar) LR-*Meyer* in der 23. Aufl. (Rdn. 18, 19). Richtig z. B. *Vollhardt* 22; *Bohnert* NStZ **1982** 9. Die Rechtsprechung schon des RG hat, wie der traditionelle Katalog der „Ordnungsvorschriften" zeigt (oben Rdn. 17), mit diesem Gedanken auch selbst nicht ernst gemacht.

worden ist. Wenn eine Rechtsverordnung des Bundes anzuwenden ist, muß geprüft werden, ob die Ermächtigung nach Art. 80 GG vorliegt, ob die Verordnung von der sachlich zuständigen Behörde in der vorgeschriebenen Form erlassen, ob sie ordnungsgemäß bekanntgemacht worden ist und inhaltlich nicht mit einer übergeordneten Norm in Widerspruch steht. Für Verordnungen der Länder gilt Art. 80 Abs. 1 Satz 2 und 3 GG nicht (BVerfGE **12** 325 = NJW **1961** 1155; vgl. aber BVerfGE **55** 226). Für den Fall, daß das Revisionsgericht eine formell gültig erlassene Vorschrift für mit dem Grundgesetz nicht vereinbar hält (nicht aber für den Fall, daß es von der Gültigkeit der Vorschrift ausgeht), schreibt Art. 100 Abs. 1 GG unter bestimmten Voraussetzungen die Aussetzung des Verfahrens und die Einholung der Entscheidung des Bundesverfassungsgerichts vor. Die Landesverfassungen enthalten entsprechende Vorschriften für den Fall, daß eine Norm des Landesrechts als mit der Landesverfassung nicht vereinbar angesehen wird.

b) Die **Vorlagepflicht nach Art. 100 Abs. 1 GG** (die durch die Landesverfassungen **26** begründeten Vorlagepflichten können hier nicht dargestellt werden) bezieht sich grundsätzlich nur auf Gesetze im formellen Sinn, also auf Verfassungsnormen, sofern sie an ranghöheren Normen gemessen werden können (BVerfGE **3** 225 = NJW **1954** 65), auf Bundesgesetze einschließlich der Gesetze nach Art. 81 GG (BVerfGE **1** 201) sowie auf Landesverfassungen und Landesgesetze, die nach dem 24. 5. 1949 verkündet worden, also nachkonstitutionelles Recht sind (BVerfGE **2** 124 = NJW **1953** 497; st. Rspr.). Die bloße Neubekanntmachung der geltenden Fassung steht der Verkündung nach dem 24. 5. 1949 nicht gleich (BVerfGE **8** 213). Die Strafprozeßordnung ist aber nachkonstitutionelles Recht, weil bei Erlaß des VereinhG für ihren Gesamtinhalt das volle Gesetzgebungsverfahren durchgeführt worden ist und weil Art. 9 VereinhG die Verkündung ausdrücklich als künftige Gesetzesgrundlage bezeichnet (BVerfGE **33** 374 = JZ **1973** 780). Ausnahmsweise erstreckt sich die Vorlagepflicht auch auf vorkonstitutionelle Gesetze, wenn der Gesetzgeber bei einer späteren Änderung und Ergänzung seinen „konkreten Bestätigungswillen" zu erkennen gegeben hat (BVerfGE **6** 64 = NJW **1957** 417; **63** 181 = NJW **1983** 1968; st. Rspr.). Das ist der Fall bei den durch die Reformgesetze nicht geänderten Bestimmungen des Strafgesetzbuchs. Hält das Revisionsgericht ein Landesgesetz mit einem Bundesgesetz nicht für vereinbar, so ist ebenfalls die Entscheidung des Bundesverfassungsgerichts einzuholen (Art. 100 Abs. 1 Satz 2 GG), sofern das Bundesgesetz nicht erst nach dem Landesgesetz in Kraft getreten ist (BVerfGE **10** 124 = NJW **1959** 2108). Nach Art. 100 Abs. 2 GG besteht die Pflicht zur Vorlegung an das Bundesverfassungsgericht auch, wenn zweifelhaft ist, ob eine Regel des Völkerrechts Bestandteil des Bundesrechts ist und ob sie nach Art. 25 GG unmittelbar Rechte und Pflichten für den einzelnen erzeugt. Eine weitere Vorlagepflicht ergibt sich aus Art. 126 GG; danach entscheidet das Bundesverfassungsgericht bei Meinungsverschiedenheiten über das Fortgelten von früherem Recht als Bundesrecht. EG-Recht wird seit BVerfGE **73** 339 = NJW **1987** 577 jedenfalls derzeit („Solange II") im Verfahren nach Art. 100 Abs. 1 nicht mehr überprüft, so daß entsprechende Vorlagen unzulässig sind (näher *Vedder* NJW **1987** 526); über seine Gültigkeit und Auslegung entscheidet gemäß Art. 177 EWG-Vertrag der EuGH. Der Überprüfung durch das BVerfG unterliegen jedoch die deutschen Zustimmungsgesetze (vgl. BVerfGE **52** 202 = NJW **1980** 519). Zur (zunehmenden) Bedeutung des Vorlageverfahrens nach Art. 177 EGVertrag s. Einl. B 38.

Die Vorlagepflicht nach Art. 100 GG **setzt voraus**, daß die zu treffende Entscheidung **27** von der Verfassungsmäßigkeit des Gesetzes abhängt. Unmittelbare Grundlage der Entscheidung muß das Gesetz sein (BVerfGE **2** 411; **48** 45 = NJW **1976** 1446); es genügt aber regelmäßig nicht, daß nur die Begründung der Entscheidung von der Ungültigkeit des Gesetzes betroffen würde (BVerfGE **13** 104). Ferner ist die Vorlagepflicht nach Art. 100

Ernst-Walter Hanack

Abs. 1 GG nur gegeben, wenn der Richter von der Verfassungswidrigkeit des Gesetzes überzeugt ist; Zweifel oder bloße Bedenken reichen grundsätzlich nicht aus (BVerfGE **1** 184 = NJW **1952** 497; st. Rspr.). Art. 100 Abs. 1 GG führt zu einem zwingenden Verfahrenshindernis besonderer Art; besteht die Vorlagepflicht, so ist dem Gericht jede andere Entscheidung als die Vorlage an das Bundesverfassungsgericht untersagt (BVerfGE **34** 321 = NJW **1973** 1319 mit Anm. *Bethge* NJW **1973** 2100). Die Vorlagepflicht besteht daher auch, wenn das Bundesverfassungsgericht schon aus anderen Gründen mit der Prüfung derselben Rechtsnorm befaßt ist, insbesondere, wenn das Revisionsgericht (OLG Köln NJW **1961** 2271) oder ein anderes Gericht (OLG Schleswig bei *Ernesti/Jürgensen* SchlHA **1976** 178) dieselbe Rechtsfrage bereits zur Prüfung des Bundesverfassungsgerichts gestellt hat. Die Aussetzung des Revisionsverfahrens bis zur Entscheidung des Bundesverfassungsgerichts in der anderen Sache ist im Strafverfahren nach h. M nicht zulässig (vgl. die Nachweise bei BGH NJW **1993** 1280, wo das aber bezweifelt wird).

28   **c) Vorlageverfahren.** Die Vorlage an das Bundesverfassungsgericht erfolgt in Form eines Vorlagebeschlusses, der in der für Revisionsentscheidungen vorgeschriebenen Besetzung erlassen (BVerfGE **19** 71 = MDR **1965** 722) und von allen mitwirkenden Richtern unterschrieben werden muß (BVerfGE **34** 260 = NJW **1973** 843); mit dem Beschluß wird gleichzeitig das Verfahren ausgesetzt. Das Revisionsgericht muß nach § 80 Abs. 2 Satz 1 BVerfGG seine Auffassung von der Verfassungswidrigkeit des Gesetzes begründen, und zwar unter Darlegung des Sachverhalts (BVerfGE **19** 140; st. Rspr.). Der Beschluß, an dessen Begründung hohe Anforderungen gestellt werden, muß aus sich heraus verständlich sein (BVerfGE **22** 177 = NJW **1967** 1604; BVerfGE **26** 307 = NJW **1969** 1953; BVerfGE **34** 257 = NJW **1973** 843; **70** 228 u. ö.). Aus dem Beschluß muß insbesondere ersichtlich sein, inwiefern die Entscheidung von der Gültigkeit der zur Prüfung gestellten Rechtsvorschrift abhängt, warum ihre verfassungskonforme Auslegung nicht möglich ist (BVerfGE **48** 40; **85** 329 = NJW **1992** 1951) und mit welcher übergeordneten Norm sie unvereinbar ist. Das Gericht muß sich klar darüber aussprechen, daß und warum es im Fall der Gültigkeit der Norm anders entscheiden würde als bei ihrer Ungültigkeit (BVerfGE **11** 334 = NJW **1961** 115; BVerfGE **22** 177 = NJW **1967** 1604; BVerfGE **34** 259 = NJW **1973** 843), und dabei auch darlegen, welche Entscheidung es im Falle der Verfassungswidrigkeit treffen würde (BVerfGE **66** 100; vgl. *Aretz* JZ **1984** 919). Dabei genügt es aber, wenn dargetan wird, daß das angefochtene Urteil im Fall der Ungültigkeit der Norm aufgehoben und die Sache an den Tatrichter zu weiterer Sachaufklärung zurückverwiesen werden soll (BVerfGE **24** 133 = NJW **1968** 2233). Der Vorlagebeschluß, der unanfechtbar ist (OLG Bremen NJW **1956** 387), muß dem Bundesverfassungsgericht in einer beglaubigten Abschrift und 50 einfachen Abschriften (Nr. 190 Abs. 3 RiStBV) unter Beifügung der Akten unmittelbar, nicht auf dem Verwaltungsweg, vorgelegt werden (§ 80 Abs. 2 Satz 2 BVerfGG). Das Begleitschreiben ist von dem Vorsitzenden zu unterschreiben (Nr. 190 Abs. 1 Satz 2 RiStBV). Eine spätere Abänderung des Beschlusses durch das vorlegende Gericht ist grundsätzlich ausgeschlossen, nicht hingegen die Ergänzung oder Präzisierung seiner Begründung durch einen ergänzenden Beschluß (BVerfGE **75** 339; **82** 158); jedoch muß der Beschluß zurückgenommen werden, wenn infolge einer Änderung des Gesetzes seine Grundlagen entfallen sind (BVerfGE **29** 325). Er kann auch aufgehoben werden, wenn das Bundesverfassungsgericht inzwischen in einem anderen Verfahren die strittige Norm für verfassungswidrig erklärt hat.

III. Verletzung des Gesetzes: Verfahrensvoraussetzungen

1. Prüfung der Verfahrensvoraussetzungen

a) Allgemeines. Prozeßvoraussetzungen und -hindernisse (dazu Einl. J 43 ff und im **29** einzelnen bei § 206 a) sind zugleich Voraussetzungen und Hindernisse des Revisionsverfahrens. Das Revisionsgericht muß sie daher, sofern die Revision zulässig eingelegt worden ist, von Amts wegen prüfen (allg. Meinung)[51]. Bei Tateinheit ist die Prüfung für jedes der verletzten Strafgesetze nach den für dieses Gesetz, z. B. im Hinblick auf den Strafantrag, geltenden Grundsätzen vorzunehmen[52]. Das Revisionsgericht hat bei der Prüfung den Zeitpunkt seiner eigenen Entscheidung zugrunde zu legen; ob die Prozeßvoraussetzungen zur Zeit des tatrichterlichen Urteils gefehlt haben, ist gleichgültig (RGSt **67** 55; **68** 124; **72** 397; vgl. auch § 354 a, 5).

b) Teilrechtskraft. Die Prüfung ist auch erforderlich, wenn das Urteil wegen Beschrän- **30** kung der Berufung oder Revision bereits im Schuldspruch oder in Teilen des Rechtsfolgeausspruchs unanfechtbar ist (heute allg. M)[53]. Das gilt insbesondere für den Fall, daß es zulässigerweise nur im Strafausspruch angefochten ist[54], daß nur über die Strafaussetzungsfrage noch nicht rechtskräftig entschieden (BGHSt **11** 395) oder das Verfahren nur noch wegen einer Nebenfolge anhängig ist (BGHSt **6** 304; **13** 128). Bei rechtskräftigem Schuldspruch ist von der rechtlichen Beurteilung der Tat in dem Schuldspruch auszugehen; das Vorliegen eines Strafantrags wird daher nicht geprüft, wenn der Angeklagte wegen einer Tat verurteilt worden ist, die auch ohne Antrag verfolgt werden kann (OLG Braunschweig GA **1954** 347). Wenn das Rechtsmittel auf die Verurteilung wegen einzelner selbständiger Taten beschränkt ist, in die eine Gesamtstrafe einbezogen worden ist, so ist das Vorliegen von Prozeßvoraussetzungen hinsichtlich der rechtskräftig gewordenen Einzelstrafen weder zu prüfen noch zu beachten (so überzeugend *Grünwald* Die Teilrechtskraft im Strafverfahren (1964) 325; **a. A** BGHSt **8** 269 = JZ **1956** 417 mit Anm. *Jescheck*; vgl. § 344, 66).

Die Frage, ob die Verfahrensvoraussetzungen auch bei **unzulässiger Revision** zu prü- **31** fen sind, ist bei § 346, 34 erörtert. Zum Rangverhältnis unter mehreren zusammentreffenden Verfahrenshindernissen vgl. bei § 206 a (24. Aufl. Rdn. 60). ·

c) Entscheidung beim Vorliegen von Prozeßhindernissen. Das Fehlen einer Verfah- **32** rensvoraussetzung führt regelmäßig zur Einstellung des Verfahrens, und zwar des ganzen Verfahrens, auch wenn es bereits im Schuldspruch oder teilweise im Rechtsfolgeausspruch rechtskräftig abgeschlossen ist[55]. Ob der Tatrichter das Fehlen der Verfahrensvoraussetzungen hätte erkennen können, spielt keine Rolle[56]. Bei behebbaren Hindernissen muß das Urteil aufgehoben und die Sache an den Tatrichter zurückverwiesen werden (§ 354, 8); bei Zuständigkeitsmängeln wird an den zuständigen Tatrichter zurückverwie-

---

[51] Vgl. aus der Rechtsprechung z. B. BGHSt **6** 306; **8** 270; **9** 192; **10** 75, 362; **11** 393; **13** 128; **15** 206; **16** 117; **18** 81; **20** 292; **21** 243; **22** 2; RGSt **57** 208; **59** 56; **61** 119; **63** 321; **64** 21, 187; OGHSt **2** 376; BayObLGSt **1961** 213; BayObLG VRS **39** (1970) 107; KG VRS **8** (1955) 863; OLG Hamburg NJW **1962** 2119. Kritisch *Volk* Prozeßvoraussetzungen 57 ff.

[52] BGH bei *Dallinger* MDR **1956** 527; RGSt **62** 88; OGHSt **1** 54, 206; OLG Köln GA **1953** 57.

[53] Vgl. aus der Rechtsprechung z. B. BGHSt **6** 305; **8** 269 = JZ **1956** 417 mit Anm. *Jescheck*; BGHSt **11** 393; **13** 128; **15** 207; **21** 243; BGH NJW **1958** 1307; RGSt **62** 262; **64** 107, 187; **74** 206; BayOb-

LGSt **16** 3; BayObLG HRR **1932** 216; KG JR **1962** 153; OLG Neustadt NJW **1956** 268; **a. A** und überholt KG JW **1927** 3060; HRR **1928** 1955; GA **71** (1927) 349.

[54] BGH bei *Dallinger* MDR **1958** 566; RGSt **62** 262; **64** 107; **65** 150; **66** 173; RG JW **1935** 2975; RG HRR **1938** 941; **1939** 1141; BayObLGSt **1963** 215; BayObLG VRS **44** (1973) 302; KG VRS **26** (1964) 286.

[55] BGHSt **6** 305; **11** 393; **13** 128; **21** 242; RGSt **65** 150; **74** 207; *Kleinknecht* MDR **1955** 434; *Spendel* ZStW **67** (1955) 569; ganz h. M.

[56] RGSt **12** 125; BayObLGSt **1958** 313 = MDR **1959** 414; vgl. auch unten Rdn. 69.

sen (§ 355). Wenn der Sachverhalt ohne weiteres die Freisprechung rechtfertigt, ist das Verfahren nicht einzustellen, sondern der Angeklagte freizusprechen (§ 354, 8). Gesetzesverletzungen, die mit anderen tateinheitlich begangen worden sind, bei denen aber von vornherein eine Verfahrensvoraussetzung gefehlt hat oder später ein Prozeßhindernis eingetreten ist, scheiden aus dem Verfahren aus[57]. Das Revisionsgericht muß die Verurteilung insoweit im Wege der Schuldspruchberichtigung (§ 354, 15 ff) beseitigen. Das gilt auch, wenn ein Prozeßhindernis sich auf ein mit einem Verbrechen in Tateinheit stehendes Vergehen bezieht[58]. Hat der Beschwerdeführer die Revision zurückgenommen, so wird das angefochtene Urteil selbst dann nicht aufgehoben oder geändert, wenn Verfahrenshindernisse bestehen[59].

2. Beweisfragen. Bindung an Feststellungen

33   **a) Allgemeines.** Das Revisionsgericht ist bei der Prüfung der Verfahrensvoraussetzungen weder an die tatsächlichen Feststellungen noch an die Beweiswürdigung des Tatrichters gebunden[60]. Es klärt vielmehr die Verfahrensvoraussetzungen selbständig und aufgrund eigener Sachuntersuchung unter Benutzung aller verfügbaren Erkenntnisquellen[61], und zwar im Wege des Freibeweises[62]. Der neuerdings zunehmend vertretenen Auffassung, daß über Prozeßvoraussetzungen im Strengbeweisverfahren zu entscheiden sei (vgl. Einl. J 52 und bei § 206 a, 24. Aufl. Rdn. 59), ist jedenfalls für das Revisionsverfahren nicht zu folgen, schon weil sonst der Grundsatz der Amtsprüfung preisgegeben werden müßte (so richtig *Schünemann* JA **1982** 123) und dem Revisionsgericht die Prüfung in zahlreichen Fällen, in denen es auf den Akteninhalt ankommt, zuverlässig kaum möglich wäre. Die Pflicht zur eigenen Sachentscheidung besteht für alle Verfahrensvoraussetzungen, auch für die Verhandlungsfähigkeit des Angeklagten (streitig; s. unten Rdn. 40). Für die Beweisaufnahme gelten dieselben Grundsätze wie bei der Beweisaufnahme des Revisionsgerichts über Verfahrensverstöße (unten Rdn. 83). Im Freibeweis können auch Ermittlungen darüber angestellt werden, ob der Angeklagte die Tat nach dem Amnestiestichtag fortgesetzt hat (BGH LM Nr. 5 zu § 1 StrFrG 1949). Würde sich die Ermittlung der maßgebenden Tatsachen so schwierig gestalten, daß eine Beweisaufnahme wie in der Hauptverhandlung vor dem Tatrichter erforderlich wäre, so ist dem Revisionsgericht nicht verwehrt, das Urteil aufzuheben und die Sache an den Tatrichter zurückzuverweisen (BGHSt **16** 403; OLG Karlsruhe GA **1985** 134).

34   Ob bereits **Zweifel** am Bestehen eines Verfahrenshindernisses zur Einstellung des Verfahrens führen oder ob das Hindernis erwiesen sein muß, ist umstritten (näher Einl. J 52 und bei § 206 a, 24. Aufl. Rdn. 28 ff). Im Schrifttum wird heute überwiegend und zu Recht angenommen, daß das Verfahren in der Revisionsinstanz schon bei nicht behebbaren Zweifeln am Bestehen eines Verfahrenshindernisses einzustellen ist[63]. Die gegen-

---

[57] BGHSt **7** 306; RGSt **52** 270; **53** 50; **67** 235; RG JW **1924** 1878; OGHSt **3** 46.

[58] Vgl. BayObLG VRS **25** (1963) 448; KG VRS **26** 286.

[59] Anders BayObLGSt **1974** 8 = JR **1975** 120 mit abl. Anm. *Teyssen;* näher *Schöneborn* MDR **1975** 6; vgl. § 302, 12.

[60] Vgl. aus der Rechtsprechung z. B. BGHSt **14** 139; BGH bei *Dallinger* MDR **1955** 143, 272; **1958** 142; RGSt **6** 166; **38** 40; **45** 129; **47** 202; **48** 276; **51** 72; **53** 58; **55** 23; **57** 143; **61** 357; **62** 262; **64** 187; **66** 172; OGHSt **1** 242; BayObLGSt **1951** 146; OLG Frankfurt HESt **3** 50; OLG Hamm NJW **1953** 1984.

[61] So z. B. BGHSt **16** 403; BGH NJW **1989** 1742; RGSt **51** 72; **52** 262; **55** 231; **56** 109; **59** 56; **61** 119; **62** 262; **64** 188; **71** 262.

[62] St. Rspr. (vgl. etwa BGHSt **16** 166; BGH NJW **1958** 392; MDR **1955** 527; RGSt **51** 72; **59** 313; **62** 262) und überwiegende Lehre; vgl. auch unten Rdn. 74; ferner bei § 206 a (24. Aufl. Rdn. 59).

[63] *Kleinknecht/Meyer-Goßner*[43] § 206 a, 7; *Eb. Schmidt* Teil I Nr. 198; *Henkel* 353; *Roxin* § 15, 39; *Schlüchter* 390; *Dahs/Dahs* 95; *Mann* ZStW **76** (1964) 278; *Moser* In dubio pro reo, Diss. München 1933, 103 ff; *Niese* DRZ **1949** 507.

teilige Auffassung[64], daß sich die Frage nicht für alle Verfahrensvoraussetzungen einheitlich bestimmen lasse, überzeugt nicht; ob sie indes nur noch als an sich berechtigte Warnung vor schablonenhaftem Denken und als Ausdruck von Vorsicht zu erklären ist (so LR-*Schäfer*[24] Einl. Kap. **11** 52), erscheint nach dem Stand der Rspr. zweifelhaft. Die Ansicht, daß Zweifel *niemals* genügen (BGH bei *Herlan* MDR **1955** 527, 652), wird heute nicht mehr vertreten.

b) Doppelrelevante Tatsachen. An doppelrelevante Tatsachen, d. h. solche, die nicht **35** unmittelbar zur Beurteilung von Verfahrensvoraussetzungen festgestellt worden sind, sondern die der Tatrichter zur Schuldfrage nach den strengen Beweisvorschriften der §§ 244 ff ermittelt hat, ist das Revisionsgericht grundsätzlich gebunden[65]. Den Tatsachen müssen einheitliche Feststellungen zugrunde liegen, und dabei genießen die tatrichterlichen Feststellungen im Strengbeweis den Vorrang, soweit sie als solche unangreifbar sind. Dies ergibt sich zwar nicht aus der vermeintlich größeren Zuverlässigkeit des Strengbeweises (so richtig KMR-*Paulus* § 244, 360; **a. A** LR-*Meyer*[23]), sondern aus der Begrenzung des Revisionsrechts im Hinblick auf den Grundsatz der Verantwortungteilung (Vor § 333, 5) und dem Gesichtspunkt der Widerspruchsfreiheit (*Schlüchter* 693). Die Bindung besteht vor allem für die Tatzeit (vgl. aber Rdn. 36), die bei der Verjährung, der Rechtzeitigkeit des Strafantrags und der Straffreiheit nach Amnestiegesetzen von Bedeutung ist[66]. An die rechtliche Bedeutung der festgestellten Tatsachen durch den Tatrichter ist das Revisionsgericht nicht gebunden (RGSt **74** 192), sofern nicht das Urteil im Schuldspruch bereits rechtskräftig ist (vgl. oben Rdn. 30).

Eine **Ausnahme von der Bindung** an doppelrelevante Tatsachen macht der Bundes- **36** gerichtshof in Abkehr von einer früheren Rechtsprechung[67] für den Fall, daß die datenmäßige Fixierung der Tatzeit für den Schuldspruch und die sichere Erfassung der ihm zugrundeliegenden Tat nicht unerläßlich ist (BGHSt **22** 90)[68]. Hiergegen bestehen in dieser Allgemeinheit Bedenken: Wenn doppelrelevante Tatsachen nur einheitlich beurteilt werden können und dabei ein Vorrang der tatrichterlichen Feststellungen besteht, falls sie als solche unangreifbar sind (Rdn. 35), darf sich das Revisionsgericht zu diesen Feststellungen jedenfalls nicht in Widerspruch setzen. Es würde sie sonst (wie im Fall BGHSt **22** 90) entgegen der Struktur des Revisionsrechts durch die eigenen (Freibeweis-)Feststellungen beiseite schieben. Dem Bundesgerichtshof ist zwar zuzugeben, daß die genauere Bestimmung der Tatzeit durch den Tatrichter für die sichere Beurteilung der zugrundeliegenden Tat häufig entbehrlich ist, also z. B. die Feststellung „nach dem 25. Mai 1966"

---

[64] BGHSt **18** 227 = JR **1963** 605 mit Anm. *Eb. Schmidt* = MDR **1963** 855 mit Anm. *Dreher*; BGH NStZ **1984** 520, wo aber für Zweifel *des Tatrichters* anders entschieden wird; RGSt **72** 156; OHGSt **1** 166; KG JR **1954** 470; KK-*Pfeiffer* Einl. 19; KK-*Treier* § 205, 4; LR-*Meyer* in der 23. Aufl., Rdn. 31; *Henkel* 352; *Sulanke* 89; *Sax* JZ **1958** 179. OGHSt **1** 207 = NJW **1949** 556 mit Anm. *Reinicke* und OGHSt **1** 243 wollten bei Prozeßhindernissen, nicht aber bei Prozeßvoraussetzungen den Zweifel ausreichen lassen (dazu LR[24], § 206 a, 28 Fußn. 71).

[65] BGH bei *Dallinger* MDR **1955** 143; **1956** 272; RGSt **69** 318; **71** 261; OLG Düsseldorf MDR **1988** 253; OLG Karlsruhe GA **1985** 134; *Kleinknecht/Meyer-Goßner*[43] 6; *Peters* 657; *Schlüchter* 693; *Alsberg/Nüse* 466. Vgl. aber auch KMR-*Paulus* § 244, 360 und im folg. Text. Eingehend zum Ganzen *Alberts* (1990).

[66] BGH bei *Dallinger* MDR **1955** 143; RGSt **12** 436; **45** 159; **69** 318 = JW **1935** 3396 mit Anm. *Richter*; RGSt **71** 261; KG VRS **21** (1961) 200; OLG Celle GA **1968** 124; OLG Neustadt GA **1962** 125; OLG Schleswig SchlHA **1958** 318; **a. A** *Eb. Schmidt* Vor § 244, 40; § 337, 12 und Teil I Nr. 197 Fußn. 349; *Alberts* insbes. S. 116.

[67] RGSt **69** 318; BGH bei *Dallinger* MDR **1955** 143.

[68] BGHSt **22** 90 = JR **1968** 466 mit Anm. *Kleinknecht* = JZ **1968** 433 mit Anm. *Eb. Schmidt*; ebenso KMR-*Paulus* § 244, 360; *Hanack* JZ **1973** 729 entgegen der in JZ **1972** 114 vertretenen Ansicht; OLG Celle GA **1968** 124; OLG Neustadt GA **1962** 125; *Kleinknecht/Meyer-Goßner*[43] 6; *Willms* FS Heusinger 408; ablehnend *Peters* Nachtr. zu 2. Aufl. (1970) 35; LR-*Meyer* in der 23. Aufl., Rdn. 33.

Ernst-Walter Hanack

reicht. Aber auch dann sind die Feststellungen des Tatrichters Bestandteil des Schuldspruchs, die das Revisionsgericht durch eigene Beweisaufnahme nicht *korrigieren* darf.
Es darf sie vielmehr nur *ergänzen*, soweit ein Widerspruch zu den tatrichterlichen Feststellungen nicht entsteht und auch bei Zurückverweisung der Sache nicht entstehen kann.
Dies ist lediglich dann der Fall, wenn sich aufgrund der ergänzenden Feststellungen des
Revisionsgerichts das Vorhandensein eines nicht behebbaren Verfahrenshindernisses
ergibt. Denn insoweit verbindet das Revisionsgericht im Rahmen seiner eigenen Kompetenz nur die selbst getroffenen Feststellungen mit denjenigen des Tatrichters zu einer logischen Einheit (so im Ergebnis *Schlüchter* 693). Entsprechend darf das Revisionsgericht im
übrigen auch dann verfahren, wenn der Tatrichter überhaupt keine Feststellungen zur Tatzeit getroffen hat. Ansonsten muß es beim Fehlen solcher Feststellungen an den Tatrichter
zurückverweisen, damit dieser sie nachholt[69].

3. Einzelne Verfahrensvoraussetzungen und -hindernisse

37   **a) Hinweis.** Die Verfahrensvoraussetzungen sind im einzelnen bei § 206 a behandelt.
Die folgenden Erläuterungen beschränken sich daher auf eine knappe Zusammenfassung
spezifisch revisionsrechtlicher Gesichtspunkte.

38   **b) Die Abwesenheit des Angeklagten** im Sinne des § 276 ist ein Verfahrenshindernis,
das im Revisionsverfahren aber praktisch keine Rolle spielt. Findet sonst die Hauptverhandlung in gesetzwidriger Weise in Abwesenheit des Angeklagten statt, so ist nur der
zwingende Aufhebungsgrund des § 338 Nr. 5 gegeben (vgl. dort Rdn. 88 ff).

39   **c) Verhandlungsunfähigkeit** (dazu näher bei § 205). Im Gegensatz zur ständigen
Verhandlungsunfähigkeit des Angeklagten ist seine nur zeitweilige Verhandlungsunfähigkeit während der tatrichterlichen Hauptverhandlung vom Revisionsgericht nicht von Amts
wegen, sondern nur auf eine nach § 338 Nr. 5 erhobene Verfahrensrüge zu prüfen[70]. Im
Sicherungsverfahren nach §§ 413 ff und bei vorsätzlich herbeigeführter Verhandlungsunfähigkeit i. S. des § 231 a ist der Mangel der Verhandlungsfähigkeit des Angeklagten
überhaupt ohne Bedeutung.

40   Das Revisionsgericht **prüft** auch die ständige Verhandlungsunfähigkeit des Angeklagten ohne Bindung an die tatrichterlichen Feststellungen. Die gegenteilige Auffassung[71] ist
mit nichts zu begründen. Sie wird darum im Schrifttum zu Recht abgelehnt und heute
wohl auch in der Rspr. nicht mehr vertreten[72]. Richtig ist nur, daß das Revisionsgericht
aufgrund des vom Tatrichter persönlich gewonnenen Eindrucks zu eigenen Ermittlungen
vielfach keinen Anlaß haben wird[73]. Im übrigen müssen auch hier ernstliche Zweifel an
der Verhandlungsfähigkeit reichen (Rdn. 34); die gegenteilige Meinung ist noch immer
verbreitet[74].

---

[69] **A. A** (immer Zurückverweisung) KG JW **1927**
925; DAR **1956** 336; VRS **12** (1957) 451; **21**
(1961) 199; OLG Koblenz OLGSt § 67 StGB
S. 13; LR-*Meyer* in der 23. Aufl.; *Peters* 657; ebenso offenbar RGSt **71** 251.

[70] BGH NJW **1989** 1742 = JR **1990** 386 mit krit.
Anm. *Meurer* (insoweit in BGHSt **36** 119 nicht abgedruckt); OLG Hamm NJW **1961** 842; **a. A**
OGHSt **2** 337; *Eb. Schmidt* Nachtr. I § 344, 3; offenbar auch BGH NJW **1970** 1981; vgl. § 338, 88.

[71] RGSt **29** 326; **24** 14; offengelassen von BGH bei
Dallinger MDR **1958** 141 f, nicht vertreten von
BGH bei *Dallinger* MDR **1958** 142.

[72] Ablehnend z. B. *Eb. Schmidt* Teil I Nr. 197 Fußn.
349; *Henkel* 298 Fußn. 8; *v. Hippel* 275 Fußn. 2.
Zur heutigen Rechtsprechung vgl. die folg. Fußn.

[73] Vgl. BGH NStZ **1984** 329; BGH bei *Dallinger*
MDR **1958** 142; OGHSt **2** 377; OLG Hamm NJW
1973 1894; weitergehend LR-*Meyer* in der 23.
Aufl.

[74] Sie wird z. B. vertreten von BGH NStZ **1983** 280;
1984 181; BGH bei *Dallinger* MDR **1973** 902; von
KK-*Pfeiffer* Einl. 19; KK-*Treier* § 205, 4; *Sulanke*
107; vgl. aber BGH NStZ **1984** 520 (Tatrichter darf
bei Zweifel an der Verhandlungsfähigkeit keine
Hauptverhandlung durchführen).

Ergibt sich, daß der Angeklagte in der Hauptverhandlung **vor dem Tatrichter** ver- **41** handlungsunfähig gewesen ist, so muß das Revisionsgericht das Urteil aufheben und die Sache an den Tatrichter zurückverweisen (OLG Düsseldorf GA **1957** 419), falls das Verfahren nicht wegen fortdauernder Verhandlungsunfähigkeit gänzlich einzustellen ist. Wie zu verfahren ist, wenn der Angeklagte erst **während des Revisionsverfahrens** verhandlungsunfähig wird, ist in § 333, 16 erörtert.

d) Anklageschrift. Das Revisionsgericht hat von Amts wegen zu prüfen, ob eine **42** Anklageschrift vorhanden ist, ob sie sich auf alle von dem Urteil erfaßten Taten im verfahrensrechtlichen Sinn (§ 264) bezieht und ob sie nicht wegen schwerwiegender Mängel, die die sog. Umgrenzungsfunktion der Anklage betreffen, unwirksam ist[75]. Das gleiche gilt für die Antragsschrift nach § 414 Abs. 2 und den Einziehungsantrag nach § 440[76]. Wird nach § 266 Abs. 2 mündlich Nachtragsanklage erhoben, so ist anhand der Sitzungsniederschrift, in die sie nach § 266 Abs. 2 Satz 2 aufgenommen werden muß, von Amts wegen zu prüfen, ob ihr Inhalt den Anforderungen des § 200 Abs. 1 genügt[77]. Mängel in der sog. Informationsfunktion führen auch in krassen Fällen nicht zur Unwirksamkeit der Anklage (streitig), können aber die Revision begründen[78].

War Anklage erhoben, erfaßte sie aber **nicht den Vorgang**, der zur Aburteilung **43** geführt hat (Verstoß gegen § 264), so ist, wenn der Anklagevorwurf nicht erwiesen ist, freizusprechen[79]. Fehlt es bei der Nachtragsanklage nur an einem ordnungsgemäßen Einbeziehungsbeschluß, so kann es ausreichen, das Urteil in dem von diesem Verfahrensmangel betroffenen Umfang aufzuheben (BGH NJW **1970** 950 = JZ **1971** 105 mit Anm. *Kleinknecht*).

e) Eröffnungsbeschluß. Sein Fehlen oder seine Unwirksamkeit wird in der Revision **44** von Amts wegen berücksichtigt, während sonstige Fehler, insbesondere beim Zustandekommen, gemäß §§ 210, 336 Satz 2 mit der Revision überhaupt nicht angreifbar sind; vgl. im einzelnen bei § 207 (24. Aufl. Rdn. 70 ff). Doch läßt BGH NStZ **1984** 133 bei Unvollständigkeit der zugelassenen Anklage (Unklarheit, welche Tatform eines Tatbestandes in Betracht kommt) die Revision dann zu, wenn der Mangel in der Hauptverhandlung nicht geheilt wird und dadurch im Hinblick auf den Zweck des § 243 Abs. 3 eine sachgerechte Verteidigung nicht gewährleistet war. Hatte sich der Tatrichter für örtlich unzuständig erklärt, so verliert der Eröffnungsbeschluß für die Zukunft seine rechtliche Wirkung. Eine unterlassene Verfahrenseinstellung hat das Revisionsgericht nachzuholen (BGHSt **18** 3).

f) Behördliche Strafverlangen und Ermächtigungen. Im Revisionsverfahren gilt in **45** diesen Fällen das gleiche wie bei der Verfahrensvoraussetzung eines wirksamen Strafantrags (unten Rdn. 58).

g) Immunität des Abgeordneten (dazu bei § 152 a). Ihre Nichtbeachtung führt in der **46** Revisionsinstanz zur Einstellung des Verfahrens. Das gleiche gilt, wenn Zweifel daran bestehen und nicht beseitigt werden können, ob die Immunität aufgehoben ist (*Sulanke* 108; vgl. auch oben Rdn. 34).

h) Innehaltungsgebot des § 154 e Abs. 2. Es stellt nach h. M ein von Amts wegen zu **47** berücksichtigendes Verfahrenshindernis dar, so daß seine Nichtbeachtung durch den Tat-

---

[75] St. Rspr., z. B. BGHSt **5** 227; **40** 45, 392; näher bei § 200 (24. Aufl. Rdn. 56 ff).

[76] Zum ersteren: RGSt **68** 291; **72** 143; RG JW **1935** 532; zum letzteren: OLG Karlsruhe NJW **1974** 711.

[77] OLG Koblenz VRS **49** (1975) 43; vgl. auch RGSt **67** 59.

[78] Näher *Rieß* (gegen OLG Düsseldorf) JR **1998** 38; bei § 200.

[79] BGH bei *Dallinger* MDR **1956** 272; OLG Köln OLGSt § 264 S. 25.

Ernst-Walter Hanack

richter in der Revision auch ohne Rüge zur Aufhebung des Urteils und zur Zurückverweisung der Sache führen soll (BGHSt **8** 151; OLG Bremen StV **1991** 252). Dazu aus gutem Grund ablehnend LR-*Rieß*[24] § 154 e, 22 f.

48   **i) Zulässigkeit der Privatklage.** Das Revisionsgericht berücksichtigt auch einen Verzicht des Privatklägers auf das Privatklagerecht von Amts wegen (KG NJW **1960** 2207; **a. A** LG Hof MDR **1958** 444). Das Vorliegen des Sühneversuchs nach § 380 ist dagegen eine bloße Klagevoraussetzung, deren Fehlen für das Revisionsverfahren ohne Bedeutung ist (OLG Hamburg NJW **1956** 552 mit Nachw.; vgl. bei § 380).

49   **j) Anderweitige Rechtshängigkeit.** Sie führt als Verfahrenshindernis zwar in der Regel zur Verfahrenseinstellung, soweit das Prozeßhindernis reicht (BGHSt **11** 235), jedoch nicht ausnahmslos. Vielmehr kann das Revisionsgericht gegebenenfalls an den Tatrichter zurückverweisen, damit dieser beide Verfahren verbindet (BGHSt **36** 175; BGH NStZ **1995** 351). Unter Umständen ist auch eine eigene Sachentscheidung des Revisionsgerichts möglich, wenn dadurch der Schutz des Angeklagten vor doppelter Verurteilung wegen derselben Tat (Art. 103 Abs. 3 GG) nicht beeinträchtigt wird (BGHSt **10** 362; näher § 12, 31).

50   **k) Rechtskraft im anhängigen Verfahren** (vgl. auch Einl. J 83 ff). Das Revisionsgericht hat ohne Rüge zu prüfen, ob das Verfahren, in dem die Revision eingelegt ist, bereits ganz oder teilweise rechtskräftig erledigt ist. Die Rechtskraft kann auf verschiedene Weise eingetreten sein. Von den §§ 341 ff abgesehen, gilt revisionsrechtlich vor allem folgendes:

51   **aa) Strafbefehl.** Hat der Tatrichter übersehen, daß der Einspruch verspätet oder nicht wirksam eingelegt war, der Strafbefehl also rechtskräftig geworden ist, wird das Verfahren vom Revisionsgericht nicht eingestellt[80], sondern das Urteil aufgehoben und der Einspruch als unzulässig verworfen[81]. War die Zurücknahme des Einspruchs nicht beachtet worden, so hebt das Revisionsgericht das Urteil auf (KG VRS **26** [1964] 202) und stellt zur Klarstellung die Rechtskraft des Strafbefehls fest (OLG Hamm VRS **43** [1972] 112; OLG Karlsruhe DAR **1960** 237). Haben Amtsgericht *und* Landgericht übersehen, daß ein nach § 412 zu verwerfender Einspruch gar nicht vorlag, so werden beide Urteile aufgehoben (OLG Oldenburg MDR **1971** 680). Zum Verbot der Schlechterstellung vgl. § 358, 20.

52   **bb) Berufungsurteil.** Wird mit der Revision ein Berufungsurteil angefochten, so kann Rechtskraft dadurch eingetreten sein, daß die Berufung (wegen verspäteter oder sonst unwirksamer Einlegung, wegen Fehlens der Befugnis zur Rechtsmitteleinlegung, wegen Verzichts oder Rücknahme) unzulässig war. Das Revisionsgericht hat das stets von Amts wegen zu prüfen[82], es sei denn, daß nur die Berufung des Angeklagten unzulässig ist, hingegen diejenige eines anderen Prozeßbeteiligten (Staatsanwalt) den Eintritt der Rechtskraft hemmt (BayObLG NStZ **1994** 48 gegen RGSt **65** 245 f). An eine Entscheidung des

---

[80] So aber OLG Hamm JMBlNRW **1954** 60; *Eb. Schmidt* Teil I Nr. 257 Fußn. 464.

[81] BGHSt **13** 306; BayObLGSt **1953** 36; **1961** 138 = NJW **1961** 1637; BayObLGSt **1961** 195 = NJW **1962** 119; BayObLGSt **1966** 23 = NJW **1966** 1376; OLG Hamm VRS **41** (1971) 381; OLG Schleswig SchlHA **1954** 235; OLG Zweibrücken JR **1986** 121 mit Anm. *Welp*; das OLG Dresden JW **1929** 2773; **1930** 772 hielt das Urteil in einem solchen Fall für nichtig; vgl. auch BGHSt **26** 183 mit Anm. *Sieg* NJW **1976** 155; OLG Hamm **1970** 1092 für den ähnlichen Fall der Rechtskraft des Bußgeldbescheides.

[82] RGSt **65** 250 = JW **1931** 2370 mit Anm. *Beling*; BayObLGSt **1951** 515; **1952** 100; **1974** 141; **1987** 102; KG JR **1955** 310 mit Anm. *Sarstedt*; JR **1969** 272; OLG Celle NJW **1967** 640; OLG Düsseldorf GA **1983** 220; OLG Frankfurt StV **1987** 289; OLG Hamburg NStZ **1985** 568; OLG Hamm JMBlNRW **1954** 228; KK-*Pikart* 25; *Kleinknecht/Meyer-Goßner*[43] § 352, 8; KMR-*Paulus* 27; **a. A** *Doerr* GA **72** (1928) 91; *Eb. Schmidt* Vor § 312, 8 ff will die Amtsprüfung auf die Rechtzeitigkeit der Berufung beschränken.

Berufungsgerichts über die Zulässigkeit der Berufung ist es nicht gebunden (RGSt **65** 253; **a. A** OLG Königsberg JW **1929** 1507 mit abl. Anm. *Mannheim* für den Fall, daß der Tatrichter einen Rechtsmittelverzicht aufgrund einer Beweisaufnahme festgestellt hat). Zur Prüfung von Wiedereinsetzungsentscheidungen des Tatrichters vgl. § 46, 16 ff.

Ist die Unzulässigkeit der Berufung übersehen worden, die Sache also bereits rechts- **53** kräftig, so hebt das Revisionsgericht das Berufungsurteil auf und **verwirft** die Berufung **als unzulässig**[83]. Dabei empfiehlt sich die Feststellung, daß das erste Urteil rechtskräftig geworden ist[84]. Zum Verhältnis eines gleichzeitig gestellten Wiedereinsetzungsantrags nach § 329 Abs. 3 s. bei § 329 und zum Verbot der Schlechterstellung § 358, 20.

cc) Berufungsbeschränkung. War die Berufung auf bestimmte Beschwerdepunkte **54** beschränkt (§ 318), so prüft das Revisionsgericht ohne Rücksicht auf eine Beschwer des Beschwerdeführers auch, ob die Beschränkung rechtswirksam war[85]. Die Prüfung entfällt jedoch, wenn die Revision ihrerseits nur einen abtrennbaren Teil des Urteils angreift, mit dessen Bestand die Berufungsbeschränkung nicht unmittelbar zusammenhängt. Ist z. B. die Revision der Staatsanwaltschaft wirksam auf die Aussetzungsfrage beschränkt, so wird nicht von Amts wegen geprüft, ob die Beschränkung der Berufung des Angeklagten auf einen Teil des Schuldspruchs überhaupt möglich war (BayObLGSt **1967** 14 = VRS **33** [1967] 45). Die Beschränkung der von der Staatsanwaltschaft eingelegten Revision auf die Straffrage schränkt die Prüfungspflicht des Revisionsgerichts dagegen nicht ein (OLG Frankfurt VRS **50** [1976] 418). An die Auslegung der Berufungseinlegung durch das Berufungsgericht ist das Revisionsgericht nicht gebunden[86].

Bei einer **unwirksamen Beschränkung** der Berufung hat das Berufungsgericht zu **55** Unrecht einen Teil des ersten Urteils für rechtskräftig gehalten und nur eine Teilentscheidung getroffen. Daher muß das Urteil vom Revisionsgericht regelmäßig aufgehoben und die Sache an den Tatrichter zurückverwiesen werden, damit er die fehlende Entscheidung nachholt[87]. Ausnahmsweise braucht das Urteil nicht aufgehoben zu werden, wenn das Landgericht trotz des Irrtums über die Wirksamkeit der Berufungsbeschränkung vollständige Feststellungen auch zur Schuldfrage getroffen hat (BayObLG bei Rüth DAR **1976** 179) oder wenn ausgeschlossen erscheint, daß das Urteil auf dem Fehlen der Feststellungen beruht (OLG Braunschweig VRS **23** [1962] 136).

Bei einer **wirksamen Beschränkung**, die das Berufungsgericht nicht beachtet oder irr- **56** tümlich für unwirksam gehalten hat, war das erste Urteil bereits teilweise rechtskräftig und durfte in diesem Umfang nicht mehr Teil einer neuen Sachentscheidung sein. Das Revisionsgericht muß den richtigen Zustand wiederherstellen, also regelmäßig das Urteil teil-

---

[83] BayObLGSt **1966** 21 = NJW **1966** 1376; BayObLG MDR **1953** 249; KG JR **1955** 310 mit Anm. *Sarstedt*; OLG Tübingen DRZ **1948** 271. Abweichend OLG Hamburg JR **1986** 382 mit abl. Anm. *Gössel.*

[84] OLG Hamm VRS **43** (1972) 112; OLG Karlsruhe DAR **1960** 237; KMR-*Paulus* 27.

[85] Ganz h. M, vgl. statt vieler BGHSt **27** 70; RGSt **62** 13 = JW **1928** 2291 mit Anm. *Oetker*; RGSt **64** 21, 153 = JW **1930** 2571 mit Anm. *Mannheim*; RGSt **65** 252 = JW **1931** 2370 mit Anm. *Beling*; BayObLGSt **1956** 3; **1957** 45, 107; **1959** 126 = JZ **1960** 30 mit Anm. *Heinitz*; BayObLG NStZ **1998** 532; KG NJW **1976** 813; OLG Celle NJW **1963** 65; **1969** 1588; OLG Frankfurt VRS **50** (1976) 416; OLG Hamburg NJW **1963** 459; OLG Hamm NJW **1973** 1143; OLG Karlsruhe NJW **1971** 157; OLG Ko-

blenz VRS **49** (1975) 52, 362; OLG Köln MDR **1964** 525; OLG Oldenburg NJW **1959** 1983; OLG Saarbrücken NStZ **1997** 149; OLG Zweibrücken StV **1982** 13.

[86] RGSt **58** 327; RG JW **1927** 2714; **1931** 2831 mit Anm. *Lissner*; OLG Hamburg NJW **1963** 459; OLG Hamm JMBlNRW **1953** 69; **1957** 58; **1959** 107; OLG Oldenburg VRS **23** (1962) 47; **a. A** BayObLGSt **11** 409; **19** 221; BayObLG JW **1928** 3000 mit abl. Anm. *Mannheim*. Vgl. auch bei § 318.

[87] RGSt **64** 154; RG JW **1929** 264; BayObLG JR **1978** 248; OLG Frankfurt VRS **50** (1976) 417; OLG Hamm NJW **1962** 1074; KG NJW **1976** 813 in st. Rspr.; OLG Koblenz VRS **60** (1981) 449; OLG Zweibrücken StV **1982** 13.

weise aufheben (anders RG JW **1928** 1506 mit Anm. *Oetker*, das zu Unrecht eine Nachprüfung in vollem Umfang für erforderlich hält). Davon kann nur abgesehen werden, wenn die Schuldaussprüche des ersten und zweiten Rechtszuges übereinstimmen oder wenn der Angeklagte Revision eingelegt hat und der Schuldspruch des zweiten Urteils für ihn günstiger ist (KG GA **55** [1908] 122). Zum Verbot der Schlechterstellung vgl. § 358, 20.

57   **dd) Die Sperrwirkung des rechtskräftigen Schuldspruchs** (genauer § 344, 66) nach revisionsrichterlicher Teilaufhebung eines Urteils oder nach Aufhebung eines Urteils nur im Rechtsfolgenausspruch muß der Tatrichter bei der neuen Verhandlung über die Rechtsfolgen grundsätzlich beachten (zu den streitigen Einzelheiten s. § 353, 26 ff). Ob das geschehen ist, prüft das Revisionsgericht bei einer erneuten Revision von Amts wegen[88].

58   **l) Strafantrag.** Bei Antragsdelikten hat das Revisionsgericht ohne Rüge zu prüfen, ob der Strafantrag vorliegt (allg. M.). An die Feststellungen und die Beweiswürdigung des Tatrichters ist es auch hier nicht gebunden[89]. Der Nachweis rechtzeitiger Antragstellung ist noch im Revisionsverfahren zulässig. Es kann sogar der bisher fehlende Strafantrag noch im Revisionsverfahren nachgebracht werden, falls die Antragsfrist noch nicht abgelaufen sein sollte[90]. Das endgültige Fehlen eines Strafantrags führt zur Einstellung des Verfahrens. Die Einstellung wegen fehlenden Strafantrags geht nach überkommener Meinung der wegen Vorliegens eines Straffreiheitsgesetzes vor (RG DStR **1937** 306; dazu kritisch LR-*Rieß*[24] § 206 a, 49).

59   **m) Erklärung des besonderen öffentlichen Interesses** an der Strafverfolgung (dazu bei § 206 a, 24. Aufl. Rdn. 46). Für diese Verfahrensvoraussetzung gelten die Grundsätze zum Strafantrag entsprechend. Die Verfahrensvoraussetzung kann ebenfalls noch in der Revisionsinstanz hergestellt werden[91].

60   **n) Niederschlagung durch Straffreiheitsgesetze.** Als Prozeßhindernis in der Revisionsinstanz von Amts wegen zu beachten sind Straffreiheitsgesetze auch dann, wenn das Rechtsmittel nur beschränkt eingelegt worden ist[92]. Hängt die Anwendung des Straffreiheitsgesetzes von der Feststellung der Tatbeendigung oder von der voraussichtlichen Strafhöhe ab, so darf das Revisionsgericht, wenn entsprechende Feststellungen des Tatrichters fehlen oder keinen Bestand haben, nicht selbst entscheiden, sondern muß die Sache an ihn zurückverweisen[93]. So muß auch verfahren werden, wenn das Urteil keine oder keine ausreichende Angabe zur Tatzeit enthält, obwohl es wegen des Amnestiestichtages darauf ankommt (vgl. aber oben Rdn. 33). Richtet sich die Revision der Staatsanwaltschaft oder des Privat- oder Nebenklägers gegen ein freisprechendes Urteil, so stellt das Revisionsgericht das Verfahren wegen Amnestie nur ein, wenn das Urteil Rechtsfehler enthält; anderenfalls wird das Rechtsmittel verworfen[94]. Hat der Angeklagte gegen ein verurteilendes Erkenntnis, in dem das Straffreiheitsgesetz fehlerhaft nicht angewendet worden ist, Revision eingelegt und ergibt die Prüfung, daß eine Straftat aus Rechtsgründen nicht vorliegt, so ist nicht das Straffreiheitsgesetz anzuwenden, sondern freizusprechen (§ 354, 8). Die Zurückverweisung an den Tatrichter ist aber erforderlich, wenn die

[88] Vgl. z. B. BGHSt **7** 286; BayObLG DAR **1958** 23; OLG Celle VRS **14** (1958) 65.

[89] BGH bei *Dallinger* MDR **1955** 143; RGSt **51** 72; RGRspr. **7** 259; RG JW **1928** 2988; OLG Düsseldorf VRS **71** (1986) 29; **a. A** BayObLG JW **1925** 2796 mit Anm. *Goldschmidt*.

[90] BGHSt **3** 73; **6** 157, 285; RGSt **68** 124; **73** 114; RG HRR **1939** 1380; **a. A** RGSt **46** 48; RG GA **69** (1925) 149.

[91] BGHSt **6** 285; **19** 381; BGH bei *Dallinger* MDR

1974 546; **1975** 367; RGSt **75** 342; **76** 9; OLG Köln JR **1953** 232; OLG Oldenburg NJW **1952** 989.

[92] BGHSt **6** 304; RGSt **74** 206; RG HRR **1939** 1141.

[93] BGH NJW **1952** 633; RGSt **75** 34 für die Tatbeendigung; BGHSt **9** 105 für die Strafhöhe; vgl. auch BGHSt **16** 403; RGSt **73** 66.

[94] OLG Düsseldorf NJW **1950** 360; **a. A** OLG Frankfurt NJW **1955** 75; vgl. auch OLG Köln NJW **1954** 1696.

Möglichkeit besteht, daß die neue Verhandlung zur Feststellung einer Straftat führt, die nicht unter das Straffreiheitsgesetz fällt (RGSt **71** 271).

Sieht das Straffreiheitsgesetz einen **Antrag des Angeklagten** auf Durchführung des **61** Verfahrens vor, kann der Antrag u. U. noch im Revisionsverfahren gestellt werden (näher BGHSt **2** 216). Vgl. auch Vor § 296, 71.

o) **Strafklageverbrauch** (dazu Einl. J 83 ff). Das Revisionsgericht muß Verstöße gegen **62** das Verbot der Doppelbestrafung (ne bis in idem, Art. 103 Abs. 3 GG) stets von Amts wegen beachten (allg. M)[95]. Die Entscheidung wird von demjenigen Revisionsgericht getroffen, das über die gegenwärtige Sache zu urteilen hat, und zwar unabhängig von der rechtlichen Bewertung der Tat durch den früheren Richter[96]. Im Falle eines Verstoßes hebt es das angefochtene Urteil auf, gleichgültig, ob es sonst auf einer Verletzung des Gesetzes beruht und ob es früher ergangen ist als das bereits rechtskräftige Urteil (BGHSt **9** 192)[97]. Das Verfahren ist einzustellen. Zur Rechtskraft von Strafbefehlen vgl. bei § 410.

p) **Ablehnung der Eröffnung des Hauptverfahrens.** Ob nach dem ablehnenden **63** Beschluß (§ 204) die Strafverfolgung aufgrund neuer Tatsachen oder Beweismittel wiederaufgenommen werden durfte (§ 211), prüft das Revisionsgericht von Amts wegen[98], wobei es auf die Voraussetzungen zur Zeit des Urteils ankommt (vgl. bei § 211).

q) **Verjährung.** Der Eintritt der Verfolgungsverjährung ist als Verfahrenshindernis **64** vom Revisionsgericht von Amts wegen zu beachten (allg. M)[99]. Das Revisionsgericht hat dabei nicht nur den Ablauf der Verjährungsfrist zu prüfen, sondern im Wege des Freibeweises auch festzustellen, ob die Verjährung nach § 78 c StGB in wirksamer Weise unterbrochen worden ist (BGHSt **4** 135; RGSt **12** 434). Ist die Strafverfolgung wegen eines tateinheitlich begangenen Delikts verjährt, so wird der Schuldspruch dahin berichtigt, daß die Verurteilung insoweit entfällt (oben Rdn. 32). Wenn das abgeurteilte Vergehen verjährt ist, aber die Verurteilung wegen eines Verbrechens in Betracht kommt, muß aufgehoben und zurückverwiesen werden (vgl. OLG Hamm JMBlNRW **1953** 213). Läßt sich die Verjährung ohne Einziehung gemäß § 154 a Abs. 1 oder 2 vorläufig ausgeschiedener Tatteile abschließend nicht beurteilen, so hat das Revisionsgericht dem Tatrichter, der das übersehen hat, die entsprechende Möglichkeit zu eröffnen (BGHSt **29** 316).

r) **Zuständigkeit.** Seine eigene sachliche Zuständigkeit und die der Gerichte der vor- **65** angegangenen Rechtszüge prüft das Revisionsgericht nach heute fast allg. M stets von Amts wegen[100] (vgl. auch § 338, 70). Das gilt auch für den Fall, daß das Berufungsgericht

---

[95] Vgl. aus der Rechtsprechung z. B. BGHSt **9** 162; **15** 268; **20** 293; **44** 3; BGH NJW **1963** 1020; **1991** 3229; RGSt **18** 272; **25** 29; **30** 342; **65** 150; **69** 171; **72** 102; OGHSt **2** 376; KG GA **1953** 123; OLG Celle MDR **1960** 334; OLG Frankfurt HESt **3** 49 = SJZ **1949** 872 mit Anm. *Weber*; JR **1949** 352 mit Anm. *Weber*; NJW **1969** 1915; OLG Saarbrücken VRS **47** (1974) 433.

[96] Vgl. z. B. BGHSt **15** 270; OLG Hamburg VRS **45** (1973) 32.

[97] BGH bei *Dallinger* MDR **1973** 556; RGSt **41** 152; OLG Frankfurt HESt **2** 105; OLG Hamburg VRS **49** (1975) 378; OLG Kiel NJW **1947/48** 394.

[98] BGHSt **7** 64; **18** 225; RGSt **46** 71; **56** 92; **57** 158; **60** 99; OLG Hamm VRS **49** (1975) 191.

[99] Vgl. aus der Rechtsprechung z. B. BGHSt **2** 306; **4** 137; **8** 270; **11** 395; BGH bei *Dallinger* MDR **1952** 407; RGSt **63** 321; **66** 328; **67** 55; **76** 159; OLG

Bremen NJW **1956** 1248; OLG Celle MDR **1966** 865; OLG Hamburg MDR **1958** 52; OLG Hamm NJW **1972** 2097; OLG Neustadt GA **1962** 125; OLG Oldenburg NdsRpfl. **1953** 207.

[100] BGHSt **7** 27 = MDR **1955** 181 mit Anm. *Dallinger*; BGHSt **10** 64, 74; **13** 161, 397; **14** 65; **18** 81 - GSSt; BGHSt **22** 2; **26** 88, 197; RGSt **66** 256; **67** 58; RG HRR **1939** 1285; BayObLGSt **1953** 89; **1970** 62; OLG Celle JR **1950** 414; OLG Hamm JMBlNRW **1953** 287; OLG Karlsruhe VRS **48** (1975) 287; OLG Oldenburg NJW **1957** 1329; OLG Saarbrücken NJW **1966** 1041; KK-*Pikart* 25; *Eb. Schmidt* Nachtr. I § 6, 2 und Teil 1 Nr. 127; *Henkel* 232; *Rieß* GA **1976** 10; **a. A** RGSt **34** 256; **62** 63; **64** 180; RG LZ **1923** 142, die die Prüfung der sachlichen Zuständigkeit der Gerichte der vorangegangenen Rechtszüge nur auf entsprechende Rüge für erforderlich halten.

Ernst-Walter Hanack

die Strafgewalt des Amtsgerichts (§ 24 Abs. 2 GVG) überschritten hat, ohne die Sache als Gericht des ersten Rechtszugs zu verhandeln (näher § 6, 10 ff). Fehlte die sachliche Zuständigkeit, so hebt das Revisionsgericht, im Fall des § 269 allerdings nur bei objektiver Willkür, das Urteil auf, auch wenn der Angeklagte durch den Mangel nicht beschwert ist (BGHSt **13** 161), und verweist die Sache an das zuständige Gericht (§ 355). Näheres zu den revisionsrechtlichen Fragen der sachlichen Zuständigkeit bei § 338, 69 ff. Zur Beachtung der örtlichen Zuständigkeit s. § 16, 18 ff. Die Zuständigkeit besonderer Spruchkörper gemäß § 6 a, das Verhältnis zwischen Jugend- und Erwachsenengerichten sowie die geschäftsplanmäßige Zuständigkeit sind keine Verfahrensvoraussetzungen im eigentlichen Sinne; sie werden vom Revisionsgericht nur auf eine ordnungsgemäß erhobene Verfahrensrüge hin geprüft, im Falle des § 6 a (s. dort Rdn. 24) nach rechtzeitig erhobenem Einwand gemäß § 6 a Satz 3; näher bei § 338, 74 ff.

IV. Verletzung des Gesetzes: Sonstiges Verfahrensrecht

66   **1. Abgrenzung zur Sachrüge.** Die Revision wegen Verletzung des Verfahrensrechts unterliegt, wie schon § 344 Abs. 2 zeigt, etwas anderen Grundsätzen als die wegen Verletzung des sachlichen Rechts. Auch für das Revisionsverfahren ist daher die streitige Frage wichtig, ob Rechtsnormen dem einen oder dem anderen Bereich zugehören[101]. Entscheidend dafür ist nicht die Stellung im Gesetz; es kommt also nicht darauf an, ob eine Norm in der Strafprozeßordnung oder in einem anderen Gesetz steht. Maßgebend ist vielmehr die Funktion. Verfahrensnormen sind danach solche Bestimmungen, die den Weg betreffen, auf dem der Richter zur Urteilsfindung berufen oder gelangt ist[102] bzw. auf dem die anderen Prozeßbeteiligten diese Urteilsfindung vorbereiten oder auf sie einwirken. Alle anderen Vorschriften gehören dem sachlichen Recht an und unterliegen daher der Sachrüge. Der Sachrüge unterliegt auch der Verstoß gegen den Grundsatz in dubio pro reo (oben Rdn. 14) und der Verstoß gegen die §§ 51, 66 BZRG bei der Strafzumessung (unten Rdn. 176), während der Verstoß gegen die Verwendungssperre des § 154 a richtigerweise als Verfahrensfehler zu behandeln ist[103]. Die Berücksichtigung rechtsstaatswidriger Verfahrensverzögerungen erfolgt nach bisheriger Praxis der Revisionsgerichte im Rahmen der Sachrüge (in Zweifel gezogen aber jetzt von BGH NStZ **1997** 452 und anders dann tatsächlich BGH, 3. StS, nicht aber 2. StS, jeweils StV **1998** 377). Zur Bedeutung der Denkgesetze und der Erfahrungssätze s. Rdn. 165 ff und Rdn. 170 ff.

67   Streitig ist, ob *nur* die Verfahrensrüge eingreift, wenn eine Verfahrensverletzung **Grundrechte** des Angeklagten oder eines Dritten (Zeugen) beeinträchtigt. So wird die Ansicht vertreten, unzulässige Schlüsse aus dem Schweigen des Angeklagten oder eines Zeugen verletzten *auch* dessen grundrechtlich geschützte Position, so daß der Verstoß nicht mehr allein der Verfahrensrüge zugeordnet werden könne, sondern auch auf die Sachrüge zu beachten sei[104]. *Peters* hält den Verstoß gegen „Grund- und Menschenrechte" bei der Anwendung von Verfahrensrecht stets für von Amts wegen revisibel[105], was wohl nur im Wege der Sachrüge denkbar ist. Er vertritt, entsprechend der sog. Lei-

---

[101] Allgemein zu den Problemen namentlich *Volk* Prozeßvoraussetzungen, insbes. S. 28 ff, 204 ff mit Nachw.

[102] BGHSt **19** 275; **25** 101; BGH JR **1981** 433; OLG Karlsruhe OLGSt § 52 StPO S. 1; *Schlüchter* 705; *Loewenstein* 10; *Doller* MDR **1974** 979.

[103] Vgl. BGH NJW **1987** 510; näher zu der streitigen Frage *Schimansky* MDR **1986** 283; *Rieß* NStZ **1987** 135.

[104] So *Doller* MDR **1974** 980 für das Schweigen des Angeklagten; ihm folgend BGH JR **1981** 432 mit Anm. *Hanack* für das Schweigen des Zeugen; zustimmend *Eisenberg* Beweisrecht 912; vgl. auch Rdn. 68, 127.

[105] Gutachten C zum 52. DJT, 1978, S. 76 mit weit. Nachw.; dazu aufgeschlossen *Amelung* Informationsbeherrschungsrechte im Strafprozeß (1990) 85.

stungsmethode (Vor § 333, 5) darüber hinaus, wenn auch in etwas unklarem Umfang, die Ansicht, die **Sachrüge erfasse jeden Verfahrensfehler**, der sich ohne weitere Darlegungen des Beschwerdeführers aus dem Urteil selbst ergebe[106]. Dem allen ist jedenfalls in *dieser Form* zu widersprechen[107]: Das Gesetz überläßt die Rüge von Verfahrensmängeln, falls es sich nicht um Prozeßvoraussetzungen oder -hindernisse handelt, allein der Entschließung des Beschwerdeführers. Es kennt insoweit bewußt keine Pflicht des Revisionsgerichts, ihnen von Amts wegen nachzugehen, bindet vielmehr die Rüge „auch dann, wenn es sich um Grundrechtsverletzungen handelt, aus wohlerwogenen und sachgemäßen Gründen an gewisse Formvorschriften" (BGHSt **19** 277). Da Verfahrensfehler die Grundrechtspositionen des Angeklagten oder einer Dritten gewiß sehr häufig, wenn nicht regelmäßig, beeinträchtigen, würde diese Regelung des Revisionsrechts verändert oder unterlaufen, wenn man überall dort, wo ein Verfahrensfehler auch grundrechtlich relevant ist, ihn auf dem Weg über die Sachrüge zugleich als Verletzung des sachlichen Rechts ansehen oder — mit *Peters* — sogar darüber hinaus in den Urteilsgründen erkennbare Verfahrensfehler der Sachrüge unterstellen wollte.

Im Ergebnis **stark verwischt** wird der überkommene Unterschied zwischen Sach- und **68** Verfahrensrüge — und damit zugleich auch die traditionelle Begrenzung der Verfahrensrüge — jedoch durch den heutigen Anwendungsbereich der sog. **Darstellungsrüge** (vgl. Vor § 333, 4), also die Kontrolle der Voraussetzungen einer richtigen Anwendung des materiellen Rechts mit Hilfe der Sachrüge. Das zeigt sich etwa beim unzulässigen Schluß aus dem Schweigen von Angeklagten und Zeugen. Dieser Schluß stellt einen typischen Verfahrensfehler dar[108], nämlich die Verkennung der Folgen, die sich aus dem prozessualen Schweige- oder Zeugnisverweigerungsrecht ergeben. Dennoch wird er heute — in oft unklarer Weise — vielfach der Sachrüge zugeordnet (unten Rdn. 127).

2. Verfahrensverletzungen. Eine Verfahrensverletzung kann darin bestehen, daß eine **69** gesetzlich vorgeschriebene Verfahrenshandlung unterblieben ist, daß sie fehlerhaft vorgenommen worden ist oder daß sie überhaupt unzulässig war (*Eb. Schmidt* 23; *Beling* FS Binding **2** 131 ff). Ob der Fehler auf ausdrücklicher Entscheidung beruht, ist dabei ohne Bedeutung. Maßgebend für die Beurteilung der Verfahrenslage und der Gesetzmäßigkeit des Verfahrens ist grundsätzlich die wirkliche Sachlage, wie das Revisionsgericht sie ermittelt, nicht die Sachlage, die der Tatrichter gekannt und beurteilt hat[109]. Denn Verfahrensmängel werden nicht dadurch aus der Welt geschafft, daß der Tatrichter sich über die Sachlage irrt (*Beling* aaO S. 94). Verfahrensrügen können mit der Revision daher auch geltend gemacht werden, wenn dem Beschwerdeführer selbst (RGSt **32** 158) oder dem Tatrichter die den Verstoß begründenden Tatsachen mit oder ohne Verschulden unbekannt waren[110]. Insbesondere im letzteren Fall ist die Rechtsprechung nicht einheitlich (vgl. *Maatz* DRiZ **1991** 203), ein der revisionsgerichtlichen Kontrolle zugänglicher Gesetzesverstoß aber im Grundsatz ebenfalls zu bejahen. Nur wenn die Verfahrenshandlung den seinerzeitigen Verfahrensstand zur Grundlage zu nehmen hatte, kommt es auf diesen Zeitpunkt an. Die Beurteilung des Teilnahmeverdachts nach § 60 Nr. 2 richtet sich z. B.

---

[106] Lehrb. 653; vgl. auch Gutachten aaO S. 71 ff.
[107] Näher zum folgenden *Hanack* Anm. in JR **1981** 434; vgl. auch *Dencker* NStZ **1982** 460.
[108] So im Ergebnis auch OLG Karlsruhe GA **1975** 182; OLG Koblenz VRS **45** (1973) 366; OLG Oldenburg NJW **1969** 806; wohl auch KG NJW **1966** 605; weitere Nachw. bei *Doller* MDR **1974** 797; offengelassen von OLG Celle VRS **46** (1974) 142.
[109] BGHSt **10** 305; **16** 180; BGH NStZ **1988** 422;

1989 284 mit weit. Nachw.; **a. A** OLG Dresden JW **1930** 734; OLG Hamburg NJW **1953** 235; mindestens kritisch – zu § 231 Abs. 2 – auch *Maatz* DRiZ **1991** 201 ff.
[110] BGHSt **20** 98; **22** 266; BGH StV **1989** 90; RGSt **12** 126; **20** 163; **31** 232; **32** 159; **44** 256; RG JW **1931** 2817; OLG Koblenz NJW **1990** 1058; **a. A** RGSt **16** 214; vgl. insbes. auch bei § 52, bei § 60 und bei § 231.

nach den Gegebenheiten zur Zeit der tatrichterlichen Urteilsfindung (vgl. statt vieler BGH NStZ **1981** 110).

3. Beweis der Verfahrensrüge

70   **a) Allgemeines.** Eine Verfahrensrüge kann nach herrschender Meinung nur Erfolg haben, wenn die Tatsachen, die den Verfahrensmangel ergeben, bewiesen sind (unten Rdn. 76). Auch wenn man das in dieser Allgemeinheit nicht für richtig hält (Rdn. 76), so setzt die Zulässigkeit einer Verfahrensrüge doch jedenfalls voraus, daß die vom Beschwerdeführer hierzu vorgetragenen Tatsachen überhaupt bewiesen werden *können*. Das ist aus Rechtsgründen z. B. nicht möglich, wenn die Gesetzwidrigkeit von Vorgängen gerügt wird, auf die sich das Beratungsgeheimnis nach § 43 DRiG bezieht[111]. Auf Fehler des Abstimmungsverfahrens kann die Revision aber gestützt werden, wenn die Reihenfolge der Abstimmung und die Stimmenverhältnisse im Urteil ausdrücklich dargelegt worden sind[112].

71   **b) Beweis durch die Sitzungsniederschrift.** Soweit Verfahrensverstöße wesentliche Förmlichkeiten der Hauptverhandlung (§ 273 Abs. 1) betreffen, ist Beweisgrundlage nach § 274 ausschließlich die Sitzungsniederschrift (zur Problematik dieser Regelung z. B. BGHSt **36** 358). Eine Ausnahme gilt, wenn die Niederschrift im Einzelfall, z. B. wegen Lückenhaftigkeit, der Beweiskraft entbehrt (dazu bei § 274). Wird die Niederschrift zugunsten des Beschwerdeführers berichtigt, so ist für das Revisionsgericht die berichtigte Fassung maßgebend (vgl. bei § 271). Da ein Gegenbeweis gegen das Sitzungsprotokoll (vom Extremfall des § 274 Satz 2 abgesehen) nicht zulässig ist, andererseits aber eine Protokollberichtigung zu dem Zweck, einer Verfahrensrüge den Boden zu entziehen, von der Rspr. nicht als wirksam angesehen wird (vgl. bei § 271), ist der Beschwerdeführer in der Lage, fehlerhafte Angaben in der Sitzungsniederschrift dazu auszunutzen, Verfahrensfehler erfolgreich geltend zu machen, die tatsächlich überhaupt nicht vorgekommen sind (sog. unwahre Verfahrensrüge). Zur Frage, ob ein Verteidiger, der die Revision in dieser Weise begründet, rechts- oder standeswidrig handelt, s. *Dahs* Hdb. 808 ff.

72   Ist die Sitzungsniederschrift **verlorengegangen** oder nicht wirksam hergestellt worden und nicht rekonstruierbar, so muß das Revisionsgericht die von der Revision beanstandeten Verfahrensvorgänge, die sonst aus dem Protokoll bewiesen oder widerlegt werden können, im Wege des Freibeweises (§ 244, 3 f) aufzuklären versuchen (OLG Saarbrücken NJW **1994** 2711; *W. Schmid* FS Lange 799). Die gegenteilige Auffassung des Reichsgerichts, wonach der Verfahrensfehler offenbar als geschehen unterstellt werden soll[113], überzeugt im Hinblick auf die mögliche Aufklärung nicht. Erst wenn die Aufklärung nicht gelingt, ist davon auszugehen, daß das Revisionsvorbringen zutrifft[114].

73   **c) Beweis durch die Urteilsgründe.** Ein geltend gemachter Verfahrensfehler, der sich aus der Sitzungsniederschrift nicht ergibt, kann aufgrund des mit der Revision angefochtenen Urteils erwiesen sein[115]; dem steht dann auch die Beweiskraft des Protokolls nicht

---

[111] BGHSt **37** 144 für die Beratungsdauer; vgl. ferner RGSt **26** 205; **36** 373; **61** 217; **67** 280; RG JW **1928** 1310 mit abl. Anm. *Scanzoni*; **1930** 2561 mit Anm. *Alsberg*; RG GA **56** (1909) 212; **64** (1917) 553; OLG Celle MDR **1958** 182; *Henkel* 255 Fußn. 13; **a.** A *Beling* 419 Fußn. 2; *Eb. Schmidt* § 363, 15; *Pfitzner* 91; offengelassen bei BGH VRS **48** (1975) 363; vgl. im übrigen die Erl. zu § 263 StPO und § 43 DRiG.

[112] So BGH bei *Holtz* MDR **1976** 989; RGSt **60** 295.

[113] RGSt **13** 77; **68** 272 = JW **1934** 2777 mit Anm. *Krille*; vgl. auch RG JW **1928** 1311 mit Anm. *Philipps*.

[114] *Stree* 82; **a.** A *Beling* 420, der dann ohne weiteres Aufhebung und Zurückverweisung für erforderlich hält.

[115] Vgl. BayObLGSt **1952** 174; **1953** 151 = MDR **1954** 121 mit Anm. *Mittelbach*; vgl. auch BGH JR **1981** 432; StV **1984** 231.

entgegen, weil das Urteil gewissermaßen als dessen Ergänzung erscheint, Protokoll und Urteil jedenfalls insoweit als Einheit verstanden werden müssen. Verfahrensfehler können sich aus dem Urteil insbesondere ergeben, wenn in ihm andere Gründe für die Nichtvereidigung eines Zeugen angegeben sind als im Protokoll, wenn aus dem Urteil hervorgeht, daß ein Zeuge teilnahmeverdächtig ist und daher nach § 60 Nr. 2 nicht hätte vereidigt werden dürfen, wenn im Urteil zu entnehmen ist, daß ein Teilnahmeverdacht gegen den unvereidigt gebliebenen Zeugen in Wahrheit nicht oder nicht mehr besteht oder daß die Voraussetzungen für das Absehen von der Vereidigung nach § 61 nicht vorgelegen haben. Entsprechendes gilt, wenn ein Beweisantrag nach § 244 Abs. 3 in der Hauptverhandlung ohne Rechtsfehler abgelehnt worden ist, das Urteil dazu aber weitere Ausführungen enthält, die rechtlich zu beanstanden sind (vgl. § 244, 150). Der Urteilsinhalt ist ferner heranzuziehen, wenn die Revision rügt, das Gericht habe einen Beweisantrag zu Unrecht nach § 244 Abs. 4 Satz 1 wegen eigener Sachkunde abgelehnt (OLG Hamburg JR **1964** 151).

d) Feststellung im Freibeweis. Verfahrensvorgänge, für die nicht nach § 274 die **74** Beweiskraft des Sitzungsprotokolls gilt, und sonstige tatsächliche Grundlagen von Verfahrensrügen[116] klärt das Revisionsgericht nach herrschender Meinung im Wege des Freibeweises (zum Freibeweis vgl. § 244, 3 f). An die Würdigung des Tatrichters ist das Revisionsgericht dabei nicht gebunden, soweit es sich nicht um doppelrelevante Tatsachen handelt (vgl. oben Rdn. 35 f). Auch was das Urteil über den Verfahrensvorgang feststellt, bindet das Revisionsgericht nicht[117]. Dabei ist gleichgültig, ob auch der Tatrichter die Feststellungen im Freibeweis (RGSt **56** 102) oder nach förmlicher Beweisaufnahme getroffen hat (*Alsberg/Nüse/Meyer* 157 mit Nachw.). Das Revisionsgericht hat erforderlichenfalls eigene Ermittlungen unter Benutzung aller in Betracht kommenden Erkenntnisquellen anzustellen. Es kann dazu insbesondere den Akteninhalt verwenden[118]. Es kann, etwa bei der Aufklärungsrüge nach § 244 Abs. 2[119], auch selbst Ermittlungen anstellen, z. B. Urkunden und Akten beiziehen[120], amtliche Auskünfte einholen[121], dienstliche Äußerungen veranlassen[122] (und zwar auch solche des Verteidigers[123]), den Angeklagten anhören (RGSt **45** 277) und Zeugen zu schriftlichen Erklärungen veranlassen (BGH NJW **1987** 2593) oder auch uneidlich vernehmen[124]. Auch können Sachverständige angehört (BGHSt **7** 83; **23** 13) sowie Filme vorgeführt und in Augenschein genommen werden (vgl. BGH bei *Holtz* MDR **1976** 634).

e) Eine **Rekonstruktion des Ablaufs der Hauptverhandlung** durch Ermittlungen des **75** Revisionsgerichts kann erforderlich sein, wenn und soweit es zur Klärung eines Verfahrensfehlers auf diesen Ablauf ankommt. Dabei können im Einzelfall Abgrenzungsprobleme entstehen, weil die Rekonstruktion nach herrschender Meinung nicht zum Gegenbeweis gegen die Urteilsfeststellungen über das Ergebnis der Beweisaufnahme zur Schuld- und Straffrage (unten Rdn. 77 ff) führen darf. Eine Rekonstruktion kommt etwa in Betracht, wenn gerügt wird, der Angeklagte oder der Verteidiger seien während eines

---

[116] Vgl. z. B. BayObLG NJW **1964** 1193; OLG Hamburg NJW **1969** 571.

[117] BGHSt **16** 167 = JR **1962** 108 mit Anm. *Eb. Schmidt*; RGSt **4** 388; *Eb. Schmidt* 8; *Kappe* GA **1960** 371.

[118] St. Praxis schon des RG, so RGSt **4** 398; **6** 164; **38** 40; **46** 68; **55** 285; **61** 46; **62** 14; **63** 321; **64** 187; **66** 174; **71** 261. Weitere Nachw., auch zum Folgenden, bei *Alsberg/Nüse/Meyer* 154 f.

[119] BGH bei *Dallinger* MDR **1972** 572; RG JW **1931** 2030 mit Anm. *Alsberg*.

[120] BGHSt **1** 181; RGSt **20** 163; **35** 368; **49** 170; **71** 261; OLG Celle MDR **1960** 334.

[121] RGSt **12** 26; **61** 118; **72** 5; OLG Hamburg NJW **1969** 571.

[122] BGHSt **3** 187; **15** 349; **17** 339; **21** 182; **22** 28; RGSt **17** 287; **18** 9; **23** 167; **44** 121; **72** 182; **76** 84; OLG Hamburg VRS **24** (1963) 438.

[123] So z. B. BGHSt **37** 252; die Bedeutung betonend OLG Hamm StV **1985** 226.

[124] OLG Celle MDR **1960** 334; OLG Hamburg HESt **3** 28; vgl. auch *Stein* Privates Wissen 105.

Ernst-Walter Hanack

Teils der Verhandlung abwesend gewesen; denn dann muß nach Meinung der Rechtsprechung festgestellt werden, ob während der Abwesenheit *wesentliche* Verfahrensvorgänge
geschehen sind (§ 338, 84). Ferner muß das Revisionsgericht unter Umständen Feststellungen über den Gang der Hauptverhandlung treffen, wenn gerügt wird, der Angeklagte
sei über sachliche Veränderungen des Anklagevorwurfs nicht ausreichend unterrichtet
worden[125]. Der Bundesgerichtshof hat Ermittlungen über den äußeren Ablauf der Verhandlung auch vorgenommen, wenn der Angeklagte rügt, ihm sei durch das Unterlassen
einer bestimmten Verfahrenshandlung das rechtliche Gehör versagt worden[126]. Zugelassen worden ist vom Reichsgericht sogar die Rekonstruktion des Inhalts einer Aussage,
wenn der Beschwerdeführer rügt, ein nach § 79 unvereidigt gebliebener Sachverständiger
habe auch Zeugenaussagen gemacht, auf denen das Urteil beruhe, sei aber nicht als Zeuge
vereidigt worden[127]; ist der Inhalt der Aussage nach § 273 Abs. 2 oder 3 aufgenommen
worden, kann dazu aber immer das Sitzungsprotokoll herangezogen werden. Auch eine
Beweisaufnahme darüber, ob der Vorsitzende dem Angeklagten unzulässige Vorhalte
gemacht hat, muß an sich — und vorbehaltlich des streitigen Erfordernisses der vorherigen Beanstandung nach § 238 Abs. 2 (vgl. bei § 238) — dann grundsätzlich möglich sein,
wenn sie nicht einen Gegenbeweis gegen die Urteilsfeststellungen betrifft, sondern die
Form der Beweisaufnahme[128]. Eine Rekonstruktion des mutmaßlichen Prozeßablaufs
kommt ferner zur Aufklärung der Rüge in Betracht, der Tatrichter habe entgegen § 267
Abs. 2 einen in der Verhandlung behaupteten besonderen Umstand nicht berücksichtigt[129].

76 **f) Zweifel am Vorliegen eines Verfahrensverstoßes** wirken, anders als Zweifel am
Fehlen von Verfahrensvoraussetzungen (oben Rdn. 34), nach herrschender Meinung
zuungunsten des Beschwerdeführers. Wenn sich der behauptete Verstoß nicht oder nicht
sicher beweisen läßt, wird also davon ausgegangen, daß der Tatrichter ordnungsgemäß
verfahren ist[130]. Die unterschiedliche Behandlung zeigt die besondere Bedeutung der Prozeßvoraussetzungen. Sie überzeugt aber wenig[131] und ist auch von der Rechtsprechung
nicht immer eingehalten worden[132]. Die — im einzelnen recht unterschiedliche —
Begründung der herrschenden Meinung, daß eine Vermutung für das ordnungsgemäße
Prozedieren des Tatrichters spreche, der Grundsatz in dubio pro reo nicht gelte[133], die
Revisionsinstanz das Urteil also nur aufheben könne, wenn sie vom Vorliegen des Verfahrensfehlers überzeugt sei, entspricht in dieser Allgemeinheit kaum dem rechtsstaatlichen

[125] So BGHSt **19** 143; RGSt **76** 84; *Meyer* GA **1965**
269.
[126] BGHSt **22** 26 = JZ **1968** 434 mit Anm. *Eb.
Schmidt*; zust. *Hanack* JZ **1973** 729; ebenso OLG
Düsseldorf VRS **64** (1983) 128; *Kleinknecht/Mey-
er-Goßner*[43] 11; vgl. aber auch *Herdegen* StV **1992**
593.
[127] Vgl. RGSt **30** 33; **42** 160; **43** 438; s. auch BGHSt
13 251 und BGH StV **1982** 251 (wo dies aber jeweils den Urteilsgründen entnommen wird).
[128] Anders RGSt **35** 164 und LR-*Meyer* in der
23. Aufl. Rdn. 84; vgl. aber BGHSt **22** 26; **16** 166
mit krit. Betrachtung *Hanack* JZ **1971** 170; *Eb.
Schmidt* JR **1962** 109.
[129] Zu eng daher BGHSt **31** 139 = NStZ **1983** 278 mit
abl. Anm. *Fezer*. Näher zu der streitigen Frage bei
§ 267 (24. Aufl. Rdn. 71).
[130] BGHSt **16** 167 = JR **1962** 108 mit Anm. *Eb.
Schmidt*; BGHSt **17** 353; **21** 10; **31** 400; BGH NJW

1953 837; **1963** 836; **1978** 1390; BGH VRS **29**
(1965) 204; BGH bei *Herlan* MDR **1955** 652;
RGSt **52** 319; **65** 255; RG JW **1931** 1578; KG JR
1954 470; VRS **39** 445; OLG Frankfurt NJW **1974**
1152; OLG Hamm GA **1957** 222; NJW **1970** 70;
VRS **50** (1976) 306; OLG Koblenz DAR **1973** 106;
OLGSt § 275 S. 17; OLG Saarbrücken VRS **48**
(1975) 439; ebenso die herrschende Meinung, z. B.
Kleinknecht/Meyer-Goßner[43] 12; KMR-*Paulus* 6;
Alsberg/Nüse/Meyer 894; *Fezer* 20, 18; *Stree* 78 ff;
Foth JR **1976** 255; *Goßrau* MDR **1958** 470; *Petry*
Beweisverbote im Strafprozeß (1971) 131; *Sax* JZ
1958 197.
[131] Zum Ganzen eingehend und kritisch insbes. *Lehmann* 56 ff mit zahlr. Nachw.
[132] Abweichend RGSt **67** 417; OGHSt **3** 26; vgl. auch
KG JR **1954** 470; OLG Hamm GA **1957** 222.
[133] Was an sich richtig ist; s. oben Rdn. 14.

Gedanken von der Justizförmigkeit des Verfahrens, für das gerade die Justizorgane die Verantwortung tragen. Man wird darum *jedenfalls* den sich massiv aufdrängenden, in die Sphäre der Justiz fallenden und nicht aufklärbaren Zweifel an der Ordnungsmäßigkeit des Verfahrens als Grund für eine Urteilsaufhebung ansehen müssen. Im Schrifttum werden solche Ansätze zunehmend erwogen oder vertreten[134], harren freilich noch der fundierten Lösung im einzelnen. *Eine* Anwendungsform ist die Einsicht, daß bei solchen Prozeßhandlungen, deren urkundlicher Nachweis durch das Verfahrensrecht geboten ist, wie z. B. die Ladung zur Hauptverhandlung, das Fehlen des Nachweises von den Justizorganen zu vertreten ist und den Beschwerdeführer daher nicht benachteiligen darf[135].

4. Grenzen des Beweises der Verfahrensrüge

a) Grundsatz: Keine Wiederholung der Beweisaufnahme (sog. Rekonstruktions- **77** **verbot).** Die Befugnis des Revisionsgerichts zur Aufklärung von Verfahrensrügen findet nach überkommener Meinung dort ihre Grenzen, wo sie zu einer Wiederholung oder Ergänzung der tatrichterlichen Beweisaufnahme führen müßte, also auf einen revisionsrichterlichen Gegenbeweis über die im Urteil festgestellten Ergebnisse der Beweisaufnahme in der Schuld- und Rechtsfolgenfrage hinausläuft. Vielmehr gilt nach herrschender Ansicht grundsätzlich: Die Ergebnisse der Beweisaufnahme festzustellen und zu würdigen ist nach der Struktur des Verfahrensrechts Sache des Tatrichters, der sich darüber im Urteil zu äußern hat. Was in ihm zur Schuld- und Rechtsfolgenfrage festgestellt ist, bindet daher insoweit bei der Verfahrensrüge das Revisionsgericht[136].

Aber **Grund und Grenzen** dieses sog. Rekonstruktionsverbots sind auffallend und **77a** zunehmend umstritten[137]. Der häufige Vorwurf, daß es bisher nicht gelungen sei, das Verbot dogmatisch überzeugend zu begründen und widerspruchsfrei zu handhaben, ist in der Tat nicht ganz von der Hand zu weisen. Vielleicht ist das, jedenfalls „ohne Rest", auch gar nicht möglich, weil das Verbot logisch nicht recht zu der „1877 noch unvorstellbaren Entwicklung" *(Fezer)* paßt, die die §§ 244 Abs. 2 und 261 seitdem durchlaufen haben[138]. Es stellt sich heute in Wahrheit wohl als eine Begrenzung dieser Entwicklung hinsichtlich ihrer revisionsrechtlichen Konsequenzen dar, die die Struktur des Revisionsrechts vor der Aufweichung und zugleich auch die Funktionsfähigkeit der Revisionsgerichte schützt. In dieser Funktion hat das Verbot einen grundsätzlichen Sinn, und von dieser Funktion her ist es auch zu bestimmen: Wenn das Revisionsgericht für die Beweisaufnahme zur Schuld- und Rechtsfolgenfrage weder zuständig noch kompetent ist, darf es eine solche Beweisaufnahme auch nicht mittelbar auf dem Weg über die Verfahrensrüge vornehmen.

Das zeigt sich vielleicht am deutlichsten an der radikalen **Gegenposition von** *Fezer*[139]. **78** Für diese Position ist entscheidend, daß bei der Verfahrensrüge, anders als bei der Sach-

---

[134] Vgl. im einzelnen neben *Lehmann* (Fußn. 131) insbesondere *Frisch* FS Henkel 274 ff; *Jagusch* LM § 246 a Nr. 2; *Kühne* 575; *Michael* 151; *Petry* Beweisverbote im Strafprozeß (1971) 130; *Sax* FS Stock 143 ff; vgl. auch *Roxin* NStZ **1989** 378; *Hauf* MDR **1983** 195; *Eb. Schmidt* JR **1962** 109; bei § 136, 54 und § 136 a, 69.

[135] OLG Karlsruhe MDR **1974** 774; *Kleinknecht/Meyer-Goßner*[43] 12; KMR-*Paulus* 6; LR-*Meyer* in der 23. Aufl., Rdn. 85. Vgl. auch § 338, 121 a. E.

[136] Vgl. etwa BGHSt **15** 347; **17** 352; **29** 20 = JR **1980** 168 mit abl. Anm. *Peters*; **31** 141; BGH NJW **1969** 1912; **1984** 1246; BGH NStZ **1997** 296; OLG Frankfurt StV **1996** 202; HK-*Temming* 9; KK-*Pi-*

kart 26; *Kleinknecht/Meyer-Goßner*[43] 13; vgl. auch bei § 261.

[137] Kritisch außer *Fezer* (dazu im folg.) namentlich und mit weit. Nachw. *Herdegen* (u. a.) StV **1992** 590; FS Salger 306; *Pfitzner* insbes. S. 102 ff; *Sarstedt/Hamm*[6] 254 ff; *G. Schäfer* StV **1995** 147; *Schlothauer* StV **1992** 136 ff; *A. Schröder* 72 ff; ferner schon *Alsberg* JW **1915** 306.

[138] Dazu näher *Fezer* Hanack-Symp. 92 ff, insbes. 94 f; vgl. auch *Herdegen* StV **1992** 590.

[139] Hanack-Symp. 89 ff; vgl. auch *Fezer* 20, 19 ff; JZ **1996** 665; SchrRAGStrafR Bd. 9, 192, 59; kritisch *A. Schröder* 84 f.

Ernst-Walter Hanack

rüge, die Prüfung der tatsächlichen Voraussetzungen zur gesetzlichen Aufgabe des Revisionsgerichts gehört. Zweck der revisionsrichterlichen Beweisaufnahme über einen behaupteten Verfahrensverstoß sei demgemäß allein die Klärung dieses Verstoßes, nicht jedoch die Prüfung, ob die tatrichterlichen Feststellungen inhaltlich richtig seien. Wenn daher das Revisionsgericht, entsprechend seiner gesetzlichen Aufgabe, den behaupteten Verfahrensfehler kläre, maße es sich mit dieser Prüfung auch keine tatrichterlichen Kompetenzen im Sinne eines unzulässigen Gegenbeweises gegen die Urteilsfeststellungen an.

78a   **Gegen diese Sicht** spricht: Nach der Konzeption von *Fezer* kann das Revisionsgericht, sofern dem nicht § 274 entgegensteht, dem behaupteten Verfahrensverstoß in einem (Frei-)Beweisverfahren nachgehen, bei dem es in eigenständiger Weise einen Akt der tatrichterlichen Beweisaufnahme überprüft. Nicht bestreiten läßt sich, daß es insoweit dann eine erneute Beweiserhebung durchführt, bei der es durchaus auch zu inhaltlich anderen Feststellungen als der Tatrichter gelangen kann. Daß die revisionsgerichtliche Überprüfung allein auf die Klärung des Verfahrensverstoßes gerichtet ist, ändert an ihrem auch auf den Inhalt der tatrichterlichen Feststellungen bezogenen Charakter nichts. Erweist es sich aber als fragwürdig, strikt zwischen der bloßen Aufklärung des Verfahrensverstoßes und der inhaltlichen Überprüfung der tatrichterlichen Feststellungen zu trennen, wird man die Befugnis des Revisionsgerichts zur Aufklärung möglicher Verfahrensfehler beschränken müssen. Sie erscheint überall dort unannehmbar, wo das Gericht an einen objektiv feststehenden Inhalt der Beweisaufnahme des Tatrichters nicht anknüpfen kann, sondern diesen Inhalt durch Ermittlungen klären muß, die eine eigene, neue Beweiserhebung enthalten. Denn das Revisionsgericht, das ja für Beweisaufnahmen zur Schuld- und Rechtsfolgenfrage nicht zuständig und nicht kompetent ist, kann ohne solche Anknüpfung auch durch eine „nur" auf das Verfahren des Tatrichters bezogene Beweiserhebung mit den ihm zur Verfügung stehenden Mitteln zuverlässige Einsichten in der Regel und aus vielen Gründen nicht gewinnen. So erscheint es — entgegen wohl *Fezer* — z. B. überzeugend kaum möglich, anhand von Befragungen, dienstlichen Erklärungen oder von Aufzeichnungen der Prozeßbeteiligten zu überprüfen, ob ein Zeuge tatsächlich so ausgesagt hat, wie in den Urteilsgründen festgestellt ist[140]. *Fezer* sieht die praktischen Auswirkungen und Schwierigkeiten seiner Position selbst. Aber sein — bezeichnender — Vorschlag, ihnen durch Einführung eines Wortprotokolls zu begegnen[141], löst sie nicht, schon weil es sich um einen Vorschlag de lege ferenda handelt.

79   **b) Zulässige Gegenbeweise.** Die Konsequenzen des erörterten Rekonstruktionsverbots können problematisch sein, weil das Verbot durchaus dazu führen kann, daß das Revisionsgericht schwerwiegende Mängel des tatrichterlichen Verfahrens nicht aufzuklären vermag[142], und zwar ohne daß die Sachrüge (Darstellungsrüge, unten Rdn. 121 ff) dafür ein ausreichendes Äquivalent bietet. Es besteht daher kein Anlaß, das Verbot gewissermaßen zu verabsolutieren. Da es verhindern soll, daß das Revisionsgericht tatrichterliche Funktionen ausübt, verliert es vielmehr dort seinen Sinn, wo solche Gefahren nicht bestehen. Ein Gegenbeweis gegen die Urteilsfeststellungen kommt daher in Betracht, wenn das Revisionsgericht — ohne die tatrichterlichen Urteilsfeststellungen durch eine eigene Beweiserhebung zu überlagern — anhand von Unterlagen mit objektivem Beweiswert feststellen kann, daß der Tatrichter prozessual fehlerhaft verfahren ist, sich also das wirkliche Beweisergebnis „mit den Mitteln des Revisionsrechts ohne weiteres" feststellen

---

[140] So zu Recht die ganz herrschende Meinung, z. B. BGHSt **15** 347; **17** 351; BGH StV **1997** 561; OLG Zweibrücken StV **1994** 546; *Herdegen* FS Salger 313.

[141] Hanack-Symp. 112 ff; dazu kritisch *G. Schäfer* StV **1995** 156; vgl. auch *Schlothauer* StV **1992** 140; *Widmaier* SchrRAGStrafR 68.

[142] Vgl. nur *Fezer* 20, 20.

läßt[143]. *Daß* eine solche Heranziehung objektiver Unterlagen zum Beweis der Verfahrensrüge denkbar ist, wird mittlerweile wohl allgemein anerkannt und ist von der Rechtsprechung für eine ganze Reihe solcher Unterlagen ausgesprochen worden; zweifelhaft und umstritten ist jedoch die sehr in Fluß befindliche Frage, *wann* und *wieweit* das Revisionsgericht aufgrund der Unterlagen schließen kann oder darf, daß die Urteilsfeststellungen des Tatrichters in prozessual fehlerhafter Weise gewonnen worden sind. Dazu im folgenden Text.

c) Einzelfragen des zulässigen Gegenbeweises. Die Regeln, nach denen die Recht- **79a** sprechung bei den einzelnen Verfahrensvorschriften eine revisionsgerichtliche Überprüfung der tatsächlichen Grundlagen vornimmt, sind unverkennbar recht unterschiedlich, und zwar ohne daß es für diese Unterschiedlichkeiten immer überzeugende Gründe gibt. Im einzelnen muß insoweit auf die jeweiligen Erläuterungen in diesem Kommentar über die Revisibilität der Vorschriften verwiesen werden. Im Hinblick auf die Grenzen des sog. Rekonstruktionsverbots (Rdn. 79) hervorzuheben ist jedoch folgendes.

aa) Widerspruch zu verlesenen Urkunden. Anerkannt ist, daß verlesene Urkunden, **80** also insbesondere Vernehmungsprotokolle aller Art[144], aber auch schriftliche Erklärungen[145], gemäß § 256 verlesbare Berichte[146] sowie Sachverständigengutachten[147] als Mittel eines zulässigen Gegenbeweises (Rdn. 79) in Betracht kommen, wenn sich das Urteil auf sie stützt und sich „ohne Rekonstruktion der Beweisaufnahme der Nachweis" führen läßt, daß die Urkunde „falsch" wiedergegeben ist oder einen „eindeutig anderen Inhalt" hat als in den Urteilsgründen angegeben (so BGHSt **29** 21)[148]. Der „Nachweis" enthält zwar auch in diesen Fällen eine inhaltliche Würdigung und Überprüfung der tatrichterlichen Urteilsfeststellungen durch das Revisionsgericht (*Schäfer* StV **1995** 156). Aber er klärt in Wahrheit, ohne eigene Wertung, doch lediglich eine Divergenz auf, die „offensichtlich" macht, daß der Überzeugungsbildung des Tatrichters „die notwendige äußere Grundlage" fehlt (BGH aaO), also einen Verstoß gegen § 261 manifestiert. Dem Sinn des sog. Rekonstruktionsverbots (Rdn. 77 ff) widerspricht das nicht.

Wenig klar ist freilich, was in diesem Zusammenhang unter **„falsch"** bzw. **„eindeutig 81 anders"** zu verstehen ist. Die herrschende Meinung nimmt diese Formulierungen **ersichtlich beim Wort**, bezieht sie also augenscheinlich nur auf Fälle, in denen für eine Auslegung der Urkunde kein Raum ist[149]. Daran ist im Grundsatz richtig, daß dem Revisionsgericht eine solche Auslegung selbst bei der Sachrüge verwehrt ist (unten Rdn. 117), sie ihm daher, jedenfalls wenn man nicht der abweichenden Konzeption von *Fezer* folgt (Rdn. 78), auch nicht als eigene Beweiswürdigung auf dem Weg über eine Verfahrensrüge gestattet sein kann. Problematisch ist jedoch, daß nach herrschender Meinung bei der Sachrüge von der untersagten eigenen Auslegung die Überprüfung dieser Auslegung durch das Revisionsgericht auf Rechtsfehler abgehoben wird, und zwar entsprechend den Grundsätzen der sog. Darstellungsrüge (unten Rdn. 118). Es gibt keinen einsehbaren Grund, diesen — sehr weiten — Anwendungsbereich der Rechtsfehler-Prüfung bei der hier erörterten Verfahrensrüge enger zu begrenzen. Von ihr erfaßt werden müssen folge-

---

[143] So eine Formulierung des BGH, z. B. StV **1991** 549; **1993** 115; vgl. auch *G. Schäfer* StV **1995** 155.

[144] Vgl. z. B. BGHSt **29** 21; BGH StV **1983** 121 und 403; **1985** 401; **1987** 516; **1997** 561; BayObLG StV **1986** 226; OLG Bremen StV **1990** 536; *Kleinknecht/Meyer-Goßner*[43] 14; vgl. auch OLG Stuttgart NStZ **1986** 41: Zulässigkeit eines Wortvergleichs in den Fällen des § 168 a Abs. 2.

[145] BGH StV **1991** 549.

[146] BGH StV **1991** 500; BGH bei *Schlothauer* StV **1992** 137.

[147] BGH NStZ **1990** 243; **1991** 449.

[148] Vgl. die im vorigen genannten Entscheidungen; ferner etwa HK-*Temming* 9; *Kleinknecht/Meyer-Goßner*[43] 14; *G. Schäfer* StV **1995** 155.

[149] So ganz klar BGH bei *Miebach* NStZ **1988** 212; vgl. schon OLG Celle VRS **31** (1966) 205; OLG Hamm MDR **1975** 246.

Ernst-Walter Hanack

richtig daher auch solche Fälle, in denen die Diskrepanz zwischen Urkundeninhalt und Urteilsfeststellungen erkennbar auf einer Auslegung beruht, die in dem in Rdn. 118 umschriebenen Sinne rechtsfehlerhaft ist.

82   Ob oder wann **auch aus dem Schweigen des Urteils** der Schluß gezogen werden darf, der Tatrichter habe eine verlesene Urkunde nicht verwertet, ist sehr umstritten. Der Bundesgerichtshof hat erst in neuerer Zeit aus dem Schweigen der Urteilsgründe in einigen Entscheidungen den Schluß gezogen, der Tatrichter habe Beweisstoff übersehen oder übergangen, also nicht verwertet, und damit gegen § 261 (Pflicht zur umfassenden Würdigung des Beweisergebnisses) verstoßen[150]. Der Bundesgerichtshof hat dabei jeweils darauf abgestellt, daß eine solche Würdigung der übergangenen Umstände nach Lage des Falles nahelag und sich daher im Urteil hätte widerspiegeln müssen. Ein solcher Schluß ist indessen nur berechtigt, wenn für das Revisionsgericht erkennbar ist, daß der in der Urkunde fixierte Umstand im Zeitpunkt der Urteilsfällung tatsächlich noch beweiserheblich war. Daran fehlt es, wenn er aufgrund der Beweisaufnahme in der Hauptverhandlung jede Bedeutung verloren hat (der Zeuge z. B. dort einen Widerspruch zu seiner früheren polizeilichen Aussage überzeugend klargestellt hat). Denn der Tatrichter ist lediglich verpflichtet, das Ergebnis der Hauptverhandlung zu begründen, nicht aber auch den Gang der Hauptverhandlung zu dokumentieren[151]. So kommt — in gewisser Annäherung an die Grundsätze der Sachrüge (Darstellungsrüge, unten Rdn. 121 ff) — bei Zweifeln über die fortbestehende Beweiserheblichkeit ein Schluß aus dem Schweigen des Urteils wohl nur in Betracht, wenn die Divergenz zwischen den Urteilsfeststellungen und dem abweichenden Urkundeninhalt zugleich auch auf einen sachlichrechtlichen Mangel hindeutet (z. B. die Auseinandersetzung mit dem abweichenden Inhalt des genannten Protokolls erkennbar für die Beurteilung der Glaubwürdigkeit des Zeugen bedeutsam war). Daß damit, ganz ähnlich wie bei der Sachrüge (unten Rdn. 130), der revisionsgerichtlichen Kontrolle ein erheblicher und problematischer Spielraum eröffnet wird, ist nicht zu bezweifeln.

83   Die Rüge, der Tatrichter habe **verwendete Beweismittel nicht ausgeschöpft** und daher gegen § 244 Abs. 2 verstoßen (z. B. gegenüber einem Zeugen oder Sachverständigen bestimmte Fragen oder Vorhalte unterlassen), wird von der Rechtsprechung wegen des sog. Rekonstruktionsverbots (Rdn. 77 ff) grundsätzlich für unzulässig gehalten[152], sofern sich der Mangel nicht aus den Urteilsgründen selbst ergibt (oben Rdn. 73). Anders hat jedoch der Bundesgerichtshof in einem Fall entschieden, in dem das in der Hauptverhandlung erstattete Sachverständigengutachten in unüberbrückbarem Gegensatz zu einem in den Akten befindlichen vorläufigen Gutachten desselben Sachverständigen stand. Aus dem Schweigen des Urteils schloß der Bundesgerichtshof angesichts der Bedeutung des Widerspruchs, daß er in der Verhandlung nicht aufgeklärt worden ist[153]. In späteren Entscheidungen ist das mit erkennbarer Skepsis als ein der Verallgemeinerung nicht zugänglicher Sonderfall bezeichnet worden[154]. In der Tat mag die Rüge der Nichtausschöpfung eines Beweismittels häufig noch problematischer sein als die bei Rdn. 82 erörterte Rüge

---

[150] So erstmals wohl BGH StV **1988** 138 mit Anm. *Schlothauer*; ferner BGH StV **1991** 549; **1993** 115; weit. Nachweise bei *Schlothauer* StV **1992** 138; *G. Schäfer* StV **1995** 155; vgl. auch OLG Zweibrücken StV **1994** 545 (Schweigen zur Aussage in 1. Instanz). Kritisch *Kleinknecht/Meyer-Goßner*[43] § 261, 38a; *Sarstedt/Hamm*[6] 856 ff.

[151] *G. Schäfer* StV **1995** 156 f; **a. A** *Herdegen* StV **1992** 595; vgl. auch BGH NStZ **1997** 294; *Schlothauer* StV **1992** 139.

[152] So z. B. BGHSt **4** 126; **17** 325; BGH NJW **1962** 1832; BGH NStZ **1987** 18; bei *Pfeiffer* NStZ **1981** 96; bei *Pfeiffer/Miebach* NStZ **1985** 13; BGH NStZ **1997** 296; KG StV **1988** 519; *Kleinknecht/ Meyer-Goßner*[43] § 244, 82; *Dahs/Dahs* 501.

[153] BGH NStZ **1991** 449; dazu insbes. *G. Schäfer* StV **1995** 157; ablehnend *Kleinknecht/Meyer-Goßner*[43] 15. Ähnlich auch schon BGH StV **1990** 339.

[154] BGH NJW **1992** 2838 und 2840 (dazu kritisch *Herdegen* StV **1992** und StraFo. **1995** 31); BGH NStZ **1995** 29; StV **1997** 562.

seiner Nichtverwertung. Aber wenn oder soweit man aus dem Schweigen der Urteilsgründe zur Bedeutung objektiver Unterlagen überhaupt Schlüsse zuläßt, besteht zwischen beiden Fällen jedenfalls kein prinzipieller Unterschied.

Ein alternatives Rügevorbringen, aus dem Schweigen des Urteils ergebe sich, daß **84** der Tatrichter urkundlich nachweisbaren Prozeßstoff entweder übergangen (Verstoß gegen § 261, oben Rdn. 82) oder daß er ihn nicht ausgeschöpft habe (Verstoß gegen § 244 Abs. 2, oben Rdn. 83), lehnt der Bundesgerichtshof bislang ab, weil Widersprüche zwischen dem Inhalt der Akten und den Urteilsfeststellungen als unzulässige Rüge der Aktenwidrigkeit für sich allein die Revision nicht begründen könnten[155]. Das ist nicht zwingend, sofern und soweit man aus dem Schweigen Schlüsse auf eine Verletzung der §§ 244 Abs. 2, 261 überhaupt für möglich hält[156]. Denn ob dann die Verletzung der einen oder der anderen Vorschrift vorliegt: entscheidend ist, daß das Urteil schweigt und das Schweigen — von der genannten Prämisse aus — einen Verfahrensfehler erweist. Die gegenteilige Position des Bundesgerichtshofs beruht ersichtlich entscheidend auf der Sorge vor den Weiterungen und Gefahren, die eine revisionsgerichtliche Würdigung des Schweigens mit sich bringt[157]; sie dürfte daher in Wahrheit diese Frage betreffen.

bb) Widerspruch zu Abbildungen. Abbildungen, auf die der Tatrichter gemäß § 267 **85** Abs. 1 Satz 3 wegen der Einzelheiten verweist, werden dadurch zum Bestandteil der Urteilsgründe; ihre revisionsrechtliche Würdigung ist dann eine Frage der Sachrüge (dazu unten Rdn. 107). Denkbar ist aber auch, daß sich das tatrichterliche Urteil ohne solchen Verweis auf in der Verhandlung herangezogene Abbildungen stützt. Man wird annehmen müssen, daß das Revisionsgericht in diesen Fällen einen Widerspruch zwischen Abbildung und Urteilsfeststellungen auf dem Weg über die Verfahrensrüge prinzipiell in der gleichen Weise und in den gleichen Grenzen wie beim Widerspruch zu Urkunden (Rdn. 80 ff) zu berücksichtigen hat. Es kann also insbesondere einen Verstoß gegen § 261 feststellen, wenn die Abbildung einen eindeutig anderen Inhalt hat (vgl. oben Rdn. 80) oder für Beweiszwecke überhaupt nicht ergiebig ist[158].

cc) Widerspruch zu gemäß § 273 protokollierten Aussagen. Als Mittel eines zuläs- **86** sigen Gegenbeweises (Rdn. 79) gegen die Urteilsfeststellungen kommt auch die Sitzungsniederschrift in Betracht. Das ist im Hinblick auf ihre gesteigerte Beweiskraft heute anerkannt bei **wörtlich protokollierten Aussagen gemäß § 273 Abs. 3**. Es begründet daher im Zweifel jedenfalls die Revision nach § 261, wenn das Urteil den Inhalt der Aussage, ohne Erklärung des Widerspruchs, anders wiedergibt, weil Urteil und Protokoll in diesen Fällen die Ergebnisse der Hauptverhandlung nicht unterschiedlich dokumentieren können[159]. Entsprechendes muß aber auch für Divergenzen zwischen dem Urteilsinhalt und dem gelten, was als **wesentlicher Inhalt einer Aussage gemäß § 273 Abs. 2** in das Hauptverhandlungsprotokoll aufgenommen worden ist. Die herrschende Meinung ist

---

[155] BGH NJW **1992** 2841; NStZ **1997** 294; StV **1995** 175; ebenso *Kleinknecht/Meyer-Goßner*[43] 15 a; *Pfeiffer/Fischer* 8. Eine alternative Verletzung des § 244 Abs. 2 hält jedoch BGH StV **1992** 2 f für möglich. Vgl. jetzt auch BGHSt **43** 216 = BGH JZ **1998** 53, 54 mit Anm. *Herdegen*.

[156] Im Ergebnis ebenso *Herdegen* FS Salger 318; *Sarstedt/Hamm*[6] 287 f; *Schlothauer* StV **1992** 139; *Ziegert* StV **1996** 279 (eingehend).

[157] So namentlich – und eindrucksvoll – die fallbezogene konkrete Darlegung in der Ausgangsentscheidung BGH NJW **1992** 2841.

[158] Zum ersteren vgl. schon BGHSt **29** 22, zum letzteren (erweiternd) BGHSt **41** 382; ebenso *Kleinknecht/Meyer-Goßner*[43] 14; *Herdegen* StV **1992** 594; vgl. auch *G. Schäfer* StV **1995** 156; *Maul* FS Pfeiffer 418, 424.

[159] BGHSt **38** 14 = JZ **1992** 106 mit Anm. *Fezer*; BGH StV **1991** 549; RGSt **42** 160; **58** 59; OLG Hamm VRS **29** (1965) 40; *Kleinknecht/Meyer-Goßner*[43] 14; *Ulsenheimer* NJW **1980** 2278; **a. M** OLG Koblenz VRS **46** (1974) 436; *Sarstedt* JZ **1965** 293. Weitere Nachw. in der 24. Aufl. § 337, 83 Fußn. 138.

insoweit seit jeher anderer Auffassung[160], aber mit auffallend unterschiedlicher Begründung. Ihr wohl wesentlichstes Argument ist, daß der Tatrichter über das Ergebnis der Beweisaufnahme nach den Regeln des § 261 entscheidet, dieser Vorgang jedoch vom Zustandekommen des Sitzungsprotokolls rechtlich und tatsächlich unabhängig ist, auf die Überzeugungsbildung also ohne Einfluß bleibt, so daß auch die revisionsrechtliche Prüfung nicht an das Protokoll anknüpfen könne. Aber diese Begründung ist wenig schlüssig, weil jedenfalls beim Protokoll des *Einzelrichters* die Divergenz zwischen dem auch von ihm unterschriebenen Protokoll und den Urteilsgründen doch massiv auf einen Verstoß gegen § 261 hindeutet und weil die Auffassung, beim Protokoll des *Kollegialgerichts* (Schöffengericht) könne sich die Diskrepanz aus der Möglichkeit ergeben, daß der Vorsitzende die Aussage anders aufgefaßt habe als das Kollegium, einen nicht ausgeräumten Verstoß gegen die Aufklärungspflicht mindestens nahelegt. Der Beweis eines Verstoßes gegen die §§ 261, 244 Abs. 2 sollte bei unauflöslicher Diskrepanz möglich sein[161]. Das Revisionsgericht maßt sich damit nicht einen Gegenbeweis an, ergänzt oder wiederholt also nicht die tatrichterliche Beweisaufnahme, sondern berücksichtigt nur einen hinreichend sicher erkennbaren Verfahrensfehler[162].

5. Verfahrensrevision bei Ermessensentscheidungen

87   **a) Allgemeines.** Das Gesetz ermächtigt den Tatrichter in zahlreichen Vorschriften (z. B. § 79 Abs. 1 Satz 1, § 87 Abs. 2, § 118 Abs. 2, § 138 Abs. 2, § 140 Abs. 3, § 142 Abs. 1 Satz 3, § 149 Abs. 3, § 237, § 244 Abs. 5, § 246 Abs. 4, § 260 Abs. 4 Satz 4, § 262 Abs. 2, § 369 Abs. 2), Verfahrensverhandlungen nach seinem Ermessen vorzunehmen (vgl. dazu *Pfitzner* 165 ff). Dabei handelt es sich stets um rechtlich gebundenes, pflichtgemäßes Ermessen[163]. Das Revisionsgericht prüft auf entsprechende Rüge, ob ein Verfahrensfehler vorliegt, weil sich der Tatrichter der Befugnis, sein Ermessen auszuüben, überhaupt nicht bewußt geworden ist[164], sich insbesondere für gesetzlich gebunden gehalten hat, obwohl er nach seinem Ermessen entscheiden konnte. Der Prüfung durch das Revisionsgericht unterliegt ferner, ob der Tatrichter sein Ermessen rechtsfehlerhaft ausgeübt hat[165]. Das ist nicht nur bei Mißbrauch und Willkür der Fall[166], sondern auch dann, wenn der Tatrichter die anzuwendenden Rechtsbegriffe verkannt[167], wesentliche Umstände nicht beachtet (RGSt **46** 115; **52** 87) oder die Grenzen seiner Ermessensfreiheit sonst durch unzulässige Erwägungen überschritten, sich insbesondere nicht nach den Grundsätzen oder Wertmaßstäben des Gesetzes gerichtet hat[168]. Sein eigenes Ermessen darf das Revisionsgericht nicht an die Stelle des tatrichterlichen Ermessens setzen[169].

88   Zur näheren **Begründung** seiner Entscheidung ist der Tatrichter bei Ausübung rechtlich gebundenen Ermessens grundsätzlich nicht verpflichtet. Im allgemeinen genügt

---

[160] So etwa BGHSt **29** 20; **38** 16; BGH NJW **1966** 63; **1967** 61; **1969** 1074; BayObLG NStZ **1990** 508; *Kleinknecht/Meyer-Goßner*[43] 14. Weitere Nachw. in der 24. Aufl. § 337, 82 Fußn. 135.

[161] Ebenso *Cuypers* 394; *Pelz* NStZ **1993** 363; *Sieß* NJW **1982** 1628; vgl. auch OLG Zweibrücken StV **1994** 546 für die Nichtberücksichtigung des Inhaltsprotokolls 1. Instanz im Berufungsverfahren.

[162] Hinreichend sicher jedenfalls dann, wenn man § 271 Abs. 1 Satz 1 nicht als Farce versteht.

[163] BGHSt **1** 177; grundlegend BGH JR **1956** 426; vgl. auch *Drost* 83 ff; *Warda* 175 ff.

[164] BGHSt **6** 300; RGSt **68** 36; **74** 306; KMR-*Paulus* 23; *Peters* 641; *Warda* 184.

[165] Weitergehend *Eb. Schmidt* 13 f; *Drost* 53 ff und *Mannheim* 160.

[166] Vgl. BGHSt **1** 181; **8** 180 RGSt **68** 311; **74** 306.

[167] BGH JR **1955** 190; RGSt **4** 173; **12** 105; **61** 175; RG JW **1926** 1218; *Kleinknecht/Meyer-Goßner*[43] 16; KMR-*Paulus* 23; *Drost* 55.

[168] BGHSt **1** 177; **6** 300; **10** 329; **18** 239; RGSt **54** 22; **68** 311; **77** 332; KG StV **1983** 186; *Kleinknecht/Meyer-Goßner*[43] 16; KMR-*Paulus* 23; *Dahs/Dahs* 20; zum Verkennen von Wertmaßstäben RG JW **1928** 417 und *Warda* 175.

[169] BGHSt **5** 58; **15** 393; BGH JR **1956** 427; RGSt **45** 63; **a. A** *Warda* 183 Fußn. 24.

daher, wenn „das Ermessen als rechtliche Grundlage der Entscheidung erkennbar" wird[170]. Regelmäßig muß es auch als ausreichend angesehen werden, wenn ersichtlich ist, welcher Ermessensfall angenommen worden ist[171].

b) Entscheidung aufgrund Bewertung tatsächlicher Umstände. Bei einer Reihe **89** von Prozeßentscheidungen des Tatrichters handelt es sich nicht um Ermessensentscheidungen im eigentlichen Sinne, sondern um Entscheidungen, die nach herrschender Meinung auf einer Bewertung tatsächlicher Umstände beruhen, bei der dem Tatrichter ein Beurteilungsspielraum eingeräumt ist. Während etwa die Frage, ob mehrere Strafverfahren nach § 4 oder § 237 miteinander verbunden werden, prinzipiell eine Ermessensentscheidung ist, steht es nicht im Ermessen des Tatrichters, einen teilnahmeverdächtigen Zeugen nach § 60 Nr. 2 unvereidigt zu lassen. *Er* hat jedoch die Tatsachen festzustellen und zu würdigen, die den Teilnahmeverdacht ergeben oder nicht ergeben.

Das Revisionsgericht prüft in derartigen Fällen nach h. M die **tatsächlichen Um- 90 stände nicht** nach, auf denen die Entscheidung des Tatrichters beruht. Die Prüfung soll sich vielmehr darauf beschränken, ob dem Tatrichter die Möglichkeit einer Ermessensentscheidung überhaupt bewußt geworden ist (BGHSt **22** 267) und ob er die anzuwendenden Rechtsbegriffe verkannt hat[172]. Einheitlich gehandhabt wird diese Auffassung in der Praxis jedoch nicht[173]. Sie führt zu wenig einleuchtenden Differenzierungen und widerspricht in weitem Umfang dem Zweck der Verfahrensrüge. Daher wird im Schrifttum mit guten Gründen gefordert, das Revisionsgericht müsse auch in diesen Fällen, wie bei der Prüfung anderer Verfahrensvorgänge, frei von jeder Bindung an festgestellte Tatsachen bleiben[174]. Die Kritik von LR-*Meyer*[23], das genannte Schrifttum wolle damit „aus dem Revisionsverfahren in diesem Bereich ein Beschwerdeverfahren machen", trifft die Problematik nicht.

Einzelfälle[175]. Nach der h. M hat das Revisionsgericht in tatsächlicher Hinsicht **91** namentlich nicht zu prüfen (Näheres bei den jeweiligen Einzelkommentierungen): die tatsächlichen Umstände für ein nach § 52 bedeutsames **Verlöbnis**; die Tatsachen, die der **Schwägerschaft** im Sinne des § 52 zugrunde liegen; die tatsächlichen Voraussetzungen der **Verfolgungsgefahr** i. S. des § 55; die **Eidesunfähigkeit** des Zeugen wegen Verstandesschwäche nach § 60 Nr. 1; den **Teilnahmeverdacht** beim Zeugen gemäß § 60 Nr. 2; die **Befangenheit** des Sachverständigen; die Notwendigkeit der **Anstaltsbeobachtung** nach § 81; die tatsächlichen Voraussetzungen der **Telefonüberwachung** nach § 100 a; bei **Beweisanträgen** nach § 244 Abs. 3 die Offenkundigkeit und Erheblichkeit der Beweistatsache, die Unerreichbarkeit und die völlige Ungeeignetheit des Beweismittels sowie die Tatsachen, die die Verschleppungsabsicht begründen[176]; die tatsächlichen Voraussetzungen für die **Verlesung einer Niederschrift** nach § 251. Entsprechendes soll gelten: für die tatsächlichen Voraussetzungen der zeitweiligen **Verhandlungsunfähigkeit**

---

[170] BGHSt **1** 177; **10** 329; OGHSt **3** 155; *Kleinknecht/ Meyer-Goßner*[43] § 34, 5; weitergehend KK-*Maul* § 34, 7; KMR-*Paulus* 23; grundsätzlich **a. A** *Drost* 56 ff.

[171] BGHSt **1** 177; RGSt **57** 44; **77** 332; RG JW **1935** 47; OGHSt **3** 155; OLG Celle NJW **1961** 1319.

[172] So z. B. BGHSt **4** 225; **22** 267; **39** 200; vgl. auch BGHSt **41** 30 zum umstrittenen Fall der Telefonüberwachung; KMR-*Paulus* 23; *Dalcke/Fuhrmann/Schäfer* 3; *Reichhold* 35 ff; *Kappe* GA **1960** 371.

[173] Vgl. *Hanack* JZ **1973** 729; *Meyer* JR **1983** 36.

[174] So insbesondere *Beling* 414; *Henkel* 289; *Schwinge*

170; *Eb. Schmidt* 11 ff; *Herdegen* FS Kleinknecht 183; *Willms* FS Heusinger 409; vgl. auch *Fezer* Hanack-Symp. 96.

[175] Vgl. auch *Alsberg/Nüse/Meyer* 161 ff und *Pfitzner* 169 ff mit weit. Beispielen und Nachw.

[176] BGHSt **1** 44; RGSt **12** 337; RG HRR **1934** Nr. 1426; vgl. auch RG JW **1912** 945; **1924** 316; **1930** 154; **1932** 2732; wohl auch BGH JR **1983** 35 mit Anm. *Meyer*. Anders aber BGHSt **21** 123; BGH NStZ **1984** 466; **1985** 376; OLG Hamm VRS **42** (1972) 117; OLG Hamburg JR **1980** 34 mit zust. Anm. *Gollwitzer*. Vgl. zum Ganzen näher *Alsberg/Nüse/Meyer* 898 ff.

Ernst-Walter Hanack

des Angeklagten[177], und zwar auch bei Abgabe einer Rechtsmittelverzichtserklärung (RGSt **64** 15); für die **Prozeßfähigkeit** des Nebenklägers bei der Zulassung (RG GA **70** [1926] 243); für die **Verhinderung des Richters** an der Mitwirkung gemäß § 21 e Abs. 3 GVG[178]; für die Voraussetzungen einer **Änderung des Geschäftsverteilungsplans** (§ 338, 23); für die ausreichende Übersetzungstätigkeit des **Dolmetschers**[179].

92   Bei **Verwerfung einer Berufung** nach **§ 329 Abs. 1** oder eines **Einspruchs** nach **§ 412** durch den Tatrichter prüft das Revisionsgericht auf entsprechende Rüge in tatsächlicher Hinsicht stets, ob die Ladung ordnungsgemäß erfolgt ist[180]. Im übrigen ist die Prüfung nach h. M darauf beschränkt, ob das Gericht die Ermittlungspflicht verletzt oder die Rechtsbegriffe des Ausbleibens und der genügenden Entschuldigung verkannt hat; Grundlage der Prüfung sind dabei nur das in dem Verwerfungsurteil erörterte Entschuldigungsvorbringen und diejenigen vom Tatrichter angeblich nicht berücksichtigten, ihm bekannten oder erkennbaren Tatsachen, die der Beschwerdeführer in der Revisionsbegründungsschrift formgerecht bezeichnet hat; auf Tatsachen, die dem Tatrichter ohne Verschulden nicht bekannt waren bzw. die er ohne Verschulden nicht ermittelt hat, soll die Revision nicht gestützt werden können (näher bei § 329 und bei § 412). Der gegenteiligen Ansicht (LR-*Gollwitzer*[24] § 329, 101 ff mit Nachw.) ist zuzugeben, daß die herrschende Meinung das Verwerfungsurteil (in starker Anlehnung an die Grundsätze der Sachrüge) verfahrensrechtlich bedenklich behandelt, weil es um Verfahrensfragen geht, bei denen eine Bindung des Revisionsgerichts an die Feststellungen des Tatrichters an sich gerade nicht besteht. Mit *Gollwitzer* und einer (aaO zitierten) Mindermeinung, die zum Teil auch in der Rechtsprechung vertreten wird, ist deswegen in der Tat davon auszugehen, daß das Revisionsgericht jedenfalls die tatsächlichen Voraussetzungen für die Verwerfung im Wege des Freibeweises frei nachprüfen und würdigen kann und muß, zumal dies auch der Verfahrensbeschleunigung dienen kann. Zweifelhaft bleibt jedoch, ob Entschuldigungsgründe, die der Tatrichter auch unter Beachtung seiner Aufklärungspflicht nicht erkennen konnte, mit der Revision geltend gemacht, also erstmals eingeführt werden können (so LR-*Gollwitzer*[24] § 329, 104). Dagegen spricht, daß der Angeklagte das tatrichterliche Verfahren dann letztlich umgehen oder sogar absichtlich auf die Revisionsinstanz verlagern kann. Eine solche Verlagerung widerspricht dem Sinn des Gesetzes, nämlich der Aufgabenteilung zwischen Tatrichter und Revisionsgericht. Dies zeigt, trotz der Überlegungen von *Gollwitzer*, auch das in den §§ 329 Abs. 3, 412 Satz 1 vorgesehene Wiedereinsetzungsverfahren. Denn dieses Verfahren soll zur Urteilsaufhebung gerade in den Fällen führen, in denen Entschuldigungsgründe bei Erlaß des Verwerfungsurteils nicht gewürdigt werden konnten, weil sie dem Gericht nicht bekanntgeworden waren. Diese gesetzliche Regelung wäre überflüssig, wenn dasselbe Ergebnis mit der Revision erreicht werden könnte[181].

6. Verfahrensrüge und Beschwer

93   **a) Allgemeines.** Auf die unrichtige Anwendung oder Nichtanwendung einer Rechtsnorm kann die Revision bei der Verfahrensrüge erfolgreich nur gestützt werden, wenn der Beschwerdeführer hierdurch beschwert ist. Jeder Verfahrensbeteiligte kann daher, auch wenn es sich um unbedingte Revisionsgründe handelt (§ 338), nur Verfahrensverstöße

[177] RGSt **1** 151; **57** 373; RG JW **1928** 2992; RG DJZ **1914** 755; RG GA **69** 85; OGHSt **2** 377.
[178] BGHSt **12** 34, 114; **15** 391; **22** 239; RGSt **30** 229; OLG Hamm JMBlNRW **1968** 43.
[179] BGH NStZ **1985** 376; bei *Holtz* MDR **1976** 234; RGSt **76** 177.

[180] RG JW **1927** 2049 mit Anm. *Mannheim*; KG JR **1984** 78.
[181] So mit Recht KG GA **1973** 30; OLG Düsseldorf NJW **1962** 2022; LR-*Meyer* in der 23. Aufl. Rdn. 92.

rügen, die ihn selbst betreffen[182]. Das können Verfahrensakte sein, die ihn von vornherein unmittelbar berührt haben, aber auch solche, die zunächst nur andere Prozeßbeteiligte, insbesondere Mitangeklagte, betroffen haben, sofern das durch sie erzielte Ergebnis später auch gegen den Beschwerdeführer verwendet worden ist (RGSt **62** 261; **67** 418). Der Angeklagte kann daher z. B. rügen, daß die Ehefrau eines Mitangeklagten, gegen den das Verfahren abgetrennt war, nicht nach § 52 Abs. 3 Satz 1 belehrt worden ist[183], daß ein Brief des Mitangeklagten an dessen Eltern nach § 97 nicht hätte beschlagnahmt und verwertet werden dürfen, wenn das Beweismittel auch für seine eigene Verurteilung von Bedeutung war (RGSt **20** 93), oder daß ein Geständnis des Mitangeklagten, das ihn selbst belastet, nach § 136 a nicht hätte verwertet werden dürfen (vgl. § 136 a, 71). Hat das Gericht entgegen einem Antrag der Staatsanwaltschaft den Sachverständigen nicht nach § 79 vereidigt, so kann auch der Angeklagte hierauf die Revision stützen (OLG Hamm NJW **1960** 1361). Gleiches gilt, wenn das Gericht entgegen einem Antrag der Staatsanwaltschaft keinen minder schweren Fall annimmt, das aber entgegen § 267 Abs. 3 Satz 2 im Urteil nicht begründet (RGSt **45** 331).

Bei **Beweisanträgen** eines Mitangeklagten (näher § 244, 96 ff; 362 f; *Alsberg/Nüse/* **94** *Meyer* 870 ff) kann der Angeklagte die rechtsfehlerhafte Behandlung rügen, wenn er sich ihnen ausdrücklich angeschlossen hatte oder wenn sich aus den Umständen ergibt, daß er mit ihnen einverstanden war, und wenn er nach Lage der Sache erwarten durfte, daß das Gericht sie auch zu seinen Gunsten würdigt[184]. Wenn die Staatsanwaltschaft zuungunsten des Angeklagten Revision eingelegt hat, kann sie aufgrund des § 339 (dort Rdn. 6) nicht geltend machen, ein Beweisantrag des Angeklagten sei zu Unrecht übergangen worden (vgl. OLG Bremen NJW **1947/48** 313). Der Nebenkläger kann die Ablehnung eines Beweisantrags der Staatsanwaltschaft rügen (BayObLG DJZ **1931** 174). Auf die Verletzung des § 244 Abs. 3 oder 6 kann bei einem Beweisantrag der Staatsanwaltschaft oder des Nebenklägers (RG GA **61** [1914] 339) auch der Angeklagte die Revision stützen, wenn der Antrag zu seinen Gunsten gestellt war (RG Recht **1909** Nr. 2881; **1924** Nr. 82) oder wenn sich aus den Umständen jedenfalls ergibt, daß der Antrag nicht ausschließlich zu seiner Belastung, sondern zur objektiven Erforschung der Tatumstände gestellt war und der Angeklagte durch sein Verteidigungsvorbringen hinreichend erkennen läßt, daß er gleichfalls diese Aufklärung wünscht, sich mithin dem Beweisantrag anschließt[185]. Das gilt jedoch nicht für Hilfsanträge der Staatsanwaltschaft, über die das Gericht nicht zu entscheiden brauchte, weil es dem Hauptantrag stattgegeben hat (RGSt **17** 375).

b) Rechtskreistheorie insbesondere (dazu auch Einl. K 19 ff). Fraglich ist, ob das **95** Gesetz verfahrensrechtliche Bestimmungen kennt, auf deren Verletzung das Urteil zwar beruhen kann, bei denen es aber nur um die Verfahrenswirkungen auf Außenstehende mit der Folge geht, daß ihre Nichtbeachtung die Rechte des Angeklagten nicht berührt und darum von ihm mit der Revision nicht geltend gemacht werden kann. Der **Bundesgerichtshof** verneint ein allgemeines Recht des Angeklagten, jedes prozeßordnungswidrige Verhalten, also jeden irgendwie gearteten Verfahrensverstoß, mit der Revision zu rügen.

---

[182] BGHSt **10** 121; BGH bei *Dallinger* MDR **1973** 192; RGSt **8** 155; **20** 124; **32** 122; **59** 63; RG GA **40** 322; **70** 107; RG Recht **1911** Nr. 3278; OLG Saarbrücken VRS **35** 42; *Eb. Schmidt* 25; *Kleinknecht* NJW **1966** 1539; vgl. auch § 338, 5.
[183] BGH bei *Dallinger* MDR **1973** 902; RGSt **16** 154; *Schöneborn* NJW **1974** 535; vgl. auch bei § 52.
[184] BGH NStZ **1984** 372; StV **1982** 205; **1987** 189;

BGH bei *Dallinger* MDR **1952** 410; BGH VRS **7** (1954) 55; RGSt **58** 141; **64** 32; **67** 183; RG JW **1916** 1028 mit Anm. *Alsberg*; RG JW **1922** 587; **1926** 1221 mit Anm. *Beling*. **1926** 2759 mit Anm. *Oetker*; RG LZ **1932** 969; *Beling* ZStW **38** (1916) 816; *Mattiel* GA **77** (1933) 12; *Meves* GA **40** (1892) 435.
[185] BGH NJW **1952** 273; *Meves* GA **40** (1892) 436.

Ernst-Walter Hanack

Er hat in einer grundsätzlichen Entscheidung verlangt, daß bei jeder Vorschrift, deren Verletzung der Angeklagte rügt, auch geprüft werden muß, ob ein Verstoß gegen sie seinen „Rechtskreis" wesentlich berührt oder ob sie für ihn nur von untergeordneter oder von gar keiner Bedeutung gewesen ist (BGHSt 11 213 — GSSt). Zu prüfen seien vor allem der „Rechtfertigungsgrund" (Zweck) der Vorschrift und die Frage, in wessen Interesse sie geschaffen ist. Verstöße gegen Bestimmungen, die ausschließlich dem Schutz anderer Personen dienen, könne der Angeklagte mit der Revision nicht rügen. Dies gelte insbesondere für Beweisergebnisse, die einen Zeugen der Gefahr der eigenen Bestrafung aussetzen (§ 55) oder die Interessen des Staates an der Wahrung von Dienstgeheimnissen beeinträchtigen (§ 54).

96   Die **Revision nicht stützen** kann der Angeklagte danach insbesondere (z. T. sehr streitig, näher bei den einzelnen Vorschriften): auf die Verletzung des § 50; auf die Verwertung der Aussage eines nicht nach § 52 belehrten, später verstorbenen Angehörigen sowie (vgl. § 136, 63) eines entgegen § 136 Abs. 1 Satz 2 nicht belehrten Mitbeschuldigten; auf das Nichtvorliegen einer Aussagegenehmigung gemäß § 54; auf einen Verstoß gegen § 55 Abs. 2 (BGHSt 11 213; besonders streitig); auf das Unterlassen der in § 70 vorgesehenen Erzwingungsmaßnahmen; auf eine Verletzung des § 81 c Abs. 1 und Abs. 2 Satz 1 sowie des § 81 d; auf unterlassene Erzwingungsmaßnahmen zur Erfüllung einer Herausgabepflicht gemäß § 95 Abs. 2 Satz 2, soweit ein Auskunftsverweigerungsrecht nach § 55 bestanden hat; auf die Verletzung des § 96.

97   **Im Schrifttum** hat diese „Rechtskreistheorie" wenig Anklang gefunden[186]. Gegen sie sprechen in der Tat erhebliche dogmatische und nicht zuletzt praktische Bedenken, die oft ausgebreitet worden sind und sich auch in einer nicht einheitlichen Handhabung der Rechtskreistheorie widerspiegeln[187]. Gerade nicht stützen läßt sich die Rechtskreistheorie jedenfalls auf § 339[188], weil diese Vorschrift als Ausnahme vom Prinzip zu verstehen ist, der Rechtskreistheorie also sogar widerstreitet[189]. Die Lösungsversuche im Schrifttum gehen weit auseinander[190]. Vielfach wird die Rechtskreistheorie mit der Begründung abgelehnt, der Angeklagte habe Anspruch darauf, daß bei der Beweisaufnahme die gesetzlich zugelassenen Methoden der Wahrheitsfindung beachtet werden; daher berühre *jeder* Verstoß hiergegen seinen Rechtskreis und überdies die Gewährleistung der Justizförmigkeit des Verfahrens[191]. Eine andere Meinung erkennt die Rechtskreistheorie grundsätzlich an, hält aber für wesentlich, ob der Schutzzweck der Vorschrift bereits endgültig vereitelt wird, sobald gegen sie verstoßen worden ist, oder ob erst durch die Verwertung des

---

[186] Zustimmend aber z. B. KK-*Pikart* 7 mit Mahnung zur Vorsicht; *Kleinknecht/Meyer-Goßner*[43] 19; *Ranft* 513 ff; *Dahs/Dahs* 34; im Ergebnis auch *Bauer* wistra **1991** 96 und NJW **1994** 2530; bedingt *Sarstedt/Hamm*[5] 236 (anders aber 6. Aufl. Rdn. 252 f); im Ergebnis ferner *Blomeyer* JR **1971** 145; *Otto* GA **1970** 303; *Herdegen* in SchrRAGStrafR Bd. 6 (1989) 118 („unter Wert gehandelt").

[187] Eingehend z. B. *Rengier* Die Zeugnisverweigerungsrechte im geltenden und künftigen Strafverfahrensrecht (1979) 291 ff; *Rogall* ZStW **91** (1979) 25 f; ferner *Amelung* (wie Fußn. 105) 89; *Fezer* JuS **1978** 327; *Grüner* JuS **1994** 198; KMR-*Paulus* 504; vgl. auch *Hauf* NStZ **1993** 457; weitere Nachw. in den folg. Fußn.

[188] So aber z. B. KK-*Pikart* 7; LR-*Meyer* in der 23. Aufl. Rdn. 95.

[189] KMR-*Paulus* 504; *Schlüchter* 723.2; *Frank* 21; *Ru-*

dolphi MDR **1970** 96; *Haffke* GA **1973** 78; *Rengier* aaO 298 f; dezidiert gegen diese Argumentation *Bauer* (wie Fußn. 186).

[190] Katalogisierungsversuche (anknüpfend an die Lehrmeinungen zum Beweisverbot, um die es heute wesentlich geht) bei *Fezer* JuS **1978** 328; *Rogall* ZStW **91** (1979) 22 ff; vgl. auch KMR-*Paulus* 505 ff.

[191] *Eb. Schmidt* Nachtr. I § 55, 2 und JZ **1958** 596; *Peters* 353; *Frank* 54; *Goßrau* MDR **1958** 468; *Hanack* JZ **1971** 127; **1972** 238; *Schöneborn* NJW **1974** 536; *Schütz* Die Verletzung des § 55 StPO als Revisionsgrund, Diss. Erlangen 1960, 76 ff; *Sydow* Kritik der Lehre von den „Beweisverboten" (1976) 68 ff; eingehend *Rengier* (s. Fußn. 187) 291 ff mit weit. Nachw.; *Schlüchter* 723.2 und 4.1; mit gewissen Einschränkungen auch *Rudolphi* MDR **1970** 95 ff.

Beweismittels eine Vollendung oder wenigstens eine Vertiefung der Verletzung des geschützten Rechtsguts eintreten würde[192]. Zum Teil verwandt sind Ansichten, die „generalpräventiv" auf den Eigenwert des Strafverfahrens und auf die Autorität des Urteils abstellen[193] oder „spezialpräventiv" an den Gedanken einer Disziplinierung der Rechtspflegeorgane mit dem Ziel anknüpfen, ihnen den Anreiz für Prozeßverstöße zu nehmen[194]. Weiter wird die Ansicht vertreten, es komme nicht auf den vordergründigen Schutzzweck der Vorschrift, sondern darauf an, ob ihre Nicht- oder Falschanwendung das Interesse des Beschwerdeführers berührt, daß ihm gegenüber rechtsstaatlich verfahren werde, wobei insbesondere das Verhältnismäßigkeitsprinzip und die konkrete Abwägung aller Umstände des Einzelfalles zu beachten seien[195].

Zunehmend **abgestellt wird mit Recht** auf eine umfassende abwägende Analyse der **98** verschiedenen Interessenlagen, die bei den einzelnen Vorschriften ansetzt und *von daher* die Rechtsfolgen ihrer Verletzung bestimmt[196]. Insgesamt gesehen sind also die genannten — und weitere — Ansätze im neueren Schrifttum, soweit sie nicht auf dem strengen Standpunkt verharren, daß jeder Verstoß gegen die gesetzlichen Methoden der Wahrheitsfindung revisibel sei (Rdn. 97), Ausprägungen des generelleren Bemühens der Lehre um eine sachgemäße Erfassung der Beweis- und Beweisverwertungsverbote, in die insoweit die Diskussion um die „Rechtskreistheorie" aufgegangen ist. Mit der Schwierigkeit dieses Bemühens, das noch durchaus im Flusse ist, hängt es zusammen, daß die verschiedenen Ansätze der neueren Lehre im Ergebnis der „Rechtskreistheorie" in eigentümlich unterschiedlichem und differenziertem Umfang folgen oder widersprechen. Jedenfalls ist die Ablehnung der Ergebnisse, zu denen die Rechtskreistheorie kommt, längst nicht mehr so verbreitet wie früher. Aber die Erörterung dieser Ergebnisse geschieht, wohl zu Recht, sehr viel intensiver, als es nach der „Rechtskreistheorie" möglich ist.

V. Verletzung des Gesetzes: Sachliches Recht

1. Allgemeines. Die Rüge der Verletzung des sachlichen Rechts (vgl. § 344, 89 ff, **99** § 352, 10) dient in erster Hinsicht (nach den Vorstellungen des Gesetzgebers von 1877 sogar ausschließlich, s. Vor § 333, 2) dem Zweck, das Revisionsgericht zu einer Prüfung zu veranlassen, ob die vom Tatrichter festgestellten Tatsachen die Anwendung der Rechtsnormen rechtfertigen, auf die die Verurteilung oder der Freispruch gestützt ist, oder ob Rechtsnormen irrig nicht oder falsch angewendet worden sind. Es geht also um die richtige Gesetzesanwendung im eigentlichen Sinne.

Über diesen engen Bereich hinaus prüfen die Revisionsgerichte seit langem und mit **100** erkennbar zunehmender Intensität auf die Sachrüge auch, ob die **Tatsachenfeststellungen Mängel** aufweisen, die aus dem Urteil selbst erkennbar sind, und ob der logische (nicht: der verfahrensrechtliche) Weg, auf dem der Tatrichter zu diesen Feststellungen gelangt

---

[192] So z. B. *Grünwald* JZ **1966** 493; ähnlich *Petry* Beweisverbote im Strafprozeß (1970) 77 ff; dagegen z. B. *Dencker* Verwertungsverbote im Strafprozeß (1977) 32; *Vollhardt* 29 will die Revision dann nicht zulassen, wenn eine Verfahrensnorm, die weder der Wahrheitsfindung noch den Interessen des Angeklagten dient, irreparabel verletzt ist.

[193] *Dencker* Verwertungsverbote im Strafprozeß (1977) 59 ff, 65, 72 u. ö.; kritisch oder ablehnend dazu *Fezer* JuS **1978** 329; *Rogall* ZStW **91** 14; KMR-*Paulus* 509; *Rieß* GA **1978** 255.

[194] *Klug* 46. DJT, 1966, S. F 35 f; *Baumann* GA **1959**

33, 36; *Spendel* NJW **1966** 1108; kritisch und mit weit. Nachw. KMR-*Paulus* 508.

[195] So namentlich und sehr ausführlich KMR-*Paulus* 512 ff; vgl. auch im folg. Text.

[196] *Fezer* JuS **1978** 325; *Frisch* Rudolphi-Symp. 174; *Rogall* ZStW **91** 31; *Gössel* FS Bockelmann 801 und NJW **1981** 2217; *Grüner* JuS **1994** 304; vgl. auch *Amelung* (wie Fußn. 105) 90 f; vgl. auch KMR-*Paulus* 512 ff und *Philipps* FS Bockelmann 830, der freilich bezweifelt (S. 845), ob es überhaupt hinreichend genaue Entscheidungsmaßstäbe geben könne; kritisch *Hauf* NStZ **1993** 457.

Ernst-Walter Hanack

ist, im Urteil fehlerfrei und überzeugend dargestellt ist. „In der Rechtspraxis sind Rügen, die das Revisionsgericht zu derartigen Prüfungen veranlassen, mindestens so zahlreich wie reine Rechtsrügen."[197] Sie bedeuten, vornehmlich aus Gründen des Bemühens um Einzelfallgerechtigkeit, eine richterrechtlich entwickelte Ausweitung der Revision, die in der Lehre gern schlagwortartig als „erweiterte Revision" und als „Darstellungsrüge" bezeichnet wird (vgl. schon Vor § 333, 4, 10). Zu ihrer Begründung und Ausprägung im einzelnen näher unten 120 ff.

2. Prüfungsgrundlagen der Sachrüge

101 **a) Beschränkung auf Urteilsurkunde.** Für die Prüfung, ob der Tatrichter das materielle Recht richtig angewendet hat, stehen dem Revisionsgericht nur die Urteilsurkunde und deren Angaben über die Beweiswürdigung, das Tatgeschehen und dessen rechtliche Würdigung zur Verfügung (*W. Schmid* ZStW **85** [1973] 367). Alle anderen Erkenntnisquellen, aus denen sich die Überzeugung des Tatrichters ermitteln oder die Unrichtigkeit seiner Feststellungen herleiten ließe, sind dem Revisionsrichter bei der Sachrüge verschlossen. Das Revisionsgericht darf insbesondere die Urteilsfeststellungen nicht nach dem Akteninhalt ergänzen (BGHSt **7** 77; **35** 241; Rdn. 104 ff). Geben sie allerdings das Ergebnis der Beratungen erkennbar nicht zutreffend wieder, so gilt dies als sachlichrechtlicher Mangel, weil dann die Grundlage der revisionsrichterlichen Prüfung überhaupt in Frage gestellt ist[198].

102 Die nach § 268 Abs. 1 **mündlich mitgeteilten Urteilsgründe** sind niemals maßgebend; sie haben im Revisionsrecht keine Bedeutung[199]. Unbeachtlich sind auch Einfügungen in das Urteil, die der Vorsitzende nachträglich ohne Einwilligung der Beisitzer vorgenommen hat[200], Erklärungen, die von den Richtern später zu den Feststellungen abgegeben worden sind[201], und Berichtigungsbeschlüsse, die in unzulässiger Weise (vgl. bei § 268) die Urteilsfeststellungen nachträglich ändern[202].

103 **Allgemeinkundige Tatsachen** sind die einzigen Tatsachen, die der Revisionsrichter außer den in dem Urteil mitgeteilten berücksichtigt[203]. Es gilt als sachlichrechtlicher Mangel des Urteils, wenn seine Feststellungen im Widerspruch zu solchen Tatsachen stehen[204].

104 **b) Keine Berücksichtigung des Akteninhalts.** Wird dem Revisionsgericht der Akteninhalt ganz oder teilweise auf eine Verfahrensrüge (etwa nach § 244 Abs. 2) zugänglich, so darf es eigene tatsächliche Feststellungen dennoch nur treffen, soweit das für die Entscheidung über die Verfahrensrüge erforderlich ist. Es darf nicht etwa die Verfahrensrüge zum Anlaß nehmen, den Akten Tatsachen auch für die Anwendung des sachlichen Rechts

---

[197] So LR-*Meyer* in der 23. Aufl. (1977), Rdn. 99, der aber die im folgenden Text angedeuteten Konsequenzen einer „erweiterten Revision" und einer (verselbständigten) „Darstellungsrüge" für verfehlt hält. Zur zahlenmäßigen Bedeutung der Rügen in der neueren Praxis des BGH s. *Rieß* NStZ **1982** 49; *Nack* NStZ **1997** 153.

[198] BGHSt **21** 9; BGH StV **1997** 68; RGSt **47** 117; RG JW **1928** 2270 mit Anm. *Mannheim*; OLG Celle MDR **1958** 182; a. A *Beling* 420 ff, der die Feststellung des Beratungsergebnisses im Freibeweis für zulässig hält.

[199] BGHSt **2** 66; **7** 370; **15** 269; BGH VRS **10** 214; **25** 113; RGSt **4** 383; **13** 68; BayObLGSt **1952** 234 =

MDR **1953** 248; OLG Hamburg SJZ **1948** 700 mit Anm. *Niethammer*; OLG Koblenz VRS **49** (1975) 286; vgl. auch bei § 268.

[200] RGSt **13** 69; vgl. näher bei § 275.

[201] BGHSt **2** 248; **26** 92; rechtlich unhaltbar daher OLG Bremen VRS **48** (1975) 436; näher bei § 275.

[202] BGHSt **2** 248; **3** 245; **26** 92; BGH GA **1969** 119; BGH bei *Dallinger* MDR **1973** 902; RGSt **28** 81, 247; **56** 233; OLG Hamm MDR **1973** 952.

[203] RGSt **31** 187; **57** 257; OGHSt **2** 18; 301; BayObLGSt **1951** 178, 200; OLG Hamburg JR **1964** 278; OLG Hamm VRS **14** 454; vgl. auch bei § 261.

[204] KG JR **1960** 73; OLG Saarbrücken VRS **38** (1970) 454; vgl. näher unten Rdn. 179.

zu entnehmen, weil damit (zumal im Fall der unbegründeten Verfahrensrüge) die Abgrenzung zwischen beiden Rügen (oben Rdn. 66) verwischt und das Revisionsgericht auf dem Weg über die Verfahrensrüge entgegen dem Gesetz reine Tatfragen bei der Anwendung des sachlichen Rechts berücksichtigen würde[205].

Ist *nur* die Sachrüge erhoben, so darf das Revisionsgericht den Akteninhalt erst recht **105** nicht zur Prüfungsgrundlage machen. Es darf also einen unklaren oder lückenhaften Sachverhalt nicht aus den Akten ergänzen[206]. Das gilt auch, wenn es sich um den Inhalt von Schriften oder um Steuererklärungen handelt[207]. Daher kann mit der Sachbeschwerde nicht gerügt werden, daß die Tatsachenfeststellungen dem Inhalt der Akten widersprechen. Es gibt nach geltendem Recht im Bereich der Sachrüge keine **Rüge der „Aktenwidrigkeit"**[208]. Darum können auch in den Akten befindliche Urkunden, deren Inhalt die Unrichtigkeit der Tatsachenfeststellungen beweist oder vermuten läßt, mit der Sachrüge nicht herangezogen werden, um die tatsächlichen Feststellungen des angefochtenen Urteils in Frage zu stellen[209]. Das gilt auch für Auszüge aus dem Zentralregister, aufgrund derer Vorstrafen festgestellt oder nicht festgestellt worden sind[210]. Der Weg, solche unrichtigen Feststellungen zu bekämpfen, ist die Rüge der Verletzung des § 244 Abs. 2 oder des § 261[211]. Denn wenn der Tatrichter Feststellungen getroffen hat, deren Gegenteil sich aus Urkunden in den Akten ergibt, so hat er in dem Fall, daß er die Urkunde nicht benutzt hat, gegen § 244 Abs. 2 (vgl. RG HRR **1939** 546; **1942** 338), für den Fall, daß er sie benutzt, ihren Inhalt aber in dem Urteil eindeutig falsch wiedergegeben hat, gegen § 261 verstoßen.

c) Keine ergänzenden Feststellungen durch Augenscheinseinnahme. Eine merk- **106** würdige Unsicherheit besteht (schon vor Einführung des § 267 Abs. 1 Satz 3) bei der Frage, ob dem Revisionsgericht bei der Sachrüge die wertende Heranziehung (Inaugenscheinnahme) von Abbildungen oder sogar von Schriften[212] gestattet ist, von deren Inhalt die Rechtsanwendung abhängt. Sie wird nicht selten mit der Begründung zugelassen, es könne sonst nicht geprüft werden, ob die rechtliche Beurteilung durch das Tatgericht ein-

[205] BGH GA **1955** 269; RG JW **1931** 2028; *Kleinknecht/Meyer-Goßner*⁴³ 23; KMR-*Paulus* 5; *Neumann* GA **1988** 396; *Pelz* NStZ **1993** 362; *W. Schmid* ZStW **85** (1973) 906; **a. A** BGH NJW **1986** 1700; StV **1993** 176 mit abl. Anm. *Schlothauer*; wohl auch BGHSt **22** 289; **a. A** auch *Peters* 647. Eingehend *Fezer* Möglichkeiten 201 ff.

[206] BGHSt **7** 77; **35** 242; RG HRR **1938** 920; **1940** 46; OGHSt **1** 43; KG DAR **1957** 103; **1962** 20; OLG Schleswig bei *Ernesti/Jürgensen* SchlHA **1973** 188.

[207] RG JW **1929** 1468; **1931** 2028; vgl. aber Rdn. 106 Fußn. 212.

[208] So z. B. BGH MDR **1992** 891; OLG Koblenz VRS **46** 441; *Eb. Schmidt* 34; *Dahs/Dahs* 92, 247; *Sarstedt/Hamm*⁶ 1153; *Alsberg/Nüse* 7; *Hempfling* 44 ff; *Meseke* 45. – Ihre Einführung wird allerdings im Schrifttum z. T. befürwortet; vgl. *Mannheim* 181 ff; *Schwarz* DStR **1936** 33 ff; hiergegen *Eb. Schmidt* 34; *Schwinge* 245 ff und ZAkDR **1935** 548; *Enzian* DRiZ **1976** 374; *Nagler* ZAkDR **1939** 274; *Meseke* empfiehlt die Einführung der Rüge der Urkunden- und Sitzungsprotokollwidrigkeit; vgl. auch *Fezer* Möglichkeiten 198 ff; *Haddenhorst* 122 ff; *Wiedemann* Die Korrektur strafpro-

zessualer Entscheidungen außerhalb des Rechtsmittelverfahrens (1981), S. 64 ff.

[209] Vgl. RG GA **59** (1912) 350; OLG Schleswig bei *Ernesti/Jürgensen* SchlHA **1973** 188; KMR-*Paulus* 5; *Dahs/Dahs* 24; **a. A** *Peters* 647, der die Prüfung der Urkundenwidrigkeit auf die Sachrüge zulassen will; auch *Willms* JR **1975** 55 hält die Beachtung der „unzweifelhaften Urkundenwidrigkeit" auf die Sachrüge offenbar schon nach geltendem Recht für erwägenswert; in Grenzen ebenso *Jagusch* in der 21. Aufl. dieses Kommentars, Vor § 296 Anm. E 3 b.

[210] BGH bei *Herlan* MDR **1955** 18; RG HRR **1938** 920; **1940** 46; KG VRS **16** (1959) 111; **a. A** *Gottwald* 211, der dann das Revisionsgericht zur Akteneinsicht für befugt hält.

[211] Vgl. RG ZAkDR **1939** 273 mit Anm. *Nagler*, wo allerdings die Sachrüge recht großzügig in eine Aufklärungsrüge umgedeutet wurde.

[212] Vgl. zum letzteren BGHSt **29** 22, auch OLG Celle NJW **1982** 1545. Es würde sich insoweit entgegen dem BGH übrigens nicht um eine revisionsgerichtliche Augenscheinseinnahme, sondern um Urkundenbeweis handeln. Zur richtigen revisionsrechtlichen Behandlung s. unten Rdn. 121 ff.

wandfrei sei[213]. Das soll jedenfalls gelten, wenn sich die in Frage stehende Darstellung wegen ihrer Komplexität einer erschöpfenden sprachlichen Darstellung entzieht (*Roxin* § 53, 24), etwa eine Vielzahl gleichartiger pornographischer Abbildungen zu beurteilen ist, deren Inhalt im Urteil des Tatrichters nicht wiedergegeben werden kann, oder wenn es sich um Spielfilme handelt[214]. Dem kann in dieser Form nicht zugestimmt werden. Es verstößt „in grober Weise" (LR-*Meyer*[23]) gegen die Grundsätze des Revisionsrechts, wenn sich der Revisionsrichter als Tatrichter betätigt, indem er Beweise zur Schuldfrage erhebt. Es ist weder seine Aufgabe, noch fällt es in seinen Verantwortungsbereich festzustellen, welchen Inhalt Bilder, Filme, Fotos oder gar Schriften haben. Die Mitteilung darüber entzieht sich auch nicht dem sprachlichen Ausdruck[215]. Diese Mitteilung ist vielmehr Grundlage der revisionsgerichtlichen Prüfung[216]. Das gleiche gilt für Schallplatten; das Revisionsgericht darf sich von ihrem Inhalt nicht durch Abhören überzeugen[217].

107   Etwas grundsätzlich anderes ergibt sich entgegen verbreiteter Meinung[218] auch nicht aufgrund des durch das StVÄG 1979 eingefügten **§ 267 Abs. 1 Satz 3**, der dem Tatrichter gestattet, auf **Abbildungen** (aber nur auf diese; vgl. näher bei § 267), die sich bei den Akten befinden, „wegen der Einzelheiten" zu verweisen. Die Vorschrift führt zwar in der Tat dazu, daß die Abbildung hinsichtlich der in Bezug genommenen „Einzelheiten" unmittelbar der Würdigung des Revisionsgerichts unterliegt. Aber das bedeutet nicht, daß das Revisionsgericht insoweit zum Tatgericht wird, also die Wertungen des Tatrichters durch eine eigene Wertung ersetzen darf[219]. Denn die Gesetzesregelung bezweckt lediglich die Vereinfachung der schriftlichen Urteilsgründe[220], entbindet den Tatrichter aber nicht von der Pflicht, die eigentliche Rechtsanwendung selbst vorzunehmen. Der Verweis ist daher für das Revisionsgericht grundsätzlich nur bezüglich der Frage von Belang, ob bei Betrachtung der Einzelheiten deutlich wird, daß die Entscheidung des Tatrichters rechtsfehlerhaft ist[221]. Entsprechendes gilt, wenn der Tatrichter eine Abbildung oder deren Kopie unmittelbar in die Urteilsgründe inkorporiert (vgl. BayObLG JR **1997** 38 mit Anm. *Göhler*).

---

[213] RGSt **61** 397; BayObLGSt **1970** 135 = MDR **1970** 942; BayObLG und OLG Hamm bei *W. Schmid* ZStW **85** 895 Fußn. 5; OLG Bremen NJW **1982** 1681. Offengelassen in BGHSt **29** 22 = JR **1980** 168 mit abl. Anm. *Peters*. Der Versuch von BGHSt **29** 22, einen möglichen Unterschied zwischen der Inaugenscheinnahme von pornographischen Schriften und Bildern sowie Schallplatten einerseits und einem Radarfoto andererseits zu machen, erscheint nicht überzeugend; ähnlich (auf der Grundlage des § 267 Abs. 1 Satz 3) aber auch *Wenskat* Der richterliche Augenschein im deutschen Strafprozeß (1988) 142 ff. Vgl. zum Ganzen auch BGHSt **22** 289 und die folg. Fußn.

[214] OLG Hamm JMBlNRW **1969** 246 für Pornographie; OLG Schleswig SchlHA **1970** 198 für Spielfilme, das dann die Voraussetzungen des § 184 StGB wie ein Tatgericht prüft.

[215] Insoweit **a.** A *Roxin* § 53, 23 (der dem aber Bedeutung nur bei einer Revision der Staatsanwaltschaft gegen ein freisprechendes Urteil beimißt); zweifelnd auch *Schlüchter* 696.

[216] Ebenso RG JW **1914** 886; OLG Frankfurt JZ **1974** 517; OLG Hamm bei *W. Schmid* ZStW **85** (1973) 896 Fußn. 7; *Schlüchter* 696; BGHSt **29** 18 = JR

1980 168 mit abl. Anm. *Peters* und BayObLG VRS **1881** 42 für (Radar-)Fotos. Vgl. auch OLG Düsseldorf NJW **1987** 2884. Kritisch *Schünemann* JA **1982** 162 Fußn. 75.

[217] So BGHSt **23** 78; OLG Köln GA **1968** 344.

[218] BayObLG VRS **73** (1987) 383; OLG Hamburg JR **1982** 76 mit abl. Anm. *Bottke*; wohl auch LR-*Gollwitzer*[24] § 267, 12; KK-*Hürxthal* § 267, 6; *Rieß* NJW **1978** 2271; eingeschränkt *Wenskat* aaO (oben Fußn. 213).

[219] Im Ergebnis ebenso OLG Düsseldorf VRS **76** (1989) 147 mit weit. Nachw.; OLG Stuttgart VRS **77** (1989) 365; *Kleinknecht/Meyer-Goßner*[43] 15; KMR-*Paulus* 17; SK-*Schlüchter* § 267, 39; *Neumann* GA **1988** 397; vgl. auch BGHSt **41** 380.

[220] Dazu (und zu den Anforderungen an eine zulässige bzw. wirksame Bezugnahme) näher bei § 267.

[221] Und zwar (entsprechend den Grundsätzen der sog. Darstellungsrüge, unten Rdn. 121 ff) nach h. M auch hinsichtlich der generellen Tauglichkeit der Abbildung für Vergleichszwecke (vgl. BGHSt **41** 382 in Abkehr von BGHSt **29** 22) sowie hinsichtlich eines Widerspruchs zwischen den Urteilsgründen und der in Bezug genommenen Abbildung.

3. Kontrolle der richtigen Gesetzesanwendung i. e. S.

a) Allgemeines. Auf eine wirksam erhobene Sachrüge (§ 344, 89 ff) prüft das Revi- **108** sionsgericht, ob die Tatsachenfeststellungen die Rechtsanwendung tragen. Das sachliche Recht ist verletzt, wenn der Tatrichter eine auf den festgestellten Sachverhalt anzuwendende Rechtsnorm (dazu oben Rdn. 7 ff) des materiellen Rechts (dazu oben Rdn. 66 f) nicht oder nicht richtig angewendet hat (§ 337 Abs. 2) oder wenn er eine unanwendbare Rechtsnorm oder eine „Norm" angewendet hat, die keine Rechtsnorm ist (s. Rdn. 6). Der Rechtsfehler kann insbesondere in falscher Auslegung der Rechtsnorm oder (s. Rdn. 110 ff) in falscher Subsumtion liegen[222]. Das Revisionsgericht hat das zur Zeit der tatrichterlichen Entscheidung geltende Recht zugrunde zu legen, es sei denn, daß inzwischen milderes Recht in Kraft getreten ist (§ 354 a). Hat der Angeklagte Revision eingelegt, so wird das Rechtsmittel im allgemeinen auch dann verworfen, wenn die Rechtsanwendung unrichtig, der Angeklagte aber dadurch nicht beschwert ist; eine Schuldspruchberichtigung zu seinen Ungunsten ist rechtlich zulässig, aber meist nicht üblich (näher bei § 354, 21 ff). Hat der Tatrichter die Angabe der angewendeten Rechtsnormen, insbesondere der Paragraphenbezeichnungen oder der konkreten Begehungsmodalität, unterlassen, so ist das unschädlich, wenn das Urteil erkennen läßt, auf welche konkreten gesetzlichen Vorschriften es gestützt ist[223]. Wenn die Urteilsgründe andere gesetzliche Vorschriften anführen als der Urteilsausspruch, kann das zur Aufhebung der Entscheidung zwingen (vgl. KG VRS **16** [1959] 44).

b) Auslegung des Gesetzes. Bei der Auslegung des Gesetzes ist das Revisionsgericht **109** von der Ansicht des Tatrichters gänzlich unabhängig. Es überprüft die in dem angefochtenen Urteil dargelegten Gesichtspunkte, die der Tatrichter zur Begründung seiner Auslegung ausführt, und nimmt nötigenfalls eine eigene Auslegung vor; es hebt das Urteil auf, wenn es eine andere Auslegung für richtig hält und das Urteil auf der Diskrepanz beruht (*Eb. Schmidt* 35).

Auslegung ist grundsätzlich auch die **Subsumtion**, d. h. der Vergleich des festgestell- **110** ten Sachverhalts mit dem in Betracht kommenden Rechtssatz[224]. Sie geschieht durch eine speziellere, auf die Besonderheiten des Sachverhalts zugeschnittene Erfassung des gesetzlichen Bedeutungsgehalts, der dabei soweit wie möglich dem Sachverhalt mit der Folge angenähert wird, daß am Sachverhalt Abstrahierungen, am Rechtssatz Konkretisierungen zu dem Zweck vorgenommen werden, festzustellen, ob der Sachverhalt unter das Gesetz fällt. Der Tatrichter muß die Tatsachen, in denen die gesetzlichen Merkmale der Straftat gefunden werden, im Urteil angeben (§ 267 Abs. 1 Satz 1). An diese Tatsachen ist das Revisionsgericht gebunden, sofern sie rechtsfehlerfrei festgestellt worden sind. Zweifelhaft und seit jeher umstritten ist jedoch, wie sich die Eigentümlichkeiten des Subsumtionsvorgangs, also die Abstrahierungen am Sachverhalt und die Konkretisierungen am Rechtssatz, in der Revision auswirken; vgl. dazu im folg. Text.

c) Deskriptive und normative Merkmale; unbestimmte Rechtsbegriffe. Nach ver- **111** breiteter Meinung ist die Revisibilität der Auslegung des Gesetzes speziell bezüglich der Subsumtion unterschiedlich, je nachdem, ob es sich um deskriptive oder normative Gesetzesmerkmale oder um unbestimmte Rechtsbegriffe handelt. Als unbestimmte Rechtsbegriffe gelten üblicherweise solche, deren Inhalt und Umfang weitgehend ungewiß ist. Viele dieser Begriffe sind auch normative Begriffe, also solche, bei denen, im Gegensatz

---

[222] Vgl. *Eb. Schmidt* 31; *Henkel* 376; *Schwinge* 66.
[223] RGSt **32** 351; **43** 299; **51** 33; OGHSt **1** 55; OLG Karlsruhe DAR **1959** 217; KMR-*Paulus* 45; *Dahs/Dahs* 79; vgl. auch bei § 267.

[224] Vgl. *Eb. Schmidt* 36; *Mannheim* 65. Allgemein zur Subsumtion und ihrem Verhältnis zur Auslegung z. B. *Zippelius* Juristische Methodenlehre[6] (1994) 90 ff; *Larenz* Methodenlehre[6] (1991) 273 ff.

Ernst-Walter Hanack

zum deskriptiven Begriff, für die Rechtsanwendung im Einzelfall eine spezielle normative Wertung erforderlich ist[225]. Scharfe Grenzen zwischen den verschiedenen Begriffen lassen sich nicht ziehen (dazu auch unten Rdn. 116).

112　　Bei den **deskriptiven Merkmalen** und denjenigen **normativen Merkmalen,** die keine unbestimmten Rechtsbegriffe sind, ist die Auslegung des Revisionsgerichts nach heute ganz herrschender Ansicht und ständiger Praxis nicht eingeschränkt. Was ein Tier, ein Mensch oder eine Sache ist oder was der Begriff der Wegnahme bedeutet (dazu aber auch unten Rdn. 116), beurteilen die Revisionsgerichte daher unabhängig von der Ansicht des Tatrichters (vgl. nur *W. Schmid* ZStW **85** [1973] 384).

113　　Streitig ist hingegen die Revisibilität der Anwendung **unbestimmter Rechtsbegriffe**. Es handelt sich — nach Lehre und Praxis — teils um im Gesetz nicht ausdrücklich formulierte Merkmale, z. B. den ursächlichen Zusammenhang, die Voraussehbarkeit beim fahrlässigen Erfolgsdelikt, überwiegend aber um Merkmale eines gesetzlichen Tatbestandes oder Rechtfertigungsgrundes, wie z. B. die Geringwertigkeit der Sache in § 248 a StGB, das auffällige Mißverhältnis in § 291 Abs. 1 StGB, die Gefährdung im Sinne der §§ 315 Abs. 1, 315 a Abs. 1, § 315 b Abs. 1 und § 315 c Abs. 1 StGB, die geringe oder nicht geringe Menge im Sinne des BtMG (vgl. im übrigen die Zusammenstellungen bei *Eb. Schmidt* 37 ff, *Mannheim* 85 ff, *W. Schmid* ZStW **85** [1973] 387, *Wamser* 34 ff).

114　　Nach einer im **Schrifttum** verbreiteten Auffassung prüft das Revisionsgericht die Entscheidung des Tatrichters auch hier grundsätzlich uneingeschränkt[226]; etwas anderes soll nur gelten, soweit dem die begrenzte Mitteilbarkeit der entscheidungserheblichen Tatsachen entgegenstehen (so *Warda* 76) oder soweit die Generalisier- und Abstrahierbarkeit des einzelnen Subsumtionsschlusses nach den Umständen des Einzelfalles für die Einheitlichkeit der Rechtsprechung ohne Interesse ist (so *Schwinge* 130 ff, dessen Ansicht damit im Ergebnis stark auf die Differenzierungen jedenfalls der älteren Rechtsprechung hinausläuft).

115　　Die **Rechtsprechung** hat früher sehr geschwankt und ein uneinheitliches Bild gezeigt[227]. Daß sie „jetzt aber zu einheitlichen Grundsätzen gefunden" habe (so LR-*Meyer*[23] Rdn. 158), läßt sich nur bedingt sagen. Vielmehr ist unverkennbar, daß unbestimmte Rechtsbegriffe auch heute mit unterschiedlicher Intensität geprüft werden; das gilt nicht nur für die verschiedenen Begriffe dieser Art[228]; es gilt mindestens zum Teil auch für die Intensität, mit der der gleiche Begriff im Einzelfall nachgeprüft wird[229]. So läßt sich wohl nur mit gewisser Vorsicht folgendes feststellen (insoweit im Anschluß an LR-*Meyer*[23]): Die Revisionsgerichte prüfen Inhalt und Tragweite der unbestimmten Rechtsbegriffe zwar ohne Bindung an die Ansicht des Tatrichters. Sie stellen dabei auch allgemeine Begriffsbestimmungen auf und konkretisieren die gesetzlichen Wertungsgesichtspunkte durch allgemeine Grundsätze. Ihre Prüfung beschränkt sich dann aber zum

---

[225] Zum Ganzen näher *Engisch* Einführung in das juristische Denken[8] (1989) 108 ff; vgl. auch *Wamser* 1 ff.

[226] *Drost* 74 ff; *Mannheim* 70 ff; *Wamser* 17 ff; *Frisch* NJW **1973** 1349; *Warda* 76 und *Schwinge* 130 (vgl. aber auch im folg. Text); wohl auch *Roxin* § 53, 21.

[227] Dazu näher *Eb. Schmidt* 38 ff; *Drost* 73 ff; *Mannheim* 82 ff; *Pohle* 7 ff; *Wamser* 34 ff; *Warda* 61; vgl. auch *Schwinge* 103 ff.

[228] So prüft der BGH z. B. einschlägige Mordmerkmale (niedrige Beweggründe), die heute wohl schon zu den unbestimmten Begriffen zählen müßten (vgl. unten Rdn. 116), praktisch uneingeschränkt.

Bei anderen Merkmalen, z. B. der Geringwertigkeit im Sinne des § 248 a StGB, hingegen erkennt er ein recht weitgehendes tatrichterliches Ermessen an (BGH bei *Dallinger* MDR **1975** 543), während er bei wieder anderen Merkmalen, z. B. der Gefährdung in den §§ 315 ff StGB (dazu *Tröndle*[48] § 315, 14 ff), dem Tatrichter nur geringen Spielraum läßt.

[229] Als Beispiel mag die insoweit durchaus unterschiedliche Rechtsprechung zur Geringwertigkeit im Sinne des § 248 a StGB (dazu *Tröndle*[48] § 248 a, 5, 5a) gelten.

Teil auf die Frage, ob der Tatrichter bei der Anwendung des unbestimmten Begriffs von einer zutreffenden Auffassung über dessen Inhalt ausgegangen ist und seiner Beurteilung die richtigen rechtlichen *Maßstäbe* zugrunde gelegt hat[230]. Die weiteren Einzelheiten der Subsumtion gelten dann als nicht revisibel („im wesentlichen Tatfrage" oder „nicht revisible Tatfrage"). Die Abgrenzungen sind in der Praxis häufig nicht eindeutig[231]. Im übrigen verlangen die Revisionsgerichte gemäß den heute üblichen allgemeinen Regeln (unten Rdn. 121 ff) auch hier, daß der Tatrichter die wesentlichen oder naheliegenden tatsächlichen Umstände angibt und widerspruchsfrei darstellt. Hat er im Einzelfall Umstände herangezogen, die die Subsumtion fehlerhaft machen, kann das aber unschädlich sein, wenn das Urteil darüber hinaus Umstände feststellt, die das Revisionsgericht als ausreichende Grundlage ansieht (OLG Hamburg VRS **47** [1974] 320).

Die angedeuteten **Unterschiedlichkeiten der Rechtsprechung** mögen berechtigt **116** gewesen sein, solange die Revisionsgerichte vom Tatrichter eine genaue Angabe der wesentlichen oder naheliegenden tatsächlichen Umstände nicht forderten und die Anforderungen an die Sachverhaltsdarstellung im tatrichterlichen Urteil gering hielten. Im Zeichen einer Praxis, die anders verfährt (unten Rdn. 121 ff), ist die beschränkte Revisibilität der unbestimmten Begriffe nicht mehr einsehbar. Denn wenn der Tatrichter die entscheidenden Umstände, auf denen seine Anwendung eines unbestimmten Begriffs beruht, darzulegen hat, können die Revisionsgerichte die Rechtsanwendung auch insoweit ohne Mühe und ohne Mißachtung ihrer begrenzten Aufgabe voll kontrollieren[232]. So erklären sich die heutigen Unterschiedlichkeiten im Grunde nur dadurch, daß die revisionsgerichtliche Kontrolle in einem jeweils verschiedenen Stadium ohne Not gleichsam abgebrochen wird. Im übrigen ist der ganze Unterschied zwischen deskriptiven, normativen und unbestimmten Merkmalen und Rechtsbegriffen zwar methodologisch nützlich, aber revisionsrechtlich wenig schlüssig. So gibt es nicht nur „deskriptive" Merkmale, die, ähnlich wie die unbestimmten Begriffe, einen Begriffskern und einen Begriffshof enthalten (so das Merkmal Wegnahme, bei dem man revisionsrechtlich durchaus entsprechend trennen könnte und früher z. T. auch getrennt hat). Vor allem aber ist es beim fließenden Unterschied zwischen „normativen" und „unbestimmten" Begriffen nicht stimmig, die ersteren als voll revisibel zu behandeln, die letzteren nicht. Wer wollte z. B. sagen, warum der Begriff „Gefährdung" als unbestimmter Begriff gilt, der Begriff des „niedrigen Beweggrundes" bei § 211 StGB hingegen (traditionellerweise) nicht, und warum der Umfang der Revisibilität von dieser Unterscheidung abhängen soll. Nach den heutigen Prinzipien der Rechtsanwendung müßten viele bisher „nur" als „normativ" angesehene Begriffe als so „unbestimmt" angesehen werden (z. B. der Begriff „niedrige Beweggründe"), daß sie eher als unbestimmte Begriffe zu gelten hätten.

d) Auslegung von Äußerungen und Urkunden. Streitig und viel erörtert ist, ob oder **117** wann die Auslegung von Äußerungen, Erklärungen, Urkunden und Verträgen (Gedankenäußerungen) der Revision unterliegt[233]. Obwohl die Rechtsanwendung gewiß bereits mit

---

[230] Vgl. in diesem Sinne z. B. BGHSt **5** 264; **6** 43; **24** 40; BGH NStZ **1982** 27; OLG Frankfurt JZ **1974** 517; OLG Hamburg VRS **47** (1974) 320; OLG Köln NJW **1986** 2897; OLG Zweibrücken MDR **1991** 273; zustimmend KK-*Pikart* 31; *Beling* 414; *Henkel* 377; *Peters* 640; *Dahs/Dahs* 394; wohl auch KMR-*Paulus* 24 und im Prinzip *Eb. Schmidt* 38 ff.

[231] Vgl. *Dahs/Dahs* 394 und als Beispiel BGH NStZ **1982** 27 (dazu auch in der folg. Fußn.).

[232] Charakteristisch insoweit die schon zit. Entschei-

dung BGH NStZ **1982** 27; die (für die Frage der „schweren" Kränkung im Sinne des § 213 StGB) zunächst davon spricht, es handele sich um eine „Sache tatrichterlicher Würdigung", dann aber den konkreten Fall teils erwägt, teils konkret („insgesamt eine schwere Kränkung") nachprüft; vgl. auch BGH StV **1983** 61.

[233] Eingehend *Schwinge* 173 ff mit Nachw.; *May* NJW **1983** 980 und *Kuchinke* 144 ff mit Nachw. (speziell für den Zivilprozeß).

der Feststellung der Fakten beginnt[234] und darum gerade die tatrichterliche Auslegung von Gedankenäußerungen in starkem Maße rechtliche Aspekte enthält, ist zweifelhaft, ob die Auslegung solcher Äußerungen der „Tatfrage" oder der „Rechtsfrage" zuzuordnen ist. Richtigerweise wird man annehmen müssen, daß sie noch nicht zur rechtlichen Subsumtion gehört, sondern ihr vorausgeht[235]. Sie ist auch keine Beweistätigkeit im eigentlichen Sinne, sondern eine Tatsachenwürdigung, eine Bedeutungserklärung zum Zwecke der Subsumtion[236]. *Jedenfalls* ist die Auslegung der Gedankenäußerungen eine typische Aufgabe des Tatrichters; dem Revisionsgericht ist die eigene Wertung daher ebenso verboten wie bei der Beweiswürdigung[237]. Das muß auch gelten, wenn die Äußerung oder die Urkunde in dem Urteil wörtlich wiedergegeben ist[238]; daß das Revisionsgericht in diesem Fall dieselben tatsächlichen Grundlagen für die Auslegung hat wie der Tatrichter, berechtigt es nicht, in dessen Verantwortungsbereich einzugreifen. Eine im Schrifttum vertretene gegenteilige Meinung, die dem Revisionsgericht nur die Auslegung der Willensrichtung des Äußernden untersagen will, nicht aber die Auslegung des objektiven Sinns der Äußerung[239], mag zwar der „Leistungsmethode" (vgl. Vor § 333, 5) entsprechen, überdehnt aber den Aufgabenbereich des Revisionsgerichts, das nach dem Gesetz für die eigentliche Tatsachenwürdigung nicht zuständig ist. Das gilt auch für die Auslegung von Verwaltungsanordnungen; dem Revisionsgericht steht auch hier keine eigene Wertung zu[240].

118   **Revisibel** ist die Auslegung von Gedankenäußerungen freilich, wenn sie als solche rechtsfehlerhaft ist, insbesondere auf Rechtsirrtum beruht[241]. Entsprechend dem heutigen Anwendungsbereich der Revision bei der Sachverhaltsfeststellung und -würdigung (unten Rdn. 121 ff) prüfen die Revisionsgerichte die Auslegung dabei auf Lückenhaftigkeit[242], auf Verstöße gegen Sprach- und Denkgesetze sowie gegen Erfahrungssätze, und zwar einschließlich der besonders wichtigen Frage, ob die Auslegung allgemeine Auslegungsregeln (dazu Rdn. 119) verletzt[243]. Sie verlangen insoweit zunehmend und folgerichtig auch eine genaue tatrichterliche Darstellung, die ihnen die revisionsgerichtliche Kontrolle erlaubt[244]. Ist diesen Anforderungen genügt, braucht die Auslegung des Tatrichters jedoch nicht zwingend zu sein; er braucht nicht einmal die wahrscheinlichere der denkbaren Lösungen gefunden zu haben; das Revisionsgericht ist an seine Meinung gebunden, wenn

---

[234] *Scheuerle* Rechtsanwendung (1952) 23; vgl. auch *Schwinge* 176.

[235] *Mannheim* 77; *Sellke* 42; **a. A** *Stein* Privates Wissen 44, der sie sogar als besonders wichtigen Fall der Subsumtion bezeichnet; vgl. auch *Kuchinke* 145 ff.

[236] *Stree* 36; vgl. auch *Neumann* GA **1988** 401; *Beling* 278 Fußn. 2 hält sie für einen Teil der Beweisaufnahme, *W. Schmid* ZStW **85** 377 für einen Teil der Sachverhaltsfeststellung.

[237] BGHSt **3** 70; **21** 372; **23** 73 (sehr weitgehend); **26** 26; **32** 311; BGH NJW **1952** 1186; **1994** 1422; MDR **1953** 403; RGSt **22** 240; **23** 347; **24** 189; **25** 158; **27** 431 und st. Rspr.; BayObLG NJW **1994** 397 f und 952; OLG Bremen MDR **1962** 234; OLG Celle StV **1983** 284; OLG Düsseldorf JMBlNRW **1981** 224; OLG Hamm NJW **1961** 1937; KG JR **1980** 291; **1998** 214; OLG Karlsruhe NStZ **1986** 364; OLG Köln NJW **1988** 1803; OLG Stuttgart OLGSt § 186 StGB S. 3; KMR-*Paulus* § 261, 38; *Peters* 641; *Dahs/Dahs* 434; vgl. auch *Gottwald* 234 ff; *Pfitzner* 8; *Schwinge* 176 ff; *Stein* Privates Wissen 44 ff.

[238] KG JR **1980** 291 mit Anm. *Volk*; JR **1988** 522;

1998 214; OLG Köln OLGSt § 185 StGB S. 15; wohl auch *Peters* 641.

[239] *Eb. Schmidt* 43; *Beling* 414; *Mannheim* 75 ff; *Schwinge* 177 für „typische Verträge".

[240] BGH VRS **16** (1959) 53; **a. A** RGSt **44** 197; **52** 141; *Gottwald* 237 ff; vgl. auch schon oben Rdn. 9.

[241] So schon RGSt **21** 305; **25** 404; **30** 195; **39** 400; **41** 79; **54** 267; heute ganz h. M, vgl. die Nachw. in Fußn. 237 und 243.

[242] Z. B. BayObLG NJW **1990** 2480; KG JR **1988** 522; OLG Köln NJW **1982** 657; *W. Schmid* ZStW **85** (1973) 377; *Kuchinke* 162.

[243] Z. B. BGHSt **21** 372; **37** 61; BGH NJW **1994** 1422; RGSt **41** 79; **45** 139; **61** 154; **63** 113; BayObLG NJW **1990** 922 und 2480; OLG Celle NJW **1982** 1545; StV **1983** 284; OLG Düsseldorf JR **1990** 126; OLG Hamburg NJW **1970** 1650; JR **1983** 508; OLG Hamm NJW **1971** 835; KG JR **1998** 214; OLG Köln NJW **1982** 657; *Hartung* SJZ **1948** 579; *W. Schmid* ZStW **85** (1973) 377.

[244] Vgl. OLG Stuttgart OLGSt § 186 StGB S. 4: Das Urteil muß die auszulegende Erklärung so vollständig wiedergeben, daß die Prüfung durch das Revisionsgericht möglich ist; vgl. auch BGHSt **23** 78.

er zu einer vertretbaren Lösung gelangt ist[245]. Fehlerhaft ist es aber, wenn der Tatrichter von mehreren Auslegungsmöglichkeiten nur eine erwägt oder prüft[246].

Auslegungsregeln sind Erfahrungssätze darüber, wie man einen bestimmten Gedan- **119** keninhalt auszudrücken pflegt (dazu eingehend *Kuchinke* 158 ff). Eine allgemeine Auslegungsregel ist insbesondere der Grundsatz, daß, wenn der Inhalt der Gedankenäußerung nicht eindeutig ist, ihr Sinn aus den Nebenumständen, vor allem aus Zusammenhang und Zweck der Äußerung zu erforschen ist[247]. Dazu sind auch die örtlichen und die sozialen Umstände heranzuziehen, die namentlich für die Beurteilung von Beleidigungen oder angeblich falschen Aussagen wichtig sind (*Peters* 641). Der Grundsatz in dubio pro reo ist nicht anwendbar; denn der Inhalt der Erklärung kann nicht dadurch beeinflußt werden, daß er später in einem Strafverfahren von Bedeutung ist[248].

4. Kontrolle der Voraussetzungen richtiger Gesetzesanwendung („Darstellungsrüge")

a) Grundlagen. Entwicklung. *Verfahrensrechtlich* ist der Tatrichter nicht verpflich- **120** tet, die benutzten Beweismittel und die Beweiswürdigung im Urteil mitzuteilen. Nur die für seine Überzeugungsbildung verwendeten Beweisanzeichen „soll" er nach § 267 Abs. 1 Satz 2 angeben. Die Vorschrift gilt bemerkenswerterweise als „Sollvorschrift", auf die eine Verfahrensrüge nicht soll gestützt werden können[249]. Sie zeigt, daß der Gesetzgeber bewußt darauf verzichtet hat, dem Tatrichter Urteilsausführungen darüber vorzuschreiben, auf welchem Wege er zur Überzeugung von dem festgestellten Sachverhalt gelangt ist[250], und entspricht damit der Absicht des historischen Gesetzgebers, mit der Beschränkung der Revision auf Gesetzesverletzungen (§ 337) die Überprüfbarkeit der tatsächlichen Feststellungen vom Anwendungsbereich der Revision weitgehend auszuschließen[251]. Die Regelung des § 267 Abs. 1 ist freilich mittlerweile schon dadurch widersprüchlich geworden, daß § 267 Abs. 3 in der Fassung des VereinhG heute sogar die Aufnahme der Strafzumessungserwägungen in das Urteil zwingend vorschreibt. „Mit der unverändert gebliebenen Fassung des § 267 Abs. 1 ist das Gesetz in ganz unverständlicher Weise hinter seiner eigenen Entwicklung zurückgeblieben" (LR-*Meyer*[23]).

Die Rechtsprechung hat nun, unabhängig von der Frage des Verfahrensverstoßes, **121** frühzeitig begonnen, an die Tatsachenfeststellungen im Urteil des Tatrichters bestimmte sachliche Anforderungen zu stellen, deren Erfüllung sie als Voraussetzung dafür ansieht, daß die Feststellungen überhaupt zur Grundlage einer zuverlässigen revisionsrechtlichen Prüfung gemacht werden können. Sie bejaht einen im weiteren Sinne sachlichrechtlichen Mangel nicht nur, wenn das Urteil keine Gründe enthält (und hat so auch die verfahrensrechtliche Bestimmung des § 338 Nr. 7, die in *diesem* Falle die unbedingte Urteilsaufhebung gebietet, insoweit überflüssig gemacht). Sie bejaht einen Mangel auch, wenn die

---

[245] Vgl. schon RG JW **1938** 1013; ebenso *Dahs/Dahs* 434; *W. Schmid* ZStW **85** 378.

[246] RGSt **63** 113; OLG Hamburg NJW **1970** 1650; OLG Köln NJW **1988** 1803; *W. Schmid* ZStW **85** (1973) 377; *Dahs/Dahs* 434; vgl. auch BGHSt **25** 367.

[247] So z. B. BGHSt **40** 101; RGSt **30** 195; **39** 401; **61** 154; OLG Bremen MDR **1962** 234; OLG Köln NStZ **1981** 184; *Schwinge* 179; *Kisch* JR **1926** 459.

[248] Vgl. BGH bei *Dallinger* MDR **1972** 572; OLG Hamburg NJW **1958** 1246; *Sulanke* 12; a. A *Kuchinke* 166; *Stree* 36; *Seibert* DRZ **1949** 558.

[249] BGHSt **12** 315; BGH bei *Dallinger* MDR **1975**

198; RGSt **47** 109; kritisch *Baldus* FS Heusinger 384 („versäumte Gelegenheiten"); eingehend *Sassenberg-Walter* Die Urteilsgründe im Strafverfahren (1987) 72 ff und weit. Gegenstimmen; vgl. auch bei § 267.

[250] *Blunck* MDR **1970** 401; *Wenzel* NJW **1966** 578; LR-*Meyer* in der 23. Aufl. Rdn. 109; vgl. (zu den komplizierten historischen Gründen) auch *Baldus* FS Heusinger 385.

[251] Vgl. Vor § 333, 2. Zu diesem beabsichtigten Ausschluß z. B. auch *Rieß* GA **1978** 268; *Gössel* Nachprüfung 117.

Darstellung und Würdigung des festgestellten Sachverhalts unklar, widersprüchlich oder ersichtlich nicht vollständig ist, wenn sie Denkfehler enthält oder Erfahrungssätze mißachtet. Da es bei diesen Anforderungen jeweils um die *tragfähige Grundlage* des Urteils als *Voraussetzung* seiner eigentlichen Überprüfung auf Rechtsfehler geht, folgert die Rechtsprechung daraus, daß ihre Verletzung auf die Sachrüge hin zu beachten ist[252]. Der eigentliche Grund für die Beachtung der Anforderungen liegt also nicht, wie der Bundesgerichtshof gelegentlich angenommen hat (BGHSt **6** 70), in der Annahme, daß zu den Rechtsnormen im Sinne des § 337 auch die Gesetze der Logik und die Sätze der Erfahrung gehören. Er liegt auch nicht in der Anerkennung der sog. Leistungsmethode (vgl. Vor § 333, 5)[253], zu der im Ergebnis freilich starke Berührungspunkte bestehen. Entscheidend ist vielmehr die Anknüpfung an Intensität, Überzeugungskraft und Geschlossenheit der tatrichterlichen Feststellungen in der Urteilsurkunde als Voraussetzung für die revisionsrichterliche Kontrolle der eigentlichen Rechtsanwendung. Das zeigen mittlerweile ungezählte Revisionsentscheidungen.

122   Die Revisionsgerichte **nehmen es nicht mehr hin** (was *Stein* Privates Wissen 111 noch für selbstverständlich hielt), wenn der Tatrichter „von dem tollen Satz ausgegangen ist, daß ein Zeuge nach drei Jahren noch den genauen Wortlaut einer zweistündigen Rede im Kopf haben könne", wenn er festgestellt hat, daß ein „Liebestrank" ein wirkungsvolles Mittel sei, Zuneigung hervorzurufen (was RGSt **8** 352 f noch für eine gegebenenfalls bindende tatrichterliche Feststellung hielt), oder wenn er seine Überzeugung von der Täterschaft des Angeklagten in einem kritischen Fall begründungslos aus der Überzeugung gewinnt, daß es sich um „typisches Männerwerk" handele (BGH StV **1982** 60).

123   **Im einzelnen** ist die Entwicklung der revisionsgerichtlichen Praxis schrittweise, aber nicht einheitlich und gradlinig verlaufen[254]. Relativ früh bejaht wurde die Revisibilität von Verstößen gegen *Denkgesetze* (unten Rdn. 165 ff) und gegen *Erfahrungssätze* (unten Rdn. 170 ff), die heute meist nur als Einkleidung bzw. als spezielle Ausprägung einer sehr viel umfassenderen Prüfungsmethodik erscheint[255]. In neuerer Zeit sind vor allem die Anforderungen gewachsen, die die Revisionsgerichte sachlichrechtlich an die tatrichterliche *Beweiswürdigung* (unten Rdn. 144 ff) und an die spezielle *Überzeugungsbildung* (unten Rdn. 157 ff) bzw. an deren Darstellung im Urteil stellen. Gewachsen sind, zum Teil in untrennbarem Zusammenhang damit, auch die im Ansatz schon vom Reichsgericht entwickelten Anforderungen an die Intensität der *allgemeinen tatrichterlichen Feststellungen* (unten Rdn. 131 ff), die als gewissermaßen abstrakt-generelle und geradezu verselbständigte Anforderungen an sein Urteil gestellt werden; ein charakteristisches Beispiel dafür ist die heutige Pflicht des Tatrichters, sich mit den Anknüpfungstatsachen und den Ausführungen eines Sachverständigengutachtens im Urteil auseinanderzusetzen (unten Rdn. 140).

---

[252] Vgl. nur OGHSt **1** 117, 147; grundsätzlich zustimmend KK-*Pikart* 28; KMR-*Paulus* § 244 27 ff; *Schlüchter* 294.3; *Dahs/Dahs* 395 ff; *Sarstedt* FS Hirsch 180; *Cramer* FS Peters 241; *Cuypers* 452; *Geerds* FS Peters 275; *Otto* NJW **1978** 1; *W. Schmid* ZStW **85** 376; *Willms* JR **1975** 54; *Wimmer* DRZ **1950** 391; **a. A** *Henkel* 376 Fußn. 6; *Gössel* Nachprüfung 117; *Kühne* 668.2; *Pagendarm* 19; *Schwinge* 198; *Sellke* 48; *Teske* 29 ff, 34, die darin einen Verfahrensfehler sehen. *Peters* 658 hält bei unklaren Urteilsgründen sowohl § 267 als auch das sachliche Recht für verletzt; *Hamm* (Sarstedt/ Hamm[6] 271 ff, 821 ff, 1159 ff) bejaht Verstöße gegen Verfahrensrecht, die sich aus dem Urteilsinhalt

ergeben und keiner besonderen Darlegung nach § 344 Abs. 2 Satz 2 bedürfen, sondern durch die Sachrüge konkludent mit beanstandet sind; *Kuchinke* 209 nimmt bei Verstößen gegen Erfahrungssätze Verletzung des § 261 an.

[253] Anders namentlich *Peters* 640; ZStW **57** (1938) 82; Gutachten C zum 52. DJT, 1978, S. C 45; vgl. auch *Schünemann* JA **1982** 152; *Otto* NJW **1978** 7.

[254] Zur Entwicklung namentlich *Peters* FS Schäfer 137; vgl. auch *Peters* 644.

[255] Vgl. *Fezer* Erweiterte Revision 44, der Gleiches sogar für die Rüge von Unklarheiten und Widersprüchen feststellt; vgl. aber auch unten Rdn. 170.

b) Hinweis. Zu System und Problematik

aa) Die folgende Darstellung (Rdn. 131 ff) versucht, die verschiedenen Methoden **124** und Formen des Zugriffs der revisionsgerichtlichen Praxis auf die tatrichterlichen Feststellungen und Würdigungen, so wie sie heute geübt werden, ordnend zu *beschreiben.* Daß sich dabei Überschneidungen und ein insgesamt recht verwirrendes Bild ergeben, liegt an der Art und Vielfalt dieser Methoden und Formen. Die Beschreibung bedeutet auch nicht, daß der **Bearbeiter** das Beschriebene in den Einzelheiten für richtig hält. Er meint jedoch, die Wege, die die Rechtsprechung beschreitet, auch als solche wiedergeben zu sollen, obwohl man sie nach logisch-systematischen Gesichtspunkten auch etwas anders hätte darstellen, insbesondere stärker an der Problematik der Beweiswürdigung bzw. des § 261 orientieren können, um die es im Kern geht[256].

bb) Zu System und Problematik der „Darstellungsrüge". Der starke Bezug der **125** erörterten Zugriffsmethoden zur *Darstellung* des tatrichterlichen Urteils läßt ihre Charakterisierung als „Darstellungsrüge" (oder „Darstellungsprüfung"; vgl. Vor § 333, 4) angezeigt erscheinen, mag das natürlich auch nur eine schlagwortartige Umschreibung des Phänomens bedeuten. Es handelt sich um eine eigenständige, richterrechtlich entwickelte Prüfungsmethode, die mindestens mit den Vorstellungen des historischen Gesetzgebers nicht in Einklang steht und nach Ergebnis und Folgen durchaus eine „erweiterte Revision" (vgl. Vor § 333, 3; 10) ist. Entstanden ist sie aus dem richterlichen Bemühen, die Revision, wenn auch auf der abstrakten Grundlage der Urteilsurkunde, im Interesse einer richtigen Entscheidung (oben Rdn. 122; Vor § 333, 9) zur Kontrolle der tatrichterlichen Feststellungen nutzbar zu machen.

Ein **Verstoß gegen das Gesetz** liegt darin, rein systematisch und formal betrachtet, im **126** letztlich zentralen Punkt, der Achtung vor der freien richterlichen Überzeugung des Tatrichters (§ 261), sicher nicht, wie namentlich *Rieß, Walter* und *Gössel* herausgearbeitet haben[257]. Denn die Überzeugungsbildung des Tatrichters bleibt als solche unangetastet; das Revisionsgericht ersetzt sie, wie immer wieder ausgesprochen wird (unten Rdn. 146), also auch dort nicht durch seine eigene Auffassung, wo ihm diese näherzuliegen scheint. Es beanstandet gegebenenfalls nur die Logik dieser Überzeugungsbildung als Voraussetzung (oder notwendigen Bestandteil) richtiger Rechtsanwendung. Diese Art von Kontrolle bedeutet keine Verletzung des § 261.

Problematisch ist jedoch die **Verwischung von Verfahrens- und Sachrüge**, die der **127** Zugriff auf die tatrichterlichen Feststellungen und Würdigungen im Wege der Sachrüge mit sich bringt. Überwuchert werden nicht nur § 267 Abs. 1 Satz 2 (oben Rdn. 120) sowie § 338 Nr. 7 (oben Rdn. 121) und die diesen Vorschriften zugrundeliegenden Wertungen. Vielfältig überwuchert wird, was erheblich fragwürdiger erscheint, auch der sonstige traditionelle Aufgabenbereich und Charakter der Verfahrensrüge, insbesondere der Grundsatz, daß die Verletzung von Verfahrensvorschriften nur auf eine entsprechende Rüge hin zu beachten ist (§ 344 Abs. 2). Das gilt vor allem für spezifische Verletzungen des § 261[258] und des § 244 Abs. 2[259]. Es zeigt sich z. B. auch an der an sich folgerichtigen

---

[256] Zur Orientierung an der Problematik des § 261 z. B. *Rieß* GA **1978** 257; *Gössel* Nachprüfung 127; *Niemöller* StV **1984** 433 (mit zahlr. Beispielen aus der Praxis). Vgl. auch die etwas abweichenden Darstellungen bei *Dahs/Dahs* 395 ff; *Meurer* FS Wolf 487.

[257] *Rieß* GA **1978** 262, 266, 276; *Walter* 318; *Gössel* Nachprüfung 128. Vgl. aber auch *Foth* DRiZ **1997** 201 und NStZ **1992** 444.

[258] Vgl. nur *Gössel* Nachprüfung 124 f mit Nachw.

[259] Vgl. z. B. BGHSt **3** 175; **17** 351; BGH NJW **1978** 114 nimmt zugleich einen Verfahrensverstoß wie einen sachlichrechtlichen Fehler an; vgl. auch *Gössel* Nachprüfung 123; *Fezer* Erweiterte Revision 53.

Ernst-Walter Hanack

Auffassung, daß der unzulässige Schluß aus dem Schweigen des Angeklagten oder eines Zeugen stets schon auf die Sachrüge zu beachten sei, weil er die Verallgemeinerung eines nicht bestehenden Erfahrungssatzes enthält (dazu unten Rdn. 170 ff), nämlich des Satzes, daß nur der Schuldige oder derjenige Zeuge schweigt, der zum Nachteil des Angeklagten aussagen müßte[260]; die Nichtbeachtung des Schweigerechts ist an sich jedoch ein typischer Verfahrensverstoß (vgl. Rdn. 67).

128 Indem die Revisionsgerichte mit der „Darstellungsrüge" in Wahrheit auch spezielle Verfahrensverletzungen mit der Sachrüge prüfen oder prüfen können, **erweitern** sie, und zwar in bislang ganz unklarer Abgrenzung, deren Anwendungsbereich auf Kosten der Verfahrensrüge. Zu Ende gedacht, könnte oder müßte die Handhabung letztlich zur weitgehenden Verödung der Verfahrensrüge und zu der dem geltenden Recht gewiß nicht entsprechenden Folgerung führen, daß der Sachrüge ohne Rücksicht auf die Unterscheidung zwischen Verfahrensrecht und sachlichem Recht alles unterliegt, was aus den Urteilsgründen als Entscheidungsmangel erkennbar ist. Nach der Logik der Prüfungsmethode könnten die Revisionsgerichte wohl sogar dem Wunsch eines Beschwerdeführers nicht entsprechen, der auf eine Verfahrensrüge ausdrücklich verzichtet, weil er die tatsächlichen Feststellungen als solche hinnehmen, also mit der Sachrüge, nur die Gesetzesanwendung im eigentlichen Sinn (oben Rdn. 99) überprüft wissen will; denn wenn die Kontrolle dieser Feststellungen als Voraussetzung einer richtigen Rechtsanwendung zu verstehen ist (oben Rdn. 121), ist die Möglichkeit einer entsprechenden Teilanfechtung (§ 344, 14 ff) mindestens zweifelhaft. Wenn man aber, wie das neuerdings z. B. *Gössel* wieder fordert und wie es dogmatisch gewiß geboten ist[261], die Überprüfung der tatsächlichen Feststellungen nur auf die Verfahrensrüge hin zuläßt, wäre die mißliche Konsequenz, daß die Nachprüfung der Feststellungen allein vom Geschick des Beschwerdeführers bzw. seines Verteidigers abhinge. Die Revisionsgerichte haben gewiß verständlichen Grund, das zu vermeiden (vgl. auch Vor § 333, 13). Aber damit zeigt sich besonders deutlich, daß ihre Rügeform eigenständiges Richterrecht ist.

129 Auch für das **Beruhen auf der Gesetzesverletzung** wirft die „Darstellungsrüge" erhebliche Probleme auf: Zwar ist aus gutem Grund anerkannt, daß ein Urteil schon dann auf einer Verletzung des Gesetzes beruht, wenn die Möglichkeit des Beruhens nicht auszuschließen ist (unten Rdn. 225). Aber das Beruhen ist dabei der Sache nach doch immer auf die mögliche Verletzung einer *konkreten* Rechtsnorm bezogen. Bei der „Darstellungsrüge" verflüchtigt sich dieser Bezugspunkt. Er wird — stillschweigend — nur zu oft durch die Annahme ersetzt, das Urteil beruhe schon dann auf einer möglichen Gesetzesverletzung, wenn dem Revisionsgericht wegen der Art der Urteilsdarstellung die Voraussetzungen (!) für die Kontrolle der richtigen Rechtsanwendung (oben Rdn. 121) fehlen. Im Einzelfall werden damit unter Umständen auch rein formale Mängel der Darstellung als mögliche Gesetzesverletzungen behandelt, so z. B. die Nichtangabe der Anknüpfungstatsachen für ein Sachverständigengutachten (unten Rdn. 140). Das geht, insbesondere bei der Revisibilität der allgemeinen Sachdarstellung (unten Rdn. 131 ff), ohne Zweifel sehr weit und muß schon angesichts der oft kaum berechenbaren Anforderungen, die das Revisionsgericht im Einzelfall stellt (vgl. Rdn. 130), namentlich den Tatrichter verunsichern und zu immer größerer Schreibarbeit drängen (vgl. auch Vor § 333, 11).

---

[260] BGH JR **1981** 433 mit Anm. *Hanack*; StV **1983** 322; **1984** 143; **1985** 401; OLG Stuttgart NStZ **1981** 273; *Kleinknecht/Meyer-Goßner*[43] 8; *Eisenberg* Beweisrecht 912 f; anders aber z. B. BGHSt **32** 144; **38** 302 und dazu *Dahs/Langkeit* NStZ **1993** 215; anders ferner die Rdn. 68 Fußn. 108 Genannten.

[261] *Gössel* Nachprüfung 137 und Gutachten C z. 60. DJT 1994, S. C 80; vgl. im übrigen auch die oben Rdn. 121 Fußn. 252 a. E genannten Autoren.

Problematisch ist weiter die **mangelnde Abgrenzbarkeit** und damit **Berechenbar-** **130** **keit**, die mit der revisionsgerichtlichen Kontrolle von Schlüssigkeit und Überzeugungskraft der tatsächlichen Feststellungen und ihrer Würdigung anhand der schriftlichen Urteilsgründe notwendig verbunden ist. Es ist oft ausgesprochen worden[262], daß sich diese Kontrolle nicht mehr klar begrenzen läßt und letztlich auf eine revisionsgerichtliche Vertretbarkeitsprüfung hinausläuft, wie auch die Analyse der Praxis bestätigt. Denn sie hängt nicht nur in der bedenklichsten Weise vom Geschick der tatrichterlichen Darstellung ab (Vor § 333, 11). Abhängig ist sie vor allem auch von den Anforderungen, die das Revisionsgericht selbst stellt. Diese Anforderungen aber sind — unbeschadet der verbalen Anerkennung der freien richterlichen Überzeugung — bei der Vielgestaltigkeit der Lebenssachverhalte und ihres Beweises jedenfalls in kritischeren Fällen, so etwa beim Indizienbeweis oder der Feststellung innerer Tatsachen, in ihren Möglichkeiten nahezu unerschöpflich und nicht logisch begrenzbar. Die Revisionsgerichte haben zwar gewisse typische Zugriffskriterien entwickelt; aber diese sind, insbesondere wohl bei der Prüfung auf mögliche Lücken, ihrer Natur nach vage genug, eröffnen jedenfalls einen weiten Spielraum, in dem das Revisionsgericht eingreifen oder nicht eingreifen kann. Auf die Folgen und den Preis, der damit für die Berechenbarkeit, Klarheit und Einheitlichkeit des Revisionsrechts verbunden ist, ist schon hingewiesen worden (Vor § 333, 11, 12). Versuche etwa von *Gössel* Nachprüfung 135, mit Hilfe der sog. Leistungsmethode den revisiblen Bereich genauer abzugrenzen, dürften bislang ungeeignet sein, diesem Dilemma überzeugend zu begegnen.

c) Revisibilität der allgemeinen Sachdarstellung

aa) Allgemeines. Nach § 267 Abs. 1 Satz 1 müssen die Urteilsgründe die für erwiesen **131** erachteten Tatsachen angeben, in denen die gesetzlichen Merkmale der Straftat gefunden werden (vgl. bei § 267). Mehrdeutige Tatsachenfeststellungen sind nur ausnahmsweise, nämlich bei der Wahlfeststellung, zulässig (Einzelheiten bei § 267). Beim Freispruch erfordert § 267 Abs. 5 eine Sachverhaltsschilderung, die von dem Anklagetatbestand ausgeht und diejenigen Tatumstände, die das Gericht nicht für erwiesen hält, deutlich herausstellt (näher bei § 267). Eine Freisprechung gilt regelmäßig als fehlerhaft, wenn sie wegen Nichterweislichkeit von Merkmalen des inneren Tatbestandes ausgesprochen wird, ohne daß festgestellt ist, was der Angeklagte im einzelnen getan hat[263]. Entspricht das Urteil den Anforderungen nicht, enthält es insbesondere keine eindeutige und widerspruchsfreie Sachdarstellung, die dem Revisionsgericht die Prüfung der richtigen Rechtsanwendung erlaubt, so wird ein sachlichrechtlicher Mangel bejaht[264]. Die Rüge der Verletzung des 267 ist daher insoweit neben der Sachbeschwerde ohne Bedeutung[265].

Ob die Tatsachenfeststellungen des Urteils als solche **richtig oder falsch** sind, unter- **132** liegt hingegen nicht der revisionsgerichtlichen Prüfung[266]. Denn regelmäßig würde nur eine mindestens teilweise Wiederholung der Beweisaufnahme das Revisionsgericht in die Lage versetzen, die Feststellungen des Urteils auf ihren Wahrheitsgehalt zu prüfen. Da es aber die Beweisaufnahme nicht wiederholen darf, muß es insoweit notwendigerweise an die Feststellungen des Tatrichters gebunden sein (*Eb. Schmidt* 7). Das gilt ausnahmslos,

---

[262] Dazu Vor § 333, 1. Vgl. auch *Naucke* Revisionsrichter 133; *Peters* JR **1983** 163, der unterschiedliche Maßstäbe bei Kontrolle der Überzeugungsbildung vermutet.

[263] BGH GA **1974** 61; BGH bei *Dallinger* MDR **1956** 272; RGSt **43** 399; **47** 419; OGHSt **1** 188; **a. A** RG JW **1917** 555 bei nicht widerlegbarem Irrtum.

[264] So schon RGSt **4** 370; zusammenfassend zu den Anforderungen BGH NStZ **1996** 401.

[265] Grundsätzlich anderer Ansicht *Foth* DRiZ **1997** 201; *Cuypers* 312 ff; vgl. im übrigen bei § 267.

[266] Vgl. schon RGSt **31** 232; **54** 25; RG JW **1929** 264 mit Anm. *Mannheim*; OLG Koblenz VRS **47** (1974) 272; *Eb. Schmidt* 34.

Ernst-Walter Hanack

auch wenn es (bei Urkunden und anderen Aktenbestandteilen) dem Revisionsgericht ohne Schwierigkeiten und ohne besonderen Zeitaufwand möglich wäre, die Beweise selbst zu prüfen (oben Rdn. 104 ff). Es gehört zum Wesen der Revision des geltenden Rechts, daß die Sachrüge von den tatsächlichen Feststellungen des Urteils ausgeht und sie nicht durch andere ersetzen darf (*Loewenstein* 96 ff).

133   **bb) In sich geschlossene Sachdarstellung.** Nach der Rechtsprechung muß die Darstellung des geschichtlichen Vorgangs, der der tatrichterlichen Entscheidung zugrunde liegt, grundsätzlich so beschaffen sein, daß dem Revisionsgericht die rechtliche Prüfung möglich ist. Das Urteil leidet daher an einem sachlichrechtlichen Mangel, wenn es keine Sachdarstellung enthält oder wenn die vorhandene Sachdarstellung die Ergebnisse der Hauptverhandlung nicht in klarer, zur Überprüfung geeigneter Weise zusammenfaßt[267]. Die tatsächlichen Feststellungen müssen in sich geschlossen, sollen also nicht über das Urteil verstreut sein[268]. Verstöße hiergegen begründen aber die Revision nicht ohne weiteres. Denn die schriftlichen Urteilsgründe bilden eine Einheit, deren tatsächliche Angaben berücksichtigt werden müssen, wo immer sie niedergelegt sind (unten Rdn. 135). Anderes gilt, wenn unklar bleibt, ob es sich bei in den Rechtsausführungen nachgeschobenen Feststellungen um ergänzende Tatsachenfeststellungen oder um eine rechtliche Würdigung handelt (BGHSt **10** 131).

134   Wenn das Urteil auf ein anderes **Bezug nimmt**, gilt das Erfordernis einer in sich geschlossenen Darstellung des erwiesenen Sachverhalts grundsätzlich als nicht erfüllt[269]. Ausgeschlossen ist insbesondere die Bezugnahme auf ein vom Revisionsgericht aufgehobenes Urteil (§ 345, 71), nach BGHSt **30** 226 jedoch nicht bei Bezugnahme auf inhaltsgleiche Feststellungen im nicht aufgehobenen Teil des Urteils. Im Berufungsverfahren darf auf das Urteil des ersten Richters ausnahmsweise Bezug genommen werden, wenn dadurch keine Unklarheiten entstehen (vgl. bei § 267). Daß selbständige Teile der Urteilsgründe dem Urteil als Anlage beigefügt werden können, meint RGSt **53** 258; ebenso BGH NStZ **1987** 374 für in Bezug genommene Anlagen, die das Rechenwerk zur Ermittlung des Umfangs der Steuerverkürzung enthalten. Ausnahmslos unzulässig ist eine Verweisung auf die Sachdarstellung in der Anklageschrift, auf die Sitzungsniederschrift oder auf den Eröffnungsbeschluß[270].

135   **cc) Vollständige und verständliche Sachdarstellung.** Als rechtsfehlerhaft gilt die Sachdarstellung auch, wenn sie Lücken, Widersprüche oder Unklarheiten enthält[271], weil die richtige Rechtsanwendung und ihre Prüfung durch das Revisionsgericht stets einen vollständigen, eindeutigen und widerspruchsfreien Sachverhalt erfordern. Mängel in dieser Hinsicht, die vielfach im Zusammenhang mit der Kontrolle der Beweiswürdigung stehen oder deutlich werden (dazu unten Rdn. 144), führen daher auf die Sachrüge zur Auf-

---

[267] BGH NStZ **1990** 496; BGH bei *Miebach* NStZ **1989** 15; BGH JR **1988** 475 mit Anm. *G. Schäfer* (zur Sachdarstellung durch Tabelle); RGSt **71** 26; RG HRR **1937** 541; KG DAR **1962** 56; OLG Oldenburg NdsRpfl. **1954** 36; *Eb. Schmidt* 33; vgl. auch bei § 267.

[268] Vgl. BGH bei *Miebach* NStZ **1989** 15; BGH VRS **5** (1953) 606; OGHSt **2** 270; KG VRS **12** (1957) 221; OLG Oldenburg NJW **1962** 693.

[269] BGH NJW **1951** 413; BGH NStZ **1992** 50; bei *Pfeiffer/Miebach* NStZ **1983** 213 und **1984** 18 mit weit. Nachw.; RGSt **4** 370; **23** 301; **30** 145; **66** 8; vgl. auch bei § 267.

[270] BGH NStZ **1987** 374; RGSt **4** 137, 382; RG JR Rspr. **1927** Nr. 769; RG HRR **1939** 548; RGRspr. **1** 558 für Niederschriften; RGSt **4** 382 und OLG Braunschweig NJW **1956** 72 für den Eröffnungsbeschluß. Die gesetzlich bestimmte Ausnahme in § 267 Abs. 4 Satz 1 zweiter Halbsatz bezieht sich nur auf rechtskräftige Urteile.

[271] BGH StV **1982** 156 mit Anm. *Jungfer*; BGHSt **3** 215; **7** 77; RG JW **1927** 913; RG HRR **1937** 541; OGHSt **1** 117, 148; OLG Koblenz VRS **45** 210; **47** 265; **51** 106; **75** 62; OLG Köln NJW **1954** 1298; OLG Saarbrücken VRS **38** (1970) 454; OLG Zweibrücken StV **1985** 359; vgl. auch bei § 267. Eingehend *Fezer* Möglichkeiten 130 ff; *Niemöller* StV **1884** 432 ff.

hebung des Urteils. Wie bemerkt (Rdn. 133), kann es allerdings genügen, wenn wenigstens der Zusammenhang der Urteilsgründe ergibt, welche Feststellungen der Tatrichter getroffen hat[272]. Jedoch müssen Tatzeit und Tatort, soweit das, wie regelmäßig, zur Identifizierung der Tat erforderlich ist, angegeben werden (s. auch Rdn. 35 f). Anzugeben sind auch diejenigen Umstände, die für die Bestimmung des Schuldumfangs von wesentlicher Bedeutung sind[273]. Ist die Sachdarstellung erkennbar unvollständig, so darf sie das Revisionsgericht nicht aufgrund des Akteninhalts ergänzen (Rdn. 101, 104 ff). Es darf zur Ergänzung auch Erfahrungssätze, die nicht unwiderlegbar sind (unten Rdn. 174 ff), nicht heranziehen (OHGSt **1** 42); allgemeingültige Erfahrungssätze (Rdn. 171 ff) und allgemeinkundige Tatsachen (Rdn. 179) darf es jedoch berücksichtigen, um Lücken zu schließen oder Widersprüche auszuräumen[274].

Der Tatrichter muß grundsätzlich in den **Begriffen der Sprache** die für erwiesen **136** erachteten Tatsachen mitteilen. Die schriftlichen Urteilsgründe sind so abzufassen, daß Gedankengang und Meinung des Tatrichters deutlich und verständlich werden. Der Verstoß gegen diese Pflicht wird vom Revisionsgericht auf die Sachrüge beanstandet. Eine **Bezugnahme** auf Schriftstücke ist darum, auch wenn sie sich bei den Akten befindet, unzulässig (vgl. im folg.). Auf Abbildungen, zu denen auch Fotos und Zeichnungen gehören, darf hingegen nach § 267 Abs. 1 Satz 3 Bezug genommen werden, aber nur „wegen der Einzelheiten"; vgl. dazu schon oben Rdn. 107.

dd) Schriftstücke. Abbildungen. Örtlichkeiten. Schriftstücke, die den äußeren Tat- **137** bestand einer Straftat erfüllen, müssen mit ihrem wesentlichen Inhalt in dem Urteil wiedergegeben oder dargestellt werden[275]; wenn der Verstoß gegen diese Pflicht dem Revisionsgericht die Kontrolle der Rechtsanwendung nicht erlaubt, führt auch das auf die Sachrüge zur Urteilsaufhebung. Bei einer Vielzahl gleichartiger Schriften kann jedoch die Feststellung genügen, daß sie einen gleichen Inhalt haben wie diejenigen, deren Inhalt in dem Urteil ausdrücklich wiedergegeben ist[276]. Ist der Inhalt der Schrift allgemeinkundig, wie z. B. bei einem Buch, das im Handel erhältlich oder in Büchereien vorrätig ist, soll nach einer im Schrifttum vertretenen Meinung bei der Sachverhaltsdarstellung (nicht: der Würdigung) auf seinen Inhalt verwiesen werden können[277].

Ist eine **Abbildung** Gegenstand des Urteils, darf auf sie heute zwar „wegen der Einzel- **138** heiten" verwiesen werden (§ 267 Abs. 1 Satz 3); wie schon bemerkt, entbindet das den Tatrichter aber nicht von der Pflicht, die eigentliche Rechtsanwendung selbst vorzunehmen (oben Rdn. 107), so daß auch Verstöße gegen die entsprechende Pflicht zur Darstellung weiterhin revisibel sind. Bei **pornographischen Schriften** genügt eine schlagwortartige Wiedergabe der geschlechtsbetonten Vorgänge, nicht jedoch die globale Feststellung,

---

[272] OLG Saarbrücken OLGSt § 263 StGB S. 140; eingehend und kritisch zur Praxis *Fezer* Erweiterte Revision 24 ff.

[273] BGHSt **33** 8; BGH StV **1987** 436 für die Qualität eines Betäubungsmittels; BGHSt **40** 374 sowie BGH NStZ **1982** 425 und StV **1984** 498 für die Berechnung verkürzter Steuern; BGH NJW **1983** 461 für § 266 StGB. Zur streitigen Frage, ob und wann nur der Mittelwert einer Blutalkoholkonzentration angegeben werden muß, s. BGHSt **28** 235.

[274] BGHSt **4** 77; RGSt **57** 257; **58** 308; RG JW **1932** 420; OLG Hamburg DAR **1960** 27; JR **1964** 267; *Gottwald* 216; *A. Weber* DRiZ **1929** 173; OLG Saarbrücken VRS **38** (1970) 454 für Widersprüche.

[275] BGHSt **17** 390; **23** 78; BGH NJW **1970** 820; BGH

bei *Wagner* GA **1961** 9 Nr. 5; OLG Düsseldorf JR **1985** 157 mit Anm. *Lampe*; RGSt **41** 23; **62** 216; **66** 4; RG JW **1929** 1051 mit Anm. *Brandt*; RG JW **1929** 2739; **1931** 1572; RG Recht **1915** Nr. 278; **1918** Nr. 1646; BayObLG NJW **1972** 1961 mit Anm. *Heiligmann*; OLG Braunschweig NJW **1956** 72; OLG Hamburg VRS **29** (1965) 128; vgl. auch BGHSt **11** 31.

[276] RG JW **1929** 2739 mit Anm. *Werthauer*; KMR-*Paulus* § 267, 11; vgl. auch § 267.

[277] *Heiligmann* Anm. in NJW **1972** 1961; *W. Schmid* ZStW **85** (1973) 903 (unter Einschränkung auf legal erhältliche Schriften); KMR-*Paulus* § 267, 11; LR-*Meyer* in der 23. Aufl., Rdn. 147.

es handele sich um „möglichst intensive Darstellungen von Praktiken des Sexualverkehrs"[278]. Die Sachrüge ist auch begründet, wenn der wesentliche Inhalt von **Schallplatten** nicht so in die Urteilsgründe aufgenommen worden ist, daß diese aus sich selbst heraus verständlich sind.

139   Kommt es auf die **Verhältnisse einer Örtlichkeit** an, etwa einer Unfallstelle in Verkehrsstrafsachen, so müssen auch sie im Urteil geschildert werden; nur wegen der Einzelheiten darf wiederum auf eine Unfallskizze Bezug genommen werden (§ 267 Abs. 1 Satz 3).

140   ee) Bei **Sachverständigengutachten**, denen sich der Tatrichter anschließt, verlangen die Revisionsgerichte als Voraussetzung für die Rechtskontrolle im Wege der Sachrüge regelmäßig — wenn auch mit nicht ganz einheitlicher Strenge —, daß er die Anknüpfungstatsachen und Ausführungen des Sachverständigen sowie seine eigenen Erwägungen dazu angibt[279]. Weicht der Tatrichter von einem Sachverständigengutachten ab, verlangen sie auch, daß er die Gründe dafür darlegt und gegebenenfalls dartut, warum er sich, obwohl er den Rat eines Sachverständigen für erforderlich gehalten hatte, nunmehr eine ausreichende eigene Sachkunde selbst zutraut[280]. Hat sich der Tatrichter sachverständiger Hilfe nicht bedient, obwohl das nach den Umständen des Falles erforderlich war, liegt nach dem Ausgangspunkt der Rechtsprechung (oben Rdn. 121) nicht nur ein Verstoß gegen § 244 Abs. 2 vor, sondern auch ein Mangel, den die Revisionsgerichte auf die Sachrüge berücksichtigen können[281].

141   ff) **Auflösung der Tatbestandsmerkmale in Handlungen und Tatsachen.** Sofern es sich nicht um unmißverständliche einfache Rechtsbegriffe handelt (vgl. bei § 267), muß das Urteil die Merkmale des gesetzlichen Tatbestandes in einzelne konkrete Handlungen und Tatsachen auflösen. Da andernfalls das Revisionsgericht nicht in der Lage ist, die Subsumtion der Tatsachen unter das Gesetz auf ihre Richtigkeit zu überprüfen[282], begründet der Verstoß dagegen die Sachrüge. Allgemeine Formeln (zur Verwendung von Vordrucken vgl. bei § 267), Redewendungen und Wertungen sind ebensowenig zulässig wie summarische Angaben[283]. Bei Serientaten muß, wie bei den fortgesetzten Handlungen früherer Prägung, jede Einzeltat so beschrieben werden, daß die Rechtsanwendung nachprüfbar ist[284].

142   **Rechtsbegriffe** dürfen nach dem Gesagten regelmäßig nicht als Ersatz von Feststellungen verwendet werden. Daher ist z. B. die Ordnungsmäßigkeit einer Pfändung durch Tatsachen zu belegen[285]. Ein Fußgängerüberweg ist ebenso zu beschreiben wie die Tat-

[278] OLG Frankfurt JZ **1974** 516; OLG Hamm OLGSt § 184 StGB S. 63; zum letzteren OLG Karlsruhe NJW **1974** 2016.

[279] Vgl. BGHSt **7** 238; **8** 118; **12** 314; **34** 31; **39** 296; BGH NJW **1989** 178; NStZ **1991** 596 („st. Rspr."); **1993** 95 (einschränkend); **1998** 83; OLG Frankfurt StV **1994** 9; OLG Hamm NJW **1962** 405; OLG Koblenz VRS **75** (1988) 52; OLG Köln GA **1965** 156.

[280] BGH NStZ **1983** 377; **1985** 422; StV **1982** 69; **1983** 8; **1984** 241 und 242; **1993** 234 und 235; BGH GA **1977** 275; BGH MDR **1977** 637.

[281] So z. B. BGH StV **1988** 52; bei *Holtz* MDR **1985** 630; OLG Düsseldorf StV **1991** 554; *Alsberg/ Nüse/Meyer* 725 mit weit. Nachw.

[282] RGSt **2** 419; **3** 201; RG JW **1936** 1671; OGHSt **1** 87, 290; KG DAR **1962** 56; OLG Düsseldorf StV

1994 645; OLG Hamm NJW **1969** 625; VRS **43** (1972) 448; LG Oldenburg NdsRpfl. **1954** 36; OLG Saarbrücken NJW **1974** 1392; *Peters* 458; *Dahs/Dahs* 68; *Loewenstein* 94 ff; *Börker* DRiZ **1953** 46; *Seibert* NJW **1960** 1285; vgl. auch bei § 267; einschränkend RGSt **3** 201.

[283] BGH NStZ **1981** 401; **1993** 502; OGHSt **1** 191; OLG Schleswig SchlHA **1949** 238; *Eb. Schmidt* § 267, 7; *Niemöller* StV **1984** 432; vgl. auch bei § 267.

[284] Vgl. BGHSt **40** 159 mit weit. Nachw.; BGH NStZ **1994** 352; **1996** 295 f, 349. Eingehend zum Ganzen jetzt *Klumpe* Probleme der Serientat (1998 = Diss. Bochum).

[285] RGSt **36** 136; BayObLGSt **1951** 439 = JR **1952** 288.

sachen, aus denen sich die Vorfahrtsberechtigung oder die Unübersichtlichkeit einer Straßenstelle ergibt[286]. Gleiches gilt für den „weiten Bogen" beim Einbiegen, das „Schritttempo" und für die „überhöhte Geschwindigkeit"[287], bei der allerdings nähere Darlegungen entbehrlich sein sollen, wenn sie offensichtlich zu hoch gewesen ist[288], sowie die „Vollbremsung", für die BGH NJW **1995** 3132 die entsprechende (aaO zitierte) Rechtsprechung der Oberlandesgerichte in einer Weise relativiert, die die Vagheit der scheinbar stringenten revisionsrechtlichen Anforderungen schlaglichtartig deutlich macht.

Auch zum **inneren Tatbestand** müssen Tatsachen festgestellt werden; enthält das **143** Urteil dazu nur formelhafte Ausführungen, so daß Zweifel bleiben, gilt das sachliche Recht als verletzt[289]. Ausführliche tatsächliche Feststellungen zur inneren Tatseite sind namentlich erforderlich, wenn sich nicht von selbst versteht, daß der Angeklagte vorsätzlich gehandelt hat[290]. Der Rechtsbegriff des Vorsatzes muß in entsprechende innere Tatsachen aufgelöst werden[291]. Bedingter Vorsatz bedarf eingehender Begründung, wenn er nach der Lebenserfahrung nicht auf der Hand liegt[292]. Wenn ein Tatbestands- oder Verbotsirrtum nach den Feststellungen naheliegt oder wenn der Angeklagte sich auf ihn beruft, müssen Feststellungen dazu getroffen werden[293], was wiederum auf die Sachrüge berücksichtigt wird. Ausführungen zum inneren Tatbestand gelten jedoch insbesondere in der älteren Rechtsprechung vielfach als entbehrlich, wenn schon die Darstellung des äußeren Sachverhalts die Merkmale des inneren Tatbestands hinreichend dartut[294]. Insbesondere dadurch enthält die Praxis der Revisionsgerichte bei der Überprüfung fehlender Ausführungen oder formelhafter Wendungen einen erheblichen, zum Teil nicht unbedenklichen oder überzeugenden Spielraum (eingehend *Fezer* Erweiterte Revision, insbesondere S. 24 ff).

d) Revisibilität der Beweiswürdigung

aa) Allgemeines. Daß die Beweiswürdigung vornehmlich in den Verantwortungsbe- **144** reich des Tatrichters fällt und vom Revisionsgericht nur in Grenzen nachgeprüft werden könne, wird von der Rechtsprechung immer wieder betont (unten Rdn. 146). Unbeschadet dieses Grundsatzes und unbeschadet auch der möglichen Verfahrensrevision bei Verletzung des § 261 hat jedoch die Rechtsprechung die Revisibilität der Beweiswürdigung im Wege der Sachrüge, also als Voraussetzung einer zuverlässigen Kontrolle für die Anwendung des materiellen Rechts (oben Rdn. 121), stark ausgebaut und intensiviert. Sie ist die

---

[286] BayObLGSt **1967** 156 = NJW **1968** 313 für den Fußgängerweg; OLG Schleswig SchlHA **1960** 148 für die Vorfahrtsberechtigung; BayObLG DAR **1962** 272; KG VRS **11** (1956) 71; **30** (1966) 383; OLG Hamm VRS **38** (1970) 50; **51** (1976) 449.

[287] BayObLGSt **1952** 40 für den „weiten Bogen"; OLG Celle VRS **36** (1969) 220 für das Einbiegen; BGH VRS **38** (1970) 432; OLG Hamm VRS **51** (1976) 448; OLG Stuttgart DAR **1963** 335. Vgl. auch bei § 267.

[288] KG VRS **33** (1967) 55; OLG Celle NdsRpfl. **1963** 23; VerkMitt. **1967** 51; OLG Frankfurt DAR **1964** 350; OLG Koblenz DAR **1966** 162; OLG Köln VRS **26** (1964) 223.

[289] Vgl. BGH bei *Holtz* MDR **1983** 448 (für die Voraussetzungen des § 20 StGB); OGHSt **1** 69, 116, 290; die Nachw. in Fußn. 290 bis 293.

[290] BGHSt **5** 145; **36** 9; BGH NStZ **1983** 19 und 71; **1987** 362 mit krit. Anm. *Puppe*; StV **1984** 187;

1991 510; JR **1988** 115 mit Anm. *Freund*; BayObLG StV **1993** 462 mit Anm. *Dannecker/Stoffers*; OLG Frankfurt NJW **1983** 274; **a. A** RGSt **8** 46; **51** 204; **57** 172.

[291] Vgl. KG DAR **1962** 56; OLG Oldenburg VRS **32** (1967) 276; *Hülle* DRiZ **1952** 92; vgl. auch bei § 267.

[292] BGH NStZ **1982** 506; **1994** 584, 585, 655; StV **1987** 92 (sehr weitgehend); **1997** 7, 8; BGH bei *Holtz* MDR **1977** 105; **1978** 458; **1981** 630.

[293] BGH StV **1988** 529; OLG Braunschweig NJW **1957** 640; OLG Frankfurt NJW **1983** 295; OLG Oldenburg VRS **32** 276; OLG Schleswig SchlHA **1972** 162.

[294] RG JW **1926** 1183 mit abl. Anm. *Löwenstein*; OLG Celle NJW **1966** 2325; OLG Koblenz VRS **47** (1974) 24; OLG Saarbrücken NJW **1974** 1392; VRS **40** (1971) 451; *Cuypers* 320; vgl. auch *Fezer* Erweiterte Revision S. 35 und im folg. Text.

Ernst-Walter Hanack

eigentliche Domäne und der zentrale Punkt (aber wohl ohne Zweifel auch: das eigentliche Anliegen) der „Darstellungsrüge" in der heutigen Praxis. Die revisionsgerichtliche Kontrolle der allgemeinen Sachverhaltsdarstellung (oben Rdn. 131 ff), aber auch die sonstigen Methoden zur Kontrolle der Feststellungen und Würdigungen des Tatrichters (unten Rdn. 157 bis 179), sind letztlich nur spezielle Ausprägungen und Mittel des Zugriffs auf die Beweiswürdigung. Dieser Zugriff betrifft dabei heute nicht nur solche Fälle, in denen im Urteil des Tatrichters Feststellungen fehlen oder unklar sind, die das Revisionsgericht für die Anwendung einer *konkreten* Rechtsnorm *unmittelbar* benötigt[295]; er betrifft vielmehr in weitem Maß auch Fälle einer „Kritik" des Revisionsgerichts an den mehr *mittelbar* relevanten Feststellungen, also gewissermaßen den Feststellungen im allgemeinen oder gar „kriminalistischen" Vorfeld der konkreten Rechtsanwendung[296], was die erhebliche Verselbständigung der Sachrüge als Instrument zur Kontrolle der tatsächlichen Feststellungen und Würdigungen insgesamt (oben Rdn. 125) besonders deutlich macht.

145 Durch die praktische Entwicklung **obsolet geworden** ist damit die Auffassung, daß der Tatrichter den Weg, auf dem sich seine Beweiswürdigung gebildet hat, grundsätzlich nicht angeben muß (das Revisionsgericht jedoch, *wenn* er dies tut, auf die Sachrüge prüft, ob der Weg einwandfrei ist und die Beweisanzeichen lückenlos zusammenfügt)[297]. Die „nunmehr allgemeine Rechtsüberzeugung" verlangt vielmehr, daß der Tatrichter im Urteil „regelmäßig" die Beweismittel und Beweisgründe angibt, „um dem Revisionsgericht die Prüfung zu ermöglichen, ob die Beweiswürdigung Mängel enthält"[298]. In diese Rechtsüberzeugung eingegangen ist auch die gelegentlich vertretene Ansicht, wenn die Beweisgründe nicht dargelegt werden, erwecke das Urteil den Anschein, es enthalte nur Behauptungen, aber keine Gründe[299].

146 Bei all dem bleibt, wie bemerkt, in der Rechtsprechung anerkannt, daß der **Tatrichter** bei der Würdigung des Ergebnisses der Beweisaufnahme **frei** ist[300]. Seine Schlußfolgerungen tatsächlicher Art brauchen nach dieser Rechtsprechung nicht einmal zwingend zu sein; es soll reichen, daß sie möglich sind und daß er von ihrer Richtigkeit überzeugt ist, weil der Grundsatz der freien Beweiswürdigung (§ 261) es ausschließe, daß das Revisionsgericht dem Tatrichter vorschreibt, zu einer bestimmten Schlußfolgerung und einer bestimmten Überzeugung zu kommen[301]. So halten sich die Revisionsgerichte grundsätzlich nicht für berechtigt, die Beweiswürdigung des Tatrichters durch ihre eigene zu ersetzen[302]: sie betonen, ihm die Verantwortung für die Beweiswürdigung nicht abzunehmen.

---

[295] Vgl. – nur als Beispiel – für solche Fälle, die selbstverständlich früher wie heute vorkommen, etwa BGH NStZ **1983** 35 zu ausreichenden Feststellungen für die konkrete Anwendung des § 211 StGB; vgl. auch *Fezer* Erweiterte Revision 30.

[296] Vgl. – wiederum nur als Beispiel – etwa BGH StV **1981** 55, 114 für Fälle des Wiedererkennens; oder BGH StV **1988** 237 mit Anm. *Weider* für Verurteilungen, die auf Zeugen vom Hörensagen zurückgehen; weitere Beispiele bei *Fezer* StV **1995** 98; vgl. auch Vor § 333, 4.

[297] So insbesondere noch BGHSt **12** 315; dazu kritisch *Baldus* FS Heusinger 384.

[298] So LR-*Meyer* in der 23. Aufl., Rdn. 110; **a. A** noch BGH NJW **1951** 413; grundsätzlich **a. A** auch *Blunck* MDR **1970** 470; *Cuypers* 366 ff hält den Tatrichter nur für verpflichtet, den Inhalt der Beweisaufnahme mitzuteilen, nicht aber, die Beweise in den Urteilsgründen zu würdigen; **a. A** auch Stimmen im älteren Schrifttum, die jeden Eingriff

des Revisionsgerichts in die Beweiswürdigung für unzulässig halten, z. B. *Pohle* 23.

[299] So OLG Celle NdsRpfl. **1956** 161; *Eb. Schmidt* § 267, 6; *Salger* NJW **1957** 735.

[300] Vgl. nur BGHSt **29** 19 = JR **1980** 168 mit abl. Anm. *Peters*: „allein seine Aufgabe"; BGH StV **1982** 210: seine „ureigene Aufgabe"; BGHSt **36** 325. Vgl. auch im folg.

[301] BGHSt **10** 210 = JR **1957** 386 mit Anm. *Eb. Schmidt*; BGHSt **20** 164; **25** 367 („nicht zwingend"); **26** 63; **29** 19; BGH NJW **1967** 360; **1991** 2497; NStZ **1987** 424; StV **1992** 262; JZ **1954** 512 mit Anm. *Baumann*; BGH MDR **1951** 118; BayObLGSt **1965** 32 = VRS **29** 151; OLG Hamm VRS **31** (1966) 463; *Cuypers* 141 ff; *Zillmer* NJW **1961** 720; vgl. auch bei § 261.

[302] Vgl. statt aller BGHSt **26** 63; **29** 20; **31** 288; BGH StV **1987** 285; **1992** 262. Zum Ganzen *Albrecht* NStZ **1984** 491.

So kann das Revisionsgericht (z. B.) zwar beanstanden, daß der Tatrichter Äußerungen des aus subjektiven Gründen vom Vorwurf der Vergewaltigung freigesprochenen Angeklagten nach der Tat nicht berücksichtigt hat, obwohl sie möglicherweise Indizien für eine vorsätzliche Gewaltanwendung enthalten; es kann diese Indizien aber nicht selbst würdigen, sondern den Tatrichter nur anweisen, dies in einer neuen Verhandlung zu tun (Fall BGH StV **1982** 210). An die *Tatsachen*, auf denen die tatrichterliche Beweiswürdigung beruht, ist das Revisionsgericht stets gebunden[303], sofern sie als solche rechtsfehlerfrei festgestellt sind. Unzulässig sind Revisionsangriffe, mit denen versucht wird, die tatrichterliche Beweiswürdigung durch die des Beschwerdeführers oder des Revisionsgerichts zu ersetzen[304].

Die so intensiv gewordenen Anforderungen an die Pflicht des Tatrichters, nachprüfbar **147** darzutun, daß seine Beweiswürdigung auf tragfähigen Grundlagen beruht, dürften freilich nur zu oft dazu führen, daß das **Revisionsgericht** — auf dem geschilderten Weg — in Wahrheit **doch seine eigene Überzeugung** von der richtigen Beweiswürdigung mit in die Waagschale wirft[305], schon weil sich die Kriterien für eine „objektive" Beanstandung von der eigenen Überzeugung des Revisionsrichters über das richtige oder naheliegende Ergebnis der Beweiswürdigung und seine Überzeugung von den dafür relevanten Faktoren logisch nicht trennen lassen (vgl. auch unten Rdn. 164). Die dadurch und durch die Anknüpfung an die *Darstellung* des Tatrichters bedingten Gefahren insbesondere für die Berechenbarkeit der revisionsgerichtlichen Entscheidung und für die sachliche Berechtigung einer Aufhebung sind nicht zu verkennen (oben Rdn. 130; Vor § 333, 11). Sie werden gerade bei der Kontrolle der Beweiswürdigung verstärkt durch die zum Teil recht vagen Kriterien, mit denen der revisionsgerichtliche Zugriff erfolgt, vgl. im folg. Text. Diese gehen hin bis zum Gesichtspunkt, die tatrichterliche Würdigung sei „zu ungenau", „als daß sie dem Gericht eine sichere Prüfung ermöglicht, ob das Landgericht in jeder Hinsicht von zutreffenden Voraussetzungen ausgegangen ist"[306]. Die Formulierung von der „alleinigen" oder „ureigenen" Aufgabe des Tatrichters (oben Fußn. 300) wirkt dadurch manchmal reichlich akademisch oder gar widersprüchlich (*Peters* 644; „gehört der Vergangenheit an"); neuere Entscheidungen formulieren hier häufig auch vorsichtiger (z. B. BGH NJW **1991** 2497).

bb) Einzelheiten. Nach heutiger Praxis ist eine Beweiswürdigung fehlerhaft und auf **148** die Sachrüge zu beanstanden, wenn sie *lückenhaft, widersprüchlich* oder *unklar* ist oder wenn sie gegen *Denkgesetze* und *Erfahrungssätze* verstößt. Als fehlerhaft gilt sie insbesondere, „wenn sich das Urteil . . . nicht mit allen festgestellten Umständen auseinandersetzt, die zu einer Würdigung drängen, weil sie für oder gegen den Angeklagten sprechen und für die Entscheidung Bedeutung haben können"[307]. Indem das Revisionsgericht „die Anforderungen an das Maß der Würdigung des Sachverhalts" bestimmt, „die an das Urteil zu stellen sind, damit dem Revisionsgericht eine Nachprüfung auf etwaige Rechtsfehler ermöglicht wird"[308], eröffnet es sich jeden möglichen Zugriff. Die verschiedenen Ansatzpunkte

---

303 Vgl. nur OLG Hamm VRS **46** (1974) 34; OLG Saarbrücken VRS **47** (1974) 438.

304 Vgl. BGH NJW **1998** 3068; VRS **35** (1968) 264; OLG Köln VRS **12** (1957) 123; vgl. auch § 344, 94; *Sarstedt/Hamm*⁶ 1153 ff.

305 Näher und kritisch *Foth* DRiZ **1997** 201; NStZ **1992** 445; *Jerouschek* GA **1992** 507; konkrete Kritik an Einzelfällen bei *Hannover* StV **1987** 423; *Blau* JR **1988** 212; vgl. auch *Engel* StV **1988** 506; BVerfG (Kammer) NStZ **1991** 499.

306 So BGH (in einem Aufhebungsbeschluß nach

§ 349 Abs. 4) 3 StR 43/79 v. 7. 3. 1979 (unveröff.); *Dahs/Dahs* 398 bezeichnen solche Formulierungen als „häufig".

307 So BGH StV **1982** 210 mit weit. Nachw. und dem Hinweis auf eine „ständige Rechtsprechung" des Bundesgerichtshofs; vgl. z. B. auch BGH NStZ **1981** 488; **1987** 424 und 555; StV **1986** 421; **1988** 93; **1998** 116.

308 So BGH NStZ **1989** 401 unter Bezugnahme auf BGH GA **1974** 61; NJW **1980** 2423; bei *Holtz* MDR **1980** 806.

des Zugriffs sind dabei nicht immer klar voneinander abgegrenzt (und oft auch nicht klar abgrenzbar)[309]. In der Sache geht es insbesondere um die folgenden Ansatzpunkte.

149   **Fehlen notwendiger Beweiswürdigung.** Als sachlichrechtlicher Mangel gilt, daß das Urteil keine oder keine hinreichende Beweiswürdigung enthält, obwohl eine solche Würdigung nach Lage des Falles für die Beurteilung der Tragfähigkeit des tatrichterlichen Urteils (Rdn. 121) notwendig erscheint[310]. Eine derartige Notwendigkeit wird — mit Schwankungen im einzelnen — insbesondere bejaht, wenn der Angeklagte nur durch Indiztatsachen überführt worden ist (vgl. Rdn. 152), wenn die Entscheidung wesentlich auf einer einzelnen Zeugenaussage[311], der Einlassung eines Mitangeklagten[312] oder der Abwägung divergierender Zeugenaussagen beruht. Die Anforderungen an die konkrete Beweiswürdigung im einzelnen sind dabei besonders streng, wenn es um die Würdigung problematischer Zeugenaussagen[313] oder um Fälle geht, in denen „Aussage gegen Aussage" steht[314]. Vgl. auch Rdn. 150 und 151.

150   Verweigert der Angeklagte die **Einlassung**, so muß der Inhalt der Zeugenaussagen und der sonstigen Beweismittel, durch die er überführt worden ist, im Urteil angegeben werden (OLG Koblenz GA **1976** 185). Eine Würdigung der Einlassung des Angeklagten ist jedenfalls notwendig, wenn Zweifel daran bestehen, ob der Tatrichter sie richtig verstanden und lückenlos gewürdigt hat[315]. Verteidigt sich der Angeklagte mit Tatsachenbehauptungen, so sind regelmäßig die Feststellungen und Erwägungen zu erörtern, die diese Einlassung widerlegen[316]. Wird der Angeklagte ausschließlich durch Zeugen überführt, soll eine spezielle Beweiswürdigung hingegen häufig entbehrlich sein, weil meist auszuschließen sei, daß die Würdigung, die sich dann im wesentlichen auf die Glaubwürdigkeit der Zeugen bezieht, rechtsfehlerhaft ist[317]. Anderes gilt jedoch namentlich, wenn der Angeklagte bestimmte Tatsachen gegen die Glaubwürdigkeit der Zeugen vorgebracht hat, wenn das Gericht einem Zeugen nur teilweise glaubt (so z. B. BGH StV **1988** 8), wenn die Entscheidung von weiteren Schlußfolgerungen abhängt, die der Tatrichter aus der Zeugenaussage gezogen hat[318], oder wenn es um Probleme des Wiedererkennens geht[319].

151   **Lücken.** Eine notwendige Beweiswürdigung (Rdn. 149), die unvollständig ist, ermöglicht dem Revisionsgericht keine rechtliche Überprüfung[320], so daß nach der Rechtspre-

---

[309] Vgl. – nur als Beispiel – BGH StV **1981** 55, wo die Rüge eines Denkfehlers mit dem Fehlen genauerer Darlegungen verbunden wird.

[310] Vgl. nur BGHSt **28** 91; BGH StV **1990** 438; OLG Düsseldorf StV **1995** 458; OLG Hamburg MDR **1971** 414; OLG Saarbrücken VRS **47** (1974) 50; aber auch BGH NJW **1983** 462. Weitere Beispiele bei *Niemöller* StV **1984** 432.

[311] So z. B. BGH StV **1986** 6 mit weit. Nachw.; **1990** 439 und 485; **1992** 97 und 98, 219; **1995** 452.

[312] Vgl. etwa BGH StV **1990** 533 und 534.

[313] Z. B. BGH NStZ **1990** 402; StV **1992** 2 und 556; **1988** 237 mit Anm. *Weider*; **1988** 512; BGH bei *Holtz* MDR **1985** 630; OLG Hamburg StV **1987** 241.

[314] Zur Praxis des BGH („st. Rspr.") s. etwa StV **1992** 556; **1993** 235; **1994** 6; **1995** 7, 62, 566; vgl. auch OLG Köln StV **1992** 566.

[315] BGH GA **1965** 109; BayObLGSt **1972** 103 = NJW **1972** 1433; OLG Celle NJW **1966** 2325; weitergehend halten BGH bei *Kusch* NStZ **1997** 72 und OLG Zweibrücken VRS **51** (1976) 213 die Wiedergabe der Einlassung stets für erforderlich.

[316] BGH StV **1981** 508; **1986** 516; OLG Stuttgart Justiz **1972** 291; vgl. auch OLG Düsseldorf GA **1984** 25.

[317] So BGH GA **1961** 172; OLG Koblenz VRS **45** (1973) 112; OLG Oldenburg NdsRpfl. **1954** 35; ob das heute noch der Praxis entspricht, ist zweifelhaft; **a. A** z. B. OLG Frankfurt VRS **37** (1969) 60, das bei Verurteilung zu 40,– DM Geldstrafe eine „sorgfältige Beweiswürdigung darüber verlangt, weshalb das Gericht dem Belastungszeugen und nicht dem Angeklagten glaubt"; sehr weitgehend auch OLG Düsseldorf StV **1982** 12.

[318] Vgl. z. B. BGH NStZ **1983** 133; BGH NJW **1961** 2070; OLG Koblenz OLGSt § 261 S. 62; OLG Hamm NJW **1972** 916; vgl. auch OLG Saarbrücken VRS **47** (1974) 51; OLG Düsseldorf StV **1982** 12.

[319] Vgl. z. B. BGHSt **16** 204 (grundsätzlich); BGH StV **1981** 55, 114; **1995** 452 und 511; OLG Düsseldorf StV **1991** 12; **1994** 8; OLG Köln StV **1994** 67.

[320] Vgl. BGHSt **15** 3; **35** 8; BGH NStZ **1988** 144; StV **1989** 519; OLG Hamm NJW **1976** 916; OLG Koblenz VRS **51** (1976) 106; *Blunck* MDR **1970** 473.

chung ein auf die Sachrüge zu berücksichtigender Mangel vorliegt. Da die Tatrichter heute im allgemeinen im Urteil mindestens eine gewisse Beweiswürdigung vornehmen, hat dieser Rügegrund in neuerer Zeit zunehmende Bedeutung erlangt; nach den Untersuchungen von *Barton* StraFo. **1998** 326 ist er heute die häufigste Form der Darstellungsrüge. Die Revisionsgerichte halten den Tatrichter für verpflichtet, „den festgestellten Sachverhalt, soweit er bestimmte Schlüsse zugunsten oder zuungunsten des Angeklagten nahelegt, im Urteil erschöpfend zu würdigen"[321]; „seinem Urteil muß ... bedenkenfrei entnommen werden können, daß er bei seiner Prüfung keinen wesentlichen Gesichtspunkt außer acht gelassen hat, der geeignet sein könnte, das Beweisergebnis zu beeinflussen"[322]. Das gilt insbesondere für die innere Tatseite (vgl. auch Rdn. 143). Eine Auseinandersetzung mit allen festgestellten, für den inneren Tathergang wesentlichen oder sich aufdrängenden Umständen gilt als erforderlich[323], z. B. im Hinblick auf die Beurteilung eines Rücktritts (BGHSt **35** 8) oder die Möglichkeit einer Affekttat[324].

Handelt es sich um einen **Indizienbeweis**, so darf die Verurteilung nur erfolgen, wenn **152** die Beweiskette lückenlos ist[325]. Der Tatrichter muß sich mit allen festgestellten Beweisanzeichen unter den für die Beurteilung maßgebenden Gesichtspunkten auseinandersetzen[326]. Indizien, die der Tat weit vorgelagerte Tatsachen belegen, hat er mit besonderer Sorgfalt und Vorsicht zu würdigen (BGH bei *Holtz* MDR **1985** 630).

Ein **Freispruch** wegen nicht erwiesener Schuld verlangt im Hinblick auf die revisions- **153** gerichtliche Kontrolle zunächst die Angabe der für erwiesen erachteten Tatsachen (BGH NStZ **1991** 596 mit Nachw.). Er darf nicht ergehen, bevor die Prüfung der Beweise und die Würdigung der festgestellten Tatsachen zum Abschluß gediehen sind[327].

Widersprüche. Eine Beweiswürdigung, die Widersprüche enthält, verstößt gegen die **154** Denkgesetze (*Sellke* 62 ff) und gilt auch wegen ihrer Unklarheit nicht als geeignete Grundlage eines verurteilenden oder freisprechenden Erkenntnisses. Eine widersprüchliche Beweiswürdigung ist insbesondere gegeben, wenn der Tatrichter einander widersprechende Tatsachen für zwanglos miteinander vereinbar hält oder wenn aus ihnen abgeleitete Folgerungen sich nicht miteinander vereinbaren lassen[328]. Ein Widerspruch besteht auch, wenn eine unwahre Schutzbehauptung des Angeklagten zu seiner Überführung benutzt wird[329].

Sonstige Unklarheiten. Ein sachlichrechtlicher Mangel wird auch angenommen, **155** wenn die Beweiswürdigung aus sonstigen Gründen unklar ist[330], etwa weil sie nicht

---

[321] So BGH NStZ **1981** 488 (entspricht „anerkannten Rechtsgrundsätzen"); BGH StV **1981** 169. Vgl. auch BGH NJW **1983** 462, wo eine Lücke entgegen der Auffassung des Generalbundesanwalts verneint wird.

[322] So BGH StV **1981** 114; vgl. weiter BGHSt **14** 164; **25** 286; BGH VRS **16** (1959) 269; **25** (1963) 268; RG HRR **1936** 1115; KG JR **1959** 106; OLG Celle DAR **1956** 166; OLG Hamm NJW **1973** 818; OLG Karlsruhe VRS **48** (1975) 309; OLG Köln NJW **1967** 1924; *Jagusch* NJW **1971** 2010.

[323] BGHSt **1** 266; **18** 206; BGH NJW **1953** 1441; **1962** 31, 549; StV **1982** 210; **1994** 640; OGHSt **2** 37; BayObLGSt **1971** 129 = JR **1972** 31 mit Anm. *Peters.*

[324] Vgl. z. B. BGH GA **1975** 306; StV **1981** 140, 231; **1982** 113; BGH bei *Holtz* MDR **1980** 629, 985.

[325] BGH StV **1981** 114 (sehr instruktiv und weitgehend); BGH bei *Pfeiffer/Miebach* NStZ **1988** 19; bei *Herlan* MDR **1955** 18; *Blunck* MDR **1970** 473.

[326] BGHSt **12** 315; **20** 342; BGH GA **1974** 61; JR

1954 464; RGSt **77** 79; OLG Bremen VRS **48** (1975) 277; OLG Hamm NJW **1963** 405; vgl. auch bei § 267.

[327] Zu den Anforderungen im einzelnen s. BGH NStZ **1994** 586; ferner etwa BGH NJW **1962** 549; BGH bei *Dallinger* MDR **1974** 548; bei *Holtz* MDR **1980** 631; RGSt **77** 79, 161; BayObLG JR **1998** 385; OLG Braunschweig NJW **1947/48** 353; OLG für Hessen SJZ **1948** 617; OLG Hamm HESt **3** 46; NJW **1960** 60; **1973** 818. Vgl. im übrigen die Erl. zu § 267 Abs. 5.

[328] Vgl. z. B. BGHSt **3** 215; **14** 164; **19** 34; BGH StV **1987** 190; **1995** 452; OGHSt **1** 117; vgl. auch *Dahs/Dahs* 413 ff. mit zahlr. Beispielen; *Niemöller* StV **1984** 435.

[329] OLG Köln NJW **1954** 1294; vgl. auch OLG Saarbrücken OLGSt § 267 S. 26 sowie Rdn. 167.

[330] BGHSt **3** 215 (dazu auch unten Fußn. 332); BGH StV **1989** 519; RG JW **1931** 1494; *Eb. Schmidt* 20; *Beling* 413; *Blunck* MDR **1970** 473.

Ernst-Walter Hanack

erkennen läßt, welchen Sachverhalt der Tatrichter seiner Beurteilung zugrunde gelegt hat[331]. Der Begriff der Unklarheit wird in Praxis und Lehre — insbesondere bei der generellen *Umschreibung* der Voraussetzungen für die Revisibilität der Beweiswürdigung — viel benutzt. Er hat aber ersichtlich im Rahmen der anderen Prüfungskriterien überwiegend keine selbständige Bedeutung[332].

156   **Nichtbeachtung naheliegender Möglichkeiten.** Praktisch bedeutsamer ist die Nichtbeachtung naheliegender anderer Möglichkeiten des Tatgeschehens, die die revisionsgerichtliche Rechtsprechung, bei manchen Schwankungen im einzelnen[333], nach folgenden Gesichtspunkten handhabt, die wiederum einen erheblichen Spielraum ergeben: Der Tatrichter ist nicht verpflichtet, jede theoretisch denkbare, aber den Umständen nach fernliegende Möglichkeit der Fallgestaltung in seine Erwägungen einzubeziehen bzw. im Urteil abzuhandeln[334]. Hat er jedoch, obwohl der Sachverhalt dazu drängt, eine naheliegende Möglichkeit des Tathergangs außer Betracht gelassen, gilt seine Beweiswürdigung als lückenhaft und das sachliche Recht als verletzt[335]. *Sarstedt/Hamm*[5] 349 haben das noch ein „Mittel aus dem Giftschrank des Revisionsrichters" genannt, das er „gelegentlich nicht entbehren kann, jedoch nur mit äußerster Vorsicht anwenden darf", weil es sich „in der Regel" um eine Frage handele, „die nur den Tatrichter angeht". Der Bundesgerichtshof spricht von einem „sich von selbst verstehenden Grundsatz" (StV **1982** 60). Es handelt sich praktisch vor allem um Fälle, in denen der Tatrichter von mehreren Möglichkeiten des äußeren oder inneren Geschehensablaufs, die mehr oder weniger gleich naheliegen, nur die eine erwogen, die andere aber ungeprüft gelassen hat[336].

e) Revisibilität der Überzeugungsbildung

157   **aa) Allgemeines.** Der Tatrichter entscheidet über die Beweiswürdigung gemäß § 261 „nach seiner freien . . . Überzeugung". Diese Überzeugung verlangt nach herrschender Meinung, daß der Tatrichter auf einer tragfähigen Grundlage persönliche Gewißheit erlangt hat, für die aber keine „mathematische Sicherheit" erforderlich ist, und bei der abstrakt denkbare, theoretische Zweifel, die sich aus der Unzulänglichkeit des menschlichen Erkenntnisvermögens ergeben, außer Betracht zu bleiben haben[337]. Die rechtlichen Anforderungen an die Überzeugungsbildung betreffen eine geradezu klassische Frage des Verfahrensrechts, unterliegen also auf entsprechende Rüge (§ 344 Abs. 2) der Verfahrensrevision (näher bei § 261). Darüber hinaus kontrollieren die Revisionsgerichte diese Anforderungen — als Voraussetzung sachgemäßer Rechtsanwendung, oben Rdn. 121 — regelmäßig aber auch auf die Sachrüge, und zwar in eher großzügigerer

---

[331] OLG Hamm VRS **47** 280; KG NJW **1976** 183; vgl. auch BGH NJW **1981** 2310: „Annahme (des Tatrichters) findet in den Feststellungen keine Stütze"; BGH NStZ **1981** 488.

[332] Vgl. *Fezer* Erweiterte Revision 15 und als Beispiel auch BGHSt **3** 215, wo ein Fall des Widerspruchs als Unklarheit behandelt wird.

[333] Näher *Fezer* Möglichkeiten, insbes. S. 105 ff; vgl. auch *Dahs/Dahs* 411.

[334] Vgl. z. B. BGHSt **25** 367; BGH StV **1981** 508; bei *Miebach* NStZ **1990** 28; OLG Schleswig bei *Ernesti/Jürgensen* SchlHA **1976** 171.

[335] BGHSt **18** 207; **25** 367; BGH NStZ **1990** 104; bei *Holtz* MDR **1983** 793; BGH NJW **1953** 1441; GA **1975** 307; StV **1981** 401; **1982** 60; OGH NJW **1950** 512; KG VRS **30** (1966) 384; OLG Celle

NdsRpfl. **1949** 162; DAR **1956** 166; OLG Dresden JW **1928** 2164 mit Anm. *Mannheim*; OLG Hamm NJW **1960** 398; Blutalkohol **1977** 123; OLG Köln NJW **1977** 1924; vgl. auch die Fälle bei *Fezer* Erweiterte Revision, z. B. S. 130, 143, 145; *Niemöller* StV **1984** 440.

[336] So etwa BGH StV **1981** 508; **1982** 60; BGH GA **1975** 307; MDR **1951** 117; BGH bei *Dallinger* MDR **1951** 276; bei *Holtz* MDR **1976** 987; RG JW **1932** 3070 mit Anm. *Alsberg*; OLG Hamm NJW **1973** 817; OLG Hamburg NJW **1970** 1650; OLG Saarbrücken VRS **47** (1974) 439; OLG Schleswig SchlHA **1956** 184; *Schwinge* 200.

[337] Näher zu den umstrittenen Einzelheiten bei § 261; ausführlich *Walter* 88 ff; zusammenfassend *Hanack* JuS **1977** 727; vgl. auch Fußn. 339.

Weise als bei der speziellen Rüge der Verletzung des § 261. Die Verwischung des traditionellen Aufgabenbereichs von Verfahrens- und Sachrüge (oben Rdn. 127) wird auch hier deutlich[338].

Die Revisionsgerichte beachten dabei freilich, daß die tatrichterliche Überzeugung **158** gemäß § 261 „frei" ist. Sie überprüfen sie heute hinsichtlich ihrer Plausibilität in den rationalen Grundlagen[339], halten sich aber, wie bei der Beweiswürdigung selbst (oben Rdn. 146), grundsätzlich nicht für befugt, die Überzeugung des Tatrichters durch die eigene zu ersetzen[340]. Sie akzeptieren also z. B. eine auf „wirkliche ‚letzte Zweifel'" gestützte" Freisprechung (so BGHSt **10** 210; dazu *G. Schäfer* StV **1995** 148) und die mit der Überzeugung verbundene „Freiheit der Entscheidung gegenüber objektiv an sich möglichen Zweifeln" (so BGH NJW **1967** 360; unten Rdn. 164). Daß die gelegentlich aufgestellte Behauptung oder Andeutung richtig ist, die Revisionskontrolle sei bei Freispruch durch den Tatrichter strenger als bei Verurteilung, läßt sich nicht verifizieren.

bb) Revisibilität bei Verurteilung. Von den Revisionsgerichten wird (auch) ein sach- **159** lichrechtlicher Mangel bejaht, wenn der Tatrichter zu geringe Anforderungen an seine eigene Überzeugung gestellt, insbesondere den Rechtsbegriff der freien Überzeugung als solchen verkannt oder möglicherweise verkannt hat. So reicht als Grundlage einer Verurteilung nicht, was nur möglich oder naheliegend ist oder seine Grundlage allein im „Glauben" des Richters hat[341]; insoweit kann man von der Notwendigkeit einer revisionsgerichtlich „nachvollziehbaren" Entscheidung sprechen[342]. Die Überzeugungsbildung muß sich nach heutiger Auffassung namentlich auf eine tragfähige Grundlage stützen (Rdn. 157, 158) und erkennen lassen, daß die vom Gericht gezogene Schlußfolgerung nicht etwa nur eine Annahme ist oder sich als eine bloße Vermutung erweist, die letztlich nicht mehr als einen Verdacht zu begründen vermag[343]; hier überschneidet sich die Kontrolle untrennbar mit den Anforderungen an eine tragfähige Beweiswürdigung (oben Rdn. 144 ff), auf deren Verletzung dabei häufig allein abgestellt wird.

Hält der Tatrichter den Angeklagten für schuldig, obwohl er Zweifel an seiner Täter- **160** schaft hat, ist der Grundsatz **in dubio pro reo** (dazu oben Rdn. 14 und Einl. H 45 ff) verletzt und diese Verletzung auf die Sachrüge hin zu beachten. Das gilt nach einer sachlichrechtlich umstrittenen Rechtsprechung auch für den Zusammenhang zwischen dem Ver-

---

338 Vgl. – nur zum Beispiel – OLG Celle NJW **1976** 2030 und dazu die kritischen Bemerkungen von *Hanack* JuS **1977** 730 Fußn. 38. Ablehnend zur Kontrolle im Wege der Sachrüge noch BayObLG JZ **1965** 291.

339 BGH NJW **1988** 3273; StV **1995** 453; **1997** 293; dazu *Roxin* § 15, 13; *Sarstedt/Hamm*6 842 f; *Herdegen* NStZ **1987** 199 (grundsätzlich); *Hamm* StV **1997** 159; *G. Schäfer* StV **1995** 148; vgl. schon *Peters* 644 und Gutachten C zum 52. DJT 1978, S. 48 ff (52). S. auch Rdn. 159.

340 Vgl. nur BGHSt **10** 209; **25** 367; BGH NJW **1967** 360; auch BGH NStZ **1982** 33; **1984** 180; **1990** 603.

341 Vgl. z. B. BGH NJW **1982** 347; BGH NStZ **1981** 33; StV **1983** 511; **1995** 453. BayObLGSt **1971** 128 = JR **1972** 31 mit Anm. *Peters*; BayObLG bei *Rüth* DAR **1976** 177; OLG Köln NJW **1977** 399 („nachvollziehbarer" Schluß; dazu im folg. Text); OLG Saarbrücken VRS **44** (1973) 218; KK-*Hürxthal* § 261, 4 mit weit. Nachw.

342 So auch LR-*Meyer* in der 23. Aufl., Rdn. 113. Entgegen *Peters* muß dies aber noch nicht bedeuten, daß das Revisionsgericht selbst den Schuldspruch für überzeugend hält. Übereinstimmend *Meyer* aaO („daß das Schicksal des Angeklagten . . . von den Persönlichkeiten des erkennenden Gerichts abhängt . . ., ist . . . ganz unvermeidbar, wenn nicht das Revisionsverfahren ein Berufungsverfahren werden soll"); *Walter* 168.

343 Vgl. z. B. BGH NJW **1988** 3274; BGH NStZ **1981** 33 mit weit. Nachw. („objektiv . . . hinreichend fundiert"); **1982** 478 = JR **1983** 163 mit Anm. *Peters*; **1987** 473; **1990** 403 mit weit. Nachw.; BayObLGSt **1971** 129 = JR **1972** 30 mit Anm. *Peters*; OLG Düsseldorf VRS **71** (1986) 287; OLG Köln VRS **91** (1997) 34; vgl. auch BGH bei *Dallinger* MDR **1969** 194: keine Konstruktion der Gewißheit aus der Summe mehrerer Wahrscheinlichkeiten.

Ernst-Walter Hanack

halten des Angeklagten und dem eingetretenen Erfolg[344]. Entgegen einer mißverständlichen Rechtsprechung des Bundesgerichtshofs[345] kann auch ein mißglückter **Alibibeweis** nach dem Grundsatz in dubio pro reo bei der Abwägung von Zweifeln durchaus von Bedeutung sein. Hat der Tatrichter verkannt, daß das Scheitern eines Alibibeweises kein Beweisanzeichen für die Täterschaft des Angeklagten ist[346], oder unzulässigerweise einen Indizienbeweis mit bloßen Verdachtsgründen geführt[347], begründet auch dies die Sachrüge. Zur Auseinandersetzung mit „Schutzbehauptungen" (und der Bedenklichkeit einer undifferenzierten Verwendung dieses Begriffs) sowie mit sonstigen widerlegten Einlassungen s. OLG Düsseldorf NStZ **1985** 81 und BGH StV **1997** 292.

161   Da ansonsten gegen den Grundsatz in dubio pro reo nur verstoßen ist, wenn der **Tatrichter selbst Zweifel** hat, können sich diese Zweifel in der Regel nur aus dem Urteil ergeben[348]. Zweifel, die der Richter nach Ansicht des Beschwerdeführers hätte haben sollen, bedeuten nichts[349]; eine Sachrüge, die lediglich beanstandet, der Tatrichter hätte Zweifel haben müssen, ist *insoweit* daher lediglich ein unzulässiger Angriff auf die Beweiswürdigung.

162   **cc) Revisibilität bei Freispruch.** Die Revisionsgerichte prüfen auch hier, wie bei der Verurteilung, auf die Sachrüge, ob der Tatrichter von zutreffenden rechtlichen Anforderungen an die eigene Überzeugung ausgegangen ist (zusammenfassend BGH StV **1994** 580). Daran fehlt es insbesondere, wenn er zu strenge Anforderungen an seine persönliche Gewißheit gestellt, z. B. wegen bloß „theoretischer" Zweifel freigesprochen hat[350]. Die Revisionsgerichte prüfen darüber hinaus — bzw. im Zusammenhang damit und wiederum (vgl. Rdn. 159) in untrennbarer Überschneidung mit den allgemeinen Anforderungen an eine sachgerechte Beweiswürdigung — auf die Sachrüge ebenfalls, ob der Tatrichter den Sachverhalt erschöpfend gewürdigt und naheliegenden Verdachtsgründen widerspruchsfrei sowie ohne Verstoß gegen Denkgesetze oder Erfahrungssätze nachgegangen ist; das verlangt grundsätzlich eine zusammenfassende Darlegung der dem Angeklagten zur Last gelegten Straftat und der dazu getroffenen Feststellungen einschließlich ihrer Beweiswürdigung[351].

163   Bei **abgelehnter Einlassung** des Angeklagten darf er nicht aufgrund bloßer Unterstellungen freigesprochen werden. Der Tatrichter darf insbesondere Ausnahmen von dem regelmäßigen, der Lebenserfahrung entsprechenden Ablauf der Ereignisse, die sonst nur auf spezielles Verteidigungsvorbringen untersucht werden, nicht zugunsten des Angeklag-

---

[344] BGHSt **11** 1, 24, 34; BGH NJW **1973** 1381; BGH VRS **16** (1959) 438; **21** (1961) 342; **24** (1963) 206; **27** (1964) 349; **32** (1967) 37; BayObLGSt **1971** 129 = JR **1972** 31 mit Anm. *Peters*; KK-*Hürxthal* § 261, 59; vgl. auch bei § 261. Sachlichrechtlich umstritten ist das namentlich für die Beziehung zwischen Fahrlässigkeit und Erfolg, vgl. statt aller *Lackner/Kühl*[22] § 15, 41 ff.

[345] BGHSt **25** 285; BGH JR **1978** 378 mit abl. Anm. *Tenckhoff*; vgl. auch OLG Celle JR **1977** 83 mit Anm. *Peters*; OLG Hamm JZ **1968** 676. Kritisch oder ablehnend zu BGHSt **25** 285 *Foth* NJW **1974** 1572; *Hanack* JR **1974** 383; *Schneider* MDR **1974** 944; *Stree* JZ **1974** 298; *Strate* StV **1982** 159; *Volk* JuS **1975** 25. Richtig jetzt aber BGH StV **1983** 267.

[346] BGHSt **41** 154; BGH StV **1982** 158 und 159 mit Anm. *Strate*; BGH bei *Kusch* NStZ **1993** 29.

[347] BGH JR **1954** 468; NJW **1974** 654 = JR **1975** 34 mit Anm. *Peters*; s. auch unten Rdn. 169.

[348] BGH NJW **1951** 325; OGHSt **1** 57; OLG Koblenz VRS **50** 356; *Kleinknecht/Meyer-Goßner*[43] § 261, 26.

[349] BGH NJW **1951** 283 L; BGH bei *Dallinger* MDR **1970** 899; RGSt **52** 319; OGHSt **1** 112; vgl. auch BVerfG (Kammer) NJW **1988** 477.

[350] Nach BGH StV **1994** 580 und BGH bei *Miebach* NStZ **1990** 28 st. Rspr.; vgl. z. B. BGH NJW **1951** 83, 122; **1967** 360; BGH bei *Holtz* MDR **1978** 806; BGH GA **1954** 152; **1969** 181; RGSt **61** 206; **66** 146; OLG Celle NJW **1976** 2030 = JR **1977** 82 mit Anm. *Peters*; OLG Koblenz GA **1975** 220 und VRS **44** 44.

[351] Vgl. BGH NStZ **1982** 479; **1990** 449; **1998** 475; **1991** 320 bei *Pfeiffer/Miebach*; BGH bei *Holtz* MDR **1978** 806, 998; **1980** 108; vgl. auch BGHSt **19** 34; OLG Hamburg NJW **1968** 686; RG JW **1929** 862; OLG Hamm NJW **1970** 1246.

ten als möglich annehmen, wenn tatsächliche Anhaltspunkte für einen regelwidrigen Geschehensablauf nicht bestehen[352]. Bestehen sie, muß er ihnen freilich grundsätzlich nachgehen.

Hat der Tatrichter den umschriebenen Anforderungen genügt, darf sein **Urteil** auch **164** dann **nicht beanstandet** werden, wenn er sich trotz hoher Wahrscheinlichkeit und des Fehlens von Anhaltspunkten für ein gegenteiliges Geschehen von der Schuld des Angeklagten keine Gewißheit verschaffen konnte[353]. Denn Grundlage für die tatrichterliche Verurteilung ist nach heutiger Auffassung nur die richterliche Überzeugung von der Wahrheit, nicht die Überzeugung von einer hohen Wahrscheinlichkeit[354].

f) Revisibilität der Denkgesetze insbesondere

aa) Allgemeines. Ob man die Gesetze des Denkens als Rechtsnorm ansieht oder nicht **165** (oben Rdn. 11): Anerkannt ist seit langem, daß die Freiheit der Überzeugungsbildung des Tatrichters ihre Grenze in den Denkgesetzen findet, deren Verletzung also der Revision unterliegt[355]. Umstritten ist jedoch, ob die Verletzung im Wege der Verfahrens- oder der Sachrüge geltend zu machen ist. Da die unrichtige Anwendung einer Rechtsnorm auch dadurch bedingt sein kann, daß sie auf einen Sachverhalt angewendet wird, den der Tatrichter unter Verstoß gegen Denkgesetze für erwiesen hält, bejahen die Revisionsgerichte, entsprechend ihrem Ausgangspunkt (oben Rdn. 121), generell einen Fall der Sachrüge[356]. Im Schrifttum wird demgegenüber, wie bei den Erfahrungssätzen (unten Rdn. 170 ff), vielfach angenommen, daß die Verletzung der Denkgesetze jedenfalls dann der Verfahrensrüge unterliegt, wenn sie die Verletzung der Beweiswürdigung betrifft[357].

bb) Einzelheiten. Verstöße gegen Denkgesetze kommen — bei der Gesetzesausle- **166** gung wie bei der Tatsachenfeststellung und -würdigung — in sehr verschiedenen Formen vor. So gehören im Grunde auch die Widersprüche (oben Rdn. 154), ja vielfach selbst die Verkennung von Erfahrungssätzen (unten Rdn. 170 ff) oder die Verletzung der Anforderungen an den Indizienbeweis (oben Rdn. 160) hierher. In der Praxis der Revisionsgerichte wird demgemäß bei der Kontrolle der Sachverhaltsfeststellung und -würdigung der

---

[352] BGH NJW **1995** 2300; BayObLG bei *Rüth* DAR **1969** 237; KG VRS **45** (1973) 288; OLG Hamburg VRS **41** (1971) 196; OLG Hamm VRS **46** (1974) 366; *Kleinknecht/Meyer-Goßner*[43] § 261, 18; *Kleinknecht* JR **1966** 271.

[353] Vgl. z. B. BGHSt **10** 210 = JR **1957** 386 mit Anm. *Eb. Schmidt*; BGH NStZ **1982** 479; **1983** 278; **1984** 180; BGH bei *Holtz* MDR **1978** 281; RGSt **61** 206; RG JW **1928** 116 mit Anm. *Mannheim*; BayObLG NJW **1968** 668; VRS **39** (1970) 39; OLG Celle NJW **1976** 2030; *Cuypers* 159; *Niese* GA **1954** 148.

[354] Vgl. nur BGHSt **10** 201 in Auseinandersetzung mit einer a. A von RGSt **61** 206; OLG Celle NJW **1976** 2030; *Ehrenzweig* JW **1929** 85; *von Scanzoni* JW **1928** 2181; NJW **1951** 222; *Hanack* JuS **1977** 728; vgl. aber auch *Herdegen* NStZ **1987** 198; oben Rdn. 157.

[355] Eingehend zum Ganzen *Sarstedt/Hamm*[6] 890 ff; *Sellke* Diss. 1961; *Schwinge* 193 ff, der den Begriff für entbehrlich hält, weil er entweder eine falsche Gesetzesauslegung oder eine fehlerhafte Sachverhaltsanwendung bedeutet; dagegen *Eb. Schmidt* 15; kritisch auch *Paeffgen* FS II Peters 75 Fußn. 67.

[356] BGHSt **3** 215; **6** 72; **10** 211; **19** 34; BGH NStZ **1981** 231; RGSt **61** 154 = JW **1928** 1225 mit Anm. *Oetker*; RGSt **73** 248; RG JW **1922** 1017 und **1932** 3070, je mit Anm. *Alsberg*; OLG Dresden JW **1922** 1053 mit Anm. *Alsberg*; JW **1928** 2164 mit Anm. *Mannheim*; OLG Frankfurt VRS **49** (1975) 358; OLG Köln NJW **1954** 1298; OLG Neustadt VRS **28** (1965) 30; ebenso z. B. KK-*Pikart* 29; KMR-*Paulus* § 244, 27; *Schlüchter* 694.3; *Dahs/Dahs* 416 ff; *Cuypers* 172 ff; einschränkend OLG Jena JW **1928** 2286; *Mannheim* 75 und *Alsberg* JW **1932** 3070, die den Fehler nur beachten wollen, wenn er bei der Feststellung eines Tatbestandsmerkmals unterlaufen ist; a. A *Pohle* 25; *A. Weber* LZ **1929** 907.

[357] *Eb. Schmidt* Nachtr. I 6; *Klug* FS Möhring 365 ff, die danach gegebenenfalls entweder die Verfahrens- oder die Sachrüge zulassen wollen; vgl. auch *Schwinge* 196 ff; *Sellke* 58 ff und *Geerds* FS Peters 275 halten einen Verstoß gegen § 261 für gegeben; *Schwinge* 198 hält § 267 für verletzt.

Verstoß gegen Denkgesetze von anderen Formen inkorrekter Feststellung und Würdigung häufig nicht genau abgehoben oder doch mit ihnen ungetrennt zusammen behandelt; sie spielen als solche keine große Rolle mehr, sondern erscheinen nur noch als besondere Ausprägung der „Darstellungsrüge" (vgl. *Fezer* Erweiterte Revision 44). Ihre Rüge ist beliebt und häufig, aber nur zu oft verfehlt oder unberechtigt[358]. Charakteristisch für die eigentlichen Denkverstöße sind insbesondere die folgenden Formen.

167 **Verstöße gegen die allgemeine Logik.** Sie liegen insbesondere bei Kreis- oder Zirkelschlüssen vor, d. h. beim Beweis einer Behauptung durch sich selbst[359], ferner bei Begriffsvertauschungen, wie etwa der Verwechslung des Begriffs Verteidigung in § 32 Abs. 2 StGB mit dem in § 145 Abs. 1 Satz 1 StPO[360], sowie bei Rechenfehlern, soweit es sich nicht um bloße Schreibversehen handelt[361], und bei Widersprüchen (oben Rdn. 154).

168 **Irrtümliche Annahme, eine Schlußfolgerung sei zwingend.** Der Tatrichter verstößt gegen Denkgesetze, wenn die Schlußfolgerung in Wahrheit nicht zwingend ist[362]. Schlußfolgerungen, die der Tatrichter zieht, müssen im übrigen zwar denkgesetzlich möglich erscheinen[363], nicht aber als solche „zwingend", d. h. im logischen Sinne allein denkbar sein[364]. Hier liegt eine der wesentlichen Ursachen dafür, warum der oft gerügte Verstoß gegen Denkgesetze (oben Rdn. 166) keinen Erfolg hat.

169 **Verwendung von Nichtbewiesenem als Beweisanzeichen** (vgl. bei § 261). Es handelt sich eher um einen Verstoß gegen Denkgesetze (KG StV **1986** 469), nicht aber, wie der Bundesgerichtshof annimmt[365], um eine Verletzung des Grundsatzes in dubio pro reo; denn von der Schuld des Angeklagten ist der Tatrichter ja überzeugt. Werden beim Indizienbeweis bloße Verdachtsgründe herangezogen, liegt eine Verletzung der Denkgesetze immer vor[366]; das gilt etwa, wenn der Tatrichter eine Einlassung des Angeklagten heranzieht, die lediglich nicht widerlegt ist[367], oder wenn er sich zu seinen Ungunsten auf eine widerlegte Schutzbehauptung stützt[368] (vgl. auch oben Rdn. 160). Feststehen müssen aber

---

358 Vgl. *Dahs/Dahs* 416; *Sarstedt/Hamm*6 894, 906; zum Ganzen *Meurer* FS Wolf 483 ff.

359 BGH StV **1984** 190 L; **1987** 467; KG StV **1986** 469 (dazu *Klug* FS Universität 429); *Engel* 90; *Sellke* 11, 71 ff; *Klug* FS Möhring 397 ff; *Schneider* MDR **1962** 871; *Dahs/Dahs* 418 mit Beispielen.

360 Vgl. *Dahs/Dahs* 419; *Sarstedt/Hamm*6 909; *Engel* 88 ff; *Sellke* 11; *Klug* FS Möhring 378 ff.

361 *Peters*2 567; *Sarstedt/Hamm*6 350; *Pagendarm* 21 ff; *Sellke* 11; *Geerds* FS Peters 269; *Klug* FS Möhring 375; a. A *Beling* 414; *Schwinge* 201, die sie nicht für revisibel halten; *Stein* Privates Wissen 19 nimmt nur einen Verstoß gegen Erfahrungssätze an.

362 BGHSt **12** 316; BGH StV **1982** 60; BGH MDR **1951** 117; BGH bei *Herlan* MDR **1955** 19; RG JW **1932** 3070 mit Anm. *Alsberg*; BayObLGSt **1964** 6 = NJW **1964** 1381; **1965** 32 = VRS **29** 151; KG JR **1959** 106 mit Anm. *Sarstedt*; OLG Celle DAR **1956** 166; VRS **39** (1970) 39; OLG Dresden JW **1922** 1053 mit Anm. *Alsberg*; OLG Düsseldorf VerkMitt. **1968** 81; OLG Hamburg HESt **2** 142; NJW **1970** 1650; OLG Köln VRS **44** (1973) 105; OLG Saarbrücken VRS **47** (1974) 439; OLG Schleswig SchlHA **1956** 184; *Dahs/Dahs* 417; *Sellke* 11 ff.

363 *Geerds* FS Peters 269; *Hartung* SJZ **1948** 579; *Seibert* DRZ **1948** 372.

364 Vgl. BGHSt **10** 210 = JR **1957** 368 mit Anm. *Eb. Schmidt*; BGHSt **25** 367; **26** 62; **29** 20; BGH NJW **1951** 325; **1953** 1897; BGH VRS **14** 192; **29** 15; **30** 101; **33** 431; **37** 30; **49** 430; BGH bei *Dallinger* MDR **1951** 276; **1970** 198; RG JW **1931** 1816 mit Anm. *Alsberg*; BayObLGSt **1965** 32 = VRS **29** 151; OLG Hamburg VerkMitt. **1968** 61; OLG Hamm DAR **1972** 191; VRS **31** 463; **39** 38; **41** 42; **44** 429; OLG Koblenz VRS **44** 194; **45** 112, 119; **46** 34, 38, 441; OLG Köln MDR **1954** 631; NJW **1968** 1247; VRS **21** 122; **36** 198; **44** 105; **51** 35; OLG Saarbrücken VRS **47** 439.

365 BGH StV **1994** 115 und 115 f; BGH LM Nr. 19 zu § 261 = JR **1954** 468; BGH NJW **1974** 655 = JR **1975** 34 mit Anm. *Peters*.

366 Vgl. BGH NJW **1980** 2424; OGHSt **1** 165; KG NJW **1966** 606; OLG Hamm NJW **1960** 398; OLG Köln NJW **1953** 638; *Eb. Schmidt* § 267, 13; *Salger* NJW **1957** 736.

367 BGH bei *Dallinger* MDR **1975** 198; BGH VRS **30** (1966) 99; OGHSt **1** 166; OLG Hamm VRS **40** (1971) 363.

368 BGH NJW **1988** 780; OLG Köln StV **1986** 192; vgl. auch OLG Köln NJW **1954** 1928 (wo auch ein Verstoß gegen in dubio pro reo für möglich gehalten wird); ferner RG JW **1932** 3070.

immer nur die den Verdacht begründenden Umstände als solche; nicht verboten ist es dem Tatrichter, aus mehreren vorhandenen Verdachtsgründen auf die Täterschaft zu schließen[369]. Ob oder wann aus Tatsachen, die gemäß § 244 Abs. 3 zugunsten des Angeklagten unterstellt worden sind, nachteilige Schlüsse gezogen werden dürfen, ist umstritten (näher § 244, 237a; 242).

g) Revisibilität von Erfahrungssätzen insbesondere

aa) Allgemeines. Ähnlich wie bei den Denkgesetzen (Rdn. 165 ff) ist umstritten, ob **170** Erfahrungssätze Rechtsnormen sind (vgl. oben Rdn. 11). Anerkannt ist jedoch auch hier seit langem, daß ihre Verletzung grundsätzlich revisibel ist[370]. Solche Verletzungen spielen in der revisionsgerichtlichen Praxis eine beträchtliche Rolle[371], wenn auch nur als Teil oder als besondere Ausprägung der insgesamt weitergehenden „Darstellungsrüge". Bedeutsam ist in der Praxis namentlich der Unterschied zwischen allgemeingültigen und sonstigen Erfahrungssätzen (dazu im folg. Text). Die Unterscheidung kann im Einzelfall zweifelhaft sein[372], ebenso aber die Frage, ob überhaupt ein Erfahrungssatz (mit oder ohne Allgemeingültigkeit) vorliegt. Für die revisionsgerichtliche Kontrolle ergibt sich dadurch wiederum ein gewisser Spielraum und sogar die Gefahr von Fehlgriffen durch das Revisionsgericht selbst[373].

bb) Allgemeingültige Erfahrungssätze. Die Rechtsprechung nimmt, in Übereinstim- **171** mung mit der herrschenden Lehre, einen Rechtsverstoß des Tatrichters an, wenn er einen Sachverhalt festgestellt hat, der sich nach allgemeingültigen Erfahrungssätzen so nicht zugetragen haben kann. Sie bejaht daher einen Verstoß des Tatrichters gegen das sachliche Recht, wenn er bei der Tatsachenfeststellung oder würdigung Sätze des gesicherten Erfahrungswissens mißachtet[374]. Erfahrungssätze in diesem Sinne sind die aufgrund allgemeiner Lebenserfahrung oder wissenschaftlicher Erkenntnisse gewonnenen Regeln, die keine Ausnahme zulassen und mit an Sicherheit grenzender Wahrscheinlichkeit gelten[375]. Allgemeinkundig brauchen sie nicht zu sein, mag die Allgemeinkundigkeit auch häufig vorliegen[376]. Der Tatrichter muß Erfahrungssätze dieser Art auch dann berücksichtigen, wenn er sie für falsch hält; sie binden ihn wegen ihres Charakters in der gleichen Weise

---

[369] BGH NStZ **1983** 133; bei *Pfeiffer/Miebach* NStZ **1987** 200; mißverständlich oder unklar BGH NJW **1974** 655 = JR **1975** 34 mit Anm. *K. Peters.*

[370] BGHSt **31** 89; **37** 234; BGH StV **1995** 98; zum Ganzen eingehend *Albrecht* NStZ **1983** 489; *Schwinge* 159 ff; *Geerds* FS Peters 267; *Fezer* Möglichkeiten, insbes. S. 114 ff, 170 ff; vgl. auch *Kuchinke* 174 ff; *Katholnigg* JR **1983** 129. Zahlreiche Beispiele aus dem gesamten Bereich der Kriminalistik bei *B. Schmitt* 229 ff.

[371] Anders, aber insoweit nach dem Bild der Praxis doch zweifelhaft, *Fezer* Erweiterte Revision 44.

[372] Vgl. BGHSt **31** 89 f = JR **1983** 128 mit Anm. *Katholnigg*; kritisch zu dem Unterschied *Walter* 321 f; *Albrecht* NStZ **1983** 489.

[373] So hat das OLG Stuttgart einmal in Übereinstimmung mit dem Tatrichter das Vorhandensein eines (allgemeingültigen) Erfahrungssatzes verneint, aber übersehen, daß ein Erfahrungssatz ohne Allgemeingültigkeit in Betracht kam; s. OLG Stuttgart NJW **1982** mit Anm. *Ebert* in JR **1982** 419; **1983** 43, der zu Recht bemerkt, daß das tatrichterliche Urteil „gerade in dem Punkt fehlerhaft war, in dem der Senat ihm Fehlerfreiheit attestiert".

[374] BGHSt **1** 118; **6** 72; **31** 89; **43** 68; RGSt **61** 154; **64** 251; **67** 289; RG JW **1927** 2052 mit Anm. *Mannheim*; BayObLGSt **1951** 523; StV **1976** 49; OLG Braunschweig NJW **1955** 1202; OLG Saarbrücken VRS **47** (1974) 438; vgl. auch BGH NStZ **1982** 479; BVerfG (Kammer) NJW **1995** 126; ebenso KK-*Pikart* 28; KMR-*Paulus* § 244, 27 ff; *Schlüchter* 695; *Dahs/Dahs* FS Hirsch 180; **a. A** noch *Beling* 413 Fußn. 5; *Stein* Privates Wissen 112, die das nicht für revisibel hielten.

[375] BGHSt **31** 89; OLG Braunschweig NJW **1955** 1202; OLG Hamm HESt **2** 257; OLG Koblenz VRS **50** (1976) 296; OLG Köln VRS **48** (1975) 24; OLG Saarbrücken VRS **47** (1974) 438; *Dahs/Dahs* 421; *Cuypers* 69 ff; *Geerds* FS Peters 270; *Grave/Mühle* MDR **1975** 227; *A. Mayer* Blutalkohol **1975** 266; *Weigelt* DAR **1954** 241; *Brüning* 69 sowie *Stein* Privates Wissen 16 ff und *Schweling* ZStW **83** (1970) 449 wollen einen hohen Grad von Wahrscheinlichkeit reichen lassen; sehr einschränkend auch *Puppe* JZ **1994** 1150 f.

[376] *Alsberg/Nüse/Meyer* 555; *Cuypers* 74; *Alsberg* JW **1918** 792; *Mannheim* JW **1928** 1230; **a. A** KG Recht **1928** Nr. 714; *Stein* Privates Wissen 27.

Ernst-Walter Hanack

wie die Denkgesetze[377]. Die Bindung entfällt nur, wenn neuere Erkenntnisse der Wissenschaft die bisherigen widerlegen[378].

172   Wenn der Tatrichter von einem tatsächlich **nicht bestehenden Erfahrungssatz** ausgegangen ist, liegt darin ein Mangel, den die Revisionsgerichte auf die Sachrüge berücksichtigen[379]. Denn was nach wissenschaftlichen Erkenntnissen und allgemeiner Erfahrung nicht beweisbar ist, darf der Tatrichter nicht als Möglichkeit des Geschehensablaufs berücksichtigen[380]. Das gilt nicht nur für die überkommenen Beispiele der Hexerei, des Hellsehens und des Tötens durch „Beschwören"[381]. Es gilt z. B. auch für die Annahme des in Wahrheit nicht bestehenden Erfahrungssatzes, daß die von der polizeilichen Aussage abweichende Einlassung des Angeklagten in der Hauptverhandlung unrichtig sein müsse (BGH NStZ **1981** 488), oder die Annahme, kein Mensch rechne von vornherein damit, daß bei einem Unfall die schwersten denkbaren Folgen eingetreten sind (BGH VRS **63** [1982] 453). Der Tatrichter darf in solchen Fällen das objektive Fehlen wissenschaftlicher Nachweise nicht durch seine eigene Überzeugung ersetzen.

173   Nach herrschender Meinung sind die Revisionsgerichte berechtigt und gegebenenfalls verpflichtet, **im Wege des Freibeweises**, insbesondere durch Anhörung von Sachverständigen, festzustellen, ob ein allgemeingültiger Erfahrungssatz besteht oder nicht[382]. Daß das Revisionsgericht entsprechende Feststellungen trifft, ist selbstverständlich sinnvoll oder unabdingbar. Aber es zeigt den Bruch im System und den richterrechtlich entwickelten Charakter der Zugriffsmethode (oben Rdn. 125), wenn man dafür das — in der Sache gewiß ausreichende — Freibeweisverfahren heranzieht, das doch an sich nur für die Feststellung prozessualer Tatsachen gilt.

174   cc) **Erfahrungssätze ohne Allgemeingültigkeit.** Neben den gesicherten wissenschaftlichen Erkenntnissen und den anderen Erfahrungssätzen mit zwingender Allgemeingültigkeit gibt es Erfahrungssätze des täglichen Lebens, die den regelmäßigen Ablauf der Dinge beschreiben, aber nicht ausnahmslos gelten[383]. Darunter fallen die Sätze der Verkehrssitte, des Brauches und der Verkehrsauffassung, insbesondere aber typische Verhaltensweisen und typische Wirkungen z. B. (BGHSt **37** 234) einer bestimmten Blutalkoholkonzentration. Die Heranziehung und Verwertung solcher Erfahrungssätze als Beweisanzeichen ist grundsätzlich eine Frage der richterlichen Beweiswürdigung, deren Überprüfung dem Revisionsgericht nach allgemeinen Regeln nur begrenzt möglich ist (oben Rdn. 146). In Betracht kommt die revisionsgerichtliche Kontrolle hier namentlich in folgenden Fallgruppen.

175   Die **Revisionsgerichte prüfen** als Voraussetzung richtiger Rechtsanwendung (oben Rdn. 121) auf die Sachrüge, ob der vom Tatrichter angenommene Erfahrungssatz **über-**

377 BGHSt 5 36; 6 73; 10 211; 13 279; 15 3; 17 385; 21 159; 24 203; 25 248; 29 21; 30 252; 34 134; 37 91; BGH bei *Dallinger* MDR **1952** 275; RG JW **1938** 1813; OLG Celle NJW **1960** 2285; OLG Hamburg VRS 49 (1975) 137; OLG Hamm NJW **1960** 1404; Blutalkohol **1975** 70 mit Anm. *Händel*; OLG Koblenz VRS **37** (1969) 202.

378 Vgl. z. B. BGHSt **21** 157 (dazu *Krause* FS Peters 327); **43** 66.

379 BGHSt 7 83; 19 83; BGH NJW **1982** 295; StV **1982** 474; **1987** 285; **1998** 334; RG HRR **1942** 514; BayObLGSt **1951** 365; OLG Braunschweig NJW **1955** 1201; OLG Hamm VRS **37** (1969) 120; OLG Saarbrücken NJW **1951** 1905.

380 *Roxin* § 15, 23; *Armin Kaufmann* JZ **1971** 572; a. A

noch RGSt **8** 353, das das Revisionsgericht an die Feststellung der Wirksamkeit eines Liebestranks für gebunden hielt.

381 RGSt **33** 323; *Beling* 413; *Krause* FS Peters 328; *Wimmer* NJW **1976** 1132; vgl. auch BGH bei *Holtz* MDR **1978** 627 für Erkenntnisse der Parapsychologie.

382 Vgl. BGHSt **19** 84; **23** 156; **25** 249; **33** 137; **37** 89; OLG Hamm NJW **1970** 907; **1972** 1529; **1976** 2308; KMR-*Paulus* § 244, 157; *Gottwald* 169; *Henke* 128; vgl. auch § 351, 5.

383 BGHSt **31** 89; **37** 234; OLG Hamm HESt **2** 256; KK-*Pikart* 28; KMR-*Paulus* § 244, 169 ff; *Eb. Schmidt* § 261, 24; *Dahs/Dahs* 421; vgl. auch im folg.

haupt besteht[384]. Sie prüfen ferner, ob der Tatrichter einen bestehenden Erfahrungssatz ohne Allgemeingültigkeit irrtümlich für zwingend gehalten und seiner Entscheidung ohne weiteres zugrunde gelegt, ihn also **unzulässig verallgemeinert** hat und ob das Urteil auf diesem Mangel beruht oder möglicherweise beruht[385]. Ergibt das Urteil nichts für einen solchen Irrtum, so ist die Beweiswürdigung nicht zu beanstanden[386].

Die Revisionsgerichte prüfen — wiederum folgerichtig zum Ausgangspunkt, s. oben **176** Rdn. 121 — auf die Sachrüge aber auch, ob der Tatrichter bei der Beweiswürdigung von derartigen Erfahrungssätzen **ohne Grund abgewichen** ist; er darf das bei der regelmäßig gegebenen Bedeutung der Sätze nur, wenn dafür hinreichende Gründe vorliegen[387]. Als rechtsfehlerhaft wird es insbesondere angesehen, wenn er den Erfahrungssatz überhaupt nicht als Beweisanzeichen berücksichtigt hat[388]. Es liegt dann ein spezieller Fall der lückenhaften Beweiswürdigung (oben Rdn. 151) vor; vgl. auch *Fezer* Möglichkeiten 127.

Zur Frage, ob das Revisionsgericht mit der Sachrüge auch eingreifen kann, wenn der **177** Tatrichter **das Schweigen** des Angeklagten oder eines Zeugen unzulässigerweise gewertet und damit irrtümlich einen Erfahrungssatz angenommen hat, daß nur der Schuldige oder der zum Nachteil aussagende Zeuge schweigt, s. oben Rdn. 127; vgl. auch Rdn. 163.

Aus der begrenzten Indizwirkung der Erfahrungssätze ohne Allgemeingültigkeit folgt **178** im übrigen, daß das Revisionsgericht solche Sätze **nicht von sich aus** zur Schließung von Lücken im tatrichterlichen Urteil heranziehen darf (OGHSt **1** 42).

h) Revisibilität offenkundiger Tatsachen[389]. Offenkundige Tatsachen (dazu § 244, **179** 227 ff) bedürfen keines Beweises, sind aber selbstverständlich bei der Beweiswürdigung relevant. Die Revisionsgerichte kontrollieren das als Voraussetzung richtiger Rechtsanwendung (oben Rdn. 121) im Rahmen der Beweiswürdigung ebenfalls mit der Sachrüge. Die Beweiswürdigung gilt namentlich als fehlerhaft, wenn der Tatrichter offenkundige, insbesondere geschichtliche Tatsachen außer acht gelassen hat[390] oder wenn er Tatsachen für offenkundig hält, die es nicht sind[391]. Dabei ist zu unterscheiden, ob es sich um gerichtskundige oder allgemeinkundige Tatsachen handelt: Wendet der Tatrichter gerichtskundige Tatsachen an, so darf das Revisionsgericht, bei dem sie nicht selbst gerichtskundig sind, sie nicht auf ihre Richtigkeit prüfen; die Nachprüfung beschränkt sich dann vielmehr auf die Frage, ob der Begriff der Gerichtskundigkeit verkannt worden ist[392]. Wenn es sich dagegen um allgemeinkundige Tatsachen handelt oder nach Ansicht des Tatrichters han-

[384] Z. B. BGHSt **25** 365; BGH NStZ **1988** 236; **1993** 95 mit weit. Nachw.; OGHSt **3** 134; OLG Hamm NJW **1970** 1244; OLG Karlsruhe NStZ **1989** 288 mit Anm. *Rogall.*

[385] BGH StV **1982** 60; **1988** 513; RGSt **70** 72; RG JW **1931** 235; OGHSt **1** 70, 146; KG VRS **42** (1972) 217; **45** (1973) 287; OLG Düsseldorf StV **1993** 462 und 476; OLG Hamm NJW **1973** 610; OLG Karlsruhe StV **1990** 104; OLG Köln VRS **48** (1975) 24.

[386] *Sarstedt/Hamm*[6] 927; **a.** A OLG Koblenz VRS **50** (1976) 296, das offenbar eine irrige Beweiswürdigung stets vermutet.

[387] Vgl. BayObLGSt **1951** 523 = VRS **4** 384; OGH NJW **1950** 271; vgl. auch in der folg. Fußn.

[388] BGHSt **3** 23; **16** 206; BGH bei *Holtz* MDR **1987** 977; RGSt **73** 248; RG JW **1932** 422 mit Anm. *Alsberg;* BayObLGSt **1951** 523 = VRS **4** 384; BayObLG JR **1956** 188; KG VRS **30** (1966) 384; OLG Hamburg MDR **1971** 414; OLG für Hessen HESt **1**

197; OLG Oldenburg VRS **1** (1949) 300; OLG Stuttgart HESt **1** 182 = SJZ **1948** 615 mit Anm. *Hartung*; einschränkend OLG Hamburg HESt **2** 142.

[389] Dazu eingehend *Graul* Systematische Untersuchungen zur Offenkundigkeit im Strafprozeß (1996) 306 ff.

[390] BGHSt **4** 77; RG JW **1932** 420; OGHSt **2** 291; OLG Braunschweig NJW **1947/48** 353.

[391] RGSt **33** 77; KG NJW **1972** 1909; OLG Düsseldorf NJW **1993** 2452.

[392] BGHSt **26** 59; RG JW **1925** 797 mit Anm. *Alsberg; Meyer-Goßner* FS Tröndle 563; *Beling* 413 Fußn. 3; *Alsberg* JW **1918** 795; *Stern* JW **1928** 3000. Ob die gerichtskundige Tatsache in der Hauptverhandlung mit den Beteiligten erörtert worden ist (vgl. BGH NStZ **1998** 98), wird im Wege der Verfahrensrüge geprüft.

deln soll, prüft das Revisionsgericht das aufgrund seines eigenen Wissens nach[393]. Es darf — unter Wahrung des rechtlichen Gehörs[394] — durch Rückgriff auf offenkundige Tatsachen auch Lücken im tatrichterlichen Urteil schließen und Widersprüche auflösen[395].

VI. Verletzung des Gesetzes: Rechtsfolgenausspruch insbesondere

1. Allgemeines

180   **a) Hinweis.** Die folgenden Ausführungen betreffen nur die Revisibilität der Rechtsfolgenentscheidung. Sie versuchen, deren grundsätzliche Prinzipien darzulegen (Rdn. 181 ff), und behandeln dann wichtige Einzelvorschriften (Rdn. 205 ff). Sie können jedoch die Fülle der **sachlichrechtlichen Einzelfragen**, die sich dabei durch die starke „Verrechtlichung" der Rechtsfolgenentscheidung ergeben haben, nicht im einzelnen abhandeln. Insoweit ist vielmehr auf die Erläuterungswerke zum StGB, die zitierten monographischen Darstellungen sowie die periodischen Rechtsprechungsübersichten in der NStZ zu verweisen.

181   **b) Begründungszwang.** Nach § 267 Abs. 3 Satz 1 muß der Tatrichter die Umstände anführen, die für die Zumessung der Strafe bestimmend gewesen sind. Diese Verpflichtung bezieht sich auf die Zumessungstatsachen und die Zumessungserwägungen[396]. Beide sind Grundlagen der Prüfung des Revisionsgerichts. Teilt das Urteil sie nicht mit oder sind sie fehlerhaft, so liegt darin aber zugleich auch ein sachlichrechtlicher Mangel. Die Rüge der Verletzung des § 267 Abs. 3 Satz 1 hat daneben praktisch keine Bedeutung (vgl. bei § 267).

182   Für **sonstige Rechtsfolgen**, insbesondere Maßregeln (unten Rdn. 244 ff) und den besonderen Begründungszwang, den § 267 Abs. 3 Satz 2 bis 4 für spezielle Rechtsfolgenfragen vorsieht, gilt Entsprechendes. Auch erstreckt sich der Begründungszwang auf sämtliche verhängten Strafen. Bei **Tatmehrheit** müssen darum alle Einzelstrafen angegeben und begründet werden (unten Rdn. 231).

183   **Bezugnahmen** auf die Rechtsfolgenentscheidung oder die Strafzumessungsgründe anderer Urteile sind grundsätzlich unzulässig[397]. Insbesondere die Strafzumessungstatsachen und -erwägungen müssen im Urteil selbst enthalten sein. Anderes gilt nur bei Teilaufhebungen, insbesondere für die Bindungswirkung der von der Teilaufhebung nicht erfaßten Umstände (§ 353, 26 ff). Lediglich in Berufungsurteilen darf auf das erste Urteil Bezug genommen werden, wenn dadurch keine Unklarheiten entstehen (KG JR **1966** 355). Die wörtliche Übereinstimmung der Strafzumessungsgründe mit denen eines **vom Revisionsgericht aufgehobenen Urteils** ist zwar nicht von vornherein unzulässig (BGH bei *Dallinger* MDR **1958** 15), sollte aber vermieden werden, weil sie den Eindruck erwecken kann, der Tatrichter habe keine eigenen Erwägungen angestellt. Verhängt der Tatrich-

---

[393] BGHSt **1** 197; **2** 241; **3** 127; **5** 170; **6** 296; **26** 59; RGSt **31** 187; **57** 257; **58** 308; BayObLGSt **1951** 178; KG NJW **1972** 1909; JZ **1988** 420; OLG Düsseldorf NJW **1993** 2452 (dazu *Graul* aaO S. 376); KMR-*Paulus* § 244, 218; *Beling* 413; *Dahs/Dahs* 420; *Gottwald* 215; *Alsberg* JW **1918** 795; *Stern* JW **1928** 3000; **a. A** RG JW **1980** 64; *Stein* Privates Wissen 172, die das Revisionsgericht an die tatsächlichen Feststellungen für gebunden halten.

[394] KMR-*Paulus* § 244, 218; *Meyer-Goßner* aaO 564; *Graul* aaO 339.

[395] BGH NStZ **1990** 78; BayObLG JZ **1988** 420;

Kleinknecht/Meyer-Goßner[43] 25; stark einschränkend *Puppe* NStZ **1990** 434; *Buschhorn* Rechtsprobleme der Offenkundigkeit im Strafverfahren (1997) 170.

[396] OLG Köln HESt. **1** 203 = MDR **1947** 207; *Dahs/Dahs* 439; *Bruns* I 144; eingehend, auch zum folg., *Sassenberg-Walter* (oben Fußn. 249) 98 ff; vgl. auch *Spendel* ZStW **83** (1971) 204.

[397] BGH bei *Mösl* NStZ **1983** 161; bei *Pfeiffer/Miebach* NStZ **1983** 358; OLG Hamm VRS **7** (1954) 116; *Bruns* I 138 ff.

ter nach Aufhebung und Zurückverweisung die gleiche Strafe, obwohl er nunmehr einen niedrigeren Strafrahmen anzuwenden hat, gilt es als sachlichrechtlicher Mangel, wenn er diese Entscheidung nicht oder nicht eingehend und plausibel begründet[398]. Ein sachlichrechtlicher Mangel ist es auch, wenn das Urteil nur mitteilt, zur Herabsetzung der in dem Strafbefehl festgesetzten Strafe oder der Strafe, die der erstinstanzliche Tatrichter verhängt hat, bestehe kein Anlaß (OLG Bremen NJW **1953** 1078).

c) Anforderungen an die Begründung. Das Gesetz verlangt weder verfahrensrechtlich (§ 267 Abs. 3 Satz 1) noch aus sachlichrechtlichen Gründen eine erschöpfende Darstellung der Strafzumessungstatsachen und -erwägungen, die regelmäßig auch kaum möglich ist[399]. Entsprechendes gilt wiederum bei den sonstigen Rechtsfolgeentscheidungen. So müssen bei der Strafzumessung nicht etwa alle in § 46 Abs. 2 StGB bezeichneten Gesichtspunkte abgehandelt werden. Daß ein für die Strafzumessung oder die sonstige Rechtsfolgeentscheidung möglicherweise bedeutsamer Umstand nicht erwähnt ist, läßt daher für sich allein noch nicht den Schluß zu, der Tatrichter habe ihn übersehen und nicht gewürdigt[400]. Vgl. aber auch unten Rdn. 188, 210. **184**

In der **revisionsgerichtlichen Praxis** sind die Anforderungen an die Begründung der tatrichterlichen Rechtsfolgeentscheidung ohne Zweifel etwas fallbezogen und erkennbar nicht immer einheitlich. Insgesamt gesehen sind sie heute streng. Sie spiegeln damit eine vielzitierte „Verrechtlichung" wider, die sich auch in einer bemerkenswert großen Zahl von Aufhebungen speziell des Rechtsfolgenausspruchs niederschlägt[401]. **185**

Bei **milden Strafen** ist heute selbst die früher gängige Auffassung, daß die Anforderungen an die Begründung um so geringer sein könnten, je milder die Strafe ist[402], mit Vorsicht zu betrachten und in Zweifel zu ziehen. Eine Vielzahl von Entscheidungen nimmt z. B. die formelhafte Bezugnahme auf § 46 StGB oder phrasenhafte Wendungen nicht hin[403], auch wenn nur geringe Geldstrafen festgesetzt werden[404]. Ist auf die Mindeststrafe erkannt worden, muß das Urteil im übrigen wenigstens erkennen lassen, daß die Grundsätze des § 46 beachtet worden sind[405]. **186**

Bei **hohen Strafen** verlangt die Rechtsprechung, daß die Begründung um so ausführlicher ist, je mehr sich die Strafe dem Höchstmaß nähert; insbesondere bedürfen ungewöhnlich hohe Strafen, aber auch Strafen, die in auffälliger Weise von den Strafen abweichen, die in derartigen oder ähnlichen Fällen „üblicherweise" verhängt werden (dazu unten **187**

---

398 BGH NStZ **1982** 507 = JR **1983** 376 mit Anm. *Terhorst*; BGH StV **1989** 141; **1991** 19; OLG Düsseldorf MDR **1989** 1012; OLG Karlsruhe StV **1989** 347; OLG Zweibrücken StV **1992** 469.

399 BGHSt **3** 179; **24** 268 = NJW **1972** 454 mit Anm. *Jagusch*; BGHSt **27** 3; BGH NJW **1976** 2220; **1986** 598 („st. Rspr."); **1992** 3310; BGH NStZ **1981** 299; BGH GA **1961** 172; OGHSt **1** 284; **2** 393; KG NJW **1982** 838; OLG Stuttgart NJW **1947/48** 637; KK-*Pikart* 32; *Dahs/Dahs* 438; *Bruns* I 140; *Dallinger* SJZ **1950** 743; *Seibert* MDR **1952** 457; **1959** 259.

400 BGH bei *Dallinger* MDR **1971** 721; OLG Hamburg NJW **1972** 265; OLG Stuttgart MDR **1961** 343 mit Anm. *Dreher*; **a. A** offenbar OLG Frankfurt NJW **1972** 1524; VRS **44** (1973) 185; OLG Saarbrücken OLGSt § 13 StGB a. F S. 10.

401 Zur „Verrechtlichung" statt aller *Bruns* II 2 mit Nachw. (für die Strafzumessung i. e. S.). Nach den Untersuchungen von *Rieß* (NStZ **1982** 49, 53) und

von *Nack* (NStZ **1997** 153, 155) über Aufhebungsgründe des BGH betrafen rund die Hälfte der Beanstandungen die Rechtsfolgeentscheidung; dabei ist freilich zu beachten, daß sich diese Aufhebungen zum Teil auch aus Mängeln bei der sonstigen Rechtsanwendung ergeben, die nur auf die Rechtsfolgeentscheidung zurückwirken.

402 Z. B. BGH VRS **25** (1963) 42; *Bruns* I 136.

403 BGH StV **1981** 277; BGH bei *Dallinger* MDR **1976** 13; BayObLG **1954** 1212; OLG Zweibrücken NJW **1967** 364 mit Anm. *Seibert*; *Bruns* I 137; *Seibert* MDR **1952** 457.

404 OLG Frankfurt VRS **37** (1969) 60; OLG Schleswig bei *Ernesti/Jürgensen* SchlHA **1976** 165 läßt hier die Erwägung genügen, daß die Strafe „tat- und schuldangemessen" sei. Vgl. aber auch § 17 Abs. 3 Satz 2 Halbsatz 2 OWiG und dazu z. B. OLG Düsseldorf MDR **1984** 1046.

405 BGH StV **1992** 570; OLG Koblenz VRS **51** (1976) 106; vgl. auch OLG Koblenz VRS **46** (1974) 336.

Ernst-Walter Hanack

Rdn. 203), einer sorgfältigen Begründung, die die Besonderheiten des Falles deutlich macht[406]. Dies gilt auch bei Strafen für Delikte, die im gesetzlichen Höchstmaß mit einem Jahr Freiheitsstrafe bedroht sind (vgl. BGH StV **1984** 152). Eine spezielle Begründung, warum das Gericht über den Antrag der Staatsanwaltschaft hinausgegangen ist, braucht das Urteil jedoch nicht zu enthalten (BGH bei *Dallinger* MDR **1974** 365). Hat der Tatrichter die Höchststrafe verhängt, muß das Urteil erkennen lassen, daß er mögliche Milderungsgründe in seine Prüfung einbezogen hat, mag er auch deren Vorliegen oder deren Auswirkungen auf die Strafhöhe verneint haben[407].

188 **Lücken** in der Entscheidung zur Rechtsfolge, die zu der Besorgnis Anlaß geben, der Tatrichter habe wesentliche Gesichtspunkte bei der Auswahl oder Anwendung von Rechtsfolgen nicht berücksichtigt, werden in Rechtsprechung und Lehre ebenso wie **Widersprüche** trotz des eingeschränkten Begründungszwangs (Rdn. 184) heute grundsätzlich als revisible Rechtsfehler angesehen, die bei der Sachrüge zu berücksichtigen sind; es gelten insoweit für die Anforderungen an die Darstellung und die Überzeugungskraft des tatrichterlichen Urteils im Prinzip die gleichen Grundsätze wie bei der sonstigen revisionsrechtlichen Prüfung im Rahmen der Sachrüge (oben Rdn. 121 ff). Läßt z. B. das Gesetz Milderungen nach § 49 StGB zu oder schreibt es sie vor, so muß das Urteil ergeben, daß der Tatrichter das nicht übersehen hat (unten Rdn. 228). Ebenso liegt ein sachlichrechtlicher Mangel vor, wenn der Tatrichter wesentliche Umstände des Sachverhalts bei der Strafzumessung übergangen hat[408], das Urteil etwa die persönlichen Verhältnisse des Angeklagten nicht berücksichtigt[409], das festgestellte Mitverschulden des Verletzten außer acht läßt[410], auf sein nicht auszuschließendes Mitverschulden nicht eingeht[411] oder den Schuldumfang, etwa bezüglich der Schadenshöhe, nicht oder nicht exakt feststellt[412].

189 **d) Grundsätzliche Revisibilität.** Die Rechtsfolgeentscheidung ist als Rechtsanwendung grundsätzlich revisibel. Der Umfang der Revisibilität ist jedoch bei den einzelnen Strafen, den Maßregeln und den weiteren Folgeentscheidungen (z. B. der Strafaussetzung zur Bewährung) aufgrund ihrer unterschiedlichen Struktur und ihrer unterschiedlichen gesetzlichen Voraussetzungen zum Teil etwas verschieden. Einzelheiten ergeben sich aus der weiteren Darstellung unten Rdn. 205 ff.

190 Grundsätzlich revisibel ist insbesondere die **Strafzumessung**. Nach überkommener Meinung setzt der Tatrichter die Strafe nach „pflichtgemäßem Ermessen" fest[413]. Diese

---

[406] BGH NStZ **1983** 269; BGH StV **1984** 152; **1986** 57 („st. Rspr."); BGH GA **1974** 78; BGH MDR **1954** 496; OLG für Hessen HESt **1** 195 = SJZ **1946** 235; OLG Köln NJW **1954** 1053; OLG Karlsruhe NJW **1980** 134; OLG Stuttgart MDR **1961** 343 mit Anm. *Dreher*; *von Weber* MDR **1949** 39; vgl. auch BGHSt **1** 136; *Grünwald* MDR **1959** 714 ff; *W. Schmid* ZStW **85** 394; *Mösl* DRiZ **1979** 166; NStZ **1984** 160 und 493; *Bruns* II 274 mit weit. Nachw.

[407] BGH bei *Dallinger* MDR **1976** 14 Fußn. 3; BGH bei *Holtz* MDR **1977** 106; vgl. aber auch MDR **1978** 623.

[408] BGH NJW **1960** 1870; BGH MDR **1958** 429; OGHSt **2** 204; OLG Koblenz VRS **47** (1974) 256; vgl. auch Rdn. 209 ff.

[409] Z. B. BGH NJW **1976** 220 = JR **1977** 162 mit Anm. *Bruns*; BGH NStZ **1991** 231; StV **1982** 336; **1983** 456 mit weit. Nachw.; RGSt **69** 169; RG JW **1925** 2138; beim Schweigen des Angeklagten muß

das Gericht versuchen, in anderer Weise Aufklärung über seine Persönlichkeit zu gewinnen; vgl. z. B. BGH StV **1984** 192 mit weit. Nachw.

[410] BGHSt **3** 220; BGH VRS **10** (1956) 216; **19** (1960) 30; **29** (1965) 278.

[411] BGH DAR **1954** 299; BGH VRS **14** 191; **19** 126; **25** 113; **36** 362; BGH bei *Dallinger* MDR **1958** 566; BGH bei *Holtz* MDR **1979** 986; KG NJW **1982** 838: „st. Rspr."; OLG Hamm VRS **41** (1971) 368.

[412] BGH bei *Schoreit* NStZ **1988** 350; oben Rdn. 135.

[413] BGHSt **5** 58; **15** 375; **17** 36; **29** 320; BGH bei *Dallinger* MDR **1951** 276; BGH GA **1987** 367; OGHSt **2** 247; BayObLG NJW **1968** 1898; OLG Celle NJW **1969** 758; OLG Hamburg DAR **1964** 48; NJW **1963** 2397; OLG Hamm NJW **1973** 1151; OLG Koblenz HESt **1** 103; OLG Oldenburg VRS **5** (1953) 320; OLG Zweibrücken NJW **1968** 2071.

Sicht erscheint nach dem Stand der Entwicklung dogmatisch mißverständlich: Wenn die Revisionsgerichte (mit Billigung der Lehre) die Revisibilität der Strafzumessung als solche anerkennen, bedeutet die Ablehnung einer Strafmaßrevision als unbegründet nicht, daß sie das Ermessen des Tatrichters hinnehmen, sondern daß sie bei der rechtlichen Überprüfung der Strafzumessung keinen Rechtsfehler gefunden haben (vgl. *Bruns* II 267 f). Ein tatrichterliches „Ermessen" (genauer: ein revisionsrechtlich zu akzeptierender Spielraum) besteht nur insoweit, als die Revisionsgerichte die konkrete Bemessung dann hinnehmen und hinnehmen müssen (unten Rdn. 194 ff), wenn sich bei der rechtlichen Überprüfung Rechtsfehler nicht ergeben, und zwar auch nicht (näher unten Rdn. 199) in bezug auf die Angemessenheit der Strafe im Hinblick auf das Schuldprinzip, also die auffällige und unbegründete Abweichung im Strafmaß nach oben oder unten.

Auch die sog. **Spielraumtheorie** steht dem, entgegen vielfachen Unklarheiten, nicht **191** prinzipiell entgegen. Nach dieser Auffassung, die insbesondere die Rechtsprechung vertritt, besteht innerhalb des Strafrahmens der anzuwendenden Vorschrift ein gewisser Rahmen, ein Spielraum, innerhalb dessen eine Strafe schon oder noch als schuldangemessen anzuerkennen ist[414]. Dies kann aber nicht bedeuten, daß der Tatrichter innerhalb dieses Spielraums nach seinem Ermessen eine beliebige Strafe auswählen und verhängen darf; vielmehr muß er auch nach dieser Theorie *die* Strafe bemessen, die seiner Auffassung nach der Schuld des Angeklagten entspricht und gerecht ist[415], insbesondere den „Spielraum" nach general- oder spezialpräventiven Gesichtspunkten sachgemäß auszufüllen trachten. Die Annahme der „Spielraumtheorie", daß alle innerhalb eines „Rahmens" liegende Strafen schuldangemessen sind (z. B. BGHSt 7 32), hindert daher die revisionsgerichtliche Kontrolle nicht, ob der Tatrichter bei ihrer konkreten Bestimmung innerhalb des „Rahmens" rechtsfehlerhaft verfahren ist und das Urteil auf dem Rechtsfehler beruht[416]. Die „Spielraumtheorie" darf also in ihrer materiellrechtlichen Bedeutung nicht mit dem prozessualen Problem der revisionsgerichtlichen Kontrolle vermengt werden[417]. Insbesondere ist der materiellrechtliche „Spielraum" nicht ohne weiteres identisch mit den Grenzen der revisionsrechtlichen Prüfung. Ob diese Grenzen weiter oder enger sind, ist sehr umstritten[418]. Richtigerweise wird man annehmen müssen, daß sie *anders* sind. Praktisch geht es vor allem um die Frage, mit welcher Intensität die Revisionsgerichte die Ausfüllung des Spielraums zu kontrollieren bereit sind. Die Klage *Lackners* vom Jahre 1978[419], daß die Revisionsgerichte die Offenlegung der gedanklichen Stationen in der tatrichterlichen Wertung, insbesondere bei Ausfüllung des „Spielraums", nicht fordern,

---

[414] BGHSt 7 32 = JZ **1955** 504 mit Anm. *Schneidewin*; BGHSt 7 89; **20** 267; BGH bei *Dallinger* MDR **1971** 720; **1974** 721; OLG Frankfurt VRS **44** (1973) 185; OLG Hamburg NJW **1954** 1737; OLG Hamm MDR **1972** 255; OLG Stuttgart NJW **1947/ 48** 639; *Zipf* 70 und JuS **1974** 143; *Spendel* 184 ff und NJW **1954** 775; *Schaffstein* FS Gallas 99; vgl. auch die Darstellung bei *Bruns* II 85 ff.

[415] OGHSt **2** 145; KMR-*Paulus* § 267, 64; *Tröndle*[48] § 46, 10 mit weit. Nachw.; *Dreher* JZ **1967** 45; **1968** 211; FS Bruns 153; *Grünwald* MDR **1959** 809; *Zipf* 76 ff, 165; *Jescheck* GA **1956** 109; vgl. auch *Bruns* I 269 und II 280.

[416] *Zipf* 249; vgl. auch *Bruns* II 282. So wäre z. B. die Bestimmung einer konkreten Strafe rechtsfehlerhaft und revisibel, bei der der Tatrichter den Spielraum, wenn auch innerhalb des schuldangemessenen Rahmens, unter Verstoß gegen das Doppelver-

wertungsverbot des § 46 Abs. 3 StGB oder unter unzulässiger Heranziehung der Ausländereigenschaft gewonnen hätte; vgl. auch BGH StV **1991** 513: Verstoß gegen die Pflicht, innerhalb des Spielraums § 46 Abs. 1 Satz 2 StGB zu beachten. Zur Frage, wann das Urteil dann auf dem Mangel beruht, s. unten Rdn. 265 f.

[417] Vgl. nur *Dreher* FS Bruns 153 f in Auseinandersetzung mit der Vermengung beider Gesichtspunkte durch BGHSt 7 3 und mit weit. Nachw.

[418] So meint z. B. *Dreher* FS Bruns 154, daß der revisionsfreie Raum über den materiellrechtlichen Spielraum deutlich hinausreiche; für weitergehende Revisibilität hingegen z. B. *Bruns* I 711; *Frisch* 317, 320; *Zipf* 249; vgl. auch *Bruns* II 267 ff.

[419] *Lackner* Neue Entwicklungen S. 14, 30 („ein beklagenswerter Zustand"); vgl. auch *Bruns* II 89, 277.

obwohl dies der eigentliche neuralgische Punkt beim Bestreben nach einer rationaleren Strafzumessung und ihrer Kontrolle sei, markiert insoweit auch heute noch den in der Tat „neuralgischen Punkt".

192 Die Lehre von der sog. **Punktstrafe**, die der Bundesgerichtshof ausdrücklich ablehnt (BGHSt **27** 3), dürfte gegenüber der „Spielraumtheorie" revisionsrechtlich im Grundsatz kaum zu anderen Ergebnissen führen. Diese Lehre, über die viele Mißverständnisse bestehen (*Bruns* II 3, 33, 48, 85), geht davon aus, daß nur eine einzige, bestimmte Strafe rechtmäßig sei. Aber das kann nicht eine Art mathematischer „Poenometrie" bedeuten, sondern muß wohl einen gewissen Beurteilungsspielraum ergeben[420]; *jedenfalls* aber darf es nicht zu der Konsequenz führen, daß das Revisionsgericht seine Auffassung von der allein richtigen Strafe durchsetzt, weil dem Aufgabe und Begrenzung des Rechtsmittels entgegenstehen (unten Rdn. 195 f).

193 Wie sich die sog. **Stellenwerttheorie** („Stufentheorie") revisionsrechtlich auswirken würde, die zunächst die Festsetzung eines abstrakten, allein am Maß der Schuld orientierten Strafquantums fordert und dann die Umsetzung dieses Quantums in eine bestimmte Strafart ausschließlich durch präventive Gesichtspunkte bestimmen will[421], ist noch nicht klar. Vermutlich wären im Ergebnis die Unterschiede im Ausmaß der Revisibilität gering. Die Frage darf hier vernachlässigt werden, weil diese Auffassung in der Praxis bislang keine Bedeutung gewonnen hat.

194 **e) Grenzen der Revisibilität.** Insbesondere bei der Strafzumessung im engeren Sinne (§ 46 StGB), aber auch bei den sonstigen Rechtsfolgeentscheidungen stellt sich die Frage, ob oder in welchem Umfang das Revisionsgericht berechtigt ist, der konkreten Entscheidung des Tatrichters seine eigene Auffassung von der im Einzelfall richtigen Rechtsfolge, namentlich der gerechten Strafe, entgegenzuhalten. Die Frage läßt sich nicht ohne weiteres einheitlich beantworten, weil die Rechtsfolgeentscheidungen unterschiedlich strukturiert sind bzw. an unterschiedliche gesetzliche Voraussetzungen anknüpfen. Zu dem differenzierten Bild, das sich dadurch für die einzelnen Rechtsfolgen ergibt, s. näher unten Rdn. 205 ff.

195 **Generell gilt jedoch folgendes.** Die Rechtsfolgeentscheidung ist, wie bemerkt (oben Rdn. 189), grundsätzlich revisibel, kann aber, wie alle Rechtsanwendungen, vom Revisionsgericht nur auf Rechtsfehler überprüft werden. Läßt sich ein solcher Rechtsfehler nicht feststellen, muß es damit in der Regel sein Bewenden haben. Das Revisionsgericht ist grundsätzlich nicht berufen, dem Tatrichter seine eigene Auffassung von der „gerechten" oder „angemessenen" Reaktion dort entgegenzuhalten, wo die tatrichterliche Entscheidung erkennbar nicht rechtsfehlerhaft ist (BGHSt **34** 349 — GrSSt). Dem steht schon der Grundsatz der Verantwortungsteilung entgegen (Vor § 333, 5), insbesondere der damit zusammenhängende Umstand, daß das Revisionsgericht, das bei der sachlichrechtlichen Prüfung nur von der Urteilsurkunde ausgehen kann (oben Rdn. 101), eine viel schmalere Entscheidungsbasis hat als der Tatrichter. Insofern ist daher, so sehr das auch immer wieder bestritten wird, der Satz prinzipiell richtig, daß der Tatrichter für die Bemessung der Strafe (und der sonstigen Rechtsfolge) die Verantwortung trägt, daß die Strafzumessung seine eigene oder gar seine „ureigene" Aufgabe ist[422], die bei der revisionsgerichtlichen

---

[420] Näher *Streng* 33 mit weit. Nachw.
[421] Zu dieser Theorie vor allem SK-*Horn* § 46, 33 ff; *Horn* und *Schöch* FS Schaffstein 241 und 255; *Horn* FS Bruns 223; kritisch statt aller *Lackner* Neue Entwicklungen 10 ff mit weit. Nachw.

[422] Vgl. z. B. BGHSt **17** 36; **22** 266; **24** 268; **29** 320; **34** 349 (GrSSt); BGH NStZ **1988** 497; OLG Freiburg HESt **2** 144; OLG Düsseldorf NStZ **1988** 326; OLG Hamburg NJW **1975** 2031; OLG Hamm Blutalkohol **1975** 65; OLG Koblenz VRS **51** (1976) 97.

Kontrolle (vgl. Rdn. 191) einen gewissen „Rahmen" oder „Spielraum" ergibt[423], innerhalb dessen das Revisionsgericht davon absehen muß, die Höhe der Strafe (oder die sonstige Rechtsfolgeentscheidung) zu beanstanden. Das Revisionsgericht hat weder die Aufgabe noch gehört es zu seinen besonderen Fähigkeiten, Strafen oder sonstige Rechtsfolgen, die ersichtlich nicht rechtsfehlerhaft sind, anders zu bemessen, als es der Tatrichter getan hat; insoweit ist daher eine „ins einzelne gehende Richtigkeitskontrolle" ausgeschlossen[424].

Dies bedeutet aber nicht, daß das Revisionsgericht innerhalb des Spielraums oder **196** Rahmens Rechtsfehler deswegen hinnehmen darf, weil *ihm selbst* das Ergebnis des Tatrichters „gerecht" oder „angemessen" erscheint. Seine begrenzte Kompetenz verbietet ihm vielmehr auch oder gerade einen solchen Eingriff in die „ureigene" Aufgabe des Tatrichters. Die Anerkennung dieser Aufgabe bestätigt im übrigen die Einsicht (oben Rdn. 191 mit Fußn. 416), daß das Revisionsgericht die tatrichterliche Entscheidung auch nach der sog. Spielraumtheorie grundsätzlich auf alle Rechtsfehler zu überprüfen hat, auf denen sie nach ihren Maßstäben beruht; näher zur Frage des „Beruhens" unten Rdn. 265 f; vgl. aber auch Rdn. 200 f zur „Vertretbarkeit".

f) Revisibilität des „Über-" und „Untermaßes" insbesondere. Schwierigkeiten **197** bereitet seit jeher die Frage, wie weit das Revisionsgericht eine Rechtsfolgeentscheidung des Tatrichters hinzunehmen hat, bei der die verhängte Sanktion in erheblichem Maße nach oben oder nach unten von dem abweicht, was („üblicherweise" oder „in der Praxis") als „gerecht" oder „angemessen" gilt oder anzusehen ist, die tatrichterliche Entscheidung als solche aber besondere Rechtsfehler nicht erkennen läßt, also „nur" bei der Bemessung ungewöhnlich erscheint. Die Frage wird insbesondere bei der Strafzumessung i. e. S. lebhaft und mit unterschiedlichen Ergebnissen erörtert[425]. Sie kann sich in ähnlicher Weise aber auch bei sonstigen Rechtsfolgen stellen (vgl. im einzelnen unten Rdn. 205 ff).

In der Praxis hat das Problem infolge der strengen Anforderungen an die Begrün **198** dungspflicht des Tatrichters (oben Rdn. 185 ff) heute viel an Gewicht verloren, weil die Rechtsprechung diese Anforderungen gern zu **„Ausweichkonstruktionen"** benutzt, insbesondere als Rechtsfehler beanstandet, daß der Tatrichter die Abweichung vom Üblichen nicht verständlich gemacht habe[426].

Im übrigen hat sich die traditionell zurückhaltende **Haltung der Rechtsprechung 199** jedenfalls im Bereich der Strafzumessung **schrittweise gelockert**[427]: Nachdem lange Zeit Eingriffe in die Strafhöhe überhaupt als unzulässig galten, wurden unter dem Einfluß einer positivrechtlichen Bestimmung des Besatzungsrechts dann immerhin grausame und übermäßig überhöhte Strafen der Rechtskontrolle unterworfen, dabei freilich von solchen abgegrenzt, die nur „unangebracht hoch" erscheinen[428]; zum Teil wurden auch sonst verfehlte, insbesondere als zu niedrig angesehene Strafen[429] letztlich allein deswe-

[423] Vgl. – für die Strafzumessung – z. B. BGHSt **27** 3; **29** 320; BGH NJW **1977** 639; **1991** 1245; *Olbertz* 68; *Spendel* 189; *Jescheck* GA **1956** 109; grundsätzlich a. A *Bruns* I 273 (vgl. aber *Bruns* II 271, 279 ff); *Frisch* NJW **1973** 1348; *Grünwald* MDR **1959** 810.

[424] BGHSt **34** 349 (GrSSt); BGH NStZ **1988** 497.

[425] Näher und mit weit. Nachw. insbes. *Bruns* II 274 ff; *Frisch* 41 ff, 209 ff u. ö.; *Zipf* 227 ff.

[426] Eingehend zu diesen Konstruktionen *Bruns* II 272 ff; zur „Abweichung vom Üblichen" vgl. schon Rdn. 187 und im übrigen auch unten Rdn. 203 hinsichtlich der „Vergleichbarkeit".

[427] Eingehende Darstellung der – durchaus nicht gradlinigen – Entwicklung bei *Bruns* I 663 ff; II 276 ff.

[428] OGHSt **3** 33; näher *Bruns* I 680 ff; II 277 f; vgl. auch KG JR **1948** 164; OGHSt **1** 174; BayObLG HESt **1** 64.

[429] RGSt **76** 325; RG HRR **1941** 527; OLG Koblenz MDR **1968** 436; OLG Stuttgart Justiz **1972** 207; vgl. auch BGHSt **5** 59; *Stöckel* NJW **1968** 1862; aber auch KG JR **1950** 119; OLG für Hessen HESt **2** 115.

Ernst-Walter Hanack

gen beanstandet. Der BGH erkannte später in einem vielzitierten obiter dictum die Möglichkeit eines revisionsgerichtlichen Eingriffs wegen „offensichtlich groben Mißverhältnisses" an[430]. Die neueste Rechtsprechung versteht die Kontrolle der Strafhöhe zutreffend als Problem der Schuld im Sinne des § 46 StGB, kontrolliert also unter diesem Gesichtspunkt die Angemessenheit des Strafüber- oder -untermaßes[431]. Sie hat damit einen gewissen normativen Maßstab gewonnen, bei dem insbesondere die Einordnung des Einzelfalles in die „gleichsam unsichtbare kontinuierliche Schwereskala" des gesetzlichen Strafrahmens eine förderliche Rolle spielt[432]. Für den „Spielraum", der natürlich auch insoweit bei der revisionsgerichtlichen Kontrolle bleibt[433], benutzt die Rechtsprechung zunehmend den Gradmesser der „Vertretbarkeit", der sich im Bereich der Rechtsfolgenkontrolle zu einem allgemeinen Prinzip zu entwickeln scheint, aber auch den der Vergleichbarkeit mit ähnlichen, dem Revisionsgericht bekannten Fällen; vgl. dazu im folg. Text.

200   **g) „Vertretbarkeit" und „Vergleichbarkeit". Berechenbarkeit.** Das Vertretbare steht, wie insbesondere *Engisch* entwickelt hat, auf den sich die neuere Rechtsprechung auch beruft[434], im Gegensatz zum Richtigen und enthält insoweit einen Begriff von größerer Bandbreite. Er erlaubt, dem volitiven Moment, das bei der Rechtsfolgeentscheidung, im Unterschied zum kognitiven Subsumtionsurteil, besonders in Erscheinung tritt, dort Rechnung zu tragen, wo sich „wegen der Kombination von Erkenntnis- und Willensakt" „ein bestimmtes Zahlenergebnis nicht als ‚allein richtig', ein anderes nicht als ‚allein falsch' bezeichnen" läßt, vielmehr „eine Bandbreite der Entscheidung" verbleibt, innerhalb deren beide Entscheidungen „gewissermaßen vertretbar" sind[435]. Er entspricht im wesentlichen dem, was der DERechtsmittelG mit der Einführung einer speziellen Rüge der „schwerwiegenden Bedenken" gegen die Auswahl und Zumessung der Rechtsfolge (vgl. Vor § 333, 17) erreichen wollte.

201   Das **Vertretbarkeitskriterium** spielt vor allem bei der Revisibilität der „besonderen Umstände" gemäß § 56 Abs. 2 StGB eine wichtige Rolle; dazu näher unten Rdn. 239 mit Nachw. Bei der Strafzumessung im Sinne des § 46 StGB wird es (bezeichnenderweise, vgl. oben Rdn. 198) vergleichsweise seltener herangezogen und wohl durchaus als Ausnahme verstanden[436]. Wie bei § 56 Abs. 2 (s. Rdn. 239) ist die Heranziehung dabei z. T. auch hier überflüssig. Zunehmend herangezogen wird das Kriterium aber auch bei der

---

[430] BGHSt **17** 37; vgl. auch BGH bei *Dallinger* MDR **1974** 721; BayObLG NJW **1968** 1898; OLG Hamm NJW **1972** 1151; OLG Koblenz VRS **51** (1976) 97.

[431] BGHSt **29** 320; JR **1981** 336 mit Anm. *Bruns*; BGH NJW **1977** 1247 = JR **1977** 159 mit Anm. *Bruns*; BGH NJW **1978** 174; **1981** 692; **1990** 846; **1992** 3310 mit krit. Nachw.; **1996** 427 mit krit. Anm. *Köberer*; MDR **1992** 399 mit krit. Anm. *H. Schäfer*; BayObLG NStZ **1988** 480 und dazu kritisch *Meine* NStZ **1989** 354; OLG Hamm NJW **1977** 2087; OLG Karlsruhe NJW **1980** 133; OLG Schleswig StV **1992** 380; vgl. auch schon RGSt **76** 325; RG DR **1944** 329; kritisch *Foth* NStZ **1992** 445; *Terhorst* JR **1988** 272; zust. *Streng* JuS **1993** 923.

[432] *Bruns* Anm. zu BGHSt **27** 2 in JR **1977** 164; vgl. auch *Bruns* II 281.

[433] BGHSt **29** 320: „Spielraum", „bei dem eine exakte Richtigkeitskontrolle ausgeschlossen ist".

[434] *Engisch* FS Mezger 152; FS Peters 15; auf *Engisch* berufen sich z. B. BGH NJW **1977** 639 und zahlreiche Entscheidungen zu § 56 Abs. 2 StGB (z. B. BGH NStZ **1981** 435).

[435] Vgl., auch zum folg., *Bruns* II 281 ff (283), von dem auch die Zitate stammen. *Bruns* beurteilt die Formel insgesamt positiv und spricht von einem „vorläufigen Abschluß", der „allen berechtigten Reformwünschen befriedigend Rechnung trägt"; kritisch jedoch *Frisch* ZStW **99** (1987) 802.

[436] Herangezogen worden ist es insbesondere von BGH StV **1988** 60 sowie in der Entscheidung BGH NJW **1977** 1249, nicht aber z. B. in BGHSt **29** 230, obwohl dort auf die letzte Entscheidung verwiesen wird. Zur sachlichen Bedeutung des Kriteriums bei § 46 StGB vgl. insbesondere *Bruns* JR **1977** 161; **1981** 336.

revisionsrechtlichen Kontrolle sonstiger Rechtsfolgen[437]. Das geschieht überall dort aus gutem Grund, wo in dem geschilderten Sinne (Rdn. 200) eine „Bandbreite" des Vertretbaren besteht, die sich der exakten Richtigkeitskontrolle entzieht. Nur bleibt zu beachten, daß die Revisibilität von *speziellen* Rechtsfehlern, und zwar einschließlich lückenhafter oder widersprüchlicher Feststellungen, auch gegenüber der Vertretbarkeitsprüfung vorrangig ist (*Bruns* I 282); auch darf die Vertretbarkeitsprüfung, entsprechend dem Grundgedanken von der Respektierung der vertretbaren tatrichterlichen Entscheidung (Rdn. 200) und dem Prinzip der auf Rechtsverletzungen beschränkten revisionsrechtlichen Kontrolle (Rdn. 195), selbstverständlich nicht dazu führen, daß das Revisionsgericht eine vertretbare Entscheidung des Tatrichters durch eine andere und eigene, ihm vertretbar erscheinende Entscheidung ersetzt[438].

Zu beachten bleibt — im Zusammenhang damit — ferner, daß der **Bezugspunkt der** **202** **Vertretbarkeitskontrolle** in der heutigen Praxis ein recht unterschiedlicher ist. So bezieht sie sich bei § 46 StGB speziell auf die Revisibilität des Strafüber- oder -untermaßes, also die Kontrolle einer bestimmten Endstrafenhöhe insbesondere anhand der „Schwereskala" des gesetzlichen Strafrahmens (oben Rdn. 199), bei § 56 Abs. 2 StGB und den meisten anderen Anwendungsfällen hingegen speziell auf die Kontrolle eines unbestimmten Rechtsbegriffs („besondere Umstände" gemäß § 56 Abs. 2). Diese Unterschiedlichkeit der Bezugspunkte darf nicht außer acht gelassen werden. Denn sie führt dazu, daß das Revisionsgericht bei § 46 StGB an etwas andere und regelmäßig konkretere Maßstäbe anknüpfen kann als z. B. bei § 56 Abs. 2, wo die Prüfung, wie die Praxis bestätigt, weit mehr auf den Einzelfall zugeschnitten ist.

Zweifelhaft ist die Bedeutung der **Vergleichbarkeit** als Kriterium der Vertretbar- **203** keitsprüfung bzw. die Frage, in welchem Verhältnis sie zu dieser Prüfung steht. An sich ist der Vergleich der einzelnen Rechtsfolgeentscheidung mit anderen oder mit dem, was in anderen Fällen „üblich" ist, kein normatives Kriterium. Daß er aufgrund der Überschau und Erfahrung des Revisionsrichters praktische Bedeutung doch besitzt, ist sicher und — in Grenzen — auch richtig[439]. Aber die Einzelheiten sind wenig geklärt[440]. Die Rechtsprechung verfährt nicht ganz einheitlich. Bis vor einiger Zeit hielt sie überwiegend und im Grundsatz den Vergleich mit anderen Fällen nicht für ein zulässiges Kriterium, und zwar auch nicht bei Beteiligten an derselben Tat im Hinblick auf eine Abstufung im Gewicht der Tatbeteiligung[441]. Sie verlangte jedoch mit unterschiedlicher Strenge, daß der Tatrichter Abweichungen vom Vergleichbaren verständlich macht[442], und hat auch wiederholt ausgesprochen, „daß gegen Mittäter verhängte Strafen ... in einem gerechten Verhältnis zueinander stehen sollten, kann ... nicht völlig außer Betracht bleiben"[443]. Eine fehlerhafte Strafzumessung beim einen Täter kann sich dann

---

[437] So bei Bemessung der Tagessatzhöhe (vgl. BGHSt **27** 230 = JR **1978** 163 mit Anm. *Zipf*); bei § 60 StGB (vgl. OLG Karlsruhe **1974** 1007); der Tendenz nach auch bei der Entscheidung über das Vorliegen eines minder schweren Falles (vgl. BGH NStZ **1982** 62).

[438] Zum Ganzen kritisch *Foth* NStZ **1992** 445.

[439] Vgl. BGHSt **28** 324 für die tatrichterliche Entscheidung: „kann Ausdruck einer allgemeinen Gerichtsauffassung sein und ... den Strafrichter dazu führen, den Gesichtspunkt der Gleichmäßigkeit des Strafens als Gebot der Gerechtigkeit ... in seine Strafzumessungserwägungen mit einzubeziehen ...".

[440] Vgl., auch zum folg., näher *Bruns* II 10, 170; *Bruns* I 508; *Streng* 298; 299 ff; *Warda* 155 ff; *Theune* StV **1985** 207; *Terhorst* JR **1988** 272.

[441] Vgl. BGHSt **28** 323 (mit angedeuteten Lockerungen mindestens für Massendelikte mit typischer Prägung); BGH NStZ **1991** 581; BGH bei *Holtz* MDR **1977** 808 (für tatbeteiligte Eheleute); BGH bei *Holtz* MDR **1979** 986; BGH 1 StR 51/77 v. 19. 4. 1977 (unveröff.).

[442] So etwa BGH bei *Dallinger* MDR **1954** 495 f; **1967** 106 und 898; BGH bei *Holtz* MDR **1977** 808.

[443] So BGH StV **1981** 123; ähnlich BGH NJW **1994** 1886; **1998** 481; StV **1987** 436; **1991** 557; JZ **1988** 264.

als Revisionsgrund auch beim anderen auswirken (BGH NStZ **1997** 384). Neuerdings berücksichtigt die Rechtsprechung im Zusammenhang mit der Vertretbarkeit, aber auch offen das nach den eigenen Erfahrungen „für vergleichbare Fälle übliche Maß"[444]. Sehr anfechtbar ist die Auffassung von BGH StV **1996** 427 mit krit. Anm. *Köberer*, daß sich bei der Einführung „inkorporierten Rauschgifts" die Strafzumessung wegen der Gleichartigkeit der Fälle „mehr als sonst" an Art und Menge des transportierten Rauschgifts zu orientieren habe.

204   Insgesamt gesehen stellt die Vertretbarkeitsprüfung an das **Verantwortungsbewußtsein des Revisionsrichters** und sein Gespür hohe Anforderungen. Das gilt insbesondere — aber nicht nur — bei § 56 Abs. 2 StGB und den ähnlichen Fallgruppen, bei denen es speziell um die Kontrolle der Anwendung unbestimmter Rechtsbegriffe geht. Man muß sehen, daß das Ausloten der „Bandbreite", unbeschadet seiner rechtlichen Bezugspunkte, in erheblichem Umfang revisionsrichterliche Dezision ist. Die Gefahr, daß die Revisionsentscheidungen in zu starkem Maße — und mit allen Folgen der Verunsicherung für die Betroffenen, die Verteidiger und namentlich die nachgeordnete Praxis — **unberechenbar** wird oder als unberechenbar gilt, besteht auch hier. Sie verstärkt oder bestätigt eine ohnedies bestehende allgemeine Problematik (vgl. Vor § 333, 9 ff), die sich namentlich aus der Entwicklung des Revisionsrechts im Strafprozeß hin zum Bemühen um Einzelfallgerechtigkeit ergibt. Der unbefangene Leser von Revisionsentscheidungen fragt sich schon heute nicht selten, warum das Revisionsrecht die Rechtsfolgeentscheidung in einem Fall hinnimmt, im anderen nicht.

2. Einzelne Rechtsfolgeentscheidungen

205   a) Die **Bemessung der Tagessatzhöhe (§ 40 StGB)** prüfen die Revisionsgerichte nur auf Rechtsfehler[445]. Damit die Prüfung möglich ist, muß der Tatrichter im Urteil die Bemessungsgrundlagen und -erwägungen mitteilen, insbesondere klarstellen, wie er das Nettoeinkommen errechnet hat (BayObLG NJW **1986** 2842). Die Prüfung des Revisionsgerichts bezieht sich auch auf die Frage, ob der Tatrichter die persönlichen und wirtschaftlichen Verhältnisse des Angeklagten ausreichend festgestellt hat[446]. Die Begründung muß besonders eingehend sein, wenn die Tagessatzhöhe auf das gesetzliche Mindest- oder Höchstmaß (§ 40 Abs. 2 Satz 3 StGB) festgesetzt wird[447]. Ein sachlichrechtlicher Mangel des Urteils liegt vor, wenn der Tatrichter Abweichungen vom Nettoeinkommen (§ 40 Abs. 2 Satz 2 StGB) nicht erwogen hat, obwohl die Umstände das nahelegen[448], oder wenn er eine vorgenommene Abweichung nicht begründet hat (BGH NStZ **1989** 178). Zweifelhaft ist jedoch, ob oder in welchem Umfang Gesichtspunkte, die zur Abweichung von der Berechnung der Tagessatzhöhe anhand des Nettoeinkommens führen, als solche revisibel sind[449]. Der Bundesgerichtshof vertritt die Meinung, daß dies keine Rechtsfrage (im Sinne des § 121 Abs. 2 GVG) sei, weil das Revisionsgericht nicht die Aufgabe habe, den „flexiblen Hinweis" des § 40 Abs. 2 „durch eine Vielzahl gerichtlicher Sätze" nach

---

[444] So BGH NStZ **1992** 381; vgl. ferner BGH StV **1998** 333; BGH bei *Detter* NStZ **1991** 273; bei *Theune* NStZ **1988** 307; bei *Holtz* MDR **1996** 879; BGHR StGB § 46 Abs. 1 Beurteilungsspielraum 8 bis 12; BayObLG NJW **1988** 408 mit Anm. *Meine* NStZ **1989** 353.

[445] OLG Hamm MDR **1976** 418; NJW **1976** 2221; OLG Oldenburg MDR **1975** 1038; vgl. auch BGHSt **27** 215 mit weit. Nachw.; BGHSt **27** 320.

[446] BGHSt **27** 215, 230 und st. Rspr.

[447] BGHSt **26** 329 mit Anm. *D. Meyer* NJW **1976** 2219; OLG Hamburg MDR **1976** 157; vgl. auch Rdn. 187.

[448] BayObLGSt **1975** 73 = JR **1976** 161 mit Anm. *Tröndle*; BayObLG NJW **1992** 2582; OLG Düsseldorf NJW **1977** 260; OLG Schleswig MDR **1976** 243; *von Spiegel* Anm. in JR **1982** 162.

[449] Eingehend zum Ganzen – und abweichend vom weiteren Text – LK-*Tröndle*[10] § 40, 43; 80 mit weit. Nachw.

Art eines Katalogs „aufzufüllen"[450]; es habe vielmehr nur nachzuprüfen, ob die persönlichen und wirtschaftlichen Verhältnisse des Täters ausreichend festgestellt und in rechtsfehlerfreier Weise berücksichtigt seien, müsse im übrigen aber die Wertung des Tatrichters „bis zur Grenze des Vertretbaren hinnehmen". Das ist in *dieser* Form ganz unbefriedigend[451] und bedeutet einen bedenklichen Rückzug aus der revisionsgerichtlichen Kontrolle. Richtigerweise ist anzunehmen: Die Frage, ob bestimmte Umstände, etwa Unterhaltsverpflichtungen, den regelmäßigen Berechnungsmaßstab des Nettoeinkommens (§ 40 Abs. 2 Satz 2) verändern, bewegt sich auf rechtlichem Gebiet; die Entscheidung darüber liegt nicht im Ermessen des Tatrichters[452]. In seinem Ermessen steht höchstens der Maßstab, mit dem er die Umstände berücksichtigt[453].

Kommt es auf das **fiktive Einkommen** eines Erwerbslosen an, so müssen die Urteils- **206** gründe auch die beruflichen Möglichkeiten und die Verdienstmöglichkeiten des Angeklagten erörtern[454]. Wenn das Einkommen sonst nach § 40 Abs. 3 **geschätzt** wird, so muß der Tatrichter ebenfalls die Tatsachen und Erwägungen angeben, die für die Bemessung der Tagessatzhöhe bestimmend waren[455]. Die Schätzung prüft das Revisionsgericht nur auf Rechtsfehler.

b) Die **Verhängung einer zusätzlichen Geldstrafe (§ 41 StGB)** steht nach dem **207** Gesetz im pflichtgemäßen Ermessen des Tatrichters („kann"). Das Revisionsgericht prüft die Entscheidung nur auf Rechtsfehler, insbesondere auf ihre rechtliche Zulässigkeit (OLG Hamm NJW **1975** 1370). Bei Festsetzung einer besonders hohen Zahl von Tagessätzen muß der Tatrichter deutlich machen, daß er auch die Umstände in Erwägung gezogen hat, die gegen eine zusätzliche Geldstrafe bei einem vermögenslosen und möglicherweise hoch verschuldeten Angeklagten sprechen (BGHSt 26 329). Auch die Nichterörterung der Vorschrift kann ein Rechtsfehler sein, wenn ihre Anwendung naheliegt (BGH bei *Holtz* MDR **1991** 294).

c) Ob **Zahlungserleichterungen (§ 42 StGB)** zu bewilligen sind, muß der Tatrichter **208** auch ohne Antrag erörtern, wenn das nach den Feststellungen über die wirtschaftlichen Verhältnisse des Angeklagten naheliegt[456]. Die Entscheidung steht nicht im Ermessen des Tatrichters[457]. Als Strafzumessungsentscheidung ist sie nach allgemeinen Grundsätzen (oben Rdn. 189 ff) revisibel, und zwar insbesondere im Hinblick auf die Verkennung des Maßstabes der Zumutbarkeit, wobei dem Tatrichter freilich in der Regel ein erheblicher Beurteilungsspielraum bleibt[458]. Trotz der Möglichkeit der nachträglichen Entscheidung gemäß § 459 a ist der Angeklagte durch die Verletzung des § 42 StGB beschwert (vgl. Vor § 333, 76). Zur eigenen Entscheidungsbefugnis des Revisionsgerichts s. § 354, 35.

[450] BGHSt 27 215 mit weit. Nachw.; BGHSt 27 230; BGH MDR **1977** 854; vgl. auch OLG Celle NJW **1975** 1038 = JR **1975** 471 mit Anm. *Tröndle*; OLG Celle JR **1977** 246 mit Anm. *Tröndle*.

[451] Wie BGHSt **27** 228 zeigt: Ablehnung, die höchst streitige Frage des sog. Ehegattensplitting im Wege des § 121 Abs. 2 GVG zu klären. Mit den „Grenzen der Vertretbarkeit", die sich in der revisionsgerichtlichen Praxis schnell durchgesetzt haben, lassen sich im übrigen hier auch nur zu leicht Rechtsmängel verdecken, die an sich auch der BGH für revisibel hält; vgl. nur OLG Hamburg JR **1982** 161 mit krit. Anm. *von Spiegel*.

[452] So – für Unterhaltsverpflichtungen – OLG Frankfurt NJW **1976** 2220 und JR **1977** 249 mit abl. Anm. *Tröndle*; OLG Hamm NJW **1976** 2221; OLG Schleswig SchlHA **1976** 184; vgl. auch *Grebing* JZ

1976 747; *Eb. Kaiser* NJW **1976** 610; LR-*Meyer* in der 23. Aufl. Rdn. 159.

[453] OLG Hamm MDR **1976** 596 mit Anm. *D. Meyer* NJW **1976** 1110 für Unterhaltsverpflichtungen; LR-*Meyer* in der 23. Aufl.

[454] OLG Koblenz NJW **1976** 1275.

[455] BGH NJW **1976** 234; BayObLG bei *Rüth* DAR **1976** 174; OLG Celle JR **1983** 204; OLG Frankfurt StV **1984** 157; *D. Meyer* DAR **1976** 146.

[456] BGHSt 33 40; OLG Schleswig SchlHA **1976** 184 und NJW **1980** 1535 = JR **1980** 425 mit Anm. *Zipf*.

[457] *Tröndle*[48] § 42, 4; a. a. LR-*Meyer* in der 23. Aufl.

[458] Offenbar **a. A** – trotz gleichen Ausgangspunkts – *Tröndle*[48] § 42, 4; vgl. auch *Tröndle* ZStW **86** (1974) 555; **a. A** wohl auch LR-*Meyer* in der 23. Aufl., der ein „Ermessen des Tatrichters" bejaht.

209   **d)** Die **Strafzumessung nach § 46 StGB** steht im Vordergrund der revisionsgerichtlichen Kontrolle, die gerade aufgrund der Maßstäbe des § 46, der durch das 2. StrRG eingeführt wurde, in der Praxis eine erhebliche „Verrechtlichung" und Verfeinerung erfahren hat.

210   Zum **Begründungszwang** und zu den Folgen seiner Verletzung vgl. schon oben Rdn. 181 ff. Da das Gesetz nur die Angabe der bestimmenden Strafzumessungsgründe verlangt (§ 267 Abs. 3 Satz 1), braucht der Tatrichter, wie schon erwähnt (oben Rdn. 184), nicht alle in § 46 Abs. 2 StGB genannten Zumessungskriterien abzuhandeln. Die Strafzumessung ist jedoch fehlerhaft und damit revisibel, wenn sie besorgen läßt, daß der Tatrichter wesentliche Umstände nicht berücksichtigt hat (oben Rdn. 188). Insoweit greift die Sachrüge ein, wenn sich diese Umstände aus der Urteilsdarstellung selbst ergeben.

211   **Rechtsfehlerhaft** ist jede Strafzumessung, die gegen Rechtssätze verstößt, die sich aus dem Gesetz selbst ergeben oder zu seiner Ausfüllung von der Rechtsprechung entwickelt worden sind. Nach der — nicht ganz einheitlichen — Umschreibung des Bundesgerichtshofs ist das der Fall, „wenn die Strafzumessungserwägungen in sich fehlerhaft sind, wenn das Tatgericht gegen rechtlich anerkannte Strafzwecke verstößt oder wenn sich die verhängte Strafe nach oben oder unten von ihrer Bestimmung löst, gerechter Schuldausgleich zu sein"[459]. Ein **Beruhen des Urteils** auf dem Rechtsfehler ist dann gegeben, wenn das Revisionsgericht nach dem Inhalt des Urteils nicht ausschließen kann, daß der Tatrichter ohne den Fehler zu einer anderen Strafe gekommen wäre, nicht jedoch davon abhängig, ob das Revisionsgericht auf dieselbe Strafe erkannt hätte; vgl. zu der wenig geklärten und streitigen Frage näher unten Rdn. 265 f. — Wegen der Einzelheiten zulässiger und unzulässiger Strafzumessungserwägungen muß auf die Erläuterungswerke zum StGB und die sonstigen Darstellungen verwiesen werden. Hier ist vor allem folgendes hervorzuheben:

212   Ist der Tatrichter von einem **falschen Strafrahmen** ausgegangen, ist die Strafzumessung grundsätzlich fehlerhaft und beruht im Zweifel auch auf diesem Fehler. Das gilt insbesondere, wenn er gesetzliche Milderungsmöglichkeiten außer acht gelassen hat (unten Rdn. 228). Entsprechendes gilt aber auch, wenn der Tatrichter die **Bedeutung des Strafrahmens** verkannt hat, etwa durch die Annahme, daß der Durchschnittsfall als Fall von mittlerer Schwere in der Mitte des gesetzlichen Strafrahmens anzusiedeln sei[460].

213   Hat der Tatrichter einen **nicht** einwandfrei **geklärten Sachverhalt** zugrunde gelegt, besteht ebenfalls ein sachlichrechtlicher Mangel[461], so etwa, wenn die Strafzumessungsgründe Widersprüche aufweisen[462], insbesondere im Widerspruch zu den Schuldfeststellungen stehen[463], oder wenn sie sonst gegen die Denkgesetze oder gegen Erfahrungssätze verstoßen[464]. Nach ganz herrschender Meinung ist bei der Strafzumessung auch der

---

[459] So BGHSt **34** 349; ähnlich z. B. BGHSt **29** 320; BGH NJW **1995** 2234; BGH NJW **1995** 340 fügt noch hinzu: „wenn die Strafzumessungserwägungen . . . von unzutreffenden Tatsachen ausgehen". Höchst kritisch zu der zit. Umschreibung *Horstkotte* in: Jehle 152 ff („Gleichung mit mindestens drei Unbekannten").

[460] BGHSt **27** 2 = JR **1977** 164 mit Anm. *Bruns* und Anm. *Frank* NJW **1977** 2355 in einer Entscheidung von grundsätzlicher Bedeutung; vgl. auch BGHSt **34** 351; *Mösl* NStZ **1984** 160.

[461] BGHSt **1** 51; BGH NStZ **1981** 99; StV **1986** 5; vgl. auch BGH NJW **1981** 2422 für die strafschärfende

Verwertung von Tatsachen, die nicht unmittelbar von der Anklageerhebung erfaßt sind.

[462] BGHSt **16** 364; BGH StV **1982** 166; BGH bei *Dallinger* MDR **1953** 148; **1972** 250; OGHSt **2** 204.

[463] BGH NJW **1962** 499; BGH bei *Dallinger* MDR **1973** 16; OGHSt **2** 71; OLG Saarbrücken VRS **20** (1961) 291; *Seibert* MDR **1952** 459.

[464] So für Denkgesetze z. B. BayObLG HESt **3** 64; OLG Koblenz HESt **1** 103; *Sellke* 74 ff; für Erfahrungssätze z. B. OLG Hamm VRS **21** (1961) 72; OLG Köln VRS **8** (1955) 364; OLG Oldenburg VRS **5** (1953) 320; *Lamertz* 166 ff.

Grundsatz **in dubio pro reo** (vgl. oben Rdn. 14) zu beachten, so daß der Tatrichter dem Urteil unbewiesene Tatsachen nicht zugrunde legen darf[465]. Das gilt insbesondere, wenn ein bloßer Verdacht strafschärfend berücksichtigt wird[466]. Wendet der Tatrichter in Anwendung des Zweifel-Grundsatzes § 21 StGB an, darf er der verminderten Schuldfähigkeit bei der Strafzumessung nicht deswegen geringeres Gewicht beimessen[467].

Vorstrafen und **Vortaten** darf der Tatrichter nur verwerten, wenn er in dem Urteil **214** über sie ausreichende Feststellungen trifft[468]. Sie müssen in dem Urteil so genau wiedergegeben werden, daß auch geprüft werden kann, ob ihre Berücksichtigung gegen die Verwertungsverbote des BZRG verstößt; diese Verbote gehören dem sachlichen Recht an[469]. Ob oder wann eine Heranziehung nicht abgeurteilter Taten zulässig ist, ist umstritten[470]. Soweit sie zulässig oder sogar geboten ist, muß der Tatrichter eindeutige Feststellungen treffen, wenn er sie als Indiztatsachen in die Strafzumessung einbeziehen will, wie das der Bundesgerichtshof z. B. bei weiteren laufenden Strafverfahren gegen den Angeklagten für zulässig hält[471]. Zur Zulässigkeit der Berücksichtigung von Taten oder Tatteilen, die nach §§ 154, 154 a ausgeschieden worden sind, s. § 154 (24. Aufl. Rdn. 54 ff, zur Revisibilität Rdn. 77).

Hypothetische Strafzumessungserwägungen sind grundsätzlich unzulässig. Das **215** gilt z. B. für die Erwägung, daß auf dieselbe Strafe erkannt worden wäre, wenn die Tat anders beurteilt werden müßte[472] oder wenn die eine oder andere Rechtsverletzung nicht vorläge[473]. Derartige Erwägungen sind nur dann unschädlich, wenn das Revisionsgericht die Beurteilung des Sachverhalts durch den Tatrichter nicht billigt, sondern die Sach- oder Rechtslage für gegeben hält, für die die Hilfserwägung gelten soll (BGHSt 7 359).

Revisibel ist auch die Verletzung der **anerkannten Grundsätze staatlichen Stra- 216 fens**[474]. Das ist insbesondere der Fall, wenn die Schuld des Täters als Grundlage für die Zumessung der Strafe (§ 46 Abs. 1 Satz 1 StGB) nicht beachtet wird oder wenn die Festsetzung der Strafe ohne Rücksicht auf die Schuld des Täters nach einheitlichen Tarifen oder Taxen erfolgt[475]. Die Strafe darf mindestens auch nicht allein oder überwiegend zur Vergeltung, zur Befriedigung des Sicherungsbedürfnisses der Allgemeinheit oder zur

---

[465] BGH StV **1987** 20; GA **1965** 204; RG JW **1937** 699; **1938** 3157; OLG Celle NdsRpfl. **1956** 231; OLG Köln NJW **1953** 157; OLG Saarbrücken VRS **30** (1966) 55; eingehend *Bruns* I 172 und II 255; **a. A** LR-*Meyer* in der 23. Aufl., der aber einen Verstoß gegen die Denkgesetze annimmt.

[466] BGHSt **4** 344; BGH NJW **1951** 532; BGH bei *Dallinger* MDR **1958** 14; **1973** 16; **1975** 195; BGH NStZ **1983** 168; RGSt **23** 91; RG JW **1932** 2547 mit Anm. *Alsberg*; RG JW **1936** 46; BayObLGSt **1951** 494; OLG Freiburg HESt **2** 113; *Bruns* I 167 ff.

[467] BGH StV **1984** 69 und 464; **1987** 243.

[468] BGH VRS **28** 422; BGH bei *Dallinger* MDR **1976** 13; BayObLG MDR **1976** 429, 598; KG JR **1966** 356; OLG Düsseldorf StV **1992** 120; OLG Koblenz StV **1994** 291; OLG Zweibrücken VRS **38** (1970) 40.

[469] BGHSt **24** 378; **25** 100; BayObLGSt **1972** 75 = MDR **1972** 629; BayObLGSt **1972** 128 = NJW **1972** 2009; OLG Frankfurt VRS **49** (1975) 453; OLG Karlsruhe GA **1974** 85; Justiz **1972** 361; NJW **1973** 292.

[470] Vgl. im einzelnen *Bruns* II 195 ff, 248; *Tröndle*[48] § 46, 24 c je mit Nachw.

[471] BGH NStZ **1982** 326; **1981** 99; BGH NJW **1951** 769; BGH bei *Dallinger* MDR **1975** 195; vgl. auch BGHSt **34** 209; *Bruns* NStZ **1981** 81.

[472] BGHSt **7** 359; RGSt **70** 403; **71** 104; OLG Düsseldorf StV **1996** 217; *Eb. Schmidt* 56 a; allgemein *Bruns* I 175 und II 257.

[473] BGH LM Nr. 17 zu § 74 StGB = JR **1955** 228; RG DR **1941** 442; RG HRR **1937** 1053; **a. A** BGH bei *Bruns* I 180; RG JW **1936** 1053.

[474] OGHSt **3** 136; OLG Bremen MDR **1949** 504; OLG Frankfurt HESt **3** 69; *Eb. Schmidt* 51; *Zipf* 219 ff. Vgl. im übrigen auch oben Rdn. 199.

[475] BGH bei *Martin* DAR **1963** 187; KG VRS **30** (1966) 281; OLG Hamburg NJW **1973** 2387; OLG Hamm MDR **1974** 254; OLG Köln NJW **1966** 895; OLG Neustadt DAR **1963** 304; vgl. aber auch *Bruns* II 263 und (für „massenhaft auftretende Taten typischer Prägung") BGHSt **28** 324.

Ernst-Walter Hanack

Abschreckung anderer bemessen werden[476]. Die Grundsätze staatlichen Strafens verlangen im übrigen eine Abwägung der für und gegen den Täter sprechenden Umstände, also eine **Gesamtbewertung**; die bloße Aufzählung der Schärfungs- und Milderungsgründe ist daher grundsätzlich ein revisibler Rechtsfehler[477]. Gleiches gilt, wenn das Fehlen eines Strafschärfungsgrundes mildernd und das Fehlen eines Milderungsgrundes schärfend bewertet wird. Die strafschärfende Berücksichtigung der Gesinnung und des Charakters sind ebenso rechtsfehlerhaft[478] wie die Berücksichtigung der allgemeinen Lebensführung, soweit sie nicht im Zusammenhang mit der konkreten Tat als Indiz für die kriminelle Energie des Täters gelten kann[479]. Auch Verstöße gegen das Beschleunigungsgebot sind bei der Strafzumessung zu berücksichtigen[480].

217   Revisibel ist auch die Verhängung einer im **Verhältnis zur Schuld** zu hohen oder geringen Strafe aufgrund fehlerhafter Rechtserwägungen. Das gilt z. B., wenn eine Freiheitsstrafe von nicht mehr als zwei Jahren möglicherweise nur deshalb ausgesprochen worden ist, damit die Vollstreckung nach § 56 Abs. 2 StGB zur Bewährung ausgesetzt werden kann[481], wenn die Strafe wegen gleichzeitiger Aussetzung ihrer Vollstreckung oder deswegen zu hoch angesetzt wird, weil Sicherungsverwahrung nach § 66 StGB aus Rechtsgründen nicht angeordnet werden darf[482], oder wenn sie wegen Nichtbewilligung einer Strafaussetzung oder wegen gleichzeitiger Anordnung einer Maßregel zu niedrig bemessen ist[483]. Auch bei Berücksichtigung der Wirkungen, die von der Strafe für das künftige Leben des Täters zu erwarten sind (§ 46 Abs. 1 Satz 2 StGB), darf sie sich nicht von ihrer Schuldangemessenheit lösen[484]. Zur kritischen Frage der Revisibilität des Strafüber- oder -untermaßes beim Fehlen erkennbarer spezieller Strafzumessungsfehler vgl. oben Rdn. 197 ff.

218   **e) Besonders schwere und minder schwere Fälle insbesondere.** Bei diesen sog. unbenannten Strafänderungen handelt es sich nach herrschender Meinung um Ergänzungen des Regelstrafrahmens ohne tatbestandliche Ausformung und damit um Sonderformen der Strafzumessung[485]. Die Kriterien, die der Richter zur Beurteilung „besonders schwerer Fälle" heranziehen darf, sind nach der Rechtsprechung etwas enger als die Kriterien zur Beurteilung „minder schwerer Fälle". Erforderlich ist aber jeweils eine Gesamtbetrachtung sowie eine sorgfältige Abwägung der in Betracht kommenden be- und entlasten-

---

[476] BVerfGE **28** 391; BGHSt **3** 179; **7** 216; **20** 267; **23** 192; BGH StV **1982** 166; BGH JR **1969** 187 mit Anm. *Koffka*; BGH bei *Dallinger* MDR **1971** 720; **1973** 190; RGSt **61** 417; OLG Hamburg HESt **2** 229; OLG Hamm MDR **1972** 255; NJW **1972** 799; OLG Köln GA **1973** 188. Ob, wie die Rechtsprechung meint, generalpräventive Gesichtspunkte (bei gemeinschaftsgefährdender Zunahme von Straftaten, vgl. BGH StV **1994** 424) *überhaupt* bei der Strafzumessung schärfend herangezogen werden dürfen, ist im Schrifttum aus gutem Grund umstritten; vgl. näher *Lackner/Kühl*[22] § 46, 28 ff.

[477] BGH NJW **1976** 2220 mit weit. Nachw. = JR **1977** 162 mit Anm. *Bruns*; BGH StV **1981** 336; BGH GA **1979** 59; BGH bei *Holtz* MDR **1979** 105; OLG Koblenz VRS **56** (1979) 338; *Mösl* DRiZ **1979** 167; eingehend *Bruns* II 223 ff.

[478] BGH MDR **1954** 693; BGH bei *Dallinger* MDR **1971** 721.

[479] Vgl. z. B. BGHSt **5** 132; BGH StV **1981** 178; **1982** 419; vgl. auch BGH NJW **1959** 1835.

[480] Heute st. Rspr., vgl. BGHR § 46 II StGB Verfahrensverzögerung 3 ff. Der BGH berücksichtigt hier auch den nach Erlaß des tatrichterlichen Urteils begangenen Verstoß (§ 354 a, 7a). Zur Bedeutung des Verstoßes bei der Zurückverweisung s. § 354, 14a; vgl. auch mit weit. Nachw. Einl. G 38 ff.

[481] Dazu BGHSt **29** 321 mit weit. Nachw.; BGH NStZ **1992** 489; vgl. auch BGH StV **1988** 295 zum umgekehrten Fall.

[482] Zum ersteren Fall: OLG Frankfurt NJW **1956** 113 L; OLG Köln VRS **50** (1976) 97; zum letzteren Fall BGH bei *Dallinger* MDR **1973** 727.

[483] BGH NJW **1954** 41 für die nicht bewilligte Strafaussetzung; BGHSt **24** 132; OLG Hamm DAR **1955** 22 für die gleichzeitige Anordnung einer Maßregel; s. dazu aber auch *Tröndle*[48] § 46, 7.

[484] BGHSt **29** 321; allgemein zu § 46 Abs. 1 Satz 2 StGB *Bruns* II 74.

[485] Vgl. – mit weit. Nachw. – nur *Lackner/Kühl*[22] § 46, 7 ff; *Theune* StV **1985** 366.

den Umstände[486]. Die Revisionsgerichte kontrollieren das heute im allgemeinen sehr genau (eingehend *Kalf* NJW **1996** 1447). Geprüft wird namentlich auch, ob der Tatrichter naheliegende Gesichtspunkte herangezogen hat, seine Entscheidung nicht im Widerspruch zu anderen Rechtsfolgebemessungen steht und ob sie alle wichtigen Bemessungsfaktoren erfaßt bzw. ob die Bemessungsfaktoren rechtlich zulässig sind. Wie bei § 46 StGB wird dabei jedoch eine erschöpfende Aufzählung der Strafzumessungsgründe nicht verlangt[487]. Soweit die tatrichterliche Prüfung den Erfordernissen genügt, also Rechtsfehler nicht aufweist, ist die eigentliche Abwägung vom Revisionsgericht nur sehr begrenzt nachprüfbar; das Revisionsgericht kann eine Gewichtung der einzelnen Abwägungsfaktoren regelmäßig nicht vornehmen[488].

Zur **Begründung der Entscheidung** ist der Tatrichter verfahrensrechtlich verpflichtet, **219** wenn er einen minder schweren Fall bejaht oder entgegen einem in der Verhandlung gestellten Antrag verneint (§ 267 Abs. 3 Satz 2), während für den besonders schweren Fall verfahrensrechtlich ein Begründungszwang nur in Sonderfällen und bei „Regelbeispielen" besteht (§ 267 Abs. 3 Satz 2; dazu unten Rdn. 220 f); zu den Voraussetzungen des gestellten Antrags vgl. BGH StV **1990** 100 mit Anm. *Schlothauer* sowie bei § 267. Sachlichrechtlich besteht nach dem Gesagten auch hier ein weitergehender Begründungszwang. Die Revisionsgerichte verlangen insbesondere beim minder schweren Fall eine Darlegung der Gründe für seine Verneinung, wenn die Einzelfeststellungen zu einer solchen Prüfung drängen oder die in Frage stehende Tathandlung „die Schwelle" nicht „so weit" überschreitet, daß eine Bejahung des minder schweren Falles „ohne nähere Begründung ausgeschlossen wäre"[489]. Zur revisionsgerichtlichen Kontrolle der Abgrenzung des minder schweren Falles von der Milderung nach § 49 StGB vgl. unten Rdn. 228.

f) **„Regelbeispiele" insbesondere.** Die vom Gesetzgeber zunehmend verwendete **220** Technik der strafschärfenden sog. Regelbeispiele (z. B. § 243 StGB) ist eine Mischform der Strafrahmenverschiebung zwischen „benannten" und „unbenannten" Strafrahmenänderungen, die nach herrschender, aber nicht unbestrittener Meinung lediglich eine Strafzumessungsregel darstellt; die Gesamtheit der jeweiligen Regelbeispiele gibt dem Tatrichter nur einen konkreten Hinweis, welcher ungefähre Schweregrad der Strafrahmenänderung zugrunde liegt[490]. Verfahrensrechtlich ist der Richter gemäß § 267 Abs. 3 Satz 3 zur Begründung der Entscheidung nur verpflichtet, wenn er trotz Vorliegens eines Regelbeispiels einen besonders schweren Fall verneint[491], wenn er einen besonders schweren Fall bejaht, obwohl ein gesetzlich genanntes Regelbeispiel nicht vorliegt[492], oder wenn er im

---

486 Vgl., auch zum folgenden, z. B. BGHSt **8** 189; **35** 148; BGH NJW **1964** 261; **1981** 135; NStZ **1981** 179; **1983** 119; **1987** 222; **1991** 529; BGH bei *Holtz* MDR **1980** 105, auch 453; BGH bei *Spiegel* DAR **1977** 167; RGSt **48** 310; OLG Frankfurt NJW **1994** 131.

487 BGH NJW **1981** 135; NStZ **1982** 26, 464; StV **1982** 575; GA **1963** 208; BGH bei *Holtz* MDR **1979** 106, 135. Die Abgrenzungen sind durchaus unklar und ergeben einen beträchtlichen Spielraum für die revisionsgerichtliche Prüfung.

488 Vgl. BGH NStZ **1982** 26 mit weit. Nachw.; BGH GA **1963** 208, wo das sogar als unzulässig bezeichnet wird.

489 So die Formulierung von BGH **1** StR 403/76 v. 30. 11. 1976 (unveröff.). Vgl. auch BGH StV **1981** 541, 547; **1982** 71 mit weit. Nachw., wo für die

Prüfung darauf abgestellt wird, ob „die strafmildernden Umstände ersichtlich im Vordergrund" stehen; vgl. auch BGH NStZ **1983** 119; bei *Mösl* NStZ **1984** 494 für formelhafte Verneinungen; BayObLG StV **1987** 252.

490 Vgl. – mit weit. Nachw. – nur *Lackner/Kühl*[22] § 46, 11.

491 Dazu BayObLG NJW **1973** 1808: Darlegung der für diese Annahme bestimmenden tat- und täterbezogenen Umstände anhand einer Gesamtbetrachtung.

492 Die Begründung muß dann genau sein und verlangt eine Gesamtabwägung der tat- und täterbezogenen Umstände; vgl. BGHSt **28** 320 = JR **1979** 353 mit Anm. *Bruns*; BGH MDR **1981** 63; auch BGH GA **1978** 242 und BGHSt **30** 322.

Ernst-Walter Hanack

letzteren Fall einem entsprechenden, in der Verhandlung gestellten Antrag nicht entspricht; vgl. dazu näher bei § 267. Sachlichrechtlich dürfte nur in folgendem Sonderfall eine weitergehende Begründungspflicht bestehen: Der Richter, der die Feststellung trifft, daß die Voraussetzungen eines Regelbeispiels vorliegen, ist wegen der sog. Indizwirkung der Regelbeispiele zwar im allgemeinen nicht verpflichtet, die Strafschärfung besonders zu begründen[493]. Er muß dies jedoch dann tun, wenn sich Umstände aufdrängen, die trotz Erfüllung des Regelbeispiels eine Anwendung des Normalstrafrahmens möglich erscheinen lassen[494].

221   Ob die **gesetzlichen Voraussetzungen** eines Regelbeispiels gegeben sind, ist eine Rechtsfrage, die das Revisionsgericht nach allgemeinen Grundsätzen wie die Voraussetzungen eines Tatbestandsmerkmals voll überprüft. Es prüft nach allgemeinen Grundsätzen auch, ob der Tatrichter innerhalb des verschärften Strafrahmens die Strafe rechtsfehlerfrei bemessen und von anderen Rechtsfolgebestimmungen, z. B. gemäß § 49 StGB, rechtsfehlerfrei abgegrenzt hat. Hat der Tatrichter trotz Vorliegens eines Regelbeispiels die **Indizwirkung verneint**, prüft das Revisionsgericht die Richtigkeit und Vollständigkeit der dabei anzuwendenden rechtlichen Gesichtspunkte; gibt die Entscheidung zu rechtlichen Beanstandungen keinen Anlaß, wird das Revisionsgericht seine eigene Wertung regelmäßig nicht an die Stelle der tatrichterlichen setzen dürfen[495]. Entsprechendes gilt, wenn der Tatrichter **umgekehrt** trotz Fehlens eines gesetzlich genannten Regelbeispiels die Anwendung des schärferen Strafrahmens für erforderlich gehalten hat. In beiden Fällen ist die Revision schon begründet, wenn die erforderliche Gesamtabwägung (oben Rdn. 220 Fußn. 491, Fußn. 492) fehlt. Sie ist ebenfalls begründet, wenn der Tatrichter trotz naheliegender Anhaltspunkte die mangelnde Indizwirkung eines Regelbeispiels nicht in der gebotenen Weise (oben Rdn. 220 a. E) erörtert.

222   **g) Täter-Opfer-Ausgleich (§ 46 a StGB).** Bestehen Anhaltspunkte dafür, daß der Angeklagte unter den subjektiven Voraussetzungen des § 46 a Nr. 1 oder Nr. 2 (dazu BGH NStZ **1995** 492) gewichtige Wiedergutmachungsleistungen erbracht hat, liegt ein sachlichrechtlicher Mangel vor, wenn sich das tatrichterliche Urteil mit § 46 a, insbesondere seiner über die Strafmilderung nach § 46 Abs. 2 letzte Alt. StGB hinausgehenden Möglichkeit einer Strafrahmenverschiebung, nicht oder nur floskelhaft auseinandersetzt[496].

223   Im übrigen wird **das Revisionsgericht** die eigentliche Ermessensentscheidung des Tatrichters („kann") nur auf Rechtsfehler und nach Vertretbarkeitsgrundsätzen (oben Rdn. 200 ff) überprüfen können. Eine eigene Sachentscheidung des Revisionsgerichts dürfte allenfalls ausnahmsweise in Betracht kommen, aber bezogen nur auf das Ob, nicht das Wie der Anwendung.

224   **h) Unerläßlichkeit der Freiheitsstrafe (§ 47 StGB).** Verfahrensrechtlich ist der Tatrichter zur Begründung nur verpflichtet, wenn er in Anwendung des § 47 auf eine Freiheitsstrafe oder entgegen einem in der Verhandlung gestellten Antrag auf Geldstrafe erkannt hat (§ 267 Abs. 3 Satz 2). Sachlichrechtlich besteht nach h. M ein weitergehender Begründungszwang: Ein Sachmangel liegt immer vor, wenn der Tatrichter die Anwendung des § 47 StGB nicht erörtert, obwohl das nach den festgestellten Umständen nahe-

---

[493] BGH StV **1989** 202 (mit Zusatz: „mag eine wenigstens kurze Erörterung auch ratsam sein"); OLG Braunschweig NdsRpfl. **1974** 87.

[494] BGH StV **1982** 221 und 225; **1994** 314. Verlangt wird dann die umfassende Abwägung aller bedeutsamen tat- und täterbezogenen Umstände.

[495] BGH NJW **1987** 2451; OLG Karlsruhe NJW **1978** 1697; bedenklich BayObLG NJW **1991** 1245.

[496] BGH NStZ **1995** 492 und 493; BayObLG NJW **1995** 2120; vgl. auch BGH NStZ **1995** 284; unten Rdn. 228.

liegt[497]. Im Fall der Tatmehrheit müssen die Voraussetzungen des § 47 StGB für alle Einzelstrafen erörtert werden[498].

Das **Revisionsgericht prüft** die Entscheidung nur auf Rechtsfehler[499]; darüber hinaus 225 darf es auch hier seine eigene Auffassung nicht an die Stelle der tatrichterlichen Entscheidung setzen[500]. Damit die Prüfung möglich ist, muß das Urteil ausreichend begründet werden[501]. Dazu bedarf es grundsätzlich einer Darlegung der „besonderen Umstände", die die Freiheitsstrafe unerläßlich machen (BGH StV **1982** 366). Die Anforderungen an die Begründung sind gering, wenn der Angeklagte zu zahlreichen Einzelstrafen verurteilt worden ist, unter denen sich nur wenige unter sechs Monaten befinden[502]. Sie sind hoch, wenn die Urteilsfeststellungen die Verhängung einer Freiheitsstrafe nahelegen, der Tatrichter aber dennoch auf eine Geldstrafe erkannt hat[503], oder wenn auf eine Freiheitsstrafe erkannt worden ist, obwohl die Feststellungen eher gegen ihre Erforderlichkeit sprechen. Das Urteil muß eine auf den Einzelfall bezogene, die Würdigung von Tat und Täterpersönlichkeit umfassende Begründung enthalten, warum in solchen Fällen eine kurzfristige Freiheitsstrafe unerläßlich oder eine Geldstrafe ausreichend ist. Formelhafte Wendungen genügen auch hier nicht[504]. Kommt es entscheidend auf eine oder mehrere Vortaten an, müssen deren nähere Umstände festgestellt und dargetan werden[505].

Ist zweifelhaft, **ob zur Verteidigung der Rechtsordnung** auf eine Freiheitsstrafe 226 erkannt werden muß, hat der Tatrichter alle in Betracht kommenden Umstände in einer für das Revisionsgericht nachprüfbaren Weise darzulegen[506]. Welches Gewicht der Verteidigung der Rechtsordnung zukommt, ist im wesentlichen eine Rechtsfrage. Das Revisionsgericht darf zwar die Wertung des Tatrichters, welches Gewicht den Umständen des Falles konkret beizumessen ist, nicht ohne weiteres durch eine eigene ersetzen[507]. Wenn die Urteilsfeststellungen vollständig sind, ist das Revisionsgericht aber befugt, die Frage der Notwendigkeit, die Rechtsordnung zu verteidigen, selbst zu entscheiden, sofern eine andere Entscheidung dem Gesetz widerspräche[508]. Vgl. im übrigen Rdn. 237.

i) Rückfallschärfung (§ 48 a. F StGB). Die umstrittene Vorschrift sah die Möglich- 227 keit einer Strafschärfung wegen Rückfalls vor, wenn der Täter sich die früheren Verurtei-

---

[497] OLG Stuttgart NJW **1971** 2181; vgl. auch OLG Koblenz VRS **45** (1973) 173; OLG Köln GA **1980** 267; *Tröndle*[48] § 47, 11.

[498] BGHSt **24** 165; BGH MDR **1969** 1022; OLG Frankfurt NJW **1971** 667; OLG Hamm GA **1970** 117.

[499] OLG Hamm VRS **38** (1970) 180, 259; **41** (1971) 96; OLG Koblenz VRS **51** (1976) 429; OLG Köln StV **1984**; 378; das bedeutet jedoch nicht, daß die Anwendung des § 47 StGB im Ermessen des Tatrichters stünde (so aber OLG Frankfurt VRS **42** [1972] 272; OLG Stuttgart Justiz **1970** 93; LR-*Meyer* in der 23. Aufl.; wohl auch OLG Köln aaO).

[500] So im Ergebnis auch OLG Hamm VRS **40** (1971) 102; vgl. auch oben Rdn. 195 f.

[501] BGH StV **1982** 366; **1994** 370; OLG Braunschweig MDR **1970** 435; OLG Düsseldorf VRS **39** 328; OLG Frankfurt VRS **42** 272; OLG Schleswig StV **1982** 367; **1993** 30.

[502] OLG Hamburg MDR **1970** 437; vgl. aber auch (offenbar strenger) BGH StV **1982** 366 L.

[503] OLG Frankfurt StV **1997** 253; OLG Koblenz Blutalkohol **1976** 432; MDR **1970** 693; VRS **40** (1971) 10; **45** (1973) 176; OLG Schleswig StV **1982** 367;

OLG Stuttgart NJW **1971** 2181 L = VRS **41** 413; OLG Zweibrücken OLGSt § 27 b StGB a. F S. 21.

[504] OLG Köln DAR **1971** 301; *Eb. Schmidt* Nachtr. II 3; vgl. auch BGH StV **1982** 366.

[505] OLG Celle StV **1993** 196; OLG Celle DAR **1970** 188; VRS **39** (1970) 258; OLG Frankfurt StV **1995** 29; OLG Hamm DAR **1972** 244; OLG Koblenz VRS **51** (1976) 429; OLG Köln Blutalkohol **1971** 297.

[506] BGH StV **1994** 370; BayObLGSt **1971** 191 = VRS **42** (1972) 142; OLG Düsseldorf VRS **39** (1970) 328; insbes. bei schwerwiegenden Straftaten darf das Gericht die Frage der Verteidigung der Rechtsordnung nicht ungeprüft lassen; vgl. OLG Stuttgart NJW **1971** 2181 L = VRS **41** 413 (bei Trunkenheit im Straßenverkehr in Tateinheit mit § 222 StGB).

[507] BayObLG bei *Rüth* DAR **1975** 203; vgl. auch oben Rdn. 195 f.

[508] Vgl. (meist unter Abstellung auf „fehlerhaftes Ermessen") BGH bei *Dallinger* MDR **1970** 196; KG VRS **44** (1973) 94; OLG Koblenz VRS **40** (1971) 98; ferner OLG Celle NJW **1970** 872; OLG Hamm MDR **1972** 694; OLG Köln NJW **1970** 258.

Ernst-Walter Hanack

lungen „nicht hat zur Warnung dienen lassen". Sie ist durch das 23. StRÄndG aufgehoben worden[509], für die revisionsrechtliche Handhabung der Strafzumessung bei Rückfall aber noch heute von Interesse: Die Rechtsprechung verlangte eine genaue Angabe der den Vorverurteilungen zugrunde liegenden Taten[510]; und sie verlangte auch in Fällen gleichartigen Rückfalls, insbesondere in Fällen verminderter intellektueller Fähigkeiten und sozialer Hilflosigkeit, eine sorgfältige Prüfung, warum der Rückfall dem Angeklagten vorzuwerfen ist[511].

228   **j) Besondere gesetzliche Milderungsgründe gemäß § 49 StGB.** Läßt das Gesetz Milderungen nach § 49 StGB zu oder schreibt es sie vor, so muß das Urteil ergeben, daß der Tatrichter das nicht übersehen hat[512]. Das gilt insbesondere für die Fälle des § 31 BtMG[513] sowie für die Strafmilderung beim vermeidbaren Verbotsirrtum nach § 17 Satz 2 StGB[514], für die verminderte Schuldfähigkeit nach § 21 StGB[515] und für den Versuch nach § 23 Abs. 2 StGB[516]. Enthält das Urteil hierzu keine ausdrücklichen Ausführungen, liegt in der Regel ein sachlichrechtlicher Mangel vor. Aus dem Zusammenhang der Urteilsgründe kann sich freilich ergeben, daß der Tatrichter die Milderungsmöglichkeit erkannt und von ihr ohne Rechtsfehler keinen Gebrauch gemacht hat. Ein floskelhafter Hinweis, etwa der Art, das Gericht habe zugunsten des Angeklagten berücksichtigt, „daß seine Schuldfähigkeit gemäß § 21 StGB erheblich gemindert war", ist nicht ausreichend, weil sie dem Revisionsgericht keine ausreichende Prüfung ermöglicht, ob der Tatrichter die Frage sachlichrechtlich zutreffend beurteilt hat[517]. Folgt man der nicht unbedenklichen Meinung, daß der Tatrichter eine gewisse Wahlmöglichkeit hat, ob er eine Strafe (z. B. wegen des Vorliegens von § 21 StGB) nach § 49 StGB mildert oder einen minder schweren Fall (z. B. nach § 213 StGB) annimmt[518], müssen die Urteilsgründe des Tatrichters ergeben, daß er die Wahlmöglichkeit gesehen und sorgfältig abgewogen hat; die Revisionsgerichte prüfen diese Abwägung nur auf Rechtsfehler, aber nach durchaus strengen Maßstäben[519].

229   **k) Anrechnung von Freiheitsentzug usw. (§ 51 StGB).** Da die in § 51 vorgesehenen Anrechnungen die gesetzliche Regel sind, braucht die anrechnende Entscheidung im allgemeinen nicht besonders begründet zu werden[520]. Etwas anderes gilt, wenn Anhaltspunkte dafür bestehen, daß die Voraussetzungen für eine Nichtanrechnung (§ 51 Abs. 1 Satz 2, Abs. 3, Abs. 4) vorliegen; das Urteil muß dann erkennen lassen, daß der Tatrichter die Frage geprüft hat[521]. Ausdrücklicher Feststellungen bedarf es ferner bei Anrechnung einer ausländischen Strafe oder Freiheitsentziehung, weil das Gericht hier den Anrechnungsmaßstab nach seinem Ermessen bestimmt (§ 51 Abs. 3, Abs. 4 Satz 2). Das Urteil

---

[509] Zu den Gründen und den vielleicht kritischen Folgen (Verlagerung auf § 46 Abs. 2 StGB?) näher *Geiters* ZRP **1988** 376.

[510] BGH StV **1983** 327; OLG Karlsruhe NJW **1976** 433; OLG Schleswig StV **1984** 374.

[511] Näher OLG Köln NStZ **1984** 550 mit weit. Nachw.

[512] BGH bei *Dallinger* MDR **1969** 358; BGH LM Nr. 1 § 44 StGB a. F; KG JR **1966** 307; vgl. auch BGH GA **1980** 469; a. A *Lamertz* 71.

[513] Näher BGH NStZ **1987** 563 mit Nachw.

[514] BGH bei *Dallinger* MDR **1969** 358; OLG Hamburg NJW **1967** 215; OLG Hamm VRS **10** 358.

[515] BGHSt **16** 363; BGH bei *Holtz* MDR **1982** 969; RG JW **1935** 3380; OLG Hamm VRS **41** 105.

[516] BGH StV **1982** 114; **1985** 411; OGHSt **2** 392; KG JR **1966** 307.

[517] BGH bei *Holtz* MDR **1982** 969; vgl. auch *Mösl* NStZ **1981** 135 mit weit. Nachw.

[518] BGHSt **21** 59; StV **1982** 69, 71, 113, 200, 417; **1988** 385; vgl. aber auch **1992** 372; zum sachlichrechtlichen Problem vgl. SK-StGB § 50, 5 ff.

[519] Vgl. im einzelnen (und mit weit. Nachw.) z. B. BGH NStZ **1982** 200; **1984** 118; BGH StV **1981** 519; **1982** 221, 417; **1988** 385; GA **1980** 469; bei *Holtz* MDR **1979** 105.

[520] BGH bei *Dallinger* MDR **1970** 13; vgl. auch BGHSt **24** 30; **30** 288; BGH NStZ **1994** 335.

[521] OLG Köln NJW **1953** 796; vgl. auch BGH wistra **1990** 350 sowie Rdn. 230.

---

muß daher diesen Anrechnungsmaßstab angeben und erkennen lassen, daß und in welcher Weise der Tatrichter sein Ermessen ausgeübt hat[522]; es wird vom Revisionsgericht nur auf Rechtsfehler überprüft.

Ordnet der Tatrichter eine **Nichtanrechnung** an, muß er das eingehend begründen. **230** Formelhafte Wendungen genügen auch hier nicht[523]. Das Revisionsgericht prüft die tatrichterliche Entscheidung, die nach dem Gesetz eine Frage seines Ermessens ist, nur auf Rechtsfehler, wobei freilich zu beachten bleibt, daß eine unberechtigte Nichtanrechnung keine Ermessensfrage ist[524], so daß *insoweit* volle Revisibilität besteht. Eine eigene Sachentscheidung des Revisionsgerichts ist nicht notwendig ausgeschlossen[525].

l) Gesamtstrafe nach §§ 53 ff StGB. Da sich der Begründungszwang auf sämtliche **231** verhängten Strafen erstreckt, muß das Urteil bei Tatmehrheit alle Einzelstrafen angeben und begründen[526]. Das gilt auch für die Bestimmung der Tagessatzhöhe einer Einzelgeldstrafe, die in eine Gesamtfreiheitsstrafe einbezogen worden ist, so daß die unterlassene Bestimmung in der Regel zur Zurückverweisung an das Tatgericht zwingt[527]. Die Bemessung der Gesamtstrafe ist nach § 54 Abs. 1 Satz 2 zu begründen, indem die Person des Täters und die einzelnen Straftaten zusammenfassend gewürdigt werden, wobei sich die dafür wesentlichen Gesichtspunkte schon aus Ausführungen zur Bemessung der Einzelstrafen ergeben können (BGH NJW **1995** 1038). Eine eingehendere Begründung ist jedenfalls erforderlich, wenn die Einzelstrafe nur geringfügig überschritten oder wenn die Summe der Einzelstrafen nahezu erreicht wird[528]. Wegen der Einzelheiten wird auf die Kommentare zu § 54 StGB verwiesen.

Ob auf eine Gesamtstrafe zu erkennen ist, wenn zeitige **Freiheitsstrafen mit Geld-** **232** **strafen** zusammentreffen, steht im Ermessen des Tatrichters (§ 53 Abs. 2 StGB). Das Urteil muß aber darlegen, weshalb von der Gesamtstrafenbildung abgesehen worden ist oder warum, wenn nach den besonderen Umständen des Falls eine Gesamtstrafe als das schwerere Strafübel erscheint, gleichwohl eine Gesamtstrafe gebildet wurde[529].

Durch das **Unterlassen der Gesamtstrafenbildung** nach § 55 StGB ist der Ange- **233** klagte beschwert. Er kann die Revision auf den Mangel ohne Rücksicht auf die Möglichkeit eines Nachtragsverfahrens nach § 460 stützen (vgl. Vor § 296, 76). Es ist aber nicht immer ein sachlichrechtlicher Mangel, wenn das Urteil Vorstrafen aus jüngerer Zeit erwähnt, ohne die Frage der Gesamtstrafenbildung ausdrücklich zu erörtern, falls sich nämlich dem Urteilszusammenhang mit ausreichender Sicherheit entnehmen läßt, daß die Frage weder übersehen noch aus rechtsirrigen Erwägungen verneint wurde (BGH NJW **1957** 509). Ergeben jedoch die Urteilsfeststellungen, daß eine Gesamtstrafenbildung nach § 55 in Betracht kommt, so muß das Gericht, wenn es die Vorschrift nicht anwendet, die Gründe dafür mitteilen (OLG Stuttgart Justiz **1968** 233). Gegebenenfalls ist darzulegen, daß die Bildung einer Gesamtstrafe dem Nachtragsverfahren

[522] BGH NStZ **1982** 326; **1983** 455; **1984** 214; *Holtz* MDR **1980** 454; zur Art der revisionsgerichtlichen Kontrolle vgl. BGHSt **30** 282.

[523] OLG Köln NJW **1973** 796; *Lackner/Kühl*[22] § 51, 6 f.

[524] *Tröndle*[48] § 51, 12.

[525] Näher LK-*Gribbohm* § 51, 64 mit Nachw.

[526] BGHSt **4** 346; BGH NJW **1966** 510; BGH bei *Dallinger* MDR **1951** 464; **1958** 739; RGSt **2** 235; **25** 308; **52** 146; RG JW **1925** 57; RG HRR **1933** 1545; **1938** 1316; KG VRS **32** (1967) 116; näher zum Ganzen *Mösl* NStZ **1981** 425.

[527] BGHSt **30** 93 = JR **1982** 72 mit Anm. *D. Meyer* in Klärung einer divergierenden Rechtsprechung; *K. Meyer* Anm. in JR **1979** 389.

[528] BGHSt **24** 271 = NJW **1972** 454 mit Anm. *Jagusch*; BGH NJW **1995** 2234; NStZ **1990** 334; *Mösl* NStZ **1981** 425 mit weit. Nachw.

[529] BGH JR **1986** 71 mit Anm. *Bruns*; BGH bei *Dallinger* MDR **1973** 17 = VRS **43** 422; Entsprechendes gilt im Hinblick auf § 56 Abs. 2 StGB, wenn erst die Gesamtstrafenbildung dazu führt, daß die Freiheitsstrafe ein Jahr übersteigt, vgl. BayObLG StV **1982** 362 mit weit. Nachw.

nach § 460 überlassen werden mußte, z. B. weil die Vorstrafakten nicht zur Verfügung standen[530]. Ob sich der Tatrichter in einem solchen Fall mit Ersatzurkunden (Urteilsabschriften) zufrieden gibt, liegt in seinem Ermessen[531]. Die Revisionsgerichte prüfen auf die Sachrüge nur, ob die Entscheidung rechtsfehlerhaft ist, nicht aber, ob die Unmöglichkeit, nach § 55 zu verfahren, von dem Gericht dadurch verschuldet worden ist, daß es infolge mangelnder Terminsvorbereitung die erforderlichen Akten nicht herangezogen hat[532]. Insoweit muß die Rüge der Verletzung des § 244 Abs. 2 erhoben werden. Ist eine Gesamtstrafenbildung ganz oder teilweise unmöglich geworden, kontrollieren die Revisionsgerichte, ob der Tatrichter die darin liegende Härte bei Bemessung der Strafe berücksichtigt hat[533].

234   **m) Strafaussetzung im Falle des § 56 Abs. 1, 3 StGB.** Verfahrensrechtlich ist der Tatrichter zur Begründung der Aussetzungsentscheidung nur verpflichtet, wenn die Strafe ausgesetzt oder entgegen einem in der Verhandlung gestellten Antrag nicht ausgesetzt wird (§ 267 Abs. 3 Satz 4); näher dazu bei § 267. Die Verletzung der Vorschrift enthält einen revisiblen Verfahrensfehler, auf dem das Urteil auch beruhen kann[534]. Sie hat jedoch keine große praktische Bedeutung, weil nach ganz herrschender Rechtsprechung und Lehre sachlichrechtlich eine weitergehende Begründungspflicht besteht, insbesondere wenn Strafaussetzung nicht bewilligt wird: Das Urteil leidet an einem sachlichrechtlichen Mangel, wenn nach den Urteilsfeststellungen Anlaß zur Prüfung der Aussetzungsfrage besteht oder wenn sich aus dem Urteil gar ergibt, daß der Tatrichter den Gesichtspunkt des § 56 StGB übersehen hat[535].

235   Die **Begründung der Aussetzungsentscheidung** muß dabei so eingehend sein, daß dem Revisionsgericht die Prüfung auf Rechtsfehler möglich ist. Formelhafte Wendungen reichen nicht aus[536]. Erforderlich ist vielmehr eine umfassende Gesamtwürdigung aller Umstände, die einen Schluß auf die Persönlichkeit des Täters und die Wirkung der Strafaussetzung auf ihn zulassen[537]. Einer besonders eingehenden Begründung bedarf es, wenn der Tatrichter meint, die Strafaussetzung trotz mehrfacher, insbesondere einschlägiger Vorstrafen des Angeklagten rechtfertigen zu können. In diesem Fall muß sich das Urteil auch mit den Vortaten und den Umständen auseinandersetzen, unter denen sie begangen worden sind[538]. Lehnt das Tatgericht die Strafaussetzung wegen der Vorstrafen des Angeklagten ab, so sind regelmäßig das Tatgeschehen und die Umstände der Vortaten zu schildern und im Hinblick auf ihren prognostischen Aussagewert zu würdigen[539]. Eine knappe Begründung reicht aber aus, wenn sie zwar verfahrensrechtlich erforderlich ist, die Straf-

---

[530] OLG Hamm NJW **1970** 1200; OLG Köln MDR **1983** 423; zu weiteren Fällen s. BGH NJW **1997** 2893.

[531] OLG Hamburg JR **1955** 308; OLG Hamm aaO.

[532] OLG Hamm NJW **1970** 1200 mit Anm. *Küper* NJW **1970** 1559; **a. A** offenbar OLG Köln MDR **1983** 423.

[533] BGHSt **31** 103; **33** 131; **34** 310 (= NStZ **1996** 382 mit Anm. *R. Peters*); **43** 36; BGH bei *Holtz* MDR **1979** 635; **1980** 454; *Mösl* NStZ **1981** 425 mit weit. Nachw.; vgl. aber auch BGH GA **1983** 274.

[534] Vgl. BGH StV **1982** 61 mit Anm. *Schlothauer*, **1982** 257 mit weit. Nachw.

[535] BGHSt **6** 68, 172; BGH NStZ **1986** 374; BayObLG bei *Rüth* DAR **1975** 203; KG JR **1964** 107; VRS **22** 33; **30** 281; OLG Hamm VRS **8** 121; **36** 177; OLG Koblenz GA **1975** 370; OLG Köln NJW **1954** 1091.

[536] KG DAR **1962** 20; OLG Braunschweig NJW **1954** 363; vgl. auch *Mösl* NStZ **1981** 426 mit Nachw. und unten Rdn. 239.

[537] OLG Hamburg NJW **1966** 1468; OLG Koblenz Blutalkohol **1971** 69; VRS **40** 99; **42** 136; **51** 97, 107; OLG Zweibrücken MDR **1992** 977. Vgl. auch in der folg. Fußn.

[538] BGH VRS **17** (1959) 183; OLG Hamm DAR **1972** 245; JMBlNRW **1972** 214; OLG Karlsruhe VRS **50** 98; OLG Koblenz Blutalkohol **1977** 62; MDR **1971** 235; VRS **42** 135; **43** 258; **51** 107; **62** 442; **69** 299; OLG Köln Blutalkohol **1973** 268; MDR **1972** 438; OLG Stuttgart DAR **1971** 271; VRS **39** 420. Das gilt vor allem, wenn die abzuurteilende Tat in einer Bewährungszeit begangen worden ist, s. OLG Koblenz VRS **43** 422.

[539] OLG Hamm JMBlNRW **1972** 261; OLG Koblenz VRS **71** (1986) 445; OLG Köln StV **1996** 322.

aussetzung nach den gesamten Umständen aber offensichtlich nicht in Betracht kommt (vgl. OLG Koblenz GA **1975** 370).

Die **Prognoseentscheidung** nach § 56 Abs. 1 bewegt sich im wesentlichen auf tatsäch- **236** lichem Gebiet (KG VRS **41** [1971] 255) und ist darum der Überprüfung durch das Revisionsgericht weitgehend entzogen[540]. Das Revisionsgericht prüft die Entscheidung nur auf Rechtsfehler[541]. Es darf nicht seine eigene skeptische Prognose an die Stelle der optimistischeren des Tatrichters setzen und umgekehrt[542]. Allenfalls ausnahmsweise kann das Revisionsgericht über die Prognose selbst entscheiden, wenn die tatrichterlichen Feststellungen eindeutig und vollständig sind[543]. Zu prüfen hat es aber, ob der Tatrichter alle Umstände gewürdigt hat, auf die es nach § 56 Abs. 1 für die Entscheidung ankommt[544], und ob in seiner Entscheidung Verstöße gegen Denkgesetze oder Erfahrungssätze erkennbar sind. Zum Dilemma einer Revisibilität der angewendeten Prognosemethoden als solcher s. unten Rdn. 246.

Wird die **Verteidigung der Rechtsordnung** (§ 56 Abs. 3 StGB) als Versagungsgrund **237** einer Strafaussetzung trotz günstiger Sozialprognose nicht geprüft, obwohl aufgrund der Feststellungen dazu Anlaß besteht, leidet das Urteil an einem sachlichrechtlichen Mangel[545]. Liegen solche Anhaltspunkte nicht vor, so bedarf es jedoch keiner besonderen Begründung[546]. Ist eine Erörterung der Voraussetzungen des § 56 Abs. 3 im Einzelfall notwendig, muß der Tatrichter alle die Tat und den Täter kennzeichnenden Umstände in ihrer Gesamtheit würdigen[547]. Begründet er die Versagung der Strafaussetzung damit, daß bestimmte Straftaten in bedenklichem Maße zunehmen, so muß er das in erfahrungswissenschaftlich überzeugender Weise feststellen[548]. Der Begriff „Verteidigung der Rechtsordnung" ist ein auslegungsbedürftiger Rechtsbegriff, der dem Tatrichter nur einen geringen Beurteilungsspielraum läßt[549], und den das Revisionsgericht darum in weiterem Umfang prüft als die Prognoseentscheidung nach § 56 Abs. 1. Das Revisionsgericht kann allerdings auch hier nur eingreifen, wenn der Tatrichter rechtsfehlerhaft entschieden hat,

---

[540] BGH NJW **1965** 407; **1978** 599; BayObLGSt **1974** 32 = JR **1974** 519 mit Anm. *Zipf;* BayObLG OLGSt § 23 StGB a. F S. 151; OLG Frankfurt NJW **1967** 303; OLG Hamburg NJW **1966** 1468; OLG Koblenz Blutalkohol **1975** 76; **1977** 61; OLG Zweibrücken OLGSt § 23 StGB a. F S. 202, 205; vgl. auch LK-*Ruß* § 56, 52; grundsätzlich **a. A** *Frisch* Prognosemethoden im Strafrecht (1983) 172 ff (reine Rechtsfrage als „spezifischer Typus fallbezogener, erfahrungsfundierter Normkonkretisierung" im Sinne der heutigen Revisibilität von Verstößen gegen Erfahrungssätze).

[541] BGHSt **6** 300; BGH NJW **1971** 1415; NStZ **1987** 406 und 594; BGH bei *Holtz* MDR **1978** 279; KG VRS **9** (1955) 451; OLG Hamm VRS **41** (1971) 96; OLG Düsseldorf StV **1993** 476; OLG Koblenz VRS **51** 24, 403; OLG Köln VRS **39** 419; **42** 95; OLG Saarbrücken NJW **1975** 2216; OLG Stuttgart VRS **39** 333; *Theune* NStZ **1988** 307 mit weit. Nachw.

[542] BGH NJW **1978** 599 und StV **1989** 16 (der dabei auch die „Vertretbarkeit" heranzieht); OLG Koblenz Blutalkohol **1975** 406; OLG Köln VRS **42** (1972) 92. Vgl. auch *Mösl* NStZ **1981** 426.

[543] Vgl. BGH NJW **1953** 1839; **1954** 40; VRS **38** (1970) 333; BayObLG MDR **1968** 512. Einen Beschluß gemäß § 268 a darf das Revisionsgericht,

wenn es dabei die Aussetzung anordnet, jedoch regelmäßig nicht selbst erlassen; vgl. näher § 354, 42.

[544] BGH StV **1986** 293; OLG Düsseldorf JR **1994** 40 mit krit. Anm. *Terhorst;* OLG Karlsruhe NJW **1980** 134 (eingehend) OLG Koblenz VRS **69** (1985) 300.

[545] BGH NStZ **1989** 527; OLG Düsseldorf und OLG Koblenz aaO; OLG Saarbrücken NJW **1975** 2216.

[546] BGH NJW **1976** 1414; **1995** 1038; NStZ **1991** 582; BGH bei *Holtz* MDR **1977** 808; die gegenteilige Ansicht von *Zipf* JR **1974** 520 entspricht nicht dem Ausnahmecharakter des § 56 Abs. 3; das gilt auch für die von *Zipf* angesprochene erhebliche Vorbestraftheit des Angeklagten (BayObLGSt **1974** 32 = JR **1974** 519 mit Anm. *Zipf;* ebenso LR-*Meyer* in der 23. Aufl.).

[547] BGH NStZ **1994** 336; **1995** 341; StV **1990** 496; BayObLG NJW **1988** 3027; OLG Koblenz VRS **49** (1973) 318.

[548] KG VRS **44** 95; OLG Frankfurt VRS **42** 186; OLG Karlsruhe VRS **48** 342; OLG Koblenz OLGSt § 23 StGB S. 191; VRS **52** 23; vgl. aber auch KG JR **1980** 256 mit Anm. *Naucke.*

[549] BayObLGSt **1970** 102 = NJW **1970** 1383; NJW **1988** 3027; OLG Koblenz VRS **49** (1975) 176.

Ernst-Walter Hanack

insbesondere von unrichtigen oder unvollständigen Erwägungen ausgegangen ist oder von seinem eingeschränkten „Ermessen" (Beurteilungsspielraum) fehlerhaft Gebrauch gemacht hat[550]. Eine abschließende Entscheidung des Revisionsgerichts ist ausnahmsweise zulässig, wenn der Tatrichter alle Umstände des Falles herangezogen hat und die Gesamtwürdigung ergibt, daß jede andere Entscheidung fehlerhaft wäre[551]. Ansonsten ist es dem Revisionsgericht nicht erlaubt, seine eigene Würdigung an die Stelle derjenigen des Tatrichters zu setzen[552].

238   **n) Strafaussetzung in Fällen des § 56 Abs. 2 StGB.** Die Entscheidung, ob besondere Umstände i. S. der Vorschrift oder des § 21 Abs. 2 JGG die Aussetzung einer Freiheitsstrafe von mehr als einem Jahr rechtfertigen, ist unter den Voraussetzungen des § 267 Abs. 3 Satz 4 verfahrensrechtlich stets zu begründen; näher dazu bei § 267. Wenn solche Umstände offensichtlich nicht vorliegen, besteht sachlichrechtlich keine weitergehende Begründungspflicht[553]. Erscheinen jedoch nach Lage des Einzelfalles Anhaltspunkte für das Vorliegen besonderer Umstände, und sei es auch nur durch die Gesamtheit mehrerer Umstände[554], nicht ausgeschlossen, leidet das Urteil an einem sachlichrechtlichen Mangel, wenn der Tatrichter dem in den Urteilsgründen nicht oder nur mit formelhaften Wendungen[555] nachgeht. Aufgrund der großzügigen Interpretation der Umständeklausel durch die obergerichtliche Rechtsprechung, die sich auch in der Neufassung durch das 23. StRÄndG widerspiegelt, bestehen für den Tatrichter insoweit sehr weitgehende und nicht immer eindeutige Begründungspflichten, weil sie — nach Lage des Einzelfalles — auf die verschiedenartigsten „besonderen Umstände" und ihre „Gesamtwürdigung" zu beziehen sind[556]. Hat der Tatrichter eine Gesamtstrafe gebildet, für die die Prüfung des § 56 Abs. 2 erforderlich ist, so muß sich die Gesamtwürdigung auch mit den einzelnen von der Gesamtstrafe erfaßten Taten befassen[557]. Für die revisionsgerichtliche Kontrolle der Prognoseentscheidung und für die Prüfung, ob trotz günstiger Prognose eine Strafaussetzung zur Verteidigung der Rechtsordnung (§ 56 Abs. 3 StGB) ausscheidet, gelten die Ausführungen zu § 56 Abs. 1 entsprechend (Rdn. 236 f).

239   Die Beurteilung, ob die **besonderen Umstände** des § 56 Abs. 2 vorliegen, steht nach dem Gesetz im pflichtgemäßen Ermessen des Tatrichters („kann"). Daraus folgt nach allgemeinen Regeln, daß das Revisionsgericht sie beanstanden muß, wenn der Tatrichter dieses Ermessen nicht ausgeübt hat oder wenn seine Entscheidung rechtsfehlerhaft ist; das ist insbesondere der Fall, wenn sie die vom Gesetz geforderte Gesamtwürdigung außer acht läßt, die tatsächlichen Umstände lückenhaft oder widersprüchlich würdigt, gegen Denkgesetze verstößt oder Erfahrungssätze mißachtet[558]. Die Rechtsprechung insbesondere des

---

[550] BGH NStZ **1985** 459; BayObLG NJW **1988** 3027; OLG Düsseldorf JR **1988** 72; OLG Hamm Blutalkohol **1975** 66 mit Anm. *Händel.*

[551] BGH NStZ **1985** 166; vgl. auch BGH NJW **1972** 834; BGH GA **1972** 208; BGH VRS **38** (1970) 334; OLG Stuttgart NJW **1970** 258; OLG Zweibrücken VRS **45** 108.

[552] BayObLG NJW **1978** 1337; OLG Karlsruhe VRS **57** (1979) 109; *Spiegel* DAR **1980** 201. Vgl. auch oben Rdn. 226.

[553] Vgl. z. B. BGH NStZ **1983** 218; BGH bei *Mösl* NStZ **1984** 496; OLG Hamm VRS **46** 131; OLG Karlsruhe OLGSt § 23 StGB a. F S. 185; vgl. auch bei § 267.

[554] BGH NStZ **1994** 360; nach BGH StV **1994** 126 st. Rspr.; vgl. *Tröndle*[48] § 56, 9d ff mit zahl. weit. Nachw.

[555] Vgl. z. B. BGHSt **29** 370 (372); BGH NJW **1983** 1624; BGH StV **1981** 70.

[556] Vgl. nur die zusammenfassende Darstellung bei *Tröndle*[48] § 56, 9 ff.

[557] BGH StV **1981** 179 mit weit. Nachw.; vgl. aber auch BGHSt **29** 373. Eine besondere Prüfungspflicht besteht, wenn die Einjahresgrenze des § 56 Abs. 1 erst durch die Gesamtstrafenbildung überschritten wird (BGHSt **29** 370; vgl. auch BayObLG StV **1982** 362 mit weit. Nachw.).

[558] Das entspricht im Ergebnis auch der st. Rspr. (vgl. im folg.), mögen die Prüfungskriterien bei ihr heute durch das Abstellen auf die „Vertretbarkeitsgrenze" als solche vielfach auch nicht so deutlich werden.

Bundesgerichtshofs bejaht dabei gerade hier eine Vertretbarkeitsgrenze (dazu schon oben Rdn. 200 f) mit der Folge, daß das Revisionsgericht die „vertretbare" oder „noch vertretbare" tatrichterliche Wertung, die den genannten Anforderungen genügt, „in Zweifelsfällen" und „bis zur Grenze des Vertretbaren" hinzunehmen hat[559]. Betrachtet man die Rechtsprechung im einzelnen, zeigt sich, daß das Abstellen auf die Vertretbarkeit zum Teil entbehrlich ist, weil und soweit sich das Revisionsgericht nämlich doch nur mit der Prüfung begnügt, ob der Tatrichter die Umstände, die für und gegen eine Strafaussetzung sprechen, herangezogen hat bzw. ob es sich dabei um besondere Umstände im Sinne des § 56 Abs. 2 handelt (so z. B. im Fall BGH NStZ **1982** 114). Es zeigt sich aber auch, daß die Vertretbarkeit oft nicht nur auf die eigentliche Abwägung bezogen wird, sondern zugleich auch die Prüfung der Frage überlagert, welche Gesichtspunkte überhaupt als Kriterien für die „besonderen Umstände" gelten können, weil sich die Rechtsprechung insoweit zu einer „Gesamtbetrachtung" gezwungen sieht, bei der auch „durchschnittliche" oder „einfache" Strafmilderungsgründe zu beachten sind. Insgesamt gesehen haben sich die Revisionsgerichte durch diese Prüfungsweise einen erheblichen, dogmatisch nicht immer zwingenden Spielraum geschaffen, der für die Einheitlichkeit der Rechtsanwendung und vielleicht sogar für die revisionsgerichtliche Kontrolle des Begriffs der besonderen Umstände i. S. des § 56 Abs. 2 durchaus Gefahren schafft[560]. Im übrigen fällt das fast völlige Fehlen von revisionsgerichtlichen Entscheidungen auf, die das Vertretbarkeitskriterium zur Aufhebung tatrichterlicher Entscheidungen heranziehen, durch die in *nicht* „vertretbarer" Weise Strafaussetzung gewährt worden ist. Ob das eine Abkehr von BGH NJW **1976** 1413 bedeutet, wo der 4. Strafsenat in einem obiter dictum offenbar auch diesen Fall in die Vertretbarkeitsprüfung einbeziehen wollte, läßt sich nicht erkennen. In der Sache erscheint es jedoch richtig, auf diese Einbeziehung zu verzichten, weil die Sachlage hier etwas anders liegt als beim „Strafuntermaß" (oben Rdn. 199): Hat der Tatrichter aufgrund von Wertungen, die als solche rechtlich nicht angreifbar sind, besondere Umstände im Sinne des § 56 Abs. 2 bejaht, darf das Revisionsgericht die Konsequenzen dieser Bejahung nicht durch seine gegenteilige Wertung ersetzen; nur dies entspricht auch dem logischen Ausgangspunkt der Vertretbarkeitsgrenze bei § 56 Abs. 2, in Zweifelsfällen vom Vorrang der tatrichterlichen Entscheidung auszugehen.

240 Soweit das **Revisionsgericht** die tatrichterliche Entscheidung zu § 56 Abs. 2 **aufhebt**, wird es in aller Regel nur zurückverweisen, nicht aber selbst entscheiden können[561].

240a **o) Besondere Schwere der Schuld bei §§ 57 a, 57 b StGB.** Nach der heftig angegriffenen Interpretation des § 57 a StGB durch BVerfGE **86** 288 = NJW **1992** 2947 hat bereits der Tatrichter im Erkenntnisverfahren die für die besondere Schuldschwere i. S. des § 57 a Abs. 1 Satz 1 erheblichen Tatsachen festzustellen und darüber zu entscheiden, ob die Schuld besonders schwer wiegt, wobei seine Entscheidung wegen ihrer Bedeutung für eine spätere bedingte Aussetzung des Strafrests der revisionsgerichtlichen Kontrolle unterliegt. Prozessual läßt sich diese Kontrolle, obwohl sie sachlichrechtlich nicht eigentlich einen Strafzumessungsakt betrifft[562], im System der Revision einigermaßen sinnvoll nur durch eine entsprechende Anwendung der Grundsätze vornehmen, die die Revisionsgerichte zur Revisibilität der Strafzumessung entwickelt haben (oben Rdn. 190; 194 ff;

---

[559] So – in unverkennbar etwas unterschiedlicher Akzentuierung – z. B. BGH NJW **1976** 1433; **1977** 639 = JR **1978** 32 mit Anm. *Lintz;* **1995** 1038; BGH NStZ **1981** 61, 398, 434; **1982** 114, 286; **1990** 334; **1991** 331; **1998** 409; OLG Düsseldorf NStZ **1988** 326.

[560] Vgl. *Lintz* JR **1978** 33; *Tröndle*[48] § 56, 9i; vgl. auch

Horn GedS H. Kaufmann 579; *Schreiber* JR **1977** 63 sowie *Bruns* II 281 ff, der (S. 284) „der Sachkunde und dem Verantwortungsgefühl der Revisionsgerichte" vertraut.

[561] Anders z. B. BGH StV **1993** 14 mit weit. Nachw.

[562] So richtig BGHSt **40** 366 – GStS –; dazu *Krümpelmann* NStZ **1995** 339.

Ernst-Walter Hanack

209 ff); die Kontrolle bezieht sich also auf Rechtsfehler bei der für die Beurteilung der Schuldschwere erforderlichen Gewichtung sowie auf Rechtsfehler bei der dafür notwendigen Tatsachenfeststellung und -würdigung, wobei die Vertretbarkeitsgrenze (oben Rdn. 201) gelten muß, die es auch hier ausschließt, daß das Revisionsgericht die rechtsfehlerfreie Wertung des Tatrichters durch seine eigene ersetzt[563]. Da sich die Beurteilung des Tatrichters nach h. M nur auf das Ob einer besonderen Schuldschwere erstreckt, ist seine konkrete Festlegung einer Mindestverbüßungsdauer unbeachtlich und vom Revisionsgericht aufzuheben[564]. Vgl. im übrigen § 344, 47 (Revisionsbeschränkung) sowie Vor § 296, 64 und § 354, 13 (Beschwer).

241   **p) Verwarnung mit Strafvorbehalt (§ 59 StGB).** Verfahrensrechtlich besteht, wie bei § 56 StGB, eine Begründungspflicht nur, wenn § 59 angewendet oder entgegen einem ausdrücklich gestellten Antrag nicht angewendet worden ist (§ 267 Abs. 3 Satz 4; näher dazu bei § 267). Eine weitergehende Begründungspflicht aus sachlichrechtlichen Gründen wird wegen des Ausnahmecharakters der Vorschrift nicht häufig in Betracht kommen; sie besteht, wenn die Umstände des Falles eine Erörterung nahelegen oder der Eindruck besteht, daß der Tatrichter die mögliche Anwendung des § 59 übersehen hat[565]. Dann reicht auch eine formelhafte Begründung nicht aus. Nach dem Gesetz liegt die Anwendung des § 59 im pflichtgemäßen Ermessen des Tatrichters („kann"). Das Revisionsgericht prüft sie nur auf Rechtsfehler, wobei nach herrschender Meinung auch hier die Vertretbarkeitsgrenze (oben Rdn. 200 ff) gilt[566]. Die Prüfung erstreckt sich insbesondere auf die Frage, ob der Tatrichter den Ausnahmecharakter der Vorschrift genügend beachtet hat[567]. Sie unterliegt, wie bei § 56 StGB, verschiedenen Anforderungen, je nachdem, ob sie die Prognose (vgl. oben Rdn. 236), die besonderen Umstände (vgl. oben Rdn. 239), die „Verteidigung der Rechtsordnung" (vgl. oben Rdn. 237) oder die abwägende Gesamtentscheidung selbst betrifft. Eine Anwendung des § 59 durch das Revisionsgericht dürfte ausnahmsweise in Betracht kommen, wenn für eine Ermessensentscheidung nach Lage des Falles kein Spielraum besteht[568].

242   **q) Absehen von Strafe (§ 60 StGB).** Die Entscheidung muß auch hier, wie bei §§ 56, 59 StGB, verfahrensrechtlich nur begründet werden, wenn das Gericht von Strafe abgesehen oder entgegen einem in der Hauptverhandlung gestellten Antrag nicht abgesehen hat (dazu im einzelnen bei § 267). Sachlichrechtlich besteht, wiederum wie bei § 56 und § 59 StGB, nach h. M eine weitergehende Begründungspflicht: Es bedeutet einen sachlichrechtlichen Mangel, wenn das Urteil zu § 60 keine Erörterung enthält, obwohl der Sachverhalt dazu Anlaß gibt[569]. Besteht eine Begründungspflicht, so ist eine lückenlose Gesamtabwägung aller sich nach der Sachlage aufdrängenden erheblichen Gesichtspunkte erforderlich[570]. Bei einer Gesamtstrafe ist die Anwendung des § 60 für jede Einzeltat gesondert zu prüfen[571].

---

[563] Vgl. BGHSt **40** 370; **42** 227; BGH NJW **1993** 1724; **1995** 407 und 2367; StV **1993** 346; daß das gegenüber der früheren Kontrolle durch die Oberlandesgerichte eine Verengung bedeutet (vgl. *Krümpelmann* NStZ **1995** 337), ist Konsequenz der Entscheidung des BVerfG.

[564] BGH NStZ **1997** 277 mit Anm. *Stree*; vgl. zum Problem *Lackner/Kühl*[22] § 57 a, 6.

[565] Näher, auch zu gegenteiligen Tendenzen, OLG Düsseldorf NStZ **1985** 362 mit Anm. *Horn* = JR **1985** 376 mit Anm. *Schöch*; OLG Zweibrücken StV **1986** 387.

[566] OLG Celle NdsRpfl. **1977** 90; OLG Schleswig SchlHA **1977** 178.

[567] BayObLGSt **1975** 127 = VRS **50** (1976) 109; OLG Hamm NJW **1976** 1221.

[568] OLG Celle StV **1988** 109; h. L, zweifelnd jedoch *Tröndle*[48] § 59, 2.

[569] Vgl. BGH NStZ **1997** 122 mit Anm. *Stree*; BGH bei *Dallinger* MDR **1972** 750; OLG Celle aaO; OLG Koblenz VRS **44** (1973) 416.

[570] OLG Celle StV **1988** 109; OLG Karlsruhe NJW **1974** 1007 = JR **1975** 161 mit Anm. *Zipf* = JZ **1974** 772 mit Anm. *Maiwald*.

[571] LK-*Hirsch* § 60, 17 mit Nachw.

§ 60 enthält **zwingendes Recht**. Er wird vom Revisionsgericht auf Rechtsfehler, insbe- **243** sondere darauf geprüft, ob der Tatrichter von unrichtigen oder unvollständigen Erwägungen ausgegangen ist oder den Ausnahmecharakter der Vorschrift verkannt hat. Dabei ergibt sich für die Frage der Offensichtlichkeit ein gewisser Beurteilungsspielraum, den das Revisionsgericht hinzunehmen hat[572]. Es wird daher seine Beurteilung der Offensichtlichkeit regelmäßig nicht an die Stelle der des Tatrichters setzen können[573]. Daß dies aber ausnahmslos gelten und insbesondere die unmittelbare Anwendung des § 60 durch das Revisionsgericht zwingend ausschließen soll[574], ist, weil auch der Rechtsbegriff der Offensichtlichkeit revisibel ist, dann nicht zwingend, wenn die Feststellungen des Tatrichters erschöpfend sind und aufgrund dieser Feststellung jede andere Entscheidung verfehlt wäre[575].

r) Maßregeln der Besserung und Sicherung (§§ 61 ff StGB). Verfahrensrechtlich ist **244** der Tatrichter zur Begründung einer Maßregelentscheidung nur verpflichtet, wenn er sie anordnet oder entgegen einem gestellten Antrag nicht anordnet bzw. wenn er sie im Fall des § 69 a Abs. 1 Satz 3 StGB nicht ausspricht, obwohl dies nach der Art der Straftat in Betracht kommt (§ 267 Abs. 6; dazu näher bei § 267). Sachlichrechtlich bestehen nach den heutigen Rechtsgrundsätzen (oben Rdn. 121 ff) weitergehende Begründungspflichten insbesondere, wenn sich der Tatrichter mit der Möglichkeit oder Notwendigkeit einer Maßregelanordnung nicht auseinandersetzt, obwohl die Umstände des Falles dazu drängen[576]. Die Revisibilität der tatrichterlichen Entscheidung unterliegt, entsprechend dem Charakter der verschiedenen Maßregeln und Maßregelvoraussetzungen, aber auch den Gegebenheiten des konkreten Falles, recht differenzierten und unterschiedlichen Regeln. Im Überblick gilt folgendes:

Die Anordnung von Maßregeln setzt, wenn auch in etwas verschiedener Abstufung **245** und Intensität, stets die Gefahr voraus, daß der Täter weitere Straftaten begeht. Diese **Gefährlichkeitsprognose** liegt, wie bei § 56 StGB, weitgehend auf tatsächlichem Gebiet (vgl. oben Rdn. 236). Das gilt sinngemäß auch bei § 69 Abs. 1 StGB für die Frage, wie die vorläufige Entziehung auf den Angeklagten gewirkt hat und ob dieser auch jetzt noch ungeeignet zum Führen von Kraftfahrzeugen ist[577]. Rechtsfehlerhaft ist die tatrichterliche Prognoseentscheidung jedoch, wenn sie die bei der betreffenden Maßregel erforderliche Art und Stärke der Gefahr rechtlich verkennt oder gegen den Grundsatz in dubio pro reo verstößt[578]. Als rechtsfehlerhaft gilt sie auch, wenn sich das Urteil mit formelhaften Begründungen begnügt, die dem Revisionsgericht die sachliche Nachprüfung nicht erlauben, wenn es die tatsächlichen Umstände des Falles nicht ausreichend berücksichtigt, gegen Denkgesetze verstößt oder Erfahrungssätze außer acht läßt[579]. Dabei ergibt sich allerdings gerade hier das Dilemma, daß nach dem derzeitigen Stand der Erkenntnis über die Kriterien und Methoden einer Prognose der weiteren Gefährlichkeit in Theorie und

---

[572] Vgl. im einzelnen BayObLG NJW **1971** 766; OLG Celle NJW **1971** 757; OLG Frankfurt NJW **1971** 768; OLG Hamm DAR **1973** 247; VRS **40** (1971) 354; **43** (1972) 20; OLG Stuttgart Justiz **1970** 423; vgl. auch BGHSt **27** 298.

[573] OLG Düsseldorf VRS **42** (1972) 274; OLG Hamm DAR **1973** 247; OLG Karlsruhe NJW **1974** 1007 = JR **1975** 161 mit Anm. *Zipf* = JZ **1974** 772 mit Anm. *Maiwald*; OLG Köln NJW **1971** 2037; OLG Zweibrücken VRS **45** (1973) 107.

[574] So insbes. das OLG Karlsruhe und wohl auch die übrigen in der vorigen Fußn. genannten Entscheidungen.

[575] Ebenso LK-*Hirsch* § 60, 48 und, vielleicht zu weitgehend, BayObLG NJW **1972** 696.

[576] Z. B. (jeweils für § 64 StGB) BGHSt **37** 6; BGH bei *Holtz* MDR **1990** 886; vgl. auch bei § 267.

[577] BayObLGSt **1976** 49 = NJW **1977** 445; vgl. auch OLG Oldenburg VRS **51** (1976) 282.

[578] Vgl. BGHSt **5** 176; BGH NJW **1952** 836; **1968** 998; BGH bei *Holtz* MDR **1979** 280; OLG Celle NJW **1976** 1320; zum letzteren näher LK-*Hanack* Vor § 61, 48 ff.

[579] Vgl. etwa BGHSt **3** 170; BGH NJW **1968** 668; BGH bei *Holtz* MDR **1979** 280; **1980** 454; bei *Theune* NStZ **1988** 308.

Ernst-Walter Hanack

Praxis eine erhebliche Unsicherheit besteht, die auch das Revisionsgericht nicht ändern kann. Es wird daher insoweit nur eingreifen, wenn üblicherweise als wesentlich angesehene Kriterien verkannt oder nicht herangezogen worden sind[580]. Die **Nichtzuziehung eines Sachverständigen** kann, über § 246 a und dessen fehlerhafte Handhabung hinaus (s. näher bei § 246 a), als Verstoß gegen die Aufklärungspflicht (§ 244 Abs. 2) die Verfahrensrevision begründen. Die Sachrüge ist nach den allgemeinen Regeln der heutigen Praxis (oben Rdn. 140) gegeben, wenn sich der Tatrichter mit dem Gutachten eines Sachverständigen nicht sachgemäß auseinandersetzt oder seine eigene Sachkunde dort nicht begründet, wo sie zweifelhaft ist.

246   Entsprechend zu handhaben ist die mit der Prognose zusammenhängende **Gesamtwürdigung** des Täters und seiner Tat, die das Gesetz, mit Besonderheiten bei § 69 StGB, für die Prognose und unter Beachtung des Verhältnismäßigkeitsgrundsatzes (§ 62 StGB) grundsätzlich auch dort verlangt, wo es das nicht ausdrücklich sagt[581]. Das gilt etwa für die Hangtätereigenschaft i. S. des § 66 Abs. 1 Nr. 3 StGB, für die Beurteilung der weiteren Gefährlichkeit „infolge seines Hanges" bei § 64 StGB oder für die Ungeeignetheit zum Fahren von Kraftfahrzeugen gemäß § 69 Abs. 1 StGB. Das Revisionsgericht kann hier im allgemeinen nur kontrollieren, ob der Tatrichter die für diese Prüfung relevanten Faktoren beachtet und widerspruchsfrei gewürdigt und ob er — im Zusammenhang damit — die zugrundeliegenden Rechtsbegriffe als solche richtig interpretiert hat, z. B. von einem zutreffenden Verständnis des „Hanges" bei § 66 oder § 64 ausgegangen ist oder innerhalb seines Beurteilungsspielraums im konkreten Fall den Rechtsbegriff des drohenden „schweren Schadens" gemäß § 66 Abs. 1 Nr. 3 StGB nicht verkannt hat[582].

247   Das **Revisionsgericht** kann in dem genannten Bereich (Rdn. 245, 246) seine eigene Würdigung regelmäßig nicht an die Stelle derjenigen des Tatrichters setzen. Das entspricht bei allen Maßregeln der ständigen Praxis. Etwas anderes gilt — bei erschöpfenden tatrichterlichen Feststellungen — allenfalls ausnahmsweise, wenn bei Erfüllung der Maßregelvoraussetzungen ihre Anwendung zwingend und ohne zeitliche Bemessung durch den Tatrichter vorgeschrieben ist[583]. Ist die Anordnung der Maßregel nach dem Gesetz in das Ermessen des Tatrichters gestellt („kann"), treffen ihn besonders strenge Begründungspflichten, wenn er sie anwendet; prinzipiell ausgeschlossen erscheint in diesen Fällen, daß das Revisionsgericht eine Nichtanordnung, die von Rechtsfehlern beeinflußt ist, durch die eigene Anordnung der Maßregel ersetzt. Zur Schuldspruchberichtigung im Maßregelrecht vgl. im übrigen § 354, 43.

248   Die **sonstigen Maßregelvoraussetzungen** unterliegen den allgemeinen Regeln (oben Rdn. 101 ff, Rdn. 121 ff) der Sachrevision. Voll revisibel sind daher außer den Feststellungen zur Anlaßtat und ihrer Würdigung diejenigen gesetzlichen Merkmale einer Maßregel, die nicht speziell mit der Prognose und der darauf beruhenden Gesamtwürdigung (Rdn. 245, 246) zusammenhängen. Das gilt z. B. für die sog. formellen Voraussetzungen der Sicherungsverwahrung, also die Vorverurteilungen und Vorverbüßungen gemäß § 66 Abs. 1 Nr. 1, Nr. 2 StGB, für das Begehen der Anlaßtat „im Zustand der Schuldunfähig-

---

580 Zu diesen Kriterien und zu den Unsicherheiten über die Prognose näher z. B. LK-*Hanack* Vor § 61, 107 ff.

581 So bei § 64, bei § 68 und bei § 69 StGB (näher mit weit. Nachw. LK-*Hanack* § 64, 79 und § 68, 13; LK-*Geppert* § 69, 68 ff, auch zu den Besonderheiten des § 69).

582 Vgl. – als Beispiele zu § 66 StGB – z. B. BGHSt 24 154, 163; BGH NJW 1976 300; BGH JR 1980

338 mit Anm. *Hanack*; BGH GA **1974** 176; BGH bei *Holtz* MDR **1980** 454. Ausdrücklich für eine Vertretbarkeitskontrolle bei § 66 Abs. 1 Nr. 3 BGH JZ **1980** 532 mit abl. Anm. *A. Mayer*.

583 So BGH NJW **1973** 108 für einen Fall des § 63 (§ 42 b a. F) StGB, bei dem der Tatrichter die Anordnung rechtsfehlerhaft durch eine solche nach § 66 StGB ersetzt hatte.

keit oder verminderten Schuldfähigkeit" bei § 63 StGB, für die entsprechende Klausel und den „Zusammenhang mit dem Führen eines Kraftfahrzeuges" bei § 69 StGB, für die Bezogenheit der Anlaßtat auf Beruf oder Gewerbe, aber auch für die Bestimmung des sachlichen Umfangs der verbotenen Berufsausübung bei § 70 StGB; zum letzteren vgl. auch § 260 Abs. 2 und die dort Erl.

Ob und wann die **Bemessung der Dauer** einer Maßregel der Revision unterliegt, wenn **249** der Tatrichter diese Dauer von vornherein im Urteil konkret bestimmen muß (so nach § 69 a und § 70 StGB) oder doch kann (so nach § 68 c Abs. 1 StGB), ist wenig geklärt. Da die Dauer nicht von Schuldgesichtspunkten abhängt, sondern von der Prognose und dem Grundsatz der Verhältnismäßigkeit, ist eine Überprüfung nach den heute für die Strafe geltenden Prinzipien des Schuldüber- oder -untermaßes (oben Rdn. 197 ff) nicht möglich. In Betracht kommt jedoch eine Vertretbarkeitsprüfung nach dem Verhältnismäßigkeits-grundsatz (§ 62 StGB). Da die Bemessung der Dauer aber im Zusammenhang mit der Prognose steht, die der Beurteilung des Revisionsgerichts nur begrenzt zugänglich ist (oben Rdn. 245), wird das Revisionsgericht bei zeitiger Maßregelanordnung nur bei erkennbar krasser Unverhältnismäßigkeit bzw. entsprechendem Verdacht (Fehlen einer plausiblen Begründung bei sehr hoher Bemessung) eingreifen können[584]. Weitergehende Kontrollbe-fugnisse ergeben sich aber bei der lebenslangen Maßregelanordnung gemäß § 69 a Abs. 1 Satz 2, § 70 Abs. 1 Satz 2 StGB, weil hier für die Verhältnismäßigkeitsgrenze klarere und sehr strenge Maßstäbe bestehen[585].

Die **Aussetzung einer freiheitsentziehenden Maßregel** zugleich mit dem Urteil (§ 67 b **250** StGB) verlangt besondere Umstände, die im Urteil darzulegen sind. Das Revisionsgericht kann sie regelmäßig nur auf Rechtsfehler oder Widersprüche prüfen bzw. eingreifen, wenn erkennbar wird, daß der Tatrichter an die Aussetzung nicht gedacht hat, obwohl dafür Anhaltspunkte bestehen; eine eigene Entscheidung des Revisionsgerichts kommt nur ausnahmsweise in Betracht, insbesondere wenn feststeht, daß die Voraussetzungen der Aussetzung mit Sicherheit nicht vorliegen (BGH NStZ **1983** 167[586]). Bei Entschei-dung über die **Reihenfolge der Vollstreckung** (§ 67 Abs. 1, Abs. 2 StGB) ist der Tatrich-ter verpflichtet, detailliert anzugeben, warum er von der Regel des § 67 Abs. 1 abweicht. Das Revisionsgericht kann auch diese Entscheidung in der Regel nur auf Rechtsfehler kontrollieren.

Bei **Verbindung von Maßregeln** (§ 72 StGB) prüfen die Revisionsgerichte, ob der **251** Tatrichter den Pflichten des § 72 Abs. 1 entsprochen hat. Dabei haben sie seine tatsächli-chen Feststellungen, wenn sie als solche rechtsfehlerfrei getroffen sind, hinzunehmen, können jedoch unbeschadet des Umstands, daß die Entscheidung des Tatrichters stark von den Gegebenheiten des Einzelfalles abhängt, in der Regel genau prüfen, ob oder welche einzelnen Maßregeln reichen[587].

s) Verfall und Einziehung (§§ 73 ff StGB). Beruht die Verfallserklärung auf einer **252** Schätzung (§ 73 a StGB), muß das tatrichterliche Urteil, ähnlich wie bei § 40 Abs. 3 StGB (oben Rdn. 206), die Schätzungsgrundlage in nachprüfbarer Weise darlegen (vgl. BGH NStZ **1989** 361). Kommt ein fakultativer Ausschluß des Verfalls gemäß § 73 c Abs. 1

584 Vgl. z. B. BGH NJW **1995** 3142; OLG Koblenz VRS **71** (1986) 432 für eine unverhältnismäßig lan-ge Sperrfrist nach § 69 a StGB; *Tröndle*⁴⁸ § 69 a, 5 mit weit. Nachw.

585 Vgl. für § 69 a Abs. 1 Satz 2 die Nachw. bei LK-*Geppert* § 69 a, 38, 43 und für § 70 Abs. 1 Satz 2 LK-*Hanack* § 70, 63.

586 Näher zum Ganzen LK-*Horstkotte*¹⁰ § 67 b, 136 ff. BGH NJW **1978** 599 stellt bei der Nachprüfung auch hier auf die Vertretbarkeit (dazu oben Rdn. 200 ff) ab.

587 Dazu im einzelnen die Nachweise und Angaben bei LK-*Hanack* § 70.

Ernst-Walter Hanack

Satz 2 in Betracht, hat sich der Tatrichter mit dieser Möglichkeit auseinanderzusetzen[588]. Entsprechend bei der Einziehung: Ist sie nicht zwingend vorgeschrieben, muß das Urteil erkennen lassen, daß sich der Tatrichter der Befugnis, nach seinem Ermessen zu entscheiden, bewußt gewesen ist, ob er nun die Einziehung anordnet oder von ihr absieht[589]. Die Erwägungen, die der Ermessensentscheidung zugrunde liegen, sind im Urteil darzulegen[590]. Den Urteilsgründen muß bei der Einziehung ferner entnommen werden können, ob sie in erster Linie als Strafe oder zu Sicherungszwecken angeordnet worden ist. Im ersteren Fall sind auch die allgemeinen Strafzumessungsgründe des § 46 StGB zu beachten[591]; die Entscheidung verlangt dann eine Gesamtbetrachtung mit den Erwägungen zur Hauptstrafe, von der nur abgesehen werden darf, wenn die Einziehung im Einzelfall kein wesentlicher Zumessungsfaktor ist[592].

253   Das **Revisionsgericht prüft** die Entscheidung, wenn sie in dem umschriebenen Sinne (Rdn. 252) vollständig ist, nur auf Rechtsfehler. Dazu gehört auch ein Verstoß gegen den Verhältnismäßigkeitsgrundsatz, der, über § 74 b Abs. 1 StGB hinaus, auch bei der zwingenden Einziehung zu beachten ist[593]. Schweigt der Tatrichter zu seiner Anwendung, ist das unschädlich, wenn das Revisionsgericht die Gründe dafür dem Urteil ohne weiteres entnehmen kann, insbesondere erkennbar ist, daß die Entscheidung die (Haupt-)Strafe nicht wesentlich zu beeinflussen vermag[594]. Hat der Tatrichter die Möglichkeit milderer Maßnahmen gemäß § 74 b StGB nicht erörtert, ist dies ein Rechtsfehler, wenn für die Prüfung Anlaß bestand, nicht jedoch, wenn die Anwendung des § 74 b offensichtlich verfehlt wäre[595].

VII. Beruhen des Urteils auf der Gesetzesverletzung

254   **1. Allgemeines.** Regelmäßig hängt der Erfolg der Revision nicht nur von einem Rechtsverstoß des Tatrichters, sondern auch davon ab, daß das Urteil auf ihm beruht. Bei bestimmten schwerwiegenden Verfahrensverstößen wird das gesetzlich vermutet; sie sind zwingende Urteilsaufhebungsgründe (§ 338). Der Wortlaut des § 337 („nur darauf gestützt werden, daß das Urteil auf einer Verletzung des Gesetzes beruhe") ist nicht so zu verstehen, daß, wenn die Voraussetzungen des § 338 nicht vorliegen, der Beschwerdeführer das Beruhen behaupten oder gar beweisen muß (näher § 344, 87). Die Vorschrift bringt nur allgemein zum Ausdruck, daß eine Gesetzesverletzung, die für das angefochtene Urteil keinerlei Bedeutung hat, die Revision nicht begründen kann. Rechtsprechung und herrschende Lehre verstehen das seit jeher als eine Frage des ursächlichen Zusammenhangs[596]: Die unrichtige Anwendung einer Rechtsnorm ist ohne Bedeutung, wenn auch bei ihrer richtigen Anwendung das Urteil nicht anders ausgefallen wäre (BGH NJW **1951**

[588] BGHSt **33** 39; vgl. auch BGHSt **38** 24 und BGH NJW **1982** 877.
[589] OLG Köln NJW **1965** 2360; LK-*Schäfer*[10] § 74, 64. Enthält das Urteil den Satz: „Die Sache war einzuziehen", so legt das im allgemeinen die Annahme nahe, daß der Tatrichter irrtümlich geglaubt hat, die Einziehung sei zwingend; vgl. BGHSt **19** 256; BGH bei *Dallinger* MDR **1951** 657; OLG Saarbrücken NJW **1975** 66.
[590] OLG Koblenz GA **1974** 379; anders und bedenklich BGH NJW **1955** 1327 für einen Fall, wo die Gründe für die Einziehung nach seiner Ansicht auf der Hand lagen.
[591] BGH StV **1994** 76; OLG Düsseldorf GA **1977** 21; OLG Hamm NJW **1975** 67; OLG Saarbrücken

NJW **1975** 66; vgl. auch LK-*Schäfer*[10] § 74 b, 3. Vgl. auch BGH MDR **1983** 767 (Gesamtbetrachtung).
[592] Vgl. etwa BGH NJW **1983** 2710; NStZ **1985** 362; StV **1989** 529; **1993** 360.
[593] Zur Geltung auch bei zwingender Einziehung s. BGHSt **23** 269; OLG Braunschweig MDR **1974** 594.
[594] BGH StV **1989** 529 mit weit. Nachw.; OLG Hamm NJW **1973** 1143.
[595] BayObLG NJW **1974** 2060; OLG Köln OLGSt § 74 S. 1.
[596] Vgl. schon RGSt **1** 255; **42** 107; **45** 143; ferner z. B. KK-*Pikart* 33; *Kleinknecht/Meyer-Goßner*[43] 37; *Henkel* 378; *Peters* 648; *Roxin* § 53, 30.

206). Entsprechendes gilt, wenn eine anzuwendende Rechtsnorm fehlerhaft nicht angewendet worden ist. Dieser Beruhensbegriff ist aber jedenfalls dort problematisch, wo es um den Ausschluß des Beruhens trotz eines vorhandenen Rechtsfehlers geht, weil sich die Kriterien dafür nur aus einer wertenden Betrachtung des Rechtsfehlers ergeben. Im Schrifttum wird daher zunehmend nicht auf einen ursächlichen, sondern auf einen normativen Zusammenhang abgehoben[597]. Das trifft die Problematik in der Tat besser. Es darf aber nicht, wie es zum Teil geschieht, zu dem Versuch führen, diesen normativen Zusammenhang unter Anlehnung an die Zurechnungsmodelle des materiellen Strafrechts zu bestimmen, weil es sich beim Beruhen i. S. des § 337 um eine Frage von spezifisch prozessualem Charakter handelt (näher *Burgmüller* 149 ff). *Herdegen* NStZ **1990** 516 spricht treffend von einem Rechtsfehlerzusammenhang, dessen Beurteilung Aufgabe des Revisionsgerichts ist, das mithin auch die „Beweislast" für den Nachweis trägt, daß dieser Zusammenhang ausnahmsweise nicht besteht.

Der Zusammenhang zwischen Fehler und Urteil **muß nicht erwiesen** sein. Insbeson-   **255** dere bei Verfahrensverstößen läßt sich oft nicht sicher nachweisen, ob sie das Urteil nachteilig beeinflußt haben. Dem Beruhen wird daher nach ständiger, von der Lehre gebilligter Rechtsprechung die *Möglichkeit* des Beruhens gleichgestellt. Das Urteil beruht danach schon dann auf dem Rechtsfehler, wenn es als möglich erscheint oder wenn nicht auszuschließen ist, daß es ohne den Fehler anders ausgefallen wäre[598]. An dem Zusammenhang fehlt es nur, wenn die Möglichkeit, daß der Verstoß das Urteil beeinflußt hat, ausgeschlossen oder rein theoretisch ist[599]. Bei einem vom Tatrichter „unterstützend" herangezogenen Umstand ist das regelmäßig noch nicht der Fall (vgl. *Rieß* NStZ **1997** 354). Gewissen Tendenzen, die Anforderungen bei solchen Verfahrensvorschriften zu lockern, bei denen ihrer Natur nach im allgemeinen wenig naheliegt, daß das Urteil auf ihrer Verletzung beruht, ist im Hinblick auf die Bedeutung der Justizförmigkeit des Verfahrens für die Rechtsgewinnung zu widersprechen; dazu im folg. Text. Zum Problem der sog. Ordnungsvorschriften, die überhaupt nicht revisibel sein sollen, s. oben Rdn. 15 ff, und zur Einschränkung der Revisibilität durch die „Rechtskreistheorie" oben Rdn. 95 ff.

2. Beruhen auf Verfahrensfehler

a) **Allgemeines.** Bei Verfahrensverstößen kommt es für die Beurteilung der Beruhens-   **256** frage nicht darauf an, ob ohne den Rechtsfehler gerade das vorliegende Urteil ergangen wäre; entscheidend ist vielmehr, ob ein unter Einhaltung der Verfahrensvorschriften durchgeführtes Verfahren zu demselben Ergebnis geführt hätte oder möglicherweise anders ausgefallen wäre[600]. Wenn ein fehlerhafter Verfahrensakt das weitere Verfahren und damit das angefochtene Urteil erst ermöglicht hat, bedeutet das daher noch nicht not-

---

[597] Vgl. insbesondere *Schlüchter* FS Krause 485 mit weit. Nachw.; AK-*Maiwald* 18; *Burgmüller* 145; *Blomeyer* JR **1971** 142 („Finalität"); *Frohne* (vgl. bei § 338) 52 ff; *Gössel* FS Bockelmann 814; *Herdegen* NStZ **1990** 513.

[598] So z. B. BVerfGE **4** 417 = NJW **1956** 545; BGHSt **1** 350; **8** 158; **9** 84, 364; **14** 268; **20** 164; **21** 290; **22** 280; **27** 168; **28** 199; **31** 145; RG in st. Rspr., z. B. RGSt **1** 212; **9** 69; **10** 139; **64** 413; **66** 10; **72** 183; OGHSt **2** 157; KG JW **1931** 234; OLG Hamburg GA **1970** 55; OLG Hamm VRS **8** (1955) 370; OLG Koblenz VRS **49** (1975) 371.

[599] BGHSt **1** 210; **2** 250; **14** 268; **18** 295; **27** 17; BGH

NStZ **1982** 431 (für einen Fall des § 60 Nr. 2; dazu *Lenckner* NStZ **1982** 404); **1982** 517; **1985** 135; BGH GA **1980** 184; BGH StV **1982** 101; BGH VRS **11** (1956) 440; BGH bei *Dallinger* MDR **1975** 369; RGSt **9** 320; **44** 348; **73** 86 u. ö.; OLG Koblenz VRS **49** (1975) 371; *Peters* 649 verlangt, daß es sich dabei „um vernünftigerweise zu beachtende Möglichkeiten, nicht um rein mathematische oder abstrakte handelt". Kritisch *Burgmüller* 160.

[600] RGSt **2** 122; **52** 306; **61** 354; **64** 380; RG JW **1928** 2260; OLG Braunschweig VRS **23** (1962) 136; OLG Hamm StV **1994** 105; allg. M.

Ernst-Walter Hanack

wendig, daß das Urteil auf ihm beruht[601]. Zu widersprechen ist jedoch der Auffassung des Bundesgerichtshofs, daß das Urteil auf einer Nichtbeachtung der Pflicht, dem Antragsteller die dienstliche Erklärung eines abgelehnten Richters vor der Entscheidung bekanntzugeben (§ 33), deswegen nicht beruhe, weil der Antragsteller nach späterer Kenntnisnahme von der Erklärung das Ablehnungsgesuch erneuern könne[602]; hier wird verkannt, daß die Entscheidung über die Ablehnung möglicherweise auf dem Mangel beruht und es einen gravierenden Unterschied macht, ob der Antragsteller gegen eine schon gefällte Entscheidung angeht oder auf eine noch nicht gefällte Entscheidung Einfluß nimmt.

257   Die **Beurteilung der Beruhensfrage** hängt — unbeschadet der in Rdn. 255 genannten Richtlinie — stark von den Umständen des Einzelfalles ab, ist jedoch keine Frage des revisionsgerichtlichen Ermessens (*Herdegen* NStZ **1990** 515). Feststehende Regeln lassen sich wohl nicht aufstellen[603]. Im einzelnen ist daher auf die Erläuterungen zu den einzelnen Verfahrensvorschriften zu verweisen. Hervorgehoben sei jedoch folgendes.

258   Auch bei Verfahrensvorschriften, bei denen es nach ihrem Charakter **wenig naheliegt**, daß das Urteil auf ihrer Verletzung beruht, kommt es allein auf die *Möglichkeit* des ursächlichen Zusammenhangs an, an der es nur fehlt, wenn diese Möglichkeit ausgeschlossen oder rein theoretisch ist. Es ist daher, wenn die Revisibilität dieser Vorschriften nicht unterlaufen werden soll, davon auszugehen, daß sich das „Beruhen" auf dem Mangel auch hier nur ausnahmsweise verneinen läßt, wenn nämlich besondere Umstände ersichtlich sind, die den Sonderfall begründen[604]. Daß sich die Rechtsprechung an diese Grundsätze nicht immer hält, sondern die Anforderungen im Einzelfall großzügiger und insgesamt etwas unterschiedlich handhabt (und auch dadurch dem Beschwerdeführer die Berechenbarkeit des Rechtsmittels erschwert, vgl. Vor § 333, 11 f), ist kaum zu verkennen. So ist die (auch zeitlich) etwas schwankende Praxis zu den verschiedenen Einzelvorschriften zum Teil nicht ohne Grund wiederholt kritisiert worden[605]. Sie kann, wie etwa bei § 258 Abs. 3 deutlich wird, leicht zur Aushöhlung der mit den Vorschriften verfolgten rechtsstaatlichen Belange führen[606]. Auch in anderen Bereichen der Verfahrensrevision zeigen sich bei der Beruhensfrage bisweilen fragwürdige Differenzierungen oder sogar aushöhlende Tendenzen. Mindestens bedenklich ist beispielsweise die Auffassung des Bundesgerichtshofs, in „einfach gelagerten Fällen" beruhe das Urteil auch dann nicht auf der unterlassenen Verlesung des Anklagesatzes (Verstoß gegen § 243 Abs. 3 Satz 1), wenn denjenigen Verfahrensbeteiligten, die die Anklage nicht ohnedies kennen, „die Erfassung der maßgeblichen Verfahrensvorgänge" während der Verhandlung „im erforderlichen Umfang möglich war"[607]. Die Differenzierung ist vage und wenig tragfähig, wie die ent-

---

[601] Vgl. RGSt **2** 122; **52** 306; *Herdegen* NStZ **1990** 515; vgl. auch im weiteren Text Rdn. 260.

[602] BGHSt **21** 85; BGH StV **1982** 457; dagegen *Hanack* JZ **1971** 92.

[603] RGSt **42** 107; **44** 345; **52** 306; h. M, z. B. *Kleinknecht/Meyer-Goßner*[43] 38; *Eb. Schmidt* 58; kritisch jedoch *Herdegen* aaO; *Burgmüller* 154.

[604] So auch BGH StV **1982** 5 für den Verstoß gegen § 268 Abs. 3 Satz 2; ähnlich BGHSt **23** 224 und StV **1998** 359 sowie OLG Koblenz StV **1997** 289 für § 229 Abs. 1; BGH GA **1988** 472 für § 265; vgl. auch BGHSt **21** 290 und **22** 281; BGH StV **1984** 104 („nur in Ausnahmefällen") für § 258 Abs. 2 Halbs. 2 und dazu Fußn. 606; BGH NStZ **1998** 204 und OLG Düsseldorf StV **1998** 480 für § 189 Abs. 2 GVG.

[605] Eingehend z. B. von *Mehle* Das Erfordernis, 51 ff, der insbesondere rügt, daß der Ausschluß des Beruhens oft im Widerspruch zum Normzweck stehe, und der einen Beruhensausschluß bei Verletzung von Antrags- und Erklärungsrechten der Verfahrensbeteiligten stets für unmöglich hält, weil es insoweit an gesicherten Erfahrungssätzen über ihr hypothetisches Verhalten fehle.

[606] Kritisch zur (mindestens früheren) Handhabung bei § 258 Abs. 3 z. B. *Mehle* aaO S. 61; *Eb. Schmidt* JR **1969** 234; *Hanack* JZ **1972** 276 mit weit. Nachw.

[607] So BGH NJW **1982** 1087 und BGH NStZ **1982** 518; **1995** 201 mit Anm. *Krekeler.* BGH NStZ **1986** 39 und 374 hält „im allgemeinen" die Revision für begründet.

schiedenen Fälle auch zeigen[608]; sie bedeutet eine problematische Relativierung des § 243 Abs. 3 Satz 1, weil die mögliche Kausalität des Mangels allein anhand einer überschlägigen revisionsrichterlichen Einschätzung vom Vermögen der Prozeßbeteiligten erfolgt, die als solche keine Sicherheit bietet, daß die Kausalität des Verfahrensverstoßes wirklich ausgeschlossen oder nur theoretisch ist.

Schwierigkeiten können entstehen, wenn das Urteil sich **hinsichtlich der benutzten** **259** **Beweismittel** mit einer formelhaften Aufführung begnügt. Nach herrschender Rechtsprechung besagt die Nennung eines Zeugen oder eines anderen Beweismittels allein noch nicht, daß das Urteil auf diesem Beweis beruht; sie bedeutet nur, daß die Beweisaufnahme auf die genannten Beweismittel erstreckt worden ist, nicht aber, daß sie auch Bedeutung für die Entscheidung gehabt haben[609]. Das erscheint bedenklich, wenn und soweit dadurch die Möglichkeit des Beruhens (Rdn. 255) überspielt wird. In vielen Fällen hilft hier aber heute die Sachrüge in der Form der „Darstellungsrüge" (oben Rdn. 121 ff).

Das Revisionsgericht kann bei Entscheidung der Frage, ob das Urteil auf einem Ver- **260** fahrensmangel beruht, einen an sich unwirksamen Verzicht (unten Rdn. 269 ff) des Beschwerdeführers auf Einhaltung des gesetzlichen Verfahrens in vorsichtiger Form berücksichtigen[610]. Bei verfahrensfehlerhafter Außerachtlassung von Beweismitteln muß das Revisionsgericht die Frage, ob das Urteil auf dem Fehler möglicherweise nicht beruht, mit größter Zurückhaltung beurteilen, und zwar auch bei Urkunden[611]. Verfahrensfehler nach **Erlaß des Urteils** berücksichtigt der Bundesgerichtshof unter dem Aspekt der überlangen Verfahrensdauer (§ 453 a, 7a); im übrigen scheiden sie, vom Sonderfall des § 338 Nr. 7 abgesehen, als Revisionsgründe aus, weil das Urteil auf ihnen nicht beruhen kann[612].

b) Heilung. Auf einem Verfahrensfehler beruht das Urteil nicht, wenn der Tatrichter **261** ihn rechtzeitig geheilt hat[613]. Er darf von der Heilung nicht etwa deshalb absehen, weil er dem Verstoß für das Urteil keine Bedeutung beimißt; die Beurteilung der Frage, ob seine Entscheidung auf dem Mangel beruht, ist dem Revisionsgericht überlassen[614]. Die zur Heilung erforderlichen Maßnahmen ordnet der Vorsitzende an, wenn der Verstoß aufgrund einer von ihm getroffenen Maßnahme eingetreten ist; anderenfalls ist das ganze Gericht zuständig[615]. Revisibel ist nur der nicht geheilte Verfahrensverstoß, nicht etwa die Pflicht zur Heilung (BGH NJW **1986** 267).

---

[608] So betraf BGH NJW **1982** 1087 ein versuchtes Tötungsdelikt mit bedingtem Vorsatz in einer Gastwirtschaft und BGH NStZ **1982** 518 den Fall einer ursprünglich gesondert angeklagten Vermittlung von Heroin, bei der immerhin nur eine erste Teillieferung erfolgt war. Wenn BGH NStZ **1982** 431 die Frage des „einfach gelagerten Falls" sogar für eine komplizierte Betrugsanklage prüft, bleibt die Frage nach den Begrenzungen drängend.

[609] BGH NJW **1951** 325; BGH bei *Dallinger* MDR **1972** 17; OLG Hamm VRS **41** 123; OLG Schleswig bei *Ernesti/Jürgensen* SchlHA **1976** 171; *Kleinknecht/Meyer-Goßner*[43] 38.

[610] Vgl. RGSt **61** 354; OLG Braunschweig VRS **23** (1962) 136; *Herdegen* NStZ **1990** 518; *Jescheck* JZ **1952** 403.

[611] RGSt **65** 308; vgl. § 245, 92, aber auch BGH bei *Dallinger* MDR **1975** 369.

[612] BGH NJW **1951** 970; RGSt **2** 378; **59** 362; h. M im Schrifttum.

[613] *Beling* 211 ff; ausführlich W. *Schmid* JZ **1969** 757; *Herdegen* NStZ **1990** 519; vgl. auch Vor § 226 49 ff; § 338, 3; W. *Schmid* FS Maurach 535 für Vereidigungsfehler. Zur Heilung ist der Tatrichter nicht nur befugt, wie *Beling* 212 annimmt, sondern verpflichtet, wenn er den Mangel noch in der Hauptverhandlung bemerkt (RGSt **41** 218, 405; OLG Oldenburg NdsRpfl. **1954** 34).

[614] BGH NStZ **1986** 519; *Herdegen* NStZ **1990** 519 mit weit. Nachw.

[615] W. *Schmid* JZ **1969** 762. Es reicht aber aus, daß der Vorsitzende die Berichtigung mit der stillschweigenden Billigung des Gerichts vornimmt (RGSt **39** 247).

Ernst-Walter Hanack

262   Die **Heilung erfolgt** bei fehlerhaft unterlassener Verfahrenshandlung durch Nachholung[616], bei fehlerhaft durchgeführtem Verfahrensvorgang durch Wiederholung in einwandfreier Form[617] und bei gesetzeswidrigen Entscheidungen durch deren Rücknahme[618]. Der Heilung **steht es gleich**, wenn ein Verfahrensvorgang, der sich nicht mehr rückgängig machen läßt, nach ausdrücklichem, in die Sitzungsniederschrift aufzunehmendem Hinweis an die Verfahrensbeteiligten (*W. Schmid* JZ **1969** 758) so behandelt wird, als sei er nicht geschehen[619].

263   Möglich ist die Heilung nur **bis zur Beendigung der Urteilsverkündung**[620]. Durch Nachholung erst in den Urteilsgründen können unterlassene Entscheidungen, etwa bei der Zeugenvereidigung, und Rechtsfehler bei der Behandlung von Anträgen der Prozeßbeteiligten nicht mehr geheilt werden[621].

3. Beruhen auf sachlichrechtlichem Fehler

264   **a) Schuldfeststellung.** Der Einfluß eines Rechtsfehlers auf das Urteil ist nach dessen schriftlichen Gründen zu beurteilen (oben Rdn. 101 f). Im Gegensatz zur Beurteilung der Auswirkung von Verfahrensmängeln bereitet das bei der Kontrolle der richtigen Anwendung des sachlichen Rechts meist keine Schwierigkeit. Das Urteil beruht auf der rechtsirrigen Anwendung eines schwereren Strafgesetzes auch, wenn die Gründe hervorheben, daß bei Anwendung des milderen Gesetzes auf dieselbe Strafe erkannt worden wäre (RG JW **1933** 968; oben Rdn. 215). Enthalten die Gründe zu einem Punkt widersprüchliche Tatsachenfeststellungen, so läßt sich oft nicht ausschließen, daß auch die übrigen Feststellungen mangelhaft sind[622]. Sind lediglich Hilfserwägungen fehlerhaft, ist das im allgemeinen jedoch unschädlich. Bei der Kontrolle der tatrichterlichen Feststellungen und Würdigungen im Wege der Sachrüge („Darstellungsrüge", oben Rdn. 120 ff) müssen die Revisionsgerichte ein mögliches Beruhen des Urteils konsequenterweise immer annehmen, wenn sie eine mangelhafte Darstellung bejahen; das geht, etwa bei Beanstandung der allgemeinen Sachdarstellung (oben Rdn. 131 ff), unter Umständen sehr weit (vgl. schon oben Rdn. 129).

265   **b) Rechtsfolgenentscheidung.** Problematisch ist, wann ein Urteil (genauer: eine Rechtsfolgenentscheidung) auf einem Fehler bei Bestimmung der Rechtsfolge, insbesondere einer fehlerhaften Strafzumessung, beruht. Die Frage wirft dann keine Schwierigkeiten auf, wenn der Tatrichter eine gesetzlich vorgesehene Rechtsfolge übersehen oder zu Unrecht angeordnet hat, also z. B. an die naheliegende Annahme eines minder schweren Falles nicht gedacht oder in Verkennung der gesetzlichen Voraussetzungen eine Maßregel ausgesprochen hat. Auch bei fehlerhafter Bemessung der Strafe oder einer sonstigen Rechtsfolge liegt das mögliche Beruhen vielfach auf der Hand. Ist der Tatrichter etwa von einem falschen Strafrahmen ausgegangen (oben Rdn. 212) oder hat er einen bestimmen-

---

[616] So insbesondere bei Eröffnungsbeschlüssen, bei unterbliebener Zeugenvereidigung oder bei Verstoß gegen die Gewährung des letzten Worts.

[617] BGHSt **30** 76; RGSt **32** 379; **33** 75; OLG Hamburg NJW **1975** 1574; vgl. auch § 338, 3. Zulässig ist auch die Wiederholung einzelner Abschnitte der Hauptverhandlung, insbesondere einer fehlerhaften Urteilsverkündung (§ 338, 3).

[618] RGSt **37** 114; BayObLGSt **1952** 270 = NJW **1953** 433; BayObLGSt **1953** 214 = VRS **6** 53; BayObLG MDR **1955** 56.

[619] Zulässig ist das z. B. durch Nichtberücksichtigung einer Zeugenaussage, die unter Verstoß gegen § 52

Abs. 3 zustande gekommen ist (s. bei § 52), bei unzulässiger Vereidigung (§ 60, 57) sowie bei unzulässiger Verlesung eines Protokolls oder einer sonstigen Urkunde (RGSt **42** 21; **72** 272).

[620] RG DJZ **1904** 324; RMG **15** 218; OLG Hamm JMBlNRW **1955** 237; *Poppe* NJW **1954**, eingehend *W. Schmid* JZ **1969** 762.

[621] BGHSt **19** 26; BGH NJW **1951** 368; VRS **35** (1968) 132; **36** (1969) 215; RG JW **1931** 2823; **1934** 2476; RG HRR **1938** 1381; vgl. für Beweisanträge näher § 244, 150 f.

[622] KG DAR **1956** 333; VRS **14** (1958) 45.

den Strafzumessungsgrund (oben Rdn. 210) vernachlässigt oder grob verkannt, ist in der Regel die objektive Wahrscheinlichkeit groß, daß das Urteil auf dem Mangel beruht, also ohne den Mangel anders ausgefallen wäre[623], was allein entscheidend ist (vgl. im folg. Text). Eine solche Handhabung des Beruhens entspricht bei gravierenderen Fehlern auch der ständigen Praxis.

Problematisch wird die Beruhensfrage, wenn der Rechtsfehler in den Zumessungs- **266** gründen so gravierend nicht ist, oder wenn er zwar gravierenden Charakter hat, die Strafe aber **im Ergebnis** dennoch **angemessen** erscheint, also im Rahmen des Üblichen (oben Rdn. 203) oder des Vertretbaren (oben Rdn. 200 ff) liegt oder — bei Revision des Angeklagten — sogar vergleichsweise besonders milde ist. Es wird die Meinung vertreten, die auch einer verbreiteten Neigung der Revisionsgerichte entspricht, daß ein Beruhen in solchen Fällen zu verneinen ist, wenn der Revisionsrichter die rechtsfehlerhafte Zumessungserwägung „nach dem Zusammenhang der Urteilsgründe für so unbedeutend hält, daß er ihr keinen Einfluß auf die Strafbemessung einräumt"[624]. Dafür spricht in der Tat, daß das Revisionsgericht eine gewisse Vertretbarkeitskontrolle der Entscheidung vornimmt (oben Rdn. 200 f); dafür spricht, bei nicht so gravierenden Mängeln, auch, daß der Tatrichter ohnedies nur die „bestimmenden" Strafzumessungsgründe (oben Rdn. 210) anzuführen hat, sich also oft schwer beurteilen läßt, wieweit eine fehlerhafte Einzelerwägung für ihn überhaupt wesentlich war. Dennoch ist der genannten Meinung zu widersprechen. Gerade wenn man für die tatrichterliche Rechtsfolgenbemessung, prozessual gesehen, einen „Spielraum", eine „Vertretbarkeitsgrenze", einen Beurteilungsspielraum oder gar ein „Ermessen" anerkennt (dazu oben Rdn. 195) und die besondere Verantwortung des Tatrichters für die Entscheidung betont (oben Rdn. 195), ist für die Beruhensfrage allein wesentlich, ob die Entscheidung ohne den Rechtsfehler möglicherweise anders ausgefallen wäre; dies ist aber schon deswegen zu vermuten, weil er Zumessungserwägungen, auf die es ihm nicht ankommt, in das Urteil regelmäßig überhaupt nicht aufnimmt. Jede andere Betrachtung ist auch deswegen nicht akzeptabel, weil sie den Anspruch des Angeklagten auf eine rechtsfehlerfreie Ausübung des dem Tatrichter übertragenen Verantwortungsbereichs („Ermessens") aushöhlt[625]. Sie würde zudem darauf hinauslaufen, daß das Revisionsgericht in der Sache selbst entscheidet[626], also allein anhand der Urteilsurkunde eine eigene Entscheidung in der Straffrage trifft. Dies aber ist ihm aus gutem Grunde nicht oder doch nur in den Fällen des § 354 Abs. 1 gestattet, wie im übrigen auch die andersartige Regelung für Ordnungswidrigkeiten (§ 79 Abs. 6 OWiG) zeigt. Es entspricht auch nicht dem Interesse an einer wirksamen revisionsrechtlichen Kontrolle, daß das Revisionsgericht Rechtsfehler des Tatrichters, die für die Entscheidung möglicherweise relevant sind, mit eigenen Einschätzungen verdeckt. Daß für die Nachprüfungskompetenz eine „Vertretbarkeitsgrenze" gilt, besagt nichts Gegenteiliges. Denn diese Begrenzung betrifft nicht die Frage des möglichen Beruhens, sondern das durchaus andere Problem eines gewissen Vorrangs der tatrichterlichen Entscheidung in Grenzfällen (und spricht damit sogar *gegen* die Kompetenz des Revisionsgerichts). Nach allem ist für das Beruhen

---

[623] Über denkbare Ausnahmen, die im Fall der Schuldspruchberichtigung angenommen werden, s. § 354, 25.

[624] So LR-*Meyer* in der 23. Aufl. Rdn. 214; ebenso (eingehend) *Burgmüller* 16 ff mit weit. Nachw. und *Frisch* 292 ff, 297 ff, 303; *v. Weber* Die richterliche Strafzumessung, 1956, S. 20; *Kleinknecht/ Meyer-Goßner*[43] 40 bejaht ein Ermessen des Revisionsgerichts; vgl. zur Sicht („Neigung") des Revisionsrichters ferner *Sarstedt/Hamm*[6] 1227.

[625] Treffend *Gribbohm* NJW **1980** 1441. Daß dem Tatrichter bei einem Rechtsfehler vom Revisionsgericht „Gelegenheit gegeben werden (muß) . . ., von seinem (!) Ermessen Gebrauch zu machen", erkennen (im Fall des falschen Strafrahmens) auch *Sarstedt/Hamm*[6] 1201 an.

[626] So denn auch ausdrücklich LR-*Meyer*[23] 241; dazu und dagegen *Gribbohm* NJW **1980** 1441.

Ernst-Walter Hanack

nicht entscheidend, ob das Revisionsgericht bereit wäre, mit einer richtigen rechtlichen Begründung auf dieselbe Strafe zu erkennen, und erst recht nicht seine Einschätzung, ob ein neuer Tatrichter im Falle der Hauptverhandlung ebenso oder anders entscheiden würde. Entscheidend ist vielmehr allein, ob das Revisionsgericht nach dem Inhalt des angefochtenen Urteils nicht ausschließen kann, daß der erkennende Richter ohne den Rechtsfehler anders entschieden hätte[627].

VIII. Verlust von Verfahrensrügen. Verzicht. Verwirkung

267   **1. Allgemeines.** Die Strafprozeßordnung enthält keine dem § 295 ZPO entsprechende Vorschrift darüber, ob und unter welchen Voraussetzungen die Rüge der Verletzung von Verfahrensbestimmungen wegen Verzichts der Prozeßbeteiligten auf ihre Befolgung oder aus anderen Gründen unzulässig ist. Aus den Gesetzesmaterialien ergibt sich, daß man der Auffassung war, die Frage sei durch die Beruhensregel des § 337 gelöst, da diese den Grundsatz enthalte, „daß der Beschwerdeführer die Revision nicht auf die Beschränkung einer prozessualen Befugnis gründen könne, wenn er durch sein eigenes Verhalten zu erkennen gegeben hat, daß er die Beschränkung für eine ihm nachteilige nicht erachte" (*Hahn* 2 251). Dabei ist übersehen worden, daß es auch andere schwerwiegende Verfahrensverstöße gibt als die Beschränkung von prozessualen Befugnissen[628] und daß es für die Beurteilung, ob eine Entscheidung auf dem Verfahrensverstoß beruht, auf die Meinung des Beschwerdeführers jedenfalls dann nicht ankommt, wenn es sich um Vorschriften handelt, die nicht lediglich zu seinem Schutz (vgl. § 339) geschaffen sind. Tatsächlich sind daher die Fälle selten, in denen die an sich gegebene Verfahrensrüge eines Beschwerdeführers aus Gründen, die in seinem eigenen Verhalten liegen, unzulässig ist; vgl. im einzelnen im folg. Text.

268   **2. Rügeverlust durch Zeitablauf.** Eine Reihe von Verfahrenseinreden ist gesetzlich befristet und später unzulässig. Dazu gehören der Einwand der örtlichen Unzuständigkeit (§ 16) und der Zuständigkeit der besonderen Strafkammern (§ 6 a), die Richterablehnung wegen Befangenheit (§§ 25, 31), die Rüge der Nichteinhaltung der Ladungsfrist (§ 217 Abs. 2), der unterlassenen Ladung des Verteidigers (§ 218 Satz 2), der vorschriftswidrigen Besetzung des Gerichts in den Fällen der §§ 222 a, 222 b (§ 338 Nr. 1), der Nichtverlesung von Urkunden gemäß § 249 Abs. 2 (Satz 2), der verspäteten Namhaftmachung von Zeugen und Sachverständigen (§ 246 Abs. 2) sowie das Aussetzungsverlangen bei veränderter Sachlage (§ 265 Abs. 3) und bei Nachtragsanklage (§ 266 Abs. 3). Ein Rügeverlust tritt regelmäßig auch ein, wenn der Beschwerdeführer einen Verfahrensverstoß nicht bis zum Ablauf der Revisionsbegründungsfrist des § 345 Abs. 1 rügt. Eine Verfahrensrüge, die nicht sogleich mit der ersten Revision, sondern erst nach Aufhebung und Zurückverweisung mit einer erneuten Revision erhoben wird, ist daher unzulässig, ohne daß es darauf ankommt, ob der Beschwerdeführer den Verfahrensverstoß schon früher erkannt hatte[629].

---

[627] OLG Bremen MDR **1960** 698; OLG Celle NJW **1949** 600; eingehend *Gribbohm* NJW **1980** 1440. Vgl. auch BGH NJW **1986** 598: „kann das Revisionsgericht nicht Strafmilderungs- oder Strafschärfungsgründe gegeneinander abwägen oder gar ‚aufrechnen'".

[628] Vgl. auch *H. Müller* 13; *W. Schmid* 28, die mit Recht die Frage stellen, was mit dem Begriff denn eigentlich gemeint sei. In der Sache knüpft er ersichtlich an die Rechtsprechung der preußischen

Obergerichte an, die bei bewußtem Nichtgebrauch einer gesetzlich eingeräumten Abwehrbefugnis gegen die Verletzung einer den Angeklagten „schützenden" Verfahrensnorm einen Rügeausschluß bejahten (dazu näher *von Tippelskirch* 650 ff; vgl. auch *H. Müller* 13 Fußn. 4).

[629] Vgl. BGHSt **10** 281 mit zust. Anm. *Kern* JZ **1958** 93; *Kleinknecht/Meyer-Goßner*[43] 42; KMR-*Paulus* § 344, 33; *Kiderlen* 103.

3. Rügeverlust durch Verzicht

a) Allgemeines. Der Verzicht der Prozeßbeteiligten auf die Einhaltung einzelner Ver- **269** fahrensvorschriften wird im Gesetz bisweilen ausdrücklich für unbeachtlich erklärt (§ 136 a Abs. 3), bisweilen ausdrücklich zugelassen (§ 217 Abs. 3, § 218 Satz 2, § 245 Abs. 1 Satz 2). Über diese wenigen gesetzlich geregelten Fälle hinaus ist die Wirksamkeit eines Verzichts mit der Rechtsfolge, daß die Revision auf den Verfahrensverstoß nicht wirksam gestützt werden kann, nach weit überwiegender Meinung nur in engen Grenzen anzuerkennen[630]. Denn grundsätzlich kann nicht erlaubt sein, daß Gericht und Prozeßbeteiligte die gesetzliche Verfahrensordnung für den Einzelfall abändern. Dem Parteiwillen und der Umgestaltung durch die Prozeßbeteiligten ist das Verfahren jedenfalls in allen seinen bestimmenden Grundsätzen entzogen. Insbesondere können die grundlegenden Verfahrensvorschriften, die ein rechtsstaatliches Verfahren garantieren, nicht Gegenstand von Parteidispositionen sein[631]. Der Verzicht kann in solchen Fällen jedoch Bedeutung für die Frage haben, ob das Urteil auf dem Verfahrensverstoß beruht (oben Rdn. 260).

Die Einzelheiten sind umstritten. Das gilt insbesondere für die Frage, nach welchen **270** Kriterien es sich beurteilt, ob (oder auch: in welchem Umfang) eine Vorschrift zu denjenigen gehört, auf deren Anwendung die Prozeßbeteiligten wirksam verzichten können[632]. Richtigerweise ist anzunehmen, daß sich das jeweils nur aufgrund einer sorgfältigen Prüfung der Funktion bestimmen läßt, die der betreffenden Norm im Gefüge des Verfahrensrechts zukommt: Unverzichtbar ist sie dann, wenn sie dem Gericht aus Gründen der Wahrheitsermittlung eine bestimmte Verfahrensweise zwingend vorschreibt, deren Nichteinhaltung also eine Beeinträchtigung der richterlichen Wahrheitsfindung nach sich ziehen könnte; dazu gehören im Grundsatz auch solche Bestimmungen, die das rechtliche Gehör sichern oder den Beteiligten eine sachdienliche Einwirkung auf das Verfahren im Interesse der Wahrheitsfindung sichern sollen[633]. In vielfältiger Weise umstritten oder doch verunklart sind weiter Wesen, Charakter und Anknüpfungspunkt des Verzichts[634], der namentlich immer wieder mit der Verwirkung (unten Rdn. 281 ff) verwechselt oder vermischt wird[635]. Es ist darum klarzustellen: Beim Verzicht in dem hier erörterten Sinne geht es lediglich um die Frage, ob oder wann ein im Verfahren vor dem Tatrichter erklärter Verzicht beachtlich ist und deswegen ein Verfahrensfehler, der mit der Revision gerügt werden könnte, gar nicht vorliegt; ein solcher Verzicht ist im übrigen zu unterscheiden von der Nichtausübung eines bestimmten Rechts, insbesondere eines Gehörsrechts, und führt selbstverständlich nicht zum Verzicht auf den „Rahmenanspruch" des rechtlichen Gehörs[636], der als solcher nach allgemeiner Meinung unverzichtbar ist. Besonders kritisch

---

[630] *Kleinknecht/Meyer-Goßner*[43] 43; KMR-*Paulus* § 344, 34; *Erker* 155; *Schlüchter* GedS Meyer 457; vgl. auch im folg. Text; **a. A** *Fuhrmann* NJW **1963** 1234, der den Rügeverzicht nur bei unbedingten Revisionsgründen ausschließen will.

[631] BGHSt **17** 121; OLG Hamm NJW **1956** 1330; KMR-*Paulus* § 344, 34; *Kiderlen* 52; *Noack* 16; *W. Schmid* 96; *Wolff* NJW **1953** 1656.

[632] Eingehende Darstellung der in Rspr. und Schrifttum vertretenen Meinungen bei *W. Schmid* 26 ff; *H. Müller* 10 ff. Gänzlich abweichend *Bohnert* NStZ **1983** 347 und *Kindhäuser* NStZ **1987** 533, die die Rechtsfigur des Verzichts als solche ablehnen, aber einen Rügeverlust bejahen, wenn ein bestehendes Recht auf Heilung gerichtlicher Verfahrensfehler (eine „Obliegenheit") nicht ausgenutzt

wird; zur Problematik dieser Sicht vgl. *Kindhäuser* selbst S. 533 und die überzeugende Kritik an seinen Einzelergebnissen von *Dornach* NStZ **1995** 62.

[633] *H. Müller* 31 ff, insbes. 44, 64; vgl. unten Rdn. 274.

[634] Vgl. nur *Bohnert* NStZ **1983** 344 (mit weit. Nachw.), der meint, der im Revisionsrecht „erörterte ‚Verzicht' ist kein Verzicht" und ihn als „selbständiges Rechtsinstitut" versteht, das „richterliches Gewohnheitsrecht" sei. Zu den vielfachen Unklarheiten auch *H. Müller* 29.

[635] *Bohnert* NStZ **1983** 344, der aber BGHSt **17** 112 (120) eine solche Vermischung wohl zu Unrecht vorwirft; *Schlüchter* GedS Meyer 448.

[636] Zum Ganzen näher *H. Müller* 55, 56.

ist schließlich die mit dem vorigen zusammenhängende weitere Frage, unter welchen Voraussetzungen die tatsächliche Erklärung eines solchen Verzichts überhaupt angenommen werden kann, vgl. dazu unten Rdn. 274 ff.

271   **b) Unverzichtbare Vorschriften.** Wegen ihrer Bedeutung grundsätzlich unverzichtbar ist die Beachtung der Verfahrensvoraussetzungen[637]. So ist z. B. der Verzicht auf das Vorliegen und die Wirksamkeit der Anklageschrift[638] ebensowenig beachtlich wie der Verzicht auf den Eröffnungsbeschluß[639], die Einhaltung der Auslieferungsbeschränkungen[640] oder die sachliche Zuständigkeit des Gerichts (RGSt **18** 55). Nicht wirksam ist auch der Verzicht auf die Beachtung von Bestimmungen, deren Verletzung zu den absoluten Revisionsgründen des § 338 führt[641]. So kann der Angeklagte (außerhalb der Rügepräklusionsbestimmungen) wirksam weder auf die ordnungsgemäße Besetzung des Gerichts verzichten[642] noch auf das Verbot der Mitwirkung eines gesetzlich ausgeschlossenen Richters[643] oder, soweit nicht Ausnahmebestimmungen wie § 233 eingreifen, auf seine eigene Anwesenheit oder die Anwesenheit eines anderen notwendigen Beteiligten[644] oder auf die Öffentlichkeit der Hauptverhandlung[645].

272   Unverzichtbar sind aber auch alle **sonstigen Verfahrensvorschriften**, die in dem umschriebenen Sinne (Rdn. 270) der rechtsstaatlichen Ausgestaltung des Strafverfahrens im Interesse der Wahrheitsfindung dienen. Dazu gehören etwa: die Beachtung des § 69 Abs. 1 Satz 1 bei der Zeugenvernehmung[646]; die Aufklärungspflicht nach § 244 Abs. 2 (BGH VRS **4** [1952] 30); die Unmittelbarkeit der Beweisaufnahme[647], insbesondere das Verlesungsverbot nach § 250[648] und nach § 252[649]; das Verbot der Verlesung einer Auskunft oder eines schriftlichen Gutachtens in anderen als den in § 256 zugelassenen Fällen[650]. Unzulässig ist ferner der Verzicht auf die Beschlußfassung des Gerichts nach § 244 Abs. 6[651], und sei es unter Übertragung der Entscheidung auf den Vorsitzenden[652], der Verzicht auf die sofortige Unterrichtung gemäß § 247 Satz 4 (vgl. *Widmaier* zu BGH NStZ **1998** 262), der allgemeine Verzicht auf die Gelegenheit zum letzten Wort[653], auf

.637   BGH NJW **1967** 2368; GA **1965** 56; *Kleinknecht/ Meyer-Goßner*[43] 44; KMR-*Paulus* § 344, 36; *Eb. Schmidt* 66; *Kiderlen* 40; *Noack* 27 ff; *H. Müller* 82 ff; *W. Schmid* 97 ff.

638   RGSt **24** 201; **67** 62; vgl. aber auch RGSt **58** 127 und dagegen *Rasch* GA **69** (1925) 390.

639   BGH bei *Dallinger* MDR **1975** 198; RGSt **43** 419; **55** 159; **61** 353 = JW **1928** 226 mit Anm. *Oetker*; BayObLG NJW **1960** 2014; *Wolff* NJW **1953** 1656.

640   BGH NJW **1967** 2369; GA **1965** 56; RGSt **34** 191; **41** 274; **45** 280; **64** 190; **66** 173.

641   KMR-*Paulus* § 344, 38; *Eb. Schmidt* 66; *Kiderlen* 39; *H. Müller* 116 ff; *W. Schmid* 99 ff; *Jescheck* GA **1953** 89; a. A *Peters* 651.

642   BGHSt **35** 165; BGH NJW **1953** 1801; DRiZ **1988** 99; RGSt **14** 213; **17** 174; **26** 3; **64** 309; RG JW **1930** 2573 mit Anm. *Doerr*; OLG Hamm VRS **11** (1956) 225.

643   RGRspr. **9** 522; *Wolff* NJW **1953** 1656.

644   BGHSt **3** 191; **15** 308; **22** 20; BGH NJW **1973** 522; **1976** 1108; RGSt **40** 230; **42** 198; **58** 150 = JW **1924** 1763 mit Anm. *Aschkanasy*; RGSt **69** 20; BayObLG NStZ **1900** 250; OLG Braunschweig NJW **1963** 1322 mit Anm. *Kleinknecht*; OLG Hamburg GA **1967** 177; OLG Karlsruhe Justiz **1969** 127; OLG Zweibrücken StV **1996** 241; h. L; a. A OLG Bremen GA **1953** 87 mit Anm. *Jescheck*

für die Anwesenheit des Staatsanwalts; OLG Neustadt NJW **1962** 1632 für die Anwesenheit des Angeklagten bei der Urteilsverkündung.

645   BGH NJW **1967** 687; BGH bei *Holtz* MDR **1978** 461; RGSt **64** 388 = JW **1931** 221 mit Anm. *Mamroth*; RG JW **1935** 1947; OLG Frankfurt JR **1987** 83 mit Anm. *Schlüchter*; OLG Oldenburg NJW **1952** 1151; *Eb. Schmidt* Nachtr. I § 338, 21; *W. Schmid* 99; *Kuhlmann* NJW **1974** 1232; *Wolff* NJW **1953** 1656.

646   BGH NJW **1953** 35; BGH StV **1981** 269; vgl. auch § 69, 16.

647   BGHSt **17** 121; RGSt **40** 55; **44** 11; RG HRR **1935** 533; OLG Celle GA **1954** 311; OLG Hamm VRS **26** (1964) 212; *W. Schmid* 106 ff.

648   BGH DAR **1953** 57; RGSt **9** 49; **12** 106; RG JW **1935** 2380.

649   BGHSt **10** 79 = JZ **1957** 98 mit Anm. *Eb. Schmidt*; *W. Schmid* 108; vgl. auch § 252.

650   OLG Hamm JMBlNRW **1964** 5 und OLG Schleswig DAR **1962** 215 für Auskünfte; RG JW **1932** 1751; OLG Düsseldorf NJW **1949** 917 für § 256.

651   BGH NStZ **1983** 422; *Alsberg/Nüse/Meyer* 754, 767.

652   BGH bei *Dallinger* MDR **1957** 268; RGSt **75** 168.

653   *Eb. Schmidt* 66; *Noack* 36; *Wolff* NJW **1953** 1656; a. A *Kiderlen* 71. Vgl. aber auch Rdn. 273.

das Verbot der Schlechterstellung nach §§ 331, 358 Abs. 2[654], auf das Verbot von Fernsehaufnahmen nach § 169 Satz 2 GVG (BGHSt **22** 85), auf die Vereidigung des Dolmetschers nach § 189 GVG[655], auf die Zustellung der anzufechtenden Entscheidung[656] sowie der einseitige Verzicht auf die Vereidigung von Zeugen[657].

c) Verzichtbare Vorschriften. Die Möglichkeit eines wirksamen Verzichts auf die **273** Einhaltung von Verfahrensvorschriften besteht danach nur in wenigen Fällen, die überdies im Grundsatz wie im Umfang des zulässigen Verzichts oft umstritten sind[658]. Sie ist angenommen worden (vgl. jeweils näher bei den Einzelkommentierungen): für die Rechtsmittelbelehrung nach § 35 a[659]; für die Mitteilung der Anklageschrift nach § 201[660] und die Zustellung des Eröffnungsbeschlusses nach § 215[661]; für die Ladung nach § 216[662]; für die Ladung des Verteidigers nach § 218[663]; für die Namhaftmachung nach § 222[664]; für die Benachrichtigung nach § 224[665]; für die Zulässigkeit einer kommissarischen Zeugenvernehmung[666]; für die Zustellung des angefochtenen Urteils im Falle des § 316 Abs. 2[667]; für den Verzicht auf die konkrete Ausübung des letzten Worts gemäß § 258 Abs. 3[668]; für den Verzicht des verspätet zugelassenen Nebenklägers auf die Wiederholung der in seiner Abwesenheit geschehenen Vorgänge der Hauptverhandlung[669].

d) Erklärung des Verzichts. Der Verzicht kann nachträglich, in vielen Fällen aber **274** auch vorab erklärt werden. Eine gegenteilige Auffassung, die den Vorab-Verzicht stets für unzulässig hält[670], ist inkonsequent. Denn es macht, wenn und soweit man den Verzicht auf die Einhaltung von Verfahrensrecht als solchen überhaupt anerkennt, vielfach keinen sinnvollen Unterschied, ob der Verzicht vor oder nach der Abweichung erfolgt. Etwas anderes gilt nur für Verfahrensvorschriften, die dem Angeklagten das rechtliche Gehör sichern und die Vorbereitung seiner Verteidigung ermöglichen sollen, so bei § 201 Abs. 1 und § 215 Abs. 1 (Klarstellung gegenüber der 24. Aufl.). Hier kann dem Gericht im Hinblick auf die Bedeutung der Vorschriften ein vorheriges einverständliches Abweichen vom Verfahrensrecht nicht gestattet sein. (Das hindert aber nicht den [späteren] wirksamen Verzicht auf die Heilung eines vom Tatgericht begangenen Verstoßes, weil und sofern der Angeklagte durch den Verzicht kundtut, daß er, etwa aufgrund der weiteren Entwicklung des Verfahrens, die Gefährdung seines rechtlichen Gehörs und seiner Verteidigungsmöglichkeiten als eine ihn benachteiligende Verletzung nicht einschätzt, sich mit-

---

[654] OLG Köln VRS **50** (1976) 98.

[655] BGHSt **22** 120; OLG Hamm VRS **20** (1961) 68; vgl. auch bei § 189 GVG.

[656] RGRspr. **1** 118; BayObLGSt **8** 139; OLG Bremen GA **1954** 297; LG Kaiserslautern GA **1958** 132; W. Schmid 97; Oetker JW **1928** 2264.

[657] RGSt **37** 195; **57** 263; **66** 115; W. Schmid 104; vgl. auch bei § 59.

[658] Übersicht bei W. Schmid 93 ff; Bohnert NStZ **1983** 345; Kindhäuser NStZ **1987** 530.

[659] BGH NStZ **1994** 329; OLG Hamm NJW **1956** 1330; W. Schmid 96, 230; kritisch Bohnert NStZ **1983** 347 Fußn. 49.

[660] Aber nur für den nachträglichen Verzicht, also den Verzicht auf die Rüge des Mangels (vgl. BGHSt **15** 45; BGH NStZ **1982** 125), nicht jedoch für den Vorab-Verzicht, der nach ganz h. M hier als unbeachtlich gilt (OLG Hamburg StV **1994** 65 mit Nachw.; dazu Rdn. 274).

[661] Vgl. im einzelnen § 215, 7.

[662] OLG Hamburg HESt **3** 28; § 216, 18 mit weit. Nachw.

[663] OLG Koblenz MDR **1968** 944; indessen gilt das nicht für den Verzicht des Angeklagten auf diese Ladung (BGHSt **18** 396). Näher § 218, 17 f.

[664] Näher bei § 222, 15.

[665] BGHSt **25** 359 (vgl. aber auch BGHSt **1** 268, wo auf das fehlende Beruhen, und BGHSt **9** 28, wo auf Verwirkung abgestellt wird). Vgl. auch § 224, 23.

[666] BGH bei Herlan MDR **1955** 529.

[667] OLG Köln NStZ **1984** 475 (VB) mit Nachw.; skeptisch BGHSt **33** 185 und dazu Meyer JR **1986** 302.

[668] H. Müller 69 ff mit Nachw. (differenzierend); vgl. BGHSt **20** 275.

[669] BGH bei Dallinger MDR **1952** 660; OLG Koblenz VRS **44** (1973) 433.

[670] Kleinknecht/Meyer-Goßner[43] 46; LR-Meyer[23] 222 im Anschluß an Kiderlen 26; im Ergebnis auch Bohnert NStZ **1983** 348 aufgrund seiner abweichenden Sicht (oben Fußn. 632). Eher im Sinne des folgenden Textes H. Müller 73, 75; Paulus NStZ **1986** 523.

Ernst-Walter Hanack

hin hinreichend erweist, daß die Gefährdung zu einer Verletzung seiner Rechtsposition nicht geführt hat.)

274a Der Verzicht muß **eindeutig** sein. Er braucht zwar nicht unbedingt ausdrücklich angegeben zu werden. Vielmehr können schlüssige Handlungen genügen, sofern sie den Verzicht klar ergeben[671]. Dafür reicht aber noch nicht das Unterlassen eines Widerspruchs oder eines Gegenantrags[672]. Bei Zweifeln ist das Vorliegen eines Verzichts nicht zu vermuten. Die Rechtsprechung verfährt in der Frage bei den einzelnen Vorschriften (s. jeweils dort) etwas unterschiedlich, geht in der Annahme eines stillschweigenden Verzichts aber oft sehr weit[673].

275 **Voraussetzung** eines jeden Verzichts ist, daß dem Verzichtenden die Abweichung vom Verfahrensrecht bewußt ist und daß er die prozessuale Abwehrbefugnis gekannt hat[674]. Das Stillschweigen eines Angeklagten, der keinen Verteidiger hat und bei dem die Kenntnis seiner Rechte nicht vorausgesetzt werden kann, ist daher grundsätzlich nicht als Verzicht auf die Einhaltung von Verfahrensvorschriften aufzufassen[675]. Das gilt z. B. für die Bereitschaft des Angeklagten, sich in Abwesenheit des nicht benachrichtigten Verteidigers von dem Vorsitzenden vor der Hauptverhandlung vernehmen zu lassen (OLG Hamm MDR **1974** 149) oder in der Hauptverhandlung zur Sache zu verhandeln, obwohl der Eröffnungsbeschluß nicht zugestellt[676] oder der Wahlverteidiger nicht geladen ist[677]. Daß es Fälle geben soll, in denen das Gesetz, wie angeblich in § 217 Abs. 2, davon ausgeht, der Angeklagte werde sich auf die Beschränkung seiner Verteidigung berufen, auch wenn er die Vorschriften der Strafprozeßordnung nicht im einzelnen kennt[678], ist nicht anzuerkennen. Bedenklich erscheint auch, daß die widerspruchslose Hinnahme der Verlesung einer Niederschrift über die kommissarische Vernehmung, von der der Angeklagte nicht nach § 224 benachrichtigt war, von der Rechtsprechung durchweg als stillschweigender Verzicht angesehen wird[679].

276 Ein Verzicht des Angeklagten **bindet** auch den **Verteidiger**[680]. Umgekehrt sind Verzichtserklärungen des Verteidigers gegen den erklärten Willen des Angeklagten unwirksam (*W. Schmid* 127). Der Verzicht des Verteidigers, dem der Angeklagte nicht widerspricht, ist aber in der Regel für beide wirksam[681], und zwar auch, wenn sich der Angeklagte nicht zur Sache äußert[682]. Ein nur stillschweigender Verzicht des Verteidigers genügt aber nicht, wenn nicht erkennbar ist, daß auch das Stillschweigen des Angeklagten

---

[671] RGSt **58** 127; OLG Hamm VRS **45** (1973) 124; OLG Koblenz MDR **1968** 944; KMR-*Paulus* § 344, 42; *Alsberg/Nüse/Meyer* 807 mit zahlr. Nachw. *Bohnert* NStZ **1983** 348 f hält eine revisionsgerichtliche Prüfung des Verzichts (-willens) für unmöglich.

[672] *W. Schmid* 115 ff, *Dahs/Dahs* 380; **a. A** *Kiderlen* 18; *Teske* 158. Vgl. auch *Dahs* StraFo. **1998** 255 für das Verhalten während eines zurückgestellten Widerspruchs (§ 136, 57 ff) gegen die Verwertbarkeit.

[673] So – nur z. B. – BGHSt **1** 286. Vgl. aber auch im folg. Text.

[674] *Beling* 212; *Kiderlen* 18; *H. Müller* 73 ff; *Noack* 12; *Löwenstein* JW **1929** 865; vgl. auch KMR-*Paulus* § 344, 42.

[675] Vgl. BGHSt **6** 140; BGH MDR **1961** 249; NJW **1951** 206; RGSt **42** 95; **63** 142; RG JW **1922** 1585; **1932** 1660; **1938** 3110; KG NJW **1954** 124; OLG Hamm JZ **1956** 258; NJW **1969** 705; OLG Koblenz VRS **41** (1971) 208; OLG Köln NJW **1954**

47; **1961** 933; OLG Oldenburg VRS **40** (1971) 203; *Walther* 90; *Niese* JZ **1953** 221; vgl. auch OLG Zweibrücken StV **1982** 13.

[676] Bedenklich vage, weil auf die Umstände abstellend, aber LR-*Gollwitzer* § 215, 7.

[677] BGHSt **36** 261; näher § 218, 19; vgl. auch *Bohnert* NStZ **1983** 345.

[678] So BGHSt **24** 148 = JR **1972** 159 mit Anm. *Cramer*, wo das als Fall der Verwirkung angesehen wird; **a. A** OLG Hamburg JR **1967** 192 mit Anm. *Koffka*; vgl. auch § 217, 10.

[679] BGHSt **1** 286; **9** 26; BGH NJW **1952** 1426; VRS **27** (1964) 109; RGSt **4** 301; **50** 355; **58** 100; OLG Hamm VRS **36** 53; OLG Oldenburg NdsRpfl. **1954** 17; ebenso *Niese* JZ **1953** 221. Vgl. dazu § 224, 32 f.

[680] RGSt **16** 372; OLG Hamm VRS **45** (1973) 142.

[681] *W. Schmid* 128; vgl. z. B. auch § 245, 34.

[682] Näher *Alsberg/Nüse/Meyer* 806 mit weit. Nachw.; **a. A** KG GA **72** (1928) 358 = HRR **1928** 1167.

als Verzicht aufzufassen ist[683]. Bei zulässiger Verhandlung in Abwesenheit des Angeklagten reicht die Erklärung des Verteidigers aus, der ihn vertritt[684].

4. Rügeverlust wegen unterlassener Antrags-Wiederholung

a) Anträge vor der Hauptverhandlung. Hat der Angeklagte, der ohne Verteidiger **277** ist, vor der Hauptverhandlung Anträge gestellt, die nicht beschieden worden sind, so kann er hierauf die Revision grundsätzlich auch dann stützen, wenn er sie in der Hauptverhandlung nicht wiederholt hat; das gilt insbesondere für Beweisanträge nach § 219 (näher dort Rdn. 24 ff), aber z. B. auch für Anträge auf Ablehnung eines Sachverständigen wegen Besorgnis der Befangenheit oder Anträge auf Beiordnung eines Pflichtverteidigers. Wenn der Angeklagte keinen Verteidiger hat, kann die Fürsorgepflicht (vgl. Einl. H 120 ff) das Gericht auch sonst dazu zwingen, ihn zur Wiederholung seiner Anträge zu veranlassen[685]. Zur Frage, ob der Verteidiger in der Verhandlung Anträge wiederholen muß, die er vor der Hauptverhandlung gestellt hat, s. § 219, 29 f[686].

b) Anträge in der Hauptverhandlung. Hat der Angeklagte in der Hauptverhandlung **278** einen Antrag gestellt, den das Gericht zu bescheiden unterlassen hat, so kann in der Nichtwiederholung ein Verzicht auf den Antrag liegen. Das richtet sich nach den Umständen des Falles. Wenn der Angeklagte keinen Verteidiger hat, wird ohne entsprechende gerichtliche Belehrung ein Verzicht im allgemeinen nicht vorliegen. Der Verteidiger soll hingegen unter Umständen verpflichtet sein, einen Antrag zu wiederholen, wenn er bemerkt, daß das Gericht ihn erkennbar mißverstanden[687] oder übersehen hat oder irrig als überholt ansieht[688]. Es geht insoweit, jedenfalls im Kern, aber nicht um eine Frage des Verzichts, sondern der Verwirkung, und zwar speziell unter dem Aspekt der Mitverantwortung des Verteidigers für die sachdienliche Verfahrensdurchführung (dazu unten Rdn. 281 ff). Allein in der Erklärung des Verteidigers, er stelle keine weiteren Beweisanträge mehr, liegt noch kein Verzicht auf die schon gestellten, nicht beschiedenen Anträge[689].

5. Rügeverlust bei Nichtanrufung des Gerichts. Soweit das Gesetz dem Vorsitzen- **279** den die Entscheidung auch in der Hauptverhandlung allein zuweist (wie bei der Verteidigerbestellung nach § 141 Abs. 4, § 142 Abs. 1), kann die Revision unmittelbar auf diese Entscheidung gestützt werden. In bestimmten anderen Fällen gilt der Vorsitzende, dem die Verhandlungsleitung obliegt, in der Hauptverhandlung als befugt, **Vorabentscheidungen** zu treffen, gegen die die Prozeßbeteiligten das Gericht anrufen können, wenn sie mit ihnen nicht einverstanden sind. Das wird von der ständigen Rechtsprechung insbesondere angenommen bei der Vorabentscheidung über die Beeidigung von Zeugen und Sachverständigen (näher bei § 59 und bei § 79). Hierbei handelt es sich entgegen der h. M[690]

[683] OLG Hamm VRS **36** (1969) 53; *Jescheck* JZ **1952** 402; vgl. aber BGH bei *Herlan* MDR **1955** 529.

[684] BGHSt **3** 201; OLG Hamm NJW **1954** 1856; **a. A** BayObLGSt **1963** 171 = JZ **1964** 328 mit Anm. *Kleinknecht*; *W. Schmid* 127; vgl. auch § 245, 34.

[685] BGHSt **1** 54; OLG Hamburg NJW **1955** 1934; OLG Saarbrücken VRS **29** (1965) 293; *Alsberg/Nüse/Meyer* 363.

[686] Vgl. auch *W. Schmid* 261; *Bohnert* NStZ **1983** 345.

[687] BGH NStZ **1994** 483 mit weit. Nachw.; BGHR § 244 Abs. 6 Beweisantrag 3; *Maatz* NStZ **1992** 516; vgl. auch *Basdorf* StV **1995** 318.

[688] BGH bei *Dallinger* MDR **1957** 268; KG VRS **32** (1967) 138; OLG Hamm JR **1971** 516; differenzierend und mit weit. Nachw. *Alsberg/Nüse/Meyer* 808, 860 ff für Beweisanträge.

[689] BGH StV **1987** 189; bei *Dallinger* MDR **1971** 18; KMR-*Paulus* § 344, 42; zweifelnd BGH bei *Pfeiffer/Miebach* NStZ **1983** 212; vgl. auch *Alsberg/Nüse/Meyer* 808 und § 244, 137.

[690] So insbes. der BGH in st. Rspr., vgl. z. B. NJW **1952** 233; bei *Dallinger* MDR **1958** 14; NStZ **1981** 70; StV **1984** 319; offengelassen von BGH NJW **1978** 1815; ebenso z. B. OLG Hamburg MDR **1979** 74; RGSt **3** 370; **57** 263; **68** 396.

Ernst-Walter Hanack

aber nicht um einen Unterfall des § 238 Abs. 2, weil der Vorsitzende ohne ausdrückliche gesetzliche Ermächtigung anstelle des an sich zuständigen Gerichts (vgl. nur § 61) handelt und seine Entscheidung nicht nur als unzulässig beanstandet werden kann[691]. Daher finden die umstrittenen Grundsätze über die Revisibilität sachleitender Anordnungen bei Nichtanrufung des Gerichts gemäß § 238 Abs. 2 (dazu Rdn. 280) jedenfalls keine direkte Anwendung. Richtigerweise ist anzunehmen, daß es auch insoweit um die Problematik des Verzichts (Rdn. 269 ff) geht: Wird gegen die Vorabentscheidung des Vorsitzenden das Gericht nicht angerufen, kann darin ein die Revision ausschließender Verzicht nur liegen, soweit es sich um eine verzichtbare Vorschrift handelt (Rdn. 270) und eine hinreichend deutliche Erklärung des Verzichts (Rdn. 274 ff) vorliegt. So ist z. B. bei der Vereidigung ein Verzicht gegen die Vorabentscheidung des Vorsitzenden im Falle des § 61 Nr. 4 möglich, nicht jedoch, wenn die Vorabentscheidung gegen das zwingende Vereidigungsverbot des § 60 verstößt. Das Vorliegen eines (zulässigen) Verzichts wird nach Lage des Falles in der Regel anzunehmen sein, wenn der Angeklagte oder gar sein rechtskundiger Verteidiger einer Anregung des Vorsitzenden, von der Vereidigung abzusehen, nicht widerspricht, obwohl er bei früheren Zeugen entsprechende Erklärungen abgegeben hat[692]. Hat der Vorsitzende jedoch eine Vorabentscheidung gar nicht getroffen, ist also z. B. die Entschließung über die Vereidigung versehentlich überhaupt unterblieben, kann das mit der Revision unmittelbar gerügt werden[693].

280 Daß eine **sachleitende Anordnung des Vorsitzenden** nach § 238 Abs. 1 fehlerhaft ist, kann nach herrschender Rechtsprechung mit der Revision regelmäßig nicht unmittelbar gerügt werden. Erforderlich sei vielmehr zunächst die Anrufung des Gerichts nach **§ 238 Abs. 2**; erst gegen dessen Entscheidung soll dann die Revision zulässig sein (näher und kritisch LR-*Gollwitzer* § 238, 43 ff). Diese Rechtsprechung wird im Schrifttum stark angegriffen (auch von *Gollwitzer*). Wohl anerkannt ist, daß sie *jedenfalls* nicht gelten kann, wenn der Angeklagte keinen Verteidiger hat und sein Beanstandungsrecht nicht kennt[694]. Die ganze Frage verliert im übrigen an Gewicht, wenn man mit dem vorigen (Rdn. 279) anerkennt, daß eine Vorabentscheidung des Vorsitzenden keine sachleitende Anordnung ist und nur den allgemeinen Verzichtsgrundsätzen unterliegt.

281 **6. Rügeverwirkung bei dysfunktionalem Verhalten. Arglist.** Im Grundsatz anerkannt ist: Die Gerichte, nicht die Verfahrensbeteiligten tragen die Verantwortung für ein ordnungsgemäßes Verfahren[695]. Die Verfahrensbeteiligten sind, mit Ausnahme wohl der Staatsanwaltschaft (unten Rdn. 286), aufgrund ihrer beschränkten Rollen regelmäßig auch nicht verpflichtet, das Gericht auf Verfahrensverstöße aufmerksam zu machen, die in der Hauptverhandlung unterlaufen. Daß sie zu einem ihnen bekannten Verfahrensverstoß geschwiegen haben, nimmt ihnen daher grundsätzlich nicht das Recht, ihn mit der Revision zu rügen[696]. Die umstrittene Frage ist, ob oder wann von diesem Grundsatz Ausnahmen anzuerkennen sind[697].

[691] *Fuhrmann* GA **1963** 78; NJW **1963** 1235; LR-*Meyer* in der 23. Aufl. Rdn. 227; LR-*Dahs* § 59, 15; vgl. auch RGSt **44** 67.
[692] Vgl. im einzelnen z. B. BGH NJW **1978** 1815; BayObLG NJW **1978** 1817 für die stillschweigende Zustimmung zur Verlesung einer Zeugenaussage nach § 251 Abs. 1 Nr. 4.
[693] BGHSt **1** 273; BGH NStZ **1981** 70; BGH StV **1984** 320 mit weit. Nachw.; OLG Hamburg MDR **1979** 75; OLG Köln NJW **1954** 1820.
[694] Vgl. OLG Koblenz StV **1992** 263 mit Nachw.; OLG Hamm GA **1962** 87 für den Nebenkläger.

[695] OLG Hamm VRS **14** 370; KMR-*Sax* Einl. X 77 ff; *Teske* 160 ff.
[696] OLG Frankfurt HESt **3** 39; OLG Hamm VRS **14** (1958) 371; KMR-*Paulus* § 344, 43; *Eb. Schmidt* 67; *Jescheck* GA **1953** 89; JZ **1952** 402; *Schlüchter* GedS Meyer 462; **a. A** *Wolff* NJW **1953** 1658, der "tätige Teilnahme" an der Hauptverhandlung verlangt; **a. A** wohl auch KK-*Pikart* § 344, 61 unter nicht stimmiger Bezugnahme auf BGHSt **24** 148.
[697] Eingehend *W. Schmid* 297 ff; KMR-*Sax* Einl. X 71 ff.

Allein aus dem Grundsatz von **Treu und Glauben** lassen sich, entgegen manchen **282**
Stimmen namentlich im älteren Schrifttum, solche Ausnahmen angesichts der Struktur des
Strafprozesses noch nicht ableiten[698]. Eher denkbar sind sie bei **dysfunktionalem Verhalten**, so namentlich, wenn ein Prozeßbeteiligter entgegen einer ihn treffenden Pflicht einen
Verfahrensfehler des Tatrichters hingenommen hat und ihn nun mit der Revision rügt. Die
Frage, ob es solche Pflichten gibt, entsteht nicht beim Angeklagten (*Dornach* NStZ **1995**
57). Beim Verteidiger ist sie umstritten, richtigerweise aber zu verneinen[699]: Der Verteidiger ist auch nach seiner heutigen Stellung im Prozeßgefüge Garant für die Justizförmigkeit
des Verfahrens nur im Rahmen seiner Schutzaufgabe gegenüber dem Mandanten, zu der
eine Hinweispflicht auf Verfahrensfehler des Gerichts nicht zwingend gehört.

So kommt eine Rügeverwirkung nur bei spezifisch **arglistigem Verhalten** in Betracht, **282a**
also insbesondere dann, wenn der Prozeßbeteiligte den Verfahrensfehler absichtlich und
mit dem Hintergedanken provoziert hat, auf ihn gegebenenfalls die Revision zu stützen[700].
Auch insoweit ist jedoch zu unterscheiden:

Handelt es sich um einen der Fälle, in denen auf die Einhaltung der **Vorschrift ver-** **283**
zichtet werden kann (oben Rdn. 273), wird man unter den genannten Voraussetzungen die
Möglichkeit einer Verwirkung anerkennen können: Die Herbeiführung eines Verfahrensfehlers mit dem Hintergedanken, ihn später mit der Revision auszunutzen, enthält regelmäßig einen Mißbrauch prozessualer Befugnisse, die den Beteiligten zu solchem Zweck
nicht eingeräumt sind. Sie bedeutet zugleich den Versuch der Prozeßverschleppung, den
das Gesetz auch sonst (§ 26 a Abs. 1 Nr. 3, § 244 Abs. 3 Satz 2, § 245 Satz 1) nicht
zuläßt[701]. Und sie enthält überdies in der Regel mindestens Aspekte des Verzichts, nämlich den Verzicht auf die Einhaltung der Vorschriften im Verfahren vor dem Tatrichter;
die Revision ist nicht dazu da, das auszugleichen[702].

Handelt es sich hingegen um Vorschriften, deren **Einhaltung unverzichtbar** ist (oben **284**
Rdn. 271 f), ist die Frage kritischer. Die Verfahrensrüge kann hier nicht schon wegen des
mit dem arglistigen Verhalten typischerweise verbundenen Verzichts unzulässig sein;
denn dann gäbe es keine unverzichtbaren Mängel[703]. Die Unverzichtbarkeit ist aber
grundsätzlich ein Anzeichen dafür, daß die Vorschrift für den Gang des Verfahrens so
wichtig ist, daß selbst ein arglistiges Verhalten dem Beschwerdeführer das Rügerecht
nicht nehmen kann[704]. Ein Verteidiger etwa, der sich in der Absicht, hieraus später einen
Revisionsgrund herzuleiten, für einige Zeit aus der Verhandlung entfernt, handelt zwar
möglicherweise standeswidrig (vgl. *Dahs* Hdb. 686 ff); die Revision kann er nach § 338
Nr. 5 gleichwohl darauf stützen, daß er an einem wesentlichen Abschnitt der Verhandlung
nicht mitgewirkt hat[705]. Bei einer unverzichtbaren Rüge steht der Revision auch nicht ent-

---

[698] Dazu und dagegen überzeugend KMR-*Sax* Einl. **X**
76 ff; bedenklich *Schlüchter* GedS Meyer 460.

[699] Eingehend *Widmaier* NStZ **1992** 519 in Auseinandersetzung mit der **a. A** von *Maatz* NStZ **1992** 513;
eingehend auch *Dornach* Der Strafverteidiger 169
und NStZ **1995** 57.

[700] OLG Hamm NJW **1960** 1361; VRS **20** (1961)
61; *Kleinknecht/Meyer-Goßner*[43] 47; KMR-*Paulus*
§ 344, 43; *Eb. Schmidt* 67; *Peters* 650; *Jescheck* JZ
1952 402; *Schlüchter* GedS Meyer 463. Vgl. auch
BGH StV **1993** 286; weitergehend KK-*Pikart*
§ 344, 61.

[701] Vgl. *Walther* 97; *Kiderlen* 15; *W. Schmid* 336;
weitgehend **a. A** KMR-*Sax* Einl. **X** 80 ff, die eine
richterliche Ausweitung dieser Vorschriften grundsätzlich ablehnen.

[702] Vgl. *W. Schmid* 336; *Kiderlen* 15.

[703] Vgl. BGHSt **10** 70 = JZ **1957** 98 mit Anm. *Eb.
Schmidt* ; *Noack* 103; *Kiderlen* 16.

[704] Vgl. BGHSt **15** 308; **22** 85; BGH bei *Holtz* MDR
1978 461; BGH NJW **1967** 687; RGSt **64** 388;
OLG Frankfurt JR **1987** 33 mit Anm. *Schlüchter*;
KK-*Pikart* § 344, 61; KMR-*Paulus* § 344, 43; **a. A**
Peters 651 selbst für § 338; **a. A** auch eine Reihe von OLG-Entscheidungen, vgl. bei *W. Schmid*
53 ff und im folg. Text.

[705] Vgl. RGSt **38** 216; s. auch BGHSt **15** 308; KMR-
Paulus § 344, 43; *Mattil* GA **77** (1933) 17; anders
offenbar BGH NStZ **1998** 209.

Ernst-Walter Hanack

gegen, daß mit dem Verfahrensverstoß einem Antrag des Angeklagten oder seines Verteidigers entsprochen worden ist[706] oder daß der Verteidiger ausdrücklich zugesichert hat, er
werde die Revision darauf nicht stützen[707]. Handelt nur der Verteidiger arglistig, so kann
das dem daran nicht beteiligten Angeklagten ohnedies nicht zum Nachteil gereichen[708].

285   Es ist daher verständlich, daß Fälle, in denen eine Verfahrensrüge wegen arglistigen
Verhaltens als unzulässig behandelt worden ist, **kaum vorkommen**[709]. Soweit Revisionsgerichte ein arglistiges Verhalten angenommen haben, sind ihre Entscheidungen überdies
fast **durchweg bedenklich**[710]. Das gilt etwa für die Entscheidung des OLG Bremen GA
1953 87, die Arglist für eine Rüge der Abwesenheit des Staatsanwalts trotz erklärten Verzichts auf die Wiederholung des davon betroffenen Verhandlungsteils bejahte; denn dieser
Verzicht war wirkungslos und durfte für das Revisionsgericht nicht dadurch wirksam
gemacht werden, daß die Rüge wegen arglistigen Verhaltens nicht zugelassen wurde[711].
Entsprechendes gilt für die Entscheidung des OLG für Hessen HESt **3** 71 = JR **1949** 515,
die bei mehrmaligem kurzen Abtreten des Angeklagten mit Genehmigung des Gerichts
und im Einverständnis mit dem Verteidiger einen Verzicht bejaht; denn wenn das während wesentlicher Teile der Hauptverhandlung geschah, war ein Verzicht auf die Rüge des
§ 338 Nr. 5 unwirksam, und es ist nicht erkennbar, wieso dieser Verzicht auf dem Weg der
Verwirkung wirksam gemacht werden könnte. Abzulehnen ist auch die Auffassung des
OLG für Hessen NJW **1947/48** 395, die Arglist bei einer Einverständniserklärung mit dem
Abschluß der Beweisaufnahme annahm, obwohl eine Beschlußfassung nach § 242 noch
ausstand und der Verteidiger das wußte; die Annahme der Arglist setzte hier eine Hinweispflicht des Verteidigers gegenüber dem Gericht voraus, die (vgl. Rdn. 282) nicht
besteht.

286   Zweifelhaft ist, ob **bei der Staatsanwaltschaft** strengere Anforderungen zu stellen
sind als bei den anderen Verfahrensbeteiligten[712]. Grundsätzlich wird man aus ihrer Mitwirkungspflicht zwar insbesondere ableiten müssen, daß sie verpflichtet ist, Verstöße
gegen verzichtbare Verfahrensmängel in der Hauptverhandlung sofort aufzudecken[713].
Tut sie das nicht, sondern rügt den Verfahrensverstoß später mit der Revision, setzt die
Annahme eines arglistigen Verhaltens jedoch voraus, daß der Sitzungsvertreter den Verfahrensfehler erkannt, aber bewußt nicht beanstandet hat. Dies wird sich im allgemeinen
kaum aufdecken lassen, da in der Regel davon auszugehen ist, daß eine Verletzung des
Verfahrensrechts, die das Gericht nicht bemerkt hat, auch von der Staatsanwaltschaft
zunächst nicht erkannt worden ist[714]. Für den **Privat-** und den **Nebenkläger** gelten die —
theoretisch — strengeren Anforderungen aber nicht, weil ihn keine vergleichbare Rechtspflicht zur Wahrung der Justizförmigkeit des Verfahrens trifft[715].

---

[706] BGH bei *Holtz* MDR **1978** 461; *Mattil* GA **77**
(1933) 17. Vgl. auch BGH StV **1993** 198 mit weit.
Nachw.

[707] OLG Frankfurt JR **1987** 83 mit Anm. *Schlüchter*;
OLG Hamm VRS **11** (1956) 225; kritisch *Basdorf*
StV **1997** 492.

[708] Vgl. BGHSt **24** 283; KK-*Pikart* § 344, 61; *Klein-
knecht/Meyer-Goßner*[43] 47; *Peters* 650; *Noack*
22 ff; *Teske* 170; *W. Schmid* 331, 370; *Jescheck* JZ
1952 402; *Schlüchter* GedS Meyer 463; kritisch
Maatz NStZ **1992** 517 u. ö.; **a. A** *Kiderlen* 80; *Walther* 98 will arglistiges Zusammenwirken vermu-
ten.

[709] Übersicht zur Rechtsprechung des Reichsgerichts
und der Oberlandesgerichte bei *W. Schmid* 42 ff,
53 ff; Beispiele auch bei *Dahs* Hdb. 688 ff; vgl.

auch *Dahs/Dahs* 376 ff; *Schlüchter* GedS Meyer
463.

[710] Zum folgenden auch KMR-*Sax* Einl. **X** 79 ff.

[711] Ablehnend z. B. auch *Jescheck* GA **1953** 90; *W.
Schmid* 55 ff; *H. Müller* 130 ff; vgl. aber auch *H.
Müller* 2 mit Fußn. 2.

[712] So *Dahs/Dahs* 385 unter Hinweis auf Einzelfälle
illoyaler staatsanwaltschaftlicher Verfahrensrügen
zur Zeit des RG bei *W. Schmidt* 45 (nicht: in FS
Maurach); *Erker* 170 für § 238 Abs. 2.

[713] *W. Schmid* 363; *Henkel* 379; vgl. auch KMR-*Paulus* § 344, 45; *Dahs/Dahs* 385.

[714] OLG Hamm JMBlNRW **1964** 6; KMR-*Paulus*
§ 344, 45; grundsätzlich ablehnend *Kiderlen* 76.

[715] KMR-*Paulus* § 344 45; *W. Schmid* 366 ff, 374; vgl.
auch *Kiderlen* 46.

§ 338

Ein Urteil ist stets als auf einer Verletzung des Gesetzes beruhend anzusehen,

1. wenn das erkennende Gericht nicht vorschriftsmäßig besetzt war; war nach § 222 a die Mitteilung der Besetzung vorgeschrieben, so kann die Revision auf die vorschriftswidrige Besetzung nur gestützt werden, soweit
   a) die Vorschriften über die Mitteilung verletzt worden sind,
   b) der rechtzeitig und in der vorgeschriebenen Form geltend gemachte Einwand der vorschriftswidrigen Besetzung übergangen oder zurückgewiesen worden ist,
   c) die Hauptverhandlung nicht nach § 222 a Abs. 2 zur Prüfung der Besetzung unterbrochen worden ist oder
   d) das Gericht in einer Besetzung entschieden hat, deren Vorschriftswidrigkeit es nach § 222 b Abs. 2 Satz 2 festgestellt hat;
2. wenn bei dem Urteil ein Richter oder Schöffe mitgewirkt hat, der von der Ausübung des Richteramtes kraft Gesetzes ausgeschlossen war;
3. wenn bei dem Urteil ein Richter oder Schöffe mitgewirkt hat, nachdem er wegen Besorgnis der Befangenheit abgelehnt war und das Ablehnungsgesuch entweder für begründet erklärt war oder mit Unrecht verworfen worden ist;
4. wenn das Gericht seine Zuständigkeit mit Unrecht angenommen hat;
5. wenn die Hauptverhandlung in Abwesenheit der Staatsanwaltschaft oder einer Person, deren Anwesenheit das Gesetz vorschreibt, stattgefunden hat;
6. wenn das Urteil auf Grund einer mündlichen Verhandlung ergangen ist, bei der die Vorschriften über die Öffentlichkeit des Verfahrens verletzt sind;
7. wenn das Urteil keine Entscheidungsgründe enthält oder diese nicht innerhalb des sich aus § 275 Abs. 1 Satz 2 und 4 ergebenden Zeitraums zu den Akten gebracht worden sind;
8. wenn die Verteidigung in einem für die Entscheidung wesentlichen Punkt durch einen Beschluß des Gerichts unzulässig beschränkt worden ist.

Schrifttum

Allgemein. *Becker* Die absoluten Revisionsgründe im deutschen Strafprozeß, Diss. Bonn 1950; *Cramer* Zur Berechtigung absoluter Revisionsgründe, FS Peters 239; *Dahs* Die Relativierung absoluter Revisionsgründe, GA **1976** 353; *Frohne* Zur Zweckmäßigkeit der absoluten Revisionsgründe im Strafprozeß, Diss. Göttingen 1984; *Hilger* Absolute Revisionsgründe. Aus der neueren Rechtsprechung des BGH, NStZ **1983** 337; *Mehle* Einschränkende Tendenzen im Bereich der absoluten Revisionsgründe (§ 338 StPO), Diss. Bonn 1981; *Mezger* Die sogenannten absoluten Revisionsgründe in der Strafprozeßordnung, Diss. Würzburg 1925; *Schwinge* Zur Neugestaltung der Revision wegen verfahrensrechtlicher Mängel, FS Jung (1937) 212; *Teske* Die Revision wegen verfahrensrechtlicher Verstöße, Diss. Marburg 1962; *Widmaier* Wohin entwickeln sich die absoluten Revisionsgründe? Hanack-Symp. 77.

Zu Nummer 1. *Brauns* Die Besetzungsrüge und ihre Präklusion im Strafprozeß, Diss. Köln 1983; *Eser* Der „gesetzliche Richter" und seine Bestimmung für den Einzelfall, FS Salger 247; *H. Günther* Judex dormiens, MDR **1990** 875; *Heintzmann* Negativer Kompetenzkonflikt und Geschäftsverteilung, DRiZ **1975** 320; *Kellermann* Probleme des gesetzlichen Richters unter besonderer Berücksichtigung der großen Strafverfahren (1971); *Knauth* Die unwirksame Schöffenwahl, DRiZ **1984** 474; *Kohlhaas* Reformbedürftigkeit des § 338 Ziff. 1 StPO, NJW **1958** 1428; *Meinen* Die Heranziehung zum Schöffenamt. Gerichtsverfassungs- und revisionsrechtliche Probleme (1993 = Diss. FU Berlin); *Niemöller* Besetzungsrüge und „Willkürformel", StV **1987** 311; *Rieß* Ausschluß der Besetzungsrüge (§ 338 Nr. 1 StPO) bei irriger, aber vertretbarer Rechtsanwendung, GA **1976** 33;

Ernst-Walter Hanack

Rieß Die Besetzungsrüge in der neueren Rechtsprechung des Bundesgerichtshofes, DRiZ **1977** 289; *Schulze* Zur Mitwirkung blinder Richter, MDR **1988** 736; *Schulze* Blinde Richter – aktueller Stand von Diskussion und Rechtsprechung, MDR **1995** 670; *Seibert* Der verhandlungsunfähige oder unaufmerksame Richter im Strafverfahren, NJW **1963** 1044; *Siebecke* Reformbedürftigkeit des § 338 Ziff. 1 StPO? NJW **1958** 1816; *Siegert* Nachprüfung der Besetzung von Kollegialgerichten in der Revisionsinstanz, DRiZ **1958** 191; *von Stackelberg* Ist § 338 Ziff. 1 StPO wirklich reformbedürftig? NJW **1959** 469 mit Schlußwort *Kohlhaas*; *von Stackelberg* Die Besetzungsrüge in der strafrechtlichen Revision, FS Schmidt-Leichner 207; *Vogt/Kurth* Der Streit um die Frankfurter Schöffenwahl, NJW **1985** 103; *von Winterfeld* Abbau des gesetzlichen Richters? NJW **1972** 1399. Vgl. auch die Schrifttumsangaben bei § 16 GVG und (für die Rügepräklusion des Halbsatz 2) bei § 222 a. – **Zu Nummer 3.** *Sieg* Verwerfung der Richterablehnung und das Recht auf den gesetzlichen Richter, NJW **1978** 1962. – **Zu Nummer 4.** *Kalf* Die willkürliche Zuständigkeitsbestimmung des Schöffengerichts, NJW **1997** 1489. – **Zu Nummer 5.** *Molketin* Abwesenheit des „notwendigen Verteidigers" bei Verlesung der Urteilsformel – ein absoluter Revisionsgrund im Sinne von § 338 Nr. 5 StPO? AnwBl. **1981** 217; *Poppe* Urteilsverkündung in Abwesenheit notwendiger Prozeßbeteiligter im Strafprozeß, NJW **1954** 1914; *Schlothauer* Abwesenheitsverhandlung wegen Beurlaubung oder vorübergehender Verfahrenstrennung und Revision, FS Koch 241. – **Zu Nummer 6.** *Alwart* Personale Öffentlichkeit (§ 169 GVG), JZ **1990** 883; *Fuchs* Setzt die Revisionsrüge des § 377 Nr. 6 StPO ein Verschulden des Vorsitzenden oder des Gerichts an der gesetzwidrigen Nichtöffentlichkeit der Hauptverhandlung voraus? JW **1912** 521; *Gössel* Über die revisionsgerichtliche Nachprüfbarkeit von Beschlüssen, mit denen die Öffentlichkeit gemäß §§ 172, 173 GVG im Strafverfahren ausgeschlossen wird, NStZ **1982** 141; *Jung* Öffentlichkeit – Niedergang eines Verfahrensgrundsatzes? GedS H. Kaufmann 891; *Kleinknecht* Schutz der Persönlichkeit des Angeklagten durch Ausschluß der Öffentlichkeit in der Hauptverhandlung, FS Schmidt-Leichner 111; *Kuhlmann* Der verschlossene Zuhörerraum, NJW **1974** 1231; *Miebach* Der Ausschluß der Öffentlichkeit im Strafprozeß, DRiZ **1977** 271; *Ranft* Verfahrensöffentlichkeit und „Medienöffentlichkeit" im Strafprozeß, Jura **1995** 573; *Rieß* Zeugenschutz durch Änderung des § 338 Nr. 6 StPO? FS Wassermann (1985) 969; *Roxin* Aktuelle Probleme der Öffentlichkeit im Strafverfahren, FS Peters 393; *Schneiders* Verletzung der Öffentlichkeit durch Bitte an einen Zuhörer, den Sitzungssaal zu verlassen? StV **1990** 91; *Sprenger* Der Ausschluß der Öffentlichkeit des Strafverfahrens zum Schutz der Privatsphäre des Angeklagten, Diss. Würzburg 1975; *Thym* Augenschein und Öffentlichkeit, NStZ **1981** 293; *Zipf* Der Anspruch des Angeklagten auf Ausschluß der Öffentlichkeit zum Schutze des Privatbereichs – BGHSt 23, 82, JuS **1973** 350. Vgl. auch die Schrifttumsangaben Vor § 169 GVG. – **Zu Nummer 7.** *Hahn* Die Fristversäumung der Urteilsniederschrift als absoluter Revisionsgrund, ZRP **1976** 63; *Mertens* Wiedereinsetzung in den vorigen Stand und § 338 Nr. 7 StPO, NJW **1979** 1698; *Pahlmann* § 338 Nr. 7 StPO – ein absoluter Revisionsgrund! NJW **1979** 98; *Rieß* Die Urteilsabsetzungsfrist (§ 275 I StPO), NStZ **1982** 441; *Stein* § 338 Nr. 7 StPO und die Wiedereinsetzung in den vorigen Stand, NJW **1980** 1086. – **Zu Nummer 8.** *Baldus* Versäumte Gelegenheiten; zur Auslegung des § 338 Nr. 8 und des § 267 Abs. 1 Satz 2 StPO, FS Heusinger 373; *Fuhrmann* Gehört zur Revisibilität eines Verfahrensverstoßes ein Gerichtsbeschluß? JR **1962** 321; *ter Veen* Die Beschneidung des Fragerechts und die Beschränkung der Verteidigung als absoluter Revisionsgrund, StV **1983** 167.

Entstehungsgeschichte. Art. IV Nr. 8 PräsVerfG strich in Nummer 2 und 3 jeweils das Wort „Geschworener". Durch Art. 1 Nr. 90 des 1. StVRG wurde in Nummer 7 die zweite Satzhälfte eingefügt. Nummer 1 wurde durch Art. 1 Nr. 29 StVÄG 1979 um den zweiten Halbsatz (Rügepräklusion) ergänzt. Bezeichnung bis 1924: § 377.

Übersicht

Alphabetische Übersicht

I. Allgemeines

1   **1. Unbedingte Revisionsgründe.** Die Nummern 1 bis 7 des § 338 enthalten keine selbständigen Verfahrensvorschriften, sondern gestalten nur einzelne Verfahrensverstöße, die besonders schwerwiegend sind oder jedenfalls so beurteilt werden, zu unbedingten Revisionsgründen aus. Ob oder inwieweit das zur Erreichung der mit der Revision verfolgten Zwecke notwendig ist, ist etwas strittig[1]. § 338 stellt die unwiderlegbare Vermutung auf, daß das Urteil auf einer Verletzung der in Nummern 1 bis 7 genannten Verfahrensbestimmungen beruht[2]. Wieweit entsprechendes auch für § 338 Nr. 8 gilt, ist umstritten (unten Rdn. 124 ff). Daß das Revisionsgericht der Notwendigkeit enthoben wird, die Beruhensfrage zu prüfen[3], ist jedoch die einzige Besonderheit der in § 338 bezeichneten Verfahrensverstöße. Von Amts wegen werden sie nur berücksichtigt, wenn es sich wie etwa bei der sachlichen Zuständigkeit, um Verfahrensvoraussetzungen handelt; sonst ist eine formgerecht erhobene Revisionsrüge erforderlich[4]. Ein Verzicht auf die Einhaltung

---

[1] Generell kritisch insbesondere *Cramer* FS Peters 239; *Schwinge* Jung-Festgabe 217 ff hält jedenfalls die Nrn. 6 bis 8 für „abbaureif"; bei den Verh. des 54. DJT 1982 war die Nr. 6 umstritten (unten Rdn. 104 Fußn. 275); insgesamt bejahend AK-*Maiwald* 2, 3; *Widmaier* Hanack-Symp. 77 (86). Eingehend zum Ganzen *Frohne* Diss.

[2] BGHSt **27** 98; RGSt **38** 217; **42** 107; RG DJZ **1914** 508; ganz h. L., z. B. *Kleinknecht/Meyer-Goßner*[43] 1; *Eb. Schmidt* 1; *Peters* 649; *Schlüchter* 726;

grundsätzlich **a. A** *Becker* 42 ff, der für die Nrn. 1 bis 6 die Frage des Kausalzusammenhangs für bedeutungslos hält. In den Fällen des § 338 Nr. 7 bezieht sich die Vermutung, genaugenommen, natürlich auf die Urteils*gründe* (unten Rdn. 115, 120).

[3] RGSt **29** 297; *Fuhrmann* JR **1962** 323; *Teske* 99.

[4] Anders *Siegert* DRiZ **1958** 193 für § 338 Nr. 1; *Becker* 124 hält eine Gesetzesänderung, die zur Prüfung von Amts wegen zwingt, für empfehlenswert.

des durch § 338 geschützten Verfahrens vor dem Tatrichter ist grundsätzlich unwirksam, schließt also die Revision nicht aus (vgl. § 337, 271).

§ 338 führt die Fälle **erschöpfend** auf, in denen ein Urteil stets als auf einer Verletzung **2** des Gesetzes beruhend anzusehen ist (RGSt **61** 219). Allerdings gibt es andere Verfahrensverstöße, bei denen regelmäßig nicht ausgeschlossen werden kann, daß das Urteil auf ihnen beruht; sie kommen daher praktisch den unbedingten Revisionsgründen nahe.

2. Heilung des Verstoßes. Wenn das Gericht den Verfahrensfehler noch in der Haupt- **3** verhandlung bemerkt, muß es dessen Folgen, soweit möglich, beseitigen (vgl. § 337, 261 ff), und zwar bis zur Beendigung der Urteilsverkündung (§ 337, 263). Denn die Heilung des Verfahrensverstoßes ist bei unbedingten Revisionsgründen in gleicher Weise möglich wie bei anderen[5]. Die Heilung erfolgt durch Wiederholung der Hauptverhandlung, soweit sie fehlerhaft war, in ihren wesentlichen Teilen[6]. Dafür genügt es nicht, daß der Vorsitzende den Inhalt der bisherigen Verhandlungen vorträgt, auch wenn diese Mitteilung inhaltlich zutrifft und von den Prozeßbeteiligten als richtig anerkannt wird[7]. Zur Heilung eines Verstoßes gegen die durch § 338 Nr. 5 erfaßten Vorschriften ist die Wiederholung der Urteilsverkündung zulässig, wenn der Verstoß nur diesen Verfahrensteil betrifft[8]. Abzulehnen ist die Ansicht des Bundesgerichtshofes[9], daß bei einer gegen die Nr. 6 verstoßenden Zeugenvernehmung auf die Heilung durch Wiederholung der Vernehmung verzichtet werden könne, wenn die Prozeßbeteiligten (in nichtöffentlicher Verhandlung!) auf die erneute Vernehmung verzichten, weil sie die Aussagen für bedeutungslos halten; denn es ist nicht auszuschließen, daß der Zeuge in öffentlicher Verhandlung abweichend aussagt.

3. Urteilsaufhebung. Liegt ein unbedingter Revisionsgrund vor, so ist das Urteil auf- **4** zuheben, wenn nicht ausnahmsweise ein Einfluß des Verfahrensmangels auf das Urteil zum Nachteil des Beschwerdeführers denkgesetzlich ausgeschlossen ist[10]. Kann sich der Verfahrensverstoß nicht auf das ganze Urteil ausgewirkt haben, ist nur der betroffene Urteilsteil aufzuheben, vorausgesetzt, daß er abtrennbar ist[11]. Eine Auswirkung auf das ganze Urteil liegt allerdings auch dann vor, wenn der Fehler nur eine Tat betrifft, die mit einer anderen zu einer Gesamtstrafe zu verbinden ist (*Widmaier* Hanack-Symp. 83 f gegen eine aaO zit. BGH-Entscheidung; anders auch BGH NStZ **1996** 203). Ist die Revision rechtswirksam auf bestimmte Beschwerdepunkte beschränkt, so führt der unbedingte Revisionsgrund ebenfalls nur zur Teilaufhebung, auch wenn er das ganze Urteil beeinflußt hat[12].

5 BGHSt **9** 244; **21** 334; **30** 74; RGSt **35** 354; **44** 18; **55** 168; **62** 198; **64** 309; **70** 110; OLG Hamburg OLGSt § 247 S. 1; OLG Hamm VRS **14** (1958) 370; OLG Oldenburg NdsRpfl. **1954** 34; *Poppe* NJW **1954** 1915; *W. Schmid* JZ **1969** 757.

6 BGHSt **9** 243; **21** 332; BGH NStZ **1987** 471; bei *Holtz* MDR **1979** 989; **1983** 450; BGH NJW **1953** 1801; RGSt **38** 216; **64** 309; RG JW **1927** 2043 mit Anm. *Alsberg*; OLG Hamm JMBlNRW **1976** 226.

7 BGHSt **30** 74; BGH NStZ **1982** 42; BayObLG NStZ **1990** 250; OLG Koblenz StV **1993** 462; OLG Köln NStZ **1987** 244; OLG Zweibrücken StV **1986** 241; *W. Schmid* JZ **1969** 760.

8 RG Recht **1910** Nr. 3873; RG GA **41** (1893) 45; OLG Bremen StV **1985** 50; OLG Oldenburg Nds-Rpfl. **1954** 34; *Poppe* NJW **1954** 1915; **1955** 7; **a. A** *Eb. Schmidt* § 268, 4; *Schorn* Der Strafrichter

(1960) 299; *W. Schmid* JZ **1969** 764. Vgl. auch bei § 268.

9 BGHSt **33** 99 = NStZ **1985** 422 mit abl. Anm. *Schöch* = StV **1985** 402 mit abl. Anm. *Fezer*; ablehnend auch *Burgmüller* (s. bei § 337) 162 f; zust. aber KK-*Pikart* 90; *Kleinknecht/Meyer-Goßner*[43] 3.

10 BGH NJW **1977** 443; BGH StV **1996** 133; bei *Kusch* NStZ **1993** 30; RGSt **54** 317; KK-*Pikart* 5; *Kleinknecht/Meyer-Goßner*[43] 2; *Dahs/Dahs* 118; *Teske* 40; gegen Ausnahmen in eingehender Untersuchung *Mehle* 38 ff, 51 ff, 74 ff, 146.

11 BGH NStZ **1983** 375; BGH StV **1981** 3; **1984** 186; **1996** 134; BGH NJW **1977** 1644; BGH GA **1975** 283; RGSt **44** 19; **53** 202; **69** 256; **a. A** *Mehle* 146 f; kritisch *Widmaier* Hanack-Symp. 85.

12 KK-*Pikart* 6; *Sarstedt/Hamm*[6] 157; vgl. auch § 344, 19, 25.

5   Auf dem Weg über § 338 rügen können den Verfahrensverstoß nur Beteiligte, gegen die er sich **unmittelbar gerichtet** hat. So kann z. B. die Mitwirkung eines nach § 22 ausgeschlossenen Richters nur der Angeklagte rügen, dem gegenüber er ausgeschlossen war (RGSt **29** 297; **54** 317), die unrechtmäßige Ablehnung eines Ablehnungsgesuchs gegen einen Richter nur der Angeklagte, der das Gesuch gestellt hat (BGH bei *Dallinger* MDR **1973** 730), die nichtöffentliche Verhandlung gegen Jugendliche und Erwachsene nur der Erwachsene (BGHSt **10** 120), die nichtöffentliche Zeugenaussage nur der Mitangeklagte, den sie betrifft (BGH NJW **1962** 261), die Abwesenheit des notwendigen Verteidigers eines Angeklagten nur dieser Angeklagte (RGSt **52** 188; **57** 373). Auch die unzulässige Abwesenheit eines Angeklagten ergibt für einen Mitangeklagten keinen Revisionsgrund gemäß § 338 Nr. 5[13]. Betrifft der Verstoß nur einen von mehreren Angeklagten, kann ihn ein anderer Angeklagter jedoch nach § 337 rügen, sofern der Verstoß die diesen Angeklagten betreffende Entscheidung nachteilig beeinflußt haben kann (RGSt **62** 261); das ist insbesondere im Fall der unzulässigen Abwesenheit eines Mitangeklagten leicht denkbar (Verletzung des § 244 Abs. 2; vgl. BGH bei *Pfeiffer* NStZ **1981** 297).

II. Vorschriftswidrige Gerichtsbesetzung (Nummer 1)

6   **1. Allgemeines.** Die Vorschrift will sicherstellen, daß an der Rechtsfindung Richter in der gesetzlich bestimmten Zahl teilnehmen und daß nur die Richter mitwirken, die bei Einhaltung der gesetzlichen Bestimmungen dazu berufen sind; das gilt der Idee nach auch für die Kontrolle der „vorweggenommenen Besetzungsrüge" nach Halbsatz 2. Im übrigen führt nicht jede Verletzung der gesetzlichen Vorschriften über die mitwirkenden Richter dazu, daß die Besetzung des Gerichts im Sinne des § 338 Nr. 1 Halbsatz 1 vorschriftswidrig ist. Denn der Verstoß gegen die Zuständigkeit des Gerichts ist nicht hier, sondern in § 338 Nr. 4 geregelt, und die Teilnahme eines ausgeschlossenen oder mit Erfolg abgelehnten Richters fällt unter § 338 Nr. 2 und 3. Andererseits kann selbst bei Mitwirkung der nach den gesetzlichen Vorschriften dazu berufenen Richter das Gericht wegen Mängel in deren Person, insbesondere wegen Verhandlungsunfähigkeit, im Sinne des § 338 Nr. 1 vorschriftswidrig besetzt sein (unten Rdn. 38 ff).

7   Der zwingende Aufhebungsgrund des § 338 Nr. 1 liegt schon vor, wenn das erkennende Gericht nur während eines **Teils der Hauptverhandlung** nicht vorschriftsmäßig besetzt war[14]. Auch müssen die gesetzlichen Voraussetzungen der vorschriftsmäßigen Gerichtsbesetzung von vornherein vorliegen. Daher ist insoweit eine **nachträgliche Heilung** durch spätere Verwaltungsmaßnahmen, etwa durch die nachträgliche Ernennung zum Richter oder die Bestellung zum Hilfsrichter, nicht möglich[15].

2. Revisible Besetzungsmängel (Nr. 1 Halbsatz 1)

8   **a) Erkennendes Gericht.** § 338 Nr. 1 bezieht sich nicht, wie § 28 Abs. 2 Satz 2, § 305 Satz 1, auf das nach Eröffnung des Hauptverfahrens tätige Gericht, sondern nur auf das Gericht, das in der Hauptverhandlung das Urteil fällt[16]. Haben bei Entscheidungen vor der

---

[13] BGHSt **31** 331; BGH NJW **1990** 846; bei *Pfeiffer* NStZ **1981** 297; RGSt **38** 274; **62** 260; **67** 418; RG JW **1924** 1250 mit Anm. *Alsberg*; KK-*Pikart* 82; *Dahs/Dahs* 180; **a. A** RGSt **29** 294; *Eb. Schmidt* 25. Vgl. aber auch Rdn. 84 bei Fußn. 202.

[14] BGH bei *Dallinger* MDR **1954** 151; OLG Oldenburg NJW **1952** 1310 für die Urteilsverkündung durch einen Referendar; KMR-*Paulus* 9.

[15] RGSt **55** 225; **60** 27; **66** 122; *W. Schmid* JZ **1969** 760; vgl. auch unten Rdn. 18.

[16] RGSt **2** 344; KMR-*Paulus* 9; *Eb. Schmidt* Nachtr. I 5; *Loewenstein* 45.

Hauptverhandlung Richter mitgewirkt, die dazu nicht berufen waren, so ist allenfalls ein Revisionsgrund nach den §§ 336, 337 gegeben (vgl. bei § 207). Die vorschriftswidrige Besetzung des Amtsgerichts kann mit der Revision gegen das Berufungsurteil auch nach diesen Vorschriften nicht gerügt werden[17].

b) Gesetzlich berufene Richter

aa) Allgemeines. Welches Verfahren zur Bestimmung des im Einzelfall berufenen **9** Richters einzuhalten ist und welche Richter an der Entscheidung mitwirken müssen, ist im Gesetz ausdrücklich geregelt (unten Rdn. 12). Über diesen „durchnormierten Bereich"[18] hinaus gelten aber weitere, „nicht voll durchnormierte"[18] Rechtsgrundsätze, die sich daraus ergeben, daß sowohl nach einfachem Recht (§ 16 GVG) als auch nach Verfassungsrecht (Art. 101 Abs. 1 Satz 2 GG) niemand seinem gesetzlichen Richter entzogen werden darf (unten Rdn. 13 ff), wobei gesetzlicher Richter in diesem Sinn nicht nur der jeweilige Spruchkörper, sondern auch jeder an der gerichtlichen Entscheidung mitwirkende Richter ist[19]. Die Frage, ob es **revisionsrechtlich einen Unterschied** macht, welcher der beiden Gruppen ein Gesetzesverstoß zuzurechnen ist, der zu einer vorschriftswidrigen Besetzung des Gerichts geführt hat, ist streitig:

Ergibt sich die falsche Besetzung lediglich aus dem **Grundsatz**, daß niemand seinem **10** **gesetzlichen Richter** entzogen werden darf, so führt das nach ganz herrschender Meinung nur beim Hinzutreten weiterer Voraussetzungen zur Urteilsaufhebung gemäß § 338 Nr. 1. Denn Art. 101 Abs. 1 Satz 2 GG will nur Schutz gegen Willkür, nicht gegen Irrtum bieten[20]. Daher ist bei einer falschen Gerichtsbesetzung, die lediglich zu einem Verstoß gegen Art. 101 Abs. 1 Satz 2 GG führt, nicht schon eine auf rechtsirrtümlicher, aber vertretbarer Rechtsauffassung beruhende Fehlbesetzung revisibel, sondern nur die willkürliche Verletzung. Die Begrenzung des Art. 101 Abs. 1 Satz 2 GG auf willkürliche Verstöße spiegelt sich also insoweit in der Revisibilität bei Verletzung dieser Vorschrift wider[21]. Der Begriff der Willkür ist dabei nach objektiven Merkmalen zu beurteilen[22]: eine absichtliche Entziehung wird nicht vorausgesetzt. Es reicht, daß die zur Fehlbesetzung führende Anordnung oder Maßnahme sich so von dem verfassungsrechtlichen Grundsatz des gesetzlichen Richters entfernt, daß sie nicht mehr zu rechtfertigen, sondern offensichtlich unhaltbar ist[23]. Das ist insbesondere der Fall, wenn eine Rechtsfrage falsch entschieden worden ist, die bereits obergerichtlich geklärt und Gegenstand einer veröffentlichten Entscheidung gewesen ist[24].

Ob eine entsprechende Beschränkung auch im „durchnormierten Bereich", also dort **11** gilt, wo die **Richterbesetzung durch ausdrückliche gesetzliche Bestimmungen** geregelt ist, ist zweifelhaft[25]. Der Bundesgerichtshof hat eine solche Auffassung zunächst nicht praktiziert[26]. Er hat dann aber in zunehmendem Maße eine Einschränkung der Revisibili-

---

[17] RGSt **59** 300; *Eb. Schmidt* § 336, 18; vgl. auch § 336, 9.

[18] Vgl. *Rieß* GA **1976** 136.

[19] BVerfGE **17** 298 = JZ **1965** 57 mit Anm. *Kern*; **18** 69; **18** 349 = NJW **1965** 1219 mit Anm. *Ad. Arndt* und *Dinslage*; BVerfG NJW **1976** 283.

[20] Vgl. z. B. BVerfGE **3** 364; **4** 416; **15** 248; **22** 266; **29** 28; **30** 167; BVerfG (Kammer) NJW **1992** 2075; BGHSt **11** 110 = MDR **1958** 253 mit Anm. *Marquordt*; **26** 211; BGH bei *Holtz* MDR **1989** 683; *Rieß* GA **1976** 136; weitere Nachweise bei § 16 GVG.

[21] Zum Verhältnis des Schutzbereichs von Art. 101 und § 338 s. BVerfG (Kammer) NJW **1992** 2075; vgl. auch *Träger* FS Zeidler (1987) Bd. I, 137.

[22] Eingehend *Kellermann* 135 ff; 189 ff; vgl. im übrigen Fußn. 20 und bei § 16 GVG.

[23] BVerfGE **29** 49; BGH NJW **1976** 2357; vgl. auch bei § 16 GVG.

[24] So z. B. BGH GA **1976** 142; **1980** 69.

[25] Näher und eingehend zu der Frage insbesondere *Rieß* und *Dahs* GA **1976** 133 und 353; *Meinen* 165 ff.

[26] Vgl. *Rieß* GA **1976** 134 mit Nachw. Ebenso noch BGH JR **1978** 210 mit zust. Anm. *Meyer*.

Ernst-Walter Hanack

tät durch das objektive Willkürverbot auch in derartigen Fällen angenommen, nämlich wenn sie auf der zwar irrigen oder möglicherweise irrigen, aber immerhin vertretbaren Auslegung einer nicht eindeutigen oder noch nicht eindeutig geklärten Gesetzesvorschrift oder Rechtsfrage beruht. Dies entspricht heute auch der herrschenden Meinung[27]. Ihr ist zuzugeben, daß eine unterschiedliche Behandlung der beiden Gruppen von Gesetzesverstößen (Rdn. 9) nicht ohne weiteres einsehbar erscheint. Zuzugeben ist ihr auch, daß einiges dafür sprechen mag, den absoluten Revisionsgrund des § 338 Nr. 1, insbesondere aus praktischen Bedürfnissen, auf den Schutz vor objektiver Willkür zu beschränken. Zu bedenken bleibt indessen, daß § 338 Nr. 1 erkennbar eben nicht nur den Schutz vor willkürlicher Entziehung des gesetzlichen Richters betrifft, den das GG heute aus einleuchtenden Gründen auch verfassungsrechtlich sichert, sondern einen absoluten Revisionsgrund normiert, wenn das Gericht nach den dafür geltenden spezifischen Gesetzesbestimmungen „nicht vorschriftsmäßig besetzt war". Die irrige Auslegung der Normen, über die wie immer im Revisionsrecht das Revisionsgericht befindet, aber bleibt ein Gesetzesverstoß nach § 337 und erst recht nach § 338 auch dann, wenn sie auf einer vertretbaren Auslegung beruht. Die gegenteilige Ansicht führt zudem nicht nur zu problematischen, gerade insoweit kaum verifizierbaren Differenzierungen im Hinblick auf die Grenze der Vertretbarkeit und zu erheblichen Gefahren für die Rechtssicherheit; sie enthält auch einen bedenklichen (weiteren) Schritt zur Relativierung der absoluten Revisionsgründe[28]. Ihr ist daher nicht zu folgen (sofern, wie z. B. bei § 76 Abs. 2 i. d. F. des RpflEntlG, die revisionsgerichtliche Kontrolle nicht aus anderen Gründen begrenzt ist).

12   **bb) Ausdrückliche gesetzliche Bestimmungen** über die zur Entscheidung berufenen Richter in dem umschriebenen Sinne (Rdn. 9, 11) enthalten die §§ 21 a bis 21 e GVG (Wahl, Größe und Aufgaben der Präsidien), § 21 f GVG (Vorsitz in den Spruchkörpern und Vertretung bei Verhinderung), § 21 g GVG (Geschäftsverteilung innerhalb der Spruchkörper), § 22 Abs. 2 GVG (Übertragung eines weiteren Richteramts für den Richter am Amtsgericht), § 22 Abs. 5 GVG (Beschäftigung von Richtern auf Probe und kraft Auftrags bei den Amtsgerichten), § 22 b GVG (Vertretungsregelung für kleine Amtsgerichte), § 29 GVG (Zusammensetzung des Schöffengerichts), § 59 GVG (Besetzung der Landgerichte; Übertragung mehrerer Richterämter), § 70 GVG (Vertretung durch Abordnung; Beiordnung von Richtern auf Probe oder kraft Auftrags), § 76 Abs. 2 GVG (Besetzung der Strafkammer), § 78 Abs. 2 GVG (Besetzung der auswärtigen Strafkammern), § 122 GVG (Besetzung der Strafsenate der Oberlandesgerichte), § 192 GVG (Zahl der mitwirkenden Richter; Ergänzungsrichter), § 18 DRiG (nichtige Ernennung), § 19 DRiG (Zurücknahme der Ernennung), § 28 DRiG (Besetzung der Gerichte mit Richtern auf Lebenszeit; Vorsitzender), § 29 DRiG (Mitwirkung von Richtern auf Probe, Richtern kraft Auftrags und abgeordneten Richtern), § 37 DRiG (Abordnung von Richtern).

13   **cc)** Der **Anspruch auf den gesetzlichen Richter** nach § 101 Abs. 1 Satz 2 GG, § 16 GVG (vgl. Rdn. 9, 10; s. auch Einl. Rdn. I 17 bis 20) verlangt darüber hinaus im wesentlichen noch die Beachtung folgender Grundsätze:

---

[27] Vgl. im einzelnen insbes. BGHSt **25** 241; **27** 107; **37** 329; BGH NJW **1973** 476; NStZ **1986** 565; BayObLG und OLG Celle MDR **1980** 426; weitere Nachw. (Überblick) bei *Niemöller* StV **1987** 311; bei *Rieß* GA **1976** 134 Fußn. 4 und 5; s. auch *Rieß* DRiZ **1977** 290; KK-*Pikart* 20; *Kleinknecht/Meyer-Goßner*[43] 6 (mit Hinweis: „allerdings methodisch problematisch"); KMR-*Paulus* 7; *Peters* 143;

Schlüchter 728 mit Nachw.; vgl. auch *Frisch* NStZ **1984** 89; *Staiger* JR **1978** 434; *Widmaier* Hanack-Symp. 79.

[28] Zu allem näher *Dahs* GA **1976** 353 ff; *Mehle* 129 ff und StV **1987** 93. Ablehnend auch LR-*Meyer* in der 23. Aufl.; *P. Müller* NJW **1977** 1890; *Meinen* 168 ff.

Zuweisung nach allgemeinen, abstrakten Merkmalen. Der zwingende Aufhebungs- **14** grund nach § 338 Nr. 1 liegt vor, wenn die Sache nicht „blindlings" an den Spruchkörper gelangt, sondern es auf Merkmale angekommen ist, die es der Geschäftsstelle oder der Staatsanwaltschaft ermöglichen, auf den gesetzlichen Richter Einfluß zu nehmen[29].

Überbesetzung von Spruchkörpern. Nach h. M ist der Angeklagte seinem gesetzli- **15** chen Richter nicht ohne weiteres deshalb entzogen, weil der Spruchkörper, von dem er verurteilt worden ist, überbesetzt war. Mit dem Grundsatz des § 101 Abs. 1 Satz 2 ist es aber nicht vereinbar, daß einem Spruchkörper so viele Richter angehören, daß er in zwei personell verschiedenen Gruppen Recht sprechen kann[30].

Unzulässige Heranziehung von Richtern auf Probe. Die im GVG ausdrücklich **16** zugelassene Besetzung der Spruchkörper mit Richtern auf Probe und kraft Auftrags verstößt gegen Art. 101 Abs. 1 Satz 2 GG, wenn sie zur Dauereinrichtung wird und dazu führt, daß über mehrere Geschäftsjahre dem feststehenden Bedarf an Richterkräften zu einem wesentlichen Teil und ständig mit Proberichtern genügt wird[31].

Keine willkürliche Abweichung vom Geschäftsverteilungsplan. Vgl. dazu unten **17** Rdn. 23.

dd) Geschäftsverteilungsplan insbesondere. Nach § 21 e Abs. 1 Satz 1 GVG haben **18** die Präsidien der Gerichte in einem Geschäftsverteilungsplan die Besetzung der Spruchkörper und die Vertretung zu regeln sowie die Geschäfte zu verteilen. Die Gesetzmäßigkeit der Aufstellung und Abänderung der Geschäftsverteilungspläne unterliegt, und zwar nicht beschränkt durch den Gesichtspunkt der objektiven Willkür (oben Rdn. 11), der Prüfung durch das Revisionsgericht[32]. Der unbedingte Revisionsgrund des § 338 Nr. 1 liegt insbesondere auch vor, wenn die Gerichtsbesetzung durch eine Entscheidung des Präsidenten des Gerichts oder seines Vertreters zustande gekommen ist, obwohl das Präsidium hätte entscheiden müssen[33]. Weder die nachträgliche Kenntnisnahme noch die nachträgliche Genehmigung durch das Präsidium kann diesen Mangel heilen[34]. Zum Problem der Eilentscheidungen gemäß § 21 i Abs. 2, § 22 b Abs. 3 GVG s. unten Rdn. 27.

Bei **negativen Kompetenzkonflikten** unter mehreren Spruchkörpern nach dem **19** Geschäftsverteilungsplan (nicht: nach dem Gesetz, vgl. BGHSt **26** 200) gehört es zu den Aufgaben des Präsidiums auch, den Geschäftsverteilungsplan auszulegen und den zuständigen Spruchkörper zu bestimmen[35]. Hat sich das Präsidium diese Entscheidung ausdrücklich vorbehalten, darf der Gerichtspräsident nicht an seiner Stelle handeln[36]. Jedoch ist das Präsidium befugt, die Entscheidung allgemein dem Präsidenten, der ihm vorsitzt,

---

[29] Vgl. BGHSt **7** 23; **15** 116; **28** 290; BGH NJW **1958** 1503 L; OLG Bremen NJW **1965** 1448; OLG Neustadt MDR **1965** 225; OLG Nürnberg MDR **1963** 502 mit Anm. *Maywald* NJW **1963** 923; OLG Saarbrücken NJW **1966** 1041; OLG Zweibrücken MDR **1967** 147; vgl. auch *Hilger* NStZ **1983** 338 Fußn. 4 und bei § 21 e GVG. Zur sog. beweglichen Zuständigkeit (§ 24 Abs. 1 Nr. 3 GVG) näher bei § 16 GVG.

[30] So die st. Rspr. des BVerfG, z. B. BVerfGE **17** 300 = JZ **1965** 57 mit Anm. *Kern*; **18** 69; **18** 349 = NJW **1965** 1219 mit Anm. *Ad. Arndt* und *Dinslage*; ebenso z. B. BGHSt **18** 386 (vgl. aber auch BGHSt **33** 234); BGH NJW **1965** 175, 1715; **1966** 1084, 1458; weitere Nachw. bei § 21 f GVG.

[31] BVerfGE **4** 331; **14** 156; BGHSt **8** 159; **9** 108; **14** 326; weitere Nachw. bei § 59 GVG.

[32] BGHSt **3** 353; **11** 109 (= MDR **1958** 253 mit Anm. *Marquordt*); **12** 402; BGH NJW **1958** 550; BGH GA **1959** 222; RGSt **37** 59; **65** 299.

[33] BGHSt **3** 353; **15** 218; RGSt **23** 166; **37** 59, 301; **38** 416; **40** 85.

[34] BGH NJW **1958** 550; RGSt **23** 166; vgl. auch RGSt **41** 186 und bei § 21 e GVG. Nach BGHSt **30** 268 = NStZ **1982** 295 mit Anm. *Rieß* kann die Feststellung der Verhinderung freilich noch im Rahmen des Verfahrens nach §§ 222 a, 222 b erfolgen.

[35] Vgl. BGHSt **25** 244; *Kissel* § 21 e, 105 f mit weit. Nachw.; *Wolf* § 14 IV 2; **a. A** BVerfG bei *Heintzmann* DRiZ **1975** 321 Fußn. 8 und 17; *P. Müller* JZ **1976** 587, die eine anderweitige Kompetenzregelung verlangen; vgl. auch bei § 209.

[36] BGHSt **26** 200; BGH NJW **1975** 1425.

Ernst-Walter Hanack

zu übertragen[37]. Ist die Entscheidung von der zuständigen Stelle getroffen worden, kann sie das Revisionsgericht nur auf Ermessensmißbrauch prüfen[38].

20   Eine **fehlerhafte Zusammensetzung des Präsidiums**, die auf Fehlern bei seiner Wahl gemäß § 21 b GVG beruht, kann mit der Revision nicht gerügt werden, weil insoweit das besondere Anfechtungsverfahren des § 21 b Abs. 6 GVG vorgeht; nach Satz 3 der Vorschrift schließt das die Prüfung der Wahl durch ein anderes Gericht, auch durch das Revisionsgericht, aus[39]. Ist das Präsidium einwandfrei gewählt worden, aber bei der Beschlußfassung im Einzelfall falsch zusammengesetzt, etwa durch Verstoß gegen § 21 c Abs. 2 GVG, liegt der unbedingte Revisionsgrund des § 338 Nr. 1 grundsätzlich ebenfalls nicht vor. Da die gesetzliche Regelung nunmehr klar und eindeutig ist, besteht zwar kein Grund, die zu § 64 Abs. 3 GVG a. F entwickelte Rechtsprechung[40] fortzuführen, daß Geschäftsverteilungspläne nicht deswegen ungültig sind, weil das Präsidium aufgrund irriger, aber vertretbarer Auslegung einer eindeutigen Gesetzesbestimmung vorschriftswidrig gebildet war. Jedoch führt die infolge bloßen Rechtsirrtums fehlerhafte Zusammensetzung des Präsidiums schon deshalb nicht zur Unwirksamkeit der von ihm beschlossenen Geschäftsverteilung, weil die Gültigkeit eines Aktes der richterlichen Selbstverwaltung nicht von der richterlichen Besetzung des Kollegiums abhängt, das ihn erlassen hat[41].

21   **Inhaltliche Mängel des Geschäftsverteilungsplans** führen, und zwar nicht nur im Fall objektiver Willkür, zum absoluten Revisionsgrund des § 338 Nr. 1, wenn das Präsidium bei Aufstellung und Abänderung des Verteilungsplans gegen die gesetzlichen Einzelregelungen des GVG und des DRiG verstoßen hat (vgl. oben Rdn. 11, 12). Soweit Grundsätze der Geschäftsverteilung dort nicht geregelt sind, hat das Präsidium den Verfassungsgrundsatz des Art. 101 Abs. 1 Satz 2 GG zu beachten, daß niemand seinem gesetzlichen Richter entzogen werden darf, wobei *insoweit* Revisibilität nur bei objektiver Willkür besteht (oben Rdn. 10). Der Geschäftsverteilungsplan ist insbesondere fehlerhaft, wenn von vornherein feststeht, daß er nicht eingehalten werden kann[42], wenn er unvollständig ist[43], z. B. die Verteilung nur für Teile des Geschäftsjahrs regelt, einem Spruchkörper einen noch nicht namentlich bekannten Richter oder einen Richter nur für die Erledigung bestimmter Aufgaben zuteilt[44], wenn er über die Verwendung eines Hilfsrichters nicht entscheidet[45] oder eine von vornherein abzusehende dauernde Verhinderung nicht berücksichtigt[46]. Weitere Mängel können darin liegen, daß ein Richter mehreren Spruchkörpern zugeteilt wird, ohne daß bestimmt ist, in welchem er vorrangig tätig zu werden hat[47], oder daß einem Vorsitzenden zwei Spruchkörper übertragen werden, obwohl von vornherein feststeht, daß er in einem meist oder dauernd verhindert sein wird[48]. In die sachliche Zuständigkeit darf der Geschäftsverteilungsplan nicht eingreifen; verkennt der Tatrichter das, ist Revision nach Nr. 1 gegeben[49]. Vgl. im übrigen die Erl. zu § 21 e GVG.

22   Eine **Änderung des Geschäftsverteilungsplans** im Laufe des Geschäftsjahrs überprüft das Revisionsgericht auf entsprechende Rüge im Hinblick auf die Frage, ob die Vor-

---

[37] Vgl. dazu *Heintzmann* DRiZ **1975** 320.

[38] BGH NJW **1975** 1425 mit weit. Nachw.

[39] BGHSt **26** 208; näher bei § 21 b GVG.

[40] BGHSt **12** 227, 406; **13** 268; BGH MDR **1951** 591.

[41] BVerfGE **21** 54 = DVBl. **1971** 786 mit abl. Anm. *Bettermann*; *Wolf* § 14 IV 1; vgl. auch bei §§ 16, 21 e GVG.

[42] BGHSt **7** 205; vgl. auch bei § 21 e GVG; **a. A** KG JR **1982** 434.

[43] *Kleinknecht/Meyer-Goßner*[43] § 21 e GVG, 2 mit Nachw.; vgl. auch *Feiber* NJW **1975** 2005.

[44] Zum ersteren: BGHSt **19** 116; BGH NJW **1979** 1052; zum letzteren: BGHSt **8** 252.

[45] BGH NJW **1961** 1685 L; RGSt **37** 303.

[46] BGHSt **7** 210; **25** 239 mit Anm. *Müller* NJW **1974** 656; vgl. auch bei § 21 e GVG.

[47] Vgl. BGHSt **25** 163, wo aber ergänzende Anordnungen des Präsidenten zugelassen werden.

[48] BGHSt **2** 71; **8** 17; vgl. auch RGSt **25** 389; **54** 298; **55** 201, 238; **56** 157; **62** 273, 309, 366; **64** 6.

[49] BGHSt **38** 378, 380 = NStZ **1993** 248 mit Anm. *Rieß* = JZ **1993** 477 mit Anm. *Kindhäuser*.

aussetzungen des § 21 e Abs. 3 GVG vorliegen[50]. Die Prüfung beschränkt sich aber darauf, ob Rechtsfehler erkennbar sind, wobei das pflichtgemäße Ermessen des Präsidiums nicht durch das eigene Ermessen des Revisionsgerichts ersetzt werden darf[51]; auf die Tatsachen, die zu der Änderung geführt haben, erstreckt sie sich nach herrschender Meinung nicht[52]. Das gilt insbesondere, wenn im Laufe des Geschäftsjahres ein neuer Spruchkörper oder eine Hilfsstrafkammer (vgl. dazu bei § 60 GVG) gebildet worden ist; das Revisionsgericht überprüft nur, ob die neuen Spruchkörper in gesetzmäßiger Weise vom Präsidium errichtet worden sind[53] und ob die für die Bildung der Spruchkörper als Grund angegebenen Tatsachen den Rechtsbegriff der Überlastung erfüllen[54].

Auf **Abweichungen vom Geschäftsverteilungsplan** kann, da der Plan keine Rechts- **23** norm ist (§ 337, 13), die Revision nicht ohne weiteres gestützt werden[55]. Vielmehr gilt der Grundsatz, daß der absolute Revisionsgrund des § 338 nur vorliegt, wenn die Abweichung vom Geschäftsverteilungsplan objektiv willkürlich oder sonst mißbräuchlich war, der Angeklagte also seinem gesetzlichen Richter entzogen worden ist (oben Rdn. 9, 10, 13 ff)[56]. Gegen das Willkürverbot (Rdn. 10) ist angesichts der Bedeutung des Art. 101 Abs. 1 Satz 2 GG nicht nur bei offensichtlicher Fehlerhaftigkeit, sondern auch dann verstoßen, wenn die Abweichung vom Geschäftsverteilungsplan ohne hinreichenden Grund, und sei es versehentlich, erfolgt[57]. Diese Grundsätze gelten auch für **Urteile der Amtsgerichte**. Die Vorschrift des § 22 d GVG, wonach die Gültigkeit der Handlung eines Richters beim Amtsgericht nicht dadurch berührt wird, daß die Handlung nach der Geschäftsverteilung von einem anderen Richter wahrzunehmen gewesen wäre, schränkt nach allgemeiner, wenn auch unterschiedlich begründeter Ansicht die Revision nicht ein (näher bei § 22 d GVG).

Führt der **Geschäftsverteilungsplan des Vorsitzenden** (§ 21 g Abs. 2 GVG) wegen **24** Verstoßes gegen ausdrückliche, wenn auch auslegungsbedürftige gesetzliche Vorschriften zu einer gesetzwidrigen Gerichtsbesetzung, so ist der Revisionsgrund des § 338 Nr. 1 gegeben[58]. Ansonsten liegt bei Abweichung von dem Geschäftsverteilungsplan der unbedingte Revisionsgrund nur bei Willkür und Mißbrauch vor[59]. Zu den streitigen Einzelheiten insbesondere bei überbesetzten Spruchkörpern (dazu jetzt BVerfGE **95** 322 = NJW **1997** 1497) s. bei § 21 g GVG.

Ist die **Verhinderung des Vorsitzenden** (§ 21 f Abs. 2 GVG) oder eines beisitzenden **25** Richters nicht offenkundig, muß sie ausdrücklich festgestellt werden[60], und zwar nach

---

[50] BGHSt **7** 23; **10** 179; **13** 55; **19** 116; **20** 132; **21** 250; **22** 238; **27** 209; BGH NJW **1976** 2029; **1988** 1922; BGH bei *Holtz* MDR **1981** 455.

[51] BGHSt **22** 239; **27** 398.

[52] RGSt **76** 233; KMR-*Paulus* 25; *Sarstedt/Hamm*[6] 324; vgl. auch RG JW **1938** 312.

[53] BGHSt **21** 260; BGH NJW **1953** 1034; RGSt **37** 59. Vgl. auch BGHSt **31** 391 = JR **1983** 519 mit Anm. *Katholnigg* zum verzögerten Abschluß der Tätigkeit einer Hilfsstrafkammer.

[54] BGH LM Nr. 1 zu § 338 Ziff. 3; BGH NJW **1956** 111; **1967** 660; RGSt **62** 310; OLG Celle NdsRpfl. **1966** 127; noch enger möglicherweise BGH bei *Holtz* MDR **1981** 455.

[55] BGHSt **11** 110 = MDR **1958** 253 mit Anm. *Marquordt*; RGSt **36** 321; RG JW **1938** 212; **a. A** *Teske* 110 ff.

[56] Vgl. BGHSt **11** 110 = MDR **1958** 253 mit Anm. *Marquordt*; BGH NJW **1975** 1424; NStZ **1984**

181; GA **1971** 37; OLG Karlsruhe MDR **1976** 777; ganz herrschende Lehre; vgl. auch bei § 21 e GVG.

[57] So richtig BayObLG StV **1981** 511; OLG Köln VRS **70** (1986) 438 für die Verletzung der Zuständigkeit nach Anfangsbuchstaben; KK-*Pikart* 22. Die versehentliche Abweichung infolge eines in der Anklageschrift falsch angegebenen Geburtsdatums hält BGH NStZ **1983** 182 noch nicht für objektiv willkürlich; vgl. auch OLG Hamm JMBl-NRW **1982** 45.

[58] Anders insbes. BGHSt **25** 241, wo eine zwar irrige, aber vertretbare Gesetzesauslegung für unschädlich gehalten wird; dazu oben Rdn. 11.

[59] BGHSt **21** 255; **29** 162; vgl. auch oben Rdn. 23.

[60] BGHSt **12** 35, 114; **18** 164; **35** 56; BGH StV **1989** 338; BayObLG MDR **1962** 498; OLG Hamm JMBlNRW **1968** 43; OLG Koblenz MDR **1966** 1024.

h. M vom Gerichtspräsidenten oder (§ 21 h GVG) seinem Vertreter, nicht vom Präsidium[61]. Führt der Verhinderungsfall nur zur Vertretung innerhalb desselben Spruchkörpers, dürfte der Vorsitzende befugt sein, ihn selbst festzustellen[62]. Die Feststellung muß jeweils *vor* Beginn der richterlichen Aufgabe getroffen werden, an der statt des verhinderten Richters sein Vertreter mitwirken soll[63]. Eine besondere Form für die Feststellung ist nicht vorgeschrieben. Erforderlich ist aber, daß eine Verhinderung, die nicht offenkundig ist, in einer für das Revisionsgericht nachprüfbaren Weise festgestellt wird[64]; zweckmäßig ist daher die Schriftform[65]. Der unbedingte Revisionsgrund des § 338 Nr. 1 ist gegeben, wenn das Verfahren gegen diese Grundsätze verstößt (BGH NStZ **1988** 325). Entsprechendes gilt beim offensichtlichen Wegfall der festgestellten Verhinderung (BGHSt **35** 55).

26   Für die **Prüfung der tatsächlichen Umstände**, die dem Verhinderungsfall zugrunde liegen, sind die Umstände im Zeitpunkt der Hauptverhandlung maßgebend, nicht später eingetretene[66]. Die Revisionsgerichte prüfen nicht nach, ob die Tatsachen, mit denen die Verhinderung begründet worden ist, zutreffen, weil es sich um eine Ermessensfrage (vgl. § 337, 87 ff) handele, über die der Gerichtspräsident oder, falls er zur Feststellung der Verhinderung befugt ist, der Vorsitzende zu entscheiden habe[67]. Geprüft wird jedoch, ob der Rechtsbegriff der Verhinderung im Sinn des § 21 f GVG erfüllt ist, insbesondere, ob die Verhinderung nur vorübergehend war[68].

27   Die **Vertreterbestellung** durch das Präsidium wegen zeitweiliger Verhinderung eines Richters prüfen die Revisionsgerichte ebenfalls nur auf Rechtsfehler, nicht jedoch hinsichtlich der Frage, ob die tatsächlichen Voraussetzungen, die zur Annahme der Verhinderung geführt haben, vorliegen[69]. Entsprechendes muß dann auch für die Entscheidung des Präsidenten gelten, daß eine Entscheidung des Präsidiums nicht mehr rechtzeitig ergehen kann (§ 21 i Abs. 2, § 22 b Abs. 3). Auch auf Ermessensfehler geprüft wird aber die Ausübung des Ermessens des Präsidenten bei Feststellung der Verhinderung[70].

28   Die **Selbstanzeige nach § 30** ist nach herrschender, wenn auch umstrittener Meinung eine Dienstpflicht des Richters, nicht aber eine richterliche Entscheidung, so daß auf ihr Unterbleiben die Revision auch bei Ermessensmißbrauch nicht soll gestützt werden können (§ 30, 19). Auch den auf die Selbstablehnung ergehenden Ablehnungsbeschluß kann das Revisionsgericht in entsprechender Anwendung des § 28 Abs. 1 nicht nachprüfen (§ 30, 20). Etwas anderes muß jedoch gelten, wenn eine willkürliche Entziehung des

---

61 BGHSt **12** 33, 133; **21** 176; **30** 268; BGH NJW **1974** 870 mit abl. Anm. *P. Müller* NJW **1974** 1665; BGH NStZ **1988** 325; bei *Miebach* NStZ **1990** 29; RGSt **46** 254; OLG Düsseldorf StV **1995** 532; OLG Stuttgart Justiz **1965** 65; a. A *Schorn/Stanicki* 103; *P. Müller* JZ **1976** 558 Fußn. 21; *Stanicki* DRiZ **1972** 414; **1973** 124, 357, die das Präsidium für zuständig halten. Der Präsident des LG kann auch seine eigene Verhinderung feststellen (BGHSt **21** 174).

62 Streitig. Wie hier BGH NJW **1968** 512; OLG Celle NJW **1968** 1489; *Dinslage* DRiZ **1965** 334; a. A BGH DRiZ **1966** 93; *Poischen* DRiZ **1966** 20; offengelassen in BGHSt **21** 176; vgl. auch BGH MDR **1963** 773.

63 BGHSt **21** 179; BGH bei *Miebach* NStZ **1990** 29; OLG Hamm JMBlNRW **1968** 43. Vgl. aber auch oben Fußn. 34: Feststellung noch während des Verfahrens gemäß §§ 222 a, 222 b.

64 BGHSt **12** 36; **21** 179; BGH NJW **1974** 870.

65 BGHSt **21** 179; BGH NJW **1968** 512; bei *Miebach* NStZ **1990** 29; RGSt **65** 301.

66 Vgl. BGHSt **14** 16; RG Recht **1928** Nr. 1128.

67 BGHSt **12** 35; **15** 391; **21** 42; RGSt **55** 237; OLG Hamm JMBlNRW **1968** 43; vgl. auch RGSt **56** 64; *Rieß* GA **1976** 136 Fußn. 15 hält das für eine Einschränkung der Revision auf Verstöße gegen das Willkürverbot nach Art. 101 Abs. 1 Satz 2 GG.

68 BGHSt **8** 17; **14** 14; **21** 131; **25** 54 = JZ **1974** 586 mit Anm. *Kleinknecht*; BGH NJW **1974** 1572 mit Anm. *P. Müller* NJW **1974** 2242; RGSt **62** 273; vgl. auch bei § 21 f GVG.

69 BGH LM Nr. 1 und 4 zu § 67 GVG a. F; BGH bei *Dallinger* MDR **1951** 539; RGSt **40** 264; **46** 256; a. A *Eb. Schmidt* 8.

70 BGHSt **7** 207; vgl. auch OLG Hamm GA **1971** 186.

gesetzlichen Richters (Rdn. 9 f, 13 ff) vorliegt[71]. Der unbedingte Revisionsgrund des § 338 Nr. 1 liegt vor, wenn ein Richter, der eine Anzeige gemäß § 30 gemacht hat, durch einen anderen ersetzt wird, ohne daß über die Anzeige entschieden worden wäre; ob die Anzeige berechtigt war, ist ohne Bedeutung und wird vom Revisionsgericht nicht geprüft[72].

c) Gesetzlich berufene Schöffen insbesondere[73]

aa) Allgemeines. Für die Berufung, Auswahl und Heranziehung der Schöffen gelten **29** die detaillierten Vorschriften der §§ 30 bis 57, § 77 GVG, §§ 44, 45 DRiG, § 35 JGG. Es kann daher nicht die Rede davon sein, daß es sich um einen „nicht voll durchnormierten" Bereich mit der Folge handelt (oben Rdn. 9 f), daß die vorschriftswidrige Besetzung mit Schöffen vom Revisionsgericht im Hinblick auf Art. 101 Abs. 1 Satz 2 GG, § 16 GVG nur auf objektive Willkür zu überprüfen ist. Vielmehr sind Zweifelsfragen durch Auslegung der genannten Vorschriften unter Beachtung der dazu im Gesetz zum Ausdruck kommenden allgemeinen Grundgedanken zu lösen. Hat der Tatrichter sie falsch beantwortet und ist das der Grund für eine vorschriftswidrige Besetzung des Gerichts, so ist der unbedingte Revisionsgrund des § 338 Nr. 1 ohne weiteres gegeben (vgl. oben Rdn. 11). Der **Bundesgerichtshof** vertritt demgegenüber auch und gerade hier die Auffassung, daß bei im Gesetz nicht gelösten Zweifelsfragen oder sogar bei einem nicht klar zutage liegenden (vertretbaren) Gesetzesverstoß eine revisible Verletzung des § 338 Nr. 1 nur bei objektiver Willkür vorliege[74]. Den Bereich zu bestimmen, in dem das der Fall sein soll, bereitet ihm dabei naturgemäß Schwierigkeiten; sie führen zu Unterscheidungen, die dem Revisionsrichter einen erheblichen Spielraum belassen und als solche nicht immer einleuchten[75].

bb) Einzelheiten. Revisionsrechtlich gelten insbesondere folgende Grundsätze: **30**
Rechtsverstöße in dem **Berufungsverfahren**, durch das der Schöffe berufen worden ist, können die vorschriftsmäßige Besetzung des Gericht nicht in Frage stellen, wenn sie außerhalb des Bereichs begangen worden sind, auf den die Gerichte unmittelbar einwirken. Verstöße gegen § 36 Abs. 3 und 4 GVG begründen daher in der Regel die Revision nicht[76]. Auch die fehlerhafte Wahl oder Besetzung des Wahlausschusses nach § 40 GVG ist nach dem entsprechend anwendbaren Grundgedanken des § 21 b Abs. 6 Satz 3 GVG kein Revisionsgrund, sofern der Fehler nicht so schwerwiegend ist, daß von einer Wahl im Rechtssinn überhaupt nicht mehr gesprochen werden kann[77]. Gleiches gilt, wenn der Vorsitzende im Schöffenwahlausschuß fehlerhafterweise nicht nach § 21 e Abs. 1 GVG bestellt worden ist (BGHSt **29** 287). Die Entscheidung der Justizverwaltungsbehörden

---

[71] *Kleinknecht/Meyer-Goßner*[43] § 30, 9; KMR-*Paulus* § 30, 13; *Arzt* JR **1974** 76; vgl. auch § 30, 25. Auch kann die Nichtbeachtung eines Ausschließungsgrundes nach § 338 Nr. 2 gerügt werden (unten Rdn. 61).

[72] So BGHSt **25** 122 (= JR **1974** 73 mit abl. Anm. *Arzt*) gegen BGH NJW **1952** 789; ebenso OLG Hamm MDR **1964** 77; vgl. auch 30, 25.

[73] Förderlich *Meinen* insbes. 158 ff, 175 ff, 193 ff.

[74] BGHSt **25** 72; **27** 107; **33** 294 (= JR **1986** 473 mit Anm. *Seebode*); **34** 122 (= NStZ **1987** 238 mit Anm. *Katholnigg*); BGH NStZ **1992** 93; GA **1976** 142; vgl. auch BGH GA **1981** 520 und NStZ **1982** 477; *Rieß* GA **1976** 136 Fußn. 4 mit weit. Nachw.; anders noch BGHSt **22** 293, aber anders wohl auch

BGHSt **30** 149. OLG Celle NdsRpfl. **1972** 92 will die Revision sogar auf Fälle bewußter Manipulation beschränken; hiergegen mit Recht *von Winterfeld* NJW **1972** 1401. Vgl. im übrigen oben Rdn. 11.

[75] Vgl. auch *Seebode* JR **1986** 477.

[76] BGHSt **22** 122; **38** 51; **39** 365; vgl. aber **33** 293; s. auch bei § 36 GVG.

[77] BGHSt **26** 202; s. auch BGH bei *Hilger* NStZ **1983** 338; BayObLG JR **1990** 81 mit Anm. *Katholnigg* für die Verletzung der landesrechtlichen Vorschriften über die geheime Wahl. Anders die Rechtslage vor Inkrafttreten des § 21 b: BGHSt **12** 202; **20** 39, 309; RGSt **67** 119.

Ernst-Walter Hanack

über die Zahl der Hauptschöffen (§ 43 Abs. 1 GVG), die sich im Rahmen einer angemessenen Handhabung des in § 43 Abs. 2 GVG aufgestellten Bemessungsgrundsatzes hält, kann mit der Revision ebenfalls nicht angegriffen werden[78]. Die Revision kann aber darauf gestützt werden, daß ein Jugendschöffe entgegen § 35 Abs. 1 Satz 1 JGG nicht aufgrund des Vorschlags des Jugendwohlfahrtsausschusses gewählt worden ist[79]. Als revisibler Mangel des Berufungsverfahrens ist es auch anzusehen, wenn ein (Hilfs-)Schöffe aus der Vorschlagsliste eines anderen Gerichtsbezirks gewählt[80] oder wenn die durch § 42 Abs. 1 GVG geforderte Wahl der Schöffen durch ein reines Losverfahren oder in ähnlicher Weise unterlaufen wird[81]. Die Nichterfüllung der Pflicht, die Vorschlagslisten *aller* Gemeinden des Bezirks zu berücksichtigen, relativiert BGHSt 33 290 = JR **1986** 473 mit abl. Anm. *Seebode* bei zahlenmäßig geringem Einfluß auf die Liste in bedenklicher Weise. Verstöße gegen die Ausgewogenheit der Vorschlagsliste gemäß § 36 Abs. 2 GVG begründen als solche die Revision nicht, zumal es sich insoweit um eine Sollvorschrift handelt[82].

31   Rechtsfehler bei **Auslosung und Verteilung** der Schöffen als solche zwingen gemäß § 338 Nr. 1 zur Urteilsaufhebung, wenn sie zur Mitwirkung materiell falsch bestimmter Schöffen geführt haben[83]. Das ist auch der Fall, wenn die Auslosung entgegen § 45 Abs. 2 GVG nicht in öffentlicher Sitzung geschieht[84], während die Losziehung durch einen unzuständigen Richter unschädlich sein dürfte[85]. Selbstverständlich darf die festgestellte Schöffenbesetzung nicht durch die Geschäftsstelle verändert werden[86]. Die heute auch beim Bundesgerichtshof vorherrschende Auffassung, die unrichtige Anwendung der Vorschriften über die Auswahl der Schöffen begründe die Revision nicht, wenn sie auf einer vertretbaren Rechtsauffassung beruht (Rdn. 29), verdient keine Zustimmung (oben Rdn. 11). Als Ermessensentscheidung praktisch kaum revisibel ist aber die Anberaumung außerordentlicher Sitzungen und demgemäß auch die darauf beruhende Heranziehung von Hilfsschöffen gemäß § 47 GVG[87].

32   Bei **fehlender Vereidigung** eines mitwirkenden Schöffen (vgl. § 45 Abs. 2 bis 5 DRiG) ist das Gericht nach ganz herrschender Rechtsprechung unvorschriftsmäßig besetzt[88]. Wird der Mangel noch in der Hauptverhandlung entdeckt, so muß diese nach Nachholung der Vereidigung mindestens in allen wesentlichen Teilen wiederholt werden[89]; davon darf auch nicht aufgrund eines Einverständnisses der Prozeßbeteiligten abgesehen werden[90]. Ist der nicht vereidigte Schöffe ein Ergänzungsschöffe, der nicht einge-

---

[78] BGH NJW **1974** 155; vgl. auch bei § 43 GVG.

[79] BGHSt **26** 393 = JR **1977** 299 mit Anm. *Rieß*, wo der Fall aber unter dem Gesichtspunkt des Willkürverbots nach Art. 101 Abs. 1 Satz 2 GG erörtert wird.

[80] BGHSt **29** 144; BGH StV **1991** 504; näher dazu *Wagner* JR **1980** 451.

[81] BGHSt **33** 41 = JR **1985** 80 mit Anm. *Katholnigg* (im konkreten Fall angesichts der von *Knauth* DRiZ **1984** 474 Fußn. 1 angegebenen Einzelheiten zweifelhaft; vgl. auch *Schultz* MDR **1985** 111, 112); BGHSt **35** 190. Die von einem solchen Mangel betroffenen Urteile sind aber keine Nichturteile (BGHSt **33** 126 = JR **1985** 344 mit Anm. *Katholnigg*); nähere Nachweise und Einzelheiten bei § 42 GVG; kritisch zur Rechtsprechung *Meinen* 142 ff.

[82] BGHSt **30** 252; **38** 51; ganz h. M.

[83] BGHSt **3** 68; **16** 109; BGH MDR **1955** 564; OLG Hamm NJW **1976** 1937; OLG Koblenz NJW **1965** 1937.

[84] BGH NStZ **1984** 89.

[85] BGHSt **25** 257 = JR **1975** 206 mit Anm. *Kohlhaas*; vgl. auch BayObLG NJW **1961** 568; h. Lehre; **a. A** *Kissel* § 45, 14.

[86] Vgl. nur BGH StV **1982** 358.

[87] Vgl. BGHSt **12** 161, aber auch **37** 314; **41** 175 (= JR **1996** 165 mit Anm. *Katholnigg*) und dazu ergänzend BGHSt **43** 271.

[88] So z. B. BGHSt **3** 176; **4** 158; BGH NJW **1953** 1034, 1113, 1801; BGH bei *Dallinger* MDR **1954** 151; RGSt **64** 308; **67** 363; RG JW **1930** 2573 mit Anm. *Doerr*; OLG Hamm VRS **14** (1958) 370; OLG Köln VRS **50** (1976) 444; OLG Stuttgart Justiz **1964** 172.

[89] RGSt **64** 308; OLG Hamm VRS **14** 370; *W. Schmid* JZ **1969** 760; vgl. oben Rdn. 3.

[90] BGH NJW **1953** 1801; BGH bei *Dallinger* MDR **1954** 151; RGSt **64** 308.

setzt worden ist, so ist das Unterlassen der Vereidigung unschädlich. Eine Einzelvereidigung schreibt § 45 DRiG nicht mehr vor[91].

Die Mitwirkung einer **vom Schöffenamt ausgeschlossenen Person** begründet im Fall **33** des § 31 Satz 2 GVG (nichtdeutscher Schöffe)[92] und im Fall des § 32 GVG (Unfähigkeit zum Schöffenamt)[93] die Revision nach § 338 Nr. 1. Die Bestimmungen der §§ 33, 34 GVG sind hingegen nur Sollvorschriften, deren Nichteinhaltung die Revision nach h. M nicht begründet[94]. Weist ein Schöffe geistige Gebrechen auf (§ 33 Nr. 4 GVG), die ihn verhandlungsunfähig machen, kann die Revision aber auf diesen Umstand gestützt werden (unten Rdn. 38 ff).

Bei **Streichung von der Schöffenliste** gemäß § 52 Abs. 1 oder 2 GVG kann die Revision **34** seit dem StVÄG 1979 auf die Unrichtigkeit der Entscheidung grundsätzlich nicht mehr gestützt werden, weil sie gemäß § 52 Abs. 4 GVG nicht anfechtbar und damit der Revision entzogen ist (§ 336 Satz 2). Etwas anders gilt, wie bei § 54 GVG (unten Rdn. 35), nur dann, wenn die Streichung im Einzelfall eine willkürliche Entziehung des gesetzlichen Richters bedeutet[95].

Die **Entbindung eines Schöffen** von der Dienstleistung im Einzelfall gemäß §§ 54, 77 **35** GVG ist durch das StVÄG 1979 ebenfalls für unanfechtbar erklärt worden (§ 54 Abs. 3 GVG; dazu bei § 54 GVG, in der 24. Aufl. Rdn. 12, 13). Die Regelung bezweckt, in Verbindung mit § 336 Satz 2 die Entbindungsentscheidung grundsätzlich der Nachprüfung durch das Revisionsgericht zu entziehen; sie macht damit eine strenge Rechtsprechung zu § 54 GVG a. F weitgehend gegenstandslos. Seit der Neuregelung kommt eine revisionsrechtliche Nachprüfung der Entscheidung nur in Betracht, wenn sich die Entbindung als Entziehung des gesetzlichen Richters im Sinne des Art. 101 Abs. 1 Satz 2 GG darstellt[96]. Diese Möglichkeit, die der Gesetzgeber nicht ausschließen konnte und wollte (BTDrucks. 8 976 S. 59), greift nur bei objektiver Willkür ein. Dies ist etwa der Fall, wenn über die Entbindung nicht der Richter, sondern der Urkundsbeamte entschieden hat[97]. In Betracht kommt objektive Willkür nach Lage des Einzelfalles auch, wenn der Schöffe erkennbar nur Ausflüchte vorbringt oder sachwidrige Gründe geltend macht und der zuständige Richter den Schöffen gleichwohl ohne weiteres von der Dienstleistung entbindet[98]. Liegen Anhaltspunkte dafür nicht vor, brauchen die tatsächlichen Voraussetzungen der Entbindung einschließlich der Frage, ob die vom Schöffen vorgebrachten Hinderungsgründe glaubhaft sind, vom Richter nicht nachgeprüft zu werden[99]. Im übrigen setzt die Rüge objektiver Willkür gemäß § 344 Abs. 2 voraus, daß der Beschwerdeführer Tatsachen vor-

[91] Vor Inkrafttreten dieser Vorschrift war streitig, ob die gleichzeitige Vereidigung mehrerer Schöffen ein unbedingter Revisionsgrund ist (bejahend z. B. RGSt **61** 374; *Eb. Schmidt* § 51 GVG, 4; verneinend z. B. RGSt **72** 53; RG JW **1926** 2762).

[92] *Eb. Schmidt* § 31 GVG, 5; *Schorn* Laienrichter 47.

[93] BGHSt **35** 30 (für § 32 Nr. 2); RGSt **2** 241; **25** 415; **46** 77; ganz herrschende Lehre; *Schorn* Laienrichter 51 und *Steinbeck* GA **76** (1932) 12 nehmen sogar an, daß das Urteil dann nichtig ist.

[94] BGHSt **30** 257 = StV **1982** 6 mit Anm. *Katholnigg*; BGHSt **33** 269; BGH GA **1961** 206; BGH bei *Dallinger* MDR **1971** 723; RGSt **39** 306; RG JW **1927** 793 mit Anm. *Mannheim*; OLG Köln MDR **1970** 864.

[95] KK-*Pikart* 47; *Kleinknecht/Meyer-Goßner*[43] § 52, GVG, 4; KMR-*Paulus* 14; *Rieß* JR **1982** 265; vgl.

auch BGHSt **30** 152 und BGH bei *Herlan* GA **1971** 34.

[96] BGHSt **31** 5; **35** 373; BGH GA **1981** 382; BGH bei *Hilger* NStZ **1983** 339; OLG Karlsruhe NStZ **1981** 272; *Hamm* NJW **1979** 136; *Katholnigg* NJW **1978** 2378; *Rieß* NJW **1978** 2271; JR **1981** 93 f; **1982** 257. Zur streitigen Frage, wieweit der willkürlich entbundene Schöffe unter Rückgängigmachung der Entbindung noch zur Dienstleistung herangezogen werden darf, s. *Rieß* JR **1982** 257 gegen *Katholnigg* NStZ **1981** 400.

[97] Vgl. BGH DRiZ **1976** 63 zum alten Recht.

[98] Näher OLG Karlsruhe NJW **1981** 727.

[99] BGH bei *Pfeiffer* NStZ **1981** 297; OLG Karlsruhe aaO; vgl. (zum alten Recht) auch BGH NJW **1977** 443.

trägt, die die schlüssige Behauptung einer solchen Willkür begründen[100]. Die Entbindung eines Schöffen kann nach Eingang der Entscheidung bei der Schöffengeschäftsstelle zwar nicht mehr widerrufen werden (BGHSt **30** 149). Entgegen dem Bundesgerichtshof (aaO; vgl. auch BGHSt **31** 4) ist aber mindestens zweifelhaft, ob nicht auch ein dennoch erfolgter Widerruf von § 54 Abs. 3 GVG erfaßt wird, also gemäß § 336 Satz 2 irrevisibel ist[101].

36   Ist ein **Hilfsschöffe**, der nach Wegfall eines Schöffen an seine Stelle tritt, nicht nach der Reihenfolge des § 45 Abs. 2 Satz 4, § 77 GVG bestimmt worden, liegt der zwingende Aufhebungsgrund des § 338 Nr. 1 vor[102]. Gleiches gilt, wenn bei der Heranziehung zu einzelnen Sitzungen die Zuweisung nach der Reihenfolge aus der Hilfsschöffenliste gemäß § 49 Abs. 1, § 77 GVG mißachtet wird[103]. Ist die Zuziehung eines Hilfsschöffen ordnungsgemäß verfügt worden, so muß es hierbei auch bleiben, wenn der Hauptschöffe wieder eingesetzt werden könnte (s. Rdn. 35 a. E). Ein Hilfsschöffe, der bereits zum Ergänzungsschöffen berufen worden ist, darf nicht mehr bei einem anderen Spruchkörper an die Stelle eines verhinderten Hauptschöffen treten[104].

37   Für den **Eintritt von Ergänzungsschöffen** gelten die Grundsätze für Hilfsschöffen entsprechend[105]. Die Frage, ob ein zur Heranziehung des Ergänzungsschöffen zwingender Fall der Verhinderung des Hauptschöffen vorliegt (§ 192 Abs. 2 und 3 GVG), entscheidet der Vorsitzende, nicht das Gericht[106]. Da gegen die Entscheidung über die Verhinderung eines Schöffen seit dem StVÄG 1979 die Revision ausgeschlossen ist, soweit die Entscheidung keine willkürliche Entziehung des gesetzlichen Richters bedeutet (oben Rdn. 34, 35), wird man annehmen müssen, daß insoweit auch die auf dieser Entscheidung beruhende Heranziehung des Ergänzungsschöffen nicht revisibel ist[107].

d) Mängel in der Person mitwirkender Richter oder Schöffen

38   **aa) Allgemeines.** Nach der älteren Rechtsprechung des Reichsgerichts lag der unbedingte Revisionsgrund des § 338 Nr. 1 nur vor, wenn ein Richter bei dem Urteil mitgewirkt hatte, der nicht in gesetzlicher Weise *berufen* war[108]. Erst im Jahre 1926 hat sich RGSt **60** 64 (ohne nähere Begründung) über die Bedenken hinweggesetzt, die dagegen sprechen, die Vorschriftswidrigkeit der Gerichtsbesetzung daraus herzuleiten, daß bei einzelnen Mitgliedern persönliche Mängel vorgelegen haben. Allerdings ist der wegen solcher Mängel verhandlungsunfähige Richter nicht in dem Sinne „anwesend", daß er die Aufgaben erfüllen könnte, zu deren Wahrnehmung er berufen ist (BGHSt **4** 193). Eine

---

[100] OLG Karlsruhe NJW **1981** 272; *Hamm* NJW **1979** 136.

[101] Vgl. *Katholnigg* NStZ **1981** 400; *Rieß* JR **1982** 252; wie der BGH aber *Kleinknecht/Meyer-Goßner*[43] § 54 GVG, 10; *Kissel* § 54, 16.

[102] So schon zum früheren Recht (§ 42 Abs. 1 Nr. 1 GVG a. F): BGHSt **6** 118; **10** 252; **12** 243; BGH bei *Dallinger* MDR **1953** 598; RGSt **65** 319; **66** 75. Das heutige Recht (§ 45 Abs. 2) hat daran in der Sache nichts geändert; vgl. BGHSt **30** 150 = NStZ **1981** 399 mit Anm. *Katholnigg* = JR **1982** 255 mit Anm. *Rieß*.

[103] So – schon vor Neufassung des § 49 durch das StVÄG 1979, die insoweit aber nichts geändert hat – BGHSt **5** 73; **9** 206; **10** 384; **26** 21; BGH LM Nr. 4 zu § 49 GVG; RGSt **62** 202, 424; **63** 309; BayObLGSt **1951** 36; OLG Braunschweig NJW **1965** 1240; OLG Hamm NJW **1968** 119; OLG Schleswig SchlHA **1953** 67; OLG Stuttgart NJW **1952** 315.

[104] BGHSt **25** 66 (wo der BGH, weil die Frage bis dahin noch nicht behandelt worden war, die „immerhin vertretbare" Gegenmeinung nicht als willkürlich ansah und Revisibilität nach § 338 Nr. 1 deswegen verneinte; dazu oben Rdn. 11).

[105] BGHSt **18** 349 = JZ **1963** 766 mit Anm. *Kern*; RGSt **61** 307.

[106] So überzeugend BGHSt **35** 366 = JR **1989** 346 mit zust. Anm. *Katholnigg*; BGH NJW **1991** gegen die bisher herrschende, auch in der 24. Aufl. vertretene Auffassung; vgl. auch RGSt **38** 43.

[107] *Kleinknecht/Meyer-Goßner*[43] § 193 GVG, 4; **a. A** *Kissel* § 193, 18; *Dahs/Dahs* 146; offengelassen in BGHSt **35** 366. Vor dem StVÄG 1979 wurde insoweit geprüft, ob der Rechtsbegriff der Verhinderung verkannt worden war (RGSt **7** 284; **30** 229; RG HRR **1931** 1995).

[108] RGSt **22** 107; **30** 399; RG JW **1925** 1007 mit abl. Anm. *Heilberg*; RG GA **68** (1920) 360; RG LZ **1920** 804.

---

solche Abwesenheit fällt bei Personen, deren Anwesenheit das Gesetz vorschreibt, an sich unter § 338 Nr. 5. Es entspricht jedoch nunmehr ersichtlich fast allgemeiner Ansicht[109], daß insoweit § 338 Nr. 1 für Richter und Schöffen die Sondervorschrift ist.

bb) Im einzelnen geht es um die folgenden Mängel bzw. Schwächen. **39**

Die Mitwirkung eines **blinden Richters**, auch als Beisitzer, ist *jedenfalls* unzulässig, wenn es darauf ankommt, daß dem Richter visuelle Eindrücke oder Erkenntnisse vermittelt werden, für die der Gehörsinn keinen ausreichenden Ersatz bietet. Darunter fallen die Augenscheinseinnahme und die Erläuterung von Gutachten und Zeugenaussagen anhand von Zeichnungen und Skizzen[110]. Im übrigen gehen die Ansichten, auch tendenziell, in eigentümlicher Weise auseinander: Teils wird die Mitwirkung eines blinden Tatrichters, auch als Beisitzer, immer für unzulässig gehalten[111], teilweise in Frage gestellt[112], teilweise für zulässig erachtet[113]. Selbst bei der Frage, ob er als Vorsitzender amtieren darf, werden unterschiedliche Meinungen vertreten[114]. An der Skepsis gegenüber der Mitwirkung ist richtig, daß visuelle Eindrücke (Mimik und Gestik von Angeklagten und Zeugen) bei der Beweisaufnahme oft von ganz erheblicher Bedeutung sind. Aufgrund vorhandener Erfahrungen, insbesondere in der Nachkriegszeit, wird man mit der älteren BGH-Rechtsprechung jedoch annehmen können, daß ein Blinder das Fehlen dieser Eindrücke durch den geschärften Gehörsinn auszugleichen vermag, seine Mitwirkung daher sogar ein Vorteil sein kann[115] und mindestens seine Mitwirkung als Beisitzer nicht hindert.

Stumme Schöffen oder Richter dürfen an der Verhandlung schon wegen des Mündlichkeitsgrundsatzes nicht mitwirken. Andernfalls besteht der zwingende Aufhebungsgrund nach § 338 Nr. 1[116]. **40**

Taubheit steht der Abwesenheit gleich und führt damit (Rdn. 38) zur Urteilsaufhebung nach § 338 Nr. 1[117]. **41**

Erkrankungen körperlicher und geistiger Art (z. B. hohes Fieber, aber auch Schwindelanfälle, Atemnot, offensichtlicher „Nervenzusammenbruch") beeinträchtigen oder verhindern die Fähigkeit des Richters oder Schöffen, der Verhandlung zu folgen. Seine Mitwirkung ist daher unzulässig und nach § 338 Nr. 1 (Rdn. 38) unbedingt revisibel[118]. **42**

---

[109] Zweifelnd *Sarstedt/Hamm* 383 ff. Die Einführung der Rügepräklusion nach Halbsatz 2 hat an der herrschenden Ansicht nichts geändert, weil es auf sie hier nicht ankommt (unten Rdn. 50).

[110] BGHSt **4** 191 = JZ **1953** 670 (mit Anm. *Wimmer*); **5** 354; **11** 78; **18** 51 (dazu *Sarstedt/Hamm*⁵ 211 Fußn. 318); **34** 237 („st. Rspr."); BGH MDR **1964** 522; OLG Hamm JMBlNRW **1969** 245; VRS **11** (1956) 223.

[111] BGH bei *Miebach/Kusch* NStZ **1991** 122 (obiter dictum); RGSt **60** 64; RG JW **1925** 1008; **1928** 821; *Kleinknecht/Meyer-Goßner*⁴³ 11; *Eb. Schmidt* 14 und JZ **1970** 340; *Dahs/Dahs* 153; *Sarstedt/Hamm*⁶ 347; *Fezer* NStZ **1987** 335; **1988** 375; *Schorn* JR **1954** 298; *Wimmer* JZ **1953** 671; LR-*Meyer* in der 23. Aufl. Rdn. 42; kritisch auch *Roxin* § 44, 30.

[112] BGHSt **18** 51; **34** 236 = NStZ **1987** 335 mit Anm. *Fezer*; BGH bei *Miebach/Kusch* NStZ **1991** 122; BGH JZ **1987** 208.

[113] BGHSt **4** 194; **5** 356; **11** 78; BGH bei *Miebach* NStZ **1989** 220; im Ergebnis ebenso KK-*Pikart* 50; *Kleinknecht* StPO, 35. Aufl., Anm. 4; KMR-*Paulus*

31; *Schlüchter* 727; *Sarstedt/Hamm*⁵ 211; *Kissel* § 16, 46 mit weit. Nachw.; *Hanack* JZ **1972** 315; *Wolf* ZRP **1992** 15.

[114] Verneinend BGHSt **35** 164 = NStZ **1988** 374 mit Anm. *Fezer*; BGH bei *Miebach* NStZ **1989** 220; dagegen OLG Zweibrücken NStZ **1992** 50 (= MDR **1991** 1083 mit Anm. *Schulze*) im Fall des Vorsitzenden einer („großen") Berufungskammer; dazu BVerfG (Kammer) NStZ **1992** 246.

[115] Insbes. BGHSt **4** 194; **5** 365. Zum Gesamtproblem eindrucksvoll *Schulze* (blinder BGH-Richter) MDR **1991** 736; **1995** 670.

[116] Ganz h. M; z. B. KK-*Pikart* 50; *Kleinknecht/Meyer-Goßner*⁴³ 12; KMR-*Paulus* 31.

[117] BGHSt **4** 193 = JZ **1953** 670 mit Anm. *Wimmer*; ganz h. L, z. B. *Kleinknecht/Meyer-Goßner*⁴³ 12; KMR-*Paulus* 31; *Roxin* § 44, 30; vgl. aber auch *Kissel* § 16, 45.

[118] BGH bei *Dallinger* MDR **1971** 723; RG JW **1928** 821 mit Anm. *Heilberg*; RG DRZ **1920** Nr. 76 (für geistige Erkrankung); OLG Rostock HRR **1933** 1159; ganz h. L.

Ernst-Walter Hanack

43   Das **Schlafen** eines Richters oder Schöffen wird, falls der davon betroffene Verhandlungsteil nicht wiederholt worden ist (oben Rdn. 3), von der Rechtsprechung als Fall der Abwesenheit (vgl. Rdn. 38) angesehen, aber nur, wenn es sich um „festes" Schlafen während eines „nicht unerheblichen Zeitraums" gehandelt hat[119]. Die Rechtsprechung benutzt diese Einschränkungen zur Abgrenzung von der „vorübergehenden Unaufmerksamkeit" (Rdn. 44); sie nimmt damit auf die Erfahrung Rücksicht, daß „bei längeren und schwierigen Verhandlungen nicht alle Gerichtspersonen und Prozeßbeteiligte jeder Einzelheit folgen können"[120]. Dadurch und weil die Frage im Wege des Freibeweises (§ 244, 3) zu klären ist, bei dem namentlich dienstliche Äußerungen eine oft nicht unproblematische Rolle spielen[121], bleibt der Revisionsgrund in den rechtlichen Konturen verschwommen und in der praktischen Handhabung bisweilen peinlich. Bei allem Verständnis für die genannte Erfahrung wird man (vgl. auch § 337, 76) jedenfalls bei ernsthaften Anhaltspunkten für ein „festes" Schlafen über einen „nicht unerheblichen Zeitraum" einen ausreichenden Beweis des Verfahrensverstoßes annehmen müssen[122].

44   Eine **sonstige Unaufmerksamkeit**, etwa infolge vorübergehender **Übermüdung**, führt nach ständiger Rechtsprechung und herrschender Meinung noch nicht zur vorschriftswidrigen Besetzung des Gerichts. Die Rechtsprechung berücksichtigt insoweit die Erfahrung, daß ohnehin niemand unausgesetzt einer längeren und schwierigen Verhandlung in allen Einzelheiten folgen könne (vgl. Rdn. 43). Sie hält den zwingenden Aufhebungsgrund des § 338 Nr. 1 nur für gegeben, wenn der Richter oder Schöffe vom Schlaf übermannt worden ist, nicht schon, wenn er mit ihm nur gekämpft hat[123]. Können Richter der Verhandlung nicht aufmerksam genug folgen, weil sie sich durch eine mit ihr nicht unmittelbar zusammenhängende Tätigkeit selbst abgelenkt haben (Durchsicht von Gefangenenbriefen, Studium anderer Akten), ist ein Verstoß gegen § 338 Nr. 1 möglich, wenn der Richter sich außerstande gesetzt hat, der Verhandlung in wesentlichen Teilen aufmerksam zu folgen[124]. Die Niederschrift der Urteilsformel während des Schlußvortrags des Verteidigers soll ihn daran nach BGHSt **11** 74 im allgemeinen nicht hindern[125].

3. Rügepräklusion (Nr. 1 Halbsatz 2)

45   **a) Allgemeines.** Der Gesetzgeber hat mit den durch das StVÄG 1979 eingefügten §§ 222 a, 222 b Verfahrensvorschriften geschaffen, die die Zahl der Urteilsaufhebungen wegen vorschriftswidriger Besetzung verringern sollen und gleichzeitig den „unnützen Aufwand" sowie die „erhebliche Verfahrensverzögerung", die mit derartigen Aufhebun-

---

[119] BGHSt **2** 15; **11** 77; BGH NStZ **1982** 41; BGH bei *Dallinger* MDR **1956** 398; **1971** 364; RGSt **60** 63 = JW **1926** 709 mit Anm. *Drucker; RG* JW **1931** 1094 mit Anm. *Mannheim* und *Heilberg; RG* JW **1936** 3473; RG HRR **1933** 1066; KG JW **1930** 1104; OLG Hamm NJW **1969** 572; **a. A** *Roxin* § 44, 32 und *Beulke* 408, die nur einen relativen Revisionsgrund nach § 337 für gegeben halten. *Eb. Schmidt* Die Sache der Justiz (1961) 20 und *Mehle* 125 ff lehnen die Einschränkung hinsichtlich des Zeitraums ab. Umfassend (für alle Prozeßarten) *Günther* MDR **1990** 875.

[120] Vgl. nur BGHSt **2** 15, wo – sachlich zu Unrecht – auch darauf abgestellt wird, daß der Prozeßstoff den Richtern auch durch die Schlußvorträge und die Beratung (!) „zur Kenntnis gelangt und deshalb bei der Entscheidung berücksichtigt wird".

[121] Wünschenswert streng gegenüber solchen Äußerungen BVerwG NJW **1981** 413; vgl. auch OLG Frankfurt (zu § 42 ZPO) MDR **1978** 409.

[122] In diesem Sinne wohl auch BGH NStZ **1982** 41.

[123] BGHSt **2** 15; **11** 77; RGSt **60** 63 = JW **1926** 709 mit Anm. *Drucker; RG* JW **1932** 2888 mit Anm. *Heilberg; KG* JW **1930** 1104; OLG Braunschweig NJW **1947/48** 150; OLG Hamm NJW **1969** 572; zust. z. B. KK-*Pikart* 51; KMR-*Paulus* 33; *Kleinknecht/Meyer-Goßner*⁴³ 14.

[124] BGH NJW **1962** 2212 = JR **1963** 229 mit Anm. *Eb. Schmidt;* dazu *Marr* NJW **1963** 309; vgl. auch *Seibert* NJW **1963** 1044; **a. A** LR-*Meyer* in der 23. Aufl. Rdn. 47.

[125] Zust. KK-*Pikart* 51; KMR-*Paulus* 33; kritisch *Hanack* JZ **1972** 315 mit weit. Nachw.; *Schlüchter* 727.

gen regelmäßig verbunden sind (näher § 221 a, 1). Angemessenheit und Notwendigkeit der komplizierten Regelung sind umstritten (vgl. § 221 a, 1). Zu den ersten Erfahrungen in revisionsrechtlicher Hinsicht s. *Rieß* JR **1981** 89; **1982** 256; vgl. auch *Brauns* 278 ff.

§ 338 Nr. 1 n. F zieht die **revisionsrechtlichen Konsequenzen** aus der Neuregelung: **46** War nach § 222 a die Mitteilung der Besetzung vorgeschrieben, so ist die Besetzungsrüge grundsätzlich nur zulässig, wenn der Einwand der vorschriftswidrigen Besetzung schon vor dem Tatrichter geltend gemacht worden ist. Den Prozeßbeteiligten wird verwehrt, die Entscheidung, ob sie Fehler der Gerichtsbesetzung überhaupt rügen wollen, wie früher, vom Ausgang des Verfahrens abhängig zu machen (vgl. § 222 b, 1). Gesetzliche Ausnahmen gelten nur nach § 338 Nr. 1 Buchst. a bis d. Darüber hinaus bleibt die Rüge daher auch dann zulässig, wenn der Besetzungsfehler erst nach der Rügefrist des § 222 b Abs. 1 entstanden ist (unten Rdn. 50) oder wenn er vor Ablauf dieser Frist objektiv nicht erkennbar war (unten Rdn. 51). An dem Grundsatz, daß die vorschriftswidrige Besetzung des erkennenden Gerichts ein unbedingter Revisionsgrund ist, hat die Neufassung des § 338 Nr. 1 im übrigen und als solche aber nichts geändert. Soweit die Rügepräklusion eingreift, gilt sie auch für Fehler (z. B. bei der Schöffenwahl), die gleichartige Besetzungsmängel bei mehreren Spruchkörpern nach sich ziehen (BGHSt **33** 128 = JR **1985** 344 mit Anm. *Katholnigg*).

b) Anwendungsbereich. § 338 Nr. 1 sieht den Ausschluß der Besetzungsrüge nur vor, **47** wenn der Tatrichter gemäß § 222 a Abs. 1 den Prozeßbeteiligten die Gerichtsbesetzung mitzuteilen hat. Liegen die Voraussetzungen dieser Vorschrift nicht vor, ist die Besetzungsrüge uneingeschränkt zulässig. Hat das Gericht den Prozeßbeteiligten seine Besetzung mitgeteilt, obwohl es dazu nach § 222 a nicht verpflichtet war, kann daher ein Verfahrensbeteiligter, der hierauf den Einwand der vorschriftswidrigen Besetzung nicht geltend macht, die Rüge nach § 338 Nr. 1 erheben.

Da sich § 222 a Abs. 1 nicht auf die **Urteile der Amtsgerichte** und die Urteile der **48** **Landgerichte im Berufungsrechtszug** bezieht, ist für die Urteile dieser Gerichte die Besetzungsrüge nicht eingeschränkt. Hat das Landgericht eine Berufungssache nach **§ 237** mit einer bei ihm im ersten Rechtszug anhängigen Strafsache verbunden, kann, weil § 222 a für das Berufungsverfahren nicht gilt, die Revision gegen die Entscheidung über dieses Rechtsmittel auf die vorschriftswidrige Besetzung des Gerichts gestützt werden.

Wird die Hauptverhandlung auf einen Einwand gemäß § 222 b in **geänderter Beset- 49** **zung neu begonnen**, greift die Rügepräklusion ebenfalls nicht ein, weil in diesem Fall gemäß § 222 b Abs. 2 Satz 3 keine Mitteilungspflicht nach § 222 a Abs. 1 besteht (§ 222 b, 34 ff; 49).

Auch Besetzungsfehler, die erst **nach Beginn der Hauptverhandlung** bzw. nach **50** Beginn der Vernehmung des ersten Angeklagten zur Sache (§ 222 b Abs. 1) entstanden sind, werden nicht erfaßt[126]. So ist insbesondere der Einwand, daß das Verfahren wegen Mängel in der Person eines mitwirkenden Richters oder Schöffen fehlerhaft war (oben Rdn. 38 ff) nicht abgeschnitten[127].

Entsprechendes gilt für zwar vorhandene, jedoch **objektiv nicht erkennbare Beset- 51** **zungsfehler**, also Fälle, in denen der die Besetzung überprüfende Prozeßbeteiligte bis zu dem Zeitpunkt, in dem er die Besetzung nach § 222 b Abs. 1 rügen kann, das Vorhandensein eines Mangels selbst anhand der vollständigen Besetzungsunterlagen objektiv über-

---

[126] Allg. M, z. B. KK-*Pikart* 9; *Kleinknecht/Meyer-Goßner*[43] 16; *Rieß* NJW **1978** 2269; eingehend *Ranft* NJW **1981** 1476; vgl. auch § 222 b, 39.

[127] BGHSt **34** 236; **35** 29 und 164; allg. M.

Ernst-Walter Hanack

haupt nicht zu erkennen vermag[128]; denn mindestens soweit mit dem nicht erkennbaren Besetzungsfehler eine willkürliche Entziehung des gesetzlichen Richters verbunden sein könnte (Art. 101 Abs. 1 Satz 2 GG), darf sich das Revisionsgericht nach allgemeinen Grundsätzen der Überprüfung nicht entziehen.

52   **c) Ausschluß der Besetzungsrüge. Grundsatz.** Ein Verfahrensbeteiligter, dem die Gerichtsbesetzung nach § 222 a Abs. 1 mitgeteilt worden ist (dazu § 222 a, 3 ff), kann den Einwand, daß das Gericht vorschriftswidrig besetzt gewesen sei, gemäß § 222 b Abs. 1 Satz 1 nur bis zum Beginn der Vernehmung des ersten Angeklagten zur Sache (dazu § 222 b, 5 ff) geltend machen. Das gilt auch für Verfahrensbeteiligte, in deren Abwesenheit verhandelt wird (§ 222 b, 8). Wer es unterläßt, den Einwand zu erheben, oder wer dabei die durch § 222 b Abs. 1 Satz 2 bis 4 vorgeschriebene Form (dazu § 222 b, 11 ff; 18 f) nicht beachtet, kann — vorbehaltlich der in § 338 Nr. 1 Halbsatz 2 genannten Ausnahmen — mit der Revision die unvorschriftsmäßige Besetzung des Gerichts grundsätzlich nicht rügen. Ausgeschlossen ist dann sowohl die Rüge nach § 338 Nr. 1 als auch die Verfahrensrüge nach § 337[129].

53   Der Ausschluß betrifft aber immer nur die **Tatsachen**, auf die sich die **Mitteilung** nach § 222 a Abs. 1 **bezogen** hat. Auf Einzelheiten der Gerichtsbesetzung, die nicht Inhalt der Mitteilung gewesen waren, kann die Rüge nach § 338 Nr. 1 ohne Einschränkung gestützt werden. Gleiches gilt für nachträglich entstandene Besetzungsfehler (Rdn. 50) und für zwar vorhandene, aber objektiv nicht erkennbare Fehler (Rdn. 51).

54   **d) Die gesetzlichen Ausnahmefälle.** Mit den Ausnahmen des Halbsatz 2 will das Gesetz solche Fälle erfassen, in denen die Rügepräklusion im Hinblick auf das Verfassungsgebot des gesetzlichen Richters (Art. 101 Abs. 1 Satz 2 GG) unzulässig oder bedenklich erscheint. Der Katalog der Ausnahmen ist dabei nicht ganz vollständig (oben Rdn. 50, 51). Im einzelnen haben die im Gesetz genannten Ausnahmen unterschiedliche Bedeutung. Ihre Probleme liegen weniger im Bereich der Revision als im Bereich der den Tatrichter nach §§ 222 a, 222 b treffenden Pflichten.

55   **aa) Verletzung der Mitteilungspflicht (Buchst. a).** Fehler in dem Mitteilungsverfahren nach § 222 a sind *für sich allein* keine revisiblen Verfahrensverstöße (§ 222 b, 51). Sie haben jedoch zur Folge, daß die Besetzungsrüge auch zulässig ist, wenn ein Einwand nach § 222 b vor dem Gericht des ersten Rechtszuges nicht, nicht rechtzeitig oder nicht in der vorgeschriebenen Form erhoben worden ist. Zulässig ist die Rüge dabei aber nur, soweit gegen die Mitteilungspflicht verstoßen worden ist; der Verfahrensfehler eröffnet die Rüge der vorschriftswidrigen Besetzung also nicht in vollem Umfang. Ist die Mitteilung z. B. nur hinsichtlich *eines* mitwirkenden Berufsrichters oder Schöffen unrichtig oder unvollständig, so kann nur wegen der Mitwirkung dieses Richters die Besetzungsrüge erhoben werden[130].

56   Zu den **Vorschriften über die Mitteilung** gehört in erster Linie die Mitteilungspflicht selbst. Die Besetzungsrüge kann jeder Verfahrensbeteiligte erheben, dem das Gericht entgegen § 222 a Abs. 1 keine Mitteilung über die Gerichtsbesetzung gemacht hat. Das gilt auch, wenn der Beschwerdeführer, wozu er berechtigt ist (§ 222 b, 4), trotz des Fehlens der Mitteilung schon in der Hauptverhandlung den Einwand der vorschriftswidrigen Besetzung erhoben hat. Vorschriften über die Mitteilung sind ferner verletzt, wenn die Mitteilung zwar erfolgt ist, aber falsch oder unvollständig war (§ 222 b, 6), oder wenn die

---

[128] BVerfG [Vorprüfungsausschuß] NStZ **1984** 371; KK-*Pikart* 9; *Kleinknecht/Meyer-Goßner*[43] 16; *Brauns* 172; *Ranft* NJW **1981** 1476 f; *Vogt/Kurth* NJW **1985** 105; vgl. auch BGH NStZ **1996** 48; NJW **1997** 402; § 222 b, 18.

[129] *Rieß* NJW **1978** 2269 Fußn. 92; *Schlüchter* 729.2; vgl. auch BTDrucks. **8** 976, S. 60.

[130] KK-*Pikart* 11; *Rieß* NJW **1978** 2269; § 222 b, 44.

Verfahrensbeteiligten entgegen § 222 a Abs. 1 nicht spätestens bis zum Beginn der Haupt- verhandlung (dazu § 222 a, 4 f), sondern erst in deren Verlauf unterrichtet worden sind. Das Nachschieben der Mitteilung, selbst vor dem Zeitpunkt, in dem die Prozeßbeteiligten nach § 222 b Abs. 1 Satz 1 den Einwand spätestens geltend machen müssen, ändert an der Zulässigkeit der Besetzungsrüge nichts. Zu den Vorschriften über die Mitteilung gehört schließlich auch der Anspruch auf ausreichenden Einblick in die Besetzungsunterlagen (§ 222 b, 44; vgl. auch § 222 a Abs. 3 und dazu § 222 a, 17 f). Verweigert das Gericht den Einblick in diese Unterlagen oder stellt es sie nur für einen Zeitraum zur Verfügung, der zur Unterrichtung über ihren Inhalt nicht ausreicht, so bleibt die Besetzungsrüge erhalten. Im letzteren Fall überschneidet sich Buchst. a praktisch vielfach mit Buchst. b. Doch ist der Anspruch auf ausreichend lange *Unterbrechung* im Sinne des § 222 a Abs. 2 als sol- cher keine „Vorschrift über die Mitteilung" (**a. A** *Hamm* NJW **1979** 137), sondern unter- fällt Buchst. c (unten Rdn. 59).

bb) Fehlbehandlung des Einwands (Buchst. b). Wenn das Gericht es unterläßt, **57** einen rechtzeitig (§ 222 b Abs. 1 Satz 1) und in der durch § 222 b Abs. 1 Satz 2 bis 4 vor- geschriebenen Form erhobenen Besetzungseinwand zu bescheiden, oder wenn es ihn als unzulässig oder unbegründet zurückweist, steht demjenigen, der den Einwand erhoben hat, die Verfahrensrüge zu. Das gilt, wie sich aus Buchst. b ergibt, aber nur, soweit der Einwand erhoben worden ist. Maßgebend dafür sind die Angaben, die der Beschwerde- führer nach § 222 b Abs. 1 Satz 2 über die Tatsachen gemacht hat, aus denen sich die vor- schriftswidrige Besetzung ergeben soll. Nur in bezug auf diese konkret bezeichneten Tat- sachen bleibt die Besetzungsrüge erhalten (vgl. BTDrucks. **8** 1976, S. 47); neue Tatsachen kann der Beschwerdeführer zur Begründung der Rüge auch dann nicht nachschieben, wenn sie sich auf denselben Richter beziehen (§ 222 b, 45).

cc) Nicht erfolgte Unterbrechung (Buchst. c). Nach § 222 a Abs. 2 kann das Gericht **58** auf Antrag eines Prozeßbeteiligten die Hauptverhandlung zur Nachprüfung der ordnungs- gemäßen Gerichtsbesetzung unterbrechen, wenn diesem die Mitteilung der Besetzung oder einer Besetzungsänderung später als eine Woche vor Beginn der Hauptverhandlung zugegangen ist (näher § 222 a, 20 ff). Die Vorschrift ist entsprechend anzuwenden, wenn innerhalb der Wochenfrist die zur Prüfung erforderlichen Unterlagen nicht, nicht vollstän- dig oder für eine nicht ausreichende Zeitspanne zugänglich gemacht worden sind (§ 222 a, 20; § 222 b, 46). Der Antrag auf Unterbrechung muß spätestens bis zum Beginn der Ver- nehmung des ersten Angeklagten zur Sache (dazu § 222 a, 21) gestellt werden (vgl. BGH StV **1987** 3). Das Gericht ist nicht verpflichtet, ihm stattzugeben. Bescheidet es ihn nicht oder lehnt es ihn als unzulässig oder unbegründet ab, so kann zwar die Revision nicht dar- auf gestützt werden, daß das Gericht gegen § 222 a Abs. 2 verstoßen hat (vgl. § 222 b, 51); jedoch bleibt dann die Besetzungsrüge nach § 338 Nr. 1 zulässig. Das gilt auch, wenn der Unterbrechungsantrag mißbräuchlich, insbesondere wenn er nur zum Zweck der Pro- zeßverschleppung gestellt war. Der Tatrichter hat es durch Übergehen des Unterbre- chungsantrags stets in der Hand, dem Beschwerdeführer die Besetzungsrüge zu erhalten (dazu § 222 a, 24).

Eine **zu kurze Bemessung der Unterbrechung** steht nach allgemeiner Meinung ihrer **59** Ablehnung gleich[131], und zwar auch dann, wenn der Beschwerdeführer die zu kurze Frist nicht in Anspruch nimmt (BGH NJW **1988** 1921). Stark angegriffen wird die insbeson- dere von BGHSt **29** 285 vertretene Ansicht, daß die Frist regelmäßig auf eine Woche zu

---

131 Vgl. nur BGHSt **29** 283 = NStZ **1981** 31 mit Anm.
    Katholnigg; BGH NJW **1988** 1921; bei *Pfeiffer/*
    Miebach NStZ **1986** 209; *Rieß* JR **1981** 91.

Ernst-Walter Hanack

bemessen sei (näher § 222 a, 25). Sie entspricht in der Tat nicht den gesetzgeberischen Vorstellungen (*Rieß* JR **1981** 92) und kann bei den Tatgerichten zu Schwierigkeiten führen, die die Gefahr begründen, daß sie mit Rücksicht auf ihre Terminpläne auf eine Unterbrechung zu oft verzichten. Doch bleibt zu beachten, daß die Prüfung der tatsächlichen Vorgänge durchaus zeitaufwendig sein kann, insbesondere wenn sie vom Gericht in der Verhandlung nicht oder nicht vollständig vorgelegt werden können; auch ist die Vorstellung, der Antragsteller werde die Zeit der Unterbrechung ausschließlich auf die Prüfung verwenden (vgl. § 222 a, 25), unter dem Aspekt des Schutzes vom rechtlichen Gehör mindestens bedenklich, wenn und weil sich der Antragsteller für die Prüfung meist ja eines Verteidigers oder Rechtsanwalts bedienen muß (§ 222 a Abs. 3), der im Zweifel auch andere Verpflichtungen hat, also unter Umständen nur für die Zeit der ausfallenden Verhandlungstermine zur Verfügung steht. So spricht im Ergebnis viel für die Auffassung, die Frist von einer Woche jedenfalls nur dann als eine Art Regelfrist anzusehen, wenn der Prozeßbeteiligte, der die Besetzung der gesamten Richterbank in bezug auf Berufsrichter und Schöffen überprüfen will, darum bittet. Eine solche Handhabung vermeidet auch die Unsicherheiten und Probleme, die mit einer Bemessung anhand der konkreten Umstände, auf die die gegenteilige Meinung abstellt, typischerweise verbunden sind.

60   **dd) Vorschriftswidrige Weiterverhandlung (Buchst. d).** Hält das Gericht den Einwand eines Prozeßbeteiligten nach § 222 b für begründet, muß es gemäß § 222 b Abs. 2 Satz 2 feststellen, daß es nicht vorschriftsmäßig besetzt ist. Daß es dennoch in der vorschriftswidrigen Besetzung weiterverhandelt und entscheidet, wird kaum vorkommen (vgl. § 222 b, 47). Für den Fall, daß es dennoch geschieht, läßt § 338 Nr. 1 Buchst. d die Besetzungsrüge bestehen. Sie beschränkt sich aber wiederum auf die Richter und Tatsachen, die Gegenstand des Besetzungseinwands und der Entscheidung nach § 222 b waren (§ 222 b, 47). Für die umstrittene Frage, ob das Tatgericht nach Eintritt der Präklusion an eine erst jetzt als unrichtig erkannte Besetzung gebunden ist (dazu § 222 b, 38), gibt die Regelung des Buchst. d nichts her (*Rieß* JR **1981** 94).

III. Ausschließung kraft Gesetzes (Nummer 2)

61   § 338 Nr. 2 ist gegenüber Nr. 1 die vorrangige Sondernorm, so daß insoweit die dort vorgesehene Rügepräklusion nicht gilt[132]. Die Vorschrift greift ein, soweit ein gesetzlich ausgeschlossener Richter oder Schöffe „bei dem Urteil" mitgewirkt hat. Die Ausschlußgründe ergeben sich aus den §§ 22, 23 (näher dort), die nach § 31 auch für Schöffen gelten. „Bei dem Urteil mitgewirkt" hat ein ausgeschlossener Richter noch nicht durch Mitwirkung am Eröffnungsbeschluß[133] und auch nicht durch Verfügungen zur Vorbereitung der Hauptverhandlung[134]. Ein solcher Verfahrensfehler kann jedoch nach den §§ 337, 336 gerügt werden, sofern das Urteil auf ihm beruht. Ob das auch bei der Terminsanberaumung durch den ausgeschlossenen Richter der Fall ist, ist streitig[135]. Der Beschwerdeführer kann sich auf § 338 Nr. 2 berufen, wenn er den Richter oder Schöffen nicht nach § 24 wegen des Ausschließungsgrundes abgelehnt (vgl. § 25, 2; § 28, 33) oder wenn er zwar den Ausschluß beantragt, die ablehnende Entscheidung aber nicht oder erfolglos mit der

---

[132] KK-*Pikart* 57.

[133] Zur streitigen Frage, ob die Mitwirkung den Beschluß unwirksam macht, s. § 22, 64 sowie die Erl. zu § 207 (24. Aufl. Rdn. 51 f).

[134] So auch *Dahs/Dahs* 157 gegenüber der offenbar anderen Auffassung von *Dahs* GA **1977** 354 f; h. M.

[135] Bejahend BVerfGE **4** 412 = JZ **1956** 407 mit Anm. *Kern*; BGH JZ **1956** 409 mit Anm. *Kern*; **a. A** OLG Celle VRS **39** (1970) 431; LR-*Meyer* in der 23. Aufl., § 336, 10.

sofortigen Beschwerde angefochten hatte (§ 28, 10). Mit der Revision können auch Tatsachen vorgebracht werden, auf die der Beschwerdeführer einen Ablehnungsantrag nach § 24 nicht gestützt hatte (§ 28, 33). Die Mitwirkung eines „ausgeschlossenen" Staatsanwalts ist kein Fall des § 338 Nr. 2[136].

IV. Richterablehnung wegen Befangenheit (Nummer 3)

1. Allgemeines. Der unbedingte Revisionsgrund des § 338 Nr. 3 betrifft nur die Mit- **62** wirkung des abgelehnten Richters (§ 24) „bei dem Urteil" selbst, nicht an Entscheidungen vor der Hauptverhandlung[137]. Auch kann die Revision auf eine fehlerhafte Behandlung von Ablehnungsgesuchen vor Eröffnung des Hauptverfahrens nicht gestützt werden, weil dann gegen die Entscheidung nach § 28 Abs. 1 sofortige Beschwerde möglich ist[138]. Nicht gestützt werden kann sie auch auf Ablehnungsgesuche im ersten Rechtszug, wenn sich die Revision gegen das Berufungsurteil richtet (RGSt **60** 112). Gestützt werden kann sie jedoch auf ein Gesuch, das schon in einer später ausgesetzten Hauptverhandlung angebracht worden ist[139]. Daß ein mit Erfolg abgelehnter Richter oder Schöffe an dem Urteil mitwirkt, dürfte nicht vorkommen; praktische Bedeutung hat § 338 Nr. 3 daher nur für den Fall, daß das Ablehnungsgesuch zu Unrecht verworfen worden ist.

2. Anfechtbarkeit. Nach § 28 Abs. 2 Satz 2 kann der Beschluß, mit dem ein gegen **63** Richter oder Schöffen gerichtetes Ablehnungsgesuch (§§ 24, 31) als unzulässig verworfen oder als unbegründet zurückgewiesen worden ist, nur zusammen mit dem Urteil angefochten werden, wenn die Entscheidung einen erkennenden Richter (dazu § 28, 11 ff) betrifft. Das setzt voraus, daß der Beschluß überhaupt anfechtbar ist. Hat das Oberlandesgericht im ersten Rechtszug entschieden, so ist nach BGHSt **27** 96 und herrschender Meinung ein Beschluß über die Richterablehnung nach § 304 Abs. 4 Satz 2 nicht mit der Beschwerde und daher gemäß § 336 Satz 2 auch nicht mit der Revision anfechtbar (näher § 336, 16). Gleiches gilt, wenn das Oberlandesgericht in einer beim Landgericht anhängigen Sache nach § 27 Abs. 4 an seiner Stelle entschieden hat (vgl. § 28, 27). Bei der Anfechtung zusammen mit der Revision muß nicht innerhalb der Frist des § 341 eine besondere sofortige Beschwerde eingelegt werden[140]. Jedoch muß die Formvorschrift des § 344 Abs. 2 Satz 2 beachtet werden (BGH bei *Holtz* MDR **1979** 637; unten Rdn. 134); denn das Rechtsmittel ist ein Teil der Revision[141].

3. Prüfung des Revisionsgerichts. Für die nach § 28 Abs. 2 Satz 2 ausgeschlossene **64** sofortige Beschwerde soll durch die Revision voller Ersatz gewährt werden[142]. Das Revisionsgericht behandelt das Rechtsmittel daher nach Beschwerdegrundsätzen (§ 28, 34). Es darf und muß den Beschluß des Tatrichters nicht nur auf Rechtsfehler, sondern auch in tatsächlicher Hinsicht prüfen und dabei sein eigenes Ermessen an die Stelle des Ermessens des Tatrichters setzen[143]. Seiner Prüfung ist grundsätzlich der Tatsachenstoff zugrunde zu

---

[136] Vgl. *Hilger* NStZ **1983** 339 mit Nachw.; näher zum Problem Vor § 22, 8 ff.

[137] BGH JZ **1956** 409 mit Anm. *Kern*; *Eb. Schmidt* 17; vgl. auch Rdn. 61.

[138] BGH NJW **1952** 234; **1962** 261; RGSt **7** 175; vgl. auch § 28, 16.

[139] BGHSt **31** 15; BayObLG StV **1988** 97; § 336, 9.

[140] OLG Hamm JMBlNRW **1973** 272; OLG Karlsruhe Justiz **1968** 345; MDR **1974** 418; OLG Köln MDR **1976** 774; vgl. auch BayObLG NJW **1957** 599.

[141] RGSt **22** 136; **74** 296; KG GA **1910** 233; OLG Köln GA **1974** 379; MDR **1976** 774; vgl. auch BGHSt **27** 98 und BVerfG NJW **1977** 1816.

[142] So schon RGSt **7** 343; **30** 277.

[143] St. Rspr., z. B. BGHSt **1** 36; **2** 11; **18** 203; **21** 88, 340; **23** 265; **25** 126; BGH NJW **1985** 443; NStZ **1984** 203; StV **1988** 417; JR **1957** 68; RGSt **7** 341; **22** 136; **55** 56; **60** 44; **65** 42; **74** 297; BayObLGSt **1971** 124; OLG Koblenz VRS **44** (1973) 292; OLG Köln StV **1988** 287; ganz h. L.

Ernst-Walter Hanack

legen, der zur Zeit der Entscheidung durch den Tatrichter vorhanden war; neue Tatsachen und Beweismittel dürfen nicht berücksichtigt werden[144]. Fehlt die tatsächliche Beurteilungsgrundlage jedoch, weil der Tatrichter in der irrigen Annahme, es komme hierauf nicht an, die geltend gemachten Tatsachen nicht aufgeklärt hat, so muß das Revisionsgericht darüber wie ein Beschwerdegericht eigene Ermittlungen anstellen. Die Ansicht des Bundesgerichtshofs, es sei nicht Sache des Revisionsgerichts, insoweit nachzuholen, was der Tatrichter aus Rechtsirrtum unterlassen hat[145], läßt außer acht, daß das Revisionsgericht hier nach Beschwerdegrundsätzen entscheidet[146]; vgl. auch im folg. Text.

65   **4. Mit Unrecht verworfen.** Hierunter fällt die Verwerfung als unbegründet ebenso wie die als unzulässig[147]. In jedem Fall kommt es aber darauf an, ob das Ablehnungsgesuch *sachlich* begründet war; nur dann ist es im Sinne des § 338 Nr. 3 mit Unrecht verworfen[148]. Andere Rechtsfehler, die dem Tatrichter bei der Entscheidung über das Gesuch unterlaufen sind, führen nach dem Zweck des § 338 Nr. 3 für sich allein nicht zur Urteilsaufhebung. Das gilt nicht nur, wenn das über die Ablehnung beschließende Gericht unzuständig oder nicht ordnungsgemäß besetzt war[149]. Es gilt auch, wenn der Tatrichter das sachlich nicht begründete Gesuch rechtsirrig als verspätet angesehen[150] oder aus anderen Gründen für unzulässig gehalten und nach § 26 a Abs. 1 unter Mitwirkung des abgelehnten Richters verworfen hat[151]. Das Revisionsgericht entscheidet in der Sache selbst und prüft die Begründetheit des Ablehnungsgesuchs in all diesen Fällen selbständig. Der Bundesgerichtshof macht dabei eine Ausnahme für den Fall, daß der Tatrichter das Gesuch fehlerhaft als unzulässig verworfen hat und dem Revisionsgericht die Tatsachengrundlage für die Beurteilung fehlt, ob das Gesuch begründet war: Es soll dann zulässig sein, einen „bedingten Aufhebungsgrund" anzunehmen und die Sache unter Aufhebung des Urteils an den Tatrichter zurückzuverweisen[152]. Diese Ansicht verdient keine Zustimmung (oben Rdn. 64); gegen sie spricht auch, daß sich die revisonsrechtlichen Folgen der sachlich fehlerhaften Behandlung von Ablehnungsgesuchen nur nach § 338 Nr. 3 beurteilen.

V. Fehlende Zuständigkeit (Nummer 4)

66   **1. Allgemeines.** Unter Zuständigkeit versteht § 338 Nr. 4 die örtliche, die sachliche und die besondere Zuständigkeit gleichrangiger Gerichte. Für die Zuständigkeit nach dem Geschäftsverteilungsplan hat die Vorschrift keine Bedeutung; insoweit gilt § 338 Nr. 1[153]. Aus § 338 Nr. 4 folgt nicht, daß die örtliche und sachliche Zuständigkeit nicht von Amts

[144] BGHSt **21** 88 = JR **1967** 228 mit Anm. *Hanack*; BGH NJW **1960** 2108; BGH bei *Dallinger* MDR **1952** 659 und bei *Hilger* NStZ **1983** 340 Fußn. 55; RGSt **60** 44; **74** 297; RG LZ **1921** 66; OLG Stuttgart Justiz **1971** 312; ganz h. L; **a. A** *Schorn* GA **1963** 183 ff, 185 unter unzutreffender Bezugnahme auf *Seibert* JZ **1960** 85.

[145] BGHSt **23** 203 = JR **1970** 268 mit abl. Anm. *Peters*; BGHSt **23** 267 = JR **1970** 467 mit Anm. *Peters*; BGH JR **1972** 68; ebenso KK-*Pikart* 63; LR-*Wendisch* § 28, 35.

[146] Ablehnend auch *Kleinknecht/Meyer-Goßner*[43] 27; KMR-*Paulus* 43; *Schlüchter* 732 Fußn. 500; *Dahs/Dahs* 163; *Hanack* JZ **1973** 730.

[147] BGHSt **5** 155; BGH NJW **1962** 2359; KG JR **1976** 26.

[148] Vgl. z. B. BGH NStZ **1984** 230; näher *Eb. Schmidt* Nachtr. I 13.

[149] BGHSt **18** 200 mit Anm. *Schaper* NJW **1963** 1883; BGHSt **21** 338; BGH JR **1957** 68; RG DRiZ **1924** Nr. 841; KK-*Pikart* 59; *Kleinknecht/Meyer-Goßner*[43] 28; *Eb. Schmidt* Nachtr. I 18 (unter Aufgabe seiner früher gegenteiligen Ansicht); *Dahs/Dahs* 163; *Hanack* JZ **1973** 730; **a. A** BGH bei *Dallinger* MDR **1955** 271; RGSt **19** 339; **49** 12; RG JW **1933** 445; *Sieg* NJW **1978** 1962; StV **1990** 284.

[150] Anders insoweit BGH NJW **1962** 2359.

[151] BGHSt **23** 202 und 267 = JR **1970** 268 und 467 je mit Anm. *Peters*; BGH NJW **1985** 433; bei *Dallinger* MDR **1973** 371; OLG Köln JMBlNRW **1973** 259.

[152] BGHSt **23** 203 = JR **1970** 268 mit abl. Anm. *Peters*; kritisch auch *Hanack* JZ **1973** 730 Fußn. 27.

[153] BGHSt **3** 355; BGH bei *Pfeiffer* NStZ **1981** 297; RGSt **45** 262; OLG Karlsruhe GA **1976** 307.

wegen zu berücksichtigen sind (**a. A** OLG Stuttgart NJW **1959** 1698). Sie sind nach heutigem Verständnis Verfahrensvoraussetzungen[154]; die undeutliche Regelung des § 338 Nr. 4 findet ihre Erklärung darin, daß die Lehre von den Prozeßvoraussetzungen noch nicht allgemein anerkannt war, als die StPO in Kraft trat[155].

2. Örtliche Zuständigkeit. Im Revisionsverfahren ist das Fehlen der örtlichen Zustän- **67** digkeit nicht von Amts wegen zu berücksichtigen. Es handelt sich zwar um eine Verfahrensvoraussetzung, aber um eine kurzlebige: Schon der Tatricher hat die örtliche Zuständigkeit von Amts wegen nur bis zur Eröffnung des Hauptverfahrens zu prüfen; danach berücksichtigt er sie nur auf Einwand des Angeklagten, der ihn nur bis zum Beginn seiner Vernehmung zur Sache geltend machen kann (§ 16). Das Revisionsgericht darf daher auf entsprechende Rüge lediglich prüfen, ob der Einwand rechtzeitig erhoben worden ist und ob ihn der Tatrichter zu Unrecht verworfen, die Vorschriften der §§ 7 ff also unrichtig angewendet hat[156]. Nur in diesem Rahmen fällt der Einwand der örtlichen Unzuständigkeit unter § 338 Nr. 4[157]. Auf die Entscheidung über eine Unzuständigkeitseinwendung, die *vor* Erlaß des Eröffnungsbeschlusses getroffen worden ist, kann die Revision nicht gestützt werden; sie ist insoweit gemäß § 201 Abs. 2 Satz 2, § 336 Satz 2 ausgeschlossen. Wohl aber hindert eine solche Entscheidung im Zwischenverfahren nach heutigem Recht (vgl. § 16, 15) nicht, daß der Angeklagte den Einwand in der Hauptverhandlung gemäß § 16 bis zum Beginn seiner Vernehmung zur Sache erneut geltend macht (vgl. bei § 201). Ein Einwand, der *nach* Eröffnung des Hauptverfahrens erhoben und zurückgewiesen oder nicht beschieden worden war, muß immer beachtet werden, auch wenn er in der Hauptverhandlung nicht wiederholt worden ist[158].

Das **Revisionsgericht prüft** die örtliche Zuständigkeit nur nach den Tatsachen, die dem **68** Eröffnungsbeschluß zugrunde liegen. Auch eine davon abweichende rechtliche Beurteilung der Tat beeinflußt die örtliche Zuständigkeit nicht[159]. Hat nur ein Mitangeklagter den Einwand erhoben, so erstreckt sich die Prüfung und Entscheidung auch auf Mitangeklagte. Hat sich der Tatrichter für örtlich unzuständig erklärt, das Verfahren aber nicht eingestellt, muß das Revisionsgericht das nachholen (BGHSt **18** 3; § 16, 19). Die **Staatsanwaltschaft** kann die örtliche Zuständigkeit nicht zuungunsten des Angeklagten rügen (§ 16, 18).

3. Sachliche Zuständigkeit. Mit dem Begriff gemeint ist die gesetzlich bestimmte **69** Zuständigkeit eines Gerichts in der Abgrenzung zur Zuständigkeit eines anderen Gerichts niederer oder höherer Ordnung. Eine verschiedenartige sachliche Zuständigkeit haben demnach im Verhältnis zueinander bei den *allgemeinen Strafgerichten* der Strafrichter (§ 25 GVG), das Schöffengericht (§§ 24, 28, 29 GVG), die Strafkammer (§ 74 Abs. 1 und 2 GVG) und der erstinstanzliche Strafsenat (§ 120 GVG), bei den *Jugendgerichten* der Jugendrichter (§ 39 JGG), das Jugendschöffengericht (§ 40 JGG) und die Jugendkammer (§ 41 JGG). Zur besonderen Zuständigkeit von Gerichten gleicher Ordnung s. unten Rdn. 74 ff und speziell zum Verhältnis zwischen Erwachsenengerichten und Jugendgerichten unten Rdn. 77. Die Zuständigkeit der Rechtsmittelgerichte bestimmt sich ausschließlich danach, welches Gericht das angefochtene Urteil erlassen hat[160]. Soweit zur Prüfung der Urteile Rechtsmittelgerichte verschiedener Ordnung (Oberlandesgericht nach § 121 GVG, Bundesgerichtshof nach § 135 GVG) bestimmt sind, handelt es sich ebenfalls

[154] Näher bei § 206 a (24. Aufl. Rdn. 39, 40).
[155] BGHSt **10** 75; eingehend *Teske* 121 ff.
[156] RGSt **3** 137; **17** 412; RG GA **45** (1897) 138.
[157] BGHSt **11** 131; RGSt **40** 359.
[158] RGSt **40** 357; **70** 240 = JW **1936** 2239 mit Anm.

Siegert; RG JW **1933** 444; **a. A** RGSt **17** 412; vgl. auch § 16, 18.
[159] RGSt **65** 267 = JW **1931** 2503 mit Anm. *Beling*; *Kleinknecht/Meyer-Goßner*[43] 31.
[160] BGHSt **22** 48; vgl. näher § 355, 6.

Ernst-Walter Hanack

um eine Frage der sachlichen Zuständigkeit[161]. Auch die Unzuständigkeit des Landgerichts als Berufungsgericht bei Überschreitung der Strafgewalt des Amtsgerichts ist sachlicher Art[162]. Die sachliche Zuständigkeit ist als Verfahrensvoraussetzung von den Revisionsgerichten von Amts wegen zu prüfen; eine Revisionsrüge ist nicht erforderlich. § 338 Nr. 4 hat insoweit keine Bedeutung mehr (oben Rdn. 66).

70   Daß statt eines niederen ein **höheres Gericht entschieden** hat, kann, wie sich aus § 269 ergibt, mit der Revision regelmäßig nicht gerügt werden[163]. Anders ist es nur, wenn die Zuständigkeit des höheren Gerichts willkürlich begründet und der Angeklagte dadurch seinem gesetzlichen Richter entzogen worden ist[164]. Zweifelhaft und sehr streitig ist jedoch, ob der Mangel dann ebenfalls als Verfahrensvoraussetzung von Amts wegen zu beachten ist. Bei den Besonderheiten des Verstoßes wird man das trotz der Verletzung des Art. 101 Abs. 1 Satz 2 GG wohl eher verneinen müssen[165]. Dies gilt entgegen der Meinung einiger Oberlandesgerichte[166] auch für den Verstoß gegen § 328 Abs. 2 durch das Berufungsgericht, wenn in der ersten Instanz statt des Strafrichters das Schöffengericht entschieden hatte[167]. Grundsätzlich nur auf Willkür überprüft wird nach h. M auch die Begründung der **Zuständigkeit wegen besonderer Bedeutung** (§§ 74 Abs. 2, 24 Abs. 1 Nr. 4 GVG), die im übrigen schon wegen der Unanfechtbarkeit des Eröffnungsbeschlusses (§ 210 Abs. 1) gemäß § 336 Satz 2 nicht angefochten werden kann[168].

71   Ob der Tatrichter seine **sachliche Zuständigkeit zu Unrecht** angenommen hat, beurteilt sich nach den von ihm getroffenen tatsächlichen Feststellungen (RGSt **44** 137) ausschließlich anhand der objektiven Sachlage[169]. Die sachliche Unzuständigkeit ergibt sich daher nicht ohne weiteres daraus, daß der Tatrichter nach der rechtlichen Einordnung der Tat im Anklagesatz oder Eröffnungsbeschluß nicht zuständig war. Er hat seine Zuständigkeit gleichwohl dann nicht zu Unrecht angenommen, wenn er bei zutreffender Beurteilung der Tat sachlich zuständig gewesen ist[170]. Waren Anklagesatz und Eröffnungsbeschluß rechtsfehlerfrei, so mangelt es dem Tatrichter auch nicht deswegen an der sachlichen Zuständigkeit, weil er den Angeklagten infolge eines Irrtums über die sachlichrechtliche Einordnung wegen einer Tat verurteilt, die nicht in seine Zuständigkeit fällt. Das Urteil muß dann zwar auf die Sachrüge hin aufgehoben werden, nicht aber wegen Fehlens der sachlichen Zuständigkeit[171].

72   Auf die **Revision des Angeklagten** wird ein Zuständigkeitsmangel nur beachtet, wenn der Tatrichter im Zeitpunkt des Urteils seine Zuständigkeit zu Unrecht angenommen

---

[161] BayObLGSt **1970** 62 = VRS **39** 107; vgl. auch OLG Düsseldorf NStZ **1994** 98; **a. A** offenbar OLG Dresden LZ **1928** 104; vgl. auch *Gössel* GA **1968** 365; § 348, 1.

[162] BGH NJW **1970** 156; vgl. im übrigen § 6, 16.

[163] St. Rspr., z. B. BGHSt **9** 368; **21** 358; **38** 176 und 202; **43** 53; BGH bei *Pfeiffer* NStZ **1981** 297; BayObLGSt **1985** 34; OLG Düsseldorf NStZ **1990** 293; ganz h. L.

[164] Im Grundsatz allg. M, vgl. z. B. BGHSt **38** 176; **40** 122; **42** 210 f; OLG Düsseldorf NStZ **1990** 293; StV **1985** 238; OLG Hamm StV **1995** 182; näher bei § 269.

[165] BGHSt **43** 53 (= JZ **1998** 627 mit abl. Anm. *Bernsmann*) in Übereinstimmung mit BGH NJW **1993** 1608 und GA **1970** 25. Anders BGHSt **40** 122 (= JR **1995** 253 mit Anm. *Sowada* = JZ **1995** 261 mit Anm. *Engelhard*); BGHSt **38** 176, 212; **44** 36. Näher zum Ganzen bei § 269 und bei § 206 a.

[166] OLG Düsseldorf StV **1995** 238; OLG Hamm StV **1995** 182; **1996** 300; OLG Koblenz StV **1996** 588; OLG Köln StV **1996** 298; vgl. auch LG Köln StV **1996** 591.

[167] BGHSt **42** 205 = JR **1997** 430 mit Anm. *Gollwitzer*; dazu eingehend *Kalf* NJW **1997** 1489 und näher bei § 328.

[168] BGHSt **44** 36 = JR **1998** 467 mit Anm. *Dietmaier*; BGH GA **1981** 321 mit Anm. *Rieß*; s. näher bei § 209.

[169] OLG Celle JR **1950** 414; OLG Oldenburg GA **1992** 472; *Gössel* GA **1968** 357; *Traut* GerS **57** (1900) 379; vgl. auch RGSt **6** 315; **74** 140.

[170] RGSt **8** 252; KMR-*Paulus* 50; *Eb. Schmidt* Nachtr. I § 270, 7; *Dallinger* MDR **1952** 118.

[171] *Eb. Schmidt* Nachtr. I § 270, 8; *Dallinger* MDR **1952** 118.

---

hat[172]. Ergibt sich also in der Hauptverhandlung der Verdacht einer Tat, deren Aburteilung zur Zuständigkeit eines höheren Gerichts gehört, wird der Angeklagte dann aber nur wegen einer Tat verurteilt, die in den Zuständigkeitsbereich des erkennenden Gerichts fällt, so führt die Revision des Angeklagten oder die ausschließlich zu seinen Gunsten eingelegte Revision der Staatsanwaltschaft nicht zur Aufhebung des Urteils wegen fehlender Zuständigkeit[173]. Das gilt auch, wenn das Gericht neben den Merkmalen der schwereren Tat andere Tatsachen feststellt, die die Freisprechung begründen[174]. Gegenteiliger Ansicht ist der 5. Strafsenat des Bundesgerichtshofs, der davon ausgeht, daß es dem niederen Gericht verwehrt sei, auch nur dem Verdacht einer Tat nachzugehen, für deren Aburteilung es nicht zuständig ist[175]. Dabei wird jedoch der Gesichtspunkt der Beschwer des Angeklagten außer acht gelassen und das Fehlen der sachlichen Zuständigkeit mit der bloßen Verletzung des § 270 verwechselt: Dem Angeklagten kann es gleichgültig sein, welches Gericht ihn der schweren Tat nicht überführt. Daher können nur die **Staatsanwaltschaft und der Nebenkläger**, wenn sie die Verurteilung wegen dieser Tat erstreben, die Revision darauf stützen, daß das sachlich unzuständige Gericht entschieden hat[176]. Daß der Angeklagte wegen der weniger schwerwiegenden Tat von einem Gericht verurteilt worden ist, das bei Beachtung des § 270 nicht entschieden hätte, berührt nicht die sachliche Zuständigkeit (weil und wenn das Gericht für die Aburteilung dieser Tat zuständig war), sondern den Anspruch des Angeklagten auf den gesetzlichen Richter. Eine Urteilsaufhebung erfolgt dann jedoch nur, wenn dieser Anspruch willkürlich verletzt worden ist (Rdn. 10).

Durfte das Gericht das Hauptverfahren vor sich gar nicht eröffnen, weil die **Anklage** 73 auf eine Tat lautet, die von einem höheren Gericht abzuurteilen ist, gilt Entsprechendes: Wird der Angeklagte nur wegen einer Tat verurteilt, zu deren Aburteilung das erkennende Gericht zuständig war, wird das Urteil nicht wegen Fehlens der sachlichen Zuständigkeit aufgehoben, wenn allein der Angeklagte oder zu seinen Gunsten die Staatsanwaltschaft Revision eingelegt hat[177]. Denn sonst müßte zugleich mit der Aufhebung die Sache gerade an den Tatrichter zurückverwiesen werden, der das Urteil erlassen hat[178]. Hingegen können die Staatsanwaltschaft und der Nebenkläger rügen, daß die Frage, ob der Angeklagte der schwerwiegenden Straftat schuldig ist, die ihm in der zugelassenen Anklage vorgeworfen wurde, von einem hierfür sachlich nicht zuständigen Gericht geprüft worden ist[179].

4. Besondere Zuständigkeit gleichrangiger Spruchkörper. Die gesetzliche Zuwei- 74 sung spezieller Aufgaben an bestimmte Spruchkörper innerhalb eines Gerichts gleicher Ordnung begründet für diese Spruchkörper einen besonderen sachlichen Geschäftskreis,

---

[172] BGHSt **1** 346 = MDR **1952** 117 mit abl. Anm. *Dallinger*; BGHSt **10** 64; BGH NStZ **1987** 132; **1991** 503; MDR **1974** 54; a. A *Eb. Schmidt* § 270, 8 ff.

[173] RGSt **8** 253; vgl. weiter Rdn. 73; *Eb. Schmidt* Nachtr. I § 270, 10.

[174] OLG Celle NJW **1963** 1886; a. A *Eb. Schmidt* Nachtr. I § 270, 11.

[175] BGH GA **1962** 149; BGH bei *Dallinger* MDR **1972** 18; zust. *Kleinknecht/Meyer-Goßner*[43] 32a; ähnlich schon RGSt **9** 327; **45** 296. Vgl. auch *Eb. Schmidt* Nachtr. I § 270, 8 ff und *Dallinger* MDR **1952** 118, die deswegen die Ansicht von BGHSt **1** 346 ablehnen, nach der die Revision des Angeklagten nicht darauf gestützt werden kann, daß das nach Anklage und Eröffnungsbeschluß unzuständige Gericht den Angeklagten schließlich nur wegen einer Tat verurteilt, die in seine Zuständigkeit fällt.

[176] OLG Oldenburg GA **1992** 472. – Die Entscheidung BGH GA **1962** 149 ist, da sie auch auf Revision der Staatsanwaltschaft ergangen ist, daher im Ergebnis richtig.

[177] BGHSt **1** 346 (= MDR **1952** 117 mit abl. Anm. *Dallinger*); BGHSt **10** 64; BGH MDR **1974** 54; KMR-*Paulus* 50; a. A *Eb. Schmidt* Nachtr. I § 270, 7; zweifelnd auch *Rieß* GA **1976** 16 Fußn. 88.

[178] So mit Recht BGHSt **1** 348; anders aber offenbar BGH bei *Dallinger* MDR **1972** 18, wo auf die Revision des Angeklagten an die (nach damaligem Recht) höhere Instanz zurückverwiesen wurde.

[179] OLG Oldenburg GA **1992** 472; differenzierend *Kleinknecht/Meyer-Goßner*[43] 32a.

der in der Mitte zwischen der sachlichen und der nur geschäftsverteilungsmäßigen Zuständigkeit steht; der Eingriff in diesen Geschäftskreis ist in der Regel von geringerem Gewicht, so daß er, sofern das Gesetz selbst nichts anderes bestimmt, der sachlichen Zuständigkeit im engeren Sinne in der Regel nicht gleichsteht, also nicht als Verfahrensvoraussetzung von Amts wegen zu prüfen ist[180]. Soweit im Revisionsverfahren die Rüge einer Verletzung der Zuständigkeit besonderer Spruchkörper zulässig ist, besteht jedoch der zwingende Aufhebungsgrund des § 338 Nr. 4. Für die einzelnen gesetzlichen Fälle gilt folgendes.

75   **Schiffahrtsgerichte.** Die Zuständigkeit der nach dem Gesetz über das gerichtliche Verfahren in Binnenschiffahrtssachen v. 27. 9. 1952 (BGBl. I 641) eingerichteten Schiffahrts-, Rheinschiffahrts- und Moselschiffahrtsgerichte ist nur insoweit eine sachliche, als nach § 1 dieses Gesetzes die Amtsgerichte im ersten Rechtszug auch zuständig sind, wenn an sich die Zuständigkeit des Landgerichts gegeben wäre. Das Verhältnis zwischen den Schiffahrtsgerichten und den allgemeinen Abteilungen für Straf- und Bußgeldsachen des Amtsgerichts betrifft dagegen nicht die sachliche Zuständigkeit; es handelt sich nur um eine besondere Zuständigkeit gleichrangiger Gerichte. Eine Prüfung der Zuständigkeit von Amts wegen findet daher nicht statt[181].

76   **Besondere Strafkammern.** Das StVÄG 1979 hat zwischen der Schwurgerichtskammer, der Wirtschaftsstrafkammer und der Staatsschutzkammer, auch im Verhältnis zur allgemeinen Strafkammer, ein Vorrangverhältnis normiert (§ 74 e GVG) und das Prüfungsverfahren für die Bestimmung dieses Rangverhältnisses in § 6 a entsprechend den Grundsätzen des § 16 über die örtliche Zuständigkeit geregelt, die Bestimmung der Folgen der Unzuständigkeit dagegen den Regelungen über die sachliche Unzuständigkeit angelehnt (§ 209 a, § 225 a Abs. 4, § 270 Abs. 1 Satz 2). *Der Angeklagte* (oder zu seinen Gunsten die Staatsanwaltschaft) kann danach die Unzuständigkeit der Spezialkammer oder die verkannte Zuständigkeit der allgemeinen Strafkammer mit der Revision nur rügen, wenn er den Unzuständigkeitseinwand gemäß § 6 a Satz 2 rechtzeitig erhoben hat (näher § 6 a, 24); für die Revisibilität von Entscheidungen über von ihm vorher gestellte Anträge gilt das in Rdn. 67 Gesagte entsprechend. Auf die bloße Verletzung normativer Zuständigkeitskriterien, z. B. das Erfordernis der besonderen Kenntnisse des Wirtschaftslebens, kann die Unzuständigkeit nach h. M überhaupt nicht gestützt werden (BGH NStZ **1985** 466; näher bei § 209 a). *Die Staatsanwaltschaft* kann einen Zuständigkeitsmangel nicht zuungunsten des Angeklagten mit der Revision rügen (näher § 6 a, 25; vgl. auch Rdn. 68), und zwar auch nicht bei Verletzungen der §§ 209 a, 225 a, 270, weil ihr insoweit die Möglichkeit der sofortigen Beschwerde zusteht, die nach § 336 Satz 2 die Revision ausschließt. Nicht mit der Revision rügen kann sie darum auch, daß ein Verweisungsbeschluß nach § 225 a Abs. 4 entgegen ihrem Antrag ergangen ist[182].

77   **Jugendgerichte.** Der Bundesgerichtshof betrachtete das Verhältnis zwischen den Erwachsenengerichten und den Jugendgerichten zunächst als Frage der sachlichen Zuständigkeit[183]. Später hat sich dann die Ansicht durchgesetzt, daß die Jugendgerichte keine andersartige sachliche Zuständigkeit haben als die allgemeinen Strafgerichte, ihnen vielmehr nur innerhalb derselben Gerichtszuständigkeit ein besonderer sachlicher Geschäftsbereich zugewiesen ist, so daß ihre Zuständigkeit im Revisionsverfahren nicht von Amts

---

[180] Näher *Rieß* GA **1976** 22; vgl. auch BGHSt **18** 83 und 175; § 6 a, 2 und bei § 209 a.

[181] KG VRS **46** (1974) 43; OLG Hamm VRS **29** (1965) 236; vgl. aber auch OLG Karlsruhe VRS **48** (1975) 285.

[182] KK-*Treier* § 225 a, 31; **a. A** *Kleinknecht/Meyer-Goßner*[43] § 225 a, 25.

[183] BGHSt **7** 26; **8** 353; **10** 64; **13** 161; BGH NJW **1960** 2203; ebenso z. B. BayObLGSt **1955** 53; **1961** 122.

wegen zu prüfen sei[184]. Angenommen wird das von der h. M nicht nur für den Fall, daß anstelle des Erwachsenengerichts ein Jugendgericht gleicher Stufe (z. B. Jugendkammer statt Strafkammer) entschieden hat[185], sondern auch im umgekehrten Fall der Entscheidung durch das unzuständige Erwachsenengericht[186]. An dieser h. M hat sich für das Revisionsverfahren auch durch das StVÄG 1979 nichts geändert. Zwar wird die Zuständigkeit der Jugendgerichte seitdem in mancherlei Weise gesetzlich wie die Zuständigkeit eines Spruchkörpers höherer Ordnung behandelt (§§ 209 a, 225 a Abs. 1, § 270 Abs. 1, § 103 Abs. 2 JGG), aber doch nur im Bereich des Tatrichters, der die Unzuständigkeit insoweit schon vor der Gesetzesänderung in jeder Lage des Verfahrens zu berücksichtigen hatte. Nach h. M ist daher das Verhältnis der Jugendgerichte zu den Erwachsenengerichten und umgekehrt nach wie vor nur auf entsprechende Rüge hin zu beachten[187]. Die Unzuständigkeit des Erwachsenengerichts kann dabei ohne vorherigen Einwand nach § 6 a oder nach § 225 a uneingeschränkt geltend gemacht werden[188]. Nach § 47 a JGG bleibt es jedoch trotz des Wortlauts von § 103 Abs. 3 JGG nach Eröffnung des Hauptverfahrens bei der Zuständigkeit des Jugendgerichts auch, wenn die Sache nur noch Erwachsene betrifft; verhandelt dennoch die allgemeine Strafkammer, liegt ein Verstoß gegen § 338 Nr. 4 vor[189].

Jugendschutzsachen. Auf die Verkennung der besonderen Merkmale für die Zuständigkeit in Jugendschutzsachen (§ 26, § 47 b GVG) kann die Revision grundsätzlich nicht gestützt werden, schon weil nach der Eröffnung des Hauptverfahrens eine Zuständigkeitsänderung oder ein Unzuständigkeitseinwand des Angeklagten nicht möglich ist. Im Einzelfall in Betracht kommt jedoch Revisibilität wegen willkürlicher Entziehung des gesetzlichen Richters. **78**

5. Verfahren. Wird das Urteil aufgehoben, weil das Gericht örtlich oder sachlich unzuständig war, so verweist das Revisionsgericht die Sache nach § 355 an das zuständige Gericht. Entsprechendes gilt für Aufhebungen, weil die besondere Zuständigkeit eines gleichrangigen Gerichts besteht oder nicht beseht (vgl. § 355, 4). Der Fall, daß sich das Gericht zu Unrecht für unzuständig erklärt, ist nicht geregelt, weil Einstellungsurteile im ersten Rechtszug und Berufungsurteile gemäß § 328 Abs. 2 nach den allgemeinen Vorschriften angefochten werden können (vgl. *Traut* GerS **57** [1900] 380). **79**

VI. Gesetzwidrige Abwesenheit (Nummer 5)

1. Allgemeines. § 338 Nr. 5 sichert in der Form eines absoluten Revisionsgrundes die Pflicht zur Anwesenheit der notwendigen Verfahrensbeteiligten. Für Richter und Schöffen gilt insoweit jedoch § 338 Nr. 1 (oben Rdn. 38 ff). **80**

Nach § 226 ist die Hauptverhandlung in **ununterbrochener Anwesenheit** nicht nur der Richter (dazu Rdn. 80), sondern auch des Staatsanwalts und des Urkundsbeamten **81**

[184] BGHSt **18** 79 (GrSSt); BGHSt **18** 175; KMR-*Paulus* Vor § 1, 32; *Kleinknecht/Meyer-Goßner*[43] 34; *Dallinger/Lackner* § 33, 31; *Rieß* GA **1976** 3 und LR[24] § 206 a, 40; vgl. aber auch im folg.

[185] KG StV **1985** 409. – Nur auf diesen Fall bezieht sich die zit. Entscheidung des GrSSt in BGHSt **18** 79.

[186] BGHSt **26** 198; BayObLGSt **1974** 135 = JR **1975** 202 mit abl. Anm. *Brunner* unter Aufgabe der früheren gegenteiligen Ansicht; OLG Frankfurt VRS **51** (1976) 219; OLG Hamm VRS **51** (1976) 53; **a. A** insoweit OLG Saarbrücken NJW **1966** 1041;

Eisenberg § 33, 39; *Eb. Schmidt* Nachtr. § 6, 10; *Hanack* JZ **1971** 90.

[187] BGH NStZ **1991** 503; näher *Rieß* NJW **1978** 2267 und NStZ **1981** 305 mit Hinweisen auf unveröff. BGH-Entscheidungen; **a. A** OLG Oldenburg NJW **1981** 1384 mit abl. Anm. *Rieß* NStZ aaO; *Eisenberg* § 33, 10.

[188] BGHSt **30** 260; BGH StV **1981** 77; **1985** 357; KG StV **1985** 408.

[189] BGHSt **30** 260; vgl. auch BGH bei *Holtz* MDR **1980** 456.

durchzuführen. Grundsätzlich ist auch die Anwesenheit des Angeklagten erforderlich (§ 230 Abs. 1), soweit nicht die Ausnahmen der §§ 231 ff, 247, 415 Abs. 1 eingreifen. Unerläßlich ist ferner die Anwesenheit des notwendigen Verteidigers (§ 140) und, sofern der Angeklagte oder andere Personen der deutschen Sprache nicht mächtig sind, eines Dolmetschers (§ 185 GVG). Auf die Einhaltung dieser Vorschriften kann nicht wirksam verzichtet werden (§ 337, 271). Eine Heilung des Mangels (vgl. § 337, 261 ff) ist nicht durch bloße Unterrichtung des abwesenden Beteiligten möglich, sondern nur durch Wiederholung des von der Abwesenheit betroffenen Verhandlungsteils (oben Rdn. 3).

82   **Bewiesen** wird die An- oder Abwesenheit eines Prozeßbeteiligten als Förmlichkeit im Sinne der §§ 273, 274 durch das Sitzungsprotokoll[190], soweit dessen Beweiskraft nicht durch Mängel aufgehoben ist. Das gilt auch bezüglich der Frage, ob eine Heilung des Verstoßes (s. Rdn. 3) erfolgt ist (OLG Köln NStZ **1987** 244). Der Beweis bezieht sich aber nicht ohne weiteres auf die Frage, ob die Abwesenheit einen Verhandlungsteil betrifft, den die Rechtsprechung (unten Rdn. 84) als wesentlichen Verhandlungsteil ansieht.

83   **2. Abwesenheit.** Der Anwesenheitspflicht wird nicht schon durch körperliche Teilnahme an der Verhandlung genügt. Als abwesend ist daher auch anzusehen, wer durch schwere körperliche oder geistige Beeinträchtigung an der Wahrnehmung wesentlicher Verhandlungsvorgänge gehindert, also verhandlungsunfähig ist[191]. Insoweit gelten dieselben Grundsätze wie für Richter und Schöffen (oben Rdn. 39 ff). Ferner setzt die Anwesenheit voraus, daß der Prozeßbeteiligte der Verhandlung auch sonst folgen kann. Daher ist ein Angeklagter, der zu einer Ortsbesichtigung zwar erscheint, sich aber außerhalb der Hörweite des Gerichts aufhält, nicht anwesend[192]; anders kann es sein, wenn er auf Weisung des Gerichts an der Rekonstruktion eines Verkehrsvorgangs mitwirkt[193].

84   Abwesenheit im Sinne des § 338 Nr. 5 ist schon gegeben, wenn ein notwendiger Beteiligter nur bei einem **Teil der Hauptverhandlung** nicht zugegen gewesen ist[194]. Nach ganz herrschender Rechtsprechung schadet die Abwesenheit aber nur, wenn sie sich auf **wesentliche Teile** der Hauptverhandlung erstreckt[195]. Gegen diese, oft kaum verifizierbare und in den Einzelheiten umstrittene Unterscheidung werden im Schrifttum zu Recht Bedenken erhoben[196]. Zu den wesenlichen Vorgängen der Hauptverhandlung gehören nach der Rechtsprechung die über die bloße Identitätsfeststellung hinausgehende Vernehmung des Angeklagten über seine persönlichen Verhältnisse und seine Vernehmung zur Sache[197], die Verlesung des Anklagesatzes oder des erstinstanzlichen Urteils[198], der Vor-

---

190 RGSt **34** 385; RG JW **1930** 3858 mit Anm. *Alsberg*; OLG Bremen OLGSt § 247 S. 13; OLG Köln NStZ **1987** 244; vgl. auch bei §§ 273, 274.

191 BGH NJW **1970** 1981; BGH bei *Dallinger* MDR **1953** 578; RGSt **1** 149; **29** 324; **57** 373; OGHSt **2** 377; vgl. auch § 230, 9 für den Angeklagten.

192 OLG Hamm OLGSt § 231 S. 3.

193 Dazu OLG Braunschweig NJW **1963** 1322 mit Anm. *Kleinknecht*; OLG Köln VRS **6** (1954) 461; OLG Oldenburg OLGSt § 338 S. 31; vgl. § 230, 8.

194 RGSt **38** 216; **40** 230; **44** 18; RGRspr. **10** 279. Vgl. auch im folg.

195 BGHSt **26** 91; BGH NStZ **1983** 36; GA **1963** 19; BGH bei *Holtz* MDR **1978** 460; **1983** 92; BGH bei *Hilger* NStZ **1983** 34; bei *Pfeiffer/Miebach* NStZ **1987** 16; OLG Köln NStZ **1987** 244; RGSt **16** 18; **58** 180; ebenso z. B. KK-*Pikart* 74; *Kleinknecht/Meyer-Goßner*43 37; KMR-*Paulus* 55.

196 AK-*Maiwald* 28; *Eb. Schmidt* § 230, 5; *Roxin* § 42, 44; *Sarstedt/Hamm*6 379; *Mehle* 138 ff; *Maiwald* JR **1982** 35.

197 BGHSt **9** 244; BGH NJW **1953** 1801; RGSt **38** 217; **53** 170; RG DR **1939** 627 mit Anm. *Hülle*; KG JW **1932** 1169; OLG Stuttgart NJW **1992** 3552; **a. A** noch OLG Stuttgart NJW **1950** 359 mit Anm. *Roesen* = DRZ **1950** 373 mit Anm. *Otto*, wonach es genügt, wenn der Verteidiger nach Beginn der Sachvernehmung des Angeklagten erscheint.

198 Zu ersteren BGHSt **9** 244; zum letzteren (das auch nach der Neufassung des § 324 Abs. 1 Satz 2 gelten muß) OLG Hamm StV **1989** 56; OLG Zweibrücken StV **1986** 241; *Kleinknecht/Meyer-Goßner*43 37; zweifelnd BGH NStZ **1987** 136; zum früheren Recht RG HRR **1930** 1178; OLG Stuttgart Justiz **1964** 172.

trag des Berichterstatters nach § 324[199], die Feststellung der Vorstrafen[200], die Beweisaufnahme[201] einschließlich der Erörterung über ihren Umfang (BGH NStZ **1995** 351 mit Anm. *Sander*) oder über den Beweisantrag eines Mitangeklagten (RG HRR **1937** 288), die Vernehmung der Mitangeklagten[202] und der Sachverständigen[203], die Vernehmung und Vereidigung von Zeugen[204], die Entscheidung über ihre Entlassung (BGH NJW **1986** 267; zweifelnd aber **1998** 2542), die Ortsbesichtigung[205] oder ein sonstiger Augenschein (BGH NStZ **1986** 564: Lichtbilder), ferner der Schlußvortrag des Staatsanwalts (BGH NStZ **1993** 447), des Verteidigers eines Mitangeklagten[206] und des Prozeßbevollmächtigen eines Nebenklägers[207] sowie die Verlesung der Urteilsformel nach § 268 Abs. 2[208].

Generell als **unwesentliche Teile** der Hauptverhandlung gelten insbesondere: der Aufruf der Zeugen und Sachverständigen[209], die Festsetzung von Ordnungsmitteln gegen ausgebliebene Zeugen nach § 51 Abs. 1[210], die bloße Feststellung der Identität des Angeklagten[211], die Befragung eines Zeugen nach den Voraussetzungen des § 247 Satz 1 (BGH NStZ **1998** 528), die mündliche Eröffnung der Urteilsgründe[212], die Bekanntmachung eines Termins zur Urteilsverkündung[213], die Verkündung von Beschlüssen nach § 268 a, die erst nach Beendigung der Urteilsverkündung erfolgt und nicht mehr zu ihr gehört[214], von Beschlüssen nach § 268 b sowie die Belehrungen nach §§ 35 a, 268 a Abs. 2[215]. **85**

3. Einzelheiten. Im Hinblick auf die unterschiedliche Funktion und die unterschiedliche Rechtsstellung der Beteiligten, deren Anwesenheit das Gesetz vorschreibt, ergeben sich für die Voraussetzungen der Abwesenheit im Sinne des § 338 Nr. 5 zum Teil auch etwas unterschiedliche Rechtsgrundsätze und Probleme. Im einzelnen gilt insbesondere folgendes. **86**

a) Staatsanwaltschaft. Die Staatsanwaltschaft muß während der gesamten Hauptverhandlung vertreten sein, auch während der Urteilsverkündung[216]. Mehrere Staatsanwälte dürfen nacheinander tätig werden (§ 227; näher dort). Der Staatsanwalt gilt auch dann als **87**

[199] RG HRR **1930** 1178; KMR-*Paulus* 55.
[200] BGH NJW **1972** 2006; einschränkend BGH bei *Kusch* NStZ **1993** 30.
[201] BGHSt **9** 244; **15** 306; **21** 334; BGH NStZ **1981** 449; BGH NJW **1973** 522; BGH bei *Holtz* MDR **1983** 92; BayObLG NJW **1974** 249; OLG Köln NStZ **1987** 244.
[202] BGHSt **30** 75; BGH StV **1986** 288; **1992** 501; GA **1963** 19; RGSt **55** 168; OLG Düsseldorf JR **1948** 352; vgl. auch Rdn. 91.
[203] BGH NStZ **1985** 375; RGSt **60** 180; **69** 256.
[204] BGH NStZ **1981** 449; **1997** 477 mit weit. Nachw.; OLG Hamm JMBlNRW **1961** 94; OLG Köln NJW **1952** 578; vgl. auch BGH MDR **1988** 790 für den Verzicht auf die Vernehmung geladener Zeugen.
[205] BGHSt **3** 188; **25** 318; BGH NStZ **1997** 477; StV **1981** 510; **1983** 402; RGSt **42** 198; **66** 28; OLG Braunschweig NJW **1963** 1322 mit Anm. *Kleinknecht*; OLG Celle GA **1954** 316; OLG Hamburg GA **1961** 177; OLG Köln StV **1987** 397.
[206] BGH NStZ **1983** 34; RG JW **1930** 717 mit Anm. *Beling*; OLG Hamburg StV **1984** 111.
[207] RGSt **40** 230.
[208] BGHSt **8** 41; **15** 263; **16** 180; BGH NJW **1953** 155; NStZ **1989** 284 und NStZ-RR **1996** 337; BGH bei *Dallinger* MDR **1956** 11; **1957** 141; **1973** 372;

ebenso schon das RG in st. Rspr., z. B. RGSt **9** 275; **31** 399; **63** 249; **64** 311; RG JW **1930** 3858 (mit Anm. *Alsberg*); **1938** 1644 (mit Anm. *Rilk*); KG StV **1992** 315; OLG Bremen StV **1992** 558; OLG Düsseldorf GA **1957** 418; OLG Hamm MDR **1970** 525; OLG Zweibrücken VRS **47** (1974) 352; OLG Neustadt NJW **1962** 1632 läßt eine Befreiung von der Teilnahme am Verkündungstermin zu; **a. A** RGSt **54** 292; OLG Hamm AnwBl. **1981** 199 für den Fall, daß der nach § 140 Abs. 2 notwendige (Wahl-)Verteidiger ausbleibt (dazu unten Rdn. 95 Fußn. 250).
[209] BGHSt **15** 263; BGH NJW **1953** 1801; RGSt **58** 180; **64** 309; OLG Düsseldorf MDR **1993** 1105; OLG Köln StV **1985** 51.
[210] BGH bei *Dallinger* MDR **1975** 23.
[211] BGH NJW **1953** 1800; OLG Düsseldorf Rpfleger **1993** 460.
[212] BGHSt **15** 264; **16** 180; KK-*Pikart* 74; KMR-*Paulus* 55; **a. A** RG JW **1938** 1644 mit Anm. *Rilk*; *Roxin* § 42, 44; *Poppe* NJW **1954** 1914.
[213] RG JW **1934** 1177.
[214] BGHSt **25** 333; *Roxin* § 47 A I.
[215] KMR-*Paulus* 55; *Poppe* NJW **1954** 1915.
[216] Vgl. § 226, 3, aber auch Rdn. 85.

Ernst-Walter Hanack

abwesend, wenn er nicht befugt war, in der Hauptverhandlung aufzutreten (näher § 226, 4 ff). Hat er nach seiner Vernehmung als Zeuge die Anklagebehörde in unzulässiger Weise weiter vertreten (dazu § 226, 7), so liegt kein unbedingter Revisionsgrund vor, sondern ein Verfahrensfehler, der nach § 337 zu prüfen ist[217]. Das gleiche gilt für den Fall, daß der Staatsanwalt nicht mitwirken durfte, weil er Richter des ersten Rechtszugs war[218]. Die bloße Unaufmerksamkeit des Staatsanwalts fällt nicht unter § 338 Nr. 5[219], sofern er sich nicht außerstande setzt, wesentlichen Teilen der Verhandlung zu folgen. Auch die Weigerung, einen Schlußvortrag zu halten, ist kein zwingender Aufhebungsgrund, sondern ein nach § 337 zu rügender Verfahrensfehler[220]. In der unterlassenen Mitwirkung an einem nach § 377 Abs. 2 übernommenen Privatklageverfahren sieht das OLG Saarbrücken[221] ein von Amts wegen zu beachtendes Verfahrenshindernis. Die Mitwirkung eines „ausgeschlossenen" oder „befangenen" Staatsanwalts ist nach richtiger Meinung zwar revisibel[222], aber nicht nach § 338 Nr. 5.

88   **b) Angeklagter.** Seine Verhandlungsunfähigkeit (dazu bei § 205) in der Hauptverhandlung ist, außer im Sicherungsverfahren nach §§ 413 ff und im Sonderfall des § 321 a, ein von Amts wegen zu berücksichtigendes Verfahrenshindernis. Über die Bedeutung von Zweifeln an ihrem Vorliegen s. § 337, 34; 40. Vom Verfahrenshindernis der Verhandlungsunfähigkeit wird man jedoch den Fall der zeitweiligen Verhandlungsunfähigkeit infolge vorübergehender Beeinträchtigungen durch Erkrankung oder Übermüdung zu unterscheiden haben (streitig; vgl. § 337, 39), dem das Gewicht eines Verfahrenshindernisses nicht zukommt (vgl. auch § 230, 9); insoweit verlangt daher die Verletzung des § 338 Nr. 5 eine gemäß § 344 Abs. 2 Satz 2 begründete Rüge.

89   Ein **Verstoß gegen § 230 Abs. 1**, wonach gegen einen ausgebliebenen Angeklagten eine Hauptverhandlung nicht stattfindet, war nach der Rechtsprechung des Reichsgerichts nur auf entsprechende Rüge als Aufhebungsgrund gemäß § 338 Nr. 5 zu behandeln[223]. Nach 1945 haben jedoch die Oberlandesgerichte überwiegend die Auffassung vertreten, die Anwesenheit des Angeklagten in der Hauptverhandlung sei eine Verfahrensvoraussetzung, so daß stets von Amts wegen zu prüfen sei, ob ein gesetzlicher Grund die Verhandlung in seiner Abwesenheit gestatte[224]. Als Prozeßvoraussetzungen wurden z. T. sogar der durch § 232 Abs. 1 Satz 1 vorgeschriebene Hinweis und die Einhaltung der durch § 233 Abs. 1 Satz 2 begrenzten Strafgewalt angesehen[225], meist jedoch nicht das Vorliegen der Voraussetzungen des § 329 Abs. 1[226] und des § 412 Abs. 1[227]. Der **Bundesgerichtshof** hat in der Verletzung des § 230 Abs. 1 und des § 231 Abs. 2 stets nur einen Aufhebungsgrund nach § 338 Nr. 5, aber **kein Verfahrenshindernis** gesehen[228]. Auf Vorlage des

---

[217] BGHSt **14** 265; RGSt **29** 236; RG JW **1933** 523; GA **71** (1927) 92; vgl. auch Vor § 48, 39 f.

[218] OLG Stuttgart NJW **1974** 1394 mit Anm. *Fuchs*.

[219] OLG Kiel JW **1929** 2775 mit Anm. *Mamroth*; OLG Oldenburg MDR **1963** 443 für Aktenbearbeitung während der Hauptverhandlung; *Seibert* NJW **1963** 1590 für Zeitunglesen während des Schlußvortrags des Verteidigers.

[220] OLG Düsseldorf NJW **1963** 1167; OLG Frankfurt NJW **1956** 1250; vgl. auch AG Bad Oldesloe MDR **1976** 776. Eingehend und differenzierend *Häger* GedS Meyer 176.

[221] NJW **1959** 163; ebenso KMR-*Paulus* 58.

[222] Näher zu der streitigen Frage Vor § 22, 8 ff, insbes. 11.

[223] RGSt **29** 295; **40** 230; **54** 211; **58** 150; **62** 259.

[224] Vgl. die Nachweise bei § 230, 6 Fußn. 15; ebenso insbes. *Eb. Schmidt* 25 und Teil I Nr. 147.

[225] OLG Köln JMBlNRW **1959** 72 bzw. OLG Köln GA **1971** 27.

[226] BGHSt **15** 287; RGSt **62** 259; BayObLG NJW **1969** 408 unter Aufgabe der früher vertretenen Ansicht; OLG Hamm NJW **1963** 65; OLG Saarbrücken VRS **44** (1973) 192; **a. A** OLG Karlsruhe MDR **1957** 760.

[227] OLG Hamburg NJW **1965** 315; OLG Stuttgart NJW **1968** 1733; *Busch* JZ **1963** 460; **a. A** OLG Düsseldorf MDR **1958** 632; *Preiser* GA **1965** 366.

[228] Zum ersteren: BGHSt **25** 318; zum letzteren: BGHSt **10** 306 = JZ **1957** 673 mit Anm. *Eb. Schmidt*; **25** 4, 320; BGH GA **1970** 281.

BayObLG (VRS **46** [1974] 365) hat er dann ganz allgemein entschieden, daß übergeordnete Belange der Allgemeinheit oder sonstige öffentliche Interessen, wie sie Anlaß und Grund für die Annahme einer Verfahrensvoraussetzung sind, im Fall der gesetzwidrigen Abwesenheit des Angeklagten in der Hauptverhandlung nicht bestehen (BGHSt **26** 84)[229].

Grundsätzlich ist die **ununterbrochene Anwesenheit** des Angeklagten in der Haupt-   **90** verhandlung erforderlich, sofern nicht einer der gesetzlichen Ausnahmegründe (unten Rdn. 92) eingreift. Das Gericht kann den Angeklagten nicht wirksam von der erforderlichen Anwesenheit entbinden[230]. Auch die nicht berechtigte kurzfristige Abwesenheit[231] oder die nicht berechtigte Beurlaubung[232] sind unzulässig und führen zum absoluten Revisionsgrund des § 338 Nr. 5, nach Meinung der Rechtsprechung allerdings nur, soweit sie sich auf einen wesentlichen Teil der Verhandlung beziehen (oben Rdn. 84).

Die als vorübergehend gedachte **Trennung des Verfahrens** gegen einen von mehre-   **91** ren Mitangeklagten läuft zwar auf eine zeitweilige Beurlaubung des Angeklagten hinaus, dessen Verfahren abgetrennt wird. Die Trennung ist nach h. M aber als solche und trotz des § 231 c[233] rechtlich nicht unzulässig. Hat die Verhandlung in Abwesenheit eines Angeklagten Vorgänge zum Gegenstand, die die gegen ihn erhobenen Vorwürfe berühren oder läßt sich das nicht sicher ausschließen, enthält die Trennung jedoch eine Umgehung des durch § 230 gesicherten Anwesenheitsgebots, so daß trotz der formal nicht verbotenen Abtrennung auf die Rüge des Angeklagten der absolute Revisionsgrund des § 338 Nr. 5 eingreift[234]. Die gegenteilige Auffassung, wonach in diesen Fällen nur eine Verletzung des § 261 vorliegt, die lediglich unter den Voraussetzungen des § 337 erfolgreich gerügt werden kann[235], entspricht nicht der Bedeutung der Verletzung und ist darum als Aushöhlung des absoluten Revisionsgrundes abzulehnen[236]. Die unzulässige Abwesenheit eines Mitangeklagten kann der Angeklagte nach § 338 Nr. 5 nicht rügen (oben Rdn. 5); in Betracht kommt insoweit allenfalls eine Verletzung des § 244 Abs. 2[237].

Eine **zulässige Verhandlung in Abwesenheit** des Angeklagten ist insbesondere in   **92** den §§ 231 Abs. 2, 231 a, 231 b, 231 c, 247, 415 vorgesehen. Verstöße gegen die Voraussetzungen (einschließlich des erforderlichen Gerichtsbeschlusses) und gegen den Anwendungsbereich dieser Vorschriften führen auf entsprechende Rüge (vgl. Rdn. 89) regelmäßig zum absoluten Revisionsgrund des § 338 Nr. 5, unterliegen jedoch hinsichtlich der Art und des Umfangs der revisionsgerichtlichen Prüfung, entsprechend ihren verschiedenartigen Voraussetzungen, etwas unterschiedlichen Maßstäben. Im einzelnen wird auf die Erl. der genannten Vorschriften verwiesen. Im Falle des **§ 231 a** ist die Revision auf-

---

[229] Zustimmend z. B. *Kleinknecht/Meyer-Goßner*[43] § 230, 26; KMR-*Paulus* 60 und § 206 a, 41; § 230, 6.

[230] BGHSt **25** 318; BGH NJW **1973** 522; StV **1993** 286.

[231] Vgl. nur BGH NStZ **1981** 449 (sieben Minuten).

[232] RGSt **40** 230; **42** 197; **58** 150; **70** 68; RG JW **1927** 2042; RG HRR **1937** 288; **a. A** OLG Neustadt HESt **2** 94 = DRZ **1949** 283 mit Anm. *Niethammer*; **3** 32 für Hauptverhandlungen mit zahlreichen Angeklagten; OLG für Hessen HESt **3** 71 = JR **1949** 515 für minutenlange Beurlaubungen in einer mehrtägigen Hauptverhandlung; zu diesen Entscheidungen ablehnend § 230, 17.

[233] Näher bei § 231 c; vgl. auch § 230, 15.

[234] BGHSt **24** 259; **30** 74, 273; **32** 101; BGH StV **1982** 252; **1986** 465; vgl. auch § 230, 15 und 52 mit weit.

Nachw. in Fußn. 144, wo zu Recht darauf hingewiesen wird, daß BGHSt **32** 270, 274 den absoluten Revisionsgrund in diesem Bereich relativiert, wenn dort darauf abgestellt wird, ob die Verhandlung im abgetrennten Teil Verteidigungsinteressen des Angeklagten berührt haben könnte; vgl. aber auch BGHSt **33** 119.

[235] RGSt **69** 360; **70** 67 = JW **1935** 1098 mit Anm. *Klefisch*; RG JW **1935** 2980; vgl. aber auch BGH NJW **1984** 2172 = JR **1985** 125 mit Anm. *Gollwitzer*.

[236] Im Ergebnis ebenso *Kleinknecht/Meyer-Goßner*[43] § 230, 11; KMR-*Paulus* 61; LR-*Meyer* in der 23. Aufl. Rdn. 84; vgl. auch § 230, 52.

[237] BGH bei *Pfeiffer* NStZ **1981** 297; vgl. auch § 230, 53.

grund von § 231 a Abs. 3 Satz 3 in Verb. mit § 336 Satz 2 stark eingeschränkt (§ 231 a, 47 f); sie greift jedoch auch ein, wenn der verhandlungsunfähige Angeklagte gegen seinen Willen von der Verhandlung ferngehalten worden ist[238]. Im Fall des **§ 231 c** liegt der absolute Revisionsgrund vor, wenn die Verhandlung in Abwesenheit Umstände betraf, die den beurlaubten Angeklagten zumindest mittelbar berühren (§ 231 c, 24; vgl. auch Rdn. 91) oder von dem Freistellungsbeschluß überhaupt nicht erfaßt waren (BGH NStZ **1985** 375). Bei **§ 247** ist insbesondere zu beachten, daß ein Verstoß gegen die zulässige Verhandlung in Abwesenheit mit der Folge des § 338 Nr. 5 nach h. M (kritisch *Basdorf* FS Salger 203) auch vorliegt, wenn während der Abwesenheit des Angeklagten Prozeßhandlungen erfolgt sind, die nicht oder nicht mehr in seiner Abwesenheit erfolgen mußten, z. B. ein Zeuge vereidigt oder über die Nichtvereidigung eines Zeugen entschieden worden ist (vgl. bei § 247, 24. Aufl. Rdn. 32 ff; 47). Verstöße, die nicht die Zulässigkeit und den Umfang des Verfahrens in Abwesenheit betreffen, sondern nur die dabei zum Schutze des Angeklagten gegebenen Anhörungs-, Belehrungs- und Informationsrechte, etwa nach § 247 Satz 4, können nur nach § 337, nicht aber nach § 338 Nr. 5 gerügt werden[239]. Zur Revisibilität von Verstößen gegen **§ 329** und **§ 412** sowie gegen **§ 415** s. die Erl. dieser Bestimmungen.

93   **c) Verteidiger.** Der unbedingte Revisionsgrund des § 338 Nr. 5 ist gegeben, wenn der bestellte Pflichtverteidiger, auch wenn die Bestellung nach § 140 Abs. 3 Satz 1 hätte aufgehoben werden können, nicht anwesend war oder wenn kein Verteidiger mitgewirkt hat, obwohl die Verteidigung nach § 140 Abs. 1 oder 2 notwendig war[240]. Die Mitwirkung eines Verteidigers, die gegen § 139 verstößt, begründet den absoluten Revisionsgrund[241]. Auf die Fehlerhaftigkeit eines Verteidigerausschlusses gemäß §§ 138 a ff kann die Revision als solche nicht gestützt werden (§ 138 d Abs. 6 in Verb. mit § 336 Satz 2). Die Revisibilität von Verstößen gegen § 137 Abs. 1 Satz 2 und gegen § 146 beurteilt sich seit dem StVÄG 1987 anhand des § 146 a; sie kann die Revision nur nach § 337, nicht nach § 338 Nr. 5 begründen[242]. In den Fällen nicht notwendiger Verteidigung fallen das Ausbleiben und die zeitweilige Abwesenheit des Wahlverteidigers nicht unter § 338 Nr. 5[243]. Bei notwendiger Verteidigung macht es hingegen keinen Unterschied, ob der Wahlverteidiger oder der Pflichtverteidiger abwesend ist (OLG Köln StV **1989** 470). Hat der Angeklagte mehrere Verteidiger, so genügt regelmäßig die Anwesenheit eines von ihnen[244]. Das Auftreten mehrerer Verteidiger nacheinander ist zulässig (§ 227; näher dort). Ergibt sich die Notwendigkeit der Verteidigung erst während der Verhandlung, so muß diese, wenn der Angeklagte bis dahin unverteidigt war, in Anwesenheit eines bestellten oder gewählten Verteidigers wiederholt werden[245]; anderenfalls greift § 338 Nr. 5 ein. Auch wenn die Voraussetzungen des § 140 Abs. 2 etwa infolge einer Beschränkung der Berufung weggefallen sind, besteht die notwendige Verteidigung fort, solange der Tatrichter nicht ausgesprochen oder kenntlich gemacht hat, daß er ihren Fortbestand verneint[246].

---

[238] BGHSt **26** 234; näher § 231 a, 37.

[239] Vgl. bei § 247; § 231 a, 49; § 231 b, 24.

[240] BGHSt **15** 307; BGH GA **1959** 178; BGH bei *Dallinger* MDR **1956** 11; RGSt **57** 265; **62** 22; vgl. auch Rdn. 94 speziell zu Absatz 2.

[241] Vgl. BGHSt **26** 319, wo das als selbstverständlich vorausgesetzt wird.

[242] So schon BGHSt **27** 22 = JR **1977** 211 mit Anm. *Meyer* zum früheren Recht. Näher bei § 146 a.

[243] RGSt **28** 413; **44** 217; **61** 182; BayObLG JR **1960** 190; KG JW **1932** 1169; ganz h. L. Zur Frage,

wann bei Ausbleiben, Verhinderung oder Verspätung des Wahlverteidigers Revisibilität nach § 337 gegeben ist, vgl. § 228, 18 ff, 33 f.

[244] Vgl. § 227, 5, 10; dazu auch RG JW **1930** 716 mit Anm. *Beling*.

[245] BGHSt **9** 244; RGSt **44** 217; vgl. oben Rdn. 5.

[246] *Eb. Schmidt* JZ **1957** 760 gegen OLG Hamm JZ **1957** 759; *Dahs/Dahs* 188; vgl. auch BGHSt **7** 69 und im übrigen bei § 140; unklar KMR-*Paulus* 63.

Auch wenn ein Fall notwendiger **Verteidigung nach § 140 Abs. 2** vorliegt, ist nach **94** heute h. M der absolute Revisionsgrund des § 338 Nr. 5 gegeben, wenn ein Verteidiger nicht mitgewirkt hat bzw. nicht bestellt worden ist, weil das Gericht die Vorschrift übersehen hat oder irrig der Meinung war, die Voraussetzungen der Pflichtverteidigerbestellung lägen nicht vor[247]. Eine gegenteilige Auffassung[248] hält demgegenüber nur den relativen Revisionsgrund des § 337 für einschlägig, wenn die Ermessensfrage zu prüfen ist, ob die Mitwirkung eines Verteidigers gemäß § 140 Abs. 2 überhaupt geboten erscheint, weil das Gesetz zwischen der notwendigen Verteidigung (§ 140 Abs. 1) und der aufgrund richterlicher Feststellung angeordneten Verteidigung (§ 140 Abs. 2) unterscheide. Die Streitfrage hat kaum praktische Auswirkungen, weil das Urteil auf dem Fehlen der Mitwirkung eines nach § 140 Abs. 2 zu bestellenden Verteidigers stets beruhen wird und das Revisionsgericht die Gebotenheit der Bestellung regelmäßig voll überprüfen kann, selbst wenn man sie[249] als Ermessensentscheidung versteht. Im übrigen zeigt § 141 Abs. 1 und 2, daß das Gesetz die Fälle des § 140 Abs. 1 und 2 gleichstellt, so daß, zumal angesichts der Bedeutung des § 140, für seinen Absatz 2 die umstrittenen Regeln über die begrenzte Revisibilität von Ermessensentscheidungen (§ 337, 87 ff) bei der unterlassenen Bestellung gar nicht einschlägig sein dürften. Vgl. im übrigen bei § 140 und § 141.

Auch der notwendige Verteidiger muß während der **ganzen Verhandlung** anwesend **95** sein. Seine Abwesenheit bei unwesentlichen Vorgängen soll jedoch nach h. M (oben Rdn. 84 f) auch hier die Revision nicht begründen können[250]. Unschädlich ist es jedenfalls, wenn der Verteidiger nur während eines Zeitraums abwesend war, in dem über einen Tatvorwurf verhandelt wurde, von dem der Angeklagte freigesprochen worden ist oder der nur Mitangeklagte betraf[251]. War die Verteidigung notwendig, weil die Anklage ein Verbrechen zum Gegenstand hatte (§ 140 Abs. 1 Nr. 2) oder das Verfahren zu einem Berufsverbot führen konnte (§ 140 Abs. 1 Nr. 3), so ist der unbedingte Revisionsgrund des § 338 Nr. 5 bei fehlender Mitwirkung eines Verteidigers auch gegeben, wenn der Angeklagte nur wegen eines Vergehens verurteilt oder das Berufsverbot im Urteil nicht angeordnet worden ist[252]; anderes gilt nur, wenn erst der Staatsanwalt in seinem Schlußvortrag die Anordnung eines Berufsverbots beantragt hat, das Gericht diesem Antrag aber nicht gefolgt ist[253]. In den Fällen des § 140 Abs. 1 Nr. 2 und 3 führt die Abwesenheit des Verteidigers zur Aufhebung des Urteils in vollem Umfang auch, wenn die notwendige Verteidigung nur eine der abgeurteilten Taten betraf[254].

[247] BGHSt **15** 307; BGH LM § 140 Nr. 16; BayObLG NStZ **1990** 250; OLG Bremen NJW **1955** 1530; OLG Celle NJW **1962** 601; OLG Düsseldorf NJW **1964** 877; OLG Hamm NJW **1951** 614; **1957** 1530; NStZ **1982** 298; KG StV **1983** 186; OLG Karlsruhe NStZ **1991** 506; OLG Köln NStZ **1989** 543; OLG Zweibrücken NStZ **1986** 135; im Schrifttum z. B. KK-*Pikart* 79; *Kleinknecht/Meyer-Goßner*[43] 41; KMR-*Paulus* 63; *Roxin* § 42, 37; *Eb. Schmidt* 30; *Dahs/Dahs* 188; vgl. auch *Molketin* NStZ **1987** 476.

[248] LR-*Dünnebier*[23] § 141, 53 ff in Verb. mit § 140, 31; LR-*Meyer*[23] 87; OLG Hamburg StV **1984** 370; RGSt **68** 36; **74** 305; vgl. auch BGHSt **6** 202 und die weiteren bei LR-*Dünnebier*[23] § 141, 54 genannten Entscheidungen.

[249] Was streitig ist (vgl. OLG Karlsruhe NStZ **1991** 505); richtiger ist die Annahme eines Beurteilungsspielraums (OLG Hamm NStZ **1982** 298).

[250] Dazu näher insbes. *Eb. Schmidt* Nachtr. I § 140, 5, der Ausnahmen unter keinen Umständen zulassen will. OLG Hamm AnwBl. **1981** 199 zählt dazu entgegen den sonst geltenden Grundsätzen (oben Rdn. 84 mit Fußn. 208) auch die Abwesenheit des Wahlverteidigers im Falle notwendiger Verteidigung *gemäß § 140 Abs. 2* bei Verkündung der Urteilsformel; dagegen ausführlich *Molketin* AnwBl. **1981** 217.

[251] Zum ersteren BGHSt **15** 308; zum letzteren BGHSt **21** 180; BGH NStZ **1983** 375; StV **1986** 288; zust. KMR-*Paulus* 63; *Kleinknecht/Meyer-Goßner*[43] 41.

[252] Vgl. BGHSt **4** 322; RGSt **70** 318; RG HRR **1942** 256; KG StV **1985** 184.

[253] BGH bei *Dallinger* MDR **1957** 141; KMR-*Paulus* 55.

[254] BGH NJW **1956** 1767; BGH GA **1959** 55; RGSt **67** 12; **68** 398; KMR-*Paulus* 55; *Eb. Schmidt* Nachtr. I § 140, 6.

Ernst-Walter Hanack

96   Wenn der erschienene Verteidiger die **Verteidigung geführt** hat, kann mit der Revision grundsätzlich nicht geltend gemacht werden, daß er sie nicht ordnungsgemäß geführt habe[255]; eine Ausnahme kommt nur in Betracht, wenn der Verteidiger erkennbar verhandlungsunfähig war (oben Rdn. 83)[256]. Daß der notwendige Verteidiger es abgelehnt hat, einen Schlußvortrag zu halten, begründet jedenfalls nicht die Revision nach § 338 Nr. 5[257]. War die Verteidigung nach § 140 notwendig, so kann auch der zeitweilig nicht anwesende Wahlverteidiger die Revision auf § 338 Nr. 5 stützen (BGHSt **15** 308); eine Verwirkung tritt nicht ein (§§ 337, 269 ff, 281 ff).

97   **d) Beistände** (§ 149 StPO, § 69 Abs. 1 JGG) gehören nicht zum Personenkreis des § 338 Nr. 5[258].

98   **e) Privatkläger.** Ist gemäß § 387 Abs. 3 sein Erscheinen angeordnet, führt sein Ausbleiben zur Rechtsfolge des § 391 Abs. 2. Richtigerweise muß dies auch gelten, wenn er sich vor Ende der Urteilsverkündung entfernt; vgl. näher § 391, 31 f.

99   **f) Nebenkläger.** Er gehört nicht zu den Personen, die in der Hauptverhandlung anwesend sein müssen[259]. Er kann daher auch bei der Urteilsverkündung fehlen. Wird er von der Verhandlung ausgeschlossen, kann er das nach §§ 337, 336 rügen[260], ein anderer Beteiligter auf diesen Mangel die Revision jedoch nicht stützen[261]. Ist der Nebenkläger nicht geladen und darum in der Verhandlung nicht erschienen oder nur als Zeuge behandelt worden, liegt entgegen RGSt **28** 222 § 338 Nr. 5 ebenfalls nicht vor, wohl aber ein Verfahrensfehler gemäß § 337, auf dem das Urteil regelmäßig auch beruht[262].

100   **g) Dolmetscher.** Soweit und solange seine Mitwirkung gemäß § 185 Abs. 1 Satz 1 GVG erforderlich ist, weil ein Beteiligter der deutschen Sprache nicht mächtig ist (näher bei § 185 GVG), gehört der Dolmetscher zu den Personen, deren Anwesenheit das Gesetz vorschreibt (allg. M). Sein Fehlen oder seine zeitweilige Abwesenheit führt daher zum absoluten Revisionsgrund des § 338 Nr. 5[263]. Die fehlende Vereidigung des Dolmetschers steht der Abwesenheit nicht gleich, begründet aber unter Umständen die Revision nach § 337[264]. Ist der Angeklagte der deutschen Sprache teilweise mächtig, bildet das Fehlen oder die zeitweilige Abwesenheit des Dolmetschers nach h. M nicht ohne weiteres einen relativen Revisionsgrund, weil der Umfang der Mitwirkung dann vom pflichtgemäßen Ermessen des Tatrichters abhängen soll[265]; dabei ist jedoch Vorsicht geboten, also im Zweifel die Zuziehung oder Anwesenheit als erforderlich anzusehen[266].

---

[255] BGHSt **39** 314; BGH StV **1988** 470; NJW **1964** 1485; JR **1962** 428; RGSt **57** 373; RG JW **1938** 1644; heute ganz h. L; **a. A** RG HRR **1940** 344.

[256] *Kleinknecht/Meyer-Goßner*[43] 41; *Sarstedt/Hamm*[6] 409; BGH bei *Hanack* JZ **1971** 219 Fußn. 22.

[257] Vgl. BGH bei *Pfeiffer* NStZ **1981** 295, wo Revisibilität überhaupt verneint wird (was bedenklich erscheint; s. *Eb. Schmidt* Nachtr. I § 258, 10 a. E).

[258] BGHSt **4** 207; vgl. auch bei § 149.

[259] RGSt **28** 225; **31** 37; **59** 104; OLG Karlsruhe Justiz **1974** 345; vgl. auch bei § 397.

[260] RGSt **59** 104; OLG Karlsruhe Justiz **1974** 345; VRS **50** 119.

[261] RG JW **1931** 2501 mit abl. Anm. *Beling*; KMR-*Paulus* 69; *Sarstedt/Hamm*[6] 415.

[262] OLG Karlsruhe OLGSt § 218, 9; vgl. auch § 398, 5; *Dahs/Dahs* 195.

[263] BGHSt **3** 286 im Anschluß an RG GA **47** (1900) 384. Daß der Dolmetscher, der seine Aufgabe erfüllt, während der Verhandlung auch als Sachverständiger oder Zeuge auftritt, begründet nach BGH (BGHR Dolmetscher 1; bei KK-*Pikart* 80) nicht die Rüge der mangelnden Zuziehung.

[264] BGH NStZ **1982** 517; StV **1992** 551; **1997** 516; vgl. aber auch BGH NStZ **1984** 328; näher bei § 189 GVG.

[265] BGHSt **3** 285; BGH NStZ **1984** 328; StV **1992** 54; BGH GA **1963** 148 (zurückhaltend); RG GA **50** (1903) 394; ganz h. L; vgl. bei § 185 GVG.

[266] Vgl. BGH GA **1963** 148; OLG Frankfurt NJW **1952** 1310; *Eb. Schmidt* § 185 GVG, 3.

h) Sachverständige gehören nicht zum Kreis der Personen, deren ständige Anwesen- **101** heit in der Hauptverhandlung erforderlich ist (näher § 226, 15 ff). Auch wenn entgegen § 246 a kein Sachverständiger zugezogen worden ist, ist nach herrschender und richtiger Meinung nur die Rüge nach § 337 zulässig[267].

i) Urkundsbeamte der Geschäftsstelle. Ihre ständige Anwesenheit als Protokollfüh- **102** rer ist nach § 226 erforderlich; anderenfalls liegt der unbedingte Aufhebungsgrund des § 338 Nr. 5 vor[268]. Sie können sich aber ablösen und müssen auch nicht bei dem Gericht tätig sein, dem die erkennenden Richter angehören (§ 226, 9; 10). Ein Verzicht auf die Zuziehung ist unwirksam[269].

VII. Vorschriften über die Öffentlichkeit (Nummer 6)

1. Allgemeines. Unstreitig ist, daß § 338 Nr. 6 (jedenfalls primär, s. Rdn. 105 ff) dem **103** Interesse der Allgemeinheit an der Öffentlichkeit des Verfahrens dient, also den in § 169 Satz 1 GVG, Art. 6 Abs. 1 Satz 1 MRK, Art. 14 Abs. 1 IPBPR gewährleisteten Grundsatz schützt, daß Gerichtsverhandlungen regelmäßig öffentlich zu führen sind. Insoweit steht die Vorschrift daher auch nicht zur Disposition der Verfahrensbeteiligten, so daß z. B. der Angeklagte den absoluten Revisionsgrund auch dann geltend machen kann, wenn er selbst die unzulässige Ausschließung der Öffentlichkeit verlangt hatte[270]. Den durch § 338 Nr. 6 verbürgten strengen Schutz als „offensichtlichen Fehlgriff" des Gesetzgebers anzuse- hen[271], erscheint zumindest überzogen. Denn die Öffentlichkeit des Verfahrens ist, gerade im Strafprozeß, eine grundlegende Einrichtung des Rechtsstaats[272]. Der Bundesgerichts- hof hat seine Bedeutung häufig betont[273].

Nicht zu verkennen ist freilich, daß das Öffentlichkeitsprinzip insbesondere im Zei- **104** chen moderner Kommunikationsmethoden und eines weit stärker als früher auch auf die Persönlichkeitserforschung und auf subjektive Merkmale abstellenden materiellen Straf- rechts heute kritische **Probleme aufwirft**[274], die auch § 338 Nr. 6 berühren. Das gilt vor allem für die Frage, ob die traditionelle Begrenzung des unbedingten Revisionsgrundes auf die unzulässige Beschränkung der Öffentlichkeit (Rdn. 105 ff), die dem geltenden Recht zugrunde liegt, wirklich zwingend ist. Im übrigen fragt sich wohl auch, ob die Rechtsprechung der Revisionsgerichte den Schutz des Öffentlichkeitsprinzips in Anwen- dung des § 338 Nr. 6 nicht manchmal zu hoch ansetzt[275], andererseits aber in bestimmten Bereichen durch zunehmend verästelte Differenzierungen in einer Weise handhabt, die verwirren muß und nicht mehr überzeugen kann[276]. Mindestens erheblich abgemildert

---

[267] Vgl. § 246 a, 12 mit Nachw. in Fußn. 38.
[268] OLG Hamm JMBlNRW **1982** 155; OLG Olden- burg NdsRpfl. **1954** 34; OLG Schleswig bei *Erne- sti/Jürgensen* SchlHA **1973** 189.
[269] OLG Hamm aaO; KMR-*Paulus* § 344, 38; vgl. auch § 226, 21.
[270] BGH NJW **1967** 687; RGSt **64** 388; vgl. § 337, 269 ff, insbes. 271.
[271] So *Beling* JW **1931** 2506; *Schwinge* Jung-Festgabe 218.
[272] Näher etwa *Roxin* § 45; Verh. des 54. DJT, 1982, mit Gutachten *Zipf*. Vgl. auch bei § 171 b GVG.
[273] Z. B. BGHSt **3** 387; **7** 221; **21** 72; **22** 301; **23** 178; **28** 344.
[274] Näher auch dazu etwa die Verh. des 54. DJT, 1982; *Dahs* NJW **1984** 1921; *Jung* GedS H. Kaufmann 891.

[275] So insbesondere bei den Anforderungen an die Begründung eines Ausschließungsgrundes (vgl. *Miebach* DRiZ **1977** 271) und bei unberechtigter Ausschließung einzelner Personen als angebliche „Repräsentanten" der Öffentlichkeit (unten Rdn. 109). Zum Unbehagen an der Rechtsprechung s. *Salger* Verh. des 54. DJT, 1982, Bd. II S. K 98 f, 123 (und zu seinem, eher spontan geäußerten „ex- tremen" Vorschlag, § 338 Nr. 6 abzuschaffen, die unterschiedlichen Stellungnahmen aaO S. K 109, 121, 125, 131, 134, 138, 142, 143, 144).
[276] So insbesondere für die Anforderungen zur Wah- rung des Öffentlichkeitsprinzips bei auswärtiger Fortsetzung der Verhandlung (unten Rdn. 114).

sind hingegen seit der Einführung des § 171 b GVG durch das OpferschutzG die Probleme, die sich bis dahin für den wünschenswerten Schutz des höchstpersönlichen Lebensbereichs namentlich von Angeklagten und Zeugen ergaben[277]; insoweit dürfte sich insbesondere § 171 b Abs. 3 GVG positiv ausgewirkt haben, weil er die früher viel beklagte Gefahr bannt, daß die Tatgerichte, um den absoluten Revisionsgrund des § 338 Nr. 6 zu vermeiden, die gesetzlichen Möglichkeiten zum Ausschluß der Öffentlichkeit zu restriktiv handhaben.

105   **2. Anwendungsbereich.** Nach ständiger Rechtsprechung (begründet schon 1881 in RGSt **3** 297) und nach überwiegender Lehre erfaßt § 338 Nr. 6 nur die unzulässige Beschränkung der Öffentlichkeit („zu wenig Öffentlichkeit") nicht hingegen ihre unzulässige Erweiterung[278]. Obwohl eine solche Begrenzung im Gesetzeswortlaut selbst nicht zum Ausdruck kommt, spricht für sie sicher und namentlich, daß § 338 nur besonders schwere Verfahrensverstöße zum Gegenstand hat und auf den Schutz grundlegender Verfahrensvorschriften ausgerichtet ist, ein solcher Schutz zur Zeit der Entstehung der StPO jedoch aufgrund der geschichtlichen Entwicklung allein für das Öffentlichkeitsprinzip, nicht aber auch für seine damals durchaus spärlicheren Ausnahmen sinnvoll erscheinen mußte[279]; vgl. im übrigen Rdn. 107.

106   Zweifelhaft bleibt dennoch, ob nicht wenigstens der **Schutz des § 169 Satz 2 GVG** (Verbot von Ton-, Rundfunk- und Filmaufnahmen) vom absoluten Revisionsgrund des § 338 Nr. 6 erfaßt werden muß, zumal es hier um die Abwehr von Erweiterungen des Öffentlichkeitsprinzips geht, die es gewissermaßen desavouieren und seinen ihm *auch* innewohnenden Sinn verfälschen, daß der Richterspruch nicht durch sachfremde Einflüsse gefährdet wird. Dies hat in eindrucksvoller Weise namentlich *Eb. Schmidt* behauptet, nachdem § 169 Satz 2 GVG durch das StPÄG 1964 eingeführt worden ist[280]. Der Bundesgerichtshof hat die Frage zunächst offengelassen und sogar bezweifelt, ob sie jemals entschieden werden müsse, weil Fälle, in denen das Urteil auf dem Verstoß nicht beruhen könne, kaum denkbar seien[281]. In BGHSt **36** 119[282] hat er sie dann verneint, und zwar aufgrund der Entstehungsgeschichte und im Hinblick auf die begrenzte Tragweite des § 169 Satz 2 GVG (im konkreten Fall, einer cause célèbre, sogar das Beruhen i. S. des § 337 ausgeschlossen). Sehr überzeugend ist das nicht. Denn wenn auch nicht zu verkennen ist, daß das Gesetz mit dem Grundsatz der Öffentlichkeit im Interesse der Rechtsstaatlichkeit des Verfahrens „Übelstände aller Art"[283] in Kauf genommen hat: Das apodiktische Verbot des § 169 Satz 2 GVG schützt jedenfalls in Strafsachen ein so überragendes Anliegen der

---

[277] Vgl. zu diesen Problemen und den durch sie ausgelösten Forderungen insbes. *Rieß* FS Wassermann 969 mit Nachw.

[278] BGHSt **10** 206; **23** 85 (= JZ **1970** 34 mit Anm. *Eb. Schmidt*); **23** 178 mit weit. Nachw.; BGH MDR **1952** 153; BGH GA **1953** 84; BGH bei *Dallinger* MDR **1953** 149; bei *Holtz* MDR **1979** 458; RGSt **3** 297; **69** 402; **77** 186; RGRspr. **1** 324, 652; **4** 286; OGHSt **2** 338; KG JR **1950** 119; OLG Hamm HESt **2** 143; OLG Karlsruhe NJW **1975** 2082; OLG Köln NJW **1976** 637; aus dem Schrifttum z. B. KK-*Pikart* 84; *Kleinknecht/Meyer-Goßner*[43] 47; KMR-*Paulus* 73; *Eb. Schmidt* Nachtr. I 21; *Kühne* 383; *Peters* 529; *Schlüchter* 738; *Kleinknecht* FS Schmidt-Leichner 117; *Loewenstein* 51; *Zipf* JuS **1973** 253. Vgl. aber auch im folg. Text.

[279] Vgl. nur BGHSt **23** 178; wo es (ohne weitere Begründung) heißt, daß „nach der geschichtlichen Entwicklung daran kein Zweifel bestehen" kann; **a. A** insbes. *Roxin* JZ **1968** 805, dessen Heranziehung der Motive zu § 551 Nr. 6 ZPO wegen der insoweit anderen Rechtslage bei den Ausnahmen jedoch wenig überzeugt; ebenso aber *Sprenger* 69 ff.

[280] *Eb. Schmidt* Justiz und Publizistik (1968) 39 ff unter Aufgabe seiner früheren Ansicht (Nachtr. I § 338, 21); vgl. auch *Eb. Schmidt* NJW **1968** 804.

[281] BGHSt **22** 83 = NJW **1968** 804 mit Anm. *Eb. Schmidt* = JZ **1968** 803 mit Anm. *Roxin*.

[282] BGHSt **36** 119 = NStZ **1989** 375 mit abl. Anm. *Roxin* = StV **1989** 289 mit zust. Anm. *Fezer* = JR **1990** 385 mit abl. Anm. *Meurer*.

[283] *Eb. Schmidt* Teil I Nr. 402 mit Nachw.; vgl. auch BGHSt **10** 206.

Menschenwürde und des rechtsstaatlichen Verfahrensrechts, daß es angesichts seines „normativen Bezugspunkts" (*Roxin* JZ **1968** 805) zum Grundsatz des § 169 Satz 1 GVG als konkretisierender Bestandteil des Grundsatzes angesehen, also im Wege der (hier zulässigen) Rechtsfortbildung in den absoluten Revisionsgrund des § 338 Nr. 6 integriert werden sollte[284].

Darüber hinaus auch **Verstöße** gegen die **Vorschriften zum Ausschluß der Öffent-** **107** **lichkeit** dem § 338 Nr. 6 zu unterwerfen, erscheint allerdings nicht möglich[285]. Denn der Gesetzgeber hat, wie angedeutet (Rdn. 106), Nachteile des Öffentlichkeitsgrundsatzes bewußt in Kauf genommen. Und wenn er diesen Nachteilen heute auch durch einen erweiterten Katalog von Ausschlußmöglichkeiten zu begegnen sucht: dem Prinzip (Öffentlichkeit) seine Ausnahmen (Einschränkung im Einzelfall) generell gleichzustellen, wäre nahezu widersprüchlich, zumal die Ausnahmen durchaus unterschiedliches Gewicht besitzen und durchaus unterschiedliche Zwecke verfolgen. Es entspricht (im Strafprozeß) erkennbar auch nicht dem historischen Charakter des absoluten Revisionsgrundes (oben Rdn. 105). Dies zeigt sich auch daran, daß die strafprozessualen Ausschlußgründe (außer § 48 Abs. 1 JGG) fast durchweg als Kannvorschriften und mit unbestimmten Rechtsbegriffen umschrieben sind, die vom Tatrichter notwendigerweise in einem kurzen Zwischenverfahren beurteilt werden, und zwar typischerweise in einem Prozeßstadium, in dem noch nicht sicher feststeht, was zur Sprache kommen wird; dies aber verträgt sich nicht mit der Annahme eines absoluten Revisionsgrundes[286].

Eine **Revision nach § 337** wegen rechtsfehlerhaften Nichtausschlusses der Öffentlich- **108** keit bleibt hingegen möglich[287], soweit sie nicht durch § 171 b Abs. 3 GVG (näher dort) in Verb. mit § 336 Satz 2 StPO ausdrücklich für unanfechtbar erklärt ist. Die verwirrende Annahme von BGHSt **23** 82, die — vor der Neufassung des § 172 GVG durch Art. 22 Nr. 10 EGStGB — einen mit der Revision durchsetzbaren Anspruch auf Ausschließung selbst im Hinblick auf Art. 1, 2 GG und Art. 6 MKR geleugnet hat, ist durch die gesetzliche Entwicklung überholt, so daß es auf die berechtigte Kritik an ihr im übrigen[288] nicht ankommt. Nach § 337 kann also außer in den Fällen des § 171 b GVG gerügt werden, daß der Antrag des Angeklagten auf Ausschließung zu Unrecht abgelehnt worden ist[289]; gerügt werden kann ferner, daß das Gericht unter Verstoß gegen den Ausschließungsbeschluß öffentlich verhandelt hat[290], daß wegen der großen Zahl von Personen, denen gemäß § 175 Abs. 2 GVG der Zutritt gestattet war, die Verhandlung entgegen dem Ausschließungsbeschluß tatsächlich öffentlich geführt worden ist[291] oder daß eine am Verfahren nicht beteiligte Person in der nichtöffentlichen Sitzung anwesend war, ohne daß ein

[284] Im Ergebnis (neben *Roxin* und *Meurer*, s. Fußn. 282) ebenso *Beulke* 576; *Gössel* § 20 V; *Schlüchter* 738.2; *Kissel* § 169, 59; *Alwart* 895; *Ranft* Jura **1995** 579; *Zipf* Gutachten C zum 54. DJT, 1982, S. 97; **a. A** HK-*Temming* 5; KK-*Pikart* 84; *Kleinknecht/Meyer-Goßner*[43] 47; KMR-*Paulus* 73; LR-*Meyer* in der 23. Aufl. Rdn. 98.

[285] **A. A** *Rüping*[3] 430; *Schilken* 196; *Sprenger* 68 ff (eingehend); *Wolf* § 25 V; weitergehend auch *Roxin* insbes. FS Peters 404; NStZ **1989** 377; vgl. auch *Sarstedt/Hamm*[6] 422.

[286] *Kleinknecht* FS Schmidt-Leichner 118 unter Hinweis auf BGHSt **22** 26; **23** 180. Vgl. auch *Kühne* 383 und *Rieß* FS Wassermann 977.

[287] BGH bei *Holtz* MDR **1979** 458; BGH GA **1978** 13; *Kleinknecht/Meyer-Goßner*[43] 47; *Peters* 557; *Klein-*

knecht FS Schmidt-Leichner 118; *Zipf* JuS **1973** 350; vgl. KK-*Pikart* 84; KMR-*Paulus* 73 sowie im folg.

[288] *Peters* Nachtr. 21; *Hanack* JZ **1973** 731; *Eb. Schmidt* JZ **1970** 35; *Zipf* JuS **1973** 350; vgl. auch *Müller-Gindulles* NJW **1973** 1218.

[289] So – als Fall der Aufklärungsrüge – BGH NStZ **1998** 586; BGH bei *Holtz* MDR **1979** 458; BGH bei *Dallinger* MDR **1953** 149; RG HRR **1939** 278; OLG Dresden JW **1932** 3657 mit Anm. *Mamroth*; KG JR **1950** 119.

[290] BGH bei *Herlan* GA **1963** 102.

[291] RGSt **77** 186; KMR-*Paulus* 73.

Beschluß nach § 175 Abs. 2 Satz 1 GVG vorlag[292]. (Nur) nach § 337 gerügt werden kann auch, daß die Öffentlichkeit entgegen § 48 Abs. 1 JGG nicht ausgeschlossen wurde[293].

109   **3. Einzelheiten.** § 338 Nr. 6 greift nach dem Gesagten (Rdn. 105 ff) nur ein, wenn entgegen dem Gesetz nichtöffentlich verhandelt worden ist oder (Rdn. 106) ein Verstoß gegen § 169 Satz 2 GVG vorliegt. Im ersteren Fall erfaßt der absolute Revisionsgrund sowohl die Verletzung der Vorschriften über die Öffentlichkeit des Verfahrens als auch die Nichtbeachtung der für die Ausschließung der Öffentlichkeit vorgesehenen prozessualen Formen. Die prozessualen Formen der Beschränkung der Öffentlichkeit regelt § 174 Abs. 1 GVG. Wann die Öffentlichkeit entgegen § 169 Satz 1 GVG beschränkt oder ausgeschlossen werden darf, ist in den §§ 171 a bis 173, 175 und 177 GVG, §§ 48, 109 JGG bestimmt. Dort sind allerdings die Gründe, aus denen einzelnen Personen die Anwesenheit in der Hauptverhandlung versagt werden darf, nicht ganz erschöpfend aufgezählt[294]. Nach ganz herrschender Meinung liegt § 338 Nr. 6 nicht nur vor, wenn alle Zuhörer von der Verhandlung ausgeschlossen werden. Es soll genügen, daß einzelnen Personen, sofern sie „Repräsentanten" der Öffentlichkeit sind[295], in einer dem Gesetz nicht entsprechenden Weise der Zutritt versagt wird oder daß einzelne Zuhörer aus dem Verhandlungsraum entfernt werden[296]. Ob diese strenge Ansicht immer sachgemäß ist oder nicht mindestens dann einer teleologischen Einschränkung bedarf, wenn die ausgeschlossenen Einzelpersonen in Wahrheit eine „echte" Öffentlichkeit gar nicht repräsentieren, erscheint zweifelhaft[297], wie wohl auch das vergebliche Bemühen zeigt, solche Fälle von einer erlaubten Bitte um Entfernung[298] überzeugend abzugrenzen. Die genannten Vorschriften des GVG sind hier nicht zu erläutern. An dieser Stelle ist nur zu erörtern, wann ein Verstoß gegen sie den absoluten Revisionsgrund ergibt.

110   **§ 338 Nr. 6 liegt vor**, wenn die Verhandlung entgegen § 169 Satz 1 GVG nicht öffentlich geführt worden ist, obwohl das Gesetz einen Ausschluß nicht erlaubt und die Revision nicht gemäß §§ 171 b GVG, 336 Satz 2 StPO ausgeschlossen ist. Nicht öffentlich geführt ist die Verhandlung nach h. M auch, wenn das Gericht an einem Ort verhandelt, der fremdem Hausrecht untersteht und darum nicht jedermann zu der Verhandlung Zugang hatte[299], oder wenn das interessierte Publikum nicht ohne weiteres erkennen kann, ob oder wo eine öffentliche Verhandlung stattfinden soll[300]. Die Urteilsaufhebung ist ferner zwingend, wenn die Öffentlichkeit nur für einen bestimmten Verfahrensvorgang, etwa die Ver-

---

[292] BGH bei *Pfeiffer/Miebach* NStZ **1985** 207; RG LZ **1921** 114; OGHSt **2** 338; KMR-*Paulus* 73; vgl. auch OLG Stuttgart NJW **1969** 1776; BGH bei *Pfeiffer* NStZ **1981** 297 hält die stillschweigende Zulassung bzw. die stillschweigende Einwilligung der Verfahrensbeteiligten für möglich.

[293] BGHSt **23** 178; BGH MDR **1988** 791; bei *Kusch* NStZ **1984** 230; OLG Hamm HESt **2** 143; h. M, und zwar auch im JGG-Schrifttum (*Dallinger/Lackner* § 48, 7; *Eisenberg* § 48, 23; **a. A** *Zipf* Gutachten C zum 54. DJT, 1982, S. C 63).

[294] BGHSt **3** 388 (bezüglich des einer Anschlußtat Verdächtigen; *Schneiders* StV **1990** 91 hält die Entscheidung für überholt); BGHSt **17** 203; dazu *Kern* JZ **1962** 564; RGSt **64** 385.

[295] Vgl. OLG Karlsruhe NJW **1977** 311, wo das zu Recht für den Fall verneint wird, daß der auf die nächste Sitzung wartende, nach Meinung des Gerichts nicht angemessen gekleidete Sitzungsvertreter der Staatsanwaltschaft des Saals verwiesen wird.

[296] BGHSt **3** 388; **17** 205; **18** 180 = JR **1963** 307 mit Anm. *Eb. Schmidt*; **24** 330 = JZ **1972** 663 mit Anm. *Stürner*; BGH NStZ **1982** 389; BGH StV **1993** 450; RGSt **30** 244; **64** 388; OLG Karlsruhe NJW **1975** 2080 = JR **1976** 383 mit Anm. *Roxin*; OLG Koblenz NJW **1975** 1333; ganz h. L.

[297] Vgl. *Hanack* JZ **1973** 731 zu BGHSt **17** 205 und **18** 180; zu BGHSt **17** 205 kritisch auch *Kern* JZ **1962** 564.

[298] BGH NJW **1989** 469; dazu Anm. *Sieg* MDR **1989** 69; *Schneiders* StV **1990** 91; vgl. aber auch BGH NStZ **1993** 450; OLG Braunschweig StV **1994** 474.

[299] Vgl. BGH NJW **1979** 770 = JR **1979** 261 mit Anm. *Foth* für die Verhandlung in einer Justizvollzugsanstalt, die nur den dort tätigen Bediensteten zugänglich war; BGHSt **40** 191; dagegen *Lilie* NStZ **1993** 121.

[300] BGH NJW **1995** 3333; OLG Celle StV **1987** 288; im einzelnen streitig, s. näher bei § 169 GVG.

nehmung eines Zeugen zu bestimmten Punkten, ausgeschlossen war, dann aber nicht wiederhergestellt worden ist[301], oder wenn im Fall einer erneuten Vernehmung des Zeugen unter Ausschluß der Öffentlichkeit in derselben Verhandlung über den Ausschluß nicht erneut entschieden wurde (BGH GA **1981** 320). Gegeben ist § 338 Nr. 6 weiter, wenn die Öffentlichkeit nicht durch Gerichtsbeschluß, sondern vom Vorsitzenden allein ausgeschlossen worden ist[302], wenn der Beschluß, der die Öffentlichkeit ausschließt, entgegen § 174 Abs. 1 Satz 3 GVG den Ausschließungsgrund nicht oder (BGHSt **27** 118) nicht hinreichend klar angibt[303], nicht aus sich heraus verständlich ist[304] oder entgegen § 174 Abs. 1 Satz 2 nicht in öffentlicher Sitzung verkündet worden ist[305], wozu auch die Begründung gehört (BGH NStZ **1996** 202). Diese Grundsätze zur Handhabung des § 174 GVG werden durch den Ausschluß der Revision in den Fällen des § 171 b GVG (vgl. oben Rdn. 104) als solche nicht berührt, weil sich der Ausschluß nur auf die materielle Entscheidung des Tatgerichts, nicht aber auch auf die Formvorschrift des § 174 GVG bezieht[306]. Zur umstrittenen Frage, wieweit Kontrollen, die Ausgabe von Einlaßkarten und die Einbehaltung von Personalausweisen eine unzulässige Einschränkung der Öffentlichkeit bedeuten, die § 338 Nr. 6 unterfällt, s. näher bei § 176 GVG.

Das Reichsgericht hat auch die **unterlassene Anhörung** der Beteiligten nach § 174 **111** Abs. 1 Satz 1 GVG als unbedingten Revisionsgrund angesehen, wobei es eine ausdrückliche Worterteilung verlangte, die bloße Gelegenheit zur Äußerung also nicht genügen ließ[307]. Der Bundesgerichtshof hält das für eine nicht zu rechtfertigende Formstrenge. Er vertritt die Ansicht, daß es lediglich einer Anhörung nach § 33 bedarf, also genügt, wenn die Prozeßbeteiligten Gelegenheit zur Äußerung haben[308]. Ein Verstoß gegen die Anhörungspflicht nach § 33 soll nur nach § 337 gerügt werden können[309]. *Eb. Schmidt* (§ 174 GVG, 11) bezeichnet das als abwegig, weil § 174 GVG das Erfordernis einer „Verhandlung" gegenüber § 33 selbständig aufstelle und es damit zu einer Vorschrift über die Öffentlichkeit des Verfahrens im Sinne des § 338 Nr. 6 mache. Daran ist richtig, daß § 174 Abs. 1 Satz 1 GVG gegenüber § 33 die Sondervorschrift ist. Nicht einzusehen ist jedoch, daß ein Verstoß gegen sie nach § 338 Nr. 6 zur Urteilsaufhebung zwingen muß. Denn mehr als die Pflicht zur Anhörung bestimmt auch § 174 Abs. 1 Satz 1 GVG trotz der Formulierung von „verhandeln" nicht; um eine Vorschrift über die „Öffentlichkeit" des Verfahrens im eigentlichen Sinn geht es insoweit nicht.

Die **Urteilsverkündung** gehört nach h. M zur „mündlichen Verhandlung" im Sinne **112** des § 338 Nr. 6. Die Verkündung unter unzulässigem Ausschluß der Öffentlichkeit (§ 173

---

[301] BGHSt **7** 218; BGH bei *Dallinger* MDR **1970** 562; bei *Holtz* MDR **1976** 988; vgl. auch BGH bei *Hilger* NStZ **1983** 284.

[302] BGHSt **17** 222; BGH StV **1984** 499 L; OLG Braunschweig StV **1994** 474.

[303] BGHSt **1** 334; **2** 56; **27** 187; **41** 145 = StV **1996** 135 mit krit. Anm. *Park* bezüglich § 172 a Nr. 1a GVG; BGH NStZ **1982** 169; **1983** 324; MDR **1980** 773; RGSt **25** 249; OGHSt **3** 81; ganz h. L.; eingehend zu den Anforderungen bei den verschiedenen Ausschlußgründen *Gössel* NStZ **1982** 141; *Miebach* DRiZ **1977** 271; *Park* NJW **1996** 2213.

[304] BGHSt **1** 334; die Anforderungen insbesondere bei Bezugnahmen lockernd BGHSt **30** 301 ff; tendenziell auch BGH NStZ **1994** 591; StV **1990** 10 mit krit. Anm. *Frommel*.

[305] Z. B. BGH NStZ **1996** 203; StV **1985** 223; **1996** 135; BGH bei *Holtz* MDR **1976** 988; RGSt **70** 111;

das gilt auch, wenn der weitere Ausschluß der Öffentlichkeit nicht in öffentlicher Sitzung verkündet wird (BGH NStZ **1985** 38; vgl. aber auch BGH StV **1990** 10 mit Anm. *Frommel*).

[306] BGH StV **1990** 10; *Frommel* ebenda; *Rieß/Hilger* NStZ **1987** 208; ganz h. L.

[307] RGSt **1** 50; **10** 92; **35** 103; **57** 26, 264; **60** 280; **69** 176; ebenso OLG Düsseldorf HESt **1** 106; anders aber RGSt **69** 401 = JW **1936** 733 mit zust. Anm. *Siegert*; RG HRR **1939** 1967.

[308] BGH LM Nr. 1 zu § 338 Nr. 6; BGH JR **1979** 434 mit Anm. *Gollwitzer*; ebenso schon RGSt **37** 437; **47** 342; RG JW **1926** 270 mit Anm. *Oetker*; OGHSt **2** 113.

[309] BGH LM Nr. 2 zu § 33; BGH bei *Herlan* GA **1963** 102; BGH bei *Dallinger* MDR **1975** 199; ebenso *Kleinknecht/Meyer-Goßner*[43] 48; KMR-*Paulus* 81; **a. A** *Dahs/Dahs* 200.

Ernst-Walter Hanack

Abs. 1 GVG) ist daher ein unbedingter Revisionsgrund[310]. Zur Frage, ob in diesem Fall das Urteil mit allen Feststellungen aufgehoben werden muß, vgl. § 353, 20.

113 Sehr streitig ist, ob § 338 Nr. 6 ein **Verschulden des Gerichts** an der unzulässigen Beschränkung der Öffentlichkeit voraussetzt, wie die h. M annimmt[311]. Da bei Verfahrensverstößen auch sonst grundsätzlich die objektive Gesetzesverletzung ausreicht (§ 337, 69), hält eine eindringlich vertretene Mindermeinung das Abstellen auf ein Verschulden des Gerichts auch hier für unzulässig[312] und wirft der gegenteiligen Auffassung gewiß nicht ohne Grund eine gefährliche Aufweichung und Beschränkung des absoluten Revisonsgrundes vor. Zu bedenken ist indessen — mit der h. M —, daß eine objektive Verletzung des Öffentlichkeitsgrundsatzes leicht auch auf Umständen beruhen kann, die außerhalb des spezifischen Einflußbereichs und der spezifischen Einwirkungsmöglichkeiten des Gerichts liegen, von ihm also auch bei aufmerksamer Beachtung der Vorschriften über die Öffentlichkeit nicht bemerkt werden konnten. Bei diesen Eigentümlichkeiten gerade im Bereich der Pflichten zur Wahrung des Öffentlichkeitsprinzips[313] erscheint die Formstrenge der Mindermeinung zur Gewährleistung der durch § 338 Nr. 6 geschützten Interessen nicht zwingend erforderlich, so daß im Ergebnis die besseren Gründe für die Auffassung sprechen dürften, daß ein revisibler Verstoß gegen die Öffentlichkeit der Verhandlung ein dem Gericht zurechenbares Verhalten voraussetzt. Der Revisionsgrund greift daher grundsätzlich nur ein, wenn das Gericht oder der Vorsitzende eine die Öffentlichkeit unzulässig beschränkende Anordnung getroffen, eine ihnen bekannte Beschränkung nicht beseitigt oder (s. Rdn. 114) eine ihnen obliegende zumutbare Aufsichtspflicht verletzt haben. Hingegen begründet allein das Verschulden untergeordneter Beamter (Protokollführer, Gerichtswachtmeister) die Revision regelmäßig nicht und ebensowenig fehlerhafte Maßnahmen des Behördenleiters[314]. Gleiches gilt, wenn bloße mechanische Einflüsse (Zuschlagen der Außentür) zur Beschränkung der Öffentlichkeit geführt haben[315].

114 Allerdings ist eine **Aufsichtspflicht** des Vorsitzenden und des Gerichts gegenüber den untergeordneten Beamten und gegenüber sonstigen möglichen Fehlerquellen, die die Öffentlichkeit der Verhandlung gefährden, von dem hier vertretenen Standpunkt aus unabweisbar. Sie wird auch von der h. M bejaht. Die Formulierung des Bundesgerichtshofs, daß die Anforderungen insoweit „nicht überspannt" werden dürften[316], ist dabei eine für sich problematische Aussage, die aber nach dem Kontext der Formulierung ersichtlich nur die fortgesetzte Kontrolle in bezug auf atypische Vorgänge außerhalb des Gerichtssaals meint. Die Aufsichtspflicht besteht grundsätzlich nicht nur zu Beginn, sondern während der gesamten Dauer der Verhandlung und kann sich auch auf ihr vorausgehende Umstände beziehen (BGH NJW **1995** 3333). In ihrer Intensität orientiert ist sie namentlich

---

[310] BGHSt **4** 279; BGH MDR **1955** 246; BGH bei *Hilger* NStZ **1983** 342; RGSt **1** 90; **20** 283; **35** 103; **55** 103; **57** 26; **60** 279; OGHSt **3** 85; OLG Hamburg GA **1964** 26; OLG Oldenburg NJW **1979** 1506; weit überwiegende Lehre; **a. A** RGSt **69** 175, 401; **71** 377; OLG Köln HESt **1** 207; *Niethammer* SJZ **1984** 194; *Poppe* NJW **1955** 7; vgl. auch zu § 173 GVG.

[311] BGHSt **21** 74; **22** 301; BGH bei *Hilger* NStZ **1983** 341 f; **1995** 143; RGSt **2** 203; **43** 189; **71** 380; OLG Hamm NJW **1960** 785; **1970** 72; **1974** 781; OLG Neustadt MDR **1962** 1010; KK-*Pikart* 89; *Kleinknecht/Meyer-Goßner*[43] 49; KMR-*Paulus* 78; *Peters* Nachtr. zur 2. Aufl. (1970) 21; *Sarstedt/ Hamm*[6] 442; *Kissel* § 169, 57; weitere Nachw. bei *Mehle* S. 147 Fußn. 303 (der selbst **a. A** ist).

[312] *Eb. Schmidt* Nachtr. I 21; *Beling* 409 Fußn. 9 und GA **38** (1891) 619; *Beulke* 400; *Roxin* § 45, 19; *Beck* NJW **1966** 1976; *Dahs* GA **1976** 356; *Fuchs* JW **1912** 521; *Kohlmann* JA **1981** 582; eingehend *Mehle* 147 ff.

[313] Dazu BGHSt **21** 73; **22** 301 f.

[314] Vgl. insbes. BGHSt **22** 297 mit weit. Nachw.; RG DJZ **1912** 416; vgl. auch *Stürner* JZ **1972** 666, der für fehlerhafte Maßnahmen des Behördenleiters **a. A** ist.

[315] BGHSt **21** 72 mit Anm. *Beck* NJW **1966** 1976.

[316] BGHSt **22** 302; ebenso z. B. BayObLG GA **1970** 242 und MDR **1994** 1235; *Kuhlmann* NJW **1974** 1432.

an der Zuverlässigkeit des Gerichtspersonals[317]. Unter besonderen Umständen, insbesondere wenn die Sitzung nicht im Gerichtsgebäude stattfindet, führt die Aufsichtspflicht dazu, daß das Gericht sich selbst davon überzeugen muß, ob die Vorschriften über die Öffentlichkeit beachtet sind[318]. Dies gilt insbesondere bei auswärtiger Fortsetzung der Hauptverhandlung, weil hier immer wieder spezifische Fehlerquellen entstehen, die sich auch in einer schwankenden, unsicheren und in bedenklicher Weise auf den Einzelfall abstellenden Rechtsprechung niederschlagen[319]. Wenn das Gericht die Tatsachen kennt, aber rechtlich falsch bewertet, ist die Beschränkung der Öffentlichkeit immer verschuldet und der Revisionsgrund des § 338 Nr. 6 gegeben[320].

VIII. Fehlende Entscheidungsgründe. Verspätete Urteilsabsetzung (Nummer 7)

1. Fehlen der Entscheidungsgründe

a) Allgemeines. Auch ein Urteil ohne die in § 267 vorgeschriebenen schriftlichen **115** Gründe ist ein Urteil im Rechtssinne, das erst auf ein Rechtsmittel hin beseitigt werden kann, also angefochten werden muß[321]. Die verkündete Urteilsformel kann zwar nicht darauf beruhen, daß bei der nachfolgenden Urteilsabfassung keine Gründe niedergeschrieben werden oder daß ein schriftliches Urteil überhaupt nicht abgefaßt wird. Das Fehlen der Urteilsgründe macht aber die rechtliche Prüfung im Revisionsverfahren unmöglich. Nach heutigem Verständnis (§ 337, 121) muß das Urteil daher schon auf die Sachrüge aufgehoben werden[322]. Aus dieser Sicht ist es außer bei Prozeßurteilen unnötig[323], daß das Gesetz beim Fehlen der Urteilsgründe auch einen unbedingten verfahrensrechtlichen Revisionsgrund gibt[324].

b) Fehlende Gründe. Das Urteil enthält nicht nur dann keine Entscheidungsgründe, **116** wenn sie ganz fehlen (RGSt **40** 184), etwa weil der Richter nach der Urteilsverkündung erkrankt oder gestorben ist (OLG Celle NJW **1959** 1648). Urteilsgründe sind auch dann nicht vorhanden, wenn zwar ein Urteilsentwurf abgefaßt worden ist, der Richter das Urteil aber aus Rechtsgründen nicht wirksam unterschreiben kann, weil er inzwischen aus dem Richterdienst ausgeschieden ist[325], wenn die Unterschrift eines Richters fehlt, etwa weil ein Beisitzer sie verweigert[326] oder weil eine vorweg unterzeichnete Urteilsurkunde nicht auch spätere Änderungen durch den Vorsitzenden oder einen Beisitzer erfaßt[327]. Der feh-

---

[317] Näher dazu BGHSt **22** 302.

[318] BGH StV **1981** 3; BayObLG GA **1970** 242; OLG Bremen MDR **1966** 864; OLG Hamburg GA **1964** 27; OLG Hamm NJW **1960** 785; **1970** 72; JMBl-NRW **1973** 273; OLG Köln OLGSt § 169 GVG S. 15; **a. A** RGSt **43** 149 unter Aufgabe der in RGSt **23** 222 vertretenen Ansicht; BayObLG MDR **1994** 1235; offengelassen in BGHSt **21** 74.

[319] Vgl. z. B. (auch in ihren Unterschiedlichkeiten) BGH GA **1981** 311; **1982** 216; BayObLG MDR **1980** 780; OLG Düsseldorf StV **1982** 563; OLG Köln StV **1984** mit Anm. *Fezer*; StV **1992** 222; *Thym* NStZ **1981** 293 mit Nachw.; näher bei § 169 GVG.

[320] BGH MDR **1979** 247; OLG Hamm NJW **1974** 1781.

[321] BGHSt **8** 42; RGSt **2** 207; BayObLG NJW **1967** 1578.

[322] BGH bei *Kusch* NStZ **1993** 30; OLG Celle NJW **1959** 1648; heute allg. M; vgl. dazu z. B. *Kleinknecht* JR **1969** 470; *Lintz* JR **1977** 128; *Rieß* NStZ **1982** 445.

[323] KMR-*Paulus* 84; *Cramer* FS Peters 241; *Schwinge* Jung-Festgabe 220; vgl. auch *Sarstedt/Hamm*[6] 445 f.

[324] Nach Ansicht von *Kleinknecht* JR **1969** 470 handelt es sich in Wahrheit um eine Sachrüge; *Beling* 442 Fußn. 6 sieht den Sinn des § 338 Nr. 7 darin, daß dem Revisionsgericht verwehrt wird, das Beratungsergebnis auf andere Weise festzustellen.

[325] BayObLG NJW **1967** 1578; **a. A** *Kohlhaas* GA **1974** 147 ff; vgl. auch bei § 275.

[326] BGH bei *Dallinger* MDR **1954** 337.

[327] BGHSt **27** 334; BGH StV **1984** 274.

lenden Unterschrift setzt OLG Oldenburg MDR **1988** 253, an sich zu Recht, den Fall gleich, daß sie keinen hinreichend individualisierten Schriftzug erkennen läßt. Der Revisionsgrund des § 338 Nr. 7 liegt ferner vor, wenn bei mehreren Taten Urteilsgründe nicht für alle Taten vorhanden sind, etwa bei einer Tat fehlen[328]; das Urteil muß dann aber nur in diesem Umfang aufgehoben werden (RGSt **44** 29). Kein zwingender Aufhebungsgrund liegt jedoch darin, daß sich in den Akten nur eine beglaubigte Urteilsabschrift befindet; es genügt, daß eine Urschrift vorhanden ist[329].

117   **Mangelhafte Entscheidungsgründe** stehen für die revisionsrechtliche Überprüfung an sich dem Fall gleich, daß ein Urteil keine Gründe hat, weil diese Überprüfung auf unklaren, widersprüchlichen oder offensichtlich unvollständigen Feststellungen nicht aufbauen kann (vgl. § 337, 121 ff). Eine ältere Auffassung wollte daher bei solchen Mängeln, insbesondere im Fall des § 267 Abs. 2, den absoluten Revisionsgrund des § 338 Nr. 7 eingreifen lassen[330]. Nach jetzt allgemein vertretener Ansicht fallen sie jedoch nicht unter § 338 Nr. 7, namentlich weil insoweit grundsätzlich die Sachrüge eingreift; die Vorschrift ist danach also wörtlich zu nehmen[331].

118   **c) Sinngemäße Anwendung.** § 338 Nr. 7 ist entsprechend anzuwenden, wenn ein Urteil mit Gründen vorhanden gewesen, aber nicht zu den Akten gelangt[332] oder mit den Akten verlorengegangen ist und eine Abschrift nicht beschafft werden kann[333]. Daß die Urteilsurkunde nicht wiederhergestellt werden kann, begründet die Revision jedoch nicht, wenn ihr Inhalt jedenfalls aufgrund einer Abschrift oder Ablichtung feststeht[334].

2. Verspätet zu den Akten gebrachtes Urteil

119   **a) Allgemeines.** § 338 Nr. 7 ist durch das 1. StVRG dahin ergänzt worden, daß auch der Verstoß gegen § 275 Abs. 1 Satz 2 und 4 ein zwingender Aufhebungsgrund ist. Auf einer verspäteten Urteilsabsetzung beruht der Urteilsspruch zwar ebensowenig wie auf dem Fehlen der Entscheidungsgründe. Der Zeitverlust hat aber Einfluß auf die Richtigkeit und Vollständigkeit der für die Prüfung des Revisionsgerichts maßgebenden Urteilsgründe. Es läßt sich oft nicht mit Sicherheit ausschließen, daß sie bei alsbaldiger Urteilsabsetzung anders gelautet haben würden. Das hat den Gesetzgeber (im Zusammenhang mit der gleichzeitigen Reform des § 275) veranlaßt, die Urteilsaufhebung ohne Rücksicht darauf vorzuschreiben, ob das Urteil im Einzelfall Mängel aufweist; der Richter soll dadurch gezwungen werden, das Urteil innerhalb der gesetzlich vorgeschriebenen Frist abzufassen[335].

---

[328] RGSt **3** 149; **43** 298; RG JW **1935** 2981; *Kleinknecht/Meyer-Goßner*[43] 52; KMR-*Paulus* 85; *Eb. Schmidt* Nachtr. I 33; *Schlüchter* 739 Fußn. 521; *Rieß* NStZ **1982** 445; *Sarstedt/Hamm*[6] 448; **a. A** *Teske* 142. Zur Abgrenzung von den Fällen der nachgeholten Unterschrift nach Fristablauf (unten Rdn. 123) s. *Rieß* NStZ **1982** 445.

[329] OLG Celle MDR **1970** 608; ebenso im Ergebnis OLG Stuttgart MDR **1976** 511 = JR **1977** 126 mit Anm. *Lintz*, der aber aus § 275 Abs. 1 den Schluß zieht, die Urschrift müsse bei den Akten bleiben; ausdrücklich gegen diesen Schluß *Rieß* NStZ **1982** 444. Vgl. auch Rdn. 118.

[330] RGSt **3** 147; RG GA **56** (1909) 230; OLG Dresden JW **1928** 1881 mit Anm. *Löwenstein*; *von Kries* S. 674; *Oetker* JW **1927** 2628.

[331] BGH bei *Dallinger* MDR **1971** 548; RGSt **43** 298; **63** 168; RG JW **1935** 2981; OLG Schleswig bei *Er-*

nesti/Jürgensen SchlHA **1976** 173; KK-*Pikart* 94; *Kleinknecht/Meyer-Goßner*[43] 53; KMR-*Paulus* 85; *Eb. Schmidt* Nachtr. I 33; *Schlüchter* 739.

[332] RGSt **40** 184; **65** 373 = JW **1932** 1561 mit Anm. *Löwenstein*; RG GA **69** (1925) 115.

[333] RGSt **54** 101; heute allg. M. Gleiches gilt, wenn zweifelhaft ist, ob neu formulierte Urteilsgründe der verlorengegangenen Urteilsurkunde in allen Punkten inhaltlich entsprechen; so BGH NJW **1980** 1007; BGH bei *Holtz* MDR **1983** 450; KK-*Pikart* 93; KMR-*Paulus* 87; *Schlüchter* 739 Fußn. 522d.

[334] OLG Stuttgart JR **1977** 126 mit insoweit zust. Anm. *Lintz*; KK-*Pikart* 93; KMR-*Paulus* 87; *Schlüchter* 739 Fußn. 522d; zum Ganzen W. *Schmid* FS Lange 788.

[335] Vgl. *Rieß* NJW **1975** 88. Zur Entwicklung des Revisionsgrundes in der Praxis *Rieß* NStZ **1982** 441.

Eine **Wiedereinsetzung in den vorigen Stand** kommt nicht in Betracht, wenn der **120** Rechtsmittelberechtigte die Frist zur Einlegung der Revision (§ 341) hat verstreichen lassen und sich erst später zeigt, daß das Urteil verspätet zu den Akten gebracht worden ist, also an sich der absolute Revisionsgrund des § 338 Nr. 7 vorliegt[336]. Denn das Gesetz geht davon aus, daß die Entscheidung über die Revisionseinlegung schon aufgrund der mündlichen Urteilsgründe erfolgt.

b) Überschreitung des gesetzlich bestimmten Zeitraums. Nach § 275 Abs. 1 Satz 1 **121** ist das Urteil, wenn es nicht mit den Gründen bereits in das Protokoll aufgenommen worden ist, unverzüglich zu den Akten zu bringen. Ob das geschehen ist, prüft das Revisionsgericht nicht nach[336a]. Der zwingende Revisionsgrund ist aber gegeben, wenn die in **§ 275 Abs. 1 Satz 2** bestimmten Höchstfristen überschritten worden sind (dazu näher bei § 275). Maßgebend dafür, wann das Urteil zu den Akten gelangt ist, ist in erster Hinsicht der Eingangsvermerk nach § 275 Abs. 1 Satz 5. Er stellt aber keine unwiderlegliche Vermutung auf (vgl. bei § 275), so daß der Nachweis, daß das Urteil fristgerecht fertiggestellt zu den Akten gebracht worden ist, auch auf andere Weise und sogar im Widerspruch zum Inhalt des Eingangsvermerks festgestellt werden kann, und zwar auch durch nachträgliche dienstliche Erklärung des Richters[337]. Fehlt ein Eingangsvermerk und läßt sich auch nicht auf andere Weise feststellen, daß das Urteil rechtzeitig zu den Akten gelangt ist, so ist davon auszugehen, daß die Frist des § 275 Abs. 1 Satz 2 nicht eingehalten und der unbedingte Aufhebungsgrund des § 338 Nr. 7 gegeben ist[338].

Die Voraussetzungen einer zulässigen **Fristüberschreitung gemäß § 275 Abs. 1** **122** **Satz 4** beurteilt allein das Revisionsgericht[339]. Erforderlichenfalls stellt es hierüber im Wege des Freibeweises (§ 244, 3) Ermittlungen an[340], und zwar auch hinsichtlich der Frage, ob die Urteilsabsetzung dann mit der erforderlichen Beschleunigung (vgl. BGH NStZ **1982** 519) erfolgt ist. Ergeben sich Umstände, die der Fristeinhaltung entgegenstehen, nicht aus den Akten, hat insbesondere der Tatrichter nicht auf derartige Umstände hingewiesen, wird im allgemeinen ohne weiteres die Aufhebung des Urteils zu beschließen sein.

Nachträgliche Ergänzungen des Urteils sind nach § 275 Abs. 1 Satz 3 unzulässig; **123** das Revisionsgericht beachtet sie daher nicht. Die Ansicht von *Kleinknecht*[35] 23, der Tatrichter könne gleichwohl die *völlige* Urteilsaufhebung nach § 338 Nr. 7 dadurch abwenden, daß er innerhalb der Frist des § 275 Abs. 1 Satz 2 die zum Schuldspruch fertiggestellte Urkunde zu den Akten bringt, die Ausführungen zum Rechtsfolgenausspruch aber nachliefert, hat sich zu Recht nicht durchgesetzt[341]. Aus § 275 Abs. 1 Satz 2 ergibt sich eindeutig und aus gutem Grund, daß das Urteil innerhalb der gesetzlich bestimmten Frist

---

[336] *Stein* NJW **1980** 1086; *Mertens* NJW **1979** 1698; *Rieß* NStZ **1982** 422; vgl. auch § 44, 10; **a. A** *Pahlmann* NJW **1979** 98.

[336a] Vgl. BGHSt **29** 46; BGH NStZ **1992** 399; StV **1998** 477; entgegen *Hillenkamp* Die Revisionsabsetzungs- und die Revisionsbegründungsfrist im deutschen Strafprozeß (1998) 91 ff ist nach dem Sinn der Gesamtregelung eine solche Prüfung auch nicht in der Form eines relativen Revisionsgrundes möglich.

[337] BGHSt **29** 47 (wo diesen richterlichen Erklärungen „keine geringere Beweiskraft" zugeschrieben wird); OLG Karlsruhe Justiz **1977** 23; h. M, vgl. bei § 275.

[338] OLG Stuttgart GA **1977** 26; StV **1986** 144; OLG Hamm NJW **1988** 1991; KK-*Pikart* 96; *Kleinknecht/Meyer-Goßner*[43] 55; KMR-*Paulus* 90; *Dahs/Dahs* 210; *Rieß* NStZ **1982** 443.

[339] Vgl. BGHSt **26** 247 = JR **1976** 342 mit Anm. *Meyer*; OLG Hamm VRS **50** (1976) 121; OLG Karlsruhe Justiz **1976** 442; OLG Koblenz GA **1976** 251; MDR **1976** 950.

[340] KG StV **1986** 145 mit Nachw.; vgl. BTDrucks. **7** 551 S. 88.

[341] Ablehnend z. B. *Kleinknecht/Meyer-Goßner*[43] 56; KMR-*Paulus* 91; *Sarstedt/Hamm*[6] 460; *Rieß* NStZ **1982** 445; wohl auch KK-*Pikart* 97.

     Ernst-Walter Hanack

nicht nur teilweise zu den Akten gelangt sein darf, sondern die Urteilsgründe vollständig abgefaßt sein müssen. Schon nach dem Gesetzeswortlaut („Entscheidungsgründe") unschädlich ist es jedoch, wenn Rubrum und Urteilsformel noch fehlen, falls sie sich nur im Protokoll befinden; es liegt dann zwar ein Verstoß gegen § 275, nicht aber der absolute Revisionsgrund des § 338 Nr. 7 vor[342]. Die Nachholung richterlicher Unterschriften nach Ablauf der Fristen des § 275 Abs. 1 und 2 ist zwar nicht unzulässig, da darin keine Änderung der Urteilsgründe im Sinne des § 275 Abs. 1 Satz 3 liegt. Das Urteil ist dann jedoch nicht innerhalb der Frist vollständig zu den Akten gebracht (BGHSt 26 248), also gemäß § 338 Nr. 7 aufzuheben[343]. Entsprechendes gilt im Falle eines **Ersetzungsvermerks** gemäß § 275 Abs. 2 Satz 2, wenn die zulässige Prüfung ergibt, daß eine Verhinderung in Wahrheit nicht vorliegt[344]. Unschädlich dürfte es jedoch sein, wenn bei Verhinderung des Vorsitzenden entgegen § 275 Abs. 2 Satz 2 der dienstjüngere Richter für ihn unterschrieben hat[345].

IX. Unzulässige Beschränkung der Verteidigung (Nummer 8)

124   **1. Allgemeines.** Die Vorschrift ist nach einer im Schrifttum verbreiteten Meinung überflüssig, insbesondere weil sie wegen ihrer Bezogenheit auf einen für die Verteidigung wesentlichen Punkt die Aussichten der Revision in keiner Weise erweitere[346]. Allenfalls wird anerkannt, daß sie die gesetzlichen Rechte der Verteidigung besonders herausstellt bzw. den Grundsatz ihrer Unbeschränkbarkeit allgemein aufstellt und ihnen dadurch in der Praxis eine größere Beachtung verschafft, als wenn die Beschränkung der Verteidigung nur nach § 337 zu beurteilen wäre[347]. Tatsächlich hat die Vorschrift jedoch nicht nur in der historischen Entwicklung der Verteidigungsrechte eine eigenständige und wichtige Bedeutung (unten Rdn. 127). Sie besitzt eine solche Bedeutung mindestens in Einzelfällen auch heute noch (vgl. im folg. Text und unten Rdn. 127).

125   **2. Für die Entscheidung wesentlicher Punkt.** Nicht überzeugend ist auch die Auffassung der herrschenden Meinung, daß § 338 Nr. 8 keinen unbedingten Revisionsgrund enthalte. Die h. M meint, da nur die Beschränkung in einem für die Entscheidung wesentlichen Punkt zur Urteilsaufhebung führt, kämen für die Aufhebung lediglich Verfahrensmängel in Betracht, auf denen das Urteil auch beruhen kann, so daß insoweit kein Unterschied zu § 337 bestehe[348]; § 338 Nr. 8 erläutere also nur § 337 und stehe daher an falscher Stelle[349]. Dabei wird jedoch außer acht gelassen, daß es in § 338 Nr. 8 nur darauf ankommt, ob die Verteidigung *abstrakt* in einem wesentlichen Punkt beschränkt worden ist, nicht darauf, ob

---

[342] OLG Köln NJW **1980** 1405; *Schlüchter* 739; *Rieß* aaO.

[343] BGHSt **27** 335; **28** 197; BGH bei *Holtz* MDR **1978** 988; BGH StV **1984** 275; BayObLG GA **1981** 475; LG Düsseldorf NStZ **1981** 312; offengelassen in BGHSt **26** 248.

[344] BGHSt **28** 194; vgl. auch BGHSt **27** 335; OLG Zweibrücken StV **1990** 14. Der Ersetzungsvermerk wird (im Wege des Freibeweises) nur auf Willkür bzw. fehlerhafte Rechtsanwendung überprüft; vgl. BGHSt **31** 214; BGH StV **1993** 114.

[345] BGH bei *Holtz* MDR **1980** 456; *Schlüchter* 739.

[346] KMR-*Paulus* 4, 95; *von Hippel* 592 Fußn. 5; *von Kries* 674; *Roxin* § 53, 17; *Schwinge* 221 und Jung-Festgabe 219; *Dahs/Dahs* 213; *Alsberg/Nüse* 453; *Beling* JW **1926** 1227; *Cramer* FS Peters 242;

Frohne 276; *Fuhrmann* JR **1962** 326; vgl. auch KK-*Pikart* 99; *Kleinknecht/Meyer-Goßner*[43] 58; *Eb. Schmidt* 1.

[347] KMR-*Paulus* 95; *Dahs/Dahs* 213; *Rüping*[3] 655 betont die Ausprägung des Anspruchs auf rechtliches Gehör.

[348] BGHSt **30** 135; BGH NJW **1998** 2298; BGH VRS **35** 132; RGSt **44** 345; BayObLGSt **30** 118; KG StV **1996** 11; OLG Hamburg MDR **1964** 524; OLG Oldenburg NdsRpfl. **1951** 191; die in Fußn. 346 Genannten sowie LR-*Meyer* in der 23. Aufl. Rdn. 113.

[349] So insbesondere *Beling* 442 Fußn. 6 und JW **1926** 1227; *Seibert* JR **1952** 417; LR-*Meyer* in der 23. Aufl. Rdn. 113; *Schwinge* Jung-Festgabe 219 hält die Vorschrift für irreführend.

das Urteil auf diesem Punkt auch konkret beruht[350]. Dies aber kann in gewissen Einzelfällen durchaus von Bedeutung sein, wie z. B. BGHSt **10** 202 deutlich macht (vgl. *Mehle* 99 f).

3. Unzulässige Verteidigungsbeschränkung. Die h. M faßt die Unzulässigkeit einer **126** Beschränkung der Verteidigung, von der § 338 Nr. 8 spricht, dahin auf, daß sie wie die übrigen Vorschriften des § 338 die Verletzung einer besonderen Verfahrensvorschrift voraussetze[351]. § 338 Nr. 8 ist nach dieser Auffassung eine verfahrensrechtliche Blankettvorschrift, die durch die einzelnen Vorschriften der StPO und anderer Gesetze über die Rechte des Angeklagten und des Verteidigers ausgefüllt wird. In diesem Sinne ist die Bestimmung in zahlreichen Entscheidungen „angewendet", d. h. herangezogen oder erwähnt worden[352]. Zu irgendwelchen Rechtsfolgen, die nicht auch dann eingetreten wären, wenn nur die Verletzung der einzelnen Verfahrensvorschriften nach § 337 gerügt und geprüft worden wäre, führen diese Entscheidungen nicht; sie hätten auf die Erwähnung des § 338 Nr. 8 durchweg verzichten können.

Dieser **Auslegung des Wortes unzulässig** ist *Baldus* mit überzeugenden Gründen entgegengetreten[353]. Er weist darauf hin, daß das RG der Vorschrift durchaus einen materiellen Gehalt zuerkannt und sie insbesondere dazu benutzt hat, das Beweisantragsrecht zu entwickeln, das in der StPO zunächst nur unzulänglich geregelt war[354]. Erst später hat die Rechtsprechung es vorgezogen, den Fällen, in denen eine unzulässige Beschränkung der Verteidigung nicht unmittelbar gegen verfahrensrechtliche Einzelvorschriften verstößt, durch ausdehnende oder sinngemäße Anwendung solcher Vorschriften zu begegnen[355]. Die Gelegenheit, hierzu § 338 Nr. 8 zu verwenden, wurde nicht mehr genutzt, die dort gebrauchte Wendung „unzulässig" vielmehr mit den Einzelvorschriften der StPO identifiziert. *Baldus* erklärt mit Recht, daß § 338 Nr. 8, wenngleich nur für Ausnahmefälle, dennoch nicht überflüssig ist; denn es können Verteidigungsbeschränkungen vorkommen, die zu verbieten der Gesetzgeber trotz seines Bemühens, ein vollständiges System von Einzelbestimmungen zu schaffen und ständig zu ergänzen, unterlassen hat[356]. In der neueren Rechtsprechung finden sich Anzeichen dafür, daß die Revisionsgerichte die Vorschrift in

---

[350] Ebenso HK-*Temming* 35; KK-*Pikart* 101; *Kühne* 672; *Peters* 650; *Schlüchter* 743; *Sarstedt/Hamm*[6] 464 f; *Mehle* 98 ff; *Dünnebier* StV **1981** 506; *Gillmeister* NStZ **1997** 44, 45; *Schünemann* JA **1982** 129; *ter Veen* StV **1983** 170; zweifelnd *Baldus* FS Heusinger 374; kritisch *Erker* (s. bei § 337) 142 ff; *Roxin* § 53, 37 meint, „die Frage harrt noch weiterer Klärung".

[351] BGHSt **21** 360; **30** 137; RGSt **42** 170; BayObLG DAR **1957** 131; OLG Celle NdsRpfl. **1964** 234; OLG Düsseldorf HESt **3** 72 = SJZ **1950** 59 mit Anm. *Niethammer*; OLG Hamm GA **1977** 310; OLG Koblenz wistra **1983** 42; OLG Köln VRS **23** (1962) 296; OLG Stuttgart NJW **1979** 559; *Kleinknecht/Meyer-Goßner*[43] 59; KMR-*Paulus* 95; *Eb. Schmidt* 35; *Alsberg/Nüse* 453; *Fuhrmann* JR **1962** 323.

[352] So z. B. in BGHSt **1** 221; **21** 359; BGH NStZ **1981** 135; BGH NJW **1965** 2165; **1992** 847; BGH bei *Dallinger* MDR **1966** 26; **1973** 372; RGSt **57** 263; **64** 114; OGHSt **1** 212, 282; **3** 30, 142; BayObLG HESt **3** 32; OLG Düsseldorf StV **1983** 269; OLG Hamm JMBlNRW **1980** 81, 83; OLG Karlsruhe AnwBl. **1981** 18; OLG Köln VRS **23** 295; OLG Stuttgart JR **1979** 170.

[353] *Baldus* FS Heusinger 373; ihm ist schon LR-*Meyer* in der 23. Aufl. Rdn. 115 gefolgt: ebenso *Sarstedt/Hamm*[6] 467 ff; vgl. auch HK-*Temming* 36; KK-*Pikart* 100.

[354] Vgl. die Nachw. bei *Baldus* aaO 376.

[355] Besonders deutlich BGHSt **10** 202 (207); dazu *Baldus* aaO 378.

[356] Im Ergebnis ebenso OLG Köln NJW **1980** 302; VRS **70** (1986) 371; *Schlüchter* 741; *Mehle* 94 ff; auch KK-*Pikart* 99, 100; **a. A** BGHSt **43** 158; AK-*Maiwald* 37; KMR-*Paulus* 3, 102; *Roxin* § 53, 37; *Frohne* 267 ff; *Meyer-Goßner* NStZ **1982** 362, die statt dessen auf die Grundsätze des fairen Verfahrens und/oder der Fürsorgepflicht abstellen. Aber es erscheint für die von ihnen und die im folg. Text erörterten Fälle oft zweifelhaft, ob diese – doch recht vagen – Grundsätze wirklich greifen. Mindestens ein Teil der im folg. zit. Rechtsprechung hat das ersichtlich jedenfalls nicht gemeint. Vgl. auch *Rieß* JR **1998** 41, der in krassen Fällen die Anwendung des § 338 Nr. 8 für Verletzungen der richterlichen Pflicht zur Klarstellung des Informationsgehalts der Anklage erwägt.

---

dieser Weise nutzbar machen. So erwähnt BGH NJW **1964** 1485 im Zusammenhang mit der Rüge, das Gericht habe es zu Unrecht abgelehnt, einen Presseberichterstatter auszuschließen, der unsachliche und aufreizende Angriffe gegen den Verteidiger geführt habe, als verletzte Verfahrensvorschrift in erster Hinsicht § 338 Nr. 8. Nach BGH NJW **1957** 271 kann die Rüge, der Angeklagte sei in der Hauptverhandlung in unzulässiger Weise gefesselt worden, allenfalls auf § 338 Nr. 8 gestützt werden. In BGHSt **23** 244 wird die Urteilsaufhebung wegen Geheimhaltung der Personalien eines in der Hauptverhandlung vernommenen Zeugen (vor Einführung des § 68 Absatz 3) allein auf § 338 Nr. 8 gestützt. Die Entscheidung des BGH 5 StR 155/55 v. 24. 5. 1955[357] will für den Fall der unrechtmäßigen Verweigerung der Akteneinsicht unmittelbar auf § 338 Nr. 8 zurückgreifen, weil es insoweit an einer besonderen zum Schutz des Angeklagten gegebenen Vorschrift fehle (vgl. auch BGH StV **1988** 193). BGH JR **1980** 218 mit Anm. *Meyer* greift in einem krassen Fall, in dem der Tatrichter schlechthin alle weiteren Anträge des Verteidigers von vornherein abzulehnen beschlossen hatte, im wesentlichen unmittelbar auf § 338 Nr. 8 zurück. Und das OLG Köln (NJW **1961** 1127; **1980** 302) nimmt zu Recht in unmittelbarer Anwendung des § 338 Nr. 8 an, daß in Extremfällen ein Urteil aufzuheben ist, wenn dem Verteidiger oder dem Angeklagten in der Verhandlung ein Platz zugewiesen ist, von dem aus die Verteidigung nicht sachgerecht geführt werden kann. Eine Beruhensprüfung kommt in all diesen Fällen nicht in Betracht (oben Rdn. 125).

128   § 338 Nr. 8 bietet nach allem eine **letzte Sicherheit** für den Fall, daß das gesetzliche System der Verteidigungsrechte im Einzelfall eine Lücke zeigt. Ansonsten freilich ist die Vorschrift nahezu überflüssig, weil (und solange) das in den letzten Jahrzehnten aufgebaute System gesetzlicher Einzelvorschriften über die Verteidigungsrechte des Angeklagten besteht. Denn insoweit hat sie (nach der in Rdn. 125 vertretenen Meinung) revisionsrechtliche Bedeutung bei Verletzung dieser Einzelvorschriften nur, indem sie bei Verteidigungsbeschränkungen in einem wesentlichen Punkt jede Beruhensprüfung ausschließt; Fälle, in denen das einen Unterschied macht, dürften jedoch nicht häufig sein.

129   **4. Gerichtsbeschluß.** Die Anwendung des § 338 Nr. 8 setzt einen *in* der Hauptverhandlung ergangenen Gerichtsbeschluß voraus. Es genügt daher weder ein Beschluß vor der Hauptverhandlung[358], noch kann ohne weiteres gegen eine Anordnung des Vorsitzenden die Rüge nach § 338 Nr. 8 erhoben werden[359]. Dies hat jedoch nichts mit der umstrittenen allgemeinen Frage zu tun (s. § 337, 279 f), ob oder wann die Nichtanrufung des Gerichts zum Verlust einer Verfahrensrüge führt; insbesondere folgt aus § 338 Nr. 8 keine Einschränkung des § 337 dahin, daß die Revisibilität gegen Anordnungen, die die Verteidigung beschränken, auf Gerichtsbeschlüsse begrenzt ist[360].

130   Nach h. M steht die **unterlassene Bescheidung** eines Antrags durch das Gericht einem die Verteidigung beschränkenden Beschluß gleich[361]. Die einschlägigen Entscheidungen

---

Im Wortlaut wiedergegeben bei OLG Hamm NJW **1972** 1096.

[358] BGHSt **21** 359; BGH bei *Herlan* MDR **1955** 530; RGSt **20** 39; RG JW **1931** 1098 (mit Anm. *Mannheim*); **1932** 3099 (mit Anm. *Bohne*); OGHSt **2** 198; OLG Hamburg NJW **1967** 1577 und MDR **1985** 343; OLG Hamm NJW **1972** 1096; OLG Schleswig bei *Ernesti/Jürgensen* SchlHA **1975** 192; ganz h. L.

[359] RGSt **1** 109; **17** 46; RG JW **1926** 1225; **1931** 950; **1933** 520 mit Anm. *Henkel*; OLG Hamburg NJW **1953** 434; OLG Koblenz VRS **45** 285; OLG Neustadt NJW **1964** 313; OLG Stuttgart StV **1988** 145;

ganz h. L.; **a. A** OLG Düsseldorf SJZ **1950** 59 mit Anm. *Niethammer*.

[360] So mit Recht *Fuhrmann* JR **1962** 325; ebenso *Sarstedt/Hamm*[6] 152; *Erker* (s. bei § 337) 152; anders aber *Schlüchter* 742.

[361] BGH VRS **35** 132; RGSt **57** 263; **58** 80; **61** 273; RG JW **1926** 1225 (mit Anm. *Beling*); **1931** 1097 (mit Anm. *Mannheim*); OLG Düsseldorf GA **1979** 226; OLG Hamburg MDR **1964** 524; NJW **1967** 1577; OLG Hamm JMBlNRW **1980** 82 und 83; OLG Saarbrücken NJW **1975** 1615; OLG Zweibrücken MDR **1966** 528; ganz h. L.; **a. A** *Alsberg* JW **1929** 1047.

betreffen jedoch durchweg Verfahrensfehler, die auch nach § 337 erfolgreich hätten gerügt werden können, wie etwa die Nichtbescheidung eines Beweisantrags nach § 244 Abs. 6. Der § 338 Nr. 8 ist hier praktisch bedeutungslos[362].

5. Privat- und Nebenkläger. Einziehungsbeteiligte. Privat- und Nebenkläger können **131** die Beschränkung ihrer Rechte nicht nach § 338 Nr. 8 rügen; das gleiche dürfte trotz des § 433 Abs. 1 Satz 1 für Einziehungsbeteiligte gelten. Denn § 338 Nr. 8 betrifft nur die spezifischen Verteidigungsrechte des Angeklagten[363], nicht die sonstige Interessenwahrung.

X. Begründung von Verfahrensrügen gemäß § 338 Nummern 1 bis 8

1. Allgemeines. Auch die Rüge, mit der die Verletzung eines absoluten Revisions- **132** grundes geltend gemacht wird, unterliegt den Anforderungen des § 344 Abs. 2 Satz 2, die die Rechtsprechung streng oder sogar überstreng handhabt (näher § 344, 75 ff). Der Revisionsführer muß das gerade im Bereich des § 338 beachten, wo man sich manchmal des Eindrucks nicht ganz erwehren kann, daß die Revisionsgerichte die Anforderungen besonders hoch schrauben und sogar als gewisses Korrektiv gegenüber den weitreichenden Folgen eines unbedingten Revisionsgrundes benutzen[364].

2. Einzelheiten. Die Rechtsprechung verlangt grundsätzlich, daß alle tatsächlichen **133** Umstände, die den absoluten Revisionsgrund im Falle ihres Beweises ergeben, in der Revisionsbegründungsschrift so konkret angeführt sind, daß das Revisionsgericht die Möglichkeit des rechtlichen Mangels anhand der Schrift selbst erkennen kann (§ 344, 78 ff). Ausnahmen bestehen nur für Tatsachen, die dem Beschwerdeführer als justizinterne Vorgänge auch als Verfahrensbeteiligtem nicht zugänglich sind (§ 344, 79). Im einzelnen gilt danach (aber nicht unbedingt auch nach der Meinung des Bearbeiters, vgl. § 344, 80) insbesondere folgendes.

a) Vorschriftswidrige Gerichtsbesetzung (§ 338 Nr. 1). Die Revision muß die Tatsa- **134** chen, aus denen sich der Besetzungsfehler ergibt, genau bezeichnen[365]. Angegeben werden müssen daher die Namen der Richter, die nach Ansicht der Revision in der Sache nicht hätten mitwirken dürfen, sofern nicht gerügt wird, daß keiner der Richter hätte tätig werden dürfen[366]. Dargelegt werden müssen auch die Gründe, die der Mitwirkung der Richter entgegengestanden haben[367], und es müssen die Richter namentlich bezeichnet werden, die nach Ansicht des Beschwerdeführers zur Entscheidung berufen waren[368]. Wird gerügt, der erkennende Richter sei aufgrund eines Geschäftsverteilungsplans bestellt worden, der den Vorschriften der GVG nicht entspreche, muß das in tatsächlicher Hinsicht begründet werden[369]. Die Rüge, der Richter sei nach dem Geschäftsverteilungsplan nicht Mitglied des Spruchkörpers gewesen, verspricht Erfolg nur, wenn dargetan wird, daß er durch den Geschäftsverteilungsplan oder durch eine Anordnung gemäß § 21 i

---

[362] So schon *Alsberg* JW **1929** 1046.

[363] RG JW **1931** 2821 mit Anm. *von Scanzoni;* KG DJZ **1929** 510; heute allg. M, z. B. KK-*Pikart* 103; *Kleinknecht/Meyer-Goßner*[43] 58; KMR-*Paulus* 96; *Alsberg/Nüse* 867 Fußn. 5 mit weit. Nachw.; **a. A** OLG Königsberg JW **1928** 2293 mit Anm. *Stern*.

[364] So verwirft BGH GA **1983** 180 eine Revision trotz eines vom Senat ersichtlich selbst bejahten Verfahrensfehlers wegen einer (ganz belanglosen) Begründungsschwäche der Rechtfertigungsschrift. Vgl. auch § 344, 81.

[365] BGHSt **12** 33; **22** 170; BGH GA **1962** 371; bei *Kusch* NStZ **1995** 221; BayObLG StV **1984** 141.

[366] KK-*Pikart* 52 unter Bezugnahme auf BGH 5 StR 331/75 v. 16. 9. 1975.

[367] OLG Koblenz VRS **56** (1979) 38; OLG Schleswig bei *Ernesti/Jürgensen* SchlHA **1974** 184.

[368] BGHSt **36** 139; BGH NJW **1991** 51; GA **1980** 180; einschränkend KK-*Pikart* 52 („nicht unbedingt"); *Katholnigg* NStZ **1991** 352 („wenn möglich").

[369] BGHSt **10** 281; **12** 33; **28** 290; **40** 240 (für Änderungen des Plans); BayObLGSt **1968** 185.

Ernst-Walter Hanack

Abs. 2 GVG auch nicht zum Vertreter bestellt worden ist[370]. Ebensowenig genügt es, wenn die Revision vorträgt, der Beschluß über die Vertreterbestellung sein nicht rechtmäßig[371] oder die Schöffen seien nicht nach der Schöffenliste berufen worden[372]. Die Rüge, ein Richter oder Schöffe habe geschlafen oder sei sonst verhandlungsunfähig gewesen und habe darum wesentliche Vorgänge in der Hauptverhandlung nicht wahrnehmen können (oben Rdn. 38 ff), muß den Mangel und den in Betracht kommenden Verhandlungsabschnitt genau angeben[373]. Zu den Anforderungen an die Rüge, ein Richter sei vorübergehend an der Ausübung des Richteramts rechtlich verhindert gewesen, s. BGH NStZ-RR **1997** 353, und zur Rüge, ein Schöffe sei willkürlich von der Schöffenliste gestrichen oder von der Dienstleistung entbunden worden (vgl. Rdn. 34, 35), s. oben Rdn. 35.

135   Wird geltend gemacht, daß die **Rügepräklusion nicht eingreift** (§ 338 Nr. 1 Halbsatz 2), obwohl das Verfahren im ersten Rechtszug vor dem Landgericht oder dem Oberlandesgericht stattgefunden hat, muß der Beschwerdeführer die Tatsachen im einzelnen angeben, aus denen sich der Ausnahmegrund (Halbsatz 2 Buchst. a bis d) ergibt; vgl. dazu § 222 b, 50. So muß er z. B. im Falle des § 338 Nr. 1 Buchst. b darlegen, daß er den Einwand rechtzeitig geltend gemacht hat, und er muß gegebenenfalls den zurückweisenden Beschluß bezeichnen (BGH NJW **1990** 3220) bzw. ausführen, daß sein Einwand übergangen worden ist; im Falle des Buchst. c muß er Zeitpunkt und Inhalt seines Unterbrechungsantrags sowie den Inhalt des ihn ablehnenden Beschlusses mitteilen; und wenn er geltend machen will, die Unterbrechung sei zu kurz gewesen, muß er angeben, wie lange die Unterbrechung gedauert hat, welche Prüfung er hat vornehmen müssen und wohl auch, weshalb die Unterbrechung dazu nicht ausgereicht hat.

136   **b) Ausgeschlossene und abgelehnte Richter (§ 338 Nr. 2, 3).** Rügt der Beschwerdeführer, daß ein ausgeschlossener Richter mitgewirkt habe, muß er angeben, welcher Richter aus welchen Gründen ausgeschlossen war[374]. Wird die Verletzung des § 338 Nr. 3 behauptet, sind der Inhalt des Ablehnungsantrags und die Gründe des Ablehnungsbeschlusses mitzuteilen[375], wobei die Wiedergabe einzelner Sätze nicht als ausreichend angesehen wird[376]; anzugeben ist ferner der genaue Wortlaut der dienstlichen Äußerung des abgelehnten Richters gemäß § 26 Abs. 3 sowie u. U. der Inhalt eines anderen Urteils, wenn sich der Antrag darauf stützt[377]. Will der Beschwerdeführer geltend machen, der Tatrichter habe das Gesuch zu Unrecht gemäß § 26 a als verspätet verworfen, ist der Verfahrensablauf, um den es geht, vollständig mitzuteilen[378]. Bei Verwerfung des Ablehnungsantrags als unzulässig (§ 26 a) muß die Revision im übrigen auch die Tatsachen vortragen, aus denen sich ergibt, daß die Ablehnung *unbegründet* war[379]. Zu den Anforderungen, wenn entgegen § 24 Abs. 3 Satz 2 die Namen der mitwirkenden Richter nicht bekanntgegeben worden sind, s. § 28, 31.

137   **c) Fehlende Zuständigkeit (§ 338 Nr. 4).** Soweit die Rüge zulässig ist bzw. die Zuständigkeit nicht von Amts wegen geprüft wird (oben Rdn. 66 ff), muß der Beschwerde-

---

[370] BGHSt **22** 169; BayObLG StV **1984** 414; OLG Koblenz VRS **47** (1974) 271.

[371] OLG Neustadt VRS **28** (1965) 442.

[372] BGHSt **12** 244; BGH GA **1983** 180 mit Anm. *Katholnigg*; BGH bei *Dallinger* MDR **1969** 904.

[373] BGH bei *Dallinger* MDR **1974** 725; vgl. auch BGHSt **2** 15; BGH NStZ **1982** 41.

[374] BGH NJW **1962** 500; § 28, 31.

[375] BGH bei *Hilger* NStZ **1983** 340; RG Recht **1931** Nr. 457; BayObLG VRS **42** (1972) 46; OLG Karlsruhe Justiz **1974** 65; OLG Koblenz OLGSt § 244

Abs. 4 S. 31; § 77 d StGB S. 4; OLG Stuttgart NJW **1969** 1776. Vgl. auch Fußn. 376.

[376] BGHSt **21** 340; **27** 98; BGH bei *Dallinger* MDR **1972** 387; OLG Düsseldorf VRS **64** (1983) 41; OLG Koblenz MDR **1978** 423; OLG Schleswig bei *Ernesti/Jürgensen* SchlHA **1976** 172; § 28, 30.

[377] Zum ersteren BGHSt **37** 299; BGH StV **1981** 163; zum letzteren BGHR § 344 II Satz 2 Befangenheitsrüge 1.

[378] BGH bei *Holtz* MDR **1977** 109; § 28, 31a.

[379] BGH bei *Holtz* MDR **1977** 367; § 28, 31a.

führer auch hier die Tatsachen vortragen, aus denen sich die Unzuständigkeit ergibt, also z. B. darlegen, daß sich aufgrund einer Abtrennung eine veränderte Zuständigkeit ergeben hat (vgl. BGH NJW **1993** 2819) oder daß der vom Erwachsenengericht verurteilte Angeklagte noch Jugendlicher war und die tatsächlichen Voraussetzungen des § 103 Abs. 2 JGG nicht vorlagen. Rügt er die örtliche Unzuständigkeit oder die Verletzung der Zuständigkeit besonderer Strafkammern, hat er auch mitzuteilen, daß er den nach § 16 bzw. § 6 a erforderlichen Einwand rechtzeitig erhoben hat[380] und wie er beschieden worden ist.

d) Gesetzeswidrige Abwesenheit (§ 338 Nr. 5). Die Rüge verlangt grundsätzlich die **138** genaue Angabe, während welchen Teils der Hauptverhandlung der notwendige Prozeßbeteiligte abwesend war, weil die Revisionsgerichte prüfen (s. oben Rdn. 84 ff), ob es sich um einen wesentlichen Teil der Verhandlung gehandelt hat[381]. Bei Abwesenheit des Angeklagten sind ferner die Umstände darzulegen, aus denen sich ergibt, daß keine Eigenmacht im Sinne des § 231 Abs. 2 vorlag[382]. Wird die Verletzung des § 231 a gerügt (vgl. dort Rdn. 48), sind auch alle Tatsachen anzugeben, aus denen folgt, daß das Gericht nicht ohne den Angeklagten verhandeln oder weiterverhandeln durfte, aber verhandelt hat. Die Rüge, das Gericht habe im Fall des § 231 c unzulässigerweise den Beschwerdeführer betreffende Fragen behandelt, verlangt auch die Angabe, um welche Fragen es sich gehandelt hat[383]. Macht der Beschwerdeführer im Fall des § 247 geltend, das Gericht habe Verhandlungsteile unnötigerweise während der angeordneten Entfernung des Angeklagten vorgenommen (dazu bei § 247), sind die entsprechenden Teile genau zu bezeichnen. Die Behauptung, der Beschwerdeführer sei in seinem Recht auf Anwesenheit durch gesetzwidrige Entfernung aus dem Gerichtssaal beschränkt worden, verlangt nach dem Gesagten (oben Rdn. 133) auch die Angabe der Gründe, auf die das Tatgericht die Entfernung gestützt hat. Bei der Rüge, es sei entgegen § 185 GVG ohne Dolmetscher verhandelt worden, ist darzulegen, welche an der Verhandlung beteiligte Person aus welchen Gründen der deutschen Sprache nicht mächtig war und wohl auch (s. oben Rdn. 100), daß sie ihrer nicht teilweise mächtig war; wird ein Ermessensverstoß bei der teilweisen Heranziehung eines Dolmetschers (vgl. Rdn. 100) gerügt, ist in der Regel die Angabe der einzelnen Umstände erforderlich, derentwegen (bei einem wesentlichen Verhandlungsteil) die Heranziehung geboten war. Für die Rüge, ein notwendiger Beteiligter sei vorübergehend verhandlungsunfähig gewesen, gelten die Ausführung in Rdn. 134 entsprechend.

e) Vorschriften über die Öffentlichkeit (§ 338 Nr. 6). Macht die Revision geltend, **139** die Öffentlichkeit sei zu Unrecht ausgeschlossen worden, ist der genaue Inhalt des Ausschließungsbeschlusses anzugeben[384] und darzulegen, während welchen Zeitraums unter Ausschluß oder unter weiterem Ausschluß der Öffentlichkeit verhandelt worden ist. Rügt der Beschwerdeführer, daß ein Zuhörer ohne Gerichtsbeschluß des Saals verwiesen wurde, sind die entsprechenden Vorgänge im einzelnen zu dokumentieren. Gleiches gilt, wenn der Beschwerdeführer einen Ausschluß der Öffentlichkeit in sonstiger Weise, etwa durch eine zugeschlagene Tür (oben Rdn. 113) oder durch zeitlich verzögerten Zutritt zur Verhandlung, behauptet[385]; er muß dann soweit möglich (s. Rdn. 113) auch die Umstände

---

380 Vgl. BGH GA **1980** 255 für § 16.
381 BGHSt **26** 91; BGH GA **1963** 19; BGH bei *Holtz* MDR **1981** 457 für den Angeklagten; § 230, 51. Nach BGH StV **1983** 3 braucht der Angeklagte jedoch nicht anzugeben, worüber in seiner Abwesenheit verhandelt wurde und was die dabei vernommenen Personen ausgesagt haben.
382 Dazu die Nachw. bei § 231, 36.
383 Eingehend *Schlothauer* FS Koch 254.

384 BGH NJW **1982** 1655, wo die Bezugnahme auf das Sitzungsprotokoll nicht für ausreichend erklärt wird; läßt man beim Ausschließungsgrund Bezugnahmen zu (vgl. oben Rdn. 110 Fußn. 304), wird der Beschwerdeführer ihren Inhalt mitzuteilen haben, vgl. BGH NStZ **1994** 591.
385 Zum letzteren BGHSt **28** 342; **29** 262 für Fälle vorheriger Zuhörerkontrolle.

Ernst-Walter Hanack

darlegen, aus denen sich nach seiner Auffassung ein Verschulden des Gerichts (oben Rdn. 113 f) an der versehentlichen Verletzung des Grundsatzes der Öffentlichkeit ergibt[386]. Rügt der Angeklagte, daß ein Ausschließungsantrag zu Unrecht abgelehnt wurde, so muß er, weil es sich insoweit um einen relativen Revisionsgrund handelt (oben Rdn. 107, 108), neben den Anträgen und Beschlüssen auch darlegen, welche zusätzlichen Angaben er gemacht oder welche zusätzlichen Anträge er bei Ausschluß der Öffentlichkeit gestellt hätte[387].

140   **f) Verspätete Urteilsabsetzung (§ 338 Nr. 7, 2. Alt.).** Rügt der Beschwerdeführer, das Urteil sei nicht fristgemäß zu den Akten gebracht worden, muß er alle Tatsachen angeben[388], die dem Gericht die Berechnung der Frist des § 275 Abs. 1 Satz 2 ermöglichen, also den Tag der Urteilsverkündung und den Tag, an dem es im Sinne des § 275 zu den Akten gebracht wurde[389]. Die Angabe, wie lange die Hauptverhandlung gedauert hat, ist eigentlich höchstens im Ausnahmefall des § 275 Abs. 1 Satz 2 Halbsatz 2 erforderlich[390]; der Beschwerdeführer sollte sie angesichts einer nicht ganz klaren Rechtsprechung[391] freilich besser auch sonst angeben. Im Falle des § 275 Abs. 1 Satz 4[392] sollte sich der Beschwerdeführer soweit möglich (oben Rdn. 133) auch zu den Tatsachen äußern, die der Annahme „besonderer Umstände" entgegenstehen, sofern sie aus den Akten ersichtlich sind (vgl. auch Rdn. 122).

141   **g) Unzulässige Beschränkung der Verteidigung (§ 338 Nr. 8).** Soweit der Revisionsgrund in besonderen Fällen heranzuziehen ist (oben Rdn. 127), sind die den Verstoß begründenden Tatsachen im einzelnen darzulegen. Der Nachweis eines kausalen Zusammenhangs ist dann nach der hier vertretenen Meinung nicht erforderlich (Rdn. 127 a. E.); von ihrem gegenteiligen Standpunkt aus (Rdn. 125) verlangt die Rechtsprechung, daß der Beschwerdeführer Tatsachen vorträgt, aufgrund derer das mögliche Beruhen geprüft werden kann[393].

§ 339

Die Verletzung von Rechtsnormen, die lediglich zugunsten des Angeklagten gegeben sind, kann von der Staatsanwaltschaft nicht zu dem Zweck geltend gemacht werden, um eine Aufhebung des Urteils zum Nachteil des Angeklagten herbeizuführen.

Schrifttum. *Momsen* Verfahrensfehler und Rügeberechtigung im Strafprozeß (1997 = Diss. Göttingen 1996).

Bezeichnung bis 1924: § 378.

---

[386] Verfehlt BayObLG MDR **1994** 1235, wonach der Beschwerdeführer „unter Umständen gehalten ist, ‚ins Blaue' (entsprechende) Behauptungen aufzustellen".

[387] BGH bei *Holtz* MDR **1979** 109, 458.

[388] Daß dies nicht bei erhobener Sachrüge gelte, wie das OLG Koblenz meint (OLGSt § 222 StGB S. 50 und § 275 S. 16), ist aus heutiger Sicht nicht richtig; näher *Rieß* NStZ **1982** 446.

[389] BGHSt 29 44; 29 203 = JR **1980** 520 mit abl. Anm. *Peters* (dazu auch § 344, 81); *Rieß* NStZ **1982** 446 mit weit. Rspr.-Nachw. in Fußn. 118.

[390] BGHSt **29** 44; BGH NJW **1980** 1292; KK-*Engelhardt* § 275, 73; KMR-*Paulus* 93; *Schlüchter* 739 Fußn. 222a; *Rieß* aaO; anders KK-*Pikart* 98, wo „in der Regel" die Angabe verlangt wird.

[391] Näher *Rieß* aaO, insbes. Fußn. 120, 121; vgl. auch KK-*Pikart* 98.

[392] Verwirrend dazu KK-*Pikart* 98.

[393] BGH NStZ **1998** 369; bei *Spiegel* DAR **1982** 206; OLG Köln VRS **70** (1986) 371.

1. Allgemein. Daß das Gesetz Vorschriften kennt, die „lediglich zugunsten des Ange- **1**
klagten gegeben sind", ist an sich eine problematische Vorstellung (vgl. auch Rdn. 3).
Gemeint ist folgendes. Es gibt Bestimmungen, deren Verletzung sich nur zuungunsten des
Angeklagten auswirken kann, bei denen aber rechtlich nicht vorstellbar ist, daß ihm die
Verletzung einen Vorteil bringen könnte (vgl. *Eb. Schmidt* 5). Wird dem Angeklagten z. B.
entgegen § 140 kein Pflichtverteidiger bestellt, so kann diese Verfahrensverstoß aus rechtlicher Sicht nicht zu seinen Gunsten wirken. Bei derartigen Vorschriften kann der Angeklagte die Rechtsverletzung mit der Revision rügen. Auch die Staatsanwaltschaft kann die
Revision darauf stützen, wenn sie das Rechtsmittel gemäß § 296 Abs. 2 nur zugunsten des
Angeklagten einlegt (RGSt **5** 221). Ist jedoch trotz Verletzung einer solchen Vorschrift ein
dem Angeklagten günstiges Urteil ergangen, ist er z. B. trotz des nicht bestellten Pflichtverteidigers freigesprochen worden, so wird im allgemeinen nicht zweifelhaft sein, daß
sich die Rechtsverletzung auf das Urteil nicht ausgewirkt hat. Indem § 339 es für unzulässig erklärt, eine zuungunsten des Angeklagten eingelegte Revision auf die Verletzung der
Rechtsnorm zu stützen, schließt er aus, daß die Staatsanwaltschaft in dem erörterten Beispiel den absoluten Revisionsgrund des § 338 Nr. 5 geltend macht. Und er verhindert bei
relativen Revisionsgründen, daß das Revisionsgericht bezüglich einer nur zugunsten des
Angeklagten gegebenen Rechtsnorm die Frage des Beruhens überhaupt prüfen muß. § 339
stellt also sicher, daß die Staatsanwaltschaft die in Frage stehende Rechtsnorm nicht dazu
benutzt, um im Rechtsmittelzuge ein ihm ungünstigeres Urteil anzustreben (*Eb. Schmidt*
5), also Schutzbestimmungen für den Angeklagten sich „gleichsam in ihr Gegenteil ver-
kehren" (*Schlüchter* 723.2). § 339 schränkt insoweit insbesondere die Vorschrift des § 337
ein. Über ihr umstrittenes Verhältnis zur „Rechtskreistheorie" s. § 337, 97.

2. Rechtsnormen im Sinne des § 339 sind nach ganz h. M nur Verfahrensvorschrif- **2**
ten[1]; die Verletzung sachlichrechtlicher Bestimmungen kann die Staatsanwaltschaft mit
einer zuungunsten des Angeklagten eingelegten Revision ohne Einschränkung rügen.

Gemeint sind nach dem Zweck der Vorschrift (Rdn. 1) vor allem Normen über Ver- **3**
fahrensbefugnisse des Angeklagten oder seines Verteidigers, die speziell seinem Schutz
dienen oder speziell darauf abzielen, seine prozessuale Lage aussichtsreicher zu gestalten,
insbesondere seine Verteidigungsmöglichkeiten zu verstärken (*Eb. Schmidt* 2). Ob eine
Bestimmung in diesem Sinne nur zugunsten des Angeklagten wirkt oder ob sie nach ihrer
allgemeinen prozessualen Bedeutung, namentlich zur Sicherung der Wahrheitserforschung, auch gegen ihn gegeben ist, läßt sich nicht immer leicht sagen, weil natürlich auch
die speziell dem Schutz und der Verteidigung des Angeklagten dienenden Normen etwas
mit dem Allgemeininteresse an der Rechtsstaatlichkeit des Verfahrens zu tun haben (so
daß die Differenzierung des Gesetzes nicht sonderlich glücklich erscheint; vgl. auch
Rdn. 6). Nicht unbedingt entscheidend dürfte sein, ob der Angeklagte auf die Einhaltung
der Vorschrift verzichten kann[2]. Wesentlich ist vor allem, wieweit die Vorschrift nicht nur
als Reflex auch der Rechtsstaatlichkeit des Verfahrens im Allgemeininteresse dient
(KMR-*Paulus* 5; vgl. auch KK-*Pikart* 3), und wichtig wohl auch, wieweit auf ihrer Verletzung ein dem Angeklagten günstiges Urteil beruhen kann (gegen diese Sicht *Momsen*
178 ff). Dabei kommt es auf die allgemeine Bedeutung der Vorschrift, nicht auf die
Besonderheiten des einzelnen Straffalls an (RGSt **29** 48). AK-*Maiwald* 4 will mit Aus-

---

[1] RGSt **3** 385; AK-*Maiwald* 1; KK-*Pikart* 5; *Klein-
knecht/Meyer-Goßner*[43] 3; KMR-*Paulus* 1; *Eb.
Schmidt* 1 mit weit. Nachw.; *Henkel* 397 Fußn. 15;
Peters 650; *Amelunxen* 50; offengelassen in BGH
LM Nr. 1. Zur Berücksichtigung gemäß § 154 ein-

gestellter Taten im Urteil vgl. bei § 154 (24. Aufl.
Rdn. 77).
[2] So aber *Kleinknecht/Meyer-Goßner*[43] 4; KMR-*Paulus* 5; LR-*Meyer*[23]; vgl. auch AK-*Maiwald* 4; eingehend *Momsen* insbes. 79 ff.

nahme der Vorschriften über die Gerichtsverfassung im weiteren Sinne auch bei rechtsstaatlich unverzichtbaren Fundamentalnormen nur darauf abstellen, ob sie *auch* dem
Schutz des Angeklagten dienen.

4   **3. Nur zugunsten des Angeklagten** in dem umschriebenen Sinne dienen die Vorschriften der §§ 140, 145 über die notwendige Verteidigung[3]; des § 146 über die Unzulässigkeit der gemeinschaftlichen Verteidigung mehrerer Angeklagter[4]; des § 217 über die
Ladungsfrist[5]; des § 244 Abs. 3 über das Verbot der Wahrunterstellung von Tatsachen
zuungunsten des Angeklagten[6]; der §§ 231 Abs. 2, 231 b Abs. 4, 247 Satz 4 über die
Unterrichtung des abwesenden bzw. des zwangsweise entfernten Angeklagten; des § 257
über die Befragung des Angeklagten nach jeder Beweiserhebung[7]; des § 258 Abs. 2 über
das letzte Wort[8]; des § 265 über den Hinweis auf veränderte Gesichtspunkte[9]; des § 266
Abs. 1 über die Zustimmung des Angeklagten zur Nachtragsanklage[10]; ferner alle Vorschriften, die, wie § 136 Abs. 1, § 228 Abs. 3, § 243 Abs. 4 Satz 1, Belehrungen und Hinweise an den Angeklagten vorsehen[11].

5   **Nicht nur zugunsten des Angeklagten** wirken hingegen namentlich Verletzungen des
§ 338, die zur Aufhebung des Urteils führen, ohne daß es darauf ankommt, ob es auf dem
Verstoß beruht (vgl. Rdn. 1). Dazu gehören die Vorschriften der §§ 22, 23 über den Ausschluß von Richtern[12]; des § 230 Abs. 1 über das Verbot der Verhandlung gegen einen
ausgebliebenen Angeklagten[13]; des § 169 GVG über die Öffentlichkeit[14]; die Vorschriften
über die ordnungsgemäße Besetzung des Gerichts (RG JW **1930** 2573) und über die Frist
zur Urteilsabsetzung (BGH NStZ **1985** 185). Nicht nur zugunsten des Angeklagten
besteht auch die Vorschrift des § 264 über den Gegenstand der Verurteilung[15]; des § 244
über die Verletzung der Aufklärungspflicht, so daß die Staatsanwaltschaft insoweit rechtsfehlerhafte Wahrunterstellungen rügen kann (BGH bei *Pfeiffer* NStZ **1982** 189); des
§ 264 a (BGH NJW **1994** 231). Beanstanden kann die Staatsanwaltschaft auch, daß der
Tatrichter mit einer Wahrunterstellung den Sinngehalt eines Beweisantrags nicht
erschöpft habe (BGH NStZ **1984** 564).

6   **4. Erweiternde Auslegung der Vorschrift.** § 339 ist über seinen Wortlaut hinaus der
allgemeine Grundsatz zu entnehmen, daß kein Prozeßbeteiligter ein Rechtsmittel zuungunsten seines Prozeßgegners auf die Verletzung von Verfahrensvorschriften stützen
kann, wenn die rechtsfehlerfreie Anwendung der Vorschrift diesem nur einen Vorteil hätte
bringen können[16]. Das gilt auch für die Staatsanwaltschaft. Deren Aufgabe ist es zwar, im

---

3 AK-*Maiwald* 4; KK-*Pikart* 2; *Kleinknecht/Meyer-
Goßner*[43] 4; KMR-*Paulus* 4; *Eb. Schmidt* 3; *Amelunxen* 54.

4 KMR-*Paulus* 4; *Amelunxen* 54.

5 KMR-*Paulus* 4; *Loewenstein* 14; *Sarstedt/Hamm*[6]
48.

6 BGH NStZ **1984** 564; bei *Nehm* DAR **1994** 189;
RG HRR **1939** 817; OLG Stuttgart JR **1968** 151
mit Anm. *Koffka*; KK-*Pikart* 3; *Kleinknecht/Mey-
er-Goßner*[43] 4; KMR-*Paulus* 4; vgl. aber auch
Rdn. 5.

7 RGSt **59** 101; KK-*Pikart* 2; *Eb. Schmidt* 3.

8 *Peters* 650; *Roxin* § 53, 38; *Amelunxen* 54.

9 BGH bei *Dallinger* MDR **1968** 18; RGSt **5** 221;
OLG Stuttgart MDR **1955** 505; KK-*Pikart* 2; *Eb.
Schmidt* 3; *Loewenstein* 14, 66; *Sarstedt/Hamm*[6]
48; offengelassen von BGH bei *Dallinger* MDR
1955 652.

10 KMR-*Paulus* 4; *Amelunxen* 54.

11 KK-*Pikart* 2; *Kleinknecht/Meyer-Goßner*[43] 4;
KMR-*Paulus* 4; *Eb. Schmidt* 3; vgl. auch RGSt **59**
101.

12 RGSt **59** 267; KK-*Pikart* 3; *Kleinknecht/Meyer-
Goßner*[43] 5; KMR-*Paulus* 5; *Sarstedt/Hamm*[6] 47.

13 BGHSt **37** 250; RGSt **29** 48; **60** 108; KK-*Pikart* 3;
Kleinknecht/Meyer-Goßner[43] 5; **a. A** *Eckstein* GerS
84 (1916) 401.

14 RGSt **1** 91; OLG Köln OLGSt § 169 GVG S. 15;
KMR-*Paulus* 5; *Peters* 650; *Roxin* § 53, 38;
Loewenstein 14; **a. A** *Eckstein* GerS **84** (1916) 399.

15 *Kleinknecht/Meyer-Goßner*[43] 5; KMR-*Paulus* 5;
Sarstedt/Hamm[6] 47.

16 KK-*Pikart* 1; *Kleinknecht/Meyer-Goßner*[43] 6; *Sar-
stedt/Hamm*[6] 46; kritisch *Amelunxen* 55.

Allgemeininteresse über die Einhaltung aller Verfahrensbestimmungen zu wachen; sie kann Rechtsmittel auch einlegen, wenn sie durch die Entscheidung nicht beschwert ist (Vor § 296, 53). Aber die Interessen der Allgemeinheit verlangen nicht, daß ein für den Angeklagten günstiges Urteil mit der Rüge von Verfahrensfehlern selbst dann zu Fall gebracht werden darf, wenn ein einwandfreies Verfahren wahrscheinlich erst recht eine Entscheidung zu seinen Gunsten herbeigeführt hätte. Es ist z. B. nicht einzusehen, warum die Staatsanwaltschaft die zuungunsten des Angeklagten eingelegte Revision gegen ein freisprechendes Urteil darauf sollte stützen dürfen, daß ein Beweisantrag des Verteidigers rechtsfehlerhaft abgelehnt worden ist[17], wenn der Antrag allein zugunsten des Angeklagten wirken könnte. Aus diesem Grund muß § 339 erweiternd dahin ausgelegt werden, daß die Staatsanwaltschaft bei der Revision zuungunsten des Angeklagten die Verletzung der Rechtsnorm über das Verfahren, auch wenn sie nicht ausschließlich zugunsten des Angeklagten gegeben ist, nicht rügen kann, wenn deren rechtsfehlerfreie Anwendung sich nur zu dessen Gunsten hätte auswirken können[18].

Einer erweiternden Auslegung bedarf § 339 auch für die Revisionen der **Privatkläger** 7 und der **Nebenkläger**. Sie muß nach ihrem Sinn und trotz ihres engeren Wortlauts nicht nur für die Staatsanwaltschaft gelten, sondern auch für Privat- und Nebenkläger, wie heute fast allgemein anerkannt ist[19].

§ 340

Weggefallen (Art. 3 Nr. 145 VereinhG). Die Vorschrift betraf die Beschränkung der Verfahrensrüge bei der Ersatzrevision in Übertretungssachen und bei der Sprungrevision (vgl. BGHSt **2** 65).

§ 341

(1) Die Revision muß bei dem Gericht, dessen Urteil angefochten wird, binnen einer Woche nach Verkündung des Urteils zu Protokoll der Geschäftsstelle oder schriftlich eingelegt werden.

(2) Hat die Verkündung des Urteils nicht in Anwesenheit des Angeklagten stattgefunden, so beginnt für diesen die Frist mit der Zustellung.

Schrifttum. *Jäger* Die Einlegung und Begründung der Revision im deutschen Reichsstrafprozesse, Diss. Würzburg 1929.

Bezeichnung bis 1924: § 381.

---

[17] OLG Bremen NJW **1947/48** 313; KMR-*Paulus* 1.
[18] BayObLGSt **1951** 136; OLG Bremen NJW **1947/48** 313; KMR-*Paulus* 1; *Kleinknecht/Meyer-Goßner*[43] 5; *von Kries* 676; *Sarstedt/Hamm*[6] 46; vgl. auch *Eb. Schmidt* 7, 8; **a. A** *Amelunxen* 55, der eine solche Prognose für unmöglich hält; anders auch *Schlüchter* 723.2, deren Bedenken sich ersichtlich

aber nur auf Schlußfolgerungen hinsichtlich der „Rechtskreistheorie" (§ 337, 95 ff) beziehen.
[19] BGH bei *Dallinger* MDR **1968** 18; RGSt **59** 101; OLG Stuttgart JR **1968** 151 mit Anm. *Koffka*; AK-*Maiwald* 2; KK-*Pikart* 1; *Kleinknecht/Meyer-Goßner*[43] 1; KMR-*Paulus* 2; *Eb. Schmidt* 9; *Krekeler* NStZ **1984** 183; **a. A** *Momsen* 425 ff.

Geplante Änderungen in der 13. LegPer. Der BREntw. eines 2. RpflEntlG (s. Vor § 333, 20) wollte Absatz 2 in den Fällen der §§ 234, 387 Abs. 1, 411 Abs. 2 und 434 Abs. 1 Satz 1 einschränken, wenn die Verkündung in Anwesenheit des mit schriftlicher Vollmacht versehenen Verteidigers stattgefunden hat.

Übersicht

I. Revisionseinlegung

1   **1. Rechtsmittelerklärung.** Revisionseinlegung ist jede Erklärung, aus der hervorgeht, daß der Beschwerdeführer sich mit der Entscheidung des Tatrichters nicht zufriedengeben will[1]. In welche Worte er diese Erklärung kleidet, ist für deren rechtliche Wirksamkeit ohne Bedeutung; das Wort Revision braucht nicht benutzt zu werden[2]. Wegen unbenannter Rechtsmittel gegen Urteile des Amtsgerichts vgl. § 335, 4 ff. Eine falsche Bezeichnung des Rechtsmittels ist unschädlich (§ 300). Es muß nur ersichtlich sein, daß es sich nicht um eine bloße Unmutsäußerung, sondern um eine ernstgemeinte Urteilsanfechtung handelt (vgl. Rdn. 10). Der Antrag, der als Pflichtverteidiger beigeordnete Referendar möge zur Einlegung der Revision veranlaßt werden, kann ausreichen (RG JW **1931** 2373), nicht aber die Bitte um Übersendung einer schriftlichen Ausfertigung des Urteils[3]. Die Erklärung des Angeklagten in der Hauptverhandlung, er nehme das Urteil nicht an, enthält im Zweifel noch keine Revisionseinlegung, sondern nur die Ablehnung eines Rechtsmittelverzichts[4].

2   Legen **mehrere Verfahrensbeteiligte** Revision ein, so handelt es sich um selbständige Rechtsmittel, auch wenn sie dasselbe Ziel verfolgen. Anders ist es nur, wenn außer dem Angeklagten auch sein Verteidiger für ihn Revision einlegt. In diesem Fall liegt, was für die Rücknahme wichtig ist, nur ein einziges Rechtsmittel vor[5].

3   **2. Vorsorgliche und bedingte Revisionseinlegung.** Nach herrschender Meinung ist ein schon vor Erlaß der Entscheidung eingelegtes Revisionsmittel, also auch eine schon

---

[1] OLG Hamburg NJW **1965** 1147; *Kleinknecht* JZ **1960** 674; vgl. auch § 300, 1 ff.

[2] *KK-Pikart* 1; *Kleinknecht/Meyer-Goßner*[43] 1; *Sarstedt/Hamm*[6] 118.

[3] RGRspr. **1** 110; *Kleinknecht/Meyer-Goßner*[43] 1; *Jäger* 6; **a. A** OLG Dresden JW **1931** 241.

[4] RG Recht **1921** Nr. 2086; *Kleinknecht/Meyer-Goßner*[43] 1; *Jäger* 6.

[5] LG Hamburg NJW **1947/48** 359; näher § 302, 65.

vor Urteilserlaß eingelegte Revision, unzulässig[6]. Nun kann man zwar in der Tat eine Entscheidung, die noch nicht ergangen ist, nicht anfechten. Indessen fragt sich, ob die vorzeitige Anfechtung durch den nachträglichen Entscheidungserlaß nicht doch wirksam wird, weil es sich hier um eine echte Bedingung nicht handelt[7]. Statthaft ist es aber *jedenfalls*, die Revision nach Verlesung der Urteilsformel, jedoch vor Beendigung der Eröffnung der Urteilsgründe, durch Übergabe der Revisionsschrift an den Protokollführer oder auf der Geschäftsstelle einzulegen[8].

An **Bedingungen** darf die Einlegung der Revision, wie jedes Rechtsmittel, nicht **4** geknüpft werden. Sonst ist sie unzulässig[9]. Unstatthaft ist es insbesondere, die Revision unter der Bedingung einzulegen, daß auch ein anderer Prozeßbeteiligter Revision eingelegt hat[10], daß dem Beschwerdeführer durch das Rechtsmittel keine Kosten entstehen oder daß von der Behörde nicht nachträglich Zahlungserleichterungen gewährt werden[11]. Unschädlich ist dagegen die Angabe des Beweggrundes („mit Rücksicht auf die von der Staatsanwaltschaft eingelegte Revision . . .“); denn hierin liegt keine Bedingung[12]. Zulässig ist auch, die Revision an bloße Rechtsbedingungen zu knüpfen, z. B. davon abhängig zu machen, daß die gleichzeitig eingelegte Berufung unzulässig ist[13] oder daß ein gleichzeitig gestellter Wiedereinsetzungsantrag verworfen wird[14].

Schon **Zweifel**, ob eine andere als eine Rechtsbedingung vorliegt, machen nach — **5** bedenklich strenger — herrschender Meinung das Rechtsmittel unzulässig[15]. Solche Zweifel sollen sich sogar aus der ausdrücklichen Erklärung des Beschwerdeführers ergeben können, die Revision werde nur „vorsorglich“ eingelegt (näher Vor § 296, 12). Diese Erklärung, die ohne rechtliche Bedeutung ist, weil das Rechtsmittel zurückgenommen und weil auf die Zurücknahme nicht verzichtet werden kann, sollte daher vermieden werden[16]. Die Einlegung der Revision „zur Fristwahrung“ ist jedoch unbedenklich, auch wenn zugleich erklärt wird, daß die Zurücknahme vorbehalten bleibe, falls die Staatsanwaltschaft keine Revision einlegt[17].

3. Einlegung durch Vertreter oder Verteidiger. Bei der Revisionseinlegung ist die **6** Vertretung durch einen Bevollmächtigten, der weder Verteidiger noch Rechtsanwalt ist,

---

6 Vgl. BGHSt **25** 189 = JR **1974** 295 mit abl. Anm. *Hanack*; RG JW **1902** 301; BayObLGSt **1961** 138 = NJW **1961** 1637 mit abl. Anm. *Erdsiek*; OLG Bremen Rpfleger **1962** 387; OLG Hamm VRS **37** (1969) 61; LG Frankenthal NJW **1966** 138; KK-*Pikart* 4; *Kleinknecht/Meyer-Goßner*[43] Vor § 296, 4; KMR-*Paulus* Vor § 296, 41; *Loewenstein* 26; *Jäger* 19.

7 So SK-*Frisch* Vor § 296, 77; *Bennecke/Beling* S. 289; *Eckstein* GerS **84** (1916) 348; eingehend *Erdsiek* NJW **1961** 1637; *Hanack* JR **1974** 296. Vgl. Vor § 296, 30.

8 OLG Rostock HRR **1932** 215; KG GA **74** (1930) 387.

9 Vgl. Vor § 296, 23; ebenso ferner OLG Bamberg HESt **2** 135; OLG Celle JW **1928** 1880 mit Anm. *Mannheim*; *Eckstein* GerS **84** 349 ff; vgl. auch zur Frage der Bedingungsfeindlichkeit von Prozeßhandlungen allgemein Einl. J 27 ff.

10 BayObLG DRiZ **1928** Nr. 82; OLG Hamm JMBl-NRW **1956** 190; OLG Köln NJW **1963** 1073; KK-*Pikart* 3 (einschränkend); **a. A** *Beling* 346 Fußn. 3.

11 OLG Hamm MDR **1974** 777 für Kosten; OLG Hamm NJW **1973** 257 für Zahlungserleichterungen.

12 BGH bei *Dallinger* MDR **1954** 18; *Kleinknecht/Meyer-Goßner*[43] Vor § 296, 5; KMR-*Paulus* 66; eingehend SK-*Frisch* Vor § 296, 266 ff.

13 BayObLGSt **24** 90 = DJZ **1924** 1000; OLG Düsseldorf GA **69** (1925) 468; OLG Köln NJW **1963** 1073; KK-*Pikart* 3; *Kleinknecht/Meyer-Goßner*[43] Einl. 118; KMR-*Paulus* Vor § 296, 65; *Eb. Schmidt* § 300, 4.

14 OLG Schleswig bei *Ernesti/Jürgensen* SchlHA **1973** 188; KK-*Pikart* 3; näher SK-*Frisch* Vor § 296, 269, 270.

15 BGHSt **5** 183; OLG Hamm MDR **1974** 777; KK-*Pikart* 3; *Kleinknecht/Meyer-Goßner*[43] 6, *Eb. Schmidt* Vor § 296, 12; *Blaese/Wielop* 137.

16 *Eb. Schmidt* Vor § 296, 12; *Sarstedt/Hamm*[6] 147; *Dahs* Hdb. 724; Nr. 148 Abs. 2 RiStBV für Revisionen der Staatsanwaltschaft.

17 KMR-*Paulus* 66; *Schlüchter* 700 Fußn. 368; **a. A** OLG Düsseldorf MDR **1956** 376 mit abl. Anm. *Stephan*.

Ernst-Walter Hanack

sowohl in der Erklärung als auch im Willen zulässig[18]. Vertreter kann auch eine juristische Person sein[19]; ihre Erklärung ist dann von dem gesetzlichen Organ abzugeben (OLG Hamm NJW **1952** 1150).

7 Revisionseinlegungen (und -begründungen) durch Verteidiger, deren Tätigkeit gegen **§ 137 Abs. 1 Satz 2 oder § 146** verstößt, sind nach Maßgabe des § 146 a Abs. 2 wirksam; diese durch das StVÄG 1987 eingefügte Vorschrift erledigt eine Reihe von Streitfragen des früheren Rechts, vgl. näher bei § 146 a.

8 Wird die Revision durch einen Vertreter des Beschwerdeführers oder durch einen Verteidiger eingelegt, so muß dieser bereits im Zeitpunkt der Einlegung **bevollmächtigt sein**; die spätere Genehmigung der Revisionseinlegung genügt nicht[20]; daher kann die Revision auch nicht von einem vollmachtlosen Vertreter unter dem Vorbehalt späterer Genehmigung eingelegt werden (RGSt **66** 265). Jedoch kann der Nachweis der Ermächtigung nachgeholt werden, auch nach Ablauf der Einlegungsfrist[21]. Legt ein Dritter Revision ein, ohne eine Bevollmächtigung zu behaupten, soll nach RGSt **55** 213 darin der stillschweigende Antrag auf Zulassung als Verteidiger nach § 138 Abs. 2 liegen können.

9 **4. Zuständiges Gericht.** Die Revision ist nicht bei dem Revisionsgericht einzulegen, sondern bei dem Gericht, dessen Urteil angefochten werden soll. Bei der Sprungrevision (§ 335 Abs. 1) ist dies das Amtsgericht. Gegen ein Berufungsurteil kann der auf freiem Fuß befindliche Angeklagte die Revision nur beim Berufungsgericht, nicht bei dem im ersten Rechtszug tätig gewesenen Amtsgericht einlegen (BayObLG bei *Rüth* DAR **1976** 178). Hat das Amtsgericht eine auswärtige Zweigstelle, so kann die Revision sowohl bei dem Stammgericht als auch bei der Zweigstelle eingelegt werden, selbst wenn sie mit der Sache nicht befaßt war[22]. Das gleiche gilt, wenn das Gericht einen auswärtigen Gerichtstag abhält; die schriftliche Revisionseinlegung kann dort abgegeben werden, ohne daß es auf den Zeitpunkt des Eingangs bei dem Amtsgericht ankommt[23]. Ist gemäß § 58 GVG für den Bezirk mehrerer Amtsgerichte ein gemeinsames Schöffengericht gebildet worden, dessen Vorsitzender seinen Amtssitz nicht am Sitz dieses Schöffengerichts, sondern an einem anderen Amtsgericht hat, kann die Revision auch bei diesem Amtsgericht eingelegt werden[24]. Gegen Urteile der auswärtigen Strafkammer (§ 78 GVG) kann sie bei dieser Strafkammer oder bei dem Amtsgericht eingelegt werden, bei dem die Strafkammer gebildet ist[25], aber auch bei dem Landgericht, zu dem sie gehört[26]. Bei einer auswärtigen Kammer für Handelssachen kann die Revision aber nicht wirksam eingelegt werden (BGH bei *Dallinger* MDR **1973** 557).

---

[18] Dazu näher Vor § 296, 18, 19.

[19] OLG Hamm NJW **1952** 1150; *Sarstedt/Hamm*[6] 73; **a. A** noch OLG Hamm MDR **1950** 755; vgl. auch Vor § 296, 18.

[20] RGSt **1** 71; **3** 92; **29** 257; KK-*Pikart* 13; vgl. auch BayObLG StV **1983** 53; § 297, 5; **a. A** *Beling* 183 Fußn. 4; *Eckstein* GerS **84** (1916) 388; *Mannheimer* MDR **1954** 455.

[21] Vgl. § 297, 7; ferner RGSt **21** 125; **41** 15; **46** 372; **55** 213; BayObLGSt **1** 2; OLG Brandenburg NStZ **1995** 52; OLG Bremen NJW **1954** 46; KG JW **1925** 2378; *Jäger* 9; **a. A** RGSt **3** 91; KG JW **1920** 985 und **1932** 2179 mit abl. Anm. *Alsberg* und *Klefisch*; KG GA **69** (1925) 229.

[22] BayObLGSt **1975** 9 = NJW **1975** 946; BayObLG bei *Rüth* DAR **1976** 178; *Kleinknecht/Meyer-Goßner*[43] § 314, 6; vgl. auch KK-*Pikart* 6; **a. A** *Müller* NJW **1963** 617.

[23] OLG Schleswig SchlHA **1953** 70; *Eb. Schmidt* 4.

[24] Vgl. RGSt **60** 329; *Eb. Schmidt* § 314, 1.

[25] OLG Naumburg HRR **1932** 1627; KK-*Pikart* 6.

[26] BGH NJW **1967** 107; RGRspr. **2** 30; OLG Celle NdsRpfl. **1964** 254; OLG Düsseldorf JMBlNRW **1954** 230; KK-*Pikart* 6; *Kleinknecht/Meyer-Goßner*[43] 6; *Eb. Schmidt* 3; **a. A** RGSt **1** 270; *Jäger* 10; *Friedländer* GerS **64** (1904) 409; *Müller* NJW **1963** 617, die nur die Einlegung bei der auswärtigen Strafkammer für zulässig halten; vgl. auch bei § 78 GVG.

5. Form der Revisionseinlegung

a) Allgemeines. Die Revision muß nach § 341 Abs. 1 zur Niederschrift der Geschäfts- **10**
stelle des Gerichts oder schriftlich eingelegt werden. Die Vorschrift stimmt insoweit wörtlich mit § 306 Abs. 1 und § 314 Abs. 1 überein. Die Staatsanwaltschaft kann nur durch
einen dazu befugten Beamten Revision einlegen[27]; zu den Formerfordernissen im einzelnen s. bei § 314. Der BGH verlangt, daß die Einlegungsschrift in deutscher Sprache verfaßt ist[28]. Wird die Revisionsschrift — über bloße Äußerungen des Unwillens und der
Verärgerung hinaus — nur zu Beleidigungen und Beschimpfungen der Richter oder sonstiger Personen benutzt, so wird das Rechtsmittel als unzulässig verworfen, wenn eindeutig ist, daß es nur diesen Mißbrauch bezweckt[29].

b) Zu Protokoll der Geschäftsstelle[30]. Zuständig ist nur die Geschäftsstelle des **11**
Gerichts, dessen Urteil angefochten werden soll (oben Rdn. 9; vgl. auch § 345, 30). Für
nicht auf freiem Fuß befindliche Angeklagte, nicht aber für andere inhaftierte Beschwerdeführer, gilt § 299, auch wenn sich das Landgericht, dessen Urteil angefochten werden
soll, am selben Ort befindet (näher bei § 299). Geschäftsstelle im Sinne des § 341 ist auch
die Rechtsantragsstelle (OLG Hamm JMBlNRW **1960** 117 = Rpfleger **1960** 213). Das
von der Geschäftsstelle eines unzuständigen Gerichts aufgenommene Protokoll ist wirkungslos, kann aber als schriftliche Revisionseinlegung angesehen werden, wenn der
Beschwerdeführer es unterschrieben hat (weitergehend RGSt **17** 256, wo selbst das Fehlen
der Unterschrift für unschädlich gehalten wird); die Frist des § 341 ist dann aber nur
gewahrt, wenn das Protokoll rechtzeitig bei dem zuständigen Gericht eingeht. Der anwaltliche Verteidiger kann die Revision nicht zu Protokoll der Geschäftsstelle einlegen (OLG
Rostock MDR **1994** 402; vgl. auch § 345, 11).

Der Rechtspfleger ist zuständig zur Aufnahme der Erklärung (§ 24 Abs. 1 Nr. 1 **12**
Buchst. b RpflG). Hat statt seiner ein Amtsinspektor gehandelt, ist die Erklärung unwirk-
sam, falls sie nicht (vgl. Rdn. 11) vom Angeklagten selbst unterzeichnet worden ist (OLG
Koblenz MDR **1982** 166). Die Zuständigkeit des Rechtspflegers schließt jedoch nicht aus,
daß der Beschwerdeführer die Revision im Anschluß an die Urteilsverkündung in Anwesenheit des Gerichts zu Protokoll erklärt[31]. Denn wenn neben dem Urkundsbeamten der
Geschäftsstelle auch der Vorsitzende den die Revisionseinlegung enthaltenden Teil des
Sitzungsprotokolls unterschreibt, ist das Fehlen der Mitwirkung eines Rechtspflegers nach
§ 8 RpflG unschädlich[32]. Der Beschwerdeführer hat aber keinen Anspruch auf diese Art
der Revisionseinlegung[33]; sie entspricht nicht der Würde des Gerichts und sollte regelmäßig verweigert werden[34].

Zum erforderlichen **Inhalt** des Protokolls vgl. bei § 314. Die Unterschrift des Be- **13**
schwerdeführers ist auch dann keine Voraussetzung für die Wirksamkeit der Erklärung,

---

[27] RG JW **1931** 1615; *Loh* MDR **1970** 812; *Amelunxen* 40; vgl. auch bei § 314 sowie bei den §§ 143,
144 GVG.

[28] BGHSt **30** 182 = JR **1982** 156 mit krit. Anm. *Meurer* und weit. Nachw. Näheres zu der streitigen Frage bei § 184 GVG (24. Aufl. Rdn. 13 ff).

[29] OLG Hamm NJW **1976** 978 mit weit. Nachw.; vgl.
näher Vor § 296, 22.

[30] Zur rechtspolitischen Problematik, die sich vor allem bei § 345 Abs. 2 stellt, s. § 345, 35.

[31] BGHSt **31** 109 = JR **1983** 383 mit krit. Anm. *Fezer*; OLG Bremen JZ **1953** 516; OLG Dresden
NJW **1947/48** 354; OLG Hamburg HESt **3** 75; KK-

Pikart 9; *Sarstedt/Hamm*[6] 125; **a. A** RGSt **32** 279;
BayObLG NStZ **1981** 445; OLG München *Alsb.* E
2 147, die das für unzulässig halten. Vgl. auch bei
§ 314.

[32] BGHSt **31** 109 mit weit. Nachw. gegen BayObLG
NStZ **1981** 445; OLG Düsseldorf VRS **50** (1976)
383; vgl. auch OLG Köln Rpfleger **1977** 105.

[33] RGSt **66** 418; OLG Rostock HRR **1930** 1901; *Eb.
Schmidt* § 314, 4; *Jäger* 13.

[34] OLG Düsseldorf VRS **50** (1976) 384; vgl. auch
Dahs Hdb. 785; RiStVB Nr. 142 Abs. 2 Satz 2; bei
§ 314.

Ernst-Walter Hanack

wenn die Revisionseinlegung in die Sitzungsniederschrift aufgenommen wird[35]. Zur Abgabe der Erklärung durch einen Vertreter vgl. oben Rdn. 6 und 8.

14   **c) Schriftliche Einlegung.** Für das Erfordernis der Schriftlichkeit gelten die gleichen Grundsätze wie bei der Berufung (§ 314) und der Beschwerde (§ 306). Zu verweisen ist auf die dortigen Ausführungen.

15   **d) Eine fernmündliche Einlegung** ist im Gesetz nicht vorgesehen. Der Schriftform genügt sie nicht. Ob sie bei entsprechender Aufnahme durch den Urkundsbeamten die Voraussetzungen der Einlegung zu Protokoll erfüllt, ist streitig. Vgl. im einzelnen Vor § 42, 8 ff. BGHSt **29** 175 hat die Frage für § 341 ausdrücklich offengelassen (aber für Bußgeldverfahren bejaht), BGHSt **30** 64 sie mit wohl allgemeingültigen Erwägungen jedoch für die Berufung (§ 314) verneint.

16   **e) Die telegraphische Einlegung** wird heute allgemein und in allen Rechtsgebieten als schriftliche Einlegung anerkannt (BGHSt **31** 8: „Gewohnheitsrecht"), auch wenn die Aufgabe zur Post fernmündlich erfolgt (BGHSt **8** 174), wobei BGHSt **14** 233 in Übereinstimmung mit der herrschenden Meinung aus Gründen der Praktikabilität die Einlegungsfrist als gewahrt ansieht, wenn der Inhalt des Auskunftstelegramms innerhalb dieser Frist fernmündlich zugesprochen und vom zuständigen Urkundsbeamten in einer Aktennotiz festgehalten wird, das eigentliche Telegramm aber erst nach Fristablauf eingeht; vgl. näher Vor § 42, 26 ff.

17   **f) Die fernschriftliche Einlegung** wird von der Rechtsprechung der Obergerichte heute ebenfalls für zulässig gehalten und wie die telegraphische Rechtsmitteleinlegung behandelt (vgl. BGHSt **31** 7 mit zahlr. Nachw. sogar für die Revisions*begründung*). Vorausgesetzt wird, daß das Fernschreiben unmittelbar von der Fernschreibstelle des Gerichts oder der ihm zugeordneten Staatsanwaltschaft aufgenommen wird und daß es abschließend — als Ersatz der technisch nicht möglichen Unterschrift — den Namen des Erklärenden anführt (vgl. BGHSt **31** 9; s. auch BVerfG NJW **1988** 2788 zum Umgang mit einem verstümmelten Text). Entsprechendes muß erst recht für die Einlegung (und Begründung) mit Hilfe des sog. **Telebriefs** (Fernkopieverfahren der Post) gelten (OLG Hamburg NJW **1989** 3167). Zum Ganzen näher Vor § 42, 29 f.

17a   **g) Die Einlegung per Telefax** (Telekopie) gilt nach h. M grundsätzlich ebenfalls als wirksam (OLG Karlsruhe NStZ **1994** 200 mit Nachw. und Ausführungen zur Bedeutung des Sendeprotokolls für die Wiedereinsetzung, wenn unklar bleibt, ob die Schrift überhaupt bei Gericht eingegangen ist). Ist die Vorlage handschriftlich unterschrieben und die Unterschrift auf der bei Gericht eingehenden Kopie wiedergegeben, genügt das auch für die wirksame **Revisionsbegründung**. Vgl. Vor § 42, 31.

II. Revisionseinlegungsfrist

18   **1. Bei Urteilsverkündung in Anwesenheit des Angeklagten (Absatz 1).** Die Frist für die Einlegung der Revision beträgt nach § 341 Abs. 1, entsprechend der Regelung des § 314 Abs. 1 für die Berufung, eine Woche; sie beginnt mit der Urteilsverkündung. Eine Fristverlängerung ist unzulässig und, wenn sie gleichwohl bewilligt wird, wirkungslos, wird aber in der Regel die Wiedereinsetzung in den vorigen Stand begründen (Vor § 42, 4).

---

[35] BGHSt **31** 109; RGSt **48** 79; OLG Dresden NJW **1947/48** 354; *Jäger* 12; *W. Schmid* Rpfleger **1962** 303; die entgegengesetzte Ansicht von RG JW **1902** 584 ist aufgegeben worden.

Die Frist des § 341 Abs. 1 gilt auch, wenn die Rechtsmittelbelehrung nach § 35 a unterlassen wurde[36] oder wenn sie unrichtig oder unvollständig erteilt worden ist[37]; derartige Verfahrensmängel sind aber nach § 44 Satz 2 zwingende Wiedereinsetzungsgründe (näher § 44, 64 ff), es sei denn, daß der Beschwerdeführer auf das Rechtsmittel wirksam verzichtet hat (BGH GA **1980** 469).

Unter **Urteilsverkündung** ist bei § 341 Abs. 1 wie in § 268 Abs. 2 die Verlesung der **19** Urteilsformel und die Eröffnung der Urteilsgründe zu verstehen. Denn die Kenntnis der Gründe ist wesentlich für den Entschluß des Angeklagten, Revision einzulegen oder sich mit dem Urteil zufriedenzugeben. Wird entgegen § 268 Abs. 2 die mündliche Eröffnung der Urteilsgründe unterlassen, so beginnt die Revisionsfrist daher erst mit der Zustellung des Urteils (RGSt **1** 192; *Jäger* 14). Das gleiche gilt, wenn sich der Angeklagte während der Eröffnung der Urteilsgründe entfernt[38].

2. Bei Urteilsverkündung in Abwesenheit des Angeklagten (Absatz 2). Die Rege- **20** lung entspricht dem für die Berufungseinlegung geltenden § 314 Abs. 2. Die Verkündung des Urteils hat in Abwesenheit des Angeklagten stattgefunden, wenn er bei der Verkündung (Rdn. 19) auch nur zeitweise abwesend war (BGHSt **15** 265; BayObLG MDR **1993** 893). Ob er der Urteilsverkündung mit Genehmigung des Gerichts oder unerlaubt ferngeblieben ist, spielt keine Rolle[39]. Die Zustellung des Urteils an den bei der Urteilsverkündung abwesenden Beschwerdeführer schreibt § 35 Abs. 1 Satz 1 vor; sie ist ohne Rücksicht darauf erforderlich, ob bereits eine Revision eingelegt worden ist (*Eb. Schmidt* 7). Für den Beginn der Revisionseinlegungsfrist ist die Anwesenheit eines Verteidigers oder Vertreters des abwesenden Angeklagten ohne Bedeutung[40]; das gilt auch, wenn der Verteidiger zur Vertretung des Angeklagten berechtigt war[41].

Nur die **Zustellung des Urteils** setzt die Frist des § 341 in Lauf. Erforderlich ist, daß **21** das vollständige Urteil mit den Gründen zugestellt wird (vgl. § 345, 6). Zur Frage, ob der sprachunkundige ausländische Angeklagte Anspruch auf das Vorliegen einer Übersetzung des Urteils hat, vgl. bei §§ 184 f GVG. Ein Verzicht auf die Zustellung ist unwirksam (§ 337, 272). Die Zustellung kann bei Abwesenheitsverhandlung nach § 232 wirksam nur gemäß § 232 Abs. 4 erfolgen (näher dort Rdn. 35 ff). Wird bei der Urteilszustellung gegen § 145 a verstoßen, so hat das für den Fristbeginn keine Bedeutung (näher bei § 145 a). Wegen fehlender oder unvollständiger Rechtsmittelbelehrungen vgl. oben Rdn. 18, wegen Doppelzustellungen § 37 Abs. 3 (dazu § 37, 71 ff, insbes. 73, sowie jetzt auch OLG Düsseldorf StV **1997** 121). Die Einlegung der Revision vor Zustellung des Urteils ist zulässig[42]. War die Urteilszustellung unwirksam, so kann die Rechtsmitteleinlegung wiederholt werden, auch wenn die Revision bereits wegen vermeintlicher Unzulässigkeit verworfen worden ist (BayObLGSt **1971** 228 = NJW **1972** 1097).

---

36 BGH NJW **1974** 1336; GA **1980** 469; bei *Dallinger* MDR **1973** 557; BayObLGSt **1954** 52; **1957** 157; **1967** 58; OLG Frankfurt NJW **1953** 1725; OLG Hamm NJW **1963** 1791; OLG Köln VRS **43** (1972) 296; OLG Saarbrücken NJW **1964** 633; KK-*Pikart* 18; *Dahs/Dahs* 21; *Friese* NJW **1954** 663; *Röhl* NJW **1954** 1314; **a. A** OLG Neustadt GA **1955** 187; *Eb. Schmidt* § 354, 7.

37 OLG Köln VRS **43** 296; näher § 35 a, 28 ff mit weit. Nachw.

38 BayObLG MDR **1993** 893; KG JR **1992** 304; OLG Stuttgart NStZ **1986** 520 mit abl. Anm. *Paulus*;

a. A KG NJW **1955** 565; KMR-*Paulus* § 314, 7. Vgl. auch im folg. Text.

39 KG JR **1992** 305; *Loewenstein* 25; *Jäger* 15; **a. A** *Paulus* NStZ **1986** 523.

40 BGHSt **25** 234 = JR **1974** 249 mit Anm. *Peters*; KK-*Pikart* 19; KMR-*Paulus* § 314, 10; *Loewenstein* 25; *Küper* NJW **1974** 1928.

41 OLG Kassel GA **37** (1889) 312; OLG Köln VRS **14** 440; *Kleinknecht/Meyer-Goßner*[43] 9.

42 BGHSt **25** 189 = JR **1974** 295 mit Anm. *Hanack*; RGSt **64** 428; OLG Bamberg HESt **2** 134; OLG Hamm JMBlNRW **1976** 23; ganz h. L.

22   Für die **Staatsanwaltschaft** ist § 341 Abs. 2 sinngemäß anzuwenden, wenn sie bei einer Urteilsverkündung (unzulässigerweise) nicht vertreten war[43]. Für den **Privatkläger** gilt Entsprechendes nur, wenn ihm der Termin, in dem das Urteil verkündet wurde, nicht bekanntgemacht worden war (streitig; näher § 390, 8 ff). Übernimmt die Staatsanwaltschaft im Privatklageverfahren gemäß § 377 Abs. 2 Satz 2 die Verfolgung durch Einlegung der Revision, so muß sie das in der für den Privatkläger geltenden Frist tun (KG GA **38** [1891] 369). Für den **gesetzlichen Vertreter** gilt § 298 Abs. 1, für den **Nebenkläger** § 401 Abs. 2 Satz 1; beim **Einziehungsbeteiligten** ist § 436 Abs. 4 Satz 1 zu beachten.

23   **3. Fristwahrung.** Die Revisionseinlegungsfrist wird nach § 43 berechnet. Ist z. B. das Urteil an einem Dienstag in Anwesenheit des Angeklagten verkündet worden, so muß die Revision bis zum Ablauf des Dienstags der folgenden Woche bei Gericht eingelegt werden; in den Fällen des § 43 Abs. 2 endet die Frist erst mit Ablauf des nächsten Werktages. Zur Frage, wann eine Schrift beim zuständigen Gericht und rechtzeitig eingegangen, die Revision also „eingelegt" ist, vgl. im einzelnen Vor § 42, 13 ff.

24   Wie sich **nicht behebbare Zweifel** an der Rechtzeitigkeit *des Eingangs* der Revisionsschrift auswirken, ist streitig (vgl. auch bei § 314). Nach herrschender Meinung ist stets zuungunsten der Rechtskraft und zugunsten des Beschwerdeführers zu entscheiden, also die Revision als rechtzeitig zu behandeln. Das wird damit begründet, daß die Verwerfung des Rechtsmittels als unzulässig nicht nur die Möglichkeit, sondern die Gewißheit seiner verspäteten Einlegung voraussetze[44]. Nach anderer Auffassung ist immer zugunsten der Rechtskraft zu entscheiden, also das Rechtsmittel als unzulässig zu verwerfen. Dem liegt die Erwägung zugrunde, daß die bloße Möglichkeit, daß das Urteil noch keine Rechtskraft erlangt hat, nicht zu seiner Überprüfung im Rechtsmittelverfahren führen dürfe[45]. Eine dritte Ansicht geht dahin, daß im Zweifel zugunsten des Angeklagten zu entscheiden, also seine eigene und die zu seinem Gunsten eingelegte Revision der Staatsanwaltschaft, des gesetzlichen Vertreters und des Erziehungsberechtigten als rechtzeitig, die zu seinen Ungunsten eingelegte Revision der Staatsanwaltschaft, des Privatklägers und des Nebenklägers aber als verspätet anzusehen ist[46]. Dieser Auffassung ist beizutreten: Der Angeklagten darf keinen Nachteil dadurch erleiden, daß Fehler der Justiz die Feststellung unmöglich machen, ob ein zu seinen Gunsten eingelegtes Rechtsmittel fristgerecht angebracht worden ist. Andererseits wäre es unvertretbar, das Verfahren fortzusetzen und das erste Urteil durch eine Rechtsmittelentscheidung zuungunsten des Angeklagten zu ändern, obwohl es möglicherweise mangels rechtzeitiger Anfechtung bereits rechtskräftig geworden ist.

25   Im Falle des **Aktenverlusts** oder des Verlusts der Revisionsvorschrift *nach* der Einlegung muß das Revisionsgericht im Wege des Freibeweises festzustellen, ob das Rechtsmittel rechtzeitig bei Gericht eingegangen ist[47]. Von seiner Rechtzeitigkeit kann ausge-

---

[43] OLG Bamberg HESt **1** 209 = SJZ **1984** 476; OLG für Hessen HESt **2** 125; OLG Neustadt NJW **1963** 1074; *Kleinknecht/Meyer-Goßner*[43] 10; KMR-*Paulus* § 314, 11; *Dahs/Dahs* 21; **a. A** OLG Königsberg DRiZ **1928** Nr. 826; KK-*Pikart* 20; *Dalcke/Fuhrmann/Schäfer* 4.

[44] BGH NJW **1960** 2202; StV **1995** 454; BayObLGSt **1965** 142 = NJW **1966** 947; OLG Braunschweig NJW **1973** 2119; OLG Düsseldorf MDR **1969** 1031; OLG Karlsruhe NJW **1981** 137; OLG Stuttgart NJW **1981** 471; KK-*Pikart* 22; KMR-*Paulus* Vor § 42, 20; *Eb. Schmidt* § 314, 14; *D.* und *U. Mann* ZStW **76** (1964) 264 ff; *Stree* In dubio pro reo (1962) 73 ff.

[45] KG JR **1954** 470 mit abl. Anm. *Sarstedt*; OLG Celle NJW **1967** 640; OLG Düsseldorf NJW **1964** 1684 mit abl. Anm. *Schürmann* NJW **1964** 2266; OGL Hamm GA **1957** 222.

[46] OLG Hamburg NJW **1975** 1750 = JR **1976** 254 mit Anm. *Foth*; *Kleinknecht/Meyer-Goßner*[43] § 261, 35; SK-*Frisch* Vor § 296; 187; *Amelunxen* 48; *Sarstedt/Hamm*[6] 112; *Sulanke* Die Entscheidung bei Zweifeln über das Vorhandensein von Prozeßvoraussetzungen und Prozeßhindernissen im Strafverfahren (1974) 126; LR-*Schäfer*[24] Einl. Kap. **11** 51.

[47] Vgl. RGSt **65** 256 = JW **1931** 2370 mit Anm. *Beling*; RGSt **75** 402; *W. Schmid* FS Lange 801; vgl. auch bei § 314.

gangen werden, wenn der Verteidiger versichert, daß er die Fristwahrung persönlich über-
wacht habe[48]. Etwas anderes gilt jedoch bei nicht behebbaren Zweifeln, ob die Revisionsschrift *überhaupt* je bei Gericht eingegangen ist. Denn hier geht es nicht oder doch nicht
ohne weiteres um mögliche Fehler im Bereich der Strafverfolgungsbehörden (OLG Düsseldorf MDR **1991** 986). Den berechtigen Belangen des Beschwerdeführers kann daher
insoweit nur unter den Voraussetzungen der Wiedereinsetzung in den vorigen Stand
Rechnung getragen werden (OLG Hamm NStZ **1982** 44; vgl. auch OLG Hamburg StV
1994 122 für Telefax).

III. Zurücknahme und Verzicht

Für sie gilt grundsätzlich dieselbe Form wie für die Einlegung der Revision; wegen der **26**
Einzelheiten vgl. die Erl. zu § 302.

§ 342

**(1) Der Beginn der Frist zur Einlegung der Revision wird dadurch nicht ausge-
schlossen, daß gegen ein auf Ausbleiben des Angeklagten ergangenes Urteil eine Wiedereinsetzung in den vorigen Stand nachgesucht werden kann.**

**(2) [1]Stellt der Angeklagte einen Antrag auf Wiedereinsetzung in den vorigen
Stand, so wird die Revision dadurch gewahrt, daß sie sofort für den Fall der Verwerfung jenes Antrags rechtzeitig eingelegt und begründet wird. [2]Die weitere Verfügung
in bezug auf die Revision bleibt dann bis zur Erledigung des Antrags auf Wiedereinsetzung in den vorigen Stand ausgesetzt.**

**(3) Die Einlegung der Revision ohne Verbindung mit dem Antrag auf Wiederein-
setzung in den vorigen Stand gilt als Verzicht auf die letztere.**

Entstehungsgeschichte. Durch Art. 1 Nr. 90 des 1. StVRG wurde in den Absätzen 2
und 3 jeweils das Wort „Gesuch" durch das Wort „Antrag" ersetzt. Bezeichnung bis 1924:
§ 382.

1. Zusammentreffen von Revision und Wiedereinsetzungsantrag. Die Vorschrift **1**
entspricht dem für das Berufungsverfahren geltenden § 315. Der Angeklagte kann, wenn
die Hauptverhandlung in den Fällen des §§ 232, 329, 412 in seiner Abwesenheit durchgeführt worden ist, binnen einer Woche nach Zustellung des Urteils die Wiedereinsetzung in
den vorigen Stand beantragen (§ 235 Satz 1, § 329 Abs. 3, § 412 Satz 1). Wenn er nur die
Fehlerhaftigkeit des Abwesenheitsurteils rügen und keinen Wiedereinsetzungsgrund
behaupten will, kann er gegen das Urteil aber auch innerhalb einer Woche nach Zustellung
(§ 341 Abs. 2) Revision einlegen. Das Rechtsmittel ist nicht etwa deshalb unzulässig, weil
ein Wiedereinsetzungsantrag möglich wäre[1]. Will der Angeklagte sowohl einen Wiedereinsetzungsgrund als auch einen Revisionsgrund geltend machen, so kann er Rechtsbehelf
und Rechtsmittel gleichzeitig anbringen. Die Revision gilt dann aber nur als vorsorglich
für den Fall eingelegt, daß der Wiedereinsetzungsantrag keinen Erfolg hat.

---

[48] BGHSt **11** 395; vgl. auch RG JW **1928** 1311 mit
Anm. *Philipp.*

[1] KG JW **1930** 1103 mit Anm. *Beling*; OLG Dresden
HRR **1928** 97; KK-*Pikart* 1; KMR-*Paulus* § 315,
3.

Ernst-Walter Hanack

2   Hierzu bestimmt § 342 Abs. 1, daß der Beginn der **Revisionseinlegungsfrist** durch den Wiedereinsetzungsantrag nicht hinausgeschoben wird. Der Angeklagte darf mit der Revisionseinlegung also nicht warten, bis sein Wiedereinsetzungsantrag verworfen worden ist, sondern muß die Revision „sofort", d. h. in der Frist des § 341, einlegen (§ 342 Abs. 2 Satz 1). Revisionseinlegung und Wiedereinsetzungsantrag kann er in einem Schriftstück verbinden, muß das jedoch nicht tun (vgl. aber unten Rdn. 7). Nach § 342 Abs. 2 Satz 1 muß die vorsorglich für den Fall der Verwerfung des Wiedereinsetzungsantrags eingelegte Revision rechtzeitig, also spätestens binnen eines Monats nach Ablauf der Einlegungsfrist (§ 345 Abs. 1), begründet werden. Der Angeklagte darf bei der Begründung des Rechtsmittels ebensowenig wie bei dessen Einlegung die Entscheidung über den Wiedereinsetzungsantrag abwarten. Das entspricht jetzt allgemeiner Ansicht[2].

3   **2. Weiteres Verfahren.** Da die Revision nur für den Fall der Verwerfung des Wiedereinsetzungsantrags als eingelegt gilt, bestimmt § 342 Abs. 2 Satz 2, daß über sie vor der Erledigung dieses Antrags nicht zu befinden ist. Zunächst ist also immer nur über den Wiedereinsetzungsantrag zu entscheiden. Der rechtskräftige Abschluß des Wiedereinsetzungsverfahrens ist Voraussetzung für die Entscheidung über die Revision. Das gilt ausnahmslos. Auch wenn von vornherein kein Zweifel daran besteht, daß die Revision begründet ist und zur Aufhebung des Abwesenheitsurteils führen muß, darf daher von der Entscheidung über den Wiedereinsetzungsantrag oder über eine sofortige Beschwerde gegen die Verwerfung des Antrags nach § 46 Abs. 3 nicht abgesehen werden.

4   Wenn der **Wiedereinsetzungsantrag Erfolg** hat, ist das Urteil beseitigt[3]. Da die Revision dann gegenstandslos ist, braucht über sie nicht mehr entschieden zu werden. Hat der Angeklagte Wiedereinsetzung sowohl gegen das Berufungsurteil als auch wegen der Versäumung der Revisionseinlegungsfrist beantragt, so muß zuerst über den Wiedereinsetzungsantrag nach § 329 Abs. 3 entschieden werden; denn wenn er Erfolg hat, ist der zweite Antrag gegenstandslos (RG Recht **1927** Nr. 1326).

5   Bei der **Entscheidung über die Revision** ist das Revisionsgericht an die Entscheidung im Wiedereinsetzungsverfahren nicht gebunden. Wenn der Wiedereinsetzungsantrag als unzulässig mit der Begründung verworfen worden war, die Einlegungsfrist sei nicht gewahrt, so ist das Revisionsgericht daher nicht gehindert, die Revisionseinlegung, die mit demselben Schriftstück erklärt worden ist, für rechtzeitig zu halten. Hatte das Oberlandesgericht über eine sofortige Beschwerde gegen den die Wiedereinsetzung versagenden Beschluß des Berufungsgerichts entschieden, so ist es an diesen Beschwerdebeschluß bei seiner Entscheidung über die Revision ebenfalls nicht gebunden[4].

6   **3. Verzicht auf die Wiedereinsetzung (Absatz 3).** Die Vorschrift enthält die unwiderlegbare gesetzliche Vermutung, daß der Beschwerdeführer, der gegen das Urteil nur Revision einlegt, dadurch auf Wiedereinsetzung verzichtet (OLG Stuttgart NJW **1984** 2900). Im umgekehrten Fall gilt die Verzichtsvermutung nicht. Wer die Wiedereinsetzung beantragt hat, kann daher, solange die Frist des § 341 nicht abgelaufen ist, noch Revision gegen das Abwesenheitsurteil einlegen.

7   Die Vermutung **setzt voraus**, daß die Revision „ohne Verbindung" mit dem Wiedereinsetzungsantrag eingelegt wird. Das ist nicht so zu verstehen, daß der Beschwerdefüh-

---

[2] Vgl. für die Rechtsprechung RG DRiZ **1930** Nr. 429; OLG Celle NJW **1959** 2177; OLG Frankfurt NJW **1964** 1536; OLG Hamm NJW **1955** 565; OLG Koblenz OLGSt § 345 Nr. 5.

[3] RGSt **61** 180; **65** 233; BayObLGSt **1972** 45; OLG Oldenburg VRS **68** (1985) 282; KK-*Pikart* 4; *Kleinknecht/Meyer-Goßner*[43] 2.

[4] KG JW **1930** 1103 mit Anm. *Beling*; vgl. auch OLG Düsseldorf NJW **1988** 1682.

rer, um die Vermutung abzuwenden, Revisionseinlegung und Wiedereinsetzungsantrag in einem und demselben Schriftsatz erklären muß[5]. Diese Art der Verbindung ist zwar zweckmäßig, aber nicht unbedingt erforderlich. Fertigt der Beschwerdeführer zwei verschiedene Schriftsätze, so genügt deren gleichzeitiger Eingang bei Gericht. Die Gleichzeitigkeit ist aber nicht schon gewahrt, wenn die Schriftstücke am selben Tag nacheinander bei Gericht eingehen (OLG Stuttgart NJW **1984** 2901).

Wenn der Wiedereinsetzungsantrag nicht vor oder gleichzeitig mit der Revisionseinle- **8** gung bei Gericht angebracht wird, gilt die Verzichtsvermutung **ausnahmslos**. Es ist ohne Bedeutung, ob die Revision, etwa in dem Fall des § 55 Abs. 2 JGG, von vornherein unzulässig ist (OLG Stuttgart Justiz **1976** 265) oder ob sie später zurückgenommen wird[6]. Die Verzichtsvermutung besteht auch, wenn die Revision schon vor Beginn der Frist des § 341 eingelegt wird; denn die zwingende Vorschrift des § 342 Abs. 3 kann nicht einfach dadurch umgangen werden, daß bei der Revisionseinlegung die Urteilszustellung nicht abgewartet wird[7]. Sie läßt sich auch nicht dadurch umgehen, daß die Revision zurückgenommen und alsdann erneut, diesmal zugleich mit einem Wiedereinsetzungsantrag, eingelegt wird[8].

Die Verzichtsvermutung **besteht** auch gegenüber der Wiedereinsetzung von Amts **9** wegen gemäß § 45 Abs. 2 Satz 3[9]. Sie besteht nach herrschender, aber bedenklicher Meinung ferner ohne Rücksicht darauf, ob der Angeklagte darüber **belehrt** worden ist, daß die Einlegung der Revision als Verzicht auf die Wiedereinsetzung gilt[10]. Sie hängt auch nicht davon ab, daß der Angeklagte nach § 35 a über die Revision und nach § 235 Satz 2 über die Wiedereinsetzung belehrt worden ist (OLG Neustadt NJW **1964** 1868; einschränkend *Eb. Schmidt* Nachtr. I 2).

§ 343

(1) Durch rechtzeitige Einlegung der Revision wird die Rechtskraft des Urteils, soweit es angefochten ist, gehemmt.

(2) Dem Beschwerdeführer, dem das Urteil mit den Gründen noch nicht zugestellt war, ist es nach Einlegung der Revision zuzustellen.

Bezeichnung bis 1924: § 383.

Übersicht

---

[5] OLG Stuttgart NJW **1984** 2901; Justiz **1981** 244; KK-*Pikart* 4; *Kleinknecht/Meyer-Goßner*[43] 3.

[6] OLG Zweibrücken NJW **1965** 1033; KK-*Pikart* 7; *Kleinknecht/Meyer-Goßner*[43] 4.

[7] OLG Köln JMBlNRW **1954** 109; KK-*Pikart* 7; KMR-*Paulus* § 315, 5.

[8] OLG Neustadt NJW **1964** 1868; OLG Stuttgart Justiz **1976** 265; KK-*Pikart* 7; *Kleinknecht/Meyer-*

Goßner[43] 4; KMR-*Paulus* § 315, 5; *Eb. Schmidt* Nachtr. I 1.

[9] HK-*Lemke* 8; KK-*Pikart* 7; *Kleinknecht/Meyer-Goßner*[43] 4; *Bautzelmann* NStZ **1984** 300; **a. A** OLG Düsseldorf NJW **1980** 1705.

[10] OLG Neustadt NJW **1964** 1868; HK-*Lemke* 7; KK-*Pikart* 7; *Kleinknecht/Meyer-Goßner*[43] 3; zu Recht einschränkend AK-*Maiwald* 5.

1   **1. Hemmung der Rechtskraft (Absatz 1).** Die Vorschrift entspricht wörtlich dem für das Berufungsverfahren geltenden § 316 Abs. 1. Wenn innerhalb der Frist des § 341 kein Rechtsmittel eingelegt wird, tritt Rechtskraft ein. Nur die rechtzeitig eingelegte Berufung oder Revision oder die allgemeine Anfechtung (§ 335, 4 ff) hemmen die Rechtskraft des Urteils; vgl. auch § 346, 22. Ob das Rechtsmittel aus irgendwelchen Gründen unzulässig ist, spielt keine Rolle[1]. Die Revision muß aber an sich statthaft sein. Ihre Einlegung hemmt die Rechtskraft nicht, wenn sie nach § 441 Abs. 3 Satz 2 StPO, § 55 Abs. 2 JGG, § 10 des Gesetzes über das gerichtliche Verfahren in Binnenschiffahrtssachen vom 27. 9. 1952 (BGBl. I 641) i. d. F. des Art. 99 EGStGB gesetzlich ausgeschlossen ist[2]. Wird in diesen Fällen das Urteil mit der Revision angefochten, so hat darüber zwar das Rechtsmittelgericht zu entscheiden; der Beschluß, mit dem es die Revision als unzulässig verwirft, hat aber nur feststellende Bedeutung[3].

2   Wenn die Revision bei ihrer Einlegung wirksam (§ 344, 14 ff) **beschränkt** worden ist, erstreckt sich die Hemmung der Rechtskraft nach § 343 Abs. 1 nur auf die angefochtenen Urteilsteile; im übrigen wird das Urteil rechtskräftig (zur Teilrechtskraft vgl. § 344, 66) und vollstreckbar (vgl. § 449, 22 ff). Wegen der Hemmung der Rechtskraft aufgrund einer Einziehungsanordnung gegen mehrere Angeklagte, von denen nur einer Revision eingelegt hat, vgl. OLG Celle NJW **1961** 1873.

3   Wenn die Rechtskraft gehemmt ist, bleibt das **Verfahren anhängig**; das Urteil ist nicht vollstreckbar (§ 449; vgl. aber § 346 Abs. 2 Satz 2 Halbsatz 2). Die Hemmung dauert bei einer an sich statthaften, im Einzelfall jedoch unzulässigen Revision bis zur endgültigen Entscheidung nach § 346 oder bis zur Entscheidung nach § 349 Abs. 1, 5, bei anderen Revisionen bis zur Sachentscheidung des Revisionsgerichts. Dann tritt die Rechtskraft auch ein, wenn versehentlich nicht in vollem Umfang über das Rechtsmittel entschieden worden ist (BayObLGSt **68** 33).

2. Zustellung des Urteils (Absatz 2)

4   **a) Allgemeines.** Wenn das Urteil mit den Gründen noch nicht nach § 341 Abs. 2 zugestellt worden war, ist es dem Beschwerdeführer (vgl. unten Rdn. 8) nach Einlegung der Revision alsbald zuzustellen, damit er das Rechtsmittel begründen kann. Die Abweichung des § 343 Abs. 2 von § 316 Abs. 2 („sofort") ist bedeutungslos (*Eb. Schmidt* 1). Die Zustellung darf nicht deshalb unterbleiben, weil bereits die Revisionsbegründung vorliegt; denn sie kann Anlaß geben, diese zu ergänzen und zu ändern. Ein Verzicht auf die Zustellung ist wirkungslos (§ 337, 272).

5   **b) Voraussetzungen.** Auch die Zustellung des Urteils nach § 343 Abs. 2 setzt eine rechtzeitig eingelegte und statthafte Revision voraus[4]. War die Einlegungsfrist versäumt, so ist, falls nicht Wiedereinsetzung beantragt wird (RGSt **52** 76), die Revision nach § 346 Abs. 1 ohne weiteres als unzulässig zu verwerfen. Wenn das Rechtsmittel zwar rechtzeitig

---

[1] BGHSt **25** 260; RGSt **53** 237; KK-*Pikart* 3; *Kleinknecht/Meyer-Goßner*[43] 1; KMR-*Paulsu* § 316, 2; mißverständlich RGSt **69** 245.

[2] OLG Saarbrücken VRS **46** (1974) 152; KK-*Pikart* 3; *Kleinknecht/Meyer-Goßner*[43] 1; vgl. auch unten Fußn. 3; **a. A** OLG Stuttgart GA **1980** 192; KMR-*Paulus* § 316, 2; *Eisenberg* § 55, 68.

[3] KG GA **70** (1926) 46; OLG Hamm NJW **1973** 1517; OLG Saarbrücken VRS **46** 152; KK-*Pikart* 3; grundsätzlich **a. A** BGHSt **25** 260; BayObLGSt

1972 169 = VRS **44** (1973) 50 unter Aufgabe der in BayObLGSt **1969** 161 = DAR **1970** 51 vertretenen Ansicht; diese Entscheidungen beziehen sich allerdings auf die besondere Problematik der §§ 72, 79 Abs. 1 Nr. 5 OWiG.

[4] RGSt **52** 76; BayObLGSt **1962** 157 = NJW **1962** 1927; KK-*Pikart* 5; *Kleinknecht/Meyer-Goßner*[43] 2; KMR-*Paulus* § 316, 9; *Eb. Schmidt* 4; **a. A** *Kaiser* NJW **1977** 96, der Verfahrensverzögerungen im Fall der Wiedereinsetzung verhindern will.

eingelegt, gesetzlich aber nicht statthaft ist (oben Rdn. 1), sind die Akten dem Revisionsgericht vorzulegen. Ist die Revision aber statthaft und rechtzeitig eingelegt, so muß das Urteil auch dann zugestellt werden, wenn andere Bestimmungen über die Einlegung des Rechtsmittels nicht beachtet worden sind, z. B. wenn die für die Revisionseinlegung erforderliche Vollmacht nicht vorliegt (RGSt **62** 250). Von der Zustellung darf nur abgesehen werden, wenn der Beschwerdeführer zur Einlegung des Rechtsmittels offensichtlich nicht befugt ist. Legt ein Nebenkläger, der sich erst damit dem Verfahren anschließt, Revision ein, so hat das Gericht zunächst über die Anschlußberechtigung zu entscheiden; das Urteil ist nur zuzustellen, wenn sich danach die Zulässigkeit der Revision ergibt[5]. Gibt das Revisionsgericht einem Antrag nach § 346 Abs. 2 statt oder setzt es den Beschwerdeführer gegen die Versäumung der Einlegungsfrist in den vorigen Stand ein, so wird nunmehr die Urteilszustellung erforderlich (RGSt **52** 77; KG JW **1932** 124).

c) Verfahren. Die Urteilszustellung wird von dem Vorsitzenden angeordnet und von **6** der Geschäftsstelle des Gerichts bewirkt (§ 36 Abs. 1). Zugestellt wird eine Ausfertigung des Urteils; jedoch ist auch die Zustellung einer beglaubigten Abschrift wirksam (BGHSt **26** 141; BGH bei *Dallinger* MDR **1973** 19; RGSt **9** 274), nicht dagegen die einer einfachen Abschrift (RGRspr. **1** 118). Das Verfahren bei der Zustellung regeln die §§ 37, 41. Wegen der öffentlichen Zustellung vgl. § 40.

d) Inhalt der Zustellung. Das Urteil ist mit den Gründen, soweit sie vorhanden sind, **7** zuzustellen; andernfalls beginnt die Begründungsfrist nicht zu laufen (§ 345, 6). Urteilsteile, die ausschließlich andere Angeklagte und den Beschwerdeführer auch nicht mittelbar betreffen, dürfen fehlen (RGRspr. **10** 429); zweckmäßig und üblich ist aber auch in solchen Fällen die Zustellung des ganzen Urteils. Bei einer öffentlichen Zustellung an den Angeklagten geht die Sondervorschrift des § 40 Abs. 2 vor, und zwar einschließlich des Satz 2[6].

e) Empfänger der Zustellung. Das Urteil ist nach § 343 Abs. 2 dem Beschwerdefüh **8** rer zuzustellen. Beschwerdeführer ist der Angeklagte auch, wenn der Verteidiger die Revision eingelegt hat (vgl. § 297: „Für den Beschuldigten . . .“). Hat der Angeklagte oder sein Verteidiger Revision eingelegt, so kann die Zustellung gemäß § 145 a Abs. 1 an den Verteidiger erfolgen, falls sich seine Vollmacht bei den Akten befindet. Vom Fall des § 232 Abs. 4 abgesehen, ist eine wirksame Zustellung auch an Personen möglich, die der Beschwerdeführer zu Zustellungsbevollmächtigten bestellt hat. Die Zustellung an den Beschwerdeführer selbst ist stets wirksam, auch wenn er die Zustellung an seinen Zustellungsbevollmächtigten beantragt hat. Das Fehlen der in § 145 a Abs. 3 vorgeschriebenen Unterrichtung ist für die Wirksamkeit der Zustellung ohne Bedeutung (vgl. bei § 145 a). Die dem Prozeßbevollmächtigten des Nebenklägers erteilte Zustellungsvollmacht bleibt wirksam, solange der Widerruf nicht ausdrücklich angezeigt worden ist[7]. Wenn der gesetzliche Vertreter nach § 298 Revision eingelegt hat, ist ihm, nicht dem Angeklagten das Urteil zuzustellen; haben beide das Rechtsmittel eingelegt, so muß das Urteil jedem von ihnen zugestellt werden (näher bei § 316).

f) Verfahren bei Aktenverlust. Wenn die Akten verlorengegangen sind, bevor das **9** Urteil zugestellt worden ist, muß versucht werden, es mit den Gründen wiederherzustel-

---

[5] RGSt **69** 245; OLG Bremen OLGSt § 396, S. 41; *Kleinknecht/Meyer-Goßner*[43] 2.

[6] OLG Hamm JMBlNRW **1974** 214; OLG Königsberg HRR **1930** 1423.

[7] OLG Hamm NJW **1961** 474; *Eb. Schmidt* Nachtr. I 2.

len[8] (dazu die VO v. 18. 6. 1942, RGBl. I, 395). Können die Urteilsgründe nicht rekonstruiert werden, so ist, wenn möglich, wenigstens der Urteilsausspruch wiederherzustellen und zuzustellen; auch dadurch wird die Frist für die Revisionsbegründung in Lauf gesetzt (§ 345, 6). In diesem Fall ist das Urteil, wenn die Rüge aus § 338 Nr. 7 erhoben wird, sonst auf die Sachrüge (§ 337, 121), aufzuheben (OLG Hamburg LZ **1920** 311). Wenn das Urteil schon vor dem Aktenverlust zugestellt worden war, bedarf es, auch bei Verlust der Unterlagen über diese Zustellung, keiner erneuten Zustellung, um die Fristen in Lauf zu setzen (RG HRR **1928** 694). Zu der Frage, ob die Revisionsfrist bei Zweifeln als gewahrt anzusehen ist, vgl. § 341, 24 f.

§ 344

(1) Der Beschwerdeführer hat die Erklärung abzugeben, inwieweit er das Urteil anfechte und dessen Aufhebung beantrage (Revisionsanträge), und die Anträge zu begründen.

(2) ¹Aus der Begründung muß hervorgehen, ob das Urteil wegen Verletzung einer Rechtsnorm über das Verfahren oder wegen Verletzung einer anderen Rechtsnorm angefochten wird. ²Ersterenfalls müssen die den Mangel enthaltenden Tatsachen angegeben werden.

Schrifttum

Zur Beschränkung. *Bastelberger* Die Beschränkung von Rechtsmitteln auf einzelne Beschwerdepunkte, Diss. Erlangen 1919; *Beling* Beschränkung des Rechtsmittels auf die Straffrage, ZStW **24** (1904) 273; *Beling* Teilung der Rechtsmittel, ZStW **38** (1916) 637, 797; *Beling* Der nicht mitangefochtene und der teilweise angefochtene Schuldspruch, GA **63** (1916/17) 163; *Bruns* Teilrechtskraft und innerprozessuale Bindungswirkung des Strafurteils (1961); *Doerr* Über die Beschränkung der Rechtsmittel gegen Strafurteile, Diss. Gießen 1931; *Foth* Zum Beschluß BGHSt 19, 46 und zur Teilanfechtung der Schuldsprüche, JR **1964** 286; *Grünwald* Die Teilrechtskraft im Strafverfahren (1964); *Hegler* Zur Frage der teilweisen Rechtskraft der Strafurteile, JW **1924** 280; *Hennke* Rechtsmittelbeschränkung bei Anordnung der Sicherungsverwahrung, GA **1956** 41; *Kaiser* Wie läßt sich die Unwirksamkeit von Rechtsmittelbeschränkungen insbesondere in Trunkenheitsfällen vermeiden? NJW **1983** 2418; *Kuntz* Die teilweise Anfechtung im Strafprozeß, Diss. Erlangen 1930; *Mayer* Rechtsmittelbeschränkung ohne Ermächtigung, MDR **1979** 196; *Meyer-Goßner* Zur Bindungswirkung von Urteilsfeststellungen bei Aufrechterhaltung eines Freispruchs und gleichzeitiger Aufhebung einer Maßregelanordnung, DRiZ **1989** 55; *Meyer-Goßner* Der fehlende Nachweis der Ermächtigung zur Beschränkung eines Rechtsmittels, MDR **1979** 809; *Eb. Mezger* Teilrechtskraft und Rechtsmittelbeschränkung im Strafprozeß, Diss. Erlangen 1958; *Niethammer* Zur Beschränkung des Rechtsmittels auf die Straffestsetzung, JR **1935** 121; *Rödding* Rechtsmittelbeschränkung in Verkehrsstrafsachen, NJW **1956** 1342; *Salger* Zur Bedeutung der Teilrechtskraft eines Freispruchs bei der Revision gegen eine Unterbringungsanordnung, GedS Meyer 413; *Schirmer* Die Beschränkungen der Rechtsmittel im Strafprozeß, Diss. Jena 1933; *Schlüchter* Zur Teilanfechtung bei ungleichartiger Wahlfeststellung, JR **1989** 48; *Sieveking* Teilanfechtung von Strafurteilen – Neue Wege zur Lösung der mit der Teilanfechtung von Strafurteilen verbundenen Probleme (1967); *Tiedemann* Entwicklungstendenzen der strafprozessualen Rechtskraftlehre (1969); *Wankel* Rechtsmittel- und Rechtsbehelfsbeschränkung in der StPO, JA **1998** 65. Vgl. auch die Schrifttumsangaben bei § 318.

---

[8] Vgl. RG JW **1917** 52; OLG Hamm GA **62** (1915/ 16) 210; KMR-*Paulus* § 316, 15; *Gadow* DJZ **1907** 587; *Lafrenz* Recht **1919** 386; *Stuhlmann* DStrZ **1919** 230; s. auch *Löwenstein* DJZ **1907** 284 und *W. Schmid* FS Lange, 781 ff.

Zur Begründung. *Dahs* Überspannung der Anforderungen an den Sachvortrag aus der Sicht des Revisionsführers, in: Grundprobleme des Revisionsverfahrens, SchrRAGStrafR Bd. 7, 1991, 85 (zit. Überspannung); *Dahs* Neue Aspekte zu § 344 II StPO, FS Salger 217; *Dahs* Die Revisionsbegründung – Puzzle oder Glücksspiel? StraFo. **1995** 41; *Doller* Klippen der Revisionsbegründung, MDR **1977** 370; *K. E. Gollwitzer* Die Ratio des § 344 Abs. 2 Satz 2 StPO, in: Rechtssicherheit versus Einzelfallgerechtigkeit, SchrRAGStrafR Bd. 9, 1992, 73; *Gribbohm* Das Scheitern der Revision nach § 344 StPO, NStZ **1983** 97; *Herdegen* Die Beruhensfrage im strafprozessualen Revisionsrecht, in: Grundprobleme des Revisionsverfahrens, SchrRAGStrafR Bd. 7, 1991, 7 (zit. Beruhensfrage); *Hülle* Die Revisionsrechtfertigung in Strafsachen, AnwBl. **1952/53** 34; *Jäger* Die Einlegung und Begründung der Revision im deutschen Reichsstrafprozess, Diss. Würzburg 1929; *Krause* Einzelfragen zur Revisionsbegründung nach § 344 Abs. 2 StPO, StV **1984** 483; *Maul* Der notwendige Umfang des Tatsachenvortrags aus der Sicht des Revisionsrichters, in: Grundprobleme des Revisionsverfahrens, SchrRAGStrafR Bd. 7, 1991, 71 (zit. Umfang); *Miebach* Zur Zulässigkeit von Verfahrensrügen in der Rechtsprechung des BGH, NStZ-RR **1998** 1; *Momsen* Zur Zulässigkeit der strafprozessualen Sachrüge bei Angriffen gegen die Beweiswürdigung, GA **1998** 488, *Peters* Justizgewährungspflicht und Abblocken von Verteidigungsvorbringen, FS Dünnebier 53; *Schmidt-Leichner* Zum sachlichen Inhalt der Revisionsbegründung in Strafsachen, NJW **1963** 994; *Schneidewin* Fehlerhafte Revisionsbegründungen in Strafsachen, JW **1923** 345; *Ventzke* § 344 Abs. 2 Satz 2 StPO – Einfallstor revisionsgerichtlichen Gutdünkens? StV **1992** 338; *Weigelt* Die Rechtfertigung der Revision in Verkehrsstrafsachen, DAR **1954** 232.

Bezeichnung bis 1924: § 384.

Übersicht

Ernst-Walter Hanack

Alphabetische Übersicht

I. Revisionsanträge

1   **1. Allgemeines.** Die Revision kann, wie sich schon aus § 343 Abs. 1 ergibt, ebenso wie die Berufung (§ 318) auf bestimmte Beschwerdepunkte beschränkt werden. Nur in diesem Umfang unterliegt das Urteil der Prüfung des Revisionsgerichts (§ 352 Abs. 1;

vgl. BGHSt **29** 364). Anders als bei der Berufung, die beim Fehlen einer einschränkenden Erklärung als in vollem Umfang eingelegt gilt (§ 318), muß der Beschwerdeführer bei der Revision den Umfang der Anfechtung deutlich machen. Dazu dienen die Revisionsanträge. Nach der ausdrücklichen Vorschrift des § 344 Abs. 1 müssen sie ergeben, ob das Urteil in vollem Umfang oder nur in bestimmten Teilen angegriffen, inwieweit also seine Aufhebung beantragt wird[1]. Was dabei unter „Urteil" zu verstehen ist, richtet sich nach den Grundsätzen der Beschwer, regelmäßig also der Urteilsformel[2].

Die Revisionsanträge sind in der Begründungsschrift, nicht erst in der (eventuellen) **2** Revisionshauptverhandlung zu stellen. Die **Formulierung**: „Ich werde beantragen . . .", ist daher fehlerhaft[3], aber unschädlich. Die bei der Urteilsaufhebung (§ 353 Abs. 1) erforderlichen weiteren Entscheidungen des Revisionsgerichts nach den §§ 354, 355 brauchen nicht ausdrücklich beantragt zu werden (RGSt **3** 45; KG JW **1921** 855). Doch ist eine solche Antragstellung oft zweckmäßig (*Dahs/Dahs* 69) und in der Praxis üblich. Die Revisionsanträge, deren ausdrückliche Formulierung das Gesetz nicht vorschreibt (unten Rdn. 3), lauten etwa dahin, das Urteil (in vollem Umfang, hinsichtlich der Verurteilung wegen . . ., im Strafausspruch) aufzuheben, das Verfahren einzustellen, den Angeklagten freizusprechen oder die Sache an den Tatrichter zurückzuverweisen.

2. Fehlen der Anträge. Das Gesetz verlangt nicht, daß die Revisionsanträge äußerlich **3** von der eigentlichen Begründung getrennt oder durch die Verwendung bestimmter Formeln besonders hervorgehoben werden. Das Fehlen ausdrücklicher Anträge ist daher unschädlich, wenn sich dem gesamten Inhalt der Revisionsschrift eindeutig entnehmen läßt, wodurch sich der Beschwerdeführer beschwert fühlt und welches Ziel seine Revision verfolgt[4]. Wenn ohnehin nur eine Anfechtung in vollem Umfang in Betracht kommt, wie bei der Revision gegen ein Verwerfungsurteil nach § 329 Abs. 1, ist das Fehlen von ausdrücklichen Revisionsanträgen immer ohne Bedeutung (OLG Saarbrücken VRS **44** [1973] 190). Gelegentlich, etwa wenn sich die Revision gegen ein Berufungsurteil richtet, das das erste Urteil auf die Berufung der Staatsanwaltschaft zuungunsten des Beschwerdeführers abgeändert hat (OLG Zweibrücken VRS **46** [1974] 367), oder wenn schon die Berufung auf die Straffrage beschränkt war (OLG Koblenz VRS **51** [1976] 96), kann sich das Ziel der Revision auch aus dem Gang des bisherigen Verfahrens ergeben (**a. A** im erstgenannten Fall OLG Düsseldorf JMBlNRW **1982** 45). Dem Inhalt des angefochtenen Urteils wird es regelmäßig nicht entnommen werden können. Zur stillschweigenden Beschränkung der Revision durch den Inhalt der Revisionsbegründungsschrift vgl. unten Rdn. 9 ff.

Wenn das Urteil nur eine **einzige Straftat** zum Gegenstand hat, ist im Zweifel davon **4** auszugehen, daß der Beschwerdeführer die Revision nicht beschränken will. Die Rüge, die Anwendung des Strafgesetzes auf den festgestellten Sachverhalt sei fehlerhaft, läßt dann

---

[1] Einer Bemerkung von *Sarstedt* NJW **1976** 69 („Beim BGH kommt es in jeder Woche ein paar Mal vor, daß der Bf. keinen Antrag stellt. Niemand nimmt davon Notiz") hat *Meyer* in der 23. Aufl. entnommen, daß die Vorschrift beim BGH nicht mehr beachtet werde. *Sarstedt/Hamm*[5] 147 Fußn. 102 haben das als ein Mißverständnis bezeichnet: Die Vorschrift sei „ausdrücklich"; aber sie verlange nach ihrer ständigen Auslegung durch den BGH nicht, daß die in ihr vorgeschriebene Erklärung ebenfalls „ausdrücklich" sein müsse. Vgl. dazu Rdn. 3 ff.

[2] RGSt **63** 184; *Eb. Schmidt* § 318, 11; *Dahs/Dahs* 67; *Mezger* 5; *Schirmer* 27.
[3] *Dahs/Dahs* 62; *Sarstedt/Hamm*[6] 208; *Dahs* Hdb. 791.
[4] BGH StV **1981** 393; RGSt **56** 225; RG Recht **1910** Nr. 256; OLG Braunschweig HESt **1** 34; OLG Düsseldorf JMBlNRW **1982** 45; OLG Karlsruhe NJW **1983** 1073; *Dahs/Dahs* 72; *Sarstedt/Hamm*[6] 209; KK-*Pikart* 2 mit weit. Nachw.; vgl. auch Fußn. 1; **a. A** KG JW **1921** 854 mit Anm. *Drucker*; OLG Dresden GA **54** (1907) 321.

Ernst-Walter Hanack

mit ausreichender Sicherheit erkennen, daß das Urteil in vollem Umfang, also im Schuld-
und Rechtsfolgenausspruch, angefochten wird[5]. Das gilt auch für die Revision der Staatsanwaltschaft, nach bedenklich strenger Meinung aber nicht für die des Nebenklägers[6].

5   Ist der Angeklagte wegen **mehrerer selbständiger Straftaten** verurteilt worden, verfahren die Revisionsgerichte nicht einheitlich. Vielfach, insbesondere von Oberlandesge-
richten, wird angenommen, daß das Fehlen ausdrücklicher Anträge zur Unzulässigkeit der
Revision führt, wenn deren Begründung Zweifel daran läßt, ob das Urteil in vollem
Umfang oder nur teilweise angefochten werden soll[7], so daß es also auf den Inhalt der
Ausführungen zur Revisionsbegründung ankommt[8]. Der Bundesgerichtshof hält demgegenüber das Fehlen der Anträge für unschädlich, wenn der Angeklagte die mehreren
Taten vor dem Tatrichter bestritten hat und nur die allgemeine Sachrüge erhebt[9]. — Bleibt
unklar, auf welche Taten sich eine erklärte Beschränkung der Revision beziehen soll, ist
sie unzulässig[10].

II. Beschränkung der Revision

6   **1. Gesetzliche Beschränkungen.** In einigen Fällen bestimmt das Gesetz ausdrücklich,
daß das Urteil nur in beschränktem Umfang angefochten werden darf. So untersagt § 339
der Staatsanwaltschaft, die Revision zuungunsten des Angeklagten auf die Verletzung von
Verfahrensvorschriften zu stützen, die lediglich zu dessen Gunsten gegeben sind. Der
Nebenkläger kann das Urteil nur nach Maßgabe des § 400 Abs. 1 anfechten. Ferner wird
die Revision nach h. M durch § 464 Abs. 3 Satz 1 beschränkt (vgl. bei § 464) und ebenso
durch § 8 Abs. 3 StrEG[11]. Das bedeutet, daß die Entscheidung über die Kosten und notwendigen Auslagen sowie über die Entschädigung für Strafverfolgungsmaßnahmen mit der
unbeschränkt eingelegten Revision weder angefochten ist noch mit der Revision überhaupt
angefochten werden kann (BGHSt **25** 77; dazu *Meyer* JR **1971** 96). Schließlich ergeben
sich notwendige Beschränkungen der Revision aus dem Grundsatz, daß jedes Rechtsmittel
eine Beschwer des Verfahrensbeteiligten voraussetzt, der es einlegt (Vor § 296, 46 ff).

2. Erklärung der Revisionsbeschränkung

7   **a) Allgemeines.** Die Rechtsmittelbeschränkung kann schon bei Einlegung der Revision erklärt werden, ist aber auch in der Weise möglich, daß die zunächst in vollem
Umfang eingelegte Revision teilweise zurückgenommen wird. Jedoch wird eine ohne weitere Ausführungen eingelegte Revision durch die spätere Erklärung in der Revisionsbegründung, daß das Urteil nur in begrenztem Umfang angefochten werde, lediglich im

---

[5] BGH bei *Holtz* MDR **1979** 282; bei *Pfeiffer/
Miebach* NStZ **1983** 214; RGSt **5** 186; **56** 225;
OLG Hamm NJW **1954** 613; **1965** 1193; OLG Ko-
blenz NJW **1973** 2118; a. A OLG Schleswig bei
Ernesti/Jürgensen SchlHA **1973** 189.

[6] BGH bei *Pfeiffer/Miebach* NStZ **1989** 221 mit
weit. Nachw.; OLG Karlsruhe MDR **1985** 430; vgl.
auch BGH NStZ **1988** 565.

[7] BayObLG bei *Bär* DAR **1989** 370; OLG Hamm
VRS **33** (1967) 48; NJW **1976** 68 mit abl. Anm.
Sarstedt; OLG Koblenz VRS **50** (1976) 447; OLG
Stuttgart Justiz **1971** 312; OLG Schleswig SchlHA
1979 56; OLG Zweibrücken NJW **1974** 659; eben-
so KMR-*Paulus* § 344, 5; LR-*Meyer* in der 23.
Aufl.

[8] Vgl. OLG Braunschweig HESt **1** 34; OLG Stuttgart Justiz **1971** 360.

[9] BGH NStZ **1990** 96 mit weit. Nachw.; BGH 2 StR
160/82 v. 27. 5. 1982 spricht (wie bei *Pfeiffer/
Miebach* NStZ **1983** 359 nicht deutlich wird) von
einer „ständigen Rechtsprechung"; vgl. *Blaese/
Wielop* 226 ff. Ebenso KK-*Pikart* 2; *Kleinknecht/
Meyer-Goßner*[43] 3; *Sarstedt* NJW **1976** 69; kritisch
bei „Besonderheiten des Einzelfalles" *Gribbohm*
NStZ **1983** 98.

[10] BayObLGSt **1954** 84 = JR **1955** 28 mit Anm. *Sarstedt*; *Kleinknecht/Meyer-Goßner*[43] 3; *Dahs/Dahs*
67.

[11] BayObLGSt **1972** 7 = MDR **1972** 534; BayObLG
MDR **1972** 804; OLG Karlsruhe NJW **1972** 2323.

Umfang der Anfechtung präzisiert, nicht also nachträglich beschränkt (näher § 302, 44; vgl. auch unten Rdn. 11). Selbst in der Erklärung, die Revision werde unter Beschränkung auf bestimmte Beschwerdepunkte eingelegt, liegt noch nicht ohne weiteres der Verzicht auf eine weitergehende Anfechtung[12]. Allerdings ist ein solcher Verzicht auch stillschweigend möglich; er kann sich insbesondere aus dem sonstigen Inhalt der Revisionseinlegungsschrift ergeben[13]. Im Zweifel ist davon auszugehen, daß nur von dem Recht der Teilanfechtung Gebrauch gemacht wird, aber kein Verzicht auf das weitergehende Rechtsmittel ausgesprochen ist (KMR-*Paulus* § 318, 13). Soweit das Urteil nicht angefochten ist, tritt Teilrechtskraft (vgl. unten Rdn. 66) dann noch nicht mit dem Eingang der Rechtsmittelerklärung ein. Nach h. M entsteht sie aber mit dem Ablauf der Frist des § 341, so daß der Beschwerdeführer, der nicht ausdrücklich oder schlüssig auf die weitergehende Anfechtung verzichtet hat, das Rechtsmittel (nur) bis dahin noch erweitern kann[14]. Das ist jedoch nicht überzeugend, weil die Bestimmung der Entscheidungsteile, auf die sich die Nachprüfung erstrecken soll, nach § 344 Abs. 1 erst in der Revisionsbegründungsschrift erfolgt. Richtigerweise und trotz der Formulierung des § 343 Abs. 1 ist daher anzunehmen, daß der Umfang des Rechtsmittelangriffs erst mit dem Verstreichen der Revisionsbegründungsfrist des § 345 Abs. 1 oder (s. Rdn. 8) durch einen in der Begründungsschrift erklärten Teilverzicht endgültig festgelegt wird, bis dahin also auch eine nicht als Verzicht zu wertende Teilanfechtung wirksam noch erweitert werden kann[15].

Die Revisionsbeschränkung durch **Teilrücknahme** muß gegenüber dem Gericht in der **8** für die Einlegung vorgeschriebenen Form erklärt werden. Die Erklärung wird mit ihrem Eingang bei Gericht wirksam. Wenn die Sache schon bei dem Revisionsgericht anhängig ist (§ 347, 9 ff), muß sie diesem gegenüber abgegeben werden. In der Revisionsverhandlung kann die Rechtsmittelbeschränkung mündlich erklärt werden; nach § 303 ist dann die Zustimmung des Gegners erforderlich. Die Beschränkung der Revision darf nicht an eine Bedingung geknüpft werden. Ein Widerruf der Erklärung ist grundsätzlich unbeachtlich[16]. Insbesondere kann eine in der Rechtsmittelbegründungsschrift wirksam beschränkte Revision nicht durch eine weitere Begründungsschrift, auch wenn sie noch innerhalb der Frist des § 345 Abs. 1 eingeht, wieder erweitert werden (RGSt **39** 393). Ist die Rechtsmittelbeschränkung wegen Formmangels unwirksam, so ist das Urteil in vollem Umfang angefochten.

b) Auslegung der Begründungsschrift. Grundsätzlich muß die Beschränkung der **9** Revision auf bestimmte Beschwerdepunkte nach § 344 Abs. 1 ausdrücklich erklärt werden (oben Rdn. 1). Sie kann sich aber auch aus dem Inhalt der Revisionsbegründungsschrift ergeben[17], wobei die Auslegung „nach dem aus den Willensäußerungen des Beschwerdeführers erkennbaren Sinn und Ziel seines Rechtsmittels fragen" muß (BGHSt **29** 365). Eine Revisionsbeschränkung kann nach den Gegebenheiten des Einzelfalles z. B. anzunehmen sein, wenn die allgemeine Sachrüge erhoben wird, aber im Widerspruch zu

---

[12] RGSt **64** 164; RG JW **1912** 1070; KMR-*Paulus* § 318, 13; *Grünwald* 73 Fußn. 140; **a. A** BGHSt **3** 46; **10** 321; RGSt **42** 242; RG JW **1925** 1008; *Eb. Schmidt* § 318, 1 und Nachtr. I § 302, 3; *Mezger* 8; *Niethammer* JR **1935** 121; *Puppe* 25; *Sieveking* 81; vgl. auch bei § 302 und bei § 318.

[13] RGSt **64** 164, das aber zu Unrecht jede Beschränkungserklärung des Verteidigers als Verzicht ansieht; BayObLGSt **1967** 146 = JR **1968** 109 mit zust. Anm. *Sarstedt*; KMR-*Paulus* § 318, 13.

[14] BGHSt **38** 367; RG JW **1912** 1070; BayObLGSt **1967** 146 = JR **1968** 109 mit Anm. *Sarstedt*; KK-

Pikart § 341, 14; *Kleinknecht/Meyer-Goßner*[43] 4; KMR-*Paulus* § 318, 14; *Sarstedt/Hamm*[6] 136; LR-*Meyer* in der 23. Aufl.

[15] So eingehend und zu Recht *Grünwald* 72 ff; ferner SK-*Frisch* § 318, 14, 20; KK-OWiG-*Steindorf* § 79, 76; offengelassen in BGHSt **38** 6.

[16] RGSt **39** 394; *Sarstedt/Hamm*[6] 137; *Puppe* 26; *Niethammer* JR **1935** 121.

[17] BGH NStZ **1998** 210; *Kleinknecht/Meyer-Goßner*[43] 6; KMR-*Paulus* § 318, 5; *Dahs/Dahs* 72; *Mezger* 6 ff.

Ernst-Walter Hanack

dem darin liegenden Antrag, das Urteil in vollem Umfang aufzuheben, im einzelnen *erkennbar* nur der Strafausspruch oder das Unterlassen einer Gesamtstrafenbildung nach § 55 StGB beanstandet wird[18]. Sind keine Revisionsanträge gestellt worden, so kann sich, insbesondere wenn die Schuld des Angeklagten ausdrücklich eingeräumt wird (BGH VRS **34** [1968] 437), die Revisionsbeschränkung ebenfalls daraus ergeben, daß sich die Begründung nur auf den Maßregelausspruch oder auf den Strafausspruch bezieht[19]. Läßt die Auslegung der Begründungsschrift den Beschränkungswillen des Beschwerdeführers nicht zweifelsfrei erkennen, so ist die Revision entsprechend den dahin lautenden Anträgen als unbeschränkt zu behandeln[20]. Ist der Angeklagte wegen einer einzigen Straftat verurteilt, liegt daher im Zweifel keine Beschränkung darin, daß die Revision entgegen dem unbeschränkten Revisionsantrag nur teilweise begründet worden ist (OLG Koblenz OLGSt § 316 StGB S. 108; vgl. auch BGHSt **39** 122). Wenn das Urteil mehrere selbständige Taten zum Gegenstand hat, ist das Rechtsmittel als unzulässig zu verwerfen, soweit sich zeigt, daß eine wirksame Begründung fehlt[21]. Bei einem Widerspruch zwischen der eindeutigen Beschränkungserklärung und dem auf Aufhebung des Urteils in vollem Umfang lautenden Revisionsantrag ist in der Regel wohl die ausdrückliche Erklärung der Revisionsbeschränkung maßgebend (anders OLG Koblenz VRS **51** [1976] 106, das den Revisionsanträgen folgt).

10   Die Auslegung der Begründungsschrift kann ergeben, daß entgegen den ausdrücklich gestellten Revisionsanträgen eine **Rechtsmittelbeschränkung nicht vorliegt**, weil das vom Beschwerdeführer nach seinem Gesamtvorbringen erstrebte Ziel mit der Rechtskraft einzelner Entscheidungsteile nicht vereinbar wäre (*Grünwald* 70). So ist eine Revision trotz anderslautender Erklärung nicht auf die Straffrage beschränkt, wenn in Wahrheit die Schuldfeststellungen angegriffen werden[22]. Das ist auch der Fall, wenn die Revision der Staatsanwaltschaft geltend macht, der Tatrichter habe eine zu geringe Strafe bemessen, weil er einen den Schuldumfang vergrößernden Umstand übersehen habe (BGH NJW **1956** 1845 löst den Fall unnötigerweise dadurch, daß die Revisionsbeschränkung für unwirksam erklärt wird; hiergegen mit Recht *Mezger* 51).

11   **c) Beschränkung durch den Verteidiger.** Der Verteidiger ist auch ohne besondere Vollmacht berechtigt, das Urteil dadurch rechtskräftig werden zu lassen, daß er es nicht anficht. Er braucht folglich auch keine besondere Ermächtigung, wenn er die Revision von vornherein nur beschränkt einlegt, das Urteil also auf diese Weise teilweise rechtskräftig werden läßt[23]. Dem steht auch § 302 Abs. 2 nicht entgegen, weil sich diese Vorschrift auf einen anderen Fall bezieht (vgl. Rdn. 12). Eine gegenteilige Meinung, die in der beschränkten Einlegung einen im Hinblick auf § 302 Abs. 2 unwirksamen Teilverzicht sieht[24], und zwar selbst dann, wenn der Verteidiger zur Rücknahme des Rechtsmittels

---

[18] BGH NJW **1956** 757; OLG Düsseldorf NZV **1993** 76; OLG Koblenz VRS **51** (1976) 122; für die unterlassene Gesamtstrafenbildung OLG Saarbrücken OLGSt § 344 Abs. 2 Satz 1, vgl. auch *Eb. Schmidt* 6.

[19] RGSt **51** 150; RG DR **1945** 18; OLG Hamburg OLGSt § 11 BtMG S. 22; OLG Koblenz VRS **44** (1973) 416.

[20] BGHSt **29** 365 mit Nachw. aus der Rechtspr.; KMR-*Paulus* § 318, 2, 12; vgl. auch BGHSt **39** 122.

[21] BGH LM Nr. 1 zu § 302; RG HRR **1940** 346; OLG Karlsruhe Justiz **1974** 308; *Kleinknecht/Meyer-Goßner*[43] 6; KMR-*Paulus* § 302, 4; *Dahs/Dahs* 72; *Eb. Schmidt* 7.

[22] BGH VRS **17** (1959) 47; BGH bei *Pfeiffer/Miebach* NStZ **1985** 17; OLG Düsseldorf VRS **64** (1983) 177; OLG Hamm NJW **1962** 1074; KMR-*Paulus* § 318, 12; *Mezger* 49; vgl. auch RGSt **67** 30; RG JW **1930** 329; RG HRR **1931** 387; RG Recht **1928** Nr. 994; OLG Hamm VRS **13** (1957) 449.

[23] BGHSt **38** 4 und 366; BGH NStZ **1992** 126; HK-*Rautenberg* § 302, 17; *Kleinknecht/Meyer-Goßner*[43] § 302, 29; KMR-*Paulus* § 318, 17; *Schlüchter* 635; *Grünwald* 73.

[24] BGHSt **3** 46; **10** 321; *Eb. Schmidt* Nachtr. I § 302, 13; *Puppe* 225. Zu den unterschiedlichen Folgerungen dieser Ansicht s. LR[24] § 344, 11.

generell ermächtigt ist[25], ist vom Bundesgerichtshof mittlerweile zu Recht aufgegeben worden[26].

Anders ist es, wenn der Verteidiger zunächst (ausdrücklich) in vollem Umfang Revi- **12**
sion eingelegt hat, das Rechtsmittel dann aber **teilweise zurücknimmt**. Hierzu bedarf er nach § 302 Abs. 2 einer besonderen Vollmacht (näher § 302, 65 ff). Fehlt sie und hat der Verteidiger die Revision infolge der unwirksamen Teilrücknahme nur teilweise begründet, so ist sie im übrigen als unzulässig zu verwerfen[27]; wenn sie in vollem Umfang begründet worden ist, muß das Urteil uneingeschränkt geprüft werden (OLG Braunschweig NdsRpfl. **1958** 169).

Legen der **Angeklagte und der Verteidiger** Revision ein und beschränkt nur einer **13**
von ihnen das Rechtsmittel, so ist zu unterscheiden: Eine Rechtsmittelbeschränkung des Verteidigers, die keinen ausdrücklichen und wirksamen Verzicht auf die weitergehende Urteilsanfechtung enthält, hindert den Angeklagten nicht, innerhalb der Begründungsfrist (oben Rdn. 7) in vollem Umfang Revision einzulegen. Hat dagegen der Angeklagte selbst eine auf bestimmte Beschwerdepunkte beschränkte Revision eingelegt, so ist, da sein Wille bei Widersprüchen maßgebend ist (§ 297), die weitergehende Revision des Verteidigers unbeachtlich. Das bleibt sie auch, wenn der Angeklagte nach Ablauf der Frist sein eigenes Rechtsmittel mit dem ausdrücklichen Vorbehalt zurücknimmt, daß die Revision des Verteidigers aufrechterhalten wird; diese Erklärung ist unwirksam (Rdn. 8). Legt von zwei Verteidigern der eine die Revision unbeschränkt ein, der andere unter Beschränkung auf bestimmte Beschwerdepunkte, so ist sie in vollem Umfang eingelegt (*Kleinknecht/ Meyer-Goßner*[43] 5).

3. Allgemeine Grundsätze der Revisionsbeschränkung. Der Beschwerdeführer **14**
kann, schon da es in seinem Belieben steht, nur Verfahrensfragen oder nur die Anwendung des sachlichen Rechts zur Nachprüfung zu stellen, den Umfang der Prüfungstätigkeit des Revisionsgerichts in gewissen Grenzen selbst bestimmen. Er kann jedoch das Rechtsmittel nicht beliebig auf einzelne Beschwerdepunkte beschränken. Denn welche Rechtsmittelbeschränkungen wirksam und möglich sind[28], beurteilt sich allein danach, ob Teile des Urteils selbständig angefochten werden können, ohne daß sich hieraus verfahrensrechtlich unerträgliche Folgen ergeben. Das Gesetz gibt dazu keinerlei Hinweise. In Rechtsprechung und Schrifttum werden zu fast allen wichtigen Einzelfragen unterschiedliche Auffassungen vertreten. Der Zustand der Rechtsunsicherheit, der dadurch eingetreten ist (vgl. *Grünwald* 2 ff), stellt die Verfahrensvereinfachung, die der Gesetzgeber mit der Möglichkeit der Rechtsmittelbeschränkung herbeiführen wollte, seit langem in Frage. Der Entwurf von 1939 sah, wenn auch nicht allein aus diesem Grund, den völligen Wegfall der Rechtsmittelbeschränkung vor (zustimmend *von Hippel* 579, 594; dagegen DERechtsmittelG 83 f). Selbst in so wichtigen Fragen wie der Möglichkeit der Rechtsmittelbeschränkung auf eine von mehreren tatmehrheitlichen Verurteilungen, die früher fast problemlos war, herrscht keine Klarheit mehr (unten Rdn. 21 ff). Die Obergerichte haben es nicht verstanden, klare und einfache Grundsätze zu erarbeiten[29].

---

[25] BGHSt **3** 46; BGH LM Nr. 3 § 302; RGSt **64** 166.
Weitere Nachw. in der 24. Aufl.

[26] BGHSt **38** 4; vgl. ferner Fußn. 23.

[27] BGH bei *Miebach/Kusch* NStZ **1991** 302; BGH LM Nr. 1 zu § 302; RG HRR **1940** 346; *Eb. Schmidt* 7; *Sarstedt/Hamm*[6] 146.

[28] Das Wort „zulässig" sollte hier vermieden werden, da es stets um die Beachtlichkeit der Beschränkung

geht; vgl. *Eb. Schmidt* § 318, 2; *Beling* GA **63** (1916/17) 172; *Sieveking* 11.

[29] Einiges zur Erklärung der Situation, verbunden mit der Aufforderung an die Revisionsgerichte, im Zweifel zugunsten der Trennbarkeit zu entscheiden, um vermeidbare und für den Angeklagten oft nutzlose Prozeßverzögerungen zu vermeiden, bei *Kaiser* NJW **1983** 2418.

15 Nach ganz herrschender Ansicht bestimmt sich die Wirksamkeit der Rechtsmittelbeschränkung in erster Linie nach der **sog. Trennbarkeitsformel**. Danach ist die Beschränkung nur möglich, wenn sie sich auf solche Beschwerdepunkte bezieht, die nach dem inneren Zusammenhang des Urteils losgelöst von seinem nicht angegriffenen Teil rechtlich und tatsächlich selbständig beurteilt werden können, ohne eine Prüfung der Entscheidung im übrigen nötig zu machen[30]. Das ist im Grunde eine Leerformel, die im Schrifttum mit Recht als ebenso nichtssagend wie einprägsam bezeichnet wird (*Grünwald* 75; vgl. auch *Mezger* 14: „Sie gleicht dem großen Rahmen, der die unbemalte Leinwand umspannt"). Soweit es auf die Wirksamkeit der Revisionsbeschränkung ankommt, kann die Formel überdies zu Mißverständnissen führen. Denn das Revisionsgericht ist in der Lage, fast jede Rechtsfrage für sich zu prüfen und zu beantworten. Die Wirksamkeit der Beschränkung des Rechtsmittels hängt aber davon ab, ob es dem **neuen Tatrichter**, an den die Sache bei erfolgreicher Revision zurückverwiesen werden müßte, nach Ansicht des Revisionsgerichts möglich ist, den mit der Revision angegriffenen Urteilsteil losgelöst von dem übrigen Urteilsinhalt zu beurteilen (vgl. OLG Hamm NJW **1970** 1614). Die Voraussetzungen, unter denen das Rechtsmittel beschränkt werden kann, sind daher für die Revision grundsätzlich keine anderen als für die Berufung[31]. Sie sind ferner dafür maßgebend, in welchem Umfang die Teilaufhebung eines Urteils durch das Revisionsgericht möglich ist (vgl. § 352, 5).

16 Die Möglichkeit der Rechtsmittelbeschränkung ist ferner eingeschränkt durch das **Erfordernis der Widerspruchsfreiheit**, das mit der Trennbarkeitsformel in engstem Zusammenhang steht. Eine Beschränkung ist unwirksam, wenn sie zu Widersprüchen zwischen den nicht angefochtenen Teilen des Urteils und der Entscheidung des Rechtsmittelgerichts oder des neuen Tatrichters führen kann (vgl. auch bei § 318)[32]. Die trotz ihres stufenweisen Zustandekommens als einheitliches Ganzes anzusehende abschließende Entscheidung des Verfahrens darf nicht in sich widerspruchsvoll sein[33]. Dabei ist jedoch zu beachten, daß diese Grundsätze für die Rechtsmittelbeschränkung bei der Verurteilung wegen einer einheitlichen Tat im sachlichrechtlichen Sinn (unten Rdn. 25 ff) entwickelt worden sind. Die Auffassung des Bundesgerichtshofs, daß sie auch auf den Fall der Rechtsmittelbeschränkung bei der Verurteilung wegen mehrerer Straftaten anzuwenden sind (unten Rdn. 22), führt zu weiterer Rechtsunsicherheit.

17 **4. Beschränkung auf Verfahrensvoraussetzungen.** Da die Revision grundsätzlich nur auf trennbare Teile des Urteilsausspruchs beschränkt werden kann, ist es nicht möglich, das Urteil zwar in vollem Umfang anzufechten, aber nur bestimmte rechtliche Gesichtspunkte der Nachprüfung des Revisionsgerichts zu unterstellen (unten Rdn. 27). Eine Ausnahme gilt jedoch für die Verfahrensvoraussetzungen. Zwar kann der Beschwer-

---

[30] BGHSt **5** 252; **10** 101; **16** 239; **19** 48; **21** 258; **22** 217; **24** 187; **29** 364; BGH MDR **1980** 682; BGH NJW **1977** 442; RG in st. Rspr., z. B. RGSt **22** 217; **33** 22; **37** 284; **74** 191; **75** 173; OGHSt **1** 75 = SJZ **1949** 60 mit Anm. *Hartung*; BayObLGSt **1959** 128 = JZ **1960** 31 mit Anm. *Heinitz*; BayObLGSt **1968** 120; OLG Koblenz VRS **51** (1976) 350; vgl. auch bei § 318.

[31] OLG Koblenz VRS **75** (1988) 35; *Kleinknecht/ Meyer-Goßner*[43] 7; KMR-*Paulus* 6; *Grünwald* 81; a. A *Eb. Schmidt* § 318, 28.

[32] Beim heutigen Umfang der revisionsgerichtlichen Kontrolle insbesondere aufgrund der „Darstel-

lungsrüge" (§ 337, 121 ff) und bei der Rechtsfolgenentscheidung (§ 337, 180 ff) gewinnt dieser Umstand in der Praxis immer größere Bedeutung (vgl. auch *Kaiser* NJW **1983** 2421). Die mit ihm verbundenen Probleme sind einer der wesentlichen Gründe für die heutige Rechtsunsicherheit.

[33] BGHSt **7** 287; **10** 72; **24** 188; **29** 365; BGH MDR **1980** 769; BGH VRS (1959) **17** 48; RGSt **42** 243; BayObLGSt **1959** 129 = JZ **1960** 31 mit Anm. *Heinitz*; BayObLGSt **1972** 29 = VRS (1972) **43** 122; OLG Celle VRS **14** (1958) 65; OLG Hamburg VRS **25** (1963) 353; OLG Karlsruhe NJW **1971** 158; OLG Stuttgart Justiz **1972** 187.

deführer ihre Prüfung durch das Revisionsgericht niemals ausschließen. Jedoch ist umgekehrt die Beschränkung der Revision auf die Überprüfung des Vorliegens der Verfahrensvoraussetzungen nach ganz herrschender Meinung[34] dann möglich, wenn sich die Frage losgelöst vom Schuld- und Strafausspruch beurteilen läßt. Das ist für jede Verfahrensvoraussetzung besonders zu prüfen (*Sarstedt/Hamm*[6] 149).

Im einzelnen können danach, ohne daß auf den übrigen Inhalt des Urteils eingegangen werden muß, selbständig geprüft werden: der Verbrauch der Strafklage[35]; das Vorliegen des Strafantrags[36]; die Einhaltung der Auslieferungsbedingungen[37]. Dagegen ist die Revisionsbeschränkung in der Regel nicht möglich für die isolierte Prüfung der Anwendbarkeit eines Straffreiheitsgesetzes[38] und die Frage, ob Verfolgungsverjährung eingetreten ist[39]; doch gilt bei der Verfolgungsverjährung anderes, wenn ein Rückgriff auf die Schuldfrage im Einzelfall nach Lage der Sache nicht in Betracht kommt (vgl. OLG Frankfurt NStZ **1982** 35). Bei Nichtbeschränkbarkeit ist davon auszugehen, daß die allgemeine Sachrüge erhoben ist (unten Rdn. 74). **18**

5. Beschränkung bei Verurteilung wegen mehrerer Straftaten

a) Voneinander unabhängige Straffälle. Richtet sich ein Urteil gegen mehrere Angeklagte, so kann jeder von ihnen unabhängig von anderen selbständig Revision einlegen. Wenn Gegenstand des Urteils mehrere sachlichrechtlich in Tatmehrheit (§ 53 StGB) stehende Taten eines Angeklagten sind, die auch in dem verfahrensrechtlichen Sinn des § 264 voneinander unabhängig sind, ist die Beschränkung der Revision auf eine der mehreren Verurteilungen ebenfalls ausnahmslos wirksam[40]. Das gilt auch, wenn eine Verfahrensrüge erhoben wird, die an sich das ganze Verfahren betrifft (BayObLGSt **1959** 125). Ob in dem weiteren Verfahren Widersprüche zwischen den infolge der Rechtsmittelbeschränkung rechtskräftig werdenden und den angefochtenen Urteilsteilen möglich sind, spielt keine Rolle. Denn wenn die Taten in verschiedenen Verfahren abgeurteilt worden wären, würde es auf Widerspruchsfreiheit ebenfalls nicht ankommen (vgl. *Bruns* 19; *Grünwald* 17); sie ist daher auch dann nicht zu fordern, wenn die Verfahren verbunden worden sind[41]. Auch der Umstand, daß die Höhe der Einzelstrafen aufeinander abgestimmt ist, zwingt nicht ohne weiteres dazu, das Urteil jedenfalls im Strafausspruch in vollem Umfang als angefochten anzusehen[42]. Ferner steht der Revisionsbeschränkung nicht entgegen, daß die Vollstreckung aller Strafen zur Bewährung ausgesetzt ist[43], daß mit der Einzelstrafe, die nicht angefochten werden soll, eine Gesamtstrafe gebildet wurde[44] oder **19**

---

34 KK-*Pikart* 24; KMR-*Paulus* § 318, 19; *Sarstedt/ Hamm*[6] 149; *Grünwald* 375; *Hartung* SJZ **1949** 66; **a. A** *Puppe* 54.

35 RGSt **40** 274; **51** 241; **54** 83; *Kleinknecht/Meyer-Goßner*[43] § 318, 13; KMR-*Paulus* § 318, 19; *Sarstedt/Hamm*[6] 149.

36 RGSt **43** 367; BayObLG JW **1925** 2796; KG JW **1933** 1902; *Kleinknecht/Meyer-Goßner*[43] § 318, 13; KMR-*Paulus* § 318, 19.

37 RGSt **64** 183; **66** 172; *Kleinknecht/Meyer-Goßner*[43] § 318, 13; KMR-*Paulus* § 318, 19.

38 BGH NJW **1951** 810; RGSt **53** 40; **54** 8; **74** 190; BayObLGSt **1956** 2 = JZ **1956** 188; KMR-*Paulus* § 318, 19; **a. A** RGSt **54** 82; vgl. auch bei § 318.

39 BGHSt **2** 385; BGH NJW **1984** 988 (insoweit in BGHSt **32** 209 nicht abgedruckt); OLG Braunschweig NJW **1956** 1118; OLG Celle MDR **1966** 865; VRS **31** (1966) 194; OLG Hamburg MDR

1958 52; OLG Oldenburg NdsRpfl. **1953** 207; KMR-*Paulus* § 318, 19; *Sarstedt/Hamm*[6] 85.

40 *Beling* ZStW **38** (1916) 798 nimmt sogar an, es handele sich im Grunde um mehrere Rechtsmittel.

41 BayObLGSt **1959** 128 = JZ **1960** 30 mit Anm. *Heinitz*; BayObLGSt **1966** 86 = NJW **1966** 2370; *Bruns* 20; *Grünwald* 50; *Sieveking* 70; *Meyer* JR **1972** 205; **a. A** OGHSt **1** 78 = SJZ **1949** 60 mit abl. Anm. *Hartung*; OLG Celle NJW **1959** 400.

42 RG DRiZ **1929** Nr. 696; **a. A** RGSt **35** 65; *Mezger* 25; *Sieveking* 70. Vgl. aber Rdn. 20.

43 BayObLGSt **1966** 88 = NJW **1966** 2370; *Kleinknecht/Meyer-Goßner*[43] § 318, 9; KMR-*Paulus* § 318, 25.

44 *Kleinknecht/Meyer-Goßner*[43] § 318, 9; *Grünwald* 268 Fußn. 541; *Puppe* 60; *Schirmer* 2; vgl. auch RGSt **25** 297.

Ernst-Walter Hanack

daß das Urteil andere Rechtsfolgen anordnet, die sämtliche abgeurteilte Straffälle zur Grundlage haben (**a. A** *Grünwald* 268), wie z. B. die Verhängung eines Fahrverbots (BayObLG NJW **1966** 2370), die Anordnung der Sicherungsverwahrung (RG HRR **1938** 264) und die Entziehung der Fahrerlaubnis (BayObLG NJW **1966** 2370; vgl. auch OLG Hamm NJW **1977** 208).

20   **Mitangefochten** sind dann aber immer die Gesamtstrafe und die für alle Straffälle angeordneten Rechtsfolgen[45]. Eine Ausnahme gilt nur für den Fall, daß die angefochtene Einzelstrafe ersichtlich für die Gesamtstrafe, Nebenstrafe oder Maßregel ohne jede Bedeutung gewesen ist[46]. Die Revision umfaßt immer auch den Ausspruch über die Anrechnung oder Nichtanrechnung der Untersuchungshaft, soweit er die Gesamtstrafe betrifft. Zur Beschränkung der Revision auf den Gesamtstrafausspruch vgl. unten Rdn. 37.

21   **b) Tatidentität im Sinne des § 264.** Hat das Urteil mehrere Straftaten zum Gegenstand, die zwar sachlichrechtlich in Tatmehrheit (§ 53 StGB) stehen, bei denen aber im verfahrensrechtlichen Sinn Tatidentität besteht (§ 264), so ist die Beschränkung der Revision auf eine der mehreren Verurteilungen nach herrschender Ansicht, die aber oft nicht unterscheidet, ob Tatidentität vorliegt oder nicht, grundsätzlich möglich[47]. Dabei ist jedoch nicht die Ansicht des Tatrichters, sondern die des Revisionsgerichts über die Konkurrenzverhältnisse maßgebend. Die Beschränkung der Revision ist daher unwirksam, wenn nach Auffassung des Revisionsgerichts Tateinheit (§ 52 StGB) vorliegt[48]. Das gleiche gilt, wenn der Tatrichter nach Ansicht des Revisionsgerichts irrig keinen Fortsetzungszusammenhang angenommen hat[49]. Hat er infolge seines Irrtums über die Konkurrenzverhältnisse den Angeklagten teilweise freigesprochen, so kann die Revision der Staatsanwaltschaft nicht auf diesen Urteilsteil beschränkt werden[50], und auch der Angeklagte muß die Freisprechung mitanfechten, wenn er gegen das Urteil Revision einlegt[51]. Das alles gilt auch, wenn die Feststellungen unvollständig sind und nur die *Möglichkeit* besteht, daß die neue Verhandlung das Vorliegen von Tateinheit oder Fortsetzungszusammenhang ergibt[52]. Bei Verurteilungen im Wege der **Wahlfeststellung** ist die Beschränkung der Revision auf eines der Delikte nicht möglich (vgl. OLG Karlsruhe JR **1989** 92; eingehend *Schlüchter* ebenda S. 48).

---

[45] BGHSt **8** 271 = JZ **1956** 417 mit Anm. *Jescheck*; BGH bei *Holtz* MDR **1978** 282; *Kleinknecht/Meyer-Goßner*[43] § 318, 2; KMR-*Paulus* § 318, 19; SK-*Frisch* § 318, 29; *Mezger* 22; *Puppe* 61; *Beling* ZStW **38** (1916) 800.

[46] OLG Koblenz VRS **55** (1978) 194; RG HRR **1938** 264 für die Sicherungsverwahrung; *Kleinknecht/Meyer-Goßner*[43] § 318, 9.

[47] BGHSt **9** 344; **21** 258; **24** 187; **25** 74; BGH NJW **1961** 2220; RGSt **33** 21; **51** 307; **64** 21; BayObLGSt **1956** 162 = JZ **1960** 30 mit Anm. *Heinitz*; **1980** 115 = JR **1981** 436 mit Anm. *Stein*; OLG Hamm VRS **45** (1973) 209; OLG Karlsruhe NJW **1971** 157; MDR **1976** 71; OLG Schleswig VerkMitt. **1973** 83; *Kleinknecht/Meyer-Goßner*[43] § 318, 10; KMR-*Paulus* § 318, 27; *Eb. Schmidt* § 318, 13; *Dahs/Dahs* 75; *Sarstedt/Hamm*[6] 150; *Mezger* 18; *Puppe* 60; *Schirmer* 2; *Sieveking* 35; vgl. auch bei § 318.

[48] BGHSt **6** 230; **21** 258 = JZ **1968** 233 mit Anm. *Grünwald*; BGH NStZ **1996** 203; RGSt **59** 318; **63** 360; **73** 245; **74** 390; BayObLGSt **29** 163; OLG

Braunschweig NJW **1954** 45; OLG Köln MDR **1964** 525; OLG Stuttgart VRS **45** (1973) 128; KMR-*Paulus* § 318, 4; *Eb. Schmidt* § 318, 14; *Sarstedt/Hamm*[6] 150; *Mezger* 83; *Sieveking* 71; *Schorn* JR **1963** 51; **a. A** *Beling* 337 Fußn. 3; *Puppe* 60 Fußn. 193, die die Einstellung des Verfahrens wegen der nichtangefochtenen „Tat" für geboten halten; vgl. auch bei § 318 und unten Rdn. 28.

[49] RGSt **74** 390; BayObLG NJW **1991** 2582 = JR **1992** 427 mit krit. Anm. *Wolf*; KMR-*Paulus* § 318, 27; *Eb. Schmidt* § 318, 14; *Mezger* 21; vgl. zum Fortsetzungszusammenhang jetzt freilich BGHSt **40** 138.

[50] RGSt **58** 31; BayObLG aaO; OLG Hamm VRS **39** (1970) 191; KMR-*Paulus* § 318, 27.

[51] BGHSt **21** 256 = JZ **1968** 233 mit Anm. *Grünwald*; BGHSt **26** 221; BayObLGSt **1954** 42; OLG Stuttgart VRS **45** (1973) 128; **a. A** OLG Köln NJW **1964** 478; vgl. auch bei § 318.

[52] RGSt **73** 243; RG GA **74** (1930) 201; BayObLG NJW **1991** 2582 (dazu Fußn. 49); KMR-*Paulus* § 318, 27.

Im übrigen gelten für die Beschränkbarkeit die oben Rdn. 19 ff aufgezeigten Grund- **22** sätze. Zweifelhaft ist nur, ob das Erfordernis der **Widerspruchsfreiheit** (Rdn. 16) auch für den Fall der Rechtsmittelbeschränkung gilt. Wer das für notwendig hält, muß zwangsläufig in Schwierigkeiten geraten; denn Tatidentität im Sinne des § 264 bedeutet, daß ein einheitlicher geschichtlicher Vorgang abgeurteilt wird, dessen getrennte Behandlung eine unnatürliche Aufspaltung eines zusammengehörenden Geschehens wäre (vgl. bei § 264). Eine getrennte Beurteilung der zu diesem einheitlichen Vorgang gehörenden mehreren Straftaten ist daher vielfach gar nicht möglich; oft überschneiden sich sogar die Merkmale der einzelnen Straftatbestände. Die Möglichkeit von Widersprüchen zwischen den Feststellungen zu dem nicht angefochtenen Urteilsteil und demjenigen, der Gegenstand des Revisionsangriffs ist, läßt sich dann nicht ausschließen, wie z. B. BGHSt **28** 119 zeigt (dazu *Grünwald* JR **1979** 301). Eine stark vertretene Meinung will, da sie die Möglichkeit solcher Widersprüche für unerträglich hält, die Revisionsbeschränkung nicht als wirksam behandeln[53]. Der Bundesgerichtshof geht zwar ebenfalls von der Notwendigkeit der Widerspruchsfreiheit aus, hält aber die Revisionsbeschränkung deswegen nicht für unwirksam, sondern verlangt nur, daß sich der Richter in dem weiteren Verfahren an die Feststellungen zu dem nicht angefochtenen Urteilsteil für gebunden hält[54]. Diesen Auffassungen ist nicht zuzustimmen. Sie überträgt Grundsätze, die für die Teilanfechtung bei Verurteilung wegen einer einheitlichen Straftat entwickelt worden sind (unten Rdn. 25), unnötigerweise auf die Rechtsmittelbeschränkung im Fall der tatmehrheitlichen Verurteilung. Bei dieser ist Widerspruchsfreiheit jedoch auch dann nicht erforderlich, wenn Tatidentität im Sinne des § 264 besteht[55]. Denn das Urteil bildet in diesem Fall nicht, wie beim Schuld- und Rechtsfolgenausspruch über eine einheitliche Tat im sachlichrechtlichen Sinne, ein „einheitliches Ganzes". Wäre es anders, so müßte der teilweise freigesprochene Angeklagte gezwungen werden, zugleich mit dem verurteilenden Teil des Erkenntnisses den Teilfreispruch, der ihn nicht beschwert, anzufechten. Das verlangt zu Recht niemand.

Eine Rechtsmittelbeschränkung ist jedoch ausgeschlossen, wenn jede der in Tatmehr- **23** heit stehenden Straftaten in **Tateinheit mit demselben leichteren Delikt** steht[56]. Die gegenteilige Auffassung von LR-*Meyer*[23] und BGHSt **23** 150 (= JZ **1970** 330 mit abl. Anm. *Grünwald*) führt zu der unannehmbaren Konsequenz, daß die Verurteilung wegen des leichteren Delikts bezüglich der einen schwereren Tat rechtskräftig würde, hinsichtlich der anderen hingegen anhängig bliebe.

Auch wenn erst die Begründetheit des Rechtsmittels darüber entscheidet, **ob über-** **24** **haupt mehrere Straftaten** vorliegen, ist eine Beschränkung der Revision nicht möglich. Das ist z. B. der Fall, wenn nach Ansicht des Revisionsgerichts anstelle der in Tatmehrheit stehenden Taten die einheitliche Straftat des Vollrauschs (§ 323 a StGB) in Betracht

---

[53] OLG Celle NJW **1959** 400; OLG Düsseldorf NJW **1991** 580; OLG Hamm NJW **1971** 771 mit Anm. *Lemmel* NJW **1971** 1225; OLG Köln VRS **40** (1971) 110; OLG Stuttgart DAR **1959** 131; *Grünwald* 258 ff; JZ **1966** 108; **1970** 331; einschränkend auch OLG Hamm VRS **43** (1972) 179.

[54] BGHSt **24** 185 = JR **1972** 203 mit abl. Anm. *Meyer*; BGHSt **28** 121 = JR **1979** 299 mit abl. Anm. *Grünwald*; ebenso OLG Köln VRS **62** (1982) 283; OLG Karlsruhe MDR **1976** 71; KK-*Pikart* 7; *Kleinknecht/Meyer-Goßner*[43] § 318, 10; KMR-*Paulus* § 318, 27.

[55] *Meyer* JR **1972** 205 ff; *Sieveking* 129; vgl. auch *Eckstein* GerS **84** (1916) 353.

[56] BGHSt **25** 75; BayObLG NJW **1957** 1485; **1966** 2370; JZ **1960** 32 mit Anm. *Heinitz*; OLG Celle NJW **1959** 400; OLG Hamm JMBlNRW **1964** 143 = VRS **7** (1954) 135; VRS **13** (1957) 215; OLG Koblenz VRS **74** (1988) 198; OLG Köln MDR **1964** 525; *Kleinknecht/Meyer-Goßner*[43] § 318, 11; *Mezger* 85; *Grünwald* 266; vgl. auch OLG Celle MDR **1958** 707 für den Fall, daß der Angeklagte teilweise freigesprochen worden ist.

Ernst-Walter Hanack

kommt (OLG Hamm VRS **39** [1970] 190) oder wenn es sich um eine einheitliche Trunkenheitsfahrt handelt, die nur durch den Entschluß des Täters, sich nach einem Unfall unerlaubt von der Unfallstelle zu entfernen, sachlichrechtlich in zwei Teile aufgespalten wird und als einheitliche Tat zu beurteilen ist, wenn sich die Verurteilung nach § 142 StGB als unberechtigt erweist[57]. Eine Beschränkung der Revision ist in derartigen Fällen auch ausgeschlossen, wenn die Staatsanwaltschaft gegen den freisprechenden Teil des Erkenntnisses Revision einlegt; die Verurteilung wegen der anderen Tat kann von dem Rechtsmittel nicht ausgenommen werden (OLG Köln OLGSt § 318 S. 45).

6. Beschränkung bei Verurteilung wegen einer einheitlichen Straftat

25   **a) Allgemeines.** Wie bei der Berufung (vgl. bei § 318) kann auch die Revision in der Weise beschränkt werden, daß nur einzelne Bestandteile der Verurteilung wegen einer Tat im sachlichrechtlichen Sinn angegriffen werden. Das gilt auch, wenn eine Verfahrensrüge erhoben wird, die das ganze Urteil zu Fall bringen könnte (vgl. § 338, 4). Daß ein Mitangeklagter in vollem Umfang Revision einlegt, steht der Beschränkung ebenfalls nicht entgegen (vgl. BayObLG bei *Rüth* DAR **1976** 177). Bei dieser Art Beschränkung gilt der Grundsatz, daß stets die Teile des Urteils mitangefochten sind, die auf dem mit der Revision angegriffenen Teil logisch zwingend aufbauen (Rdn. 67), dem angefochtenen Urteilsteil vorausgehende Gesichtspunkte hingegen nur dann erfaßt werden, wenn sie für die Beurteilung der nachgeordneten Frage von ausschlaggebender Bedeutung sind, so z. B. bei Revision der Strafzumessung die Frage, ob Jugend- oder Erwachsenenstrafrecht anzuwenden ist (BayObLG **1956** 7 = NJW **1956** 921). Die Wirksamkeit der Beschränkung hängt jedoch nicht ohne weiteres davon ab, daß der Schuldspruch rechtlich zutrifft; wenn das immer geprüft werden müßte, könnte die Revision auf einzelne Urteilsbestandteile gar nicht beschränkt werden[58]. Doch wird das Revisionsgericht ohne Rücksicht auf die Beschränkung des Rechtsmittels erkannte Unrichtigkeiten, die zuungunsten des Angeklagten wirken, dann zu berücksichtigen haben, wenn ohne diese Berücksichtigung seine eigene Entscheidung einer tragfähigen Grundlage ermangelt[59]. Daher hat das Revisionsgericht stets zu prüfen, ob sich der Schuldspruch überhaupt auf einen Straftatbestand gründet[60] und ob ihm ein gültiges Gesetz zugrunde liegt[61]. Ist das nicht der Fall, so ist die Rechtsmittelbeschränkung unbeachtlich und der Angeklagte freizusprechen oder die

[57] BGHSt **25** 72; BayObLGSt **1971** 47; **1972** 28; BayObLG bei *Rüth* DAR **1973** 211; OLG Düsseldorf VRS **63** (1982) 462; OLG Hamm NJW **1970** 1244; VRS **48** (1975) 266; OLG Karlsruhe NJW **1971** 157; OLG Koblenz VRS **46** (1974) 204; **48** (1975) 26; OLG Stuttgart VRS **72** (1987) 187; KMR-*Paulus* § 318, 28; *Kleinknecht/Meyer-Goßner*[43] § 318, 11; vgl. auch BayObLG NJW **1981** 438 = JR **1981** 436 mit Anm. *Stein*.

[58] BGH NStZ **1996** 353; BayObLG NStZ **1998** 532; OLG Celle NJW **1963** 65; OLG Hamm NJW **1954** 613; OLG Stuttgart Justiz **1972** 187; *Mezger* 38; *Baumann* NJW **1966** 1055; *Niethammer* JR **1935** 122; *Spendel* ZStW **67** (1955) 570; a. A RGSt **22** 217; **33** 21; *Meister* MDR **1950** 713; *Sieveking* 97, der sich auf Art. 1 Abs. 1, Art. 103 Abs. 2 GG beruft; vgl. auch OLG Zweibrücken NJW **1966** 1086; VRS **36** (1969) 12.

[59] Im Anschluß an *Spendel* ZStW **67** (1955) 567 f wollen *Roxin* § 51, 19 und *Peters* 499 f jede er-

kannte Unrichtigkeit berücksichtigt wissen, was wohl zu weit geht; eingehend *Hettinger* JZ **1987** 391 ff. Die Haltung der Rechtsprechung ist unsicher und nicht einheitlich, vgl. im folg.

[60] BGH NStZ **1994** 130; BayObLGSt **1953** 263 = NJW **1954** 611; BayObLGSt **1954** 159 = JR **1955** 151 mit Anm. *Sarstedt* und weiterer Anm. *Müller* NJW **1955** 642; BayObLG NJW **1992** 3311; *Kleinknecht/Meyer-Goßner*[43] § 318, 17; KMR-*Paulus* § 318, 34; *Eb. Schmidt* § 318, 47; *Mezger* 63 ff; *Sieveking* 29; *Hegler* JW **1923** 427. Vgl. im übrigen § 337, 55; dezidiert **a. A** OLG Düsseldorf NZV **1994** 199 im Fall einer „eklatant" zu Unrecht angenommenen Strafbarkeit.

[61] BGH bei *Holtz* MDR **1978** 282; BayObLGSt **1962** 216 = NJW **1962** 2213; KG JW **1932** 1774 L; OLG Oldenburg NdsRpfl. **1962** 237; OLG Stuttgart NJW **1962** 2118; *Kleinknecht* MDR **1955** 435; *Sieveking* 87 ff; vgl. auch *Grünwald* 333 ff.

Sache an den Tatrichter zurückzuverweisen (*Spendel* ZStW **67** [1955] 562 hält die Feststellung der Nichtigkeit des Urteils für geboten). Dem steht nicht entgegen, daß das Revisionsgericht die Frage, ob der Schuldspruch sich auf ein gültiges Strafgesetz stützt, nicht prüft, wenn der Beschwerdeführer nur eine Verfahrensrüge erhebt, die sachliche Rechtsanwendung aber nicht beanstandet. Denn in diesem Fall ist das Revisionsgericht mit dem Schuldspruch überhaupt nicht befaßt; bei der hier erörterten Revisionsbeschränkung muß es aber immer Urteilsteile nachprüfen, die auf dem Schuldspruch aufbauen. Wegen des Außerkrafttretens der angewendeten Strafnorm vgl. § 354 a, 9.

Die **Wirksamkeit der Beschränkung** setzt weiterhin voraus, daß die Feststellungen **26** des angefochtenen Urteils zum Schuldspruch klar, vollständig und ohne Widersprüche sind[62]. Unwirksam ist die Revisionsbeschränkung insbesondere, wenn das angefochtene Urteil keine tatsächlichen Feststellungen enthält, z. B. weil der Tatrichter irrig angenommen hat, die Berufung sei wirksam auf den Strafausspruch beschränkt (OLG Hamm NJW **1973** 381), wenn das Urteil das angewendete Strafgesetz nicht erkennen läßt (OLG Düsseldorf DAR **1970** 191) oder mehrere Strafgesetze zur Auswahl stellt (RG HRR **1939** 547; *Mezger* 54), wenn unklar bleibt, ob ein Strafantrag erforderlich ist (BayObLGSt **94** 98 = wistra **1994** 322), oder wenn die Voraussetzungen des § 20 StGB nicht geprüft worden sind, obwohl dazu Anlaß bestand[63], wenn bei Verurteilung nach den §§ 315 c, 316 StGB die Trinkzeit nicht angegeben ist, obwohl wegen der Höhe der Blutalkoholkonzentration die Anwendung des § 21 StGB in Betracht kommt (OLG Hamm DAR **1972** 245; OLG Koblenz VRS **51** [1976] 350), oder wenn die Angabe der Schuldform fehlt[64]. Ist nach Erlaß des angefochtenen Urteils eine Gesetzesänderung eingetreten, so ist aufgrund des § 354 a die Revisionsbeschränkung unwirksam, wenn sich ohne Erörterung der Schuldfrage nicht feststellen läßt, welches Gesetz das mildeste im Sinne des § 2 Abs. 3 StGB ist[65], es sei denn, daß die Gesetzesänderung nur das Strafmaß betrifft[66]. Wegen der Berücksichtigung von Verfahrenshindernissen trotz erklärter Revisionsbeschränkung vgl. § 337, 30. Die Ansicht, daß eine Revisionsbeschränkung auch dann unbeachtlich ist, wenn es von der rechtlichen Beurteilung der Tat abhängt, ob sie verjährt ist[67], erscheint unrichtig. Denn bei Prüfung der Verfahrensvoraussetzungen ist das Revisionsgericht an die rechtliche Bewertung der Tat gebunden, wenn das Urteil im Schuldspruch nicht angefochten ist[68].

b) Schuldspruch. Der Schuldspruch kann regelmäßig nur einheitlich beurteilt werden. **27** Eine Beschränkung der Revision auf einzelne Rechts- oder Beweisfragen ist nicht möglich[69]. Das gilt insbesondere auch für die Frage, ob der Tatrichter zu Recht Tateinheit oder

---

[62] BGH NJW **1994** 1423; NStZ **1994** 130; BayObLG NStZ **1998** 532; KG NJW **1976** 813; OLG Celle NdsRpfl. **1970** 22; OLG Hamm JMBlNRW **1969** 56; *Mezger* 54.

[63] BayObLGSt **94** 253 = VRS **89** (1995) 128; OLG Frankfurt NJW **1968** 1638; OLG Koblenz VRS **70** (1986) 14; **75** (1988) 146; OLG Köln NStZ **1984** 379.

[64] OLG Celle VRS **38** (1970) 261; OLG Düsseldorf VRS **69** (1985) 50; **89** (1995) 218; OLG Hamburg GA **1959** 252; OLG Stuttgart VRS **37** 121.

[65] RGSt **61** 322; BayObLGSt **1970** 183 = NJW **1971** 392; OLG Hamm JMBlNRW **1973** 68; *Mezger* 46; *Kubisch* NJW **1956** 1531; *Niederreuther* JW **1934** 2434; *Spendel* ZStW **67** (1955) 564.

[66] OLG Hamm GA **1975** 25 = MDR **1974** 457 L; vgl. dazu aber RGSt **58** 238; s. auch § 354 a, 10.

[67] So OLG Braunschweig NJW **1956** 1118 mit abl. Anm. *Kubisch* NJW **1956** 1530; *Mezger* 60 ff; *Sieveking* 31; vgl. auch RGSt **74** 192.

[68] RG DRiZ **1931** Nr. 39; OLG Braunschweig GA **1954** 346; OLG Bremen NJW **1956** 1248; *Sarstedt/Hamm*[6] 148.

[69] BGHSt **19** 48; BGH VRS **25** (1963) 426; RGSt **2** 291; **57** 84; **60** 109; **63** 359; **64** 153; RG JW **1931** 2831 mit Anm. *Lissner*; OLG Hamm NJW **1955** 644; KMR-*Paulus* § 318, 37; *Kleinknecht/Meyer-Goßner*[43] § 318, 13; *Eb. Schmidt* § 318, 19 und 25; *Roxin* § 51, 16; *Mezger* 75 ff; *Schirmer* 29; *Niethammer* JR **1935** 121; a. A *Eckstein* GerS **84** (1916) 362 ff; vgl. auch *Foth* JR **1964** 286; wegen der Revision des Nebenklägers vgl. bei § 401.

Ernst-Walter Hanack

Tatmehrheit angenommen hat[70]. Eine Ausnahme besteht nur für den Fall, daß das Bundesverfassungsgericht die angewendete Strafvorschrift für nichtig erklärt hat; dann ist eine Revision zulässig, die lediglich die Auswechslung der nichtigen durch eine andere, gültige Strafbestimmung erstrebt[71].

28   Auch bei Verurteilung wegen mehrerer in **Tateinheit** (§ 52 StGB) stehender Taten kann sich die Revision, wenn sie nicht lediglich ein Prozeßhindernis wegen der einen Tat geltend macht[72] oder die Verbindung mit einem Dauerdelikt in Frage steht[73], nur einheitlich gegen den ganzen Schuldspruch richten[74]. Entsprechendes gilt bei **Gesetzeskonkurrenz**[75]. Es spielt dabei keine Rolle, ob Tateinheit, Gesetzeskonkurrenz oder (gegebenenfalls) Fortsetzungszusammenhang in dem angefochtenen Urteil zu Recht oder zu Unrecht angenommen worden sind[76]. Hat der Tatrichter den Angeklagten von der Anklage wegen eines der tateinheitlich begangenen Delikte (rechtsirrig) freigesprochen, so erstreckt sich die Revision der Staatsanwaltschaft auch auf den verurteilenden Teil des Erkenntnisses (KG GA **58** [1911] 227) und die Revision des Angeklagten gegen das Urteil auch auf den Freispruch (oben Rdn. 21).

29   Die Anfechtung des Schuldspruchs erfaßt notwendigerweise alle weiteren Urteilsteile; eine **weitere Rechtsmittelbeschränkung** ist daher unwirksam[77]. Mitunter zweifelhaft ist jedoch die Abgrenzung, welche Urteilsbestandteile zur Schuldfrage und welche zur Rechtsfolgenfrage gehören. Nach herrschender Ansicht ist die Frage der verminderten Schuldfähigkeit nach § 21 StGB Teil der Straffrage[78]. Das gleiche gilt für die Anwendung des § 157 StGB[79], die Anwendung der §§ 158, 163 Abs. 2 StGB[80] sowie des § 213 StGB[81]. Die Voraussetzungen eines minder schweren oder eines besonders schweren Falles betreffen an sich grundsätzlich die Straffrage; sie können jedoch mit zur Schuldfrage gehören, wenn sie zugleich den Umfang der Schuld betreffen oder sonst mit den Feststellungen zur Schuldfrage untrennbar verzahnt sind (*Kleinknecht/Meyer-Goßner*[43] § 318,

---

[70] RGSt **51** 307; **60** 317; RG JW **1932** 404 mit Anm. *Oetker*; OLG Dresden LZ **1918** 1716; OLG Düsseldorf HESt **1** 260; OLG Hamm VRS **40** (1971) 191; *Sarstedt/Hamm*[6] 86; *Mezger* 86.

[71] BGHSt **19** 46; OLG Celle NJW **1962** 2363; OLG Hamburg NJW **1963** 459; OLG Oldenburg VRS **23** (1962) 310; OLG Stuttgart NJW **1962** 2118; *Eb. Schmidt* Nachtr. I § 318, 11; *Hanack* JZ **1973** 694; **a. A** BayObLGSt **1962** 216 = NJW **1962** 2213; *Grünwald* 363 Fußn. 22a.

[72] RGSt **66** 173; BayObLGSt **1968** 121 = VRS **37** (1969) 54; KMR-*Müller* § 318, 37.

[73] BGHSt **39** 390 = JR **1995** 71 mit Anm. *Geerds*.

[74] BGHSt **6** 230; **21** 258; **24** 189; BGH NJW **1961** 2220; StV **1985** 279; RG in st. Rspr., z. B. RGSt **14** 150; **31** 21; **47** 11, 308; **59** 318; **60** 109, 345; **61** 349; **63** 360; **65** 129; OGHSt **1** 39; BayObLGSt **1953** 101; **1957** 107; **1966** 86; **1967** 15; **1968** 102; **1972** 29; BayObLG NJW **1969** 1186; GA **1974** 237; OLG Celle NJW **1959** 400; OLG Hamm VRS **45** (1973) 209; OLG Koblenz VRS **43** 182; **49** 380; OLG Köln NJW **1966** 895; OLG Oldenburg VRS **16** (1959) 297; ganz herrschende Lehre; **a. A** *Beling* 338 Fußn. 3 und GA **63** (1916/17) 198 ff.

[75] BayObLG *Alsb.* E **2** Nr. 177; *Puppe* 43; *Zitzlaff* GerS **88** (1922) 404.

[76] BayObLGSt **29** 163; BayObLG OLGSt § 264 S. 20; OLG Braunschweig NJW **1954** 45; OLG

Hamm JZ **1953** 674; OLG Köln MDR **1964** 525; OLG Oldenburg VRS **16** (1959) 298; KMR-*Paulus* § 318, 37; *Eb. Schmidt* § 318, 15; *Grünwald* 257; *Mezger* 84; *Sieveking* 71.

[77] BGH VRS **25** (1963) 426; OLG Bremen JZ **1951** 146; OLG Hamm NJW **1954** 613; OLG Schleswig VRS **29** (1965) 266; OLG Zweibrücken VRS **29** (1965) 16; ganz herrschende Lehre.

[78] BGHSt **7** 283 = MDR **1955** 433 mit Anm. *Kleinknecht*; BGH NStZ **1984** 379; heute st. Rspr.; ebenso RGSt **69** 112, 318; **71** 266; BayObLGSt **1954** 162 = NJW **1955** 353; OLG Köln MDR **1956** 53; *Mezger* 71; *Sieveking* 15; *Niethammer* JR **1935** 123; **a. A** RG JW **1934** 2913; RG HRR **1934** 1417; OGHSt **1** 371; KMR-*Paulus* § 318, 39; *Eb. Schmidt* § 318, 18; *von Hippel* 579 Fußn. 1; *Puppe* 50; *Spendel* ZStW **67** 565.

[79] RGSt **60** 106; OLG Stuttgart NJW **1978** 711; KMR-*Paulus* § 318, 40; **a. A** OLG Braunschweig NdsRpfl. **1953** 166.

[80] BGH NJW **1962** 2164; **1963** 1461; BGH LM Nr. 2 zu § 300 StGB; RGSt **61** 123, 195; **74** 204; BayObLGSt **1956** 7 = NJW **1956** 921; OLG Hamm MDR **1954** 631 unter Aufgabe der in MDR **1950** 120 vertretenen Ansicht; herrschende Lehre, z. B. *Grünwald* 164 ff; *Schirmer* 39; *Sieveking* 17.

[81] BGH NJW **1956** 756, heute st. Rspr. (z. B. StV **1982** 70, 71, 223, 417, 474).

14). Das gilt im Einzelfall auch für Regelbeispiele[82]. Strafänderungsgründe (qualifizierte oder privilegierte Tatbestände) gehören hingegen grundsätzlich zum Schuldspruch[83]. Bei der Frage eines Mitverschuldens des Unfallopfers wird zu differenzieren sein: Sie gehört zur Schuldfrage, wenn eine neue Beweisaufnahme über den Unfallhergang erforderlich ist[84], sonst zur Straffrage[85]. Zur Abgrenzung der Schuldfrage von der Rechtsfolgenfrage beim Verbotsirrtum und bei der Verurteilung nach § 323 a vgl. bei § 318.

c) Hauptstrafen

aa) Allgemeines. Die Beschränkung der Revision auf den Strafausspruch wird seit der **30** Entscheidung RGSt **45** 149 überwiegend für grundsätzlich möglich gehalten[86]. In der Rechtsprechung wird keine abweichende Ansicht vertreten. Nur ein Teil des Schrifttums erachtet eine Trennbarkeit von der Schuldfrage für unmöglich[87]. Dem dürfte mit der vorherrschenden Lehre nicht zu folgen sein. Denn trotz aller Verzahnung mit dem Schuldspruch ist eine beschränkte Anfechtung hier in weitem Umfang möglich und darum insbesondere im Interesse des Angeklagten regelmäßig auch zuzulassen[88].

bb) Weitere Rechtsmittelbeschränkungen. Im Gegensatz zum Schuldspruch ist der **31** Strafausspruch nicht grundsätzlich unteilbar. Eine weitere Revisionsbeschränkung ist daher möglich, wenn sie sich auf einen abtrennbaren Teil des Strafausspruchs bezieht, der selbständig angefochten werden kann[89]. Im einzelnen gilt folgendes:

(1) Die Revision kann regelmäßig auf die **Höhe des Tagessatzes** der Geldstrafe (§ 40 **32** StGB) beschränkt werden[90], selbst wenn der Tatrichter die Festsetzung versehentlich überhaupt unterlassen hat (BGHSt **34** 90). Auch Entscheidungen über **Zahlungserleichterungen** nach § 42 StGB sind gesondert anfechtbar (vgl. RGSt **64** 208; **a. A** OLG Bremen NJW **1954** 523).

(2) Ist nach § 41 StGB auf **Geldstrafe neben Freiheitsstrafe** erkannt worden, so kann **33** die Verhängung der Geldstrafe für sich allein angefochten werden, wenn nur geltend gemacht wird, daß sie unzulässig war (vgl. *Mezger* 88; *Eckstein* GerS **84** [1916] 360). Wird sonst die Verhängung oder Bemessung der Geldstrafe beanstandet, so ist wegen der wechselseitigen Abhängigkeit der beiden Hauptstrafen eine Beschränkung regelmäßig nicht wirksam[91].

---

[82] Eingehend BGHSt **29** 359; OLG Schleswig JR **1980** 302 mit abl. Anm. *Grünwald*; vgl. auch *Kleinknecht/Meyer-Goßner*[43] § 318, 14.

[83] BGH NStZ **1982** 30; vgl. auch RGSt **60** 109.

[84] BayObLGSt **1966** 155 = VRS **32** (1967) 382; OLG Hamm DAR **1957** 303; KMR-*Paulus* § 318, 40.

[85] BayObLGSt **1966** 157 = NJW **1967** 1241; OLG Celle DAR **1957** 217; VRS **42** (1972) 139; **a. A** BGH VRS **19** (1960) 110; OLG Köln DAR **1957** 104: immer zur Straffrage; *Grünwald* 124: immer zur Schuldfrage.

[86] Z. B. BGHSt **7** 283; **10** 72, 320; **24** 188; **33** 59; BGH NJW **1962** 2164; **1963** 1461; RGSt **47** 228; **60** 109; **61** 209; **64** 20, 164; **65** 296; **69** 111; **74** 191; OGHSt **1** 119; BayObLGSt **1970** 183 = NJW **1971** 392; OLG Celle MDR **1961** 954; OLG Düsseldorf HESt **1** 261 = JMBlNRW **1947** 114.

[87] *zu Dohna* 198; *Gerland* 396 und GerS **69** (1906) 339; *von Krieß* 659; *Grünwald* 157; *Schirmer* 36; *Wurzer* JW **1924** 1674; **1925** 1008; *Zitzlaff* GerS **88** (1922) 403.

[88] Über Ausnahmen bei untrennbarer Verzahnung mit dem Schuldspruch vgl. z. B. BGH NJW **1996** 2665; NStZ **1994** 47; BGHR § 344 Abs. 1 Beschränkung 2.

[89] BGHSt **10** 331; BayObLGSt **1956** 7 = NJW **1956** 921; OLG Bremen NJW **1962** 1217; OLG Celle NdsRpfl. **1960** 116; h. Lehre; **a. A** *Jagusch* JZ **1953** 690 Fußn. 23; vgl. auch oben Rdn. 15.

[90] BGHSt **27** 70; BGH NStZ **1989** 178; BayObLGSt **1975** 73 = JR **1976** 161 mit Anm. *Tröndle*; KG VRS **52** (1977) 113; OLG Düsseldorf NJW **1977** 260; OLG Hamm MDR **1976** 595; OLG Koblenz NJW **1976** 1275; OLG Köln NJW **1977** 307; OLG Zweibrücken OLGSt § 344 S. 16; h. Lehre, vgl. eingehender *D. Meyer* DAR **1976** 149; SchlHA **1976** 106; *Horn* JR **1977** 97; **a. A** OLG Hamburg MDR **1976** 156.

[91] RGSt **33** 378; KMR-*Paulus* § 318, 45; *Bastelberger* 52; *Grünwald* 194; *Schirmer* 41; *Eckstein* GerS **84** (1916) 359 ff; **a. A** RGSt **42** 31; **47** 227; **58** 238; OLG Köln OLGSt § 41 StGB S. 1; *Sieveking* 72 ff.

Ernst-Walter Hanack

34　　(3) Auf die Frage, ob die Verhängung einer **Freiheitsstrafe unerläßlich** ist (§ 47 StGB), kann die Revision regelmäßig nicht beschränkt werden, weil die Entscheidung eine umfassende Würdigung der Tat wie des Täters erfordert[92].

35　　(4) Die **Rückfallschärfung** nach § 48 StGB a. F konnte wegen ihrer engen Beziehung zur Straffrage nicht isoliert angefochten werden[93].

36　　(5) Die **Anrechnung der Untersuchungshaft** darf nach § 51 Abs. 1 Satz 2 StGB nur unterbleiben, wenn sie im Hinblick auf das Verhalten des Verurteilten nach der Tat nicht gerechtfertigt ist. Das läßt sich regelmäßig losgelöst von der Tat und der Persönlichkeit des Täters beurteilen. Die Beschränkung der Revision auf die Anrechnung oder Nichtanrechnung der Haft ist daher im allgemeinen möglich[94]. Eine Ausnahme besteht, wenn die Nichtanrechnung der Untersuchungshaft auf ein Verhalten des Angeklagten gestützt ist, das bei der Strafbemessung wesentlich ins Gewicht gefallen ist, insbesondere wenn es selbst Gegenstand der Verurteilung war. Beanstandet die Revision lediglich, daß der Tatrichter auf die Strafe mehr Untersuchungshaft angerechnet hat, als vollzogen worden ist, so ist die Revisionsbeschränkung stets wirksam[95]. Für die Anrechnung oder Nichtanrechnung der vorläufigen **Entziehung der Fahrerlaubnis** gemäß § 51 Abs. 5 StGB gelten diese Grundsätze entsprechend.

37　　(6) Bei Bemessung der **Gesamtstrafe** werden die Person des Täters und die einzelnen Straftaten zusammenfassend gewürdigt (§ 54 Abs. 1 Satz 2 StGB). Die hierbei anzustellenden Erwägungen sind von dem übrigen Inhalt des Urteils trennbar. Die Beschränkung der Revision auf die Gesamtstrafenbildung als solche ist daher möglich[96], es sei denn, daß der Tatrichter die Festsetzung einer Einzelstrafe unterlassen hat (RGSt **65** 296). Die Revision kann auch auf die Frage beschränkt werden, ob eine Gesamtstrafenbildung nach § 53 oder § 55 StGB zu Unrecht vorgenommen oder unterlassen worden ist[97].

38　　Wie sich aus § 55 Abs. 2 StGB ergibt, sind **Nebenstrafen, Nebenfolgen, Maßregeln** der Besserung und Sicherung sowie Verfall, Einziehung und Unbrauchbarmachung grundsätzlich vom Bestand der Gesamtstrafe abhängig. Es ist daher nicht möglich, die Revision auf den Gesamtstrafausspruch zu beschränken und die Entscheidung über Nebenstrafen, Nebenfolgen und Maßnahmen von der Anfechtung auszunehmen[98]. Immer mitangefochten sind insoweit auch die Entscheidungen über die Anrechnung der **Untersuchungshaft** (BGH LM Nr. 1 zu § 450; RGSt **66** 351) und über die **Strafaussetzung** zur Bewährung (*Grünwald* 278).

39　　cc) **Notwendige Erstreckung der Strafmaßrevision.** Greift der Beschwerdeführer nur das Strafmaß an, so kann von dieser Anfechtung die Frage der Einziehung ausgenommen werden, falls keine Wechselbeziehung zu der Strafe besteht[99]. Gleiches gilt für die

---

92　Für § 27 b StGB a. F wurde jedoch die Beschränkung überwiegend für wirksam gehalten (BGHSt **10** 330; RGSt **58** 235; **60** 168; *Eb. Schmidt* § 318, 29; anders OLG Oldenburg JZ **1953** 382; *Puppe* 67).

93　OLG Frankfurt NJW **1971** 1419; KMR-*Paulus* § 318, 51; **a. A** RGSt **48** 21; **54** 180; **64** 159.

94　BGH wistra **1990** 350 und für das frühere Recht eingehend BGHSt **7** 714 = JZ **1955** 383 mit abl. Anm. *Würtenberger* sowie die weiteren Nachweise in der 23. Aufl. Fußn. 8. Zur Situation bei der Gesamtstrafe s. Rdn. 38.

95　RGSt **41** 419; RG JW **1927** 2058; KMR-*Paulus* § 318, 47; *Eb. Schmidt* § 318, 32.

96　OLG Hamburg MDR **1976** 419; OLG Köln OLGSt § 74 StGB a. F S. 1; *Kleinknecht/Meyer-Goßner*[43] § 318, 20; *Grünwald* 271; *Mezger* 26; *Puppe* 61; *Beling* GA **63** (1916/17) 173 Fußn. 17; *Schweling* GA **1955** 302.

97　Vgl. RGSt **37** 284; **40** 274; **49** 91; **66** 351; RG HRR **1938** 1205; OLG Saarbrücken OLGSt § 344 Abs. 2 S. 1; *Eb. Schmidt* § 318, 20; *Mezger* 25; *Niederreuther* JW **1934** 2435; *Schweling* GA **1955** 302; vgl. auch bei § 318.

98　BGHSt **7** 182; **12** 86; **14** 382; RGSt **73** 367; **75** 212; OLG Koblenz JZ **1962** 448 mit Anm. *Eb. Schmidt*; OLG Köln NJW **1953** 1564; **a. A** *Grünwald* 278.

99　OLG Düsseldorf GA **1977** 21 = VRS **51** (1976) 439; vgl. auch *Mezger* 104.

Frage der Urteilsbekanntmachung und der Abführung des Mehrerlöses[100]. Dagegen sind immer mitangefochten: die Gesamtstrafe[101]; Nebenstrafen, wenn eine gegenseitige Abhängigkeit nicht auszuschließen ist (vgl. unten Rdn. 44); die Frage der Strafaussetzung zur Bewährung[102]. In der Regel nicht ausgenommen werden können auch Maßregeln der Besserung und Sicherung[103], wie die Entziehung der Fahrerlaubnis, sofern sie nicht wegen körperlicher oder geistiger Mängel, sondern wegen charakterlicher Ungeeignetheit angeordnet worden ist[104]; das gilt auch, wenn von der Anordnung der Entziehung abgesehen worden ist[105]. Ausnahmen kommen im Einzelfall für Maßregelanordnungen allenfalls in Betracht, wenn deren Bestand von der rechtsfehlerhaften Strafzumessungsentscheidung erkennbar unabhängig ist[106]. Insoweit ist aber äußerste Vorsicht geboten, weil sich das den Urteilsgründen meist nicht sicher genug entnehmen läßt; vgl. auch unten Rdn. 50 ff.

dd) Strafaussetzung zur Bewährung. Bei Entscheidungen nach § 56 Abs. 1 StGB, **40** § 21 Abs. 1 JGG ist die Beschränkung der Revision auf die Strafaussetzungsfrage in der Regel unwirksam; denn die Gesamtwürdigung von Tat und Täter, auf die es bei der Entscheidung ankommt, ist auch die Grundlage der Strafbemessung. Staatsanwaltschaft und Angeklagte können daher regelmäßig nur den ganzen Strafausspruch anfechten[107]. Entsprechendes gilt in den Fällen des § 56 Abs. 2 StGB und des § 21 Abs. 2 JGG. Von der herrschenden Meinung wird die Beschränkung auf die Aussetzungsfrage demgegenüber teils mit der Begründung, es handele sich um einen Entscheidungsteil, der in keinem unlösbaren Zusammenhang mit den übrigen Urteilsteilen stehe, allgemein bejaht[108], teils unter der Voraussetzung für wirksam gehalten, daß im Einzelfall eine Verknüpfung mit der Straffrage nicht erkennbar ist[109]. Im einzelnen gehen die Ansichten insoweit selbst in der Rechtsprechung weit auseinander. Anerkannt ist aber auch hier, daß eine Rechtsmittelbeschränkung ausgeschlossen ist, wenn die Feststellungen zum Schuldspruch unklar, unvollständig oder widersprüchlich sind[110].

Soweit die Entscheidungen auf den Einzelfall abstellen, wird die Beschränkung der **41** **Revision der Staatsanwaltschaft** gelegentlich ohne weiteres für wirksam gehalten[111], oft

[100] *Mezger* 196 und 193.

[101] *Grünwald* 270; *Mezger* 22; *Puppe* 57; vgl. auch oben Rdn. 20.

[102] OLG Düsseldorf NJW **1956** 1889; *Kleinknecht/ Meyer-Goßner*[43] § 318, 21; KMR-*Paulus* 318, 48; *Mezger* 183; *Puppe* 57; vgl. auch bei § 318.

[103] *Puppe* 58; für die Sicherungsverwahrung: *Grünwald* 241 Fußn. 438; *Mezger* 140; *Hennke* GA **1956** 44. Vgl. auch BGH NJW **1984** 623 für das Verhältnis von Strafe und Berufsverbot.

[104] BGHSt **10** 379; BGH NStZ **1994** 449 für das Verhältnis zu § 64 StGB; BGHSt **24** 12; BGH NJW **1961** 1269; BayObLG NJW **1966** 678; VRS **38** (1970) 357; KG GA **1971** 157; MDR **1966** 345; OLG Braunschweig NJW **1955** 1333 mit Anm. *Hartung*; OLG Bremen OLGSt § 318 S. 9; OLG Celle VRS **44** (1973) 96; OLG Frankfurt NJW **1955** 1331 und **1959** 1504 je mit Anm. *Hartung*; OLG Hamburg NJW **1963** 460; MDR **1973** 602; OLG Hamm DAR **1954** 67; NJW **1955** 194; OLG Karlsruhe VRS **46** 425; OLG Koblenz VRS **57** (1979) 107; OLG Köln VRS **48** (1975) 85; OLG Saarbrücken NJW **1968** 460; *Grünwald* 221 und die h. Lehre; **a. A** BayObLGSt **1956** 255 = NJW **1957** 511; *K. Müller* NJW **1960** 805; *Rödding* NJW **1956** 1342; grundsätzlich **a. A** auch *Mezger* 162.

[105] OLG Stuttgart MDR **1964** 615; **a. A** KG VRS **26** (1964) 24; OLG Celle MDR **1961** 1036.

[106] BGH NStZ **1982** 483 mit Nachw.; RG DJ **1936** 1913; OLG Hamburg MDR **1983** 863; *Mösl* NStZ **1983** 496. Vgl. auch BGH StV **1984** 420.

[107] Ebenso *Grünwald* 182; *Sarstedt/Hamm*[6] 156; *Puppe* 66; vgl. auch BGH bei *Spiegel* DAR **1976** 92.

[108] So z. B. BayObLGSt **1954** 54 = NJW **1954** 1416; OLG Frankfurt NJW **1956** 233; *Dahs/Dahs* 78; *Heinitz* JZ **1960** 34; *Hennke* DRiZ **1955** 5.

[109] BayObLG JR **1987** 172; OLG Koblenz MDR **1975** 334; OLG Stuttgart Justiz **1963** 63; KMR-*Pikart* 12; *Kleinknecht/Meyer-Goßner*[43] § 318, 20; KMR-*Paulus* 318, 56 ff; *Bruns* GA **1956** 238; *Molketin* AnwBl. **1980** 486. Vgl. auch im folgenden.

[110] OLG Celle NJW **1969** 1588; VRS **38** (1970) 261; OLG Hamburg JR **1964** 267; OLG Koblenz VRS **48** (1975) 17; vgl. oben Rdn. 25.

[111] BGHSt **24** 165; BGH JZ **1975** 185; BayObLGSt **1954** 55 = NJW **1954** 1416; OLG Hamburg MDR **1976** 773; OLG Hamm DAR **1955** 254; OLG Koblenz Blutalkohol **1977** 61; VRS **46** (1974) 336; OLG Oldenburg VRS **38** (1970) 426.

Ernst-Walter Hanack

aber auch konkret argumentiert, eine Verknüpfung der Aussetzungsfrage mit der Straffrage sei in dem angefochtenen Urteil nicht ersichtlich oder doch nicht „so eng . . ., daß das Rechtsmittel — ausnahmsweise — notwendig den ganzen Strafausspruch ergreift" (so BGH NStZ **1982** 286[112]). Dabei wird übersehen, daß es darauf ankommt, ob auch für den Fall der Zurückverweisung eine wechselseitige Beeinflussung ausgeschlossen werden kann (oben Rdn. 15). Vielfach wird aber auch die Revisionsbeschränkung wegen der inneren Abhängigkeit der Aussetzungsfrage von der Straffrage für unwirksam gehalten[113]. Die Beschränkung der **Revision des Angeklagten** auf die Ablehnung der Strafaussetzung wird häufig ohne weiteres zugelassen[114], gelegentlich mit der Begründung, das Urteil lasse keine untrennbare Verbindung mit der Strafaussetzung erkennen[115]. BGH NJW **1983** 1624 versteht die Untrennbarkeit als Ausnahme, „wenn sich die für die Aussetzung . . . maßgeblichen Gesichtspunkte mit sonstigen Erwägungen im Urteil überschneiden", beurteilt das im entschiedenen Fall letztlich aber nur nach dem Revisionsvorbringen oder doch nach dem mutmaßlichen Anliegen des Beschwerdeführers. Soweit die Wirksamkeit der Revisionsbeschränkung verneint wird, geschieht das meist im Hinblick auf Widersprüche bei Würdigung der Persönlichkeit des Angeklagten oder auf das Zusammenspiel spezialpräventiver Zwecke[116]. — Um die Herausarbeitung genauerer Kriterien zur Frage der Trennbarkeit haben sich in neuerer Zeit namentlich bemüht OLG Frankfurt MDR **1980** 425 und OLG Köln VRS **61** (1981) 365; vgl. auch SK-*Frisch* § 318, 65 ff; *Molketin* AnwBl. **1980** 486.

42   Ist die Strafaussetzung wegen **Verteidigung der Rechtsordnung** nach § 56 Abs. 3 StGB versagt worden, so ist eine Rechtsmittelbeschränkung auf diesen Gesichtspunkt unwirksam (SK-*Frisch* § 318, 66: „regelmäßig" unwirksam). Denn für den Fall, daß das Urteil aufgehoben und die Sache an den Tatrichter zurückverwiesen wird, läßt sich niemals ausschließen, daß es nunmehr auf eine Prognoseentscheidung nach § 56 Abs. 1 StGB ankommt, bei der die für die Straffestsetzung maßgebenden Feststellungen und Erwägungen von Bedeutung sind. Die Rechtsprechung ist indes auch hier nicht einheitlich. Die Revisionsbeschränkung des Angeklagten wird teils ohne weiteres für möglich gehalten[117], teils wegen der inneren Verknüpfung mit der Straffrage für unwirksam erachtet[118]. In der

---

[112] Unter – wenig schlüssiger – Bezugnahme insbesondere auf BGHSt **19** 48 und mit weit. Nachw.; vgl. weiter KG VRS **33** (1967) 266; OLG Karlsruhe NJW **1980** 133; OLG Koblenz VRS **51** (1976) 25; OLG Köln NJW **1971** 1417; NStZ **1989** 91.

[113] BGH GA **1976** 115; **1980** 108; BGH DRiZ **1974** 62; BGH VRS **46** (1974) 101; **50** 341; BGH bei *Dallinger* MDR **1955** 394; BayObLG NJW **1968** 2301; OLG Frankfurt NJW **1970** 303; OLG Hamm NJW **1969** 474; OLG Karlsruhe NJW **1980** 133; VRS **50** (1976) 98; OLG Koblenz MDR **1975** 334; OLG Saarbrücken NJW **1975** 2215; OLG Stuttgart VRS **39** (1970) 421.

[114] BGHSt **14** 75; **24** 165; BGH GA **1983** 218; BGH NJW **1954** 41; **1955** 1889; **1956** 1567; KG VRS **12** (1957) 184; OLG Braunschweig NJW **1957** 111; OLG Bremen DAR **1962** 210; OLG Frankfurt NJW **1814**; OLG Hamm JMBlNRW **1956** 237; OLG Koblenz JZ **1957** 30; OLG Oldenburg NJW **1959** 1984; OLG Schleswig SchlHA **1953** 294; OLG Stuttgart NJW **1956** 119.

[115] OLG Hamm VRS **12** (1957) 429; OLG Koblenz VRS **43** (1972) 257; **49** (1975) 318; **52** 22; OLG Oldenburg OLGSt § 23 StGB a. F S. 129.

[116] BGH NStZ **1994** 449; BGH VRS **25** (1963) 256 und ihm folgend z. B. OLG Celle VRS **42** (1972) 20; OLG Frankfurt NJW **1970** 957; OLG Hamm NJW **1970** 1614.

[117] OLG Frankfurt NJW **1971** 1814; vgl. auch OLG Koblenz VRS **49** (1975) 176; ebenso KMR-*Paulus* § 318, 60, sofern die Feststellungen nicht im Einzelfall der Basis der Straffrage unvereinbar widersprechen können. In den Fällen des § 23 Abs. 3 StGB in der bis 1970 geltenden Fassung wurde die Revisionsbeschränkung überwiegend zugelassen (BGHSt **6** 299; **11** 394; BGH NJW **1964** 1910; weitere Nachw. in der 23. Aufl. Fußn. 11). Da es dabei aber immer nur wesentlich um Fragen ging, die mit der Beurteilung des Täters nicht zusammenhingen (öffentliches Interesse, frühere Bewährungszeit, Vorstrafen), hat diese Rechtsprechung für § 56 StGB keine Bedeutung mehr.

[118] OLG Hamm NJW **1970** 1614; vgl. auch OLG Saarbrücken NJW **1975** 2215. „Im allgemeinen" für Unwirksamkeit *Sarstedt/Hamm*[6] 89.

Regel nicht möglich ist eine Revisionsbeschränkung auch im umgekehrten Fall, also bezüglich der Rüge der Staatsanwaltschaft, die Voraussetzungen des § 56 Abs. 3 StGB seien zu Unrecht verneint worden. Denn im Falle der Aufhebung und Zurückverweisung an den Tatrichter hat dieser über die Anwendung des § 56 Abs. 3 aufgrund einer umfassenden Würdigung von Tat und Täter zu entscheiden, im Zweifel also wiederum Feststellungen zu treffen und Erwägungen zu beachten, die auch für die Straffestsetzung Bedeutung besitzen (OLG Saarbrücken NJW **1975** 2215). Immerhin hat der BGH in einem „ganz besonderen Fall" (vgl. *Sarstedt/Hamm*[5] 89 Fußn. 96) die Beschränkung der Revision der Staatsanwaltschaft mit der Begründung für wirksam erachtet, ein Einfluß der Aussetzungsentscheidung auf die Höhe der Strafe sei nicht ersichtlich (NJW **1972** 834 mit abl. Anm. *Naucke*).

Soweit die Beschränkung der Revision auf die Strafaussetzungsfrage für wirksam **43** gehalten wird, können **Entscheidungen über die Maßregeln** der Besserung und Sicherung, insbesondere über die Entziehung der Fahrerlaubnis nach § 69 StGB, von dem Rechtsmittel nicht ausgenommen werden. Denn die Entscheidungen über Strafe, Strafaussetzung und Maßregeln bilden, unbeschadet ihrer dogmatischen Verschiedenheit, in aller Regel eine untrennbare Einheit. In der Rechtsprechung wird die Nichtanfechtung der Entziehung der Fahrerlaubnis bei Beschränkung der Revision auf die Frage der Strafaussetzung teils allgemein oder doch wegen der besonderen Umstände des Falles für zulässig gehalten[119], teils hingegen allgemein[120] oder doch im Hinblick auf die konkrete Verknüpfung beider Urteilsteile für unwirksam erachtet[121].

d) Nebenstrafen

aa) Allgemeines. Die Beschränkung der Revision auf eine Nebenstrafe ist stets wirk- **44** sam, wenn nur gerügt wird, daß deren Verhängung unzulässig war (*Eb. Schmidt* § 318, 33; *Schirmer* 41). Sonst kommt es darauf an, ob zwischen der Nebenstrafe und der Hauptstrafe eine wechselseitige Abhängigkeit besteht. Wenn das der Fall ist, kann die Revision nicht auf die Nebenstrafe beschränkt werden[122].

bb) Fahrverbot (§ 44 StGB). Die Beschränkung der Revision auf den Ausspruch **45** über die Nebenstrafe des Fahrverbots wird in der Rechtsprechung oft ohne weiteres als wirksam angesehen[123], gelegentlich unter der Voraussetzung, daß der Tatrichter die Nebenstrafe ersichtlich ohne Rücksicht auf die Hauptstrafe für erforderlich gehalten hat[124]. Nach richtiger Ansicht ist sie in der Regel unwirksam[125]. Das gilt vor allem für den Fall, daß der Angeklagte Revision eingelegt hat und als Hauptstrafe eine Geldstrafe verhängt worden ist. Denn das Gericht kann unter Umständen, ohne gegen das Verbot der Schlechterstellung zu verstoßen, das Fahrverbot wegfallen lassen, dafür aber die Geld-

---

[119] OLG Hamm DAR **1955** 254; OLG Koblenz VRS **43** 258; **51** 24; OLG Stuttgart NJW **1956** 1119; auf die Umstände abstellend OLG Hamburg NJW **1963** 460; vgl. auch KMR-*Paulus* § 318, 66.

[120] So OLG Hamm NJW **1970** 1614; ebenso *Grünwald* 225.

[121] So KG VRS **31** (1966) 259; **33** (1967) 267; OLG Hamm VRS **32** (1967) 19; OLG Karlsruhe DAR **1964** 344; OLG Oldenburg VRS **38** (1970) 426; OLG Schleswig MDR **1977** 1039; *Tröndle*[48] § 69, 18.

[122] OLG Hamm NJW **1975** 67; KMR-*Paulus* § 318, 53; *Eb. Schmidt* § 318, 33; *Mezger* 92; *Schirmer*

41; *Sieveking* 77; *Puppe* 64 schließt eine Wechselwirkung niemals aus.

[123] BayObLGSt **1966** 64; OLG Hamm VRS **34** (1968) 418; OLG Koblenz NJW **1971** 1472 mit abl. Anm. *Händel*; OLG Saarbrücken VRS **37** (1969) 310.

[124] BayObLGSt **1967** 7; BayObLG VRS **32** (1967) 347; OLG Hamm VRS **41** (1971) 194; vgl. auch bei § 318.

[125] OLG Frankfurt VRS **55** (1978) 182; OLG Oldenburg VRS **42** (1970) 193; OLG Celle VRS **62** (1982) 38; *Tröndle*[48] § 44, 17; LK-*Geppert* § 44, 99 je mit weit. Nachw. Vgl. auch Fußn. 126.

strafe erhöhen (vgl. bei § 331); wegen dieser inneren Verknüpfung der beiden Strafen ist eine Rechtsmittelbeschränkung unwirksam[126]. Zur Anrechnung der vorläufigen Entziehung der Fahrerlaubnis nach § 51 StGB vgl. oben Rdn. 36; die Ausführungen gelten entsprechend.

46   **cc) Verlust von Amtsfähigkeit, Wählbarkeit und Stimmrecht (§ 45 Abs. 2 StGB).** Die Revision kann jedenfalls dann auf die Nebenstrafe beschränkt werden, wenn es nur auf die Rechtsfrage ankommt, ob die Anordnung nach § 45 Abs. 2 StGB neben der Verurteilung überhaupt zulässig ist (*Grünwald* 246). Aber auch sonst wird die Rechtsmittelbeschränkung regelmäßig wirksam sein, weil die Ermessensfrage, ob und für welche Dauer eine Anordnung gemäß § 45 Abs. 2 StGB zu treffen ist, von den Erwägungen für die Verhängung der Hauptstrafe fast immer nicht abhängig sein dürfte[127].

47   **dd) Einziehung.** Vgl. unten Rdn. 64 ff.

     e) Nebenfolgen

47a   **aa) Besondere Schwere der Schuld (§ 57 a Abs. 1 StGB** in der Auslegung durch BVerfGE **86** 288, vgl. § 337, 240a). Die Beschränkung der Revision auf die Bejahung oder Verneinung der besonderen Schuldschwere durch den Tatrichter ist, korrekte Feststellungen zur Mordtat vorausgesetzt (Rdn. 26), fast immer möglich, weil die Kriterien der besonderen Schuldschwere von der eigentlichen Verurteilung regelmäßig trennbar sind[128].

48   **bb) Abführung des Mehrerlöses (§§ 8, 9 WiStG).** Die Anordnung der Abführung oder Rückerstattung des Mehrerlöses ist eine Nebenfolge, die weder den Schuld- noch den Strafausspruch unmittelbar berührt. Die Beschränkung der Revision auf diese Anordnung ist daher nach allgemeiner Ansicht möglich[129].

49   **cc) Bekanntgabe der Verurteilung.** Diese in zahlreichen Bestimmungen vorgesehene Nebenfolge (vgl. §§ 103 Abs. 2, 165, 200 StGB, § 16 Abs. 3 GebrMG, § 14 Abs. 3 GeschmMG, § 49 Abs. 3 PatG, § 111 UrhG, § 23 Abs. 1 UWG, § 30 Abs. 2 WZG) hängt von den Feststellungen und Erwägungen zur Schuld- und Straffrage in aller Regel nicht unmittelbar ab. Die Revisionsbeschränkung ist daher grundsätzlich wirksam[130].

     f) Maßregeln gemäß §§ 61 ff StGB

50   **aa) Allgemeines.** Maßregeln der Besserung und Sicherung nach §§ 61 ff StGB sind, auch wenn sie, wie die Entziehung der Fahrerlaubnis nach § 69 StGB, in der faktischen Wirkung Strafcharakter haben mögen, keine Nebenstrafen. Die Wirksamkeit der Revisionsbeschränkung beurteilt sich daher nicht nach den für Nebenstrafen (oben Rdn. 44)

---

[126] OLG Düsseldorf VRS **84** 336; OLG Schleswig NStZ **1984** 90. Auch im Bußgeldverfahren wird die Beschränkung der Rechtsbeschwerde auf die Anordnung des Fahrverbots nach § 25 StVG grundsätzlich für unwirksam gehalten; BGHSt **24** 12; BayObLG bei *Rüth* DAR **1974** 188; OLG Celle NJW **1969** 1187; OLG Düsseldorf NJW **1993** 2063; OLG Frankfurt NJW **1970** 1334; OLG Hamburg VRS **40** (1971) 461; OLG Hamm VRS **50** (1976) 50; OLG Koblenz NZV **1989** 242; OLG Oldenburg NJW **1969** 2213; OLG Zweibrücken VRS **44** (1973) 452; **a. A** OLG Hamm VRS **39** (1970) 72.

[127] KMR-*Paulus* § 318, 55; ebenso für den Ehrverlust nach § 32 StGB a. F: BGHSt **4** 230; **5** 209; RGSt **42** 241; **65** 296; **68** 176; **a. A** *Grünwald* 245; *Schirmer* 42.

[128] BGHSt **39** 209 = JR **1994** 164 mit zust. Anm. *Stree*; **41** 57; BGH StV **1998** 421; *Kleinknecht/Meyer-Goßner*[43] 7a; *Meurer* JR **1993** 252.

[129] OGHSt **1** 161; OLG Hamburg HESt **1** 156 = MDR **1947** 103 mit Anm. *Tesar*; OLG Köln NJW **1954** 245; KMR-*Paulus* § 318, 78; *Mezger* 193.

[130] RGSt **42** 318; BayObLGSt **11** 407; *Kleinknecht/Meyer-Goßner*[43] § 318, 22; KMR-*Paulus* § 318, 78; *Grünwald* 288; *Mezger* 195; *Schirmer* 43.

geltenden Grundsätzen. Vielmehr ist jeweils nach Art und Auswirkung der Maßregel zu prüfen, ob eine von der Schuldfrage und von der sonstigen Rechtsfolgenentscheidung losgelöste Beurteilung möglich ist[131]. Da auch Maßregeln stets die Begehung einer mindestens rechtswidrigen Tat voraussetzen („Anlaßtat"), kommt bei unklaren, lückenhaften oder widersprüchlichen Feststellungen zur „Schuldfrage" eine Revisionsbeschränkung auch hier nicht in Betracht[132]. Auch der Grundsatz, daß die Revisionsbeschränkung unwirksam ist, wenn die Tat unter kein Strafgesetz fällt (oben Rdn. 25), findet Anwendung; jedoch kann im Einzelfall der Maßregelausspruch aufrechterhalten werden, ist die Beschränkung also wirksam, wenn die Maßregel aufgrund eines anderen Strafgesetzes gerechtfertigt ist, das auf den festgestellten Sachverhalt anzuwenden ist[133]. Zur Frage, ob eine Aufhebung im Strafausspruch auch die Maßregel erfaßt (s. § 353, 12), gelten die in Rdn. 39 dargelegten Grundsätze entsprechend.

bb) Unterbringung in einem psychiatrischen Krankenhaus (§ 63 StGB). Die Maß- **51** regel ist sowohl zulässig, wenn der Täter nach § 20 StGB freigesprochen wird, als auch neben der Verurteilung zu Strafe, wenn er nur vermindert schuldfähig (§ 21 StGB) ist. Die Beschränkung der Revision auf die Maßregelentscheidung ist in beiden Fällen streitig.

(1) Im Falle des **Freispruchs** aufgrund von § 20 StGB **ohne Unterbringung** wird die **52** Revisionsbeschränkung der Staatsanwaltschaft auf die unterlassene Unterbringung teilweise für zulässig gehalten[134]. Einzuräumen ist dieser Ansicht, daß es Fälle gibt, in denen die tatrichterliche Ablehnung der Maßregel allein spezifische Auslegungsprobleme des § 63 StGB betrifft (z. B. im Fall BGH NStZ **1995** 610), so daß man daran denken könnte (so SK-*Frisch* § 318, 77 a. E.), bei einer ausdrücklich nur auf diese Auslegung bezogenen Revision die Beschränkung anzuerkennen. Zu bedenken ist indessen: Zu den Voraussetzungen des § 63 gehört auch, daß der Angeklagte eine rechtswidrige Tat im Zustand fehlender (oder verminderter) Schuldfähigkeit begangen hat. Für den Freispruch tragend ist aber allein die Bejahung des § 20 StGB, nicht hingegen auch die Frage der rechtswidrigen Tat[135]. Zudem kann die Bejahung des § 20 im Falle der Zurückverweisung den neuen Tatrichter hinsichtlich der Maßregelentscheidung nicht binden, weil der Angeklagte, der den Freispruch nach herrschender Meinung mangels Beschwer nicht anfechten kann (näher Vor § 296, 72 ff, 75), sonst in seinen Verteidigungsmöglichkeiten ganz unvertretbar beschränkt wäre[136]. Verlangt aber die Überprüfung der Maßregelentscheidung die Einbeziehung der Tat- und Schuldfrage (des sog. Unterbaus), ist nach den bei Rdn. 14 ff erörterten Kriterien Trennbarkeit grundsätzlich zu verneinen[137].

(2) Erstrebt der freigesprochene Angeklagte den **Wegfall einer Unterbringungs-** **52a** **anordnung**, wird die Rechtsmittelbeschränkung vielfach nicht nur für wirksam, sondern sogar für notwendig gehalten, weil der Angeklagte durch die Freisprechung nicht beschwert sei und das Gericht wegen des Verbots der Schlechterstellung (§ 358 Abs. 2) auch im Falle der Urteilsaufhebung und Zurückverweisung wiederum auf Freispruch

---

[131] OLG Koblenz VRS **43** (1972) 260; *Eb. Schmidt* § 318, 34; KMR-*Paulus* § 318, 65; **a. A** *Puppe* 77 ff, die eine Trennung für unmöglich hält.

[132] OLG Hamm VRS **30** (1966) 203; OLG Koblenz VRS **48** (1975) 16; KMR-*Paulus* § 318, 65. Vgl. oben Rdn. 26.

[133] BayObLGSt **1954** 159 = NJW **1955** 395 = JR **1955** 151 mit zust. Anm. *Sarstedt* und weiterer zust. Anm. *H. Müller* NJW **1955** 642; vgl. dazu *Grünwald* 331 ff.

[134] BGHSt **15** 285; BGH NStZ **1995** 610; GA **1968** 148; bei *Holtz* MDR **1977** 460; *Kleinknecht/Meyer-Goßner*[43] § 318, 24; *Pfeiffer/Fischer* § 318, 7.

[135] Vgl. *Salger* GedS Meyer 418.

[136] Vgl. BGHSt **15** 285 sowie die Nachw. in Rdn. 52a bei *angeordneter* Unterbringung.

[137] Ebenso KMR-*Paulus* § 318, 68; *Eb. Schmidt* § 318, 36; *Tröndle*[48] § 63, 17; *Grünwald* 203 ff; wohl auch HK-*Temming* 4; vgl. auch im folg.

erkennen müßte[138]. Daß dabei die Frage der rechtswidrigen Tat und der Schuldfähigkeit von der Prüfung nicht ausgenommen werden kann, wird aber anerkannt[139]. Die Gefahr, daß es infolgedessen zu widersprüchlichen Feststellungen kommt, hat schon das Reichsgericht als hinzunehmende Folge des § 358 Abs. 2 angesehen (RGSt **69** 14). Diese Gefahr vermeidet eine andere Ansicht, die die Beschränkung auf den Maßregelausspruch wegen der inneren Verknüpfung zur Schuldfrage auch hier ablehnt[140], also gegebenenfalls die Aufhebung des Freispruchs mit der gleichzeitigen Erklärung befürwortet, daß der Angeklagte aufgrund des § 358 Abs. 2 straflos bleibt. Bei Abwägung der jeweiligen Folgen sprechen für die letztere Sicht wohl die besseren Argumente[141]: Sie wahrt die Einheitlichkeit der Entscheidung, schließt die problematische Möglichkeit einer Eintragung des (ungerechtfertigten) Freispruchs gemäß § 12 Abs. 1 BRZG[142] sicher aus, bedeutet für den Angeklagten aber keine unzumutbare Belastung, und zwar auch nicht im Hinblick auf Inhalt und Zweck des Verschlechterungsverbots[143].

53   Ist der Angeklagte **zu Strafe verurteilt** worden, ist nach heute herrschender Meinung die Beschränkung des Rechtsmittels auf die gleichzeitige Anordnung wie auf die Nichtanordnung der Unterbringung in der Regel wirksam[144], wobei im Falle der Zurückverweisung im allgemeinen die gesamten Feststellungen zu § 63 StGB mit Ausnahme derjenigen zum Schuldspruch aufzuheben sind, so daß der neue Tatrichter also insoweit nicht gebunden ist (vgl. jedoch BGH NStZ **1998** 191). Aber die Frage der verminderten Schuldfähigkeit hat sowohl für die Schuld- und die Strafmaßfrage als auch für den Maßregelausspruch massive Bedeutung. Eine Beschränkung erscheint daher ohne die verpönte Gefahr von Widersprüchen nicht möglich[145]. Im **Jugendstrafrecht** wird sie im Hinblick auf § 5 Abs. 3 JGG auch von der herrschenden Meinung abgelehnt[146].

54   **cc) Unterbringung in einer Entziehungsanstalt (§ 64 StGB).** Die Anordnung der Maßregel ist sowohl neben dem Freispruch wegen erwiesener oder nicht auszuschließender Schuldunfähigkeit (§ 20 StGB) als auch neben der Verurteilung zu Strafe zulässig. Die Wirksamkeit der Revisionsbeschränkung beurteilt sich daher nach denselben Grundsätzen wie bei § 63 StGB (Rdn. 52 ff). In Rechtsprechung und Schrifttum wird demgegenüber heute die Beschränkung der Revision auf die Maßregelfrage überwiegend für grundsätzlich zulässig gehalten[147]. Trotz des § 358 Abs. 2 für möglich erachtet wird von der herrschenden Meinung ferner, daß der Angeklagte die Nichtanwendung des § 64 StGB vom

---

[138] BGHSt **5** 267; RGSt **69** 12; KG NJW **1953** 196; **1989** 1556 = NStZ **1989** 84; *Kleinknecht/Meyer-Goßner*[43] § 318, 24; *Lackner/Kühl*[22] § 63, 11; *Schönke/Schröder/Stree* § 63, 28; *Mezger* 114; *Sieveking* 78; differenzierend KMR-*Paulus* § 318, 65; vgl. auch SK-*Frisch* § 318, 85; *Meyer-Goßner* DRiZ **1989** 55; BayObLG bei *Rüth* DAR **1980** 270 für § 64 StGB sowie BayObLG NStZ **1985** 90.

[139] Vgl. nur BGHSt **5** 268; BGH NJW **1989** 1556; BayObLGSt **1954** 163; **1978** 1; **1984** 75 f = StV **1985** 361 mit Anm. *Hanack*; *Kleinknecht/Meyer-Goßner*[43] § 318, 24; *Salger* GedS Meyer 419.

[140] BGH NJW **1951** 450; RGSt **71** 265; **72** 354; KG HESt **1** 240 = DRZ **1948** 255 mit Anm. *Gallas*; OLG Tübingen NJW **1953** 1444; *Tröndle*[48] § 63, 17; *Eb. Schmidt* § 318, 36; *Puppe* 58 Fußn. 186; im Ergebnis auch *Salger* GedS Meyer 413 ff (426; eingehend).

[141] Dezidiert anders *Meyer-Goßner* DRiZ **1989** 56 im Anschluß an BGH NJW **1989** 1556: keine Ausnahme vom Grundsatz des unanfechtbaren Frei-

spruchs; aber auch dieser Grundsatz ist umstritten, vgl. Vor § 296, 72 ff (75).

[142] Vgl. dazu einerseits *Tröndle*[48] § 63, 17, andererseits *Salger* GedS Meyer 422.

[143] Zum letzteren ebenso *Salger* aaO 425 gegen *Meyer-Goßner* DRiZ **1989** 55, 56.

[144] BGHSt **5** 313; **15** 285; BGH NJW **1963** 1414; **1989** 1578; NStZ **1998** 191; RGSt **71** 266; BayObLGSt **1954** 163; OLG Hamburg JZ **1951** 152; HK-*Temming* 4; KK-*Pikart* 12; *Kleinknecht/Meyer-Goßner*[43] § 318, 24; KMR-*Paulus* § 318, 69.

[145] Ebenso *Grünwald* 209 ff; LR-*Meyer*[23]; *Eb. Schmidt* § 318, 36.

[146] Seit BayObLGSt **1989** 48 = JR **1990** 209 mit Anm. *Brunner*.

[147] Vgl. BGHSt **38** 364; BayObLGSt **1978** 1; *Kleinknecht/Meyer-Goßner*[43] § 318, 25; SK-*Frisch* § 318, 85; *Tolksdorf* FS Stree/Wessels 754. Ebenso schon BGHSt **3** 339 zu § 42 c StGB a. F; anders insoweit RG JW **1935** 524; *Eb. Schmidt* § 318, 38; *Grünwald* 243.

Angriff gegen den Rechtsfolgenausspruch ausnimmt[148], allerdings nicht, wenn sich sein Angriff nur gegen die Versagung von Strafaussetzung richtet[149].

dd) Unterbringung in der Sicherungsverwahrung (§ 66 StGB). Nach ganz herr- **55** schender Meinung steht die Maßregel in keiner untrennbaren Verbindung zur *Schuldfrage*; diese soll daher von der Anfechtung grundsätzlich ausgenommen werden können[150]. Die herrschende Meinung ist indessen seit der Neufassung des § 66 StGB durch das 1. StrRG dann kaum vertretbar, wenn der Tatrichter im Fall der Zurückverweisung bei der erneuten Prüfung der Voraussetzungen des § 66 Abs. 1 Nr. 3 StGB auch Einzelheiten der die Maßregel auslösenden Anlaßtat(en) zu würdigen hat; insoweit ist daher im Einzelfall Untrennbarkeit zu bejahen. — Ob die Revision auf die Anordnung oder Nichtanordnung der Maßregel unter Ausnahme des *Strafausspruchs* gestützt werden kann, ist umstritten. Die herrschende Meinung stellt darauf ab, ob im Einzelfall zwischen der verhängten Strafe und der Maßregelentscheidung „ersichtlich" oder „erkennbar" ein untrennbarer Zusammenhang besteht[151]. Da dieser Zusammenhang vielfach oder sogar in der Regel vorhanden sein wird, ohne daß die tatrichterlichen Urteilsgründe darüber hinreichend deutlich Auskunft geben[152], wird man den Zusammenhang schon dann bejahen müssen, wenn er sich nicht ausschließen läßt[153]. Es ist dabei nicht berechtigt, den Zusammenhang bei Nichtordnung der Maßregel eher zu bejahen als bei ihrer Anordnung[154]. Es besteht — bei Beachtung der genannten Kautelen — aber auch kein Anlaß, die Beschränkung stets für unwirksam zu halten[155].

ee) Anordnung der Führungsaufsicht (§ 68 StGB). Die Führungsaufsicht darf nur **56** angeordnet werden, wenn der Angeklagte zu einer Freiheitsstrafe von mindestens sechs Monaten verurteilt worden ist und die Gefahr besteht, daß er weitere Straftaten begehen wird. Das läßt sich im Einzelfall, und zwar auch bei Zurückverweisungen, unabhängig von der *Schuldfrage* beurteilen; insoweit ist daher Trennbarkeit gegeben. Hingegen besteht zur *Straffrage* regelmäßig eine sehr enge Verknüpfung; der Angriff auf die Anordnung oder Nichtanordnung der Maßregel wird sich daher kaum je von der Straffrage trennen lassen[156].

---

[148] BGHSt **38** 364 = JR **1993** 429 mit krit. Anm. *Hanack*; BGH NStZ **1992** 539; vgl. auch BayObLG JR **1987** 172 mit Anm. *Meyer-Goßner* und BayObLG StV **1995** 181; ebenso *Kleinknecht/Meyer-Goßner*[43] § 318, 25; *Lackner/Kühl*[22] § 64, 7; *Pfeiffer/Fischer* § 318, 7; *Tröndle*[48] § 64, 13; *Tolksdorf* FS Stree/Wessels 753. Zweifelnd aber jetzt BGH NStZ-RR **1998** 189.

[149] So BGH NStZ **1994** 449; *Kleinknecht/Meyer-Goßner*[43] § 318, 25.

[150] BGHSt **1** 314; RGSt **68** 385; **69** 110; **70** 128; BayObLG **1954** 164 = NJW **1955** 353; *Mezger* 128; die in der folg. Fußn. Genannten.

[151] BGHSt **7** 101 = JZ **1955** 384 mit zust. Anm. *Würtenberger*; BGH NJW **1968** 998; **1971** 1416; **1980** 1055 = JR **1980** 338 mit Anm. *Hanack*; BGH NStZ **1983** 71; bei *Holtz* MDR **1989** 682; RGSt **73** 82; RG JW **1936** 3458; KK-*Pikart* 12; KMR-*Paulus* § 318, 70; *Mezger* 140; *Hennke* GA **1956** 41; für weitergehende Trennbarkeit ersichtlich *Sarstedt/Hamm*[5] 87 im Hinblick auf das Interesse des Angeklagten.

[152] Vgl. *Marquardt* Dogmatische und kriminalpolitische Aspekte des Vikariierens von Strafe und Maßregel (1972) 157 ff.

[153] In diesem Sinne auch BGH NJW **1980** 1055; **1968** 998; GA **1974** 174; *Hanack* JR **1980** 314; KMR-*Paulus* § 318, 70; wohl auch *Kleinknecht/Meyer-Goßner*[43] § 318, 26.

[154] Näher *Hanack* JR **1980** 341 Fußn. 20; vgl. auch *Grünwald* 241; **a. A** LR-*Meyer* in der 23. Aufl.

[155] Anders insoweit *Eb. Schmidt* § 318, 39 und *Grünwald* 241.

[156] Übereinstimmend und näher SK-*Frisch* § 318, 26. – Bei der Polizeiaufsicht nach § 38 StGB a. F wurde die Revisionsbeschränkung teils ohne weiteres für wirksam gehalten (BGH NJW **1971** 948; RGSt **42** 241; **47** 229; BayObLG JW **1926** 1239), teils wurde darauf abgestellt, ob sich im Einzelfall eine Verknüpfung mit der Straffrage ausschließen ließ (*Mezger* 166). Da die Polizeiaufsicht nicht in der Form des heutigen § 68 StGB von gesetzlich näher bestimmten Voraussetzungen abhängig war, lassen sich diese Rechtsgrundsätze nicht auf die Führungsaufsicht übertragen; **a. A** KMR-*Paulus* § 318, 71.

57   **ff) Entziehung der Fahrerlaubnis (§ 69 StGB).** Die Anordnung der Maßregel ist sowohl neben dem Freispruch wegen erwiesener oder nicht auszuschließender Schuldunfähigkeit (§ 20 StGB) als auch neben der Verurteilung zu Strafe zulässig. Die Behandlung beider Fallgruppen ist umstritten. Richtigerweise ist anzunehmen, daß die Beschränkung der Revision auf den Maßregelausspruch im ersten Fall stets, im zweiten regelmäßig unwirksam ist:

58   Legt die Staatsanwaltschaft Revision ein, weil **neben der Freisprechung** nicht die Fahrerlaubnis entzogen worden ist, so kann sie, entsprechend den Ausführungen bei Rdn. 52, das Rechtsmittel nicht beschränken; auch der Freispruch ist angefochten[157]; nichts anderes gilt aber auch für den Fall, daß der freigesprochene Angeklagte die Anordnung der Maßregel anficht (vgl. Rdn. 52a)[158]: Gegenüber der Gefahr widersprüchlicher Entscheidungen sprechen auch hier die besseren Gründe dafür, daß sein Rechtsmittel auch den Freispruch erfaßt[159] und gegebenenfalls zu der in Rdn. 52a genannten Folge führt.

59   Ist die Fahrerlaubnis in einem Erkenntnis entzogen, das den Angeklagten **zu Strafe verurteilt**, so ist die Maßregel vom Schuldspruch grundsätzlich trennbar[160]. Die weitere Frage, ob bei der Urteilsanfechtung auch der Strafausspruch ausgenommen werden kann, wird unterschiedlich beantwortet. Die Revisionsbeschränkung wird oder wurde (vgl. LK-*Geppert* § 69, 237 Fußn. 919) für wirksam gehalten bei einer Revision der Staatsanwaltschaft, mit der eine in unzulässiger Weise beschränkte Anordnung der Fahrerlaubnisentziehung (BGHSt **6** 183) oder die Nichtanordnung der Maßregel gerügt wird[161]. Nach verbreiteter Auffassung gilt das auch für die Revision des zu Strafe verurteilten Angeklagten, der lediglich den Wegfall der Maßregel erstrebt[162]. Zutreffend ist jedoch die Ansicht, daß sowohl die Revisionsbeschränkung der Staatsanwaltschaft als auch die des Angeklagten auf die Maßregelfrage immer dann unwirksam ist, wenn zum Maßregelausspruch die gleichen Feststellungen und Erwägungen notwendig oder möglich sind, die für die Strafbemessung Bedeutung haben[163]. Das wird sich regelmäßig nicht ausschließen lassen, wenn die Fahrerlaubnis im Hinblick auf Charaktermängel des Angeklagten entzogen worden ist[164]. Anders kann es liegen, wenn Grund der Entziehung eine fahrtechnische (körperliche oder geistige) Ungeeignetheit des Angeklagten ist (BGHSt **10** 382) oder wenn nach

---

[157] Ebenso KMR-*Paulus* § 318, 76; LK-*Geppert* § 69, 236; *Eb. Schmidt* § 318, 41; *Grünwald* 232; *Heinitz* JZ **1960** 34; *Sarstedt/Hamm*6 154; **a. A** SK-*Frisch* § 318, 78.

[158] LK-*Geppert* § 69, 236; *Eb. Schmidt* § 318, 41; *Heinitz* JZ **1960** 34; differenzierend nach der Intention des Angeklagten KMR-*Paulus* § 318, 74 in Verb. mit 65.

[159] Anders BayObLG StV **1985** 361 mit abl. Anm. *Hanack*; JR **1987** 248 mit zust. Anm. *Zipf*; bei *Rüth* DAR **1980** 270; OLG Hamm NJW **1956** 560; SK-*Frisch* § 318, 26; *Grünwald* 232; *Mezger* 152, die zwar den Maßregelausspruch für untrennbar vom Schuldspruch und die erneute Prüfung der Schuldfähigkeit für geboten, aber eine Anfechtung des Freispruchs für unzulässig halten.

[160] BayObLGSt **1954** 160 = JR **1955** 151; KG VRS **26** (1964) 198; OLG Braunschweig NJW **1955** 1333 mit Anm. *Hartung*; OLG Hamburg DAR **1956** 167; *Tröndle*48 § 69, 18; *Lackner/Kühl*22 § 69 a, 8; LK-*Geppert* § 69, 234; SK-*Frisch* § 318, 79; *Mezger* 154; **a. A** *Heinitz* JZ **1960** 34. Vgl. auch bei § 318.

[161] BGHSt **7** 166; **15** 317; BGH MDR **1955** 117; BayObLGSt **1976** 48 = VRS **51** (1976) 276; OLG Hamburg NJW **1955** 1080; OLG Oldenburg NJW **1969** 199; OLG Schleswig DAR **1967** 21; SchlHA **1954** 261; OLG Stuttgart NJW **1955** 431.

[162] BGHSt **5** 173; **7** 166; **15** 317; **18** 288; **25** 101; BGH bei *Dallinger* MDR **1954** 16; KG VRS **26** (1964) 198; OLG Braunschweig NJW **1955** 1333 mit Anm. *Hartung*; OLG Koblenz VRS **43** (1972) 420; **50** (1976) 362; OLG Neustadt GA **1956** 268; OLG Oldenburg VRS **51** (1976) 281; OLG Zweibrücken MDR **1965** 506; *Bruns* GA **1954** 192; *K. Müller* NJW **1960** 804; *Rödding* NJW **1956** 1342; *Weigelt* DAR **1956** 73, 215.

[163] BGH NJW **1954** 1168; BGH VRS **17** (1959) 36; BayObLG VRS **75** (1988) 215; KG GA **1971** 157; OLG Celle MDR **1961** 954; OLG Düsseldorf GA **1991** 323; differenzierend SK-*Frisch* § 318, 79 ff.

[164] OLG Düsseldorf GA **1991** 323; *Tröndle*48 § 69, 18; *Grünwald* 228 ff halten die Revisionsbeschränkung stets für unwirksam.

§ 60 StGB von Strafe abgesehen wurde (OLG Hamm VRS **43** [1972] 22; vgl. auch bei § 318).

Ist die Freiheitsstrafe zur **Bewährung** ausgesetzt worden, so kann die Revision in der **60** Regel nicht auf den Maßregelausspruch beschränkt werden[165]. Nach OLG Braunschweig NJW **1958** 680 ergreift die Revision dann aber nicht die ganze Straffrage, sondern nur die Aussetzungsfrage.

Die Beschränkung der Revision auf die **Bemessung der Sperre** nach § 69 a StGB **61** wird überwiegend unter der Voraussetzung für wirksam gehalten, daß die Gründe für die Fristbemessung von denen trennbar sind, die zu der Fahrerlaubnisentziehung geführt haben[166]. Regelmäßig wird eine solche Trennung aber nicht möglich sein[167].

gg) Anordnung des Berufsverbots (§ 70 StGB). Die Anordnung der Maßregel läßt **62** sich im allgemeinen losgelöst von der Schuldfrage beurteilen[168], es sei denn (vgl. Rdn. 52, 52a und 58), daß der Angeklagte wegen § 20 StGB freigesprochen worden ist. Von der Straffrage kann sie regelmäßig nicht getrennt werden, weil die dieser zugrunde liegenden Feststellungen und Erwägungen auch für die Maßregel starke Bedeutung haben[169]. Etwas anderes gilt im Einzelfall insbesondere, wenn die Revision des Angeklagten erkennbar nur die Verletzung solcher speziellen Merkmale des § 70 StGB rügt, die von der Straffrage und den ihr zugrunde liegenden Gesichtspunkten als solche unabhängig sind, also z. B. der Begrenzung des Umfangs der verbotenen Tätigkeit in Beruf oder Gewerbe.

g) Beschränkung auf Verfall und Einziehung

aa) Verfall. Die Anordnung des Verfalls (§ 73 StGB), des Verfalls von Wertersatz **63** (§ 73 a StGB) und des erweiterten Verfalls (§ 73 d StGB) kann in der Regel unabhängig von der Schuldfrage geprüft werden. Sie steht auch in keinem untrennbaren Zusammenhang mit der Straffrage, da sie lediglich bezweckt, dem Täter die für oder durch die Tat erlangten Vorteile zu nehmen; sie ist keine Nebenstrafe, sondern eine Maßnahme eigener Art. Die Revision kann daher auf die Verfallsanordnung beschränkt werden[170].

bb) Einziehung (§§ 74 ff StGB). Die Revisionsbeschränkung ist immer wirksam, **64** wenn das Rechtsmittel nur formelle Fragen zum Gegenstand hat, wie z. B. die genaue Bezeichnung der Einziehungsgegenstände im Urteilsausspruch (BGHSt **9** 88). Auch sonst wird die Beschränkung überwiegend ohne weiteres für wirksam gehalten, mag es sich um die Revision der Staatsanwaltschaft gegen die Ablehnung der Einziehungsanordnung[171]

---

[165] OLG Bremen OLGSt 318, S. 9; OLG Hamm VRS **32** (1967) 18; OLG Köln VRS **16** (1959) 422; *Kleinknecht/Meyer-Goßner*[43] § 318, 28; SK-*Frisch* § 318, 82 mit Beispielen; **a. A** OLG Oldenburg NJW **1959** 1983; stärker auf den Einzelfall abstellend BGH VRS **21** 40; **29** 15; KMR-*Paulus* § 318, 75; LK-*Geppert* § 69, 240.

[166] BGHSt **15** 394; VRS **21** (1961) 262, 266; OLG Bremen DAR **1965** 216; OLG Karlsruhe DAR **1971** 188; VRS **48** (1973) 425; OLG Koblenz VRS **48** 16; **50** (1976) 362; **52** 432; OLG Köln VRS **43** (1972) 96; OLG Schleswig DAR **1967** 21; OLG Zweibrücken NJW **1983** 1007; h. M im strafrechtlichen Schrifttum.

[167] BGH bei *Spiegel* DAR **1980** 202; BayObLG DAR **1973** 371; KG VRS **33** 266; GA **1971** 157; OLG Celle NdsRpfl. **1965** 46; OLG Düsseldorf Verk-Mitt. **1957** 59; *Tröndle*[48] § 69, 18 und *Grünwald*

228 halten sie stets für ausgeschlossen. Vgl. auch bei § 318.

[168] BayObLGSt **1964** 164 = NJW **1955** 353; herrschende Lehre; **a. A** *Eb. Schmidt* § 318, 40.

[169] RGSt **74** 54; BayObLGSt **1954** 164 = NJW **1955** 353; BayObLGSt **1961** 58; KMR-*Paulus* § 318, 77; *Tröndle*[48] § 70, 18; *Lackner/Kühl*[22] § 70, 14; SK-*Frisch* § 318, 84; *Grünwald* 243; **a. A** BGHSt **17** 39; BGH NJW **1975** 2249; BGH bei *Dallinger* MDR **1954** 16; OLG Hamm NJW **1957** 1773; *Kleinknecht/Meyer-Goßner*[43] § 318, 87; *Mezger* 144.

[170] RGSt **67** 30; KMR-*Paulus* § 318, 78; SK-*Frisch* § 318, 87; *Sarstedt/Hamm*[6] 155; **a. A** *Grünwald* 246 ff; *Mezger* 106 hält die Beschränkung nur für wirksam, wenn es um die bloße Zulässigkeit der Verfallserklärung geht; vgl. auch bei § 318.

[171] BGHSt **18** 137; RGSt **42** 30; **74** 206.

Ernst-Walter Hanack

oder die Revision des Angeklagten gegen die Anordnung handeln[172]. Das ist jedoch so allgemein nicht richtig. Die Einziehung nach § 74 StGB kann Nebenstrafe oder Sicherungsmaßnahme sein. Im letzteren Fall kann der Einziehungsausspruch losgelöst von der Straffrage beurteilt werden[173]. Als Nebenstrafe steht die Einziehung dagegen meist in untrennbarer Verbindung mit der Hauptstrafe (vgl. oben Rdn. 44), läßt sich insbesondere regelmäßig nicht ausschließen, daß diese wegen der Anordnung oder Nichtanordnung der Einziehung geringer oder höher bemessen worden ist[174]. Bei der Einziehung des Wertersatzes nach § 74 c StGB gelten keine Besonderheiten (vgl. BGHSt **4** 62; **6** 305; **16** 296).

65   Rügt die Revision, daß der Tatrichter **§ 76 a StGB** im Verfahren gegen eine bestimmte Person zu Unrecht angewendet oder zu Unrecht nicht angewendet habe, ist die Beschränkung entsprechend dem bei Rdn. 52, 52a Gesagten unwirksam, wenn das Rechtsmittel wegen des nötigen „Unterbaus" die Überprüfung auch der begangenen Tat verlangt[175]. Wirksam ist sie hingegen, wenn es, wie etwa im Fall des § 73 Abs. 1 Satz 2 StGB, nur um die sonstigen Rechtsfragen der Anordnung geht.

66   **7. Rechtsfolgen wirksamer Revisionsbeschränkung.** Nach § 343 Abs. 1 wird die Rechtskraft des Urteils gehemmt, soweit es angefochten ist. Daraus scheint sich zwangsläufig zu ergeben, daß es im übrigen rechtskräftig wird. In Rechtsprechung und Schrifttum ist denn auch oft allgemein davon die Rede, daß wirksame Rechtsmittelbeschränkung zur Teilrechtskraft führt[176]. Dabei ist jedoch zu unterscheiden (vgl. Vor § 296, 39 ff): Wird die Verurteilung wegen einer oder mehrerer in Tatmehrheit begangener Straftaten rechtskräftig, so bestehen keine Besonderheiten gegenüber der Rechtskraft, die eintritt, wenn das ganze Urteil in Rechtskraft erwächst. Das gilt nach herrschender Ansicht auch, wenn Tatidentität im Sinne des § 264 vorliegt[177]. Wegen der Rechtskraft der Einzelverurteilungen sind selbst nachträglich entdeckte oder entstehende Verfahrenshindernisse ohne Bedeutung[178]. Bei der Teilrechtskraft, die eintritt, wenn nur einzelne Bestandteile der Verurteilung wegen einer einheitlichen Tat angefochten werden, entsteht hingegen nach zunehmend vertretener Meinung, die sich mittlerweile auch in der Rechtsprechung widerspiegelt[179], nur eine innerprozessuale Bindungswirkung für das Rechtsmittelgericht, die mit der Vollrechtskraft lediglich den Namen gemeinsam hat[180]. Ihre Konsequenzen im einzelnen sind noch umstritten. Praktisch wichtig ist, daß sie weder zur Vollstreckbarkeit noch zu derselben Unabänderlichkeit wie die Vollrechtskraft führt (*Kleinknecht* MDR **1955** 435), vielmehr eben nur eine Bindung an die Feststellungen in den nicht angefochtenen Urteilsteilen enthält. Die horizontale Rechtskraft hindert daher nicht die Einstellung des Verfahrens wegen eines Verfahrenshindernisses und steht daher auch einer Abänderung des Schuldspruchs oder einer Freisprechung nicht entgegen, wenn das sachliche

---

[172] RGSt **42** 31; **46** 222; OLG Celle NdsRpfl. **1966** 131; OLG Düsseldorf NJW **1972** 1382; OLG Freiburg HESt **2** 140 = DRZ **1949** 140; OLG Oldenburg NJW **1971** 769; OLG Saarbrücken OLGSt § 40 StGB a. F S. 7.

[173] OLG Düsseldorf NJW **1972** 1382; OLG Hamm NJW **1975** 67; SK-*Frisch* § 318, 88; *Tröndle*[48] § 74, 21; **a. A** *Grünwald* 249 ff, der die Trennbarkeit stets für unmöglich hält.

[174] BayObLG bei *Rüth* DAR **1984** 246; OLG Düsseldorf GA **1977** 21; KMR-*Paulus* § 318, 78; *Mezger* 103 ff; SK-*Frisch* § 318, 88; *Tröndle*[48] § 74, 21; in den Fällen OLG Hamm NJW **1975** 67; OLGSt § 74 StGB S. 3 war das nach den Umständen ausgeschlossen.

[175] Anders (Freispruch jeweils nicht berührt) RGSt **33** 22; **61** 293; SK-*Frisch* § 318, 89; *Grünwald* 251 im 1., nicht aber im 2. Fall.

[176] So z. B. BGHSt **7** 283; **10** 72; **16** 239; **24** 109; RGSt **42** 243; **58** 373; **61** 209; **62** 403; vgl. Vor § 296, 33 ff.

[177] Streitig; vgl. im einzelnen Vor § 296, 41.

[178] Vgl. Vor § 296, 40; **a. A** BGHSt **8** 269 = JZ **1956** 417 mit zust. Anm. *Jescheck.*

[179] Näher Vor § 296, 36 und 42; vgl. ferner BGH NJW **1980** 1807.

[180] KMR-*Sax* Einl. XIII 87; *Schirmer* 20 spricht von einer relativen, *Peters* 500 von einer auflösend bedingten Rechtskraft; **a. A** *Puppe* 22, die keinen Unterschied feststellt.

Recht sich nachträglich geändert hat (§ 354 a, 9). Sie dürfte nach freilich umstrittener Ansicht im Falle der Teilaufhebung durch das Revisionsgericht überdies dazu führen, daß der Tatrichter in der Neuverhandlung an die Feststellungen im nicht angefochtenen Teil des Urteils dann nicht gebunden ist, wenn sich im Rahmen der zulässigen Beweisaufnahme die fehlende Schuldfähigkeit ergibt oder zeigt, daß der Angeklagte die Tat gar nicht begangen hat; vgl. dazu § 353, 29 f.

8. Rechtsfolgen unwirksamer Revisionsbeschränkung. Hält das Revisionsgericht **67** die Beschränkung des Rechtsmittels nicht für wirksam, behandelt es die Revision nicht als unzulässig, sondern als in vollem Umfang eingelegt oder doch jedenfalls in dem Umfang, in dem die übrigen Urteilsteile zur Prüfung mit herangezogen werden müssen[181]. Ist die Revision in wirksamer Weise auf Verfahrensvoraussetzungen beschränkt, gilt die allgemeine Sachrüge als erhoben (unten Rdn. 74).

III. Begründung der Revisionsanträge

1. Allgemeines. Im Gegensatz zur Berufung (§§ 317, 318 Satz 2) muß die Revision **68** stets begründet werden; sonst ist sie unzulässig (§ 346 Abs. 1). Dabei sind die Frist des § 345 Abs. 1 und die Formvorschrift des § 345 Abs. 2 zu wahren. Aus der Begründung muß auch hervorgehen, ob das Urteil wegen Verletzung einer Rechtsnorm über das Verfahren (Verfahrensrüge) oder wegen Verletzung einer anderen Rechtsnorm (Sachrüge) angefochten wird (§ 344 Abs. 2 Satz 1), sonst ist sie in der Regel ebenfalls unzulässig (§ 346 Abs. 1; dazu BGH NStZ **1991** 597). Die Verfahrensrüge erfordert nähere Ausführungen; die Revision muß die den Verfahrensmangel enthaltenden Tatsachen angeben (§ 344 Abs. 2 Satz 2). Nur diese Tatsachen unterliegen der Prüfung des Revisionsgerichts (§ 352 Abs. 1). Wird nur das Verfahren beanstandet, so ist die unrichtige Anwendung des sachlichen Strafrechts nicht gerügt und vom Revisionsgericht nicht zu beachten[182]. Im Gegensatz zu der Verfahrensrüge braucht die Sachrüge nicht weiter begründet zu werden (unten Rdn. 92). Sie muß aber zweifelsfrei erhoben werden (BGH NStZ **1991** 597). Die Revisionseinlegung allein kann nicht als Erhebung der Sachrüge angesehen werden[183]. Genügt die Revisionsbegründung den Erfordernissen des § 344 Abs. 2, so ist eine weitere Begründung nicht erforderlich und, wenn sie unrichtig ist, unschädlich (§ 352 Abs. 2). Zum Verfahren beim Verlust der Revisionsrechtfertigungsschrift vgl. § 352, 1.

2. Keine bedingten Revisionsrügen. Eine Erhebung von Revisionsrügen unter Bedin- **69** gungen ist unzulässig und führt zu ihrer Unwirksamkeit[184]. Eine Rüge darf daher weder an die Bedingung geknüpft werden, daß die Revisionsrügen des Gegners Erfolg haben (RGRspr. **3** 490), noch ist die Erhebung von Revisionsrügen für den Fall statthaft, daß andere Rügen nicht durchgreifen[185].

---

[181] Ganz h. M, z. B. BGHSt **6** 230; **21** 258; RGSt **65** 297; AK-*Maiwald* 4; KK-*Pikart* 16; SK-*Frisch* § 318, 18; *Dahs/Dahs* 80; anders aber *Wolf* JR **1992** 430.

[182] BGH NJW **1995** 2047; BGH NStZ **1991** 597.

[183] BGH bei *Kusch* NStZ **1993** 31; OGHSt **2** 138 = DRZ **1950** 21 mit Anm. *Bader*; OLG Karlsruhe VRS **64** (1983) 46; KK-*Pikart* 17; *Kleinknecht/Meyer-Goßner*⁴³ 11; *Gribbohm* NStZ **1983** 98; *Meyer* in der 23. Aufl.; wohl auch BGH bei *Pfeiffer* NStZ **1982** 191.

[184] RGSt **53** 51; RG HRR **1933** 1556; RG LZ **1919** 1142; *Kleinknecht/Meyer-Goßner*⁴³ 12; KMR-*Paulus* 12; *Eb. Schmidt* 9; *Loewenstein* 32.

[185] BGHSt **17** 253 = JR **1962** 387 mit Anm. *Eb. Schmidt*; RG DR **1942** 1794; OLG Koblenz VRS **47** (1974) 28; KMR-*Paulus* 12; *Sarstedt* FS Mayer 530; **a. A** *Hellm. Mayer* FS Schmidt 634 ff; vgl. auch § 353, 14.

3. Auslegung der Revisionsbegründung

70 **a) Allgemeines.** Als Willenserklärung im Prozeß ist die Revisionsbegründung auslegungsfähig[186], und zwar auch zum Nachteil des Beschwerdeführers (unten Rdn. 93). Hierbei sind die Ausführungen zur Rechtfertigung der Revision in ihrer Gesamtheit zu würdigen; das Revisionsgericht darf nicht am Wortlaut haften, sondern muß den Sinn der Rüge erforschen, wie er der Begründungsschrift verständigerweise zu entnehmen ist[187]. Der gesetzliche Grundgedanke des § 300 ist zu berücksichtigen, soweit Wortlaut und Sinn der Erklärungen es gestatten. Die Begründung ist daher so auszulegen, daß der mit der Revision erstrebte Erfolg möglichst auch erreicht wird[188]. Das gilt insbesondere, wenn die Revisionsbegründung zu Protokoll der Geschäftsstelle erklärt worden ist[189]. Bei nichtssagenden Erklärungen, die unklar lassen, ob das Verfahren beanstandet oder die Sachrüge erhoben wird, lassen die Revisionsgerichte in zum Teil bedenklicher Strenge eine Auslegung oft nicht zu, verwerfen also das Rechtsmittel wegen Verstoßes gegen § 344 Abs. 2 Satz 1. Das gilt etwa für Erklärungen wie: „Anfechtung des Urteils in seinem ganzen Umfang" oder „in seinem ganzen Umfang wegen Rechtsverletzung"[190]; „seinem ganzen Inhalt nach" (OLG Dresden LZ **1914** 1727); „nach allen Richtungen" (BayObLGSt **20** 333; OLG Hamm NJW **1964** 1736); „mit Begründung nach § 337 StPO" (OLG Hamburg GA **1984** 375). Aus dem gleichen Grund hat der Bundesgerichtshof Revisionen verworfen, in denen nur beantragt wurde, das angefochtene Urteil aufzuheben und an eine andere Kammer des Landgerichts zurückzuverweisen[191]. Im Hinblick auf § 344 Abs. 2 Satz 1 als nicht ausreichend werden ferner, was z. T. erhebliche Bedenken wecken muß, auch bloße Beschränkungen des Rechtsmittels angesehen[192]. Vgl. auch Rdn. 73.

71 Über ihren **Gesamtinhalt** hinaus kann die Begründung der Revision auch nicht durch Auslegung erstreckt werden (BGH NJW **1956** 757). Eine Auslegung der Revision des Angeklagten aufgrund der Revisionsbegründung des gesetzlichen Vertreters kommt daher wegen der Selbständigkeit der beiden Rechtsmittel nicht in Betracht (*Kleinknecht/Meyer-Goßner*[43] 11). Nach BayObLGSt **1956** 51 verbietet sie sich wegen des § 345 Abs. 2 auch bezüglich der Heranziehung von Anlagen, die der Angeklagte selbst verfaßt hat.

72 **b) Ein Irrtum des Beschwerdeführers** in der Bezeichnung der Rüge als Sach- oder Verfahrensrüge ist unschädlich[193], vorausgesetzt, daß der Inhalt der Begründungsschrift deutlich erkennen läßt, welche Rüge gemeint ist[194] (und bei gegebener Verfahrensrüge § 344 Abs. 2 Satz 2 beachtet worden ist). Entscheidend ist immer die wirkliche rechtliche Bedeutung des Revisionsangriffs, wie er dem Sinn und Zweck des Revisionsvorbringens zu entnehmen ist (BGHSt **19** 275; BGH StV **1993** 565). Eine Bezeichnung der verletzten

---

[186] BGHSt **25** 275; BGH JR **1956** 228; RGSt **40** 99; **44** 162; **67** 198; OLG Köln MDR **1954** 57; KK-*Pikart* 20; *Kleinknecht/Meyer-Goßner*[43] 11; KMR-*Paulus* 14; *Sarstedt/Hamm*[6] 211; *Krause* StV **1984** 485.

[187] BGHSt **19** 275; BGH StV **1993** 459; JR **1956** 228; *Kleinknecht/Meyer-Goßner*[43] 11; KMR-*Paulus* 14.

[188] BGH NJW **1956** 757; RGSt **47** 236; **67** 125; OLG Hamm NJW **1953** 839; VRS **42** (1972) 121; OLG Schleswig DAR **1962** 214; OLG Stuttgart OLGSt § 344 S. 34.

[189] OLG Koblenz NJW **1975** 322 mit Anm. *Krause* NJW **1975** 1713; KMR-*Paulus* 14.

[190] RGSt **44** 263; OLG Düsseldorf Alsb. E **2** Nr. 210; ebenso *Kleinknecht/Meyer-Goßner*[43] 11; KMR-*Paulus* 14; **a. A** OLG Hamburg VRS **58** (1980) 52.

[191] BGH NJW **1991** 710; NStZ **1991** 579; ebenso OLG Koblenz VRS **66** (1984) 208; *Gribbohm* NStZ **1983** 98.

[192] BGH NStZ-RR **1998** 18 (auf Aufhebung der Unterbringung); BGH bei *Pfeiffer* NStZ **1981** 298 (auf Strafaussetzung); bei *Pfeiffer/Miebach* NStZ **1985** 208 (auf Einziehung); vgl. auch OLG Hamm JMBlNRW **1980** 104; OLG Neustadt GA **1957** 422; **a. A** bei Strafmaßbeschränkung OLG Köln MDR **1979** 957 auf Strafmaß.

[193] BGHSt **19** 275; BGH StV **1993** 495; bei *Dallinger* MDR **1953** 723; eingehend KK-*Pikart* 19; KMR-*Paulus* 15.

[194] OLG Koblenz NJW **1975** 322 mit Anm. *Krause* NJW **1975** 1713; OLG Neustadt GA **1957** 422.

Gesetzesvorschrift ist nicht erforderlich[195]; ihre unrichtige Bezeichnung schadet daher grundsätzlich (vgl. aber BGH NStZ **1998** 636; **1999** 94) nichts[196].

c) Auslegung als Sachrüge. Nach verbreiteter Meinung nicht als Sachrüge aufzufas- **73** sen ist die Beschränkung der Anfechtung auf einen bestimmten Beschwerdepunkt, wie etwa die Strafaussetzung zur Bewährung oder die Unterbringung (vgl. Rdn. 70), sowie die Rüge der Verletzung des „Rechts" oder des „Gesetzes" ohne weitere Ausführungen[197]. Das erscheint bedenklich und formalistisch, weil in diesen Fällen, gerade wenn man Kenntnis des Beschwerdeführers von der Vorschrift des § 344 Abs. 2 Satz 2 voraussetzt, regelmäßig angenommen werden muß, daß er die (beschränkte oder unbeschränkte) Sachrüge geltend machen will. Nach allgemeiner Meinung ist die Sachbeschwerde jedoch erhoben mit der Rüge der Verletzung des materiellen Rechts (unten Rdn. 98). Bezeichnenderweise gilt insoweit als ausreichend das Vorbringen, die Feststellungen seien widersprüchlich (so schon RG JW **1931** 1618), der Satz in dubio pro reo sei verletzt (vgl. *Sarstedt/Hamm*[5] 382) oder der Angeklagte sei zu Unrecht bestraft worden (OLG Hamm NJW **1964** 1736). Auch im Bestreiten der Tat (OLG Karlsruhe DAR **1958** 24) und in dem Antrag auf Freisprechung durch das Revisionsgericht kann eine Sachrüge gesehen werden[198]. Ob es richtig ist, daß die Summe unzulässiger Einzelausführungen eine zulässige Sachrüge ergeben kann, erscheint zweifelhaft (LR-*Meyer*[23]); großzügig aber OLG Köln MDR **1954** 57. Trotz ausdrücklich erhobener Sachrüge kann die Revision unzulässig sein, wenn das weitere Vorbringen ergibt, daß nur unzulässige Angriffe gegen die Tatsachenfeststellungen und die Beweiswürdigung geführt werden (unten Rdn. 93).

Für den Fall, daß die Beschränkung der Revision auf das Vorliegen von **Verfahrens-** **74** **voraussetzungen** unwirksam ist (oben Rdn. 17 ff), nimmt die Rechtsprechung an, daß das Urteil sachlichrechtlich in vollem Umfang zu prüfen ist, daß also die Rüge des Vorliegens von Prozeßhindernissen die allgemeine Sachrüge bedeutet[199].

4. Begründung von Verfahrensrügen

a) Allgemeines. Aus § 344 Abs. 2 Satz 2 ergibt sich, daß es nicht Aufgabe des Revi- **75** sionsgerichts ist, die Akten daraufhin durchzusehen, ob sie Tatsachen enthalten, die der Verfahrensrüge als Grundlage dienen können. Das geltende Recht kennt keine „allgemeine Verfahrensrüge"[200]. Zur Begründung einer Verfahrensrüge reicht daher die bloße Angabe der verletzten Vorschrift nicht und erst recht nicht das Vorbringen, „das Verfahrensrecht" oder § 337 seien verletzt oder die Verteidigung sei unzulässig beschränkt worden; vgl. auch Rdn. 78 f.

Sofern der behauptete Mangel nicht ein Verfahrenshindernis ist (vgl. § 337, 29 ff), **76** muß die Revision zur Begründung von Verfahrensrügen vielmehr die den Mangel enthal-

[195] BGH JR **1956** 228; KG VRS **26** (1964) 288; OLG Hamm VRS **42** (1972) 141; OLG Stuttgart DAR **1956** 247; KMR-*Paulus* 14; *Beling* 417; *Weigelt* DAR **1954** 233.

[196] BGHSt **19** 94, 276; **20** 98; **29** 10; BGH NJW **1990** 585; RGSt **2** 241; BayObLG OLGSt § 344 S. 1; KG VRS **26** (1964) 288; KK-*Pikart* 34; KMR-*Paulus* 14; *Jescheck* GA **1953** 288.

[197] OLG Düsseldorf DRiZ **1933** Nr. 274; KMR-*Paulus* 16; *Beling* 416; *Loewenstein* 33; *Schneidewin* JW **1923** 346; **a. A** OLG Düsseldorf *Alsb.* E 2 Nr. 210; OLG Oldenburg NdsRpfl. **1949** 43; vgl. auch oben Rdn. 70.

[198] BGHR § 338 Nr. 7 Entscheidungsgründe 2; OLG Hamm NJW **1964** 1736; **1972** 2056; *Kleinknecht/Meyer-Goßner*[43] 14; **a. A** *Krause* StV **1984** 485.

[199] Für Amnestie: BGH NJW **1951** 811; RGSt **53** 40; **54** 8; **74** 109; BayObLGSt **1956** 2 = JR **1956** 188; für Verjährung: BGHSt **2** 385; BGH NJW **1984** 989; OLG Braunschweig NJW **1956** 1118 mit Anm. *Kubisch* NJW **1956** 1530; OLG Celle MDR **1966** 865; OLG Hamburg MDR **1958** 52; OLG Oldenburg NdsRpfl. **1953** 207; kritisch dazu *Grünwald* 370 ff.

[200] Allg. M, vgl. z. B. OLG Saarbrücken VRS **42** (1972) 426; *Kleinknecht/Meyer-Goßner*[43] 20; KMR-*Paulus* 24; *Eb. Schmidt* 17.

Ernst-Walter Hanack

tenden **Tatsachen angeben** (§ 344 Abs. 2 Satz 2). Das gilt auch im Jugendstrafverfahren (BGH GA **1953** 83 mit Anm. *Herlan*), im Verfahren nach § 80 OWiG (OLG Düsseldorf JMBlNRW **1982** 235) und für Rügen, mit denen die Verletzung von Grundrechtsnormen über das Verfahren behauptet wird[201]. Ob die vorgebrachten Tatsachen einen Verfahrensfehler aufweisen, ist eine Frage der Begründetheit, nicht der Zulässigkeit der Revision. Der Beschwerdeführer selbst muß die Tatsachen nicht rechtlich werten. Eine fehlerhafte rechtliche Beurteilung ist daher unschädlich (oben Rdn. 72). Andere als die in der Revisionsbegründungsschrift zur Begründung der Verfahrensrüge angeführten Tatsachen berücksichtigt das Revisionsgericht in der Regel nicht (vgl. aber Rdn. 79). Das ist aber, wie häufig übersehen wird, keine Frage der Auslegung des § 344, sondern ergibt sich aus der ausdrücklichen gesetzlichen Regelung des § 352 Abs. 1, die mit § 344 in unmittelbarem Zusammenhang steht (BGHSt **15** 208). Näheres bei § 352, 7 ff.

77 Die **Beweismittel** für seine tatsächlichen Behauptungen braucht der Beschwerdeführer außer bei der Aufklärungsrüge (vgl. BGHSt **2** 168 und näher § 244, 355) an sich nicht anzugeben[202]. Er muß insbesondere nicht die Aktenstellen bezeichnen, aus denen sich die behaupteten Tatsachen ergeben (mag dies auch zweckmäßig und arbeitserleichternd sein); denn soweit es auf den Beweis der behaupteten Tatsachen ankommt, hat das Revisionsgericht den Inhalt der Akten von Amts wegen zu prüfen. Freilich verlangt die Rechtsprechung im Rahmen ihrer strengen Anforderungen zur Geschlossenheit der Revisionsbegründung (Rdn. 78 ff), daß der Beschwerdeführer Schriftstücke oder Aktenstellen, auf die es für die Verfahrensbeschwerde ankommt, in die Begründungsschrift, und zwar ohne Bezugnahme (vgl. Rdn. 82), wörtlich oder inhaltlich aufnimmt, wobei „nach der Rechtsprechung des BGH" auch „ihre genaue Bezeichnung" verlangt wird (so BGH bei *Pfeiffer/Miebach* NStZ **1984** 213), so daß sich die Anforderungen insoweit unklar verwischen, was der Beschwerdeführer berücksichtigen sollte (s. Rdn. 80). Zur Beweislast s. § 352, 6 und zum revisionsrechtlichen Beweis der Verfahrensrüge § 337, 70 ff.

78 **b) Erschöpfende Angaben bestimmter Tatsachen.** Die einhellige Rechtsprechung[203] interpretiert § 344 Abs. 2 Satz 2 dahin, daß in der Regel die tatsächlichen Umstände, die den behaupteten Verfahrensmangel ergeben, so vollständig und genau anzugeben sind, daß das Revisionsgericht allein aufgrund der Rechtfertigungsschrift, also ohne Blick in die Akten, i. S. einer vorgenommenen Schlüssigkeitsprüfung, erschöpfend prüfen kann, ob ein Verfahrensfehler vorliegt, wenn die behaupteten Tatsachen erwiesen werden[204]. Die Revisionsbegründung muß insbesondere erkennbar machen, gegen welche bestimmte Handlung oder gegen welches Unterlassen des Tatrichters der Vorwurf fehlerhafter Verfahrensweise erhoben wird[205]. Sie muß auch die dem Beschwerdeführer nachteiligen Tatsachen enthalten, insbesondere diejenigen Fakten vortragen, die für das Vorliegen eines

---

[201] BGHSt **19** 277 = JZ **1965** 66 mit Anm. *Evers* BGHSt **21** 340; **26** 90; BGH GA **1970** 25; BGH bei *Dallinger* MDR **1953** 724; BayObLGSt **1968** 108 = NJW **1969** 808; OLG Celle NJW **1969** 1075; OLG Hamm NJW **1972** 1076; vgl. dazu BVerfG DAR **1976** 239. S. auch § 337, 67.

[202] KK-*Pikart* 41; KMR-*Paulus* 24; LR-*Meyer* in der 23. Aufl. Die Staatsanwaltschaft soll jedoch die Aktenstellen angeben: vgl. RiStBV Nr. 156 Abs. 3 für die Revisionsrechtfertigung, Nr. 162 Abs. 2 für die Gegenerklärung.

[203] So z. B. BGHSt **3** 213; **21** 340; **22** 169; **27** 217; **39** 240; **40** 5; BGH StV **1984** 455; BGH NJW **1969** 2283; **1982** 1655; **1994** 2907; **1998** 839; BayObLGSt **24** 59; OLG Brandenburg NStZ **1997** 613;

OLG Bremen VRS **36** (1969) 181; **50** (1976) 35; OLG Düsseldorf JMBlNRW **1982** 235; OLG Hamburg NJW **1956** 315; OLG Hamm NJW **1972** 1096; OLG Koblenz MDR **1974** 421; VRS **48** (1975) 121; **49** (1975) 195, 278; OLG Saarbrücken MDR **1974** 421; vgl. auch BVerfG NJW **1983** 1045; zust. die h. Lehre, z. B. KK-*Pikart* 38 f; *Kleinknecht/Meyer-Goßner*[43] 24; KMR-*Paulus* 25.

[204] Dazu eingehend (mit Übersichten und zahlreichen Beispielen) *Gribbohm* NStZ **1983** 101; *Dahs* Überspannung 85; *Maul* Umfang 71; *Ventzke* StV **1992** 338; *Herdegen* Beruhensfrage 7; *Miebach* NStZ-RR **1998** 1.

[205] BGHSt **2** 168; BGH NJW **1998** 824; NStZ **1987** 36; RGSt **50** 253; KG StV **1988** 519.

Ausnahmetatbestands sprechen, der seiner Rüge den Boden entziehen könnte[206]. Eine wahlweise Tatsachenbehauptung genügt in der Regel nicht[207]. Ebensowenig reicht ein unbestimmtes Tatsachenvorbringen aus, z. B. die Behauptung, es habe „in mehreren Fällen" an der Benachrichtigung von der Zeugenvernehmung gefehlt (BGHSt **2** 304), „verschiedene Zeugen" seien nicht vereidigt worden (BGH bei *Dallinger* MDR **1951** 406), „mindestens ein Schöffe" habe der Verhandlung nicht folgen können (BGH bei *Dallinger* MDR **1971** 723), „ein Teil der Schöffen" sei unfähig gewesen (BayObLGSt **1951** 112), der Vorsitzende habe „erheblichen Druck" auf die Schöffen ausgeübt (OLG Koblenz MDR **1974** 421). Schließlich gilt auch ein widersprüchlicher Tatsachenvortrag, etwa in den Revisionsbegründungsschriften mehrerer Verteidiger, zur Begründung von Verfahrensrügen als nicht geeignet[208]. Wenn der Angeklagte die Revision zu Protokoll des Urkundsbeamten der Geschäftsstelle begründet hat, stellen die Revisionsgerichte an das Tatsachenvorbringen mitunter geringere Anforderungen (vgl. BGH JR **1955** 189). Dem Fehlen erforderlicher Angaben stellt BGHSt **33** 44 = StV **1985** 135 mit Anm. *Hamm* **unleserliche Angaben** in der Revisionsschrift (Ablichtungen handschriftlicher Beweisanträge aus der Tatsacheninstanz) gleich; ebenso OLG Düsseldorf VRS **77** (1989) 366; vgl. auch § 345, 20.

Ausnahmen von der Pflicht zur erschöpfenden Darlegung erkennt die Rechtsprechung **79** in der Regel nur an, wo es sich um Tatsachen handelt, die dem Beschwerdeführer nicht allgemein oder als Verfahrensbeteiltem zugänglich sind, sondern sich lediglich aus gerichts- oder präsidiumsinternen Vorgängen ergeben (BGHSt **28** 291; **29** 164; vgl. aber auch BayObLG NStZ **1992** 510). Sie verlangt — in nicht ganz einheitlicher Praxis — die erschöpfende Darlegung auch dann nicht, wenn die in Frage stehenden Verfahrensvorgänge im Urteil selbst umfassend wiedergegeben oder (so jedenfalls BGHSt **36** 385) klar zu erkennen sind, so etwa die Ablehnungsgründe eines Hilfsbeweisantrags[209] oder der wesentliche Inhalt einer verlesenen Niederschrift, deren nach § 251 unzulässige Verlesung der Beschwerdeführer beanstandet (BGH StV **1981** 164 entgegen der Auffassung des Generalbundesanwalts). Ferner hält der Bundesgerichtshof zur Ergänzung des Tatsachenvorbringens den Rückgriff auf die Urteilsgründe (auch ohne Verweisung auf sie) für zulässig, wenn ihm diese Gründe aufgrund der erhobenen Sachrüge zugänglich sind[210].

Ansonsten und **insgesamt gesehen** sind die Anforderungen in der Praxis an die Voll- **80** ständigkeit und Genauigkeit des Tatsachenvortrags zwar nicht ganz einheitlich, aber in der Regel **äußerst streng**, so daß *Dahs/Dahs* 465 dem Beschwerdeführer zu Recht raten, er solle „lieber zu viel als zu wenig schreiben". Gegenüber dieser strengen Rechtsprechung ist eine Besinnung auf den Zweck des § 344 Abs. 2 Satz 2 geboten[211]. Dieser Zweck ergibt sich aus der Notwendigkeit, die Verfahrensrüge, bei der das Revisionsgericht den Mangel ja regelmäßig nicht, wie bei der Sachrüge, aus der Lektüre der Urteilsurkunde selbst entnehmen kann, so zu konkretisieren, daß das Revisionsgericht die tatsächlichen Feststellungen hinsichtlich des behaupteten Verfahrensverstoßes zu treffen vermag; „hier-

[206] BGHSt **37** 248; BGH NStZ **1986** 520; **1993** 499; **1998** 426; StV **1996** 531. Kritisch und mit weit. Nachw. zu den Anforderungen an diese „Negativtatsachen" *Dahs* FS Salger 224; vgl. auch *Sarstedt/Hamm*6 226.

[207] OLG Celle NdsRpfl. **1952** 18; OLG Koblenz VRS **47** (1974) 281; *Kleinknecht/Meyer-Goßner*43 24; KMR-*Paulus* 25.

[208] BGH NStZ **1989** 52; RGSt **52** 68; RG Recht **1924** Nr. 1612.

[209] BGH StV **1982** 268; bei *Dallinger* MDR **1956** 272; BayObLGSt **1954** 20 = NJW **1955** 563; OLG Hamburg NJW **1968** 2304; OLG Koblenz VRS **42** (1972) 425.

[210] BGHSt **36** 385 mit weit. Nachw.; BGH NJW **1992** 2305; **1998** 839; nach BGH StV **1996** 197 st. Rspr.

[211] Kritisch zu den gestellten Anforderungen *Peters* FS Dünnebier 64 und JR **1980** 520; *Herdegen* Beruhensfrage 8; *Dahs* Überspannung 85 und FS Salger 217; *Ventzke* StV **1992** 338 mit weit. Nachw.; *Sarstedt/Hamm*6 226 ff.

Ernst-Walter Hanack

für müssen ihm entsprechende Anhaltspunkte geliefert werden" (*Schlüchter* 705). Gewiß soll das Revisionsgericht damit zugleich von der Verpflichtung freigestellt werden, die Akten wegen behaupteter Verfahrensverstöße durchzuarbeiten, wie schon eine vielzitierte — bezeichnenderweise aber doch vorsichtig formulierte — Stelle aus den Motiven zur StPO deutlich macht[212]. Dies darf jedoch nicht zur **Verabsolutierung der Anforderungen** im Hinblick auf die erschöpfende Darstellung und ihre „Genauigkeit" führen. § 344 Abs. 2 Satz 2 ist primär kein Mittel zur Erleichterung der revisionsgerichtlichen Schlüssigkeitsprüfung, sondern bezweckt die sinnvolle Konkretisierung der Rügen, damit das Revisionsgericht Gegenstand und Angriffsrichtung der Revision zu erkennen vermag[213].

81   Die Angaben der Tatsachen i. S. des § 344 Abs. 2 Satz 2 verlangt dabei vielfach gewiß ein hohes Maß an Bestimmtheit, eben weil der behauptete Verfahrensmangel als solcher **herausgearbeitet und abgegrenzt** werden muß, also z. B. zu verdeutlichen ist, worin die fehlerhafte Ablehnung eines Beweisantrags liegen soll oder warum welcher mitwirkende Richter nicht Mitglied der erkennenden Kammer gewesen ist. Liegt jedoch eine Konkretisierung durch Tatsachenbehauptungen vor, die den Gegenstand der geltend gemachten Verfahrensrüge unzweideutig umreißt, ist dem Zweck des § 344 Abs. 2 Satz 2 Genüge getan. Es entspricht dann nicht der Würde des Revisionsgerichts, sondern bedeutet im Zweifel geradezu eine Verletzung des „fair trial", wenn nicht sogar eine Rechtsverweigerung (vgl. Vor § 296, 12), die Prüfung des behaupteten Verfahrensmangels allein mit dem Hinweis auf die nicht vollständige „Ablesbarkeit" der Rügevoraussetzungen in der Revisionsbegründung zu umgehen. So ist es zwar richtig, daß BGH StV **1982** 5 mit Anm. *Peters*, entgegen der Auffassung des Generalbundesanwalts (!), eine ausdrückliche Angabe des Kalendertages nicht verlangt, an dem die Elftagefrist des § 268 Abs. 3 Satz 2 abgelaufen ist, wenn sich das „durch einen Blick in den Kalender" (BGH) leicht klären läßt (vgl. auch OLG Hamburg NStZ **1981** 364). Es erscheint jedoch bedenklich und widersprüchlich, eine Rüge, das Urteil sei nicht innerhalb der Fünfwochenfrist des § 275 zu den Akten gebracht, als unzulässig zu verwerfen, weil der Beschwerdeführer die entsprechenden Daten nicht genannt hat, obwohl sie sich aus dem Urteil und dem Vermerk des Urkundsbeamten ohne weiteres feststellen ließen (so aber BGHSt **29** 203 = JR **1980** 520 mit abl. Anm. *Peters*)[214]. Nicht angemessen erscheint es z. B. auch, die bloße Rüge für unzulässig zu halten, der Tatrichter habe den Antrag auf Vernehmung eines Sachverständigen zu Unrecht abgelehnt, wenn das Revisionsgericht feststellt (!), daß der Beschluß überhaupt keine Begründung enthält (so aber BGH MDR **1951** 371 mit abl. Anm. *Dahs*[215]), oder zu bezweifeln, ob die Rüge der Ablehnung eines Befangenheitsantrags deswegen nicht ordnungsgemäß erhoben ist, weil der Beschwerdeführer zwar den Ablehnungsbeschluß „vollinhaltlich" mitgeteilt hatte, das Ablehnungsgesuch jedoch nur auszugsweise (vgl. BGHSt **21** 340). Problematisch erscheinen schließlich Fälle, in denen sich die Anforderungen an den gebotenen Tatsachenvortrag überhaupt erst dadurch ergeben, daß das Revisionsgericht eine bis dahin unklare Rechtsfrage aus Anlaß einer Verfahrensrüge untersucht oder weiterführt, und der Beschwerdeführer darauf hinsichtlich seines Vortrags nicht oder nicht ohne weiteres eingerichtet sein konnte (so der Fall BGHSt **29**

---

[212] „In keinem Falle kann es Aufgabe des Revisionsrichters sein, die Akten behufs Auffindung solcher Tatsachen durchzusehen, welche der aufgestellten Rüge etwa zur Grundlage dienen könnten" (*Hahn* Bd. 1 S. 254).

[213] Ebenso *Dahs* Überspannung 102; *Herdegen* Beruhensfrage 16; vgl. auch *Ventzke* StV **1992** 341; dazu kritisch *K. E. Gollwitzer* 73.

[214] Den BGH verteidigend jedoch *Rieß* NStZ **1982** 446. – Erst recht besteht keinerlei Anlaß, darauf abzustellen, ob der Beschwerdeführer den Tag der Urteilsverkündung besonders genannt hat (mit verschiedenen Erwägungen offengelassen von BGH aaO).

[215] Kritisch auch *Dallinger* MDR **1951** 406; *Eb. Schmidt* 12; *Sarstedt/Hamm*[5] 167 Fußn. 206 halten die Entscheidung für „sehr streng, aber vertretbar".

258). Man wird hier vom Revisionsgericht verlangen müssen, daß es, wenn die Angriffsrichtung als solche klar und klar begründet ist, diejenigen ergänzenden Tatsachen selbst
aufklärt, mit deren Relevanz der Beschwerdeführer nicht zu rechnen brauchte.

c) Keine Bezugnahmen. Entsprechend dem Grundsatz, daß alles, was mit der Revi- **82**
sionsbegründung zur Ausführung der Verfahrensrüge gesagt werden soll, aus ihr selbst
hervorgehen muß (Rdn. 78), werden nach ständiger Rechtsprechung Bezugnahmen jeder
Art in der Rechtsmittelschrift vom Revisionsgericht nicht berücksichtigt. Sie gelten als
nicht geschrieben. Für die Bezugnahme auf Anlagen wird das schon aus § 345 Abs. 2
gefolgert (näher dort Rdn. 21). Aber auch sonst darf nicht Bezug genommen werden, weil
das mit dem Sinn des § 344 schlechthin unvereinbar sei[216]. Das Revisionsgericht soll eben
allein aufgrund der Revisionsbegründungsschrift prüfen können, ob ein Verfahrensfehler
vorliegt, wenn das tatsächliche Vorbringen der Revision zutrifft (vgl. aber *Sarstedt/
Hamm*[6] 216, die für eine Lockerung der Anforderungen eintreten, um, wie es in der
5. Aufl. heißt, dem Beschwerdeführer „bloße Schreibübungen" zu ersparen).

Als **unzulässig** gilt daher die Verweisung auf die Akten (OLG Bremen VRS **50** [1976] **83**
36), ja sogar auf die Sitzungsniederschrift[217], oder auf Beiakten, auf früher in derselben
Sache eingereichte Verteidigungsschriften, auf schriftliche Erklärungen von Angeklagten,
Zeugen oder Sachverständigen (RG GA **68** [1920] 364), auf einen Antrag, der die Berichtigung der Sitzungsniederschrift erstrebt (RG GA **69** [1925] 93), auf die Berufungsrecht-
fertigungsschrift (KG DJZ **1914** 758), auf die Begründung einer früheren Revision in derselben oder einer anderen Sache[218] und auf die Revisionsbegründung eines Mitangeklagten[219]. Auch zusammenhanglos in die Begründungsschrift eingefügte Ablichtungen von
Aktenteilen entsprechen nicht den Anforderungen[220]. Das alles gilt auch für Revisionsbegründungen der Staatsanwaltschaft (RGSt **29** 411).

Eine an sich formgerechte Revisionsbegründung wird jedoch nicht deswegen als unzu- **84**
lässig angesehen, weil sie die wahl- und gedankenlose **Abschrift** einer anderen Begründung darstellt (RG JR Rspr. **1925** Nr. 122). Auch muß der Verteidiger nicht in demselben
Schriftsatz alle Rügen vortragen; eine **Zerlegung** der Revisionsbegründung in mehrere
Schriftsätze ist zulässig. Zulässig ist auch die gleichlautende Verfahrensrüge **mehrerer
Mitangeklagter** in einem einheitlichen Schriftsatz (BGH NStZ **1998** 99 mit Anm. *Widmaier*).

d) Bestimmte Behauptung der Tatsachen. Die den Verfahrensfehler begründenden **85**
Tatsachen müssen überdies in der Beschwerdeschrift ausdrücklich und bestimmt *behauptet* werden[221]. Bloße Formulierungsmängel, hinter denen sich die Behauptung einer
bestimmten Tatsache verbirgt, schaden aber nicht (OLG Koblenz VRS **70** [1986] 18).
Nicht genügt jedoch, daß der Beschwerdeführer den Verfahrensverstoß als möglich

---

[216] BGH NJW **1995** 2047; BGH bei *Pfeiffer/Miebach*
NStZ **1985** 208; **1987** 221; bei *Dallinger* MDR
1970 900; BGH bei *Herlan* MDR **1955** 19; OLG
Koblenz VRS **48** (1975) 121; *Eb. Schmidt* 8; KK-
Pikart 39 mit weit. Nachw.; *Kleinknecht/Meyer-
Goßner*[43] 21; *Sarstedt/Hamm*[6] 215; *Blaese/Wielop*
173 ff.

[217] OLG Brandenburg NStZ **1997** 613; OLG Koblenz
VRS **46** 285; *Kleinknecht/Meyer-Goßner*[43] 21;
KMR-*Paulus* 10; **a. A** KG VRS **11** (1956) 278;
Beling 188 Fußn. 5.

[218] BGH bei *Dallinger* MDR **1951** 406; RGSt **18** 95;
20 42; BayObLGSt **6** 201; KMR-*Paulus* 10.

[219] RG GA **47** (1900) 163; RG JW **1930** 3404 mit
Anm. *Löwenstein*; RG DR **1940** 108; RG Recht
1921 Nr. 2695; *Schneidewin* JW **1923** 346; kritisch
Sarstedt/Hamm[6] 218.

[220] BGH NStZ **1987** 36; OLG Düsseldorf VRS **85**
(1993) 116; *Kleinknecht/Meyer-Goßner*[43] 21.

[221] BGHSt **7** 162; **19** 276; **25** 274; BGH NJW **1962**
500; OLG Bremen VRS **50** (1976) 35; OLG Hamm
NJW **1972** 1096; ebenso (auch zum folgenden) *Eb.
Schmidt* 18; KK-*Pikart* 33; *Kleinknecht/Meyer-
Goßner*[43] 25; KMR-*Paulus* 13; *Dahs/Dahs* 468;
Dallinger NJW **1951** 256; *Krause* StV **1984** 486;
Schneidewin JW **1923** 348; *Weigelt* DAR **1954**
233.

Ernst-Walter Hanack

bezeichnet[222] oder daß er Vermutungen oder bloße Zweifel an der Ordnungsmäßigkeit des Verfahrens äußert[223]. Auch die Bitte um Nachprüfung, ob ein Verfahrensverstoß vorgekommen ist, entspricht nicht der gesetzlich vorgeschriebenen Form[224]. Gibt die Revisionsbegründung des Verteidigers lediglich Behauptungen des Angeklagten wieder, die der Verteidiger erkennbar nicht in eigener Verantwortung vortragen will, so fehlt es schon an der Form des § 345 Abs. 2 (vgl. dort Rdn. 27 ff), nicht erst an der des § 344 Abs. 2 (so aber OLG Hamm NJW **1961** 842 und wohl auch BGHSt **25** 274).

86   **e) Unzulässigkeit sog. Protokollrügen.** Ein Verfahrensverstoß ist auch nicht gerügt, wenn die Revision nur vorbringt, daß ein bestimmter Verfahrensvorgang in der Sitzungsniederschrift nicht vermerkt worden sei. Denn nicht das Schweigen des Sitzungsprotokolls über einen wesentlichen Vorgang, sondern dessen Unterbleiben in der Hauptverhandlung ist der Verfahrensfehler, auf den sich die Revision stützen muß. Entsprechendes gilt für den umgekehrten Fall, daß die Revision sich auf die Bejahung beschränkt, das Protokoll enthalte den Vermerk, daß ein verfahrensrechtlich unzulässiger Vorgang geschehen sei. In beiden Fällen wird nicht mit Bestimmtheit die Tatsache selbst, sondern lediglich ihre Aufnahme oder Nichtaufnahme in die Sitzungsniederschrift behauptet. Auf diesem Mangel kann aber das Urteil nicht beruhen. Derartige „Protokollrügen" sind daher nach allgemeiner Ansicht in Rechtsprechung und Schrifttum unzulässig[225]. Eine Protokollrüge in dem umschriebenen Sinne liegt freilich noch nicht vor, wenn der in der Begründungsschrift enthaltene Hinweis „ausweislich des Verhandlungsprotokolls" erkennbar nur als Verweis auf ein im Protokoll enthaltenes Beweismittel (§ 273 Abs. 1 Satz 1) zu verstehen ist, ohne daß dadurch die Ernsthaftigkeit und Unbedingtheit der Tatsachenbehauptung selbst in Frage gestellt wird (so richtig BGH StV **1982** 5). Der Beschwerdeführer wird angesichts der strengen Rechtsprechung (vgl. OLG Düsseldorf MDR **1987** 1050) jedoch gut daran tun, solche — leicht mißverständliche oder gar doppeldeutige — Formulierungen zu vermeiden bzw. entsprechende Hinweise besser zu verdeutlichen.

87   **f) Ausführungen zur Beruhensfrage.** Das Gesetz schreibt nicht vor, daß der Beschwerdeführer Ausführungen darüber machen muß, daß das Urteil auf dem Verfahrensmangel beruht[226]. Das Revisionsgericht prüft vielmehr die Beruhensfrage aufgrund der Umstände des Einzelfalls von Amts wegen (§ 337, 254). Wenn sonst keinerlei Anhaltspunkte dafür bestehen, daß der Verfahrensverstoß das Urteil beeinflußt haben könnte, sollte der Beschwerdeführer, sofern er das kann, aber die Tatsachen darlegen, aus denen sich ergibt, daß das Urteil auf dem Mangel beruht. Anderenfalls muß er — zumal angesichts einer durchaus nicht einheitlichen und auch nicht immer großzügigen Handhabung der Beruhensfrage (§ 337, 258) — damit rechnen, daß das Revisionsgericht es für ausgeschlossen hält, daß zwischen dem Verfahrensverstoß und dem Urteil ein ursächlicher Zusammenhang besteht. Das gilt etwa für den Fall, daß der Tatrichter den durch § 265 Abs. 1 vorgeschriebenen Hinweis unterlassen hat; wenn nicht ersichtlich ist, daß der

---

222 BGHSt **7** 163; **19** 276; BGH NJW **1953** 836; BGH bei *Dallinger* MDR **1951** 276; RGSt **53** 50, 189; OLG Celle NJW **1956** 1167; die in Fußn. 221 Genannten.

223 BGHSt **19** 276; BGH NJW **1962** 500; BGH GA **1962** 371; RGSt **48** 288; RG HRR **1940** 343.

224 BGHSt **12** 33; **19** 276; KG JR **1976** 255; allg. M.

225 Vgl. aus der Rspr. BGHSt **7** 162; BGH VRS **65** (1983) 128; GA **1968** 373; RGSt **13** 77; **42** 170; **58** 144 = JW **1924** 1771 mit Anm. *Fränkel*; **68** 274; RG JW **1932** 2347 mit Anm. *Alsberg*; BayObLGSt

1951 32; OLG Celle NJW **1956** 1167; OLG Hamm NJW **1953** 839; OLG Koblenz DAR **1974** 164; VRS **68** (1985) 223; OLG Saarbrücken MDR **1986** 1050; aus dem Schrifttum z. B. *Dahs/Dahs* 471; *Sarstedt/Hamm*⁶ 238; *Dahs* Hdb. 805 ff.

226 BGH StV **1998** 524; RGSt **9** 70; **10** 207; **66** 10; BayObLG NJW **1978** 232; OLG Braunschweig NdsRpfl. **1956** 77; KMR-*Paulus* 28; *Alsberg/Nüse/Meyer* 906; *Dahs/Dahs* 27; *Sarstedt/Hamm*⁶ 507; eingehend *Herdegen* NStZ **1990** 517.

Angeklagte sich bei Einhaltung der Vorschrift anders hätte verteidigen können, tut er gut daran, dem Revisionsgericht zu erläutern, was er nach erhaltenem Hinweis unternommen hätte (vgl. *Sarstedt/Hamm*[6] 1062). Auch sonst sind Darlegungen zur Beruhensfrage zweckmäßig, wenn es nach der Lebenserfahrung nicht wahrscheinlich ist, daß ein Verfahrensverstoß das Urteil beeinflußt hat.

g) Begründung einzelner Verfahrensrügen (Benutzerhinweis). Die speziellen **88** Anforderungen an die Begründung einzelner Verfahrensrügen werden, abweichend von früheren Auflagen (und soweit erforderlich), nur bei Erläuterungen der betreffenden Vorschriften selbst behandelt. Das gilt auch für die besonders komplizierte Rüge der Verletzung des § 244 Abs. 2, die sog. Aufklärungsrüge.

5. Begründung der Sachrüge

a) Allgemeines. Die Sachrüge ist in erster Hinsicht die Rüge, daß das Recht, auch **89** Grundrechtsnormen (BGHSt **19** 275; OLG Celle NJW **1969** 1076), auf den vom Tatrichter als erwiesen angesehenen Sachverhalt unrichtig angewendet worden ist. Zur Frage, was insoweit, insbesondere im Zeichen der „erweiterten Revision", als auf die Sachrüge zu beachtender Rechtsverstoß gilt, vgl. § 337, 121 ff. Die Rüge führt grundsätzlich zur sachlichrechtlichen Prüfung des Urteils in vollem Umfang (vgl. § 352, 10).

Die Sachrüge muß eindeutig erhoben werden (oben Rdn. 68). Zur Auslegung vgl. oben **90** Rdn. 70 ff. Eine nähere **Begründung** ist nicht vorgeschrieben (unten Rdn. 92). Bezugnahmen und Hinweise auf Rechtsausführungen in anderen Schriftstücken, etwa in einem vom Angeklagten eingeholten Rechtsgutachten oder in Revisionsbegründungen in anderer Sache, sind ebenso zulässig wie Bezugnahmen auf Zeitschriftenaufsätze und Gerichtsentscheidungen (allg. M, vgl. z. B. *Meyer* JR **1982** 168). Die Begründung der Sachrüge ist, weil sie nur eine Hilfe für die Amtsprüfung des Revisionsgerichts darstellt, trotz des § 345 Abs. 1 auch an keine Frist gebunden (BGH NStZ **1993** 552; OLG Stuttgart NStZ **1981** 492; allg. M). Sie ist daher jederzeit bis zum Erlaß der Entscheidung des Revisionsgerichts möglich und kann bis dahin auch ergänzt werden (vgl. § 352, 10), bedarf jedoch auch insoweit der Form des § 345 Abs. 2 (vgl. § 345, 15).

Mit **Bestimmtheit** muß der Beschwerdeführer die Behauptung, das Urteil verletze das **91** sachliche Recht, nicht aufstellen. Zwar wird die Ansicht vertreten, die Revision müsse eindeutig zum Ausdruck bringen, daß der Beschwerdeführer das sachliche Recht tatsächlich als verletzt ansieht, der Rechtsverstoß also bestimmt, nicht als bloße Möglichkeit behauptet werden[227]; auch der Bundesgerichtshof meint, die Revision müsse die „formgültige Behauptung fehlerhafter Anwendung des sachlichen Rechts auf den festgestellten Sachverhalt enthalten" (BGHSt **25** 275 = JR **1974** 477 mit abl. Anm. *Meyer*; vgl. auch BGH bei *Kusch* NStZ **1993** 31). Dem steht aber schon entgegen, daß die sog. allgemeine Sachrüge, die eine solche Behauptung nicht enthält, stets als zulässig angesehen worden ist (Rdn. 92). Anders als bei den Verfahrensrügen, deren Zulässigkeit die bestimmte Behauptung der den Verfahrensverstoß begründenden Tatsachen voraussetzt (oben Rdn. 85), genügt für die Sachrüge, daß der Angeklagte den Willen kundgibt, das Revisionsgericht möge das Urteil in dem sich aus dem Gesetz und der Sachlage ergebenden Umfang sachlichrechtlich prüfen[228]. Daß die Revision unzulässig ist, wenn sie erkennen läßt, daß der Beschwerdeführer sich durch das Urteil gar nicht beschwert fühlt, die Nach-

---

[227] *Eb. Schmidt* 23; KK-*Pikart* 26; KMR-*Paulus* 13; *Gribbohm* NStZ **1983** 98; *Schöneborn* MDR **1975** 7 Fußn. 8.

[228] RG JW **1931** 1760 mit Anm. *Alsberg*; KG JR **1976** 255; HK-*Temming* 7; *Kleinknecht/Meyer-Goßner*[43] 16; *Meyer* JR **1974** 480.

Ernst-Walter Hanack

prüfung durch das Revisionsgericht also nicht ernsthaft begehrt (so *Meyer* in der 23. Aufl.), wird sich allenfalls in Extremfällen dann annehmen lassen, wenn der Beschwerdeführer lediglich Unmutsäußerungen abgibt; ansonsten ist anzunehmen, daß er sich nur ungeschickt ausdrückt, also trotz der angeblich nicht empfundenen Beschwer die Überprüfung des (von ihm ja immerhin angefochtenen) Urteils wünscht.

92   **b) Allgemeine Sachrüge.** Für die Sachbeschwerde genügt eine allgemeine Wendung, aus der nicht mehr hervorzugehen braucht, als daß die Verletzung des sachlichen Rechts gerügt wird. Nach allgemeiner Ansicht zulässig ist daher die sog. „unausgeführte" allgemeine Sachrüge (BGHSt **25** 272; dazu *Gribbohm* NStZ **1983** 100), die nur aus dem Satz besteht: „Es wird Verletzung sachlichen Rechts gerügt." Die Staatsanwaltschaft soll nach Nr. 156 Abs. 2 RiStBV die Revision jedoch nicht in dieser Weise begründen. Die „ergänzte" allgemeine Sachrüge enthält neben der allgemeinen Rüge einzelne Ausführungen zu Rechtsverstößen, die das Urteil nach Ansicht des Beschwerdeführers erkennen läßt. Werden im Rahmen einer nicht als allgemein bezeichneten Sachrüge nur solche Ausführungen gemacht, ist regelmäßig auch die allgemeine Sachrüge erhoben[229]; anders ist es nur, wenn das Revisionsvorbringen insgesamt eindeutig ergibt, daß die Revision auf bestimmte Beschwerdepunkte beschränkt ist (oben Rdn. 9).

93   **c) Unzulässigkeit aufgrund von Einzelausführungen.** Denkbar ist, daß Einzelausführungen zur Sachrüge die Revision unzulässig machen, wenn sie nämlich zeigen, daß der Beschwerdeführer in Wahrheit keine Rechtsrüge erhebt, sondern nur unzulässige Angriffe gegen die Beweiswürdigung oder die Feststellungen führt[230], insbesondere indem er sie durch abweichende eigene Würdigungen in Frage stellt. Die Revisionsgerichte verfahren insoweit unterschiedlich, aber mit erkennbar nachlassender Strenge (vgl. auch *Sarstedt/Hamm*[6] 1158). Kein Fall der genannten Art liegt natürlich vor, wenn der Beschwerdeführer Angriffe gegen die Beweiswürdigung oder die Feststellungen *in der Form* führt, die die Revisionsgerichte als „Darstellungsrüge" (§ 337, 121 ff) heute selbst ständig praktizieren (OLG Koblenz MDR **1993** 166). Aber auch beim unzulässigen Angriff bleibt die Revision jedenfalls zulässig, wenn die Einzelausführungen, etwa durch eine Einleitung, mit der allgemeinen Sachrüge in einer Weise gekoppelt sind, aus der sich ergibt, daß die Einzelausführungen keinen erschöpfenden Revisionsangriff enthalten; das ist z. B. der Fall, wenn der Beschwerdeführer in der Begründungsschrift formuliert, daß er die Ausführungen „zur Ergänzung, nicht zur Erläuterung der Sachrüge" macht oder durch Benutzung des einleitenden Wortes „insbesondere" charakterisiert[231]. Im übrigen ist die Frage, ob der Beschwerdeführer ausschließlich unzulässige Angriffe führen will, gegebenenfalls anhand des gesamten Inhalts der Begründungsschrift festzustellen (OLG Düsseldorf NStZ **1993** 99). Eine solche Feststellung wird sich — zumal angesichts der schwierigen Abgrenzung von der „Darstellungsrüge" — wohl nur in Extremfällen sicher treffen lassen. In diesen Fällen besteht dann aber entgegen *Momsen* GA **1998** 48 ff und vielleicht auch OLG Koblenz MDR **1993** 166 kein Anlaß und keine Möglichkeit, die unzulässigen

---

[229] BGHSt **1** 46; RGSt **33** 125; **48** 339; OLG Dresden GA **54** (1907) 321; *Kleinknecht/Meyer-Goßner*[43] 19.

[230] RGSt **40** 99; **50** 253; **53** 235; **67** 198; RG JW **1921** 841 mit abl. Anm. *Stein*; RG JW **1923** 690 mit abl. Anm. *Löwenstein*; BayObLGSt **1953** 82 = NJW **1953** 1413; KG VRS **65** (1983) 213; OLG Düsseldorf NStZ **1993** 99; OLG Hamm Rpfleger **1948** 37 L; OLG Saarbrücken VRS **50** (1976) 448; *Kleinknecht/Meyer-Goßner*[43] 19; KMR-*Paulus* 22;

Eb. Schmidt 24; *Krause* StV **1984** 485; **a. A** OGHSt **1** 75 = SJZ **1949** 60 mit abl. Anm. *Hartung*; *Loewenstein* 30 leitet aus dem Fehlen einer Begründungspflicht die Unschädlichkeit einer unzulässigen Begründung her.

[231] *Dahs* Hdb. 844; *Gribbohm* NStZ **1983** 99; anders für die Charakterisierung durch „insbesondere" OLG Saarbrücken VRS **50** (1976) 448. Vgl. auch KK-*Pikart* 28.

Angriffe als eine zulässige „Darstellungsrüge" zu verstehen oder in eine solche Rüge umzudeuten.

Ähnliches gilt für Fälle (die sich mit den im vorigen geschilderten oft überschneiden), **94** in denen Einzelausführungen zur Revisionsrüge ergeben, daß der Beschwerdeführer die Fehlerhaftigkeit des Urteils lediglich aus tatsächlichen Behauptungen herleitet, die **im Urteil keine Stütze** haben. Auch sie können, streng betrachtet, die Revision unzulässig machen[232].

d) Anfechtung von Verwerfungsurteilen nach §§ 329, 412. Die Revision kann die **95** Sachrüge erheben, sofern (was aber stets der Fall sein wird) theoretisch denkbar ist, daß ein Verfahrenshindernis besteht. Die Prüfung durch das Revisionsgericht beschränkt sich dann aber auf die Verfahrensvoraussetzungen[233]; ob das Urteil des Amtsgerichts sachlich-rechtliche Fehler enthält, darf nicht geprüft werden[234]. Nach Lage des Einzelfalles in Betracht kommt jedoch eine Umdeutung der Sachrüge in die Rüge der Verletzung der §§ 329, 412 gemäß den Grundsätzen des § 300, die dann dazu führt, daß (nur anhand der im Urteil festgestellten Tatsachen die Anwendbarkeit der §§ 329, 412 geprüft wird; näher zu den streitigen Fragen insbesondere bei § 329 (24. Aufl. Rdn. 98).

§ 345

(1) ¹**Die Revisionsanträge und ihre Begründung sind spätestens binnen eines Monats nach Ablauf der Frist zur Einlegung des Rechtsmittels bei dem Gericht, dessen Urteil angefochten wird, anzubringen.** ²**War zu dieser Zeit das Urteil noch nicht zugestellt, so beginnt die Frist mit der Zustellung.**

(2) **Seitens des Angeklagten kann dies nur in einer von dem Verteidiger oder einem Rechtsanwalt unterzeichneten Schrift oder zu Protokoll der Geschäftsstelle geschehen.**

Schrifttum. *Brandenburg* Untersuchungen zu der Behandlung strafprozessualer Formvorschriften in der neueren Rechtsprechung, Diss. Saarbrücken 1969; *Dencker* Für eine Verlängerung der Revisionsbegründungsfrist, ZRP **1978** 5; *Freymuth* Zur Abfassung der Revisionsbegründung in Strafsachen, GA **56** (1909) 279; *Guise-Rübe* Das Problem des Nachschiebens von Verfahrensrügen in der Revision des Strafprozesses (1997 = Diss. Göttingen 1996); *Harzer* Die Revisionsbegründung zu Protokoll der Geschäftsstelle (§ 345 Abs. 2 StPO) (1995); *Hillenkamp* Die Urteilsabsetzungs- und die Revisionsbegründungsfrist im deutschen Strafprozeß (1998); *Jäger* Die Einlegung und Begründung der Revision im deutschen Reichsstrafprozesse, Diss. Würzburg 1929; *Lappe* Zur Revisionsbegründung in Strafsachen durch den UdG, Rpfleger **1958** 366; *Pentz* Die Revisionsbegründung zu Protokoll der Geschäftsstelle, MDR **1962** 532; *W. Schmid* Die Revisionsbegründung zu Protokoll des

---

[232] So in der Tat BGHR Revisionsbegründung 2; BGH NJW **1956** 1767; OLG Karlsruhe Justiz **1968** 181; *Kleinknecht/Meyer-Goßner*⁴³ 19; *Dahs* Hdb. 844; vgl. auch BGHSt **15** 350 sowie BGH AnwBl. **1994** 92.

[233] BGHSt **21** 242; **28** 384; RG DRiZ **1929** Nr. 211; BayObLGSt **1959** 276 = JR **1960** 145 mit Anm. *Sarstedt*; OLG Hamm MDR **1973** 694; OLG Karlsruhe MDR **1957** 760; OLG Koblenz VRS **47** (1974) 360; OLG Köln GA **1971** 27; OLG Saarbrücken VRS **44** (1973) 192; KK-*Pikart* 31; Ha-

nack JZ **1973** 695; *Laube* NJW **1954** 1366; *H. W. Schmidt* SchlHA **1963** 265; **a. A** BayObLGSt **27** 249; **1951** 528; OLG Hamburg NJW **1965** 315; OLG Hamm Rpfleger **1960** 213; *Loewenstein* 104. OLG Köln OLGSt § 329 S. 45 prüft auf die Sachrüge die Verletzung des § 329, OLG Oldenburg NJW **1964** 830 die des § 412. Vgl. auch OLG Saarbrücken NStZ **1991** 147 für einen Sonderfall.

[234] RGSt **59** 280; OLG Frankfurt NJW **1963** 461; OLG Hamm MDR **1973** 694.

UdG, Rpfleger **1962** 301; *Richter II* Praktische Theorie. Immer noch einmal: ... Zur Revisionsbegründungsfrist ..., FS II Peters 239; *Schneidewin* Fehlerhafte Revisionsbegründungen in Strafsachen, JW **1923** 345; *Schulze* Iudex non calculat? Zur Berechnung der Revisionsbegründungsfrist nach §§ 345 Abs. 1 S. 1, 43 Abs. 1 StPO, JR **1996** 51; *Seibert* Die Revisionsbegründung in Strafsachen zu Protokoll des UdG, Rpfleger **1951** 546; *Seibert* Zur Verantwortung des Verteidigers im Revisionsverfahren, AnwBl. **1955** 225; *Weigelt* Zur Rechtfertigung der Revision in Verkehrsstrafsachen, DAR **1954** 232; *Willms* Vorsorgliche Begründung der Revision? NJW **1965** 2334; *Zaeschmar* Zur Abfassung der Revisionsbegründung in Strafsachen, DJZ **1909** 703.

Entstehungsgeschichte. Durch Art. 1 Abs. II Nr. 2 der Verordnung vom 30. 11. 1927 (RGBl. I 334) wurde in Absatz 2 das Wort „Gerichtsschreiberei" durch das Wort „Geschäftsstelle" ersetzt. Art. 3 Nr. 146 VereinhG faßte Absatz 1 neu und verlängerte insbesondere die Begründungsfrist von einer auf zwei Wochen. Durch Art. 9 Nr. 1 StPÄG 1964 wurde der Absatz 1 abermals neu gefaßt; dabei wurde die Begründungsfrist auf einen Monat verlängert. Bezeichnung bis 1924: § 385.

Übersicht

I. Revisionsbegründungsfrist (Absatz 1)

1   **1.** Die **Frist** beträgt ohne Rücksicht auf den Umfang der Sache und des Urteils einen Monat. Sie gilt für alle Beschwerdeführer, auch für die Staatsanwaltschaft. Die Frist wird auch bei unmittelbarem Anschluß an die Einlegungsfrist des § 341 nach § 43 berechnet, so daß sie, anders als nach § 188 Abs. 2, 2. Alt. BGB, am Tag nach der Einlegungsfrist beginnt[1]. Eine Verlängerung der Frist ist gesetzlich nicht vorgesehen und daher (vgl. Vor § 42, 4) nach herrschender Meinung grundsätzlich unzulässig und unwirksam[2]. Eine

---

[1] BGHSt **36** 241 gegen BayObLG NJW **1968** 904; OLG Köln NStZ **1987** 243; heute h. L., vgl. die Nachweise bei *Schulze* JR **1996** 51, der selbst **a. A** ist. Zu Einzelheiten der Fristberechnung s. bei § 43; bei *Blaese/Wielop* 125 f.

[2] BGH bei *Pfeiffer/Miebach* NStZ **1988** 20; OLG Düsseldorf NStZ **1984** 91; AK-*Maiwald* 3; HK-*Temming* 1; KK-*Pikart* 1; *Kleinknecht/Meyer-Goßner*[43] 1; *Pfeiffer/Fischer* 1; *Dahs/Dahs* 50.

Änderung dieser harten Regelung, die in merkwürdigem Gegensatz zu allen anderen modernen Verfahrensordnungen steht (*Dahs* Hdb. 794), wird im Schrifttum zu Recht gefordert[3]. Im Extremfall kann sich die Regelung bei den heutigen Gegebenheiten als Verstoß gegen das rechtliche Gehör (Art. 103 Abs. 2 GG) und das Gebot ausreichender Verteidigung (Art. 6 Abs. 2 Buchst. b MRK) darstellen[4]. Der Ausweg, dem in solchen Fällen durch Vereinbarungen über eine vorzeitige Überlassung von Urteil und Protokoll schon vor der Urteilszustellung zu begegnen[5], überzeugt ebensowenig wie die Empfehlung, die Begründungsfrist bewußt verstreichen zu lassen und dann Wiedereinsetzung in den vorigen Stand zu beantragen[6]. Man wird vielmehr — mit den eingehenden Erwägungen von *Hillenkamp* 109 ff, insbes. 112 — entgegen der h. M jedenfalls in den angedeuteten Extremfällen heute eine planwidrige Lücke bejahen müssen, die durch eine analoge Anwendung der Regelungen anderer Prozeßordnungen über eine richterliche Fristverlängerung im Einzelfall (etwa nach dem Vorbild des § 554 Abs. 2 Satz 2 ZPO) zu schließen ist.

Innerhalb der Frist müssen die **Revisionsanträge und ihre Begründung** (§ 344 **2** Abs. 1) angebracht und, wenn Verfahrensmängel gerügt werden, die den Mangel enthaltenden Tatsachen angegeben werden (§ 344 Abs. 2 Satz 2). Nach Fristablauf können zur Sachrüge ergänzende Ausführungen gemacht werden (§ 352, 10; § 344, 90); Ergänzungen des Tatsachenvorbringens (nicht aber: Rechtsausführungen) zu Verfahrensrügen sind unbeachtlich, wenn sie nach Fristablauf bei Gericht eingehen (§ 352, 4).

Schon **vor Fristbeginn**, insbesondere zugleich mit der Revisionseinlegung, kann die **3** Revision begründet werden[7]. Entgegen verbreiteter Meinung muß jedoch bezweifelt werden, ob das sonderlich empfehlenswert ist[8]. Denn wenn die Revisionsbegründungsfrist versäumt wird, gewähren die Revisionsgerichte in der Regel keine Wiedereinsetzung zur Nachholung einzelner Verfahrensrügen (vgl. § 44, 15 ff), während eine Wiedereinsetzung wegen Versäumung der gesamten Revisionsbegründung für den Angeklagten leichter zu erreichen ist, wenn, wie meist, der Verteidiger die Frist versäumt hat (vgl. § 44, 48 ff; aber auch *Dahs* Hdb. 794). Auch läßt sich ein Angriff auf die tatrichterlichen Feststellungen und Würdigungen im Wege der Sachrüge ("Darstellungsrüge"; vgl. § 337, 121 ff) sinnvoll selbstverständlich nur in Kenntnis der schriftlichen Urteilsgründe führen.

2. Fristbeginn

a) Allgemeines. Wenn das Urteil, wie im Regelfall, bei der Revisionseinlegung noch **4** nicht zugestellt war, beginnt die Frist nach § 345 Abs. 1 Satz 2 mit der Urteilszustellung, die § 343 Abs. 2 für den Fall vorschreibt, daß die Revision rechtzeitig eingelegt wird. Sind mehrere Beschwerdeführer vorhanden, so beginnt für jeden von ihnen die Frist gesondert mit der an ihn oder seinen Verteidiger erfolgten Urteilszustellung. War das Urteil schon

---

3 *Peters* 655; *Dencker* ZRP **1978** 5; *Richter II* 243; *Guise-Rübe* 175; *Sarstedt/Hamm*[6] 185; eingehend *Hillenkamp* 105 ff. Ebenso ein Beschluß des 52. DJT, Verh. DJT Bd. II, 1978, S. L 223.

4 Vgl. etwa *Peters* 655; *Hillenkamp* 112 ff; *Richter II* 243.

5 So *Richter II* aaO; dazu und dagegen *Peters* 654.

6 Vom BGH in „„notstandsähnlichen' Situationen" praktiziert, 1993 aber in Frage gestellt; vgl. BGH NJW **1993** 742; dazu – noch heute befürwortend – eingehend *Sarstedt/Hamm*[6] 181 ff; vgl. auch OLG Braunschweig NStZ **1996** 298; *Peters* 655.

7 RG JW **1890** 233; BayObLGSt **1951** 338; OLG Karlsruhe NJW **1980** 716; OLG Köln VRS **70** (1986) 371; *Kleinknecht/Meyer-Goßner*[43] 1; KMR-*Paulus* 2; *Eb. Schmidt* Nachtr. I 11; *Dahs/Dahs* 326; *Jäger* 42.

8 Vgl. *Dahs* Hdb. 786; *Willms* NJW **1965** 23; anders KMR-*Paulus* 2; *Loewenstein* 34 ff; *Sarstedt/Hamm*[5] 120; *Schneidewin* JW **1923** 346; *Weigelt* DAR **1954** 239.

Ernst-Walter Hanack

vor der Revisionseinlegung zugestellt, was nur bei Abwesenheitsurteilen zulässig ist (§ 35 Abs. 2 Satz 1), so schließt sich die Revisionsbegründungsfrist an die Einlegungsfrist des § 341 Abs. 1 an. Maßgebend ist nur der Ablauf dieser Frist, nicht ein früherer Zeitpunkt, in dem die Revision eingelegt worden ist. Bei der Berechnung der Begründungsfrist muß also zunächst der Ablauf der Einlegungsfrist (dazu § 341, 23) festgestellt werden; danach beginnt erst die Monatsfrist des § 345 Abs. 1. Wegen des Fristbeginns bei verspäteter Revisionseinlegung und gleichzeitigem Antrag auf Wiedereinsetzung in den vorigen Stand vgl. unten Rdn. 9.

5   **b) Urteilszustellung.** Nur eine ordnungsgemäße Urteilszustellung nach §§ 36, 37, 40, 41 setzt die Frist in Lauf. Für Doppelzustellungen gilt § 37 Abs. 3; hat der Angeklagte mehrere Verteidiger, wird die Begründungsfrist schon durch Zustellung an einen von ihnen in Lauf gesetzt (BGHSt **22** 222; **34** 372). Die nochmalige Zustellung an denselben Beschwerdeführer ist bedeutungslos[9]. Fehlt die durch § 35 a vorgeschriebene Rechtsmittelbelehrung oder ist sie unrichtig oder unvollständig, so ist das für den Fristbeginn unerheblich; der Mangel gibt aber einen zwingenden Wiedereinsetzungsgrund nach § 44 Satz 2 (vgl. § 341, 18). Verstöße gegen § 145 a haben, sofern nicht auch ein Verstoß gegen § 36 Abs. 1 Satz 1 vorliegt (vgl. OLG Düsseldorf VRS **64** [1983] 197), auf den Beginn der Frist ebenfalls keinen Einfluß, sondern begründen allenfalls einen Anspruch auf Wiedereinsetzung (näher bei § 145 a). Die Zustellung an einen Verteidiger setzt die Frist jedoch dann nicht in Lauf, wenn sich seine Vollmacht nicht bei den Akten befindet (BGHSt **41** 303 mit weit. Nachw.). Auch die Zustellung an den Sozius des Pflichtverteidigers reicht nicht (BGH bei *Miebach* NStZ **1989** 16). Die Frage, ob der der deutschen Sprache unkundige ausländische Angeklagte einen Anspruch auf schriftliche Übersetzung des Urteils hat, wird von BGHSt **30** 182 verneint; vgl. auch BVerfG NJW **1983** 2764 und näher bei § 184 GVG.

6   Grundsätzlich setzt nur die Zustellung des **vollständigen Urteils** mit Gründen die Frist in Lauf[10], da erst die Kenntnis der Urteilsgründe den Beschwerdeführer in die Lage versetzt, das Rechtsmittel sachgemäß zu begründen. Zur Vollständigkeit des Urteils gehört, daß sämtliche Richter, die an ihm mitgewirkt haben, es nach § 275 Abs. 2 Satz 1 unterzeichnet oder daß der Vorsitzende oder der dienstälteste Beisitzer nach § 275 Abs. 2 Satz 2 die Verhinderung einzelner Richter vermerkt haben[11]. Eine vorher bewirkte Zustellung ist wirkungslos; die Revisionsbegründungsfrist beginnt erst mit der Zustellung des durch Nachholung aller Unterschriften fertiggestellten Urteils (vgl. bei § 275). Daß entgegen § 275 Abs. 3 die Namen der Schöffen oder sonstiger an der Hauptverhandlung beteiligter Personen nicht angegeben sind, macht die Zustellung hingegen nicht wirkungslos[12]. Wenn die Urteilsausfertigung vom Original abweicht, fehlerhaft, verstümmelt oder sonst unvollständig ist, wird die Begründungsfrist nicht in Lauf gesetzt, sofern der Fehler nicht nur unwesentliche Einzelheiten betrifft[13]. Die Frist beginnt dann erst mit der Zustellung einer einwandfreien Urteilsausfertigung, die den Inhalt der Urschrift hinreichend klar erkennen läßt[14]. Das Fehlen von Urteilsteilen, die ausschließlich Mitangeklagte betreffen

---

9 Vgl. z. B. auch BGH NJW **1978** 60; OLG Hamburg NJW **1965** 1614.
10 RGRspr. **9** 161; OLG Hamburg LZ **1920** 311; OLG Neustadt GA **1955** 186; OLG Schleswig bei *Ernesti/Jürgensen* SchlHA **1976** 173; KK-*Pikart* 6; KMR-*Paulus* 7. Vgl. auch im folg. Text.
11 Vgl. BGHSt **26** 248; BayObLG NJW **1967** 1578; OLG Karlsruhe Justiz **1976** 442; OLG Koblenz MDR **1976** 950. Vgl. auch bei § 275.

12 BGH NStZ **1994** 47 in Abkehr von früherer Rechtsprechung; vgl. auch BGH NStZ **1989** 584; *Blaese/Wielop* 165 mit weit. Nachw.
13 BGH NJW **1978** 60; KG JR **1982** 251 mit weit. Nachw.; LG Zweibrücken MDR **1991** 894.
14 BGH StV **1981** 170; RG HRR **1928** 497; OLG Koblenz VRS **52** (1977) 42; ganz h. M.

und den Beschwerdeführer auch mittelbar nicht berühren, ist jedoch ohne Bedeutung (RGRspr. **10** 429). Sind Urteilsgründe überhaupt nicht vorhanden, etwa weil der Richter nach der Urteilsverkündung verstorben ist, so setzt ausnahmsweise schon die Zustellung der Urteilsformel die Begründungsfrist in Lauf[15]; das gleiche gilt, wenn das **Urteil verlorengegangen** ist und nicht wiederhergestellt werden kann[16]. Denn das Fehlen der Gründe ist ein zwingender Revisionsgrund nach § 338 Nr. 7, aber kein Hindernis für das weitere Revisionsverfahren[17].

Bevor das **Sitzungsprotokoll fertiggestellt** ist, darf das Urteil nach § 273 Abs. 4 nicht **7** zugestellt werden. Ein Verstoß gegen diese Vorschrift wiegt so schwer, daß er die Urteilszustellung unwirksam macht[18]. Die Ansicht, bei einem Verstoß gegen § 273 Abs. 4 beginne die Revisionsbegründungsfrist mit der nachträglichen Fertigstellung des Protokolls (so KMR-*Sax*[6] 1), ist abzulehnen und wird wohl auch nicht mehr vertreten: Der innerdienstliche Vorgang, von dessen Zeitpunkt die Verfahrensbeteiligten nichts erfahren, wenn sie nicht die Akten einsehen, kann die Revisionsbegründungsfrist nicht in Lauf setzen (so mit Recht *Börtzler* MDR **1972** 185). An einer Fertigstellung des Protokolls fehlt es aber nicht schon deswegen, weil die Niederschrift unrichtig oder lückenhaft ist oder sonstige Mängel aufweist[19]. Ohne Einfluß auf die Wirksamkeit der Zustellung ist es auch, daß in dem offensichtlich fertiggestellten Protokoll nur die Angabe des Zeitpunkts fehlt, in dem das geschah[20]. Wenn ein Sitzungsprotokoll nicht hergestellt werden kann, etwa weil alle Unterlagen für seine Anfertigung verlorengegangen sind, kann dem Gesetzesbefehl des § 273 Abs. 4 nicht nachgekommen werden. Die Frist für die Revisionsbegründung beginnt dann ohne Rücksicht auf diese Vorschrift mit der Urteilszustellung[21].

c) Urteilsberichtigung. Ausnahmsweise setzt nicht die Zustellung des Urteils, sondern die eines später erlassenen Beschlusses die Frist in Lauf. Das ist der Fall, wenn das **8** Urteil berichtigt wird. Die Revisionsbegründungsfrist beginnt dann mit der Zustellung des Berichtigungsbeschlusses[22], es sei denn, daß die Berichtigung unzulässig ist (dazu § 354, 47 ff)[23] oder daß sie sich auf einen Nebenpunkt bezieht, der für die Revisionsbegründung keinerlei Einfluß haben kann (OLG Hamm NJW **1956** 923 L), so z. B. eine unrichtige Angabe des Verkündungstages der angefochtenen Entscheidung, die Zweifel nicht aufkommen läßt (BayObLG VRS **62** [1982] 371).

---

15 KMR-*Paulus* § 314, 9; *Eb. Schmidt* 3; **a. A** BayObLGSt **31** 152.

16 *W. Schmid* FS Lange 791, der wohl zu Recht eine entsprechende Belehrung darüber verlangt; KMR-*Paulus* § 314, 9; *Beling* 210 nimmt an, daß das Urteil unwirksam wird und daß neu verhandelt werden muß. Vgl. auch VO vom 18. 6. 1942, RGBl. I, 395.

17 Vgl. RGSt **40** 184; RG GA **69** (1925) 115; OLG Hamburg LZ **1920** 311 = ZStW **41** (1920) 449 mit Anm. *Schön* und *Feisenberger*; **a. A** *Loewenstein* DJZ **1907** 284, der bei Aktenverlust die Einstellung des Verfahrens für notwendig hält; vgl. auch *Gadow* DJZ **1907** 587; *Lafrenz* Recht **1919** 368; *Mittermaier* JW **1923** 17.

18 BGHSt **27** 80; **37** 288; BGH StV **1995** 568; BayObLG **1985** 360; KK-*Pikart* 7; *Kleinknecht/Meyer-Goßner*[43] § 273, 34; KMR-*Paulus* 7; *Dahs/Dahs* 52; *Börtzler* MDR **1972** 185 unter Hinweis auf die Begründung zum Entwurf des StPÄG 1964, die das ausdrücklich als Ziel der Vorschrift bezeichnet;

a. A OLG Stuttgart MDR **1970** 68; OLG Karlsruhe Justiz **1976** 264 hält eine verfrühte Zustellung für wirksam, wenn keine Verfahrensrügen erhoben sind. Vgl. auch § 273.

19 BGHSt **37** 288; BGH NStZ **1984** 89; wistra **1991** 272; BayObLGSt **1980** 140; zu Recht einschränkend aber *Dahs/Dahs* 52: kann nicht gelten, wenn für die Revisionsbegründung keine ausreichende Grundlage gegeben ist.

20 BGHSt **23** 115; OLG Köln MDR **1972** 260 = Rpfleger **1970** 139 mit Anm. *Reiss*; KMR-*Paulus* 7.

21 KMR-*Paulus* 7; *W. Schmid* FS Lange 797. Zu den Folgen für die Geltendmachung von Verfahrensrügen s. § 337, 72.

22 BGHSt **12** 374; BGH NStZ **1991** 195; RG HRR **1939** 1010; OLG Düsseldorf JMBlNRW **1982** 139; KK-*Pikart* 3; KMR-*Paulus* 6; *Kleinknecht/Meyer-Goßner*[43] 2; *Eb. Schmidt* Nachtr. I 3.

23 BGHSt **2** 243; **3** 247; BGH NStZ **1991** 195.

9   **d) Wiedereinsetzung in den vorigen Stand.** Wird der Beschwerdeführer wegen Versäumung der **Revisionseinlegungsfrist** in den vorigen Stand eingesetzt, so können Schwierigkeiten entstehen, wenn es sich um ein nach § 35 Abs. 2 Satz 1 bereits zugestelltes Abwesenheitsurteil handelt oder wenn das Urteil trotz der verspäteten Revisionseinlegung zugestellt worden ist. Wäre auch in diesen Fällen der Zeitpunkt der Urteilszustellung für den Beginn der Frist maßgebend, so müßte der Beschwerdeführer das Rechtsmittel vorsorglich für den Fall begründen, daß ihm Wiedereinsetzung bewilligt wird. Das kann nicht verlangt werden; die Revisionsbegründungsfrist beginnt daher mit der Zustellung des Wiedereinsetzungsbeschlusses, worauf zweckmäßigerweise mit der Zustellung hingewiesen wird. Eine nochmalige Urteilszustellung ist nicht erforderlich und, wenn sie gleichwohl erfolgt, für den Fristbeginn ohne Bedeutung[24]. Wird jedoch der die Wiedereinsetzung gewährende Beschluß nur formlos bekanntgemacht, das Urteil aber nochmals zugestellt, so beginnt mit dieser Zustellung die Revisionsbegründungsfrist. Die Zustellung des Wiedereinsetzungsbeschlusses braucht nicht nachgeholt zu werden.

9a   Bei Wiedereinsetzung wegen **Versäumung der Revisionsbegründungsfrist** muß die versäumte Begründung gemäß § 45 Abs. 2 Satz 2 grundsätzlich innerhalb der für den Wiedereinsetzungsantrag geltenden Wochenfrist des § 45 Abs. 1 nachgeholt werden, gilt also die Monatsfrist des § 345 Abs. 1 nicht (vgl. näher § 45, 28). Diese schroffe Regelung kann zu einer nicht hinnehmbaren Verletzung des rechtlichen Gehörs führen; in diesen Fällen ist daher doch auf die Monatsfrist des § 345 Abs. 1 abzustellen[25]. Für die Zulässigkeit des Wiedereinsetzungsantrags stellt BGHSt **42** 369 in Abkehr von der Rechtsprechung des Reichsgerichts zu Recht nur darauf ab, ob die nachgeholte Begründung den Formerfordernissen des § 344 Abs. 1 und 2 sowie des § 345 Abs. 2 genügt; ob die Begründung einer erhobenen Verfahrensrüge auch den Anforderungen des § 344 Abs. 2 Satz 2 entspricht, wird hingegen erst und nur im Revisionsverfahren selbst geprüft. Eine Wiedereinsetzung zum **Nachholen einzelner Verfahrensrügen** läßt die Rechtsprechung nur in besonderen Fällen zu; dazu näher § 44, 15 ff; vgl. jetzt auch BGH NStZ **1997** 45 und 46 sowie *Guise-Rübe* Diss. und die überzeugende neueste Kritik von *Ventzke* Anm. in StV **1997** 226.

10   **e) Entscheidung des Revisionsgerichts nach § 346 Abs. 2.** Das gleiche wie im Fall der Wiedereinsetzung (Rdn. 9) gilt, wenn das Revisionsgericht gemäß § 346 Abs. 2 einen die Revision wegen vermeintlicher Verspätung verwerfenden Beschluß des Tatrichters aufhebt und das Urteil entgegen § 343 Abs. 2 bereits zugestellt war. Die Revisionsbegründungsfrist beginnt dann mit der Zustellung des Beschlusses nach § 346 Abs. 2[26]. Hierauf sollte in dem Beschluß hingewiesen werden.

11   **f) Nebenkläger.** Für den Nebenkläger, der die Revision eingelegt hat, bevor ihm der Beschluß über seine Zulassung zugestellt worden ist, beginnt die Revisionsbegründungsfrist auch dann, wenn ihm vorher bereits das Urteil zugestellt worden war, erst mit der

---

[24] Näher § 46, 12 mit Nachw.; ebenso KK-*Pikart* 3; *Kleinknecht/Meyer-Goßner*[43] 6; KMR-*Paulus* 6; *Eb. Schmidt* 5; *Sarstedt/Hamm*[6] 191; *Jäger* 43. Nach BGHSt **30** 338 st. Rspr. des BGH. RGSt **52** 76. RG DR **1942** 1650 und *Loewenstein* 33 verlangten eine nochmalige Zustellung. *Kaiser* verlangt in NJW **1977** 96 entgegen seiner Äußerung in NJW **1975** 338, die Begründungsfrist müsse mit der ersten Zustellung beginnen.

[25] So BGHSt **26** 338 f und OLG Koblenz VRS **65** (1983) bei Zurückweisung des Verteidigers nach

(jetzt) § 146 a; OLG Koblenz NStZ **1991** 42 bei fehlender Rechtsmittelbelehrung; OLG Zweibrücken MDR **1980** 869 bei verspäteter Kenntnis vom schriftlichen Urteil; übereinstimmend HK-*Lemke* § 45 12; *Kleinknecht/Meyer-Goßner*[43] § 45, 11; vgl. auch § 346, 4 a. E.

[26] BayObLG JR **1988** 304 mit Anm. *Wendisch*; OLG Karlsruhe Justiz **1984** 25; KK-*Pikart* 3; KMR-*Paulus* 6; anders *Dahs/Dahs* 53, die eine erneute Urteilszustellung für erforderlich halten.

Zustellung des Zulassungsbeschlusses; auch hier ist eine nochmalige Urteilszustellung nicht erforderlich[27].

3. Zuständiges Gericht. Nach § 345 Abs. 1 Satz 1 ist die Revisionsbegründung, wie **12** die Revisionseinlegung, nicht bei dem Revisionsgericht anzubringen, sondern bei dem Gericht, dessen Urteil angefochten ist. Näher bei § 341, 9.

4. Fristwahrung. Die Revisionsbegründungsschrift muß bis zum Ablauf der Frist des **13** § 345 Abs. 1 bei dem zuständigen Gericht eingehen. Als nicht ausreichend gilt die Einreichung einer nicht unterzeichneten Abschrift oder die beglaubigte Abschrift der anderswo vorgelegten Schrift[28]. Ist die Abschrift aber unterzeichnet, so steht sie der Urschrift gleich[29]. Zur Frage, wann eine Schrift bei Gericht eingegangen ist, s. im einzelnen Vor § 43, 13 ff, und zur Frage, wie sich unbehebbare Zweifel an der Rechtzeitigkeit des Eingangs auswirken, § 341, 25 f. Wird die Revisionsbegründung zu Protokoll der Geschäftsstelle erklärt, so genügt es, daß dies am letzten Tag der Frist geschieht, auch wenn die Erklärung im Fall des § 299 nicht bei der Geschäftsstelle des Gerichts angebracht wird, gegen dessen Urteil Revision eingelegt worden ist.

II. Form der Revisionsbegründung (Absatz 2)

1. Anwendungsbereich der Vorschrift. Die Formvorschrift des § 345 Abs. 2 gilt **14** nicht nur für die Revisionsbegründung des Angeklagten, sondern auch für die des gesetzlichen Vertreters (§ 298), des Erziehungsberechtigten (§ 67 Abs. 3 JGG) und des nach § 433 Abs. 1, § 440 Abs. 3 zur Rechtsmitteleinlegung berechtigten Einziehungsbeteiligten. Der Privatkläger kann die Revisionsbegründung nur mittels einer von einem Rechtsanwalt unterzeichneten Schrift, nicht also zu Protokoll der Geschäftsstelle, anbringen (§ 390 Abs. 2); wenn er Rechtsanwalt ist, kann er selbst unterzeichnen (unten Rdn. 19). Dasselbe gilt für den Nebenkläger, und zwar auch nach der Neufassung des § 397 durch das OpferschutzG[30]. Zur Revision der Staatsanwaltschaft vgl. unten Rdn. 42.

Auch der Angeklagte, der einen **Verteidiger hat**, kann die Revisionsbegründung zu **15** **Protokoll der Geschäftsstelle** erklären (OLG Hamburg NJW **1966** 2324; allg. M). Ferner kann die bereits von einem Verteidiger oder Rechtsanwalt begründete Revision innerhalb der Frist des § 345 Abs. 1 durch Niederschrift zu Protokoll der Geschäftsstelle ergänzt werden. Gleiches gilt im umgekehrten Fall. Die beiden Möglichkeiten des § 345 Abs. 2 schließen einander nicht aus. Der Verteidiger muß seine Revisionsbegründung aber selbst anfertigen; er ist nicht berechtigt, sie zu Protokoll der Geschäftsstelle zu erklären[31]; auch ein Rechtsanwalt, der die Revisionsbegründungsschrift in eigener Sache selbst unterzeichnen darf (unten Rdn. 19), hat diese Möglichkeit nicht. Die Form des § 345 Abs. 2 ist auch bei Ergänzungen zu wahren, so daß **zusätzliche Erklärungen des Angeklagten** selbst in einfacher Schriftform auch zur Sachrüge nicht reichen[32]. Die gegenteilige Ansicht, die sich auf die Zulässigkeit von Bezugnahmen bei der Revisionsbegründung (§ 344, 90) stützt, kann im Hinblick auf den Zweck des § 345 Abs. 2 (Rdn. 16) nicht überzeugen.

---

[27] RGSt **77** 281; OLG Dresden JW **1931** 3580; KMR-*Paulus* 6; *Beling* 462 und ZStW **36** (1915) 295; **a. A** RGSt **48** 236; **66** 393; RG Recht **1908** Nr. 440; BayObLG LZ **1925** 379.

[28] Zum ersteren: RG Recht **1921** Nr. 2087; zum letzteren: RG JW **1901** 503; OLG Düsseldorf NJW **1998** 919; vgl. auch RGSt **48** 276.

[29] Vgl. *Sarstedt/Hamm*[5] 139; LR-*Meyer*[23].

[30] BGH NJW **1992** 1398; zum früheren Recht s. u. a. RGSt **19** 115; **36** 75; OLG Dresden DRiZ **1932** Nr. 768.

[31] OLG Düsseldorf MDR **1975** 73 L; KK-*Pikart* 19; *Kleinknecht/Meyer-Goßner*[43] 9; KMR-*Paulus* 20; **a. A** *W. Schmid* Rpfleger **1962** 301.

[32] OLG Stuttgart NStZ **1981** 492 = JR **1982** 167 mit abl. Anm. *Meyer*; **a. A** *Kleinknecht/Meyer*[36] 8.

16   **2. Zweck der Vorschrift.** § 345 Abs. 2 schließt (ebenso wie § 172 Abs. 3 Satz 2 und § 366 Abs. 2) Erklärungen in einfacher Schriftform aus. Die Vorschrift verlangt im Interesse des Angeklagten und des Revisionsgerichts, daß die Revisionsbegründung von sachkundiger Seite herrührt, damit auch ihr Inhalt gesetzmäßig und sachgerecht ist[33]. Dem Revisionsgericht soll vor allem die Prüfung grundloser oder unverständiger Anträge möglichst erspart werden[34]. Daher darf sich die Mitwirkung des Verteidigers, Rechtsanwalts oder Urkundsbeamten nicht in bloßer Beurkundung erschöpfen. Insbesondere der Rechtsanwalt muß sich an der Revisionsbegründung regelmäßig (vgl. aber unten Rdn. 20) gestaltend beteiligen. Er muß für den Inhalt der Begründung die Verantwortung übernehmen (unten Rdn. 27 ff). Das schließt aus, daß er sich von dem rechtsunkundigen Angeklagten Rügen vorschreiben läßt oder lediglich auf dessen Wunsch erhebt, die offensichtlich aussichtslos sind[35]. Bedenken, die gegen diese Regelung und ihre Konsequenzen vorgebracht werden[36], können nach geltendem Recht dogmatisch nicht überzeugen. Richtig ist allerdings, daß sich die gesetzgeberische Erwartung einer Siebfunktion des Verteidigers in der Praxis aus vielen Gründen als weitgehend irreal erwiesen hat (näher *Hanack* FS Dünnebier 309). Die Problematik zeigt sich auch an dem eigentümlichen Widerspruch zur überwiegend vertretenen Ansicht, daß bei der Revisionsbegründung zu Protokoll der Geschäftsstelle etwas andere Maßstäbe gelten sollen (unten Rdn. 38). Und sie zeigt sich ferner an der Konzession, die die herrschende Meinung zuläßt, wenn der Rechtsanwalt die Begründung einer Revision mit seinem Gewissen oder seiner Standeswürde nicht glaubt vereinbaren zu können: Die Erhebung der allgemeinen Sachrüge soll ihm auch erlaubt sein, wenn er die Revision für aussichtslos hält, weil sich das in jedem Fall verantworten lasse (unten Rdn. 29).

3. Von einem Verteidiger oder Rechtsanwalt unterzeichnete Schrift

17   **a) Verteidiger** ist jeder, der im unteren Rechtszug als Verteidiger tätig gewesen ist, auch der nach § 138 Abs. 2 zugelassene Verteidiger[37], der im Fall der notwendigen Verteidigung (§ 140) aber gemeinschaftlich mit einem Rechtsanwalt oder Rechtslehrer handeln muß[38], und auch der nach § 139 tätig gewordene Referendar (KG JR Rspr. **1925** Nr. 1478). Der Beistand gemäß § 149 ist kein Verteidiger (RGSt **7** 403). Der Verteidiger darf die Begründung der Revision unterzeichnen, solange seine Vollmacht nicht widerrufen ist; eine *besondere* Vollmacht braucht er nicht[39]. Die Bestellung zum Pflichtverteidiger gilt auch für die Revisionsbegründung (näher § 350, 8). Auch der erst für das Revisionsverfahren bestellte Verteidiger kann die Revisionsbegründungsschrift unterzeichnen[40]. Die Vollmacht muß innerhalb der Frist des § 345 Abs. 1 erteilt, kann dem Gericht

---

[33] BGHSt **25** 273 = JR **1974** 478 mit Anm. *Meyer*; BGHSt **32** 328; BGH NStZ **1984** 563; BGH bei *Dallinger* MDR **1970** 15; RGSt **2** 359; **4** 8; **14** 349; **18** 104; **64** 65 = JW **1930** 3421 mit Anm. *Mannheim*; RG JW **1909** 336; BayObLGSt **1955** 256; OLG Karlsruhe NJW **1974** 915; OLG Köln NJW **1975** 890; OLG Stuttgart MDR **1982** 74; *Schneidewin* JW **1923** 345; *Zaeschmar* DJZ **1909** 703; vgl. auch BVerfG NJW **1983** 2764.

[34] BGHSt **32** 328; BGH NStZ **1984** 563; OG Köln NJW **1975** 890; OLG Stuttgart MDR **1982** 74; KMR-*Paulus* 10.

[35] Vgl. BGHSt **25** 273 = JR **1974** 478 mit Anm. *Meyer*; BVerfG NJW **1983** 2764.

[36] Vgl. vor allem *Beulke* Der Verteidiger im Strafverfahren, 1980, S. 138; ablehnend auch AK-*Maiwald*

8; *Alsberg* JW **1931** 1760; *Mannheim* JW **1930** 3422.

[37] BayObLGSt **1955** 256; OLG Koblenz OLGSt § 79 OWiG S. 30; OLG Naumburg DRiZ **1929** Nr. 556; KMR-*Paulus* 12.

[38] BGHSt **32** 326 (für den Rechtsbeistand, auch wenn er Mitglied der Anwaltskammer ist); KG NJW **1974** 916; JR **1983** 83; vgl. auch bei § 138.

[39] RGSt **3** 224; OLG Brandenburg NStZ **1995** 52; KMR-*Paulus* 12; *Sarstedt/Hamm*[6] 199; *Jäger* 36; *Lamm* 16; **a. A** KG JW **1932** 2179 mit abl. Anm. *Alsberg* und *Klefisch*.

[40] RGSt **28** 430; OLG Brandenburg NStZ **1995** 52; KMR-*Paulus* 12; *Loewenstein* 15; *Jäger* 36; *Friedländer* GerS **60** (1902) 423; *Köhler* GerS **53** (1897) 198; **a. A** *von Kries* 640.

aber auch später nachgewiesen werden (§ 341, 8). Jedoch kann der Pflichtverteidiger seine Befugnisse nicht wirksam durch Untervollmacht übertragen[41]; sein bestellter Vertreter (§ 53 Abs. 2 Satz 2, Abs. 3 BRAO) ist freilich zur Unterzeichnung berechtigt (BGH wistra **1992** 195). Nach BGH bei *Schnarr* NStZ **1996** 215 Fußn. 7 hat der Bundesgerichtshof die vollmachtlose Unterzeichnung durch einen Sozius des Pflichtverteidigers wiederholt stillschweigend genügen lassen. Wer der Zulassung als Verteidiger nach § 138 Abs. 2 bedarf, kann sie zugleich mit der Einlegung der Revision (RGSt **55** 213) oder mit der Einreichung der Revisionsbegründungsschrift beantragen (OLG Hamm MDR **1951** 503); mit der Zulassung wird die Revisionsbegründung rückwirkend wirksam; zur Zuständigkeit für die Entscheidung über die Zulassung vgl. § 347, 12. Auch ein Referendar kann nach § 139 mit der Unterzeichnung der Revisionsbegründungsschrift erstmals als Verteidiger tätig werden. Seine Revisionsbegründung ist aber unwirksam, wenn er selbst angeklagt ist und sich von einem Rechtsanwalt die eigene Verteidigung nach § 139 hat übertragen lassen (OLG Karlsruhe MDR **1971** 320). Auch ein Hochschullehrer, der selbst angeklagt ist, kann die Revisionsbegründung nicht wirksam vornehmen, weil er sich zwar selbst verteidigen darf, damit aber nicht sein eigener Verteidiger wird[42]. Zur Revisionsbegründung durch Verteidiger, die nach § 137 Abs. 1 Satz 2, § 138 a oder § 146 ausgeschlossen sind, s. bei Erl. dieser Vorschriften.

b) Rechtsanwalt. In § 345 Abs. 2 ist neben dem Verteidiger der Rechtsanwalt besonders aufgeführt, weil nicht jeder Verteidiger Rechtsanwalt sein muß (§§ 138, 139) und weil ein Rechtsanwalt die Begründungsschrift auch unterzeichnen darf, wenn ihm die Verteidigung im übrigen nicht übertragen ist (BayObLG NJW **1976** 157). Der Rechtsanwalt muß bei einem Gericht im Geltungsbereich der Strafprozeßordnung zugelassen sein[43], weil er nur dann als sachkundig genug gilt, um die Verantwortung für den Inhalt der Revisionsbegründung zu übernehmen. Der Rechtsanwalt muß bei der Unterzeichnung bevollmächtigt sein; den Nachweis der Vollmacht kann er später erbringen (§ 341, 8). Hat der Angeklagte die Revision selbst eingelegt, so braucht der Rechtsanwalt, der die Begründung einreicht, keine Vollmacht vorzulegen, wenn nichts dafür spricht, daß er ohne Auftrag gehandelt hat[44]. Der nach § 146 ausgeschlossene Verteidiger kann die Revision nicht wirksam als „Rechtsanwalt" begründen[45]. **18**

Ein Rechtsanwalt (nicht ein Hochschullehrer, s. Rdn. 17), der **selbst angeklagt ist**, ist nach ganz h. M befugt, die Revisionsbegründung in der eigenen Sache selbst zu unterzeichnen, solange er als Rechtsanwalt zugelassen ist[46]. Das gilt aber nicht, wenn gegen ihn ein Berufsverbot nach § 150 Abs. 1 BRAO verhängt worden ist. Zwar bestimmt § 155 Abs. 5 Satz 1 BRAO, daß die Wirksamkeit von Rechtshandlungen durch das Berufsverbot nicht berührt wird. Das ist jedoch nur eine Vorschrift zum Schutze des anwaltlichen Man- **19**

[41] BGH NStZ **1995** 357 mit Anm. *Ehrlicher* und Bespr. *Schnarr* NStZ **1996** 215; BGH bei *Kusch* NStZ **1992** 266; bei *Miebach* NStZ **1990** 230; BGH StV **1982** 213 und 360; OLG Düsseldorf NJW **1993** 2002.

[42] KG GA **45** (1897) 445; *Sarstedt/Hamm*5 136; vgl. auch BVerfG NJW **1980** 1677 f; *Jäger* 36 hält diese Regelung, weil sie für den selbst angeklagten Rechtsanwalt nicht gilt (Rdn. 19), für ungerecht.

[43] OLG Köln MDR **1955** 311; OLG München MDR **1975** 247; KMR-*Paulus* 12. Auch der selbständige Anwalt eines anderen EG-Staates kann die Begründung nur – aber immerhin – im Einvernehmen mit einem im Geltungsbereich der StPO zugelassenen

Rechtsanwalt vornehmen (vgl. § 4 Abs. 1 Satz 1 des Gesetzes v. 18. 6. 1980, BGBl. I 1453), bedarf also dessen verantwortlicher Gegenzeichnung.

[44] RGSt **15** 226; RGRspr. **6** 355; RG GA **42** (1894) 37; BayObLGSt **16** 68; OLG Karlsruhe OLGSt § 345 Abs. 2 S. 17; *Loewenstein* 27; *Jäger* 36; *Alsberg* JW **1932** 2179; **a. A** KG GA **59** (1912) 477; vgl. auch KG JW **1931** 2857.

[45] BGHSt **26** 337 und 373.

[46] RGSt **69** 377; BayObLGSt **1975** 154 = VRS **50** (1976) 298; KG GA **1962** 311; OLG Hamm NJW **1947/48** 704; *Kleinknecht/Meyer-Goßner*43 13; *Sarstedt/Hamm*5 136; *Jäger* 35; vgl. auch *Klussmann* NJW **1973** 1966.

Ernst-Walter Hanack

danten und besagt darum nicht, daß der Rechtsanwalt befugt ist, in eigener Sache und zum eigenen Nutzen Rechtshandlungen vorzunehmen, die ihm verboten sind. Ob er die Revisionsbegründung in eigener Sache unterzeichnen darf, ist im übrigen eine Frage der Auslegung des § 345 Abs. 2 StPO, nicht des § 155 Abs. 5 Satz 1 BRAO[47].

20   **c) Schrift.** Nach § 345 Abs. 2 muß die Schrift vom Verteidiger oder von einem Rechtsanwalt unterzeichnet sein. Daß er sie selbst verfassen muß, läßt sich der Vorschrift nicht entnehmen[48]. Es genügt daher, daß er an der Abfassung mitgewirkt oder jedenfalls für den Inhalt der Schrift die Verantwortung übernommen hat[49]. Die Revisionsbegründung kann darum zulässig sein, wenn der Verteidiger oder Rechtsanwalt ein vom Angeklagten selbst verfaßtes Schriftstück lediglich mit seiner Unterschrift versieht, falls keine Zweifel daran bestehen, daß er die Verantwortung für den Inhalt der Schrift (unten Rdn. 27) übernommen hat. Ist die Schrift von einem juristischen Laien verfaßt worden, wird die bloße Unterzeichnung durch den Verteidiger oder Rechtsanwalt den Anforderungen aber regelmäßig nicht genügen (vgl. unten Rdn. 27 f). An der Schriftform fehlt es nach BGHSt **33** 44 = StV **1985** 135 mit Anm. *Hamm* bei unleserlichen Angaben; vgl. auch § 344, 78.

21   Wird in einem Schreiben an das Gericht nur auf ein **beigefügtes Schriftstück Bezug** genommen, das der Angeklagte oder ein sonstiger Dritter verfaßt hat, liegt nach überkommener Rechtsprechung eine Schrift des Verteidigers oder Rechtsanwalts im Sinne des § 345 Abs. 2 nicht vor[50]. Manche Entscheidungen erwecken sogar den Eindruck, daß selbst Anlagen als unbeachtlich angesehen werden, auf die der Verteidiger oder Anwalt in seiner Revisionsbegründungsschrift Bezug nimmt, insbesondere wenn sie nicht abgezeichnet sind[51]. Offenbar aufgrund dieser Entscheidungen hat LR-*Meyer*[23] eine entsprechende Schlußfolgerung auch in der Tat gezogen. Aber das ist (oder wäre) in dieser Form nicht richtig (vgl. auch KK-*Pikart* 13; BGH NStZ **1984** 563). Denn anerkannt ist, daß jedenfalls bei Rechtsausführungen zur Sachrüge Bezugnahmen ohne weiteres erlaubt sind (§ 344, 90). Für Rechtsausführungen zur Verfahrensrüge, bei denen selbst Fehlerhaftigkeit nicht schadet (§ 344, 72, 75), kann nichts anderes gelten. Richtig ist nur, daß die — bedenklich formalistische — Rechtsprechung für das *tatsächliche* Vorbringen zur Begründung einer Verfahrensrüge (§ 344 Abs. 2 Satz 2) jede Bezugnahme als nicht geschrieben ansieht, weil das Revisionsgericht die Berechtigung der Rüge allein aufgrund der Begründungsschrift müsse prüfen können (vgl. § 344, 72 ff, insbes. 82).

22   **d) Unterzeichnung.** Im Gegensatz zur Revisionseinlegung, für die einfache Schriftform genügt, erfordert die Revisionsbegründung die Unterzeichnung, also (BGHSt **31** 7) die eigenhändige Unterschrift. Eine beglaubigte Abschrift reicht nicht (OLG Düsseldorf NJW **1998** 919). Fehlt die Unterschrift, reicht auch nicht, daß aus den Umständen ersicht-

---

[47] Im Ergebnis wie hier: KG NJW **1969** 338; OLG Karlsruhe MDR **1971** 320; *Kleinknecht/Meyer-Goßner*[43] 13; *Feuerich* NStZ **1989** 339; **a. A** RGSt **69** 377; BayObLG MDR **1969** 153; OLG Celle NStZ **1989** 41; OLG Oldenburg NdsRpfl. **1963** 117; KMR-*Paulus* 13. Vgl. auch BGH NJW **1971** 1373.

[48] RGSt **30** 367; BayObLGSt **3** 59; **12** 96; *Sarstedt/Hamm*[6] 201; *Jäger* 37.

[49] RGSt **21** 160; **64** 65 = JW **1930** 3421 mit Anm. *Mannheim; Beling* 187; *Friedländer* JW **1933** 1634; *W. Schmid* Rpfleger **1962** 306 ff; **a. A** RG JW **1907** 561; GA **55** (1908) 313; LZ **1915** 1226, 1458; **1916** 823; OLG Köln NJW **1975** 890; OLG Rostock GA **60** (1926) 150; KMR-*Paulus*, die min-

destens die Mitwirkung bei der Abfassung verlangen; BGHSt **25** 273 hält eine „gestaltende Beteiligung" für unerläßlich. – Die Unterzeichnung der von einem anderen Rechtsanwalt entworfenen Begründungsschrift durch einen bevollmächtigten Kollegen hält BVerfG (Kammer) NJW **1996** 713 regelmäßig für wirksam.

[50] RGSt **14** 348; **74** 297; RG JW **1901** 503; **1936** 2144; RG GA (1920) 364; RG HRR **1934** 1501; RG LZ **1915** 1226; BayObLGSt **1955** 257 = Rpfleger **1956** 286; OLG Köln NJW **1975** 890.

[51] So BGH LM Nr. 2; BGH VRS **3** (1951) 525; RGSt **14** 348; **18** 95; **20** 42; **29** 411; RG GA **47** (1900) 163; **68** (1924) 364. Vgl. auch KMR-*Paulus* 16.

lich ist, von wem die Schrift stammt oder der Nachweis geführt wird, daß der Rechtsanwalt die Schrift verfaßt hat[52]. Hat der Verteidiger einen innerhalb der Begründungsfrist eingegangenen Schriftsatz versehentlich nicht unterzeichnet, läßt BGH NStZ **1983** 132 die Wiedereinsetzung in den vorigen Stand zu, wenn die Revision bereits in anderer Weise form- und fristgerecht begründet war; es handelt sich insoweit um eine Ausnahme von dem umstrittenen Grundsatz (dazu näher § 44, 15 ff), daß eine Wiedereinsetzung zum Nachholen einzelner Verfahrensrügen regelmäßig nicht zu gewähren sei. Die Unterschrift muß eigenhändig abgegeben werden. Eine Vertretung bei der Unterzeichnung ist unzulässig[53], ausgenommen die des amtlich bestellten Vertreters (näher BGH NStZ **1992** 248), auch wenn er nicht Rechtsanwalt ist. Unterschreibt ein Unterbevollmächtigter des Rechtsanwalts oder Verteidigers, so muß er das Vertretungsverhältnis kenntlich machen; unüberwindliche Zweifel daran, ob er zulässig als Unterbevollmächtigter oder unzulässig als Vertreter in der Unterschrift unterzeichnet hat, machen die Revisionsbegründung unwirksam[54]. Die Unterzeichnung „i. A." durch einen Rechtsanwalt soll nach BGH NJW **1988** 210 (zu § 129 ZPO) zu erkennen geben, daß der Unterzeichnende nur Erklärungsbote ist, so daß eine wirksame Unterzeichnung nicht vorliegt. Der Pflichtverteidiger kann eine wirksame Untervollmacht nicht erteilen (oben Rdn. 17).

Für die **telegraphische Revisionsbegründung** läßt der Bundesgerichtshof in Übereinstimmung mit der herrschenden Meinung und der Rechtspraxis in allen anderen Rechtsgebieten eine Ausnahme von der eigenhändigen Unterschrift zu[55], die nach BGHSt **31** 8 mittlerweile zu Gewohnheitsrecht erstarkt sein soll. Entsprechendes gilt nach ganz herrschender Meinung für die **fernschriftliche** Revisionsbegründung, die Begründung durch **Telebrief** und durch **Telefax**; vgl. Vor § 42, 29 ff; § 341, 17 und 17a. **23**

Ansonsten muß bei der **Unterschrift** der bürgerliche (Zu-)Name handschriftlich wiedergegeben werden. Bei Doppelnamen dürfte die Unterzeichnung mit dem ersten Teil des Namens genügen[56]. Die Unterschrift muß nicht lesbar sein, aber aus Schriftzügen bestehen, die die Identität des Unterschreibenden hinreichend kennzeichnen[57]. Die Rechtsprechung, der die h. M folgt, ist insoweit seit jeher streng, um der Gefahr von Mißbräuchen zu begegnen[58]. Berechtigt ist diese Strenge aber nur dort, wo vernünftigerweise Zweifel entstehen und nicht behoben werden können, zumal die Nichtanerkennung der Unterschrift regelmäßig eine Wiedereinsetzung in den vorigen Stand begründet, also zu unnötigem Leerlauf führt. Als nicht ausreichend gelten: die Verwendung der bloßen Anfangsbuchstaben[59]; geometrische Figuren oder Zeichen[60] sowie geschlängelte Linien[61], denen **24**

---

[52] RGSt **30** 366; **37** 82; RG Rspr. **9** 144; *Dahs/Dahs* 59; *Jäger* 37.

[53] BGH StV **1982** 213; BayObLG NJW **1991** 2096; KG JR **1974** 208 mit Anm. *Kohlhaas*; **1987** 217; KMR-*Paulus* 18; *Eb. Schmidt* 17; *Dahs/Dahs* 59; *Sarstedt/Hamm*6 203.

[54] KG JR **1974** 208 mit Anm. *Kohlhaas*; **1987** 217; vgl. aber auch Fußn. 49 a. E.

[55] BGHSt **8** 174 = JZ **1956** 32 mit Anm. *Niethammer*; vgl. auch BGHSt **31** 8 = NStZ **1983** 36 mit Anm. *W. Schmid*; Vor § 42, 26 ff; **a. A** noch LR-*Meyer* in der 23. Aufl.

[56] OLG Frankfurt NJW **1989** 3030 mit Anm. der *Schriftleitung*; ebenso *Blaese/Wielop* 251; **a. A** *Kleinknecht/Meyer-Goßner*43 Einl. 129.

[57] BGH MDR **1960** 397; **1964** 747; OLG Celle NJW **1995** 3198; KMR-*Paulus* 18; *Kleinknecht/Meyer-Goßner*43 Einl. 129; *Dahs/Dahs* 59; *Sarstedt/Hamm*6

203; kritisch zu den strengen Maßstäben (s. im folg. Text) *Hanack* JZ **1973** 777; EKMR NJW **1989** 579.

[58] Vgl. aber BVerfG NJW **1988** 2787 zum „Vertrauensschutz" bei längerer Nichtbeanstandung.

[59] BGH NJW **1967** 2310; RGSt **37** 81; **69** 138; KK-*Pikart* 12; KMR-*Paulus* 18; *Kleinknecht/Meyer-Goßner*43 Ein. 129; *Dahs/Dahs* 59; *Sarstedt/Hamm*6 203.

[60] BGHSt **12** 317; RG JW **1929** 52 mit Anm. *Ascher/Jansen* JW **1929** 264; RG DRiZ **1928** Nr. 937; OLG Hamburg MDR **1973** 428; OLG Köln OLGSt § 345 S. 13; die in Fußn. 59 Genannten.

[61] BGH JR **1974** 381 mit Anm. *Bassenge* = AnwBl. **1974** 225 mit Anm. *Chemnitz*; BGH NJW **1975** 1705 = Rpfleger **1975** 351 mit Anm. *Vollkommer*; OLG Düsseldorf NJW **1956** 923; OLG Saarbrücken JBl. Saar **1959** 158; die in Fußn. 59 Genannten.

die charakteristischen Merkmale der Unterschrift fehlen. Unzulässig ist die Verwendung eines Namens- oder Kanzleistempels[62].

25   Das Erfordernis der Unterzeichnung ist **nicht unbedingt räumlich** zu verstehen; die Unterschrift muß sich nicht unter der Schrift befinden[63]. Wenig einleuchtend ist dann aber, daß die Unterschrift auf einem besonderen Blatt oder auf einem aufgeklebten Zettel als nicht ausreichend gilt[64]. Nach verbreiteter Meinung soll auch die Unterschrift auf einem Anschreiben, dem die nicht unterzeichnete Revisionsbegründungsschrift beigefügt ist, nicht genügen[65]. Dies erscheint jedoch nicht angemessen, wenn das unterzeichnete Anschreiben keine Anzeichen enthält, die auf eine sachliche Distanzierung von der beigefügten Begründungsschrift hindeuten[66]. Zur Einreichung einer Abschrift vgl. oben Rdn. 13.

26   Wesentlich ist, daß die Unterschrift den **Inhalt deckt**, also deutlich genug erkennen läßt, daß es sich um die Begründungsschrift des Verteidigers oder Rechtsanwalts handelt. Ist die Unterschrift auf einem Schriftsatz des Angeklagten angebracht, so läßt der Zusatz „zur Beglaubigung" oder „zur Legalisierung" offen, ob sie sich nur auf die Unterschrift des Angeklagten bezieht[67]; vgl. auch im folg. Text.

27   **e) Übernahme der Verantwortung für den Inhalt.** Nach ständiger Rechtsprechung[68], der die h. L folgt (vgl. aber oben Rdn. 16 bei Fußn. 36), gilt eine Revisionsbegründung trotz Unterzeichnung durch den Verteidiger oder Rechtsanwalt als unwirksam, wenn erkennbar ist, daß er die Verantwortung für den Inhalt der Begründung und die Anträge nicht übernommen hat bzw. übernehmen wollte. Diese Handhabung entspricht in der Tat dem Zweck des § 345 Abs. 2 (oben Rdn. 16). Sie ist jedoch problematisch, soweit die Annahme, der Verteidiger oder Anwalt habe die Verantwortung nicht übernommen, aus Indizien gefolgert wird, die möglicherweise nur auf Ungeschicklichkeit oder Rechtsunkenntnis beruhen, wie das beim kritischen Bild vieler anwaltlicher Begründungen (§ 349, 5) gewiß nicht selten ist, so insbesondere wohl in Fällen, in denen der Unterzeichnende zu stark betont, nur auf Wunsch oder Weisung des Angeklagten (vgl. Rdn. 28) zu handeln. Und problematisch ist — gerade in diesem Zusammenhang — vor allem, daß die in § 345 Abs. 2 vorausgesetzte Siebfunktion ja auch *zum Nachteil* des Angeklagten fehlgehen kann. Das zeigt sich exemplarisch, wenn der Verteidiger oder Anwalt eine Revisionsschrift zwar einreicht, dabei aber erkennbar nur auf Wunsch des Angeklagten handelt, während er selbst die Revision offensichtlich für unbegründet und aussichtslos hält, und das Revisionsgericht die Begründung demgemäß wegen fehlender Übernahme der Verantwortung als unzulässig ansieht. In diesem Fall hat schon RGSt **73** 23 gefragt, ob der Angeklagte nicht „in seinem Recht, von dem Rechtsmittel . . . Gebrauch zu machen, verkürzt worden ist", und dazu bezeichnenderweise bemerkt, über die Aussichten der Revision zu entscheiden sei „Sache des Revisionsgerichts". Der Rat des Reichsgerichts, der Verteidiger

---

[62] BGH bei *Kusch* NStZ **1992** 225; RGSt **69** 137; RG LZ **1918** 780; BayObLGSt **20** 298; OLG Köln LZ **1926** 243; die in Fußn. 59 Genannten; *Jäger* 37.

[63] RG HRR **1939** 1284; vgl. aber RG HRR **1942** 515.

[64] So aber RGSt **18** 103; KMR-*Paulus* 18; *Dahs/Dahs* 59; *Sarstedt/Hamm*[6] 202; *Jäger* 37; LR-*Meyer* in der 23. Aufl.

[65] KMR-*Paulus* 18; *Dahs/Dahs* 59; *Sarstedt/Hamm*[6] 202; LR-*Meyer* in der 23. Aufl.; vgl. auch Rdn. 21.

[66] In diesem Sinne wohl auch KK-*Pikart* 13; vgl. auch BFH – GS – NJW **1974** 1582.

[67] RGSt **9** 68; **21** 159; RG Rspr. **5** 528; **10** 149; RG GA **38** (1887) 396; *Sarstedt/Hamm*[6] 201; *Jäger* 37;

vgl. aber auch KG GA **38** (1891) 232 und im folg. Text.

[68] BGHSt **25** 273 = JR **1974** 478 mit Anm. *Meyer*; BGH NJW **1973** 1514; NStZ **1987** 336; bei *Dallinger* MDR **1970** 15; RGSt **21** 160; **60** 53; **73** 23; KG JW **1931** 1633 mit Anm. *Friedländer*; JR **1956** 437; JR **1974** 208 mit Anm. *Kohlhaas*; OLG Bremen JR **1955** 233 mit Anm. *Sarstedt*; GA **1956** 116; OLG Hamm JMBlNRW **1951** 184; OLG Köln NJW **1975** 890; vgl. auch BGH NStZ **1984** 563; BFH NJW **1982** 2896.

könne ja den Angeklagten in einem solchen Fall veranlassen, die Revision zu Protokoll der Geschäftsstelle einzulegen (dazu unten Rdn. 38) oder sich darauf beschränken, „ganz allgemein die Verletzung sachlichen Rechts zu rügen" (dazu unten Rdn. 29), ist ebenso widersprüchlich wie verräterisch. Man wird den Revisionsgerichten trotz dieser Probleme jedoch raten müssen, an der genannten Rechtsprechung im Grundsatz festzuhalten, weil sie „an die Verantwortung des Anwalts erinnert" (*Sarstedt* JR **1955** 233), die für die Revision so wesentlich ist. Zur zweifelhaften Frage, ob oder wann die Unwirksamkeit der Revisionsbegründung eine Wiedereinsetzung in den vorigen Stand begründet, vgl. § 44, 9 und 48 ff; dazu auch *Sarstedt* JR **1955** 29. Eine spätere Erklärung des Verteidigers, er habe die Verantwortung nicht ablehnen wollen, ist an sich unbeachtlich[69]; in Grenzfällen wird man bei der Auslegung aber auch spätere Erläuterungen mitberücksichtigen dürfen (*Sarstedt* JR **1955** 233). Fehlt die Übernahme der Verantwortung nur zum Teil, hält RGSt **60** 53 die ganze Revisionsbegründung für wirksam, während BGHSt **25** 276, wohl überzeugender, nur die von der Distanzierung betroffenen Teile der Schrift für unwirksam hält.

In Betracht kommt eine **erkennbar fehlende Übernahme** der Verantwortung namentlich in zwei Fallgruppen. Bei der ersten geht es darum, daß der Verteidiger oder Rechtsanwalt lediglich einen vom Angeklagten selbst verfaßten Schriftsatz unterzeichnet hat. Obwohl das rechtlich nicht unzulässig ist (vgl. Rdn. 20), wird die Revisionsbegründung in solchen Fällen als unwirksam angesehen, wenn nach dem Inhalt der Schrift ausgeschlossen erscheint, daß ein rechtskundiger Verteidiger dafür die Verantwortung übernommen hat[70]. Daran ändert dann auch nichts, daß sich der Unterzeichnende dem Schriftsatz „voll" oder „vollinhaltlich" anschließt[71] oder daß er die Schrift „als Pflichtverteidiger" (RG LZ **1915** 1458), „in Gemäßheit des § 345 StPO" (RGSt **18** 103), „entsprechend der formellen Vorschrift des § 345 StPO" (RG LZ **1916** 823; *Schneidewin* JW **1923** 346) oder „mit Rücksicht auf den Ablauf der Frist" (RGSt **19** 95) unterzeichnet. Nicht unwirksam ist jedoch die bloße Unterzeichnung des vom Angeklagten verfaßten Schriftsatzes, den dieser, insbesondere als Rechtskundiger, sachgemäß begründet hat, weil es dann überflüssige Schreibarbeit wäre, wenn sie der Verteidiger oder Rechtsanwalt in einen eigenen Schriftsatz aufnehmen müßte[72]. Bei einer zweiten Fallgruppe geht es darum, daß der Verteidiger oder Anwalt in seinem Schriftsatz selbst deutlich zum Ausdruck bringt, daß er die Verantwortung für den Inhalt nicht übernommen hat oder übernehmen will. Denkbar ist dies etwa, wenn er erklärt: er habe den Schriftsatz nicht verfaßt (RG DStrZ **1916** 167); er kenne die Sache zwar nicht, erhebe aber zur Fristwahrung die Sachrüge (OLG Celle NdsRpfl. **1954** 32); er unterzeichne nur auf „Wunsch" oder „ausdrücklichen Wunsch", auf „Anweisung" des Angeklagten oder „auftragsgemäß"[73]; die Unterzeichnung erfolge nur „zur anwaltlichen Deckung"[74] oder weil der Angeklagte die Urteilsüberprüfung begehre (BGH bei *Miebach* NStZ **1988** 214). Selbst die einleitende Bemerkung: „Der Angeklagte begründet die Revision wie folgt" kann das Rechtsmittel unzulässig machen, wenn ersichtlich ist, daß es sich nicht nur um die ungeschickte Formulierung, etwa eines sonst in Zivilsachen

28

---

[69] BayObLGSt **1975** 154 = VRS **50** 298; OLG Hamburg JR **1955** 233 mit Anm. *Sarstedt*.

[70] BGH bei *Miebach* NStZ **1989** 16 und 221; RG GA **55** (1908) 313; HRR **1942** 515; OLG Bremen DRZ **1950** 186 mit Anm. *Müller*; vgl. auch BGH NStZ **1984** 563.

[71] Vgl. RGSt **21** 159; RG HRR **1934** 1501; RG LZ **1916** 823; RG Recht **1915** Nr. 1687; OLG Düsseldorf *Alsb*. E 2 Nr. 292 a; OLG Karlsruhe JW **1933** 2076; OLG Köln NJW **1975** 890.

[72] BayObLGSt **12** 96 = DJZ **1912** 1136; *W. Schmid* Rpfleger **1962** 308; LR-*Meyer* in der 23. Aufl. Rdn. 27.

[73] BGH bei *Dallinger* MDR **1970** 15; RGSt **54** 282; **73** 23; RG JW **1939** 228; BayObLGSt **1975** 154 = VRS **50** 298; OLG Bremen DRZ **1950** 186 mit Anm. *Müller*; OLG Hamburg JR **1955** 233 mit Anm. *Sarstedt*; *Schneidewin* JW **1923** 346; *Seibert* AnwBl. **1955** 225. Vgl. zu diesen Fällen, bei denen vorsichtig verfahren werden sollte, auch Fußn. 68.

[74] Vgl. BayObLG JW **1929** 1490 mit Anm. *Klefisch*.

Ernst-Walter Hanack

tätigen Anwalts, handelt, sondern daß damit die eigene Verantwortung des Unterzeichnenden abgelehnt wird[75]. Entsprechendes kann gelten, wenn in der Begründung in distanzierender Weise nur von den Einwendungen des Angeklagten gegen das Urteil die Rede ist[76].

29　　Ob für die unausgeführte **allgemeine Sachrüge** (§ 344, 92) hinsichtlich der Übernahme der Verantwortung (Rdn. 27 f) abweichende Grundsätze gelten, ist zweifelhaft. Bejaht wird die Frage von *Kleinknecht/Meyer-Goßner*[43] 17 und von LR-*Meyer* in der 23. Aufl. LR-*Meyer* hat argumentiert: Da der Angeklagte das Recht habe, beim Revisionsgericht die Überprüfung des Urteils in sachlichrechtlicher Hinsicht zu beantragen, der Verteidiger oder Rechtsanwalt also im Grunde keinerlei Verantwortung übernehme, wenn er auf Wunsch des Angeklagten die allgemeine Sachrüge erhebt, könne er in diesem Fall die Zulässigkeit der Revisionsbegründung auch nicht durch irgendwelche Zusätze in Frage stellen. Dem dürfte mit der herrschenden Ansicht[77] jedoch zu widersprechen sein: Schon die heute gängige Ansicht, daß der Verteidiger oder Rechtsanwalt die allgemeine Sachrüge ohne Rücksicht auf seine eigene Beurteilung allein auf Wunsch des Angeklagten erheben darf[78], versteht sich beim Zweck des § 345 Abs. 2 (oben Rdn. 16) nicht von selbst; sie läßt sich wohl nur mit der Erfahrung rechtfertigen, daß gerade im Zeichen der so unberechenbar gewordenen Revision (Vor § 333, 11, 12) die Fälle nicht selten sind, in denen das Revisionsgericht Rechtsfehler entdeckt, die der Verteidigung verborgen geblieben sind (vgl. *Dahs* Hdb. 797). Dem Verteidiger oder Rechtsanwalt entgegen dem Sinn des § 345 Abs. 2 auch insoweit das bewußte Ausweichen vor jeglicher Verantwortung zu gestatten und damit die Siebfunktion des § 345 Abs. 2 vollends zu entwerten, erscheint weder angezeigt noch vertretbar.

4. Erklärung zu Protokoll der Geschäftsstelle

30　　**a) Zuständiges Gericht.** Zuständig ist ausschließlich die Geschäftsstelle des Gerichts, dessen Urteil angefochten ist[79]. Auch die Rechtsantragsstelle ist Geschäftsstelle (vgl. § 341, 11). Der nicht auf freiem Fuß befindliche Angeklagte kann die Revisionsbegründung nach § 299 zu Protokoll der Geschäftsstelle des Amtsgerichts des Verwahrungsorts erklären. Das gilt auch, wenn das Landgericht, von dem er verurteilt worden ist, sich am selben Ort befindet (näher bei § 299); zur Frage, ob der Angeklagte dann ein Wahlrecht hat, vgl. § 299, 1 und eingehend *Meyer* Anm. zu OLG Stuttgart JR **1982** 169. Für die anderen Verfahrensbeteiligten findet § 299 keine Anwendung. Die Beurkundung eines unzuständigen Gerichts macht die Revisionsbegründung nach herrschender Meinung unwirksam[80]; daß dies jedoch auch dann gelten soll, wenn es auf Ersuchen der zuständigen Geschäftsstelle tätig geworden ist[81], erscheint wenig einsichtig.

---

[75] Vgl. RGSt **60** 53; RG JW **1933** 969; OLG Hamm NJW **1961** 843.

[76] BGHSt **25** 273; BGH NJW **1973** 1514; RGSt **73** 23; RG DR **1940** 2239 L; RG HRR **1940** 846; OLG Hamm JMBlNRW **1951** 184; NJW **1961** 843; OLGSt § 80 OWiG S. 27; OLG Saarbrücken JBl. Saar **1959** 158.

[77] BGHSt **25** 272 mit weit. Nachw. = JR **1974** 478 mit abl. Anm. *Meyer* und kritischer Betrachtung *Gribbohm* NStZ **1983** 100; OLG Hamm JMBlNRW **1975** 111 unter Aufgabe der gegenteiligen Ansicht; OLG Köln OLGSt § 345 II S. 35; KK-*Pikart* 15; KMR-*Paulus* 17; wohl auch *Roxin* § 53, 40; *Schlüchter* 702.2; offengelassen bei KG JR **1976** 255, das aber jedenfalls in der neben der allgemei-nen Sachrüge ausgesprochenen Bitte um Nachprüfung des Urteils keinen einschränkenden Zusatz sieht.

[78] So schon RGSt **73** 24 (oben Rdn. 27) und ihm folgend BGHSt **25** 276; KMR-*Paulus* 17; *Dahs* Hdb. 797.

[79] RGSt **7** 174; RG JW **1913** 164; BayObLGSt **1951** 350; GA **1984** 430 in einer OWiG-Sache mit eingehenden Erwägungen; OLG Stuttgart MDR **1982** 74 = JR **1982** 169 mit Anm. *Meyer*.

[80] BGH bei *Kusch* NStZ **1994** 25; RGSt **59** 419; BayObLGSt **25** 222 = JW **1926** 1239 mit Anm. *Löwenstein*; GA **1984** 430; KMR-*Paulus* 21; *Sarstedt/Hamm*[6] 194.

[81] RG JW **1913** 164; *W. Schmid* Rpfleger **1962** 301.

b) Zuständiger Beamter. Die Aufnahme von Erklärungen über die Einlegung und **31**
Begründung der Revision in Strafsachen überträgt § 24 Abs. l Nr. 1 Buchst. b RpflG dem
Rechtspfleger. Andere Beamte, auch Rechtspflegeanwärter[82], sind nicht zuständig. Der
Beamte, der die Erklärung aufnimmt, muß nach § 12 RpflG seiner Unterschrift das Wort
„Rechtspfleger" beifügen. Unterläßt er das, so ist das Protokoll aber nicht unwirksam; denn
daß der Beamte zur Aufnahme der Erklärung zuständig ist, braucht aus der Niederschrift
nicht zweifelsfrei hervorzugehen[83]. Insoweit können vielmehr Feststellungen im Freibeweis getroffen werden. Die Aufnahme der Erklärung durch einen unzuständigen Beamten
ist unwirksam[84]; zur Wiedereinsetzung vgl. unten Rdn. 41. Die Mitwirkung eines Richters
bei der Protokollaufnahme berührt die Wirksamkeit der Niederschrift nicht[85].

c) Erklärung zu Protokoll. Die Protokollaufnahme erfordert die **Anwesenheit** desje- **32**
nigen, der die Erklärung abgibt, auf der Geschäftsstelle des Gerichts. Der Angeklagte
kann die Erklärung daher nicht telefonisch abgeben[86]. Er kann sich aber durch einen
Bevollmächtigten vertreten lassen, und zwar sowohl in der Erklärung als auch im Willen[87]. Der Vertreter muß verhandlungsfähig, braucht aber nicht geschäftsfähig nach bür-
gerlichem Recht zu sein[88]. Der Verteidiger kann den Angeklagten bei der Protokollaufnahme nicht vertreten; er muß die Revision durch eine selbst unterzeichnete Schrift
begründen (vgl. Rdn. 15). Unzulässig ist auch die Vertretung durch einen zugelassenen
Rechtsbeistand, der dadurch die Einholung der Genehmigung nach § 138 Abs. 2 ersparen
will[89].

Die **Vollmacht** muß bei der Niederschrift bestanden haben; der Nachweis darüber **33**
kann aber später geführt werden[90]. Wenn der Vertreter behauptet, bevollmächtigt zu sein,
darf daher der Urkundsbeamte die Aufnahme der Erklärung nicht wegen fehlender Vollmacht zurückweisen. Bei einem Ehegatten, der die Revision seines Ehepartners rechtfertigt, ist im Zweifel anzunehmen, daß er in dessen Namen handelt; der Urkundsbeamte
braucht dann eine schriftliche Vollmacht nicht zu verlangen[91].

d) Förmlichkeiten der Protokollaufnahme. Das Protokoll darf nicht in Kurzschrift **34**
abgefaßt werden[92]. Es muß vom Urkundsbeamten unterschrieben werden[93]. Die Unterschrift kann nachgeholt werden; wird sie aber erst nach Ablauf der Begründungsfrist
geleistet, ist die Beurkundung unwirksam[94], was grundsätzlich die Wiedereinsetzung in

---

[82] BayObLG OLGSt § 345 Abs. 2 S. 11; OLG Karlsruhe Justiz **1974** 431.

[83] KMR-*Paulus* 22; *W. Schmid* Rpfleger **1962** 302;
a. A RG JW **1927** 524 mit abl. Anm. *Mannheim*;
OLG Naumburg JW **1927** 2645 mit abl. Anm.
Fuchs.

[84] OLG Düsseldorf VRS **86** (1994) 310; *Kleinknecht/
Meyer-Goßner*[43] 19; KMR-*Paulus* 22; *W. Schmid*
Rpfleger **1962** 302. Vgl. auch BayObLG NStZ
1993 193 und für die Rechtslage vor Inkrafttreten
des § 24 RpflG z. B. BGH NJW **1952** 1386; OLG
Celle NJW **1968** 905; OLG Hamm MDR **1960** 426.

[85] RG JW **1934** 2073 L = DJ **1934** 1193; RG DJZ
1906 84; vgl. auch § 341, 12.

[86] *Dahs/Dahs* 64; *Loewenstein* 28; *W. Schmid* Rpfleger **1962** 301 Fußn. 5; vgl. auch BGHSt **30** 64; **a. A**
KMR-*Sax* Einl. X 57, der die telefonische Anbringung der allgemeinen Sachrüge zulassen will. Vgl.
auch Vor § 42, 8 ff.

[87] RG Recht **1903** Nr. 1527; **1913** Nr. 2819; BayOb-
LGSt **34** 82; **1964** 86 (= JR **1964** 427 mit Anm.
Dünnebier); **1975** 104; OLG Bremen NJW **1964**

46; OLG Saarbrücken NJW **1994** 1423; *W. Schmid*
Rpfleger **1962** 301; **a. A** RGSt **9** 78; **62** 250; KG
HRR **1931** 1402; *Jäger* 39, die nur die Vertretung
durch einen Verteidiger zulassen wollen; vgl. auch
KG JW **1931** 2387 mit Anm. *Klefisch.*

[88] BayObLGSt **1964** 86 = JR **1964** 427 mit Anm.
Dünnebier; Kleinknecht/Meyer-Goßner[43] Einl. 134;
KMR-*Paulus* 20.

[89] RG HRR **1931** 1402; *Seibert* JZ **1951** 441.

[90] RGSt **21** 125; **46** 372; **66** 210; OLG Bremen NJW
1954 46; OLG Dresden HRR **1934** 1499; KMR-
Paulus 20; **a. A** KG JW **1928** 3198. Vgl. auch Vor
§ 296, 18; § 341, 8.

[91] OLG Celle GA **61** (1914) 368; OLG Dresden JW
1933 189; *Eb. Schmidt* 15; **a. A** *Jäger* 39.

[92] OLG Celle NJW **1958** 1313; KMR-*Paulus* 26;
Lappe Rpfleger **1958** 368; *Pentz* MDR **1962** 533.

[93] *Kleinknecht/Meyer-Goßner*[43] Einl. 135. KMR-*Paulus* 26; *Dahs/Dahs* 62.

[94] RG Recht **1903** Nr. 2416; OLG Königsberg JW
1930 1526; *W. Schmid* Rpfleger **1962** 303.

---

den vorigen Stand (unten Rdn. 41) rechtfertigt. Das Protokoll ist dem Angeklagten vorzulesen und zur Durchsicht vorzulegen; wenn er es genehmigt, wird es ihm üblicherweise zur Unterschrift vorgelegt. Verlesung und Genehmigung müssen nicht unbedingt beurkundet werden[95]; ein Protokollvermerk ist aber üblich und zweckmäßig. Die Unterschrift des Angeklagten darf fehlen[96]. Hat der Angeklagte sie jedoch verweigert, ist eine wirksame Erklärung zu Protokoll grundsätzlich nicht abgegeben[97]. Die Verweigerung braucht dabei nicht den gesamten Inhalt des Protokolls zu umfassen. Im Einzelfall kann sie dessen Wirksamkeit sogar unberührt lassen, z. B. wenn sie nur erfolgt, weil der Urkundsbeamte sich geweigert hat, das weitere Vorbringen des Angeklagten aufzunehmen[98].

35 **e) Zweck der Protokollaufnahme. Prüfungspflicht.** Auch die Einschaltung des Urkundsbeamten soll im Rahmen des generellen Zwecks von § 345 Abs. 2 (oben Rdn. 16) dazu beitragen, daß dem Revisionsgericht die Prüfung grundloser Anträge erspart wird[99]. Ob die Regelung rechtspolitisch (noch) angemessen ist und die Belange des Angeklagten hinreichend wahrt, ist umstritten[100]. Problematisch ist aber *jedenfalls*, daß sie nach herrschender Meinung (dazu im weiteren Text, insbes. Rdn. 38) etwas anderen Grundsätzen unterliegt und wohl auch unterliegen muß als die Revisionsbegründung durch den Verteidiger oder Rechtsanwalt, so daß sich insoweit eigentümliche Friktionen, auch zum Zweck des § 345 Abs. 2 (oben Rdn. 16), ergeben. Kaum zu bestreiten dürfte im übrigen sein, daß die Regelung manchmal nur eine gewisse „Alibifunktion" hat; das zeigt die höchst befremdliche Formulierung in Nr. 150 Abs. 2 Satz 1 RiStBV, nach der der Rechtspfleger bei Aufnahme der Revision dafür sorgen „soll", „daß er die Gerichtsakten, mindestens aber eine Abschrift des angefochtenen Urteils zur Hand hat". Die Friktionen und die „Alibifunktion" folgen daraus, daß die eigentliche Aufgabe des Urkundsbeamten wohl darin besteht (s. Rdn. 38), das gewünschte und nicht völlig abwegige Revisionsvorbringen in sachgemäße und geeignete Form zu bringen. Insoweit hat er gegenüber dem Revisionsvorbringen auch eine Prüfungs- und Mitwirkungspflicht (unten Rdn. 37 f). Dieser Aufgabe wird er nicht gerecht, wenn er als bloße Schreibkraft des Angeklagten oder nur als „Briefannahmestelle" tätig wird[101]. Die Revisionsbegründung ist daher regelmäßig (vgl. aber Rdn. 36) unzulässig: wenn der Urkundsbeamte sich den Inhalt des Protokolls vom Angeklagten diktieren läßt[102]; wenn er sich darauf beschränkt, einen vom Angeklagten

---

[95] RGSt **48** 84; RG LZ **1916** 1319; KMR-*Sax* Einl. X 58; vgl. auch BGHSt **29** 178.

[96] RGSt **48** 78; RG JW **1931** 3562; BayObLGSt **1961** 177; OLG Dresden HESt **1** 194 = NJW **1947/48** 354; OLG Hamburg HESt **3** 75; *Lappe* Rpfleger **1958** 368; *Pentz* MDR **1962** 533; *W. Schmid* Rpfleger **1962** 303; die gegenteilige Ansicht von RG JW **1902** 584 ist aufgegeben worden.

[97] RG JW **1931** 3562; RG LZ **1916** 1319; BayObLGSt **1961** 177; *Kleinknecht/Meyer-Goßner*[43] Einl. 136; KMR-*Paulus*[6] 26: *Sarstedt/Hamm*[6] 196.

[98] RG JW **1902** 584; BayObLGSt **1961** 177; *Kleinknecht/Meyer-Goßner*[43] Einl. 136; KMR-*Paulus* 26; *W. Schmid* Rpfleger **1962** 303.

[99] BGH NStZ-RR **1998** 22; RGSt **14** 348; **48** 81; **64** 65 = JW **1930** 3421 mit Anm. *Mannheim*; RGSt **67** 199; BayObLG Rpfleger **1951** 379; OLG Hamm Rpfleger **1960** 213; OLG Karlsruhe NJW **1974** 915. Vgl. auch BVerfG NJW **1983** 2764.

[100] So hält z. B. *Dahs* NStZ **1982** 345 sie für überholt und verfehlt („ein Fossil"); der DERechtsmittelG

wollte sie, nicht nur im Hinblick auf die von ihm geplante „Urteilsrüge" (s. Vor § 333, 17), beseitigen (vgl. § 322 und Begründung S. 85). *Sarstedt* (in *Sarstedt/Hamm*[5] 130 ff mit weit. Nachw. zum Ganzen) beurteilt sie hingegen positiv; er meint insbesondere, daß die Revisionsbegründungen der Geschäftsstelle „im großen Durchschnitt eher besser sind als die der Rechtsanwälte" und Angeklagte manchmal „nur mit Hilfe des Urkundsbeamten zu ihrem Recht gekommen sind, zu dem ihr Anwalt ihnen nicht hat verhelfen können" (Rdn. 130); dazu auch OLG Hamm NStZ **1982** 345 mit weit. Nachw.

[101] RG JW **1925** 2779 mit Anm. *Alsberg*; vgl. auch OLG Hamm NStZ **1982** 526 sowie BVerfG NJW **1983** 2764.

[102] RGSt **27** 211; **52** 277; **64** 63 = JW **1930** 3421 mit Anm. *Mannheim*; RG JW **1900** 492; OLG Hamburg Recht **1928** Nr. 237; OLG Neustadt Rpfleger **1953** 80; *Eb. Schmidt* 15; *Loewenstein* 27; *Jäger* 38; *Zaeschmar* DJZ **1909** 703; **a. A** *Frymuth* GA **56** (1909) 279.

überreichten Schriftsatz wörtlich abzuschreiben[103]; wenn er einen Schriftsatz des Angeklagten lediglich mit den üblichen Eingangs- und Schlußformeln eines Protokolls umklei-
det[104] oder wenn er eine vom Angeklagten in Protokollform verfaßte Privatschrift nur ver-
liest und unterschreiben läßt (OLG Schleswig Rpfleger **1952** 430). Auch die bloße Bezugnahme auf die dem Protokoll als Anlage beigefügte Privatschrift des Angeklagten ist
grundsätzlich unzulässig[105], nach Meinung von BGH bei *Miebach* NStZ **1988** 449 selbst
dann, wenn der Rechtspfleger dabei ausführt, er habe sich von der Sachkunde des Angeklagten überzeugt.

Ausnahmsweise kann der vom Angeklagten überreichte Schriftsatz nach Durchsicht **36**
und Prüfung, gegebenenfalls auch nach Einfügung etwa erforderlicher Abänderungen,
benutzt werden[106]. Voraussetzung dafür ist, daß der Urkundsbeamte nach sorgfältiger
Prüfung zu der Überzeugung gelangt, die ihm vorgelegte Schrift enthalte eine treffende,
sachliche und sachgerechte Begründung der Revision; die Schrift kann dann für die Protokollaufnahme ohne inhaltliche Abänderungen verwendet werden[107]. Ein klarstellender
Vermerk, daß der Urkundsbeamte den Inhalt der Schrift geprüft hat und für ihn die Verantwortung übernimmt, ist empfehlenswert[108].

f) Anspruch auf Protokollaufnahme. Wenn das Erfordernis, daß der Angeklagte die **37**
Revision nicht durch einen Privatschriftsatz rechtfertigen kann, einen Sinn haben soll,
kann der Urkundsbeamte nicht verpflichtet sein, sich bei der Protokollaufnahme ohne weiteres den Wünschen des Angeklagten zu fügen. An dessen Willen gebunden ist er ohne
Zweifel insoweit, als er Revisionsrügen nicht erheben darf, die der Angeklagte nicht
anbringen will. Verpflichtet ist er sicherlich auch, stets die allgemeine Sachrüge aufzunehmen, wenn der Angeklagte erklärt, sich mit dem Urteil nicht zufriedengeben zu wollen
(vgl. oben Rdn. 16, 29). Im übrigen aber hat der Urkundsbeamte nach ganz herrschender
und richtiger Meinung nicht nur eine Belehrungs-, sondern auch eine Prüfungspflicht[109].
Deren Umfang ist jedoch recht unklar. *Jedenfalls* dürfte anzunehmen sein, daß der
Urkundsbeamte unsachliches, insbesondere verunglimpfendes oder beleidigendes Vorbringen, das die Revisionsbegründung unzulässig machen würde (vgl. Vor § 296, 22),
ebensowenig aufnehmen darf wie sinnlose, gänzlich neben der Sache liegende Rechts-
oder Tatsachenausführungen des Angeklagten[110], etwa Angriffe gegen das Urteil des
Amtsgerichts bei Revision gegen das Berufungsurteil.

---

[103] BGH NStZ-RR **1998** 22; RGSt **4** 9; **12** 367; RG JW
1895 468; **1900** 492; OLG Dresden DRiZ **1927**
345; OLG Hamburg Recht **1928** Nr. 237; OLG Oldenburg NJW **1952** 908; *Eb. Schmidt* 15; *Zaeschmar* DJZ **1909** 703.

[104] BGH bei *Miebach* NStZ **1988** 449; RGSt **2** 444; **14**
349; RG JW **1933** 2957 mit Anm. *Gerland*; RG
HRR **1941** 179; RG LZ **1923** 610; OLG Düsseldorf
JMBlNRW **1971** 56; OLG Karlsruhe NJW **1974**
915; *Jäger* 38.

[105] BGH bei *Miebach* NStZ **1988** 449; bei *Dallinger*
MDR **1970** 15; RGSt **2** 358; **4** 7; **14** 349; **18** 104;
OLG Bamberg MDR **1961** 529; OLG Braun-
schweig GA **70** (1926) 152; OLG Dresden JW
1930 1105; OLG Hamm VRS **46** (1974) 305; OLG
Koblenz VRS **48** (1975) 449; OLG Naumburg DR
1939 1069; KMR-*Paulus* 26; *Loewenstein* 27; *Sar-
stedt/Hamm*⁶ 195; *Jäger* 39; vgl. auch Nr. 150
Abs. 3 RiStBV.

[106] OLG Köln JR **1957** 308; KMR-*Paulus* 26; *Sar-
stedt/Hamm*⁶ 195.

[107] RG JW **1895** 468; **1909** 336; RG Recht **1912**
Nr. 160; OLG Köln JR **1957** 308; Rpfleger **1958**
229; OLG Oldenburg NJW **1952** 908; *Gerland* JW
1933 2958; *W. Schmid* Rpfleger **1962** 307; *Weber*
JW **1931** 1640; *Zaeschmar* DJZ **1909** 703; **a. A**
OLG Bamberg MDR **1961** 529.

[108] *Pentz* MDR **1962** 533; vgl. aber *W. Schmid* Rpfleger **1962** 308, der mit Recht darauf hinweist, daß
dieser Vermerk nichts nützt, wenn es nach den
Umständen ausgeschlossen erscheint, daß er zutrifft.

[109] RG JW **1933** 1417 und 2957 mit Anm. *Gerland*;
KK-*Pikart* 18; *Kleinknecht/Meyer-Goßner*⁴³ 20;
KMR-*Paulus* 24; *Eb. Schmidt* 15; *Blaese/Wielop*
258; vgl. auch *Sarstedt/Hamm*⁶ 195.

[110] OLG Karlsruhe NJW **1974** 915; KMR-*Paulus* 24;
W. Schmid Rpfleger **1962** 307.

Ernst-Walter Hanack

38   Nach h. M ist **nicht völlig neben der Sache** liegendes Vorbringen vom Urkundsbeamten jedoch grundsätzlich aufzunehmen[111]; die Erhebung von Verfahrensrügen und Ausführungen zur Sachrüge dürfen dem Angeklagten insoweit also nicht allein deshalb verwehrt werden, weil der Urkundsbeamte sie für unzulässig oder aussichtslos hält. Diese Interpretation versteht sich im Hinblick auf den Zweck des § 345 Abs. 2 (oben Rdn. 16) nicht von selbst. Überdies mutet sie dem Urkundsbeamten höchst fragwürdige Abgrenzungen zu. Dennoch wird ihr im Prinzip zu folgen sein. Zwar ist die Argumentation, daß sonst „die Entscheidung über die Revisionsbegründung des Angeklagten . . . in die Hand des Urkundsbeamten gelegt und dem gesetzlich dazu berufenen Revisionsgericht entzogen" würde[112], insbesondere in ihrem zweiten Teil an sich wenig überzeugend. Denn „entzogen" wird dem Revisionsgericht die Entscheidung u. U. auch bei der Einschaltung eines Verteidigers oder Rechtsanwalts, und das Gesetz stellt nun einmal den Urkundsbeamten in die gleiche Reihe; auch erscheint es nahezu sinnwidrig, daß die beim Verteidiger und Rechtsanwalt vorausgesetzte Siebfunktion durch die (zusätzlich immer mögliche, vgl. Rdn. 15) Revision zu Protokoll der Geschäftsstelle und ihre anderen Maßstäbe im Ergebnis geradezu unterlaufen werden kann. Aber entscheidend muß wohl sein, daß es zu fragwürdig wäre, wenn der Urkundsbeamte eines unteren Gerichts über die Erfolgsaussichten der Revision zu entscheiden hätte; ihm kann daher nicht im gleichen Maße wie dem Verteidiger oder Rechtsanwalt die Funktion zukommen, das Revisionsgericht vor abwegigen Rügen zu bewahren[113]. Sein Recht wie seine Pflicht ist vielmehr in erster Linie, den wesentlichen Inhalt eines gewünschten Revisionsvorbringens in die sachgemäße Form zu bringen und ihm einen klaren und angemessenen Ausdruck zu geben[114]. Fragwürdig ist jedoch der Rat[115], der Rechtspfleger solle in besonders schwierigen Sachen davon absehen, die Revisionsbegründung aufzunehmen, und statt dessen den Antrag anregen und protokollieren, dem Angeklagten für die Revisionsbegründung einen Pflichtverteidiger beizuordnen; vgl. *Dahs* NStZ **1982** 345.

39   **Einschränkende Zusätze,** etwa des Inhalts, daß er die Verantwortung für das Revisionsvorbringen nicht übernehme, sind dem Urkundsbeamten gestattet; wenn der Angeklagte trotz Belehrung darauf besteht, daß er die Revisionsbegründung selbst diktiert oder daß die von ihm überreichte Schrift nicht verändert wird (OLG Neustadt Rpfleger **1953** 80). Die Revision ist dann aber regelmäßig unzulässig (oben Rdn. 35). Darüber hinaus besteht kein Grund, dem Urkundsbeamten die Möglichkeit zu geben, sich durch solche Zusätze von der Revisionsbegründung zu distanzieren[116]: Ist der Inhalt der Revisionsbegründung zulässig, können einschränkende Vermerke dieser Art nach dem Gesagten (Rdn. 38) ihr die Wirksamkeit nicht nehmen[117]; ist das Revisionsvorbringen aber unzuläs-

---

[111] BVerfGE **10** 283 = NJW **1960** 427; *Kleinknecht/Meyer-Goßner*[43] 20; *KMR-Paulus* 24; *Blaese/Wielop* 258; *Frymuth* GA **56** (1909) 281; **a. A** *Zaeschmar* DJZ **1909** 703. Vgl. auch Fußn. 114.

[112] So LR-*Meyer*[23] im Anschluß an RG JW **1929** 2779 mit Anm. *Alsberg*; vgl. auch BVerfGE **10** 283 = NJW **1960** 427; RGSt **73** 23, oben Rdn. 27.

[113] Vgl. OLG Bremen NJW **1967** 641; *Meyer* JR **1974** 479; *Sarstedt/Hamm*[6] 195; im Ergebnis ebenso oder sogar weitergehend, aber unklar und z. T. merkwürdig polemisch *Harzer* passim.

[114] RGSt **4** 7; **14** 348; **27** 211; **52** 577; **64** 63 = JW **1930** 3421 mit Anm. *Mannheim*; RGJW **1933** 2957 mit Anm. *Gerland*; vgl. auch BVerfGE **10** 283 = NJW **1960** 427 und Nr. 150 Abs. 2 Satz 2 RiStBV.

[115] So aber LR-*Hanack*[24]; *Sarstedt/Hamm*[6] 195; W. *Schmid* Rpfleger **1962** 307; vgl. auch OLG Hamm NStZ **1982** 345.

[116] *Kleinknecht/Meyer-Goßner*[43] 20; *Frymuth* GA **56** (1909) 281; *Seibert* Rpfleger **1951** 545; **a. A** BVerfGE **10** 282 = NJW **1960** 427, das dann jedoch die Gewährung des rechtlichen Gehörs verlangt; OLG Köln NJW **1952** 239; *Eb. Schmidt* 15; vgl. auch Nr. 150 Abs. 2 Satz 4 RiStBV.

[117] RG JW **1909** 336; JW **1931** 1760 mit Anm. *Alsberg*; *Kleinknecht/Meyer-Goßner*[43] 20; *Pentz* MDR **1962** 354; **a. A** RGSt **64** 65 = JW **1930** 3421 mit Anm. *Mannheim*; KK-*Pikart* 18 unter Hinweis auf mehrere BGH-Entscheidungen, soweit sich die Vorbehalte nicht allein auf die allgemeine Sachrüge beziehen; ebenso KMR-*Paulus* 25.

---

sig, so kommt es für die Entscheidung des Revisionsgerichts ohnehin nicht darauf an, ob der Beamte es verantwortet hat oder nicht. Es besteht daher kein Anlaß, dem Vorschlag von *Pentz* MDR **1962** 533 ff zu folgen, der Urkundsbeamte sollte notfalls in einem zweiten Teil des Protokolls solches Vorbringen des Angeklagten aufnehmen, für das er die Verantwortung nicht übernehmen will, und das entsprechend vermerken.

Auch der Zusatz, das Vorbringen werde **auf ausdrücklichen Wunsch** des Angeklag- **40** ten aufgenommen, berührt die Wirksamkeit der Niederschrift nicht[118], ob er sich nun auf das ganze Vorbringen oder nur auf einen Teil bezieht. Der Zusatz kann dem Rechtspfleger aber nicht verwehrt werden. Ihm muß gestattet sein zu zeigen, daß er versucht hat, den Angeklagten von der Aussichtslosigkeit der erhobenen Rüge(n) zu überzeugen[119].

Wieweit **Grenzen für die zeitliche Beanspruchung** des Urkundsbeamten bei der kon- **40a** kreten Revisionsbegründung bestehen, ist ungeklärt. BGH NStZ **1996** 353 (= StV **1997** 203 mit krit. Anm. *Harzer*) bejaht es nicht unbedingt überzeugend in einem extremen Einzelfall insbesondere anhand einer vorsichtigen Abwägung zwischen der Gewährleistung einer funktionstüchtigen Rechtspflege und den Interessen des Beschwerdeführers an einem umfassenden Vortrag.

g) Wiedereinsetzung in den vorigen Stand. Rechtsmittel. Ist die Revisionsbegrün- **41** dung infolge Verschuldens des Urkundsbeamten unwirksam, so kann der Angeklagte Wiedereinsetzung in den vorigen Stand verlangen[120]. Gleiches gilt, wenn der Urkundsbeamte die Aufnahme der Erklärung zu Unrecht abgelehnt hat (OLG Bremen NJW **1954** 46). Die Wiedereinsetzung zur Nachholung einzelner Revisionsrügen, die von der Rechtsprechung beim verteidigten Angeklagten meist für unzulässig gehalten wird (näher § 44, 15 ff), wird für den Fall, daß die Rügen durch Verschulden des Urkundsbeamten nicht rechtzeitig angebracht worden sind, im allgemeinen zugelassen[121]. Außer der Wiedereinsetzung ist gegen die Weigerung des Rechtspflegers, eine Erklärung aufzunehmen, nur die Dienstaufsichtsbeschwerde möglich, nicht jedoch ein Rechtsmittel zulässig, auch nicht die Erinnerung nach § 11 RpflG (OLG Hamburg MDR **1983** 512; vgl. auch § 299, 9).

5. Revision der Staatsanwaltschaft. Für sie genügt einfache Schriftform, da § 345 **42** Abs. 2 nur die Revision des Angeklagten betrifft. Die Schrift der Staatsanwaltschaft muß an das Gericht gerichtet sein, dessen Urteil angefochten wird. Sie muß vom zuständigen Beamten der Staatsanwaltschaft unterzeichnet sein oder doch deutlich erweisen, daß sie von ihm herrührt. Schriftzugstempel können verwendet werden (RGSt **62** 53; **63** 247); nicht ausreichend ist jedoch die Abzeichnung mit dem Anfangsbuchstaben des Namens (OLG Karlsruhe HRR **1933** 88). Die Einreichung einer beglaubigten Abschrift genügt[122].

---

[118] RG JW **1909** 336; RG Recht **1910** Nr. 2333; OLG Bremen NJW **1967** 641; *Sarstedt/Hamm*⁵ 132; *W. Schmid* Rpfleger **1962** 309; möglicherweise einschränkend auf die allgemeine Sachrüge KMR-*Paulus* 25; **a. A** BayObLG Rpfleger **1951** 379 mit Anm. *Wedewer*; *Jäger* 39; *Pentz* MDR **1962** 535 unter unzutreffender Bezugnahme auf RGSt **64** 64.

[119] Vgl. RG JW **1925** 2779 mit Anm. *Alsberg*; *Jäger* 38; *Wedewer* Rpfleger **1951** 379; vgl. auch *Blaese/ Wielop* 258. *Sarstedt/Hamm*⁵ 132 raten von entsprechenden Zusätzen ab.

[120] BGH NJW **1952** 1386; RGSt **67** 199; **68** 300; RG JW **1925** 2779 mit Anm. *Alsberg*; BayObLGSt **16** 99; **25** 222 = JW **1926** 1239 mit Anm. *Löwenstein*;

BayObLG MDR **1978** 777; OLG Braunschweig GA **1926** 152; OLG Dresden JW **1930** 1105; OLG Hamm NJW **1956** 1572; MDR **1960** 426; OLG Oldenburg NJW **1952** 98; ganz h. L; vgl. auch § 44, 9.

[121] BayObLGSt **1959** 275 = JR **1960** 145 mit Anm. *Sarstedt* = Rpfleger **1960** 213 mit Anm. *Lappe*; OLG Celle GA **1968** 153; *Kaiser* NJW **1975** 339; vgl. auch § 44, 15 und *Hilger* NStZ **1983** 152 Fußn. 5.

[122] BGHSt **2** 77; KK-*Pikart* 25; *Kleinknecht/Meyer-Goßner*⁴³ 23; *Blaese/Wielop* 248; vgl. auch GemS-OGB NJW **1980** 174; **a. A** RGSt **34** 137; **57** 280; *Jäger* 39.

§ 346

(1) Ist die Revision verspätet oder sind die Revisionsanträge nicht rechtzeitig oder nicht in der in § 345 Abs. 2 vorgeschriebenen Form angebracht worden, so hat das Gericht, dessen Urteil angefochten wird, das Rechtsmittel durch Beschluß als unzulässig zu verwerfen.

(2) [1]Der Beschwerdeführer kann binnen einer Woche nach Zustellung des Beschlusses auf die Entscheidung des Revisionsgerichts antragen. [2]In diesem Falle sind die Akten an das Revisionsgericht einzusenden; die Vollstreckung des Urteils wird jedoch hierdurch nicht gehemmt. [3]Die Vorschrift des § 35 a gilt entsprechend.

Schrifttum. *Baumdicker* Probleme der §§ 319 und 346 StPO, insbesondere des Antrags auf Entscheidung des Berufungs- oder Revisionsgerichts, Diss. Würzburg 1967; *von Feilitsch* Rechtsmittel und Wiedereinsetzung in den vorigen Stand, DJZ **1922** 114; *Karnowsky* Revisionszulässigkeit und Verfahrenshindernisse im Strafverfahren, Diss. Münster 1974; *Küper* Unzulässige Revision und formelle Rechtskraft des Strafurteils, GA **1969** 364; *Küper* Der Eintritt der Rechtskraft bei verspäteter Revisions- oder Rechtsbeschwerdebegründung, MDR **1971** 806; *Niese* Die allgemeine Prozeßrechtslehre und der Rechtskrafteintritt bei zurückgenommenen und unzulässigen Rechtsmitteln, JZ **1957** 73; *Nöldeke* Plädoyer für eine ausführliche Rechtsbehelfsbelehrung im Falle einer verspäteten oder nicht formgerechten Revision nach §§ 346 I, 349 I StPO, NStZ **1991** 70; *Pentz* Wiedereinsetzung im Rahmen von § 346 StPO, NJW **1962** 1236; *Eb. Schmidt* Revisionsgericht und Verfahrenshindernisse, JZ **1962** 155; *R. Schmitt* Können die Beschlüsse aus §§ 346, 349 StPO zurückgenommen werden? JZ **1961** 15; *Schöneborn* Die Behandlung der Verfahrenshindernisse im strafprozessualen Verfahrensgang, MDR **1975** 6; *Sieg/Schöneborn* Zur Berücksichtigung von Verfahrenshindernissen bei nicht ordnungsgemäß begründeter Revision, MDR **1975** 811; *Theuerkauf* Die Behandlung der nach § 345 StPO unzulässigen Revision bei Verfahrenshindernissen, NJW **1963** 1813.

Entstehungsgeschichte. Durch Art. 4 Nr. 37 des 3. StRÄndG wurde dem Absatz 2 der Satz 3 angefügt: Bezeichnung bis 1924: § 386.

Übersicht

I. Verwerfung der Revision durch den Tatrichter (Absatz 1)

1. Zweck der Vorschrift. Mit $\S$ 346 Abs. 1 soll, wie mit $\S$ 319 im Berufungsverfah- **1** ren, eine Entlastung der Rechtsmittelgerichte und die Beschleunigung des Verfahrens erreicht werden (kritisch dazu AK-*Maiwald* 14). Zu diesem Zweck wird das Gericht, dessen Urteil angefochten ist, zur Verwerfung unzulässiger Revisionen ermächtigt und verpflichtet („hat . . . zu verwerfen"). Ihm werden damit Prüfungsaufgaben übertragen, die an sich Sache des Revisionsgerichts sind (BayObLGSt **1974** 99 = MDR **1975** 71). Die Prüfung obliegt dem Gericht, nicht der Geschäftsstelle; sie erfolgt von Amts wegen.

2. Prüfungsbefugnis des Tatrichters. Die Vorschrift ermächtigt den Tatrichter nicht **2** zu der umfassenden Zulässigkeitsprüfung, die dem Revisionsgericht zusteht. Dem Tatrichter ist nur die Prüfung folgender einfacher Fragen der Zulässigkeit übertragen:

a) Verspätung der Revisionseinlegung. Der Tatrichter hat in jedem Fall zu prüfen, ob **3** die Revision in der Frist des $\S$ 341 eingelegt worden ist.

b) Verspätung der Revisionsbegründung. Nach $\S$ 344 Abs. 1 muß der Beschwerde- **4** führer erklären, inwieweit er das Urteil anficht und dessen Aufhebung beantragt (Revisionsanträge); die Anträge muß er begründen. Das muß innerhalb der Frist des $\S$ 345 Abs. 1 geschehen. Über den Wortlaut des $\S$ 346 Abs. 1 hinaus erstreckt sich die Prüfung des Tatrichters nicht nur darauf, ob die Revisionsanträge rechtzeitig gestellt worden sind, sondern auch auf die damit verbundene Frage, ob die Revisionsbegründung innerhalb der Frist des $\S$ 345 Abs. 1 angebracht worden ist[1]. Die Prüfung bezieht sich aber auf die Rechtzeitigkeit der Anträge, nicht hingegen auf die umstrittene Frage (vgl. $\S$ 344, 2) welche Bedeutung das Fehlen ausdrücklicher Anträge hat (unten Rdn. 13). Hatte der Angeklagte einen begründeten Antrag auf **Bestellung eines Pflichtverteidigers** für die Revisionsbegründung gestellt, ist die Verwerfung der Revision durch den Tatrichter, der den Antrag übersehen oder übergangen hat, vom Revisionsgericht auf den Antrag des Betroffenen gemäß $\S$ 346 Abs. 2 aufzuheben (BayObLG NStZ **1997** 300).

c) Nicht formgerechte Revisionsbegründung. Der Tatrichter hat zu prüfen, ob die **5** Revisionsanträge und ihre Begründung, wie $\S$ 345 Abs. 2 vorschreibt, in einer von dem Verteidiger oder einem Rechtsanwalt unterzeichneten Schrift oder zu Protokoll der Geschäftsstelle angebracht worden sind. Eine Prüfung des Inhalts der Revisionsbegründungsschrift steht ihm jedoch nicht zu. Ob die Revisionsbegründung unzulässig ist, weil der Rechtsanwalt die volle Verantwortung für den Inhalt der Revisionsbegründungsschrift nicht übernommen hat ($\S$ 345, 27 ff) oder weil das aufgenommene Protokoll des Urkundsbeamten unwirksam ist ($\S$ 345, 34 ff), hat der Tatrichter daher nicht zu beurteilen (vgl. unten Rdn. 13).

d) Revision des Privatklägers und des Nebenklägers. Obwohl $\S$ 346 Abs. 1 darüber **6** nichts ausdrücklich sagt, erstreckt sich die Prüfungsbefugnis des Tatrichters auch auf die Einhaltung der Formvorschrift des $\S$ 390 Abs. 2 im Privatklageverfahren[2]. Das gleiche gilt für Revisionen der Nebenkläger, auf die $\S$ 390 Abs. 2 nach h. M (vgl. BGH NJW **1992** 1398) auch nach der Neuregelung der Nebenklage durch das OpferschutzG (entsprechend) anzuwenden ist[3].

---

[1] RGSt **44** 263; RG Recht **1912** 1571; BayObLGSt **20** 333; OLG Dresden GA **40** (1892) 62; LZ **1914** 1727; AK-*Maiwald* 2; KK-*Pikart* 3; KMR-*Paulus* 3; *Schlüchter* 715.1.

[2] BayObLGSt **1954** 4 = NJW **1954** 1417; AK-*Maiwald* 4; KMR-*Paulus* 4.
[3] RG LZ **1917** 411; OLG Dresden DRiZ **1932** Nr. 768; AK-*Maiwald* 4.

Ernst-Walter Hanack

7   **e) Andere Fälle.** Eine erweiternde Auslegung des § 346 Abs. 1 dahin, daß der Tatrichter über die genannten Fälle hinaus zur Verwerfung der Revision ermächtigt ist, wird mit Recht allgemein abgelehnt[4]. Denn Wortlaut und Sinn der Vorschrift sprechen dafür, dem Tatrichter von den ihrem Wesen nach zur Entscheidung des Revisionsgerichts gehörenden Fragen nur solche zur Prüfung zu überlassen, die ausschließlich eine rein formale Nachprüfung erfordern[5]. Daraus ergibt sich insbesondere folgendes:

8   Bei Zweifeln, ob ein Schreiben des Angeklagten **eine Revisionseinlegung** enthält (OLG Hamburg NJW **1965** 1147) oder ob die **Schriftform** eingehalten ist (RGRspr. **1** 266), darf der Tatrichter die Revision nicht verwerfen.

9   Nicht verwerfen darf er sie auch wegen des Fehlens der gesetzlichen **Ermächtigung zur Revisionseinlegung** (BGH MDR **1959** 507), etwa weil die Voraussetzungen für die Zulassung als Nebenkläger nicht vorliegen (KMR-*Paulus* 5).

10   Auch die **fehlende Bevollmächtigung** zur Revisionseinlegung oder -begründung berechtigt den Tatrichter nicht zur Verwerfung (BayObLGSt **18** 113).

11   Ebensowenig darf der Tatrichter die Revision wegen **fehlender Beschwer** verwerfen.

12   Nicht verwerfen darf er sie auch, wenn er die Revision infolge **Rechtsmittelverzichts** (BGH NStZ **1984** 181; **1997** 148) oder wegen **Zurücknahme** des Rechtsmittels (RG HRR **1941** 678 L) für unzulässig hält.

13   Ein **nicht ausreichender Inhalt** der Revisionsbegründungsschrift berechtigt ihn ebenfalls nicht zur Anwendung des § 346 Abs. 1. Das gilt insbesondere bei Nichtbeachtung der Formvorschrift des § 344 Abs. 2[6] oder bei Zweifeln, ob der Verteidiger für den Inhalt der Schrift die **volle Verantwortung** (vgl. § 345, 27 ff) übernommen hat (BayObLGSt **1975** 153 = MDR **1976** 248).

14   Eine Revision, die nach § 441 Abs. 3 Satz 3 StPO, § 55 Abs. 2 JGG, § 10 des Gesetzes über das gerichtliche Verfahren in Binnenschiffahrtssachen v. 27. 9. 1952 (BGBl. I 641) **gesetzlich ausgeschlossen** ist, darf der Tatrichter nicht dieses Ausschlusses wegen verwerfen[7]. Liegt aber einer der Gründe vor, aus denen der Tatrichter die Revision, wenn das Gesetz sie zuließe, nach § 346 Abs. 1 als unzulässig verwerfen könnte, so ist er dazu auch befugt, wenn sie gesetzlich ausgeschlossen ist[8].

3. Verwerfungsbeschluß

15   **a) Erforderlichkeit.** Ein Beschluß ist nur erforderlich, wenn die Revision verworfen wird. Ergibt die Prüfung des Tatrichters, daß sie zulässig ist, so hat er lediglich die Aktenvorlage an das Revisionsgericht nach § 347 Abs. 2 anzuordnen. Einen Antrag der Staatsanwaltschaft auf Erlaß eines Verwerfungsbeschlusses nach § 346 Abs. 1 braucht er nicht förmlich zu bescheiden[9]. Wenn der Tatrichter die Revision zwar für unzulässig, sich selbst aber zu ihrer Verwerfung nach § 346 Abs. 1 nicht für befugt hält, legt er die Akten

---

[4] Vgl. z. B. KK-*Pikart* 3; *Kleinknecht/Meyer-Goßner*[43] 2; KMR-*Paulus* 3, 5; *Eb. Schmidt* 2; *Baumdicker* 97; *Karnowsky* 67.

[5] BGHSt **2** 70; BGH MDR **1959** 507; BayObLGSt **1951** 338; **1962** 207 (= NJW **1963** 63); **1975** 153 (= MDR **1976** 248).

[6] RGRspr. **9** 420; BayObLGSt **1951** 337; **1954** 3; KK-*Pikart* 3; KMR-*Paulus* 3.

[7] BayObLGSt **1962** 207 = NJW **1963** 63; OLG Düsseldorf JMBlNRW **1983** 33; KK-*Pikart* 3; KMR-

Paulus 5; *Kleinknecht/Meyer-Goßner*[43] 2; *Eisenberg* § 55, 68 mit weit. Nachw.; *Vogel* JW **1933** 1636; a. A *Wunderer* LZ **1932** 1458, der hier § 346 Abs. 1 entsprechend anwenden will.

[8] Vgl. BayObLGSt **1972** 169 = VRS **44** (1973) 50; OLG Karlsruhe Justiz **1973** 400 für den ähnlichen Fall des § 79 Abs. 1 Satz 1 Nr. 5 OWiG.

[9] OLG Kassel JW **1930** 2598; KMR-*Paulus* § 319, 9; *Dahs/Dahs* 508.

ebenfalls dem Revisionsgericht vor. Dieses ist an seine Ansicht über die Zulässigkeit der Revision nicht gebunden (RGSt **59** 244).

b) Verfahren. Geht innerhalb der Frist des § 345 Abs. 2 eine formfehlerhafte Begrün- **16** dung ein, so ist erst abzuwarten, ob bis zum Fristablauf noch eine formgerechte Revisionsbegründungsschrift eingereicht wird (*Karnowsky* 15). Der Tatrichter stellt die Entscheidung nach § 346 Abs. 1 auch zurück, wenn die Wiedereinsetzung in den vorigen Stand beantragt wird[10]. Über diesen Antrag hat das Revisionsgericht zu entscheiden (§ 46 Abs. 1); ihm sind daher die Akten zu übersenden. Das gleiche gilt, wenn der Tatrichter nach § 45 Abs. 2 Satz 3 die Gewährung der Wiedereinsetzung von Amts wegen für angebracht hält oder wenn, wie im Fall der Nichtbescheidung des Antrags auf Bestellung eines Pflichtverteidigers für die Revisionsbegründung, ein noch zu stellender Wiedereinsetzungsantrag Erfolg haben wird (OLG Hamm GA **1976** 372 L).

Die unzulässige Revision verwirft der Tatrichter durch **Beschluß**. Das kann, solange **17** die Akten noch nicht an das Revisionsgericht abgegeben worden sind, auch noch geschehen, wenn die Revisionsschrift dem Gegner des Beschwerdeführers bereits nach § 347 Abs. 1 zugestellt ist. Die Staatsanwaltschaft ist nach § 33 Abs. 2 vor der Entscheidung zu hören, wenn sie die Revision nicht selbst eingelegt hat. Gemäß § 33 Abs. 3 ist gegebenenfalls (*Dahs/Dahs* 397) auch der Angeklagte zur Tatsache der Fristversäumung zu hören; **a. A** offenbar *Kleinknecht/Meyer-Goßner*[43] 4; das rechtliche Gehör kann aber in dem Verfahren nach § 346 Abs. 2 nachgeholt werden (BayObLG bei *Rüth* DAR **1975** 208). Die Entscheidung ist, weil sie die Frist des § 346 Abs. 2 Satz 1 in Lauf setzt, den zur Stellung des Antrags auf Entscheidung des Revisionsgerichts berechtigten Verfahrensbeteiligten (unten Rdn. 28) förmlich zuzustellen (§ 35 Abs. 2 Satz 1; vgl. BGH bei *Miebach* NStZ **1988** 214), dem Angeklagten also auch, wenn die Revision des gesetzlichen Vertreters verworfen worden ist (OLG Hamm NJW **1973** 1850). Den übrigen Verfahrensbeteiligten wird die Entscheidung formlos bekanntgegeben. Das Gesetz sieht den Antrag auf Entscheidung des Revisionsgerichts nicht als Rechtsmittel im Sinne des § 35 a an; es bestimmt daher in § 346 Abs. 2 Satz 3, daß bei der Beschlußzustellung eine Belehrung über das Antragsrecht in entsprechender Anwendung des § 35 a zu erfolgen hat. Die Belehrung muß sich auf Form und Frist des Antrags erstrecken und das Gericht bezeichnen, bei dem er zu stellen ist (BayObLGSt **1976** 19 = VRS **50** [1976] 430).

Eine **teilweise Verwerfung** der Revision ist unzulässig, wenn nur ein Beschwerdefüh- **18** rer das Rechtsmittel eingelegt hat (BGH StV **1990** 389). Haben jedoch mehrere Prozeßbeteiligte Revision eingelegt, so kann der Tatrichter eine von ihnen nach § 346 Abs. 1 als unzulässig verwerfen und wegen der übrigen nach § 347 verfahren.

c) Wirksamkeit bei Überschreitung der Prüfungsbefugnis. Verwirft der Tatrichter **19** die Revision aus einem der Gründe, auf die sich seine Prüfungsbefugnis nicht erstreckt (oben Rdn. 7 ff), so ist das auf die Wirksamkeit des Beschlusses ohne Einfluß. Wenn die Entscheidung nicht rechtzeitig nach § 346 Abs. 2 angefochten wird, tritt auch in diesem Fall Rechtskraft ein[11]. Die in der Entscheidung BGH MDR **1959** 507 vertretene Ansicht, der Beschluß sei gegenstandslos, steht damit nur scheinbar in Widerspruch. Der Bundesgerichtshof hat mit dieser Entscheidung die Revision nach § 349 Abs. 1 verworfen und nur zum Ausdruck gebracht, daß der Beschluß des unzuständigen Tatrichters nicht ausdrücklich aufgehoben zu werden braucht.

---

[10] *Kleinknecht/Meyer-Goßner*[43] 4; KMR-*Paulus* § 319, 7; *von Feilitsch* DJZ **1922** 114; *Mittelbach* DR **1941** 1406; vgl. auch KK-*Pikart* 30.

[11] BayObLGSt **1962** 208 = NJW **1963** 63; KK-*Pikart* 4; *Kleinknecht/Meyer-Goßner*[43] 2.

20   d) Die **Aufhebung** des Verwerfungsbeschlusses durch den Richter, der ihn erlassen
hat, ist unzulässig. Das gilt nicht nur bei Fehlerhaftigkeit des Beschlusses infolge Rechtsirrtums (OLG Hamm NJW **1965** 546), sondern auch, wenn der Tatrichter die Revision
aufgrund irrtümlicher Annahme von Tatsachen als unzulässig verworfen hat[12]. Ein gleichwohl erlassener Aufhebungsbeschluß ist gegenstandslos und hat keine rechtliche Wirkung[13]; hat der Angeklagte aber auf seine Wirksamkeit vertraut und deswegen einen
Antrag nach § 346 Abs. 2 unterlassen oder zurückgenommen, so muß ihm entsprechend
§ 44 gegen die Versäumung der Wochenfrist des § 346 Abs. 2 freilich Wiedereinsetzung
in den vorigen Stand gewährt werden.

21   e) **Verfahrenshindernisse.** Wenn der Tatrichter bei der Urteilsfällung ein Verfahrenshindernis übersehen hat, berechtigt ihn das nicht, das Urteil aufzuheben oder abzuändern
(vgl. bei § 206 a, 24. Aufl. Rdn. 10). Entsteht das Verfahrenshindernis nach dem Urteilserlaß, so hat der Tatrichter, solange dem Revisionsgericht die Akten nicht nach § 347
Abs. 2 vorgelegt worden sind, eine unzulässige Revision nicht nach § 346 Abs. 1 zu verwerfen, sondern das Verfahren nach § 206 a einzustellen (näher bei § 206 a, 24. Aufl.
Rdn. 11).

4. Rechtskraft

22   a) Eine **verspätet eingelegte Revision** hemmt die Rechtskraft des Urteils nicht (§ 343
Abs. 1). Die Entscheidung, mit der die Revision in diesem Fall nach § 346 Abs. 1 als
unzulässig verworfen wird, hat daher nur feststellende Bedeutung[14]. Das gleiche gilt,
wenn die Revision nach ausdrücklicher Vorschrift (oben Rdn. 14) gesetzlich ausgeschlossen ist (näher § 343, 1).

23   b) **Hemmung der Rechtskraft.** In allen anderen Fällen wird die Rechtskraft des
Urteils durch die Einlegung einer unzulässigen Revision gehemmt (BGHSt **25** 261). Insbesondere tritt Rechtskraft nicht dadurch ein, daß die Revision bis zum Ablauf der Frist
des § 345 Abs. 1 nicht oder nicht ordnungsgemäß begründet worden ist[15]. Die insbesondere vom Kammergericht einer älteren Entscheidung vertretene Gegenmeinung[16] hat
heute keine Anhänger mehr.

24   c) **Eintritt der Rechtskraft.** Streitig ist, ob bei rechtzeitiger Einlegung der Revision
schon der Erlaß des Verwerfungsbeschlusses nach § 346 Abs. 1 die Rechtskraft des Urteils
herbeiführt oder ob sie erst eintritt, wenn der Beschluß selbst rechtskräftig geworden, d. h.
innerhalb der Frist des § 346 Abs. 2 Satz 1 nicht angefochten oder durch die nach dieser
Vorschrift ergangene Entscheidung des Revisionsgerichts bestätigt worden ist. Die Frage
wird ausführlich bei § 449, 12 ff behandelt. Zu folgen ist der heute überwiegend vertretenen Meinung, daß die Rechtskraft des Urteils mit der des Beschlusses nach § 346 Abs. 1
zusammenfällt, also erst nach Ablauf der Frist des § 346 Abs. 2 Satz 1 oder mit Erlaß der

---

[12] RGSt **37** 292; **38** 157; **55** 235; RG JW **1921** 840
mit Anm. *Stein*; KG JW **1927** 2073; OLG Celle
NdsRpfl. **1960** 120; OLG Düsseldorf JMBlNRW
1955 251; MDR **1984** 963 mit weit. Nachw.; *Klein-
knecht/Meyer-Goßner*[43] 6; KMR-*Paulus* 1 in Verb.
mit § 319, 14; *Eb. Schmidt* § 306, 9; *Beling* 257
Fußn. 2; *Baumdicker* 134; *Karnowsky* 143; *Loewenstein* 36; *R. Schmitt* JZ **1961** 17.

[13] RG JW **1921** 840 mit Anm. *Stein*; RG LZ **1918**
1149; **1919** 911; BayObLGSt **1980** 36; OLG Celle
NdsRpfl. **1960** 120; OLG Schleswig SchlHA **1987**
59; **a. A** Düsseldorf JMBlNRW **1955** 251.

[14] RGSt **53** 236; KG DJZ **1926** 458; allg. M., z. B.
KK-*Pikart* 25; *Kleinknecht/Meyer-Goßner*[43] 5; *Eb.
Schmidt* 5; *Baumdicker* 67; *Küper* GA **1969** 364 ff;
Theuerkauf NJW **1963** 1815.

[15] BGHSt **22** 219; RGSt **53** 235; KG DJZ **1926** 458;
OLG Düsseldorf JMBlNRW **1951** 60; OLG Ham-
burg NJW **1963** 265; OLG Neustadt GA **1955** 185.

[16] KG HRR **1928** 580 = JW **1927** 3060 mit Anm. *Beling*; ebenso *Dalcke/Fuhrmann/Schäfer* 1; *Beling*
264 Fußn. 3.

Entscheidung des Revisionsgerichts eintritt (so daß bis dahin trotz eines Verwerfungsbeschlusses nach Absatz 1 auch eine Rücknahme der Revision noch möglich ist, BGH NStZ **1998** 52). Sie vermeidet die eigenartige Folge der gegenteiligen Ansicht, nach der die Entscheidung des nach § 346 Abs. 2 angerufenen Revisionsgerichts unter Umständen in ein bereits rechtskräftig abgeschlossenes Verfahren eingreift. Die Vollstreckbarkeit des Urteils nach § 346 Abs. 2 Satz 2 Halbsatz 2 hängt von der Rechtskraft des Verwerfungsbeschlusses nicht ab; es handelt sich um eine vorläufige Vollstreckbarkeit[17]. Daß es eine Vollstreckbarkeit dieser Art gibt, muß übrigens auch die Gegenmeinung anerkennen. Denn wenn das Revisionsgericht den Verwerfungsbeschluß des Tatrichters aufhebt, erweist sich die inzwischen vorgenommene Strafvollstreckung zwingend als vor Eintritt der Rechtskraft vollzogen, also ebenfalls als vorläufig.

II. Antrag auf Entscheidung des Revisionsgerichts (Absatz 2)

1. Antrag

a) Allgemeines. Gegen den Verwerfungsbeschluß des Tatrichters kann der Beschwer- **25** deführer innerhalb einer Woche seit Zustellung auf Entscheidung des Revisionsgerichts antragen. Die Regelung entspricht der des § 319 Abs. 2 für das Berufungsverfahren. Die Frist wird nach § 43 bemessen. Der Streit darüber, ob es sich bei dem Antrag um eine sofortige Beschwerde handelt[18] oder um einen Rechtsbehelf eigener Art[19], führt zu nichts. Der Antrag ist ein befristetes Rechtsmittel, das das Gesetz nicht als sofortige Beschwerde bezeichnen konnte, weil das Revisionsgericht, das über ihn zu befinden hat, nicht immer zugleich das Beschwerdegericht ist. Form und Frist für die Anbringung des Antrags stimmen aber mit denen für die sofortige Beschwerde überein. Es genügt einfache Schriftform (dazu bei § 314). Das Fehlen einer Unterschrift kann unschädlich sein (BGHSt **11** 154). Der Antrag kann schon vor der Zustellung des tatrichterlichen Verwerfungsbeschlusses gestellt werden (BGH bei *Rüth* DAR **1975** 208). Die früher streitige Frage, ob er nur beim Tatrichter oder auch beim Revisionsgericht[20] angebracht werden kann, ist seit dem Gesetz v. 7. 7. 1986 (BGBl. I S. 977) gegenstandslos, weil nach dem erkennbaren Willen des Gesetzgebers[21] seitdem für alle strafprozessualen Rechtsmittel die Einlegung beim judex a quo maßgebend sein soll[22]. Der Tatrichter darf dem Antrag nicht abhelfen[23] und ihn ebensowenig wie eine sofortige Beschwerde verwerfen, wenn er verspätet angebracht worden ist. Vielmehr müssen die Akten auf jeden Fall dem Revisionsgericht vorgelegt werden.

b) Ausschluß der Beschwerde. Neben dem Antrag nach § 346 Abs. 2 ist eine **26** Beschwerde nach § 304 Abs. 1 nicht statthaft[24]. Auch wenn der Tatrichter seine Prüfungs-

---

[17] KK-*Pikart* 27; *Karnowsky* 74; *Küper* MDR **1971** 807; *Niese* JZ **1951** 758; vgl. auch unten Rdn. 40; unentschieden BGHSt **15** 209; **22** 218.

[18] So z. B. KG JR Rspr. **1926** Nr. 881; OLG Neustadt GA **1955** 186; OLG Stuttgart NJW **1951** 46; *Gaedeke* JW **1925** 2809; *Spindler* ZStW **27** (1907) 459; *Stein* JW **1921** 840.

[19] So z. B. BGHSt **16** 118; RGSt **38** 9; BayObLGSt **1976** 10; OLG Celle MDR **1954** 313; *Kleinknecht/ Meyer-Goßner*[43] 8; KMR-*Paulus* § 319, 16; *Eb. Schmidt* 7; *Beling* 331; *Baumdicker* 32; *Karnowsky* 72; *Haas* GerS **33** (1881) 528.

[20] So u. a. KG JR **1978** 87; BayObLG bei *Rüth* DAR **1974** 188; OLG Düsseldorf OLGSt § 346 S. 3; OLG Hamm JMBlNRW **1956** 105. Weit. Nachw. in der 24. Aufl. Fußn. 20.

[21] Bericht des Rechtsausschusses BTDrucks. **10** 5083 S. 23; dazu BGHR StPO § 346 Abs. 2 Antrag 1.

[22] BGH aaO; ebenso – mit unterschiedlicher Argumentation – BGH NJW **1977** 968; BayObLG VRS **71** (1986) 373; OLG Köln StV **1981** 118; OLG Schleswig SchlHA **1988** 15; KK-*Pikart* 15; *Kleinknecht/Meyer-Goßner*[43] 8; *Blaese/Wielop* 270.

[23] OLG Celle JR **1949** 22; *Kleinknecht/Meyer-Goßner*[43] 8; KMR-*Paulus* § 319, 21; *Eb. Schmidt* 8; vgl. auch Rdn. 20.

[24] BGHSt **10** 91; OLG Dresden Alsb. E **2** Nr. 191a; OLG Hamburg *Alsb.* E **2** Nr. 191i; KK-*Pikart* 19; KMR-*Paulus* § 319, 16.

befugnis überschritten hat, ist nicht die Beschwerde, sondern nur der Antrag nach § 346 Abs. 2 zulässig und zur Beseitigung des Verwerfungsbeschlusses erforderlich (anders *Eb. Schmidt* 3). Denn es ist nicht einzusehen, weshalb in die Zulässigkeitsprüfung außer dem Tatrichter und dem Revisionsgericht auch das — von diesem oft verschiedene — Beschwerdegericht eingeschaltet werden müßte (ebenso AK-*Maiwald* 5). Gleiches gilt für den Fall, daß das Rechtsmittel, das das Amtsgericht als unzulässig verworfen hat, keine Sprungrevision (§ 335 Abs. 1), sondern eine Berufung ist[25].

27   **c) Irrige Bezeichnung.** Der Antrag auf Entscheidung des Revisionsgerichts wird häufig als Wiedereinsetzungsantrag zu behandeln sein (§ 300). Es kommt darauf an, ob der Beschwerdeführer die Tatsachen bestreitet, mit denen die Unzulässigkeit der Revision begründet worden ist, oder ob er nur Gründe dafür anführt, weshalb er gehindert war, die Revision rechtzeitig und formgerecht einzulegen (vgl. RGSt **53** 288; *Sarstedt/Hamm*[5] 449). Da er bei der Zustellung des Verwerfungsbeschlusses zwar über das Antragsrecht nach § 346 Abs. 2 belehrt, nicht aber auf sein Recht hingewiesen wird, die Wiedereinsetzung zu beantragen, ist hier die irrige Bezeichnung des in Wahrheit gemeinten Rechtsbehelfs besonders häufig. Zulässig ist es, den Antrag nach § 346 Abs. 2 und den Wiedereinsetzungsantrag gleichzeitig zu stellen (vgl. unten Rdn. 38). Das ist sogar empfehlenswert, wenn der Beschwerdeführer oder sein Verteidiger Zweifel hat, welches der richtige Rechtsbehelf ist[26]. Über den Wiedereinsetzungsantrag ist vorrangig zu entscheiden, weil die Bewilligung der Wiedereinsetzung dem Verfahren nach § 346 Abs. 2 die Grundlage entzieht (vgl. unten Rdn. 38).

28   **2. Antragsrecht.** Den Antrag nach § 346 Abs. 2 können nur die Verfahrensbeteiligten stellen, deren Revision der Tatrichter als unzulässig verworfen hat (RGRspr. **4** 889; OLG Köln JW **1928** 129), nicht dritte Personen, die an dem Verfahren nicht beteiligt sind (RGSt **38** 9; BayObLGSt **7** 40; KG GA **71** [1927] 43). Eine Ausnahme gilt für den Fall, daß die Revision des gesetzlichen Vertreters als unzulässig verworfen wird; dann hat der Angeklagte ein eigenes Antragsrecht[27]. Bei einer Revision des Angeklagten können dagegen zu seinen Gunsten weder die Staatsanwaltschaft noch diejenigen Personen, die für den Angeklagten Revision einlegen können (§ 298 StPO, § 67 Abs. 3 JGG), den Antrag nach § 346 Abs. 2 stellen[28]. Der Verteidiger kann den Antrag für den Angeklagten aufgrund seiner Vollmacht stellen; ob er oder der Angeklagte die Revision eingelegt hat, spielt keine Rolle.

29   **3. Vorlegung der Akten.** Der Tatrichter legt die Akten dem Revisionsgericht durch Vermittlung der Staatsanwaltschaft vor, und zwar entgegen dem mißverständlichen Wortlaut des § 346 Abs. 2 Satz 1 auch bei verspätetem Eingang des Antrags. Das sonst auf die Revision erforderliche Verfahren nach § 347 braucht nicht eingehalten zu werden; denn die Zustellung an den Gegner und dessen Gegenerklärung wären bei einer unzulässigen Revision zwecklos[29]. Der durch die Weiterbehandlung einer nach Ansicht des Tatrichters unzulässigen Revision entstehende unnütze Arbeitsaufwand soll gerade vermieden werden (BGHSt **11** 155; BayObLGSt **1955** 338; **1974** 99).

---

[25] OLG Dresden JW **1929** 1078 mit Anm. *Mannheim*; OLG Hamm NJW **1956** 1168; **1969** 1821; OLG Stuttgart GA **72** (1928) 226; *Kleinknecht* JZ **1960** 674; **a. A** KG JW **1925** 2807; OLG Stuttgart Justiz **1972** 208.

[26] *Eb. Schmidt* 7; *Dahs/Dahs* 448; *Sarstedt/Hamm*[5] 448.

[27] OLG Celle NJW **1964** 417; OLG Hamm NJW **1973** 1850; KK-*Pikart* 17; *Kleinknecht/Meyer-Goßner*[43] 7; vgl. § 298, 16.

[28] Für den ersteren Fall: OLG Köln JW **1928** 129; für den letzteren: RGSt **38** 9; RG Recht **1917** Nr. 540; **1920** Nr. 2978. Heute ganz h. M.

[29] RGRspr. **1** 266; BayObLGSt **18** 113; BayObLG DRiZ **1933** Nr. 131.

4. Prüfung des Revisionsgerichts. Ein verspätet eingegangener Antrag wird als unzu- **30** lässig verworfen, ein Antrag, der nur grobe Verunglimpfungen der Justizorgane enthält, sachlich nicht beschieden[30]. Ist der Antrag zulässig, so prüft das Revisionsgericht die Zulässigkeit der Revision in umfassender Weise[31]. Stellt sich heraus, daß die Revision zwar gemäß § 346 Abs. 1 unzulässig ist, aber nicht aus dem Grund, den der Tatrichter angenommen hatte, so verwirft das Revisionsgericht den Antrag als unbegründet. Wenn aber die Revision aus Gründen unzulässig ist, die der Tatrichter nicht zu prüfen hatte (oben Rdn. 7 ff), wird der Beschluß üblicherweise aufgehoben (anders BGH MDR **1959** 507, der ihn für gegenstandslos hält) und durch einen neuen Verwerfungsbeschluß nach § 349 Abs. 1 ersetzt[32]. Wird der Antrag nach § 346 Abs. 2 verworfen, so bedarf es, da das Gerichtskostengesetz eine Gebühr nicht vorsieht, keiner Kostenentscheidung[33]. Bei erfolgreichem Antrag werden die notwendigen Auslagen auch nicht der Staatskasse auferlegt[34].

Hat der Beschwerdeführer die **Revision** rechtswirksam **zurückgenommen**, der Tat- **31** richter sie aber gleichwohl nach § 346 Abs. 1 verworfen, so hebt das Revisionsgericht den Beschluß auf und erklärt die Revision für erledigt (RGSt **55** 214).

5. Beachtung von Verfahrenshindernissen. Wenn die Revision nicht rechtzeitig ein- **32** gelegt, die Rechtskraft des Urteils nach § 343 Abs. 1 also nicht gehemmt war, hat das Revisionsgericht Verfahrenshindernisse, die der Tatrichter im Urteil übersehen hatte, schon deshalb nicht zu berücksichtigen, weil dem die Rechtskraft der Entscheidung entgegensteht[35].

Wenn die **Rechtskraft** des Urteils nach § 343 Abs. 1 **gehemmt** war, kommt es für die **33** Frage, ob das Revisionsgericht ein vor oder nach Erlaß des Urteils eingetretenes Verfahrenshindernis zu beachten hat, nicht darauf an, ob dem Verwerfungsbeschluß nach § 346 Abs. 1 eine die Rechtskraft des Urteils unmittelbar herbeiführende Wirkung beigemessen wird (oben Rdn. 24). Denn die umfassende Prüfungspflicht des Revisionsgerichts erstreckt sich jedenfalls darauf, ob der Tatrichter an der Verwerfung des Rechtsmittels dadurch gehindert war, daß ein Verfahrenshindernis bestand, das Verfahren also einzustellen war (vgl. *Küper* GA **1969** 374). Für das nach § 346 Abs. 2 angerufene Revisionsgericht würde daher eine bereits eingetretene Rechtskraft unbeachtlich sein (vgl. OLG Hamburg NJW **1963** 265).

Streitig ist aber, ob und in welchem Umfang das Revisionsgericht bei der Entschei- **34** dung nach § 346 Abs. 2 Verfahrenshindernisse zu berücksichtigen hat. Eine Mindermeinung will sie beachten, gleichviel, ob sie schon bei Erlaß des Urteils vorgelegen haben oder erst danach vor der Entscheidung des Revisionsgerichts entstanden sind[36]. Eine andere Ansicht geht davon aus, daß die Prüfung der Verfahrensvoraussetzungen, wie jede Prüfung eines Urteils, dem Revisionsgericht nur soweit obliegen kann, wie das Urteil in zulässiger Weise mit einem Rechtsmittel angefochten ist; nach dieser Auffassung darf das

---

30 Dazu OLG Hamm NJW **1976** 978; näher Vor § 296, 22.

31 BGHSt **11** 155; **15** 120; **16** 118; BayObLGSt **1951** 337; **1969** 143 (= JR **1970** 270 mit Anm. *Küper*); **1974** 99; OLG Hamburg NJW **1963** 265; allg. M.

32 BGHSt **22** 214; **16** 118; RG HRR **1941** 678 L; OLG Düsseldorf VRS **80** (1991) 39; OLG Köln NZV **1991** 441; *Kleinknecht/Meyer-Goßner*[43] 11; **a.** A OLG Karlsruhe VRS **81** (1992) 287.

33 OLG Koblenz VRS **68** (1985) 51; KK-*Pikart* 23; *Kleinknecht/Meyer-Goßner*[43] 12; KMR-*Paulus* § 319, 26; **a.** A OLG Zweibrücken OLGSt § 346 S. 13.

34 OLG Schleswig bei *Lorenzen/Görl* SchlHA **1990** 126; KK-*Pikart* 23; *Kleinknecht/Meyer-Goßner*[43] 12; **a.** A OLG Zweibrücken OLGSt S. 15.

35 RGSt **53** 236; ganz h. M, z. B. *Kleinknecht/Meyer-Goßner*[43] 11; KMR-*Paulus* § 206 a, 6; *Dahs/Dahs* 513; *Küper* GA **1969** 366 mit weit. Nachw.; vgl. auch bei § 206 a (24. Aufl. Rdn. 17); **a.** A *Kühne* 674.

36 RGSt **53** 237 = JW **1920** 300 mit Anm. *Kohlrausch*; KG DJZ **1926** 458; OLG Neustadt GA **1955** 185; *Eb. Schmidt* Teil I Nr. 200 und JZ **1962** 155; *Roxin* § 53, 60; *Karnowsky* 127; weiter differenzierend *Ranft* 2210 ff.

    Ernst-Walter Hanack

Revisionsgericht Verfahrenshindernisse auch dann nicht mehr beachten, wenn sie erst im Revisionsverfahren entstanden sind[37]. Die Rechtsprechung des Bundesgerichtshofs war zunächst uneinheitlich. Die Auffassung, Verfahrenshindernisse seien stets zu berücksichtigen, auch wenn sie schon bei Urteilserlaß bestanden haben (BGHSt **15** 203 = JZ **1961** 390 mit Anm. *Stratenwerth*), wurde alsbald zugunsten der Ansicht aufgegeben, sie seien jedenfalls dann nicht zu beachten, wenn bereits der Tatrichter das Verfahrenshindernis übersehen hatte (BGHSt **16** 115[38]). In der grundlegenden Entscheidung BGHSt **22** 213 = JR **1969** 347 mit Anm. *Koffka* ist der Bundesgerichtshof dann der Auffassung beigetreten, daß Verfahrenshindernisse zu beachten sind, wenn sie nach Urteilserlaß entstanden sind, sonst aber nicht. Denn wenn die Nichtbeachtung des Verfahrenshindernisses in das Urteil eingegangen ist, könne nur eine zulässige Revision selbst in unmittelbarem Zugriff auf dem Weg über die Aufdeckung des Rechtsmangels das Urteil beseitigen. Ist die Revision unzulässig, so bleibt danach das Urteil trotz des Rechtsfehlers bestehen. Für Verfahrenshindernisse, die erst nach Urteilserlaß entstanden sind, bestehe hingegen keine gesetzliche Schranke, die der Berücksichtigung durch das Revisionsgericht entgegenstünde, und zwar gleichgültig, ob das Verfahrenshindernis vor oder nach Erlaß des Verwerfungsbeschlusses gemäß § 346 Abs. 1 eingetreten ist. Diese Ansicht wird jetzt überwiegend vertreten[39]. Zur Frage, ob Verfahrenshindernisse auch berücksichtigt werden müssen, wenn das Urteil bereits teilweise rechtskräftig ist, vgl. § 337, 30.

35 **6. Der Beschluß des Revisionsgerichts** ist wie jede andere Revisionsentscheidung unanfechtbar und wird daher mit seinem Erlaß rechtskräftig[40]. Der Beschluß ist auch rechtswirksam und unanfechtbar, wenn ihn ein Oberlandesgericht anstelle des zuständigen Bundesgerichtshofs erlassen hat[41]. Da der Beschluß die Rechtskraft des Urteils herbeiführt, kann er nicht deshalb abgeändert oder zurückgenommen werden, weil er auf einem Irrtum über Rechtsfragen beruht[42]. Sind jedoch die tatsächlichen Voraussetzungen der Entscheidung unrichtig, läßt eine verbreitete, aber umstrittene Meinung im Anschluß an RGSt **59** 419 die Aufhebung des Beschlusses durch das Revisionsgericht zu[43]. Es handelt sich dabei um eine Ausnahme vom Prinzip, die, soweit heute nicht § 33 a eingreift, sich dogmatisch nur mit einer nicht unbedenklichen Analogie zum Wiederaufnahmeverfahren rechtfertigen läßt (vgl. KMR-*Paulus* Vor § 304, 19; *Rieß* Anm. JR **1978** 524). Daß es aber nicht richtig ist, gegen eine Entscheidung des Revisionsgerichts, die eine Berufung aufgrund irrtümlicher tatsächlicher Grundlagen als unzulässig verwirft, Wiedereinsetzung in

---

[37] RGSt **63** 17 = JW **1929** 1056 mit Anm. *Beling*; OLG Hamburg MDR **1958** 52; *Volk* Prozeßvoraussetzungen im Strafrecht (1978) 68 ff; *Schöneborn* MDR **1975** 6; *Theuerkauf* NJW **1963** 1813.

[38] Ebenso BayObLGSt **1953** 82 = JZ **1954** 579 mit Anm. *Niethammer*; KG VRS **22** (1962) 372.

[39] BGHSt **23** 367; **25** 261; BayObLGSt **24** 93; BayObLGSt **1953** 97; **1969** 144 = JR **1970** 270 mit Anm. *Küper*; OLG Hamburg NJW **1963** 265; OLG Hamm MDR **1974** 956; KK-*Pikart* 2; *Kleinknecht/Meyer-Goßner*[43] 11; KMR-*Paulus* § 34 a, 13; *Dahs/Dahs* 462; *Küper* GA **1969** 365; JR **1970** 272; NJW **1975** 1330; *Nüse* JR **1971** 395; *Sieg* MDR **1975** 811; bei § 206 a.

[40] Im Grundsatz unbestritten, z. B. KK-*Pikart* 25; *Kleinknecht/Meyer-Goßner*[43] 13; KMR-*Paulus* § 319, 36; *Niese* JZ **1957** 77.

[41] RGSt **55** 100; *Loewenstein* 36; *Baumdicker* 92; *Wurzer* JW **1921** 808.

[42] BGH NJW **1951** 771; OLG Tübingen DRZ **1948** 317; eingehend *R. Schmitt* JZ **1961** 15.

[43] BGH NJW **1951** 771 in einem obiter dictum; RG JW **1927** 395 mit Anm. *Drucker*; BayObLG VRS **86** (1994) 348; OLG Hamburg MDR **1976** 511; OLG Koblenz OLGSt § 80 OWiG S. 33; OLG Nürnberg MDR **1966** 351; OLG Oldenburg HESt **1** 210; ebenso KK-*Pikart* 22; *Kleinknecht/Meyer-Goßner*[43] 13; *Dahs/Dahs* 512; zweifelnd *Rieß* JR **1978** 524; *Baumdicker* 134 will § 359 Nr. 5 entsprechend anwenden; offengelassen in BGHSt **17** 94 und BGH MDR **1956** 52; a. A KG JW **1927** 2073; *Eb. Schmidt* § 349, 11 und Nachtrag I § 349, 15; *Beling* 257 Fußn. 2; *Geppert* GA **1972** 175 Fußn. 80; *R. Schmitt* JZ **1961** 17; vgl. auch Vor § 304.

den vorigen Stand gegen die Versäumung der Berufungsfrist zu gewähren (so jedoch OLG Frankfurt JR **1978** 522), hat *Rieß* aaO zutreffend dargelegt.

Die Entscheidung nach § 346 Abs. 2 **zwingt zur Vorlegung**, wenn das Gericht dabei **36** im Sinne der §§ 121 Abs. 2, 132 GVG von einer anderen Entscheidung abweichen will[44]. Denn auch sie ist eine Entscheidung über die Revision.

7. Vollstreckung. Nach § 346 Abs. 2 Satz 2 Halbsatz 2 steht der Antrag auf Entschei- **37** dung des Revisionsgerichts der Vollstreckung des Urteils nicht entgegen. Üblicherweise wird damit heute aber bis zur Entscheidung des Revisionsgerichts gewartet *(KK-Pikart* 20). Die Vorschrift kann sonst zur Vollstreckung von Strafen führen, die später nicht verhängt werden (vgl. den von *Arndt* DRiZ **1965** 369 mitgeteilten Fall). Die Bestimmung sollte nicht mehr angewendet[45] und vom Gesetzgeber beseitigt werden.

8. Wiedereinsetzung in den vorigen Stand

a) Allgemeines. Der Beschwerdeführer erfährt oft erst durch den Verwerfungsbe- **38** schluß nach § 346 Abs. 1 die Tatsachen, aufgrund deren seine Revision unzulässig ist. Neben dem Antrag nach § 346 Abs. 2 kommt daher häufig die Wiedereinsetzung in den vorigen Stand gegen die Fristversäumung in Betracht[46]. Für diese Entscheidung ist das Revisionsgericht zuständig (§ 46 Abs. 1). Ein Wiedereinsetzungsantrag kann nach ganz h. M noch gestellt werden, wenn der nach § 346 Abs. 1 ergangene Verwerfungsbeschluß rechtskräftig ist[47]. Über den Antrag ist vor dem Antrag nach § 346 Abs. 2 zu entscheiden (BGHSt **11** 254; OLG Hamm GA **1973** 118). Denn wenn das Revisionsgericht die Wiedereinsetzung gewährt, erledigt sich der Antrag nach § 346 Abs. 2; der Verwerfungsbeschluß des Tatrichters wird dadurch ohne weiteres gegenstandslos[48]. Zur Klarstellung empfiehlt es sich jedoch, das ausdrücklich auszusprechen. Andererseits ist der Wiedereinsetzungsantrag gegenstandslos, wenn die Frist gewahrt war[49]. Wird die Wiedereinsetzung versagt, so verbleibt es bei der Verwerfung der Revision nach § 346 Abs. 1. War sie noch nicht ausgesprochen, so müßte, sofern das Revisionsgericht noch nicht nach § 347 Abs. 2 zuständig geworden ist (vgl. § 347, 9), an sich der Tatrichter die Revision gemäß § 346 Abs. 1 verwerfen. Da aber eine andere als diese Verwerfungsentscheidung aus Rechtsgründen nicht in Betracht kommt, ist es aus Gründen der Prozeßwirtschaftlichkeit zulässig, daß das Revisionsgericht das Rechtsmittel selbst nach § 349 Abs. 1 verwirft[50].

b) Bindung an die Entscheidung des unzuständigen Tatrichters. Hat der dafür nach **39** § 46 Abs. 1 nicht zuständige Tatrichter die Wiedereinsetzung bewilligt, so ist das Revisionsgericht hieran gebunden[51]. Die ablehnende Entscheidung des Tatrichters bindet es hingegen nicht[52]. Hat der Tatrichter die Wiedereinsetzung jedoch rechtskräftig abgelehnt,

[44] BGHSt **11** 154; **15** 204; **22** 215; BGH NJW **1977** 965; ganz h. M.

[45] KMR-*Paulus* § 319, 18; *Schlüchter* 716; LR-*Meyer*[23].

[46] Über die eine Belehrung gesetzlich nicht vorgeschrieben ist, aber mindestens wünschenswert wäre; näher *Nöldeke* NStZ **1991** 70; vgl. § 44, 63.

[47] BGHSt **25** 91; RGSt **37** 293; **53** 288 = JW **1920** 150 mit abl. Anm. *Löwenstein*; RGSt **67** 200; KK-*Pikart* 31; *Kleinknecht/Meyer-Goßner*[43] 16; KMR-*Paulus* § 319, 32.

[48] RGSt **61** 181; OLG Köln NStZ **1994** 200; OLG Neustadt GA **1960** 121; ganz h. L.

[49] BGHSt **11** 154; RGSt **53** 288; BayObLGSt **1974** 100 = MDR **1975** 71.

[50] BayObLGSt **1974** 98 = MDR **1975** 71; OLG Düsseldorf JMBlNRW **1982** 176; OLG Koblenz VRS **62** (1982) 449; KK-*Pikart* 38; *Kleinknecht/Meyer-Goßner*[43] 17; KMR-*Paulus* § 349, 4.

[51] RGSt **40** 271; weitere Nachw. bei § 46, 17; ganz h. M.

[52] BGH bei *Holtz* MDR **1977** 284; RGSt **75** 172 = DR **1941** 1406 mit Anm. *Mittelbach*; BayObLGSt **1961** 158 = NJW **1961** 1982; BayObLG VRS **59** (1980) 214; OLG Hamm MDR **1977** 72 VB und **1979** 46; OLG Neustadt GA **1960** 121; **a. A** OLG Düsseldorf GA **1968** 247.

Ernst-Walter Hanack

so beläßt es das Revisionsgericht dabei, wenn es nunmehr den Antrag nach § 346 Abs. 2 verwirft[53]. Bedenklich erscheint die Ansicht des Reichsgerichts, das Revisionsgericht könne wegen der unlösbaren inneren Verbindung zwischen § 46 und § 346 Abs. 2 die Wiedereinsetzung entgegen der ablehnenden Entscheidung des Tatrichters auch bewilligen, wenn keine sofortige Beschwerde nach § 46 Abs. 3, sondern nur der Antrag nach § 346 Abs. 2 vorliegt[54].

40   **c) Entscheidung anstelle des Beschwerdegerichts.** Zur Zuständigkeit des Revisionsgerichts, bei gleichzeitig gestelltem Antrag nach § 346 Abs. 2 anstelle des Beschwerdegerichts über die sofortige Beschwerde gegen den Beschluß des unzuständigen Amtsgerichts zu entscheiden, mit dem der Wiedereinsetzungsantrag abgelehnt worden ist (BayObLGSt **1961** 157), vgl. näher bei § 46, 20.

§ 347

(1) [1]**Ist die Revision rechtzeitig eingelegt und sind die Revisionsanträge rechtzeitig und in der vorgeschriebenen Form angebracht, so ist die Revisionsschrift dem Gegner des Beschwerdeführers zuzustellen.** [2]**Diesem steht frei, binnen einer Woche eine schriftliche Gegenerklärung einzureichen.** [3]**Der Angeklagte kann letztere auch zu Protokoll der Geschäftsstelle abgeben.**

(2) **Nach Eingang der Gegenerklärung oder nach Ablauf der Frist sendet die Staatsanwaltschaft die Akten an das Revisionsgericht.**

Schrifttum. *Schulte* Die Gewährung rechtlichen Gehörs in der Praxis des Revisionsverfahrens in Strafsachen, FS Rebmann 465; *Wielop* Die Übersendung der Strafakten an den BGH gem. § 347 II StPO, NStZ **1986** 449.

Bezeichnung bis 1924: § 387.

Übersicht

---

[53] KG JR **1956** 111 mit Anm. *Sarstedt.* Die Frage ist streitig; **a. A** BGH bei *Holtz* MDR **1977** 284; vgl. näher § 46, 19.

[54] RGSt **75** 172 = DR **1941** 1406 mit Anm. *Mittelbach*; ebenso KK-*Pikart* 32; *Schlüchter* 718.1; *Sarstedt/Hamm*[5] 451; **a. A** *Eb. Schmidt* § 46, 7; kritisch wohl auch KMR-*Paulus* § 319, 34.

1. Zustellung der Revisionsschrift an den Gegner

a) Gegner des Beschwerdeführers. § 347 Abs. 1 sieht die Möglichkeit einer Gegen- **1** erklärung auf die Revisionsschrift vor; er bestimmt daher die Zustellung (§ 37) der Revisionsschrift an den Gegner des Beschwerdeführers. Gegner ist bei einer Revision der Staatsanwaltschaft sowie bei Revisionen des Nebenklägers und des Privatklägers der Angeklagte, bei Revisionen des Angeklagten, des gesetzlichen Vertreters, Erziehungsberechtigten und Einziehungsbeteiligten die Staatsanwaltschaft oder der Privatkläger sowie der Nebenkläger. Die Revisionsschrift ist dem Angeklagten aber auch zuzustellen, wenn die Staatsanwaltschaft das Rechtsmittel zu seinen Gunsten eingelegt hat. Haben beide Revision eingelegt, so sind die Revisionsschriften wechselseitig zuzustellen. Dem Nebenkläger muß jede Revisionsschrift zugestellt werden, die ein von seinen Anträgen in der Hauptverhandlung oder im Revisionsverfahren abweichendes Ergebnis verfolgt.

b) Revisionsschrift. Der Begriff Revisionsschrift umfaßt, wie § 345 Abs. 1 ergibt, die **2** Revisionsanträge und ihre Begründung. Revisionsschrift ist, wie aus § 345 Abs. 2 folgt, auch eine zur Niederschrift der Geschäftsstelle erklärte Revisionsbegründung.

c) Zustellung. Die Zustellung nach § 347 Abs. 1 Satz 1 ist nur erforderlich, wenn die **3** Revision rechtzeitig eingelegt (§ 341) und rechtzeitig und formgerecht begründet (§ 345) worden ist. Anderenfalls ist nach § 346 Abs. 1 zu verfahren (vgl. dort Rdn. 29). Mit der Zustellung der Revisionsschrift an den Gegner des Beschwerdeführers wird die Frist von einer Woche in Lauf gesetzt, innerhalb deren eine schriftliche Gegenerklärung abgegeben werden kann (§ 347 Abs. 1 Satz 2). Die Frist ist aber keine Ausschlußfrist (unten Rdn. 5). Enthält bereits die Revisionseinlegungsschrift eine Begründung, so kann sie dem Beschwerdegegner sofort zugestellt werden, wenn nicht eine weitere Begründung in Aussicht gestellt ist. Der Ablauf der Begründungsfrist braucht nicht abgewartet zu werden, mag sich das in der Regel auch empfehlen, weil sonst auch eine weitere Rechtfertigung, die innerhalb der Begründungsfrist eingeht, noch zugestellt werden müßte. Ergänzt die Staatsanwaltschaft ihre Ausführungen, so ist dem Gegner die Ergänzung so rechtzeitig zuzustellen, daß das rechtliche Gehör auch bei seinem Nichterscheinen in der Revisionsverhandlung gewährleistet ist (unten Rdn. 5; § 350, 5).

Die Zustellung hat stets **das Gericht zu bewirken**, die Staatsanwaltschaft auch dann **4** nicht, wenn sie selbst Revision eingelegt hat; vgl. näher § 36, 31 f. Hat die Staatsanwaltschaft jedoch versehentlich eine sonst mangelfreie und vollständige Zustellung bewirkt, so muß das Gericht sie nicht wiederholen[1]. Die Zustellung wird üblicherweise vom Vorsitzenden angeordnet; doch ist das nicht zwingend, weil § 36 Abs. 1 Satz 1 nicht gilt (*Kleinknecht/Meyer-Goßner*[43] 1).

2. Gegenerklärung

a) Allgemeines. Die Möglichkeit, sich zu dem Rechtsmittel des Gegners zu erklären, **5** sichert das rechtliche Gehör. Eine dienstliche Pflicht zur Gegenerklärung besteht aufgrund von Verwaltungsvorschriften für die Staatsanwaltschaft (unten Rdn. 6); die übrigen Prozeßbeteiligten müssen keine Erklärung abgeben. Die Erklärung ist bei dem Gericht einzureichen, dessen Urteil angefochten ist, und kann auch nach Ablauf der Wochenfrist des § 347 Abs. 1 Satz 2 abgegeben werden (allg. M.). Sie bedarf nur der einfachen Schriftform. Der Angeklagte kann sie daher selbst schreiben (*Eb. Schmidt* 5) oder auch zu Protokoll der Geschäftsstelle abgeben (§ 347 Abs. 1 Satz 3). Die Abgabe der Gegenerklärung gehört zum Aufgabenbereich des für den Tatsachenrechtszug beigeordneten Pflichtvertei-

---

[1] OLG Breslau *Alsb.* E **1** Nr. 87; KMR-*Paulus* 4.

Ernst-Walter Hanack

digers[2]. Die Gegenerklärung kann weitere Prozeßerklärungen enthalten, z. B. das besondere öffentliche Interesse an der Strafverfolgung trotz fehlenden Strafantrags ausdrücken (BGHSt **6** 285). Nicht innerhalb der Frist des § 345 Abs. 1 erhobene Verfahrensrügen können mit der Gegenerklärung nicht nachgeschoben werden; auch ihre Ergänzung in tatsächlicher Hinsicht ist unzulässig (§ 352, 4). Eine Antwort auf die Gegenerklärung ist nicht ausdrücklich vorgesehen, aber bis zum Erlaß der Entscheidung zulässig.

6   **b) Gegenerklärung der Staatsanwaltschaft.** Der Staatsanwaltschaft ist durch Nr. 162 RiStBV vorgeschrieben, eine Gegenerklärung abzugeben, wenn das Urteil wegen eines Verfahrensmangels angefochten wird und anzunehmen ist, daß die Gegenerklärung die Prüfung der Revisionsbeschwerden erleichtert. Diese Erklärung dient also nicht der Unterrichtung des Beschwerdeführers, sondern der Arbeitserleichterung des Revisionsgerichts (*Dahs/Dahs* 540; anders *Schulte* FS Rebmann 469). Nach den Erfahrungen von LR-*Meyer* (22. und 23. Aufl.), die *Schulte* aaO offensichtlich nicht teilt, bestehen solche Gegenerklärungen „nur aus auszugsweisen Abschriften der Sitzungsniederschrift und anderer Aktenteile, sind oft überflüssig (z. B. bei unzulässigen Verfahrensrügen) und verzögern das Revisionsverfahren häufig in unnötiger Weise". Nach Nr. 162 Abs. 3 Satz 1 RiStBV teilt die Staatsanwaltschaft ihre Gegenerklärung dem Beschwerdeführer mit und legt sie dem Gericht vor, dessen Urteil angefochten ist. Dieses hat dann Gelegenheit, eine dienstliche Äußerung abzugeben oder die Vollständigkeit des Protokolls zu prüfen (vgl. BGHSt **9** 200).

7   **c) Mitteilung der Gegenerklärung an den Beschwerdeführer.** § 347 schreibt nicht vor, daß die Gegenerklärung dem Beschwerdeführer bekanntgemacht werden muß (wegen der Gegenerklärung der Staatsanwaltschaft vgl. aber Rdn. 6). Besteht die Gegenerklärung nur aus Rechtsausführungen, soll nach Meinung des Bayerischen Verfassungsgerichtshofs das Unterlassen ihrer Mitteilung an den Beschwerdeführer den Anspruch auf rechtliches Gehör nicht verletzen[3]. Dem ist mindestens im Fall entscheidungserheblicher Rechtsausführungen schon deswegen nicht zu folgen, weil sich die Bedeutung des Grundsatzes vom rechtlichen Gehör auch auf den Schutz vor Überraschungsentscheidungen erstreckt[4]. Daß es zum rechtlichen Gehör gehört, dem Beschwerdeführer die Gegenerklärung der Staatsanwaltschaft dann zur Kenntnis zu bringen, wenn sie neue Tatsachen oder Beweisergebnisse, z. B. dienstliche Äußerungen zu Verfahrensrügen, enthält, ist seit der Entscheidung BVerfGE **7** 725 = JZ **1958** 433 mit Anm. *Peters* allgemein anerkannt (vgl. auch Nr. 162 Abs. 3 Satz 2 RiStBV). Mindestens in diesem Fall empfiehlt sich daher, wie die RiStBV aaO auch vorsehen, die förmliche Zustellung der Gegenerklärung. Denn dann muß bei Verwerfung der Revision nach § 349 Abs. 2 oder in der Hauptverhandlung, in der der Beschwerdeführer nicht erschienen oder vertreten ist, feststehen, daß ihm die Gegenerklärung zugegangen ist. Hat der Angeklagte einen Verteidiger, so genügt es, daß diesem die Gegenerklärung mitgeteilt wird.

8   **3. Aktenübersendung an das Revisionsgericht (Absatz 2).** Nach Eingang der Gegenerklärung, spätestens nach Ablauf der Wochenfrist, auch wenn eine Gegenerklärung angekündigt ist (*Eb. Schmidt* 3), legt der Vorsitzende (vgl. Nr. 162 Abs. 4 RiStBV)

---

[2] BayObLGSt **1952** 86 = NJW **1952** 716; OLG Hamm SJZ **1950** 219; *Eb. Schmidt* 7.

[3] BayVGHE **15** II 38 = JZ **1963** 63 mit Anm. *Ad. Arndt*; ebenso *Kleinknecht/Meyer-Goßner*43 3; LR-*Meyer* in der 23. Aufl.; erkennbar auch KK-*Pikart* 9.

[4] Eingehend *Ad. Arndt* aaO; *Dahs* Das rechtliche Gehör im Strafprozeß (1965) S. 110, dem sich *Eb. Schmidt* Nachtr. I 1 unter Aufgabe seiner früheren Meinung angeschlossen hat; ebenso KMR-*Paulus* 7 unter Hinweis auf das prozessuale Fairneßgebot; *Schulte* FS Rebmann 471; vgl. auch *Dahs/Dahs* 541 unter Hinweis auf BVerfGE **46** 202, 212 (wo die Frage aber letztlich offenbleibt); Einl. H 81 f.

die Akten dem Revisionsgericht vor. Das geschieht über die Staatsanwaltschaft (§ 347 Abs. 2), und zwar über die bei dem Revisionsgericht und auf die in Nr. 163 Abs. 1 RiStBV beschriebene Weise. Die unmittelbare Übersendung der Akten an das Revisionsgericht durch den Tatrichter ist unzulässig und führt zur Rückgabe (vgl. *Wielop* NStZ **1986** 449). Die Aktenübersendung muß so schnell wie möglich erfolgen; Verstöße gegen diese Pflicht können als Verletzung des Beschleunigungsgebots auch revisionsrechtlich beachtlich sein; vgl. § 354 a, 7 a. Die Staatsanwaltschaft hat bei der Vorlage an den Bundesgerichtshof immer, bei der an ein Oberlandesgericht nur, wenn nichts anderes bestimmt ist, einen Revisionsübersendungsbericht beizufügen (Nr. 163 Abs. 1 Satz 3 RiStBV). Zum Inhalt dieses Berichts vgl. Nr. 164, 165 RiStBV. Die Staatsanwaltschaft bei dem Revisionsgericht ist im Rahmen des § 145 Abs. 1 GVG berechtigt, das Rechtsmittel zurückzunehmen; sie kann auch die untere Staatsanwaltschaft zur Zurücknahme anweisen (Nr. 168 RiStBV). Der Generalbundesanwalt ist nicht Vorgesetzter der Staatsanwälte der Länder und kann daher deren Rechtsmittel nicht zurücknehmen; er kann die Zurücknahme aber anregen, wenn er die Revision für aussichtslos hält.

4. Anhängigwerden der Sache bei dem Revisionsgericht

a) Allgemeines. Mit dem Eingang der Akten auf der Geschäftsstelle des Revisionsgerichts wird die Sache bei diesem anhängig, sofern ihm die Akten ordnungsgemäß nach § 347 vorgelegt worden sind[5]. Ob das Revisionsgericht für die Entscheidung zuständig ist, ist für die Anhängigkeit ohne Bedeutung[6]. Gelangen die Akten aus einem anderen Grund, etwa zur Entscheidung über eine Haftbeschwerde oder einen Wiedereinsetzungsantrag, an das auch für die Revisionsentscheidung zuständige Oberlandesgericht, so darf es über die Revision noch nicht entscheiden, auch wenn die Sache insoweit entscheidungsreif ist. Stellt das Revisionsgericht fest, daß die Revisionsbegründungsfrist nach § 345 Abs. 1 mangels wirksamer Urteilszustellung noch nicht in Lauf gesetzt worden ist (§ 345, 5), so gibt es die Akten dem Tatrichter zurück, der die Zustellung nachzuholen und die Akten sodann erneut nach § 347 dem Revisionsgericht vorzulegen hat[7]. **9**

b) Erklärungen über die Revision (Zurücknahme, Beschränkung) sind, bevor die Revision bei dem Revisionsgericht anhängig wird, dem Tatrichter gegenüber abzugeben (BGH bei *Kusch* NStZ **1992** 225; OLG Hamm GA **1972** 86); dieser hat solange auch die anfallenden Entscheidungen zu treffen (unten Rdn. 12). Nachdem das Revisionsgericht zuständig geworden ist, muß aber eine Rücknahmeerklärung dorthin gerichtet werden[8], auch wenn es sich in Wahrheit nicht um eine Revision, sondern um eine Berufung oder Rechtsbeschwerde handelt (BayObLGSt **1975** 1 = MDR **1975** 424). Geht die Erklärung erst nach der Entscheidung des Revisionsgerichts ein, so ist sie unbeachtlich[9]. Das gilt auch, wenn sie schon vor der Entscheidung bei dem Tatgericht eingegangen war, aber bereits die Zuständigkeit des Revisionsgerichts bestanden hat. Es kann daher vorkommen, daß das Revisionsgericht ein Urteil aufhebt und eine neue Entscheidung vor dem Tatrichter stattfinden muß, obwohl sich der Angeklagte schließlich mit dem ersten Urteil zufrie- **10**

---

[5] BGHSt **12** 218; **38** 308; RGSt **67** 146; BayObLGSt **1954** 4; **1961** 231; **1974** 99; **1974** 122 = JR **1975** 425 mit Anm. *Kunert*; OLG Karlsruhe NJW **1975** 1459; OLG Stuttgart NJW **1958** 1939; *Kleinknecht/Meyer-Goßner*[43] 5; KMR-*Paulus* 10.

[6] *Kleinknecht/Meyer-Goßner*[43] 5; KMR-*Paulus* 10; *Geppert* GA **1972** 166; **a. A** OLG Hamm NJW **1971** 1623 mit abl. Anm. *Jauernig* S. 1819.

[7] BayObLGSt **1975** 107; BayObLG StV **1985** 360; OLG Düsseldorf MDR **1994** 87.

[8] BGH bei *Holtz* MDR **1978** 281 f; RG DJ **1944** 221; OLG Hamburg MDR **1983** 154.

[9] BGH JZ **1951** 791; OLG Köln JR **1976** 514 mit Anm. *Meyer*; vgl. auch RGSt **77** 370; OLG Jena HRR **1937** 1204.

Ernst-Walter Hanack

dengeben wollte. War der Tatrichter noch zuständig und die Zurücknahme nur versehentlich unbeachtet geblieben, so ist die Revisionsentscheidung gegenstandslos, da, als sie erging, kein Rechtsmittel mehr vorlag. Sie ist aufzuheben und die Revision für gegenstandslos zu erklären (RGSt **55** 214).

11   **c) Zuständigkeit für gerichtliche Entscheidungen.** Auf die Zuständigkeit für gerichtliche Entscheidungen hat das Anhängigwerden der Sache beim Revisionsgericht in denjenigen Fällen **keinen Einfluß**, in denen das Revisionsgericht bereits mit Einlegung der Revision zuständig wird oder in denen trotz der Revisionseinlegung die Zuständigkeit des letzten Tatrichters bestehenbleibt. Bereits mit der Einlegung der Revision wird das Revisionsgericht zuständig für Anträge auf Wiedereinsetzung gegen die Versäumung der Fristen für Einlegung und Begründung der Revision (§ 46 Abs. 1), über die Prozeßkostenhilfe für den Privat- oder Nebenkläger zum Zweck der Revisionsbegründung[10] und über den Anschluß des Nebenklägers[11]. Bei der Zuständigkeit des letzten Tatrichters verbleibt es auch nach Einlegung der Revision für Entscheidungen über die Untersuchungshaft (§ 26 Abs. 2 Satz 2), über Beschlagnahmen (vgl. bei § 98), über die vorläufige Entziehung der Fahrerlaubnis (vgl. bei § 111 a) und über das vorläufige Berufsverbot (vgl. § 132 a, 9; 19). Das Revisionsgericht darf auch nicht über Wiedereinsetzungsanträge entscheiden, wenn hierfür nach § 46 Abs. 1 der Tatrichter zuständig war, die Entscheidung (z. B. gegen die Versäumung der Einspruchsfrist im Strafbefehlsverfahren) aber versehentlich unterlassen hatte[12].

12   Zum **Übergang der Zuständigkeit** vom letzten Tatrichter auf das Revisionsgericht kommt es demgegenüber durch das Anhängigwerden der Sache beim Revisionsgericht dort, wo nunmehr dessen Kompetenz für das weitere Verfahren eingreift. Das ist insbesondere der Fall: bei der Bestellung eines Pflichtverteidigers (§141 Abs. 4; näher bei § 141; vgl. auch § 350, 12); bei der Zurückweisung von Verteidigern gemäß § 137 Abs. 1 Satz 2 (vgl. OLG Stuttgart NStZ **1985** 39 L); bei der Zulassung eines Verteidigers nach § 138 Abs. 2 (s. bei § 138); bei der Einstellung wegen eines Verfahrenshindernisses[13]; bei der Entscheidung über die Kosten und die Auslagen nach Rücknahme der Revision[14], und zwar auch, wenn es sich in Wahrheit um eine Berufung handelt (BayObLGSt **1975** 1 = MDR **1975** 424). Zur Aufhebung von Haftbefehlen durch das Revisionsgericht vgl. § 126 Abs. 3 und BGH NStZ **1997** 145.

---

[10] BayObLGSt **1974** 121 = JR **1975** 425 mit Anm. *Kunert* unter Aufgabe der in BayObLGSt **1954** 3 = NJW **1954** 1417 vertretenen Ansicht; KG JW **1925** 2378 mit Anm. *Jonas*; OLG Hamburg MDR **1968** 781; AK-*Maiwald* 6; KK-*Pikart* 11; *Kleinknecht/Meyer-Goßner*[43] 7.

[11] RGSt **6** 139; **48** 235; **76** 180; BayObLGSt **1955** 19; **1970** 172; **1974** 123 = JR **1975** mit Anm. *Kunert*; vgl. auch *Kirchhof* GA **1954** 364 und bei § 396.

[12] BGHSt **22** 52; BayObLG MDR **1988** 163 unter Aufgabe seiner gegenteiligen früheren Ansicht; OLG Stuttgart NJW **1976** 1905; KK-*Pikart* 12; *Kleinknecht/Meyer-Goßner*[43] 7; **a. A** OLG Celle NdsRpfl. **1963** 237; für den Ausnahmefall einer unterlassenen Wiedereinsetzung gegen die Versäumung der Berufungsfrist auch OLG Hamburg NStZ **1985** 568 = JR **1986** 382 mit krit. Anm. *Gössel* und weiteren Erörterungen von *Lintz* und *Gössel* JR **1987** 94 und 97.

[13] BGHSt **22** 218; RGSt **67** 145; BayObLGSt **1953** 97 = NJW **1953** 1403; BayObLG JW **1935** 1191 unter Aufgabe der früher gegenteiligen Ansicht; OLG Köln NJW **1954** 1696; **1955** 396.

[14] BGHSt **12** 218; BGH GA **1958** 151; OLG Bremen NJW **1956** 74; OLG Celle NJW **1959** 210 = JZ **1959** 253 mit Anm. *Schaefer*; NdsRpfl. **1962** 263; OLG Hamm NJW **1959** 1936; **1973** 772; JMBl-NRW **1970** 46 unter Aufgabe der in NJW **1961** 135 = JZ **1961** 184 mit Anm. *Gossrau* vertretenen Ansicht; OLG Schleswig DAR **1962** 269; OLG Stuttgart NJW **1958** 1935; **a. A** BayObLG NJW **1958** 1984; OLG Hamm NJW **1958** 154 L; OLG Nürnberg GA **1961** 379; OLG Oldenburg NdsRpfl. **1957** 156, die das Revisionsgericht immer für zuständig halten.

§ 348

(1) Findet das Gericht, an das die Akten gesandt sind, daß die Verhandlung und Entscheidung über das Rechtsmittel zur Zuständigkeit eines anderen Gerichts gehört, so hat es durch Beschluß seine Unzuständigkeit auszusprechen.

(2) Dieser Beschluß, in dem das zuständige Revisionsgericht zu bezeichnen ist, unterliegt keiner Anfechtung und ist für das in ihm bezeichnete Gericht bindend.

(3) Die Abgabe der Akten erfolgt durch die Staatsanwaltschaft.

Bezeichnung bis 1924: § 388.

1. Entscheidung über die Zuständigkeit. Die Zuständigkeit des Revisionsgerichts (in **1** Betracht kommen der Bundesgerichtshof nach § 135 GVG, die Oberlandesgerichte nach § 121 GVG, in Bayern das Bayerische Oberste Landesgericht nach § 9 EGGVG, Art. 22 Nr. 1 BayAGGVG) soll nicht Gegenstand eines Zuständigkeitsstreits werden. Daher entscheidet das Revisionsgericht, dem die Akten zuerst nach § 347 Abs. 2 vorgelegt worden sind (RGSt **22** 115), endgültig über die Frage. Hält es sich für unzuständig, so spricht es das nach § 348 Abs. 1 durch Beschluß aus und bezeichnet in dem Beschluß mit bindender Wirkung (Rdn. 3) gleichzeitig das seiner Ansicht nach zuständige Gericht (§ 348 Abs. 2). Das gilt auch, wenn statt des Bundesgerichtshofs, an den die Akten gelangt sind, ein Oberlandesgericht zuständig ist (vgl. RGSt **40** 221); § 269 ist nicht sinngemäß anzuwenden. Die Vorschrift hat in erster Linie für die sachliche Zuständigkeit Bedeutung. Sie kann nach Wortlaut und Sinn aber auch die örtliche bzw. funktionelle Zuständigkeit betreffen[1].

2. Verfahren. Der Verweisungsbeschluß wird ohne mündliche Verhandlung erlassen. **2** Eine vorherige Anhörung der Staatsanwaltschaft ist erforderlich (§ 33 Abs. 2). Die Ansicht, daß die (übrigen) Prozeßbeteiligten nicht gehört zu werden brauchten[2], ist trotz des § 33 Abs. 3 aus verfassungsrechtlichen Gründen (vgl. BVerfGE **61** 37 = NJW **1982** 2367) zweifelhaft (vgl. auch § 33, 32). Die Übersendung der Akten an das zuständige Gericht erfolgt über die Staatsanwaltschaft (§ 348 Abs. 3).

3. Bindungswirkung des Verweisungsbeschlusses. Der Beschluß bindet das als **3** zuständig bezeichnete Revisionsgericht, Bundesgerichtshof oder Oberlandesgericht, auch wenn er unrichtig ist[3]. Eine Zurücknahme des Verweisungsbeschlusses ist gesetzlich nicht vorgesehen. Die Bindungswirkung erstreckt sich nur auf die Zuständigkeit, indem sie eine Rück- und Weiterverweisung ausschließt. In der sonstigen rechtlichen Beurteilung ist das nunmehr zuständige Revisionsgericht frei (vgl. RGSt **35** 157; allg. M.).

4. Die Entscheidung des Revisionsgerichts, das in Verkennung seiner Unzuständig- **4** keit den Verweisungsbeschluß nach § 348 unterlassen hat, ist als revisionsgerichtliche Entscheidung unanfechtbar und endgültig. Hat das Oberlandesgericht über die Revision entschieden, so kann daher nicht der Bundesgerichtshof auf Antrag des Beschwerdeführers die Entscheidung aufheben und als zuständiges Gericht selbst entscheiden[4]. Das gilt

---

[1] BGHR Zuständigkeit 1; KK-*Pikart* 1; *Pfeiffer/Fischer* 1; **a. A** AK-*Maiwald* 1; *Kleinknecht/Meyer-Goßner*[43] 1, 6; *Eb. Schmidt* 1; LR-*Hanack*[24].

[2] So KK-*Pikart* 2; *Kleinknecht/Meyer-Goßner*[43] 2; LR-*Meyer* in der 23. Aufl.; unklar KMR-*Paulus* 2.

[3] BGHSt **31** 184; RGSt **35** 157; **67** 59; RGRspr. 6

298; AK-*Maiwald* 3; KK-*Pikart* 3; *Kleinknecht/Meyer-Goßner*[43] 3; KMR-*Paulus* 1.

[4] RGSt **22** 113; **32** 93; KK-*Pikart* 4; *Kleinknecht/Meyer-Goßner*[43] 3; *Schlüchter* 719.2; *Eb. Schmidt* 5; *Friedländer* GerS **58** (1901) 370; *Wurzer* JW **1921** 809; **a. A** *von Kries* 708; *Nagler* GerS **65** (1905) 464.

auch, wenn das Oberlandesgericht über die Revision durch Beschluß nach § 349 Abs. 2 entschieden hat. Die Ansicht des OLG Hamm (NJW **1971** 1623 mit abl. Anm. *Jauernig* NJW **1971** 1819), ein solcher Beschluß sei eine Prozeßhandlung ohne prozessuale Wirkung und könne daher von dem Oberlandesgericht zurückgenommen werden, ist abzulehnen (eingehend *Geppert* GA **1972** 156).

5   **5. Die sinngemäße Anwendung des § 348** ist angezeigt, wenn das Oberlandesgericht nicht die Rechtsbeschwerde nach dem OWiG, sondern die sofortige Beschwerde als gegeben ansieht (BGHSt **39** 162 unter Aufgabe von BGHSt **31** 362). Sie ist ferner geboten, wenn das Revisionsgericht eine ihm vorgelegte Revision, insbesondere eine Sprungrevision (§ 335 Abs. 1), als Berufung ansieht oder wenn der Tatrichter nach § 346 Abs. 1 ein Rechtsmittel als unzulässige Revision verworfen hat, das der nach § 346 Abs. 2 angerufene Revisionsrichter für eine Berufung hält[5]. Die abweichende Ansicht von LR-*Meyer*[23] überzeugt nicht. Er hält — außer in Bayern wegen der Einrichtung des BayObLG — die sinngemäße Anwendung für unnötig, weil das Landgericht im Falle der Weigerung, Termin zur Berufungsverhandlung anzusetzen, auf Beschwerde der Staatsanwaltschaft vom Oberlandesgericht dazu gezwungen werden könne. Aber das erfordert ein zusätzliches Rechtsmittelverfahren und führt, insbesondere wenn nach der Geschäftsverteilung des Oberlandesgerichts ein anderer Senat für die Beschwerde zuständig ist, nicht notwendig zur Lösung des Konflikts (BGHSt **31** 184). So bietet sich für diese Lösung die analoge Anwendung des § 348 an, der einen Zuständigkeitsstreit vermeiden soll und vom Vorrang der Entscheidung des nach § 347 Abs. 2 mit der Sache befaßten Revisionsgerichts ausgeht.

§ 349

(1) **Erachtet das Revisionsgericht die Vorschriften über die Einlegung der Revision oder die über die Anbringung der Revisionsanträge nicht für beobachtet, so kann es das Rechtsmittel durch Beschluß als unzulässig verwerfen.**

(2) **Das Revisionsgericht kann auf einen Antrag der Staatsanwaltschaft, der zu begründen ist, auch dann durch Beschluß entscheiden, wenn es die Revision einstimmig für offensichtlich unbegründet erachtet.**

(3) [1]**Die Staatsanwaltschaft teilt den Antrag nach Absatz 2 mit den Gründen dem Beschwerdeführer mit.** [2]**Der Beschwerdeführer kann binnen zwei Wochen eine schriftliche Gegenerklärung beim Revisionsgericht einreichen.**

(4) **Erachtet das Revisionsgericht die zugunsten des Angeklagten eingelegte Revision einstimmig für begründet, so kann es das angefochtene Urteil durch Beschluß aufheben.**

(5) **Wendet das Revisionsgericht Absatz 1, 2 oder 4 nicht an, so entscheidet es über das Rechtsmittel durch Urteil.**

---

[5] BGHSt **31** 183 = JR **1983** 343 mit krit. Anm. *Meyer*; BayObLGSt **1962** 166 (= JR **1963** 70); **1971** 24; **1983** 93; OLG Stuttgart VRS **77** (1989) 70; AK-*Maiwald* 4; KK-*Pikart* 4; *Kleinknecht/ Meyer-Goßner*[43] 5; *Kleinknecht* JZ **1960** 674, 757.

Schrifttum. *Barton* Die alltägliche Revisionsrechtsprechung des BGH in Strafsachen. Ergebnisse einer rechtstatsächlichen Untersuchung, StraFo. **1998** 325; *Börker* Zur Fassung des Entscheidungssatzes bei Verwerfung offensichtlich unbegründeter Revisionen in Strafsachen, DRiZ **1957** 139; *Dahs* Disziplinierung des Tatrichters durch Beschlüsse nach $\S$ 349 Abs. 2? NStZ **1981** 205; *Egberts* Die Entscheidung des Revisionsgerichts in Strafsachen, Diss. Erlangen 1925; *Hamm* Aus der Beschlußverwerfungspraxis ($\S$ 349 Abs. 2 StPO) der Revisionsgerichte, StV **1981** 249, 315; *Hanack* Die Verteidigung vor dem Revisionsgericht, FS Dünnebier 301; *Hartung* Revisionsurteil oder Revisionsbeschluß, DRZ **1950** 219; *Hülle* Die offensichtlich begründete Revision in Strafsachen, NJW **1952** 411; *Jagusch* Über offensichtlich unbegründete Revisionen ($\S$ 349 Abs. 2 StPO), NJW **1960** 73; *Kodde* Zur Praxis der Beschlußverwerfung von Revisionen ($\S$ 349 Abs. 2 StPO): dargestellt anhand von Entscheidungen der Oberlandesgerichte Oldenburg und Bremen aus den Jahren 1980 und 1981 (1989 = Diss. Göttingen 1987); *Krehl* Die Begründung des Verwerfungsbeschlusses nach $\S$ 349 Abs. 2 StPO, GA **1987** 163; *Kreuzer* Heranwachsendenrecht, kurze Freiheitsstrafe und Beschlußverwerfungspraxis, StV **1982** 438 (444); *Kruse* Die „offensichtlich" unbegründete Revision im Strafverfahren. Eine Untersuchung anhand von Aktenfällen (1980); *Less* Revisionsurteil oder Revisionsbeschluß, SJZ **1950** 68; *Lobe* „Offensichtlich unbegründet", JW **1925** 1612; *Fritz Meyer* Stellungnahme zur Kritik an der Praxis der Revisionsverwerfung nach $\S$ 349 Abs. 2 StPO, StV **1984** 222; *Niese* Die allgemeine Prozeßrechtslehre und der Rechtskrafteintritt bei zurückgenommenen und unzulässigen Rechtsmitteln, JZ **1957** 73; *Ostler* Zur Fassung des Entscheidungssatzes bei Verwerfung offensichtlich unbegründeter Revisionen in Strafsachen, DRiZ **1957** 61; *Park* Die Erwiderung der Verteidigung auf einen Revisionsverwerfungsantrag gem. $\S$ 349 Abs. 2 StPO, StV **1997** 550; *Penner* Reichweite und Grenzen des $\S$ 349 Abs. 2 StPO (Lex Lobe), Diss. Köln 1962; *Peters* Justizgewährungspflicht und Abblocken von Verteidigungsvorbringen, FS Dünnebier 53; *Radtke* Zur Systematik des Strafklageverbrauchs verfahrenserledigender Entscheidungen im Strafprozeß (1994 = Diss. Göttingen 1993); *Römer* Die Beschlußverwerfung wegen offensichtlicher Unbegründetheit der Revision ($\S$ 349 Abs. 2 StPO), MDR **1984** 353; *Rottmann* Die Zurückweisung der Revision wegen offensichtlicher Unbegründetheit, Diss. Göttingen 1981; *Sarstedt* Über offensichtlich unbegründete Revisionen, JR **1960** 1; *R. Schmitt* Können die Beschlüsse aus $\S\S$ 346, 349 StPO zurückgenommen werden? JZ **1961** 15; *Schoreit* Die Beschlußverwerfung der Revision gemäß $\S$ 349 Abs. 2 StPO und die Staatsanwaltschaft, FS Pfeiffer 397; *Schöttler* Zur Problematik der ersatzlosen Streichung des $\S$ 349 Abs. 2 StPO, NJW **1960** 1335; *Schulte* Die Gewährung rechtlichen Gehörs in der Praxis des Revisionsverfahrens in Strafsachen, FS Rebmann 465; *Seibert* Zur Revision in Strafsachen, DRiZ **1948** 371; *Seibert* Einige Bemerkungen zur Revision in Strafsachen nach dem StPÄG, MDR **1965** 266; *Seibert* Urteilsaufhebung durch Beschluß ($\S$ 349 Abs. 4 StPO), NJW **1966** 1964; *Siegert* Die „offensichtlich unbegründeten" Revisionen, NJW **1959** 2152; *von Stackelberg* Über offensichtlich unbegründete Revisionen ($\S$ 349 Abs. 2 StPO), NJW **1960** 505; *von Stackelberg* Zur Beschlußverwerfung der Revision in Strafsachen als „offensichtlich unbegründet", FS Dünnebier 365; *Stoll* Entwicklung und Bedeutung der Lex Lobe ($\S$ 349 Abs. 2 StPO) für den Bundesgerichtshof, Diss. Marburg 1961; *S. Vogel* Probleme der Begründungspflicht von Revisionen in Strafsachen, die gem. $\S$ 349 Abs. 2 StPO als offensichtlich unbegründet verworfen werden (1994 = Diss. Trier 1993); *Weber* Ein Vorschlag zu $\S$ 349 StPO, DJZ **1927** 80; *Wimmer* Verwerfung der Revision durch Urteil oder Beschluß? NJW **1950** 201.

Entstehungsgeschichte. Die Vorschrift bestand ursprünglich nur aus den jetzigen Absätzen 1 und 5, sah also die Verwerfung durch Beschluß nur bei unzulässigen Revisionen vor. Art. IV Nr. 1 des Gesetzes zur weiteren Entlastung der Gerichte vom 8. 7. 1922 (RGBl. I 569) erweiterte Absatz 1 durch Einfügung eines Satzes 2 dahin, daß das Reichsgericht (nicht die Oberlandesgerichte) zur Verwerfung offensichtlich unbegründeter Revisionen durch Beschluß ermächtigt wurde („Lex Lobe"). Die Möglichkeit, offensichtlich unbegründete Revisionen durch Beschluß zu verwerfen, wurde durch Kap. I $\S$ 6 der 2. AusnVO auch den Oberlandesgerichten eröffnet. Durch $\S$ 14 der 4. VereinfVO von 1944 wurde das Reichsgericht ermächtigt, Urteile durch Beschluß aufzuheben, wenn es die Revision für offensichtlich begründet erachtete. Art. 3 Nr. 147 VereinhG beseitigte diese Möglichkeit wieder und stellte inhaltlich die bis 1944 geltende Fassung des $\S$ 349 wieder her, wobei der frühere Absatz 1 Satz 2 als Absatz 2 eingestellt wurde. Die Absätze

2 und 5 erhielten ihre jetzige Fassung durch Art. 9 Nr. 2 StPÄG 1964; ferner wurden durch diese Vorschrift die Absätze 3 und 4 eingefügt. Zur Entstehungsgeschichte des heutigen § 349 Abs. 2 eingehend z. B. *Penner* 3 ff; *Stoll* 27 ff; *Römer* MDR **1984** 353; *Vogel* 13 ff. — Bezeichnung bis 1924: § 389.

Übersicht

I. Verwerfung unzulässiger Revisionen durch Beschluß (Absatz 1)

1   **1. Allgemeines.** Für den Fall, daß die Revision unzulässig ist, vereinfacht § 349 Abs. 1 das Verfahren. Eine entsprechende Regelung enthält § 322 für das Berufungsverfahren. Nach § 346 Abs. 1 kann bereits das Gericht, dessen Urteil angefochten ist, die Revision dann als unzulässig verwerfen, wenn sie verspätet eingelegt ist oder wenn die Revisionsanträge nicht rechtzeitig oder nicht in der durch § 345 Abs. 2 vorgeschriebenen Form angebracht worden sind. Solche Einschränkungen enthält § 349 Abs. 1 nicht; das Revisionsgericht darf vielmehr die Revision in allen Fällen der Unzulässigkeit ohne Hauptverhandlung durch Beschluß verwerfen. Hat das Gericht, dessen Urteil angefochten ist, die Verwerfung des Rechtsmittels nach § 346 Abs. 1 unterlassen, obwohl sie zulässig war, so verfährt das Revisionsgericht nach § 349 Abs. 1 oder verwirft die Revision nach § 349 Abs. 5 durch Urteil. Wenn die Sache bei ihm anhängig ist (§ 347, 9), darf es sie nicht etwa an das untere Gericht zur Nachholung der Entscheidung nach § 346 Abs. 1 zurückverweisen (BayObLGSt **1974** 99 = MDR **1975** 71). Hat das untere Gericht einen Verwerfungsbeschluß nach § 346 Abs. 1 erlassen, ohne daß die Voraussetzungen dieser Vorschrift vorlagen, so muß das nach § 346 Abs. 2 angerufene Revisionsgericht prüfen, ob eine Verwerfung nach § 349 Abs. 1 geboten ist (vgl. § 346, 30). Der Ausspruch des Richters, dessen Urteil angefochten ist, die Revision sei zulässig, bindet das Revisionsgericht nicht und hindert daher nicht die Verwerfung nach § 349 Abs. 1 (RGSt **59** 244; vgl. § 346, 15). Das Revisionsgericht kann über eine unzulässige Revision immer auch in der Hauptverhandlung nach § 349 Abs. 5 entscheiden (anders *Penner* 16, der § 349 Abs. 1 für eine Mußvorschrift hält); dann muß durch Urteil entschieden werden (vgl. unten Rdn. 4). Das wird in Betracht kommen, wenn die Unzulässigkeit erst in der Hauptverhandlung bemerkt wird oder wenn die Zulässigkeit zweifelhaft ist und der Erörterung in der Hauptverhandlung bedarf.

2. Vorschriften über die Einlegung der Revision. In erster Hinsicht handelt es sich **2** um § 341, der Frist und Form der Einlegung bestimmt. Als Vorschriften über die Einlegung der Revision gelten hier aber auch solche, die die Befugnis regeln, das Rechtsmittel einzulegen[1]. Das sind § 296 (Beschuldigte, Staatsanwaltschaft), § 297 (Verteidiger; hier sind auch § 137 Abs. 1 Satz 2 und § 146 zu beachten), § 298 (gesetzliche Vertreter), § 390 (Privatkläger), § 401 (Nebenkläger), § 433 Abs. 1, § 440 Abs. 3 StPO (Einziehungsbeteiligte) und § 67 Abs. 3 JGG (Erziehungsberechtigte). Zu den Vorschriften über die Einlegung der Revision gehört ferner der Grundsatz, daß jedes Rechtsmittel eine Beschwer voraussetzt (vgl. Vor § 296, 46 ff). Unzulässig ist auch eine Revision, auf deren Einlegung wirksam verzichtet worden war[2]. Das gleiche gilt nach herrschender, aber teilweise anfechtbarer Meinung, wenn eine Revision nach Zurücknahme erneut eingelegt wird und eine besondere Erledigt-Erklärung nicht geboten ist[3]. Die Verwerfung durch Beschluß ist ferner zulässig, wenn das Rechtsmittel nach § 441 Abs. 3 Satz 2 StPO, § 55 Abs. 2 JGG, § 10 des Gesetzes über das gerichtliche Verfahren in Binnenschiffahrtssachen v. 27. 9. 1952 (BGBl. I 641) gesetzlich ausgeschlossen ist (BGHSt **13** 293).

3. Vorschriften über die Anbringung der Revisionsanträge sind § 345 (Frist und **3** Form) sowie § 344 (Anträge; erforderlicher Inhalt der Begründung). Eine Verwerfung als unzulässig kommt darüber hinaus vor allem in Betracht, wenn der Beschwerdeführer Widersprüche oder Denkfehler in den Urteilsgründen daraus herzuleiten versucht, daß er diese unrichtig wiedergibt (vgl. z. B. BGH NJW **1956** 1767), oder wenn er entgegen § 337 keine Rechtsfehler rügt, sondern die Beweiswürdigung lediglich in tatsächlicher Hinsicht beanstandet[4]. Dabei ist freilich zu beachten, daß die Rüge unzureichender Feststellungen und Beweiswürdigungen nach heutiger Rechtsprechung als revisibler Rechtsfehler gilt, der der Sachrüge unterfällt (näher § 337, 121 ff), so daß entsprechende Angriffe durch den Beschwerdeführer selbstverständlich zulässig sind; unzulässig ist nur die auf den Vortrag tatsächlicher Umstände gegründete Rüge, daß der Sachverhalt in Wahrheit ganz anders liege; vgl. § 344, 93 f. Unzulässig ist die Revision auch, wenn der Angeklagte gegen ein Prozeßurteil nach § 329 Abs. 1 ausschließlich die Sachrüge erhebt und sie allein mit sachlichrechtlichen Angriffen auf das erstinstanzliche Urteil begründet (OLG Karlsruhe GA **1980** 91; vgl. aber § 344, 95) oder wenn er nur einen Verfahrensmangel rügt, der lediglich den Mitangeklagten beschwert (BGHSt **10** 120).

4. Beschluß. Der Verwerfungsbeschluß, für den nur eine einfache Mehrheit erforder- **4** lich ist (§ 196 Abs. 1 GVG), wird ohne Hauptverhandlung erlassen. Findet eine Hauptverhandlung statt, so muß, falls nicht eine Einstellung (z. B. nach § 441 Abs. 4 oder §§ 153 Abs. 2, 154 Abs. 2) in Betracht kommt, immer gemäß § 349 Abs. 5 durch Urteil entschie-

---

[1] RGSt **35** 25; **66** 405; **69** 245; BayObLG LZ **1918** 943; OLG Hamm NJW **1964** 265; heute allg. M.
[2] RGRspr. **9** 230; BayObLGSt **1960** 238 = Rpfleger **1961** 46.
[3] Dazu im einzelnen § 302, 28 f und 76.

[4] Vgl. RGSt **1** 257; **40** 99; **53** 235; **67** 198; RGRspr. **8** 336; RG JW **1921** 841; BayObLG NJW **1953** 1403; OLG Karlsruhe Justiz **1968** 181; OLG Saarbrücken OLGSt § 327 S. 3.

Ernst-Walter Hanack

den werden[5]. Wenn das Revisionsgericht Beweise über die Zulässigkeit der Revision erhoben, etwa dienstliche Äußerungen eingeholt hat, darf der Beschluß nicht ergehen, bevor dem Beschwerdeführer Gelegenheit gegeben worden ist, zu den Beweisergebnissen Stellung zu nehmen[6]. Die Frage, ob das Revisionsgericht Verfahrenshindernisse auch berücksichtigen muß, wenn die Revision unzulässig ist, ist bei § 346, 34 erörtert. Zur Rechtskraft des Beschlusses vgl. unten Rdn. 27 ff.

II. Verwerfung offensichtlich unbegründeter Revisionen durch Beschluß (Absatz 2)

5   **1. Allgemeines.** Die Vorschrift („Lex Lobe", vgl. Entstehungsgeschichte) bezweckt die Entlastung der Revisionsgerichte durch rasche Erledigung offensichtlich aussichtsloser oder mutwillig eingelegter Revisionen. Bei Rechtsmitteln dieser Art kann das umständliche Hauptverhandlungsverfahren durch die Beschlußverwerfung ersetzt und damit zugleich (unten Rdn. 21) auf eine nähere Begründung der zurückweisenden Entscheidung verzichtet werden. Das gilt auch für Revisionen der Staatsanwaltschaft (unten Rdn. 14); wegen der Revisionen der Privat- und Nebenkläger vgl. unten Rdn. 15. Zu einer zurückhaltenden Anwendung der Vorschrift, die namentlich im älteren Schrifttum vielfach empfohlen wird[7], sieht die Rechtsprechung keinen Grund, insbesondere seit durch die Änderung des § 349 Abs. 2 (Erfordernis eines mit Begründung versehenen Antrags der Staatsanwaltschaft) und die Einfügung des Absatzes 3 (Mitteilung des Antrags an den Beschwerdeführer und Zweiwochenfrist für die Abgabe einer Gegenerklärung) dafür gesorgt ist, daß der Beschwerdeführer durch das Beschlußverfahren nicht überrascht werden kann, sondern vor der Entscheidung ausreichend Gelegenheit zur Äußerung erhält. In der Praxis ist die Beschlußentscheidung nach § 349 Abs. 2 heute die weit dominierende Entscheidungsform. So hat der Bundesgerichtshof z. B. 1995 2.671 Revisionen auf diese Art entschieden, hingegen nur 275 durch Urteil und 498 durch Beschluß gemäß § 349 Abs. 4[8]. Bei den Oberlandesgerichten ist der Anteil der Beschlußverwerfungen unterschiedlich, aber ebenfalls hoch[9]. Ob dieser massive Gebrauch der Beschlußverwerfung, die nach Entstehungsgeschichte und Voraussetzungen eher als Ausnahme zu verstehen ist, dem Gesetz entspricht, erscheint zweifelhaft. Nicht zu leugnen ist jedenfalls, daß beim Bundesgerichtshof die Anwendung der Vorschrift in einer Relation zu seinem wechselnden bzw. zunehmenden Arbeitsanfall steht[10], die Auslegung der vagen Voraussetzungen der Vorschrift (unten Rdn. 8 ff) also ersichtlich von diesem Arbeitsanfall mitbeeinflußt ist. Kaum zu leugnen ist ferner, daß mit Hilfe des Verfahrens im Einzelfall auch Entscheidungen getroffen werden, bei denen die anstehenden Rechtsfragen durchaus nicht „offen-

---

[5] RGSt **59** 244; **64** 247; BayObLG NJW **1962** 118; KK-*Pikart* 12; *Kleinknecht/Meyer-Goßner*[43] 3; **a. A** *Beling* 481; *Egberts* 34, die auch dann die Beschlußverwerfung für erforderlich halten.

[6] BVerfGE **9** 261; **10** 274; vgl. auch BVerfG **7** 275 = JZ **1958** 433 mit Anm. *Peters*; BVerfG DAR **1976** 239; allg. M.

[7] Z. B. – mit sehr verschiedener Begründung und in verschiedener Weise – *Henkel* 380 Fußn. 18; *Peters* 655; JZ **1958** 436 und **1965** 489; *Dahs/Dahs* 551 („Fingerspitzengefühl"); *Hartung* DRZ **1950** 219; *Jagusch* NJW **1960** 75; *Seibert* DRZ **1948** 371.

[8] „Übersicht über den Geschäftsgang bei den Strafsenaten . . ." (nicht veröffentlicht). Weitere Zahlen

z. B. bei *F. Meyer* StV **1984** 226; *Rieß* FS Sarstedt 320; 52. DJT S. L 28; *Vogel* 2 ff; DERechtsmittelG S. 134 ff. Zu den Einzelheiten der Handhabung durch Bundesanwaltschaft und BGH höchst instruktiv jüngst *Barton* StraFo. **1998** 325.

[9] Zahlen z. B. bei AK-*Maiwald* 2; *Kodde* 4 ff; *Kreuzer* StV **1982** 445; *Rottmann* 2, 133; *Vogel* 4 ff. Sie betrug z. B. zwischen 1975 und 1979 jährlich zwischen 63,4 und 69,0% insgesamt bei auffälligen Unterschieden zwischen den einzelnen Oberlandesgerichten, z. B. 1973 zwischen 25,1 und 71,5%; vgl. *Rottmann* 2, 133.

[10] Dazu eingehend und überzeugend *F. Meyer* StV **1984** 222 ff; vgl. auch *Sarstedt/Hamm*[5] 471; *Hanack* 308.

sichtlich" sind[11]. Nachdenklich stimmen muß im übrigen der auch von besonnenen Verteidigern erhobene Vorwurf, mit dem Verfahren werde mancher kritische Rechtsfehler zugedeckt[12]. Daß es sich dabei um mehr als Einzelfälle handelt, ist jedoch nicht erwiesen. Vorhandene empirische Untersuchungen[13] sind insoweit wegen ihrer schmalen Basis wenig aussagekräftig. Sie bestätigen aber die alte Klage über eine Vielzahl schlechter anwaltlicher Revisionsbegründungen in einer Weise, die bestürzen muß[14] und die verbreitete Skepsis vieler Revisionsrichter gegenüber dem Wert einer Revisionshauptverhandlung (vgl. § 351, 1) verständlich macht.

Verbreitete Einwendungen gegen die Vorschrift betreffen vor allem ihre Handha- **6** bung und Ausuferung sowie die damit verbundenen Konsequenzen für die Rechtspraxis[15]. Diese Konsequenzen dürften insbesondere für die Befriedungsfunktion gegenüber den konkret Betroffenen in der Tat gravierend sein. Sie stehen überdies in eigentümlichem Gegensatz zur richterrechtlichen Erweiterung des Anwendungsbereichs der Revision („Darstellungsrüge"; vgl. § 337, 121 ff), für die sie wohl ein gewisser, auch von daher problematischer Preis sind. Seit jeher umstritten und viel erörtert ist darüber hinaus die Frage der Systemgemäßheit und der Rechtsstaatlichkeit des § 349 Abs. 2[16]. Das Bundesverfassungsgericht hat gegen die Regelung keine verfassungsrechtlichen Bedenken (NJW **1982** 925; **1987** 2230 [Vorprüfungsausschuß bzw. Kammer]; vgl. auch unten Rdn. 8).

2. Kannvorschrift. § 349 Abs. 2 ist, wie auch sein Wortlaut zeigt, eine Kannvor- **7** schrift. Das Revisionsgericht kann daher, wenn es das für sachdienlich hält (dazu *Penner* 23), auch offensichtlich unbegründete Revisionen aufgrund einer Hauptverhandlung durch Urteil verwerfen (§ 349 Abs. 5). Dazu kann etwa Anlaß bestehen, wenn die Öffentlichkeit an dem Verfahren ein besonderes Interesse hat oder wenn ein Rechtsfehler gerügt wird, auf dem das Urteil zwar nicht beruht, zu dem das Revisionsgericht aber ausführlichere Rechtsausführungen für geboten hält, damit er in der Praxis künftig vermieden wird.

3. Offensichtlich unbegründet. Über den Inhalt dieses Begriffs gehen die Ansichten **8** nicht nur in den Einzelheiten erheblich auseinander[17]. Eine wirklich präzise, im konkreten Fall sicher zu handhabende Umschreibung ist nicht gefunden worden und läßt sich wohl auch nicht finden. Das gilt auch für die Umschreibungskriterien der h. M[18], die aber dem

---

[11] So z. B. im Fall BGH LM (!) § 123 StGB 1971 Nr. 1 = MDR **1982** 449 zur „verbalen Gewalt" (dazu *Römer* MDR **1984** 353) oder im Fall BGH NStZ **1981** 447 mit Anm. *Rieß* zur Revisibilität des fehlerhaften Eröffnungsbeschlusses (in einem auch in der Öffentlichkeit sehr umstrittenen Verfahren gegen einen Rechtsanwalt; vgl. *Strate* StV **1981** 261). Vgl. auch *Peters* 655; *Kreuzer* StV **1982** 446. BGH bei *Holtz* MDR **1984** 443 läßt sogar eine „insbesondere" in Beschlüssen nach § 349 Abs. 2 vertretene Divergenz zur heute h. M über den versuchten Diebstahl im besonders schweren Fall erkennen.

[12] Vgl. nur die Nachweise bei *Hanack* 308.

[13] *Kruse* 99 ff, 208 ff für den BGH und das BayObLG (dazu *Welp* GA **1982** 517; *F. Meyer* StV **1984** 223) und *Rottmann* 57 ff für das OLG Celle (zu beiden Arbeiten *Römer* MDR **1984** 355; *Kreuzer* StV **1982** 445); *Kodde* für die OLGe Oldenburg und Bremen.

[14] Vgl. nur *Hanack* 308 f mit Nachw.; ferner jüngst *Barton* StraFo. **1998** 326.

[15] Aus neuerer Zeit insbesondere *Peters* § 75 IV 2 a;

JR **1977** 477 und FS Dünnebier 67 mit zahlr. Nachw. in Fußn. 39; *Kreuzer* StV **1982** 445; *F. Meyer* StV **1984** 222 ff; *Römer* MDR **1984** 353 ff.

[16] Eingehend namentlich *Stoll* 34 ff; *Kodde* 188 ff; *Kruse* 4 ff; *Rottmann* 14 ff; *F. Meyer* StV **1984** 224; vgl. im übrigen das von *Peters* aaO genannte Schrifttum. Auf dem 52. DJT (1978) sind früher verbreitete Vorschläge zur Streichung der Vorschrift nicht wiederholt und Vorschläge zur einschränkenden Modifizierung nicht gebilligt worden; vgl. *Rieß* ZRP **1979** 193; *Sarstedt/Hamm*[6] 1244.

[17] Dazu eingehend namentlich *Kodde* 179 ff; *Penner* 20 ff; *Stoll* 61 ff; *Kruse* 24 ff je mit zahlr. Nachw.; *Römer* MDR **1984** 355.

[18] Kritisch z. B. *Römer* MDR **1984** 355; *Kruse* 32; *Penner* 21; DERechtsmittelG 94; *Sarstedt/Hamm*[6] 1246 f meinen sogar, die begrifflichen Auseinandersetzungen seien unfruchtbar, weil die Offensichtlichkeit ein „Erlebnis" sei; vgl. auch *Kleinknecht/Meyer-Goßner*[43] 11, die die Streichung des Merkmals fordern.

Ernst-Walter Hanack

Gesetzeszweck immerhin noch am nächsten kommen. Danach ist eine Revision dann offensichtlich unbegründet, wenn die zur Entscheidung berufenen Richter und andere Beurteiler mit gleicher Sachkunde sofort erkennen, welche Rechtsfragen vorliegen, wie sie zu beantworten sind und daß die Revisionsrügen das Rechtsmittel nicht begründen können[19]. Das bedeutet nicht, daß alle beteiligten Revisionsrichter die Akten gelesen haben müssen[20]. Nicht erforderlich ist auch, daß die anstehenden Rechtsfragen unbedingt mit dem paraten Wissen des Beurteilers gelöst werden können. Es genügt, daß sich ihm die Unbegründetheit der Revision ohne weiteres aufdrängt und daß dann ein Blick in einen Kommentar bestätigt, daß sie nicht zum Erfolg führen kann. Nicht ausgeschlossen ist, daß der Stand der Rechtsprechung zu einer entlegenen, seltenen Frage erst festgestellt werden muß, wenn nur danach keine rechtlichen Zweifel mehr bestehen[21]. Diese Interpretation entspricht auch einem Verwerfungsbeschluß des BVerfG (2 BvR 1168/79), den *Peters* 656 zitiert. Die Ansicht von *Peters* aaO, daß sie „nicht haltbar" sei, sondern „dem Subjektivismus des Revisionsrichters Tür und Tor" öffne und „zu einer Zweiteilung der beteiligten Juristen" führe, ist sicher nicht ohne Berechtigung. Aber sie läßt außer acht, daß es bei der Beurteilung, jedenfalls primär, nach geltendem Recht nun einmal notwendigerweise vor allem auf die Auffassung des Revisionsgerichts ankommen muß; vgl. im übrigen auch Rdn. 10, 11.

9   Entgegen neueren Tendenzen[22] nicht abzustellen ist aber auf die Frage, ob nach Überzeugung des Revisionsgerichts eine **Hauptverhandlung** über die Revision **entbehrlich** ist. Denn darauf hebt das Gesetz nicht ab, ganz abgesehen davon, daß damit ein besonders vager Maßstab eingeführt würde, der schon angesichts der sehr unterschiedlichen und traditionell skeptischen Auffassungen über die Bedeutung der Revisionsverhandlung fragwürdig und kaum judizierbar bliebe.

10   Muß auch nur ein Mitglied des Gerichts das Für und Wider **länger erwägen** und **Zweifel klären**, die sich nicht sofort beseitigen lassen, so besteht keine Offensichtlichkeit (so schon *Kahl* JW **1925** 1405). Eine Hauptverhandlung ist erforderlich, wenn auch nur einer der Richter die Entscheidung in irgendeinem Punkt für zweifelhaft hält. Die Länge der Revisionsbegründung ist dabei jedoch für sich allein kein Maßstab zur Beurteilung der Frage. Zwar kommt die Verwerfung nach § 349 Abs. 2 vor allem in Betracht, wenn nur die unausgeführte allgemeine Sachrüge erhoben ist und die Nachprüfung keine Rechtsfehler ergibt[23]. Es kann aber auch die Prüfung einer besonders ausführlichen Begründungsschrift zu dem Ergebnis führen, daß alle Revisionsangriffe gegen das Urteil offensichtlich unbegründet sind (anders *Wimmer* NJW **1950** 203, der einen leicht zu überblickenden Entscheidungsstoff für erforderlich hält). Nahe liegt die Verwerfung, wenn die Revision eine gefestigte Rechtsprechung bekämpft, aber keine neuen Gesichtspunkte vorbringt (*Peters* JZ **1965** 489). Unerheblich für die Entscheidung, ob eine Revision offensichtlich unbegründet ist, sind die Art der Straftat, die Bedeutung der Sache und die Höhe der verhängten Strafe[24].

---

[19] BGHSt **38** 184; OLG Düsseldorf GA **1983** 221; KK-*Pikart* 23; *Kleinknecht/Meyer-Goßner*[43] 10; KMR-*Paulus* 13; *Schlüchter* 746; *Eb. Schmidt* Nachtr. I 9; *Dahs/Dahs* 547; *Kahl* JW **1925** 1403; *Lobe* JW **1925** 1615; *Seibert* DRZ **1948** 371; *Wimmer* NJW **1950** 203.

[20] BGH NStZ **1994** 353 f; BVerfG (Kammer) NJW **1987** 2230.

[21] *Jagusch* NJW **1960** 76; *Wimmer* NJW **1950** 203; **a. A** z. B. *von Stackelberg* NJW **1960** 505.

[22] So insbes. *Penner* 22; *Rottmann* 22; vgl. auch KMR-*Paulus* 2; *Fezer* Möglichkeiten 272; *Römer* MDR **1984** 356; *Radtke* 228 f.

[23] Vgl. *Sarstedt/Hamm*[6] 1257; *von Stackelberg* NJW **1960** 506.

[24] *Meyer* in der 23. Aufl. (in Übereinstimmung mit der Praxis; **a. A** *Wimmer* NJW **1950** 203, der bei hochbestraften Kapitalverbrechen eine Beschlußverwerfung nicht für angängig hält.

Hat die Revision **Ermittlungen des Revisionsgerichts** erforderlich gemacht, ob die **11** Verfahrensvoraussetzungen vorliegen oder Verfahrensfehler vorgekommen sind, so ist die Revision nicht offensichtlich unbegründet. Denn die offensichtliche Unbegründetheit ist in dem Zeitpunkt zu beurteilen, in dem die Revision erstmals zu prüfen ist[25]. Nach § 349 Abs. 2 verfahren werden darf jedoch, wenn bereits die Staatsanwaltschaft solche Ermittlungen angestellt hat und danach beim Eingang der Sache bei dem Revisionsgericht keine Zweifel mehr bestehen. Keinen Bedenken unterliegt es auch, eine offensichtlich unbegründete Revision als solche gemäß § 349 Abs. 2 zu verwerfen, wenn offen ist, ob sie in zulässiger Weise eingelegt ist und dies kompliziertere Ermittlungen des Revisionsgerichts erfordern oder einen zulässigen Antrag auf Wiedereinsetzung begründen könnte[26].

4. Einstimmigkeit. Die von § 349 Abs. 2 geforderte Einstimmigkeit muß sich auf die **12** Offensichtlichkeit wie auf die Unbegründetheit beziehen[27]. Nach Berichten aus der Praxis ergibt sie sich nicht selten dadurch, daß Senatsmitglieder, die aus Parallelfällen wissen, daß sie mit ihrer Rechtsmeinung in der Minderheit sind, schweigen, weil es sonst nur zu einer „nutzlosen" Hauptverhandlung kommt, aufgrund derer dann auch eine schriftliche Urteilsbegründung zu verfassen ist[28], sich an der Zurückweisung der Revision jedoch nichts ändert. So verständlich eine solche Haltung sein mag, dem Gesetz entspricht sie wohl nicht. Denn die Einstimmigkeit verlangt eben die Ansicht jedes Revisionsrichters, daß die Revision offensichtlich unbegründet ist; sie bedeutet insoweit (vgl. *Römer* 356) eine weitere Sicherung im Hinblick auf den eher als Ausnahme gedachten Charakter der Vorschrift. Im übrigen muß sich die Einstimmigkeit in der Regel auch auf die Begründung beziehen, nicht nur auf das Ergebnis (KK-*Pikart* 25).

5. Antrag der Staatsanwaltschaft

a) Allgemeines. Der Antrag auf Verwerfung der Revision nach § 349 Abs. 2 kann nur **13** von der Staatsanwaltschaft beim Revisionsgericht gestellt werden. Er liegt auch vor, wenn er mit dem Antrag auf eine Schuldspruchberichtigung gekoppelt wird[29]. Der Antrag ist eine zwingende Voraussetzung für das Beschlußverfahren. Fehlt er, ist eine dennoch getroffene Entscheidung des Revisionsgerichts auf Verfassungsbeschwerde hin wegen Verstoßes gegen das Willkürverbot aufzuheben (BVerfG NJW **1982** 324). Der Staatsanwaltschaft wird durch die Antragsvoraussetzung ein entscheidender Einfluß auf den Umfang der Verwerfungspraxis des Revisionsgerichts eingeräumt. Das Revisionsgericht ist allerdings formal nicht gehindert, bei der Staatsanwaltschaft die Stellung eines Antrags auf Beschlußverwerfung anzuregen, wenn ihm die Akten nach § 347 Abs. 2 ohne einen solchen Antrag vorgelegt worden sind, es die Revision aber für offensichtlich unbegründet hält[30]. Jedoch wird eine Revision, deren Verwerfung gemäß § 349 Abs. 2 die Staatsanwaltschaft selbst nicht von vornherein beantragt, im allgemeinen nicht offensichtlich unbegründet sein. Denn auch die Staatsanwälte beim Revisionsgericht gehören zu dem Kreis sachkundiger Personen, von deren Beurteilung es abhängt, ob eine Revision als

---

[25] Im Ergebnis ebenso KMR-*Paulus* 13; *Schlüchter* 746 Fußn. 542; *Geppert* GA **1972** 177; *Peters* JZ **1958** 436.

[26] BGHSt **27** 132; OLG Frankfurt NJW **1978** 2164.

[27] *Dahs/Dahs* 550; *Penner* 18; *Jagusch* NJW **1960** 75; näher zum Ganzen *Stoll* 57; *Römer* MDR **1984** 356.

[28] Vgl. auch die Andeutungen von *Sarstedt/Hamm*[6] 1243 unter Hinweis auf die Situation beim OLG-

Senat. Berichtet wird sogar, daß gerade das Senatsmitglied, das nicht schweigt, dann das Urteil absetzen muß.

[29] BGH bei *Kusch* NStZ **1994** 25 mit weit. Nachw.; vgl. Rdn. 25.

[30] *Kleinknecht* JZ **1965** 160 Fußn. 81; zustimmend KMR-*Paulus* 15; erkennbar skeptisch (wie im folg. Text) aber *Römer* MDR **1984** 357; auch *Kleinknecht/Meyer-Goßner*[43] 13.

Ernst-Walter Hanack

offensichtlich unbegründet bezeichnet werden kann. Das Revisionsgericht sollte daher die Anregung entsprechender Anträge unterlassen (ebenso *Sarstedt/Hamm*[6] 1248).

14 Zweifelhaft und umstritten ist, ob auch eine **Revision der Staatsanwaltschaft** als offensichtlich unbegründet verworfen werden darf. Aus § 349 Abs. 3, der zwischen der Staatsanwaltschaft und dem Beschwerdeführer unterscheidet, wird vielfach gefolgert, daß die Beschlußverwerfung für staatsanwaltschaftliche Revisionen nicht in Betracht kommt[31]. Die Frage hat keine große praktische Bedeutung, weil die Staatsanwaltschaft beim Oberlandesgericht, die eine von der Staatsanwaltschaft beim Landgericht eingelegte Revision für offensichtlich unbegründet hält, deren Zurücknahme veranlassen oder nach § 145 Abs. 1 GVG selbst erklären kann (vgl. Nr. 168 RiStBV). Auch der Generalbundes-anwalt kann bei der Landesstaatsanwaltschaft die Zurücknahme einer Revision anregen, die er für aussichtslos hält. Ist er daran gehindert, weil die Revision zugunsten des Ange-klagten eingelegt war und dieser die Zustimmung zur Rücknahme verweigert (vgl. § 302 Abs. 1 Satz 2), oder entspricht die Landesstaatsanwaltschaft der Anregung der Bundesan-waltschaft nicht, ist auch ein Verwerfungsantrag des Generalbundesanwalts und die ent-sprechende Entscheidung des Revisionsgerichts nach dem Gesetz nicht ausgeschlossen[32].

15 Die Revision des **Privatklägers** kann durch Beschluß als offensichtlich unbegründet verworfen werden, ohne daß das weiter in § 349 Abs. 2 und 3 geregelte Verfahren einzu-halten ist (§ 385 Abs. 5). Die Verwerfung der Revision des **Nebenklägers** nach § 349 Abs. 2 ist ebenfalls zulässig (BGH StV **1986** 87). Sie setzt einen entsprechenden Antrag der Staatsanwaltschaft voraus (OLG Köln NJW **1968** 561).

16 **b) Begründung.** § 349 Abs. 2 verlangt, daß der Antrag der Staatsanwaltschaft begrün-det wird. Der Beschwerdeführer soll auf diese Weise zur Sicherung des rechtlichen Gehörs (unten Rdn. 18) von den Erwägungen unterrichtet werden, die der Antragstellung durch die Staatsanwaltschaft zugrunde liegen. Die Begründung muß diesem Zweck ent-sprechen, also dartun, warum das Rechtsmittel nach Meinung der Staatsanwaltschaft offensichtlich keinen Erfolg haben kann. Wie das geschieht, richtet sich nach den Gege-benheiten des Einzelfalles (vgl. auch BVerfG — Kammer — NJW **1987** 2230). Eine kurze Auseinandersetzung mit dem Revisionsvorbringen ist erforderlich, aber auch ausrei-chend. Breit angelegte, in Gutachtenform erstellte Begründungen sind nicht notwendig und nicht einmal angebracht. Wird auf spezielle Rechtsausführungen des Beschwerdeführ-rers eingegangen, so ist die Rechtslage in knapper Form, regelmäßig unter Hinweis auf die einschlägige Rechtsprechung oder das Schrifttum, insbesondere auf Kommentare, darzu-stellen. Eine ganz kurze, unter Umständen sogar formelhafte Antragsbegründung kann genügen, wenn die Revision nur allgemein die Sachrüge erhebt, erkennbar unzulässige oder nicht ausgeführte Verfahrensrügen erhoben worden sind, wenn sich das Einzelvor-bringen der Revision darin erschöpft, das Fehlen von Ausführungen zu rügen, die tatsäch-lich in dem Urteil enthalten sind, oder wenn Feststellungen beanstandet werden, die dort nicht getroffen sind[33]. Eine längere Begründung des Verwerfungsantrags muß nicht immer gegen die Annahme sprechen, daß die Revision offensichtlich unbegründet ist; denn es gibt Revisionen, mit denen zahlreiche offensichtlich unbegründete Rügen erhoben werden.

---

[31] OLG Köln NJW **1968** 562; *Eb. Schmidt* Nachtr. I 4; *Peters* 656; *Schlüchter* 746; *Amelunxen* 76 f.

[32] BGH GA **1975** 333; BayObLG BayJMBl. **1972** 40; OLG Koblenz NJW **1966** 362; KK-*Pikart* 31; *Kleinknecht/Meyer-Goßner*[43] 8; KMR-*Paulus* 9; *Roxin* § 56, 46 und NJW **1967** 792; *Dahs/Dahs* 549.

[33] OLG Stuttgart NJW **1968** 1152; *Kleinknecht* JZ **1965** 160; *Schoreit* FS Pfeiffer 406; vgl. auch BVerfG NJW **1982** 925; **1987** 220 (Vorprüfungs-ausschuß bzw. Kammer); *Kleinknecht/Meyer-Goß-ner*[43] 13; teilweise abweichend *Römer* MDR **1984** 358, der insbesondere ein Eingehen auch auf abwe-gige Verfahrensrügen verlangt.

Die Revision darf auch **aus anderen Gründen** als den von der Staatsanwaltschaft dar- **17**
gelegten nach § 349 Abs. 2 verworfen werden[34]. Der Beschwerdeführer erfährt daher aus
der Antragsbegründung der Staatsanwaltschaft nicht immer die wirklichen Gründe,
derentwegen das Revisionsgericht das Rechtsmittel als offensichtlich unbegründet verworfen hat. In solchen Fällen sollte das Revisionsgericht den Verwerfungsbeschluß kurz
begründen (vgl. unten Rdn. 21).

c) Mitteilung. Um eine Überraschung des Beschwerdeführers durch die Beschlußver- **18**
werfung auszuschließen und ihm das rechtliche Gehör zu sichern, schreibt § 349 Abs. 3
Satz 1 vor, daß ihm der Antrag der Staatsanwaltschaft mit den Gründen mitzuteilen ist.
Der Beschwerdeführer soll Gelegenheit erhalten, zu dem Antrag Stellung zu nehmen und
Einwände vorzubringen, aber auch zu prüfen, ob er die Revision nicht besser zurücknimmt. Die Mitteilung hat die Staatsanwaltschaft zu machen, nicht das Revisionsgericht.
Hat der Beschwerdeführer einen Verteidiger oder Prozeßbevollmächtigten, so ist die Mitteilung an diesen zu richten, bei mehreren Verteidigern nur an solche, die am Revisionsverfahren beteiligt sind (BGH NStE Nr. 5). Eine besondere Benachrichtigung des
Beschwerdeführers selbst ist dann nicht erforderlich (BGH bei *Kusch* NStZ **1985** 21);
§ 145 a Abs. 4 gilt nicht, da es sich nicht um eine Entscheidung handelt (BGH GA **1980**
390). In der Mitteilung ist der Beschwerdeführer zweckmäßigerweise über sein Recht,
binnen zwei Wochen eine schriftliche Gegenerklärung beim Revisionsgericht einzureichen (§ 349 Abs. 3 Satz 2), zu belehren, obwohl das Gesetz das nicht ausdrücklich vorschreibt (*Eb. Schmidt* Nachtr. I 5; einschränkend KMR-*Paulus* 15). Da die Mitteilung die
Zweiwochenfrist für die Gegenerklärung in Lauf setzt, ist die Übermittlung an den Verteidiger gegen Empfangsbekenntnis, an den Beschwerdeführer selbst durch förmliche
Zustellung geboten (allg. M).

Wenn die Mitteilung **nicht durchführbar** ist, weil der Angeklagte keinen Verteidiger **19**
hat und seinen Aufenthaltsort verschweigt oder jedenfalls unauffindbar ist, hindert das die
Verwerfung der Revision durch Beschluß nicht (OLG Hamburg MDR **1975** 335 L). Wer
Revision einlegt, dann aber nicht dafür sorgt, daß ihn Mitteilungen der Justizbehörden
erreichen, verwirkt seinen Anspruch auf rechtliches Gehör. Eine öffentliche Zustellung
des Verwerfungsantrags der Staatsanwaltschaft kommt in solchen Fällen nicht in
Betracht[35]; denn § 40 bezieht sich nicht auf Mitteilungen der Staatsanwaltschaft an den
Angeklagten.

d) Gegenerklärung (dazu — aus Verteidigersicht — *Park* StV **1997** 550). Die in **20**
§ 349 Abs. 3 Satz 2 vorgesehene Gegenerklärung gibt dem Beschwerdeführer nicht nur
die Möglichkeit, zum Antrag der Staatsanwaltschaft Stellung zu nehmen, sondern kann
auch dazu benutzt werden, das Revisionsvorbringen in rechtlicher Hinsicht zu ergänzen
und zu erweitern. Die Gegenerklärung ist binnen zwei Wochen seit Zustellung der Mitteilung des Antrags der Staatsanwaltschaft abzugeben. Eine Fristverlängerung durch die
Staatsanwaltschaft ist unzulässig (BGH DRiZ **1990** 455). Die Frist ist aber keine Ausschlußfrist, ihre Überschreitung daher unschädlich. Für die Gegenerklärung genügt einfache Schriftform; die Form des § 345 Abs. 2 wird nicht verlangt (allg. M). Der inhaftierte
Angeklagte kann die Gegenerklärung nach § 299 zu Protokoll erklären. Abzugeben ist die
Gegenerklärung gegenüber dem Revisionsgericht (§ 349 Abs. 3 Satz 2). Dieses kann sie

---

[34] Näher *Schoreit* 405; ebenso KK-*Pikart* 16; *Klein-
knecht/Meyer-Goßner*[43] 14; *Gribbohm* NStZ **1983**
97; *F. Meyer* StV **1984** 225; **a. A** *Hamm* StV **1981**
249; *Peters* FS Dünnebier 68; kritisch *Radtke* 230.

[35] KK-*Pikart* 20; *Kleinknecht/Meyer-Goßner*[43] 16;
KMR-*Paulus* 18.

Ernst-Walter Hanack

der Staatsanwaltschaft zur Stellungnahme vorlegen, wenn dazu Anlaß besteht[36]. Das Revisionsgericht berücksichtigt bei seiner Entscheidung die Gegenerklärung ohne Rücksicht auf den Zeitpunkt ihres Eingangs (BGH bei *Dallinger* MDR **1966** 728). Es darf schon vor Ablauf der Erklärungsfrist entscheiden, wenn die Gegenerklärung bereits eingegangen und eine Ergänzung nicht angekündigt worden ist[37]. Wird eine Ergänzung in Aussicht gestellt, so braucht ihr Eingang nicht mehr abgewartet zu werden, wenn die Frist abgelaufen ist (BGHSt **23** 102); dies gilt auch, wenn der Beschwerdeführer gleichzeitig um Überlassung der Akten bittet (BGH DRiZ **1990** 455). Geht erst nach Erlaß des Verwerfungsbeschlusses eine Gegenerklärung ein, so verbietet es die Rechtskraft des Beschlusses, sie noch zu berücksichtigen (BGH bei *Dallinger* MDR **1966** 728); zur Frage einer Wiedereinsetzung s. unten Rdn. 29 f.

6. Beschluß

21   **a) Allgemeines.** Der Verwerfungsbeschluß hat grundsätzlich die Wirkungen eines Urteils (OLG Braunschweig NJW **1950** 38), zumal hinsichtlich der revisionsrechtlichen Kognitionspflicht zwischen beiden Unterschiede nicht bestehen (eingehend *Radtke* 231 ff). Nach ständiger Praxis und herrschender Lehre braucht der Beschluß **nicht begründet** zu werden, ist also § 34 nicht anwendbar[38]. Dies läßt sich mit dem Zweck der Vorschrift (Rdn. 5), ihrem Bezug zu offensichtlich unbegründetem Vorbringen und heute wohl auch damit rechtfertigen, daß dem Beschwerdeführer immerhin der Verwerfungsantrag der Staatsanwaltschaft samt Begründung mitzuteilen ist (Absatz 3). Ein kurzer Hinweis auf die Rechtslage wird dadurch freilich nicht ausgeschlossen (vgl. Rdn. 17); er ist oft angebracht (und üblich), wenn hierzu, etwa mit Rücksicht auf die Gegenerklärung des Beschwerdeführers, Anlaß besteht[39]. Begründungen, die eine Art „Disziplinierung" des Tatrichters enthalten („ungewöhnlich milde Strafe"), sind in der Begründung unbedingt zu vermeiden (näher *Dahs* NStZ **1981** 206).

22   In dem Beschluß muß **nicht notwendig zum Ausdruck kommen**, daß er einstimmig gefaßt worden und auf Antrag der Staatsanwaltschaft ergangen ist, mag das letztere auch üblich sein[40]. Es muß aber irgendwie kenntlich gemacht werden, daß die Revision als offensichtlich unbegründet verworfen wird[41]. In der Praxis hat es sich vielfach eingebürgert, in den Entscheidungssatz, dessen Fassung im Ermessen des Gerichts steht (BGH NStZ **1994** 353), die Formulierung aufzunehmen „da die Nachprüfung des Urteils keine Rechtsfehler zum Nachteil des Angeklagten ergeben hat (§ 349 Abs. 2)" (KK-*Pikart* 27).

23   Der Beschluß nach § 349 Abs. 2 **kann verbunden werden** mit der Entscheidung über eine Beschwerde nach § 305 a, über eine Beschwerde gegen die Kosten- und Auslagenentscheidung des Urteils (§ 464 Abs. 3 Satz 1) und die Entscheidung über die Entschädigungspflicht.

---

[36] BGHR Gegenerklärung 1; *Kleinknecht* JZ **1965** 160; KMR-*Paulus* 19; *Eb. Schmidt* Nachtr. I 7.

[37] BGH bei *Holtz* MDR **1982** 283; BGH bei *Pfeiffer/Miebach* NStZ **1983** 214; allg. M.

[38] BGH NStZ **1994** 353; BGH GA **1988** 471; BVerfG NJW **1982** 925 (Vorprüfungsausschuß); AK-*Maiwald* 10; KK-*Pikart* 16, 27; KMR-*Paulus* 25; *Eb. Schmidt* Nachtr. I 14; *Jagusch* NJW **1960** 76; eingehend *Vogel* 53 ff (die derogatives Gewohnheitsrecht bejaht); kritisch *Lücke* Begründungszwang und Verfassung (1987) 23 und 122; **a. A** *Kühne* 675.2; *Krehl* 162 ff sowie Forderungen de lege ferenda bei *Vogel* 56 ff.

[39] Z. B. BGH NJW **1982** 189; OLG Düsseldorf NStZ **1988** 220 mit zust. Anm. *Naucke*; KK-*Pikart* 28; *Kleinknecht/Meyer-Goßner*[43] 20; *Schoreit* FS Pfeiffer 404.

[40] KK-*Pikart* 28; *Kleinknecht/Meyer-Goßner*[43] 19.

[41] *Eb. Schmidt* Nachtr. I 14; *Börker* DRiZ **1957** 139; *Penner* 17; **a. A** BGH NStZ **1994** 353; KK-*Pikart* 27; *Kleinknecht/Meyer-Goßner*[43] 19; *Ostler* DRiZ **1957** 61; *Peters* JR **1977** 477 will die Bezugnahme auf Absatz 2 in der Beschlußbegründung reichen lassen.

b) Teilentscheidung. Daß über dasselbe Rechtsmittel nur einheitlich durch Urteil oder **24** durch Beschluß entschieden werden darf[42], erscheint nicht zwingend[43]. Es sollte jedoch, entsprechend dem Wortlaut des Gesetzes, in der Regel so verfahren werden, schon um eine unnötige Komplizierung des Revisionsverfahrens zu vermeiden (KK-*Pikart* 33). In der revisionsgerichtlichen Praxis ist es üblich, bei der Entscheidung *durch Urteil* bestimmte Ausführungen oder Rügen des Beschwerdeführers ohne nähere Begründung als „offensichtlich unbegründet" zu charakterisieren (z. B.: BGHSt **31** 325). Es handelt sich insoweit um eine entsprechende Anwendung des § 349 Abs. 2 für die Urteilsbegründung, gegen die grundsätzliche Bedenken nicht bestehen, sofern (vgl. *Fezer* StV **1989** 291) die Rügen im Verfahren irgendwie zur Sprache gekommen sind. Über die Verbindung einer Verwerfungsentscheidung mit einer Entscheidung nach § 349 Abs. 4 vgl. unten Rdn. 38. Haben in einer Sache mehrere Prozeßbeteiligte Revision eingelegt, so kann eines dieser Rechtsmittel vorab nach § 349 Abs. 2 verworfen, das andere durch Beschluß nach § 349 Abs. 4 oder durch Urteil aufgrund einer Hauptverhandlung gemäß § 349 Abs. 5 beschieden werden (vgl. BGH bei *Kusch* NStZ **1992** 30). Zulässig ist es auch, in einem solchen Fall einheitlich durch Urteil zu entscheiden und in den Gründen anzugeben, daß eine der Revisionen offensichtlich unbegründet ist; dann aber liegt wiederum kein Fall des § 349 Abs. 2 vor, sondern ebenfalls nur eine besondere Form der Urteilsbegründung.

c) Abänderung des Urteils. Ob oder wann bei der Verwerfung nach § 349 Abs. 2 **25** auch eine Abänderung des angefochtenen Urteils zulässig ist, ist umstritten. In der Praxis wird sie heute vorgenommen[44], und zwar sogar z. T. in recht weitem Umfang und auch zum Nachteil des Angeklagten. Unbedenklich ist jedenfalls die Berichtigung offensichtlicher Versehen, wenn dadurch der Urteilsbestand im übrigen nicht berührt wird[45], da eine solche Berichtigung auch sonst stets statthaft ist (näher bei § 354, 47 ff). Aber auch eine Schuldspruchberichtigung oder -ergänzung (dazu § 354, 15 ff) zugunsten des Angeklagten erscheint im Einzelfall durchaus möglich[46]. Denn die Beschlußverwerfung ist eine besondere Form der revisionsgerichtlichen Sachentscheidung, für die die allgemeinen Regeln gelten müssen. Es läßt sich auch nicht annehmen, eine Revision, die zur Schuldspruchänderung führt, könne niemals „offensichtlich unbegründet" sein; daher besteht auch keine Notwendigkeit, bei einer Schuldspruchänderung zugunsten des Angeklagten eine Verbindung des Verwerfungsbeschlusses mit einem Beschluß nach § 349 Abs. 4 vorzunehmen (wie LR-*Meyer* in der 23. Aufl. empfahl). Eine Schuldspruchberichtigung zum Nachteil des Angeklagten kommt nach dem Gesagten ebenfalls in Betracht, wenn die dafür geltenden allgemeinen Voraussetzungen erfüllt sind (§ 354, 21 ff) und im Einzelfall trotz der Änderung die Kriterien der „offensichtlich unbegründeten" Revision vorliegen[47].

d) Bekanntmachung des Beschlusses. Eine Ausfertigung des Verwerfungsbeschlus- **26** ses braucht dem Beschwerdeführer und den übrigen Prozeßbeteiligten nur formlos über-

---

42 So *Kleinknecht/Meyer-Goßner*[43] 21; *Eb. Schmidt* Nachtr. I 11; LR-*Meyer* in der 23. Aufl.; offenbar auch KMR-*Paulus* 10.

43 Anders darum auch OLG Hamburg JR **1967** 31 mit abl. Anm. *Sarstedt*; KK-*Pikart* 33 mit Hinweis auf Entscheidungen des BGH; offengelassen von BVerfG NJW **1982** 238.

44 BGH bei *Kusch* NStZ **1994** 25; BGH NJW **1982** 190; OLG Düsseldorf NJW **1987** 269; MDR **1984** 253; KK-*Pikart* 29; *Kleinknecht/Meyer-Goßner*[43] 29; vgl. *Dahs* NStZ **1981** 205 und im folg.

45 RG GA **55** (1908) 331; KMR-*Paulus* 23; *Penner* 36; **a. A** *Eb. Schmidt* I 11.

46 BGH bei *Kusch* NStZ **1994** 25; KK-*Pikart* 29; *Kleinknecht/Meyer-Goßner*[43] 22; KMR-*Paulus* 24; *Schroeder* JuS **1982** 496; **a. A** *Eb. Schmidt* Nachtr. I 11; *Penner* 34; *Batereau* Die Schuldspruchberichtigung (1971) 55; LR-*Meyer* in der 23. Aufl.

47 Anders *Penner* 35; KMR-*Paulus* 24; *Batereau* aaO; LR-*Meyer* in der 23. Aufl.

Ernst-Walter Hanack

sandt zu werden (§ 35 Abs. 2 Satz 2). Da eine förmliche Zustellung nicht geboten ist, braucht der Beschluß auch nicht nach § 40 öffentlich zugestellt zu werden, wenn der Beschwerdeführer unbekannten Aufenthalts ist[48].

III. Rechtskraft der Beschlüsse nach Absatz 1 und 2

27   **1. Rechtskraft.** Entscheidungen des Revisionsgerichts über Revisionen, die durch Beschluß ergehen, stehen grundsätzlich einem das Verfahren abschließenden Revisionsurteil gleich[49] und erwachsen wie dieses in Rechtskraft. Wird die Revision als unzulässig verworfen, weil sie nicht rechtzeitig eingelegt war, war die Rechtskraft des angefochtenen Urteils nicht gehemmt (§ 343 Abs. 1), so daß der Verwerfungsbeschluß nach § 349 Abs. 1 nur feststellende Bedeutung hat (§ 346, 22). In allen anderen Fällen führt der Beschluß unmittelbar die Rechtskraft des Urteils herbei. Die Rechtskraft gilt dabei mit dem Ablauf des Tages als eingetreten, an dem der Beschluß gefaßt worden ist (§ 34 a; dort Rdn. 10).

28   **2. Zurücknahme. Abänderung.** Ein Verwerfungsbeschluß kann nach seinem Erlaß (dazu BGH NStZ **1994** 96) vom Revisionsgericht grundsätzlich nicht zurückgenommen oder abgeändert werden, weil er Rechtsfehler enthält[50]; insoweit ist daher auch eine Gegenvorstellung unzulässig (BGH GA **1988** 471). Ist jedoch die Revision in Unkenntnis der zuvor in zulässiger Weise erklärten Zurücknahme des Rechtsmittels als unzulässig verworfen worden, so ist der Verwerfungsbeschluß zurückzunehmen und die Revision für erledigt zu erklären[51]. Beruht ein Verwerfungsbeschluß nach § 349 Abs. 1 auf unrichtigen tatsächlichen Voraussetzungen, läßt eine verbreitete Rechtsprechung seine Abänderung zu (näher § 346, 35). Dagegen darf ein Beschluß nach § 349 Abs. 2 nach jetzt vorherrschender Ansicht auch dann nicht zurückgenommen werden, wenn er auf einem Tatsachenirrtum beruht, weil der Beschluß eine urteilsgleiche verfahrensabschließende Sachentscheidung enthält, deren spätere Korrektur durch dasselbe Gericht nicht möglich ist[52]. Etwas anderes gilt nur, wenn über das Rechtsmittel nach § 335 Abs. 3 Satz 1 als Berufung hätte entschieden werden müssen[53], wenn sich nachträglich herausstellt, daß überhaupt keine Revision eingelegt war (OLG Köln NJW **1954** 692) oder der Angeklagte vor der Verwerfung verstorben ist (OLG Schleswig NJW **1978** 1016). Die Zurücknahme hat dann aber nur klarstellende Bedeutung (vgl. BGHSt **17** 96). Zur Frage weiterer Ausnahmen insbesondere bei Verletzungen des rechtlichen Gehörs, die seiner Verweigerung gleichkommen, s. im folg. Text. Daß der Beschluß nicht wegen nachträglich erkannter sachlicher Unzuständigkeit zurückgenommen werden kann, ist bei § 348, 4 erörtert. Eine ergänzende Entscheidung über den versehentlich außer acht gelassenen Kostenanspruch des Nebenklägers läßt KG JR **1989** 192 zu Recht zu.

---

[48] OLG Hamburg MDR **1975** 335 L; KK-*Pikart* 20; *Kleinknecht/Meyer-Goßner*[43] 16; KMR-*Paulus* 26.

[49] Vgl. BGHSt **17** 95; BGH MDR **1965** 52; *Geppert* GA **1972** 174; *Radtke* 235 mit weit. Nachw.

[50] BGH NJW **1951** 771; BGH GA **1988** 471; OLG Braunschweig MDR **1950** 500; OLG Tübingen DRZ **1948** 317; eingehend *R. Schmitt* JZ **1961** 15; ganz h. L; vgl. aber *Kleinknecht/Meyer-Goßner*[43] 24 gegen BGH NStZ **1994** 96: u. U. neue Beratung, wenn der Beschluß zwar gefaßt, aber noch nicht hinausgegangen ist.

[51] RGSt **55** 213; OLG Düsseldorf MDR **1987** 1049; OLG Schleswig bei *Ernesti/Jürgensen* SchlHA **1972** 161; *Hanack* JZ **1973** 778.

[52] BGHSt **17** 96 mit Anm. *Schaper* NJW **1962** 1357; BGH MDR **1956** 52; KK-*Pikart* 47; *Kleinknecht/Meyer-Goßner*[43] 24; KMR-*Paulus* 37, 39; *Eb. Schmidt* 11; *Beling* 257; *Penner* 28; *Hanack* JZ **1973** 778; *R. Schmitt* JZ **1961** 16; *Woesner* NJW **1960** 2131; **a. A** RG Recht **1928** Nr. 1492; **1930** Nr. 754; OLG Braunschweig MDR **1950** 500.

[53] RG JW **1927** 359 mit Anm. *Drucker*; KMR-*Paulus* 37; vgl. auch BGHSt **17** 96.

3. Wiedereinsetzung in den vorigen Stand. Eine Wiedereinsetzung in den vorigen **29** Stand mit dem Ziel, den Verwerfungsbeschluß nach § 349 Abs. 1 zu beseitigen, ist möglich und wird auch von der ganz herrschenden Meinung für zulässig gehalten[54]. Anderes soll hingegen nach überwiegender Meinung bei Verwerfungsbeschlüssen nach § 349 Abs. 2 gelten, weil die Rechtssicherheit bei einem Verfahren, das durch eine Sachentscheidung des Revisionsgerichts zum Abschluß gekommen ist, keinen Eingriff in die Rechtskraft gestatte, das Verfahren vielmehr nur im Wege der Wiederaufnahme (§§ 359 ff) neu aufgerollt werden könne[55]. Das erscheint wenig überzeugend, weil das Institut der Wiedereinsetzung auch ermöglicht, eine schon eingetretene Rechtskraft zu beseitigen (RGSt **53** 288) und eine Gefährdung der Rechtssicherheit unter den Voraussetzungen und in den Grenzen der §§ 44 ff hinnehmbar erscheint[56]. Eine Wiedereinsetzung gegen Versäumung der Frist zur Gegenerklärung (§ 349 Abs. 3 Satz 2) ist hingegen grundsätzlich nicht möglich[57], da sie entgegen § 345 auf eine weitere Begründung der Revision hinausliefe.

4. Gewährung rechtlichen Gehörs. Sowohl bei der Verwerfungsentscheidung nach **30** § 349 Abs. 1 als auch im Verfahren nach § 349 Abs. 2 kann es vorkommen, daß das Gericht versehentlich von einem Schriftsatz des Beschwerdeführers keine Kenntnis nimmt. Dann ist in der Regel gemäß § 33 a zu verfahren[58]. Etwas anderes muß im Einzelfall jedoch gelten, wenn vor Erlaß des Verwerfungsbeschlusses nach § 349 Abs. 2 eine rechtzeitige und formgerechte Revisionsbegründung vorlag, die das Revisionsgericht durch ein Versehen nicht zur Kenntnis genommen hat (OLG Köln MDR **1979** 603); hier dürfte das Nachholverfahren des § 33 a wegen der so weitgehenden Verletzung des rechtlichen Gehörs jedenfalls dann nicht ausreichen, wenn die übersehene Revisionsbegründung auch die Anwendbarkeit des § 349 Abs. 2 fraglich macht. Aufzuheben ist der Beschluß auch bei Entscheidung trotz fehlenden Antrags der Staatsanwaltschaft (oben Rdn. 13). Nach BVerfGE **18** 155 (157) gilt gleiches, wenn das angefochtene Urteil gar nicht zugestellt, also auch die Begründungsfrist noch nicht in Lauf gesetzt war.

IV. Aufhebung des Urteils durch Beschluß (Absatz 4)

1. Allgemeines. Die durch das StPÄG 1964 eingeführte Beschlußentscheidung nach **31** § 349 Abs. 4 dient ebenfalls der Verfahrensvereinfachung und der Entlastung der Revisionsgerichte. Eine ähnliche Regelung, die allerdings die offensichtliche Begründetheit der Revision voraussetzte, galt vorübergehend schon aufgrund der VO v. 13. 12. 1944; sie hat aber praktisch nur eine geringe Rolle gespielt[59]. Auch § 349 Abs. 4 hat in der Praxis nicht dieselbe Bedeutung gewonnen wie § 349 Abs. 2. Beim Bundesgerichtshof wurden in

---

[54] BGHSt **25** 91; RGSt **53** 288; **67** 199; KK-*Pikart* 48; *Kleinknecht/Meyer-Goßner*[43] 25. Zur Frage der Belehrung darüber zusammenfassend *Nöldeke* NStZ **1991** 70.

[55] Vgl. § 44, 18 mit Nachw.; nach BGH NStZ **1997** 45 st. Rspr.; ebenso auch OLG Hamburg JZ **1964** 329 L; OLG Stuttgart MDR **1957** 117 L; KK-*Pikart* 48; *Kleinknecht/Meyer-Goßner*[43] 25.

[56] Ebenso *Eb. Schmidt* Nachtr. I 5; *Geppert* GA **1972** 175; *Hanack* JZ **1971** 92 (anders aber JZ **1973** 778); LR-*Wendisch* § 44, 18 mit weit. Nachw.; *Radtke* 235 f; KMR-*Paulus* 40 für Sonderfälle; OLG Düsseldorf MDR **1983** 10 für eine bloße Prozeßentscheidung.

[57] KK-*Pikart* 35; *Kleinknecht/Meyer-Goßner*[43] 17; *Dahs/Dahs* 546; vgl. auch BGH bei *Spiegel* DAR **1979** 190.

[58] BVerfGE **42** 203 = JZ **1977** 21 mit Anm. *Goerlich*; BGH bei *Holtz* MDR **1976** 634; **1979** 108; KK-*Pikart* 49; *Kleinknecht/Meyer-Goßner*[43] 26; KMR-*Paulus* § 33 a, 3; *Hanack* JZ **1973** 778; offengelassen in BGHSt **23** 102; vgl. auch BGH NStZ **1997** 45; § 33 a, 3, 4.

[59] Dazu *Hülle* NJW **1972** 411; *Seibert* MDR **1965** 266. Diese Regelung wurde durch das VereinhG aufgehoben.

den Jahren zwischen 1976 und 1989 jeweils rund 10% aller Revisionen gemäß Abs. 4 entschieden, wobei sich aber auch insoweit eine etwas steigende Tendenz zeigt[60]. Das typische Anwendungsgebiet der Vorschrift betrifft solche Fälle ohne rechtsgrundsätzliche Bedeutung, in denen die Urteilsaufhebung wegen eines klaren Gesetzesverstoßes nur einer relativ kurzen Begründung bedarf[61]. Vgl. auch Rdn. 33.

32   **2. Revision zugunsten des Angeklagten.** Die Urteilsaufhebung gemäß § 349 Abs. 4 darf nur erfolgen, wenn die Revision zugunsten des Angeklagten eingelegt ist. Das ist der Fall, wenn er selbst oder für ihn sein Verteidiger, der gesetzliche Vertreter, der Erziehungsberechtigte oder die Staatsanwaltschaft gemäß § 296 Abs. 2 zu seinen Gunsten Revision eingelegt haben. Entgegen verbreiteter Meinung ist die Aufhebung des Urteils durch Beschluß aber auch möglich, wenn die von der Staatsanwaltschaft zuungunsten des Angeklagten eingelegte Revision nach § 301 nur zu seinen Gunsten Erfolg hat. Denn auch in diesem Fall ist die Entscheidung durch Beschluß, da sie den Angeklagten nicht beschwert, unbedenklich[62].

33   **3. Einstimmige Annahme der Begründetheit.** Das Revisionsgericht muß einstimmig der Meinung sein, daß die Revision begründet ist. Offensichtlich begründet braucht sie nicht zu sein, wie sich aus dem Gesetz klar ergibt (**a. A** nur *Creifelds* JR **1965** 4). Es braucht auch kein schwerwiegender Verfahrensfehler oder gar ein unbedingter Revisionsgrund (§ 338) zur Aufhebung zu zwingen. Auch eine Verletzung des sachlichen Rechts kann zur Aufhebung des Urteils durch Beschluß führen (dazu *Dahs/Dahs* 556). Rechtlich möglich ist jede Urteilsaufhebung, die nach § 349 Abs. 5 in einer Hauptverhandlung erfolgen könnte. Die Revisionsgerichte beschränken sich jedoch im allgemeinen und mit Recht darauf, Urteile nur dann durch Beschluß aufzuheben, wenn eindeutige Fehler vorliegen, eine knappe Begründung ausreicht und schwierige Rechtsfragen nicht erörtert zu werden brauchen. Erst in neuerer Zeit zeigt sich in zunehmendem Maße eine bedenkliche, wenn auch nicht einheitliche Tendenz, diese zurückhaltende Handhabung aufzugeben (z. B. BGHSt **32** 1; **32** 22).

34   **4. Entscheidung zugunsten des Angeklagten.** Das Revisionsgericht kann bei der Urteilsaufhebung gemäß § 349 Abs. 4 jede Entscheidung zugunsten des Angeklagten treffen, die auf die Revision zulässig ist, insbesondere das Verfahren einstellen (OLG Frankfurt NStZ **1987** 573), nach § 354 Abs. 1 in der Sache selbst entscheiden[63] und in sinngemäßer Anwendung dieser Bestimmung den Schuldspruch berichtigen (§ 354, 15 ff), wenn nur dies das Ziel der Revision war. Der Angeklagte kann auch durch Beschluß freigesprochen werden[64]. Dem läßt sich nicht entgegenhalten, der in einer Hauptverhandlung verurteilte Angeklagte habe einen Anspruch darauf, auch durch Urteil freigesprochen zu werden[65]. Denn einen solchen Anspruch gibt es nicht; auch sonst kann das Verfahren nach Erlaß eines tatrichterlichen Urteils durch Beschluß beendet werden (z. B. nach §§ 153, 154, 206 a, 206 b).

---

[60] Zahlen bei *F. Meyer* StV **1984** 226; *Rieß* FS Sarstedt 286. 1993 waren es nach der in Fußn. 8 genannten Übersicht z. B. 13,52% (510 Fälle).

[61] Vgl. KMR-*Paulus* 29; *Peters* 657; *Dahs/Dahs* 556; *Amelunxen* 77.

[62] Ebenso BGH bei *Dallinger* MDR **1969** 904; AK-*Maiwald* 16; KK-*Pikart* 37; LR-*Meyer* in der 23. Aufl.; **a. A** HK-*Temming* 8; *Kleinknecht/Meyer-Goßner*[43] 28; KMR-*Paulus* 28; *Eb. Schmidt* Nachtr. I 19; *Dahs/Dahs* 555; *Amelunxen* 77.

[63] KK-*Pikart* 39; *Kleinknecht/Meyer-Goßner*[43] 29; KMR-*Paulus* 31; Bedenken äußert *Eb. Schmidt* Nachtr. I 20.

[64] BGH NJW **1998** 2616; OLG Hamburg NJW **1966** 1277; OLG Hamm NJW **1977** 207; OLG Köln NJW **1966** 512; *Kleinknecht/Meyer-Goßner*[43] 29; KMR-*Paulus* 31; *Kleinknecht* JZ **1965** 161; **a. A** *Creifelds* JR **1965** 4; Bedenken auch bei *Eb. Schmidt* Nachtr. I 20.

[65] So aber *Batereau* Die Schuldspruchberichtigung (1971) 55; *Seibert* NJW **1966** 1064.

5. Verhältnis zu §§ 206 a, 206 b. Besteht ein Verfahrenshindernis, das zur Einstellung **35** des Verfahrens führen muß, so kann die Entscheidung sowohl nach § 349 Abs. 4 als auch, ohne besondere Aufhebung des angefochtenen Urteils, nach § 206 a getroffen werden, weil diese Vorschrift grundsätzlich im Revisionsverfahren anwendbar ist[66]. Nach herrschender Meinung macht es dabei keinen Unterschied, ob das Verfahrenshindernis schon bei Erlaß des angefochtenen Urteils bestanden hat oder erst im Revisionsverfahren eingetreten ist. Die Ansicht, eine solche Wahlmöglichkeit des Revisionsgerichts sei systemwidrig, § 206 a gelte daher nicht für „echte" Revisionsentscheidungen, sondern nur für nach Erlaß des angefochtenen Urteils entstandene Verfahrenshindernisse[67], überzeugt nicht. Denn die Entscheidung nach § 349 Abs. 4 setzt Einstimmigkeit voraus, die nach § 206 a nicht. Es ist nicht einzusehen, weshalb nur das Revisionsgericht diese verfahrensvereinfachende Vorschrift nicht sollte anwenden können, sondern durch Urteil nach § 349 Abs. 5 entscheiden muß, wenn eine Entscheidung gemäß § 349 Abs. 4 wegen fehlender Einstimmigkeit nicht zustande kommt. Allerdings sollte im Fall, daß das Revisionsgericht die Einstellung einstimmig für geboten hält, der Entscheidung nach § 349 der Vorzug gegeben werden; denn wenn die Voraussetzungen dieser allgemein für das Revisionsverfahren geltenden Vereinfachungsvorschrift vorliegen, braucht nicht auf die besondere Vorschrift des § 206 a zurückgegriffen zu werden (anders LR-*Rieß*[24] 206 a, 15 a. E; BayObLG JR **1986** 430 mit abl. Anm. *Ranft*).

Entsprechendes gilt beim **Wegfall der Strafbarkeit** infolge einer nach Erlaß des ange- **36** fochtenen Urteils vom Revisionsgericht gemäß § 354 a zu beachtenden Strafrechtsänderung. Denn man wird annehmen müssen, daß die Sondervorschrift des § 206 b, die in diesem Fall eine Beschlußentscheidung vorsieht, auch im Revisionsverfahren anwendbar ist (vgl. bei § 206 b, 24. Aufl. Rdn. 10), das Revisionsgericht also die Wahl hat, ob es nach dieser Vorschrift verfährt oder nach § 349 Abs. 4, falls Einstimmigkeit gegeben ist (ebenso *Küper* FS Pfeiffer 442). Ist dies der Fall, braucht auf § 206 b aber ebenfalls nicht zurückgegriffen zu werden, kann die Urteilsaufhebung also nach § 349 Abs. 4 erfolgen.

6. Beschluß

a) Anhörung der Staatsanwaltschaft. Der Beschluß nach § 349 Abs. 4 setzt keinen **37** Antrag der Staatsanwaltschaft voraus. Er kann auch ergehen, wenn sie beantragt, auf die Revision des Angeklagten gemäß § 349 Abs. 5 Termin anzuberaumen[68]. Jedoch muß das Revisionsgericht der Staatsanwaltschaft vor der Beschlußfassung Gelegenheit geben, zu der Revision Stellung zu nehmen (§ 33 Abs. 2). Hat die Staatsanwaltschaft beantragt, die Revision nach § 349 Abs. 2 als offensichtlich unbegründet zu verwerfen, so ist das Revisionsgericht rechtlich nicht gehindert, nach § 349 Abs. 4 zu verfahren. Daß in einem solchen Fall die Entscheidung durch Urteil unbedingt vorzuziehen sei[69], dürfte so allgemein nicht zutreffen.

b) Verbindung mit der Entscheidung nach § 349 Abs. 2. Vielfach sind Revisionen, **38** die zugunsten des Angeklagten eingelegt sind, teils offensichtlich unbegründet, teils nach einstimmiger Meinung des Revisionsgerichts begründet. Handelt es sich um trennbare

---

[66] Näher, auch zum folg., bei § 206 a (24. Aufl. Rdn. 14). OLG Hamm JMBlNRW **1953** 257; OLG Köln MDR **1953** 695.

[67] *Kleinknecht/Meyer-Goßner*[43] 2; *Meyer-Goßner* GA **1973** 366 sowie JR **1982** 391; vgl. auch *Volk* 68. Auch dazu näher bei § 206 a (24. Aufl. Rdn. 15); ferner *Ranft* 2215; *Wendisch* JR **1992** 351.

[68] KK-*Pikart* 36; *Kleinknecht/Meyer-Goßner*[43] 30; KMR-*Paulus* 30; *Eb. Schmidt* Nachtr. I 18; *Seibert* NJW **1966** 1064.

[69] So *Seibert* NJW **1966** 1064; KMR-*Paulus* 30; LR-*Meyer* in der 23. Aufl.

Ernst-Walter Hanack

Entscheidungsteile (§ 344, 14 ff), so wird es heute allgemein für zulässig gehalten, die Beschlüsse nach § 349 Abs. 2 und 4 zu verbinden[70]. Daß von dieser Möglichkeit nur ausnahmsweise Gebrauch gemacht werden sollte[71], ist nicht einzusehen.

39   **c) Begründung.** Das Gesetz sieht nicht vor, daß die Staatsanwaltschaft beim Revisionsgericht den Antrag auf Aufhebung durch Beschluß stellt, ihn begründet und dem Beschwerdeführer mit dieser Begründung zur Kenntnis bringt, so daß das Revisionsgericht hierauf Bezug nehmen und sich eine eigene Begründung ersparen kann. Der Aufhebungsbeschluß ist daher nach allgemeinen Grundsätzen vom Revisionsrichter zu begründen, ob er nun in der Sache selbst entscheidet oder an den Tatrichter zurückverweist[72]. Im letzteren Fall hat das Revisionsgericht dem Tatrichter wegen der Bindungswirkung des § 358 Abs. 1 insbesondere zu erläutern, welche Rechtsauffassung der Urteilsaufhebung zugrunde liegt. Auch wenn das Revisionsgericht in der Sache selbst entscheidet, hat es den Beschluß zu begründen.

40   **d) Bekanntmachung.** Auch der Aufhebungsbeschluß gemäß § 349 Abs. 4 wird den Prozeßbeteiligten nur formlos bekanntgemacht (§ 35 Abs. 2 Satz 2).

41   **e) Zurücknahme.** Der Beschluß nach § 349 Abs. 4 kann ebensowenig wie ein Urteil des Revisionsgerichts zurückgenommen oder widerrufen werden[73]. Anders verfahren ist der Bundesgerichtshof in Anwendung des § 33a in einem Fall, in dem er übersehen hatte, daß die Aufhebung nicht zugunsten des Angeklagten erfolgte und die aufgrund des Beschlusses erforderliche neue Hauptverhandlung vor dem Tatrichter noch nicht durchgeführt war[74].

§ 350

(1) [1]**Dem Angeklagten und dem Verteidiger sind Ort und Zeit der Hauptverhandlung mitzuteilen.** [2]**Ist die Mitteilung an den Angeklagten nicht ausführbar, so genügt die Benachrichtigung des Verteidigers.**

(2) [1]**Der Angeklagte kann in der Hauptverhandlung erscheinen oder sich durch einen mit schriftlicher Vollmacht versehenen Verteidiger vertreten lassen.** [2]**Der Angeklagte, der nicht auf freiem Fuße ist, hat keinen Anspruch auf Anwesenheit.**

(3) [1]**Hat der Angeklagte, der nicht auf freiem Fuße ist, keinen Verteidiger gewählt, so wird ihm, falls er zu der Hauptverhandlung nicht vorgeführt wird, auf seinen Antrag vom Vorsitzenden ein Verteidiger für die Hauptverhandlung bestellt.** [2]**Der Antrag ist binnen einer Woche zu stellen, nachdem dem Angeklagten der Termin für die Hauptverhandlung unter Hinweis auf sein Recht, die Bestellung eines Verteidigers zu beantragen, mitgeteilt worden ist.**

Schrifttum. *Dahs* Verfassungsrechtliche Gewährleistung umfassender Verteidigung im Revisionsverfahren, NJW **1978** 140; *Hahn* Die notwendige Verteidigung (1975); *Hanack* Die Verteidigung vor dem Revisionsgericht, FS Dünnebier 301; *Kohlhaas* Pflichtverteidigung in der Revisionsinstanz?

---

[70] Eingehend BGHSt **43** 31 mit zahlr. Nachw.
[71] So LR-*Meyer* in der 23. Aufl.
[72] KK-*Pikart* 40; *Kleinknecht/Meyer-Goßner*[43] 34; *Eb. Schmidt* Nachtr. I 20; *Dahs/Dahs* 557; einschränkend KMR-*Paulus* 31.

[73] KK-*Pikart* 41; KMR-*Paulus* 32; *Eb. Schmidt* Nachtr. I 21; *Dahs/Dahs* 558.
[74] BGH bei *Kusch* NStZ **1995** 18; vgl. auch BGH NStZ **1994** 447.

NJW **1951** 179; *Oswald* Der verfahrensrechtliche Anspruch des Angeklagten auf ein faires Verfahren, JR **1979** 99; *Peters* Bundesverfassungsgericht und Bundesgerichtshof, JZ **1978** 230; *Eb. Schmidt* Revisionsverhandlung und Verteidigung, NJW **1967** 853; *Seibert* Erste Erfahrungen mit dem Revisions-Verteidiger (§ 350 Abs. 3 StPO), NJW **1965** 1469.

Entstehungsgeschichte. Nach der ursprünglichen Fassung der Vorschrift mußte der Verteidiger nur auf Verlangen des Angeklagten von der Revisionsverhandlung benachrichtigt werden. Die Absätze 1 und 2 erhielten ihre jetzige Fassung durch Art. 4 Nr. 38 des 3. StRÄndG. Absatz 3 wurde durch Art. 9 Nr. 3 StPÄG 1964 eingefügt. Bezeichnung bis 1924: § 390.

Übersicht

1. Allgemeines. Der historische Gesetzgeber ging davon aus, daß „das Verfahren in **1** der Revisionsinstanz wesentlich ein solches ist, bei welchem der Stoff für die richterliche Entscheidung in Schriftsätzen niedergelegt und darum die mündliche Darlegung der Beschwerdepunkte vor dem erkennenden Gericht nebensächlich ist" (*Hahn* **1** 254 f)[1]. Dementsprechend läßt § 350 erkennen, daß die Anwesenheit des Angeklagten, aber auch die Mitwirkung des Verteidigers in der Revisionsverhandlung vom Gesetz grundsätzlich nicht als erforderlich angesehen werden. Das zeigt auch die später eingefügte Ausnahme des § 350 Abs. 3, die den Eindruck eines mangelnden „fair trial" ausräumen will (BTDrucks. **IV** 1020 S. 6), aber schon deswegen „eigenartig" ist (*Eb. Schmidt* Nachtr. I 3), weil sie zwar dem inhaftierten Angeklagten die Chance eines Pflichtverteidigers in der Hauptverhandlung vor dem Revisionsgericht einräumt, nicht aber dem auf freiem Fuß befindlichen Angeklagten, der sich die Kosten eines Verteidigers nicht leisten kann[2]. Das Bundesverfassungsgericht hat diese Differenzierung zwar für verfassungsgemäß erklärt (NJW **1965** 147 mit abl. Anm. *Ad. Arndt*). Es hat aber in späteren Entscheidungen die Pflicht zur Bestellung von Pflichtverteidigern für die Revisionsverhandlung (BVerfGE **46** 202; näher unten Rdn. 11) sowie die Pflicht des Revisionsgerichts, auf die Anwesenheit eines bestellten Verteidigers Rücksicht zu nehmen (BVerfGE **65** 171; näher unten Rdn. 13), aus verfassungsrechtlicher Sicht in einer Weise interpretiert, die die Brüchigkeit des § 350 aus heutiger Sicht verdeutlicht. In dieselbe Richtung weist ein Urteil des EuGMR (NStZ **1983** 373 mit Anm. *Stöcker),* das die Bundesrepublik wegen eines Verstoßes gegen Art. 6 III c MRK verurteilt, weil der Bundesgerichtshof einem Angeklagten, der nicht über die notwendigen Mittel verfügte, für die Revisionsverhandlung keinen Pflichtverteidiger beiordnete; der EuGMR sieht eine solche Beiordnung erkennbar in weitem Umfang als geboten an (näher unten Rdn. 11).

---

[1] Dazu *Eb. Schmidt* NJW **1967** 853; *Hanack* 302; KK-*Pikart* 1.

[2] Dazu kritisch z. B. KMR-*Paulus* 5; *Peters* 218; *Roxin* § 53, 52; *Schlüchter* 749.2; *Hahn* 80; *Hanack* 311 f; *Eb. Schmidt* NJW **1967** 854.

Ernst-Walter Hanack

2   Mit den **heutigen**, auch **verfassungsrechtlich abgeleiteten Einsichten** über die Bedeutung des rechtlichen Gehörs und des „fair trial" ist die Konzeption des § 350 in der Tat kaum zu vereinbaren[3]. Problematisch ist nicht nur die Differenzierung zwischen den Rechten des inhaftierten und des nichtinhaftierten Angeklagten. Problematisch ist angesichts eines mittlerweile erheblich veränderten Bildes vom Charakter der Revision vor allem die mangelnde Rücksichtnahme des Gesetzes auf die Mitwirkung und Anwesenheit eines Verteidigers in der Revisionsverhandlung. Dies gilt insbesondere, wenn man bedenkt, daß durch die Handhabung des § 349 Abs. 2 (dort Rdn. 5) im allgemeinen nur noch kritischere, auch nach Meinung des Revisionsgerichts nicht „offensichtlich unbegründete" Fälle zur revisionsgerichtlichen Hauptverhandlung kommen und daß es dabei durch den Umfang, in dem die Revisionsgerichte im Bemühen um gerechte Entscheidung des Einzelfalles selbst die Schlüssigkeit der tatrichterlichen Feststellungen und Würdigungen (vgl. § 337, 121 ff) sowie die Einzelheiten der Rechtsfolgeentscheidung (vgl. § 337, 185 ff) prüfen, nur zu oft um subtile, das Tatsächliche berührende Wertungsfragen geht. Daß in einer solchen Revisionssache der überraschende Ausfall des auf die Verhandlung eingerichteten Wahlverteidigers unbeachtlich sein soll (unten Rdn. 7, Rdn. 14 f), erscheint nicht akzeptabel, zumal er unter Umständen überhaupt erst in der Hauptverhandlung erfährt, wie die Staatsanwaltschaft den Fall beurteilt und welche Anträge sie stellt (vgl. *Hanack* 310), und er guten Grund haben kann, beim Vortrag des berichterstattenden Revisionsrichters anwesend zu sein (vgl. *Hanack* aaO). Gerade wenn die Revisionsgerichte in der genannten Weise eine „erweiterte Revision" praktizieren, müssen sie, so unangenehm und „nutzlos" ihnen das vielleicht erscheinen mag, dem auch bei den Mitwirkungsrechten des Beschwerdeführers Rechnung tragen. Eine gewisse Korrektur der traditionell restriktiven Handhabung und Auslegung des § 350 ist schon dadurch, im übrigen (und im Zusammenhang damit) nach den allgemeinen Grundsätzen des Verfassungs- und Verfahrensrechts unausweichlich geboten. Ohne neue gesetzliche Weisung ist sie freilich schwierig, so daß mit zahlreichen Stimmen im Schrifttum eine Reform der Vorschrift zu fordern ist[4].

3   **2. Benachrichtigung von der Hauptverhandlung.** Nach § 350 Abs. 1 erfolgt die Benachrichtigung des Angeklagten und des Verteidigers zwar von Amts wegen, aber nur als „Mitteilung", nicht also als „Ladung" notwendiger Beteiligter. Entgegen der zu engen Fassung des Absatz 1 müssen von Ort und Zeit der Hauptverhandlung aber nicht nur der Angeklagte (auch wenn er nicht auf freiem Fuß ist) und der Verteidiger, sondern alle Verfahrensbeteiligten benachrichtigt werden[5]. Neben dem gesetzlichen Vertreter (§ 298) ist stets auch der Angeklagte zu benachrichtigen; denn § 350 wird durch § 298 nur ergänzt, nicht aber abgeändert. Die Mitteilung an Angeklagte, die nicht auf freiem Fuß sind und keinen Wahlverteidiger haben, muß den Hinweis auf § 350 Abs. 3 enthalten, sofern nicht von vornherein eine Vorführung beabsichtigt ist. Diese Mitteilung setzt die Antragsfrist nach § 350 Abs. 3 Satz 2 in Lauf und muß daher förmlich zugestellt werden (allg. M). Sonst genügt, da eine Frist nicht in Lauf gesetzt wird, die formlose Übermittlung[6]. Folgt man der hier vertretenen Meinung, daß eine Wiedereinsetzung in den vorigen Stand möglich ist (unten Rdn. 14 f), fragt sich allerdings, ob die Revisionsgerichte mindestens in

---

[3] Eingehend, auch zum folgenden, *Eb. Schmidt* NJW **1967** 853 ff; *Hanack* 301 ff; anders KK-*Pikart* 1.

[4] Näher zu diesen Stimmen und zum Inhalt einer möglichen Reform *Hanack* 318 ff; jetzt auch AK-*Maiwald* 4; *Sarstedt/Hamm*[5] 481; *Kühl* ZStW **100** (1988) 636; *Moltekin* Die Schutzfunktion des § 140 Abs. 2 StPO zugunsten des Beschuldigten (1986) 165.

[5] KK-*Pikart* 3; *Kleinknecht/Meyer-Goßner*[43] 1; KMR-*Paulus* 1.

[6] RG HRR **1931** 1401; OLG Braunschweig GA **1955** 219; allg. M im Schrifttum; *Eb. Schmidt* Nachtr. I 7 und NJW **1967** 857 empfiehlt eine Gesetzesänderung, die die förmliche Zustellung vorschreibt.

vielleicht kritischen Fällen nicht auch insoweit eine förmliche Zustellung wählen sollten. Bei der Mitteilung ist der Hinweis ratsam, daß das Revisionsgericht grundsätzlich auch bei Nichterscheinen zur Sache verhandeln kann (*Dahs/Dahs* 563). Die Benachrichtigung darf nach h. M gemäß § 145 a Abs. 1 dem Verteidiger übermittelt werden, auch wenn er nicht entsprechend bevollmächtigt ist; § 145 a Abs. 2 soll nicht gelten, weil es sich nicht um eine Ladung im eigentlichen Sinne handelt[7].

Ist die Mitteilung an den Angeklagten **nicht ausführbar**, etwa weil er sich verborgen **4** hält, genügt die Benachrichtigung des Verteidigers (§ 350 Abs. 1 Satz 2). Zur vorläufigen Einstellung nach § 205 führt die Abwesenheit des Angeklagten daher nicht. Hat ein Angeklagter, dessen Anschrift nicht bekannt ist, keinen Verteidiger, so kann ihm die Benachrichtigung von der Hauptverhandlung nach § 40 öffentlich zugestellt werden[8]. Hat die Staatsanwaltschaft Revision eingelegt, so ist die öffentliche Zustellung aber nur zulässig, wenn dem Angeklagten die Revisionsschrift bereits persönlich zugestellt worden war (BayObLGSt **1963** 84 = JR **1962** 309). Wird die Revisionsverhandlung in Abwesenheit des Angeklagten, seines bevollmächtigten Vertreters oder Verteidigers ausgesetzt, so müssen sie auch von dem neuen Termin benachrichtigt werden; dies ist aber wohl nicht erforderlich, wenn nur noch das Urteil verkündet werden soll (*Dahs/Dahs* 563).

Eine **Ladungsfrist** besteht nicht. Die §§ 217, 218 sind daher direkt nicht anzuwen- **5** den[9]. **Rechtliches Gehör** muß aber stets gewährt werden. Die Benachrichtigung darf daher, weil § 350 den Beteiligten immerhin eine Befugnis zur Teilnahme einräumt, nicht so kurzfristig erfolgen, daß sie sich etwa im Hinblick auf eine Reise zum Revisionsgericht nicht oder nicht mehr angemessen einrichten können. Auch ist die Revisionsverhandlung stets so anzusetzen, daß genügend Zeit zu ihrer Vorbereitung bleibt, wenn dem Verteidiger Gegenerklärungen, durch Freibeweis ermittelte Tatsachen oder Rechtsausführungen anderer Beteiligter mitgeteilt worden sind[10]. Das rechtliche Gehör verlangt im übrigen auch, daß dem beschwerdeführenden Angeklagten schriftliche Rechtsausführungen des Staatsanwalts beim Revisionsgericht rechtzeitig zur Kenntnis gegeben werden[11].

3. Anwesenheit in der Hauptverhandlung. Auch im Revisionsverfahren ist die **6** Hauptverhandlung als mündliche Verhandlung gestaltet. Die Staatsanwaltschaft, beim Bundesgerichtshof der Generalbundesanwalt, muß immer vertreten sein. Die Anwesenheit des Angeklagten und des Verteidigers (wegen des Pflichtverteidigers vgl. unten Rdn. 13) ist aber ebensowenig notwendig wie die anderer Prozeßbeteiligter (Privat- und Nebenkläger, Einziehungsbeteiligte, gesetzliche Vertreter, Erziehungsberechtigte). Es genügt, daß sie von dem Termin benachrichtigt worden sind. Die Anwesenheit des Angeklagten ist verfassungsrechtlich selbst dann nicht geboten, wenn es um seine lebenslange Freiheitsstrafe geht[12]. Das Erscheinen des auf freiem Fuß befindlichen Angeklagten kann nicht erzwungen werden. Es steht in seinem Belieben, ob er in der Hauptverhandlung anwesend sein will (BayObLGSt **1952** 16 = JZ **1953** 92). Er darf sich stets durch einen bevollmächtigten Verteidiger vertreten lassen (§ 350 Abs. 2 Satz 1), muß das aber nicht tun. Das alles schließt nicht aus, nach § 236 das persönliche Erscheinen des Angeklagten anzuordnen,

---

7 KK-*Pikart* 3; *Kleinknecht/Meyer-Goßner*[43] 2; KMR-*Paulus* 2; *Eb. Schmidt* Nachtr. I 7.

8 RGSt **56** 419; BayObLGSt **1952** 126 = JZ **1953** 92; **1962** 84 = JR **1962** 309; KK-*Pikart* 4; *Kleinknecht/ Meyer-Goßner*[43] 2; *Eb. Schmidt* NJW **1967** 857.

9 OLG Braunschweig GA **1955** 219; allg. M, z. B. KK-*Pikart* 6; *Kleinknecht/Meyer-Goßner*[43] 1; *Eb. Schmidt* NJW **1967** 857; kritisch zu dieser Regelung *Hanack* 312.

10 KMR-*Paulus* 2; *Dahs/Dahs* 563; vgl. auch KK-*Pikart* 6.

11 Vgl. BVerfGE **46** 202, 212 f (das die Frage aber letztlich offenläßt); *Dahs* NJW **1978** 141; *Peters* JZ **1978** 231.

12 BVerfGE **54** 116 = NJW **1980** 1943; **65** 171 = NJW **1984** 114.

wenn das Revisionsgericht ihn im Wege des Freibeweises hören will, etwa um eine Verfahrensvoraussetzung festzustellen[13]. Rechtliche Nachteile nach Art des § 329 sind mit dem Ausbleiben des Angeklagten nicht verbunden. Das Gesetz gibt dem nicht auf freiem Fuß befindlichen Angeklagten auch keinen Anspruch auf Vorführung zur Hauptverhandlung (§ 350 Abs. 2 Satz 2)[14], wobei es unerheblich ist, ob und in welcher Sache er inhaftiert oder untergebracht ist.

7   Einen **Anspruch auf Verlegung** der Hauptverhandlung gibt das Gesetz dem Angeklagten und seinem Verteidiger nicht, auch nicht bei Krankheit oder anderen überraschenden Hindernissen; denn sie sind (s. Rdn. 3) in der Hauptverhandlung keine notwendigen Beteiligten. Nach ganz herrschender Meinung (unten Rdn. 14 f) soll der Angeklagte daher, wenn er selbst oder sein Verteidiger, und sei es durch höhere Gewalt, verhindert sind, keine Vertagung und erst recht keine Wiedereinsetzung in den vorigen Stand beanspruchen können. Aber dies kann (und soll wohl auch) jedenfalls dann nicht gelten, wenn in der Revisionsverhandlung tatsächliche Beweisergebnisse (zu Verfahrensrügen oder Prozeßvoraussetzungen) bekanntgegeben werden, weil sich der Beschwerdeführer dazu nach Art. 103 Abs. 1 GG anerkanntermaßen vor der Entscheidung muß äußern dürfen (vgl. auch Rdn. 5). Es ist jedoch auch im übrigen mit den Grundsätzen heutigen Rechtsverständnisses nicht in Einklang zu bringen; dazu unten Rdn. 15.

4. Mitwirkung von Pflichtverteidigern

8   **a) Der vom Tatrichter bestellte Pflichtverteidiger.** Die Pflichtverteidigerbestellung durch den Tatrichter erstreckt sich, wenn sie nicht ausdrücklich eingeschränkt wird, auch auf das Revisionsverfahren. Der Pflichtverteidiger kann insbesondere die Revision einlegen und begründen[15], die Gegenerklärung nach § 347 Abs. 1 Satz 2 abgeben (dort Rdn. 5) und nach § 349 Abs. 3 zum Verwerfungsantrag der Staatsanwaltschaft Stellung nehmen. Unter Umständen muß ein (neuer) Pflichtverteidiger gerade im Hinblick auf diese Aufgaben bestellt werden (allg. M, vgl. nur *Dahs* JR **1985** 257 f). Die Beiordnung durch den Tatrichter gilt nach umstrittener, aber herrschender Ansicht jedoch nicht für die Mitwirkung des Verteidigers in der Hauptverhandlung vor dem Revisionsgericht[16]. Das wirkt widersprüchlich, ist aber dennoch richtig. Denn für die Hauptverhandlung vor dem Revisionsgericht besteht keine notwendige Verteidigung nach § 140 Abs. 1[17], und ob die Vorausset-

---

13   OLG Koblenz NJW **1958** 2028; *Kleinknecht/Meyer-Goßner*[43] 3; KMR-*Paulus* 7; zweifelnd *Eb. Schmidt* Nachtr. I § 236, 1; **a. A** *Rieß* Beiheft ZStW **90** (1978) 205; vgl. § 236, 7.

14   Näher und kritisch zu dieser Differenzierung, die „nicht zu verstehen ist" (*Eb. Schmidt* NJW **1967** 854), *Hanack* 311 mit weit. Nachw. Vgl. auch Rdn. 10 mit Fußn. 22.

15   OLG Braunschweig NJW **1950** 79 mit Anm. *Cüppers*; OLG Celle NdsRpfl. **1952** 58; OLG Hamburg NJW **1966** 2324; OLG Oldenburg NdsRpfl. **1951** 151; allg. M im Schrifttum. Vgl. auch OLG Düsseldorf StV **1984** 327 (Vertrauensschutz für den Angeklagten).

16   BGHSt **19** 258 = NJW **1964** 1035 mit abl. Anm. *Seydel*; BGH StV **1997** 239; BayObLG JW **1928** 1944 mit Anm. *Löwenstein*; BayObLGSt **1952** 85 = NJW **1952** 716; BayObLG NJW **1953** 195; KG JR **1951** 217, 220; **1953** 385; OLG Braunschweig NJW **1950** 79 mit abl. Anm. *Cüppers*; OLG Celle

NdsRpfl. **1950** 184; **1952** 58; OLG Hamburg NJW **1966** 2324; OLG für Hessen JR **1950** 571; OLG Hamm NJW **1958** 1934 und **1970** 440; NStZ **84** 43; OLG Karlsruhe NJW **1969** 2028; aus dem Schrifttum z. B. *Kleinknecht/Meyer-Goßner*[43] 7; KMR-*Paulus* 4; *Dahs/Dahs* 18; *Hanack* 314; *Kohlhaas* NJW **1951** 180; **a. A** OLG Hamburg MDR **1951** 183; NJW **1964** 418; LR-*Lüderssen*[24] § 141, 30; *Henkel* 156 Fußn. 5; *Peters* 217; *Hahn* 88. Vgl. auch bei § 141.

17   BGHSt **19** 259 = NJW **1964** 1035 mit Anm. *Seydel*; BayObLG DRiZ **1920** Nr. 241; KG JR **1951** 217; OLG Breslau GA **70** (1926) 216; OLG Düsseldorf NJW **1956** 436 mit Anm. *Dahs*; OLG Hamburg MDR **1951** 183; OLG Oldenburg NStZ **1984** 523 mit weit. Nachw.; aus dem Schrifttum z. B. KMR-*Paulus* 3; *Eb. Schmidt* Nachtr. I 6; *Kohlhaas* NJW **1951** 179; **a. A** für § 140 Abs. 1 Nr. 5 OLG Karlsruhe NJW **1969** 2028.

zungen des § 140 Abs. 2 im Revisionsrechtszug vorliegen (dazu Rdn. 11), hat nicht der Tatrichter zu beurteilen. Das entspricht offensichtlich auch der Auffassung des Gesetzgebers (vgl. *Seibert* NJW **1965** 1469), wie sich mittelbar aus der Sondervorschrift des § 350 Abs. 3 Satz 1 ergibt (*Peters*[2] 186 sieht hierin allerdings keine Entscheidung des Gesetzgebers über die Streitfrage).

b) Pflichtverteidigerbestellung nach § 350 Abs. 3. Der Angeklagte, der nicht auf **9** freiem Fuß ist und keinen Wahlverteidiger hat, kann nach § 350 Abs. 3 die Beiordnung eines Pflichtverteidigers verlangen, wenn der Vorsitzende des Revisionsgerichts nicht die Vorführung zur Hauptverhandlung veranlaßt. Die problematische Vorschrift soll im Sinne eines „fair trial" (vgl. Rdn. 1) auch dem Angeklagten die Möglichkeit geben, auf die Willensbildung des Revisionsgerichts in der mündlichen Verhandlung Einfluß zu nehmen (OLG Hamm NJW **1973** 261). Einen Anspruch auf Bestellung eines Pflichtverteidigers hat der Angeklagte aber nur, wenn er sie binnen einer Woche beantragt, nachdem ihm der Termin für die Hauptverhandlung unter Hinweis auf sein Antragsrecht (oben Rdn. 3) mitgeteilt worden ist. Es handelt sich um eine Frist i. S. des § 44, so daß gegen ihre Versäumung die Wiedereinsetzung in den vorigen Stand jedenfalls möglich ist, solange das Revisionsgericht noch nicht entschieden hat[18]. Die Beiordnung nach § 350 Abs. 3 Satz 1 ist Sache des Vorsitzenden des Revisionsgerichts[19]. Der Wunsch des Angeklagten, ihm einen Anwalt seines Vertrauens beizuordnen, hat dabei wegen der Besonderheiten des Revisionsverfahrens nicht die Bedeutung wie in der Tatsacheninstanz[20]. So braucht der Vorsitzende, selbst wenn der Angeklagte es wünscht, nicht ohne weiteres den bisherigen Pflichtverteidiger zu bestellen[21]; es kann vielmehr gerade angezeigt erscheinen, einen anderen Pflichtverteidiger beizuordnen, der mehr Erfahrung in Revisionssachen hat (BGHSt **19** 261).

Gelangt der Angeklagte **vor der Revisionsverhandlung auf freien Fuß**, so ist die **10** Beiordnung des Pflichtverteidigers an sich zurückzunehmen, falls nicht ein Fall vorliegt, in dem die Verteidigermitwirkung in der Revisionsverhandlung nach § 140 Abs. 2 notwendig ist (dazu Rdn. 11). Das Gesetz schreibt die Zurücknahme zwar nicht ausdrücklich vor. Es gibt nach der befremdlichen Logik des Gesetzes[22] aber keinen Grund, die Verteidigerbestellung aufrechtzuerhalten, wenn der Angeklagte nicht mehr gehindert ist, selbst an der Revisionsverhandlung teilzunehmen. Bei der Rücknahmeentscheidung wird der Vorsitzende jedoch beachten dürfen und müssen, daß der Angeklagte, wenn ihm der Verteidiger nicht bestellt worden wäre, möglicherweise einen anderen Verteidiger beauftragt hätte, der Angeklagte nun also nicht über einen eingearbeiteten Verteidiger verfügt. Bei der Prüfung, ob ein Fall notwendiger Verteidigung gemäß § 140 Abs. 2 vorliegt (Rdn. 11), ist das mit in die Waagschale zu werfen. Vgl. auch OLG Frankfurt StV **1983** 497 zu § 140 Abs. 1 Nr. 5.

c) Pflichtverteidigerbestellung nach § 140 Abs. 2. Aus § 350 Abs. 3 müßte im Wege **11** des Umkehrschlusses an sich folgen, daß der nichtinhaftierte Angeklagte keinen Anspruch

---

[18] *Sarstedt/Hamm*[5] 477; für den Fall unterbliebener Belehrung KMR-*Paulus* 8; *Eb. Schmidt* Nachtr. I 11 und NJW **1967** 857; **a. A** KK-*Pikart* 11; *Kleinknecht/Meyer-Goßner*[43] 10; LR-*Meyer* in der 23. Aufl.

[19] Zu den praktischen Möglichkeiten, die „völlig mißlungene Vorschrift" zu handhaben, äußerst kritisch *Sarstedt/Hamm*[5] 475 ff, die darum dem Vorsitzenden empfehlen (479), dem Angeklagten noch vor der Terminbestimmung einen Verteidiger zu bestellen, „wenn es nach den Akten den Anschein hat, daß er sich nicht auf freiem Fuß befindet".

[20] *Kleinknecht/Meyer-Goßner*[43] 10; vgl. auch BGHSt **19** 259; KMR-*Paulus* 6; **a. A** AK-*Maiwald* § 351, 2.

[21] KMR-*Paulus* 6; *Dahs* Hdb. 780; *Kleinknecht* JZ **1965** 161.

[22] Nämlich der Idee, daß sich der nichtinhaftierte Angeklagte vor dem Revisionsgericht ausreichend selbst verteidigen kann; vgl. dazu statt aller *Sarstedt/Hamm*[5] 474; *Hanack* 311.

Ernst-Walter Hanack

auf Bestellung eines Pflichtverteidigers hat, auch wenn er die Kosten eines gewählten Verteidigers nicht aufbringen kann. Die Rechtsprechung hat jedoch, wenn auch zögernd und jedenfalls zunächst nur ausnahmsweise[23], die Möglichkeit einer Pflichtverteidigerbestellung nach § 140 Abs. 2 für die Revisionsverhandlung anerkannt[24]. Nach *Dahs/Dahs* 560 erfolgt sie mittlerweile bei schwierigen revisionsrechtlichen Fragen in zwar unterschiedlichem Maße, aber mit zunehmender Tendenz. Wirklich klares Profil haben die Voraussetzungen, unter denen die Bestellung zu geschehen hat, jedoch bis heute nicht gewonnen (zu den Gründen: *Hanack* 315 f). Das Bundesverfassungsgericht hat 1977 in Konkretisierung des Rechtsstaatsprinzips eine entsprechende Pflicht in „schwerwiegenden Fällen" bejaht, wobei es diese Fälle „maßgeblich aus der Interessenlage des Beschuldigten" in bezug auf den „Ausgang" und die möglichen „Auswirkungen" des Revisionsverfahrens beurteilt[25]. Sonderlich überzeugend ist das nicht, weil es doch vor allem darum geht, ob oder wann die Mitwirkung des Verteidigers wegen der Eigenart des Revisionsrechts und der rechtlichen Schwierigkeiten des einzelnen Revisionsverfahrens eine solche Beiordnung fordert, damit der Angeklagte sachgemäß verteidigt ist[26]. Immerhin hat die Entscheidung des Bundesverfassungsgerichts die Revisionsgerichte zum Umdenken gezwungen, nämlich — eben — auch zur Berücksichtigung der Beschuldigtenbelange. Insoweit wird man mit *Dahs* (NJW **1978** 140) einen „schwerwiegenden Fall" i. S. des Bundesverfassungsgerichts im Zweifel *jedenfalls* bei einer mehr als einjährigen Freiheitsstrafe annehmen müssen, und zwar im Hinblick auf die rechtliche Bedeutung dieser Grenze[27]. Im übrigen bleibt die Bestellung weitgehend eine Sache des Einzelfalles, abhängig insbesondere von der Frage, ob die Revision Rechtsprobleme betrifft, bei denen, etwa weil es sich um das Tatsächliche berührende Wertungsfragen handelt (vgl. Rdn. 2), die Mitwirkung des Verteidigers aus objektiver Sicht auch neben dem Vortrag des Berichterstatters (§ 351 Abs. 1) zur näheren Entfaltung und Klarstellung des Revisionsvorbringens Bedeutung besitzt. Nach der Entscheidung des EuGMR v. 25. 4. 1983 (NStZ **1983** 373 mit Anm. *Stöcker*) ist das — selbst bei bloßen Verfahrensrügen — im Zweifel schon anzunehmen, wenn die Staatsanwaltschaft eine Verwerfung der Revision nach § 349 Abs. 2 nicht beantragt hat, schwierige Rechtsfragen anstehen und der Beschwerdeführer sonst nicht die Möglichkeit hat, zum Revisionsvorbringen der Staatsanwaltschaft eine Stellungnahme abzugeben, die er im schriftlichen Verfahren (vgl. § 349 Abs. 3) gehabt hätte. Aus dieser Sicht ist die Bestellung eines Pflichtverteidigers, wenn der Angeklagte die Kosten eines Wahlverteidigers nicht zahlen kann, in der Regel immer geboten, so daß die Bundesrepublik mit weiteren Verurteilungen durch den EuGMR rechnen muß, wenn ihre Revisionsgerichte dem nicht entsprechen (vgl. auch *Stöcker* aaO). Einen Wiederaufnahme-

---

[23] Dazu *Dahs* NJW **1978** 140; *Hanack* 314 f; vgl. auch OLG Hamm NStZ **1982** 345 mit Anm. *Dahs*.

[24] BGHSt **19** 259; BGH StV **1997** 239; OLG Düsseldorf NStZ **1984** 43; OLG Hamburg MDR **1951** 183; OLG Hamm StV **1984** 66; OLG Köln JMBl-NRW **1964** 131; OLG Oldenburg StV **1992** 558. BGH NStZ **1997** 49 hält in einem kritischen Einzelfall sogar die Beiordnung eines zweiten Pflichtverteidigers für geboten.

[25] BVerfGE **46** 202 = NJW **1978** 151; vgl. auch (bestätigend) BVerfG NStZ **1983** 82; anders noch BVerfG NJW **1965** 174 mit abl. Anm. *Ad. Arndt*.

[26] Näher dazu und zu der Entscheidung insgesamt *Hanack* 316 ff. Nicht sonderlich überzeugend ist es auch, daß das BVerfG von seinen Grundsätzen dann Ausnahmen macht, wenn die Entscheidung des Revisionsgerichts „auf der Hand liegt" oder die

Rechtsansicht des Beschwerdeführers „unvertretbar" oder „von vornherein abwegig" ist, schon weil dann in der Regel das Beschlußverfahren nach § 349 Abs. 2 stattfindet (*Dahs* NJW **1978** 141; *KK-Pikart* 12; *Kleinknecht/Meyer-Goßner*[43] 8). Aus verfassungsrechtlicher Sicht kritisch zur Methode des BVerfG *Niemöller/Schuppert* AöR **107** (1982) 430.

[27] Dem zustimmend KMR-*Paulus* 5; *Oswald* JR **1979** 100; *Wasserburg* GA **1982** 318; vgl. auch *Hanack* 317; zweifelnd aber *Peters* JZ **1978** 232; **a. A** OLG Oldenburg NStZ **1984** 523; *Kleinknecht/Meyer-Goßner*[43] 8; zurückhaltend und ohne eigene Stellungnahme das übrige Schrifttum, z. B. AK-*Maiwald* 7; KK-*Pikart* 12; *Roxin* § 18, 19; § 53, 52; *Schlüchter* 749.2. Vgl. auch BGH NStZ **1997** 300.

---

grund ergab die Verletzung der MRK freilich bis vor kurzem nicht (BVerfG StV **1987** 185 mit Anm. *Trechsel*); anders erst seit der Erweiterung des § 359 durch Gesetz vom 9. 7. 1998 (BGBl. I S. 1802); s. dazu auch Einl. E 151; G 106.

Zuständig für die Beiordnung eines Pflichtverteidigers nach § 140 Abs. 2, der speziell **12** für die Hauptverhandlung vor dem Revisionsgericht bestellt wird, ist nicht der Tatrichter, sondern ausschließlich der Vorsitzende des Revisionsgerichts[28]; die vom Tatrichter angeordnete Beiordnung ist wirkungslos. Die Bestellung kann, wenn ihre gesetzlichen Voraussetzungen vorliegen, auch „stillschweigend", insbesondere durch Inanspruchnahme des anwesenden Verteidigers und Worterteilung erfolgen[29]. Zu den Kriterien der Auswahl s. Rdn. 9.

d) Anwesenheitspflicht des bestellten Verteidigers. Der nach § 350 Abs. 3 (Rdn. 9) **13** oder nach § 140 Abs. 2 (Rdn. 11) bestellte Verteidiger ist zur Teilnahme an der Revisionsverhandlung verpflichtet, weil er gerade dafür bestellt ist. Bleibt er aus, muß daher die Verhandlung ausgesetzt oder notfalls ein anderer Verteidiger (mit angemessener Einarbeitungsfrist) bestellt werden[30]. Ist der Verteidiger verhindert, verletzt eine Durchführung der Verhandlung in seiner Abwesenheit nach Meinung des Bundesverfassungsgerichts das verfassungsrechtliche Gebot der rechtsstaatlichen und fairen Verhandlungsführung[31]. Zweifelhaft ist nur, ob die Anwesenheit des nach § 350 Abs. 3 oder § 140 Abs. 2 bestellten Verteidigers auch dann erforderlich ist, wenn der Angeklagte mit seinem Fernbleiben einverstanden ist oder wenn der Verteidiger selbst sein Auftreten in der Hauptverhandlung für sinnlos hält, etwa weil er meint, sein gesamtes Vorbringen schon schriftlich unterbreitet zu haben. Nach gegenwärtigem Recht ist das zu bejahen. Denn die Beiordnung des Verteidigers erfolgt ja gerade, weil seine Mitwirkung in der Hauptverhandlung für erforderlich gehalten wird, so daß es jedenfalls nicht seiner Entscheidung obliegt zu prüfen, ob sein Auftreten in der Verhandlung notwendig ist oder nicht[32]. Im Fall der notwendigen Verteidigung nach § 140 Abs. 2 ist auch die Entbindung vom Erscheinen durch den Angeklagten bedeutungslos, und im Fall des § 350 Abs. 3 ist sie praktisch kaum vorstellbar, weil ja erst ein entsprechender Antrag des Angeklagten zur Beiordnung des Verteidigers geführt hat. Bei der Urteilsverkündung braucht der bestellte Verteidiger jedoch nicht anwesend zu sein (§ 356, 1).

5. Wiedereinsetzung in den vorigen Stand. Da die Hauptverhandlung vor dem Revi- **14** sionsgericht ohne den Angeklagten und ohne seinen Verteidiger stattfinden kann (zum bestellten Verteidiger s. Rdn. 13), kommt es nach überkommener und ganz herrschender Meinung auf deren Verhinderung nicht an. Versäumt der Angeklagte oder der Verteidiger die Verhandlung, und sei es durch höhere Gewalt, so kann der Angeklagte nach dieser Meinung Wiedereinsetzung weder nach § 44 noch in sinngemäßer Anwendung des § 235 bean-

---

[28] BGHSt **19** 261; OLG Hamm MDR **1976** 1038; KG JR **1951** 220; OLG Köln JMBlNRW **1964** 131; vgl. auch BVerfGE **46** 202; oben Rdn. 9.

[29] BGH NStZ **1997** 300; OLG Düsseldorf NStZ **1984** 44; im Ergebnis auch KK-*Pikart* 15; **a. A** *Kleinknecht/Meyer-Goßner*[43] 9 unter Bezug auf eine unveröffentlichte BGH-Entscheidung, die KK-*Pikart* etwas anders interpretiert.

[30] AK-*Maiwald* 8; *Kleinknecht/Meyer-Goßner*[43] 5; KMR-*Paulus* 7; *Eb. Schmidt* Nachtr. I 6; *Hanack* 314; *Seibert* NJW **1965** 1469 f; **a. A** KK-*Pikart* 7; wohl auch *Schlüchter* 749.2.

[31] BVerfGE **65** 171 = NStZ **1984** 82 mit krit. Anm.

Pikart; konkludent ebenso schon BVerfGE **46** 212; **54** 116. Die Bedenken *Pikarts* aaO, daß das die „bisherige, auf zügige Klärung von Schuldvorwürfen gerichtete Rechtspraxis ernsthaft beeinträchtigen" könnte, erscheinen faktisch kaum berechtigt (und im übrigen bezeichnend für eine verbreitete revisionsrichterliche Sicht von der Bedeutung der Verteidigung in der Revisionsverhandlung; vgl. dazu schon *Peters* JZ **1978** 230).

[32] So der Tendenz nach auch BVerfG NStZ **1984** 83, das die Frage aber nicht abschließend entscheidet; ebenso *Kleinknecht/Meyer-Goßner*[43] 5; KMR-*Paulus* 3; *Sarstedt/Hamm*[5] 482; **a. A** KK-*Pikart* 7.

Ernst-Walter Hanack

spruchen[33]. Streitig ist lediglich, ob das auch für den Fall gilt, daß die in § 350 Abs. 1 vorgeschriebene Mitteilung über Ort und Zeit der Hauptverhandlung unrichtig gewesen oder ganz unterblieben ist[34]. Nicht unbestritten ist sogar, ob der inhaftierte Angeklagte Wiedereinsetzung verlangen kann, wenn er, obwohl er keinen Wahlverteidiger hatte, nicht auf sein Recht nach § 350 Abs. 3 hingewiesen wurde (oben Rdn. 9 Fußn. 18). Daß der Nebenkläger keinen Anspruch auf Wiedereinsetzung hat, ist anerkannt (OLG Koblenz DRiZ **1966** 239).

15   Die h. M bedarf einer **grundsätzlichen Korrektur**. Zwar ist es richtig, daß § 235 im Revisionsverfahren nicht gilt, und richtig auch, daß die Wiedereinsetzung nach § 44 nur für die Versäumung von Fristen, nicht aber bei der Versäumung von Terminen vorgesehen ist, falls das Gesetz nichts anderes sagt, was es zwar bei der Berufung tut (§ 329 Abs. 3), nicht aber bei der Revision. Aber die Mitteilungspflichten nach § 350 Abs. 1 und 3 zeigen, daß der Angeklagte immerhin die Befugnis hat, an der Revisionsverhandlung teilzunehmen oder sich dort vertreten bzw. verteidigen zu lassen. Richten sich der Angeklagte oder sein Verteidiger entsprechend ein, wollen sie also einen gesetzlich vorgesehenen Anspruch auf rechtliches Gehör geltend machen. Diese Befugnis wird ihnen durch den stark schriftlichen Charakter des Verfahrens (vgl. Rdn. 1) nicht abgeschnitten, und sie wird durch diesen schriftlichen Charakter nicht einmal unbedingt kompensiert, weil die Verteidigung gute Gründe haben kann, die eingeräumte Befugnis auszunutzen (oben Rdn. 2) und bei der schriftlichen Revisionsbegründung sogar in gewissem Umfang auf ihre Ergänzung in der Hauptverhandlung vertrauen darf. Es bedeutet daher einen Verstoß gegen Art. 103 Abs. 1 GG und die nach der Rechtsprechung des BVerfG verfassungsrechtlich geschützten Aspekte des „fair trial" (vgl. nur BVerfG NStZ **1984** 82), wenn das Revisionsgericht dem Beschwerdeführer, der seine Befugnisse wahrnehmen oder wahrnehmen lassen will, dies nicht ermöglicht, und zwar ganz unabhängig von der streitigen Frage, wieweit Art. 103 Abs. 1 GG generell ein Recht zur mündlichen Anhörung einräumt. Insbesondere läßt sich gegenüber den genannten Rechtsgrundsätzen gewiß nicht einwenden, daß der Beschwerdeführer nach der Struktur des § 350 gewissermaßen das Risiko trage, bei unabwendbarem Zufall seine Befugnisse nicht wahrnehmen zu können. Daraus folgt, daß das Revisionsgericht auf eine ihm angezeigte überraschende Verhinderung des Angeklagten oder seines Verteidigers Rücksicht zu nehmen hat[35]. Und daraus folgt weiter, daß in diesen Fällen in analoger Anwendung der §§ 44, 45 auch eine Wiedereinsetzung in den vorigen Stand in Betracht kommt. Daß die Wiedereinsetzung gegen die Versäumung einer Hauptverhandlung nach h. M in der StPO abschließend geregelt ist (vgl. § 44, 8 und Vor § 42, 34), kann dem nicht entgegenstehen, gerade weil es an der hier nach höherrangigem Recht gebotenen Regelung fehlt. Entgegen einer verbreiteten Meinung (vgl. nur BGHSt **17** 94; **23** 103) nicht annehmen läßt sich aber auch, daß nach einer Sachentscheidung des Revisionsgerichts eine Wiedereinsetzung nicht möglich ist, denn die Wiedereinsetzung erlaubt sogar eine Durchbrechung der Rechtskraft[36]. Die Gefahr von Ausuferungen verhindert das Abstellen auf die Grundsätze des § 45.

[33] BGH bei *Dallinger* MDR **1975** 25; RG HRR **1931** 1401; OLG Kiel MDR **1950** 303; OLG Köln JMBlNRW **1957** 154 = NJW **1957** 74 L; KK-*Pikart* 10; *Kleinknecht/Meyer-Goßner*[43] 11; KMR-*Paulus* 8; *Schlüchter* 749.2; *Eb. Schmidt* Nachtr. I 11 und NJW **1967** 858; *Dahs/Dahs* 561.

[34] Bejahend OLG Kiel MDR **1950** 303; OLG Köln JMBlNRW **1957** 154 = NJW **1957** 74 L; KK-*Pikart* 10; *Kleinknecht/Meyer-Goßner*[43] 11; LR-*Meyer* in der 23. Aufl. Verneinend OLG Celle HESt **3** 79 = NdsRpfl. **1948** 179; OLG Koblenz MDR **1970**

66; AK-*Maiwald* 9; KMR-*Paulus* 8; *Eb. Schmidt* Nachtr. I 11; *Dahs/Dahs* 561; *Hanack* 313.

[35] Was aus Gründen der Fürsorgepflicht insoweit vom Tatrichter selbst in einer Bußgeldsache von 150,– DM verlangt wird (BGHSt **28** 44, 48), ist durchaus auch für das Revisionsgericht zumutbar, und zwar auch, wenn dadurch im Einzelfall die „zügige Klärung von Schuldvorwürfen" (vgl. Fußn. 31) einmal weniger zügig erfolgt.

[36] Vgl. Vor § 42, 34; ferner *Hanack* JZ **1971** 92; *Geppert* GA **1972** 167.

§ 351

(1) **Die Hauptverhandlung beginnt mit dem Vortrag eines Berichterstatters.**

(2) [1]**Hierauf werden die Staatsanwaltschaft sowie der Angeklagte und sein Verteidiger mit ihren Ausführungen und Anträgen, und zwar der Beschwerdeführer zuerst, gehört.** [2]**Dem Angeklagten gebührt das letzte Wort.**

Schrifttum. *Beling* Rechtsfrage und revisionsrechtliche Abstimmung im Strafprozeß, GA **67** (1919) 141; *Dahs* Rechtsgespräch im Strafverfahren? NJW **1961** 1244; *Croissant* Vorbereitete Urteile im Revisions-Strafverfahren und rechtliches Gehör, NJW **1963** 1711; *Hanack* Die Verteidigung vor dem Revisionsgericht, FS Dünnebier 301; *Kraemer* Die mündliche Verhandlung in der Revisionsinstanz, SJZ **1950** 300; *Seibert* Verteidigerauftreten vor dem Revisionsgericht, AnwBl. **1956** 21; *Wolf* Rechtliches Gehör im Revisionsstrafverfahren, JR **1965** 87.

Bezeichnung bis 1924: § 391.

Übersicht

1. Allgemeines. Wenn das Revisionsgericht über das Rechtsmittel nicht nach § 349 **1** Abs. 1, 2 oder 4 durch Beschluß entscheidet, muß eine Hauptverhandlung stattfinden (§ 349 Abs. 5), in der durch Urteil entschieden wird (vgl. § 349, 4). Notwendigkeit und Nützlichkeit der mündlichen Revisionsverhandlung werden unterschiedlich beurteilt[1]. Der Gesetzgeber hat das Revisionsverfahren zwar als prinzipiell mündliches Verfahren ausgestaltet. Es hat aber der Sache nach einen starken Einschlag von Schriftlichkeit, der auch in einigen Vorschriften über das Revisionsverfahren (vor allem in den §§ 346, 349, 350) zum Ausdruck kommt. Auch der historische Gesetzgeber hat das Revisionsverfahren wesentlich als ein Verfahren verstanden, „bei welchem der Stoff für die richterliche Entscheidung in Schriftsätzen niedergelegt und darum die mündliche Verhandlung nebensächlich ist" (vgl. § 350, 1). Mit dem heutigen Charakter des Rechtsmittels, insbesondere seinen so intensiven Zugriffsmöglichkeiten auf die Einzelheiten der tatrichterlichen Feststellungen und Wertungen, ist das in vielen Fällen eigentlich kaum zu vereinbaren, die Bedeutung eines „Rechtsgesprächs" in der Revisionsverhandlung vielmehr mindestens erheblich gestiegen (eingehend *Hanack* 303 ff; vgl. auch § 350, 2). Dennoch entspricht die geringe Bedeutung der mündlichen Verhandlung aus komplizierten Gründen weitgehend noch immer der Rechtswirklichkeit. Das ist verständlich, soweit der Angeklagte in der Verhandlung selbst zu Worte kommt, weil er das Revisionsrecht regelmäßig nicht kennt und daher typischerweise auf irrelevante Tatfragen kommt, die bei der Entscheidung nicht

---

[1] *Less* SJZ **1950** 68 schätzt beides gering ein; gegen ihn z. B. *Eb. Schmidt* Nachtr. I § 350, 4 und NJW **1967** 853; *Dahs/Dahs* 567 f; *Hartung* DRZ **1950** 219; *Kraemer* SJZ **1950** 300; *Wimmer* NJW **1950** 201; vgl. auch *Jagusch* NJW **1960** 73; *Sarstedt/ Hamm*[6] 1269; *Pikart* NStZ **1984** 84. Eingehend *Hanack* 306 ff mit weit. Nachw.

berücksichtigt werden können[2]. Weniger verständlich ist es hinsichtlich der verbreiteten Klage, daß auch viele Verteidiger die Chancen der mündlichen Revisionsverhandlung nicht ausnutzen oder ausnutzen können[3], so daß das Interesse der Revisionsgerichte an einem ihnen im Einzelfall durchaus erwünschten „Rechtsgespräch" ersichtlich nur zu oft enttäuscht wird[4]. LR-*Meyer*[23] hält es darum nicht für verwunderlich, daß „die Revisionsgerichte, wo immer es sich rechtlich vertreten läßt, von der Möglichkeit der Beschlußverwerfung nach § 349 Gebrauch machen". Er meint, eine Reform des Revisionsrechts sollte das berücksichtigen und die mündliche Verhandlung nur für den Fall vorsehen, daß ein Verfahrensbeteiligter sie ausdrücklich beantragt; sie „wäre dann auf den nach den derzeitigen Erfahrungen nicht eben häufigen Fall beschränkt, daß ein Verteidiger . . . über sein schriftliches Revisionsvorbringen hinaus versuchen möchte, das Revisionsgericht von der Fehlerhaftigkeit des angefochtenen Urteils oder des Verfahrens, in dem es zustande gekommen ist, zu überzeugen"; näher zu diesen Fragen *Hanack* 319 ff mit Nachw.

2. Hauptverhandlung

2   **a) Gestaltung. Vortrag des Berichterstatters.** Für die Revisionsverhandlung, die grundsätzlich öffentlich ist (§ 169 Satz 1 GVG), finden die Vorschriften über die Hauptverhandlung im ersten Rechtszug sinngemäß Anwendung (näher KK-*Pikart* 1). Das Gesetz sagt hierüber im einzelnen nichts, sondern beschränkt sich auf Regelungen, die den Vortrag des Berichterstatters und die Ausführungen der Beteiligten betreffen. Aus § 351 Abs. 1 ergibt sich, *daß* der Vorsitzende einen Berichterstatter aus dem Kreis der mitwirkenden Richter zu bestellen hat. Er kann die Berichterstattung aber auch selbst übernehmen (*Dahs/Dahs* 565).

3   Der **Vortrag des Berichterstatters** muß alles enthalten, was für die Entscheidung des Revisionsgerichts in tatsächlicher und rechtlicher Hinsicht von Bedeutung sein kann[5]. Da der Vortrag die Beratungsgrundlage bildet, darf er sich nicht darauf beschränken, die Ansicht des Berichterstatters wiederzugeben. Vielmehr muß er allen mitwirkenden Richtern ein vollständiges Bild des Sachverhalts und der zu lösenden Rechtsfragen geben. Kommt es auf die Prüfung von Verfahrensvoraussetzungen an, so hat der Vortrag hierüber Auskunft zu geben. Ist der Umfang des Rechtsmittels zweifelhaft, muß das im Vortrag zum Ausdruck gebracht werden. Das Revisionsvorbringen zu den sonstigen Verfahrensrügen ist vorzutragen, soweit es nicht offensichtlich unzulässig ist; der Vortrag muß sowohl den Inhalt der rechtzeitig erhobenen Verfahrensrügen als auch die dazu gehörenden Verfahrensvorgänge mitteilen, auch solche, die das Revisionsgericht durch Freibeweis ermittelt hat; soweit erforderlich, werden die einschlägigen Teile der Sitzungsniederschrift und die sonstigen Aktenstellen bekanntgegeben[6]. Ist die Sachrüge erhoben, so muß der Inhalt des angefochtenen Urteils, soweit es angefochten ist, wiedergegeben werden. Die Revisionsausführungen zur Sachrüge mitzuteilen, wird jedoch üblicherweise dem Revisionsführer überlassen[7]. Erscheint er nicht, so trägt sie der Berichterstatter vor[8]. Handelt es sich um eine umfangreiche Sache, so kann auch in der Weise verfahren werden, daß der Berichterstatter zunächst einzelne Verfahrensrügen oder den Sachverhalt zu einzelnen

---

[2] *Jagusch* NJW **1960** 269: „. . . schwer erträgliche Peinlichkeit"; *Eb. Schmidt* NJW **1967** 854; vgl. aber den Hinweis auf andere Fälle bei *Sarstedt/Hamm*[5] 517.

[3] Vgl. nur *Dahs/Dahs* 567; *Sarstedt/Hamm*[6] 494 ff; *Dahs* Hdb. 877; *Hanack* 307 f.

[4] Vgl. *Dahs/Dahs* 568; *Sarstedt/Hamm*[6] 1280; *Hanack* 307.

[5] AK-*Maiwald* 3; KK-*Pikart* 2; *Kleinknecht/Meyer-Goßner*[43] 1; KMR-*Paulus* 3; *Eb. Schmidt* 3; *Peters* 659; *Schlüchter* 749.2; *Dahs/Dahs* 565.

[6] *Sarstedt/Hamm*[6] 1271; *Dahs/Dahs* 565.

[7] *Kleinknecht/Meyer-Goßner*[43] 1; *Dahs/Dahs* 566.

[8] *Sarstedt/Hamm*[5] 485; KK-*Pikart* 2; KMR-*Paulus* 3.

Taten vorträgt und daß sodann hierzu Ausführungen der Verfahrensbeteiligten entgegengenommen werden. Alsdann wird mit dem Vortrag zu weiteren Punkten fortgefahren[9]. Zulässig ist es auch, daß der Vortrag des Berichterstatters und der Beteiligten auf einen wesentlichen Punkt mit der Zusage beschränkt wird, daß wieder in die Verhandlung eingetreten wird, wenn sich in der Beratung zeigt, daß der erörterte Einzelpunkt nicht zum Erfolg der Revision führt (vgl. *Sarstedt/Hamm*[6] 1273).

Kennen alle Richter das angefochtene Urteil und das Revisionsvorbringen schon aus **4** den Akten, kann sich der Vortrag des Berichterstatters darauf beschränken, den Inhalt der Revisionsrechtfertigungsschrift in knapper Weise darzulegen[10]. Insbesondere beim Oberlandesgericht, bei dem ja nur drei Richter an der Verhandlung mitwirken (§ 122 Abs. 1 GVG), kommt das vor, wenn der Senatsvorsitzende die Akten den anderen mitwirkenden Richtern zur Vorbereitung vor der Verhandlung durch Umlauf (Rundlaufverfahren) übermittelt; zur Situation beim Bundesgerichtshof s. *Sarstedt/Hamm*[6] 1270.

b) Beweisaufnahme. Das Gesetz enthält keine ausdrückliche Regelung. Aus der **5** Gestaltung des Revisionsrechts ergibt sich: Das Revisionsgericht kann oder muß, und zwar nach h. M im Wege des Freibeweises (dazu § 244, 3 ff), vor oder in der Revisionsverhandlung diejenigen tatsächlichen Umstände feststellen, von denen das Vorliegen der Verfahrensvoraussetzungen oder ein von der Revision behaupteter sonstiger Verfahrensmangel abhängt. Hierzu kann das Revisionsgericht in der Hauptverhandlung auch Zeugen und Sachverständige uneidlich vernehmen oder Urkunden verlesen[11]; daß dies in der Praxis für die Verfasser dienstlicher Äußerungen selten oder nie geschieht, bedauern mit Recht *Dahs/Dahs* 569. Das Revisionsgericht kann auch das persönliche Erscheinen des Angeklagten anordnen, um ihn über die tatsächlichen Umstände von Verfahrensvoraussetzungen zu befragen[12]. Beweise zur Sachrüge können erhoben werden, wenn es darauf ankommt, Erfahrungssätze, insbesondere gesicherte Erkenntnisse der Wissenschaft, festzustellen (näher § 337, 173). In Betracht kommt ferner die Anhörung von Sachverständigen, wenn der Inhalt ausländischen Rechts festgestellt werden muß (vgl. Vor § 72). Ansonsten ist jedoch eine Beweisaufnahme zur Schuldfrage nach ganz h. M grundsätzlich ausgeschlossen[13]. Dies ergibt sich zwingend aus der Beschränkung der sachlichrechtlichen Revision auf die Nachprüfung von Gesetzesverletzungen, die immer nur aufgrund der Feststellungen des Tatrichters erfolgt, wie er sie in der Urteilsurkunde niedergelegt hat (vgl. § 337, 101). Zur streitigen Frage, ob oder wieweit für eine dem Revisionsgericht mögliche Augenscheinseinnahme anderes gilt, insbesondere wenn das tatrichterliche Urteil gemäß § 267 Abs. 1 Satz 3 auf Abbildungen Bezug nimmt, s. näher § 337, 106 f und bei § 261.

c) Ausführungen der Beteiligten. § 351 Abs. 2 Satz 1 ist eine bloße, nicht zwingende **6** Ordnungsvorschrift; von der Reihenfolge, in der die Prozeßbeteiligten nach dieser Vorschrift zu Worte kommen sollen, kann daher abgewichen werden[14]. Der Beschwerdeführer ist aber regelmäßig zuerst zu hören, weil sein Vortrag darüber Auskunft gibt, inwieweit er das Rechtsmittel aufrechterhält und wodurch er sich besonders beschwert fühlt. Jedoch kann es zweckmäßig sein, daß der Beschwerdeführer vorher die Ansicht der

---

[9] Vgl. *Sarstedt/Hamm*[6] 1273; KK-*Pikart* 3; *Dahs* Hdb. 872.

[10] Vgl. *Dahs/Dahs* 565; zust. KMR-*Paulus* 3; kritisch aber *Dahs* Hdb. 871.

[11] KK-*Pikart* 12; *Dahs/Dahs* 569; *Loewenstein* 108.

[12] OLG Hamm NJW **1958** 2028; KK-*Pikart* 12. Streitig, vgl. § 350 Fußn. 13.

[13] Anders *Peters* 658, der das Revisionsgericht für befugt hält, Beweise zu erheben, wenn es dazu keiner unmittelbar mündlichen Hauptverhandlung bedarf.

[14] RGSt **64** 134; KK-*Pikart* 3; *Kleinknecht/Meyer-Goßner*[43] 4; KMR-*Paulus* 5; *Eb. Schmidt* 4.

Ernst-Walter Hanack

Staatsanwaltschaft kennenlernt, um sie bei seinen Ausführungen zu berücksichtigen. Der Bitte des Verteidigers, erst den Sitzungsvertreter der Staatsanwaltschaft sprechen zu lassen, wird daher regelmäßig stattzugeben sein (vgl. *Sarstedt/Hamm*[6] 1272). Die Reihenfolge, in der Nebenkläger und sonstige Nebenbeteiligte zu hören sind, ergibt sich aus ihrer jeweiligen Stellung als Beschwerdeführer oder Beschwerdegegner (KK-*Pikart* 3). Zum Schlußvortrag des Staatsanwalts s. *Amelunxen* 78 ff und zu dem des Verteidigers *Dahs* Hdb. 873 ff; *Sarstedt/Hamm*[6] 1269 ff.

7   **d) Rechtsgespräche.** Die mündliche Verhandlung soll den Verfahrensbeteiligten Gelegenheit geben, vor Gericht zu den Rechtsfragen des Straffalls Ausführungen zu machen. Eine Rechtspflicht des Gerichts, sich mit ihnen hierüber in der Hauptverhandlung auseinanderzusetzen, also ein Rechtsgespräch zu führen, ergibt sich jedoch weder aus der Strafprozeßordnung noch aus Art. 103 Abs. 1 GG[15]. Vielfach werden aber der Vorsitzende und die anderen Mitglieder des Revisionsgerichts sich veranlaßt sehen, die Rechtsausführungen der Prozeßbeteiligten nicht stumm anzuhören, sondern ein Rechtsgespräch wenigstens zu versuchen, insbesondere durch Hinweise und Einwendungen[16]. So kann es angebracht sein, den Verteidiger darauf hinzuweisen, auf welche Rechtsfragen es nach Ansicht des Revisionsgerichts besonders ankommt, welche unveröffentlichten revisionsgerichtlichen Entscheidungen zu den Rechtsfragen des Falles ergangen sind und welchen Inhalt sie haben (*Dahs/Dahs* 568). Mitunter erscheint es auch geboten, auf die Bedenken des Revisionsgerichts gegen die erhobenen Rügen und auf die Möglichkeit einer nachteiligen Rechtsauslegung aufmerksam zu machen (*Ad. Arndt* NJW **1960** 1193 Fußn. 21). Sehr umstritten ist, ob eine Rechtspflicht besteht, auf beabsichtigte Abweichungen von der bisherigen Rechtsprechung des Revisionsgerichts hinzuweisen[17]. Die Frage ist zweifelhaft, weil das Revisionsgericht dann auch über nur für möglich gehaltene Abweichungen unterrichten bzw. die Revisionsverhandlung nach Beratung eigentlich neu eröffnen müßte, wenn es tatsächlich zu einer Abweichung kommt. Dies ginge wohl zu weit. Verlangen wird man jedoch müssen, daß das Revisionsgericht den Verfahrensbeteiligten in der mündlichen Verhandlung soweit möglich Gelegenheit gibt, zu erwogenen und insbesondere zu geplanten Rechtsprechungsänderungen Stellung zu nehmen.

8   **e) Letztes Wort.** Nach § 351 Abs. 2 Satz 2 hat der Angeklagte das letzte Wort. Er braucht dabei nicht nach § 243 Abs. 4 auf seine Aussagefreiheit hingewiesen zu werden, weil es im Revisionsverfahren nicht um spezielle „Äußerungen zur Anklage" geht. Nicht bezweifeln läßt sich jedoch, daß der anwesende und verhandlungsfähige Angeklagte immer das letzte Wort haben muß, § 351 Abs. 2 also insoweit nicht nur Ordnungsvorschrift ist[18]: Zwar darf die Revisionsverhandlung auch stattfinden, wenn der Angeklagte nicht erschienen ist (§ 350 Abs. 2); ist er aber erschienen, berechtigt nichts dazu, ihm das letzte Wort zu versagen. Wird der abwesende Angeklagte durch einen Verteidiger vertre-

---

[15] BVerfG NJW **1965** 147 mit abl. Anm. *Ad. Arndt*; BayVerfGH NJW **1960** 1051 und JZ **1963** 63 mit abl. Anm. *Ad. Arndt*; BGHSt **22** 339; KK-*Pikart* 4; *Kleinknecht/Meyer-Goßner*[43] 4; KMR-*Paulus* 6; *Schlüchter* 749.2; *Eb. Schmidt* Teil I Nr. 345; *Schmidt-Aßmann*, in: Maunz/Dürig/Herzog Art. 103 Abs. 1, 78; *Jagusch* NJW **1959** 269; *Röhl* NJW **1964** 277; *Rüping* Der Grundsatz des rechtlichen Gehörs und seine Bedeutung im Strafverfahren (1976) 156 ff; *Wolf* JR **1965** 89 ff; vgl. auch Einl. H 81; **a. A** *Ad. Arndt* NJW **1959** 6; *Croissant* NJW **1963** 1712.

[16] Dazu *Sarstedt/Hamm*[6] 1280; *Dahs/Dahs* 568; *Jagusch* NJW **1959** 268; vgl. auch KK-*Pikart* 4.

[17] Verneinend *Jagusch* NJW **1962** 1647; KK-*Pikart* 4. Bejahend BVerwG NJW **1961** 891 und 1549; KMR-*Paulus* 6; *Eb. Schmidt* Teil I Nr. 345; *Rüping* Der Grundsatz des rechtlichen Gehörs und seine Bedeutung im Strafverfahren (1976) 158 mit weit. Nachw. in Fußn. 81; *Hanack* 311.

[18] Ebenso AK-*Maiwald* 6; KMR-*Paulus* 7; *Dahs/ Dahs* 570; anscheinend auch RGSt **64** 134 und KK-*Pikart* 5; **a. A** *Kleinknecht/Meyer-Goßner*[43] 6; LR-*Meyer* in der 23. Aufl.; *Warda* FS Bruns 435.

ten (vgl. § 350 Abs. 2 Satz 1), wird diesem das letzte Wort erteilt. Zweifelhaft ist, ob Entsprechendes gilt, wenn der erschienene Angeklagte verhandlungsunfähig ist. Nach den Grundsätzen des Bundesgerichtshofs zur Verhandlungsunfähigkeit im Revisionsverfahren (vgl. § 333, 16) dürfte dies generell zu bejahen sein[19]. Richtiger erscheint es jedoch zu differenzieren: Ist der Angeklagte nur vorübergehend verhandlungsunfähig, muß die Revisionsverhandlung zur tunlichen Wahrung seines rechtlichen Gehörs (vgl. § 350, 15) vertagt werden. Ist er hingegen dauernd verhandlungsunfähig, bleibt bei zulässiger Durchführung des Revisionsverfahrens (§ 333, 16) in der Tat nur die Wahrnehmung des letzten Wortes durch den vertretungsberechtigten Verteidiger.

3. Sitzungsprotokoll. Das Gesetz enthält keine besondere Vorschrift über das Proto- **9** koll der Revisionsverhandlung. Die §§ 271 ff sind daher sinngemäß anzuwenden; denn daß eine Sitzungsniederschrift hergestellt werden muß, versteht sich. Die Fertigstellung des Protokolls braucht jedoch entgegen § 271 Abs. 1 Satz 2 nicht vermerkt zu werden, weil diese Vorschrift nur Sinn hat, wenn das Urteil angefochten werden kann (vgl. bei § 271).

4. Beratung. Abstimmung. Die Beratung des Revisionsgerichts darf wie beim Tat- **10** gericht (§ 260 Abs. 1) erst nach der Hauptverhandlung, nicht vorher, stattfinden[20]. Das schließt jedoch eine Vorberatung über die Rechtsfragen des Falles nicht aus[21]. Für die Beratung gelten im übrigen die §§ 192 ff GVG. Das Revisionsgericht nimmt nicht, wie das Tatgericht (§ 263), eine Totalabstimmung über die Schuldfrage vor und stimmt auch nicht im ganzen über die Begründetheit der Revision ab[22]. Es entscheidet vielmehr nur über die einzelnen Rechtsfragen, über die regelmäßig gesondert abzustimmen ist. Dabei wird zunächst über die Zulässigkeit der Revision entschieden, sodann über die Verfahrensvoraussetzungen und die Verfahrensrügen, schließlich über die Sachrüge (*Beling* 428). Beim Zusammentreffen mehrerer begründeter Rügen ist nach den bei § 352, 11 ff dargelegten Grundsätzen zu verfahren.

Ob das Revisionsgericht nach § 196 GVG mit der absoluten **Mehrheit der Stimmen** **11** entscheidet oder ob § 263 Abs. 1 gilt, wonach zu jeder dem Angeklagten nachteiligen Entscheidung über die Schuldfrage und die Rechtsfolgen der Tat eine Mehrheit von zwei Dritteln der Stimmen erforderlich ist, spielt bei den mit drei Richtern besetzten Strafsenaten der Oberlandesgerichte (§ 122 Abs. 1 GVG) keine Rolle, weil dort beide Möglichkeiten dieselbe Anzahl von Stimmen erfordern. Von Belang ist die Frage jedoch für die Abstimmung beim Bundesgerichtshof, der sich zu seiner Abstimmungspraxis bisher ebensowenig geäußert hat wie früher das Reichsgericht. Im Schrifttum besteht keine einheitliche Ansicht. Überwiegend wird angenommen, Zweidrittelmehrheit sei nur bei Entscheidungen des Revisionsgerichts in der Sache selbst (§ 354 Abs. 1) erforderlich[23]. Dem will *Batereau* (Die Schuldspruchberichtigung, 1971, 52) jede Schuldspruchberichtigung in entsprechender Anwendung dieser Vorschrift gleichstellen. Andere wollen die einfache Mehrheit nach § 196 GVG stets (*Gerland* 428; *von Hippel* 600) oder doch jedenfalls bei

[19] Vgl. (sehr deutlich) BGHSt **41** 71; ebenso vermutlich diejenigen, die in der Vorschrift eine bloße Ordnungsvorschrift sehen, vgl. Fußn. 18.
[20] KK-*Pikart* 6; *Kleinknecht/Meyer-Goßner*[43] 7; *Sarstedt/Hamm*[6] 1269.
[21] KK-*Pikart* 6; *Kleinknecht/Meyer-Goßner*[43] 7; *Wimmer* NJW **1950** 202; LR-*Meyer* in der 23. Aufl.; **a. A** *Croissant* NJW **1963** 1711; KMR-*Paulus* 5

für „förmliche Vorberatungen". Zurückhaltend AK-*Maiwald* § 353, 10. Eingehend zum Ganzen *Wolf* JR **1965** 87 ff.
[22] *Kleinknecht/Meyer-Goßner*[43] 7; vgl. auch KMR-*Paulus* § 352, 6 ff.
[23] KK-*Pikart* 7; *Kleinknecht/Meyer-Goßner*[43] 7; KMR-*Paulus* § 263, 5; *Eb. Schmidt* § 263, 11; *Roxin* § 53, 73.

Ernst-Walter Hanack

Freispruch bzw. Einstellung gemäß § 354 Abs. 1 reichen lassen (*Batereau* aaO 57). Richtig erscheint es, mit einer ebenfalls vertretenen Ansicht[24] Zweidrittelmehrheit für jede dem Angeklagten nachteilige, i. S. des § 358 Abs. 1 bindende Entscheidung in der Schuld- und Rechtsfolgenfrage zu verlangen, weil sie nicht nur eine Beurteilung abstrakter Rechtsfragen enthält, sondern im konkreten Fall zwingend (mit)bestimmend ist für die Beurteilung von Schuld und Strafe (Abweichung von LR[24]). Im übrigen reicht einfache Mehrheit.

§ 352

(1) Der Prüfung des Revisionsgerichts unterliegen nur die gestellten Revisionsanträge und, soweit die Revision auf Mängel des Verfahrens gestützt wird, nur die Tatsachen, die bei Anbringung der Revisionsanträge bezeichnet worden sind.

(2) Eine weitere Begründung der Revisionsanträge als die in § 344 Abs. 2 vorgeschriebene ist nicht erforderlich und, wenn sie unrichtig ist, unschädlich.

Schrifttum. *Jagusch* Zum Zusammentreffen mehrerer Revisionsrügen, NJW **1962** 1417; *Hellm. Mayer* Hilfsweise eingelegte Prozeßrügen? FS Schmidt 634; *Roesen* Verfahrensrüge und Sachentscheidung, NJW **1960** 1096; *Sarstedt* Konkurrenz von Revisionsrügen, FS Mayer 529.

Bezeichnung bis 1924: § 392.

Übersicht

1 **1. Allgemeines.** Die Vorschrift, die in unmittelbarem Zusammenhang mit den Anforderungen an die Begründung der Revision durch den Beschwerdeführer nach § 344 steht (dort Rdn. 76), enthält Bestimmungen über die revisionsgerichtliche Prüfung, äußert sich aber nicht erschöpfend darüber, was das Revisionsgericht im einzelnen zu prüfen hat. Außer den in Absatz 1 genannten Revisionsanträgen und den prozeßerheblichen Tatsachen für Verfahrensmängel prüft das Revisionsgericht — und zwar mit logischem Vorrang vor allen anderen Fragen — von Amts wegen die Zulässigkeit der Revision (Rdn. 2) und die Verfahrensvoraussetzungen (Rdn. 3). Handelt es sich um ein Berufungsurteil, so ist nur dieses zu prüfen, nicht auch das Urteil des Amtsgerichts; vgl. auch Rdn. 3. Ist die Revision

---

[24] *Beling* 429 und GA **67** (1919) 165; *Peters* 660; *Mellinghoff* Fragestellung, Abstimmungsverfahren und Abstimmungsgeheimnis im Strafverfahren (1988) 149; wohl auch AK-*Maiwald* § 353, 11.

wirksam beschränkt (§ 344, 14 ff), so prüft das Revisionsgericht gem. § 352 Abs. 1 nur den angefochtenen Teil der Entscheidung nach. Rechtsfehler in dem nicht angefochtenen Urteilsteil werden also grundsätzlich nicht berücksichtigt; vgl. aber näher § 344, 66.

Falls bei Gericht die **Revisionsbegründung verlorengegangen ist** und ihr Inhalt vom Gericht nicht rekonstruiert werden kann, soll nach RG JW **1928** 1311 mit Anm. *Philipp* nichts geprüft, sondern unterstellt werden, daß die Revision begründet ist (ebenso LR-*Meyer*[23] und *Kleinknecht/Meyer-Goßner*[43] § 345, 7). Dies erscheint indes wenig überzeugend, zumal dann ja im Zweifel auch gar nicht bekannt ist, welche Revisionsanträge der Beschwerdeführer· gestellt hat. Richtiger dürfte es darum sein, dem Beschwerdeführer unter Fristsetzung gemäß § 345 Abs. 1 Gelegenheit zur Wiederholung der Revisionsbegründung zu geben und, wenn die neue Begründung innerhalb der Frist eingeht, von Amts wegen Wiedereinsetzung in den vorigen Stand gemäß § 45 Abs. 2 Satz 2 zu gewähren[1].

2. Prüfung der Revisionszulässigkeit. Die Prüfungspflichten des Revisionsgerichts **2** ergeben sich insoweit nicht aus § 352, sondern aus anderen Vorschriften. Zunächst findet eine Vorprüfung durch das Gericht statt, dessen Urteil angefochten ist (§ 346 Abs. 1). Dessen Entscheidungsbefugnis ist aber beschränkt (§ 346, 2 ff). Erst das Revisionsgericht prüft die Zulässigkeit der Revision unter jedem rechtlichen Gesichtspunkt (näher § 349, 2, 3). Es kann dies im Beschlußverfahren nach § 349 Abs. 1 tun, aber auch, und sei es ergänzend oder wiederholend, zu Beginn der Hauptverhandlung. Ist die Revision auf bestimmte Beschwerdepunkte beschränkt, ist auch zu prüfen, ob die Beschränkung wirksam ist (§ 344, 14 ff). Ist das nicht der Fall, gilt das Urteil in dem Umfang als angefochten, in dem zu den übrigen Urteilsteilen Untrennbarkeit besteht (§ 344, 67). Eine bestimmte Reihenfolge in der Prüfung und in der Entscheidung über die Zulässigkeitsvoraussetzungen ist dem Revisionsgericht nicht vorgeschrieben.

3. Prüfung der Verfahrensvoraussetzungen, insbes. bei Berufungsurteilen. Wird **3** die Zulässigkeit der Revision bejaht, prüft das Revisionsgericht außer bei Amnestiegesetzen an erster Stelle die Verfahrensvoraussetzungen (allg. M; in Frage gestellt aber von *Volk* Prozeßvoraussetzungen, insbes. S. 89, 241), und zwar von Amts wegen, auch wenn das angefochtene Urteil bereits teilweise rechtskräftig ist (§ 337, 30). Ist ein Berufungsurteil mit der Revision angefochten, so muß die Zulässigkeit der Berufung und, wenn dieses Rechtsmittel beschränkt eingelegt war, die Zulässigkeit ihrer Beschränkung geprüft werden (§ 337, 54). Die Prüfung der Zulässigkeit der Berufung ist auch erforderlich, wenn wegen der Berufung anderer Verfahrensbeteiligter das Urteil nicht hat rechtskräftig werden können[2]. Das Revisionsgericht hat ferner von Amts wegen zu prüfen, ob das Berufungsgericht über alle Bestandteile des ersten Urteils entschieden hat, die von der Berufung erfaßt wurden (§ 337, 55).

4. Prüfung sonstiger Verfahrensmängel

a) Zu berücksichtigendes Tatsachenvorbringen. Der Beschwerdeführer muß Ver- **4** fahrensverstöße unter Angabe der den Mangel enthaltenden Tatsachen rügen (§ 344 Abs. 2 Satz 2). Von Amts wegen werden sie nicht berücksichtigt (vgl. § 344, 75 f). Nicht genannte Tatsachen darf das Revisionsgericht nach § 352 nicht heranziehen (näher Rdn. 7). Auf die Tatsachen, die der Beschwerdeführer bei Anbringung der Revisionsanträge bezeichnet hat, ist die Prüfung aber, entgegen dem mißverständlichen Wortlaut der

---

[1] Ebenso *Kleinknecht*[35] § 345, 3; KMR-*Paulus* § 345, 4; *Beling* 210 Fußn. 3; *Schmidt* FS Lange 801.

[2] RGSt **65** 255; KK-*Pikart* 22; *Kleinknecht/Meyer-Goßner*[43] 3; **a. A** BayObLG NStZ **1984** 48; *Eb. Schmidt* Vor § 318, 8.

Ernst-Walter Hanack

Vorschrift, nicht beschränkt. Der Beschwerdeführer kann vielmehr, auch wenn er die Revisionsanträge (§ 344 Abs. 1) bereits angebracht hat, weitere Verfahrensrügen innerhalb der Revisionsbegründungsfrist des § 345 Abs. 1 erheben (allg. M) und dementsprechend auch für bereits erhobene Verfahrensrügen neue Tatsachen innerhalb dieser Frist nachschieben. Wenn der Beschwerdeführer gegen die Versäumung der Frist zur Revisionsbegründung in den vorigen Stand eingesetzt wird, sind auch formgerechte Ergänzungen der Revisionsschrift zu berücksichtigen, die innerhalb der Frist des § 45 Abs. 1 angebracht werden[3]. Unbeachtlich ist ein auf Verfahrensrügen bezogenes Revisionsvorbringen tatsächlicher Art, das nach Ablauf dieser Frist bei Gericht eingeht, etwa die Auswechslung der Tatsachenbehauptungen, auf die eine Verfahrensrüge gestützt ist (BGHSt **17** 339). Auch in der Revisionsverhandlung können neue Tatsachenbehauptungen nicht nachgeschoben werden (BGHSt **18** 214). Rechtsausführungen zu Verfahrensrügen sind dagegen noch nach Ablauf der Begründungsfrist zulässig. Wiedereinsetzung in den vorigen Stand zur Nachholung einzelner Verfahrensrügen gewähren die Revisionsgerichte nur selten (näher § 44, 15 ff).

5   **b) Prüfung der Rüge.** Die zulässig erhobenen Verfahrensrügen werden üblicherweise zunächst darauf geprüft, ob die ihnen zugrunde liegenden Tatsachenbehauptungen überhaupt geeignet sind, einen Verfahrensverstoß zu begründen (anders *Eb. Schmidt* 7, der erst die Prüfung für erforderlich hält, ob die Tatsachen zutreffen). Dabei ist die Prüfung nicht auf diejenigen rechtlichen Gesichtspunkte beschränkt, auf die sich die Revision stützt. Vielmehr prüft das Revisionsgericht unter allen rechtlichen Gesichtspunkten, ob die behaupteten Tatsachen einen Verfahrensverstoß ergeben (allg. M). Wenn der Tatsachenvortrag der Revision einen Verfahrensverstoß schlüssig aufzeigt, tritt das Revisionsgericht in die Prüfung der Frage ein, ob das Tatsachenvorbringen zutrifft. Die Reihenfolge der Prüfung ist aber nicht zwingend. Das Revisionsgericht muß nicht, um die Schlüssigkeitsfrage zu prüfen, schwierige Rechtsfragen erörtern, wenn leicht erkennbar ist, daß der Tatsachenvortrag der Revision nicht zutrifft, die Rüge also schon aus diesem Grund keinen Erfolg haben kann.

6   Den Beschwerdeführer trifft keine Beweislast. Jedoch gehen nach herrschender Meinung **Zweifel an der Richtigkeit** der den Verfahrensverstoß begründenden Tatsachen regelmäßig zu seinen Lasten; dazu näher und kritisch § 337, 76. Fast überflüssigerweise spricht § 352 Abs. 2 besonders aus, daß unrichtige Tatsachenbehauptungen des Beschwerdeführers, die nach § 344 Abs. 2 zur Begründung der Verfahrensrüge nicht erforderlich waren, unschädlich sind.

7   **c) Keine Heranziehung anderer Tatsachen.** Erweist sich, daß eine Tatsachenbehauptung zur Begründung einer Verfahrensrüge nicht geeignet ist, so bleibt die Rüge erfolglos. Die Berechtigung einer Verfahrensbeschwerde kann immer nur in Richtung auf das tatsächliche Vorbringen der Revision geprüft werden. Das Revisionsgericht darf daher einer nicht genügend belegten Verfahrensrüge nicht dadurch zum Erfolg verhelfen, daß es anstelle der von der Revision zur Begründung angeführten Tatsachen andere, von ihr nicht behauptete heranzieht[4]. Genügt das Tatsachenvorbringen für eine andere als die vom

---

3 RGSt **58** 156; BGHSt **26** 338 gestattet bei Wiedereinsetzung wegen (damals) nach § 146 unzulässiger Revisionsbegründung sogar die Nachholung in der Frist des § 345 Abs. 1; näher zu der Problematik § 345, 9a; vgl. aber auch BGH NStZ **1985** 182: keine Berücksichtigung neuer Verfahrensrügen, die in einer bloß verspäteten Begründungsschrift nicht enthalten waren.

4 BGHSt **17** 339; **18** 214; BGH NJW **1951** 283; OLG Bremen VRS **50** (1976) 36; OLG Hamm NJW **1972** 1096; KK-*Pikart* 15; *Kleinknecht/Meyer-Goßner*[43] 5; KMR-*Paulus* 21; *Dahs/Dahs* 383; **a. A** *Peters* 647.

Beschwerdeführer in unzureichender Weise erhobene Verfahrensrüge, so wird die Umdeutung der Rüge aber für zulässig gehalten. Bedeutung hat dies vor allem für den Fall, daß eine Rüge nach § 244 Abs. 3 und 4 nicht zulässig erhoben ist, der Tatsachenvortrag aber für eine Aufklärungsrüge nach § 244 Abs. 2 ausreicht (vgl. § 244, 372).

Insgesamt ist die **Rechtsprechung streng** (dazu kritisch § 344, 80 f). So ist z. B. in den **8** folgenden Fällen eine weitergehende Prüfung abgelehnt worden: Wenn mit der Revision das Fehlen eines eingehend begründeten Beschlusses über die Nichtvereidigung eines Zeugen gerügt wird, prüft der Bundesgerichtshof nicht, ob die Bestimmung des § 60 Nr. 2 auf den Zeugen rechtsfehlerhaft angewendet worden ist (BGH bei *Dallinger* MDR **1951** 406). Die Rüge, die Vereidigung sei zu Unrecht unterlassen worden, schließt nicht die Rüge ein, über die Nichtvereidigung sei entgegen einem Antrag in der Verhandlung nicht entschieden (OLG Hamburg NJW **1953** 434) oder sie sei nicht ordnungsgemäß begründet worden (BayObLGSt **1957** 247 = GA **1958** 307). Wenn gerügt wird, ein Antrag sei ohne Begründung abgelehnt worden, prüft das Revisionsgericht auch sonst nicht, ob die (entgegen dem Revisionsvorbringen vorhandenen) Gründe rechtsfehlerhaft sind (vgl. *Sarstedt/Hamm*[5] 167). Wird nur gerügt, eine Urkunde sei nicht verlesen worden, wird nicht geprüft, ob sie nicht auf andere Weise, etwa nach § 249 Abs. 2, zulässig in die Hauptverhandlung eingeführt worden ist, so daß diese Möglichkeit offenbleibt; die Rüge fällt daher in sich zusammen[5]. Trägt die Revision zur Begründung einer Verletzung des § 412 vor, das Nichterscheinen des Verteidigers sei entschuldigt gewesen, so befaßt sich das Revisionsgericht nicht mit der Frage, ob der Tatrichter den Angeklagten selbst als unentschuldigt ausgeblieben behandeln durfte (OLG Hamburg NJW **1965** 315). Auf die Rüge, der Geschäftsverteilungsplan sei nicht richtig angewendet worden, wird nicht geprüft, ob er fehlerhaft aufgestellt ist (BGHSt **11** 106). Der Bundesgerichtshof hält selbst die Umdeutung der Rüge, ein gegen den Sachverständigen gerichtetes Ablehnungsgesuch sei zu Unrecht verworfen worden, auch bei Fehlen einer Begründung des Gerichtsbeschlusses nicht für zulässig; er verlangt von dem Beschwerdeführer in einem solchen Fall, daß er nicht die Verletzung des § 74, sondern die des § 34 rügt und in tatsächlicher Hinsicht das Fehlen der Beschlußbegründung behauptet (BGH MDR **1951** 371; dazu kritisch § 344, 81 mit Nachw.).

d) Zurückgenommene Rügen. Verfahrensrügen darf der Beschwerdeführer vor der **9** Entscheidung zurücknehmen (allg. M). Das Revisionsgericht hat über sie dann nicht mehr zu entscheiden. Der Verteidiger braucht für die Erklärung der Zurücknahme keine besondere Ermächtigung; § 302 Abs. 2 gilt nicht (BayObLGSt **1958** 299 = MDR **1959** 144).

5. Prüfung der Sachrüge. Die Sachrüge führt, wenn die Revision nicht in zulässiger **10** Weise beschränkt ist (§ 344, 14 ff), zur Prüfung des Urteils in sachlichrechtlicher Hinsicht in vollem Umfang[6]. Sie braucht nicht näher ausgeführt zu werden; unrichtige Rechtsausführungen sind unschädlich. Zu berücksichtigen ist jedes Vorbringen bis zur Revisionsentscheidung. Bis dahin ist die Ergänzung der Ausführungen zur Sachrüge daher ohne weiteres möglich (allg. M; vgl. im übrigen § 344, 90); jedoch muß das Revisionsgericht eine angekündigte weitere sachlichrechtliche Revisionsbegründung nicht abwarten. Die Nebenentscheidungen über die Kosten des Verfahrens und über die notwendigen Auslagen sowie über die Entschädigung für Strafverfolgungsmaßnahmen werden nach herrschender Auffassung (dazu § 344, 6) auf die Sachrüge nicht geprüft.

---

[5] RG JW **1928** 818; **1929** 1048 mit Anm. *Alsberg*; RG Recht **1920** Nr. 241; OLG Hamburg MDR **1973** 156; OLG Köln MDR **1955** 122; OLG Schleswig bei *Ernesti/Jürgensen* SchlHA **1976** 171; vgl. auch BGHSt **30** 15.

[6] BGHSt **1** 46; RGSt **16** 420; **48** 339; **69** 20; heute st. Rspr. und allg. M.

Ernst-Walter Hanack

6. Zusammentreffen mehrerer Rügen

11   **a) Allgemeines.** Das Gesetz bestimmt nichts darüber, in welcher Reihenfolge das Revisionsgericht die Revisionsrügen prüfen muß. Sicher ist, daß es zunächst die Verfahrensvoraussetzungen festzustellen hat (Rdn. 3), gleichgültig, ob insoweit Rügen erhoben worden sind (BGHSt **9** 104; § 337, 29 ff). Wenn die Revision verworfen wird, muß dieser Entscheidung außer der Prüfung der Verfahrensvoraussetzungen naturgemäß die Prüfung sämtlicher Revisionsrügen vorausgegangen sein. Zweifel können daher nur für den Fall entstehen, daß das Urteil ganz oder teilweise aufzuheben ist.

12   **b) Kein Anspruch auf Prüfung sämtlicher Rügen.** Der Beschwerdeführer hat keinen Anspruch darauf, daß seine sämtlichen Rügen geprüft und beschieden werden. Das Revisionsgericht ist zwar verpflichtet, ein unter Verfahrensverstößen zustande gekommenes oder sachlichrechtlich fehlerhaftes Urteil aufzuheben, muß dazu aber nicht auf das gesamte Revisionsvorbringen eingehen, wenn schon ein Teil davon ein für den Beschwerdeführer günstiges Ergebnis hat. Dabei gilt der Grundsatz des weitestreichenden Revisionsgrundes; entscheidend ist, welcher Aufhebungsgrund die Sache der raschen und richtigen Erledigung am nächsten bringt[7].

13   Das gilt insbesondere für **Verfahrensrügen.** Greift eine von ihnen durch, so kann das Revisionsgericht dahinstehen lassen, ob auch die übrigen begründet sind. Auch den absoluten Revisionsgründen (§ 338) muß nicht der Vorzug gegeben werden; werfen die hierzu erhobenen Rügen schwierige Rechtsfragen oder schwierige Fragen des tatsächlichen Beweises auf, so kann sich das Revisionsgericht damit begnügen, das Urteil auf eine andere Verfahrensrüge aufzuheben, wenn das zu demselben Erfolg führt. Ist die Sachrüge begründet, bedarf es keiner Prüfung der Verfahrensrüge (anders *Hülle* JZ **1951** 172, der die Sachprüfung erst für zulässig hält, wenn die fehlerfreie Ermittlung des Sachverhalts feststeht). Die Revisionsgerichte lassen tatsächlich recht häufig die Verfahrensrüge dahingestellt, weil schon die Sachrüge eingreift. Dem Beschwerdeführer steht keine Verfügung über die Reihenfolge zu, in der seine Rügen geprüft werden[8].

14   Daß über die **Sachrüge** entschieden wird, wenn schon eine Verfahrensrüge zur Aufhebung des Urteils und zur Zurückverweisung an den Tatrichter führt, kann der Beschwerdeführer nach ganz herrschender Meinung, von der in Rdn. 15 behandelten Ausnahme abgesehen, ebenfalls nicht verlangen[9]. Insbesondere kann er die Entscheidung über die Sachrüge nicht dadurch erreichen, daß er die Verfahrensrügen nur hilfsweise für den Fall erhebt, daß die Sachrüge nicht durchgreift. Denn solche hilfsweise erhobenen Rügen sind unzulässig (§ 344, 69). Das Revisionsgericht ist auch nicht deshalb verpflichtet, über die Sachrüge zu entscheiden, weil dadurch nach § 357 die Erstreckung der Urteilsaufhebung auf einen Mitangeklagten ermöglicht würde, der nicht selbst Revision eingelegt hat (*Haase* GA **1956** 278), oder weil das untere Gericht hierdurch nach § 358 Abs. 1 an die Rechtsansicht des Revisionsgerichts gebunden wird (anders *Jagusch* NJW **1962** 1419 und wohl auch *Dahs/Dahs* 574). Allerdings wäre es unzweckmäßig und nicht prozeßwirtschaftlich, Fehler in dem Urteil unerörtert zu lassen, wenn damit zu rechnen ist, daß der Tatrichter sie bei der neuen Entscheidung wiederholt. Die Rechtspraxis geht dahin, in solchen Fällen die Sachrüge zwar nicht ausdrücklich zu bescheiden, in das Revisionsurteil aber einen Hinweis für die neue Entscheidung des Tatrichters aufzunehmen. Damit ist

---

7 AK-*Maiwald* 7; *Kleinknecht/Meyer-Goßner*[43] 9; KMR-*Paulus* 12; *Schlüchter* 541.1; *Dahs/Dahs* 574; *Sarstedt* FS Mayer 540; *Jagusch* NJW **1962** 1417; KK-*Pikart* 19 stellen auf den Vorrang der umfassenderen Rüge ab.

8 *Kleinknecht/Meyer-Goßner*[43] 10; KMR-*Paulus* 12; *Sarstedt* FS Mayer 532; LR-*Meyer* in der 23. Aufl.

9 KK-*Pikart* 18; *Kleinknecht/Meyer-Goßner*[43] 11; KMR-*Paulus* 12; vgl. auch BGH JZ **1958** 669; BGH VRS **29** 26.

sowohl den Interessen des Beschwerdeführers als auch denen des Staates an einer zügigen Rechtspflege gedient.

c) Freisprechung trotz begründeter Verfahrensrügen. Wenn eine Verfahrensrüge **15** begründet ist, braucht das Revisionsgericht zwar über die zugleich erhobene Sachrüge nicht immer zu entscheiden; es muß sie aber stets prüfen. Denn wenn die Sachrüge zur Freisprechung des Angeklagten führen muß, wäre es überflüssig und sinnwidrig, das Urteil auf eine Verfahrensrüge aufzuheben und die Sache an den Tatrichter zurückzuverweisen. Der Angeklagte, der eine begründete Sachrüge erhebt, die zu seiner Freisprechung zwingt, darf nicht deshalb schlechter gestellt werden, weil er außerdem eine begründete Verfahrensrüge erhoben hat. In einem solchen Fall können daher, wie heute anerkannt ist, die Verfahrensrügen unerörtert bleiben; das Revisionsgericht hat den Angeklagten ohne Rücksicht auf ihre Begründetheit freizusprechen[10]. Des Umwegs über die Zurücknahme der Verfahrensrüge (den noch BGHSt **14** 243 für notwendig gehalten hatte) bedarf es nicht. Das gilt für Verfahrensrügen jeder Art, auch für die nach § 338[11].

Zur Frage, ob das Revisionsgericht im Fall eines **Verfahrenshindernisses** das Verfah- **16** ren einstellen oder den Angeklagten freisprechen muß, wenn der Sachverhalt diese Entscheidung ohne weiteres rechtfertigt, vgl. § 354, 8.

§ 353

(1) Soweit die Revision für begründet erachtet wird, ist das angefochtene Urteil aufzuheben.
(2) Gleichzeitig sind die dem Urteil zugrunde liegenden Feststellungen aufzuheben, sofern sie durch die Gesetzesverletzung betroffen werden, wegen deren das Urteil aufgehoben wird.

Schrifttum. *Bruns* Teilrechtskraft und innerprozessuale Bindungswirkung des Strafurteils (1961); *Dahs* Bestehenbleibende Feststellungen (§ 353 Abs. 2 StPO) und ihre Probleme, Hanack-Symp. 143; *Grünwald* Die Teilrechtskraft im Strafverfahren (1964); *Kemper* Horizontale Teilrechtskraft des Schuldspruchs und Bindungswirkung im tatrichterlichen Verfahren nach der Zurückverweisung, §§ 353, 354 Abs. 2 StPO (1993 = Diss. Göttingen 1992); *Krauth* Erwägungen zur Vereinfachung des Verfahrens nach der Revision, FS Tröndle 513; *A. Mayer* Teilverwerfung der Revision in Strafsachen. Fassung des Entscheidungssatzes, DRiZ **1970** 120; *Naucke* Die Einstellung gemäß § 153 Abs. 2 StPO in der Revision, FS zum 125jährigen Bestehen der Staatsanwaltschaft Schleswig-Holstein (1992) 495; *Seibert* Zur Mitaufhebung der Feststellungen (§ 353 Abs. 2 StPO), NJW **1958** 1076; *Wollweber* Die innerprozessuale Bindungswirkung vom Revisionsgericht aufrechterhaltener tatrichterlicher Feststellungen (§ 353 Abs. 2 StPO) (1991 = Diss. Hamburg).

Bezeichnung bis 1924: § 393.

---

[10] BGHSt **17** 253 = JR **1962** 387 mit Anm. *Eb. Schmidt*; AK-*Maiwald* 8; KK-*Pikart* 19; *Kleinknecht/Meyer-Goßner*[43] 12; KMR-*Paulus* 11; *Eb. Schmidt* Nachtr. 4; *Henkel* 381 Fußn. 22; *Peters* 660; *Dahs/Dahs* 574; *Mayer* FS Schmidt 635; *Roesen* NJW **1960** 1096; *Sarstedt* FS Mayer 532; **a. A**

Beling 422; *Ullmann* Deutsches Strafprozeßrecht (1893) 613.
[11] *Hanack* JZ **1973** 778; *Jagusch* NJW **1962** 1418; *Sarstedt* FS Mayer 532; offengelassen in BGHSt **17** 253.

Übersicht

I. Allgemeines. Mögliche Entscheidungen des Revisionsgerichts

1   Von den mehreren Entscheidungsmöglichkeiten des Revisionsgerichts regelt das Gesetz des näheren nur die Urteilsaufhebung bei begründeter Revision. Daß unzulässige und unbegründete Revisionen durch Beschluß oder durch Urteil zu verwerfen sind, ergibt sich aus § 349. Da Revisionen teils begründet, teils unzulässig oder unbegründet sein können, hat das Revisionsgericht auch die Möglichkeit, das Urteil teilweise aufzuheben und die weitergehende Revision zu verwerfen. *A. Mayer* (DRiZ **1970** 120) empfiehlt, die beim letzteren übliche Form: „Die weitergehende Revision wird verworfen" nur bei Teilaufhebung innerhalb derselben Tat (etwa bei Aufhebung im Strafausspruch) zu benutzen, dagegen die Revision „im übrigen" zu verwerfen, wenn die Verurteilung wegen einer selbständigen Straftat bestehenbleibt. Bei der Verwerfung können offensichtliche Fehler des Urteilsausspruchs berichtigt werden (§ 354, 47 ff). Gleichzeitig mit dem auf Verwerfung der Revision lautenden Urteil muß das Revisionsgericht durch besonderen Beschluß über Beschwerden nach § 305 a und über sofortige Beschwerden nach § 464 Abs. 3 Satz 1 (näher dort) sowie nach § 8 Abs. 3 StrEG entscheiden.

2   Eine **Einstellung des Verfahrens nach §§ 153 ff** kann das Revisionsgericht nicht vornehmen oder hinsichtlich der Ermessensausübung überprüfen, wenn die Entscheidung darüber, wie z. B. bei § 153 c, allein der Staatsanwaltschaft zusteht (BGHSt **34** 341). Besteht hingegen eine gerichtliche Einstellungsbefugnis, wie etwa bei § 153 Abs. 2 oder bei § 383 Abs. 2, kann die Einstellung, erforderlichenfalls mit Zustimmung der Staatsanwaltschaft, auch durch das Revisionsgericht erfolgen, wenn sich die Voraussetzungen dafür aus dem angefochtenen Urteil ergeben[1]. Beweiserhebungen zu dem Zweck, diese Voraussetzungen festzustellen, sind dem Revisionsgericht jedoch verwehrt[2]. Neben der Einstellung ist eine ausdrückliche Urteilsaufhebung nicht geboten[3]. In Betracht kommt die Einstellung nach § 153 auch für an sich schwerwiegendere Taten bei extremer Verletzung des Beschleunigungsgebots und dessen notwendiger Vertiefung im Falle einer an sich

---

[1] Vgl. für § 153 z. B. OLG Neustadt JZ **1951** 594; für § 383 OLG Neustadt MDR **1957** 568. – Weitergehend *Naucke* Die Einstellung 465.

[2] BayObLGSt **1952** 12 = MDR **1952** 247; OLG Bremen NJW **1951** 326; *Kleinknecht/Meyer-Goßner*[43] 2; KMR-*Paulus* 4; *Eb. Schmidt* Nachtr. § 153, 21; *Dahs/Dahs* 568; *Naucke* aaO 466; *Oehler* JZ **1951** 326.

[3] *Kleinknecht/Meyer-Goßner*[43] 2; *Naucke* Die Einstellung 468; **a. A** *Eb. Schmidt* 10.

gebotenen Zurückverweisung[4]. Nach Lage des Einzelfalles in Betracht kommt sie ferner zur Vermeidung einer zeitaufwendigen Neuverhandlung bei schon länger zurückliegenden und nur schwer beweisbaren Vorwürfen, wenn die mögliche Schuld des Angeklagten durch die belastenden Folgen des Verfahrens ausgeglichen erscheint[5]. Eine Einstellung nach § 153 a darf das Revisionsgericht, wie sich aus § 153 a Abs. 2 Satz 1 ergibt, nicht anordnen[6]. Doch können einzelne abtrennbare Teile einer Tat oder einzelne von mehreren Gesetzesverletzungen noch im Revisionsverfahren nach § 154 a Abs. 2 ausgeschieden werden (s. dort). Gleiches gilt für die Verfahrensbeschränkung nach § 430 (s. dort). Die Anwendung der §§ 154, 154 a muß, wenn zahlreiche Einzeltaten Gegenstand des angefochtenen Urteils sind, nicht stets dazu führen, daß das Urteil im Strafausspruch aufgehoben wird; manchmal läßt sich ausschließen, daß der Wegfall einzelner Teile der Verurteilung die Strafe im Ergebnis beeinflußt[7]. — Wegen der Verfahrenseinstellung nach §§ 206 a, 206 b vgl. § 349, 35 f.

II. Aufhebung des Urteils (Absatz 1)

1. Allgemeines. Wenn und soweit die Revision begründet ist, muß das angefochtene **3** Urteil aufgehoben werden. Die Revision ist begründet, wenn eine von Amts wegen zu prüfende Verfahrensvoraussetzung fehlt (vgl. § 337, 29 ff) oder wenn das Urteil auf einem verfahrens- oder sachlichrechtlichen Fehler beruht (§ 337), den die Revision in zulässiger Weise (§§ 344, 345) gerügt hat. Neben dem angefochtenen Berufungsurteil muß ausnahmsweise auch das Urteil des Amtsgerichts aufgehoben werden, wenn die von Amts wegen vorzunehmende Prüfung ergibt, daß der zugrundeliegende Strafbefehl wegen Fehlens eines rechtswirksamen Einspruchs bereits rechtskräftig geworden ist (§ 337, 51), wenn die Revision gegen ein das Verwerfungsurteil nach § 412 bestätigendes Berufungsurteil begründet ist (OLG Köln GA **1955** 60; OLGSt § 329 S. 45) oder wenn das Berufungsurteil wegen Verstoßes gegen § 328 Abs. 2 (dazu § 354, 52) aufgehoben wird. Bei Revisionen der Staatsanwaltschaft kommt ein **Verzicht auf die Aufhebung** trotz eines Rechtsfehlers zuungunsten des Angeklagten ausnahmsweise in Betracht, wenn die neue tatrichterliche Verhandlung vermutlich zur Einstellung des Verfahrens wegen Verhandlungsunfähigkeit des Angeklagten (BGHSt **41** 72, 94; *Rieß* JR **1995** 476) oder zu einer mit den Strafzwecken nicht zu vereinbarenden Verfahrensverzögerung führen würde (BGHSt **40** 239; vgl. auch § 354, 14a und § 354 a, 7a).

Mit der Aufhebung des Urteils sind die **weiteren Entscheidungen** des Revisionsge-   **4** richts nach den §§ 354 ff zu verbinden, regelmäßig also die Zurückverweisung der Sache an die Vorinstanz, an ein Gericht niederer Ordnung, wenn die Voraussetzungen des § 354 Abs. 3 vorliegen, oder an das zuständige Gericht nach § 355. In Ausnahmefällen kann das Revisionsgericht nach § 354 Abs. 1 in der Sache selbst entscheiden, also auf Freisprechung, Einstellung oder Verurteilung (zu einer absolut bestimmten Strafe oder zu der gesetzlichen Mindeststrafe) erkennen oder von Strafe absehen. Es kann ferner in sinngemäßer Anwendung der Vorschrift (§ 354, 15 ff) den Schuldspruch berichtigen. Nach § 357 kann sich die Urteilsaufhebung auf Mitangeklagte erstrecken, die keine Revision

---

[4] BGH NJW **1996** 2739; vgl. auch BGHSt **35** 139 und BGH StV **1995** 131 sowie § 354, 14a, § 354 a, 7a und Einl. G 40 f.

[5] Vgl. den Fall BGH NStZ **1997** 543.

[6] Was nach dem Entwurf eines 2. RpflEntlG (vgl. Vor § 333, 20) geändert werden soll.

[7] RG ZAkDR **1940** 147; KG VRS **31** (1966) 275; **32** (1967) 203; *Dallinger* MDR **1966** 797 mit Beispielen aus der Praxis des BGH.

eingelegt haben. Die Entscheidungen über die Kosten und notwendigen Auslagen nach § 464 Abs. 1 und 2 und über die Entschädigung für Strafverfolgungsmaßnahmen nach §§ 2 ff StrEG werden nach herrschender Ansicht auch von einer in vollem Umfang eingelegten Revision nicht erfaßt (§ 344, 6). Gleichwohl fallen sie weg, wenn das Urteil aufgehoben wird[8].

5   **2. Teilaufhebung.** Haben mehrere Angeklagte Revision eingelegt, so ist über jedes Rechtsmittel selbständig zu entscheiden (allg. M). Sind nicht alle Rechtsmittel begründet, so wird das Urteil unter Verwerfung der unbegründeten Revisionen teilweise aufgehoben. Rechtliche Schwierigkeiten entstehen dabei im allgemeinen nicht. Eine teilweise Urteilsaufhebung erfolgt aber auch, wenn sich die Revision eines Beschwerdeführers nur zum Teil als begründet erweist; die weitergehende Revision ist dann zu verwerfen (oben Rdn. 1). Das Revisionsgericht ist in diesem Fall aber nicht völlig frei. Die Grenzen der Teilaufhebung bestimmen sich vielmehr nach denselben Grundsätzen, nach denen sich die Wirksamkeit der Teilanfechtung beurteilt (*Eb. Schmidt* 21; *Grünwald* 109; § 344, 15). Demgemäß ist die Teilaufhebung des Urteils nur zulässig, wenn der aufgehobene Urteilsteil, von dem übrigen Urteilsinhalt losgelöst, selbständig geprüft und rechtlich beurteilt werden kann, ohne daß auf die übrigen Teile der Entscheidung eingegangen zu werden braucht. Nur ein in dieser Weise abtrennbarer Urteilsteil kann für sich aufgehoben werden oder bestehenbleiben. Im einzelnen gelten die zu § 344 (dort Rdn. 14 ff) entwickelten Grundsätze.

3. Aufhebung des Schuldspruchs

6   **a)** Die **Schuldfrage** umfaßt bei der Abstimmung auch solche vom Strafgesetz besonders vorgesehenen Umstände, die die Strafbarkeit ausschließen, vermindern oder erhöhen (§ 263 Abs. 2), dagegen nicht die Voraussetzungen der Verjährung (§ 263 Abs. 3). Die Frage, ob ein Urteil unter Aufrechterhaltung des Schuldspruchs nur im Rechtsfolgenausspruch aufzuheben ist, bestimmt sich jedoch nach anderen Grundsätzen. Umstände, die nicht zum Tatbestand einer Straftat gehören, sondern in sonstiger Weise, gewissermaßen von außen her, das Maß der Schuld bestimmen, können sich nur auf den Rechtsfolgenausspruch auswirken, auch wenn sie im weiteren Sinn zur Schuldfrage gehören. Aufhebung nur im Strafausspruch ist daher vielfach möglich, z. B. bei Verletzung der §§ 21, 90 Abs. 2, § 98 Abs. 2 Satz 1, § 113 Abs. 4, § 129 Abs. 6, §§ 157, 158, §§ 213, 314 a StGB.

7   **b)** Ein **fehlerhafter Schuldspruch** muß nicht unter allen Umständen aufgehoben werden. Häufig genügt seine Berichtigung; bei fehlender Beschwer kann der unrichtige Schuldspruch sogar unverändert aufrechterhalten werden (vgl. § 354, 22). Namentlich in folgenden Fällen kann die Revision trotz des fehlerhaften Schuldspruchs verworfen oder die Urteilsaufhebung auf den Strafausspruch beschränkt werden:

8   **aa)** Hat der Tatrichter **natürliche Handlungseinheit** angenommen, so kann der Schuldspruch bestehenbleiben, auch wenn der Schuldumfang nach Ansicht des Revisionsgerichts geringer ist[9]. Das gilt insbesondere, wenn sich eine einheitliche Tat gegen mehrere Geschädigte richtet, der Tatrichter aber übersehen hat, daß nicht alle den erforderlichen Strafantrag gestellt haben (RGSt **75** 243).

---

[8] BGHSt **25** 79; **26** 253; BayObLGSt **1972** 7 = VRS **43** (1972) 242; **1972** 116 = MDR **1972** 806; OLG Stuttgart VRS **52** 39.

[9] BGH bei *Holtz* MDR **1977** 461; BGH wistra **1983** 258; OLG für Hessen JR **1949** 512; KK-*Pikart* 13; *Kleinknecht/Meyer-Goßner*[43] 7; **a. A** BayObLGSt **1972** 267 = NJW **1973** 634.

bb) Hat der Tatrichter **ein Mordmerkmal** zutreffend bejaht, ein anderes aber rechts- **9**
fehlerhaft verneint oder rechtsfehlerhaft ebenfalls bejaht, so kann der Schuldspruch, wenn
zwischen den Mordmerkmalen ihrer Natur nach kein innerer Zusammenhang besteht,
grundsätzlich bestehenbleiben[10]. Hängt von der Entscheidung über die Mordmerkmale
zugleich auch die Beurteilung der besonderen Schuldschwere ab[11], ist die Sache insoweit
an den Tatrichter zurückzuverweisen; gleiches gilt für die Zurückverweisung im Strafausspruch, wenn die Entscheidung für eine Strafrahmenverschiebung von Einfluß sein könnte
(vgl. BGHSt **41** 224).

cc) Auch **in anderen Fällen** kann ein fehlerhafter Schuldspruch aufrechterhalten wer- **10**
den. Liegt z. B. ein schwerer Raub nach § 250 Abs. 1 StGB vor, aber wegen eines anderen
als des vom Tatrichter angenommenen Erschwerungsgrundes, so braucht, falls die tatrichterlichen Feststellungen zur Schuldfrage als solche fehlerfrei und erschöpfend sind
(Rdn. 11), der im Ergebnis zutreffende Schuldspruch nicht aufgehoben zu werden[12].
Jedoch ist in einem solchen Fall im Hinblick auf die verschiedenartige Strafzumessungs-
schuld der Strafausspruch grundsätzlich aufzuheben[13]. Ist der Angeklagte zutreffend
wegen Vollrauschs nach § 323 a StGB verurteilt worden, hat der Tatrichter jedoch die
zugrundeliegende Rauschtat rechtsfehlerhaft beurteilt, kann der Schuldspruch nur ausnahmsweise, nämlich dann bestehenbleiben, wenn es sich um eine geringfügige Abweichung handelt, die „mit Sicherheit" keine andere Feststellung in der Schuldfrage zur Folge
haben kann (BGHSt **14** 116)[14].

c) Sind die **Feststellungen über den Schuldumfang** trotz im Ergebnis zutreffenden **11**
Schuldspruchs fehlerhaft, so berührt das grundsätzlich den Strafausspruch. Das Urteil
muß dann in der Regel auch im Schuldspruch aufgehoben werden, weil der die Straffrage
neu beurteilende Tatrichter nicht an die fehlerhaften Feststellungen zum Schuldumfang
gebunden werden darf (BayObLGSt **1959** 153 = VRS **17** [1959] 430). Sind die Feststellungen zum Schuldumfang nur unvollständig, ohne daß dadurch seine Richtigkeit beeinflußt wird, genügt jedoch im allgemeinen die Aufhebung des Strafausspruchs (vgl. auch
Rdn. 13).

4. Aufhebung des Rechtsfolgenausspruchs

a) Allgemeines. Die Aufhebung eines Urteils im Strafausspruch erstreckt sich meist **12**
auch auf die Maßregeln der Besserung und Sicherung, die in dem Urteil neben der Strafe
angeordnet worden sind (BGH bei *Dallinger* MDR **1975** 24). Ob oder wann einzelne
Maßregeln von der Urteilsaufhebung ausgenommen werden können, richtet sich nach
denselben Grundsätzen, die für die Beschränkung des Rechtsmittels gelten (dazu § 344,
39 und 50 ff). Hat der Tatrichter fehlerhaft die Prüfung unterlassen, ob nach § 42 StGB
Zahlungserleichterungen für die Geldstrafe zu bewilligen sind, so wird das Urteil im Strafausspruch nur insoweit aufgehoben, als diese Erleichterungen nicht gewährt worden sind;
der eigentliche Strafausspruch bleibt bestehen[15].

---

[10] Vgl. im einzelnen BGHSt **41** 222 mit weit. Nachw.
[11] § 57 a StGB in der Interpretation des BVerfG, vgl. § 337, 240a.
[12] BGH StV **1982** 574 und 575; BGH bei *Dallinger* MDR **1968** 201; *Kleinknecht/Meyer-Goßner*[43] 7; **a. A** *Dallinger* ebenda.
[13] BGH wie Fußn. 12; **a. A** *Kleinknecht/Meyer-Goß-ner*[43] 7; LR-*Meyer* in der 23. Aufl.

[14] Anders aber RGSt **69** 189; vgl. auch OLG Hamburg OLGSt § 330 a StGB S. 1; OLG Oldenburg VRS **40** (1971) 39; LR-*Meyer* (23. Aufl.) hält die Aufrechterhaltung „in der Regel für möglich".
[15] RGSt **64** 208; OLG Schleswig bei *D. Meyer* MDR **1976** 715; **a. A** OLG Bremen NJW **1954** 523. Vgl. auch § 337, 208.

Ernst-Walter Hanack

13   **b) Rechtsfehler bei der Strafzumessung** zwingen gelegentlich dazu, auch den Schuldspruch aufzuheben. Geboten ist dies, wenn für den Strafausspruch relevante Tatsachen zugleich auch für den Schuldspruch bedeutsam sind (BGH StV **1983** 140; **1984** 188), so z. B. wenn das Mitverschulden des Unfallgegners nicht berücksichtigt worden ist und zur abschließenden Klärung dieser Frage weitere tatsächliche Feststellungen zum Unfallverlauf erforderlich sind[16], oder wenn die fehlerhafte Nichtanwendung des § 21 StGB auch für die subjektive Seite des in Frage stehenden Delikts bedeutsam sein könnte[17]. Sind wegen derselben Tat mehrere Strafen nebeneinander (etwa Freiheitsstrafe und Fahrverbot gemäß § 44 StGB) verhängt worden, so wird ein Gesetzesverstoß, der nur eine der Strafen betrifft, regelmäßig zur Aufhebung des gesamten Strafausspruchs führen. Hat der Tatrichter fehlerhaft die Nichtanrechnung der Untersuchungshaft nach § 51 Abs. 1 Satz 2 StGB angeordnet, braucht grundsätzlich nicht der gesamte Strafausspruch aufgehoben zu werden[18].

14   Bei **Tatmehrheit** (§ 53 StGB) ist es vielfach erforderlich, mit der Aufhebung oder der Berichtigung (§ 354, 15 ff) des Urteils in einem der mehreren Fälle oder wegen der rechtsfehlerhaften Bemessung einer der Einzelstrafen die Strafaussprüche nicht nur hinsichtlich der Gesamtstrafe, sondern insgesamt aufzuheben, sofern sie angefochten sind (vgl. — z. B. — BGH NJW **1998** 1504). Sie können nur bestehenbleiben, wenn sich ausschließen läßt, daß sie durch den Rechtsfehler beeinflußt sind. Das richtet sich nach den Umständen des Einzelfalles[19]. Ist vom Tatrichter nur *eine* weitere Einzelstrafe verhängt worden, so wird der gesamte Strafausspruch meist aufgehoben werden müssen[20].

15   **c) Fehler bei der Gesamtstrafe.** Hat es der Tatrichter entgegen § 55 Abs. 1 StGB unterlassen, eine Gesamtstrafe zu bilden, ist das Urteil im Strafausspruch nur insoweit aufzuheben, als über die Bildung einer Gesamtstrafe nicht entschieden worden ist[21]. Bei einer Aufhebung des Gesamtstrafausspruchs entfallen die Nebenstrafen, Nebenfolgen und Maßnahmen (§ 52 Abs. 4 StGB) ohne weiteres (vgl. § 55 Abs. 2 StGB), sofern sie nicht allein an eine bestehenbleibende Einzelstrafe anknüpfen (BGHSt **33** 306, 310); das gleiche gilt für die Anordnung über die Anrechnung der Untersuchungshaft nach § 51 Abs. 1 StGB (vgl. RGSt **66** 351). Es ist nicht erforderlich, dies im Revisionsurteil besonders auszusprechen[22].

III. Aufhebung der Urteilsfeststellungen (Absatz 2)

16   **1. Allgemeines.** Jede Verurteilung und jeder Freispruch gründet sich auf Feststellungen tatsächlicher Art zum Schuldvorwurf, die der Tatrichter nach § 267 Abs. 1 und 5 in die Urteilsgründe aufzunehmen hat. Die Aufhebung des Urteils hat nach § 353 Abs. 2 aber nicht notwendigerweise die Aufhebung dieser Feststellungen zur Folge. Vielmehr muß das Revisionsgericht bei jeder aufhebenden Entscheidung prüfen, ob und wieweit die

---

[16] BayObLGSt **1966** 155 = VRS **32** (1967) 283; vgl. auch KG VRS **16** (1959) 140; OLG Celle DAR **1957** 217; **a. A** BGH VRS **19** (1960) 110; OLG Saarbrücken VRS **21** 125.

[17] So z. B. BGH NStZ **1983** 19 für einen Fall des § 211 StGB.

[18] Vgl. BGHSt **7** 214 = JZ **1955** 383 mit Anm. *Würtenberger;* **a. A** RG DJ **1939** 1665; OGHSt **1** 105, 152, 174; vgl. auch § 344, 36.

[19] Vgl. z. B. BGH NJW **1979** 378; **1981** 2206; **1987** 2385; StV **1984** 205; OLG Stuttgart VRS **73** (1987)

194; *Kleinknecht/Meyer-Goßner*[43] 10; *Eb. Schmidt* 22.

[20] RGSt **35** 65; vgl. auch BGH VRS **50** (1976) 95; RG DRiZ **1929** 696.

[21] RG HRR **1938** 1205; OLG Koblenz OLGSt § 55 StGB S. 2.

[22] BGHSt **14** 383; BGH VRS **20** (1961) 117; **27** (1964) 107; **35** (1968) 417; **45** (1973) 365; KK-*Pikart* 20; *Kleinknecht/Meyer-Goßner*[43] 11; KMR-*Paulus* 318, 48; **a. A** *Grünwald* 11 Fußn. 5.

Gesetzesverletzung auf die dem Urteil zugrunde liegenden Feststellungen einwirkt (BGHSt **14** 34). In diesem Umfang müssen auch die Feststellungen aufgehoben werden, damit der neue Tatrichter insoweit nach § 261 wieder freie Hand hat. Der Antrag eines Verfahrensbeteiligten ist hierzu naturgemäß nicht erforderlich. Von dem Rechtsfehler können tatsächliche Feststellungen sowohl dann betroffen sein, wenn sie auf einem Verfahrensfehler beruhen, als auch dann, wenn das sachliche Recht verletzt und infolge eines solchen Irrtums schon der Sachverhalt unvollständig oder unrichtig ermittelt worden ist.

Die Feststellungen sind aufzuheben, sofern sie **durch die Gesetzesverletzung betrof- 17 fen** werden, derentwegen das Urteil aufgehoben wird (§ 353 Abs. 2). Mit den Grundsätzen, nach denen sich die Wirksamkeit der Teilanfechtung eines Urteils bemißt (§ 344, 14 ff), hat die Frage der Teilaufhebung der Feststellungen nichts zu tun. Sie richten sich vielmehr danach, inwieweit die von dem Rechtsfehler betroffenen Feststellungen in tatsächlicher Hinsicht selbständig sind, d. h. aus dem Gesamtzusammenhang aller Feststellungen herausgelöst werden können, ohne daß auch die anderen Feststellungen dadurch in Frage gestellt werden (BGHSt **14** 35). Die Teilaufhebung eines Urteils mit den Feststellungen betrifft daher auch solche Feststellungen, die nicht unmittelbar dem aufgehobenen Urteil zugrunde liegen, ihnen aber widersprechen (BGHSt **14** 36). Eine Aufrechterhaltung der tatsächlichen Feststellungen bei Aufhebung eines Freispruchs erlaubt BGHSt **32** 86 auch, wenn die Aufhebung *nur* erfolgt, weil der Tatrichter es unterlassen hat, vor der Freisprechung **nach § 154 a ausgeschiedene Tatteile** wieder in das Verfahren einzubeziehen. Nicht recht klar ist, ob das lediglich gelten soll, wenn die noch zu treffenden Feststellungen mit den aufrechterhaltenen nicht in Widerspruch geraten können (so wohl *Maiwald* Anm. JR **1984** 482). Sollte es der Fall sein, würde die Entscheidung nichts Besonderes besagen, sondern auf einer überflüssigen Begründung beruhen (vgl. *Maiwald* aaO). Sollte sie hingegen weitergehen, wofür die Art der Begründung spricht, würde sie § 353 Abs. 2 hinter den mit § 154 a verbundenen Praktikabilitätsinteressen zurücktreten lassen (so *Bruns* Anm. NStZ **1984** 131 f, der sie als „neuartigen Kompromiß" gegenüber dem Opportunitätsprinzip versteht). Sie würde dann eine problematische Aushöhlung des § 353 Abs. 2 bedeuten; vgl. auch AK-*Maiwald* 6.

Die Aufhebung der Feststellungen ist in der **Urteilsformel** auszusprechen[23]. Fehlt ein **18** Ausspruch darüber, ist davon auszugehen, daß sie in vollem Umfang als aufgehoben gelten[24]. Denn die eigentliche Bedeutung des § 353 Abs. 2 liegt darin, daß das Tatgericht davon befreit werden kann, bestimmte Tatsachenkomplexe nochmals überprüfen zu müssen (KMR-*Paulus* 9; vgl. auch KK-*Pikart* 24), so daß die Befreiung erklärt werden muß. Die Aufhebung kann auch dergestalt erfolgen, daß das gesamte Urteil „mit den Feststellungen aufgehoben", zugleich aber ausdrücklich ausgesprochen wird, daß bestimmte Feststellungen aufrechterhalten bleiben[25].

Die **Entwicklung in der Handhabung** der Vorschrift ist problematisch: Entgegen **18a** dem Gesetzeswortlaut haben die Revisionsgerichte die vollständige Aufhebung der Feststellungen lange Zeit ersichtlich als nahezu selbstverständliche Regel angesehen[26], und zwar aus gutem Grund (dazu im weiteren Text). Erst BGHSt **14** 30 hat 1959 diese Praxis

---

23 KK-*Pikart* 24; *Kleinknecht/Meyer-Goßner*[43] 12; *Dahs* Hanack-Symp. 151; abweichend OLG Köln NJW **1953** 357; KMR-*Paulus* 9. BGH bei *Dahs* aaO nimmt in einem Einzelfall die Aufhebung „nach Maßgabe der Gründe" vor.

24 KK-*Pikart* 24; *Kleinknecht/Meyer-Goßner*[43] 12; *Dahs* aaO; unklar einschränkend KMR-*Paulus* 9.

25 Z. B. BGHSt **14** 31; **33** 382; **42** 26; weitere Beispiele aus der unveröff. Rspr. bei *Dahs* Hanack-Symp. 151 f.

26 Näher *Seibert* NJW **1958** 1076; *Sarstedt* FS Dreher 691 sprach noch 1977 davon, dies werde „von allen Revisionsgerichten so gehandhabt"; vgl. auch *Dahs* Hanack-Symp. 143.

Ernst-Walter Hanack

in Frage gestellt und von einem „Grundsatz tunlichster Aufrechterhaltung" gesprochen[27]. Die Entscheidung hat zunächst offenbar „keine Nachfolge gefunden" (*Sarstedt* FS Dreher 691), sich dann aber, erklärbar wohl aus der heutigen Lage der Justiz (dazu *Dahs* Hanack-Symp. 144), zunehmend durchgesetzt[28]. Problematisch ist dies, weil bei der — typischerweise teilweisen — Aufrechterhaltung von Feststellungen leicht die Gefahr entsteht, daß der neue Tatrichter, der an die aufrechterhaltenen Feststellungen grundsätzlich gebunden ist (unten Rdn. 32, 33), unversehens doch auf Widersprüche stößt, dann aber den Sachverhalt nicht vollständig oder nicht widerspruchsfrei in einer einheitlichen Beweiswürdigung klären kann, z. B. weil er wegen einer bestehenden Bindungswirkung früher gehörten Zeugen notwendige Vorhalte nicht machen darf (eingehend, auch zu diesem Beispiel, *Dahs* Hanack-Symp. 157 ff). Auch bei Abwägung der widerstreitenden Interessen (BGHSt **14** 34) hat die verbreitete Mahnung zur Vorsicht[29] daher ihre Berechtigung nicht verloren. Unter diesem Vorbehalt stehen auch die folgenden Erörterungen.

19   **2. Verfahrenshindernisse.** Bei ihnen kann sich die Frage, ob und inwieweit die Feststellungen aufzuheben sind, nur stellen, wenn das Revisionsgericht trotz des Prozeßhindernisses das Verfahren ausnahmsweise nicht einstellt (§ 354, 8) oder wenn das Urteil aufgehoben werden muß, weil der Tatrichter ein Prozeßhindernis zu Unrecht angenommen hat. In beiden Fällen brauchen die Feststellungen regelmäßig nicht aufgehoben zu werden, denn die Gesetzesverletzung, die zur Urteilsaufhebung führt, liegt außerhalb des Bereichs der Feststellungen[30]. Anders ist es, wenn das Urteil in der Strafzumessungsfrage Rechtsfehler enthält und die Höhe der Strafe für die Anwendung eines Straffreiheitsgesetzes maßgebend ist. Die Feststellung, daß der Angeklagte die Tat begangen hat und daß er für sie verantwortlich ist, kann aber auch dann aufrechterhalten werden[31]. Hängt die Beurteilung der Frage, ob ein Verfahrenshindernis besteht, von sog. doppelrelevanten Tatsachen ab, die der Tatrichter nicht oder nicht fehlerfrei festgestellt hat, so ist das Urteil mit den Feststellungen aufzuheben (dazu § 337, 35 f). Bei Teileinstellungen wegen Verjährung hebt der Bundesgerichtshof die getroffenen Feststellungen regelmäßig nicht auf; sie sind auch nicht per se gegenstandslos, weil die Einstellungsentscheidung eine Sachverhaltsgrundlage braucht und verjährte Taten nach h. M strafschärfend berücksichtigt werden können (näher BGHSt **41** 307 mit weit. Nachw.; kritisch dazu *Wollweber* NJW **1996** 2633).

20   **3. Verfahrensverstöße.** Maßgebend ist, ob und inwieweit die Tatsachenfeststellungen auf dem Verstoß beruhen können. Das gilt auch, wenn unbedingte Revisionsgründe nach § 338 vorliegen, sich aber nicht auf das ganze Urteil ausgewirkt haben (vgl. § 338, 4). Regelmäßig werden Verfahrensfehler in der Hauptverhandlung die Aufhebung des Urteils mit allen Feststellungen notwendig machen (*Eb. Schmidt* 20). Besteht der Verfahrensmangel darin, daß das Urteil entgegen § 173 Abs. 1 GVG unter Ausschluß der Öffentlichkeit verkündet worden ist, so kann das zwar keinen Einfluß auf die Entscheidung des Gerichts über Schuld und Strafe in der vor der Verkündung durchgeführten Beratung haben. Rich-

---

27 Näher zu dieser Entscheidung *Grünwald* insbes. 358 ff; *Dahs* aaO 146 f.
28 Eingehend *Dahs* Hanack-Symp. 150 ff; vgl. auch *Wollweber* 97; *Krauth* FS Tröndle 515 (der im übrigen eine elastische gesetzliche Neuregelung empfiehlt; dazu kritisch *Wollweber* 104 ff).
29 So z. B. schon *Eb. Schmidt* 22; *Seibert* NJW **1958** 1076 f; auch BGHSt **14** 36 (dessen Auffassung von

der Teilaufhebung als „Regel" und dem Gebot „tunlichster Aufrechterhaltung" [S. 35, 36] mit dieser Mahnung aber kaum in Einklang zu bringen ist); AK-*Maiwald* 5.
30 BGHSt **4** 290; **41** 308; RGSt **43** 367; *Eb. Schmidt* 9a; *Grünwald* 376.
31 BGHSt **9** 105; RG DStR **1936** 431.

tigerweise ist aber dennoch anzunehmen, das daß Urteil mit den Feststellungen aufgehoben werden muß: zum einen, weil während der Verkündung noch Beweisanträge gestellt werden können, die das Gericht möglicherweise zu anderen Feststellungen zwingen, das Urteil also nicht notwendig auf den bei Eintritt des Verfahrensfehlers bereits feststehenden Tatsachen beruht; vor allem aber, weil der unbedingte Revisionsgrund des § 338 Nr. 6 sonst ausgehöhlt würde[32].

4. Sachlichrechtliche Mängel. Soweit das Urteil aufgehoben werden muß, sind in der **21** Regel auch die Feststellungen aufzuheben[33]. Eine Aufrechterhaltung von Feststellungen kommt nur in Betracht, wenn sie von dem Rechtsfehler ersichtlich nicht betroffen und in tatsächlicher Beziehung im Gesamtzusammenhang aller Feststellungen selbständig sind, also von den betroffenen Feststellungen nicht berührt werden (vgl. Rdn. 17), und sei es auch nur durch Wegfall eines Beweisanzeichens. Dies ist durchaus die Ausnahme, die (s. Rdn. 18a) vorsichtig gehandhabt werden muß. Entgegen LR-*Meyer*[23] können Feststellungen jedoch bestehenbleiben, wenn der Rechtsfehler ein Tatbestandsmerkmal betrifft, das von anderen völlig losgelöst werden kann (BGH MDR **1987** 956). *Meyer* ist zwar zuzugeben, daß § 353 Abs. 2 seine ursprüngliche Bedeutung weitgehend verloren hat, weil die Rechtsprechung seit langem die teilweise Aufrechterhaltung des Urteilsausspruchs in Fällen zuläßt, in denen nach den Vorstellungen des Gesetzgebers von 1877 nur die Feststellungen aufrechterhalten werden sollten, so insbesondere bei der Urteilsaufhebung nur im Strafausspruch, die ursprünglich den hauptsächlichsten Anwendungsfall des § 353 Abs. 2 darstellte (vgl. dazu *Grünwald* 100 ff). *Meyer* ist auch zuzugeben, daß die ältere Rechtsprechung bei Anwendung der Vorschrift immer von der Unteilbarkeit des Schuldspruchs ausgegangen ist[34]. Aber zwingend ist das nicht, gerade weil die Teilbarkeit des Schuldspruchs eben anderen Grundsätzen unterliegt als die Teilaufhebung von tatsächlichen Feststellungen (Rdn. 17) und auch der Bedeutungswandel des § 353 Abs. 2 die Aufrechterhaltung von Feststellungen nicht ausschließt, soweit sie in dem genannten Sinne von dem Rechtsfehler nicht betroffen sind[35]. Entgegen den (nicht ausgeführten) Bedenken von LR-*Meyer*[23] im Einzelfall möglich ist eine Aufrechterhaltung der Feststellungen zum äußeren Tatbestand auch, wenn das Revisionsgericht eine Schuldspruchberichtigung nur wegen des fehlenden Hinweises nach § 265 Abs. 1 (vgl. § 354, 19 f) nicht vornehmen kann[36]. In Betracht kommt das Bestehenlassen von Feststellungen trotz Aufhebung des einheitlichen Schuldspruchs namentlich in den folgenden Fällen (die auch LR-*Meyer*[23] anerkennt):

Wird das Urteil wegen **mangelnder Prüfung der Schuldfähigkeit** (§ 20 StGB) aufge- **22** hoben, so berührt das im allgemeinen nicht die Frage, ob der Angeklagte die Merkmale des äußeren Tatbestands einer Strafvorschrift erfüllt hat. Die Feststellungen zur äußeren

---

[32] Ebenso *Kleinknecht/Meyer-Goßner*[43] 14; KMR-*Paulus* 10; *Sarstedt/Hamm*[5] 220 Fußn. 360; W. *Schmid* JZ **1969** 765; LR-*Meyer* in der 23. Aufl.; **a. A** *Gerland* 428; *Poppe* NJW **1954** 1916; **1955** 8.

[33] KMR-*Paulus* 11; *Dahs* Hanack-Symp. 161; *Dahs/Dahs* 538; *Sarstedt* FS Dreher 691; *Seibert* NJW **1958** 1077; vgl. auch KK-*Pikart* 24; **a. A** im Anschluß an BGHSt **14** 30 *Kleinknecht/Meyer-Goßner*[43] 15.

[34] Vgl. etwa RGSt **1** 81; **2** 89; **4** 109; **16** 100; ebenso *Eb. Schmidt* 22; *von Hippel* 599; *Seibert* NJW **1958** 1077.

[35] Das zeigt z. B. die (von *Meyer* abgelehnte) Entscheidung BayObLGSt **1960** 248 = NJW **1961** 569, in der nur die „Öffentlichkeit" einer Verleumdung (§§ 187, 200 StGB) nicht zweifelsfrei festgestellt war und das ObLG zu Recht darum nur die Feststellungen zu diesem Merkmal aufhob. Anders aber offenbar RGSt **63** 432; anders auch OLG Braunschweig MDR **1947** 136 für das Tatbestandsmerkmal der Gewerbsmäßigkeit.

[36] BGHSt **14** 37; OLG Braunschweig NJW **1950** 656; OLG Bremen LRE **9** 204; OLG Hamm VRS **26** (1964) 297; OLG Stuttgart NJW **1973** 1387; vgl. auch OLG Saarbrücken VRS **21** (1961) 125.

Ernst-Walter Hanack

Tatseite können daher in der Regel bestehenbleiben[37]. Entsprechendes gilt, wenn der Tatrichter die Verantwortlichkeit des jugendliches Angeklagten nach § 3 Satz 1 JGG verneint hat und sein Urteil wegen der unterlassenen Prüfung aufgehoben werden muß, ob § 63 StGB in Verb. mit § 7 JGG anzuwenden ist[38]. Bei mangelnder Prüfung der Schuldfähigkeit aufzuheben sind die Feststellungen auch zum äußeren Tatbestand jedoch, wenn ein möglicher Ausschluß der Schuldfähigkeit von Einfluß auch auf die Verwirklichung des äußeren Tatbestands, etwa eines im Vollrausch begangenen Betruges (vgl. BGHSt **18** 235) oder eines die objektive Tatausführung betreffenden Mordmerkmals (Heimtücke), sein könnte.

23   Bei fehlerhafter Beurteilung des **bedingten Vorsatzes** und der **Frage des Verbotsirrtums** gilt Entsprechendes; die Feststellungen zum äußeren Tatbestand können regelmäßig aufrechterhalten werden[39].

24   Sofern die Verurteilung wegen einer **fortgesetzten Handlung** noch in Betracht kommen sollte (vgl. *Lackner/Kühl*[22], 12 ff vor § 52), können die Feststellungen zu solchen Einzelakten aufrechterhalten werden, die rechtsfehlerfrei festgestellt worden sind[40]. Enthält das Urteil Mängel in der Beurteilung des Gesamtvorsatzes des Angeklagten, brauchen die Feststellungen zum äußeren Tatbestand und zur Schuldfähigkeit nach § 20 StGB im allgemeinen ebenfalls nicht aufgehoben zu werden[41].

25   **5. Rechtsfolgenausspruch.** Wird der Strafausspruch aufgehoben, so heben die Revisionsgerichte üblicherweise auch die dazu gehörigen Feststellungen auf[42]. Die Vorschrift des § 353 Abs. 2 wird damit auf einen Fall angewendet, für den sie ursprünglich gar nicht bestimmt war; denn unter Feststellungen im Sinn der Vorschrift waren nur die Schuldfeststellungen gemeint[43]. Aber es ist nicht zu bestreiten, daß die Strafzumessung auch auf tatsächlichen Feststellungen beruht oder beruhen kann, die nur zu diesem Zweck getroffen sind (mögen daneben nach wie vor auch die Schuldfeststellungen eine wesentliche Grundlage der Strafzumessung bilden). Diese speziellen Strafzumessungsfeststellungen aufzuheben kann daher nicht gesetzeswidrig sein. Die Ansicht des OLG Köln (NJW **1953** 356), sie seien so eng mit den Schuldfeststellungen „verzahnt", daß sie nicht ausdrücklich aufgehoben werden könnten, verdient keine Zustimmung und hat sich auch nicht durchgesetzt. Bedenklich erscheint aber auch die Ansicht von LR-*Meyer*[23], die ausdrückliche Aufhebung der Strafzumessungstatsachen sei im Grunde überflüssig (wenn auch unschädlich), weil sie sich bei Aufhebung des Urteils im Strafausspruch niemals teilweise aufrechterhalten ließen. Denn das braucht nicht so zu sein (vgl. z. B. OLG Hamburg NJW **1967** 682 für den Fall, daß nur die damals strafschärfenden Rückfallvoraussetzungen fehlerhaft angenommen waren; BGH NJW **1983** 1024 für die fehlerhafte Anwendung des § 59 StGB). *Bruns* 146 vertritt unter Bezugnahme auf unveröffentlichte Entscheidungen des BGH sogar die Ansicht, daß diese Feststellungen immer aufrechterhalten sind, wenn vom Revisionsgericht nichts anderes bestimmt werde. Die Revisionsgerichte sollten daher

---

[37] BGHSt **14** 34; BGH NJW **1964** 2213; BGH MDR **1995** 400 (insoweit in BGHSt **40** 341 nicht abgedruckt); BGH bei *Holtz* MDR **1988** 816 und **1990** 95; *Kleinknecht/Meyer-Goßner*[43] 15; KMR-*Paulus* 11; *Roxin* § 53, 62; vgl. auch BGH StV **1981** 420; a. A *Grünwald* 362; *Seibert* NJW **1958** 1077.

[38] BGHSt **26** 70 (unter Aufrechterhaltung auch der Feststellungen zu § 3 JGG); zust. KK-*Pikart* 29; KMR-*Paulus* 11.

[39] BGH StV **1983** 360; **1986** 46; OLG Hamburg NJW

1967 213; KK-*Pikart* 29; *Kleinknecht/Meyer-Goßner*[43] 15; KMR-*Paulus* 11.

[40] BGH MDR **1980** 107; *Kleinknecht/Meyer-Goßner*[43] 15; anders *Seibert* NJW **1958** 1077.

[41] BGH NJW **1969** 2210; OLG Hamburg MDR **1970** 609.

[42] So z. B. BGHSt **24** 275; BGH NJW **1984** 623; bei *Holtz* MDR **1978** 460.

[43] OLG Köln NJW **1953** 357; eingehend dazu *Grünwald* 140 ff.

in Zweifelsfällen einen ausdrücklichen Ausspruch über die Aufhebung der Feststellungen bzw. ihren Umfang treffen (vgl. auch KK-*Pikart* 26). Ist das nicht geschehen, wird der neue Tatrichter davon ausgehen dürfen, daß die speziellen Strafzumessungserwägungen aufgehoben sind, er insoweit (vgl. Rdn. 27) also neue Feststellungen treffen kann[44]. Die **Aufhebung des Maßregelausspruchs** nach § 63 StGB „mit den zugehörigen Feststellungen" erfaßt auch diejenigen, die sich auf die rechtswidrigen Taten beziehen (BGH NStZ **1988** 309; vgl. § 344, 52a).

IV. Bindung des neuen Tatrichters

1. Teilweise Urteilsaufhebung. Hebt das Revisionsgericht das Urteil nur teilweise auf **26** und verweist es die Sache in diesem Umfang an den Tatrichter zurück, so befindet sich dieser in einer ähnlichen Lage wie der Berufungsrichter, der über eine auf bestimmte Beschwerdepunkte beschränkte Berufung zu entscheiden hat (*Bruns* 38). Soweit die Revision verworfen ist, ist nach traditioneller Meinung Urteilsrechtskraft eingetreten, nach neuerer Ansicht hingegen nur eine innerprozessuale Bindungswirkung entstanden (vgl. § 344, 66); dazu und zu den etwa unterschiedlichen Konsequenzen für die Bindung des neuen Tatrichters unten Rdn. 29 f.

Betrifft die Urteilsaufhebung nur eine von mehreren in **Tatmehrheit** begangenen **27** Straftaten, so besteht für die neue tatrichterliche Verhandlung keine Bindung an die Tatsachenfeststellungen, die dem nicht aufgehobenen Urteilsteil zugrunde liegen. Das gilt unzweifelhaft für mehrere Straffälle im Sinne des § 264. Denn da es zulässig wäre, die mehreren Taten in verschiedenen Strafverfahren abzuurteilen, kommt es auch in der neuen Verhandlung nicht darauf an, daß Feststellungen getroffen werden, die mit den anderen nicht in Widerspruch stehen[45]. Auf Widerspruchsfreiheit kommt es nach freilich umstrittener Meinung auch dann nicht an, wenn die mehreren Taten verfahrensrechtlich einen einheitlichen Straffall darstellen (vgl. § 344, 22). Daher besteht auch in diesem Fall entgegen der Meinung des Bundesgerichtshofs (s. § 344, 22) keine Bindungswirkung. Soweit jedoch die infolge der Revisionsentscheidung aus dem Verfahren ausgeschiedenen Taten Anlaß zur Strafschärfung bei den noch abzuurteilenden sein können, darf in der neuen Verhandlung ihre Begehung grundsätzlich nicht in Frage gestellt werden (*Grünwald* 50).

Ist das Urteil wegen einer **einheitlichen Tat** nur im Strafausspruch oder sonst im **28** Rechtsfolgenausspruch aufgehoben worden, ist die Rechtslage anders. Zwar können die dem nicht aufgehobenen Urteilsteil zugrunde liegenden tatsächlichen Feststellungen nicht in Rechtskraft erwachsen, weil das begrifflich überhaupt nur beim Urteilsausspruch, nicht aber bei Feststellungen denkbar ist[46]. Jedoch sind die Feststellungen für das weitere Verfahren grundsätzlich bindend (BGHSt **30** 342; BGH NStZ **1982** 483). Eine Beweisaufnahme findet insoweit nicht mehr statt; Beweisanträge sind nach § 244 Abs. 3 Satz 1 als unzulässig zu verwerfen[47]. Das gilt auch für die sog. doppelrelevanten Tatsachen, die sowohl für die noch ausstehende Entscheidung als auch für den bereits unanfechtbar

[44] KMR-*Paulus* 12; vgl. auch OLG Köln NJW **1953** 356; *Dahs/Dahs* 474.

[45] BayObLGSt **1959** 126 = JZ **1960** 30 mit Anm. *Heinitz*; SK-*Frisch* Vor § 296, 292; *Grünwald* 48; *Meyer* JR **1972** 204; vgl. § 344, 19.

[46] OLG Koblenz NJW **1983** 1921; *Kleinknecht/Meyer-Goßner*[43] Einl. 188; *Grünwald* 27; *Bruns* 123 und NStZ **1984** 131; *Kleinknecht* JR **1968** 468; *Stein* JW **1923** 14; **a. A** offenbar z. B. BGHSt **10** 72;

BGH VRS **17** (1959) 48; OLG Celle VRS **14** (1958) 65, wo von der Rechtskraft der Feststellungen die Rede ist. S. auch Einl. G 100.

[47] BGHSt **14** 38; **30** 344; BGH NJW **1998** 3212; RGSt **7** 177; **43** 359; RG JW **1923** 14 mit Anm. *Stein*; RG HRR **1938** 1383; *Alsberg/Nüse/Meyer* 434 mit weit. Nachw.; *Bruns* 47; *Gietl* NJW **1959** 928.

Ernst-Walter Hanack

gewordenen Urteilsteil von Bedeutung sind (unten Rdn. 29). Soweit weitere Feststellungen zu dem noch nicht erledigten Urteilsteil getroffen werden dürfen, gilt der Grundsatz der Widerspruchsfreiheit. Die neuen Feststellungen müssen mit den aufrechterhaltenen ein einheitliches und widerspruchfreies Ganzes bilden[48]. Zu den Grenzen der Bindung in krassen Fällen s. Rdn. 30.

29   Bei **Zurückverweisung** der Sache nur **im Strafausspruch** sind der Schuldspruch und die ihm zugrunde liegenden Feststellungen die Grundlage für das weitere Verfahren. Daher dürfen die in der neuen Verhandlung zur Straffrage getroffenen Feststellungen grundsätzlich denen zur Schuldfrage nicht widersprechen oder, wenn sie ihnen widersprechen, dem Strafausspruch nicht zugrunde gelegt werden[49]. Dabei sind als Feststellungen zur Schuldfrage nicht nur diejenigen anzusehen, die die Tatbestandsmerkmale ergeben, sondern alle, die zum geschichtlichen Vorgang gehören[50], und zwar einschließlich der Beweisanzeichen. Diese Feststellungen sind auch bindend, wenn sie als sog. doppelrelevante Tatsachen zugleich für den Strafausspruch Bedeutung haben[51]. Die Bindung besteht auch für Feststellungen, die der Erstrichter unter Heranziehung des Grundsatzes „in dubio pro reo" gewonnen hat, selbst wenn der neue Tatrichter sie voll aufklären könnte (BGH StV **1989** 91 mit weit. Nachw.). Von der Bindung werden insbesondere erfaßt (vgl. im einzelnen BGHSt **30** 343 mit Nachw.): die Tatzeitfeststellung, jedenfalls soweit sie für den Inhalt des Schuldvorwurfs relevant ist (BGH bei *Holtz* MDR **1977** 639 f); die Feststellungen über die Vorsatzart (BGHSt **10** 73), den Grund der Fahrlässigkeit und das Maß der Pflichtwidrigkeit; die festgestellte Schadenshöhe (BGH NStZ **1981** 448); die Feststellung der Ziele und Beweggründe des Täters (BGH NStZ **1981** 448), der tatauslösenden Umstände, der Beteiligung Dritter. In der Regel erfaßt ist auch die Feststellung von Tatmodalitäten gemäß § 243 Abs. 1 Satz 1 Nr. 1, 2 und 4 StGB, da sie das tatbestandsmäßige Handeln mit in Gang setzen und seine konkrete Ausgestaltung mitbestimmen (BGHSt **29** 369; **30** 345). Hätte bei mehreren Tatsachen bereits ein Teil ausgereicht, um ein Tatbestandsmerkmal zu erfüllen, so gehören gleichwohl alle zum Schuldspruch (BGHSt **30** 343).

30   Zweifelhaft ist jedoch, ob die Bindung auch besteht, wenn sich in der neuen Verhandlung die **Unrichtigkeit der früheren Feststellungen** herausstellt. Eine überkommene Meinung bejaht das überwiegend[52], insbesondere für den Fall, daß sich in der Neuverhandlung die Schuldunfähigkeit des Angeklagten gemäß § 20 StGB ergibt; sie soll dann nur unter dem Gesichtspunkt des § 21 StGB berücksichtigt werden dürfen[53] bzw. nach BGH GA **1959** 305 in Berücksichtigung des § 20 (§ 51 Abs. 1 a. F) StGB zur Verhängung der gesetzlichen Mindeststrafe führen. Nur wenn sich herausstellt, daß der Angeklagte die

[48] BGHSt **7** 287; **10** 72; **24** 275; **28** 121 (= JR **1979** 299 mit Anm. *Grünwald*); **29** 366; **30** 342; BGH StV **1986** 142; OLG Celle VRS **14** (1958) 65; vgl. § 344, 16.

[49] BGHSt **7** 287 = JZ **1955** 428 mit zust. Anm. *Niethammer* = MDR **1955** 433 mit Anm. *Kleinknecht* und weiterer Anm. *Spendel* NJW **1955** 1290; BGHSt **10** 73 = JZ **1957** 721 mit Anm. *Oehler*; BGHSt **14** 36; **24** 275; **29** 366; **30** 342; BGH NJW **1956** 1485; BGH NStZ **1982** 29; StV **1981** 607; BGH bei *Dallinger* MDR **1951** 406; RGSt **20** 411; **42** 244; **45** 150; RG JW **1923** 14 mit Anm. *Stein*; BayObLGSt **1959** 153; **1966** 155; BayObLG NJW **1988** 3027; OLG Braunschweig NJW **1950** 38; OLG Celle VRS **14** (1958) 65; OLG Hamburg

VRS **25** (1963) 351; **a. A** OLG Köln JMBlNRW **1954** 27; *Peters* 663.

[50] BGHSt **24** 274; **28** 121; **30** 344; BGH bei *Holtz* MDR **1988** 102; RG HRR **1931** 387; **1938** 1383; BayObLGSt **1966** 155; BayObLG DAR **1958** 23; *Bruns* 86.

[51] BGHSt **24** 275; **29** 364; BGH NStZ **1988** 88 und 214; StV **1981** 607.

[52] RGSt **7** 176; ebenso z. B. *Eb. Schmidt* 35; HK-*Temming* 10; KK-*Pikart* 33. Vgl. ferner im folg.

[53] BGHSt **7** 287 (dazu oben Fußn. 49); BGH VRS **17** (1959) 48; RGSt **69** 110; RG JW **1934** 2914; *Weber* JW **1934** 2885; LR-*Meyer* in der 23. Aufl.; **a. A** z. B. schon *von Hippel* 579; *Meister* MDR **1950** 713. Vgl. auch OLG Zweibrücken MDR **1986** 75.

Tat gar nicht begangen hat, ist er nach dieser Auffassung trotz der bindenden Wirkung der Schuldfeststellungen freizusprechen, weil die Verurteilung eines nachweisbar Unschuldigen unter allen Umständen ausgeschlossen sei[54]. Diese Differenzierung vermag nicht zu befriedigen. Man wird den Angeklagten wegen der erst in der Neuverhandlung erkannten Schuldunfähigkeit auch nicht auf das Wiederaufnahmeverfahren (§§ 359 ff) verweisen können, sondern mit der neueren, im einzelnen noch in der Entwicklung begriffenen Lehre anzunehmen haben, daß die sog. horizontale Rechtskraft nur zu einer innerprozessualen Bindung führt (vgl. § 344, 66 für die Teilanfechtung), die auch der Tatrichter in der Neuverhandlung dann überspringen darf und muß, wenn sich — im Rahmen der ihm gestatteten Beweisaufnahme (oben Rdn. 28) — die Schuldunfähigkeit des Angeklagten ergibt oder zeigt, daß er die Tat nicht begangen hat[55].

Ist das Urteil nur zur **Strafaussetzungsfrage** aufgehoben worden, so dürfen auch die **31** hierzu in der Neuverhandlung getroffenen Feststellungen grundsätzlich weder denen zum Schuldspruch noch denen zum Strafausspruch widersprechen[56], von den in Rdn. 30 erörterten Ausnahmen abgesehen, die auch hier gelten müssen.

2. Aufrechterhaltung von Feststellungen. Hat das Revisionsgericht das angefochtene **32** Urteil mit allen Feststellungen aufgehoben, ist der neue Tatrichter in der Beweisaufnahme so frei, als sei das frühere Urteil nicht erlassen worden (RGSt 5 135). Werden dagegen nach § 353 Abs. 2 Feststellungen aufrechterhalten, so sind dadurch Inhalt und Grenzen der neuen Verhandlung und Entscheidung bestimmt[57]. Die aufrechterhaltenen Feststellungen erwachsen zwar nicht in Rechtskraft, da Feststellungen nicht (vgl. Rdn. 28), jedenfalls aber nicht für sich allein, rechtskräftig werden können[58]. Es tritt aber auch insoweit eine innerprozessuale Bindung ein[59].

Die **Bindungswirkung** hat wiederum zur Folge, daß der Tatrichter in dem Umfang, in **33** dem die Feststellungen aufrechterhalten worden sind, keine neue Beweisaufnahme vornehmen darf[60]. Beweisanträge, die auf eine solche Beweisaufnahme abzielen, sind nach § 244 Abs. 3 Satz 1 als unzulässig zu verwerfen (vgl. bei § 244). Soweit die Beweiserhebung zulässig ist, darf der Tatrichter grundsätzlich keine Feststellungen treffen oder berücksichtigen, die von den aufrechterhaltenen abweichen[61]; ebenso darf er ergänzende Feststellungen grundsätzlich nur vornehmen und berücksichtigen, wenn sie den aufrechterhaltenen nicht widersprechen[62]. Doch kann dies, da nur eine innerprozessuale Bindung vorliegt, auch hier dann nicht gelten, wenn sich bei Gelegenheit der zulässigen Beweisauf-

---

[54] *von Hippel* 579; *Eb. Schmidt* § 318, 49; *Kleinknecht* MDR **1955** 434; *Oehler* JZ **1957** 723; *Spendel* ZStW **67** (1955) 567; LR-*Meyer* in der 23. Aufl.; **a. A** OLG Hamm HESt **1** 216; HK-*Temming* 10; *Beling* 339 Fußn. 5 und GA **63** (1916/17) 194 hält nur die Verhängung der Mindeststrafe für möglich.

[55] Vgl. im einzelnen AK-*Maiwald* 9; *Kleinknecht/Meyer-Goßner*[43] 21; KMR-*Paulus* § 318, 32 und § 358, 7; *Pfeiffer/Fischer* 6; *Peters* 499; *Roxin* § 51, 19; *Schlüchter* 638; *Bruns* 21 ff; *Grünwald* 91 ff; *Kleinknecht* JR **1968** 467; *Spendel* ZStW **67** (1955) 508; eingehend *Kemper* 367 ff; offengelassen von BGHSt **30** 347.

[56] BGH LM Nr. 30 zu § 23 StGB a. F = VRS **11** (1956) 193; BGH VRS **7** 448; OLG Köln VRS **28** (1965) 106.

[57] BGHSt **4** 290; **14** 38; RGSt **20** 412; RG GA **55** (1908) 116.

[58] Anders RGSt **7** 178; **9** 99; **20** 412.

[59] *Kleinknecht* JR **1968** 464; *Bruns* 152 und FS Eb. Schmidt 619; *Mohrbotter* ZStW **84** (1972) 643; *Willms* FS Heusinger 407. Vgl. auch oben Rdn. 30 und im folg. Text.

[60] BGHSt **14** 38; **30** 342; BGH NStZ **1981** 448; RGSt **7** 177; **20** 412; **43** 360; RG GA **55** (1908) 115; BayObLG MDR **1988** 883.

[61] BGHSt **30** 343; BGH NStZ **1981** 448 und StV **1981** 607.

[62] BGHSt **10** 71; **24** 275; **28** 121; **30** 343; BGH NStZ **1981** 448; OLG Hamburg NJW **1976** 682.

Ernst-Walter Hanack

nahme die Schuldunfähigkeit des Angeklagten herausstellt oder zeigt, daß er die Tat überhaupt nicht begangen hat (vgl. oben Rdn. 30).

34   **3. Erneute Revision.** Bei einer erneuten Revision hat das Revisionsgericht Verstöße gegen die Bindungswirkung der Feststellungen im Fall der Teilaufhebung des Urteils von Amts wegen zu beachten[63]. Verstöße gegen die Bindungswirkung der nach § 353 Abs. 2 aufrechterhaltenen Feststellungen werden schon auf die Sachrüge hin berücksichtigt.

§ 354

(1) **Erfolgt die Aufhebung des Urteils nur wegen Gesetzesverletzung bei Anwendung des Gesetzes auf die dem Urteil zugrunde liegenden Feststellungen, so hat das Revisionsgericht in der Sache selbst zu entscheiden, sofern ohne weitere tatsächliche Erörterungen nur auf Freisprechung oder auf Einstellung oder auf eine absolut bestimmte Strafe zu erkennen ist oder das Revisionsgericht in Übereinstimmung mit dem Antrag der Staatsanwaltschaft die gesetzlich niedrigste Strafe oder das Absehen von Strafe für angemessen erachtet.**

(2) **¹In anderen Fällen ist die Sache an eine andere Abteilung oder Kammer des Gerichtes, dessen Urteil aufgehoben wird, oder an ein zu demselben Land gehörendes anderes Gericht gleicher Ordnung zurückzuverweisen. ²In Verfahren, in denen ein Oberlandesgericht im ersten Rechtszug entschieden hat, ist die Sache an einen anderen Senat dieses Gerichts zurückzuverweisen.**

(3) **Die Zurückverweisung kann an ein Gericht niederer Ordnung erfolgen, wenn die noch in Frage kommende strafbare Handlung zu dessen Zuständigkeit gehört.**

Schrifttum

Zu Absatz 1. *Batereau* Die Schuldspruchberichtigung (1971); *Bode* Die Entscheidung des Revisionsgerichts in der Sache selbst (1958); *Bruns* Erweiterung der selbständigen Strafzumessungsbefugnis des Revisionsgerichts? ZAkDR **1941** 143; *Geis* Mordverurteilung durch das Revisionsgericht, NJW **1990** 2735; *Lichti* Leerlauf in der Strafrechtspflege, DRiZ **1952** 150; *Lüttger* Die Änderung des Schuldspruchs durch das Revisionsgericht in der Rechtsprechung des Obersten Gerichtshofs für die Britische Zone, DRZ **1950** 348; *Peters* Schuldspruch durch das Revisionsgericht bei Freisprechung in der Tatsacheninstanz, FS Stock 197; *Peters* Bundesverfassungsgericht und Bundesgerichtshof, JZ **1978** 230; *Schroeder* Schreien als Gewalt und Schuldspruchberichtigung durch Beschluß – BGH NJW 1982, 189, JuS **1982** 491; *Schwarz* Das Reichsgericht als Tatsacheninstanz, ZAkDR **1940** 139; *Steinmetz* Sachentscheidungskompetenzen des Revisionsgerichts in Strafsachen (§ 354 Abs. 1 StPO) (1997 = Diss. Hamburg 1996/97); *Wimmer* Die ändernde Sachentscheidung des Revisionsgerichts in Strafsachen, MDR **1948** 69.

Zum Übrigen. *Basdorf* Nochmals: Beeinflussung der Strafe durch abweichende Beurteilung der Konkurrenzverhältnisse, NStZ **1997** 423; *Benz* Bildung von „Auffangschwurgerichten" für zurückgewiesene Schwurgerichtssachen, MDR **1976** 805; *Dahs* Ablehnung von Tatrichtern nach Zurückverweisung durch das Revisionsgericht, NJW **1966** 1691; *Dierlamm* Ausschließung und Ablehnung von

---

[63] Vgl. BGHSt **7** 286; BayObLG DAR **1958** 23; OLG Celle VRS **14** (1958) 65, wo das freilich aus den Gedanken der Teilrechtskraft abgeleitet wird; unter dem Gesichtspunkt der innerprozessualen Bindung (vgl. Rdn. 30) ergibt sich jedoch nichts anderes.

Tatrichtern nach Zurückverweisung durch das Revisionsgericht (§ 354 Abs. 2 StPO) (1994 = Diss. Trier 1993); *Gössel* Über die Folgen der Aufhebung von Berufungsurteilen in der Revisionsinstanz, JR **1982** 270; *Hartwig* Strafprozessuale Folgen des verspäteten Widerspruchs gegen eine unzulässige Beweiserhebung, JR **1998** 359; *Helle* Die Einrichtung eines „anderen" Spruchkörpers desselben Gerichts als Folge oder als Voraussetzung der in § 354 Abs. 2 Satz 1 StPO vorgesehenen Zurückverweisung, DRiZ **1974** 227; *Kalf* Muß die Änderung der Konkurrenzverhältnisse die Strafe beeinflussen? NStZ **1997** 66; *Kemper* Horizontale Teilrechtskraft des Schuldspruchs und Bindungswirkung im tatrichterlichen Verfahren nach der Zurückverweisung, §§ 353, 354 Abs. 2 StPO (1993 = Diss. Göttingen 1992); *Raacke* Zurückverweisung in Strafsachen und Nachtragsentscheidung, NJW **1966** 1697; *Seibert* Bei Zurückverweisung – andere Richter! JZ **1958** 609; *Seibert* Die Zurückverweisung an ein anderes Gericht, MDR **1954** 721; *Seibert* Das andere Gericht (§ 354 Abs. 2 StPO), NJW **1968** 1317; *Walbaum* Schuldspruch in der Revisionsinstanz nach freisprechendem Urteil des Tatgerichts (1996 = Diss. Göttingen 1993); *Wiedemann* Die Korrektur strafprozessualer Entscheidungen außerhalb des Rechtsmittelverfahrens (1981); *Wömpner* Zur Verlesung früherer Urteile, NStZ **1984** 481; *Zeitz* Ausschließung des Tatrichters nach erfolgreicher Revision, DRiZ **1965** 393.

Entstehungsgeschichte (eingehend *Steinmetz* 35 ff). Absatz 2 lautete ursprünglich: „In anderen Fällen ist die Sache zur anderweiten Verhandlung und Entscheidung an das Gericht, dessen Urteil aufgehoben ist, oder an ein demselben deutschen Lande angehöriges, benachbartes Gericht gleicher Ordnung zurückzuverweisen." Durch Art. 3 Nr. 148 VereinhG wurde der Absatz dahin geändert, daß die Sache an eine andere Kammer des Gerichts, dessen Urteil aufgehoben wird, zurückverwiesen werden kann, wenn die Zurückverweisung an ein zu demselben Land gehörendes benachbartes Gericht gleicher Ordnung nicht möglich ist. Art. 4 Nr. 4 des 1. StRÄndG fügte in Absatz 1 die Worte „oder das Absehen von Strafe" ein. Durch Art. 9 Nr. 4 StPÄG 1964 erhielt Absatz 2 Satz 1 die geltende Fassung. Absatz 2 Satz 2 wurde eingefügt durch Art. 2 Nr. 15 StaatsschStrafsG. Bezeichnung bis 1924: § 394.

Geplante Änderungen in der 13. LegPer.: Der BREntw. eines 2. RpflEntlG (s. Vor § 333, 20) wollte in Art. 2 Nr. 39 die Möglichkeiten zur eigenen Sachentscheidung des Revisionsgerichts durch die Befugnis erweitern, auf Antrag der Staatsanwaltschaft „von der Aufhebung des angefochtenen Urteils ab(zu)sehen, sofern die verhängte Rechtsfolge angemessen ist, oder die Rechtsfolgen angemessen herab(zu)setzen"; vgl. dazu unten Rdn. 14a; kritisch *Scheffler* NStZ **1997** 390. Der Entwurf sah ferner vor, daß das Revisionsgericht im Fall der Zurückverweisung zur Bildung einer Gesamtstrafe dies mit der Maßgabe tun kann, die Entscheidung gemäß den §§ 460, 462 zu treffen.

Übersicht

Ernst-Walter Hanack

Alphabetische Übersicht

I. Entscheidung des Revisionsgerichts in der Sache selbst (Absatz 1)

1. Allgemeines. Mit der überkommenen Ausgestaltung des Revisionsverfahrens als **1** Rechtsbeschwerdeverfahren (§ 337, 1) ist es regelmäßig nicht zu vereinbaren, daß das Revisionsgericht über das Rechtsmittel anders entscheidet als durch Verwerfung der Revision, durch Schuldspruchberichtigung (Rdn. 15 ff) oder durch Aufhebung des angefochtenen Urteils und Zurückverweisung der Sache an den Tatrichter zu neuer Verhandlung. So sieht denn § 354 Abs. 1 die eigene Sachentscheidung des Revisionsgerichts auch nur in engen Grenzen vor. Sie ist zulässig, wenn für die Entscheidung nur Rechtsfragen von Bedeutung sind, daneben aber in zwei Fällen auch, wenn es auf die Ausübung des richterlichen Ermessens ankommt (Mindeststrafe; Absehen von Strafe). Eigene Tatsachenfeststellungen sind dem Revisionsgericht jedoch auch hier verwehrt. Es ist an die Feststellungen des angefochtenen Urteils gebunden und darf sie weder ändern noch ergänzen. Notwendige Voraussetzung einer eigenen revisionsgerichtlichen Entscheidung ist daher, daß die Feststellungen des Tatrichters unverändert bestehenbleiben können, so daß die Entscheidung nur die rechtlichen Folgen dieser Feststellungen zum Gegenstand hat. Sind die Feststellungen fehlerhaft, so muß die Sache grundsätzlich an den Tatrichter zurückverwiesen werden. Ein weiteres Erfordernis für die eigene Sachentscheidung des Revisionsgerichts besteht darin, daß das Urteil nur wegen des Fehlens von Verfahrensvoraussetzungen oder wegen Gesetzesverletzungen bei der Anwendung des sachlichen Rechts aufzuheben ist (*Eb. Schmidt* 40; *Batereau* 27; *Bode* 5). Denn wenn ein Verfahrensmangel der Aufhebungsgrund ist, sind die Feststellungen nicht einwandfrei zustande gekommen; die Verhandlung muß dann vor dem Tatrichter wiederholt werden, damit sie nunmehr in einem fehlerfreien Verfahren gewonnen werden (BayObLG StV **1986** 146).

2. Freisprechung

a) Voraussetzungen. Ergeben die Feststellungen des Tatrichters nach Meinung des **2** Revisionsgerichts, daß der Angeklagte sich weder aus dem rechtlichen Gesichtspunkt des angefochtenen Urteils noch aus einem anderen strafbar gemacht hat, so muß das Revisionsgericht auf Freisprechung erkennen (dazu Übersicht bei *Steinmetz* 124). Das setzt voraus, daß die bisher getroffenen Feststellungen vollständig und fehlerfrei sind, also auch in einer erneuten Beweisaufnahme keine die Verurteilung rechtfertigenden Feststellungen zu erwarten sind[1]. Es muß vor allem ausgeschlossen werden können, daß sie gerade deshalb lückenhaft sind, weil der Tatrichter irrig angenommen hat, sie reichten zur Verurteilung aus[2]. Besteht die Möglichkeit, daß weitere Feststellungen getroffen werden können, die die Verurteilung unter dem rechtlichen Gesichtspunkt der Anklage oder einem anderen rechtfertigen, so darf das Revisionsgericht den Angeklagten niemals freisprechen. Ob weitere Feststellungen möglich sind, darf nur nach den Gründen der angefochtenen Entscheidung beurteilt werden, nicht hingegen nach dem sonstigen Akteninhalt (KK-*Pikart* 3; **a. A** OLG Köln OLGSt § 170 b StGB S. 30); dies ist vielmehr nur bei der Rechtsbeschwerde nach dem OWiG erlaubt (§ 79 Abs. 6 OWiG; vgl. *Göhler* § 79, 45 ff; OLG Schleswig GA **1982** 511). Die Freisprechung ist auch ausgeschlossen, wenn während des Verfahrens Teile der Tat nach § 154 a ausgeschieden worden sind und insoweit eine Verurteilung gerechtfertigt sein kann. Das Revisionsgericht bezieht dann die ausgeschiedenen Teile nach § 154 a Abs. 3 wieder in das Verfahren ein und verweist die Sache an den Tatrichter zurück (vgl. näher bei § 154 a).

3   Eine **Beschränkung der Revision** hindert die Freisprechung nicht, wenn der nicht angefochtene Schuldspruch auf einem nicht oder nicht mehr gültigen Gesetz beruht (vgl. § 344, 25; § 354 a, 9).

4   **b) Teilfreisprechung.** Die Vorschrift des § 354 Abs. 1 läßt auch eine nur teilweise Freisprechung durch das Revisionsgericht zu[3]. Dann ist das Urteil regelmäßig im Gesamtstrafausspruch aufzuheben und die Sache in diesem Umfang an den Tatrichter zurückzuverweisen (AK-*Maiwald* 5; *Bode* 36; **a. A** *Batereau* 116, der das Revisionsgericht zu Unrecht für befugt hält, eine neue Gesamtstrafe zu bilden). Davon kann jedoch abgesehen werden, wenn Gegenstand der Verurteilung so zahlreiche Einzeltaten sind, daß der Wegfall einer Einzelstrafe die Höhe der Gesamtstrafe schlechterdings nicht beeinflussen kann[4]. Ist der Angeklagte wegen mehrerer in Tatmehrheit stehender Straftaten verurteilt worden und hebt das Revisionsgericht das Urteil unter Freisprechung des Angeklagten wegen aller Taten mit einer Ausnahme auf, so kann es die für die übrigbleibende Verurteilung festgesetzte Einzelstrafe regelmäßig als die alleinige Strafe aufrechterhalten[5]. Hatte der Tatrichter eine Maßregel nach § 69 StGB auf zwei tatmehrheitliche Verurteilungen gestützt, von denen eine durch das Revisionsgericht beseitigt wird, so muß die Sache im Straf- und Maßregelausspruch an ihn zurückverwiesen werden.

5   Der Teilfreisprechung **stehen gleich** die Beseitigung des Strafausspruchs, wenn nach den Urteilsfeststellungen aus Rechtsgründen gemäß § 60 StGB von Strafe abzusehen ist (BayObLGSt **1971** 185 = NJW **1972** 696), die Beseitigung einer unzulässigen Nebenstrafe (BayObLGSt **1976** 4 = VRS **50** [1976] 339; OLG Hamburg VRS **13** [1957] 364) oder einer unter Verstoß gegen § 331 zusätzlich verhängten Nebenstrafe[6], die Beseitigung der Einziehung[7], der Mehrerlösabführung (BGHSt **5** 100), der Bekanntgabebefugnis nach

---

[1] BGHSt **13** 274; **39** 179; **40** 7, 25; BGH NJW **1995** 2999; StV **1994** 115; RG JW **1932** 2160; OLG Frankfurt VRS **51** 284; OLG Köln VRS **50** (1976) 346; OLG Stuttgart NJW **1984** 1695.

[2] BGH NJW **1962** 1452; *Dahs/Dahs* 587; *Batereau* 57; *Jagusch* NJW **1962** 1417; vgl. auch BGHSt **40** 138.

[3] BGHSt **28** 164; BGH NJW **1973** 475; NStZ **1991** 431; RGSt **27** 394; **70** 349; OLG Hamm NJW **1966**

213; OLG Karlsruhe VRS **43** (1972) 266; *Batereau* 57.

[4] St. Praxis und allg. M, vgl. – z. B. – BGH NStZ **1998** 79 f, 407.

[5] *Batereau* 117; *Bode* 7, 35; *Lüttger* DRZ **1950** 350; vgl. aber auch § 353, 14.

[6] BayObLGSt **1952** 29 = MDR **1952** 378.

[7] BGH NJW **1955** 71; OLG Braunschweig NdsRpfl. **1954** 187; OLG Hamm JZ **1952** 39; *Bode* 48.

§§ 165, 200 StGB (RGSt **53** 290) und die Beseitigung einer Maßregel nach §§ 61 ff StGB, die nach den nicht mehr zu vervollständigenden Feststellungen aus Rechtsgründen entfallen muß[8].

c) Nebenentscheidungen. Das freisprechende Urteil des Revisionsgerichts schließt **6** das Verfahren ab. Es muß daher eine Entscheidung über die Kosten des ganzen Verfahrens (§ 464 Abs. 1) und über die notwendigen Auslagen des Angeklagten enthalten. Das Revisionsgericht hat ferner über die Entschädigung für Strafverfolgungsmaßnahmen zu entscheiden (§ 8 Abs. 1 Satz 1 StrEG). Es kann diese Entscheidung außerhalb der Hauptverhandlung treffen, wenn sie nicht ohne weiteres möglich ist (§ 8 Abs. 1 Satz 2 StrEG). Die verbreitete Auffassung, daß die Entscheidung dem Tatrichter zu überlassen oder doch in der Regel zu überlassen sei[9], widerspricht dem Wortlaut des Gesetzes und ist abzulehnen[10]. Ihr ist insbesondere nicht deswegen zuzustimmen, weil dem Angeklagten sonst der Beschwerderechtszug verlorengeht. Ebensowenig trifft es zu, daß es sich um eine vorwiegend tatrichterliche Entscheidung handelt, die das Revisionsgericht nur ausnahmsweise selbst treffen könne. Hat das Revisionsgericht die Entscheidung über die Entschädigung versehentlich unterlassen, so muß es selbst, nicht der Tatrichter, sie nachholen, auch wenn die Hauptsache in der Revisionsinstanz nicht mehr anhängig ist. Denn das Revisionsgericht darf die gesetzliche Zuständigkeitsregelung des § 8 Abs. 1 StrEG nicht durch eigene Untätigkeit abändern (KG GA **1973** 379).

3. Einstellung. Nach § 260 Abs. 3 ist das Verfahren einzustellen, wenn ein Verfah- **7** renshindernis besteht. Nur diese Verfahrenseinstellung, nicht die nach den §§ 153 ff (dazu § 353, 2), ist in § 354 Abs. 1 gemeint. Wegen der Einstellung durch Beschluß nach §§ 206 a und 206 b vgl. bei § 349, 35 f.

Der **Grundsatz**, daß Verfahrenshindernisse zur Einstellung führen, wird jedoch **8** zugunsten wie zuungunsten des Angeklagten **durchbrochen**. Wenn die fehlende Verfahrensvoraussetzung noch geschaffen werden kann, muß das Urteil aufgehoben und die Sache, regelmäßig unter Aufrechterhaltung der Feststellungen (§ 353, 19), an den Tatrichter zurückverwiesen werden[11]. Eine Einstellung kommt ferner nicht in Betracht, wenn der Sachverhalt ohne weiteres die Freisprechung rechtfertigt[12]; dies ist auch der Fall, wenn die Sache eine verjährte Ordnungswidrigkeit enthält[13].

Ebenso wie die Teilfreisprechung bei Tatmehrheit ist auch eine **teilweise Einstellung** **9** des Verfahrens zulässig, wenn das Verfahrenshindernis nur einen abtrennbaren Teil des Urteils betrifft[14]. Für die Nebenentscheidungen nach § 464 Abs. 1 StPO, § 8 Abs. 1 StrEG gilt dasselbe wie bei der Freisprechung (oben Rdn. 6).

Zur revisionsrechtlichen Behandlung der **einzelnen Verfahrenshindernisse** s. bei **10** § 337, 29 ff.

---

[8] BGH StV **1998** 481; OLG Hamburg NJW **1955** 1080; VRS **7** (1954) 303; KMR-*Paulus* 6.

[9] BGH NJW **1984** 1312; bei *Dallinger* MDR **1977** 811; OLG Hamm NJW **1977** 209; KK-*Pikart* 26 mit weit. Nachw.; KMR-*Paulus* 5; einschränkend (wenn noch weitere Feststellungen erforderlich sind) BGH NJW **1990** 2073; **1991** 1840.

[10] Wie hier im Ergebnis OLG Düsseldorf NStZ **1990** 39 mit Anm. *D. Meyer*; KG JR **1973** 427; OLG Frankfurt DAR **1973** 161; *Kleinknecht/Meyer-Goßner*[43] § 8 StrEG, 16 mit weit. Nachw.; *D. Mey-*

er MDR **1978** 284 f mit weit. Nachw.; LR-*Meyer* in der 23. Aufl.

[11] BGHSt **8** 154; RGSt **43** 367; OLG Düsseldorf GA **1957** 417; OLG Hamburg JR **1969** 310 mit Anm. *Eb. Schmidt*; OLG Koblenz OLGSt § 191 StGB a. F, S. 3; OLG Köln GA **1971** 29.

[12] Heute ganz h. M; vgl. Vor § 296, 69; bei § 260.

[13] BGHSt **1** 235; **7** 261; OLG Düsseldorf NJW **1989** 51 mit weit. Nachw.

[14] BGHSt **8** 269; BGH NJW **1970** 905; RGSt **52** 37; *Batereau* 57.

Ernst-Walter Hanack

11　　**4. Absolut bestimmte Strafe.** Gemeint sind nach der ratio des § 354 Abs. 1 nur solche Fälle, in denen das Strafgesetz die absolut bestimmte Strafe als *einzige* Reaktion für ein Delikt androht, also keine Wahlmöglichkeit und auch keine minderschweren Fälle kennt; solche Strafen sind derzeit nur in § 211 StGB und § 220 a Abs. 1 Nr. 1 StGB angedroht. Gegen die Befugnis des Revisionsgerichts, in eigener Sachentscheidung die lebenslange Freiheitsstrafe festzusetzen, wendet sich mit guten Gründen *Peters* 665 und JZ **1978** 230, 231, insbesondere unter Hinweis auf die Erfordernisse einer verfassungskonformen Auslegung bei § 211 StGB und die dadurch bedingte Relativierung dieser Strafe. Seine Bedenken, die die bislang herrschende Meinung nicht teilt[15], sind in der Regel mindestens dann zwingend, wenn die Verurteilung wegen eines in der Anklage nicht enthaltenen Mordmerkmals in Betracht kommt; dazu eingehend *Geis* NJW **1990** 2735.

11a　　Der absolut bestimmten Strafe **gleichzustellen** sind solche Verfahrenslagen, bei denen jedes Ermessen über Art und Höhe einer Rechtsfolgenentscheidung notwendigerweise ausgeschlossen ist. Das ist etwa der Fall, wenn in dem Urteil ein Einziehungsbetrag falsch errechnet ist; das Revisionsgericht darf dann den Betrag in der richtigen Höhe festsetzen (RGSt **57** 429). Entsprechend anzuwenden ist die Bestimmung auch auf den Fall der zwingend vorgeschriebenen Einziehung (RGSt **42** 30; **53** 248; vgl. *Bode* 7). Das BayObLG wendet die Vorschrift auch auf den Fall an, daß das Landgericht das Urteil des Amtsgerichts auf die Berufung des Angeklagten aufgehoben hat, das Revisionsgericht aber das Ausbleiben des Angeklagten in der Hauptverhandlung vor dem Amtsgericht für unentschuldigt hält, und stellt daher das den Einspruch nach § 412 Abs. 1 verwerfende Urteil des Amtsgerichts wieder her (BayObLGSt **1975** 24 = MDR **1975** 579).

12　　**5. Gesetzliche Mindeststrafe** (eingehend *Steinmetz* 265 ff). Das Revisionsgericht darf auf die gesetzlich niedrigste Strafe nur in Übereinstimmung mit dem Antrag der Staatsanwaltschaft erkennen. Gemeint ist die Staatsanwaltschaft bei dem Revisionsgericht (RG LZ **1918** 780). Hängt die gesetzliche Mindeststrafe von der Annahme eines minderschweren Falles ab, so darf das Revisionsgericht sie nur verhängen, wenn bereits der Tatrichter einen solchen Fall angenommen hat; denn ob er vorliegt, kann, gerade angesichts der sog. Vertretbarkeitsgrenze (§ 337, 201), grundsätzlich nur er entscheiden (RGSt **2** 358; *Eb. Schmidt* 46; *Bode* 8). Droht ein Gesetz neben Freiheitsstrafe auch Geldstrafe an, so sind das Mindestmaß der angedrohten Freiheitsstrafe und der Mindestbetrag der angedrohten Geldstrafe nur dann die gesetzlich niedrigste Strafe, wenn die Geldstrafe (was im geltenden Recht nicht mehr vorkommt) zwingend vorgeschrieben ist; andernfalls ist nur das Mindestmaß der angedrohten Freiheitsstrafe für sich allein die gesetzlich niedrigste Strafe (RGSt **47** 229). Die niedrigste Strafe wird auch verhängt, wenn das Revisionsgericht den von dem Tatrichter unterlassenen Ausspruch der Bekanntgabebefugnis nach den §§ 165, 200 StGB in der den Angeklagten am wenigsten beschwerenden Form vornimmt[16]. — Im krassen Einzelfall eines überlangen Verfahrens hat BGH NStZ **1989** 239 im Hinblick darauf statt der an sich nötigen Zurückverweisung die niedrigste Strafe selbst festgesetzt; vgl. auch Rdn. 14a.

13　　**Sinngemäß angewendet** werden kann die Befugnis zur Bestimmung der gesetzlichen Mindeststrafe, wenn der Tatrichter es unterlassen hat, für eine von mehreren in Tatmehr-

---

[15] BVerfGE **54** 115 = NJW **1980** 1945; BGH NJW **1977** 1544; **1978** 1336; **1988** 2681 (insoweit in BGHSt **35** 116 nicht abgedruckt); KK-*Pikart* 8; *Kleinknecht/Meyer-Goßner*43 9; weit. Nachw. bei *Steinmetz* 249, der der h. M ebenfalls kritisch ge-

genübersteht; kritisch jetzt auch AK-*Maiwald* 7; HK-*Temming* 5.

[16] BGHSt **3** 76; BGH LM Nr. 2 zu § 200 StGB; BGH NJW **1955** 1119; OLG Hamm NJW **1974** 467; KMR-*Paulus* 9.

heit stehenden Straftaten eine Einzelfreiheitsstrafe auszuwerfen (ebenso BGHSt **30** 97 für die Bestimmung der Tagessatzhöhe einer Einzelgeldstrafe). Auf entsprechenden Antrag der Staatsanwaltschaft kann dann das Revisionsgericht die niedrigste überhaupt in Betracht kommende Strafe als Einzelstrafe festsetzen. Um eine sinngemäße Anwendung des § 354 Abs. 1 handelt es sich wohl auch, wenn der Tatrichter den Schuldumfang in fehlerhafter Weise bestimmt hat, in einer neuen tatrichterlichen Verhandlung genauere Feststellungen nicht zu erwarten sind und das Revisionsgericht nun — regelmäßig unter Aufhebung des Strafausspruchs — den Mindestschuldumfang festlegt (vgl. BGH StV **1982** 226).

6. Absehen von Strafe (dazu *Steinmetz* 271 ff). Hierher gehören z. B. die §§ 83 a, 84 **14** Abs. 4 und 5, § 85 Abs. 3, § 86 Abs. 4, § 86 a Abs. 3, § 87 Abs. 3, § 89 Abs. 3, § 98 Abs. 2, § 99 Abs. 3, § 113 Abs. 4, § 129 Abs. 5 und 6, § 129 a Abs. 5, § 157 Abs. 1 und 2, § 158 Abs. 1, § 182 Abs. 4 sowie — seit dem 6. StRG — die §§ 306 e Abs. 1, 314 a Abs. 2, 320 Abs. 1 und 2, ferner § 330 b StGB. Die Straffreierklärung nach § 199 StGB dürfte dem Absehen von Strafe gleichzustellen sein (vgl. bei § 153 b, 24. Aufl. Rdn. 3). Wegen des Absehens von Strafe nach § 60 StGB vgl. oben Rdn. 5.

7. Erweiternde Handhabung. Beschleunigungsgebot. Über die umschriebenen Fälle **14a** hinaus zeigt sich in zunehmenden Maße und aus verschiedenen Gründen ein mittlerweile auch vom Gesetzgeber erkanntes praktisches Bedürfnis (vgl. „Geplante Änderungen") nach abschließenden Entscheidungen des Revisionsgerichts anstelle an sich gebotener Zurückverweisungen. Eine „verhältnismäßig großzügige Praxis"[17], die in der folgenden Kommentierung dokumentiert ist, reibt sich dabei immer stärker an den Grenzen des geltenden § 354. Über diese Praxis noch hinaus geht eine neuere Tendenz, § 354 Abs. 1 in der einen oder anderen Alternative „entsprechend" anzuwenden, wenn aus der Sicht des Revisionsgerichts „nach den gesamten Umständen" nur noch eine bestimmte Strafe[18] oder eine bestimmte Gesamtstrafe[19] „in Betracht kommen" (so die Formulierung von *Kleinknecht/Meyer-Goßner*[43] 9a). Soweit das Revisionsgericht in diesen Fällen aufgrund seiner Beurteilung der „Umstände", zu denen — bezeichnenderweise — auch der Blick auf die mutmaßliche Meinung des früheren oder des potentiellen neuen Tatrichters gehören kann[20], eine konkrete Strafe festsetzt, ist das mit § 354 und dem traditionellen Revisionsrecht in der Regel nicht zu vereinbaren (vgl. auch *Foth* NStZ **1992** 445; weniger ablehnend *Steinmetz* 257 ff, 326); es führt auch zu ganz ungelösten Fragen hinsichtlich der Mitwirkungsrechte der Beteiligten, insbesondere des Angeklagten (*Hanack* StV **1993** 65). Etwas anderes kann derzeit aus höherrangigen Gesichtspunkten nur bei vorausgegangenen **Verletzungen des Beschleunigungsgebots** gelten, wenn nämlich nach Lage des Falles die an sich gebotene Zurückverweisung zu einer unvertretbaren Vertiefung dieser Verletzung führen müßte[21] und eine Einstellung des Verfahrens wegen der Verletzung (vgl. § 353, 2) ausscheidet. Ersichtlich spielt diese — im einzelnen noch durchaus unge-

---

[17] So *Rieß* in Hanack-Symp. 120; ebenso *Scheffler* NStZ **1992** 297; vgl. zu § 354 auch schon *Seibert* MDR **1948** 69: „seit langem als zu eng erwiesen".

[18] BGH NStZ **1992** 78 und 297; dazu jeweils Anm. *Scheffler*; BGH StV **1993** 62 mit Anm. *Hanack*; weit. Nachw. in den Anm.; OLG Düsseldorf VRS **82** (1992) 455.

[19] BGH NJW **1991** 1763 = JR **1991** 513 mit Anm. *Bringewat*; NJW **1991** 2715; BGH bei *Kleinknecht/*

Meyer-Goßner[43] 9a; OLG Karlsruhe Justiz **1995** 113.

[20] Vgl. z. B. BGH StV **1993** 63 (früherer Tatrichter); BGH NStZ **1992** 297 (neuer Tatrichter).

[21] BGH NStZ **1992** 78 und **1997** 29 je mit Anm. *Scheffler*; BGH StV **1997** 409; vgl. auch BGH NStZ **1989** 239 (oben Rdn. 12); *Scheffler* Die überlange Dauer von Strafverfahren (1990) 257 ff, 271 ff. Dagegen *Steinmetz* 380 ff.

Ernst-Walter Hanack

klärte — Problematik bei der geschilderten neuen Tendenz eine erhebliche, wenn auch nicht immer klar erkennbare Rolle[22].

II. Berichtigung des Urteilsausspruchs. Schuldspruch

15   **1. Allgemeines.** Die Vorschrift des § 354 Abs. 1 ermächtigt das Revisionsgericht nicht ausdrücklich, selbst einen fehlerhaften Schuldspruch abzuändern. Da das Revisionsgericht aber sogar berechtigt ist, unter Abänderung des angefochtenen Urteils im Schuld- und Rechtsfolgenausspruch auf Freisprechung oder auf eine absolut bestimmte Strafe zu erkennen, muß es auch das geringere Recht haben, das Urteil nur im Schuldspruch zu berichtigen, es erforderlichenfalls im Strafausspruch aufzuheben und die Sache insoweit an den Tatrichter zurückzuverweisen[23]. Hinzu kommt, daß der Tatrichter, wenn die Sache an ihn zurückverwiesen wird, nach § 358 Abs. 1 an die der Aufhebung zugrundeliegende Rechtsauffassung des Revisionsgerichts gebunden ist. Es wäre eine Verschwendung von Zeit und Arbeitskraft, wenn das Revisionsgericht wegen eines bloßen Subsumtionsfehlers eine Sache an den Tatrichter zurückverweisen müßte, dem nichts zu tun bliebe, als den Schuldspruch entsprechend der Rechtsauffassung des Revisionsgerichts zu berichtigen[24]. Die Schuldspruchberichtigung dient daher der Vereinfachung des Verfahrens in demselben Maße wie die in § 354 Abs. 1 ausdrücklich bezeichneten Fälle der eigenen Sachentscheidung des Revisionsgerichts (*Bode* 11). Sie wird in der Rechtsprechung allgemein (vgl. unten Rdn. 26 ff) und jetzt auch im Schrifttum weit überwiegend für zulässig gehalten[25]. Zur Schuldspruchberichtigung in entsprechender Anwendung des § 354 Abs. 1 gehört nicht die Umwandlung des Schuldspruchs in die Verurteilung wegen einer Ordnungswidrigkeit; zu dieser Urteilsberichtigung ist das Revisionsgericht vielmehr in sinngemäßer Anwendung des § 83 OWiG befugt (vgl. *Göhler* § 83, 14). Eine gesetzliche Ermächtigung zur Schuldspruchberichtigung in einem solchen Fall enthält Art. 317 Abs. 2 Satz 2 EGStGB.

16   Das Revisionsgericht kann, soweit es sich um trennbare Urteilsbestandteile handelt (dazu § 344, 14 ff), den Schuldspruch auch **teilweise berichtigen** (*Bode* 12 ff; *Wimmer* MDR **1948** 72). Der Schuldspruch kann auch in einem Beschluß nach § 349 Abs. 4 berichtigt werden (einschränkend *Batereau* 54, der nur unwesentliche Änderungen für zulässig hält), aber wohl auch in einem Verwerfungsbeschluß nach § 349 Abs. 2 (dort Rdn. 25). Bei der Aufhebungserstreckung nach § 357 steht die Schuldspruchberichtigung der Urteilsaufhebung gleich (vgl. § 357, 7).

2. Voraussetzungen

17   **a) Zulässig erhobene Sachrüge.** Die Schuldspruchberichtigung setzt eine zulässig erhobene Sachrüge voraus. Wenn die tatsächlichen Feststellungen offensichtlich fehlerfrei sind, kann der Schuldspruch trotz einer neben der Sachrüge erhobenen Verfahrensrüge berichtigt werden, falls diese zu keinem weitergehenden Erfolg führen könnte (*Batereau* 32); die Ausführungen zu § 352, 15 gelten entsprechend. Eine Schuldspruchberichtigung

---

22 Vgl. nur Anm. *Hanack* zu BGH StV **1993** 62.

23 BayObLGSt **1960** 225 = JZ **1961** 506; *Batereau* 14; *Sarstedt* JR **1957** 272; *Wimmer* MDR **1948** 71.

24 OGHSt **1** 5, 18; KG JZ **1953** 644; OLG Hamburg HESt **2** 19; NJW **1962** 755; *Batereau* 15.

25 AK-*Maiwald* 11; KK-*Pikart* 12; *Kleinknecht/Meyer-Goßner*[43] 12; KMR-*Paulus* 11; *Eb. Schmidt* 49;

Beulke 574; *Henkel* 382; *Roxin* § 53, 66; *Peters* 664; *Schlüchter* 752.1; *Batereau* 15; *Bode* 11; **a. A** *Geerds* JZ **1968** 393; *Steinmetz* (eingehend) 327 ff, der aber ihre Einführung de lege ferenda empfiehlt (406 ff); vgl. auch *Schroeder* JuS **1982** 495; zur ablehnenden Haltung des älteren Schrifttums vgl. *Seibert* DRZ **1948** 371.

kommt hingegen nicht in Betracht, wenn die Revision sich gegen ein Verwerfungsurteil nach § 329 richtet[26].

b) Vollständige Urteilsfeststellungen. Die Schuldspruchberichtigung setzt ferner voraus, daß die Urteilsfeststellungen klar und erschöpfend sind und ein eindeutiges Bild von dem Schuldumfang ergeben (BGH NJW **1973** 1512; OLG Bremen NJW **1964** 2262), insbesondere, daß weitere wesentliche Feststellungen ausgeschlossen erscheinen[27]. Wenn das sachliche Recht falsch angewendet worden ist, liegt es häufig nahe, daß wesentliche Umstände nicht aufgeklärt oder nicht erörtert worden sind, weil der Tatrichter infolge seines Irrtums über die Rechtsfrage geglaubt hat, es komme auf diese Tatsachen nicht an[28]. Das ist vor allem bei einer Schuldspruchberichtigung zuungunsten des Angeklagten zu beachten (*Bode* 17). **18**

c) Entbehrlichkeit des Hinweises nach § 265 Abs. 1. Eine weitere Grenze findet die Schuldspruchberichtigung an der Vorschrift des § 265 Abs. 1[29]. Aufgrund eines anderen als des in der gerichtlich zugelassenen Anklage aufgeführten Strafgesetzes darf das Revisionsgericht den Angeklagten nicht ohne weiteres verurteilen. Es genügt auch nicht, daß es selbst den Hinweis auf die Veränderung des rechtlichen Gesichtspunkts erteilt oder nachholt (vgl. aber Rdn. 20). Denn § 265 Abs. 1 dient nicht nur der Verteidigung des Angeklagten in rechtlicher Hinsicht, sondern soll ihm vor allem auch Gelegenheit geben, sich in tatsächlicher Hinsicht zu verteidigen. Er soll im Interesse einer erschöpfenden Sachaufklärung in die Lage versetzt werden, sich zu der veränderten Rechtslage tatsächlich zu äußern und neue Beweise anzutreten (vgl. bei § 265). Vor dem Revisionsgericht kann er das nicht. **19**

Die Schuldspruchberichtigung ist aber **unbedenklich**, wenn die Tat so schon in der Anklage oder im Eröffnungsbeschluß gewürdigt worden ist[30], wenn der Hinweis nach § 265 Abs. 1 schon vor dem Tatgericht erfolgt ist[31] oder dem Antrag des Staatsanwalts oder des Verteidigers entsprach[32]. Wenn diese Voraussetzungen nicht vorliegen, darf der Schuldspruch nur berichtigt werden, falls eine **andere Verteidigung** des Angeklagten in tatsächlicher Hinsicht **nicht möglich** erscheint. Nach ganz herrschender Rechtsprechung soll das Revisionsgericht das in der Regel selbst beurteilen können[33]. Es sollte bei dieser Prüfung freilich äußerste Vorsicht walten lassen, weil auch bei scheinbar richtigen oder vollständigen Urteilsfeststellungen (Rdn. 18) Fälle denkbar sind, in denen eine andere Verteidigung in Betracht kommt, von der das Revisionsgericht nichts wissen kann. Doch erscheint es nicht erforderlich, dem Revisionsgericht die Prüfung überhaupt abzuschneiden, wie eine Mindermeinung annimmt, die bei Fehlen des Hinweises regelmäßig eine **20**

---

26 Vgl. OLG Frankfurt NJW **1963** 460; OLG Hamm MDR **1973** 694; OLG Köln JMBlNRW **1963** 96.

27 BGHSt **3** 64; **6** 257; BGH NJW **1953** 835; **1954** 609; **1969** 1679; **1970** 820; StV **1988** 201; BVerfG (Kammer) NJW **1996** 116; RGSt **65** 285, 351; OGHSt **1** 25, 251; KG JZ **1953** 644; NJW **1976** 814; OLG Braunschweig NdsRpfl. **1950** 95; OLG Celle VRS **50** (1976) 288; OLG Frankfurt NJW **1970** 343; OLG Hamburg NJW **1962** 755; *Batereau* 33 ff; *Bode* 16 ff.

28 *Batereau* 37; *Jagusch* NJW **1962** 1417; oben Rdn. 2.

29 BGH NJW **1953** 754; **1967** 789; **1981** 1745; NStZ **1985** 454; RGSt **73** 75; **75** 56; OGHSt **1** 202, 290; OLG Stuttgart VRS **52** (1977) 36; *Batereau* 38 ff; *Bode* 18 ff; *Wimmer* MDR **1978** 71. Eingehend *Steinmetz* 87 ff.

30 BGHSt **12** 30; BGH NJW **1955** 1328; **1969** 1679;

1992 3115; **1998** 2988; NStZ **1993** 542; StV **1988** 201; RGSt **71** 209; OGHSt **1** 18, 138; **3** 100; OLG Saarbrücken NJW **1975** 66 = VRS **47** 434.

31 BGHSt **12** 30; OGHSt **1** 138 und 159.

32 BGHSt **39** 370; BGH NStZ **1984** 311.

33 BGHSt **10** 276; **20** 121; **28** 231; **33** 49, 166; **39** 370; BGH NJW **1953** 835; **1955** 1328; **1973** 1707; **1976** 381; **1977** 540; **1987** 2384; NStZ **1985** 454; BGH bei *Holtz* MDR **1991** 1021; RGSt **46** 428; **67** 423; **68** 125; **70** 58; **76** 253; RG JW **1923** 400 mit abl. Anm. *Merkel*; OGHSt **1** 305; BayObLGSt **1951** 379; KG VRS **16** 46; OLG Braunschweig NJW **1954** 973; OLG Bremen NJW **1964** 2263; OLG Hamm JZ **1958** 574 mit Anm. *Eb. Schmidt*; VRS **28** (1965) 139; OLG Koblenz NJW **1993** 1809; OLG Köln VRS **30** 181; OLG Oldenburg NJW **1965** 118.

Ernst-Walter Hanack

Zurückverweisung an den Tatrichter verlangt[34]. Das gilt insbesondere, wenn man dem Revisionsgericht die Befugnis einräumt, sich durch einen rechtlichen Hinweis analog § 265 Abs. 1 zusätzliche Sicherheit zu verschaffen, daß eine andere Verteidigung tatsächlich nicht in Betracht kommt (so wohl BHG NStZ-RR **1996** 141 sowie BGH bei *Steinmetz* 99; näher dazu *Steinmetz* 99 ff; vgl. auch *Ventzke* StV **1998** 520 f).

d) Beschwer des Angeklagten

21   **aa) Allgemeines.** Die Schuldspruchberichtigung ist stets erforderlich, wenn das Urteil im Rechtsfolgenausspruch fehlerhaft ist und die Sache insoweit an den Tatrichter zurückverwiesen werden muß. In diesem Fall darf auch ein zu milder Schuldspruch nicht bestehenbleiben, weil andernfalls die Rechtsfolgenbemessung in der neuen Hauptverhandlung keine zutreffende Grundlage hätte (*Jagusch* NJW **1962** 1420). Zur Schuldspruchberichtigung ist das Revisionsgericht ferner verpflichtet, wenn der Tatrichter den Angeklagten nach einem Strafgesetz verurteilt hat, das völlig verschieden ist von dem, das er verletzt hat[35].

22   Sonst ist eine **Schuldspruchberichtigung zum Nachteil des Angeklagten** in der Regel nur bei einem zu dessen Ungunsten eingelegten Rechtsmittel geboten. Denn der Angeklagte selbst ist durch einen für ihn zu günstigen Schuldspruch nicht beschwert[36], und aus der Pflicht des Revisionsgerichts zu allseitig erschöpfender rechtlicher Prüfung des angefochtenen Urteils folgt nicht, daß es die Verurteilung auf die Revision des Angeklagten im Schuldspruch zu dessen Ungunsten ändern muß, mag es dies auch dürfen (vgl. näher BGHSt **37** 8). Die Revisionsgerichte sehen daher in diesen Fällen von einer Schuldspruchberichtigung heute zumeist ab (anders noch OGHSt **1** 251, aber auch OLG Schleswig bei *Ernesti/Jürgensen* SchlHA **1980** 178), sofern die Berichtigung nicht aus Gründen des Gesamtzusammenhangs angezeigt erscheint (so im Fall BGH NStZ **1997** 387).

23   **bb) Einzelheiten.** An einer Beschwer des Angeklagten fehlt es insbesondere, wenn er zu Unrecht einer leichteren statt einer schwereren Teilnahmeform für schuldig befunden[37], wenn ein weiterer tateinheitlich verwirklichter Tatbestand übersehen[38] oder wenn anstelle einer strengeren Strafbestimmung eine mildere angewendet[39], insbesondere wenn statt Tatmehrheit fehlerhaft Tateinheit[40], statt Vollendung fehlerhaft Versuch[41], statt Vorsatz nur Fahrlässigkeit (RGSt **66** 404) angenommen worden ist.

24   Die unzutreffende Annahme einer **fortgesetzten Handlung** beschwert den Angeklagten regelmäßig nicht[42]. Anders ist es, wenn natürliche Handlungseinheit vorliegt und die Strafe wegen der Annahme einer Fortsetzungstat möglicherweise höher bemessen worden ist[43] oder wenn in Wahrheit Tatmehrheit vorliegt und das Verfahren daher teilweise wegen Verjährung (vgl. BGH NJW **1992** 1711) oder wegen Fehlens des erforderlichen

---

34   AK-*Maiwald* 17; *Roxin* § 53, 67; *Batereau* 49; *Bode* 20; *Grünwald* Die Teilrechtskraft im Strafverfahren (1964) 94 Fußn. 7; *Schroeder* JuS **1982** 495.

35   BGHSt **8** 37; OLG Frankfurt NJW **1973** 1806 bei Verurteilung nach § 113 StGB statt nach § 240 StGB; OLG Koblenz VRS **45** (1973) 367 bei Verurteilung nach § 323 a StGB statt nach § 316 StGB; OLG Hamm JZ **1958** 574 mit Anm. *Eb. Schmidt* in dem umgekehrten Fall.

36   BGHSt **10** 362; OLG Düsseldorf NJW **1994** 3367; *Kleinknecht/Meyer-Goßner*[43] 17; KMR-*Paulus* 18; vgl. auch KK-*Pikart* 15; **a. A** *Batereau* 24 ff, 60; *Bode* 10; *Wimmer* MDR **1948** 70.

37   BGHSt **8** 37; RGSt **46** 420.

38   BGHSt **9** 258; **10** 362; RGSt **39** 158; **46** 420; **47** 222; **53** 180; **a. A** OGHSt **1** 251.

39   BGHSt **8** 37; **20** 307.

40   BGHSt **8** 37; **16** 321; BGH VRS **45** (1973) 178; BGH JZ **1986** 967.

41   BGHSt **9** 258; RGSt **57** 29; OLG Köln NJW **1973** 1807.

42   BGHSt **16** 319; BGH NJW **1973** 475; OLG Karlsruhe GA **1976** 150; **a. A** in Konsequenz der grundsätzlichen Aufgabe des Rechtsinstituts (BGHSt **40** 138) *Kleinknecht/Meyer-Goßner*[43] 17.

43   BGH bei *Dallinger* MDR **1974** 369; bei *Holtz* MDR **1990** 1066.

Strafantrags einzustellen wäre, wenn wegen der Annahme einer fortgesetzten Handlung die Voraussetzungen der Sicherungsverwahrung bejaht wurden (BGH bei *Holtz* MDR **1984** 98) oder wenn der Angeklagte wegen der Regelung des § 66 StGB nach seinem Vorleben im Wiederholungsfall mit Sicherungsverwahrung rechnen muß[44]. Eine Beschwer liegt auch dann vor, wenn die unrichtige Zusammenfassung mehrerer Straftaten zu einer fortgesetzten Handlung dazu geführt hat, daß die gestohlenen Sachen nicht als geringwertig im Sinne des § 243 Abs. 2 StGB angesehen wurden, oder wenn (so BGH StV **1991** 19) aus der Gesamtmenge des Betäubungsmittels ein Strafschärfungsgrund nach §§ 29 Abs. 3 Nr. 3, 30 Abs. 1 Nr. 4 BtMG hergeleitet worden ist.

3. Schuldspruchberichtigung und Strafausspruch. Da die Bemessung der Strafe **25** zwar Rechtsanwendung ist, aber entscheidend in den Verantwortungsbereich des Tatrichters fällt (§ 337, 194 ff), müßte strenggenommen jede Berichtigung des Schuldspruchs durch das Revisionsgericht dazu führen, daß das Urteil im Strafausspruch aufgehoben und die Sache zu neuer Straffestsetzung an den Tatrichter zurückverwiesen wird. Die Revisionsgerichte sehen jedoch in ständiger Übung von der Aufhebung im Strafausspruch ab, wenn es nach den Umständen des Falles ausgeschlossen erscheint, daß der Tatrichter, hätte er die Strafe nicht aus Rechtsirrtum einer unrichtigen Strafbestimmung entnommen, auf eine andere Strafe erkannt hätte (Näheres unten Rdn. 27 ff). Dabei handelt es sich allerdings im Grunde nicht um eine Vorausschau, welche Strafe der Tatrichter, wenn er nicht geirrt hätte, für angemessen halten würde, sondern um eine eigene Strafzumessungsentscheidung des Revisionsgerichts[45]. Im Schrifttum wird dieses Verfahren teils für unzulässig gehalten[46], teils wird die Meinung vertreten, über die bisherige Gerichtspraxis hinaus sei dem Revisionsgericht ein „Durcherkennen" in der Straffrage stets erlaubt, wenn die Strafzumessungstatsachen in dem Urteil vollständig mitgeteilt sind und auch den vom Revisionsgericht geänderten Schuldspruch decken[47]. Dazu unten Rdn. 35.

4. Schuldspruchberichtigung im einzelnen

a) Auswechslung der angewendeten Strafvorschrift. Die Berichtigung kann sich auf **26** Vorschriften des Allgemeinen Teils des Strafgesetzbuchs beziehen (vgl. *Bode* 25) und z. B. zur Annahme von Vollendung statt Versuch (OGHSt **1** 108) oder von Versuch statt Vollendung (BGHSt **10** 275), von Anstiftung (RGSt **61** 268) oder Beihilfe statt Täterschaft[48] oder von Fahrlässigkeit statt Vorsatz (OLG Hamm VRS **28** [1965] 139) führen. Häufiger betrifft die Berichtigung die Vorschriften des Besonderen Teils[49]. Sie ist auch zulässig, wenn eine Strafvorschrift durch das Bundesverfassungsgericht für nichtig erklärt worden ist[50].

---

[44] BGH DRiZ **1972** 246; **1973** 24; BGH GA **1974** 307; OLG Karlsruhe MDR **1975** 595.

[45] *Batereau* 87, 91; *Bode* 36 Fußn. 19; *Frisch* Revisionsrechtliche Probleme der Strafzumessung (1971) 298; *Sarstedt* JR **1959** 199; *Schneidewin* FS Reichsgericht 322 ff.

[46] *Zipf* Die Strafmaßrevision (1969) 190 ff; auch *Bode* 35, *Wimmer* MDR **1948** 72 und *Foth* NStZ **1992** 445 wollen die Aufrechterhaltung des Strafausspruchs auf wenige Ausnahmefälle beschränken.

[47] *Batereau* 112; *Bruns* Strafzumessungsrecht[2] 660; *Frisch* aaO S. 298; vgl. auch *Roxin* § 53, 72.

[48] BGHSt **23** 39; RGSt **63** 136; OGHSt **1** 305; OLG Köln JMBlNRW **1954** 28.

[49] Vgl. etwa BGHSt **6** 263; **8** 37; **20** 121; **33** 8; BGH NJW **1952** 1223; **1953** 835; **1955** 1328; **1994** 396; RGSt **68** 125; RG JW **1923** 399 mit abl. Anm. *Merkel*; RG JW **1929** 2577 mit abl. Anm. *Oetker*; OGHSt **1** 18, 138, 305; BayObLGSt **1** 374; OLG Bremen NJW **1964** 2262; OLG Celle NJW **1974** 2328; VRS **50** (1976) 288; OLG Frankfurt NJW **1973** 1807; OLG Hamburg HESt **2** 21; OLG Hamm JZ **1953** 233; OLG Koblenz NJW **1974** 872; VRS **49** 351; OLG Oldenburg NJW **1953** 1238; OLG Zweibrücken NZV **1993** 240.

[50] BGHSt **19** 46; OLG Hamburg NJW **1963** 459; OLG Oldenburg NJW **1962** 2120; **1963** 169.

Ernst-Walter Hanack

27   Wird der Schuldspruch auf eine Revision des Angeklagten oder auf eine Revision der Staatsanwaltschaft zu seinen Gunsten berichtigt, so muß das Urteil regelmäßig im **Strafausspruch aufgehoben** und die Sache insoweit an den Tatrichter zurückverwiesen werden, wenn die neu angewendete Vorschrift milder ist als die frühere[51]. Eine Ausnahme für den Fall anzunehmen, daß die verhängte Strafe dem unteren Bereich des Strafrahmens entnommen oder so außerordentlich gering ist, daß eine Herabsetzung auch bei Anwendung der richtigen Strafvorschrift ausgeschlossen erscheint[52], ist bedenklich und systemwidrig. Der Strafausspruch kann jedoch aufrechterhalten werden, wenn die Strafdrohungen übereinstimmen[53] oder nur geringfügig voneinander abweichen[54], falls sich ausschließen läßt, daß die Strafe durch den Rechtsirrtum beeinflußt ist; entgegen der herrschenden Meinung ist das aber nur selten der Fall, nämlich wenn die ausgewechselten Tatbestände den gleichen Unrechtsgehalt haben wie z. B. Raub und räuberische Erpressung[55], nicht aber vollendete sexuelle Nötigung statt versuchter Vergewaltigung nach dem bis zum 6. StRG geltenden Recht (§§ 177, 178 a. F StGB)[56]. Der Bundesgerichtshof läßt die Aufrechterhaltung gelegentlich sogar zu, wenn der Strafrahmen der neuen Vorschrift strenger ist (BGH NJW **1976** 381) oder wenn die ausgewechselte Strafvorschrift in Tateinheit mit einer strengeren Vorschrift steht, der der Tatrichter die Strafe entnommen hat (BGH NJW **1977** 540). Hatte der Tatrichter die Mindeststrafe festgesetzt, so kann das Revisionsgericht die Mindeststrafe der milderen Strafvorschrift verhängen, wenn nach Lage des Falles anzunehmen ist, daß der Tatrichter auf sie bei richtiger Rechtsanwendung erkannt hätte (OLG Koblenz NJW **1974** 872).

28   Wenn auf die Revision der Staatsanwaltschaft oder des Nebenklägers die angewendete Strafvorschrift durch eine **strengere Vorschrift** ersetzt wird, muß das Urteil im Strafausspruch regelmäßig aufgehoben werden[57]. Bei einer geringfügigen Erweiterung des Schuldspruchs soll nach BGH NJW **1982** 293 (insoweit in BGHSt **30** 228 nicht abgedruckt) im Einzelfall anderes gelten; vgl. auch BGH bei *Mösl* NStZ **1983** 149.

29   **b)** Die **Ersetzung einer eindeutigen Verurteilung durch eine Wahlfeststellung** ist zulässig (BGHSt **8** 37; OLG Karlsruhe NJW **1976** 904). Daß sie im allgemeinen nicht zur Aufhebung des Urteils im Strafausspruch zwingt (so OLG Zweibrücken NJW **1966** 1828; LR-*Meyer*[23]), ist freilich nur dann richtig, wenn die hinzugefügte Strafvorschrift keine milderen Rechtsfolgen vorsieht. Zulässig ist auch die **Änderung einer wahlweisen** in eine eindeutige **Verurteilung** (BayObLGSt **1966** 142 = NJW **1967** 363; OLG Braunschweig NdsRpfl. **1955** 178); die Aufhebung des Strafausspruchs ist dann nur notwendig, wenn es sich um eine Revision zuungunsten des Angeklagten handelt und die eindeutige Verurteilung den Wegfall von Straffolgebeschränkungen ergibt.

---

[51] BGHSt **23** 39; BGH NJW **1952** 1223; **1953** 835; **1955** 1328; **1996** 2663; RGSt **63** 136; **68** 125; **75** 320; RG JW **1923** 399 mit Anm. *Merkel*; RG JW **1929** 257 mit Anm. *Oetker*; OLG Düsseldorf JZ **1995** 908; OLG Hamburg HESt **2** 21; OLG Zweibrücken NZV **1993** 241; *Bode* 42; *Lüttger* DRZ **1950** 350.

[52] Vgl. BGH bei *Theune* NStZ **1989** 173; BayObLG JW **1920** 56 mit Anm. *Kern*; OLG Hamm VRS **28** (1965) 138; KMR-*Paulus* 2.

[53] BGHSt **8** 37; BGH MDR **1955** 52; RGSt **76** 253; OGHSt **1** 305; BayObLGSt **1951** 379; OLG Celle NJW **1964** 2328; VRS **36** 309; OLG Düsseldorf NJW **1965** 2312; OLG Hamm VRS **36** (1969) 460;

OLG Koblenz NJW **1961** 2362; OLG Köln NStZ **1987** 33; *Kleinknecht/Meyer-Goßner*[43] 19; KMR-*Paulus* 21; *Eb. Schmidt* 51; *Bode* 42.

[54] RG HRR **1934** 1259; OLG Braunschweig HESt **1** 268; OLG Zweibrücken JR **1991** 214 mit abl. Anm. *Otto* (vgl. im folg.); *Wimmer* MDR **1948** 73.

[55] BGH JR **1997** 72 (insoweit in BGHSt **41** 124 nicht abgedruckt) mit abl. Anm. *Wolf*.

[56] So überzeugend *Otto* (Anm.) gegen OLG Zweibrücken JR **1991** 214 (Einschränkung von LR[24]); vgl. auch *Theune* NStZ **1989** 174.

[57] RGSt **73** 346; OLG Braunschweig NdsRpfl. **1952** 141; *Batereau* 122; *Bode* 43.

c) **Wegfall einer tateinheitlichen Verurteilung.** Die Schuldspruchberichtigung **30** zugunsten des Angeklagten ist unbedenklich, wenn der tateinheitlich angenommene Tatbestand in Wahrheit gar nicht vorliegt[58]. Ist die wegfallende Verurteilung, insbesondere weil sie einen milderen oder einen gleichartigen Strafrahmen besitzt, ersichtlich ohne Einfluß auf die Höhe der Strafe geblieben, soll nach herrschender Meinung der Strafausspruch bestehenbleiben können[59]. Da jedoch im Zweifel anzunehmen ist, daß der Tatrichter die tateinheitliche Begehung nach den Regeln des § 46 StGB strafschärfend berücksichtigt hat, selbst wenn er dies nicht ausdrücklich ausspricht, erscheint die h. M allenfalls in Ausnahmefällen berechtigt[60]. Ergeben die Urteilsgründe selbst, daß bei der Strafzumessung die nunmehr weggefallene Verurteilung berücksichtigt worden ist oder ist die Verurteilung mit der strengeren Strafvorschrift weggefallen, so muß die Sache grundsätzlich an den Tatrichter zur Festsetzung einer neuen Strafe zurückverwiesen werden[61].

Hatte der Tatrichter wegen eines tateinheitlich erfüllten Tatbestandes verurteilt, **31** obwohl dieser wegen **Gesetzeskonkurrenz** nicht anzuwenden war, so hebt das Revisionsgericht die Verurteilung insoweit auf. Der Strafausspruch kann in der Regel dennoch bestehenbleiben, weil die besonderen Tatumstände, die für sich genommen die Anwendung der anderen Vorschrift gerechtfertigt hätten, bei der Strafzumessung auf jeden Fall berücksichtigt werden dürfen[62].

d) **Zusätzliche Verurteilung wegen tateinheitlich begangener Straftat.** Diese **32** Schuldspruchberichtigung ist auf eine Revision zuungunsten des Angeklagten zulässig[63]. Sie führt regelmäßig zur Aufhebung des Urteils im Strafausspruch und zur Zurückverweisung der Sache an den Tatrichter in diesem Umfang[64]. Davon soll aber abgesehen werden können, wenn der Rechtsfehler die Strafzumessung offensichtlich nicht beeinflußt haben kann[65].

e) **Änderung des Konkurrenzverhältnisses.** Das Revisionsgericht kann statt einer **33** einheitlichen oder fortgesetzten Handlung (RGSt **70** 190; OLG Braunschweig NJW **1954** 973) oder statt Tateinheit (BGHSt **2** 248) **Tatmehrheit** festsetzen. Das Urteil ist dann regelmäßig im Strafausspruch aufzuheben, damit der Tatrichter unter Berücksichtigung des Schlechterstellungsverbots (§ 358 Abs. 2) Einzelstrafen und Gesamtstrafe bemißt[66]; ob im Einzelfall wegen unveränderten Schuldumfangs anderes gelten kann[67], erscheint zweifelhaft.

---

[58] BGHSt 3 64; 8 193; 10 405; 28 16; BGH NJW 1954 609; 1964 202; 1994 2162; 1996 1069; RGSt 48 17; 53 191; 60 59; 75 29; OGHSt 2 19; OLG Koblenz NJW 1993 1809; weitere Nachw. bei *Steinmetz* 145.

[59] BGHSt 8 193; BGH NJW 1993 2759; RGSt 4 182; 53 191, 257, 279; 60 59; 74 181; OGHSt 2 19; KG VRS 36 (1969) 227; OLG Düsseldorf VRS 36 (1969) 314; OLG Hamburg VRS 36 (1969) 415; OLG Saarbrücken VRS 36 (1969) 310; KMR-*Paulus* 21; vgl. auch *Kleinknecht/Meyer-Goßner*43 20.

[60] So etwa im Fall BGH NJW 1994 1166.

[61] BGHSt 22 118; 28 16; BGH NJW 1954 609; 1973 1707; BGH VRS 45 (1973) 186; 50 (1976) 351; *Bode* 37 ff.

[62] BGHSt 1 155; 8 193; 21 185; BGH NJW 1965 2116; RGSt 47 373; 53 257, 279; 74 167, 181, 311; OGHSt 1 114; 2 19; OLG Hamm HESt 2 324; *Ba-*

tereau 118; einschränkend *Bode* 40 ff; BGH NJW 1976 1984 und 1985 502 hält für entscheidend, daß die weggefallene tateinheitliche Verurteilung keinen Einfluß auf die Höhe der Strafe gehabt hat.

[63] BGHSt 38 387; BGH NJW 1983 1625; RGSt 4 182; 47 373; 71 247; OGHSt 1 5.

[64] BGH NJW 1983 1625; OGHSt 1 5; *Bode* 44; *Lüttger* DRZ 1950 351.

[65] RGSt 71 247; 72 77; 74 25; KG JR 1950 407; a. A *Bode* 44.

[66] BGH NJW 1952 274; *Kleinknecht/Meyer-Goßner*43 22; anders in einem Sonderfall BGHR § 354 I Strafausspruch 5.

[67] So BGH NStZ 1992 297 mit Anm. *Scheffler*; erwogen auch von BGHSt 41 373 und BGH NStZ 1996 296; eingehend *Kalf* NStZ 1997 68; ergänzend und z. T. kritisch *Basdorf* NStZ 1997 423.

Ernst-Walter Hanack

34   Zulässig ist es auch, daß das Revisionsgericht im Wege der Schuldspruchberichtigung **Tateinheit** statt Tatmehrheit festsetzt[68]. Nach herrschender, vom Bundesgerichtshof offenbar „zunehmend" und „in zahlreichen Fällen" praktizierter Meinung (so *Theune* NStZ **1988** 307; **1989** 174) soll das Revisionsgericht in diesem Fall die Gesamtstrafe dann als Einzelstrafe aufrechterhalten können, wenn nach den gesamten Umständen, insbesondere den Strafzumessungserwägungen des Tatrichters, ausgeschlossen erscheint, daß die Einzelstrafe niedriger zu bemessen ist als die bisherige Gesamtstrafe[69]. Sonst ist die Zurückverweisung an den Tatrichter zur Festsetzung einer neuen Strafe erforderlich[70].

III. Berichtigung des Urteilsausspruchs. Rechtsfolgenausspruch

35   **1. Allgemeines.** Eine Berichtigung analog § 354 Abs. 1 (oben Rdn. 15) ist auch im Bereich des Rechtsfolgenausspruchs denkbar. Dabei sind dem Revisionsgericht bei der Berichtigung des Straf- und Maßregelausspruchs jedoch enge Grenzen gesetzt. Insbesondere die Strafzumessung muß regelmäßig dem Tatrichter überlassen bleiben (vgl. § 337, 194 ff und oben Rdn. 14a). Das gilt nicht nur für die Freiheitsstrafe, sondern ebenso für die Geldstrafe. Ist z. B. die Höhe des Tagessatzes nach § 40 StGB fehlerhaft bemessen, kommt eine Festsetzung durch das Revisionsgericht selbst regelmäßig nicht in Betracht[71]; bedenklich BGHSt **27** 366 im Fall einer Gesamtstrafenbildung, für deren Festsetzung dem Tatrichter „ein ins Gewicht fallender Spielraum nicht verbleibt". Ebensowenig ist das Revisionsgericht berechtigt, die vom Tatrichter unterlassene Anordnung von Zahlungserleichterungen gemäß § 42 StGB selbst zu treffen (OLG Bremen NJW **1954** 523; *Tröndle*[48] § 42, 4 mit weit. Nachw.); die gegenteilige Auffassung der neueren Rechtsprechung[72] mag im Einzelfall zweckmäßig und unbedenklich sein, bedeutet aber eine problematische Ausnahme vom Prinzip, daß das Revisionsgericht Aufgaben des Tatrichters nicht an sich ziehen darf. Bedenken muß es auch erwecken, daß BGH NJW **1978** 504 (insoweit in BGHSt **27** 274 nicht abgedruckt) eine in unzulässiger Anwendung des § 60 StGB unter Vorbehalt bestimmte Geldstrafe selbst als Strafe ohne Vorbehalt ausspricht (ablehnend *Peters* JR **1978** 248; *Scheffler* NStZ **1992** 79). Eine Berichtigung des Strafausspruchs durch das Revisionsgericht ist nur zulässig, wenn auszuschließen ist, daß es einer tatrichterlichen Entscheidung noch bedarf, etwa wenn der Tatrichter bei der Verurteilung eine fehlerhafte Strafe festgesetzt hat, die ohne weiteres *aus Rechtsgründen* berichtigt werden kann[73]. Die neuerdings im Schrifttum vertretene Ansicht, ein „Durcherkennen" im Strafausspruch sei dem Revisionsgericht gestattet, wenn der Tatrichter die Strafzumessungstatsachen vollständig mitgeteilt hat (oben Rdn. 25 Fußn. 47), hat in der Rechtsprechung, von den genannten Ausnahmen und Grenzfällen abgesehen, ersichtlich noch keine Anhänger gefunden. Sie erscheint schon deswegen kaum akzeptabel, weil der Tatrichter nur die

---

[68] BGH NJW **1966** 1931; **1974** 960; BGH JZ **1986** 767; bei *Theune* NStZ **1989** 174; RGSt **66** 120; **70** 387; **73** 341; **76** 358.

[69] So z. B. BGH NJW **1998** 620; NStZ **1982** 512; **1996** 296 und 384; BGH bei *Holtz* MDR **1978** 110; **1987** 797; *Kleinknecht/Meyer-Goßner*[43] 22; eingehend *Kalf* NStZ **1997** 67; *Basdorf* NStZ **1997** 423; vgl. auch *Scheffler* NStZ **1992** 297; weitergehend *Batereau* 121, der auch sonst eine eigene Strafzumessung durch das Revisionsgericht für zulässig hält; anders *Lüttger* DRZ **1950** 350.

[70] BGH NJW **1966** 1931; **1974** 960; RGSt **66** 120; **70** 387; **73** 132, 341; OLG Düsseldorf JMBlNRW **1951** 229; vgl. auch BGH NJW **1995** 739.

[71] BGHSt **30** 97; OLG Köln VRS **50** (1976) 272; weitergehend, aber z. T. nicht unbedenklich für rechnerisch fixierbare Berechnungsfehler BayObLGSt **1988** 3; BayObLG NJW **1992** 2582 = JR **1993** 471 mit zust. Anm. *Streng*; vgl. auch *Steinmetz* 310, 322.

[72] BGH JR **1979** 73; BGH bei *Holtz* MDR **1980** 453; OLG Hamburg MDR **1982** 776; OLG Karlsruhe MDR **1979** 515.

[73] BayObLGSt **1952** 29 = MDR **1952** 378; BayObLG bei *Rüth* DAR **1974** 183; OLG Hamburg VRS **13** (1957) 364; zu weitgehend daher OLG Düsseldorf StV **1986** 146.

„bestimmenden" Strafzumessungsgründe aufzuführen braucht (§ 267 Abs. 3 Satz 1), es also in aller Regel keinerlei Gewähr dafür gibt, daß er sie wirklich „vollständig" angegeben hat. — Ist ausnahmsweise die Berichtigung einer Strafe zulässig und handelt es sich um die Richtigstellung eines Einzelstrafausspruchs, der die Gesamtstrafe unverändert läßt, so genügt es, daß das Revisionsgericht die Berichtigung in den Urteilsgründen vornimmt; im Urteilsausspruch braucht das nicht zum Ausdruck zu kommen.

2. Herabsetzung der Strafe auf das gesetzliche Höchstmaß. Diese Urteilsberichti- **36** gung ist zulässig, wenn ersichtlich ist, daß der Tatrichter das Höchstmaß aus Rechtsirrtum überschritten hat und ohne diesen Irrtum auf die zulässige Höchststrafe erkannt hätte[74].

3. Die **Herabsetzung einer unter Verletzung des Verbots der Schlechterstellung** **37** (§§ 331, 358 Abs. 2) **erhöhten Strafe** auf das zulässige Maß ist unbedenklich zulässig[75].

4. Anrechnung der Untersuchungshaft. Wenn der Tatrichter rechtsfehlerhaft nach **38** § 51 Abs. 1 Satz 2 StGB von der Anrechnung abgesehen hat, darf das Revisionsgericht sie vornehmen (OLG Düsseldorf NJW **1969** 440; OLG Köln NJW **1965** 2310). Es kann das Urteil auch dahin ändern, daß die Untersuchungshaft nicht in voller Höhe, sondern nur in Höhe der erkannten kürzeren Freiheitsstrafe zur Anrechnung herangezogen wird, die erkannte Freiheitsstrafe also nur durch Untersuchungshaft in gleicher Höhe als verbüßt gilt (BGH bei *Dallinger* MDR **1974** 544); über die Frage der Entschädigung nach § 4 Abs. 1 Nr. 2 StrEG muß dann der Tatrichter befinden. BGH NJW **1992** 125 holt auch die an sich spezifisch tatrichterliche Entscheidung nach, ob die Untersuchungshaft auf eine erkannte Geld- oder Freiheitsstrafe anzurechnen ist.

5. Anordnung der Einziehung. Das Revisionsgericht darf die Einziehung anordnen, **39** wenn der Tatrichter das aus Rechtsgründen irrtümlich für unzulässig gehalten hat und die Einziehung zwingend vorgeschrieben ist (dazu oben Rdn. 11) oder ohne Ermessensfehler nicht abgelehnt werden könnte[76]. Ist die Einziehung offensichtlich unverhältnismäßig, so kann das Revisionsgericht sie beseitigen (OLG Hamm NJW **1975** 67). Es kann ferner den Ausspruch wegfallen lassen, daß der durch die Einziehung betroffene Dritte nicht nach § 74 f Abs. 1 StGB zu entschädigen ist (BayObLGSt **1973** 182 = VRS **46** [1974] 275).

6. Abführung des Mehrerlöses. Das Revisionsgericht kann sie anordnen, wenn der **40** Tatrichter davon nur aus Rechtsirrtum abgesehen hat. Umgekehrt kann es ein Urteil aufheben, in dem auf Mehrerlösabführung erkannt worden ist, und den darauf gerichteten Antrag der Staatsanwaltschaft als unbegründet zurückweisen (BGHSt **5** 100).

7. Anordnung der Urteilsbekanntgabe nach §§ 165, 200 StGB. Das Revisionsge- **41** richt darf die Anordnung in der den Angeklagten am wenigsten belastenden Weise treffen (oben Rdn. 12).

---

74 OLG Bremen NJW **1962** 1217; OLG Celle NJW **1953** 1683; NdsRpfl. **1959** 143; OLG Düsseldorf JMBlNRW **1953** 90 = VRS **5** (1953) 278; OLG Hamm NJW **1953** 118; OLG Köln JR **1959** 30; OLG Neustadt MDR **1962** 324; **1964** 692; OLG Saarbrücken JBl. Saar **1962** 59; OLG Schleswig SchlHA **1962** 201; *Kleinknecht/Meyer-Goßner*[43] 26; KMR-*Paulus* 27; **a. A** *Eb. Schmidt* 44; *Bode*

47, die eine eigene Entscheidung des Revisionsgerichts für unzulässig halten.
75 BGH NJW **1991** 1764; BayObLGSt **1975** 57 = JZ **1975** 538; OLG Hamburg NJW **1975** 1475; MDR **1988** 884; OLG Köln DAR **1957** 109; vgl. auch BGH NJW **1997** 2335.
76 BGHSt **14** 299; **16** 57; **26** 266; vgl. aber auch BGH NJW **1970** 819.

Ernst-Walter Hanack

42   **8. Entscheidung über die Strafaussetzung zur Bewährung.** Sie ist dem Revisionsgericht, wenn sie von der Prognose nach § 56 Abs. 1 StGB abhängt, nur ausnahmsweise
erlaubt (vgl. § 337, 236). Das Revisionsgericht kann sie entgegen dem angefochtenen
Urteil bewilligen, wenn die Strafzumessungserwägungen des Tatrichters ihre Voraussetzungen klar ergeben[77]. Die Folgeentscheidungen nach § 268 a Abs. 1 und die Belehrung
gemäß § 268 a Abs. 3 muß es jedoch dem Tatrichter überlassen[78]. Etwas anderes gilt nur
dann, wenn das Revisionsgericht und die Staatsanwaltschaft dieses Gerichts die Festlegung der gesetzlichen Mindestdauer ohne Bewährungsauflagen für ausreichend halten[79].
Hat der Tatrichter rechtsirrig eine Strafe nach § 56 StGB oder nach § 21 JGG zur Bewährung ausgesetzt, so kann das Revisionsgericht das in Wegfall bringen[80]. Die Frage, ob die
Verteidigung der Rechtsordnung (§ 56 Abs. 3 StGB) der Strafaussetzung entgegensteht,
liegt dabei überwiegend auf rechtlichem Gebiet. Das Revisionsgericht darf hierüber ausnahmsweise selbst entscheiden, wenn die Gesamtwürdigung der Umstände ergibt, daß
jede andere Entscheidung ermessensfehlerhaft wäre (§ 337, 237).

43   **9. Anordnung von Maßregeln der Besserung und Sicherung.** Auch hierüber kann
das Revisionsgericht nur in engen Grenzen selbst befinden. Es kann die Unterbringung
nach § 63 StGB anordnen, wenn das Landgericht deren Voraussetzungen einwandfrei
festgestellt, aber unter Verletzung des § 358 Abs. 2 die Sicherungsverwahrung angeordnet
hat (BGH NJW **1973** 108). Ausnahmsweise kann es wohl auch die Entscheidung über die
Aussetzung einer Unterbringung (§ 67 b StGB) treffen, insbesondere wenn die Voraussetzungen der Aussetzung mit Sicherheit nicht vorliegen (BGH NStZ **1983** 167; vgl. auch
§ 337, 250). Zulässig ist ferner: die Aufhebung einer Anordnung gemäß § 67 Abs. 2 StGB
über den Vorwegvollzug der Strafe vor der Maßregel (BGH NJW **1983** 240; **1990** 3282);
die Herabsetzung einer zeitigen Sperre nach § 69 a StGB auf das Höchstmaß von fünf Jahren (OLG Köln MDR **1956** 696) oder auf das Mindestmaß von drei Monaten (OLG Köln
VerkMitt. **1977** 3), wenn das Urteil ergibt, daß der Tatrichter nur infolge Rechtsirrtums
nicht so erkannt hat; die Herabsetzung auf das Maß des ersten Urteils, wenn der Berufungsrichter die Sperre unter Verstoß gegen § 331 erhöht hat (vgl. aber auch OLG Karlsruhe VRS **48** [1975] 425); die Heraufsetzung der rechtsfehlerhaft bemessenen Sperre,
wenn das Urteil ergibt, wie der Tatrichter sie ohne Fehler bemessen hätte (OLG Oldenburg VRS **51** [1976] 283); die Einziehung der Fahrerlaubnis für immer, wenn der Tatrichter sie an sich für erforderlich gehalten, aber irrtümlich gemeint hat, er dürfe sie nicht
anordnen (OLG Stuttgart NJW **1956** 1081); die Entziehung der Fahrerlaubnis mit einer
zeitigen Sperre, sofern das Urteil ergibt, wie der Tatrichter diese Sperre angeordnet hätte,
wenn er die Maßregel nicht irrig für unzulässig gehalten hätte (BGHSt **6** 402; OLG Frankfurt Blutalkohol **1977** 122); die Aufhebung der nicht zulässigen Bestimmung eines Termins für den Beginn der Sperre (OLG Zweibrücken NJW **1983** 1008); die entsprechende
Herabsetzung der Sperre, wenn der Tatrichter in Verkennung des § 69 a StGB eine Sperre
seit Erlaß des ersten Urteils angeordnet hat (OLG Hamm VRS **46** [1974] 131). Wegen der
Entscheidung über die Maßregel nach § 69 StGB bei Teilfreisprechung vgl. oben Rdn. 4.
Ferner kann das Revisionsgericht die Anordnung des Berufsverbots nach § 70 StGB dahin

[77] BGH NJW **1953** 1839; BGH MDR **1954** 309; BGH
      wistra **1992** 22; OLG Bremen NJW **1962** 929;
      OLG Celle NJW **1968** 2255; *Kleinknecht/Meyer-
      Goßner*[43] 30; KMR-*Paulus* 33.
[78] BGH VRS **77** (1989) 349; OLG Hamm JMBlNRW
      1984 71; *Kleinknecht/Meyer-Goßner*[43] 30; KMR-
      Paulus 33; *Wagner* DRiZ **1970** 279.

[79] BGH NJW **1953** 1839; BGHR § 354 I Sachent-
      scheidung 1; OLG Celle NJW **1968** 2255; OLG
      Hamm aaO; *Kleinknecht/Meyer-Goßner*[43] 30;
      KMR-*Paulus* 33; *Dahs/Dahs* 590; **a. A** LR-*Meyer*
      in der 23. Aufl.
[80] BGHSt **24** 365; BGH bei *Holtz* MDR **1982** 623;
      OLG Hamm NZV **1993** 317.

abändern, daß eine mildere Verbotsanordnung getroffen wird (z. B. BGH bei *Herlan* MDR **1954** 529). Es kann eine Maßregel auch entfallen lassen, wenn sicher ist, daß sie nicht angeordnet werden kann (so für das Berufsverbot z. B. BGH NJW **1983** 2099; wistra **1988** 70).

IV. Berichtigung des Urteilsausspruchs. Verurteilung statt Freispruch oder Einstellung?

Ergeben die Urteilsfeststellungen, daß der Tatrichter den Angeklagten zu Unrecht frei- **44** gesprochen hat, so ist eine eigene Sachentscheidung durch das Revisionsgericht in aller Regel unmöglich. Die für die Zulässigkeit der Schuldspruchberichtigung maßgebende Erwägung, es sei sinnlos, die Sache an den Tatrichter zurückzuverweisen, wenn diesem wegen der Bindungswirkung nach § 358 Abs. 1 nur eine einzige Entscheidungsmöglichkeit bleibt (oben Rdn. 15), trifft hier regelmäßig nicht zu. Denn ein freisprechendes Urteil bietet im allgemeinen keine Gewähr dafür, daß die Feststellungen so vollständig sind, daß nur ein bestimmter Schuldspruch in Betracht kommt[81]. Der eigenen Sachentscheidung des Revisionsgerichts steht ferner entgegen, daß die Revision des Angeklagten gegen ein freisprechendes Urteil unzulässig ist (§ 333, 25); er kann daher das Zustandekommen der Feststellungen nicht mit Verfahrensrügen bekämpfen. Es geht nicht an, ihn gleichwohl aufgrund der getroffenen Feststellungen, gegen die er sich nicht wehren kann, schuldig zu sprechen[82]. Schließlich erscheint es bedenklich, die Schöffen von dem Schuldspruch dadurch auszuschließen, daß der Tatrichter freispricht und das Revisionsgericht verurteilt[83]. Die Änderung eines freisprechenden in ein verurteilendes Erkenntnis kann daher allenfalls in besonderen Ausnahmefällen in Betracht kommen. Sie erscheint etwa denkbar, wenn das tatrichterliche Urteil ergibt, daß der Angeklagte voll geständig und nur wegen eines Subsumtionsfehlers des Tatrichters entgegen seinen eigenen Erwartungen nicht für schuldig befunden worden ist[84]. Denkbar kann die Ersetzung eines freisprechenden durch ein verurteilendes Erkenntnis auch sein, wenn der Freispruch im Berufungsrechtszug erfolgt ist, das Amtsgericht aber verurteilt hatte[85]. Unbedenklich erscheint es ferner, wenn das Revisionsgericht den Freispruch in bloßer Korrektur eines tatrichterlichen Tenorierungsfehlers in einen Schuldspruch mit Straffreiheitserklärung gemäß § 199 StGB ändert (OLG Celle MDR **1989** 840).

Die **Ansichten** zu der Frage sind **geteilt**. Im Schrifttum wird die Schuldspruchberichti- **45** gung durch Verurteilung fast ausnahmslos als unzulässig angesehen[86]. Das Reichsgericht hat sie, entgegen LR[24] und verbreiteter Meinung, zwar nicht ausnahmslos unterlassen, ersichtlich aber doch ganz selten vorgenommen (so in RGSt **76** 226; näher *Walbaum* 79 f). In der neueren Rechtsprechung hingegen wird sie teilweise „recht unkritisch" (LR-

---

[81] Näher und mit weit. Nachw. etwa *Batereau* 68 ff; *Laubenthal* JR **1994** 203; *Walbaum* 123 ff.

[82] BayObLG JZ **1961** 507; OLG Düsseldorf StV **1985** 361; *Bode* 31; *W. Schmid* Die „Verwirkung" von Verfahrensrügen im Strafprozeß (1967) 197; *Laubenthal* JR **1994** 203.

[83] Insoweit **a. A** BVerfG StV **1991** 546; *Walbaum* 103 ff.

[84] Vgl. KG JR **1987** 257; *Kleinknecht/Meyer-Goßner*[43] 23a; **a. A** *Walbaum* 129.

[85] OLG Düsseldorf NJW **1991** 1124; JR **1994** 201 mit abl. Anm. *Laubenthal*; OLG Frankfurt NJW **1968** 265; OLG Hamburg NJW **1981** 138; OLG Karlsruhe NJW **1976** 904; OLG Koblenz OLGSt § 240

StGB S. 26; OLG Oldenburg JR **1990** 128; Bedenken erhebt auch insoweit *Batereau* 71.

[86] KMR-*Paulus* 19; *Eb. Schmidt* Nachtr. I 54a; *Henkel* 382; *Peters* 664 und FS Stock 177; *Roxin* § 53, 68; *Schlüchter* 572.2; *Dahs/Dahs* 502; *Hartung* DRZ **1950** 220; *Hülle* NJW **1952** 411; *Lüttger* DRZ **1950** 349; *Rudolphi* JR **1983** 253; *Volk* JR **1979** 208; eingehend *Batereau* 61 ff; *Bode* 26 ff; *Walbaum* Diss.; höchst skeptisch auch KK-*Pikart* 13; *Steinmetz* 157 ff (eingehend); in Ausnahmefällen für Zulässigkeit AK-*Maiwald* 13 ff; *Kleinknecht/Meyer-Goßner*[43] 23; *Pfeiffer/Fischer* 5; LR-*Meyer* in der 23. Aufl.

Ernst-Walter Hanack

Meyer[23]) zugelassen[87]. Das Bayerische Oberste Landesgericht (BayObLGSt **1960** 225 = JZ **1961** 270 mit Anm. *Peters*) und das Kammergericht (KG JR **1957** 270 mit Anm. *Sarstedt*) lehnen sie ab, ebenso auch das OLG Stuttgart (VRS **52** [1977] 36). Der Bundesgerichtshof hebt mitunter ein freisprechendes Urteil unter Aufrechterhaltung der durch den Rechtsfehler nicht betroffenen Feststellungen auf[88]. Wenn eine Verurteilung durch das Revisionsgericht erfolgt, muß die Sache stets wegen der Strafzumessung an den Tatrichter zurückverwiesen werden, sofern das Revisionsgericht nicht nach § 354 Abs. 1 die gesetzlich niedrigste Strafe festsetzt.

45a   Die Verurteilung durch eine vom tatrichterlichen Freispruch **abweichende eigene Beweiswürdigung** ist dem Revisionsgericht als Verstoß gegen Art. 101 Abs. 1 Satz 2 GG unbedingt untersagt (vgl. BVerfG [Kammer] NJW **1991** 2893).

46   Die Verurteilung **anstelle** der **Einstellung** wegen eines Verfahrenshindernisses, das der Tatrichter zu Unrecht für gegeben hält, begegnet im Einzelfall geringeren Bedenken als die Ersetzung eines freisprechenden durch ein verurteilendes Erkenntnis. Sie ist nach der Rechtsprechung zulässig, wenn das Urteil einwandfrei erkennen läßt, daß die Feststellungen vollständig sind[89]. Zur entsprechenden Rechtslage, wenn das Revisionsgericht eine Wiedereinbeziehung nach § 154 a vornimmt, s. näher bei § 154 a.

V. Berichtigung offensichtlicher Versehen

47   Von der Berichtigung des Urteilsausspruchs (oben II bis IV) ist der Fall zu unterscheiden, daß das Revisionsgericht offensichtliche Versehen im Ausspruch des angefochtenen Urteils berichtigt. Darin liegt weder eine unmittelbare noch eine mittelbare Anwendung des § 354 Abs. 1[90]. Derartige Berichtigungen sind immer zulässig, wenn eine Verurteilung, die sich aus den Urteilsgründen eindeutig und widerspruchsfrei ergibt, in der Urteilsformel keinen vollständigen oder klaren Ausdruck gefunden hat[91]. Dabei kann es sich um die Berichtigung von Schreibfehlern und ähnlichen Mängeln oder um die Richtigstellung des Schuld- oder Rechtsfolgenausspruchs aus den Gründen des angefochtenen Urteils handeln (vgl. auch bei § 268). Ob die offensichtliche Unrichtigkeit insoweit auf einem Versehen des Tatrichters oder auf einer Verkennung des Gesetzes beruht, spielt keine Rolle[92]. In Einzelfällen stößt die Grenze zur Schuldspruch- und Rechtsfolgenberichtigung

---

[87] BGHSt **36** 282 f; OGH MDR **1948** 303; OLG Celle VRS **28** 32; OLG Düsseldorf (zuletzt) JR **1994** 202 mit abl. Anm. *Laubenthal*; OLG Frankfurt NJW **1953** 1363; OLG Hamburg NJW **1980** 1009; **1985** 1655; JR **1979** 207 mit abl. Anm. *Volk*; JR **1983** 250 mit abl. Anm. *Rudolphi*; JZ **1985** 344 f; KG JZ **1953** 644 (s. aber im folg. Text); OLG Koblenz OLGSt § 370 Abs. 1 Nr. 5 StGB S. 27; VRS **43** 288; OLG Köln JMBlNRW **1952** 15; OLG Oldenburg NJW **1985** 1353; JR **1990** 128; OLG Saarbrücken VRS **44** (1973) 448; weitere Nachweise unveröffentlichter Entscheidungen bei *Batereau* 61 Fußn. 37.

[88] So z. B. BGH NJW **1951** 325; **1977** 379; ebenso z. B. OLG Hamburg MDR **1973** 694; OLG Saarbrücken VRS **21** (1961) 125. Entsprechend verfährt BGHSt **32** 86, wenn der Tatrichter nur versäumt hat, nach § 154 a ausgeschiedene Tatteile wieder einzubeziehen; dazu § 353, 17. BGH bei *Holtz* MDR **1984** 444 hält sogar allein die Feststellungen

zum Alter des Angeklagten aufrecht, weil sie im Revisionsverfahren für die Bestimmung wesentlich waren, an welches Gericht die Sache zurückverwiesen werden mußte.

[89] BGHSt **3** 73; BGH NJW **1952** 1264; OGHSt **1** 234; OLG Hamburg NJW **1962** 754; *Batereau* 73; *Steinmetz* 186 ff; **a. A** *Bode* 31, der sie nur bei eigener Anfechtungsmöglichkeit des Angeklagten zulassen will; *Roxin* § 53, 71 und *Grünwald* Die Teilrechtskraft im Strafverfahren (1964) 94 halten sie stets für unzulässig oder doch für unerwünscht.

[90] *Batereau* 4; *Bode* 2; *Steinmetz* 120; vgl. auch *Dahs/Dahs* 579.

[91] RGSt **54** 205, 291; RG JW **1927** 1316 mit Anm. *zu Dohna*, das allerdings § 354 Abs. 1 sinngemäß anwenden zu müssen glaubt; vgl. auch BGH NJW **1953** 76.

[92] *Kleinknecht/Meyer-Goßner*[43] 33; *Wimmer* MDR **1948** 70; LR-*Meyer* in der 23. Aufl.; kritisch *Wiedemann* 87.

in analoger Anwendung des § 354 Abs. 1 dabei allerdings auf verschwimmende Grenzen, was erklären mag, daß für derartige Berichtigungen überflüssigerweise z. T. § 354 Abs. 1 herangezogen wird (KMR-*Paulus* 13; vgl. im folg. Text). Nicht mehr um eine Berichtigung in dem erörterten Sinne, sondern um eine entsprechende Anwendung des § 354 Abs. 1 handelt es sich bei der Berichtigung von Rechtsfehlern erst, wenn dem tatrichterlichen Urteil das Gemeinte nicht zu entnehmen ist (vgl. bei § 268); dann ist die Schuldspruchberichtigung nur unter den dargelegten Voraussetzungen (Rdn. 15 ff) zulässig.

Eine **Berichtigung** ist von der Rechtsprechung z. B. in folgenden Fällen für **zulässig** **48** gehalten worden: Wenn der Tatrichter im Urteilstenor den aus den Urteilsgründen ersichtlichen Schuldspruch nicht aufgenommen hat (OLG Hamm NJW **1981** 697); wenn sich aus den Urteilsgründen eindeutig ergibt, daß der Tatrichter im Urteilstenor die Zahl der verhängten Tagessätze versehentlich zu niedrig angegeben hat (OLG Frankfurt NJW **1988** 3029); wenn er in der neuen Entscheidung nach Zurückverweisung das erste Urteil nur aufrechterhält, statt neu zu verurteilen (RG GA **55** [1908] 331); wenn er im Urteilsausspruch zu zwei Einsatzstrafen verurteilt, in den Gründen aber angibt, daß und welche bestimmte Gesamtstrafe er hat verhängen wollen (BGH JZ **1951** 655, der jedoch § 354 Abs. 1 entsprechend anwendet); wenn er im Urteilsausspruch wegen tateinheitlich begangener Straftaten verurteilt, aus den Gründen aber klar hervorgeht, daß er Tatmehrheit meinte (OLG Hamm VRS **44** [1973] 426); wenn das Landgericht die Berufung irrtümlich ohne die Maßgabe verwirft, daß nicht Tatmehrheit, sondern eine fortgesetzte Handlung vorliegt und der Angeklagte Mittäter ist (OLG Schleswig bei *Ernesti/Jürgensen* SchlHA **1976** 172); wenn der Tatrichter bei Nichterweislichkeit einer tateinheitlich begangenen Straftat in verfahrensrechtlich unzulässiger Weise teilweise freispricht (OLG Karlsruhe NJW **1973** 1990, das § 354 Abs. 1 entsprechend anwendet). Hat der Tatrichter es unterlassen, einen Teilfreispruch, den er nach den Urteilsgründen für erforderlich erachtete, in den Urteilsausspruch aufzunehmen, so kann das Revisionsgericht auch das nachholen (OLG Celle GA **1959** 22). Umgekehrt ist es zulässig, eine tateinheitliche Verurteilung, die nur in den Urteilsgründen aufgeführt ist, in den Urteilsausspruch aufzunehmen[93]. Hat der Tatrichter versäumt, im Urteilsausspruch anzugeben, ob vorsätzliche oder fahrlässige Tatbegehung vorliegt, obwohl das erforderlich ist (etwa bei §§ 315 c, 323 a StGB), so kann das nachgeholt werden, sofern es sich den Urteilsgründen entnehmen läßt[94], auch wenn der Schuldspruch bereits rechtskräftig ist[95]. Selbst die Auswechslung der Bezeichnung der Tat ist zulässig, wenn aus den Urteilsgründen hervorgeht, daß der Urteilsausspruch auf einem Versehen beruht, z. B. bei Verurteilungen wegen Trunkenheit im Verkehr (§ 316), obwohl die Gründe ergeben, daß der Tatrichter den Angeklagten der Straßenverkehrsgefährdung nach § 315 c StGB für schuldig hält (BGH VRS **46** [1974] 107). Entsprechendes gilt für die Auswechslung der Strafart (z. B. Strafarrest statt Freiheitsstrafe), wenn schon der Tatrichter in den Urteilsgründen auf das Versehen hingewiesen hat (OLG Schleswig bei *Ernesti/Jürgensen* SchlHA **1976** 173).

Zulässig ist auch die **Ergänzung des Urteilsausspruchs** hinsichtlich der Dauer der **49** Nebenfolge nach § 45 StGB (vgl. OLG Oldenburg NJW **1965** 510). Ferner kann ein offensichtlicher Irrtum bei der Anrechnung der Untersuchungshaft berichtigt werden (BayObLGSt **20** 298). Jedoch darf das Urteil nicht durch Nebenentscheidungen (Verhängung von Nebenstrafen, Nebenfolgen und Maßnahmen) ergänzt werden, die der Tatrichter versehentlich unterlassen hat, selbst wenn von ihnen in den Urteilsgründen irgendwie die

---

[93] RGSt **54** 205; *Batereau* 8; *Wimmer* MDR **1948** 70; RGSt **4** 179 wendete in diesem Fall § 354 Abs. 1 sinngemäß an.
[94] BGH NJW **1969** 1582; OLG Koblenz VRS **45**

(1973) 176; BGHSt **19** 219 wendet hierzu § 354 Abs. 1 sinngemäß an.
[95] OLG Saarbrücken MDR **1975** 334; vgl. auch BayObLGSt **1972** 1 = MDR **1972** 342.

Ernst-Walter Hanack

Rede ist; denn das wäre keine Richtigstellung, sondern eine Änderung des Urteilsausspruchs, die nur auf eine zuungunsten des Angeklagten eingelegte Revision zulässig ist (OLG Koblenz VRS **50** [1976] 34; *Wimmer* MDR **1948** 70).

50 Hat der Tatrichter zur rechtlichen **Bezeichnung der Straftat** nicht, wie § 260 Abs. 4 Satz 2 vorsieht, die gesetzliche Überschrift benutzt, so kann das Revisionsgericht das richtigstellen; verpflichtet ist es dazu aber nicht. Die Anführung der angewendeten Vorschriften nach § 260 Abs. 5 gehört weder zum Urteilsausspruch noch zu den Urteilsgründen (BGHSt **27** 289); die Liste kann jederzeit berichtigt werden, auch von dem Revisionsgericht, das hierzu jedenfalls Anlaß haben wird, wenn es auch den Urteilsausspruch ändert oder richtigstellt[96].

VI. Zurückverweisung der Sache an den Tatrichter (Absätze 2 und 3)

1. Zurückverweisung zu neuer Verhandlung und Entscheidung

51 **a) Allgemeines.** Wenn das Revisionsgericht das Urteil ganz oder teilweise aufhebt, aber nicht selbst abschließend entscheidet, muß es die Sache im Umfang der Aufhebung zu neuer Verhandlung und Entscheidung an den Tatrichter, unter Umständen an ein anderes Gericht, zurückverweisen. Bei teilweiser Zurückverweisung tritt eine stillschweigende Trennung der verbundenen Sachen ein. Wird wegen nach § 154 a ausgeschiedener Teile zurückverwiesen, so setzt das voraus, daß das Revisionsgericht sie nach § 154 a Abs. 3 wieder einbezieht[97]. Die Entscheidung über die Kosten der Revision wird dem Tatrichter überlassen, weil erst dessen neue Entscheidung dafür maßgebend ist, ob die Revision erfolgreich war; die Aufhebung und Zurückverweisung ist immer nur ein vorläufiger Erfolg (vgl. bei § 473). Nach § 126 Abs. 3 kann das Revisionsgericht den Haftbefehl aufheben, wenn sich bei der Urteilsaufhebung ohne weiteres ergibt, daß die Voraussetzungen des § 120 Abs. 1 vorliegen. Die Zurückverweisung an einen neuen Tatrichter dürfte dessen Zuständigkeit erst begründen, wenn die Akten bei ihm eingegangen sind; bis dahin verbleibt es für Entscheidungen, die nicht in die Kompetenz des Revisionsgerichts übergehen (vgl. § 347, 11), bei der Zuständigkeit des Tatrichters, gegen dessen Urteil sich die Revision richtet.

52 **b) Berufungsurteile.** Wenn ein Berufungsurteil aufgehoben wird, darf grundsätzlich nur an das Berufungsgericht, nicht an das Amtsgericht zurückverwiesen werden. Von diesem Grundsatz gibt es aber Ausnahmen: An eine andere Abteilung des Amtsgerichts wird zurückverwiesen, wenn schon das Berufungsgericht nach § 328 Abs. 2 so hätte verfahren müssen[98]. Daß anderes gelten soll, wenn das Berufungsgericht die Möglichkeit der Zurückverweisung ganz übersehen hat[99], ist jedenfalls bei klar (ermessens)fehlerhafter Nichtanwendung des § 328 Abs. 2 nicht einzusehen. An das Amtsgericht ist die Sache auch zurückzuverweisen, wenn es den Einspruch gegen einen Strafbefehl zu Unrecht nach § 412 Abs. 1 verworfen hat und wenn auch die Berufung gegen dieses Urteil verworfen worden ist[100]. Der Fall, daß das Berufungsgericht die Unzuständigkeit des Strafrichters übersehen hat, ist bei § 355, 10 erörtert.

---

[96] Die Entscheidung BayObLGSt **1972** 1 = MDR **1972** 342 ist durch die Neufassung des § 260 durch Art. 21 Nr. 66 EGStGB überholt.

[97] OLG Stuttgart NJW **1973** 1386 mit Anm. *Kraemer/ Ringwald* = JZ **1973** 741 mit Anm. *Lackner*.

[98] RGSt **63** 346; BayObLGSt **1952** 110 = MDR **1952** 631 mit Anm. *Mittelbach*; *Eb. Schmidt* Nachtr. I 28; *Beling* 427 Fußn. 2; *Gössel* JR **1982** 272.

[99] So BayObLGSt **1957** 11; KMR-*Paulus* § 328, 36; LR-*Meyer* in der 23. Aufl.; vgl. auch OLG Stuttgart NJW **1976** 1852 sowie bei § 328.

[100] KG JW **1931** 2525; OLG Dresden JW **1929** 285 mit Anm. *Oetker*; OLG Köln GA **1955** 60; *Kleinknecht/Meyer-Goßner*[43] 35; vgl. auch bei § 412.

2. Zurückverweisung an eine andere Abteilung oder Kammer oder an einen anderen Senat (Absatz 2)

a) Allgemeines. Bis 1965 durfte das Revisionsgericht die Sache nach seinem Ermes- **53** sen an denselben Spruchkörper oder an eine andere Abteilung oder Kammer desselben Gerichts zurückverweisen. Nach der Änderung des § 354 Abs. 2 durch das StPÄG 1964 ist die Zurückverweisung an einen anderen Spruchkörper zwingend vorgeschrieben. Damit soll der Erfahrungstatsache Rechnung getragen werden, daß der Angeklagte einem Richter, der bereits an dem früheren Urteil mitgewirkt hat, oft mit Mißtrauen begegnet (vgl. OLG Hamm GA **1971** 186).

b) Zurückverweisung an einen anderen Spruchkörper. Das Revisionsgericht **54** bestimmt in seinem Urteil den anderen Spruchkörper nicht näher, sofern es nicht eine besondere Entscheidung nach § 354 Abs. 3 (unten Rdn. 66) oder nach § 355 (s. dort) trifft. Ansonsten verweist es die Sache nur allgemein an eine andere Abteilung oder Kammer oder an einen anderen Senat zurück (**a. A** für einen Ausnahmefall OLG Düsseldorf StV **1985** 408). Gemeint ist damit dann der nach dem maßgeblichen Geschäftsverteilungsplan zuständige Spruchkörper (BGH bei *Pfeiffer* NStZ **1982** 191), und zwar Spruchkörper glei- cher Art (BGH bei *Dallinger* MDR **1977** 810). Unter einer anderen Abteilung des Amts- gerichts ist also eine ebenso wie die frühere besetzte Abteilung (Strafrichter, Schöffenge- richt, erweitertes Schöffengericht) zu verstehen. Um eine andere Abteilung handelt es sich auch dann, wenn sie mit derjenigen, an deren Stelle sie nach § 354 Abs. 2 treten soll, eine gemeinsame Geschäftsstelle hat; die Abteilung im Sinne der Vorschrift hat mit der büro- mäßigen Organisation der Gerichte nichts zu tun (OLG Hamm NJW **1968** 1438; OLG Koblenz NJW **1968** 2393). Wird das Urteil einer Strafkammer aufgehoben und die Sache an eine andere Strafkammer des Landgerichts zurückverwiesen, so ist die neue Verhand- lung vor einer allgemeinen Strafkammer durchzuführen, wenn das erste Urteil von einer solchen Kammer erlassen worden war, vor einer Kammer mit besonderer Zuständigkeit (Schwurgerichts- oder Jugendkammer, Strafkammer nach §§ 74 a ff GVG), wenn vorher eine solche Kammer entschieden hatte. Vorbehaltlich einer besonderen Anordnung nach § 354 Abs. 3 (unten Rdn. 66) ist für die neue Verhandlung eine Schwurgerichtskammer auch dann zuständig, wenn das Revisionsgericht nicht ausdrücklich von ihr gesprochen hat und es nur noch um die Straffestsetzung wegen eines Delikts geht, das dem Katalog des § 74 Abs. 2 GVG nicht unterfällt[101]. In Sachen, für die das Oberlandesgericht im ersten Rechtszug zuständig ist, wird an einen anderen Senat des Oberlandesgerichts zurückverwiesen (§ 354 Abs. 2 Satz 2).

c) Zurückverweisung beim Fehlen eines anderen Spruchkörpers. § 354 Abs. 2 **55** zwingt die Justizverwaltungen, so viele Spruchkörper einzurichten, daß jeweils eine andere Abteilung oder Kammer oder ein anderer Senat zur Verfügung steht (BGH bei *Pfeiffer/Miebach* NStZ **1985** 204; **a. A** *Helle* DRiZ **1974** 227), und verpflichtet die Gerichtspräsidien, in den Geschäftsverteilungsplänen die anderen Spruchkörper für den Fall der Zurückverweisung durch das Revisionsgericht zu bestimmen[102]. Ist die Einrich- tung eines anderen Spruchkörpers nicht erfolgt, so kann das Revisionsgericht hierauf durch Verweisung an ein anderes Gericht desselben Landes Rücksicht nehmen; verpflich- tet dazu ist es aber nicht, weil die revisionsrechtliche Wahlmöglichkeit des § 354 Abs. 2

---

[101] BGH NStZ **1987** 366; bei *Dallinger* MDR **1977** 810; KK-*Pikart* 31.

[102] BGH NJW **1975** 743; OLG Karlsruhe MDR **1980** 691; OLG München MDR **1977** 1037 = JR **1978**

301 mit Anm. *Rieß* und Besprechung *Müller* MDR **1978** 337; OLG Saarbrücken MDR **1070** 347; *Benz* MDR **1976** 805.

Ernst-Walter Hanack

nach differenzierten Sachkriterien (Rdn. 61) erfolgt[103]. Ist die Sache vom Revisionsgericht an einen anderen Spruchkörper desselben Gerichts zurückverwiesen worden, obwohl ein solcher nicht besteht, so muß er nachträglich für den Rest des Geschäftsjahres eingerichtet werden[104]. Das gilt auch, wenn das Revisionsgericht die Sache zum zweitenmal zurückverweist (OLG Schleswig bei *Lorenzen/Görl* SchlHA **1988** 117), und sei es in einer Schwurgerichtssache (zum letzteren zurückhaltend BGH NStZ **1981** 489). Nur wenn sich die Einrichtung eines anderen Spruchkörpers als unmöglich erweist, kommt als äußerste Lösung eine Zuständigkeitsbestimmung gemäß § 15 in Betracht[105].

56   Die Zurückverweisung der Sache an einen **bestimmten Spruchkörper** desselben Gerichts ist dem Revisionsgericht auch dann verwehrt, wenn ihm bekannt ist, daß eine andere Abteilung oder Kammer in der Justizverwaltung nicht eingerichtet worden ist. Denn durch diese Art der Zurückverweisung würde das Revisionsgericht in unzulässiger Weise die dem Präsidium des Gerichts, an das die Sache zurückgelangt, vom Gesetz übertragene Aufgabe übernehmen, die zuständige Abteilung oder Kammer zu bestimmen[106].

57   **d) Mitwirkung des früheren Richters.** Die heutige Fassung des § 354 Abs. 2 durch das StPÄG geht auf eine Anregung der Anwaltschaft zurück, der ein Ausschließungsgrund entsprechend § 23 vorschwebte (*Dahs* NJW **1966** 1692). So weit ist der Gesetzgeber nicht gegangen. Er wollte zwar sicherstellen, daß die neue Entscheidung möglichst in die Hände von Richtern gelegt wird, die mit der Sache vorher nicht befaßt waren. Die Mitwirkung der früheren Richter hat er aber nicht allgemein untersagt, sondern nur bestimmt, daß der Spruchkörper nach der Zurückverweisung nicht derselbe ist, der früher entschieden hat. Daß der Gesetzgeber damit einen „bemerkenswert schlechten Kompromiß" geschlossen hat[107], daß ihm eine „in Halbheiten und Unklarheiten steckengebliebene Fehlleistung" vorzuwerfen ist (*Eb. Schmidt* Nachtr. I 24), hat LR-*Meyer*[23] bestritten: Der Gesetzgeber sehe eben, und zwar mit Recht, in der Mitwirkung des früheren Richters an der neuen Verhandlung keinen so schweren Nachteil für den Angeklagten, wie es seine Kritiker tun. § 354 Abs. 2 brauche sich für den Angeklagten keineswegs immer günstig auszuwirken (so auch BGH GA **1967** 372); vor allem bei der Revision der Staatsanwaltschaft gegen ein freisprechendes Urteil sei es für den Angeklagten fast immer günstiger, wenn er erneut vor den Richter gelangte, der ihn freigesprochen hatte.

58   Die Rechtsprechung legt § 354 Abs. 2 entsprechend dem Wortlaut seiner Regelung nahezu einhellig dahin aus, daß das Gesetz die Zurückverweisung an **„andere", nicht „anders besetzte"** Abteilungen, Kammern und Senate verlangt und daß es die erneute Mitwirkung von Richtern und Schöffen aus dem früheren Verfahren, etwa als Vertreter im Verhinderungsfall oder infolge einer Änderung des Geschäftsverteilungsplans, bewußt in Kauf nimmt. Der Richter ist weder nach § 23 ausgeschlossen, noch ist er sonst verhindert,

---

[103] OLG Schleswig SchlHA **1975** 165; *Kleinknecht/Meyer-Goßner*[43] 38; KMR-*Paulus* 44; *Kleinknecht* JZ **1965** 161; *Benz* MDR **1976** 806; *Rieß* JR **1978** 302; **a. A** OLG München JR **1978** 301 mit Anm. *Rieß*; *Eb. Schmidt* Nachtr. I 27; *Helle* DRiZ **1974** 229 und wohl auch KMR-*Paulus* 45 für den Fall, daß die Einrichtung eines anderen Spruchkörpers unmöglich ist (dazu im folg. Text).

[104] BGH NJW **1975** 743; BGH bei *Helle* DRiZ **1974** 228; vgl. auch BGH NStZ **1981** 489; OLG Oldenburg NStZ **1985** 473 mit Anm. *Rieß*; OLG München aaO; OLG Saarbrücken MDR **1970** 347; OLG

Schleswig SchlHA **1975** 165; KK-*Pikart* 32; *Kleinknecht/Meyer-Goßner*[43] 38; KMR-*Paulus* 44; *Rieß* aaO.

[105] OLG Schleswig SchlHA **1975** 165; KMR-*Paulus* 44; *Rieß* JR **1978** 303 und NStZ **1985** 473; *Kleinknecht/Meyer-Goßner*[43] 38; vgl. auch OLG München aaO.

[106] LR-*Meyer* in der 23. Aufl.; KK-*Pikart* 29; **a. A** KMR-*Sax* Einl. III 13.

[107] *Hanack* NJW **1967** 580; JZ **1973** 779; ebenso *Kleinknecht/Meyer-Goßner*[43] 39; *Peters* GedS Meyer 339; *Rieß* JR **1979** 385; *Seibert* NJW **1968** 1318.

an der neuen Entscheidung mitzuwirken[108]. Auch im Schrifttum wird diese Auffassung überwiegend vertreten[109]. Insbesondere hat sich auch dort die Meinung nicht durchgesetzt, der frühere Richter sei in sinngemäßer Anwendung des § 23 von der Mitwirkung ausgeschlossen (vgl. auch § 23, 29 ff).

Ein Ausschließungs- oder Verhinderungsgrund besteht nach dieser Meinung **auch** **59** **dann nicht**, wenn der neue Spruchkörper, an den zurückverwiesen worden ist, nicht einmal überwiegend mit anderen Richtern besetzt ist (**a. A** LG Ulm NJW **1966** 513): Derselbe Richter beim Amtsgericht darf wieder als Strafrichter (Einzelrichter) tätig werden[110], und auch die Besetzung der Strafkammer und des Strafsenats darf ganz oder überwiegend dieselbe sein wie in der früheren Verhandlung. Der Bundesgerichtshof hat es demgemäß nicht beanstandet, daß bei einer Schwurgerichtsverhandlung drei richterliche Mitglieder des Gerichts schon an dem aufgehobenen Urteil mitgewirkt hatten (BGHSt **24** 336).

Insbesondere nach der Rechtsprechung des Bundesgerichtshofs ergibt sich aus § 354 **60** Abs. 2 auch **keine „Befangenheit** kraft Gesetzes", weil die regelmäßige Anwendung des § 24 auf eine unzulässige entsprechende Anwendung des § 23 hinauslaufen würde[111]. Eine insbesondere in der Lehre vertretene Gegenmeinung nimmt demgegenüber an, daß sich eine sinnvolle Handhabung des § 354 Abs. 2 nur erreichen lasse, wenn der Angeklagte befugt sei, den schon am früheren Verfahren beteiligten Richter grundsätzlich gemäß § 24 abzulehnen[112]. Der Bundesgerichtshof hat dem — in Ergänzung früherer Entscheidungen — insoweit Rechnung getragen, als er die Ablehnung dann zuläßt, wenn in dem aufgehobenen Urteil abträgliche Werturteile über den Angeklagten enthalten sind, die die Strafzumessung beeinflußt haben können[113]. Daß dies lediglich eine Konsequenz des § 24 ohne Rücksicht auf § 354 Abs. 2 n. F ist (so LR-*Meyer*[23]; anders aber offenbar LG Verden MDR **1975** 863 mit Anm. *Sieg* MDR **1976** 76), wird man nach der Begründung von BGHSt **24** 338 (339) nicht behaupten dürfen; die Entscheidung will vielmehr für die Ablehnung erkennbar etwas großzügigere Maßstäbe als sonst gelten lassen; in diesem Sinne auch OLG Stuttgart StV **1985** 492 mit Anm. *Hannover* (besondere Länge und Heftigkeit des Verfahrens); ähnlich LG Bremen StV **1987** 470.

3. Zurückverweisung an ein anderes Gericht gleicher Ordnung. Im Ermessen des **61** Revisionsgerichts liegt es, ob es die Sache statt an einen anderen Spruchkörper desselben Gerichts an ein anderes Gericht zurückverweist. Anlaß dazu wird etwa bestehen, wenn das Landgericht nur eine Strafkammer hat, so daß nicht an eine andere Kammer zurückver-

---

[108] BGHSt **20** 252; **21** 144 mit Anm. *Hanack* NJW **1967** 580; BGHSt **24** 337; BGH NJW **1966** 1718; **1967** 2217; BGH NStZ **1981** 298; GA **1968** 372; OLG Bremen NStZ **1991** 95; OLG Celle NJW **1966** 168, 1723; VRS **39** (1970) 432; OLG Hamm NJW **1966** 362; JMBlNRW **1967** 103; VRS **31** (1966) 56; GA **1971** 186; OLG Köln MDR **1967** 321; OLG Saarbrücken MDR **1970** 347; OLG Stuttgart StV **1985** 492 mit abl. Anm. *Hannover*; LG Verden MDR **1975** 863 mit Anm. *Sieg* MDR **1976** 72; vgl. auch BVerfGE **30** 154 = NJW **1971** 1030.

[109] KK-*Pikart* 30; *Kleinknecht/Meyer-Goßner*[43] 39; KMR-*Paulus* 43; *Eb. Schmidt* Nachtr. I 25; *Dahs* NJW **1966** 1692; *Dierlamm* 74 mit weit. Nachw.; *Petermann* Rpfleger **1965** 70; **a. A** *Peters* 148; *Kleinknecht* JZ **1965** 161; *Zeitz* DRiZ **1965** 393.

[110] OLG Hamm GA **1971** 185; OLG Saarbrücken MDR **1970** 347.

[111] BGHSt **21** 145 mit Anm. *Hanack* NJW **1967** 580; BGHSt **21** 342; BGH GA **1968** 372; OLG Bremen NStZ **1991** 95; OLG Celle NJW **1966** 168; LG Verden MDR **1975** 863 mit Anm. *Sieg* MDR **1976** 72; ebenso KK-*Pikart* 30; *Kleinknecht/Meyer-Goßner*[43] 39; KMR-*Paulus* 43; *Gössel* § 19 A IV 3; *Dierlamm* 113 mit weit. Nachw. Vgl. auch BGH bei *Pfeiffer/Miebach* NStZ **1987** 19.

[112] LG Münster NJW **1966** 1723; AK-*Maiwald* 19; SK-*Rudolphi* § 23, 18; *Roxin* § 9, 10; *Schlüchter* 44; *Dahs/Dahs* 592; *Dahs* Hdb. 155 und NJW **1966** 1696; *Hanack* NJW **1967** 580; JZ **1971** 91; **1973** 779; *Arzt* Der befangene Strafrichter (1969) 82.

[113] BGHSt **24** 338 = JZ **1973** 33 mit krit. Anm. *Arzt*; kritisch auch *Hanack* JZ **1973** 779. Vgl. auch § 23, 35.

Ernst-Walter Hanack

wiesen werden kann (oben Rdn. 55), insbesondere aber bei einer für die Neuverhandlung ungünstigen örtlichen Atmosphäre, z. B. wenn ein aufsehenerregender Strafprozeß am Sitz des Gerichts schon so lange Gegenstand öffentlicher Erörterung war, daß die Entscheidung durch ein Gericht, das auch räumlich Abstand von der Sache hat, vorzuziehen ist[114], oder wenn sonstige Gesichtspunkte dazu drängen, z. B. nach dem Wohnort von Beweispersonen (KMR-*Paulus* 45). Die Ausübung des Ermessens bedarf keiner Begründung. Verfassungsrechtliche Bedenken, daß in solchen Fällen das Revisionsgericht das zuständige Gericht bestimmt, bestehen nicht[115]. Eine Strafkammer am Sitz des Landgerichts gilt im Verhältnis zu der auswärtigen Strafkammer (§ 78 GVG) als ein anderes Gericht[116]. Verweist das Revisionsgericht ohne nähere Angaben an ein anderes Gericht der gleichen Ordnung, so hat sich auch dort ein Spruchkörper der entsprechenden Art (oben Rdn. 54) mit der Sache zu befassen; das gilt bei Schwurgerichtsurteilen auch dann, wenn es nur noch um ein Delikt geht, das dem Katalog des § 74 Abs. 2 GVG nicht unterfällt (vgl. oben Rdn. 54). Zuständigkeitskonzentrationen gemäß § 74 c Abs. 3 GVG hindern das Revisionsgericht nicht, an ein anderes Gericht gleicher Ordnung zurückzuverweisen (BGH NStZ **1995** 607).

62   **Benachbart** muß das Gericht, an das die Sache zurückverwiesen wird, anders als nach § 354 Abs. 2 a. F, nicht sein; es muß aber zu demselben Bundesland gehören. In Stadtstaaten, die nur ein Landgericht ohne auswärtige Strafkammer haben, ist eine Zurückverweisung an ein anderes Landgericht daher nicht möglich (BGHSt **21** 192). Bei Zurückverweisung durch den Bundesgerichtshof braucht das neue Gericht nicht demselben Oberlandesgerichtsbezirk anzugehören wie das frühere (*Seibert* NJW **1968** 1317). Entscheidet jedoch ein Oberlandesgericht über die Revision und ist ihm nur ein einziges Landgericht nachgeordnet, so kann es die Sache nur an dieses, nicht an ein Landgericht zurückverweisen, das zu einem anderen Oberlandesgericht gehört; das Oberlandesgericht darf sich nicht von der Last einer später möglicherweise erforderlich werdenden neuen Revisionsentscheidung befreien[117].

4. Zurückverweisung an ein Gericht niederer Ordnung (Absatz 3)

63   **a) Allgemeines.** Der Sinn des § 354 Abs. 3 besteht darin, daß ein höheres Gericht nicht mit einer Sache befaßt werden soll, zu deren Erledigung die Zuständigkeit eines niederen Gerichts ausreicht (BGHSt **14** 68; KG JR **1965** 393). Von der Verweisung an das sachlich zuständige Gericht nach § 355 unterscheidet sich die Zurückverweisung nach § 354 Abs. 3 dadurch, daß hier das Gericht, dessen Urteil angefochten ist, sachlich zuständig war und an sich auch bleibt. Das Revisionsgericht verweist die Sache nach seinem Ermessen („kann") nur aus Zweckmäßigkeitsgründen an ein Gericht mit niederer sachlicher Zuständigkeit, nicht, wie bei § 355, weil nur dieses andere Gericht zuständig ist.

64   Die Zurückverweisung nach § 354 Abs. 3 kommt **in Betracht**, wenn die Umstände die die Zuständigkeit des höheren Gerichts begründet haben, wegen der Entscheidung des Revisionsgerichts nach der Zurückverweisung keine Rolle mehr spielen (BGHSt **14** 68). Das ist der Fall, wenn wegen nunmehr eingetretener Teilrechtskraft, wegen Verfolgungsbeschränkung gemäß § 154 a in der Revisionsinstanz (BGHSt **29** 350) oder wegen einer

---

114 *Kleinknecht/Meyer-Goßner*[43] 49; *Eb. Schmidt* Nachtr. I 27; *Dahs/Dahs* 592; *Benz* MDR **1976** 805; *Seibert* MDR **1954** 721; NJW **1963** 431.

115 BVerfGE **20** 336 = NJW **1967** 99; AK-*Maiwald* 20; KK-*Pikart* 37; *Kleinknecht/Meyer-Goßner*[43] 49; *Eb. Schmidt* Nachtr. I 27; *Seibert* JZ **1959** 120; **a. A** *Bettermann* JZ **1959** 17; AöR **1969** 298 ff so-

wie KMR-*Sax* Einl. III 13 f, die einen Verstoß gegen Art. 101 Abs. 1 Satz 2 GG behaupten; Bedenken erhebt auch *Kramer* JZ **1977** 13.

116 BGH bei *Dallinger* MDR **1958** 566; RGSt **17** 230; **50** 160; RG JW **1917** 1112; RG LZ **1917** 1331.

117 OLG Braunschweig JZ **1951** 325 mit Anm. *Schönke*; OLG Hamm StV **1981** 608; allg. M.

anderen rechtlichen Beurteilung der Tat durch das Revisionsgericht (BGH NJW **1974** 154) die Zuständigkeit eines Gerichts niederer Ordnung ausreicht. Ist die Schuldfrage noch nicht endgültig geklärt, muß immer an das zuständige Gericht zurückverwiesen werden (BGHSt **14** 68). Das Revisionsgericht ist schon wegen § 269 zur Zurückverweisung an ein Gericht niederer Ordnung nicht verpflichtet (BGH bei *Herlan* GA **1959** 338). Hat aber anstelle des ausschließlich zuständigen Strafrichters das Schöffengericht entschieden, so verweist das Revisionsgericht die Sache an den Strafrichter zurück (KG JR **1965** 393).

b) Einzelheiten. Der Bundesgerichtshof kann eine Strafsache, über die ein Oberlan- **65** desgericht als Gericht des ersten Rechtszugs entschieden hat, an das Landgericht oder an das Amtsgericht zurückverweisen, wenn sich herausstellt, daß die Tat nicht zur Zuständigkeit des Oberlandesgerichts gehört; ob die Sache besondere Bedeutung hat (§ 120 Abs. 2 GVG), bestimmt das Revisionsgericht (vgl. BGH bei *Dallinger* MDR **1954** 152; *Eb. Schmidt* 32).

Innerhalb des **Landgerichts** sowie im Verhältnis zwischen **Jugend- und Erwachse- 66 nengerichten** fingiert § 209 a (näher dort) eine Rangordnung, nach der bestimmte Spruchkörper mit gesetzlich zugewiesenem Geschäftsbereich gegenüber anderen als Gerichte höherer Ordnung gelten. Die Regelung bezieht sich zwar nur auf die Eröffnungskompetenz, besagt also nicht, daß die Spruchkörper verfahrensrechtlich überall im Verhältnis zueinander als höher- bzw. niederrangig zu behandeln sind (vgl. bei § 209 a). Sie ist aber auch bei § 355 anzuwenden (dort Rdn. 4). Gerade dann erscheint es nach dem Zweck des § 354 Abs. 3 (Rdn. 63) angemessen, § 209 a auch auf die Zurückverweisungsbefugnis des § 354 Abs. 3 anzuwenden[118]. Anders als z. T. früher (vgl. BGHSt **26** 191; LR-*Meyer*[23] mit weit. Nachw.) kann das Revisionsgericht nach seinem Ermessen daher insbesondere bei Aufhebung eines Schwurgerichtsurteils die Sache nicht nur an das Amtsgericht, sondern auch an eine allgemeine Strafkammer des Landgerichts zurückverweisen, wenn nach der Entscheidung des Revisionsgerichts die Verurteilung wegen einer Straftat nach § 74 Abs. 2 GVG nicht mehr in Betracht kommt[119]. An das Amtsgericht kann eine Strafkammersache zurückverwiesen werden, wenn der Angeklagte, dessen Tat die Zuständigkeit des Landgerichts begründet hat, rechtskräftig verurteilt und nur noch über die Taten der Mitangeklagten zu entscheiden ist. War die Zuständigkeit der Strafkammer nur deshalb begründet, weil eine die Strafgewalt des Amtsgerichts übersteigende Straferwartung bestand (§ 24 Abs. 2, § 74 Abs. 1 Satz 2 GVG), so kann an das Amtsgericht zurückverwiesen werden, wenn eine so hohe Strafe wegen des Verbots der Schlechterstellung nicht mehr verhängt werden darf (BGH bei *Herlan* GA **1959** 338). Die Zurückverweisung an ein erweitertes Schöffengericht ist nur zulässig, wenn schon bei der Eröffnung des Hauptverfahrens die Zuziehung eines zweiten Amtsrichters beschlossen worden war, die Sache dann aber im Wege der Verfahrensverbindung von dem Landgericht verhandelt worden ist. Verweist der Bundesgerichtshof eine Strafkammersache an das Schöffengericht zurück, so ist, wenn der Angeklagte gegen dessen Urteil Berufung einlegt, in analoger Anwendung des § 354 Abs. 2 eine andere Strafkammer für die Entscheidung über die Berufung zuständig[120].

Bei **Amtsgerichtssachen** kommt eine Zurückverweisung der von einem erweiterten **67** Schöffengericht verhandelten Sache an ein gewöhnliches Schöffengericht nicht in Betracht, da beide Gerichte gleichrangig sind[121]. Zulässig ist dagegen die Zurückverwei-

---

[118] Ebenso AK-*Maiwald* 23; *Kleinknecht-Meyer-Goßner*[43] 42; KMR-*Paulus* 48; *Pfeiffer/Fischer* 13; vgl. auch bei § 209 a (24. Aufl. Rdn. 6).

[119] BGH bei *Dallinger* MDR **1977** 811; BGH MDR **1987** 335.

[120] So zu Recht AK-*Maiwald* 23 gegen OLG Celle

NJW **1966** 1723 sowie KMR-*Paulus* 57 und LR-*Hanack*[24].

[121] Vgl. RGSt **62** 270; OLG Hamburg GA **71** (1927) 184; *Kleinknecht/Meyer-Goßner*[43] 42; KMR-*Paulus* 48; *Beling* 63 Fußn. 3; *Oetker* GerS **90** (1924) 363.

sung einer Schöffengerichtssache an den Strafrichter (RGSt **62** 270) oder einer vor dem Jugendschöffengericht verhandelten Sache an den Jugendrichter (vgl. BGHSt **18** 176).

5. Verfahren nach der Zurückverweisung

68   **a) Bindung an Feststellungen.** Werden die Urteilsfeststellungen in vollem Umfang aufgehoben (§ 353 Abs. 2), so ist das Gericht bei der neuen Verhandlung zwar an die Aufhebungsansicht des Revisionsurteils (§ 358 Abs. 1), nicht aber in tatsächlicher Hinsicht an die bisherigen Verfahrensergebnisse gebunden. Die neue Verhandlung muß den ganzen Prozeßstoff erneut umfassen und darf sich nicht auf diejenigen Punkte beschränken, die Anlaß zur Aufhebung gewesen sind. Der Grundsatz des § 264 ist wieder maßgebend (RGSt **5** 134; RG LZ **1917** 210). Bei Dauerstraftaten und — sofern nach BGHSt **40** 138 rechtlich noch denkbar — bei fortgesetzten Handlungen sind auch die Tatteile nach Verkündung des aufgehobenen Urteils zu berücksichtigen (BGHSt **9** 324; RGSt **66** 49). Wegen der Bindungswirkung bei Teilaufhebung und bei Aufrechterhaltung der Feststellungen vgl. § 353, 26 ff.

69   In der neuen Hauptverhandlung muß das Revisionsurteil zur **Feststellung der Bindungswirkung** nach § 358 Abs. 1 erörtert, braucht aber nicht förmlich verlesen zu werden[122]. Eine Verlesung des aufgehobenen Urteils ist zulässig[123], aber ebenfalls nicht erforderlich (RG JW **1931** 1816 mit Anm. *Alsberg*). Wenn das Urteil im Strafausspruch aufgehoben worden ist, müssen die Schuldfeststellungen durch Verlesung oder durch eine andere Art der Bekanntgabe in die Verhandlung eingeführt werden (BGH NJW **1962** 60); das gilt auch in der Berufungsverhandlung (BayObLGSt **1973** 130 = MDR **1973** 1039). Das Gericht muß auch sonst bei jeder Teilaufhebung in der neuen Verhandlung über den derzeitigen Stand des Verfahrens ins Bild gesetzt werden (BGH bei *Dallinger* MDR **1958** 15).

70   **b) Umfang der Beweisaufnahme.** Der neue Tatrichter muß nicht unbedingt dieselben Beweismittel benutzen, die in den früheren Hauptverhandlungen herangezogen worden waren (BGH bei *Dallinger* MDR **1974** 547). Art und Umfang der Beweisaufnahme sind vielmehr (abgesehen von den Fragen der Teilaufhebung) von dem bisherigen Verfahren unabhängig. Es findet, soweit dem nicht aufrechterhaltene Feststellungen entgegenstehen (§ 353, 26 ff), eine vollständig neue Verhandlung statt. Das Gericht darf jedoch darüber Beweis erheben, was die Zeugen in der früheren Verhandlung ausgesagt haben (BGH bei *Dallinger* MDR **1952** 18), und zwar auch durch Verlesung der gemäß § 273 Abs. 2 protokollierten Vernehmungsergebnisse (BGH JR **1971** 512 mit zur Vorsicht mahnenden Anm. *Hanack*). Folgt man der umstrittenen sog. Widerspruchslösung (§ 136, 57 ff), dürfte ein unterlassener Widerspruch in der früheren Verhandlung gegen die Verwertung von Aussagen, die ohne gebotene Belehrung zustande gekommen sind, nach der Logik der Widerspruchslösung auch in der Neuverhandlung beachtlich sein, also nicht mehr „nachgeholt" werden können[124]. Äußerst bedenklich erscheint die Auffassung, daß zum Zweck der Feststellung, wie das frühere Gericht Aussagen verstanden hat, auch das aufgehobene

---

[122] RGSt **21** 436; RG JW **1892** 358; RG Recht **1908** Nr. 2613; KMR-*Paulus* 52 und *Dahs/Dahs* 597 halten die Verlesung in der Regel für zweckmäßig; **a. A** *Eb. Schmidt* § 358, 7, der selbst eine Bekanntgabe des Urteilsinhalts nicht für unbedingt erforderlich erachtet.

[123] BGH GA **1976** 368; BGH bei *Dallinger* MDR **1958** 15; RG JW **1931** 2825 mit Anm. *Mannheim*; RG HRR **1930** 2187; eingehend *Wömpner* NStZ

1984 481; *Alsberg* GerS **63** (1904) 147; vgl. auch unten Rdn. 70.

[124] BayObLG NJW **1997** 404; OLG Celle StV **1997** 68; OLG Oldenburg StV **1996** 416 mit Anm. *Bernsmann*; *Kleinknecht/Meyer-Goßner*[43] § 136, 20 und *Meyer-Goßner* StraFo. **1998** 263; vgl. auch OLG Stuttgart MDR **1997** 584; zweifelnd *Basdorf* StV **1997** 492; **a. A** *Hartwig* JR **1998** 359.

Urteil im Wege des Urkundenbeweises verlesen werden darf[125]; denn dieses Urteil ist ja mit der Folge aufgehoben worden, daß der Tatrichter neue und eigene Feststellungen treffen muß; dabei darf·er gerade Feststellungen, die möglicherweise auf rechtsirrigen Erwägungen beruhen, nicht heranziehen.

c) Feststellungen des neuen Urteils. Sie dürfen sich an die des aufgehobenen Urteils **71** anlehnen, wenn die neue Verhandlung ihre Richtigkeit ergeben hat (BGH bei *Dallinger* MDR **1957** 653). Der Text des aufgehobenen Urteils darf in diesem Umfang wörtlich übernommen werden (BGH bei *Dallinger* MDR **1958** 15). Eine Bezugnahme oder Verweisung auf die aufgehobenen Feststellungen ist jedoch nach der billigenswerten neueren Rechtsprechung grundsätzlich unzulässig[126]. Das gilt auch für Feststellungen zum Lebenslauf und zu den persönlichen Verhältnissen des Angeklagten[127]. Erlaubt soll jedoch nach BGHSt **30** 226 die Bezugnahme auf solche selbstverantwortlich getroffenen Feststellungen sein, die inhaltsgleichen Feststellungen im bindend gewordenen Teil des Urteils entsprechen (z. B. die Feststellungen über die persönlichen Verhältnisse des Angeklagten, wenn Einzelstrafen aufrechterhalten worden sind).

d) Neue Entscheidung. Sie muß keine Sachentscheidung sein. Die Notwendigkeit **72** einer erneuten Verhandlung und Entscheidung entfällt, wenn eine Beendigung des Verfahrens aufgrund anderer Vorschriften zulässig ist und im Einzelfall geboten erscheint. Daher ist die Verfahrenseinstellung nach den §§ 153 ff, § 206 a statthaft (RGSt **66** 327; allg. M). Die Verwerfung der Berufung wegen unentschuldigten Ausbleibens des Angeklagten ist nach Zurückverweisung durch das Revisionsgericht ausgeschlossen (§ 329 Abs. 1 Satz 2), es sei denn, daß bereits das aufgehobene Urteil ein Verwerfungsurteil nach § 329 Abs. 1 gewesen ist (BGHSt **27** 236). Zu weiteren Besonderheiten im erneuten Verfahren vor dem Berufungsgericht bei nur teilweise erfolgreicher Revision s. *Gössel* JR **1982** 273.

Kommt der neue Tatrichter zu demselben Ergebnis wie der frühere, so muß er den **73** Angeklagten neu verurteilen oder die Berufung erneut verwerfen; eine bloße Aufrechterhaltung des früheren Urteils ist unzulässig (RG GA **55** [1908] 331; allg. M). Die **Fassung des neuen Urteils** macht bei Teilaufhebungen gelegentlich Schwierigkeiten. Es ist zu beachten, daß das neue Urteil aus sich heraus verständlich sein muß. Hat der neue Tatrichter nur noch über die Straffrage zu entscheiden, so darf er daher den Urteilsausspruch nicht auf die Straffestsetzung beschränken, sondern muß entweder den Schuldspruch wiederholen oder feststellen, daß der Angeklagte bereits durch das frühere Urteil wegen einer bestimmten Straftat schuldig gesprochen worden ist. Das ist insbesondere im Hinblick auf die Vollstreckung und die Eintragung in das Zentralregister geboten (BGH VRS **50** [1976] 342). Erkennt der Tatrichter in der Neuverhandlung auf eine **gleich hohe Strafe**, obwohl er Feststellungen trifft, die zur Anwendung eines milderen Strafrahmens führen, muß er dies besonders begründen; dasselbe gilt, wenn er bei nunmehr vorliegenden Milderungsgründen (Geständnis, Gesichtspunkte der Verfahrensdauer) dieselbe Strafe verhängt hat. Vgl. § 337, 183.

---

[125] So BGHSt **6** 142; BGH MDR **1955** 121; RGSt **60** 297; RG HRR **1931** 1284; *Kleinknecht/Meyer-Goßner*[43] 45; KMR-*Paulus* 35.

[126] BGHSt **24** 275; **30** 226; BGH StV **1981** 115; BGH bei *Holtz* MDR **1978** 460; BGH NJW **1951** 413; **1962** 60; BGH JR **1956** 307; BGH bei *Martin* DAR **1975** 121; RG JW **1934** 44; **1938** 1814 mit Anm. *Klee*; RG ZAkDR **1938** 279 mit Anm. *Schaffstein*;

BayObLGSt **1959** 71; OLG Bremen NJW **1964** 739; OLG Gera HESt **1** 190; **a. A** RG JW **1938** 513; RG DRpfl. **1938** Nr. 842 L; OLG Saarbrücken NJW **1960** 590.

[127] BGHSt **24** 276; BGH NJW **1977** 1247; BGH NStZ **1985** 309; **1987** 220 bei *Pfeiffer/Miebach*; StV **1991** 503 mit weit. Nachw.

73a   Über den tatsächlichen **Verfahrensausgang nach erfolgreicher Revision**, also ihren „wirklichen" Erfolg, ist überraschend wenig bekannt. Eine Untersuchung von *Haddenhorst* (Die Einwirkung der Verfahrensrüge auf die tatsächlichen Feststellungen im Strafverfahren, 1971) betrifft 76 erfolgreiche Verfahrensrügen aus dem Jahre 1964, eine solche von *Hanack* FS Tröndle 495 122 Aufhebungen aus dem Jahre 1983. Beide Untersuchungen ergeben kein sehr einheitliches Bild.

74   **6. Zuständigkeit für Nachtragsentscheidungen.** Entscheidungen nach den §§ 453 ff trifft im Fall der Zurückverweisung an ein anderes gleichrangiges Gericht das Gericht, dessen Urteil aufgehoben worden ist, nicht das Gericht, an das die Sache zu neuer Verhandlung und Entscheidung zurückverwiesen worden ist[128]. Wird dagegen die Sache nach § 354 Abs. 3 an ein Gericht niederer Ordnung zurückverwiesen, so ist dieses Gericht für alle Nachtragsentscheidungen zuständig[129].

§ 354 a

Das Revisionsgericht hat auch dann nach § 354 zu verfahren, wenn es das Urteil aufhebt, weil zur Zeit der Entscheidung des Revisionsgerichts ein anderes Gesetz gilt als zur Zeit des Erlasses der angefochtenen Entscheidung.

Schrifttum. *Dünnebier* Der Begriff der Aburteilung in § 2 Abs. 2 StGB, JZ **1953** 726; *Hardwig* Berücksichtigung der Änderung eines Strafgesetzes in der Revisionsinstanz bei Vorliegen eines rechtskräftigen Schuldspruchs, JZ **1961** 364; *Küper* Revisionsgerichtliche Sachprüfung ohne Sachrüge? FS Pfeiffer 425.

Entstehungsgeschichte. Die Vorschrift wurde eingefügt durch Art. 8 Nr. 1 Buchst. a des Gesetzes zur Änderung von Vorschriften des Strafverfahrens und des Gerichtsverfassungsgesetzes vom 28. 6. 1935 (RGBl. I 844). Nach dem Krieg wurde sie in der früheren amerikanischen und britischen Besatzungszone zunächst aufgehoben (vgl. dazu DOGE 129 = NJW **1950** 149). Art. 3 Nr. 149 VereinhG führte sie wieder ein.

Übersicht

---

[128] OLG Celle NdsRpfl. **1955** 39; **1958** 219; OLG Düsseldorf MDR **1958** 941; **1983** 154; OLG Hamm Rpfleger **1956** 339; OLG Karlsruhe Justiz **1973** 98; OLG Köln NJW **1972** 1291; OLG München MDR **1957** 53; *Kleinknecht/Meyer-Goßner*43 47; KMR-*Paulus* 58; ferner OLG München MDR **1974** 332;

OLG Saarbrücken OLGSt § 367 S. 5 für den Fall, daß die Sache nur im Strafausspruch zurückverwiesen worden ist; **a. A** wegen der Neufassung des § 354 Abs. 2 durch das StPÄG 1964 OLG Frankfurt NJW **1972** 1065; *Raacke* NJW **1966** 1697.

[129] *Kleinknecht/Meyer-Goßner*43 47; KMR-*Paulus* 58.

1. Allgemeines. Es versteht sich nicht von selbst, daß das Revisionsgericht bei seiner **1**
Entscheidung Gesetzesänderungen berücksichtigt, die nach Erlaß des angefochtenen
Urteils eingetreten sind. Denn die Aufgabe des Revisionsgerichts besteht grundsätzlich
nur darin, das Urteil auf Rechtsfehler zu prüfen, also festzustellen, ob es mit dem bei
seiner Verkündung geltenden Recht übereinstimmt. Bis zur Einfügung des § 354 a
beschränkten sich die Revisionsgerichte in der Tat auf die Prüfung, ob der Tatrichter das
sachliche Recht auf den festgestellten Sachverhalt richtig angewendet hatte[1]. Maßgebend
dafür war der Zeitpunkt des angefochtenen Urteils, der „Aburteilung" durch den Tatrichter (§ 2 Abs. 2 StGB i. d. F. bis zum 28. 6. 1935). Spätere Änderungen des sachlichen
Rechts blieben außer Betracht. Nur nach Aufhebung und Zurückverweisung aus anderen
Rechtsgründen mußte der Tatrichter bei der neuen Entscheidung das mildere Recht
anwenden; denn nunmehr kam es erneut zur „Aburteilung". Eine Ausnahme im Revisionsverfahren galt für den Fall, daß der Tatrichter eine Rechtsansicht vertreten hatte, die
bei der Aburteilung zwar unrichtig war, danach aber gesetzlich anerkannt wurde. Solche
Rechtsverstöße konnte das Revisionsgericht unbeanstandet lassen (RGSt **51** 47; **53** 13),
weil der Tatrichter in der neuen Hauptverhandlung anderenfalls hätte Recht anwenden
müssen, das dem inzwischen geltenden Recht widersprach.

2. Zwingende Berücksichtigung nachträglicher Rechtsänderungen. § 354 a besagt, **2**
für sich genommen, nichts darüber, ob das Revisionsgericht nachträgliche Gesetzesänderungen stets beachten muß, sondern bestimmt nur, daß es nach § 354 zu verfahren hat,
wenn es die nach Erlaß des angefochtenen Urteils eingetretenen Änderungen des Gesetzes
berücksichtigt. Maßgebend dafür, ob das Revisionsgericht diese Rechtsänderungen
berücksichtigen muß, ist daher nicht § 354 a, sondern das sachliche Strafrecht (anders
DOGE 128 = NJW **1950** 148). Ursprünglich war insoweit für den Fall, daß das bei der Tat
geltende Recht vor der tatrichterlichen Entscheidung geändert wird, die Anwendung des
milderen Gesetzes durch § 2 Abs. 2 StGB zwingend vorgeschrieben. Durch § 2 a Abs. 2
StGB i. d. F. des Gesetzes vom 28. 6. 1935 (RGBl. I 839) wurde sie jedoch in das Ermessen des Gerichts gestellt. Der Wortlaut des Gesetzes wurde ferner dahin geändert, daß es
nicht mehr auf eine Gesetzesänderung zur Zeit der „Aburteilung", sondern zur Zeit der
„Entscheidung" ankam. Da § 354 a zur Anpassung des Revisionsrechts an das so geänderte sachliche Recht eingefügt worden war, galt der Grundsatz, daß bei Änderung des
Gesetzes das mildere Recht (Maßregeln wurden durch § 2 a Abs. 2 StGB ausgenommen)
angewendet werden konnte, nunmehr auch für das Revisionsgericht. Wie der Tatrichter
war es berechtigt, aber nicht verpflichtet, jede spätere Rechtsmilderung in dem Revisionsurteil zur Geltung zu bringen.

Im sachlichen Recht kehrte die **Neufassung des § 2 StGB** durch das 3. StRÄndG 1953 **3**
wieder zu der bis 1935 geltenden Fassung zurück; bei Gesetzesverschiedenheit zwischen
Tat und „Aburteilung" mußte das mildere Gesetz angewendet werden. Da jedoch § 354 a
unverändert bestehenblieb, entstanden Zweifel, ob auch das Revisionsgericht zur Beachtung von Gesetzesänderungen verpflichtet oder nach wie vor nur berechtigt war. Das hing
davon ab, ob § 2 Abs. 2 StGB mit „Aburteilung" auch (wie zuvor § 2 a Abs. 2 StGB) die
Entscheidung des Revisionsgerichts meinte. Die Frage wurde in Rechtsprechung[2] und

---

[1] RGSt **22** 351; **41** 178; **46** 339; **51** 48; **61** 135; **65**
238; **67** 149; RG GA **47** (1900) 165.

[2] BGHSt **5** 208; **6** 192, 258; **18** 18; **20** 78, 117; **24**
382; BGH NJW **1953** 1800, 1839; **1954** 39 Nr. 16;
1955 1406; BayObLGSt **1961** 23; **1972** 4, 78; **1974**

34; OLG Braunschweig NJW **1953** 1762; OLG
Hamm MDR **1974** 593; OLG München NJW **1974**
873; OLG Schleswig SchlHA **1953** 293; **1954** 24;
a. A BGHSt **6** 33; BGH NJW **1955** 1406; OLG
Celle GA **1953** 185.

Schrifttum[3] überwiegend bejaht. Um klarzustellen, daß die Beachtung von Rechtsänderungen zugunsten des Angeklagten auch im Revisionsverfahren zwingend ist, wurde § 2 Abs. 3 StGB durch das 2. StrRG dahin gefaßt, daß das mildere Gesetz anzuwenden ist, wenn das Gesetz „vor der Entscheidung" geändert wird. Hierunter fällt nach allgemeiner Ansicht auch die Entscheidung des Revisionsgerichts. Für Maßregeln der Besserung und Sicherung gilt § 2 Abs. 6 StGB.

3. Zu beachtende Gesetzesänderungen

4　　**a) Sachliches Recht.** Das Revisionsgericht hat dieselben Gesetzesänderungen zu berücksichtigen, die der Tatrichter nach § 2 Abs. 3 StGB beachten muß. Dazu gehören — im Umfang ihrer Verbindlichkeit gemäß § 31 BVerfGG — auch Entscheidungen des Bundesverfassungsgerichts, die einer materiellen Rechtsänderung gleichkommen (z. B. die Entscheidungen BVerfGE **91** 1; **92** 1 zu § 64 und § 240 StGB). Ferner gehören dazu Rechtsänderungen, die nur den Strafausspruch betreffen[4], gleichgültig, ob es sich um Strafgesetze im eigentlichen Sinn oder um Nebengesetze, wie z. B. § 51 BZRG handelt[5]. Wird ein Straftatbestand in eine Bußgeldvorschrift umgewandelt, so geht das Strafverfahren in ein Bußgeldverfahren über. Art. 158 Abs. 1 Satz 3 EGOWiG und Art. 317 EGStGB 1974 haben das für ihren Anwendungsbereich ausdrücklich bestimmt. Ihnen liegt ein allgemeiner Rechtsgedanke zugrunde, der auch bei künftigen Gesetzesänderungen gilt[6].

5　　**b) Verfahrensvoraussetzungen.** Für Verfahrensvoraussetzungen und -hindernisse gilt § 354 a nicht. Wird ein Verfahrenshindernis im Laufe des Verfahrens gesetzlich neu geschaffen, so ist es, auch wenn schon Teilrechtskraft eingetreten ist (§ 337, 30), ebenso von Amts wegen zu beachten, wie wenn es von vornherein bestanden hätte[7]. Wird eine Vorschrift, die ein Verfahrenshindernis begründet hat, nach Einleitung des Verfahrens beseitigt oder geändert, so ist die Verfolgung vom Inkrafttreten der Neuregelung an nach herrschender Meinung ebenso zulässig, wie wenn ihr von Anfang an kein Hindernis entgegengestanden hätte[8]. Zweifelhaft und zunehmend umstritten ist jedoch, wieweit das aufgrund des Rückwirkungsverbots auch für solche Verfahrensvoraussetzungen gilt, denen Strafwürdigkeits- oder Strafbedürftigkeitserwägungen mit zugrunde liegen, also insbesondere für die Verjährung und den Strafantrag (vgl. *Schönke/Schröder/Eser* § 2, 6 mit Nachw.). Entscheidend dürfte sein, ob die Neuregelung ein berechtigtes mögliches Vertrauen des Täters verletzt. Das wird bei der Umwandlung eines Strafantragsdelikts in ein Offizialdelikt unter Umständen zu bejahen sein[9], nicht jedoch bei der Verjährung, und zwar auch nicht hinsichtlich der streitigen Frage, ob eine rückwirkende Verlängerung der Verjährung zulässig ist[10].

---

[3] KMR-*Sax*[6] 1a; *Dünnebier* JZ **1953** 726; *Hardwig* JZ **1961** 364; *Maassen* MDR **1954** 3; *Mittelbach* JR **1961** 353.

[4] BGHSt **5** 208; **6** 192, 258; BGH NJW **1953** 1800, 1839; **1954** 39 Nr. 16; **1955** 1406; **1976** 526; BGH NStZ **1982** 513; **1998** 130 (bezüglich § 177 StGB n. F); KG JR **1970** 227 mit Anm. *Dreher*; OLG Braunschweig NJW **1953** 1762.

[5] BGHSt **24** 382; **27** 109; BayObLGSt **1972** 3, 75, 166.

[6] Vgl. BayObLGSt **1969** 17 = JR **1969** 350 mit Anm. *Kohlhaas*; OLG Düsseldorf MDR **1976** 75; OLG Karlsruhe MDR **1974** 858; OLG Koblenz NJW **1972** 1067; OLG Oldenburg MDR **1972** 346; OLG Saarbrücken NJW **1974** 1010; OLG Zweibrücken

LRE **10** 155; *Göhler* § 82, 27; **a. A** OLG Frankfurt MDR **1974** 859.

[7] BGHSt **21** 369; RGSt **46** 269; **75** 312 = DR **1941** 2181 mit Anm. *Bockelmann*; BayObLGSt **1961** 214; OLG Frankfurt NJW **1973** 1514; OLG Hamm NJW **1970** 578; ganz h. L.

[8] BGHSt **20** 27; **21** 369; vgl. auch **24** 106; RGSt **76** 64, 161, 327; **77** 106, 160, 183; OLG Hamm NJW **1961** 2030; OLG Oldenburg NdsRpfl. **1948** 203; KK-*Pikart* 6; *Kleinknecht/Meyer-Goßner*[43] 3; KMR-*Paulus* 4; *Beling* 410.

[9] *Schönke/Schröder/Eser* § 2, 7; *Jescheck/Weigend* § 15 IV 4; **a. A** z. B. LK-*Gribbohm* § 2, 7.

[10] BVerfGE **25** 269; eingehend LK-*Tröndle*[10] § 2, 10 ff.

c) Verfahrensvorschriften. Neues Verfahrensrecht erfaßt, wenn es keine abweichende **6** Regelung enthält, bereits anhängige Verfahren in der Lage, in der sie sich bei Inkrafttreten der neuen Vorschriften befinden. Auf Verfahrenshandlungen vor ihrem Inkrafttreten ist die gesetzliche Neuregelung ohne Einfluß[11]. Anhängige Verfahren sind nach den neuen Bestimmungen weiterzuführen[12]. Ein Verstoß des Tatrichters gegen das zur Zeit der Aburteilung geltende Verfahrensrecht ist jedoch unschädlich, wenn die betreffende Vorschrift vor der Entscheidung des Revisionsgerichts aufgehoben oder so abgeändert wird, daß das Verfahren des Gerichts ihr entspricht[13]. Auch erfaßt eine gesetzliche Beschränkung der Rechtsmittelbefugnis aus Gründen des Vertrauensschutzes im Zweifel nicht mehr ein bereits eingelegtes Rechtsmittel[14]. Verfassungsgerichtliche Entscheidungen, die Verfahrensvorschriften modifizieren, stehen Gesetzesänderungen gleich, gelten also im Zweifel ebenfalls nicht rückwirkend für das tatrichterliche Verfahren[15].

d) Sonstige Änderungen, die nicht das gesetzte Recht betreffen, hat das Revisionsge- **7** richt nicht zu berücksichtigen (anders *Peters* 663, der sogar die offenkundige oder leicht erkennbare Veränderung der tatsächlichen Urteilsgrundlagen beachtet wissen will). Sofern es nicht in der Sache selbst entscheidet (vgl. OLG Celle NZV **1994** 332 für eine Rechtsbeschwerde), beachtet das Revisionsgericht daher nicht den zwischenzeitlichen Eintritt der Tilgungsreife einer Eintragung im Zentralregister, die der Tatrichter bei seiner Entscheidung ohne Verstoß gegen § 51 BZRG berücksichtigt hat[16]. Vgl. auch BGHSt **19** 271 ff.

e) Eine **analoge Anwendung** des § 354 a nimmt jedoch neuerdings der Bundesge- **7a** richtshof vor, um auf diese Weise eine für die Strafzumessung relevante **Verletzung des Beschleunigungsgebots** nach Erlaß des tatrichterlichen Urteils zu berücksichtigen[17].

4. Verfahrensfragen

a) Erfordernis einer zulässig erhobenen Sachrüge? Nach verbreiteter Meinung setzt **8** § 354 a eine zulässig erhobene Sachrüge voraus[18]. Dafür spricht, daß es um die Anwendung sachlichen Rechts geht, die das Revisionsgericht grundsätzlich nur auf die Sachrüge hin kontrolliert. Aber § 354 a betrifft keine solche Kontrolle (Rdn. 1), sondern zieht prozessuale Folgerungen aus § 2 Abs. 3 StGB (Rdn. 3). Für diese Folgerungen kommt es jedoch allein darauf an, ob das Gesetz „vor der Entscheidung" des Revisionsgerichts geändert wird (Rdn. 3). Es widerspricht daher dem Gesetzeszweck und erscheint überdies ganz unbefriedigend, die Berücksichtigung des milderen Rechts im anhängigen Revisionsver-

---

[11] BayObLGSt **1954** 92 = MDR **1955** 123; OLG Hamm NJW **1975** 701; näher Einl. D 18 ff.

[12] BVerfGE **1** 6; **11** 146; BGHSt **22** 325; **26** 289; BGH GA **1971** 86; RGSt **77** 324; OLG Düsseldorf NJW **1969** 1221; OLG Köln NJW **1953** 1156; ganz h. L.

[13] RGSt **55** 180; **74** 373; RG DR **1940** 1281, 2067; OLG Hamburg NJW **1975** 988; OLG Saarbrücken HESt **3** 70 = DRZ **1948** 31 mit Anm. *Niethammer*; ganz h. L.

[14] BVerfGE **87** 48 = NJW **1993** 1123.

[15] Vgl. BGH NStZ **1993** 135 mit Anm. *Meurer* zur Modifizierung des § 57 a StGB durch BVerfGE **86** 288; zu den umstrittenen Konsequenzen dieser Entscheidung s. *Tröndle*⁴⁸ § 57 a, 19a.

[16] BGH bei *Kusch* NStZ **1994** 229; BayObLGSt **1972** 166; OLG Hamm Blutalkohol **1975** 66; VRS **46** (1974) 382; OLG Schleswig bei *Ernesti/Jürgensen* SchlHA **1976** 173.

[17] BGH NJW **1995** 1102 = NStZ **1995** 336 mit zust. Anm. *Uerpmann*; BGH NStZ **1997** 29 mit zust. Anm. *Scheffler*; BGH StV **1998** 377; vgl. auch BGH StV **1992** 452; BayObLG StV **1989** 395; OLG Koblenz StV **1997** 409; *Scheffler* Die überlange Dauer von Strafverfahren (1991) 260; § 354, 14a.

[18] BGHSt **26** 94 mit zust. Anm. *Willms* LM Nr. 1 zu § 354 a und abl. Anm. *Küper* NJW **1975** 1329; HK-*Lemke* 7; KK-*Pikart* 9; *Kleinknecht/Meyer-Goßner*⁴³ 2; *Pfeiffer/Fischer* 1; *Schlüchter* 755; LR-*Meyer* in der 23. Aufl.

Ernst-Walter Hanack

fahren nur bei erhobener Sachrüge zuzulassen[19]. Darauf deutet auch § 206 b hin, der auch im Revisionsverfahren gilt (§ 349, 36) und für die Pflicht zur Einstellung bei *Wegfall* der Strafbarkeit allein auf ein „anhängiges Strafverfahren" abstellt, also nach richtiger Meinung ohne Sachrüge von Amts wegen zu beachten ist[20]. Auch bleibt zu bedenken, daß § 354 a selbst beim nicht angefochtenen Schuldspruch zu berücksichtigen ist (Rdn. 9) und daß die Revisionsgerichte nach heute herrschender Auffassung (§ 346, 34) jedenfalls ein nach Erlaß des angefochtenen Urteils eingetretenes Verfahrenshindernis auch bei nicht oder nicht ordnungsgemäß begründetem Rechtsmittel von Amts wegen berücksichtigen (eine Parallele, auf die *Küper* NJW **1975** 1330 zu Recht hinweist). § 354 a ist daher, wie § 206 b, anwendbar, wenn die Sache irgendwie beim Revisionsgericht anhängig ist, und sei es nur durch einen Antrag nach § 346 Abs. 2 oder durch die zulässige Revision gegen ein Verwerfungsurteil nach § 329 Abs. 1[21]. Entsprechendes gilt für eine Revision ohne Sachrüge, wenn durch eine Gesetzesänderung die Strafvorschrift in eine Bußgeldvorschrift umgewandelt wird[22].

9   **b) Verfahren bei Teilrechtskraft.** Auch wenn der Schuldspruch nicht angefochten ist, ist nach heute ganz h. M eine Änderung der Rechtslage zu berücksichtigen, die darin besteht, daß die von dem Tatrichter angewendete Strafvorschrift aufgehoben und durch eine andere ersetzt worden ist, die eine mildere Strafandrohung enthält[23]. Entsprechendes gilt, wenn das Revisionsgericht nur noch die Entscheidung über die Strafaussetzung zu prüfen hat: das Urteil ist im Strafausspruch aufzuheben, wenn wegen Wegfalls oder Milderung einer Strafvorschrift die Neufestsetzung oder Ermäßigung der Strafe in Betracht kommt (BGHSt **26** 1). Die Rechtskraft des Schuldspruchs hindert nach allg. M ferner nicht die Beachtung einer Gesetzesänderung, durch die die Strafbarkeit ganz entfällt. Es wäre widersinnig, dem Angeklagten jede beliebige, aber nicht die äußerste Milderung, nämlich die Aufhebung der Strafbarkeit, zugute kommen zu lassen, nur weil ein rechtskräftiger Schuldspruch vorliegt[24].

10   Die Anwendung dieser Grundsätze führt zu unbilligen Ergebnissen, wenn der nachträgliche Wegfall der Strafbarkeit oder die nachträgliche Gesetzesmilderung sich nicht auch auf **andere Begehungsweisen der Tat** bezieht, die der Tatrichter nicht geprüft hat, weil die damalige Rechtslage ihm dazu keinen Anlaß bot. In diesem Fall ist das Revisionsgericht daher trotz Nichtanfechtung des Schuldspruchs berechtigt, den von dem Tatrichter festgestellten Sachverhalt darauf zu prüfen, ob er die Merkmale einer von der Gesetzesänderung nicht betroffenen Begehungsweise der Tat enthält (BGHSt **24** 106). Entsprechendes gilt, wenn eine Strafbestimmung nachträglich dahin geändert worden ist, daß der Versuch der Tat nicht mehr strafbar ist, die Neufassung der Vorschrift aber teilweise das Verhalten, das nach früherem Recht nur Versuch darstellte, als vollendete Tat bewertet

---

[19] Im Ergebnis ebenso AK-*Maiwald* 5; KMR-*Paulus* § 354 a, 10, § 206 b, 9; *Roxin* § 53, 58; *Eisenberg* JR **1991** 348; *Küper* JR **1970** 273; NJW **1975** 1329; FS Pfeiffer 425; kritisch auch SK-*Rudolphi* § 2, 7; *Schönke-Schröder/Eser* § 2, 19.

[20] Vgl. bei § 206 b (24. Aufl. Rdn. 11); **a. A** auch insoweit LR-*Meyer* in der 23. Aufl.

[21] Zum letzteren **a. A,** und zwar sogar für Fälle der eingelegten Sachrüge, OLG Hamm MDR **1973** 694; OLG Frankfurt NJW **1963** 460; OLG Köln JMBlNRW **1963** 96; LR-*Meyer* in der 23. Aufl.

[22] OLG Köln OLGSt § 184 a StGB S. 1; **a. A** LR-*Meyer* in der 23. Aufl.

[23] BGHSt **20** 116; BayObLGSt **1961** 23 = JR **1961** 351 mit Anm. *Mittelbach*; BayObLGSt **1970** 183; OLG Düsseldorf NJW **1991** 711; KG JR **1970** 227 mit Anm. *Dreher*; OLG Hamm GA **1975** 25; OLG Köln NJW **1971** 628; KK-*Pikart* 2; *Kleinknecht/Meyer-Goßner*[43] 1; KMR-*Paulus* 9; *Hardwig* JZ **1961** 364; **a. A** RGSt **47** 382.

[24] BGHSt **20** 119; BayObLGSt **1953** 263; **1961** 23 = JR **1961** 351 mit Anm. *Mittelbach*; OLG Frankfurt NJW **1973** 1514.

(BayObLGSt **1975** 134 = VRS **50** [1976] 186). Sind die tatsächlichen Feststellungen nicht so vollständig, daß sie dem Revisionsgericht eine abschließende Prüfung ermöglichen, so ist in solchen Fällen an den Tatrichter zurückzuverweisen, es sei denn, daß weitere Feststellungen ausgeschlossen erscheinen.

5. Entscheidung des Revisionsgerichts. Die Gesetzesänderung führt schon dann zur **11** Aufhebung des Urteils, wenn nicht auszuschließen ist, daß sie sich auf die tatrichterliche Entscheidung ausgewirkt hätte (BayObLG OLGSt § 354 a S. 5). Dabei gilt — entsprechend der Handhabung des § 2 StGB — eine konkrete Betrachtungsweise (vgl. z. B. BGH NStZ-RR **1997** 353 für § 177 n. F StGB). Bei einer Herabsetzung der Höchststrafe nach Erlaß des tatrichterlichen Urteils ist die Aufhebung im Strafausspruch regelmäßig geboten[25]. Das Revisionsgericht verfährt nach § 354; es kann das Urteil auch im Schuldspruch berichtigen[26]. War die Revision gegen ein freisprechendes Urteil eingelegt, so verwirft das Revisionsgericht das Rechtsmittel, wenn das Urteil zwar fehlerhaft war, aber durch die nachträgliche Gesetzesänderung richtig geworden ist (vgl. auch Rdn. 6). Wegen der Zurückverweisung im Fall der Teilrechtskraft des Schuldspruchs vgl. *Hardwig* JZ **1961** 365.

§ 355

Wird ein Urteil aufgehoben, weil das Gericht des vorangehenden Rechtszuges sich mit Unrecht für zuständig erachtet hat, so verweist das Revisionsgericht die Sache an das zuständige Gericht.

Bezeichnung bis 1924: § 395.

Übersicht

1. Allgemeines. Eine entsprechende Regelung enthält § 328 Abs. 3 für das Berufungs- **1** verfahren. Im Verhältnis zu § 354 Abs. 2 ist § 355 die speziellere Vorschrift (OLG Saarbrücken JBl. Saar **1964** 15). Von der Regelung des § 354 Abs. 3 unterscheidet sie sich dadurch, daß die Verweisung an das zuständige Gericht nicht nur aus Zweckmäßigkeitsgründen, sondern wegen der zwingenden Vorschriften über die Zuständigkeit erfolgt. Im Hinblick auf § 269 kommt die Anwendung des § 355 jedoch nicht in Betracht, wenn anstelle des niederen Gerichts das höhere entschieden hat und kein Fall der willkürlichen Entziehung des gesetzlichen Richters (vgl. § 338, 70) vorliegt.

---

[25] *Zipf* Die Strafmaßrevision (1969) 188 ff; vgl. auch § 354, 36.

[26] BGHSt **20** 121; *Kleinknecht/Meyer-Goßner*[43] 6; KMR-*Paulus* 11.

Ernst-Walter Hanack

2   **2. Sinngemäße Anwendung der Vorschrift.** Entgegen ihrem Wortlaut ist die Bestimmung nicht nur anzuwenden, wenn das Fehlen der Zuständigkeit der Grund für die Urteilsaufhebung ist. Sie findet vielmehr auch Anwendung, wenn das Urteil wegen eines anderen Verfahrensverstoßes oder wegen eines sachlichrechtlichen Mangels aufgehoben wird, die Sache aber vor ein Gericht höherer Ordnung oder (vgl. Rdn. 4) vor ein ihm nach § 209 a gleichstehendes Gericht gehört[1], wenn sich ein zuständiges Gericht zu Unrecht für unzuständig erklärt hat[2] oder wenn eine objektiv willkürliche Abweichung vom Geschäftsverteilungsplan vorliegt (BGHSt **38** 380). Denn an ein unzuständiges Gericht darf sie auch dann nicht zurückverwiesen werden.

3   Der Bundesgerichtshof wendet § 355 auch an, wenn das Landgericht das Verfahren **mit Recht** wegen sachlicher Unzuständigkeit **eingestellt** hat, so daß die hiergegen gerichtete Revision der Staatsanwaltschaft unbegründet ist[3]. Dem kann nicht gefolgt werden. Die Anwendung des § 355 setzt immer eine Revision voraus, die begründet ist und daher zur Urteilsaufhebung nach § 353 Abs. 1 führt. Nur dann darf das Revisionsgericht „gleichzeitig" die Sache an das zuständige Gericht verweisen. Die Aufhebung von Urteilen, die keinerlei Rechtsfehler aufweisen, ist ihm, von den Fällen des § 354 a abgesehen, grundsätzlich nicht gestattet; daher kommt in solchen Fällen auch keine Verweisung in Betracht. Das Verfahren des Bundesgerichtshofs ist zwar insofern zweckmäßig, als es der Staatsanwaltschaft die Erhebung einer neuen Anklage vor dem zuständigen Gericht erspart. Auch der Gesichtspunkt der Prozeßwirtschaftlichkeit rechtfertigt aber eine Entscheidung nicht, die den Wortlaut des Gesetzes in sein Gegenteil verkehrt und dem Revisionsgericht Kompetenzen überträgt, die der Staatsanwaltschaft vorbehalten sind.

4   **3. Zuständigkeit im Sinne des § 355.** Erfaßt wird, wie bei § 338 Nr. 4 (s. dort Rdn. 66 ff), die örtliche Zuständigkeit (RGSt **40** 359), die sachliche Zuständigkeit, die spezielle Zuständigkeit der besonderen Strafkammern beim Landgericht (§§ 74 Abs. 2, 74 a, 74 c GVG) sowie die der Jugendgerichte im Verhältnis zu den Erwachsenengerichten. Dabei ist für die Anwendung des § 355 zu beachten: Den Verstoß gegen die sachliche Zuständigkeit im engeren Sinne berücksichtigt das Revisionsgericht bei zulässiger Revision stets von Amts wegen. Im übrigen setzt die Aufhebung nach § 355 eine entsprechende Rüge voraus, und zwar nach h. M auch bei Verstößen gegen das Verhältnis zwischen Jugend- und Erwachsenengerichten. Beim Verstoß gegen die örtliche Zuständigkeit und die spezielle Zuständigkeit der besonderen Strafkammern beim Landgericht setzt die Aufhebung wegen dieser Verstöße überdies voraus, daß der Beschwerdeführer die Rüge nach § 16 bzw. § 6 a rechtzeitig vor dem Tatrichter erhoben hat, während es beim Verstoß gegen die besondere Zuständigkeit der Jugendgerichte im Verhältnis zu den gleichrangigen Erwachsenengerichten eines entsprechenden Besetzungseinwands in der Hauptverhandlung nicht bedarf (BGHSt **30** 260). Ist eine erforderliche Rüge in bezug auf die Zuständigkeitsverletzung nicht erhoben oder nicht beachtlich, muß das Urteil aber aus anderem Grunde aufgehoben und die Sache zurückverwiesen werden, so verweist das Revisionsgericht an das zuständige Gericht, berücksichtigt den Mangel insoweit also dennoch (Rdn. 2). Das gilt namentlich für die in § 209 a Nr. 1 und Nr. 2 als höherrangig

---

[1] BGHSt **13** 382; RGSt **10** 195; **14** 28; OLG Stuttgart Justiz **1995** 100; AK-*Maiwald* 2; KK-*Pikart* 4; *Kleinknecht/Meyer-Goßner*43 1; KMR-*Paulus* 2; *von Kries* 690.

[2] BGHSt **42** 42 = NStZ **1996** 346 mit Anm. *Katholnigg.*

[3] BGHSt **26** 201 mit abl. Anm. *Sieg* NJW **1976** 301 und *Meyer-Goßner* NJW **1976** 977; ablehnend auch AK-*Maiwald* 3; HK-*Lemke* 2; *Kleinknecht/Meyer-Goßner*43 1; anders ferner BayObLGSt **1979** 16 und *Pfeiffer/Fischer* 2 bei richtiger Einstellung wegen örtlicher Unzuständigkeit; zustimmend aber KK-*Pikart* 4.

bezeichneten Zuständigkeiten, obwohl sie sich nur auf die Eröffnungszuständigkeit beziehen, also nicht notwendig besagen, daß die dort genannten Spruchkörper überall im Verhältnis zueinander als höher- bzw. niederrangig zu behandeln sind; da die Zurückverweisung aber ohnedies an einen anderen Spruchkörper erfolgen muß (§ 354 Abs. 2), steht nichts im Wege, sondern ist es nur sinnvoll, das Revisionsgericht zu verpflichten, bei dieser Zurückverweisung die von § 209 a gewollte Vorrangstellung bestimmter Spruchkörper zu beachten (vgl. auch bei § 209 a; § 354, 66). S. im übrigen unten Rdn. 8 ff.

War ein **Verfahren gegen Erwachsene und Jugendliche** oder Heranwachsende ver- **5** bunden (§§ 103, 112 Satz 1 JGG), so wird die Verbindung ohne weiteres getrennt, wenn nur einer der Beteiligten Revision eingelegt hat oder das Verfahren nach der Entscheidung des Revisionsgerichts nur noch einen Beteiligten (oder Beteiligte der einen Gruppe) betrifft; ein ausdrücklicher Trennungsbeschluß ist nicht erforderlich[4]. Das noch weiterzuführende Verfahren ist an das für den betreffenden Angeklagten zuständige Jugend- oder Erwachsenengericht abzugeben, also bei Weiterführung gegen den Erwachsenen in der Regel an die Strafkammer[5], bei Weiterführung gegen den Jugendlichen oder Heranwachsenden an die Jugendkammer, wenn die abzuurteilende Tat nach § 41 Abs. 1 Nr. 1 JGG in deren Zuständigkeit fällt (BGHSt 21 291), sonst grundsätzlich an das Jugendschöffengericht[6]. Wenn es sich um eine umfangreiche Strafsache handelt, kann der Bundesgerichtshof die Sache statt an das Jugendschöffengericht auch an die Jugendkammer zurückverweisen (BGH NJW **1960** 2203). Bestehen Zweifel am Alter des Angeklagten, so kann das Revisionsgericht, um die Zuständigkeitsfrage zu klären, Ermittlungen im Freibeweis anstellen (BGH NJW **1957** 1370).

Richtet sich die Revision gegen ein **Berufungsurteil** im verbundenen Verfahren, gel- **6** ten diese Grundsätze nach h. M jedoch aus folgenden Gründen nicht. Früher wurde überwiegend die Ansicht vertreten, die Verfahrenstrennung nach dem Ausscheiden der Erwachsenen oder Nichterwachsenen aus dem Verfahren führe dazu, daß sich auch die Zuständigkeit des Berufungsgerichts nur danach bestimmt, gegen welchen Angeklagten das Verfahren noch weiterzuführen ist[7]; daher wurde die Sache, wenn z. B. die Jugendlichen aus dem Verfahren ausgeschieden waren, an das für Erwachsene zuständige Berufungsgericht zurückverwiesen (OLG Celle DAR **1957** 362). Der Bundesgerichtshof hat diese Ansicht aber ausdrücklich aufgegeben, und die Rechtsprechung vertritt nunmehr die Auffassung, daß für die Zuständigkeit des Berufungsgerichts ausschließlich § 74 Abs. 3 GVG, § 41 Abs. 2 Satz 1 JGG maßgebend sind, es also nur darauf ankommt, welches Gericht im ersten Rechtszug entschieden hat[8]. Da die Aufhebung des Berufungsurteils durch das Revisionsgericht dazu führt, daß nunmehr erneut über die Berufung zu entscheiden ist, müssen diese Grundsätze auch bei der Zurückverweisung nach § 355 beachtet werden (KK-*Pikart* 6; KMR-*Paulus* 8). Auch wenn das Verfahren nur noch gegen den Erwachsenen anhängig bleibt, muß daher bei der Aufhebung des Urteils einer Jugendkammer die Sache an eine andere Jugendkammer zurückverwiesen werden (OLG Koblenz VRS **49** [1975] 268), und wenn das Urteil eines allgemeinen Berufungsgerichts aufgehoben wird, das Verfahren aber nur noch gegen Nichterwachsene weiterzuführen ist, ist die

---

[4] OLG Hamm DAR **1961** 314; OLG Stuttgart NJW **1959** 1697; KK-*Pikart* 6; *Eisenberg* § 103, 21.

[5] BGHSt **35** 267; vgl. aber auch BGH StV **1994** 415 mit abl. Anm. *Schneider*: Verweisung an das Jugendgericht nicht unzulässig.

[6] BGHSt **8** 355 mit Anm. *Peters* NJW **1956** 492; BGH LM Nr. 1 zu § 103 JGG; BGH NJW **1957** 1370; **1959** 161; **a. A** *Dallinger/Lackner* § 103, 16,

die das in das Ermessen des Revisionsgerichts stellen wollen.

[7] BGHSt **13** 157; OLG Oldenburg NJW **1957** 1329; *Eb. Schmidt* Nachtr. I § 1, 1; *Potrykus* NJW **1954** 1350; *Weigelt* DAR **1959** 294.

[8] BGHSt **22** 48; BayObLGSt **1971** 36 = NJW **1971** 935; OLG Düsseldorf NJW **1968** 2020; OLG Koblenz VRS **49** (1975) 268.

Ernst-Walter Hanack

Sache gleichwohl an das Erwachsenengericht zurückzuverweisen. Ob diese dogmatisch sicher haltbare Lösung sehr sinnvoll ist, läßt sich bezweifeln.

7   **4. Zu Unrecht für zuständig erachtet** hat sich der Tatrichter, wenn seine Zuständigkeit bei objektiver Betrachtung nicht bestanden hat[9]. Auf seine eigene rechtliche Beurteilung kommt es nicht an. Wenn der Tatrichter also bei der von ihm zugrunde gelegten Beurteilung seine Strafgewalt im Urteil überschritten hat, bei zutreffender rechtlicher Würdigung aber sachlich zuständig war, verfährt das Revisionsgericht nach § 354, nicht nach § 355[10]. Umgekehrt ist § 355 anzuwenden, wenn z. B. die allgemeine Strafkammer irrtümlich von einem Sachverhalt ausgegangen ist, dessen Aburteilung in ihre Zuständigkeit fällt, während in Wahrheit das Schwurgericht zuständig war (RG HRR **1939** 1285).

5. Verweisung

8   **a) Zuständiges Gericht.** Das Revisionsgericht verweist die Sache an das nach dem tatsächlichen Ergebnis der Hauptverhandlung vor dem Tatrichter sachlich zuständige Gericht seines Bezirks. Dabei ist das Gericht auszuwählen, das nach der Sachlage, die das angefochtene Urteil feststellt, örtlich zuständig ist; daß bei mehreren zuständigen Gerichten die Wahl wegen § 33 der vorherigen Anhörung der Staatsanwaltschaft bedarf[11], erscheint überzogen, weil die Auswahl ein notwendiger Bestandteil der möglichen Revisionsentscheidung ist, zu dem sich Beschwerdeführer wie Beschwerdegegner im Rahmen ihrer Anträge äußern können, aber ebensowenig speziell befragt werden müssen wie bei anderen denkbaren Entscheidungen des Revisionsgerichts. An ein örtlich zuständiges Gericht außerhalb des eigenen Bezirks darf das Revisionsgericht die Sache nach h. M (nur) verweisen, wenn innerhalb seines Bezirks ein Gerichtsstand nach §§ 7 ff nicht begründet ist[12]; auch sollte der für bestimmte Bezirke zuständige Senat nach Möglichkeit nicht an ein außerhalb dieses Bezirks gelegenes Gericht verweisen (KK-*Pikart* 5).

9   Ausnahmsweise kann die Sache an den **vorher unzuständigen Richter** zurückverwiesen werden, wenn dieser für die noch zu treffende Entscheidung zuständig ist. Hat z. B. anstelle des zuständigen Jugendschöffengerichts der Jugendrichter entschieden, so kann die Sache an diesen zurückverwiesen werden, wenn sie nur noch in einem Nebenpunkt anhängig bleibt (BayObLGSt **1962** 85).

10   Richtet sich die Revision gegen ein **Berufungsurteil** der Strafkammer und hat bereits der Erstrichter seine Zuständigkeit zu Unrecht bejaht, das Berufungsgericht aber entgegen § 328 Abs. 2 nicht zurückverwiesen, so daß das Berufungsurteil auf die Revision aufzuheben ist (vgl. bei § 328), kann das Revisionsgericht die Sache unmittelbar an das erstinstanzlich zuständige Gericht zurückverweisen[13]. Es handelt sich dabei, entgegen OLG Oldenburg NJW **1981** 1385, nicht um eine entsprechende Anwendung des § 355, sondern um eine Entscheidung, die das Revisionsgericht anstelle des Berufungsgerichts *in der Sache selbst* trifft (*Rieß* NStZ **1981** 305). In Betracht kommt die Verweisung meist, weil

[9] RGSt **6** 315; **74** 140; *Eb. Schmidt* 14; *Gössel* GA **1968** 357; vgl. auch § 338, 71.

[10] OLG Celle JR **1950** 414; KMR-*Paulus* 3; *Eb. Schmidt* 14; *Dallinger* MDR **1952** 118.

[11] KK-*Pikart* 5; *Kleinknecht/Meyer-Goßner*[43] 6; KMR-*Paulus* 10.

[12] KK-*Pikart* 5; *Kleinknecht/Meyer-Goßner*[43] 5; KMR-*Paulus* 10; LR-*Meyer* in der 23. Aufl.

[13] RGSt **61** 326; BayObLG DAR **1984** 243; OLG Hamm StraFo. **1996** 87; OLG Karlsruhe NJW **1978**

840; OLG Oldenburg NJW **1981** 1385 mit Anm. *Rieß* NStZ **1981** 305 (dazu im folg. Text); OLG Saarbrücken JBl.Saar **1964** 15; *Kleinknecht/Meyer-Goßner*[43] 5; KMR-*Paulus* § 328, 38; *Eb. Schmidt* Nachtr. I 29; *Beling* 427; **a. A** OLG Breslau GA **71** (1927) 63; OLG Dresden JW **1925** 2811; **1928** 838, 3013, jeweils mit abl. Anm. *Mannheim*, die eine Zurückverweisung an das Berufungsgericht für erforderlich halten, das dann nach § 328 Abs. 2 weiter zurückzuverweisen habe.

statt des zuständigen Schöffengerichts der Einzelrichter entschieden hatte; natürlich erfolgt sie auch, wenn das Schöffengericht anstelle des Schwurgerichts (RGSt **61** 362) oder der Staatsschutzkammer (OLG Hamburg NJW **1978** 804) oder wenn anstelle des Jugendschöffengerichts das Erwachsenenschöffengericht (vgl. OLG Oldenburg NJW **1981** 1385) erstinstanzlich tätig war.

b) Form der Verweisung. Die Verweisung ist Teil des Revisionsurteils, ergeht also in **11** Urteilsform, nicht durch Beschluß nach § 270, *wenn* das Revisionsgericht durch Urteil entscheidet[14]. Dabei ist jedoch die Form einzuhalten, die für Verweisungsbeschlüsse nach § 270 Abs. 2 bestimmt ist[15]. Bleibt jedoch der tatsächliche und rechtliche Inhalt der Beschuldigung derselbe wie im Anklagesatz, so braucht er nach h. M in dem Verweisungsurteil nicht nochmals angeführt zu werden[16].

Die Ansicht von LR-*Meyer*[23], daß die genannten Formerfordernisse für die Verwei- **12** sung an das zuständige **Jugendgericht** und die **besonderen Strafkammern** beim Landgericht nicht gelten, weil sie keine andersartige sachliche Zuständigkeit als die allgemeinen Strafgerichte haben, wird nicht aufrechterhalten.

c) Bindende Wirkung. Nach § 358 Abs. 1 ist das Gericht, an das die Sache verwiesen **13** wird, in den für § 358 Abs. 1 geltenden Grenzen (dort Rdn. 10 ff) an die Aufhebungsansicht des Revisionsgerichts gebunden. Das gilt auch für die Entscheidung des Revisionsgerichts über die Zuständigkeit des Gerichts, an das die Sache nunmehr verwiesen worden ist. Dabei besteht kein Unterschied zwischen den einzelnen Arten der Zuständigkeit.

§ 356

Die Verkündung des Urteils erfolgt nach Maßgabe des § 268.

Bezeichnung bis 1924: § 396.

1. Urteilsverkündung. Das Revisionsurteil wird wie jedes andere strafgerichtliche **1** Urteil im Namen des Volkes (§ 268 Abs. 1) durch Verlesung der Urteilsformel und Eröffnung der Urteilsgründe (§ 268 Abs. 2) verkündet. Die Verkündung findet regelmäßig am Schluß der Revisionsverhandlung oder der Sitzung des Revisionsgerichts statt, kann aber auch in einem besonderen Termin erfolgen. Die Vorschrift des § 268 Abs. 3 Satz 2, daß das Urteil spätestens am elften Tag nach der Verhandlung verkündet werden muß, ist, wie schon ihr Bezug zu § 229 zeigt, speziell auf das Verfahren vor dem Tatrichter zugeschnitten. Es besteht wohl kein zwingender Anlaß, sie auch im Revisionsverfahren für verbindlich zu halten[1]. Nach allgemeiner Praxis müssen bei der Urteilsverkündung ein Urkunds-

---

[14] BGHSt **10** 74; **26** 106; KK-*Pikart* 8; *Kleinknecht/Meyer-Goßner*[43] 4; soweit KMR-*Paulus* 12 offenbar verlangen, daß die Verweisung *stets* durch Urteil ausgesprochen wird, ist dem nicht zu folgen; anders zu Recht auch KMR-*Paulus* § 349, 31 selbst.

[15] RGSt **10** 195; **61** 362; **69** 157; KK-*Pikart* 8; *Kleinknecht/Meyer-Goßner*[43] 4; KMR-*Paulus* 12.

[16] BGHSt **7** 28 = MDR **1955** 180 mit Anm. *Dallinger*; BGH NJW **1957** 391; BayObLGSt **1959** 210; *Kleinknecht/Meyer-Goßner*[43] 4; *Eb. Schmidt* 15.

[1] RGSt **27** 118; HK-*Lemke* 1; KK-*Pikart* 2; *Kleinknecht/Meyer-Goßner*[43] 2; **a. A** AK-*Maiwald* 1; KK-*Engelhardt* § 268, 10.

Ernst-Walter Hanack

beamter sowie ein Vertreter der Staatsanwaltschaft beim Revisionsgericht zugegen sein, grundsätzlich nicht hingegen der Angeklagte, sein Verteidiger und andere Verfahrensbeteiligte; die Anwesenheit des notwendigen Verteidigers dürfte angesichts der Eigenart der Entscheidung auch dann entbehrlich sein, wenn er (vgl. § 350, 9 ff, insbes. 13) speziell für das Hauptverfahren vor dem Revisionsgericht bestellt worden ist (**a. A** KMR-*Paulus* 1).

2   Entscheidet das Revisionsgericht nach § 354 Abs. 1 in der Sache selbst oder verwirft es die Revision durch Urteil als unzulässig oder unbegründet, so tritt schon mit der Beendigung der Verkündung **Rechtskraft** ein[2]. Verwirft das Revisionsgericht die Revision durch Urteil als verspätet oder formungültig, was an sich schon durch Beschluß nach §§ 346, 349 Abs. 1 hätte geschehen können, so ist hinsichtlich des Zeitpunkts der Rechtskraft § 343 Abs. 1 zu beachten; denn nur die rechtzeitige Einlegung der Revision hemmt die Rechtskraft des tatrichterlichen Urteils, soweit es angefochten ist; war die Revision verspätet, so hat das Revisionsurteil daher nur feststellende Wirkung (§ 346, 22).

3   **2. Urteilsurkunde.** Das Revisionsurteil ist entsprechend § 275 Abs. 1 Satz 1 zu den Akten zu bringen. Daß die Fristen des § 275 Abs. 1 Satz 2 bis 5 gelten, sagt das Gesetz nicht; da sie speziell auf das tatrichterliche Verfahren zugeschnitten sind, dürften sie für das Revisionsverfahren nicht gelten[3]. Jedoch gehört es auch ohne gesetzliche Anweisung zu den Pflichten des Revisionsgerichts, sein Urteil ohne Verzögerung abzufassen. Für die Unterzeichnung des Urteils ist § 275 Abs. 2 Satz 1 und 2 sinngemäß anzuwenden. Wegen des Urteilskopfes gilt § 275 Abs. 3 entsprechend. Die Herstellung der Ausfertigungen und Auszüge richtet sich nach § 275 Abs. 4.

4   Nach § 35 Abs. 2 Satz 2 i. d. F. des StPÄG 1987 brauchen Revisionsurteile **nicht** (mehr) **förmlich zugestellt** zu werden; es genügt die formlose Mitteilung (dazu § 35, 21 ff). Die förmliche Zustellung empfiehlt sich jedoch, wenn die Rechtskraft des Urteils sanktionsbewerte Pflichten, etwa nach § 145 a oder § 145 c StGB, auslöst (vgl. *Rieß/Hilger* NStZ **1987** 153).

5   Über die **Gestaltung der Urteilsgründe** des Revisionsgerichts enthält das Gesetz keine Bestimmung. § 267 gilt nur für den Tatrichter, ist freilich sinngemäß anzuwenden, wenn das Revisionsgericht gemäß § 354 Abs. 1 selbst eine Verurteilung oder einen Freispruch ausspricht. Von diesen Sonderfällen abgesehen, ist das Revisionsgericht in der Gestaltung der Gründe frei (kritisch *Naucke* StV **1985** 188). Im Falle der Zurückverweisung muß es aber jedenfalls im Hinblick auf § 358 Abs. 1 den Aufhebungsgrund klar umreißen. Im übrigen sind die Begründungen der Revisionsgerichte, entsprechend den Aufgaben der Revision (Vor § 333, 7 f), teils mehr an der Entscheidung des Einzelfalles orientiert[4], teils mehr auf rechtsgrundsätzliche Ausführungen zur Wahrung einheitlicher Rechtsprechung oder zur Rechtsfortbildung zugeschnitten[5]. In der Praxis wird belangloses

---

[2] KK-*Pikart* 5; *Kleinknecht/Meyer-Goßner*[43] 2; KMR-*Paulus* 2.

[3] *Kleinknecht/Meyer-Goßner*[43] 3; KMR-*Paulus* 3; vgl. *Eb. Schmidt* 5.

[4] So heute die weit überwiegende Zahl auch der Urteile, von den Beschlüssen nach § 349 Abs. 4 nicht zu reden. Die zunehmende Veröffentlichung solcher Entscheidungen in Fachzeitschriften wirft für die nachgeordnete Praxis erhebliche Probleme auf, weil die ratio decidendi der Entscheidungen oft schwer erkennbar ist und sich oft kaum beurteilen läßt, wieweit eine Entscheidung verallgemeine-

rungsfähig ist (vgl. zum letzteren auch *Sarstedt/ Hamm*[5] 521 ff). Die verbreitete Klage über die mangelnde Berechenbarkeit der Chancen einer Revision (Vor § 333, 11 f) und die dadurch begünstigte Neigung der Angeklagten und ihrer Verteidiger, das Rechtsmittel nicht unversucht zu lassen, findet ohne Zweifel auch dadurch eine Erklärung.

[5] Zum wünschenswerten Begründungsstil in diesen Fällen *Hanack* Der Ausgleich divergierender Entscheidungen in der oberen Gerichtsbarkeit (1962) S. 93 ff.

Vorbringen der Beschwerdeführer oft auch in Urteilen ohne nähere Auseinandersetzung nur als „offensichtlich unbegründet" charakterisiert (vgl. § 349, 24). Häufig sind über die revisionsrechtliche Entscheidung des Einzelfalls hinausgreifende Hinweise für die neue Verhandlung vor dem Tatrichter bei Zurückverweisung (dazu näher Vor § 333, 11a) oder allgemeine Hinweise im Interesse einheitlicher Rechtsprechung („obiter dicta").

Kein guter Stil ist die verbreitete Übung mancher Revisionssenate, Urteile (oder **6** urteilsgleiche Beschlüsse) im wesentlichen mit wörtlichen Auszügen aus der Stellungnahme der Staatsanwaltschaft beim Revisionsgericht zu begründen (denen die Senate „beitreten" oder gar „nichts hinzuzufügen" haben). Denn der Angeklagte möchte seine Sache in der Regel vom Richter, nicht aber vom Staatsanwalt beurteilt wissen, den er als seinen Gegenspieler ansieht; die Revisionsgerichte sollten daher schon den *Eindruck* einer zu weitgehenden Einflußnahme oder Zusammenarbeit vermeiden (so auch *Peters* JZ **1978** 231).

§ 357

Erfolgt zugunsten eines Angeklagten die Aufhebung des Urteils wegen Gesetzesverletzung bei Anwendung des Strafgesetzes und erstreckt sich das Urteil, soweit es aufgehoben wird, noch auf andere Angeklagte, die nicht Revision eingelegt haben, so ist zu erkennen, als ob sie gleichfalls Revision eingelegt hätten.

Schrifttum. *Dallinger* § 357 StPO und die Rechtsmittelbeschränkungen des § 55 Abs. 2 JGG, MDR **1963** 539; *Haase* Die Revisionserstreckung (Rechtsfragen des § 357 StPO), GA **1956** 273; *Henkel* Zur Auslegung des § 357 StPO, JZ **1959** 690; *Isele* Die Problematik des § 357 StPO, Diss. Frankfurt 1965; *Krause* Analoge Anwendbarkeit des § 357 StPO im Berufungsverfahren? GedS Günther Küchenhoff (1987) 425; *Oberrath* Die Probleme des § 357 StPO (1992 = Diss. Würzburg 1991); *H. W. Schmidt* Erstreckung des Berufungsurteils auf Mitverurteilte? SchlHA **1962** 287; *Schubath* Die Erstreckung der Revision auf den Nichtrevidenten gemäß § 357 StPO im Falle der Verjährung der Strafverfolgung, JR **1972** 240; *Tappe* Die Voraussetzungen des § 357 StPO, Diss. Berlin 1971.

Bezeichnung bis 1924: § 397.

Übersicht

I. Allgemeines

1   Die Vorschrift, die bei der Rechtsbeschwerde gemäß § 79 Abs. 3 OWiG entsprechend gilt, will die „wirkliche Gerechtigkeit" fördern und Ungleichheiten bei der Aburteilung einer Mehrheit von Personen verhindern, die das Rechtsgefühl verletzen[1]. Der Gesetzgeber hat das für so wichtig gehalten, daß er deswegen eine Durchbrechung der Rechtskraft in Kauf genommen und eine auflösend bedingte Rechtskraft[2] geschaffen hat. Die Entstehungsgeschichte der Vorschrift legt jedoch den Schluß nahe, daß dies aufgrund des Mißverständnisses geschah, der Mitangeklagte, der nicht Revision eingelegt hat, werde die Erstreckung der Urteilsaufhebung stets als wirkliche Gerechtigkeit empfinden. Denn nach dem Bericht der Reichtagskommission, der die Vorschrift ihre Entstehung verdankt (*Hahn* **2** 1583; vgl. *Haase* GA **1956** 273), wurde die schwere Schädigung der Gerechtigkeit darin gesehen, daß einer von mehreren Mittätern infolge der von ihm eingelegten Revision „von der Strafe befreit", an den übrigen aber die Strafe vollstreckt werden müßte, obwohl sie gleichfalls „Freisprechung erlangt haben würden", falls auch sie Revision eingelegt hätten[3]. Für den insoweit allein ins Auge gefaßten Fall, daß alle Mitangeklagten nach § 357 freigesprochen werden, wird jeder von ihnen die Aufhebungserstreckung sicher als Akt „wirklicher Gerechtigkeit" ansehen. Aber die Fälle, in denen das Revisionsgericht die Angeklagten freispricht (oder das Verfahren einstellt), sind selten. In der Praxis geschieht es sehr viel häufiger oder sogar in der Regel, daß die aufhebende Entscheidung des Revisionsgerichts zur Zurückverweisung der Sache an den Tatrichter (§ 354 Abs. 2) führt. Dann wird nach § 357 der Mitangeklagte, der keine Revision eingelegt hat (möglicherweise, weil er das Urteil trotz seiner mangelhaften rechtlichen Begründung im Ergebnis für gerecht hält), dazu gezwungen, Zeit und Geld für eine neue, vielleicht langdauernde Hauptverhandlung aufzuwenden, an deren Ende nicht selten das gleiche oder nur geringfügig mildere verurteilende Erkenntnis steht. § 357 nimmt darauf keine Rücksicht, sondern ordnet die Erstreckung der Urteilsaufhebung „über den Kopf des Mittäters" (BGHSt **20** 80) an. Das stellt diesen insoweit vielfach schlechter als den Einzeltäter oder den in einem getrennten Verfahren abgeurteilten Mittäter; denn beide sind nicht gezwungen, das Verfahren fortzusetzen, wenn sie selbst und die Staatsanwaltschaft es nach einem ihnen gerecht erscheinenden tatrichterlichen Urteil zu beenden wünschen.

2   Es ist daher auch nicht überzeugend, daß die **ungleiche Behandlung** derselben Strafsache im Revisionsrechtszug bei mehreren Mitangeklagten „stets einen peinlichen Eindruck machen" werde und ein „Ärgernis" bedeute[4]. Viel peinlicher (im eigentlichen Sinn des Wortes) kann es sein, daß ein Mitangeklagter gegen seinen Willen daran gehindert wird, sich mit einem Strafurteil zufriedenzugeben, das auch nach Auffassung des Revisionsgerichts keine Gesichtspunkte enthält, die seine Freisprechung oder die Einstellung des Verfahrens rechtfertigen. Daß es hierauf nicht ankommt, zeigt, daß es dem Gesetz weniger um die Interessen des Nichtrevidenten geht als um die Belange der Rechtspflege, nämlich der materiellen („wirklichen") Gerechtigkeit[5]. Diese generelle Wertung ist gerade im Zeichen einer „erweiterten Revision", die oft nur an eine „Darstellungskritik" des tat-

---

[1] BGHSt **12** 341; **24** 210; **37** 364; BGH NJW **1958** 560; bei *Holtz* MDR **1959** 108; RGSt **6** 259; **16** 420; **68** 20; **71** 252; OGHSt **2** 61. Eingehend KMR-*Paulus* 4.

[2] *Kleinknecht/Meyer-Goßner*[43] 1; KMR-*Paulus* 2; *Peters* 665; vgl. auch KK-*Pikart* 1.

[3] *Hahn* **1** 1606; vgl. dazu RGSt **6** 259.

[4] Vgl. dazu RGSt **6** 259 und insbesondere KMR-*Paulus* 4, die den Sinngehalt der Vorschrift gerade mit dieser Erwägung rechtfertigen. Auch andere Autoren stehen ihr sehr positiv gegenüber (z. B. *Eb. Schmidt* 1 mit weit. Nachw.; *Peters* 665).

[5] BGHSt **12** 341; KK-*Pikart* 1; KMR-*Paulus* 4; *Henkel* JZ **1959** 690; vgl. auch *Peters* 665.

richterlichen Urteils anknüpft (vgl. § 337, 121 ff), nicht leicht einzusehen. Sie erscheint reformbedürftig[6].

Schon aus den genannten Gründen (Rdn. 1, 2) ist eine **enge Auslegung** der Vorschrift **3** geboten; geboten ist sie auch, weil es sich um eine Ausnahmebestimmung handelt[7], die zudem die Rechtskraft durchbricht[8]. Eine solche restriktive Auslegung läßt sich freilich, wenn die Vorschrift in ihrem Sinngehalt korrekt gehandhabt werden soll, oft kaum erreichen, vgl. dazu im weiteren Text.

II. Keine sinngemäße Anwendung des § 357

Da § 357 eng auszulegen ist (Rdn. 3), darf die Vorschrift auf andere als Revisionsent- **4** scheidungen grundsätzlich nicht sinngemäß angewendet werden (offengelassen von BGHSt **37** 364). Entsprechend anzuwenden ist sie insbesondere nicht im Berufungsverfahren[9], und zwar entgegen KMR-*Paulus* 8 auch nicht beim Fehlen von Verfahrensvoraussetzungen. Noch weniger läßt sich die entsprechende Anwendung im Beschwerdeverfahren rechtfertigen[10]. Sie kommt auch nicht zugunsten des Alleintäters in Betracht, der die Revision auf die Verurteilung wegen einer von mehreren in Tatmehrheit stehenden Straftaten beschränkt hat; die Aufhebung wegen eines sachlichrechtlichen Mangels erstreckt sich in diesem Fall nicht auf die davon beeinflußten, aber nicht angefochtenen Urteilsteile[11]. Nicht in Betracht kommt sie ferner, wenn ein Mitangeklagter eine **Besetzungsrüge nach §§ 222 a, 222 b** nicht erhoben hat und die Rüge darum nach § 338 Nr. 1 präkludiert ist (unten Rdn. 15).

III. Voraussetzungen der Aufhebungserstreckung

1. Urteilsaufhebung zugunsten eines Angeklagten

a) Allgemeines. § 357 setzt die Urteilsaufhebung auf eine Revision voraus; ob es sich **5** um eine Revision nach § 333 oder um eine Sprungrevision nach § 335 handelt, ist gleichgültig. Die Vorschrift gilt für Urteilsaufhebungen im gewöhnlichen Strafverfahren wie im Privatklageverfahren und im Sicherungsverfahren nach §§ 413 ff. Sie ist auch im selbständigen Verfahren nach § 440 auf Einziehungsbeteiligte anzuwenden, die keine Revision eingelegt haben[12], und sie erfaßt überdies tatunbeteiligte Dritte, die nicht Einziehungsbeteiligte sind (BGHSt **21** 69).

b) Urteilsaufhebung. Bei Aufhebung des Urteils (§ 353 Abs. 1) muß das Revisionsge- **6** richt zugleich in der Sache selbst entscheiden (§ 354 Abs. 1) oder die Sache an den Tat-

---

6 Vgl. DERechtsmittelG S. 107, der die Frage aber offenläßt; *Rieß* FS Reichsjustizamt 386 f; für gewisse (geringfügige) Änderungen der „bewährten" Vorschrift auch *Haase* GA **1956** 287; AK-*Maiwald* 14; s. auch BGHSt **20** 80.

7 KK-*Pikart* 1; *Kleinknecht/Meyer-Goßner*[43] 1; KMR-*Paulus* 1, 2.

8 BGH NJW **1955** 1935; JR **1964** 271; OLG Hamm NJW **1957** 392; OLG Oldenburg NJW **1957** 1450; OLG Stuttgart NJW **1970** 66.

9 KG JR **1956** 308 mit zust. Anm. *Sarstedt*; OLG Düsseldorf OLGSt § 318, 27; OLG Hamm NJW **1957** 392; OLG Oldenburg VRS **9** (1955) 138; KK-*Pikart* 23; *Kleinknecht/Meyer-Goßner*[43] 2; *Eb. Schmidt* 12; *Peters* 632; *Tappe* 71 ff; *Meister* MDR

1950 715; *H. W. Schmidt* SchlHA **1962** 287; eingehend *Krause* 425; a. A LG Bonn MDR **1947** 36; LG Essen NJW **1956** 602 mit abl. Anm. *Haase* NJW **1956** 1003; *Isele* 65; *Schorn* Der Strafrichter (1960) 354.

10 OLG Hamm MDR **1973** 1042; *Kleinknecht/Meyer-Goßner*[43] 2; KMR-*Paulus* 6; a. A OLG Bremen NJW **1958** 432 = JR **1958** 189 mit Anm. *Eb. Schmidt* für eine Beschwerde gegen die Berichtigung des Eröffnungsbeschlusses.

11 *Kleinknecht/Meyer-Goßner*[43] 2; KMR-*Paulus* 5; *Haase* GA **1956** 279; a. A OLG Neustadt GA **1954** 252.

12 BGH bei *Pfeiffer* NStZ **1981** 298; *Kleinknecht/Meyer-Goßner*[43] 2; *Haase* GA **1956** 279.

Ernst-Walter Hanack

richter zurückverweisen (§ 354 Abs. 2). In beiden Fällen findet die Aufhebungserstreckung nach § 357 statt. Die Vorschrift ist auch anzuwenden, wenn das Urteil nur teilweise aufgehoben und die weitergehende Revision verworfen wird. Als Urteilsaufhebung im Sinne des § 357 muß ferner der Fall gelten, daß die Sache zur Nachholung einer unterlassenen Entscheidung, z. B. über die Bildung einer Gesamtstrafe oder über die Art der Anrechnung von Untersuchungshaft, zurückverwiesen wird[13].

7   Die **Schuldspruchberichtigung** durch das Revisionsgericht (§ 354, 15 ff) steht der Urteilsaufhebung ebenfalls gleich[14].

7a   Ob das Revisionsgericht das Urteil des Tatrichters durch Urteil (§ 349 Abs. 5) oder durch **Beschluß nach § 349 Abs. 4** aufhebt, ist für die Anwendung des § 357 ohne Bedeutung[15].

8   Auch wenn das Revisionsgericht das Verfahren wegen eines Prozeßhindernisses (s. unten Rdn. 14) durch **Beschluß nach § 206 a** einstellt, findet nach jetzt fast allgemeiner Ansicht die Aufhebungserstreckung statt[16], nach herrschender Meinung allerdings nicht, wenn das Hindernis erst im Revisionsverfahren eintritt (dazu näher Rdn. 14). Die Gegenmeinung[17] hält für entscheidend, daß bei der Einstellung nach § 206 a eine Urteilsaufhebung nicht erforderlich ist und üblicherweise auch nicht vorgenommen wird. Darauf kann es jedoch nicht ankommen (vgl. auch LR-*Rieß*[24] § 206 a, 15; 18), denn sonst hätte es das Revisionsgericht in der Hand, über die Anwendbarkeit des § 357 dadurch zu bestimmen, daß es das Verfahren nicht nach § 206 a, sondern durch Urteil nach § 349 Abs. 5 oder durch Beschluß nach § 349 Abs. 4 einstellt.

9   **c) Zugunsten des Angeklagten.** Für die Anwendung des § 357 ist nur erforderlich, daß das Urteil zugunsten eines Angeklagten ganz oder teilweise aufgehoben wird. Ob die Revision vom Angeklagten selbst, von seinem gesetzlichen Vertreter oder Erziehungsberechtigten, von der Staatsanwaltschaft zu seinen Gunsten oder Ungunsten, vom Privat- oder Nebenkläger eingelegt worden ist, macht daher keinen Unterschied[18]. Eine Urteilserstreckung ist jedoch ausgeschlossen, wenn die Urteilsaufhebung nicht zugunsten des Angeklagten erfolgt. Dem gleichzustellen ist der Fall, daß sie überwiegend nicht zu seinen Gunsten geschieht[19], weil dann von einer Aufhebung „zugunsten" nicht die Rede sein kann; vgl. auch Rdn. 12.

2. Auswirkung der Urteilsaufhebung auf den Nichtrevidenten

10   **a) Erfaßte Nichtrevidenten.** Die h. M dehnt, obwohl eine einschränkende Auslegung des § 357 geboten ist (oben Rdn. 3), den Personenkreis, auf den § 357 anwendbar ist, recht weit aus. Zwar hat noch RG JW **1930** 2573 angenommen, die Vorschrift solle nach Sinn

---

[13] BGH bei *Dallinger* MDR **1973** 730; *Kleinknecht/ Meyer-Goßner*[43] 4; KMR-*Paulus* 11.

[14] BGH NJW **1952** 274; **1973** 475; OLG Hamm NJW **1974** 467; KK-*Pikart* 2; *Kleinknecht/Meyer-Goßner*[43] 5; KMR-*Paulus* 11; *Eb. Schmidt* Nachtr. I 2 a; *Haase* GA **1956** 275.

[15] BGHSt **24** 213; OLG Celle NJW **1969** 1977; allg. M.

[16] BGHSt **24** 208 auf Vorlegung des BayObLG VRS **40** (1971) 454; BGH NStZ **1987** 239 mit weit. Nachw.; BayObLGSt **1951** 528 = JZ **1952** 179; OLG Celle JZ **1959** 180 mit Anm. *Kleinknecht*; AK-*Maiwald* 9; KK-*Pikart* 7; KMR-*Paulus* 11; *Schlüchter* 757.2; *Eb. Schmidt* Nachtr. I § 206 a, 5;

Roxin § 53, 77; *Tappe* 58 ff; *Haase* GA **1956** 275; a. A BGH NJW **1955** 1934 mit abl. Anm. *Wilhelm* NJW **1956** 1646.

[17] *Kleinknecht/Meyer-Goßner*[43] 5 im Anschluß an *Meyer-Goßner* GA **1973** 371 und LR-*Meyer-Goßner*[23] § 206a, 13 ff.

[18] BGH LM Nr. 2; KMR-*Paulus* 13; *Eb. Schmidt* Nachtr. I 2; *Tappe* 49; speziell für die Revision der Staatsanwaltschaft: RGSt **16** 148; **33** 378; KK-*Pikart* 3; *Tappe* 49.

[19] RG HRR **1939** 536; KMR-*Paulus* 12; a. A *Tappe* 51, der dann den günstigen Teil der Entscheidung dem Nichtrevidenten zugute kommen lassen will; vgl. auch *Kleinknecht/Meyer-Goßner*[43] 6.

und Zweck einem Mitangeklagten nur zugute kommen, wenn er es unterlassen („versäumt") hat, selbst Revision einzulegen. Es ist aber wohl zwingend, dem Angeklagten, der keine Revision eingelegt hat, solche Angeklagte gleichzustellen, die die Revision zwar eingelegt, aber nicht rechtzeitig oder nicht ausreichend begründet haben, so daß sie nach § 346 oder nach § 349 Abs. 1 als unzulässig verworfen worden ist[20]. Entsprechendes gilt für Angeklagte, die nur ohne Erfolg eine Verfahrensrüge, nicht aber die Sachrüge erhoben haben[21]. Auch wer auf die Revision verzichtet oder sie zurückgenommen hat, wird, ob er will oder nicht, von § 357 erfaßt[22], und zwar auch im Fall eines unbestimmten oder als Berufung eingelegten Rechtsmittels (§ 335, 6, 9 ff), wenn im Zeitpunkt seiner Rücknahme die Konkretisierung als Revision noch möglich war[23]. Erfaßt wird nach dem Sinngehalt des Gesetzes (oben Rdn. 2) sogar ein Angeklagter, der die Revision von vornherein oder während des Revisionsverfahrens auf den Rechtsfolgenausspruch beschränkt hat, wenn das Revisionsgericht zugunsten eines Mitangeklagten den Schuldspruch aufhebt[24]. Hat der Angeklagte zwar Revision eingelegt, stellt das Revisionsgericht aber fest, daß gegen ihn die Sache bereits vor Erlaß des angefochtenen Urteils rechtskräftig erledigt war (verspäteter Einspruch gegen einen Strafbefehl und ähnliche Fälle), findet § 357 hingegen keine Anwendung[25].

Ist die **Revision nicht statthaft**, weil das Gesetz sie ausdrücklich ausschließt (§ 55 **11** Abs. 2 JGG und die bei § 333, 2 genannten Fälle), ist § 357 nicht anwendbar, weil es (so RG JR Rspr. **1926** Nr. 1799) darauf ankommt, ob der Mitangeklagte gegen das tatrichterliche Urteil keine Revision eingelegt hat, obwohl er sie hätte einlegen können[26]. Eine gegenteilige Meinung zu § 55 Abs. 2 JGG[27] hält für entscheidend, daß dem Jugendlichen die Revision gegen das Berufungsurteil nur deshalb verschlossen ist, weil er gegen das erste Urteil die Berufung gewählt und damit auf die Revision verzichtet hat, ein Verzicht auf dieses Rechtsmittel stehe aber (s. Rdn. 10) der Anwendung des § 357 anerkanntermaßen nicht entgegen. Das überzeugt nicht: Die Durchbrechung der Rechtskraft, die § 357 ausnahmsweise zuläßt, muß ihre Schranke dort finden, wo die Revision gesetzlich ausgeschlossen ist. Denn es ist nicht Sinn der Vorschrift, den gesetzlich vorgesehenen Rechtsmittelzug als solchen zu verändern.

b) Zugunsten des Nichtrevidenten muß sich die Aufhebungserstreckung auswirken. **12** Es kommt also darauf an, ob er einen Erfolg erzielt haben würde, wenn er selbst Revision eingelegt und die Sachrüge erhoben hätte[28]. Denn § 357 bezweckt nicht generell, fehlerhafte Entscheidungen aufzuheben, sondern will den Nichtrevidenten so stellen, als habe er gleichfalls Revision eingelegt. Der damit verbundene Eingriff in die Rechtskraft des Urteils (oben Rdn. 1) läßt sich nur rechtfertigen, wenn er ausschließlich zum Vorteil des Angeklagten wirkt, der kein Rechtsmittel eingelegt hat (*Tappe* 55).Wenn daher die Richtigstellung des Rechtsfehlers nicht (RGSt **70** 231) oder nur teilweise zugunsten eines

---

20 RGSt **40** 220; BayObLG DRiZ **1928** Nr. 601; OLG Düsseldorf JR **1983** 479; OLG Zweibrücken wistra **1987** 269; allg. M im Schrifttum.

21 RG DJ **1939** 1616 = HRR **1940** 208; allg. M.

22 OLG Hamburg JW **1937** 3152 für den Verzicht; BGH NJW **1958** 560 und **1996** 2665 für die Rücknahme; allg. M im Schrifttum.

23 OLG Stuttgart MDR **1996** 517; *Kleinknecht/Meyer-Goßner*[43] 7.

24 BGH NJW **1996** 2665; MDR **1954** 373; *Kleinknecht/Meyer-Goßner*[43] 7; KMR-*Paulus* 14; *Tappe* 67.

25 BayObLGSt **1953** 34; KMR-*Paulus* 16; *Haase* GA **1956** 279.

26 Ebenso OLG Oldenburg NJW **1957** 1450; AK-*Maiwald* 11; KK-*Pikart* 12; *Kleinknecht/Meyer-Goßner*[43] 7; *Eb. Schmidt* Nachtr. I 7. Ebenso KG JW **1937** 54 (mit Anm. *Gurski*) und 769 für den Ausschluß der Revision durch die AusnahmeVO v. 14. 6. 1932.

27 Begründet von *Dallinger* MDR **1963** 539. Ihm folgend KMR-*Paulus* 14; *Brunner/Dölling* § 55 JGG, 16; *Eisenberg* § 55 JGG, 70; *Tappe* 65.

28 RGSt **71** 215; KG JW **1937** 54; KK-*Pikart* 16; KMR-*Paulus* 15; *Tappe* 55.

Ernst-Walter Hanack

nichtrevidierenden Mitangeklagten, zugleich und überwiegend aber zu seinen Ungunsten wirkt, ist § 357 nicht anwendbar[29]. Daß die neue Hauptverhandlung vor dem Tatrichter nicht für ein Verschlechterungsverbot im bloßen *Schuldspruch* gilt, insoweit also immer zu einem für den Nichtrevidenten ungünstigeren Ergebnis führen kann, steht der Aufhebungserstreckung hingegen nicht im Wege (*Tappe* 57).

3. Gesetzesverletzung bei Anwendung des Strafgesetzes

13   **a) Sachliches Strafrecht.** Zur Aufhebungserstreckung führen in erster Hinsicht (nach dem Gesetzeswortlaut sogar allein) Verstöße gegen das sachliche Recht, sofern das Urteil ihretwegen aufgehoben wird und der Angeklagte, der keine Revision eingelegt hat, durch den Rechtsfehler beschwert ist. Zur Frage, ob die Urteilsaufhebung aufgrund einer Verfahrensrüge zulässig ist, ohne daß die Sachrüge geprüft wird, vgl. § 352, 14. Für die Aufhebungserstreckung macht es keinen Unterschied, ob der Rechtsfehler den Schuldspruch, den Rechtsfolgenausspruch (dazu unten Rdn. 21) oder mit der Revision anfechtbare Nebenentscheidungen betrifft[30]. Erfaßt wird auch die Aufhebung wegen fehlerhafter oder unzulässiger Beweiswürdigung[31]. Umstritten ist jedoch die auch vom Bundesgerichtshof unterschiedlich beantwortete Frage, ob § 357 Anwendung findet, wenn das tatrichterliche Urteil **gemäß § 354 a** infolge einer erst nach seinem Erlaß eingetretenen Gesetzesänderung aufgehoben wird. Nach dem Wortlaut des § 357 ist das nicht der Fall, weil die Aufhebung hier nicht wegen einer Gesetzesverletzung erfolgt, sondern zur Berücksichtigung des zwischenzeitlich geänderten (milderen) Rechts. Doch paßt der Grundgedanke des § 357, und zwar typischerweise ohne seine zwiespältigen Ergebnisse (Rdn. 1), auch und gerade auf diese Situation, so daß es (unbeschadet der gebotenen engen Auslegung des § 357, Rdn. 3) entgegen der neueren Rechtsprechung des Bundesgerichtshofs geboten erscheint, für die erst später eingefügte Vorschrift des § 354 a eine Erstreckung gemäß § 357 anzunehmen[32]. Entsprechendes gilt, ebenfalls entgegen dem Bundesgerichtshof (BGHSt **41** 6), bei der zwischenzeitlichen Nichtigkeitserklärung einer Norm durch das BVerfG; vgl. auch § 354 a, 4.

14   **b) Verfahrensvoraussetzungen.** Unter dem Begriff „Gesetzesverletzung bei Anwendung des Strafgesetzes" fallen nach heute allgemeiner Meinung auch die vom Revisionsgericht von Amts wegen zu prüfenden Verfahrensvoraussetzungen[33], weil bei ihrer Verletzung mit Sicherheit feststeht, daß das Urteil im Ergebnis unrichtig ist. Es handelt sich dabei, genau gesehen, freilich nicht eigentlich um eine analoge Anwendung des Grundgedankens von der Wahrung der materiellen Gerechtigkeit (Rdn. 1), sondern um Folgerungen aus den gesetzlichen Grenzen der Strafverfolgung[34], was den Unterschied der Behandlung gegenüber sonstigem Verfahrensrecht (unten Rdn. 15) erklärt. Entgegen der

---

[29] RGSt **71** 215; RG HRR **1939** 536; *Haase* GA **1956** 274.

[30] RGSt **16** 421; RG GA **1907** 483; OLG Neustadt GA **1954** 252; *Haase* GA **1956** 276; allg. M.

[31] *Kleinknecht/Meyer-Goßner*[43] 8; *Peters* FS Schäfer 152, der das für eine analoge Anwendung hält; vgl. auch Rdn. 20.

[32] Ebenso BGH GA **1955** 247; BGH bei *Hanack* JZ **1973** 778 Fußn. 31; OLG Schleswig SchlHA **1950** 196; KMR-*Paulus* 21; *Peters* 665; *Roxin* § 53, 77; *Hanack* JZ **1973** 779; *Kleinknecht* JZ **1959** 181; **a. A** dann jedoch BGHSt **20** 78 auf Vorlegung von BayObLGSt **1964** 127; **a. A** auch BGHSt **41** 7 und

BGH JR **1954** 271; AK-*Maiwald* 2; HK-*Lemke* 9; KK-*Pikart* 6; *Kleinknecht/Meyer-Goßner*[43] 9; *Eb. Schmidt* Nachtr. I 2 a; *Schlüchter* 752.2; *Tappe* 15 ff; *Haase* GA **1956** 277; *Schafheutle* JW **1937** 3152.

[33] BGHSt **10** 141; **12** 340; **19** 321; **24** 210; BGH NJW **1955** 1934; **1959** 899; NStZ **1987** 239; **1988** 470; StV **1983** 3 und 402; RGSt **68** 18 = JW **1934** 773 mit Anm. *Schwinge* (grundsätzlich); RGSt **71** 252; **72** 25; BayObLG JZ **1952** 179; VRS **40** (1971) 454; OLG Celle JZ **1959** 180 mit Anm. *Kleinknecht*; NJW **1969** 1977.

[34] Vgl. *Eb. Schmidt* Nachtr. I 2; *Hanack* JZ **1973** 779.

herrschenden Meinung[35] kommt die Revisionserstreckung, wie bei der nachträglich eingetretenen Änderung des sachlichen Rechts (Rdn. 13), aus den gleichen Gründen auch in Betracht, wenn das Verfahrenshindernis erst während des Revisionsverfahrens eingetreten ist (ebenso KMR-*Paulus* 28). Das muß wohl auch für ein nach Erlaß des tatrichterlichen Urteils in Kraft getretenes Straffreiheitsgesetz gelten, wenn es eine eigene Regelung der Frage nicht enthält[36]. War es schon vorher in Kraft, wendete das Reichsgericht ebenfalls § 357 an[37], während der Bundesgerichtshof[38] auch insoweit gegenteiliger Meinung ist, weil die Frage, ob oder unter welchen Voraussetzungen Straffreiheit zu gewähren ist, von dem Amnestiegesetz selbst geregelt werde. Zum *Umfang* der Prüfungspflicht des Revisionsgerichts bei Verfahrensvoraussetzungen im Falle des § 357 s. unten Rdn. 22.

c) Sonstiges Verfahrensrecht. Verfahrensvorschriften, deren Beachtung nicht von **15** Amts wegen zu prüfen ist (Rdn. 14), sind, wie sich schon aus dem Wortlaut der Bestimmung ergibt, keine Gesetze im Sinne des § 357. Wer einen Verfahrensverstoß nicht hinnehmen will, muß den Verstoß daher nach ganz h. M selbst formgerecht (§ 344 Abs. 2) mit der Revision rügen, und zwar auch, wenn es sich um einen zwingenden Aufhebungsgrund handelt[39]. Jede andere Betrachtung[40] ist auch mit dem Sinngehalt der Vorschrift (Rdn. 1) und ihrem Ausnahmecharakter (Rdn. 3) nicht in Einklang zu bringen. Entsprechendes gilt, wenn der Mitangeklagte einen Besetzungseinwand gemäß §§ 222 a, 222 b nicht erhoben hat und ihm deswegen die Besetzungsrüge aufgrund von § 338 Nr. 1 Halbsatz 2 abgeschnitten ist. Denn die ordnungsgemäße Besetzung des Gerichts ist als solche keine im Revisionsrechtszug von Amts wegen zu prüfende Verfahrensvoraussetzung, und gegen eine analoge Anwendung des § 357 spricht überdies auch der Grundgedanke der Rügepräklusion; so hat im Ergebnis auch BGHSt **33** 126 entschieden (bestätigend BVerfG NJW **1985** 126; **a. A** jedoch *Vogt/Kurth* NJW **1985** 106; gegen sie *Katholnigg* JR **1985** 346).

4. Zusammenhang

a) Allgemeines. Dasselbe Urteil. Die Folge des § 357 greift nach dem Gesetz nur ein, **16** „soweit" sich „das Urteil", das wegen des Rechtsfehlers aufgehoben werden muß, auch auf andere Angeklagte „erstreckt". Der damit für die Anwendung des § 357 erforderliche Zusammenhang setzt zunächst voraus, daß Beschwerdeführer und Nichtrevidenten durch dasselbe Urteil verurteilt worden sind; die Aburteilung in demselben Verfahren genügt nicht[41]. Unter § 357 fallen daher nicht Mitangeklagte, die gar nicht in der Lage gewesen wären, gegen das dem Revisionsgericht vorliegende Urteil erfolgreich Revision einzulegen (RG JW **1930** 2573). Insbesondere gilt, wenn Gegenstand des Revisionsverfahrens ein Berufungsurteil ist, § 357 nicht für Angeklagte, die das Urteil des Amtsgerichts nicht mit der Berufung angefochten hatten, gegen die also überhaupt kein Berufungsurteil

---

[35] BGH NJW **1952** 274; AK-*Maiwald* 3; HK-*Lemke* 10; KK-*Pikart* 7; *Kleinknecht/Meyer-Goßner*[43] 5; *Pfeiffer/Fischer* 3; SK-*Paeffgen* § 206 a, 11.

[36] RGSt **68** 427; KMR-*Paulus* 28; **a. A** OLG Hamburg JW **1937** 3152 mit zust. Anm. *Schafheutle*; KK-*Pikart* 7; *Kleinknecht/Meyer-Goßner*[43] 10; *Tappe* 20; *Haase* GA **1956** 277.

[37] RGSt **71** 252; ebenso OLG Celle NJW **1954** 1498.

[38] BGH GA **1955** 247; ebenso *Kleinknecht/Meyer-Goßner*[43] 10; *Haase* aaO.

[39] BGHSt **17** 179; **37** 329; BGH JR **1954** 271; RGSt **20** 93; **68** 18 = JW **1934** 773 mit abl. Anm. *Schwin-* ge; OLG für Hessen JR **1949** 514; KK-*Pikart* 7; *Kleinknecht/Meyer-Goßner*[43] 10; KMR-*Paulus* 29; *Eb. Schmidt* Nachtr. I 2; *Roxin* § 53, 77; *Schlüchter* 757.1; *Henkel* JZ **1959** 691; *Tappe* 14.

[40] So insbes. *Schwinge* JW **1934** 773; *Isele* 69; im Ergebnis auch RG JW **1926** 2259 mit abl. Anm. *Oetker*; vgl. auch *Peters* FS Schäfer 152 (bei „ungenügender Beweisaufnahme").

[41] KK-*Pikart* 11; *Kleinknecht/Meyer-Goßner*[43] 12; KMR-*Paulus* 18; *Peters* 666; *Roxin* § 53, 74, 75; *Schlüchter* 757.4; *Haase* GA **1956** 280; *Krause* 427.

Ernst-Walter Hanack

ergangen ist[42]. Die Vorschrift gilt auch nicht für Mitangeklagte, deren Berufung wegen unentschuldigten Ausbleibens nach § 329 Abs. 1 verworfen worden ist[43] oder die ihre Berufung wirksam auf das Strafmaß beschränkt hatten, wenn das Revisionsgericht nunmehr den Schuldspruch des Berufungsurteils beanstandet[44].

17   **b) Nämlichkeit der Tat.** Die Aufhebungserstreckung fordert ferner einen sachlichen Zusammenhang. Sie ist nur zulässig, wenn der Angeklagte, der keine Revision eingelegt hat, wegen der nämlichen Tat verurteilt worden ist wie der Beschwerdeführer[45]. Darunter ist, entsprechend dem verfahrensrechtlichen Tatbegriff des § 264, nach h. M dasselbe tatsächliche Ereignis zu verstehen, an dem die Angeklagten in strafbarer Weise, wenn auch nicht notwendig in derselben Richtung (anders RGSt **71** 252; vgl. unten Rdn. 18) beteiligt gewesen sind. Das Geschehnis muß für die natürliche Betrachtungsweise als ein Vorgang erscheinen, was meist mit der Formulierung umschrieben wird, die Beteiligung des einen Angeklagten müsse sich mit der des anderen „zu einem einheitlichen tatsächlichen Ganzen verflechten"[46]. Das kann auch der Fall sein, wenn die an demselben Erfolg beteiligten Angeklagten an verschiedenen Tagen gehandelt haben (BGHSt **31** 357). Ein Zusammenhang allein nach § 237 genügt für die Nämlichkeit nicht[47]. Nach jetzt herrschender Ansicht kommt es aber auch nicht entscheidend darauf an, ob ein Zusammenhang im Sinne des § 3 gegeben ist, weil diese Vorschrift ganz andere Zwecke verfolgt[48], so daß sie für die Auslegung des § 357 allenfalls einen „Anhalt" (vgl. BGHSt **12** 342) bietet. Das Reichsgericht hielt einen solchen Zusammenhang teils für genügend[49], teils für erforderlich[50].

18   Aus dem Abstellen auf den **Tatbegriff** (Rdn. 17) **folgt,** daß auch Angeklagte, die nicht miteinander tätig geworden sind, an der nämlichen Tat beteiligt sein können. Im einzelnen gehen die Meinungen insoweit etwas auseinander, was auch damit zusammenhängt, daß nach h. M (unten Rdn. 20) für die Anwendung des § 357 schon eine gleichartige Rechtsverletzung genügt. Im Hinblick auf die bedenklichen Ergebnisse der Vorschrift (Rdn. 1) und ihren Ausnahmecharakter (Rdn. 3) erscheinen solche Konsequenzen des Tatbegriffs im Einzelfall nicht unproblematisch und begründen die Gefahr der Ausuferung. Man wird daher, wenn die Angeklagten nicht in derselben Richtung an der Tat mitgewirkt haben, die Nämlichkeit nur bei spezifischer Verknüpfung der verschiedenen Tatanteile bejahen dürfen, nicht aber dann, wenn sich das Verhalten des einen Angeklagten ohne das des anderen beurteilen läßt[51]. Nur unter diesen Voraussetzungen kann es genügen, daß die Angeklagten als Nebentäter (dazu *Haase* GA **1956** 282) tätig geworden sind oder ihre Taten

[42] RG JR Rspr. **1926** Nr. 1799; RG Recht **1910** Nr. 822; OLG Celle NJW **1954** 1498; OLG Oldenburg DAR **1955** 171; OLG Stuttgart NJW **1970** 66; AK-*Maiwald* 6; KK-*Pikart* 11; *Kleinknecht/Meyer-Goßner*[43] 12; KMR-*Paulus* 18; *Schlüchter* 757.4; *Tappe* 22; *Haase* GA **1956** 280; **a. A** OLG Hamburg JW **1931** 2525 mit abl. Anm. *Oetker*; *Isele* 66.

[43] RG JW **1926** 1219 mit abl. Anm. *Stern*; OLG Königsberg JR Rspr. **1926** Nr. 442; OLG Schleswig bei *Lorenzen/Görl* SchlHA **1988** 118; AK-*Maiwald* 5; KK-*Pikart* 11; *Kleinknecht/Meyer-Goßner*[43] 12; *Schlüchter* 757.4; *Haase* GA **1956** 285.

[44] RG JW **1930** 2573; OLG Oldenburg DAR **1955** 171; *Tappe* 64; *Haase* GA **1956** 279; die in Fußn. 43 Genannten; **a. A** *Isele* 67.

[45] BGHSt **12** 341; **31** 357; BGH NJW **1955** 1566; **1983** 2099; BayObLGSt **1953** 86.

[46] BGHSt **12** 341; BGH NJW **1955** 1566; **1966** 1824; NStZ **1997** 281; KK-*Pikart* 8; *Eb. Schmidt* Nachtr. I 5 in Klarstellung früherer Darlegungen; *Haase*

GA **1956** 281; *Henkel* JZ **1959** 692; vgl. auch *Roxin* § 53, 75; *Schlüchter* 757.3; grundsätzlich **a. A** KMR-*Paulus* 19 ff, die das Erfordernis der Nämlichkeit verwerfen und allein auf die „Unerträglichkeit", den „peinlichen Eindruck" der vermeidbaren Schlechterbehandlung des Nichtrevidenten abstellen; *Tappe* 46 ff; vgl. auch AK-*Maiwald* 6.

[47] BGHSt **12** 342; BayObLGSt **1955** 85; *Eb. Schmidt* Nachtr. 3; *Isele* 71; **a. A** KMR-*Paulus* 21 und *Henkel* JZ **1959** 692 für Prozeßhindernisse.

[48] BGHSt **12** 342; OLG Köln VRS **21** (1961) 449; KK-*Pikart* 8; *Eb. Schmidt* Nachtr. I 4; *Hanack* JZ **1971** 90; *Henkel* JZ **1959** 691; *Tappe* 41.

[49] RGSt **71** 251; RG JW **1928** 2265 mit abl. Anm. *Mannheim*; ebenso noch *Dalcke/Fuhrmann/Schäfer* 2.

[50] RGSt **6** 260; **72** 25; RG JW **1929** 2730 mit Anm. *Heimberger*; ebenso noch BayObLGSt **1953** 86.

[51] *Hanack* JZ **1973** 778; vgl. auch BGH bei *Kusch* NStZ **1996** 327; KK-*Pikart* 9; KMR-*Paulus* 22 f.

gegeneinander gerichtet waren. Das letztere ist z. B. denkbar bei Beteiligung an einer Schlägerei[52], bis zum 6. StRG aber auch bei Nichtanwendung des bis dahin geltenden § 233 StGB im Falle wechselseitiger Beleidigungen und Körperverletzungen[53]. Von der herrschenden Meinung wird Nämlichkeit der Tat auch angenommen bei Beteiligung an demselben fahrlässig verursachten Erfolg, insbesondere der Beteiligung an demselben Verkehrsunfall als Unfallgegner[54]. Bejaht worden ist die Nämlichkeit der Tat (meist unter Berufung auf § 3) ferner bei miteinander und mit anderen begangenen sexuellen Handlungen (RGSt **72** 25), bei Mord und Nichtanzeige des Verbrechens[55], bei Beteiligung als Täter und Gehilfe (BGHSt **11** 18; vgl. Rdn. 20).

Läßt das Urteil **nicht erkennen**, ob der Angeklagte, der keine Revision eingelegt hat, **19** bei der Tat in dem oben beschriebenen Sinn beteiligt gewesen ist, so kommt die Aufhebungserstreckung nicht in Betracht (RG HRR **1934** 1178). Vgl. aber auch Rdn. 20 a. E.

c) Gemeinsamer Revisionsgrund. Umstritten ist, in welcher Weise die Gesetzesver- **20** letzung im Sinne des § 357 Bedeutung auch für das Urteil gegen den Nichtrevidenten haben muß. Eine Mindermeinung hält § 357 nur für anwendbar, wenn die Gesetzesverletzungen identisch sind, also das Urteil genau auf derselben Gesetzesverletzung, die zugunsten des beschwerdeführenden Angeklagten zur Aufhebung führt, auch zum Nachteil des Nichtrevidenten beruht[56]. Nach überwiegender Ansicht genügt hingegen eine gleichartige Gesetzesverletzung dergestalt, daß die rechtlichen Erwägungen, die die Urteilsaufhebung zugunsten des Angeklagten ergeben haben, zur Aufhebung auch hinsichtlich des Nichtrevidenten hätten führen müssen, falls er ebenfalls Revision eingelegt hätte[57]. Hat etwa die Revision des als Mittäter verurteilten Angeklagten Erfolg, weil nur Beihilfe vorliegt, so erstreckt sich die Urteilsaufhebung nach BGHSt **11** 18 auch auf den nicht revidierenden Angeklagten, weil er nunmehr als Alleintäter anzusehen ist[58]. Der gleichartige Rechtsfehler kann auch darin bestehen, daß die Urteilsgründe wegen unzulänglicher Feststellungen dem Revisionsgericht die Prüfung nicht ermöglichen, ob das sachliche Recht richtig angewendet worden ist[59]. Entsprechendes gilt, wenn die Urteilsgründe überhaupt fehlen (OLG Celle NJW **1959** 1648).

Der Rechtsfehler muß sich nicht auf die Schuldfrage beziehen. Es genügt, daß beim **21** Nichtrevidenten **Fragen der Rechtsfolgen**, insbesondere Strafzumessungserwägungen, durch einen identischen oder gleichartigen Rechtsfehler beeinflußt worden sind[60]. Das gilt

---

[52] So mit Recht KK-*Pikart* 9.

[53] LR-*Meyer* in der 23. Aufl.; **a. A** OLG Hamm NJW **1957** 392; *Haase* NJW **1956** 1004.

[54] BGHSt **12** 342; **31** 357; vgl. auch BGHSt **24** 208; OLG Köln VRS **21** (1961) 449; KK-*Pikart* 9; *Kleinknecht/Meyer-Goßner*[43] 13; *Roxin* § 53, 75; *Fincke* GA **1975** 176; **a. A** BayObLGSt **1951** 366; **1953** 86; kritisch zu BGHSt **12** 342 *Hanack* JZ **1973** 779.

[55] RG JW **1928** 2265 mit Anm. *Mannheim*; KK-*Pikart* 8; *Kleinknecht/Meyer-Goßner*[43] 13.

[56] RGSt **6** 259; RG HRR **1934** 1178; *Gerland* 429; *Tappe* 29 ff, 39; vgl. dazu *Eb. Schmidt* 6.

[57] BGH NJW **1995** 2999; RGSt **16** 417; **71** 214; RG JW **1935** 125 mit zust. Anm. *Hafner*; OGHSt **2** 61; BayObLGSt **1963** 162 = JR **1963** 308; OLG Düsseldorf NJW **1986** 2266; OLG Neustadt GA **1954** 252; OLG Oldenburg NdsRpfl. **1947** 133; **1955** 58; AK-*Maiwald* 6; KK-*Pikart* 14 f; *Kleinknecht/Meyer-Goßner*[43] 14; *Eb. Schmidt* 6; *von Kries* 691; *Peters* 666; vgl. auch (kritisch) KMR-*Paulus* 24 f.

[58] Kritisch *Hanack* JZ **1973** 780, weil die immerhin (fort)bestehende Täterschaft des Nichtrevidenten auch die konkrete Frage naheleget, ob er im Fall der Neuverhandlung als Alleintäter mit einer milderen Strafe überhaupt rechnen konnte (vgl. auch unten Rdn. 24); die h. L stimmt der Entscheidung durchweg zu.

[59] BGH EzSt § 267 Nr. 9; OLG Köln VRS **21** (1961) 447; KK-*Pikart* 14; *Kleinknecht/Meyer-Goßner*[43] 14; *Oetker* JW **1932** 1753; vgl. aber auch KG NStZ **1998** 55.

[60] BGH NJW **1995** 2999 (Schuldumfang); RGSt **16** 417; RG HRR **1940** 206; OGHSt **2** 61; OLG Düsseldorf JR **1983** 480 und StV **1996** 549; OLG Neustadt GA **1954** 272; OLG Schleswig SchlHA **1950** 196; KK-*Pikart* 13 mit weit. Rspr.-Nachw.; *Kleinknecht/Meyer-Goßner*[43] 15; *Eb. Schmidt* Nachtr. I 2; **a. A** KMR-*Paulus* 25 und *Haase* GA **1956** 287 im Hinblick auf den persönlichen Charakter dieser Umstände (dazu im folg. Text); vgl. auch AK-*Maiwald* 8.

Ernst-Walter Hanack

auch für Rechtsfehler bei der Entscheidung über die Strafaussetzung zur Bewährung (BGH StV **1992** 417), die Einziehung (BGHSt **21** 69) und die Anordnung von Maßregeln der Besserung und Sicherung (RG JW **1935** 125 mit Anm. *Hafner*). Eine Aufhebungserstreckung scheidet aber aus, wenn die Gründe, die zur Beanstandung der Rechtsfolgeentscheidung, namentlich der Strafbemessung oder der Strafaussetzung geführt haben, nur die Person des Beschwerdeführers, nicht auch die des Nichtrevidenten betreffen[61].

22 Fehlt für die Verurteilung des Beschwerdeführers eine **Verfahrensvoraussetzung**, so kann die Beurteilung der Frage, ob ein gleichartiger Rechtsfehler auch hinsichtlich des Nichtrevidenten besteht, Schwierigkeiten bereiten, weil die Verfahrensvoraussetzungen an sich von Amts wegen zu prüfen sind. Die Pflicht zur Anwendung des § 357 kann aber nicht so weit gehen, daß, wenn ein Verfahrenshindernis hinsichtlich des Beschwerdeführers festgestellt wird, die Akten darauf zu prüfen sind, ob ein gleichartiges Hindernis auch der Verurteilung des Nichtrevidenten entgegensteht. Noch weniger kann das Revisionsgericht verpflichtet sein, die Akten darauf durchzusehen, ob überhaupt irgendein Verfahrenshindernis die Verurteilung des Nichtrevidenten ausschließt[62]. Erforderlich ist vielmehr nur die Prüfung, ob dieselben tatsächlichen Umstände, aus denen sich das Verfahrenshindernis für den Beschwerdeführer ergibt, zu einem Verfahrenshindernis auch hinsichtlich des Nichtrevidenten führen. Das hat vor allem für die Verjährungsfrage Bedeutung; Rechtsfehler im Sinne des § 357 ist hier nicht das Bestehen des Verfahrenshindernisses schlechthin, sondern der Eintritt der Verjährung aufgrund bestimmter Tatsachen, die sowohl auf den Beschwerdeführer als auch auf den Nichtrevidenten zutreffen (BayObLG NStZ-RR **1998** 247; ausführlich *Schubath* JR **1972** 240).

IV. Entscheidung des Revisionsgerichts

23 Das Revisionsgericht hat (mit der in Rdn. 22 genannten Besonderheit) von Amts wegen zu prüfen, ob die Verfahrensvoraussetzungen des § 357 vorliegen (allg. M). Ist das der Fall, so muß es die Vorschrift grundsätzlich anwenden; es handelt sich nicht um eine Ermessensentscheidung[63]. Auch auf den Willen des Nichtrevidenten darf das Gericht grundsätzlich keine Rücksicht nehmen[64]. Zur Behandlung von Grenzfällen vgl. Rdn. 24. Der Nichtrevident ist weder antragsberechtigt noch kann er wirksam auf die Anwendung des § 357 verzichten. Das Gesetz sieht nicht einmal vor, daß er zu der Entscheidung zugezogen oder auch nur gehört wird. Mit Art. 103 Abs. 1 GG ist das jedenfalls nicht in Einklang zu bringen, wenn die Entscheidung nicht zum Freispruch, sondern zur Zurückverweisung führt, weil sie dann (Rdn. 1) in massiver Weise in die Rechtsstellung des Nichtrevidenten eingreift[65]. Kosten der Revision dürfen dem Nichtrevidenten nicht auferlegt werden[66].

---

[61] BGH NJW **1955** 779; JR **1992** 476; BayObLGSt **1963** 126 = JR **1963** 308; KK-*Pikart* 14; *Kleinknecht/Meyer-Goßner*[43] 15; *Eb. Schmidt* 7; *Tappe* 37.

[62] Ersichtlich weitergehend KMR-*Paulus* 21 und *Henkel* JZ **1959** 692, die sogar eine Verfahrensverbindung nach § 237 zum Anlaß dieser Prüfung nehmen.

[63] BGHSt **24** 211; OLG Celle JZ **1959** 180 mit Anm. *Kleinknecht*; AK-*Maiwald* 12; KK-*Pikart* 17; *Kleinknecht/Meyer-Goßner*[43] 16; *Schlüchter* 757.2; *Tappe* 9. Vgl. aber auch Rdn. 24.

[64] BGHSt **20** 80; KK-*Pikart* 17; *Kleinknecht/Meyer-Goßner*[43] 16; KMR-*Paulus* 31; *Isele* 73. Vgl. aber Rdn. 24.

[65] Für vorherige Anhörung auch *Rüping* 3. Aufl. 1997 Rdn. 670 und Bonn.Komm., Art. 103 Abs. 1, Rdn. 79 (Zweitbearbeitung); *Oberrath* 166 ff; für Anhörung in Grenzfällen (vgl. Rdn. 24) auch *Kleinknecht*[35] 7 und KK-*Pikart* 17; **a. A** AK-*Lemke* 22; *Kleinknecht/Meyer-Goßner*[43] 22; KMR-*Paulus* 31; LR-*Meyer* in der 23. Aufl.; ersichtlich auch BGHSt **20** 80.

[66] KK-*Pikart* 19; auferlegt werden dürfen ihm (was sachlich höchst unbefriedigend sein kann und ggf. durch Kostenniederschlagung abgefangen werden sollte) hingegen im Fall der erneuten Verurteilung die Kosten der neuen Hauptverhandlung vor dem Tatrichter (BGH bei *Kleinknecht/Meyer-Goßner*[43] 17).

Das Revisionsgericht **entscheidet**, als ob der Nichtrevident gleichfalls Revision einge- **24**
legt hätte. In Betracht kommt die Entscheidung in der Sache selbst, die Schuldspruchberichtigung (vgl. Rdn. 7) und die Zurückverweisung an den Tatrichter. Die Aufhebungserstreckung darf nicht deshalb unterbleiben, weil ungewiß ist, ob die neue Verhandlung vor
dem Tatrichter wirklich zu einer milderen Strafe führen wird[67]. Etwas anderes gilt jedoch
dann, wenn nach der Überzeugung des Revisionsgerichts auszuschließen ist, daß das
Ergebnis der neuen Verhandlung für den Nichtrevidenten günstiger werden kann[68]; der
an sich zutreffende Hinweis der gegenteiligen Ansicht, daß dem Revisionsgericht solche
tatsächlichen Erwägungen gar nicht zustehen, dürfte bei der besonderen Problematik, um
die es hier geht (Rdn. 1, 2), zu formal sein. Bei den heutigen Verhältnissen spricht sogar
viel für die weitergehende Auffassung von KK-*Pikart* 17, daß das Revisionsgericht von
der Aufhebung im Einzelfall (und nach Anhörung des Nichtrevidenten) auch dann absehen kann, wenn durch sie „ein auch aus Gründen der materiellen Gerechtigkeit **untrag-
bares Mißverhältnis**" zwischen der überhaupt in Betracht kommenden Strafmilderung
und den mit der Fortführung des Verfahrens verbundenen Belastungen entstünde. Ähnliches gilt für die Auffassung von *Kleinknecht*[35] (aufgegeben von *Kleinknecht/Meyer*[36])
Rdn. 7, wonach in Grenzfällen der vernünftige und aus Gründen der Gerechtigkeit
annehmbare Wunsch des Nichtrevidenten berücksichtigt werden sollte, daß seine Verurteilung bestehenbleibt. Bei beiden Ansichten ist freilich zweifelhaft, ob dem Richter eine
solche Korrektur des Gesetzes, die seinen Grundgedanken berührt, noch erlaubt ist[69].
Liegen die Voraussetzungen des § 357 nicht vor, so braucht das Revisionsgericht darüber
keine ausdrückliche Entscheidung zu treffen (*Eb. Schmidt* 10). Ist § 357 versehentlich
nicht angewendet worden, so wird es dabei bleiben müssen[70].

V. Weiteres Verfahren

Bei der Aufhebungserstreckung steht der Nichtrevident so, als ob er erfolgreich Revi- **25**
sion eingelegt hätte. Eine schon begonnene Strafvollstreckung muß abgebrochen werden[71]. Wird die Sache an den Tatrichter zurückverwiesen, so nimmt der Nichtrevident am
weiteren Verfahren teil, auch wenn er auf die Vergünstigung des § 357 keinen Wert gelegt
hat; eine „Rechtsmittelrücknahme" kann er nicht vornehmen[72]. Zur Teilnahme an der
neuen Verhandlung darf er gegebenenfalls nach § 230 Abs. 2 gezwungen werden. Gegen
das neue Urteil steht ihm wieder die Revision zu. Das Verschlechterungsverbot (§ 358
Abs. 2) gilt auch für ihn[73]. Im Fall der erneuten Verurteilung wird eine bereits verbüßte
Strafe angerechnet[74]. Zur Kostenentscheidung vgl. Rdn. 23 Fußn. 66.

---

[67] *Kleinknecht/Meyer-Goßner*[43] 16; KMR-*Paulus* 16;
Eb. Schmidt 4 gegen RGSt **3** 238; *Haase* GA **1956**
288.

[68] BGH NStZ **1996** 329; OLG Düsseldorf NJW **1986**
2266; KG JR **1956** 309; KK-*Pikart* 17; *Klein-
knecht/Meyer-Goßner*[43] 16; **a. A** KMR-*Paulus* 16;
von Kries 692; *Eb. Schmidt* 4; *Haase* GA **1956** 288.
Vgl. auch oben Rdn. 12.

[69] Die Überlegungen bestätigen die Reformbedürftigkeit der Vorschrift (Rdn. 2) und weisen auf einen
ihrer kritischen Punkte hin.

[70] KK-*Pikart* 20; *Kleinknecht/Meyer-Goßner*[43] 16;
Tappe 70; **a. A** RG LZ **1924** 42 (das die unterlassene Entscheidung nachgeholt hat); KMR-*Paulus* 31.

[71] *Peters* 666; näher *Tappe* 68.

[72] KK-*Pikart* 21; KMR-*Paulus* 32.

[73] RGSt **70** 231; **72** 26; RG HRR **1938** 499; allg. M.

[74] RGSt **40** 222; RG JW **1929** 1007; KMR-*Paulus* 33;
Eb. Schmidt 11.

§ 358

(1) Das Gericht, an das die Sache zur anderweitigen Verhandlung und Entscheidung verwiesen ist, hat die rechtliche Beurteilung, die der Aufhebung des Urteils zugrunde gelegt ist, auch seiner Entscheidung zugrunde zu legen.

(2) [1]Das angefochtene Urteil darf in Art und Höhe der Rechtsfolgen der Tat nicht zum Nachteil des Angeklagten geändert werden, wenn lediglich der Angeklagte, zu seinen Gunsten die Staatsanwaltschaft oder sein gesetzlicher Vertreter Revision eingelegt hat. [2]Diese Vorschrift steht der Anordnung der Unterbringung in einem psychiatrischen Krankenhaus oder einer Entziehungsanstalt nicht entgegen.

Schrifttum. *Becker* Bindung des Vorderrichters (§ 358 Abs. 1 StPO) bei Verletzung der Vorlagepflicht durch das Revisionsgericht? NJW **1955** 1262; *Eisenberg* Über Grenzen der Bindung gemäß § 358 Abs. 1 StPO, StraFo. **1997** 126; *Hanack* Der Ausgleich divergierender Entscheidungen in der oberen Gerichtsbarkeit (1962); *Kaiser* Bindungswirkung gemäß § 358 Abs. 1 StPO, insbesondere bei übersehenem Eintritt der Verfolgungsverjährung, NJW **1974** 2080; *Meyer-Goßner* Einstellung des Verfahrens und Verschlechterungsverbot, FS Kleinknecht 287; *Mohrbotter* Grenzen der Bindung an aufhebende Entscheidungen im Strafprozeß, ZStW **84** (1972) 612; *Sarstedt* Nochmals: Bindung des Vorderrichters (§ 358 Abs. 1 StPO) trotz Verletzung der Vorlagepflicht (§ 121 Abs. 2 GVG) durch das Revisionsgericht, NJW **1955** 1629; *Schröder* Bindung an aufhebende Entscheidungen im Zivil- und Strafprozeß, Festschrift für Nikisch (1958) 205; *Sommerlad* Die innerprozessuale Bindung an vorangegangene Urteile der Rechtsmittelgerichte, Diss. Freiburg 1974 (zit. *Sommerlad*); *Sommerlad* Die sogenannte Selbstbindung der Rechtsmittelgerichte, NJW **1974** 123; *Tiedtke* Die innerprozessuale Bindungswirkung von Urteilen der obersten Bundesgerichte (1976; zit. *Tiedke*); *Tiedtke* Selbstbindung der Revisionsgerichte, JZ **1995** 275.

Entstehungsgeschichte. Die Vorschrift war bei Schaffung der StPO sehr umstritten (vgl. *Peters* 115). Ihr Absatz 2 Satz 2 wurde durch Art. 2 Nr. 30 AGGewVerbrG angefügt. Art. 1 Nr. 4 Buchstabe b des Gesetzes zur Änderung von Vorschriften des Strafverfahrens und des Gerichtsverfassungsgesetzes vom 28. 6. 1936 (RGBl. I 844) faßte Absatz 2 neu und beseitigte dabei das Verbot der Schlechterstellung. Art. 3 Nr. 150 VereinhG führte dieses Verbot wieder ein. Die geltende Fassung erhielt der Absatz 2 durch Art. 21 Nr. 85 EGStGB. Dabei wurden die folgenden Begriffe ersetzt: in Satz 1 „Strafe" durch „Rechtsfolgen der Tat"; in Satz 2 „Heil- oder Pflegeanstalt" durch „psychiatrisches Krankenhaus" und „Trinkerheilanstalt" durch „Entziehungsanstalt". In Satz 2 eingefügt wurden weiter die Worte „sozialtherapeutische Anstalt nach § 65 Abs. 3 des Strafgesetzbuches"; das Inkrafttreten des § 65 StGB war jedoch durch zwei Übergangsgesetze (v. 30. 7. 1973, BGBl. I 904, und v. 12. 12. 1977, BGBl. I 1304) zunächst bis zum 1. 1. 1978 und dann bis zum 1. 1. 1985 suspendiert; mit der Aufhebung des § 65 StGB durch Gesetz v. 20. 12. 1984 (BGBl. I 1654) ist die (also nie wirksam gewordene) Einfügung aufgehoben worden.

Übersicht

I. Bindung an die Revisionsentscheidung (Absatz 1)

1. Allgemeines. Dem § 358 Abs. 1 entsprechende Bestimmungen finden sich in allen **1** Verfahrensgesetzen. Sie sind erforderlich, weil das Revisionsgericht regelmäßig nicht in der Sache selbst entscheiden kann. Wäre die Rechtsansicht, aufgrund derer es ein Urteil aufhebt und zurückverweist (§ 354 Abs. 2), für den neuen Tatrichter nicht schlechthin bindend, könnten die Revisionsgerichte ihre Aufgabe, für die Rechtseinheit und die Herbeiführung einer gerechten Entscheidung zu sorgen, nicht oder nur unvollkommen erfüllen (vgl. *Tiedtke* 99). Das Gesetz läßt es daher nicht darauf ankommen, daß der Tatrichter durch die Entscheidung des Revisionsgerichts überzeugt wird. Es schreibt eine Bindung an die seiner Entscheidung zugrunde liegende Aufhebungsansicht vor (sog. interprozessuale Bindungswirkung) und verhindert dadurch auch, daß die Sache zwischen dem Revisionsgericht und dem Tatrichter hin- und hergeschoben wird[1]. Die Vorschrift gilt im Rechtsbeschwerdeverfahren entsprechend (§ 79 Abs. 3 OWiG).

Die Bindung gilt für **alle Tatrichter**, die mit der Sache neu befaßt werden, bei Aufhe- **2** bung eines amtsgerichtlichen Urteils also auch für das Berufungsgericht, an das die Sache später gelangt[2]. Sie führt dazu, daß der neue Tatrichter nach einer Rechtsauffassung zu entscheiden hat, die er möglicherweise nicht teilt oder sogar für handgreiflich falsch hält (vgl. *Eb. Schmidt* 8; s. aber Rdn. 10). Ein Eingriff in die durch Art. 97 Abs. 1 GG gewährleistete Unabhängigkeit des Richters liegt darin nicht[3]. Ein Ausscheiden des an die Rechtsauffassung des Revisionsgerichts gebundenen Richters aus Gewissensgründen ist nach dem Gesetz nicht möglich (KMR-*Paulus* 2; **a. A** *Peters* 115).

2. Keine entsprechende Anwendung. Wird im Berufungsverfahren die Sache an das **3** zuständige Gericht verwiesen (§ 328 Abs. 2), so ist § 358 Abs. 1 nach herrschender und zutreffender Ansicht nicht sinngemäß anwendbar[4], weil es sich um eine spezielle Regelung für das Revisionsverfahren handelt.

3. Bindende rechtliche Beurteilung

a) Vorfragen. Zur Entscheidung des Revisionsgerichts, an die der neue Tatrichter **4** nach § 358 Abs. 1 gebunden ist, gehört auch die Beurteilung rechtlicher Vorfragen, zu denen das Revisionsgericht nicht ausdrücklich Stellung genommen hat. So gehen Rechts-

---

[1] GmS-OGB BGHZ **60** 396 = NJW **1973** 1274; *Mohrbotter* ZStW **84** (1972) 614; zur Aufgabe des § 358 Abs. 1 vgl. auch *Sommerlad* 46 ff; KMR-*Paulus* 1.

[2] KG GA **74** (1930) 307; OLG Koblenz NJW **1983** 1921; KK-*Pikart* 12; *Kleinknecht/Meyer-Goßner*[43] 2; KMR-*Paulus* 2; *Mohrbotter* ZStW **84** 620; *Schröder* 215.

[3] BVerfGE **12** 71 = NJW **1961** 655; BGH JZ **1952** 111 ff; *Kleinknecht/Meyer-Goßner*[43] 2; KMR-*Pau-*

lus 1; *Eb. Schmidt* Teil I Nr. 477; *Peters* 115; *Tiedtke* 100; **a. A** AK-*Maiwald* 2, der eine zulässige Einschränkung bejaht; *Mohrbotter* ZStW **84** 614 ff, nach dessen Ansicht es sich um eine Ausnahme handelt, ohne die die mit der Revision verfolgten Zwecke nicht erreicht werden könnten.

[4] RG JW **1932** 60; *Kleinknecht/Meyer-Goßner*[43] 2; KMR-*Paulus* 4; *Eb. Schmidt* § 328, 18; *Mohrbotter* ZStW **84** 615; **a. A** *Sommerlad* 134 ff; *Schröder* 221; vgl. auch bei § 328.

Ernst-Walter Hanack

ausführungen des Revisionsgerichts stillschweigend davon aus, daß das angewendete Gesetz verfassungsgemäß ist. Das bindet den Tatrichter; eine Vorlegung der Sache an das Bundesverfassungsgericht nach Art. 100 Abs. 1 GG kommt daher nicht mehr in Betracht[5]. Der Tatrichter ist ferner an die Bejahung der Prozeßvoraussetzungen gebunden, die darin liegt, daß das Revisionsgericht, ohne sich hierzu ausdrücklich zu äußern, die Verurteilung sachlichrechtlich geprüft hat[6]. Keine Zustimmung verdient daher die Ansicht von *Kaiser* (NJW **1974** 2080), der Tatrichter dürfe das Verfahren einstellen, wenn das Revisionsgericht den Eintritt der Verfolgungsverjährung oder das Fehlen des erforderlichen Strafantrags offensichtlich übersehen hat. Denn der Tatrichter kann meist nicht zuverlässig feststellen, ob das Revisionsgericht das Verfahrenshindernis tatsächlich nicht bemerkt oder ob es sein Vorliegen, ohne dazu ausdrücklich Stellung zu nehmen, verneint hat. Eine Klärung der Frage durch ein Auskunftsersuchen des Tatrichters an das Revisionsgericht, das *Kaiser* empfiehlt, ist mit dem Wesen der Revision nicht vereinbar.

5　　**b) Bindung an die Aufhebungsansicht.** Der Tatrichter ist, von der stillschweigenden Beurteilung der Vorfragen (Rdn. 4) abgesehen, nur an die Rechtsauffassung des Revisionsgerichts gebunden, die der Urteilsaufhebung unmittelbar zugrunde liegt (sog. Aufhebungsansicht)[7]. Das gilt für Verfahrensfragen, auch Zuständigkeitsfragen (§ 355, 13), ebenso wie für das sachliche Recht[8].

6　　Hebt das Revisionsgericht nur wegen eines **Verfahrensverstoßes** auf, so ist der Tatrichter daher lediglich an die Auslegung der Verfahrensvorschrift gebunden, deren Verletzung das Revisionsgericht angenommen hat. In der sachlichen und rechtlichen Beurteilung der Schuld- und Rechtsfolgenfrage bleibt er hingegen frei[9]. Das gilt insbesondere bei der Aufhebung eines Verwerfungsurteils nach § 329 Abs. 1[10]. Wenn das Revisionsgericht noch andere Verfahrensrügen erörtert, sie aber für unbegründet erachtet oder (s. Rdn. 8) offenläßt, ist der Tatrichter, da das nicht der Aufhebungsgrund war, auch hieran nicht gebunden. Hat das Revisionsgericht hingegen mehrere Verfahrensverstöße für gegeben erachtet und die Aufhebung kumulativ begründet, erstreckt sich die Bindung auf jeden dieser Aufhebungsgründe (KK-*Pikart* 5).

7　　In **sachlichrechtlicher Hinsicht** erstreckt sich die Bindungswirkung auf jede Rechtsauffassung des Revisionsgerichts, die der Aufhebung auf die Sachrüge zugrunde liegt. Dies gilt wiederum auch bei kumulativen Aufhebungsgründen (vgl. Rd. 6), nach BGH NJW **1997** 1455 jedoch nicht im Verhältnis zwischen Schuldaufhebungs- und Sanktionsaufhebungsgründen, weil der Schuldspruch vorrangig ist. Auf Fragen des sachlichen Rechts, die das Revisionsgericht nicht angesprochen hat, erstreckt sich die Bindung auch dann nicht, wenn sie vom früheren Tatrichter falsch entschieden worden sind und der Beschwerdeführer das gerügt hat. Wie weit die Aufhebungsansicht jeweils reicht, kann nur der Zusammenhang der jeweiligen Revisionsentscheidung ergeben[11]. Legt das Revisionsgericht z. B. dar, daß und wieso der Tatrichter ein Strafgesetz unrichtig angewendet hat, so beschränkt sich die Bindung hierauf. Führt die Entscheidung jedoch außerdem aus,

---

[5] BVerfGE **2** 412 = NJW **1953** 1385; BVerfGE **6** 242 = NJW **1957** 627; KK-*Pikart* 7; KMR-*Paulus* 10; *Schröder* 224; vgl. auch BGHZ **22** 374; BAG NJW **1961** 1229; **a. A** *Tiedtke* 134; *Mohrbotter* ZStW **84** 634.

[6] KK-*Pikart* 7; *Kleinknecht/Meyer-Goßner*[43] 4, KMR-*Paulus* 10.

[7] Allg. M, vgl. z. B. BGHSt **3** 357; BGH JR **1956** 420; *Tiedtke* 166.

[8] KK-*Pikart* 5; *Kleinknecht/Meyer-Goßner*[43] 3; *Dahs/Dahs* 596; **a. A** offenbar KG JR **1958** 269 mit Anm.

Sarstedt; Tiedtke 87 sieht darin einen Widerspruch zur Annahme der Bindungswirkung für die stillschweigende Entscheidung zu Vorfragen.

[9] BGH VRS **34** (1968) 356; KK-*Pikart* 8; *Kleinknecht/Meyer-Goßner*[43] 5; *Eb. Schmidt* 6.

[10] RG JW **1931** 1604 mit Anm. *Oppenheimer; Eb. Schmidt* 2.

[11] Näher dazu KK-*Pikart* 5 f; *Sarstedt/Hamm*[5] 162; für Strafzumessungsentscheidungen z. B. BGH NStZ **1993** 552.

---

wie dieselbe Sachlage richtig zu beurteilen ist, so gehört auch das zur Aufhebungsansicht. Bindende Wirkung hat auch die Auffassung des Revisionsgerichts, daß die festgestellten Tatsachen zur Verurteilung nicht ausreichen[12]. Stellt das Revisionsgericht einen Erfahrungssatz fest (§ 337, 170 ff), so muß der Tatrichter ihn beachten, selbst wenn er ihn für falsch hält (BGH VRS **12** [1957] 208). Zur Bindung an die Aufhebungsansicht, die verhängte Strafe sei unangemessen hoch gewesen, s. BGH StV **1993** 26.

c) Der Aufhebung nicht zugrunde liegende Rechtsausführungen. Keine bindende **8** Wirkung haben Rechtsausführungen des Revisionsgerichts, die der Urteilsaufhebung nicht oder nur mittelbar zugrunde liegen. Das gilt namentlich für Rechtsausführungen, mit denen Ansichten des Tatrichters *gebilligt* werden[13]. Es gilt ferner für Ausführungen, die nur Ratschläge und Hinweise enthalten, ob es sich dabei nun handelt um den konkreten Fall nicht betreffende Ausführungen im Interesse der Rechtsfortbildung oder der Wahrung einheitlicher Rechtsprechung[14], um rechtlich unverbindliche Empfehlungen an den konkreten Tatrichter für die neue Entscheidung[15] oder um Hinweise auf die Rechtsprechung zu anderen Vorschriften[16]. Damit der Umfang der Bindungswirkung nicht zweifelhaft bleibt, muß die Revisionsentscheidung solche Ratschläge und Hinweise von den eigentlichen Aufhebungsgründen deutlich trennen.

d) Zur **Feststellung der bindenden Aufhebungsansicht** in der neuen Verhandlung **9** vor dem Tatrichter vgl. § 354, 69.

4. Grenzen der Bindungswirkung

a) Allgemeines. Die Bindung erstreckt sich nur auf die Strafsache, in der die aufhe- **10** bende Revisionsentscheidung ergangen ist. In Parallelfällen ist der Tatrichter in der rechtlichen Beurteilung frei (*Eb. Schmidt* 9), weil es, von den Besonderheiten der Verfassungsgerichtsbarkeit abgesehen, im Recht der Bundesrepublik eine Bindung an Präjudizien nicht gibt (dazu *Hanack* 353 ff). Die Bindungswirkung tritt auch nicht ein, wenn die Rechtsfrage, nachdem das Revisionsgericht über sie entschieden hat, durch eine Gesetzesänderung anders geregelt worden ist[17]. Das gleiche gilt, wenn das Bundesverfassungsgericht die angewendete Rechtsnorm für verfassungswidrig erklärt hat[18]. Die Bindung endet auch sonst dort, wo sie dem Tatrichter einen offensichtlichen **Verstoß gegen Grundrechtsnormen** zumuten würde. Hat etwa das Revisionsgericht irrtümlich den strafbaren Versuch eines Vergehens bejaht, bei dem der Versuch überhaupt nicht unter Strafe gestellt ist[19], so ist der Tatrichter, da er bei Beachtung dieser Rechtsauffassung gegen Art. 103 Abs. 2 GG verstoßen müßte, hieran nicht gebunden[20].

Eine **allgemeine Kontrolle**, ob das Revisionsurteil gegen das Gesetz verstößt, steht **11** dem Tatrichter jedoch nicht zu (*Sommerlad* 118). Die Bindungswirkung entfällt daher auch bei Grundrechtsverletzungen nicht, wenn diese nicht offensichtlich sind (bedenklich

---

[12] BGH NJW **1953** 1880; NStZ **1993** 552; StV **1997** 341; KK-*Pikart* 9; KMR-*Paulus* 9.

[13] BGHSt **3** 367; BGH VRS **11** (1956) 195; AK-*Maiwald* 3; KK-*Pikart* 3; KMR-*Paulus* 11; *Kleinknecht/Meyer-Goßner*[43] 6; *Dahs/Dahs* 596; *Tiedtke* 62, 99.

[14] „obiter dicta", die über die „ratio decidendi" hinausgreifen; dazu z. B. *Schlüter* Das obiter dictum (1973); *Lilie* Obiter dictum und Divergenzausgleich in Strafsachen (1993); vgl. auch § 356, 5.

[15] BGHSt **3** 235; **41** 310; OLG Oldenburg NdsRpfl. **1946** 96; ganz h. Lehre.

[16] BGH JR **1956** 430 mit Anm. *Eb. Schmidt*; ganz h. Lehre.

[17] Allg. M, z. B. *Sommerlad* 112; *Tiedtke* 165; *Mohrbotter* ZStW **84** (1972) 632; *Schröder* 219.

[18] Allg. M, z. B. *Sommerlad* 112; *Tiedtke* 166; *Mohrbotter* ZStW **84** 633; *Schröder* 224.

[19] So OLG Neustadt NJW **1964** 311 für § 223 a StGB a. F (vgl. *Schlüchter* 756 Fußn. 583a).

[20] KK-*Pikart* 18; *Kleinknecht/Meyer-Goßner*[43] 8; KMR-*Paulus* 18; *Peters* 115; *Sommerlad* 119; *Tiedtke* 168; *Mohrbotter* ZStW **84** 636; *Pauli* NJW **1964** 735; im Ergebnis auch AK-*Maiwald* 5.

darum LG Duisburg StV **1986** 100). An dieser Offensichtlichkeit dürfte es grundsätzlich fehlen, wenn das Revisionsgericht die **Vorlegungspflicht** nach § 121 Abs. 2, § 132 GVG nicht beachtet hat. Denn obwohl das bei objektiver Willkür ein Verstoß gegen das Verfassungsprinzip des gesetzlichen Richters bedeutet (vgl. BVerfG NJW **1976** 2128): Die bei dieser Prüfung anzustellenden Erwägungen entziehen sich weitgehend der zuverlässigen Beurteilung durch den Tatrichter, so daß die Situation ähnlich ist wie bei den stillschweigend beantworteten Vorfragen (Rdn. 3)[21].

12   **b) Änderung der Rechtsprechung.** Umstritten und zweifelhaft ist, ob die Bindung des Tatrichters ausnahmsweise entfällt, wenn inzwischen das Revisionsgericht *selbst* seine Rechtsauffassung geändert hat, insbesondere wenn eine solche Änderung durch eine höhere revisionsrechtliche Instanz (§ 121 Abs. 2, § 132 Abs. 2 GVG) erfolgt ist. Soweit man in diesen Fällen eine Selbstbindung auch des Revisionsgerichts — im Fall einer erneuten Revision — annimmt, ist ein Fortbestand der Bindung zwingend; denn dann kann dem Tatrichter nicht erlaubt sein, was dem Revisionsrichter verboten ist. Soweit man hingegen die Selbstbindung des Revisionsgerichts verneint (dazu unten Rdn. 15 f), ist mindestens in klaren Fällen nicht einzusehen, warum der Tatrichter erst eine überholte Rechtsanwendung mit der mutmaßlichen Folge einer späteren Aufhebung bei erneut eingelegter Revision vertreten sollte[22].

13   **c) Veränderte Sachlage.** Die Bindung nach § 358 Abs. 1 besteht nur bei gleichbleibender Verfahrens- und Sachlage[23]. So ist der Tatrichter an die Beurteilung der Zuständigkeitsfrage durch das Revisionsgericht nicht gebunden, wenn neue Feststellungen eine Verweisung der Sache nach § 270 erforderlich machen (KMR-*Paulus* 17). Die Bindung entfällt überhaupt, wenn sich eine frühere Verfahrenslage nicht wiederholt oder wenn in der neuen Hauptverhandlung ein Sachverhalt festgestellt wird, auf den die sachlichrechtliche Regelung nicht anzuwenden ist, zu der das Revisionsgericht bindende Rechtsausführungen gemacht hat[24]. § 358 Abs. 1 läßt den Tatrichter in der Ermittlung und Würdigung der Tatsachen völlig frei[25]. Er ist nicht gehindert, andere Tatsachen festzustellen und dabei Rechtsfragen zu entscheiden, die zu beantworten das Revisionsgericht aufgrund der früheren Feststellungen keinen Anlaß hatte[26]. Anders ist es nur, wenn das Revisionsgericht die Urteilsfeststellungen aufrechterhalten hat (§ 353 Abs. 2). Wiederholt sich nach Aufhebung auch des neuen tatrichterlichen Urteils durch das Revisionsgericht der Sachverhalt in einem dritten Urteil des Tatrichters, so lebt die Bindung an das erste Revisionsurteil wieder auf (vgl. Rdn. 2).

5. Verfahren des Revisionsgerichts bei erneuter Revision

14   **a) Prüfungspflichten.** Kommt die Strafsache nach nochmaliger tatrichterlicher Verhandlung erneut an das Revisionsgericht, so prüft es, wenn sich der Verstoß auf die

---

[21] Ebenso die h. M (meist aber ohne Bezug auf die zit. Rspr. des BVerfG): KG JR **1969** 269 mit Anm. *Sarstedt*; KK-*Pikart* 4; KMR-*Paulus* 13; *Eb. Schmidt* § 121 GVG, 41; *Sarstedt/Hamm*[5] 162 Fußn. 189; *Sarstedt* NJW **1955** 1629; *Hanack* 352 Fußn. 172; *Sommerlad* 115; *Tiedtke* 167; *Mohrbotter* ZStW **84** 640; *Schröder* 224; **a. A** *Becker* NJW **1955** 1262.

[22] GmS-OGB BGHZ **60** 397 = NJW **1973** 1274; OLG Düsseldorf StV **1985** 275; KK-*Pikart* 13; *Hanack* 351; *Tiedtke* 166; **a. A** AK-*Maiwald* 6; *Schröder* 220 (und all diejenigen, die die unbedingte Selbst-

bindung des Revisionsgerichts bejahen; vgl. Rdn. 15 f).

[23] *Mohrbotter* ZStW **84** 360 und LR-*Meyer*[23] bezeichnen sie als „aufschiebend", KMR-*Paulus* 16 als „auflösend" bedingt.

[24] KK-*Pikart* 8; *Kleinknecht/Meyer-Goßner*[43] 9; KMR-*Paulus* 17; *Tiedtke* 163; *Mohrbotter* ZStW **84** 630.

[25] RGSt **59** 242; *Eb. Schmidt* 6; *Mohrbotter* ZStW **84** 631; vgl. aber auch Rdn. 7 a. E.

[26] BGHSt **9** 329; RGSt **31** 436; OLG Düsseldorf StV **1985** 274; BayObLGSt **1951** 139; ganz h. Lehre.

Anwendung des sachlichen Rechts bezieht, schon auf die Sachrüge hin, ob sich der Tatrichter an die Aufhebungsansicht der ersten Revisionsentscheidung gehalten hat[27], weil die Sachentscheidung nicht davon abhängen darf, ob der Tatrichter die Bindung beachtet oder verkannt hat; einer Verfahrensrüge bedarf es insoweit nicht. War die Aufhebung wegen einer Verfahrensfrage erfolgt, setzt die Prüfung des § 358 Abs. 1 eine spezielle Verfahrensrüge voraus[28]. Denn Verfahrensverstöße werden nur aufgrund einer zulässig erhobenen Rüge (§ 344 Abs. 2) geprüft, und dabei kann es keinen Unterschied machen, ob ein Verstoß gegen das Gesetz oder gegen die Aufhebungsansicht des Revisionsgerichts vorliegt.

b) Selbstbindung des Revisionsgerichts. Der mit § 358 Abs. 1 auch verfolgte Zweck, **15** ein Hin- und Herschieben der Sache zwischen Tat- und Revisionsrichter zu vermeiden (Rdn. 1), würde gefährdet, wenn nur der Tatrichter, nicht aber auch das Revisionsgericht, falls es erneut mit der Sache befaßt wird, an seine erste, der Zurückverweisung zugrunde liegende Rechtsauffassung gebunden ist[29]. Bei erneuter Revision hat daher nach weit überwiegender, wenn auch höchst unterschiedlich begründeter Meinung[30] grundsätzlich jedes später in der Sache entscheidende Revisionsgericht die Aufhebungsansicht der ersten Revisionsentscheidung zu beachten (sog. Selbstbindung)[31]. Das Bundesverfassungsgericht (BVerfGE **4** 6) sprach schon 1954 von „einem Grundsatz des deutschen Verfahrensrechts". Die Bindung besteht auch, wenn zunächst ein anderer Senat des Revisionsgerichts entschieden hatte[32], und sie besteht ferner für den Bundesgerichtshof, wenn die frühere Revisionsentscheidung von einem Oberlandesgericht stammte[33]. Sie gilt auch, wenn das erste Revisionsurteil unter Verstoß gegen die Vorlegungspflicht nach § 121 Abs. 2, § 132 Abs. 2 GVG ergangen ist[34]. Übersieht das Revisionsgericht die Selbstbindung, so verstößt das jedenfalls dann nicht gegen das Grundgesetz, wenn die Außerachtlassung nicht auf sachfremden Erwägungen beruht (BVerfGE **4** 6).

Keine Selbstbindung des Revisionsgerichts an die frühere Rechtsauffassung besteht, **16** wenn zwischenzeitlich eine Gesetzesänderung eingetreten ist, durch die die Rechtsfrage anders gelöst wurde; denn § 358 Abs. 1 geht den §§ 354 a, 206 b nicht vor[35]. Die Bindung entfällt auch, wenn das Bundesverfassungsgericht die fragliche Rechtsnorm in der Zwischenzeit für ungültig erklärt hat (vgl. oben Rdn. 10), und sie muß ebenso entfallen, wenn die erste Revisionsentscheidung offensichtlich gegen Art. 103 Abs. 2 GG verstieß (vgl. oben Rdn. 10; *Schlüchter* 756.3). Zweifelhaft und sehr umstritten ist jedoch[36], ob die Selbstbindung des Revisionsgerichts auch dann entfällt, wenn die der Aufhebungsentscheidung zugrunde liegende Rechtsansicht vom Revisionsgericht inzwischen geändert

---

27 BayObLG DRiZ **1929** Nr. 313; OLG Düsseldorf StV **1985** 274; KG JR **1958** 269 mit Anm. *Sarstedt*; *Kleinknecht/Meyer-Goßner*[43] 10; *Eb. Schmidt* 10; *Sarstedt/Hamm*[5] 164.

28 KK-*Pikart* 15; KMR-*Paulus* 21; *Kleinknecht/Meyer-Goßner*[43] 10.

29 Kritisch dazu *Sommerlad* 143 ff.

30 Zu den verschiedenen Begründungen (auch über den Strafprozeß hinaus) *Schönke* ZZP **58** 389 ff; *Hanack* 344 ff; *Tiedtke* 241 ff, 246 ff.

31 BVerfGE **4** 5 = NJW **1954** 1153; GmS-OGB BGHZ **60** 390 = NJW **1973** 1274; BGHSt **33** 360 (GrSSt) mit weit. Nachw.; RGSt **59** 34; RG JW **1935** 2380; OHGSt **1** 212; BayObLG DRiZ **1929** Nr. 313; KK-*Pikart* 13; *Kleinknecht/Meyer-Goßner*[43] 10; KMR-*Paulus* 3, 14; *Eb. Schmidt* 4; *Beling*

430; *Dahs/Dahs* 597; *Sarstedt/Hamm*[5] 163; *Hanack* 343 ff; grundsätzlich **a. A** *Bettermann* DVBl. **1955** 22 ff; *Mohrbotter* ZStW **84** (1972) 624 ff.

32 RGSt **59** 34; RG GA **69** (1925) 223; KMR-*Paulus* 3; *Sarstedt/Hamm*[5] 163.

33 BGH LM Nr. 2; BGH NJW **1952** 35; **1953** 1880; RGSt **6** 357; **22** 156; OHGSt **1** 36; KG JR **1958** 269 mit Anm. *Sarstedt*; OLG Oldenburg NdsRpfl. **1949** 96; KK-*Pikart* 13; *Kleinknecht/Meyer-Goßner*[43] 10; KMR-*Paulus* 3.

34 KK-*Pikart* 17; KMR-*Paulus* 13.

35 KK-*Pikart* 17; KMR-*Paulus* 17; *Schröder* 219.

36 Und zwar seit Jahrzehnten und nicht nur im Strafprozeß; vgl. eingehend und mit zahlr. Nachw. *Hanack* 343 ff und *Tiedtke* 241 ff.

Ernst-Walter Hanack

(aufgegeben) worden ist. Dies hängt entscheidend von der ganz unterschiedlich beantworteten Frage nach dem Grund der Selbstbindung (Rdn.15) ab. Für die Auffassung, die auch hier eine Bindung bejaht[37], sprechen namentlich Gründe der Rechtssicherheit und des Rechtsfriedens sowie der Umstand, daß mit der Revision nur Gesetzesverletzungen gerügt werden können (§ 337), der Tatrichter mit der Beachtung der („falschen" oder „richtigen") Rechtsauffassung der ersten Revisionsentscheidung das Gesetz (§ 358 Abs. 1) aber gerade befolgt hat[38]. Für die gegenteilige Meinung[39] sprechen hingegen Gründe der Gerechtigkeit (zumal die neue tatrichterliche Entscheidung aus geläuterter Sicht insoweit das Gesetz verletzt, s. Fußn. 38) und wohl auch der Rechtsprechungseinheit, also die spezifischen Zwecke der Revision, und für sie spricht gewiß auch, daß es ein Problem ist, den neuen Revisionsrichter zu einer Entscheidung zu zwingen, die er oder doch die (nach § 121 Abs. 2, § 132 GVG als Einheit gedachte) Revisionsgerichtsbarkeit für unrichtig hält. Der GmS-OGB[40] hat (im Ausgangsfall einer Steuergerichtssache) die Selbstbindung verneint, dabei aber ausdrücklich offengelassen, ob für das Strafverfahren besondere Grundsätze gelten[41], und auch nur den Fall entschieden, daß das Revisionsgericht die Änderung seiner Rechtsauffassung schon vor seiner zweiten Entscheidung vorgenommen (und bekanntgegeben) hat[42]. Im Widerstreit der Belange dürfte, jedenfalls im Strafverfahrensrecht, in erster Linie darauf abzustellen sein, daß das Verfahren im Interesse der Rechtssicherheit und des Rechtsfriedens einmal ein Ende haben muß, grundsätzlich also die Selbstbindung des Revisionsgerichts vorgeht. Eine Ausnahme von dieser Bindung sollte man jedoch dann gestatten, wenn nach der ersten Revisionsentscheidung eine höhere revisionsrechtliche Instanz im Vorlegungsverfahren (§121 Abs. 2, § 132 GVG) die Rechtsfrage zwischenzeitlich anders entschieden hat, weil eine solche Entscheidung einer Gesetzesänderung so sehr ähnelt und üblicherweise auch von solcher Bedeutung ist, daß es nicht angängig erscheint, hier auf der Selbstbindung zu beharren[43]. Die Ausnahme darf dabei nur zugunsten des Angeklagten gelten, weil das Bedürfnis nach materieller Gerechtigkeit, das der Ausnahme zugrunde liegt, es nicht rechtfertigt, dem Angeklagten eine Rechtsposition wieder zu nehmen, die er durch die ihm günstige erste Revisionsentscheidung erlangt hat[44].

17 Soweit die Selbstbindung reicht, besteht keine **Vorlegungspflicht** nach §§ 121 Abs. 2, 132 GVG und § 2 des Gesetzes zur Wahrung der Einheitlichkeit der Rechtsprechung der obersten Gerichtshöfe des Bundes v. 19. 6. 1968 (BGBl. I 661). Denn der Aufhebungsan-

---

37 Vertreten z. B. von BGHSt **33** 360 (GrSSt); RGSt **6** 395; RG JW **1926** 1002; AK-*Maiwald* 7; *Kleinknecht/Meyer-Goßner*[43] 10; KMR-*Paulus* 14 f; *Schlüchter* 756.3; *Kaiser* NJW **1974** 2080; *Schünemann* StV **1985** 424 mit weit. Nachw.; kritisch *Mohrbotter* ZStW **84** 624; *Sommerlad* NJW **1974** 123.

38 Freilich hat er das Gesetz nur hinsichtlich des § 358 Abs. 1 richtig angewendet, nicht aber durch Befolgung der (zwischenzeitlich als „unrichtig" erkannten) Aufhebungsansicht der ersten Revisionsentscheidung. Insoweit hat er vielmehr aus der geläuterten Sicht der neuen Rechtsauffassung gegen das Gesetz verstoßen. Da anerkanntermaßen aber schon der objektive Gesetzesverstoß des Tatrichters eine Rechtsverletzung darstellt, läßt sich, entgegen einer verbreiteten Meinung (auch LR-*Meyer*[23]), nicht einfach sagen, daß es an einem Gesetzesverstoß überhaupt fehlt (vgl. *Hanack* 348; dagegen ausdrücklich z. B. KMR-*Paulus* 14). Viel-

mehr zeigt sich gerade in dieser Rechtslage der eigentliche Grund des bestehenden Dilemmas.

39 So vor allem GmS-OGB BGHZ **60** 360 = NJW **1953** 1274; OLG Düsseldorf StV **1985** 275; KK-*Pikart* 13; *Dahs/Dahs* 596.

40 AaO (Fußn. 39); kritisch zu der Entscheidung, die BGHSt **33** 360 eingehend referiert, z. B. *Mohrbotter* ZStW **84** 612; *Sommerlad* NJW **1974** 123; LR-*Meyer* in der 23. Aufl.

41 Zu den Gründen dafür vgl. *Sarstedt* in *Sarstedt/Hamm*[5] 163 Fußn. 195.

42 Anders (Gleichzeitigkeit reicht) später aber BFH NJW **1995** 216; dazu *Tiedtke* JZ **1995** 275.

43 Auch diese Ansicht ist, nicht nur im Strafprozeß, sehr streitig. Im Sinne des Textes *Kleinknecht*[35] 3; *Hanack* 350; *Tiedtke* 167.

44 So überzeugend *Schröder* 219 ff; auf die Bedeutung der erlangten Rechtsposition weisen auch LR-*Meyer*[23] und *Schlüchter* 576.3 Fußn. 579 hin; dagegen KMR-*Paulus* 14.

sicht der ersten Revisionsentscheidung gebührt dann nach dem Gesagten (Rdn. 16) grundsätzlich der Vorrang[45].

II. Verschlechterungsverbot (Absatz 2)

1. Allgemeines und Einzelfragen. Die Vorschrift des § 358 Abs. 2 entspricht völlig **18** dem für das Berufungsverfahren geltenden § 331. Sie richtet sich sowohl an den Tatrichter, der nach Zurückverweisung der Sache erneut entscheidet, als auch an das Revisionsgericht, wenn es gemäß § 354 Abs. 1 eine Entscheidung in der Sache selbst trifft[46]. Sie gilt entsprechend, wenn das Revisionsgericht das Verfahren wegen eines Prozeßhindernisses eingestellt hat und die Staatsanwaltschaft nach Heilung des Mangels eine neue Anklage erhebt[47]. Denn daß die Schlechterstellung deswegen erlaubt sein sollte, weil ein von Amts wegen zu beachtendes Verfahrenshindernis ein neues Verfahren erforderlich macht, ist mit dem zentralen Sinn des Verbots, dem Angeklagten die unbefangene Ausnutzung der gesetzlichen Rechtsmittel zu ermöglichen, trotz der fragwürdigen Ausnahme des Absatzes 2 Satz 2[48] unvereinbar.

Hatte ein von der **Staatsanwaltschaft zuungunsten des Angeklagten** eingelegtes **19** Rechtsmittel lediglich zu dessen Gunsten Erfolg, so daß das angefochtene Urteil in Anwendung des § 301 aufgehoben wurde, ist die Schlechterstellung ebenfalls unzulässig. Aus dem Wortlaut des § 358 Abs. 2 läßt sich das zwar nicht herleiten; aber der zugunsten des Angeklagten geschaffene § 301 kann nicht dadurch in sein Gegenteil verkehrt werden, daß der Tatrichter nach der Urteilsaufhebung die Befugnis erhält, den Angeklagten wieder schlechterzustellen[49].

Entscheidet das Landgericht über eine **Berufung**, die in Wahrheit eine Revision ist, **20** und setzt es dabei die Strafe herab, so muß das Revisionsgericht es bei der Strafermäßigung belassen, wenn es nunmehr über die Revision des Angeklagten sachlich entscheidet oder sie wegen Formmangels als unzulässig verwirft[50]. Gleiches gilt für den Fall, daß das Berufungsgericht bei Ermäßigung einer Strafe übersehen hat, daß sie bereits rechtskräftig war, weil der Einspruch gegen den **Strafbefehl** verspätet oder sonst unzulässig war. Das Revisionsgericht verwirft dann den Einspruch mit der Maßgabe, daß es bei der Strafherabsetzung bleibt[51]. Auch wenn das Berufungsgericht die Unzulässigkeit der Berufung übersehen oder irrtümlich eine Beschränkung der Berufung für unwirksam gehalten und die Strafe trotz der Rechtskraft des Strafausspruchs herabgesetzt hat, muß es hierbei bleiben, sofern nur der Angeklagte Revision eingelegt hat[52]. Im umgekehrten Fall (das Berufungsgericht verwirft die Berufung, meint aber z. B. irrtümlich, sie erstrecke sich nicht auf eine angeordnete Maßregel) hält die ganz h. M eine Nachholung der unterlassenen Entschei-

---

[45] Im Ergebnis ebenso BGHSt **33** 360 (GrSSt); KG JR **1958** 270 mit Anm. *Sarstedt*; **a. A** BGH StV **1985** 309; dazu eingehend und ablehnend *Schünemann* StV **1985** 424.

[46] RGSt **45** 65; OLG Saarbrücken JBl. Saar **1962** 108; allg. Lehre.

[47] BayObLGSt **1961** 124 = NJW **1961** 1487; OLG Hamburg NJW **1975** 1475; LG Zweibrücken StV **1997** 13; KMR-*Paulus* § 337, 7; *Eb. Schmidt* Nachtr. § 331, 4; eingehend *Drees* StV **1975** 669; **a. A** BGHSt **20** 80 in einem obiter dictum; AK-*Dölling* § 331, 12; HK-*Lemke* 11; KK-*Pikart* 21; *Kleinknecht/Meyer-Goßner*[43] 11; eingehend *Meyer-Goßner* FS Kleinknecht 287.

[48] Vgl. *Hanack* JR **1993** 430, 432 (zum – bezeichnenden – Versuch von BGHSt **38** 362, die Ausnahme auszuhöhlen).

[49] BGHSt **13** 41 = JZ **1959** 448 mit Anm. *Peters*; BGHSt **38** 67; BGH bei *Dallinger* MDR **1969** 904; RGSt **45** 64; KK-*Pikart* 18; *Kleinknecht/Meyer-Goßner*[43] 11; *Amelunxen* 83; *Hanack* JZ **1973** 661.

[50] BayObLGSt **1953** 5 = NJW **1953** 756; vgl. auch bei § 331.

[51] BGHSt **18** 127; BayObLSt **1953** 34; OLG Hamm NJW **1970** 1093; *Hanack* JZ **1974** 56; **a. A** *Eb. Schmidt* Nachtr. I § 411, 12; vgl. auch bei § 411.

[52] OLG Oldenburg NJW **1959** 1983.

dung nach revisionsgerichtlicher Aufhebung des Berufungsurteils ohne Verstoß gegen das Verschlechterungsverbot für zulässig[53], weil das Berufungsgericht insoweit ja gar nicht entschieden hat, also die erstinstanzliche Verurteilung fortbesteht.

21   Hat der Tatrichter nach Aufhebung des Urteils im Gesamtstrafenausspruch irrtümlich **Nebenfolgen** oder **Maßregeln** nicht als mitaufgehoben angesehen und sie daher bei der neuen Entscheidung nur deklaratorisch im Urteilsausspruch wiederholt, über sie aber nicht erneut sachlich entschieden, hindert das Verschlechterungsverbot ein Nachholen der Entscheidung; das Revisionsgericht muß das Urteil dahin berichtigen, daß die Nebenfolge oder Maßregel entfällt[54].

22   Im übrigen enthält § 358 Abs. 2 **keine Besonderheiten** gegenüber dem Verbot der Schlechterstellung in der gleichlautenden Vorschrift des § 331. Auf die dortigen Erläuterungen kann daher verwiesen werden.

23   **2. Prüfung durch das Revisionsgericht.** Ob das Gericht, an das zurückverwiesen worden ist, gegen das Verbot des § 358 Abs. 2 verstoßen hat, muß das Revisionsgericht bei erneuter Revision, ebenso wie einen Verstoß gegen § 331, auch beachten, wenn eine entsprechende Verfahrensrüge nicht erhoben ist[55]. Vielfach wird dies damit begründet, das Verschlechterungsverbot führe zu einer einseitigen, nur zugunsten des Angeklagten wirksamen Rechtskraft und bilde daher ein von Amts wegen zu berücksichtigendes Verfahrenshindernis[56]. Eine derart beschränkte Rechtskraft gibt es jedoch nicht[57]. Im Hinblick auf den Umstand, daß die Vorschrift dem staatlichen Strafanspruch aus prozessualen Gründen eine Obergrenze setzt, wird man aber dennoch ein Verfahrenshindernis anzunehmen haben, so daß der Verstoß gegen die Bindung nicht nur auf die erhobene Sachrüge hin zu prüfen ist[58].

---

[53] BayObLGSt **1968** 31 = VRS **35** 260; OLG Frankfurt NJW **1959** 1504 mit Anm. *Hartung*; OLG Hamburg VRS **27** (1964) 99; OLG Hamm VRS **21** (1961) 198; **35** (1968) 364; vgl. aber OLG Koblenz VRS **43** (1972) 420, das bei der Maßregel des § 69 StGB wegen der Fristbestimmung des § 69a Abs. 5 StGB die Urteilsaufhebung für unzulässig hält.

[54] BGHSt **14** 383; BGH VRS **20** (1961) 118; ebenso KK-*Pikart* 25. Die gegenteilige Ansicht in LR²⁴ wird aufgegeben.

[55] BGHSt **12** 95; **14** 7; BGH LM Nr. 21; RG JW **1935** 2381; BayObLGSt **1973** 45 = NJW **1973** 1141;

OLG Frankfurt OLGSt § 331 S. 7. Vgl. auch bei § 331.

[56] So z. B. BGHSt **11** 322; BGH NJW **1979** 936; RGSt **67** 64; ebenso KK-*Pikart* 18; *Sarstedt/Hamm*⁵ 161 sprechen von einer „Art Teilrechtskraft"; BGHSt **27** 179 hat die Frage offengelassen.

[57] KMR-*Paulus* 9; *Eb. Schmidt* Nachtr. I 331, 2; *Hanack* JZ **1973** 660.

[58] Ebenso *Hanack* JZ **1973** 662; zweifelnd *Eb. Schmidt* Nachtr. I § 331, 2; **a. A** KG GA **1907** 46; **1931** 336; OLG Celle NdsRpfl. **1969** 192; OLG Karlsruhe VRS **48** (1975) 426; AK-*Maiwald* 10; *Kleinknecht/Meyer-Goßner*⁴³ 12; KMR-*Paulus* 22.

VIERTES BUCH

Wiederaufnahme eines durch rechtskräftiges Urteil abgeschlossenen Verfahrens

Vorbemerkungen

Schrifttum. *Alsberg* Justizirrtum und Wiederaufnahme (1913) Teil I, II; *Asam* Die Voraussetzungen einer Wiederaufnahme des Verfahrens gemäß § 79 Abs. 1 BVerfGG, Diss. München 1965; *Bahlmann* Der verfassungsrechtliche Wiederaufnahmegrund nach § 79 Abs. 1 des Bundesverfassungsgerichtsgesetzes, MDR **1963** 541; *Bauer* Die Wiederaufnahme teilweise abgeschlossener Strafverfahren, JZ **1952** 209; *Bertram* Einzelne Fragen zum Wiederaufnahmeverfahren nach §§ 79 I BVerfGG, 359 ff StPO, MDR **1962** 535; *Bottke* Wiederaufnahmeverfahren, NStZ **1981** 135; *Brauns* Fehlerhafte Strafurteile, DRiZ **1963** 260; *Brauns* Das Wiederaufnahmeverfahren gemäß § 79 I BVerfGG, k + v **1963** 351; *Brauns* Die gescheiterte Wiederaufnahme des Strafverfahrens gegen Carl von Ossietzky — Grund für eine Gesetzesänderung? JZ **1995** 492; *Bruns/Schröder/Tappert* Bereinigung von Justiz-Unrecht der DDR: Das neue strafrechtliche Rehabilitierungsgesetz, NJ **1992** 394, 436, 485; *Bruns/Schröder/Tappert* Das strafrechtliche Rehabilitierungsgesetz: Ausgewählte Probleme, VIZ **1993** 129, 177; *Creifelds* Strafprozessuale Auswirkungen der Entscheidungen des Bundesverfassungsgerichts zu den §§ 49 StVO, 71 StVZO und § 21 StVG, JR **1962** 361; *Creifelds* Die Wiederaufnahme des Verfahrens bei teilweise rechtskräftigen Strafurteilen, GA **1965** 193; *Deml* Zur Reform der Wiederaufnahme des Strafverfahrens (1979); *Dingeldey* Strafrechtliche Konsequenzen einer etwaigen Nichtigkeitserklärung des Parteienfinanzierungsgesetzes durch das BVerfG, NStZ **1985** 337; *Dippel* Zur Reform des Rechts der Wiederaufnahme des Verfahrens im Strafprozeß, GA **1972** 97; *Dippel* Das geltende deutsche Wiederaufnahmerecht und seine Erneuerung, in: Jescheck/Meyer 13; *Döring* Wiederaufnahme und Strafvollstreckung, JR **1927** 97; *Doerner* Die Wiederaufnahme des Verfahrens, in: Gürtner 430; *zu Dohna* Die Anfechtbarkeit rechtskräftiger Strafurteile, DStR **1936** 16; *zu Dohna* Die Wiederaufnahme zuungunsten, DStR **1937** 201; *Dünnebier* Die Berechtigten zum Wiederaufnahmeantrag, FS II Peters 333; *Dürr* Die Rehabilitierung — Ein Versuch, Justizunrecht zu beseitigen, FS zur Wiedererrichtung der OLG Jena (1994) 185; *Ebermayer* Sie waren unschuldig. Fehlurteile im Namen der Gerechtigkeit (1965); *Ewald* Die Wiederaufnahme im Strafverfahren in dogmatischer Darstellung, Diss. Tübingen 1925; *Fingas* Die Fehlentscheidungen des Richters im deutschen Strafverfahren, Diss. Saarbrücken 1971; *Fischer* Voraussetzungen und Beschränkungen der strafprozessualen Wiederaufnahme, Diss. Erlangen 1934; *Fuchs* Wiederaufnahme und in dubio pro reo, JuS **1969** 516; *Ganz* Wiederaufnahme des Verfahrens und Tod des Privatklägers, DStrZ **1914** 609; *Gebser* Über die Wirkungen der Freisprechung im wiederaufgenommenen Strafverfahren, Diss. Tübingen 1902; *Gerhardt* Reform des Wiederaufnahmerechts, ZRP **1972** 121; *Giehl* Die Wiederaufnahme des Verfahrens nach der Strafprozeßordnung vom 1. 2. 1877 mit einem Abschnitt de lege ferenda, Diss. Erlangen 1914; *Gössel* Über die Zulässigkeit der Wiederaufnahme gegen teilrechtskräftige Urteile, NStZ **1983** 391; *Gössel* Über fehlerhafte Rechtsanwendung und den Tatsachenbegriff im Wiederaufnahmeverfahren, NStZ **1993** 565; *Günther* Verbot der antizipierten Beweiswürdigung im strafprozessualen Wiederaufnahmeverfahren? MDR **1974** 93; *Hamann* Vollstreckung von Wiederaufnahmeentscheidungen, RPfleger **1981** 138; *Hanack* Zur Reform des Rechts der Wiederaufnahme des Verfahrens im Strafprozeß, JZ **1973** 393; *Hassemer* Verhandlungsunfähigkeit des Verurteilten im Wiederaufnahmeverfahren, NJW **1983** 2353; *Hellmann* Wiederaufnahme des Verfahrens zugunsten des Beschuldigten bei der Einstellung gegen Auflagen? MDR **1989** 952; *Hellwig* Justizirrtümer (1914); *Hellwig* Zur Frage des Justizirrtums in Strafsachen, GerS **87** (1920) 375; *von Hentig* Wiederaufnahmerecht (1930); *Herkerath* Die Wiederaufnahme des Verfahrens in der Strafprozeßordnung, der Militärstrafgerichtsordnung und den Disziplinargesetzen, Diss. Erlangen 1909; *Hirschberg* Zur Psychologie des Wiederaufnahmeverfahrens, MSchrKrimPsych. **1930** 359; *Hirschberg* Das Fehlur-

Karl Heinz Gössel

teil in der Strafjustiz, MSchrKrim. **1955** 129; *Hirschberg* Das Fehlurteil im Strafprozeß (1960); *Jescheck/Meyer* (Hrsg.) Die Wiederaufnahme des Strafverfahrens im deutschen und ausländischen Recht (1974); *Judex* Irrtümer der Strafjustiz (1963); *Kaiser* Folgerungen aus den Entscheidungen des Bundesverfassungsgerichts zu den verkehrsrechtlichen Strafbestimmungen, NJW **1962** 1703; *Keck/Schröder/Tappert* Das strafrechtliche Rehabilitierungsgesetz im Überblick, DtZ **1993** 2; *Kemper/Lehner* Überprüfung rechtskräftiger Strafurteile der DDR, NJW **1991** 329; *Kempner* Hermann Göring als Organisator des Reichstagsbrandes und das Wiederaufnahmeverfahren für Marinus van der Lubbe, FS II Peters 365; *Kiwit* Fehlurteile im Strafrecht. Entstehung, Gesetzmäßigkeit und Möglichkeiten zur Vermeidung, Diss. Münster 1965; *Kleinknecht* Das Fehlurteil im Strafprozeß, GA **1961** 45; *Klug* Überlegungen zum Versuch einer Wiederaufnahme des Carl von Ossietzky-Prozesses nach 60 Jahren, FS Spendel 679; *Kneser* Der Einfluß der Nichtigerklärung von Normen auf unanfechtbare Entscheidungen — § 79 BVerfGG, AöR **89** (1964) 129; *Knoche* Zur Reform des Wiederaufnahmerechts im Strafverfahren, DRiZ **1971** 299; *Kobel* Das Wiederaufnahmeverfahren gemäß § 79 I BVerfGG, k + v **1963** 14; *Krägeloh* Verbesserungen im Wiederaufnahmerecht durch das Erste Gesetz zur Reform des Strafverfahrensrechts (1. StVRG), NJW **1975** 137; *Kraschutzki* Untaten der Gerechtigkeit (1966); *von Kries* Die Bestimmungen der deutschen Strafprozeßordnung über die Wiederaufnahme eines durch rechtskräftiges Urteil abgeschlossenen Verfahrens, GA **26** (1878) 169; *Krüger* Probleme des Wiederaufnahmeverfahrens nach den Entscheidungen des BVerfG vom 3. und 25. 7. 1962 zu den §§ 71 StVZO, 49 StVO, HambJVBl. **1962** 48; *Kühl* Der Einfluß der Europäischen Menschenrechtskonvention auf das Strafrecht und Strafverfahrensrecht der Bundesrepublik Deutschland, ZStW **100** (1987) 406; *Kurreck* Mord nach Paragraphen. Der Unschuldige in den Mühlen der Justiz (1969); *Lampe* Die Durchbrechung der materiellen Rechtskraft bei Strafurteilen, GA **1968** 33; *Lantzke* Materielle Rechtsfehler als Wiederaufnahmegrund? Ein Beitrag zur Reform des Wiederaufnahmerechts, ZRP **1970** 201; *Laubenthal* Wiederaufnahme des Verfahrens zugunsten eines vor Rechtskraft des verkündeten Urteils verstorbenen Angeklagten? GA **1989** 20; *Lemke* Gegenvorstellungen gegen rechtskräftige, die Strafaussetzung widerrufende Beschlüsse, ZRP **1978** 281; *Lemke* Die strafrechtliche Rehabilitierung von Opfern des SED-Unrechts. Eine Zwischenbilanz, NJ **1996** 399; *Lepmann* Fehlerquellen bei Ermittlung des Sachverhalts durch Sachverständige (1912); *Leutheusser-Schnarrenberger* Das Zweite Gesetz zur Bereinigung von SED-Unrecht, DtZ **1993** 162; *Lippmann* Zum Reformvorschlag über das Wiederaufnahmeverfahren, DJZ **1906** 990; *Lobe* Die Wiederaufnahme im Strafverfahren, GerS **110** (1938) 239; *Marxen/Tiemann* Die Korrektur des Rechtsfolgenausspruchs im Wege der Wiederaufnahme, StV **1992** 534; *Marxen/Tiemann* Die Wiederaufnahme in Strafsachen (1993); *Maurer* Strafurteil und verfassungswidriges Gesetz, JZ **1963** 666; *E. Mayer* Über die Wiederaufnahme des Verfahrens im Strafprozeß. Geltendes und künftiges Recht (1931); *Hellm. Mayer* Die konstruktiven Grundlagen des Wiederaufnahmeverfahrens und seine Reform, GerS **99** (1930) 299; *Merkl* Justizirrtum und Rechtswahrheit, ZStW **45** (1925) 452; *J. Meyer* Die Wiederaufnahme des Strafverfahrens in rechtsvergleichender Darstellung, in: Jescheck/Meyer 729; *J. Meyer* Wiederaufnahmereform (1977); *J. Meyer* Aktuelle Probleme der Wiederaufnahme des Strafverfahrens, ZStW **84** (1972) 909; *J. Meyer* Wiederaufnahme bei Teilrechtskraft, FS II Peters 375; *Karlh. Meyer* Wiederaufnahmeanträge mit bisher zurückgehaltenem Tatsachenvortrag, FS II Peters 387; *Meyer-Goßner* Die Beseitigung materiell-rechtlich widersprüchlicher Entscheidungen von Strafgerichten, FS Salger 345; *Middendorf* Prozeßvereitelung und Fehlurteil, SchlHA **1973** 2; *H. J. Müller* Die Wiederaufnahmegründe im kommenden Strafverfahren. Ein Beitrag zur Lehre von der Rechtskraft des Strafurteils (1940); *Neumann* System der strafprozessualen Wiederaufnahme (1932); *Peters* Zeugenlüge und Prozeßausgang (1939); *Peters* Ein Beitrag zum Fehlurteil — Erfahrungen aus einem Lehrerprozeß, FS Mezger 477; *Peters* Freie Beweiswürdigung und Justizirrtum, FS Olivecrona (1964) 532; *Peters* Die Schwierigkeiten bei der Feststellung abnormer Zustände im Strafverfahren. Ein Beitrag zum Wiederaufnahmeverfahren, Erinnerungsgabe für Grünhut (1965) 129; *Peters* Untersuchungen zum Fehlurteil im Strafprozeß (1967); *Peters* Beiträge zum Wiederaufnahmerecht. Zulässigkeitsprobleme, FS Kern 35; *Peters* Fehlerquellen im Strafprozeß, 1. Band — Einführung und Dokumentation (1970), 2. Band — Systematische Untersuchungen und Folgerungen (1972), 3. Band — Wiederaufnahmerecht (1974); *Peters* Gescheiterte Wiederaufnahmeverfahren, FS Gallas 441; *Peters* Die Reform des Wiederaufnahmerechts, in: Lüttger, Probleme der Strafprozeßreform (1975) 107; *Pfister* Das Rehabilitierungsgesetz, NStZ **1991** 165, 264; *Pflüger* Auswirkungen des Todes des Angeklagten auf die Kostenentscheidung, NJW **1983** 1894; *Reiff* Das Schicksal friedensgerichtlicher Entscheidungen nach dem Karlsruher Spruch, NJW **1960** 1559; *Riehn* Das Wiederaufnahmeverfahren gemäß § 79 I BVerfGG, k + v **1973** 207, 393; *Rieß* Möglichkeiten und Grenzen einer Reform des Rechts der Wiederaufnahme im Strafverfahren, NStZ **1994** 153; *Röhl* Was wird aus den Urteilen der Friedensgerichte? NJW **1960** 179; *Rosenblatt* Res judicata und Justizirrtum. Ein Beitrag zur Lehre von der Wiederaufnahme des Strafverfahrens, ZStW **23** (1903) 580; *Rosenblatt* Zum Capitel der Wiederaufnahme des Strafverfahrens, GerS **53** (1897) 450; *Rosenblatt* Die Wiederaufnahme des Strafverfahrens in den europäischen Gesetzen der Gegenwart, ZStW **26** (1906) 101; *Rosenblatt* Die Wiederaufnahme des Strafverfahrens im Entwurf der neuen Strafprozeßordnung, ZStW **29** (1909) 485; *Sattler* Wiederaufnahme des Strafprozesses nach Feststellung der Konventionswidrigkeit durch Organe der Europäischen Menschenrechtskonvention, Diss. Freiburg 1973; *Sattler* Die Rehabilitierung strafrechtlich Verfolgter — ein persönlicher Rückblick auf die Praxis eines Senats für Rehabilitierungssachen, FS zur Wiedererrichtung des OLG Jena (1994) 173; *K. Schäfer* Wiederaufnahmeverfahren und Amnestie, JR **1929** 65; *K. Schäfer* Wiederaufnahmeverfahren und Erlöschen des Strafanspruchs, JR **1933** 6, 18; *Schall* Der rechtskräftige Widerruf der Strafaussetzung zur Bewährung im Spannungsfeld von Prozeß- und Sanktionenrecht, FS Stree/Wessels 735; *Schmidt-Leichner* Die Folgen der Verfassungswidrigkeit des § 71 Straßenverkehrszulassungsordnung. Was wird aus § 21 Straßenverkehrsgesetz? NJW **1962** 1369; *Schöneborn* Strafprozessuale Wiederaufnahmeproblematik (1980); *Schultz* Die Wiederaufnahme des Verfahrens im Strafprozeß, jetzt und künftig, JR **1929** 233; *Schünemann* Das strafprozessuale Wiederaufnahmeverfahren propter nova und der Grundsatz „in dubio pro reo", ZStW **84** (1972) 870; *Schulz* Wiederaufnahmegründe und freie Beweiswürdigung — Bemerkungen zur Entwicklung im 19. Jahrhundert, FS 175 Jahre OLG Oldenburg (1994) 195; *Schumann* Menschenrechtskonvention und Wiederaufnahme des Verfahrens, NJW **1964** 753; *Schwarz* Wiederaufnahme und Vertrauenskrise, DJZ **1928** 1294; *Schwarz* Wiederaufnahmeverfahren und Entschädigung für unschuldig Verurteilte, DJZ **1931** 1116; *Schwarze* Die Wiederaufnahme des Strafverfahrens, GerS **25** (1873) 395; *Schwerin* Unschuldsvermutung und der Widerruf einer Strafaussetzung zur Bewährung, SchlHA **1991** 205; *Seemüller* Die Entscheidung über die strafprozessuale Wiederaufnahme, Diss. Erlangen 1935; *Sello* Die Irrtümer der Strafjustiz und ihre Ursachen (1911); *Siebert* Wiederaufnahmeverfahren und Amnestiegesetz, DRiZ **1934** 336; *Siegert* Die Rechtskraftwirkungen im künftigen Strafprozeß, DStR **1935** 283; *von Stackelberg* Läßt sich die Verfassungswidrigkeit von Strafurteilen zu § 71 StVZO und § 49 StVO heilen? NJW **1963** 700; *von Stackelberg* Beweisprobleme im strafprozessualen Wiederaufnahmeverfahren, FS II Peters 453; *Strate* Die Tragweite des Verbots der Beweisantizipation im Wiederaufnahmeverfahren, GedS Meyer 469; *Stückle* Die Wiederaufnahme des Verfahrens im Strafverfahren unter besonderer Berücksichtigung der Stellung des iudex a quo, Diss. Tübingen 1929; *Thierack* Rechtsmittel und Wiederaufnahme des Verfahrens im künftigen Strafprozeßrecht, GerS **106** (1935) 1; *Tiemann* Die erweiterte Darlegungslast des Antragstellers im strafrechtlichen Wiederaufnahmeverfahren (1993); *Töwe* Wiederaufnahme zugunsten und zuungunsten des Angeklagten, JBAkDR **1937** 226; *Trepper* Zur Rechtskraft strafprozessualer Beschlüsse (1996); *Ullmann* Die Wiederaufnahme des Verfahrens nach der Strafprozeßordnung vom 1. Februar 1877, Diss. Leipzig 1906; *Vogler* Die Wiederaufnahme des Strafverfahrens bei Verstößen gegen die Konvention zum Schutze der Menschenrechte und Grundfreiheiten (MRK), in: Jescheck/Meyer 713; *Wachsmann* Die Wiederaufnahme des Verfahrens in rechtsvergleichender Darstellung nach deutschem, österreichischem und ungarischem Strafprozeßrecht, Diss. Würzburg 1919; *Walter* Wahrheit und Rechtskraft. Das Wiederaufnahmeverfahren zugunsten des Verurteilten (1931); *Wasserburg* Die Pflichtverteidigerstellung unter besonderer Berücksichtigung des Wiederaufnahmerechts, GA **1982** 304 = selbständige Veröffentlichung von S. 166 ff des Handbuchs; *Wasserburg* Die Funktion des Grundsatzes „in dubio pro reo" im Aditions- und Probationsverfahren, ZStW **94** (1982) 914; *Wasserburg* Die Wiederaufnahme des Strafverfahrens, Handbuch (1983); *Wimmer* Justizirrtümer oder summarische Gerechtigkeit in Verkehrsstrafsachen, FS Schorn (1966) 99; *Winkler* Zur Reform des Wiederaufnahmeverfahrens im Strafprozeß, GerS **78** (1911) 331; *Woermann* Das Wiederaufnahmeverfahren und die Entschädigung unschuldig Verurteilter (1899); *Wunderer* Zur Neuordnung des Wiederaufnahmeverfahrens, DJZ **1936** 158.

Entstehungsgeschichte. Der Abschnitt wurde erstmals im Jahre 1933 mit Rücksicht auf die nunmehr im sachlichen Strafrecht vorgesehenen Rechtsfolgen der Sicherungsmaßregeln geändert; Art. 2 Nr. 31 bis 34 AGGewVerbrG fügte dem § 359 einen Absatz 2 an,

Karl Heinz Gössel

faßte § 363 neu und ergänzte § 371 Abs. 3 und § 373 Abs. 2 durch die Einfügung eines weiteren Satzes. Danach beseitigte Art. 1 Nr. 4 Buchst. c des Gesetzes zur Änderung von Vorschriften des Strafverfahrens und des Gerichtsverfassungsgesetzes vom 28. 6. 1935 (RGBl. I 844) das Verbot der Schlechterstellung in § 373 Abs. 2. Erhebliche Änderungen brachte im Jahre 1943 der Art. 6 der 3. VereinfVO. Die Wiederaufnahmegründe des § 359 Nr. 1 bis 4 und des § 362 Nr. 1 bis 4 wurden abgeschafft. Statt dessen wurde in dem neu-gefaßten § 359 die Wiederaufnahme sowohl zugunsten als auch zuungunsten des Verur-teilten oder Freigesprochenen beim Vorliegen neuer Tatsachen und Beweismittel zugelas-sen; für die Wiederaufnahme zuungunsten des Angeklagten galt die Einschränkung, daß die neue Verfolgung zum Schutz des Volkes notwendig sein mußte (§ 359 Abs. 2). Die infolge dieser Neuregelung überflüssig gewordenen §§ 362 und 363 wurden gestrichen, § 367 Abs. 1 Satz 2 und § 370 Abs. 1 neu gefaßt und § 373 a eingefügt. Nach dem Krieg stellte Art. 3 Nr. 151 ff VereinhG den bis 1933 bestehenden Rechtszustand im wesentli-chen wieder her; Maßregeln der Sicherung und Besserung wurden in § 359 Nr. 5 und § 373 Abs. 2 Satz 2 berücksichtigt. Sodann änderte Art. 4 Nr. 39 und 40 des 3. StRÄndG den § 362 Nr. 2 und fügte dem § 364 den Satz 2 an. Art. 10 Nr. 4 und 5 der StPÄG von 1964 änderte § 369 Abs. 3 und ergänzte § 372 durch die Einfügung des Satzes 2. Durch Art. IV Nr. 9 und 10 PräsVerfG wurden § 359 Nr. 3 und § 362 Nr. 3 geändert. Art. 21 Nr. 86 bis 91 EGStGB paßte § 359 Nr. 3 und 5, § 362 Nr. 3 und 4, § 363 Abs. 2, § 364 Satz 1, § 371 Abs. 3 Satz 2 und § 373 Abs. 2 den Änderungen des materiellen Rechts durch das 2. StRG an. Durch Art. 1 Nr. 90 bis 93 des 1. StVRG wurden die §§ 364 a, 364 b eingefügt und § 367 neu gefaßt. Art. 3 Nr. 3 Buchst. d des Gesetzes zur Änderung des Strafvollzugsgesetzes (StVollzÄndG) vom 20. 12. 1984 (GBGl. I 1654) bestimmte den Wegfall des nie wirksam gewordenen, die sozialtherapeutische Anstalt betreffenden Satzteils in § 373 Abs. 4 Satz 2 StPO. Das StVÄG 1987 hat § 364 b Abs. 2 den geänderten Vorschriften über die Prozeßkostenhilfe angepaßt und überdies die Wiederaufnahme gegen rechtskräftige Strafbefehle in § 373 a neu geregelt. Wegen des Inhalts der Änderun-gen im übrigen wird auf die Entstehungsgeschichte der einzelnen Vorschriften verwiesen.

Übersicht

Karl Heinz Gössel

Alphabetische Übersicht

A. Die Wiederaufnahme im System des Strafverfahrensrechts

I. Wiederaufnahme und Verfahrensziel

„Das Wiederaufnahmeverfahren dient der Beseitigung rechtskräftiger Fehlentschei- **1** dungen". So sehr dieser Satz von *Peters*[1] auch allgemein anerkannt ist[2], so bedenkenswert und folgenreich sind doch die möglichen **Gründe** für diese verfahrensrechtliche **Möglichkeit zur Korrektur** fehlerhafter Entscheidungen.

1. Inquisitions- und Akkusationsprinzip

a) Bedeutung. *Hellmuth Mayer* hat besonders nachdrücklich darauf aufmerksam **2** gemacht, daß das **akkusatorische Verfahren** bei konsequenter Durchführung eine Wiederaufnahme rechtskräftig entschiedener Verfahren zumindest wegen neuer Tatsachen und Beweismittel im Prinzip gar nicht vorsehen dürfe[3]. Sieht man „das echte akkusatorische Prinzip darin, daß die Parteien den Stoff zu sammeln und dem Richter" zur Streitentscheidung „vorzulegen haben", so kann das Ziel dieser Streitentscheidung ohne Rücksicht auf den von den Parteien bewußt oder unbewußt nicht vorgebrachten Stoff „vernünftigerweise" nur darin bestehen, daß der Richterspruch „bedingungslos gelten soll"[4]. Die

---

[1] *Peters* § 76 I; ebenso *Kühne* 683.
[2] Z. B. KK-*Schmidt* 1; *Kleinknecht/Meyer-Goßner* 1; *Roxin* § 55, 1; *Rüping* 180; *Wasserburg* Handb. 1.

[3] *Hellm. Mayer* 299, 311, 314; *Bauer* JZ **1952** 209, 210; *Dippel* in: Jescheck/Meyer 87.
[4] *Hellm. Mayer* GerS **99** (1930) 311, 302; Kritisch dazu AK-*Loos* 5.

erneute Durchführung eines solchen Streitentscheidungs- und Schlichtungsverfahrens mit dem Ziel der Wiederherstellung des Rechtsfriedens erscheint nur ausnahmsweise dann möglich, wenn das Verfahren selbst derart makelbehaftet ist, daß die dabei ergehende Entscheidung keine befriedende Wirkung entfalten kann. So sah denn auch der französische Anklageprozeß, die Heimat des akkusatorischen Prinzips, die Wiederaufnahme nur dann vor, wenn „das Verfahren mit einem Falsum behaftet" war[5], z. B., wenn ein Belastungszeuge wegen Meineids verurteilt wurde, und zwar ohne Rücksicht darauf, ob die meineidige Aussage irgendeine Urteilsrelevanz besaß, was das französische Recht sogar nachzuprüfen verbot[6]. Der Gedanke der **Rechtskraft** ist damit dem **Akkusationsprinzip** eng verbunden.

3   Die durch die Vereinigung von Instruktions- und Offizialprinzip gekennzeichnete **Inquisitionsmaxime**[7] dagegen führt zu einem anderen Ergebnis. Ist dem Gericht die Ermittlung der objektiven Wahrheit als Grundlage der als Ziel des Verfahrens angesehenen gerechten Entscheidung über den Verfahrensgegenstand der in der Anklage bezeichneten Personen und Taten zur Pflicht gemacht, so ist im Prinzip die immerwährende Überprüfung des einmal gefällten Urteils am Maßstab der Gerechtigkeit zuzulassen ohne Rücksicht auf irgendwelche Verfahrensfehler: folgerichtig durfte im gemeinrechtlichen Inquisitionsprozeß „über früher unbekannte Nova verhandelt werden, die eben nur durch ihre Novität gekennzeichnet waren"[8] — der Gedanke einer die gerechte Entscheidung hindernden **Rechtskraft** muß diesem Verfahren **fremd** sein[9] (oben Rdn. 2), weshalb hier die Wiederaufnahme i. S. einer Überprüfung des gefällten Urteils in sehr weitem Umfang zugelassen wurde, soweit „nur irgendwie relevante Nova" beigebracht werden konnten[10], und zwar auch ohne Durchführung einer neuen Hauptverhandlung[11].

4   **b) Konsequenzen.** Die genannten Prinzipien wirken sich demnach unterschiedlich auf das Wiederaufnahmeverfahren aus[12]: während das **inquisitorische Prinzip** im Interesse von Wahrheit und Gerechtigkeit **dynamisch** wirkt und die Gerichte bei neuen Erkenntnissen auch zu stets erneuter Urteilsüberprüfung bereit finden wird, so führt das **akkusatorische Prinzip** zu einer **Verfestigung** des Urteilsspruchs, zur Abwehr jeder erneuten inhaltlichen Überprüfung und zur Wiederaufnahme regelmäßig nur bei schwerwiegenden Verfahrensfehlern, welche weniger zur Überprüfung des früheren Urteilsspruchs als vorrangig zur Beseitigung des voraufgegangenen fehlerhaften Verfahrens führen[13]. Die auch derzeit noch vielbeklagte mangelnde Bereitschaft der Gerichte zur Zulassung von Wiederaufnahmeverfahren[14] dürfte auch in dieser Wirkung des Akkusationsprinzips ihre Ursache haben — Entsprechendes gilt für die enge oder weite Auslegung der gesetzlichen Vorschriften über die Zulässigkeit der Wiederaufnahme.

2. Verfahrensprinzipien und Verfahrensziele im Wiederaufnahmeverfahren

5   **a) Wahrheit und Gerechtigkeit als Verfahrensziel.** Wegen der in § 244 Abs. 2 anzutreffenden Verbindung der Offizialmaxime mit der Instruktionsmaxime zum Inquisitions-

---

5 *Hellm. Mayer* GerS **99** (1930) 310.
6 *Hellm. Mayer* GerS **99** (1930) 309, 311.
7 *Eb. Schmidt* (Geschichte) 86 f.
8 *Hellm. Mayer* GerS **99** (1930) 310.
9 *Hellm. Mayer* GerS **99** (1930) 312.
10 *Hellm. Mayer* GerS **99** (1930) 304.
11 *Deml* 7.
12 Vgl. dazu auch *J. Meyer* Wiederaufnahmereform 55 ff und *Wasserburg* Handb. 5 ff.

13 *Deml* 8.
14 *Peters* § 76 I; einschränkend *Rieß* NStZ **1994** 156: Grundsätze der freien richterlichen Überzeugungsbildung, der Mündlichkeit und der Unmittelbarkeit bilden „möglicherweise ... den Hauptgrund" für die „behauptete restriktive Wiederaufnahmepraxis".

prinzip[15] ist der derzeitige deutsche Strafprozeß in seinem **Wesen Inquisitionsprozeß**, allerdings in moderner, u. a. durch das Anklageprinzip geläuterter Form. § 244 Abs. 2 macht dem Gericht die Erforschung der Wahrheit ex officio zur Pflicht und erweist sich damit zugleich als Ausprägung des Rechtsstaatsprinzips und der in Art. 20 Abs. 3 GG normierten Bindung an Gesetz und Recht: dadurch wird auch die strafende Staatsgewalt zur Erhaltung und Verwirklichung der **materiellen Gerechtigkeit** in jedem Einzelfall verpflichtet, welche die Erforschung des **wahren Sachverhalts** zur Grundlage hat[16] (womit die Existenz und Möglichkeit anders organisierter rechtsstaatlicher Strafverfahrensmodelle nicht bestritten wird).

aa) Das geltende Recht ist nicht so lebensfremd, den Richter zum Unmöglichen zu **6** verpflichten: Ermittlung der Wahrheit heißt Ermittlung der der menschlichen Erkenntnis zugänglichen Wahrheit, also der **relativ-objektiven Wahrheit**. Die mögliche Existenz der von unterschiedlichen Erkenntnisinteressen und -möglichkeiten abhängigen verschiedenen relativ-objektiven Wahrheitsbilder der Verfahrensbeteiligten zwingen dabei keineswegs zu einem Verzicht auf Wahrheit und Gerechtigkeit als mögliche Verfahrensziele: §§ 261, 264 Abs. 1 machen die dem *erkennenden Richter* mögliche Wahrheitserkenntnis zum Ziel des Strafverfahrens und ebenso eine darauf beruhende gerechte Entscheidung[17].

Daß eine so verstandene Wahrheitsfindung nicht etwa die subjektive Gewißheit des **7** Richters von Wahrheit und Gerechtigkeit voraussetzt, sich vielmehr mit der richterlichen Überzeugung von der an Sicherheit grenzenden Wahrscheinlichkeit begnügt, die zum **subjektiven „für-wahr-halten"** tatsächlicher Vorgänge oder Zustände führt, ist überwiegend anerkannt[18]. In diesem Sinne sind gerechte Entscheidungs- und Wahrheitsfindung durchaus[19] möglich — das Gegenteil ist bisher mindestens nicht plausibel dargelegt[20].

bb) Daraus ergeben sich für das Wiederaufnahmeverfahren folgende **Konsequenzen**: **8** Einmal muß die rechtliche Verpflichtung zur wahren und gerechten Entscheidung im Einzelfall eine inhaltliche Überprüfung auch der letztinstanzlich getroffenen Entscheidung dann möglich machen, stellt sich diese Entscheidung nachträglich als **fehlerhaft** und damit als unwahr und ungerecht heraus — womit über den Umfang solcher Überprüfung freilich noch nichts gesagt ist.

Zweitens ist die nachträgliche Fehlerhaftigkeit und Unwahrheit einer Entscheidung **9** schon dann anzunehmen, wenn *im Zeitpunkt der Überprüfung* die frühere richterliche **Überzeugung** von der an Sicherheit grenzenden Wahrscheinlichkeit des als wahr Angenommenen erschüttert ist (§ 370, 19, 22).

b) Rechtssicherheit als Verfahrensziel. Neben den soeben erwähnten (Rdn. 5 ff) sind **10** hier weiter die aus dem Akkusationsprinzip (§ 151) folgenden allgemein anerkannten Verfahrensziele des Rechtsfriedens (oben Rdn. 2) und damit der ebenfalls vom Rechtsstaatsprinzip geforderten **Rechtssicherheit**[21] zu berücksichtigen, die eine Wiederaufnahme im Falle eines fehlerhaften Verfahrens der Urteilsgewinnung erlauben.

---

[15] *Eb. Schmidt* (Geschichte) 86 f.; vgl. auch Einl. Absch. F II und die Erl. zu §§ 151, 155.

[16] S. dazu *Gössel* ZStW **94** (1982) 5, 17 ff; vgl. auch die folgenden Rdn.

[17] S. dazu *Gössel* Gutachten C zum 60. DJT 1994, S. C 24 ff. Zur Frage der Existenz subjektunabhängiger Gegenstände und zur Vorzugswürdigkeit der Korrespondenzlehre im Streit der Wahrheitstheorien s. *Gössel* Versuch über Sein und Sollen im Strafrecht, FS Miyazawa 317.

[18] LR-*Gollwitzer*[24] § 261, 7; KMR-*Paulus* § 244, 151; s. aber dazu auch *Rieß* GA **1978** 257, 264 f.

[19] H. M; s. nur *Peters* § 13 I 6.

[20] Eine eingehende Diskussion mit dazu abweichenden Meinungen kann hier nicht geleistet werden; jedoch sei hier auf *Schöneborn* 43 ff, 83 ff und dort berücksichtigte Literatur verwiesen; s. ferner insbes. *Luhmann* Legitimation durch Verfahren[3] (1978); *Rottleuthner* KJ **1971** 60; zum Ganzen auch *Schreiber* ZStW **88** (1976) 117 ff.

[21] BVerfGE **7** 194, 196; auch *Deml* 45 mit weit. Nachw.

Karl Heinz Gössel

11   **3. Das Spannungsverhältnis zwischen den einzelnen Verfahrensprinzipien (Verfahrenszielen) als Wesensmerkmal des Wiederaufnahmeverfahrens.** Inquisitions- und Akkusationsmaxime sind damit für die **Spannung** zwischen den beiden dem Rechtsstaatsprinzip entfließenden verfassungsmäßigen Werten der Gerechtigkeit und der Rechtssicherheit verantwortlich, die das gesamte Strafverfahren im allgemeinen kennzeichnet wie das Wiederaufnahmeverfahren im besonderen[22]. Die vom Akkusationsprinzip im Interesse der gesamten Rechtsgemeinschaft geforderte Wahrung der Rechtsbeständigkeit gerichtlicher Entscheidungen, die eine Überprüfung allenfalls des zu der rechtsbeständigen Entscheidung führenden Verfahrens erlaubt, steht zu der vom Gerechtigkeitsgedanken verlangten inhaltlichen Überprüfung im Interesse der individuellen Gerechtigkeit[23] bei Änderung oder Wegfall der Entscheidungsgrundlagen in einem Spannungsverhältnis, das im geltenden Wiederaufnahmerecht durch einen Kompromiß gelöst ist[24].

12   **a) Lösungswege.** Diesen Widerstreit zweier Verfahrensziele hätte der Gesetzgeber durchaus auch dadurch lösen können, daß er einem dieser Ziele den Vorzug eingeräumt hätte[25].

13   **aa)** Dies nimmt *Tiemann* für das Wiederaufnahmeverfahren wie auch für das voraufgegangene, und ebenso für das durch den Beschluß nach § 370 Abs. 2 mit der Erneuerung der Hauptverhandlung eingeleitete weitere Verfahren in der Tat an. Mit dem rechtskräftigen Abschluß des Erkenntnisverfahrens sei ein „Strukturwandel" verbunden: die bisherige grundsätzlich **inquisitorische Natur wandele** sich im Wiederaufnahmeverfahren zu einer dem Zivilprozeß ähnlichen **akkusatorischen Struktur**, in der das Gericht keine verfahrensbeherrschende Position innehabe und der Antragsteller die maßgebenden verfahrensgestaltenden Befugnisse besäße[26]. Erst mit einem Beschluß nach § 370 Abs. 2 über die Anordnung der Wiederaufnahme und der Erneuerung der Hauptverhandlung kehre das Verfahren wieder zur inquisitorischen Struktur zurück[27]. Den Grund für die akkusatorische Struktur des Wiederaufnahmeverfahrens (bis zum Beschluß nach § 370 Abs. 2) erblickt *Tiemann* in der Auffassung des Gesetzgebers von der endgültigen Befriedigung des öffentlich-rechtlichen Rechtsschutzinteresses durch das rechtskräftige Urteil, weil dadurch „der öffentliche Rechtsfrieden . . . in jedem Fall wiederhergestellt worden" sei[28] — wäre dies aber richtig, wäre der Verzicht auf jegliches Wiederaufnahmeverfahren doch wohl die einleuchtendere Konsequenz. Im übrigen bringt *Tiemann* für seine Auffassung vor, mangels einer gesetzlichen Verweisung gelte der Amtsermittlungsgrundsatz des § 244 Abs. 2 im Wiederaufnahmeverfahren nicht[29]: Weil das Wiederaufnahmeverfahren von einem Antrag abhänge und dessen gerichtliche Prüfung sich nur auf die vom Antragsteller bezeichneten Wiederaufnahmegründe und die von ihm angetretenen Beweise beziehe, zu deren erfolgreicher Geltendmachung dem Antragsteller eine erweiterte Darlegungslast und eine Beibringungslast obliege, lege der Antragsteller den Verfahrensgegenstand fest[30] — und wie in dem vom Parteiengrundsatz beherrschten Zivilprozeß der Kläger dem Beklagten gegenüberstehe, so trete der Antragsteller im Wiederaufnahmeverfahren in einem unechten Zweiparteienverfahren dem mit der Wiederaufnahme angegriffenen rechtskräftigen Urteil gegenüber[31]. Diese Argumente erscheinen indessen wenig

---

[22] BVerfG MDR **1975** 468, 469; OLG Hamburg NJW **1971** 2240, 2241; OLG Köln NJW **1953** 396, 397; OLG Stuttgart MDR **1980** 955, 956; *Eb. Schmidt* 4; KK-*Schmidt* 4; *Kleinknecht/Meyer-Goßner* 1; *Pfeiffer/Fischer* 1; *Peters* § 13 1 6; *Schlüchter* 760; *Gössel* § 39 vor A; *Bauer* JZ **1952** 209, 211; *v. Kries* GA **26** (1878) 169.

[23] *Deml* 44.

[24] *Wasserburg* Handb. 10 ff.

[25] BVerfGE **7** 194, 196; s. dazu auch *Deml* 45 f.

[26] *Tiemann* 147 f; ebenso *Marxen/Tiemann* 8.

[27] *Tiemann* 77.

[28] *Tiemann* 84.

[29] *Tiemann* 72 f.

[30] *Tiemann* 71 ff, 75.

[31] *Tiemann* 74 f.

überzeugend. Zunächst ist zu bedenken, daß „die Handhabung aller Verfahrensvorschriften . . . unter dem beherrschenden Grundsatz des § 244 Abs. 2" steht, „der das Gericht verpflichtet, zur Erforschung der Wahrheit die Beweisaufnahme von Amts wegen auf alle" verfahrensbedeutsamen „Tatsachen und Beweismittel" zu erstrecken[32], weil ohne „die Ermittlung des *wahren* Sachverhalts" als einem zentralen Anliegen des Strafprozesses „das materielle Schuldprinzip nicht verwirklicht werden kann"[33]: auch ohne besondere gesetzliche Anordnung gilt das Amtsermittlungsprinzip damit in allen Stadien des Strafverfahrens[34]. Darüber hinaus ist das angefochtene Urteil keine dem Antragsteller gegenübertretende Quasipartei, sondern der vom Antragsteller unbeeinflußbare Gegenstand des Wiederaufnahmeverfahrens: der Antragsteller bestimmt lediglich — wie in jedem Rechtsbehelfsverfahren — den Umfang der Überprüfung dieses Gegenstandes, nicht aber diesen selbst. In der von *Tiemann* zutreffend aufgezeigten **erweiterten Darlegungslast** und auch **Beibringungspflicht** dürfte sich lediglich eine gegenüber anderen Stadien des Strafverfahrens gesteigerte Auswirkung der Akkusationsmaxime erblicken lassen, nicht aber der von ihm angenommene „Strukturwandel". Eine erweiterte Darlegungslast oder Beibringungspflicht ist aus anderen und nicht akkusatorisch strukturierten Rechtsbehelfsverfahren etwa über die Wiedereinsetzung in den vorigen Stand und im Revisionsverfahren etwa für die Aufklärungsrüge durchaus bekannt: der Einfluß der jeweiligen Rechtsbehelfsführer erstreckt sich lediglich auf den Umfang der Überprüfung der jeweils angefochtenen Entscheidung als Gegenstand des jeweiligen Rechtsbehelfsverfahrens. Auch aus der Einführung der §§ 364 a, 364 b läßt sich nicht schließen, damit werde vorausgesetzt, „daß die Stoffsammlung dem Verurteilten obliegt"[35]: hier handelt es sich lediglich um Spezialvorschriften gegenüber der früheren unzulänglichen analogen Anwendung des § 140 Abs. 2 GVG (§ 364, 1) — wie im Revisionsverfahren durch die Möglichkeit zur Bestellung eines Pflichtverteidigers (§ 350 Abs. 3) die **inquisitorische Verfahrensstruktur** auch in diesem Verfahrensstadium **nicht geändert** wird, so auch nicht im Wiederaufnahmeverfahren.

Tatsächlich hat der Gesetzgeber **keinem** der beiden mit der Inquisitionsmaxime und **14** dem Akkusationsprinzip verbundenen je unterschiedlichen Verfahrensziele **den Vorzug** eingeräumt. Das geltende Wiederaufnahmerecht sieht einen **Kompromiß** derart vor, daß keines dieser beiden Verfahrensziele konsequent verwirklicht wurde, was *Hellmuth Mayer* zu seinem berühmten Wort von der Wiederaufnahme „als systemlose(r) Durchbrechung eines Prinzips"[36] veranlaßte. Der Gedanke der Rechtssicherheit hat sich insoweit durchgesetzt, als die strafgerichtlichen Entscheidungen nach Ablauf der Rechtsmittelfrist bzw. nach (teilweiser) Durchführung des Rechtsmittelverfahrens in Rechtskraft erwachsen und damit u. a. in der Sache grundsätzlich nicht mehr überprüft werden können[37] — dies ist zudem durch das Verfassungsgebot „ne bis in idem" (Art. 103 Abs. 3 GG) abgesichert. Dies bedeutet entgegen *Peters*[38] und *Loos*[39] einen gewissen **Vorrang der Rechtskraft** und damit der Rechtssicherheit gegenüber dem Ziel der Einzelfallgerechtigkeit, das nicht stets und auch nicht in der Regel, sondern nur in den von §§ 359 und 362 eng begrenzten Fällen die Rechtskraft einer ungerechten Entscheidung durchbrechen kann. Wie sich aus den dort benannten Wiederaufnahmegründen ergibt, ist die Wiederaufnahme

---

32 BGHSt **1** 94, 96.
33 BVerfGE **57** 250, 275.
34 LR-*Gollwitzer* Einl. zu § 244 (24. Aufl. Rdn. 38); KK-*Herdegen* 24.
35 So *Tiemann* 77.
36 *Hellm. Mayer* GerS **99** (1930) 299, 314.
37 Daß damit nicht stets auch der Rechtsfriede gewahrt ist, hat *J. Meyer* Wiederaufnahmereform 39

zu Recht betont: die Rechtskraft von Fehlurteilen kann durchaus auch zu „tiefgreifende(r) Beunruhigung" und zur Erschütterung des Rechtsfriedens führen.
38 *Peters* Fehlurteil **3** 2 f, diesem zustimmend *J. Meyer* FS II Peters 377; vgl. dazu aber auch *Deml* 52 ff.
39 AK-*Loos* 3.

Karl Heinz Gössel

insoweit beschränkt, als sie sich allein gegen „die tatsächliche Urteilsbasis des rechtskräftigen Urteils" richtet[40] und eine Korrektur fehlerhafter bloßer Rechtsanwendung schon deshalb nicht zum Ziele hat, weil anders „die Beschränkung des Rechtsmittels der Revision auf nichtrechtskräftige Urteile weitgehend obsolet werden würde"[41].

15   **bb)** Deshalb kann eine **nur** auf **falschen Rechtsauffassungen** beruhende noch so falsche Entscheidung (Verurteilung zu zweijähriger Freiheitsstrafe wegen fahrlässiger uneidlicher Falschaussage) im Wiederaufnahmeverfahren grundsätzlich nur bei „Unrichtigkeit des der fehlerhaften Entscheidung zugrundeliegenden Sachverhalts beseitigt werden"[42] — die einzige Ausnahme betrifft den Fall der Mitwirkung eines unredlichen Richters (§ 359 Nr. 3; § 362 Nr. 3[43]). Zudem ist die Durchbrechung der Rechtskraft selbst bei Vorliegen der gesamten Wiederaufnahmegründe nicht schlechthin zur Beseitigung der fehlerhaften Entscheidung zulässig, sondern nur zur Erreichung bestimmter Wiederaufnahmeziele. Im Fall der §§ 362, 359 Nr. 1 bis 4 ist dies zwar grundsätzlich jede dem Verurteilten nach dem Entscheidungstenor (unten Rdn. 125) ungünstigere (§ 362) oder günstigere (§ 359 Nr. 1 bis 4) Entscheidung, jedoch nur, soweit nicht § 363 (keine Wiederaufnahme zum Zwecke der Strafbemessung aufgrund desselben Strafgesetzes; keine Wiederaufnahme zum Zwecke der Strafmilderung wegen § 21 StGB) entgegensteht; wird die Wiederaufnahme auf die Begehung einer Straftat gestützt (§ 359 Nr. 2, 3; § 362 Nr. 2, 3), so ist die weitere Beschränkung des § 364 zu beachten.

16   Deshalb — und nicht etwa wegen der relativen Seltenheit des Verfahrens[44] — ist der Wiederaufnahme in der Tat ein Ausnahmecharakter[45] zuzusprechen, der sich aus dem Gesetz ergibt und deshalb entgegen *J. Meyer*[46] eine *im Grundsatz* **restriktive Auslegung** der Wiederaufnahmevoraussetzungen rechtfertigen kann. Daß die Wiederaufnahme als ein Akt der Wiedergutmachung in unserem Recht ein Regelvorgang sei[47], kann leider nicht zugegeben werden: müßten dann nicht z. B. auch die straflose bloß fahrlässige Falschaussage und die evident fehlerhafte Beweiswürdigung in einem rechtskräftigen Urteil Wiederaufnahmegründe sein?

17   **b) Wiederaufnahmegründe und Verfahrensprinzipien (Verfahrensziele).** Nur aus den in §§ 359 und 362 **abschließend** aufgeführten Gründen ist die Durchführung eines erneuten Verfahrens zulässig; sie lassen sich auf die genannten Verfahrensziele (oben Rdn. 5, 10) und die ihnen zugrundeliegenden Prozeßmaximen (oben Rdn. 2, 3) zurückführen[48].

18   **aa)** Gemäß dem **Inquisitionsprinzip** können, dem Verfahrensziel der **Gerechtigkeit** entsprechend, neue Tatsachen und Beweismittel (sog. **nova**) nach **§ 359 Nr. 5** zugunsten und ein glaubwürdiges Geständnis des Freigesprochenen (**§ 362 Nr. 4**) zuungunsten des Beschuldigten zu einer inhaltlichen Überprüfung des Urteils führen. Gleiches gilt, wenn ein zivilgerichtliches Urteil, das einem Strafurteil zur Grundlage diente, durch ein anderes zivilgerichtliches und rechtskräftig gewordenes Urteil aufgehoben wurde (**§ 359 Nr. 4**).

19   **bb)** Das **Akkusationsprinzip** läßt dann die Wiederaufnahme zu, wenn das frühere Urteil wegen eines schwerwiegenden Verfahrensmangels keine Bestandskraft verdient (zugleich wegen des Gedankens der Rechtsbewährung): deshalb sehen **§ 359 Nr. 3 und**

---

[40] *Beling* 431; BGHSt **39** 75, 79.
[41] *Gössel* NStZ **1963** 567; im Erg. so auch KG NJW **1991** 2505; *Rieß* NStZ **1994** 158.
[42] BGHSt **39** 75, 79; Näheres § 359, 78.
[43] Außerhalb der StPO ist als weitere Ausnahme die Wiederaufnahme nach § 79 Abs. 1 BVerfGG zu nennen, zutreffend *Brauns* 493.

[44] *Peters* Fehlurteil **3** 4, 33.
[45] AK-*Loos* 1; *Neumann* 2; *Rieß* FS Schäfer 215.
[46] *J. Meyer* FS II Peters 377.
[47] *Peters* Fehlurteil **3** 4.
[48] Vgl. *Peters* § 76 I.

§ 362 Nr. 3 ohne Rücksicht auf die inhaltliche Richtigkeit des Urteils die erneute Durchführung des Verfahrens bei Mitwirkung eines Richters oder Schöffen vor, der „in Beziehung auf die Sache" seine Amtspflicht strafbar verletzt hat.

cc) Neben diesen gleichsam „reinen" Auswirkungen des Inquisitions- und des Akkusa- **20** tionsprinzips finden sich in **§ 359 Nr. 1, 2; § 362 Nr. 1, 2** Wiederaufnahmegründe, die sich als Auswirkungen **beider Prinzipien** verstehen lassen[49]: die in diesen Vorschriften erfaßten Erschütterungen der Urteilsgrundlage durch den Nachweis z. B. der Verwendung unechter oder verfälschter Urkunden oder des Auftretens meineidiger Zeugen in einem deshalb mit einem „falsum" behafteten Verfahren[50] führen zwar nicht zu einer vollständigen inhaltlichen Überprüfung des Strafurteils, wohl aber dazu zu prüfen, ob die falsa das angefochtene Urteil beeinflußt haben konnten (§ 370 Abs. 1): ist dies nicht auszuschließen, so ist die Wiederaufnahme sowohl im Interesse der materiellen Wahrheit als auch der „Verfahrensreinheit" anzuordnen.

c) Verfahren und Verfahrensprinzipien. Im Verfahren selbst sind **beide Prinzipien** **21** wirksam. Soweit es der jeweilige Wiederaufnahmegrund verlangt, wird die von der Inquisitionsmaxime geforderte Überprüfung des angefochtenen Urteils im Regelfall nur bis zur Entscheidung über die Wiederaufnahme nach § 370 Abs. 2 durchgeführt; ist dagegen der Antrag auf Wiederaufnahme für begründet erachtet und die Erneuerung der Hauptverhandlung angeordnet worden, so wird ein völlig neues Verfahren mit dem Ziel einer materiell richtigen und gerechten Entscheidung durchgeführt, ohne daß nunmehr noch das frühere Verfahren auf irgendwelche Fehler überprüft würde. Mit Erlaß des Wiederaufnahmebeschlusses wird damit in Konsequenz des Akkusationsprinzips gleichsam das frühere Verfahren beseitigt (oben Rdn. 4) — nur im Fall des § 371 wird ausnahmsweise ohne ein neues Verfahren entschieden.

4. Wirksamkeitsgrenzen der Verfahrensprinzipien und Verfahrensziele im Wie- **22** **deraufnahmeverfahren.** Wurde soeben das Spannungsverhältnis zwischen Wahrheit und Rechtssicherheit der Sachentscheidung über die in der Anklage bezeichneten Taten und Personen als jedem Wiederaufnahmeverfahren wesentlich erkannt, so dürfen andererseits daraus **keine zu weitgehenden Folgerungen** gezogen werden.

Können auch Verfahrensprinzipien und -ziele in ihrem Spannungsverhältnis das Wie- **23** deraufnahmeverfahren **verständlich** machen und Einfluß auf die **Auslegung** der einzelnen Vorschriften nehmen, so erlauben sie *allein* gewiß noch nicht den Aufbau eines überzeugenden Systems des Wiederaufnahmerechts[51], wozu insbesondere noch die später (unten Rdn. 26 ff) zu erörternde Stellung der Wiederaufnahme im System aller Anfechtungsmöglichkeiten zu berücksichtigen sein wird. Besonders aber ist zu beachten, worauf *Hanack* hingewiesen hat, daß es weniger darauf ankommt, welches Verfahrensprinzip und -ziel wann auf Kosten des jeweils anderen im Vordergrund steht, sondern darauf, „ob das einzelne rechtskräftige Urteil ein Fehlurteil enthält oder nicht. Diese Unklarheit ist es, die den Interessenwiderstreit charakterisiert und seinen Ausgleich so schwierig macht"[52] — und dies zeigt sich z. B. deutlich bei der Frage der Geeignetheit der nova, Freisprechung zu begründen (§ 359, 124 ff).

Hinzu kommt, daß die Verwirklichung beider das Spannungsverhältnis begründender **24** **Verfahrensziele** im Wiederaufnahmeverfahren durchaus **nicht sicher** ist. Gerade weil die

---

[49] *Deml* 101; s. a. *Hellm. Mayer* GerS **99** (1930) 310.
[50] Zum Verhältnis des Inquisitions- und Akkusationsprinzips zu den Wiederaufnahmegründen s. auch *Wasserburg* Handb. 11 und *Deml* 9 f, die allerdings

§ 359 Nr. 1 und 2, § 362 Nr. 1 und 2 als reine Folgen des Akkusationsprinzips ansehen.
[51] *J. Meyer* Wiederaufnahmereform 41.
[52] *Hanack* JZ **1973** 394.

Karl Heinz Gössel

Fehlerhaftigkeit der mit der Wiederaufnahme angegriffenen Urteile häufig unklar ist, sind Gerechtigkeit und Wahrheit der im Wiederaufnahmeverfahren zu treffenden Entscheidung ebenso bedroht wie die Entscheidung im voraufgegangenen Verfahren, wobei wegen des gegenüber dem Rechtsmittelverfahren zusätzlichen Zeitablaufs die Unsicherheit der Beweismittel, insbesondere der Zeugenaussagen, weiter zunimmt und die Richtigkeit des im Wiederaufnahmeverfahren ergehenden Urteils noch stärker bedroht als im Berufungsverfahren. Mit Recht weist *Deml* darauf hin, daß „eine ‚Prozeßerneuerung ohne Ende' nicht unbedingt ein Mehr an Gerechtigkeit" verspricht[53].

25   Hinsichtlich der **Rechtssicherheit** gilt Ähnliches. So wenig im Interesse eines geordneten Gemeinschaftslebens auf die Sicherung des Rechtsfriedens und damit auf das Institut der Rechtskraft verzichtet werden kann[54], so sehr kann doch andererseits ein eklatant unrichtiges Urteil ohne Beseitigungsmöglichkeit den Rechtsfrieden gerade umgekehrt empfindlich stören[55].

II. Das Wiederaufnahmeverfahren im Verhältnis zu den Rechtsmitteln

26   Das Verfahrensziel der **Einzelfallgerechtigkeit** will natürlich nicht erst durch das Wiederaufnahmeverfahren eine materiell richtige und gerechte Entscheidung ermöglichen. Mit Recht weist *Deml* darauf hin, daß der Gesetzgeber zur Sicherung dieses Verfahrensziels schon „das Grundverfahren mit zahlreichen Kautelen ausgestattet" hat[56] und zusätzlich, bei Unwirksamkeit dieser Kautelen, zu diesem Zweck eine Überprüfung im Rechtsmittelweg ermöglicht. Dies legt die Frage nach dem Verhältnis zwischen Rechtsmitteln und Wiederaufnahme nahe.

27   **1. Gemeinsamkeiten.** Neben dem gemeinsamen Ziel der Vermeidung von Fehlurteilen durch eine neuerliche Hauptverhandlung oder durch eine inhaltliche Überprüfung des jeweils angefochtenen Urteils oder auch nur der Ordnungsmäßigkeit des jeweils dazu führenden Verfahrens stimmen die Wiederaufnahme und die Rechtsmittel der Berufung und der Revision in ihren Zulässigkeitsvoraussetzungen weitgehend überein[57], wenn auch nicht vollständig (§ 365). Diese Gemeinsamkeiten rechtfertigen es, die Rechtsmittel und die Wiederaufnahme unter dem gleichen Oberbegriff des **Rechtsbehelfs** zu vereinen.

2. Unterschiede

28   **a) Rechtsmitteleffekte.** Die Unterschiedlichkeit der Wiederaufnahme einerseits und der Berufung und der Revision andererseits zeigt sich schon darin, daß die Wiederaufnahme im Gegensatz zu den genannten Rechtsmitteln weder **Devolutiveffekt** noch **Suspensiveffekt** (s. Erläuterungen bei § 296) zukommt.

29   **b) Überprüfungsgegenstand.** Die Wiederaufnahme unterscheidet sich zudem in bemerkenswerter Weise insbes. von der Revision hinsichtlich des **Gegenstandes** der Überprüfung. Während bei der Revision nur geprüft wird, ob das Urteil auf einer Gesetzesverletzung beruht bzw. ob einer der absoluten Revisionsgründe vorliegt, wird im Berufungsverfahren eine völlig neue Verhandlung mit dem Ziel einer materiell richtigen und

---

[53] *Deml* 57, ebenso AK-*Loos* 1 im Anschluß an *Hanack* JZ **1973** 393.
[54] *Deml* 52.
[55] S. dazu *J. Meyer* Wiederaufnahmereform 39, wobei allerdings mit *Deml* 55 festzustellen ist, daß dies nicht etwa zu einem Verzicht auf das Institut der Rechtskraft berechtigen kann, weil dann z. B.

durch die veröffentlichte Meinung die wegen Nichterreichbarkeit des idealen Rechtsfriedens aufgegebene Rechtskraft die permanente Diskussion auch „richtiger" Urteile und damit den Verlust jeglichen Rechtsfriedens zur Folge haben kann.
[56] *Deml* 35 f.
[57] *J. Meyer* Wiederaufnahmereform 43.

gerechten Entscheidung durchgeführt, ohne die Richtigkeit des Ersturteils nachzuprüfen[58]. Damit entspricht das Berufungsverfahren weitgehend dem Wiederaufnahmeverfahren nach Erlaß des Wiederaufnahmebeschlusses: in beiden Fällen wird das frühere Verfahren „beseitigt" und an seiner Stelle ein neues durchgeführt. So wird auch verständlich, daß die StPO ein Wiederaufnahmeverfahren auch deshalb vorsieht, um eine Korrektur von Fehlentscheidungen in den Fällen zu ermöglichen, in denen das erstinstanzliche Urteil mit der Berufung nicht angefochten werden kann: hier kommt dem Wiederaufnahmeverfahren die Funktion eines (stark beschränkten) **Berufungsersatzes**[59] zu.

c) Rechtskraft. Der wichtigste Unterschied gegenüber Berufung *und* Revision ist **30** allerdings darin zu erblicken, daß die Wiederaufnahme nur gegen **rechtskräftige** Entscheidungen statthaft ist, während die Statthaftigkeit der genannten Rechtsmittel den Nichteintritt der Rechtskraft voraussetzt. Vor Rechtskraft kann damit das Ziel materiell richtiger und gerechter Entscheidungen bei der Berufung ohne jede Einschränkung und bei der Revision mit den durch die besonderen Zulässigkeitsvoraussetzungen gegebenen Beschränkungen weitaus nachhaltiger und effektiver verfolgt werden als mit dem auf die wenigen Wiederaufnahmegründe der §§ 359, 362 beschränkten Rechtsbehelf der Wiederaufnahme — das berechtigt umgekehrt dazu, die Wiederaufnahme nicht unter die Rechtsmittel einzuordnen.

d) Nova. Ein weiterer Unterschied betrifft die Berücksichtigung von **nova**. Beweisan- **31** träge können bekanntlich noch während der Urteilsverkündung gestellt und zudem kann mit der Revision eine unzulängliche Sachaufklärung und insbesondere gerügt werden, daß Beweismittel nicht benutzt wurden, die sich dem Gericht aufdrängen mußten. Damit läßt sich cum grano salis mit gewissen Einschränkungen für die Revision (z. B. bei der Verfahrensrüge nur bis zum Ablauf der Revisionsbegründungsfrist) sagen, daß neue Tatsachen und Beweismittel bis zur Rechtskraft in sehr weitem Umfang geltend gemacht werden können, begrenzt lediglich durch § 244 Abs. 3 bis 5, § 245. Dies ändert sich erst mit der Rechtskraft der Entscheidung: nova sind jetzt nur noch unter den sehr eingeschränkten Voraussetzungen der §§ 359 Nr. 5; 368, 370 berücksichtigungsfähig. Die Härte dieser Grenze (s. aber dazu auch § 359, 88 f) dürfte eine besondere **Korrelation** hinsichtlich der **Berücksichtigung von nova diesseits und jenseits der Rechtskraftgrenze** deutlich machen: je größer die Möglichkeit ist, nova noch bis zum letzten Augenblick mindestens in der Tatsacheninstanz und sogar noch in der Revisionsinstanz geltend zu machen, desto beschränkter werden die Möglichkeiten zur Berücksichtigung von nova nach Überschreiten der Rechtskraftgrenze sein — und dafür bietet das geltende Wiederaufnahmerecht ein eindrucksvolles Beispiel. Je mehr andererseits die Berücksichtigung von nova etwa nach der Eröffnung des Hauptverfahrens eingeschränkt ist oder etwa in der Zukunft werden sollte, desto eher muß — so die notwendige Konsequenz — im Wiederaufnahmeverfahren die Berücksichtigung von nova erleichtert werden[60]. Dieser Zusammenhang zwischen Rechtsmittelrecht und Wiederaufnahmeverfahren wird insbesondere zu beachten sein, sollte sich der Gesetzgeber durch die jetzt bloß drohende überlange Verfahrensdauer, z. B. durch zu ständig neuen Aussetzungen zwingende Beweisanträge „in letzter Minute" bei zurückgehaltenem Tatsachenvortrag, gezwungen sehen, die Berücksichtigung von nova schon vor der Rechtskraft einzuschränken[61].

---

[58] *Gössel* JR **1982** 270.
[59] Eingehend dazu mit Nachweisen aus der Gesetzgebungsgeschichte *Dippel* in: Jescheck/Meyer 39 f; s. ferner *Bauer* JZ **1952** 210; *Deml* 21; kritisch zur Berufungsersatzfunktion *Rieß* NStZ **1994** 155.
[60] Dies berechtigt freilich nicht dazu, „auf sinnvolle

und realisierbare Richtigkeitsgarantien im Grundverfahren" im Hinblick auf ein großzügig ausgestaltetes Wiederaufnahmeverfahren zu verzichten, so treffend *Rieß* NStZ **1994** 155.
[61] Vgl. dazu *Gössel* FS Kleinknecht 131 ff und Gutachten C zum 60. DJT (1994) S. C 72.

Karl Heinz Gössel

B. Der Anfechtungsgegenstand der Wiederaufnahme

I. Rechtskräftige gerichtliche Entscheidungen

32   Der für das Wiederaufnahmeverfahren als kennzeichnend herausgestellte Konflikt zwischen Einzelfallgerechtigkeit und Rechtskraft der Sachentscheidung über die in der Anklage bezeichneten Taten und Personen kann sich, das ist trivial, nur bei Entscheidungen stellen, die in Rechtskraft erwachsen sind. Daraus ist schon der weit weniger beachtete, wenngleich ebenso triviale, Satz abzuleiten, daß dieser Konflikt nur bestehen kann, **soweit die Rechtskraft** einer Entscheidung deren materialer Richtigkeit und Gerechtigkeit entgegensteht. Dazu ist auf die Wirkungen der Rechtskraft im allgemeinen einerseits einzugehen wie auf die Rechtskraftwirkungen konkreter gerichtlicher Entscheidungen im besonderen andererseits: soweit die jeweiligen Wirkungen der Rechtskraft die Korrektur einer bestimmten fehlerhaften gerichtlichen Entscheidung im Einzelfall nicht ausschließen, bedarf es keiner Durchbrechung der Rechtskraft. In solchen Fällen fehlt es an dem das Wiederaufnahmeverfahren kennzeichnenden Gegensatz zwischen materialer Gerechtigkeit im Einzelfall und Rechtskraft, und damit an einem „durch rechtskräftiges Urteil abgeschlossenen Verfahren" (§ 359).

33   **1. Arten der Rechtskraft und ihre Wirkungen.** Soweit die StPO die **Rechtskraft** überhaupt erwähnt (so z. B. in §§ 34 a, 138 c Abs. 2 Satz 1; § 316 Abs. 1; § 343 Abs. 1; §§ 359, 362, 373 a, 377 Abs. 2 Satz 1; § 390 Abs. 2; § 439 Abs. 1 Satz 1 Nr. 1; § 473 Abs. 6 Nr. 1), setzt sie deren Bedeutung als selbstverständlich voraus. Kann auch darauf an dieser Stelle nicht näher eingegangen werden (s. Erl. bei Einl. Abschn. J V und Vor § 296), so sollen hier gleichwohl die allgemein anerkannten Grundlagen der Rechtskraftlehre für die Wiederaufnahmeproblematik nutzbar gemacht werden.

a) Formelle und materielle Rechtskraft

34   **aa)** In **formelle** Rechtskraft erwächst eine Entscheidung, wenn sie „mit ordentlichen Rechtsmitteln nicht mehr angefochten werden kann". Sie schließt *das* Verfahren endgültig ab, in dem die formell rechtskräftige Entscheidung ergangen ist und löst eine sog. „Sperrwirkung" aus, deretwegen „in *diesem* Prozeß weitere, *auf ein Prozeßerkenntnis gerichtete Prozeßhandlungen nicht mehr zulässig* sind"[62].

35   **bb)** Die nochmalige Überprüfung in einem *erneuten*, späteren Verfahren wird durch die formelle Rechtskraft also nicht ausgeschlossen[63]. Diese Wirkung kommt erst der **materiellen** Rechtskraft zu, welche die *inhaltliche* Unabänderlichkeit der jeweiligen Entscheidung bedeutet und deshalb jedes weitere Verfahren über den Entscheidungsgegenstand ausschließt.

36   Die Herkunft des Rechtskraftgedankens aus dem Akkusationsprinzip erlaubt es, den **Entscheidungsgegenstand** zu bestimmen: ist Ziel des Akkusationsprozesses die bedingungslose Geltung des Richterspruchs über den zur Streitentscheidung vorgelegten Stoff (Rdn. 2), so kann die in der Rechtskraft zum Ausdruck kommende Bestandskraft der richterlichen Entscheidung sich nur auf die in der Anklage bezeichneten Taten und Personen (§ 155 Abs. 1, § 264 Abs. 1) beziehen. Damit stimmt überein, daß auch das Inquisitionsprinzip sich auf denselben Gegenstand bezieht (§ 244 Abs. 2): die Durchbrechung der

---

[62] *Eb. Schmidt* I 268; *Grünwald* Die materielle Rechtskraft im Strafverfahren der Bundesrepublik Deutschland, Beiheft zur ZStW **86** (1984) 94.

[63] *Geppert* GA **1972** 165, 170 f; dies kann aber nicht zugleich auch „Unabänderbarkeit" oder „Unwider-

ruflichkeit" – so *R. Schmidt* JZ **1961** 1516 – „durch das erkennende Gericht" (*Geppert* 171) bedeuten. Für die hier behandelte Wiederaufnahmeproblematik bedarf diese Frage indes keiner Entscheidung.

Rechtskraft aus Gründen der von der Inquisitionsmaxime geforderten inhaltlichen Richtigkeit und Gerechtigkeit kann nur denselben Gegenstand der in der Anklage bezeichneten Taten und Personen haben.

Erst die **materielle Rechtskraft** führt damit zum Verbrauch der Strafklage und löst die **37** Sperrwirkung des verfassungsrechtlichen Gebots „ne bis in idem" (Art. 103 Abs. 3 GG) aus[64].

b) Bedeutung für das Wiederaufnahmeverfahren. Daraus läßt sich für das Wieder- **38** aufnahmeverfahren bereits eine wichtige Konsequenz ziehen: bei bloß **formeller Rechtskraft** bleibt die **Korrekturmöglichkeit** im Rahmen eines neuen Verfahrens erhalten. In diesem Fall fehlt es an dem das Wiederaufnahmeverfahren kennzeichnenden Widerstreit zwischen Einzelfallgerechtigkeit und Rechtskraft der Sachentscheidung, und deshalb hat das formell rechtskräftige Urteil noch nicht zum Abschluß des Verfahrens i. S. der §§ 359, 362 geführt. Im Ergebnis ist das Wiederaufnahmeverfahren deshalb **nur gegen** (auch) **materiell rechtskräftige Entscheidungen** zulässig[65].

2. Urteile als Gegenstand der Wiederaufnahme. Der Verbrauch der Strafklage und **39** die materielle Rechtskraft beziehen sich auf die in der Anklage bezeichnete Tat, die nach § 155 Abs. 1 den Inhalt auch der strafgerichtlichen Untersuchung bildet. Weil diese zugleich Gegenstand der Urteilsfindung ist (§ 264 Abs. 1), sind damit Urteile, dies zudem nach dem Wortlaut der §§ 359, 362, taugliche Gegenstände der Wiederaufnahme. Umstritten ist indessen, ob dies **für alle Urteile** einschließlich der Einstellungsurteile zutrifft, oder ob dies nur für diejenigen Urteile gilt, die eine Entscheidung in der Sache enthalten.

a) Sachentscheidende Urteile. Wie oben in Rdn. 36 ff dargelegt, erschöpft das eine **40** Sachentscheidung enthaltende Urteil (freilich nur im Umfang der Sachentscheidung) die Strafklage und ist insoweit der materiellen Rechtskraft fähig. Deshalb ist der allgemeinen Meinung zu folgen, nach der jedes eine Sachentscheidung enthaltende Urteil taugliches **Objekt** eines Wiederaufnahmeverfahrens ist[66], also auch das im Sicherungsverfahren (§ 413) und im objektiven Verfahren (§ 440) ergangene[67], wie auch Urteile im Privatklageverfahren[68] und im Jugendstrafverfahren[69].

Entscheidend ist allein, ob eine **Entscheidung in der Sache getroffen** wurde — des- **41** halb ist unerheblich, ob etwa auf Absehen von Strafe, auf Straffreierklärung oder auf welche Rechtsfolge sonst erkannt wurde. Auch bei Urteilen nach den Straffreiheitsgesetzen kommt es darauf an, ob sie eine Sachentscheidung enthalten[70]. Rechtskräftige Strafbefehle stehen rechtskräftigen Urteilen gleich (§ 410); gegen sie ist Wiederaufnahme nach § 373 a (s. die dortigen Erläuterungen) statthaft.

b) Prozeßurteile

aa) Einstellungsurteile wegen eines Prozeßhindernisses nach **§ 260 Abs. 3** enthalten **42** grundsätzlich keine Sachentscheidung; sie verbrauchen die Strafklage nicht und können deshalb mangels materieller Rechtskraft nicht mit der Wiederaufnahme angefochten wer-

---

[64] S. die Erl. Vor § 296 (24. Aufl. Rdn. 29); *Eb. Schmidt* I 274; *Gössel* NStZ **1983** 392 mit weit. Nachw.
[65] Vgl. *Kleinknecht/Meyer-Goßner* 4.
[66] KMR-*Paulus* § 359, 3.
[67] *Neumann* 13.

[68] BayObLG DRiZ **1930** Nr. 361; OLG Celle ZStW **43** (1922) 502; *Neumann* 8.
[69] *Brunner/Dölling* § 55, 48; *Eisenberg* § 55, 26.
[70] Zu § 27 StrFG 1954 s. OLG Celle NdsRpfl. **1956** 18; KMR-*Paulus* § 359, 3; *Mittelbach* NJW **1950** 172.

Karl Heinz Gössel

den[71]: die in diesem Fall bestehende bloß formelle Rechtskraft hindert eine neue Anklage-erhebung nicht, wenn das Verfahrenshindernis wegfällt, das zur Einstellung geführt hat[72].

43   Dieses Ergebnis wird allerdings von *Rieß* dann nicht gebilligt, „wenn sich herausstellt, daß das angenommene Verfahrenshindernis aus tatsächlichen Gründen nicht vorlag"[73], so z. B., wenn die Rücknahme des Strafantrags mit einer unechten Urkunde „nachgewiesen" wurde[74]. In diesem Fall will *Rieß* dem Einstellungsurteil — wie auch dem entsprechenden Einstellungsbeschluß nach § 206 a — eine „spezifische materielle Rechtskraft" zuschrei-ben, die es verbieten soll, das — fälschlich — angenommene Verfahrenshindernis in Frage zu stellen[75]. Weil in diesem Fall aber keine Entscheidung in der Sache i. S. des § 264 Abs. 1 getroffen wurde, kann hier von **materieller Rechtskraft** nicht gesprochen werden. Im übrigen führt die Meinung von *Rieß* lediglich dazu, anstelle einer neuen Anklageerhebung in der Regel die sehr viel schwerfälligere Wiederaufnahme des Verfah-rens durchzuführen, weil in diesen Fällen regelmäßig der Wiederaufnahmegrund des § 359 Nr. 5 propter nova vorliegen wird (allerdings gerade nicht im obigen Beispiel der ungünstigen Wiederaufnahme, in dem jedoch nach § 362 Nr. 1 procediert werden kann).

44   In **Ausnahmefällen** allerdings enthalten auch Einstellungsurteile nach § 260 Abs. 3 eine **Sachentscheidung**: die Verfolgung wegen eines Vergehens wird wegen Verjährung, die Verfolgung wegen eines Antragsdelikts mangels Strafantrags eingestellt. Stellt sich später heraus, daß in Wahrheit ein noch nicht verjährtes Verbrechen (§ 249 StGB statt § 242 StGB) bzw. ein Offizialdelikt vorlag, so ist eine Sachentscheidung über das Vorlie-gen der Straftat getroffen, die ein Vergehen bzw. ein Antragsdelikt darstellte[76]. Damit ist die Strafklage verbraucht[77] — gegen dieses eine Sachentscheidung enthaltende Einstel-lungsurteil ist folglich Wiederaufnahme statthaft[78].

45   **bb)** Urteile, mit denen ein **Rechtsmittel** erst in der Hauptverhandlung **als unzulässig verworfen** wird (in den Fällen der § 322 Abs. 1, § 349 Abs. 1), stellen den Eintritt der Rechtskraft des angefochtenen Urteils lediglich deklaratorisch fest (ebenso wie bei den in diesen Fällen zumeist ergehenden Beschlüssen; die Ausführungen dazu unten Rdn. 52 gelten auch hier). Sie können deshalb mangels Strafklageverbrauchs nicht mit der Wieder-aufnahme angefochten werden, wohl aber das sachentscheidende Urteil, das aufgrund des das Rechtsmittel verwerfenden Urteils in (auch) materielle Rechtskraft erwächst.

46   Das gilt auch für *die* **Revisionsurteile**, mit denen ein Berufungsurteil wegen Unzuläs-sigkeit der Berufung aufgehoben wird: solche Urteile stellen lediglich die (formelle und materielle) Rechtskraft des mit der (unzulässigen) Berufung angefochtenen amtsgerichtli-chen Urteils fest, ohne selbst eine Sachentscheidung zu treffen und die Strafklage zu ver-brauchen. Weil Revisionsurteile dieser Art nur in formelle Rechtskraft erwachsen (zur Frage der etwaigen Rücknehmbarkeit solcher Urteile gelten die Ausführungen zur Rück-nehmbarkeit formell rechtskräftiger Beschlüsse unten Rdn. 53 entsprechend[79]), können nicht *diese* Urteile mit der Wiederaufnahme angefochten werden, sondern nur jene (amts-gerichtlichen) Urteile, deren (auch) materielle Rechtskraft mit dem bloß formell rechts-kräftigen Revisionsurteil (deklaratorisch) festgestellt wird — und zwar unabhängig davon,

---

[71] *Kleinknecht/Meyer-Goßner* 4; *Gössel* § 33 E III a 1.
[72] BayObLG JR **1986** 430, 432 mit Anmerkung *Ranft*; OLG Frankfurt NStZ **1987** 573; OLG Köln NJW **1981** 2208; KMR-*Paulus* § 260, 66 ff unter Hin-weis auf § 206 a, 61; *Kleinknecht/Meyer-Goßner* § 260, 48.
[73] LR-*Rieß* Erl. zu § 206 a (24. Aufl. Rdn. 77).
[74] Beispiel nach *Neumann* 13.

[75] LR-*Rieß* Erl. zu § 206 a (24. Aufl. Rdn. 78).
[76] KMR-*Sax* Einl. **XIII** 12.
[77] *Gössel* § 33 E III a 2.
[78] *Neumann* 13 für den Fall Offizialdelikt/Antragsde-likt; *Schöneborn* MDR **1975** 11 für den Fall der Verjährung.
[79] Vgl. dazu auch OLG Frankfurt JR **1978** 522 mit abl. Anm. *Rieß*.

ob das Revisionsurteil auf unrichtiger Tatsachenbasis beruht oder sonst unzutreffend ist (s. unten Rdn. 50)[80].

Auch **Verwerfungsurteile nach § 329 Abs. 1, § 412** enthalten keine Sachentschei- **47** dung; deshalb können nicht diese Urteile mit der Wiederaufnahme angefochten werden, sondern ebenfalls nur diejenigen, die aufgrund der Verwerfungsurteile in (auch) materielle Rechtskraft erwachsen.

cc) Auch Urteile, mit denen die Sache an den Tatrichter oder das zuständige Gericht **48** **zurückverwiesen** worden ist (§ 328 Abs. 2 — und früher Abs. 3, § 354 Abs. 2 und 3, § 355), sind nur Zwischenentscheidungen ohne selbständige Bedeutung. Sie können daher nicht Gegenstand der Wiederaufnahme sein[81].

3. Beschlüsse als Gegenstand der Wiederaufnahme. Der Wortlaut der §§ 359, 362 **49** scheint die Wiederaufnahme gegen **Beschlüsse** auszuschließen. Dies wird indessen in der Rechtsprechung und im Schrifttum kontrovers[82] beurteilt — es erscheint jedenfalls erwägenswert, gegen solche Beschlüsse in analoger Anwendung der §§ 359, 362 die Wiederaufnahme zuzulassen, die (auch) eine die Strafklage verbrauchende Sachentscheidung beinhalten.

a) **Übersicht.** Aus den bisherigen Überlegungen folgt, daß solche Beschlüsse kein **50** taugliches Objekt des Rechtsbehelfs der Wiederaufnahme sind, die bloß in **formelle Rechtskraft** erwachsen und keine Sachentscheidung enthalten: deren Fehlerhaftigkeit kann in neu durchzuführenden Verfahren überprüft und beseitigt werden (oben Rdn. 38)[83].

Entscheiden dagegen **Beschlüsse auch in der Sache** der in der Anklage bezeichneten **51** Taten und Personen, so ist zu unterscheiden. Stellt das Gesetz in diesen Fällen eine spezielle Korrekturmöglichkeit im Rahmen eines eigenständigen Fortführungsverfahrens zur Verfügung (z. B. § 174 Abs. 2), so ist das allgemeine Wiederaufnahmeverfahren wegen Vorrangs des dann gegebenen speziellen Wiederaufnahmeverfahrens unzulässig. Schweigt das Gesetz dagegen zur Möglichkeit der Korrektur fehlerhafter sachentscheidender Beschlüsse, so ist wiederum zu unterscheiden. Ist der Beschluß und seine materielle Rechtskraft kraft richterlichen Gewohnheitsrechts aufhebbar oder änderbar, so schließt auch diese spezielle Berichtigungsmöglichkeit das allgemeine Wiederaufnahmeverfahren nach §§ 359 ff aus — fehlt dagegen eine derartige Korrekturmöglichkeit der Sachentscheidung, muß dem Gesetzeszusammenhang entnommen werden, ob der Gesetzgeber auch eine gewohnheitsrechtliche spezielle Korrekturmöglichkeit ausschließen wollte (dann analoge Anwendung der §§ 359 ff auch auf Beschlüsse[84]) oder nicht (dann Vorrang der speziellen gewohnheitsrechtlichen Korrekturmöglichkeit und keine Wieder-

---

[80] A. A *Rieß* JR **1978** 523 f; vgl auch OLG Frankfurt JR **1978** 522.
[81] *Gerland* 442; *v. Kries* 710; *Neumann* 11 ff.
[82] Für die Statthaftigkeit der Wiederaufnahme gegen Beschlüsse mit verfahrensabschließender Wirkung z. B. KK-*Schmidt* 14; AK-*Loos* 10; grundsätzlich dagegen aber *Kleinknecht/Meyer-Goßner* 5; OLG Hamburg JZ **1951** 185 lehnt unter Hinweis auf die Ausnahmevorschrift des § 373 a die Wiederaufnahme gegen Beschlüsse ausnahmslos ab; im Ergebnis ebenso LG Hamburg MDR **1975** 246, LG Freiburg JR **1979** 161; dagegen fordert *Wasserburg* Handb. 227, die Wiederaufnahme gegen alle rechtskräftigen Beschlüsse zuzulassen, wobei er allerdings auf die hier wesentlichen Rechtskraftprobleme nicht

eingeht. Nach *Trepper* soll bei fehlenden speziellen Wiederaufnahmeregeln die analoge Anwendung der §§ 359 ff davon abhängig sein, daß „der fragliche Beschluß einen Sanktionsbezug aufweist" und damit materieller Rechtskraft fähig ist – fehle dieser Bezug, sei die dem Betroffenen günstigste Rechtskraftregelung heranzuziehen (S. 174 f) – dem gegenüber wird hier stärker auf Gesetz und Gesetzessystematik abgestellt; vgl. ferner Erläuterungen zu § 383.
[83] Ähnlich *Trepper* 174.
[84] Die Möglichkeit solch analoger Anwendung wird vom BGH jedenfalls grundsätzlich bejaht; so BGH bei *Holtz* MDR **1985** 447 f; ebenso *R. Schmitt* JZ **1961** 15, 17.

Karl Heinz Gössel

aufnahme nach §§ 359 ff). Bei der generellen Uneinigkeit der Rechtsprechung wie des Schrifttums zur Wiederaufnahme gegen Beschlüsse können die vorgenannten Grundregeln nur Vorschläge zur Bewältigung dieser Problematik sein; im einzelnen gilt folgendes:

52   **b) Rechtsmittel als unzulässig verwerfende Beschlüsse.** Beschlüsse, mit denen die Berufung oder die Revision **wegen Unzulässigkeit** nach § 319 Abs. 1 und 2; § 322 Abs. 1 Satz 1; § 346 Abs. 1 und 2; § 349 Abs. 1 **verworfen** werden, enthalten keinerlei Entscheidung in der Sache, lassen den Strafklageverbrauch unberührt und können schon deshalb nur in **formelle Rechtskraft** erwachsen — überdies können sie den Eintritt der (formellen) Rechtskraft dann lediglich deklaratorisch feststellen, wenn die Rechtskraft mit Fristablauf unabhängig von dem das Rechtsmittel verwerfenden Beschluß eingetreten ist. Mit der Wiederaufnahme können daher nicht diese Beschlüsse, sondern nur die sachentscheidenden Urteile angegriffen werden, deren formelle und materielle Rechtskraft in diesen Beschlüssen festgestellt wird[85]. Ebensowenig statthaft ist die Wiederaufnahme gegen Beschlüsse, mit denen die Sache nach § 349 Abs. 4, § 354 zurückverwiesen[86] oder an ein anderes Gericht nach § 348 zuständigkeitshalber verwiesen wird: auch in diesen Fällen wird die Strafklage nicht verbraucht.

53   Von dieser Problematik, welche die Zulässigkeit der Wiederaufnahme gegen nur formell rechtskräftige Beschlüsse betrifft, welche die Strafklage nicht verbrauchen, ist die davon verschiedene Frage zu unterscheiden, ob ein **formell rechtskräftiger Beschluß**, z. B. über die Unzulässigkeit der Revision nach § 349 Abs. 1, zur Beseitigung prozessualen Unrechts **zurückgenommen** werden kann (z. B. die Revisionseinlegungsschrift ist von der Geschäftsstelle vor den üblichen Eintragungen verlegt worden, aber auch im Fall rechtlich fehlerhafter Begründung), wodurch die formelle Rechtskraft beseitigt und das Rechtsmittelverfahren wieder eröffnet wird. Wird diese Frage auch weitgehend bejaht (s. Erläuterungen zu §§ 319, 322, 349), so folgt daraus doch nicht, nicht rücknehmbare formell rechtskräftige fehlerhafte Beschlüsse wegen eines unerträglichen Verstoßes gegen die Grundsätze der Einzelfallgerechtigkeit mit der Wiederaufnahme für anfechtbar zu erachten. Die **Wiederaufnahme** erstrebt die Korrektur einer fehlerhaften **Entscheidung über die Sache** der in der Anklage bezeichneten Taten und Personen aus Gründen der Einzelfallgerechtigkeit — mit diesem Gegenstand aber befassen sich Beschlüsse nicht, die bloß in formelle Rechtskraft erwachsen. Die Beseitigung bloß prozessualen Unrechts kann damit im Wiederaufnahmeverfahren nicht erstrebt werden — führt prozessuales Unrecht zum Ausschluß jedes neuen Verfahrens über den von der Sachentscheidung betroffenen Gegenstand, so ist wegen der nun — wenngleich prozessual möglicherweise fehlerhaft — eingetretenen materiellen Rechtskraft nur diese Sachentscheidung über die in der Anklage bezeichneten Taten und Personen mit der Wiederaufnahme anfechtbar.

54   **c) Beschlüsse nach §§ 153 ff, 383 Abs. 2; §§ 174, 204; § 7 Abs. 3 StrFG 1970; § 206 a, 206 b, 349 Abs. 2 und 4; § 371 Abs. 1 und 2.** Die meisten der in der **StPO** vor-

---

[85] KMR-*Paulus* § 359, 11 a. E; *Eb. Schmidt* § 367, 4 und Nachtr. II § 367, 5; *Neumann* 20; **a. A** *R. Schmitt* JZ **1961** 17 unter Berufung auf BayObLG GA **1955** 310 – allerdings wird dort die Wiederaufnahme nur gegen Beschlüsse zugelassen, „die einen Antrag auf Aufhebung eines Urteils ablehnen", ohne aber die hier behandelte Problematik in concreto zu berühren; ebenso **a. A** *Wasserburg* Handb. 226 f, der aber übersehen dürfte, daß die in diesen Fällen mögliche Wiederaufnahme gegen die

in den jeweiligen Beschlüssen als rechtskräftig festgestellten Urteile statthaft ist, so daß die von *Wasserburg* befürchtete Gefahr der willkürlichen Verhinderung des Wiederaufnahmeverfahrens durch ebenso willkürliche Wahl der Entscheidungsform – Beschluß oder Urteil – in Wahrheit nicht gegeben ist.

[86] *Eb. Schmidt* Nachtr. II § 367, 5; **a. A** OLG Braunschweig NJW **1950** 36 mit zust. Anm. *Cüppers*; *R. Schmitt* JZ **1961** 17.

gesehenen Beschlüsse können sowohl reine Prozeßentscheidungen sein als auch Sachentscheidungen enthalten.

aa) Gerichtliche **Einstellungsbeschlüsse** nach **§§ 153** bis **154 b** können im Einzelfall **55** zu einem beschränkten Strafklageverbrauch führen; wann und in welchem Umfang dies der Fall ist, ist den Erläuterungen zu den betreffenden Vorschriften zu entnehmen, auf die hier verwiesen wird. Soweit in diesen Fällen **kein Strafklageverbrauch** eintritt, kann das Verfahren jederzeit wieder aufgenommen[87] werden (z. B. § 154 Abs. 3), auch wenn dies im Gesetz nicht ausdrücklich vorgesehen ist.

Soweit die **Strafklage** durch den Einstellungsbeschluß **verbraucht** ist, tritt materielle **56** Rechtskraft z. T. nach Maßgabe spezieller Vorschriften ein, die zugleich über die Weiterführung (Wiederaufnahme) des Verfahrens entscheiden: eine gerichtliche Einstellung nach § 153 a Abs. 2 bewirkt den Verbrauch der Strafklage hinsichtlich der Verfolgung wegen eines Vergehens (§ 153 a Abs. 1 Satz 4) — erweist sich die Tat, deretwegen das Verfahren nach § 153 a Abs. 2 eingestellt wurde, aber als Verbrechen, so kann das Verfahren durch eine neue Anklage wieder aufgenommen, d. h. fortgeführt werden (s. Erläuterungen zu § 153 a).

Im Rahmen des eingetretenen Strafklageverbrauchs und der damit gegebenen materiel- **57** len Rechtskraft erscheint es jedenfalls nicht grundsätzlich ausgeschlossen, fehlerhafte **Einstellungsbeschlüsse** mit der Wiederaufnahme nach **§§ 359 ff** für **anfechtbar** zu erachten.

Im Fall des § 153 a dürfte jedoch **§ 153 a Abs. 1 Satz 4 als Sonderregel** für die Wie- **58** deraufnahme zuungunsten wie zugunsten[88] (in diesem Fall würde es zudem an der Beschwer — s. Rdn. 124 ff — fehlen[89]) des Beschuldigten die Anwendung der §§ 359 ff ausschließen. Gleiches dürfte hinsichtlich aller Einstellungsbeschlüsse nach **§§ 153 ff** gelten, denen z. T. unter analoger Anwendung anderer Vorschriften[90], z. T. unter Heranziehung allgemeiner Rechtsgrundsätze[91] ein **beschränkter Strafklageverbrauch** zuerkannt wird, womit zugleich eine **endgültige Regelung** der Wiederaufnahme unter **Ausschluß der §§ 359 ff** verbunden sein dürfte[92] (Näheres dazu bei den Erläuterungen zu §§ 153, 153 a).

Gleiches gilt für Einstellungsbeschlüsse nach **§ 383 Abs. 2**[93] (s. Erläuterungen zu **59** § 383).

bb) Beschlüsse nach **§ 174 Abs. 1, § 204** kommt nach Maßgabe des § 174 Abs. 2, **60** § 211 eine beschränkte materielle Rechtskraftwirkung zu, die ebenfalls die Fortführung des Verfahrens unter **Ausschluß der §§ 359 ff** endgültig regelt (s. Erläuterungen zu

---

87 Natürlich nicht nach §§ 359 ff.
88 **A. A** *Hellmann* MDR **1989** 952.
89 KK-*Schmidt* 14; AK-*Loos* 10.
90 So nach *Kleinknecht/Meyer-Goßner* § 153, 37 z. B. § 47 Abs. 3 JGG für § 153.
91 LR-*Meyer-Goßner*[23] § 153, 87.
92 OLG Frankfurt NJW **1996** 3353, 3354; KK-*Schmidt* 14; *Pfeiffer/Fischer* 2; *Hellmann* MDR **1989** 952 und *Wasserburg* Handb. 227, der jedoch zu Unrecht jeden sachentscheidenden Beschluß mit der Wiederaufnahme für anfechtbar hält. Der Sachentscheidungscharakter allein ist jedoch noch kein Grund, die nur für Urteile geltenden Regeln der §§ 359 ff auch auf Beschlüsse auszudehnen, die mit

der Einstellung jedenfalls auch prozeßökonomische Ziele verfolgen. Im übrigen ist zu beachten, daß bei Beschlüssen z. B. mit der Rücknahme und der jeweils vorgesehenen Fortführung des Verfahrens spezielle Korrekturmöglichkeiten vorhanden sind, die es bei Urteilen nicht gibt.
93 OLG Bremen NJW **1959** 353; OLG Hamm JZ **1952** 568; OLG Karlsruhe Justiz **1963** 144; KK-*Schmidt* 14; KMR-*Paulus* § 359, 11; *Pfeiffer/Fischer* 2; **a. A** OLG Neustadt NJW **1961** 2363; *Wasserburg* Handb. 227, die jedoch auf die hier für entscheidend erachteten Rechtskraftfragen nicht eingehen.

Karl Heinz Gössel

§ 211). Gleiches gilt für § 7 Abs. 3 StrFG 1970[94], nicht aber für die mit der Wiederaufnahme anfechtbaren Entscheidungen nach dem StrRehaG und der noch nach DDR-Recht ergangenen Rehabilitationsentscheidungen (unten Rdn. 166).

61   **cc)** Hinsichtlich der Einstellungsbeschlüsse nach **§ 206 a** gilt das gleiche, was bereits oben zum Einstellungsurteil nach § 260 Abs. 3 ausgeführt wurde (Rdn. 42 bis 44)[95]: die Wiederaufnahme ist nur zulässig, soweit solche Beschlüsse ausnahmsweise eine Sachentscheidung enthalten.

62   Das **BayObLG** hat allerdings die Weiterführung eines Verfahrens wegen der Rechtskraft eines Einstellungsbeschlusses nach § 206 a auch dann **verneint**, wenn das Prozeßhindernis der **Verjährung** wegen Unkenntnis einer Unterbrechungshandlung zu Unrecht angenommen wurde[96]. Wenn man in der Verjährung aber nur ein Prozeßhindernis erblickt, so könnte einem darauf gestützten Einstellungsbeschluß nur formelle Rechtskraft zuerkannt werden, weshalb die Fortführung dieses Verfahrens mit *Peters*[97] entgegen dem BayObLG für zulässig zu erachten wäre. Erblickt man allerdings in der Verjährung eine materiell-rechtliche Strafbarkeitsvoraussetzung (s. dazu Erläuterungen zu § 206 a), so muß insoweit materielle Rechtskraft angenommen werden mit der Folge, die Wiederaufnahme gegen den Einstellungsbeschluß in analoger Anwendung der §§ 359 ff zuzulassen — sich dazu zu äußern, hatte das BayObLG freilich keinen Anlaß, weil eine ungünstige Wiederaufnahme propter nova nicht vorgesehen ist.

63   **dd)** Um die Rehabilitation eines Toten zu ermöglichen, der im Rechtsmittelverfahren verstirbt, sollte der Eintritt des **Todes als Verfahrenshindernis** angesehen werden (gegen die überwiegende Auffassung, vgl. dazu Erläuterungen zu § 206 a), das zur Einstellung des Verfahrens gemäß § 206 a führt. In diesem Fall sollte ausnahmsweise auch gegen diesen dann wegen Vorrang des Rehabilitationsinteresses auch in der Sache fehlerhaften Einstellungsbeschluß die Wiederaufnahme statthaft sein; wird dessen Erlaß nicht für erforderlich oder möglich gehalten oder ist er aus sonstigen Gründen (noch) nicht ergangen, sollte ausnahmsweise der nicht rechtskräftige Schuldspruch angegriffen werden können[98] (s. § 361, 9).

64   **ee)** Der Einstellungsbeschluß wegen Wegfalls der strafbegründenden Norm nach **§ 206 b** dagegen enthält eine reine Sachentscheidung und **verbraucht** die **Strafklage**[99].

65   Gleiches gilt für die einstimmige Verwerfung der Revision als offensichtlich unbegründet nach **§ 349 Abs. 2**[100] und ebenso bei dem die Revision als einstimmig für begründet erachtenden Beschluß nach **§ 349 Abs. 4**, wenn in der Sache selbst entschieden wird[101], nicht dagegen bei Aufhebung und Rückverweisung auch nur wegen des Straf-

---

[94] OLG Celle NdsRpfl. **1964** 17; OLG Hamburg JZ **1951** 185; *Kleinknecht/Meyer-Goßner* 5; *zu Dohna* 208; *Geppert* GA **1972** 174; *Neumann* 20; *Peters* Fehlerquellen **3** 126; **a. A** *Trepper* 157 f.

[95] KMR-*Paulus* § 206 a, 61; die dort herangezogene Entscheidung BGHSt **7** 64 betrifft allerdings keinen Fall des § 206 a, sondern einen Nichteröffnungsbeschluß gemäß § 204 wegen Fehlens einer Prozeßvoraussetzung (s. dazu oben Rdn. 60).

[96] BayObLG JR **1970** 391.

[97] Anm. *Peters* JR **1970** 392 f zum Urteil des BayObLG JR **1970** 391.

[98] Im Ergebnis ebenso AK-*Loos* 7 und *Pflüger* NJW **1983** 1895; *Marxen/Tiemann* 338 halten nur den nicht rechtskräftigen Schuldspruch mit der Wiederaufnahme für angreifbar; **a. A** und gegen die Statt-

haftigkeit der Wiederaufnahme in diesen Fällen BGH NStZ **1983** 179; KK-*Schmidt* 7; *Kleinknecht/Meyer-Goßner* 3; *Pfeiffer/Fischer* 2 sowie *Laubenthal* GA **1980** 20, 28 ff, der jedoch de lege ferenda eine Erweiterung des Anwendungsbereichs der §§ 361, 371 vorschlägt.

[99] Ebenso KK-*Treier* § 206 b, 11; *Kleinknecht/Meyer-Goßner* § 206 b, 12.

[100] OLG Braunschweig NJW **1950** 36; *Eb. Schmidt* Nachtr. II § 367, 5; KK-*Schmidt* 14; AK-*Loos* 10; KMR-*Paulus* § 359, 39; *Kleinknecht/Meyer-Goßner* 5; *R. Schmitt* JZ **1961** 17 Fußn. 17; *Wasserburg* Handb. 227.

[101] OLG Braunschweig NJW **1950** 36, 38; KK-*Schmidt* 14; AK-*Loos* 10; *Kleinknecht/Meyer-Goßner* 5; bei bloßer Verweisung s. oben Rdn. 52.

maßes (unten Rdn. 75). Ebenso ist die Wiederaufnahme gegen die freisprechenden Beschlüsse aus **§ 371 Abs. 1 und 2** statthaft (§ 371, 31).

d) Rechtsfolgenfestsetzende oder -modifizierende Beschlüsse

aa) Beschlüsse, in denen **materiell-rechtliche Rechtsfolgen festgesetzt** (§ 268 a) **66** oder **modifiziert** werden (**§ 56 f StGB:** Widerruf der Strafaussetzung zur Bewährung; **§ 67 g:** Widerruf der Aussetzung einer Unterbringung; **§ 65 JGG:** nachträgliche Entscheidungen in bezug auf jugendrechtliche Sanktionen), enthalten insoweit eine Sachentscheidung, die **materieller Rechtskraft** fähig ist.

Die Rechtsprechung zur möglichen Angreifbarkeit dieser Beschlüsse im Wiederauf- **67** nahmeverfahren ist nicht einheitlich. Einige Oberlandesgerichte halten die entsprechende Anwendung der §§ 359 ff im Verfahren nach §§ 458, 462 deshalb für **möglich**, weil rechtskräftige Beschlüsse keine stärkere Bestandskraft haben könnten als rechtskräftige Urteile[102]. Dem sind andere Gerichte jedoch deshalb nicht gefolgt, weil die Wiederaufnahme gegen rechtskräftige Beschlüsse regelmäßig für unzulässig erachtet wird[103].

Hier ist mit *Peters* davon auszugehen, daß es sich in diesen Fällen um Entscheidungen **68** handelt, „die dazu dienen, die Rechtsfolgendurchführung den jeweiligen Verhältnissen anzupassen"[104]. Deshalb erscheint in diesen Fällen die Abänderung der rechtskräftigen Beschlüsse immer dann möglich, wenn die materiell-rechtlichen Voraussetzungen der jeweiligen Rechtsfolgendurchführung sich entsprechend verändert haben. Die durch den etwaigen Wegfall der tatsächlichen Grundlage des jeweiligen Widerrufsbeschlusses notwendig werdende Anpassung sollte allerdings auch ohne die nur analoge Anwendung der §§ 359 ff in dem gegenüber der Wiederaufnahme flexibleren[105] und gegenüber §§ 458, 462 sachnäheren Verfahren nach §§ 453, 454, 462 a durchgeführt werden[106]. Die Durchführung des schwerfälligen **Wiederaufnahmeverfahrens** erscheint demgegenüber **unzweckmäßig** und durch die hier vorgeschlagene einfachere Berücksichtigung der geänderten Sachlage **ausgeschlossen**[107].

bb) Auch die **nachträgliche Gesamtstrafenbildung** nach §§ 460, 462 betrifft einen **69** materiell-rechtlichen Gegenstand und ist daher der materiellen Rechtskraft fähig. Wohl deshalb hat das BayObLG[108] gegenüber derartigen Beschlüssen die **Wiederaufnahme für statthaft** erklärt. Indessen ist dieser Beschluß nach § 460 i. Verb. mit § 55 StGB zu ändern, wenn die materiell-rechtlichen Voraussetzungen der Gesamtstrafenbildung fehler-

---

[102] OLG Düsseldorf MDR **1993** 67; OLG Karlsruhe Justiz **1978** 474; OLG Oldenburg NJW **1962** 1169; für direkte Anwendung der §§ 359 ff *Schall* 750 ff; *Trepper* 174 f; für direkte Anwendung im Jugendstrafrecht ebenso *Brunner/Dölling* § 55, 49; *Eisenberg* § 65, 20; vgl. im übrigen Erläuterungen zu § 458.

[103] OLG Hamburg JZ **1951** 185 (Ls.); OLG Hamm JZ **1952** 568 (Ls.); OLG Stuttgart NStZ-RR **1996** 176; LG Hamburg MDR **1975** 246 und NStZ **1991** 149, 150 m. abl. Anm. *Hohmann* NStZ **1991** 507; LG Freiburg JR **1979** 161, den Widerruf der Strafaussetzung betreffend; LG Stuttgart NJW **1957** 1686, Beschlüsse nach § 65 JGG betreffend; ebenso gegen jede Anfechtung im Wiederaufnahmeverfahren KK-*Fischer* § 458, 15.

[104] In seiner Anm. JR **1979** 162 zu LG Freiburg JR **1979** 161.

[105] *Peters* JR **1979** 162.

[106] Bei der notwendig werdenden Anpassung sollte auch nicht etwa die Vollstreckung eines Teils der Strafe (§ 57 Abs. 1 und 2 StGB) abgewartet werden, wie ich dies JR **1992** 125 f zu Unrecht für möglich hielt, weil damit in sachlicher Übereinstimmung mit der Auffassung von der Unzulässigkeit der Wiederaufnahme gegen rechtskräftige Beschlüsse – s. oben Fn. 82 – die notwendige frühestmögliche Anpassung in vielen Fällen eben doch verhindert werden würde.

[107] Gegen die Zulässigkeit der Wiederaufnahme und wie hier auch KK-*Schmidt* 14; KMR-*Paulus* § 359, 11; AK-*Loos* 11; demgegenüber will *Hanack* JR **1974** 113, 115 die Änderung solcher Beschlüsse an das Vorliegen von nova i. S. des § 359 Nr. 5 knüpfen und das Verfahren selbst nach §§ 458, 462 durchführen; ebenso wie *Hanack* wohl auch LK[11]-*Gribbohm* § 56 f, 63 mit weiteren Schrifttumsnachweisen.

[108] GA **1955** 310.

Karl Heinz Gössel

haft beurteilt wurden, und zwar auch dann, wenn eine Einzelstrafe zu Unrecht in die Gesamtstrafe mit einbezogen wurde (s. aber Erl. zu § 460). Dieses spezielle Abänderungsverfahren **schließt** das auch hier schwerfälligere und unzweckmäßigere **Wiederaufnahmeverfahren** nach §§ 359 ff **aus**[109].

4. Teilrechtskräftige Entscheidungen

70   **a) Teilrechtskraft bei Urteilen und Beschlüssen.** Durch Beschränkung der Rechtsmittel, ferner z. B. durch bloße Teilaufhebungen in der Rechtsmittelinstanz können Urteile bekanntlich in Teilrechtskraft erwachsen, in sog. **vertikale Teilrechtskraft** bei Beschränkung der Rechtskraft „auf einen Teil des Prozeßstoffes, der selbst Gegenstand eines eigenen Verfahrens hätte sein können, also auf die Frage der Bestrafung eines von mehreren Angeklagten oder auf eine von mehreren Taten"[110], in sog. **horizontale Teilrechtskraft** bei Beschränkung „auf trennbare und selbständig beurteilbare Teile" einer Tat, also auf „die Rechtsfolgevoraussetzungen (sog. Schuldspruch) und — soweit trennbar — die einzelnen Rechtsfolgen selbst"[111].

71   Insbesondere bei vertikaler Teilrechtskraft ist auch bloß **formelle Rechtskraft denkbar**; indessen wurde bereits oben davon ausgegangen, daß die Wiederaufnahme nur gegen materiell rechtskräftige, die Strafklage verbrauchende Entscheidungen statthaft ist (Rdn. 38), so daß hier nur die Frage der Wiederaufnahme gegen materiell teilrechtskräftige Entscheidungen erörtert zu werden braucht. Solche Entscheidungen werden regelmäßig Urteile sein, jedoch können auch die oben erwähnten (Rdn. 54 ff) sachentscheidenden Beschlüsse z. B. nach §§ 206 b, 349 Abs. 2 und 4 in materielle Teilrechtskraft erwachsen. Die folgenden Ausführungen beziehen sich daher sowohl auf Urteile als auch auf Beschlüsse.

b) Der Streitstand in seiner Entwicklung

72   **aa)** Die ältere Rechtsprechung ließ ursprünglich die Wiederaufnahme nur gegen **vollrechtskräftige** Entscheidungen zu. Im Fall eines horizontal und auch vertikal teilrechtskräftigen Urteils sah das OLG Hamm die volle Rechtskraft als Zulässigkeitsvoraussetzung für die Wiederaufnahme an: der Angeklagte dürfe es nicht in der Hand haben, den rechtskräftigen Abschluß des Verfahrens durch verfrühte Wiederaufnahmeanträge hinauszuzögern[112]. Die Wiederaufnahme gegen nur im Schuldspruch rechtskräftige **horizontal teilrechtskräftige** Urteile hat das OLG Hamburg für unzulässig erachtet, weil der gesetzliche Wortlaut der Überschrift des 4. Buches der StPO von der „Wiederaufnahme eines durch rechtskräftiges Urteil geschlossenen Verfahrens" spreche: ein Verfahren, das nur im Schuldspruch entschieden sei, könne nicht als „geschlossen" bezeichnet werden und überdies verstehe der Sprachgebrauch unter „Rechtskraft" stets nur volle Rechtskraft[113]. Aus den gleichen soeben vorgetragenen Gründen der Entscheidungen beider Gerichte hielt schließlich das OLG Oldenburg die Wiederaufnahme gegen **vertikal teilrechtskräftige** Urteile für unzulässig[114].

---

[109] KK-*Schmidt* 14; KK-*Fischer* § 458, 15; KMR-*Paulus* § 359, 11; AK-*Loos* 11; *Pfeiffer/Fischer* 2; *Kleinknecht/Meyer-Goßner* 5.

[110] Allgemeine Meinung, vgl. z. B. *Kleinknecht/Meyer-Goßner* Einl. 185; ebenso KK-*Pfeiffer* Einl. 168; *Peters* § 54 I 3.

[111] Ebenfalls allgemeine Meinung, vgl. *Gössel* NStZ **1983** 394 mit weit. Nachw.

[112] OLG Hamm HESt 1, 216 = DRZ **1948** 498; ebenso RMilGE **10** 78; **19** 91; OLG Frankfurt NJW **1952** 119.

[113] OLG Hamburg MDR **1951** 245; im Ergebnis ebenso OLG Düsseldorf NJW **1954** 1499; OLG Frankfurt NJW **1951** 975; ebenso schon *Neumann* 10.

[114] MDR **1960** 335; ebenso schon früher *Neumann* 10, der indes in diesem Fall die Wiederaufnahme zuungunsten des Verurteilten für zulässig hält.

bb) In der **Literatur** wurde indessen schon früh die Wiederaufnahme gegen **vertikal** 73 **teilrechtskräftige** Entscheidungen für zulässig erachtet[115]. *Creifelds* begründet diese Auffassung mit der Selbständigkeit der bereits rechtskräftig abgeurteilten Taten, wobei die Frage der Gesamtstrafenbildung außer Betracht bleiben könne[116], und LR-*Meyer*[23] 9 folgert die Zulässigkeit der Wiederaufnahme aus der in diesem Fall sogar zu bejahenden Vollstreckbarkeit der in dem angefochtenen Urteil ausgesprochenen höchsten Einzelstrafe. Diese Auffassung hat in der Literatur breite Zustimmung gefunden[117] — indessen sind die in der Literatur für diese Auffassung in Anspruch genommenen und häufig zitierten Entscheidungen BGHSt **14** 85, 88 und OLG Hamm NJW **1968** 313 insoweit gar nicht einschlägig[118]. Gleichwohl wird die Wiederaufnahme gegen vertikal teilrechtskräftige Entscheidungen überwiegend für statthaft gehalten[119].

cc) Bei **horizontal teilrechtskräftigen** Entscheidungen lediglich hinsichtlich des 74 Schuldspruchs läßt insbesondere die neuere Rechtsprechung die Wiederaufnahme gegen den teilrechtskräftigen Schuldspruch nahezu einhellig zu[120], auch im Fall eines horizontal teilrechtskräftigen Beschlusses nach § 349 Abs. 4 hinsichtlich des Schuldspruchs bei Rückverweisung wegen des Strafmaßes[121]. Zur Begründung wird insbesondere darauf abgestellt, in diesem Fall sei die Weiterführung des Verfahrens bis zur vollen Rechtskraft nicht bloß unzweckmäßig, sondern zudem ungerecht: sie bedeute für den Angeklagten „eine ungerechte und vermeidbare Härte" und zwinge den Richter dazu, „entgegen seiner Überzeugung von der Schuld eines unschuldigen Angeklagten auszugehen"[122] — der Angeklagte habe „Anspruch darauf, so schnell wie möglich freigesprochen zu werden"[123]. Auch das Schrifttum hat sich z. T. dieser Auffassung angeschlossen[124].

c) Eigene Auffassung. Mit der älteren Rechtsprechung (oben Rdn. 72) ist die Wieder- 75 aufnahme gegen **teilrechtskräftige** Entscheidungen indessen für **unzulässig** zu erachten. Dem dürfte auch die Entscheidung des 1. Strafsenats des Bundesgerichtshofs vom 29. 4. 1993 entsprechen, derzufolge in der StPO „ein Nebeneinander von Revision und dem

---

[115] *Beling* ZStW **41** (1920) 154.
[116] *Creifelds* GA **1965** 200.
[117] *Eb. Schmidt* 6; KK-*Schmidt* 11; KMR-*Paulus* § 359, 7; *Kleinknecht/Meyer-Goßner* 4; *Pfeiffer/Fischer* 2; *Peters* § 76 IV 1; *Schlüchter* 765; *Bauer* JZ **1952** 209, 211; *Creifelds* GA **1965** 200; *Dippel* in: *Jescheck/Meyer* 49; *J. Meyer* FS II Peters 375; **a. A** *Neumann* 10 für die Wiederaufnahme zugunsten des Verurteilten.
[118] BGHSt **14** 85 betrifft den Fall einer in volle Rechtskraft erwachsenen Verurteilung zu Gesamtstrafe wegen mehrerer Straftaten, gegen die eine teilweise Wiederaufnahme wegen einer dieser Taten für statthaft erachtet wurde: die Zulässigkeit einer Teilanfechtung einer vollrechtskräftigen Entscheidung besagt aber nichts über die Zulässigkeit der Teilanfechtung einer insgesamt eben noch nicht in volle Rechtskraft erwachsenen Entscheidung. OLG Hamm NJW **1968** 313 hält lediglich in einem nicht entscheidungserheblichen Teil die Wiederaufnahme gegenüber horizontal teilrechtskräftigen Urteilen für statthaft (S. 314), behandelt aber im übrigen die Zuständigkeit für die Behandlung der Wiederaufnahme gegenüber einem rechtskräftigen Urteil, das nach Rückverweisung durch die Revisionsin-

stanz an ein anderes als das Ausgangsgericht in Rechtskraft erwachsen ist.
[119] OLG Celle StV **1990** 537; KK-*Schmidt* 11; KMR-*Paulus* § 359, 6; *Kleinknecht/Meyer-Goßner* 4; AK-*Loos* 13.
[120] OLG Bamberg NStE Nr. 9 zu § 359; OLG Bremen JR **1951** 92; OLG Celle StV **1990** 537; OLG Frankfurt NJW **1965** 313 unter Aufgabe der oben in Fußn. 112 und 113 zitierten älteren Rechtsprechung dieses Gerichts und NStZ **1983** 426; OLG Hamburg NJW **1971** 2240 unter Aufgabe seiner früheren, oben in Fußn. 113 zitierten älteren Rspr.; OLG Koblenz Rpfleger **1986** 28; OLG Köln NJW **1953** 396; MDR **1973** 603; OLG München NJW **1981** 593; OLG Schleswig SchlHA **1953** 270; OLG Stuttgart MDR **1980** 955.
[121] OLG Braunschweig NJW **1950** 36 mit zust. Anm. *Cüppers*.
[122] OLG Bremen JR **1951** 92.
[123] OLG München NJW **1981** 593, 594.
[124] *Eb. Schmidt* 6; KK-*Schmidt* 12; KMR-*Paulus* § 359, 9; *Pfeiffer/Fischer* 2; *Ranft* 2 259; *Bauer* JZ **1952** 209; *Beling* ZStW **41** (1920) 152 ff; *Creifelds* GA **1965** 193, 200 f; **a. A** *Kleinknecht/Meyer-Goßner* 4; *Peters* § 76 IV 1; *Schlüchter* 766; *Gössel* NStZ **1983** 391.

Karl Heinz Gössel

zugleich gestellten Wiederaufnahmeantrag ... nicht vorgesehen" sei, wobei für den Wiederaufnahmeantrag" erst nach Rechtskraft des Urteils Raum" sei[125].

76   **aa)** Bei **vertikaler Teilrechtskraft** ist die Bestandskraft der teilrechtskräftigen Teile nicht stark genug, im Nebeneinander von Rechtsmittelverfahren und Wiederaufnahmeverfahren einander **widersprechende Entscheidungen** zu verhindern. Ficht im Falle subjektiv-vertikaler Teilrechtskraft von mehreren Mittätern A das Urteil im vollen Umfang mit der Revision an, während B nach Ablauf der Rechtsmittelfrist Wiederaufnahme begehrt, und erreicht B die Wiederaufnahme des Verfahrens durch Beschluß nach § 370 Abs. 2, bevor auf die Revision des A das Urteil aufgehoben und die Sache zurückverwiesen wird, so ist die Möglichkeit einander widersprechender Urteile unter Verhinderung der Wohltaten des im Wiederaufnahmeverfahren nicht anwendbaren § 357 (s. dazu § 370, 47) nicht mehr auszuschließen[126].

77   Ähnliches läßt sich aber auch im Falle **objektiv-vertikaler Teilrechtskraft** nicht ausschließen, wenn bei einer Verurteilung wegen zweier Taten nur wegen der ersten Tat Revision eingelegt, wegen der zweiten Tat aber Wiederaufnahme begehrt wird und hinsichtlich beider Taten ein zur Einstellung führendes Verfahrenshindernis vorliegt. Ergeht hier der die Wiederaufnahme anordnende Beschluß nach § 370 Abs. 2 vor einer Entscheidung des Rechtsmittelgerichts, so kann im Wiederaufnahmeverfahren das Vorliegen eines Prozeßhindernisses schon aus rein tatsächlichen Gründen etwa hinsichtlich des Vorliegens eines Strafantrags (oder dessen Rechtzeitigkeit) bezüglich zweier tatmehrheitlich zusammentreffender Straftaten durchaus anders beurteilt werden als im Rechtsmittelverfahren: führt etwa eine vom Amtsgericht als wirksamer Strafantrag bewertete Erklärung zu einem Schuldspruch wegen tatmehrheitlich zusammentreffender Nötigung und Körperverletzung und wird dieses Urteil nur hinsichtlich der Nötigung angefochten und im Rechtsmittelverfahren das Vorliegen eines wirksamen Strafantrags verneint, so könnte im daraufhin hinsichtlich der Verurteilung wegen Körperverletzung angestrengten Wiederaufnahmeverfahren ein wirksamer Strafantrag bejaht werden[127].

78   **bb)** Gegen die Statthaftigkeit der Wiederaufnahme gegen **horizontal teilrechtskräftige** Entscheidungen sprechen schon die von der **früheren Rechtsprechung** vorgebrachten (oben Rdn. 72, Fußn. 112) Gründe, deren Gewicht durch die Einführung des **§ 140 a GVG** durch Abs. 2 Nr. 32 des 1. StVRG noch erhöht worden ist: die damit vorgenommene Verlagerung der Zuständigkeit für das Wiederaufnahmeverfahren auf ein anderes Gericht würde bei einem Nebeneinander von Rechtsmittel- und Wiederaufnahmeverfahren in der Tat zu einem schwerfälligen und dem Mißbrauch offenen Verfahren führen[128].

79   Darüber hinaus spricht aber auch hier die Möglichkeit **divergierender Beurteilungen** des Rechtsmittelgerichts und des Wiederaufnahmegerichts gegen die Statthaftigkeit der Wiederaufnahme gegen horizontal teilrechtskräftige Urteile: hat bei noch anhängiger Strafmaßrevision ein Wiederaufnahmeantrag gegen den Schuldspruch Erfolg, so verliert das Rechtsmittelgericht seine Prüfungskompetenz wegen der Zurückversetzung des Verfahrens in den Zustand vor Erlaß der angefochtenen Entscheidung als Folge des Beschlusses nach § 370 Abs. 2 (s. dazu § 368, 5; § 370, 6). Damit kann aber das Rechtsmittelge-

---

[125] 1 StR 219/93; BGH DAT-B-Wiederaufnahme – allerdings ist aus der knappen Veröffentlichung nicht erkennbar, ob der Senat diese Auffassung auch für den Fall der Teilrechtskraft für zutreffend hält.

[126] *Gössel* NStZ **1983** 394 ff; **a. A** KK-*Schmidt* 11; für die Unanwendbarkeit des § 357 im Wiederaufnahmeverfahren im Ergebnis – wenngleich aus anderen Gründen – ebenso *Oberrath* Die Probleme des

§ 357 StPO (1992) 130 ff; vgl. dazu auch BGHSt **37** 361, 363 ff.

[127] Zu Unrecht nicht erwogen von KK-*Schmidt* 11 und AK-*Loos* 15.

[128] So treffend *Peters*[3] § 76 IV 1 – im Anschluß an LR-*Meyer*[23] 11 – und im Ergebnis ebenso in der 4. Aufl. aaO; *Kleinknecht/Meyer-Goßner* 4; im Ergebnis ebenso *Schlüchter* 766.

richt das Verfahren nicht mehr wegen eines von ihm bejahten Verfahrenshindernisses einstellen, dessen Vorliegen das Wiederaufnahmegericht verneint — und der Beschuldigte hat der Gerechtigkeit zuwider das Nachsehen, wenn das verurteilende Erkenntnis des Wiederaufnahmegerichts rechtskräftig wird.

Weil überdies nicht sichergestellt werden kann, daß Rechtsmittelgericht und Wieder- **80** aufnahmegericht vom jeweils anderen Verfahren und dessen Stand **sicher unterrichtet** sind, ist es durchaus möglich, daß einander **widersprechende Entscheidungen** ergehen, die dem Ansehen der Rechtspflege wie der Rechtssicherheit dann besonders abträglich sind, wenn etwa die Entscheidung des Rechtsmittelgerichts zwar nach Verlust der Prüfungskompetenz ergeht, aber als letztinstanzliche sofort in Rechtskraft erwächst — noch unübersichtlicher wird die Lage, wenn beide Entscheidungen gleichzeitig ergehen oder nicht festgestellt werden kann, ob eine Entscheidung früher als die andere (am gleichen Tage) ergangen ist. Deshalb sollte die Wiederaufnahme auch gegen horizontal teilrechtskräftige Urteile als nicht statthaft angesehen werden[129].

Demgegenüber wird zwar vorgebracht, es sei **rechtsstaatlich** unerträglich und nicht zu **81** verantworten, dem inhaftierten Angeklagten bei durchgreifenden Wiederaufnahmegründen die Wiederaufnahme nur deshalb zu versagen, weil das Rechtsmittelverfahren noch nicht abgeschlossen sei — und ebensowenig könne es dem Rechtsmittelrichter zugemutet werden, trotz auf der Hand liegender Unschuldsbeweise in der Form der Wiederaufnahmegründe den Angeklagten zu verurteilen[130]. Der Eindruck dieser Gesichtspunkte auf das Rechtsgefühl ist indessen ungleich größer als deren rationale Überzeugungskraft. Einmal kommt in solchen, doch sehr seltenen, Fällen eine Verurteilung zur Mindeststrafe in Betracht[131], die einen weiteren Vollzug der Untersuchungshaft wegen Unverhältnismäßigkeit ausschließt; der weitere Vollzug der bei vertikaler Teilrechtskraft möglichen Strafhaft kann schon durch Entscheidungen nach §§ 454, 456, aber auch nach § 57 StGB verhindert werden. Zum anderen aber ist die tragische Rolle des Rechtsmittelrichters im hier behandelten Fall weitaus erträglicher, als in den — ja doch wohl häufigeren — Fällen, in denen der Rechtsmittelrichter bei Rechtskraft des Schuldspruchs erkennt, daß der Angeklagte bei fehlenden Wiederaufnahmegründen schuldlos ist: hier besteht nach der Rechtsprechung des BGH keine Freispruchsmöglichkeit mehr. Der mit der hier vertretenen Auffassung verbundene Nachteil der Verzögerung des Wiederaufnahmeverfahrens hat seinen Grund in Wahrheit darin, daß die **Rechtsprechung** die **Bestandskraft teilrechtskräftiger Urteile** zu sehr **überdehnt**, auch hinsichtlich ihrer Vollstreckbarkeit[132]. Läßt man mit *Hanack*[133], dem zuzustimmen ist, trotz horizontal teilrechtskräftigen Schuldspruchs Freispruch zu, wenn sich aufgrund der nova ergibt, daß der Angeklagte nicht der Täter war, so bringt die Unstatthaftigkeit der Wiederaufnahme gegen horizontal teilrechtskräftige Entscheidungen auch keine praktischen Nachteile mehr mit sich[134].

cc) Weil das Verfahren durch Wiederaufnahmeanträge gegen teilrechtskräftige Ent- **82** scheidungen sowohl verkürzt (das Rechtsmittelverfahren braucht nicht abgewartet zu wer-

---

[129] Eingehend dazu *Gössel* NStZ **1983** 396 f; s. dort auch zu weiteren Möglichkeiten divergierender Entscheidungen beim Tode des Verurteilten.

[130] S. dazu *J. Meyer* FS II Peters 385 und die Nachweise in Fußn. 96, 97.

[131] BGH GA **1959** 305, 306.

[132] Dieser Frage kann hier nicht weiter nachgegangen werden; s. dazu aber *Peters* § 54 I 3; *Gössel* § 33 E II b 5; *Deml* 163.

[133] LR-*Hanack* Erl. zu § 354 (24. Aufl. Rdn. 29).

[134] S. dazu *Peters* wie oben Fußn. 132; zum gleichen Ergebnis führt auch *die* Rspr., die in solchen Fällen die Rechtsmittelbeschränkung für unwirksam erklärt und die Teilrechtskraft entfallen läßt (so OLG Zweibrücken MDR **1986** 75) – letztlich aber wird hier mangels eines plausiblen Grundes für die angebliche Unwirksamkeit der Rechtsmittelbeschränkung in Wahrheit – und zu Recht – die Teilrechtskraft nicht mehr als Rechtskraft anerkannt.

Karl Heinz Gössel

den) als auch verlängert (wiederholte aussichtslose Wiederaufnahmeanträge) werden kann, ist das Argument der **Prozeßökonomie** nicht geeignet, für oder gegen die Statthaftigkeit der Wiederaufnahme gegen teilrechtskräftige Entscheidungen zu sprechen[135].

5. Rechtskräftige Aburteilungen fortgesetzter Taten

83   **a) Mehrere prozessuale Taten.** Bei im Sinne des § 264 **mehreren** prozessualen Taten ist die Wiederaufnahme wegen einzelner dieser Taten sowohl zugunsten (§ 359) als auch zuungunsten (§ 362) des (teilweise) Verurteilten oder Freigesprochenen statthaft (s. aber oben Rdn. 70 ff zur Frage der Teilrechtskraft in diesen Fällen), nicht aber bei **einer** prozessualen Tat im Sinne des § 264 (s. dazu auch § 359, 136, § 362, 9 und § 363, 7).

84   **b) Weitgehende Aufgabe des Fortsetzungszusammenhangs.** Angesichts der durch die Rechtsprechung herbeigeführten neueren Entwicklung beim Rechtsinstitut des **Fortsetzungszusammenhangs**[136] dürfte Zulässigkeitsfragen bei der Wiederaufnahme hinsichtlich einzelner Teilakte fortgesetzter Taten zukünftig eine zunehmend geringere Bedeutung zukommen.

85   **aa)** Soweit in Ausnahmefällen Fortsetzungszusammenhang auch noch **zukünftig bejaht** werden sollte, behält die bisherige Rspr. ihre Bedeutung.

86   Bei einer **Verurteilung** wegen einer fortgesetzten Handlung erfolgt **keine Freisprechung**, wenn zwar der Nachweis geführt wird, daß einzelne Teilakte der Tat nicht vorliegen, aber immer noch **mindestens zwei Teilakte erwiesen** bleiben. Denn in diesem Fall würde der Wegfall der Einzelakte an dem Urteilsausspruch nichts ändern, sondern nur die Straffrage berühren[137]. Anders ist es, wenn der Antragsteller den Wegfall der Verurteilung wegen aller Teilakte der Fortsetzungstat mit einer einzigen Ausnahme erstrebt. In diesem Fall muß wegen der anderen Teilakte förmlich freigesprochen werden, so daß insoweit die Geeignetheit zur Erreichung der Wiederaufnahmeziele (§ 359, 136) zu bejahen ist[138]. Entsprechendes gilt, wenn wegen eines Einzelakts die Freisprechung, im übrigen aber die Einstellung aufgrund eines Straffreiheitsgesetzes erstrebt wird[139].

87   War der Angeklagte wegen einer **fortgesetzten Tat** verurteilt worden, so ist eine Wiederaufnahme unzulässig, mit der nur erstrebt wird, in die Verurteilung weitere Einzelakte einzubeziehen[140]. Anders ist es, wenn zwar die Anklage vom Vorliegen des Fortsetzungszusammenhanges ausgegangen ist, das Gericht aber Tatmehrheit angenommen und teilweise freigesprochen hat[141].

88   **bb)** Ungeklärt erscheint allerdings die Frage, ob die Wiederaufnahme auch in den Fällen zulässig ist, in denen sie sich zugunsten wie zuungunsten des Verurteilten oder Freige-

---

135 OLG München NJW **1981** 593 f; KMR-*Paulus* § 359, 9.
136 BGHSt **40** 138.
137 OLG Düsseldorf NStE Nr. 18 zu § 359; OLG Köln Alsb. E **2** Nr. 283; OLG Kiel SchlHA **1950** 198; OLG München MDR **1982** 250; KK-*Schmidt* 33; *Eb. Schmidt* 29; *Kleinknecht/Meyer-Goßner* 38; *Dippel* in: Jescheck/Meyer 62; *Neumann* 75 ff; **a. A** LG Bielefeld NStZ **1986** 282 mit zustimmender Anmerkung *Peters*; *Peters* Lb. § 76 III 5, Fehlerquellen **3** 10, 93, FS Gallas 447 und FS Kern 340 ff, der die Wiederaufnahme hinsichtlich jeden Einzelaktes zulassen will, was gegen § 363 verstößt; auch *Stern* NStZ **1993** 409, 411 und *Wasserburg* Handb. 331 f wollen sich über § 363 hinwegsetzen, sofern

eine wesentlich andere Entscheidung im Rechtsfolgenausspruch zu erwarten ist.
138 OLG Oldenburg NJW **1952** 1029; KMR-*Paulus* 43; KK-*Schmidt* § 359, 33; *Kleinknecht/Meyer-Goßner* § 359, 38; *Eb. Schmidt* 29; *Schlüchter* 771.1; **a. A** RMilGE **3** 198; **6** 70; **7** 303; OLG Kiel HRR **1935** 709; SchlHA **1950** 198 und **1978** 190; *Marxen/Tiemann* StV **1992** 536; *Neumann* 75; *Ditzen* GA **53** (1906) 64: die Wiederaufnahme sei nur zulässig, wenn sich der Antrag gegen sämtliche Einzelakte richtet.
139 OLG Dresden HRR **1942** 516.
140 KK-*v. Stackelberg* 5; KMR-*Paulus* 10; *Kleinknecht/Meyer-Goßner* § 362 4; AK-*Loos* § 362, 12; *Neumann* 68; **a. A** *Marxen/Tiemann* 194.
141 *Neumann* 68.

sprochenen auf **Teilakte** einer in der angefochtenen Entscheidung angenommenen fortgesetzten Tat richtet, die nach der nunmehrigen Rspr. als **selbständige Taten** im prozessualen Sinne anzusehen sind.

Bei der Wiederaufnahme zugunsten wie zuungunsten des Verurteilten oder Freige- **89** sprochenen ist zu berücksichtigen, daß der erstrebte Wegfall oder die erstrebte zusätzliche Berücksichtigung eines Teilaktes zunächst einen unzulässigen **Angriff** gegen die **rechtliche Beurteilung** der Ausgangstat als einer fortgesetzten darstellt: Der mit der Wiederaufnahme allein zulässige Angriff auf die tatsächliche Grundlage der angegriffenen Entscheidung (oben Rdn. 13) setzt die Aufgabe dieser früheren Rspr. voraus, die aber mit der Wiederaufnahme nicht erreicht werden kann[142]. Im übrigen dürfte die Wiederaufnahme sowohl nach § 359 als auch nach § 362 im Regelfall an **§ 363 Abs. 1 scheitern**, weil die wegen Wegfalls oder Hinzutretens eines (weiteren) Teilaktes erstrebte mildere oder schwerere Bestrafung regelmäßig nur unter Anwendung des schon früher angewandten Strafgesetzes möglich sein wird[143] — sollten aber Wegfall oder Hinzutreten eines Teilaktes ausnahmsweise die Anwendung eines milderen oder härteren Strafgesetzes ermöglichen, so stünde hier der Zulässigkeit der Wiederaufnahme immer noch die im angefochtenen Urteil vorgenommene Bewertung der Ausgangstat als einer fortgesetzten entgegen.

6. Grenzen des Bereichs der Anfechtbarkeit. Die Grenze zwischen wiederaufnah- **90** mefähigen gerichtlichen Entscheidungen und solchen, gegen die die Wiederaufnahme unstatthaft ist, verläuft damit entgegen dem Wortlaut der §§ 359, 362 nicht zwischen Urteilen und Beschlüssen und auch nicht zwischen Rechtskraft und Nichtrechtskraft. Sie verläuft vielmehr **innerhalb des Bereichs der vollen materiellen Rechtskraft.** Soweit gerichtliche Entscheidungen nur in formelle Rechtskraft erwachsen, sind sie grundsätzlich der Wiederaufnahme entzogen (hier vorgeschlagene Ausnahme: Einstellung wegen Todes des Angeklagten, s. oben Rdn. 63); soweit Entscheidungen als Sachentscheidungen die Strafklage verbrauchen und damit in materielle Rechtskraft erwachsen, ist die Wiederaufnahme nur dann statthaft, wenn keine andere Möglichkeit der Korrektur fehlerhafter Entscheidungen durch Fortführung des Verfahrens besteht — weil bei Urteilen eine derartige Korrekturmöglichkeit nicht besteht, sind materiell rechtskräftige Urteile stets mit der Wiederaufnahme anfechtbar.

II. Entscheidungen deutscher Gerichte

1. Bestehende Gerichte. Die Wiederaufnahme ist zulässig gegen Entscheidungen der **91** **ordentlichen Strafgerichte**, die im Geltungsbereich der Strafprozeßordnung ihren Sitz haben oder hatten. Auf den Zeitpunkt der Entscheidung kommt es nicht an: die Wiederaufnahme ist an keine Fristen gebunden.

2. Entscheidungen nicht mehr bestehender Gerichte in Gebieten, in denen die Gerichtsbarkeit der Bundesrepublik Deutschland ausgeübt wird oder die der DDR ausgeübt wurde

a) RG und OGH. Für das Gebiet der alten Bundesländer sind die früheren Zuständig- **92** keiten des **Reichsgerichts** und des **Obersten Gerichtshofs für die Britische Zone** aufgrund des VereinhG auf den **Bundesgerichtshof** übergeleitet worden. Die Überleitungsvorschriften lauten:

---

[142] **A. A** BGH NStE Nr. 7 zu § 359. [143] OLG Düsseldorf NStE Nr. 18 zu § 359.

Art. 8, III, Nr. 88 VereinhG

Soweit in gesetzlichen Vorschriften dem Reichsgericht oder dem Obersten Gerichtshof für die Britische Zone Aufgaben zugewiesen sind, tritt an die Stelle dieser Gerichte der Bundesgerichtshof.

Der Bundesgerichtshof ist ferner zuständig, wenn ihm durch eine Gesetzgebung außerhalb des Geltungsbereichs dieses Gesetz Zuständigkeiten in Übereinstimmung mit diesem Gesetz übertragen sind.

Art. 8, III, Nr. 119 VereinhG

Wird ein vor dem Inkrafttreten dieses Gesetzes ergangenes Urteil mit dem Antrag auf Wiederaufnahme des Verfahrens angefochten, so entscheidet darüber, ob der Antrag zulässig und begründet ist, die Strafkammer, soweit nicht nach den neuen Vorschriften die Zuständigkeit des Amtsgerichts (§ 25 Nr. 1, 2 a und b des Gerichtsverfassungsgesetzes) oder des Schwurgerichts oder des Bundesgerichtshofes begründet ist.

93   Die Zuständigkeit zur Entscheidung über die damit statthafte Wiederaufnahme gegen Entscheidungen des RG und des Obersten Gerichtshofs für die Britische Zone ist damit auf den **BGH** übergegangen[144]. Dies gilt indessen nur für Entscheidungen des RG und des OGH über die Revision; bei erstinstanzlichen Entscheidungen dieser Gerichte ist die Zuständigkeit zur Entscheidung über die Wiederaufnahme in entsprechender Anwendung von Art. 8, III, Nr. 88 VereinhG auf die Oberlandesgerichte übergegangen[145].

94   **b) Beitrittsgebiet.** Die soeben erwähnten Übergangsvorschriften des **VereinhG** können nach dem Willen des Gesetzgebers direkt zwar nur im Gebiet der alten Bundesländer gelten, hinsichtlich des Reichsgerichts sind sie jedoch für das Beitrittsgebiet **entsprechend** anzuwenden[146].

3. Entscheidungen von Gerichten der DDR

95   **a) Überleitung früherer Zuständigkeiten in allgemeinen Verfahren.** Die früheren Zuständigkeiten der **DDR-Gerichte** sind auf Grund des EinigungsV samt Anlage I und des RPflAnpG **übergeleitet** worden. Die Vorschriften lauten:

Art. 8 EinigungsV

Überleitung von Bundesrecht. Mit dem Wirksamwerden des Beitritts tritt in dem in Artikel 3 genannten Gebiet Bundesrecht in Kraft, soweit es nicht in seinem Geltungsbereich auf bestimmte Länder oder Landesteile der Bundesrepublik Deutschland beschränkt ist und soweit durch diesen Vertrag, insbesondere dessen Anlage I, nichts anderes bestimmt wird.

Kapitel III, Sachgebiet A, Abschnitt III Nr. 1 lit. a der Anlage I zum EinigungsV

(1) Die ordentliche streitige Gerichtsbarkeit der Länder wird in den in Artikel 1 Abs. 1 des Vertrages genannten Ländern durch die Kreisgerichte und die Bezirksgerichte ausgeübt . . .

(2) Die Länder richten durch Gesetz die im Gerichtsverfassungsgesetz vorgesehenen Gerichte und Staatsanwaltschaften ein, sobald hierfür unter Berücksichtigung der Bedürfnisse einer geordneten Rechtspflege jeweils die personellen und sachlichen Voraussetzungen gegeben sind. Sie können dabei Regelungen über den Übergang der anhängigen Verfahren treffen.

. . .

---

[144] BGHSt **31** 365; BGH NStZ **1982** 214; *Rieß* NStZ **1981** 274 gegen den jeglichen Wiederaufnahme gegen Reichsgerichtsentscheidungen verneinenden Beschluß des KG NStZ **1981** 274.

[145] BGHSt **31** 367.

[146] Im Beitrittsgebiet wurde unter der Herrschaft der sowjetischen Militäradministration keine eigenständige Gerichtsorganisation aufgebaut, welche erst durch die Gesetzgebung der DDR geschaffen wurde; zur „Herausbildung der sozialistischen Rechtspflege" in der DDR s. das von *Wünsche* im Jahre 1983 herausgegebene Lehrbuch zu den Grundlagen der Rechtspflege in der DDR S. 30 ff.

RpflAnpG
§ 14 Anwendungsbereich

Sobald eines der in Art. 1 Abs. 1 des Einigungsvertrages genannten Länder nach Anlage I Kapitel III Sachgebiet A Abschnitt III Nr. I Buchstabe a Abs. 2 Satz 1 des Einigungsvertrages vom 31. August 1990 in Verbindung mit Artikel 1 des Gesetzes vom 23. September 1990 (BGBl. 1990 II S. 885, 922) die im Gerichtsverfassungsgesetz vorgesehenen Gerichte und Staatsanwaltschaften errichtet hat, finden in diesem Land die Vorschriften dieses Abschnitts (§§ 15 bis 25) Anwendung. § 24 Nr. 2, 5 bis 9, 11 und 13 findet in allen in Artikel 1 Abs. 1 des Einigungsvertrages genannten Ländern mit Inkrafttreten dieses Gesetzes Anwendung.

§ 15 Gleichstellungsklausel

[I] Wo Rechtsvorschriften des Bundes die Zuständigkeit der Gerichte regeln, den Gerichten Aufgaben zuweisen oder Gerichte bezeichnen, treten die Amtsgerichte an die Stelle der Kreisgerichte und die Landgerichte an die Stelle der Bezirksgerichte, soweit nichts anderes bestimmt ist.

[II] Abweichend von Absatz 1 tritt in den Vorschriften des Rechtsanwaltsgesetzes vom 13. September 1990 (GBl. I Nr. 61 S. 1504), das nach Anlage II Kapitel III Sachgebiet A Abschnitt III Nr. 1 des Einigungsvertrages vom 31. August 1990 in Verbindung mit Artikel 1 des Gesetzes vom 23. September 1990 (BGBl. 1990 II S. 885, 1156) mit Änderungen fortgilt,

. . .

b) Zuständigkeit für Entscheidungen in Wiederaufnahmeverfahren. Diese **96** Zuständigkeit ist **nicht ausdrücklich geregelt** worden. Jedoch dürfte sich den oben Rdn. 95 abgedruckten Regeln der Anlage I zum EinigungsV und den §§ 14, 15 RPflAnpG der **allgemeine Grundsatz** entnehmen lassen, daß die Zuständigkeit zur Wiederaufnahme gegen Entscheidungen nicht mehr bestehender DDR-Gerichte danach zu bestimmen ist, welches Gericht zum Erlaß der mit der Wiederaufnahme angegriffenen Entscheidung zuständig gewesen wäre, hätte das derzeitige Recht in der DDR schon im Zeitpunkt des Erlassens der angegriffenen Entscheidung gegolten.

aa) Die **örtliche** Zuständigkeit ist demnach zunächst davon abhängig, in welchem der **97** jetzigen Oberlandesgerichtsbezirke das Gericht seinen Sitz hatte, dessen Entscheidung mit der Wiederaufnahme angegriffen wird[147]; im übrigen richtet sich die örtliche Zuständigkeit über § 367 Abs. 1 Satz 2 nach § 140 a Abs. 2 GVG (vgl. § 367, 15 f)[148].

bb) Für die **sachliche** Zuständigkeit gilt Entsprechendes. Auch hier ist zu fragen, wel- **98** ches Gericht zum Erlaß der angefochtenen Entscheidung sachlich zuständig gewesen wäre, hätte anstelle des etwa als Ausgangsgericht fungierenden Kreis- oder Bezirksgerichts das nach der derzeitigen Gerichtsorganisation sachlich zuständige Gericht die mit der Wiederaufnahme angefochtene Entscheidung erlassen.

4. Deutsche Gerichte, an deren Sitz deutsche Gerichtsbarkeit nicht mehr ausge- 99 übt wird. Unter der Voraussetzung, daß der Verurteilte im Zeitpunkt des Urteilserlasses deutscher Staatsangehöriger gewesen und daß er es bei der Antragstellung noch ist, kann die Wiederaufnahme auch gegen Urteile von Gerichten beantragt werden, an deren Sitz deutsche Gerichtsbarkeit nicht mehr ausgeübt wird (s. dazu die bei § 367, 19 abgedruckte Vorschrift des § 17 Abs. 1 Satz 2 ZustErgG). Um welche Gerichte es sich handelt, ergibt die **Begriffsbestimmung** des § 1 ZustErgG. Die Vorschrift lautet:

§ 1 ZustErgG

Im Sinne dieses Gesetzes sind als Gerichte, an deren Sitz deutsche Gerichtsbarkeit nicht mehr ausgeübt wird, anzusehen:

---

[147] *Katholnigg* § 140 a GVG 3.   [148] OLG Naumburg MDR **1993** 1228.

1. die Gerichte im Gebiet des Deutschen Reiches nach dem Gebietsstand vom 31. Dezember 1937 östlich der Oder-Neiße-Linie;
2. die Gerichte in Danzig, in den ehemaligen eingegliederten Ostgebieten und im Memelland;
3. die Gerichte im Elsaß, in Lothringen und in Luxemburg;
4. die Gerichte in Eupen, Malmedy und Moresnet;
5. die Gerichte im ehemaligen sudetendeutschen Gebiet;
6. die deutschen Gerichte im ehemaligen Protektorat Böhmen und Mähren, im ehemaligen Generalgouvernement und in den ehemaligen Reichskommissariaten Ostland und Ukraine.

100   Bei der Anwendung der Vorschrift ist zu beachten, daß sie nicht nur den Sitz der Gerichte bezeichnet, sondern ferner voraussetzt, daß es sich um Gerichte handelt, an denen **deutsche Gerichtsbarkeit** ausgeübt worden ist. Das war nicht der Fall, bevor die in § 1 ZustErgG bezeichneten Gebiete eine deutsche Gerichtsverwaltung erhielten. Daher fallen z. B. die bis September 1939 in Danzig tätigen Gerichte nicht unter die Vorschrift. Wegen der gerichtlichen Zuständigkeit im Wiederaufnahmeverfahren s. § 367, 26 ff.

101   **5. Wehrmachtsgerichte und Sondergerichte.** Gegen Urteile dieser Gerichte kann die Wiederaufnahme nach § 18 Abs. 1 und 2 ZustErgG beantragt werden. Die Vorschrift lautet:

§ 18

(1) [1]Ein Verfahren, das durch Urteil eines Wehrmachtgerichts oder eines Gerichts einer wehrmachtsähnlichen Formation rechtskräftig abgeschlossen ist, kann zugunsten des Verurteilten nach den Vorschriften der Strafprozeßordnung wieder aufgenommen werden. [2]Die Wiederaufnahme ist auch zulässig, wenn auf eine Straftat oder eine Maßregel der Sicherung und Besserung erkannt worden ist, auf die nach den angewendeten Vorschriften überhaupt nicht erkannt werden durfte, oder wenn ein Urteil bestätigt worden ist, das nach § 86 der Kriegsstrafverfahrensordnung vom 17. August 1938 (Reichsgesetzbl. 1939 I S. 1457) nicht bestätigt werden durfte.

(2) [1]Ein Verfahren, das durch Urteil eines Sondergerichts rechtskräftig abgeschlossen ist, kann außer nach den Vorschriften der Strafprozeßordnung zugunsten des Verurteilten auch wieder aufgenommen werden, wenn Umstände vorliegen, die es erforderlich erscheinen lassen, die Sache im ordentlichen Verfahren nachzuprüfen. [2]Die Vorschrift des § 363 der Strafprozeßordnung sowie die zur Wiedergutmachung nationalistischen Unrechts in der Strafrechtspflege erlassenen Vorschriften bleiben unberührt.

(3) Für das Wiederaufnahmeverfahren ist die Strafkammer des Landgerichts oder unter den Voraussetzungen des § 80 des Gerichtsverfassungsgesetzes das Schwurgericht zuständig, in dessen Bezirk der Verurteilte zur Zeit des Inkrafttretens dieses Gesetzes seinen Wohnsitz oder in Ermangelung eines im Bereich deutscher Gerichtsbarkeit gelegenen Wohnsitz seinen gewöhnlichen Aufenthalt hat.

Sondergerichte im Sinne des § 18 Abs. 2 ZustErgG sind die aufgrund der Verordnung der Reichsregierung über die Bildung von Sondergerichten vom 21. 3. 1933 (RGBl. I 136) und der an deren Stelle getretenen §§ 10 ff der Zuständigkeitsverordnung vom 21. 2. 1940 tätig gewordenen Gerichte. Urteile von Sondergerichten konnten auf dem Gebiet der ehemaligen DDR mit dem Wiederaufnahmeantrag schon vor dem Beitritt der neuen Bundesländer angefochten werden[149]. Zu den Sondergerichten gehören auch der aufgrund des Art. III des Gesetzes zur Änderung von Vorschriften des Strafrechts und des Strafverfahrens vom 24. 4. 1934 (RGBl. I 341) gebildete Volksgerichtshof in Berlin[150] und die aufgrund der Verordnung über eine Sondergerichtsbarkeit in Strafsachen für Angehörige der SS und für die Angehörigen der Polizeiverbände bei besonderem Einsatz vom 17. 10. 1939 (RGBl. I 2107) tätig gewordenen Gerichte[151]. Wegen der erleichterten Vor-

---

[149] BGH NJW **1995** 72 L; OLG Frankfurt GA **1953** 92; OLG Hamm NJW **1955** 762 L; KMR-*Paulus* § 359, 10.

[150] BGH NJW **1954** 1777; KMR-*Paulus* § 359, 10.

[151] OLG Braunschweig NJW **1959** 1238; KMR-*Paulus* § 359, 10.

aussetzungen der Wiederaufnahme nach § 18 Abs. 2 Satz 1 ZustErgG s. OLG Frankfurt GA **1953** 92. Zur gerichtlichen Zuständigkeit s. § 367, 29.

Ob und inwieweit Entscheidungen der **Sondergerichte** (einschließlich des Volksge- **102** richtshofs) **nichtig** sind, ist umstritten (s. dazu z. B. *Rüping/Schwarz* NJW **1985** 2391). Die Wiederaufnahme gegen Entscheidungen dieser als Gerichte bezeichneten Gremien wird man indessen unabhängig von diesem Streit für statthaft halten müssen. Sieht man die jeweiligen Entscheidungen als nichtig an, erfordert das Rehabilitationsinteresse den förmlichen deklaratorischen Nichtigkeitsausspruch durch das Wiederaufnahmegericht (Beschluß) wegen rechtsstaatswidriger Verfahrensweise, allerdings ohne jede Entscheidung in der Sache: anders würde die zu Nichtigkeit des Urteils führende evident rechtsstaatswidrige Verfahrensweise widersprüchlich insoweit mindestens teilweise anerkannt werden, als eine konstitutiv wirkende formal verfahrensbeendende Entscheidung für erforderlich gehalten wird, während in Wahrheit die Entscheidung wie das dazu führende Verhalten unbeachtlich sind, welches nur deklaratorisch (in der Begründung des die Nichtigkeit feststellenden Beschlusses) festgestellt werden kann — eine Übertragung dieser nur für die evidente Unrechtsprechung der Sondergerichte (einschließlich des Volksgerichtshofs) der NS-Zeit geltenden Grundsätze auf Verfahren vor Gerichten im Rechtsstaat der Bundesrepublik Deutschland kann allerdings nicht in Betracht kommen. Soweit man dagegen die Nichtigkeit von Entscheidungen der genannten Gremien verneinen sollte, bestehen hinsichtlich der Statthaftigkeit der Wiederaufnahme keine Besonderheiten.

6. Besatzungsgerichte. Gegen Urteile der Besatzungsgerichte vor Beendigung des **103** Besatzungsregimes ist die Wiederaufnahme vor deutschen Gerichte nicht zulässig[152].

C. Das Wiederaufnahmeverfahren im Überblick

Das Wiederaufnahmeverfahren gliedert sich in drei Stadien. Im ersten Stadium, auch **104** **Aditionsverfahren** genannt, werden die speziellen **Zulässigkeitsvoraussetzungen** des Rechtsbehelfs der Wiederaufnahme geprüft: dieser Verfahrensabschnitt endet mit dem Beschluß entweder über die Zulässigkeit des Rechtsbehelfs oder über dessen Verwerfung als **unzulässig** (§ 368). Der Zulässigkeitsbeschluß eröffnet das zweite Stadium, auch **Probationsverfahren** genannt, in dem die Begründetheit des Rechtsbehelfs geprüft wird; dieser Abschnitt endet mit einem Beschluß entweder über die Verwerfung der Wiederaufnahme als **unbegründet** (§ 370 Abs. 1) oder über die Wiederaufnahme des Verfahrens und die Erneuerung der Hauptverhandlung (§ 370 Abs. 2). Der Beschluß nach § 370 Abs. 2 beseitigt, sobald er selbst rechtskräftig geworden ist, die Rechtskraft der angefochtenen Entscheidung, versetzt das Verfahren in den Zustand vor deren Erlaß zurück (§ 370, 35) und macht so den Weg frei für die letzte Stufe eines **neuen Sachentscheidungsverfahrens** vor dem nach § 140 a GVG zuständigen Gericht. Dieses Gericht besitzt damit alle die Entscheidungsmöglichkeiten, die das frühere Gericht vor Erlaß der (erfolgreich) angefochtenen Entscheidung hatte: Entscheidung aufgrund einer erneuerten Hauptverhandlung (§ 373) durch Sach- oder Prozeßurteil, vermehrt um die von § 371 eröffneten Entscheidungsmöglichkeiten (s. dazu § 373, 17 ff und § 371, 16 ff), also auch durch Einstellung innerhalb — soweit möglich — oder außerhalb der Hauptverhandlung z. B. nach §§ 153 ff (str., vgl. § 371, 18) oder § 206 a (s. unten Rdn. 139 ff und § 373, 16). Die Bestellung eines Verteidigers richtet sich nach §§ 364 a, 364 b.

---

[152] BGHSt **12** 326; *Eb. Schmidt* 3; KMR-*Paulus* § 359, 10; *Peters* Fehlerquellen **3** 128; *Schwenk* NJW **1960** 276; a. A BGH NJW **1956** 1766.

I. Die Zulässigkeit der Wiederaufnahme (Aditionsverfahren)

105   Wie bereits oben dargelegt, stimmen die Rechtsmittel der Revision und der Berufung einerseits und der Rechtsbehelf der Wiederaufnahme andererseits hinsichtlich der Zulässigkeitsvoraussetzungen weitgehend überein (Rdn. 27). Insbesondere sind wie bei den genannten Rechtsmitteln auch bei der Wiederaufnahme **drei** verschiedene **Arten der Zulässigkeitsvoraussetzungen** zu unterscheiden: einmal die allgemeinen Prozeßvoraussetzungen des (bei der Wiederaufnahme rechtskräftig abgeschlossenen) voraufgehenden Verfahrens als allgemeine Zulässigkeitsvoraussetzungen dieses „Vorverfahrens", zum anderen die allgemeinen Prozeßvoraussetzungen, soweit sie auch die Zulässigkeit gerade des Wiederaufnahmeverfahrens betreffen und endlich drittens die speziellen Zulässigkeitsvoraussetzungen nur des Wiederaufnahmeverfahrens, die den speziellen Zulässigkeitsvoraussetzungen der Berufung und Revision vergleichbar sind, wie etwa die Einhaltung der Form- und Fristvorschriften.

106   **1. Fehlen von Prozeßvoraussetzungen im rechtskräftig abgeschlossenen Vorverfahren.** Im Rechtsmittelverfahren führt das Übersehen eines Prozeßhindernisses in der Vorinstanz bekanntlich zur Begründetheit z. B. der Revision — Entsprechendes gilt auch im Wiederaufnahmeverfahren. Stand der Durchführung des rechtskräftig abgeschlossenen Verfahrens etwa ein Verfahrenshindernis (z. B. fehlender Strafantrag) entgegen, so hindert dies nicht etwa auch die Durchführung des Wiederaufnahmeverfahrens: gerade umgekehrt kann das **im Vorfahren** etwa **nicht berücksichtigte Prozeßhindernis** einen Wiederaufnahmegrund (im Vorverfahren wurde eine verfälschte Urkunde als Nachweis des angeblich wirksam gestellten Strafantrags berücksichtigt) darstellen und damit zur Zulässigkeit (Vorliegen eines Wiederaufnahmegrundes) wie zur Begründetheit (der geltend gemachte Wiederaufnahmegrund liegt tatsächlich vor) der Wiederaufnahme führen. Die Bedeutung von Amnestie und Tod des Privatklägers schon vor der Rechtskraft der mit der Wiederaufnahme angefochtenen Entscheidung ist im Zusammenhang mit dem nachträglichen Auftreten dieser Ereignisse unten Rdn. 115 ff, 130 ff erörtert.

107   **2. Allgemeine Prozeßvoraussetzungen im Wiederaufnahmeverfahren.** Die **allgemeinen** Prozeßvoraussetzungen jedes Strafverfahrens gelten grundsätzlich auch für die besondere Verfahrensart der Wiederaufnahme, allerdings nur, soweit sie die Zulässigkeit dieses Verfahrens auch wirklich betreffen (Näheres § 368, 3 ff).

108   **a) Wirkung.** Fehlen sie, so ist grundsätzlich schon im Stadium der Adition das Wiederaufnahmeverfahren durch Beschluß nach **§ 206 a** einzustellen (str.; s. dazu § 368, 3 ff) und nicht etwa nach **§ 368 Abs. 1** zu verfahren, weil diese Vorschrift nur die **speziellen Voraussetzungen** des Wiederaufnahmeverfahrens betrifft, wie in vergleichbarer Weise §§ 312, 333, 346 Abs. 1 und § 349 Abs. 1 die speziellen Zulässigkeitsvoraussetzungen der Revision. Dies gilt jedoch nicht bei Unzuständigkeit des Wiederaufnahmegerichts, die entweder Verweisung nach § 270 zur Folge hat, im Beschwerdeweg oder bei Anordnung der Wiederaufnahme in entsprechender Anwendung des § 354 Abs. 3 berücksichtigt werden kann (§ 367, 33 ff).

109   **b) Umfang.** Trotz ihrer allgemeinen Geltung können nicht alle generellen Voraussetzungen des Strafverfahrens auch die Zulässigkeit des Wiederaufnahmeverfahrens betreffen, das z. B. weder Anklageerhebung noch Eröffnungsbeschluß kennt. Von den **allgemeinen Prozeßvoraussetzungen**, die auch die **Zulässigkeit des Wiederaufnahmeverfahrens** betreffen, seien einige der für das Wiederaufnahmeverfahren wichtigsten hier erwähnt: gerichtliche Zuständigkeit, Verhandlungsfähigkeit, Begnadigung und Amnestie.

3. Ausgewählte allgemeine Prozeßvoraussetzungen des Wiederaufnahmeverfahrens im einzelnen

a) Die **gerichtliche Zuständigkeit** ist in § 367 und in § 140 a GVG geregelt; auf die **110** dortigen Ausführungen wird verwiesen.

b) Die **Verhandlungsfähigkeit** des Beschuldigten ist allgemeine Voraussetzung der **111** Durchführung des Strafverfahrens; auf sie kann grundsätzlich nicht verzichtet werden. Fehlt sie, so ist die Wiederaufnahme des Verfahrens **zuungunsten** des Verurteilten unzulässig, und zwar in allen drei Stufen einschließlich des Aditionsverfahrens.

Bei der Wiederaufnahme **zugunsten** des Verurteilten würde das Bestehen auf der Verhandlungsfähigkeit des Beschuldigten indessen zu grob ungerechten Ergebnissen führen: **112** der schwer erkrankte oder aus sonstigen Gründe Verhandlungsunfähige könnte so seine Rehabilitation durch Aufhebung eines Fehlurteils zu seinen Lebzeiten nicht mehr erreichen. Erst nach seinem Tode wäre eine Rehabilitation durch einen Wiederaufnahmeantrag der in § 361 Abs. 2 bezeichneten nahen Angehörigen möglich. Bedenkt man, daß der Tod des Angeklagten „das stärkste Verfahrenshindernis tatsächlicher Art" darstellt[153], gleichwohl aber die Wiederaufnahme zur Rehabilitation nicht hindern soll, so muß Gleiches auch für die Verhandlungsunfähigkeit gelten; in analoger Anwendung des § 361 Abs. 1 ist deshalb die Verhandlungsunfähigkeit kein die Zulässigkeit der Wiederaufnahme zugunsten des Verurteilten ausschließender Grund. Zur Verhandlungsunfähigkeit im **wiederaufgenommenen** Verfahren s. § 371, 3.

c) Auch die **Begnadigung** des Verurteilten ist ein allgemeines Verfahrenshindernis **113** und deshalb auch bei der Wiederaufnahme **zuungunsten** des Verurteilten zu berücksichtigen. Indessen muß auch hier bei der Wiederaufnahme **zugunsten** des Verurteilten etwas anderes gelten. Der Gnadenerweis betrifft regelmäßig nur die Rechtsfolgen, nicht aber den Schuldspruch und nicht einmal die Eintragung im Bundeszentralregister[154]; deshalb wird dem Wiederaufnahmebeschluß (§ 370 Abs. 2) sogar die Wirkung zuerkannt, Gnadenerweise gegenstandslos werden zu lassen (§ 370, 45 und § 373, 35). Trotz eines Gnadenerweises kann dem Verurteilten nicht verwehrt werden, den Schuldspruch selbst anzugreifen und in entsprechender Anwendung des § 361 Abs. 1 seine volle Rehabilitation zu erreichen[155].

d) Als allgemeines Verfahrenshindernis hindert auch die **Amnestie** die Durchführung **114** eines Wiederaufnahmeverfahrens **zuungunsten** des Verurteilten, und zwar auch dann, wenn das Amnestiegesetz erst nach Stellung des Wiederaufnahmeantrags in Kraft tritt[156]. Die Zulässigkeit der Wiederaufnahme **zugunsten** des Verurteilten hängt vom Zeitpunkt des Inkrafttretens der Amnestiegesetze ab.

aa) Inkrafttreten des Amnestiegesetzes vor Rechtskraft der angefochtenen Ent- 115 scheidung. Wenn ein **Strafverfahren** aufgrund eines Straffreiheitsgesetzes **eingestellt** worden ist, kann der Antragsteller das Urteil grundsätzlich nicht im Wiederaufnahmeverfahren mit dem Ziel anfechten, freigesprochen zu werden. Denn das Straffreiheitsgesetz bildet ein Verfahrenshindernis, das das Gericht dazu zwingt, das Verfahren einzustellen, ohne die Schuldfrage zu untersuchen. Auch das wiederaufgenommene Verfahren könnte daher nur mit einem Einstellungsurteil enden[157].

---

153 So *Kleinknecht/Meyer*[37] § 206 a, 8; im Ergebnis ebenso *Kleinknecht/Meyer-Goßner* § 206 a, 8.
154 *Maurach/Zipf* AT 2 § 75, 10 f.
155 KK-*Schmidt* § 361, 1; *Kleinknecht/Meyer-Goßner* § 361, 1; *Pfeiffer/Fischer* § 361, 1.

156 *Neumann* 84 ff; *Schäfer* JR **1929** 69; **1933** 21.
157 OLG Hamburg HRR **1937** 1685; KMR-*Paulus* § 359, 46; **a. A** *Mittelbach* NJW **1950** 173, der die Wiederaufnahme zulassen will.

Karl Heinz Gössel

116   Anders ist es nur, wenn der Angeklagte die **Fortsetzung** des Verfahrens **zur Feststellung seiner Unschuld** beantragt hatte, was neuere Amnestiegesetze regelmäßig vorsehen (vgl. § 17 StrFG 1954, § 9 StrFG 1968, § 11 StrFG 1970), das Verfahren aber gleichwohl nur mit einem Einstellungsurteil abgeschlossen worden ist. In diesem Fall dient der Wiederaufnahmeantrag der Fortführung des Verfahrens und zielt auf die rechtlich mögliche Freisprechung wegen erwiesener Unschuld oder nicht nachweisbarer Schuld ab. Die Wiederaufnahme zugunsten des Angeklagten ist daher zulässig[158].

117   Hatte das erkennende Gericht ein **Straffreiheitsgesetz** versehentlich **nicht angewendet**, so kann der Wiederaufnahmeantrag, da das Urteil dann nur an einem Rechtsfehler leidet, hierauf nicht gestützt werden[159].

118   Ist dagegen die Verfahrenseinstellung unterblieben, weil sie von bestimmten **tatsächlichen Umständen** abhing, die das erkennende Gericht nicht feststellen konnte, so kann der Verurteilte die Wiederaufnahme mit dem Ziel betreiben, diese Umstände nunmehr festzustellen und das Verfahren einzustellen[160].

119   Entsprechendes gilt für den Fall, daß das Urteil **Tatsachen** festgestellt hat, die die **Anwendung des Straffreiheitsgesetzes hindern**. Ein Wiederaufnahmeantrag mit dem Ziel, die Einstellung des Verfahrens aufgrund des Straffreiheitsgesetzes dadurch zu erreichen, daß die Strafe ohne Änderung des angewendeten Strafgesetzes gemildert wird, ist nach § 363 unzulässig[161].

120   **bb) Inkrafttreten des Amnestiegesetzes nach Rechtskraft der angefochtenen Entscheidung.** Wenn das Straffreiheitsgesetz erst nach Rechtskraft der angefochtenen Entscheidung in Kraft getreten ist, kann die Wiederaufnahme **zugunsten** des Verurteilten nicht darauf gestützt werden, daß nunmehr Straffreiheit gewährt wird[162]. Denn das neue Gesetz ist keine neue Tatsache im Sinne des § 359 Nr. 5[163].

121   Andererseits hindert das nachträglich in Kraft getretene Straffreiheitsgesetz nicht die Wiederaufnahme zugunsten des Verurteilten, auch wenn die Strafe nach Art und Höhe unter die Amnestie fällt. Er kann vielmehr **entsprechend § 361 Abs. 1**[164] die Wiederaufnahme mit dem Ziel betreiben, seine Unschuld festzustellen oder die Strafe unter Anwendung einer milderen Bestimmung herabzusetzen[165].

4. Die speziellen Zulässigkeitsvoraussetzungen für die Wiederaufnahme

122   **a) Statthaftigkeit des Rechtsbehelfs.** Die Wiederaufnahme ist nur **statthaft**, wenn ein tauglicher Anfechtungsgegenstand vorliegt, wie er oben Rdn. 32 ff ermittelt wurde: nur in diesen Fällen stellt die StPO den Rechtsbehelf der Wiederaufnahme generell zur Verfügung. Fehlt es an einem tauglichen Anfechtungsgegenstand, so ist der Rechtsbehelf nach § 368 Abs. 1 als unzulässig zu verwerfen, wie in allen Fällen, in denen die speziellen

---

[158] OLG Celle NdsRpfl. **1956** 18; *Schäfer* DJ **1938** 820.

[159] OLG Bamberg NJW **1955** 1122; KMR-*Paulus* § 359, 46; *Neumann* 84; *Mittelbach* NJW **1950** 173; *Schäfer* JR **1929** 69 f.

[160] OLG Bamberg NJW **1955** 1121; OLG Dresden HRR **1942** 516; OLG Hamm NJW **1955** 565; KMR-*Paulus* § 359, 46; *Eb. Schmidt* § 359, 30; *Neumann* 84; *Mittelbach* NJW **1950** 172; *Peters* Fehlerquellen 3 59; *Schäfer* JR **1929** 69; *Schöneborn* MDR **1975** 6, 10; *Schorn* MDR **1965** 870.

[161] OLG Hamm NJW **1955** 565; KMR-*Paulus* § 359, 46.

[162] OLG Hamburg HRR **1933** 1160; *Peters* Fehlerquellen 3 60.

[163] *Eb. Schmidt* § 359, 30; KMR-*Paulus* § 359, 46.

[164] *Kleinknecht/Meyer-Goßner* § 361, 1.

[165] RG DJ **1938** 308 mit Anm. *Schäfer*; OLG Düsseldorf DRiZ **1934** Nr. 694; OLG Königsberg DStR **1935** 123; OLG München DJ **1938** 118; **a. A** BayObLGSt **34** 156 = JW **1934** 2863 = DStR **1935** 54 mit Anm. *Schäfer*; BayObLG HRR **1935** 776; **1936** 86; KMR-*Paulus* § 359, 46; *Becker* LZ **1918** 468; *Mittelbach* NJW **1950** 173; *Schäfer* DJ **1936** 676; JR **1929** 66 ff; *Siebert* DRiZ **1934** 337.

Zulässigkeitsvoraussetzungen für das Wiederaufnahmeverfahren fehlen (Rdn. 108; s. ferner § 368, 5 ff).

b) Die **Wiederaufnahmeberechtigten** bestimmen sich nach §§ 365, 296 bis 298, 301; **123** im einzelnen s. § 365[166].

c) Beschwer. Wie jeder andere Rechtsbehelf (s. Erläuterungen zu §§ 296, 312, 333) **124** setzt auch der Wiederaufnahmeantrag eine Beschwer durch die angefochtene Entscheidung voraus[167]. Die **Staatsanwaltschaft** ist durch jede unrichtige Entscheidung beschwert und kann deshalb, falls sie eine den Verurteilten belastende Entscheidung als fehlerhaft ansieht, Anträge stets auch zugunsten des Verurteilten stellen[168].

Die Beschwer muß sich aus dem **Urteilsausspruch** ergeben; eine Beschwer durch die **125** Urteilsgründe genügt auch im Wiederaufnahmeverfahren nicht[169]. Daher kann der Freigesprochene die Wiederaufnahme nicht mit dem Ziel beantragen, wegen erwiesener Unschuld freigesprochen zu werden[170]. Selbstverständlich kann er sie auch nicht zu seinen Ungunsten beantragen[171].

Beschwert ist der Angeklagte **nicht nur**, wenn er zu Strafe verurteilt oder eine Maßre- **126** gel der Besserung und Sicherung gegen ihn verhängt, sondern auch, wenn nach § 60 StGB oder einer anderen Strafbestimmung, die das gestattet, von Strafe abgesehen oder wenn der Angeklagte, etwa nach §§ 199, 233 StGB, für straffrei erklärt worden ist[172].

An der **Beschwer fehlt** es, wenn das Verfahren wegen eines Prozeßhindernisses nach **127** § 260 Abs. 3 eingestellt worden ist. Die Wiederaufnahme kann dann nicht mit dem Ziel beantragt werden, das einstellende Urteil durch ein freisprechendes zu ersetzen. Wegen der Verfahrenseinstellung aufgrund eines Straffreiheitsgesetzes s. oben Rdn. 114 ff.

d) Antrag, Frist und Form. Die Wiederaufnahme findet niemals von Amts wegen **128** statt, setzt vielmehr stets einen **Antrag** (§ 366 Abs. 1) der Rechtsbehelfsberechtigten voraus, der zwar ohne Einhaltung irgendwelcher **Fristen** gestellt werden kann, jedoch der **Form** des § 366 Abs. 2 bedarf.

e) Wiederaufnahmegrund. Dieser Antrag bedarf eines bestimmten **Inhalts** (§ 368 **129** Abs. 1): es dürfen nur die in den §§ 359, 362 speziell aufgeführten **Wiederaufnahmegründe** geltend gemacht werden und überdies müssen „geeignete Beweismittel" angeführt werden. Damit wird die Geeignetheit der Beweismittel schon zur Zulässigkeitsvoraussetzung der Wiederaufnahme. Die damit verlangte Geeignetheitsprüfung bezieht sich (Näheres dazu § 359, 125 ff) auf die Erreichung der jeweils zulässigen Wiederaufnahmeziele (im Falle des § 359 kann jede dem Verurteilten günstigere Entscheidung unter Beachtung der Grenzen der §§ 363, 364, 359 Nr. 5 erstrebt werden, im Falle des § 362 jede dem Verurteilten ungünstigere Entscheidung unter Beachtung der Grenzen der §§ 363, 364; s. oben Rdn. 14). Die Richtigkeit der tatsächlichen Behauptungen (Vorliegen von Tatsachen; Beweisinhalte) wird dabei unterstellt.

5. Die Existenz des Privatklägers bei der Wiederaufnahme gegen eine im Privat- 130 klageverfahren ergangene rechtskräftige Entscheidung. Nach § 393 Abs. 1 hat der **Tod des Privatklägers** die Einstellung des Verfahrens zur Folge. Darin *allein* kann indes-

---

[166] Eingehend dazu *Dünnebier* FS II Peters 335 bis 345; *Wasserburg* Handb. 235 f.

[167] *Kleinknecht/Meyer-Goßner* 6; *Peters* Fehlerquellen 3 119.

[168] § 365, 3; *Wasserburg* Handb. 234, 237.

[169] OLG Dresden DStrZ **1915** 562; OLG München Alsb. E **2** Nr. 250; *Gerland* 438; *Dippel* in:

Jescheck/Meyer 56; *Neumann* 49; *Wasserburg* Handb. 237; **a. A** *Kleinknecht/Meyer-Goßner* 6.

[170] OLG Braunschweig GA **1954** 248; KMR-*Paulus* 15; *Peters* Fehlerquellen 3 126.

[171] RMilGE **17** 90; KMR-*Paulus* 15; *Neumann* 92 Fußn. 2; *Peters* Fehlerquellen 3 126.

[172] KMR-*Paulus* 15; *Neumann* 14.

Karl Heinz Gössel

sen kein Wiederaufnahmegrund gefunden werden: anders wäre jeder in einem Privatklageverfahren ergangene Schuldspruch auflösend bedingt durch den Tod des Privatklägers.
Deshalb stellt sich nur die Frage, welchen Einfluß der Tod des Privatklägers auf ein möglicherweise fehlerhaftes Erkenntnis im Privatklageverfahren haben kann. Wie der Tod des
Privatklägers allein nicht zum Wegfall einer Verurteilung führen kann, so kann er umgekehrt auch nicht die Berichtigung eines fehlerhaften Schuldspruchs verhindern. Deshalb
steht der Tod des Privatklägers der Durchführung des Wiederaufnahmeverfahrens nicht
entgegen: die Existenz des Privatklägers erweist sich damit **nicht** als eine **Voraussetzung**
des **Wiederaufnahmeverfahrens**.

131   Gleichwohl kann nicht unberücksichtigt bleiben, daß im Rechtsmittelverfahren das
Verfahren wegen des Todes des Privatklägers auch dann eingestellt wird, wenn der
Angeklagte in der vorhergehenden Instanz schon verurteilt worden ist. Da ein fehlerhaftes Urteil demnach nicht einmal im Rechtsmittelverfahren ausdrücklich aufgehoben werden muß, besteht **kein Grund**, dem Verurteilten im Wiederaufnahmeverfahren die Möglichkeit zu geben, nach dem Tod des Privatklägers die **Urteilsaufhebung** zu erreichen[173].

132   **a) Tod des Privatklägers nach Antragstellung.** Stirbt der Privatkläger, **nachdem**
der Verurteilte den **Wiederaufnahmeantrag gestellt** hat, so ist das Verfahren daher, falls
der Antrag nicht als unzulässig verworfen werden muß, nur bis zu der Entscheidung nach
§ 370 weiterzuführen. Zugleich mit der Wiederaufnahmeanordnung nach § 370 Abs. 2 ist
es einzustellen[174]. Die Möglichkeit, daß die Staatsanwaltschaft nach dem Tod des Privatklägers in das Verfahren eintritt, besteht nicht; denn nach Rechtskraft des Urteils läßt
§ 377 Abs. 2 Satz 1 eine Verfahrensübernahme nicht mehr zu[175].

133   **b) Tod des Privatklägers vor Antragstellung.** War der Privatkläger schon **vor** der
Stellung des **Wiederaufnahmeantrags gestorben**, so steht das zwar der Zulässigkeit des
Antrags nicht entgegen[176]. Denn der Tod des Privatklägers darf nicht dazu führen, daß es
bei dem unrichtigen Urteil bleiben muß[177]. Das Verfahren wird dann aber ebenfalls nur
bis zum Erlaß des Beschlusses nach § 370 Abs. 2 durchgeführt; wenn der Wiederaufnahmeantrag begründet ist, muß es eingestellt werden[178]. Die Mitwirkung der Staatsanwaltschaft kommt auch hier nicht in Betracht[179].

II. Die Begründetheitsprüfung (Probationsverfahren)

1. Die Zulässigkeit des Verfahrens

134   **a) Allgemeine Voraussetzungen.** Zunächst müssen diejenigen **allgemeinen** (oben
Rdn. 107 bis 121) und **speziellen** (oben Rdn. 122 bis 133) **Voraussetzungen** vorliegen,
wie bereits beim Aditionsverfahren; fehlt es daran, so ist die Wiederaufnahme auch jetzt

---

173 *Schäfer* JR **1933** 9.
174 OLG Celle ZStW **43** (1922) 502; *Schäfer* JR **1933**
     9; **a.** **A** OLG Stuttgart *Alsb.* E **2** Nr. 308 a; *v. Hentig*
     148, die offenbar eine Hauptverhandlung für gebo-
     ten halten; vgl. auch § 390, 16.
175 BayObLGSt **30** 19 = DRiZ **1930** Nr. 361; *Klein-*
     knecht/Meyer-Goßner § 377, 2; KMR-*Müller*
     § 377, 3; *Eb. Schmidt* § 377, 15; *Neumann* 108;
     a. A *Beling* 454 Fußn. 1; *v. Hentig* 147; *Ganz*
     DStrZ **1914** 609; *Schäfer* JR **1933** 9 Fußn. 6; vgl.
     auch § 377, 7 ff (24. Aufl.).
176 *Eb. Schmidt* 11 und § 390, 5.

177 OLG Stuttgart *Alsb.* E **2** Nr. 308 a; *Eb. Schmidt* 11;
     v. Hentig 148; *Neumann* 103 ff; *Ganz* DStrZ **1914**
     609; *Schäfer* JR **1933** 9; **a. A** OLG Dresden *Alsb.* E
     2 308 b; *Werthauer* JZ **1932** 383.
178 *Schäfer* JR **1933** 10.
179 Anders *Schäfer* JR **1933** 9 Fußn. 6; *Ganz* DStrZ
     1914 609 hält die Staatsanwaltschaft sogar zur Ver-
     fahrensübernahme für verpflichtet; *Werthauer* JW
     1932 383 will die Wiederaufnahme überhaupt nur
     zulassen, wenn die Staatsanwaltschaft die Verfol-
     gung übernimmt.

noch als unzulässig zu verwerfen (str.; s. § 370, 5); bei fehlender Zuständigkeit s. § 367, 32 ff. Hinsichtlich der Voraussetzungen des § 366 Abs. 2 kommt dem Zulassungsbeschluß nach § 368 allerdings eine Bindungswirkung zu (s. dazu § 370, 10).

b) Zulässigkeitsbeschluß nach § 368. Als weitere Zulässigkeitsvoraussetzung ver- **135** langt das Probationsverfahren den Beschluß über die Zulässigkeit des Wiederaufnahmeverfahrens nach § 368, in dem über die oben Rdn. 122 ff erwähnten speziellen Zulässigkeitsvoraussetzungen der Wiederaufnahme entschieden wird (s. § 368, 7 ff).

2. Gegenstand des Verfahrens und Entscheidung

Wurde im Aditionsverfahren lediglich die Richtigkeit des Wiederaufnahmevorbrin- **136** gens unterstellt, so wird nunmehr geprüft, ob dieses Vorbringen auch **tatsächlich zutrifft** — soweit erforderlich durch Beweisaufnahme (§ 369). Der aufgrund dieser Prüfung nach **§ 370 Abs. 2** ergehende Beschluß über die Anordnung der Wiederaufnahme **durchbricht die Rechtskraft** der mit der Wiederaufnahme angefochtenen Entscheidung und versetzt das Verfahren in den Zustand zurück, in dem es sich vor dieser Entscheidung befunden hatte (§ 370, 35). Er wird im Regelfall mit der Anordnung der Erneuerung der Hauptverhandlung verbunden; s. aber auch § 371 und § 370, 48.

III. Das neue Sachentscheidungsverfahren

1. Die Zulässigkeit des Verfahrens

a) Allgemeine Zulässigkeitsvoraussetzungen. Mit der Rechtskraft des die Wieder- **137** aufnahme nach § 370 Abs. 2 anordnenden Beschlusses ist das Verfahren endgültig in das Stadium vor Erlaß der angefochtenen Entscheidung zurückversetzt worden; deshalb kann es nunmehr auf die **Zulässigkeitsvoraussetzungen der Wiederaufnahme** (allgemeine wie besondere; oben Rdn. 107 bis 133) nicht mehr ankommen, wohl aber auf die Zulässigkeitsvoraussetzungen des voraufgegangenen Verfahrens, in dem die mit der Wiederaufnahme erfolgreich angefochtene rechtskräftige Entscheidung ergangen war. Dabei allerdings sind einige Besonderheiten zu beachten.

aa) Hinsichtlich der **gerichtlichen Zuständigkeit** sind die Modifizierungen der früher **138** bestehenden Zuständigkeit durch das Wiederaufnahmerecht zu berücksichtigen: die Zuständigkeit für die Durchführung des neuen Sachentscheidungsverfahrens liegt grundsätzlich bei dem Gericht, welches die Wiederaufnahme nach § 370 Abs. 2 angeordnet hat (Näheres s. § 370, 49 f).

bb) Ob beim Fehlen sonstiger Prozeßvoraussetzungen (z. B. Strafantrag, Eröffnungs- **139** beschluß, Verhandlungsfähigkeit — diese allerdings nur im Stadium des neu durchzuführenden Sachentscheidungsverfahrens nach Anordnung der Wiederaufnahme) das Verfahren nach §§ **205, 206 a** eingestellt werden kann oder ob nach §§ 371, 373 zu verfahren ist, wird kontrovers beurteilt (§ 373, 16 ff).

cc) Hinsichtlich der **Amnestie** gilt dabei folgendes: Wenn der **Wiederaufnahmean-** **140** **trag begründet** und die Unschuld des Verurteilten ohne weiteres festzustellen ist, wird nach § 371 Abs. 2 ein freisprechender Beschluß erlassen[180]. Andernfalls führt die Begründetheit des Antrags dazu, daß das Verfahren wegen des Verfahrenshindernisses der Nie-

---

[180] OLG München DJ **1938** 118; vgl. auch BGHSt **13** 273.

Karl Heinz Gössel

derschlagung durch das Straffreiheitsgesetz eingestellt wird[181]. Die Einstellung ist zugleich mit dem Beschluß nach § 370 Abs. 2 anzuordnen[182].

141   Wenn das Straffreiheitsgesetz erst in Kraft tritt, nachdem der **Wiederaufnahmeantrag schon gestellt** war, so gilt dies entsprechend. Das Verfahren muß, sofern der Antrag nicht nach § 368 Abs. 1 als unzulässig zu verwerfen ist, nach der überwiegend vertretenen Auffassung bis zu der Entscheidung nach § 370 fortgesetzt werden; wird die Wiederaufnahme für begründet erklärt, so ist es der h. L. zufolge zugleich mit dem Beschluß nach § 370 Abs. 2 einzustellen[183] — demgegenüber wird hier die Anwendung des § 206 a vorgeschlagen (s. § 368, 4 f). War der Beschluß nach § 370 Abs. 2 beim Inkrafttreten des Straffreiheitsgesetzes bereits erlassen, so erfolgt die Einstellung durch besonderen Beschluß nach § 206 a (vgl. § 373, 17 ff) oder in der erneuten Hauptverhandlung nach § 260 Abs. 3[184].

142   **b) Der Beschluß nach § 370 Abs. 2.** Der Beschluß über die Wiederaufnahme des Verfahrens ist eine weitere Voraussetzung für die Durchführung des neuen Sachentscheidungsverfahrens[185], die in ihren Wirkungen mit einem **Eröffnungsbeschluß** verglichen werden kann, jedoch ohne diesem zu entsprechen. Wegen der Durchbrechung der materiellen Rechtskraft und Rückversetzung des Verfahrens durch den Wiederaufnahmebeschluß in den status quo ante decisionem ist insoweit der frühere Verbrauch der Strafklage beseitigt mit der Folge, daß der Eröffnungsbeschluß des Vorverfahrens nun wieder den Gegenstand des neuen Sachentscheidungsverfahrens bestimmt.

143   **2. Die Entscheidung.** Wie bereits oben Rdn. 104 ausgeführt wurde, besitzt das zur neuen Sachentscheidung zuständige Gericht **alle Entscheidungsmöglichkeiten**, die dem früheren Gericht zustanden, welches die mit der Wiederaufnahme erfolgreich angefochtene rechtskräftige Entscheidung erlassen hatte[186], vermehrt um die zusätzlichen Möglichkeiten des § 371. Wegen der Einzelheiten s. die Erläuterungen zu § 371, 1 ff; § 373, 16 ff.

D. Sonstige Rechtsbehelfe gegen rechtskräftige Urteile

I. Die Wiederaufnahme des Verfahrens und die sonstigen Rechtsbehelfe vergleichbarer Wirkung

144   **1. Übersicht über die Rechtsbehelfe gegen rechtskräftige Urteile.** In die Rechtskraft von Urteilen kann sowohl nach dem materiellen Strafrecht als auch nach dem Strafverfahrensrecht wie nach außerstrafrechtlichen Rechtsnormen eingegriffen werden.

145   **a) Spezialfälle der Wiederaufnahme.** Zunächst sind **zwei spezielle Wiederaufnahmeverfahren** zu nennen: einmal die Urteilsaufhebung aus **Wiedergutmachungsgründen**, daneben die Wiederaufnahme nach **§ 79 BVerfGG** gegen Urteile, die z. B. auf einer vom Bundesverfassungsgericht für verfassungswidrig und deshalb nichtig erklärten Norm beruhen. Diese beiden speziellen Wiederaufnahmeverfahren werden unten II. und III. (Rdn. 154 und 180) im Überblick vorgestellt.

---

[181] Anders KG JW **1926** 2231 mit abl. Anm. *Fuchs*, das einen Einfluß des Straffreiheitsgesetzes auf das Verfahren nicht für möglich hält.

[182] OLG Düsseldorf DRiZ Nr. 694; OLG Hamburg DRiZ **1933** Nr. 288; OLG Königsberg DStR **1935** 123; *Schäfer* JR **1929** 67; **1933** 21; DStR **1935** 56; DJ **1936** 676; a. A OLG Breslau ZStW **45** (1925)

[186], das die Einstellung schon bei Erlaß des Zulassungsbeschlusses für geboten hält.

[183] *Fuchs* JW **1926** 2231; *Schäfer* JR **1929** 67; vgl. auch RG JW **1923** 80 mit Anm. *Alsberg*.

[184] Vgl. OLG Stettin DJ **1934** 1284 mit Anm. *Schäfer*.

[185] BGHSt **18** 341.

[186] RGSt **20** 46, 47.

Unter zusätzlicher Berücksichtigung der Wiederaufnahmegründe bei Verfahren gegen **146** Urteile von **Wehrmacht- und Sondergerichten** (§ 367, 29) enthalten diese Vorschriften eine abschließende Regelung[187]. Selbst dem Gesetzgeber sind für die Schaffung weiterer Wiederaufnahmegründe, insbesondere zuungunsten des Angeklagten, Grenzen gesetzt[188]. Durch Richterrecht dürfen die Wiederaufnahmegründe auch zugunsten des Angeklagten nicht erweitert werden[189]. Für die Wiederaufnahme eines durch eine rechtskräftige Buß-geldentscheidung abgeschlossenen Verfahren gelten die §§ 359 ff mit gewissen Ein-schränkungen entsprechend (§ 85 OWiG).

Hat ein Wiederaufnahmeverfahren (z. B. aus Wiedergutmachungsgründen) zu **teilwei- 147 sen Aufhebungen** des angefochtenen Urteils geführt, so hindert dies nicht die Zulässig-keit der anderen Wiederaufnahmeverfahren (z. B. nach §§ 359 ff) gegen den bestehen gebliebenen Teil, soweit deren Zulässigkeitsvoraussetzungen vorliegen[190].

b) Verfassungsrecht. Gegen rechtskräftige Urteile kann darüber hinaus nach Erschöp- **148** fung des Rechtswegs (die vorherige Ausschöpfung des Rechtsmittelwegs ist Zulässig-keitsvoraussetzung) das Bundesverfassungsgericht gemäß **§ 90 BVerfGG** mit der Behauptung angerufen werden, die Entscheidung verletze Grundrechte des Beschwerde-führers: erweist sich diese Verfassungsbeschwerde als begründet, „so hebt das Bundesver-fassungsgericht die Entscheidung auf" (§ 95 Abs. 2 BVerfGG) unter gleichzeitiger Besei-tigung der vorher bestehenden Rechtskraft. Im Umfang der Aufhebung entfällt der Schuldspruch; ein weiteres Verfahren nach Art der Wiederaufnahme findet nicht statt — einem erneuten Strafverfahren steht Art. 103 Abs. 3 GG — ne bis in idem — entgegen.

Verstößt ein Urteil aber „nur" gegen die **MRK**, so bleiben Wirksamkeit und Rechts- **149** kraft dieses Urteils unberührt[191]. Die MRK ist erst durch das innerstaatliche Zustim-mungsgesetz vom 4. 11. 1950 (BGBl. 1952 II 685) innerstaatliches einfaches Gesetzes-recht geworden, welches der Verfassung nachgeht[192], weshalb die Verfassungsbe-schwerde nach § 90 BVerfGG auf eine Verletzung der MRK nicht gestützt werden kann[193]. Auch wenn die Europäische Kommission für Menschenrechte oder der Europäi-sche Gerichtshof für Menschenrechte einen Verstoß gegen die in der MRK festgelegten Rechte bejaht haben, hat dies auf die Wirksamkeit der Rechtskraft der jeweiligen Ent-scheidung schon deshalb keinen Einfluß, weil Art. 50 MRK als einzige Rechtsfolge des Konventionsverstoßes lediglich eine Wiedergutmachungspflicht anordnet — weder die Nichtigkeit der Entscheidung noch sonstige auch nur mittelbar die Bestandskraft der Ent-scheidung beeinträchtigende Rechtsfolgen sind in der MRK oder im sonstigen innerstaat-lichen Recht vorgesehen. Weil das Bundesverfassungsgericht nicht einmal die entspre-chende Anwendung des § 90 BVerfGG (Verfassungsbeschwerde) bei Verstößen gegen die MRK zuläßt, wird auch eine entsprechende Anwendung des § 79 BVerfGG (Wieder-aufnahme) nicht in Betracht kommen (unten Rdn. 160). Weil das geltende Recht so keine Möglichkeit bietet, „ein konventionswidriges Urteil aufzuheben", bleibt der Gesetzgeber aufgerufen, für diesen Fall ebenfalls die Wiederaufnahme des Verfahrens einzuführen[194].

---

[187] KK-*Schmidt* 15; AK-*Loos* § 359, 2; *Pfeiffer/Fi-scher* § 359, 1; *Peters* Fehlerquellen **3** 45.
[188] BVerfGE **2** 403.
[189] OLG Bamberg NJW **1955** 1121; LG Hannover NJW **1970** 289; KMR-*Paulus* § 359, 14, *Schorn* MDR **1965** 869; *Wasserburg* Handb. 271.
[190] KG NStZ **1981** 273 mit Anm. *Rieß*.
[191] BVerfG EuGRZ **1985** 654 = NJW **1986** 1425; OLG Stuttgart MDR **1985** 605; ebenso *Vogler* 719, der

sich auch gegen die entsprechende Anwendung des § 79 BVerfGG in diesem Fall deshalb ausspricht, weil § 79 BVerfGG „den Fall eines Widerspruchs zu Normen mit Verfassungsrang" behandelt. Meine in NStZ **1983** 393 dargelegte entgegengesetzte Meinung gebe ich auf.
[192] *Kleinknecht/Meyer-Goßner* Vor Art. 1 MRK, 3.
[193] BVerfGE **10** 271, 274.
[194] *Kühl* 424; *Vogler* 720, 727.

Karl Heinz Gössel

150   **c) Wiedereinsetzung.** Ferner kann die **Wiedereinsetzung in den vorigen Stand** gegen die Versäumung einer Frist oder einer Hauptverhandlung die wegen solcher Versäumnisse eingetretene Rechtskraft eines Urteils durchbrechen (s. die Erläuterungen Vor § 42 mit weit. Nachw.[195]) und auch die nachträgliche Gesamtstrafenbildung nach § 55 StGB und § 460, die allerdings die Rechtskraft der jeweiligen Schuld- und Einzelstrafaussprüche unberührt läßt.

2. Verhältnis der Wiederaufnahme zu den übrigen Rechtsbehelfen

151   **a) Gesamtstrafenbildung.** § 363 steht einer Wiederaufnahme wegen einer urteilsmäßigen Gesamtstrafenbildung entgegen (wird die Gesamtstrafe durch Beschluß angeordnet, s. oben Rdn. 49, 67 f) Eine **Kollision** rechtskraftdurchbrechender Gesamtstrafenbildung mit der Wiederaufnahme des Verfahrens **scheidet** damit **aus**[196].

152   **b) Wiedereinsetzung.** Rechtskraftdurchbrechende Entscheidungen im Wiedereinsetzungsverfahren einerseits und im Wiederaufnahmeverfahren andererseits **schließen sich gegenseitig aus**: wird Wiedereinsetzung in den vorigen Stand gewährt, so entfällt mit der Rechtskraft dieser Entscheidung die Rechtskraft des zugleich im Wiederaufnahmeverfahren angefochtenen Urteils und damit eine der Zulässigkeitsvoraussetzungen des Wiederaufnahmeverfahrens (Näheres oben Rdn. 107 ff), das deshalb nach § 206 a einzustellen ist (§ 368, 5). Ist aber umgekehrt im Wiederaufnahmeverfahren der nach § 370 Abs. 2 die Rechtskraft der angefochtenen Entscheidung durchbrechende Beschluß ergangen, so ist das Verfahren in den Zustand vor Erlaß des Urteils zurückversetzt (§ 370, 35), womit dem Wiedereinsetzungsverfahren sein Gegenstand entzogen wird, welches deshalb unzulässig wird.

153   **c) Verfassungsrecht.** Entsprechendes gilt für das Verhältnis der Wiederaufnahme zu der rechtskraftdurchbrechenden Entscheidung nach **§ 95 Abs. 2 BVerfGG**: auch hier ist die Rechtskraft der je angefochtenen Entscheidung Zulässigkeitsvoraussetzung sowohl für das Wiederaufnahmeverfahren wie auch für die Verfassungsbeschwerde. Auch für das Wiederaufnahmeverfahren nach **§ 79 BVerfGG** in Konkurrenz zum gleichzeitig beantragten Wiederaufnahmeverfahren nach § 359 gilt nichts anderes: beide Wiederaufnahmeverfahren setzen die Rechtskraft der je angefochtenen Entscheidung voraus, die mit einer die Wiederaufnahme anordnenden Entscheidung in einem der beiden Verfahren durchbrochen wird mit der Folge, daß im jeweils anderen Verfahren eine Zulässigkeitsvoraussetzung entfällt. Entsprechendes gilt für die Wiederaufnahme aus Wiedergutmachungsgründen (unten Rdn. 180, 185).

II. Die Wiederaufnahme nach § 79 Abs. 1 BVerfGG

154   § 79 BVerfGG läßt unter bestimmten Voraussetzungen die Wiederaufnahme nach den Vorschriften der Strafprozeßordnung zu. Die Bestimmung lautet:

§ 79 BVerfGG

(1) Gegen ein rechtskräftiges Strafurteil, das auf einer mit dem Grundgesetz für unvereinbar oder nach § 78 für nichtig erklärten Norm oder auf der Auslegung einer Norm beruht, die vom Bundesverfassungsgericht für unvereinbar mit dem Grundgesetz erklärt worden ist, ist die Wiederaufnahme nach den Vorschriften der Strafprozeßordnung zulässig.

---

[195] Dies soll nach ständiger Rspr. des BGH – BGHSt **23** 102, 103; BGH GA **1980** 390 – aber nicht hinsichtlich der gem. § 349 Abs. 2 eintretenden Rechtskraft gelten; hier soll Wiedereinsetzung unzulässig sein; dagegen mit Recht *Hanack* JZ **1971** 92 mit weit. Nachw.; s. dazu auch die Erl. zu § 349 (24. Aufl. Rdn. 29).

[196] *Gössel* NStZ **1983** 394.

(2) [1]Im übrigen bleiben vorbehaltlich der Vorschrift des § 95 Abs. 2 oder einer besonderen gesetzlichen Regelung die nicht mehr anfechtbaren Entscheidungen, die auf einer gemäß § 78 für nichtig erklärten Norm beruhen, unberührt. [2]Die Vollstreckung aus einer solchen Entscheidung ist unzulässig. [3]Soweit die Zwangsvollstreckung nach den Vorschriften der Zivilprozeßordnung durchzuführen ist, gilt die Vorschrift des § 767 der Zivilprozeßordnung entsprechend. [4]Ansprüche aus ungerechtfertigter Bereicherung sind ausgeschlossen.

1. Die Voraussetzungen

a) Die strafgerichtliche Entscheidung und ihre verfassungswidrige Grund- **155** **lage.** Die **Rechtskraft** eines Strafurteils wird nicht dadurch berührt, daß es auf einem **nichtigen Gesetz** beruht[197]. Nach Ansicht des Bundesverfassungsgerichts schließt das auch seine Vollstreckbarkeit nicht aus; § 79 Abs. 2 Satz 2 BVerfGG gilt insoweit nicht[198]. Der Gegenmeinung[199] liegt zwar die zutreffende Erwägung zugrunde, daß es der Staatsanwaltschaft nicht erlaubt sein kann, Urteile zu vollstrecken, deren Grundlage ein nichtiges Gesetz ist. Daraus folgt jedoch nicht die Anwendbarkeit des § 79 Abs. 2 Satz 2 BVerfGG, sondern die Pflicht der Staatsanwaltschaft, schon bei ernsthaften Zweifeln darüber, ob das zu vollstreckende Urteil auf einer für nichtig erklärten Vorschrift beruht, die Wiederaufnahme nach § 79 Abs. 1 BVerfGG zu beantragen[200], und zwar auch dann, wenn die Verurteilung auf eine inhaltsgleiche Norm gestützt werden kann (s. dazu unten Rdn. 169). Denn § 79 Abs. 1 BVerfGG geht über § 79 Abs. 2 Satz 2 BVerfGG hinaus und ist die Sondervorschrift für Strafurteile. Der Gesetzgeber hat für solche Urteile ein bloßes Vollstreckungsverbot nicht für ausreichend gehalten, sondern war der Ansicht, daß es das elementare Rechtsgefühl gebiete, dem aufgrund einer nichtigen Strafvorschrift Verurteilten die Möglichkeit einzuräumen, das Verfahren noch einmal aufzurollen[201]. Daher bestimmt § 79 Abs. 1 BVerfGG, daß über die Frage der Rechtswirksamkeit und Vollstreckbarkeit des Urteils nur im Wiederaufnahmeverfahren entschieden werden darf. Die Staatsanwaltschaft darf von der Vollstreckung nicht aufgrund eigener Entschließung absehen.

Die Regelung des § 79 Abs. 1 BVerfGG bedeutet zugleich, daß der Urteilsmangel **156** durch eine **bloße Berichtigung** des Urteils nicht beseitigt werden kann[202].

§ 79 Abs. 1 BVerfGG ist nicht so zu verstehen, als sei die Nichtigkeitserklärung einer **157** Norm durch das Bundesverfassungsgericht eine neue Tatsache im Sinne des § 359 Nr. 5.

[197] *Creifelds* JR **1962** 362 Fußn. 3; *Hans* BB **1962** 780; *Maurer* JZ **1963** 670.

[198] BVerfGE **15** 308; **15** 312; **16** 250; ebenso OLG Bremen NJW **1962** 2170; LG Mannheim NJW **1960** 929; LG Wiesbaden NJW **1963** 2332; AG Zweibrücken NJW **1962** 1975; *Lechner/Zuck* § 79 BVerfGG, 3 und 5 f; *Maunz/Schmidt-Bleibtreu/ Klein/Ulsamer* § 79 BVerfGG, 8 und 23; KK-*Schmidt* 19, AK-*Loos* 28; *Kaiser* NJW **1962** 1705; *Kneser* AöR **89** 163 ff; *Reiff* NJW **1960** 1559; *Röhl* NJW **1960** 180; *Wasserburg* Handb. 258 f.

[199] OLG Celle NdsRpfl. **1963** 88; OLG Hamm NJW **1962** 2073; OLG Köln VRS **24** (1963) 382; OLG Oldenburg NJW **1963** 457; OLG Schleswig SchlHA **1963** 61; LG Aachen NJW **1962** 1971; NJW **1963** 169 mit abl. Anm. *Zeis* NJW **1963** 550; LG Frankfurt NJW **1963** 601; AG Hannover BB

1962 1061; KMR-*Paulus* 21; *Asam* 28 ff; *Bahlmann* MDR **1963** 543; *Creifelds* JR **1963** 362; *Hoegen* Justiz **1960** 29; *Maurer* JZ **1963** 669; *Schmidt-Leichner* NJW **1962** 1370; *v. Stackelberg* NJW **1963** 701; *Uibel* NJW **1963** 868.

[200] So mit Recht *Maurer* JZ **1963** 668 ff.

[201] Vgl. BVerfGE **11** 265; zutr. weist *Göhler* § 85, 15 darauf hin, daß anders „die Verfolgung unter einem anderen, subsidiär geltenden Gesichtspunkt nicht möglich wäre".

[202] OLG Bamberg NJW **1962** 2168; OLG Bremen NJW **1962** 2169; OLG Nürnberg NJW **1962** 2264; AG Essen NJW **1962** 1976; KMR-*Paulus* 19; *Maurer* JZ **1963** 666; *v. Stackelberg* NJW **1963** 700; **a. A** *Brauns* DRiZ **1963** 262; *Wasserburg* Handb. 259 für den Fall der Auswechslung einer nichtigen durch eine gültige Norm.

Vielmehr handelt es sich um einen neuen und **selbständigen Wiederaufnahmegrund**, der zu den in dieser Vorschrift aufgeführten Gründen hinzutritt[203].

b) Die verfassungswidrigen Grundlagen im einzelnen

158   **aa)** § 79 Abs. 1 BVerfGG gilt in allen Fällen, in denen das Bundesverfassungsgericht nach § **78 BVerfGG** eine Norm (Gesetz oder Rechtsverordnung) für nichtig erklärt hat, gleichgültig, ob das im Verfahren der abstrakten Normenkontrolle nach **Art. 93 Abs. 1 Nr. 2 GG** oder der konkreten Normenkontrolle nach **Art. 100 Abs. 1 GG** geschehen ist[204]. Die Vorschrift betrifft ferner den Fall, daß das Bundesverfassungsgericht im Normenkontrollverfahren oder auf eine Verfassungsbeschwerde die Strafnorm zwar nicht für nichtig, wohl aber mit dem Grundgesetz für unvereinbar erklärt hat. Sie gilt schließlich auch, wenn die Verurteilung darauf beruht, daß das Strafgericht eine Norm in einer Weise ausgelegt hat, die vom BVerfG für unvereinbar mit dem Grundgesetz erklärt worden ist[205].

159   § **95 Abs. 3 Satz 3 BVerfGG** erklärt § 79 Abs. 1 BVerfGG für **entsprechend anwendbar**, wenn das Bundesverfassungsgericht ein Gesetz auf eine Verfassungsbeschwerde für nichtig erklärt oder wenn es einer Verfassungsbeschwerde stattgegeben hat, weil die Entscheidung auf einem verfassungswidrigen Gesetz beruht. Unter Gesetz i. S. des § 95 Abs. 3 BVerfGG ist jedes Gesetz im materiellen Sinne zu verstehen, „zu deren Überprüfung das BVerfG im Rahmen seiner Gerichtsbarkeit befugt ist": förmliche Bundes- und Landesgesetze und die von Bund oder von den Ländern erlassenen Rechtsverordnungen und Satzungen[206]. § 79 Abs. 1 BVerfGG gilt ferner entsprechend, wenn das **Verfassungsgericht eines Landes** eine Norm für nichtig oder mit der Landesverfassung für unvereinbar erklärt hat[207].

160   **Entsprechende Anwendung** findet die Vorschrift auch in ihrer dritten Alternative über den Wortlaut des § 95 Abs. 3 Satz 3 BVerfGG hinaus auch auf die Fälle einer verfassungskonformen Auslegung einer Norm[208], ferner dann, wenn das Bundesverfassungsgericht auf eine Verfassungsbeschwerde die Zweitbestrafung wegen Verstoßes gegen Art. 103 Abs. 3 GG für unzulässig[209] erklärt, nicht aber in den Fällen, in denen der Europäische Gerichtshof für Menschenrechte ein Strafurteil für mit der Europäischen Menschenrechtskonvention unvereinbar erklärt hat[210], oder wenn ein Verwaltungsakt, der die

---

[203] BGHSt **18** 343; OLG Bamberg NJW **1962** 2168; OLG Köln VRS **24** 380; OLG Schleswig SchlHA **1963** 61; *Schmidt* 16 und 21; AK-*Loos* 31; KMR-*Paulus* 21; *Maunz/Schmidt-Bleibtreu/Klein/Ulsamer* § 79 BVerfGG, 11; *Bahlmann* MDR **1963** 542; *Bertram* MDR **1962** 535; *Kaiser* NJW **1962** 1704; *Preiser* NJW **1962** 844; *Wasserburg* Handb. 253.

[204] KMR-*Paulus* 18; AK-*Loos* 30; *Maunz/Schmidt-Bleibtreu/Klein/Ulsamer* § 79 BVerfGG, 15; *Asam* 105; *Kaiser* NJW **1962** 1704.

[205] OLG Frankfurt NJW **1996** 3353, 3354; OLG Koblenz NJW **1996** 3351, 3353; LG Dortmund StV **1981** 173; eingehend dazu *Maunz/Schmidt-Bleibtreu/Klein/Ulsamer* § 79 BVerfGG, 19; s. ferner *Wasserburg* Handb. 261.

[206] *Maunz/Schmidt-Bleibtreu/Klein/Ulsamer* § 95 BVerfGG, 33; für Rechtsverordnungen BVerfGE **3** 171; **3** 299; **6** 277; **28** 133; OLG Bremen NJW **1962** 2169; OLG Celle NdsRpfl. **1963** 68; OLG Schleswig SchlHA **1963** 61; *Geiger* § 95 BVerfGG, 8; *Asam*

108; *Maurer* JZ **1963** 667; **a. A** Hannover BB **1962** 1102.

[207] Vgl. AG Dinkelsbühl NJW **1952** 1190 mit zust. Anm. *Kleinknecht*; KMR-*Paulus* 18; *Eb. Schmidt* Nachtr. I 5; *Peters* Fehlerquellen **3** 68; *Maunz/Schmidt-Bleibtreu/Klein/Ulsamer* § 79 BVerfGG, 14; *Bertram* MDR **1962** 535.

[208] BGH NStZ **1997** 140 und 142 mit zust. Anm. *Dehn*; **a.A** OLG Stuttgart NJW **1997** 206.

[209] LG Bochum MDR **1970** 259; LG Darmstadt NJW **1968** 1642 m. zust. Anm. *Hofmann*; *Wagner* JuS **1970** 381; *Wasserburg* Handb. 262; vgl. auch § 359, 140 ff; **a.A** LG Hannover NJW **1970** 288 mit abl. Anm. *Böckenförde* NJW **1970** 870 und noch 24. Aufl. 143.

[210] BVerfG EuGRZ **1985** 654 = NJW **1986** 1425; OLG Stuttgart MDR **1985** 605; KMR-*Paulus* 20; *Kleinknecht/Meyer-Goßner* 8; AK-*Loos* 33; *Pfeiffer/Fischer* 4; *Vogler* 719 ff; vgl. auch *Schumann* NJW **1964** 753.

Strafbarkeit begründet hat, auf eine Anfechtungsklage im Verwaltungsrechtsweg als rechtswidrig aufgehoben worden ist[211].

bb) § 79 Abs. 1 BVerfGG läßt eine Durchbrechung der Rechtskraft zu und ist daher **161** **eng auszulegen**[212]. Die Vorschrift gilt daher nur für Strafurteile, die auf einer für nichtig oder mit dem Grundgesetz für unvereinbar erklärten materiellrechtlichen Norm oder auf deren für verfassungswidrig erklärten Auslegung beruhen, grundsätzlich aber nicht, wenn es sich um eine nichtige Norm des Gerichtsverfassungs- oder Verfahrensrechts handelt[213], es sei denn, Normen dieser Art haben unmittelbare Auswirkungen „auf die materielle Rechtsgrundlage des Urteils"[214] wie etwa bei Verfahrenshindernissen wie z.B. Verjährung[215].

c) Anfechtungsgegenstand. Nach § 79 Abs. 1 BVerfGG ist „jedes hoheitliche **162** Erkenntnis. . ., das nach strafprozessualen Regeln zustandegekommen ist", also „über die förmlichen Strafurteile hinaus auch alle anderen Straferkenntnisse wie . . . Strafbefehle und Bußgeldbescheide"[216] Gegenstand der Wiederaufnahme. Dies können im Strafverfahren nur materiell rechtskräftige Strafurteile und Beschlüsse (oben Rdn. 32 ff) sein, und zwar Urteile im Amts- oder Privatklageverfahren und auch Urteile im Sicherungsverfahren nach den §§ 413 ff[217], jedoch nicht Entscheidungen im selbständigen Verfahren nach § 440[218]. Die Vorschrift des § 373 a, daß Strafbefehle den Urteilen gleichstehen, gilt auch im Wiederaufnahmeverfahren nach § 79 Abs. 1 BVerfGG[219]. Auch gegen Beschlüsse findet Wiederaufnahme nur statt, soweit sie eine Sachentscheidung enthalten und keine andere weitergehende Fortführung des Verfahrens (oben Rdn. 51) vorgesehen ist[220].

§ 79 Abs. 1 BVerfGG gilt im **Bußgeldverfahren** nicht nur für alle gerichtlichen **163** Urteile, sondern auch für die Bußgeldbescheide der Verwaltungsbehörden[221], ferner für Entscheidungen in dem Verfahren nach § 2 Abs. 5, § 15 RHG[222].

[211] BGHSt **23** 94.
[212] BVerfGE **11** 265; BGHSt **23** 94; OLG Schleswig SchlHA **1961** 306; LG Hannover NJW **1970** 288 mit Anm. *Böckenförde* NJW **1970** 870; *Preiser* NJW **1962** 847; *Reiff* NJW **1960** 1559; *Röhl* NJW **1960** 180.
[213] BVerfGE **11** 265 = NJW **1960** 1563; BVerfGE **12** 340; LG Hannover NJW **1970** 288; KK-*Schmidt* 24; KMR-*Paulus* 20; *Eb. Schmidt* Nachtr. 5; AK-*Loos* 29; *Maunz/Schmidt-Bleibtreu/Klein/Ulsamer* § 79 BVerfGG, 9 und 11; *Bahlmann* MDR **1963** 542 Fußn. 12; *Creifelds* JR **1962** 362; *Kern* JZ **1960** 246; *Röhl* NJW **1960** 180; **a. A** LG Heidelberg NJW **1960** 929, *Asam* 115; *Ad. Arndt* NJW **1961** 15; *Bertram* MDR **1962** 535; *Hoegen* Justiz **1960** 28; *Hoppner* NJW **1960** 514; *Kneser* AöR **89** (1964) 148 ff; *Reiff* NJW **1960** 1559; *Wagner* JuS **1970** 381; *Wasserburg* Handb. 256, insbes. hinsichtlich der Entscheidungen der Friedensgerichte in Baden-Württemberg; vgl. auch *Knoll* JZ **1956** 358.
[214] Offen gelassen, aber dieser Auffassung zuneigend BGH NStZ **1997** 140, 141.
[215] Vgl. dazu BGH NStZ **1997** 140, 141; ferner BayObLG NJW **1996** 669, 671; zur fragwürdigen Herleitung eines Verfahrenshindernisses aus dem Verhältnismäßigkeitsgrundsatz hinsichtlich der gegen die Bundesrepublik gerichteten Spionagetätigkeit von Bürgern der ehemaligen DDR insbesondere

vom Boden der DDR aus s. BVerfGE **92** 277, 335 ff, zu Recht dagegen die dissentierenden Richter S. 341 ff und *Volk* Zur Spionageentscheidung des BVerfG NStZ **1995** 367.
[216] KK-*Schmidt* 20; *Göhler* § 85, 15 mit weiteren Nachweisen; *Maunz/Schmidt-Bleibtreu/Klein/Ulsamer* § 79 BVerfGG, 10; **a. A** KG Wirtschaft und Wettbewerb, Entscheidungssammlung zum Kartellrecht/OLG 4701.
[217] *Asam* 55 f.
[218] OLG Schleswig SchlHA **1961** 306; *Asam* 56.
[219] AG Hannover BB **1962** 1061; AG Preetz NJW **1967** 68; AG Stuttgart NJW **1963** 458; KK-*Schmidt* 20; *Maunz/Schmidt-Bleibtreu/Klein/Ulsamer* § 79 BVerfGG, 10; AK-*Loos* 31; *Asam* 64 ff; *Bahlmann* MDR **1963** 543; *Creifelds* JR **1962** 364; *Kneser* AöR **89** (1964) 170.
[220] **A. A** LG Heidelberg NJW **1960** 929; LR-*Meyer*[23] 39.
[221] KMR-*Paulus* 18 f; *Göhler* 15, *Rebmann/Roth/Herrmann* 4, *Rotberg* 51, alle zu § 85 OWiG; *Maunz/Schmidt-Bleibtreu/Klein/Ulsamer* § 79 BVerfGG, 10; *Hans* BB **1962** 1403; *Preiser* NJW **1962** 847; **a. A** BayObLGSt **1962** 208 = NJW **1962** 2166 mit abl. Anm. *Kohlhaas* NJW **1963** 454; *Asam* 72 ff; *Kneser* AöR **89** 170.
[222] BVerfGE **12** 340; OLG Schleswig SchlHA **1961** 273; *Maunz/Schmidt-Bleibtreu/Klein/Ulsamer* § 79 BVerfGG, 13; *Asam* 83 ff; *Kayser* NJW **1961** 348; vgl. auch *Preiser* NJW **1962** 844.

Karl Heinz Gössel

164   **d) Das Beruhen der angefochtenen Entscheidung auf der verfassungswidrigen Grundlage.** Die Wiederaufnahme nach § 79 Abs. 1 BVerfGG ist nur zulässig, wenn das Urteil auf der nichtigen Vorschrift **beruht**. Das ist der Fall, wenn der Verurteilte aufgrund dieser Vorschrift bestraft oder unter Straffreierklärung oder Absehen von Strafe schuldig gesprochen worden ist[223]. Das Urteil beruht auch dann auf der für nichtig oder mit dem Grundgesetz für unvereinbar erklärten Vorschrift, wenn die Verurteilung aufgrund einer anderen, gültigen Norm gerechtfertigt ist[224]. War der Angeklagte freigesprochen worden, so kann er nach § 79 Abs. 1 BVerfGG ebensowenig wie im gewöhnlichen Wiederaufnahmeverfahren (oben Rdn. 125) die Wiederaufnahme zu dem Zweck beantragen, die Urteilsgründe dahin zu berichtigen, daß er unschuldig sei[225].

2. Das Verfahren

165   **a) Anwendbare Vorschriften der StPO.** § 79 Abs. 1 BVerfGG läßt die Wiederaufnahme nach den Vorschriften der Strafprozeßordnung zu. Das bezieht sich jedoch, da die Bestimmung einen selbständigen Wiederaufnahmegrund enthält (oben Rdn. 157), nicht auf diejenigen Vorschriften der §§ 359 ff, in denen die sachlichen Voraussetzungen der Wiederaufnahme bestimmt sind[226]. Außer den **§§ 359, 362, 364** ist insbesondere die einschränkende Vorschrift des **§ 363 nicht anwendbar**[227].

166   Auch bei der Anwendung der **strafprozessualen Vorschriften**, die das Verfahren bei der Wiederaufnahme regeln, ist zu berücksichtigen, daß die Wiederaufnahme nach § 79 Abs. 1 BVerfGG nicht wie die nach den §§ 359 ff dem Zweck dient, die Schuldfeststellungen des Urteils zu erschüttern, sondern daß ein auf grundgesetzwidriger Rechtsanwendung beruhendes Urteil aufgehoben werden soll. Diese unterschiedliche Zielrichtung läßt die Anwendung der verfahrensrechtlichen Vorschriften der §§ 359 ff nur mit bestimmten Abweichungen zu[228]. Bei ihrer Auslegung und Anwendung ist insbesondere dem Grundgedanken des § 79 Abs. 1 BVerfGG Rechnung zu tragen, daß der rechtskräftig Verurteilte so gestellt werden soll, als sei die Nichtigkeit der Norm schon vor der Rechtskraft festgestellt worden, so daß das angefochtene Urteil nicht ergangen oder auf ein Rechtsmittel aufgehoben worden wäre[229].

167   **b) Antragsberechtigte.** Wie im gewöhnlichen Wiederaufnahmeverfahren (§ 365, 3 ff) können den Antrag in erster Hinsicht der Verurteilte selbst und diejenigen Personen stellen, die **berechtigt** sind, zu seinen Gunsten **Rechtsmittel** einzulegen[230]. Ist der Verurteilte verstorben, so gilt **§ 361 Abs. 2**[231]. Denn wie auch sonst (§ 361 Abs. 1) steht der Wiederaufnahme nicht entgegen, daß der Verurteilte nicht mehr am Leben ist[232].

---

[223] *Asam* 55.

[224] OLG Schleswig SchlHA **1963** 61; vgl. unten Rdn. 171.

[225] *Asam* 41; *Bertram* MDR **1962** 537; *Creifelds* JR **1962** 362; a. A *Geiger* § 79 BVerfGG, 2.

[226] OLG Bamberg NJW **1962** 2168; OLG Celle NdsRpfl. **1963** 88; OLG München OLGSt § 363 S. 3; KK-*Schmidt* 21; KMR-*Paulus* 21; AK-*Loos* 31; *Pfeiffer/Fischer* 4; *Creifelds* JR **1962** 362; *Wasserburg* Handb. 253.

[227] BGHSt **18** 343; BGH NStZ **1997** 142, 143 mit Anm. *Dehn*; OLG München OLGSt § 363 S. 2; KK-*Schmidt* 21; KMR-*Paulus* 21; *Eb. Schmidt* Nachtr. II 5; AK-*Loos* 31; *Göhler* § 85, 10; *Maunz/Schmidt-Bleibtreu/Klein/Ulsamer* § 79 BVerfGG, 11; *Asam* 44; *Bertram* MDR **1962** 535; *Creifelds*

JR **1962** 362; *Kneser* AöR **89** 160; *Maurer* JZ **1963** 668 Fußn. 28; *Wasserburg* Handb. 253; **a. A** AG Zweibrücken NJW **1962** 1975; *Röhl* NJW **1960** 180.

[228] BGH NStZ **1997** 142, 143; *Maurer* JZ **1963** 669; a. A *Bertram* MDR **1962** 535, der das Verfahren der Strafprozeßordnung uneingeschränkt übernehmen will.

[229] *Maunz/Schmidt-Bleibtreu/Klein/Ulsamer* § 79 BVerfGG, 12.

[230] KMR-*Paulus* 23; *Göhler* § 85 OWiG, 15; *Asam* 95.

[231] *Asam* 96; *Hans* BB **1962** 781.

[232] OLG Hamm DAR **1963** 278; *Maunz/Schmidt-Bleibtreu/Klein/Ulsamer* § 79 BVerfGG, 8; *Asam* 97; *Bahlmann* MDR **1963** 542.

Antragsberechtigt ist auch, ohne daß es einer Zustimmung des Verurteilten bedarf[233], **168**
die **Staatsanwaltschaft**[234]. Nach verbreiteter Ansicht darf sie den Antrag nur zugunsten
des Verurteilten stellen[235]. Das trifft jedoch nicht zu. Vielmehr ist die Unterscheidung der
Antragstellung zugunsten oder zuungunsten des Verurteilten, die bei der Anwendung der
§§ 359, 362 eine Rolle spielt, in dem Wiederaufnahmeverfahren nach § 79 Abs. 1
BVerfGG, das nur das Ziel hat, die auf einem Verfassungsverstoß des Gesetzgebers beruhenden Fehlentscheidungen zu beseitigen, ohne jede Bedeutung[236]. Die Nichtanwendbar-
keit des § 362 folgt aus der Eigenständigkeit des in § 79 BVerfGG normierten Wiederaufnahmegrundes, führt aber nicht zum Ausschluß der Wiederaufnahme zuungunsten des Verurteilten; auch aus § 79 Abs. 2 Satz 1 BVerfGG läßt sich im Gegensatz zu *Dingeldey* (NStZ
1985 33) im Hinblick auf die Spezialvorschrift des § 79 Abs. 1 BVerfGG nichts Gegenteiliges herleiten. Der Einwand v. *Stackelbergs* (KK[1] § 359, 35), die hier vertretene Auffassung verstoße gegen das Verbot der Doppelbestrafung (Art. 103 Abs. 3 GG), zielt in Wahrheit gegen die Verfassungsmäßigkeit des § 362, die allerdings zu bejahen ist (§ 362, 1).

Der **Staatsanwaltschaft** muß ein **uneingeschränktes Antragsrecht** schon deshalb **169**
zustehen, weil sie die zuständige Vollstreckungsbehörde ist, aber nicht verpflichtet sein
kann, Urteile zu vollstrecken, die auf nichtigen Gesetzen beruhen[237]. Auch wenn der
Antrag nur bezweckt, das Urteil dadurch vollstreckbar zu machen, daß in dem Verfahren
nach § 79 Abs. 1 BVerfGG die angewendete nichtige Norm durch eine gültige ausgewechselt wird, ist die Staatsanwaltschaft daher zur Antragstellung befugt[238]. Ist das Urteil
bereits vollstreckt, so kann die Staatsanwaltschaft an der Wiederaufnahme aus anderen
Gründen (Haftentschädigung) interessiert sein[239].

c) Form und Inhalt des Wiederaufnahmeantrags

aa) Der Antragsteller muß entsprechend § 366 Abs. 1 den **gesetzlichen Grund** der **170**
Wiederaufnahme angeben. Er muß die Entscheidung des Bundesverfassungsgerichts
bezeichnen, mit der die Norm für nichtig oder für mit dem Grundgesetz unvereinbar
erklärt worden ist, und schlüssig darlegen, daß und weshalb das angefochtene Urteil auf
der Entscheidung beruht[240]. Die in § 366 Abs. 1 weiter geforderte Angabe der Beweismittel hat bei der Wiederaufnahme nach § 79 Abs. 1 BVerfGG keine Bedeutung[241].

bb) Der Wiederaufnahmeantrag kann nach § 359 auf Freisprechung, Verfahrensein- **171**
stellung oder Verurteilung zu einer milderen Strafe aufgrund einer anderen Strafnorm

---

[233] OLG Schleswig SchlHA **1963** 62; AG Stuttgart NJW **1963** 459; KMR-*Paulus* 23.

[234] KK-*Schmidt* 22.

[235] LG Aachen NJW **1962** 1973; AG Meppen NJW **1963** 1638 mit Anm. *Rutkowsky; Asam* 36, 95; *Dippel* in: Jescheck/Meyer 74; *Peters* Fehlerquel-len **3** 46; *Bahlmann* MDR **1963** 543; *Brauns* DRiZ **1963** 262; *Diller* JR **1963** 330; *Kneser* AöR **89** (1964) 158 ff; *Röhl* NJW **1960** 180; *Schmidt-Leich-ner* NJW **1962** 1370; v. *Stackelberg* NJW **1963** 701; a. A OLG Bremen NJW **1962** 2170; KMR-*Paulus* 23; *Bertram* MDR **1962** 535; *Reiff* NJW **1960** 1559, die auch einen Antrag zugunsten des Verurteilten zulassen wollen.

[236] OLG Celle NdsRpfl. **1963** 88; OLG Köln VRS **24** (1963) 381; OLG Oldenburg NJW **1963** 457; OLG Schleswig SchlHA **1963** 62; AG Stuttgart NJW **1963** 459; KK-*Schmidt* 18; KMR-*Paulus* 22; *Crei-felds* JR **1962** 362; *Maurer* JZ **1963** 667; dies gilt

allgemein und unabhängig davon, daß die verfas-sungswidrige oder verfassungswidrig ausgelegte Norm durch eine gültige Norm oder Norminterpre-tation ersetzt wird, insoweit **a. A** AK-*Loos* 29.

[237] Vgl. *Maurer* JZ **1963** 668 ff; oben Rdn. 155.

[238] OLG Bamberg NJW **1962** 2168; OLG Bremen NJW **1962** 2169; OLG Celle NdsRpfl. **1963** 88; OLG Hamm NJW **1962** 2266; OLG Köln NJW **1963** 456; VRS **24** (1963) 380; OLG Oldenburg NJW **1963** 457; LG Wiesbaden NJW **1963** 2332; AG Stuttgart NJW **1963** 458; a. A LG Aachen NJW **1962** 1973; AK-*Loos* 29; *Kneser* AöR **89** (1964) 160 Fußn. 14; nach Ansicht des OLG Nürn-berg MDR **1962** 1009 ist der Normentausch eine Entscheidung zugunsten des Angeklagten.

[239] Vgl. OLG Hamm DAR **1963** 278.

[240] BGH NStZ **1997** 142, 143; *Asam* 103.

[241] *Hans* BB **1962** 781; vgl. auch *Asam* 104.

Karl Heinz Gössel

gerichtet sein (vgl. § 359, 136 ff). Das gilt im Verfahren nach § 79 Abs. 1 BVerfGG **entsprechend**; nur die einschränkende Vorschrift des § 363 ist nicht anzuwenden (oben Rdn. 163). Da es bei der Verurteilung aufgrund einer nichtigen Norm nur darauf ankommt, im Interesse des Verurteilten, aber auch in dem der Allgemeinheit, einen verfassungswidrigen Zustand zu beseitigen, ist eine zusätzliche prozessuale **Beschwer** nicht erforderlich und der Antrag auch zulässig, wenn Freisprechung oder mildere Bestrafung im Ergebnis nicht zu erwarten ist[242], insbesondere, wenn es dem Antragsteller nur darum geht, daß in dem Urteil die nichtige Norm gegen eine gültige ausgewechselt wird[243]. Verfassungsrechtliche Bedenken bestehen hiergegen nicht[244].

172   Die **Beschränkung des Antrags** auf einzelne tatmehrheitliche Verurteilungen ist zulässig, grundsätzlich aber nicht die Beschränkung auf einen einzelnen rechtlichen Gesichtspunkt bei einer Verurteilung wegen mehrerer in Tateinheit (§ 52 StGB) stehender Taten[245]. Wenn die Strafe einer gültigen Vorschrift entnommen worden ist, kann der Antrag aber darauf beschränkt werden, daß die weitere tateinheitliche Verurteilung, die auf einer nichtigen Strafvorschrift beruht, in Wegfall gebracht oder daß die nichtige Vorschrift durch eine gültige ersetzt wird[246].

173   **d) Gerichtliche Zuständigkeit.** Für die **örtliche** Zuständigkeit ist die Regelung der § 367 Abs. 1 StPO, § 140 a GVG maßgebend[247]. Daher muß ein anderes Gericht, in den Fällen des § 140 a Abs. 3 bis 6 GVG ein anderer Spruchkörper desselben Gerichts über den Wiederaufnahmeantrag entscheiden. Der Antrag muß grundsätzlich bei dem Gericht gestellt werden, das für die Entscheidung zuständig ist. Nur der Verurteilte kann ihn auch bei dem Gericht anbringen, dessen Urteil er anficht (§ 367 Abs. 1 Satz 2). Vgl. im übrigen die Erläuterungen zu § 367.

174   **Sachlich** zuständig ist der Tatrichter, der zuletzt über die Schuldfrage entschieden hat[248]; insoweit gelten dieselben Grundsätze wie bei § 367[249]. Der Tatrichter ist nach der Neufassung des § 140 a GVG durch das 1. StVRG auch zuständig, wenn das Verfahren durch eine Entscheidung des Revisionsgerichts beendet worden ist, aber nunmehr eine erneute Hauptverhandlung stattfinden muß[250]. Für den Fall, daß auf den Wiederaufnahmeantrag sofort abschließend entschieden werden kann, wird in der Rechtsprechung auch das Revisionsgericht für zuständig gehalten, das die nichtige Strafvorschrift angewendet hatte[251]. Dem ist nicht zuzustimmen. Der Regelung des § 140 a Abs. 1 Satz 2 GVG ist zu entnehmen, daß das Revisionsgericht von der erstinstanzlichen Entscheidung über Wiederaufnahmeanträge stets entlastet sein soll; im Verfahren nach § 79 Abs. 1 BVerfGG kann nichts anderes gelten.

---

[242] *Kleinknecht* NJW **1952** 1190.
[243] OLG Bamberg NJW **1962** 2168; OLG Bremen NJW **1962** 2169; OLG Celle NdsRpfl. **1963** 88; OLG Hamm NJW **1962** 2266; DAR **1963** 278; OLG Köln NJW **1963** 467; VRS **24** (1963) 380; OLG München OLGSt § 363 S. 1; OLG Nürnberg NJW **1962** 2264; OLG Oldenburg NJW **1963** 457; OLG Schleswig SchlHA **1963** 61; AG Stuttgart NJW **1963** 458; KMR-*Paulus* 19; *Asam* 125; *Bahlmann* MDR **1963** 542; *Creifelds* JR **1962** 362; **a. A** AG Meppen NJW **1963** 1636 mit zust. Anm. *Rutkowsky*; AG Zweibrücken NJW **1962** 1975; *Kaiser* NJW **1962** 1704; *Kistner* DRiZ **1962** 121 Fußn. 41; *Röhl* NJW **1960** 180.
[244] BVerfGE **15** 307.
[245] OLG Hamm NJW **1962** 68; *Bertram* MDR **1962** 536.
[246] *Asam* 44; *Creifelds* JR **1962** 362.

[247] AK-*Loos* 32.
[248] OLG Düsseldorf NJW **1962** 2266 ff; OLG Koblenz NStZ-RR **1997** 111.
[249] Vgl. dort Rdn. 6 ff; **a. A** OLG Bremen NJW **1962** 2170 und *Asam* 59, die auch im Fall der Strafmaßberufung das Berufungsgericht entscheiden lassen wollen.
[250] BGHSt **18** 342; KK-*Schmidt* 22; KMR-*Paulus* 24; **a. A** OLG Hamm **1962** 2265 und *Asam* 99 ff; jedoch zur – nunmehr überholten – alten Rechtslage.
[251] OLG Hamburg NJW **1963** 503 L; OLG Hamm NJW **1962** 2266; OLG Köln NJW **1963** 456; KMR-*Paulus* 24; *Maurer* JZ **1963** 670; *Creifelds* JR **1962** 363 hält das Revisionsgericht jedenfalls dann für zuständig, wenn es die nichtige Norm erstmals angewendet hat; *Asam* 101 will das Revisionsgericht auch entscheiden lassen, wenn die Voraussetzungen des § 371 nicht vorliegen.

Hat der Tatrichter den Wiederaufnahmeantrag zu Unrecht als unzulässig oder unbe- **175** gründet verworfen, so kann über ihn auch das **Gericht**, das mit der **sofortigen Beschwerde** nach § 372 Satz 1 befaßt ist, endgültig entscheiden, wenn eine Erneuerung der Hauptverhandlung nicht erforderlich ist[252].

3. Die Entscheidungen

a) Zwischenentscheidungen. In dem Verfahren nach den §§ 359 ff wird unter Wahr- **176** unterstellung des Wiederaufnahmevorbringens (§ 368, 18) zunächst über die Zulässigkeit des Antrags und erst dann, regelmäßig nach Erhebung der erforderlichen Beweise (§ 369, 1), über seine Begründetheit entschieden (§ 370). Ein so umständliches Verfahren ist bei der Wiederaufnahme nach § 79 Abs. 1 BVerfGG nicht notwendig, weil es hier nur um rechtliche Fragen geht, die keines Beweises bedürfen. Daher ist, wenn der Antrag begründet erscheint, eine besondere **Entscheidung über** seine **Zulässigkeit** nicht erforderlich[253]. Wenn eine neue tatrichterliche Verhandlung stattfinden muß, wird sofort nach § 370 Abs. 2 über die Wiederaufnahme entschieden[254]. Ist nur die Auswechslung einer nichtigen durch eine gültige Vorschrift beantragt, so kann regelmäßig sofort die endgültige Entscheidung getroffen werden[255].

b) Entscheidungsform. Eine Entscheidung über den Wiederaufnahmeantrag ohne **177** Erneuerung der Hauptverhandlung durch Beschluß (§ 371, 25) sieht das Gesetz in § 371 Abs. 1 und 2 nur für den Fall vor, daß der Verurteilte verstorben ist oder daß er sofort freigesprochen werden kann und die Staatsanwaltschaft diesem vereinfachten Verfahren zustimmt. In dem Wiederaufnahmeverfahren nach § 79 Abs. 1 BVerfGG ist vielfach eine neue Hauptverhandlung nicht nötig, insbesondere, wenn es nur darum geht, eine nichtige Rechtsnorm durch eine gültige zu ersetzen. In entsprechender Anwendung des § 371 kann dann durch **Beschluß** entschieden werden[256]. Die Zustimmung der Staatsanwaltschaft ist, anders als in den Fällen des § 371 Abs. 2, nicht erforderlich[257]. Verfassungsrechtliche Bedenken gegen diese Art der Entscheidung bestehen nicht[258].

c) Entscheidungsinhalt. Die Wiederaufnahme ist nur insoweit anzuordnen, als das **178** Urteil auf der für nichtig erklärten Norm **beruht**. Ausnahmsweise, wenn insoweit keine Trennung möglich ist, muß sie sich auch auf die Anwendung von Vorschriften erstrecken, die nicht unmittelbar durch den Wiederaufnahmegrund betroffen sind[259]. Das gilt insbesondere, wenn der Angeklagte wegen einer einheitlichen Tat im Sinne des § 52 StGB verurteilt worden ist[260]. Da es sich bei § 79 Abs. 1 BVerfGG um einen Wiederaufnahmegrund besonderer Art handelt, der zwar die Anwendung des materiellen Rechts, regelmäßig aber nicht die **tatsächlichen Feststellungen** des Urteils berührt, kann die Wiederaufnahme selbst in den Fällen, in denen eine neue Hauptverhandlung vor dem Tatrichter

---

[252] Vgl. OLG Hamm DAR **1963** 278; OLG Köln VRS **24** (1963) 380; OLG München OLGSt § 363 S. 1; OLG Nürnberg NJW **1962** 2264; OLG Koblenz NJW **1996** 3351, 3353; KMR-*Paulus* 24.

[253] OLG Koblenz NJW **1996** 3351, 3353; OLG Oldenburg NJW **1963** 458; *Bertram* MDR **1962** 356; **a. A** AG Preetz NJW **1967** 68; KK-*Schmidt* 25; KMR-*Paulus* 25; AK-*Loos* 32; *Asam* 49; *Kneser* AöR **89** (1964) 166, die auf einen Zulassungsbeschluß nicht verzichten wollen.

[254] BGHSt **19** 281.

[255] AG Stuttgart NJW **1963** 459; unten Rdn. 177.

[256] OLG Bamberg NJW **1962** 2169; OLG Bremen NJW **1962** 2171; OLG Celle NdsRpfl. **1963** 88; OLG Hamburg NJW **1963** 503 L; OLG Hamm

NJW **1962** 2266; DAR **1963** 278; OLG Koblenz NStZ-RR **1997** 111, 112; OLG Köln NJW **1963** 467; VRS **24** (1963) 382; OLG München OLGSt § 363 S. 1; OLG Nürnberg NJW **1962** 2264; OLG Oldenburg NJW **1963** 458; OLG Schleswig SchlHA **1963** 62; LG Wiesbaden NJW **1963** 2332; KK-*Schmidt* 25; KMR-*Paulus* 25; *Bertram* MDR **1962** 536; *Creifelds* JR **1962** 363; *Maurer* JZ **1963** 670; *Schmidt-Leichner* NJW **1962** 1370; *Wasserburg* Handb. 259 f; **a. A** LG Essen NJW **1962** 1976; *Kneser* AöR **89** 168; *v. Stackelberg* NJW **1963** 701.

[257] KMR-*Paulus* 25.

[258] BVerfGE **15** 306.

[259] BGHSt **19** 280.

[260] OLG Hamm NJW **1962** 68; KMR-*Paulus* 26.

Karl Heinz Gössel

erforderlich ist, unter Aufrechterhaltung dieser Feststellungen angeordnet werden[261]. Etwas anderes gilt nur, wenn zu besorgen ist, daß die tatsächlichen Feststellungen gerade deshalb unvollständig sind, weil der Tatrichter von der Rechtswirksamkeit der angewendeten Strafnorm ausgegangen ist[262].

179   **d) Kostenentscheidung.** Wenn der Wiederaufnahmeantrag verworfen wird, gelten die allgemeinen Regeln über erfolglose Rechtsmittel der Abs. 1 bis 4 des § 473 entsprechend (**§ 473 Abs. 6 Nr. 1**); § 95 Abs. 3 Satz 3 BVerfGG ist nicht anwendbar[263]. Hat er Erfolg und wird das Urteil aufgehoben und zugunsten des Verurteilten geändert oder das Verfahren nach § 153 a eingestellt[264], so ist nach § 467 über die Kosten des ganzen Verfahrens zu entscheiden. Anders ist es, wenn nur die nichtige Norm gegen eine gültige ausgewechselt wird. Dann beschränkt sich die Entscheidung auf die Kosten der Wiederaufnahme und die dem Verurteilten in diesem Verfahren entstandenen notwendigen Auslagen[265]; sie sind in sinngemäßer Anwendung der § 467 Abs. 1, § 473 Abs. 1 der Staatskasse aufzuerlegen[266]. Nach anderer Ansicht[267] ist § 8 GKG entsprechend anzuwenden. Einige Gerichte[268] verfahren nach beiden Gesichtspunkten.

III. Die Wiederaufnahme aus Wiedergutmachungsgründen

1. Beseitigung oder Wiedergutmachung von Unrecht in der Strafrechtspflege der NS-Zeit

180   Abschnitt II Nr. 5 der Kontrollrats-Proklamation Nr. 3 vom 20. 10. 1945 (ABlKR 6) bestimmte, daß Verurteilungen aufzuheben sind, die unter dem NS-Regime aus politischen, rassischen oder religiösen Gründen erfolgt sind. Daraufhin wurden in allen Ländern der Bundesrepublik **Gesetze zur Beseitigung oder Wiedergutmachung nationalsozialistischen Unrechts in der Strafrechtspflege** erlassen[269]. Sie gelten heute noch; in

---

261 BGHSt **18** 339; **19** 282; OLG Bremen NJW **1962** 2170; OLG Düsseldorf NJW **1962** 2265; OLG Hamm NJW **1962** 68, 2266; KK-*Schmidt* 25; KMR-*Paulus* 26; *Bertram* MDR **1962** 536; *Creifelds* JR **1962** 363; *Kneser* AöR **89** 169; *Krüger* HambJVBl. **1962** 49; *Maurer* JZ **1963** 670; **a. A** *v. Stackelberg* NJW **1963** 701, der die „volle Durchführung" der Vorschriften der Strafprozeßordnung verlangt.

262 *Asam* 22 ff.

263 OLG Stuttgart NJW **1997** 206 f. ·

264 OLG Stuttgart NJW **1997** 206.

265 OLG Bremen NJW **1962** 2169, 2171; AG Stuttgart NJW **1963** 458; KK-*Schmidt* 25.

266 OLG Bremen NJW **1962** 2169, 2171; OLG Hamburg NJW **1963** 503 L; OLG Oldenburg NJW **1963** 458; OLG Schleswig SchlHA **1963** 63; LG Wiesbaden NJW **1963** 2333; AG Stuttgart NJW **1963** 459; KK-*Schmidt* 25; KMR-*Paulus* 27; vgl. auch *Eb. Schmidt* Nachtr. II § 473, 30; *Peters* Fehlerquellen **3** 178.

267 OLG Hamm NJW **1962** 2267; OLG Köln VRS **24** (1963) 382.

268 OLG Bamberg NJW **1962** 2169; OLG Celle NdsRpfl. **1963** 88; OLG Köln NJW **1963** 457; vgl. auch *Creifelds* JR **1962** 373.

269 Vgl. für die britische Zone (**Hamburg, Niedersachsen, Nordrhein-Westfalen, Schleswig-Hol-** **stein**) die Verordnung über die Gewährung von Straffreiheit vom 3. 6. 1947 (VOBl. BrZ **1947** 68); ebenso die gleichlautenden Gesetze zur Wiedergutmachung nationalsozialistischen Unrechts in der Strafrechtspflege, und zwar für **Bayern** vom 28. 5. 1946 (GVBl. 180), **Bremen** vom 27. 6. 1947 (GVBl. 84), **Hessen** vom 29. 5. 1946 (GVBl. 136) und **Württemberg-Baden** vom 31. 5. 1946 (RegBl. 205); für **Baden** die Verordnung zur Aufhebung von Urteilen der Strafgerichte und Beseitigung nationalsozialistischer Eingriffe in die Strafrechtspflege vom 23. 12. 1946 (ABl. 151), für **Rheinland-Pfalz** das Gesetz zur Beseitigung nationalsozialistischen Unrechts in der Strafrechtspflege vom 23. 2. 1948 (GVBl. 117) und für **Württemberg-Hohenzollern** die Rechtsanordnung zur Beseitigung nationalsozialistischen Unrechts in der Strafrechtspflege vom 16. 5. 1947 (RegBl. 67). In **Berlin** galt zunächst die Anordnung der Alliierten Kommandantura BK/O (47) 285 vom 18. 12. 1947 (VOBl. 1948 S. 10). Nach deren Aufhebung durch die BK/O (59) 107 vom 21. 12. 1950 (VOBl. 1951 I 35) gilt das Gesetz zur Wiedergutmachung nationalsozialistischen Unrechts auf dem Gebiet des Strafrechts vom 5. 1. 1951 (VOBl. I 31) i. d. F des Gesetzes vom 2. 12. 1952 (GVGBl. 1056); s. dazu *Mohr* NJW **1997** 914; *Spendel* JRP **1997** 41.

---

den vier Ländern der ehemals britischen Besatzungszone (Hamburg, Niedersachsen, Nordrhein-Westfalen, Schleswig-Holstein) wurde die zunächst geltende Verordnung über die Gewährung von Straffreiheit vom 3. 6. 1947 — StFVO[270] mangels eines angeblich nicht mehr bestehenden Regelungsbedürfnisses mit Wirkung vom 31. 12. 1968 aufgehoben[271]. Weil indessen ein derartiges Regelungsbedürfnis aber doch (noch) bestand, wurde mit dem Gesetz zur Beseitigung nationalsozialistischer Unrechtsurteile vom 25. Mai 1990 (BGBl. I 966) der alte Rechtszustand unter der StFVO im wesentlichen wieder hergestellt[272], jedoch nach § 2 Abs. 2 dieses Gesetzes nur für diejenigen gerichtlichen Entscheidungen, die noch nicht Gegenstand einer Entscheidung nach der StFVO waren[273]. Die Vorschriften, in denen Fristen zur Stellung der Aufhebungsanträge bestimmt waren, sind durch Art. IX Abs. 1 des BEG-Schlußgesetzes vom 14. 9. 1965 (BGBl. I 1315) aufgehoben worden. Absatz 2 dieser Vorschrift sieht eine Ersatzzuständigkeit für den Fall vor, daß die gesetzlichen Bestimmungen keine Zuständigkeit der Gerichte im Geltungsbereich des Gesetzes begründen. Absatz 3 läßt eine Wiederholung von Urteilsaufhebungsanträgen zu, die wegen Fristablaufs oder Unzuständigkeit des Gerichts verworfen worden sind.

181 Die Urteilsaufhebung nach den Wiedergutmachungsgesetzen ist ein **vereinfachtes Wiederaufnahmeverfahren**, bei dem es nur auf den Nachweis ankommt, daß die Entscheidung durch nationalsozialistisches Unrechtsdenken beeinflußt war. Noch heute werden gelegentlich Wiederaufnahmeanträge gestellt, die in Wahrheit darauf abzielen, das Urteil aus diesem Grunde aufzuheben. Ein Verfahren nach den §§ 359 ff findet dann nicht statt. Die Urteilsaufhebung nach den Wiedergutmachungsgesetzen geht vor.

182 **2. Beseitigung oder Wiedergutmachung von Unrecht in der Strafrechtspflege der DDR.** Schon in der Zeit nach der Entmachtung der SED im Jahre 1989 (sog. Wende) und noch vor dem Beitritt der DDR zur Bundesrepublik Deutschland am 3. Oktober 1990 (Art. 1 EinigungsV) hat sich die **DDR** „bemüht, eine Aufarbeitung des DDR-Unrechts zu ermöglichen"[274], einmal über den in der StPO/DDR vorgesehenen Rechtsbehelf der **Kassation**, zum anderen durch das schon nach der Unterzeichnung des EinigungsV am 6. 9. 1990 von der Volkskammer der DDR verabschiedete **RehabG**[275]. Insbesondere wegen des Nebeneinanders dieser unterschiedlichen Verfahren erwies sich diese Rechtslage als unbefriedigend, die schließlich in Erfüllung des Gesetzgebungsauftrags in Art. 17 EinigungsV durch das vom BTag am 29. 10. 1992 beschlossene und am 4. 11. 1992 in Kraft getretene **StRehaG** beseitigt wurde. Nach diesem Gesetz, das **fortan die einzige Grundlage** für Verfahren zur Beseitigung oder Wiedergutmachung von DDR-Unrecht bildete, konnte zunächst bis zum 31. 12 1994 (§ 7 Abs. 1 StRehaG i. d. F vom 29. 10. 1992), und kann jetzt noch, nach mehreren Verlängerungen der Antragsfrist zuletzt durch die Neufassung aufgrund Art. 3 des Gesetzes zur Verbesserung rehabilitierungsrechtlicher Vorschriften für Opfer der politischen Verfolgung in der ehemaligen DDR vom 1. 7. 1997 (BGBl. I S. 1609), bis zum 31. 12. 1999[276] beantragt werden, in der Zeit vom 8. 5. 1945 bis zum 2. 10. 1990 im Beitrittsgebiet erlassene strafgerichtliche Entscheidungen für rechtsstaatswidrig zu erklären und aufzuheben. In einem auch hier vereinfachten Wiederaufnahmeverfahren (oben Rdn. 181) wird nachgeprüft, ob die jeweilige strafgerichtliche

---

270 VOBl. BrZ **1947** 68.
271 BTDrucks. **II** 2344 S. 1 und 4.
272 OLG Düsseldorf NStE Nr. 2 zu § 1 UnrBesG und Nr. 1 zu § 2 UnrBesG; NJW **1994** 873, 875.
273 OLG Düsseldorf NStE Nr. 1 zu § 2 UnrBesG; OLG Schleswig NStE Nr. 1 zu § 1 UnrBesG hält aber insoweit den deklaratorischen Ausspruch bereits erfolgter Aufhebung für zulässig.

274 *Keck/Schröder/Tappert* 2.
275 Vgl. dazu die Beiträge von *Dürr* und *Sattler* in der FS zur Wiedererrichtung des OLG Jena (1994) 185 ff und 173 ff.
276 Näheres zu den verschiedenen Fristverlängerungen bis 1997 s. bei *Lemke* NJ **1996** 399.

Karl Heinz Gössel

Entscheidung mit wesentlichen Grundsätzen einer freiheitlichen rechtsstaatlichen Grundordnung unvereinbar ist. Ein Katalog demnach rechtsstaatswidriger Entscheidungen in § 1 Abs. 1 StrRehaG erleichtert diese Entscheidung; in Abs. 2 werden die Entscheidungen der berüchtigten sog. „Waldheim-Prozesse" aus dem Jahre 1950 für unwiderlegbar rechtsstaatswidrig erklärt.

183   Entsprechend zur Regelung bei der Beseitigung oder Wiedergutmachung von NS-Unrecht bleibt auch die **Wiederaufnahme** nach §§ 359 ff gegen **Entscheidungen der DDR-Strafgerichte** mangels besonderer Bestimmungen im EinigungsV dann unberührt, wird dieser Rechtsbehelf *nicht* mit der Unvereinbarkeit der angefochtenen Entscheidung mit wesentlichen Grundsätzen einer freiheitlichen rechtsstaatlichen Ordnung begründet[277] — eine auf diesen Grund gestützte Anfechtung einer Entscheidung eines DDR-Strafgerichts war nur in den oben Rdn. 182 genannten Verfahren möglich unter Ausschluß des — deswegen — unstatthaften Verfahrens nach §§ 359 ff. Wurde allerdings einem **Rehabilitierungsantrag nicht stattgegeben**, so ist gegen diese Entscheidung nach Eintritt der Rechtskraft nach der allgemeinen Verweisung auf die Vorschriften des GVG und der StPO in § 15 StrRehaG die Wiederaufnahme statthaft. Entsprechendes gilt unter analoger Anwendung des § 15 StrRehaG, wurde im Kassationsverfahren nach der StPO/DDR oder nach dem RehabG (oben Rdn. 182) die beantragte Rehabilitierung verweigert.

E. Reform

I. Geschichte

184   Eine Neuregelung des Rechts der Wiederaufnahme wird seit langem gefordert. Im älteren Schrifttum wird die Ansicht vertreten, das geltende Recht stehe mit wichtigen Grundsätzen des modernen Strafverfahrens in Widerspruch[278]. Insbesondere wird der Gesetzgeber dazu aufgerufen, der Neigung der Gerichte, Wiederaufnahmeanträge abzuwehren, durch geeignete Rechtsvorschriften entgegenzutreten[279].

185   Die **Reformentwürfe** von 1908 und 1919 sahen eine Neuregelung des Wiederaufnahmerechts in wenigen Paragraphen unter Abschaffung der äußeren Trennung der Fälle der Wiederaufnahme zugunsten und zuungunsten des Angeklagten vor[280]. Die Wiederaufnahme zugunsten des Angeklagten sollte gegenüber dem geltenden Recht dahin eingeschränkt werden, daß sie nur zulässig ist, wenn die Unschuld des Verurteilten oder das Fehlen eines begründeten Tatverdachts dargetan wird. Umfangreichere Änderungen des geltenden Rechts schlug erst Art. 70 Nr. 195 des EGStGB-Entwurfs von 1930 vor[281]. Danach sollten die Wiederaufnahmegründe des § 359 Nr. 1, 2 und 4 entfallen, weil sie ohnehin nur Unterfälle des allgemeinen Wiederaufnahmegrundes des § 359 Nr. 5 seien. Als zulässiges Ziel der Wiederaufnahme wurde ausdrücklich auch die Einstellung des Verfahrens bezeichnet. Ferner war vorgesehen, den Begriff der Neuheit von Tatsachen und Beweismitteln dahin zu bestimmen, daß es darauf ankommt, ob sie bei der Urteilsfällung berücksichtigt worden sind.

186   Nach dem **StPO-Entwurf von 1939** sollte die Wiederaufnahme nur eine von mehreren Möglichkeiten der Beseitigung rechtskräftiger Urteile sein. Vorgesehen waren außerdem

---

[277] *Kemper/Lehner* 330; *Pfister* 167; auch die Übergangsregelung in Anlage I Kapitel III Sachgebiet A Abschnitt III Nr. 14 lit g zum EinigungsV geht von der Statthaftigkeit von Wiederaufnahmeverfahren aus.

[278] S. oben Rdn. 12; *v. Hentig* 22; *Hellm. Mayer* GerS **99** (1930) 314; vgl. auch *Alsberg* Justizirrtum 47: „selten hat aber wohl eine gesetzgeberische Schöpfung die Idee ihres Schöpfers weniger verwirklicht als diese".

[279] Vgl. *Dahs* Hdb. 886; *Peters* JR **1977** 218: „einseitige Abwehrhaltung"; so schon früher *Sello* 427; *Alsberg* Justizirrtum 84.

[280] Vgl. *Deml* 13 f; *Dippel* GA **1972** 112 ff.

[281] Dazu *Dippel* GA **1972** 113.

die Nichtigkeitsbeschwerde und der außerordentliche Einspruch. Wiederaufnahme sollte zugunsten und zuungunsten des Angeklagten unter im wesentlichen gleichen Voraussetzungen zulässig sein. Große Teile dieser Reformvorhaben sind durch Art. 1 § 3 des Gesetzes zur Änderung von Vorschriften des allgemeinen Strafverfahrens, des Wehrmachtsstrafverfahrens und des Strafgesetzbuchs vom 16. 9. 1939 (RGBl. I 1841), durch Art V §§ 34 ff der Zuständigkeitsverordnung vom 21. 2. 1940 und durch Art. 6 der 3. VereinfVO verwirklicht worden (vgl. bei §§ 359, 362, 363 unter „Entstehungsgeschichte").

II. Neuere Reformvorschläge

Nachdem im Jahre 1950 durch das VereinhG der bis 1933 bestehende Rechtszustand **187** im wesentlichen wiederhergestellt worden war, wurde **erneut die Forderung erhoben**, das Wiederaufnahmerecht grundlegend zu verbessern. Insbesondere der Strafrechtsausschuß der Bundesrechtsanwaltskammer, der in der Neuordnung des Wiederaufnahmerechts ein „dringendes Gebot der Stunde" sah[282], hat in den Leitsätzen 35 bis 57 der 1971 erschienenen Denkschrift zur Reform des Rechtsmittelrechts und der Wiederaufnahme des Verfahrens im Strafprozeß Vorschläge gemacht, die darauf hinauslaufen, das Wiederaufnahmerecht einseitig zugunsten des Verurteilten zu ändern. Einer der wichtigsten Reformvorschläge geht dahin, die Wiederaufnahme zugunsten des Verurteilten nach § 359 Nr. 5 schon zuzulassen, wenn nicht auszuschließen ist, daß die neuen Tatsachen oder Beweismittel zur Freisprechung oder zu einer wesentlichen Milderung der Strafe führen[283]; zurückhaltender wird im Schrifttum eine gesetzliche Klarstellung dahingehend verlangt, daß die Wiederaufnahme propter nova schon bei ernstlichen Zweifeln des Wiederaufnahmerichters „an der Richtigkeit des angegriffenen Urteils"[284] anzuordnen sei. Darüberhinaus wurde vorgeschlagen, dem Wiederaufnahmeverfahren ein staatsanwaltschaftliches Ermittlungsverfahren vorzuschalten[285] und „die Bedeutung der Zulässigkeitsprüfung zugunsten der Begründetheitsprüfung zu verringern"[286]. Einen Teil der Reformforderungen hat der Gesetzgeber mit der Einfügung der §§ 364 a und 364 b erfüllt. Mit der Zuständigkeitsregelung des § 140 a GVG ist er sogar weit über die Wünsche derjenigen hinausgegangen, die die früher erkennenden Richter von der Mitwirkung an der Wiederaufnahmeentscheidung ausschließen wollen.

Eine umfassende Reform des Wiederaufnahmerechts hat auch der **Gesetzgeber** noch **188** im Jahre 1974 für notwendig gehalten[287]. Inzwischen scheint sich aber die zutreffende Erkenntnis durchzusetzen, daß eine gesetzliche Neuregelung nur Teil einer — in weite Ferne gerückten[288] — allgemeinen Strafverfahrensreform, mindestens aber einer Reform des Rechtsmittelsystems der Strafprozeßordnung sein kann[289]; darüberhinaus werden mit Recht „Präventivmaßnahmen" zur Vermeidung von Fehlurteilen „im Bereich des Grund- und Rechtsmittelverfahrens" und zusätzliche Rehabilitationsmaßnahmen für die Opfer von Justizirrtümern verlangt[290]. Weitere Vorabentscheidungen des Gesetzgebers erscheinen weder zweckmäßig noch geboten. Mit dem geltenden Recht lassen sich Fehlurteile beseitigen, wenn der Wiederaufnahmeantrag mit der erforderlichen Sorgfalt gestellt und bearbeitet wird. In seiner Monographie aus dem Jahre 1979 kommt *Deml* deshalb auch mit

---

[282] Denkschrift 74.

[283] Vgl. dazu *Dippel* GA **1972** 123; kritisch *Hanack* JZ **1973** 402 ff.

[284] *Deml* 174; s. a. *Schöneborn* 198.

[285] Vgl. § 364 c des Regierungsentwurfs einer 1. StVRG. BTDrucks. **7** 551, s. dazu *Dippel* in: Jescheck/Meyer 119; *Ecket* ZStW **84** (1972) 940 ff;

Hanack JZ **1973** 393, 397 ff; *J. Meyer* ZStW **84** (1972) 934 f; *Schöneborn* 199.

[286] *Rieß* FS Schäfer 216.

[287] Vgl. BTDrucks. **7** 2600 S. 7.

[288] Vgl. Einl. Abschn. E IX 2.

[289] Vgl. *Dippel* GA **1972** 123 ff; *J. Meyer* ZStW **84** (1972) 935; *Rieß* FS Schäfer 155.

[290] *Deml* 172.

Recht zu einem zurückhaltenderen Ergebnis über die Mängel des derzeitigen Verfahrens: trotz aller Nachteile und Verbesserungsmöglichkeiten bestehe „für eine Ablösung des derzeitigen Systems in seiner Gesamtheit . . . kein Anlaß"[291], und in seiner Übersicht über den Stand der Reformdiskussion stellt *Rieß* im Jahre 1992 fest, „die Grundstruktur unseres Wiederaufnahmeverfahrens" werde „nicht ernsthaft in Frage gestellt"[292].

189 Im einzelnen wird **derzeit** insbesondere **vorgeschlagen**, schon de lege lata solle die Frage der Geeignetheit zur Erreichung des Wiederaufnahmeziels vom Standpunkt des Wiederaufnahmegerichts beurteilt werden (so auch § 359, 141 ff; § 370, 22); weiter sei eine bei der derzeitigen Praxis angeblich vorprogrammierte Vorverlagerung der Begründetheitsprüfung schon in die Zulässigkeitsprüfung dadurch zu vermeiden, daß „die Eignungsklausel des § 359 Nr. 5 und ihr Verhältnis zur Bestätigungsformel in § 370" gesetzlich neu geregelt würden[293]. Überdies solle die Wiederaufnahme auch wegen bloßer Rechtsfehler zulässig werden[294], und endlich wird gefordert, den derzeitigen Ausschluß der Strafmaßwiederaufnahme in § 363 (und z. T. auch in § 359 Nr. 5) zu beseitigen[295]. Nach wie vor kontrovers wird auch die Wiederaufnahme zuungunsten des Verurteilten diskutiert[296].

190 Dem Bundestag liegt gegenwärtig ein von der SPD-Fraktion eingebrachter umfassender **Entwurf zur Reform der Wiederaufnahme** vor[297], der eine Vielzahl dieser Reformvorschläge aufgreift. Wegen der Einzelheiten s. bei den einzelnen Vorschriften unter „geplante Änderungen".

§ 359

Die Wiederaufnahme eines durch rechtskräftiges Urteil abgeschlossenen Verfahrens zugunsten des Verurteilten ist zulässig,
1. **wenn eine in der Hauptverhandlung zu seinen Ungunsten als echt vorgebrachte Urkunde unecht oder verfälscht war;**
2. **wenn der Zeuge oder Sachverständige sich bei einem zuungunsten des Verurteilten abgelegten Zeugnis oder abgegebenen Gutachten einer vorsätzlichen oder fahrlässigen Verletzung der Eidespflicht oder einer vorsätzlich falschen uneidlichen Aussage schuldig gemacht hat;**
3. **wenn bei einem Urteil ein Richter oder Schöffe mitgewirkt hat, der sich in Beziehung auf die Sache einer strafbaren Verletzung seiner Amtspflichten schuldig gemacht hat, sofern die Verletzung nicht vom Verurteilten selbst veranlaßt ist;**
4. **wenn ein zivilgerichtliches Urteil, auf welches das Strafurteil gegründet ist, durch ein anderes rechtskräftig gewordenes Urteil aufgehoben ist;**
5. **wenn neue Tatsachen oder Beweismittel beigebracht sind, die allein oder in Verbindung mit den früher erhobenen Beweisen die Freisprechung des Angeklagten oder in Anwendung eines milderen Strafgesetzes eine geringere Bestrafung oder eine wesentlich andere Entscheidung über eine Maßregel der Besserung und Sicherung zu begründen geeignet sind.**

[291] *Deml* 173.
[292] *Rieß* NStZ **1994** 155.
[293] *Rieß* NStZ **1994** 157; vgl. auch AK-*Loos* 39.
[294] Diese Forderung wird insbesondere in der Diskussion um den sog. „Ossietzky-Beschluß" – BGHSt **39** 75 – vielfach erhoben; s. dazu im Einzelnen oben Rdn. 15 und § 359, 76.
[295] *Rieß* NStZ **1994** 158.
[296] *Rieß* NStZ **1994** 159.
[297] Entwurf eines Gesetzes zur Reform des strafrechtlichen Wiederaufnahmerechts vom 29. 1. 1996, BT-Drucks. **13** 3594; vgl. zu diesem Entwurf *van Essen* Kriminalistik **1996** 762.

Schrifttum. *Arndt* Zulässigkeit der Wiederaufnahme mit dem Ziel des Wegfalls einer milderen ideell konkurrierenden Strafbestimmung? GA **73** (1929) 166; *Dickersbach* Berechtigen prozessuale Tatsachen zur Wiederaufnahme des Strafverfahrens nach § 359 Nr. 5 StPO? Gleichzeitig ein Beitrag zur Folge der Nichtigkeit von Strafurteilen, Diss. Köln 1960; *Ditzen* Über die Wiederaufnahme des Verfahrens auf Grund neuen Zeugenbeweises, GerS **47** (1892) 126; *Eckstein* Die Wiederaufnahme des Strafverfahrens wegen Anwendbarkeit eines milderen Strafgesetzes, GerS **85** (1917) 107; *Janischowsky* Aus der Praxis des Nürnberger Strafsenats, FS Nüchterlein (1978) 149; 159; *Kaut* Die Prüfung der Erheblichkeit bisher zurückgehaltener Tatsachen und Beweismittel im Wiederaufnahmeverfahren nach § 359 Nummer 5 StPO, JR **1989** 137; *Klee* Sachverständigengutachten als Wiederaufnahmegrund, DStR **1938** 423; *Kretschmann* Sachverständige als neues Beweismittel im Sinne des § 399 Abs. 5 StPO, Recht **1917** 501; *Lampe* Die Durchbrechung der materiellen Rechtskraft bei Strafurteilen, GA **1968** 33; *Maatz* Doppelverurteilungen in Fällen fortgesetzter Handlungen, MDR **1986** 285; *J. Meyer* Zum Begriff der Neuheit von Tatsachen oder Beweismitteln im Wiederaufnahmeverfahren, JZ **1968** 7; *Karlheinz Meyer* Wiederaufnahmeanträge mit bisher zurückgehaltenem Tatsachenvortrag, FS II Peters 387; *Meyer-Goßner* Die Beseitigung materiell-rechtlich widersprüchlicher Entscheidungen von Strafgerichten, FS Salger 345; *Olbricht* Zur Auslegung des § 399 Ziffer 5 StPO. Begriff der „neuen Tatsachen", GA **48** (1901) 100; *Perels* Zum Verhältnis von Wiederaufnahmeantrag und Urteilsberichtigung und seinen kostenrechtlichen Folgen, NStZ **1985** 538; *W. Schmidt* Die „Beibringung" neuer Tatsachen oder Beweismittel als Wiederaufnahmegrund nach § 359 Ziffer 5 StPO; NJW **1958** 1332; *Schneidewin* Konkurrierende Wiederaufnahmegründe, JZ **1957** 537; *Schorn* Bemerkungen zum Wiederaufnahmegrund des § 359 Ziff. 5 StPO, MDR **1965** 869; *v. Spindler* Zu § 399 Ziff. 5 StPO, GA **53** (1906) 433; *Stern* Zur Verteidigung des Verurteilten in der Wiederaufnahme, NStZ **1993** 409; *Wagner* Wiederaufnahmeverfahren bei rechtskräftiger Zweitverurteilung von Ersatzdienstverweigerern? JuS **1970** 380; s. auch die Nachweise Vor § 359.

Entstehungsgeschichte. Art. 2 Nr. 31 AGGewVerbrG fügte einen Absatz 2 an, der die Wiederaufnahme unter den Voraussetzungen des Absatzes 1 Nr. 5 zuließ, wenn die Tatsachen oder Beweismittel die Feststellung einer Tat oder einer früheren Verurteilung, auf die das Gericht die Anordnung einer Sicherungsmaßregel gegründet hatte, als unrichtig erscheinen ließen. Durch Art. 6 Nr. 1 der 3. VereinfVO erhielt § 359 folgende Fassung:

(1) Ein durch rechtskräftiges Urteil geschlossenes Verfahren wird wieder aufgenommen, wenn neue Tatsachen oder Beweismittel beigebracht sind, die allein oder verbunden mit den früheren geeignet sind,

1. die Freisprechung eines Verurteilten oder eine wesentlich mildere Ahndung oder statt der Verurteilung die Einstellung des Verfahrens zu begründen,
2. die Verurteilung eines Freigesprochenen oder eine wesentlich strengere Ahndung oder statt der Einstellung des Verfahrens die Verurteilung des Angeklagten zu begründen,
3. eine wesentlich andere Entscheidung über eine Maßregel der Sicherung und Besserung herbeizuführen.

(2) Die Wiederaufnahme zuungunsten des Angeklagten ist nur zulässig, wenn die neue Verfolgung zum Schutze des Volkes notwendig ist.

Art. 3 Nr. 151 VereinhG stellte im wesentlichen die bis 1933 geltende Fassung wieder her; nicht wieder eingefügt wurde aber der Satz 2 der Nummer 5 („In den vor dem Amtsrichter oder dem Schöffengericht verhandelten Sachen können nur solche Tatsachen oder Beweismittel beigebracht werden, welche der Verurteilte in dem früheren Verfahren einschließlich der Berufung nicht gekannt hatte oder ohne Verschulden nicht geltend machen konnte"). Durch Art. IV Nr. 9 PräsVerfG wurde in Nummer 3 das Wort „Geschworener" gestrichen. Art. 21 Nr. 86 EGStGB gab der Nummer 3 die geltende Fassung und ersetzte in Nummer 5 die Worte „Sicherung und Besserung" durch die Worte „Besserung und Sicherung". Bezeichnung bis 1924: § 399.

Geplante Änderungen. Nach Art. 1 Nr. 1 des Gesetzentwurfs der SPD-Fraktion für ein Gesetz zur Reform des strafrechtlichen Wiederaufnahmerechts (BTDrucks. **13** 3594) soll § 359 folgende Fassung erhalten:

Karl Heinz Gössel

„§ 359

(1) Die Wiederaufnahme eines durch rechtskräftiges Urteil abgeschlossenen Verfahrens zugunsten des Verurteilten ist zulässig,

1. wenn neue Tatsachen oder Beweismittel beigebracht oder

2. wenn im Urteil enthaltene offensichtliche Rechtsfehler oder durch das Urteil oder das letztinstanzliche Hauptverhandlungsprotokoll bewiesene offensichtliche Verletzungen der rechtsstaatlichen Verfahrensgrundsätze geltend gemacht werden, die allein oder in Verbindung mit den früher erhobenen Beweisen aus der Sicht des Wiederaufnahmegerichts die Möglichkeit begründen, daß sie zur Freisprechung des Angeklagten, zur Verfahrenseinstellung, zu einer wesentlich milderen Bestrafung oder zu einer wesentlich anderen Entscheidung über eine Maßregel der Besserung und Sicherung führen.

(2) Die Geltendmachung von Rechtsfehlern gemäß Absatz 1 Nr. 2 ist ausgeschlossen, wenn das erstinstanzliche Urteil in der zweiten Instanz bestätigt worden ist.

(3) Die Wiederaufnahme des Verfahrens ist zuzulassen, wenn der Europäische Gerichtshof für Menschenrechte die Konventionswidrigkeit des Urteils festgestellt hat. Dasselbe gilt, wenn sich aus einer Entscheidung des Gerichtshofes der Europäischen Gemeinschaften ergibt, daß das Urteil auf einer Verletzung des Gemeinschaftsrechts beruht."

S. ggfs. die Erläuterungen im Nachtrag zur 25. Auflage.

Übersicht

Alphabetische Übersicht

Karl Heinz Gössel

I. Übersicht über Gründe und Ziele der Wiederaufnahme zugunsten des Verurteilten

1. Wiederaufnahmegründe

1 **a) Absolute und relative Wiederaufnahmegründe.** Die Wiederaufnahmegründe lassen sich danach unterscheiden, ob sie mit absoluter oder mit relativer Wirkung ausgestattet sind. **Absolute** Wiederaufnahmegründe liegen dann vor, wenn bei Vorliegen ihrer Voraussetzungen die Wiederaufnahme unabhängig davon angeordnet werden muß, ob das angefochtene Strafurteil auf ihnen beruht und deshalb unrichtig ist[1]. Bei den **relativen** Wiederaufnahmegründen dagegen ist die Anordnung zur Wiederaufnahme davon abhängig, daß ihr Vorliegen das angefochtene Urteil inhaltlich beeinflußt hat.

2 **aa)** Lediglich § 359 Nr. 3 beinhaltet einen **absoluten** Wiederaufnahmegrund[2]. Zwar wird hier (und das erscheint selbstverständlich) eine Beziehung der dort erwähnten strafbaren Amtspflichtverletzung von Richtern oder Schöffen „auf die Sache" verlangt, nicht aber eine Urteilsbeeinflussung. Liegt eine derartige Amtspflichtverletzung vor, ist die Wiederaufnahme unabhängig davon anzuordnen, ob das Strafurteil (deswegen) unrichtig ist.

3 Damit werden indes **weder Aditions- noch Probationsverfahren** (Vor § 359, 105 ff, 134 ff) **entbehrlich**: die Zulässigkeit des auf einen absoluten Wiederaufnahmegrund gestützten Wiederaufnahmeantrags ist ebenso zu prüfen (§ 368), wie das Gericht den Nachweis über das Vorliegen des behaupteten absoluten Wiederaufnahmegrundes als geführt ansehen muß (§ 369).

4 **bb)** Dagegen lassen sich im übrigen nur **relative** Wiederaufnahmegründe ausmachen.

---

[1] BGHSt **31** 365, 372; KK-*Schmidt* 2; *Dippel* in: Jescheck/Meyer 73; *Peters* Fehlerquellen **3** 44; *Wasserburg* Handb. 270.

[2] BGHSt **31** 365, 372; KK-*Schmidt* 2; AK-*Loos* 34; *Pfeiffer/Fischer* 1; *Deml* 102; *Dippel* in: Jescheck/Meyer 73; *Neumann* 33; *Peters* Fehlerquellen **3** 46; *Wasserburg* Handb. 270.

Als Gegenstück zum absoluten Wiederaufnahmegrund des § 359 Nr. 3 kann § 359 **5** Nr. 5 angesehen werden: die relative Wirkung erscheint hier besonders weitgehend, weil die Anordnung der Wiederaufnahme davon abhängig ist, daß die Urteilsfeststellungen durch neue Tatsachen oder Beweismittel erschüttert sind. Einen relativen Wiederaufnahmegrund enthält auch **§ 359 Nr. 4**: die Aufhebung eines zivilgerichtlichen Urteils kann nur dann zur Wiederaufnahmeanordnung führen, wenn das angefochtene Strafurteil auf das aufgehobene zivilgerichtliche Urteil (kausal) gegründet war[3].

Die Gründe des **§ 359 Nr. 1 und 2** sind einem absoluten Wiederaufnahmegrund am **6** stärksten angenähert[4]: sie führen im Falle ihres Vorliegens schon dann zur Anordnung der Wiederaufnahme, wenn bloß nicht ausgeschlossen werden kann, daß das angefochtene Urteil auf ihnen beruht (§ 370 Abs. 1) — das bedeutet der Sache nach eine zur Umkehr der „Beweislast zugunsten des Verurteilten" führende gesetzliche Vermutung für das Beruhen des Urteils auf den falsa documenta[5], im Fall des § 362 Nr. 1, 2 freilich zu dessen Ungunsten.

b) Auf die Begehung einer Straftat gestützte Wiederaufnahmegründe. Wird die **7** Wiederaufnahme auf einen Grund gestützt, der die **Begehung einer Straftat** voraussetzt (§ 359 Nr. 2, 3; zu Nr. 1 s. unten Rdn. 21), so ist § 364 zu beachten. In diesen Fällen ist die Wiederaufnahme nach dem Grundsatz des § 364 Satz 1 nur zulässig, wenn wegen dieser Tat ein rechtskräftiges Urteil ergangen ist oder der Täter aus anderen Gründen als wegen Beweismangels nicht verfolgt werden kann. Da aber § 364 Satz 2 in allen Fällen die Wiederaufnahme nach § 359 Nr. 5 zuläßt, haben die übrigen Wiederaufnahmegründe bei der Wiederaufnahme zugunsten des Verurteilten nur noch geringe Bedeutung. Zum Verhältnis zwischen § 359 Nr. 2 und 5 vgl. § 364, 6 f.

c) Zusammentreffen mehrerer Wiederaufnahmegründe. Ein Wiederaufnahmeantrag *kann* auf mehrere der in § 359 bezeichneten Gründe gestützt werden. Keiner dieser **8** Wiederaufnahmegründe **schließt** die anderen **aus**[6].

Überdies *sollten* aber auch alle Wiederaufnahmegründe zugleich vorgebracht werden, **9** weil sich das Gericht nur mit den vorgebrachten Wiederaufnahmegründen befassen darf[7] und ein **Nachschieben** von Wiederaufnahmegründen im Beschwerdeverfahren im wesentlichen nicht in Betracht kommt (§ 372, 15 bis 18[8]).

d) Numerus clausus der Wiederaufnahmegründe. Die gesetzliche Aufzählung der **10** Wiederaufnahmegründe ist **abschließend** (s. dazu Vor § 359, 146).

2. Wiederaufnahmeziele. Mit dem Wiederaufnahmeantrag kann grundsätzlich jede **11** Entscheidung erstrebt werden, die den Verurteilten im Entscheidungstenor weniger belastet als die angefochtene Entscheidung; jedoch sind dabei die Beschränkungen der §§ 363, 364 zu beachten sowie im Falle des § 359 Nr. 5 zusätzlich die dort normierte Beschränkung der Wiederaufnahmeziele. So kann der Wiederaufnahmeantrag das **Ziel** verfolgen, die **Freisprechung** des Verurteilten, die **Einstellung** des Verfahrens oder die **mildere**

---

3 Zutr. *J. Meyer* Wiederaufnahmeverfahren 93 gegen *Dippel* in: Jescheck/Meyer 73 f; **a. A** – absoluter Wiederaufnahmegrund – KK-*Schmidt* 2 und *Pfeiffer/Fischer* 1.

4 Einen absoluten Wiederaufnahmegrund nehmen hier *J. Meyer* und *Dippel* wie in Fußn. 3 an, ebenso LR-*Meyer*[23] 1 und *Peters* Fehlerquellen **3** 46; vgl. aber *Deml* 101.

5 *Deml* 106; *Dippel* in: Jescheck/Meyer 75; s. a. § 370, 25.

6 So OLG Düsseldorf GA **1980** 393, 396 f für das Verhältnis von Nr. 2 zu Nr. 5; wie hier ferner KK-*Schmidt* 3; *Kleinknecht/Meyer-Goßner* 1; AK-*Loos* 3; *Dahs* Handb. 899; *Dippel* in: Jescheck/Meyer 76 Fußn. 297; *Neumann* 143; allgemein zur Konkurrenz der Wiederaufnahmegründe: *Schneidewin* in JZ **1957** 537.

7 *Dahs* Handb. 899.

8 S. auch *Dahs* Handb. 916.

Karl Heinz Gössel

Verurteilung aufgrund eines **anderen Strafgesetzes** (§ 363) zu erreichen, das eine geringere Strafe vorsieht. Auch eine **wesentlich andere Entscheidung über Maßregeln** der Besserung und Sicherung kann erstrebt werden (unten Rdn. 150 f). Auf einen dieser Zwecke muß der Antrag aber gerichtet sein, sonst ist er unzulässig[9]. Zur Antragsberechtigung vgl. §§ 365, 3 ff; zur Beschwer Vor § 359, 124 ff.

12   Hat das Urteil mehrere selbständige Taten (§ 53 StGB) zum Gegenstand, so kann die Wiederaufnahme auch unter **Beschränkung** auf eine oder einige von ihnen beantragt werden[10]. Das gilt auch, wenn es sich im verfahrensrechtlichen Sinn um eine einheitliche Tat (§ 264) handelt (vgl. § 370, 30). Auch die Beschränkung auf den Rechtsfolgenausspruch ist zulässig, soweit § 363 nicht entgegensteht[11], insbesondere, wenn mit dem Wiederaufnahmeantrag die Beseitigung der Strafschärfung wegen Rückfalls aufgrund der inzwischen aufgehobenen Vorschrift des § 48 a. F. StGB erstrebt wird[12].

12a   Die zulässigen Ziele der Wiederaufnahme zugunsten des Verurteilten sind überwiegend in **§ 359 Nr. 5** ausdrücklich genannt und deshalb zusammenfassend dort (unten Rdn. 124 ff) behandelt; da diese Ziele mit denen der übrigen in § 359 genannten Wiederaufnahmegründe übereinstimmen, werden die dortigen Ausführungen in Bezug genommen.

II. Unechte oder verfälschte Urkunden (Nummer 1)

13   **1. Urkundenbegriff.** Der im Schrifttum heftige Streit um den **Urkundenbegriff** i. S. des Wiederaufnahmerechts steht im umgekehrten Verhältnis zu seiner praktischen Bedeutsamkeit. Dies zeigt sich schon darin, daß bisher im Schrifttum keine obergerichtliche Entscheidung genannt worden ist, die jemals zum Urkundenbegriff im Wiederaufnahmerecht Stellung genommen hätte[13]. Entscheidend dürfte sein, daß jeder Fall des § 359 Nr. 1 unabhängig vom je verwendeten Urkundenbegriff zugleich ein novum i. S. des § 359 Nr. 5 darstellen wird[14]. Gleichwohl darf dieser Streit schon deshalb nicht unentschieden bleiben[15], weil der von § 359 Nr. 1 über § 370 verlangte Einfluß dieses Wiederaufnahmegrundes auf das angefochtene Urteil wesentlich geringer ist als im Falle des § 359 Nr. 5.

14   **a) Prozessualer Urkundenbegriff.** Eine Minderheit im Schrifttum befürwortet einen **einheitlichen Urkundenbegriff** im Strafprozeßrecht und versteht deshalb unter Urkunde i. S. des Wiederaufnahmerechts nur eine solche i. S. des § 249 Abs. 1 Satz 1 unter scharfer Trennung von den anderen dort genannten „als Beweis dienende(n) Schriftstücke(n)" und damit „eine beweisgerichtete handschriftlich unterzeichnete schriftliche Gedankenerklärung"[16]. Demgemäß sollen weder **Beweis-** und **Kennzeichen** noch **Zufallsurkunden** unter den Urkundenbegriff des Wiederaufnahmerechts fallen und ebensowenig **technische Aufzeichnungen** i. S. des § 268 StGB[17].

---

[9] KK-*Schmidt* 4; KMR-*Paulus* 15; *Kleinknecht/Meyer-Goßner* 2.

[10] BGHSt **14** 88; OLG Dresden *Alsb.* E **2** Nr. 276; *Kleinknecht/Meyer-Goßner* 3; AK-*Loos* 7; *Peters* Fehlerquellen **3** 93; *Neumann* JR **1927** 524; vgl. auch § 368, 30.

[11] BGHSt **11** 361; *Kleinknecht/Meyer-Goßner* 3; *Dalcke/Fuhrmann/Schäfer* 4; *Peters* Fehlerquellen **3** 130; vgl. auch § 368, 29; § 370, 30.

[12] BGHSt **11** 361; *Dahlke/Fuhrmann/Schäfer* 4; *Creifelds* JR **1962** 362; *Hanack* JZ **1974** 19.

[13] Vgl. dazu *Peters* Fehlerquellen **3** 48.

[14] *Deml* 108; *Hellm. Mayer* GerS **99** (1930) 333; *Peters* Fehlerquellen **3** 48.

[15] So aber *Wasserburg* Handb. 278 unter Hinweis auf eine angeblich „dogmatische Streitigkeit ohne große praktische Auswirkung".

[16] KK-*v. Stackelberg*[1] 10; ebenso schon *Peters* wie Fußn. 13; ähnlich auch *v. Kries* 704, der sich auf die Forderung nach einem einheitlichen Urkundenbegriff im Prozeßrecht beschränkt; s. dazu auch die bei *Neumann* 23 f Fußn. 9 und 10 zitierte weitere ältere Literatur.

[17] *Peters* Fehlerquellen **3** 49; ähnlich auch KK-*v. Stackelberg*[1] 10.

b) Materiell-rechtlicher Urkundenbegriff. Ein derart enges Verständnis des Urkun- **15** denbegriffs erscheint trotz der damit verbundenen Einschränkung der Wiederaufnahme zugunsten des Verurteilten im Hinblick auf die damit zugleich verbundene Einschränkung der Wiederaufnahme zuungunsten des Verurteilten (§ 362 Nr. 1) auch kriminalpolitisch durchaus verständlich[18]. Gleichwohl ist mit der weitaus überwiegenden Meinung unter **Urkunde** i. S. des **Wiederaufnahmerechts** eine solche **i. S. des materiellen Strafrechts** zu verstehen[19], also eine mindestens für Eingeweihte verständliche verkörperte Gedankenerklärung, die dazu geeignet und bestimmt ist, im Rechtsverkehr Beweis zu erbringen und die ihren Aussteller erkennen läßt[20].

aa) Für die Heranziehung des materiell-rechtlichen Urkundenbegriffs spricht zunächst **16** schon, daß entgegen *Peters*[21] der **Urkundenbegriff des § 249** sämtliche als Beweismittel dienende Schriftstücke erfaßt (s. bei § 249), aus dem ein besonderer Urkundenbegriff i. S. der StPO nicht herauskristallisiert werden kann[22]; auch dürfte die Auffassung von *Peters*, die Urkunde erhalte „ihren besonderen Charakter durch ihre gezielte Beweisbestimmung", die „das Vorhandensein eines Ausstellers" voraussetze, der das Schriftstück „handschriftlich" unterzeichnen müsse[23], im wesentlichen materiell-rechtliche Kriterien zur Bestimmung des Urkundenbegriffs i. S. des § 249 heranziehen und damit praktisch selbst einen — von der h. L. abweichenden — materiell-rechtlichen Urkundenbegriff zugrunde legen. Sind aber unter Urkunden i. S. des § 249 sämtliche als Beweismittel dienende Schriftstücke zu verstehen, so fallen darunter z. B. auch Schriftstücke, die keinen Aussteller erkennen lassen und deshalb i. S. der § 267 StGB, § 359 Nr. 1, § 362 Nr. 1 weder unecht sein noch verfälscht werden können[24]. Zudem ist hier von Bedeutung, daß § 359 Nr. 1, als Auswirkung auch des Inquisitionsprinzips, der materiellen Gerechtigkeit dient und damit jedenfalls auch der Beseitigung eines inhaltlich unrichtigen Urteils und nicht bloß der Beseitigung einer solchen Entscheidung, die wegen eines schwerwiegenden Verfahrensfehlers keine Bestandskraft verdient (Vor § 359, 2 f, 20): dieser Gesichtspunkt spricht dafür, nicht bloß Schriftstücke, sondern sämtliche unechten und verfälschten Beweismittel zu berücksichtigen, soweit sie unter einen Urkundenbegriff subsumiert werden können, auch wenn dies nur der außerprozessuale Begriff des materiellen Rechts ist.

Daß damit die **Abgrenzungsschwierigkeiten** des materiellen Rechts auch in das Pro- **17** zeßrecht hineinwirken, ist zwar bedauerlich[25] — indessen dürften sich Abgrenzungsprobleme auch dann nicht vermeiden lassen, wenn man einem prozessualen Urkundenbegriff folgen würde, insbesondere dann nicht, wenn dieser aus den „als Beweismittel dienenden Schriftstücken" (§ 249 Abs. 1 Satz 1) auszugrenzen versucht wird.

bb) Ist so der materiell-rechtliche Urkundenbegriff zugrunde zu legen, können entge- **18** gen der bisher überwiegend vertretenen Auffassung[26] **technische Aufzeichnungen** i. S. des § 268 StGB deshalb nicht als Urkunden i. S. des Wiederaufnahmerechts anerkannt

[18] KK-*v. Stackelberg*[1] 8; s. dazu schon *Neumann* 25.
[19] KK-*Schmidt* 5; *Eb. Schmidt* 2; KMR-*Paulus* 19; *Kleinknecht/Meyer-Goßner* 5; *Pfeiffer/Fischer* 2; *Gerland* 438; *v. Hentig* 54 ff; *Krause* Zum Urkundenbeweis im Strafprozeß (1966) S. 103 ff.
[20] So die Auffassung der überwiegenden Meinung von Rechtsprechung und Schrifttum zum Urkundenbegriff des materiellen Rechts; s. dazu z. B. RGSt **64** 48 f; BGHSt **13** 235, 239; LK-*Tröndle*[10] § 267, 1; *Schönke/Schröder/Cramer* § 267, 2; auf die zum materiellen Recht vertretenen davon abweichenden Auffassungen – s. dazu z. B. LK-

Tröndle[10] § 267, 2 – kann hier nicht eingegangen werden.
[21] Fehlerquellen **3** 48.
[22] Zustimmend KK-*Schmidt* 5; vgl. *Roxin* § 28, 4: Tautologische Formulierung des § 249 Abs. 1; *Krause* aaO (Fußn. 19) S. 110.
[23] *Peters* Fehlerquellen **3** 48.
[24] Treffend *Krause* aaO (Fußn. 19) S. 104 ff.
[25] KK-*v. Stackelberg*[2] 10.
[26] So KK-*Schmidt* 6; KMR-*Paulus* 19; *Kleinknecht/ Meyer-Goßner* 5; AK-*Loos* 25; *Pfeiffer/Fischer* 2.

Karl Heinz Gössel

werden, weil sie mangels einer Gedankenerklärung[27] weder unter den materiell-rechtlichen Urkundenbegriff noch unter den prozessualen i. S. des § 249 zu subsumieren sind: die gegenteilige Auffassung würde de facto zu einer Ausweitung der Wiederaufnahmegründe führen, die schon angesichts der bestehenden verfassungsrechtlichen Grenzen allein dem Gesetzgeber zusteht, nicht aber der Rechtsprechung (Vor § 359, 146)[28].

19 Über die dem materiell-rechtlichen Urkundenbegriff unterfallenden **Schriftstücke** hinaus sind damit mit der h. L. auch die **Beweiszeichen** als Urkunden i. S. des Wiederaufnahmerechts anzuerkennen[29], wie z. B. Blechmarken, Nummernkarten, Kerbhölzer, Siegel, nicht aber **Augenscheinsobjekte** wie Fußspuren, Stiefelabdrücke im Erdreich, Geschoßeinschläge und auch **Kennzeichen** wie Kälberzeichen und Spielmarken[30], deren Einbeziehung in die Wiederaufnahmegründe de lege ferenda freilich zu empfehlen wäre.

20 **2. Unechtheit oder Verfälschung.** Ob eine Urkunde **unecht** oder ob sie **verfälscht** worden ist, ist nach den Kriterien des **materiellen Strafrechts** zu beurteilen[31]. Wie bei § 267 StGB fällt auch nach § 359 Nr. 1 der Fall, daß eine echte Urkunde inhaltlich unrichtig ist, nicht unter den Tatbestand[32]. Auch mangelhaftes, unvollständiges Aktenmaterial steht einer verfälschten Urkunde nicht gleich[33]. Der Wiederaufnahmegrund nach § 359 Nr. 1 liegt ferner nicht vor, wenn die Urkunde mit einer anderen, jedoch gleichfalls echten, Urkunde verwechselt und hierdurch das Gericht in einen Irrtum versetzt worden ist[34]. In diesen Fällen kann § 359 Nr. 5 Anwendung finden.

21 Eine **Straftat** setzt § 359 Nr. 1 nicht voraus[35]: zum Tatbestand der Urkundenfälschung nach § 267 StGB gehört, daß der Täter zur Täuschung im Rechtsverkehr handelt. Bei § 359 Nr. 1 ist eine derartige Absicht nicht erforderlich, sondern es genügt eine irrtümliche oder gutgläubige Vorlage der unechten Urkunde[36]. Damit hängt die Zulässigkeit der Wiederaufnahme nicht von einer Verurteilung gem. § 364 Satz 1 ab[37].

3. Vorbringen der falsa documenta zuungunsten des Verurteilten

22 **a) Vorbringen. Vorgebracht** im Sinne des § 359 Nr. 1 ist nur die in der Hauptverhandlung zu Beweiszwecken verwendete Urkunde[38]; daß sie im Ermittlungsverfahren benutzt worden ist, genügt nicht[39]. **Zum Beweis** hat die Urkunde **gedient**, wenn sie nach § 249 Abs. 1 verlesen oder im Selbstleseverfahren nach § 249 Abs. 2 verwertet, namentlich ihr Inhalt von dem Vorsitzenden bekanntgegeben worden ist[40]. Dagegen reicht es

---

27 LK-*Tröndle*[10] § 268, 9; *Lackner* § 268, 1.

28 Im Erg. wie hier früher KK-*v. Stackelberg*[1] 10; *Peters* Fehlerquellen **3** 49.

29 S. dazu z. B. *Kleinknecht/Meyer-Goßner* 5; *Schönke/Schröder/Cramer* § 267, 20 ff; *Tröndle* § 267, 4.

30 *Eb. Schmidt* 3; *Schönke/Schröder/Cramer* § 267, 23 und 24.

31 KK-*Schmidt* 9; *Wasserburg* Handb. 278; zum materiellen Recht s. LK-*Tröndle*[10] § 267, 123 ff, 142 ff; *Tröndle* § 267, 18 ff.

32 KK-*Schmidt* 9; KMR-*Paulus* 20; *Kleinknecht/Meyer-Goßner* 6; *Eb. Schmidt* 4; *v. Hentig* 60; *Wasserburg* Handb. 278.

33 RGSt **19** 324; *Eb. Schmidt* 4; KMR-*Paulus* 20; *Wasserburg* Handb. 278.

34 *Eb. Schmidt* 4; KMR-*Paulus* 20; *v. Hentig* 60; *Neumann* 22; *Wasserburg* Handb. 278 f.

35 *Eb. Schmidt* 4; KMR-*Paulus* 21; *Kleinknecht/Meyer-Goßner* 6 und 9 für den Fall, daß das Vorliegen dieses Wiederaufnahmegrundes nicht auf eine

Straftat gestützt wird; *Feisenberger* 3; *Gerland* 438; *Neumann* 23 ff; *Wasserburg* Handb. 279; **a. A** KK-*Schmidt* 9; AK-*Loos* 22, 25; *v. Kries* 704; *v. Hentig* 64; *Peters* Fehlerquellen **3** 47; offengelassen von RGSt **19** 324; **47** 46.

36 *Eb. Schmidt* 4; KMR-*Paulus* 21; *Kleinknecht/Meyer-Goßner* 6; *Pfeiffer/Fischer* 2; *v. Hentig* 60; *Wasserburg* Handb. 279; **a. A** KK-*Schmidt* 9.

37 KMR-*Paulus* 21; *Gerland* 438; *Wasserburg* Handb. 279; **a. A** KK-*Schmidt* 9; *Kleinknecht/Meyer-Goßner* 9 für den Fall, daß das Vorliegen dieses Wiederaufnahmegrundes auf eine Straftat gestützt wird; *Peters* Fehlerquellen **3** 37; modifizierend LR-*Meyer*[23] 7: nur bei irriger Vorlage einer unechten Urkunde soll Verurteilung nach § 364 Satz 1 nicht erforderlich sein.

38 *Eb. Schmidt* 4; KMR-*Paulus* 23.

39 *Neumann* 21.

40 BGHSt **30** 10, 11.

nicht aus, daß sie einem Angeklagten oder Zeugen vorgehalten worden ist[41]; denn in diesem Fall beruht der Beweis nicht auf dem Vorhalt, sondern auf den Erklärungen, die die Beweisperson aufgrund des Vorhalts abgegeben hat (vgl. bei § 249). Handelt es sich um Urkunden, die keine Schriftstücke sind und daher nicht verlesen, sondern in Augenschein genommen worden sind, so liegt in dieser Besichtigung das Vorbringen im Sinne des § 359 Nr. 1[42].

Entscheidend ist indes allein das **konkrete Beweisthema**: im Rahmen des **Urkunden-** **23** **beweises** muß der **gedankliche Inhalt** der Urkunde in das Verfahren eingeführt worden sein[43], im Rahmen des **Augenscheinsbeweises** deren **äußere Beschaffenheit**. Ist etwa nur die äußere Beschaffenheit der Urkunde in den Prozeß eingeführt worden, nicht aber deren für den Urteilsspruch entscheidender gedanklicher Inhalt, so ist der Wiederaufnahmegrund nach § 359 Nr. 1 nicht gegeben[44].

Von wem die Urkunde in der Hauptverhandlung **vorgebracht** worden ist, spielt keine **24** Rolle[45]. Es ist insbesondere nicht erforderlich, daß derjenige, der sie vorgebracht hat, die Fälschung kannte (s. dazu oben Rdn. 21).

b) Nachteiligkeit des Vorbringens. Zuungunsten des Angeklagten muß die falsche **25** Urkunde vorgebracht worden sein. Es genügt also nicht die bloße Tatsache, daß die Urkunde überhaupt als Beweismittel benutzt worden ist. Vielmehr muß (§ 370 Abs. 1) wenigstens die **Möglichkeit** bestehen, daß das Beweismittel einen **Einfluß auf die Sachentscheidung** oder die Entscheidung über das Vorliegen der Verfahrensvoraussetzungen[46], und zwar einen dem Verurteilten ungünstigen Einfluß, gehabt hat. Die Wiederaufnahme ist daher trotz der Unechtheit oder Verfälschung der Urkunde ausgeschlossen, wenn das Beweismittel in dem Urteil ausdrücklich als bedeutungslos bezeichnet worden ist (§ 370, 25). Das gleiche gilt, wenn es nur zugunsten des Angeklagten gewirkt hat oder nur die Strafbemessung beeinflußt haben kann[47].

Hatte die Urkunde nur für die Entscheidung über **Verfahrensfragen** Bedeutung, so **26** läßt sich daraus *allein* nichts für die Begründetheit der Wiederaufnahme herleiten: entscheidend ist vielmehr, ob auch in diesem Fall ein tauglicher Anfechtungsgegenstand (Vor § 359, 32 ff) zur Erreichung eines zulässigen Wiederaufnahmeziels (oben Rdn. 11) angegriffen wird[48]. Deshalb kann nicht etwa der die Revision als unzulässig verwerfende formell rechtskräftige Beschluß nach § 349 Abs. 1 mit der Wiederaufnahme angefochten werden, weil eine gefälschte Zustellungsurkunde vorgelegt wurde, sondern nur das mit der Revision angegriffene Urteil (Vor § 359, 52), wenn diesem gegenüber ein Wiederaufnahmegrund gegeben ist — zulässig ist die Wiederaufnahme auch, wenn die Revision nach § 349 Abs. 2 als unbegründet verworfen (Vor § 359, 65) wurde, weil die Einlegung der Berufung aufgrund einer gefälschten Zustellungsurkunde vom Revisionsgericht für unzulässig erachtet wurde[49].

4. Antragserfordernisse. Der Antragsteller muß die **Urkunde** und die **Tatsachen**, die **27** ihre Unechtheit oder Verfälschung ergeben, **bezeichnen** und dartun, in welcher Weise die Urkunde in der Hauptverhandlung **verwendet** worden ist. Ferner muß er darlegen, daß die Benutzung der Urkunde das Urteil **zu seinen Ungunsten beeinflußt** haben kann[50]. Zu

---

[41] KK-*Schmidt* 7; AK-*Loos* 26.
[42] KMR-*Paulus* 23; *Kleinknecht/Meyer-Goßner* 7; AK-*Loos* 26.
[43] AK-*Loos* 26.
[44] *Eb. Schmidt* 3; KMR-*Paulus* 23; *Kleinknecht/Meyer-Goßner* 7.
[45] *Kleinknecht/Meyer-Goßner* 7; AK-*Loos* 26; *Neumann* 25 ff.

[46] KK-*Schmidt* 8; KMR-*Paulus* 24; *Kleinknecht/Meyer-Goßner* 8; *Beling* 433; *Neumann* 22; *Wasserburg* Handb. 279.
[47] *Gerland* 439.
[48] **A. A** v. *Hentig* 60, der „Dokumente, die prozessuale Entscheidungen beeinflußten," ausscheiden will.
[49] **A. A** LR-*Meyer*[23] 11 im Anschluß an v. *Hentig* 60.
[50] *Pfeiffer/Fischer* 2; *Neumann* 115.

beweisen braucht er das nicht; insoweit besteht eine gesetzliche, aber widerlegbare Vermutung (§ 370, 25).

III. Falsche Aussagen oder Gutachten (Nummer 2)

28   **1. Zeugen oder Sachverständige.** Zeugen im Sinne des § 359 Nr. 2 sind alle Personen, die in dem Strafverfahren als Zeugen vernommen worden sind und deren Aussage bei der Urteilsfindung **verwendet** worden ist. Ob der Zeuge in oder außerhalb der Hauptverhandlung oder in anderen Verhandlungsabschnitten ausgesagt hat, spielt keine Rolle. Es genügt daher auch die Verlesung der Niederschrift über eine kommissarische Vernehmung[51], und zwar selbst dann, wenn das nach § 251 unzulässig war[52]. Auch Augenscheinsgehilfen (bei § 86) sind Zeugen im Sinne des § 359 Nr. 2[53].

29   Im Regelfall stehen **Dolmetscher** den Sachverständigen (§ 191 GVG) gleich[54], sie können aber je nach Beweisthema auch Zeugen sein[55].

30   **2. Verletzung der Eidespflicht und uneidliche Falschaussage.** Dieser Wiederaufnahmegrund ist auf die Behauptung einer Straftat gegründet, weshalb die Voraussetzungen des § 364 Satz 1 vorliegen müssen. In Betracht kommen die **Straftaten** nach den §§ 153, 154, 155, 163 StGB. Ob sie durch unwahre Angaben oder durch Verschweigen wesentlicher Tatsachen begangen worden sind, ist gleichgültig[56]. Ist die Tat im Ausland verübt worden, so kommt es darauf an, ob sie auch im Inland strafbar wäre[57]. Das Verhalten des Zeugen oder Sachverständigen muß stets alle Merkmale des objektiven und subjektiven Tatbestandes der §§ 153, 154 oder 163 StGB erfüllen und auch alle sonstigen nach materiellem Recht erforderlichen **Strafbarkeitselemente** (Rechtswidrigkeit, Schuld) aufweisen[58]. § 359 Nr. 2 ist daher nicht anwendbar, wenn der Zeuge oder Sachverständige bei seiner Vernehmung fahrlässig uneidlich falsch aussagte bzw. sein Gutachten fahrlässig falsch erstattete[59] oder noch nicht strafmündig war[60] oder wenn die Unwahrheit der Aussage auf einem entschuldbaren Irrtum beruht[61]. Weil in diesen Fällen lediglich die objektive Unrichtigkeit der Aussage im voraufgegangenen Verfahren zu dem fehlerhaften angefochtenen Urteil führte und überdies die Vereidigung von Zeugen und Sachverständigen oftmals vom Zufall abhängt, kann insoweit in der Tat „eine unbefriedigende Situation entstehen"[62], die jedoch dadurch abgemildert wird, daß in solchen Fällen der Wiederaufnahmegrund des § 359 Nr. 5 vorliegen kann[63].

31   Die bloße **prozessuale Unzulässigkeit** der gleichwohl vorgenommenen Beeidigung (auch eines Eidesunfähigen) dagegen schließt eine strafbare Verletzung der Eidespflichten nicht aus[64] und folglich ebensowenig den Wiederaufnahmegrund des § 359 Nr. 2.

32   **3. Wirkung zuungunsten des Verurteilten.** Insoweit gelten dieselben Grundsätze wie bei § 359 Nr. 1 (oben Rdn. 25 ff). Die falsche Zeugenaussage oder das unrichtige

---

[51] KK-*Schmidt* 10; KMR-*Paulus* 27; *Kleinknecht/ Meyer-Goßner* 10; *Neumann* 29.

[52] *Eb. Schmidt* 8; *Wasserburg* Handb. 280 Fußn. 123.

[53] *Eb. Schmidt* 5.

[54] *Eb. Schmidt* 5; KK-*Schmidt* 11; *Kleinknecht/Meyer-Goßner* 10; *Neumann* 30 ff.

[55] KMR-*Paulus* 26.

[56] *Eb. Schmidt* 9; KMR-*Paulus* 27; *Neumann* 29.

[57] KG DJZ **1929** 248; KK-*Schmidt* 12; *Kleinknecht/ Meyer-Goßner* 11.

[58] KG JZ **1997** 629; OLG Hamburg NJW **1969** 2159; *Eb. Schmidt* 6; KK-*Schmidt* 12, v. *Hentig* 74.

[59] *Wasserburg* Handb. 279.

[60] OLG Hamburg NJW **1969** 2159; KK-*Schmidt* 12; KMR-*Paulus* 27; *Kleinknecht/Meyer-Goßner* 11; **a. A** AK-*Loos* 29.

[61] KK-*Schmidt* 12; *Kleinknecht/Meyer-Goßner* 11; *Neumann* 29; *Wasserburg* Handb. 279; **a. A** AK-*Loos* 29.

[62] *Wasserburg* Handb. 279; vgl. auch v. *Kries* GA **26** (1878) 169, 172.

[63] *Eb. Schmidt* 6: KK-*Schmidt* 12; KMR-*Paulus* 29; *Quedenfeld* JZ **1973** 240.

[64] v. *Hentig* 70 f; *Neumann* 29; *Wasserburg* Handb. 280.

Sachverständigengutachten muß **Grundlage der Beweiswürdigung** gewesen sein[65] (Auswirkung des Inquisitionsprinzips, s. Vor § 359, 20). Eine falsche Zeugenaussage im Vorverfahren, die in der Hauptverhandlung nicht berücksichtigt worden ist, bildet daher keinen Wiederaufnahmegrund. Daß das Urteil gerade auf dem Teil der Zeugenaussage beruht, dessen objektive Unrichtigkeit in dem Meineidsverfahren gegen den Zeugen festgestellt wurde, ist nicht erforderlich. Es genügt, daß die unter schuldhafter Verletzung der Wahrheitspflicht gemachte Aussage in irgendeinem ihrer Teile das Urteil zuungunsten des Verurteilten beeinflußt hat[66].

4. Antragserfordernisse. Der Antragsteller muß **darlegen**, daß die Falschaussage des **33** Zeugen oder Sachverständigen auf die Entscheidung des Gerichts einen ihm ungünstigen Einfluß gehabt hat[67]. Zu beweisen braucht er das nicht; denn der ursächliche Zusammenhang wird gesetzlich vermutet (§ 370, 25). Wegen des nach § 364 Satz 1 erforderlichen Antragsvorbringens vgl. dort Rdn. 4.

IV. Strafbare Amtspflichtverletzungen (Nummer 3)

Die Vorschrift, der praktische keine Bedeutung zukommt[68], gründet die Wiederauf- **34** nahme auf die Behauptung einer Straftat, weshalb **§ 364 Satz 1** anwendbar ist. § 359 Nr. 3 enthält einen absoluten Wiederaufnahmegrund (oben Rdn. 2), weshalb die vom Gesetz verlangte Beziehung „auf die Sache" einen ursächlichen Zusammenhang zwischen der strafbaren Amtspflichtverletzung und dem angefochtenen Urteil nicht voraussetzt; weil zudem Beratung und Abstimmung geheim sind, läßt sich ein etwaiger ursächlicher Zusammenhang auch weder feststellen[69] noch darlegen[70].

1. Der Kreis der Subjekte der Amtspflichtverletzung. § 359 Nr. 3 bezieht sich nur **35** auf die Richter und Schöffen, die an der mit der Wiederaufnahme angefochtenen Entscheidung **mitgewirkt** haben. Amtspflichtverletzungen von Ermittlungsrichtern und von Ergänzungsrichtern und -schöffen, die nicht eingesetzt worden sind, führen nicht zur Wiederaufnahme[71] (s. ferner unten Rdn. 41 f).

Der sich **als Richter aufspielende Schwindler** ist weder Richter noch Schöffe, so daß **36** dessen Mitwirkung schon deshalb nicht zu einer Wiederaufnahme nach § 359 Nr. 3 führen kann, wohl aber zur Nichtigkeit der je getroffenen Entscheidung — anders nur, wenn die Richterstellung erschlichen wurde: in diesem Fall ist dem Betreffenden immerhin ein Richteramt übertragen worden (s. unten Rdn. 39; wiederum anders bei nichtiger Richterernennung), so daß insoweit ein „tauglicher Täter" der von § 359 Nr. 3 geforderten Amtspflichtverletzung vorliegt.

Die Vorschrift ist auch **nicht entsprechend** auf Pflichtverletzungen des Staatsanwalts, **37** des Urkundsbeamten, des Verteidigers und des Prozeßbevollmächtigten des Privat- oder Nebenklägers anzuwenden[72]. Sie setzt ferner voraus, daß die Pflichtverletzung mit Strafe

---

[65] BGHSt **31** 365, 371; *Kleinknecht/Meyer-Goßner* 12.
[66] BayObLG JW **1929** 2754; OLG Dresden HRR **1940** 134; OLG Düsseldorf NJW **1950** 616 L; *Eb. Schmidt* § 370, 5; *Dalcke/Fuhrmann/Schäfer* 2; *Kleinknecht/Meyer-Goßner* 12; KMR-*Paulus* 27; **a. A** *Pfeiffer/Fischer* 3.
[67] OLG Marienwerder HRR **1940** 135; AK-*Loos* 31; *Kleinknecht/Meyer-Goßner* 13; *Neumann* 115.

[68] KMR-*Paulus* 31; *Peters* Fehlerquellen **3** 47.
[69] KK-*Schmidt* 13.
[70] *Pfeiffer/Fischer* 4.
[71] *v. Hentig* 33; *Neumann* 32; *Wasserburg* Handb. 281.
[72] KK-*Schmidt* 13; KMR-*Paulus* 32; *Eb. Schmidt* 10; *Neumann* 32; *Peters* Fehlerquellen **3** 47.

Karl Heinz Gössel

bedroht ist. Es genügen daher nicht die nur disziplinarisch zu ahndenden Verletzungen der Amtspflicht[73] und die nach Art. 98 Abs. 2 GG zu verfolgenden Rechtsverstöße[74].

2. Die Beziehung der Amtspflichtverletzung „auf die Sache"

38   **a) „Sache" als Verfahrensgegenstand.** Gemeint ist jede (strafbare, s. oben Rdn. 34) Amtspflichtverletzung, die sich auf den **Gegenstand des Strafverfahrens** bezieht, auch dann, wenn sie sich „nur" gegen den Angeklagten als Person richtet. Im einzelnen zählen dazu z. B. eine pflichtwidrige Würdigung des Beweisergebnisses[75], ferner Freiheitsberaubung (§ 239 StGB), Nötigung (§ 240 StGB), Begünstigung (§ 257 StGB), Strafvereitelung (§§ 258, 258 a StGB), Urkundenfälschung (§ 267 StGB), Vorteilsannahme (§ 331 StGB), Bestechlichkeit (§ 332 StGB), Rechtsbeugung (§ 336 StGB[76]), Aussageerpressung (§ 343 StGB) und Verfolgung Unschuldiger (§ 344 StGB), nicht aber eine gegen den Angeklagten gerichtete Beleidigung in der Hauptverhandlung.

39   Sofern dem sich zum **Richter aufspielenden Schwindler** ein Richteramt wirksam übertragen wurde (zum Fall fehlender oder nichtiger Ernennung s. o. Rdn. 36), ist er befugt, seine Amtsgeschäfte auszuüben und begeht deshalb nicht etwa eine strafbare Handlung nach §§ 132, 132 a StGB[77], so daß insoweit eine strafbare Amtspflichtverletzung ausscheidet; die in diesen Fällen regelmäßig vorausgegangenen Straftaten nach §§ 263, 267 StGB beziehen sich nicht auf die von § 359 Nr. 3 genannte Sache des gegen den die Wiederaufnahme begehrenden Verurteilten früher durchgeführten Strafverfahrens.

40   **b) Der Bezug zwischen Amtspflichtverletzung und „Sache".** Die von § 359 Nr. 3 verlangte Beziehung der strafbaren Amtspflichtverletzung **auf die Sache** führt lediglich zu einer Beschränkung der zur Wiederaufnahme tauglichen Amtspflichtverletzungen auf diejenigen, die sich auf den Gegenstand beziehen, der in dem früheren rechtskräftig abgeschlossenen Strafverfahren gegen den die Wiederaufnahme begehrenden Verurteilten verhandelt und abgeurteilt wurde — damit aber wird nicht etwa verlangt, daß die mit der Wiederaufnahme angefochtene Entscheidung auf der jeweiligen strafbaren Amtspflichtverletzung beruht.

41   Dies hat der Bundesgerichtshof in seinem Beschluß vom 2. Mai 1983 indessen nur „grundsätzlich" anerkannt. In zwei Ausnahmefällen dagegen soll die Wiederaufnahme doch davon abhängig sein, daß sich die Amtspflichtverletzung auf das angefochtene Urteil ausgewirkt hat: einmal in den Fällen, in denen eine Überprüfung im Rechtsmittelzug die **Ursächlichkeit** einer in einer Vorinstanz begangenen Amtspflichtverletzung auf das angefochtene Urteil ausschließt; ferner aber auch dann, wenn ein voraufgegangenes Wiederaufnahmeverfahren schon zur Eliminierung der Ursächlichkeit solcher Amtspflichtverletzungen für die mit der Wiederaufnahme angegriffenen Entscheidungen geführt hatte[78]. Diese Auffassung beruht auf einer im Schrifttum vertretenen Meinung, die es für zweifelhaft hält, ob § 359 Nr. 3 anwendbar ist, wenn das Verfahren, in dem ein Richter eine Amtspflichtverletzung begangen hat, in einem höheren Rechtszug fortgesetzt wird[79].

[73] *Eb. Schmidt* 10; KMR-*Paulus* 31; *v. Hentig* 28; *Neumann* 32; *Peters* Fehlerquellen **3** 46.

[74] KMR-*Paulus* 31; **a. A** und für Gleichstellung dieser Verstöße mit den strafbaren Amtspflichtverletzungen *Eb. Schmidt* 10.

[75] AK-*Loos* 32; *Neumann* 32.

[76] Vgl. den Fall LG Düsseldorf NJW **1959** 1334.

[77] KK-*Schmidt* 13 unter Bezugnahme auf den Beschluß des BGH vom 7. 7. 1976, StE 15/56 – StB 11/74; *Eb. Schmidt* 11; *Kleinknecht/Meyer-Goßner* 14; AK-*Loos* 32.

[78] BGHSt 31 365, 372 f.

[79] S. dazu *Eb. Schmidt* 13 f; KMR-*Paulus* 32; *Kleinknecht/Meyer-Goßner* 14; *v. Hentig* 39 f; *Neumann* 11 f; *Wasserburg* Handb. 281 f.

Im Gegensatz zur Auffassung des Bundesgerichtshofs handelt es sich in diesen Fällen **42** indessen gerade **nicht** um eine Frage der **Ursächlichkeit** der Amtspflichtverletzung für das angefochtene Urteil. In Wahrheit ist hier die **Frage** nach dem **tauglichen Anfechtungsgegenstand** gestellt[80] (s. dazu Vor § 359, 32 ff). Ist die mit der Wiederaufnahme angegriffene Entscheidung eine rechtskräftige Sachentscheidung des Berufungsgerichts, so kann allein diese Entscheidung angegriffen werden, nicht aber das in erster Instanz mit der Berufung angefochtene Urteil des Amtsgerichts. Die von § 359 Nr. 3 genannte „Sache", zu der die Amtspflichtverletzung in Beziehung stehen muß, kann aber nur diejenige sein, die Gegenstand der Entscheidung des Berufungsgerichts war — zu der eine etwaige Amtspflichtverletzung des Amtsrichters aber keinerlei Beziehung haben kann. Ähnlich liegt es beim Verwerfungsurteil nach § 329 Abs. 1: in diesem Fall hat das Berufungsgericht keine Sachentscheidung getroffen, weshalb allein das jetzt in Rechtskraft erwachsene erstinstanzliche Urteil mit der Wiederaufnahme anfechtbar ist: in diesem Fall muß sich die Amtspflichtverletzung auf die in erster Instanz rechtskräftig entschiedene Sache beziehen; Entsprechendes gilt im Fall der Rückverweisung durch das Revisionsgericht.

3. Ausschluß der Wiederaufnahme. Der Verurteilte hat nach überwiegend vertrete- **43** ner Auffassung keinen Anspruch auf Wiederaufnahme nach § 359 Nr. 3, wenn er die Pflichtverletzung **selbst veranlaßt** hat: Wer etwa einen Richter besticht, soll nicht, auch wenn er gleichwohl verurteilt worden ist, daraus den Vorteil ziehen dürfen, daß er die Wiederaufnahme zu seinen Gunsten erreicht[81]. Das soll entsprechend gelten, wenn ein Dritter die Pflichtverletzung im Auftrag oder mit dem Einverständnis des Verurteilten veranlaßt hat[82] — jedoch ist es für die Wiederaufnahme ohne Bedeutung, wenn der Dritte zwar im Interesse, aber ohne Zutun des Verurteilten gehandelt hat; die bloße Kenntnis des Verurteilten schadet nichts[83].

4. Antragserfordernisse. Der Antragsteller muß den Richter oder Schöffen nament- **44** lich **bezeichnen** und genau **angeben**, worin die Pflichtverletzung bestanden hat. Daß sie irgendeinen Einfluß auf das Urteil gehabt hat, braucht er nicht darzulegen[84]. Ebensowenig muß behauptet oder ausgeführt werden, daß der Verurteilte die Amtspflichtverletzung nicht selbst veranlaßt hat[85]. Wegen der Voraussetzungen des § 364 Satz 1 vgl. dort Rdn. 4.

V. Wegfall eines zivilgerichtlichen Urteils (Nummer 4)

In dem Wegfall eines zivilgerichtlichen Urteils, auf dem das Strafurteil beruht, liegt **45** eine neue Tatsache im Sinne des § 359 Nr. 5. Der besondere Wiederaufnahmegrund des § 359 Nr. 4 hat daher nur **geringe Bedeutung**[86].

---

[80] Im Ergebnis so auch AK-*Loos* 34.

[81] So z. B. KK-*Schmidt* 14; KMR-*Paulus* 35; *Kleinknecht/Meyer-Goßner* 15; AK-*Loos* 33; *Pfeiffer/Fischer* 4; kritisch dazu schon *v. Hentig* 40; *Deml* 110 und *Wasserburg* Handb. 282 weisen zudem mit Recht darauf hin, daß das Verhalten des Verurteilten den Ausschluß der Wiederaufnahme nicht rechtfertigen kann – *Deml* 110 weist überdies treffend darauf hin, daß „ein erhebliches öffentliches Interesse" daran besteht, „daß ein unter Verletzung richterlicher Amtspflichten ergangenes Urteil aufgehoben wird".

[82] KK-*Schmidt* 14; KMR-*Paulus* 35; *Kleinknecht/Meyer-Goßner* 15; *Neumann* 34.

[83] KK-*Schmidt* 14; KMR-*Paulus* 35; *Kleinknecht/Meyer-Goßner* 15; teilw. **a. A** *Eb. Schmidt* 12: Kein Nachteil, wenn ein Dritter die Amtspflichtverletzung im Interesse, aber ohne Wissen des Verurteilten veranlaßt; *Neumann* 34.

[84] *Eb. Schmidt* 12; KMR-*Paulus* 34; *Kleinknecht/Meyer-Goßner* 16; AK-*Loos* 35; *Pfeiffer/Fischer* 4; vgl. § 370, 6.

[85] **A. A** *Neumann* 115.

[86] *Deml* 111 ff; *Neumann* 36.

Karl Heinz Gössel

46   **1. Das wegfallende „zivilgerichtliche" Urteil.** Hierunter fallen wie bei § 262 nicht nur die Urteile der **Zivilgerichte** der ordentlichen Gerichtsbarkeit, sondern auch die der **Arbeits-** und **Sozialgerichte**[87], **der Finanzgerichte** und der **Verwaltungsgerichte**[88]. Sie sind in § 154 d den zivilgerichtlichen Urteilen ausdrücklich gleichgestellt, und es gibt keinen Grund, bei der Anwendung des § 359 Nr. 4 anders zu verfahren. Strafurteile, die später wieder aufgehoben worden sind, fallen nicht unter die Vorschrift[89]; ihr Wegfall kann aber die Wiederaufnahme nach § 359 Nr. 5 begründen, etwa wenn dadurch die Verurteilung wegen Rückfalls (§ 48 a. F. StGB) unrichtig wird (vgl. unten Rdn. 148).

47   Anders dagegen ist die spätere Aufhebung eines rechtswidrigen **Verwaltungsaktes** zu beurteilen, der die Strafbarkeit begründet hat. In diesen Fällen, etwa bei der Aufhebung eines rechtswidrigen Hausverbots auf eine Anfechtungsklage im Verwaltungsrechtsweg, soll die Wiederaufnahme nach der überwiegend vertretenen Meinung deshalb nicht begründet sein, weil auch „eine spätere rückwirkende Aufhebung des Verwaltungsaktes durch ein verwaltungsgerichtliches Urteil die bereits vollendete Verwirklichung des Straftatbestandes und die Strafbarkeit der Zuwiderhandlung nachträglich nicht zu beseitigen vermag"[90]. Diese Auffassung erscheint schon deshalb bedenklich, weil sie eine bloße Behauptung enthält und die hier wesentliche Frage unbeantwortet läßt, warum denn die Aufhebung eines rechtswidrigen Verwaltungsaktes die strafbare Zuwiderhandlung nicht beseitigen kann. Hier ist zunächst einzuwenden, daß „der verfassungsrechtlich garantierte Folgenbeseitigungsanspruch auf halbem Wege stehenbleiben" würde, „wenn nur die verwaltungsrechtlichen Folgen des Verwaltungsaktes rückwirkend aufgehoben würden, nicht aber die in ihren Konsequenzen für den Bürger weit gravierenderen unmittelbaren strafrechtlichen Folgen"[91]. Darüber hinaus ist zu bedenken, daß die Rechtswidrigkeit des strafbarkeitsbegründenden Verwaltungsaktes ja von Anfang an — u. U. unerkannt — bestand, weshalb in Wahrheit mangels Rechtsgutsbeeinträchtigung gar kein Unrecht begangen wurde und es damit mit dem Gegenstand des Schuldvorwurfs auch an diesem selbst fehlt: der Strafausspruch in solchen Fällen verstößt damit gegen den Grundsatz nulla poena sine culpa[92]. Überdies ist kaum einsichtig, daß zwar der Wegfall eines gerichtlichen Urteils, auf das die Strafbarkeit gegründet ist, die Wiederaufnahme begründen können soll, nicht aber der Wegfall einer bloßen Verwaltungsentscheidung, die, anders als richterliche Entscheidungen, ihrer Natur nach mehr am Grundsatz der Zweckmäßigkeit als an dem der Gerechtigkeit ausgerichtet zu werden pflegen.

48   **2. Die Aufhebung des Urteils.** Hierbei handelt es sich, da das Strafgericht seine Entscheidung regelmäßig nicht auf ein noch nicht rechtskräftiges zivilgerichtliches Urteil gründet, nicht um eine Aufhebung des Urteils im Rechtsmittelzug, sondern im Wiederaufnahmeverfahren nach den **§§ 578 ff ZPO.** Das zivilgerichtliche Wiederaufnahmeverfahren zieht das strafrechtliche nach sich[93]. Die aufhebende Entscheidung ist für § 359 Nr. 4 aber nur von Bedeutung, wenn sie inhaltlich von der früheren abweicht[94].

---

[87] *Dippel* in: Jescheck/Meyer 74 Fußn. 294.
[88] *Eb. Schmidt* 16; KK-*Schmidt* 15; KMR-*Paulus* 37; *Kleinknecht/Meyer-Goßner* 17; *v. Hentig* 88; *Peters* Fehlerquellen **3** 53; **a. A** *Neumann* 38.
[89] KK-*Schmidt* 15; KMR-*Paulus* 37; *Kleinknecht/ Meyer-Goßner* 17; *Peters* Fehlerquellen **3** 53 ff.
[90] BGHSt **23** 86, 94; ebenso KK-*Schmidt* 15; KMR-*Paulus* 37; *Kleinknecht/Meyer-Goßner* 17; *Pfeiffer/ Fischer* 5; *Neumann* 38.
[91] *Schenke* JR **1970** 449, 451.
[92] Wie hier schon BVerfGE **22** 21, 27; *Eb. Schmidt*

16; *Marxen/Tiemann* 114; *Peters* Fehlerquellen **3** 68 f; ebenso *v. Hentig* 88 für Patenturkunden; vgl. ferner *Gerhards* NJW **1978** 87; zur Bedeutung der Rechtsgutsbeeinträchtigung für die Strafbarkeit s. auch *Gössel* FS Oehler 97.
[93] KMR-*Paulus* 38; *Kleinknecht/Meyer-Goßner* 18; *Peters* Fehlerquellen **3** 52; *Wasserburg* Handb. 283.
[94] *Eb. Schmidt* 16; KMR-*Paulus* 38; AK-*Loos* 37; *Neumann* 37.

3. Das aufgehobene Urteil als Grundlage des Strafurteils. § 359 Nr. 4 meint nicht **49**
nur zivilgerichtliche Gestaltungsurteile, die für den Strafrichter bindend sind[95]. Das Strafurteil ist auf ein Zivilurteil auch ohne eine solche bindende Wirkung gegründet, wenn es
z. B. als urkundliche Beweisgrundlage verwendet[96] oder sonst **in strafprozessual zulässiger Weise verwertet** wurde[97]; an der begründenden Wirkung fehlt es dagegen, wenn ein
dem Strafurteil entgegenstehendes Zivilurteil *nachträglich* ergeht[98].

4. Antragserfordernisse. Der Antragsteller muß **angeben**, welches Urteil der Straf- **50**
richter seiner Entscheidung zugrunde gelegt hat und durch welches spätere Urteil es aufgehoben worden ist. Ferner muß er darlegen, inwiefern das Strafurteil auf das aufgehobene zivilgerichtliche Urteil „gegründet" war, also ein ursächlicher Zusammenhang zwischen den beiden Urteilen besteht[99].

VI. Neue Tatsachen oder Beweismittel (Nummer 5; restitutio ex capite novorum vel propter nova)

1. Bedeutung und Voraussetzungen im allgemeinen

a) Bedeutung. Ist auch die Korrektur von Fehlentscheidungen mit dem Akkusations- **51**
prinzip regelmäßig nicht in Einklang zu bringen, so bricht sich doch in dem Wiederaufnahmegrund ex capite novorum des § 359 Nr. 5 das vom Inquisitionsprinzip erstrebte Verfahrensziel einer inhaltlich richtigen und materiell gerechten Entscheidung eine entscheidende Bahn (Vor § 359, 2 ff). Diese Bahn allerdings ist sehr eng und zudem so gestaltet,
daß die dem Akkusationsprinzip verbundene Rechtskraft beachtet bleibt — die bei konsequenter Beachtung der Inquisitionsmaxime an sich notwendige Überprüfung jeder Sachentscheidung schon bei Zweifeln an ihrer inhaltlichen Richtigkeit und Gerechtigkeit wird
durch § 359 Nr. 5 nicht ermöglicht. Beide Prinzipien können damit gegensätzlich wirken:
Rechtskraft einerseits und Wahrheit und materielle Gerechtigkeit andererseits sind zwar
zwei unverzichtbare Ziele jedes humanen Strafverfahrens, können aber mindestens dort
nicht konsequent durchgesetzt werden, wo sie aufeinanderprallen und eines nur auf
Kosten des anderen verwirklicht werden könnte. Jede gesetzgeberische Lösung in diesem
Bereich muß daher jedem der beiden **antinomischen Prinzipien** die konsequente Gefolg-
schaft verweigern, muß daher „systemlose Durchbrechung eines Prinzips" (Vor § 359, 12)
sein und vielleicht ebenso „eine Mißgeburt der Gesetzgebung"[100].

Kompromißlösungen bewahren häufig nur mühsam ein labiles Gleichgewicht: die **52**
Bewertung des zugrundeliegenden Konflikts und der damit verbundenen Konfliktlösung
kann sich verändern, wie auch der Konflikt selbst zugunsten einseitiger Festlegungen auf
eines der antinomischen Prinzipien verdrängt werden kann. Schon deshalb steht die Wiederaufnahme propter nova zumeist im Zentrum aller (Reform-)Überlegungen zum Wiederaufnahmerecht, zusätzlich aber auch deshalb, weil sie in der gerichtlichen Praxis am
häufigsten vorkommt[101].

b) Voraussetzungen im Überblick. § 359 Nr. 5 kann folglich nicht zur Korrektur **53**
aller Fehlentscheidungen führen. Die Wiederaufnahme propter nova ist einmal hinsicht-

---

[95] KK-*Schmidt* 15; *Kleinknecht/Meyer-Goßner* 19;
AK-*Loos* 38; *Pfeiffer/Fischer* 5; KMR-*Paulus* 39;
Peters Fehlerquellen **3** 52; *Wasserburg* Handb.
285.
[96] KK-*Schmidt* 16.
[97] *Peters* Fehlerquellen **3** 52.
[98] *Peters* Fehlerquellen **3** 52.

[99] *Kleinknecht/Meyer-Goßner* 20; AK-*Loos* 39; *Pfeif-
fer/Fischer* 5; *Peters* Fehlerquellen **3** 53.
[100] *Hirschberg*, zitiert nach *Dippel* in: Jescheck/Meyer,
89; dazu und zur Geschichte dieses Wiederaufnahmegrundes *Schulz* FS 175 Jahre Oberlandesgericht
Oldenburg (1989) 195.
[101] S. z. B. *Deml* 66; *Peters* Fehlerquellen **3** 55.

Karl Heinz Gössel

lich Art und Wirkungen bestimmter **Gegenstände** beschränkt, zum anderen hinsichtlich des zu erreichenden **Ziels**.

54   **aa)** § 359 Nr. 5 nennt ausdrücklich zwei zulässige **Ziele** der **Wiederaufnahme** propter nova: die Freisprechung (unten Rdn. 133 ff) oder die Anwendung (mit Ausnahme des von § 363 Abs. 2 ausgeschlossenen § 21 StGB) eines milderen Strafgesetzes zu dem Zweck, entweder eine mildere Bestrafung (unten Rdn. 143 ff) oder eine wesentlich andere Entscheidung über eine Maßregel der Besserung und Sicherung (unten Rdn. 150 f) zu erreichen — das von § 363 Abs. 1 für unzulässig erklärte Ziel einer anderen Strafbemessung aufgrund desselben Strafgesetzes ist in der speziellen Zielbeschreibung des § 359 Nr. 5 bereits enthalten. Grundsätzlich tritt die spezielle Beschränkung der Wiederaufnahme bei der restitutio ex capite novorum damit neben die allgemeine Zielbeschränkung des § 363 — die des § 363 Abs. 1 besitzt in diesem Fall jedoch keine Bedeutung (§ 363, 2).

55   Neben diesen vom Gesetz genannten Wiederaufnahmezielen kann mit der Wiederaufnahme propter nova auch die **Einstellung** des Verfahrens angestrebt werden (unten Rdn. 66).

56   **bb) Gegenständlich** ist die Wiederaufnahme nach § 359 Nr. 5 auf *neue Tatsachen oder Beweismittel* (= nova; unten Rdn. 58 ff und 82 ff) **beschränkt**, welche „die tatsächliche Urteilsbasis des rechtskräftigen Urteils ins Wanken bringen"[102] und deshalb **geeignet** sind, das Erreichen der vorgenannten Verfahrensziele begründen zu können; diese besondere Eignung der nova ist eine der am heftigsten umstrittenen (Reform-)Fragen (unten Rdn. 66 f und 152 ff).

57   **cc)** So sehr die einzelnen Voraussetzungen (Tatsachen oder Beweismittel; deren Neuheit; Wiederaufnahmeziele; Geeignetheit der nova) auch selbständiger Natur sind[103], so wenig darf andererseits die **gegenseitige Bezogenheit** dieser Elemente des hier behandelten Wiederaufnahmegrundes außer Betracht gelassen werden[104]. Entscheidend ist, ob bestimmte Gegenstände (Tatsachen oder Beweismittel), die die Eigenschaft aufweisen müssen, neu zu sein, zur Erreichung bestimmter Ziele geeignet sind; daraus ergibt sich eine Abhängigkeit des Gegenstandes und seiner Eigenschaften von den zulässigen Zielen. Ob unter Beachtung dieser Abhängigkeit etwa das Vorliegen eines „neuen Beweismittels" bejaht werden kann, wird sich „häufig erst nach der Beweisaufnahme zutreffend beantworten" lassen[105], ebenso, ob eine neue Tatsache vorliegt und ob die Tatsache oder das Beweismittel die erforderliche Eignung besitzt[106]. Dies muß bei der Überprüfung der Voraussetzungen des § 359 Nr. 5 im Additions- und im Probationsverfahren berücksichtigt werden.

58   **2. Tatsachen.** Unter Tatsachen sind als existierend feststellbare Vorgänge oder Zustände zu verstehen, die der Gegenwart oder der Vergangenheit zugehören[107].

a) Der Kreis der berücksichtigungsfähigen Tatsachen.

59   **aa) Zielbezogenheit.** Der Wiederaufnahmeantrag kann nach § 359 Nr. 5 auf Tatsachen jeder Art gestützt werden, mit denen die oben genannten **Wiederaufnahmeziele**

---

[102] *Beling* 431; *Deml* 66.
[103] Insoweit zutreffend *Kleinknecht/Meyer-Goßner* 37; *Marxen/Tiemann* 125 ff, 137 ff.
[104] *Eb. Schmidt* 17; *Wasserburg* Handb. 302; s. dazu auch *Deml* 95 f; *J. Meyer* ZStW **84** (1972) 931 ff;

a. A *Kleinknecht/Meyer-Goßner* 37; *Marxen/Tiemann* 125 ff, 137 ff.
[105] *Deml* 96.
[106] Vgl. *Peters* Fehlerquellen **3** 73.
[107] OLG Düsseldorf NStE Nr. 14 zu § 359; *Gössel* § 24 B II a; s. § 244, 1.

(Rdn. 54 f) erreicht werden können. Damit wird die Bezogenheit der von § 359 Nr. 5 erfaßten Tatsachen auf die zulässigen Verfahrensziele deutlich.

bb) Gegenstandsbezogenheit. Zunächst ist zu beachten, daß sich die Wiederauf- **60** nahme nur gegen materiell rechtskräftige Sachentscheidungen richten kann (Vor § 359, 38): deshalb sind nach § 359 Nr. 5 nur solche Tatsachen berücksichtigungsfähig, die den **Gegenstand betreffen**, über den eine **rechtskräftige Sachentscheidung** getroffen wurde. Im übrigen kommt es aber nicht darauf an, auf welche Gegenstände (etwa Verfahrensfehler) sich die nach § 359 Nr. 5 berücksichtigungsfähigen Tatsachen beziehen müssen[108], sondern allein darauf, ob sie zur Erreichung eines zulässigen **Wiederaufnahmezieles** geeignet sind. Dazu gehören Tatsachen zum Schuld- wie zum Rechtsfolgenausspruch wie auch zur Einstellung des Verfahrens.

b) Tatsachen zur Schuld- und Rechtsfolgenfeststellung. Nach § 359 Nr. 5 sind **61** zunächst solche Tatsachen berücksichtigungsfähig, die **unmittelbar** den Sachverhalt bezüglich Schuld und Rechtsfolgen betreffen, ferner aber auch solche, die nur Beweisfragen und damit den Schuld- und Rechtsfolgensachverhalt nur **mittelbar** betreffen.

aa) Deshalb können Tatsachen beigebracht werden, die sich lediglich auf das Vorlie- **62** gen von **Rechtfertigungs-**[109], **Strafausschließungs- und Schuldausschließungsgründen**, insbesondere auf die Schuldunfähigkeit (§ 20 StGB — nicht aber § 21 StGB: s. § 363 Abs. 2 und oben Rdn. 54) des Verurteilten, beziehen[110]. Eine Tatsache im Sinne des § 359 Nr. 5 ist ferner die **Identität**[111], ebenso aber auch das **Lebensalter** des Verurteilten, der behauptet, bei der Tatbegehung strafunmündig gewesen[112] oder irrtümlich als Erwachsener verurteilt worden zu sein[113].

Tatsachen, die sich auf **Rechtsfolgenvoraussetzungen** beziehen, sind nur berücksich- **63** tigungsfähig, soweit sie in Anwendung eines bisher nicht angewendeten milderen Gesetzes zu einer geringeren Bestrafung oder zu einem wesentlich anderen Maßregelausspruch führen können. Tatsachen, die ergeben, daß das Gericht zu Unrecht die Rückfallvoraussetzungen bejaht hatte (die Vorstrafen waren schon getilgt; der von § 48 a. F. StGB geforderte kriminologische Zusammenhang besteht nicht), führen zum Wegfall einer eine erhöhte Strafbarkeit anordnenden Vorschrift und sind deshalb berücksichtigungsfähig[114].

bb) Nach § 359 Nr. 5 sind darüber hinaus solche Tatsachen berücksichtigungsfähig, **64** die nur in mittelbarer Weise als **indizielle Tatsachen** (Beweisanzeichen[115]) die Schuld- und Rechtsfolgenfeststellung betreffen oder als **Hilfstatsachen**[116] die Zuverlässigkeit der benutzten Beweismittel, insbesondere die Richtigkeit eines Sachverständigengutachtens (unten Rdn. 119) und die Glaubwürdigkeit von Zeugen, in Frage stellen sollen[117] oder mit

---

[108] AK-*Loos* 43.

[109] AK-*Loos* 43; *Wasserburg* Handb. 308.

[110] RMilGE **1** 288; BayObLGSt **3** 83; BayObLG HRR **1929** 1631; OLG Karlsruhe DStrZ **1916** 264; OLG Kassel GA **53** (1906) 297; OLG Rostock Alsb. E **2** Nr. 263 b; AK-*Loos* 43.

[111] *Perels* NStZ **1985** 538 ff.

[112] *Neumann* 40 Fußn. 2; KMR-*Paulus* 45; *Kleinknecht/Meyer-Goßner* 22; *Peters* Fehlerquellen **3** 61.

[113] OLG Hamburg NJW **1952** 1150; vgl. auch *Potrykus* NJW **1953** 93; *Kleinknecht/Meyer-Goßner* 22; **a. A** *Wasserburg* Handb. 306, der zu Unrecht meint, in solchen Fällen werde in unzulässiger

Weise – § 363 Abs. 2 – die Anwendung des § 21 StGB erstrebt: in Wahrheit geht es um die Anwendung der regelmäßig milderen Vorschriften des JGG.

[114] *Wasserburg* Handb. 305 f.

[115] *Eb. Schmidt* 18; *Gössel* § 24 B II a 3; *Peters* Fehlerquellen **3** 56 ff und Lb. § 76 III 3.

[116] *Peters* § 76 III 3; *Gössel* § 24 B II a 4.

[117] OLG Braunschweig GA **1956** 266; OLG Celle NJW **1967** 216; OLG Frankfurt NJW **1966** 2424; OLG Hamburg DRiZ **1923** Nr. 844; HRR **1932** 89; NJW **1957** 601; *Eb. Schmidt* Nachtr. I 5; *Kleinknecht/Meyer-Goßner* 23; *v. Hentig* 95; *Neumann* 40 Fußn. 1; *Schneidewin* JZ **1957** 538.

Karl Heinz Gössel

denen das Erinnerungsbild eines in der Hauptverhandlung vernommenen Zeugen, der damals keine Angaben machen konnte, aufgefrischt werden soll[118].

65   Die Tatsache kann auch darin bestehen, daß ein **Beweismittel**, auf dem das angefochtene Urteil beruht, **weggefallen** ist. Das ist der Fall beim Widerruf des Geständnisses des Verurteilten[119], beim Widerruf belastender Angaben eines Zeugen[120] oder Mitangeklagten[121]. Zur erweiterten Darlegungspflicht in solchen Fällen vgl. unten Rdn. 181.

66   **c) Tatsachen, welche die Einstellung des Verfahrens begründen können.** Vor allem nach der älteren Rechtsprechung und Literatur durften sich die in dem Wiederaufnahmeantrag vorgebrachten Tatsachen nicht auf bloße **Verfahrensfehler** beziehen[122], wohl aber auf solche, welche die Einstellung des Verfahrens begründen konnten (unten Rdn. 138). Darauf dürfte es indessen weniger ankommen. Entscheidend ist, daß die einzelnen Voraussetzungen der restitutio propter nova nicht isoliert betrachtet werden dürfen, sondern nur in ihren gegenseitigen Bezügen (oben Rdn. 57). Weil lediglich materiell rechtskräftige Sachentscheidungen mit der Wiederaufnahme angreifbar sind (Vor § 359, 38), können nur solche das Verfahren betreffende Tatsachen nach § 359 Nr. 5 berücksichtigt werden, welche den Gegenstand der Sachentscheidung berühren[123].

67   **aa) Berücksichtigungsfähig** nach § 359 Nr. 5 sind demnach nur solche Tatsachen, die zu einer Einstellung mit **strafklageverbrauchender Wirkung** führen können. Dazu gehören z. B. das die Strafunmündigkeit begründende Lebensalter des Verurteilten[124], das Fehlen, die verspätete Stellung oder vor dem Urteil erklärte Zurücknahme des für die Verurteilung erforderlichen Strafantrags[125], die tatsächlichen Voraussetzungen eines schon bei der Verurteilung in Kraft gewesenen Straffreiheitsgesetzes (vgl. Vor § 359, 115) und der Eintritt der Strafverfolgungsverjährung vor Erlaß des Urteils[126].

68   Im Fall der **Doppelbestrafung** hat das zweitverurteilende Gericht mit dem Verstoß gegen Art. 103 Abs. 3 GG das Prozeßhindernis entgegenstehender Rechtskraft mißachtet. Die Folgen dieses Verstoßes gegen Art. 103 Abs. 3 GG werden kontrovers beurteilt.

---

[118] OLG Celle NdsRpfl. **1966** 19.

[119] BGH JR **1977** 217 mit Anm. *Peters*; KG JR **1975** 166; OLG Bremen NJW **1952** 678; OLG Celle JR **1967** 150; OLG Darmstadt DStrZ **1920** 316; OLG Düsseldorf NStE Nr. 8 zu § 359; OLG Köln StV **1989** 98; NStZ **1991** 96, 97; OLG Schleswig NJW **1974** 714 mit Anm. *Peters*; *Dalcke/Fuhrmann/Schäfer* 4; KK-*Schmidt* 22; KMR-*Paulus* 57; *Kleinknecht/Meyer-Goßner* 23; *Pfeiffer/Fischer* 6; *Henkel* 395; *Roxin* § 55, 11; *Peters* Fehlerquellen **3** 73; einschränkend *Neumann* 41; **a. A** *Dippel* in: Jescheck/Meyer, 81, die darin ein neues Beweismittel sehen.

[120] BGH JR **1977** 217 mit Anm. *Peters*; KG JR **1975** 166; OLG Celle JR **1967** 150; OLG Dresden JW **1934** 1147 mit Anm. *Lehmann*; OLG Köln NJW **1963** 698; OLG Neustadt NJW **1964** 678; KMR-*Paulus* 57; KK-*Schmidt* 22; *Kleinknecht/Meyer-Goßner* 23; *Peters* Fehlerquellen **3** 73; **a. A** *Dippel* in: Jescheck/Meyer, 81: Beweismittel.

[121] OLG Celle JR **1967** 150; OLG Hamburg JR **1951** 218; OLG Hamm JMBlNRW **1955** 20; *Dalcke/Fuhrmann/Schäfer* 4; KK-*Schmidt* 22; KMR-*Paulus* 57; *Kleinknecht/Meyer-Goßner* 23; **a. A** *Dippel* in: Jescheck/Meyer 81, der auch das für ein neues Beweismittel hält.

[122] RGSt **19** 321 mit abl. Anm. *Frank* ZStW **12** (1892) 346; BayObLGSt **1** 212; KG GA **1974** 25; *Eb. Schmidt* Nachtr. I 2; *Olbricht* GA **48** (1901) 104; aus dem gegenwärtigen Schrifttum ebenso KMR-*Paulus* 55; *Kleinknecht/Meyer-Goßner* 22; *Pfeiffer/Fischer* 6; *Wasserburg* Handb. 308; **a. A** KK-*Schmidt* 18 und *Peters* Fehlerquellen **3** 54, die Verstöße gegen § 136 a als Wiederaufnahmegrund anerkennen wollen.

[123] *Peters* 76 III 4; nicht berücksichtigt von *Kleinknecht/Meyer-Goßner* 22; s. auch oben Vor § 359, 53.

[124] RGSt **20** 46; OLG Dresden *Alsb.* E **2** Nr. 272 a; KMR-*Paulus* 45; *Kleinknecht/Meyer-Goßner* 22; *v. Kries* 707; *Peters* § 76 III 4 und Fehlerquellen **3** 61; *Schorn* MDR **1965** 869.

[125] OLG Bamberg NJW **1955** 1122; OLG Köln *Alsb.* E **2** Nr. 271 d; *Eb. Schmidt* 30; KMR-*Paulus* 45; *Kleinknecht/Meyer-Goßner* 22; *Beling* 432 Fußn. 1; *Neumann* 54; *Olbricht* GA **48** (1901) 104; *Schorn* MDR **1965** 870; **a. A** KG JW **1934** 2086; OLG Braunschweig GA **39** (1891) 363; OG Danzig JW **1922** 1144 mit Anm. *zu Dohna*; OLG Darmstadt *Alsb.* E **2** Nr. 271 c; *Dalcke/Fuhrmann/Schäfer* 3.

[126] OLG Bamberg NJW **1955** 1122; OLG Dresden *Alsb.* E **2** Nr. 272 a; *Eb. Schmidt* 30; *Neumann* 54, 84; *Schöneborn* MDR **1975** 11.

Die **ältere Rechtsprechung** sah in der Doppelbestrafung schon deshalb keine neue **69** Tatsache im Sinne des § 359 Nr. 5, weil die Schuldfeststellungen des Urteils nicht unmittelbar betroffen sind[127]. **Überwiegend** wurde und wird die Wiederaufnahme aber für zulässig gehalten[128]. Nach **anderer Auffassung** soll die Wiederaufnahme überflüssig sein[129], weil das unter Verstoß gegen Art. 103 Abs. 3 GG ergangene Urteil unwirksam und die Unzulässigkeit seiner Vollstreckung nach § 458 festzustellen sei[130].

Mit der **h. L.** ist die Doppelbestrafung als eine Tatsache i. S. des § 359 Nr. 5 anzuse- **70** hen, die zur Einstellung des Verfahrens wegen des Prozeßhindernisses der bereits eingetretenen Rechtskraft führt[131]. Dieses **Prozeßhindernis** kann über eine Entscheidung nach § 458 nur unvollkommen berücksichtigt werden, auch wenn die Vollstreckung wegen der „Doppelbestrafung" verhindert wird[132]. Andererseits kann die — verfassungswidrige — Nichtbeachtung dieser negativen Verfahrensvoraussetzung schon deshalb nicht zur Nichtigkeit führen, weil die dazu notwendige Evidenz in vielen Fällen fehlen wird[133]. Das gilt auch dann, wenn der Verstoß auf eine Verfassungsbeschwerde hin vom Bundesverfassungsgericht festgestellt worden ist[134].

bb) Dagegen können solche Tatsachen nicht berücksichtigt werden, die sich **nicht** auf **71** den der materiellen Rechtskraft fähigen **Gegenstand** der **Sachentscheidung** beziehen.

Dazu gehören zunächst diejenigen, die sich bloß auf die tatsächlichen Voraussetzun- **72** gen des Eintritts **formeller Rechtskraft** beziehen (s. dazu Vor § 359, 42 bis 48; 50 ff), wie z. B. hinsichtlich der form- und fristgerechten Einlegung eines Rechtsmittels[135] und der tatsächlichen Voraussetzungen einer Verwerfung ohne Verhandlung zur Sache z. B. im Falle des § 329[136] oder des § 412[137].

Auch Tatsachen, welche die Voraussetzungen einer **Einstellung nach §§ 153 ff** betref- **73** fen, beziehen sich nicht auf den in materielle Rechtskraft erwachsenen Gegenstand der mit der Wiederaufnahme angefochtenen Entscheidung und scheiden schon deshalb ebenfalls aus dem Kreis der nach § 359 Nr. 5 berücksichtigungsfähigen Tatsachen aus[138].

Ferner sind solche Tatsachen nicht berücksichtigungsfähig, mit denen Verfahrensver- **74** stöße geltend gemacht werden, die zwar möglicherweise in der Nichtbeachtung einer negativen oder positiven **Verfahrensvoraussetzung** bestehen, aber nicht zu einer die Strafanklage verbrauchenden Einstellung führen. So sind z. B. solche Tatsachen ohne Bedeutung, mit denen nur die Verhandlungsunfähigkeit des Angeklagten in der Hauptver-

---

[127] KG *Alsb.* E **2** Nr. 270 a; JW **1927** 2073; Recht **1927** Nr. 240; OLG Breslau *Alsb.* E **2** Nr. 270 b = GA **51** (1904) 375; OLG Naumburg JR Rspr. **1925** Nr. 1085; ebenso noch *Dalcke/Fuhrmann/Schäfer* 4.

[128] BayObLGSt **17** 56 unter Aufgabe der in BayObLGSt **2** 354 vertretenen Ansicht; OLG Breslau DStrZ **1920** 63; OLG Hamburg HRR **1935** 708; OLG Köln *Alsb.* E **2** Nr. 270 d; LG Krefeld NJW **1973** 1204; *Neumann* 62 ff; *Geppert* GA **1972** 178 Fußn. 113; *Kuhnt* JW **1917** 212; *Olbricht* GA **48** (1901) 108; *v. Spindler* GA **53** (1906) 433; vgl. auch LG Hannover NJW **1970** 290, das unterscheidet, ob die Doppelbestrafung auf Unkenntnis von dem früheren Urteil oder auf der irrtümlichen Annahme beruht, sie sei rechtlich zulässig.

[129] *Eb. Schmidt* I 257 Fußn. 353 und Vor § 359, 5; *Beling* 433; *Gerland* 298; *Peters* Lb. § 76 III 4, Fehlerquellen **3** 11 und FS Kern 340.

[130] KMR-*Paulus* 47; *Kleinknecht/Meyer-Goßner* 39; *Dippel* in: Jescheck/Meyer 82.

[131] Vgl. z. B. KK-*Schmidt* 20; *Kleinknecht/Meyer-Goßner* 39; *Pfeiffer/Fischer* 6; *Schlüchter* 769.3; *Maatz* 287.

[132] Zutr. *Rieß* JR **1981** 523.

[133] *Rieß* JR **1981** 522; im Erg. ebenso OLG Koblenz JR **1981** 520; das halten auch *Kleinknecht/Meyer-Goßner* Einl. 107 für möglich, wollen jedoch zudem – neben der Verfassungsbeschwerde – auch den Weg über § 458 eröffnen.

[134] LG Darmstadt NJW **1968** 1642 mit Anm. *Hofmann*; LG Bochum MDR **1970** 259 will § 79 Abs. 1 BVerfGG entsprechend anwenden; vgl. Vor § 359 Rdn. 160.

[135] OLG Frankfurt JR **1978** 522 mit abl. Anm. *Rieß*; *Kleinknecht/Meyer-Goßner* 22.

[136] KG GA **1974** 25; KMR-*Paulus* 55; *Kleinknecht/Meyer-Goßner* 22.

[137] KMR-*Paulus* 55.

[138] KK-*Schmidt* Vor § 359, 14; KMR-*Paulus* 44; *Kleinknecht/Meyer-Goßner* 39; **a. A** *J. Meyer* NJW **1969** 1361.

Karl Heinz Gössel

handlung dargetan werden soll[139] oder die dem Privatkläger fehlende Prozeßfähigkeit[140], ebenso solche, mit denen ein Verstoß gegen Beweisverwertungsverbote (einschließlich des § 136 a Abs. 3 Satz 2) geltend gemacht wird[141], es sei denn, die Verfahrensverstöße sind von solcher Schwere, daß sie als Verstoß gegen das Rechtsstaatsprinzip jede Entscheidung in der Sache endgültig verhindern[142] und die daraus resultierende Einstellungsentscheidung einer sachentscheidenden Einstellung gleichsteht.

75   **d)** Bloß fehlerhafte Rechtsanwendung ist keine Tatsache: **materiell-rechtliche Fehler** des angefochtenen Urteils können folglich mit der Wiederaufnahme propter nova **nicht** in zulässiger Weise gerügt werden[143]: eine „revisionsähnliche Überprüfung" kann mit dem Rechtsbehelf der Wiederaufnahme nicht erreicht werden[144].

76   **aa)** Die **Kritik** an dieser Auffassung hat durch den sog. „Ossietzky-Beschluß" des Bundesgerichtshofs[145] neue Nahrung erhalten. In diesem Beschluß wurde die Verwerfung eines Wiederaufnahmeantrags als unzulässig bestätigt, den die Tochter des als Opfer des NS-Unrechtsstaats umgekommenen Nobelpreisträgers Carl v. Ossietzky gegen die Verurteilung ihres Vaters wegen des Verrats militärischer Geheimnisse (über die dem Versailler Vertrag widersprechende heimliche Aufrüstung des Deutschen Reiches) in einem Artikel in der Zeitschrift „Weltbühne" im März 1929 gestellt hatte. In der Literatur ist gegen die Verwerfung des Antrags als unzulässig insbesondere vorgebracht worden, nach heutiger Rechtslage habe sich die Veröffentlichung von Carl v. Ossietzky auf illegale Vorgänge i. S. des § 93 Abs. 2 StGB bezogen, die dem Geheimnisbegriff und damit dem Tatbestand des Geheimnisverrates nicht mehr unterfielen; mindestens aber widerspreche die Strafbarkeit der Veröffentlichung illegaler Staatsgeheimnisse dem Rechtsstaatsprinzip[146] und dem Grundrecht auf freie Meinungsäußerung in Artikel 5 Abs. 1 und 2 GG[147] und sei deshalb als verfassungswidrig zu beurteilen, weshalb schon de lege lata ein Weg gefunden werden müsse, um nicht „sehenden Auges einen Verstoß gegen das ‚elementare Rechtsgefühl' hinzunehmen"[148] — mindestens aber sei der Gesetzgeber aufgerufen, die Wiederaufnahme auch dann für zulässig zu erachten, wenn das je angefochtene Urteil auf einer verfassungswidrigen Norm oder einer verfassungswidrigen Auslegung einer Norm beruhe[149], oder, noch weitergehend, in allen Fällen fehlerhafter Rechtsanwendung, weil es „für den zu Unrecht Verurteilten . . . keinen Unterschied" mache, „auf welcher der beiden Fehlerkategorien das gegen ihn ergangene Fehlurteil beruht"[150].

77   Auch im Lichte dieser Argumente ist an der **Beschränkung der Wiederaufnahme auf Angriffe gegen die tatsächliche Urteilsgrundlage** sowohl de lege lata als auch de

---

[139] OLG Hamburg LZ **1927** 1290; **1929** 70; KMR-*Paulus* 44; *Kleinknecht/Meyer-Goßner* 39; *Mamroth* DStrZ **1914** 349; *Neumann* 40 Fußn. 1; vgl. auch *Peters* Fehlerquellen **3** 61.

[140] BayObLG *Alsb.* E **2** Nr. 272 b; OLG Dresden *Alsb.* E **2** Nr. 272 a; KMR-*Paulus* 44; *Kleinknecht/Meyer-Goßner* 39.

[141] KK-*Schmidt* 18; *Kleinknecht/Meyer-Goßner* 22; **a. A** *Peters* Fehlerquellen **3** 54.

[142] Zu der damit aufgeworfenen Frage verfassungsrechtlicher Verfahrenshindernisse kann hier nicht näher Stellung genommen werden; s. dazu BGH NJW **1980** 845; **1981** 1626 f; NStZ **1982** 126 und 154; BGHSt **31** 304 einerseits, BGH NStZ **1984** 419 andererseits; vgl. ferner dazu *Gössel* NStZ **1984** 420; *Rieß* JR **1985** 45; *Volk* StV **1986** 34.

[143] RGSt **19** 323; BGHSt **39** 75, 79; KG NJW **1991** 2505, 2506; *Eb. Schmidt* Vor § 359, 7; *Dalcke/*

Fuhrmann/Schäfer 4; KK-*Schmidt* 19; KMR-*Paulus* 56; *Kleinknecht/Meyer-Goßner* 24 f; *Beling* 433; *Deml* 118; *Peters* FS Kern 346; *Dippel* in: Jescheck/Meyer 57; *Bertram* MDR **1962** 536; *Neumann* JW **1933** 488; *Wasserburg* Handb. 303; **a. A** *Peters* Fehlerquellen **3** 65, der die „Rechtstatsache des eindeutigen Gesetzesverständnisses" berücksichtigen will; *Lantzke* ZRP **1970** 202 fordert Abhilfe durch den Gesetzgeber.

[144] OLG Bremen NJW **1981** 2827 und OLGSt Nr. 3 zu § 359.

[145] BGHSt **39** 85; Ausgangspunkt war der Beschluß des KG NJW **1991** 2505.

[146] *Klug* FS Spendel 684 f.

[147] *Joerden* JZ **1994** 583.

[148] *Joerden* JZ **1994** 583 f.

[149] *Brauns* 498; *Lampe* GA **1968** 40 ff.

[150] *Meyer* ZRP **1993** 284.

lege ferenda festzuhalten. „Die Wiederaufnahme ist . . . ihrer gesamten Struktur nach auf eine Erschütterung der Tatsachenbasis des Urteils angelegt; eine bloß rechtliche Überprüfung paßt nicht in dieses Konzept"[151] und löst die Grenze zur Revision auf[152]. In der Beschränkung der Wiederaufnahme propter nova auf Angriffe gegen die tatsächliche Urteilsbasis läßt sich schon deshalb keine rechtsstaatswidrige oder sonst verfassungswidrige Praxis erblicken, weil der Gesetzgeber in den Vorschriften über die Wiederaufnahme und insbesondere in denen des § 359 Nr. 5 einen vertretbaren Kompromiß zwischen den hier antinomisch aufeinanderprallenden Grundsätzen der Rechtskraft einerseits und der Einzelfallgerechtigkeit andererseits gefunden hat[153]. Die Beseitigung rechtsfehlerhafter rechtskräftiger Entscheidungen aus Gründen der Einzelfallgerechtigkeit über die bestehenden gesetzlichen Möglichkeiten hinaus läßt sich in Einzelfällen durch Gnadenentscheidungen erreichen, im übrigen durch Rehabilitierungsgesetze — und daß der Gesetzgeber auch auf diesem Standpunkt steht, dürfte sich aus § 1 StrRehaG ergeben, welcher bei gegen elementare Grundsätze einer freiheitlich rechtsstaatlichen Ordnung verstoßenden Entscheidungen eine Rehabilitierung nur außerhalb des Wiederaufnahmeverfahrens vorsieht (Vor § 359, 185 ff). Eine Öffnung des Wiederaufnahmeverfahrens de lege ferenda oder die Schaffung anderer Rechtsbehelfe gegen auf offensichtlichen Rechtsfehlern beruhende Entscheidungen[154] erscheinen insbesondere schon wegen der Unschärfe dieser Kriterien wenig empfehlenswert[155]. Dem Vorschlag, als Tatsachen i. S. des § 359 Nr. 5 auch sog. „Rechtstatsachen" zu verstehen, wozu insbesondere die (Nicht-)Existenz von Strafgesetzen oder eine verfestigte, nicht mehr auslegungsfähige und deshalb eindeutige Rechtsregel zu zählen sei[156], kann deshalb nicht gefolgt werden, weil dies auf eine Umgehung der gesetzlich gewollten Beschränkung der Wiederaufnahme auf Angriffe nur gegen die tatsächliche Urteilsbasis hinausliefe.

bb) Damit können Tatsachen, die allein die rechtliche **Bewertung** des über Schuld und **78** Rechtsfolgen entscheidenden Sachverhalts betreffen, die tatsächliche Urteilsbasis nicht ins Wanken bringen (oben Rdn. 56) und scheiden deshalb aus dem Kreis der nach § 359 Nr. 5 berücksichtigungsfähigen Tatsachen aus[157]. Auf **Änderungen der Rechtslage** und der **rechtlichen Bewertung** kann somit ein Wiederaufnahmeantrag nicht gestützt werden[158]. Das gilt vor allem für den Fall, daß das Gesetz, auf dem das Urteil beruht, nachträglich weggefallen oder geändert worden ist[159] oder daß die Rechtsprechung zur Auslegung der angewendeten Strafbestimmung sich gewandelt hat[160]. Dabei ist gleichgültig, ob

---

[151] Treffend *Rieß* NStZ **1994** 158.
[152] KG NJW **1991** 2505, 2506; s. ferner Vor § 359, 14.
[153] *Gössel* NStZ **1993** 566.
[154] *Peters* Fehlerquellen **3** 63; *Stern* NStZ **1993** 410; Gesetzesentwurf der SPD BTDrucks. **13** 3594 (s. gepl. Änderungen).
[155] AK-*Loos* Vor § 359, 8; *Gössel* NStZ **1993** 566 f, *Rieß* NStZ **1994** 158.
[156] *Peters* Fehlerquellen **3** 63 ff und Lb. § 76 III 3; zustimmend *Klug* FS Spendel 684 f; s. auch *Joerden* JZ **1994** 582; ablehnend dazu BGHSt **39** 75, 79 f; AK-*Loos* Vor § 359, 7 f.
[157] KMR-*Paulus* 56; *Peters* Fehlerquellen 6.
[158] OLG Düsseldorf NStE Nr. 14 zu § 359; KK-*Schmidt* 19; KMR-*Paulus* 56; *Kleinknecht/Meyer-Goßner* 24; AK-*Loos* 42; *Pfeiffer/Fischer* 6; *Deml* 118; *Dippel* in: Jescheck/Meyer 82; *Neumann* 49; *Wasserburg* Handb. 303; **a. A** *Peters* Fehlerquellen **3** 63 ff und Lb § 76 III 3, der auch „Rechtstatsachen" schon nach geltendem Recht als Tatsachen im Sinne des § 359 Nr. 5 gelten lassen will.

[159] OLG Bamberg NJW **1982** 1714; *Eb. Schmidt* 18 und Vor § 359, 8; KK-*Schmidt* 19; KMR-*Paulus* 56; *Kleinknecht/Meyer-Goßner* 24; *Peters* Fehlerquellen **3** 69; *Creifelds* JR **1962** 365; *Seibert* NJW **1952** 252; vgl. auch OLG Hamburg MDR **1953** 119: nach Rechtskraft des angefochtenen Urteils Wegfall der deutschen Gerichtsbarkeit.
[160] BVerfGE **12** 340; BayObLGSt **25** 162; KG NJW **1977** 1163; OLG Bamberg NJW **1982** 1714; OLG Düsseldorf NStE Nr. 14 zu 359 und JR **1992** 124, 125 mit Anmerkung *Gössel*; OLG Köln MDR **1952** 313; LG Darmstadt NJW **1968** 1642; LG Hannover NJW **1970** 290; *Eb. Schmidt* 18 und Vor § 359, 7; KK-*Schmidt* 19; KMR-*Paulus* 56; *Kleinknecht/ Meyer-Goßner* 24; *Dalcke/Fuhrmann/Schäfer* 4; *Peters* Fehlerquellen **3** 69; *Roxin* § 55, 12; *Dippel* in: Jescheck/Meyer 82; *Neumann* 49; *Bertram* MDR **1962** 536; *Creifelds* JR **1962** 365; *Wasserburg* Handb. 303; *J. Meyer* JZ **1968** 8.

Karl Heinz Gössel

es sich um in- oder ausländische Rechtsnormen handelt[161]. Auch die Bindungswirkung von Urteilen des Bundesverfassungsgerichts nach § 31 Abs. 1 BVerfGG[162] und das Inkrafttreten eines Straffreiheitsgesetzes (Vor § 359, 120) sind keine Tatsachen im Sinne des § 359 Nr. 5 und ebensowenig die einen Verstoß gegen die MRK feststellenden Entscheidungen des EGMR[163]. Zum nachträglichen Wegfall eines Verwaltungsaktes s. oben Rdn. 47. Ergeht gegen einen Mittäter das Urteil eines anderen Gerichts, so ist es keine für das Wiederaufnahmeverfahren erhebliche Tatsache, daß dort die Beweise anders gewürdigt sind[164] oder der Fall rechtlich anders beurteilt ist[165].

79   **cc)** Eine neue Tatsache kann jedoch darin liegen, daß der Erwerb der aus einer Straftat herrührenden Beute in einem **ersten rechtskräftig abgeurteilten** Verfahren aufgrund der durch die hier verwendeten Beweismittel festgestellten Tatsachen als Hehlerei beurteilt, in einem **nachfolgenden zweiten Verfahren** gegen den wegen Hehlerei bereits Verurteilten aufgrund der dort festgestellten Tatsachen zu **erneuter Bestrafung** wegen Raubes führt. Sofern in beiden Verfahren dieselbe Tat i. S. des § 264 abgeurteilt worden sein sollte, stellt die Doppelbestrafung im zweiten Verfahren eine neue Tatsache i. S. des § 359 Nr. 5 dar (Näheres oben Rdn. 70). Stellt der räuberische Erwerb gegenüber der zunächst angenommenen Hehlerei indessen eine i. S. des § 264 andere und damit bisher nicht angeklagte Tat dar[166], so führten neue Tatsachen, möglicherweise zudem durch neue Beweismittel (Näheres dazu oben Rdn. 68 ff), zur Beurteilung des Erwerbs derselben Beute als Raub — und damit der Sache nach zu einer Zweitbestrafung, zwar nicht wegen derselben Tat im prozessualen Sinne, wohl aber hinsichtlich **desselben Tatgegenstandes.** Liegt auch formal kein Verstoß gegen das Verbot der Doppelbestrafung derselben Tat (Artikel 103 Abs. 3 GG) vor, so wird aber doch derselbe Gegenstand (Beute aus einer Straftat) einmal als Hehlerei und zum zweiten Mal als Raub bestraft. Dieses untragbare Ergebnis läßt sich indessen im Wege der Wiederaufnahme korrigieren: die im zweiten Verfahren (aufgrund der neuen Beweismittel) festgestellten Tatsachen stellen i. S. des § 359 Nr. 5 *neue Tatsachen* dar, die zur Wiederaufnahme des Verfahrens gegen das erste wegen Hehlerei ergangene Urteil berechtigen.

80   Allerdings besteht hier die Gefahr der Erfolglosigkeit: das Wiederaufnahmegericht kann die Geeignetheit der neuen Tatsachen zum Freispruch vom Vorwurf der Hehlerei verneinen oder aber die Tatsachenfeststellungen im Verfahren wegen Raubes für fehlerhaft halten und zu einer Bestätigung des wegen Hehlerei ergangenen Urteils kommen: und damit bliebe es bei der **doppelten Bestrafung** wegen der Erlangung **derselben Beutegegenstände.** Das Gesetz hat diesen Fall nicht geregelt. Die hier bestehende **Regelungslücke** dürfte sich jedoch durch entsprechende Anwendung des § 371 Abs. 2 lösen lassen[167]. Im Zweitverfahren werden Tatsachen festgestellt, die gegenüber den im Erstverfahren festgestellten neu waren (oder möglicherweise auf neuen Beweismitteln beruhten) und überdies, durch das Zweiturteil nachgewiesen, dazu geeignet waren, zum Freispruch

---

[161] KG *Alsb.* E **2** Nr. 254 = DJZ **1904** 557; *Kleinknecht/Meyer-Goßner* 24; *Wasserburg* Handb. 303; **a. A** *Peters* Fehlerquellen **3** 64, der ausländische Gesetze den Tatsachen gleichstellt.

[162] LG Hannover NJW **1970** 290 mit Anm. *Böckenförde* NJW **1970** 870; KMR-*Paulus* 56; **a. A** LG Darmstadt NJW **1968** 1642 mit zust. Anm. *Hofmann*; AG Hagen JMBlNRW **1969** 184; *Wasserburg* Handb. 304 f.

[163] OLG Koblenz MDR **1987** 254; OLG Stuttgart MDR **1985** 605; zustimmend BVerfG NJW **1986** 1425 m. Anm. *Trechsel* StV **1987** 187; *Kleinknecht/Meyer-Goßner* Vor § 359, 8; AK-*Loos* Vor § 359, 33; *Pfeiffer/Fischer* Vor § 359, 4.

[164] KG GA **70** (1926) 306; OLG Karlsruhe JW **1931** 1643; LG Mannheim StV **1992** 103; *Dalcke/Fuhrmann/Schäfer* 4; KMR-*Paulus* 56; *Kleinknecht/Meyer-Goßner* 25; *Neumann* 41; *Günther* MDR **1974** 93.

[165] KMR-*Paulus* 56; *Kleinknecht/Meyer-Goßner* 25; *Dippel* in: Jescheck/Meyer 82.

[166] Vgl. dazu BGHSt **35** 60 mit Anm. *Roxin* JZ **1988** 260 und LG Saarbrücken NStZ **1989** 546 mit Anm. *Gössel.*

[167] *Meyer-Goßner* FS Salger 355.

von dem im Erstverfahren erhobenen Hehlereivorwurf zu führen: der Sache nach hat das Zweitgericht damit ein in das Zweitverfahren integriert verbundenes Wiederaufnahmeverfahren durchgeführt und mit seinem Schuldspruch wegen Raubes die Begründetheit der — integrierten — Wiederaufnahme anerkannt. Dies sollte in entsprechender Anwendung des § 371 Abs. 3 zur Aufhebung des im Erstverfahren ergangenen Urteils und zum Freispruch von dem dort erhobenen Hehlereivorwurf führen. Sollte das wegen Raubes verurteilende Zweitgericht indessen von dem vorhergehenden Hehlereischuldspruch keine Kenntnis haben, kann im Rechtsmittelverfahren ebenso entschieden werden.

Erwächst allerdings **auch das Zweiturteil** wegen Raubes (neben der Erstverurteilung **81** wegen Hehlerei) **in Rechtskraft**, so kann auf die Durchführung eines unverkürzten förmlichen Wiederaufnahmeverfahrens nicht verzichtet werden, welches sich allerdings gegen beide Urteile richten muß: die Feststellungen in jedem der beiden Verfahren sind für das andere jeweils neu, und angesichts der vorliegenden rechtskräftigen Urteilssprüche auch zur Freisprechung im jeweils anderen Verfahren geeignet. Der dann notwendige Freispruch von den in einem der beiden Verfahren erhobenen Vorwürfen entweder nach § 373 oder nach § 371 sollte dann allerdings zur Klarstellung mit der deklaratorischen Bestätigung des Schuldspruchs im anderen Verfahren verbunden werden.

3. Beweismittel. Dem insoweit eindeutigen Wortlaut nach sind unter **Beweismittel 82** i. S. des § 359 Nr. 5 nur die förmlichen Beweismittel im engeren Sinne des numerus clausus der StPO zu verstehen: Zeugen, Sachverständige, Urkunden und Augenschein (= sinnliche Wahrnehmung). Die Aussage des Verurteilten, wiewohl häufig wichtigstes Beweismittel im weiteren Sinne[168], ist demnach im Hinblick auf die von § 244 Abs. 1 angeordnete Herausnahme der Beschuldigtenvernehmung aus der Beweisaufnahme kein Beweismittel i. S. des § 359 Nr. 5[169]; sie kann allerdings, z. B. bei deren Wegfall (Geständnis), als neue Tatsache zu einem tauglichen Gegenstand der restitutio propter nova werden[170] (oben Rdn. 65).

a) Personalbeweis. Bei den **personalen Beweisen** ist umstritten, ob die Person selbst **83** oder aber ihre Erklärung Beweismittel i. S. des § 359 Nr. 5 ist[171]. Diese Frage ist insbesondere dafür von Bedeutung, in welchen Fällen das Wiederaufnahmebegehren auf ein neues Sachverständigengutachten gestützt werden kann (s. dazu unten Rdn. 120 ff, 171 ff); hier stößt das Interesse des Verurteilten an der Beseitigung eines auf ein möglicherweise fehlerhaftes Sachverständigengutachten gestützten Schuldspruchs auf das Interesse am Schutz des rechtskräftigen Urteils vor fortlaufender neuer Überprüfung durch immer neue Gutachter. Die Lösung dieses Interessenkonflikts ist indessen im Bereich der Neuheit des Beweismittels und dem der Erheblichkeitsprüfung zu suchen, nicht aber in der Definition des Beweismittels, dessen Begriff in Übereinstimmung mit der Beweislehre zu bestimmen ist.

Etymologisch bedeutet beweisen: jemanden wissend machen, weshalb unter Beweis- **84** mittel die Art und Weise des Wissendmachens zu verstehen ist. Weil aber eine sich nicht erklärende Person niemanden wissend machen kann und umgekehrt die Erklärungen personaler Beweismittel notwendig eine Person zum Urheber haben müssen, sollte unter

---

[168] *Gössel* § 22 A III a 1; *Alsberg/Nüse/Meyer* 167 f; s. auch o. Rdn. 65.

[169] KG JR **1976** 76 mit abl. Anm. *Peters*; OLG Düsseldorf NStE Nr. 8 zu § 359; OLG Karlsruhe NJW **1958** 1247; KK-*Schmidt* 23; *Kleinknecht/Meyer-Goßner* 26; AK-*Loos* 47; *Pfeiffer/Fischer* 7; *Marxen/Tiemann* 124; *Meyer* FS II Peters 391; **a. A** *Eb. Schmidt* 24; *Wasserburg* Handb. 316.

[170] OLG Düsseldorf NStE Nr. 8 zu § 359.

[171] Überwiegend werden nur die Personen, nicht aber deren Erklärungen als Beweismittel angesehen, vgl. z. B. KK-*Schmidt* 23; *Kleinknecht/Meyer-Goßner* 26; *Pfeiffer/Fischer* 7; AK-*Loos* 47 hält diese Frage für bedeutungslos.

Karl Heinz Gössel

Beweismittel nur ein bestimmter Erklärungsinhalt (als Beweisinhalt) einer bestimmten Person (als Beweisträger) verstanden werden[172]. Deshalb ist Beweismittel weder allein die Person[173] noch allein deren Erklärung[174]. Das **Beweismittel** ist vielmehr eine **aufeinander bezogene Einheit von Beweisträger und Beweisinhalt** und läßt sich nicht auf eine dieser Komponenten reduzieren[175]. Deshalb kann die Wiederaufnahme nach § 359 Nr. 5 auf neue personale Beweismittel nur dann gestützt werden, wenn der Antragsteller die gedankliche Erklärung einer bestimmten Person vorbringt. Der Widerruf einer Zeugenaussage ist damit nicht bloß eine Tatsache i. S. des § 359 Nr. 5 (oben Rdn. 65), sondern als gedankliche Erklärung dieses Zeugen zugleich auch ein Beweismittel[176].

85   Nur auf den so verstandenen Begriff des Beweismittels sind alsdann die **weiteren Merkmale** der Neuheit und der Erheblichkeit zu beziehen, wobei allerdings schon die Neuheit bloß des Beweisinhalts oder aber allein des Beweisträgers zur Neuheit auch des Beweismittels insgesamt führen kann (unten Rdn. 104).

86   **b) Sachbeweis.** Entsprechendes gilt auch für die **Sachbeweise** der Urkunde und des Augenscheins[177]. Unter dem Beweismittel des Augenscheins sind die sinnliche Wahrnehmung (Beweisinhalt) eines bestimmten Gegenstandes (Beweisträger) und dessen Eigenschaften zu verstehen, unter dem Beweismittel der Urkunde der gedankliche Inhalt (Beweisinhalt) eines bestimmten Schriftzeichenträgers (Beweisträger). Zu den Urkunden gehören auch zivilgerichtliche[178] und ausländische Urteile[179].

4. Neuheit von Tatsachen oder Beweismitteln

87   **a) Zum Begriff der Neuheit i. S. des § 359 Nr. 5.** § 359 Nr. 5 verlangt ebensowenig wie § 174 Abs. 2 und § 211, daß sowohl die Tatsachen als auch die Beweismittel neu sein müssen. Es ist daher zulässig, für bereits bekannte Tatsachen neue Beweismittel und für neue Tatsachen die früher benutzten Beweismittel beizubringen[180]. Auf die **Neuheit des Beweismittels** kommt es regelmäßig dann an, wenn die **Tatsache**, die mit ihm bewiesen werden soll, **nicht neu** ist; jedoch kann der Wiederaufnahmeantrag sowohl auf das Vorliegen neuer Tatsachen als auch auf das neuer Beweismittel gestützt werden. Die Benennung *geeigneter* Beweismittel ist nach § 368 Abs. 1 stets erforderlich (§ 368, 15); zum Verhältnis der Neuheit zur Geeignetheit s. unten Rdn. 124.

88   **aa)** Maßgebend für die Beurteilung der Neuheit einer Tatsache oder eines Beweismittels ist der **Zeitpunkt**, zu dem das erkennende Gericht letztmals Sachverhaltsfeststellungen entweder durch die Vernehmung des Beschuldigten oder durch Beweisaufnahme

---

172 S. dazu *Gössel* § 22 A II a, A III a.
173 So aber KK-*Schmidt* 23; *Kleinknecht/Meyer-Goßner* 26; *Pfeiffer/Fischer* 7; *Alsberg/Nüse/Meyer* 166; *Eb. Schmidt* 22; *Dippel* in: Jescheck/Meyer 82; *Kretschmann* Recht **1917** 501; *Peters* § 76 III 3, Fehlerquellen **3** 71 ff und JR **1976** 77; *Wasserburg* Handb. 309.
174 Vgl. hinsichtlich des Sachverständigenbeweises OLG Düsseldorf *Alsb.* E **2** Nr. 260 a, 260 c; OLG Kassel *Alsb.* E **2** Nr. 260 b; OLG Hamburg GA **51** (1904) 210 und *Neumann* 46.
175 OLG Bremen OLGSt Nr. 3 zu § 359; vgl. auch *Alsberg/Nüse*³ 169 Fußn. 3, der es für bedenklich hält, die Gedankenäußerung unabhängig von der Quelle, aus der sie stammt, als Beweismittel zu bezeichnen; auch *Wasserburg* Handb. 311 weist zutreffend darauf hin, daß man „den Sachverständigen nicht ein-

fach losgelöst von dem von ihm zu erstattendem Gutachten sehen" könne.
176 Wie hier auch AK-*Loos* 57.
177 Und ebenso auch für die Kombination des Urkundenbeweises mit dem Sachverständigenbeweis in § 256 Abs. 2 (s. dazu *Gössel* DRiZ **1980** 363, 375).
178 BDiszH NJW **1966** 1044; KG *Alsb.* E **2** Nr. 253 = GA **41** (1893) 158; *Eb. Schmidt* 23; *Peters* Fehlerquellen **3** 74.
179 *J. Meyer* GA **1960** 310.
180 BayObLGSt **19** 277; OLG Celle GA **1967** 284; KMR-*Paulus* 58; *Kleinknecht/Meyer-Goßner* 29; AK-*Loos* 48; KMR-*Paulus* 58; *Eb. Schmidt* 19; *Dippel* in: Jescheck/Meyer 81; *Neumann* 43; *Günther* MDR **1974** 93; *W. Schmidt* NJW **1958** 1332; *Schorn* MDR **1965** 870.

getroffen hat. Bei **Entscheidungen** aufgrund **mündlicher Verhandlung** ist dieser Zeitpunkt der des **Abschlusses der mündlichen Verhandlung**[181], im übrigen (z. B. Strafbefehl, Beschluß) der Zeitpunkt des Erlasses der Entscheidung. Bei Urteilen und sonstigen Entscheidungen aufgrund mündlicher Verhandlung sind damit neu i. S. des § 359 Nr. 5 nur solche Tatsachen und Beweismittel, die beim Abschluß der letzten mündlichen Verhandlung nicht in die Hauptverhandlung eingeführt und damit zum Verhandlungsgegenstand gemacht worden waren[182]; bei den **übrigen** mit der Wiederaufnahme angefochtenen rechtskräftigen Entscheidungen sind alle diejenigen Tatsachen und Beweismittel neu, die zum Zeitpunkt des Entscheidungserlasses (s. dazu § 33, 12) aus dem **Akteninhalt** nicht ersichtlich waren[183].

Diese Frage wird allerdings in der **Literatur kontrovers** diskutiert. So werden die **89** Auffassungen vertreten, bei Urteilen sei die Neuheit von Zeugen und Beweismitteln nach dem Zeitpunkt der Beratung[184], der Urteilsfällung[185] oder gar erst nach dem des Eintritts der Rechtskraft zu beurteilen. Die zuletzt genannte Auffassung hat zwar für sich, daß nova in weitgehendem Umfang auch noch nach der Urteilsfällung und selbst noch im Rechtsmittelverfahren berücksichtigt werden können (Vor § 359, 31). Dieser Auffassung ist gleichwohl nicht zu folgen. Der kriminalpolitische Zusammenhang zwischen der Berücksichtigung von nova im Rechtsmittelverfahren einerseits und im Wiederaufnahmeverfahren andererseits kann nicht über die Neuheit i. S. des § 359 Nr. 5 entscheiden. Von Bedeutung ist, daß die restitutio propter nova die real-tatsächliche Entscheidungsbasis angreift (oben Rdn. 56), nicht aber die potentiell-tatsächliche, die auch noch nach Urteilserlaß im Rechtsmittelverfahren hatte erreicht werden können, aber nicht erreicht wurde: die real-tatsächliche Urteilsbasis aber ist im Zeitpunkt des Abschlusses der mündlichen Verhandlung gelegt, in dem das Gericht seine Entscheidung durch erneuten Eintritt in die Beweisaufnahme nicht mehr ändern kann.

Ebensowenig kann der in Rechtsprechung wie Rechtslehre vertretenen Meinung **90** gefolgt werden, an der Neuheit von Tatsachen oder Beweismitteln fehle es, wenn sie durch ein früheres Wiederaufnahmeverfahren **bereits verbraucht** seien[186]. Denn der Verbrauch des früheren Vorbringens ist eine Folge der Rechtskraft des früheren Beschlusses (vgl. § 368, 5 und § 372, 22), hat aber mit der Neuheit des Vorbringens nach § 359 Nr. 5 nichts zu tun[187].

bb) Auch hinsichtlich des **Gegenstandsbereichs** der Neuheit ist darauf abzustellen, **91** daß die real-tatsächliche Urteilsbasis angegriffen wird. Deshalb sind auch solche Tatsachen oder Beweismittel neu, die nur einem Teil des Entscheidungsgremiums (z. B. aus den Akten) bekannt waren (etwa nur den Berufsrichtern), nicht aber allen zur Entscheidungsfindung Berufenen (z. B. nicht den Schöffen[188]). Weil über die tatsächliche Urteilsbasis das Gericht, also der *gesamte jeweilige Spruchkörper*, entscheidet, ist die Frage der Neuheit stets vom Standpunkt des früher erkennenden Gerichts zu beurteilen[189], nicht aber von dem einzelner Mitglieder dieses Gerichts, von dem des Verurteilten[190] oder sonstiger Verfahrensbeteiligter.

---

[181] LG Gießen NJW **1994** 465, 466; KK-*Schmidt* 24; AK-*Loos* 49; *Wasserburg* Handb. 319.

[182] KK-*Schmidt* 24; *Peters* Fehlerquellen **3** 76.

[183] Für den Strafbefehl ebenso *Peters* wie Fußn. 182; *Kleinknecht/Meyer-Goßner* 28; *Rieß/Hilger* NStZ **1987** 206.

[184] So aber *Kleinknecht/Meyer-Goßner* 30; *Pfeiffer/Fischer* 8; dagegen *Wasserburg* Handb. 319; *J. Meyer* JZ **1968** 7 ff, 10.

[185] *Marxen/Tiemann* 125.

[186] OLG Celle NdsRpfl. **1970** 47; KMR-*Paulus* 59; *Dippel* in: Jescheck/Meyer 80 f.

[187] So mit Recht OLG Düsseldorf JMBlNRW **1984** 263; AK-*Loos* 52; *Alsberg* Justizirrtum 107 Fußn. 1; *Marxen/Tiemann* 126; *Neumann* 42; *Wasserburg* Handb. 321.

[188] OLG Hamm GA **1957** 90; KMR-*Paulus* 59.

[189] *Marxen/Tiemann* 127.

[190] *Neumann* 41; *J. Meyer* JZ **1968** 7.

92　　Bei Entscheidungen, die **aufgrund einer Hauptverhandlung** ergehen, sind ferner nur jene Tatsachen und Beweismittel neu i. S. des § 359 Nr. 5, die dem **erkennenden Gericht nicht bekannt** waren und von ihm daher bei der Entscheidung nicht berücksichtigt werden konnten[191]. Für die Kenntnis kommt es auf die Hauptverhandlung an, nicht auf den Akteninhalt. Daher ist für die Frage der Neuheit ohne Bedeutung, ob die Tatsachen oder Beweismittel aus dem Akteninhalt ersichtlich sind und in der Hauptverhandlung hätten eingeführt werden können; lediglich bei den Entscheidungen, die **nicht aufgrund einer Hauptverhandlung** ergehen (Strafbefehl; Beschluß), entscheidet die **Aktenlage**.

93　　Neu ist damit grundsätzlich alles, was der Überzeugungsbildung des Gerichts nicht zugrunde gelegt worden *ist*, auch wenn es ihr hätte zugrunde gelegt werden *können*[192] (s. dazu auch oben Rdn. 89). Entscheidend ist dabei allein, ob das Gericht die betreffenden Tatsachen oder Beweismittel zur Kenntnis genommen und von ihnen Gebrauch[193] und sie damit zum Gegenstand der real-tatsächlichen Urteilsbasis gemacht hat oder nicht. Deshalb ist es unerheblich, ob das Gericht irgendwelche Tatsachen oder Beweismittel etwa unter Verstoß gegen § 261 oder sonst in **unzulässiger Weise nicht berücksichtigt**, sich im angegriffenen Urteil damit nicht auseinandergesetzt[194] oder verwertet (also nicht zur Kenntnis genommen oder davon keinen Gebrauch gemacht) hat: welche Tatsache und welches Beweismittel aus welchen Gründen auch immer vom Gericht unberücksichtigt blieb, ist neu i. S. des § 359 Nr. 5[195].

94　　Kann es nur darauf ankommen, was das Gericht zur Kenntnis genommen und wovon es Gebrauch gemacht hat, so kann umgekehrt nichts anderes gelten: es ist ebenso unerheblich, ob das Gericht **in unzulässiger Weise** Tatsachen oder Beweismittel **zur Urteilsgrundlage** gemacht hat. Nicht neu i. S. des § 359 Nr. 5 sind deshalb jene Tatsachen oder Beweismittel, die zwar in der Hauptverhandlung nicht erörtert, aber unter Verstoß gegen § 261 im Urteil verwertet worden sind[196]. Gleiches gilt im umgekehrten Fall[197]. Werden indessen Tatsachen ohne nachvollziehbare Grundlage willkürlich festgestellt, etwa zum Tatzeitpunkt, so führt die Wiederaufnahme spätestens nach §§ 79, 95 BVerfGG zum Erfolg[198] — in Fällen dieser Art wird der Wiederaufnahmeantrag in der Regel aber schon mit der zutreffenden Tatsachenangabe in zulässiger Weise geltend gemacht werden können.

95　　**cc)** Daß die Beweisaufnahme in der Hauptverhandlung nach §§ 245, 244 Abs. 2 bis 5 beschränkt ist, berührt nicht die Frage der Neuheit, sondern die der **Erheblichkeit** der Tatsachen und Beweismittel (s. insbes. unten Rdn. 133 ff, 169).

b) Neue Tatsachen

96　　**aa)** Wie bereits oben Rdn. 91 ausführt, ist die Neuheit allein danach zu beurteilen, ob das Gericht die **Tatsachen** bereits **verwertet** (im oben Rdn. 93 dargelegten Sinne) *hat*,

---

[191] OLG Düsseldorf NJW **1987** 2030; OLG Karlsruhe NJW **1958** 1247; *Dalcke/Fuhrmann/Schäfer* 4; KK-*Schmidt* 24; KMR-*Paulus* 59; *Pfeiffer/Fischer* 8; *v Hentig* 93; *Peters* § 76 III 2; **a. A** hinsichtlich der *Beweismittel* KG JW **1927** 3060 und OLG Celle NdsRpfl. **1970** 47.

[192] OLG Bremen OLGSt Nr. 3 zu § 359; OLG Hamm GA **1957** 90; KMR-*Paulus* 60; *Kleinknecht/Meyer-Goßner* 30; AK-*Loos* 50; *Henkel* 395; *Peters* § 76 III 2 und Fehlerquellen **3** 76; *Schlüchter* 770.2; *Dippel* in: Jescheck/Meyer 81; *Günther* MDR **1974** 94; *Neumann* 41 ff; *J. Meyer* JZ **1968** 7; *Schöneborn* MDR **1975** 11; *Schorn* MDR **1965** 869.

[193] S. dazu OLG Frankfurt NJW **1978** 841; *J. Meyer* JZ **1968** 7; *Peters* Fehlerquellen **3** 76 und 79.

[194] OLG Düsseldorf NStE Nr. 16 zu § 359.

[195] Zutreffend KrG Saalfeld NStE Nr. 19 zu § 359 hinsichtlich des Alters des durch Strafbefehl Verurteilten; KK-*Schmidt* 24; *Dippel* in: Jescheck/Meyer 81; *J. Meyer* ZStW **84** (1972) 931 ff.

[196] *Kleinknecht/Meyer-Goßner* 30; **a. A** *Dalcke/Fuhrmann/Schäfer* 4; *Henkel* 395; *Schlüchter* 770.2; *J. Meyer* JZ **1968** 8 ff, die den Verfahrensfehler für bedeutsam halten; ebenso wohl auch *Wasserburg* Handb. 319 f.

[197] KK-*Schmidt* 24; **a. A** *Schlüchter* 770.2

[198] BVerfG NStE Nr. 21 zu § 359.

nicht aber danach, ob es die Möglichkeit dazu gehabt *hätte*. Diese Frage ist vom Standpunkt des früher erkennenden Gerichts zu entscheiden. Ob der Verurteilte die geltend gemachten Tatsachen schon in der Hauptverhandlung gekannt hat und ob er sie bereits früher hätte beibringen können, ist ohne Bedeutung[199], nach der Aufhebung des Satzes 2 des § 359 Nr. 5 auch bei Wiederaufnahmeanträgen, die **gegen Urteile des Amtsgerichts** gerichtet sind. Sogar wenn der Verurteilte die Tatsachen in der Hauptverhandlung bewußt zurückgehalten hat, kann er sie mit dem Wiederaufnahmeantrag beibringen[200]. Zur Neuheit von Tatsachen im Zusammenhang mit Sachverständigengutachten s. u. Rdn. 115 ff.

bb) Entscheidet über die Neuheit allein Kenntnisnahme und Gebrauchmachen durch **97** das Gericht (oben Rdn. 93), so sind auch jene Tatsachen neu i. S. des § 359 Nr. 5, die eine Beweisperson zwar in der Hauptverhandlung bekundet hat, die jedoch vom Gericht überhört oder sonst **nicht zur Kenntnis genommen** wurden[201]. Gleiches muß aber auch gelten, wenn das Gericht Äußerungen von Beweispersonen **mißverstanden** und deshalb nicht zur Kenntnis genommen und nicht berücksichtigt hat: das Mißverständnis verhindert die Kenntnisnahme der betreffenden Tatsache ebenso wie das Überhören — daß beim Mißverständnis neben die Unkenntnis eine unzutreffende Wahrnehmung tritt, kann daran nichts ändern. Zutreffend weist das OLG Düsseldorf darauf hin, daß es „für die Zulässigkeit des Wiederaufnahmeantrags keine entscheidende Rolle spielen" kann, „ob eine Tatsache nicht zur Kenntnis des Gerichts gekommen ist, weil sie in der Hauptverhandlung nicht zur Sprache kam oder weil das Gericht sie in der Hauptverhandlung infolge eines Wahrnehmungsfehlers nicht zur Kenntnis genommen oder aber infolge eines Erinnerungsfehlers wieder aus dem Gedächtnis verloren hat"[202]. Über die *Neuheit* entscheidet allein die bloße *Berücksichtigung* der Tatsache durch das Gericht: die negative Berücksichtigung einer Tatsache als für die Urteilsfeststellungen unerheblich schließt deren Neuheit aus.

Die **fehlende** einschließlich der fehlerhaften **Wahrnehmung** einer Tatsache ist indes- **98** sen scharf zu unterscheiden von der **fehlerhaften Würdigung** der zutreffend wahrgenommenen Tatsache: eine noch so fehlerhafte Würdigung einer vom Gericht zur Kenntnis genommenen und auch im übrigen berücksichtigten Tatsache stellt selbst keine neue Tatsache i. S. des § 359 Nr. 5 dar[203]. Eine neue Tatsache kann auch nicht darin erblickt werden, daß das Gericht aus einer berücksichtigten Tatsache „nicht die vom Angeklagten gewünschten entlastenden Folgerungen ... gezogen oder sie sonst anders gewürdigt hat, als der Verurteilte möchte"[204]. Mit Recht allerdings weisen die Oberlandesgerichte Düsseldorf und Frankfurt auf die Schwierigkeiten hin, die der Beweis der fehlenden einschließlich der fehlerhaften Wahrnehmung einer Tatsache bereiten wird[205]; die bloße Behauptung, das Gericht habe den Zeugen falsch verstanden, reicht jedenfalls nicht aus, den Wiederaufnahmeantrag zu begründen[206].

---

[199] OLG Frankfurt JR **1984** 40 mit zust. Anm. *Peters*; LG Hof MDR **1973** 517; KK-*Schmidt* 24; *Kleinknecht/Meyer-Goßner* 30; AK-*Loos* 50; *Pfeiffer/Fischer* 8; *Eb. Schmidt* 18; *Neumann* 41; *Peters* § 76 III 2 und Fehlerquellen **3** 77; *Schorn* MDR **1965** 870.

[200] KMR-*Paulus* 59; *Kleinknecht/Meyer-Goßner* 30; AK-*Loos* 50; *Marxen/Tiemann* 128; *Meyer* FS II Peters 387; *Dippel* in: Jescheck/Meyer 81.

[201] OLG Düsseldorf NJW **1987** 2030; OLG Frankfurt NJW **1978** 841; KMR-*Paulus* 60.

[202] OLG Düsseldorf aaO; OLG Frankfurt NJW **1978** 841; KMR-*Paulus* 60; *Roxin* § 55, 11; *Alsberg* Justizirrtum 106; *J. Meyer* JZ **1978** 7 Fußn. 10; *Pe-*

ters Fehlerquellen **3** 78 ff und Probleme der Strafprozeßreform 118; ebenso schon LR-*Kohlhaas*[22] 18 a; **a. A** OLG Celle NdsRpfl. **1961** 231; LR-*Meyer*[23] 42; *Eb. Schmidt* Nachtr. I 5; *Kleinknecht/Meyer-Goßner* 30; *Dahs* Hdb. 885 sieht darin einen unzulässigen Angriff auf die Beweiswürdigung.

[203] KMR-*Paulus* 60; insoweit zutreffend *Dahs* Hdb. 885.

[204] OLG Frankfurt NJW **1978** 841; ebenso OLG Düsseldorf NJW **1987** 2030; OLG Koblenz OLGSt § 359, 59; KMR-*Paulus* 60.

[205] S. vorige Fußn.; s. dazu unten Rdn. 179 ff.

[206] Insoweit zutreffend *Dahs* Hdb. 885.

Karl Heinz Gössel

99   **cc)** Ob das **Gegenteil einer** in dem angefochtenen Urteil **festgestellten Tatsache** eine neue Tatsache i. S. des § 359 Nr. 5 ist, hängt davon ab, ob die im Wiederaufnahmeantrag behauptete gegenteilige Annahme vom erkennenden Gericht berücksichtigt worden ist oder nicht[207].

100   Wenn auch eine Tatsache (A hat B geschlagen) und deren Gegenteil (A hat B nicht geschlagen) zwei selbständige, voneinander verschiedene Tatsachen sind, so bedingt die Bekanntheit dieser Tatsache zwar **regelmäßig die Bekanntheit auch ihres Gegenteils**: ist in den Urteilsgründen festgestellt, das Kind, das der Angeklagte eingegraben habe, habe im Augenblick des Eingrabens noch gelebt, so ist die Behauptung im Wiederaufnahmeantrag, das Kind sei im Zeitpunkt des Eingrabens bereits tot gewesen, deshalb keine neue Tatsache, weil das Gericht die Tatsache des Todeseintritts mit der dazu gegenteiligen Feststellung bereits gewürdigt hat[208]: Soweit es denknotwendig ist, daß sich das Gericht mit dem Gegenteil als einer (nicht; so nicht) existierenden Tatsache befaßt hat, ist das bloße Gegenteil einer in der angefochtenen Entscheidung festgestellten Tatsache keine neue Tatsache[209].

101   Es ist jedoch **möglich**, vom erkennenden Gericht unberücksichtigte Tatsachen vorzubringen, die das **Gegenteil der Urteilsfeststellungen** ergeben: die Behauptung des nach § 224 StGB Verurteilten, der von ihm angeblich Verletzte habe die im Urteil festgestellte Lähmung oder Geisteskrankheit nur simuliert, ist keineswegs schon denknotwendig mit der Bejahung der genannten schweren Folge vom erkennenden Gericht berücksichtigt worden[210]. In diesem Fall wird das Gegenteil der festgestellten Tatsache (schwere Folge) nur mittelbar über neue, bisher nicht berücksichtigte Tatsachen behauptet (Simulation der schweren Folge) — etwas anderes würde nur gelten, wäre die angebliche Simulation schon vom erkennenden Gericht erörtert, aber verneint worden.

102   Der Streit, ob auch das **Gegenteil** von festgestellten Tatsachen **neue Tatsachen** sein können[211], dürfte damit schon auf dem von *Peters* aufgezeigten Weg geschlichtet werden können[212]: wird bloß das *Gegenteil* einer im Urteil festgestellten Tatsache behauptet, so liegt darin *allein keine neue Tatsache*, weil das erkennende Gericht mit der Feststellung dieser Tatsache denknotwendig deren Gegenteil als nicht vorliegend bedacht hat. Wird dagegen das *Gegenteil* der festgestellten Tatsachen *durch* bisher *nicht berücksichtigte Tatsachen* substantiiert vorgetragen, wie z. B. den Widerruf eines Geständnisses des Angeklagten (oben Rdn. 65; zur Eignung zur Erreichung der Wiederaufnahmeziele in diesem Fall s. unten Rdn. 181)[213], so sind allein diese Tatsachen neu i. S. des § 359 Nr. 5[214]. Deshalb ist das Vorbringen, die Sonne habe geschienen, während im Urteil festgestellt ist, zur Tatzeit habe es geregnet, durchaus eine neue Tatsache[215]: Regen schließt Sonnenschein weder denk- noch naturgesetzlich aus, wie schon der Regenbogen beweist. Zumeist allerdings wird das Gegenteil der Urteilsfeststellungen nicht auf dem Umweg über neue Tatsachen, aus denen sich das Gegenteil ergibt, darzulegen versucht werden, sondern mittels neuer Beweismittel.

103   **dd)** Werden nachträglich **Umstände** bekannt, die die Tat **rechtfertigen** können, so liegen darin durchaus neue Tatsachen i. S. des § 359 Nr. 5[216]: die frühere Kontroverse um

---

[207] OLG Bremen OLGSt Nr. 3 zu § 359.

[208] Insoweit zutreffend OLG Karlsruhe NJW **1958** 1247.

[209] OLG Düsseldorf OLGSt Nr. 7 zu § 359; OLG Karlsruhe NJW **1958** 1247; *Kleinknecht/Meyer-Goßner* 31; *Pfeiffer/Fischer* 8; *Peters* Fehlerquellen **3** 79.

[210] So *Peters* Fehlerquellen **3** 79; zustimmend AK-*Loos* 53 und *Marxen/Tiemann* 130.

[211] S. einerseits OLG Karlsruhe NJW **1958** 1247, andererseits OLG Frankfurt NJW **1978** 841.

[212] *Peters* Fehlerquellen **3** 79.

[213] OLG Köln StV **1989** 98; NStZ **1991** 96, 97; OLG Nürnberg OLGSt § 359 Nr. 6.

[214] LG Gießen NJW **1994** 465, 466; KK-*Schmidt* 24; *Marxen/Tiemann* 130.

[215] Anders noch LR-*Meyer*[23] 43.

[216] *Kleinknecht/Meyer-Goßner* 31.

die insoweit zutreffende Entscheidung OLG Bamberg NJW **1962** 457 betraf nicht diese eigentlich selbstverständliche (oben Rdn. 62) Feststellung[217], sondern die politisch brisante Frage, ob einem NS-Sondergericht das Nichtwissen um derartige Umstände unterstellt und davon ausgegangen werden kann, daß das angefochtene Sondergerichtsurteil diese Umstände nicht berücksichtigt hat[218].

c) Allgemeines zur Neuheit von Beweismitteln

aa) Als **Beweismittel** wurde bereits oben Rdn. 84 bis 86 die aufeinander bezogene **104** Einheit von Beweisträger und Beweisinhalt definiert. Ist ein Beweismittel nur in einem seiner Elemente neu im oben Rdn. 93 dargelegten Sinne (Verwertung durch das erkennende Gericht), so ist es auch insgesamt neu.

bb) Die Ausführungen zur **Neuheit** von Tatsachen oben Rdn. 96 bis 98 gelten entspre- **105** chend: auch hier ist ohne Bedeutung, ob das erkennende Gericht das Beweismittel gekannt hat und sich seiner hätte bedienen können; entscheidend ist, ob es den Beweis in der Hauptverhandlung erhoben oder wenigstens verwertet hat[219]. Weil demnach die Neuheit allein vom Standpunkt des erkennenden Gerichts aus zu entscheiden ist, ist es auch bei den Beweismitteln ohne Bedeutung, ob sie der Verurteilte gekannt hat oder schon früher hätte beibringen können.

Die **fehlende** einschließlich der **fehlerhaften Wahrnehmung** des **Beweisinhalts** eines **106** Beweismittels bedingt ebenso wie bei nicht (fehlerhaft) wahrgenommenen Tatsachen deren Nichtberücksichtigung durch das Gericht; die Ausführungen oben zu Rdn. 97 und 98 gelten bei allen Beweismitteln entsprechend.

d) Neuheit des Urkundenbeweises

aa) Urkunden sind dann neu, wenn entweder die jeweilige Verkörperung (also auch **107** eine andere als die berücksichtigte Urteilsausfertigung: hier fehlt es nicht an der Neuheit, wohl aber an der Erheblichkeit) als **Beweisträger** oder auch der jeweilige gedankliche **Inhalt** im Rahmen des Urkundenbeweises (als Beweisinhalt) vom erkennenden Gericht nicht berücksichtigt worden war.

bb) Entsprechend den obigen Ausführungen zu Rdn. 97 bis 99 sind Urkunden auch **108** dann neue Beweismittel, wenn die in ihnen enthaltenen gedanklichen Erklärungen vom Gericht gar **nicht** oder **fehlerhaft wahrgenommen** wurden (fehlerhaftes Vorlesen; Verhören) — dagegen ist die Auslegung der zutreffend vorgelesenen und wahrgenommenen Erklärung ebensowenig ein neues Beweismittel oder eine Tatsache, wie die aus dieser Erklärung gezogenen Folgerungen. Das gilt auch, wenn das Gericht in seiner Entscheidung das **Gegenteil** dessen festgestellt hatte, was nunmehr mit dem Beweismittel der Urkunde vorgebracht wird: so etwa, wenn im angefochtenen Urteil das Gericht ersichtlich deshalb vom Gegenteil des Inhalts einer verlesenen Urkunde ausgegangen war, weil es ein Wort (z. B. nicht) oder eine Vorsilbe (un-) nicht wahrgenommen hatte.

Sind Urkunden nur durch **Vorhalt** verwertet worden (s. bei § 249), so waren die Erklä- **109** rungen des Angeklagten oder der Zeugen, nicht die Urkunden selbst, das Beweismittel. Die Urkunden sind dann neue Beweismittel im Sinne des § 359 Nr. 5[220]; daß ihr in der

---

[217] Vgl. dazu LR-*Meyer*[23] 43 und 58.
[218] Zutreffend *Eb. Schmidt* Nachtr. I 4; vgl. dazu auch *Arndt* NJW **1962** 432; *Frowein* NJW **1962** 1289; s. auch OLG Kiel SchlHA **1949** 216.
[219] OLG Hamm OLGSt 67; KK-*Schmidt* 24; KMR-*Paulus* 61; *Kleinknecht/Meyer-Goßner* 32; *Dippel*

in: Jescheck/Meyer 81; *Alsberg* Justizirrtum 104; a. A KG JW **1927** 3060; **1928** 1950; OLG Celle NdsRpfl. **1970** 47; *v. Hentig* 93.
[220] KMR-*Paulus* 23 und 64; AK-*Loos* 54; *Marxen/Tiemann* 135; *J. Meyer* JZ **1968** 10.

Karl Heinz Gössel

Hauptverhandlung bereits mittelbar verwerteter Inhalt zu einer anderen Entscheidung führen kann, wird aber regelmäßig ausgeschlossen sein.

e) Neuheit des Zeugenbeweises

110   **aa) Neu** sind nicht nur die bisher dem Gericht unbekannten Zeugen, sondern alle Zeugen, die in der Hauptverhandlung nicht gehört worden sind[221] oder zu anderen Beweistatsachen[222]. Neue Beweismittel sind daher Zeugen, die in der früheren Hauptverhandlung nicht erreichbar waren, gleichgültig, aus welchen Gründen sie nicht geladen worden sind[223], Zeugen, die früher die Aussage verweigert haben, aber jetzt Angaben machen wollen[224], und Zeugen, deren Vernehmung der Angeklagte in der Hauptverhandlung ohne Erfolg beantragt[225] oder auf deren Vernehmung er sogar ausdrücklich verzichtet hatte[226]. Entsprechendes gilt, wenn ein Berufungsurteil mit der Wiederaufnahme angefochten wird: der in zweiter Instanz geladene, aber nicht erschienene und nicht vernommene Zeuge ist auch dann ein neues Beweismittel, wenn er in erster Instanz vernommen worden ist[227]. Ein neues Beweismittel ist auch der Zeuge, der in der früheren Hauptverhandlung zwar vernommen worden ist, nunmehr aber zu einer Beweisfrage gehört werden soll, zu der er bisher nicht ausgesagt hat[228].

111   **bb)** Neue Beweismittel sind die bei ihrer Vernehmung in der Hauptverhandlung eidesunmündig (§ 60 Nr. 1) gewesenen Zeugen **nicht** schon deshalb, weil sie nunmehr vereidigt werden können[229]. Der frühere **Mitangeklagte** dagegen, dessen Einlassung vom erkennenden Gericht verwertet wurde, ist entgegen der h. M[230] mit der Erlangung der Zeugenrolle erstmals Beweismittel i. S. des § 359 Nr. 5 geworden und deshalb auch als **neues** Beweismittel[231] anzuerkennen; Gleiches gilt entgegen dem Bundesgerichtshof für frühere Betroffene eines Bußgeldverfahrens, die „zu demselben Lebenssachverhalt jetzt ohne Einschränkungen als Zeugen vernommen werden können"[232].

112   **cc)** Bei nicht oder **fehlerhaft wahrgenommenen Zeugenaussagen** gelten die Darlegungen zu nicht oder fehlerhaft wahrgenommenen Ausführungen von Beweispersonen

---

[221] *Alsberg* Justizirrtum 104.

[222] OLG Düsseldorf OLGSt Nr. 4 zu § 359; KK-*Schmidt* 29; *Kleinknecht/Meyer-Goßner* 33; AK-*Loos* 55.

[223] OLG Hamm NJW **1956** 803 L; KMR-*Paulus* 61; *Dalcke/Fuhrmann/Schäfer* 4; *Dippel* in: Jescheck/Meyer 81; *Neumann* 44; *Peters* Fehlerquellen **3** 78.

[224] OLG Hamburg *Alsb.* E **2** Nr. 258 a; GA **44** (1896) 410; KMR-*Paulus* 62; *Eb. Schmidt* 20; *Dippel* in: Jescheck/Meyer 81; *Neumann* 44; *Peters* Fehlerquellen **3** 77; *Wasserburg* Handb. 316.

[225] KK-*Schmidt* 29; KMR-*Paulus* 61; *Kleinknecht/Meyer-Goßner* 33; *v. Hentig* 94; *Peters* Fehlerquellen **3** 77; *J. Meyer* ZStW **84** (1972) 933; a. A OLG Celle NdsRpfl. **1970** 47.

[226] OLG Köln NJW **1963** 968; KK-*Schmidt* 29; KMR-*Paulus* 61; *Kleinknecht/Meyer-Goßner* 33; AK-*Loos* 55; *Marxen/Tiemann* 132; *Alsberg* Justizirrtum 104; *Wasserburg* Handb. 314.

[227] **A. A** OLG Oldenburg MDR **1985** 518 L; dagegen und wie hier *Marxen/Tiemann* 132.

[228] KG *Alsb.* E **2** Nr. 259 = GA **53** (1906) 184; *Eb. Schmidt* 20; KK-*Schmidt* 29; KMR-*Paulus* 62; *Kleinknecht/Meyer-Goßner* 33; *Neumann* 43; *Peters* Fehlerquellen **3** 78; *Alsberg/Nüse*³ 169

Fußn. 3; *Alsberg* Justizirrtum 105; *Wasserburg* Handb. 314; einschränkend OLG Dresden *Alsb.* E **2** Nr. 257, das die Neuheit davon abhängig machen will, daß die neuen Tatsachen in keinem Zusammenhang mit dem Gegenstand der früheren Aussage stehen; **a. A** *Marxen/Tiemann* 132, die in diesem Fall nur das Vorliegen einer neuen Tatsache annehmen wollen.

[229] KK-*Schmidt* 29; KMR-*Paulus* 62; *Kleinknecht/Meyer-Goßner* 33; AK-*Loos* 56; *Pfeiffer/Fischer* 9; *Peters* Fehlerquellen **3** 78, der das aber für eine unter Umständen neue Tatsache hält; **a. A** *Wasserburg* Handb. 315; *Neumann* 44, der in dem eidlichen Zeugnis ein neues Beweismittel sieht und im übrigen der Meinung ist, die erneute Benennung des Zeugen enthalte die stillschweigende Behauptung, er werde jetzt anders als früher aussagen.

[230] OLG Düsseldorf JZ **1985** 452; OLG Königsberg DRiZ **1928** 862 = HRR **1928** 1861; KK-*Schmidt* 29; KMR-*Paulus* 62; *Kleinknecht/Meyer-Goßner* 33; *Dalcke/Fuhrmann/Schäfer* 4; *Neumann* 44 ff.

[231] KK-*Loos* 56; *Marxen/Tiemann* 133; **a. A** OLG Hamm NStZ **1981** 155 mit Anm. *Peters* JR **1981** 439: neue Tatsache.

[232] BGH WuW **1988** 875, 876.

(oben Rdn. 97, 98), wie auch die Ausführungen oben Rdn. 99 ff zur Geltendmachung des **Gegenteils** einer festgestellten Tatsache.

f) Neuheit des Sachverständigen. Die Beurteilung der **Neuheit** des Sachverständi- **113** genbeweises wird durch einen **Konflikt** verdunkelt, der nicht selten leider nicht ganz offen, gleichsam mit herabgezogenem Visier und (deshalb) zudem auf den falschen Feldern des Begriffs und der Neuheit des Sachverständigenbeweises ausgetragen wird (s. oben Rdn. 83). In der alltäglichen gerichtlichen Praxis leistet die Tätigkeit einiger Sachverständiger leider dem — insgesamt unberechtigten — Vorurteil Vorschub, für nahezu jeden denkbaren Gegenstand eines Sachverständigenbeweises ließen sich bei genügender Intensität Gutachter finden, die das jeweils gewünschte Ergebnis bestätigen würden. Dieser Eindruck beruht allerdings im wesentlichen auf der Kompliziertheit der jeweils zu begutachtenden Materie und des nicht ausreichenden Fortschritts der Wissenschaft, der zudem zur Ausbildung von gegensätzlichen wissenschaftlichen Meinungen und sogar zu regelrechten Schulenstreiten führt. Wird ohnehin die wachsende Abhängigkeit des Richters vom Sachverständigen angesichts der zunehmenden Spezialisierung und Komplizierung aller Lebensumstände immer bedrückender empfunden, so kann und darf es nicht verwundern, wenn versucht wird, das Interesse der Rechtsgemeinschaft an der Rechtssicherheit nachdrücklich zu betonen und rechtskräftige Entscheidungen nicht mehr (u. U. erneut) in den Strudel des wissenschaftlichen Meinungsstreites hineinzuziehen[233]. Unter zusätzlicher Berücksichtigung der faktischen Unmöglichkeit, alle Sachkundigen in einem Strafverfahren zu hören, kann deshalb der Antrag auf Zuziehung eines (jeden) bisher noch nicht gehörten Sachverständigen allein noch nicht zur Wiederaufnahme des Verfahrens führen. Deshalb hat man versucht, den *Sachverständigenbeweis i. S. des § 359 Nr. 5* bloß auf die **Person**[234] oder bloß auf das **Gutachten** (unten Rdn. 114) zu beschränken, oder aber dessen **Neuheit** von bestimmten einschränkenden Voraussetzungen abhängig zu machen. Damit werden nicht bloß die **Begriffe** des **Beweismittels** und der Neuheit verdunkelt, sondern es wird zudem die richtige Lösung des aufgezeigten Problems erschwert, die im Bereich der Erheblichkeitsprüfung zu suchen ist[235] und dort auch gefunden werden kann. Das schwierige, oben aufgezeigte Problem des Sachverständigenbeweises stellt sich ja nicht erst im Wiederaufnahmeverfahren, sondern schon sehr viel früher im Erkenntnisverfahren — und dort kann ihm derzeit noch mit den Mitteln der §§ 244, 245 einigermaßen ausreichend begegnet werden. Deshalb sei vorangestellt, daß die richtige Lösung auf der von der Rechtsprechung vorgezeichneten Linie zu suchen ist: könnte der im Wiederaufnahmeverfahren gestellte Antrag auf Erhebung eines (neuen) Sachverständigenbeweises im Erkenntnisverfahren nach § 244 Abs. 2 bis 4 abgelehnt werden, so ist dieser Antrag ungeeignet, die von § 359 Nr. 5 zugelassenen Wiederaufnahmeziele zu erreichen und kann folglich die Erheblichkeitsschwelle nicht passieren.

Wie die übrigen Beweismittel, so ist auch der Sachverständigenbeweis eine aufeinan- **114** der bezogene *Einheit* von *Beweisträger* (Beweisperson = Sachverständiger) und *Beweisinhalt* (Gutachten), also die gutachtliche Äußerung eines bestimmten Sachverständigen (s. oben Rdn. 84). Dieses Beweismittel ist dann neu, wenn entweder **Beweisträger (der Sachverständige)** und **Beweisinhalt (Gutachten)** oder aber nur der Sachverständige oder nur dessen Gutachten bisher vom erkennenden Gericht im oben Rdn. 93 dargelegten Sinne noch nicht berücksichtigt worden sind[236].

---

[233] S. dazu *Wasserburg* Handb. 310 ff.
[234] S. oben Rdn. 84, insbes. Fußn. 173.

[235] Verkannt von BGHSt **39** 75; 84; dagegen *Gössel* NStZ **1993** 567 und *Meyer* ZRP **1993** 284.
[236] OLG Bremen OLGSt Nr. 3 zu § 359.

Karl Heinz Gössel

115   **aa)** Damit ist ein **erstmals heranzuziehender Sachverständiger** stets ein neues Beweismittel. Hat das erkennende Gericht eine Beweisfrage ohne Anhörung eines Sachverständigen aus eigener Sachkunde entschieden, so ist ein Sachverständiger, der hierzu ein Gutachten abgeben soll, ein neues Beweismittel im Sinne des § 359 Nr. 5[237]; zum erforderlichen Antragsvorbringen vgl. unten Rdn. 187. Auch in dem selten vorkommenden Fall, daß die Urteilsfeststellungen erstmals im Wiederaufnahmeverfahren Anlaß zu sachkundiger Beurteilung geben sollen, wird mit einem Sachverständigen ein neues Beweismittel beigebracht.

116   In den meisten Fällen behauptet der Antragsteller bei der erstmaligen Benennung von Sachverständigen im Wiederaufnahmeverfahren zugleich **neue Tatsachen**[238], z. B. neue, bei einer Unterbringung nach § 81 in einem anderen Strafverfahren gewonnene Erkenntnisse über den psychischen Zustand des Verurteilten[239]; in solchen Fällen kann der Wiederaufnahmeantrag zugleich auf das Vorliegen neuer Tatsachen und neuer Beweismittel gestützt werden.

117   **bb)** Äußerst kontrovers wird die Frage beurteilt, ob und unter welchen Voraussetzungen ein **weiterer Sachverständiger**, der das Gutachten des in der Hauptverhandlung gehörten Sachverständigen widerlegen oder zumindest erschüttern soll, ein neues Beweismittel im Sinne des § 359 Nr. 5 ist.

118   Unter Berücksichtigung des oben Rdn. 113 erwähnten Konflikts erscheint es verständlich, daß vor allem die ältere Rechtsprechung befürchtete, dem Verurteilten könnte es nur allzu leicht gelingen, einen Sachverständigen zu finden, der die Ansicht seines von dem erkennenden Gericht herangezogenen Fachkollegen nicht teilt. Daher wurde entschieden, daß das **Beweismittel** nicht der **Sachverständige**, sondern sein **Gutachten** ist, die Benennung eines neuen Sachverständigen also nicht den Anforderungen des § 359 Nr. 5 entspricht[240]. Das Kammergericht wollte den Sachverständigen nur dann als neues Beweismittel zulassen, wenn er sich mit dem Gegenstand des Verfahrens schon erfolgreich beschäftigt hatte, seine Benennung also mit der Behauptung einer neuen Tatsache verbunden ist[241], hat diese Ansicht aber[242] alsbald wieder aufgegeben. Auch andere Gerichte erkannten den Sachverständigen nur unter der Voraussetzung als neues Beweismittel an, daß **für die Begutachtung eine neue tatsächliche Grundlage** bestehe[243], daß die tatsächlichen Grundlagen des bisherigen Gutachtens unrichtig seien[244] oder daß bisher nicht zur Beurteilung gelangte Tatsachen herangezogen werden sollten[245]. Weil überdies zunehmend erkannt wurde, daß nicht selten neue Beweismittel zugleich neben neuen Tatsachen vorlagen, wurde der Frage der Neuheit der Beweismittel in Rechtsprechung[246] und Schrifttum[247] zunehmend weniger Beachtung geschenkt; auch hält man zunehmend die Frage der **Neuheit des Sachverständigen nicht mehr für erwägenswert**[248], weil es im Grunde nur auf die **Geeignetheit** des Beweismittels im Sinne des § 359 Nr. 5 ankomme. Danach ist jeder weitere Sachverständige ein „neues und geeignetes" Beweismittel, wenn

---

[237] *Kleinknecht/Meyer-Goßner* 34; AK-*Loos* 58; *Pfeiffer/Fischer* 10; *Marxen/Tiemann* 134; *Kretschmann* Recht **1917** 503.

[238] *Kleinknecht/Meyer-Goßner* 34.

[239] OLG Karlsruhe DStrZ **1916** 264; *Eb. Schmidt* 22.

[240] OLG Düsseldorf *Alsb.* E **2** Nr. 260 a = GA **69** (1925) 467 mit abl. Anm. *Bergmann; Alsb.* E **2** Nr. 260 c; JR Rspr. **1925** Nr. 744; OLG Kassel *Alsb.* E **2** Nr. 260 b = GA **54** (1907) 99.

[241] KG JW **1927** 3060 = GA **72** (1928) 218; so noch *Peters* Fehlerquellen 3 98.

[242] Wie *Klee* DStR **1938** 424 mitteilt.

[243] OLG Dresden *Alsb.* E **2** Nr. 262 a; OLG Düsseldorf NStZ **1987** 245; OLG Rostock *Alsb.* E **2** Nr. 263 b.

[244] OLG Jena *Alsb.* E **2** Nr. 262 b; ähnlich *Klee* DStR **1938** 423.

[245] OLG Hamburg GA **51** (1904) 210 L.

[246] Vgl. OLG Karlsruhe JW **1931** 1643 mit Anm. *Mannheim* JW **1931** 3581; für Zeugen vgl. OLG Frankfurt JR **1984** 40 mit Anm. *Peters.*

[247] Vgl. z. B. *Kleinknecht/Meyer-Goßner* 34.

[248] Beklagt von LR-*Meyer*[23] 50 und AK-*Loos* 58.

---

sein Gutachten geeignet ist, das frühere Gutachten zu erschüttern[249]. Als geeignet wird der Sachverständige ohne weiteres angesehen, wenn die Voraussetzungen vorliegen, unter denen nach § 244 Abs. 4 Satz 2 Halbsatz 2 ein Rechtsanspruch auf Heranziehung eines weiteren Sachverständigen besteht[250].

Nach der hier vertretenen Ansicht ist davon auszugehen, daß wegen des als **Einheit 119 von Beweisinhalt und Beweisträger** verstandenen **Begriffs des Beweismittels** sowohl eine **neue** (vom Gericht bisher nicht berücksichtigte) **gutachtliche Äußerung** eines vom erkennenden Gericht vernommenen Gutachters ein neues Beweismittel darstellt[251] wie auch gutachtliche Äußerungen, die nicht bzw. fehlerhaft wahrgenommen wurden. Das OLG Frankfurt hat in seiner oben Fußn. 204 mitgeteilten Entscheidung (NJW **1978** 841) zwar lediglich eine neue Tatsache angenommen; weil hier jedoch der gutachtlichen Äußerung zugleich ein neuer Inhalt zukommt, liegt in diesem Fall auch ein neues Beweismittel vor. Gleiches gilt aber auch umgekehrt: wird eine **neue sachkundige Person** zu einem vom Gericht bereits verwerteten Gutachteninhalt als Sachverständiger benannt, so ist diese Person nicht bloß Beweismittel, sondern zudem auch *neues* Beweismittel[252]. Wird in vielen Fällen einem derartigen Beweismittel auch die Erheblichkeit fehlen (nicht bloß bei gleichem Gutachten- und damit Beweisinhalt, sondern auch, wenn bei neuem Inhalt z. B. nach § 244 Abs. 2 ein entsprechender Beweisantrag abgelehnt werden könnte), so doch nicht in allen: es ist durchaus möglich, daß ein neuer Gutachter aufgrund neuer wissenschaftlicher Erkenntnisse bei unveränderter tatsächlicher Grundlage genau jenes bejaht, was das Gericht aufgrund des früheren Gutachtens in ablehnender Auseinandersetzung mit dem jetzt als richtig erkannten Ergebnis verneint hatte[253].

g) Neuheit des Augenscheinsbeweises

aa) Eine ähnliche **Unklarheit** wie bei der Frage der Neuheit des Sachverständigenbe- **120** weises herrscht bei der Beurteilung der Neuheit des Beweises durch richterlichen Augenschein. Vom Standpunkt derer, die die Kenntnis des Gerichts von der Möglichkeit der Beweiserhebung zum Maßstab für die Neuheit machen (oben Rdn. 105), ist der Augenschein niemals ein neues Beweismittel; denn dem Gericht stand es jederzeit frei, sich dieses Beweismittels zu bedienen[254]. Umgekehrt sehen die Vertreter der wohl überwiegend vertretenen Ansicht, daß die Neuheit nur davon abhängt, daß das erkennende Gericht das Beweismittel nicht benutzt hat, die bisher nicht stattgefundene Augenscheinseinnahme ohne weiteres als neues Beweismittel an[255]. In der Rechtsprechung wird auch die Meinung vertreten, die Augenscheinseinnahme sei ein „geeignetes neues Beweismittel", wenn das Antragsvorbringen ergibt, daß sie andere oder neue Tatsachen ans Licht bringen werde gegenüber damals, als das Gericht sie nicht für erforderlich hielt[256]. Zur Lösung

---

[249] *Eb. Schmidt* 22; *Peters* Fehlerquellen **3** 73; so schon *Feisenberger* 9; *Alsberg* Justizirrtum 111; *Hirschberg* MSchrKrimPsych. **1930** 409.

[250] OLG Braunschweig GA **1956** 266; OLG Karlsruhe MDR **1972** 800; OLG Koblenz OLGSt 59; KMR-*Paulus* 63; s. auch KK-*Schmidt* 26.

[251] Davon geht auch der BGH NJW **1963** 1019, 1020 (= BGHSt **18** 225, dort jedoch im hier interessierenden Teil nicht abgedruckt) bei der Beurteilung der Neuheit eines Beweismittels i. S. des § 211 aus, wobei insoweit zwischen § 211 und § 359 „kein grundsätzlicher Unterschied" gesehen wird (NJW **1963** 1021 = BGHSt **18** 226); im Ergebnis wie hier wohl auch AK-*Loos* 61.

[252] *Peters* § 76 III 3 S. 675.

[253] Vgl. dazu z. B. die von *Peters* Fehlerquellen **1** mitgeteilten Fälle *Jordan* (S. 99), *Zehrer* (S. 102) und *Rohrbach* (S. 105).

[254] KG JW **1928** 1950; *Dalcke/Fuhrmann/Schäfer* 4.

[255] *Eb. Schmidt* 23; AK-*Loos* 62; *Marxen/Tiemann* 136; *Peters* Fehlerquellen **3** 75; *Neumann* 45; einschränkend KMR-*Paulus* 65 und *J. Meyer* ZStW **84** (1972) 932: wenn das Gericht früher keinen Anlaß hatte, die Augenscheinseinnahme vorzunehmen oder – so zusätzlich KMR-*Paulus* 65 – dazu nicht in der Lage war.

[256] OLG Frankfurt NJW **1966** 2423: wenn sich nach dem Urteil ein weiterer, bisher unbekannter Tatort mit erheblicher Beweisakzeptanz ergibt; a. auch KMR-*Paulus* 65.

Karl Heinz Gössel

dieser Kontroverse ist von den gleichen Grundsätzen auszugehen, die schon bisher zur Beurteilung der Neuheit von Beweismitteln herangezogen wurden (oben Rdn. 86 ff).

121   **bb)** Zunächst ist auch hier zu beachten, daß auch das Beweismittel des **Augenscheins** als aufeinanderbezogene **Einheit von Beweisträger** (Augenscheinsobjekt) und **Beweisinhalt** (Wahrnehmung des Beweisträgers und seiner Eigenschaften) zu verstehen ist. Deshalb ist der Augenschein auch dann ein neues Beweismittel, wenn allein die Wahrnehmung des Augenscheinsobjekts und dessen Eigenschaften unterblieben[257] war oder sonst fehlerhaft erfolgte[258] (oben Rdn. 97); das Beweismittel ist jedoch dann **nicht neu**, wenn die zutreffende Wahrnehmung fehlerhaft bewertet oder daraus fehlerhafte Folgerungen gezogen wurden (oben Rdn. 98). Die Neuheit des Beweismittels Augenschein wird auch nicht notwendig dadurch ausgeschlossen, daß in dem mit der Wiederaufnahme angegriffenen Urteil das Gegenteil dessen festgestellt ist, was mit dem im Wiederaufnahmeantrag benannten Augenscheinsbeweis bewiesen werden soll (s. dazu oben Rdn. 99 ff, 108, 112, 119).

122   Umgekehrt begründet die **Neuheit** bloß des **Augenscheinsobjekts** ebenfalls die Neuheit des gesamten Beweismittels Augenschein. Wie schon beim Sachverständigenbeweis, so kann auch hier aber die Erheblichkeit fehlen, wenn der Beweisinhalt schon mit den Urteilsfeststellungen übereinstimmt oder aber ein entsprechender Beweisantrag nach § 244 Abs. 2 bis 5 abgelehnt werden kann (oben Rdn. 119).

123   **cc)** Die Neuheit des Augenscheinsbeweises kann nicht anders bestimmt werden als die Neuheit der übrigen Beweismittel und die Neuheit von Tatsachen: § 359 Nr. 5 läßt eine unterschiedliche Interpretation des Begriffs „neu" nicht zu. Deshalb kommt es auch hier allein darauf an, ob das jeweils erkennende Gericht den Augenscheinsbeweis zur **Kenntnis genommen** und von ihm (in welcher Richtung auch immer) **Gebrauch gemacht**, also verwertet hat oder nicht (oben Rdn. 92 ff). Die insoweit abweichenden oder einschränkenden Meinungen (oben Rdn. 120) führen systemwidrig zu verschiedenen Bedeutungen des von § 359 Nr. 5 für alle Tatsachen und Beweismittel einheitlich verwendeten Begriffs der Neuheit.

5. Die Bedeutung der Geeignetheit der nova zur Erreichung der mit der restitutio propter nova verfolgbaren Ziele

124   **a) Die Erreichung der Wiederaufnahmeziele als Gegenstand der Geeignetheit.** Die Neuheit von Tatsachen oder Beweismitteln genügt nach § 359 Nr. 5 allein nicht zur Wiederaufnahme. Die Vorschrift verlangt ferner, daß die neuen Tatsachen oder Beweismittel allein oder in Verbindung mit den früher erhobenen Beweisen geeignet sind, die Freisprechung des Verurteilten oder seine geringere Bestrafung aufgrund eines anderen und milderen Strafgesetzes oder eine wesentlich andere Entscheidung über Sicherungsmaßnahmen zu begründen. § 359 Nr. 5 benennt damit ausdrücklich nur für den dort normierten Wiederaufnahmegrund die **zulässigen Wiederaufnahmeziele**, die indes von der Rechtsprechung um das der Einstellung erweitert sind und damit jenen entsprechen, die auch im übrigen mit der Wiederaufnahme zugunsten des Verurteilten zulässigerweise verfolgt werden können (oben Rdn. 11, unten Rdn. 138 ff). Darüber hinaus ist die von § 363 normierte Zielbeschränkung zu beachten, wobei die des § 363 Abs. 1 (keine Strafmaßwiederaufnahme bei Anwendung desselben Strafgesetzes) schon in der speziellen Beschrän-

---

[257] AK-*Loos* 62; *Marxen/Tiemann* 136; *Peters* Fehlerquellen **3** 65; **a. A** KK-*Schmidt* 28; *Pfeiffer/Fischer* 11.

[258] *Marxen/Tiemann* 136.

kung des § 359 Nr. 5 enthalten ist (oben Rdn. 54). Diese Wiederaufnahmeziele bilden zugleich den gegenständlichen Bezugspunkt der von § 359 Nr. 5 verlangten besonderen Eignung der nova; allerdings bedarf dieses Eignungskriterium näherer Betrachtung insbesondere schon deshalb, weil auch § 368 Abs. 1 das Vorliegen „geeigneter Beweismittel" zur Zulässigkeit jedes Wiederaufnahmeantrags macht.

b) Die Geeignetheit i. S. des § 359 Nr. 5 und i. S. des § 368

aa) Mit der restitutio propter nova soll den in der angefochtenen Entscheidung ange- **125** ordneten Rechtsfolgen die **tatsächliche Basis** entzogen (oben Rdn. 56) und durch eine neue ersetzt werden, welche die den erwähnten Wiederaufnahmezielen entsprechenden Rechtsfolgenentscheidungen (einschließlich Freispruch) zu erreichen erlaubt. Damit lassen sich die *Wiederaufnahmeziele unmittelbar nur über Tatsachen* erreichen; über *Beweismittel* können diese Ziele *nur mittelbar* über die zu beweisenden Tatsachen erreicht werden.

bb) Im Fall des **§ 359 Nr. 5** kann diese tatsächliche Basis einmal über neue Tatsachen **126** erreicht werden, zum anderen aber auch durch neue förmliche Beweismittel i. S. der StPO (oben Rdn. 82), mit denen dem Gericht neue oder auch schon bekannte, aber als nichtexistent oder sonst als bedeutungslos beurteilte Tatsachen als taugliche Grundlage zur Erreichung der Wiederaufnahmeziele präsentiert werden: durch einen bisher unbekannten Zeugen kann die vom Gericht bereits eingehend erörterte Tatsache der Anwesenheit des Angeklagten am Tatort zur Tatzeit durchaus widerlegt werden[259].

Im Fall des **§ 368 Abs. 1** ist die Geeignetheit der Beweismittel, die hier nicht neu zu **127** sein brauchen, ebenfalls (mittelbar über die vom Wortlaut genannte Geltendmachung von gesetzlichen Wiederaufnahmegründen) auf die Erreichung der Wiederaufnahmeziele zu beziehen. Wie im Fall des § 359 Nr. 5 lassen sich diese Ziele nicht unmittelbar durch Beweismittel erreichen, sondern nur mittelbar durch den Beweis jener Tatsachen, die entweder unmittelbar die erstrebten Rechtsfolgen auslösen können oder aber mittelbar als indizielle Tatsachen den Schluß auf das Vorliegen der unmittelbar das Wiederaufnahmeziel herbeiführenden Tatsachen erlauben.

cc) Bei gleichem Geeignetheitsbegriff ist der **Tatsachen- und Beweismittelbegriff** **128** des § 368 Abs. 1 dagegen **verschieden** von dem des § 359 Nr. 5.

Während *§ 359 Nr. 5 sämtliche* Tatsachen erfaßt, sofern sie neu sind, die entweder mit- **129** telbar als indizielle Tatsachen oder aber unmittelbar die dort genannten Wiederaufnahmeziele (einschließlich der Verfahrenseinstellung) herbeiführen können, bezieht sich *§ 368 Abs. 1* auf die einzelnen *gesetzlichen* Wiederaufnahmegründe und macht deren tatsächliche Voraussetzungen zum Gegenstand des mit Beweismitteln zu führenden Nachweises. Während also **§ 359 Nr. 5** als inhaltliche Voraussetzung der restitutio propter nova das **Vorliegen** solcher Tatsachen verlangt, die zur Erreichung der Wiederaufnahmeziele *geeignet* sind, verlangt **§ 368 Abs. 1** auch im Fall der restitutio propter nova **zusätzlich den Nachweis** des Vorliegens solcher Tatsachen durch *geeignete* Beweismittel, wie zudem bei den übrigen Wiederaufnahmegründen.

Dieser Nachweis aber kann weder allein noch stets durch die **förmlichen Beweismit-** **130** **tel** geführt werden: einmal kann der Nachweis des Vorliegens bestimmter Wiederaufnahmegründe nur durch bestimmte Beweismittel und keineswegs durch alle förmlichen Beweismittel geführt werden (im Fall des § 359 Nr. 3 keinesfalls durch Augenschein,

---

[259] Zur Neuheit des Gegenteils einer im Urteil festgestellten Tatsache s. oben Rdn. 99 f.

wohl aber durch Urkunden), zum anderen aber lassen sich Tatsachen i. S. des § 359 Nr. 5 nicht stets durch die förmlichen Beweismittel nachweisen, wie z. B. der Wegfall eines Geständnisses, mögen auch Indizien für den unrichtigen Inhalt des Geständnisses (das Geständnis wurde unter dem Eindruck einer ernst zu nehmenden, später weggefallenen Morddrohung abgelegt) mit den förmlichen Beweismitteln der StPO nachgewiesen werden können. Ebenso kann das Vorliegen eines neuen förmlichen Beweismittels, das nach § 359 Nr. 5 zur Erreichung der Wiederaufnahmeziele geeignet ist (ebenfalls inhaltliche Voraussetzung der restitutio propter nova), nach § 368 Abs. 1 durch ein nichtförmliches Beweismittel nachgewiesen werden: so die Erklärung des Verurteilten, der Hauptbelastungszeuge habe ihm auf dem Totenbett gestanden, die zur Verurteilung führende belastende Aussage wegen eines hohen Geldbetrags fälschlich gemacht zu haben.

131   Der in der Rechtsprechung und Literatur hin und wieder anzutreffenden Auffassung, der Begriff „**Beweismittel**" werde in der **StPO** stets in der **gleichen Bedeutung** gebraucht[260], kann folglich für § 368 Abs. 1 nicht gefolgt werden, weil anders neue Tatsachen entgegen dem Willen der StPO dann nicht die Wiederaufnahme begründen könnten, ließen sie sich nicht durch förmliche Beweismittel nachweisen — ein Problem, welches sich bei § 359 Nr. 5 deshalb nicht stellt, weil eine geänderte Verurteilteneinlassung über den Tatsachenbegriff berücksichtigt werden kann. Damit ist auch die Erklärung des Verurteilten als Beweismittel im weiteren Sinne auch als Beweismittel im Sinne des § 368 Abs. 1 anzuerkennen[261].

132   Damit **unterscheiden** sich sowohl der **Beweismittelbegriff** des § 368 Abs. 1 von dem des § 359 Nr. 5 als auch die zur Erreichung der Wiederaufnahmeziele tauglichen **tatsächlichen** Voraussetzungen, die in beiden Vorschriften jeweils in Bezug genommen sind (§ 359 Nr. 5: alle Tatsachen, sofern sie neu sind; § 368 Abs. 1: die tatsächlichen Voraussetzungen der Wiederaufnahmegründe einschließlich der in § 359 Nr. 5 verlangten neuen Tatsachen und Beweismittel). Dagegen **stimmen** beide Vorschriften in ihrem **Geeignetheitsbegriff überein**: er ist jeweils auf die Erreichung der Wiederaufnahmeziele bezogen. Während aber § 359 Nr. 5 (wie alle anderen Wiederaufnahmegründe auch) die inhaltlichen Voraussetzungen dieser Geeignetheit festlegt, enthält § 368 Abs. 1 eine verfahrensrechtliche Norm über deren Nachweis.

6. Der gegenständliche Bezugspunkt der Geeignetheit

a) Eignung zum Freispruch

133   **aa)** Regelmäßig kann die Eignung zur Freisprechung mit neuen Tatsachen (zum Kreis der berücksichtigungsfähigen Tatsachen s. oben Rdn. 59 ff) oder mit neuen Beweismitteln (zum Kreis und Begriff der Beweismittel s. oben Rdn. 84 ff) zu einem **anderen** als dem **im Urteil festgestellten Geschehensablauf** begründet werden (oben Rdn. 99), dann allerdings **nicht**, wenn auch der neue Geschehensablauf die Täterschaft des Verurteilten nicht ausschließt.

134   Trägt der Antragsteller vor, er sei nicht der Täter, sondern habe die **Schuld für einen anderen** auf sich genommen, so ist der Wiederaufnahmeantrag entgegen einer im Schrifttum vertretenen Meinung durchaus geeignet, seine Freisprechung herbeizuführen, der

---

[260] Vgl. z. B. KG JR **1976** 76 mit abl. Anm. *Peters* hinsichtlich des Begriffs Beweismittel in § 359 Nr. 5 und § 368 Abs. 1; OLG Karlsruhe NJW **1958** 1247 hinsichtlich § 368 Abs. 1 und § 244 und *Peters* Fehlerquellen **3** 72 hinsichtlich §§ 94, 200, 244, 245, 359.

[261] *Eb. Schmidt* 24; AK-*Loos* § 368, 13; *Peters* Fehlerquellen **3** 72 und JR **1976** 77 f; **a. A** KG JR **1976** 76 und im Ergebnis wohl auch OLG Karlsruhe NJW **1958** 1247.

dann aber, falls noch keine Verjährung eingetreten ist, eine Verurteilung des im Wiederaufnahmeverfahren Freigesprochenen nach §§ 145 d, 164, 257 oder 258 StGB nachfolgen wird. Wegen der damit verbundenen Möglichkeiten einer höheren Bestrafung hält *Peters* dieses in der Praxis nicht seltene Verfahren für unzulässig, weil das falsche Geständnis dieselbe Tat betreffe, die begangen zu haben er fälschlich gestanden habe[262]. Für den Regelfall wird allerdings das falsche Geständnis nicht dieselbe Tat im prozessualen Sinne betreffen wie die Tat, die zu Unrecht „gestanden" wurde: deshalb kann wegen des falschen Geständnisses durchaus erneut verurteilt werden[263] — nur in den jedenfalls denkbaren Fällen der Identität zwischen falschem Geständnis und fälschlich gestandener Tat ist Freispruch im Wege der Wiederaufnahme nicht erreichbar.

Eine **Straffreierklärung** nach § 199 StGB und das Absehen von Strafe nach § 233 **135** StGB sind keine Freisprechung im Sinne des § 359 Nr. 5[264], können aber Ziel einer Einstellung z. B. nach § 153 (unten Rdn. 140) sein (oben Rdn. 67).

bb) Die Freisprechung muß nicht das ganze Urteil betreffen. Waren mehrere in Tat- **136** mehrheit begangene Taten Gegenstand des Urteils, so ist die Wiederaufnahme nach § 359 Nr. 5 daher auch zulässig, wenn nur die **teilweise Freisprechung** erstrebt wird[265] (zur fortgesetzten Tat s. Vor § 359, 84).

Bei **wahlweiser Verurteilung** ist die Wiederaufnahme zulässig, mit der der Nachweis **137** erstrebt wird, daß der Verurteilte keine der in Betracht kommenden Straftaten begangen hat. Die Wiederaufnahme kann aber auch mit dem Ziel betrieben werden, nur eines der Delikte auszuschalten; denn da das andere nicht voll erwiesen ist (andernfalls wäre keine Wahlfeststellung nötig gewesen), muß der Verurteilte auch in diesem Fall freigesprochen werden[266].

b) Eignung zur Verfahrenseinstellung. Daß die Wiederaufnahme auch bei der Eig- **138** nung der nova zu einer **Einstellung mit strafklageverbrauchender Wirkung** betrieben werden kann, ist inzwischen allgemein anerkannt.

aa) Früher herrschte allerdings die Ansicht vor, die Wiederaufnahme sei, abgesehen **139** von dem Fall der Strafherabsetzung aufgrund eines milderen Gesetzes, nur zulässig, wenn sie sich gegen die **Beweisgrundlage zur Schuldfrage** richte und daher zur Freisprechung führen könne[267]. Diese Auslegung des § 359 Nr. 5 ist zu eng. Nach dem Sinn der Vorschrift müssen alle richterlichen Urteile, die in ihrer Bedeutung und Wirkung der Freisprechung gleichstehen, Gegenstand der Wiederaufnahme sein können. Das entspricht der jetzt überwiegend vertretenen Meinung[268].

---

[262] *Peters* Lb. § 76 III 6, Fehlerquellen **3** 42 f und FS *Kern* 354 ff.

[263] BGHSt **32** 146, 150 f; KK-*Schmidt* 30; *Kleinknecht/Meyer-Goßner* 38; AK-*Loos* 11; *Meyer-Goßner* 350.

[264] KG HRR **1935** 560; OLG Stettin *Alsb.* E **2** Nr. 275 = LZ **1925** 774; *Eb. Schmidt* 29; KK-*Schmidt* 32; *Beling* 432 Fußn. 1; *Neumann* 52; *Peters* Fehlerquellen **3** 89.

[265] KK-*Schmidt* 31; *Eb. Schmidt* 29; *Kleinknecht/Meyer-Goßner* 3, 38; *Neumann* 52; *Wasserburg* Handb. 331; oben Rdn. 12.

[266] KK-*Schmidt* 33; KMR-*Paulus* 43; *Kleinknecht/Meyer-Goßner* 38.

[267] RGSt **19** 321; KG DJZ **1906** 657; GA **69** (1925) 128; OLG Braunschweig GA **39** (1891) 363; OLG

Breslau *Alsb.* E **2** Nr. 270 b = GA **51** (1904) 375; OLG Celle GA **37** (1889) 80; OLG Darmstadt *Alsb.* E **2** Nr. 271 c; OLG Hamburg *Alsb.* E **2** Nr. 274; *Beling* 432 ff; *v. Kries* 707.

[268] BayObLGSt **17** 56 = DStrZ **1917** 439 unter Aufgabe der in BayObLGSt **2** 316, 354; **7** 401 vertretenen Ansicht; KG JW **1934** 2086; OLG Bamberg NJW **1955** 1121; OLG Breslau DStrZ **1920** 63; OLG Köln *Alsb.* E **2** Nr. 270 d; *Eb. Schmidt* 30; KK-*Schmidt* 33; KMR-*Paulus* 44; *Kleinknecht/Meyer-Goßner* 39; *Dalcke/Fuhrmann/Schäfer* 4 a; *Neumann* 53; *Dickersbach* 58; *Geppert* GA **1972** 178; *Olbricht* GA **48** (1901) 104; *Schöneborn* MDR **1975** 10; *Schorn* MDR **1965** 870; *v. Spindler* GA **53** (1906) 433; vgl. auch RGSt **20** 46.

Karl Heinz Gössel

140   Eine Einstellung des Verfahrens ist grundsätzlich nur bei Vorliegen eines **Prozeßhindernisses** in den Fällen der §§ 206 a, 260 Abs. 3 vorgesehen; auch in den übrigen Fällen gerichtlicher Einstellung, z. B. nach §§ 153 ff, wird zumeist das Vorliegen eines Verfahrenshindernisses (beschränkte Rechtskraft, s. Erläuterungen zu § 153) angenommen. Deshalb wohl ist heute anerkannt, daß die Wiederaufnahme auch mit dem Ziel der Einstellung wegen Fehlens bestimmter Prozeßvoraussetzungen betrieben werden kann (wenn auch nicht nach §§ 153 ff)[269]; § 359 Abs. 1 Nr. 1 in der Fassung von 1943 hatte das sogar ausdrücklich zugelassen. Jedoch wird allgemein verlangt, es müsse sich um Verfahrenshindernisse handeln, welche die Tat unmittelbar berühren und nicht nur das Verfahren betreffen[270].

141   **bb)** Indessen kann es weder darauf ankommen, aus welchem Grunde die Einstellung des Verfahrens möglich ist noch darauf, ob ein solcher Grund wie z. B. ein Prozeßhindernis die Tat berührt oder nicht. Wie bereits oben Rdn. 66 und Vor § 359, 38, 53 dargelegt wurde, ist die Wiederaufnahme nur gegen materiell rechtskräftige Entscheidungen statthaft, woraus sich ergibt, daß mit der restitutio propter nova **nur** eine **Einstellung** erstrebt werden kann, welche die **Strafklage verbraucht**[271]. Allerdings braucht diese Einstellung nicht die angefochtene Entscheidung insgesamt zu betreffen; die Ausführungen oben zu Rdn. 136 f gelten entsprechend.

142   Folglich ist die Wiederaufnahme nach § 359 Nr. 5 auch dann zulässig, wenn die neuen Tatsachen oder Beweismittel geeignet sind, zur Einstellung des Verfahrens mit strafklageverbrauchender Wirkung zu führen. Das ist z. B. bei der Einstellung wegen **Strafunmündigkeit, fehlenden Strafantrags, wegen Verjährung vor Urteilserlaß** und wegen des Prozeßhindernisses entgegenstehender **Rechtskraft** der Fall, nicht aber bei nicht beachteter anderweitiger Rechtshängigkeit, bei bloßer Verhandlungsunfähigkeit des Verurteilten im voraufgegangenen Verfahren und auch nicht bei der Einstellung nach §§ 153 ff[272]; wegen der Einzelheiten werden die Ausführungen zum Kreis der hinsichtlich der Verfahrenseinstellung berücksichtigungsfähigen Tatsachen (oben Rdn. 66 ff) in Bezug genommen.

143   **c) Eignung zur minderschweren Bestrafung.** Die Wiederaufnahme propter nova ist auch dann zulässig, wenn die neuen Tatsachen oder Beweismittel geeignet sind, eine minderschwere Bestrafung zu begründen.

144   **aa)** Mit dem Ziel der **Strafherabsetzung** kann die Wiederaufnahme indessen nur betrieben werden, wenn die Verurteilung aufgrund eines anderen Strafgesetzes (dazu § 363, 6 ff) erstrebt wird, das eine mildere Strafe vorsieht. Der Wiederaufnahmeantrag ist nur zulässig, wenn die Herabsetzung der Hauptstrafe (Freiheits- oder Geldstrafe) erstrebt wird, nicht nur der Wegfall oder die Milderung einer Nebenstrafe, etwa des Fahrverbots nach § 44 StGB[273].

---

[269] *Eb. Schmidt* 30; KK-*Schmidt* 34; KMR-*Paulus* 44; *Kleinknecht/Meyer-Goßner* 39; *Pfeiffer/Fischer* 13; *Neumann* 53; s. dazu auch § 373, 17.

[270] OLG Frankfurt NJW **1983** 2398 f; KK-*Schmidt* 34; *Kleinknecht/Meyer-Goßner* 39; *Pfeiffer/Fischer* 13; vgl. auch *Peters* Fehlerquellen **3** 62 und FS Kern 339; **a. A** *Geppert* GA **1972** 179.

[271] Im Ergebnis ebenso wohl *Peters* § 76 III 4 und *Hassemer* NJW **1983** 2356; **a. A** *Kleinknecht/Meyer-Goßner* 39.

[272] **H. M.** vgl. z. B. KK-*Schmidt* 34; *Kleinknecht/Meyer-Goßner* 39; *Peters* Fehlerquellen **3** 90 will den Antrag zulassen, wenn die Einstellung zugleich mit der Behauptung erstrebt wird, ein milderes Gesetz anzuwenden; vgl. auch *J. Meyer* NJW **1969** 1361.

[273] KMR-*Paulus* 49; *Kleinknecht/Meyer-Goßner* 40; *Pfeiffer/Fischer* 14; **a. A** für das Bußgeldverfahren *Göhler* § 85, 11.

Die **Straffreierklärung** nach § 199 StGB und das Absehen von Strafe nach § 233 **145**
StGB stehen einer minderschweren Bestrafung **nicht gleich**[274]; sie können aber Ziel einer
Einstellung sein (oben Rdn. 67, 136, 140).

Richtet sich der Wiederaufnahmeantrag im Ergebnis nur gegen die Verurteilung **146**
wegen einer **tateinheitlich** begangenen Straftat, so ist er zulässig, wenn es sich um die
schwerere Strafvorschrift handelt, der nach § 52 StGB die Strafe entnommen worden
ist[275]. Unzulässig ist er, wenn nur der Wegfall der Verurteilung nach der weniger schweren Strafvorschrift erstrebt wird, die für die Strafe nicht bedeutsam ist[276]. Wenn die Straftatbestände die gleichen Strafandrohungen enthalten, kann die Wiederaufnahme mit dem
Ziel der Strafmilderung wegen Wegfalls einer der tateinheitlichen Verurteilungen betrieben werden (§ 363, 7).

bb) Ein **milderes Gesetz** ist ein Gesetz, das eine geringere Strafandrohung enthält als **147**
das der Verurteilung zugrunde liegende Gesetz[277]. Milder ist die Strafandrohung immer,
wenn eine geringere Mindeststrafe[278] oder Höchststrafe vorgesehen ist[279]. War die Strafe
einem Gesetz entnommen, das beim Vorliegen bestimmter tatsächlicher Umstände eine
Straferhöhung vorsieht, so ist ein Gesetz milder, das eine solche Bestimmung nicht enthält.
Milder ist schließlich auch ein Gesetz, das bestimmte, die Strafbarkeit vermindernde
Umstände vorsieht[280]. Die Wiederaufnahme mit dem Ziel, eine mildere Bestrafung dadurch
zu erlangen, daß ein (unbenannter) minder schwerer Fall angenommen oder die Annahme
eines (unbenannten) besonders schweren Falls aufgegeben wird, ist unzulässig[281].

cc) Ein **anderes (§ 363) und milderes Gesetz** im Sinne des § 359 Nr. 5 wird angewen- **148**
det bei der Verurteilung wegen Tateinheit oder Fortsetzungstat statt wegen Tatmehrheit[282], wegen Beihilfe statt wegen Täterschaft oder Anstiftung[283], wegen Versuchs statt
wegen Vollendung[284], wegen einer weniger schwerwiegenden Rauschtat bei einer Verurteilung nach § 323 a StGB[285], wegen Strafvereitelung nach § 258 StGB statt wegen der
Haupttat[286], unter Wegfall der Rückfallvoraussetzungen des inzwischen aufgehobenen
§ 48 a. F. StGB, etwa bei Beseitigung einer Vorverurteilung im Wiederaufnahmeweg[287],

---

[274] KK-*Schmidt* 32; KMR-*Paulus* 49; *Neumann* 55 f.

[275] OLG Hamm NJW **1980** 717; *Eb. Schmidt* 33; *Dal-
cke/Fuhrmann/Schäfer* 5; KMR-*Paulus* 48; *Klein-
knecht/Meyer-Goßner* 40; *Pfeiffer/Fischer* 14.

[276] OLG Hamm NJW **1955** 565; RMG **22** 221; OLG Hamburg
MDR **1953** 119; OLG Hamm JMBlNRW **1950**
144; OLG Koblenz OLGSt § 371, 1; OLG Köln
DJZ **1905** 824; OLG Königsberg *Alsb.* E **2** Nr. 282;
Dalcke/Fuhrmann/Schäfer 5; *Dippel* in: Jescheck/
Meyer 62; *Neumann* 76; *Alsberg* Justizirrtum 60;
Arndt GA **73** (1929) 166; **a. A** *Peters* Fehlerquellen
3 94, der die Bestrafung aus einem Gesetz immer
für milder hält als die „aus mehreren"; wie *Peters*
auch *Marxen/Tiemann* StV **1992** 536.

[277] OLG Hamm NJW **1955** 565; KMR-*Paulus* 48;
Kleinknecht/Meyer-Goßner 41.

[278] KMR-*Paulus* 48; *Kleinknecht/Meyer-Goßner* 41;
Eckstein GerS **85** (1917) 111; *v. Spindler* GA **53**
(1906) 434.

[279] *Kleinknecht/Meyer-Goßner* 41.

[280] OLG Hamm NJW **1955** 565; KMR-*Paulus* 48;
Kleinknecht/Meyer-Goßner 41; *v. Hentig* 103; vgl.
§ 363, 9.

[281] *Kleinknecht/Meyer-Goßner* 41; s. auch § 363, 8 ff.

[282] OLG Hamburg *Alsb.* E **2** Nr. 278 = GA **64** (1917)
575; HRR **1935** 708; *Eb. Schmidt* 33; KMR-*Paulus*
48; *Kleinknecht/Meyer-Goßner* 41; *v. Hentig* 104;
Neumann 55 und JR **1927** 525.

[283] *Eb. Schmidt* 32; KMR-*Paulus* 48; *Kleinknecht/
Meyer-Goßner* 41; *Schlüchter* 764.5.

[284] OLG Darmstadt *Alsb.* E **2** Nr. 277; OLG Hamm
NJW **1964** 1040; OLG Oldenburg NJW **1953** 435;
Eb. Schmidt 32; KMR-*Paulus* 48; *Kleinknecht/
Meyer-Goßner* 41; *v. Hentig* 103; *Neumann* 55; *Pe-
ters* Fehlerquellen **3** 90.

[285] OLG Hamm NJW **1964** 1040; KMR-*Paulus* 48;
Kleinknecht/Meyer-Goßner 41.

[286] *Kleinknecht/Meyer-Goßner* 41.

[287] KMR-*Paulus* 48; *Peters* Fehlerquellen **3** 91; *Hanack* JZ **1974** 19; in FS Kern 345 will *Peters* die
Wiederaufnahme sogar zulassen, wenn die Rückfallvoraussetzungen infolge einer offensichtlich
falschen Rechtsauffassung angenommen worden
sind. Wie hier schon für das frühere Recht BGHSt
11 361; KG JW **1929** 264; **1934** 1435 mit Anm.
Lehmann; OLG Hamburg NJW **1952** 1150; OLG
Hamm NJW **1950** 958; **1953** 1765; *Eb. Schmidt* 32;
v. Hentig 103; *Neumann* 54; **a. A** OLG Naumburg
JW **1933** 488 mit abl. Anm. *Neumann*.

Karl Heinz Gössel

unter Annahme eines vermeidbaren Verbotsirrtums[288] und bei der Verurteilung nach dem Jugendgerichtsgesetz statt nach allgemeinem Strafrecht[289].

149 Unzulässig ist dagegen ein Wiederaufnahmeantrag, dessen Ziel lediglich die Aussetzung der Strafvollstreckung zur **Bewährung** nach § 56 StGB ist[290]. Wegen § 21 StGB vgl. § 363 Abs. 2 (s. § 363, 14).

150 **d) Eignung zu einer wesentlich anderen Maßregelentscheidung.** Die hier verlangte Geeignetheit setzt die Anwendung eines anderen Strafgesetzes (§ 363) nicht voraus[291]. Unter **Maßregeln** der Besserung und Sicherung sind nur die in **§ 61 StGB** aufgeführten Maßnahmen zu verstehen. Die Vorschrift ist auf Nebenstrafen und Nebenfolgen nicht anzuwenden[292], wohl aber auf die Einziehung und dieser nach § 442 gleichstehenden Rechtsfolgen[293] (Näheres § 443, 12).

151 Die Wiederaufnahme ist sowohl **zulässig**, wenn Maßregeln neben der Strafe angeordnet worden sind, als auch in dem Fall, daß der Angeklagte im übrigen freigesprochen oder daß er im Sicherungsverfahren nach den §§ 413 ff verurteilt worden ist[294]. Eine wesentlich andere Entscheidung im Sinne des § 359 Nr. 5 ist in erster Hinsicht der völlige Wegfall der Maßregel, insbesondere, wenn die Gefahr, der Verurteilte werde weitere erhebliche Straftaten begehen, aufgrund neuer Tatsachen oder Beweise nicht mehr anzunehmen ist[295]. Wesentlich anders ist aber auch eine dem Verurteilten günstigere Entscheidung, bei der die Dauer einer freiheitsentziehenden Maßregel erheblich verkürzt oder eine schwerere Sicherungsmaßregel durch eine mildere ersetzt wird[296]. In diesem Zusammenhang gewinnt das Verbot der Schlechterstellung (§ 373 Abs. 2) Bedeutung. Es ist daher, selbst wenn der Verurteilte dieses Ziel erstrebt, nicht zulässig, die Unterbringung in einem psychiatrischen Krankenhaus nach § 63 StGB durch die Anordnung der Sicherungsverwahrung nach § 65 StGB zu ersetzen (vgl. Erläuterungen zu § 331). Dagegen darf, weil dieser Fall von dem Verbot der Schlechterstellung ausdrücklich ausgenommen ist, statt der Sicherungsverwahrung die Unterbringung nach § 63 StGB angeordnet werden. Zu der Frage, wie zu entscheiden ist, wenn der Angeklagte durch Vortäuschung einer Geisteskrankheit seine Freisprechung erreicht hat, aber nach § 63 StGB untergebracht worden ist, vgl. *Peters* Fehlerquellen **3** 43.

152 **7. Inhaltliche Bestimmung der Geeignetheit.** Die Geeignetheit zur Erreichung der Wiederaufnahmeziele kann nicht schon bejaht werden, wenn die nova ein zulässiges Wiederaufnahmeziel zum gegenständlichen Bezugspunkt haben: das über die Geeignetheit entscheidende inhaltliche Kriterium muß ebenfalls vorliegen, welches im wesentlichen in einer bestimmt gearteten **Prognose** besteht[297]. Dabei ist einmal der Gegenstand der Pro-

---

[288] KMR-*Paulus* 48; *Kleinknecht/Meyer-Goßner* 41; *Peters* Fehlerquellen **3** 93; die Gegenansicht von OLG Oldenburg NJW **1953** 435; *Dalcke/Fuhrmann/Schäfer* § 363, 4 ist durch § 17 StGB n. F. überholt.

[289] OLG Hamburg NJW **1952** 1150; *Eb. Schmidt* 32; KMR-*Paulus* 48; *Kleinknecht/Meyer-Goßner* 41; *Peters* Fehlerquellen **3** 14; Bedenken erhebt *Potrykus* NJW **1953** 93; zweifelnd auch *Eb. Schmidt* Nachtr. I § 363, 1.

[290] OLG Hamm NJW **1955** 565; OLG Stuttgart Justiz **1982** 166; *Eb. Schmidt* Nachtr. I § 363, 1; *Dalcke/Fuhrmann/Schäfer* § 363, 3; KMR-*Paulus* 49; *Kleinknecht/Meyer-Goßner* 41; **a. A** *Peters* Fehlerquellen **3** 92.

[291] KMR-*Paulus* 50; *Kleinknecht/Meyer-Goßner* 42; *Dalcke/Fuhrmann/Schäfer* § 363, 3.

[292] KMR-*Paulus* 51; *Kleinknecht/Meyer-Goßner* 42; *Peters* Fehlerquellen **3** 95 ff.

[293] **Anders** die überwiegende Meinung, vgl. z. B. KMR-*Paulus* 51; *Kleinknecht/Meyer-Goßner* 42.

[294] *Kleinknecht/Meyer-Goßner* 42; *Peters* Fehlerquellen **3** 43.

[295] OLG Naumburg JW **1938** 2470; *Dalcke/Fuhrmann/Schäfer* 6.

[296] *Kleinknecht/Meyer-Goßner* 42.

[297] *Eb. Schmidt* 26; *Fuchs* JuS **1969** 517; *Marxen/Tiemann* 147; dabei gesteht die Rechtsprechung – BayObLG JW **1929** 1491; OLG Braunschweig NJW **1959** 1984 – dem Wiederaufnahmegericht einen Ermessensspielraum zu.

gnose (z. B. Sicherheit oder bloße Wahrscheinlichkeit der Erreichung des Wiederaufnahmeziels) zu beachten, zum anderen der Standpunkt, von dem aus die Prognose zu stellen ist.

a) Der Gegenstand der Prognose

aa) Überwiegend wird die von § 359 Nr. 5 verlangte Geeignetheit dann bejaht, wenn **153**
die Erreichung des jeweiligen Wiederaufnahmeziels **wahrscheinlich** ist[298]. Mit Recht
weist *Peters* auf die Parallele zur Anklageerhebung und zum Eröffnungsbeschluß hin:
wenn umgekehrt „hinreichender Tatverdacht", verstanden als Verurteilungswahrscheinlichkeit (vgl. Erläuterungen zu § 203), zur Durchführung der Hauptverhandlung als ausreichend und notwendig erachtet wird, so muß auch die Wahrscheinlichkeit zur Erreichung der zulässigen Wiederaufnahmeziele aufgrund der neuen Tatsachen oder Beweismittel für das Wiederaufnahmeverfahren ausreichen[299]. „Wahrscheinlichkeit bedeutet,
daß ernste Gründe für die Beseitigung des Urteils sprechen"[300], was zu bejahen ist, wenn
eine vernünftige Aussicht[301] dafür besteht, daß bei Urteilen die den Schuldspruch tragenden Feststellungen erschüttert sind[302].

Dagegen hat allerdings *Deml* vorgebracht, auf diese Weise könnten „berechtigte Wie-   **154**
deraufnahmeanträge zu schnell beiseite geschoben werden"[303]; ähnlich halten auch der
Strafrechtsausschuß der Bundesrechtsanwaltskammer[304] und *Schünemann*[305] die Wahrscheinlichkeit zur Erreichung der Wiederaufnahmeziele für eine zu hohe Schwelle für das
Wiederaufnahmeverfahren. Deshalb wird gefordert, die Geeignetheit schon dann zu bejahen, wenn nicht auszuschließen sei, daß die nova eine günstigere Entscheidung herbeiführen wurden[306], wenn es unter Anwendung des Satzes „in dubio pro reo" möglich sei, die
Wiederaufnahmeziele zu erreichen[307] oder wenn die nova „ernsthafte Zweifel an der
Richtigkeit der Verurteilung nahelegen"[308]. Den Vorschlägen zur Anwendung des Satzes
„in dubio pro reo" oder zur Herabsetzung der Wiederaufnahmeschwelle auf die Stufe der
bloßen Möglichkeit oder Nichtausschließbarkeit einer Erreichung der Wiederaufnahmeziele kann schon deshalb weder de lege lata noch de lege ferenda gefolgt werden, weil dies
bedeuten würde, die *Revision* hinsichtlich der mit diesem Rechtsmittel nur sehr erschwert
angreifbaren tatsächlichen Feststellungen nunmehr praktisch *unbefristet* zuzulassen: die
genannten Vorschläge laufen der Sache nach auf die Ersetzung der von § 359 Nr. 5 geforderten **Geeignetheitsprüfung** auf eine **Beruhensprüfung** i. S. des § 337 hinaus (vgl.
dazu die Erläuterungen zu § 337). Überdies würde dadurch das verfassungsmäßige Prinzip der *Rechtssicherheit* nicht mehr ausreichend gewahrt, worauf bereits *Deml*[309] hingewiesen hat. Jedoch wird dem mit diesen Vorschlägen verfolgten Anliegen dadurch Rech-

---

[298] OLG Dresden DStrZ **1922** 366; OLG Düsseldorf
OLGSt Nr. 4 zu § 359; KK-*Schmidt* § 368, 13;
KMR-*Paulus* 67; *Kleinknecht/Meyer-Goßner*
§ 368, 10; *Pfeiffer/Fischer* § 368, 3; *Marxen/Tiemann* 149; *v. Hentig* 182 f; *Deml* 73 und 83; *Peters*
Fehlerquellen **3** 85.

[299] *Peters* Fehlerquellen **3** 83.

[300] *Peters* Fehlerquellen **3** 85; zustimmend LG Gießen
NJW **1994** 465, 466.

[301] OLG Nürnberg MDR **1964** 171.

[302] OLG Celle JR **1967** 150; OLG Düsseldorf NStE
Nr. 10 zu § 359; OLG Karlsruhe OLGSt § 368, 2;
OLG Naumburg DR **1939** 1070; KK-*Schmidt*
§ 368, 12; *Dippel* in: Jescheck/Meyer 99; *Fuchs*
JuS **1969** 517.

[303] *Deml* 83.

[304] *Hanack/Gerlach/Wahle* Denkschrift zur Reform
des Rechtsmittelrechts und der Wiederaufnahme
des Strafverfahrens im Strafprozeß (1971).

[305] *Schünemann* ZStW **84** (1972) 872.

[306] So die in Fußn. 304 genannte Denkschrift 82 ff; s.
ferner *Wasserburg* Handb. 323.

[307] So *Schünemann* ZStW **84** (1972) 898; ähnlich *Peters* Fehlerquellen **3** 136: „Geeignet sind alle Beweismittel, die eine andere Beweiswürdigung in
den Bereich der Möglichkeit bringen".

[308] *Hanack* JZ **1973** 403; ebenso *Deml* 92 und *Roxin*
§ 55, 16.

[309] *Deml* 89 ff, 91.

nung getragen werden können, daß schon de lege lata[310] die Wiederaufnahme dann für zulässig erachtet wird, bestehen aufgrund der beigebrachten nova ernsthafte Zweifel an der Richtigkeit der angefochtenen Entscheidung[311].

155   **bb)** Dieses Wahrscheinlichkeitsurteil hat der Wiederaufnahmerichter nach seiner freien richterlichen Überzeugung zu bilden: er muß von der Richtigkeit seiner Prognose überzeugt sein[312]. Auch deshalb (s. oben Rdn. 154) kann der Grundsatz **in dubio pro reo** für das *Wahrscheinlichkeitsurteil* über die *Geeignetheit* der nova zur Erreichung der Wiederaufnahmeziele *nicht* gelten. Der Anwendungsbereich dieses Satzes beschränkt sich auf Entscheidungen, bei denen die sichere *Überzeugung* vom *Vorliegen bestimmter Tatsachen* erforderlich ist. Wenn Zweifel am Vorliegen solcher Tatsachen bestehen, ist zugunsten des Angeklagten zu entscheiden. Handelt es sich jedoch um Entscheidungen, die trotz bestehender Zweifel an der Richtigkeit der ihnen zugrunde liegenden Umstände zu treffen sind, so kann der Zweifelssatz vernünftigerweise nicht angewendet werden. Bei einer Wahrscheinlichkeitsprognose hat er daher keine Bedeutung[313].

156   Mißverständlich ist der Satz, im Zweifel sei nicht zugunsten des Angeklagten, sondern **zugunsten der Rechtskraft** zu entscheiden[314]. Das ist ein bedeutungsloses Wortspiel[315]. Zweifelt das Gericht daran, daß das neue Vorbringen geeignet ist, die Grundlagen des Urteils zu erschüttern, so ist ohne Anwendung irgendwelcher „Zweifelssätze" der Antrag als unzulässig zu verwerfen[316].

b) Der Prognosestandpunkt

157   **aa)** In der derzeitigen Rechtsprechung und Literatur wird noch weitgehend die Auffassung vertreten, die Geeignetheit der nova zur Erreichung der Wiederaufnahmeziele sei grundsätzlich vom **Standpunkt** des **Gerichts** zu prüfen, das das **Urteil erlassen** hat[317]. Das Wiederaufnahmegericht müsse sich darüber schlüssig werden, wie der erste Richter entschieden hätte, wenn ihm das neue Vorbringen bekannt gewesen wäre und wenn er die neuen Beweise erhoben hätte — wobei es allerdings dazu widersprüchlich für unzulässig gehalten wird, daß dazu die damaligen Richter gehört werden[318]. Entscheidend ist nach dieser Auffassung, ob der erkennende Richter die *Tatfrage* anders entschieden hätte, wenn

---

[310] Anders noch LR-*Gössel*[24] 138: erst de lege ferenda erwägenswert.

[311] KK-*Schmidt* 13; *Roxin* § 55, 16; *Marxen/Tiemann* 150; *Schöneborn* 198.

[312] OLG Braunschweig NJW **1959** 1984; *Fuchs* JuS **1969** 517.

[313] OLG Braunschweig NJW **1959** 1984; OLG Karlsruhe GA **1974** 250; OLG Koblenz OLGSt Nr. 5 zu § 359; *Dalcke/Fuhrmann/Schäfer* 4; KK-*Schmidt* § 368, 13 unter Hinweis auf den unveröffentlichten Beschluß des BGH vom 3. 12. 1992 – 2 StB 6/92; KMR-*Paulus* 67; *Kleinknecht/Meyer-Goßner* § 368, 10; *Dippel* in: Jescheck/Meyer 99 ff; *Peters* Fehlerquellen **3** 86; *Dahs* Hdb. 906; *Fuchs* JuS **1969** 517; *Schöneborn* MDR **1975** 442 ff; *Schorn* MDR **1965** 870; im Ergebnis ebenso *Stree* In dubio pro reo (1962), 86; offengelassen in BVerfG MDR **1975** 468; vgl. auch § 370, 24; **a. A** OLG Naumburg DR **1939** 170; *Schünemann* ZStW **84** (1972) 870 ff; gegen *Schünemann* wie hier im Anschluß an *Peters*: *Wasserburg* ZStW **94** (1982) 926 ff.

[314] So OLG Braunschweig NJW **1959** 1984; *J. Meyer* JZ **1968** 10; *Schorn* MDR **1965** 870.

[315] OLG Köln NJW **1968** 2119; KK-*Schmidt* 13; *Dippel* in: Jescheck/Meyer 101; *Fuchs* JuS **1969** 517.

[316] KG JR **1975** 166 mit Anm. *Peters*; OLG Braunschweig NJW **1959** 1984 und KMR-*Paulus* 66 wollen dies auch daraus herleiten, daß es dann an der sicheren Feststellung einer Verfahrensvoraussetzung fehlt.

[317] BGHSt **17** 304; **18** 226; **19** 366 und BGH JR **1977** 217 mit auch insoweit abl. Anm. *Peters* 218, 219; OLG Celle JR **1967** 150; OLG Karlsruhe Justiz **1984** 308, 309; OLG Naumburg DR **1939** 1070; LG Hof MDR **1973** 517; *Eb. Schmidt* 27; KK-*Schmidt* 14; KMR-*Paulus* 66 und § 368, 11; *Kleinknecht/Meyer-Goßner* § 368, 9; AK-*Loos* § 368, 17; *Pfeiffer/Fischer* 3; *Marxen/Tiemann* 153; *Dippel* in: Jescheck/Meyer 99; *v. Hentig* 182 ff; **a. A** OLG Karlsruhe JW **1931** 1643 mit abl. Anm. *Mannheim* JW **1931** 3581.

[318] BGHSt **19** 365; *Kleinknecht/Meyer-Goßner* § 368, 9 und *Günther* MDR **1974** 95; zur Widersprüchlichkeit wie hier *Marxen/Tiemann* 151.

ihm die neuen Tatsachen oder Beweise bekannt gewesen wären[319], wobei das Wiederaufnahmegericht die bereits in der Hauptverhandlung erhobenen Beweise nicht anders würdigen dürfe als der Tatrichter[320]. Entscheidend sei nur, welche Bedeutung dieser dem in Frage gestellten Beweisgrund beigemessen habe[321].

Bei der damit anzuerkennenden **Bindung an die Wertung der Beweisergebnisse** **158** durch das früher erkennende Gericht dürfe das Wiederaufnahmegericht nur ausnahmsweise die der angefochtenen Entscheidung zugrundeliegende Beweiswürdigung durch seine eigene ersetzen, wenn die Beweiswürdigung des früher erkennenden Gerichts schlechthin fehlerhaft und unter keinem denkbaren Gesichtspunkt tragfähig sei, z. B. bei Verstößen gegen die Denkgesetze oder Erfahrungsgrundsätze[322]. An die **Rechtsauffassung** des erkennenden Gerichts dagegen sei das Wiederaufnahmegericht ausnahmslos **gebunden**[323]. Der Wiederaufnahmeantrag dürfe nicht zum Anlaß genommen werden, das Urteil rechtlich zu ändern und dadurch nachzuholen, was im Rechtsmittelverfahren versäumt worden sei[324].

bb) Dieser Auffassung kann nur soweit zugestimmt werden, als das Wiederaufnahme **159** gericht in der Tat an die **Rechtsauffassung** des **früher erkennenden Gerichts gebunden** ist: im Wiederaufnahmeverfahren wird nicht die Richtigkeit des Urteils insgesamt überprüft, sondern grundsätzlich[325] nur die Richtigkeit der der angefochtenen Entscheidung zugrundeliegenden tatsächlichen Feststellungen (oben Vor § 359, 14).

Daraus aber läßt sich **keine Bindung** des Wiederaufnahmegerichts auch an die **160** **Beweiswürdigung** des früher erkennenden herleiten oder an die sonstigen Rechtsauffassungen dieses Gerichts bei der Sachverhaltsermittlung (belastende Umstände werden entgegen einem — rechtlich fehlerhaft beurteilten — Beweisverwertungsverbot verwertet). Die gegenteilige Auffassung würde der Wiederaufnahme dann kaum noch die ihr jedenfalls auch zugestandene Funktion eines Berufungsersatzes (Vor § 359, 29) zubilligen können: wenn sich die Wiederaufnahme ohnehin nur — anders als die Berufung — gegen die tatsächlichen Entscheidungsgrundlagen richtet, so könnte sie die Funktion einer Berufung praktisch nicht mehr übernehmen, wäre der Wiederaufnahmerichter nun auch noch an die vom früher erkennenden Gericht vorgenommene Beweiswürdigung gebunden.

Die von der h. M angenommene grundsätzliche Bindung des Wiederaufnahmegerichts **161** an die Beweiswürdigung des früher erkennenden Gerichts und an dessen bei und zur Sachverhaltsermittlung vertretenen rechtlichen Auffassungen ist im Grunde bloß eine **Konsequenz der h. M**, das Wiederaufnahmegericht müsse die Geeignetheit zur Erreichung der Wiederaufnahmeziele vom Standpunkt des *erkennenden Gerichts* aus beurteilen. Aber auch diese Auffassung läßt sich mit der Natur der Wiederaufnahme als eines Berufungsersatzes nicht vereinbaren: ein derartiger Beurteilungsstandpunkt ist diesem Rechtsmittel bekanntlich fremd. Gegen diesen Beurteilungsstandpunkt sprechen auch die bereits von *Peters* nachdrücklich vorgebrachten Argumente: durch die Übertragung der

---

[319] BGHSt **17** 304; OLG Hamm MDR **1974** 250; OLG Koblenz OLGSt Nr. 5 zu § 359; LG Hof MDR **1973** 517; *Kleinknecht/Meyer-Goßner* § 368, 9; *Günther* MDR **1974** 94.

[320] BGHSt **18** 226; *Kleinknecht/Meyer-Goßner* § 368, 9; *Günther* MDR **1974** 94; vgl. auch § 370, 12.

[321] *Peters* Fehlerquellen **3** 88; anders aber dort S. 99.

[322] BGHSt **18** 225, 226; KK-*Schmidt* § 368, 14; *Kleinknecht/Meyer-Goßner* 9; *Pfeiffer/Fischer* 3; *Günther* MDR **1974** 94; *Hanack* JZ **1974** 19; weitergehend *Peters* Fehlerquellen **3** 99 und FS Kern 347,

der die Bindung auch sonst bei fehlerfreier Rechtsauffassung des früheren Richters entfallen lassen will; vgl. aber AK-*Loos* § 368, 18: Klärungsbedarf hinsichtlich des Ausmaßes der Bindung.

[323] BGHSt **18** 225, 226.

[324] *Günther* MDR **1974** 95; **a. A** *Fischer* Wiederaufnahme, Diss. Erlangen 1934, 39; *J. Meyer* NJW **1969** 1360; *Peters* FS Kern 347.

[325] Der Ausnahmefall des unredlichen Richters in § 359 Nr. 3 und in § 362 Nr. 3 spielt insoweit auch außerhalb der restitutio propter nova keine Rolle.

Karl Heinz Gössel

Entscheidungen in Wiederaufnahmeverfahren auf ein anderes als das erkennende Gericht (§ 140 a GVG) und durch den Ausschluß solcher Richter von Wiederaufnahmeentscheidungen, die an der angefochtenen Entscheidung mitgewirkt haben (§ 23 Abs. 2), soll ja gerade sichergestellt werden, daß sich das Wiederaufnahmegericht von der Auffassung des erkennenden Gerichts freimachen kann[326]. Auch wird die aus der abgelehnten Meinung folgende Konsequenz, die Meinung des früher erkennenden Gerichts dazu einzuholen, wie es wohl entschieden hätte, wären ihm die nova bekannt gewesen, von der Rechtsprechung gerade nicht gezogen (oben Rdn. 157).

162   Bereits *Hellmuth Mayer* hat darauf hingewiesen, daß drei **verschiedene Standpunkte denkbar** sind, von denen aus die **Geeignetheit** der nova zur Erreichung der Wiederaufnahmeziele beurteilt werden kann: vom Standpunkt des früher erkennenden, des über die Zulässigkeit der Wiederaufnahme entscheidenden und schließlich aus der Sicht des in der Hauptverhandlung des wiederaufgenommenen Verfahrens tätigen Gerichts[327]. Die letztgenannte Möglichkeit scheidet von vornherein aus: niemand kann zuverlässig vorhersagen, welchen Verlauf die Hauptverhandlung, insbesondere die Sachverhaltsermittlung, nehmen und zu welchem Ergebnis die Beweiswürdigung kommen wird — und das gilt auch, wie dies gegenwärtig der Fall ist, wenn die über die Zulässigkeit und Begründetheit entscheidenden Berufsrichter zumeist zugleich die erneute Hauptverhandlung durchführen[328]. Die gleiche psychologische Unmöglichkeit liegt aber auch vor, soll die Geeignetheit gleichsam als „nachträgliche Prophezeiung"[329] vom Standpunkt des früher erkennenden Gerichts aus getroffen werden. Die Beweiswürdigung als zu einem erheblichen Teil von irrationalen, dezisionistischen, verstandesmäßig nicht voll begründbaren Elementen beeinflußter Vorgang[330] läßt sich im Grunde nicht nachvollziehen, und deshalb läßt sich die Frage, wie denn das erkennende Gericht wohl bei Kenntnis der nova entschieden hätte, jedenfalls vom Wiederaufnahmegericht nicht beantworten, zumal da für die Beweiswürdigung das Verhältnis der verschiedenen Beweismittel in ihrer je verschiedenen Gewichtigkeit von überragender Bedeutung ist. Aus diesem Grunde ist der älteren Rechtsprechung und den neuen, inzwischen wohl überwiegenden Stimmen im Schrifttum zuzustimmen, welche die Geeignetheit der nova zur Erreichung der Wiederaufnahmeziele vom Standpunkt des Wiederaufnahmegerichts aus beurteilen wollen[331]. Allein dieser Standpunkt wird auch den Verfahrenszielen der Wiederaufnahme gerecht, eine in ihren tatsächlichen Grundlagen fehlerhafte Entscheidung zu überprüfen: der Überprüfungsmaßstab aber kann sinnvoll in einer der Stellung des Wiederaufnahmegerichts angemessenen Weise **nur vom Standpunkt des zur Überprüfung berufenen Gerichts** angelegt werden[332]. Dem entspricht auch der Wortlaut des § 359 Nr. 5: ob die nova zur Erreichung der Wiederaufnahmeziele geeignet *sind*, kann nur vom Standpunkt des Wiederaufnahmegerichts beurteilt werden — müßte dabei auf den Standpunkt eines anderen Gerichts abgestellt werden, so hätte der Konjunktiv verwendet werden müssen[333].

---

[326] *Peters* Lb. § 76 III 3 S. 675 f; Fehlerquellen **3** 99 ff und JR **1977** 219; *Marxen/Tiemann* 151.

[327] GerS **99** (1930) 320 ff.

[328] *Hellm. Mayer* wie Fußn. 327.

[329] *Hellm. Mayer* GerS **99** (1930) 321.

[330] *Rieß* GA **1978** 257, 265; *Gössel* in: Schlosser u. a.: Tatsachenfeststellungen in der Revisionsinstanz, (1982) 117, 131.

[331] BayObLG *Alsb.* E **2** Nr. 252; OLG Karlsruhe JW **1931** 1643; OLG Rostock JR **1929** Nr. 684; KK-*v. Stackelberg*[1] § 368, 9, anders aber nunmehr KK-*Schmidt* § 368, 14; AK-*Loos* § 370, 13; *Peters* Lb.

§ 76 III 3 (S. 675 f); Fehlerquellen **3** 99, FS *Kern* 347 und JR **1977** 219; *Fischer* wie Fußn. 324; *Förschner* StV **1990** 540; *Hanack* JZ **1974** 19 f; *Marxen/Tiemann* 152; *J. Meyer* NJW **1969** 1369 und ZStW **84** (1972) 933 f; *Schünemann* ZStW **84** (1972) 902; *Wasserburg* Handb. 325.

[332] OLG Düsseldorf OLGSt Nr. 4 zu § 359 sieht diese Auffassung „jedenfalls in Übereinstimmung mit dem gesetzlichen Sinn und Zweck des gestuften Wiederaufnahmeverfahrens".

[333] So zutreffend *Hanack* JZ **1974** 20; *J. Meyer* ZStW **84** (1972) 934; s. auch *Neumann* 49.

Demgemäß **entfällt** entgegen der oben Rdn. 160 erwähnten Auffassung auch die **Bin-** **163** **dung** des Wiederaufnahmegerichts an die **Beweiswürdigung**[334] und an die bei der Sach-verhaltsfeststellung vertretenen Rechtsauffassungen — das Wiederaufnahmegericht hat lediglich als bindend hinzunehmen, daß das früher erkennende Gericht die im Urteil genannten Beweismittel und Tatsachen zur Sachverhaltsermittlung herangezogen hat.

8. Die Beurteilung der Geeignetheit in Einzelfällen

a) Untauglichkeit und Bedeutungslosigkeit. Unabhängig davon, ob man mit der **164** h. L. die Geeignetheit vom Standpunkt des früher erkennenden Gerichts aus beurteilen will oder wie hier vorgeschlagen von dem des Wiederaufnahmegerichts, sind nova dann ungeeignet, wenn ihre **Beschaffenheit** es nicht erlaubt, die **Verfahrensziele zu erreichen**. Das ist zunächst dann der Fall, wenn die nova in Wahrheit weder Tatsachen noch Beweis-mittel sind, ferner aber auch dann, wenn sie die Entscheidungsgrundlage nicht oder nur so unerheblich beeinflussen, daß sie deswegen zur Erreichung der verfolgten Ziele nicht tauglich sind (**untaugliche nova**, s. unten Rdn. 165 ff). Ferner sind nur solche nova berücksichtigungsfähig, die den durch § 244 Abs. 2, § 264 Abs. 1, § 155 Abs. 1 bestimm-ten **Verfahrensgegenstand betreffen**. Weil dieser Rahmen für die Beweismittel in § 244 Abs. 3 bis 5 näher ausgestaltet wird (§ 245 ist insoweit ohne Bedeutung), können solche Beweismittel generell als ungeeignet zur Erreichung der Wiederaufnahmeziele bezeichnet werden, die nach § 244 nicht berücksichtigt zu werden brauchen[335] (**bedeutungslose** **nova**, s. unten Rdn. 169 ff).

b) Untaugliche nova

aa) Werden lediglich **neue Rechtsauffassungen** vorgetragen, so liegen weder Tatsa- **165** chen noch Beweismittel und damit keine zur Erreichung der Wiederaufnahmeziele taugli-chen Gegenstände vor. Gleiches gilt, wenn das Wiederaufnahmevorbringen aus sich selbst heraus ergibt, daß es **offensichtlich unwahr** ist[336], insbesondere, wenn der neu vorgetra-gene Sachverhalt nach den ganzen Umständen des Falles **denkgesetzlich unmöglich** ist[337]. Daß er sehr unwahrscheinlich ist, genügt nicht[338]. Auch kann die Unwahrheit nicht schon daraus geschlossen werden, daß der Verurteilte „das Vorgetragene bereits in der Hauptverhandlung gekannt hat"[339]. Wird eine nicht eindeutige Aussage eines Zeugen als neu beigebracht, deren **Auslegung** sowohl für als auch gegen das Urteil sprechen kann, so bleibt der Wiederaufnahmeantrag erfolglos. Denn wenn eine Auslegung möglich ist, die mit den Urteilsfeststellungen zu vereinbaren ist, sind sie nicht erschüttert[340]: auch in die-sem Fall kann das novum seiner Beschaffenheit wegen die Wiederaufnahmeziele nicht erreichen.

bb) Gleiches gilt, wenn die vorgetragenen neuen Tatsachen die **Feststellungen** des **166** **Schuldspruchs unberührt** lassen[341]. Wird geltend gemacht, nicht der Verurteilte, son-dern ein dem Gericht Unbekannter und bisher nicht Verfolgter habe den tödlichen Schuß abgegeben, so ist diese Tatsache und auch ein zu deren Nachweis angegebenes Beweis-mittel zur Erreichung eines Freispruchs ungeeignet, wenn der Verurteilte trotz dieser

---

334 Vgl. LG Gießen NJW **1994** 465, 466.

335 Vgl. dazu OLG Köln NJW **1963** 967; KMR-*Paulus* 63 und § 368, 5; *Kleinknecht/Meyer-Goßner* § 368, 7; *Schlüchter* 770.3; *Peters* Fehlerquellen **3** 136 f und JR **1977** 219; **a. A** BGH JR **1977** 218.

336 BGH JR **1977** 217 mit Anm. *Peters*; OLG Hamm MDR **1974** 250; OLG Nürnberg MDR **1964** 171; *Eb. Schmidt* Nachtr. I 7; *Fuchs* JuS **1969** 518.

337 *Marxen/Tiemann* 147; *W. Schmidt* NJW **1958** 1332.

338 OLG Köln GA **1957** 92 LS.

339 OLG Frankfurt JR **1984** 40 mit zust. Anm. *Peters*.

340 Anders *Schöneborn* MDR **1975** 444.

341 OLG Frankfurt MDR **1975** 511; OLG Köln NJW **1963** 967, 968.

Karl Heinz Gössel

neuen Tatsache jedenfalls als Mittäter anzusehen wäre: die tatsächlichen Feststellungen zur Täterschaft können in diesem Fall nicht erschüttert werden.

167   Entsprechendes gilt bei der Wiederaufnahme mit dem Ziel einer **minderschweren Bestrafung**: hier ist die Tauglichkeit der nova zur Zielerreichung nur anzunehmen, wenn diese auch tatsächlich zur Strafmilderung führen können. Das ist dann nicht der Fall, wenn der Strafausspruch auch unter Berücksichtigung der nova gerecht erscheint, wenn die verhängte Strafe auch bei Anwendung des milderen Gesetzes gerecht erscheint, ein praktischer Erfolg also nicht zu erwarten ist[342], so etwa beim Wegfall der schwereren Strafvorschrift[343].

168   **cc)** Bloße **Indizien** für die Untauglichkeit sind noch keine *Merkmale* der Untauglichkeit: sie sind bei der Prüfung der Geeignetheit zu berücksichtigen. Diese Frage wird bei den Erörterungen zu einer etwaigen Vorwegnahme der Beweiswürdigung im Rahmen der Geeignetheitsprüfung § 368, 22 ff behandelt. Im übrigen ist beim Vorliegen solcher Indizien häufig fraglich, ob das jeweilige novum in ausreichender Weise „beigebracht" i. S. des § 359 Nr. 5 ist (s. dazu unten Rdn. 177 ff).

169   **c) Bedeutungslose nova.** Weil die tatsächlichen Feststellungen in dem von § 244 Abs. 2, § 264 Abs. 1, § 155 Abs. 1 gezogenen und von **§ 244 Abs. 3 bis 5, § 245 bestimmten Rahmen** getroffen werden, sind alle jene nova ungeeignet zur Erreichung der Wiederaufnahmeziele, die außerhalb der von diesen Vorschriften gezogenen Grenzen liegen[344]. Die vom Bundesgerichtshof geäußerten Bedenken gegen die entsprechende Anwendung des § 244 in diesem Fall, die „der unterschiedlichen Ausgangslage nicht gerecht werde"[345], sind zwar grundsätzlich berechtigt. Tatsächlich kann auch nur eine **entsprechende Anwendung des § 244** in Betracht kommen, die den Unterschieden der Beweisaufnahme in der Hauptverhandlung von der Geeignetheitsprüfung gerecht wird. Schon wegen der Beschränkung der Geeignetheitsprüfung auf die Wiederaufnahmeziele können nicht etwa ausnahmslos alle Tatsachen oder Beweismittel als geeignet angesehen werden, die nach § 244 in der Hauptverhandlung hätten berücksichtigt werden müssen. Indessen wird man sich der umgekehrten Folgerung nicht verschließen können, alle jene nova als bedeutungslos und deshalb als zur Erreichung der Wiederaufnahmeziele *ungeeignet* anzusehen, die den von *§ 244 Abs. 2, § 264 Abs. 1 und § 155 Abs. 1* umrissenen Verhandlungsgegenstand nicht betreffen oder nach *§ 244 Abs. 3 bis 5* nicht berücksichtigt werden können oder dürfen[346].

170   **aa)** Demnach ist **jedes Beweismittel ungeeignet**, dessen Benutzung im Sinne des § 244 Abs. 3 Satz 1 unzulässig ist (vgl. Erläuterungen dort), insbesondere ein Beweismittel, das einem Verwertungsverbot unterliegt. Schließlich sind solche Beweismittel ungeeignet, die im Sinne des § 244 Abs. 3 Satz 2 unerreichbar oder völlig ungeeignet sind. Unerreichbar ist z. B. ein Zeuge, von dem der Antragsteller weder Namen noch Anschrift benannt hat. Völlig ungeeignet sind Zeugen, die sich mit Sicherheit an die in ihr Wissen gestellten Tatsachen nicht erinnern können. Mißbräuchlich beantragte Beweiserhebungen, an deren völliger Nutzlosigkeit nicht zu zweifeln ist, braucht das Gericht auch im Wiederaufnahmeverfahren nicht vorzunehmen[347].

---

[342] KG HRR **1934** 1179; OLG Dresden DStrZ **1915** 562; OLG Hamm JMBlNRW **1951** 21; *Neumann* 56; grundsätzlich *a. A Eckstein* GerS **85** (1917) 109 ff; kritisch auch *v. Hentig* 102; *Hellm. Mayer* GerS **99** (1930) 344.

[343] OLG Hamm JMBlNRW **1951** 21; weitergehend *v. Hentig* 102, der den Antrag schon für unzulässig hält, wenn dieselbe Strafe rechtlich zulässig wäre.

[344] S. dazu auch oben Fußn. 335.

[345] JR **1977** 218.

[346] *A. A Marxen/Tiemann* 155: es ist darauf abzustellen, ob die neuen Beweismittel in der neuen Hauptverhandlung nach § 244 abgelehnt werden dürften.

[347] BGH JR **1977** 217; OLG Köln NJW **1963** 968; KMR-*Paulus* § 368, 10; *Fuchs* JuS **1969** 518.

bb) Sachverständige sind ungeeignete Beweismittel, wenn offensichtlich ist, daß **171** ihnen die erforderliche Sachkunde fehlt[348]. Ein Sachverständigenbeweis ist ferner dann ungeeignet, wenn das Gericht selbst die erforderliche Sachkunde besitzt[349].

Ein **weiteres Sachverständigengutachten** ist nach § 244 Abs. 4 Satz 2 dann ein **unge-** **172** **eignetes** Beweismittel, wenn vorgebracht wird, der weitere Sachverständige werde aufgrund derselben Tatsachen und Erfahrungssätze, auf denen das erste Gutachten beruht, zu einer abweichenden Schlußfolgerung gelangen[350]. Das Beweismittel ist aber als **geeignet** anzusehen, wenn behauptet wird, der früher gehörte Sachverständige sei von unzutreffenden oder unzureichenden tatsächlichen Voraussetzungen ausgegangen[351], zu den Anknüpfungstatsachen, auf denen das frühere Gutachten aufgebaut ist, seien neue hinzugekommen oder die bisherigen seien teilweise entfallen[352] oder es seien neue Umstände hervorgetreten, deren Kenntnis das früher erkennende Gericht zur Einholung des Gutachtens eines Spezialisten veranlaßt hätte[353]. Um ein **geeignetes Beweismittel** handelt es sich auch, wenn der neue Sachverständige einem anderen Fachgebiet angehört als der früher gehörte Sachverständige[354]. Auch den in § 244 Abs. 4 Satz 2 Halbsatz 2 erwähnten Fall, daß der neue Sachverständige über Forschungsmittel verfügt, die denen des früheren Gutachters überlegen erscheinen, wird man hierzu rechnen müssen[355]; größere Sachkunde allein kann indes nicht genügen[356]. Der weitere Sachverständige ist auch dann ein geeignetes Beweismittel, wenn der erste Sachverständige nicht das gesamte Erfahrungswissen auf dem betreffenden Sachgebiet herangezogen, ein neuer Sachverständiger also ein größeres Erfahrungswissen zur Verfügung hat[357], insbesondere aber, wenn das Erfahrungswissen sich infolge neuer Erkenntnisse der Wissenschaft geändert oder vergrößert hat[358].

Soweit im übrigen **§ 244 Abs. 4 Satz 2** die Ablehnung eines Beweisantrags auf Anhö- **173** rung eines weiteren Sachverständigen gestattet, sind weitere Sachverständige als ungeeignete Beweismittel anzusehen. Schon deshalb, weil „das Wiederaufnahmevorbringen . . . nicht lediglich dazu" dient, in der Hauptverhandlung „unterbliebene Beweisanträge nachzuholen"[359], können die Pflichten zur Benutzung von Beweismitteln „im Wiederaufnahmeverfahren nicht weiter als im Erkenntnisverfahren sein"[360]. Auch im Wiederaufnahme-

---

[348] *Kretschmann* Recht **1917** 503.

[349] Im Ergebnis ebenso RMilGE **9** 267; OLG Rostock HRR **1929** 684; KMR-*Paulus* 63; *Neumann* 46.

[350] Im Ergebnis ebenso BGHSt **31** 365, 370; OLG Düsseldorf NStZ **1987** 245; OLG Hamburg GA **1967** 250; KK-*Schmidt* 26; *Kleinknecht/Meyer-Goßner* 35; *Göhler* § 85, 9, die z. T. schon die Neuheit dieses Beweismittels verneinen bzw. sich zum Grund der Unzulässigkeit des Wiederaufnahmebegehrens nicht äußern – so BGH aaO – oder die Frage der Neuheit – so OLG Hamburg aaO – dahingestellt sein lassen; **a. A** *Peters* Fehlerquellen **3** 74, der die Wiederaufnahme zulassen will, wenn der neue Sachverständige das frühere Gutachten für „nicht richtig, für voreilig und nicht gesichert hält", wobei die Erheblichkeit von der Persönlichkeit des Gutachters, seiner Zuverlässigkeit und seinem Ruf abhängen soll.

[351] Vgl. dazu OLG Frankfurt NJW **1966** 2424.

[352] Vgl. dazu OLG Braunschweig GA **1956** 266; KMR-*Paulus* 63; *Neumann* 45; *Klee* DStR **1938** 424; *Kretschmann* Recht **1917** 506.

[353] OLG Bremen OLGSt Nr. 3 zu § 359; vgl. ferner dazu OLG Düsseldorf MDR **1973** 953 L = OLGSt § 359, 37.

[354] OLG Düsseldorf NStE Nr. 11 zu § 359 und NStZ **1987** 245; vgl. auch den Fall OLG Karlsruhe MDR **1972** 800; *Kleinknecht/Meyer-Goßner* 35; **a. A** BGHSt **39** 75, 84 mit insoweit abl. Besprechungen *Gössel* NStZ **1993** 567 und *Meyer* ZRP **1993** 284; wie hier auch AK-*Loos* 59.

[355] OLG Düsseldorf NStE Nr. 11 zu § 359 und NStZ **1987** 245; vgl. auch KK-*Schmidt* 26; *Kleinknecht/Meyer-Goßner* 35.

[356] *Kleinknecht/Meyer-Goßner* 35; *Schlüchter* 770.4.

[357] *Peters* § 76 III 3 (S. 675) und Fehlerquellen **3** 97 will demgegenüber jeden Sachverständigen mit größerer Sachkunde als geeignetes Beweismittel gelten lassen.

[358] Vgl. dazu OLG Dresden *Alsb.* E **2** Nr. 262 a; OLG Karlsruhe JW **1931** 1643 mit Anm. *Mannheim* JW **1931** 3581; *Eb. Schmidt* 22; *Dippel* in: Jescheck/Meyer 82; *Neumann* 45 ff; *Peters* Fehlerquellen **3** 66, 74, 97; *Kretschmann* Recht **1917** 506.

[359] OLG Hamm MDR **1978** 248, jedoch insoweit fragwürdig, als die Pflicht zur Einholung eines Sachverständigengutachtens im Wiederaufnahmeverfahren gegenüber dem Erkenntnisverfahren als weniger weitgehend beurteilt wird.

[360] OLG Koblenz OLGSt Nr. 5 zu § 359.

Karl Heinz Gössel

verfahren muß sich das Gericht damit zufriedengeben, daß die Anküpfungstatsachen und die Erfahrungssätze, aufgrund deren der frühere Sachverständige sein Gutachten abgegeben hat, richtig und vollständig waren[361].

174   **cc)** Hat sich das früher erkennende Gericht durch Einsicht in einen Stadtplan und durch Vernehmung von Zeugen als Augenscheinsgehilfen die Überzeugung von den tatsächlichen Gegebenheiten am Tatort verschafft, so ist die Besichtigung des Tatorts selbst deshalb *neuer* **Augenscheinsbeweis**, weil der Beweisinhalt (Wahrnehmung des Augenscheinsobjekts) neu ist (oben Rdn. 121)[362]. Gleiches gilt in allen Fällen, in denen das Gericht Urteilsfeststellungen über die Beschaffenheit eines Gegenstandes etc. auf andere Weise als durch Augenschein oder durch einen anderen Augenschein getroffen hat. Allerdings ist in diesen Fällen die Geeignetheit zur Erreichung der Wiederaufnahmeziele fraglich.

175   Die **Geeignetheit** ist z. B. dann zu *bejahen*, wenn damit die Zuverlässigkeit des Sachverständigengutachtens oder die Glaubwürdigkeit der Belastungszeugen (andere Befundtatsachen; der Zeuge konnte die bekundeten Beobachtungen nach der Tatortbeschaffenheit gar nicht gemacht haben) oder sonst die tatsächliche, die angegriffene Rechtsfolgenentscheidung tragende, Urteilsbasis erschüttert wird[363].

176   **Ungeeignet** zur Erreichung der Wiederaufnahmeziele dagegen ist der Augenscheinsbeweis, wenn er zur Erforschung der Wahrheit nicht erforderlich ist (§ 244 Abs. 4; s. Erläuterungen zu § 244), wobei nach der hier vertretenen Auffassung allerdings auf den Standpunkt des Wiederaufnahmegerichts abzustellen ist (s. dazu oben Rdn. 157 ff).

9. Beibringen der nova (Antragserfordernisse)

177   **a) Bedeutung des Beibringens.** Unter **Beibringen** kann nur verstanden werden, daß die nova dem Wiederaufnahmegericht *derart zugänglich* gemacht werden müssen, daß sie von diesem Gericht *verwertet* werden können[364] — allerdings, dem gesetzlichen Wortlaut zufolge, nicht bloß als gleichsam „nackte" Tatsachen und Beweismittel, sondern mit ihren vom Gesetz verlangten Eigenschaften der Neuheit und der Eignung zur Erreichung der Wiederaufnahmeziele. Neben einer genauen Bezeichnung der nova und ihrer Erreichbarkeit sind deshalb auch die Umstände darzulegen, die dem Gericht die Prüfung erlauben, ob die nova auch als neu und als zur Erreichung der Wiederaufnahmeziele geeignet im Wiederaufnahmeverfahren verwertbar sind[365], insbesondere dann, wenn der Wert der nova nicht ohne weiteres zu erkennen ist[366].

178   **Darlegungen** zur **Novität** und **Geeignetheit** sind deshalb entgegen BGH JR **1977** 218 regelmäßig und nicht etwa nur in Ausnahmefällen **notwendig**[367] — gerade umgekehrt kann auf sie nur ausnahmsweise im Falle offenbarer Evidenz verzichtet werden.

b) Beibringen von Tatsachen

179   **aa)** Werden nur Vermutungen geäußert oder wird die neue **Tatsache** nur als wahrscheinlich vorliegend dargetan und ein abweichender Tatverlauf nur für möglich erklärt,

---

361 Im Ergebnis ebenso *Eb. Schmidt* 22; *Dippel* in: Jescheck/Meyer 82.

362 AK-*Loos* 62; *Marxen/Tiemann* 136; *Peters* Fehlerquellen **3** 75 f; **a. A** KK-*Schmidt* 28; *Kleinknecht/Meyer-Goßner* 36.

363 KK-*Schmidt* 28; *Dippel* in: Jescheck/Meyer 81; *Peters* Fehlerquellen **3** 75 f; im Ergebnis ebenso KMR-*Paulus* 65.

364 KK-*Schmidt* 37.

365 OLG Hamm OLGSt § 359 Nr. 2; OLG Frankfurt JR **1984** 40 mit Anm. *Peters*; StV **1984** 17.

366 OLG Köln NJW **1963** 967, 968; KK-*Schmidt* 37; zur erweiterten Darlegungslast in diesen Fällen s. Vor § 359, 13.

367 So wohl auch *Marxen/Tiemann* 179; **a. A** BGH JR **1977** 217, 218 zustimmend aber AK-*Loos* 70.

so sind die Tatsachen nicht beigebracht. Das Vorliegen — exakt bezeichneter — Tatsachen muß vielmehr **mit Bestimmtheit behauptet** werden[368]. Wenn Schlußfolgerungen aus neuen Tatsachen gezogen werden sollen, müssen die Tatsachen genau bezeichnet werden. Es genügt daher nicht die Behauptung, bei dem Verurteilten habe eine krankhafte Störung der Geistestätigkeit im Sinne des § 20 StGB vorgelegen. Der Antrag muß die Tatsachen angeben, aus denen das zu folgern ist[369].

bb) Darlegungen zur **Novität** sind dann erforderlich, wenn der Verurteilte das Vorliegen solcher neuer Tatsachen behauptet, die ihm nach seinem eigenen Vortrag in der Hauptverhandlung bekannt gewesen sind. Hier muß er die Gründe angeben, aus denen diese Verteidigung unterblieben ist[370]. **180**

cc) Widerruft der Verurteilte sein früheres **Geständnis**, so sind nicht nur die damit behaupteten neuen Tatsachen (Unwahrheit des alten Geständnisses, Tatsachen über den zutreffenden Tathergang) exakt darzulegen, darüber hinaus ist auch ihre Eignung zur Erreichung der Wiederaufnahmeziele vorzutragen, die in diesem Falle möglicherweise wegen der Unwahrheit der neuen Tatsachen fehlen kann (oben Rdn. 165). Deshalb muß ein einleuchtender „Beweggrund für das angeblich falsche Geständnis" vorgebracht[371] und insbesondere dargelegt werden, weshalb der Antragsteller die Tat in der Hauptverhandlung der Wahrheit zuwider zugegeben hat und weshalb er sein Geständnis erst jetzt widerruft[372]. **181**

Gleiches gilt, wenn der Verurteilte **neue Tatsachen** vorträgt, die mit seiner **Einlassung in der Hauptverhandlung nicht zu vereinbaren** sind. Hier muß er einleuchtend erklären, weshalb er in der Hauptverhandlung die Unwahrheit gesagt[373] oder insoweit eine Erinnerungslücke vorgeschützt hat[374]. Ausführungen zur **Geeignetheit** sind dagegen dann nicht erforderlich, wenn der Verurteilte in der Hauptverhandlung von seinem Schweigerecht Gebrauch gemacht hatte und erst jetzt neue Tatsachen vorträgt[375] — dann allerdings doch, wenn der Verurteilte, der sich vor dem früher erkennenden Gericht zum Teil eingelassen hatte, neue Tatsachen vorträgt, die er schon in der früheren Hauptverhandlung gekannt hatte[376]. **182**

Trägt der Verurteilte vor, ein in der Hauptverhandlung vernommener **Zeuge** werde nunmehr Tatsachen bekunden, die in unüberbrückbarem **Widerspruch** zur früheren Aus- **183**

---

[368] RMG **10** 275; OLG Dresden *Alsb.* E **2** Nr. 215 a; LZ **1917** 622; *Eb. Schmidt* 18; *KK-Schmidt* 37; *KMR-Paulus* § 366, 8; *Kleinknecht/Meyer-Goßner* 45; *Neumann* 40 Fußn. 3; *Günther* MDR **1974** 93.

[369] OLG Darmstadt *Alsb.* E **2** Nr. 255; *Kleinknecht/Meyer-Goßner* 45; *Neumann* 113 Fußn. 24.

[370] OLG Hamm Rpfleger **1963** 82; indessen besteht keine Vermutung dafür, daß der Verurteilte diese Tatsachen schon dem früher erkennenden Gericht zur Kenntnis gebracht hat; in diesem Bereich gilt weder der Satz in dubio pro reo noch in dubio contra reum, s. oben Rdn. 155; **a. A** *Kleinknecht/Meyer-Goßner* § 368, 5; zur erweiterten Darlegungslast – *Tiemann* 19 – s. Vor § 359, 13.

[371] OLG Düsseldorf OLGSt Nr. 4 zu § 359; OLG Köln StV **1989** 96; NStZ **1991** 98, 97; OLG Nürnberg OLGSt § 359 Nr. 6.

[372] BGH JR **1977** 217 mit Anm. *Peters*; KG JR **1975** 166 mit Anm. *Peters*; BGHR StPO § 359 neue Tatsache 5; OLG Bremen NJW **1952** 678 und NJW

1981 2817; OLG Celle JR **1967** 150; OLG Hamm JR **1981** 439; OLG Köln NJW **1963** 967, 968; OLG München NJW **1981** 594; OLG Nürnberg NStE Nr. 12 zu § 359; *KMR-Paulus* § 366, 9; *Kleinknecht/Meyer-Goßner* 47; *Fuchs* JuS **1969** 518; *Günther* MDR **1974** 100; *Meyer* FS II Peters 390; vgl. auch *Eb. Schmidt* 28 und § 368, 1; *Peters* Fehlerquellen **3** 78; *Wasserburg* Handb. 326; zur erweiterten Darlegungslast – *Tiemann* 5 ff – s. Vor § 359, 13.

[373] KG JR **1975** 166 mit abl. Anm. *Peters*; *KMR-Paulus* § 366, 9; *Kleinknecht/Meyer-Goßner* 47; *J. Meyer* FS II Peters 395 f.

[374] OLG Bremen NJW **1981** 2827 und OLGSt Nr. 3 zu § 359.

[375] *Meyer* FS II Peters 397 f.

[376] OLG Frankfurt JR **1984** 40 mit Anm. *Peters*; zur erweiterten Darlegungslast in diesen Fällen – *Tiemann* 10 f und 116 – s. Vor § 359, 13.

Karl Heinz Gössel

sage dieses Zeugen stehen, muß er darlegen, unter welchen Umständen und mit welcher Begründung der Zeuge die Aussage für unrichtig erklärt hat[377].

184   Entsprechendes gilt für den Widerruf belastender **Erklärungen eines Mitangeklagten**. In diesem Fall müssen die Gründe angegeben werden, die den Mitangeklagten veranlaßt haben, den Verurteilten zu Unrecht zu belasten, und ferner diejenigen, aus denen er nunmehr seine Erklärungen widerruft[378]. Beruft sich der Antragsteller auf das Zeugnis eines bisher **schweigenden Mitangeklagten**, „so muß dargelegt werden, warum der bis dahin schweigende Mitangeklagte bereit sein soll", für den Antragsteller auszusagen[379].

185   **c) Beibringen von Beweismitteln.** Weil **Beweismittel** die Wiederaufnahmeziele nur mittelbar über die zu beweisenden Tatsachen erreichen können (oben Rdn. 125), sind neben der **exakten Bezeichnung** der Beweismittel auch Darlegungen zur Geeignetheit erforderlich, mit denen insbesondere **die Tatsachen** eindeutig anzugeben sind, die durch die neuen Beweismittel **bewiesen** werden sollen[380]; Gleiches gilt (wie schon bei neuen Tatsachen), benennt der Antragsteller Zeugen oder sonstige Beweismittel, die ihm bereits im Zeitpunkt der Hauptverhandlung, welche der angegriffenen Entscheidung zugrunde lag, bekannt waren, die er aber dort nicht benannt hatte[381]. Die neuen Beweismittel muß der Antragsteller so genau bezeichnen, daß das Gericht sie beiziehen und benutzen kann[382]; die bloße Ankündigung eines weiteren psychiatrischen Gutachtens ist kein beigebrachtes Beweismittel[383]. Bestehen Anzeichen dafür, daß sich der behauptete Beweis nicht führen läßt oder aus sonstigen Gründen die Beweisführung nutzlos sein wird[384], so sind die Gründe darzulegen, die gleichwohl ein Beweisergebnis zu seinen Gunsten mindestens als möglich erscheinen lassen[385].

186   **aa) Bei Zeugen** genügen Angaben, die das Gericht in die Lage versetzen, sie zu ermitteln[386]. Jedoch muß immer mit Bestimmtheit behauptet werden, daß sie über die in ihr Wissen gestellten Tatsachen etwas bekunden können. Die Äußerung der Vermutung, der Zeuge werde darüber etwas wissen, genügt nicht[387].

187   **bb)** Wird ein **Sachverständiger** als neues Beweismittel für eine Beweisfrage benannt, die das erkennende Gericht aufgrund eigener Sachkunde entschieden hatte, so muß darge-

---

[377] BGH JR **1977** 217 mit abl. Anm. *Peters*; KG JR **1975** 166 mit abl. Anm. *Peters*; OLG Celle JR **1967** 150; OLG Dresden JR **1934** 1147 mit Anm. *Lehmann*; OLG Hamm JR **1981** 439; OLG Köln NJW **1963** 967, 968; OLG Neustadt NJW **1964** 678; OLGSt § 359 S. 1; *Eb. Schmidt* Nachtr. I 5; KMR-*Paulus* § 366, 9; *Kleinknecht/Meyer-Goßner* 48; *Wasserburg* Handb. 326; diese Auffassung wird auch vom BVerfG – NStE Nr. 20 zu § 359 – für verfassungsrechtlich zulässig gehalten. Zur erweiterten Darlegungslast – *Tiemann* 12 ff – s. auch hier Vor § 359, 13.

[378] OLG Celle JR **1967** 150; OLG Hamburg JR **1951** 218; OLG Hamm JMBlNRW **1955** 20; JR **1981** 539 mit Anm. *Peters*; KMR-*Paulus* § 366, 9; *Kleinknecht/Meyer-Goßner* 49.

[379] OLG Hamm JR **1981** 439; *Kleinknecht/Meyer-Goßner* 49; zur erweiterten Darlegungslast in diesen Fällen – *Tiemann* 15 f und 16 f – s. auch hier Vor § 359, 13.

[380] *Neumann* 40; *Kleinknecht/Meyer-Goßner* 45.

[381] OLG Düsseldorf NStZ **1993** 504; *Kleinknecht/Meyer-Goßner* 51; **a. A** *Kaut* 139; vgl. insoweit auch Vor § 359, 13 zur erweiterten Darlegungslast.

[382] OLG Dresden *Alsb.* E 2 Nr. 267 b; OLG Hamburg *Alsb.* E 2 Nr. 267 a; OLG Nürnberg MDR **1964** 171; KK-*Schmidt* 37; KMR-*Paulus* § 366, 10; *Kleinknecht/Meyer-Goßner* 50; *Neumann* 114; vgl. § 366, 3; zur erweiterten Darlegungslast (*Tiemann* 15) s. Vor § 359, 13.

[383] BGHSt **31** 365, 370 und *Marxen/Tiemann* 172 verneinen hier erst die Geeignetheit, dies jedoch, ohne auf das Merkmal des „Beibringens" einzugehen.

[384] So LG Zweibrücken NStZ-RR **1996** 44 für den Fall daß ein Zeuge, der den angeblichen Täter kennt, diesen aber nicht benennt.

[385] BGH JR **1977** 217 mit abl. Anm. *Peters*; OLG München NStZ **1984** 380 LS; *Kleinknecht/Meyer-Goßner* 51.

[386] OLG Breslau JW **1924** 1248; KMR-*Paulus* § 366, 10; *v. Hentig* 98; *Neumann* 114; *Peters* Fehlerquellen **3** 97.

[387] OLG Dresden *Alsb.* E 2 Nr. 266; *Kleinknecht/Meyer-Goßner* 45.

legt werden, wieso die Sachkunde nicht bestanden oder nicht ausgereicht hat[388]. Das Gutachten des neuen Sachverständigen muß dem Antrag beigefügt werden, weil anders lediglich eine noch kein Beweismittel darstellende Ankündigung eines Beweismittels vorliegt[389]: auch hier ist zu beachten, daß erst die aufeinander bezogene Einheit von Beweisträger und Beweisinhalt ein Beweismittel darstellen kann (Rdn. 84). Der Antragsteller muß jedoch den Gutachter als Beweisträger entweder benennen oder z. B. das Fachgebiet so genau bezeichnen, daß ihn das Gericht bestellen kann, und ferner den voraussichtlichen Gutachtensinhalt als Beweisinhalt nach Beweistatsachen und Ergebnis angeben[390]; schließlich sind die Umstände darzulegen, welche die Geeignetheit des Sachverständigengutachtens zur Erreichung der Wiederaufnahmeziele ergeben: wird z. B. vorgetragen, ein Sachverständiger habe sein Gutachten auf eine unzureichende Untersuchung des Verurteilten gestützt, so ist ein neues Beweismittel nur dann beigebracht, wenn dargelegt wird, daß ein anderer Sachverständiger bei einer gründlicheren Untersuchung zu bestimmten dem Verurteilten günstigeren Schlußfolgerungen gelangt wäre[391].

§ 360

(1) Durch den Antrag auf Wiederaufnahme des Verfahrens wird die Vollstreckung des Urteils nicht gehemmt.
(2) Das Gericht kann jedoch einen Aufschub sowie eine Unterbrechung der Vollstreckung anordnen.

Bezeichnung bis 1924: § 400.

Übersicht

1. Bedeutung der Vorschrift. Dem Verurteilten darf nicht die Möglichkeit gegeben **1** werden, durch die bloße Stellung eines Wiederaufnahmeantrags oder durch dessen immer neue Wiederholung die Vollstreckung des Urteils zu verhindern[1]. § 360 Abs. 1 bestimmt daher, daß die Antragstellung die Vollstreckung nicht hemmt. Einen Aufschub oder eine Unterbrechung der Vollstreckung hat nicht einmal der Beschluß zur Folge, durch den der Wiederaufnahmeantrag für zulässig erklärt wird (§ 368, 30). Erst mit der Rechtskraft des Beschlusses über die Anordnung der Wiederaufnahme und die Erneuerung der Hauptver-

---

[388] OLG Rostock HRR **1929** 684.
[389] BGHSt **31** 365, 370; im Ergebnis ebenso OLG Hamburg OLGSt § 359 S. 19; OLG Koblenz OLGSt Nr. 5 zu § 359; KK-*Schmidt* 27; AK-*Loos* 67; *Kleinknecht/Meyer-Goßner* 50; **a. A** noch 24. Aufl. 170; *Peters* Fehlerquellen **3** 137; *Neumann* 48.
[390] OLG Hamm MDR **1978** 248, das sich indes auch mit der Darlegung solcher Umstände begnügen

will, welche die Einholung eines Gutachtens aufdrängen.
[391] So der Fall OLG Bremen NJW **1964** 2218; s. dazu ferner OLG Celle NdsRpfl. **1967** 92; OLG Hamburg OLGSt § 359, 19; KMR-*Paulus* § 366, 10.

[1] Vgl. KK-*Schmidt* 1; *Henkel* 196; *Döring* JR **1927** 98.

Karl Heinz Gössel

handlung nach § 370 Abs. 2 wird die Vollstreckung des Urteils unzulässig (§ 370, 36). Das Fehlen des **Suspensiveffektes** erweist sich aber insbesondere dann als unerträglich, wenn der Wiederaufnahmeantrag offensichtlich begründet ist. Deshalb sieht § 360 Abs. 2 vor, daß das Wiederaufnahmegericht (unten Rdn. 6) schon von der Stellung des Wiederaufnahmeantrags ab einen Aufschub oder eine Unterbrechung der Urteilsvollstreckung anordnen kann.

2 Die **Befugnis zur Anordnung** des Aufschubs oder der Unterbrechung liegt allein bei dem „Gericht" (§ 360 Abs. 2). Diese ausschließlich richterliche Zuständigkeit darf die Strafvollstreckungsbehörde nicht etwa dadurch unterlaufen, daß sie mit Rücksicht auf einen gestellten oder bevorstehenden Wiederaufnahmeantrag von der Vollstreckung des Urteils vorerst absieht[2]. In der Praxis ist jedoch nicht selten zu beobachten, daß die Vollstreckungsbehörde entgegen dem Gebot der nachdrücklichen Vollstreckung von Gerichtsurteilen (§ 2 StVollstrO) die Vollstreckung schon im Hinblick auf die bloße Antragstellung aufschiebt.

3 **2. Vollstreckung.** Grundsätzlich kann die Vollstreckung **jeder** im Urteil festgesetzten **Maßnahme** aufgeschoben oder unterbrochen werden, nicht nur die Strafvollstreckung, sondern auch die Vollstreckung von freiheitsentziehenden Maßnahmen der Besserung und Sicherung. Auch der Aufschub oder die Unterbrechung der Sperre von Befugnissen, z. B. des Berufsverbots nach § 70 StGB oder des Fahrverbots nach § 44 StGB, ist zulässig[3]. Dagegen ist die **Entziehung der Fahrerlaubnis** mit der Entziehung schon abgeschlossen, weshalb eine **unterbrechungsfähige Vollstreckung nicht möglich** ist. Die denkbare vorzeitige Wiedererteilung der Fahrerlaubnis durch die Verwaltungsbehörde aufgrund einer Anordnung nach § 360 Abs. 2 kann allerdings deshalb nicht in Betracht kommen, weil diese bei Erfolglosigkeit der Wiederaufnahme vom Gericht nicht wieder entzogen werden könnte und damit auch eine der Unterbrechung gleichkommende Maßnahme nicht in Betracht kommt[4]. Enthält das Urteil eine Verfalls- oder Einziehungsanordnung, so wird von der Verwertung, Vernichtung oder Unbrauchbarmachung nach § 68 Abs. 1 Satz 1 StVollstrO einstweilen abgesehen[5]. Das Gericht kann das aber auch ausdrücklich anordnen.

4 **3. Aufschub oder Unterbrechung.** Die noch nicht eingeleitete Vollstreckung kann aufgeschoben, die bereits begonnene unterbrochen werden. Ob eine solche Anordnung geboten ist, richtet sich nach den **Erfolgsaussichten** des Wiederaufnahmeantrags[6]. Die bloße Möglichkeit, daß er begründet ist, wird zu einer Anordnung nach § 360 Abs. 2 regelmäßig keinen Anlaß geben. Besteht aber diese Möglichkeit, so kann dem hier wie bei der Anordnung der Untersuchungshaft betroffenen Interesse an der Sicherung der Strafvollstreckung[7] auch durch eine Anweisung oder Sicherheitsleistung unter entsprechender Anwendung des § 116 Abs. 1 Satz 2 Nr. 4 genügt werden[8]. Die bloße Zulassung des Wie-

---

[2] *Marxen/Tiemann* 331; *Neumann* 118; **a. A** KMR-*Paulus* 4; *Kleinknecht/Meyer-Goßner* 4; *Pfeiffer/Fischer* 4; *v. Hentig* 209.

[3] KK-*Schmidt* 5; *Kleinknecht/Meyer-Goßner* 2; AK-*Loos* 3; *Pfeiffer/Fischer* 2; *Marxen/Tiemann* 326.

[4] *Tröndle* § 69 a, 15 b; *Kleinknecht/Meyer-Goßner* 2; offengelassen von OLG Hamm GA **1970** 309.

[5] *Kleinknecht/Meyer-Goßner* 2.

[6] OLG Dresden *Alsb.* E **2** Nr. 326; OLG Hamm GA **1970** 309; MDR **1978** 691; LG Gießen NJW **1994** 467; KK-*Schmidt* 3; *Eb. Schmidt* 2; AK-*Loos* 4; *Pfeiffer/Fischer* 3; *Marxen/Tiemann* 328.

[7] BVerfGE **19** 342, 349; OLG Düsseldorf OLGSt Nr. 4 zu § 359.

[8] OLG Düsseldorf OLGSt Nr. 4 zu § 359; **a. A** *Kleinknecht/Meyer-Goßner* 3. Die von *Marxen/Tiemann* 329 vorgeschlagene Lösung, nur freiwillige Angebote nach § 116 Abs. 1 zu berücksichtigen, mangels einer Regelungslücke diese Vorschrift aber gleichwohl nicht entsprechend anwenden und folglich die hier erwähnten Anweisungen und Sicherheitsleistungen nicht anordnen zu können, erscheint inkonsequent. Im Ergebnis dem OLG Düsseldorf zustimmend wohl auch AK-*Loos* 4.

deraufnahmeantrags genügt noch nicht[9]: denn ein Antrag, die Vollstreckung aufzuschieben oder zu unterbrechen, kann nicht nur abgelehnt werden, wenn der Wiederaufnahmeantrag von vornherein mutwillig oder aussichtslos erscheint. Es kommt vielmehr darauf an, ob die behaupteten Wiederaufnahmetatsachen und die Art der Beweisantritte einen solchen Grad innerer Wahrscheinlichkeit haben, daß die Vollstreckung des Urteils bedenklich erscheint[10]. Ist der Wiederaufnahmeantrag hinsichtlich einer von mehreren tatmehrheitlichen Verurteilungen rechtskräftig verworfen, so kommt eine Anordnung nach § 360 Abs. 2 nicht mehr in Betracht[11].

Die Anordnung des Aufschubs oder der Unterbrechung der Vollstreckung kann **aufge-** 5 **hoben** werden, wenn ihre Voraussetzungen später, insbesondere durch die Beweisaufnahme nach § 369[12], wegfallen. Andernfalls gilt sie bis zur rechtskräftigen Entscheidung über den Wiederaufnahmeantrag[13]. Mit der Rechtskraft des Beschlusses über die Anordnung der Wiederaufnahme nach § 370 Abs. 2 wird sie gegenstandslos, weil nunmehr eine weitere Vollstreckung ohnehin ausgeschlossen ist[14].

4. Die **Entscheidung** ergeht durch **Beschluß.** Zuständig ist das Gericht, das nach § 367 6 Abs. 1 Satz 1 StPO, § 140 a GVG über den Wiederaufnahmeantrag zu entscheiden hat. Ist gegen eine Entscheidung über den Wiederaufnahmeantrag nach § 368 Abs. 1, § 370 Abs. 1 sofortige Beschwerde (§ 372 S. 1) eingelegt worden, so ist das Beschwerdegericht auch für die Anordnung nach § 360 Abs. 2 zuständig[15].

Ein **Antrag** ist nicht erforderlich; die Anordnung kann von Amts wegen getroffen wer- 7 den[16]. Vor der Entscheidung ist nach § 33 Abs. 2 die Staatsanwaltschaft zu hören, wenn sie nicht selbst den Antrag gestellt hat[17].

5. Anfechtung. Der ablehnende Beschluß kann von dem Antragsteller nach § 372 8 Satz 1 mit der **sofortigen Beschwerde** angefochten werden (§ 372, 4); die Staatsanwaltschaft ist stets beschwerdeberechtigt. Zum **Beschwerderecht** eines durch den Beschluß betroffenen Dritten vgl. § 372, 9. Eine weitere Beschwerde ist nach **§ 310** ausgeschlossen (vgl. § 372, 21). Lehnt ein Gericht, das als Beschwerdegericht mit dem Wiederaufnahmeantrag befaßt ist, den Aufschub oder die Unterbrechung der Vollstreckung ab, so kann die Entscheidung ebenfalls nicht angefochten werden[18].

---

[9] OLG Hamm MDR **1978** 691; *Kleinknecht/Meyer-Goßner* 3.

[10] OLG Hamm MDR **1978** 691; JMBlNRW **1980** 276; KK-*Schmidt* 3; KMR-*Paulus* 2; *Kleinknecht/Meyer-Goßner* 3; *Neumann* 118; *Döring* JR **1927** 98.

[11] OLG Celle OLGSt § 360 S. 1; KK-*Schmidt* 3; KMR-*Paulus* 2.

[12] *Kleinknecht/Meyer-Goßner* 3; *Pfeiffer/Fischer* 3; *Peters* Fehlerquellen **3** 149.

[13] KMR-*Paulus* 3.

[14] *Kleinknecht/Meyer-Goßner* 3; s. unten § 370, 36.

[15] OLG Rostock *Alsb.* E **2** Nr. 336; *Eb. Schmidt* 3; KK-*Schmidt* 4; KMR-*Paulus* 2; *Kleinknecht/Meyer-Goßner* 4; *v. Hentig* 207, 240; *Neumann* 118.

[16] *Eb. Schmidt* 3; KK-*Schmidt* 3; KMR-*Paulus* 2; *Kleinknecht/Meyer-Goßner* 4.

[17] *Eb. Schmidt* 3; KK-*Schmidt* 2; KMR-*Paulus* 2; *Kleinknecht/Meyer-Goßner* 4; *v. Hentig* 207.

[18] OLG Düsseldorf NJW **1958** 1248; OLG Hamm NJW **1961** 2363; *Eb. Schmidt* Nachtr. I; KK-*Schmidt* 7; KMR-*Paulus* 5; *Kleinknecht/Meyer-Goßner* 5; *Peters* Fehlerquellen **3** 149.

Karl Heinz Gössel

§ 361

(1) Der Antrag auf Wiederaufnahme des Verfahrens wird weder durch die erfolgte Strafvollstreckung noch durch den Tod des Verurteilten ausgeschlossen.

(2) Im Falle des Todes sind der Ehegatte, die Verwandten auf- und absteigender Linie sowie die Geschwister des Verstorbenen zu dem Antrag befugt.

Schrifttum. *Knapp* Die Beseitigung einer ungerechtfertigten Verurteilung nach dem Tode des Verurteilten, Diss. Tübingen 1911; *Laubenthal* Wiederaufnahme des Verfahrens zugunsten eines vor Rechtskraft des verkündeten Urteils verstorbenen Angeklagten? GA **1989** 20.

Bezeichnung bis 1924: § 401.

1   **1. Bedeutung der Vorschrift.** Das Wiederaufnahmeverfahren zugunsten des Verurteilten dient nicht nur dem Zweck, ihn vor der Vollstreckung einer zu Unrecht verhängten Strafe zu bewahren. Durch die Beseitigung des falschen Urteils soll auch der **Ruf des Verurteilten wiederhergestellt** werden[1]. § 361 Abs. 1 bestimmt daher, daß der Antrag auf Wiederaufnahme zugunsten des Verurteilten weder durch dessen Tod oder Todeserklärung (vgl. § 2 VerschG)[2] noch durch die erfolgte, d. h. vollständig oder teilweise (Rdn. 2) erledigte, Strafvollstreckung ausgeschlossen wird. Zuungunsten des Verurteilten ist die Wiederaufnahme nach dessen Tod nicht zulässig[3].

2   **2. Wiederaufnahme nach der Strafvollstreckung.** Auch bei erst **teilweiser Strafvollstreckung** ist die Wiederaufnahme zulässig[4]. Ebensowenig wie die Strafvollstreckung stehen die **Verjährung** der Vollstreckung nach § 79 StGB[5] und der **Erlaß** der Strafe aufgrund eines Einzelgnadenerweises[6] oder eines Straffreiheitsgesetzes (Vor § 359, 30; s. auch Fußn. 6) der Wiederaufnahme entgegen. Sie kann auch beantragt werden, wenn die Eintragung der Verurteilung bereits im Bundeszentralregister getilgt ist und nicht mehr verwertet werden darf (§§ 45 ff, 51 BZRG)[7].

3. Wiederaufnahme nach dem Tod des Verurteilten

3   **a) Antragsrecht der Angehörigen.** § 361 Abs. 2 ist eine **Sondervorschrift** gegenüber den nach § 365 anzuwendenden Bestimmungen über das Antragsrecht[8]. Ist der Ver-

---

[1] *Blei* NJW **1957** 961; *Laubenthal* GA **1989** 21.

[2] *Laubenthal* GA **1989** 21.

[3] *Eb. Schmidt* § 362, 2; KMR-*Paulus* 1; *Kleinknecht/Meyer-Goßner* 2; AK-*Loos* 1.

[4] *Eb. Schmidt* 1; KMR-*Paulus* 1; *Neumann* 117.

[5] KK-*Schmidt* 1; KMR-*Paulus* 1; *Kleinknecht/Meyer-Goßner* 1; *v. Hentig* 171.

[6] KK-*Schmidt* 1; KMR-*Paulus* 1; *Kleinknecht/Meyer-Goßner* 1; *v. Hentig* 164; *Neumann* 117; *Schäfer* JR **1933** 21.

[7] KK-*Schmidt* 1; KMR-*Paulus* 1; *Kleinknecht/Meyer-Goßner* 1; allg. M.

[8] *v. Hentig* 138; im Ergebnis so auch KK-*Schmidt* 2; *Pfeiffer/Fischer* 2; **a. A** OLG Hamburg *Alsb.* E **2** Nr. 307 b.

urteilte verstorben oder für tot erklärt[9], so sind daher nur die in § 361 Abs. 2 bezeichneten Personen antragsberechtigt. Dabei handelt es sich in erster Hinsicht um den Ehegatten, mit dem der Verurteilte bei seinem Tod verheiratet war. Daß der Ehegatte wieder geheiratet hat, spielt keine Rolle[10]. Ein früherer Ehegatte ist, wie die von § 52 Abs. 1 Nr. 1 abweichende Fassung des § 361 Abs. 2 ergibt, zur Antragstellung nicht befugt[11]; auch nicht der frühere Verteidiger des Verurteilten[12]. Ferner können die Verwandten auf- und absteigender Linie (Eltern, Großeltern, Kinder, Enkelkinder usw.) und die voll- oder halbbürtigen[13] Geschwister des Verstorbenen den Antrag stellen.

Haben die antragsberechtigten Angehörigen einen **gesetzlichen Vertreter**, so kann **4** dieser für sie den Antrag stellen. Die gesetzlichen Vertreter und die Erziehungsberechtigten (§ 67 Abs. 3 JGG) des verstorbenen Verurteilten sind nur antragsberechtigt, wenn sie zu dem Personenkreis des § 361 Abs. 2 gehören[14].

b) Das **Antragsrecht der Staatsanwaltschaft** (§ 365, 3 f) wird durch § 361 Abs. 2 **5** nicht berührt. Neben den dort bezeichneten Personen ist daher die Staatsanwaltschaft stets berechtigt, nach dem Tod des Verurteilten die Wiederaufnahme des Verfahrens zu dessen Gunsten zu beantragen[15].

c) Verfahrensrechtliche Besonderheiten. Wenn der Wiederaufnahmeantrag begrün- **6** det ist, findet nach **§ 371 Abs. 1** eine Erneuerung der Hauptverhandlung nicht statt; gegen einen Toten könnte sie nicht durchgeführt werden. Das Gericht muß durch Beschluß (§ 371, 25) entweder auf Freisprechung erkennen oder den Wiederaufnahmeantrag ablehnen. Eine andere Entscheidung zugunsten des verstorbenen Verurteilten als seine Freisprechung, der die strafklageverbrauchende Verfahrenseinstellung gleichsteht (§ 359, 141), ist nicht zulässig. Daher darf auch der Wiederaufnahmeantrag **nur auf Freisprechung oder Einstellung**[16] gerichtet sein (§ 371, 8). Er muß von vornherein auf Beweismittel gestützt werden, die geeignet sind, die völlige Schuldlosigkeit des Verstorbenen zu beweisen[17] oder das zweifelsfreie Vorliegen sonstiger Einstellungsvoraussetzungen. Andernfalls ist der Antrag unzulässig[18]. Zur Weiterführung des von dem Verurteilten vor seinem Tode selbst gestellten Antrags vgl. § 371, 13 ff.

4. Entsprechende Anwendung

a) § 361 ist im Fall der **Verhandlungsunfähigkeit** des Verurteilten entsprechend **7** anwendbar, weil anders eine Rehabilitation zu Lebzeiten nicht mehr erreichbar wäre (Vor § 359, 112); auch in diesem Fall sollte die Antragsberechtigung § 361 Abs. 2 entnommen werden, weil sich der Verhandlungsunfähige zumeist in derart hilfloser Lage befindet, daß §§ 365, 296 ff dem Rehabilitationsinteresse nicht ausreichend gerecht werden.

---

[9] *Kleinknecht/Meyer-Goßner* 2; *v. Hentig* 121; *Neumann* 199.

[10] KK-*Schmidt* 2; *Knapp* 20 Fußn. 1; *Neumann* 98.

[11] KK-*Schmidt* 2; KMR-*Paulus* 2; *Kleinknecht/Meyer-Goßner* 2; AK-*Loos* 5; *Knapp* 20 Fußn. 1; *Neumann* 98; *Peters* Fehlerquellen **3** 117; *Wasserburg* Handb. 235; vgl. auch die Kommentare zu § 77 Abs. 2 StGB.

[12] KK-*Schmidt* 4; kritisch dazu AK-*Loos* 4.

[13] KK-*Schmidt* 4; *Neumann* 98.

[14] KK-*Schmidt* 2; KMR-*Paulus* 2; *Marxen/Tiemann* 335; *Neumann* 98.

[15] RGSt **10** 423; OLG Colmar *Alsb.* E **2** Nr. 307 a = GA **38** (1891) 79; OLG Hamburg *Alsb.* E **2** Nr. 307 b; *Eb. Schmidt* 3; KK-*Schmidt* 6; KMR-*Paulus* 2; *Kleinknecht/Meyer-Goßner* 2; AK-*Loos* 4; *Dalcke/Fuhrmann/Schäfer* 2; *zu Dohna* 211; *Gerland* 437; *Knapp* 21; *Neumann* 98; *Peters* Fehlerquellen **3** 117; **a. A** BayObLGSt **7** 136; *K. Meyer* DJZ **1899** 437.

[16] KK-*Schmidt* 8; AK-*Loos* 6.

[17] *v. Hentig* 122.

[18] *Eb Schmidt* 2.

Karl Heinz Gössel

8   Der Antrag ist auf Freisprechung (bzw. dieser gleichstehender Verfahrenseinstellung mit strafklageverbrauchender Wirkung, s. § 359, 11) **nach § 371 Abs. 1** zu richten, der in diesem Fall entsprechend anwendbar ist[19].

9   **b)** Ist der **Tod vor** einer **rechtskräftigen Entscheidung** eingetreten, so erscheint das Rehabilitationsinteresse hier nicht minder stark als bei rechtskräftigen Verurteilungen, zumal da die Rehabilitationsmöglichkeit von dem Zufall abhängt, ob der Angeklagte vor oder nach dem Eintritt der Rechtskraft verstirbt. In diesem Fall sollten deshalb §§ 361, 359 analog angewendet werden (Näheres Vor § 359, 63).

10   **c)** Wurde jemand unter **falschem Namen verurteilt**, so können dessen Angehörige in entsprechender Anwendung des § 361 die Urteilsberichtigung verlangen[20]. Gleiches muß für die Angehörigen des wirklich Verurteilten gelten: erst nach der in analoger Anwendung des § 361 zu erreichenden Urteilsberichtigung können sie in nun direkter Anwendung des § 361 die Wiederaufnahme betreiben.

§ 362

Die Wiederaufnahme eines durch rechtskräftiges Urteil abgeschlossenen Verfahrens zuungunsten des Angeklagten ist zulässig,
1. wenn eine in der Hauptverhandlung zu seinen Gunsten als echt vorgebrachte Urkunde unecht oder verfälscht war;
2. wenn der Zeuge oder Sachverständige sich bei einem zugunsten des Angeklagten abgelegten Zeugnis oder abgegebenen Gutachten einer vorsätzlichen oder fahrlässigen Verletzung der Eidespflicht oder einer vorsätzlichen falschen uneidlichen Aussage schuldig gemacht hat;
3. wenn bei dem Urteil ein Richter oder Schöffe mitgewirkt hat, der sich in Beziehung auf die Sache einer strafbaren Verletzung seiner Amtspflichten schuldig gemacht hat;
4. wenn von dem Freigesprochenen vor Gericht oder außergerichtlich ein glaubwürdiges Geständnis der Straftat abgelegt wird.

Schrifttum. *Dalcke* Über den Umfang und die Beschaffenheit des Geständnisses im Sinne des § 402 Nr. 4 der deutschen Strafprozeßordnung, GA **34** (1886) 81; *Gössel* Bindung der Wiederaufnahme zuungunsten des Verurteilten an die Verjährungsfrist? NStZ **1988** 537; *Maier* Rechtsstaatliches Denken und Wiederaufnahme des Verfahrens zuungunsten des Angeklagten, GedS A. Kaufmann 789; *Ziemba* Die Wiederaufnahme des Verfahrens zuungunsten des Freigesprochenen oder Verurteilten (§§ 362 ff StPO), Diss. Marburg 1974.

Entstehungsgeschichte. Die Vorschrift wurde durch Art. 6 Nr. 2 der 3. VereinfVO aufgehoben; die gleichzeitige Neufassung des § 359 machte sie überflüssig. Art. 3 Nr. 152 VereinhG fügte sie ohne inhaltliche Änderungen wieder ein. Durch Art. 4 Nr. 39 des 3. StRÄndG wurde in Nummer 2 das Wort „Verurteilten" durch das Wort „Angeklagten" ersetzt. Art. IV Nr. 10 PräsVerfG strich in Nummer 3 das Wort „Geschworener". Art. 21 Nr. 87 EGStGB setzte in Nummer 3 anstelle der Wörter „einer Verletzung" die Wörter

---

[19] *Hassemer* NJW **1983** 2357; **a. A** OLG Frankfurt NJW **1983** 2398; s. dazu unten § 371, 3 f.

[20] KK-*Schmidt* 3; *Kleinknecht/Meyer-Goßner* 3; *Peters* Fehlerquellen **3** 117 f.

„einer strafbaren Verletzung", strich dort den Satzteil „. . . sofern diese Verletzung mit einer im Wege des gerichtlichen Strafverfahrens zu verhängenden öffentlichen Strafe bedroht ist" und ersetzte in Nummer 4 die Wörter „strafbaren Handlung" durch das Wort „Straftat". Bezeichnung bis 1924: § 402.

Geplante Änderungen. Nach Art. 1 Nr. 2 des Gesetzentwurfs der SPD-Fraktion für ein Gesetz zur Reform des strafrechtlichen Wiederaufnahmerechts (BTDrucks. **13** 3594) soll § 362 folgende Fassung erhalten:

„362

Die Wiederaufnahme eines durch rechtskräftiges Urteil abgeschlossenen Verfahrens zuungunsten des freigesprochenen Angeklagten ist zulässig, wenn neue Tatsachen oder Beweismittel beigebracht werden, die allein oder in Verbindung mit den früher erhobenen Beweisen jeden begründeten Zweifel ausschließen, daß der Angeklagte in einer neuen Hauptverhandlung der Begehung eines Mordes (§ 211 StGB) oder Völkermordes (§ 220 a StGB) überführt werden wird."

S. ggfs. die Erläuterungen im Nachtrag zur 25. Auflage.

Übersicht

I. Aufbau und Bedeutung

1. Bedeutung und Antragsberechtigte. Die Vorschrift beschränkt in zulässiger **1** Weise[1] den Verfassungsgrundsatz, daß niemand mehrmals bestraft werden darf (**Art. 103 Abs. 3 GG**); auch Art. 14 Abs. 7 IPBPR steht der Wiederaufnahme als einem „Annex des ursprünglichen Verfahrens" nicht entgegen[2]. Sie bestimmt abschließend die Voraussetzungen, unter denen die Wiederaufnahme des Verfahrens zuungunsten des Verurteilten oder Freigesprochenen gegen rechtskräftige Urteile (Vor § 359, 32 ff) deutscher Gerichte (Vor § 359, 91 ff) stattfinden darf. Gewinnt die Staatsanwaltschaft „zureichende tatsächliche Anhaltspunkte"[3] für das Vorliegen eines Grundes zur Wiederaufnahme zuungunsten des Angeklagten, so ist sie nach § 152 Abs. 2 grundsätzlich verpflichtet, die Wiederaufnahme zuungunsten des Angeklagten zu betreiben[4]: das **Legalitätsprinzip** fordert die

---

[1] *Maunz/Dürig/Herzog* Art. 103 GG, 132; *Ziemba* 76 ff.

[2] S. Erläuterungen zu Art. 6 MRK; **a. A** *Maier* GedS A. Kaufmann 789.

[3] „Ohne sachlichen Anlaß" darf die Staatsanwaltschaft keine Ermittlungen führen, um einen Wiederaufnahmegrund zu finden; zutr. *Walder* ZStW

95 (1983) 872; KK-*Schmidt* 4; *Kleinknecht/Meyer-Goßner* 1.

[4] KK-*Schmidt* 4; AK-*Loos* 3; *Pfeiffer/Fischer* 1; *Gössel* § 11 B II a und FS Dünnebier 130; *Neumann* 92 Fußn. 4; Erläuterungen zu § 152 (24. Aufl. Rdn. 18)

Karl Heinz Gössel

Verfolgung verfolgbarer Straftaten ohne Rücksicht auf das jeweilige Verfahrensstadium[5]. Allerdings gelten auch die Vorschriften entsprechend, die das Legalitätsprinzip einschränken (§§ 153 ff); eine gerichtliche Zustimmung zum Absehen von der Stellung eines Wiederaufnahmeantrags ist aber nicht erforderlich[6]. **Antragsberechtigt** sind außer der Staatsanwaltschaft (§ 365, 3) der Privatkläger (§ 365, 12) und der Nebenkläger (§ 365, 13 ff). Zuungunsten eines Verstorbenen ist die Wiederaufnahme nicht zulässig (§ 361, 4). Wegen der Wiederaufnahme von **Strafbefehlsverfahren** zuungunsten des Beschuldigten vgl. § 373 a, 5.

2   Die **Gründe für die Wiederaufnahme des Verfahrens** zuungunsten des Freigesprochenen oder Verurteilten stimmen mit denen für die **Wiederaufnahme zugunsten des Verurteilten** (§ 359) nur teilweise überein. Die Nummern 1 bis 3 des § 362 unterscheiden sich von den Nummern 1 bis 3 des § 359 nicht; in diesen Fällen ist die Wiederaufnahme auch zuungunsten eines Angeklagten zulässig, der verurteilt worden ist (unten Rdn. 5). Nach § 362 Nr. 4 findet die Wiederaufnahme dagegen nur zuungunsten eines Freigesprochenen statt, und zwar unter der Voraussetzung, daß er nach dem Freispruch ein glaubhaftes Geständnis abgelegt hat. Eine dem **§ 359 Nr. 5** entsprechende Regelung enthält § 362 nicht; auf andere neue Tatsachen als das Geständnis des Freigesprochenen und auf neue Beweismittel kann daher der Wiederaufnahmeantrag zuungunsten des Angeklagten nicht gestützt werden. Der Grund für diese Einschränkung liegt darin, daß die Staatsanwaltschaft, bevor sie die Anklage erhebt, sorgfältige und vollständige Ermittlungen führen kann und muß und daher nicht darauf angewiesen ist, nach Urteilsrechtskraft neue Tatsachen oder Beweise vorzulegen[7]. Außerdem werden das allgemeine Rechtsempfinden und das Vertrauen in die Rechtspflege durch fehlerhafte Freisprüche oder zu milde Bestrafungen nicht so erschüttert wie durch ungerechtfertigte Verurteilungen[8].

3   Eine **Strafverfolgungsverjährung** kann der Wiederaufnahme zuungunsten des Angeklagten nicht entgegenstehen, auch wenn er freigesprochen worden ist. Denn mit dem Erlaß des Urteils, auch des freisprechenden, hat die Verfolgungsverjährung — bei gleichzeitigem Beginn der Vollstreckungsverjährung — ihr Ende gefunden[9]; erst mit der Rechtskraft des Beschlusses nach § 370 Abs. 2 beginnt sie wieder zu laufen[10]. Die Gegenmeinung[11] verkennt zunächst die Rechtsfrieden schaffende Wirkung der Rechtskraft, die mit dem Verbrauch der Strafklage und dem Ausschluß einer neuen Entscheidung in der

---

[5] Entgegen *Kleinknecht* FS Bruns 476 f verpflichtet das Legalitätsprinzip eben nicht *nur* zur Anklageerhebung; weil diese im Wiederaufnahmeverfahren nicht möglich ist, hält *Kleinknecht* das Legalitätsprinzip im Wiederaufnahmeverfahren nicht für anwendbar; wie *Kleinknecht* aaO auch KMR-*Paulus* § 365, 2; *Kleinknecht/Meyer-Goßner* 1; *Marxen/Tiemann* 184.

[6] KMR-*Paulus* 1; *Kleinknecht/Meyer-Goßner* 1; **a. A** KK-*Schmidt* 4.

[7] *Peters* § 76 II S. 671; *Dippel* in: Jescheck/Meyer 69.

[8] Vgl. *Henkel* 395; *v. Hippel* 611; *Hellm. Mayer* GerS **99** (1930) 305; *Peters* § 76 II S. 671, der aber für die Erweiterung der Wiederaufnahme zuungunsten des Freigesprochenen bei besonders schweren Verbrechen eintritt; ähnlich *Deml* 140, der aber andererseits und zugleich § 362 Nr. 4 für zu weitgefaßt hält, weil die Wiederaufnahme ohne Rücksicht darauf zugelassen werde, daß „der Freispruch in einem unerträglichen Mißverhältnis" zu Tat und

Strafe stehe (S. 141). Zur Abschaffung der Wiederaufnahme zuungunsten des Freigesprochenen oder Verurteilten de lege ferenda *Maier* GedS A. Kaufmann 789; s. ferner die Nachw. bei *Deml* 137.

[9] BGHSt **20** 198, 200; LK-*Jähnke* § 78, 8 mit zahlreichen weiteren Nachweisen; zum Ende der Verfolgungsverjährung so schon RGSt **69** 8, 10; **a. A** OLG Nürnberg NStZ **1988** 555 mit abl. Besprechung *Gössel* NStZ **1988** 537.

[10] RGSt **76** 46, 48; BGH bei *Dallinger* MDR **1973** 191 = GA **1974** 154; BayObLG JR **1954** 150; OLG Bamberg NJW **1962** 2168, 2169; OLG Hamburg VRS **29** 359; OLG Düsseldorf GA **1988** 426, 427; OLG Schleswig SchlHA **1963** 60, 63; *Eb. Schmidt* 3; KMR-*Paulus* 5; LK-*Jähnke* § 78, 11; vgl. auch § 370, 39 ff.

[11] KK-*Schmidt* 7; *Kleinknecht/Meyer-Goßner* 1; AK-*Loos* 7; *zu Dohna* 211; *Feisenberger* 2; *Gerland* 437; *Roxin* § 55, 13; *Peters* Fehlerquellen **3** 109; *Marxen/Tiemann* 7; *Ziemba* 116 ff; *Schönke/Schröder/Stree* § 78 a, 15; *Tröndle* § 78 b, 11.

Sache der Verfolgungsverjährung ihren Gegenstand nimmt. Kann das Verfolgungsinteresse auch — und nur — in Ausnahmefällen die Durchbrechung der Rechtskraft mit dem Rechtsbehelf der Wiederaufnahme im Interesse der materiellen Gerechtigkeit (Vor § 359, 11 ff) rechtfertigen, so aber nicht, daß die bereits abgeschlossene Verfolgungsverjährung gleichwohl über den Zeitpunkt der Rechtskraft hinaus weiterläuft. Dies würde letztlich dazu führen, die Rechtskraft in Wahrheit erst mit dem Eintritt der Verjährung eintreten zu lassen, weil eine rechtskräftig abgeurteilte Tat der Verfolgungsverjährung nicht mehr unterliegen kann. Dies aber würde zu nicht akzeptablen Konsequenzen führen: Vor Eintritt der Verjährung wäre die Wiederaufnahme mangels einer rechtskräftigen Entscheidung unstatthaft, danach aber ebenfalls (wegen der weiteren Strafverfolgung entgegenstehender Verjährung) unzulässig. Diesem Dilemma entgeht nur, wer zugleich mit dem Eintritt der Rechtskraft die Verfolgungsverjährung als beendet ansieht. Auch kann die für die hier zurückgewiesene Meinung vorgebrachte Erwägung nicht überzeugen, es sei nicht angängig, den Freigesprochenen insoweit schlechterzustellen als denjenigen, der überhaupt nicht vor Gericht gestellt worden ist: so ist einmal schon nicht einzusehen, daß der Täter, der seine Freisprechung durch die Vorlegung gefälschter Urkunden oder durch Meineid von Zeugen erwirkt hat, so behandelt werden muß wie ein anderer, den die Staatsanwaltschaft wegen Fehlens eines hinreichenden Tatverdachts gar nicht erst angeklagt hat. Auch in den übrigen beiden Fällen der Wiederaufnahme zuungunsten des Angeklagten ist nicht ersichtlich, daß die materielle Gerechtigkeit zwingend verlangt, die Verfolgungsverjährung über den Eintritt der die Verjährung doch beendenden Rechtskraft hinaus weiterlaufen zu lassen, womit die Verwirklichung der materiellen Gerechtigkeit gerade unmöglich gemacht würde.

Der Auffassung, die Wiederaufnahme nach § 362 sei gegen **Einstellungsurteile** stets **4** unzulässig, weil es hier an einer Sachentscheidung fehle[12], kann in dieser Allgemeinheit nicht gefolgt werden. Ein Einstellungsurteil nach § 260 Abs. 3 kann durchaus eine Sachentscheidung enthalten (Vor § 359, 44): in diesen Fällen ist die Wiederaufnahme auch nach § 362 statthaft[13]. Soweit allerdings das Urteil nach § 260 Abs. 3 nur in formelle Rechtskraft erwachsen kann, ist anstelle der nicht statthaften Wiederaufnahme neue Anklage möglich (Vor § 359, 42). Näheres dazu s. oben Vor § 359, 42 ff; hinsichtlich der Wiederaufnahme gegen **Einstellungsbeschlüsse** nach § 206 a s. oben Vor § 359, 61 ff.

II. Wiederaufnahme nach § 362 Nr. 1 bis 3

1. Überblick. Nach diesen Vorschriften ist die Wiederaufnahme des Verfahrens nicht **5** nur zuungunsten eines **Freigesprochenen**, sondern **auch zuungunsten eines Verurteilten** mit dem Ziel zulässig, daß ein anderes Strafgesetz (vgl. die Erläuterungen zu § 363) angewendet und die Tat schwerer eingestuft wird. Dabei wird nicht vorausgesetzt, daß die Anwendung des anderen Strafgesetzes (z. B. das Vorhandensein eines im Gesetz besonders vorgesehenen Umstandes, der die Strafbarkeit erhöht) bereits in dem Urteil erörtert worden ist, das Gericht aber zu Unrecht gemeint hat, der Tatbestand sei nicht erfüllt. Das Vorbringen der falschen Urkunde oder die Ablegung des falschen Zeugnisses kann wiederholt werden, d. h. sowohl in der Hauptverhandlung als auch im Vorverfahren, stattgefunden und daher schon in der Anklageschrift oder in dem Beschluß über die Eröffnung des Hauptverfahrens zu einer unrichtigen Bewertung der Tat geführt haben. Ob der Verur-

---

[12] So KMR-*Paulus* 4; *Kleinknecht/Meyer-Goßner* 3, s. aber auch 4.

[13] Wie hier auch KK-*Schmidt* 10; *Marxen/Tiemann* 195; differenzierend AK-*Loos* 16: die Wiederauf-

nahme gegen Einstellungsurteile soll nur zulässig sein, wenn die angeklagte Straftat nicht zu beweisen war oder ein Prozeßhindernis vorlag – s. dazu Rdn. 11.

teilte selbst oder ein anderer die in Nr. 1 bis 3 beschriebenen Pflichtverletzungen herbeigeführt hat, ist gleichgültig[14].

6   **2. Nummern 1 und 2.** Die Grundsätze zu § 359 Nr. 1 und 2 (dort Rdn. 13 ff; 28 ff) gelten entsprechend. Eine **strafbare Urkundenfälschung** wird auch hier nicht vorausgesetzt[15]. Die verfälschte Urkunde muß zugunsten des Angeklagten vorgebracht, die falsche Aussage oder das falsche Sachverständigengutachten zu seinen Gunsten abgegeben worden sein. Erforderlich ist ferner die Möglichkeit eines für den Angeklagten günstigen Einflusses der Beweisverfälschung auf das Urteil. Im Fall der **Nr. 2** wird allerdings auch hier eine Straftat mit allen ihren Strafbarkeitsmerkmalen einschließlich der Schuld vorausgesetzt, was im hier zu behandelnden Fall der Wiederaufnahme zuungunsten des Verurteilten zu besonders unbefriedigenden Ergebnissen (vgl. § 359, 30) deshalb führt, weil damit massive Einwirkungen im Sinne des § 35 StGB auf Zeugen durch das organisierte Verbrechen gleichsam „belohnt" werden – indessen steht eine Änderung dieser Situation allein dem Gesetzgeber zu[16].

7   **3. Nummer 3.** Die Grundsätze zu § 359 Nr. 3 (dort Rdn. 34 ff) gelten entsprechend. Eine Pflichtverletzung des Staatsanwalts, Urkundsbeamten oder Verteidigers ist auch nach § 362 kein Wiederaufnahmegrund; das Urteil kann darauf auch zum Vorteil des Angeklagten nicht beruhen. Die Einschränkung des § 359 Nr. 3, daß die Wiederaufnahme ausgeschlossen ist, wenn der Angeklagte die Amtspflichtverletzung selbst veranlaßt, enthält § 362 Nr. 3 selbstverständlich nicht.

III. Wiederaufnahme nach § 362 Nr. 4

8   **1. Freispruch.** Die Vorschrift setzt voraus, daß der Angeklagte von dem Vorwurf der in Frage stehenden Tat **völlig freigesprochen** worden ist[17]. Die Wiederaufnahme zuungunsten des Angeklagten ist daher nach § 362 Nr. 4 nicht zulässig, wenn er zu Unrecht wegen einer minder schweren Tat verurteilt worden ist[18]. Die Wiederaufnahme ist z. B. ausgeschlossen, wenn der wegen Totschlags Verurteilte später das Vorliegen der Tatbestandsmerkmale des § 211 StGB eingesteht[19], wenn der wegen Körperverletzung mit Todesfolge Verurteilte nachträglich den Tötungsvorsatz zugibt[20], wenn der wegen fahrlässiger Brandstiftung Verurteilte später einräumt, vorsätzlich gehandelt zu haben[21] oder wenn der Angeklagte nach der Verurteilung wegen fahrlässigen Falscheides den Meineidsvorsatz zugibt[22]. Bei wahlweiser Verurteilung erfolgt keine Freisprechung; das Geständnis des Verurteilten, die schwerere Tat begangen zu haben, ist daher ebenfalls kein Wiederaufnahmegrund[23].

9   War die Anklage wegen mehrerer in Tatmehrheit begangener Straftaten erhoben, der Angeklagte aber **teilweise freigesprochen** worden, so ist insoweit die Wiederaufnahme zu seinen Ungunsten zulässig[24] — weil aber Teilfreispruch nur bei Tatmehrheit im Sinne des § 264 möglich ist (s. Erläuterungen zu § 264), erscheint die Berufung auf eine angeblich (in Wahrheit aber nicht bestehende) h. M, Teilfreispruch bei materiell-rechtlich nach

---

[14] KK-*Schmidt* 8; *Kleinknecht/Meyer-Goßner* 3; KMR-*Paulus* 8; AK-*Loos* 8 und *Marxen/Tiemann* wollen dies nur im Fall der Nr. 3 annehmen.

[15] Anders *Ziemba* 92 ff.

[16] KG JZ **1997** 629 mit Anm. *Marxen.*

[17] RGSt **3** 399.

[18] *Eb. Schmidt* 6; KK-*Schmidt* 5; KMR-*Paulus* 10; *Kleinknecht/Meyer-Goßner* 4; AK-*Loos* 11; *Beling* 432; *Schlüchter* 769.2; *Marxen/Tiemann* 192; *Neumann*; 67 *Ziemba* 104; **a. A** *Peters* § 76 III 7 für den Fall, in dem die Verurteilung „zu der wirklich verdienten Strafe außer allem Verhältnis steht" – dage-

gen aber wegen der unklaren Grenzziehung mit Recht KK-*Schmidt* 9; *Roxin* § 55, 13; *Schlüchter* 769.2; *Marxen/Tiemann* 192.

[19] RGSt **3** 399; *Dalcke/Fuhrmann/Schäfer* 3.

[20] *Neumann* 67.

[21] OLG Dresden *Alsb.* E **2** Nr. 290.

[22] *Peters* § 76 III 7.

[23] KK-*Schmidt* 9; KMR-*Paulus* 10; LK-*Tröndle* § 1, 123; SK-*Rudolphi* § 55 Anhang 52.

[24] KK-*Schmidt* 9; KMR-*Paulus* 10; *Neumann* 68; *Wasserburg* Handb. 286.

§ 53 StGB realiter konkurrierenden Taten reiche aus[25], nicht recht sinnvoll. Mit dem Ziel einer Verurteilung wegen weiterer in Tateinheit mit den Straftaten, derentwegen er verurteilt worden ist, stehenden Delikte kann sie hingegen nicht betrieben werden[26]. Das gilt auch, wenn Anklage und Eröffnungsbeschluß zu Unrecht von Tatmehrheit ausgegangen sind und nur aus diesem Grund eine teilweise Freisprechung erforderlich war[27]. Zur Problematik der fortgesetzten Tat in diesen Fällen s. Vor § 359, 84 ff.

Freigesprochen im Sinne des § 362 Nr. 4 ist auch derjenige, gegen den neben dem **10** Freispruch auf **Unterbringung** in einem psychiatrischen Krankenhaus nach § 63 StGB, auf Entziehung der Fahrerlaubnis nach § 69 StGB oder auf Berufsverbot nach § 70 StGB erkannt worden ist[28]. Dem Freispruch steht ferner die Anordnung von Maßregeln der Besserung und Sicherung im Sicherungsverfahren nach den §§ 413 ff gleich[29], nicht dagegen die Verurteilung zu Jugendarrest[30] und die Anordnung anderer Zuchtmittel nach den §§ 13 ff JGG[31] und ebensowenig Straffreierklärung (z. B. § 199 StGB), Absehen von Strafe (z. B. §§ 60, 233 StGB) und Verwarnung mit Strafvorbehalt (§ 59 StGB)[32].

Als Freisprechung im Sinne des § 362 Nr. 4 gilt auch eine **Verfahrenseinstellung**, die **11** erforderlich ist, weil die angeklagte Tat nicht erwiesen und wegen der erwiesenen Tat kein Strafantrag gestellt ist oder sonst ein Prozeßhindernis besteht[33]. Bleibt nur eine Ordnungswidrigkeit übrig, so gilt § 85 Abs. 2 OWiG. Zu der Frage, ob die Einstellung wegen eines Verfahrenshindernisses auch sonst der Freisprechung gleichsteht, s. oben Rdn. 4.

2. Geständnis

a) **Subjekt und Zeitpunkt.** § 362 Nr. 4 erfordert ein „von dem Freigesprochenen", **12** also **nach der Freisprechung**, abgelegtes Geständnis[34]. Ein Geständnis vor der Freisprechung, das erst später ermittelt wird, kann nur die Bedeutung einer neuen Tatsache haben[35]. Da aber die Wiederaufnahme zuungunsten des Freigesprochenen auf neue Tatsachen oder Beweise nicht gestützt werden kann, ist es unerheblich[36]. Das freisprechende Urteil muß nicht vor der Ablegung des Geständnisses rechtskräftig geworden sein; daher ist auch ein Geständnis zwischen der letzten tatrichterlichen Verhandlung und dem Revisionsurteil ein Wiederaufnahmegrund[37].

Der Freigesprochene muß das Geständnis **selbst abgelegt** haben. Das Geständnis eines **13** Mittäters kann die Wiederaufnahme nicht begründen[38].

25 So *Marxen/Tiemann* 193; **dagegen** aber und im Ergebnis wie hier AK-*Loos* 12.

26 *Neumann* 68.

27 OLG Celle NdsRpfl. **1959** 120; *Dalcke/Fuhrmann/ Schäfer* 4; KMR-*Paulus* 10; *Kleinknecht/Meyer-Goßner* 4.

28 *Eb.* Schmidt 7; KK-*Schmidt* 9; *Kleinknecht/Meyer-Goßner* 4; *Pfeiffer/Fischer* 3; KMR-*Paulus* 11; *Wasserburg* Handb. 286; kritisch dazu AK-*Loos* 15.

29 *Eb.* Schmidt 7; KK-*Schmidt* 9; KMR-*Paulus* 11; *Kleinknecht/Meyer-Goßner* 4; *Pfeiffer/Fischer* 3; *Dalcke/Fuhrmann/Schäfer* 3; *Marxen/Tiemann* 192; *Peters* § 76 III 7 und Fehlerquellen **3** 108; offengelassen bei OLG Hamm JMBlNRW **1949** 202.

30 AG Hannover MDR **1949** 701; *Dalcke/Fuhrmann/ Schäfer* 3; *Eb.* Schmidt 8; KK-*Schmidt* 9; KMR-*Paulus* 10; *Kleinknecht/Meyer-Goßner* 4; *Potrykus* § 55, 9.

31 *Eb.* Schmidt 8; KK-*Schmidt* 9; KMR-*Paulus* 10; *Kleinknecht/Meyer-Goßner* 4; *Peters* Fehlerquellen **3** 108; *Wasserburg* Handb. 286.

32 So zu Recht AK-*Loos* 14 **gegen** *Marxen/Tiemann* 196.

33 KK-*Schmidt* 10; *Kleinknecht/Meyer-Goßner* 4; *Peters* Fehlerquellen **3** 107; s. auch oben Rdn. 4.

34 OLG München *Alsb.* E **2** Nr. 289; KK-*Schmidt* 14; KMR-*Paulus* 13; AK-*Loos* 17; *Pfeiffer/Fischer* 4; *Marxen/Tiemann* 197; *Neumann* 69; *Wasserburg* Handb. 288; *Ziemba* 105.

35 KMR-*Paulus* 13; *Neumann* 69.

36 *Eb.* Schmidt 10; KMR-*Paulus* 13; *Dalcke/Fuhrmann/Schäfer* 4; *Neumann* 69.

37 KK-*Schmidt* 13; KMR-*Paulus* 13; *Kleinknecht/ Meyer-Goßner* 5; AK-*Loos* 17; *Pfeiffer/Fischer* 4; *Marxen/Tiemann* 197; *Neumann* 69; **a. A** *v. Hentig* 115.

38 BayObLGSt **21** 228; **26** 172 = JW **1927** 920; *Dalcke/Fuhrmann/Schäfer* 4; *Eb.* Schmidt 13; KK-*Schmidt* 13; KMR-*Paulus* 13; *Kleinknecht/Meyer-Goßner* 5; AK-*Loos* 17; *Pfeiffer/Fischer* 4; *Marxen/Tiemann* 197; *Neumann* 69; *Peters* Fehlerquellen **3** 108; *Ziemba* 105.

14   **b) Begriff des Geständnisses.** Darunter fallen alle Erklärungen des Freigesprochenen, durch die die tatsächliche Unrichtigkeit des freisprechenden Urteils unmittelbar oder mittelbar eingestanden wird. Um das erste Geständnis des Angeklagten muß es sich nicht handeln[39]. Ein volles **Schuldbekenntnis** ist nicht erforderlich[40]. Ein Geständnis liegt daher auch vor, wenn der Angeklagte die Tat in groben Zügen zugibt, aber behauptet, er könne sich an Einzelheiten nicht erinnern[41]. Es kommt regelmäßig nur darauf an, daß der Angeklagte den **objektiven Tatbestand der Handlung und seine Täterschaft** eingesteht[42]. Ob er Angaben hinzufügt, die auf die Verneinung eines strafbaren Verschuldens (z. B. Tatbestands- oder Verbotsirrtum, Notstand) abzielen, ist regelmäßig (s. aber unten Rdn. 15) gleichgültig[43]. Ohne Bedeutung ist auch, ob die Tat in der Form, in der sie nun eingestanden wird, der in der Anklageschrift oder dem Eröffnungsbeschluß vorgenommenen rechtlichen Bewertung entspricht[44]. Es genügt, daß die Identität der Tat im verfahrensrechtlichen Sinn (§ 264) gewahrt ist[45]. Auch das Geständnis einer milder zu beurteilenden Straftat als der ursprünglich angeklagten ist daher ein Wiederaufnahmegrund nach § 362 Nr. 4[46].

15   Immer muß aber der objektive Tatbestand einer **Straftat insgesamt** eingeräumt werden; es reicht nicht aus, daß nur einzelne Tatumstände zugegeben werden[47]. Insbesondere beim Betrug müssen die objektiven Tatbestandsmerkmale vollständig in dem Geständnis enthalten sein[48]. Wenn der Freispruch unter Feststellung des objektiven Tatbestandes auf das Fehlen subjektiver Tatbestandselemente oder auf das Vorhandensein eines Rechtfertigungs- oder Schuldausschließungsgrundes gestützt war, muß sich das Geständnis auf das Eingestehen der betreffenden Merkmale des subjektiven Tatbestandes, der Rechtswidrigkeit oder der Schuld beziehen[49].

16   **c) Vor Gericht.** Nach § 362 Nr. 4 genügt jedes gerichtliche Geständnis. Ob es vor einem **Straf- oder Zivilgericht** abgelegt worden ist, spielt keine Rolle[50].

17   **d) Außergerichtlich.** Auch jedes gegenüber einer **dritten** Person abgelegte Geständnis kann zur Wiederaufnahme führen. Dabei kann es sich um Strafverfolgungsbeamte oder andere öffentliche Bedienstete, aber auch um Privatpersonen handeln[51].

18   Der Anlaß des Geständnisses ist gleichgültig. Ob die Person, der gegenüber das Geständnis abgelegt worden ist, nach § 203 StGB zur Verschwiegenheit verpflichtet ist und sich durch das Offenbaren des Geständnisses nach dieser Vorschrift strafbar macht, ist ebenfalls ohne Bedeutung[52]. Der Vorrang der materiellen Rechtskraft berechtigt in

---

[39] *Neumann* 70.

[40] *Eb. Schmidt* 9; *Kleinknecht/Meyer-Goßner* 5; *v. Hentig* 114.

[41] OLG Rostock *Alsb.* E **2** Nr. 288.

[42] *Neumann* 70; *Ziemba* 106.

[43] BayObLGSt **21** 226; OLG Rostock *Alsb.* E **2** Nr. 288; *Eb. Schmidt* 9; *KK-Schmidt* 11; *KMR-Paulus* 12; *Kleinknecht/Meyer-Goßner* 5; *Pfeiffer/Fischer* 4; *v. Hentig* 114; *Neumann* 70; und im Ergebnis wohl auch *Marxen/Tiemann* 198; *Ziemba* 106; *Dalcke* GA **34** (1886) 85; **a. A** AK-*Loos* 18; *Peters* Fehlerquellen **3** 105; *Wasserburg* Handb. 287.

[44] *v. Hentig* 114; *Marxen/Tiemann* 199.

[45] *KK-Schmidt* 12; *KMR-Paulus* 12; *Kleinknecht/Meyer-Goßner* 5; AK-*Loos* 19; *Pfeiffer/Fischer* 4; *v. Hentig* 114; *Marxen/Tiemann* 199; *Neumann* 71; *Wasserburg* Handb. 288; *Ziemba* 107; *Dalcke* GA **34** (1886) 86.

[46] *Peters* Fehlerquellen **3** 105; *Wasserburg* Handb. 288.

[47] RMilGE **12** 174; KK-*Schmidt* 12; *Kleinknecht/Meyer-Goßner* 5; AK-*Loos* 18; *Pfeiffer/Fischer* 4; *Dalcke* GA **34** (1886) 87; *Hanack* 115; *Neumann* 71; *Wasserburg* Handb. 288; *Ziemba* 107.

[48] *Peters* Fehlerquellen **3** 106.

[49] OLG Hamm JMBlNRW **1949** 202; *Eb. Schmidt* 9; KK-*Schmidt* 11; *KMR-Paulus* 12; *Kleinknecht/Meyer-Goßner* 5; *Pfeiffer/Fischer* 4; *Roxin* § 55, 13; *v. Hentig* 114 ff; *Marxen/Tiemann* 198; *Neumann* 70; *Peters* Fehlerquellen **3** 106.

[50] *Eb. Schmidt* 11; *KMR-Paulus* 14; *Kleinknecht/Meyer-Goßner* 6; AK-*Loos* 21; *v. Hentig* 116; *Marxen/Tiemann* 200; *Neumann* 72; *Ziemba* 108.

[51] *Kleinknecht/Meyer-Goßner* 6.

[52] *Eb. Schmidt* 11; *KK-Schmidt* 13; *KMR-Paulus* 14; *Kleinknecht/Meyer-Goßner* 6; *Ziemba* 198; **a. A** AK-*Loos* 21; *Marxen/Tiemann* 200; *Wasserburg* Handb. 288.

allen Fällen eines glaubwürdigen Geständnisses zur Durchbrechung der Rechtskraft, und zwar unabhängig von der Person desjenigen, dem gegenüber das Geständnis abgelegt wird. Daß der Vorrang der materiellen Gerechtigkeit erst durch eine **Gefährdung des allgemeinen Rechtsbewußtseins** durch ein Geständnis in der Öffentlichkeit begründet werden könne, erscheint wenig überzeugend: jedes auch private und nur gegenüber einer einzigen Person wie etwa einem Nachbarn oder einem Unbekannten abgelegte Geständnis weist den offensichtlichen Verstoß des vorausgegangenen Freispruchs gegen die materielle Gerechtigkeit auf und berechtigt schon deshalb zur Durchbrechung der Rechtskraft. Wer demgegenüber diesen Vorrang erst bei einer Gefährdung des allgemeinen Rechtsbewußtseins bejaht[53], müßte wohl doch zur Zulässigkeit der Wiederaufnahme eine breitere Öffentlichkeit, etwa die der Medien, als Adressat eines Geständnisses verlangen, weil anders eine derartige Gefährdung kaum bejaht werden könnte — angesichts der Verschwiegenheitspflicht der Justizangehörigen wäre eine solche Gefährdung indessen nicht selten selbst bei einem Geständnis im Rahmen eines gerichtlichen Verfahrens zu verneinen, insbesondere bei nichtöffentlicher Verhandlung. Auch schutzwürdige Geheimhaltungsinteressen der bei einem Geständnis beteiligten Personen stehen der Wiederaufnahme in diesen Fällen nicht entgegen: ihnen wird schon durch die materiell-rechtlichen wie durch die prozessualen Vorschriften zum Geheimnisschutz entsprochen. Daher berechtigt auch ein Geständnis im „engsten Lebenskreis des Freigesprochenen"[54] oder gegenüber den nach § 203 StGB zur Verschwiegenheit verpflichteten Personen[55] zur Wiederaufnahme nach § 362 Nr. 4.

e) Glaubwürdig. Ein Geständnis ist nur dann ein Wiederaufnahmegrund, wenn es **19** glaubhaft ist. Sein Inhalt muß **denkgesetzlich möglich** sein und der **Lebenserfahrung** entsprechen[56]. Das Gericht entscheidet darüber nach pflichtgemäßem Ermessen[57]. Ein im volltrunkenen Zustand oder aufgrund einer Täuschung abgelegtes Geständnis ist nicht schon deswegen unglaubwürdig. Allerdings ist es möglich, daß ein durch Täuschung oder Zwang erlangtes Geständnis nach **§ 136 a** nicht zur Begründung eines auf § 362 Nr. 4 gestützten Wiederaufnahmeantrags verwertet werden darf (s. § 136 a, 9 ff; 16 ff). Wird das Geständnis alsbald widerrufen, so muß es deswegen nicht unbedingt als unglaubhaft angesehen werden; es kann durchaus sein, daß das Geständnis glaubhafter ist als sein Widerruf[58]. Wie die Glaubhaftigkeit des Geständnisses ist auch die Bedeutung des Widerrufs von dem Gericht nach Lage des einzelnen Falls zu beurteilen[59]

3. Antragsvorbringen. Wird die Wiederaufnahme nach § 362 Nr. 4 beantragt, so muß **20** **dargelegt** werden, wann und vor wem das Geständnis abgelegt worden ist und welchen Inhalt es hat. Ferner ist auszuführen, daß und aus welchen Gründen es glaubhaft ist[60]. Ist das Geständnis schriftlich abgelegt worden, so empfiehlt sich die Beifügung des Schriftstücks oder einer Ablichtung. Zur Befugnis des Nebenklägers, die Wiederaufnahme des Verfahrens zuungunsten des Angeklagten zu betreiben, s. § 365, 13 f.

---

53 So *Marxen/Tiemann* 200 und, diesen folgend, AK-*Loos* 10 und 21.

54 Wie dies etwa *Marxen/Tiemann* 200 von ihrem soeben dargelegten Ausgangspunkt aus vorschlagen.

55 So der Vorschlag von AK-*Loos* 21 und *Wasserburg* Handb. 288.

56 KK-*Schmidt* 14; *Kleinknecht/Meyer-Goßner* 7; *Schlüchter* 769.2; *Neumann* 72; *Ziemba* 107.

57 OLG Hamm GA **1957** 123; KK-*Schmidt* 14; *Kleinknecht/Meyer-Goßner* 7; *Pfeiffer/Fischer* 4.

58 OLG Hamm GA **1957** 123; *Eb. Schmidt* Nachtr. I, 1; KK-*Schmidt* 14; KMR-*Paulus* 15; *Kleinknecht/Meyer-Goßner* 7; AK-*Loos* 20; *v. Hentig* 116; *Peters* Fehlerquellen **3** 106.

59 *Eb. Schmidt* 12; *Neumann* 72.

60 *Kleinknecht/Meyer-Goßner* 8; *Pfeiffer/Fischer* 5; *v. Hentig* 183; *Marxen/Tiemann* 201; *Neumann* 116.

Karl Heinz Gössel

§ 363

(1) Eine Wiederaufnahme des Verfahrens zu dem Zweck, eine andere Strafbemessung auf Grund desselben Strafgesetzes herbeizuführen, ist nicht zulässig.

(2) Eine Wiederaufnahme des Verfahrens zu dem Zweck, eine Milderung der Strafe wegen verminderter Schuldfähigkeit (§ 21 des Strafgesetzbuches) herbeizuführen, ist gleichfalls ausgeschlossen.

Schrifttum. *Marxen/Tiemann* Die Korrektur des Rechtsfolgenausspruchs im Wege der Wiederaufnahme, StV **1992** 534.

Entstehungsgeschichte. Durch Art. 2 Nr. 32 AGGewVerbrG wurde Absatz 1 dahin ergänzt, daß der anderen Strafbemessung die Änderung der Entscheidung über Sicherungsmaßnahmen gleichsteht; ferner wurde Absatz 2 angefügt. Art. 6 Nr. 2 der 3. VereinfVO setzte § 363 außer Kraft, weil die Wiederaufnahmegründe nunmehr vollständig in den neugefaßten § 359 aufgenommen worden waren. Art. 3 Nr. 153 VereinhG fügte die Vorschrift wieder ein, Absatz 1 aber in der bis 1933 geltenden Fassung. Art. 21 Nr. 88 EGStGB ersetzte in Absatz 2 die Wörter „verminderter Zurechnungsfähigkeit" durch die Wörter „verminderter Schuldfähigkeit (§ 21 des Strafgesetzbuches)". Bezeichnung bis 1924: § 403.

Geplante Änderungen. Nach Art. 1 Nr. 3 des Entwurfs der SPD-Fraktion für ein Gesetz zur Reform des strafrechtlichen Wiederaufnahmerechts (BTDrucks. **13** 3594) soll § 363 gestrichen werden. S. ggfs. die Erläuterungen im Nachtrag zur 25. Auflage.

Übersicht

1   **1. Überblick.** § 363 schließt eine Wiederaufnahme aus, mit der nur der Zweck verfolgt wird, aufgrund des in dem Urteil angewendeten Strafgesetzes eine andere, mildere oder schwerere Strafbemessung herbeizuführen. Denn neue Tatsachen, die nach § 46 StGB für die Strafzumessung oder nach § 47 StGB für die Wahl der Strafart von Bedeutung sind, lassen sich leicht finden; das allein soll aber kein **Grund** sein, die **Rechtskraft** des Urteils zu durchbrechen. Außerdem ist die Strafzumessung trotz zunehmender rechtlicher Bindung nach überwiegender Auffassung jedenfalls auch eine Ermessensfrage, und der Gesetzgeber war der Ansicht, daß keine Gewähr dafür besteht, daß der zweite Richter sie richtiger beurteilt als der erste[1].

2   Die Vorschrift gilt sowohl für die Wiederaufnahme nach § 359 als auch für die nach § 362[2], und zwar **grundsätzlich** für **alle** dort genannten **Wiederaufnahmegründe**[3]. Für **§ 359 Nr. 5** hat § 363 jedoch keine selbständige Bedeutung (oben § 359, 54; 124); denn

---

[1] AK-*Loos* 1; *Peters* Fehlerquellen **3** 8; zur Strafzumessung als rechtlich gebundene Ermessensentscheidung (überwiegende Auffassung) s. *Maurach/Zipf* AT 2 § 63, 189 mit weit. Nachw., auch zu davon abweichenden Auffassungen.

[2] KK-*Schmidt* 1; KMR-*Paulus* 1; *Kleinknecht/Meyer-Goßner* 1; *Dippel* in: Jescheck/Meyer 1; allg. M.
[3] *Eb. Schmidt* 1.

dort wird die Wiederaufnahme zu dem Zweck einer geringeren Bestrafung ohnehin nur zugelassen, wenn ein Gesetz angewendet werden soll, das eine mildere Strafandrohung enthält, also ein anderes Gesetz im Sinne des § 363 ist[4]. Der Wiederaufnahmeantrag nach § 362 Nr. 4 kann nur gegen ein freisprechendes Urteil gerichtet sein; auf die Einschränkungen des § 363 Abs. 1 kann es nicht ankommen.

§ 363 ist nur bei der Prüfung der Zulässigkeit (§ 368) und der Begründetheit des Wie-   **3** deraufnahmeantrags (§ 370) anzuwenden[5]. Wenn die Wiederaufnahme angeordnet worden ist (§ 370 Abs. 2), hat das Gericht in der **erneuten Hauptverhandlung** über die Rechtsfolgenfrage neu zu entscheiden, ohne daß weitere Beschränkungen als die des § 373 Abs. 2 bestehen[6].

2. Andere Strafbemessung. § 363 bezieht sich **nur** auf die **Strafzumessung im   4 eigentlichen Sinn**. Daß die Wiederaufnahme aufgrund neuer Tatsachen oder Beweismittel auch bei Anwendung desselben Strafgesetzes zulässig ist, wenn eine wesentlich andere Entscheidung über Maßregeln der Besserung und Sicherung erstrebt wird, ergibt sich aus § 359 Nr. 5 (oben § 359, 150 f). Für die anderen Wiederaufnahmegründe zugunsten des Verurteilten gilt das entsprechend. Auch die Wiederaufnahme zuungunsten des Verurteilten mit dem Ziel, aufgrund desselben Strafgesetzes eine ihm nachteilige Entscheidung über **Maßregeln** herbeizuführen, ist zulässig; denn die jetzige Fassung des § 363 verbietet das, im Gegensatz zu der von 1933 bis 1950 geltenden, nicht mehr[7].

Der Wegfall von **Nebenstrafen** und **Nebenfolgen** steht einem Freispruch gleich; des-   5 halb steht § 363 in diesen Fällen der Zulässigkeit der Wiederaufnahme nicht entgegen (Näheres § 433, 12; vgl. auch § 359, 150)[8].

3. Dasselbe Strafgesetz

a) Bedeutung. Im Sinne des § 363 ist ein anderes Strafgesetz nicht nur eine Vorschrift,   **6** die einen selbständigen Straftatbestand enthält, sondern **jede Vorschrift**, die bestimmte Tatumstände vorsieht, bei deren Vorliegen die **Strafbarkeit erhöht** oder **vermindert** wird[9]. Dabei ist weder erforderlich noch ausreichend, daß es sich um denselben Paragraphen handelt, der in dem Urteil angewendet worden ist[10]. Ohne Bedeutung ist auch, ob das Gesetz die Rechtsfolgen in verschiedenen Vorschriften regelt. Die Wiederaufnahme kann daher nicht mit dem Ziel beantragt werden, daß im Jugendstrafverfahren statt Jugendstrafe Erziehungsmaßregeln oder Zuchtmittel angeordnet werden[11]; mit dem Ziel, anstelle des angewendeten StGB Jugendstrafrecht anzuwenden (bzw. umgekehrt), ist die Wiederaufnahme dagegen zulässig[12].

b) Tateinheit. War der Angeklagte wegen mehrerer tateinheitlich begangener Strafta-   7 ten verurteilt worden, so ist die Wiederaufnahme in den Fällen des § 359 zulässig, wenn

---

[4] Oben § 359, 54; 124; KMR-*Paulus* 1; *Kleinknecht/ Meyer-Goßner* 1.

[5] Allg. M, vgl. z. B. KK-*Schmidt* 2.

[6] Vgl. dort Rdn. 23; KK-*Schmidt* 2; KMR-*Paulus* 1; *Kleinknecht/Meyer-Goßner* 1; AK-*Loos* 4; *Pfeiffer/ Fischer* 1.

[7] KK-*v. Stackelberg* 3; KMR-*Paulus* 2; *Kleinknecht/ Meyer-Goßner* 2; **a. A** *Ziemba* Die Wiederaufnahme des Verfahrens zuungunsten des Freigesprochenen oder Verurteilten (§§ 362 ff StPO), Diss. Marburg, 1974, 111.

[8] **A. A** KK-*Schmidt* 3; KMR-*Paulus* 2; *Kleinknecht/ Meyer-Goßner* 2; AK-*Loos* 2.

[9] BGHSt 11 362; *Dalcke/Fuhrmann/Schäfer* 2; KK-*Schmidt* 4; *Kleinknecht/Meyer-Goßner* 3; *Pfeiffer/ Fischer* 2.

[10] KK-*Schmidt* 4; KMR-*Paulus* 3; *Kleinknecht/Meyer-Goßner* 3; AK-*Loos* 5; *Neumann* 54; *Voß* GA **54** (1907) 246.

[11] *Neumann* 75.

[12] OLG Hamburg NJW **1952** 1150; KK-*Schmidt* 4; KMR-*Paulus* 3; s. ferner oben § 359, 148 zu diesen und weiteren Fällen.

sich der Antrag gegen die Anwendung derjenigen Vorschrift richtet, der nach **§ 52 StGB** die Strafe entnommen worden ist. In den Fällen des § 363 Nr. 1 bis 3 hängt ihre Zulässigkeit davon ab, daß der Antragsteller die zusätzliche Verurteilung nach einer Strafvorschrift erstrebt, der die Strafe nach § 52 StGB zu entnehmen ist[13]. Der daran im Schrifttum heftig geübten Kritik ist freilich zuzugeben, „daß § 363 Abs. 1 StPO nicht zu sachlich gerechtfertigten Differenzierungen" führen kann, weil sich das mildere Gesetz „im Rahmen der auf der Grundlage des schwereren Strafgesetzes vorgenommenen Strafzumessung durchaus erheblich zu Lasten des Verurteilten ausgewirkt haben" kann, weshalb die Zulassung der Wiederaufnahme in allen Fällen sachgerecht sei, in denen „bei Fortfall der Verurteilung nach dem minder schweren Gesetz mit einer wesentlich milderen Bestrafung des Verurteilten zu rechnen" sei[14]. Mag de lege ferenda dies auch befürwortet werden können, so kann doch eine als nicht sachgemäß empfundene Regelung nicht vom Gehorsam gegenüber dem Gesetz entbinden, welches in diesen Fällen die Wiederaufnahme unmißverständlich für unzulässig erklärt. Enthalten aber alle anzuwendenden Strafvorschriften die gleiche Strafandrohung, so steht § 363 der Wiederaufnahme nicht entgegen[15]. Im Fall der **Gesetzeskonkurrenz** ist sie unzulässig, wenn sie sich nur gegen die rechtlich in der abgeurteilten Straftat aufgegangene Handlung wendet[16]. Zur Anwendung dieser Grundsätze bei der Wiederaufnahme zugunsten des Verurteilten vgl. § 359, 143 ff. Zur fortgesetzten Tat s. die Erläuterungen Vor § 359, 84 ff.

8   **c) Minder schwere Fälle.** Das materielle Recht sieht vielfach eine Änderung des Strafrahmens vor, wenn die Tat als **minder schwerer Fall** (nach früherem Recht handelte es sich um „mildernde Umstände") einzustufen ist. Im Sinne des § 363 handelt es sich dabei um die **Verurteilung aufgrund desselben Strafgesetzes**, gleichgültig, ob der Strafrahmen für den minder schweren Fall in demselben oder in einem anderen Paragraphen bestimmt ist.

9   Demgegenüber wollen *Marxen/Tiemann* die Wiederaufnahme in allen Fällen zulassen, in denen „mit einer wesentlich milderen Strafzumessungsentscheidung zu rechnen ist" — unter Hinweis auf die in der Tat unübersichtliche und wenig einsichtige Strafrahmenregelung begründen diese Autoren ihren Vorschlag mit der erheblichen Störung des Rechtsfriedens als entscheidendem Kriterium für den Vorrang der materiellen Gerechtigkeit gegenüber der Rechtskraft und damit für die Zulässigkeit der Wiederaufnahme in den genannten Fällen[17]. Wie aber schon bei den Erläuterungen zu § 362, 18 dargelegt, kann die Heranziehung des Gedankens der erheblichen Störung des Rechtsfriedens auch hier nicht überzeugen — und ebensowenig wie in den Rdn. 7 genannten Fällen vom Gehorsam gegenüber dem eindeutigen Wortlaut des Gesetzes entbinden: Weder die Rechtsprechung noch die Rechtslehre sind dazu berufen, als sachwidrig empfundene Entscheidungen des Gesetzgebers contra legem zu korrigieren. Deshalb kann die Wiederaufnahme des Verfahrens nicht zu dem Zweck beantragt werden, entgegen dem Urteil einen minder schweren Fall anzuerkennen oder nicht anzuerkennen[18]. Dagegen erscheinen folgende differenzierende Vorgehensweisen empfehlenswert:

---

[13] KK-*Schmidt* 10; KMR-*Paulus* 4; *Kleinknecht/Meyer-Goßner* 3.

[14] *Marxen/Tiemann* 66 im Anschluß an *Peters* Fehlerquellen **3** 94; zustimmend dazu AK-*Loos* 7.

[15] KK-*Schmidt* 10; *Kleinknecht/Meyer-Goßner* 3.

[16] *Neumann* 77.

[17] *Marxen/Tiemann* 65; ähnlich schon *Peters* § 76 III 5 und Fehlerquellen **3** 92; kritisch dazu AK-*Loos* 5.

[18] RG JW **1930** 3423; OLG Dresden *Alsb.* E **2** Nr. 279 c; OLG Hamburg NJW **1952** 1150; OLG Jena *Alsb.* E **2** Nr. 279 b; OLG Köln *Alsb.* E **2** Nr. 279 a; *Eb. Schmidt* Nachtr. I 1; KK-*Schmidt* 7; KMR-*Paulus* 5; *Kleinknecht/Meyer-Goßner* 4; *Neumann* 55 und JW **1933** 488.

Handelt es sich um gesetzliche Bestimmungen, die es dem Richter gestatten, die Strafe **10** beim Vorliegen bestimmter tatsächlicher Umstände nach seinem Ermessen zu mildern (**benannte Strafmilderungsgründe**), insbesondere den verminderten Strafrahmen des § 49 Abs. 2 StGB anzuwenden, so erfolgt die Verurteilung aufgrund eines anderen Gesetzes im Sinne des § 363; die Wiederaufnahme ist zulässig[19]. Auch hierbei ist gleichgültig, ob der benannte Strafmilderungsgrund in demselben Paragraphen bestimmt ist, der den Straftatbestand enthält, oder in einem anderen.

Enthält eine Strafvorschrift, wie etwa § 213 StGB, nebeneinander **benannte und** **11** **unbenannte** Strafmilderungsgründe, so steht § 363 der Wiederaufnahme entgegen, wenn der Tatrichter allgemein einen minder schweren Fall angenommen hat, nicht aber, wenn er die Strafe wegen Vorliegens einer der benannten Strafmilderungsgründe geringer bemessen hat[20].

d) Besonders schwere Fälle. Ebensowenig wie ein minder schwerer Fall ändert das **12** Vorliegen eines besonders schweren Falls das Strafgesetz[21]. Die Wiederaufnahme kann daher nicht mit dem Ziel beantragt werden, eine Würdigung der Tat als besonders schwerer Fall herbeizuführen oder zu beseitigen.

Anders ist es auch hier, wenn es sich um **benannte Strafschärfungsgründe** handelt[22]. **13** § 363 steht der Wiederaufnahme aber nicht nur entgegen, wenn das Gesetz sich nicht darauf beschränkt, einen erhöhten Strafrahmen für besonders schwere Fälle aufzustellen, sondern Beispiele aufführt, bei deren Vorliegen ein besonders schwerer Fall regelmäßig anzunehmen ist. Die besondere Benennung dieser Strafschärfungsgründe auch nur als **Regelbeispiele** rechtfertigt es nicht, sie als andere Strafgesetze i. S. des § 363 anzusehen[23]: die gegenteilige Auffassung kann auch nicht mit einer angeblichen Annäherung von Strafzumessungsgründen an Tatbestandsmerkmale begründet werden, weil damit der grundlegende und scharfe Unterschied zwischen dem Unrecht selbst und dessen Bewertung im Vorgang der Strafzumessung verwischt zu werden droht[24]. Es ist auch hier gleichgültig, ob der benannte Strafschärfungsgrund in einem besonderen Paragraphen enthalten ist oder nicht; **§ 243 StGB** stellt ebensowenig ein **anderes** Strafgesetz gegenüber **§ 242 StGB** **i. S. des § 363 Abs. 1** dar[25] wie **§ 263 Abs. 3 StGB** gegenüber **§ 263 Abs. 1 StGB**. Hat der Tatrichter die Strafe nach dem erhöhten Strafrahmen bemessen, obwohl einer der im Gesetz bezeichneten Regelfälle nicht unmittelbar vorliegt, so ist die Wiederaufnahme ebenfalls nach § 363 ausgeschlossen; denn in diesem Fall fehlt es an der Anwendung der vom Gesetz ausdrücklich benannten Strafschärfungsgründe[26].

e) Absehen von Strafe. Das materielle Recht gestattet in **§ 60 StGB** allgemein und in **14** vielen **Vorschriften** des **Besonderen Teils des Strafgesetzbuchs** (s. Erläuterungen zu

---

[19] OLG Stuttgart NJW **1968** 2206; KK-*Schmidt* 7; KMR-*Paulus* 5; *Kleinknecht/Meyer-Goßner* 4; *Pfeiffer/Fischer* 2; *Peters* Fehlerquellen **3** 92; **a. A** *Eb. Schmidt* 4.

[20] KK-*Schmidt* 7; *Kleinknecht/Meyer-Goßner* 4; AK-*Loos* 8; *Pfeiffer/Fischer* 2; **a. A** *Eb. Schmidt* 4, der in solchen Fällen insgesamt eine nach § 363 unbeachtliche Zumessungsregel sieht; vgl. auch BayObLGSt **1951** 70; 102.

[21] BGHSt **8** 167 = MDR **1956** 50 mit Anm. *Kleinknecht*; OLG Dresden HRR **1936** 1695; OLG Hamburg NJW **1952** 1150; *Dalcke/Fuhrmann/Schäfer* 2; *Eb. Schmidt* Nachtr. I 1; KK-*Schmidt* 7; KMR-*Paulus* 5; *Kleinknecht/Meyer-Goßner* 5; AK-*Loos* 8; *Pfeiffer/Fischer* 2.

[22] KMR-*Paulus* 5.

[23] OLG Düsseldorf NStZ **1984** 571; *Eb. Schmidt* Nachtr. I, 1; KK-*Schmidt* 8; *Kleinknecht/Meyer-Goßner* 5; *Pfeiffer/Fischer* 2; *Schlüchter* 764.5; **a. A** noch 24. Aufl. 12; AK-*Loos* 9; *Marxen/Tiemann* StV **1992** 536.

[24] So aber BGHSt **29** 368; *Schönke/Schröder/Eser* § 243, 2; richtig dagegen OLG Düsseldorf NStZ **1984** 571; grundsätzliche Kritik an der Regelbeispielstechnik üben *Maurach/Gössel* § 40, 122.

[25] OLG Düsseldorf NStZ **1984** 571.

[26] **A. A** *Dippel* in: Jescheck/Meyer 64; *Peters* Fehlerquellen **3** 92.

Karl Heinz Gössel

§ 153 b) beim Vorliegen bestimmter tatsächlicher Umstände, von Strafe abzusehen. Bei § 60 StGB handelt es sich um eine allgemeine Rechtsfolgenbestimmung, deren Anwendung oder Nichtanwendung ebenso Ziel eines Wiederaufnahmeantrags sein kann wie der frühere § 48 StGB[27]. Die angesprochenen Vorschriften des Besonderen Teils des StGB sind ebenso „andere" Gesetze i. S. des § 363 wie die Strafmilderung vorsehenden oder auch nur ermöglichenden Vorschriften des Allgemeinen Teils (s. dazu § 359, 148).

15   f) Die **Einzelfälle**, in denen die Wiederaufnahme zugunsten des Verurteilten zulässig ist, weil die Strafherabsetzung aufgrund eines anderen und milderen Gesetzes erstrebt wird, sind bei § 359, 143 ff aufgeführt. Sie gelten für alle Wiederaufnahmefälle des § 359. Zuungunsten des Verurteilten ist die Wiederaufnahme nach § 362 Nr. 1 bis 3 zulässig, wenn sie das Ziel verfolgt, bei der Strafbemessung anstelle des milderen Gesetzes das strengere zugrundezulegen.

16   **4. Verminderte Schuldfähigkeit.** Die Anwendung des § 21 StGB gehört nach heute herrschender Ansicht zur Straffrage. Es handelt sich um einen **benannten Strafmilderungsgrund**, dessen Anwendung nach den hierfür geltenden Grundsätzen (oben Rdn. 10) ein zulässiges Wiederaufnahmeziel sein müßte. Weil auch § 21 StGB ein anderes Gesetz im Sinne des § 363 Abs. 1 darstellt (Rdn. 13), der Gesetzgeber die Wiederaufnahme mit dem Ziel einer Strafmilderung nach § 21 StGB aber wohl vermeiden wollte, hat § 363 Abs. 2 eine darauf gestützte Wiederaufnahme folgerichtig ausgeschlossen[28]. Die Vorschrift ist mit dem Grundgesetz vereinbar[29]. Sie gilt ausnahmslos, auch wenn über die Anwendung des § 21 StGB mittelbar Strafaussetzung zur Bewährung erstrebt wird[30] und ebenso bei der Verurteilung wegen Mordes nach § 211 StGB, bei der die Anwendung des § 21 StGB dazu führen könnte, daß eine zeitige Freiheitsstrafe verhängt wird[31] — sie gilt analog, wird beim Heimtückemord eine etwaige Wiederaufnahme auf außergewöhnliche Umstände gestützt, die angeblich die Milderung der verhängten lebenslangen Freiheitsstrafe nach den von BGHSt **30** 105 entwickelten Grundsätzen in eine zeitige Freiheitsstrafe rechtfertigen sollen[32]. Wie Absatz 1 (oben Rdn. 3), so hat auch das Verbot der Berücksichtigung der verminderten Schuldfähigkeit keine Bedeutung mehr, wenn es in dem wiederaufgenommenen Verfahren zu einer neuen Hauptverhandlung gekommen ist[33].

---

[27] S. oben § 359, 148; s. dort auch zu weiteren Beispielen.

[28] KK-*Schmidt* 11.

[29] BVerfGE **5** 22; KK-*Schmidt* 11; dagegen *Marxen/Tiemann* StV **1992** 536.

[30] OLG Stuttgart Justiz **1982** 166; *Kleinknecht/Meyer-Goßner* 6.

[31] KMR-*Paulus* 6; *Kleinknecht/Meyer-Goßner* 6; *Peters* FS Gallas 446.

[32] OLG Bamberg NJW **1982** 1714; *Kleinknecht/Meyer-Goßner* 6; AK-*Loos* 10.

[33] *Peters* Fehlerquellen **3** 91.

§ 364

¹**Ein Antrag auf Wiederaufnahme des Verfahrens, der auf die Behauptung einer Straftat gegründet werden soll, ist nur dann zulässig, wenn wegen dieser Tat eine rechtskräftige Verurteilung ergangen ist oder wenn die Einleitung oder Durchführung eines Strafverfahrens aus anderen Gründen als wegen Mangels an Beweis nicht erfolgen kann. ²Dies gilt nicht im Falle des § 359 Nr. 5**

Entstehungsgeschichte. Satz 2 wurde durch Art. 4 Nr. 40 des 3. StRÄndG angefügt. Art. 21 Nr. 89 EGStGB ersetzte in Satz 1 die Wörter „strafbare Handlung" durch das Wort „Straftat" und die Wörter „dieser Handlung" durch die Wörter „dieser Tat". Bezeichnung bis 1924: § 404.

Geplante Änderungen. Nach Art. 1 Nr. 4 des Entwurfs der SPD-Fraktion für ein Gesetz zur Reform des strafrechtlichen Wiederaufnahmerechts (BTDrucks. 13 3594) soll § 364 gestrichen werden. S. ggfs. die Erläuterungen im Nachtrag zur 25. Auflage.

1. Voraussetzungen einer rechtskräftigen Verurteilung (Satz 1)

a) Allgemeines. Ein Wiederaufnahmeantrag, der nach § 359 Nr. 2, 3, § 362 Nr. 2, 3 (s. **1** § 359, 21) auf die Behauptung einer Straftat gestützt werden soll, ist grundsätzlich nur **zulässig**, wenn wegen dieser Tat eine rechtskräftige Verurteilung ergangen ist; entgegen der h. M[1] ist § 364 auf die Wiederaufnahmegründe des § 359 Nr. 1 und des § 362 Nr. 1 nicht anwendbar: der Wortlaut des § 359 Nr. 1 wie der des § 362 Nr. 1 verlangen lediglich die Vorlage einer als echt vorgebrachten unechten oder verfälschten Urkunde, ohne Rücksicht auf zugrundeliegendes strafbares Verhalten. Sie setzen weder die Vorlage die Begehung einer Straftat voraus (so z. B. bei Irrtum, Gutgläubigkeit, fehlender Täuschungsabsicht) noch das Fälschen oder Verfälschen (dies gilt um so mehr, legt man im Wiederaufnahmerecht mit der oben § 359, 14 dargelegten und hier abgelehnten Meinung einen engeren als den materiell-rechtlichen Urkundenbegriff zugrunde) — daß der Gesetzgeber mit der ausdrücklichen Herausnahme des § 359 Nr. 5 aus dem Anwendungsbereich des § 364 Satz 1 sich zugleich gegen die hier vertretene Auffassung entschieden habe[2], ist eine bloße Vermutung und kann die zuvor dargelegte Argumentation nicht entkräften. Würde § 364 Satz 1 auch auf die Fälle des § 359 Nr. 1 und des § 362 Nr. 1 angewendet, so würde man auch aussichtsreiche Wiederaufnahmeanträge etwa in den Fällen unmöglich machen, in denen der Fälscher oder Verfälscher der Urkunde z. B. nicht bekannt ist oder auch schuldlos oder sonst straflos gehandelt hat (s. unten Rdn. 3)[3]. Eine wahlweise Verurteilung genügt nicht. Wenn der Beschuldigte bereits freigesprochen worden ist, kann die Wiederaufnahme von vornherein nicht auf das Vorliegen einer Straftat gestützt werden[4]. Kann ein Strafverfahren wegen Mangels an Beweisen nicht eingeleitet oder durchgeführt

---

[1] KK-*Schmidt* 1; KMR-*Paulus* 1; *Kleinknecht/Meyer-Goßner* 1; AK-*Loos* 2; *Pfeiffer/Fischer* 1; *Marxen/Tiemann* 94; **a. A** und wie hier *Eb. Schmidt* 1.

[2] So aber *Marxen/Tiemann* 94.

[3] S. oben § 359, 21 und die dortigen Nachweise. Die Nichtanwendung des § 364 nur auf die Fälle gutgläubiger oder irriger Vorlage der falsa documenta zu beschränken – so LR-*Meyer*²³ § 359, 7 – ist nicht einsichtig. Dies würde überdies erhebliche Streitfragen aufwerfen: ist der Ausgang eines vorherigen Strafverfahrens abzuwarten, wenn das Wiederaufnahmegericht eine Straftat annimmt, der Antrag-

steller aber eine gutgläubige Vorlage? Wäre bei einem Freispruch mangels einer verfälschten Urkunde das Wiederaufnahmegericht daran gebunden, auch wenn eine irrige oder sonst straflose Vorlage einer verfälschten Urkunde behauptet wird? Darin zeigt sich, daß die abgelehnte Meinung u. U. zu einer erheblichen Verzögerung, wenn nicht gar Verhinderung aussichtsreicher Wiederaufnahmeanträge führen kann.

[4] *Eb. Schmidt* 3; *Kleinknecht/Meyer-Goßner* 1; *Peters* Fehlerquellen **3** 51.

Karl Heinz Gössel

werden, so ist die Wiederaufnahme gleichfalls ausgeschlossen. Ob das Verfahren zu Recht wegen fehlender Beweise eingestellt worden ist, unterliegt nicht der Prüfung durch das mit dem Wiederaufnahmeantrag befaßte Gericht.

2   **b) Ausnahme bei Verfolgungshindernissen.** Das Erfordernis einer vorherigen rechtskräftigen Verurteilung entfällt, wenn die **Verfolgung** des **Beschuldigten** wegen eines **tatsächlichen** oder **rechtlichen** Hindernisses (Tod, Abwesenheit, Verjährung, Geisteskrankheit nach der Tat, Amnestie, Nichtbestehen deutscher Gerichtsbarkeit) nicht möglich ist. Im Fall der Verjährung ist die Wiederaufnahme auch zulässig, wenn vor Ablauf der Verjährungsfrist ein staatsanwaltschaftliches Ermittlungsverfahren mangels Beweises eingestellt[5] oder nach § 154 Abs. 1 von der Verfolgung abgesehen worden ist[6]. Verfolgungshindernisse zwingen dazu, im Wiederaufnahmeverfahren nach § 369 Beweise zu erheben[7]. Falls sich aus ihnen ergibt, daß die in dem Antrag behauptete Straftat ohne das Hindernis bei Vorliegen eines *konkreten* Verdachts für die Begehung der behaupteten Straftat wenigstens zur Einleitung eines Ermittlungsverfahrens geführt hätte, wird die Untersuchung neu eingeleitet[8]; bloßer Anfangsverdacht reicht dem Wortlaut des § 364 Satz 1 zufolge aus[9], hinreichender Tatverdacht dagegen[10] ist nicht zu fordern.

3   War der jetzt Beschuldigte wegen **Schuldunfähigkeit** zur Zeit der Tat außer Verfolgung gesetzt oder freigesprochen worden, so liegt eine Straftat, wie § 364 sie voraussetzt, nicht vor, ebensowenig aber ein der Einleitung und Durchführung des Strafverfahrens entgegenstehendes Hindernis[11]. Jedoch ist die Feststellung, daß der Zeuge schon damals geisteskrank war, eine neue Tatsache, die seine Glaubwürdigkeit nach § 359 Nr. 5 erschüttern kann[12]. Ist das Verfahren gegen den Zeugen, der sich strafbar gemacht haben soll, rechtskräftig eingestellt worden und der Zeuge erst später gestorben, so ist die Wiederaufnahme möglich, sofern ein Verfahren gegen den noch lebenden Beschuldigten wegen Vorliegens der Voraussetzungen des § 211 noch durchgeführt werden könnte[13].

4   **c) Antragserfordernisse.** Wenn wegen der behaupteten Straftat bereits ein Urteil ergangen ist, genügt es, daß der Antragsteller hierauf verweist; er braucht keine Urteilsabschrift beizufügen. Ist kein Urteil ergangen, so muß der Antrag ergeben, wodurch die Straftat begangen worden ist und welche Gründe der Einleitung oder Durchführung des Verfahrens gegen den Täter entgegenstehen[14].

5   **2. Ausnahme im Fall des § 359 Nr. 5 (Satz 2).** Vor der Einfügung des § 364 Satz 2 war streitig, ob die Wiederaufnahme auf die Unglaubwürdigkeit eines Belastungszeugen nur gestützt werden kann, wenn der Zeuge wegen Falschaussage nach den §§ 153 ff StGB verurteilt oder die Verurteilung aus anderen Gründen als wegen Mangels an Beweisen nicht möglich ist[15]. Durch die Gesetzesänderung von 1953 wurde diese Streitfrage erledigt. § 364 Satz 2 gestattet nunmehr, den Antrag nach § 359 Nr. 5 auf das **Vorbringen** zu

---

5 KK-*Schmidt* 7; *Peters* Fehlerquellen **3** 51.
6 OLG Düsseldorf GA **1980** 393 und NStE Nr. 1 zu § 364; *Kleinknecht/Meyer-Goßner* 1; AK-*Loos* 3; *Marxen/Tiemann* 181.
7 *Eb. Schmidt* 4; vgl. auch LG Düsseldorf NJW **1959** 1335 und KK-*Schmidt* 6.
8 BGHSt **39** 75, 86; OLG Düsseldorf GA **1980** 393; KK-*Schmidt* 6; KMR-Paulus; Kleinknecht/*Meyer-Goßner* 1; AK-*Loos* 3; *Pfeiffer/Fischer* 1; **a. A** *Eb. Schmidt* I 4: Behauptung der Straftat und Nachweis der Undurchführbarkeit des Verfahrens genügen.
9 Im Ergebnis so AK-*Loos* 3; **a. A** *Marxen/Tiemann* 181.
10 So aber *Marxen/Tiemann* 181.

11 KK-*Schmidt* 8; *v. Hentig* 65; *Neumann* 82; für Gleichstellung der Schuldunfähigkeit mit dem im Gesetz genannten Fall der nicht möglichen Durchführung eines Strafverfahrens AK-*Loos* 4.
12 S. oben § 359, 67; ebenso KK-*Schmidt* 8.
13 OLG Dresden HRR **1937** 841; *Eb. Schmidt* 4; KK-*Schmidt* 7; KMR-*Paulus* 3; *Kleinknecht/Meyer-Goßner* 1; AK-*Loos* 3; *Pfeiffer/Fischer* 1; *Marxen/Tiemann* 181.
14 *Neumann* 115.
15 Vgl. die Nachweise bei *Gündel* in der 19. Auflage dieses Kommentars; OLG Bamberg BayJMBl. **1953** 14; OLG Bremen JR **1951** 92.

stützen, **es lägen neue Tatsachen oder Beweismittel vor,** aus denen sich die Unglaubwürdigkeit eines Zeugen ergibt. Andere neue Tatsachen, insbesondere ein ganz neuer Sachverhalt, brauchen nicht geltend gemacht zu werden[16]. Liegen neben den Wiederaufnahmegründen des § 359 Nrn. 2, 3 (oder denen des § 362 Nrn. 2 bis 4) zugleich die Wiederaufnahmegründe nach § 359 Nrn. 1, 5 (oder dem des § 362 Nr. 1) vor (dazu unten Rdn. 6), so ist § 364 Satz 2 nur hinsichtlich § 359 Nr. 5 anwendbar: weder ist § 364 Satz 2 auch auf die übrigen Wiederaufnahmegründe anwendbar[17], noch kann das gleichzeitige Vorliegen der in § 359 Nrn. 2, 3 bezeichneten Wiederaufnahmegründe dazu führen, das Privileg des § 364 Satz 2 nun auch im Falle des § 359 Nr. 5 zu verweigern[18].

3. Wahl des Wiederaufnahmegrundes. Die Regelung des § 364 Satz 2 hat zur Folge, **6** daß die Wiederaufnahmegründe nach **§ 359 Nr. 2 und 5** dem Antragsteller, der die Unwahrheit einer Aussage geltend machen will, **wahlweise** zur Verfügung stehen[19]. Er kann darauf hinwirken, daß gegen den Zeugen oder Sachverständigen die Strafverfolgung wegen des Aussagedelikts eingeleitet wird, und nach Rechtskraft des Urteils die Wiederaufnahme nach § 359 Nr. 2 beantragen. Er kann aber auch ohne Rücksicht auf eine etwaige Strafverfolgung gegen die Beweisperson den Wiederaufnahmeantrag damit begründen, daß neue Tatsachen oder Beweise vorliegen, die die Unrichtigkeit der Aussage oder mindestens ihre Unglaubhaftigkeit ergeben. Ist allerdings ein Urteil gegen den Zeugen oder Sachverständigen bereits ergangen, so ist es regelmäßig zweckmäßiger, den Antrag nur mit § 359 Nr. 2 zu begründen. Dies ist deshalb günstiger, weil nur bei der Wiederaufnahme nach § 359 Nr. 2 eine Vermutung für den ursächlichen Zusammenhang zwischen Falschaussage und Urteil spricht[20]. Wieso allerdings in diesen Fällen der Wiederaufnahmeantrag nicht mehr auf § 359 Nr. 5 gestützt werden können soll, wie z. T. im Schrifttum angenommen wird[21], ist nicht einsichtig[22].

Im übrigen richtet sich die **Prüfung des Antrags** nicht nach der Wahl des Wiederauf- **7** nahmegrundes, sondern nach dem gesamten Antragsvorbringen, wie es verständigerweise zu werten ist; dabei ist die dem Antragsteller jeweils günstigere Vorschrift anzuwenden[23]. Ein auf § 359 Nr. 5 „gestützter" Antrag wird daher nach § 359 Nr. 2 geprüft, wenn er das Vorliegen dieses Wiederaufnahmegrundes erkennen läßt. Entsprechendes gilt in dem Fall, daß das Antragsvorbringen nicht die Voraussetzungen des § 359 Nr. 2, aber die des § 359 Nr. 5 ergibt[24]. Wird die Wiederaufnahme mit der Begründung beantragt, die Durchführung eines Strafverfahrens könne aus anderen Gründen als wegen Mangels an Beweisen nicht erfolgen, so kann das Gericht sich darauf beschränken, den Antrag im Rahmen des § 359 Nr. 5 zu behandeln, sofern der Antragsteller dadurch nicht in seinen Zielen beeinträchtigt wird[25].

---

[16] OLG Celle NJW **1967** 216 unter Aufgabe der in NdsRpfl. **1952** 119; **1956** 115 vertretenen Ansicht; OLG Hamburg NJW **1957** 601; KK-*Schmidt* 1; KMR-*Paulus* 3; *Kleinknecht/Meyer-Goßner* 2; AK-*Loos* 7; *Pfeiffer/Fischer* 2; *Dallinger* JZ **1953** 440; *Schneidewin* JZ **1957** 537; **a. A** *Dalcke/Fuhrmann/Schäfer* 4.

[17] So KK-*Schmidt* 2; *Kleinknecht/Meyer-Goßner* 2 und *Pfeiffer/Fischer* 2 für die Wiederaufnahmegründe des § 362 Nrn. 1 bis 3.

[18] OLG Bremen JR **1951** 92; *Eb. Schmidt* 2; s. dazu auch OLG Zweibrücken OLGSt § 364 S. 2.

[19] OLG Celle NJW **1967** 216; OLG Düsseldorf GA **1980** 393, 396 f; OLG Hamburg NJW **1957** 601; NJW **1969** 2160; KK-*Schmidt* 3; KMR-*Paulus* 6;

Kleinknecht/Meyer-Goßner 3; AK-*Loos* 8; *Pfeiffer/Fischer* 2; *Mezger* JW **1927** 2073; allgemein dazu *Schneidewin* JZ **1957** 537.

[20] *Dippel* in: Jescheck/Meyer 75; *Marxen/Tiemann* 182; *Peters* Fehlerquellen **3** 101; kritisch dazu AK-*Loos* 8.

[21] KK-*Schmidt* 3; *Kleinknecht/Meyer-Goßner* 3.

[22] Wie hier *Marxen/Tiemann* 182; im Ergebnis so wohl auch AK-*Loos* 8.

[23] OLG Düsseldorf GA **1980** 393, 397; *Kleinknecht/Meyer-Goßner* 4; *Marxen/Tiemann* 182.

[24] OLG Hamburg NJW **1969** 2160; KK-*Schmidt* 4; *Kleinknecht/Meyer-Goßner* 4.

[25] *Kleinknecht/Meyer-Goßner* 4; AK-*Loos* 8.

Karl Heinz Gössel

§ 364 a

Das für die Entscheidungen im Wiederaufnahmeverfahren zuständige Gericht bestellt dem Verurteilten, der keinen Verteidiger hat, auf Antrag einen Verteidiger für das Wiederaufnahmeverfahren, wenn wegen der Schwierigkeit der Sach- oder Rechtslage die Mitwirkung eines Verteidigers geboten erscheint.

Entstehungsgeschichte. Die Vorschrift wurde durch Art. 1 Nr. 91 des 1. StVRG eingefügt.

Übersicht

1   **1. Bedeutung und Reichweite der Vorschrift.** Seit langem wird die Notwendigkeit anerkannt, dem Verurteilten für die Anbringung des Wiederaufnahmeantrags einen Pflichtverteidiger zu bestellen, wenn die Sach- oder Rechtslage so schwierig ist, daß es nicht angeht, ihn auf die Antragstellung zu Protokoll der Geschäftsstelle nach § 366 Abs. 2 zu verweisen. Für die Verteidigerbestellung wurde früher § 140 Abs. 2 entsprechend angewendet[1]. § 364 a sieht die Beiordnung eines Pflichtverteidigers nunmehr ausdrücklich vor, und zwar nicht nur für die Antragstellung, sondern **allgemein** für das **Wiederaufnahmeverfahren** (vgl. aber unten Rdn. 3); die Vorschrift gilt nicht nur bei der erstmaligen Bestellung eines Verteidigers, sondern auch für jeden weiteren Fall der Bestellung nach Wegfall des zunächst bestellten Verteidigers, weshalb die Bestellungsvoraussetzungen in jedem einzelnen Fall vorliegen müssen und zu prüfen sind[2]. Die Pflichtverteidigerbestellung setzt, anders als nach § 364 b, nicht voraus, daß der Antragsteller arm ist.

2   Für ein Wiederaufnahmeverfahren nach dem Tod des Verurteilten hat § 364 a keine Bedeutung; nur dem **Verurteilten** selbst, nicht auch den nach § 361 Abs. 2 Antragsberechtigten, steht ein Anspruch auf Verteidigerbestellung zu[3]. Da § 364 a ausdrücklich von dem Verurteilten spricht, ist die Vorschrift auch in einem zuungunsten des Angeklagten betriebenen Wiederaufnahmeverfahren nicht anwendbar[4]. Zwar kann der Wiederaufnahmeantrag nach § 362 Nr. 1 bis 3 auch zuungunsten eines Verurteilten, nicht nur eines Freigesprochenen, gestellt werden (§ 362, 5). Der in der Praxis am häufigsten vorkommende Fall des § 362 Nr. 4 setzt aber einen freigesprochenen Angeklagten voraus (§ 362, 8), und es ist kein Grund ersichtlich, den § 364 a, der hierfür schon nach seinem Wortlaut nicht zutrifft[5], auf die übrigen Fälle des § 362 anzuwenden. Schon aufgrund der gerichtlichen Fürsorgepflicht, wie auch wegen der Gewährung eines fairen Verfahrens (Waffengleich-

---

[1] S. dazu die Nachweise bei LR-*Meyer*[23] 1.
[2] *Kleinknecht/Meyer-Goßner* 2; **a. A** *Wasserburg* Handb. 176 = GA **1982** 322.
[3] KK-*Schmidt* 3; KMR-*Paulus* 1; *Kleinknecht/Meyer-Goßner* 1; AK-*Loos* 4; *Pfeiffer/Fischer* 2; **a. A** *Marxen/Tiemann* 340, die die analoge Anwendung

wegen offensichtlichen gesetzgeberischen Versehens für geboten halten.
[4] KK-*Schmidt* 3; KMR-*Paulus* 2; *Kleinknecht/Meyer-Goßner* 1.
[5] Ebenso KK-*Schmidt* 3.

heit), kann jedoch in allen Fälle des § 362 ein Verteidiger nach Art. 6 Abs. 3 lit. c MRK oder auch nach § 140 bestellt werden[6].

2. Verurteilter, der keinen Verteidiger hat. Bis zur Rechtskraft des Beschlusses, mit **3** dem nach § 370 Abs. 2 die Wiederaufnahme angeordnet wird, **gelten** die dem Verteidiger in dem früheren Verfahren erteilte **Vollmacht**[7] und die **Bestellung zum Pflichtverteidiger** für dieses Verfahren fort[8]. Der Fall, daß der Verurteilte im Sinne des § 364 a keinen Verteidiger hat, liegt daher nur vor, wenn er in dem früheren Verfahren nicht verteidigt war, wenn die seinem früheren Verteidiger erteilte Vollmacht (infolge Zurücknahme, Niederlegung des Mandats oder Tod des Verteidigers) erloschen ist, wenn der Pflichtverteidiger die Verteidigung in dem Wiederaufnahmeverfahren nicht mehr führen kann, wenn weder der Verurteilte noch sein gesetzlicher Vertreter (§ 137 Abs. 2 Satz 1) oder sein Erziehungsberechtigter (§ 67 Abs. 3 JGG) für das Wiederaufnahmeverfahren einen Verteidiger bevollmächtigt hat und wenn dem Verurteilten nicht bereits nach § 364 b ein Pflichtverteidiger bestellt worden ist. Zur Frage, ob der Verurteilte die Bestellung eines Pflichtverteidigers verlangen kann, wenn sein früherer Verteidiger es wegen fehlender Erfolgsaussicht ablehnt, den Wiederaufnahmeantrag zu stellen, vgl. unten Rdn. 7.

3. Für das Wiederaufnahmeverfahren. Der Anspruch auf Bestellung eines Pflicht- **4** verteidigers besteht **nicht erst, wenn bereits die Wiederaufnahme beantragt** und das Wiederaufnahmeverfahren **eingeleitet** worden ist. § 364 a sieht vielmehr gerade auch für die Antragstellung die Verteidigerbestellung vor (zur Abgrenzung zu § 364 b s. § 364 b, 3 und 5) und will dadurch die entsprechende Anwendung des § 140 Abs. 2, mit der sich die Rechtsprechung bisher beholfen hat (oben Rdn. 1), überflüssig machen[9]. Die Bestellung eines Pflichtverteidigers kommt aber auch noch nach der Einleitung des Wiederaufnahmeverfahrens in Betracht, insbesondere zu dem Zweck der Teilnahme des Verteidigers an der Beweisaufnahme nach § 369 und zur Abgabe der Erklärung nach § 369 Abs. 4.

Die Verteidigerbestellung gilt für das Wiederaufnahmeverfahren, nicht für das wieder- **5** aufgenommene Verfahren. Mit der rechtskräftigen Entscheidung über den Wiederaufnahmeantrag nach § 368 Abs. 1, § 370 Abs. 1 **endet** sie auch ohne förmliche Aufhebung. Wird nach § 370 Abs. 2 die Wiederaufnahme des Verfahrens angeordnet, so wird sie ebenfalls gegenstandslos. In dem wiederaufgenommenen Verfahren muß erneut, und zwar nach § 140, über die Verteidigerbestellung entschieden werden[10].

4. Notwendigkeit der Erfolgsaussicht. Entgegen dem zu weit gefaßten Wortlaut des **6** § 364 a hat nicht jeder Verurteilte, der keinen Verteidiger hat, wegen der Schwierigkeit

[6] OLG Düsseldorf NJW **1989** 676; KK-*Schmidt* 4; *Kleinknecht/Meyer-Goßner* 1; AK-*Loos* 4; *Pfeiffer/Fischer* 2.
[7] OLG Braunschweig NJW **1960** 1970; OLG Düsseldorf NStZ **1983** 235; wistra **1990** 168; OLG Hamm NJW **1961** 932; KK-*Schmidt* 2; KMR-Paulus 3; *Kleinknecht/Meyer-Goßner* 2; *Pfeiffer/Fischer* 1; *Marxen/Tiemann* 303; *Neumann* 92; *Hanack* JZ **1973** 396.
[8] RGSt **22** 97; **29** 278; **40** 5; OLG Bremen AnwBl. **1964** 288; NJW **1964** 2175; OLG Dresden *Alsb.* E 2 Nr. 301; OLG Hamburg *Alsb.* E 1 Nr. 314; OLG Hamm NJW **1958** 642; **1971** 1418; OLG Karlsruhe GA **1976** 344, 345; OLG Koblenz MDR **1983** 252; OLG Oldenburg OLGSt § 99 BRAGebO S. 11; *Eb. Schmidt* Nachtr. I § 140, 11; KK-*Schmidt* 2; KMR-

Paulus 3; *Kleinknecht/Meyer-Goßner* 2; AK-*Loos* 5; *Dippel* in: Jescheck/Meyer 112; *Marxen/Tiemann* 303; *Neumann* 92; *Krägeloh* NJW **1975** 138; *Wasserburg* GA **1982** 306; **a. A** OLG Dresden *Alsb.* E 1 Nr. 319; *v. Hentig* 151 Fußn. 2; vgl. auch bei § 141.
[9] *Kleinknecht/Meyer-Goßner* 3; *Krägeloh* NJW **1975** 137; so ausdrücklich auch BTDrucks. 7 551 S. 88; AK-*Loos* 2; *Marxen/Tiemann* 301; **a. A** *Peters* § 76 V 2; *Wasserburg* Handb. 176 = GA **1982** 322.
[10] RGSt **29** 281; **40** 5; OLG Dresden *Alsb.* E 1 Nr. 312; OLG Hamm NJW **1961** 932; *Eb. Schmidt* Nachtr. I § 140, 11; KK-*Schmidt* 6; KMR-*Paulus* 4; *Kleinknecht/Meyer-Goßner* 3; AK-*Loos* 2; *Marxen/Tiemann* 313; *Wasserburg* GA **1982** 309; vgl. § 373, 4.

Karl Heinz Gössel

der Sach- und Rechtslage ohne weiteres einen Anspruch auf Bestellung eines Verteidigers. Ist die Beiordnung zu dem Zweck beantragt, nach § 359 einen Wiederaufnahmeantrag zu stellen, so besteht der Anspruch vielmehr unter der weiteren Voraussetzung, daß der Antrag hinreichende Aussicht auf Erfolg hat. Das Gericht ist nicht etwa verpflichtet, einen Pflichtverteidiger beizuordnen, wenn der von dem Verurteilten beabsichtigte Wiederaufnahmeantrag offensichtlich mutwillig gestellt oder aussichtslos ist[11]. Daß dem **Gericht** insoweit eine **Prüfungsbefugnis** zusteht, ist an sich selbstverständlich, ergibt sich aber auch aus der Notwendigkeit, die **Schwierigkeit der Sach- oder Rechtslage** zu prüfen; diese Prüfung ist nur möglich, wenn der Inhalt des beabsichtigten Antrags bekannt ist und gewürdigt wird. Andererseits dient die Entscheidung nach § 364 a nicht dem Zweck, über die Zulässigkeit oder gar über die Begründetheit des Antrags abschließend zu befinden. Ein Pflichtverteidiger muß daher immer beigeordnet werden, wenn das Antragsvorbringen (dazu unten Rdn. 11) ergibt, daß die Zulässigkeit des von dem Verteidiger zu stellenden Wiederaufnahmeantrags **hinreichend wahrscheinlich** ist: das ist z. B. dann der Fall, wenn hinreichende Tatsachen dafür vorgetragen werden, „daß sich bei bestimmten Nachforschungen eine konkrete Aussicht auf Gewinnung der Wiederaufnahmegrundlage ergibt"[12]. **Bloße Zweifel** an der Erfolgsaussicht **berechtigen** das Gericht **nicht**, den Antrag auf Verteidigerbestellung **abzulehnen**[13]. Die Prüfung der Erfolgsaussicht durch das Gericht bedeutet zugleich, daß die Beiordnung von dem Pflichtverteidiger als gerichtlicher Auftrag zur Antragstellung zu verstehen ist und daß er nicht in eigener Verantwortung prüfen muß, ob die Antragstellung zu verantworten ist[14]. Das Gesetz gibt ihm daher auch für den Fall, daß er von der Stellung des Wiederaufnahmeantrags abrät, keinen Gebührenanspruch nach § 90 Abs. 1 Satz 2, § 97 Abs. 1 Satz 1 BRAGebO; Gebühren erhält der Pflichtverteidiger in diesem Fall nur, wenn er nach § 364 b bestellt worden ist (§ 97 Abs. 1 Satz 2 BRAGebO).

7   Da die Erfolgsaussicht des Antrags eine der Voraussetzungen für die Verteidigerbestellung ist, hat der Verurteilte auf diese Bestellung keinen Anspruch, wenn sein bisheriger Wahl- oder Pflichtverteidiger es mangels Erfolgsaussicht mit Recht **abgelehnt** hat, einen Wiederaufnahmeantrag zu stellen[15].

8   **5. Schwierigkeit der Sach- oder Rechtslage.** Der Anspruch auf Beiordnung eines Pflichtverteidigers für das Wiederaufnahmeverfahren hängt weder von dem Rang des Gerichts ab, bei dem der Wiederaufnahmeantrag zu stellen ist, noch von der Art und Höhe der Rechtsfolgen, die in dem Urteil verhängt worden sind. Nur die Schwierigkeit der Sach- oder Rechtslage rechtfertigt die Verteidigerbestellung. Der Begriff ist aber **anders** auszulegen als bei der Anwendung des **§ 140 Abs. 2**[16]. Dort kommt es nur darauf an, ob der **Angeklagte in der Lage ist**, sich in der Hauptverhandlung gegenüber dem gesamten, oft sehr umfangreichen Schuldvorwurf **selbst zu verteidigen**. Im Wiederaufnahmeverfahren ist nur von Bedeutung, ob es dem **Antragsteller** aus sachlichen oder rechtlichen Gründen **besondere Schwierigkeiten bereitet, sachgemäße Anträge** zu stellen, bei der Beweisaufnahme nach **§ 369 seine Interessen wahrzunehmen** und die **Erklärung** nach **§ 369 Abs. 4 abzugeben**[17]. Dabei ist nicht erforderlich, daß die Schwierigkeiten sowohl

---

[11] KK-*Schmidt* 1; KMR-*Paulus* 6; *Kleinknecht/Meyer-Goßner* 5; *Hanack* JZ **1973** 397; im Ergebnis ebenso, jedoch unter Ausschluß der Mutwilligkeitsfälle, die indessen bloße Sonderfälle der offensichtlichen Aussichtslosigkeit darstellen dürften, AK-*Loos* 8 und *Marxen/Tiemann* 306.

[12] OLG Karlsruhe GA **1976** 344.

[13] KK-*Schmidt* 1; *Kleinknecht/Meyer-Goßner* 5.

[14] *Kleinknecht/Meyer-Goßner* 5; *Marxen/Tiemann* 307; **a. A** AK-*Loos* 9.

[15] Vgl. OLG Bremen AnwBl. **1964** 288; KK-*Schmidt* 2; KMR-*Paulus* 6; *Dippel* in: Jescheck/Meyer 112.

[16] KK-*Schmidt* 4.

[17] KMR-*Paulus* 5; *Kleinknecht/Meyer-Goßner* 6; *Marxen/Tiemann* 304.

sachlicher als auch rechtlicher Art sind. Die Verteidigerbeiordnung kann daher auch verlangt werden, wenn der Sachverhalt einfach liegt, die Rechtslage aber nicht leicht zu beurteilen ist. Die Anforderungen an die Schwierigkeit der Sach- oder Rechtslage dürfen nicht überspannt werden. Insbesondere kommt es nicht nur auf deren objektive Schwierigkeit an, sondern auch auf die intellektuellen Fähigkeiten des Antragstellers, seine Rechte selbst sachgemäß wahrzunehmen[18]. In einfach liegenden Fällen ist der Verurteilte auf die Möglichkeit zu verweisen, den Wiederaufnahmeantrag nach § 366 Abs. 2 zu Protokoll der Geschäftsstelle zu erklären[19].

6. Antrag. Die Bestellung des Pflichtverteidigers setzt einen Antrag voraus. Von **9** **Amts wegen** wird das Gericht selbst dann nicht tätig, wenn die Unfähigkeit des Antragstellers, in dem Wiederaufnahmeverfahren sachgemäße Anträge zu stellen, offensichtlich ist. In derartigen Fällen wird jedoch die Fürsorgepflicht das Gericht dazu zwingen, den Antragsteller zur Stellung eines Antrags nach § 364 a zu veranlassen[20].

Antragsberechtigt sind außer dem Verurteilten der gesetzliche Vertreter und, wenn **10** der Verurteilte jugendlich ist, der Erziehungsberechtigte (§ 67 Abs. 3 JGG). Auch die Staatsanwaltschaft kann den Antrag stellen[21].

Der Antragsteller muß **darlegen**, daß die Voraussetzungen des § 364 a vorliegen. Wird **11** der Antrag zu dem Zweck gestellt, die Wiederaufnahme zu beantragen, so muß das Urteil, das angefochten werden soll, bezeichnet und das Ziel des beabsichtigten Wiederaufnahmeantrags angegeben werden. Der Antragsteller muß ferner die Wiederaufnahmegründe so genau bezeichnen, daß die Erfolgsaussicht des Antrags beurteilt werden kann (vgl. oben Rdn. 6). Dabei sind selbstverständlich nicht ähnlich strenge Anforderungen zu stellen wie an einen Wiederaufnahmeantrag. Denn der Antragsteller will ja einen Verteidiger gerade deshalb beigeordnet haben, weil er nicht in der Lage ist, den Antrag selbst, auch mit Unterstützung des Urkundsbeamten, zu Protokoll der Geschäftsstelle zu erklären[22]. Daß er hierzu außerstande ist, muß er in dem Antrag nach § 364 a aber dartun und, wenn das wegen der Einfachheit der Sach- und Rechtslage nicht ohne weiteres verständlich ist, einleuchtend begründen[23]. Erstrebt der Antragsteller die Bestellung eines Verteidigers nur zu dem Zweck, Erklärungen nach § 369 Abs. 4 abzugeben oder bei der Beweisaufnahme nach § 369 vertreten zu sein, so muß er die Gründe darlegen, die ihn daran hindern, seine Rechte wahrzunehmen[24].

7. Zuständiges Gericht. Über den Antrag entscheidet nach § 367 Abs. 1 Satz 1 das **12** Gericht, das nach **§ 140 a GVG** über den Wiederaufnahmeantrag zu befinden hat. Nach § 367 Abs. 1 Satz 2 kann der Antrag aber nicht nur bei diesem Gericht, sondern auch bei dem Gericht gestellt werden, dessen Urteil mit dem Wiederaufnahmeantrag angefochten wird. Dieses Gericht leitet ihn dann dem zuständigen Gericht zu.

Abweichend von § 141 Abs. 4 bestimmt § 364 a, daß nicht der Vorsitzende, sondern **13** **das ganze Gericht** über den Antrag auf Bestellung eines Pflichtverteidigers zu entscheiden hat[25]. Dadurch sollen „Beschwerdeverfahren in den Fällen vermieden (werden), in

---

18 *Marxen/Tiemann* 304; vgl. ferner schon *Dippel* in: Jescheck/Meyer 116 Fußn. 531; zustimmend AK-*Loos* 7.

19 AK-*Loos* 7; *Marxen/Tiemann* 305; **a. A** KMR-*Paulus* 5; jedoch gegen den gesetzlichen Wortlaut.

20 KK-*Schmidt* 5; KMR-*Paulus* 8; *Marxen/Tiemann* 308; zurückhaltender aber AK-*Loos* 11.

21 KK-*Schmidt* 5; KMR-*Paulus* 8; *Kleinknecht/Meyer-Goßner* 7; *Pfeiffer/Fischer* 4; *Marxen/Tiemann* 309.

22 AK-*Loos* 12; *Marxen/Tiemann* 310.

23 KK-*Schmidt* 5; KMR-*Paulus* 8.

24 *Kleinknecht/Meyer-Goßner* 7.

25 KK-*Schmidt* 7; KMR-*Paulus* 9; *Kleinknecht/Meyer-Goßner* 8.

denen in Kollegialgerichten die beisitzenden Richter entgegen der Meinung des Vorsitzenden die Voraussetzungen für die Bestellung für gegeben erachten"[26]. Dieser Vorteil der gesetzlichen Zuständigkeitsbestimmung wird zwar offensichtlich dadurch wieder zunichte gemacht, daß der Vorsitzende durch die beisitzenden Richter auch an der von ihm für geboten gehaltenen Verteidigerbestellung gehindert und daß aus diesem Grund ein Beschwerdeverfahren erforderlich werden kann. Die gesetzliche Regelung ist jedoch deshalb sachgerecht, weil die Entscheidung über den Antrag nach § 364 a eine Prüfung der Erfolgsaussichten des Wiederaufnahmeantrags voraussetzt, die zweckmäßigerweise dem ganzen Gericht zu übertragen ist[27]. Entscheidet statt des Gerichts der Vorsitzende allein, so ist die Bestellung des Verteidigers nicht unwirksam[28].

14   **8.** Die **Entscheidung** ergeht nach Anhörung der Staatsanwaltschaft (§ 33 Abs. 2) durch **Beschluß ohne mündliche Verhandlung (§ 367 Abs. 2)**. Der Verteidiger wird in entsprechender Anwendung des § 142 von dem Gericht, nicht von dem Vorsitzenden allein[29], ausgewählt. Der Verurteilte hat keinen Anspruch auf Beiordnung eines bestimmten Verteidigers; aber regelmäßig (s. auch § 142 Abs. 1 Satz 3) sollte ihm der Anwalt seines Vertrauens beigeordnet werden[30]. Die Beiordnung des in dem früheren Verfahren tätig gewesenen Wahlverteidigers, dessen Mandat erloschen ist, kann zweckmäßig sein, sollte aber vermieden werden, wenn gerade die Nachlässigkeit des Verteidigers dazu beigetragen hat, daß es möglicherweise zu einem Fehlurteil gekommen ist[31].

15   **9. Anfechtung.** Für die Anfechtung der ablehnenden Entscheidung gilt nicht § 372 Satz 1, sondern § 304 Abs. 1. Es findet die einfache **Beschwerde** statt[32]. Entscheidungen der Oberlandesgerichte sind nach § 304 Abs. 4 Satz 2 unanfechtbar[33]. Beschwerdeberechtigt sind der Antragsteller, dessen Antrag abgelehnt worden ist, und die Staatsanwaltschaft. Die Beschwerde kann auf die Auswahl des Verteidigers beschränkt werden[34].

---

[26] BTDrucks. **7** 551, S. 88.

[27] KMR-*Paulus* 9.

[28] KMR-*Paulus* 9; *Pfeiffer/Fischer* 5; *Marxen/Tiemann* 311; **a. A** KK-*Schmidt* 7, der aber die Prozeßhandlungen des betroffenen Verteidigers für wirksam hält; ablehnend zur hier vertretenen Auffassung ferner *Kleinknecht/Meyer-Goßner* 8.

[29] *Dippel* in: Jescheck/Meyer 119.

[30] KK-*Schmidt* 8; *Kleinknecht/Meyer-Goßner* 8; AK-*Loos* 13; *Pfeiffer/Fischer* 5; *Dippel* in: Jescheck/Meyer 113; vgl. auch BVerfGE **9** 38; BGH NJW **1973** 1986; BGH bei *Dallinger* MDR **1969** 903.

[31] Vgl. *Hanack* JZ **1973** 396.

[32] BGH NJW **1976** 431; OLG Karlsruhe GA **1976** 344; OLG Koblenz NJW **1961** 1418; *Eb. Schmidt* Nachtr. I § 369, 11; KK-*Schmidt* 9; KMR-*Paulus* 11; *Kleinknecht/Meyer-Goßner* 9; AK-*Loos* 14; *Pfeiffer/Fischer* 6; *Marxen/Tiemann* 314; vgl. § 372, 6.

[33] BGH NJW **1976** 431; KK-*Schmidt* 9; KMR-*Paulus* 11; *Kleinknecht/Meyer-Goßner* 9; AK-*Loos* 14; *Pfeiffer/Fischer* 6; § 372, 6.

[34] *Kleinknecht/Meyer-Goßner* 9.

§ 364 b

(1) [1]Das für die Entscheidung im Wiederaufnahmeverfahren zuständige Gericht bestellt dem Verurteilten, der keinen Verteidiger hat, auf Antrag einen Verteidiger schon für die Vorbereitung eines Wiederaufnahmeverfahrens, wenn

1. hinreichende tatsächliche Anhaltspunkte dafür vorliegen, daß bestimmte Nachforschungen zu Tatsachen oder Beweismitteln führen, welche die Zulässigkeit eines Antrags auf Wiederaufnahme des Verfahrens begründen können,

2. wegen der Schwierigkeit der Sach- oder Rechtslage die Mitwirkung eines Verteidigers geboten erscheint und

3. der Verurteilte außerstande ist, ohne Beeinträchtigung des für ihn und seine Familie notwendigen Unterhalts auf eigene Kosten einen Verteidiger zu beauftragen.

[2]Ist dem Verurteilten bereits ein Verteidiger bestellt, so stellt das Gericht auf Antrag durch Beschluß fest, daß die Voraussetzungen der Nummern 1 bis 3 des Satzes 1 vorliegen.

(2) Für das Verfahren zur Feststellung der Voraussetzungen des Absatzes 1 Satz 1 Nr. 3 gelten § 117 Abs. 2 bis 4 und § 118 Abs. 2 Satz 1, 2 und 4 der Zivilprozeßordnung entsprechend.

Entstehungsgeschichte. Die Vorschrift wurde durch Art. 1 Nr. 91 des 1. StVRG eingefügt. Durch Art. 1 Nr. 26 des StVÄG 1987 wurde Abs. 2 neu gefaßt. Dadurch sollte „die Entscheidungsgrundlage des Gerichts zur Frage der wirtschaftlichen Leistungsfähigkeit des Verurteilten" verbessert und zudem den Änderungen der Vorschriften zur Prozeßkostenhilfe in Zivilsachen durch das Gesetz über die Prozeßkostenhilfe vom 13. 6. 1980 (BGBl. I S. 677) Rechnung getragen werden[1].

Übersicht

I. Bedeutung der Vorschrift

Mit der Schaffung des § 364 b hat der Gesetzgeber einen Reformvorschlag verwirklicht, der insbesondere von der Anwaltschaft vorgetragen worden ist (vgl. Vor § 359, 187). Die Vorschrift soll dem Verurteilten, dessen Wiederaufnahmeverlangen aussichtsreich erscheint, der aber außerstande ist, das Material für einen auf § 359 Nr. 5 gestützten **1**

---

[1] BTDrucks. **10** 1313, S. 32.

Karl Heinz Gössel

Antrag selbst zusammenzutragen und die Erfolgsaussichten eines Wiederaufnahmeantrags abzuwägen, **rechtskundige Hilfe** zur Verfügung stellen[2]. Dem Anspruch auf Mitwirkung eines Rechtsanwalts bei der Materialbeschaffung sind allerdings durch die Erfordernisse des § 364 b Abs. 1 Satz 1 Grenzen gesetzt. § 364 b steht in engem Zusammenhang mit § 97 BRAGebO, dessen Absatz 1 Satz 2 dem nach § 364 b bestellten Verteidiger auch dann Gebühren zuspricht, wenn er von der Antragstellung abrät (§ 90 Abs. 1 Satz 2 BRAGebO), und dessen Absatz 2 Satz 2 ausdrücklich den Ersatz der Auslagen vorsieht, die einem vom Gericht bestellten Verteidiger durch Nachforschungen zur Vorbereitung eines Wiederaufnahmeantrags entstanden sind.

II. Reichweite der Bestellung

2   **1. Begünstigter Personenkreis. Nur dem Verurteilten, der keinen Verteidiger hat,** wird ein Pflichtverteidiger bestellt, wie auch im Fall des § 364 a — die dortigen Ausführungen unter Rdn. 3 werden in Bezug genommen.

3   Ist dem Verurteilten **schon ein Pflichtverteidiger bestellt**, so gehört zu dessen Aufgaben zwar die Stellung des Wiederaufnahmeantrags (vgl. § 364 a, 3), nicht aber dessen Vorbereitung durch Nachforschungen und Ermittlungen. § 364 b Abs. 1 Satz 2 bestimmt daher, daß das Gericht auf Antrag durch Beschluß feststellen kann, daß die Voraussetzungen der Nummern 1 bis 3 des Satzes 1 der Vorschrift vorliegen. Damit wird sichergestellt, daß der Pflichtverteidiger hinsichtlich seiner Gebühren und Auslagen so gestellt wird, als sei er dem Verurteilten nach § 364 b beigeordnet worden (§ 97 Abs. 2 Satz 2 BRAGebO).

4   Beim **Wegfall** eines bereits **bestellten Pflichtverteidigers** besteht kein Rechtsanspruch auf erneute Bestellung (s. § 364 a, 1)[3].

5   **2. Gegenstand der Verteidigertätigkeit.** Die Pflichtverteidigerbestellung nach § 364 b soll nicht erst der Abfassung des Wiederaufnahmeantrags dienen, sondern die Voraussetzungen dafür schaffen helfen, daß ein solcher Antrag überhaupt gestellt werden kann. Ist dem Verurteilten aber zu diesem Zweck ein Pflichtverteidiger beigeordnet worden, so ist dieser auch befugt, den **Wiederaufnahmeantrag zu stellen** und auch im übrigen das Wiederaufnahmeverfahren **bis zur Entscheidung nach § 370** zu betreiben. Die Verteidigerbestellung gilt jedoch nicht für das wiederaufgenommene Verfahren (s. dazu § 364 a, 5).

6   **a) Eigene Tätigkeit.** Der Pflichtverteidiger hat die Aufgabe, **Nachforschungen zur Vorbereitung** eines auf § 359 Nr. 5 gestützten Antrags anzustellen[4]. Er ist insbesondere befugt, Zeugen zu ermitteln und zu befragen, Sachverständige mit der Gutachtenerstattung zu beauftragen und Auskünfte einzuholen[5]. Aber er ist ein „Ermittlungsorgan ohne rechtliche Durchschlagskraft"[6]. Seinen Aufklärungsmöglichkeiten sind Grenzen gesetzt. Schon die entstehenden Kosten, insbesondere für Sachverständigengutachten, führen zu Beschränkungen. Denn aus der Staatskasse werden sie nach § 97 Abs. 2 Satz 2, § 126 Abs. 1 Satz 1 BRAGebO nur ersetzt, wenn sie erforderlich sind[7]. Ferner werden die Bemühungen des Pflichtverteidigers, Zeugen zu vernehmen, häufig erfolglos bleiben, weil

---

[2] Vgl. BTDrucks. **7** 551 S. 89; s. ferner *Krägeloh* NJW **1975** 137.

[3] *Kleinknecht/Meyer-Goßner* 2; *Marxen/Tiemann* 316; **a. A** *Wasserburg* Handb. 174.

[4] Dazu allgemein *Dahs* Hdb. 892; h. M, s. KK-*Schmidt* 2; KMR-*Paulus* 1; *Kleinknecht/Meyer-Goßner* 3; Bedenken erhebt *Dippel* in: Jescheck/Meyer 120.

[5] AK-*Loos* 9; *Marxen/Tiemann* 298; zur Auskunftspflicht von Gerichtsärzten vgl. OVG Berlin NJW **1961** 2082.

[6] *Peters* Fehlerquellen **3** 115; zustimmend AK-*Loos* 10.

[7] KK-*Schmidt* 11; vgl. dazu ferner *Dippel* in: Jescheck/Meyer 121; *Krägeloh* NJW **1975** 140.

die in Frage kommenden Personen zu Auskünften nicht bereit und auch nicht verpflichtet sind.

b) Verteidiger und Staatsanwaltschaft. Wie das Legalitätsprinzip die Staatsanwalt- **7** schaft zur Betreibung der Wiederaufnahme zuungunsten des Angeklagten verpflichten kann (§ 362, 1), so muß auch die Konkretisierung der Ermittlungspflicht durch **§ 160 im Wiederaufnahmeverfahren** fortwirken. Deshalb ist die Staatsanwaltschaft nach § 160 Abs. 2 mindestens für berechtigt zu halten, auch die den Verurteilten entlastenden Umstände zu ermitteln, die zu einer Wiederaufnahme zu dessen Gunsten führen[8].

Daraus allerdings kann nicht ein **Recht des Verteidigers** abgeleitet werden, sich **8** gleichsam als Herr der Ermittlungen zum Wiederaufnahmeverfahren der mitwirkenden Hilfe von Staatsanwaltschaft und Polizei zu bedienen, weshalb auch eine Auskunftspflicht der Strafverfolgungsbehörden einschließlich des Wiederaufnahmegerichts gegenüber dem Verteidiger zu verneinen ist[9]. Die **Staatsanwaltschaft** ist rechtlich **nicht** gehalten, den Verteidiger bei der Materialbeschaffung zu **unterstützen**. Der Vorschlag der Bundesregierung, durch das 1. StVRG einen § 364 c einzufügen, der die Staatsanwaltschaft verpflichtet, unter den Voraussetzungen des § 364 b Abs. 1 Satz 1 Nr. 1 auf Antrag des Verteidigers zur Vorbereitung eines Wiederaufnahmeantrags diejenigen Ermittlungen anzustellen, die dem Verurteilten oder seinem Verteidiger nicht zuzumuten sind, ist infolge des Widerspruchs des Bundesrats[10] nicht Gesetz geworden. Dem Verteidiger ist es aber nicht verwehrt, sich an die Staatsanwaltschaft mit der **Anregung** zu wenden, ein Wiederaufnahmeverfahren zugunsten des Verurteilten zu betreiben und zu dessen Vorbereitung bestimmte Ermittlungen vorzunehmen[11]. Allerdings wird es, damit die Staatsanwaltschaft dieser Anregung folgt, notwendig sein, sie sowohl von der Möglichkeit, daß ein Fehlurteil ergangen ist, als auch von den Erfolgsaussichten neuer Ermittlungen zu überzeugen.

III. Inhaltliche Voraussetzungen der Bestellung

1. Erfolgsaussicht (Absatz 1 Satz 1 Nr. 1). Die Verteidigerbestellung setzt zunächst **9** hinreichende tatsächliche Anhaltspunkte dafür voraus, daß bestimmte Nachforschungen zu Tatsachen oder Beweismitteln führen, die die Zulässigkeit eines auf § 359 Nr. 5 gestützten Antrags auf Wiederaufnahme begründen können[12]. Bloße Vermutungen des Antragstellers genügen nicht. Es müssen Tatsachen vorliegen, aus denen sich die Erfolgsaussichten weiterer Nachforschungen ergeben. Dieser Erfolg braucht weder sicher noch auch nur wahrscheinlich zu sein. Es reicht aus, daß eine nicht nur entfernte Möglichkeit besteht, neue Tatsachen oder Beweismittel ausfindig zu machen[13]. Bei den hinreichenden tatsächlichen Anhaltspunkten im Sinne des § 364 b Abs. 1 Satz 1 Nr. 1 handelt es sich um das prozessuale Gegenstück zu dem Anfangsverdacht im Sinne des § 152 Abs. 2[14]. Zu dem erforderlichen Antragsvorbringen vgl. unten Rdn. 14.

2. Schwierigkeiten der Sach- oder Rechtslage (Absatz 1 Satz 1 Nr. 2). Wie bei **10** § 364 a (die dortigen Ausführungen Rdn. 8 gelten auch hier) kommt es nicht darauf an, ob

---

8 AK-*Loos* 11; vgl. ferner dazu *Dünnebier* FS II Peters 340 f.

9 Ähnlich verneinen *Kleinknecht/Meyer-Goßner* 3 eine Unterstützungspflicht; eine Auskunftspflicht **dagegen** bejahen KK-*Schmidt* 2; *Marxen/Tiemann* 299; AK-*Loos* 10 hält eine derartige Pflicht für kaum weiterführend.

10 Vgl. *Krägeloh* NJW **1975** 138.

11 KK-*Schmidt* 2; *Kleinknecht/Meyer-Goßner* 3; *Marxen/Tiemann* 299.

12 OLG Karlsruhe GA **1976** 344.

13 OLG Koblenz OLGSt § 364 b S. 1, 2.

14 So treffend schon *Kleinknecht*[33] 3; jetzt allgemein anerkannt, s. KK-*Schmidt* 4; KMR-*Paulus* 4; *Kleinknecht/Meyer-Goßner* 5, AK-*Loos* 5; *Marxen/Tiemann* 318.

Karl Heinz Gössel

die Straftaten schwer und die Rechtsfolgen hart gewesen sind. Die Pflichtverteidigerbestellung hängt auch nicht davon ab, ob sich das Wiederaufnahmeverfahren schwierig
gestalten würde. Entscheidend ist vielmehr die Schwierigkeit der Nachforschungen, zu
deren Vornahme die Bestellung des Verteidigers beantragt ist[15]. Daran fehlt es, wenn es
dem Verurteilten ohne weiteres möglich und zuzumuten ist, die erforderlichen Ermittlungen selbst anzustellen[16]. Befindet er sich in Haft oder sonst in amtlicher Verwahrung, so
wird er diese Möglichkeit regelmäßig nicht haben, insbesondere, wenn er sich im Ausland
in Haft befindet und wegen des Widerrufs einer den Verurteilten belastenden Aussage
einer von mehreren belastenden Umständen möglicherweise entfällt und die Geeignetheit
dieser Tatsache zur Freisprechung beurteilt werden muß[17]. Die Voraussetzungen des
§ 364 b Abs. 1 Satz 1 Nr. 2 sind daher im allgemeinen nur besonders zu prüfen, wenn der
Verurteilte auf freiem Fuß ist[18].

3. Mittellosigkeit des Verurteilten (Absatz 1 Satz 1 Nr. 3)

11   **a) Sinn der Vorschrift.** Anders als nach den §§ 140 ff setzt die Beiordnung eines
Pflichtverteidigers nach § 364 b voraus, daß der Verurteilte nicht die Mittel hat, selbst
einen Verteidiger zu beauftragen. Diese unterschiedliche Regelung hat ihren Grund darin,
daß im Strafverfahren die Unschuldsvermutung zugunsten des Angeklagten gilt; sie muß
vom Staat widerlegt werden. Bei der Wiederaufnahme handelt es sich hingegen darum,
ein rechtskräftiges Urteil zu beseitigen, das nicht die Vermutung der Unrichtigkeit für sich
hat. Es ist nicht unbillig, daß der Verurteilte, der ein solches Urteil mit einem Wiederaufnahmeantrag anfechten will, auf den Einsatz eigener Geldmittel verwiesen wird[19]. Glaubt
er, „hinreichende tatsächliche Anhaltspunkte dafür zu haben, daß bestimmte Ermittlungen
die Zulässigkeit eines Antrags auf Wiederaufnahme des Verfahrens begründen können, so
kann ihm zugemutet werden, sich auf eigene Kosten des Beistands eines Verteidigers seiner Wahl zu bedienen, wenn er die dazu erforderlichen Mittel hat. In gleicher Situation
den mittellosen Verurteilten ohne rechtskundige Hilfe zu lassen, wäre dagegen mit den
Grundsätzen der Sozialstaatlichkeit unvereinbar"[20].

12   **b) Nachweis der Mittellosigkeit des Verurteilten.** Das **Verfahren** zum Nachweis
der Mittellosigkeit im Sinne des § 364 b Abs. 1 Satz 1 Nr. 3 richtet sich nach den aufgrund
des ProzeßkostenhG neugefaßten Vorschriften des § 117 Abs. 2 bis 4 und des § 118
Abs. 2 Satz 1, 2 und 4 ZPO. Der Verurteilte muß seinem Antrag auf Bestellung eines Verteidigers eine Erklärung über seine persönlichen und wirtschaftlichen Verhältnisse (Fami-
lienverhältnisse, Beruf, Vermögen, Einkommen und Lasten) auf einem Vordruck abgeben, der vom BMJ gem. VO vom 17. 10. 1994 (BGBl. I S. 3001) bestimmt ist; der Verurteilte muß sich dieses Vordrucks bedienen und entsprechende Belege beifügen (§ 117
Abs. 2 bis 4 ZPO). Seine tatsächlichen Angaben in der Erklärung hat der Verurteilte nach
§ 118 Abs. 2 Satz 1 ZPO in einer für die Zwecke des Strafverfahrens geeigneten Form
glaubhaft zu machen (s. dazu Erläuterungen zu § 45), *nicht* etwa *nur* in der Form des
§ 294 ZPO. Das Gericht kann zur Klärung der Voraussetzungen der Mittellosigkeit eigene

---

[15] LG Köln MDR **1991** 666; KK-*Schmidt* 5; KMR-
Paulus 5; *Kleinknecht/Meyer-Goßner* 6.

[16] Vgl. BTDrucks. **7** 551 S. 89; LG Köln MDR **1991**
666; KK-*Schmidt* 5; KMR-*Paulus* 5; *Kleinknecht/
Meyer-Goßner* 6; *Marxen/Tiemann* 319.

[17] OLG Stuttgart NStE Nr. 1 zu § 364 b.

[18] *J. Meyer* ZStW **84** (1972) 913 Fußn. 17; ebenso
KK-*Schmidt* 5; KMR-*Paulus* 5; *Kleinknecht/Mey-
er-Goßner* 6; AK-*Loos* 6; *Marxen/Tiemann* 319.

[19] KK-*Schmidt* 6; AK-*Loos* 7; *Marxen/Tiemann* 320;
vgl. dazu schon *Dippel* in: Jescheck/Meyer 117;
Krägeloh NJW **1975** 138; *J. Meyer* ZStW **84**
(1972) 917.

[20] BTDrucks. **7** 551 S. 89.

Erhebungen im Freibeweisverfahren anordnen, also z. B. Auskünfte einholen, die Vorlegung von Urkunden anordnen (so ausdrücklich § 118 Abs. 2 Satz 2 ZPO), aber auch Zeugen und Sachverständige sogar eidlich vernehmen (auf die dies grundsätzlich ausschließende Vorschrift des § 118 Abs. 2 Satz 3 ZPO ist in § 364 b Abs. 2 nicht verwiesen), obwohl dies nur selten notwendig sein dürfte. Das Gericht kann dem Verurteilten zudem eine Frist zur Glaubhaftmachung seiner Angaben zu seinen persönlichen und wirtschaftlichen Verhältnissen stellen und ebenso zur Beantwortung bestimmter Fragen; versäumt der Verurteilte die Glaubhaftmachung innerhalb der gestellten Frist oder beantwortet er die ihm gestellten Fragen nicht fristgemäß oder nur ungenügend, so ist der Antrag auf Verteidigerbestellung abzulehnen (§ 118 Abs. 2 Satz 4 ZPO). Auf das nach § 118 Abs. 2 a. F ZPO früher notwendige behördliche Zeugnis über die Mittellosigkeit ist mit der Neufassung des Prozeßkostenhilferechts (s. Entstehungsgeschichte) verzichtet worden.

IV. Formelle Voraussetzungen

1. Antrag. Die Verteidigerbestellung setzt einen Antrag des Verurteilten (gesetzlicher **13** Vertreter, Erziehungsberechtigter; s. § 364 a, 10) voraus; von Amts wegen erfolgt sie nicht[21]. Auch die Staatsanwaltschaft kann den Antrag stellen. Praktisch wird das jedoch nicht geschehen, weil die Staatsanwaltschaft eigene Ermittlungen anstellen wird, wenn sie Grund zu der Annahme hat, daß die Wiederaufnahme zugunsten des Verurteilten Erfolg verspricht.

Der Antragsteller muß das Vorliegen der Voraussetzungen des § 364 b Abs. 1 Satz 1 **14** im einzelnen **dartun** und begründen[22]. Die nicht weiter begründete Behauptung der Notwendigkeit irgendwelcher Ermittlungen rechtfertigt die Pflichtverteidigerbestellung nicht[23]. Zu den Mindestanforderungen des Antrags gehört insbesondere, daß „die Tatsachen substantiiert mitgeteilt werden" müssen, die, „wenn auch nur in knapper Zusammenfassung", „hinreichende Anhaltspunkte für die Erfolgsaussicht des künftigen Wiederaufnahmeverfahrens geben"[24]. Daß diese Anhaltspunkte „hinreichend" sind, muß der Antragsteller nicht ausdrücklich behaupten; jedoch muß sein Vorbringen so ausführlich sein, daß das Gericht in der Lage ist, die Frage zu beurteilen. Der Antragsteller muß ferner die Nachforschungen, die seiner Meinung nach neue Tatsachen oder Beweismittel zutage fördern können, bestimmt bezeichnen[25] und darf sich nicht mit der Behauptung begnügen, Ermittlungen seien notwendig[26]. Auch insoweit genügen keine Vermutungen. Die Richtung, in der geforscht werden kann, muß aufgezeigt werden. Schließlich muß der Antrag ergeben, welche neuen Tatsachen oder Beweismittel sich der Antragsteller von den Nachforschungen erhofft. Allerdings sind an das Antragsvorbringen insoweit keine allzu strengen Anforderungen zu stellen. Denn der Antrag nach § 364 b wird gestellt, weil der Antragsteller die neuen Tatsachen oder Beweismittel noch nicht so genau bezeichnen kann, daß ihm die Begründung eines Wiederaufnahmeantrags nach § 359 Nr. 5 möglich ist. Das schließt aus, ihn zu genaueren Angaben zu zwingen. Es genügt, daß er allgemein die Art der Tatsachen oder Beweismittel bezeichnet, die der Verteidiger ermitteln soll.

2. Zuständiges Gericht und Entscheidung. Die Ausführungen zu § 364 a, 12 bis 14 **15** gelten entsprechend.

---

[21] S. § 364 a, 9.

[22] OLG Karlsruhe GA **1976** 344; OLG Koblenz OLGSt § 364 b S. 1, 2; KK-*Schmidt* 7; *J. Meyer* ZStW **84** (1972) 912 Fußn. 16, der eine Darlegungslast nicht für gegeben hält.

[23] Vgl. BTDrucks. **7** 551 S. 89.

[24] OLG Düsseldorf NStE Nr. 2 zu § 364 b und MDR **1991** 984 (LS).

[25] OLG Karlsruhe GA **1976** 344.

[26] OLG Koblenz OLGSt § 364 b, S. 1, 2.

Karl Heinz Gössel

V. Anfechtung

16   Wie bei § 364 a findet auch gegen die Ablehnung der Verteidigerbestellung nach § 364 b nicht die sofortige Beschwerde nach § 372 Satz 1, sondern die einfache Beschwerde nach § 304 Abs. 1 statt. Beschlüsse der Oberlandesgerichte sind unanfechtbar. Beschwerdeberechtigt sind der Antragsteller und die Staatsanwaltschaft; im einzelnen s. § 364 a, 15.

§ 365

Die allgemeinen Vorschriften über die Rechtsmittel gelten auch für den Antrag auf Wiederaufnahme des Verfahrens.

Schrifttum. *Rieß* Nebenkläger und Wiederaufnahme nach neuem Recht, NStZ **1988** 15.

Bezeichnung bis 1924: § 405.

Übersicht

I. Geltungsbereich und anwendbare Vorschriften

1   **1.** Der **Geltungsbereich** des § 365 erstreckt sich auf alle Entscheidungen im gesamten Wiederaufnahmeverfahren einschließlich der Verteidigerbestellung nach §§ 364 a, 364 b bis zur Entscheidung nach § 370 und deren Anfechtung, aber nicht mehr auf das wiederaufgenommene Verfahren, in dem die jeweiligen Regeln über Antragsberechtigungen und Anfechtungen direkt gelten[1].

2   **2.** Die nach § 365 anzuwendenden **allgemeinen Bestimmungen über Rechtsmittel** sind vor allem die §§ 296 bis 303. Die Vorschriften über Rechtsmittelbeschränkungen (§§ 318, 327, 344 Abs. 1; § 352 Abs. 1) sind keine allgemeinen Vorschriften im Sinne des § 365, gelten aber entsprechend[2]. Fristbestimmungen bestehen, außer für die sofortige Beschwerde nach § 372 Satz 1, im Wiederaufnahmeverfahren nicht. Die Formvorschriften für Berufung und Revision (z. B. §§ 314, 341) gelten im Wiederaufnahmeverfahren nicht[3], in dem die speziellen Formvorschriften dieses Verfahrens (§ 366) zu beachten sind. Im einzelnen gilt folgendes:

3   **a)** § 296 Absatz 1 ist uneingeschränkt anzuwenden. Antragsberechtigt sind die Staatsanwaltschaft und jeder verhandlungsfähige Verurteilte, auch der Minderjährige und der Geisteskranke[4], sofern er durch das Urteil beschwert ist (dazu Vor § 359, 125 ff).

---

[1] KK-*Schmidt* 1; AK-*Loos* 1; *Pfeiffer/Fischer* 1.
[2] BGHSt **11** 363 ff; KK-*Schmidt* 1; KMR-*Paulus* 1; *Kleinknecht/Meyer-Goßner* 1; AK-*Loos* 1; *Pfeiffer/Fischer* 1.
[3] KMR-*Paulus* 1.
[4] KK-*Schmidt* 3; *Kleinknecht/Meyer-Goßner* 2; AK-*Loos* 3; *Peters* Fehlerquellen **3** 119.

b) § 296 Absatz 2 ist ebenfalls anwendbar; die Staatsanwaltschaft kann Wiederauf- **4** nahmeanträge auch zugunsten des Verurteilten stellen[5], selbst gegen dessen Willen[6] und auch nach seinem Tode[7]. Zuständig ist die Staatsanwaltschaft bei dem Gericht, das nach § 140 a GVG über den Antrag zu entscheiden hat[8]. Erforderlichenfalls legt ihr die bisher zuständige Staatsanwaltschaft die Akten zur Antragstellung vor. Der früher mit der Sache befaßte Staatsanwalt soll nicht mitwirken (Nr. 170 Abs. 1 RiStBV), gesetzlich ausgeschlossen ist er nicht[9].

c) § 297. Der bestellte oder bevollmächtigte Verteidiger (zum Fortbestand von Voll- **5** macht und Beiordnung vgl. § 364 a, 3) kann die Wiederaufnahme beantragen, aber nicht gegen den Willen des Verurteilten[10] und, da die Vollmacht dann erloschen ist, nicht nach dessen Tod (vgl. § 361, 4). Der Verurteilte kann den Antrag des Verteidigers jederzeit zurücknehmen.

d) § 298 gilt. Der gesetzliche Vertreter kann auch gegen den Willen des Verurteilten **6** einen Wiederaufnahmeantrag stellen. Endet die gesetzliche Vertretung vor der Entscheidung über den Antrag nach § 370, so wird das Verfahren nur fortgesetzt, wenn der Verurteilte selbst als Antragsteller eintritt; andernfalls wird der Antrag auf Wiederaufnahme mangels Rechtsbehelfsberechtigung nach § 368 Abs. 1 als **unzulässig** verworfen[11]. Die Erziehungsberechtigten jugendlicher Verurteilter können nach § 67 Abs. 3 JGG die Wiederaufnahme beantragen, solange der Verurteilte noch nicht volljährig ist. Wenn der Beschluß nach § 370 vor Eintritt der Volljährigkeit noch nicht ergangen ist, wird der Wiederaufnahmeantrag ebenfalls als unzulässig verworfen[12], sofern nicht der Verurteilte den Wiederaufnahmeantrag nunmehr selbst vertritt. Nach dem Tod des Verurteilten gilt § 361 Abs. 2.

e) § 299 ist anzuwenden (vgl. § 366, 14). **7**

f) § 300 gilt[13]. Wegen der Formvorschrift des § 366 Abs. 2 ist es allerdings schwer **8** vorstellbar, daß ein Wiederaufnahmeantrag falsch bezeichnet wird; ein Irrtum in der Bezeichnung wird nur bei unzulässigen privatschriftlichen Anträgen und bei sofortigen Beschwerden nach § 372 in Betracht kommen (vgl. dazu aber § 366, 1).

g) § 301 ist anzuwenden. Ein zuungunsten des Angeklagten gestellter Wiederaufnah- **9** meantrag kann zu dessen Gunsten wirken[14], allerdings erst im wiederaufgenommenen Verfahren[15].

h) § 302 ist mit **Einschränkungen** anwendbar. Der Wiederaufnahmeantrag kann, **10** solange der Beschluß nach § 370 Abs. 1 oder 2 eine Entscheidung nach § 371 Abs. 1 oder

5 RGSt **20** 46; OLG Colmar *Alsb.* E **2** Nr. 307 a = GA **38** (1891) 79; OLG Hamburg *Alsb.* E **2** Nr. 307 b; *Eb. Schmidt* 2; KK-*Schmidt* 3; KMR-*Paulus* 2; *Kleinknecht/Meyer-Goßner* 2; AK-*Loos* 3; *Pfeiffer/Fischer* 3. Vgl. auch den Wortlaut des § 373 Abs. 2 Satz 1.

6 KMR-*Paulus* 2; *Neumann* 92; *Dahs* Hdb. 898.

7 § 361, 5; KK-*Schmidt* 3; *Kleinknecht/Meyer-Goßner* 2; AK-*Loos* 3; *Pfeiffer/Fischer* 3.

8 § 367, 15; KK-*Schmidt* 3; KMR-*Paulus* 2; *Kleinknecht/Meyer-Goßner* 2; AK-*Loos* 3; *Wasserburg* Handb. 234.

9 Vor § 22, 8 ff; *Kleinknecht/Meyer-Goßner* 2; AK-*Loos* 4; *Wasserburg* Handb. 234; i. Erg. ebenso *Peters* Fehlerquellen **3** 322; **a. A** *Frisch* FS Bruns 400.

10 OLG Dresden *Alsb.* E **2** Nr. 301; *Eb. Schmidt* 2; KK-*v. Stackelberg* 3; KMR-*Paulus* 3; *Kleinknecht/Meyer-Goßner* 3; *Neumann* 92; *Peters* Fehlerquellen **3** 119.

11 **A. A** *Kleinknecht/Meyer-Goßner* 4; AK-*Loos* 6; KK-*Schmidt* 5; *Pfeiffer/Fischer* 5; s. dazu Vor § 359, 122 f, 128; § 368, 7: formlose Einstellung.

12 Auch hier **a. A** *Kleinknecht/Meyer-Goßner* 4; AK-*Loos* 6; im übrigen s. Fußn. 11.

13 *Eb. Schmidt* 3; KK-*Schmidt* 7; *Kleinknecht/Meyer-Goßner* 5; *Peters* Fehlerquellen **3** 127.

14 *Eb. Schmidt* 3.

15 KK-*Schmidt* 8; *Kleinknecht/Meyer-Goßner* 5; *Pfeiffer/Fischer* 6; *Dünnebier* FS II Peters 342 f.

Karl Heinz Gössel

2 noch nicht ergangen ist, zurückgenommen[16], aber immer auch neu gestellt werden[17]. Ein Verzicht auf das Wiederaufnahmerecht ist unwirksam; ebensowenig kann das Antragsrecht verwirkt werden[18]. Ein von der Staatsanwaltschaft zugunsten des Freigesprochenen gestellter Antrag kann nur mit dessen Zustimmung zurückgenommen werden (§ 302 Abs. 1 Satz 2)[19]. Der Verteidiger braucht für die Zurücknahme des Antrags eine besondere Vollmacht. Die allgemeine Vollmacht, Rechtsmittel zurückzunehmen, genügt nicht[20].

11   **i) § 303** gilt **nicht**, weil die Zurücknahme des Antrags in der Hauptverhandlung nicht mehr möglich ist (oben Rdn. 10)[21].

II. Anwendung der Vorschrift auf Privat- und Nebenkläger

12   **1.** Der **Privatkläger** kann die Wiederaufnahme nur „in den Fällen des § 362", also nur zuungunsten des Angeklagten beantragen (§ 390 Abs. 1 Satz 2). Der Antrag kann aber zugunsten des Angeklagten wirken (§§ 301, 390 Abs. 1 Satz 3). Für die Form der Antragstellung gilt § 390 Abs. 2. Der Privatkläger, der nach dieser Vorschrift stets einen Rechtsanwalt beauftragen muß, kann Prozeßkostenhilfe nach § 379 Abs. 3 in Vbdg. mit §§ 114, 115 ZPO (Erläuterungen zu § 379) verlangen, wenn er mittellos und der Antrag aussichtsreich ist[22]. Über den Antrag entscheidet das nach § 367 Abs. 1 StPO, § 140 a GVG zuständige Gericht. Zu der Frage, ob die Staatsanwaltschaft das Privatklageverfahren nach dessen rechtskräftigem Abschluß zur Stellung eines Wiederaufnahmeantrags übernehmen kann, vgl. Erläuterungen zu § 377. Wegen der Folgen des Todes des Privatklägers für das Wiederaufnahmeverfahren vgl. Vor § 359, 130 ff.

13   **2.** Nach früherem Recht (§ 397 Abs. 1 a. F; § 390 Abs. 1 Satz 2) stand dem **Nebenkläger** das Recht zu, die Wiederaufnahme zuungunsten des Angeklagten (§ 362) zu beantragen, wenn er schon vor dem Erlaß des Urteils als Nebenkläger zugelassen war[23]. Die Neuregelung der Nebenklage durch das OpferschutzG hat indessen die Verweisung auf § 390 und damit zugleich das selbständige Recht des Nebenklägers beseitigt, die Wiederaufnahme zuungunsten des Angeklagten zu beantragen — das Recht des Nebenklägers zur Einlegung von Rechtsmitteln nach § 395 Abs. 4 Satz 2, § 400 Abs. 1; § 401 in einem noch nicht rechtskräftig abgeschlossenen Verfahren bezieht sich nicht auf den Rechts*behelf* der Wiederaufnahme zur Durchbrechung der Rechtskraft[24].

14   Hat der Nebenkläger auch sein selbständiges Antragsrecht verloren, so aber doch nicht seine **Befugnis** zum **Anschluß** an ein Wiederaufnahmeverfahren nach § 395 Abs. 1 und 4 Satz 1, sofern es sich auf ein Nebenklagedelikt bezieht[25]; war das Nebenklagedelikt wegen Gesetzeskonkurrenz mit einem Offizialdelikt in dem Urteil nicht angewendet wor-

---

[16] KG JR **1984** 393; KK-*Schmidt* 9; *Kleinknecht/Meyer-Goßner* 6; AK-*Loos* 10; *Pfeiffer/Fischer* 7: *Neumann* 119.

[17] *Eb. Schmidt* Vor § 359, 15; KMR-*Paulus* § 366, 17; *Kleinknecht/Meyer-Goßner* 6; AK-*Loos* 10; *Peters* Fehlerquellen **3** 127; **a. A** OLG Freiburg SJZ **1950** 622 L, das eine Wiederholung des Antrags mit derselben Begründung nicht zuläßt.

[18] KK-*Schmidt* 9; KMR-*Paulus* 1; *Kleinknecht/Meyer-Goßner* 6; AK-*Loos* 10; *Pfeiffer/Fischer* 7; *Peters* Fehlerquellen **3** 127.

[19] KK-*Schmidt* 10; *Kleinknecht/Meyer-Goßner* 6; AK-*Loos* 11; *Pfeiffer/Fischer* 7; *Neumann* 92; **a. A** *Peters* Fehlerquellen **3** 127.

[20] OLG Braunschweig NJW **1960** 1970; *Eb. Schmidt* Nachtr. I 1; KK-*Schmidt* 10; KMR-*Paulus* 3; *Kleinknecht/Meyer-Goßner* 6; AK-*Loos* 11; *Pfeiffer/Fischer* 7; *Peters* Fehlerquellen **3** 127.

[21] KK-*Schmidt* 11.

[22] *Kleinknecht/Meyer-Goßner* 7; *v. Hentig* 149; *Neumann* 94 Fußn. 11.

[23] Zum alten Recht vgl. LR-*Gössel*[24] § 365, 13.

[24] OLG Stuttgart NStZ **1988** 42, 43; LG Münster NStZ **1989** 588; KK-*Schmidt* 13 f; *Pfeiffer/Fischer* 8; AK-*Loos* 13; *Rieß* NStZ **1988** 15, 17.

[25] KMR-*Paulus* 6.

den, so ist der Wiederaufnahmeantrag unzulässig[26]. Diese Befugnis besteht unabhängig davon, ob die Wiederaufnahme von einem dazu Berechtigten zugunsten des Verurteilten oder von der Staatsanwaltschaft zuungunsten des Angeklagten beantragt worden war[27]; ebensowenig ist nicht mehr entscheidend, was aus § 395 Abs. 4 Satz 1 folgt, daß der Anschlußberechtigte bereits im Zeitpunkt des Urteilserlasses als Nebenkläger zugelassen war[28]. Bei der Wiederaufnahme *zuungunsten* des Angeklagten kann es, anders als beim früheren Antragsrecht, schon deshalb nicht auf die frühere Zulassung als Nebenkläger ankommen, weil in diesem Fall der Antrag der Staatsanwaltschaft „mit der Erhebung der öffentlichen Klage im Normalverfahren vergleichbar" ist[29]. Bei der Wiederaufnahme *zugunsten* des Verurteilten wird schon deshalb nichts anderes gelten können, weil es nicht sinnvoll erscheint, den Zeitpunkt der Anschlußbefugnis anders zu bestimmen als im Fall der Wiederaufnahme zuungunsten. Im übrigen befindet sich der Nebenklageberechtigte bei einer Wiederaufnahme zugunsten des Verurteilten „in einer Verteidigungsposition" und insoweit ist er „beschwert und betroffen"[30]; weil ihm in jeder Lage des Verfahrens zur Wahrnehmung seiner Rechte ein Anschlußrecht eingeräumt ist (§ 395 Abs. 4 Satz 1), kann er sich unabhängig von einer Zulassung als Nebenkläger im Zeitpunkt des Urteilserlasses schon im Aditionsverfahren als Nebenkläger anschließen. Die Anschlußbefugnis besteht schon vor der Anordnung der Wiederaufnahme nach § 370 Abs. 2[31]. Die Gegenmeinung[32] übersieht, daß ein Beschluß nach § 370 Abs. 2 nicht unbedingt erlassen werden muß, sondern der Verurteilte unter den Voraussetzungen des § 371 Abs. 2 sofort freigesprochen werden kann (§ 371, 16). Der Nebenkläger muß sich, damit er in jedem Fall auf die Entscheidung Einfluß nehmen kann, dem Verfahren daher schon anschließen können, bevor über die Begründetheit des Wiederaufnahmeantrags entschieden wird.

III. Einziehungsbeteiligte

Die Anwendbarkeit der Vorschrift auf Einziehungsbeteiligte ist umfassend bei den **15** Erläuterungen zu § 433 erörtert.

---

[26] OLG Karlsruhe NJW **1954** 167; *Eb. Schmidt* Nachtr. I 2; KMR-*Paulus* 6.

[27] *Rieß* NStZ **1988** 15, 16 ff.

[28] *Rieß* NStZ **1988** 16 hält die frühere Zulassung schon für die Rechtsmittelbefugnis nicht mehr für ausschlaggebend – dies muß um so mehr für die Anschlußberechtigung gelten; **a. A** *Kleinknecht/ Meyer-Goßner* 3; *Pfeiffer/Fischer* 8.

[29] *Rieß* NStZ **1988** 17; so schon zur alten Rechtslage, vgl. OLG Karlsruhe NJW **1954** 167; OLG Saarbrücken NJW **1963** 1513.

[30] OLG Stuttgart NStZ **1988** 42, 43.

[31] BayObLGSt **33** 22; OLG Saarbrücken NJW **1963** 1513; OLG Stuttgart NStZ **1988** 42, 43; *Eb. Schmidt* Nachtr. I 2; KK-*Schmidt* 15; KMR-*Paulus* 6; *v. Kries* 736; *v. Hentig* 152 ff; *Rieß* NStZ **1988** 16.

[32] *Neumann* 96; vgl. auch OLG Karlsruhe NJW **1954** 167.

§ 366

(1) In dem Antrag müssen der gesetzliche Grund der Wiederaufnahme des Verfahrens sowie die Beweismittel angegeben werden.

(2) Von dem Angeklagten und den in § 361 Abs. 2 bezeichneten Personen kann der Antrag nur mittels einer von dem Verteidiger oder einem Rechtsanwalt unterzeichneten Schrift oder zu Protokoll der Geschäftsstelle angebracht werden.

Bezeichnung bis 1924: § 406.

Übersicht

I. Notwendiger Inhalt des Antrags (Absatz 1)

1   **1. Ziel und Gegenstand.** Aus dem Wiederaufnahmeantrag und seiner Begründung muß ersichtlich sein, **welches Urteil** der Antragsteller angreifen und beseitigt haben will[1]; eine „unzutreffende Bezeichnung eines anderen Urteils ist unschädlich, sofern sich aus dem Antragsinhalt das der Sache nach betroffene Urteil zweifelsfrei ermitteln läßt"[2]. Da nicht unbedingt das gesamte Urteil angefochten werden muß, ist deutlich zu machen, **welches Ziel** mit dem Wiederaufnahmeantrag verfolgt wird[3]. Wenn sich das aus dem übrigen Inhalt der Antragsschrift nicht genau ergibt, ist eine ausdrückliche Erklärung erforderlich. Bleiben Zweifel, so ist der Antrag aber nicht als unzulässig zu verwerfen, sondern das Gericht stellt im Rahmen seiner Fürsorgepflicht[4], aber auch, weil der Antrag andernfalls sofort wiederholt werden könnte, durch Rückfrage bei dem Antragsteller fest, was mit dem Antrag bezweckt wird. Vor der Entscheidung über den Antrag darf eine zunächst unvollständige Darstellung noch ergänzt werden[5] (zum Nachschieben neuen Vorbringens in der Beschwerdeinstanz s. § 372, 15 ff).

2   **2. Gesetzlicher Grund der Wiederaufnahme.** Die Antragsschrift darf sich nicht auf die Angabe der gesetzlichen Bestimmungen (§§ 359, 362) beschränken, sondern muß die **Tatsachen** mitteilen, die die Wiederaufnahme begründen sollen. Der gesetzliche Grund der Wiederaufnahme muß geltend gemacht werden (§ 368 Abs. 1). Wegen des notwendi-

---

[1] RGSt **77** 284; KK-*Schmidt* 1; KMR-*Paulus* 1; *Kleinknecht/Meyer-Goßner* 1; AK-*Loos* 1; *Pfeiffer/Fischer* 1; *Marxen/Tiemann* 50.

[2] OLG Koblenz NStZ-RR **1997** 111.

[3] KK-*Schmidt* 1; KMR-*Paulus* 1; *Kleinknecht/Meyer-Goßner* 1; AK-*Loos* 1; *Marxen/Tiemann* 50; *Beling* 434; *Günther* MDR **1974** 98.

[4] OLG Hamm NJW **1980** 717: in Ausnahmefällen z. B. bei ohne weiteres heilbaren Mängeln; AK-*Loos* 1; *Marxen/Tiemann* 51.

[5] OLG Düsseldorf wistra **1993** 159.

gen Inhalts des Antragsvorbringens vgl. die Erläuterungen zu den einzelnen Wiederaufnahmegründen der §§ 359, 362. Die dazu erforderliche **schlüssige Sachdarstellung** muß in sich geschlossen und aus sich heraus verständlich sein Es gelten die gleichen Grundsätze wie bei der Antragsschrift nach § 172 Abs. 3 Satz 1. Bezugnahmen und Verweisungen auf andere Schriftstücke, insbesondere auf Urteile und auf frühere Wiederaufnahmeanträge, sind unzulässig und unbeachtlich[6], schaden jedoch dann nicht, werden die Bezugnahme oder Verweisungen dadurch gegenstandslos, daß der Wiederaufnahmeantrag bis zum Zeitpunkt der Entscheidung über dessen Zulässigkeit „um die geschlossene und aus sich heraus verständliche Sachdarstellung ergänzt"[7]. Wegen der Bezugnahme auf Anlagen zur Antragsschrift vgl. unten Rdn. 10.

3. Angabe der Beweismittel. Der Antragsteller muß ferner die **Beweismittel für** die **3** von ihm **erbrachten Tatsachen** angeben. Sie müssen genau bezeichnet werden, denn das Gericht muß in die Lage versetzt werden, die Beweise nach § 369 zu erheben (Näheres § 359, 185 ff): Ein Wiederaufnahmeantrag, der nur eine neue Sachdarstellung enthält, aber nicht angibt, wie sie bewiesen werden soll, ist unzulässig.

II. Form des Antrags (Absatz 2)

1. Allgemeines. Die Vorschrift, die dem § 345 Abs. 2 entspricht, gilt entgegen ihrem **4** Wortlaut **nicht nur für den Angeklagten** und die in **§ 361 Abs. 2** bezeichneten Personen, sondern **für alle Beteiligten außer Privatkläger und Staatsanwaltschaft**[8], also auch für den gesetzlichen Vertreter (§ 298) und den Erziehungsberechtigten (§ 67 Abs. 3 JGG). Der Privatkläger kann den Antrag auf Wiederaufnahme nur mittels einer von einem Rechtsanwalt unterzeichneten Schrift stellen (§ 390 Abs. 2, § 397 Abs. 1; vgl. auch Erläuterungen zu § 345). Wegen des Wiederaufnahmeantrags der Staatsanwaltschaft vgl. unten Rdn. 18.

Wie § 345 Abs. 2 **dient** § 366 Abs. 2 sowohl den Interessen des Verurteilten als auch **5** denen des Gerichts. Die Anträge und ihre Begründung sollen in geeigneter Weise niedergelegt werden, und dem Gericht soll die Prüfung grundloser und unverständlicher Anträge möglichst erspart werden[9]. Die Grundsätze zu § 345 Abs. 2 gelten entsprechend; auf die Erläuterungen zu dieser Vorschrift kann daher weitgehend Bezug genommen werden.

2. Von einem Verteidiger oder Rechtsanwalt unterzeichnete Schrift

a) Verteidiger ist jeder, der bei Erlaß des Urteils, gegen das sich der Wiederaufnahme- **6** antrag richtet, als Wahl- oder Pflichtverteidiger tätig war, auch der nach **§ 138 Abs. 2**

---

[6] RMilGE **1** 2, 243; OLG Bremen OLGSt § 359, S. 54; OLG Breslau *Alsb.* E **2** Nr. 298 = GA **51** (1904) 375; OLG Düsseldorf NJW **1947/48** 194 (mit abl. Anm. *Cüppers*); grundsätzlich ebenso OLG Düsseldorf GA **1980** 393 (jedoch werden Bezugnahmen auf inhaltsgleiche frühere Anträge, die verworfen wurden, für zulässig erachtet); OLG Düsseldorf wistra **1993** 159; OLG Freiburg SJZ **1950** 622 L; OLG Hamm NJW **1980** 717; OLG Schleswig NJW **1953** 1445; OLG Stuttgart NJW **1965** 1239; KK-*Schmidt* 1; KMR-*Paulus* 3; *Kleinknecht/Meyer-Goßner* 1; *Neumann* 112; *Ditzen* GA **53** (1906) 62; **a.** A AK-*Loos* 2; *Wasserburg* Handb. 240; *Peters* Fehlerquellen **3** 123 hält Bezugnahmen jeder Art für zulässig und *Marxen/Tiemann* 87 halten es für „überflüssigen Formalismus", die Urkun

den, die in den mit dem Antrag vorgelegten Verfahrensakten enthalten sind, inhaltlich nochmals vollständig im Antrag anzuführen, indessen deshalb zu Unrecht, weil vom Antragsteller erwartet werden darf, daß er die zur Antragsbegründung notwendigen Unterlagen selbst in übersichtlicher Form zusammenstellt und es nicht dem Gericht überläßt, sich diese aus den Verfahrensakten selbst zusammen zu suchen.

[7] OLG Düsseldorf wistra **1993** 159.

[8] *Eb. Schmidt* 4; KK-*Schmidt* 16; *Kleinknecht/Meyer-Goßner* 4; AK-*Loos* 8; *Pfeiffer/Fischer* 2; *Marxen/Tiemann* 186; *Neumann* 110; *Peters* Fehlerquellen **3** 123.

[9] OLG Bamberg MDR **1961** 529; *v. Hentig* 192; *Neumann* 109.

Karl Heinz Gössel

zugelassene Verteidiger und der nach **§ 139** tätig gewordene Referendar (s. Erläuterungen zu § 345). Zum Fortbestand der Vollmacht und der Beiordnung vgl. § 364 a, 3. Ferner ist Verteidiger, wer nach § 138 Abs. 1 berechtigt ist, als Verteidiger aufzutreten und eine entsprechende Vollmacht vorlegt und wer nach §§ 364 a, 364 b für das Wiederaufnahmeverfahren zum Pflichtverteidiger bestellt worden ist. Der Verteidiger, der nach § 138 Abs. 2 der Zulassung bedarf, kann diese zugleich mit der Einreichung des Wiederaufnahmeantrags beantragen (vgl. Erläuterungen zu § 345).

7   Ist ein Verteidiger im rechtskräftig abgeschlossenen voraufgegangenen Verfahren ausgeschlossen worden, so gilt dies auch im Wiederaufnahmeverfahren: die Vorschriften über die Verteidigung im 1. Buch der StPO gelten für alle Verfahrensstadien mit der Folge, daß der **ausgeschlossene Verteidiger** keinen wirksamen Antrag nach § 366 Abs. 2 stellen kann[10]. Dies gilt indessen nur bis zum Ende des Wiederaufnahmeverfahrens bis zur Rechtskraft einer Entscheidung nach §§ 368, 370, 371 (näheres § 364 a, 3 bis 5).

8   Entsprechendes gilt in den Fällen der **Zurückweisung** nach §§ 137 Abs. 1 Satz 2; 146: der hiernach zurückgewiesene Verteidiger kann keine wirksamen Prozeßhandlungen vornehmen (wegen der Einzelheiten s. Erläuterungen bei §§ 137, 146).

9   **b) Rechtsanwalt.** Wie in § 345 Abs. 2 ist auch in § 366 Abs. 2 der Rechtsanwalt neben dem Verteidiger besonders aufgeführt, weil **nicht jeder Verteidiger ein Rechtsanwalt sein muß** und weil ein Rechtsanwalt den Antrag auch unterzeichnen darf, wenn ihm die Verteidigung im übrigen nicht übertragen ist (vgl. Erläuterungen zu § 345)[11]. Der Rechtsanwalt muß im Geltungsbereich der Strafprozeßordnung zugelassen und schon bei der Unterzeichnung des Antrags bevollmächtigt sein; die Vollmachtsurkunde kann er nachreichen (Erläuterungen zu § 345). Wegen der Unterzeichnung des Antrags durch den Verurteilten, der als Rechtsanwalt zugelassen ist, vgl. Erläuterungen zu § 345; hinsichtlich des ausgeschlossenen oder zurückgewiesenen Verteidigers s. oben Rdn. 7, 8.

10   **c) Schrift.** Vgl. Erläuterungen zu § 345. Die Bezugnahme auf **Anlagen** zur Antragsschrift ist regelmäßig unzulässig. Der Inhalt der Anlagen wird nicht beachtet[12]. Eine Ausnahme gilt nur, wenn der Antragsschrift Originalurkunden beigefügt werden[13]. Wegen der Bezugnahme auf Urteile und andere Schriftstücke vgl. oben Rdn. 2.

d) Unterzeichnung

11   **aa) Eigenhändige Unterschrift.** Nach § 366 Abs. 2 genügt nicht die einfache Schriftform; die Vorschrift verlangt vielmehr, daß der **Verteidiger oder Rechtsanwalt** den Antrag **selbst unterzeichnet**. Fehlt die Unterschrift, so ist der Antrag unzulässig (vgl. Erläuterungen zu § 345). Eine Vertretung bei der Unterschrift ist nicht statthaft. Unterzeichnet nicht der Verteidiger oder Rechtsanwalt, von dem der Antrag nach seiner äußeren Aufmachung stammt, so ist der Antrag als unzulässig zu verwerfen (vgl. Erläuterungen zu § 345). Wer in Untervollmacht oder als amtlich bestellter Verteidiger unterzeichnet, muß das Vertretungsverhältnis schon in der Antragsschrift erkennbar machen.

12   **bb) Art der Unterzeichnung.** Vgl. Erläuterungen zu § 345.

13   **cc) Übernahme der Verantwortung für den Inhalt.** Ebenso wie die Revisionsbegründung (vgl. Erläuterungen zu § 345) erfordert der Wiederaufnahmeantrag mehr als die

---

[10] KK-*Schmidt* 13.
[11] AK-*Loos* 5.
[12] OLG Freiburg SJZ **1950** 622 L; OLG Schleswig NJW **1953** 1445 L = SchlHA **1953** 212; KK-*Schmidt* 1; *Kleinknecht/Meyer-Goßner* 4; **a. A** *Dit-zen* GA **53** (1906) 62; *Marxen/Tiemann* 87 wie Fn. 5; *Peters* Fehlerquellen **3** 123 will Bezugnahmen jeder Art zulassen.
[13] OLG Düsseldorf GA **1980** 393; OLG Dresden Alsb. E **2** Nr. 295; *Kleinknecht/Meyer-Goßner* 4.

bloße Unterschrift des Verteidigers oder Rechtsanwalts[14]. Der Unterzeichner muß die Verantwortung für den Inhalt der Schrift übernehmen[15], und der **Antrag ist unzulässig**, wenn er auch **nur Zweifel** daran läßt, ob das der Fall ist[16]. Er ist insbesondere dann unzulässig, wenn der Verteidiger oder Rechtsanwalt seine Unterschrift auf eine von dem Verurteilten selbst hergestellte Antragsschrift setzt, es aber nach deren Inhalt ausgeschlossen erscheint, daß ein rechtskundiger Verteidiger die volle Verantwortung dafür übernommen hat. Das wird im allgemeinen der Fall sein, wenn die Schrift den laienhaften Vortrag eines rechtsunkundigen Verurteilten enthält (vgl. Erläuterungen zu § 345)[17]. Regelmäßig wird der Form des § 366 Abs. 2 auch dann nicht entsprochen, wenn der Rechtsanwalt oder Verteidiger eine nicht von ihm verfaßte Schrift außer mit seiner Unterschrift mit dem Vermerk versieht, daß er deren Ausführungen und Anträge zu den seinen mache[18]. Einschränkende Zusätze machen den Antrag regelmäßig unzulässig (vgl. Erläuterungen zu § 345).

3. Erklärung zu Protokoll der Geschäftsstelle

a) Zuständig ist die Geschäftsstelle des Gerichts, bei dem der Wiederaufnahmeantrag **14** einzureichen ist[19]. Das ist in erster Hinsicht das Gericht, das nach **§ 140 a GVG** über den Antrag zu entscheiden hat. Der Antrag kann aber nach **§ 367 Abs. 1 Satz 2** auch bei dem Gericht eingereicht werden, dessen Urteil angefochten wird. Der Antragsteller, der den Wiederaufnahmeantrag zu Protokoll der Geschäftsstelle erklären will, hat daher die Wahl zwischen diesen beiden Gerichten[20]. Da sich das Gericht, das über den Antrag zu entscheiden hat, regelmäßig nicht am selben Ort befindet wie das Gericht, das den Angeklagten verurteilt hat und in dessen Bezirk er meist auch wohnt, wird der Antragsteller es meist vorziehen, den Antrag zu Protokoll des früher erkennenden Gerichts zu erklären. Das ist sogar zweckmäßig, weil der Urkundsbeamte regelmäßig die Akten benötigt, um den Antrag sachgerecht aufnehmen zu können, und weil er sie sich bei dem erkennenden Gericht einfacher beschaffen kann. Wenn der Verurteilte nicht auf freiem Fuß ist, kann er den Antrag auch zu Protokoll der Geschäftsstelle des Amtsgerichts seines Verwahrungsorts erklären (§ 299); für andere Antragsteller gilt das nicht. Wird der Wiederaufnahmeantrag von der Geschäftsstelle eines unzuständigen Gerichts aufgenommen, so ist er unzulässig[21].

Die Aufnahme von Anträgen auf Wiederaufnahme des Verfahrens überträgt § 24 **15** Abs. 1 Nr. 1 lit. b RpflG dem **Rechtspfleger**. Andere Beamte, auch Rechtspflegeranwärter, können den Antrag nicht wirksam aufnehmen[22].

b) Erklärung zu Protokoll. Wegen der Vertretung des Antragstellers und der Förm- **16** lichkeiten der Protokollaufnahme vgl. Erläuterungen zu § 345. Die Tätigkeit des Urkundsbeamten dient nicht der Bequemlichkeit des Antragstellers, sondern soll, wie bei der Revisionsbegründung, sicherstellen, daß sachgerechte und ordnungsgemäß begründete Anträge angebracht werden[23]. Der Urkundsbeamte soll den Antragsteller beraten und bei der Antragstellung gestaltend mitwirken[24]. Er ist weder Schreibkraft noch Briefannahmestelle[25]. Es genügt regelmäßig nicht, daß der Urkundsbeamte sich den Inhalt diktieren

[14] OLG Düsseldorf DRiZ **1933** Nr. 275.
[15] KK-*Schmidt* 14; AK-*Loos* 5; *Neumann* 110; *Peters* Fehlerquellen **3** 123.
[16] KK-*Schmidt* 14; *Kleinknecht/Meyer-Goßner* 4.
[17] AK-*Loos* 5.
[18] OLG Düsseldorf *Alsb.* E **2** Nr. 292 a; OLG Hamm MDR **1989** 183; KK-*Schmidt* 14; *v. Hentig* 193; einschränkend AK-*Loos* 5.
[19] *Neumann* 111.

[20] KK-*Schmidt* 15; AK-*Loos* 7; *Pfeiffer/Fischer* 2.
[21] OLG Schleswig SchlHA **1952** 156; vgl. auch Erläuterungen zu § 345.
[22] KK-*Schmidt* 15.
[23] OLG Düsseldorf NStE Nr. 1 zu § 366.
[24] OLG Bremen NJW **1967** 641; OLG Schleswig SchlHA **1952** 156.
[25] OLG Düsseldorf NStE Nr. 1 zu § 366.

Karl Heinz Gössel

läßt[26], ein Schriftstück des Angeklagten abschreibt[27] oder ein von dem Antragsteller verfaßtes Schriftstück entgegennimmt und mit den Eingangs- und Schlußworten eines Protokolls versieht[28]. Auch der formelhafte Zusatz, das Schriftstück sei geprüft und für in Ordnung befunden worden, macht dieses Verfahren nicht zulässig[29]. Der **Urkundsbeamte** muß das Antragsvorbringen regelmäßig selbst in die rechte Form bringen, und das kann er nur, wenn er die **Erklärungen selbst formuliert**[30] Eine Ausnahme gilt nur, wenn der Antrag, etwa weil der Antragsteller Jurist ist oder sich der Hilfe eines Juristen bedient hat, schon sachgerecht vorformuliert ist. Bezugnahme auf Anlagen sind auch hier (Rdn. 2, 10) nicht gestattet[31].

17   Der Urkundsbeamte muß für das Antragsvorbringen die volle **Verantwortung** übernehmen[32], weshalb er an Wortlaut und Form des vom Antragsteller Vorgebrachten nicht gebunden sein kann. Er ist auch nicht verpflichtet, alle Erklärungen des Antragstellers aufzunehmen, darf allerdings andererseits nicht etwa den sachlichen Kern des vom Antragsteller zur Antragsbegründung Vorgebrachten weglassen[33]. Deshalb muß er das wesentliche Vorbringen des Antragstellers aufnehmen und darf seine Mitwirkung auch dann nicht verweigern, wenn er den Antrag für ungeeignet oder unbegründet hält[34]. Andernfalls würde er anstelle des zuständigen Gerichts darüber befinden, ob der Antrag seinem Inhalt nach zulässig ist. Einschränkende Zusätze sind grundsätzlich ohne rechtliche Bedeutung[35] — bei fruchtlosen Belehrungen eines unverständigen Antragstellers durch den Urkundsbeamten etwa wird die (verständliche) Ablehnung der Verantwortung für das Antragsvorbringen nicht zur Verwerfung des Wiederaufnahmeantrags wegen Unzulässigkeit (Formnichtigkeit gemäß § 366) durch das Wiederaufnahmegericht führen können[36]: trotz Erneuerungsmöglichkeit würde damit faktisch dem Urkundsbeamten die Entscheidung über die Zulässigkeit des Antrags eingeräumt werden. Wegen weiterer Einzelheiten wird auf die Erläuterungen zu § 345 verwiesen.

18   **4. Anträge der Staatsanwaltschaft** können in **einfacher Schriftform** gestellt werden[37]. Die Schrift muß an das nach § 140 a GVG zuständige Gericht gerichtet und von einem zuständigen Beamten der Staatsanwaltschaft unterzeichnet sein oder deutlich erweisen, daß es von ihm herrührt. Die Erreichung einer beglaubigten Abschrift genügt (s. Erläuterungen zu § 345).

---

[26] RGSt **64** 63; OLG Düsseldorf JMBlNRW **1984** 263.

[27] OLG Schleswig SchlHA **1984** 109.

[28] OLG Düsseldorf JMBlNRW **1984** 283; NStE Nr. 1 zu § 366 und JR **1992** 124, 125; s. auch OLG Dresden *Alsb.* E **2** Nr. 305; OLG Köln JMBlNRW **1958** 202; OLG Schleswig SchlHA **1952** 156; *v. Hentig* 202.

[29] OLG Bamberg MDR **1961** 529; OLG Düsseldorf JR **1992** 124, 125 mit Anmerkung *Gössel*; OLG Köln JMBlNRW **1958** 202; *Eb. Schmidt* Nachtr. I 1; *Dalcke/Fuhrmann/Schäfer* 3.

[30] OLG Breslau GA **57** (1910) 239 L; OLG Dresden *Alsb.* E **2** Nr. 293.

[31] OLG Königsberg ZStW **46** (1925) Sd. Beil. 148;

[ ] OLG München *Alsb.* E **2** Nr. 294 a; *v. Hentig* 202; *Neumann* 111.

[32] OLG Köln OLGSt § 366 S. 13.

[33] BVerfGE **10** 274, 283; KK-*Schmidt* 15.

[34] OLG Bremen NJW **1967** 641; AK-*Loos* 7; *Marxen/Tiemann* 80; **a. A** *v. Hentig* 200; *Neumann* 112.

[35] OLG Bremen NJW **1967** 641; **a. A** OLG Breslau *Alsb.* E **2** Nr. 296 b, das den Antrag wegen des Zusatzes: „Auf ausdrücklichen Wunsch trotz Belehrung und Hinweis auf § 359 Nr. 5 aufgenommen", für unzulässig hält.

[36] BVerfGE **10** 274, 283.

[37] *Eb. Schmidt* 3; KK-*Schmidt* 16; *Kleinknecht/Meyer-Goßner* 4; AK-*Loos* 8; *Pfeiffer/Fischer* 2; *Neumann* 113; *Peters* Fehlerquellen **3** 122.

§ 367

(1) [1]**Die Zuständigkeit des Gerichts für die Entscheidungen im Wiederaufnahmeverfahren und über den Antrag zur Vorbereitung eines Wiederaufnahmeverfahrens richtet sich nach den besonderen Vorschriften des Gerichtsverfassungsgesetzes.** [2]**Der Verurteilte kann Anträge nach den §§ 364 a, 364 b oder einen Antrag auf Zulassung der Wiederaufnahme des Verfahrens auch bei dem Gericht einreichen, dessen Urteil angefochten wird; dieses leitet den Antrag dem zuständigen Gericht zu.**

(2) Die Entscheidungen über Anträge nach den §§ 364 a, 364 b und den Antrag auf Zulassung der Wiederaufnahme des Verfahrens ergehen ohne mündliche Verhandlung.

Schrifttum. *Weiler* Unzuständigkeit eines mit der Sache vorbefaßten Gerichts im Wiederaufnahmeverfahren, NJW **1996** 1042.

Entstehungsgeschichte. Die Vorschrift lautete ursprünglich:

(1) [1]Über die Zulassung des Antrags auf Wiederaufnahme des Verfahrens entscheidet das Gericht, dessen Urteil mit dem Antrag angefochten wird. [2]Wird ein in der Revisionsinstanz erlassenes Urteil aus anderen Gründen als auf Grund des § 359 Nr. 3 oder des § 362 Nr. 3 angefochten, so entscheidet das Gericht, gegen dessen Urteil die Revision eingelegt war.

(2) Die Entscheidung erfolgt ohne mündliche Verhandlung.

Art. 6 Nr. 3 der 3. VereinfVO änderte Absatz 1 Satz 2 dahin, daß das untere Gericht entscheidet, wenn ein auf Revision oder Nichtigkeitsbeschwerde ergangenes Urteil angefochten ist, aber Feststellungen angegriffen werden, die nur das untere Gericht getroffen hat. Art. 3 Nr. 154 VereinhG stellte die frühere Fassung wieder her. Die geltende Fassung erhielt § 367 durch Art. 1 Nr. 92 des 1. StVRG. Bezeichnung bis 1924: § 407.

Übersicht

Karl Heinz Gössel

Alphabetische Übersicht

I. Gesetzgeberische Motive

1   **Bis** zu der Gesetzesänderung von **1974** hatte über den Wiederaufnahmeantrag das Gericht zu entscheiden, dessen Urteil mit dem Antrag angefochten war. Eine Ausnahme galt nur für den Fall, daß ein Revisionsurteil aus anderen Gründen als denen des § 359 Nr. 3 oder § 362 Nr. 3 angefochten wurde; dann war das Gericht zuständig, gegen dessen Urteil die Revision eingelegt worden war. Dieser gesetzlichen Regelung lag die Erwägung zugrunde, daß das Gericht, das die angefochtene Entscheidung erlassen hat, zu einer Entscheidung insbesondere der Frage, ob neue Tatsachen oder Beweismittel vorliegen und die Feststellungen des Urteils erschüttern, „in erster Linie berufen" sei[1].

2   Daß dem früher erkennenden Gericht die Befugnis eingeräumt wurde, selbst darüber zu entscheiden, ob sein Urteil im Wiederaufnahmeverfahren zu beseitigen sei, wurde im Schrifttum für bedenklich gehalten[2]. Man hielt es für geboten, Zweifel des Verurteilten an der **Unvoreingenommenheit des Richters**, der zu Entscheidungen im Wiederaufnahmeverfahren berufen ist, gar nicht erst aufkommen zu lassen. Daher[3] wurde im Jahre 1964 durch die Einfügung des § 23 Abs. 2 zunächst der früher erkennende Richter von der Entscheidung im Wiederaufnahmeverfahren ausgeschlossen. Das wurde durch die Gesetzesänderung von 1974 dahin ergänzt, daß der Ausschluß auch für die Mitwirkung bei Entscheidungen zur Vorbereitung eines Wiederaufnahmeantrags gilt. Weitergehende Vorschriften sah der Regierungsentwurf des Ersten Strafverfahrensreformgesetzes nicht vor[4]. Auf Vorschlag des Rechtsausschusses des Bundestages[5] hat der Gesetzgeber aber durch die Einfügung des § 140 a GVG eine Regelung der Gerichtszuständigkeit getroffen, die nicht nur die früher erkennenden Richter, sondern grundsätzlich das Gericht, dessen Spruchkörper das angefochtene Urteil erlassen hat, insgesamt von der Mitwirkung an den Entscheidungen im Wiederaufnahmeverfahren ausschließt.

---

[1] *Hahn* **1** 266.
[2] Vgl. *v. Hentig* 213 und die Nachweise bei *Dippel* in: Jescheck/Meyer, 43 Fußn. 144.
[3] Vgl. BTDrucks. **7** 551 S. 57.

[4] Vgl. BTDrucks. **7** 551 S. 52.
[5] Vgl. BTDrucks. **7** 2600 S. 7, 11; *Hanack* JZ **1973** 399; *Krägeloh* NJW **1975** 138.

II. Bereich der Zuständigkeitsregelung

Nunmehr ist die Zuständigkeit in § 367 durch eine Verweisung auf § 140 a GVG gere- **3** gelt. Diese — **gesetzliche**[6] — Regelung betrifft die sachliche[7] und die örtliche Zuständigkeit zum Erlaß aller **erstinstanzlichen Entscheidungen im Wiederaufnahmeverfahren** und zur Durchführung dieses Verfahrens einschließlich der Entscheidungen nach § 370, nach § 367 Abs. 1 Satz 1 StPO, § 140 a Abs. 7 GVG auch zum Erlaß der vorbereitenden Maßnahmen nach den §§ 364 a, 364 b. Gleichgültig ist, ob es sich um Ermessensentscheidungen handelt oder ob die Entscheidung sich, wie bei der Verwerfung eines der Formvorschrift des § 366 Abs. 2 nicht genügenden Wiederaufnahmeantrags, unmittelbar aus dem Gesetz ergibt.

§ 367 StPO, § 140 a GVG regeln zugleich auch die Zuständigkeit zum Erlaß aller erstin- **4** stanzlichen Entscheidungen im **wiederaufgenommenen** Verfahren (§§ 371, 373). Das Wiederaufnahmegericht ist demnach auch zuständig zur Durchführung des wiederaufgenommenen Verfahrens erster Instanz und zum Erlaß der dabei vorgesehenen Entscheidungen, soweit nicht nach §§ 355, 354 Abs. 3 verfahren wird (s. dazu unten Rdn. 39 ff; § 373, 1).

Die gerichtliche Zuständigkeit (§ 367 StPO, § 140 a GVG) entscheidet nach §§ 141 ff **5** GVG auch über die **Zuständigkeit der Staatsanwaltschaft**[8]; die Zuständigkeit zur Vollstreckung des mit der Wiederaufnahme angegriffenen Urteils jedoch bleibt unberührt[9].

III. Zuständigkeit zur Wiederaufnahme gegen Entscheidungen bestehender Gerichte

1. Sachliche Zuständigkeit

a) Im ersten Rechtszug ergangene Entscheidungen. War das Urteil mit der Beru- **6** fung nicht anfechtbar oder nicht angefochten oder war die Berufung zurückgenommen worden, so hat im Wiederaufnahmeverfahren ein Gericht mit gleicher sachlicher Zuständigkeit wie das Gericht des ersten Rechtszugs zu entscheiden (**§ 140 a Abs. 1 Satz 1 GVG**). Ob gegen das Urteil Revision eingelegt war, ist für die Zuständigkeitsfrage ohne Bedeutung. Bei erstinstanzlicher Zuständigkeit der Oberlandesgerichte gilt **§ 140 a Abs. 6 GVG**. Zur Entscheidung über Wiederaufnahmeanträge gegen Urteile des Bundesgerichtshofs, die dieses Gericht bis zum 30. 9. 1969 im ersten Rechtszug erlassen hat, ist nach Art. 5 Abs. 6 Satz 2 StaatsschStrafsG das Oberlandesgericht zuständig, das nach den Vorschriften dieses Gesetzes im ersten Rechtszug zuständig wäre.

Für **Beschlüsse** (Vor § 359, 49 ff) gilt Entsprechendes. **7**

b) Entscheidungen zweiter Instanz. Wenn über eine in vollem Umfang eingelegte **8** Berufung gegen ein Urteil des Strafrichters oder des Schöffengerichts sachlich entschieden worden war, richtet sich ein Wiederaufnahmeantrag, der die Urteilsfeststellungen angreift, gegen das Berufungsurteil[10]. Zuständig zur Entscheidung im Wiederaufnahme-

---

6 Zur Bedeutung der gesetzlichen Zuständigkeitsregelung als Verfahrensvoraussetzung s. *Gössel* GA **1968** 356, 364 und § 16 C IV b; *Rieß* GA **1976** 22.

7 Gemeint ist damit die sachliche Zuständigkeit im weiteren Sinne zur Entscheidung in der jeweiligen verfahrensgegenständlichen Sache, die z. B. auch Rechtsmittelgerichten zukommt, nicht aber die sachliche Zuständigkeit im engeren Sinne zur Entscheidung im ersten Rechtszug (*Gössel* GA **1968** 360 mit weit. Nachw.; *Zipf* Strafprozeßrecht[2] [1977] II 1.42).

8 KK-*Schmidt* 2; KMR-*Paulus* 5; *Kleinknecht/Meyer-Goßner* 2.

9 KK-*Schmidt* 2; *Kleinknecht/Meyer-Goßner* 2; *Pfeiffer/Fischer* 1.

10 RGSt **77** 284; OLG Braunschweig NJW **1961** 1082; OLG Düsseldorf JMBlNRW **1979** 261; *Eb. Schmidt* 3; KK-*Schmidt* § 140 a GVG, 5; KMR-*Paulus* 8; *Kleinknecht/Meyer-Goßner* § 140 a GVG, 6; *Neumann* 123; *Peters* Fehlerquellen **3** 129; **a. A** *v. Hentig* 218 ff, der stets das erste Urteil für angefochten hält.

Karl Heinz Gössel

verfahren ist daher nach § 76 Abs. 1 Satz 1 GVG eine kleine **Strafkammer**, auch wenn (Vorrang des neuen Rechts) nach § 76 Satz 1 a. F. GVG die große Strafkammer (über eine Berufung gegen ein Urteil des Schöffengerichts) entschieden hatte[11]. Das folgt daraus, daß der Berufungsrichter die Schuldfrage selbständig und unabhängig von den Feststellungen des ersten Richters beurteilt hat[12]. Für die Zuständigkeitsfrage ist ohne Bedeutung, ob schon das Amtsgericht dieselben Feststellungen getroffen hatte wie das Berufungsgericht[13]. Wie bei den Urteilen im ersten Rechtszug ist auch gleichgültig, ob gegen das Berufungsurteil Revision eingelegt war (oben Rdn. 6).

9   Hat der Berufungsrichter über die **Schuldfrage nicht entschieden**, so ist zur Entscheidung im Wiederaufnahmeverfahren grundsätzlich ein Amtsgericht zuständig[14]. Das gilt sowohl bei Verwerfung des Rechtsmittels als unzulässig nach § 322 Abs. 1 Satz 1[15] oder wegen unentschuldigten Ausbleibens des Angeklagten nach § 329 Abs. 1[16], als auch bei wirksamer Beschränkung der Berufung auf den Rechtsfolgenausspruch[17], nicht aber, wenn das Berufungsgericht die teilweise Rechtskraft übersehen und unzulässigerweise nochmals über die Schuldfrage entschieden hat: in diesem Fall ist die Strafkammer zuständig[18]; die entgegengesetzte Meinung, welche das Amtsgericht für zuständig hält[19], verkennt, daß allein die Feststellungen des Berufungsgerichts in Rechtskraft erwachsen sind, was durch die Teilrechtskraft des erstinstanzlichen Urteils nicht gehindert wird[20].

10   Der Wiederaufnahmeantrag richtet sich unbestritten dann gegen das Berufungsurteil, wenn er auf einen nur **innerhalb des Berufungsverfahrens liegenden Wiederaufnahmegrund** gestützt wird[21], insbesondere, wenn Wiederaufnahmegründe nach § 359 Nr. 3, § 362 Nr. 3 geltend gemacht werden[22]. Auch im Fall der Verbindung von Wiederaufnahmegründen nach § 359 Nr. 2, 3 und 5 entscheidet das Berufungsgericht, insbesondere dann, wenn das Wiederaufnahmeverlangen nach § 359 Nr. 3 den Strafkammervorsitzenden betrifft[23].

11   Hatte das Landgericht ein bei ihm im ersten Rechtszug anhängiges Verfahren nach § 237 mit einem Berufungsverfahren **verbunden** (nach § 76 Abs. 1 Satz 1 GVG, § 41 Abs. 2 Satz 1 JGG nur noch in Verfahren vor der — Großen — Jugendkammer), so ent-

---

[11] *Katholnigg* § 140 a GVG, 2; *Kleinknecht/Meyer-Goßner* § 140 a GVG, 6; AK-*Loos*, 7; **a. A** KK-*Schmidt*, 5: Hatte früher die große Strafkammer entschieden, so ist sie auch zuständiges Wiederaufnahmegericht.

[12] OLG Celle MDR **1960** 604; vgl. auch OLG Oldenburg NJW **1952** 1068.

[13] OLG Dresden *Alsb.* E **2** Nr. 303 d; *Neumann* 123.

[14] KK-*Schmidt* § 140 a GVG, 5; LR-*K. Schäfer/ Harms*[24] § 140 a GVG, 5; **a. A** *Katholnigg* § 140 a GVG, 4; *Kissel* § 140 a GVG, 4.

[15] OLG Celle MDR **1960** 604; *Eb. Schmidt* 4; KK-*Schmidt* § 140 a GVG, 5; KMR-*Paulus* 10; *Neumann* 125; **a. A** *Kissel* § 140 a, 4.

[16] BayObLGSt **10** 20; **27** 94 = JW **1928** 419 mit Anm. *Mannheim*; OLG Celle GA **44** (1896) 68 LS; MDR **1960** 604; OLG Darmstadt *Alsb.* E **2** Nr. 303 e; OLG Dresden *Alsb.* E **2** Nr. 303 c; JW **1928** 2290 mit Anm. *Stern*; OLG Nürnberg MDR **1977** 688; KK-*Schmidt* § 140 a GVG, 5; *Kleinknecht/Meyer-Goßner* § 140 a GVG, 6; *Neumann* 125; *Peters* Fehlerquellen **3** 129.

[17] BayObLGSt **7** 401; OLG Braunschweig HESt **1** 216 = NdsRpfl. **1947** 67; OLG Bremen NJW **1962** 2170; OLG Celle MDR **1960** 604; OLG Dresden *Alsb.* E **2** Nr. 303 d; JW **1928** 1881 mit Anm. *v. Scanzoni*; HRR **1930** 267; OLG Düsseldorf MDR **1986** 1050 (LS); OLG Hamm JMBlNRW **1957** 155; OLG Köln JMBlNRW **1957** 131; OLG Saarbrücken OLGSt § 367 S. 1; *Eb. Schmidt* 4; KMR-*Paulus* 9; *Kleinknecht/Meyer-Goßner* § 140 a GVG, 6; *Neumann* 126; *Peters* Fehlerquellen **3** 129; *Spendel* JZ **1958** 547.

[18] OLG Bremen JZ **1958** 546 mit zust. Anm. *Spendel*; KK-*Schmidt* § 140 a GVG, 5; KMR-*Paulus* 9; AK-*Loos* 7.

[19] OLG Düsseldorf MDR **1986** 1050; *Kleinknecht/ Meyer-Goßner* § 140 a GVG, 6; *Peters* Fehlerquellen **3** 129 f; *Wasserburg* Handb. 230.

[20] AK-*Loos* 7; **a. A** *Peters* Fehlerquellen **3** 129 f, der in diesem Fall – zu Unrecht – Nichtigkeit des Berufungsurteils annimmt.

[21] BayObLGSt **7** 401; OLG Köln JMBlNRW **1957** 131; *Eb. Schmidt* 5; KMR-*Paulus* 9; *Kleinknecht/ Meyer-Goßner* § 140 a GVG, 6; AK-*Loos* 7; *Neumann* 11, 125.

[22] KK-*Schmidt* § 140 a GVG, 5; AK-*Loos* 7; *Peters* Fehlerquellen **3** 129.

[23] **A. A** OLG Köln JMBlNRW **1957** 131; LR-*Meyer*[23] 6; *Dalcke/Fuhrmann/Schäfer* 1.

scheidet es nach den vorstehenden Grundsätzen über den Wiederaufnahmeantrag, wenn dieser sich nur gegen die Verurteilung auf die Berufung richtet, nicht aber, wenn die Entscheidung über die Berufung sich nicht auf die Schuldfrage erstreckte[24].

Werden strafklageverbrauchende **Beschlüsse zweiter Instanz** mit der Wiederaufnahme **12** angegriffen (Vor § 359, 49 ff), so gelten die vorstehenden Ausführungen entsprechend.

c) Revisionsrichterliche Entscheidungen. Wenn sich der Wiederaufnahmeantrag auf **13** ein Revisionsurteil bezieht, entscheidet nicht ein Revisionsgericht, sondern ein Gericht gleicher Ordnung wie das Gericht, dessen Urteil mit der Revision angefochten war (**§ 140 a Abs. 1 Satz 2 GVG**)[25]. War gegen ein Berufungsurteil Revision eingelegt, so ist das Berufungsgericht auch zuständig, wenn es nur nach § 329 Abs. 1 entschieden hatte[26], auch bei teilrechtskräftigem Schuldspruch[27] und auch, wenn nur ein Mangel des revisionsgerichtlichen Verfahrens geltend gemacht wird[28].

Gleiches gilt, wenn sich der Wiederaufnahmeantrag auf einen strafklageverbrauchen- **14** den **revisionsrichterlichen Beschluß** (Vor § 359, 49 ff) bezieht[29].

2. Örtliche Zuständigkeit. Nach § 140 a GVG entscheidet im Wiederaufnahmeverfah- **15** ren niemals derselbe Spruchkörper, grundsätzlich auch nicht ein Spruchkörper des Gerichts, das das mit dem Wiederaufnahmeantrag angefochtene Urteil erlassen hat. An seine Stelle tritt das von dem Präsidium des Oberlandesgerichts vor Beginn des Geschäftsjahres nach **§ 140 a Abs. 2 GVG** bestimmte Gericht[30]. Ausnahmen gelten für die Bundesländer, in denen nur ein Oberlandesgericht und ein Landgericht (bzw. Oberlandesgerichte mit nur einem Landgericht) oder nur ein Landgericht errichtet sind, in dessen Bezirk einem Amtsgericht alle Strafsachen zugewiesen sind (**§ 140 a Abs. 3 bis 5 GVG**), und für die Strafsenate der Oberlandesgerichte, soweit sie im ersten Rechtszug entschieden haben (**§ 140 a Abs. 6 GVG**). Wegen der Einzelheiten wird auf die Erläuterungen zu § 140 a GVG verwiesen.

Wenn der **Bezirk** des Gerichts, von dem das Urteil erlassen worden ist, nachträglich **16** **geändert** wird, bleibt es an sich nach § 1 des Gesetzes über die Zuständigkeit der Gerichte bei Änderungen der Gerichtseinteilung vom 6. 12. 1933 (RGBl. I 1037) zur Entscheidung über Wiederaufnahmeanträge zuständig. An seine Stelle tritt aber das von dem Präsidium des Oberlandesgerichts nach § 140 a Abs. 2 GVG bestimmte andere Gericht.

3. Spezielle Zuständigkeiten und Zuständigkeitskonzentration

a) Entscheidungen der Jugendgerichte. Richtet sich der Wiederaufnahmeantrag **17** gegen eine Entscheidung eines Jugendgerichts, so entscheidet über ihn ein Jugendgericht, auch wenn der **Verurteilte** inzwischen **erwachsen** ist. Wenn die Entscheidung des Jugendgerichts sich auch oder ausschließlich gegen einen schon bei der Aburteilung Erwachsenen richtete, bleibt die Zuständigkeit eines Jugendgerichts im Wiederaufnahme-

---

[24] Vgl. KK-*Schmidt* § 140 a GVG, 5; *Kleinknecht/Meyer-Goßner* § 140 a GVG, 6; AK-*Loos* 9; *Neumann* JR **1927** 524.

[25] BGH bei *Pfeiffer/Miebach* NStZ **1985** 496; BGHR StPO § 367 Zuständigkeit 1; KK-*Schmidt* § 140 a GVG, 6; eingehend und mit weiteren Nachweisen dazu LR-*K. Schäfer/Harms*[24] § 140 a GVG, 6.

[26] KMR-*Paulus* 11; *Kleinknecht/Meyer-Goßner* § 140 a GVG, 7; AK-*Loos* 10; *Neumann* 126; **a. A** v. *Hentig* 221 Fußn. 3.

[27] OLG Hamm NJW **1968** 313.

[28] BGH bei *Holtz* MDR **1977** 811: Der Wille des Gesetzgebers zur Abschaffung der Zuständigkeit der Revisionsgerichte für Wiederaufnahmeverfahren muß beachtet werden; BGH bei *Holtz* MDR **1985** 447; KK-*Schmidt* § 140 a GVG, 6; KMR-*Paulus* 11; *Kleinknecht/Meyer-Goßner* § 140 a GVG, 7; AK-*Loos* 10; *Kissel* § 140 a GVG, 5.

[29] BGH bei *Holtz* MDR **1985** 447; *Kleinknecht/Meyer-Goßner* § 140 a GVG, 7.

[30] Die von *Feiber* NJW **1986** 699 gegen die Zuständigkeit des Präsidiums erhobenen verfassungsrechtlichen Bedenken hat das BVerfG zurückgewiesen; eingehend dazu LR-*K. Schäfer/Harms*[24] § 140 a GVG, 7 f.

Karl Heinz Gössel

verfahren ebenfalls bestehen. In dem Wiederaufnahmebeschluß kann aber angeordnet werden, daß das wiederaufgenommene Verfahren vor dem allgemeinen Strafgericht stattzufinden hat (s. auch § 370, 50).

18   **b) Entscheidungen von Dienst- und Ehrengerichten.** Soweit spezielle Verfahrensvorschriften für die Wiederaufnahme gegen rechtskräftige Entscheidungen bestehen, sind §§ 359 ff unanwendbar (z. B. §§ 100 ff BDO), es sei denn, auf die Vorschriften der StPO wird auch nur ergänzend verwiesen: so richtet sich die Zuständigkeit zur Entscheidung über die Wiederaufnahme gegen rechtskräftige Entscheidungen des Anwaltsgerichtshofs für Rechtsanwälte nach § 116 Satz 2 BRAO, § 367 Abs. 1 StPO und § 140 a GVG[31].

19   **c) Zuständigkeitskonzentration.** In Fällen der Zuständigkeitskonzentration auf ein Gericht *oder* auf eine Strafkammer im Bezirk eines Oberlandesgerichts nach §§ 74 c, 74 d GVG ist in **entsprechender** Anwendung des **§ 140 a Abs. 3 Satz 1 GVG** eine vom Präsidium des Oberlandesgerichts vor Beginn des Geschäftsjahres bestimmte Strafkammer desselben Landgerichts für die Wiederaufnahme zuständig, dessen Entscheidung mit der Wiederaufnahme angegriffen ist[32]; Gleiches gilt für die Fälle der Zuständigkeitskonzentration nach § 74 a GVG[33].

4. Zuständigkeit in besonderen Fällen

20   **a) Nachträglich gebildete Gesamtstrafe.** Wenn der Verurteilte die Wiederaufnahme eines Strafverfahrens beantragt, in dem er unter Einbeziehung der von anderen Gerichten gegen ihn ausgesprochenen Strafen nach § 55 StGB zu einer Gesamtstrafe verurteilt worden war, ist die Zuständigkeit der einzelnen **Gerichte** maßgebend, die die **einbezogenen Urteile erlassen haben**[34]. Das hat oft zur Folge, daß eine Aufteilung des Verfahrens erforderlich ist und mehrere Gerichte entscheiden müssen[35]. Die Regelung des § 140 a Abs. 1 Satz 1 GVG ändert daran nichts. Denn auch nach dieser Vorschrift kommt es darauf an, gegen welches Urteil sich der Wiederaufnahmeantrag „richtet", und das ist, wenn die Schuldfeststellungen angegriffen werden, nicht das die Gesamtstrafe bildende Urteil, sondern das Urteil, das über die Schuldfrage entschieden hat. Im Wiederaufnahmeverfahren entscheidet jeweils das Gericht, das nach der Bestimmung des § 140 a Abs. 2 GVG an dessen Stelle tritt.

21   **b) Entscheidungen nach Zurückverweisung durch das Revisionsgericht (§ 354 Abs. 2 und 3).** Hatte das Revisionsgericht das Urteil aufgehoben und die Sache zur neuer Verhandlung an eine andere Abteilung oder Kammer oder an einen anderen Strafsenat zurückverwiesen, so entscheidet im Wiederaufnahmeverfahren gegen die von diesem anderen Spruchkörper getroffene Entscheidung das nach **§ 140 a Abs. 2 GVG** bestimmte Gericht gleicher Ordnung[36]. In beiden Fällen des **§ 140 a Abs. 3 bis 6** entscheidet erneut ein anderer Spruchkörper desselben Gerichts[37]; zuständig ist die nach § 140 a Abs. 2 GVG als Ersatzspruchkörper für das zuletzt erkennende Gericht bestimmte Abteilung oder Kammer. Notfalls muß im Laufe des Geschäftsjahres nachträglich ein Ersatzspruchkörper bestimmt werden. Entsprechendes gilt, wenn das Revisionsgericht bei der Zurück-

---

31 BGHSt **37** 361, 363.
32 OLG Karlsruhe JR **1980** 305 mit zust. Anm. *Rieß.*
33 S. dazu BGHSt **29** 47, 49: „Unlösbar" erscheinende Schwierigkeit; dagegen mit Recht wie hier schon *Katholnigg* NJW **1980** 132; KMR-*Paulus* 7; *Kleinknecht/Meyer-Goßner* § 140 a GVG, 3; eingehend dazu LR-*K. Schäfer/Harms*[24] § 140 a GVG, 8 a; s. auch AK-*Loos* 15.
34 OLG Köln JMBlNRW **1959** 283; *Dalcke/Fuhrmann/Schäfer* § 360, 3; KK-*Schmidt* § 140 a GVG,

8; KMR-*Paulus* 13; *Kleinknecht/Meyer-Goßner* § 140 a GVG, 9; AK-*Loos* 17; *Neumann* JR **1927** 524.
35 OLG München *Alsb.* E **2** Nr. 304 = GA **41** (1893) 69; *Eb. Schmidt* 10; *Kleinknecht/Meyer-Goßner* § 140 a GVG, 9; *Neumann* 130 und JR **1927** 524; *Peters* Fehlerquellen **3** 132.
36 KK-*Schmidt* § 140 a GVG, 7; *Kleinknecht/Meyer-Goßner* § 140 a GVG, 10.
37 Vgl. OLG Saarbrücken OLGSt § 367 S. 5.

verweisung der Sache die Feststellungen zum äußeren Tatgeschehen aufrechterhalten hat[38]. Hatte das Revisionsgericht das Urteil nur im Rechtsfolgenausspruch aufgehoben und die Sache in diesem Umfang an einen anderen Spruchkörper desselben Gerichts zurückverwiesen, so richtet sich die sachliche Zuständigkeit des Wiederaufnahmegerichts nach denselben Grundsätzen wie bei der Strafmaßberufung (oben Rdn. 9). Wenn der Wiederaufnahmeantrag die Schuldfeststellungen angreift, ist daher das Gericht zuständig, das nach § 140 a Abs. 2 GVG an die Stelle des Gerichts tritt, das zuerst und endgültig über die Schuldfrage entschieden hat[39]. Das gilt auch, wenn das Oberlandesgericht in den Fällen des § 140 a Abs. 3 bis 6 GVG für die Wiederaufnahme einen Ersatzspruchkörper bestimmt hat, der als andere Abteilung oder Strafkammer bereits nach § 354 Abs. 2 über die Rechtsfolgenfrage entschieden hatte. Denn ein unbedingtes Verbot, daß ein schon mit dem Verfahren befaßtes Gericht über den Wiederaufnahmeantrag entscheiden darf, enthält das Gesetz nicht[40]. In solchen Fällen ist lediglich der Ausschluß der Richter zu beachten, die an der früheren Entscheidung mitgewirkt haben (§ 23 Abs. 2).

Hatte das Revisionsgericht die Sache nach § 354 Abs. 2 Satz 1 an ein **anderes Gericht** **22** **gleicher Ordnung** oder nach § 355 an das zuständige Gericht zurückverwiesen, so ist zur Entscheidung im Wiederaufnahmeverfahren grundsätzlich das nach § 140 a Abs. 2 GVG bestimmte Ersatzgericht für das zuletzt entscheidende Gericht örtlich zuständig[41]. War das Urteil nur im Rechtsfolgenausspruch aufgehoben und die Sache nur in diesem Umfang zurückverwiesen worden, so gilt das gleiche wie bei der Zurückverweisung an einen anderen Spruchkörper[42].

Bei der Zurückverweisung der Sache an ein **Gericht niederer Ordnung** (§ 354 **23** Abs. 3) ist das nach § 140 a Abs. 2 für dieses Gericht bestimmte Ersatzgericht zuständig, sofern der Wiederaufnahmeantrag sich nicht gegen Urteilsbestandteile richtet, die schon von dem höheren Gericht rechtskräftig erledigt worden sind. In diesem Fall entscheidet das Ersatzgericht für das Gericht, das ursprünglich entschieden hatte.

IV. Zuständigkeit zur Wiederaufnahme gegen Entscheidungen nicht mehr bestehender Gerichte oder Spruchkörper

Die Regelung des § 140 a GVG gilt nur, wenn das **Gericht noch besteht**, von dem das **24** mit dem Wiederaufnahmeantrag angefochtene Urteil erlassen worden ist. Denn nur für diesen Fall kann das Präsidium des Oberlandesgerichts nach § 140 a Abs. 2 GVG ein anderes örtlich zuständiges Gericht bestimmen. Die Vorschrift ermächtigt das Präsidium nicht etwa, nach seinem Belieben auch Ersatzgerichte für weggefallene Gerichte zu bestimmen. Maßgebend sind die hierfür erlassenen besonderen Rechtsvorschriften. Im einzelnen gilt folgendes:

1. Wegfall einer Spruchkörpergattung und von Gerichten. Zu dem Fall, daß **25** infolge einer Änderung der Gerichtsorganisation, die die sachliche Zuständigkeit berührt, ein Gericht der Ordnung, dessen Urteil angefochten ist, nicht mehr besteht (Wegfall der erweiterten Schöffengerichte im Jahre 1932), vgl. *Gündel* in der 19. Auflage dieses Kommentars (§ 367, 1).

---

38 OLG Hamm NJW **1968** 313; *Kleinknecht/Meyer-Goßner* 10.

39 OLG Köln MDR **1973** 603; OLG Saarbrücken OLGSt § 367 S. 5.

40 Vgl. OLG Nürnberg MDR **1977** 688.

41 OLG Celle MDR **1960** 947; OLG Koblenz (LS) NJW **1996** 1072; LG Bad Kreuznach NJW **1996**

1070; KK-*Schmidt* § 140 a GVG, 7; *Kleinknecht/Meyer-Goßner* § 140 a GVG, 10; **a. A** *Peters* § 20 II 3 d; *Weiler* NJW **1996** 1042.

42 OLG Braunschweig NJW **1961** 1082; OLG Hamm NJW **1968** 313; OLG Köln MDR **1973** 603; KK-*Schmidt* § 140 a GVG, 7; *Peters* Fehlerquellen **3** 131.

Karl Heinz Gössel

26   **2. Innerhalb des räumlichen und zeitlichen Geltungsbereichs der Strafprozeßordnung aufgehobene ordentliche Gerichte.** Wenn ein Gericht aufgehoben und sein ganzer Bezirk dem Bezirk eines anderen Gerichts zugelegt worden ist, tritt dieses Gericht nach **§ 2** des **Gesetzes über die Zuständigkeit der Gerichte bei Änderungen der Gerichtseinteilung** vom 6. 12. 1933 (RGBl. I 1037) in jeder Hinsicht an die Stelle des aufgehobenen Gerichts. Es entscheidet daher auch im Wiederaufnahmeverfahren. Den Fall, daß der Bezirk des aufgehobenen Gerichts auf die Bezirke mehrerer Gerichte verteilt ist, regelt § 3 des Gesetzes vom 6. 12. 1933.

27   **3. Gerichte, an deren Sitz deutsche Gerichtsbarkeit nicht mehr ausgeübt wird.** Zur Begriffsbestimmung vgl. Vor § 359, 99 f. Die Zuständigkeit für Entscheidungen im Wiederaufnahmeverfahren bestimmt sich nach den §§ 17, 19 ZustErgG. Die Vorschriften lauten:

§ 17 ZustErgG

(1) [1]Für Strafsachen, die am 8. Mai 1945 bei einem Gericht anhängig oder rechtskräftig abgeschlossen waren, an dessen Sitz deutsche Gerichtsbarkeit nicht mehr ausgeübt wird, ist die Strafkammer des Landgerichtes oder unter den Voraussetzungen des § 80 des Gerichtsverfassungsgesetzes das Schwurgericht zuständig, in dessen Bezirk der Beschuldigte oder Verurteilte zur Zeit des Inkrafttretens dieses Gesetzes seinen Wohnsitz oder in Ermangelung eines im Bereich deutscher Gerichtsbarkeit gelegenen Wohnsitzes seinen gewöhnlichen Aufenthalt hat. [2]Dies gilt nur für Personen, die zur Zeit des früheren Verfahrens Deutsche waren und im Zeitpunkt der Fortsetzung des Verfahrens oder des Antrags auf Wiederaufnahme Deutsche sind.

(2) Bei der Strafvollstreckung tritt, wenn die bisherige Strafvollstreckungsbehörde bei einem Gericht bestand, an dessen Sitz deutsche Gerichtsbarkeit nicht mehr ausgeübt wird, an deren Stelle die Strafvollstreckungsbehörde bei dem Landgericht, in dessen Bezirk der Verurteilte seinen Wohnsitz oder in Ermangelung eines im Bereich deutscher Gerichtsbarkeit gelegenen Wohnsitzes seinen gewöhnlichen Aufenthalt hat.

§ 19 ZustErgG

(1) Ergibt sich nach den Vorschriften der §§ 17 und 18 keine Zuständigkeit im Geltungsbereich dieses Gesetzes, so ist die Strafkammer des Landgerichts oder das Schwurgericht zuständig, in dessen Bezirk der Beschuldigte oder Verurteilte erstmalig nach dem Inkrafttreten dieses Gesetzes seinen Wohnsitz begründet.

(2) Hat ein Beschuldigter oder Verurteilter seinen Wohnsitz im Ausland und ist eine Zuständigkeit nach Absatz 1 nicht begründet, so wird die Strafkammer oder das Schwurgericht durch den Bundesgerichtshof bestimmt.

(3) [1]Ist der Verurteilte vor dem Inkrafttreten dieses Gesetzes verstorben, so ist die Strafkammer des Landgerichts oder das Schwurgericht zuständig, in dessen Bezirk er seinen letzten Wohnsitz oder in Ermangelung eines im Bereich deutscher Gerichtsbarkeit gelegenen Wohnsitzes seinen letzten gewöhnlichen Aufenthalt hatte. [2]Ergibt sich hiernach keine Zuständigkeit im Geltungsbereich dieses Gesetzes, so bestimmt sich die Zuständigkeit nach dem Wohnsitz oder dem gewöhnlichen Aufenthalt des nach § 361 Abs. 2 der Strafprozeßordnung berechtigten Antragstellers; die Absätze 1 und 2 gelten entsprechend. [3]Sind hiernach mehrere Gerichte zuständig, so gebührt dem Gericht der Vorzug, das zuerst mit der Sache befaßt wird.

28   **4. Entscheidungen nicht mehr bestehender Gerichte in Gebieten, in denen die Gerichtsbarkeit der Bundesrepublik Deutschland ausgeübt wird oder die der DDR ausgeübt wurde.** S. dazu oben Vor § 359, 92.

29   **5. Wehrmachts- und Sondergerichte.** Die Zuständigkeit richtet sich nach § 18 Abs. 3 ZustErgG (vgl. Vor § 359, 101). Ergibt sich hieraus keine Zuständigkeit, so gilt § 19 ZustErgG (oben Rdn. 27).

V. Einreichung der Anträge

Nach § 367 Abs. 1 Satz 2 kann der Verurteilte Anträge nach §§ 364 a, 364 b und Wie- **30** deraufnahmeanträge nicht nur bei dem **für die Wiederaufnahmeentscheidung zuständigen Gericht**, sondern **auch** bei dem Gericht einreichen, **dessen Urteil angefochten** wird. Dadurch soll verhindert werden, daß der Antrag eines Verurteilten, der das nach § 140 a GVG zuständige Gericht nicht kennt, wegen Unzuständigkeit des angerufenen Gerichts verworfen wird. Reicht der Verurteilte einen Wiederaufnahmeantrag oder einen Antrag auf Bestellung eines Pflichtverteidigers bei dem Gericht ein, gegen dessen Urteil sich der Wiederaufnahmeantrag richtet oder richten soll, so leitet dieses Gericht den Antrag dem zuständigen Gericht zu, es sei denn, „in Kenntnis der Zuständigkeitsfrage" wird die Entscheidung des unzuständigen Gerichts ausdrücklich begehrt[43]. Für Wiederaufnahmeanträge der Personen, die den Antrag zugunsten des Verurteilten stellen können, und für die nach § 361 Abs. 2 Antragsberechtigten gilt das entsprechend, nicht jedoch für Anträge der Staatsanwaltschaft und des Privatklägers.

Ein Teil des Schrifttums will die Weiterleitungsvorschrift des § 367 Abs. 1 Satz 2 **in 31 allen Fällen** anwenden, in denen der Wiederaufnahmeantrag beim sachlich oder örtlich unzuständigen Gericht eingereicht wird[44], so z. B. dann, wenn mit dem Wiederaufnahmeantrag nicht das Berufungsurteil, sondern das Urteil des ersten Rechtszugs angefochten, der Antrag aber bei dem Berufungsgericht angebracht wird. Dieser Auffassung kann indessen deshalb nicht zugestimmt werden, weil sie bei negativen Kompetenzkonflikten zu Schwierigkeiten, insbesondere zu einem vitiösen Weiterleitungszirkel, führen kann, der durch die Anwendung der Vorschriften der StPO über das Verfahren bei fehlender Zuständigkeit vermieden werden sollte[45]; Näheres unten Rdn. 33 ff.

VI. Entscheidung

1. Entscheidungsform und -körper. Die Entscheidung ergeht nach § 367 Abs. 2 ohne **32** mündliche Verhandlung. Anstelle des Schöffengerichts entscheidet der Richter beim Amtsgericht (**§ 30 Abs. 2 GVG**). Richtet sich der Wiederaufnahmeantrag gegen das Urteil eines erweiterten Schöffengerichts, so entscheidet allein der Vorsitzende. Die Strafkammer beschließt in allen Fällen in der Besetzung mit drei Richtern (**§ 76 Abs. 1 GVG**), gleichviel, ob es sich um ein Urteil der großen oder kleinen Strafkammer handelt. Auch das Oberlandesgericht entscheidet immer mit drei Mitgliedern (**§ 122 Abs. 1 GVG**). Zum Ausschluß der Richter, die an dem angefochtenen Urteil mitgewirkt haben, vgl. § 23 Abs. 2.

2. Verfahren bei fehlender Zuständigkeit. Soweit die gesetzlich festgelegte Zustän- **33** digkeit nach §§ 367 StPO, 140 a GVG fehlt, könnte die Verwerfung des Wiederaufnahmeantrags als unzulässig nach § 368 Abs. 1, aber auch eine Einstellung des Wiederaufnahmeverfahrens wegen Fehlens einer Prozeßvoraussetzung nach § 206 a in Betracht kommen. Der StPO läßt sich indessen z. B. in §§ 6 a, 13, 269 entnehmen, daß die fehlende Zuständigkeit nicht stets die Verfahrensbeendigung zur Folge haben soll; sie ist stattdessen bestrebt, wie sich z. B. aus § 209 Abs. 2, §§ 225 a, 270 ergibt, das Verfahren unter Vermeidung vitiöser Verweisungs- oder Abgabezirkel z. B. durch die Entscheidung eines die Zuständigkeit bestimmenden Gerichts **an den zuständigen Spruchkörper** gelangen

---

[43] BGH GA **1985** 419; KK-*Schmidt* 5; *Kleinknecht/Meyer-Goßner* 3, **a. A** AK-*Loos* 22.

[44] KK-*Schmidt* 4; *Kleinknecht/Meyer-Goßner* 5; *Neumann* 127 ff; **a. A** v. *Scanzoni* JW **1928** 1881, der die Verwerfung für geboten hält.

[45] Vgl. dazu AK-*Loos* 22.

zu lassen. Dies erscheint auch sinnvoll: es wäre kaum verfahrensökonomisch, das Verfahren wegen fehlender Zuständigkeit einzustellen und alsdann erneut vor dem zuständigen Gericht in Gang zu bringen, u. U. nach einem Rechtsmittelverfahren.

34 Das 4. Buch der StPO über die Wiederaufnahme enthält keine Vorschriften über die Folgen fehlender Zuständigkeiten; auch sind die Zuständigkeitsvorschriften in den „Allgemeinen Vorschriften" des 1. Buches der StPO auf das Wiederaufnahmeverfahren nicht ohne weiteres anwendbar. Aber auch hier erscheint es ebenso sinnvoll wie im Hauptverfahren, das Verfahren nicht durch Einstellung zu einem bloß vorläufigen Abschluß zu bringen, sondern direkt einer Entscheidung durch das zuständige Gericht zuzuführen. Demgemäß wird es sich empfehlen, sofern nicht schon eine bloße Weiterleitung unter Vermittlung der Staatsanwaltschaft an das zuständige Gericht hilft und die Verfahrensbeteiligten auf einer bestimmten Zuständigkeit bestehen, einige der genannten **Vorschriften** über die **gerichtliche Zuständigkeit** im **Hauptverfahren** mindestens **entsprechend anzuwenden**.

35 **a) Fehlende sachliche Zuständigkeit.** Hält das Gericht die Zuständigkeit eines höheren Gerichts für begründet, so empfiehlt sich wegen der hier einzuhaltenden gesetzlichen Zuständigkeit die Verweisung durch förmlichen Beschluß nach § 270[46].

36 Hält das Gericht dagegen die Zuständigkeit eines Gerichts niederer Ordnung für begründet, so sollte dies in entsprechender Anwendung des § 269 unbeachtlich sein, weil die höhere Zuständigkeit die geringere einschließt (s. Erläuterungen zu § 269); das Gericht müßte dann das Probationsverfahren durchführen und könnte dann immer noch in entsprechender Anwendung des § 354 Abs. 3 (§ 370, 49) die Wiederaufnahme gegebenenfalls vor dem zuständigen Gericht anordnen.

37 Bei **gleichrangigen Spruchkörpern** sollte die Nichteinhaltung von Spezialzuständigkeiten nach § 74 Abs. 2, §§ 74 a, 74 b, 74 c, 74 d in entsprechender Anwendung des **§ 6 a** (auch hinsichtlich der Zuständigkeit des Jugendgerichts nach dem JGG) ebenso unbeachtlich sein und nur bei der Anordnung der Wiederaufnahme in entsprechender Anwendung des § 355 berücksichtigt werden.

38 **b) Fehlende örtliche Zuständigkeit.** Auch dieser Mangel sollte nach § 16 unberücksichtigt bleiben und erst bei der Anordnung der Wiederaufnahme in entsprechender Anwendung des § 355 berücksichtigt werden können; § 16 dürfte als allgemeine Vorschrift nicht nur das Verfahren bis zur Hauptverhandlung betreffen, sondern auch alle nachfolgenden Stadien einschließlich des Wiederaufnahmeverfahrens.

3. Entscheidungen unzuständiger Gerichte

39 **a) Sachliche Unzuständigkeit.** Die Entscheidung eines sachlich unzuständigen Gerichts ist **nicht etwa unwirksam**; das gilt sowohl, wenn anstelle des zuständigen Amtsgerichts ein Gericht höherer Zuständigkeit entscheidet[47], als auch dann, wenn umgekehrt ein Gericht niederer Zuständigkeit entscheidet[48]. Erkennt das Gericht seine sachliche Unzuständigkeit nach Zulassung des Wiederaufnahmeantrags, so soll der **überwiegend** vertretenen Meinung zufolge das Gericht das Verfahren dem sachlich zuständigen Gericht „**überweisen**"[49]. Nach den obigen Ausführungen zu Rdn. 35 ff kommt dies jedoch nur in den Fällen in Betracht, in denen die Zuständigkeit eines höheren Gerichts begründet ist: in

---

[46] S. dazu *Gössel* GA **1968** 364 f.

[47] So OLG Hamm JMBlNRW **1957** 155 für den Fall, daß anstelle des sachlich zuständigen Amtsgerichts das Landgericht entscheidet.

[48] So OLG Düsseldorf JMBlNRW **1979** 259, 261 für den Fall, daß anstelle des sachlich zuständigen Berufungsgerichts das Amtsgericht entscheidet.

[49] *Peters* Fehlerquellen **3** 132 f; KK-*Schmidt* 5; KMR-*Paulus* 17; *Kleinknecht/Meyer-Goßner* 5.

diesen Fällen ist in jeder Lage des Wiederaufnahmeverfahrens ein Verweisungsbeschluß in entsprechender Anwendung des § 270 zu erlassen. In den übrigen Fällen dagegen hat das Gericht das Probationsverfahren selbst durchzuführen (§§ 269, 6 a analog) und kann seine sachliche Unzuständigkeit in **entsprechender Anwendung des § 354 Abs. 3** berücksichtigen (oben Rdn. 36, 37) — wird die Unzuständigkeit nicht berücksichtigt, sind **die §§ 6, 6 a, 225 a, 269, 270 direkt anwendbar**, soweit das Verfahren durch die Wiederaufnahmeanordnung in ein Stadium zurückversetzt wird, in dem diese Vorschriften unmittelbar gelten.

Wird die Entscheidung des sachlich unzuständigen Landgerichts **angefochten**, hat es **40** den Antrag auf Wiederaufnahme aber zu Recht verworfen, so verwirft das Oberlandesgericht auch die sofortige Beschwerde. Denn nach dem Grundgedanken des § 269 ist der Antragsteller nicht dadurch beschwert, daß anstelle des niederen ein höheres Gericht über seinen Antrag befunden hat[50]. Für den Fall, daß der Wiederaufnahmeantrag für zulässig erklärt, dann aber als unbegründet verworfen worden ist und der Antragsteller gegen den nach § 370 Abs. 1 erlassenen Beschluß sofortige Beschwerde eingelegt hat, ist zu differenzieren: entscheidet das Beschwerdegericht selbst in der Sache, so erklärt es die Wiederaufnahme entweder für unbegründet oder aber es ordnet die Wiederaufnahme direkt vor dem zuständigen Gericht an — hält dagegen das Beschwerdegericht weitere Sachaufklärung zur Entscheidung über den Wiederaufnahmeantrag für geboten, so bestehen zwei Möglichkeiten. Einmal kann wegen § 269 die Sache an das entscheidende — unzuständige — Gericht zurückverwiesen werden mit dem Hinweis, die Wiederaufnahme vor dem zuständigen Gericht anzuordnen, falls der Wiederaufnahmeantrag nunmehr als begründet erachtet werden sollte; andererseits — zweckmäßiger — kann das Beschwerdegericht die Sache in entsprechender Anwendung der §§ 354 Abs. 3; 355 an das zuständige Gericht zurückverweisen[51].

b) Örtliche Unzuständigkeit. Auch die Entscheidung des örtlich unzuständigen **41** Gerichts ist **wirksam.** In diesem Fall aber ist unbestritten, daß eine „Überweisung" an das zuständige Gericht nicht in Betracht kommt, auch wenn das Gericht seine örtliche Unzuständigkeit nach Erlaß des Beschlusses über die Zulässigkeit der Wiederaufnahme erkennt. Deshalb muß das örtlich unzuständige — nach hier vertretener Ansicht ebenso wie das sachlich unzuständige, oben Rdn. 40 — das Probationsverfahren durchführen und kann seine örtliche Unzuständigkeit erst mit der Anordnung der Wiederaufnahme vor dem örtlich zuständigen Gericht **entsprechend § 355** berücksichtigen[52].

Wird die Entscheidung eines örtlich unzuständigen Gerichts gemäß § 372 **angefoch-** **42** **ten,** so gelten die gleichen Grundsätze wie bei der sachlichen Unzuständigkeit; die obigen Ausführungen zu Rdn. 40 werden in Bezug genommen[53]. Wird bei der Wiederaufnahmeanordnung die örtliche Zuständigkeit fehlerhaft beurteilt, kann der Angeklagte den Einwand der örtlichen Zuständigkeit nach § 16 erheben[54].

---

[50] OLG Dresden JW **1928** 2290 mit zust. Anm. *Stern*; *Kleinknecht/Meyer-Goßner* 5; **a. A** OLG Braunschweig HESt **1** 216 = NdsRpfl. **1947** 67; OLG Dresden JW **1928** 1881 mit Anm. *v. Scanzoni*; HRR **1930** 267, die eine Sachprüfung ablehnen, den Beschluß aufheben und die Sache an das zuständige Amtsgericht zurückverweisen; KK-*Schmidt* 7; KMR-*Paulus* 18.

[51] So OLG Hamm JMBlNRW **1957** 155.
[52] KK-*Schmidt* 8; KMR-*Paulus* 17; *Kleinknecht/ Meyer-Goßner* 5; AK-*Loos* 28; *Peters* Fehlerquellen **3** 132.
[53] S. dazu OLG Celle GA **69** (1925) 475; OLG Saarbrücken OLGSt § 367, S. 5.
[54] KK-*Schmidt* 8; AK-*Loos* 28; *Peters* Fehlerquellen **3** 132.

Karl Heinz Gössel

§ 368

(1) Ist der Antrag nicht in der vorgeschriebenen Form angebracht oder ist darin kein gesetzlicher Grund der Wiederaufnahme geltend gemacht oder kein geeignetes Beweismittel angeführt, so ist der Antrag als unzulässig zu verwerfen.

(2) Andernfalls ist er dem Gegner des Antragstellers unter Bestimmung einer Frist zur Erklärung zuzustellen.

Schrifttum. *Kaut* Die Prüfung der Erheblichkeit bisher zurückgehaltener Tatsachen und Beweismittel im Wiederaufnahmeverfahren nach § 359 Nummer 5 StPO, JR **1989** 137; *Mumm* Zu § 408 StrPO, DJZ **1903** 546; *Schöneborn* Verfassungsrechtliche Aspekte des strafprozessualen Wiederaufnahmeverfahrens, MDR **1975** 441; *Strate* Die Tragweite des Verbots der Beweisantizipation im Wiederaufnahmeverfahren, GedS Meyer 469.

Bezeichnung bis 1924: § 408.

Geplante Änderungen. Nach Art. 1 Nr. 5 des Entwurfs der SPD-Fraktion für ein Gesetz zur Reform des strafrechtlichen Wiederaufnahmerechts (BTDrucks. **13** 3594) soll § 368 Abs. 1 folgende Fassung erhalten:

„(1) Ist der Antrag nicht in der vorgeschriebenen Form angebracht oder ist kein gesetzlicher Grund der Wiederaufnahme geltend gemacht oder kein geeignetes Beweismittel oder kein offensichtlicher Rechtsfehler i. S. des § 359 Abs. 1 Nr. 2 angeführt, so ist der Antrag als unzulässig zu verwerfen.“

S. ggf. die Erläuterungen im Nachtrag zur 25. Auflage.

Übersicht

I. Die möglichen Gegenstände der Zulässigkeitsprüfung

Wie bereits Vor § 359, 106 ff ausgeführt, sind im Wiederaufnahmeverfahren verschie- **1** dene Bezugspunkte der Zulässigkeit zu unterscheiden. Einmal ist die Zulässigkeit des **voraufgegangenen Verfahrens**, dessen Sachentscheidung mit der Wiederaufnahme angefochten wird, von der Zulässigkeit des **Wiederaufnahmeverfahrens** selbst zu unterscheiden, die sich einmal auf das Vorliegen der allgemeinen Voraussetzungen jedes Strafverfahrens und seiner Stadien einschließlich der Wiederaufnahme bezieht und zum anderen auf die speziellen, nur für das Wiederaufnahmeverfahren verlangten Voraussetzungen. Schließlich ist davon noch die Zulässigkeit des **wiederaufgenommenen Verfahrens** selbst zu unterscheiden.

Im **Aditionsverfahren** wird nur die *Zulässigkeit des Wiederaufnahmeverfahrens* **2** geprüft, nicht aber die des voraufgegangenen und ebensowenig die des wiederaufgenommenen Verfahrens.

1. Die allgemeinen Voraussetzungen des Wiederaufnahmeverfahrens. Die allge- **3** meinen Voraussetzungen der Zulässigkeit des Wiederaufnahmeverfahrens sind **unabhängig von der in § 368 Abs. 1** vorgeschriebenen Zulässigkeitsprüfung sowohl im Aditions- als auch im Probationsverfahren zu beachten. Fehlen sie, so ist das Wiederaufnahmeverfahren bis zum Zeitpunkt der Entscheidung über die Wiederaufnahme nach § 370 Abs. 2 grundsätzlich nach **§ 206 a** einzustellen.

In der **Literatur** wird allerdings zumeist vorgeschlagen, § 206 a erst bei Eintritt eines **4** Prozeßhindernisses nach Erlaß einer Entscheidung nach § 370 Abs. 2 anzuwenden, während bei vorherigem Eintritt des Prozeßhindernisses nach § 371 Abs. 2, § 373 Abs. 1 zu verfahren sei[1]. Indessen ist nicht einzusehen, warum das Wiederaufnahmeverfahren z. B. noch vor Erlaß des Zulassungsbeschlusses **weitergeführt** werden soll, **obwohl** das Verfahrenshindernis **ohnehin zur Einstellung** führt. Dieses gewiß nicht verfahrensökonomische Ergebnis läßt sich vermeiden, wird die verfahrensvereinfachende Vorschrift des § 206 a auch schon während des Wiederaufnahmeverfahrens entsprechend angewendet. Dafür spricht auch, daß allgemein angenommen wird, § 206 a gelte in jedem Verfahrensstadium[2], also auch in dem der Wiederaufnahme[3]; insoweit gilt nichts anderes als im Rechtsmittelverfahren, in dem ein Verfahrenshindernis nicht erst bei der Begründetheitsprüfung berücksichtigt wird, sondern außerhalb der speziellen Rechtsmittelvoraussetzungen (z. B. §§ 341, 346) alsbald zur Einstellung des Verfahrens führt, im Regelfall nach § 206 a. Diese Überlegungen aber führen auch dazu, **§ 206 a schon vor einer Entscheidung nach § 368** und unabhängig davon anzuwenden[4], weil auf diese Weise ein der Wiederaufnahme entgegenstehendes Hindernis in verfahrensvereinfachender Weise und unabhängig von etwaigen Streitfragen zur Bindungswirkung eines Beschlusses nach § 368 berücksichtigt und das Verfahren eingestellt werden kann.

---

[1] *Meyer-Goßner* GA **1973** 375; KMR-*Paulus* § 206 a, 15; s. auch Erläuterungen zu § 206 a; vgl. ferner *Peters* Fehlerquellen **3** 158 ff.

[2] BGHSt **24** 208, 212; Näheres bei den Erläuterungen zu § 206 a .

[3] OLG Frankfurt NJW **1983** 2398; *Kleinknecht/ Meyer-Goßner* § 206 a, 6; die Kritik von *Marxen/ Tiemann* 213 an der hier vertretenen Auffassung, die für eine entsprechende Anwendung des § 206 a erforderliche Regelungslücke bestehe angesichts

des „als Entscheidungsgrundlage" zur Verfügung stehenden § 368 Abs. 1 nicht, verkennt, daß § 206 a unabhängig von Regelungslücken in *jedem* Verfahrensstadium gilt und im Erkenntnisverfahren die als Entscheidungsgrundlage zur Verfügung stehende Vorschrift des § 260 Abs. 3 auch nicht der Einstellung nach § 206 a entgegensteht.

[4] So schon LR-*Meyer*[23] § 373, 18; *Gössel* NStZ **1983** 393; vgl. auch LR-*Rieß*[24] § 206 a , 21.

Karl Heinz Gössel

5　　Eine **Einstellung** des Wiederaufnahmeverfahrens nach **§ 206 a** kommt **z. B.** in Betracht bei unstatthafter Strafverfolgung (§ 13 GVG), fehlender deutscher Gerichtsbarkeit, Fehlen oder Wegfall der Rechtskraft der mit der Wiederaufnahme angefochtenen Entscheidung[5], bei Amnestie unter den oben (Vor § 359, 115 ff) genannten Voraussetzungen und bei anderweitiger Rechtshängigkeit. Gleiches gilt aber auch beim Verbrauch der Wiederaufnahmegründe durch eine rechtskräftige Wiederaufnahmeentscheidung nach § 368 oder nach § 370 (s. dazu § 372, 22): deren Rechtskraft steht dem Wiederaufnahmeverfahren als Prozeßhindernis entgegen[6]. Der Einstellungsbeschluß ist nach § 206 a Abs. 2 mit sofortiger Beschwerde anfechtbar (§ 372, 2).

6　　Eine Verfahrenseinstellung kommt dagegen bei der Wiederaufnahme *zugunsten* des Verurteilten in den Fällen **nicht** in Betracht, in denen die Unzulässigkeit nach *§§ 13 ff, 18 ff GVG* erst *nach Rechtskraft* der mit der Wiederaufnahme *angefochtenen* Entscheidung eintritt: in diesen Fällen muß den Betroffenen die Rehabilitationsmöglichkeit erhalten bleiben. Ein *Strafantrag* kann nach § 77 d Abs. 1 Satz 2 StGB nur bis zum rechtskräftigen Abschluß des Strafverfahrens zurückgenommen werden; deshalb kommt eine Einstellung wegen fehlenden Strafantrags im Wiederaufnahmeverfahren nur in Betracht, wenn dies im vorausgegangenen Verfahren nicht erkannt wurde (anders nach Rechtskraft der Entscheidung nach § 370 Abs. 2 — s. § 370, 42 — und im wiederaufgenommenen Verfahren, s. § 373, 17). Zu den Entscheidungen bei fehlender Zuständigkeit s. § 367, 33 ff, bei fehlender Verhandlungsfähigkeit s. Vor § 359, 110 und bei Wegfall des Privatklägers s. Vor § 359, 130 ff.

2. Spezielle Voraussetzungen der Wiederaufnahme

7　　**a) Gegenstand der Zulässigkeitsprüfung.** Die Zulässigkeitsprüfung nach § 368 Abs. 1[7] dagegen betrifft neben der Statthaftigkeit der Wiederaufnahme, der Berechtigung zur Antragstellung, der Beschwer (Vor § 359, 122 ff) nur die dort genannten **speziellen Voraussetzungen** einer zulässigen Wiederaufnahme: die Wahrung der von § 366 vorgeschriebenen Förmlichkeiten, die Geltendmachung eines gesetzlichen Grundes der Wiederaufnahme, die Anführung geeigneter Beweismittel und schließlich die Schlüssigkeit des Wiederaufnahmeantrags. Die Zulässigkeitsprüfung darf sich nur auf die vom Antragsteller geltend gemachten Wiederaufnahmegründe erstrecken[8].

8　　**b) Sinn und Bedeutung der Zulässigkeitsprüfung.** Der Zulässigkeitsprüfung kommt eine **Filterwirkung** zu. Sie soll Anträgen den weiteren Weg abschneiden, die, ohne daß es auf die Richtigkeit des Wiederaufnahmevorbringens ankommt, die Wiederaufnahme nicht begründen können. Die Prüfung dient aber auch sonst der Prozeßwirtschaftlichkeit. Insbesondere in dem Fall des § 359 Nr. 5 muß das Wiederaufnahmevorbringen zunächst dahin geordnet werden, was erheblich ist und Gegenstand einer Beweisaufnahme sein muß. Der Zulassungsbeschluß soll hierüber Klarheit schaffen[9] und darf daher unter keinen Umständen unterbleiben[10].

9　　Im Schrifttum wird die Ansicht vertreten, die Zulässigkeitsprüfung sei nur eine **Grobsichtung**, an der lediglich formwidrige, eindeutig unhaltbare, willkürliche und mißbräuch-

---

[5] *Gössel* NStZ **1983** 393.

[6] KMR-*Paulus* § 366, 17; *Kleinknecht/Meyer-Goßner* § 372, 9.

[7] Die Vorschrift ist mit dem Grundgesetz vereinbar; s. BVerfG MDR **1975** 468.

[8] *Eb. Schmidt* 2; KK-*Schmidt* 3; KMR-*Paulus* 1 und § 366, 2; *Neumann* 143.

[9] *Dippel* in: Jescheck/Meyer, 96.

[10] RGSt **35** 352; KMR-*Paulus* 1; *Kleinknecht/Meyer-Goßner* 12; *Peters* § 76 V 3 a; *Neumann* 137; **a. A** *Hellm. Mayer* GerS **99** (1930) 342, der den Beschluß nur im Fall der Antragsverwerfung für erforderlich hält, *v. Kries* 711 meint, er könne auch stillschweigend ergehen.

liche Wiederaufnahmeanträge scheitern dürfen[11]. Das ist nicht richtig. Die Prüfung nach § 368 unterscheidet sich von der Begründetheitsprüfung nach § 370 nur dadurch, daß die Richtigkeit des Wiederaufnahmevorbringens nicht untersucht, sondern unterstellt wird (unten Rdn. 22). Erweist sich das Antragsvorbringen aber selbst bei dieser Unterstellung als ungeeignet, die Wiederaufnahme zu begründen, so muß der Antrag als unzulässig verworfen werden, auch wenn er weder mißbräuchlich noch mutwillig oder eindeutig unhaltbar ist. Denn es wäre ganz überflüssig, nach § 369 Beweise zu erheben, obwohl von vornherein feststeht, daß der Wiederaufnahmeantrag erfolglos bleiben muß, weil es auf die Tatsachen, die bewiesen werden sollen, gar nicht ankommt[12]. Die Zulässigkeitsprüfung muß daher unter allen Umständen eine Schlüssigkeitsprüfung sein; auf eine „Grobsichtung" darf sie sich nicht beschränken. Richtig ist nur, daß die bei dieser Prüfung in gewissem Umfang zulässige Vorwegnahme der Beweiswürdigung (unten Rdn. 23 ff) mit äußerster Zurückhaltung betrieben werden sollte. In Zweifelsfällen muß der Antrag für zulässig erklärt und der Beweis erhoben werden.

II. Prüfung der Form (§ 366)

Zu prüfen ist nicht nur, ob die in § 366 Abs. 2 vorgeschriebene Form eingehalten ist, **10** sondern auch, ob der Antragsteller überhaupt antragsberechtigt (vgl. § 365, 3 ff) und ob er beschwert ist (vgl. Vor § 359, 124). Die **Nichteinhaltung** der gesetzlich vorgeschriebenen **Form schließt die sachliche Prüfung** des Antrags immer **aus**[13].

Wenn das Antragsvorbringen unvollständig, der **Mangel** aber unbedeutend und leicht **11** **zu beheben ist**, so ist aufgrund der gerichtlichen Fürsorgepflicht von der Verwerfung des Antrags abzusehen und dem Antragsteller unter Fristsetzung Gelegenheit zum Nachholen der bisher unterbliebenen Ausführungen und Beweisantritte zu geben; es erscheint zudem nicht sinnvoll, einen Antrag, der jederzeit wiederholt werden kann, nur wegen eines unbedeutenden Formmangels zu verwerfen[14].

III. Prüfung der Anträge nach § 359 Nrn. 1 bis 4, § 362 Nrn. 1 bis 4

1. Gesetzlicher Grund der Wiederaufnahme

a) Bei **§ 359 Nrn. 1 bis 3, § 362 Nrn. 1 bis 3** erstreckt sich die Prüfung darauf, ob der **12** Antragsteller das Vorliegen einer der dort bezeichneten Straftaten (wegen der Ausnahme bei § 359 Nr. 1 vgl. dort Rdn. 21) und die nach § 364 Satz 1 für die Wiederaufnahme erforderliche rechtskräftige Verurteilung des Täters dargelegt hat. Diese Verurteilung ist für das Wiederaufnahmeverfahren bindend[15]. Wenn ein Urteil nicht ergangen ist, wird geprüft, ob das Wiederaufnahmevorbringen einen konkreten Verdacht der behaupteten Straftat begründet[16] und ob der Antragsteller ausgeführt hat, aus welchen anderen Gründen als wegen Mangels an Beweisen die Verurteilung nicht erfolgen kann. Maßgebend ist die Zeit der Antragstellung. Daher kommt die Aussetzung der Wiederaufnahmeentscheidung bis zur Erledigung des gegen einen Zeugen eingeleiteten Meineidsverfahrens nicht

---

[11] *Dippel* in: Jescheck/Meyer, 98; *Peters* § 76 V 3 a; ferner Fehlerquellen **3** 137 und JR **1976** 78; *J. Meyer* ZStW **84** (1972) 934.

[12] Vgl. *Hanack* JZ **1973** 403.

[13] OLG Schleswig SchlHA **1952** 156.

[14] S. OLG Hamm NJW **1980** 717; KK-*Schmidt* 1; KMR-*Paulus* 2; *Kleinknecht/Meyer-Goßner* 1; *Neumann* 140; weitergehend AK-*Loos* 4: bei allen Formmängeln ist „dem Antragsteller Gelegenheit

zur Nachbesserung, insbesondere Vervollständigung zu geben"; *v. Hentig* 227 will sogar die Ersetzung von unzureichenden durch zureichende Wiederaufnahmegründe und von ungeeigneten durch geeignete Beweismittel zulassen.

[15] KK-*Schmidt* 5; *Neumann* 77.

[16] KK-*Schmidt* 5; *Kleinknecht/Meyer-Goßner* 2; *Pfeiffer/Fischer* 2; Näheres s. § 364, 1 bis 5.

Karl Heinz Gössel

in Betracht[17]. In den Fällen der § 359 Nrn. 1 und 2 , § 362 Nrn. 1 und 2 ist der Antrag unzulässig, wenn sich ohne weiteres ergibt, daß ein ursächlicher Zusammenhang zwischen den wiederaufnahmebegründenden (strafbaren) Handlungen und dem Urteil (vgl. § 370, 25) ausgeschlossen ist[18]. Daß die Notwendigkeit des ursächlichen Zusammenhangs erst in § 370 Abs. 1 erwähnt ist, zwingt das Gericht nicht, zur Begründetheitsprüfung überzugehen, obwohl schon bei der Zulässigkeitsprüfung die Erfolglosigkeit des Antrags festgestellt wird[19].

13   **b)** Bei **§ 359 Nr. 4** wird geprüft, ob geltend gemacht ist, daß ein rechtskräftiges Urteil vorliegt, durch das ein anderes zivilgerichtliches Urteil, auf das das Strafurteil gegründet ist, aufgehoben worden ist (§ 359, 5 und 50).

14   **c)** Bei **§ 362 Nr. 4** ist zu prüfen, ob der Antrag Tatsachen vorbringt, die ergeben, daß der Freigesprochene ein glaubhaftes Geständnis abgelegt hat. Ob das Geständnis glaubhaft ist, wird jedoch erst bei der Begründetheitsprüfung nach § 370 untersucht[20]. Die endgültige Prüfung der Wahrheit des Geständnisses findet erst in der neuen Hauptverhandlung statt[21].

15   **2. Geeignete Beweismittel.** Unter Beweismittel im Sinne des § 368 sind alle Beweismittel im weiteren Sinne zu verstehen, also die **förmlichen Beweismittel der StPO und die Einlassung des Angeklagten**; die **Geeignetheit** bezieht sich auf die **Erreichung** der **Wiederaufnahmeziele**. Die Einzelheiten wurden bereits in der Auseinandersetzung mit dem Beweismittelbegriff des § 359 erörtert; die Darlegungen zu § 359, 125 bis 132 werden in Bezug genommen. § 368 Abs. 1 bezieht sich auf alle Wiederaufnahmegründe[22]. In den Fällen der § 359 Nrn. 1 bis 4, § 362 Nrn. 1 bis 3 ist das Beweismittel regelmäßig das Strafurteil oder das zivilgerichtliche Urteil, auf das der Wiederaufnahmeantrag gestützt ist. Dieses Urteil ist für die Zulässigkeitsprüfung heranzuziehen. Die Begründetheitsprüfung erstreckt sich nur auf die Frage des ursächlichen Zusammenhangs (§ 370, 25). In dem Fall des § 362 Nr. 4 muß geprüft werden, ob ein Geständnis des Freigesprochenen vorhanden ist. Hat er es nur mündlich vor Zeugen abgelegt, so muß es sich um geeignete Zeugen handeln; sie dürfen weder unerreichbar noch aus anderen Gründen als Beweismittel offensichtlich wertlos sein.

IV. Prüfung der Anträge nach § 359 Nr. 5

16   **1. Neue Tatsachen oder Beweismittel.** Ein gesetzlicher Grund der Wiederaufnahme nach § 359 Nr. 5 ist nur gegeben, wenn die beigebrachten Tatsachen oder Beweismittel neu sind. Das ist als erstes zu prüfen. Die **Neuheit von Beweismitteln** (§ 359, 87 ff) ergibt sich aus der Sitzungsniederschrift; die Beweisvermutung des § 274 gilt[23]. Ob eine **Tatsache neu** ist (§ 359, 96), muß aus dem Urteil oder, insbesondere bei abgekürzter Urteilsfassung nach § 267 Abs. 4, aus dem sonstigen Inhalt der Strafakten festgestellt werden[24]. Daß eine Tatsache in dem Urteil nicht erwähnt ist, beweist nicht, daß sie neu ist[25]. Ande-

---

[17] BayObLG DRiZ **1932** Nr. 295; KK-*Schmidt* 5; KMR-*Paulus* 7; AK-*Loos* 5.

[18] RMilGE **21** 40; KK-*Schmidt* 5; *Kleinknecht/Meyer-Goßner* 2; *Neumann* 142; zweifelnd AK-*Loos* 5.

[19] KK-*Schmidt* 5; *Neumann* 143.

[20] KK-*Schmidt* 7; *Kleinknecht/Meyer-Goßner* 2; *v. Hentig* 183, 224; **a. A** KMR-*Paulus* 7.

[21] KMR-*Paulus* 7; *Neumann* 72.

[22] *Neumann* 141 Fußn. 16.

[23] KMR-*Paulus* 9; KK-*Schmidt* 8; *Kleinknecht/*

[17] *Meyer-Goßner* 6; *Pfeiffer/Fischer* 3; *Peters* Fehlerquellen **3** 81; *J. Meyer* JZ **1968** 10.

[24] OLG Hamm GA **1957** 90; KK-*Schmidt* 8; KMR-*Paulus* 9; *Kleinknecht/Meyer-Goßner* 5; AK-*Loos* 10; *v. Hentig* 101.

[25] OLG Dresden *Alsb.* E **2** Nr. 257; OLG Hamm GA **1957** 90; *Eb. Schmidt* § 359, 18; KK-*Schmidt* 8; KMR-*Paulus* 9; *Kleinknecht/Meyer-Goßner* 5; *Neumann* 42 Fußn. 12; *Peters* Fehlerquellen **3** 82; *Günther* MDR **1974** 94; *J. Meyer* JZ **1968** 7.

rerseits ist ihre Erwähnung in den Akten ein Anzeichen dafür, daß sie dem erkennenden Gericht bekannt war[26]; einen vollen Beweis erbringt das aber nicht[27]. Der Aktenverlust darf dabei aber nicht zu Lasten des Verurteilten berücksichtigt werden[28]. Trägt der Antragsteller beweiserhebliche Tatsachen vor, von denen er einräumt, daß sie ihm in der Hauptverhandlung schon bekannt waren, so muß er begründen, warum er sie nicht schon früher geltend gemacht hat; jedoch besteht nicht etwa eine Vermutung dafür, daß er sie in der früheren Hauptverhandlung geltend gemacht hat[29].

Wenn sich weder aus dem Urteil noch aus der Sitzungsniederschrift oder sonst aus den **17** Akten ausreichende Erkenntnisse über die Neuheit von Tatsachen oder Beweismitteln gewinnen lassen, müssen im Freibeweis **Ermittlungen** geführt werden[30]. Insbesondere können dienstliche Äußerungen der Richter, die das Urteil erlassen haben, und Erklärungen der anderen an der Hauptverhandlung beteiligten Personen eingeholt werden[31]. Auch die Befragung von Sachverständigen über den Inhalt ihres früheren Gutachtens ist zulässig[32]. Von solchen Ermittlungen kann aber abgesehen werden, wenn offensichtlich ist, daß das Antragsvorbringen die Wiederaufnahme nicht begründen kann[33]. Die Neuheit der Tatsachen und Beweise kann dann dahingestellt bleiben, da es auf sie im Ergebnis nicht ankommt.

Die Neuheit der Tatsachen oder Beweismittel **muß nicht** mit völliger Sicherheit **fest-** **18** **stehen**[34]. Sie muß aber so wahrscheinlich sein, daß ernsthafte Zweifel nicht bestehen[35]. Der Grundsatz, daß Zweifel zugunsten des Angeklagten zu berücksichtigen sind, gilt nicht[36]. Der Antrag ist daher unzulässig, wenn sich die Neuheit nicht feststellen läßt[37].

2. Geeignete Beweismittel. Als *inhaltliche Voraussetzungen* des Wiederaufnahme- **19** grundes des § 359 Nr. 5 müssen die vorgebrachten nova zur Erreichung der Wiederaufnahmeziele geeignet sein; diese Voraussetzungen sind bei § 359, 133 bis 176 erörtert. Daneben aber verlangt **§ 368 Abs. 1** zusätzlich den **Nachweis** solcher nova durch geeignete Beweismittel (§ 359, 128), der sich jedoch nur auf neue Tatsachen beziehen kann.

a) Soweit die restitutio propter nova auf **neue Beweismittel** gestützt wird, müssen **20** diese schon als inhaltliche Merkmale dieses Wiederaufnahmegrundes zur Erreichung der Wiederaufnahmeziele geeignet sein: mit dem Beibringen solcher Beweismittel ist aber nicht nur den Voraussetzungen des § 359 Nr. 5 genügt, sondern zugleich auch denen des **§ 368 Abs. 1:** bei neuen Beweismitteln besitzt § 368 Abs. 1 insoweit **keine selbständige Bedeutung** (oben § 359, 128).

b) Soweit allerdings die restitutio propter nova auf **neue Tatsachen** gestützt wird, muß **21** deren Vorliegen (was § 359 Nr. 5 nicht schon verlangt) nach § 368 Abs. 1 durch geeignete

---

26 KMR-*Paulus* 9; KK-*Schmidt* 8; *Kleinknecht/ Meyer-Goßner* 5; *Günther* MDR **1974** 94 Fußn. 16.
27 *Peters* Fehlerquellen **3** 82; **a. A** OLG Karlsruhe OLGSt § 368 S. 2 für Einzelrichtersachen.
28 OLG Frankfurt JR **1984** 40 mit zust. Anm. *Peters*; vgl. auch *Schmid* FS Lange 793.
29 *Kaut* JR **1989** 137, der aber schon auf das Erfordernis einer schlüssigen Begründung für die erst nachträgliche Geltendmachung verzichten will; **a. A** OLG Hamm Rpfleger **1963** 82; KK-*Schmidt* 8; *Kleinknecht/Meyer-Goßner* 5; s. § 359, 180 Fußn. 370.
30 OLG Frankfurt NJW **1978** 841; KK-*Schmidt* 8; KMR-*Paulus* 9; *Kleinknecht/Meyer-Goßner* 5; AK-*Loos* 10; *Peters* Fehlerqellen **3** 82.
31 OLG Celle GA **1957** 90; *Eb. Schmidt* Nachtr. I 1; KMR-*Paulus* 9.

32 OLG Hamburg *Alsb.* E **2** Nr. 310 = LZ **1917** 83; *v. Hentig* 227; *Neumann* 48 Fußn. 39.
33 AK-*Loos* 11.
34 *Stree* In dubio pro reo (1962) 85.
35 AK-*Loos* 11.
36 OLG Kiel GA **69** (1925) 148; AK-*Loos* 11; s. auch § 359, 155.
37 OLG Düsseldorf NJW **1987** 2030; OLG Frankfurt NJW **1978** 841; OLG Hamm GA **1957** 90; Rpfleger **1963** 82; KK-*Schmidt* 8; KMR-*Paulus* 9; *Kleinknecht/Meyer-Goßner* 6; *v. Hentig* 93 ff; *J. Meyer* JZ **1968** 9; **a. A** *Schünemann* ZStW **84** (1972) 903 Fußn. 153; vgl. auch *Peters* Fehlerquellen **3** 82, der Großzügigkeit empfiehlt und das Hauptgewicht auf die Erheblichkeitsprüfung legen will.

Karl Heinz Gössel

Beweismittel nachgewiesen werden. Im Gegensatz zu dem von § 359 Nr. 5 verwendeten Beweismittelbegriff ist die Einlassung des Verurteilten auch zu den Beweismitteln i. S. des § 368 zu rechnen (s. oben Rdn. 15 und § 359, 125 bis 132). Die Geeignetheit bezieht sich in § 368 Abs. 1 wie in § 359 Nr. 5 gleichermaßen auf die wahrscheinliche (§ 359, 153) Erreichung der Wiederaufnahmeziele, weshalb die diesbezüglichen Ausführungen zu § 359, 133 bis 176 hier in Bezug genommen werden: die Beweismittel können insbesondere entweder nach § 244 Abs. 2 bis 5 *bedeutungslos* für die Erreichung der Wiederaufnahmeziele sein (§ 359, 169 ff) oder aber aufgrund ihrer Beschaffenheit (§ 359, 165 ff) dazu *untauglich*.

3. Wesen und Beurteilungsmaßstäbe der Geeignetheitsprüfung

22   **a) Wesen.** Die Geeignetheitsprüfung ist grundsätzlich nur eine **hypothetische Schlüssigkeitsprüfung**. Das Gericht muß davon ausgehen, daß die von dem Verurteilten behaupteten neuen Tatsachen richtig sind und daß die beigebrachten Beweismittel den ihnen zugedachten Erfolg haben werden[38]. Die nach § 368 Abs. 1 anzustellende Prüfung unterscheidet sich von der nach § 370 Abs. 1 (vgl. dort Rdn. 9 ff) grundsätzlich nur dadurch, daß die Richtigkeit des Wiederaufnahmevorbringens nicht durch eine Beweisaufnahme geprüft, sondern unterstellt wird.

b) Beurteilungsmaßstäbe

23   **aa) Vorwegnahme der Beweiswürdigung.** Nach einer nur im Schrifttum vertretenen Ansicht ist bei der Erheblichkeitsprüfung nach §368 Abs. 1 **jede Vorwegnahme der Beweiswürdigung** verboten. Das Gericht soll lediglich befugt sein, eine abstrakte Schlüssigkeitsprüfung ohne Wertung der Beweiskraft der Beweismittel vorzunehmen[39].

24   Diese Rechtsmeinung ist im Grundsatz richtig, läßt aber zu Unrecht keine **Ausnahmen** zu. Das Beweisergebnis darf bei der Zulässigkeitsprüfung grundsätzlich nicht vorweggenommen werden[40]. Es ist daher nicht statthaft, unter Umgehung der richterlichen Zuständigkeit zur Beweiserhebung im Probationsverfahren schon im Aditionsverfahren von Polizei oder Staatsanwaltschaft erhobene Beweise zu verwerten[41], und ebensowenig, eidesstattliche Erklärungen von Zeugen entgegenzunehmen und als besonders beweiskräftig zu berücksichtigen[42] oder Beweise über die Glaubwürdigkeit von Zeugen zu erheben[43]. Eine gewisse Wertung der Beweiskraft der beigebrachten Beweismittel, soweit sie ohne förmliche Beweisaufnahme möglich ist, ist aber bei der Zuständigkeitsprüfung nicht vollkommen ausgeschlossen[44]: Denn die Unterstellung bedeutet nicht, daß die benannten Beweise den ihnen zugedachten Erfolg haben werden (oben Rdn. 22), insbesondere beim

---

[38] BGHSt. **17** 304; OLG Braunschweig NJW **1959** 1984; OLG Celle JR **1967** 150; OLG Düsseldorf NStE Nr. 10 zu § 359; OLG Karlsruhe OLGSt § 368 S. 2; OLG Köln JMBlNRW **1952** 160; GA **1957** 92 L; NJW **1963** 968; LG Hof MDR **1973** 517; *Eb. Schmidt* Nachtr. I 1; KK-*Schmidt* 9; KMR-*Paulus* 10; *Kleinknecht/Meyer-Goßner* 8; AK-*Loos* 15; *Dippel* in: Jescheck/Meyer, 98; *Peters* Fehlerquellen **3** 96; *Fuchs* JuS **1969** 517; *Günther* MDR **1974** 96; *W. Schmidt* NJW **1958** 1332; *Schorn* MDR **1965** 870; *Wasserburg* Handb. 324 **a. A** *Marxen/Tiemann* 139: hinreichende Erfolgsaussicht.

[39] *Schöneborn* MDR **1975** 441; *v. Stackelberg* FS II Peters 459; *Strate* GedS Meyer 472 ff.

[40] *Eb. Schmidt* 1; *Dippel* in: Jescheck/Meyer, 98.

[41] OLG Celle MDR **1991** 1077; *Gössel* NStZ **1987** 380.

[42] BGHSt **17** 303; *Hanack* JZ **1974** 20; **a. A** RG HRR **1934** 1723.

[43] OLG Köln NJW **1963** 968; *Wasserburg* Handb. 327.

[44] BGHSt **17** 304; BGH JR **1977** mit abl. Anm. *Peters*; KG JR **1975** 166 mit abl. Anm. *Peters*; OLG Braunschweig NJW **1959** 1984; OLG Celle JR **1957** 150; OLG Düsseldorf OLGSt Nr. 4 zu § 359; OLG Hamburg JR **1951** 218; OLG Nürnberg MDR **1964** 171; *Dalcke/Fuhrmann/Schäfer* § 359, 4; KK-*Schmidt* 10; KMR-*Paulus* 10; *Kleinknecht/Meyer-Goßner* 9; *Schorn* MDR **1965** 870; *Schünemann* ZStW **84** (1972) 895.

Zeugenbeweis nicht, daß das Gericht von der Richtigkeit der in das Wissen des Zeugen gestellten Tatsachen ausgehen muß. Es wird nur unterstellt, daß der Zeuge so aussagen werde, wie das der Antragsteller behauptet, nicht auch, daß die Tatsachen zutreffen, die er bekunden soll[45]. Beruhen die Urteilsfeststellungen auf den Aussagen zahlreicher Zeugen oder auf einer Vielzahl überzeugender Beweisanzeichen, so ist es dem Wiederaufnahmegericht daher gestattet, den Beweiswert eines neu benannten Zeugen von vornherein so gering zu veranschlagen, daß seine Aussage nicht geeignet erscheint, das Wiederaufnahmevorbringen zu beweisen[46]. Insoweit trifft den Antragsteller eine gewisse Beweislast: fehlt etwa jeder Anhaltspunkt dafür, daß die neu benannten Zeugen bei den den Gegenstand der angefochtenen Verurteilung bildenden Geschehnissen zugegen waren, so muß der Antragsteller darlegen, „aus welchen Gründen die von ihm benannten Zeugen die in ihr Wissen gestellten Tatsachen bekunden können", und außerdem sind bei Aussagen über die Bekundungen dritter Personen (Hörensagen) „die Quellen" mitzuteilen, „die Aufschluß über die Verläßlichkeit" der Drittauskünfte geben können[47]. Dieser Unterschied zur Beweisaufnahme im Hauptverfahren rechtfertigt sich daraus, daß der Antragsteller im Wiederaufnahmeverfahren keine verspäteten Beweisanträge stellt[48], sondern ein Verfahren wiederaufrollen will, das nach einer Beweisaufnahme zu einer rechtskräftigen Verurteilung geführt hat[49].

Die **Vorwegnahme der Beweiswürdigung** im Aditionsverfahren ist allerdings dann **25** unzulässig, führt sie zur „Feststellung solcher Tatsachen, die den Schuldspruch wesentlich tragen, indem sie die abgeurteilte Tat in ihren entscheidenden Merkmalen umgrenzen, oder deren Bestätigung oder Widerlegung im Verteidigungskonzept" des früheren Angeklagten und jetzigen Verurteilten „eine herausragende Rolle spielt": die Feststellung derartiger Tatsachen muß „der Hauptverhandlung vorbehalten bleiben", wie z. B. in den Fällen, in denen eine in der Hauptverhandlung des rechtskräftig abgeschlossenen Verfahrens „getroffene, jedoch" später „unhaltbar gewordene Feststellung einer wesentlichen, den Schuldspruch begründenden Tatsache im nachhinein durch eine andere ersetzt wird, die ohne Hauptverhandlung ermittelt wurde", wie z. B. die Zeit der Tat[50]. Ähnlich sind Beweise über den wissenschaftlichen Wert eines Sachverständigengutachtens nicht schon im Aditionsverfahren zu erheben; hierzu dient die Beweisaufnahme nach § 369[51].

bb) Beurteilungsstandpunkt. Zu der Erheblichkeitsprüfung sind im Freibeweis die **26** Urteilsfeststellungen, daneben aber, falls das erforderlich ist, auch der sonstige Akteninhalt heranzuziehen[52]. Das Antragsvorbringen muß zu dem gesamten Inhalt der Akten und zu dem früheren Beweisergebnis in Beziehung gesetzt werden[53], wobei allerdings Erkenntnisse aus anderen Verfahren als dem, das zu der mit der Wiederaufnahme angefochtenen Entscheidung führte und auch diejenigen, die erst aus Anlaß des Wiederaufnahmeverfahrens gewonnen wurden, grundsätzlich nicht berücksichtigt werden dürfen[54]. Im Wege einer Gesamtbetrachtung ist zu prüfen, ob die frühere Beweislage im Lichte des

---

[45] KG NJW **1992** 450; OLG Karlsruhe OLGSt § 368 S. 2; OLG Köln NStZ **1991** 96, 98; KMR-*Paulus* 10.
[46] OLG Köln NJW **1963** 967, 968.
[47] KG NJW **1992** 450; OLG Düsseldorf NStZ **1993** 504.
[48] So aber *Peters* Fehlerquellen **3** 136.
[49] BGH JR **1977** 217 mit abl. Anm. *Peters*.
[50] BVerfG NJW **1995** 2024, 2025.
[51] **Anders** OLG Braunschweig GA **1956** 266.
[52] OLG Celle JR **1967** 150; OLG Dresden DStrZ **1922** 366; OLG Frankfurt MDR **1975** 512; OLG

Hamm MDR **1974** 250; OLG Nürnberg MDR **1964** 171, *Eb. Schmidt* § 359, 27; KMR-*Paulus* 10; *Kleinknecht/Meyer-Goßner* 9; *Dippel* in: Jescheck/Meyer, 99; *Fuchs* JuS **1969** 517; *Günther* MDR **1974** 97 ff.
[53] KG JR **1975** 166 mit Anm. *Peters* und NJW **1992** 450; OLG Nürnberg MDR **1964** 171; KK-*Schmidt* 10; KMR-*Paulus* 10; *Kleinknecht/Meyer-Goßner* 9; *Fuchs* JuS **1969** 516; *Günther* MDR **1974** 96.
[54] KK-*Schmidt* 10, **a. A** OLG Braunschweig NStZ **1987** 377 in zwei Entscheidungen mit jeweils ablehnender Anmerkung *Gössel*.

Karl Heinz Gössel

Antragsvorbringens der angefochtenen Entscheidung die tatsächliche Grundlage entzieht oder nicht[55]. Dabei hat das **Wiederaufnahmegericht** die Geeignetheit auch hier **aus seiner Sicht** zu beurteilen, nicht aber, wie die **h. M** annimmt, aus der **Sicht des erkennenden Gerichts** im voraufgegangenen Verfahren[56].

V. Entscheidung

27   **1. Inhalt.** Sie lautet auf **Verwerfung** des Antrags **als unzulässig** (§ 368 Abs. 1) oder auf **Zulässigkeitserklärung** des Antrags. Wenn der Antrag für zulässig erklärt wird, geht das Verfahren in die Begründetheitsprüfung (§§ 369, 370) über; der Antrag kann dann aber immer noch als unzulässig verworfen werden (§ 370, 9). Ist sofort ersichtlich, daß der Antrag zur Wiederaufnahmeanordnung führen muß, Beweise also nicht zu erheben sind, so kann jedoch der Zulassungsbeschluß mit dem Beschluß nach § 370 Abs. 2 verbunden werden (vgl. dort Rdn. 4).

28   **2. Verwerfungsbeschluß.** Ein unzulässiger Wiederaufnahmeantrag des Verurteilten wird nach Anhörung der Staatsanwaltschaft (**§ 33 Abs. 2**) auf Kosten des Antragstellers (§ 473 Abs. 6 Nr. 1) verworfen. Wird ein zugunsten des Verurteilten gestellter Antrag der Staatsanwaltschaft als unzulässig verworfen, so ist die vorherige Anhörung des Verurteilten nicht erforderlich, aber zweckmäßig und mit rechtsstaatlichen Grundsätzen besser vereinbar[57]. Im Privatklageverfahren ist der Privatkläger zu hören, wenn er nicht der Antragsteller ist.

29   Der Verwerfungsbeschluß ergeht ohne mündliche Verhandlung (§ 367 Abs. 2). Er ist nach § 34 mit **Gründen** zu versehen, die so ausführlich sein müssen, daß der Antragsteller in der Lage ist, die sofortige Beschwerde nach § 372 Satz 1 zu begründen[58], und daß das Beschwerdegericht die Entscheidung prüfen kann. Der Beschluß wird dem Antragsteller und den sonst Beschwerdeberechtigten nach § 53 Abs. 2 Satz 1 förmlich zugestellt[59]; dem Gegner des Antragstellers wird er formlos bekanntgemacht. Zur Wiederholung eines Antrags, der als unzulässig verworfen worden ist, vgl. § 372, 22.

3. Zulassungsbeschluß

30   **a) Verfahren.** Auch vor Erlaß des Beschlusses, der den Wiederaufnahmeantrag des Verurteilten oder den sonst zu **seinen Gunsten** gestellten Antrag für zulässig erklärt, ist die Staatsanwaltschaft nach **§ 33 Abs. 2** zu hören, sofern sie den Antrag nicht selbst gestellt hat[60]. Anzuhören sind ferner der **Privatkläger** und der **Nebenkläger**[61].

31   Der Beschluß ergeht ohne mündliche Verhandlung (§ 367 Abs. 2). Er ist auch erforderlich, wenn bereits feststeht, daß wegen **Verhandlungsunfähigkeit** des Verurteilten eine Erneuerung der Hauptverhandlung nicht stattfinden kann, die Staatsanwaltschaft aber die Zustimmung zu der vereinfachten Entscheidung nach § 371 Abs. 2 nicht erteilt und das Verfahren daher nach h. M nach § 205 oder § 206 a eingestellt werden muß[62]; dies gilt natürlich erst recht; wird mit der hier vertretenen Meinung in diesem Fall § 371 Abs. 1 analog angewendet (Vor § 359, 111 f).

---

[55] LG Gießen NJW **1994** 465.

[56] S. z. B. *Kleinknecht/Meyer-Goßner* 9; eingehend dazu oben § 359, 157 ff; 162.

[57] Vgl. AK-*Loos* 38.

[58] OLG Hamm NJW **1951** 166; KK-*Schmidt* 17.

[59] Zur Wirksamkeit der Zustellung bei Verteidigerwechsel s. OLG Düsseldorf NStZ **1993** 403 und **1994** 354.

[60] OLG Dresden *Alsb.* E **2** Nr. 309; OLG Düsseldorf NStE Nr. 3 zu § 369; *Eb. Schmidt* 5; KK-*Schmidt* 15; KMR-*Paulus* 15; *Neumann* 138; *Mumm* DJZ **1903** 546; **a. A** *v. Hentig* 225.

[61] AK-*Loos* 37.

[62] *v. Hentig* 130; *Neumann* 144.

b) Beschränkte Zulassung. Der Wiederaufnahmeantrag kann auch **teilweise** für **32** **zulässig** erklärt werden, etwa wenn bei einer Verurteilung wegen mehrerer tatmehrheitlicher Taten nur wegen einer von ihnen Wiederaufnahmegründe geltend gemacht worden sind oder vorliegen[63]. Auch sonst kann die Wiederaufnahme auf abtrennbare Urteilsteile beschränkt werden, z. B. auf die Straffrage, wenn nur die (früheren) Rückfallvoraussetzungen des § 48 a. F StGB angegriffen werden[64] oder die sachverhaltsmäßigen Voraussetzungen eines benannten Strafschärfungsgrundes (§ 363, 13).

Hat der Antragsteller **mehrere** der in den §§ 359, 362 bezeichneten **Wiederaufnah-** **33** **megründe** geltend gemacht, so ist auch die Einschränkung möglich, daß die Wiederaufnahme nur wegen eines Grundes zugelassen wird[65]. Jedoch kann ein Antrag, der nur auf § 359 Nr. 5 gestützt ist, nicht lediglich wegen bestimmter Tatsachen zugelassen und im übrigen verworfen werden[66]. Auch eine Beschränkung auf die Erhebung einzelner Beweise ist nicht zulässig[67]. Denn innerhalb eines einzelnen Wiederaufnahmegrundes ist nur eine einheitliche Entscheidung möglich[68]. Zur Bindungswirkung des Beschlusses nach § 368 Abs. 1 s. § 372, 22 ff.

c) Begründung; Bekanntmachung. Insoweit gelten dieselben Grundsätze wie bei **34** dem Verwerfungsbeschluß (oben Rdn. 29). Wegen der Zustellung an den Antragsgegner vgl. unten Rdn. 36.

VI. Anhörung des Gegners (Absatz 2)

1. Während die **Staatsanwaltschaft** vor jeder Entscheidung zu hören ist (oben **35** Rdn. 28, 30), braucht bei einem Wiederaufnahmeantrag der Staatsanwaltschaft und des Privat- oder Nebenklägers der **Verurteilte** erst gehört zu werden, wenn der Zulassungsbeschluß bereits ergangen ist[69], obgleich vorherige Anhörung stets zweckmäßig erscheint[70] und mit rechtsstaatlichen Grundsätzen auch besser vereinbar[71]. Nach Erlaß dieses Beschlusses muß die Staatsanwaltschaft erneut gehört werden[72]; denn nunmehr soll sie Vorschläge für das weitere Verfahren machen und sich insbesondere über die notwendigen Beweiserhebungen äußern.

2. Dem **Gegner des Antragstellers** müssen der Zulassungsbeschluß und, damit er für **36** die sofortige Beschwerde nach § 372 Satz 1 eine genügende Grundlage hat, eine Abschrift des Wiederaufnahmeantrages zugestellt werden. Bei einem Wiederaufnahmeantrag der

---

[63] OLG Hamburg *Alsb.* E **2** Nr. 312 b = LZ **1915** 926; KK-*Schmidt* 17; KMR-*Paulus* 19; *Kleinknecht/ Meyer-Goßner* 12; AK-*Loos* 42; *Neumann* 143 und JR **1927** 524; *Peters* Fehlerquellen **3** 141.

[64] BGHSt **11** 361; vgl. auch § 370, 30.

[65] KG GA **57** (1910) 414; OLG Hamburg GA **1967** 317; *Neumann* 143 und JR **1927** 524; KK-*Schmidt* 17; KMR-*Paulus* 19; *Kleinknecht/Meyer-Goßner* 12; AK-*Loos* 42; **a. A** *Eb. Schmidt* 3; *Peters* Fehlerquellen **3** 138, deren Ansicht aber dazu führt, daß bei der Begründetheitsprüfung Erwägungen zu einem unzulässigen Wiederaufnahmevorbringen angestellt werden müssen.

[66] BayObLG DRiZ **1932** Nr. 384 = LZ **1932** 833; JW **1929** 1491; KG GA **57** (1910) 414; OLG Frankfurt NJW **1955** 73; KMR-*Paulus* 19; *Kleinknecht/ Meyer-Goßner* 12; *Neumann* 144.

[67] BGH NJW **1966** 2177; BayObLG DJZ **1925** 351;

KG GA **57** (1910) 414; OLG Hamburg *Alsb.* E **2** Nr. 312 a = LZ **1916** 837; *Alsb.* E **2** Nr. 312 b = LZ **1915** 926; GA **1967** 317; OLG Köln JMBlNRW **1963** 48; OLG Stuttgart GA **71** (1927) 193; KMR-*Paulus* 19; *Kleinknecht/Meyer-Goßner* 12; *Peters* Fehlerquellen **3** 141.

[68] BGH NJW **1966** 2177; BayObLG DRiZ **1932** Nr. 384 = LZ **1932** 833; OLG Frankfurt NJW **1955** 73; *Eb. Schmidt* 7; KK-*Schmidt* 17; *Kleinknecht/ Meyer-Goßner* 12; AK-*Loos* 42; *v. Hentig* 228; *Neumann* 144.

[69] BVerfGE **15** 307; OLG Bamberg HESt **3** 5; *Eb. Schmidt* 6; KK-*Schmidt* 15; KMR-*Paulus* 20; **a. A** *Peters* Fehlerquellen **3** 140.

[70] KMR-*Paulus* 20.

[71] Vgl. AK-*Loos* 38.

[72] *Eb. Schmidt* 5; KK-*Schmidt* 15; KMR-*Paulus* 20; *Neumann* 138 ff, 146.

Staatsanwaltschaft zugunsten des Verurteilten fehlt es an einem Antragsgegner; eine Zustellung kommt allenfalls an einen Nebenkläger in Betracht[73], während dem Verurteilten der Beschluß nach § 35 Abs. 2 Satz 2 formlos mitzuteilen ist[74]. Ist die Wiederaufnahme zuungunsten des Angeklagten zugelassen worden, so muß ihm selbst der Zulassungsbeschluß zugestellt werden, auch wenn er in dem früheren Verfahren einen Verteidiger hatte: § 145 a Abs. 3 gilt nicht[75]. Denn nach der Rechtskraft des Urteils kann nicht mit Sicherheit beurteilt werden, ob er sich dieses Verteidigers noch bedienen möchte[76]. Außer dem Angeklagten ist dem gesetzlichen Vertreter und dem Erziehungsberechtigten eine Beschlußausfertigung zuzustellen. Den Anhörungsberechtigten ist gleichzeitig eine Frist zu setzen, innerhalb derer sie Erklärungen abgeben können. Die Frist, die nicht kürzer als die Beschwerdefrist des § 311 Abs. 2 Satz 1 bemessen werden sollte, kann auf Antrag verlängert werden[77]. Sie ist keine Ausschlußfrist; auch die nach Fristablauf eingehenden Erklärungen müssen berücksichtigt werden.

37   **3. Art der Erklärung.** Die Erklärung nach § 368 Abs. 2 kann **formlos** abgegeben werden; die Formvorschrift des § 366 Abs. 2 gilt nicht[78]. Die Gegenerklärung, die sich in erster Hinsicht auf die bevorstehende Beweisaufnahme nach § 369 beziehen wird, kann neue Tatsachen oder Beweise anführen, um die in dem Antrag enthaltenen Behauptungen oder Beweismittel zu entkräften. Auch Ausführungen zur Zulässigkeit des Antrags können von Bedeutung sein; denn sie ist bei der Begründetheitsprüfung erneut zu prüfen (§ 370, 9). Eine Erklärungspflicht besteht nicht; wird in der gesetzten Frist keine Erklärung abgegeben, so geht das Verfahren weiter.

VII. Anfechtung

38   Mit der sofortigen Beschwerde nach **§ 372 Satz 1** ist sowohl der Verwerfungsbeschluß als auch der Beschluß, der den Wiederaufnahmeantrag für zulässig erklärt, anfechtbar. Die Einschränkung des **§ 372 Satz 2 gilt nicht.** Wenn die Wiederaufnahme in vollem Umfang zugelassen worden ist, kann der Antragsteller, der dann nicht beschwert ist, kein Rechtsmittel einlegen. Auch der Umstand, daß in der Beschlußbegründung nur die Erhebung bestimmter Beweise angekündigt worden ist, beschwert ihn nicht[79]. Anfechtbar ist auch der Beschluß, mit dem, wenn auch nur zeitweise, der Erlaß einer Entscheidung verweigert wird, z. B. wenn sie bis zur Erledigung eines gegen einen Zeugen eingeleiteten Meineidsverfahrens ausgesetzt wird[80]. Ist der Antrag als unzulässig verworfen worden, ergibt das Beschwerdevorbringen aber, daß er nicht nur zulässig, sondern auch begründet ist, so kann das Beschwerdegericht den Antrag zulassen und gleichzeitig die Wiederaufnahme nach § 370 Abs. 2 anordnen[81].

39   Nur das Beschwerdegericht, nicht das beschließende Gericht selbst, kann auf ein rechtzeitig eingelegtes Rechtsmittel den Verwerfungs- oder Zulassungsbeschluß **ändern oder aufheben**[82]. Insbesondere den Zulassungsbeschluß darf das Gericht nicht wieder aufheben, um den Antrag als unzulässig zu verwerfen[83].

[73] *Neumann* 146; a. A AK-*Loos* 41.
[74] *Marxen/Tiemann* 216.
[75] KMR-*Paulus* 21.
[76] So mit Recht *Peters* Fehlerquellen **3** 140.
[77] *Neumann* 147.
[78] *Kleinknecht/Meyer-Goßner* 13; *Neumann* 147.
[79] OLG Frankfurt NJW **1955** 73; *Eb. Schmidt* 8; *Dalke/Fuhrmann/Schäfer* § 359, 4; *Kleinknecht/Meyer-Goßner* 14; vgl. auch § 372, 8.

[80] BayObLG DRiZ **1932** Nr. 295.
[81] OLG Bremen GA **1960** 216; KK-*Schmidt* 18.
[82] *Eb. Schmidt* 4; KK-*Schmidt* 18; KMR-*Paulus* 22; *Kleinknecht/Meyer-Goßner* 14; *Peters* Fehlerquellen **3** 142.
[83] OLG Hamburg *Alsb.* E **2** Nr. 314 = LZ **1914** 795; *v. Hentig* 203; vgl. aber § 370, 5 ff.

§ 369

(1) Wird der Antrag für zulässig befunden, so beauftragt das Gericht mit der Aufnahme der angetretenen Beweise, soweit dies erforderlich ist, einen Richter.

(2) Dem Ermessen des Gerichts bleibt es überlassen, ob die Zeugen und Sachverständigen eidlich vernommen werden sollen.

(3) [1]Bei der Vernehmung eines Zeugen oder Sachverständigen und bei der Einnahme eines richterlichen Augenscheins ist der Staatsanwaltschaft, dem Angeklagten und dem Verteidiger die Anwesenheit zu gestatten. [2]§ 168 c Abs. 3, § 224 Abs. 1 und § 225 gelten entsprechend. [3]Befindet sich der Angeklagte nicht auf freiem Fuß, so hat er keinen Anspruch auf Anwesenheit, wenn der Termin nicht an der Gerichtsstelle des Ortes abgehalten wird, wo er sich in Haft befindet, und seine Mitwirkung der mit der Beweiserhebung bezweckten Klärung nicht dienlich ist.

(4) Nach Schluß der Beweisaufnahme sind die Staatsanwaltschaft und der Angeklagte unter Bestimmung einer Frist zu weiterer Erklärung aufzufordern.

Entstehungsgeschichte. Durch Art. 10 Nr. 4 StPÄG 1964 wurde Absatz 3, der für die Anwesenheitsrechte die entsprechenden Vorschriften für die Voruntersuchung für anwendbar erklärt hatte, geändert. Die geltende Fassung erhielten Absatz 3 Satz 2 und 3 durch Art. 1 Nr. 93 des 1. StVRG. Bezeichnung bis 1924: § 409.

Übersicht

I. Ziel und Umfang des Probationsverfahrens

Wenn der Antrag auf Wiederaufnahme für zulässig erklärt worden ist (Zulässigkeitsvoraussetzung für das Probationsverfahren und damit der Beweisaufnahme nach § 369[1]) und der Gegner des Antragstellers seine Erklärung (§ 368 Abs. 2) abgegeben oder die ihm hierfür gesetzte Frist hat verstreichen lassen, ist die zweite Stufe des Wiederaufnahmeverfahrens, die Probation, erreicht: das Gericht muß nach § 370 über die Begründetheit des Antrags entscheiden. Das erfordert regelmäßig (über Ausnahmen vgl. unten Rdn. 4) eine **Beweisaufnahme** darüber, ob das Wiederaufnahmevorbringen, dessen Richtigkeit im **1**

---

[1] OLG Düsseldorf NStZ Nr. 1 zu § 369.

Zulassungsverfahren nur unterstellt, aber nicht geprüft worden ist (§ 368, 22), tatsächlich zutrifft. Nur dieser Vorbereitung der Entscheidung nach § 370, nicht schon der Entscheidung über die Schuldfrage, dient die in § 369 geregelte Beweisaufnahme[2]. Die Beweiserhebung ist daher nur vorläufig und läßt sich der Sachverhaltserforschung im Ermittlungsverfahren vergleichen; sie nimmt die Beweisaufnahme in der erneuten Hauptverhandlung nicht vorweg[3].

2   Zur **Vorbereitung** der Entscheidung nach § 370 sind außer Beweiserhebungen auch **andere Maßnahmen** zulässig[4]. So darf zur Herbeischaffung von Beweismitteln die Durchsuchung und Beschlagnahme angeordnet werden[5], ebenso die Unterbringung nach § 81[6], und zwar noch nach Eingang der Erklärungen nach § 369 Abs. 4[7]. Auch der Erlaß eines Haftbefehls ist zulässig, wenn der Wiederaufnahmeantrag nach § 362 zuungunsten des Angeklagten gestellt worden ist[8]. Andererseits kann, wenn das noch nicht geschehen ist, auch im Verfahren zur Prüfung der Begründetheit des Antrags eine Anordnung nach § 360 Abs. 2 getroffen werden[9].

II. Aufnahme der angetretenen Beweise (Absatz 1)

3   **1. Untersuchungsmaxime und -gegenstand.** Auch im Wiederaufnahmeverfahren ist nach dem **Amtsermittlungsprinzip** (s. dazu auch unten Rdn. 7) zu verfahren[10]. Das bedeutet zunächst eine Begrenzung des Probationsverfahrens und der Beweisaufnahme des § 369 auf den **Verfahrensgegenstand** des voraufgegangenen Verfahrens nach **Maßgabe der Wiederaufnahmeanträge**[11], zum andern aber auch, daß die Beweiserhebung nicht etwa auf die vom Antragsteller angebotenen, beantragten und angetretenen Beweise beschränkt werden kann, sondern nach § 244 Abs. 2 auf alle im Rahmen des Verfahrensgegenstandes bedeutsamen Tatsachen und Beweismittel zu erstrecken ist: Das Gericht muß „jeder auf den geltend gemachten Wiederaufnahmegrund bezüglichen Beweismöglichkeit von Amts wegen nachgehen"[12]. Auf die tatsächlichen Voraussetzungen anderer Wiederaufnahmegründe als der geltend gemachten[13] dagegen darf die Beweisaufnahme nicht erstreckt werden, und im Rahmen des § 359 Nr. 5 auch nicht auf andere als die nova, auf die der jeweilige Wiederaufnahmeantrag gestützt ist. Es ist insbesondere unzulässig, eine über den Verfahrensgegenstand hinausgehende Beweisaufnahme durchzuführen, „die bei einem an sich erfolgreichen Angriff auf das frühere Urteil einen ganz anderen Tathergang" erweist[14].

---

[2] RG GA **44** (1896) 146; OLG Saarbrücken JBlSaar **1965** 47; *Eb. Schmidt* Nachtr. I 2; KK-*Schmidt* 1;KMR-*Paulus* 2; *Kleinknecht/Meyer-Goßner* 1; *Pfeiffer/Fischer* 1; *Neumann* 148.

[3] BGHSt **17** 303.

[4] **A. A** *Marxen/Tiemann* 232 f, jedoch vom Boden der oben Vor § 359, 13 ff zurückgewiesenen These *Tiemanns* aus, im Probationsverfahren gelte die Parteimaxime.

[5] *Dalcke/Fuhrmann/Schäfer* 2; KK-*Schmidt* 3; KMR-*Paulus* 4; *Kleinknecht/Meyer-Goßner* 1; *Neumann* 154; *Peters* Fehlerquellen **3** 146.

[6] BayObLGSt **24** 60; LZ **1925** 50; *Dalcke/Fuhrmann/Schäfer* 2; *Eb. Schmidt* Nachtr. I 5; KMR-*Paulus* 4; *Kleinknecht/Meyer-Goßner* 1; *Beling* ZStW **38** (1916) 826; *Neumann* 154 ff; **a. A** OLG Düsseldorf GA **60** (1913) 153; OLG München *Alsb.* E **1** Nr. 195; *v. Hentig* 132 f.

[7] *Eb. Schmidt* Nachtr. I 5.

[8] RMilGE **11** 36; *Eb. Schmidt* Nachtr. I 5; KK-*Schmidt* 3; KMR-*Paulus* 4; *Kleinknecht/Meyer-Goßner* 4; *Neumann* 154.

[9] KK-*Schmidt* 3.

[10] KK-*Schmidt* 2; *Kleinknecht/Meyer-Goßner* 5; KMR-*Paulus* 3; *Peters* Fehlerquellen **3** 144; **a. A** *Tiemann* Darlegungslast, z. B. S. 77; eingehend dazu Vor § 359, 13 ff; s. dazu auch AK-*Loos* 2 f.

[11] KMR-*Paulus* 3; *Peters* Fehlerquellen **3** 144.

[12] OLG Frankfurt StV **1996** 138, 139; OLG Zweibrücken OLGSt § 369 Nr. 1; *Peters* Fehlerquellen **3** 144.

[13] OLG Bremen OLGSt § 359 S. 55; KK-*Schmidt* 2; *Kleinknecht/Meyer-Goßner* 5; *Neumann* 150.

[14] *Peters* Fehlerquellen **3** 144 f; AK-*Loos* 4.

2. Die Erforderlichkeit der Beweisaufnahme

a) Bedeutung der Erforderlichkeit. Die Beweisaufnahme ist in der Regel notwendig, **4** wenn das weitere Verfahren davon abhängt, ob das Wiederaufnahmevorbringen in tatsächlicher Hinsicht zutrifft. Das Gericht darf das nicht unterstellen und nicht sofort die Wiederaufnahme nach § 370 Abs. 2 anordnen[15]. Die Beweisaufnahme kann aber **entbehrlich** sein, wenn sich die Begründetheit des Wiederaufnahmeantrags ohne weiteres aus einem **rechtskräftigen Urteil** (insbesondere in den Fällen der § 359 Nrn. 1 bis 4, § 362 Nrn. 1 bis 3) oder aus einer notariell beglaubigten **Urkunde** (insbesondere in dem Fall des § 362 Nr. 4) ergibt[16] oder wenn im Fall des § 359 Nr. 5 neue **Tatsachen** ohne weiteres den Akten oder den von dem Antragsteller beigebrachten neuen Beweismitteln (Urkunden) zu entnehmen sind[17]; nicht erforderlich ist auch die Beweiserhebung über **offenkundige Tatsachen**[18]. Das den jeweiligen Betroffenen zustehende rechtliche Gehör wird jedenfalls durch die Schlußanhörung nach § 369 Abs. 4 gewährt[19]. In den Fällen entbehrlicher Beweisaufnahme ist sogar die Verbindung der Beschlüsse über die Zulässigkeit und Begründetheit der Wiederaufnahme möglich (§ 370, 4)[20]. Von einzelnen Beweiserhebungen kann ferner abgesehen werden, wenn die Entscheidung nach § 370 von ihnen nicht abhängt, weil schon ein Teil der in dem Wiederaufnahmeantrag benannten Beweismittel die Begründetheit des Antrags ergibt[21].

Da das Gesetz die Beweisaufnahme nach § 369 Abs. 1 dem Gericht überträgt, wird sie **5** nicht dadurch überflüssig, daß die **Staatsanwaltschaft** sie **vorwegnimmt**, um ihren eigenen Antrag zu begründen oder den des Verurteilten zu entkräften. Die Staatsanwaltschaft kann nach dem Legalitätsprinzip (§ 362, 1) und nach § 160 Abs. 2 (§ 364 b, 7) sogar dazu verpflichtet sein, im Wiederaufnahmeverfahren Ermittlungen anzustellen, etwa zur Vorbereitung ihrer Erklärung nach § 369 Abs. 4[22]. Sie darf auch unabhängig von dem Wiederaufnahmeverfahren Ermittlungen gegen einen nach § 369 vernommenen Zeugen wegen des Verdachts der Falschaussage führen[23]. Das Gericht darf solche Beweiserhebungen aber der Entscheidung nach § 370 nicht zugrunde legen, sondern muß sie in vollem Umfang wiederholen, wenn sie wesentlich sind[24]; Gleiches gilt für polizeiliche Ermittlungen[25]. Eine Ausnahme gilt nur für den Fall, daß die richterliche Vernehmung für längere oder unabsehbare Zeit unmöglich ist[26]. Zur Entscheidung des Beschwerdegerichts bei einem Verstoß gegen diese Grundsätze vgl. § 370, 51; § 372, 19.

Das Gericht braucht die von dem Antragsteller **angetretenen Beweise** nicht zu erheben, **6** wenn und soweit sie für die Entscheidung nach § 370 nicht erforderlich sind (oben Rdn. 4). Entscheidet es dann zuungunsten des Antragstellers, so muß es aber darlegen, weshalb die Beweiserhebung überflüssig ist[27].

---

[15] KK-*Schmidt* 2; *Kleinknecht/Meyer-Goßner* 2; **a. A** RG GA **44** (1896) 145; *Dalcke/Fuhrmann/Schäfer* 1.

[16] *Eb. Schmidt* Nachtr. I 2; KK-*Schmidt* 4; *Neumann* 149.

[17] KMR-*Paulus* 6; *Kleinknecht/Meyer-Goßner* 2.

[18] KG JR **1984** 393 mit Anm. *Peters*; KK-*Schmidt* 4.

[19] **A. A** AK-*Loos* 8.

[20] KK-*Schmidt* 4.

[21] *Niemeyer* Recht **1919** 111.

[22] AK-*Loos* 10; v. *Hentig* 233.

[23] *Peters* Fehlerquellen **3** 145.

[24] BayObLG LZ **1921** 236; OLG Celle MDR **1991** 1077; OLG Düsseldorf JMBlNRW **1979** 261; OLG

Dresden DJ **1936** 122; OLG Königsberg DStrZ **1915** 470; HRR **1928** 398; *Eb. Schmidt* Nachtr. I 3; *Dalcke/Fuhrmann/Schäfer* 3; KMR-*Paulus* 7; KK-*Schmidt* 7; *Kleinknecht/Meyer-Goßner* 3; AK-*Loos* 10; *Pfeiffer/Fischer* 2; v. *Hentig* 11; *Neumann* 150; *Peters* Fehlerquellen **3** 144; **a. A** OLG Braunschweig NStZ **1987** 377 (Nr. 21) mit abl. Anmerkung *Gössel* NStZ **1987** 379.

[25] *Kleinknecht/Meyer-Goßner* 3.

[26] *Kleinknecht/Meyer-Goßner* 3.

[27] OLG Hamburg Alsb. E **2** Nr. 333 c = DStrZ **1919** 70; *Eb. Schmidt* Nachtr. I 4; KMR-*Paulus* 3; *Kleinknecht/Meyer-Goßner* 2.

Karl Heinz Gössel

7 **b) Einfluß des Amtsermittlungsprinzips.** Nach dem Amtsermittlungsprinzip ist das Gericht andererseits auf die von dem Antragsteller bezeichneten Beweismittel **nicht beschränkt**[28]; wie auch umgekehrt der Antragsteller nicht etwa bestimmen kann, bestimmte Beweismittel von der Beweiserhebung und von der Beweiswürdigung nach § 370 Abs. 1 auszuschließen[29]. Die Wiederaufnahme darf daher auch nicht unter Beschränkung auf bestimmte Beweise zugelassen werden (§ 368, 33). Das Gericht muß vielmehr von Amts wegen alle Beweise erheben, die erforderlich sind, um die Richtigkeit des Wiederaufnahmevorbringens zu klären[30]. Das kann zugunsten des Antragstellers geschehen, wenn bei der Beweisaufnahme neue Gesichtspunkte hervorgetreten sind, die bei der Zulässigkeitsprüfung noch nicht berücksichtigt werden konnten[31]. Eine weitergehende Beweisaufnahme ist aber auch zu dem Zweck zulässig, die von dem Antragsteller angetretenen Beweise zu entkräften[32]. Jedoch darf das Gericht nicht etwa die Beweisaufnahme in der früheren Hauptverhandlung insgesamt wiederholen[33].

8 Ist ein Beweis durch **Sachverständige** angetreten, so wählt das Gericht den Sachverständigen nach § 73 Abs. 1 aus, wenn der Antragsteller keinen bestimmten Sachverständigen benannt hat. Wenn jedoch das Gutachten eines bestimmten Sachverständigen vorgelegt worden ist, muß dieser gehört werden. Erst dann kann das Gericht andere Sachverständige zuziehen, um die Beweisfrage zu klären[34].

3. Beweisaufnahme

9 **a) Wesen.** Obwohl die Beweiserhebung nur vorläufig ist (oben Rdn. 1), handelt es sich um eine echte Beweisaufnahme nur mit den förmlichen Beweismitteln der StPO im Rahmen des **Strengbeweises**[35], **nicht nur um eine Glaubhaftmachung.** Die in Absatz 2 (unten Rdn. 14 f) und hinsichtlich der kommissarischen Vernehmung vorgesehenen Ausnahmen von der Regel des Strengbeweises sind vom Gesetzgeber ausdrücklich angeordnet und insbesondere (als numerus clausus) deshalb keiner rechtsanalogen Ausdehnung fähig[36], weil mögliche Grenzen einer solchen Analogie nicht hinreichend sicher erschienen und damit die Gefahr willkürlicher Entscheidungen begründet würde. Daher sind eidesstattliche Versicherungen von Zeugen, die nicht nur Verfahrensfragen betreffen, nicht zugelassen[37]. Ebensowenig darf die Vernehmung eines Zeugen dadurch ersetzt werden, daß er seine Erklärungen zu Protokoll der Geschäftsstelle des Gerichts abgibt[38]. Sachverständige müssen grundsätzlich persönlich gehört werden; schriftliche Gutachten dürfen nur unter den Voraussetzungen des § 256 berücksichtigt werden[39]. Der Urkunden-

---

[28] OLG Hamm GA **71** (1927) 116; KK-*Schmidt* 2; *Kleinknecht/Meyer-Goßner* 4; *Peters* Fehlerquellen **3** 144; s. dazu auch oben Rdn. 3.

[29] KG JR **1984** 393; *Kleinknecht/Meyer-Goßner* 5.

[30] RMilGE **14** 121; OLG Stuttgart GA **71** (1927) 193; *Dalcke/Fuhrmann/Schäfer* 2; KMR-*Paulus* 3; *Kleinknecht/Meyer-Goßner* 5; *v. Hentig* 229; *Neumann* 150; **a. A** *Marxen/Tiemann* 232 aufgrund ihrer Annahme, im Probationsverfahren gelte die Parteimaxime – zur Ablehnung dieser Auffassung s. Vor § 359, 13 ff.

[31] OLG Hamburg NJW **1954** 974 L; *Eb. Schmidt* Nachtr. I 4; KMR-*Paulus* 3; *Kleinknecht/Meyer-Goßner* 5.

[32] OLG Hamm GA **71** (1927) 116; *Eb. Schmidt* Nachtr. I 4; KMR-*Paulus* 3; *Kleinknecht/Meyer-Goßner* 5; *Neumann* 150.

[33] *Gerland* 444; *Schünemann* ZStW **84** (1972) 903 Fußn. 149.

[34] *Peters* Fehlerquellen **3** 145.

[35] KK-*Schmidt* 7 a; KMR-*Paulus* 9; AK-*Loos* 12; *Marxen/Tiemann* 234.

[36] OLG Jena MDR **1997** 88 hält indessen den Urkundenbeweis durch Zeugenvernehmung aufgrund Vorhalts des Inhalts der Urkunde für ersetzbar.

[37] BGHSt **17** 303; KK-*Schmidt* 7 a; KMR-*Paulus* 9; *Kleinknecht/Meyer-Goßner* 4; AK-*Loos* 12; *Peters* Fehlerquellen **3** 146; *Hanack* JZ **1974** 20; **a.** A RG HRR **1934** 1723; OLG Hamm NJW **1954** 363.

[38] OLG Düsseldorf MDR **1976** 778; KMR-*Paulus* 9; *Kleinknecht/Meyer-Goßner* 4; AK-*Loos* 12; *Pfeiffer/Fischer* 4.

[39] OLG Hamm MDR **1977** 778 und JMBlNRW **1978** 116; KMR-*Paulus* 9; *Kleinknecht/Meyer-Goßner* 4; AK-*Loos* 12; *Marxen/Tiemann* 234.

beweis unterliegt ausnahmslos den gesetzlichen Formvorschriften der § 249 ff (Strengbeweis) einschließlich der z. B. in § 249 Abs. 2 gesetzlich vorgesehenen Erleichterungen. Ist hiernach auch ein formfreier Vorhalt des Inhalts einer Urkunde möglich, so ist Beweismittel dann allerdings nur die dadurch herbeigeführte Aussage (eines Zeugen); die Urkunde selbst kann dadurch aber nicht zum Beweismittel gemacht, der Urkundenbeweis nicht durch Zeugenbeweis (oder die Einlassung des Angeklagten) ersetzt werden[40].

Zur **Vorbereitung** der Begründetheitsprüfung dagegen sind Beweiserhebungen jeder **10** Art auch außerhalb des förmlichen Strengbeweisverfahrens zulässig; s. dazu oben Rdn. 2.

b) Richterliche Durchführung. Die Beweisaufnahme ist **Sache des Gerichts** (s. oben **11** Rdn. 5). **Polizei und Staatsanwaltschaft** dürfen zwar *außerhalb* der eigentlichen Beweisaufnahme mit bestimmten Ermittlungen[41] und mit der Herbeischaffung gegenständlicher Beweismittel, insbesondere mit der Fertigung und Vorlage von Lichtbildern und Skizzen, beauftragt werden[42]. Es ist aber nicht zulässig, sie um die Vernehmung von Zeugen und Sachverständigen zu ersuchen[43]. Das gilt auch für Beweiserhebungen, die der Antragsteller nicht beantragt hatte, die dem Gericht aber erforderlich erscheinen[44]. Die Ergebnisse solcher Beweiserhebungen sind für die Entscheidung nach § 370 genauso unverwertbar wie die Ergebnisse der Ermittlungen, die die Staatsanwaltschaft von sich aus angestellt hat (oben Rdn. 5).

Das Gericht kann die Beweiserhebung zwar selbst in voller Gerichtsbesetzung vorneh- **12** men[45], es kann sich aber dazu (durch Gerichtsbeschluß[46]) auch des **ersuchten** oder des **beauftragten Richters** bedienen. Das Gesetz unterscheidet in § 66 b Abs. 1, § 223 Abs. 1 zwischen dem beauftragten und dem ersuchten Richter (zu diesen Begriffen vgl. § 66 b, 1). In § 369 Abs. 1 ist dagegen nur von dem beauftragten Richter die Rede. Diese Gesetzesfassung ist schon deshalb ungenau, weil der Strafrichter, der als Einzelrichter über den Wiederaufnahmeantrag zu entscheiden hat, keinen Richter beauftragen kann, sondern die Beweisaufnahme entweder selbst vornehmen oder einen anderen Richter darum ersuchen muß[47]. Auch für Kollegialgerichte schreibt aber § 369 Abs. 1 nicht vor, daß stets eines seiner Mitglieder (der Vorsitzende kann ebenfalls beauftragter Richter sein) mit der Beweisaufnahme beauftragt werden muß. Das Gericht kann auch einen anderen Richter darum ersuchen (§§ 156 GVG; 15 KonsG)[48].

Der ersuchte oder beauftragte Richter hat dieselbe **Stellung** wie bei der kommissari- **13** schen Vernehmung nach § 223. Er ist bloßes Ausführungsorgan des Gerichts, das ihn beauftragt oder ersucht hat, und darf nur bestimmte, fest umgrenzte Beweise erheben[49]. Bei der späteren Beschlußfassung über die Begründetheit des Wiederaufnahmeantrags muß er nicht mitwirken[50]. Er ist von der Mitwirkung aber auch nicht ausgeschlossen[51].

---

[40] **A. A** OLG Jena MDR **1997** 88.

[41] *Peters* Fehlerquellen **3** 144.

[42] *Eb. Schmidt* Nachtr. I 3; KMR-*Paulus* 7, *Kleinknecht/Meyer-Goßner* 7; AK-*Loos* 10.

[43] BayObLGSt **19** 277; KG ZStW **48** (1928) Sd. Beil. 130; OLG Düsseldorf MDR **1976** 778 und JMBlNRW **1979** 261; OLG Hamburg *Alsb.* E **2** Nr. 315 a; OLG Königsberg HRR **1928** 398; KMR-*Paulus* 7; *Kleinknecht/Meyer-Goßner* 7; AK-*Loos* 10; *v. Hentig* 232; *Peters* Fehlerquellen **3** 144; **anders** OLG Braunschweig NStZ **1987** 377 (Nrn. 21, 22) mit abl. Anmerkungen *Gössel*.

[44] *Kleinknecht/Meyer-Goßner* 7; AK-*Loos* 10; **a. A** *Peters* Fehlerquellen **3** 144.

[45] KK-*Schmidt* 6; *Kleinknecht/Meyer-Goßner* 6; AK-*Loos* 9; *Pfeiffer/Fischer* 3.

[46] KMR-*Paulus* 9; *Pfeiffer/Fischer* 3.

[47] *Eb. Schmidt* Nachtr. I 2; KMR-*Paulus* 8; *Neumann* 149; *Peters* Fehlerquellen **3** 143.

[48] OLG Düsseldorf JMBlNRW **1979** 261; *Eb. Schmidt* Nachtr. I 3; KK-*Schmidt* 6; KMR-*Paulus* 8; *Kleinknecht/Meyer-Goßner* 6; *Neumann* 149; *Peters* Fehlerquellen **3** 143.

[49] BGH NJW **1954** 891; OLG München *Alsb.* E **2** Nr. 318; *Kleinknecht/Meyer-Goßner* 6; AK-*Loos* 9.

[50] OLG Hamburg SJZ **1950** 622 LS; *Dalcke/Fuhrmann/Schäfer* 3.

[51] BGH NJW **1954** 891; *Eb. Schmidt* Nachtr. I 3; KK-*Schmidt* 6; KMR-*Paulus* 13; *Kleinknecht/Meyer-Goßner* 6; *Pfeiffer/Fischer* 3; *Peters* Fehlerquellen **3** 143.

Karl Heinz Gössel

III. Eidliche Vernehmung (Absatz 2)

14   Die Anordnung der Wiederaufnahme eines rechtskräftig abgeschlossenen Verfahrens ist eine Entscheidung von so großer Tragweite, daß es nicht zu rechtfertigen wäre, sie stets nur auf unbeeidete Aussagen zu stützen. § 369 Abs. 2 läßt daher die Vereidigung von Zeugen und Sachverständigen zu. Das Gericht entscheidet hierüber nach pflichtgemäßem **Ermessen**. Weder gelten die Beschränkungen des § 65[52], des § 66 b Abs. 1[53], noch lassen sich Regeln darüber aufstellen, wann die Vereidigung geboten ist und wann nicht[54]. Nur in den Fällen des § 371 Abs. 1 und 2 wird, da es zu keiner Hauptverhandlung kommt, die Vereidigung regelmäßig anzuordnen sein[55].

15   Ob der Zeuge oder Sachverständige vereidigt oder uneidlich vernommen werden soll, muß das **Gericht** in dem Beschluß **bestimmen**, mit dem es die **Beweiserhebung anordnet**[56]. Dem vernehmenden Richter steht diese Entscheidung, sofern die Vereidigung nicht gesetzlich ausgeschlossen ist, nicht zu[57]; § 66 b Abs. 1 gilt nicht[58]. Ordnet das Gericht die uneidliche Vernehmung an, so ist die Vereidigung daher unzulässig (§ 66 b Abs. 3). Der Eid muß, wenn er verlangt wird, nach § 66 c geleistet werden; § 66 d ist anzuwenden. Die Berufung auf einen in der früheren Hauptverhandlung geleisteten Eid (§ 67) ist nicht statthaft[59].

IV. Anwesenheitsrechte (Absatz 3)

16   **1. Frühere Rechtslage.** Die Befugnis der Staatsanwaltschaft, des Angeklagten und des Verteidigers, bei der Vernehmung von Zeugen und Sachverständigen anwesend zu sein, war **früher erheblich eingeschränkt**. Sie bestand nur, wenn die Vernehmung der Beweissicherung für die künftige Hauptverhandlung diente[60]. Eine erweiternde Auslegung der Vorschrift wurde in der Rechtsprechung teils abgelehnt[61], teils mit der Begründung zugelassen, die gesetzliche Regelung berücksichtige nicht, daß es im Wiederaufnahmeverfahren nicht stets (vgl. § 370 Abs. 1, § 371 Abs. 1 und 2) zu einer Hauptverhandlung kommen müsse[62].

17   Die Gesetzesänderung von **1964**[63] **erweiterte** die Befugnis zur Anwesenheit dahin, daß die Staatsanwaltschaft und der Verteidiger stets anwesend sein durften, der Verurteilte nur dann nicht, wenn zu befürchten war, daß der Zeuge in seiner Gegenwart nicht die Wahrheit sagen werde (§ 194 a. F.). Darüber hinaus ist das Anwesenheitsrecht des nicht auf freiem Fuß befindlichen Angeklagten durch die Gesetzesänderung von 1974 erheblich ausgedehnt worden.

[52] RGSt **29** 64; KMR-*Paulus* 14; *Kleinknecht/Meyer-Goßner* 8.

[53] *Kleinknecht/Meyer-Goßner* 8; *Pfeiffer/Fischer* 4.

[54] KK-*Schmidt* 5; *Marxen/Tiemann* 235; *Peters* Fehlerquellen **3** 146; ähnlich *Eb. Schmidt* Nachtr. I 6; **a. A** v. *Hentig* 233; *Neumann* 152, die die Nichtvereidigung für die Ausnahme halten; vgl. auch *Hahn* **1** 267.

[55] RGSt **29** 64; *Dalcke/Fuhrmann/Schäfer* 4; KMR-*Paulus* 14; *Kleinknecht/Meyer-Goßner* 8; v. *Hentig* 255; *Marxen/Tiemann* 235; *Neumann* 205.

[56] *Dalcke/Fuhrmann/Schäfer* 4; KMR-*Paulus* 13; AK-*Loos* 14; *Pfeiffer/Fischer* 4.

[57] BGH NJW **1954** 891; *Eb. Schmidt* Nachtr. I 6; KK-*Schmidt* 5; KMR-*Paulus* 14; *Kleinknecht/*

Meyer-Goßner 8; AK-*Loos* 13; *Peters* Fehlerquellen **3** 146; *Neumann* 152.

[58] KMR-*Paulus* 14; *Kleinknecht/Meyer-Goßner* 8; AK-*Loos* 13.

[59] RGSt **18** 417; *Eb. Schmidt* Nachtr. I 6; *Dalcke/Fuhrmann/Schäfer* 4; KK-*Schmidt* 5; KMR-*Paulus* 14; *Kleinknecht/Meyer-Goßner* 8; AK-*Loos* 13; *Neumann* 152; **a. A** *Peters* Fehlerquellen **3** 146.

[60] § 193 Abs. 2 a. F.

[61] OLG Braunschweig NdsRpfl. **1960** 144; OLG Hamburg SJZ **1950** 622 L; OLG Köln JMBlNRW **1958** 90.

[62] OLG Celle NJW **1963** 2041; OLG Hamm NJW **1955** 1122; OLG Rostock GA **41** (1893) 429.

[63] Zur Entstehungsgeschichte vgl. *Eb. Schmidt* Nachtr. I 1.

2. Recht zur Anwesenheit

a) Kreis der Berechtigten. Staatsanwaltschaft, Verteidiger und Angeklagte sind **18** nach § 369 Abs. 3 Satz 1 bei der Vernehmung eines Zeugen oder Sachverständigen und bei der Einnahme eines richterlichen Augenscheins zur Anwesenheit berechtigt, aber nicht verpflichtet. Nach § 385 Abs. 1 Satz 1, § 397 Abs. 1 gilt das auch für **Privat- und Nebenkläger.** Sie können im Beistand eines Rechtsanwalts, nicht aber einer anderen Person, erscheinen oder sich von ihm vertreten lassen; § 378[64] und § 406 g Abs. 2 Satz 2 gelten[65] entsprechend. In Jugendsachen ist den Erziehungsberechtigten und den gesetzlichen Vertretern nach **§ 67 Abs. 1 und 2 JGG** die Anwesenheit gestattet. Ist der Wiederaufnahmeantrag von einem nach **§ 361 Abs. 2** Antragsberechtigten gestellt worden, so hat auch er ein Anwesenheitsrecht[66]. Nur Angeklagte, nicht aber andere zur Anwesenheit berechtigte Personen, können nach § 369 Abs. 3 Satz 2, § 168 c Abs. 3 von der Beweisaufnahme **ausgeschlossen** werden, wenn ihre Anwesenheit den Untersuchungszweck gefährden würde, insbesondere, wenn zu befürchten ist, daß ein Zeuge in ihrer Gegenwart nicht die Wahrheit sagen werde. Wer zur Anwesenheit bei der Beweisaufnahme berechtigt ist, hat auch das Recht, an die vernommenen Zeugen und Sachverständigen Fragen zu stellen[67].

b) Nicht auf freiem Fuß befindliche Angeklagte. Für den Fall, daß der Angeklagte **19** nicht auf freiem Fuß ist, trifft § 369 Abs. 3 Satz 3 eine von § 168 c Abs. 4 und § 224 Abs. 2 abweichende Regelung. Danach besteht immer ein **Anspruch auf Anwesenheit,** wenn der Termin an der Gerichtsstelle des Ortes abgehalten wird, wo der Angeklagte sich in Haft befindet. Ob die Beweisaufnahme im Gebäude des am Ort befindlichen Amtsgerichts oder in seiner Zweigstelle oder beim Landgericht vorgenommen wird, spielt keine Rolle[68].

Der Anspruch besteht **grundsätzlich auch** dann, wenn sie **nicht in einem Gerichtsge- 20 bäude** stattfindet oder wenn der Angeklagte an einem anderen Ort in Haft gehalten wird. Eine Ausnahme gilt in diesen Fällen nur, wenn seine Mitwirkung der mit der Beweiserhebung bezweckten Klärung nicht dienlich ist[69]. Ob das der Fall ist, entscheidet der Richter, der die Beweisaufnahme vornimmt, durch formlose richterliche Verfügung[70]. Der vage Begriff der **Dienlichkeit** darf nicht engherzig ausgelegt werden[71]. Der Richter muß das Für und Wider abwägen und seine Entscheidung eingehend begründen, wenn er die Anwesenheit des Angeklagten nicht für dienlich hält[72]. Die Mitwirkung des Angeklagten kann auch dienlich sein, wenn ein Verteidiger an der Beweiserhebung teilnimmt, der die Interessen des Angeklagten aus irgendwelchen Gründen nicht so gut vertreten kann wie dieser selbst[73]. Dienlich ist die Anwesenheit des Angeklagten insbesondere, wenn „er allein in der Lage ist, direkte Fragen, Vorhalte, Erklärungen, Verbesserungen, Richtigstellungen, Gedächtnishilfen und Korrekturen anläßlich der Zeugenbefragung anzubringen"[74] oder wenn die Gegenüberstellung mit einem Zeugen geboten erscheint[75].

---

[64] KK-*Schmidt* 9; KMR-*Paulus* 10; *Kleinknecht/Meyer-Goßner* 9; AK-*Loos* 14; *Pfeiffer/Fischer* 5; **a. A** *Marxen/Tiemann* 237, die nur dem Privat-, nicht aber dem Nebenkläger ein Anwesenheitsrecht zugestehen.

[65] KK-*Schmidt* 9; AK-*Loos* 14.

[66] KMR-*Paulus* 10; *Kleinknecht/Meyer-Goßner* 9; AK-*Loos* 14; *Pfeiffer/Fischer* 5; *v. Hentig* 235 Fußn. 1.

[67] KMR-*Paulus* 10; *v. Hentig* 234.

[68] *Marxen/Tiemann* 235.

[69] KK-*Schmidt* 10; *Kleinknecht/Meyer-Goßner* 10; ähnlich auch KMR-*Paulus* 11, der den Ausschluß zu Unrecht auch dann nicht für möglich hält, wenn der Termin außerhalb des Gerichtsgebäudes des Haftortes stattfindet.

[70] KMR-*Paulus* 11; *Kleinknecht/Meyer-Goßner* 10; AK-*Loos* 15.

[71] OLG Frankfurt StV **1990** 538; *Eb. Schmidt* 9; KK-*Schmidt* 10; KMR-*Paulus* 11; *Kleinknecht/Meyer-Goßner* 10; *Pfeiffer/Fischer* 5.

[72] *Krägeloh* NJW **1975** 139; KK-*Schmidt* 120; *Marxen/Tiemann* 236.

[73] KMR-*Paulus* 11; *Kleinknecht/Meyer-Goßner* 10.

[74] OLG Frankfurt StV **1990** 538; ähnlich auch AK-*Loos* 15.

[75] KK-*Schmidt* 10; *Marxen/Tiemann* 236.

Karl Heinz Gössel

21   Hat der Angeklagte nach diesen Grundsätzen ein Anwesenheitsrecht, so muß der mit der Beweisaufnahme beauftragte oder ersuchte Richter seine Anwesenheit durch rechtzeitige **Anordnung der Vorführung** sicherstellen[76]. Eine zwangsweise Vorführung findet jedoch nicht statt, da der Angeklagte nur ein Recht, aber keine Pflicht zur Anwesenheit hat (§ 224, 25)[77].

22   **3. Benachrichtigung.** Der nach § 369 Abs. 3 Satz 2 entsprechend anwendbare **§ 224 Abs. 1 Satz 1** schreibt die Benachrichtigung der Staatsanwaltschaft, des Angeklagten und des Verteidigers von dem zum Zweck der Beweisaufnahme anberaumten Termin vor. Sie darf nach § 224 Abs. 1 Satz 2 nur unterbleiben, wenn sie den Untersuchungserfolg gefährden würde (s. § 224, 19 f); im Wiederaufnahmeverfahren wird das kaum vorkommen. Alle anderen zur Anwesenheit berechtigten Personen (oben Rdn. 18) müssen ebenfalls benachrichtigt werden. Das gilt auch bei richterlichen Augenscheinseinnahmen (§ 225).

23   Eine bestimmte **Form** für die Benachrichtigung ist nicht vorgeschrieben. Da aber die Benachrichtigung als nicht erfolgt gilt, wenn ihr Erhalt bestritten wird, ist die förmliche Zustellung geboten[78]. Die Benachrichtigung muß so rechtzeitig erfolgen, daß die Beteiligten in der Lage sind, ihre Anwesenheit oder Vertretung vorzubereiten. Neben dem Verteidiger ist stets auch der Angeklagte zu benachrichtigen; jedoch kann die Benachrichtigung nach § 145 a Abs. 1 an die Anschrift des Verteidigers gerichtet werden[79]. Daß der Angeklagte von der Anwesenheit bei der Beweisaufnahme nach § 168 c Abs. 3 ausgeschlossen ist oder nach § 369 Abs. 3 Satz 3 kein Anwesenheitsrecht hat, macht die Benachrichtigung nicht entbehrlich[80]. Sie dient in diesen Fällen dem Zweck, dem Angeklagten Gelegenheit zur Entsendung eines Verteidigers zu geben.

24   **4. Protokollvorlage.** Nach **§ 224 Abs. 1 Satz 3**, der ebenfalls entsprechend anzuwenden ist (§ 369 Abs. 3 Satz 2), muß das über die Beweiserhebung aufgenommene Protokoll der Staatsanwaltschaft und dem Verteidiger vorgelegt werden. Das gilt auch, wenn sie bei der Vernehmung anwesend waren[81]. Dem Verteidiger wird entweder eine Abschrift übersandt oder mitgeteilt, daß er die Akten einsehen könne. Bei der Akteneinsicht bestehen keine Beschränkungen[82]. Dem Staatsanwalt werden üblicherweise die Akten mit dem Protokoll zugeleitet. Der Angeklagte kann die Vorlage des Protokolls nicht beanspruchen; wegen des Verzichts auf die Vorlage § 224, 30.

V. Schlußanhörung (Absatz 4)

25   **1. Aufforderung zu weiteren Erklärungen.** Nach Abschluß der Beweisaufnahme muß der **Staatsanwaltschaft und dem Angeklagten** sowie den anderen **Personen**, die zur **Anwesenheit** bei der **Beweisaufnahme berechtigt** sind (oben Rdn. 18), Gelegenheit zu Erklärungen gegeben werden. Das ist eine zwingende Voraussetzung für die Entscheidung nach § 370[83]. Zu der Erklärung muß das Gericht unter Bestimmung einer Frist auf-

---

[76] *Kleinknecht/Meyer-Goßner* 10; AK-*Loos* 15; *Marxen/Tiemann* 236.

[77] *Marxen/Tiemann* 236.

[78] OLG Bremen MDR **1967** 61; KK-*Schmidt* 8; *Kleinknecht/Meyer-Goßner* 11; AK-*Loos* 16; Näheres § 224, 8.

[79] KK-*Schmidt* 8; *Kleinknecht/Meyer-Goßner* 11; AK-*Loos* 16; *Marxen/Tiemann* 238.

[80] *Kleinknecht/Meyer-Goßner* 11; AK-*Loos* 16; *Marxen/Tiemann* 238.

[81] BGHSt **25** 357; OLG Hamburg MDR **1977** 865; KK-*Schmidt* 11; *Kleinknecht/Meyer-Goßner* 12; AK-*Loos* 17; *Pfeiffer/Fischer* 5; *Marxen/Tiemann* 239; **a. A** anscheinend KMR-*Paulus* 18.

[82] *Eb. Schmidt* Nachtr. I 9; s. § 224, 28 f.

[83] OLG Düsseldorf NJW **1982** 839; OLG Hamburg MDR **1974** 689; OLG München BayJMBl. **1956** 149; OLG Rostock Alsb. E **2** Nr. 316; KK-*Schmidt* 12; KMR-*Paulus* 17; *Kleinknecht/Meyer-Goßner* 13; AK-*Loos* 18; *Pfeiffer/Fischer* 6.

fordern. Hat der Angeklagte einen Verteidiger, so kann die Aufforderung an ihn nach § 145 a Abs. 1 auch über diesen ergehen[84]. Wenn der Wiederaufnahmeantrag von einem Pflichtverteidiger gestellt ist, der Verurteilte aber innerhalb der Erklärungsfrist einen Wahlverteidiger bestellt, muß auch dieser zur Erklärung aufgefordert werden[85]. Die Aufforderung ist auch erforderlich, wenn der Verurteilte und sein Verteidiger bei der Beweisaufnahme zugegen gewesen sind[86], und selbst dann, wenn der Verteidiger eine jedenfalls ersichtlich nicht abschließend gemeinte eingehende Stellungnahme zum Ergebnis der Beweisaufnahme abgegeben hat[87]. Eine förmliche Zustellung der Aufforderung ist nicht notwendig[88].

2. Unterrichtung des Angeklagten. Da die Verfahrensbeteiligten eine sinnvolle **26** Erklärung nur abgeben können, wenn ihnen das Ergebnis der Beweisaufnahme bekannt ist, müssen sie hierüber zunächst unterrichtet werden. Bei der Staatsanwaltschaft und dem Verteidiger geschieht das durch die Vorlegung der Vernehmungsprotokolle (oben Rdn. 24). Der Angeklagte muß nur unterrichtet werden, wenn er keinen Verteidiger hat[89]. In welcher **Form** das geschieht, steht im **Ermessen des Vorsitzenden**[90]. Einem Antrag des Angeklagten auf Mitteilung des aufgenommenen Protokolls wird aber stets stattgegeben werden müssen[91]. Außer der Erteilung von Abschriften kommt die Verlesung des Protokolls oder die mündliche Eröffnung seines wesentlichen Inhalts durch eine mit der Vernehmung des Angeklagten beauftragte Gerichtsperson in Betracht[92].

3. Ergänzung der Beweisaufnahme. Die Erklärung nach § 369 Abs. 4 bezieht sich **27** auf die Ergebnisse der bisherigen Beweisaufnahme, kann aber auch den Antrag auf weitere Beweiserhebungen enthalten[93]. Das Gericht ist auch sonst nach der **Offizialmaxime** (oben Rdn. 3) verpflichtet, die Beweisaufnahme zu ergänzen, wenn die Erklärungen der Staatsanwaltschaft, des Verteidigers oder des Angeklagten dazu Anlaß geben[94]. Werden dabei neue Beweisergebnisse gewonnen, so ist eine erneute Anhörung nach § 369 Abs. 4 erforderlich[95].

VI. Anfechtung

Eine Beschwerde gegen Art und Umfang der Beweisaufnahme ist in entsprechender **28** Anwendung des **§ 305 Satz 1** ausgeschlossen (vgl. § 372, 7 f). Jedoch kann der Angeklagte einfache Beschwerde nach **§ 304 Abs. 1 gegen** seine **Ausschließung** von der Anwesenheit bei der Beweisaufnahme nach § 168 c Abs. 3 und gegen die Ablehnung sei-

---

[84] *Kleinknecht/Meyer-Goßner* 13; AK-*Loos* 18.

[85] OLG Oldenburg NdsRpfl. **1969** 163.

[86] OLG Hamm MDR **1974** 689; KK-*Schmidt* 12; *Kleinknecht/Meyer-Goßner* 13; *Pfeiffer/Fischer* 6; *Marxen/Tiemann* 240.

[87] OLG Düsseldorf NJW **1982** 839; OLG Hamburg MDR **1977** 865 für den Fall einer Stellungnahme, ohne im Besitz der Protokolle zu sein; KK-*Schmidt* 12; KMR-*Paulus* 17; *Kleinknecht/Meyer-Goßner* 13; AK-*Loos* 18; *Pfeiffer/Fischer* 6; *Marxen/Tiemann* 240.

[88] KK-*Schmidt* 16; **a. A** OLG Breslau ZStW **43** (1922) 518 mit abl. Anm. *Trint.*

[89] KK-*Schmidt* 12; *Kleinknecht/Meyer-Goßner* 13; *Neumann* 158.

[90] OLG Rostock ZStW **42** (1921) 718; KK-*Schmidt* 12; *Kleinknecht/Meyer-Goßner* 13; *Marxen/Tiemann* 240; *Peters* Fehlerquellen **3** 148.

[91] KMR-*Paulus* 18; AK-*Loos* 17; *Marxen/Tiemann* 240.

[92] *Eb. Schmidt* Nachtr. I 10; KMR-*Paulus* 18; *Marxen/Tiemann* 240; *Neumann* 158; **a. A** *v. Hentig,* der die mündliche Eröffnung nicht für ausreichend hält.

[93] KMR-*Paulus* 19; *Kleinknecht/Meyer-Goßner* 13; AK-*Loos* 19; *Pfeiffer/Fischer* 6; *Dahs* Hdb. 914; *Neumann* 158.

[94] KG GA **69** (1925) 445; *Eb. Schmidt* Nachtr. I 5; KMR-*Paulus* 19.

[95] KK-*Schmidt* 13; KMR-*Paulus* 19; *Kleinknecht/Meyer-Goßner* 13; AK-*Loos* 19; *Neumann* 159.

Karl Heinz Gössel

nes Antrags auf Anwesenheit bei der Beweisaufnahme einlegen[96]. Die **unterbliebene Benachrichtigung** kann schon deshalb **nicht angefochten** werden, weil die Beteiligten ohne diese Benachrichtigung erst nachträglich von der bereits erledigten Beweisaufnahme erfahren. Die Beschwerde gegen die Ausschließung oder gegen die Ablehnung des Antrags auf Anwesenheit wird mit dem Beweistermin gegenstandslos[97]. Dann kann nur nach § 372 Satz 1 die Entscheidung angefochten werden, mit der der Antrag als unbegründet verworfen wird (§ 370 Abs. 1), so etwa dann, wenn es das Gericht nach § 369 Abs. 4 unterlassen hat, die Staatsanwaltschaft anzuhören, worauf sich auch der Verurteilte wegen der Objektivität der Staatsanwaltschaft und wegen deren Wächteramtes zur Wahrung der Justizförmlichkeit berufen kann[98]. Der Verurteilte **verwirkt** sein Beschwerderecht gegen das Unterbleiben der Benachrichtigung, wenn er nicht sofort nach Erhalt von Abschriften des Vernehmungsprotokolls, sondern erst nach Erlaß des Beschlusses nach § 370 Abs. 1 seine Beanstandung vorbringt[99]. Ein **Verzicht** der Staatsanwaltschaft auf die Rüge der unterbliebenen Benachrichtigung liegt darin, daß sie bei der Vorlegung der Akten nach § 369 Abs. 4 keine Beanstandung erhebt[100].

29   Das Unterlassen der Aufforderung zur Erklärung führt zur Aufhebung des Beschlusses nach § 370 und zur **Zurückverweisung** an den beschließenden Richter; eine Heilung des Mangels im Beschwerderechtszug kommt nicht in Betracht (vgl. § 370, 51)[101]. Entsprechendes gilt, wenn der Antrag auf Verlängerung der Erklärungsfrist nach § 369 Abs. 4 nicht beschieden worden ist[102]. Näheres dazu § 372, 19.

§ 370

(1) Der Antrag auf Wiederaufnahme des Verfahrens wird ohne mündliche Verhandlung als unbegründet verworfen, wenn die darin aufgestellten Behauptungen keine genügende Bestätigung gefunden haben oder wenn in den Fällen des § 359 Nr. 1 und 2 oder des § 362 Nr. 1 und 2 nach Lage der Sache die Annahme ausgeschlossen ist, daß die in diesen Vorschriften bezeichnete Handlung auf die Entscheidung Einfluß gehabt hat.

(2) Andernfalls ordnet das Gericht die Wiederaufnahme des Verfahrens und die Erneuerung der Hauptverhandlung an.

Entstehungsgeschichte. Durch Art. 6 Nr. 4 der 3. VereinfVO wurde in Absatz 1 die mit den Wörtern „oder wenn in den Fällen. . ." beginnende zweite Satzhälfte gestrichen. Art. 3 Nr. 154 VereinhG stellte die ursprüngliche Fassung wieder her. Bezeichnung bis 1924: § 410.

Geplante Änderungen. Nach Art. 1 Nr. 6 des Entwurfs der SPD-Fraktion für ein Gesetz zur Reform des strafrechtlichen Wiederaufnahmerechts (BTDrucks. 13 3594) soll § 370 folgende Fassung erhalten:

---

[96] KK-*Schmidt* 14; KMR-*Paulus* 20; *Kleinknecht/Meyer-Goßner* 14; AK-*Loos* 20; *Pfeiffer/Fischer* 7.
[97] OLG Hamm JMBlNRW **1972** 239; KK-*Schmidt* 14; KMR-*Paulus* 20; *Kleinknecht/Meyer-Goßner* 14.
[98] OLG Düsseldorf NStE Nr. 3 zu § 369.

[99] OLG Celle NJW **1963** 2041; KMR-*Paulus* 20; AK-*Loos* § 370, 30 hält dies für bedenklich.
[100] RG Recht **1905** Nr. 1404.
[101] OLG Düsseldorf NStE Nr. 2 zu § 369; OLG Frankfurt NStZ **1983** 426; 427; KK-*Schmidt* 15; *Pfeiffer/Fischer* 7.
[102] OLG Oldenburg NdsRpfl. **1973** 52.

„§ 370

(1) Der Antrag auf Wiederaufnahme des Verfahrens gemäß § 359 ist begründet, wenn es aus der Sicht des Wiederaufnahmegerichts wahrscheinlich ist, daß das weitere Verfahren zur Freisprechung des Angeklagten, zur Verfahrenseinstellung, zu einer wesentlich milderen Bestrafung oder zu einer wesentlich anderen Entscheidung über eine Maßregel der Sicherung und Besserung führen wird. Der Antrag auf Wiederaufnahme des Verfahrens gemäß § 362 ist begründet, wenn die darin aufgestellten Behauptungen genügende Bestätigung gefunden haben.

(2) Über die Begründetheit eines Antrags auf Wiederaufnahme gemäß § 359 Abs. 1 Nr. 1 oder § 362 entscheidet das Gericht auf Antrag des Angeklagten oder nach seinem Ermessen, über die Begründetheit eines Antrags nach § 359 Abs. 1 Nr. 2 nach seinem Ermessen in mündlicher Verhandlung unter Beteiligung des Antragstellers, des Angeklagten, des Verteidigers und der Staatsanwaltschaft. Für die Vorbereitung der mündlichen Verhandlung gelten die §§ 213 bis 218 entsprechend.

(3) Ist der Antrag begründet, ordnet das Gericht die Wiederaufnahme des Verfahrens und die Erneuerung der Hauptverhandlung an.“

S. ggfs. die Erläuterungen im Nachtrag zur 25. Auflage.

Übersicht

       Karl Heinz Gössel

Alphabetische Übersicht

I. Wesen des Probationsverfahrens und das Verhältnis zum Aditionsverfahren

1   In der Entscheidung über die Begründetheit des Wiederaufnahmeantrags nach § 370 liegt der **Schwerpunkt** des Wiederaufnahmeverfahrens[1]. Von ihr hängt es ab, ob der für

---

[1] RGSt **35** 353; OLG Köln *Alsb.* E **2** Nr. 314 b; *Eb. Schmidt* 1; *Gerland* 444; *Neumann* 160.

zulässig erklärte Wiederaufnahmeantrag letztlich doch erfolglos bleibt oder ob es zur Wiederaufnahme des Verfahrens und zur Erneuerung der Hauptverhandlung kommt.

1. Der Zulassungsbeschluß nach § 368 als Sachentscheidungsvoraussetzung im **2** **Probationsverfahren.** Die Begründetheitsprüfung des Probationsverfahrens bezieht sich ebenso wie schon die Zulässigkeitsprüfung auf das Vorliegen von gesetzlichen Wiederaufnahmegründen und deren Nachweis durch geeignete Beweismittel. Erst wenn das Vorliegen dieses zweigliedrigen Gegenstandes schlüssig behauptet wird (§ 368, 9) und auch wahrscheinlich ist (§ 368, 15 und 21), ist es sinnvoll, in der zweiten Stufe des Probationsverfahrens die Richtigkeit dieser Behauptung zu untersuchen: **Ziel** der Zulässigkeitsprüfung ist es, von vornherein aussichtslose Wiederaufnahmeanträge zur Begründetheitsprüfung gar nicht erst zuzulassen, um zeit- und kostenaufwendige weitere Maßnahmen wegen erkennbarer Aussichtslosigkeit zu verhindern.

Um dieses prozeßökonomische Ziel zu erreichen, ist der Zulassungsbeschluß nach **3** § 368 als eine spezielle Voraussetzung des Probationsstadiums des Wiederaufnahmeverfahrens anzusehen, dessen Fehlen dem Erlaß der Entscheidungen nach § 370 Abs. 1 und 2 entgegensteht[2]. Dabei handelt es sich indessen nur um eine **Prozeßvoraussetzung** des **Wiederaufnahmeverfahrens**, nicht aber des *wiederaufgenommenen* Verfahrens, deren Fehlen lediglich im Rechsmittelwege nach § 372 geltend gemacht werden kann und weder zur Nichtigkeit der nach § 370 Abs. 1 und 2 ergehenden Entscheidungen führt noch bei Rechtskraft der Wiederaufnahmeanordnung vom Gericht im wiederaufgenommenen Verfahren berücksichtigt werden darf; entsprechend führt auch der in Rechtskraft erwachsende Beschluß nach § 370 Abs. 1 zum Verbrauch der verfahrensgegenständlichen Wiederaufnahmegründe.

Wegen dieser Wirkung als Voraussetzung des Probationsverfahrens **setzt** die Be- **4** schlußfassung nach § 370 grundsätzlich **voraus**, daß der Wiederaufnahmeantrag zuvor für zulässig erklärt worden ist. Eine frühere Beschlußfassung ist unzulässig[3]. Insbesondere darf der Wiederaufnahmeantrag nicht als unbegründet verworfen werden, ohne daß zuvor über seine Zulässigkeit entschieden worden ist[4]. Nur von der Beweiserhebung nach § 369 kann abgesehen werden, wenn sie nicht erforderlich ist (vgl. § 369, 4). In diesem Fall kann in einem und demselben Beschluß der Wiederaufnahmeantrag für zulässig erklärt und die Wiederaufnahme nach § 370 Abs. 2 angeordnet werden[5]; beide Entscheidungen müssen dann aber ausdrücklich getroffen und begründet werden[6]. Wenn der Verurteilte verstorben ist, so daß nach § 371 Abs. 1 ohne neue Verhandlung entschieden werden muß, oder wenn eine Hauptverhandlung entbehrlich ist und daher nach § 371 Abs. 2 verfahren wird, entfällt auch die Beschlußfassung nach § 370 Abs. 2 (vgl. § 371, 5 und 16).

2. Die Berücksichtigung der Zulässigkeit der Wiederaufnahme im Probationsver- **5** **fahren.** Wegen der möglichen **Gegenstände der Zulässigkeit** werden die obigen Ausführungen zu § 368, 1 in Bezug genommen. Wie im Aditionsverfahren, so sind auch im Probationsverfahren die allgemeinen Voraussetzungen des Wiederaufnahmeverfahrens von

---

[2] Sachentscheidungsvoraussetzung, s. oben Vor § 359, 142.

[3] *Schorn* MDR **1965** 869.

[4] OLG Dresden *Alsb.* E **2** Nr. 319; *Eb. Schmidt* 9; *Neumann* 142; vgl. aber *v. Kries* 711.

[5] RGSt **35** 351; OLG Bremen GA **1960** 216; OLG München MDR **1974** 775; KMR-*Paulus* 3; *Kleinknecht/Meyer-Goßner* 2; *Pfeiffer/Fischer* 1; *Dippel*

in: Jescheck/Meyer, 97; *Neumann* 163 Fußn. 14, der aber (137) stets eine doppelte Beschlußfassung fordert; *Eb. Schmidt* 9 und Nachtr. I § 369, 2; *Peters* Fehlerquellen **3** 163 halten die Verbindung der beiden Entscheidungen nur ausnahmsweise für statthaft; **a. A** AK-*Loos* 3 und *v. Hentig* 226, die sie niemals zulassen wollen.

[6] **A. A** *Marxen/Tiemann* 229.

Karl Heinz Gössel

dessen speziellen Voraussetzungen zu unterscheiden (§ 368, 3 ff). Fraglich erscheint indessen, ob mit dem Zulassungsbeschluß nach § 368 über die Zulässigkeit des Wiederaufnahmeverfahrens schon endgültig entschieden ist und ob etwaige die Zulässigkeit der Wiederaufnahme ausschließende Umstände im Probationsverfahren noch berücksichtigt werden dürfen. Die Frage ist — vorab — dahingehend zu beantworten, daß dem Zulassungsbeschluß nach § 368 lediglich hinsichtlich der Voraussetzungen des § 366 Abs. 2 eine bindende Wirkung zukommt, daß aber im übrigen auch noch nach Erlaß des Zulassungsbeschlusses eine etwaige Unzulässigkeit des Wiederaufnahmeverfahrens zu berücksichtigen ist[7].

6   **a) Die allgemeinen Voraussetzungen des Wiederaufnahmeverfahrens.** Über diese Voraussetzungen (s. dazu oben Vor § 359, 110 ff; § 368, 3 ff) wird regelmäßig nach **§ 206 a** entschieden, im Fall der fehlenden Zuständigkeit in entsprechender Anwendung der **§§ 270, 354 Abs. 2** (§ 367, 33 ff). Diese allgemeinen Zulässigkeitsvoraussetzungen sind nicht Gegenstand des Zulassungsbeschlusses nach § 368, weshalb dieser insoweit gar keine Bindungswirkung entfalten kann. Demnach kann insoweit das Wiederaufnahmeverfahren auch noch im Probationsverfahren nach § 206 a eingestellt werden; auch können die sonst gebotenen Entscheidungen z. B. nach § 270 getroffen werden.

7   **b) Die speziellen Voraussetzungen der Wiederaufnahme.** Hat der Wiederaufnahmeantrag den Filter der Zulässigkeitsprüfung mit dem Zulassungsbeschluß nach § 368 passiert, so kann sich in der **Begründetheitsprüfung** neben der Richtigkeit oder der Unrichtigkeit der Behauptungen im Wiederaufnahmeantrag gleichwohl herausstellen, daß die behauptete Antragsberechtigung nicht bestand, ein ungeeignetes Beweismittel angeführt wurde oder sonst **mangels einer speziellen Zulässigkeitsvoraussetzung** (Statthaftigkeit der Wiederaufnahme; Antragsberechtigung; Beschwer, §§ 366, 368 Abs. 1; s. dazu § 368, 7 und Vor § 359, 122) ein Grund besteht, der schon zur Verwerfung des Antrags berechtigt hätte. Es erscheint fraglich, wie das Gericht in diesem Fall verfahren soll.

8   **aa) Die erste Möglichkeit** einer **inhaltlichen Bindung** der Begründetheitsprüfung an den Zulässigkeitsbeschluß scheitert schon am Wesen der Zulässigkeitsprüfung als eines bloßen Hemmnisses für den Eintritt in das Probationsstadium, die aber (teilweise anders beim Verwerfungsbeschluß nach § 368, s. dazu § 372, 22 ff) zu keiner Sachentscheidung über das Vorliegen der Wiederaufnahmegründe und der dazu geeigneten Beweismittel führt und folglich eine dementsprechende Bindungswirkung auch gar nicht entfalten kann[8]. Die zweite von *Peters* vorgeschlagene Möglichkeit, den Wiederaufnahmeantrag wegen der Überwindung der Zulässigkeitsprüfung nunmehr als unbegründet zu verwerfen[9], verdient deshalb keine Zustimmung, weil mit dem Zulassungsbeschluß keine Sachentscheidung getroffen wurde und überdies die mit der Unbegründetheitserklärung verbundene Konsequenz des Verbrauchs der Wiederaufnahmegründe (§ 372, 22 ff) nicht tragbar erscheint[10].

9   Deshalb ist der weit überwiegend vertretenen Auffassung zuzustimmen, daß der **Wiederaufnahmeantrag** auch **nach** dem **Erlaß des Zulässigkeitsbeschlusses** nach § 368 als

---

[7] *Kleinknecht/Meyer-Goßner* 2.

[8] H. M, so z. B. BayObLGSt **1952** 78; KG JW **1929** 1073; *Eb. Schmidt* § 368, 4; KMR-*Paulus* 4; *Kleinknecht/Meyer-Goßner* 2; AK-*Loos* 2; *Neumann* 163 ff; *Peters* Fehlerquellen **3** 141; **a. A** *Marxen/Tiemann* 245, die der möglichen negativen Rechtswirkung des Verwerfungsbeschlusses (Verbrauch des Vorbringens über das Vorliegen neuer Beweismittel) zu Unrecht eine gleichsam umgekehrte positive Rechtskraftwirkung zuordnen wollen.

[9] *Peters* Fehlerquellen **3** 150.

[10] Dagegen schon KMR-*Paulus* 4; *Kleinknecht/Meyer-Goßner* 2.

unzulässig verworfen werden kann, wenn die zur Unzulässigkeit des Wiederaufnahmeantrags führenden Umstände im Aditionsverfahren übersehen oder sonst nicht berücksichtigt wurden, so z. B. beim Fehlen der Voraussetzungen des § 359[11], aber auch in anderen Fällen[12]. Dabei spielt es keine Rolle, ob der Antrag sofort als unzulässig hätte verworfen werden müssen oder ob die Gründe, die zu der Unzulässigkeit führen, erst später entdeckt worden sind[13].

bb) Eine **Ausnahme** gilt indessen hinsichtlich der Entscheidung über die Zulässigkeit   **10** des Wiederaufnahmeantrags nach **§ 366 Abs. 2.** Würde ein Verstoß gegen diese Formvorschrift noch im Probationsverfahren zur Verwerfung des Antrags als unzulässig führen, so wäre wegen der bloß formellen Rechtskraft dieser Entscheidung die erneute formgerechte Einbringung des Wiederaufnahmeantrags jederzeit möglich. Dieses Verfahren wäre aber auch prozeßökonomisch kaum sinnvoll, weshalb es vertretbar erscheint, dem Zulassungsbeschluß nach § 368 hinsichtlich der Wahrung der von § 366 Abs. 2 vorgeschriebenen Form bindende Wirkung zuzuerkennen[14].

II. Umfang der Prüfung

1. Die gesetzlichen Wiederaufnahmegründe als Gegenstände der Prüfung. Wie bei   **11** der Zulässigkeitsprüfung sind auch bei der Prüfung nach § 370 **nur die** von dem Antragsteller **geltend gemachten** Wiederaufnahmegründe zu berücksichtigen. Von ihnen hängt es ab, worauf sich die Prüfung des Gerichts bezieht. Im einzelnen gilt folgendes:

a) Bei **§ 359 Nr. 1 und 2, § 362 Nr. 1 und 2** kommt es wegen der Vorschrift des § 364   **12** Satz 1 regelmäßig nur darauf an, welchen Einfluß die verfälschte Urkunde oder die falsche Aussage **auf das angefochtene Urteil** gehabt haben kann (vgl. unten Rdn. 25 ff).

b) Bei **§ 359 Nr. 3, § 362 Nr. 3** begründet die in § 364 Satz 1 vorausgesetzte rechts-   **13** kräftige Verurteilung ohne weiteres die Wiederaufnahme (vgl. § 359, 34 ff; 40 ff). Auf die Würdigung von Beweisen (unten Rdn. 17 f) kommt es regelmäßig nicht an. Der **ursächliche Zusammenhang** zwischen der Straftat und dem Urteil braucht **nicht** geprüft zu werden[15].

c) Bei **§ 359 Nr. 4** hängt die Entscheidung davon ab, ob das angefochtene Strafurteil   **14** auf ein zivilgerichtliches Urteil gegründet war und ob dieses Urteil nunmehr durch ein anderes, und zwar rechtskräftiges, Urteil aufgehoben worden ist. Das Gericht muß den **Zusammenhang der beiden Urteile** feststellen. Eine über diese Prüfung des ursächlichen Zusammenhangs hinausgehende Erheblichkeitsprüfung findet nicht statt. Erwägungen darüber, ob das Urteil auch ohne das Zivilurteil, auf das es sich gründet, zu Recht ergangen ist, sind daher nicht statthaft[16].

---

[11] KG JW **1929** 1073; OLG Hamburg LZ **1914** 795; OLG Neustadt OLGSt § 359 S. 3; *Peters* Fehlerquellen **3** 141.

[12] OLG Hamburg GA **1967** 317; OLG Köln *Alsb.* E **2** Nr. 314 b; *Eb. Schmidt* 10; KK-*Schmidt* § 368, 19; KMR-*Paulus* 4; *Kleinknecht/Meyer-Goßner* 2; AK-*Loos* § 368, 43; *Dippel* in: Jescheck/Meyer, 98; **a. A** *v. Hentig* 204 Fußn. 1, 242, der es insbesondere für ganz abwegig hält, daß der erste Richter den vom Beschwerdegericht zugelassenen Antrag noch als unzulässig verwerfen darf; *Neumann* 164 hält

die Auffassung des Beschwerdegerichts ebenfalls für bindend.

[13] OLG Dresden HRR **1937** 841; KMR-*Paulus* 4; *Dippel* in: Jescheck/Meyer, 98.

[14] KMR-*Paulus* 4; *Kleinknecht/Meyer-Goßner* 2; AK-*Loos* § 368, 43; *Stenglein* 1; *Peters* Fehlerquellen **3** 141.

[15] KK-*Schmidt* 3; *Kleinknecht/Meyer-Goßner* 3; *Pfeiffer/Fischer* 2; *v. Hentig* 228; *Peters* Fehlerquellen **3** 51; s. auch § 359, 2.

[16] *Kleinknecht/Meyer-Goßner* 3; AK-*Loos* 5; *Peters* Fehlerquellen **3** 53.

15   d) Bei § 362 Nr. 4 ist zu prüfen, ob **genügend bestätigt** ist (unten Rdn. 18), daß der Angeklagte das behauptete Geständnis abgelegt hat, und ob es **glaubhaft** ist (vgl. § 362, 20; § 368, 14)[17].

16   e) Bei **§ 359 Nr. 5** handelt es sich darum, ob der **Tatsachenvortrag** des Antragstellers, dessen Richtigkeit bei der Prüfung nach § 368 ohne weiteres unterstellt worden war (vgl. § 368, 22), durch die Beweisaufnahme nach § 369 eine **genügende Bestätigung** (dazu unten Rdn. 17 ff) gefunden hat. Außerdem ist das Vorliegen aller in § 359 Nr. 5 bezeichneten Voraussetzungen der Wiederaufnahme von neuem zu prüfen (unten Rdn. 19 ff).

17   **2. Genügende Bestätigung der im Wiederaufnahmeantrag aufgestellten Behauptungen.** Das Gericht muß hier im wesentlichen jene **Prüfung wiederholen**, die es schon bei der Zulässigkeitsprüfung angestellt hat: diesmal aber nicht vom Standpunkt der als richtig unterstellten Behauptungen, sondern **aufgrund des Ergebnisses der Beweisaufnahme** über diese Behauptungen. Das bedeutet im einzelnen:

18   **a) Würdigung der Beweisaufnahme.** Das Gericht muß zunächst die Ergebnisse der Beweisaufnahme auf ihre **Beweiskraft prüfen**[18]. Wenn es an der Beweiskraft fehlt, ist der Wiederaufnahmeantrag unbegründet. Bei der Prüfung, ob das Wiederaufnahmevorbringen genügend bestätigt worden ist, darf aber keine volle Überzeugung des Gerichts von der Richtigkeit der Behauptungen des Antragstellers gefordert werden. Es genügt ein **Wahrscheinlichkeitsergebnis**. Ein jeden Zweifel ausschließender Beweis ist nicht erforderlich[19]. Insbesondere die endgültige Entscheidung über die Glaubwürdigkeit von Zeugen[20] oder die Überzeugungskraft von Sachverständigengutachten[21] kann nur in der neuen Hauptverhandlung getroffen werden.

19   **b) Prüfung, ob die Urteilsfeststellungen erschüttert sind.** Das Gericht hat den auf § 359 Nr. 5 gestützten Wiederaufnahmeantrag nach § 368 für zulässig erklärt, weil es für wahrscheinlich gehalten hat, daß die neuen Tatsachen oder Beweise, ihre Richtigkeit unterstellt, die Feststellungen des angefochtenen Urteils erschüttern können (§ 359, 56). Diese Prüfung wird nunmehr, nachdem die Beweise nach § 369 erhoben worden sind, wiederholt. Das Gericht untersucht erneut, ob die **Feststellungen des Urteils durch** die neuen Tatsachen oder **Beweise so erschüttert** werden[22], daß **genügender Anlaß** zur **Erneuerung der Hauptverhandlung** besteht[23].

20   Bei dieser Prüfung sind alle in dem bisherigen Verfahren erhobenen Beweise zu **berücksichtigen**[24], auch Beweiserhebungen in einem früheren, erfolglosen Wiederaufnahmeverfahren[25] und auch, wenn sie von einem unzuständigen Gericht erhoben sind[26].

---

[17] *Kleinknecht/Meyer-Goßner* 2; AK-*Loos* 6; *Pfeiffer/Fischer* 2.

[18] *Dippel* in: Jescheck/Meyer, 102; *Schorn* MDR **1965** 870.

[19] BVerG NJW **1990** 3193; OLG Bremen NJW **1957** 1730; OLG Karlsruhe GA **1974** 250 und Justiz **1984** 308; OLG Saarbrücken JBlSaar **1965** 47; OLG Schleswig NJW **1974** 714 mit Anm. *Peters*; OLG Stuttgart StV **1990** 539; *Eb. Schmidt* 6; KK-*Schmidt* 5; *Kleinknecht/Meyer-Goßner* 4; AK-*Loos* 9; *Pfeiffer/Fischer* 3; *Dahs* Hdb. 910; *Wasserburg* Handb. 196 f.

[20] OLG Bremen NJW **1957** 1730; OLG Karlruhe Justiz **1984** 309.

[21] OLG Stuttgart StV **1990** 539.

[22] RGSt **57** 317; OLG Hamm NJW **1962** 69; OLG Köln NJW **1968** 2219; OLG Saarbrücken JBlSaar

1965 47; OLG Schleswig NJW **1974** 714 mit Anm. *Peters; Eb. Schmidt* 7; KK-*Schmidt* 2; KMR-*Paulus* 17; *Kleinknecht/Meyer-Goßner* 4; *Dippel* GA **1972** 107; *Fuchs* JuS **1969** 518.

[23] KG JR **1984** 393 mit Anmerkung *Peters*; OLG Bremen NJW **1957** 1730; OLG Stuttgart StV **1990** 539, 540; *Peters* § 76 V 3 b bb und NJW **1974** 715; *Dippel* in: Jescheck/Meyer, 102; KK-*Schmidt* 4; *Kleinknecht/Meyer-Goßner* 4.

[24] OLG Bremen NJW **1957** 1370; OLG Karlsruhe GA **1974** 250; OLG Köln NJW **1968** 2219; *Kleinknecht/Meyer-Goßner* 4.

[25] KK-*Schmidt* 4; KMR-*Paulus* 9; *Fuchs* JuS **1969** 519 Fußn. 43.

[26] OLG Düsseldorf NJW **1979** 1724 LS und JMBlNRW **1979** 259.

Das Gericht soll sich dabei nach der **überwiegend vertretenen Auffassung** (einge- **21** hend dazu § 359, 157 ff) wie bei der Prüfung nach § 368 (vgl. dort Rdn. 26) auf den **Standpunkt des früher erkennenden Gerichts** stellen und die Ergebnisse der neuen Beweisaufnahme mit den Feststellungen des Urteils vergleichen[27]. Es dürfe die Entscheidung weder auf Tatsachen stützen, die das früher erkennende Gericht nicht festgestellt oder jedenfalls nicht zum Nachteil des Angeklagten berücksichtigt hat[28], noch dürfe es Beweisanzeichen, die von dem Wiederaufnahmegrund nicht betroffen sind, erneut und mit anderem Ergebnis würdigen als das erkennende Gericht[29]. Denn darin würde eine Verletzung des Grundsatzes der Mündlichkeit und der Unmittelbarkeit liegen[30].

Dieser Auffassung kann indes aus den oben § 359, 157 ff dargelegten Gründen **nicht 22 gefolgt** werden; auch hier hat das **Gericht** alle Beweise einschließlich der zu berücksichtigenden früher erhobenen von **seinem Standpunkt** aus im Zeitpunkt der Entscheidung zu beurteilen[31].

c) Hinreichende Wahrscheinlichkeit. Für die Entscheidung nach § 370 kommt es bei **23** einem auf § 359 Nr. 5 gestützten Wiederaufnahmeantrag zugunsten des Verurteilten nur darauf an, ob es naheliegend[32], mindestens aber **hinreichend wahrscheinlich** ist[33], daß in der neuen Hauptverhandlung eine für den **Verurteilten günstige Entscheidung** ergehen wird, weil das Wiederaufnahmevorbringen dort nachgewiesen werden kann oder, bei widersprüchlichen Darstellungen, in der Hauptverhandlung wenigstens **Raum für die Anwendung des Grundsatzes in dubio pro reo** bleibt[34]. Der erforderliche Grad der Wahrscheinlichkeit ist derselbe wie bei der Prüfung der Erheblichkeit nach § 368[35]. In den Fällen des § 362 ist nicht nur zu prüfen, ob die Urteilsgrundlagen erschüttert sind, sondern auch, ob ein hinreichender Tatverdacht besteht, wie er nach § 203 für die Eröffnung des Hauptverfahrens erforderlich ist.

Da es sich bei der Entscheidung, ob das Wiederaufnahmevorbringen eine genügende **24** Bestätigung gefunden hat, nicht um einen Beweis handelt, der alle Zweifel ausräumen muß, kommt die Anwendung des Grundsatzes **in dubio pro reo** ebensowenig in Betracht wie bei der Geeignetheitsprüfung nach § 359 und auch bei der Zulässigkeitsprüfung nach § 368 (§ 359, 155; § 368, 22). Dieser Grundsatz hat für Prognoseentscheidungen, wie sie nach § 370 zu treffen sind, begrifflich keine Bedeutung[36].

---

[27] OLG Bremen NJW **1957** 1730; OLG Karlsruhe Justiz **1984** 309; *Eb. Schmidt* 7; KK-*Schmidt* 2; *Kleinknecht/Meyer-Goßner* 4.

[28] BGHSt **19** 365; RGSt **57** 317; OLG Celle NdsRpfl. **1958** 195; OLGSt § 360 S. 2; OLG München *Alsb.* E 2 Nr. 320; *Peters* Fehlerquellen **3** 88 und NJW **1974** 714; *v. Hentig* 243; *Neumann* 165 Fußn. 20; *Schwarz* DJZ **1982** 1296.

[29] BGHSt **19** 365; KK-*Schmidt* 2; KMR-*Paulus* 10; *Peters* § 76 V 3 b bb und Fehlerquellen **3** 99; *Dippel* in: Jescheck/Meyer, 102.

[30] RGSt **57** 317; OLG Celle NdsRpfl. **1958** 195; *Dippel* in: Jescheck/Meyer, 102.

[31] Zustimmend *Rieß* NStZ **1994** 157.

[32] OLG Karlsruhe GA **1974** 250; KK-*Schmidt* 2.

[33] OLG Frankfurt StV **1996** 138, 139; OLG Köln NJW **1968** 2119; OLG Karlsruhe Justiz **1984** 309; *Eb. Schmidt* 6; KMR-*Paulus* 11; *Kleinknecht/Meyer-Goßner* 4; *Pfeiffer/Fischer* 3; *Dahs* Hdb. 910; *Fuchs* JuS **1969** 519; *Peters* NJW **1974** 715.

[34] OLG Bremen NJW **1957** 1730; OLG Düsseldorf NStE Nr. 1 zu § 370; OLG Karlsruhe Justiz **1984** 309; OLG Stuttgart StV **1990** 539; *Dalcke/Fuhrmann/Schäfer* 2; KK-*Schmidt* 4; KMR-*Paulus* 11; *Kleinknecht/Meyer-Goßner* 4; *Pfeiffer/Fischer* 3; *Marxen/Tiemann* 149; *Peters* Fehlerquellen **3** 87 und NJW **1974** 714; *Dahs* Hdb. 910; *Fuchs* JuS **1969** 518; *Günther* MDR **1974** 96; *Stree* In dubio pro reo (1962), 86; *Wasserburg* Handb. 196 f und ZStW **94** (1982) 941; a. A AK-*Loos* 11 f; *Dippel* GA **1972** 107.

[35] *Peters* Fehlerquellen **3** 84 ff; § 368, 19.

[36] OLG Karlsruhe GA **1974** 250 und Justiz **1984** 309; OLG Köln NJW **1968** 2119; *Eb. Schmidt* 6; KK-*Schmidt* 5; KMR-*Paulus* 12; *Kleinknecht/Meyer-Goßner* 4; *Pfeiffer/Fischer* 3; *Marxen/Tiemann* 149; *Peters* NJW **1974** 715; *Dippel* in: Jescheck/Meyer, 102 ff und GA **1972** 107; *Fingas* 134; *v. Hentig* 12; *Fuchs* JuS **1965** 517; *J. Meyer* JZ **1968** 10; *Schöneborn* MDR **1975** 442 ff; kritisch dazu *Roxin* § 55, 16; a. A *Gerland* 440; *Neumann* 163 Fußn. 12; *Schünemann* ZStW **84** (1972) 870 ff; BVerfG MDR **1975** 469 hat die Frage offengelassen.

Karl Heinz Gössel

3. Der von den Wiederaufnahmegründen des § 359 Nr. 1, 2 und § 362 Nr. 1, 2 geforderte ursächliche Zusammenhang

25   **a) Gesetzliche Kausalitätsvermutung.** In den Fällen des § 359 Nr. 1 und 2 und des § 362 Nr. 1 und 2 ist der Wiederaufnahmeantrag trotz genügender Bestätigung der Wiederaufnahmetatsachen unbegründet, wenn nach Lage der Sache die **Annahme ausgeschlossen** ist, daß die in diesen Vorschriften bezeichneten Taten (Vorlage falscher Urkunden, Aussagedelikte) **auf die Entscheidung Einfluß** gehabt haben (s. auch Vor § 359, 20). Der ursächliche Zusammenhang zwischen diesen Handlungen und dem Urteil wird gesetzlich vermutet[37]; die Vermutung ist aber widerlegbar[38]. Der Antragsteller muß nicht nachweisen, daß die Straftaten auf das Urteil Einfluß gehabt haben[39]. Vielmehr ist die Wiederaufnahme anzuordnen, wenn das **Gericht** die **Vermutung für den ursächlichen Zusammenhang nicht mit Sicherheit widerlegen** kann[40]. Sie ist widerlegt, wenn die Gründe des angefochtenen Urteils erweisen, daß die Urkunde, die Aussage oder das Gutachten bei der Beweiswürdigung nicht berücksichtigt worden sind[41]. Wenn sie dagegen bei der Beweiswürdigung in irgendeiner Weise herangezogen worden sind, kann die Vermutung regelmäßig nicht widerlegt werden[42]. Bei einem Zeugenmeineid genügt es, daß die Glaubwürdigkeit des Zeugen allgemein erschüttert ist[43]. Daher kommt es nicht darauf an, ob gerade der Teil der Aussage, der nachweislich falsch ist, das Urteil beeinflußt hat (vgl. § 359, 32).

26   **b) Grundlage der Prüfung** ist **nur** das **frühere Urteil.** Zweifel an dem ursächlichen Zusammenhang dürfen nicht etwa durch Ermittlungen, insbesondere nicht durch die Vernehmung der Richter, die an dem Urteil mitgewirkt haben, geklärt werden[44]. Wie bei der Prüfung der Frage, ob das Wiederaufnahmevorbringen eine genügende Bestätigung gefunden hat (oben Rdn. 22), sollte auch die Frage des ursächlichen Zusammenhangs nur vom Standpunkt des Wiederaufnahmegerichts geprüft werden (zu dieser Streitfrage s. oben Rdn. 21 f).

III. Die Entscheidung

27   **1. Form, Inhalt, Zuständigkeit.** Die Entscheidung ergeht nach Anhörung der Beteiligten (§ 33 Abs. 2, 3; § 369 Abs. 4) durch zu begründenden (§ 34) Beschluß ohne mündliche Verhandlung (§ 370 Abs. 1). Der Beschluß wird von demselben Gericht erlassen, das über die Zulassung des Antrags entschieden hat (§ 367 StPO, § 140 a GVG). Wegen des Ausschlusses der Richter, die an den früheren Entscheidungen mitgewirkt haben, vgl. § 23 Abs. 2. Die Entscheidung lautet entweder auf Verwerfung als unbegründet (Abs. 1) oder auf die Wiederaufnahme des Verfahrens, verbunden entweder mit der Erneuerung der Hauptverhandlung oder einer Entscheidung nach § 371.

28   **2. Der Verwerfungsbeschluß (Absatz 1).** Ergibt die Prüfung, daß das Wiederaufnahmevorbringen keine genügende Bestätigung gefunden hat oder, in den Fällen des § 359

---

37 KK-*Schmidt* 6; AK-*Loos* 4.
38 BGHSt **19** 365; KMR-*Paulus* 14; *Kleinknecht/ Meyer-Goßner* 5; *v. Hentig* 229; *Ditzen* GerS **47** (1892) 144; *Hanack* JZ **1974** 20; *Schneidewin* JZ **1957** 538; s. auch § 359, 6.
39 KMR-*Paulus* 14; *Kleinknecht/Meyer-Goßner* 5; *Neumann* 161; *Peters* Fehlerquellen **3** 49 ff; **a. A** v. *Hentig* 81.
40 BGHSt **19** 365; *Eb. Schmidt* 5; *Kleinknecht/Meyer-Goßner* 5.

41 *Neumann* 162.
42 Vgl. auch § 359, 25 ff; 32; weitergehend *Peters* Fehlerquellen **3** 50, der die Prüfung, ob der „Beweisrest" die Verurteilung trägt, stets für unzulässig hält.
43 KMR-*Paulus* 14; *Kleinknecht/Meyer-Goßner* 5.
44 BGHSt **19** 365; KMR-*Paulus* 15; *Peters* Fehlerquellen **3** 154.

Nr. 1 und 2 und des § 362 Nr. 1 und 2, daß die dort bezeichneten Taten auf das Urteil keinen Einfluß gehabt haben, so wird der Wiederaufnahmeantrag als unbegründet verworfen. Das kann auch aus Gründen geschehen, die im Gegensatz zu dem Zulassungsbeschluß stehen[45]. Der Beschluß muß nach § 34 mit Gründen versehen sein. Die Kosten des erfolglosen Wiederaufnahmeantrags sind nach § 473 Abs. 6 Nr. 1 dem Antragsteller aufzuerlegen. Zu ihnen gehören auch die nach §§ 364 a, 364 b zur Vorbereitung des Wiederaufnahmeverfahrens entstandenen Kosten (§ 464 a Abs. 1 Satz 3). Zur Wiederholung eines Antrags, der nach § 370 Abs. 1 verworfen worden ist, vgl. § 372, 22.

3. Die Anordnung der Wiederaufnahme (Absatz 2)

a) Wiederaufnahmebeschluß. Hält das Gericht den Wiederaufnahmeantrag für **29** begründet, so muß es nach § 370 Abs. 2 die Wiederaufnahme durch einen mit Gründen versehenen (§ 34) Beschluß anordnen. Ein den gesetzlichen Vorschriften entsprechender rechtskräftiger Wiederaufnahmebeschluß nach § 370 Abs. 2 ist eine **Prozeßvoraussetzung** für das weitere (wiederaufzunehmende) Verfahren[46]. Er ist dessen Rechtsgrundlage[47]. Wenn er fehlt, muß das wiederaufgenommene Verfahren eingestellt werden[48]. Die Beschlußfassung darf daher nicht durch ein Urteil ersetzt werden, das in einer unmittelbar in dem Zulassungsbeschluß angeordneten neuen Hauptverhandlung ergangen ist[49]. Entsprechendes gilt, wenn abzusehen ist, daß eine neue Hauptverhandlung zunächst nicht durchgeführt werden kann und das Verfahren daher nach § 205 eingestellt werden muß. Auch diese Einstellung darf erst beschlossen werden, nachdem durch Beschluß nach § 370 Abs. 2 die Wiederaufnahme des Verfahrens angeordnet worden ist[50]. Zum Fall eines durch Täuschung erschlichenen Wiederaufnahmebeschlusses s. unten Rdn. 52; zum Fall der sofortigen Entscheidung ohne Beschlußfassung nach § 370 Abs. 2 im Fall des § 371 s. § 371, 5; 16 ff.

b) Beschränkte Wiederaufnahme. Die Wiederaufnahme kann unter Beschränkung **30** auf einzelne Urteilsbestandteile angeordnet werden, wenn sie nur teilweise beantragt oder begründet ist[51]. Das kommt vor allem in Betracht, wenn der Verurteilte wegen mehrerer in **Tatmehrheit (§ 53 StGB)** stehender Taten bestraft worden ist (§ 368, 32). Eine einheitliche Tat im Sinne des **§ 264** braucht nicht vorzuliegen[52]; denn auch die Beschränkung von Rechtsmitteln ist grundsätzlich ohne Rücksicht darauf wirksam, ob im verfahrensrechtlichen Sinn Tatidentität besteht (s. Erläuterungen bei § 318 und § 344), und es gibt keinen Grund, bei der teilweisen Anordnung der Wiederaufnahme anders zu verfahren. Auf die Verurteilung wegen eines von mehreren tateinheitlich begangenen Delikten kann die Anordnung der Wiederaufnahme dagegen nicht beschränkt werden[53]. Sie ist aber unter Beschränkung auf den Rechtsfolgenausspruch möglich, z. B. wenn nur die (früheren)

---

[45] KK-*Schmidt* 7; *Kleinknecht/Meyer-Goßner* 6; *Pfeiffer/Fischer* 4; *Peters* § 76 V 3 b, aa; *Dippel* in: Jescheck/Meyer, 98; vgl. oben Rdn. 5, 9; **a. A** *Marxen/Tiemann* 245, s. dazu oben Fußn. 8.

[46] BGHSt **18** 341; RGSt **35** 353; RG JW **1938** 1165; RG HRR **1939** 279; BayObLGSt **1952** 78; OLG Dresden JW **1928** 1882 mit Anm. *Unger*; OLG Karlsruhe Justiz **1965** 242; *Eb. Schmidt* 9 und Nachtr. I 2; *Dalcke/Fuhrmann/Schäfer* 4; KK-*Schmidt* 12; KMR-*Paulus* 19; *Kleinknecht/Meyer-Goßner* 8; AK-*Loos* 22; *Pfeiffer/Fischer* 6; *Dippel* in: Jescheck/Meyer, 97; *Peters* Fehlerquellen **3** 163.

[47] RGSt **18** 417; **24** 150; **35** 353; **47** 169; BayObLGSt **1952** 79; OLG Jena *Alsb.* E **2** Nr. 325 a.

[48] RG HRR **1939** 279; KK-*Schmidt* 12; KMR-*Paulus* 19; kritisch dazu AK-*Loos* 22.

[49] BayObLGSt **1952** 78; KK-*Schmidt* 12; *Dippel* in: Jescheck/Meyer 97.

[50] OLG Köln *Alsb.* E **2** Nr. 321; *Eb. Schmidt* 1.

[51] OLG Hamm VRS **21** 44; *Eb. Schmidt* Nachtr. I 1; *Kleinknecht/Meyer-Goßner* 8; *Dippel* in: Jescheck/Meyer, 108; *Hanack* JZ **1974** 19.

[52] *Kleinknecht/Meyer-Goßner* 8, **a. A** BGHSt **14** 85; 88; *Schlüchter* 765.

[53] OLG Karlsruhe Justiz **1967** 55.

Rückfallvoraussetzungen des § 48 a. F. StGB erschüttert sind[54]; insoweit gelten die Grundsätze zu § 344 entsprechend.

IV. Wirkungen der Wiederaufnahmeanordnung

31   **1. Beseitigung der angefochtenen Entscheidung einschließlich deren Rechtskraftwirkung.** Nach allgemein anerkannter Auffassung beseitigt der Wiederaufnahmebeschluß die Rechtskraft der angefochtenen Entscheidung[55] in dem **Umfang**, in dem die Wiederaufnahme angeordnet worden ist.

32   Streitig ist, ob die Wiederaufnahmeanordnung auch zur Folge hat, daß das frühere Urteil nach Rechtskraft der Wiederaufnahmeanordnung schon endgültig **wegfällt oder** ob es zunächst, bis zur Entscheidung in der erneuten Hauptverhandlung, **bestehenbleibt.** Teils wird aus dem Wortlaut des § 371 Abs. 3 Satz 1 („Mit der Freisprechung ist die Aufhebung des früheren Urteils zu verbinden") und des § 373 Abs. 1 („. . . unter seiner Aufhebung anderweitig in der Sache zu erkennen") der Schluß gezogen, daß die Wiederaufnahmeanordnung das Urteil zunächst nicht beseitigt[56]. Auch wird der Wegfall des Urteils schon mit der Rechtskraft des die Wiederaufnahme anordnenden Beschlusses deshalb verneint, weil die angefochtene Entscheidung erst nach rechtskräftigem Abschluß des Wiederaufnahmeverfahrens aus dem Bundeszentralregister entfernt wird (§ 16 Abs. 2 Satz 1 BZRG)[57], weil die Möglichkeit einer begrenzten Urteilsnachprüfung die Annahme einer Urteilsbeseitigung ausschließe[58] und weil bei Ablauf der für die Strafverfolgungsverjährung bestimmten Frist das neue Verfahren auf der Geltung des früheren Urteils deshalb aufbaue, weil nach § 78 b StGB die Rechtskraft dieser Entscheidung zum Ruhen der Strafverfolgungsverjährung geführt habe.

33   Diesen Auffassungen kann indessen **nicht gefolgt** werden. Wie das Berufungsgericht, so entscheidet auch das Wiederaufnahmegericht allein aufgrund seiner Erkenntnisse (regelmäßig) in der Hauptverhandlung, ohne etwa, wie das Revisionsgericht, das angefochtene Urteil zu überprüfen. Die in § 371 Abs. 3 und § 373 Abs. 1 vorgesehene Aufhebung und die nach § 373 Abs. 1 gegebenenfalls anzuordnende Aufrechterhaltung des angefochtenen Urteils bedeutet wie bei der Entscheidung über die Berufung (vgl. § 328 Abs. 1) lediglich eine vereinfachte Form der Tenorierung, die aber niemals auf dem angefochtenen Urteil als Ergebnis der früheren Hauptverhandlung aufbaut, sondern allein auf der in der neuen Hauptverhandlung begründeten Erkenntnis und Überzeugung des Wiederaufnahmegerichts[59]. Weil die rechtskräftige Wiederaufnahmeanordnung weder geändert noch aufgehoben werden kann (unten Rdn. 52), bleibt die von dieser Anordnung betroffene Entscheidung nicht einmal *rechtskraftfähig*, wie das erstinstanzliche Urteil bei

---

[54] BGHSt **11** 361; OLG Hamm NJW **1953** 1765; *Kleinknecht/Meyer-Goßner* 8; *Peters* § 76 V 3 b bb; *Dippel* in: Jescheck/Meyer 108.

[55] BGHSt **14** 66; **19** 282; **21** 375; RGSt **30** 421; **35** 352; **57** 317; OLG Bremen NJW **1956** 316; OLG Hamburg *Alsb*. E **2** Nr. 315 a; DRiZ **1933** Nr. 288; VRS **29** 361; OLG Jena *Alsb*. E **2** Nr. 325 a; OLG Karlsruhe Justiz **1965** 242; OLG Saarbrücken NJW **1963** 1515; KK-*Schmidt* 13; *Kleinknecht/Meyer-Goßner* 10; AK-*Loos* 24; *Pfeiffer/Fischer* 6; *Henkel* 397 Fußn. 7; *Roxin* § 55, 17; *Marxen/Tiemann* 250; **a. A** *Blei* NJW **1957** 961, der sie nur für „durchbrochen" hält.

[56] BayObLGSt **29** 27 = JW **1929** 1491; BayObLGSt **34** 156 = JW **1934** 2864; BayObLG HRR **1936** 86; KG GA **69** (1925) 128; OLG Colmar LZ **1915** 926; OLG Hamm JR Rspr. **1926** Nr. 523; *Peters* Fehlerquellen **3** 155; *Dippel* in: Jescheck/Meyer 108; *Blei* NJW **1957** 961; *Gerland* ZStW **54** (1935) 324; *Hellm. Mayer* GerS **99** (1930) 345; *Oetker* GerS **65** (1905) 455; **66** (1905) 424; JW **1930** 938; auch *Eb. Schmidt* 1 und Nachtr. I 1 nimmt ein Bestehenbleiben des Urteils „ohne praktische Wirkung" an; ähnlich KMR-*Paulus* 21.

[57] *Hassemer* NJW **1983** 2353, 2357.

[58] *Peters* § 76 V B 3 b bb.

[59] S. dazu *Gössel* JR **1982** 270 f und § 373, 27.

Aufhebung eines Berufungsurteils[60]. Daran kann auch die Möglichkeit einer bloß teilweisen Verfahrenswiederaufnahme nichts ändern: in diesem Fall entfällt das angefochtene Urteil ebenso nur teilweise, wie auch dessen Rechtskraft — von seinem gegenteiligen Standpunkt aus müßte *Peters* auch den Wegfall der Rechtskraft verneinen. Ebensowenig überzeugt das Verjährungsargument: abgesehen davon, daß mit der Rechtskraft der jeweiligen Entscheidung die Verfolgungsverjährung ohnehin endet (jedoch strittig)[61], kann die Verjährung der Wiederaufnahme deshalb nicht entgegenstehen, weil das Verfahren gleichsam unter Überspringen der seit der Rechtskraft verstrichenen Zeit das Verfahren in den Zustand vor Erlaß der angefochtenen Entscheidung zurückversetzt (s. unten Rdn. 35). Auch aus § 16 BZRG läßt sich nichts Gegenteiliges herleiten: daß Wirkungen eines Gegenstandes dessen Existenz überdauern, ist eine nicht nur in der Rechtsordnung verbreitete Erscheinung. Schon aus diesem Grunde kann auch nicht das Verbot der Schlechterstellung, das ja auch von in der Revisionsinstanz ausdrücklich aufgehobenen Berufungsurteilen ausgeht, für den Fortbestand des angefochtenen Urteils angeführt werden, und auch nicht die fortbestehende Verlesungsmöglichkeit[62].

Deshalb ist der wohl überwiegend vertretenen Auffassung **zuzustimmen**, bereits der **34** Beschluß nach § 370 Abs. 2 **beseitige** das frühere Urteil endgültig[63].

2. Die Folgen des Wegfalls der Rechtskraft

a) Zurückversetzung des Verfahrens in den status quo ante. Der Beschluß nach **35** § 370 Abs. 2 führt, sobald er rechtskräftig geworden ist, wieder **zur Rechtshängigkeit** der Strafsache, die durch das rechtskräftige Urteil erledigt worden war[64]. Bis dahin steht die Rechtskraft des früheren Urteils der Durchführung einer neuen Hauptverhandlung entgegen[65]. Erst der Wiederaufnahmebeschluß versetzt das Verfahren in den Zustand zurück, in dem es sich vor diesem Urteil befunden hatte[66] und kann so zur Gesamtstrafenbildung wegen einer nach der Rechtskraft der angefochtenen Entscheidung begangenen Tat führen, weil sich die Zeitfolge des § 55 Abs. 1 nunmehr nach der neuen Entscheidung im wiederaufgenommenen Verfahren richtet[67]. War das Urteil im ersten Rechtszug erlassen worden, so wird das Verfahren wieder in die Lage nach Erlaß des Eröffnungsbeschlusses gebracht[68]. Berufungs- und Revisionsurteile verlieren dann ebenfalls ihre Wirkung[69]. Wenn sich der Wiederaufnahmeantrag gegen ein Berufungsurteil richtet, wird der Zustand

[60] Vgl. *Gössel* JR **1982** 272.

[61] LK-*Jähnke* § 78, 11; str., s. auch unten Rdn. 39.

[62] So aber *Peters* § 76 V 3 b bb (S. 685).

[63] RGSt **9** 36; **29** 280; **41** 106; **58** 52; RGRspr. **10** 429; RG JW **1923** 80 mit Anm. *Alsberg*; RG JW **1924** 1769 mit Anm. *Coenders*; RG HRR **1933** 1477; BayObLGSt **1952** 79 unter Aufgabe der in BayObLGSt **29** 27 vertretenen Ansicht; OLG Celle LZ **1915** 1548; OLG Hamm NJW **1957** 473 mit abl. Anm. *Blei* NJW **1957** 960; OLG Königsberg DStR **1935** 123; OLG München DJ **1938** 119; LG Frankfurt NJW **1970** 70; *Dalcke/Fuhrmann/Schäfer* 4; *Feisenberger* 4; *v. Hentig* 187; 236, 242; *Marxen/Tiemann* 250; *Neumann* 172; *Creifelds* JR **1962** 362; *Döring* JR **1927** 100; *Fuchs* JW **1926** 2231; *Schäfer* JR **1929** 67; **1933** 6, 19; *Schwarz* DJZ **1928** 1296, **a. A** KK-*Schmidt* 13 und die oben Fußn. 56 Genannten.

[64] *Eb. Schmidt* Nachtr. I 2; KK-*Schmidt* 13; KMR-*Paulus* 21; *Marxen/Tiemann* 251.

[65] RG JW **1938** 1165; RG HRR **1939** 279; BayObLGSt **1952** 80; OLG Karlsruhe Justiz **1965** 242.

[66] RGSt **27** 382; **41** 106; **77** 285; RG GA **36** (1888) 314; KK-*Schmidt* 13; *Kleinknecht/Meyer-Goßner* 10; AK-*Loos* 24; *Pfeiffer/Fischer* 6; *Marxen/Tiemann* 251; *Döring* JR **1927** 100; *Gössel* NStZ **1983** 391, 393.

[67] BayObLG JR **1982** 335 mit zustimmender Anmerkung *Stree*; OLG Bremen NJW **1956** 316; OLG Frankfurt GA **1980** 262, 264; s. § 373, 24.

[68] BGHSt **14** 66; RG GA **52** (1905) 88; RGRspr. **10** 430; BayObLGSt **1952** 79; OLG Braunscheig NJW **1961** 1082; OLG Hamm NJW **1957** 473 mit abl. Anm. *Blei* NJW **1957** 960; KK-*Schmidt* 13; KMR-*Paulus* 21; *Kleinknecht/Meyer-Goßner* 10; AK-*Loos* 24; *Pfeiffer/Fischer* 6; *Hanack* JZ **1974** 20; *Marxen/Tiemann* 251.

[69] RGSt **27** 383; OLG Köln JMBlNRW **1957** 132; KMR-*Paulus* 21; *v. Hentig* 221; *Marxen/Tiemann* 251; *Neumann* 173.

Karl Heinz Gössel

wiederhergestellt, der bei Anberaumung der Berufungshauptverhandlung bestanden hatte[70]; das mit der Berufung angefochtene Urteil bleibt bestehen[71]. Entsprechendes gilt für die gegen ein Revisionsurteil gerichtete Wiederaufnahme.

36   **b) Unzulässigkeit der weiteren Strafvollstreckung.** Mit der Rechtskraft des Beschlusses, der die Wiederaufnahme des Verfahrens anordnet, **endet** die **Vollstreckbarkeit** des Urteils, ohne daß es einer Anordnung nach § 360 Abs. 2 bedarf[72]. Die Vollstreckung einer Freiheitsstrafe oder einer freiheitsentziehenden Maßregel muß sofort beendet werden[73]; jedoch können ein Haft- oder Unterbringungsbefehl ergehen[74] oder auch sonstige Maßnahmen wie z. B. die vorläufige Entziehung der Fahrerlaubnis nach § 111 b, Beschlagnahme nach § 111 c, ein vorläufiges Berufsverbot nach § 132 a oder die in § 132 vorgesehenen Maßnahmen angeordnet werden, sofern deren Voraussetzungen vorliegen[75], sowohl im wiederaufgenommenen Verfahren selbst als auch bei anderen, vom Gegenstand des Wiederaufnahmebeschlusses nicht erfaßten Verfahrensgegenständen. Das Gericht muß der Vollstreckungsbehörde eine entsprechende Anweisung erteilen[76].

37   War eine Sache **eingezogen** worden, so lebt das Eigentum des früheren Eigentümers wieder auf; die Wirkung des § 74 e StGB entfällt[77]. Entsprechendes gilt für den Verfall[78]. Wenn dem Verurteilten in dem Urteil Rechte entzogen worden waren (§ 45 StGB), gewinnt er sie mit der Rechtskraft der dieses Urteil im wiederaufgenommenen Verfahren aufhebenden Entscheidung zurück[79]. Das gleiche gilt für Maßregeln der Besserung und Sicherung, insbesondere die Entziehung der Fahrerlaubnis, wenn ihr gedanklich und rechtlich auch die Verurteilung zugrunde liegt, deretwegen die Wiederaufnahme angeordnet worden ist[80]; die entgegengesetzte Auffassung von KK-*Schmidt*[81] ist nicht zu billigen. Mit Recht verlangt das BayObLG, „der Aufhebung im Wiederaufnahmeverfahren die größtmögliche rechtliche Wirkung" beizulegen und also die zu Unrecht ausgesprochene Entziehung der Fahrerlaubnis rückwirkend zu beseitigen[82]. Ein endgültiger, nicht mehr zu beseitigender Vollzug liegt entgegen *Schmidt* nicht vor: auch im Zeitpunkt der Beendigung des Wiederaufnahmeverfahrens ist es möglich, die Entziehung als nicht geschehen zu behandeln, und dies erscheint im Interesse einer möglichst vollständigen Rehabilitation des zu Unrecht Verurteilten auch notwendig. Es kann nur der Entscheidung im wiederaufgenommenen Verfahren vorbehalten bleiben, über die Entziehung der Fahrerlaubnis zu

---

[70] RGSt **77** 284; OLG Hamburg MDR **1949** 504 L; KK-*Schmidt* 13; KMR-*Paulus* 21; *Kleinknecht/ Meyer-Goßner* 10; AK-*Loos* 24; *Pfeiffer/Fischer* 6; *Döring* JR **1927** 100; *Marxen/Tiemann* 251.

[71] *Marxen/Tiemann* 251; *Neumann* 177; **a. A** v. *Hentig* 220.

[72] RGSt **76** 48; OLG Bremen NJW **1956** 316; OLG Celle NdsRpfl. **1951** 172; OLG Hamburg JW **1931** 2860 unter Aufgabe der in JW **1930** 3448 mit abl. Anm. *Mannheim* vertretenen Ansicht; OLG München DJ **1938** 119; KK-*Schmidt* 18; KMR-*Paulus* 22; *Kleinknecht/Meyer-Goßner* 11; AK-*Loos* 25; *Pfeiffer/Fischer* 6; *Gerland* 445; v. *Hentig* 208 Fußn. 1; *Neumann* 175.

[73] OLG Jena *Alsb.* E **2** Nr. 325 a; OLG Köln *Alsb.* E **2** Nr. 325 c; *Eb. Schmidt* 3; KMR-*Paulus* 22; *Kleinknecht/Meyer-Goßner* 11; *Pfeiffer/Fischer* 6; *Marxen/Tiemann* 252; *Peters* Fehlerquellen **3** 155; *Döring* JR **1927** 101 ff; **a. A** BayObLGSt **29** 27; **34** 156; BayObLG HRR **1936** 86; KG GA **69** (1925) 128; OLG Celle bei *Döring* JR **1927** 104; OLG

Colmar *Alsb.* E **2** Nr. 325 b = LZ **1915** 926; OLG Hamm JR Rspr. **1926** Nr. 523; *Dalcke/Fuhrmann/ Schäfer* 4; *Beling* 483 ff, die die weitere Vollstreckung für zulässig halten.

[74] KK-*Schmidt* 18; *Pfeiffer/Fischer* 6.

[75] KMR-*Paulus* 22; hinsichtlich § 132 a ebenso KK-*Schmidt* 18.

[76] *Eb. Schmidt* 3; AK-*Loos* 25; *Marxen/Tiemann* 252.

[77] KK-*Schmidt* 18; KMR-*Paulus* 22; *Kleinknecht/ Meyer-Goßner* 11; LK-*Schäfer* § 74 e, 5; *Dreher/ Tröndle* § 74 e, 1.

[78] KMR-*Paulus* 22.

[79] KK-*Schmidt* 18; *Kleinknecht/Meyer-Goßner* 11; AK-*Loos* 25; *Peters* Fehlerquellen **3** 156; vgl. auch § 373, 34.

[80] OLG Hamm VRS **21** 44; *Kleinknecht/Meyer-Goßner* 12.

[81] KK-*Schmidt* 18; ebenso *Pfeiffer/Fischer* 6.

[82] BayObLG NJW **1992** 1120, ebenso *Kleinknecht/ Meyer-Goßner* 11; AK-*Loos* 25.

---

entscheiden. Erweist sich die früher ausgesprochene Entziehung als unberechtigt, so erscheint es unerträglich und nicht hinnehmbar, der Verwaltungsbehörde das Recht einzuräumen zu prüfen, ob nicht außerhalb des Wiederaufnahmeverfahrens Gründe bestehen, die der Wiedererteilung der Fahrerlaubnis entgegenstehen: mit dem Wegfall der Entziehung gibt es keinen Gegenstand mehr, der dem zu Unrecht Verurteilten *wieder*erteilt werden könnte[83]. Für den mit Nebenstrafen verbundenen Entzug von Rechten gilt das Gleiche[84].

Wird die Wiederaufnahme unter Beschränkung auf die Verurteilung wegen einer von **38** mehreren tatmehrheitlichen Straftaten angeordnet, so wird auch die **Gesamtstrafe** gegenstandslos[85]. Wenn die Wiederaufnahme nur wegen einzelner von mehreren tatmehrheitlichen Verurteilungen zugelassen worden ist, kann die Vollstreckung aus dem Urteil aber nach denselben Grundsätzen fortgesetzt werden, die für die Vollstreckung von Einzelstrafen aus einem im Gesamtstrafausspruch noch nicht rechtskräftigen Urteil gelten[86].

c) Neue Verjährungsfrist. Mit der Rechtskraft des Wiederaufnahmebeschlusses **39** beginnt die Verfolgungsverjährung in voller Länge von neuem[87] (s. dazu § 362, 3). Es gelten insoweit dieselben Grundsätze wie bei der Gewährung von Wiedereinsetzung in den vorigen Stand[88].

Die **Neuregelung** des Verjährungsrechts in den §§ 78 a ff StGB hat hieran nichts **40** geändert[89].

Die Verjährung beginnt auch dann neu zu laufen, wenn das frühere Urteil auf **Frei-** **41** **spruch** gelautet hatte[90].

d) Zurücknahme von Strafanträgen. Da die Rechtskraft des Urteils durch den Wie- **42** deraufnahmebeschluß beseitigt wird (oben Rdn. 31), ist die Zurücknahme von Strafanträgen nach § 77 d Abs. 1 StGB wieder zulässig[91]. Das Verfahren muß dann nach § 206 a eingestellt werden.

e) Wegfall von Verteidigervollmacht und -beiordnung. Vgl. dazu § 364 a, 3 und 5. **43**

---

[83] Zu Recht verneint BayObLG aaO auch eine Strafbarkeit nach § 21 Abs. 1 Nr. 1 StVG in der Zeit zwischen dem Erlaß des Ersturteils und dessen Aufhebung im Wiederaufnahmeverfahren – zustimmend *Asper* NStZ **1994** 171; ablehnend *Groß* NStZ **1993** 221 und **1994** 173 – es kann nicht hingenommen werden, daß die Zuwiderhandlung gegen eine unberechtigte Rechtsfolgenentscheidung, der Mißachtung des Geßlerhutes gleich, auch noch strafbar sein soll.

[84] KMR-*Paulus* 23; *Marxen/Tiemann* 252.

[85] BGHSt **14** 89; OLG Celle LZ **1915** 1548; OLGSt § 360 S. 1; OLG Hamm VRS **21** 44; KMR-*Paulus* 23; *Kleinknecht/Meyer-Goßner* 12; AK-*Loos* 26.

[86] *Kleinknecht/Meyer-Goßner* 12; AK-*Loos* 26; *Neumann* 175 Fußn. 9 und JR **1927** 525; *Döring* JR **1927** 97 ff; vgl. dazu § 449, 25 ff.

[87] RGSt **69** 10; **76** 48; KG GA **69** (1925) 128; OLG Bamberg NJW **1962** 2169; OLG Frankfurt MDR **1978** 513; OLG Hamburg VRS **29** 360; OLG Hamm JR Rspr. **1926** Nr. 523; OLG Schleswig SchlHA **1963** 63; *Eb. Schmidt* 3; *Dalcke/Fuhrmann/Schäfer* 4; KMR-*Paulus* 25; *Neumann* 82; *Peters* Fehlerquellen **3** 109; *Kaiser* NJW **1962** 1704; **a. A** KK-*Schmidt* 19; *Kleinknecht/Meyer-*

Goßner 14; *Pfeiffer/Fischer* 6; noch weitergehend *Marxen/Tiemann* 16, 256: auch kein Ruhen der Verjährungsfrist zwischen Rechtskraft des Ersturteils und Wiederaufnahmebeschluß.

[88] BayObLGSt **30** 156; BayObLGSt **1953** 179; KG DJZ **1907** 1029; OLG Braunschweig NJW **1973** 2119; OLG Desden JW **1932** 1765 mit Anm. *Köhler*; OLG Frankfurt VRS **50** (1976) 128; OLG Hamm NJW **1972** 2097; OLG Stuttgart Justiz **1972** 363.

[89] LK-*Jähnke* § 78, 11; *Göhler* Vor § 31, 2 a; **a. A** *Schönke/Schröder/Stree* § 78 a, 15; *Rudolphi* SK Vor § 78, 7; **a. A** ferner *Lackner* § 78, 7; KK-*Schmidt* 19; *Peters* § 76 V 3 b bb, welche die Zeit der Rechtskraft des Urteils nur als Ruhen der Verjährung im Sinne des § 78 b Abs. 1 StGB ansehen wollen; wieder anders *Tröndle* § 78 b, 11: Ziel der Rechtskraft ist „bloße Hemmung des Verjährungseintritts".

[90] BGH GA **1974** 154; LK-*Jähnke* § 78, 11; **a. A** *Feisenberger* 2; *zu Dohna* 211; *Gerland* 437; *Tröndle* § 78 b, 11; *Schönke/Schröder/Stree* § 78 a, 15, die den Freigesprochenen nicht schlechter stellen wollen als denjenigen, der überhaupt nicht vor Gericht gestanden hat; vgl. dazu § 362, 3.

[91] *Marxen/Tiemann* 254; *Peters* Fehlerquellen **3** 164.

Karl Heinz Gössel

44 **3. Eintragung im Bundeszentralregister.** Der Beschluß nach § 370 Abs. 2 führt nicht zur Tilgung der Eintragung der früheren Verurteilung im Bundeszentralregister, wird aber selbst eingetragen (§ 16 Abs. 1 BZRG); zur Behandlung der Eintragung der früheren Verurteilung nach der endgültigen Entscheidung im Wiederaufnahmeverfahren s. § 16 Abs. 2 BZRG.

45 **4. Wegfall von Gnadenerweisen.** Sind zu dem Urteil Gnadenerweise ergangen, so werden sie durch den Wiederaufnahmebeschluß gegenstandslos[92]. Zu der Frage, ob der Gnadenerweis wieder wirksam wird, wenn in der neuen Hauptverhandlung das frühere Urteil aufrechterhalten wird, vgl. § 373, 35.

46 **5. Vorläufige Anordnungen,** die durch die Rechtskraft des früheren Urteils prozessual überholt waren und daher nicht förmlich aufgehoben worden sind, insbesondere Haftbefehle nach §§ 112 ff, Unterbringungsbefehle nach § 126 a, Beschlagnahmeanordnungen nach §§ 94, 111 b, Beschlüsse über die vorläufige Entziehung der Fahrerlaubnis nach § 111 a und über das vorläufige Berufsverbot nach § 132 a, leben nicht von selbst wieder auf[93]. Sie können aber, wenn ihre Voraussetzungen vorliegen, erneut erlassen werden[94]. Das gilt auch bei einer Wiederaufnahme zuungunsten des Freigesprochenen[95]. Der Erlaß eines Haftbefehls ist auch zulässig, wenn die Wiederaufnahme zugunsten des Verurteilten angeordnet worden ist, jedoch nur die Verurteilung aufgrund eines milderen Gesetzes erstrebt wird[96].

47 **6. Keine Anwendbarkeit des § 357.** § 357 ist einmal schon im Hinblick auf seinen speziellen Anwendungsbereich nur im Revisionsrecht im Wiederaufnahmeverfahren[97] nicht anwendbar, im übrigen aber deshalb nicht, weil die Durchbrechung der Rechtskraft[98] über die Fälle ausdrücklicher gesetzlicher Anordnung hinaus nicht erweiterbar erscheinen.

V. Erneuerung der Hauptverhandlung

48 **1. Die Bedeutung der Erneuerungsanordnung.** In dem Beschluß über die Anordnung der Wiederaufnahme ist zugleich die **Erneuerung der Hauptverhandlung** anzuordnen (§ 370 Abs. 2). Das Fehlen dieser Anordnung ist aber unschädlich[99]. Die Anordnung bedeutet, daß aufgrund einer neuen Hauptverhandlung in der Sache erkannt werden muß, und zwar in einem Urteil, das entweder auf Aufrechterhaltung des früheren Urteils lautet oder unter dessen Aufhebung anderweit über die Anklage erkennt (§ 373 Abs. 1). Wegen der Möglichkeit, die Sache auf andere Art zu erledigen, vgl. § 373, 17 ff.

49 **2. Entsprechende Anwendung der § 354 Abs. 3, § 355.** Die neue Hauptverhandlung findet grundsätzlich vor dem Gericht statt, das den Beschluß nach § 370 Abs. 2 erlassen hat. Bleibt es bei diesem Grundsatz, so braucht der Beschluß das zuständige Gericht nicht besonders zu bezeichnen. Es ist aber **auch zulässig**, in entsprechender Anwendung des

---

[92] RGSt **57** 312; BayObLG JZ **1951** 523; KMR-*Paulus* 24; *Kleinknecht/Meyer-Goßner* 13; *Marxen/Tiemann* 255; *K. Meyer* Recht **1905** 105.

[93] *Kleinknecht/Meyer-Goßner* 15; AK-*Loos* 29; *Marxen/Tiemann* 253.

[94] OLG Köln *Alsb.* E **2** Nr. 325 c; KMR-*Paulus* 22; *Kleinknecht/Meyer-Goßner* 15; *Eb. Schmidt* 4; AK-*Loos* 29; *Marxen/Tiemann* 253; *Neumann* 176.

[95] *Neumann* 176; *Döring* JR **1927** 102.

[96] *Peters* Fehlerquellen **3** 155.

[97] *Gössel* NStZ **1983** 395.

[98] *Oberrath* Die Probleme des § 357 StPO (1992) S. 130 ff.

[99] KMR-*Paulus* 18; *Kleinknecht/Meyer-Goßner* 17; AK-*Loos* 23; *Pfeiffer/Fischer* 7; *Marxen/Tiemann* 257; *Peters* Fehlerquellen **3** 163.

§ 354 Abs. 3 die Erneuerung der Hauptverhandlung vor einem niederen Gericht anzuordnen, wenn die noch abzuurteilende Straftat zur Zuständigkeit eines solchen Gerichts gehört[100] (s. § 367, 33 ff; 39 ff). Hatte die frühere Hauptverhandlung vor einem Gericht mit besonderer Zuständigkeit (Schwurgericht, Staatsschutzkammer) stattgefunden, so ist eine solche Abweichung nur zulässig, wenn die Wiederaufnahmeanordnung so beschränkt ist, daß nunmehr die Zuständigkeit eines allgemeinen Strafgerichts gegeben ist[101]. Wird bei einer Wiederaufnahme zuungunsten des Angeklagten die Verurteilung wegen einer Straftat erstrebt, deren Aburteilung nicht zur Zuständigkeit des Gerichts gehört, das das angefochtene Urteil erlassen hat, so ist die Erneuerung der Hauptverhandlung vor dem zuständigen, auch vor einem höheren, Gericht anzuordnen[102] (s. § 367, 33 ff; 39 ff).

Für den Fall, daß früher ein **Jugendgericht** entschieden hatte, in der neuen Hauptver- **50** handlung aber nur noch der mitangeklagte Erwachsene vor Gericht steht, gelten die Grundsätze zu **§ 355** (s. Erläuterungen dort; § 367, 33 ff; 39 ff) entsprechend. Wird jedoch die Wiederaufnahme des mit einem Urteil im ersten Rechtszug abgeschlossenen Verfahrens angeordnet, so ist nach § 47 a JGG — der § 103 Abs. 3 JGG vorgeht — die Erneuerung der Hauptverhandlung gleichwohl vor dem Jugendgericht zu bestimmen. Entsprechendes gilt in dem umgekehrten Fall, daß das Urteil gegen einen Jugendlichen oder Heranwachsenden von einem allgemeinen Strafgericht erlassen worden ist[103]. Nur wenn der Wiederaufnahmebeschluß ein Berufungsurteil betrifft, muß es bei der Zuständigkeit des früher erkennenden Gerichts verbleiben (vgl. Erläuterungen zu § 355).

VI. Anfechtung

1. Verwerfungsbeschluß. Der Beschluß ist nach § 372 Satz 1 mit der **sofortigen** **51** **Beschwerde** anfechtbar, auch für die Staatsanwaltschaft (§ 372 Satz 1), mangels Beschwer aber nicht für den Nebenkläger[104]. Zur **Aufhebung** des Beschlusses **zwingen** die Verwendung polizeilicher oder staatsanwaltschaftlicher Vernehmungsprotokolle[105] und das Unterlassen der Benachrichtigung vom Termin der Beweisaufnahme (§ 369 Abs. 3, § 224 Abs. 1)[106] oder der Anhörung nach § 369 Abs. 4[107]. Eine Heilung durch Nachholung der Anhörung in der Beschwerdeinstanz ist nicht möglich[108]. In diesen Fällen entscheidet das Beschwerdegericht nicht in der Sache selbst, sondern verweist die Sache zu neuer Entscheidung an das erste Gericht zurück (vgl. § 372, 19).

2. Anordnungsbeschluß. Nach § 372 Satz 1 kann der Beschluß von dem Angeklagten **52** angefochten werden, soweit er beschwert ist, nach § 372 Satz 2 aber nicht von der Staatsanwaltschaft (§ 372, 10 ff) und auch nicht vom Nebenkläger[109]. Das beschließende

---

[100] RGSt **9** 34; *Eb. Schmidt* 13; KK-*Schmidt* 20; KMR-*Paulus* 18; *Kleinknecht/Meyer-Goßner* 17; *Pfeiffer/Fischer* 7; *Dalcke/Fuhrmann/Schäfer* 4; *Gerland* 445; *Neumann* 167 ff.

[101] BGHSt **14** 68.

[102] KK-*Schmidt* 20; KMR-*Paulus* 18; *Kleinknecht/Meyer-Goßner* 17; *Pfeiffer/Fischer* 7; *Neumann* 166.

[103] BGHSt **30** 260; BayObLG MDR **1980** 958; s. auch *Kleinknecht/Meyer-Goßner* § 140 a GVG, 11, jedoch teilweise **a. A.**

[104] *Rieß* NStZ **1988** 16.

[105] *Kleinknecht/Meyer-Goßner* 18; AK-*Loos* 30; *Neumann* 150.

[106] OLG Celle NJW **1962** 1073; zur Verwirkung dieser Rüge s. § 369, 28.

[107] OLG Breslau ZStW **43** (1920) 518; OLG Hamm MDR **1974** 689; OLG Oldenburg NdsRpfl. **1969** 163; **1973** 52; OLG Rostock *Alsb.* E **2** Nr. 334 = ZStW **42** (1921) 718; KMR-*Paulus* 26; *Kleinknecht/Meyer-Goßner* 18; AK-*Loos* 30; *Peters* Fehlerquellen **3** 148; vgl. auch OLG Düsseldorf NJW **1982** 839; OLG Hamburg MDR **1977** 865; § 369, 29.

[108] OLG Hamm MDR **1974** 689; offengelassen von OLG Düsseldorf NJW **1982** 839 und OLG Hamburg MDR **1977** 865, die aber eine Aufhebung dann für geboten halten, wenn noch Beweisanträge gestellt oder offen sind.

[109] *Rieß* NStZ **1988** 16.

Karl Heinz Gössel

Gericht darf ihn **nicht selbst wieder aufheben**[110]; eine solche Aufhebung ist unwirksam, und zwar selbst dann, wenn der Beschluß durch Täuschung (Anstiftung eines Zeugen zur Falschaussage) **erschlichen** worden ist[111]. Es muß dann zu einer neuen Verhandlung kommen, deren dem Antragsteller nachteiliger Ausgang von vornherein feststeht[112].

VII. Revision

53   Das Vorliegen eines rechtskräftigen Wiederaufnahmebeschlusses ist in dem neuen Verfahren eine Prozeßvoraussetzung; das Revisionsgericht prüft sie von Amts wegen (oben Rdn. 29). Im übrigen gehört der Inhalt der Wiederaufnahmeanordnung nicht zu den nachprüfbaren Vorentscheidungen (vgl. Erläuterungen zu § 336).

§ 371

(1) Ist der Verurteilte bereits verstorben, so hat ohne Erneuerung der Hauptverhandlung das Gericht nach Aufnahme des etwa noch erforderlichen Beweises entweder auf Freisprechung zu erkennen oder den Antrag auf Wiederaufnahme abzulehnen.

(2) Auch in anderen Fällen kann das Gericht, bei öffentlichen Klagen jedoch nur mit Zustimmung der Staatsanwaltschaft, den Verurteilten sofort freisprechen, wenn dazu genügende Beweise bereits vorliegen.

(3) [1]Mit der Freisprechung ist die Aufhebung des früheren Urteils zu verbinden. [2]War lediglich auf eine Maßregel der Besserung und Sicherung erkannt, so tritt an die Stelle der Freisprechung die Aufhebung des früheren Urteils.

(4) Die Aufhebung ist auf Verlangen des Antragstellers durch den Bundesanzeiger bekanntzumachen und kann nach dem Ermessen des Gerichts auch durch andere Blätter veröffentlicht werden.

Schrifttum. *Börker* Freisprechender Beschluß im Wiederaufnahmeverfahren, NJW **1951** 390; *Knapp* Die Beseitigung einer ungerechtfertigten Verurteilung nach dem Tode des Verurteilten, Diss. Tübingen 1911; *K. Meyer* Die Form der Freisprechung eines Verstorbenen im Wiederaufnahmeverfahren, DJZ **1899** 437.

Entstehungsgeschichte. Durch Art. 2 Nr. 33 AGGewVerbrG wurde dem Absatz 3 der Satz 2 angefügt. Art. 3 Nr. 156 VereinhG faßte den Absatz 4 neu und ersetzte insbesondere die Wörter „Deutschen Reichsanzeiger" durch das Wort „Bundesanzeiger". Art. 21 Nr. 9 EGStGB setzte in Absatz 3 Satz 2 die Wörter „Besserung und Sicherung" an die Stelle der Wörter „Sicherung und Besserung". Bezeichnung bis 1924: § 411.

Geplante Änderungen. Nach Art. 1 Nr. 7, 8 des Entwurfs der SPD-Fraktion für ein Gesetz zur Reform des strafrechtlichen Wiederaufnahmerechts (BTDrucks **13** 3594) sollen die Absätze 1 und 2 folgende Fassung erhalten:

---

[110] LG Frankfurt NJW **1970** 70; KK-*Schmidt* 10.
[111] OLG Köln NJW **1955** 314; KMR-*Paulus* 19; *Kleinknecht/Meyer-Goßner* 18; AK-*Loos* § 372, 11; *Dalcke/Fuhrmann/Schäfer* 4.

[112] *Peters* Fehlerquellen **3** 162 f.

„(1) Ist der Verurteilte bereits verstorben, so hat ohne Erneuerung der Hauptverhandlung das Gericht nach Aufnahme des etwa noch erforderlichen Beweises entweder auf Freisprechung zu erkennen oder das Verfahren einzustellen oder den Antrag auf Wiederaufnahme abzulehnen.

(2) Auch in anderen Fällen kann das Gericht, bei öffentlichen Klagen jedoch nur auf Antrag der Staatsanwaltschaft, den Verurteilten sofort freisprechen, wenn die Sache genügend geklärt ist."

Ferner soll Absatz 4 aufgehoben werden; stattdessen soll folgender neuer § 371 a eingefügt werden:

„§ 371 a

(1) Enthielt das frühere Urteil eine Bekanntmachungsbefugnis und ist von ihr Gebrauch gemacht worden, so ist die Aufhebung des Urteils ebenfalls mit der Befugnis zur Bekanntmachung zu verbinden. Ist das frühere Urteil durch die Pressestelle des Gerichts oder der Staatsanwaltschaft bekanntgemacht worden, so ist auf Antrag des Angeklagten anzuordnen, daß die Aufhebung in gleicher Weise bekanntgemacht wird.

(2) Wird die frühere Verurteilung ohne Erneuerung der Hauptverhandlung aufgehoben, so ist die Aufhebung auf Verlangen des Antragstellers im Bundesanzeiger bekanntzumachen und kann nach dem Ermessen des Gerichts auch durch andere Blätter veröffentlicht werden."

S. ggfs. die Erläuterungen im Nachtrag zur 25. Auflage.

Übersicht

I. Bedeutung und Anwendungsbereich

1. Direkte Anwendung. § 371 Abs. 1 ist die notwendige Konsequenz der Zulässigkeit **1** der Wiederaufnahme auch nach dem **Tode** des Verurteilten (§ 363). Weil eine Hauptverhandlung gegen einen Verstorbenen nicht durchgeführt werden kann, ist der normale Weg der Rehabilitation des Verstorbenen aufgrund einer — erneuerten — Hauptverhandlung nicht möglich; deshalb sieht § 371 Abs. 1 in diesem Fall eine Entscheidung außerhalb der Hauptverhandlung vor.

Fehlt es in diesem Fall an einer **Möglichkeit** zur Durchführung einer Hauptverhand- **2** lung, so erkennt § 371 Abs. 2 an, daß es Fälle gibt, in denen die Durchführung einer Hauptverhandlung **nicht notwendig** ist: hat bereits die Beweisaufnahme etwa in eindeutiger Weise die Unschuld des Angeklagten ergeben, so fordern die Gerechtigkeit und die

Karl Heinz Gössel

Interessen des unschuldig Verurteilten eine umgehende Freisprechung unter Vermeidung jeden der Sache nicht dienlichen überflüssigen Formalismus durch eine zudem prozeß-ökonomische Entscheidung außerhalb einer Hauptverhandlung.

3　**2. Entsprechende Anwendung.** Die soeben dargelegten Gründe für eine vereinfachte Entscheidung im wiederaufgenommenen Verfahren liegen indessen nicht nur in den vom Gesetz ausdrücklich geregelten Fällen vor. Wie beim Verstorbenen, so fehlt es auch beim **verhandlungsunfähigen** Verurteilten an einer Möglichkeit zur Durchführung einer Hauptverhandlung; wurde bereits oben Vor § 359, 111 und § 368, 5 eine entsprechende Anwendung des § 361 vorgeschlagen, so auch hier zwar keine — wegen § 370 Abs. 2 nicht mögliche[1] — direkte, wohl aber eine entsprechende Anwendung des § 371 Abs. 1[2]. Die von *Schmidt* gegen diese Auffassung ins Feld geführte Möglichkeit zur Fortführung des Wiederaufnahmeverfahrens bei Wegfall des Verfahrenshindernisses oder nach dem Tode des Antragstellers[3] überzeugt deshalb nicht, weil nicht einzusehen ist, daß dem Rehabilitationsinteresse des Antragstellers trotz Vorliegens genügender Beweise für einen Freispruch erst nach Wegfall des Verfahrenshindernisses entsprochen werden können soll, unter Umständen zu dessen Lebzeiten gar nicht mehr.

4　Ebenso wie beim evidenten Freispruch bedarf es dann keiner Hauptverhandlung, wenn das Verfahren **eingestellt** werden **kann** oder **muß**, so z. B. im Falle zu berücksichtigender Amnestievorschriften oder beim Fehlen des Strafantrags, was im voraufgegangenen Verfahren übersehen wurde: in diesen Fällen halten Rechtsprechung und Rechtslehre inzwischen allgemein die Einstellung des Verfahrens in entsprechender Anwendung des § 371 Abs. 2 für zulässig (s. unten Rdn. 18).

II. Verfahren nach dem Tod des Verurteilten (Absatz 1)

1. Tod des Verurteilten vor Antragstellung

5　**a) Überblick über das Verfahren.** Auch wenn der Verurteilte verstorben und der Wiederaufnahmeantrag zu seinen Gunsten von der Staatsanwaltschaft (§ 361, 5) oder von einem der nach § 361 Abs. 2 Antragsberechtigten gestellt worden ist, muß zunächst nach **§ 368** über die Zulässigkeit des Antrags entschieden werden, und zwar durch besonderen Beschluß (§ 368, 27), vor dessen Erlaß nach **§ 33 Abs. 2** die Staatsanwaltschaft zu hören ist, wenn sie nicht selbst den Antrag gestellt hat. Für den Fall, daß der Antrag für zulässig erklärt wird, sieht **§ 371 Abs. 1** jedoch ein von **§ 370 Abs. 2** abweichendes Verfahren für die weitere Entscheidung über den Antrag vor. Eine Zwischenentscheidung über die Begründetheit des Antrags wird nicht getroffen. Vielmehr ist, da eine Hauptverhandlung gegen den Toten nicht durchgeführt werden könnte, nach Erhebung der etwa noch erforderlichen Beweise (unten Rdn. 7) sofort entweder auf Freisprechung zu erkennen oder der Wiederaufnahmeantrag abzulehnen[4]. Das gilt ausnahmslos, auch wenn die Wiederaufnahme gleichzeitig zugunsten anderer Mitverurteilter angeordnet worden ist, die noch le-

---

[1] KK-*Schmidt* § 370, 15.

[2] So besonders nachdrücklich und mit Recht *Hassemer* NJW **1983** 2353; zustimmend AK-*Loos* 15; *Marxen/Tiemann* 290; s. auch *Gössel* GedS H. Kaufmann 977, 996; vgl. ferner *Baumann* FS II Peters 7; **a. A** dagegen – Einstellung nach §§ 206 a, 260 Abs. 3 – OLG Frankfurt NJW **1983** 2398; *Kleinknecht/Meyer-Goßner* 6; *Pfeiffer/Fischer* 1; s. auch unten Rdn. 23.

[3] KK-*Schmidt* § 370, 15.

[4] RGSt **47** 169; *Kleinknecht/Meyer-Goßner* 1; *Beling* 437; *Henkel* 397 Fußn. 8; *v. Kries* 714; *Dippel* in: Jescheck/Meyer 110; *Knapp* 34; *Neumann* 199; **a. A** OLG Bremen JZ **1956** 100; KMR-*Paulus* 2, die eine Verbindung der Beschlüsse nach § 370 Abs. 2, § 371 Abs. 1 für erforderlich halten; zweifelnd auch *Eb. Schmidt* 2.

ben und gegen die daher die Hauptverhandlung erneuert worden ist[5]. Es ist nicht etwa zulässig, in der neuen Hauptverhandlung die Sache gegen den verstorbenen Verurteilten mitzuverhandeln[6].

Das Verfahren nach § 371 ist, aber nur auf Antrag einer der in § 361 Abs. 2 bezeichneten Personen, auch zulässig, wenn der Verstorbene im **Privatklageverfahren** verurteilt worden war. Die Staatsanwaltschaft wirkt dann auch im Wiederaufnahmeverfahren nicht mit; an ihre Stelle tritt der Privatkläger[7]. Zu dem Fall, daß auch der Privatkläger verstorben ist, vgl. Vor § 359, 130 ff. **6**

b) Aufnahme der etwa noch erforderlichen Beweise. Die notwendigen Beweise werden auf dem Weg des § 369 erhoben. Obwohl die Beweisaufnahme von vornherein nur den Zweck verfolgt, die Frage der Freisprechung zu beurteilen, wird sie nicht von dem ganzen Gericht, sondern nach § 369 Abs. 1 von einem **beauftragten oder ersuchten Richter** durchgeführt[8]. Wenn keine gesetzlichen Hinderungsgründe vorliegen, müssen die Zeugen vereidigt werden; § 369 Abs. 2 gilt insoweit nicht (vgl. dort Rdn. 14). Denn die Beweiserhebungen sollen die Beweisaufnahme ersetzen, die sonst in der Hauptverhandlung stattfindet, und daher muß sich die Vereidigung nach den für die Hauptverhandlung maßgebenden Bestimmungen richten[9]. Die Prozeßbeteiligten haben nach § 369 Abs. 3 Satz 1 Anspruch auf Anwesenheit bei der Beweiserhebung. Die Einschränkung der § 369 Abs. 3 Satz 2, § 224 Abs. 1 Satz 2 gilt nicht[10]. Sämtliche Prozeßbeteiligten müssen daher unter allen Umständen von dem Beweistermin benachrichtigt werden. Ein Verstoß hiergegen kann aber mit der Revision nur gerügt werden, wenn er im Rahmen der Schlußanhörung nach § 369 Abs. 4 beanstandet worden ist[11]. Nach Beendigung der Beweiserhebung ist der Staatsanwaltschaft und dem Antragsteller entsprechend § 369 Abs. 4 eine Frist zur weiteren Erklärung zu setzen[12]. **7**

c) Freisprechung oder Ablehnung des Antrags. Wenn der Verurteilte bereits verstorben ist, kann die Wiederaufnahme von vornherein **nur** mit dem **Ziel** seiner **Freisprechung**[13], bei Verurteilung wegen mehrerer in Tatmehrheit stehender Straftaten auch der **teilweisen Freisprechung**[14] betrieben werden. Auch der auf Freisprechung gerichtete Antrag hat aber keinen Erfolg, wenn nur die Anwendung einer milderen Strafbestimmung in Betracht kommt. Denn nach § 371 Abs. 1 ist die völlige oder teilweise Freisprechung die einzig mögliche Entscheidung, die zugunsten des Antragstellers getroffen werden kann[15]; wegen der Verfahrenseinstellung vgl. unten Rdn. 11. **8**

Die Freisprechung setzt nicht den einwandfreien **Nachweis der Unschuld** des Verurteilten voraus, sondern ist auch auszusprechen, wenn ernsthafte Zweifel an seiner Schuld bestehen. Wie sonst bei der Entscheidung in einer Strafsache ist der Grundsatz *in dubio* **9**

---

[5] KK-*Schmidt* 1.
[6] RGSt **10** 423; *Eb. Schmidt* 6; KMR-*Paulus* 2; *Kleinknecht/Meyer-Goßner* 1; *Dalcke/Fuhrmann/ Schäfer* 1; *Gerland* 445 Fußn. 97; *Neumann* 200; *Schwarz* DJZ **1928** 1298; **a. A** *Peters* Fehlerquellen **3** 158.
[7] *Knapp* 36.
[8] *Kleinknecht/Meyer-Goßner* 2; **a. A** *Knapp* 33.
[9] KK-*Schmidt* 2.
[10] Vgl. KG *Alsb.* E **2** Nr. 324 = GA **37** (1889) 313; *Eb. Schmidt* 4; KMR-*Paulus* 6; *Kleinknecht/ Meyer-Goßner* 2; *Knapp* 33; *Neumann* 205.

[11] RG GA **46** (1898/99) 211.
[12] *Kleinknecht/Meyer-Goßner* 2; *Knapp* 34.
[13] *Beling* 437; § 361, 6.
[14] KK-*Schmidt* 2 und 4; *Kleinknecht/Meyer-Goßner* 3; *Marxen/Tiemann* 288; *Neumann* 203 und JR **1927** 525.
[15] OLG Hamm NJW **1957** 473; KMR-*Paulus* 4; *Kleinknecht/Meyer-Goßner* 3; *Peters* Fehlerquellen **3** 158.

Karl Heinz Gössel

pro reo anzuwenden[16]. Denn das Verfahren nach § 371 Abs. 1 ersetzt das Verfahren in der Hauptverhandlung, und es ist nicht einzusehen, weshalb hinsichtlich der Überzeugung von der Schuld des Verurteilten andere Grundsätze als in der Hauptverhandlung gelten sollen.

10　　Mit der Freisprechung ist nach § 371 Abs. 3 Satz 1 die (voranzustellende[17]) **Aufhebung des Urteils** zu verbinden. Ist nur hinsichtlich der Verurteilung wegen einer von mehreren Straftaten die Freisprechung geboten, so wird das Urteil nur in diesem Umfang aufgehoben. Eine neue Gesamtstrafe ist nicht zu bilden, auch wenn wegen der Teilaufhebung die früher gebildete Gesamtstrafe entfällt[18], die aber durch gesonderten Beschluß im Rahmen des Verfahrens nach § 371 Abs. 1 neu gebildet werden kann (unten Rdn. 19). Kommt eine auch nur teilweise Freisprechung nicht in Betracht, so hat das Gericht den Wiederaufnahmeantrag nicht zu verwerfen, sondern „abzulehnen" (§ 371 Abs. 1)[19].

11　　**d) Einstellung des Verfahrens.** Der Freisprechung steht auch bei der Anwendung des § 371 Abs. 1 die Einstellung des Verfahrens wegen eines **Verfahrenshindernisses** (vgl. § 359, 138 ff) gleich[20]. War gegen den Verurteilten nur auf eine **Maßregel** der Besserung und Sicherung erkannt worden, so tritt an die Stelle der Freisprechung die Aufhebung des früheren Urteils (§ 371 Abs. 3 Satz 2).

2. Tod des Verurteilten nach Antragstellung

12　　**a) Überblick.** Wenn die Staatsanwaltschaft **zuungunsten** des Angeklagten die Wiederaufnahme betreibt und der Angeklagte nach der Antragstellung verstirbt, wird das Verfahren **eingestellt**[21]. Hat die Staatsanwaltschaft hingegen den Antrag **zugunsten** des Verurteilten mit dem Ziel der Freisprechung gestellt, so wird das Verfahren auch nach dem Tod des Verurteilten **fortgesetzt**[22]. Anders ist es, wenn zugunsten des Verurteilten zu dessen Lebzeiten ein Wiederaufnahmeantrag von dem gesetzlichen Vertreter oder Erziehungsberechtigten gestellt worden ist. Verstirbt der Verurteilte nach der Antragstellung, so wird das Verfahren nur dann fortgeführt, wenn der Antragsteller zugleich zu dem in § 361 Abs. 2 bezeichneten Personenkreis gehört; andernfalls wird es eingestellt[23].

13　　**b) Eintrittsrecht der Staatsanwaltschaft und der nach § 361 Abs. 2 Antragsberechtigten.** Hat der Verurteilte oder für ihn sein Verteidiger den Antrag gestellt und verstirbt der Verurteilte vor der Entscheidung über den Antrag oder wird er für tot erklärt[24], so ist § 371 Abs. 1 entsprechend anzuwenden. Wenn der Verurteilte den Antrag nur gestellt hatte, um aufgrund eines milderen Gesetzes zu einer geringeren Strafe verurteilt zu werden, ist der Antrag daher abzulehnen[25]. War der Antrag auf Freisprechung gerich-

---

[16] KK-*Schmidt* 2; *Kleinknecht/Meyer-Goßner* 4; AK-*Loos* 7; *Neumann* 199; *Peters* Fehlerquellen **3** 159; **a. A** *Eb. Schmidt* 3: Erschütterung des Schuldbeweises derart, daß erhebliche Bedenken gegen die Verurteilung bestehen; ähnlich KMR-*Paulus* 9: Erschütterung des Schuldbeweises derart, daß auch im Fall einer Hauptverhandlung Freispruch mit überwiegender Wahrscheinlichkeit zu erwarten wäre. In der Sache erscheint die Differenz zur hier vertretenen Meinung denkbar gering.

[17] KK-*Schmidt* 3; AK-*Loos* 8.

[18] KMR-*Paulus* 8; *Kleinknecht/Meyer-Goßner* 3; AK-*Loos* 8; **a. A** RGSt **47** 166, 170; *Neumann* 203.

[19] KK-*Schmidt* 3.

[20] KK-*Schmidt* 1; KMR-*Paulus* 4; *Kleinknecht/ Meyer-Goßner* 3.

[21] KK-*Schmidt* 4; *Kleinknecht/Meyer-Goßner* 5; AK-*Loos* 10; *Pfeiffer/Fischer* 1; **a. A** *Neumann* 99, der entsprechend § 371 Abs. 1 die Ablehnung des Antrags für nötig hält.

[22] KK-*Schmidt* 4; *Kleinknecht/Meyer-Goßner* 5; *Neumann* 101.

[23] AK-*Loos* 10; *Neumann* 101.

[24] *Neumann* 199 Fußn.4.

[25] v. *Hentig* 123; *Knapp* 22; **a. A** AK-*Loos* 12 und *Neumann* 100, die die Weiterführung des Verfahrens durch die nach § 361 Abs. 2 Antragsberechtigten mit dem Ziel der Freisprechung zulassen wollen.

tet, so kann die Staatsanwaltschaft oder ein nach § 361 Abs. 2 Antragsberechtigter das Verfahren zugunsten des Verstorbenen **weiterbetreiben**[26]. Dazu ist eine *ausdrückliche Erklärung* erforderlich, die das Gericht gegebenenfalls anregen kann. Der Antrag auf Fortführung des Verfahrens muß mit dem Ziel der Freisprechung des Verurteilten gestellt werden, nicht nur zu dem Zweck, die notwendigen Auslagen erstattet zu erhalten[27]. Falls kein Berechtigter an die Stelle des verstorbenen Antragstellers tritt, soll das Verfahren formlos eingestellt werden[28], weil sein Fortgang das Vorhandensein eines Antragstellers unbedingt voraussetze[29]; indessen empfiehlt sich auch hier die Verwerfung nach § 368 Abs. 1 (s. § 368, 9)[30].

Das **Eintrittsrecht** der Staatsanwaltschaft und der nach § 361 Abs. 2 Antragsberech- **14** tigten **besteht** nicht nur, wenn vor dem Tod des Antragstellers lediglich der Zulassungsbeschluß nach § 368 Abs. 1 erlassen, sondern auch, wenn nach § 370 Abs. 2 bereits die Wiederaufnahme des Verfahrens und die Erneuerung der Hauptverhandlung angeordnet worden ist. Dem steht nicht entgegen, daß dann unter Umständen ein bereits für begründet erklärter Wiederaufnahmeantrag nach § 371 Abs. 1 abgelehnt werden muß. Entscheidend ist, daß nach dieser Vorschrift auch der bereits verstorbene Verurteilte durch Urteilsaufhebung und Freisprechung rehabilitiert werden muß, wenn das Urteil falsch war, und daß es daher nicht angängig ist, einen zu Unrecht Verurteilten von dieser Rehabilitierung auszuschließen, nur weil er erst nach Erlaß des Beschlusses nach § 370 Abs. 1 verstorben ist. Das entspricht der jetzt herrschenden Ansicht[31].

c) Entscheidung. Insoweit bestehen keine Besonderheiten. War die Wiederaufnahme **15** vor dem Tod des Antragstellers noch nicht angeordnet worden, so entfällt auch hier die Beschlußfassung nach § 370 Abs. 2 (oben Rdn. 5).

III. Sofortige Entscheidung ohne Hauptverhandlung im Verfahren gegen lebende Verurteilte (Absatz 2)

1. Direkte Anwendung. Auch die Freisprechung eines lebenden Verurteilten kann **16** ausnahmsweise sofort, d. h. ohne vorherige Beschlußfassung über die Erneuerung der Hauptverhandlung[32] und ohne mündliche Verhandlung, erfolgen, wenn aufgrund der neuen Beweislage **nur die Freisprechung** des Verurteilten **in Betracht** kommt. Dadurch soll der mit einer Hauptverhandlung verbundene Aufwand an Zeit, Arbeitskraft und Kosten vermieden werden[33]. Zwingend braucht die Unschuld des Verurteilten nicht bewiesen zu sein[34]. Es genügt, daß der Nachweis der Schuld nicht zu erbringen ist[35]: auch hier gilt der Grundsatz „in dubio pro reo".

[26] BGHSt **21** 373; KMR-*Paulus* 5; *Kleinknecht/Meyer-Goßner* 5; AK-*Loos* 11; *Beling* 437; *v. Hentig* 257; *Neumann* 100; **a. A** *Oetker* JW **1930** 938, der die Einstellung des Verfahrens und einen neuen Antrag verlangt; *Knapp* 21 ff will die Verfahrensfortführung durch die Staatsanwaltschaft nicht zulassen.

[27] BGHSt **21** 376; *Kleinknecht/Meyer-Goßner* 5; AK-*Loos* 12.

[28] *Eb. Schmidt* I 149 und Nachtr. I 2; KMR-*Paulus* 5; *Knapp* 22.

[29] BGHSt **21** 376; *v. Kries* 635.

[30] AK-*Loos* 13; *Marxen/Tiemann* 336.

[31] BGHSt **21** 375; OLG Hamburg *Alsb.* E **2** Nr. 323; *Eb. Schmidt* Nachtr. I 5; KMR-*Paulus* 5; *Klein-*

knecht/Meyer-Goßner 5; *Peters* Fehlerquellen **3** 158; *Pflüger* NJW **1983** 1894; *Hanack* JZ **1974** 20; **a. A** OLG Hamm NJW **1957** 473 mit abl. Anm. *Blei* NJW **1957** 960; *Dalcke/Fuhrmann/Schäfer* 1; *Neumann* 102 ff; *Schäfer* JR **1933** 7 ff, die schon den Beschluß nach § 370 Abs. 2 für eine genügende Rehabilitierung halten.

[32] Vgl. AG Preetz NJW **1967** 68; KK-*Schmidt* 5; AK-*Loos* 16; oben Rdn. 5.

[33] BGHSt **14** 66; s. oben Rdn. 2.

[34] KMR-*Paulus* 13; *Kleinknecht/Meyer-Goßner* 8; *Bruns* DR **1942** 1326; **a. A** OLG Jena JW **1928** 2293 mit abl. Anm. *Mamroth*.

[35] KK-*Schmidt* 7; *Kleinknecht/Meyer-Goßner* 8; *Peters* Fehlerquellen **3** 158 ff.

17   Nach § 371 Abs. 3 Satz 2 tritt auch hier die Aufhebung des früheren Urteils an die Stelle der Freisprechung, wenn nur auf eine **Maßregel** erkannt war. Wenn der Verurteilte in dem angefochtenen Urteil zu Strafe verurteilt, daneben aber nach § 63 Abs. 1 StGB die Unterbringung in einem psychiatrischen Krankenhaus angeordnet war und die Wiederaufnahme zugelassen worden ist, weil nunmehr seine Schuldunfähigkeit (§ 20 StGB) erwiesen ist, kann neben der Freisprechung nach § 371 Abs. 2 die Unterbringungsanordnung bestehenbleiben[36].

18   **2. Entsprechende Anwendung.** § 371 Abs. 2 gilt entsprechend, wenn das Verfahren wegen eines **Prozeßhindernisses** einzustellen ist[37]. Allerdings wird im Schrifttum[38] aus dem Umstand, daß nach § 370 Abs. 2 die „Erneuerung" der Hauptverhandlung angeordnet worden ist, der Schluß gezogen, daß auch die verfahrenseinstellenden **Entscheidungen** nur in der Hauptverhandlung, und zwar durch **Urteil**, getroffen werden können, selbst im Fall der Einstellung nach den §§ 153 ff. Dem ist nicht zuzustimmen. Die Durchführung einer Hauptverhandlung kann trotz ihrer „Erneuerung" erspart werden, wenn das Gesetz die Entscheidung **auch im Beschlußweg** vorsieht. Das gilt für alle Einstellungsanordnungen, auch für die nach den §§ 153 ff[39].

19   **3. Teilweise Freisprechung.** Auch eine nur teilweise Freisprechung ist nach § 371 Abs. 2 möglich[40]. Dabei ist gleichgültig, ob der Wiederaufnahmeantrag von vornherein auf einzelne von mehreren Verurteilungen wegen tatmehrheitlich begangener Straftaten beschränkt war oder ob er nur in diesem Umfang begründet ist[41]. Führt der Wegfall einzelner Verurteilungen zugleich zum **Wegfall der Gesamtstrafe**, so darf in dem schriftlichen Verfahren nach § 371 Abs. 2 auch eine neue Gesamtstrafe gebildet werden[42].

20   **4. Zustimmung der Staatsanwaltschaft.** Bei **öffentlichen Klagen** darf das Gericht den Verurteilten nur dann sofort freisprechen, wenn die Staatsanwaltschaft zustimmt (§ 371 Abs. 2). Da das gesamte Beweismaterial regelmäßig nur in einer neuen Hauptverhandlung umfassend gewürdigt werden kann, ist die Staatsanwaltschaft gehalten, die Zustimmung nur in Ausnahmefällen zu erteilen (Nr. 171 Abs. 1 Satz 2 RiStBV). Ein solcher Ausnahmefall liegt vor, wenn einwandfrei festgestellt ist, daß der Verurteilte zur Tatzeit geisteskrank war, oder wenn seine Unschuld sonst klar zutage liegt (Nr. 171 Abs. 2 RiStBV). Die Zustimmung kann **widerrufen** werden[43]. Der Zustimmung des Verurteilten bedarf es nicht (s. Rdn. 24)[44].

21   Im **Privatklageverfahren** bedarf es der Zustimmung des Privatklägers nicht[45]. Die Zustimmung der Staatsanwaltschaft ist in diesem Verfahren nicht vorgesehen und daher

---

[36] KK-*Schmidt* 6; *Peters* Fehlerquellen **3** 161.

[37] KG GA **69** (1925) 130; KMR-*Paulus* 12; *Kleinknecht/Meyer-Goßner* 8; AK-*Loos* 17; *Neumann* 200 Fußn. 7; s. oben Rdn. 4.

[38] *Peters* Fehlerquellen **3** 164 ff; *Fortlage* DJZ **1925** 1033.

[39] OLG Hamm JMBlNRW **1981** 285; AK-*Loos* 18; *Neumann* 88 ff; **a. A** KMR-*Paulus* 12; *Kleinknecht/Meyer-Goßner* 8; *Marxen/Tiemann* 291.

[40] *Eb. Schmidt* 9; KK-*Schmidt* 7; KMR-*Paulus* 12; *Kleinknecht/Meyer-Goßner* 8; AK-*Loos* 17; *Pfeiffer/Fischer* 3.

[41] BGHSt **8** 388; *Kleinknecht/Meyer-Goßner* 8; AK-*Loos* 17; *Marxen/Tiemann* 288; **a. A** *Eb. Schmidt*

9, der die Beschränkung schon in dem Antrag verlangt.

[42] BGHSt **14** 85, 89; RGSt **47** 169; RG JW **1928** 68; *Dalcke/Fuhrmann/Schäfer* 4; KK-*Schmidt* 7; KMR-*Paulus* 12; *Kleinknecht/Meyer-Goßner* 8; AK-*Loos* 17; *Marxen/Tiemann* 288; *Neumann* 203 und JR **1927** 525.

[43] Vgl. RG HRR **1934** 232; *Kleinknecht/Meyer-Goßner* 9; AK-*Loos* 19.

[44] OLG Frankfurt NJW **1965** 314; *Kleinknecht/Meyer-Goßner* 9.

[45] *Eb. Schmidt* 8; KMR-*Paulus* 15; *Kleinknecht/Meyer-Goßner* 9; *Neumann* 201; **a. A** v. *Hentig* 153 Fußn. 1.

wirkungslos, wenn sie erteilt wird[46]. Auch die Zustimmung des Nebenklägers ist nicht erforderlich[47]: seinem Recht auf Gewährung rechtlichen Gehörs wird dadurch in ausreichender Weise Rechnung getragen, daß ihm im Rahmen der Schlußanhörung nach § 369 Abs. 4 Gelegenheit zu Erklärungen gegeben wird (§ 369, 25)[48].

5. Ermessensentscheidung. Ob das Gericht den Verurteilten ohne erneute Hauptver- **22** handlung sofort freispricht, steht in seinem Ermessen[49]. Das Gericht kann durch Beschluß nach § 371 Abs. 2 auch dann noch entscheiden, wenn es zuvor einen Hauptverhandlungstermin anberaumt hatte[50].

Die sofortige Freisprechung wird vor allem **in Betracht** kommen, wenn ein anderer **23** Täter wegen der Tat rechtskräftig verurteilt worden ist oder wenn die Verurteilung auf die Aussage eines einzigen Belastungszeugen gestützt war, die sich als falsch herausgestellt und zur Verurteilung des Zeugen wegen einer Straftat nach §§ 153, 154 oder 163 StGB geführt hat[51]. Die Hauptverhandlung kann auch erspart werden, wenn der Verurteilte nur wegen einer minder schweren Tat bestraft werden könnte, diese aber bereits vor der früheren Verurteilung verjährt war[52], wenn der Verurteilte wegen Schuldunfähigkeit freizusprechen oder wenn seine Schuld nicht erweisbar und er wegen unheilbarer Geisteskrankheit oder aus anderen Gründen dauernd verhandlungsunfähig ist[53].

Der **Verurteilte** muß der Entscheidung ohne Hauptverhandlung zwar **nicht zustim- 24 men**[54]. Gegen seinen Willen sollte aber von der Erneuerung der Hauptverhandlung nicht abgesehen werden[55]. Denn er kann gerade in der Urteilsverkündung in einer neuen Hauptverhandlung ein viel wirksameres Mittel zur Wiederherstellung seiner Ehre erblicken als in der öffentlichen Bekanntmachung, die § 371 Abs. 4 als deren Ersatz vorsieht (vgl. auch Nr. 171 Abs. 2 RiStBV). Vor der Entscheidung müssen daher der Verurteilte[56] und dessen Verteidiger zu der Absicht des Gerichts, nach § 371 Abs. 2 zu verfahren, gehört werden.

IV. Entscheidungsform

Mit dem freisprechenden Erkenntnis muß **zugleich das Urteil aufgehoben** werden **25** (§ 371 Abs. 3 Satz 1). Da das gewöhnlich durch Urteil geschieht und da auch der in § 371 Abs. 1 verwendete Ausdruck „erkennen" nicht auf die Entscheidung durch Beschluß hindeutet, hat man früher angenommen, daß die Entscheidung nach § 371 Abs. 1 und 2 durch **Urteil** zu treffen sei[57]. Der Bundesgerichtshof hält diese Umstände schon deshalb nicht für ausschlaggebend, weil das Gesetz nunmehr auch in anderen Fällen (§ 206 a, jetzt auch § 206 b) eine verfahrensabschließende, meist sogar urteilsaufhebende Entscheidung durch **Beschluß** vorsieht. Er ist daher der Auffassung, daß die Entscheidung nach § 371 wie alle

[46] *Neumann* 201.
[47] KMR-*Paulus* 15; *v. Hentig* 153; *Neumann* 201.
[48] **A. A** *Marxen/Tiemann* 294; 38.
[49] KMR-*Paulus* 14; *Kleinknecht/Meyer-Goßner* 10; AK-*Loos* 20; *Marxen/Tiemann* 294; *Schlüchter* 777.1.
[50] RG DRiZ **1934** Nr. 53 = HRR **1934** 232; *Dalcke/Fuhrmann/Schäfer* 2; KMR-*Paulus* 14; *Kleinknecht/Meyer-Goßner* 10; Marxen/Tiemann 294.
[51] *Eb. Schmidt* 7; KMR-*Paulus* 14; *Marxen/Tiemann* 294; *Bruns* DR **1942** 1326; vgl. auch *Hahn* **2** 1064.
[52] *Dalcke/Fuhrmann/Schäfer* 2.
[53] RMilGE **16** 30; OLG Hamburg *Alsb.* E **2** Nr. 322; KMR-*Paulus* 14; *Neumann* 200; *Peters* Fehlerquellen **3** 161; **a. A** KK-*Schmidt* 6.

[54] *Eb. Schmidt* 8; *Neumann* 201.
[55] OLG Koblenz NStZ-RR **1997** 111, 112; KK-*Schmidt* 5; KMR-*Paulus* 14; *Kleinknecht/Meyer-Goßner* 10; *Schwarz* DJZ **1928** 1299.
[56] *Kleinknecht/Meyer-Goßner* 10; *Marxen/Tiemann* 292; *Bruns* DR **1942** 1325; **a. A** *Peters* Fehlerquellen **3** 159.
[57] RGSt **28** 146; **47** 166; RG DR **1942** 1324 mit Anm. *Bruns*; KG GA **69** (1925) 130; *Beling* 437; *zu Dohna* 212; *Gerland* 446; *v. Hippel* 622; *v. Hentig* 237; *Knapp* 34; *Neumann* 206; *K. Meyer* DJZ **1899** 437; ebenso noch OLG Bremen JZ **1956** 100; *Eb. Schmidt* 10 und Nachtr. I 2.

Karl Heinz Gössel

anderen Entscheidungen außerhalb einer Hauptverhandlung durch Beschluß ergeht[58]. Das entspricht der jetzt herrschenden Ansicht[59].

V. Öffentliche Bekanntmachung

26　　Die **öffentliche Bekanntmachung** nach § 371 Abs. 4 soll das Fehlen einer Rehabilitierung des Verurteilten durch die Urteilsverkündung in einer Hauptverhandlung ersetzen. Sie findet daher nur in den Fällen des § 371 Abs. 1 und 2 statt[60], es sei denn, daß bereits das aufgehobene Urteil, etwa nach §§ 165, 200 StGB, bekanntgemacht worden war. In diesem Fall kann der Freigesprochene auch die Veröffentlichung der freisprechenden Entscheidung verlangen (§ 373, 33).

27　　Die öffentliche Bekanntmachung setzt immer das **Verlangen des Antragstellers** voraus, also entweder des Berechtigten, der nach dem Tod des Verurteilten das Wiederaufnahmeverfahren betrieben hat, oder im Fall des § 371 Abs. 2 des Verurteilten selbst. Die Staatsanwaltschaft kann die Bekanntmachung auch dann nicht verlangen, wenn sie den Wiederaufnahmeantrag zugunsten des Verurteilten gestellt hat. Das Verlangen auf öffentliche Bekanntmachung ist an keine Frist gebunden[61]. Es kann noch gestellt werden, wenn der freisprechende Beschluß schon erlassen, auch noch, wenn er bereits rechtskräftig geworden ist[62].

28　　Die Bekanntmachung erstreckt sich nur auf den Ausspruch, daß der Verurteilte freigesprochen wird, nicht auf die Gründe des Beschlusses[63]. Sie muß stets im **Bundesanzeiger** erfolgen (§ 371 Abs. 4). Über weitere Bekanntmachungen in anderen Blättern, insbesondere in einer am Gerichtsort erscheinenden Tageszeitung, entscheidet das Gericht nach pflichtgemäßem Ermessen[64]. Die Bekanntmachung wird nach § 36 Abs. 2 von der Staatsanwaltschaft veranlaßt[65]. § 463 c Abs. 3 und 4 gelten entsprechend. Die Kosten der Bekanntmachung trägt die Staatskasse[66].

VI. Entschädigung

29　　Eine Entschädigung nach dem StrEG können nach dem Tod des Verurteilten die Unterhaltsberechtigten beanspruchen (**§ 11 Abs. 1 StrEG**), im Fall des § 371 Abs. 2 in erster Hinsicht der Verurteilte selbst (§ 1 StrEG). Hierüber muß zugleich mit dem Beschluß nach § 371 Abs. 1 oder 2 entschieden werden (§ 8 Abs. 1 StrEG).

VII. Anfechtung

30　　Sowohl gegen den freisprechenden als auch gegen den ablehnenden Beschluß ist nach § 372 Satz 1 die **sofortige Beschwerde** zulässig[67]. Die Rechtsmittelbeschränkung des

[58] BGHSt **8** 383 = JZ **1956** 501 mit zust. Anm. *Henkel* und abl. Anm. *Schwarz* NJW **1956** 757; BGHSt **14** 66.

[59] *Dalcke/Fuhrmann/Schäfer* 4; *Feisenberger* 1; KK-*Schmidt* 1; KMR-*Paulus* 7; *Kleinknecht/Meyer-Goßner* 11; AK-*Loos* 23; *Marxen/Tiemann* 295; *Henkel* 397; *Peters* § 76 V 3 b cc S. 686; *Roxin* § 55, 17; *Schlüchter* 777.1: *Dippel* in: Jescheck/Meyer 110 ff; *Börker* NJW **1951** 390.

[60] RGSt **42** 115; RG JW **1931** 1099; *Eb. Schmidt* 14; KMR-*Paulus* 17; *Kleinknecht/Meyer-Goßner* 12; AK-*Loos* 24; *Neumann* 207.

[61] KK-*Schmidt* 8; KMR-*Paulus* 17; *Kleinknecht/Meyer-Goßner* 12; AK-*Loos* 24.

[62] RG DR **1942** 1324 mit Anm. *Bruns*; *Dalcke/Fuhrmann/Schäfer* 5; KMR-*Paulus* 17; *Kleinknecht/Meyer-Goßner* 12.

[63] KK-*Schmidt* 8; KMR-*Paulus* 17; *Kleinknecht/Meyer-Goßner* 12; *Knapp* 36.

[64] KK-*Schmidt* 8; *Kleinknecht/Meyer-Goßner* 12; AK-*Loos* 24; *Marxen/Tiemann* 296.

[65] KMR-*Paulus* 17; *Kleinknecht/Meyer-Goßner* 12; AK-*Loos* 24; *Marxen/Tiemann* 296.

[66] AK-*Loos* 24; *Marxen/Tiemann* 296; *Knapp* 36.

[67] BGHSt **8** 383 = JZ **1956** 501 mit Anm. *Henkel*; BGH NJW **1976** 431; OLG Schleswig SchlHA **1963** 60; *Dalcke/Fuhrmann/Schäfer* 4; KK-*Schmidt* 9; KMR-*Paulus* 18; *Kleinknecht/Meyer-Goßner* 13; AK-*Loos* 25.

§ 372 Satz 2 gilt nicht. Im Fall des § 371 Abs. 2 wird allerdings eine sofortige Beschwerde der Staatsanwaltschaft nur in Betracht kommen, wenn der Beschluß ohne ihre Zustimmung erlassen worden ist. Der Verurteilte kann einen Beschluß, mit dem die sofortige Freisprechung nach § 371 Abs. 2 wegen Fehlens der erforderlichen Zustimmung der Staatsanwaltschaft abgelehnt worden ist, nicht mit Erfolg anfechten; der erstrebten Freisprechung nach § 371 Abs. 2 steht das Fehlen einer notwendigen gesetzlichen Voraussetzung entgegen, weshalb der diese Freisprechung gleichwohl erstrebende Rechtsbehelf zwar nicht als unstatthaft[68], wohl aber als unbegründet zu verwerfen wäre[69]. Die — demnach statthafte — sofortige Beschwerde könnte aber z. B. erfolgreich darauf gestützt werden, daß das Gericht die Entscheidung trotz Vorliegens der Zustimmung (etwa wegen irriger Annahme der Zustimmungsverweigerung) abgelehnt hat[70]. Hat die Staatsanwaltschaft zugestimmt, so ist ihre sofortige Beschwerde mangels Beschwer als unzulässig zu verwerfen[71]. Zur Statthaftigkeit der sofortigen Beschwerde im übrigen s. § 372, 4 ff, 9 ff.

Eine **Abänderung** des Beschlusses durch das beschließende Gericht ist unzulässig[72]. **31** Gegen den freisprechenden Beschluß kann die Staatsanwaltschaft nach § 362 ein neues Wiederaufnahmeverfahren betreiben[73].

§ 372

[1]**Alle Entscheidungen, die aus Anlaß eines Antrags auf Wiederaufnahme des Verfahrens von dem Gericht im ersten Rechtszug erlassen werden, können mit sofortiger Beschwerde angefochten werden.** [2]**Der Beschluß, durch den das Gericht die Wiederaufnahme des Verfahrens und die Erneuerung der Hauptverhandlung anordnet, kann von der Staatsanwaltschaft nicht angefochten werden.**

Entstehungsgeschichte. Satz 2 wurde durch Art. 10 Nr. 5 StPÄG eingefügt. Bezeichnung bis 1924: § 412.

Übersicht

---

[68] So aber OLG Frankfurt NJW **1965** 314, 315, diesem zustimmend *Marxen/Tiemann* 297; AK-*Loos* 25 halten in diesem Fall die sofortige Beschwerde des Verurteilten für ausnahmslos unstatthaft, dies allerdings entgegen § 372.

[69] Zutreffend KK-*Schmidt* 9; *Pfeiffer/Fischer* 5.

[70] OLG Frankfurt NJW **1965** 314; KMR-*Paulus* 18; *Kleinknecht/Meyer-Goßner* 13.

[71] KK-*Schmidt* 9; *Kleinknecht/Meyer-Goßner* 13; *Schlüchter* 777.2; zweifelnd AK-*Loos* 26.

[72] KK-*Schmidt* 9; *Henkel* JZ **1956** 504.

[73] *Henkel* JZ **1956** 504; *Neumann* 206.

Karl Heinz Gössel

Alphabetische Übersicht

I. Anfechtbarkeit der Entscheidungen im Wiederaufnahmeverfahren

1   **1. Reichweite der Vorschrift insbesondere im Verhältnis zu § 304.** Nach § 304 Abs. 1 können Beschlüsse der Gerichte des ersten Rechtszugs mit der Beschwerde ange- fochten werden. Wiederaufnahmeverfahren sind Verfahren im ersten Rechtszug im Sinne dieser Vorschrift[1]. Das sich demnach bereits aus **§ 304 Abs. 1** ergebende Beschwerde- recht wird durch **§ 372 Satz 1 nicht erweitert**. Die Vorschrift bestimmt nur, daß die aus Anlaß eines Wiederaufnahmeantrags von dem Gericht im ersten Rechtszug erlassenen Beschlüsse mit der fristgebundenen sofortigen Beschwerde nach § 311 anzufechten sind. Das ist notwendig, weil gerade im Wiederaufnahmeverfahren der Rechtskraft und Unab- änderbarkeit von Beschlüssen besondere Bedeutung zukommt[2].

2   Sofern das Gesetz schon an **anderer** Stelle vorschreibt, daß Beschlüsse mit der soforti- gen Beschwerde anfechtbar sind, wie z. B. in § 206 a Abs. 2 (s. § 368, 3 f) und in § 28 Abs. 2 Satz 1, hat § 372 Satz 1 keine Bedeutung[3]. Das Beschwerderecht **Dritter (§ 304 Abs. 2)** läßt § 372 unberührt[4]. Entscheidungen des erkennenden Gerichts, die **nach der Anordnung der Wiederaufnahme** und der Erneuerung der Hauptverhandlung ergehen, fallen nicht unter § 372 Satz 1.

3   Über den Wiederaufnahmeantrag entscheidet nicht immer ein Gericht des ersten Rechtszugs, sondern unter Umständen auch ein Berufungsgericht (§ 367, 8 ff). Der in § 372 Satz 1 verwendete Ausdruck **„im ersten Rechtszug"** ist daher nicht gleichbedeu- tend mit „erkennendes Gericht im ersten Rechtszug"[5]. Gemeint ist das Gericht, das nach

---

[1] OLG Koblenz NJW **1961** 1418; OLG Köln OLGSt § 304, 7; KMR-*Paulus* 2.

[2] BGH MDR **1963** 942; KK-*Schmidt* 1; KMR-*Pau- lus* 2; AK-*Loos* 1.

[3] *Peters* Fehlerquellen **3** 142.

[4] *Neumann* 211; KMR-*Paulus* 2.

[5] BGHSt **37** 356, 357; *Eb. Schmidt* 5; KMR-*Paulus* 2; **a. A** *v. Hentig* 240 ff.

§ 367 Abs. 1 StPO, § 140 a GVG über die Zulässigkeit und Begründetheit des Wiederaufnahmeantrags entschieden hat[6].

2. Statthaftigkeit der sofortigen Beschwerde. Entsprechend dem Zweck des § 372 **4** Satz 1 (oben Rdn. 1) und entgegen dem zu weit gefaßten Wortlaut der Vorschrift sind **nicht sämtliche Entscheidungen**, die aus Anlaß des Wiederaufnahmeantrags erlassen werden, mit der sofortigen Beschwerde **anfechtbar**. In Betracht kommen nur die Entscheidungen über die Zulässigkeit des Antrags nach § 368 Abs. 1, über die Begründetheit des Antrags nach § 370 Abs. 1 und 2 und über den Aufschub der Strafvollstreckung nach § 360 Abs. 2[7] sowie die freisprechenden Erkenntnisse nach § 371 Abs. 1 und 2[8]. Nur für Beschlüsse dieser Art gilt die Regelung des § 304 Abs. 4 Satz 2 Nr. 5, daß auch die Entscheidungen der Oberlandesgerichte als Gerichte im ersten Rechtszug mit der sofortigen Beschwerde angefochten werden können.

Beschlüsse, mit denen der Wiederaufnahmeantrag nur **teilweise** für zulässig erklärt **5** oder die Wiederaufnahme nur teilweise angeordnet worden ist, können unter Beschränkungen auf den den Beschwerdeführer beschwerenden Teil angefochten werden[9]. Das gilt auch, wenn der Antrag nur in den Gründen des Beschlusses teilweise abgelehnt worden ist[10]. Wegen des Verfahrens bei der sofortigen Beschwerde vgl. unten Rdn. 13 ff.

3. Statthaftigkeit der einfachen Beschwerde

a) Kreis der anfechtbaren Entscheidungen. Soweit die gerichtlichen Entscheidungen **6** **nicht nach § 372 Satz 1** mit der sofortigen Beschwerde anzufechten sind, unterliegen sie der **einfachen Beschwerde nach § 304 Abs. 1**[11]. Dazu gehören die Entscheidungen über die Verteidigerbestellung nach § 364 a[12] und nach § 364 b[13] sowie alle anderen Beschlüsse, die nicht unmittelbar mit der Zulässigkeit, Begründetheit oder Strafvollstreckung zusammenhängen[14]. Weil die nach § 304 Abs. 4 Satz 2 Nr. 5 (nur ausnahmsweise) statthafte Beschwerde gegen Beschlüsse und Verfügungen der Oberlandesgerichte im Wiederaufnahmeverfahren auf die nach § 372 anfechtbaren beschränkt ist, sind die Entscheidungen der Oberlandesgerichte und die der ihnen gleichstehenden Anwaltsgerichtshöfe für Rechtsanwälte daher auch unanfechtbar, wenn sie als Gerichte des ersten Rechtszugs entschieden haben[15].

b) Einschränkungen durch § 305. Bei der Anfechtung der Entscheidungen im Wieder- **7** aufnahmeverfahren ist **§ 305 Satz 1 sinngemäß anzuwenden**[16]. Dem erkennenden Gericht

---

6 BGHSt **37** 356, 357; OLG Düsseldorf NJW **1958** 1248; KK-*Schmidt* 2; *Kleinknecht/Meyer-Goßner* 1; AK-*Loos* 3; *Pfeiffer/Fischer* 3.

7 BGH NJW **1976** 431; OLG Frankfurt NJW **1965** 314; OLG Koblenz NJW **1961** 1418; KK-*Schmidt* 1; KMR-*Paulus* 3; *Kleinknecht/Meyer-Goßner* 1; AK-*Loos* 2; für § 360 Abs. 2 auch: BayObLG LZ **1932** 833; OLG Dresden *Alsb.* E **2** Nr. 326; *Eb. Schmidt* § 360, 3; *v. Hentig* 207; *Marxen/Tiemann* 333; *Neumann* 119; *Peters* Fehlerquellen **3** 149.

8 KK-*Schmidt* 1; KMR-*Paulus* 3; *Kleinknecht/ Meyer-Goßner* 1; AK-*Loos* 2; *Pfeiffer-Fischer* 1; s. auch § 371, 30.

9 *Neumann* 209.

10 OLG Hamm *Alsb.* E **2** Nr. 332.

11 KK-*Schmidt* 1; *Pfeiffer/Fischer* 1.

12 OLG Koblenz NJW **1961** 1418; *Eb. Schmidt* Nachtr. I § 369, 11; KK-*Schmidt* 1; KMR-*Paulus* 4; *Kleinknecht/Meyer-Goßner* 2; AK-*Loos* 2; *Pfeiffer-*

Fischer 1; *Peters* Fehlerquellen **3** 142; vgl. auch § 364 a, 15.

13 BGH NJW **1976** 431; KK-*Schmidt* 1; KMR-*Paulus* 4; *Kleinknecht/Meyer-Goßner* 2; vgl. auch § 364 b, 16.

14 OLG Koblenz NJW **1961** 1418; *Kleinknecht/ Meyer-Goßner* 2; AK-*Loos* 2.

15 BGHSt **37** 356, 358; BGH NJW **1976** 431; *Marxen/ Tiemann* 314.

16 BayObLG DRiZ **1932** Nr. 384 = LZ **1932** 833; KG GA **69** (1925) 445; OLG Breslau *Alsb.* E **2** Nr. 333 b; OLG Düsseldorf MDR **1989** 762; OLG Frankfurt NJW **1965** 314; OLG Karlsruhe HRR **1928** 923; *Eb. Schmidt* 2 und Nachtr. § 369, 11; KK-*Schmidt* 4; KMR-*Paulus* 4; *Kleinknecht/ Meyer-Goßner* 2; AK-*Loos* 2; *Pfeiffer/Fischer* 3; *Neumann* 151, 210; *Niemeyer* LZ **1915** 607; Recht **1919** 111; vgl. auch OLG Hamm JMBlNRW **1972** 239.

Karl Heinz Gössel

im Sinne dieser Vorschrift steht das Gericht gleich, das über Zulässigkeit und Begründetheit des Wiederaufnahmeantrags zu entscheiden hat. Gegen Beschlüsse dieses Gerichts, die solche Entscheidungen nur vorbereiten, ist daher keine Beschwerde zulässig[17].

8   **Unanfechtbar** sind insbesondere Beschlüsse über die Bestellung von Sachverständigen[18], über die Vernehmung von Zeugen[19] und die Ablehnung eines Richters[20] oder Sachverständigen wegen Befangenheit[21], die Beschränkung der Beweisaufnahme nach § 369 auf bestimmte Beweismittel[22], die Anordnung, daß weitere Beweise erhoben werden sollen[23] und die Ablehnung, weitere Zeugen zu vernehmen[24]. Nach Erlaß des Beschlusses über die Anordnung der Wiederaufnahme (§ 370 Abs. 2) gilt § 305 Satz 1 unmittelbar.

II. Anfechtungsberechtigte

9   **1. Kreis der Berechtigten.** Beschwerdeberechtigt sind der Antragsteller und die Staatsanwaltschaft. Verstirbt der Verurteilte während des Wiederaufnahmeverfahrens, so sind auch die in § 361 Abs. 2 bezeichneten Angehörigen zur Einlegung der sofortigen Beschwerde befugt (vgl. § 371, 13 ff). Die Beschwerde steht auch dem Nebenkläger zu; er kann sich dem Verfahren durch Einlegung eines Rechtsmittels anschließen[25]. Wird durch die Einstellung der Urteilsvollstreckung nach § 360 Abs. 2 ein Dritter betroffen, etwa der Käufer der rechtskräftig eingezogenen Sache, so steht ihm nach § 304 Abs. 2 die einfache Beschwerde zu[26].

10   **2. Ausschluß der Beschwerde der Staatsanwaltschaft nach § 372 Satz 2.** Die Strafprozeßordnung sah ursprünglich vor, daß auch der Beschluß über die Anordnung der Wiederaufnahme und die Erneuerung der Hauptverhandlung (§ 370 Abs. 2) uneingeschränkt anfechtbar ist. In den Motiven heißt es dazu:

> Der Entwurf „hat geglaubt, auch die Beschwerde der Staatsanwaltschaft gegen einen die Wiederaufnahme der Untersuchung anordnenden Beschluß nicht ausschließen zu sollen, damit in Fällen, in denen der Beschluß auf einer unrichtigen Anwendung der für die Wiederaufnahme gegebenen Prozeßvorschriften beruht, eine Abhilfe ermöglicht werde. Hierauf besonders Bedacht zu nehmen, erschien behufs Wahrung des Ansehens rechtskräftiger Urteile geboten" (*Hahn* **1** 267).

Im Jahre 1964 ist für solche Fälle das Beschwerderecht der Staatsanwaltschaft beseitigt worden, weil man jetzt dem **Bestand rechtskräftiger Urteile** einen **geringeren Wert** beimißt als der **Notwendigkeit, Fehlurteile zu beseitigen.** Daher soll schon der Umstand, daß das untere Gericht es für geboten hält, auf einen den Zulässigkeitsvoraussetzungen der §§ 359, 362 bis 364 entsprechenden Antrag das Verfahren wiederaufzunehmen, zu einer ungehinderten und umgehenden Prüfung des Urteils in einer neuen Hauptverhandlung

---

[17] *Dalcke/Fuhrmann/Schäfer* § 369, 3; KK-*Schmidt* 4; AK-*Loos* 2; *Peters* Fehlerquellen **3** 142 weist mit Recht darauf hin, daß das aber nicht für Zwischenbeschlüsse selbständiger Art gilt.

[18] KG GA **69** (1925) 445; OLG Düsseldorf NStE Nr. 1 zu § 372; OLG Hamm MDR **1969** 950; KK-*Schmidt* 4; KMR-*Paulus* 4.

[19] BayObLG DRiZ **1932** Nr. 384 = LZ **1932** 833; *Dalcke/Fuhrmann/Schäfer* 1; KK-*Schmidt* 4; KMR-*Paulus* 4; *Kleinknecht/Meyer-Goßner* 2; *Neumann* 210.

[20] OLG Koblenz OLGSt § 28 StPO Nr. 5; *Kleinknecht/Meyer-Goßner* 2; AK-*Loos* 2.

[21] OLG Düsseldorf MDR **1989** 762; OLG Frankfurt NJW **1965** 314; KK-*Schmidt* 4; KMR-*Paulus* 4; *Kleinknecht/Meyer-Goßner* 2.

[22] BayObLG DRiZ **1932** Nr. 284 = LZ **1932** 833; OLG Frankfurt NJW **1955** 73; OLG Stuttgart GA **71** (1927) 193; KK-*Schmidt* 4; *Kleinknecht/Meyer-Goßner* 2; AK-*Loos* 3; vgl. auch § 368, 38.

[23] KG GA **69** (1925) 445; OLG Frankfurt *Alsb.* E **2** Nr. 333 d; KMR-*Paulus* 4; *Kleinknecht/Meyer-Goßner* 2.

[24] *Neumann* 151.

[25] OLG Stuttgart NStZ **1988** 42, 43; KMR-*Paulus* 6; *Kleinknecht/Meyer-Goßner* 3; *Pfeiffer/Fischer* 2; *Rieß* NStZ **1988** 16; unentschieden AK-*Loos* 4; **a. A** *Marxen/Tiemann* 217; vgl. auch § 365, 13 f.

[26] OLG Colmar *Alsb.* E **2** Nr. 327 = GA **51** (1904) 200 mit Anm. *Vogt*; KMR-*Paulus* 6.

führen[27]. Das gilt aber nur bei Entscheidungen zugunsten des Verurteilten. Wird die Wiederaufnahme zuungunsten des Angeklagten angeordnet, so kann er den Beschluß ohne Einschränkung mit der sofortigen Beschwerde nach § 372 Satz 1 anfechten. Gegen die jetzige gesetzliche Regelung bestehen indes Bedenken. Sie kann dazu führen, daß zweifelhafte oder sogar unverständliche Wiederaufnahmeanordnungen in Rechtskraft erwachsen und zu überflüssigen Erneuerungen der Hauptverhandlung zwingen[28].

Nach § 372 Satz 2 können **Beschlüsse**, durch die das Gericht die Wiederaufnahme des **11** Verfahrens und die Erneuerung der Hauptverhandlung anordnet (zur Anordnung der Wiederaufnahme in Verbindung mit einer Entscheidung nach § 371 Abs. 1, 2 s. § 371, 30), von der Staatsanwaltschaft nicht angefochten werden, auch wenn die Anordnung der Wiederaufnahme **zuungunsten des Verurteilten** auf Antrag des Privatklägers oder des Nebenklägers ergangen ist[29]. Die Staatsanwaltschaft hat daher nicht einmal die Möglichkeit, Entscheidungen vor das Beschwerdegericht zu bringen, die das Recht zum Nachteil des Verurteilten verletzen. Hierzu sind nur der Verurteilte selbst und gegebenenfalls seine in § 361 Abs. 2 bezeichneten Angehörigen berechtigt. Die Vorschrift des § 372 Satz 2 gilt entsprechend für sofortige Beschwerden des Privatklägers und des Nebenklägers, da diese auch sonst keine weitergehenden Rechte als die Staatsanwaltschaft haben[30].

Die Befugnis der Staatsanwaltschaft, gegen Verwerfungsbeschlüsse nach § 370 Abs. 1 **12** und gegen die **Entscheidung über die Zulässigkeit** des Wiederaufnahmeantrags (§ 368 Abs. 1) sofortige Beschwerde einzulegen, schränkt § 372 Satz 2 nicht ein. Die vorwiegend auf rechtlichem Gebiet liegende Frage der Antragszulässigkeit soll das Beschwerdegericht immer prüfen können. Die Entscheidung über die Zulässigkeit kann von der Staatsanwaltschaft daher auch angefochten werden, wenn in demselben Beschluß (vgl. § 370, 4) zugleich die Wiederaufnahme für begründet erklärt und die Erneuerung der Hauptverhandlung angeordnet wird[31]. Andernfalls wäre die Anfechtbarkeit der Zulässigkeitsentscheidung von dem verfahrensrechtlichen Zufall abhängig, daß das keiner besonderen Beweiserhebung bedürftige Wiederaufnahmevorbringen bereits eine endgültige Entscheidung über den Antrag gestattet, und das Wiederaufnahmegericht könnte überdies das Beschwerderecht der Staatsanwaltschaft dadurch unterlaufen, daß es beide Beschlüsse verbindet. Hebt das Beschwerdegericht den Beschluß auf, soweit er den Wiederaufnahmeantrag zuläßt, und verwirft es den Antrag als unzulässig, so ist die Entscheidung über die Anordnung der Wiederaufnahme und die Erneuerung der Hauptverhandlung gegenstandslos. Der aufhebende Beschluß spricht das zur Klarstellung ausdrücklich aus.

III. Verfahren bei der sofortigen Beschwerde nach § 372 Satz 1

1. Form. Für die sofortige Beschwerde ist die Form des § 306 Abs. 1 Satz 1, nicht die **13** des § 366 Abs. 2, vorgeschrieben. Der Verurteilte kann sie daher selbst schriftlich einlegen[32].

---

[27] Vgl. KK-*Schmidt* 3; *Dippel* in: Jescheck/Meyer, 127.

[28] Vgl. *Dippel* in: Jescheck/Meyer 128; *Peters* Fehlerquellen **2** 323; AK-*Loos* 13 schlägt im Wege teleologischer Reduktion eine Beschränkung des § 372 Satz 2 nur auf die Fälle einer Wiederaufnahme zugunsten des Verurteilten vor.

[29] *Kleinknecht/Meyer-Goßner* 4.

[30] OLG Stuttgart MDR **1970** 165 mit zust. Anm. *Fuchs*; *Eb. Schmidt* Nachtr. I 3; KMR-*Paulus* 7;

KK-*Schmidt* 3; für den Privatkläger ebenso *Kleinknecht/Meyer-Goßner* 4.

[31] KK-*Schmidt* 3; KMR-*Paulus* 7; *Kleinknecht/Meyer-Goßner* 4; AK-*Loos* 12; *Pfeiffer/Fischer* 2; *Fuchs* MDR **1966** 166; **a. A** *Peters* Fehlerquellen **3** 163.

[32] KG GA **55** (1908) 121; OLG Braunschweig NJW **1966** 993; OLG Hamm MDR **1968** 166; *Eb. Schmidt* 3; KK-*Schmidt* 5; KMR-*Paulus* 9; *Kleinknecht/Meyer-Goßner* 6; AK-*Loos* 5; *Pfeiffer/Fischer* 3; *v. Hentig* 239; *Niemeyer* Recht **1919** 111.

Karl Heinz Gössel

14   **2. Zu berücksichtigendes Vorbringen.** Da das Gesetz eine Frist nur für die Einlegung der sofortigen Beschwerde bestimmt (§ 311 Abs. 2 Satz 1), nicht für ihre Begründung, muß das Beschwerdegericht Ausführungen des Beschwerdeführers grundsätzlich auch dann berücksichtigen, wenn sie **nach Ablauf der Beschwerdefrist** bis zum Erlaß der Entscheidung bei Gericht eingehen[33].

3. Nachschieben neuen Vorbringens

15   **a) Prüfungsgegenstand.** Das Beschwerdegericht ist zu der Prüfung berufen, ob der **erste Richter** die vorgebrachten Wiederaufnahmegründe **zutreffend gewürdigt** hat, nicht dazu, erstmals solche Gründe zu prüfen. Es ist daher unzulässig, mit der sofortigen Beschwerde nach § 372 Satz 1 die Antragsgrundlagen völlig zu wechseln und einen der Wiederaufnahmegründe der §§ 359, 362 geltend zu machen, der nicht Gegenstand des Wiederaufnahmeantrags gewesen ist[34].

16   **b) Neue Tatsachen und Beweismittel.** Streitig ist, ob es zulässig ist, bei dem Wiederaufnahmegrund der neuen Tatsachen oder Beweismittel (§ 359 Nr. 5) neues Vorbringen **nachzuschieben**, also Tatsachen geltend zu machen oder Beweismittel zu benennen, die in dem Wiederaufnahmeantrag nicht angegeben sind. Übereinstimmung besteht nur darüber, daß die Formvorschrift des § 366 Abs. 2 nicht dadurch umgangen werden darf, daß derartige Wiedereinsetzungsgründe erstmals in einer von dem Antragsteller selbst schriftlich eingelegten sofortigen Beschwerde vorgebracht werden[35]. Für den Fall, daß das Rechtsmittel den Formerfordernissen des § 366 Abs. 2 genügt, wurde früher das Nachschieben neuer Tatsachen und Beweismittel von einigen Obergerichten uneingeschränkt zugelassen[36]. Später wurde das Nachschieben überwiegend mit der Begründung für unzulässig gehalten, das über den Wiederaufnahmeantrag entscheidende Tatgericht sei, da es mit der Sache schon von der Verurteilung her vertraut ist, besonders geeignet zur Entscheidung über den Wiederaufnahmeantrag und dürfe nicht dadurch ausgeschaltet werden, daß erstmals das Beschwerdegericht einen Teil des Wiederaufnahmevorbringens prüft[37]. Dieser Ansicht ist die Grundlage dadurch entzogen worden, daß seit der Einfügung des § 23 Abs. 2 durch das StPÄG von 1964 gerade die besonders sachkundigen Richter von der Mitwirkung im Wiederaufnahmeverfahren ausgeschlossen sind und daß nach dem seit 1975 geltenden § 140 a GVG sogar ein anderes Gericht oder wenigstens ein anderer Spruchkörper mit der Entscheidung befaßt ist.

17   Gleichwohl wird das Nachschieben neuen Wiederaufnahmevorbringens **überwiegend** nach wie vor **nicht zugelassen**, auch wenn es in der Form des § 366 Abs. 2 geschieht[38]. Meist wird das damit begründet, dem Antragsteller müßten wegen der besonderen Bedeutung der Wiederaufnahmeentscheidung unter allen Umständen zwei Rechtszüge erhalten bleiben[39]. Teilweise werden aber ein neuer Tatsachenvortrag, mit dem der bisherige Sach-

---

[33] *Eb. Schmidt* 3; KK-*Schmidt* 5; *Neumann* 212; **a. A** OLG Breslau GA **42** (1894) 149; **57** (1910) 238 L; *v. Hentig* 239.

[34] OLG Dresden DStrZ **1916** 422.

[35] KG GA **55** (1908) 11; OLG Breslau GA **51** (1904) 375; OLG Colmar *Alsb.* E 2 Nr. 328 a; OLG Hamburg *Alsb.* E 2 Nr. 328 c; KK-*Schmidt* 6.

[36] KG GA **55** (1908) 121; ZStW **47** (1927) Sd. Beil. 214; OLG Breslau GA **57** (1910) 375; OLG Celle GA **44** (1896) 68; ebenso *v. Hentig* 239; *Neumann* 213; *Niemeyer* Recht **1919** 111 wollte nur das Nachschieben neuer Tatsachen zulassen; ein-

schränkend auch OLG Naumburg *Alsb.* E **2** Nr. 330 c = JR Rspr. **1925** Nr. 549.

[37] OLG Hamm JMBlNRW **1953** 118; Rpfleger **1963** 82; OLG Oldenburg NJW **1952** 1068; *Eb. Schmidt* 4.

[38] KG JR **1967** 32; OLG Düsseldorf NStE Nrn. 8, 10 zu § 359; KK-*Schmidt* 6; *Kleinknecht/Meyer-Goßner* 7; *Pfeiffer/Fischer* 3.

[39] KG JR **1967** 32; OLG Braunschweig NJW **1966** 993; OLG Hamm MDR **1968** 166; OLGSt § 372, 14; Rpfleger **1963** 82; OLG Karlsruhe OLGSt § 368, 1; OLG München NJW **1971** 577 und MDR

vortrag nur ergänzt und abgerundet wird[40], und die Benennung neuer Beweismittel zu den unverändert bleibenden Tatsachenbehauptungen zugelassen[41], auch die erstmalige Angabe des Namens eines Entlastungszeugen, soweit sie „lediglich eine zulässige Konkretisierung eines schon im Wiederaufnahmeantrag angebotenen Beweismittels" für eine im Wiederaufnahmeantrag schon benannte Tatsache darstellt[42]. Eine Mittelmeinung will das in der Form des § 366 Abs. 2 geltend gemachte neue Vorbringen berücksichtigen, wenn es ohne weiteres zugunsten des Verurteilten wirkt[43].

Der Ansicht, daß neues Tatsachenvorbringen und neue Beweise mit der sofortigen **18** Beschwerde auch dann **nicht nachgeschoben** werden können, wenn die Form des § 366 Abs. 2 gewahrt wird, ist zuzustimmen. Eine Ausnahme ist nur für Ergänzungen des Tatsachenvortrags zu machen, die diesen im Kern unverändert lassen. Weitere Beweise können niemals nachgeschoben werden. Zu einem anderen Verfahren besteht kein Grund, weil der Antragsteller jederzeit einen neuen Antrag stellen und dabei den Tatsachenvortrag und die Beweisantritte nachholen kann, die er bisher versäumt hat. Ein Antragsteller, der sich diese Mühe ersparen will, muß seine Wiederaufnahmegründe schon bei der Antragstellung vollständig darlegen[44]. Ihm ist nicht die Befugnis eingeräumt, einen der beiden im Gesetz vorgesehenen Rechtszüge dadurch auszuschalten, daß er bestimmte Tatsachen und Beweisantritte erst im Beschwerdeverfahren vorbringt[45]. Die Ansicht, daß diese strengere Auffassung im Grunde nur aus der ablehnenden Einstellung der Gerichte gegen das Wiederaufnahmeverfahren zu verstehen sei[46], trifft nicht zu. Dem Antragsteller vor der Entscheidung über die unzulässige Beschwerde zu empfehlen, er solle sie zurücknehmen und einen neuen Antrag stellen, wird regelmäßig nicht geboten sein[47]. Er erfährt von der Möglichkeit der neuen Antragstellung in dem die sofortige Beschwerde verwerfenden Beschluß, und das versetzt ihn in die Lage, seine Rechte wahrzunehmen.

4. Entscheidung des Beschwerdegerichts. Nach § 309 Abs. 2 **entscheidet** das **19** Beschwerdegericht **in der Sache selbst**, wenn die Beschwerde für begründet erachtet wird. Jedoch besteht gerade im Wiederaufnahmeverfahren für das Beschwerdegericht häufig Anlaß, von einer **eigenen Sachentscheidung abzusehen**, den angefochtenen Beschluß aufzuheben und die Sache in entsprechender Anwendung des § 354 Abs. 2[48] zu neuer Entscheidung an den ersten Richter zurückzuverweisen, so insbesondere dann, wenn das nach § 309 Abs. 2 „entscheidende Gericht mit dem identisch wäre, dessen Urteil mit dem Wiederaufnahmegesuch angegriffen wird"[49]. So muß ferner verfahren werden, wenn ein nach § 23 Abs. 2 ausgeschlossener Richter an der Entscheidung mitgewirkt hat[50], es sei denn, daß der Antrag wegen Formmangels (§ 366 Abs. 2) eindeutig unzuläs-

---

1982 250; OLG Nürnberg bei *Janischowsky* FS Nüchterlein S. 160; OLG Oldenburg NdsRpfl. **1969** 163; **1973** 52; OLG Schleswig SchlHA **1983** 114; OLG Stuttgart MDR **1969** 330; so auch schon früher OLG Braunschweig GA **1954** 61; OLG Celle NdsRpfl. **1956** 18; OLG Dresden LZ **1917** 559; OLG Karlsruhe ZStW **42** (1921) 804; OLG Köln GA **57** (1910) 92 L; *Dalcke/Fuhrmann/Schäfer* 2; KK-*Schmidt* 6; KMR-*Paulus* 10; *Kleinknecht/ Meyer-Goßner* 7; AK-*Loos* 6; *Dahs* Hdb. 916.

40 OLG Celle JZ **1967** 223 mit zust. Anm. *Hanack*; KMR-*Paulus* 10; *Kleinknecht/Meyer-Goßner* 7; *Peters* Fehlerquellen **3** 151.

41 OLG Hamm NJW **1976** 1417 L; KMR-*Paulus* 10; *Hanack* JZ **1967** 225; *Peters* Fehlerquellen **3** 151 ff, der den Begriff des Nachschiebens eng fassen will.

42 BGH bei *Pfeiffer/Miebach* NStZ **1985** 496.

43 *Dippel* in: Jescheck/Meyer 130 und früher *Kleinknecht*[33] 6.

44 *Peters* FS Gallas 452 ff empfiehlt mit Recht eine sorgfältige Vorbereitung und die Stellung eines umfassenden Antrags; ähnlich *Dahs* Hdb. 899.

45 So zutreffend OLG Stuttgart MDR **1969** 330.

46 *Peters* Fehlerquellen **3** 153.

47 Vgl. *Hanack* JZ **1967** 224 Fußn. 3; a. A KMR-*Paulus* 190.

48 OLG Frankfurt NStZ **1983** 426.

49 OLG Koblenz NStZ-RR **1997** 111.

50 OLG Bremen NJW **1966** 605; OLG Hamm OLGSt § 23, 7; OLG Saarbrücken NJW **1966** 167; KK-*Schmidt* 7; KMR-*Paulus* 11; *Kleinknecht/Meyer-Goßner* 8; AK-*Loos* 7; *Marxen/Tiemann* 220.

Karl Heinz Gössel

sig ist[51]. Die Sache ist auch dann zurückzuverweisen, wenn der angefochtene Beschluß keine Sachentscheidung beinhaltet[52] und z. B. einen Wiederaufnahmeantrag zu Unrecht mangels Rechtskraft der mit der Wiederaufnahme angegriffenen Entscheidung als unzulässig verwirft[53] (s. dazu allerdings § 368, 5). Eine Zurückverweisung ist ferner regelmäßig erforderlich, wenn dem Antragsteller das rechtliche Gehör nach § 369 Abs. 4 versagt worden ist[54], wenn bei der Entscheidung nach § 370 Abs. 1 polizeiliche oder staatsanwaltschaftliche Vernehmungsprotokolle verwendet worden sind[55] (vgl. § 370, 51) oder wenn das Antragsvorbringen inhaltlich nicht vollständig geprüft worden ist[56]. Zur Entscheidung des Beschwerdegerichts, wenn ein unzuständiges Gericht über den Wiederaufnahmeantrag entschieden hat, vgl. § 367, 39 ff.

20 Ist der Wiederaufnahmeantrag **teilweise** für zulässig erklärt, teilweise als unzulässig verworfen worden, so kann eine alsbaldige Entscheidung über die sofortige Beschwerde des Antragstellers untunlich sein, etwa wenn der Antrag im Fall seiner Begründetheit dazu zwänge, die Tat- und Beweisfrage auch zu erörtern, soweit der Antrag als unzulässig verworfen worden ist. Daher muß das Beschwerdegericht in solchen Fällen die Entscheidung über die sofortige Beschwerde aussetzen und dem ersten Richter zunächt die Prüfung der Begründetheit überlassen, soweit er den Antrag für zulässig erklärt hat[57].

21 Eine **weitere Beschwerde** gegen die Entscheidung des Beschwerdegerichts ist, auch im Fall des § 360 Abs. 2, ausgeschlossen[58]. Wenn das Beschwerdegericht unter Aufhebung des von dem sachlich unzuständigen Gericht erlassenen Beschlusses als Gericht des ersten Rechtszugs in der Sache selbst entscheidet, ist der Beschluß anfechtbar; um eine weitere Beschwerde handelt es sich dann nicht[59].

IV. Rechtskraft der Wiederaufnahmeentscheidung

22 **1. Formelle Rechtskraft.** Der Wiederaufnahmeantrag kann jederzeit mit demselben Vorbringen wiederholt werden, wenn er nur wegen Formmangels als unzulässig verworfen worden ist[60]. Ist aber eine Sachentscheidung ergangen, gleichgültig, ob der Antrag als unzulässig oder unbegründet verworfen worden ist, so folgt aus der Rechtskraft des die Wiederaufnahme ablehnenden Beschlusses, daß ein neuer Antrag nicht auf dieselben Tatsachen und Beweismittel gestützt werden kann. Das **Wiederaufnahmevorbringen ist verbraucht**[61], und zwar auch hinsichtlich der vom Gericht aufgrund seiner Amtsermitt-

[51] KG JR **1967** 266; KK-*Schmidt* 7; *Kleinknecht/ Meyer-Goßner* 8; AK-*Loos* 7; *Peters* Fehlerquellen **3** 143.

[52] OLG Hamm NJW **1980** 717.

[53] OLG Frankfurt NStZ **1983** 426; *Kleinknecht/ Meyer-Goßner* 8; AK-*Loos* 7; **a. A** *Pfeiffer/Fischer* 3, die die Zurückverweisung bei fehlerhafter Verwerfung nach § 368 nur dann für zulässig halten, wenn sich die Verwerfung „allein auf § 366 stützt und eine Sachentscheidung fehlt". Allerdings hätte in diesem Fall das Verfahren nach der hier vertretenen Auffassung (s. § 368, 5) nach § 206 a eingestellt werden müssen, mit der Folge, daß die sofortige Beschwerde nach § 206 a Abs. 2 statthaft gewesen wäre, nicht aber nach § 372.

[54] OLG Düsseldorf NJW **1982** 839; OLG Hamburg MDR **1977** 865; OLG Hamm MDR **1974** 689; KK-*Schmidt* 7; AK-*Loos* 7; *Pfeiffer/Fischer* 3.

[55] KK-*Schmidt* 7; *Kleinknecht/Meyer-Goßner* 8; AK-*Loos* 7.

[56] AK-*Loos* 7; *Marxen/Tiemann* 220.

[57] OLG Dresden *Alsb.* E **2** Nr. 335; *Neumann* 213; **a. A** *v. Hentig* 240.

[58] OLG Düsseldorf NJW **1958** 1248; OLG Hamm NJW **1961** 2363; OLG Neustadt NJW **1961** 2363; KMR-*Paulus* 12; *Neumann* 215.

[59] *Neumann* 215 Fußn. 32.

[60] OLG Königsberg *Alsb.* E **2** Nr. 300; OLG Schleswig SchlHA **1953** 214; *Eb. Schmidt* 8; KK-*Schmidt* § 368, 20; KMR-*Paulus* 14; *Kleinknecht/Meyer-Goßner* 9; *Marxen/Tiemann* 183; *Peters* Fehlerquellen **3** 80, 125; *v. Hentig* 183, 203 Fußn. 2.

[61] KG JW **1922** 1419; GA **58** (1911) 226; OLG Braunschweig NJW **1966** 994; OLG Düsseldorf NJW **1947/48** 194 mit Anm. *Cüppers*; JMBlNRW **1984** 263; OLG Hamburg OLGSt § 359, 19; OLG Köln GA **53** (1906) 305; OLG Schleswig SchlHA **1952** 156; *Eb. Schmidt* 8; KK-*Schmidt* § 368, 20; KMR-*Paulus* 15; *Kleinknecht/Meyer-Goßner* 9; *Pfeiffer/Fischer* 4; *v. Hentig* 183, 239; *Neumann* 42; **a. A** für Beschlüsse über die Zulässigkeit nach § 368 *Peters* Fehlerquellen **3** 80, 138.

lungspflicht in das Verfahren eingeführten neuen Tatsachen und Beweismittel[62]: die Rechtskraft erfaßt die Sachentscheidung — wie im Erkenntnisverfahren — unabhängig davon, ob Gericht, Antragsteller, Staatsanwaltschaft oder Verteidiger zur Einführung der der Sachentscheidung zugrundeliegenden Tatsachen und der dabei benutzten Beweismittel in das Verfahren initiativ wurden. Anders ist es, wenn die Ausführungen über die von dem Antragsteller geltend gemachten Tatsachen und die Beweise in dem früheren Beschluß unberücksichtigt geblieben sind[63] oder sonst nicht entscheidungserheblich waren, z. B. wenn im Fall des § 359 Nr. 5 der rechtskräftig gewordene Beschluß die Eignung der neuen Tatsachen nur in einer Hilfserwägung verneint hat[64] oder wenn der Antrag zurückgenommen wurde[65]. Wenn der neue Antrag auf weitere neue Tatsachen oder Beweismittel gestützt ist, können der frühere Sachvortrag und die früher benannten Beweise stets unterstützend herangezogen werden[66].

Der Verbrauch des Wiederaufnahmevorbringens **erstreckt** sich auf die Frage, ob eine **23** Tatsache oder ein Beweismittel neu i. S. des § 359 Nr. 5 ist. Der Antrag kann daher nicht zu dem Zweck wiederholt werden, nunmehr nachzuweisen, daß die Tatsache oder der Beweis entgegen der Annahme des früheren Beschlusses doch neu ist. Entsprechendes gilt für die Entscheidung über die Geeignetheit eines Beweismittels. Auch insoweit kann der Antragsteller mit einem neuen Wiederaufnahmeantrag keine Tatsachen oder Beweise beibringen, mit denen die tatsächlichen Erwägungen des früheren Beschlusses widerlegt werden sollen.

2. Materielle Rechtskraft. Wenn der die Wiederaufnahme des Verfahrens anord- **24** nende Beschluß (§ 370 Abs. 2) infolge Ablaufs der Beschwerdefrist oder nach Verwerfung der sofortigen Beschwerde unanfechtbar geworden ist, kann er nicht mehr zurückgenommen werden[67], und die Rechtmäßigkeit der Wiederaufnahme steht **endgültig fest**. In der erneuten Hauptverhandlung ist das Gericht an den **Beschluß gebunden**; es hat nicht zu untersuchen, ob er zu Recht erlassen worden ist[68].

Weil dieser Beschluß indessen eine Prozeßvoraussetzung darstellt (Vor § 359, 140), **25** sollen nach BGHSt **18** 341 „förmliche und sachliche Mängel denkbar" sein, die das erkennende Gericht des wiederaufgenommenen Verfahrens „zur Nachprüfung berechtigen ... und verpflichten". Wird die Wiederaufnahme nur teilweise zugelassen, so ist auch diese Beschränkung bindend. Das neue erkennende Gericht darf die Verhandlung und Entscheidung nicht weiter erstrecken, als es der Beschluß gestattet[69].

Auch das **Revisionsgericht** hat die Zulässigkeit und Begründetheit der Wiederauf- **26** nahme grundsätzlich nicht zu prüfen. Dementsprechend kann die Revision gegen das neue Urteil nicht darauf gestützt werden, daß die Wiederaufnahme zu Unrecht angeordnet wor-

---

[62] S. dazu AK-*Loos* § 369, 2 f.

[63] AK-*Loos* 9.

[64] KMR-*Paulus* 15; *Kleinknecht/Meyer-Goßner* 9; AK-*Loos* 9; *Dippel* in: Jescheck/Meyer 98; *Marxen/ Tiemann* 183.

[65] **A. A** OLG Freiburg SJZ **1950** 622.

[66] BayObLG JW **1935** 961; OLG Hamburg OLGSt § 359, 19; KMR-*Paulus* 15; *Kleinknecht/Meyer-Goßner* 9; AK-*Loos* 10; *Marxen/Tiemann* 183; *Peters* Fehlerquellen **3** 150; *v. Hentig* 239; *Cüppers* NJW **1947/48** 195.

[67] OLG Köln NJW **1955** 314; KK-*Schmidt* 9; AK-*Loos* 11; *Peters* Fehlerquellen **3** 162 f.

[68] BGHSt **14** 88; RGSt **4** 402; **20** 48; **35** 353; RGRSpr. **5** 301; RG JW **1902** 585; RG JR Rspr.

1926 Nr. 214; RG Recht **1921** Nr. 2297; BayObLGSt **1952** 79; OLG Dresden HRR **1929** 2062; OLG Naumburg DRiZ **1926** Nr. 665; *Dalcke/Fuhrmann/Schäfer* § 373, 1; KK-*Schmidt* 9; KMR-*Paulus* 15; *Kleinknecht/Meyer-Goßner* 10; AK-*Loos* 11; *Peters* § 76 V 3 d und Fehlerquellen **3** 162; *v. Hentig* 204; *Neumann* 188; s. auch § 370, 3.

[69] BGHSt **14** 85; **18** 340; RGSt **24** 149; OLG Hamm VRS **21** (1961) 414; *Eb. Schmidt* Nachtr. I § 370, 2; KK-*Schmidt* § 373, 1; KMR-*Paulus* 15; *Kleinknecht/Meyer-Goßner* 10; Bedenken erhebt *Hanack* JZ **1974** 19 für den Fall, daß eine neue Gesamtstrafe zu bilden ist.

Karl Heinz Gössel

den sei[70], es sei denn, die von BGHSt **18** 341 erwähnten Mängel des Beschlusses nach § 370 Abs. 2 (Prozeßvoraussetzungen) erlauben und gebieten eine Nachprüfung (oben Rdn. 25). Wird die Wiederaufnahme unter Beschränkung auf die Verurteilung wegen einzelner Straftaten zugelassen, so bindet auch dies das Revisionsgericht; mit dem Rechtsmittel können daher Einwendungen gegen die Beschränkung nicht geltend gemacht werden[71].

§ 373

(1) **In der erneuten Hauptverhandlung ist entweder das frühere Urteil aufrechtzuerhalten oder unter seiner Aufhebung anderweit in der Sache zu erkennen.**

(2) **[1]Das frühere Urteil darf in Art und Höhe der Rechtsfolgen der Tat nicht zum Nachteil des Verurteilten geändert werden, wenn lediglich der Verurteilte, zu seinen Gunsten die Staatsanwaltschaft oder sein gesetzlicher Vertreter die Wiederaufnahme des Verfahrens beantragt hat. [2]Diese Vorschrift steht der Anordnung der Unterbringung in einem psychiatrischen Krankenhaus oder einer Entziehungsanstalt nicht entgegen.**

Entstehungsgeschichte. Durch Art. 2 Nr. 34 AGGewVerbrG wurde dem Absatz 2 der Satz 2 angefügt. Art. 1 Nr. 4 Buchst. c des Gesetzes zur Änderung von Vorschriften des Strafverfahrens und des Gerichtsverfassungsgesetzes vom 28. 6. 1935 (RGBl. I 844) änderte Absatz 2 dahin, daß das Verschlechterungsverbot beseitigt wurde. Art. 3 Nr. 157 VereinhG stellte die frühere Fassung wieder her. Die in Abs. 2 Satz 2 vorgesehene Ausnahme vom Verschlechterungsverbot sollte auch für die vom 2. StRG vorgesehene und zunächst am 1. 1. 1978, später am 1. 1. 1985 einzuführende neue Maßregel der Unterbringung in einer sozialtherapeutischen Anstalt gelten; Art. 7 Abs. 2 des 2. StRG i. d. F des § 1 des Gesetzes über das Inkrafttreten des zweiten Gesetzes zur Reform des Strafrechts vom 30. 7. 1973 (BGBl. I 904) sah deshalb eine entsprechende Änderung des Abs. 2 Satz 2 vor, die nach Art. 326 Abs. 5 Nr. 2 Buchst. g EGStGB schließlich am 1. 1. 1985 wirksam werden sollte. Nach Art. 2 Abs. 1 Nr. 3 des Gesetzes zur Änderung des Strafvollzugsgesetzes (StVollzÄndG) vom 20. 12. 1984 (BGBl. I 1654) entfällt indes die Unterbringung in einer sozialtherapeutischen Anstalt als eine selbständige Maßregelsanktion des materiellen Rechts; folglich wurde Abs. 2 Satz 2 durch Art. 3 Nr. 3 Buchst. d des StVollzÄndG die jetzt geltende Fassung gegeben, die schon Art. 21 Nr. 91 EGStGB vorgesehen hatte. Bezeichnung bis 1924: § 413.

---

[70] BGHSt **14** 88; RGSt **4** 402; **20** 48; **22** 98; **29** 280; **35** 353; **65** 272; **77** 285; RGRspr. **5** 300; **6** 344; RG JW **1889** 476; RG Recht **1921** Nr. 2297; **1925** Nr. 2574; OLG Dresden HRR **1929** 2062; OLG Naumburg LZ **1927** 555; *Eb. Schmidt* § 370, 7; KK-*Schmidt* § 370, 10; KMR-*Paulus* 15; *Kleinknecht/Meyer-Goßner* 10; AK-*Loos* 10; vgl. auch Erläuterungen zu § 336.

[71] BGHSt **14** 85; KMR-*Paulus* 15.

Übersicht

Alphabetische Übersicht

Karl Heinz Gössel

I. Neue Hauptverhandlung

1   **1. Zuständiges Gericht.** Wenn die Wiederaufnahme rechtskräftig angeordnet worden ist, wird eine neue Hauptverhandlung anberaumt, und zwar grundsätzlich (über Ausnahmen vgl. § 370, 49) vor dem nach **§ 140 a GVG zuständigen Gericht** in dem Rechtszug, in dem das durch den Wiederaufnahmeantrag angefochtene Urteil ergangen war. Hatte früher ein Gericht mit besonderer Zuständigkeit (Schwurgericht, Staatsschutzkammer, Jugendgericht, Schiffahrtsgericht) entschieden, so ist regelmäßig (über Ausnahmen vgl. § 370, 50) abermals ein Gericht dieser Art zuständig[1]. Richtete sich der Wiederaufnahmeantrag gegen ein Berufungsurteil, so ist wieder ein Berufungsgericht zuständig[2]. Wenn ein Revisionsurteil Gegenstand der Wiederaufnahme war, entscheidet ein anderer Senat desselben Revisionsgerichts[3]. Gleiches gilt, wenn sich die Wiederaufnahme gegen **Beschlüsse** richtet (s. dazu Vor § 359, 49 ff und § 367, 7; 12; 14). Bei **Zuständigkeitsmängeln** ist ebenso zu verfahren wie bei § 367, 33 ff vorgeschlagen.

2   Wenn **zur Zeit des Erlasses des früheren Urteils abweichende Zuständigkeiten** bestanden haben, ist § 12 anwendbar; die Sache kann von dem gemeinsamen oberen Gericht einem anderen örtlich zuständigen Gericht übertragen werden. Die Zuständigkeit ist immer den zur Zeit des Wiederaufnahmeverfahrens geltenden Vorschriften anzupassen[4].

3   Die **Richter**, die an dem früheren Urteil mitgewirkt haben, sind bei der neuen Entscheidung **ausgeschlossen** (§ 23 Abs. 2), nicht aber die Richter, die den Beschluß über die Wiederaufnahme (§ 370 Abs. 2) erlassen[5] oder an der Beweisaufnahme nach § 369 mitgewirkt[6] haben.

4   **2. Verteidigerbestellung.** Mit der Rechtskraft des Beschlusses über die Wiederaufnahme des Verfahrens nach § 370 Abs. 2 endet die Bestellung des Pflichtverteidigers (§ 364 a, 3). Der Vorsitzende muß nunmehr erneut darüber befinden, **ob ein Fall** der **notwendigen Verteidigung nach § 140** vorliegt (§ 364 a, 5)[7]. Der frühere Verteidiger muß zur Hauptverhandlung nicht geladen werden, wenn er nicht auch für das neue Verfahren bestellt oder bevollmächtigt ist[8].

3. Inhalt und Gang der neuen Verhandlung

5   **a) Gegenstand.** Wenn die neue Verhandlung vor dem Gericht des ersten Rechtszugs oder vor dem Berufungsgericht stattfindet, wird nicht das frühere Urteil nachgeprüft, sondern **die Sache in jeder Hinsicht neu und selbständig** verhandelt[9]. Nicht das frühere Urteil, sondern der Eröffnungsbeschluß und die durch ihn zugelassene Anklage bilden wieder die Rechtsgrundlage des Verfahrens[10].

---

[1] BGHSt **14** 66; KMR-*Paulus* 3; KK-*Schmidt* 1; *Kleinknecht/Meyer-Goßner* 1.

[2] RGSt **77** 282; OLG Hamburg MDR **1949** 504 L; *Dalcke/Fuhrmann/Schäfer* 1; KMR-*Paulus* 3; *Kleinknecht/Meyer-Goßner* 1.

[3] *Katholnigg* § 140 a GVG, 5; *Kissel* § 140 a GVG, 5; *Kleinknecht/Meyer-Goßner* 1.

[4] RGSt **9** 37; *Eb. Schmidt* 1.

[5] RGSt **4** 426; LG Gießen NJW **1996** 2667 – Fall Weimar-Böttcher; *Eb. Schmidt* 4; KK-*Schmidt* 2; KMR-*Paulus* 3; *Kleinknecht/Meyer-Goßner* 1.

[6] KK-*Schmidt* 2; *Kleinknecht/Meyer-Goßner* 1.

[7] AK-*Loos* 4.

[8] RGSt **29** 278.

[9] RGSt **35** 353; **40** 5; **57** 317; RG JW **1930** 937 mit Anm. *Oetker*; RG HRR **1933** 1477; BGH bei *Pfeiffer/Miebach* NStZ **1985** 208; KK-*Schmidt* 1; KMR-*Paulus* 2; *Kleinknecht/Meyer-Goßner* 2; AK-*Loos* 2; *Pfeiffer/Fischer* 4; *Marxen/Tiemann* 275; *Peters* § 76 V 3 d; *Schäfer* JR **1933** 6.

[10] BGHSt **14** 66; RGSt **9** 37; **35** 410; **58** 52; RGRspr. **3** 522; OLG Frankfurt NJW **1983** 2398, 2399; *Eb. Schmidt* 5 und Nachtr. I § 370, 2; *Dalcke/Fuhrmann/Schäfer* § 370, 4; KMR-*Paulus* 2; *Neumann* 177.

Der Grundsatz des § 264 gilt[11]. **Gegenstand der neuen Verhandlung** und Entschei- **6**
dung ist die **gesamte Tat** im Sinne dieser Vorschrift. War in der früheren Verhandlung ein
Anklagepunkt übergangen worden, so darf er aber nicht ohne weiteres einbezogen werden; dazu bedarf es der Verfahrensverbindung[12]. Bei einer auch nach der neuen Rechtslage etwa noch anzunehmenden **fortgesetzten Handlung** sind auch Einzelakte abzuurteilen, die dem früher erkennenden Richter unbekannt waren oder die er nicht für strafbar
hielt[13]. Gleiches gilt für Teilakte, die erst nach der ersten tatrichterlichen Verurteilung
begangen worden sind; denn da die Rechtskraft des Urteils entfallen ist, bildet sein Erlaß
keine Grenze mehr für die Aburteilung der Fortsetzungstat; s. im übrigen zur fortgesetzten
Tat Vor § 359, 84 ff. Im Rahmen des Verhandlungsgegenstandes ist **neues Vorbringen**
unbeschränkt zulässig[14].

Eine erneute Hauptverhandlung vor dem **Revisionsgericht** hat nur die Revision zum **7**
Gegenstand, über die das frühere Revisionsurteil ergangen ist. Die Erweiterung des Revisionsvorbringens zum Verfahren, insbesondere das Nachschieben neuer Rügen, ist daher
ausgeschlossen[15].

b) Verlesung des Anklagesatzes. Findet die neue Verhandlung im ersten Rechtszug **8**
statt, so ist wieder nach **§ 243 Abs. 3 Satz 1** der Anklagesatz oder der Eröffnungsbeschluß, wenn dieser noch in der Form des § 207 a. F ergangen war, zu verlesen[16]. Ist eine
schriftliche Anklage nicht erhoben worden, wie in dem Verfahren nach den §§ 417 ff,
oder ist die Anklageschrift verlorengegangen, so sind **andere Schriftstücke** zu verlesen,
aus denen sich **der Gegenstand der Anklage** ergibt[17]. Das können je nach den Umständen des Falls der Antrag auf Anberaumung der Hauptverhandlung, die Sitzungsniederschrift, der Verweisungsbeschluß oder der die Wiederaufnahme anordnende Beschluß
sein[18].

Im **Berufungsverfahren** ist erneut nach § 324 Abs. 1 Satz 2 das erste Urteil zu verle- **9**
sen[19].

c) Verlesung früherer Entscheidungen. Die Verlesung des Beschlusses über die **10**
Wiederaufnahme des Verfahrens (§ 370 Abs. 2) ist **weder vorgeschrieben noch erfor-**
derlich[20]; sie ist **aber zulässig**[21]. Zum Verständnis der Prozeßlage, insbesondere, wenn
die Wiederaufnahme nur beschränkt angeordnet ist, kann sie mitunter sogar zweckmäßig
sein[22]. Sie muß nur unterbleiben, wenn der Beschluß eine eingehende Würdigung der
Beweise enthält und wenn an der Verhandlung Schöffen mitwirken[23].

---

[11] BGHSt **19** 282; *Kleinknecht/Meyer-Goßner* 2.
[12] RGSt **19** 227; *Neumann* 177.
[13] KMR-*Paulus* 2; vgl. auch *Peters* Fehlerquellen **3**
172.
[14] KK-*Schmidt* 5; KMR-*Paulus* 7; *Kleinknecht/*
Meyer-Goßner 2; AK-*Loos* 11; *Pfeiffer/Fischer* 3.
[15] *Neumann* 182.
[16] Vgl. RGSt **4** 428; RGRspr. **3** 522; RG JW **1932**
2726 mit Anm. *Neumann*; *Eb. Schmidt* 5; KK-
Schmidt 3; KMR-*Paulus* 5; *Kleinknecht/Meyer-*
Goßner 2; AK-*Loos* 6; *Neumann* 178 und JR **1927**
525; *Peters* Fehlerquellen **3** 167; *Bertram* MDR
1962 536; *Döring* JR **1927** 100; **a. A** *v. Hentig* 244
Fußn. 2.
[17] RGSt **54** 293; **55** 159, 242, 277; RG JW **1932** 2726
mit Anm. *Neumann*; KMR-*Paulus* 5.
[18] BGH MDR **1961** 250; RG JR Rspr. **1926** Nr. 214;
Eb. Schmidt 6; KMR-*Paulus* 5.

[19] KK-*Schmidt* 11; *Kleinknecht/Meyer-Goßner* 2;
AK-*Loos* 6; *Peters* Fehlerquellen **3** 170.
[20] RG Recht **1907** Nr. 1931.
[21] RGSt **4** 429; RGRspr. **3** 523; *Eb. Schmidt* 5; KK-
Schmidt 4; KMR-*Paulus* 6; *Kleinknecht/Meyer-*
Goßner 2; *Neumann* 178; *Peters* Fehlerquellen **3**
167; **a. A** *Gerland* 447.
[22] RG Recht **1921** Nr. 2296; *Dalcke/Fuhrmann/Schä-*
fer 1; *Eb. Schmidt* 5; KMR-*Paulus* 6; AK-*Loos* 7;
Neumann 178 und JW **1932** 2726.
[23] BGH MDR **1961** 250; KMR-*Paulus* 6; *Klein-*
knecht/Meyer-Goßner 2; AK-*Loos* 7; **a. A** *Peters*
Fehlerquellen **3** 167; wieder anders KK-*Schmidt* 3:
Verlesung insbes. der Beweiswürdigung unzulässig
nur bei der Wiederaufnahme zuungunsten des Verurteilten, nicht aber in Fällen des § 359.

Karl Heinz Gössel

11   Die Verlesung des **früher ergangenen Urteils** ist zulässig[24] und sogar geboten, wenn die neue Verhandlung sonst unverständlich bliebe[25]. Zum Zweck der Verwertung der früheren Feststellung für die Schuld- und Rechtsfolgenfrage ist die Verlesung ausgeschlossen[26]; Entsprechendes gilt für die Verlesung des früheren Berufungsurteils in wieder aufgenommenen Berufungsverfahren[27].

12   **d) Zeugen.** Personen, die in dem früheren Verfahren **Mitangeklagte** gewesen sind, müssen in der neuen Verhandlung als Zeugen vernommen werden[28]. Wird die Vereidigung eines Zeugen angeordnet, so kann der Eid nicht durch die Berufung auf den in der früheren Hauptverhandlung oder auf den in der Beweisaufnahme nach § 369 geleisteten Eid ersetzt werden[29]. Die Frage, ob Vereidigungsverbote bestehen, und andere Vereidigungsfragen richten sich nach dem zur Zeit der neuen Hauptverhandlung geltenden Recht[30].

13   Die Niederschrift über die Aussage eines in dem früheren Verfahren **kommissarisch vernommenen Zeugen** kann verlesen werden, wenn die Voraussetzungen des § 251 noch vorliegen[31]. In der Berufungsverhandlung ist § 325 anwendbar[32].

14   **e) Der Nebenkläger,** der sich dem früheren Verfahren angeschlossen hatte, ist wieder zuzuziehen. Eine erneute **Anschlußerklärung** ist **nicht erforderlich,** auch nicht, wenn die frühere Anschlußerklärung erst in der Hauptverhandlung erfolgt war[33].

15   **f) Hinweise an den Angeklagten,** die in der früheren Hauptverhandlung erteilt worden waren, müssen in der neuen Hauptverhandlung **wiederholt** werden[34], wenn die Rechtslage den Hinweis nach wie vor erforderlich macht. Das gilt insbesondere für den Hinweis nach § 265 Abs. 1 und 2[35]. Wird aber das frühere Urteil verlesen, so genügt es, daß der Angeklagte hierdurch auf die Veränderung des rechtlichen Gesichtspunkts aufmerksam gemacht wird[36].

II. Neue Entscheidung

16   **1. Art der Entscheidung.** Nach § 373 Abs. 1 kann das Wiederaufnahmegericht entweder das angefochtene Urteil bestätigen oder aber „anderweit in der Sache" erkennen. Weil der Beschluß nach § 370 Abs. 2 das Verfahren in den Zustand vor Erlaß der angefochtenen Entscheidung zurückversetzt hat (§ 370, 35), sind dem Gericht **alle Entscheidungsmöglichkeiten** eröffnet, die **in diesem Verfahrensstadium möglich** sind[37], einer-

---

[24] RGSt **5** 429; KK-*Schmidt* 3; KMR-*Paulus* 6; *Neumann*188.

[25] *Kleinknecht/Meyer-Goßner* 3; *Gerland* 447; *Henkel* 397; *Dippel* in: Jescheck/Meyer 108.

[26] RG HRR **1933** 1477; KMR-*Paulus* 6; AK-*Loos* 7; *Neumann* 188.

[27] KK-*Schmidt* 7.

[28] RG GA **52** (1905) 88; *Eb. Schmidt* 6; KK-*Schmidt* 4; KMR-*Paulus* 7; AK-*Loos* 8; *Neumann* 183; *Lenckner* FS Peters 341 ff; **a. A** *Peters* Fehlerquellen **3** 168, der nur die Vernehmung als Mitbeschuldigte zulassen will; vgl. auch Erläuterungen Vor § 48.

[29] RGSt **18** 417; KK-*Schmidt* 4; KMR-*Paulus* 7; AK-*Loos* 9; *Dippel* in: Jescheck/Meyer 109; *Neumann* 186; **a. A** *Peters* Fehlerquellen **3** 168.

[30] *Eb. Schmidt* 6; KK-*Schmidt* 4; KMR-*Paulus* 7; *Peters* Fehlerquellen **3** 168.

[31] RG GA **39** (1891) 54; *Dalcke/Fuhrmann/Schäfer* 1; KK-*Schmidt* 4; KMR-*Paulus* 7; *Neumann* 186; *Peters* Fehlerquellen **3** 168.

[32] RG JW **1930** 937 mit Anm. *Oetker*; RG DRiZ **1929** Nr. 209; *Dalcke/Fuhrmann/Schäfer* 1; *Eb. Schmidt* 4; KK-*Schmidt* 11; KMR-*Paulus* 7; *Neumann*186; *Peters* Fehlerquellen **3** 170.

[33] KMR-*Paulus* 4; **a. A** *Neumann* 184.

[34] KK-*Schmidt* 5; *Kleinknecht/Meyer-Goßner* 2; AK-*Loos* 10.

[35] RGSt **58** 52; KMR-*Paulus* 8; *Kleinknecht/Meyer-Goßner* 2; *Neumann* 190; **a. A** *Peters* Fehlerquellen **3** 168, der eine Wiederholung nur nach langem Zeitablauf für notwendig hält.

[36] RGSt **57** 10; **58** 52; *Eb. Schmidt* 7; KMR-*Paulus* 8; *Dippel* in: Jescheck/Meyer 108; *Neumann* 190.

[37] S. dazu RGSt **20** 46, 47 und AK-*Loos* 12 ff.

lei, ob es sich dabei um Sachentscheidungen oder um bloße Prozeßentscheidungen handelt, insbesondere auch Entscheidungen nach § 349[38].

Deshalb darf das Gericht nicht nur auf **Freisprechung, Änderung des Rechtsfolgen-** 17 **ausspruchs** oder **Aufrechterhaltung des früheren Urteils** erkennen, sondern auch das Verfahren nach **§ 206 a, § 260 Abs. 3 einstellen**, wenn Prozeßhindernisse vorliegen[39], insbesondere, wenn nach Erlaß des Beschlusses nach § 370 Abs. 2 ein Straffreiheitsgesetz in Kraft getreten ist (Vor § 359, 141). Auch die **Verfahrenseinstellung** nach den **§§ 153 ff**[40] und die **Verweisung** an das zuständige Gericht nach **§ 270** sind zulässig[41], ebenso die Einstellung nach § 205 (zur Verhandlungsunfähigkeit im wiederaufgenommenen Verfahren s. § 371, 3).

Ebenso ist es möglich, das Verfahren durch **Rücknahme** eines Rechtsmittels zu been- 18 den, wenn die angefochtene Entscheidung auf ein solches ergangen war[42]. Die das Verfahren zurückversetzende Wirkung des Wiederaufnahmebeschlusses führt auch zur Wiederanwendbarkeit des § 303, womit die etwaigen Interessen der Verfahrensbeteiligten an einer Durchführung des Strafverfahrens gewahrt erscheinen. Gleiches gilt für die Rücknahme der Klage und des Einspruchs im Strafbefehlsverfahren nach § 411 Abs. 3[43]. Ebenso ist es zulässig, Strafantrag wie Privatklage zurückzunehmen[44].

Ist dagegen das Verfahren durch den Wiederaufnahmebeschluß in das Berufungsver- 19 fahren zurückversetzt worden, kommt eine Verwerfung der Berufung wegen Ausbleibens des Angeklagten nach **§ 329 Abs. 1 Satz 1 nicht** in Betracht[45]: in diesem Fall ist § 329 Abs. 1 Satz 2 entsprechend anzuwenden.

Soweit das Gesetz dies erlaubt, kann die Entscheidung auch **außerhalb der Haupt-** 20 **verhandlung** ergehen (vgl. § 371, 1 ff und 18).

2. Einzelne Entscheidungsteile

a) **Schuldspruch.** Der neu erkennende Richter hat nicht zu prüfen, ob das aufgehobene 21 Urteil richtig war, sondern muß **in der Sache völlig neu entscheiden** (oben Rdn. 5). **Bindend** sind für ihn nur diejenigen Teile des Urteils, die infolge einer Beschränkung der Wiederaufnahmeanordnung (§ 370, 30) bestehengeblieben sind. Sonst ist er an die Feststellungen des früheren Urteils nicht gebunden. Er hat so zu entscheiden, als ob es nicht ergangen wäre[46]. Alle Tatsachen und Beweismittel, auch die erst nach der Rechtskraft des früheren Urteils entstandenen oder bekanntgewordenen, sind wie in jeder anderen Verhandlung zu berücksichtigen und selbständig ohne Bindung an die Beweiswürdigung im

---

[38] AK-*Loos* 17.
[39] OLG Köln *Alsb.* E **2** Nr. 271 d; KK-*Schmidt* 6 (wohl nur hinsichtlich der Einstellung nach §§ 206 a und 153 ff, nicht aber nach § 260 Abs. 3); KMR-*Paulus* 10 (wohl **a. A** hinsichtlich einer Einstellung nach § 206 a); *Kleinknecht/Meyer-Goßner* 4; AK-*Loos* 12 ff; *Neumann* 196; *Schorn* MDR **1965** 870; s. oben § 359, 97 ff, 140; § 368, 3 ff; **a. A** KMR-*Paulus* 15; *Meyer-Goßner* GA **1975** 374 ff; *v. Hentig* 245, 248.
[40] KK-*Schmidt* 6; *Kleinknecht/Meyer-Goßner* 4; AK-*Loos* 13; *Beling* 436 Fußn. 1; *Neumann* 88 ff; *Peters* Fehlerquellen **3** 165; *Döring* JR **1927** 101; *Fortlage* DJZ **1925** 1033; *Schäfer* JR **1933** 10 Fußn. 6.
[41] KK-*Schmidt* 6; *Kleinknecht/Meyer-Goßner* 4; AK-*Loos* 15; *v. Hentig* 244 Fußn. 4; *Neumann* 198.

[42] AK-*Loos* 16; *Döring* JR **1927** 101; **a. A** KMR-*Paulus* 10; *Kleinknecht/Meyer-Goßner* 4.
[43] KK-*Schmidt* 6; AK-*Loos* 18; *Neumann* 181; *Schäfer* JR **1933** 10 Fußn. 6; **a. A** KMR-*Paulus* 10; *Kleinknecht/Meyer-Goßner* 4; *Gerland* 124; *Peters* Fehlerquellen **3** 165.
[44] OLG Hamburg JW **1931** 2860; *Eb. Schmidt* 8.
[45] KMR-*Paulus* 10; *Kleinknecht/Meyer-Goßner* 4; AK-*Loos* 16; *Peters* Fehlerquellen **3** 170; **a. A** KK-*Schmidt* 11; *Pfeiffer/Fischer* 4.
[46] BGHSt **19** 367; RGSt **20** 47; **27** 383; **29** 280; **40** 421; **57** 317; **58** 52; RGRspr. **4** 869; **10** 430; RG JW **1923** 80 mit Anm. *Alsberg*; RG GA **36** (1888) 314; OLG Bremen NJW **1956** 316; *Peters* § 76 V 3 d; *Neumann* 187; *Ditzen* GerS **47** (1892) 137; *Schäfer* JR **1933** 6.

Karl Heinz Gössel

voraufgegangenen Verfahren zu bewerten und zu würdigen[47]. Auch in der rechtlichen Beurteilung besteht keine Bindung an das frühere Urteil[48]. Zwischenzeitliche Gesetzesänderungen sind nach § 2 Abs. 3 StGB zu beachten[49].

22   Die völlige **Selbständigkeit der neuen Prüfung** kann dazu führen, daß der früher Verurteilte, obwohl die von ihm geltend gemachten Wiederaufnahmegründe sich als unzutreffend erweisen[50], insbesondere die beigebrachten neuen Tatsachen oder Beweismittel sich in der neuen Hauptverhandlung als ganz unerheblich oder untauglich erwiesen haben, freigesprochen werden muß, weil das Gericht die Beweise anders würdigt als früher[51] oder weil die Belastungsbeweise inzwischen teilweise verlorengegangen oder unzuverlässig geworden sind und die noch vorhandenen zur Überführung des Angeklagten nicht ausreichen[52]. Umgekehrt kann, obwohl die neuen Tatsachen erwiesen sind, das Urteil aufrechterhalten werden, wenn das Gericht die Beweise insgesamt anders würdigt als das früher erkennende Gericht. Nur auf dieses Gesamtergebnis der Beweiswürdigung kommt es an[53]. Für das Berufungsverfahren gilt nichts anderes.

23   **b) Strafbemessung.** Wenn Schuldfeststellungen bestehengeblieben sind, hat das Gericht sie nach § 264 unter allen in Betracht kommenden Gesichtspunkten zu würdigen und einen neuen Rechtsfolgenausspruch zu finden, bei dem nur die Beschränkung des § 373 Abs. 2 zu beachten ist[54]. In der Strafbemessung ist das Gericht auch sonst nur an diese Schranke gebunden[55]. Daher ist es selbst dann, wenn die Feststellungen des neuen Urteils mit denen des früheren völlig übereinstimmen, der Wiederaufnahmeantrag seinen Zweck also ganz verfehlt hat, nicht gehindert, auf eine mildere Strafe als die früher verhängte zu erkennen[56]. Das Gericht ist immer verpflichtet, auch über die **Rechtsfolgenfrage ganz neu zu entscheiden**[57]. Dem steht § 363 nicht entgegen. Die Vorschrift verbietet zwar, die Wiederaufnahme zum Zweck einer bloßen Strafermäßigung zuzulassen, beschränkt aber das Gericht nicht in seinem Ermessen, sobald die Wiederaufnahme zu einer neuen Hauptverhandlung geführt hat[58].

24   **c) Gesamtstrafe.** Bei der Gesamtstrafenbildung nach § 55 StGB sind alle noch nicht erledigten Verurteilungen einzubeziehen, die bis zu dem neuen Urteil ergangen sind[59]. Das gilt auch, wenn das frühere Urteil aufrechterhalten wird[60]. War die Wiederaufnahme nur teilweise angeordnet worden, so hat das Gericht, falls erforderlich, eine neue Gesamtstrafe zu bilden[61]. Das ist eine notwendige Ergänzung der Entscheidung und tritt mit dieser zusammen an die Stelle des früheren Urteils[62]. Auf die früher erkannte

---

[47] KK-*Schmidt* 5; KMR-*Paulus* 12; *Kleinknecht/ Meyer-Goßner* 2; *v. Hentig* 248; *Peters* § 76 V 3 d; *Neumann* 180; *Schäfer* JR **1933** 6.

[48] RGRspr. **4** 869; BayObLGSt **21** 226; *Peters* § 76 V 3 d; KK-*Schmidt* 5; *Neumann* 189; *Günther* MDR **1974** 95.

[49] LG Frankfurt NJW **1970** 70; KK-*Schmidt* 5; *Kleinknecht/Meyer-Goßner* 2; *Marxen/Tiemann* 275; *Neumann* 189; *Günther* MDR **1974** 95; *Schäfer* JR **1933** 20.

[50] KMR-*Paulus* 12.

[51] KK-*Schmidt* 5; *Peters* Fehlerquellen **3** 166; *Schwarz* DJZ **1928** 1296.

[52] LG Frankfurt NJW **1970** 70; KMR-*Paulus* 12.

[53] RGSt **2** 328; KMR-*Paulus* 12; AK-*Loos* 22.

[54] BGHSt **19** 282; KK-*Schmidt* 8; KMR-*Paulus* 13.

[55] *Marxen/Tiemann* 277; *Neumann* 191.

[56] KK-*Schmidt* 8; KMR-*Paulus* 13; *Marxen/Tiemann* 277.

[57] RGSt **2** 328; **30** 421; *Dalcke/Fuhrmann/Schäfer* 2; *Eb. Schmidt* 11; KK-*Schmidt* 8; *Neumann* 191.

[58] RGSt **30** 421; RG GA **45** (1897) 128; KMR-*Paulus* 13; *Neumann* 191; *Peters* Fehlerquellen **3** 172; § 363, 3.

[59] BayObLG JR **1982** 335 mit zust. Anm. *Stree*; OLG Bremen JZ **1956** 100; NJW **1956** 316; OLG Frankfurt GA **1980** 262, 264; LG Frankfurt NJW **1970** 70; KK-*Schmidt* 8; KMR-*Paulus* 13; *Bertram* MDR **1962** 537; *Marxen/Tiemann* 278.

[60] *Marxen/Tiemann* 278; **a. A** *Peters* Fehlerquellen **3** 173.

[61] KK-*Schmidt* 8; KMR-*Paulus* 13; *Marxen/Tiemann* 278; *Neumann* 193 und JR **1927** 525.

[62] BGHSt **14** 89; RGSt **47** 168; *Peters* Fehlerquellen **3** 173; *Hanack* JZ **1974** 19.

Gesamtstrafe kann trotz Wegfalls einer oder mehrerer Einzelstrafen erneut erkannt werden, wenn sie nach wie vor angemessen erscheint[63]. Waren in dem früheren Urteil nur zwei Einzelstrafen verhängt und fällt in der neuen Entscheidung die eine weg, so darf die andere auch dann nicht abgeändert werden, wenn ihre Bemessung möglicherweise durch die weggefallene Verurteilung beeinflußt war[64]. Führt der Wegfall von Einzelstrafen zu einem Absinken der neuen Gesamtstrafe oder der verbleibenden Einzelstrafe unter die für eine Strafaussetzung zur Bewährung geltenden Höchstgrenzen des § 56 StGB, so ist auch über die etwaige **Strafaussetzung** zu entscheiden. Unterbleibt diese Entscheidung versehentlich, ist sie in entsprechender Anwendung des § 460 nachzuholen[65], und zwar durch die Strafvollstreckungskammer[66]. Sinken die neue Gesamt- oder die verbleibende Einzelfreiheitsstrafe gar unter 6 Monate ab, so ist auch eine Entscheidung nach **§ 47 StGB** zu treffen.

d) Maßregeln. Wenn das frühere Urteil **Maßregeln der Besserung und Sicherung** **25** angeordnet hatte, ist auch hierüber neu zu befinden. Für Prognoseentscheidungen, insbesondere für die Frage der Gefährlichkeit des Täters, kommt es auf den Zeitpunkt der neuen Entscheidung an. Das gilt auch für die Entziehung der Fahrerlaubnis nach § 69 StGB. Sie darf erneut angeordnet werden, wenn der Angeklagte nach dem Ergebnis der Hauptverhandlung im wiederaufgenommenen Verfahren als ungeeignet zum Führen von Kraftfahrzeugen erscheint; ggf. ist die bisherige Sperrfrist (§ 69 a StGB) anzurechnen[67].

3. Urteilsausspruch

a) Aufhebung des Urteils. Wenn von dem ersten Urteil abgewichen wird, ist es aufzu- **26** heben und anderweit in der Sache zu erkennen (§ 373 Abs. 1). Unterläßt das Gericht versehentlich die **förmliche Aufhebung** des früheren Urteils, so ist das aber **unschädlich**[68]. Durch die Aufhebung des Urteils des ersten Rechtszugs wird das in der Sache ergangene Berufungs- oder Revisionsurteil von selbst hinfällig. Hatte das Revisionsgericht nach § 354 Abs. 1 in der Sache selbst entschieden, so muß der neue Tatrichter aber auch das Revisionsurteil aufheben. Im Revisionsverfahren wird auf Aufhebung und Zurückverweisung erkannt, wenn das Rechtsmittel begründet ist[69].

b) Auf Aufrechterhaltung der Entscheidung darf nur erkannt werden, wenn das **27** Gericht aufgrund der neuen Hauptverhandlung in allen Punkten so entscheidet wie das früher erkennende Gericht[70]. Die Aufrechterhaltung mit der Maßgabe, daß die Verurteilung aufgrund einer anderen Strafvorschrift erfolgt, ist unzulässig; in diesem Fall muß der Urteilsausspruch neu gefaßt werden[71]. Eine sachliche Bedeutung hat die im Gesetz vorgeschriebene Formel aber nicht. Sie bedeutet nicht etwa, daß der neu erkennende Richter das frühere Urteil nur zu bestätigen hat[72]; es soll nur vermieden werden, daß das Gericht das Urteil aufhebt und zugleich durch eine inhaltsgleiche Verurteilung ersetzt[73]. Es wird also

---

[63] OLG Hamburg GA **64** (1917) 575; KMR-*Paulus* 13; *Marxen/Tiemann* 278; *Neumann* 194.

[64] OLG Celle LZ **1915** 1547; OLG Hamm VRS **21** (1961) 44.

[65] OLG Koblenz NStZ **1991** 555 mit insoweit zustimmender Anm. *Gössel*; *Marxen/Tiemann* 278.

[66] *Gössel* NStZ **1991** 556 f; **a. A** OLG Koblenz NStZ **1991** 555 und wohl auch *Marxen/Tiemann* 278.

[67] OLG Hamm VRS **21** (1961) 45; KK-*Schmidt* 9; KMR-*Paulus* 13; *Marxen/Tiemann* 280; s. auch *Schönke/Schröder/Stree* § 69, 52.

[68] RGRspr. **6** 344; KMR-*Paulus* 15; *Neumann* 195.

[69] *Neumann* 195; **a. A** v. *Hentig* 221, der eine Entscheidung des Revisionsgerichts für unzulässig hält.

[70] RGSt **30** 424; KMR-*Paulus* 15; *Kleinknecht/Meyer-Goßner* 6; AK-*Loos* 12; *Pfeiffer/Fischer* 5; *Dippel* in: Jescheck/Meyer 109; *Neumann* 195; vgl. auch OLG Hamm VRS **21** 45 für die Einziehung.

[71] *Neumann* 195.

[72] *Schäfer* JR **1933** 6.

[73] *Stree* JR **1982** 337.

Karl Heinz Gössel

lediglich die **Form der Entscheidung** für den Fall bezeichnet, daß das Gericht **zu dem-selben Ergebnis** gelangt wie das früher urteilende Gericht[74]. Die Verwendung einer abweichenden Fassung in dem Urteilsausspruch ist unschädlich[75].

28   Obwohl die Aufrechterhaltung der früheren Entscheidung im Kern auch dann vorliegt, wenn sie nur an **zwischenzeitliche Gesetzesänderungen** angepaßt wird, ist in solchen Fällen der Urteilsausspruch neu zu fassen. Das gilt etwa, wenn früher auf Zuchthaus oder Gefängnis erkannt oder wegen Diebstahls, Betruges oder Hehlerei im Rückfall verurteilt worden war[76]. Auch wenn nur eine geringere Strafe verhängt wird, ist das Urteil nicht mit dieser Maßgabe aufrechtzuerhalten, sondern ein neuer Urteilsausspruch abzufassen[77].

29   **4. Notwendiger Inhalt des neuen Urteils.** Maßgebend ist § 267. Eine Bezugnahme auf die Feststellungen des aufrechterhaltenen Urteils ist unzulässig[78].

5. Anrechnung früherer Rechtsfolgen

30   **a) Strafen.** Wenn in dem neuen Urteil auf eine gleichartige Strafe erkannt ist, wird die aus dem aufgehobenen Urteil bereits vollstreckte Strafe auf die nunmehr verhängte angerechnet (§ 51 Abs. 2 StGB). Das Urteil muß das nicht ausdrücklich aussprechen, soweit sich dies von selbst versteht[79], wohl aber in den Fällen, in denen „das Gesetz dem Richter eine Entscheidungsbefugnis beläßt oder wenn Zweifel über die Art der Anrechnung entstehen können". In diesen Fällen hat der Ausspruch der Anrechnung konstitutive Wirkung[80]. War in dem aufgehobenen Urteil eine Geldstrafe verhängt, wird aber in dem neuen Urteil auf Freiheitsstrafe erkannt, so wird die **Geldstrafe nach** dem Umrechnungsmaßstab des **§ 51 Abs. 4 Satz 1 StGB** auf die Freiheitsstrafe **angerechnet**[81]. Eine vollstreckte Freiheitsstrafe ist in entsprechender Anwendung des § 51 Abs. 2 StGB auf in anderen Sachen verhängte Strafen anzurechnen, sofern im Falle der Verurteilung insoweit eine Gesamtstrafe zu bilden gewesen wäre[82].

31   **b) Maßregeln.** Hier kommen insbesondere die Entziehung der Fahrerlaubnis nach **§ 69 StGB** und das Berufsverbot nach **§ 70 StGB** in Betracht. Wird erneut die Entziehung der Fahrerlaubnis angeordnet, so muß die Zeit der bisherigen Entziehung auf die Sperre angerechnet werden[83]. Das gilt entsprechend für den Fall des § 70 StGB.

32   **c) Einziehung.** Ein Gegenstand, der aufgrund des aufgehobenen Urteils eingezogen worden war und dessen Einziehung nicht erneut angeordnet wird, muß dem Verurteilten

---

[74] RGSt **2** 327; **27** 383; **57** 317; RGRspr. **10** 430; RG JW **1924** 1769 mit Anm. *Coenders*; RG GA **36** (1888) 314; OLG Bremen NJW **1956** 316; OLG Hamburg JW **1931** 2860; OLG Hamm NJW **1957** 473; OLG Jena *Alsb.* E **2** Nr. 325 a; KMR-*Paulus* 15; *v. Hentig* 246 Fußn. 1; *Neumann* 188; *Döring* JR **1927** 100.

[75] RGSt **57** 318.

[76] S. dazu *Kleinknecht/Meyer-Goßner* 6: Neufassung des Urteilsausspruchs nicht ausgeschlossen; grundsätzlich **a. A** *Peters* Fehlerquellen **3** 171.

[77] *Kleinknecht/Meyer-Goßner* 6; **a. A** KMR-*Paulus* 15.

[78] RGRspr. **10** 431; RG JW **1904** 246; **1924** 1769 mit Anm. *Coenders*; RG GA **36** (1888) 314; *Dalcke/ Fuhrmann/Schäfer* 2; KK-*Schmidt* 7; KMR-*Paulus* 16; *Kleinknecht/Meyer-Goßner* 7; *Pfeiffer/ Fischer* 5; *Peters* Fehlerquellen **3** 172; *Bertram* MDR **1962** 536.

[79] KK-*Schmidt* 8; *Schönke/Schröder/Stree* § 51, 27; *Lackner/Kühl* § 51, 11.

[80] BGHSt **24** 29, 30; LK-*Tröndle* § 51, 59; vgl. auch RGSt **58** 168; RG GA **47** (1900) 296; *Dalcke/Fuhrmann/Schäfer* 3; *Neumann* 217 ff.

[81] BayObLGSt **1976** 87 = NJW **1976** 2140; KMR-*Paulus* 17; *Kleinknecht/Meyer-Goßner* 9; *Marxen/ Tiemann* 279; **a. A** für das frühere Recht: *v. Hentig* 249; *Fortlage* DJZ **1925** 1034, die aber die Erstattung des gezahlten Betrages für geboten hielten.

[82] OLG Frankfurt GA **1980** 262; AK-*Loos* 21; *Marxen/Tiemann* 279; **a. A** *Kleinknecht/Meyer-Goßner* 9.

[83] OLG Hamm VRS **21** (1961) 43; KK-*Schmidt* 9; KMR-*Paulus* 13; *Kleinknecht/Meyer-Goßner* 9; AK-*Loos* 22; *Pfeiffer/Fischer* 6, *Marxen/Tiemann* 280.

zurückgegeben werden[84]. Ist der Einziehungsgegenstand nicht mehr vorhanden, so ist eine Entschädigung nach **§ 1 StrEG** anzuordnen[85].

d) Urteilsbekanntmachung. War in dem aufgehobenen Urteil dem Verletzten die **33** Befugnis zur öffentlichen Bekanntmachung des Urteilsausspruchs zuerkannt worden und ist sie erfolgt, so muß auf Antrag des nunmehr Freigesprochenen auch die öffentliche Bekanntmachung der Urteilsaufhebung **angeordnet** werden[86], und zwar in demselben Publikationsorgan, in dem die frühere Bekanntmachung erfolgt war[87]. Wird jedoch erneut wegen einer Straftat verurteilt, deretwegen die Urteilsbekanntmachung anzuordnen ist, so wird, wenn schon das frühere Urteil bekanntgemacht war, von einer erneuten Anordnung abgesehen[88].

e) Verlust von Rechten. Waren dem Verurteilten, insbesondere nach § 45 StGB, **34** Rechte aberkannt, so gilt folgendes: Wenn **abermals die Entziehung der Rechte angeordnet** wird, tritt der ursprüngliche Rechtsverlust, der durch den Beschluß nach § 370 Abs. 2 außer Kraft getreten war, wieder ein[89]. Dabei wird die Zeit, in der er bereits rechtswirksam war, auf den nunmehr erkannten Rechtsverlust ohne weiteres angerechnet; eines besonderen Ausspruchs darüber bedarf es nicht[90]. Das gilt auch, wenn in dem früheren Urteil auf Verlust der bürgerlichen Ehrenrechte nach § 32 StGB a. F erkannt worden war und in dem neuen Urteil eine Strafe verhängt wird, aufgrund derer die Nebenfolgen des § 45 Abs. 1 ohne weiteres eintreten, oder wenn nach § 45 Abs. 2 und 5 StGB ausdrücklich auf sie erkannt wird. Wenn dagegen das **frühere Urteil aufgehoben** und der **Rechtsverlust nicht erneut angeordnet** wird, **leben die aberkannten Rechte wieder auf.** Dadurch können jedoch die bereits eingetretenen Wirkungen nicht rückwirkend beseitigt werden[91]. Das Wiederaufleben der verlorengegangenen Beamtenrechte regeln § 51 BBG und § 24 Abs. 2 BRRG (zum früheren Recht vgl. *Schneider* DJZ **1932** 740).

f) Gnadenerweise sind durch den Beschluß nach § 370 Abs. 2 **gegenstandslos** gewor- **35** den (dort Rdn. 45), gewinnen aber ihre Bedeutung zurück, wenn der Angeklagte erneut verurteilt wird. In diesem Fall kann das frühere Urteil nur mit der Abänderung aufrechterhalten werden, die es im Gnadenweg erfahren hat[92]. Der Gnadenerweis muß auf die neu erkannte Strafe angerechnet werden[93].

6. Kostenentscheidung. Vgl. Erläuterungen bei § 473. Hatte der nunmehr freigespro- **36** chene Angeklagte aufgrund des aufgehobenen Urteils Kosten an die Staatskasse **gezahlt**, so ist anzuordnen, daß sie ihm **zurückerstattet** werden[94]. Erstattungspflichtig ist die Kasse des Landes, dessen Gericht den Angeklagten im ersten Rechtszug verurteilt hatte. Notfalls ist im Zivilrechtsweg vorzugehen[95].

[84] KK-*Schmidt* 8; *Kleinknecht/Meyer-Goßner* 9; *v. Hentig* 249; *Marxen/Tiemann* 282.

[85] KMR-*Paulus* 18.

[86] RGSt **15** 188; RG JW **1931** 1099; KK-*Schmidt* 10; KMR-*Paulus* 18; *Kleinknecht/Meyer-Goßner* 12; *Dippel* in: Jescheck/Meyer 109; *v. Hentig* 249; *Peters* Fehlerquellen **3** 173; vgl. auch § 371, 26.

[87] RGSt **15** 188; KK-*Schmidt* 10; *Marxen/Tiemann* 281.

[88] KK-*Schmidt* 10; KMR-*Paulus* 18; *Marxen/Tiemann* 281; **a. A** *Peters* Fehlerquellen **3** 173, der die erneute Anordnung und zusätzlich den Ausspruch, daß die Bekanntmachungsbefugnis verbraucht ist, für erforderlich hält.

[89] KMR-*Paulus* 18; *Marxen/Tiemann* 283; *Peters* Fehlerquellen **3** 156.

[90] RGSt **57** 312; KK-*Schmidt* 9; *Marxen/Tiemann* 283.

[91] RGSt **57** 312; KMR-*Paulus* 18; vgl. auch *Peters* Fehlerquellen **3** 156.

[92] *Kleinknecht/Meyer-Goßner* 12; *Frede* DJZ **1929** 846; *Marxen/Tiemann* 284.

[93] RG GA **68** (1920) 379; KK-*Schmidt* 8; KMR-*Paulus* 19; *Kleinknecht/Meyer-Goßner* 12; *Marxen/Tiemann* 284; *Neumann* 218; *Peters* Fehlerquellen **3** 156; *Walter* 64; *Schäfer* JR **1933** 21; **a. A** RGSt **57** 312, das einen neuen Gnadenerweis für notwendig hält.

[94] RGSt **27** 382; *Eb. Schmidt* 16; *Kleinknecht/Meyer-Goßner* 9.

[95] OLG Hamburg *Alsb.* E **2** Nr. 338; *Marxen/Tiemann* 285.

Karl Heinz Gössel

37   7. Die **Entschädigung** richtet sich nach den **§§ 1 ff StrEG**. Zuständig ist nach § 15 Abs. 1 StrEG die Kasse des Landes, durch dessen Gericht der Entschädigungsberechtigte im ersten Rechtszug verurteilt worden war.

38   **8. Anfechtung.** Gegen das Urteil sind nach den allgemeinen Vorschriften die Rechtsmittel der **Berufung und Revision** (§§ 312, 333, 335) gegeben. Auch ein neuer **Wiederaufnahmeantrag** ist statthaft[96].

III. Verbot der Schlechterstellung

39   Das Verbot der Schlechterstellung in § 373 Abs. 2 entspricht dem Verbot der §§ 331, 358 Abs. 2. Auf die Erläuterungen zu diesen Vorschriften wird verwiesen.

§ 373 a

(1) Die Wiederaufnahme eines durch rechtskräftigen Strafbefehl abgeschlossenen Verfahrens zuungunsten des Verurteilten ist auch zulässig, wenn neue Tatsachen oder Beweismittel beigebracht sind, die allein oder in Verbindung mit den früheren Beweisen geeignet sind, die Verurteilung wegen eines Verbrechens zu begründen.

(2) Im übrigen gelten für die Wiederaufnahme eines durch rechtskräftigen Strafbefehl abgeschlossenen Verfahrens die §§ 359 bis 373 entsprechend.

Entstehungsgeschichte. Der jetzige Abs. 2 wurde als einziger Absatz durch Art. 6 Nr. 5 der 3. VereinfVO eingefügt. Nach dem Krieg wurde die Vorschrift in der amerikanischen und britischen Besatzungszone durch alliierte Vorschriften (Nr. 20 d der Allgemeinen Anweisung für Richter Nr. 2) aufgehoben. Art. 3 Nr. 158 VereinhG fügte sie wieder ein. Mit dem durch Art. 1 Nr. 27 des StVÄG 1987 in § 373 a neu eingefügten Absatz 1 wurden der Umfang der Rechtskraft von Strafbefehlen und die Möglichkeit zur Wiederaufnahme des Verfahrens gegen rechtskräftige Strafbefehle zuungunsten des Verurteilten neu geregelt.

Übersicht

---

[96] KK-*Schmidt* 13; KMR-*Paulus* 20; *Pfeiffer/Fischer* 6; *v. Hentig* 249; *Marxen/Tiemann* 286; *Neumann* 217; *Peters* Fehlerquellen **3** 177.

I. Rechtskraft des Strafbefehls und Wiederaufnahme

1. Die Problematik. Nach herrschender Ansicht zur alten Rechtslage[1] durfte die **1** Rechtskraft von Strafbefehlen zuungunsten des Beschuldigten ohne förmliche Wiederaufnahme des Verfahrens durch Erhebung einer neuen Anklage durchbrochen werden, wenn ein neuer, in dem Strafbefehl nicht gewürdigter rechtlicher Gesichtspunkt eine erhöhte Strafbarkeit begründete (vgl. Erl. bei § 410). Dadurch wurde eine Art Wiederaufnahme von Strafbefehlsverfahren zuungunsten des Beschuldigten ermöglicht, auch wenn die Voraussetzungen des § 362, die für die Wiederaufnahme eines bloß aufgrund der Aktenlage abgeschlossenen schriftlichen Verfahrens zweifellos zu eng sind, nicht gegeben waren.

Weil der Umfang dieser Rechtskraft nicht nur umstritten war (z. B. hinsichtlich des **2** Zeitpunkts des Auftretens des neuen Gesichtspunkts[2]), sondern beim Strafbefehl nach der in der Rspr. vorherrschenden erwähnten Auffassung zudem sehr viel enger bestimmt wurde als z. B. bei der verfahrensbeendenden Entscheidung im summarischen Verfahren nach § 153 a (Fortführung des Verfahrens nur unter den Voraussetzungen des § 153 a Abs. 1 Satz 4), erwies sich das Bedürfnis nach einer gesetzlichen Regelung der Voraussetzungen für eine Fortführung eines durch einen formell rechtskräftigen Strafbefehl abgeschlossenen Verfahrens als unabweisbar[3].

2. Bedeutung des § 373 a. Diesem Bedürfnis hat der Gesetzgeber inzwischen in ein- **3** deutiger Weise entsprochen. Die Regelung des § 373 a Abs. 1, die einen gegenüber § 362 zusätzlichen Grund für die Wiederaufnahme zuungunsten des durch einen rechtskräftigen Strafbefehl Verurteilten („ist auch zulässig") normiert, stellt nunmehr in Verbindung mit dem Wortlaut des Absatzes 2, der „im übrigen . . . für die Wiederaufnahme eines durch rechtskräftigen Strafbefehl abgeschlossenen Verfahrens die §§ 359 bis 373" für entsprechend anwendbar erklärt, eindeutig klar, daß Verfahren, welche durch einen formell rechtskräftigen Strafbefehl abgeschlossen werden, **nur** noch im Wege des **förmlichen Wiederaufnahmeverfahrens** nach §§ 359 ff fortgeführt werden dürfen[4]. Das bedeutet zugleich die strikte Bindung der Wiederaufnahme an die gesetzlichen Wiederaufnahmegründe, einschließlich des in § 373 a Abs. 1 zusätzlich zu § 362 genannten Grundes für die Wiederaufnahme zuungunsten des Verurteilten.

Die in § 373 a getroffene Regelung erschöpft sich indessen nicht in dieser verfahrens- **4** mäßigen Wirkung der formellen Rechtskraft; in Verbindung mit § 410 Abs. 3 hat der Gesetzgeber damit zugleich den **Umfang der materiellen Rechtskraft** des Strafbefehls geregelt. Die bisherige Rechtsprechung zur bloß beschränkten (materiellen) Rechtskraftwirkung hat ihren sachlichen Grund zwar in dem bloß summarischen Charakter des Strafbefehlsverfahrens, war formal aber nur deshalb vertretbar, weil dem rechtskräftigen Strafbefehl in § 410 a. F bloß die *Wirkungen* eines rechtskräftigen Urteils zuerkannt wurden, womit der Rechtsprechung ein Spielraum zur näheren Bestimmung dieser Wirkungen u. a. unter Berücksichtigung des summarischen Verfahrenscharakters verblieb. Wenn auch das Bundesverfassungsgericht diesen Spielraum im Hinblick auf die Regelung der Rechtskraft verfahrensabschließender Entscheidungen in anderen summarischen Verfahren (z. B. § 153 a Abs. 1 Satz 4) erheblich einengte[5], so hat dieses Gericht es doch verfassungsrechtlich für zulässig erachtet, die Rechtskraft und also den Verbrauch der Strafklage i. S. des

---

[1] S. dazu LR-*Gössel*[24] § 410, 19 ff.

[2] Vgl. *Bruns* JZ **1960** 585.

[3] Vgl. z. B. *Gössel* § 33 E IV; *Achenbach* ZRP **1977** 86; *Bruns* JZ **1960** 585; *Neumann* NJW **1984** 779;

Schnarr NStZ **1984** 327; s. ferner LR-*Gössel*[24] § 410, 20.

[4] KK-*Schmidt* 1.

[5] BVerfGE **65** 377.

Karl Heinz Gössel

Art. 103 Abs. 3 GG beim Strafbefehl enger zu bestimmen als beim Verfahrensabschluß durch Urteil[6], sofern diese engere Bestimmung auf der durch die Prüfung der Schuld- und Straffrage bloß aufgrund der Aktenlage begründeten Verschiedenheit des Strafbefehlsverfahrens gegenüber dem Urteilsverfahren beruhte: das Bundesverfassungsgericht hat ausdrücklich erklärt, dieser Verschiedenheit wegen könne „der Strafbefehl nicht einem im ordentlichen Strafverfahren ergangenen Urteil gleichgestellt werden", was sich zudem aus der Existenz des (alten) § 373 a ergebe, dessen Einfügung unnötig gewesen wäre, weil die §§ 359 ff „bereits die Wiederaufnahme eines durch rechtskräftiges Urteil abgeschlossenen Verfahrens zulassen"[7]. Zur Beseitigung der mit dieser Rechtslage verbundenen und in Rdn. 1 erwähnten Unsicherheiten hat sich der Gesetzgeber unter Anerkennung der erwähnten Verschiedenheit des Strafbefehlsverfahren vom Urteilsverfahren für eine neuartige Lösung entschieden: mit der durch § 410 Abs. 3 ausdrücklich verfügten „*Gleichstellung*" mit einem rechtskräftigen Urteil ist die formelle wie die materielle Rechtskraft des Strafbefehls nicht mehr verschieden von der eines Urteils, so daß die Lehre von der beschränkten Rechtskraft des Strafbefehls nicht mehr aufrechterhalten werden kann[8]; damit ist zugleich der innere Grund für die Weiterführung des Verfahrens durch eine neue Anklageerhebung außerhalb des Wiederaufnahmeverfahrens entfallen.

5   Mit dem zugleich in § 373 a Abs. 1 normierten **zusätzlichen Grund der Wiederaufnahme** des Verfahrens gegen einen rechtskräftigen Strafbefehl zuungunsten des Verurteilten berücksichtigt der Gesetzgeber in angemessener Weise den besonderen Charakter des Strafbefehlsverfahrens: bleiben wegen dieses Charakters Tatsachen oder Beweismittel unberücksichtigt, welche die im Strafbefehlsverfahren verfolgte Tat als Verbrechen kennzeichnen und damit als einen für dieses Verfahren untauglichen Gegenstand[9], so erscheint es kriminalpolitisch geboten, die nach § 410 Abs. 3 auch insoweit eingetretene formelle wie materielle Rechtskraft zu durchbrechen und die Wiederaufnahme zusätzlich zu den in § 362 vorgesehenen Gründen für statthaft zu erklären.

II. Die Gründe der Wiederaufnahme eines durch Strafbefehl abgeschlossenen Verfahrens

6   Der Rechtsbehelf der Wiederaufnahme gegen einen rechtskräftigen Strafbefehl kann nach **§ 373 a Abs. 2** zugunsten des Verurteilten nur auf die in § 359 und zuungunsten des Verurteilten auf die in § 362 genannten Gründe nach Maßgabe der §§ 363, 364 gestützt werden; darüber hinaus normiert **§ 373 a Abs. 1** einen zusätzlichen Grund für die Wiederaufnahme zuungunsten des Verurteilten. Die Fortführung des durch rechtskräftigen Strafbefehl abgeschlossenen Verfahrens wegen anderer Gründe oder außerhalb des förmlichen Wiederaufnahmeverfahrens der §§ 359 ff etwa durch Erhebung einer neuen Anklage oder der — vom Schrifttum vorgeschlagenen — sog. Ergänzungsklage[10] ist nicht möglich[11].

7   **1. Die Wiederaufnahmegründe des Absatzes 2.** Hinsichtlich der in dieser Vorschrift in Bezug genommenen **allgemeinen** Wiederaufnahmegründe der §§ 359, 362 bis 364 vgl. die entsprechenden Erläuterungen zu diesen Bestimmungen.

---

6 BVerfGE **3** 248, 251; **65** 377, 382 f.
7 BVerfGE **3** 248, 254 f; KK-*Schmidt* 4.
8 KK-*Fischer* § 410, 16; *Jung* JuS **1987** 248; *Rieß/Hilger* NStZ **1987** 205; vgl. auch die amtl. Begründung BTDrucks. **10** 1313, s. 38; *Meyer-Goßner* NJW **1987** 1167 und *Groth* MDR **1985** 716, 718;

kritisch dazu *Schnarr* NStZ **1984** 327; vgl. ferner Erläuterungen zu § 410.
9 Darauf weist treffend KK-*Schmidt* 4 hin.
10 Vgl. dazu *Roxin* § 50, 17 f; *Achenbach* ZStW **87** (1975) 85 ff; *Schnarr* NStZ **1984** 327.
11 Rdn. 3; KK-*Schmidt* 1; *Rieß/Hilger* NStZ **1987** 205 f.

2. Der spezielle Wiederaufnahmegrund des Absatzes 1 zuungunsten des Verurteilten

a) Bedeutung und Voraussetzungen. Die nach der früheren Rechtsprechung auf- **8** grund der Lehre von der beschränkten Rechtskraft des Strafbefehls mögliche Fortführung des Verfahrens bei fehlender Berücksichtigung straferhöhender *rechtlicher* Gesichtspunkte läßt sich mit dem dafür vorgebrachten Grunde des „summarischen" Charakters des Strafbefehlsverfahrens nicht recht vereinbaren: unterscheidet sich doch das Strafbefehlsverfahren vom Urteilsverfahren regelmäßig durch die geringere Zuverlässigkeit der Erkenntnisgrundlagen im *tatsächlichen* Bereich[12], die erst dazu berechtigt, einen dem §359 Nr. 5 entsprechenden Wiederaufnahmegrund für die Wiederaufnahme gegen rechtskräftige Strafbefehle einzuführen, der in §362 für das Urteilsverfahren mit Recht nicht vorgesehen ist. Auch diesem Mangel ist durch die jetzige Regelung abgeholfen worden: die Wiederaufnahme zuungunsten des Verurteilten ist nur möglich, sind **neue Tatsachen oder Beweismittel** beigebracht. Diese Voraussetzungen sind mit denen des §359 Nr. 5 identisch[13]. Zum Begriff der *Tatsachen* und *Beweismittel* wird auf die Ausführungen zu §359, 58 ff und 82 ff verwiesen; hinsichtlich deren *Neuheit*, die sich nach der Ersichtlichkeit der neuen Tatsachen und Beweismittel im Zeitpunkt des Entscheidungserlasses aus dem Akteninhalt bemißt[14] und nicht etwa nach dem Zeitpunkt ihrer Existenz vor oder nach dem rechtskräftigen Abschluß des Strafbefehlsverfahrens, auf die Darlegungen zu §359, 87 ff. Ob die neuen Tatsachen oder Beweismittel *beigebracht sind*, ist nach den gleichen Regeln zu beurteilen, die bei §359, 177 ff dargestellt sind.

b) Wiederaufnahmeziel. Wie schon §359 Nr. 5, dem §373 a Abs. 1 nachgebildet ist, **9** die Wiederaufnahme wegen neuer Tatsachen und Beweismittel nur zur Erreichung bestimmter Wiederaufnahmeziele zuläßt[15], so ist auch die Wiederaufnahme zuungunsten des Verurteilten wegen neuer Tatsachen und Beweismittel nur dann zulässig, wenn diese nova geeignet sind, die Verurteilung **wegen eines Verbrechens** zu begründen. Diese Regelung ist deshalb sinnvoll und geboten, weil sie damit den Regeln über die Wiederaufnahme eines rechtskräftig abgeschlossenen Bußgeldverfahrens (§85 Abs. 3 Satz 2 OWiG) und eines nach §153 a Abs. 1 Satz 4 oder Abs. 2 Satz 2 nach Erfüllung der jeweils ausgesprochenen Auflagen oder Weisungen eingestellten Verfahrens entspricht: daß die Rechtskraft eines Strafbefehls mindestens nicht leichter durch die Wiederaufnahme durchbrochen werden können darf als die eines Bußgeldbescheides oder eines Einstellungsbeschlusses u. U. nur der Staatsanwaltschaft, hat schon das Bundesverfassungsgericht aus dem Willkürverbot des Art. 3 Abs. 1 GG hergeleitet[16].

Ob das Wiederaufnahmeziel der Bestrafung wegen eines Verbrechens erreicht werden kann, ist hinsichtlich des **Verbrechensbegriffs** nach der von §12 StGB vorgesehenen abstrakten Betrachtungsweise zu bestimmen, hinsichtlich der **Geeignetheit** zur Erreichung dieses Ziels im übrigen nach den Regeln, die bei §359, 152 ff näher dargelegt sind. Die Geeignetheit *fehlt*, wenn eine Verurteilung wegen *Verjährung* auch des Verbrechens nicht mehr möglich[17] oder das Verbrechen sonst aus *prozessualen Gründen* (z. B. Prozeßhindernisse) nicht mehr verfolgbar ist. Demnach liegt der Wiederaufnahmegrund des

---

[12] Zutr. die amtl. Begründung BTDrucks. **10** 1313, S. 33.

[13] BTDrucks. **10** 1313, S. 33; *Rieß/Hilger* NStZ **1987** 206.

[14] §359, 88; *Rieß/Hilger* NStZ **1987** 206.

[15] §359, 11.

[16] BVerfGE **65** 377, 384 ff; s. dazu ferner KK-*Schmidt* 3; *Kleinknecht/Meyer-Goßner* 3; BTDrucks. **10** 1313, S. 33.

[17] Zutr. KK-*Schmidt* 6; die Gründe, die zu der für §362 vertretenen gegenteiligen Auffassung (**dagegen** KK-*Schmidt* §362, 7) führten, gelten hier nicht.

Karl Heinz Gössel

§ 373 a Abs. 1 z. B. dann vor, wenn sich das Verhalten, das im rechtskräftigen Strafbefehl als fahrlässige oder vorsätzliche Körperverletzung gewürdigt worden war, durch neue Tatsachen oder Beweismittel als Totschlag oder Körperverletzung mit Todesfolge darstellt oder die im Strafbefehl angenommene Nötigung als Vergewaltigung, ferner dann, wenn nachträglich eingetretene Tatsachen (z. B. Tod des Verletzten) das zunächst angenommene Vergehen (§ 223 StGB) zu einem Verbrechen (z. B. § 226 StGB) werden lassen[18].

III. Strafverfügungen

10   Strafverfügungen stehen den Strafbefehlen im Wiederaufnahmeverfahren nach herrschender Ansicht gleich[19]. Mit der Aufhebung des § 413 durch Art. 21 Nr. 107 EGStGB ist das Strafverfügungsverfahren jedoch beseitigt worden, und es ist nicht anzunehmen, daß gegen eine vor Jahren erlassene Strafverfügung heute noch die Wiederaufnahme zugunsten des Beschuldigten beantragt wird. Daher bedarf es keiner weiteren Erläuterungen. Wegen Strafverfügungen einer Oberfeldkommandantur vgl. OLG Köln GA **1957** 249.

---

[18] Zutr. KK-*Schmidt* 5.   [19] Vgl. die Nachweise bei BVerfGE **22** 322.